2 0 1 0 년 대

민사판례의
경향과 흐름

민사판례연구회 편

✹

✦

박영사

머 리 말

　　민사판례연구회는 2021년 8월 21일 "2010년대 민사판례의 경향과 흐름"을 대주제로 하여 하계 심포지엄을 개최하였습니다. 1999년에 "90년대 민사판례회고"를, 2010년에 "2000년대 민사판례의 경향과 흐름"을 각 대주제로 하여 하계 심포지엄을 가졌던 것을 계승하는 것입니다. 앞의 두 차례의 10년간의 민사판례회고가 각각 단행본으로 발간되어 많은 호응이 있었던 것에 힘입어, 이번에도 이처럼 단행본으로 발간하게 되었습니다.

　　현재 한국 대법원에서 판단해야 하는 사안들의 복잡성과 이해대립의 첨예도는 앞의 두 번의 10년간 판례회고를 발간할 때보다 더욱 높아져 있습니다. 이런 상황에서 10년간 대법원이 민사법의 영역에서 선고한 주요 판례들을 각 분야별로 하나로 묶어서 살펴볼 수 있다는 점은 큰 의의를 가진다고 생각합니다.

　　위 심포지엄에서 발표를 맡아 주신 전보성 부장판사님, 권영준 교수님, 최우진 교수님, 현소혜 교수님, 박진수 부장판사님, 백숙종 고법판사님, 그리고 번거로운 발간작업을 꼼꼼하게 챙겨 주신 김영진 부장판사님과 조인영 교수님께 깊은 감사를 드리며, 하계 심포지엄의 바탕이 된 지난 10년간의 월례회에 참석하고 토론해 주신 회원 여러분께도 감사를 드립니다. 또한 이 책의 발간을 맡아 주신 박영사의 관계자 여러분께도 감사의 말씀을 드리고자 합니다.

2022년 2월

민사판례연구회 회장 **전 원 열**

차   례

민법총칙

전 보 성*

■요　지■─────────────────────

　　2010년대 선고된 많은 판례들 중 민법 총칙 분야와 관련하여 눈여겨 볼 만한 내용을 꼽자면 다음과 같다. 대법원은 법률행위 해석을 법률문제로 보아 적극적으로 해석 통제를 해 왔다. 그러나 2010년대 후반부터 그 통제를 자제하는 것처럼 보이고, 특히 항소심의 법률행위 해석이 잘못되었다는 점 그 자체만을 이유로 파기하는 일이 줄어들고 있다. 「국가를 당사자로 하는 계약에 관한 법률」 등에 따른 공공조달계약은 본질적으로 사인 사이의 계약과 다를 바가 없으므로 계약자유의 원칙 등 사법의 원리가 그대로 적용된다는 것이 대법원의 일관된 입장이었지만(대법원 2017. 12. 21. 선고 2012다74076 전원합의체 판결), 「사회기반시설에 대한 민간투자법」상 실시협약은 공법적 특수성이 있으므로 그에 따른 당사자의 권리의무는 사법상 권리의무와 내용과 성질을 달리한다고 본다(대법원 2021. 5. 6. 선고 2017다273441 전원합의체 판결). 그에 따라 위 법에 따른 실시협약의 해석은 관련 법률이 정하는 내용을 벗어나서는 안 된다고 판단하여(대법원 2021. 6. 24. 선고 2020다270121 판결) 공법적 특수성을 강조하는 경향이 감지된다.

　　통상임금 사건에서 법정수당 청구, 과거사 사건의 소멸시효와 관련하여 신의칙의 적용이 문제되었다. 불과 10년이 지나기도 전에 전자는 대법원 스스로, 후자는 헌법재판소의 위헌결정에 의하여 결론이 뒤바뀌는 급반전이 이루어졌다는 점에서 눈길을 끈다. 비록 헌법재판관 전원에 의한 합헌 결정이

─────────────────
* 서울중앙지방법원 부장판사.

있었지만, 민법의 일반규정인 권리남용 조항에 대한 헌법재판소의 위헌심사
(헌법재판소 2013. 5. 30. 선고 2012헌바335 결정)도 생각할 점을 던져 준다.

　법률행위에서 정해진 급부 내용을 법원이 제한하는 것은 원칙적으로 허
용되지 않지만, 대법원은 위임의 성질을 가지는 계약에서 신의칙이나 형평의
원칙에 비추어 부당하게 과다한 경우에는 보수청구권을 상당한 범위 내로 감
축하는 것이 가능하다고 본다. 대법원은 이러한 법리를 단체의 정관 내용이
나 총회결의에도 적용하여 그 유·무효 심사를 확대한 것이 2010년대 도드라
지는 점이다. 즉 종중재산 분배 결의는 물론이고, 재건축조합의 조합장에 대
한 인센티브 부여 결의에도 신의칙과 형평의 원칙을 기준으로 사법심사를 행
한다. 당사자의 자율성에 맡겨두기보다는 국가의 후견적 관여가 필요하다고
본 것이다. 그 반면에 자율성을 강조하는 사례들도 보인다. 재산권 거래에서
당사자는 신의칙상 고지의무를 부담한다고 판단하지만, 대법원은 폭넓은 예
외 사정을 인정하고 있어서, 오히려 고지의무를 부담하지 않는다고 본 선례
들이 존재한다. 계약당사자는 서로 대립하는 이해관계를 가지면서도 계약 체
결에 협력하는 대향적 관계에 있음을 주목한 것이다. 이는 대법원이 자유시
장경제 논리에 충실하다고 평가할 수 있는 대목이다.

　그 밖에 소멸시효와 관련해서 기산점, 청구권별 소멸시효 기간에 관해서
새로운 법리를 설시한 것들이 상당수 있다.

제1장 서   설

사람은 사회의 최소 구성분자인 가정에서 태어나 필요를 충족시키는 여러 활동을 한다. 또 사람이 죽은 뒤에는 남은 사람이 망자와의 인적 · 재산관계를 정리하게 된다. 이처럼 인생이라는 무대에서 펼쳐지는 사람의 여러 활동, 인생에서 벌어지는 여러 일들을 규율하는 것이 민법이다. 민법을 연구한다는 것은 인간의 삶의 방식을 공부하는 의미도 가진다. 그런데 기본적인 *法源*인 민법전은 제정된 지 60년이 넘도록 큰 개정 없이 유지되고 있으므로, 법률 텍스트만을 가지고는 민법의 온전한 모습을 파악할 수 없다. 살아서 생동감 넘치는 민법의 면모는 판례를 통하여 더 들여다 볼 수 있다.

2010년 이후 2020년까지 사회의 많은 변화가 있었다. 그사이 정치권력이 교체되고 대법원장도 여러 명 바뀌었다. 대법관 중 민법 학자가 포함되고 여성 대법관이 늘었으며 사법연수원 기수 등에서 대법관 구성이 과거와 많이 달라지기도 했다. 법원 내부에서도 법관 관료화를 완화하는 여러 제도가 시행되었다. 이런 내외부의 변화가 대법원 판례에 직 · 간접적인 영향을 주었을 것으로 생각하지만, 변화의 물결과 함께 세월의 흐름 속을 달리는 우리의 눈으로 그런 영향을 깨닫기는 어렵다. 단지 특정 기간의 판례를 일별함으로써 혹시라도 있을지 모르는 판례의 경향성을 감지할 수 있을지는 모르겠다.

이 글에서는 2010년부터 2020년까지 대법원 종합법률정보의 판례 검색 시스템을 통해서 민법 총칙 규정을 참조조문으로 하는 공간되거나 공간되지 않은 대법원 판결을 모두 검토한 후 민법전 편별과는 무관하게 참조조문으로 빈번하게 인용된 조문 순으로 판결들을 소개하였다. 판례평석이 이 글의 목적이 아닌데다 소개하는 판례의 대개는 선행연구 결과가 있으므로 사안에 관한 설명과 판결의 의미에 관한 설명은 대부분 생략하고 판결 요지를 위주로 조문별 법률요건, 법률효과에 맞추어 2010년대 판례의 큰 흐름을 추적하는 데 주안점을 두었다. 대개는 기존 법리를 재확인하는 것들이지만, 새로운 법리를 설시한 것은 <u>밑줄</u>을 표시하는 등으로 강조해 두었다. 그로써 지난 10년간 대법원 판례의 경향이 드러날 수 있다고 생각하였다. 가능한 한 2010년부터 2020년까지의 판례만을 소개하려 했지만, 서술의 편의를 위하여 2010년 이전이나 2021년의 판례도 언급하였다.

제2장 사적 자치(제105조)

제1절 법률문제로서의 법률행위 해석

민법 제105조(이하 민법 조문은 조문으로만 특정한다)는 任意規定이라는 표제로 "法律行爲의 當事者가 法令 中의 善良한 風俗 其他 社會秩序에 關係없는 規定과 다른 意思를 表示한 때에는 그 意思에 依한다."라고 규정한다. 우리의 사법질서가 개인이 자신의 법률관계를 그의 자유로운 의사에 의하여 형성할 수 있다는 사적 자치의 원칙을 근간으로 한다는 것을 선언한 것이다(대법원 2014. 8. 21. 선고 2010다92438 전원합의체 판결: 공 2014하, 1812). 민법, 특히 계약에 관한 규정 대부분은 임의규정이므로 각자 원하는 바에 따라 법률관계를 자유로이 형성할 수 있다. 법률행위는 당사자가 스스로 설정하는 행위규범이어서 그에 따라 취득하는 재화나 이용하는 용역의 법률상 원인이 되어 그 귀속이나 사용에 법적 정당성을 부여할 뿐 아니라, 그것이 당초 예정한 대로 목적을 실현하지 못한 때에는 국가의 힘을 빌려 상대방으로 하여금 강제로 이행하게 할 수 있는 규범적 힘을 지닌다.

법률행위, 이를 구성하는 의사표시에 이러한 막강한 규범력이 있으므로, 사법상 분쟁을 담당하는 민사법원의 주된 사명은 당사자의 의사표시를 얼마나 왜곡 없이 적정하게 그 기도한 대로 해석하느냐에 달려 있다. 이는 통계로도 증명된다. 2010부터 2020년까지 「대한민국 법원 종합법률정보」에서 제105조를 참조조문으로 하는 대법원 판결의 수는 총 1,466개[1]로 다른 조문의 그것[2]과 비교할 때 압도적으로 많다.

법률행위의 해석이 사실문제인지, 법률문제인지 해묵은 논쟁이 있지만, 대법원은 일찍이 "의사표시와 관련하여, 당사자에 의하여 무엇이 표시되었는가 하는 점과 그것으로써 의도하려는 목적을 확정하는 것은 사실인정의 문제이고, 인정된 사실을 토대로 그것이 가지는 법률적 의미를 탐구 확정하는 것은 이른바 의사표시의 해석으로서, 이는 사실인정과는 구별되는 법률적 판단의 영역에 속하는 것이다. 그리고 어떤 목적을 위하여 한 당사자의 일련의 행위가 법률적으로 다듬어지지 아니한 탓으로 그것이 가지는 법률적 의미가 명확하지 아니한 경우에는 그것을 법률적인 관점에서 음미, 평가하여 그 법률적 의미가 무엇인가를 밝히는 것 역시 의사표시의 해석에 속한다."라면서 법률행위의 해석이 법률문제임을 명시적으로 판시한 바 있고(대법원 2001. 3. 15. 선고 99다48948 전원합의체 판결: 공2001, 873), 이후에도 이러한 입장은 유지되고 있다(대법원 2011. 1. 13. 선고 2010다69940 판결: 공2011상, 342).

　의사표시는 분명하지 않은 경우가 많다. 당사자의 거래 경험 부족이나 경솔에 기인한 것일 수도 있지만, 의사표시의 명백성을 위해서 거래상 상당한 노력이나 비용(상세한 내용을 정하는 계약서 작성 비용 뿐 아니라, 당사자의 진정한 의도를 드러내는 것이 협상에서 약점이 될 수도 있고, 그러한 의도를 관철하기 위해서 계약서에 명기할 경우 상대방의 반발이나 급부 조건에 변경이 가해지는 경우 등)이 소요되기도 하며, 의도적으로 전략적인 모호성을 유지하려는 때문일 수도 있다. 의사표시가 분명하지 않을 때 각자의 입장에서 자신에게 유리한 쪽으로 법률행위를 해석하려고 한다. 이때 법원이 개입하여 계약서 문언, 계약 체결까지의 경위, 계약을 통하여 이루고자 한 목적 등 제반 사정을 고려하여 당사자의 합리적 의사를 추단하

---

1) 종합법률정보상 재판연구관에게만 검색되는 판례가 있는데(오해의 소지가 있어 노파심에 적어 보자면 그러한 판례는 법리 설시 없이 원심을 수긍하는 것들이 대부분이어서 판례로서의 가치가 있다고 할 수 없다), 위 검색 결과는 필자가 재판연구관 시절이던 2021년 초에 실시한 것이어서 외부에서 검색한 결과와 차이가 있을 수 있다.
2) 예컨대 신의칙과 권리남용에 관해서는 같은 기간 총 756개, 착오, 기망, 강박에 관해서는 341개(중복 포함), 법인에 관해서는 327개인 것에 비하여 월등히 많은 수치이다.

여 법률행위를 해석하게 된다. 그러한 해석은 당사자의 실존하는 의사에 기반한 것이 아니라, 주어진 상황 아래에서 합리적인 사람이라면 마땅히 이러저러하였을 것이라는 가상적이면서도 당위적인 판단이다. 따라서 법률행위의 해석은 규범적 성질을 띨 수밖에 없다.

대법원은 계약서의 문언대로의 해석, 즉 형식주의를 강조하면서도, 계약의 맥락을 중시하며 문언 내용과는 다른 목적론적 해석, 즉 실질주의 입장을 나타내기도 한다.[3] 좋게 말하면 개별 사건의 구체적 타당성에 부합하는 적정한 결론을 이끌어 내기 위한 논리라고 말할 수 있겠지만, 기실 사건에 직면한 법관이 자신의 가치 선호에 따른 결론을 도출하는 과정에서 그 논거로 여기에서는 이 기준, 저기에서는 저 기준을 강조하는 것에 불과한 것일 수도 있다.[4] 신의칙은 법률행위 해석의 기준이 되므로(대법원 2020. 11. 19. 선고 2019다232918 전원합의체 판결: 공2021상, 13), 신의칙으로의 도피에 관한 비판은 여기서도 동일하게 가해질 수 있다. 즉 1심과 원심에서 문언대로 해석한 것을 대법원이 문언 외 사정을 들어 파기한 사례는 일일이 열거할 수 없을 정도로 많고, 그 역의 경우도 마찬가지이다. 문제는 대법원이 행하는 파기사유의 논증이 충분하지 않은 경우가 많았다는 데 있다. 예컨대 원심이 제시한 논거의 논리적 오류나 허점을 지적하는 일도 없지는 않지만, 어느 결론이든 양론 가능한 정황 중에서 대법원이 맞다고 보는 결론에 부합하는 사정만을 집중적으로 적시하며 원심판결을 파기하는 경우가 있다. 이때 파기를 당한 원심 법관은 물론, 당사자도 납득하기는 어려울 것이다.

이러한 비판을 의식하였음인지 제105조를 참조조문으로 한 판례 총 1,466개 중 2010년부터 2014년의 5년 동안의 것은 795개인데, 2016년부터 2020년까지 5년 동안에는 465개로 현격하게 줄어들어(약 38%의 감소) 대조

---

3) 문언 중심 해석의 정당성에 관한 연구로는 최준규, "계약해석에 있어 형식주의의 정당성 및 한계", 민사법학 제60호, 2012.
4) 권영준, "2020년 민법 판례 동향", 서울대학교 법학 제62권 제1호, 서울대학교 법학연구소, 2021, 335쪽은 법률해석에 관해서 이러한 평가를 하는데, 법률행위 해석에서도 마찬가지라고 생각한다.

를 이룬다(2015년 판례는 편의상 제외하였다). 그 외에도 최근 평생법관 제도의 흐름 속에서 대법관의 경력보다 고등법원 법관들의 경력이 더 많은 경우도 있어 과거처럼 대법원이 하급심 법관을 "가르치고 지도할" 처지가 되지 못한다는 점도 사실심 존중의 遠因 중 하나라고 짐작된다. 최소한 대법원이 법률행위 해석만을 이유로 파기하는 일이 과거보다 현격히 줄어들었음은 분명하다. 이와는 다른 방향의 분석으로, 짧은 기간 산업화를 달성하는 과정에서 법보다 정(情), 인간관계가 중시되어 온 우리나라의 경우, 계약내용에 관한 법원의 적극적 개입을 통해 계약서 작성에 많은 노력을 기울일 여건이 되지 못한 당사자들의 거래비용을 줄일 필요성이 있었다는 점을 과거 법원이 법률행위 해석에 적극적으로 개입한 이유로 추론하는 견해[5]가 있다.

제2절 법률행위 해석의 일반론

대법원의 법률행위 해석의 기본원칙은 한결같다. 원칙적으로 문언대로의 의사표시의 존재와 내용을 인정하여야 하고, 계약 해석에 다툼이 있는 때에는 제반 사정을 고려하여 합리적으로 해석하라는 것이다. 처분문서 문언대로의 내용을 인정하거나, 반대로 처분문서상 명확하지 않거나 처분문서와는 다른 해석을 하는 경우에 따라 세부적인 표현의 차이가 있지만 표준적인 판시는 아래와 같다.

"처분문서의 진정성립이 인정되면 법원은 그 기재 내용을 부인할 만한 분명하고도 수긍할 수 있는 반증이 없는 한 원칙적으로 그 처분문서에 기재되어 있는 문언대로의 의사표시의 존재와 내용을 인정하여야 하고, 당사자 사이에 계약의 해석을 둘러싸고 이견이 있어 처분문서에 나타난 당사자의 의사해석이 문제되는 경우에는 그 문언의 내용, 그러한 약정이 이루어진 동기와 경위, 그 약정에 의하여 달성하려는 목적, 당사자의 진정한 의사 등을 종합적으로 고찰하여 논리와 경험칙에 따라 합리

---

5) 최준규, 전게서, 20쪽.

적으로 해석하여야 한다."(대법원 2011. 5. 13. 선고 2010다58728 판결: 공2011상, 1156).

법률행위 해석의 판단 기준으로 사회정의와 형평의 이념, 사회 일반의 상식과 거래의 통념을 추가하기도 한다(대법원 2020. 9. 7. 선고 2020다237100: 공2020하, 2067). 또 당사자 일방이 주장하는 계약 내용이 상대방에게 중대한 책임을 부과하게 되는 경우에는 그 문언 내용을 더욱 엄격하게 해석해야 한다(대법원 2018. 12. 27. 선고 2015다73098 판결: 공2019상, 349).

이러한 판단 기준은 구두약정에서도 마찬가지이고, 처분문서의 기재 내용과 다른 명시적, 묵시적 약정 사실이 인정되는 경우 그 기재 내용과 다른 사실을 인정할 수 있음은 물론이다(대법원 2010. 7. 15. 선고 2010다24206 판결: 미공간). 해석의 대상이 되는 의사표시는 표시상 효과의사이지 내심적 효과의사를 가지고 판단할 것은 아니다(대법원 2010. 11. 25. 선고 2010다58346 판결: 미공간). 그리하여 의사표시를 한 사람이 생각한 의미가 상대방이 생각한 의미와 다른 경우, 의사표시를 수령한 상대방이 합리적인 사람이라면 표시된 내용을 어떻게 이해하였다고 볼 수 있는지를 고려하여 의사표시를 객관적·규범적으로 해석하여야 한다(대법원 2017. 2. 15. 선고 2014다19776, 19783 판결: 공2017상, 527).

단체적 의사표시, 예컨대 비법인사단의 총회 의결의 안건 내용과 범위가 명확하지 않은 경우에도 법률행위 해석 방법이 준용된다(대법원 2019. 6. 27. 선고 2017다244054 판결: 공2019하, 1458). 행정청이 행한 행정행위나 의사표시의 의미를 해석할 때에도 마찬가지이다(대법원 2016. 5. 24. 선고 2015다203417 판결: 미공간). 이러한 법률행위 해석의 원칙은 법원의 관여 아래 이루어지는 의사표시나 의사표시로 간주되는 상황에서도 동일하게 적용된다. 화해권고결정(대법원 2011. 4. 28. 선고 2010다92810 판결: 미공간), 조정을 갈음하는 결정(대법원 2017. 4. 26. 선고 2017다200771 판결: 공2017상, 1093)이 확정되거나, 조정조서(대법원 2019. 4. 25. 선고 2017다21176 판결: 공2019상, 1170)가 성립하였을 때 그 내용에 당사자 사이에 다툼이 있는 경우가 그러하다. 회사정리계획의 해석(대법원 2014. 9. 4. 선고

2013다204140, 204157 판결: 공2014하, 2013), 회생계획의 해석(대법원 2018. 5. 30. 선고 2018다203722, 203739 판결: 공2018하, 1189)에도 마찬가지이다.

제3절 법률행위 해석과 관련한 구체적 적용례
1. 의사의 합치

[계약의 성립] 의사의 합치로 계약이 성립되었는지 여부는 의사표시 해석의 문제이지만(대법원 2015. 11. 26. 선고 2014다8059 판결: 미공간), 인간 인식의 오류 등으로 인해 법률행위 내용 전부에 관한 완벽한 의사의 합치를 기대할 수는 없다. 따라서 의사의 합치는 당해 계약의 내용을 이루는 모든 사항에 관하여 이루어져야 하는 것은 아니지만, 본질적 사항이나 중요 사항에 관해서 구체적으로 의사가 합치되거나 적어도 장래 구체적으로 특정할 수 있는 기준과 방법에 관한 합의는 이루어져야 한다. 당사자가 의사의 합치가 이루어져야 한다고 표시한 사항에 관하여 합의가 이루어지지 않은 경우에 그 계약은 성립하지 않은 것으로 본다(대법원 2013. 6. 14. 선고 2012다94322 판결: 미공간).

계약 체결 후 한쪽 당사자가 계약 내용을 변경하고자 계약 내용과는 다른 사항이 포함된 문서를 상대방에게 송부하고 상대방이 이를 수령하고도 이의를 제기하지 않은 경우에 계약 내용이 변경되었다고 보려면, 상대방이 그 변경에 묵시적으로 동의하였어야 한다. 그러나 변경되는 사항이 이미 체결된 계약 내용을 중요하게 변경하는 결과를 초래하는 때에는 묵시적 동의를 쉽사리 인정해서는 안 된다(대법원 2016. 10. 27. 선고 2014다88543, 88550 판결: 공2016하, 1757).

[복수 약정] 하나의 계약에 복수의 개별 약정이 포함되어 있는 경우, 그것이 다수의 법률행위로 분리된 것으로 보아야 하는지는, 주관적으로 당사자가 다수의 약정으로 분리하려는 의사의 합치가 있었는지, 객관적으로도 다수의 법률행위로 분리될 수 있는지에 따라 결정된다(대법원 2020. 5. 14. 선고 2016다12175 판결: 공2020하, 1053). 위 사안은 원고가 취소 주장이 받아들여질 가능성이 있는 약정만을 선택하여 그 취소를 구하였던 것

인데, 대법원은 하나의 계약이라는 등의 이유로 하나의 계약 속에 일부 약정의 분리 취소를 부정하였다.

당사자 사이에서 여러 개의 계약이 체결된 경우 그 계약 전부가 하나의 계약인 것처럼 불가분의 관계에 있는지 여부는 제반 사정을 종합적으로 고려하여 판단하여야 한다(대법원 2013. 5. 9. 선고 2012다115120 판결: 공2013상, 1032).

[공통의 착오] 계약당사자 쌍방이 모두 동일한 물건을 계약 목적물로 삼았으나 계약서에는 착오로 다른 물건을 목적물로 기재한 경우, 계약서에 기재된 물건이 아니라 당사자의 의사합치가 있는 물건에 관하여 계약이 성립한 것으로 본다(대법원 2012. 3. 29. 선고 2011다102875 판결: 미공간). 당사자의 계약상 지위에 관하여 합치된 의사와 달리 착오로 잘못 기재하였는데 계약당사자들이 오류를 인지하지 못한 채 계약상 지위가 잘못 기재된 계약서에 그대로 기명날인이나 서명을 한 경우에도 동일하다(대법원 2018. 7. 26. 선고 2016다242334 판결: 공2018하, 1833). 당해 사안에 적용되는 법령이 아닌데도 당사자가 그러한 법령이 적용됨을 전제로 의사표시를 한 경우 그 의도한 법령에 따른 법률효과를 발생케 할 수 있다(대법원 2012. 5. 10. 선고 2010다47469, 47476, 47483 판결: 미공간). 위 사안은 구 「도시 및 주거환경정비법」이 적용되지 않는 재건축조합에 정관상 현금청산대상자를 정한 경우, 위 법상 현금청산대상자와 동일한 효과를 부여한 것이다.

당사자가 계산의 산출근거를 합의하고 그 합의사항이 법적 구속력을 갖는 경우, 상대방은 표의자의 실수 없는 계산 내용을 알고 있을 것이므로 합의한 산출 근거와 다른 계산 결과는 효력을 갖지 못한다(대법원 2012. 12. 13. 선고 2012다4183 판결: 미공간). 사안은 다음과 같다. 구매입찰공고에 의하여 체결된 물품구매계약의 특수조건에는 고급경유의 납품단가에 관하여 유가 변경 시 별도의 변경계약 없이 기준 고시가격에 납품요율을 곱한 금액으로 한다고 정해져 있는데, 위 특수조건 아래에 납품단가 계산방법을 예시로 들면서 납품요율 계산식을 잘못 제시한 경우에 관한 사안이다. 잘못 제시한 계산식에 의할 것이 아니라는 것이 대법원 판단이다.

[**복수의 계약서가 작성된 경우**] 동일한 사항에 관하여 내용을 달리하는 문서가 중복하여 작성된 경우에는 마지막에 작성된 문서에 작성자의 최종적인 의사가 담겨 있다고 해석하여야 한다(대법원 2013. 1. 16. 선고 2011다102776 판결: 미공간, 대법원 2020. 12. 30. 선고 2017다17603 판결: 공2021상, 275). 다만 마지막에 작성된 문서에 의한 법률행위가 최종적으로 완성되지 않은 경우(위 2011다102776 판결), 당사자가 계약서에 따른 법률관계나 우열관계를 명확하게 정하고 있는 경우(위 2017다17603 판결)에는 그렇지 않다. 계약서가 두 개의 언어본으로 작성되었는데 그 내용이 일치하지 않은 경우, 당사자의 의사가 어느 한쪽을 따르기로 일치한 경우에는 그에 따르고, 그렇지 않은 경우에는 법률행위 해석의 일반원칙에 따라 판단한다(대법원 2021. 3. 25. 선고 2018다275017: 공2021상, 861).

[**신용보증서상 특약사항 충족과 신용보증관계 성립**] 신용보증약관에 일정한 요건을 충족해야만 신용보증관계가 성립한다고 정해져 있고 그에 따라 신용보증기관이 발급한 신용보증서에 그러한 요건이 특약사항으로 기재되어 있는 경우에는 그 특약사항이 충족되어야만 신용보증관계가 성립한다. 신용보증약관에 신용보증기관의 면책사유로 신용보증관계가 성립되지 않는 경우를 정하고 있더라도 이는 신용보증관계가 성립하지 않아 신용보증기관이 책임을 부담하지 않는 것을 확인하는 의미라고 보아야 하고, 신용보증관계의 불성립을 단순한 면책사유로 볼 수는 없다(대법원 2018. 10. 25. 선고 2016다239345 판결: 공2018하, 2233).

[**계약 체결 일시와 장소**] 처분문서상 일시·장소의 기재는 보고문서의 성질을 갖는 것에 불과하므로(대법원 2010. 12. 23. 선고 2010다69766 판결: 미공간), 법률행위 해석의 문제에 준하여 어느 시점에 계약 체결이 있었는지를 확정해야 한다(대법원 2011. 3. 10. 선고 2010다84420 판결: 공2011상, 724).

2. 당사자 확정

계약의 당사자가 누구인지는 그 계약에 관여한 당사자의 의사해석의
문제에 해당한다(대법원 2009. 3. 19. 선고 2008다45828 전원합의체 판결:
공2009상, 456).

[타인 명의, 허무인 명의 계약의 경우] 행위자가 타인의 이름으로 계
약을 체결한 경우, 행위자와 상대방의 의사가 일치한 경우에는 그 일치
한 의사대로 행위자 또는 명의인을 계약의 당사자로 확정하여야 하고,
일치하지 않는 경우에는 제반 사정을 토대로 상대방이 행위자와 명의자
중 누구를 계약당사자로 이해할 것인가에 따라 당사자를 결정한다(대법원
2010. 4. 29. 선고 2009다29465 판결: 미공간). 그 타인이 허무인인 경우에도
마찬가지 법리가 적용되어 계약의 성립 여부와 효력을 판단한다(대법원
2012. 10. 11. 선고 2011다12842 판결: 공2012하, 1814).

명의신탁의 경우에는 대법원이 조금 다른 법리를 구사한다. 상대방
이 명의신탁자를 매매당사자로 이해하였다는 특별한 사정이 없는 한 대
외적으로는 계약명의자인 타인을 매매당사자로 보아야 하고, 설령 상대방
이 그 명의신탁관계를 알고 있었다 하더라도 상대방이 계약명의자인 타
인이 아니라 명의신탁자에게 계약에 따른 법률효과를 직접 귀속시킬 의
도로 계약을 체결하였다는 등의 사정이 인정되지 않는 한 마찬가지이다
(대법원 2016. 7. 22. 선고 2016다207928 판결: 공2016하, 1220).

[대리인을 통한 경우] 일방 당사자가 대리인을 통하여 계약을 체결하
는 경우 계약의 상대방이 대리인을 통하여 본인과 사이에 계약을 체결하
려는 데 의사가 일치하였다면 대리인의 대리권 존부 문제와는 무관하게
상대방과 본인이 그 계약의 당사자가 된다(대법원 2014. 7. 10. 선고 2014다
18711 판결: 미공간).

[실제 계약체결자 이름에 '외 ○인'을 부가한 경우] 실제 계약을 체결
한 행위자가 일부 자금을 출연한 사람이나 예상되는 투자자 등을 '외 ○
인'에 해당하는 공동매수인으로 추가시키려는 내심의 의사를 가지고 있었

다고 하더라도, 계약체결 시나 그 이후 합의해제 시점까지 매도인에게 '외 ○인'에 해당하는 매수인 명의를 특정하여 고지한 바가 없고 매도인의 입장에서 이를 특정 내지 확정할 수 있는 다른 객관적 사정도 존재하지 않는다면, 그러한 계약의 매수인 지위는 매도인과 명확하게 의사합치가 이루어진 실제 계약을 체결한 행위자에게만 인정된다(대법원 2014. 11. 27. 선고 2013다207606 판결: 미공간).

[금융거래계약의 경우] 금융실명제하에서의 예금주 확정 원칙에 비추어 보면, 금융기관은 예금명의자와 출연자 등 사이에 예금반환청구권의 귀속을 둘러싼 분쟁이 발생한 경우에 있어서 그들 사이의 내부적 법률관계를 알았는지 여부에 관계없이 일단 예금명의자를 예금주로 전제하여 예금거래를 처리하면 되고, 이러한 금융기관의 행위는 특별한 사정이 없는 한 적법한 것으로서 보호되어야 할 것이다(대법원 2013. 9. 26. 선고 2013다2504 판결: 공2013하, 1949).

부가가치세법에 따른 고유번호나 소득세법에 따른 납세번호를 부여받지 않은 비법인 단체의 경우, 그 대표자가 단체를 계약 당사자로 할 의사를 밝히면서 대표자인 자신의 실명으로 예금계약을 체결하고, 금융기관이 그 사람이 비법인 단체의 대표자인 것과 그의 실명을 확인하였다면 예금계약 당사자는 비법인 단체라고 보아야 한다(대법원 2020. 12. 10. 선고 2019다267204 판결: 공2021상, 192).

제3자가 금전소비대차약정서 등 대출관련 서류에 주채무자 또는 연대보증인으로서 직접 서명·날인하였다면 제3자는 자신이 그 소비대차계약의 채무자임을 금융기관에 대하여 표시한 셈이고, 제3자가 금융기관이 정한 여신제한 등의 규정을 회피하여 타인으로 하여금 제3자 명의로 대출을 받아 이를 사용하도록 할 의사가 있었다거나 그 원리금을 타인의 부담으로 상환하기로 하였더라도, 특별한 사정이 없는 한 이는 소비대차계약에 따른 경제적 효과를 타인에게 귀속시키려는 의사에 불과할 뿐, 그 법률상의 효과까지도 타인에게 귀속시키려는 의사로 볼 수는 없다(대법원 2016. 3. 24. 선고 2015다246346 판결: 미공간).

[의료계약의 경우] 의료계약은 환자와 의료인 사이에 체결되는 것이 일반적이나, 환자가 아닌 자가 의료인에게 의식불명 또는 의사무능력 상태에 있는 환자의 진료를 의뢰한 경우에는 제반 사정을 고려하여 진료 의뢰자와 의료인 사이에 환자의 진료를 위한 의료계약이 성립하였는지 여부를 판단한다(대법원 2015. 8. 27. 선고 2012다118396 판결: 공2015하, 1372).

3. 법률행위의 내용과 효력은 당사자의 의사를 기초로 함

[토지 중 일정 면적의 양도와 공유관계 설정의사 여부] 토지소유자가 1필 또는 수필의 토지 중 일정 면적의 소유권을 상대방에게 양도하기로 하는 계약을 체결하였으나 양도할 토지 위치가 확정되지 않은 경우, 상대방이 토지소유자에게 어떠한 권리를 가지는지는 계약의 해석문제이지만 위치와 형상이 중요시되는 토지 특성 등을 감안할 때 특정된 일정 면적의 토지 소유권을 양도받을 수 있는 권리를 가지는 것으로 보아야 하고, 공유관계를 설정하기 위한 의사가 있었다고 쉽게 의제해서는 안 된다(대법원 2011. 6. 30. 선고 2010다16090 판결: 공2011하, 1519).

[건물신축과 원시취득] 수급인과 도급인 사이에 신축건물의 소유권을 도급인에게 원시적으로 귀속시키기로 한 경우, 신축건물이 집합건물이고 여러 사람이 도급인이 된 경우 그 집합건물 전유부분의 소유권 귀속에 관해서는 공동건축주들 사이의 약정에 따라 결정된다(대법원 2010. 1. 28. 선고 2009다66990 판결: 공2010상, 413). 그러한 약정이 없으면 공동 건축주들에게 공유의 형태로 원시적으로 귀속한다(대법원 2014. 9. 4. 선고 2014다36153 판결: 미공간).

[계약명의신탁에서 명의신탁자와 매도인의 사후 양도 약정] 명의신탁자와 명의수탁자 사이의 계약명의신탁약정 및 그에 따른 매매계약이 무효라는 사실이 밝혀진 후에 계약 상대방인 매도인이 계약명의자인 명의수탁자 대신 명의신탁자가 그 계약의 매수인으로 되는 것에 대하여 동의 내지 승낙을 함으로써 부동산을 명의신탁자에게 양도할 의사를 표시하였다면, 명의신탁약정이 무효로 됨으로써 매수인의 지위를 상실한 명의수탁

자의 의사에 관계없이 매도인과 명의신탁자 사이에는 종전의 매매계약과 같은 내용의 양도약정이 따로 체결된 것으로 봄이 타당하다. 따라서 이 경우 명의신탁자는 당초의 매수인이 아니라고 하더라도 매도인에 대하여 별도의 양도약정을 원인으로 하는 소유권이전등기청구를 할 수 있다(대법원 2019. 5. 30. 선고 2018다295493 판결: 미공간).

[근저당권설정계약서에 부동문자로 포괄근담보를 기재한 경우] 근저당권설정계약서가 부동문자로 인쇄된 일반거래약관의 형태를 취하고 있어도 처분문서이므로 그 진정성립이 인정되는 때에는 특별한 사정이 없는 한 그 계약서의 문언에 따라 의사표시의 내용을 해석하여야 한다. 반대로 은행의 담보취득행위가 은행대차관계에서 이례에 속하여 관례를 벗어나는 것으로 보이거나, 피담보채무를 제한하는 개별 약정이 있다면 당사자의 의사에 따라 그 담보책임의 범위를 제한할 수 있다(대법원 2017. 7. 18. 선고 2015다206973 판결: 공2017하, 1703; 대법원 2015. 4. 23. 선고 2011다38899 판결: 미공간).

[손해배상액 예정] 손해배상액 예정의 대상의 경우, 당사자의 합의에 따라 그 대상이 정해지며, 어떠한 유형의 채무불이행에 관해서 예정한 것인지도 역시 계약해석에 따라 정해진다(대법원 2010. 1. 28. 선고 2009다41137, 41144 판결: 공2010상, 408).

손해배상액의 예정에 관한 약정이 그것을 발생시키는 계약의 무효, 취소, 해제 등으로 효력을 상실하는지는 당사자의 의사에 달려 있다(대법원 2013. 5. 24. 선고 2012다40530, 40547 판결: 미공간). 그러한 당사자의 의사해석에 따라 계약이 해제된 경우 위약금 약정이 적용되지 않는다고 한 판례(대법원 2019. 5. 30. 선고 2018다267160, 267177 판결: 미공간)와 위약금 약정이 적용될 수 있다고 한 선례가 있다(대법원 1992. 9. 22. 선고 92다22190 판결: 공1992, 2976).

[예금채권에 대한 은행의 상계권] 공동명의 예금에 관해서 은행은 공동명의 지분 상당의 예금채권과 대출금채권을 상계할 수 있으나, 그러한 은행의 상계권 행사도 금지되거나 제한될 수 있는데, 그 여부는 당사자

가 약정을 하였는지 여부에 따라 결정된다(대법원 2010. 10. 28. 선고 2010다 50670 판결: 미공간).

[변제순위에 관한 약정] 채권자는 일부 대위변제자에게 대위변제에 따른 저당권 일부 이전의 부기등기를 마쳐줄 의무를 부담한다. 이 경우에도 채권자는 일부 대위변제자에 대하여 우선변제권을 가지나, 일부 대위변제자와 채권자 사이에 우선회수특약이 있으면 그들 사이의 변제 순위도 그 약정에 의하여 정해진다(대법원 2010. 4. 8. 선고 2009다80460 판결: 공2010상, 863). 이 경우에 채권자와 다른 일부 대위변제자들 사이에 동일한 내용의 약정이 있는 등의 특별한 사정이 없는 한 그 약정의 효력은 약정의 당사자에게만 미치므로, 약정의 당사자가 아닌 다른 일부 대위변제자가 대위변제액에 비례하여 안분 배당받을 권리를 침해할 수는 없다.

따라서 경매법원은 ① 채권자와 일부 대위변제자들 전부 사이에 변제의 순위나 배당금의 충당에 관하여 동일한 내용의 약정이 있으면 그들에게 그 약정의 내용에 따라 배당하고, ② 채권자와 어느 일부 대위변제자 사이에만 그와 같은 약정이 있는 경우에는 먼저 원칙적인 배당방법에 따라 채권자의 근저당권 채권최고액의 범위 내에서 채권자에게 그의 잔존 채권액을 우선 배당하며, 나머지 한도액을 일부 대위변제자들에게 각 대위변제액에 비례하여 안분 배당하는 방법으로 배당할 금액을 정한 다음, 약정의 당사자인 채권자와 일부 대위변제자 사이에서 그 약정 내용을 반영하여 배당액을 조정하는 방법으로 배당을 하여야 한다(대법원 2011. 6. 10. 선고 2011다9013 판결: 공2011하, 1385).

[주된 채무와 부수적 채무의 구분] 급부의 독립된 가치와 관계없이 계약을 체결할 때 표명되었거나 그 당시 상황으로 보아 분명하게 객관적으로 나타난 당사자의 합리적 의사에 따라 결정하되, 계약 내용·목적·불이행의 결과 등을 고려하여야 한다(대법원 2012. 3. 29. 선고 2011다102301 판결: 미공간).

[계속적 거래계약에서 개별계약 체결의무] 계속적 거래계약에서 기본

계약 외에 개개의 매매에 관한 별개의 개별계약의 체결이 예정되어 있는 경우, 기본계약이 예정하고 있는 개별계약의 체결이 당사자의 의무인지 여부는 기본계약 자체가 정하는 바에 의하여 결정되고, 그러한 정함이 없는 경우에는 제반 사정을 고려하여 판단한다(대법원 2010. 10. 14. 선고 2010다45081 판결: 미공간).

[약정해제 · 해지의 요건과 효과] 법정해제의 경우 원상회복으로서 금전을 받은 날부터 이자를 가산하는 것은 약정해제의 경우도 마찬가지이지만(대법원 2020. 3. 12. 선고 2019다286427, 286434 판결: 미공간), 계약에서 해제 · 해지 사유를 약정한 경우에 그 약정에 의하여 계약을 해제 · 해지할 수 있는지 여부, 그 효력은 그 계약에서 약정한 내용에 의하여 결정된다(대법원 2013. 10. 17. 선고 2013다14972, 14989, 14996, 15005 판결: 미공간).

계약에 특별히 해제권 관련 조항을 둔 경우 이는 법정해제권을 주의적으로 규정한 것이거나 약정해제권을 유보한 것 등 다양한 의미가 있을 수 있다. 약정해제권을 유보한 경우에도 계약 목적 등을 고려하여 특별한 해제사유를 정해 두고자 하는 경우가 있고, 해제절차에 관하여 상당한 기간을 정한 최고 없이 해제할 수 있도록 한 경우 등도 있다. 당사자가 어떤 의사로 해제권 조항을 둔 것인지는 결국 의사해석의 문제이다. 다만 해제사유로서 계약당사자 일방의 채무불이행이 있으면 상대방은 계약을 해제할 수 있다는 것과 같은 일반적인 내용이 아니라 그 계약에 특유한 해제사유를 명시하여 정해 두고 있고, 더구나 그 해제사유가 당사자 쌍방에 적용될 수 있는 것이 아니라 어느 일방의 채무이행에만 관련된 것이라거나 최고가 무의미한 해제사유가 포함되어 있는 등의 사정이 있는 경우에는 이를 당사자의 진정한 의사를 판단할 때 고려할 필요가 있다(대법원 2016. 12. 15. 선고 2014다14429, 14436 판결: 공2017상, 80).

지입차주와 지입회사가 지입계약을 체결하면서 지입차주에게는 계약기간 중의 임의해지를 명시적으로 인정한 반면, 지입회사가 계약기간 중 임의로 해지할 수 있는지에 관하여는 명시적인 약정을 하지 않고 다만 지입차주의 채무불이행 등 일정한 해지사유가 있을 경우에 한하여 일방적으로 계약을 해지할 수 있도록 한 사안에서, 지입회사는 약정 해지사유가 없을 경우 계약기간 중 임의로 계약을 해지할 수 없다고 하였다(대법원 2011. 3. 10. 선고 2010다78586 판결: 공2011상, 720).

[도급계약상 지체상금 외 계약보증금 별도 약정시 성격] 당사자 사이의 도급계약서에 계약보증금 외에 지체상금도 규정되어 있다는 점만을 이유로 하여 계약보증금을 위약벌로 보기는 어렵다(대법원 2010. 6. 24. 선고 2007다63997 판결: 미공간; 대법원 2011. 10. 27. 선고 2009다97642 판결: 미공간).

[선급금 당연충당과 예외적 정산약정] 도급계약에서 도급인이 수급인에게 지급하는 선급금은 선급 공사대금이므로, 중도에 선급금 반환사유가 발생하는 경우(도급계약의 해제 또는 해지), 선급금은 별도의 상계 의사표시 없이 기성고에 해당하는 공사대금에 당연 충당된다. 충당 결과 선급금 잔액이 있으면 수급인은 도급인에게 반환해야 하고, 역으로 선급금이 모두 충당되고도 공사대금이 남으면, 도급인은 이를 수급인(또는 하수급인)에게 지급할 의무가 있다(대법원 1997. 12. 12. 선고 97다5060 판결: 공1998, 256). 수급인이 미지급 공사대금에 충당되고 남는 선급금을 반환할 채무는 선급금 그 자체와는 성질을 달리하므로 미수령 공사대금에 당연 충당되는 것은 아니다(대법원 2010. 7. 8. 선고 2010다9597 판결: 공2010하, 1536).

선급금의 기성 공사대금 충당에 관한 예외적 정산약정은 선급금을 지급한 후 계약이 해제 또는 해지되는 등의 사유로 수급인이 도중에 선급금을 반환하여야 할 사유가 발생할 경우에 문제된다. 따라서 도급계약을 해지하여 선급금 반환사유가 발생하였더라도 기성 하도급대금 채권이 그 이전에 직접지급의무가 발생하였다면 선급금 충당에 관한 예외적 정산약정이 문제되지 않아, 도급인이 하도급대금 직접지급의무를 면할 수 없다(대법원 2020. 7. 9. 선고 2017다244405 판결: 미공간).

이와 같은 당연충당 원칙은 표준적인 공사도급계약의 해석 결과 그러하다는 것이므로, 도급계약 당사자가 얼마든지 충당 여부, 시기, 내역에 관하여 달리 정할 수 있다. 판례도 선급금 충당 대상이 되는 기성공사대금의 내역을 어떻게 정할 것인지는 도급계약 당사자의 약정에 따라야 한다고 한다(대법원 2010. 5. 13. 선고 2007다31211 판결: 공2010상, 1091).

수급인이 선급금 반환에 관해서 보증계약을 체결한 경우, 보증인이 부담하는 선급금 반환에 관한 보증책임 범위도 보증대상인 도급계약의 내용을 기준으로 정해진다. 즉 도급계약 당사자 사이의 '선급금 충당 대상이 되는 기성 공사대금 내역에 관한 약정'에 따라 보증책임의 발생 여부와 범위가 결정된다(대법원 2004. 6. 10. 선고 2003다69713 판결: 미공간). 예외적 정산약정이 인정되어 수급인이 부담하는 선급금 반환의무의 범위가 커지더라도 수급인의 보증인이 수급인과 동일한 책임을 부담하는지는 별개 문제이다. 판례는 선급금 반환에 관한 보증계약의 경우 보증책임의 유무와 범위는 보증계약 체결 당시 도급계약상 약정을 기준으로 판단해야 한다고 한다(대법원 2014. 2. 27. 선고 2013다90051 판결: 미공간). 특히 3자간 직불합의에 따른 예외적 정산약정이 인정된다면 수급인의 보증인의 책임이 가중될 때 그로써 보증인에게 대항할 수 없다(대법원 2016. 7. 14. 선고 2014다201179 판결: 미공간; 대법원 2021. 7. 8. 선고 2016다267067 판결: 공2021하, 1425).

[비전형 혼합계약] 비전형 혼합계약의 경우 다수의 전형계약의 요소들이 양립하면서 각자 그에 상응하는 법적 효력이 부여될 수 있으므로, 당사자가 그 표시행위에 부여한 객관적인 의미를 있는 그대로 확정하는 것이 필요하다(대법원 2010. 10. 14. 선고 2009다67313 판결: 공2010하, 2076). 즉 비전형의 혼합계약이 전형계약의 어느 하나에 해당하지 않는다고 하여 그 계약 성립 자체를 부인할 수는 없다.

[신용보증의 내용] 신용보증기관의 신용보증이 확정채무의 보증인 개별보증인가 또는 계속적 보증인 근보증인가 여부는 그 신용보증기관이 발행한 보증서의 기재에 의하여 결정된다(대법원 2014. 4. 10. 선고 2011다53171 판결: 공2014상, 1014).

[보증보험의 보험사고 특정] 전문건설공제조합이 건설산업기본법에 따라 하는 각종 보증의 보증사고란 보증인인 전문건설공제조합의 보증책

임을 구체화하여 정하는 불확정한 사고를 의미하므로, 하자보수보증에서
보증사고가 무엇인지는 당사자 사이의 약정으로 계약 내용에 편입된 보
증약관과 보증서 및 주계약의 구체적 내용 등을 종합하여 결정하여야 한
다(대법원 2012. 11. 29. 선고 2010다6079 판결: 미공간).

　　[부가가치세 부담 약정과 세금계산서 발급] 도급인이 부가가치세를
부담하기로 약정한 경우, 수급인의 세금계산서 발급 여부나 부가가치세
납부 여부가 도급인의 부가가치세 상당액 지급의무에 영향을 미치지 않
는다(대법원 2015. 10. 29. 선고 2015다214691, 214707 판결: 미공간).

　　[기업구조조정 과정에서 채권은행협의회 운영협약이 체결된 경우] 협
약상 주채권은행이 채권은행 공동관리절차를 개시하기 위해 관리대상기
업의 채권은행으로 구성된 채권은행자율협의회를 소집하여 당해 기업의
경영정상화를 위하여 채권액의 3/4 이상을 보유한 채권은행의 찬성으로
이자 감면 등 채권재조정 등을 의결하고 이에 반대하는 채권은행에는 채
권매수청구권을 인정하되 이를 행사하지 않으면 당해 의결에 찬성한 것
으로 간주하는 등의 규정이 마련되어 있는 경우, 위 의결에 따른 채권재
조정 등 권리변경과 채권은행들 사이의 손실분담 등 의무설정의 효력은
위와 같은 사전합의와 자율협의회 의결에 근거한 것으로서 자율협의회
결의에 참여한 채권은행에 미친다(대법원 2011. 7. 28. 선고 2009다41748 판결:
공2011하, 1729).

> 4. 법률 규정, 거래 관행, 경험칙에 비추어 의사를 추정하거나, 열세적
>   지위에 있는 당사자 보호를 위한 정책적 고려에서 의사를 추정
>   하는 경우

　　[채권자가 아닌 제3자 명의 근저당권의 효력] 제3자를 근저당권 명의
인으로 하는 근저당권을 설정하는 경우 그 점에 대하여 채권자와 채무자
및 제3자 사이에 합의가 있고, 채권양도, 제3자를 위한 계약, 불가분적
채권관계의 형성 등 방법으로 채권이 그 제3자에게 실질적으로 귀속되었
다고 볼 수 있는 특별한 사정이 있는 경우에는 제3자 명의의 근저당권설

정등기도 유효하다(대법원 2011. 1. 13. 선고 2010다69940 판결: 공2011상, 342). 이러한 법리는 기존 채무의 이행과 관련하여 채무자가 채권자 아닌 제3자를 수취인으로 하여 약속어음을 발행하는 경우에도 마찬가지여서 채무자의 제3자인 약속어음 수취인에 대한 채무가 존재한다고 볼 수 있다(대법원 2012. 5. 10. 선고 2011다109425 판결: 미공간).

[기존 채무 담보로 다른 재산권을 이전하는 경우] 기존 채무를 정리하는 방법으로 다른 재산권을 이전하기로 하면서 일정 기간 내에 채무원리금을 변제할 때에는 그 재산을 반환받기로 하는 약정이 이루어졌다면, 당사자 사이에는 그 재산을 담보 목적으로 이전하고 변제기 내 변제가 이루어지지 않으면 담보권 행사에 의한 정산절차를 거쳐 원리금을 변제받기로 하는 양도담보약정이 이루어진 것으로 해석하여야 한다(대법원 2012. 11. 29. 선고 2012다64505 판결: 미공간).

채무를 담보하기 위하여 체결된 집합채권의 양도예약은, 대물변제의 예약이라기보다는 양도담보의 예약으로 추정된다(대법원 2010. 12. 23. 선고 2010다69766 판결: 미공간).

기존 채무에 관하여 다른 재산권을 담보 목적으로 이전하기로 하는 양도담보약정이 이루어진 경우, 채권자가 자신의 채권자인 제3자에 대한 채무의 변제를 위하여 그 재산권을 제3자에게 이전하기로 하고 제3자 명의로 분양계약서를 작성하도록 하였다면, 채권자는 채무자에 대한 채권과 함께 그 담보약정에 관한 권리를 제3자에게 양도한 것으로 볼 수 있고, 이에 대하여 채무자는 제3자와 사이에 분양계약서를 작성함으로써 이를 승낙한 것으로 봄이 상당하다(대법원 2012. 11. 29. 선고 2012다70562 판결: 미공간).

[중대한 결과를 초래하는 약정의 엄격 해석] 채권의 포기, 채무의 면제 의사표시의 존재는 엄격하게 해석해야 한다(대법원 2010. 10. 14. 선고 2010다40505 판결: 공2010하, 2088). 보증의사의 존재나 보증범위 역시 엄격하게 제한하여 인정하여야 한다(대법원 2011. 4. 28. 선고 2010다98771 판결: 미공간).

[기한이익 상실 특약의 해석] 기한이익 상실의 특약은 정지조건부 기한이익 상실의 특약과 형성권적 기한이익 상실의 특약으로 대별되는데 특별한 사정이 없는 이상 형성권적 기한이익 상실의 특약으로 추정한다(대법원 2010. 8. 26. 선고 2008다42416, 42423 판결: 공2010하, 1799).

[보증채무 자체의 지연손해금과 보증한도] 보증채무는 주채무와는 별개의 채무이기 때문에 보증채무 자체의 이행지체로 인한 지연손해금은 보증한도액과는 별도이다. 이 경우 보증채무의 연체이율에 관하여 특별한 약정이 있으면 그에 따르고 특별한 약정이 없으면 거래행위의 성질에 따라 상법 또는 민법에서 정한 법정이율에 따르는 것이지, 주채무에 관하여 약정된 연체이율이 당연히 여기에 적용되는 것은 아니다(대법원 2014. 3. 13. 선고 2013다205693 판결: 공2014상, 846).

[이행인수와 병존적 채무인수의 구별] 이행인수인지 병존적 채무인수(제3자를 위한 계약)인지를 판별하는 기준은 계약 당사자에게 제3자 또는 채권자가 계약 당사자 일방 또는 인수인에 대하여 직접 채권을 취득하게 할 의사가 있는지 여부에 달려 있다(대법원 2014. 7. 10. 선고 2011다108767 판결: 미공간). 인수의 대상으로 된 채무를 구성하는 권리관계도 함께 양도되거나, 채무인수인이 그 채무부담에 상응하는 대가를 얻을 때에는 병존적 채무인수로 보아야 한다(대법원 2010. 2. 11. 선고 2009다73905 판결: 미공간).

[매도인의 완전한 소유권이전등기의무] 매매계약 문언상으로는 매도인의 소유권이전등기의무만을 정하고 있으나, 매도인은 특별한 사정이 없는 한 제한이나 부담이 없는 소유권이전등기의무를 진다는 점을 근거로, 토지거래허가에 장애가 되는 종전 소유자의 임대사업승인처분에 관하여 매도인이 취소를 받을 의무를 인정한 사례가 있다(대법원 2010. 1. 28. 선고 2008다80760 판결: 미공간).

[환지예정지에 관한 매매] 환지예정지가 지정되어 있는 단계에서의 토지매매로 인한 종전 토지의 소유권이전등기가 경료된 경우 권리면적과 환지예정지의 차이가 있을 때, 매매계약 당시 당사자 사이에 감평환지에

관한 교부청산금을 매매목적물에서 제외하는 특약이 없으면 당사자의 의사는 종전 토지에 관한 모든 권리의무를 매매의 목적물로 정한 것이라고 보는 것이 상당하다. 당사자가 환지예정지 자체를 매매대상으로 삼은 경우에 그 환지예정지 면적이 종전 토지에 대한 권리면적을 초과하여 환지처분 시 청산금이 징수될 과도면적이 있음을 알고 매매계약을 체결한 것이라면 특단의 사정이 없는 한 매매 당사자는 위와 같은 과도면적에 대한 청산금관계까지 고려하여 매매대금을 정한 것이라고 보아야 할 것이다(대법원 2013. 4. 25. 선고 2012다80613 판결: 미공간).

[홍보 안내문·광고와 분양계약 내용이 다른 경우] 광고는 일반적으로 청약이 아니라 청약의 유인 성질을 가지는 것에 불과하다. 연금보험 광고와 관련하여 광고 내용은 청약의 유인에 불과할 뿐 계약의 내용이 되는 청약에 해당한다고 볼 수 없다(대법원 2014. 2. 13. 선고 2013다201394 판결: 미공간).

그런데 상가나 아파트 분양 광고에 관해서 대법원은 선분양·후시공의 경우와, 선시공·후분양의 경우를 구분하여 취급한다.

선분양·후시공이 이루어지는 대규모 아파트 분양의 경우, 광고 내용이나 조건 또는 설명 중 사회통념상 수분양자가 분양자에게 계약내용으로 이행을 청구할 수 있다고 보이는 사항(아파트의 외형, 재질, 구조 등 구체적 거래조건에 관한 것)에 관해서는, 다른 사항에 관한 것과는 달리, 분양계약 시 이의를 유보하였다는 등의 특별한 사정이 없는 한 분양자와 수분양자 사이에 분양계약의 내용으로 하기로 하는 묵시적 합의가 있었다고 본다(대법원 2012. 11. 29. 선고 2010다86051 판결: 미공간; 대법원 2019. 4. 23. 선고 2015다28968, 28975, 28982, 28999 판결: 미공간).

반면 선시공·후분양의 방식으로 분양되거나, 당초 선분양·후시공의 방식으로 분양하기로 계획되었으나 계획과 달리 준공 전에 분양이 이루어지지 않아 준공 후에 분양이 되는 아파트 등의 경우에는 수분양자는 실제로 완공된 아파트 등의 외형·재질 등에 관한 시공 상태를 직접 확인하고 분양계약 체결 여부를 결정할 수 있어 완공된 아파트 등 그 자체가 분양계약의 목적물로 된다고 봄이 상당하다. 따라서 비록 준공 전에 분양안내서 등을 통해 분양광고를 하거나 견본주택 등을 설치한 적이 있고, 그러한 광고내용과 달리 아파트 등이 시공되었다고 하더라도, 완공된 아파트 등의 현황과 달리 분양광고 등에만 표현되어 있는 아파트 등의 외형·재질 등에 관한 사항은 분양계약 시에 아파트 등의 현황과는 별도로 다시 시공해 주기로 약정하였다는 등의 특별한 사정이 없는 한 이를 분양계약의 내용으로 하기로 하는 묵시적 합의가 있었다고 보기는 어렵다. 그리고 선분양·후시공의 방식으로 분양하기로 한 아파트 등의 단지 중 일부는 준공 전에, 일부는 준공 후에 분양된 경우에는 각 수분양자마다 분양계약 체결의 시기 및 아파트 등의 외형·재질 등에 관한 구체적 거래조건이 분양계약에 편입되었다고 볼 수 있는 사정이 있는지 여부 등을 개별적으로 살펴 분양회사와 각 수분양자 사이에 이를 분양계약의 내용으로 하기로 하는 묵시적 합의가 있었는지 여부를 판단하여야 한다(대법원 2014. 11. 13. 선고 2012다29601 판결: 공2014하, 2320).

[종원과 종중 사이의 사용대차계약과 유익비상환청구] 사용대차에서 차주는 유익비상환을 청구할 수 있다(제611조 제2항, 제594조 제2항, 제203조 제2항). 그러나 종중이 종중원에게 종중 소유 토지를 무상으로 사용하도록 하는 사용대차계약이 묵시적으로 성립했다고 볼 수 있는 경우 유익비상환청구권을 인정하는 것은 신중을 기해야 한다. 사용·수익에 충분한 기간이 지나면 종중의 반환 요청을 받은 종중원이 유익비를 지출하였더라도 그 상환을 청구하지 않고 토지를 그대로 반환한다는 묵시적 약정이 포함되어 있다고 보는 것이 당사자의 진정한 의사에 부합한다(대법원 2018. 3. 27. 선고 2015다3914, 3921, 3938 판결: 공2018상, 774).

[하자담보책임 배제 특약과 채무불이행책임] 당사자 사이의 계약에서 하자담보책임에 관한 특칙을 정한 경우에 제반 사정을 고려하여 그 특칙이 일반적인 채무불이행책임의 적용까지 배제하는 취지로 볼 수 있는 특별한 사정이 존재하지 않는 이상, 제390조에 따른 채무불이행책임은 계약의 특칙에 의한 하자담보책임과 경합적으로 인정된다고 보아야 하며,

채무불이행책임에 의하여 구하는 급부가 계약상 하자담보책임으로 구할 수 있는 급부와 동일한 급부라고 하여 달리 볼 것은 아니다(대법원 2016. 5. 24. 선고 2015다215717 판결: 미공간).

[임차권 양도금지 특약과 임대차보증금반환채권의 양도] 임대차계약의 당사자 사이에 '임차인은 임대인의 동의 없이는 임차권을 양도 또는 담보제공 하지 못한다.'는 약정을 하였다면, 그 약정의 취지는 임차권의 양도를 금지한 것으로 볼 것이지 임대차계약에 기한 임대보증금반환채권의 양도를 금지하는 것으로 볼 수는 없다(대법원 2013. 2. 28. 선고 2012다104366, 104373 판결: 미공간).

[채권양도와 하도급법상 직접지급합의의 구별 기준] 공사도급계약 및 하도급계약을 함께 체결하면서 도급인, 원수급인과 하수급인이 '공사대금은 도급인이 원수급인의 입회하에 하수급인에게 직접 지급하고, 원수급인에게는 지급하지 않는 것'으로 약정한 경우, 채권양도인지 하도급법상 직불합의를 한 것인지 애매한 경우가 많다.

대법원은 당사자들의 의사가 위 도급계약 및 하도급계약에 따른 공사가 실제로 시행 내지 완료되었는지 여부와 상관없이 원수급인의 도급인에 대한 공사대금채권 자체를 하수급인에게 이전하여 하수급인이 도급인에게 직접 그 공사대금을 청구하고 원수급인은 공사대금 청구를 하지 않기로 하는 취지라면 원수급인이 도급인에 대한 공사대금채권을 하수급인에게 양도하고 그 채무자인 도급인이 이를 승낙한 것이라고 한다. 반면 당사자들의 의사가 하수급인이 위 각 하도급계약에 기하여 실제로 공사를 시행 내지 완료한 범위 내에서는 도급인은 하수급인에게 그 공사대금을 직접 지급하기로 하고 원수급인에게 그 공사대금을 지급하지 않기로 하는 취지라면, 직불합의를 하였다고 본다(대법원 2013. 9. 12. 선고 2011다6311 판결: 미공간).

[수급인의 연대보증인의 책임 범위] 민간공사 도급계약상 수급인의 연대보증인의 보증책임은 법률행위의 해석에 의하여 판단되어야 하지만, 특별한 약정이 없다면 수급인의 책임과 마찬가지로 금전채무보증(선급금

반환의무를 포함한다)과 시공보증을 포함한다(대법원 2012. 5. 24. 선고 2011다
109586 판결: 공2012하, 1117).

[수급인의 수분양자에 대한 책임 범위] 건물 건축주 겸 분양자가 수
분양자들과 오피스텔 공급계약을 체결할 당시 건물 건축공사를 도급받은
수급인이 책임시공자로서 시공상 하자에 대하여 공동주택관리령 규정에
의하여 보수책임을 지는 것으로 약정한 사안에서, 수급인이 수분양자에게
구 주택건설촉진법과 구 주택법에서 정한 하자보수책임 외에 하자보수에
갈음하는 손해배상책임까지 부담하는 것으로 볼 수 없다(대법원 2012. 4.
13. 선고 2011다55917, 55924 판결: 미공간)고 한다.

[업종 지정 분양과 업종제한 의무] 업종 지정 분양의 경우 수분양자
또는 수분양자 지위를 양수한 자는 점포 입주자들에 대한 관계에서 업종
제한 등의 의무를 수인하기로 동의하였다고 봄이 타당하다(대법원 2010.
5. 27. 선고 2007다8044 판결: 공2010하, 1208; 대법원 2012. 11. 29. 선고 2011다
79258 판결: 공2013상, 17).

[전속매니지먼트계약과 출연료채권] 전속매니지먼트계약을 체결한 연
예인의 출연계약에 따른 출연료채권이 연예인 본인에게 귀속되는지, 아니
면 전속기획사에게 귀속되는지는 방송사와 체결한 출연계약 내용에 따라
정해질 것이나, 당해 사안은 출연계약서가 제출되지 않았는데 대법원은
연예인 개인에게 출연료채권이 귀속된다고 판단하였다(대법원 2019. 1. 17.
선고 2016다256999 판결: 공2019상, 445).

[사이닝 보너스] 기업이 경력 있는 전문 인력을 채용하기 위한 방법
으로 근로계약 등을 체결하면서 일회성의 인센티브 명목으로 지급하는
돈을 사이닝보너스라고 한다. 그 법적 성격이 문제가 되는데, 이직에 따
른 보상이나 근로계약 등의 체결에 대한 대가로서의 성격만 가지는지,
더 나아가 의무근무기간 동안의 이직금지 내지 전속근무 약속에 대한 대
가 및 임금 선급으로서의 성격도 함께 가지는지는 제반 사정을 참작하여
의사표시를 해석하면 된다. 만약 해당 사이닝보너스가 이직에 따른 보상
이나 근로계약 등의 체결에 대한 대가로서의 성격에 그칠 뿐이라면 계약

당사자 사이에 근로계약 등이 실제로 체결된 이상 근로자 등이 약정근무기간을 준수하지 않았더라도 사이닝보너스가 예정하는 대가적 관계에 있는 반대급부는 이행된 것으로 볼 수 있다(대법원 2015. 6. 11. 선고 2012다55518 판결: 공2015하, 953).

[**자유발명의 양도대가를 직무발명 양도대금으로 산정한 사례**] 회사 임원이 양도대금에 관한 명시적 약정 없이 자유발명에 관한 특허를 받을 권리를 회사의 관계회사에 양도한 사안에서, 직무발명으로 가정하여 산정한 직무발명 보상금 상당액을 양도대금으로 지급받기로 하는 묵시적 약정이 있다고 본다. 왜냐하면 어떠한 경제적 가치가 있는 물건이나 권리를 양도할 때 그 대가지급에 관하여 명시적 약정을 하지 않았더라도 통상 아무런 반대급부 없이 이를 양도하겠다고 약정하는 것은 매우 이례적이기 때문이다(대법원 2010. 11. 11. 선고 2010다26769 판결: 공2010하, 2241).

[**법률의 허용한도 내 전화번호데이터베이스 제공의무**] 구 「정보통신망 이용촉진 및 정보보호 등에 관한 법률」은 정보통신서비스이용약관에 명시된 범위를 넘어 개인정보를 이용하거나 제3자에게 제공하는 것을 금지하는데 위 약관은 케이티가 전화가입자의 성명 등을 114 등으로 안내할 수 있다고 정하고 있을 뿐이어서, 계약상 '관련 법규가 허용하는 한도 내에서 데이터베이스를 사용할 수 있다'고 약정하였더라도 법령과 약관 내용을 넘어서서 전화가입자의 성명 등 전화번호데이터베이스를 제공할 의무가 없다고 판단한 사례가 있다(대법원 2010. 5. 27. 선고 2007다21962, 21979 판결: 미공간).

[**한국공인중개사협회의 보상한도의 의미**] 한국공인중개사협회가 공제약관에서 '협회가 보상하는 금액은 공제가입금액을 한도로 합니다'라고 규정한 사안에서, 위 약관 규정은 '공제사고 1건당 보상한도'를 정한 것으로 해석함이 타당하다고 보았으나(대법원 2012. 8. 17. 선고 2010다93035 판결: 공2012하, 1548), 위 공제약관이 '공제기간 중 발생한 모든 중개사고로 인하여 손해를 입은 중개의뢰인들의 수 또는 중개계약 건수나 그 손해액에 관계없이 손해를 입은 각 중개의뢰인들이 협회로부터 보상받을 수 있

는 손해배상액의 총 합계액은 공제증서에 기재된 공제가입금액 한도 내에서 배상책임이 있다'고 개정되어 '공제가입자의 공제기간 동안 발생한 모든 공제사고에 대한 총 보상한도'를 의미한다고 판단하였다(대법원 2014. 6. 26. 선고 2012다98713 판결: 미공간)

[행정법령상 지위승계 규정이 있는 경우 해석] 행정법령상 영업허가를 받은 자의 지위를 승계한다는 규정이 있는 경우가 있다. 이와 관련해서 사법상의 권리의무까지 승계가 되는지가 문제 된다. 개별 행정법령의 문언에 따라 승계의 범위를 달리 파악해야 할 것으로 생각된다.

전기공사업자가 영업을 양도한 경우 그 양수인은 공사업자의 지위를 승계한다(전기공사업법 제7조 제1항 제2호). 그 취지는 양수인이 양도인인 공사업자의 전기공사업법상의 지위를 승계한다는 뜻이지 공사업자의 일반 사법상의 모든 권리, 의무까지 포괄적으로 승계한다는 취지는 아니다(대법원 2013. 4. 26. 선고 2012다14432 판결: 미공간).

체육시설업자가 영업을 양도한 때 등에는 그 영업을 양수한 자 등은 체육시설업의 등록 또는 신고에 따른 권리·의무(회원을 모집한 경우에는 그 체육시설업자와 회원 간에 약정한 사항을 포함한다)를 승계한다(「체육시설의 설치·이용에 관한 법률」 제27조 제1항). 이는 체육시설업자의 영업 또는 체육시설업의 시설 기준에 따른 필수시설이 타인에게 이전된 경우, 영업양수인 등이 체육시설업과 관련하여 형성된 공법상 권리·의무와 함께 체육시설업자와 이용관계를 맺은 다수 회원들의 이익을 보호할 필요가 있기 때문에, 체육시설업자와 회원 간에 영업양도 등의 사유가 있기 전에 체결된 사법상의 약정을 승계한다는 내용을 규정한 것이다(대법원 2016. 5. 25.자 2014마1427 결정: 공2016하, 835).

[부제소합의] 불법행위로 인한 손해배상에 관하여 당사자 사이에 일정한 금액을 지급받고 나머지 청구를 포기하기로 하는 합의는 권리포기약정 외에 부제소합의까지 했다고 볼 수 없다(대법원 2010. 9. 9. 선고 2010다22439 판결: 미공간).

[적법한 대부계약 해지와 손해배상약정] 국가가 일반재산에 관하여

대부계약을 체결하면서, 국가나 지방자치단체가 대부계약의 목적물을 직접 공용이나 공공용으로 사용하기 위하여 필요한 때에는 대부계약을 해지할 수 있고 그 경우 상대방이 입은 손해를 배상하겠다고 약정한 경우, 이는 대부계약의 법적 성질이 사법상 계약임에 비추어 대부계약의 해지로 인하여 상대방이 입은 손실을 행정상 손실보상절차에 의하지 않고 민사상 절차에 의하여 배상하겠다는 취지로 해석할 수는 있지만, 더 나아가 그 약정 속에 구 국유재산법 관계 법령에서 규정한 손실보상액과 관계없이 상대방이 입은 손해를 일반 채무불이행에 기한 손해배상의 법리에 따라 배상하겠다는 취지까지 담겨 있다고 단정할 수는 없다(대법원 2014. 1. 23. 선고 2011다18017 판결: 공2014상, 455). 대법원은 대부계약의 해지는 적법행위라는 등의 이유에서 위와 같이 판시하였다.

[부부 특유재산 추정과 명의신탁] 부부의 일방이 혼인 중 그의 단독 명의로 취득한 부동산은 그 명의자의 특유재산으로 추정되므로(제830조 제1항) 그 추정을 번복하기 위하여는 다른 일방 배우자가 실제로 당해 부동산의 대가를 부담하여 그 부동산을 자신이 실질적으로 소유하기 위하여 취득하였음을 증명하여야 한다. 이때 단순히 다른 일방 배우자가 그 매수자금의 출처라는 사정만으로는 무조건 특유재산의 추정을 번복하고 당해 부동산에 관하여 명의신탁이 있었다고 볼 것은 아니고, 제반 사정을 종합하여 판단하여야 한다(대법원 2013. 10. 31. 선고 2013다49572 판결: 미공간).

[영업양도 상호 속용 양수인의 책임을 영업임대차에 유추 가부] 타인의 채무에 대한 변제책임이 인정되는 것은 채무인수와 같이 당사자가 스스로의 결정에 따라 책임을 부담할 의사를 표시한 경우에 한정되는 것이 원칙이고, 예외적으로 법률의 규정에 의하여 당사자의 의사와 관계없이 타인의 채무에 대한 변제책임이 인정될 수 있으나, 그러한 법률규정을 해석·적용할 때에는 가급적 위와 같은 원칙들이 훼손되지 않도록 배려하여야 하고 특히 유추적용 등의 방법으로 그 법률규정들을 확대적용하는 것은 신중히 하여야 한다(대법원 2016. 8. 24. 선고 2014다9212 판결: 공

2016하, 1346). 위 선례는 영업양도 상호속용 양수인의 책임 규정을 영업임대차에 유추할 수 없다고 판단하였다.

[주권발행 전 주식양도행위와 원인행위] 주권발행 전의 주식의 양도행위는 그 원인행위인 매매·증여 등 채권계약과 외형상 하나의 행위로 합체되어 행하여질 수 있고, 당사자가 특히 주식양도의 효과의 발생을 유보한 경우가 아니라면 통상 원인행위와 함께 행하여진다(대법원 2015. 10. 15. 선고 2015다215854 판결: 미공간).

[암의 치료를 직접목적으로 한 입원 등 의미] 암의 치료를 직접목적으로 한 입원 또는 수술에서 '직접'의 의미는 암발생 후 후유증 완화를 위한 치료에 필요한 것을 의미한다. 침상안정과 상태에 대한 관찰이 대부분인 요양을 위한 것인 경우 암입원급여금 지급대상에 해당하지 않는다(대법원 2010. 9. 30. 선고 2010다40543 판결: 미공간).

[가맹점에 제공되는 원재료 공급계약상 책임을 가맹본부가 부담하는지] 가맹사업법은 가맹사업의 특수성을 고려하여, 일정한 경우에는 가맹본부가 가맹점에게 원재료 또는 부재료를 특정한 거래상대방(가맹본부 포함)과 거래하도록 강제하는 것을 허용하고 있다고 하여, 가맹본부가 그 공급거래의 당사자가 되거나 공급거래 자체에 따른 어떠한 책임을 부담하게 되는 것은 아니다. 가맹본부는 품질기준의 유지를 위해 중간 공급업체로 하여금 가맹본부가 지정한 업체로부터만 재료를 공급받도록 정할 수 있을 것인데, 이처럼 가맹본부가 각 재료 공급업체의 지정에 관여하였다고 하더라도 그러한 사정만으로 가맹본부와 각 재료 공급업체를 그 공급거래의 당사자라고 단정할 만한 전형적 징표라고 보기도 어렵다(대법원 2018. 1. 25. 선고 2016다238212 판결: 공2018상, 508).

[기업개선작업절차에서 이루어진 출자전환행위의 법적 성질] 「기업구조조정 촉진법」 제정 전 기업개선작업에서 이루어진 출자전환행위의 법적 성질에 관하여, 채권자와 채무자가 신주인수대금과 채권을 상계하기로 합의한 때에는 신주발행과 상계계약에 의한 주금납입으로 보아야 하고, 대물변제와 잔여 채무에 대한 면제의 결합으로 볼 것은 아니다(대법원

2010. 9. 16. 선고 2008다97218 전원합의체 판결: 공2010하, 1903).

[신탁 관련 사례] 담보신탁계약에서 위탁자의 분양을 예정하고 있는 경우(분양계약 당사자는 위탁자와 수분양자인 경우), 위탁자는 수분양자에게 분양된 부동산에 관한 소유권이전등기를 마쳐 주기 위하여 그 부분에 관한 신탁을 일부 해지하여야 한다. 이때 부동산 신탁계약에서 유효한 분양계약이 이루어지고 그 분양대금으로 우선수익자의 채권 변제가 확보된 상태에 이른 경우, 위탁자인 시행사가 매수인을 위하여 분양된 부동산에 관한 신탁을 일부 해지할 수 있고, 우선수익자는 그 해지에 관하여 동의의 의사표시를 하기로 하는 묵시적 약정을 하였다고 본다(대법원 2010. 12. 9. 선고 2009다81289 판결: 공2011상, 105). 위와 같이 신탁계약이 해지된 후에는 원래 '신탁재산귀속'을 원인으로 하여 위탁자 앞으로 소유권이전등기를 한 다음, 다시 '분양계약'을 원인으로 하여 매수인 앞으로 소유권이전등기가 이루어지게 된다. 이 경우 신탁계약상 '우선수익자의 서면요청이 있는 경우 수탁자는 매수인으로부터 확약서를 징구한 다음 신탁부동산의 소유권을 매수인에게 직접 이전할 수 있다'는 취지의 특약을 한 경우, 그 구체적인 의미에 관하여 이를 매수인에게 수탁자에 대한 소유권이전등기청구권을 직접 취득하게 하기 위한 규정으로 볼 수 없다고 한다. 그 특약의 의미는 수탁자로 하여금 분양목적물에 관한 소유권이전등기를 위탁자에게 하는 대신 매수인에게 직접 하게 하는 것도 허용하는 취지이기 때문이다(대법원 2012. 7. 12. 선고 2010다19433 판결: 미공간).

대법원은 구 건축물의 분양에 관한 법률이 적용되는 분양관리신탁에서도 같은 취지로 판시한 바가 있는데(대법원 2011. 3. 10. 선고 2009다50353 판결: 공2011상, 703), 시행사가 현저한 저가에 분양을 한 경우에는, 수탁자로부터 직접 피분양자 앞으로 신탁계약의 해지에 따른 소유권이전등기를 허용한다면 수익자의 이익을 해치게 되어 신탁계약의 본지에 반한다는 근거에서 위탁자인 시행사의 신탁해지권이 인정되지 않는다고 한다.

[2차적저작물과 원저작물의 양도] 2차적저작물은 원저작물과는 별개

의 저작물이므로, 어떤 저작물을 원저작물로 하는 2차적저작물의 저작재
산권이 양도되는 경우, 원저작물의 저작재산권에 관한 별도의 양도 의사
표시가 없다면 원저작물이 2차적저작물에 포함되어 있다는 이유만으로
원저작물의 저작재산권이 2차적저작물의 저작재산권 양도에 수반하여 당
연히 함께 양도되는 것은 아니다(대법원 2016. 8. 17. 선고 2014다5333 판결:
공2016하, 1315).

5. 거래관행, 내부규정, 부속문서 등의 계약 편입 문제

거래관행, 일방 당사자의 내부규정이 계약내용에 편입되는지, 계약서
에서 처분문서 이외의 문서를 인용하는 경우, 그러한 내용이 계약의 내
용이 되는지 문제가 되는 사례가 있다. 기본적으로는 그것이 법규범이
아닌 이상, 당사자가 계약에 그것을 편입하기로 합의한 경우라야 구속력
이 있다. 몇 가지 선례를 인용해 본다.

[기업 내부의 근로관계 관행] 기업 내부에 존재하는 특정 관행이 근
로계약의 내용을 이루고 있다고 하기 위하여는 그러한 관행이 기업 사회
에서 일반적으로 근로관계를 규율하는 규범적인 사실로서 명확히 승인되
거나 기업의 구성원에 의하여 일반적으로 아무도 이의를 제기하지 아니
한 채 당연한 것으로 받아들여져서 기업 내에서 사실상의 제도로서 확립
되어 있다고 할 수 있을 정도의 규범의식에 의하여 지지되고 있어야 한
다(대법원 2014. 2. 27. 선고 2011다109531 판결: 공2014상, 693).

[예탁금회원제 골프장 회칙] 골프장 경영 회사가 운영상의 필요에 따
라 회칙을 둘 수 있으나, 이러한 회칙이 회원과 회사 사이의 계약 내용
으로 되기 위하여서는 회칙을 계약 내용으로 편입시키기 위한 명시적·묵
시적 합의가 있어야 한다. 이러한 합의에 의하여 회칙이 일단 계약 내용
으로 편입된 이후에 회사가 회칙을 일방적으로 개정하는 것은 종전 회칙
에 따라 가입한 기존 회원들에 관한 한 계약 내용을 회사가 일방적으로
변경하는 것이어서, 기존 회원들에 대하여는 그들의 개별적인 승인이 없
으면 개정 회칙이 적용될 수 없다. 따라서 이러한 경우 기존 회원의 계

약상 지위는 개정된 회칙의 내용에 따라 정하여지는 것이 아니라 여전히 종전의 회칙에 따라 정하여지며, 회칙의 개정이 회원 자격의 종류나 그 내용의 변경과 같은 회원으로서의 기본적인 지위에 대하여 중요한 변경을 초래하는 내용인 경우에는 종전 회칙에 그 개정에 관한 근거 규정이 있다고 하더라도 이와 달리 볼 수 없다(대법원 2015. 1. 29. 선고 2013다28339 판결: 공2015상, 419).

[게임회사의 운영정책] 리니지I 게임사의 운영정책이 약관에 편입되었다고 본 판례가 있다. 즉 게임이용 약관의 구체적 내용을 게임사의 운영정책에 위임하고 이용자가 로그인 시 그 운영정책을 띄워 이용자로 하여금 동의하게 한 사안에 관한 것이다(대법원 2010. 10. 28. 선고 2010다9153 판결: 공2010하, 2153). 사업자가 약관개정 절차를 거치지 않은 채 운영정책을 변경했더라도, 로그인 시 이용자에게 운영정책을 고지하고 이용자의 개별적 동의를 받도록 했다면, 그 운영정책은 이용자의 동의를 통하여 계약 내용으로 편입된다는 취지이다.

[가맹사업법상 정보공개서] 「가맹사업거래의 공정화에 관한 법률」 제2조 제10호에서 정한 정보공개서에 가맹점사업자에 불리한 내용이 기재되어 있고 그것이 공정거래위원회에 등록되어 공개되었다거나 가맹계약 체결 전 가맹점사업자에게 제공되었다고 하여 그 자체가 가맹계약의 일부가 된다거나 별도의 합의 없이 가맹계약 내용에 당연히 편입된다고 볼 수 없다. 정보공개서의 취지는 계약 체결에 필요한 가맹본부와 가맹사업 등에 관한 충분한 정보를 제공하도록 함으로써 가맹사업의 구조적 특성에 기인하는 가맹본부와 가맹점사업자 사이의 정보의 비대칭성으로 인해 발생할 수 있는 부작용을 예방하고 상대적으로 불리한 지위에 있는 가맹점사업자의 권익을 보호하려는 데 있기 때문이다(대법원 2018. 6. 15. 선고 2017다248803, 248810 판결: 공2018하, 1264).

[금융기관의 매뉴얼이나 내규] 일반적으로 금융기관의 업무규정이나 내규 등은 금융기관 내부의 직무수행지침에 불과하여 그것이 보통거래약관으로 되었다는 등의 사정이 없다면 금융기관이 제3자에 대하여 반드시

그 규정에 따라 업무를 처리할 의무를 부담하는 것은 아니다(대법원 2014.
1. 23. 선고 2011다68531 판결: 미공간).

[투자신탁 자산운용회사의 운용계획서] 투자신탁의 자산운용회사가
직접 또는 판매회사를 통하여 투자자인 고객에게 신탁약관의 내용보다
구체적인 내용이 담긴 운용계획서를 교부한 경우, 그 내용이 개별약정으
로서 구속력이 있는지 여부는 제반 사정을 종합하여 당사자의 진정한 의
사가 무엇인지에 따라 판단하여야 한다(대법원 2012. 11. 15. 선고 2010다
64075 판결: 미공간).

[공기업이 체결하는 공공계약과 국가계약법령] 공기업인 한국전력공
사가 공사도급계약서에 공사비 산정 기준으로 '한국전력공사의 설계기준
과 회계기준'을 적시하였으나, 그러한 명칭의 규정이나 이에 준하는 내규,
기준 등이 없다면, 이는 국가계약법령과 이에 따른 기획재정부 계약예규
인 '예정가격 작성기준'으로 보아야 한다고 판단한 사례가 있다. 「공공기
관의 운영에 관한 법률」 제39조 제3항, 「공기업·준정부기관 계약사무규
칙」 제2조에 따라 공기업이 체결하는 계약에 국가계약법령을 준용한다고
규정하고 있고, 법률행위 해석의 일반원칙에 따르면 그와 같이 보아야
한다는 것이다(대법원 2016. 5. 12. 선고 2015다246339 판결: 미공간). 다만 위
판결은 위 계약사무규칙이 공기업이 체결하는 계약에 구속력을 미치는
근거가 당사자의 의사에 있는지, 아니면 법령의 효력에 따른 것인지를
명확히 하지 않았다.

대법원 2018. 10. 12. 선고 2015다256794 판결(공2018하, 2078)은 「국
가를 당사자로 하는 계약에 관한 법률」(국가계약법)에 따라 체결된 계약과
「공공기관의 운영에 관한 법률」의 적용대상인 공기업이 일방 당사자가
되는 계약을 공공계약으로 칭하면서 "대가지급지연에 대한 이자에 관한
위 규정은 <u>모든 공공계약에 적용</u>되는 효력규정으로 보아야 한다."(밑줄은
필자가 강조)라고 판시하였으나, 그 근거는 밝히지 않았다. 대법원은 당사
자의 의사에 따른 계약 편입 절차 없이 공공계약에 당연히 국가계약법령
이 준용된다고 판단한 것으로 보인다. 그런데 대법원은 국가계약법상 계

약금액 조정조항에 관하여 "국가 등이 사인과의 계약관계를 공정하고 합
리적·효율적으로 처리할 수 있도록 계약담당자 등이 지켜야 할 사항을
규정한 데 그칠 뿐"(밑줄은 필자가 강조)이라고 설시한 바 있어(대법원 2017.
12. 21. 선고 2012다74076 전원합의체 판결: 공2018상, 177), 계약 내용에 편입
되지 않은 국가계약법령은 계약담당자에게만 구속력을 미친다고 볼 수도
있다. 공기업이 계약을 체결할 때 당사자의 합의에 의하여 국가계약법령
을 계약 내용으로 편입하지 않으면, 당연히 준용된다고 보기 어려운 면
이 있다.

6. 약관의 경우

[해석 원칙] 계약 체결 경위, 동기, 목적 등 당사자의 개별적 사정도
고려하는 법률행위의 해석과 달리 약관의 해석은 평균적 고객의 이해가
능성을 기준으로 하여 객관적, 획일적으로 행하여야 한다(대법원 2011. 5.
13. 선고 2010다7133 판결: 공2011상, 1147). 그러한 해석을 거친 후에도 약관
조항이 객관적으로 다의적으로 해석되고 그 각각의 해석이 합리성이 있
는 등 당해 약관의 뜻이 명백하지 않은 경우에는 고객에게 유리하게 해
석하여야 한다(대법원 2015. 4. 9. 선고 2013다207828 판결: 미공간).

[약관의 효력] 보험약관이 계약당사자 사이에 구속력을 갖는 것은
그 자체가 법규범이거나 또는 법규범적 성질을 가지기 때문이 아니라 당
사자가 그 약관의 규정을 계약 내용에 포함시키기로 합의하였기 때문이
다. 일반적으로 당사자 사이에 보험약관을 계약내용에 포함시킨 보험계
약서가 작성된 경우에는 계약자가 그 보험약관의 내용을 알지 못하는 경
우에도 그 약관의 구속력을 배제할 수 없는 것이 원칙이나, 당사자 사이
에서 명시적으로 약관의 내용과 달리 약정한 경우에는 약관의 구속력은
배제된다(대법원 2017. 6. 15. 선고 2013다215454 판결: 미공간). 위 판결 사안
은 보험계약자가 「자동차손해배상 보장법」상 자동차가 아닌 건설기계를
피보험 자동차로 하여 의무보험인 대인배상 I 에만 가입한 경우, 개별적
인 교섭이 있었다는 명확한 자료가 없더라도, 제반 사정을 고려하면, 보

험약관상 보상내용 규정과는 다른 의사의 합치, 즉 건설기계에 관해서도 「자동차손해배상 보장법」이 적용되는 건설기계와 동일한 내용으로 보상하여 주기로 하는 개별적 약정을 인정할 수 있다고 판단한 사례이다.

[약관 효력의 시적 범위] 보험약관이 보험계약자에게 유리하게 변경되었건, 불리하게 변경되었건 보험계약 체결 당시의 약관이 적용되고 개정된 약관은 적용되지 않는다(대법원 2010. 1. 14. 선고 2008다89514, 89521 판결: 미공간).

신용카드 회사와 신용카드 회원가입 계약을 체결한 고객이 신용카드 회사에 대하여 납부하는 연회비는 신용카드 회사가 제공하는 용역이나 부가서비스 등에 대한 보수를 1년 단위로 정하여 지급하는 것에 불과하다. 고객이 연회비 납부기간 안에 연회비를 납부하였다고 하여 그러한 사정만으로 당초 신용카드 회원가입 계약을 체결한 이후에 새로 변경된 약관이 적용됨을 전제로 신용카드 회사와 새로 신용카드 회원가입 계약을 체결하거나 기존의 신용카드 회원가입 계약을 갱신한 것으로 볼 수는 없다(대법원 2013. 2. 15. 선고 2011다69053 판결: 미공간).

7. 규약이나 정관 등 단체의 내부규정 해석

사단법인의 정관은 이를 작성한 사원뿐만 아니라 그 후에 가입한 사원이나 사단법인의 기관 등도 구속하므로 그 법적 성질은 계약이 아니라 자치법규로 보는 것이 타당하다. 이는 어디까지나 객관적인 기준에 따라 그 규범적인 의미 내용을 확정하는 법규해석의 방법으로 해석되어야 하는 것이지, 작성자의 주관이나 해석 당시의 사원의 다수결에 의한 방법으로 자의적으로 해석될 수는 없다. 따라서 어느 시점의 사단법인의 사원들이 정관의 규범적인 의미 내용과 다른 해석을 사원총회의 결의라는 방법으로 표명하였다 하더라도 그 결의에 의한 해석은 그 사단법인의 구성원인 사원들이나 법원을 구속하는 효력이 없고, 이러한 법리는 비법인사단의 자치법규에 대하여도 마찬가지로 적용된다(대법원 2011. 5. 26. 선고 2011다1507 판결: 미공간).

8. 공공계약의 경우

[공공조달계약의 경우] 국민의 복리 증진을 목표로 하는 현대국가는 행정목적 달성을 위하여 행정행위가 아닌 법적 수단을 적극적으로 활용한다. 그중 공사, 용역계약을 체결하거나 물품을 조달하는 경우 「국가를 당사자로 하는 계약에 관한 법률」, 「지방자치단체를 당사자로 하는 계약에 관한 법률」이 규율하고 있다. 이들 법률이 규정하는 계약을 공공조달계약(「공공기관의 운영에 관한 법률」이 적용되는 공기업이 체결하는 계약도 동일)이라고도 칭하는데 대법원은 그 본질적 내용이 개인 사이의 계약과 다를 것이 없으므로 사적 자치와 계약자유의 원칙 등 사법의 원리가 그대로 적용된다고 한다(대법원 2017. 12. 21. 선고 2012다74076 전원합의체 판결: 공2018상, 177). 그리고 계약 내용이 국가계약법령의 규정을 배제하려는 것이 뚜렷하게 드러나거나 그에 모순되지 않는다면 가능한 한 국가계약법령이 규정하는 바를 존중하는 방향, 즉 해당 계약 조항을 관련 국가계약법령의 규정 내용을 보충 내지 구체화하는 내용으로 해석하여야 한다고 한다(대법원 2012. 12. 27. 선고 2012다15695 판결: 미공간; 대법원 2017. 1. 25. 선고 2015다205796 판결: 미공간).

[공공조달계약에 대한 사법심사] 대법원 입장과는 달리 공공조달계약을 공법상 계약으로 보아야 한다는 것이 우리나라 행정법학계의 확고한 통설이다.[6] 그런데도 대법원이 공공조달계약을 기본적으로 사법상 계약이라고 보는 이유는 국가계약법이나 지방계약법에 사법심사의 기준이 되는 법령상 근거가 없을 때 민법 규정들을 심사척도로 삼을 수 있기 때문이라는 견해[7]가 있다.

대법원은 국가계약법령 등을 위반한 공공조달계약이 무효가 되는지 여부에 관하여 다소 제한적으로 보는 입장을 견지하는 것 같다. 대법원

---

6) 이상덕, "지방계약과 판례법: 사법상 계약, 공법상 계약, 처분의 구별을 중심으로", 홍익법학 제19권 제4호, 홍익대학교, 2019, 6쪽.

7) 이상덕, 전게서, 7쪽.

은 국가계약법상 개별조항을 원칙적으로 임의규정으로 보아 그 적용을 배제하는 특약이 가능하고, 부당특약이 있다는 점만으로 그 특약이 무효가 되는 것은 아니라고 한다. 구 국가계약법 시행령 제4조는 '각 중앙관서의 장 또는 그 위임·위탁을 받은 공무원은 계약을 체결함에 있어서 법, 이 영 및 관계법령에 규정된 계약상대자의 계약상 이익을 부당하게 제한하는 특약 또는 조건을 정하여서는 안 된다.'고 규정하였다(현행 시행령에서 삭제되어, 국가계약법 제5조 제3항에서 유사하게 규정하면서 제4항에서 부당한 특약등은 무효로 하고 있다). 위 조문에 해석에 관해서 대법원은 그 특약이 계약상대자에게 다소 불이익하다는 점만으로는 부족하고, 국가 등이 계약상대자의 정당한 이익과 합리적인 기대에 반하여 형평에 어긋나는 특약을 정함으로써 계약상대자에게 부당하게 불이익을 주었다는 점이 인정되어야 무효라고 한다(2012다74076 전합판결). 그런데 대가지급지연에 대한 이자 비율에 관한 국가계약법 제15조와 같은 법 시행령 제59조는 효력규정이라고 판단한 바 있는데(대법원 2018. 10. 12. 선고 2015다256794 판결: 공2018하, 2078), 국가계약법령상 개별조항을 강행규정으로 본 희귀한 사례이다.

[**특별법령에 의한 공공계약의 경우**] 대법원은 공공조달계약 외의 특별법령에 따른 공공계약은 공법상 계약으로 보는 경우가 많고, 적어도 공법적 특수성이 있다고 본다. 최근 대법원은 「사회기반시설에 대한 민간투자법」(민간투자법)상 실시협약에 관해서 공법적 특수성이 있음은 긍정하면서도 그것을 공법상 계약이라고 보지는 않았다. 즉 실시협약에 의한 사업시행은 민간투자법 및 관련 법률에 정한 일정한 절차 등 규정을 따라야 하는 등 사업시행자와 국가 등이 실시협약에 의하여 각기 취득하는 권리의무는 사법상 대등한 당사자 사이에서 체결되는 계약에 의하여 계약당사자가 취득하는 권리의무와는 내용 및 성질을 달리한다고 한다(대법원 2021. 5. 6. 선고 2017다273441 전원합의체 판결: 공2021하, 1121).

사법상 계약은 당사자가 약정한 대로 효력이 발생하고, 강행법규를 위반하거나 불공정한 법률행위가 아닌 한 법원이 함부로 그 효력을 부인할 수 없다. 이에 반하여 공법상 계약의 경우에는 행정법의 일반원칙인 평등의 원칙, 비례의 원칙 등을 척도로 법원이 계약 내용을 심사할 수 있다는 점에서 차이를 보인다.

[민간투자법상 실시협약의 해석] 대법원 2021. 6. 24. 선고 2020다 270121 판결(공2021하, 1343)은, 실시협약 문언에 정해진 공사기간이 아니라 사법상 법률행위 해석의 원칙을 토대로 제반 사정을 고려하여 그 문언 내용과는 다른 내용으로 공사기간이 변경되었다고 판단한 원심판결을 파기하였다. 실시협약은 사법상 계약과는 다른 공법적 특질을 가진다는 전제에서 실시협약에 의한 사업시행은 민간투자법 및 관련 법률에 정한 일정한 절차 등을 따라야 하기 때문에, 그러한 절차를 밟지 않은 공사기간의 변경은 인정할 수 없다는 취지였다. 향후 민간투자법상 실시협약의 해석에 관해서는 기존의 법률행위 해석과는 다른 결의 법리 전개가 예상된다.

제3장 반사회질서의 법률행위

제103조는 제105조와 함께 표리를 이루는 일반규정으로서 사적자치의 범위와 한계를 설정한다. 그리하여 대법원의 종합법률정보상으로는 제105조가 제103조와 함께 참조조문으로 적시되어 있는 경우가 많다. 제105조에 관해서는 이미 살펴보았으므로 여기에서는 반사회질서의 법률행위, 공서양속 또는 강행규정 위반이 문제되었던 판례들을 살펴보기로 한다.

제1절 반사회질서의 법률행위
1. 의   의
제103조에 의하여 무효로 되는 반사회질서 행위는 법률행위의 목적인 권리의무의 내용이 선량한 풍속 기타 사회질서에 위반되는 경우를 말한다. 그 내용 자체는 반사회질서적인 것이 아니라고 하여도 법률적으로 이를 강제하거나 법률행위에 반사회질서적인 조건 또는 금전적인 대가가 결부됨으로써 반사회질서적 성질을 띠게 되는 경우도 마찬가지이다. 그리고 표시되거나 상대방에게 알려진 법률행위의 동기가 반사회질서적인

경우도 포함한다(대법원 2017. 4. 13. 선고 2016다275433, 275440 판결: 미공간). 위 판례 사안은 이러하다. 법률상 부부인 갑과 을이 협의이혼하면서 자녀들의 친권자 및 양육자를 을로 지정하되, 갑이 을에게 자녀 양육비로 매월 일정액을 지급하기로 약정하고, 갑이 지급을 지체하는 경우 을에게 장래 발생분까지 포함한 나머지 양육비 등 전액을 일시 지급하며, 지체된 금액에 대한 지연손해금을 가산하여 지급하기로 하고, 채무불이행 시 갑이 즉시 강제집행을 당하여도 이의가 없음을 인낙한다는 취지의 공정증서를 작성한 사안에서, 기한의 이익 상실 사유가 있을 때 갑으로 하여금 장래 발생분까지 포함한 양육비 등 전액과 이에 대한 지연손해금을 일시 지급하도록 정한 약정이 선량한 풍속 기타 사회질서에 반한다고 단정할 수 없다고 하였다.

2. 구체적 사례

위에서 본 판례가 제시하는 기준에 따라 무효 여부가 판단된 법률행위에 관한 판례를 살펴보기로 한다.

[변호사의 형사사건 성공보수금 약정]

대법원은 변호사의 소송위임사무에 관한 약정 보수액이 부당하게 과다하여 신의성실의 원칙이나 형평의 관념에 반한다고 볼만한 특별한 사정이 있는 경우, 변호사의 보수 청구가 적당하다고 인정되는 범위 내로 제한된다는 기존 법리를 재확인한 것에서(대법원 2018. 5. 17. 선고 2016다35833 전원합의체 판결: 공2018하, 1139), 더 나아가 형사사건에 관한 성공보수약정은 반사회질서로서 전부 무효가 된다고 판단하였다(대법원 2015. 7. 23. 선고 2015다200111 전원합의체 판결: 공2015하, 1238). 후자의 판결은 즉각적으로 큰 반향을 일으켰는데, 구체적인 논평은 선행연구들이 있으므로 여기에서는 생략한다.

[증언 대가 약정]

소송사건에 증인으로 출석하여 증언하는 것과 연계하여 어떤 급부를 하기로 약정한 경우 급부의 내용에 기존 채무의 변제를 위한 부분이 포함되어 있더라도, 전체적으로 통상 용인될 수 있는 수준을 넘는 급부를 하기로 한 것이라면, 약정은 제103조가 규정한 반사회질서행위에 해당하여 전부가 무효이다(대법원 2016. 10. 27. 선고 2016다25140 판결: 공2016하, 1795).

타인의 소송에서 사실을 증언하는 증인이 그 증언을 조건으로 그 소송의 일방 당사자 등으로부터 통상적으로 용인될 수 있는 수준(예컨대 증인에게 일당 및 여비가 지급되기는 하지만 증인이 증언을 위하여 법원에 출석함으로써 입게 되는 손해에는 미치지 못하는 경우 그러한 손해를 전보하여 주는 정도)을 넘어서는 대가를 제공받기로 하는 약정은 국민의 사법참여행위가 대가와 결부됨으로써 사법작용의 불가매수성 내지 대가무관성이 본질적으로 침해되는 경우로서 반사회적 법률행위에 해당하여 무효이다. 이는 증언거부권이 있는 증인이 그 증언거부권을 포기하고 증언을 하는 경우라고 하여 달리 볼 것이 아니다(대법원 2010. 7. 29. 선고 2009다56283 판결: 공2010하, 1749).

[뇌물수수 목적의 로비를 위한 위임계약]

어떠한 위임계약이 행정청의 허가 등을 목적으로 하는 신청행위를 대상으로 하는 경우에 신청행위 자체에는 전문성이 크게 요구되지 않고 허가에는 공무원의 재량적 판단이 필요하며, 신청과 관련된 절차에 필수적으로 필요한 비용은 크지 않은 데 반하여 약정보수액은 지나치게 다액인 경우에 관해서, 수임인이 허가를 얻기 위하여 공무원의 직무 관련 사항에 관하여 특별한 청탁을 하면서 뇌물공여 등 로비를 하는 자금이 보수액에 포함되어 있다고 볼 만한 특수한 사정이 있는 때에는 위임계약은 반사회질서적인 조건이 결부됨으로써 반사회질서적 성질을 띠고 있어 제103조에 따라 무효라고 한다(대법원 2016. 2. 18. 선고 2015다35560 판결: 공2016상, 418).

[위법조건 부당결부]

재판청구권 행사의 일환으로 이루어진 소제기라고 하더라도 그 행위가 불법행위를 구성하고 이를 이용하여 상대방을 궁지에 빠뜨린 다음 이를 취하하는 조건으로 거액의 급부를 제공받기로 하는 약정은 반사회질서적인 조건 또는 금전적 대가가 결부됨으로써 반사회질서적 성질을 띠게 되는 경우에 해당하여 무효이다(대법원 2018. 11. 29. 선고 2016다237318, 237325 판결: 미공간).

[단속규정을 위반하기로 통정한 경우]

주택조합 등 사업주체가 건설한 공동주택의 공급 등에 관한 구 주택법 규정은 단순한 단속규정에 불과할 뿐 효력규정이라고 할 수 없어 당사자 사이의 약정이 이에 위배된다고 하더라도 그 약정이 당연히 무효라고 볼 수는 없지만, 당사자가 통정하여 위와 같은 단속규정을 위반하는 법률행위를 한 경우에 비로소 선량한 풍속 기타 사회질서에 위반한 사항을 내용으로 하는 법률행위에 해당하게 된다(대법원 2015. 9. 10. 선고 2012다44839 판결: 미공간).

[행정법상 부당결부금지 원칙 회피를 위하여 행정청이 사법계약을 체결한 경우]

행정처분에 부담인 부관을 붙인 경우 그 부관의 무효화에 의하여 본체인 행정처분 자체의 효력에도 영향이 있게 될 수는 있지만, 그 처분을 받은 사람이 그 부담의 이행으로서 사법상 매매 등의 법률행위를 한 경우에는 그 부관은 그 법률행위를 하게 된 동기 내지 연유로 작용하였을 뿐이므로 이는 그 법률행위의 취소사유가 될 수 있음은 별론으로 하고 그 법률행위 자체를 당연히 무효화하는 것은 아니다(대법원 2017. 8. 29. 선고 2014다227041 판결: 미공간).

[사용자와 근로자의 전직금지약정, 경업금지약정]

사용자와 근로자 사이에 경업금지약정은 제한적으로만 유효하다. 즉 경업금지약정이 헌법상 보장된 근로자의 직업선택의 자유와 근로권 등을 과도하게 제한하거나 자유로운 경쟁을 지나치게 제한하는 경우에는 제103조에 정한 선량한 풍속 기타 사회질서에 반하는 법률행위로서 무효이다. 이와 같은 경업금지약정의 유효성에 관한 판단은 보호할 가치 있는 사용자의 이익, 근로자의 퇴직 전 지위, 경업 제한의 기간·지역 및 대상 직종, 근로자에 대한 대가의 제공 유무, 근로자의 퇴직 경위, 공공의 이

익 및 기타 사정 등을 종합적으로 고려하여야 하고, 여기에서 말하는 '보
호할 가치 있는 사용자의 이익'이란 「부정경쟁방지 및 영업비밀보호에 관
한 법률」 제2조 제2호에 정한 '영업비밀'뿐만 아니라 그 정도에 이르지
않았더라도 당해 사용자만이 가지고 있는 지식 또는 정보로서 근로자와
이를 제3자에게 누설하지 않기로 약정한 것이거나 고객관계나 영업상의
신용의 유지도 이에 해당한다(대법원 2010. 3. 11. 선고 2009다82244 판결:
공2010상, 725). 전직금지약정에 관해서도 마찬가지이며(대법원 2013. 10. 17.자
2013마1434 결정: 미공간), 경업금지약정의 유효성을 인정할 수 있는 위와
같은 제반 사정은 사용자가 주장·증명할 책임이 있다(대법원 2016. 10. 27.
선고 2015다221903, 221910 판결: 미공간).

[법인의 재산상태에 비하여 과도한 공로금을 지급하기로 하는 약정]

　　재단법인과 의료법인의 설립자인 갑이 을에게 각 법인의 운영권을
양도하면서 그에 대한 대가로 을이 갑에게 공로금 명목으로 80억 원 또
는 140억 원을 지급하기로 약정하였는지가 쟁점인 사안에서, 대법원은
재단법인과 의료법인의 재산상태에 비추어 140억 원이나 80억 원을 위
각 법인의 자금으로 갑에게 지급하는 경우에는 위 각 법인의 존립에 중
대한 위협을 초래할 것임이 명백할 뿐만 아니라, 재단법인인 위 각 법인
의 정당한 지출을 벗어나 공로금 명목으로 거액의 돈을 개인에게 지급하
는 약정은 위 각 법인의 자금을 유용하는 것이므로 사회질서에 반한다고
판단하였다(대법원 2016. 1. 28. 선고 2015다48719 판결: 미공간).

　　반면 이른바 명목상 이사의 소극적인 직무 수행에 대한 대가로 보
수청구권을 인정하는 것이 공서양속에 반하지 않는다고 본 판례도 있다.
즉 법적으로 주식회사 이사의 지위를 가지지만 회사와의 명시적 또는 묵
시적 약정에 따라 이사로서의 실질적인 직무를 수행하지 않는 명목상 이
사도 법인인 회사의 기관으로서 회사가 사회적 실체로서 성립하고 활동
하는 데 필요한 기초를 제공함과 아울러 상법이 정한 권한과 의무를 가
지고 그 의무 위반에 따른 책임을 부담하는 것은 일반적인 이사와 다르
지 않으므로, 과다한 보수에 대한 사법적 통제의 문제는 별론으로 하더

라도, 회사에 대하여 상법 제388조에 따라 정관의 규정 또는 주주총회의 결의에 의하여 결정된 보수의 청구권을 가진다. 그리고 오로지 보수의 지급이라는 형식으로 회사의 자금을 개인에게 지급하기 위한 방편으로 이사로 선임하였다는 등의 사정이 없는 한 명목상 이사에 대한 보수약정이 선량한 풍속 기타 사회질서에 위반한 것으로서 무효라고 할 수 없다 (대법원 2015. 7. 23. 선고 2015다206904 판결: 미공간; 대법원 2015. 8. 27. 선고 2015다214202 판결: 미공간).

[배임행위 적극 가담]

거래 상대방이 배임행위를 유인·교사하거나 배임행위의 전 과정에 관여하는 등 배임행위에 적극 가담하는 경우에는 그 실행행위자와 체결한 계약이 반사회적 법률행위에 해당하여 무효로 될 수 있다. 선량한 풍속 기타 사회질서에 위반한 사항을 내용으로 하는 법률행위의 무효는 이를 주장할 이익이 있는 자는 누구든지 무효를 주장할 수 있다. 따라서 반사회질서적 법률행위를 원인으로 하여 부동산에 관한 소유권이전등기를 마쳤다 하더라도 그 등기는 원인무효로서 말소될 운명에 있으므로 등기명의자가 소유권에 기한 물권적 청구권을 행사하는 경우에, 그 권리행사의 상대방은 위와 같은 법률행위의 무효를 항변으로서 주장할 수 있다(대법원 2016. 3. 24. 선고 2015다11281 판결: 공2016상, 617). 이중임대차계약에도 동일한 법리가 적용된다(대법원 2013. 6. 27. 선고 2011다5813 판결: 미공간).

반면 배임행위 가담자의 구체적인 사정을 가려서 일률적으로 무효로 볼 것은 아니라는 판례도 있다. 배임행위의 실행행위자와 거래하는 상대방으로서는 기본적으로 그 실행행위자와는 별개의 이해관계를 가지고 반대편에서 독자적으로 거래에 임하는 것이므로, 관여의 정도가 법질서 전체적인 관점에서 볼 때 거래 상대방이 반대편에서 독자적으로 거래에 따르는 위험을 피하고 합리적인 이익을 보호하기 위하여 필요한 조치를 요구하는 등 제반 사정을 종합할 때 사회적 상당성을 갖추고 있다고 평가할 수 있는 경우에는 비록 거래 상대방이 그 계약의 체결에 임하는 실행행위자의 행위가 배임행위에 해당할 수 있음을 알거나 알 수 있었다 하더라도 그러한 사정만으로 그 계약을 반사회적 법률행위에 해당한다고 보아 무효라고 할 수는 없다(대법원 2016. 12. 29. 선고 2016다242273 판결: 미공간).

[범죄수익 배분 약정]

2인 이상이 공모하여 범죄를 실행하는 과정에서 그 범죄에 필요한 자금을 제공한 공범에 대하여 그 자금제공에 대한 대가를 지급하거나 자금제공에 따른 손실을 보전하여 주기로 하는 공범 간의 약정은 사회질서에 위배되어 무효이고, 공범이 아닌 제3자가 그 무효인 약정에 기한 채무를 부담하거나 이행하기로 하는 약정도 역시 무효이다(대법원 2011. 7. 14. 선고 2011도3180 판결: 공2011하, 1686).

[반사회질서의 법률행위 외에 별도 약정을 한 경우]

불법원인급여 후 급부를 이행받은 자가 급부의 원인행위와 별도의 약정으로 급부 그 자체 또는 그에 갈음한 대가물의 반환을 특약하는 것은 불법원인급여를 한 자가 그 부당이득의 반환을 청구하는 경우와는 달리 그 반환약정 자체가 사회질서에 반하여 무효가 되지 않는 한 유효하다. 여기서 반환약정 자체의 무효 여부는 반환약정 그 자체의 목적뿐만 아니라 당초의 불법원인급여가 이루어진 경위, 쌍방당사자의 불법성의 정도, 반환약정의 체결과정 등 제103조 위반 여부를 판단하기 위한 제반 요소를 종합적으로 고려하여 결정하여야 한다. 한편 반환약정이 사회질서에 반하여 무효라는 점은 수익자가 이를 입증하여야 한다(대법원 2010. 5. 27. 선고 2009다12580 판결: 공2010하, 1228). 위 판결 이전에 대법원은 불법원인급여 후 사후에 대가를 반환하기로 하는 약정을 무효라고 판시한 바 있다(대법원 1995. 7. 14. 선고 94다51994 판결: 공1995, 2799). 사후의 반환약정도 결국 불법원인급여물의 반환을 구하는 범주에 속하기 때문이라는 이유에서이다. 이에 관해서 불법원인급여 당시의 반환약정, 가령 불법적인 청탁과 함께 금전을 교부하면서 청탁이 실패할 경우 이를 반환하기로 하는 약정은 당연히 무효이지만, 불법원인급여가 있은 후에 임의로 반환약정을 한 경우에는 일률적으로 무효라고 볼 수는 없고 제반 사정을 고려하여 효력을 판단해야 한다는 견해[8]가 있다. 위 양자의 판결의 관계가 문제이나, 대법원은 위 2009다12580 판결 법리를 재확인하는 판결을 한 바 있다(대법원 2013. 6. 13. 선고 2013다15784 판결: 미공간).

한편 판례는 부동산 명의신탁약정에 관련해서는 독특한 법리를 전개하고 있다. <u>무효인 명의신탁약정이 유효함을 전제로 체결된 별개 약정은 무효인 명의신탁약정과 마찬가지로 무효이다</u>(대법원 2006. 11. 9. 선고 2006다35117: 미공간). 무효인 약정에 따라 급부의 이행을 청구하는 것은 허용되지 않고, 이행을 구하는 급부의 내용을 새로운 약정의 형식을 통해 정리하거나 일부를 가감하였더라도 무효인 약정이 유효함을 전제로 한 이상 그 급부의 이행 청구가 허용되지 않기 때문이다(대법원 2011. 1. 13. 선고 2010다67890 판결: 공2011상, 336). 판례는 이러한 별개 약정을 '명의신탁약정이 유효함을 전제로 명의신탁 부동산 자체의 반환을 구하는 범주에 속하는 것에 해당한다'고 표현한다(대법원 2013. 3. 14. 선고 2011다103472 판결: 미공간; 대법원 2015. 2. 26. 선고 2014다63315 판결: 공2015상, 546).[9] 그런데 판례는 별개 약정이 체결된 시점에 따라, 즉 「부동산 실권리자명의 등기에 관한 법률」 시행 전후에 따라 그 효력을 달리 파악한다. 명의신탁계약의 당사자가 위 법률 시행 전 명의신탁약정이 유효할 당시 부동산을 처분하여 대금을 나눠 갖기로 하는 정산약정도 유효하고, 이후 위 법률이 시행되었더라도 '그 시행 전에 체결된' 위 정산약정이 당연히 무효가 되는 것이 아니라고 한다(대법원 2019. 3. 28. 선고 2015다17494 판결: 미공간; 대법원 2021. 7. 21. 선고 2019다266751 판결: 공2021하, 1513). 이러한 판례의 논리를 일관한다면, 위 법률 시행 전 명의수탁자가 명의신탁자에게

---

8) 김재형, "2010년 민법 판례 동향", 민사재판의 제문제 제20권, 한국사법행정학회, 2011, 34쪽.

9) 한편 명의수탁자가 완전한 소유권을 취득하는 것을 전제로 사후적으로 명의신탁자와 매수자금반환의무 이행에 갈음하여 부동산 자체를 양도하는 약정은, 무효인 명의신탁약정을 명의신탁자를 위하여 사후에 보완하는 방책에 불과한 것이 아니라면 유효하다고 한다(대법원 2014. 8. 20. 선고 2014다30483 판결: 공2014하, 1804).

'목적 부동산'을 이전하는 별개 약정을 체결한 경우에 그러한 약정도 효력이 있다고 해석할 수 있다. 그러나 대법원은 위 법률 시행 전 계약명의신탁이 이루어졌고, 역시 그 시행 전에 명의신탁자의 요구에 따라 부동산의 소유 명의를 명의신탁자에게 이전하기로 한 별도 약정을 한 사안에서, 유예기간 경과로 명의신탁약정이 무효가 되면 신탁자와 수탁자 사이에 명의신탁약정과 함께 이루어진 부동산 매입의 위임 약정도 무효가 되고, 이 경우 신탁자와 수탁자 사이에 신탁자의 요구에 따라 부동산의 소유 명의를 이전하기로 한 약정도 명의신탁약정이 유효함을 전제로 부동산 자체의 반환을 구하는 범주에 해당한다는 이유로 무효라고 판단한 바 있다(대법원 2015. 9. 10. 선고 2013다55300 판결: 공2015하, 1459). 별도 약정이 금전 지급을 하는 것인지, 부동산 자체를 이전하는 것인지에 따라 결론이 달라서 판례들 사이의 관계가 문제 되는데, 후속 판결로 정리될 필요가 있다고 여겨진다.

[부첩관계 유지]

부첩관계 유지를 위하여 금전지급 약정을 한 경우, 그 약정은 반사회질서의 법률행위로서 무효이다(대법원 2016. 4. 15. 선고 2014다224073 판결: 미공간).

[친권자 변경 포기 약정]

친권자가 정하여졌더라도 자녀의 복리를 위하여 필요하다고 인정되는 경우 가정법원은 자의 4촌 이내 친족의 청구에 의하여 친권자를 변경할 수 있다(제909조 제6항 참조). 자녀의 4촌 이내 친족이 가정법원에 친권자 변경을 청구하는 것은 미성년자녀의 복리를 위한 것이므로, 그러한 청구권을 포기하거나 제한하는 내용의 약정은 제103조의 선량한 풍속 기타 사회질서에 반하는 것이어서 사법상 효력을 인정할 수 없다(대법원 2019. 11. 28. 선고 2015다225776 판결: 미공간).

[보험금 부정 취득 목적 보험계약]

보험계약자가 다수의 보험계약을 통하여 보험금을 부정취득할 목적으로 보험계약을 체결한 경우 보험계약은 제103조의 선량한 풍속 기타 사회질서에 반하여 무효이다. 이러한 보험계약에 따라 보험금을 지급하게 하는 것은 보험계약을 악용하여 부정한 이득을 얻고자 하는 사행심을 조장함으로써 사회적 상당성을 일탈하게 될 뿐만 아니라, 합리적인 위험의 분산이라는 보험제도의 목적을 해치고 위험발생의 우발성을 파괴하며 다수의 선량한 보험가입자들의 희생을 초래하여 보험제도의 근간을 무너뜨리기 때문이다(대법원 2017. 4. 7. 선고 2014다234827 판결: 공2017상, 945).

[단체협약]

단체협약도 노동조합과 사용자가 근로조건 및 노사관계의 제반사항에 관하여 합의한 법률행위이므로, <u>단체협약의 내용이 제103조에 위반된다면 무효가 된다</u>. 업무상 재해로 조합원이 사망한 경우 직계가족 등 1인을 특별채용하는 내용의 산재 유족 특별채용 조항을 단체협약에 둔 사안에서, 대법원은 제반 사정에 비추어 위 조항이 제103조에 위반되지 않는다고 판단하였다(대법원 2020. 8. 27. 선고 2016다248998 전원합의체 판결: 공2020하, 1835).

제2절 강행규정

1. 판단 기준

법률행위의 내용·목적이나 동기가 사회질서에 반하는 경우에는 무효가 되고, 때로는 법이 어떠한 법률행위를 금지하는 경우에 그 효력이 어떠한지 문제가 된다. 금지규정을 위반한 경우 행정상 제재가 가해지는 경우가 있고 이를 넘어서 형사처벌 대상이 될 때도 있다. 이러한 금지규정을 위반한 법률행위의 효력은 어떠한가. 대법원은 금지규정을 위반하였다는 이유만으로 법률행위의 효력을 일률적으로 부정하지는 않고 그 금지규정의 성격에 따라 달리 판단하고 있다. 즉 금지규정이 단속규정인 경우에는 법률행위의 효력에 영향이 없고, 금지규정이 강행규정이라야 법률행위를 무효로 만든다는 것이다.

양자를 구별하는 기준에 관해서 대법원은 반복하여 일관적인 판시를 하였다. 종합적인 판시를 들자면 대법원 2010. 12. 23. 선고 2008다75119

판결(공2011상, 207)이 있다. 이는 미등록 공인중개사가 체결한 중개수수료 지급약정을 무효로 판단한 사례이다.

"사법상(私法上)의 계약 기타 법률행위가 일정한 행위를 금지하는 구체적 법규정에 위반하여 행하여진 경우에 그 법률행위가 무효인가 또는 법원이 법률행위 내용의 실현에 대한 조력을 거부하거나 기타 다른 내용으로 그 효력이 제한되는가의 여부는 당해 법규정이 가지는 넓은 의미에서의 법률효과에 관한 문제의 일환으로서, 다른 경우에서와 같이 여기서도 그 법규정의 해석 여하에 의하여 정하여진다. 따라서 그 점에 관한 명문의 정함이 있다면 당연히 이에 따라야 할 것이고, 그러한 정함이 없는 때에는 종국적으로 그 금지규정의 목적과 의미에 비추어 그에 반하는 법률행위의 무효 기타 효력 제한이 요구되는지를 검토하여 이를 정할 것이다. 특히 금지규정이 이른바 공법에 속하는 것인 경우에는, 법이 빈번하게 명문으로 규정하는 형벌이나 행정적 불이익 등 공법적 제재에 의하여 그러한 행위를 금압하는 것을 넘어서 그 금지규정이 그러한 입법자의 침묵 또는 법흠결에도 불구하고 사법의 영역에까지 그 효력을 미쳐서 당해 법률행위의 효과에도 영향이 있다고 할 것인지를 신중하게 판단하여야 한다.

그리고 그 판단에 있어서는, 당해 금지규정의 배경이 되는 사회경제적·윤리적 상황과 그 추이, 금지규정으로 보호되는 당사자 또는 이익, 그리고 반대로 그 규정에 의하여 활동이 제약되는 당사자 또는 이익이 전형적으로 어떠한 성질을 가지는지 또 그 이익 등이 일반적으로 어떠한 법적 평가를 받는지, 금지되는 행위 또는 그에 기한 재화나 경제적 이익의 변동 등이 어느 만큼 반사회적인지, 금지행위에 기하여 또는 그와 관련하여 일어나는 재화 또는 경제적 이익의 변동 등이 당사자 또는 제3자에게 가지는 의미 또는 그들에게 미치는 영향, 당해 금지행위와 유사하거나 밀접한 관련이 있는 행위에 대한 법의 태도 기타 관계 법상황 등이 종합적으로 고려되어야 한다."

위 판시에서 주목할 만한 것은, 금지규정 위반에 대해 형벌이라는 공법적 제재가 있더라도 일률적으로 강행규정으로 판단할 수는 없다고 한 점에 있다. 대법원의 반복된 판시에도 불구하고 구체적 사안에서 개별 금지규정이 단속규정인지 강행규정인지를 판별하는 것은 매우 어려운 일이다. 심지어 대법원도 공인중개사의 중개수수료 약정 중 관련 법령에서 정한 소정의 한도를 초과하는 경우의 효력에 관해서 불과 1년 남짓한

사이에 정반대의 결론을 내놓은 적이 있을 정도였으니 말이다.[10]

2. 강행규정 여부를 판단한 구체적 사례

[손해배상 예정액 감액 배제 약정]

손해배상 예정액을 감액할 수 있다는 제398조 제2항은 강행규정이므로 당사자가 합의로써 배제할 수 없다. 따라서 손해배상 예정액에 해당하는 위약금 약정에 관해서 부제소 합의를 하였다면 이러한 부제소 합의는 무효이다(대법원 2012. 10. 11. 선고 2012다47500 판결: 미공간).

[주식 양도]

상법 제335조 제1항 본문은 '주식은 타인에게 양도할 수 있다'고 하여 주식양도의 자유를 보장하고 있으므로 회사와 경쟁관계에 있거나 분쟁 중에 있어 그 회사의 경영에 간섭할 목적을 가지고 있는 자에게 주식을 양도하였다고 하여 그러한 사정만으로 이를 반사회질서 법률행위라고 할 수 없다(대법원 2010. 7. 22. 선고 2008다37193 판결: 공2010하, 1633).

[15세 미만자의 사망을 보험사고로 한 보험계약]

15세 미만자 등의 사망을 보험사고로 한 보험계약은 무효라고 정하는 상법 제732조는 효력규정이다. 따라서 15세 미만자 등의 사망을 보험사고로 한 보험계약은 피보험자의 동의가 있었는지 또는 보험수익자가 누구인지와 관계없이 무효가 된다(대법원 2013. 4. 26. 선고 2011다9068 판결: 공2013상, 918).

[선박소유자 등 책임제한 규정]

상법 제769조 본문은 그 규정 형식과 내용 및 입법 취지 등에 비추어 임의규정으로 보아야 하므로 당사자 사이의 합의에 의하여 선박소유자 등의 책임제한의 적용을 배제할 수 있다. 그리고 상법 제799조 제1항에 의하면 해상운송인의 책임에 관한 당사자 사이의 특약은 상법 제794

---

10) 대법원 2001. 3. 23. 선고 2000다70972 판결(미공간)은 단속규정이라고 판단하였고, 대법원 2002. 9. 4. 선고 2000다54406, 54413 판결(공2002, 2308)은 강행규정으로 보았다. 이러한 판례저촉은 대법원 2007. 12. 20. 선고 2005다32159 전원합의체 판결(공2008상, 99)에 의하여 강행규정으로 보는 것으로 일단락되었다.

조부터 제798조까지의 규정에 반하여 운송인의 의무 또는 책임을 경감 또는 면제하는 경우가 아닌 한 유효하다(대법원 2015. 11. 17. 선고 2013다 61343 판결: 미공간).

[집합건물의 소유 및 관리에 관한 법률]

위 법률 제24조 제2항이 관리인의 선임·해임을 관리단집회의 결의 에 의해서만 하도록 한 것은 강행규정이라고 보아야 하므로, 규약 설정 당시의 구성원들이 위 규정과 다른 내용의 규약을 제정하더라도 그 효력 을 인정할 수 없다(대법원 2012. 3. 29. 선고 2009다45320 판결: 공2012상, 628).

[이자제한법]

제한이율이 없었을 때 대여되었다가 그 뒤에 시행령으로 제한이율이 30%로 정해진 사안에서, 30%를 넘는 부분이 무효라는 원심판결에 대해 서 제반 사정을 종합하여 정당한 이율이 얼마인지 다시 심리하라고 파기 환송한 판례가 있다(대법원 2015. 3. 12. 선고 2013다63721 판결: 미공간).

[임대주택]

① 분양전환가격

임대주택의 경우, 의무기간이 지난 후에도 임차인이 여전히 무주택 자라면 자기가 거주하는 임대주택을 매수할 수 있다. 이때 분양금액은 법령에서 정한 산정기준에 따라 결정된다. 법령에서 정한 산정기준에 의 한 금액을 초과한 분양전환가격으로 체결된 분양계약의 효력은 초과하는 범위 내에서 무효가 된다(대법원 2011. 4. 21. 선고 2009다97079 전원합의체 판결: 공2011상, 993). 분양전환가격이 지나치게 높아 임차인의 우선분양전 환권을 사실상 박탈하는 정도에 이르지 않은 이상 분양계약의 사법상 효 력을 부인할 수 없다는 것이 이전의 판례였으나 위 전합판결로 판례가 변경되었다.

② 임대보증금과 임대료 상한 규정과 상호전환

구 임대주택법은 임대사업자가 임대보증금과 임대료를 자의적으로 정하는 것을 방지하기 위해 표준임대보증금 및 표준임대료를 고시하여 이를 초과할 수 없도록 하였다. 그리고 임대차계약 시 임차인의 동의가 있는 경우에는 일정한 기준에 따라 표준임대보증금과 표준임대료 중 어느 한쪽을 높이고 다른 쪽 금액을 낮추는 '상호전환'이 가능하도록 규정하였다. 공공건설 임대주택의 임대보증금과 임대료의 상한을 정한 규정은 약정의 사법적 효력을 제한하는 효력규정이다(대법원 2010. 7. 22. 선고 2010다23425 판결: 공2010하, 1651).

그런데 공공건설 임대주택의 임대사업자가 임대주택법령에 정해진 임차인의 동의 절차를 밟지 않은 채 임대보증금은 표준임대보증금보다 높게, 임대료는 표준임대료보다 낮게 상호전환하여 임대차계약을 체결하였다면 이 역시도 절차상 강행규정을 위반하여 무효가 된다(위 2010다 23425 판결). 이때 표준임대보증금의 상한을 초과하는 부분은 무효가 된다는 점에는 별다른 이론이 없으나(위 2010다23425 판결), 나머지 부분 즉 표준임대료보다 낮은 임대료 약정 부분의 효력이 어떠한지가 문제가 된다. 대법원은 무효행위 전환의 법리에 따라 표준임대보증금과 표준임대료에 따른 임대차계약으로 전환된다고 판단하였다(대법원 2016. 11. 18. 선고 2013다42236 전원합의체 판결: 공2016하, 1901).

③ 임대사업자의 임차인에 대한 우선분양전환의무

구 임대주택법상 공공건설 임대주택에 관하여 임대사업자의 임차인에 대한 우선분양전환의무를 정한 구 임대주택법 제21조 제1항, 제2항에 관해서 종전 판례는 단속규정이라고 판단하였다(대법원 97다3606 판결). 그런데 위 판결 이후 위 조항을 위반한 행위에 대하여 형사처벌 규정이 신설되고 임차인 보호를 위한 조항이 신설되었다는 등의 이유로 대법원은 종전 해석이 유지될 수 없다면서 효력규정이라고 판단하였다(대법원 2021. 9. 30. 선고 2016다252560 판결: 공2021하, 2089).

④ 임대의무기간 경과 전후 임대주택의 매각

임대의무기간이 지나기 전 임대주택을 매각하면 무효이다(대법원 2005. 6. 9. 선고 2005다11046 판결: 공2005, 1125). 다만 임대의무기간 중 임대사업자 사이의 임대주택 매매는 유효하고, 매수인이 임대사업자등록을 마치지 않았더라도 임대사업을 목적으로 매수하였다면 매매의 채권적 효력이 있다. 여기서 매수인이 임대사업자등록을 하지 않은 채 소유권이전등기를 마쳤다면 소유권을 취득할 수 없고, 소유권이전등기 후 임대사업자등록을 마쳤다면 그때 비로소 임대주택의 소유권을 취득한다. 이러한 법리는 임대의무기간 경과 후 공공건설임대주택의 매각 효력에서도 마찬가지이다(대법원 2021. 9. 9. 선고 2017다48218 판결: 2021하, 1755).

[주 택 법]

① **주택조합 조합원의 자격 등**

구 주택법(2009. 1. 30. 개정 전) 제32조 제5항은 주택조합 구성원의 자격 기준 등을 정하고 있었는데, 대법원은 위 규정과 입주자 모집절차에 관한 구 주택공급에 관한 규칙 규정이 효력규정이 아니라고 판시하였다(대법원 2013. 7. 25. 선고 2011다7628 판결: 공2013하, 1563). 그런데 구 주택법(2016. 1. 19. 전부 개정 전) 제32조 제7항 소정의 '지역주택조합'의 조합원 자격에 관한 규정은 당사자의 의사에 의하여 그 적용을 배제할 수 있는 규정이라고 할 수 없다고 판시하였다(대법원 2020. 9. 7. 선고 2020다237100 판결: 공2020하, 2067).

② **전매금지규정**

구 주택법 제39조 1항이 정하는 전매금지규정은 단순한 단속규정에 불과할 뿐 효력규정이라고는 할 수 없다. 구 주택법이 전매행위를 당연히 무효로 보는 입장을 취하지 않고, 대신 사업주체의 사후적인 조치에 따라 주택공급을 신청할 수 있는 지위를 무효로 하거나 이미 체결된 주택의 공급계약을 취소하는 등으로 그 위반행위의 효력 유무를 좌우할 수 있도록 하는 입장에 서있기 때문이다(대법원 2011. 5. 26. 선고 2010다102991 판결: 공2011하, 1285).

[도시 및 주거환경정비법]

① **정비사업전문관리업자 선정 방법**

위 법이 추진위원회가 운영규정에 의한 경쟁입찰의 방법으로 정비사업전문관리업자를 선정하도록 규정한 것은 강행규정이고, 위 조항에 따라 관보에 고시된 운영규정을 위반하여 정비사업전문관리업자를 선정하는 것은 허용되지 않는다(대법원 2016. 6. 23. 선고 2013다58613 판결: 미공간).

② 시공사 선정 방법

경쟁입찰의 방법이 아닌 방법으로 이루어진 입찰과 시공자 선정결의는 당연히 무효라고 보아야 한다. 나아가 형식적으로는 경쟁입찰의 방법에 따라 조합총회에서 시공자의 선정 결의를 하였다고 하더라도 실질적으로 경쟁입찰에 의하여 시공사를 정하도록 한 취지를 잠탈하는 경우에도 위 규정을 위반한 것으로 볼 수 있다. 가령 조합이나 입찰 참가업체가 시공자 선정과정에서 조합원들에게 금품을 제공하여 시공자 선정동의서를 매수하는 등 시공자 선정 기준, 조합의 정관, 입찰참여지침서나 홍보지침서 등에서 정한 절차나 금지사항을 위반하는 부정한 행위를 하였고, 이러한 부정행위가 시공자 선정에 관한 총회결의 결과에 영향을 미쳤다고 볼 수 있는 경우를 들 수 있다(대법원 2017. 5. 30. 선고 2014다61340 판결: 공2017하, 1346).

③ 정비기반시설 무상양도

구 「도시 및 주거환경정비법」 제65조 제2항 후단은 '정비사업의 시행으로 인하여 용도가 폐지되는 국가 또는 지방자치단체 소유의 정비기반시설은 그가 새로이 설치한 정비기반시설의 설치비용에 상당하는 범위에서 사업시행자에게 무상으로 양도된다'고 규정하고 있다. 이 규정은 민간 사업시행자가 새로 설치할 정비기반시설의 설치비용에 상당하는 범위 안에서 용도폐지될 정비기반시설의 무상양도를 강제하는 강행규정이므로, 위 규정을 위반하여 사업시행자와 국가 또는 지방자치단체 사이에 체결된 매매계약 등은 무효이다(대법원 2018. 5. 11. 선고 2015다41671 판결: 공2018상, 1049).

[공익사업을 위한 토지 등의 취득 및 보상에 관한 법률]

① 생활기본시설

대법원 2011. 6. 23. 선고 2007다63089 전원합의체 판결(공2011하, 1440)은 사업시행자의 이주대책 수립·실시의무를 정하는 위 법률 조항과 그 이주대책의 내용에 관하여 규정하는 법률 조항은 강행규정이라면서,

사업시행자가 택지개발촉진법 또는 주택법 등에 따라 이주대책대상자에
게 택지 또는 주택을 공급한 경우, 사업시행자에게 생활기본시설 설치의
무가 있고 이주대책대상자가 사업시행자에게 납부한 택지 또는 주택의
분양대금에 생활기본시설의 설치비용이 포함되었다면 그 부분 분양계약
은 무효가 된다는 법리를 재확인하였다.

② 실제 경작자에 대한 영농손실액 보상

토지보상법령은 자경농지가 아닌 농지의 소유자가 해당 지역에 거주
하는 농민이 아닌 경우 사업시행자는 그 농지에 대한 영농손실액을 농지
소유자가 아닌 실제 경작자에게 보상하여야 한다고 규정하고 있다. 그러
나 이러한 규정은 사업시행자와 영농손실액 보상대상자와의 관계를 규율
하는 것일 뿐 영농손실액 보상대상자와 제3자의 사법관계를 규율하는 것
은 아니다. 또 영농손실보상금의 양도 및 압류 등을 금지하는 등 영농손
실보상금의 구체적 사용을 제한하는 규정을 두고 있지 아니하므로, 실제
경작자는 그 영농손실보상금을 자유롭게 처분할 수 있다. 따라서 실제
경작자가 사업시행자로부터 수령하는 영농손실보상금의 일부를 농지 소
유자 등 제3자에게 지급하기로 하는 약정을 체결하였다고 하더라도, 무
효라고는 보기 어렵다(대법원 2014. 12. 24. 선고 2012다107600, 107617 판결:
미공간).

[최저임금법]

개정된 최저임금법의 시행에 따라 정액사납금제 아래에서 생산고에
따른 임금을 최저임금에 산입할 수 없게 되었고 이는 강행규정이므로,
최저임금액에 미달하는 금액을 임금으로 정한 근로계약 부분은 무효이다
(대법원 2018. 7. 11. 선고 2016다9261, 9278 판결: 공2018하, 1540). 그리고 개
정된 최저임금법의 시행에 따라 정액사납금제 아래에서 생산고에 따른
임금을 제외한 고정급이 최저임금에 미달하는 것을 회피할 의도로 사용
자가 소정근로시간을 기준으로 산정되는 시간당 고정급의 외형상 액수를
증가시키기 위해 택시운전근로자 노동조합과 사이에 실제 근무형태나 운
행시간의 변경 없이 소정근로시간만을 단축하기로 한 합의도 무효이다.

이러한 법리는 사용자가 택시운전근로자의 과반수로 조직된 노동조합 또
는 근로자 과반수의 동의를 얻어 소정근로시간을 단축하는 내용으로 취
업규칙을 변경하는 경우에도 마찬가지이다(대법원 2019. 4. 18. 선고 2016다
2451 전원합의체 판결: 공2019상, 1074).

[퇴직금 포기 약정]

퇴직금은 사용자가 일정 기간을 계속근로하고 퇴직하는 근로자에게
계속근로에 대한 대가로서 지급하는 후불적 임금의 성질을 띤 금원으로
서 구체적인 퇴직금청구권은 근로관계가 끝나는 퇴직이라는 사실을 요건
으로 발생한다. 최종 퇴직 시 발생하는 퇴직금청구권을 미리 포기하는
것은 강행법규인 근로기준법, 「근로자퇴직급여 보장법」에 위반되어 무효
이다. 그러나 근로자가 퇴직하여 더 이상 근로계약관계에 있지 않은 상
황에서 퇴직 시 발생한 퇴직금청구권을 나중에 포기하는 것은 허용되고,
이러한 약정이 강행법규에 위반된다고 볼 수 없다(대법원 2018. 7. 12. 선고
2018다21821, 25502 판결: 공2018하, 1600).

[변호사법, 법무사법]

변호사법 제109조 제1호와 법무사법 제3조 제1항 및 제74조 제1항
제1호는 모두 강행법규이고, 이를 위반하는 내용을 목적으로 하는 계약
은 그 자체가 반사회적 성질을 띠게 되어 사법적 효력도 부정된다(대법원
2018. 8. 1. 선고 2016다242716, 242723 판결: 공2018하, 1850).

변호사법 제109조 제1호를 위반하여 소송 사건을 대리하는 자가 소
송비용을 대납한 행위는 그 성격상 대리를 통한 이익취득 행위에 불가결
하게 수반되는 부수적 행위에 불과하므로, 위와 같이 대납하는 소송비용
을 소송 종료 후에 반환받기로 하는 약정은 이익취득 약정과 일체로서
반사회질서의 법률행위에 해당하여 무효라고 보아야 하고 이 부분만을
따로 떼어 그 효력을 달리한다고 볼 것은 아니다(대법원 2014. 7. 24. 선고
2013다28728 판결: 공2014하, 1712).

[의 료 인]

의사나 의사 아닌 자가 재산을 출자하여 함께 의료기관을 개설·운

영하고, 의료기관의 운영과 손익 등이 의료인 아닌 자에게 귀속되도록 하는 동업약정은 강행법규인 의료법 제33조 제2항에 위배되어 무효이고, 의료기관 운영과 관련하여 얻은 이익이나 취득한 재산, 부담하게 된 채무 등은 모두 의사 개인에게 귀속된다(대법원 2016. 12. 27. 선고 2013다 48241 판결: 미공간).

무효인 약정에 기하여 급부의 이행을 청구하는 것은 허용되지 않고, 이행을 구하는 급부의 내용을 새로운 약정의 형식을 통해 정리하거나 일부를 가감하였다 하더라도 무효인 약정이 유효함을 전제로 한 이상 그 급부의 이행 청구가 허용되지 않음은 마찬가지이다. 다만 그 무효인 약정으로 인하여 상호 실질적으로 취득하게 된 이득을 부당이득으로 반환하게 되는 문제만 남게 된다(대법원 2011. 1. 13. 선고 2010다67890 판결: 공2011상, 336).

[공인중개사]

공인중개사 자격이 없는 자가 부동산중개업을 하면서 체결한 중개수수료 지급약정이 무효라고 판단한 점은 제103조에 관한 서술 부분에서 이미 보았다. 이에 더하여 부동산에 관하여 위와 같은 중개행위를 업으로 하는 자가 이른바 부동산 컨설팅 등의 용역을 제공한다고 하여 공인중개사법의 규율대상인 부동산 중개행위가 아니라고 볼 수 없다고 한다(대법원 2011. 11. 10. 선고 2009다4572 판결: 미공간).

개업공인중개사가 중개의뢰인과 직접 거래를 하는 행위를 금지하는 공인중개사법 제33조 제6호는 단속규정이다(대법원 2017. 2. 3. 선고 2016다 259677 판결: 공2017상, 520).

[공공계약의 경우]

공공계약이 국가계약법령이나 지방계약법령을 위반하였다고 바로 무효가 되는 것은 아니고, 공공계약의 특수성에 비추어 그 내용이 계약 관계 법령에 위반하거나 비례의 원칙에 반하여 계약상대방에게 지나치게 가혹한 것이거나 선량한 풍속 기타 사회질서에 반하는 결과를 초래할 것임이 분명하여 이를 무효로 하지 않으면 공공계약의 공공성과 공정성을 유지하기 어렵다고 할 만한 특별한 사정이 있는 경우에 무효로 된다(대법원 2014. 12. 24. 선고 2010다83182 판결: 공2015상, 169).

또 계약담당 공무원이 입찰절차에서 「지방자치단체를 당사자로 하는 계약에 관한 법률」 및 그 시행령이나 그 세부심사기준에 어긋나게 적격심사를 하였다 하더라도 그 사유만으로 당연히 낙찰자 결정이나 그에 기한 계약이 무효가 되는 것은 아니다. 이에 위배된 하자가 입찰절차의 공공성과 공정성이 현저히 침해될 정도로 중대할 뿐 아니라 상대방도 이러한 사정을 알았거나 알 수 있었을 경우 또는 누가 보더라도 낙찰자의 결정 및 계약체결이 선량한 풍속 기타 사회질서에 반하는 행위에 의하여 이루어진 것임이 분명한 경우 등 이를 무효로 하지 않으면 그 절차에 관하여 규정한 지방자치단체계약법의 취지를 몰각하는 결과가 되는 특별한 사정이 있는 경우에 한하여 무효가 된다(대법원 2014. 6. 26. 선고 2012다27254 판결: 미공간).

이와 같은 취지에서 공동수급체 구성원 중 일부에 입찰참가 무효사유가 있어 그 구성원이 입찰절차에서 배제된다고 하여 그러한 사유가 없는 나머지 구성원의 입찰참가가 당연히 무효가 된다고 볼 수는 없고, 나머지 구성원만으로 입찰적격을 갖출 수 있는지 여부 등 일부 구성원의 입찰참가 무효사유가 공동수급체 입찰에 미치는 영향을 고려하여 나머지 구성원들 입찰의 효력 유무를 판단하여야 한다(대법원 2012. 9. 20.자 2012마1097 결정: 공2012하, 1723).

위와 같은 판례의 흐름과는 조금 결이 다른 판례가 있어 소개한다. 「국가를 당사자로 하는 계약에 관한 법률」 제15조 제2항은 국고의 부담이 되는 계약에 따른 대가를 기한까지 지급할 수 없는 경우에는 대통령령이 정하는 바에 따라 그 지연일수에 따른 이자를 지급하여야 한다고 정하고 있다. 대가지급지연에 대한 이자에 관한 위 규정은 모든 공공계약에 적용되는 효력규정으로 보아야 한다(대법원 2018. 10. 12. 선고 2015다256794 판결: 공2018하, 2078).

[국유재산법]

구 국유재산법 제7조가 국유재산 처분 사무의 공정성을 도모하기 위하여 관련 사무에 종사하는 직원에 대하여 부정한 행위로 의심받을 수 있는 가장 현저한 행위를 적시하여 이를 엄격히 금지하는 한편, 그 금지에 위반한 행위의 사법상 효력에 관하여 이를 무효로 한다고 규정하고 있는 점 등을 종합하여 보면, 국유재산에 관한 사무에 종사하는 직원이 타인의 명의로 국유재산을 취득하는 행위는 강행법규인 같은 법 규정들의 적용을 잠탈하기 위한 탈법행위로서 무효이다. 나아가 같은 법이 거래안전의 보호 등을 위하여 그 무효를 주장할 수 있는 상대방을 제한하는 규정을 따로 두고 있지 아니한 이상 그 무효는 원칙적으로 누구에 대하여서나 주장할 수 있으므로, 그 규정들에 위반하여 취득한 국유재산을 제3자가 전득하는 행위 또한 당연무효이다(대법원 2014. 5. 29. 선고 2012다60688 판결: 미공간).

[독점규제 및 공정거래에 관한 법률]

공정거래법이 계열회사에 대한 채무보증을 원칙적으로 금지하면서도 넓은 예외사유를 두고 있는 것을 보면, 이러한 금지규정을 위반한 채무보증이나 탈법행위가 그 자체로 사법상 효력을 부인하여야 할 만큼 현저히 반사회성이나 반도덕성을 지닌 것이라고 볼 수 없다(대법원 2019. 1. 17. 선고 2015다227000 판결: 공2019상, 437).

공정거래법은 사업자가 자기의 거래상의 지위를 부당하게 이용하여 상대방과 거래하는 행위로서 공정한 거래를 저해할 우려가 있는 행위를 금지되는 불공정거래행위의 하나로 규정하고 있다(제23조 제1항 제4호). 이러한 거래상 지위의 남용행위가 공정거래법상 불공정거래행위에 해당하는 것과 별개로 위와 같은 행위를 실현시키고자 하는 사업자와 상대방 사이의 약정이 경제력의 차이로 인하여 우월한 지위에 있는 사업자가 그 지위를 이용하여 자기는 부당한 이득을 얻고 상대방에게는 과도한 반대급부 또는 기타의 부당한 부담을 지우는 것으로 평가할 수 있는 경우에는 선량한 풍속 기타 사회질서에 위반한 법률행위로서 무효라고 할 것이다(대법원 2017. 9. 7. 선고 2017다229048 판결: 공2017하, 1910). 백화점을 운영하는 대규모 소매업자인 갑 주식회사와 의류를 납품하는 을 주식회사 사이에 갑 회사가 을 회사로부터 납품받은 상품을 매입하여 대금을 지급하고 을 회사의 책임하에 상품을 판매한 후 재고품을 반품하는 조건으로 거래하는 내용의 특정매입거래계약을 체결하고 지속적으로 거래해 오다가, 계약일로부터 2년이 지난 시점에 을 회사가 갑 회사에 재고품에 대한 상품대금 반환채무가 있음을 확인하고 이를 분할 상환하기로 하는 확약서를 작성한 사안에서, 위 확약은 갑 회사가 우월한 지위를 이용하여 자기는 부당한 이득을 얻고 을 회사에는 과도한 반대급부 내지 부당한 부담을 지우는 법률행위로 평가할 수 있고, 이를 강제하는 것은 사회적 타당성이 없어 사회질서에 반한다고 한 사례이다.

[하도급거래 공정화에 관한 법률]

하도급법은 원사업자의 수급사업자에 대한 불공정거래 행위에 대한 규제로서 제11조 제1항에서 '원사업자는 수급사업자에게 책임을 돌릴 사유가 없음에도 불구하고 위탁을 할 때 정한 하도급대금을 부당하게 감액하여서는 아니 된다'고 규정하고 있다. <u>그 규정에 위반된 대금감액 약정의 효력에 관하여는 아무런 규정을 두지 않는 반면 그 규정을 위반한 원사업자를 벌금형에 처하도록 하면서 그 규정 위반행위 중 일정한 경우만을 공정거래위원회에서 조사하게 하여 그 위원회로 하여금 그 결과에 따라 원사업자에게 시정조치를 명하거나 과징금을 부과하도록 규정하고 있을 뿐이므로, 위 규정은 그에 위배한 원사업자와 수급사업자 간의 계약의 사법상의 효력을 부인하는 조항이라고 볼 것은 아니다</u>(대법원 2011. 1. 27. 선고 2010다53457 판결: 공2011상, 412).

[자본시장과 금융투자업에 관한 법률]

<u>금융투자업등록을 하지 않은 투자일임업을 금지하는 구 자본시장법 제17조는 단속규정이다</u>(대법원 2019. 6. 13. 선고 2018다258562 판결: 공2019하, 1376).

증권회사 또는 선물업자와 그 임·직원의 부당권유행위를 금지하는

구 증권거래법 제52조 제1호, 구 선물거래법 제45조 제1항 제1호는 공정한 증권거래질서의 확보를 위하여 제정된 강행규정이므로, 이에 위반하여 주식거래 및 선물옵션거래를 권유하면서 고객 또는 위탁자에 대하여 당해 거래에서 발생하는 손실을 부담하거나 이익을 보장하기로 하는 약정은 무효이다. 나아가 증권회사 또는 선물업자와 그 임·직원이 정당한 사유 없이 당해 거래에서 발생한 손실의 전부 또는 일부를 보전하여 주기로 약속하는 행위(사후손실보전약정)는 강행규정인 구 증권거래법 제52조 제3호, 구 증권거래법 시행령 제36조의3 제3호에 위반되거나, 위험관리에 의하여 경제활동을 촉진하는 증권시장의 본질을 훼손하고 안이한 투자판단을 초래하여 가격형성의 공정을 왜곡하는 행위로서 증권투자에 있어서의 자기책임원칙에 반하는 것으로서 사회질서에 위반되어 무효이다. 그런데 증권회사 등에게 책임 있는 사유로 인하여 발생하여 증권회사 등이 고객에게 전보하여야 할 손실에 대한 보전행위는 허용되어야 할 것이므로, 보전의 대상이 되는 손실이 증권회사 또는 선물업자 등에게 책임 있는 사유로 인하여 발생한 경우라면 이를 보전하여 준다는 내용의 사후손실보전약정은 그 범위 내에서 정당한 사유가 있어 유효하다고 할 수 있을 것이다(대법원 2011. 1. 27. 선고 2010다15776, 15783 판결: 미공간).

경영참여형 사모집합투자기구(PEF: Private Equity Fund)의 업무집행사원이 금지되는 투자이익보장약속을 통하여 투자권유행위를 한 경우 그 이익보장약속은 강행법규를 위반한 것이어서 무효이다(대법원 2021. 9. 15. 선고 2017다282698 판결: 공2021하, 2029).

[신 탁 법]

수탁자는 누구의 명의로 하든지 신탁재산을 고유재산으로 하거나 이에 관하여 권리를 취득하지 못할 뿐 아니라, 고유재산을 신탁재산이 취득하도록 하는 것도 허용되지 아니하고 위 규정을 위반하여 이루어진 거래는 무효라고 보아야 한다. 그 거래가 수익자에게 이익이 된다는 사정만으로는 그와 같은 거래를 유효하다고 볼 수 없다(대법원 2017. 7. 11. 선고 2017다8395 판결: 미공간; 대법원 2020. 11. 5. 선고 2017다7156 판결: 미공간).

[농 지 법]

농지의 임대를 금지한 농지법 규정은 강행규정으로 보아야 한다. 따라서 농지법 제23조가 규정한 예외사유에 해당하지 아니함에도 불구하고 이를 위반하여 농지를 임대하기로 한 임대차계약은 무효이다(대법원 2017. 3. 15. 선고 2013다79887, 79894 판결: 공2017상, 729).

[전세버스 지입계약]

명의이용 금지규정을 위반하여, 자동차 소유자와 전세버스 운송사업자 사이에, 대외적으로는 지입차주가 그 소유의 차량 명의를 전세버스 운송사업자(지입회사)에게 신탁하여 그 소유권과 운행관리권을 지입회사에 귀속시키되, 대내적으로는 위 지입차량의 운행관리권을 위탁받아 자신의 독자적인 계산 아래 운행하면서 지입회사에 일정액의 관리비를 지급하기로 하는 내용의 이른바 '지입계약'이 체결된 경우, 그 지입계약 자체가 사법상의 효력이 부인되어야 할 정도로 현저히 반사회성, 반도덕성을 지닌 것이라고 볼 수는 없다. 또한 지입계약의 사법상의 효력을 부인하여 운송수익 등의 귀속이나 자동차의 권리 귀속까지 부인하여야 비로소 명의이용 금지규정을 둔 입법 목적이 달성된다고 볼 수도 없다. 따라서 전세버스 운송사업자가 금지규정을 위반하여 지입계약을 체결하였다고 하더라도, 그 지입계약이 무효로 되는 것은 아니다(대법원 2018. 7. 11. 선고 2017다274758 판결: 공2018하, 1548).

[조세납부의무 없는 자와 체결한 조세 납부 약정]

조세에 관한 법률이 아닌 사법상 계약에 의하여 납세의무 없는 자에게 조세채무를 부담하게 하거나 이를 보증하게 하여 이들로부터 조세채권의 종국적 만족을 실현하는 것은 조세의 본질적 성격에 반할 뿐 아니라 과세관청이 과세징수상의 편의만을 위해 법률의 규정 없이 조세채권의 성립 및 행사 범위를 임의로 확대하는 것으로서 허용될 수 없다(대법원 2017. 8. 29. 선고 2016다224961 판결: 공2017하, 1843).

[사립학교법]

학교법인의 재산의 취득·처분과 관리에 관한 사항은 이사회의 심의·의결사항이고(사립학교법 제16조 제1항), 학교법인이 의무의 부담을 하고자 할 때에는 관할청의 허가를 받아야 한다(사립학교법 제28조 제1항). 학교법인이 사립학교법 제16조 제1항에 의한 이사회의 심의·의결 없이 학교법인 재산의 취득·처분행위를 하거나 사립학교법 제28조 제1항의 규정에 의하여 관할청의 허가 없이 의무부담행위를 한 경우에 그 행위는 효력이 없고, 학교법인이 나중에 그 의무부담행위를 추인하더라도 효력이 생기지 않는다(대법원 2016. 6. 9. 선고 2014다64752 판결: 공2016하, 910). 사립학교법 제28조 제2항, 사립학교법 시행령 제12조는 학교교육에 직접 사용되는 학교법인의 재산 중 교지, 교사, 체육장, 실습 또는 연구시설 등은 이를 매도하거나 담보에 제공할 수 없다고 규정하고 있고, 사립학교법 제51조는 사립학교경영자에게도 학교법인에 관한 같은 법 제28조 제2항을 준용한다고 규정하고 있다. 그러므로 사립학교경영자가 사립학교의 교지, 교사로 사용하기 위하여 출연·편입시킨 토지나 건물이 등기부상 사립학교경영자 개인 명의로 있는 경우에도 그 토지나 건물에 관하여 마쳐진 근저당권설정등기는 위 각 조항에 위배되어 무효이다(대법원 2011. 9. 29. 선고 2010다5892 판결: 공2011하, 2206).

사립학교법 제28조 제2항에서 학교교육에 직접 사용되는 학교법인의 특정 재산(교육용 기본재산)의 매도나 담보제공을 금지하고 있으나, 학교법인이 학교 운영권과 함께 그 교육용 기본재산을 다른 학교법인에 처분함으로써 그 재산이 계속 학교교육에 사용되도록 하는 경우까지 이 법조항에 의하여 금지되는 것은 아니다. <u>위와 같은 학교법인의 학교 운영권 등 처분에 앞서 해당 학교법인의 실제 운영자 사이에 그러한 처분이 성사되도록 각자의 학교법인 운영권을 행사하기로 약정하는 것도 사적자치의 원칙상 허용되고, 이 경우 그 약정의 효력은 학교법인이 아닌 실제 운영자에 대하여 미친다</u>(대법원 2015. 4. 9. 선고 2013도484 판결: 미공간).

[구 상호저축법상 채무의 보증 및 담보의 제공 금지]

구 상호저축은행법 제18조의2 제4호는 대통령령이 정하는 특수한 경우를 제외하고는 상호저축은행이 '채무의 보증 또는 담보의 제공'을 하는

것을 금지하고 있는데, 위 규정은 단순한 단속규정이 아닌 효력규정이다
(대법원 2016. 4. 28. 선고 2013다75632 판결: 미공간).

[문화재수리등에 관한 법률]

문화재수리업자의 명의대여 행위를 금지한 「문화재수리 등에 관한
법률」 제21조는 강행규정이다(대법원 2020. 11. 12. 선고 2017다228236 판결:
공2021상, 1).

[종자산업법]

종자업을 하거나 일부 종자의 판매 등을 하는 경우 등록 또는 신고
를 할 것을 규정한 구 종자산업법 규정은 단속규정이다(대법원 2020. 4. 9.
선고 2019다294824 판결: 공2020상, 913).

[노인복지법]

구 노인복지법은 노인의료복지시설이 설치된 부동산에 관한 저당권
설정을 금지하고 있는데 위 부동산에 관하여 근저당권이 설정된 사안에
서, 이러한 규정은 강행규정이 아니고 근저당권설정계약의 효력에 영향이
없다고 한다(대법원 2018. 10. 12. 선고 2015다219528 판결: 공2018하, 2073).

제4장 신의성실의 원칙

제1절 법의 기본이념

제2조는 "信義誠實"이라는 표제 아래 "權利의 行使와 義務의 履行은
信義에 좇아 誠實히 하여야 한다."라고 규정한다(제1항). 단 2개의 조문에
불과하지만 민법은 첫머리에 법원(法源)에 관한 규정(제1조)과 함께 제2조
를 묶어 2개의 조문만으로 '통칙'이라는 별개의 장(章)을 할애하여 이를
제1장으로 삼았다. 신의성실 조항에 관한 민법의 특별 취급은 그것이 민
법 전체에서 가지는 위상을 말해준다.[11] 그런데 신의와 성실이라는 단어

---

11) 그 정도로 신의성실 원칙을 중요한 기본원리로 보았기 때문이라고 한다. 제26회
   국회정기회의속기록 제30호(1957. 11. 6.), 6쪽에 있는 김병로 대법원장의 발언: 김
   재형, "2013년 민법 판례 동향", 민사재판의 제문제 제23권, 한국사법행정학회,
   2015, 5쪽 각주 3)에서 재인용.

그 자체는 법률용어라기보다는 윤리적 수사라는 인상을 드리운다. 신의(信義)란 믿음과 도리를 뜻하고, 성실(誠實)이란 말(言)대로 이루는(成) 것, 즉 언행에 거짓이 없고 착실하다란 의미이다. 민법의 대상을 우선 소유권, 계약과 같은 재산관계에 한정하여 보자면, 민법은 법률관계의 주체를 재화를 얻거나 다른 사람을 자기의 소용에 닿게 이용하기 위하여 합리적으로 계산하여 행동하는 이기적인 자아가 아니라, 상대방의 처지를 배려하고 말을 그대로 옮길 정도로 믿음직하며 신실하게 행동하는 도덕적 자아를 상정한 것처럼 느껴지기도 한다.

그렇다고 신의성실의 원칙이 윤리적인 선언에만 그치는 것은 아니다. 제1조에 따라 조리(條理)라는 보충적 법원을 통하여 엄연히 재판규범으로 작동하는 것이다. 대법원은 말하기를, 신의성실의 원칙은 법률행위 해석의 기준으로 작용하거나 의무 이행의 기준이 되기도 하고 신의성실의 원칙에 반하는 권리 행사가 허용되지 않고(대법원 2020. 11. 19. 선고 2019다232918 전원합의체 판결: 공2021상, 13), 신의성실의 원칙이 법질서의 기본원리라면서 법률관계의 당사자는 자신의 권리를 행사하거나 의무를 이행함에 있어 상대방의 이익도 배려하여야 하고, 형평에 어긋나거나 신뢰를 저버려서는 안 된다고 한다(대법원 2015. 5. 14. 선고 2013다2757 판결: 공2015상, 785). 민법 외에도 「약관의 규제에 관한 법률」 제5조, 「국가를 당사자로 하는 계약에 관한 법률」 제5조, 「가맹사업거래의 공정화에 관한 법률」 제4조 등 사법관계뿐 아니라, 행정절차법 제4조, 국가재정법 제64조의 공법관계에 이르기까지 일일이 열거할 수 없을 정도의 많은 법률에서 신의성실의 원칙을 규정하고 있다.

이처럼 신의성실의 원칙이 민법 나아가 법질서의 기본원리라는 데에는 이론이 없는 것처럼 보인다. 다만 신의성실 원칙이 민법에서 차지하는 체계적 지위에 관해서는 의견이 분분하다. 민법의 기본원리로 보는 견해가 있는가 하면, 사적 자치의 원칙이 민법의 제일의적 원리이고 신의칙은 그 제한 규정으로 보는 견해도 존재한다. 대법원의 견해도 일관되지 않는 면이 있다. 신의성실의 원칙에 관한 표준적 판시는 "신의성실

의 원칙은, 법률관계의 당사자는 상대방의 이익을 배려하여 형평에 어긋
나거나 신뢰를 저버리는 내용 또는 방법으로 권리를 행사하거나 의무를
이행하여서는 아니 된다는 추상적 규범을 말하는 것."이라는데(대법원
2013. 12. 18. 선고 2012다89399 전원합의체 판결: 공2014상, 236), 그 판시만으
로는 대법원이 어떠한 견해를 취하는 것인지 분명하지 않다. 그와 대비
되는 아래 판시도 있기 때문이다.

> "신의성실의 원칙이 특히 엄격한 법적용의 가혹함을 완화함에 있어서
> 중요한 역할을 수행한다는 것은 이를 부인할 수 없다. 그것은 당사자로 하
> 여금 어떠한 법규칙에서 법률요건 등으로 수용되지 아니한 사정을 법관 등
> 법적용자에게 제시하면서 그러한 사정 아래서 법규칙을 그대로 적용하게 되
> 면 도저히 받아들일 수 없는 가혹한 결과가 됨을 <u>법적용자의 법감정 내지
> 윤리감각에</u> 호소하여 법규칙을 원래의 모습대로 적용하는 것을 제한 또는
> 배제하게 하는 하나의 법적 장치로서 기능하는 것이다. … 법규칙을 개별
> 사안에 적용하는 국면에서 신의칙을 통하여 '당사자 사이의 제반 사정을 종
> 합적으로' 고려할 것을 주장하는 것은 위와 같은 법규칙의 체계를 기본적인
> 구성원리로 하는 우리 법에서는 예외로서의 자리를 차지할 수밖에 없다. 신
> 의성실의 원칙을 실정적으로 규정하는 민법 제2조, 민사소송법 제1조 등이
> 개별적인 법제도와 무관하게 위 각 법률 맨 앞의 '통칙'으로 위치하고 있는
> 것은 그 법원칙의 '기본원리성'을 말하여 준다고도 할 수 있겠으나 그보다는
> 오히려 이러한 예외, 그러나 역시 개별 법제도 일반에서 두루 문제될 수 있
> 다는 의미에서 '<u>보편적 예외</u>'로서의 성격을 말하여 준다고 함이 적절할 수
> 있다"(대법원 2010. 5. 27. 선고 2009다44327 판결: 공2010하, 1233). (중간
> 생략 표시와 밑줄은 필자가 부기함.)

제2절 일반조항으로의 도피

신의성실은 믿음, 참됨, 정성, 배려, 연대의 개념을 아우르는 일반조
항으로, 시민이 공동체의 구성 분자로서 마땅히 가져야 할 덕목을 나타
낸다. 이는 결국 공동체의 질서 유지, 공공의 복리를 위하여 당사자가 자
율적으로 설정한 행위규범(계약 등)에 일정한 제약이 가해질 수 있음을

내포한다. 제정 민법이 개인주의를 지양하고 공공복리를 지향하는 세계
적 흐름 속에서 입법되었다는 사실[12]은 신의칙을 통해 시민의 자율성을
제한할 수 있다는 근거를 보탠다. 헌법재판소도 「권리의 행사는 타인의
권리행사와 충돌되는 부분이 발생할 수 있으나, 사권(私權)은 사회로부터
고립된 개인을 위하여 인정된 것이 아니고 사회를 구성하는 일원으로서
의 개인을 위하여 인정된 것이므로, 권리는 이성적으로 정당한 이익의
범위 내에서 행사함이 타당하다. 따라서 권리행사에 있어서는 개인의 이
익과 공동체의 이익이 조화될 수 있는 사권의 사회성·공공성의 원리가
당연히 요청된다고 보아야 한다. 민법 제2조 제2항은 이러한 권리의 사
회성·공공성의 원리를 규정한 것으로, 헌법 제23조 제2항이 "재산권의
행사는 공공복리에 적합하도록 하여야 한다."라고 규정함으로써 재산권의
사회적 기속성을 선언한 것」[헌법재판소 2013. 5. 30. 선고 2012헌바335 결정
(헌재판례집 25-1, 318)]이라고까지 표현하고 있다.

　신의성실 조항은 단순히 윤리장전에 그치지 않고 재판규범으로서,
일방 당사자에게만 이익을 극대화시키려는 인간의 이기적인 행동을 제약
하기 위해 법원의 개입을 정당화하는 법적 수단이 된다. 법원은 곧 국가
를 말하며 이는 결국 사적 자치 영역에 국가가 어떠한 경우에 어느 정도
로 개입할 수 있느냐의 문제와 직결된다.

　대법원은 "신의성실의 원칙에 위배된다는 이유로 권리행사를 부정하
기 위해서는 상대방에게 신의를 제공하였거나 객관적으로 보아 상대방이
신의를 가지는 것이 정당한 상태에 이르러야 하고 이와 같은 상대방의
신의에 반하여 권리를 행사하는 것이 정의관념에 비추어 용인될 수 없는
정도에 이르러야 한다. 상대방에게 신의를 창출한 바 없거나 상대방이

12) 1957. 11. 5. 배영호 법무부차관이 정부 제안 민법 초안의 기본원칙으로 "세계
　　법률사조에 입각하여 개인주의를 지양·발전시키고 공공복리라는 국민의 경제도의
　　에 적용시킴"을 주창하였다. 제26회 국회정기회의속기록 제29호, 국회사무처,
　　1957. 11. 5., 1쪽 이하. 명순구, 실록 대한민국 민법 3(법문사, 2010), 29-30쪽.
　　권영준, "2018년 판례 동향", 민사재판의 제문제 제27권, 한국사법행정학회, 2020,
　　12쪽 각주 26)에서 재재인용.

신의를 가지는 것이 정당한 상태에 있지 않을 뿐만 아니라 권리행사가 <u>정의의 관념</u>에 반하지 않는 경우에는 권리행사를 신의성실의 원칙에 반한다고 볼 수 없다.”(밑줄은 필자가 부기함)라고 하여(대법원 2020. 10. 29. 선고 2018다228868 판결: 공2020하, 2254), 신의칙의 적용 요건을 밝히고 있다. 이러한 설시는 신의칙을 행위규범으로서 자율성의 한계로 설정하려는 일반 국민은 물론, 재판규범으로 판단의 기준으로 삼으려는 법원 모두에게 만족스럽지 못하다. 그 설시 내용을 자세히 뜯어보면 신의칙의 요건이 구체화되었다고 보기 어렵기 때문이다. 대법원은 신의칙의 술어로서 “정당”, “정의관념”이라는 용어를 반복하여 사용하는데, 그 자체로 불특정, 불명확한 개념이며 일종의 동어반복, 순환 논증이다.

　그렇지만 신의칙 적용이 필요한 사례가 분명 존재한다. 개별 조항에 규정된 법률요건과 법률효과를 그대로 해석·적용하여서는 구체적 타당성을 기할 수 없는 경우가 있기 때문이다. 확립되어 있는 법리, 이론이라 하더라도 형평에 비추어 기존 법리에 따른 결론이 부당하다고 여겨질 때, 법관은 구체적 타당성에 맞는 결과를 도출하기 위해서 돌파구를 찾는다. 이러한 법관의 반응기제를 혹자는 감수성 또는 직관력이라고 부르거나 상상력, 창의성이라 호칭하기도 하며, 법관에게 요구되는 가장 중요한 덕목이라고 생각하는 사람도 있다.

　그러면 정의감이나 사명감은 어떠한가? 정의감이나 사명감만으로 결론을 내릴 수는 없다.[13] 신의칙은 영감의 원천이 될 수는 있어도 논리의 근거로 삼는 것에 신중해야 한다. 법관은 감성이 아니라 자신의 결론을 이성적으로 논증할 의무를 국민에게 부담하기 때문이다. 이러한 경우 법관은 몇 가지 선택지를 가진다. 마치 유화를 그릴 때 색을 입힌 곳에 색을 덧대듯이 기존 법리를 보충하거나 예외를 두든지, 기존 판례에 도전

---

13) 권영준, “2020년 민법 판례 동향”, 서울대학교 법학 제62권 제1호, 서울대학교 법학연구소, 2021, 339쪽은 법관의 정의감과 사명감만으로는 문언을 넘어서거나 문언에 반하는 법형성의 속성을 가지는 법률해석의 정당화 사유가 되지 못한다고 한다.

하든지, 그것마저 여의치 않다면 신의칙에 의탁하는 것이다. 법관 입장에서 그중 가장 손쉬운 해결책이자 유혹에 빠지기 쉬운 일은 신의칙으로부터 결론을 도출하는 것이다. 판례와 학설이 씨줄과 날줄이 되어 촘촘하게 엮여진 법리의 바다에서 기존 법리를 보충하거나 예외를 두는 이론을 세우는 데 많은 시간과 노력이 필요한데다 그것이 성공한다는 보장이 없다. 기존 판례에 도전하는 것도 법관에게 철저한 논증 의무가 부과되어 무척이나 부담이 되는 일이다. 때문에 신의칙으로 도피하기 십상이다.

문제는 구체적 타당성을 이유로 일반조항에 의탁할 때 법적 안정성과 예측성을 해치게 되고, 법관의 자의를 조장할 위험이 생긴다는 데 있다. 1심, 항소심에서 일치하여 신의칙에 위반되지 않았다고 판단한 사안을 대법원이 그 반대로 판단한 사례는 부지기수이며, 그 역의 경우도 마찬가지이다. 이러한 사태에서 무엇이 정의인지를 알려면 대법원까지 사건을 가져가야만 판별할 수 있게 되고, 대법원만이 정의의 선언자가 된다. 사법정책적 면에서도 바람직하지 않다고 할 수 있다. 따라서 신의칙이라는 일반조항으로의 도피는 자제되어야 한다.

2010년대 대법원 판례에서 신의칙 적용과 관련하여 가장 극적인 반전을 이룬 사례가 있다. 바로 통상임금 사건에서 법정수당 추가 청구가 신의칙에 반하는지 여부와, 과거사 사건에서 국가의 소멸시효 주장이 신의칙에 반하는지에 관한 것이다. 이로써 신의칙의 본질, 그 적용의 한계에 관해서 시사점을 얻을 수 있다고 생각한다.

제3절 극적인 반전을 이룬 사례들
1. 법정수당 추가 청구와 신의칙 위반

노사 쌍방이 정기상여금을 통상임금이 아니라고 믿고 이를 전제로 임금협상을 한 결과 정기상여금이 제외된 통상임금을 기초로 법정수당이 산정·지급된 사안에서, 근로자가 이미 지급된 법정수당과, 정기상여금을 포함한 통상임금을 기초로 산정된 법정수당의 차액을 청구하는 것이 신의칙에 반하는 것인가? 통상임금은 사용자와 근로자가 그 의미나 범위에 관해서 단체협약 등으로 합의할 수 없는 강행규정의 성격을 갖기 때문에 문제가 된다. 강행법규를 위반한 자가 스스로 그 약정의 무효를 주장하는 것은 원칙적으로 신의칙에 반한다고 할 수 없음은 대법원이 반복하여 판시해 온 바이다. 만일 그런 주장을 배척한다면 오히려 강행법규에 의하여 배제하려는 결과를 실현시키는 셈이 되어 입법취지를 완전히 몰각하게 되기 때문이다(대법원 2011. 3. 10. 선고 2007다17482 판결: 공2011상, 699).

그런데 대법원은 2013. 12. 18. 선고 2012다89399 전원합의체 판결(공2014상, 236)에서 신의칙의 적용을 긍정하였다. 우선 대법원은 강행법규를 어겼다는 주장이 신의칙에 반한다고 판단하려면 신의칙 적용의 일반요건을 갖추는 것 이외에도 특별요건을 갖추어야 한다고 한다. 즉 근로기준법의 강행규정성에도 불구하고 신의칙을 우선하여 적용하는 것을 수긍할 만한 특별한 사정이 있는 예외적인 경우에 한한다는 것이다. 대법원이 강행규정 위반 주장을 신의칙으로 제한하기 위해서 특별요건이 필요하다고 밝힌 것은 위 전원합의체 판결이 처음은 아니었다. 즉 대법원은 "사적자치의 영역을 넘어 공공질서를 위하여 공익적 요구를 선행시켜야 할 사안에서는 원칙적으로 합법성의 원칙은 신의성실의 원칙보다 우월한 것이므로 신의성실의 원칙은 합법성의 원칙을 희생하여서라도 구체적 신뢰보호의 필요성이 인정되는 경우에 비로소 적용된다고 봄이 상당하다."라고 판시한 바 있다[대법원 2000. 8. 22. 선고 99다62609, 62616 판결(공2000, 1998)].[14] 2013년 전원합의체 판결로 돌아오면, 대법원은 법정수당 추가청구 사건에서 신의칙 적용을 위한 특별요건인 예외적 사정을 다음과 같이 설시하였다.

"건전한 재정은 기업에 있어 생명줄과도 같다. 재정의 악화는 경영난으로 이어지고 그것이 심화되면 기업의 존립이 위태로워진다. 특히 임금은 기

---

14) 대법원 2014. 5. 29. 선고 2012다44518 판결(미공간)은, 합법성의 원칙보다 구체적 신뢰보호를 우선할 필요가 있는지를 판단하는 기준으로 "신뢰보호를 주장하는 사람에게 위법행위와 관련한 주관적 귀책사유가 있는지 여부 및 그와 같은 신뢰가 법적으로 보호할 가치가 있는지 여부 등을 종합적으로 고려하여야 한다."라는 새로운 법리를 설시하였다.

업의 재정에 가장 큰 영향을 미치는 요소 중의 하나이다. 노사는 임금협상을 하면서 근로자에게 근로의 대가로 얼마만큼의 금품을 어느 시기에 어떠한 형태와 조건으로 지급할 것인지를 정하게 된다. 이러한 임금협상은 기업의 경영실적, 근로자의 노동생산성, 물가상승률, 동종 업계의 일반적인 임금 인상률 등 여러 요소를 고려하여 이루어지지만, 기업의 지속적인 존립과 성장은 노사 양측이 다 같이 추구하여야 할 공동의 목표이므로 기업 재정에 심각한 타격을 주어 경영상 어려움을 초래하거나 기업의 존립기반에 영향을 주면서까지 임금을 인상할 수는 없는 것이다. 따라서 임금의 인상은 기업이 생산·판매 활동 등을 함으로써 얻을 수 있는 수익에 기초하여 노동비용 부담능력 안에서 이루어져야 한다는 내적 한계가 있고, 이는 노사 상호 간에 양해된 사항이라 할 수 있다.

그리하여 노사가 자율적으로 임금협상을 할 때에는 기업의 한정된 수익을 기초로 하여 상호 적정하다고 합의가 이루어진 범위 안에서 임금을 정하게 되는데, 우리나라의 실태는 임금협상 시 임금 총액을 기준으로 임금 인상 폭을 정하되, 그 임금 총액 속에 기본급은 물론, 일정한 대상기간에 제공되는 근로에 대응하여 1개월을 초과하는 일정 기간마다 지급되는 상여금(이하 '정기상여금'이라고 한다), 각종 수당, 그리고 통상임금을 기초로 산정되는 연장·야간·휴일 근로 수당 등의 법정수당까지도 그 규모를 예측하여 포함시키는 것이 일반적이다. 이러한 방식의 임금협상에 따르면, 기본급, 정기상여금, 각종 수당 등과 통상임금에 기초하여 산정되는 각종 법정수당은 임금 총액과 무관하게 별개 독립적으로 결정되는 것이 아니라 노사 간에 합의된 임금 총액의 범위 안에서 그 취지에 맞도록 각 임금 항목에 금액이 할당되고, 각각의 지급형태 및 지급시기 등이 결정된다는 의미에서 상호 견련관계가 있는 것이다.

그런데 우리나라 대부분의 기업에서는 정기상여금은 그 자체로 통상임금에 해당하지 아니한다는 전제 아래에서, 임금협상 시 노사가 정기상여금을 통상임금에서 제외하기로 합의하는 실무가 장기간 계속되어 왔고, 이러한 노사합의는 일반화되어 이미 관행으로 정착된 것으로 보인다. 이러한 관행이 정착하게 된 데에는, 상여금의 연원이 은혜적·포상적인 이윤배분이나 성과급에서 비롯된 점, 국내 경제가 성장기로 접어든 이후 상여금이 근로의 대가로서 정기적·일률적으로 지급되는 경우가 많다고는 하지만 여전히 성과급, 공로보상 또는 계속근로 장려 차원에서 지급되는 경우도 있고 그 지급형태나 지급조건 등이 다양하여 그 성질이 명확하지 아니한 경우도 있는 점, 근로현장에서 노사 양측에 지대한 영향력을 발휘하여 온 고용노동부의

'통상임금 산정지침'이 1988. 1. 14. 제정된 이래 일관되게 정기상여금을 통상임금에서 제외하여 온 점, 대법원판례상으로도 2012. 3. 29. 이른바 '금아리무진 판결'이라고 불리는 대법원 2010다91046 판결이 선고되기 전에는 상여금의 통상임금 해당성을 부정한 대법원판결(대법원 1990. 2. 27. 선고 89다카2292 판결, 대법원 1996. 2. 9. 선고 94다19501 판결 등)만 있었고 정기상여금이 통상임금에 해당할 수 있음을 명시적으로 인정한 대법원판결은 없었던 점 등이 그 주요 원인이 되어 노사 양측 모두 정기상여금은 통상임금에서 제외되는 것이라고 의심 없이 받아들여 왔기 때문인 것으로 보인다."

그리고 대법원은 다음과 같이 결론을 내린다. "앞서 본 바와 같은 방식의 임금협상 과정을 거쳐 이루어진 노사합의에서 정기상여금은 그 자체로 통상임금에 해당하지 아니한다고 오인한 나머지 정기상여금을 통상임금 산정 기준에서 제외하기로 합의하고 이를 전제로 임금수준을 정한 경우, 근로자 측이 앞서 본 임금협상의 방법과 경위, 실질적인 목표와 결과 등은 도외시한 채 임금협상 당시 전혀 생각하지 못한 사유를 들어 정기상여금을 통상임금에 가산하고 이를 토대로 추가적인 법정수당의 지급을 구함으로써, <u>노사가 합의한 임금수준을 훨씬 초과하는 예상외의 이익을 추구</u>하고 그로 말미암아 사용자에게 예측하지 못한 새로운 재정적 부담을 지워 <u>중대한 경영상의 어려움을 초래하거나 기업의 존립을 위태롭게</u> 한다면, 이는 종국적으로 근로자 측에까지 그 피해가 미치게 되어 노사 어느 쪽에도 도움이 되지 않는 결과를 가져오므로 정의와 형평 관념에 비추어 신의에 현저히 반하고 도저히 용인될 수 없음이 분명하다. 그러므로 이와 같은 경우 근로자 측의 추가 법정수당 청구는 신의칙에 위배되어 받아들일 수 없다"(밑줄은 필자가 부기함).

2013년 전원합의체 판결은 공개변론을 거쳤음에도 선고 즉시 많은 논란을 불러일으켰다. 전원합의체 판결을 비판하면서 신의칙 적용 자체를 반대하는 견해, 신의칙 적용 자체는 허용하더라도 그 적용을 엄격하게 하여야 한다는 견해, 전원합의체 판결에 원칙적으로 찬성하는 견해로 학설이 갈렸고, 학설의 주류는 2013년 전원합의체 판결을 비판하는 입장이었다고 한다.[15] 이후 하급심 재판례는 전원합의체 판결이 제시한 신의

---

15) 임상민, "통상임금소송과 신의칙", 대법원판례해설 제119호, 법원도서관, 2019, 468쪽.

칙 적용의 특별요건 중 '중대한 경영상의 어려움'이나 '기업의 존립 위태'에 해당하는지에 따라 신의칙 적용을 긍정하거나 부정하였다고 한다.[16]

그런데 대법원은 2019. 2. 14. 선고 2015다217287 판결(공2019상, 721)을 통해서 2013년 전원합의체 판결의 법리를 원칙적으로 유지하면서도 근로자의 추가 법정수당 청구가 사용자에게 중대한 경영상 어려움을 초래하거나 기업의 존립을 위태롭게 하여 신의칙에 위반되는지는 신중하고 엄격하게 판단하여야 한다고 판시하였다. 판시를 옮겨 본다.

> "근로관계를 규율하는 강행규정보다 신의칙을 우선하여 적용할 것인지를 판단할 때에는 근로조건의 최저기준을 정하여 근로자의 기본적 생활을 보장·향상시키고자 하는 근로기준법 등의 입법 취지를 충분히 고려할 필요가 있다. 또한 기업을 경영하는 주체는 사용자이고, 기업의 경영 상황은 기업 내·외부의 여러 경제적·사회적 사정에 따라 수시로 변할 수 있으므로, 통상임금 재산정에 따른 근로자의 추가 법정수당 청구를 중대한 경영상의 어려움을 초래하거나 기업 존립을 위태롭게 한다는 이유로 배척한다면, 기업 경영에 따른 위험을 사실상 근로자에게 전가하는 결과가 초래될 수 있다. 따라서 근로자의 추가 법정수당 청구가 사용자에게 중대한 경영상의 어려움을 초래하거나 기업의 존립을 위태롭게 하여 신의칙에 위반되는지는 신중하고 엄격하게 판단하여야 한다."

필자는 대법원이 2019년 판결을 통하여 2013년 전원합의체 판결의 효력 범위를 반감시켰다고 생각한다. 우선 대법원 판결의 레토릭에서 '엄격'히 판단할 것을 주문하는 경우, '신중'하게 판단하는 것과는 달리, 해당 요건에 포섭을 엄정하게 살펴야 하며 그러한 기준에서 하급심 판단을 검열하겠다는 취지이다. 즉 특별한 사정이 보이지 않으면 인정하지 않겠다는 취지로 이해할 수 있다. 다음으로 2019년 판결 이후 대법원이 신의칙 적용을 긍정하여 근로자의 추가 법정수당 청구를 배척한 예는 매우 드물다. 일명 아시아나항공 사건(대법원 2020. 6. 25. 선고 2015다61415 판결: 공2020하,

---

16) 상세는 김희성·성대규, "추가 법정수당 청구 시 신의칙(모순행위금지원칙) 적용 여부에 대한 하급심 판결들의 태도와 평가", 사회법연구 통권 제34호, 한국사회법학회, 2018.

1457), 쌍용자동차 사건(대법원 2020. 7. 9. 선고 2017다7170 판결: 미공간), 한국지엠 사건(대법원 2020. 7. 9. 선고 2015다71917 판결: 미공간) 정도를 꼽을 수 있을 뿐이다.

대법원은 2019년 판결로 2013년 전원합의체 판결의 신의칙 법리를 의도적으로 좁힌 것인지는 분명하지 않다면서 2013년 전원합의체 판결을 전제로 신의칙을 이유로 사용자를 면책시켜 주는 방향으로 느슨하게 적용되면 안 된다는 데 의의가 있다고 보는 견해[17]도 있다. 신의칙은 원래 보충적으로 신중하고 엄격하게 적용되는 것이므로 2019년 판결이 전혀 새로운 법리를 선언한 것은 아니라는 것이다. 위 두 개의 판례를 그렇게 바라본다면 똑같은 법리를 가지고 근로자의 법정수당 차액 청구를 정반대로 취급한 대법원의 입장은 어떻게 설명할 수 있을까. 위 대법원 판결들이 일반조항으로의 도피가 법적 안정성을 해치고 법관의 자의를 조장한다는 비판에서 자유로울 수 있을까. 신의칙 적용의 요건인 정의관념이라는 것도 누구나 수긍할 수 있는 객관적인 어떤 실체가 아니라, 판단하는 법관의 주관적 가치, 선호, 철학에 영향을 받을 수밖에 없음을 감추기 위한 도구개념에 불과한 것은 아닌가. 대법원이 말한 바 있듯이 법규칙을 개별 사안에 적용할 때 발생하는 가혹한 결과를 <u>법적용자의 법감정 내지 윤리감각에 호소</u>하여 법규칙의 적용을 배제하거나 제한하는 것이 신의칙이라면(대법원 2010. 5. 27. 선고 2009다44327 판결: 공2010하, 1233), 2013년 전원합의체 판결의 대법관과 2019년 판결의 대법관이 가지는 정의감, 윤리감각의 차이는 어디에서 연원한 것인가. 이것을 밝히는 작업은 철학이나 심리학의 과제이지 더 이상 법학의 대상은 아닐 것이다.

필자는 여기서 대법원의 위 판결들 중 어느 특정 판결에 대한 찬반의 의견을 나타내려는 것은 아니다. 단지 신의칙이라는 일반조항을 적용할 때 발생할 수 있는 위험의 한 단면을 드러내고 싶었을 뿐이다.

---

17) 권영준, "2019년 민법 판례 동향", 서울대학교 법학 제61권 제1호, 2020, 496 – 498쪽.

2. 과거사 소멸시효와 신의칙18)

헌법재판소는 2018. 8. 30. 민법, 국가재정법의 소멸시효규정의 객관적 기산점에 관하여 「진실·화해를 위한 과거사정리 기본법」에 적용되는 부분에 위헌결정을 하였다(2014헌바148 등: 헌재판례집 30-2, 237). 위헌결정이 있기까지 도대체 어떤 일이 벌어졌던 것일까? 위헌결정을 불러일으킨 것은 대법원의 2013. 5. 16. 선고 2012다202819 전원합의체 판결(공2013하, 1077)이다.

매우 복잡하고 극도로 까다로운 논리를 통해 선언된 전원합의체 판결의 법리 요체는, 과거사 피해자나 그 유족들이 진실규명결정이나 재심무죄판결이 있었던 날부터 6개월, 아무리 늦어도 3년 이내에 국가배상청구를 해야 한다는 것이다. 그리고 피해자나 유족들이 진실규명결정이나 재심무죄판결이 있었는지를 알았건 몰랐건 상관없이(!) 위 기간 내 국가배상청구를 하지 않으면 손해배상청구권은 시효로 소멸한다는 것이다. 대법원이 위와 같은 논리구조를 만들었던 전제가 되는 이유는 민법이 소멸시효의 기산점을 권리행사 가능 시부터 또는 불법행위를 한 날부터라고 규정하고 있기 때문이다(제166조 1항, 제766조 2항). 즉 권리행사 가능시점부터 소멸시효기간이 지나면 소멸시효가 완성하기에 피해자의 구제를 위해서 국가의 소멸시효 항변이 신의칙 위반이나 권리남용에 해당하여 부정할 수 있는지 여부가 검토되었고, 대법원은 제한적으로나마 피해자 구제의 길을 열어두었던 것이다. 그러나 헌법재판소는 더 나아가 소멸시효 완성의 전제인 소멸시효의 객관적 기산점에 관한 위 규정들이 과거사 사건에는 적용되지 않는다고 선언하였다.

위 전원합의체 판결이 잘못되었다면서 헌법재판소의 위헌결정에 따

---

18) 소멸시효에 관한 신의칙 적용에 관한 대법원 판례 동향은 이영창, "과거사 사건의 사실확정 및 소멸시효 문제: 대법원 2013. 5. 16. 선고 2012다202819 전원합의체 판결", 대법원판례해설 제95호, 법원도서관, 2013이 상세하다. 이하에서 전합판결의 논리구조, 그 이전 판례의 변천과 논의과정은 위 논문에 미루고 구체적인 내용 설명은 생략한다.

라 대법원의 잘못이 바로잡혔다는 견해도 있지만, 권리를 행사할 수 있는 때의 구별 기준인 법률상 장애, 사실상 장애 준별론을 차치하고서라도 소멸시효 제도 그 자체를 긍정하는 이상 대법원의 결론은 불가피한 면이 있다고 생각한다. 원래 법률상 모든 제도는 그 적용에 획일성과 무차별성을 징표로 한다. 예컨대 19세에 달하여야 행위능력이 인정되는데, 사람마다 인식능력에 차이가 있으므로 일률적으로 19세여야 독자적인 법률행위를 할 수 있도록 하는 것은 가히 폭력적이라고 할 수 있지만, 거래의 안전, 법적 안정성을 위함이라고 설명된다. 시효 제도도 마찬가지이다. 민법은 일반 채권의 소멸시효기간을 10년으로 규정하고 있지만, 사람마다 가지는 다른 법감정으로 인해 개인에 따라 그 기간은 더 길게도 반대로 더 짧게도 느낄 수 있다. 그러나 법은 무차별하게 10년으로 정해 두고 그 기간이 지나면 권리가 소멸한다고 정한 것이다.

위 전원합의체 판결이 있기 얼마 전에 선고된 판례들에서 법적 안정성을 위한 제도로서의 소멸시효에 관한 대법원의 입장을 읽을 수 있다. 가령 "소멸시효 제도는 법률관계에 불명확한 부분이 필연적으로 내재할 수밖에 없는 점을 감안하여 그 법률관계의 주장에 일정한 시간적 한계를 설정함으로써 그에 관한 당사자 사이의 다툼을 종식시키려는 것을 취지로 하므로, 애초 그 제도가 누구에게나 무차별적·객관적으로 적용되는 시간의 경과가 1차적인 의미를 가지는 것임을 고려하면, 법적 안정성의 요구는 더욱 뚜렷하게 제기된다. 따라서 신의칙을 들어 소멸시효의 적용을 배제하거나 제한하는 데에는 신중할 필요가 있다."(대법원 2010. 9. 9. 선고 2008다15865 판결: 공2010하, 1876)라거나, "소멸시효는 시간의 흐름에 좇아 성질상 당연히 더욱 커져가는 법률관계의 불명확성에 대처하려는 목적으로 역사적 경험에 의하여 갈고 닦여져서 신중하게 마련된 제도로서 법적 안정성이 무겁게 고려되어야 하는 영역이다."(대법원 2010. 5. 27. 선고 2009다44327 판결: 공2010하, 1233)라는 인식이 그것이다.

그렇다면 시효제도는 사적 자치와 같이 우리의 인식에서 법의 일반원칙이라고 할 수 있을 정도로 보편적인 규범인가. 달리 말하면 시효제도가 목표로 하는 법적 안정성에 대한 우리의 법적 확신은 얼마나 견고한 것인가. 그 법적 안정성이라는 것이 가해자에 의하여 구축된 것이어도 시효제도의 정당성을 인정할 수 있는가. 시간이라는 이름으로 가해자에게 면죄부를 주는 것에 불과한 것은 아닌가. 만약 소멸시효 기간이 더 장기였다면, 예컨대 100년이었다면 어떠했을까. 아니면 500년이라면 또 어떠한가. 과거로 돌아가 보자. 조선을 개국한 태조 이성계는 경쟁자를 척살하였고, 그 후손인 조선의 왕들도 이러저러한 이유로 신하들을 죽였다. 피해자 유족들이 조선왕조가 무너진 뒤에야 권리를 행사할 수 있었다면서 왕족을 상대로 손해배상청구를 하는 상황을 가정하면 어떠할까. 역사문제나 과거지사로 넘겨야 하는 것인지, 아니면 법적 문제로 다루어 소멸시효가 진행하지 않았다고 보아야 할 것인가. 우리나라가 여전히 개발도상국에 머물러 국가 재정이 열악한 상태였다면 또 어떠하였을 것인가. 다른 한편 이른바 태완이법에 의하여 살인죄에 대한 공소시효가 폐지되어 2015. 7. 31.부터 시행되었다는 점이 민사시효 제도에도 영향을 주었다고 할 수 있을까.

어떠한 사태가 시효의 대상이 되는지, 그리고 그 기간은 어떻게 설정해야 하는지는 사실 정책적 판단이 필요한 입법사항이라고 생각한다. 헌법재판소의 위헌결정은 간단명료하지만 사실상 입법의 성질을 가진다고 생각하며, 대법원 전원합의체 판결 결론은 아쉬운 면이 있지만 시효제도를 긍정하는 이상 어쩔 수 없는 면이 있다고 생각한다.

3. 소 결

대법원이 말한 바, 신의칙은 개별사건에서의 구체적 타당성을 기하기 위한 보편적 예외로서의 의의를 갖는다고 한다. 앞에서 본 두 사례가 일반규정을 적용할 때의 부당함을 시정하기 위한 예외적 경우에 해당하는지는 의문이다. 통상임금 사건이나, 과거사 사건은 대한민국 전체에서 문제가 된 보편적 사건이고, 다수의 당사자가 관련되어 있었다. 이는 곧 사안의 일반성을 의미하는 것이고, 법요건에 포섭되지 않은 예외적인 경우에 대한 구체적 타당성을 기하기 위한 제도로서의 신의칙을 적용할 수 있는 대상이라고 말하기는 어렵다.

이들 사안에서 극적인 반전이 발생하게 된 이유는 일반성을 가지는 사건에 예외적 적용이 필요한 신의칙 법리를 끌어들인 것이 혼란의 원인이 아니었을까 생각한다.

제4절 신의칙의 구체적인 적용 모습

새로운 법리를 설시한 것보다는 기존 법리를 재확인하는 것들이 많지만, 2010년대 판례를 정리한다는 의미에서 몇 가지 선례를 언급해 본다.

1. 사정변경의 원칙과 계약 해제·해지

계약 성립의 기초가 된 사정이 현저히 변경되고, 당사자가 계약의 성립 당시 이를 예견할 수 없었으며, 그로 인하여 계약을 그대로 유지하는 것이 당사자의 이해에 중대한 불균형을 초래하거나 계약을 체결한 목적을 달성할 수 없는 경우에는 계약준수 원칙의 예외로서 사정변경을 이유로 계약을 해제하거나 해지할 수 있다(대법원 2020. 12. 10. 선고 2020다254846 판결: 공2021상, 216). 여기에서 말하는 사정이란 당사자들에게 계약 성립의 기초가 된 사정을 가리키고, 당사자들이 계약의 기초로 삼지 않은 사정이나 어느 일방당사자가 변경에 따른 불이익이나 위험을 떠안기로 한 사정은 포함되지 않는다. 경제상황 등의 변동으로 당사자에게 손해가 생기더라도 합리적인 사람의 입장에서 사정변경을 예견할 수 있었다면 사정변경을 이유로 계약을 해제할 수 없다. '변경된 사정'은 계약의 성립에 기초가 되었던 객관적인 사정을 의미하고 한쪽 당사자의 주관적 또는 개인적인 사정을 의미하지 않는다. 따라서 <u>계약의 성립에 기초가 되지 않았던 사정이 나중에 변경되어 한쪽 당사자가 의도한 계약목적을 달성할 수 없어서 손해를 입게 되더라도 그 계약의 구속력을 인정하는 것이 신의칙에 반한다고 볼 수 없다</u>[대법원 2013. 9. 26. 선고 2012다13637 전원합의체 판결(공2013하, 1916. 이른바 키코사건)]. 그렇지만 <u>인적 신뢰관계</u>

에 기초하여 주식회사에 출자하는 내용의 투자계약을 체결하고 그 뒤 신
뢰관계가 파괴되었더라도, 사정변경의 원칙에 따라 계약을 해제 · 해지할
수 있음은 별론으로 하고 계약해제를 함부로 긍정할 수 없다고 한다(대법원
2012. 3. 29. 선고 2011다90484 판결: 미공간).

이처럼 대법원은 예외적, 제한적이기는 하지만 원론적으로는 사정변
경을 이유로 계약해제와 계약해지를 긍정한다. 계약해지를 인정한 선례
들은 있지만 계약해제를 명시적으로 인정한 판례는 아직 없는 것으로 보
인다. 코로나19의 창궐로 계약해제까지 인정하는 판례가 나올지를 지켜
볼 일이다.

2. 실효의 원칙

권리자가 실제로 권리를 행사할 수 있는 기회가 있었음에도 불구하
고 상당한 기간이 경과하도록 권리를 행사하지 않아 의무자인 상대방으
로서도 이제는 권리자가 권리를 행사하지 아니할 것으로 신뢰할 만한 정
당한 기대를 가지게 된 다음에 새삼스럽게 그 권리를 행사하는 것이 법
질서 전체를 지배하는 신의성실의 원칙에 위반하는 것으로 인정되는 결
과가 될 때에는 이른바 실효의 원칙에 따라 그 권리의 행사가 허용되지
않는다. 그런데 이러한 실효의 원칙이 적용되기 위하여 필요한 요건으로
서의 실효기간(권리를 행사하지 아니한 기간)의 길이와 의무자인 상대방
이 권리가 행사되지 아니하리라고 신뢰할 만한 정당한 사유가 있었는지
의 여부는 일률적으로 판단할 수 있는 것이 아니며, 구체적인 경우마다 제
반 사정을 고려하여 사회통념에 따라 합리적으로 판단하여야 한다(대법원
2015. 2. 12. 선고 2013다93081 판결: 미공간).

3. 급부 내용의 제한

유효하게 성립한 계약상의 책임을 공평의 이념 또는 신의칙과 같은
일반원칙에 의하여 제한하는 것은 사적 자치의 원칙이나 법적 안정성에
대한 중대한 위협이 될 수 있으므로, 채권자가 유효하게 성립한 계약에

따른 급부의 이행을 청구하는 때에 법원이 그 급부의 일부를 감축하는 것은 원칙적으로 허용되지 않는다(대법원 2016. 12. 1. 선고 2016다240543 판결: 공2017상, 75).

그러나 위임계약의 성질을 가지는 계약에서 신의칙이나 형평의 원칙에 비추어 부당히 과다한 경우에는 보수청구권을 상당한 범위 내로 감축하는 것은 일반적으로 받아들여지고 있다. 즉 변호사 소송위임계약에서 보수를 제한할 수 있고(대법원 2018. 5. 17. 선고 2016다35833 전원합의체 판결: 공2018하, 1139), 이러한 법리는 부동산중개업자와 중개의뢰인 사이의 보수약정(대법원 2012. 7. 12. 선고 2010다78043 판결: 미공간), 위탁자와 수탁자 사이의 신탁사무 보수약정(대법원 2018. 2. 28. 선고 2013다26425 판결: 공2018상, 627), <u>주식회사 이사·감사의 보수약정</u>에 관해서도 마찬가지이다(대법원 2015. 8. 27. 선고 2015다214202 판결: 미공간).

<u>급부 내용의 제한과 관련해서 하나의 특수사례가 있다. 리스회사가 리스계약을 체결하면서 일정한 사유가 발생하였을 때 리스대상 물건 공급회사에게 리스대상 물건 재매입을 청구할 수 있는 약정을 하였고, 재매입 사유가 발생한 뒤부터 1년 4개월 지나 리스회사가 리스대상 물건 공급회사에 재매입을 청구한 사안에서, 제반 사정에 비추어 리스물건 대상 재매입 매매대금책임을 합리적인 범위 내에서 제한하여야 한다고 한다(대법원 2013. 2. 14. 선고 2010다59622 판결: 공2013상, 445).</u>

4. 대지소유자의 건물철거청구의 경우

대지소유자가 자신 소유의 토지에 관하여 건축업자로 하여금 건물을 신축하는 데 사용하도록 승낙하였고, 건축업자가 이러한 승낙에 따라 다세대주택을 신축하여 제3자에게 분양하였다면, 대지소유자는 건물을 신축하게 한 원인을 제공하였고 제3자는 이를 신뢰하여 견고하게 신축한 건물 중 일부를 분양받은 것이므로, 대지소유자가 그 대지에 관한 매매계약이 해제되었음을 이유로 제3자에 대하여 철거를 요구하는 것은 비록 그것이 대지에 대한 소유권에 기한 것이라 하더라도 신의성실의 원칙에 반하여 용인될 수 없다(대법원 2019. 10. 31. 선고 2017다48003 판결: 미공간).

　1동의 건물을 신축한 후 그 건물 중 구조상·이용상 독립성을 갖추지 못한 부분을 스스로 구분건물로 건축물관리대장에 등재하고 소유권보존등기를 마친 자가 구조상·이용상 독립성을 갖출 수 있음에도 불구하고 그 건물 부분에 관하여 자신과 매매계약을 체결하여 그에 따라 소유권이전등기를 마친 자 또는 자신과 근저당권설정계약을 체결하여 그에 따라 근저당권설정등기를 마친 자 등을 상대로 그러한 등기가 무효임을 주장하며 이에 대한 멸실등기절차의 이행이나 위와 같은 건물 부분의 인도를 청구하는 것은 신의성실의 원칙에 위반된다. 그리고 위와 같은 근저당권에 기초한 임의경매절차에서 해당 건물 부분을 매수하여 구분건물로서 소유권이전등기를 마친 자를 상대로 그 등기의 멸실등기절차의 이행 또는 해당 건물 부분의 인도를 청구하는 경우에도 마찬가지이다(대법원 2018. 3. 27. 선고 2015다3471: 공2018상, 771).

5. 이른바 '곧바로 반환해야 할 목적물의 청구 금지'

　곧바로 반환하여야 할 목적물을 청구하는 것이 금지된다는 용어가 일반적으로 사용되는 것은 아닌 것으로 보이나,[19] 어차피 반환해야 할 것을 지급하라고 청구하는 것은 순환소송이 되어 소송경제에 반한다는 것을 이유로 신의칙에 반한다고 한다. 대법원은 일찍이 산업재해가 보험가입자와 제3자의 공동불법행위로 인하여 발생한 경우에, 근로복지공단이 제3자에 보험급여액 전액을 구상할 수 있는지에 관해서, 위와 같은 이유로 제3자에 대하여 보험가입자의 과실 비율 상당액은 구상할 수 없다고 보았다(대법원 2002. 3. 21. 선고 2000다62322 전원합의체 판결: 공2002, 1317). 또 중복보험자 중 어느 하나의 보험자가 다른 보험자를 상대로 한 구상금 청구도 동일한 취지로 판단하였다(대법원 2015. 7. 23. 선고 2014다42202 판결: 공2015하, 1226).

---

19) 윤철홍, "신의성실의 원칙", 민사법학 제85호, 2018, 484쪽은 '곧바로 반환해야 할 목적물의 청구 금지'를 신의칙으로부터 구체화된 제도의 하나로 소개하고 있다.

그런데 대법원 2017. 2. 15. 선고 2014다19776, 19783 판결(공2017상, 527)은 위와 같은 법리를 전제로 추가접속통화료 지급청구를 배척하였는데, 종전의 선례들은 순환구상을 방지하기 위하여 신의칙을 적용한 데 비하여 위 판결은 두 당사자 사이의 채권관계를 다루었다는 점에서 구조적으로 다른데도 신의칙상 순환소송 방지라는 법리가 확대 적용되었다는 데 의의가 있다.[20]

6. 권리남용

[요   건] 권리의 행사가 주관적으로 오직 상대방에게 고통을 주고 손해를 입히려는 데 있을 뿐 이를 행사하는 사람에게는 아무런 이익이 없고, 객관적으로 사회질서에 위반된다고 볼 수 있으면, 그 권리의 행사는 권리남용으로서 허용되지 아니하고, 그 권리의 행사가 상대방에게 고통이나 손해를 주기 위한 것이라는 주관적 요건은 권리자의 정당한 이익을 결여한 권리행사로 보여지는 객관적인 사정에 의하여 추인할 수 있으며, 어느 권리행사가 권리남용이 되는가의 여부는 개별적이고 구체적인 사안에 따라 판단하여야 한다(대법원 2018. 12. 27. 선고 2018다243898 판결: 미공간). 비록 권리를 행사하는 사람이 얻는 이익보다 상대방이 입는 손해가 현저히 크다고 하여도 그러한 사정만으로 이를 권리남용이라고 할 수는 없다(대법원 2017. 12. 7. 선고 2015다225448 판결: 미공간).

[확정판결의 집행이 권리남용이 되려면 추가적인 요건이 필요함] 확정판결에 따른 강제집행이 권리남용에 해당한다고 쉽게 인정하여서는 안 되고, 이를 인정하기 위해서는 확정판결의 내용이 실체적 권리관계에 배치되는 경우로서 그에 기한 집행이 현저히 부당하고 상대방으로 하여금 그 집행을 수인하도록 하는 것이 정의에 반함이 명백하여 사회생활상 용인할 수 없다고 인정되는 것과 같은 특별한 사정이 있어야 한다(대법원 2017. 9. 21. 선고 2017다232105 판결: 공2017하, 1970). 그리고 위와 같이 확

---

20) 권영준, "2017년 민법 판례 동향", 서울대학교 법학 제59권 제1호, 서울대학교 법학연구소, 2018, 433쪽.

정판결에 기한 집행이 권리남용에 해당하여 청구이의의 소에 의하여 그 집행의 배제를 구할 수 있는 정도의 경우라면 그러한 판결금 채권에 기초한 다른 권리의 행사, 예를 들어 그 판결금 채권을 피보전채권으로 하여 채권자취소권을 행사하는 것 등도 허용될 수 없다(대법원 2014. 2. 21. 선고 2013다75717 판결: 공2014상, 677).

[독립적 은행보증] 도급인과 수급인이 서로 다른 나라에 있는 공사도급계약 등의 경우, 수급인의 계약 이행 과정에서 발생할 수 있는 손해를 담보하기 위하여 도급인은 수급인으로부터 보증서를 제공받게 된다. 보증서에 따른 지급요건을 어떻게 정할 것인지는 계약에서 정해진다. 도급인(보증수익자)의 입장에서는 다른 나라에 있는 수급인(보증의뢰인)을 상대로 소송·중재를 통해 권리행사를 하는 것이 쉽지 않기 때문에 가능한 한 보증금 지급을 위한 조건을 간단하게 정하려 한다. 반면, 수급인은 무조건적인 지급이 이루어지는 것을 가능한 한 피하려 한다. 결국 당사자의 협상력에 따라 보증조건이 정해지는데, 독립적 은행보증은 도급인에게 가장 유리한 지급조건이 된다.

독립적 은행보증의 경우, 보증채무가 주채무에 대한 관계에서 부종성을 가지지 않는다. 보증의뢰인과 보증수익자 사이의 원인관계와 독립되어, 보증인이 원인관계에 따른 사유로 보증수익자에게 대항하지 못하고, 보증수익자의 청구가 있기만 하면 지급의무를 지게 되는 무인성, 추상성을 띠게 된다(대법원 2014. 8. 26. 선고 2013다53700 판결: 공2014하, 1837). 이런 특성 때문에 원인관계의 하자에도 불구하고 보증수익자가 악의적으로 보증금 지급을 구하는 경우가 많고, 그러한 청구가 신의성실 원칙이나 권리남용에 해당하는지 여부가 실무적으로 쟁점이 되곤 한다. 대법원은 독립적 은행보증의 경우에도 신의칙이나 권리남용금지 원칙이 완전히 배제되지는 않는다고 하면서도, 독립적 은행보증의 본질적 특성을 고려할 때, 수익자가 보증금을 청구할 당시 보증의뢰인에게 아무런 권리가 없음이 객관적으로 명백하여 수익자의 형식적인 법적 지위의 남용이 별다른 의심 없이 인정될 수 있는 경우라야 권리남용이 인정된다고 한다(위 대법원 판결).

7. 권리남용 조항에 대한 위헌심사

헌법재판소 2013. 5. 30. 선고 2012헌바335 결정(헌재판례집 25-1, 318)은 제2조 제2항의 권리남용 조항에 대해서 합헌 결정을 내린 바 있다. 위헌 결정이 아닌데다가 민법학의 관심 영역이 아니어서 이에 관한 논의는 별로 활발한 것 같지는 않다.[21] 그렇지만 헌법재판소가 민법 총칙 규정에 대하여 전원재판부에 회부하여 본격적인 심리를 한 것 자체가 낯선 풍경인데다가 몇 가지 생각할 점을 던져 주므로, 간략하게나마 언급하고자 한다.

헌법재판소는 위 결정에서 권리남용 조항이 명확성의 원칙에 위반하였는지, 재산권을 침해하는지에 관해서 판단하였다. 헌법재판소가 민법의 재산편에 관해서 위헌을 선언한 것은 극히 드문 일이기도 하지만(예컨대 헌법재판소 2013. 12. 26. 선고 2011헌바234 결정: 헌공207, 104), 민법의 총칙 그것도 일반규정을 심리대상으로 삼았다는 점에서 어떤 면에서는 놀라운 일이다.[22]

민법 재산편에 관한 위헌심사 수효가 적고, 있더라도 극히 예외적으로 위헌 결정이 내려지는 이유에 관하여 헌법이 재산권이나 재산법질서에 관하여 직접 규정하는 바가 거의 없는 이상, 민법 규정에 대한 규범통제에서 문제되는 법원칙도 민법 차원의 것일 수밖에 없다면서, 민법에 대한 규범통제는 체계정당성 심사, 평등의 원칙 위반 여부에 그칠 것으로 전망하는 견해[23]가 있다. 민법 개별조문에 대한 위헌성은 자체적으로 해소될 수 있다는 것이다. 이 견해는 켈젠의 규범단계설을 전제로 민법의 재산권 규정이나 재산법질서는 대한민국헌법 제23조 제1항, 제2항에

---

21) 이에 관하여 다루는 드문 문헌 중 최근의 것은, 김동훈, "민법 중 재산법 조문들에 대한 헌법재판소 결정의 민사법적 평가", 경희법학 제53권 제1호, 경희대학교, 2018.

22) 권리는 남용하지 못한다는 간결하고 당연한(!) 법원칙이 위헌성 논란이 대상이 될 수 있다는 것은 의외라는 평가가 있다. 김동훈, 전게서, 42쪽.

23) 윤진수, "헌법재판소의 민법에 대한 위헌심사", 서울대학교 법학 제62권 제2호, 2021, 328쪽.

의하여 입법자가 형성하는 범위 내에서 존재할 수 있음을 전제한다.

이와 반대되는 입장[24]에서 민법 또는 사적 자치가 헌법에 의하여 설정된 경계 안에서 비로소 그 권한이 부여된 자율의 공간이라는 켈젠류의 규범단계론을 완강히 거부하면서, 거칠게 표현하자면 헌법이란 민법의 보장질서로서 존재한다고까지 말할 수 있다는 견해도 있다.[25] 연혁상 민법은 근대헌법 제정 이전부터 존재하면서 인간의 이성을 바탕으로 오랜 기간 절차탁마를 거친 결정체이고, 헌법사상에 별로 빚을 진 것이 없음을 근거로 한 민법학자의 당연한 발화로 치부할 일은 아니라고 믿는다. 위 견해가 국법질서 내에서의 민법이 사법심사의 대상이 되는 것까지 부정하지는 않는다. 그렇지만 '사회의 기본법'으로서의 민법, 인격 존중과 사적 자치에 의하여 각자의 방식대로 행복을 추구하는 '사상으로서의 민법'을 논하는 장면[26]에서는 '국민의 행복이 최고의 법률(Salus populi suprema lex esto)'이라는 키케로(Cicero)의 법률론과 자연법사상을 연상케 한다. 여기서의 민법은 형식적 의미의 민법전을 의미하는 것이 아님은 물론이다.

민법의 대표적인 일반조항인 제2조, 제103조 등은 일반적으로 승인된 법의 원칙으로서 성문법이 제정되기 전부터 존재하였던 보편적 정의관념으로 볼 수도 있을 것이다. 민법에 구현된 법정신은 국체와 정체를 달리하는 체제에서 수천 년의 세월을 견디고도 살아남아 이미 우리 시대의 고전이요 보편적 사상이라고 말할 수 있지 아닐까. 프랑스 헌법위원회(le Conseil constitutionnel)가 위헌법률심사의 기준으로 단순히 성문헌법전뿐 아니라 '헌법규범군(le bloc de constitutionnalité)'을 들고 있고, 여기에는 '공화국 법에 의하여 승인된 기본원칙(Principes fondamentaux reconnus par les lois de la République)'이라는 불문(不文)의 법원(法源)이 포함된다는 것에

---

24) 이러한 관점에 관해서는 양창수, "헌법과 민법: 민법의 관점에서", 서울대학교 법학 제39권 제4호, 서울대학교 법학연구소, 1999.
25) 전게서 75−77쪽.
26) 전게서 74쪽.

서도 시사를 받을 수 있을 것이다. 당장 우리나라의 경우도 헌법은 전부 개정에 가깝게 여러 차례 변경된 반면, 민법은 제정 이후, 특히 총칙과 재산법 분야는, 별다른 개정 없이 그대로 적용되었다. 할아버지 세대가 만든 법이 손자 이후 세대에 그대로 적용해도 무방한 어떠한 영속적인 성질이 민법에 있다고 볼 수 있을 것이다. 이렇게 본다면 신의성실의 원칙, 거기에서 파생되는 권리남용의 원칙 등 일반조항은 사회적 기본법, 또는 프랑스에 대비하여 우리식으로 표현하자면 관습헌법으로서의 성질을 가지고, 그에 대한 만일의 위헌선언은 헌법의 자기부정과 다름없다고 생각한다.

제5장 소멸시효

소멸시효 중 신의칙 위반 부분은 앞에서 이미 살펴보았고, 여기에서는 개별 조문에 관한 판례들을 서술한다. 지난 10년간 새로운 법리를 밝힌 판례들이 많이 있다. 개별적인 사안 소개나 평석보다는 판례들을 적절히 소개하는 것으로 설명을 갈음한다.

제1절 취　　지

대법원이 소멸시효 제도의 존재이유를 가장 상세하게 밝힌 것은 위헌법률심판제청신청을 기각하면서 판시한 판례가 있다(대법원 2014. 4. 10. 자 2014카기2040 결정: 미공간).

　　"원래 민법상의 소멸시효제도는 권리자가 그의 권리를 행사할 수 있음에도 불구하고 일정한 기간 동안 그 권리를 행사하지 않는 상태, 즉 권리불행사의 상태가 계속된 경우에, 법적 안정성을 위하여 그 자의 권리를 소멸시켜 버리는 제도를 말한다. 이러한 소멸시효제도의 존재이유는 첫째 일정한 사실상태가 오래 계속되면 그 동안에 진정한 권리관계에 대한 증거가 없어지기 쉬우므로 그 계속되어 온 사실상태를 그대로 진정한 권리관계로 인정함으로써 과거사실의 증명의 곤란으로부터 채무자를 구제함으로써 민사분쟁의 적절한 해결을 도모한다는 점, 둘째 오랜 기간 동안 자기의 권리를 주장하지 아니한 자는 이른바 권리 위에 잠자는 자로서 법률의 보호를 받을 만한 가치가 없으며 시효제도로 인한 희생도 감수할 수밖에 없는 것이지만, 반대로 장기간에 걸쳐 권리행사를 받지 아니한 채무자의 신뢰는 보호할 필요가 있으며 특히 불법행위로 인한 손해배상청구에 있어서는 가해자는 언제 손해배상청구를 받을지 얼마나 손해배상책임을 지게 될지 등이 분명치 아니하여 극히 불안정한 지위에 놓이게 되므로 피해자가 손해 및 가해자를 알면서도 상당한 기간 동안 권리를 행사하지 아니하는 때에는 손해배상청구권을 시효에 걸리게 하여 가해자를 보호할 필요가 있는 점 등의 고려에 의하여 민사상의 법률관계의 안정을 도모하고 증거보전의 곤란을 구제함으로써 민사분쟁의 적정한 해결을 위하여 존재하는 제도이다."

제2절 소멸시효 기간

재판실무상 민법상 일반채권의 소멸시효 기간인 10년보다 단기인지 여부가 주로 문제가 되는데, 이들 사안들에 관하여 일련의 판례가 형성되어 있다.

[숙박료 및 음식료 채권] 건설업을 하는 갑 주식회사가 공사에 투입한 인원이 공사 기간 중에 리조트의 객실과 식당을 사용한 데에 대한 사용료를 을에게 매월 말 지급하기로 약정하였는데, 숙박료와 음식료로 구성되어 있는 위 리조트 사용료 채권의 소멸시효기간이 문제 된 사안에서, 갑 회사가 리조트 사용료를 월 단위로 지급하기로 약정하였더라도, 리조트 사용료 채권은 제164조 제1호 에 정한 '숙박료 및 음식료 채권'으로서 소멸시효기간은 1년이라고 한 사례가 있다(대법원 2020. 2. 13. 선고 2019다271012 판결: 공2020상, 626).

[1년 이내 정기금채권] 제163조 제1호는 이자, 부양료, 급료, 사용료 기타 1년 이내의 기간으로 정한 금전 또는 물건의 지급을 목적으로 한 채권은 3년간 행사하지 아니하면 소멸시효가 완성한다고 규정한다. 이는 기본 권리인 정기금채권에 기하여 발생하는 지분적 채권의 소멸시효를 정한 것이고, '1년 이내의 기간으로 정한 채권'이란 1년 이내의 정기로 지급되는 채권을 말한다. 정수기 대여계약에 기한 월 대여료 채권은 금융

리스계약에 따른 채권이 아니라 1년 이내 정기금채권이다(대법원 2013. 7. 12. 선고 2013다20571 판결: 공2013하, 1480).

[**지연손해금채권**] 금전채무의 이행지체로 인하여 발생하는 지연손해금은 그 성질이 손해배상금이지 이자가 아니고, 원본채권의 시효기간에 따른다(대법원 2013. 5. 23. 선고 2013다12464 판결: 공2013하, 1110).

[**공사에 관한 채권**] 소멸시효 기간이 3년인 '도급받은 자의 공사에 관한 채권'이란 공사채권뿐만 아니라 그 공사에 부수되는 채권도 포함한다(대법원 2013. 11. 28. 선고 2012다33471 판결: 미공간). 또 도급인의 공사협력의무는 계약에 따른 부수적 내지는 종된 채무로서 '공사에 관한 채무'에 해당한다(대법원 2010. 11. 25. 선고 2010다56685 판결: 공2011상, 23).

반면 한국전력공사가 지방자치단체와 체결한 '배전선로 지중화공사에 따른 이행협약' 및 '공사비부담계약'에 기초하여 자신이 부담하기로 한 부분 이외의 나머지 부분에 관하여 지방자치단체를 상대로 정산금 지급을 청구하자 지방자치단체가 3년의 단기소멸시효의 완성을 주장한 사안에서, 위 정산금 채권은 제163조 제3호에 따른 수급인이 도급인에 대하여 갖는 공사에 관한 채권에 해당한다고 볼 수 없다고 하였다(대법원 2020. 9. 3. 선고 2020다227837 판결: 공2020하, 1947). 또 공동수급체 구성원들 상호 간의 정산금 채권 등에 관하여는 위 규정이 적용될 수 없다(대법원 2013. 2. 28. 선고 2011다79838 판결: 미공간).

[**수급인의 저당권설정청구권**] 수급인의 저당권설정청구권은 공사대금 채권을 담보하기 위하여 저당권설정등기절차의 이행을 구하는 채권적 청구권으로서 공사에 부수되는 채권에 해당하므로 그 소멸시효기간 역시 3년이다(대법원 2016. 10. 27. 선고 2014다211978 판결: 공2016하, 1760).

[**단기소멸시효가 적용되는 채권의 반대채권**] 채권의 소멸시효기간에 관하여 특별히 1년의 단기로 정하는 제164조는 그 각 호에서 개별적으로 정하여진 채권의 채권자가 그 채권의 발생원인이 된 계약에 기하여 상대방에 대하여 부담하는 반대채무에 대하여는 적용되지 않는다. 따라서 그 채권의 상대방이 그 계약에 기하여 가지는 반대채권은 원칙으로 돌아가,

제162조 제1항에서 정하는 10년의 일반소멸시효기간의 적용을 받는다(대법원 2013. 11. 14. 선고 2013다65178 판결: 공2013하, 2221).

[전기공급계약을 둘러싼 채권] 전기업자가 공급하는 전력의 대가인 전기요금채권은 제163조 제6호의 '생산자 및 상인이 판매한 생산물 및 상품의 대가'에 해당하므로, 3년간 이를 행사하지 않으면 소멸시효가 완성된다(대법원 2014. 10. 6. 선고 2013다84940 판결: 미공간).

전기공급주체가 공법인인 경우에도 법령에 다른 규정이 없는 한 상법이 적용되므로(상법 제2조), 그러한 전기공급계약에 근거한 위약금 지급채무 역시 상행위로 인한 채권으로서 상법 제64조에 따라 5년의 소멸시효기간이 적용된다(대법원 2013. 4. 11. 선고 2011다112032 판결: 공2013상, 845).

[제3자의 이사, 감사에 대한 손해배상청구권] 상법 제401조, 제414조에 따른 제3자의 손해배상청구권은 제3자를 보호하기 위하여 상법이 인정하는 특수한 책임이므로, 일반 불법행위책임의 단기소멸시효를 규정한 제766조 제1항은 적용될 여지가 없고, 달리 별도로 시효를 정한 규정이 없는 이상 일반 채권으로서 그 소멸시효기간은 10년이다(대법원 2010. 10. 14. 선고 2007다14070 판결: 미공간).

[자동차손배법상 보장사업을 위탁받은 보험사업자의 부당이득반환청구권] 교통사고 피해자가 가해차량이 가입한 책임보험의 보험자로부터 사고로 인한 보험금을 수령하였음에도 자동차손해배상 보장사업을 위탁받은 보험사업자로부터 또다시 피해보상금을 수령한 것을 원인으로 한 위 보험사업자의 피해자에 대한 부당이득반환청구권에 관하여는 상법이 적용되지 않아 그 소멸시효기간은 10년이다(대법원 2010. 10. 14. 선고 2010다32276 판결: 공2010하, 2081).

[신탁재산회복청구권] 구 신탁법 제38조에 따른 신탁재산회복청구권에 상법이 적용되지 않으며 민사소멸시효기간이 적용된다(대법원 2018. 10. 25. 선고 2015다37382 판결: 미공간).

[판결 등에 의한 시효연장] 지급명령에서 확정된 채권은 단기의 소멸시효에 해당하는 것이라도 그 소멸시효기간이 10년으로 연장된다(대법원

2018. 11. 29. 선고 2017다217755 판결: 미공간).

　　소송비용상환청구권은 판결 확정 후 소송비용액확정결정으로 구체적인 액수가 정해지기 전까지는 이행기의 정함이 없는 상태로 유지된다. 소송비용상환청구권은 소송비용부담의 재판 확정 당시 변제기가 도래하지 않은 채권에 해당하여 제165조 제3항에 따라 소멸시효 기간이 10년으로 되지 않는다(대법원 2021. 7. 29.자 2019마6152 결정: 공2021하, 1618).

　　구 회사정리법상 '정리계획 규정에 의하여 인정된 권리'에 제165조가 적용되어 소멸시효기간이 10년으로 연장된다. 그러나 정리계획에 의하여 정리채권 또는 정리담보권의 전부 또는 일부가 면제되거나 감경된 경우에 면제 또는 감경된 부분에 대한 권리는 '정리계획의 규정에 의하여 인정된 권리'라고 할 수 없으므로, 그 소멸시효기간은 제165조에 의하여 10년으로 연장된다고 할 수 없다(대법원 2017. 8. 30.자 2017마600 결정: 미공간).

　　[소멸시효기간과 변론주의] 어떤 권리의 소멸시효기간이 얼마나 되는지에 관한 주장은 단순한 법률상의 주장에 불과하므로 변론주의의 적용대상이 되지 않고 법원이 직권으로 판단할 수 있다(대법원 2013. 2. 15. 선고 2012다68217 판결: 공2013상, 472).

제3절 소멸시효 기산점
1. 권리를 행사할 수 있는 때부터 진행

　　[원칙: 법률상 장애와 사실상 장애의 구분] 소멸시효는 객관적으로 권리가 발생하고 그 권리를 행사할 수 있는 때로부터 진행하고 그 권리를 행사할 수 없는 동안에는 진행하지 않는다. 여기서 '권리를 행사할 수 없다'란 그 권리행사에 법률상의 장애사유, 예컨대 기간의 미도래나 조건 불성취 등이 있는 경우를 말하는 것이고, 사실상 그 권리의 존부나 권리행사의 가능성을 알지 못하였거나 알지 못함에 과실이 없다고 하여도 이러한 사유는 법률상 장애사유에 해당한다고 할 수 없다(대법원 2010. 9. 9. 선고 2008다15865 판결: 공2010하, 1876).

　　대법원이 종전 견해를 변경하였다거나, 새로운 법리를 처음으로 선언하여 그 전에는 권리를 행사할 수 없었다는 사유는 권리행사에 법률상 장애사유가 있었던 경우라고 할 수 없다(위 2008다15865 판결; 대법원 2015. 9. 10. 선고 2015다212220 판결: 미공간).

도급계약 당시 원고와 피고 모두 면세 범위에 관하여 착오에 빠져 있었던 것은 단지 주관적인 사정에 불과한 것이므로 이러한 사정만으로는 객관적으로 채권자가 권리를 행사할 수 없는 장애사유가 있었다고 보기 어렵다(대법원 2018. 6. 15. 선고 2018다213415 판결: 미공간).

그러나 회사와 이사의 자기거래에 관하여 이사회의 승인을 받지 않아 그 거래가 무효가 되는 경우, 이사가 회사에 가지는 부당이득반환청구권의 소멸시효 기산일에 관해서 대법원은 회사가 자기거래라는 이유로 무효를 주장할 때까지는 권리를 행사할 수 없는 법률상 장애가 있다고 판단하였다(대법원 2015. 7. 23. 선고 2015다1871 판결: 미공간). 왜냐하면 이사회의 승인을 받지 못한 이사와 회사의 자기거래의 무효는 회사만 주장할 수 있고 거래 상대방인 당해 이사가 무효를 주장할 수 없기 때문이다(대법원 2012. 12. 27. 선고 2011다67651 판결: 미공간).

[예외: 권리 행사의 객관적 불가능] 권리가 발생한 때부터 소멸시효 기간이라는 객관적 사실의 경과로 무차별적인 권리소멸의 효과가 개별 사례에 적용됨으로써 발생하는 부당함을 해결하고자, 대법원은 소멸시효 주장이 권리남용에 해당한다는 법리나, 형평의 원칙을 들어 소멸시효의 기산일을 조정하는 법리로 구체적 타당성을 기하였다. 전자는 신의칙에 관한 조항에서 본 바 있고 후자에 관하여 살펴본다. 권리를 행사하는 데 법률상 장애가 있다고 보기 어려운데도, "객관적으로" 보았을 때 권리자가 권리 발생 여부를 알기 어렵거나, 권리를 행사하는 것이 불가능하였다면 그러한 장애가 해소되었을 때 비로소 소멸시효가 진행한다고 본 예외적 사례들이 있다. 법률상 장애, 사실상 장애를 구분하는 엄격성을 다소 완화한 사례라고도 지칭된다.

① 권리자가 권리발생 요건사실의 구비 여부를 알 수 없을 때

종중의 총회결의가 부존재함에 따라 발생하는 제3자의 부당이득반환

청구권처럼 종중 등의 내부적인 법률관계가 개입되어 있어 청구권자가 권리의 발생 여부를 객관적으로 알기 어려운 상황에 있고 청구권자가 과실 없이 이를 알지 못한 경우에도 청구권이 성립한 때부터 바로 소멸시효가 진행한다고 보는 것은 정의와 형평에 맞지 않을 뿐만 아니라 소멸시효제도의 존재이유에도 부합한다고 볼 수 없으므로, 이러한 경우에는 종중총회결의의 부존재가 외부로 드러남으로써 객관적으로 청구권의 발생을 알 수 있게 된 때로부터 부당이득반환청구권의 소멸시효가 진행된다(대법원 2011. 5. 26. 선고 2010다78470 판결: 미공간). 법인의 이사회결의가 부존재함에 따라 발생하는 제3자의 부당이득반환청구권처럼 법인이나 회사의 내부적인 법률관계가 개입되어 있어 청구권자가 권리의 발생 여부를 객관적으로 알기 어려운 상황에 있고 청구권자가 과실 없이 이를 알지 못한 경우에는 이사회결의부존재확인판결의 확정과 같이 객관적으로 청구권의 발생을 알 수 있게 된 때부터 소멸시효가 진행한다(대법원 2003. 4. 8. 선고 2002다64957, 64964 판결: 공2003, 1079). 이는 앞에서 본 이사의 자기거래로 인한 거래행위의 무효의 경우를 법률상 장애로 본 사안과 대비된다.

　　건물신축공사에서 하수급인의 수급인에 대한 저당권설정청구권은 수급인이 건물의 소유권을 취득하면 성립하고 그때부터 그 권리를 행사할 수 있다고 할 것이지만, 건물 소유권의 귀속주체는 하수급인의 관여 없이 도급인과 수급인 사이에 체결된 도급계약의 내용에 따라 결정되는 것이고, 더구나 건물이 완성된 이후 그 소유권 귀속에 관한 법적 분쟁이 계속되는 등으로 하수급인이 수급인을 상대로 저당권설정청구권을 행사할 수 있는지 여부를 객관적으로 알기 어려운 상황에 있어 과실 없이 이를 알지 못한 경우에도 그 청구권이 성립한 때부터 소멸시효가 진행한다고 보는 것은 정의와 형평에 맞지 않을 뿐만 아니라 소멸시효 제도의 존재이유에도 부합한다고 볼 수 없다. 그러므로 이러한 경우에는 객관적으로 하수급인이 저당권설정청구권을 행사할 수 있음을 알 수 있게 된 때, 즉 건물 소유권의 귀속에 관한 관련사건의 상고심 판결이 선고되어 확정된 때부터 소멸시효가 진행한다(대법원 2016. 10. 27. 선고 2014다211978 판결: 공2016하, 1760).

이러한 법리는 후술하는 보험사고 발생 여부가 객관적으로 분명하지 않은 경우 보험금청구권의 소멸시효 기산점에도 동일하게 적용된다.

② **기본권이 제한되어 있거나, 거래관계상 권리를 행사할 수 없는 상황인 때**

공무원의 직무수행 중 불법행위에 의하여 납북된 것을 원인으로 하는 국가배상청구권의 행사에서, 남북교류의 현실과 거주·이전 및 통신의 자유가 제한된 북한 사회의 비민주성이나 폐쇄성 등을 고려하여 볼 때, 북한에 납북된 사람이 피고인 국가를 상대로 대한민국 법원에 소장을 제출하는 등으로 그 권리를 행사하는 것은 객관적으로도 불가능하다고 하겠으므로, 납북상태가 지속되는 동안은 소멸시효가 진행하지 않는다(대법원 2012. 4. 13. 선고 2009다33754 판결: 공2012상, 759). 위 판례는 납북당한지 30년만에 피랍자의 가족들이 국가를 상대로 국가배상을 청구한 사안에 관한 것이다.

유제품 등을 제조·판매하는 피고 회사가 대리점을 운영한 원고들에게 공정거래법에 반하여 구입강제의 불공정거래행위를 하였고, 원고가 공정거래위원회로부터 구입강제에 관한 시정명령을 받았다는 통지를 받은 사안에서, 원고들이 피고의 대리점 영업을 계속한 기간에는 객관적으로 손해배상청구 등의 권리행사를 기대할 수 없었던 사실상의 장애가 있었고, 그 장애사유는 원고들과 피고 사이의 거래관계가 종료한 날부터 소멸시효가 진행한다고 판단한 사안이 있다(대법원 2017. 12. 5. 선고 2017다252987, 252994 판결: 미공간). 다만 위 사안은 소멸시효가 일단 완성되었다고 본 다음, 피고 회사의 소멸시효 항변이 권리남용에 해당함을 전제로 객관적 장애가 해소된 때부터 6개월 또는 3년 이내에 권리를 행사했는지에 관한 판단을 한 사안이다. 따라서 소멸시효 기산점 자체를 권리행사가 가능하였던 시점으로 본 것은 아니라는 점에서 앞에서 본 사안들과 내용이 다르다고 할 수 있다.

③ 가해자에 대한 판결과 단기소멸시효의 기산점

가해행위는 불법성을 수반하므로 가해행위에 대한 인식이 있는 경우, 그 불법성에 대한 인식도 있다고 할 것이어서 원칙적으로 가해행위가 종료한 시점부터 소멸시효가 진행한다. 예외적으로 전문가가 아닌 일반인을 기준으로 하여 볼 때 불법행위 당시 그 법적 평가의 귀추가 불확실할 때에는 그 평가적 요소에 관하여 법원의 재판 등 공권적 판단이 있을 때까지는 시효가 진행되지 않는다는 선례들이 있다. 즉 피해자가 오히려 가해자로 취급되어 무고죄로 기소된 경우에 무고죄의 무죄확정판결이 확정 될 때까지는 손해배상청구권의 행사를 기대할 수 없는 특별한 사정이 있다(대법원 2011. 11. 10. 선고 2011다54686 판결: 공2011하, 2549). 또 가해자가 형사소추된 경우나 선행 관련소송이 있는 경우 구체적 사안에 따라 소멸시효 기산점이 달라질 수 있지만, 1심 판결 선고 시나 판결확정 시를 소멸시효 기산점으로 보는 것이 일반적이다.

후자를 조금 더 살펴보면, 폭력·교통·산재사고 등의 불법행위로 인한 상해의 손해를 입은 피해자는 불법행위 당시 손해 및 가해자를 알았다고 사실상 추정한다. 그러나 의약품 시험자료 조작(대법원 2014. 9. 4. 선고 2012다37343 판결: 공2014하, 1981), 은행 직원의 이례적 거래행위(대법원 1989. 9. 26. 선고 88다카32371 판결: 공1989, 1560), 분식회계(대법원 2000. 11. 24. 선고 99다46911, 46928 판결: 미공간), 권리 범위를 다투는 지적 소유권 침해(대법원 1994. 1. 25. 선고 93다55845 판결: 공1994, 812) 등 그 위법행위 여부 판단에 전문성이 필요한 분야의 경우에는 소멸시효의 기산점을 판결선고 시나 확정 시 등으로 보고 있다.

그 연장선상에서 부동산의 무권리자가 등기명의인임을 기화로 제3자에게 소유권이전등기를 마쳐주었고, 진정한 권리자가 제3자를 상대로 등기말소를 청구하였으나 제3자의 시효취득을 이유로 청구가 기각된 사안에서, 소유권 상실로 인한 진정한 권리자의 손해배상청구권의 소멸시효는 등기말소 소송의 패소확정 시부터 진행하는 것이지, 취득시효 완성일부터 진행하는 것이 아니라는 판례(대법원 2008. 6. 12. 선고 2007다36445 판결: 미공간)가 있다.

2. 권리별 기산점

가. 채권각칙상 청구권

[이행기와 기산점] 이행기가 정해진 채권은 그 기한이 도래한 때가 바로 소멸시효의 기산점이 된다(대법원 2018. 11. 29. 선고 2018다261230 판결: 미공간). 채무자의 승인으로 소멸시효의 진행이 중단된 채무에 대하여 채권자가 기간을 정하여 변제를 유예해 준 경우에는 그 유예기간이 도래한 때부터 다시 소멸시효가 진행된다(대법원 2016. 6. 23. 선고 2013다209978, 209985 판결: 미공간).

[시효이익을 포기한 경우] 채무자가 소멸시효 완성 후에 채권자에 대하여 채무 일부를 변제함으로써 그 시효의 이익을 포기한 경우에는 그때부터 새로이 소멸시효가 진행한다(대법원 2013. 5. 23. 선고 2013다12464 판결: 공2013하, 1110).

[임대차계약의 임료채권] 소멸시효는 법률행위에 의하여 이를 배제, 연장 또는 가중할 수 없다(제184조 제2항). 그러므로 임대차 존속 중 차임을 연체하더라도 이는 임대차 종료 후 목적물 인도 시에 임대차보증금에서 일괄 공제하는 방식에 의하여 정산하기로 약정한 경우와 같은 특별한 사정이 없는 한 차임채권의 소멸시효는 임대차계약에서 정한 지급기일부터 진행한다(대법원 2016. 11. 25. 선고 2016다211309 판결: 공2017상, 22).

[주택임대차보호법상 간주 임대차관계 기간 중 임대차보증금반환채권] 주택임대차보호법에 따른 임대차에서 그 기간이 끝난 후 임차인이 보증금을 반환받기 위해 동시이행항변권을 근거로 목적물을 점유하고 있는 경우 보증금반환채권에 대한 소멸시효는 진행하지 않는다(대법원 2020. 7. 9. 선고 2016다244224, 244231: 공2020하, 1563). 그런데 위 판결은 선례들과의 정합성을 음미할 필요가 있다.

동시이행관계에 있어도 소멸시효는 진행한다는 것이 대법원 판례이다. 예컨대 매도인의 매매대금채권과 매수인의 소유권이전등기청구권이 동시이행관계에 있더라도 위 양 권리 중 매매대금채권만 소멸시효가 완성될 수 있다(대법원 1991. 3. 22. 선고 90다9797 판결: 공1991, 1244). 또 점유는 시효 진행을 방해하지 않는다고 보는 것이 일반적이며(대법원 1993. 12. 14. 선고 93다27314 판결: 공1994, 362), 임차권등기명령에 따른 임차권등기를 하더라도 임대차보증금반환채권의 소멸시효가 중단되지 않는다(대법원 2019. 5. 16. 선고 2017다226629 판결: 공2019하, 1231). 결국 논리 구성은 동시이행항변권을 근거로 임대차보증금반환채권의 소멸시효가 중단되었다는 것이 아니라, 부동산을 인도받아 점유하는 자의 소유권이전등기청구권이 소멸시효에 걸리지 않는다는 법리에 추가하여 점유로 소멸시효가 진행하지 않는다는 사례를 추가한 것으로 봄이 타당할 것이다.

[부동산 공사의 수급인이 도급인에 가지는 저당권설정청구권] 건물 공사 수급인이 도급인에 가지는 저당권설정청구권의 소멸시효는, 도급인이 건물의 소유권을 취득한 때부터 진행한다(대법원 2016. 10. 27. 선고 2014다211978 판결: 공2016하, 1760).

[수임인의 대변제청구권] 제688조 제2항은 "受任人이 委任事務의 處理에 必要한 債務를 負擔한 때에는 委任人에게 自己에 갈음하여 이를 辨濟하게 할 수 있고 그 債務가 辨濟期에 있지 아니한 때에는 相當한 擔保를 提供하게 할 수 있다."라고 규정한다. 이를 이른바 수임인의 대변제청구권이라 한다. 이에 관한 논의나 판례는 부족한 편이다. 이러한 대변제청구권을 피대위채권으로 한 채권자대위소송에서 대법원은 대위채권자가 피보전채권을 갖고 있는 한 "독립하여 소멸시효의 대상이 되지 아니한다."라고 판시하여 소멸시효 대상이 된다고 본 원심판결을 파기하였다(대법원 2016. 3. 24. 선고 2014다85384 판결: 미공간). 이에 대한 재상고판결에서도 마찬가지로 판시하였다. 대법원 2018. 11. 29. 선고 2016다48808 판결: 공2019상, 128). 결론에 관한 논거는 설시하지 않아 대변제청구권이 소멸시효의 대상이 되지 않는다는 근거는 알기 어렵지만, 대변제청구권의 법적 성질이나 내용이 규명되지 않은 상황에서 나온 판결이어서 주목이 간다.

[소송위임계약상 성공보수금 청구권] 성공보수금 채권의 소멸시효는 그 지급시기에 관하여 당사자 사이에 특약이 없는 한 심급대리의 원칙에 따라 수임한 소송사무가 해당 심급에서 종료하는 시기로부터 진행한다(대법원 2011. 1. 13. 선고 2010다67708, 67715 판결: 미공간).

나. 채무불이행책임, 담보책임으로 인한 청구권

[일 반 론] 채무불이행으로 인한 손해배상청구권은 현실적으로 손해가 발생한 때에 성립하고, 현실적으로 손해가 발생하였는지 여부는 사회통념에 비추어 객관적이고 합리적으로 판단하여야 한다(대법원 2020. 6. 11. 선고 2020다201156 판결: 공2020하, 1334). 그리고 채무불이행으로 인한 손해배상채권은 본래의 채권이 확장된 것이거나 본래의 채권의 내용이 변경된 것이므로 본래의 채권과 동일성을 가진다. 따라서 본래의 채권이 시효로 소멸한 때에는 손해배상채권도 함께 소멸한다(대법원 2018. 2. 28. 선고 2016다45779 판결: 공2018상, 632).

[이행불능에 따른 대상청구권] 매매 목적물의 수용 또는 국유화로 인하여 매도인의 소유권이전등기의무가 이행불능된 경우 매수인에게 인정되는 대상청구권에 대하여는 매수인이 그 대상청구권을 행사할 수 있는 시점인 매도인의 소유권이전등기의무가 이행불능되었을 때부터 소멸시효가 진행하는 것이 원칙이다. 그리고 이러한 대상청구권의 소멸시효 기산점에 관한 법리는 매매 목적물의 이중매매로 인하여 매도인의 소유권이전등기의무가 이행불능된 경우와 같이 그 대상청구권이 채무자의 귀책사유로 발생한 때에도 마찬가지로 적용된다(대법원 2018. 11. 15. 선고 2018다248244 판결: 미공간).

[매매계약상 하자담보추급권] 매도인에 대한 하자담보에 기한 손해배상청구권은 매수인이 매매의 목적물을 인도받은 때부터 그 소멸시효가 진행한다(대법원 2011. 10. 13. 선고 2011다10266 판결: 공2011하, 2339).

[도급계약상 하자보수에 갈음한 손해배상청구권] 신축건물의 하자보수에 갈음한 손해배상청구권의 소멸시효기간은 그 권리를 행사할 수 있는 때라고 볼 수 있는, 그 건물에 하자가 발생한 시점부터 진행함이 원

칙이다(대법원 2013. 11. 28. 선고 2012다202383 판결: 미공간). 다만 <u>그 하자</u>
<u>가 건물의 인도 당시부터 이미 존재하고 있는 경우에는 건물을 인도한</u>
<u>날인 사용승인일부터 사용승인 전 하자의 보수에 갈음하는 손해배상채권</u>
<u>의 소멸시효가 진행된다</u>(대법원 2012. 7. 12. 선고 2010다90234 판결: 미공간;
대법원 2013. 7. 26. 선고 2012다93893 판결: 미공간).

「집합건물의 소유 및 관리에 관한 법률」 제9조에 따른 하자담보추
급권의 소멸시효 기산일도 마찬가지이다. 즉 하자가 발생한 시점부터 소
멸시효가 진행하는 것이 원칙이지만, 그 하자가 집합건물의 인도 당시부
터 이미 존재하는 경우 그 소멸시효기간은 수분양자인 구분소유자가 해
당 세대를 인도받은 날부터 진행한다(대법원 2012. 4. 26. 선고 2009다65515
판결: 미공간).

[소송위임계약상 변호사 채무불이행] 변호사가 소송위임계약상 채무
를 불이행한 경우, 손해배상청구권의 소멸시효 기산점은 대상소송이 의뢰
인에게 불리하게 확정되거나 이에 준하는 상태가 된 때이다(대법원 2018.
11. 9. 선고 2018다240462 판결: 미공간).

[예탁금제 골프장회원권의 골프장 시설이용권과 예탁금반환청구권] 골
프장 시설업자가 회원들이 골프장 시설을 이용할 수 있는 상태로 유지하
고 있는 경우에는 골프장 시설업자가 회원에게 시설이용권에 상응하는
시설유지의무를 이행한 것으로 보아야 하므로 골프클럽의 회원이 개인적
인 사정으로 골프장 시설을 이용하지 않는 상태가 지속된다는 사정만으
로는 골프장 시설이용권의 소멸시효가 진행된다고 볼 수 없다. 골프장
시설업자가 제명 또는 기존 사업자가 발행한 회원권의 승계거부 등을
이유로 회원의 자격을 부정하고 회원 자격에 기한 골프장 시설이용을
거부하거나 골프장 시설을 폐쇄하여 회원의 골프장 이용이 불가능하게
된 때부터는 골프장 시설업자의 골프장 시설이용의무의 이행상태는 소멸
하고 골프클럽 회원의 권리행사가 방해받게 되므로 그 시점부터 회원의
골프장 시설이용권은 소멸시효가 진행한다. 위 시설이용권이 시효로 소
멸하면 포괄적인 권리로서의 예탁금제 골프회원권 또한 더 이상 존속할

수 없다.

한편 예탁금반환청구권은 골프장 시설이용권과 발생 또는 행사요건이나 권리 내용이 달라서 원칙적으로는 시설이용권에 대한 소멸시효 진행사유가 예탁금반환청구권의 소멸시효 진행사유가 된다고 볼 수 없다. 예탁금반환청구권은 회칙상 이를 행사할 수 있는 기간(이 사건 회원권과 같은 경우에는 입회 후 5년)이 경과하지 않으면 이를 행사할 수 없고 이를 행사할 것인지 여부 또한 전적으로 회원 의사에 달린 것이므로, 임의 탈퇴에 필요한 일정한 거치기간이 경과한 후 탈퇴 의사표시를 하면서 예탁금반환청구를 하기 전에는 그 권리가 현실적으로 발생하지 않아 소멸시효도 진행되지 않는다(대법원 2015. 1. 29. 선고 2013다100750 판결: 공2015상, 422).

다. 불법행위로 인한 손해배상청구권

[일 반 론] 불법행위로 인한 손해배상청구권은 피해자나 그 법정대리인이 그 손해 및 가해자를 안 날부터 3년간 이를 행사하지 않으면 시효로 소멸한다(제766조 제1항). '손해 및 가해자를 안 날'이란 피해자나 그 법정대리인이 손해 및 가해자를 현실적이고도 구체적으로 인식한 날을 의미한다. 그 인식은 손해발생의 추정이나 의문만으로는 충분하지 않고, 손해의 발생사실뿐만 아니라 가해행위가 불법행위를 구성한다는 사실, 즉 불법행위의 요건사실에 대한 인식으로서 위법한 가해행위의 존재, 손해의 발생 및 가해행위와 손해 사이의 인과관계 등이 있다는 사실까지 안 날을 뜻한다. 이때 피해자 등이 언제 불법행위의 요건사실을 현실적이고도 구체적으로 인식한 것으로 볼 것인지는 개별 사건의 여러 객관적 사정을 참작하고 손해배상청구가 사실상 가능하게 된 상황을 고려하여 합리적으로 인정하여야 하고, 손해를 안 시기에 대한 증명책임은 소멸시효 완성으로 인한 이익을 주장하는 자에게 있다(대법원 2020. 4. 9. 선고 2019다246573 판결: 미공간).

[확대손해가 발생한 경우] 통상의 경우 상해의 피해자는 상해를 입었을 때 그 손해를 알았다고 볼 수가 있지만, 그 후 후유증 등으로 인하

여 불법행위 당시에는 전혀 예견할 수 없었던 새로운 손해가 발생하였
다거나 예상 외로 손해가 확대된 경우에는 그러한 사유가 판명된 때에
새로이 발생 또는 확대된 손해를 알았다고 보아야 하고, 이와 같이 새로
이 발생 또는 확대된 손해 부분에 대하여는 그러한 사유가 판명된 때부
터 시효소멸기간이 진행된다(대법원 2010. 4. 29. 선고 2009다99105 판결:
공2010상, 998).

[예측된 여명시한 이후 피해자가 생존한 경우] 피해자의 여명이 종전
의 예측에 비하여 더 연장된 경우, 여명기간 연장으로 인한 추가적 손해
배상청구권의 소멸시효는 예측된 여명기간이 경과한 때부터 진행하는 것
이지, 당초 예측된 여명종료일 이후 생존함으로써 발생하는 손해 발생
날마다 진행하는 것이 아니다(대법원 2021. 7. 29. 선고 2016다11257 판결: 공
2021하, 1584). 종전에 예측된 여명기간이 경과함으로써 새로운 손해가 발
생하거나 예상 밖의 손해가 확대될 것임을 피해자가 예견할 수 있게 되
었고, 이로써 '손해를 안 때'로 보아, 예측된 여명기간 경과 시부터 소멸
시효가 진행한다고 판단한 것이다.

[과거사기본법상 단기소멸시효 기산일] 과거사 피해자 유족들이 손해
및 가해자를 안 날은 진실규명결정일이 아니라, 진실규명결정통지서를 송
달받은 날이 된다(대법원 2020. 12. 10. 선고 2020다205455 판결: 공2021상,
204). 대법원 2013. 7. 25. 선고 2013다203529 판결(미공간)은 소멸시효 항
변이 권리남용으로 인정된 이른바 2유형 사안(객관적으로 권리를 행사할 수
없는 사실상 장애가 있었을 때)에서 객관적 권리행사 가능시점을 진실규명
결정일이라고 판단했다. 그런데 앞서 본 것처럼 헌법재판소가 과거사 사
건에서 장기소멸시효를 적용하는 것은 위헌이라고 결정한 이후 장기소멸
시효 원용이 불가능해지고 단기소멸시효만 문제된다. 위 판례는 단기소
멸시효 기산일은 진실규명결정일이 아니라 그 통지서를 송달받은 날이
된다는 취지여서 종전 선례와 서로 배치되는 것은 아니다.

[잘못된 환지처분으로 소유권을 상실한 경우 소유자의 손해배상청구권]
구 농촌근대화촉진법에 따른 구획정리사업의 시행자가 사유지에 대하여

환지를 지정하지 않고 청산금도 지급하지 않는 내용으로 환지계획을 작성
하여 그 계획이 인가·고시됨으로써 위 토지의 소유권을 상실시킨 경우,
이로 인한 토지 소유자의 손해배상청구권의 소멸시효 기산점은 환지처분
고시일의 다음날이다(대법원 2019. 1. 31. 선고 2018다255105 판결: 공2019상,
629). 환지처분의 공고가 있는 경우 환지계획서에서 정해진 환지는 그 환
지처분의 공고가 있는 날의 다음날부터 종전의 토지로 보고, 환지계획에
서 환지를 정하지 않은 종전 토지상 존재하던 권리는 환지처분의 공고가
있는 날이 종료한 때 소멸하기 때문이다.

라. 부당이득반환채권

[일 반 론] 부당이득반환청구권은 성립과 동시에 권리를 행사할 수
있으므로 청구권이 성립한 때부터 소멸시효가 진행한다(대법원 2017. 7. 18.
선고 2017다9039, 9046 판결: 미공간).

[계약명의신탁에서 유예기간 경과 후 부동산 자체 부당이득] 「부동산
실권리자명의 등기에 관한 법률」 시행 전에 명의수탁자가 명의신탁 약정
에 따라 부동산에 관한 소유명의를 취득한 경우, 명의수탁자는 위 법률
의 시행 후 같은 법 제11조의 유예기간이 경과함에 따라 당해 부동산에
관한 완전한 소유권을 취득하게 되지만 그 대신 명의신탁자에게 자신이
취득한 당해 부동산을 부당이득으로 반환할 의무가 있다. 명의신탁자의
명의수탁자에 대한 위와 같은 소유권이전등기청구권은 그 성질이 부당이
득반환청구권으로서 이에 관하여는 채권의 소멸시효에 관한 일반적인 법
리가 그대로 적용되어 소멸시효기간은 10년이 된다(대법원 2014. 5. 29. 선고
2012다42505 판결: 미공간).

[상행위가 무효이거나, 취소된 경우 부당이득반환청구권] 부당이득반
환채권은 법률요건이 '사실'인 법정채권으로서 그것이 상행위가 연원이
된 것이라고 하더라도 바로 상행위로 인한 채권 그 자체는 아니어서 상
법 제64조에 따른 단기 소멸시효가 적용된다고 보기 어렵다. 그런데 판
례는 상행위가 무효이거나, 취소된 경우 상사시효가 적용된다는 독특한
법리를 전개하고 있다.

즉 부당이득반환청구권이라도 그것이 상행위인 계약에 기초하여 이루어진 급부 자체의 반환을 구하는 것으로서, 그 채권의 발생 경위나 원인, 당사자의 지위와 관계 등에 비추어 그 법률관계를 상거래 관계와 같은 정도로 신속하게 해결할 필요성이 있는 경우 등에는 5년의 소멸시효를 정한 상법 제64조가 적용된다. 그러나 이와 달리 부당이득반환청구권의 내용이 <u>급부 자체의 반환을 구하는 것이 아니거나</u>, 신속한 해결 필요성이 인정되지 않는 경우라면 10년의 민사소멸시효기간이 적용된다(대법원 2019. 9. 10. 선고 2016다271257 판결: 미공간). 그러나 가장 중요한 판단기준인 '신속한 해결 필요성'이라는 개념도 불명확하여 실제 사건을 다룰 때 상사시효가 적용되는지를 가리는 일이 쉽지 않다. 대비되는 예를 들어 본다. 한국토지주택공사가 임차인과 상행위로 체결한 임대아파트 분양계약이 분양전환가격을 초과하는 범위에서 계약이 무효가 됨으로써 분양대금과 정당한 분양전환가격의 차액에 관한 부당이득반환채권에 상사소멸시효가 적용된다고 한 사례가 있다(대법원 2015. 9. 15. 선고 2015다210811 판결: 미공간). 반면 서울주택토지공사가 토지보상법에 따른 이주대책의 일환으로 분양계약을 체결하였는데 분양대금 중 생활기본시설 설치비용 부분이 무효가 되어 부당이득반환청구권이 문제가 된 사안에서, 위 분양계약은 상행위로 단정하기 어렵고, 상거래 관계와 같은 정도로 신속하게 법률관계를 해결할 필요성이 없다는 이유로 민사시효를 적용한 사례가 있다(대법원 2016. 9. 28. 선고 2016다20244 판결: 공2016하, 1589).

한편 최근 전원합의체 판결이 있었다. <u>보험계약자가 다수의 계약을 통하여 보험금을 부정 취득할 목적으로 보험계약을 체결하여 그것이 제103조에 따라 선량한 풍속 기타 사회질서에 반하여 무효인 경우 보험자의 보험금에 대한 부당이득반환청구권은 상법 제64조를 유추적용하여 5년의 상사 소멸시효기간이 적용된다</u>고 한다(대법원 2021. 7. 22. 선고 2019다277812 전원합의체 판결: 공2021하, 1525). <u>이러한 법리는 상행위인 계약의 불성립으로 인한 부당이득반환청구권에도 그대로 적용된다</u>(대법원 2021. 9. 9. 선고 2020다299122 판결: 미공간).

[구 상 권] 자동차손해배상보상법상 운행자책임을 지는 행위자 1인의 보험자인 보험금을 지급한 원고가 보험자대위의 법리에 의하여 취득한 피보험자의 공동불법행위자의 보험자인 피고를 상대로 직접적인 구상권을 피고에게 행사하는 경우에 그 소멸시효 기간은 일반채권과 같이 10년이고, 그 기산점은 구상권이 발생한 시점, 즉 구상권자가 현실로 피해자에게 손해배상금을 지급한 때이다(대법원 2019. 4. 23. 선고 2018다294834 판결: 미공간).

마. 과거 양육비청구권

당사자의 협의 또는 가정법원의 심판에 의하여 구체적인 지급청구권으로서 성립하기 전에는 과거의 양육비에 관한 권리는 양육자가 그 권리를 행사할 수 있는 재산권에 해당한다고 할 수 없고, 따라서 이에 대하여는 소멸시효가 진행할 여지가 없다(대법원 2011. 7. 29.자 2008스67 결정: 공2011하, 1635).

바. 보   험

① 보험금청구권

[원   칙] 보험금청구권의 소멸시효는 보험사고가 발생한 때부터 진행하고, 그 소멸시효의 기산점에 관한 증명책임은 시효의 이익을 주장하는 사람에게 있다(대법원 2015. 11. 26. 선고 2013다62490 판결: 미공간).

[예외1: 보험사고 발생이 객관적으로 분명하지 않은 경우] 보험사고가 발생한 것인지의 여부가 객관적으로 분명하지 아니하여 보험금액청구권자가 과실 없이 보험사고의 발생을 알 수 없었던 경우에도 보험사고가 발생한 때부터 보험금액청구권의 소멸시효가 진행한다고 해석하는 것은, 보험금액청구권자에게 너무 가혹하여 사회정의와 형평의 이념에 반할 뿐만 아니라 소멸시효제도의 존재 이유에 부합된다고 볼 수도 없으므로, 객관적으로 보아 보험사고가 발생한 사실을 확인할 수 없는 사정이 있는 경우에는, 보험금액청구권자가 보험사고의 발생을 알았거나 알 수 있었던 때로부터 보험금액청구권의 소멸시효가 진행한다(대법원 2015. 9. 24. 선고 2015다30398 판결: 미공간).

한국공인중개사협회에 대한 공제금청구권도 마찬가지여서 공제사고 발생이 객관적으로 분명하지 않은 경우 공제금청구권자가 공제사고의 발생을 알았거나 알 수 있었던 때부터 소멸시효가 진행한다(대법원 2012. 9. 27. 선고 2010다101776 판결: 미공간).

[예외2: 보험사고 발생이 분명한 경우] 약관 등에 의하여 보험금액청구권의 행사에 특별한 절차를 요구하는 때에는 그 절차를 마친 때, 또는 채권자가 그 책임 있는 사유로 그 절차를 마치지 못한 경우에는 그러한 절차를 마치는 데 소요되는 상당한 기간이 경과한 때부터 진행한다(대법원 2014. 7. 24. 선고 2013다27978 판결: 미공간).

② 책임보험금 청구권

약관에서 책임보험의 보험금청구권의 발생시기나 발생요건에 관하여 달리 정한 사정이 없는 한, 원칙적으로 책임보험의 보험금청구권의 소멸시효는 피보험자의 제3자에 대한 법률상의 손해배상책임이 상법 제723조 제1항이 정하고 있는 변제, 승인, 화해 또는 재판의 방법 등에 의하여 확정됨으로써 그 보험금청구권을 행사할 수 있는 때로부터 진행된다(대법원 2012. 1. 12. 선고 2009다8581 판결: 미공간).

③ 무효인 보험계약의 보험료 반환청구권

무효인 보험계약에 따라 납부한 보험료의 반환청구권의 소멸시효는 각 보험료를 납부한 때부터 진행한다(대법원 2011. 3. 24. 선고 2010다92612 판결: 공2011상, 821).

사. 특별법상 청구권

[의용 신탁법] 신탁이 종료한 경우 신탁재산이 그 귀속권리자에게 이전할 때까지는 신탁이 존속하는 것으로 간주되나(의용 신탁법 제63조 본문), 귀속권리자의 신탁재산반환청구권은 신탁 종료 시부터 10년간 행사하지 않으면 시효로 소멸한다(대법원 2014. 1. 16. 선고 2012다101626 판결: 공2014상, 396).

[직무발명보상금청구권] 직무발명보상금청구권은 일반채권과 마찬가지로 10년간 행사하지 않으면 소멸시효가 완성하고 그 기산점은 일반적

으로 사용자가 직무발명에 대한 특허를 받을 권리를 종업원으로부터 승계한 시점이다. 회사의 근무규칙 등에 직무발명보상금의 지급시기를 정하고 있는 경우에는 그 시기가 도래할 때까지 보상금청구권의 행사에 법률상의 장애가 있으므로 근무규칙 등에 정하여진 지급시기가 소멸시효의 기산점이 된다(대법원 2011. 7. 28. 선고 2009다75178 판결: 공2011하, 1732).

[산업재해보상보험법상 장해급여청구권] 산업재해보상보험법이 규정한 보험급여 지급요건에 해당하여 보험급여를 받을 수 있는 사람이라고 하더라도 그 요건에 해당하는 것만으로 바로 구체적인 급여청구권이 발생하는 것이 아니라, 수급권자의 보험급여 청구에 따라 근로복지공단이 보험급여에 관한 결정을 함으로써 비로소 구체적인 급여청구권이 발생한다(대법원 2018. 6. 15. 선고 2017두49119 판결: 공2018하, 1308).

[산업재해보상보험법상 진폐보상연금 청구권] 진폐보상연금 청구권의 소멸시효는 진폐근로자의 진폐 장해상태가 산재보험법 시행령에서 정한 진폐장해등급 기준에 해당하게 된 때부터 진행한다(대법원 2019. 7. 25. 선고 2018두42634 판결: 공2019하, 1683).

[폐광대책비의 일환으로 업무상 재해를 입은 근로자에게 지급되는 재해위로금 수급권] 유족보상일시금 상당의 재해위로금 수급권의 소멸시효에 관해서는 구 석탄산업법령에 특별한 규정이 없으므로, 일반 채권으로서 제162조 제1항에 따라 소멸시효기간은 10년이며, 망인이 사망한 때부터 소멸시효가 진행한다(대법원 2020. 9. 24. 선고 2020두31699 판결: 공2020하, 2078).

[국민건강보험공단과 근로복지공단의 정산금청구권] 국민건강보험공단이 업무상 부상 또는 질병 발생 후 산재요양승인결정 전까지 피재근로자에 대하여 건강보험 요양급여를 한 경우, 근로복지공단에 정산금을 청구할 수 있고, 이러한 정산금청구권은 근로복지공단이 산재요양승인결정을 한 때에 비로소 행사할 수 있으므로 산재요양승인결정을 한 때부터 3년간 행사하지 아니하면 소멸시효가 완성한다(대법원 2014. 11. 27. 선고 2014다44376 판결: 공2015상, 17).

아. 기산점과 변론주의

소멸시효의 기산일은 소멸시효 주장 내지 항변의 법률요건을 구성하는 구체적인 사실에 해당하여 변론주의가 적용되므로 법원은 당사자가 주장하는 기산일과 다른 날짜를 소멸시효의 기산일로 삼을 수 없다(대법원 2017. 10. 26. 선고 2017다20111 판결: 미공간). 따라서 소멸시효 원용자는 본래 기산일에 앞선 날을 기산점으로 주장하거나, 기산일에 늦은 날을 기산점으로 주장하는 경우 시효 주장이 배척될 수 있다(대법원 1995. 8. 25. 선고 94다35886 판결: 공1995, 3263).

자. 취득시효를 원인으로 한 소유권이전등기청구권의 경우

부동산에 대한 점유취득시효가 완성된 점유자가 그 부동산에 대한 점유를 상실한 때부터 10년간 소유권이전등기청구권을 행사하지 않으면 소멸시효가 완성한다(대법원 2015. 2. 26. 선고 2012다103202 판결: 미공간). 위 점유에는 직접점유뿐만 아니라 간접점유도 포함된다(대법원 2014. 12. 11. 선고 2014다223322 판결: 미공간).

[인도받아 점유하는 경우] 부동산의 매수인이 목적물을 인도받아 계속 점유하는 경우에는 매도인에 대한 소유권이전등기청구권은 소멸시효가 진행되지 않는다. 3자간 등기명의신탁에 의한 등기가 유예기간의 경과로 무효로 된 경우에도 마찬가지로 적용된다. 따라서 그 경우 목적 부동산을 인도받아 점유하고 있는 명의신탁자의 매도인에 대한 소유권이전등기청구권 역시 소멸시효가 진행되지 않는다(대법원 2013. 12. 12. 선고 2013다26647 판결: 공2014상, 163).

[상표권이전등록청구권과 비교] 상표권자에 대하여 상표권에 관한 이전약정에 기하여 이전등록을 청구할 권리를 가지는 사람이 이미 그 상표를 실제로 사용하고 있다는 것만으로 상표권이전등록청구권의 소멸시효가 진행되지 아니한다고 할 수는 없다. 한편 그가 상표를 당해 상표권의 지정상품에 사용하여 주지상표가 되는 등으로 별도의 법적 보호를 받을 수 있다고 하더라도, 그 보호를 위하여 이전등록의무자의 시효소멸 주장이 일정한 범위에서 제한되어야 하는가 하는 것은 위와 같은 법적 보호

의 내용 또는 성질 등에 의하여 정하여질 문제로서, 상표 사용에 의한 소멸시효 진행의 저지 여부와 직접적인 연관이 없다(대법원 2013. 5. 9. 선고 2011다71964 판결: 공2013상, 1009).

제4절 소멸시효의 중단
1. 청   구

[청구의 자격] 재판상 청구가 시효중단의 사유가 되려면 그 청구 당시의 채권자 또는 그 채권을 행사할 권능을 가진 자에 의하여 이루어져야 한다(대법원 2018. 5. 30. 선고 2016다216786 판결: 미공간).

[지급명령 신청] 지급명령 사건이 채무자의 이의신청으로 소송으로 이행되는 경우에 그 지급명령에 의한 시효중단의 효과는 소송으로 이행된 때가 아니라 지급명령을 신청한 때에 발생한다(대법원 2011. 11. 10. 선고 2011다54686 판결: 공2011하, 2549).

[사망한 자를 상대로 한 재판상 청구] 이미 사망한 자를 피고로 하여 제기된 소는 부적법하여 이를 간과한 채 본안 판단에 나아간 판결은 당연무효로서 그 효력이 상속인에게 미치지 않는다. 채권자의 이러한 제소는 권리자의 의무자에 대한 권리행사에 해당하지 않는다고 할 것이므로, 상속인을 피고로 하는 당사자표시정정이 이루어진 경우와 같은 특별한 사정이 없는 한, 거기에는 애초부터 시효중단 효력이 없고, 법원이 이를 간과하여 본안에 나아가 판결을 내린 경우에도 마찬가지이다(대법원 2014. 2. 27. 선고 2013다94312 판결: 공2014상, 697).

[응소행위] 재판상의 청구란 통상적으로는 권리자가 원고로서 시효를 주장하는 자를 피고로 하여 소송물인 권리를 소의 형식으로 주장하는 경우를 가리키지만, 이와 반대로 시효를 주장하는 자가 원고가 되어 소를 제기한 데 대하여 피고로서 응소하여 그 소송에서 적극적으로 권리를 주장하고 그것이 받아들여진 경우도 이에 포함된다. 응소행위로 인한 시효중단의 효력은 피고가 현실적으로 권리를 행사하여 응소한 때에 발생한다. 한편, 권리자인 피고가 응소하여 권리를 주장하였으나 그 소가 각하

되거나 취하되는 등의 사유로 본안에서 그 권리주장에 관한 판단 없이 소송이 종료된 경우에도 제170조 제2항을 유추적용하여 그때부터 6월 이내에 재판상의 청구 등 다른 시효중단조치를 취하면 응소시에 소급하여 시효중단의 효력이 있는 것으로 봄이 상당하다. 채무자가 반드시 소멸시효완성을 원인으로 한 소송을 제기한 경우이거나 당해 소송이 아닌 전소송 또는 다른 소송에서 그와 같은 권리주장을 한 경우이어야 할 필요는 없고, 나아가 변론주의 원칙상 피고가 응소행위를 하였다고 하여 바로 시효중단의 효과가 발생하는 것은 아니고 시효중단의 주장을 하여야 그 효력이 생기는 것이지만, 시효중단의 주장은 반드시 응소 시에 할 필요는 없고 소멸시효기간이 만료된 후라도 사실심 변론종결 전에는 언제든지 할 수 있다(대법원 2010. 8. 26. 선고 2008다42416, 42423 판결: 공2010하, 1799).

[일부청구와 청구확장] 하나의 채권 중 일부에 관하여만 판결을 구한다는 취지를 명백히 하여 소송을 제기한 경우에는 소 제기에 의한 소멸시효 중단의 효력이 그 일부에 관하여만 발생하고, 나머지 부분에는 발생하지 않는다(대법원 1975. 2. 25. 선고 74다1557 판결: 공1975, 8348). 다만 소장에서 일부청구를 하면서 장차 청구금액을 확장할 뜻을 표시하고 당해 소송이 종료할 때까지 실제로 청구금액을 확장하면 소 제기 당시부터 그 전부에 관하여 시효중단 효력이 생긴다(대법원 1992. 4. 10. 선고 91다43695 판결: 공1992, 1541). 이러한 법리는 통상임금 소송에서 소 제기 시 법정수당의 일부만을 청구하면서 장차 청구확장 뜻을 표시하고 실제로 법정수당 청구금액을 확장한 경우에도 마찬가지이다(대법원 2020. 8. 20. 선고 2019다14110, 14127, 14134, 14141 판결: 공2020하, 1776).

한편 소 제기 시에는 청구확장의 뜻을 표시하였으나 소송 종료 시까지 실제로 청구금액을 확장하지 않은 경우에는 확장 부분에 관한 시효중단 효력이 발생하지 않지만, 채권자가 당해 소송이 종료한 때부터 6월 내에 제174조에서 정한 조치를 취하면 나머지 부분에 대한 소멸시효를 중단시킬 수 있다(대법원 2020. 2. 6. 선고 2019다223723 판결: 공2020상, 618).

[채권자가 동일한 목적의 복수 채권을 가진 경우] 채권자가 경합된 청구권 중 일부의 청구권만 소를 제기하였다가 나중에 나머지 청구를 추가하는 등의 경우, 후자의 청구권의 소멸시효 중단시기에 관하여 판례는 청구를 추가한 때로 보고 있다.

불법행위 손해배상청구를 하다가 환송 후 항소심에서 예금청구를 선택적으로 추가한 경우, 예금채권의 소멸시효 중단시기는 선택적 청구를 추가한 때가 된다(대법원 2020. 3. 26. 선고 2018다221867 판결: 공2020상, 815).

또 전소에서 공동불법행위자에 대한 구상금 청구의 소를 제기하였다고 하여, 후소로 제기한 사무관리로 인한 비용상환청구권의 소멸시효가 중단될 수 없고(대법원 2001. 3. 23. 선고 2001다6145 판결: 공2001, 986), 소제기 시 부당이득반환청구를 한 후 항소이유서에서 채무불이행으로 인한 손해배상청구권을 추가한 사안에서도 소 제기로 손해배상청구권의 소멸시효가 중단될 수 없다고 하였다(대법원 2011. 2. 10. 선고 2010다81285 판결: 미공간), 보험자대위에 기한 손해배상청구의 소를 제기하였더라도 소송계속 중 양수금 청구를 청구원인으로 추가한 사안에서 소 제기로써 양수금 청구권의 소멸시효가 중단될 수 없다고 하였다(대법원 2014. 6. 26. 선고 2013다45716 판결: 미공간).

[기본적 권리관계 또는 후속적 권리관계에 관한 청구와 시효중단과 비교] 재판상 청구에는 소멸시효 대상인 그 권리 자체의 이행청구나 확인청구를 하는 경우만이 아니라, 그 권리가 발생한 기본적 법률관계를 기초로 하여 소의 형식으로 주장하는 경우 또는 그 권리를 기초로 하거나 그것을 포함하여 형성된 후속 법률관계에 관한 청구를 하는 경우에도 그로써 권리 실행의 의사를 표명한 것으로 볼 수 있을 때에는 이에 포함된다. 시효중단 사유인 재판상 청구를 기판력이 미치는 범위와 일치하여 고찰할 필요가 없다(대법원 2019. 10. 31. 선고 2017다250998 판결: 미공간).

이러한 법리와 관련하여 기억해 둘만한 선례가 있다. 기존 채권의 존재를 전제로 하여 이를 포함하는 새로운 약정을 하고 그에 따른 권리를 재판상 청구의 방법으로 행사한 경우에는 기존 채권을 실현하고자 하는 뜻까지 포함하여 객관적으로 표명한 것이므로, 새로운 약정이 무효로 되는 등의 사정으로 그에 근거한 권리행사가 저지됨에 따라 다시 기존 채권을 행사하게 되었다면, 기존 채권의 소멸시효는 새로운 약정에 의한 권리를 행사한 때에 중단되었다고 보아야 한다(대법원 2016. 10. 27. 선고 2016다25140 판결: 공2016하, 1795).

[채권양도의 대항요건을 구비하지 못한 양수인의 청구] 대항요건을 갖추지 못하여 채무자에게 대항하지 못한다고 하더라도 채권의 양수인이 채무자를 상대로 재판상의 청구를 하였다면 이는 소멸시효 중단사유인 재판상의 청구에 해당한다(대법원 2020. 4. 29. 선고 2018다267689 판결: 미공간).

[소취하 간주의 경우] 제170조 제1항은 재판상 청구가 시효중단사유가 됨을 전제로 재판상의 청구는 소송의 각하, 기각 또는 취하의 경우에는 시효중단의 효력이 없다고 규정한다. 여기의 '취하'에는 민사소송법 제266조에 따라 소가 취하된 경우뿐만 아니라 같은 법 제268조에 따라 소가 취하된 것으로 간주되는 경우도 포함한다(대법원 2018. 11. 29. 선고 2017다217755 판결: 미공간).

[채무자 회생 및 파산에 관한 법률] 개인회생절차가 개시되면 소멸시효가 중단되고, 개인회생채권자가 채권자목록을 제출하거나 회생절차에 참가하는 것도 소멸시효 중단사유이다(위 법 제32조 제3호, 제589조 제2항). 개인회생절차에서 변제계획인가결정이 나더라도 시효중단 효력이 유지되며(대법원 2019. 8. 30. 선고 2019다235528 판결: 공2019하, 1825), 면책결정이 확정되어야 시효가 다시 진행한다고 볼 것이다. 회사정리절차에서는 개인회생절차와 달리 정리계획인가결정이 있으면 시효가 다시 진행한다(대법원 2017. 8. 30.자 2017마600 결정: 미공간). 전자는 면책되어야 권리변경의 효력이 발생하지만, 후자는 인가결정으로 권리변경의 효력이 생기기 때문이다.

회생채권자가 채권신고를 게을리하여 위 법 제251조에 따라 채무가 면책된 경우, 회생채권자가 회생채무의 시효중단 조치를 취할 수 있는가. 판례는 책임소멸설을 취하여 면책된 채무의 이행을 소구하거나 강제할 수 없을 뿐 채무 자체는 여전히 존속한다고 한다(대법원 2019. 3. 14. 선고 2018다281159 판결: 공2019상, 1031). 따라서 채권 그 자체는 자연채무로 존속하므로, 이론상으로는 채권의 소멸시효 중단도 가능하다는 입론도 가능하다. 그러나 면책된 후 회생채권자가 주채무자에 대해서 소멸시효 중단을 위하여 할 수 있는 법적 조치가 존재하지 않기 때문에 재판상 청구가 불가능하고 그 전 단계의 최고에 의한 잠정적 시효중단효도 발생할 여지가 없다. 또 채무자에게 채무승인 등을 강요하는 것이어서 채무자의 경제적 회생을 방해하게 된다. 이처럼 주채무가 면책되면 채권자의 입장에서는 보증채무의 시효관리만 하면 되고, 채무자의 입장에서도 면책된 채무에 대하여 관심을 가질 아무런 이유가 없게 된다. 그 때문에 대법원 2016. 11. 9. 선고 2015다218785 판결(공2016하, 1880)은, 주채무인 회생채권이 소멸시효 경과 전 실권되었다면 더 이상 주채무의 소멸시효 진행이나 중단이 문제 될 여지가 없으므로, 보증인은 보증채무 자체의 소멸시효 완성만을 주장할 수 있고 주채무의 소멸시효 완성을 주장할 수 없다고 판시하였다. 이러한 법리를 관철하는 경우 주채무인 회생채무가 면책될 때 시효중단이라는 상황을 상정할 수 없게 된다. 따라서 회생채권자가 제3자를 상대로 소송 계속 중 회생채무자를 상대로 소송고지를 하고 그 소송고지서에 실권된 회생채무의 이행을 청구하는 의사가 표명되어 있더라도, 회생채권자는 다른 연대채무자나 보증인에 대하여 제416조 또는 제440조에 따른 소멸시효 중단을 주장할 수 없게 된다(대법원 2021. 6. 30. 선고 2018다290672 판결: 공2021하, 1362). 위 조문들이 적용되려면 연대채무자 중 1인 또는 주채무자에 대한 시효가 중단된다는 것이 전제되어야 하기 때문이다.

[**노동사건에서 행정상 구제신청과 시효중단**] 행정상 구제절차를 이용하여 노동위원회에 구제신청을 한 후 노동위원회의 구제명령 또는 기각결정에 대하여 행정소송에서 다투는 방법으로 임금청구권 등 부당노동행위로 침해된 권리의 회복을 구할 수도 있으므로, 근로자가 위 관계 법령에 따른 구제신청을 한 후 이에 관한 행정소송에서 그 권리관계를 다투

는 것 역시 권리자가 재판상 그 권리를 주장하여 권리 위에 잠자는 것이 아님을 표명한 것으로서 소멸시효 중단사유로서의 재판상 청구에 해당한다(대법원 2012. 2. 9. 선고 2011다20034 판결; 공2012상, 427).

[국유재산법상 변상금 부과 징수권 행사와 부당이득반환청구권의 시효중단] 국유재산법에 따른 변상금 부과·징수권이 민사상 부당이득반환청구권과 법적 성질을 달리하는 별개의 권리인 이상 원고가 변상금 부과·징수권을 행사하였다 하더라도 이로써 민사상 부당이득반환청구권의 소멸시효가 중단된다고 할 수 없다(대법원 2014. 9. 4. 선고 2013다3576 판결: 공2014하, 1997).

[산업재해보상보험법상 보험급여 청구의 경우] 산업재해보상보험법상 보험급여 청구는 민법상 재판상 청구에 해당하지 않는 위 법 고유의 시효중단 사유이므로, 보험급여 청구에 대한 근로복지공단의 결정이 있을 때까지는 청구의 효력이 계속된다. 따라서 보험급여 청구에 따른 시효중단은 근로복지공단의 결정이 있은 때 중단사유가 종료되어 새로이 3년의 시효기간이 진행된다. 위 법이 보험급여 청구에 대하여는 재판상의 청구로 본다는 규정을 두고 있지 않은 점, 보험급여 청구에 따라 발생한 시효중단의 효력이 보험급여 결정에 대한 임의적 불복절차인 심사 청구 등에 따라 소멸한다고 볼 근거가 없는 점을 고려하면, 산재보험법상 고유한 시효중단 사유인 보험급여 청구에 따른 시효중단의 효력은 심사 청구나 재심사 청구에 따른 시효중단의 효력과는 별개로 존속한다. 따라서 심사 청구 등이 기각된 다음 6개월 안에 다시 재판상의 청구가 없어 심사 청구 등에 따른 시효중단의 효력이 인정되지 않는다고 하더라도, 보험급여 청구에 따른 시효중단의 효력은 이와 별도로 인정될 수 있다(대법원 2019. 4. 25. 선고 2015두39897: 공2019상, 1181).

[국세징수권의 소멸시효 중단사유로 민법상 청구가 포함되는지] 납세의무자의 소재불명으로 인하여 체납처분 등 자력집행권을 행사할 수 없는 등 국세기본법상 조세채권의 소멸시효 중단이 불가능하여 과세주체에게 시효중단을 위한 법적 수단이 조세채권확인청구만이 있다면 소멸시효

기간 만료가 임박하였을 때 예외적으로 그 확인의 이익을 긍정할 수 있고, 이러한 경우 과세주체의 재판상 청구도 국세징수권의 소멸시효 중단 사유가 된다(대법원 2020. 3. 2. 선고 2017두41771 판결: 공2020상, 782).

2. 승 인

[일 반 론] 채무승인은 시효이익을 받을 당사자인 채무자가 그 시효의 완성으로 권리를 상실하게 될 자 또는 그 대리인에 대하여 그 권리가 존재함을 인식하고 있다는 뜻을 표시함으로써 성립한다고 할 것이며, 그 표시의 방법은 아무런 형식을 요구하지 아니하고, 또한 명시적이건 묵시적이건 불문한다(대법원 1992. 4. 14. 선고 92다947 판결: 공1992, 1595). 또 채무승인에서 채무자가 권리 등의 법적 성질까지 알고 있거나 권리 등의 발생원인을 특정하여야 할 필요는 없다(대법원 2012. 10. 25. 선고 2012다45566 판결: 공2012하, 1921).

채무승인은 소멸시효의 진행이 개시된 이후에만 할 수 있으므로 그 전에 승인을 하더라도 시효가 중단되지 않고, 현존하지 아니하는 장래의 채권을 미리 승인하는 것은 채무자가 권리의 존재를 인식하고서 한 것이라고 볼 수 없어 시효중단의 효력이 없다(대법원 2015. 7. 23. 선고 2015다19025 판결: 미공간).

[채무승인의 상대방] 주식회사인 채권자의 외부감사인은 채권자와의 외부감사인 선임계약에 기하여 피감 주식회사가 가지는 재무제표상 매출채권, 대여금채권 등의 채권과 관련하여 그 채무자로부터 적법한 감사활동의 일환으로 행하여지는 채무 확인 등의 절차를 통하여 소멸시효중단 사유로서의 채무승인의 통지를 수령할 대리권을 가진다(대법원 2013. 11. 14. 선고 2013다56310 판결: 공2013하, 2216).

[재무제표 승인과 회사의 채무승인] 피고의 주주총회에서 재무제표 승인이 이루어진 것만으로는 채무자인 피고가 채권자인 원고에 대하여 원고의 대여금 채권이 존재함을 인식하고 있다는 뜻을 표시한 것으로 볼 수 없다고 판단한 원심판결을 수긍한 선례가 있다(대법원 2013. 9. 26. 선고

2013다42922 판결: 미공간).

　　[같은 종류를 목적으로 하는 복수의 채권관계가 있을 때 일부 변제를 한 경우] 동일 당사자 사이에 계속적인 거래로 인하여 같은 종류를 목적으로 하는 복수의 채권관계가 성립해 있는 경우, 채무자가 특정채무를 지정하지 않고 그 일부의 변제를 한 때에도 잔존 채무에 대하여도 승인을 한 것으로 보아 시효중단이나 포기의 효력을 인정할 수 있다(대법원 2015. 7. 9. 선고 2015다210217 판결: 미공간). 그러나 그 채무가 별개로 성립되어 독립성을 갖고 있는 경우에는 일률적으로 그렇게만 해석할 수는 없을 것이고, 특히 채무자가 근저당권설정등기를 말소하기 위하여 피담보채무를 변제하는 경우에는 피담보채무가 아닌 별개의 채무에 대하여서까지 채무를 승인하거나 소멸시효의 이익을 포기한 것이라고 볼 수는 없다(대법원 2014. 1. 23. 선고 2013다64793 판결: 공2014상, 473).

　　이러한 법리의 연장선에서 계속적 거래를 전제로 하지 않더라도, 동일한 채권자에게 다수의 채무를 부담하는 채무자가 충당할 채무를 지정하지 않은 채 모든 채무를 변제하기에 부족한 변제금을 지급한 경우에도 모든 채무에 대하여 채무승인의 효과가 미친다(대법원 2021. 9. 30. 선고 2021다239745 판결: 공2021하, 2110).

　　[이행인수인이 채무승인한 경우] 소멸시효 중단사유인 채무의 승인은 시효이익을 받을 당사자나 그 대리인만이 할 수 있는 것이므로 이행인수인이 채권자에 대하여 채무자의 채무를 승인하더라도 다른 특별한 사정이 없는 한 시효중단 사유가 되는 채무승인의 효력은 발생하지 않는다(대법원 2016. 10. 27. 선고 2015다239744 판결: 공2016하, 1790).

　　[연대채무자의 일부 채무승인과 시효중단] 제416조는 어느 연대채무자에 대한 이행청구는 다른 연대채무자에게도 효력이 있다고 규정하고 있을 뿐이고 채무승인은 이행청구에는 해당하지 않기 때문에, 어느 연대채무자가 채무를 승인함으로써 그에 대한 시효가 중단되었더라도 그로 인하여 다른 연대채무자에게도 시효중단의 효력이 발생하는 것은 아니다(대법원 2018. 10. 25. 선고 2018다234177 판결: 미공간).

[회생절차 내에서 변제합의를 한 경우] 회생절차 내에서 이루어진 변제기 유예 합의도 채무에 대한 승인이 전제된 것이므로 채무승인의 효력이 있다(대법원 2016. 8. 29. 선고 2016다208303 판결: 공2016하, 1497).

[수탁자 파산으로 인한 파산관재인의 채무승인] 수탁자의 파산관재인이 신탁재산에 관한 채무에 관하여 시효중단의 효력이 있는 승인을 할 수는 없다(대법원 2018. 2. 28. 선고 2013다63950 판결: 미공간). 수탁자가 파산선고를 받아 임무가 종료된 경우 신수탁자가 신탁사무를 처리할 수 있게 될 때까지 파산관재인이 신탁재산을 보관하고 신탁사무인계에 필요한 행위를 하여야 한다고 규정하지만(구 신탁법 제11조), 위 규정은 파산관재인에게 신탁재산에 대한 임시적인 사무처리의무를 부담시킨 것일 뿐이기 때문이다.

3. 압류, 가압류, 가처분

[시효중단 효력 발생시점] 제168조 제2호에서 가압류를 시효중단사유로 정하면서 가압류로 인한 시효중단의 효력이 언제 발생하는지에 관해서는 명시적으로 규정하지 않았다. '재판상의 청구'와 유사하게 가압류를 신청한 때 시효중단의 효력이 생긴다(대법원 2017. 4. 7. 선고 2016다35451 판결: 공2017상, 948).

[근저당권자의 채권신고] 저당권으로서 첫 경매개시결정등기 전에 등기되었고 매각으로 소멸하는 것을 가진 채권자는 당연히 배당에 참가할 수 있고, 이러한 채권자가 채권신고를 하면 압류에 준하는 것으로서 신고된 채권에 관하여 소멸시효를 중단하는 효력이 생긴다(대법원 2010. 9. 9. 선고 2010다28031 판결: 공2010하, 1895).

[피압류채권의 부존재] 채권 압류 당시 피압류채권이 이미 소멸하였다는 등으로 부존재하더라도 압류집행을 함으로써 집행채권의 소멸시효는 중단된다(대법원 2014. 1. 29. 선고 2013다47330 판결: 미공간). 다만 집행불능과 마찬가지로 가압류의 집행보전의 효력이 실제 발생하지 않으므로 곧바로 소멸시효가 새롭게 진행한다[대법원 2017. 4. 28. 선고 2016다239840

판결(공2017상, 1110), 압류 사안].

[1개의 피압류채권 중 일부만 압류하였는데 이미 피압류채권의 일부
가 시효소멸한 경우 압류 효력의 범위] 1개의 피압류채권의 일부가 이미
시효로 소멸하였고 나머지는 채무자의 시효중단 조치로 소멸하지 않은
상태에서, 압류채권자가 피압류채권을 특정하지 않은 채 일부만 압류하였
다면, 압류채권자의 의사는 피압류채권 중 유효한 부분을 압류함으로써
향후 청구금액만큼 만족을 얻겠다는 것이므로, 압류의 효력은 시효로 소
멸하지 않고 잔존하는 채권 부분에 계속 미친다(대법원 2016. 3. 24. 선고
2014다13280, 13297 판결: 공2016상, 614).

[유체동산 가압류와 시효중단] 유체동산에 대한 가압류결정을 집행한
경우 가압류에 의한 시효중단의 효력은 가압류의 집행보전의 효력이 존
속하는 동안 계속된다. 그러나 유체동산에 대한 가압류의 집행절차에 착
수하지 않은 경우에는 시효중단의 효력이 없고, 그 집행절차를 개시하였
으나 가압류할 동산이 없기 때문에 집행불능이 된 경우에는 집행절차가
종료된 때로부터 시효가 새로이 진행된다(대법원 2011. 5. 13. 선고 2011다
10044 판결: 공2011상, 1173).

[시효중단 효력의 존속기간] 가압류에 의한 집행보전의 효력이 존속
하는 동안은 가압류채권자에 의한 권리행사가 계속되고 있다고 보아야
하므로, 제168조에서 정한 가압류에 의한 시효중단의 효력은 가압류의
집행보전의 효력이 존속하는 동안은 계속된다(대법원 2011. 1. 13. 선고
2010다88019 판결: 미공간). 가처분도 집행보전의 효력이 존속하는 동안 가
처분채권자의 권리행사가 계속되고 있는 것이므로 가처분에 의한 시효중
단의 효력이 계속된다(대법원 2012. 1. 12. 선고 2011다70930 판결: 미공간).

가압류에 의한 시효중단은 경매절차에서 부동산이 매각되어 가압류
등기가 말소되기 전에 배당절차가 진행되어 가압류채권자에 대한 배당표
가 확정되는 등의 특별한 사정이 없는 한, 가압류등기가 말소된 때 그
중단사유가 종료되어, 그때부터 새로 소멸시효가 진행한다[매각대금 납부
후의 배당절차에서 가압류채권자의 채권에 대하여 배당이 이루어지고 배당액이

공탁되었다고 하여 가압류채권자가 그 공탁금에 대하여 채권자로서 권리행사를 계속하고 있다고 볼 수는 없으므로 그로 인하여 가압류에 의한 시효중단의 효력이 계속된다고 할 수 없다(대법원 2013. 11. 14. 선고 2013다18622, 18639 판결: 공2013하, 2201).

[압류등기가 말소되지 않았지만 강제집행이 종료된 경우] 경매개시결정의 기입등기가 말소등기 촉탁절차 없이 여전히 남아 있는 경우라 하더라도 강제집행절차가 종료하면 시효중단사유도 종료한다(대법원 2015. 11. 26. 선고 2014다45317 판결: 미공간).

[채권압류의 시효중단 종료 시점] 소멸시효의 중단사유 중 '압류'에 의한 시효중단의 효력은 압류가 해제되거나 집행절차가 종료될 때 그 중단사유가 종료한 것으로 볼 수 있다. 체납처분에 의한 채권압류로 인하여 채권자의 채무자에 대한 채권의 시효가 중단된 경우에 그 압류에 의한 체납처분 절차가 채권추심 등으로 종료된 때뿐만 아니라, 피압류채권이 그 기본계약관계의 해지·실효 또는 소멸시효 완성 등으로 인하여 소멸함으로써 압류의 대상이 존재하지 않게 되어 압류 자체가 실효된 경우에도 체납처분 절차는 더 이상 진행될 수 없으므로 시효중단사유가 종료한 것으로 보아야 하고, 그때부터 시효가 새로이 진행한다(대법원 2017. 4. 28. 선고 2016다239840 판결: 공2017상, 1110).

[가압류 등의 취소와 시효중단의 효력] 압류가 권리자의 청구에 의하여 또는 법률의 규정에 따르지 않아 취소된 때에는 소멸시효 중단의 효력이 없다(제175조). 이는 그러한 사유가 압류채권자에게 권리행사의 의사가 없음을 객관적으로 표명하는 행위이거나 또는 처음부터 적법한 권리행사가 있었다고 볼 수 없는 사유에 해당한다고 보기 때문이다(대법원 2011. 1. 13. 선고 2010다88019 판결: 미공간). '권리자의 청구에 의하여 취소된 때'란 권리자가 압류, 가압류 및 가처분의 신청을 취하한 경우를 말하고, '시효중단의 효력이 없다'란 소멸시효 중단의 효력이 소급적으로 상실된다는 것을 말한다(대법원 2014. 11. 13. 선고 2010다63591 판결: 미공간).

당연히 배당받을 수 있는 근저당권자가 한 채권신고는 소멸시효 중

단의 효력이 있지만, 경매신청이 취하되면 소멸시효 중단의 효력도 소멸
한다(대법원 2010. 9. 9. 선고 2010다28031 판결: 공2010하, 1895). 반면 법률의
규정에 따른 적법한 압류가 있었으나 이후 남을 가망이 없어 경매가 취
소된 경우에는(민사집행법 제102조 제2항) 압류로 인한 소멸시효 중단의 효
력이 소멸하지 않고, 첫 경매개시결정등기 전에 등기되었고 매각으로 소
멸하는 저당권을 가진 채권자의 채권신고로 인한 소멸시효 중단의 효력
도 소멸하지 않는다(대법원 2015. 2. 26. 선고 2014다228778 판결: 공2015상,
551). 마찬가지로 가처분 집행 시부터 일정한 기간이 경과하도록 본안소
송을 제기하지 않아 가처분이 취소된 경우, 이러한 가처분취소는 제175
조에서 정한 시효중단의 효력이 소급하여 소멸하는 '법률의 규정에 따르
지 아니함으로 인하여 취소된 때'에 해당하지 않는다(대법원 2012. 1. 12.
선고 2011다70930 판결: 미공간).

　채권압류 및 추심명령을 받은 채권자가 추심권만을 포기한 경우 압
류로 인한 소멸시효 중단의 효력은 상실되지 않으며 압류명령의 신청을
취하하여야 비로소 소멸시효 중단의 효력이 소급하여 상실한다(대법원
2014. 11. 13. 선고 2010다63591 판결: 미공간). 가압류의 집행취소의 효력이
장래에 대하여만 발생하더라도, 채권자의 집행취소 또는 집행해제의 신청
은 실질적으로 집행신청의 취하에 해당하므로 가압류 자체의 신청을 취
하하는 것과 마찬가지로 시효중단의 효력이 소멸한다(대법원 2010. 10. 14.
선고 2010다53273 판결: 공2010하, 2098).

　[제176조의 의미] 압류 등은 시효의 이익을 받은 자에 대하여 하지
않은 때에는 이를 그에게 통지한 후가 아니면 시효중단의 효력이 없다(제
176조). 따라서 압류, 가압류 및 가처분이 시효의 이익을 받을 당사자에
대하여 이루어진 경우에는 그에 대한 통지를 하지 않아도 바로 시효중단
의 효력이 발생한다(대법원 2011. 5. 26. 선고 2011다15193 판결: 미공간).

　그 결과 채권자가 채권보전을 위하여 채무자의 제3채무자에 대한 채
권을 가압류한 경우 채무자에게 그 가압류 사실이 통지되지 않더라도 채
권자의 채권에 대하여 소멸시효 중단의 효력이 발생한다(대법원 2019. 5.

16. 선고 2016다8589 판결: 미공간). 마찬가지로 금전채권을 피보전채권으로
하여 채무자의 제3채무자에 대한 소유권이전등기청구권을 가압류한 사안
에서 그 가압류결정이 채무자에게 통지되지 않아 효력이 없다는 채무자
의 주장에 대하여, 위 가압류는 채무자의 소유권이전등기청구권을 대상으
로 한 것으로서 채무자에 대하여 한 것이므로, 제176조가 적용되지 않는
다고 판시하였다(대법원 2012. 4. 26. 선고 2011다108231 판결: 미공간).

[**주택임대차보호법상 임차권등기명령**] 임차권등기명령의 신청에 대한
재판절차와 임차권등기명령의 집행 등에 관하여 민사집행법상 가압류에
관한 절차규정을 일부 준용하고 있지만, 임차권등기명령에 따른 임차권등
기에는 제168조 제2호에서 정하는 소멸시효 중단사유인 압류 또는 가압
류, 가처분에 준하는 효력이 있다고 볼 수 없다(대법원 2019. 5. 16. 선고
2017다226629 판결: 공2019하, 1231).

[**어음채권과 원인채권**] 원인채권의 지급을 확보하기 위하여 어음이
수수된 당사자 사이에서 채권자가 어음채권을 청구채권으로 하여 채무자
의 재산을 압류함으로써 그 권리를 행사한 경우에는 그 원인채권의 소멸
시효를 중단시키는 효력이 있다. 그러나 이미 어음채권의 소멸시효가 완
성된 후에는 그 채권이 소멸되고 시효중단을 인정할 여지가 없으므로,
시효로 소멸된 어음채권을 청구채권으로 하여 채무자의 재산을 압류한다
하더라도 이를 어음채권 내지는 원인채권을 실현하기 위한 적법한 권리
행사로 볼 수 없어, 그 압류에 의하여 그 원인채권의 소멸시효가 중단된
다고 볼 수 없다(대법원 2010. 5. 13. 선고 2010다6345 판결: 공2010상, 1120).

[**취득시효의 경우**] 제247조 제2항은 '소멸시효의 중단에 관한 규정은
점유로 인한 부동산소유권의 시효취득기간에 준용한다.'고 규정하고, 제
168조 제2호는 소멸시효 중단사유로 '압류 또는 가압류, 가처분'을 규정하
고 있다. 점유로 인한 부동산소유권의 시효취득에 있어 취득시효의 중단
사유는 종래의 점유상태의 계속을 파괴하는 것으로 인정될 수 있는 사유
이어야 한다. 제168조 제2호에서 정하는 '압류 또는 가압류'는 금전채권의
강제집행을 위한 수단이거나 그 보전수단에 불과하여 취득시효기간의 완

성 전에 부동산에 압류 또는 가압류 조치가 이루어졌다고 하더라도 이로
써 종래의 점유상태의 계속이 파괴되었다고는 할 수 없으므로 이는 취득
시효의 중단사유가 될 수 없다(대법원 2019. 4. 3. 선고 2018다296878 판결:
공2019상, 984).

4. 최   고

[시효중단의 잠정조치] 최고는 종국적인 시효중단의 효과를 발생시키
는 것이 아니고, 다른 시효중단 조치를 예정하는 잠정적 조치이다. 제174
조가 시효중단 사유로 규정하고 있는 최고를 여러 번 거듭하다가 재판상
청구 등을 한 경우에 시효중단의 효력은 항상 최초의 최고 시에 발생하
는 것이 아니라 재판상 청구 등을 한 시점을 기준으로 하여 이로부터 소
급하여 6월 이내에 한 최고 시에 발생한다. 제170조의 해석상 재판상의
청구는 그 소송이 취하된 경우에는 그로부터 6월 내에 다시 재판상의 청
구를 하지 않는 한 시효중단의 효력이 없고 다만 재판 외의 최고의 효력
만을 갖게 된다. 이러한 법리는 그 소가 각하된 경우에도 마찬가지로 적
용된다(대법원 2019. 3. 14. 선고 2018두56435 판결: 공2019상, 872).

[채무자가 이행유예를 구한 경우] 채무이행을 최고 받은 채무자가 이
행의무의 존부 등이 확인될 때까지 이행의 유예를 구한 경우에는 채권자
가 채무자로부터 그 회답을 받거나 이행의무의 존부가 객관적으로 확정
되고 이를 채권자도 알 수 있어 채무자로부터 직접 회답을 받은 것과 마
찬가지로 볼 수 있는 때까지는 최고의 효력이 계속되고 제174조가 규정
한 6월의 기간은 그때부터 기산된다(대법원 2016. 6. 23. 선고 2013다209978,
209985 판결: 미공간).

[형성권적 기한이익 상실의 특약이 있는 경우] 형성권적 기한이익 상
실의 특약이 있는 경우에는 채권자가 특히 잔존채무 전액의 변제를 구하
는 취지의 의사를 표시한 경우에 한하여 전액에 대하여 그때부터 소멸시
효가 진행한다(대법원 2010. 8. 26. 선고 2008다36824 판결: 미공간). 이러한
특약은 채권자의 이익을 위한 것으로 기한이익의 상실 사유가 발생하였

더라도 채권자가 나머지 전액을 일시에 청구할 것인가 또는 종래대로 분할하여 변제를 받을 것인가를 자유로이 선택할 수 있기 때문에, 기한이익의 상실 특약이 있는 할부채무의 경우 1회의 불이행이 있더라도 각 할부금에 대해 각 변제기 도래 시마다 그때부터 순차로 소멸시효가 진행하는 것이 원칙이기 때문이다(대법원 1997. 8. 29. 선고 97다12990 판결: 공1997, 2867).

[소송고지와 시효중단] 소송고지의 요건이 갖추어진 경우에 그 소송고지서에 고지자가 피고지자에 대하여 채무의 이행을 청구하는 의사가 표명되어 있으면 제174조에 정한 시효중단사유로서의 최고의 효력이 인정되는데, 효력 발생 시점은 당사자가 소송고지서를 법원에 제출한 때이다(대법원 2015. 5. 14. 선고 2014다16494 판결: 공2015상, 805).

[소송탈퇴가 있는 경우] 인수참가인의 소송목적 양수 효력이 부정되어 인수참가인에 대한 청구기각 또는 소각하 판결이 확정된 날부터 6개월 내에 탈퇴한 원고가 다시 탈퇴 전과 같은 재판상의 청구 등을 한 때에는, 탈퇴 전에 원고가 제기한 재판상의 청구로 인하여 발생한 시효중단의 효력은 그대로 유지된다(대법원 2017. 7. 18. 선고 2016다35789 판결: 공2017하, 1709).

[채권압류 및 추심명령으로 말미암아 채무자의 이행청구가 각하된 후 추심채권자가 추심소송을 제기한 경우] 채무자가 제3채무자를 상대로 제기한 금전채권의 이행소송이 채권압류 및 추심명령으로 인한 당사자적격의 상실로 각하되더라도, 위 이행소송의 계속 중에 피압류채권에 대하여 채무자에 갈음하여 당사자적격을 취득한 추심채권자가 위 각하판결이 확정된 날로부터 6개월 내에 제3채무자를 상대로 추심의 소를 제기하였다면, 채무자가 제기한 재판상 청구로 인하여 발생한 시효중단의 효력은 추심채권자의 추심소송에서도 그대로 유지된다(대법원 2019. 7. 25. 선고 2019다212945 판결: 공2019하, 1661).

[재산명시신청이 있는 경우] 채권자가 확정판결에 기한 채권의 실현을 위하여 채무자에 대하여 민사집행법이 정한 재산명시신청을 하고 그

결정이 채무자에게 송달되었다면 거기에 소멸시효의 중단사유인 '최고'로서의 효력만이 인정된다. 재산명시결정에 의한 소멸시효 중단의 효력은 그로부터 6개월 내에 다시 소를 제기하거나 압류 또는 가압류, 가처분을 하는 등 제174조에 규정된 절차를 속행하지 않는 한 상실된다(대법원 2018. 12. 13. 선고 2018다266198 판결: 미공간).

[당연히 배당받을 수 있는 근저당권자의 채권신고 후 경매신청이 취하된 경우] 이러한 경우 경매신청이 취하되면 소멸시효 중단의 효력이 상실되는데, 채권신고를 한 채권자가 6개월 내에 재판상 청구를 하였더라도 소멸시효 중단의 효력이 유지된다고 할 수 없다(대법원 2010. 9. 9. 선고 2010다28031 판결: 공2010하, 1895). 채권신고에 채무자에 대하여 채무의 이행을 청구하는 의사가 직접적으로 표명되어 있다고 보기 어렵고, 채무자에 대한 통지 절차도 구비되어 있지 않기 때문이다.

[산업재해보상보험법상 장해급여청구권의 경우] 산업재해보상보험법 제36조 제2항에 따른 보험급여 청구는 행정청인 피고를 상대로 보험급여 지급결정을 구하는 공법상 의사표시로 볼 수 있어 민법상 최고와는 그 법적 성격이 다르다. 위 법에 따른 보험급여 청구를 민법상의 시효중단 사유와는 별도의 고유한 시효중단 사유로 규정한 것으로 볼 수 있다. 따라서 위 법 제112조 제2항이 '소멸시효에 관하여 이 법에 규정된 것 외에는 민법에 따른다'고 규정하고 있다는 이유로, 산업재해보상보험법에 따른 보험급여 청구에 대하여 최고의 시효중단 효력에 관한 제174조까지 적용 내지 준용되는 것으로 해석하여 수급권자의 보험급여를 받을 권리를 제한할 수는 없다(대법원 2018. 6. 15. 선고 2017두49119 판결: 공2018하, 1308).

5. 시효중단의 효과 승계

시효중단의 효력은 당사자와 그 승계인 간에만 미친다(제169조). 승계인이란 '시효중단에 관여한 당사자로부터 중단의 효과를 받는 권리를 그 중단효과 발생 이후에 승계한 자'를 뜻한다. 포괄승계인은 물론 특정 승계인도 포함된다(대법원 2020. 2. 13. 선고 2017다234965 판결: 미공간). 이러한 법리를 토대로 집합건물의 관리를 위임받은 회사가 구분소유자를 상대로 관리비 지급 청구의 소를 제기하여 체납관리비 납부의무의 소멸시효가 중단되었는데, 그후 제3자가 임의경매절차에서 구분소유권을 취득하였다면, 그는 시효중단 효과 발생 이후에 승계한 자에 해당하여 시효중단의 효력이 미친다고 한다(대법원 2015. 5. 28. 선고 2014다81474 판결: 공2015하, 870).

제5절 시효완성의 효과
1. 시효완성 효과를 받는 자 범위, 시효원용을 할 수 있는 자

[담보 목적물의 양수인] 유치권이 성립된 부동산의 양수인은 피담보채권의 소멸시효가 완성되면 시효로 인하여 채무가 소멸되는 결과 직접적인 이익을 받는 자에 해당하므로 소멸시효의 완성을 원용할 수 있는 지위에 있고, 담보부동산의 양수인도 마찬가지이다(대법원 2014. 6. 12. 선고 2014다14597 판결: 미공간).

2. 보증채무의 경우

보증채무에 대한 소멸시효가 중단되는 등의 사유로 완성되지 않았더라도 주채무에 대한 소멸시효가 완성된 경우에는 시효완성의 사실로써 주채무가 당연히 소멸되므로 보증채무의 부종성에 따라 보증채무 역시 당연히 소멸된다(대법원 2012. 1. 12. 선고 2011다78606 판결: 공2012상, 264). 주채무에 대한 소멸시효가 완성되어 보증채무가 소멸된 상태에서 보증인이 보증채무를 이행하거나 승인하였다고 하더라도, 주채무자가 아닌 보증인의 위 행위에 의하여 주채무에 대한 소멸시효 이익 포기 효과가 발생된다고 할 수 없으며, 주채무의 시효소멸에도 불구하고 보증채무를 이행하겠다는 의사를 표시한 경우 등과 같이 그 부종성을 부정하여야 할 사정이 없는 한 보증인은 여전히 주채무의 시효소멸을 이유로 보증채무의 소멸을 주장할 수 있다(대법원 2012. 7. 12. 선고 2010다51192 판결: 공2012하, 1406). 보증채무가 주채무에 부종한다 할지라도 주채무와는 별개의 독립한 채무이므로 보증채무와 주채무의 소멸시효기간은 그 채무의 성질에 따라 각별로 정해진다(대법원 2010. 9. 9. 선고 2010다28031 판결: 공2010하, 1895). 그리고 주채무자에 대한 확정판결에 의하여 제163조 각 호의 단기소멸시효에 해당하는 주채무의 소멸시효기간이 10년으로 연장된 상태에서 그 주채무를 보증한 경우, 그 보증채무에 대하여는 제163조 각 호의 단기소멸시효가 적용될 여지가 없고, 그 성질에 따라 보증인에 대한 채권이 민사채권인 경우에는 10년, 상사채권인 경우에는 5년의 소멸시효기간이 적용된다(대법원 2014. 6. 12. 선고 2011다76105 판결: 공2014하, 1375).

채권자와 주채무자 사이의 확정판결에 의하여 주채무가 확정되어 그 소멸시효 기간이 10년으로 연장되었다 할지라도 이로 인해 그 보증채무까지 당연히 단기소멸시효의 적용이 배제되어 10년의 소멸시효 기간이 적용되는 것은 아니다. 채권자와 연대보증인 사이에 연대보증채무의 소멸시효 기간은 여전히 종전의 소멸시효 기간에 따른다(대법원 2016. 5. 12. 선고 2014다37552 판결: 미공간).

3. 부진정연대채무자들 사이의 상대효
부진정연대채무에서는 채무자 1인에 대한 이행청구 또는 채무자 1인이 행한 채무의 승인 등 소멸시효의 중단사유나 시효이익의 포기가 다른 채무자에게 효력을 미치지 않는다(대법원 2011. 4. 14. 선고 2010다91886 판결: 공2011상, 908).

[회사분할] 분할당사회사가 부담하는 연대책임의 법적 성질은 부진정연대채무인데(대법원 2010. 8. 26. 선고 2009다95769 판결: 공2010하, 1805), 채권자가 분할 또는 분할합병이 이루어진 후에 분할회사를 상대로 분할 또는 분할합병 전의 분할회사 채무에 관한 소를 제기하여 분할회사에 대한 관계에서 시효가 중단되거나 확정판결을 받아 소멸시효 기간이 연장된다고 하더라도 그와 같은 소멸시효 중단이나 연장의 효과는 다른 채무자인 수혜회사에 효력이 미치지 않는다(대법원 2017. 5. 30. 선고 2016다34687 판결: 공2017하, 1363).

[수탁자 파산으로 수탁자가 경질된 경우] 수탁자가 파산선고를 받아 수탁자의 임무가 종료하고 신수탁자가 선임되어 수탁자가 경질되는 경우, 전수탁자와 신수탁자가 제3자에게 부담하는 채무는 부진정연대채무이다. 따라서 제3자가 전수탁자에 대한 파산절차에 참가하더라도 시효중단 효력은 신수탁자에게 미치지 않는다. 신수탁자가 선임되기 전에 제3자가 전수탁자에 대한 파산절차에 참가하여 소멸시효의 중단사유가 생긴 경우에도 위 법리가 마찬가지로 적용된다(대법원 2018. 2. 28. 선고 2013다63950 판결: 미공간).

[공동불법행위자 상호간 구상권의 경우] 공동불법행위자 중 1인의 손해배상채무가 시효로 소멸한 후에 다른 공동불법행위자 1인이 피해자에게 자기의 부담 부분을 넘는 손해를 배상하였을 경우에도, 그 공동불법행위자는 다른 공동불법행위자에게 구상권을 행사할 수 있다(대법원 2010. 12. 23. 선고 2010다52225 판결: 미공간).

4. 채권자대위소송, 채권자취소소송의 경우

[채권자대위소송 채권자] 채무자에 대한 일반 채권자는 자기의 채권을 보전하기 위하여 필요한 한도 내에서 채무자를 대위하여 소멸시효 주장을 할 수 있을 뿐, 채권자의 지위에서 독자적으로 소멸시효의 주장을 할 수 없으므로, 채무자가 소멸시효의 이익을 받을 수 있는 권리를 이미 처분하여 대위권행사의 대상이 존재하지 않는 경우에는 채권자는 채권자대위에 의하여 시효이익을 원용할 수 없다(대법원 2014. 5. 16. 선고 2012다20604 판결: 미공간). 채권자대위권 행사의 효과는 채무자에게 귀속되는 것이므로 채권자대위소송의 제기로 인한 소멸시효 중단의 효과 역시 채무자에게 생긴다(대법원 2011. 10. 13. 선고 2010다80930 판결: 공2011하, 2332).

원고가 채권자대위권에 기해 청구를 하다가 당해 피대위채권 자체를 양수하여 양수금청구로 소를 변경한 경우, 당초의 채권자대위소송으로 인한 시효중단의 효력이 소멸하지 않는다(대법원 2010. 6. 24. 선고 2010다17284 판결: 공2010하, 1447). 위 판결은 대법원 2009. 2. 12. 선고 2008다

84229 판결(미공간), 대법원 1982. 12. 14. 선고 82다카148, 149 판결(공 1983, 275)이 채권자가 자신의 권원에 기하여 직접 청구하다 채무자의 권리를 대위하거나 이를 양수하여 청구한 사안에 관한 것으로서, 원고가 대위청구를 하다가 그 피대위채권 자체를 양수받아 양수금청구를 하는 이 사건과는 사안을 달리한다고 판시하였다.

[채권자대위소송의 제3채무자] 제3채무자는 채무자가 채권자에 대하여 가지는 항변으로 대항할 수 없으며, 채권의 소멸시효가 완성된 경우 이를 원용할 수 있는 자는 원칙적으로는 시효이익을 직접 받는 자뿐이고, 채권자대위소송의 제3채무자는 이를 행사할 수 없다. 채무자인 매도인의 원용이 없는 한, 원고의 매도인에 대한 소유권이전등기청구권의 존부를 판단할 때에도 그 소멸시효 완성 여부를 고려할 것은 아니다(대법원 2010. 4. 29. 선고 2009다104113 판결: 미공간).

[채권자취소소송의 수익자] 사해행위 수익자는 채권자의 채무자에 대한 채권이 시효로 소멸하였음을 원용할 수 있으므로(대법원 2015. 6. 23. 선고 2013다33041 판결: 미공간), 채권자대위소송의 제3채무자와는 다르다는 점에 유의하여야 한다.

5. 추심채권자의 경우

채무자의 제3채무자에 대한 금전채권에 대하여 압류 및 추심명령이 있더라도, 이는 추심채권자에게 피압류채권을 추심할 권능만을 부여하는 것이고, 이로 인하여 채무자가 제3채무자에게 가지는 채권이 추심채권자에게 이전되거나 귀속되는 것은 아니다. 따라서 채무자가 제3채무자를 상대로 금전채권의 이행을 구하는 소를 제기한 후 채권자가 위 금전채권에 대하여 압류 및 추심명령을 받아 제3채무자를 상대로 추심의 소를 제기한 경우, 채무자가 권리주체의 지위에서 한 시효중단의 효력은 집행법원의 수권에 따라 피압류채권에 대한 추심권능을 부여받아 일종의 추심기관으로서 그 채권을 추심하는 추심채권자에게도 미친다(대법원 2019. 7. 25. 선고 2019다212945 판결: 공2019하, 1661).

6. 시효원용의 객관적 범위

채권자가 동일한 목적을 달성하기 위하여 복수의 채권을 가지고 이를 행사하는 경우 각 채권이 발생시기와 발생원인 등을 달리하는 별개의 채권인 이상 별개의 소송물에 해당하므로, 이에 대하여 채무자가 소멸시효 완성의 항변을 하는 경우에 그 항변에 의하여 어떠한 채권을 다투는 것인지 특정하여야 하고 그와 같이 특정된 항변에는 특별한 사정이 없는 한 청구원인을 달리하는 채권에 대한 소멸시효 완성의 항변까지 포함된 것으로 볼 수는 없다. 또한 채권자가 동일한 목적을 달성하기 위하여 복수의 채권을 가지고 있더라도 그 선택에 따라 어느 하나의 채권만을 행사하는 것이 명백한 경우라면 채무자의 소멸시효 완성의 항변은 채권자가 행사하는 당해 채권에 대한 항변으로 봄이 상당하다(대법원 2013. 2. 15. 선고 2012다68217 판결: 공2013상, 472).

제6절 시효이익의 포기

[일 반 론] 시효완성 이익의 포기 의사표시를 할 수 있는 자는 시효완성의 이익을 받을 당사자 또는 그 대리인에 한정되고, 제3자가 시효완성의 이익 포기의 의사표시를 하였다 하더라도 이는 시효완성의 이익을 받을 자에 대한 관계에서 아무 효력이 없다(대법원 2014. 1. 23. 선고 2013다64793 판결: 공2014상, 473). 시효이익의 포기는 시효의 완성으로 인하여 생기는 법률상의 이익을 받지 않겠다는 적극적이고 일방적인 의사표시로서, 취득시효 이익의 포기와 같은 상대방 있는 단독행위는 그 의사표시로 인하여 권리에 직접적인 영향을 받는 상대방에게 도달하는 때에 효력이 발생한다(대법원 2019. 9. 13. 선고 2013다43666, 43673 판결: 미공간).

[담보부동산의 제3취득자] 소멸시효 이익의 포기는 상대적 효과가 있을 뿐이어서 채무자가 시효이익을 포기하더라도 담보부동산의 제3취득자에게 효력이 없고(대법원 2010. 3. 11. 선고 2009다100098 판결: 미공간), 물상보증인에게도 효력이 없다(대법원 2018. 11. 9. 선고 2018다38782 판결: 미공

간). 그런데 근저당권의 피담보채무자로서 부동산의 소유자가 소멸시효 이익을 포기한 후 부동산의 소유권을 제3자에게 이전한 경우, 이러한 제3자는 근저당권의 채권자에게 소멸시효를 원용할 수 없다. 소멸시효 이익의 포기 당시에는 그 권리의 소멸에 의하여 직접 이익을 받을 수 있는 이해관계를 맺은 적이 없다가 나중에 시효이익을 이미 포기한 자와의 법률관계를 통하여 비로소 시효이익을 원용할 이해관계를 형성한 자는 이미 이루어진 시효이익 포기의 효력을 부정할 수 없기 때문이다(대법원 2015. 6. 11. 선고 2015다200227 판결: 공2015하, 976). 이에 의하면 담보부동산을 취득한 자는 그 취득 시기가 채무자가 소멸시효 이익을 포기한 시점을 전후로 소멸시효를 원용할 수 있는지 여부가 갈린다고 할 수 있다. 이 판결에 대해서는 비판적 학설들[27]이 있다.

[원인무효인 등기부상 소유명의자에게 한 취득시효 포기의사의 효력] 취득시효 완성으로 인한 권리변동의 당사자는 시효취득자와 취득시효 완성 당시의 진정한 소유자이고, 실체관계와 부합하지 않는 원인무효인 등기의 등기부상 소유명의자는 권리변동의 당사자가 될 수 없으므로, 결국 시효이익의 포기는 시효취득자가 취득시효 완성 당시의 진정한 소유자에 대하여 하여야 그 효력이 발생하는 것이지 원인무효인 등기의 등기부상 소유명의자에게 그와 같은 의사를 표시하였다고 하여 그 효력이 발생하는 것은 아니다(대법원 2011. 7. 14. 선고 2011다23200 판결: 미공간).

[변제와 시효이익 포기] 채무자가 채권자에게 부동산에 관한 근저당권을 설정하고 그 부동산을 인도하여 준 다음 피담보채권에 대한 이자 또는 지연손해금의 지급에 갈음하여 채권자로 하여금 그 부동산을 사용수익할 수 있도록 한 경우라면, 채권자가 그 부동산을 사용수익하는 동안에는 채무자가 계속하여 이자 또는 지연손해금을 채권자에게 변제하고

---

27) 양창수, "채무자의 시효이익 포기는 그 후의 저당 부동산 제3취득자에 대하여도 효력 미치는가", 법률신문 4338호(2015. 7. 27.자), 11쪽, 법률신문사; 장두영, "채무자의 소멸시효이익 포기 후 법률관계를 형성한 제3취득자의 지위", 민사판례연구 제39권, 박영사, 2017.

있는 것으로 볼 수 있으므로, 피담보채권의 소멸시효가 중단된다(대법원 2014. 5. 16. 선고 2012다20604 판결: 미공간).

[가분채무 일부에 대한 시효이익의 포기] 소멸시효 이익의 포기는 가분채무의 일부에 대해서도 가능하다(대법원 2012. 5. 10. 선고 2011다109500 판결: 공2012상, 995).

[시효완성 후 채무승인이 시효이익 포기인지] 대법원은 과거 소멸시효 완성 후 채무승인이 있는 경우 비교적 쉽게 채무자의 시효이익의 포기의사를 추단하였으나[대법원 1965. 11. 30. 선고 65다1996 판결(대법원판례집 13-2, 민261), 대법원 2001. 6. 12. 선고 2001다3580 판결(공2001, 1586)], 대법원 2013. 2. 28. 선고 2011다21556 판결(공2013상, 547) 이후부터는 채무승인은 관념의 통지이지만 시효이익 포기는 의사표시라는 차이를 강조하면서 포기의사의 존재를 다소 엄격히 보는 경향성도 생겼다.

[원금채무는 소멸시효 완성 전이고 이자채무는 소멸시효 완성 후 채무를 일부 변제한 경우] 이러한 경우 그 액수에 관하여 다툼이 없는 한 채무자는 원금채무에 관하여 묵시적으로 승인하는 한편 이자채무에 관하여 시효완성의 사실을 알고 그 이익을 포기한 것으로 추정된다(대법원 2013. 5. 23. 선고 2013다12464 판결: 공2013하, 1110).

[배당절차와 시효이익의 묵시적 포기] 소멸시효가 완성된 채무를 피담보채무로 하는 근저당권이 실행되어 채무자 소유의 부동산이 경락되고 그 대금이 배당되어 채무의 일부 변제에 충당될 때까지 채무자가 아무런 이의를 제기하지 않았다면 채무자가 묵시적으로 시효이익을 포기한 것으로 볼 수 있다. 즉 채무자가 아무런 이의를 제기하지 않아야 하고, 시효완성 된 채무에 대한 배당금이 채권자에게 실제 배당되어 일부변제가 이루어졌어야 한다는 요건을 갖추어야 한다. 따라서 채무자가 단지 근저당권자가 신청한 임의경매절차에서 아무런 이의를 제기하지 않았다는 사정만으로 시효이익을 포기한 것으로 볼 수는 없다(대법원 2012. 12. 13. 선고 2012다7625 판결: 미공간).

한편 채무자가 배당절차에서 이의를 제기하지 아니하였다고 하더라도 채무자의 다른 채권자가 이의를 제기하고 채무자를 대위하여 소멸시효 완성의 주장을 원용하였다면, 시효의 이익을 묵시적으로 포기한 것으로 볼 수 없다(대법원 2017. 7. 11. 선고 2014다32458 판결: 공2017하, 1610).

[점유자의 매수 제의와 취득시효 포기의사] 점유로 인한 부동산소유권의 시효취득 기간이 경과한 뒤에 그 점유자가 등기부상 소유자에게 당해 토지를 매수하자고 제의한 일이 있다는 것만으로는, 그 토지가 상대방 소유임을 승인하여 타주점유로 전환되었다거나 시효의 이익을 포기하였다고는 보기는 어렵다(대법원 2013. 7. 25. 선고 2013다30486 판결: 미공간).

제7절 제척기간

[일부청구와 청구확장] 재판상 청구에 관한 소멸시효 중단의 법리가 제척기간 준수 여부에도 그대로 적용된다(대법원 2011. 8. 18. 선고 2010다52737 판결: 미공간).

[의용 신탁법] 위탁자가 신탁이익의 전부를 향수하는 신탁은 위탁자 또는 그 상속인이 언제든지 해지할 수 있으므로(의용 신탁법 제57조), 그 해지권은 법률관계의 조속한 확정이 요구되는 것이 아니므로 제척기간의 대상이 아니다(대법원 2015. 1. 29. 선고 2013다215256 판결: 공2015상, 433).

[채권양도 통지와 권리행사] 채권양도의 통지는 그 양도인이 채권이 양도되었다는 사실을 채무자에게 알리는 것에 그치는 행위이므로, 그것만으로 제척기간의 준수에 필요한 권리의 재판외 행사에 해당한다고 할 수 없다(대법원 2012. 3. 22. 선고 2010다28840 전원합의체 판결: 공2012상, 619).

[청구권경합 시 제척기간과 소멸시효의 개별 적용] 매수인의 매도인에 대한 하자담보에 기한 손해배상청구권에 대하여는 제582조의 제척기간이 적용되고, 이는 법률관계의 조속한 안정을 도모하고자 하는 데에 그 취지가 있다. 그런데 하자담보에 기한 매수인의 손해배상청구권은 그 권리의 내용·성질 및 취지에 비추어 제162조 제1항의 채권 소멸시효의 규정이 적용되고, 제582조의 제척기간 규정으로 인하여 위 소멸시효 규정의 적용이 배제된다고 볼 수 없다(대법원 2011. 10. 13. 선고 2011다10266

판결: 공2011하, 2339).

수급인의 담보책임에 기한 하자보수에 갈음하는 손해배상청구권에 대하여는 제670조 또는 제671조의 제척기간이 적용되고, 이는 법률관계의 조속한 안정을 도모하고자 하는 데에 그 취지가 있다. 그런데 이러한 도급인의 손해배상청구권에 대하여는 그 권리의 내용·성질 및 취지에 비추어 제162조 제1항의 채권 소멸시효의 규정 또는 그 도급계약이 상행위에 해당하는 경우에는 상법 제64조의 상사시효의 규정이 적용된다. 제670조 또는 제671조의 제척기간 규정으로 인하여 위 각 소멸시효 규정의 적용이 배제된다고 볼 수 없다(대법원 2012. 11. 15. 선고 2011다56491 판결: 공2012하, 2027).

제6장 법   인

제1절 법인의 형성과 조직

1. 권리능력

법인의 권리능력은 법률과 정관상 목적에 의해서 제한되지만(제34조), 대법원은 목적을 수행하는 데 직·간접으로 필요한 행위는 모두 포함된다고 하여 권리능력의 범위를 넓게 보고 있다(대법원 2013. 11. 28. 선고 2010다91831 판결: 미공간).

2. 사원 지위의 취득

기존 사단에 대한 신규가입은 법인격 존부를 불문하고 가입희망자의 신청과 사단의 승낙에 의하여 성립하는 것이 원칙이다. 별도의 가입절차 없이 당연히 그 지위의 승계가 이루어지는 것으로 볼 수 있는 경우가 아닌 한, 총회의 동의나 사단의 승낙통지 등 사단 규약에서 정한 사원지위 부여절차를 거쳤다는 객관적 사정이 인정되지 않으면 사원지위를 취득할 수 없다(대법원 2011. 4. 28. 선고 2010다50939 판결: 미공간).

비법인사단의 성격을 갖는 사찰의 신도총회 구성원에 관해서, 단순히 1회적으로 축원카드에 등재된 자는 구성원이 아니고, 사찰 신도로서 소속 의사와 참여 행적이 있는 실질적인 신도들만 구성원이 된다는 전제에서 후자의 실질적 신도들에게 소집통지를 누락하면 신도총회 결의 효력이 없다고 한다(대법원 2012. 10. 11. 선고 2011다86904 판결: 미공간).

3. 비법인사단의 조직

종중처럼 조직행위 없이도 자연적으로 성립하는 사단이 아닌 한, 비법인사단이 성립하려면 사단의 실체를 갖추는 조직행위가 있어야 한다. 조직행위란 사단을 조직하여 구성원이 되는 것을 목적으로 하는 구성원들의 의사의 합치에 따른 것이어야 한다(대법원 2015. 2. 26. 선고 2014다48354 판결: 미공간).

법인격이 없더라도 일정한 자격을 가진 사람들을 구성원으로 삼아 정관·회칙 등의 규약과 임원 등의 기관을 두고 총회 등 회의를 개최하여 주요 업무에 관한 의사를 결정하여 온 경우에는 법인 아닌 사단의 실질을 갖추고 있다고 본다(대법원 2016. 4. 28. 선고 2015다223855 판결: 미공간).

4. 상급단체에 가입된 경우의 규율

법인이거나 비법인사단인 어느 단체가 상급단체에 가입되어 있는 경우, 상급단체의 지위에서 가입단체에 대하여 업무상 지휘·감독할 수 있는 권한은 인정될 수 있지만 그 권한은 가입단체의 독립성을 침해하지 않는 범위 내로 제한되어야 한다. 가입단체가 상급단체의 규칙이나 정관을 자신의 정관으로 받아들인다고 규정하고 있지 않은 이상 가입단체의 조직과 운영에 관하여 상급단체가 제정한 규칙에 따라 규율된다고 볼 수 없다(대법원 2010. 5. 27. 선고 2006다72109 판결: 공2010하, 1195).

5. 법인 및 비법인사단의 분열

대법원은 사단법인 구성원의 탈퇴나 해산은 인정하지만, 사단법인이나 비법인사단의 분열은 인정하지 않는다. 즉 사단 구성원들의 집단적

탈퇴로써 사단이 2개로 분열되고 분열되기 전 사단의 재산이 분열된 각 사단의 구성원에게 각각 총유적으로 귀속되는 결과를 초래하는 형태의 분열은 허용되지 않는다고 한다. 그 결과 종전 사단을 집단적으로 탈퇴한 구성원들은 종전 사단 재산에 대한 일체의 권리를 잃게 되고, 탈퇴자들로 구성된 신설 사단이 종전 사단 재산을 종전 사단과 공유한다거나 신설 사단 구성원들이 그 공유지분권을 준총유한다는 관념도 인정되지 않는다(대법원 2011. 7. 28. 선고 2010다97037 판결: 미공간).

　　종중도 마찬가지이다. 즉 고유한 의미의 종중에서는 종중이 종중원의 자격을 박탈하거나 종중원이 종중을 탈퇴할 수 없으므로 공동선조의 후손들은 종중을 양분하는 것과 같은 종중분열을 할 수 없다(대법원 2016. 3. 24. 선고 2013다89594 판결: 미공간).

제2절 재단법인
1. 부관을 붙인 출연행위

　　재단법인의 기본재산은 재단법인의 실체를 이루는 것이므로, 재단법인 설립을 위한 기본재산의 출연행위에 관하여 그 재산출연자가 소유명의만을 재단법인에 귀속시키고 실질적 소유권은 출연자에게 유보하는 등의 부관을 붙여서 출연하는 것은 재단법인 설립의 취지에 어긋나는 것이어서 관할 관청은 이러한 부관이 붙은 출연재산을 기본재산으로 하는 재단법인의 설립을 허가할 수 없다. 또한 재단법인 설립과정에서 그 출연자들이 장래 설립될 재단법인의 기본재산으로 귀속될 부동산에 관하여 소유명의만을 신탁하는 약정을 하였다고 하더라도, 관할 관청의 설립허가 및 법인설립등기를 통하여 새로이 설립된 재단법인에게 아무 조건 없이 기본재산 증여를 원인으로 한 소유권이전등기를 마친 이후에까지 이러한 명의신탁계약이 설립된 재단법인에게 효력이 미친다고 보면 재단법인의 기본재산이 상실되어 재단법인의 존립 자체에 영향을 줄 것이므로, 위와 같은 명의신탁계약은 새로 설립된 재단법인에 대해서는 효력을 미칠 수 없다(대법원 2011. 2. 10. 선고 2006다65774 판결: 공2011상, 546).

2. 세법상 출연재산의 양도 시기

제48조 제1항에 의하여 재단법인이 성립되면 출연재산이 재단법인에 귀속되고 제3자에 대한 관계에서는 출연행위가 법률행위이므로 재단법인 성립 외에 등기까지 경료되어야 출연재산이 재단법인에 귀속된다. 다만 여기서 제3자란 출연된 부동산에 관한 물권에 대하여 이해관계를 갖게 된 자만을 의미하므로 과세관청은 이에 해당하지 않는다. 따라서 구 소득세법 등 관계 법령에 정한 자산의 양도 또는 취득시기를 정할 때, 재단법인 설립을 위해 출연된 부동산에 관한 물권이 출연자로부터 재단법인에 양도되는 시기는 재단법인이 성립된 때이다(대법원 2010. 10. 28. 선고 2009두7172 판결: 미공간).

3. 기본재산 처분과 관련한 주무관청 허가 요부

민법은 재단법인의 자산에 관한 처분행위 자체를 주무관청 허가의 대상으로 하고 있지 않다. 따라서 정관의 변경에 대하여 주무관청의 허가를 얻지 않았다는 이유로 재단법인의 자산에 관한 처분행위가 효력이 없다고 하기 위하여는 그 처분행위로 인하여 주무관청의 허가를 얻은 정관의 기재사항을 변경하여야 하는 경우라야 한다(대법원 2014. 7. 10. 선고 2012다81630 판결: 미공간).

주무관청의 허가를 얻은 정관에 기재된 기본재산의 처분행위로 인하여 재단법인의 정관 기재사항을 변경하여야 하는 경우에는, 그에 관하여 주무관청의 허가를 얻어야 한다. 이는 재단법인의 기본재산에 대하여 강제집행을 실시하는 경우에도 동일하나, 주무관청의 허가는 반드시 사전에 얻어야 하는 것은 아니므로, 재단법인의 정관변경에 대한 주무관청의 허가는, 경매개시요건은 아니고, 경락인의 소유권취득에 관한 요건이다. 그러므로 집행법원은 그 허가를 얻어 제출할 것을 특별매각조건으로 경매절차를 진행하고, 매각허가결정 시까지 이를 제출하지 못하면 매각불허가결정을 하면 된다. 한편 민법상 재단법인의 기본재산에 관한 저당권 설정행위는 정관의 기재사항을 변경하여야 하는 경우에 해당하지 않으므로, 그에 관하여는 주무관청의 허가를 얻을 필요가 없다(대법원 2018. 7. 20.자 2017마1565 결정: 공2018하, 1745).

민법상 재단법인의 정관에 기본재산은 담보설정 등을 할 수 없으나 주무관청의 허가·승인을 받은 경우에는 이를 할 수 있다는 취지로 정해져 있고, 정관 규정에 따라 주무관청의 허가·승인을 받아 민법상 재단법인의 기본재산에 관하여 근저당권을 설정한 경우, 그와 같이 설정된 근저당권을 실행하여 기본재산을 매각할 때에는 주무관청의 허가를 다시 받을 필요는 없다(대법원 2019. 2. 28.자 2018마800 결정: 공2019상, 810).

제3절 정관, 결의 내용에 대한 사법심사
1. 정관에 대한 사법심사 일반론

법인 정관은 법령에 위반하지 않고, 선량한 풍속 기타 사회질서에 위반하지 않으면 유효하다. 또 단체의 조직이나 기관의 구성에 관한 정관 내용도 민주적 구성원리에 본질적으로 반하거나 일부 구성원에 대한 부당한 차별 등으로 정의의 원칙에 반하여 법질서상 도저히 용인될 수 없는 경우가 아닌 한 유효하다(대법원 2013. 12. 26. 선고 2011다86089 판결: 미공간). 종중규약도 종중 본질이나 설립 목적에 크게 위배되지 않는 한 그 유효성이 인정된다(대법원 2015. 6. 11. 선고 2015다9332 판결: 미공간). 예컨대 교회정관에 총회결의 없이도 교회재산을 처분할 수 있다는 정관이 있는 경우, 그 정관이 교인총회의 의사결정절차를 거치지 않은 채 제정, 개정된 것이라면 총유재산 처분에 관한 교인들의 의결권을 제한하는 것이어서 총유재산 본질에 반하여 무효가 된다(대법원 2014. 7. 24. 선고 2014다19752 판결: 미공간).

2. 총회 결의 방법

민법상 사단법인 총회의 표결 및 집계방법에 관하여는 법령에 특별한 규정이 없으므로, 정관에 다른 정함이 없으면 개별 의안마다 표결에 참석한 사원의 성명을 특정할 필요는 없고, 표결에 참석한 사원의 수를 확인한 다음 찬성·반대·기권의 의사표시를 거수, 기립, 투표 기타 적절한 방법으로 하여 집계하면 된다(대법원 2011. 10. 27. 선고 2010다88682 판결: 공2011하, 2426).

법인 아닌 사단의 총회 결의는 다른 규정이 없는 이상 구성원 과반수의 출석과 출석 구성원의 결의권의 과반수로써 하지만(제75조 제1항), 사단에 따라서 재산 내역이 규약에 특정되어 있거나 그렇지 않더라도 재산의 존재가 규약에 정하여진 사단의 목적수행 및 사단의 명칭·소재지와 직접 관련되어 있는 경우에는 그 재산의 처분은 규약의 변경을 수반하기 때문에 사단법인 정관변경에 관한 제42조 제1항을 유추적용하여 총구성원의 2/3 이상의 동의를 필요로 한다(대법원 2013. 2. 28. 선고 2011도 9357 판결: 미공간).

법인 총회 또는 이사회 의사의 경과요령과 결과 등은 의사록을 작성하지 못하였다든가 이를 분실하였다는 등의 사정이 없는 한 의사록에 의하여만 증명된다(대법원 2010. 4. 29. 선고 2008두5568 판결: 공2010상, 1020).

3. 종교단체 결의의 경우

종교단체 결의와 관련해서, 특히 권징재판(종교단체가 교리를 확립하고 종교단체 및 신앙의 질서를 유지하기 위하여 교인으로서의 비위가 있는 사람을 종교적인 방법으로 제재하는 것)에 대해 사법심사를 할 수 있는지 대법원의 입장이 명쾌하게 정리되지 않은 것으로 보인다. 권징재판이 이를 받은 구성원의 보직에 영향을 주고, 종교시설의 이용이나 접근에 제한을 초래하므로, 권리의무에 관계되는 경우가 대부분이다. 따라서 권징재판은 대개는 사법심사의 대상이 된다고 보아야 할 것이다. 그런데 일련의 대법원 판시에 따르면 권징재판을 사법심사의 대상으로 삼는 것을 소극적으로 보아야 한다는 것들이 있다. 따라서 구체적으로 어떠한 경우에 사법심사를 할 수 있다는 것인지 구분하기 어려운 면이 있다. 대법원의 판시만 모아 보면 아래와 같다.

우리 헌법이 종교의 자유를 보장하고 종교와 국가기능을 엄격히 분리하고 있는 점에 비추어 종교단체의 조직과 운영은 그 자율성이 최대한 보장되어야 할 것이므로, 교회 안에서 개인이 누리는 지위에 영향을 미칠 각종 결의나 처분이 당연 무효라고 판단하려면, 그저 일반적인 종교단체 아닌 일반단체의 결의나 처분을 무효로 돌릴 정도의 절차상 하자가 있는 것으로는 부족하고, 그러한 하자가 매우 중대하여 이를 그대로 둘 경우 현저히 정의관념에 반하는 경우라야 할 것이다(대법원 2006. 2. 10. 선고 2003다63104 판결: 공2006, 404).

종교단체의 징계결의에 관해서, 권리의무에 관계되는 법률관계를 규율하는 것이 아니라면 징계결의의 효력을 판단할 수 없지만, 구체적인 법률관계를 둘러싼 분쟁이 존재하고, 징계의 당부가 법률 분쟁의 당부를 판단하기 위한 선결문제가 되었을 때에는 교리 해석에 영향을 미치지 않는 한 징계의 당부를 판단하여야 한다(대법원 2010. 5. 27. 선고 2009다67658 판결: 공2010하, 1238). 종교단체 내부에서 확정된 권징재판이라고 하더라도 그 처분이 종교단체 헌법 등에서 정한 적법한 재판기관에서 내려진 것이 아니라거나 그 종교단체 소정의 징계절차를 밟지 않거나 징계사유가 존재하지 않는 등의 사정이 있는 때에는 법원이 그 권징재판을 무효라고 판단할 수 있다(대법원 2015. 7. 23. 선고 2015다19568 판결: 미공간; 대법원 2019. 11. 14. 선고 2017다253010 판결: 미공간).

권징재판은 종교단체 내부의 규제로서 헌법이 보장하는 종교의 자유의 영역에 속하는 것일 뿐만 아니라 종교 교리의 해석과 밀접한 관련이 있는 경우가 많으므로, 법원이 그 제재의 효력 자체를 사법심사의 대상으로 삼아 효력 여부를 판단하는 것은 가급적 자제하여야 한다. 권징재판이 아니고 당해 종교의 교리 또는 신앙의 해석과 깊이 관련되어 있는 종교단체의 의사결정도 아니라면, 종교단체 내에서 개인이 누리는 지위에 영향을 미치는 단체법상의 행위, 예컨대 목사나 장로 등 교역자에 대한 임면 행위 등은 특별한 사정이 없는 한 원칙적으로 사법심사의 대상이 될 수 있다(대법원 2019. 4. 3. 선고 2014다22932 판결: 미공간).

종교단체의 소속 교인에 대한 징계처분은 종단의 법통과 교권을 수호하며 종법을 준수하기 위하여 교인의 내부질서 위반행위에 대한 제재로서의 벌이고, 자체의 재심절차에서도 징계처분을 취소할 수 있으므로, 종교단체가 징계절차의 하자나, 징계사유의 인정, 징계양정의 부당 등에 잘못이 있음을 스스로 인정한 때에는 법원의 무효확인판결을 기다릴 것 없이 스스로 징계처분을 취소할 수 있고, 나아가 새로이 적법한 징계처분을 하는 것도 가능하다. 그리고 <u>원징계처분이 취소되면 원징계처분에 대한 무효확인판결이 확정된 것과 마찬가지로 소급하여 원징계처분이 없었던 것으로 보게 되므로, 그 후 새로이 같은 사유 또는 새로운 사유를 추가하여 다시 징계처분을 한다고 하여 일사부재리의 원칙이나 신의칙에 위배된다고 볼 수는 없고, 원징계처분에 대한 무효확인판결이 선고된 뒤에 징계처분을 취소한다고 하여 법원의 판결을 잠탈하는 것이라고 할 수도 없다</u>(대법원 2015. 4. 9. 선고 2012다79156, 79163 판결: 미공간). 위 판시는 원래 근로자 징계처분에 관한 법리(대법원 1994. 9. 30. 선고 93다26496 판결: 공1994, 2820)에서 유래된 것인데, 종교단체 교인에 대한 징계처분에도 응용된 것이다.

4. 종중의 경우

대법원은 종중재산의 분배에 관한 종중총회 결의가 일정한 경우 무효가 된다는 법리를 전개하고 있다. 이는 앞에서 본 종중규약 무효의 법리를 종중재산 분배에도 적용하면서 기존 요건 외에 '현저한 불공정성 등'이라는 요건을 추가로 제시하여 무효사유를 더 넓게 설정한 것이라고 평가할 수 있다.[28] 이를 계기로 대법원은 단체 일반의 결의에 대한 사법심사의 폭을 넓히고 있다고 말할 수 있고(5.항), 단체의 법률관계에 관하여 법원이 후견적으로 개입하는 것은 2010년대 판례의 주된 특징으로 여겨진다.

---

28) 김재형, "2010년 민법 판례 동향", 민사재판의 제문제 제20권, 한국사법행정학회, 2011, 14쪽

판단 기준을 보면, 종중재산의 분배에 관한 종중총회의 결의 내용이 현저하게 불공정하거나 선량한 풍속 기타 사회질서에 반하는 경우 또는 종원의 고유하고 기본적인 권리의 본질적인 내용을 침해하는 경우 그 결의는 무효라고 한다. 여기서 종중재산의 분배에 관한 종중총회의 결의 내용이 현저하게 불공정한 것인지 여부는 종중재산의 조성 경위, 종중재산의 유지·관리에 대한 기여도, 종중행사 참여도를 포함한 종중에 대한 기여도, 종중재산의 분배 경위, 전체 종원의 수와 구성, 분배 비율과 그 차등의 정도, 과거의 재산분배 선례 등 제반 사정을 고려하여야 한다고 판시하였다(대법원 2010. 9. 9. 선고 2007다42310, 42327 판결: 공2010하, 1870).

구체적 사례를 보면, 직계손과 방계손, 해외 이민자 사이에 종토 매각대금 분배에 차등을 둔 경우(위 2007다42310, 42327 판결), 종중재산을 분배하면서 남녀 사이에 차별을 두는 경우(대법원 2010. 9. 30. 선고 2007다74775 판결: 미공간), 종중재산 회복에 기여한 종중 임원에게 실비 변상 수준을 넘거나, 합리적 범위를 초과하는 수준의 보수를 지급하는 것으로 종중재산을 분배한 경우(대법원 2017. 10. 26. 선고 2017다231249 판결: 공2017하, 2177) 그러한 종중 결의를 무효로 보았다.

한편 종중 토지에 대한 매각대금의 분배에 관한 종중총회의 결의가 무효인 경우, 종원은 그 결의의 무효확인 등을 소구하여 승소판결을 받은 후 새로운 종중총회에서 공정한 내용으로 다시 결의하도록 함으로써 그 권리를 구제받을 수 있을 뿐이고 새로운 종중총회의 결의도 거치지 않은 채 종전 총회결의가 무효라는 사정만으로 곧바로 종중을 상대로 하여 스스로 공정하다고 주장하는 분배금의 지급을 구할 수는 없다(대법원 2010. 9. 9. 선고 2007다42310, 42327 판결: 공2010하, 1870).

5. 그 밖의 법인의 경우

대법원은 사적 단체의 결의에 사적자치의 원칙이 적용됨을 긍정하면서도 사회질서나 공서양속을 이유로 그 내용 통제를 더 강화하고 있는 것으로 보인다. 앞서 본 종중 결의에 대한 사법심사뿐 아니라 그 밖의 단체의 결의에 대해서도 사법통제가 확대되고 있음이 포착된다.

　　사적 단체의 구성원에 대한 성별에 따른 차별처우가 사회공동체의 건전한 상식과 법감정에 비추어 볼 때 도저히 용인될 수 있는 한계를 벗어난 경우에는 사회질서에 위반되는 행위로서 위법한 것으로 평가할 수 있고, 위와 같은 한계를 벗어났는지 여부는 사적 단체의 성격이나 목적, 차별처우의 필요성, 차별처우에 의한 법익 침해의 양상 및 정도 등을 종합적으로 고려하여 판단하여야 한다고 판시했다[대법원 2011. 1. 27. 선고 2009다19864 판결(이른바 YMCA 사건): 공2011상, 396]. 결의 내용이 사회질서에 위반되어 무효라고 평가되는 경우 그 결의가 무효가 되는 것에서 더 나아가 불법행위를 구성할 수도 있다(위 2009다19864 판결; 대법원 2013. 9. 27. 선고 2013다38725 판결: 미공간).

　　대법원 2020. 9. 3. 선고 2017다218987, 218994 판결(공2020하, 1921)은 한강변의 아파트 재건축 조합장에게 인센티브를 부여한 조합총회결의를 일부 무효로 본 사안이다. 대법원은 재건축조합 총회결의에 대해서 신의칙과 형평의 관념을 기준으로 사법심사를 할 수 있음을 전제로(대법원 2018. 3. 13. 선고 2016두35281 판결: 공2018상, 703), 재건축조합 임원들에게 지급되는 인센티브가 적정범위를 넘어서면 무효라고 판단하였다. 재건축사업의 공공성, 보수와 직무 사이의 합리적 비례관계 결여 등의 이유를 들었다.

　　또 비법인사단인 어촌계가 어업권자로부터 보상금을 수령한 경우, 보상금의 분배에 관한 어촌계 총회의 내용이 계원 사이에 현저하게 불공정한 경우 그 결의는 무효가 된다(대법원 2014. 6. 26. 선고 2014다18223 판결: 미공간). 어촌계 결의 무효 판단 기준은 기존 법리(대법원 1999. 7. 27. 선고 98다46167 판결: 공1999, 1750)를 재확인한 것이지만, 종중 결의 무효 심사 기준인 '현저한 불공정' 요건이 적용된 또 다른 사례로 평가할 수 있다.

6. 집합건물 관리단의 결의 하자

「집합건물의 소유 및 관리에 관한 법률」의 개정으로 2013. 6. 19. 이후 결의취소의 소가 도입되었다(제42조의2). 위 조항이 신설되기 전에는 집회의 소집절차나 결의방법의 하자가 있는 때에는 결의무효 사유로 보았다. 그런데 위 조항 신설로 인하여 결의내용이 규약에 위배되는 경우 뿐만 아니라 법령에 위배되는 경우도 취소 사유로 규정하고 있으므로, 관리단의 결의에 절차상 또는 내용상 중대한 하자가 있는 경우에는 종전처럼 무효확인의 소로써 다투거나 선결문제로 무효를 주장할 수 있지만, 중대한 하자가 아닌 경우에는 6개월의 제척기간 내에 결의취소의 소에 의하여 취소되지 않는 한 유효하다(대법원 2021. 1. 14. 선고 2018다273981 판결: 공2021상, 363).

따라서 집합건물 관리단의 결의에 중대한 하자가 있는지 여부는 결의의 효력을 다툴 때 제척기간 준수, 소송유형, 선결문제로 주장할 수 있는지와 관련하여 중요한 의미를 가지게 되었다.

7. 경미한 하자가 있는 경우

민법상 법인이나 비법인사단의 총회결의의 하자를 다투는 절차가 별도로 규정되어 있지 않기 때문에 소집절차나 결의방법, 결의내용의 하자 등에 관하여 일반 민사상 무효확인의 소를 통해 결의무효확인을 구하는 것이 일반적이다(위 2018다273981 판결). 그렇다면 경미한 하자가 있는 경우에도 총회결의를 무효로 보아야 하는지 문제된다. 이에 관해서 대법원은 소집절차에 정관 규정을 따르지 않은 하자가 있는 경우 당연히 무효가 되는 것이 아니라, 정관 규정을 위반한 하자가 총회 결의의 효력을 무효로 할만한 중대한 소집절차상 하자라고 볼 수 있는지에 따라 판단해야 한다고 판시했다(대법원 2020. 11. 5. 선고 2020다210679 판결: 공2020하, 2288). 위 사안은 조합장에게 총회소집권한이 있는데, 정관상 총회를 소집하려면 이사회결의를 거치도록 하였지만, 이사자격이 없는 자가 이사회

에 참석하여 이사회결의에 하자가 있었다. 대법원은 그러한 하자는 중대
한 소집절차상 하자로 보기 어렵다고 판단하였다.

만약 민법상 비법인사단인 종중의 총회결의에 대한 무효 확인의 소
에서 법률상 부존재로 볼 수밖에 없는 총회결의에 대하여 결의무효 확인
을 구하더라도 이는 부존재 확인의 의미로 무효 확인을 청구하는 취지라
고 풀이함이 타당하므로 적법하다(대법원 2016. 4. 12. 선고 2015다14365 판결:
미공간)

8. 무효인 임원 선임결의에 의해서 선출된 대표자의 소집권

대법원은 당초 임원 선임결의가 무효라고 하더라도 새로운 총회가
무효인 결의에 의하여 선임된 임원에 의하여 소집된 총회여서 무권리자
에 의하여 소집된 총회라는 사유는 독립된 무효사유가 아니라고 한다.
최초의 임원선임결의의 무효로 인하여 후속 결의가 연쇄적으로 모두 무
효가 된다면 법률관계의 혼란을 초래하고 법적 안정성을 해치기 때문이
라고 설명한다[재개발조합의 경우, 대법원 2010. 10. 28. 선고 2009다63694 판결
(공2010하, 2151); 「집합건물의 소유 및 관리에 관한 법률」의 관리단인 경우, 대법
원 2012. 1. 27. 선고 2011다69220 판결(공2012상, 333)].

관련하여 다음과 같은 판례가 있음에 유의하여야 한다. 당초 재개발
조합 총회에서 임원을 선임한 결의에 대하여 그 후에 다시 개최된 총회
에서 종전의 임원선임결의를 그대로 재인준하거나 다시 같은 내용의 임
원선임결의를 한 경우에 무효인 선임결의에 의하여 선출된 대표자에게
소집권이 없다는 사정을 독립된 무효사유로 주장할 수 없을 뿐이지, 조
합의 사업추진과 관련된 내용 또는 조합정관이나 규정을 변경하는 내용
등의 안건을 결의한 총회 결의에 대하여는 그 대표자에게 소집권이 없다
는 사정을 독립된 무효사유로 주장할 수 있다고 판시하였다(대법원 2014.
10. 27. 선고 2011다37360 판결: 미공간).

제4절 대표적인 비법인사단 · 재단

1. 종   중

2005년 전합판결로 여성이 종원으로 인정됨에 따라, 2010년대 들어 대법원이 추가적인 법리를 설시한 것이 가장 눈에 띄는 점이다. 이를 포함하여 몇 가지 눈에 띄는 판례를 살펴본다.

가. 종중의 실체

종중을 특정하고 그 실체를 파악할 때에는 그 종중의 공동선조가 누구인가가 가장 중요한 기준이 되고, 공동선조를 달리하는 종중은 그 구성원도 달리하는 별개의 실체를 가지는 종중이다(대법원 2013. 11. 28. 선고 2013다10765 판결: 미공간). 공동선조와 후손 사이의 대수에는 제한이 없지만, 종중이 어떠한 종중인가는 그 명칭 여하에 불구하고 봉제사의 대상인 공동시조와 구성원인 후손의 범위 및 분묘 관리의 상황 등 그 실체적 내용에 의하여 판단하여야 한다(대법원 2015. 5. 28. 선고 2015다1468 판결: 미공간).

고유 의미의 종중(이하 '고유 종중')이란 공동선조의 분묘 수호와 제사, 종원 상호 간 친목 등을 목적으로 하는 자연발생적인 관습상 종족집단체로서 특별한 조직행위를 필요로 하는 것이 아니고 그 선조의 사망과 동시에 그 자손에 의하여 성립하며 그 대수에도 제한이 없고, 공동선조의 후손은 그 의사와 관계없이 성년이 되면 당연히 그 구성원(종원)이 되는 것이며 그중 일부 종원을 임의로 그 종원에서 배제할 수 없다(대법원 2020. 10. 15. 선고 2020다232846 판결: 공2020하, 2155).

종중이 단체로서의 유기적 조직을 갖추고 있었는지를 판단할 때 공동선조의 대수와 후손인 종원들의 분포 등에 따른 개별적 사정의 차이도 고려하여야 할 것이므로, 어떤 종중의 공동선조가 가까운 선대인 관계로 종원들이 모두 근친들만으로 구성된 경우에는 규약이나 대표자 등 단체로서의 외형적 특성을 갖추었는지는 대규모 종중에 비하여 유연하게 판단할 수 있다(대법원 2013. 2. 14. 선고 2012다47005 판결: 미공간).

나. 종중유사단체

판례는 고유 종중과 종중유사단체의 개념을 구분하고 있지만, 고유 종중에 관한 법리는 그 성질이나 규약에 반하지 않는 범위 내에서 종중유사단체에도 적용되며, 특히 종중총회의 소집 및 통지에 관한 법리는 종중유사단체에도 마찬가지로 적용된다고 한다(대법원 2014. 2. 13. 선고 2012다98843 판결: 미공간).

공동선조의 후손 중 특정 범위 내의 자들만으로 구성된 종중이란 있을 수 없으므로, 만일 공동선조의 후손 중 특정 범위 내의 종원만으로 조직체를 구성하여 활동하고 있다면 이는 고유 종중으로는 볼 수 없고, 종중유사단체가 될 수 있을 뿐이다. 이러한 종중유사단체는 비록 그 목적이나 기능이 고유 종중과 별다른 차이가 없다 하더라도 공동선조의 후손 중 일부에 의하여 인위적인 조직행위를 거쳐 성립된 경우 사적 임의단체라는 점에서 고유 종중과 그 성질을 달리하므로, 사적자치의 원칙 내지 결사의 자유에 따라 구성원의 자격이나 가입조건을 자유롭게 정할 수 있음이 원칙이다. 그런데 종중유사단체는 반드시 총회를 열어 성문화된 규약을 만들고 정식의 조직체계를 갖추어야만 비로소 단체로 성립하는 것이 아니라, 실질적으로 공동의 목적을 달성하기 위하여 공동의 재산을 형성하고 일을 주도하는 사람을 중심으로 계속적으로 사회적인 활동을 하여 온 경우에는 이미 그 무렵부터 단체로서의 실체가 존재하는 것이다(대법원 2020. 10. 15. 선고 2020다232846 판결: 공2020하, 2155).

고유 종중이 자연발생적으로 성립된 후에 정관 등 종중규약을 작성하면서 일부 종원의 자격을 임의로 제한하거나 확장한 종중규약은 종중의 본질에 반하여 무효이고, 그로 인하여 이미 성립된 종중의 실재 자체가 부인된다거나 그 종중이 고유 종중이 아닌 종중유사단체에 불과하다고 추단할 수는 없다(대법원 2015. 8. 27. 선고 2014다201513 판결: 미공간). 이러한 법리에 의하면, 종중원 범위를 제한하는 규약이 있는 경우, 종중유사단체에 해당하는지 아니면 종중원 범위를 제한하는 규약만이 무효이고 여전히 고유 종중에 해당하는지를 구별할 필요가 있다.

대법원이 여성의 종원 자격을 인정하는 전합판결을 선고한 이후에도, 사적자치의 원칙과 결사의 자유를 근거로 <u>남성만으로 자격을 한정한 종중유사단체의 규약이 제103조를 위반한 무효의 규약이 아니라고 보았다</u>(대법원 2011. 2. 24. 선고 2009다17783 판결: 공2011상, 627). 그 때문에 실질은 고유 종중인데도 여성 종중원을 배제한 종중유사단체임을 자처하여 전합판결 법리를 우회하려는 시도가 발생할 수 있다는 우려가 이미 제기되어 있었다. 이에 대하여 대법원은 <u>자연발생적으로 형성된 고유 종중이 아니라 그 구성원 중 일부만으로 범위를 제한한 종중유사단체의 성립 및 소유권 귀속을 인정하려면, 고유 종중이 소를 제기하는 데 필요한 여러 절차</u>(종중원 확정, 종중 총회 소집, 총회 결의, 대표자 선임 등)<u>를 우회하거나 특정 종중원을 배제하기 위한 목적에서 종중유사단체를 표방하였다고 볼 여지가 없는지 신중하게 판단하여야 한다</u>고 판시하였다(대법원 2019. 2. 14. 선고 2018다264628 판결: 공2019상, 747; 대법원 2020. 4. 9. 선고 2019다216411 판결: 공2020상, 908).

나아가 대법원은 종중유사단체에 권리가 귀속되었다고 볼 판단기준을 제시하였다. 즉 <u>우선 권리 귀속의 근거가 되는 법률행위나 사실관계 등이 발생할 당시 종중유사단체가 성립하여 존재하는 사실을 증명하여야 하고, 다음으로 당해 종중유사단체에 권리가 귀속되는 근거가 되는 법률행위 등 법률요건이 갖추어져 있다는 사실을 증명하여야 한다</u>(위 2018다264628 판결).

다. 종중소집절차

종중의 대표자는 종중의 규약이나 관례가 있으면 그에 따라 선임하고 그것이 없다면 종장 또는 문장이 그 종원 중 성년 이상의 사람을 소집하여 선출한다. 평소에 종중에 종장이나 문장이 선임되어 있지 않고 선임에 관한 규약이나 관례가 없으면 현존하는 연고항존자가 종장이나 문장이 되어 국내에 거주하고 소재가 분명한 종원에게 통지하여 종중총회를 소집하고 그 회의에서 종중 대표자를 선임하는 것이 일반 관습이다 (대법원 2010. 12. 9. 선고 2009다26596 판결: 공2011상, 92). 연고항존자가 누구인지를 가릴 때 여성을 포함해야 함은 당연하다. 연고항존자는 전체 종원 중 항렬이 가장 높고 나이가 가장 많은 사람이 된다. 다만 연고항존자는 족보 등의 자료에 의하여 형식적·객관적으로 정하여지나, 이에 따라 정하여지는 연고항존자의 생사가 불명한 경우나 연락이 되지 않은 경우도 있으므로, 사회통념상 가능하다고 인정되는 방법으로 생사 여부나 연락처를 파악하여 연락이 가능한 범위 내에서 종중총회의 소집권을 행사할 연고항존자를 특정하면 충분하다(위 2009다26596 판결). 종중원들이 종중 재산의 관리 또는 처분 등을 위하여 종중의 규약에 따른 적법한 소집권자 또는 일반 관례에 따른 종중총회의 소집권자인 종중의 연고항존자에게 필요한 종중의 임시총회의 소집을 요구하였음에도 그 소집권자가 정당한 이유 없이 응하지 않는 경우에는 차석 또는 발기인(위 총회의 소집을 요구한 발의자들)이 소집권자를 대신하여 그 총회를 소집할 수 있다. 그러나 반드시 제70조를 준용하여 감사가 총회를 소집하거나 종원이 법원의 허가를 얻어 총회를 소집하여야 하는 것은 아니다(대법원 2011. 2. 10. 선고 2010다83199, 83205 판결: 공2011상, 565).

이 경우 차석 연고항존자 또는 발기인의 총회 소집권한은 종중재산의 관리 또는 처분 등을 위하여 행사할 수 있는 권한으로, 반드시 종중 대표자의 선임을 위한 경우에만 국한하여 행사할 수 있는 것은 아니다(대법원 2020. 4. 9. 선고 2019다286304 판결: 미공간). 종중의 대표 자격이 있는 연고항존자가 직접 종회를 소집하지 않았더라도 그가 다른 종중원의 종회 소집에 동의하여 그 종중원으로 하여금 소집하게 하였다면 그와 같은 종회 소집을 권한 없는 자의 소집이라고 할 수 없다(대법원 2018. 12. 28. 선고 2016다260400, 260417 판결: 미공간). 적법한 소집권자에 의하여 소집되지 않은 경우 종중 총회 결의는 효력이 없다(대법원 2015. 7. 23. 선고 2015다15146 판결: 미공간).

종원에 관한 족보가 발간되었다면 그 족보의 기재가 잘못되었다는 등의 사정이 없는 한 그 족보에 의하여 종중총회의 소집통지 대상이 되는 종원의 범위를 확정한다(대법원 2019. 8. 30. 선고 2019다231335 판결: 미공간). 그중 국내에 거주하고 소재가 분명하여 연락통지가 가능한 모든 종중원에게 개별적으로 소집통지를 함으로써 각자가 회의에 참석하여 토의와 의결에 참가할 수 있는 기회를 주어야 하는데, 소집통지의 방법은 반드시 직접 서면으로 하여야만 하는 것은 아니고 구두 또는 전화로 하여도 되고 다른 종중원이나 세대주를 통하여 하여도 무방하다(대법원 2018. 11. 29. 선고 2018다9463, 9470 판결: 미공간). 그러나 지파 또는 거주지별 대표자에게 총회소집을 알리는 것만으로 적법한 통지를 하였다고 볼 수 없다(대법원 2014. 11. 27. 선고 2013다24382 판결: 미공간). 소집통지를 받지 않은 종중원이 다른 방법에 의하여 알게 된 경우에는 그 종중원이 종중총회에 참석하지 않았더라도 종중총회의 결의를 무효라고 할 수 없다(대법원 2018. 7. 24. 선고 2018다10135 판결: 미공간). 여성 종원을 인정한 전원합의체 판결이 선고된 2005. 7. 21. 이후 개최된 종중 총회 당시 남자 종중원들에게만 소집통지를 하고 여자 종중원들에게 소집통지를 하지 않은 경우 그 종중 총회에서의 결의는 효력이 없다(대법원 2010. 2. 11. 선고 2009다83650 판결: 공2010상, 559).

종중 소집통지를 할 때 회의의 목적사항을 열거한 다음 기타 사항이라고 기재한 경우, 기타 사항이란 회의의 기본적인 목적사항과 관계가 되는 사항과 일상적인 운영을 위하여 필요한 사항에 국한된다(대법원 2019. 8. 30. 선고 2019다231335 판결: 미공간).

라. 종중 총회 정족수

종중 대표자의 선임이나 종중규약의 채택을 위한 종중총회의 결의는 종중규약이나 종중관례에 따르되 그것이 없을 때에는 적법하게 소집된 총회 출석자 과반수의 찬성으로 결의하는 것이 일반관습이다(대법원 2014. 11. 27. 선고 2013다24382 판결: 미공간).

2. 교 회

지교회가 자체적으로 규약을 갖추지 않은 경우나 규약을 갖춘 경우에도 교단이 정한 헌법을 교회 자신의 규약에 준하는 자치규범으로 받아들일 수 있지만, 지교회의 독립성이나 종교적 자유의 본질을 침해하지 않는 범위 내에서 교단 헌법에 구속된다. 이렇게 보더라도 지교회의 종교적 자율성을 침해한 것이 아니다(대법원 2019. 5. 16. 선고 2018다237442 판결: 미공간).

특정 교단에 가입한 지교회가 교단이 정한 헌법을 자치규범으로 받아들인 경우, 소속 교단의 변경은 사단법인 정관변경에 준하여 의결권을 가진 교인 2/3 이상의 찬성에 의한 결의가 필요하다. 만일 소속 교단 탈퇴에 관한 결의를 하였으나 위 의결정족수를 갖추지 못한 경우에는 종전 교회의 동일성은 종전 교단에 소속되어 있는 상태로 유지된다(대법원 2015. 7. 9. 선고 2014다50173 판결: 미공간). <u>일부 교인들이 소속 교단을 탈퇴하고 다른 교단에 가입하기로 하는 내용의 교단변경을 결의하는 것은 종전 교회를 집단적으로 탈퇴하는 것과 구별되는 개념으로, 교단변경에 찬성한 교인들이 종전 교회에서 탈퇴하였다고 평가할 수 있을지 여부는 법률행위 일반의 해석 법리에 따라 여러 사정을 종합적으로 고려하여 판단하여야 할 것</u>이다(대법원 2010. 5. 27. 선고 2009다67658 판결: 공2010하, 1238). 또 일부 교인들이 교단변경을 결의한 경우에도 그들의 의사가 종전 교회의 소속 교단을 변경하겠다는 의사일 뿐 종전 교회에서 탈퇴하겠다는 의사가 아니라면, 교단변경 결의를 하였다는 이유만으로 그들이 교회를 탈퇴하였다고 볼 수는 없다(대법원 2015. 5. 29. 선고 2012다14340 판결: 미공간).

3. 사   찰

사찰의 실체를 갖추지 못하고 있던 개인사찰도 소유자에 의하여 특정 종단 소속의 구 불교재산관리법(1987. 11. 28. 전통사찰보존법에 의하여 폐지되었다) 소정의 불교단체로 등록되고 그 소유자의 증여에 의하여 사찰재산이 등록된 사찰 자체의 명의로 귀속하게 되었다면, 그 사찰은 그때부터 종단 소속 불교단체 내지는 법인 아닌 사단 또는 재단으로서의 실체를 갖춘 독립된 사찰로 보아야 한다. 그리고 이와 같이 사찰이 특정 종단과 법률관계를 맺어 그에 소속하게 되면 그 사단의 구성분자가 되는 것이고, 이러한 구성분자에 대한 사단의 자치법규인 당해 종단의 종헌·종법 등이 소속 사찰에 적용되게 됨에 따라 이로써 소속 사찰의 주지를 자율적으로 임면하는 권한은 상실되고 주지 임면권은 당해 종단에 귀속된다(대법원 2013. 4. 26. 선고 2012다70531 판결: 미공간)

일반적으로 사설 사찰이 아닌 종단에 등록을 마친 사찰은 독자적인 권리능력과 당사자능력을 가진 법인격 없는 사단이나 재단이라 할 것이고 그러한 사찰의 주지는 종교상의 지위와 아울러 법인격 없는 사단 또는 재단인 당해 사찰의 대표자로서의 지위를 겸유하면서 사찰 재산의 관리처분권 등을 갖게 된다. 법인격 없는 사단 또는 재단의 대표자는 제62조의 유추적용에 의하여 정관 또는 총회의 결의로 금지하지 않은 사항에 한하여 타인으로 하여금 특정한 행위를 대리하게 할 수 있다(대법원 2012. 7. 5. 선고 2010다82615 판결: 미공간).

구 전통사찰보존법에 따라 전통사찰로 등록된 것만으로는 사찰의 당사자능력이 당연이 인정되는 것은 아니지만, 여러 사정에 비추어 볼 때 당사자능력이 인정된다고 보는 취지의 선례가 있다(대법원 2019. 3. 28. 선고 2018다287904 판결: 미공간). 실제로 구 전통사찰보존법에 따른 전통사찰의 당사자능력이 부정당한 판례는 없는 것으로 보인다.

4. 자연부락

자연부락이 그 부락주민을 구성원으로 하여 고유목적을 가지고 의사결정기관과 집행기관인 대표자를 두어 독자적인 활동을 하는 사회조직체라면 비법인사단으로서의 권리능력이 있다. 자연부락이 비법인사단으로서 존재하는 사실을 인정하려면 우선 그 자연부락의 구성원의 범위와 자연부락의 고유업무, 자연부락의 의사결정기관인 부락총회와 대표자의 존부 및 그 조직과 운영에 관한 규약이나 관습이 있었는지의 여부 등을 확정하여야 할 것이다(대법원 2016. 2. 18. 선고 2015다36464 판결: 미공간).

동·리의 행정구역 내에 조직된 동·리회는 그 주민 전부가 구성원이 되어서 다른 지역으로부터 입주하는 사람은 입주와 동시에 당연히 그 회원이 되고 다른 지역으로 이주하는 사람은 이주와 동시에 당연히 회원의 자격을 상실하는 불특정 다수인으로 조직된 영속적 단체라고 할 것이다. 이와 달리 그 동·리회를 특정 주민만을 회원으로 하는 단체로 보기 위하여는 그 재산 취득 당시 어느 정도 유기적인 조직을 갖추어 법인 아닌 사단으로서 존재하고 있었다는 점과 동·리회 명의 재산을 소유하게 된 과정이나 내용 등이 증명되어야 할 것이다(대법원 2013. 10. 24. 선고 2011다110685 판결: 공2013하, 2109). 이러한 주민공동체는 행정구역의 변동으로 그 주민공동체가 자연 소멸되지 않는다(대법원 2012. 10. 25. 선고 2010다75723 판결: 공2012하, 1907).

제5절 법인의 기관
1. 법인과 이사의 법률관계: 위임관계

법인과 이사의 법률관계는 신뢰를 기초로 한 위임 유사의 관계로 볼 수 있다. 제689조 제1항에서는 위임계약은 각 당사자가 언제든지 해지할 수 있다고 규정하고 있으므로, 법인은 원칙적으로 이사의 임기 만료 전에도 이사를 해임할 수 있지만, 이러한 민법의 규정은 임의규정에 불과하므로 법인이 자치법규인 정관으로 이사의 해임사유 및 절차 등에 관하여 별도의 규정을 두는 것도 가능하다. 그리고 이와 같이 법인이 정관에 이사의 해임사유 및 절차 등을 따로 정한 경우 그 규정은 법인과 이사와의 관계를 명확히 함은 물론 이사의 신분을 보장하는 의미도 아울러 가지고 있어 이를 단순히 주의적 규정으로 볼 수는 없다. 따라서 법인의 정관에 이사의 해임사유에 관한 규정이 있는 경우 법인으로서는 이사의 중대한 의무위반 또는 정상적인 사무집행 불능 등의 사정이 없는 이상, 정관에서 정하지 않은 사유로 이사를 해임할 수 없다(대법원 2013. 11. 28. 선고 2011다41741 판결: 공2014상, 10).

비법인사단의 대표자는 정관 또는 총회가 결의로 금지하지 않은 사항에 한하여 타인으로 하여금 특정한 행위를 대리하게 할 수 있을 뿐 비법인사단의 제반 처리업무를 포괄적으로 위임할 수는 없다(대법원 2011. 4. 28. 선고 2008다15438 판결: 공2011상, 1002).

2. 대표자의 업무수행권과 퇴임

비법인사단과 그 대표자의 관계는 위임자와 수임자의 법률관계와 같은 것으로서 대표자는 임기가 만료되면 일단 그 위임관계는 종료되어 대표자의 지위를 상실하므로 더 이상 대표자의 지위에 있다고 할 수 없다. 다만 그 후임자가 선임될 때까지 대표자가 존재하지 않는다면 대표기관에 의하여 행위를 할 수밖에 없는 비법인사단은 정상적인 활동을 중단하지 않을 수 없는 상태에 처하게 되므로, 제691조의 규정을 유추하여 종전 대표자로 하여금 비법인사단의 업무를 수행케 함이 부적당하다고 인정할 만한 사정이 없는 한 그 급박한 사정을 해소하기 위하여 필요한 범위 내에서 새로운 대표자가 선임될 때까지 임기만료된 종전 대표자에게 대표자의 직무를 수행할 수 있는 업무수행권이 인정될 수 있을 뿐이다(대법원 2013. 5. 23. 선고 2012다102582 판결: 미공간).

법인의 이사는 법인에 대하여 일방적으로 사임의 의사표시를 함으로써 법률관계를 종료시킬 수 있고, 그 의사표시는 상대방 있는 단독행위이므로 원칙적으로 상대방에게 도달한 때 효력이 발생하며, 이사회의 결의나 관할 관청의 승인이 있어야 효력이 발생하는 것은 아니다. 그리고 그 의사표시의 효력이 발생한 후에는 마음대로 철회할 수 없다(대법원 2016. 8. 24. 선고 2016다219020 판결: 미공간). 그러나 사임서 제시 당시 즉각적인 철회권유로 사임서 제출을 미루거나, 대표자에게 사표의 처리를 일임하거나, 사임서의 작성일자를 제출일 이후로 기재한 경우 등 사임의 사가 즉각적이라고 볼 수 없는 사정이 있을 경우에는 별도의 사임서 제출이나 대표자의 수리행위 등이 있어야 사임의 효력이 발생하고, 그 이전에 사임의사를 철회할 수 있다(대법원 2013. 7. 25. 선고 2011두22334 판결: 미공간).

3. 임시이사

정관에서 이사들 중 대표권이 전속된 이사장이나 그 직무대행자인 부이사장을 법인의 회원이나 대의원으로 이루어진 총회에서 선출하도록 정하였고, 이러한 대표권이 전속된 이사장이나 그 직무대행자로 정한 부이사장이 없거나 결원이 있으며, 이로 인하여 손해가 생길 염려가 있는 때에는 법원은 제63조에 따라 이해관계인이나 검사의 청구에 의하여 법인의 대표권이 전속된 임시 이사장이나 그 직무대행자인 임시 부이사장을 선임할 수 있다. 이 경우 법원은 여러 사정을 종합적으로 참작하여 임시 이사장 등의 선임 요건과 필요성을 판단하여야 한다(대법원 2018. 11. 20.자 2018마5471 결정: 공2019상, 26).

비법인사단에 대하여 제63조에 의하여 법원이 선임한 임시이사는 원칙적으로 정식이사와 동일한 권한을 가진다(대법원 2019. 9. 10. 선고 2019다208953 판결: 공2019하, 1971).

4. 직무집행정지 및 직무대행자 선임 가처분

민법상의 법인이나 법인이 아닌 사단 또는 재단의 대표자를 선출한 결의의 무효 또는 부존재 확인을 구하는 소송에서 그 단체를 대표할 자는 무효 또는 부존재 확인 청구의 대상이 된 결의에 의해 선출된 대표자이나, 그 대표자에 대해 직무집행정지 가처분이 된 경우에는, 그 가처분에 특별한 정함이 없는 한 그 대표자는 그 본안소송에서 그 단체를 대표할 권한을 포함한 일체의 직무집행에서 배제된다(대법원 2012. 9. 13. 선고 2012다41984 판결: 미공간).

가처분재판에 다른 정함이 있지 않으면 직무대행자는 통상사무에 속하는 행위만 할 수 있다. 여기에서 '통상사무'는 법인 등을 종전과 같이 그대로 유지하면서 관리하는 한도 내의 것으로 제한되고, 법인 등의 근간인 정관을 변경하거나 임원의 구성을 변경하기 위한 총회를 소집하는 행위는 통상사무라고 할 수 없다. 그런데 법인 등의 대표자 직무대행자의 권한은 통상사무로 제한되더라도 그 법인 등의 총회 자체의 권한마저 통상사무로 제한되는 것은 아니므로 적법한 절차에 따라 소집된 그 법인 등의 총회에서 피대행자의 해임 및 후임자 선출 등의 결의는 자유롭게 할 수 있는 것이고, 이와 같이 선임된 후임자의 권한은 직무대행자와 달리 통상사무로 제한되는 것은 아니다(대법원 2018. 12. 28. 선고 2016다 260400, 260417 판결: 미공간).

5. 이사회 소집

이사회의 소집통지가 적법하게 이루어진 후 그 통지된 소집장소에서 개회하여 소집장소를 변경하기로 하는 결의조차 할 수 없는 부득이한 사정이 발생한 경우에는, 소집권자가 그에 대체할 장소를 정한 다음 당초의 소집장소에 출석한 주주들로 하여금 변경된 장소에 모일 수 있도록 상당한 방법으로 알리고 이동에 필요한 조치를 다한 때에 한하여 적법하게 소집장소가 변경되었다고 볼 수 있다(대법원 2012. 2. 9. 선고 2010다 2527 판결: 미공간).

정관에 다른 이사가 요건을 갖추어 이사회 소집을 요구하면 대표권 있는 이사가 이에 응하도록 규정하고 있는데도 대표권 있는 이사가 다른 이사의 정당한 이사회 소집을 거절하였다면, 대표권 있는 이사만 이사회를 소집할 수 있는 정관 규정은 적용될 수 없다. 이 경우 이사는 정관의 이사회 소집권한에 관한 규정 또는 민법에 기초하여 법인의 사무를 집행할 권한에 의하여 이사회를 소집할 수 있다. 민법상 법인의 필수기관이 아닌 이사회는 이사가 그 사무집행권한에 의해 소집하는 것이므로, 과반수에 미치지 못하는 이사는 제58조 제2항에 반하여 이사회를 소집할 수 없다. 반면 과반수에 미치지 못하는 이사가 정관의 특별한 규정에 근거하여 이사회를 소집하거나 과반수의 이사가 제58조 제2항에 근거하여 이사회를 소집하는 경우에는 법원의 허가를 받을 필요 없이 그 본래적 사무집행권에 기초하여 이사회를 소집할 수 있다. 법원은 민법상 법인의 이사회 소집을 허가할 법률상 근거가 없고, 다만 이사회 결의의 효력에 관하여 다툼이 발생하면 그 소집절차의 적법 여부를 판단할 수 있을 뿐이다. 사단법인의 소수사원이 이사에게 요건을 갖추어 임시총회의 소집을 요구하였으나 2주간 내에 이사가 총회소집의 절차를 밟지 아니한 경우 법원의 허가를 얻어 임시총회를 소집할 수 있도록 규정한 제70조 제3항은 민법상 법인의 집행기관인 이사회 소집에 유추적용할 수 없다(대법원 2017. 12. 1.자 2017그661 결정: 공2018상, 27).

6. 대표권 제한

대법원은 법인의 대표권 제한과 비법인사단의 대표권 제한을 달리 파악하고 있다. 비법인사단의 경우 대표자의 대표권 제한에 관하여 등기할 방법이 없어 제60조를 준용할 수 없기 때문이다. 나아가 대표권 제한이 법률상 제한인지, 내부적 제한인지에 따라 다른 법리가 형성되어 있다.

가. 법인과 비법인단체의 구별

법인인 시장재건축조합이 규약에 재건축사업의 공동시행에 관한 약정을 체결할 때 대의원회의 결의를 거치도록 정해져 있는 경우, 그러한 규약은 법인 대표권 제한에 관한 것이어서 등기하지 않으면 제3자에게 선의·악의에 관계없이 대항할 수 없다(대법원 2014. 10. 30. 선고 2011다96420 판결: 미공간). 또 공법인인 재건축조합에는 그 재건축조합의 조합장이 조합원의 부담이 될 계약을 체결하기 위하여는 총회의 결의를 거치도록 조합규약에 규정되어 있다 하더라도 이는 법인대표권을 제한한 것으로서 그러한 제한은 등기하지 않으면 제3자에게 그의 선의·악의에 관계없이 대항할 수 없다(대법원 2014. 9. 4. 선고 2011다51540 판결: 공2014하, 1969).

한편 비법인사단인 교회의 대표자가 금전차용계약을 체결하면서 교회 운영위원회 결의 등 내부 결의절차를 거치도록 한 교회정관은 대표자의 대표권을 제한하는 규정에 해당하여, 거래상대방이 대표권제한과 그 위반사실을 알았거나 과실로 인하여 알지 못한 때라야 거래행위가 무효가 된다(대법원 2014. 10. 27. 선고 2014다17107 판결: 미공간).

나. 법률상 대표권 제한의 경우

법령에 규정된 절차를 거치지 않은 대표권 행사는, 거래 상대방이 법적 제한이 있음을 몰랐다거나, 유효한 단체의 결의가 있었는지를 잘못 알았다고 하더라도 계약은 무효이다. 예컨대 강행규정에 의하여 요구되는 재건축조합의 조합원 2/3 이상의 동의에 의한 총회결의를 거치지 않은 이상 조합장은 재건축조합을 대표하여 계약을 체결할 권한이 없다 할 것이어서, 조합장이 행한 본계약 체결행위에는 표현대리의 법리가 준용되거나 유추적용될 여지가 없다(대법원 2016. 5. 12. 선고 2013다49381 판결: 공2016상, 730). 마찬가지로 공익법인의 대표자가 이사회의 의결 없이 공익법인의 재산을 처분한 경우에 그 처분행위는 효력이 없고, 이러한 이사회의 기능에 관한 규정은 공익법인의 대표자인 이사의 권한에 대한 법률상의 제한에 해당하여 등기 없이도 제3자에게 대항할 수 있으므로, 그 공익법인의 대표자가 한 공익법인의 재산처분행위에 관하여는 제126조의 표현대리에 관한 규정이 준용되지 않는다(대법원 2010. 9. 9. 선고 2010다37462 판결: 미공간).

총유물의 관리 및 처분에 관하여 비법인사단의 정관이나 규약에 정한 바가 있음에도 그와 같은 절차를 거치지 않은 행위는 무효이고, 그와 같은 절차를 거치지 않고는 비법인사단의 대표자에게 이를 대리하여 결정할 권한이 없는 것이어서 그 대표자의 이러한 관리 및 처분행위에 관하여는 제126조 표현대리에 관한 규정이 준용될 여지가 없다(대법원 2013. 7. 12. 선고 2013다1648 판결: 미공간). 종중 총회 결의에 관해서도 마찬가지여서 거래상대방이 총회 결의가 없었음을 몰랐다거나 잘못 알았더라도 그 처분행위의 유효를 주장할 수는 없다(대법원 2012. 11. 29. 선고 2010다88361 판결: 미공간).

7. 이익상반행위

제64조에서 말하는 법인과 이사의 이익이 상반하는 사항은 법인과 이사가 직접 거래의 상대방이 되는 경우뿐 아니라, 이사의 개인적 이익

과 법인의 이익이 충돌하고 이사에게 선량한 관리자로서의 의무 이행을
기대할 수 없는 사항을 모두 포함한다. 형식상 전혀 별개의 법인 대표를
겸하고 있는 자가 양쪽 법인을 대표하여 계약을 체결하는 경우 쌍방대리
로서 이사의 개인적 이익과 법인의 이익이 충돌할 염려가 있는 경우에
해당한다(대법원 2013. 11. 28. 선고 2010다91831 판결: 미공간). 민법상 법인의
이사가 그 법인과 이익이 상반하는 행위를 한 경우, 그 행위는 무권대리
행위로서 추인이 없으면 그 행위의 효력이 법인에 미치지 않는다(대법원
2014. 6. 26. 선고 2014다11628 판결: 미공간).

제6절 법인과 대표기관의 불법행위
1. 일 반 론
법인의 대표자가 직무에 관하여 불법행위를 한 경우에는 제35조 제1
항에 의하여, 법인의 피용자가 사무집행에 관하여 불법행위를 한 경우에
는 제756조 제1항에 의하여 법인이 손해배상책임을 부담한다. '법인의 대
표자'에는 그 명칭이나 직위 또는 대표자로 등기되었는지를 불문하고 법
인을 실질적으로 운영하면서 법인을 사실상 대표하여 법인의 사무를 집
행하는 사람을 포함한다. 구체적인 사안에서 이러한 사람에 해당하는지
는 여러 사정을 종합적으로 고려하여 판단하여야 한다. 이러한 법리는
비법인사단에도 마찬가지로 적용된다(대법원 2011. 4. 28. 선고 2008다15438
판결: 공2011상, 1002). 그리고 대표권이 없는 이사는 법인의 기관이기는
하지만 대표기관은 아니기 때문에 그들의 행위로 인하여 법인의 불법행
위가 성립하지 않는다(대법원 2011. 12. 13. 선고 2010다65740 판결: 미공간).
한편 대표자의 행위가 직무에 관한 행위에 해당하지 않음을 피해자 자신
이 알았거나 또는 중대한 과실로 인하여 알지 못한 경우에는 법인에게
손해배상책임을 물을 수 없다(대법원 2016. 12. 15. 선고 2015다214479 판결:
미공간).
법인이 그 대표자의 불법행위로 인하여 손해배상의무를 지는 것은
그 대표자의 직무에 관한 행위로 인하여 손해가 발생한 것임을 요한다.

그 직무에 관한 것이라는 의미는 행위의 외형상 법인의 대표자의 직무행위라고 인정할 수 있는 것이라면 설사 그것이 대표자 개인의 사리를 도모하기 위한 것이었거나 혹은 법령의 규정에 위배된 것이었다 하더라도 직무에 관한 행위에 해당한다고 보아야 한다(대법원 2010. 4. 15. 선고 2009다95943 판결: 미공간).

「도시 및 주거환경정비법」에 의하여 설립된 조합의 조합원이 조합의 이사 기타 조합장 등 대표기관의 직무상의 불법행위로 인하여 직접적인 손해를 입은 경우에는 같은 법 제27조, 민법 제35조에 의하여 조합을 상대로 손해배상을 청구할 수 있다. 그러나 조합의 대표기관의 직무상 불법행위로 인하여 조합이 직접적인 손해를 입고 결과적으로 조합원의 경제적 이익이 침해되는 손해와 같은 간접적인 손해는 제35조에서 말하는 손해의 개념에 포함되지 않으므로 조합원은 이에 대하여 조합을 상대로 손해배상을 청구할 수 없다(대법원 2015. 6. 23. 선고 2013다81804 판결: 미공간). 위 판례는 조합의 대표기관이 그 임무를 해태하여 조합원 분양자격이 없는 자에게 조합원 분양가격으로 분양을 하였다고 하더라도, 조합원 분양가격과 일반 분양가격의 차액에 상당하는 수입을 얻지 못하는 직접적인 손해는 조합인 피고가 입는다고 할 것이고, 그로 인하여 조합원에게 귀속될 수 있는 경제적 이익이 침해되는 결과가 생긴다 하여도 이는 간접적인 손해로서 조합원인 원고 및 선정자들이 제35조에 따라 피고를 상대로 그 손해배상을 청구할 수 없다고 한 사안이다.

2. 대표자 개인의 불법행위책임 성립과의 관계

제35조 제1항은 "法人은 理事 其他 代表者가 그 職務에 關하여 他人에게 加한 損害를 賠償할 責任이 있다. 理事 其他 代表者는 이로 因하여 自己의 損害賠償責任을 免하지 못한다."라고 규정한다. 이처럼 위 조항 본문에서 법인의 불법행위가 성립하기 위해서는 대표자의 직무에 관한 위법행위가 있어야 하는데, 단서에서 대표자의 책임도 규정하고 있어서 법인의 불법행위가 성립하면 대표자도 당연히 책임을 지는지가 문제된다.

판례는 그러한 문제점에 관한 별다른 표시 없이 대표자의 책임을 긍정한 바 있다. 예컨대 학교법인의 이사장과 이사들이 사립학교법 제27조에서 준용하는 민법 제61조에 따라 선량한 관리자의 주의로써 그 직무를 행하여야 할 의무가 있음을 더하여 보면, 학교법인의 이사장이나 이사들로서는 법인회계에서 부담하여야 할 비용을 교비회계에 속하는 수입에서 충당하는 내용의 예산안에 대하여는 이를 승인하지 말아야 할 뿐만 아니라 직무를 수행하는 과정에서 위와 같은 예산의 부당 전용사실을 알게 된 때에는 그 시정을 요구하는 등 필요한 조치를 강구하여야 할 의무나 책임이 있다(대법원 2013. 1. 24. 선고 2012두18875 판결: 공2013상, 405)고 하였다. 또 주식회사의 대표이사가 업무집행과 관련하여 정당한 권한 없이 그 직원으로 하여금 타인의 부동산을 지배·관리하게 하는 등으로 소유자의 사용수익권을 침해하고 있는 경우, 그 부동산의 점유자는 회사일 뿐이고 대표이사 개인은 독자적인 점유자는 아니기 때문에 그 부동산에 대한 인도청구 등의 상대방은 될 수 없다고 하더라도, 고의 또는 과실로 그 부동산에 대한 불법적인 점유상태를 형성·유지한 위법행위로 인한 손해배상책임은 회사와 별도로 부담한다고 본다. 대표이사 개인이 그 부동산에 대한 점유자가 아니라는 것과 업무집행으로 인하여 회사의 불법점유 상태를 야기하는 등으로 직접 불법행위를 한 행위자로서 손해배상책임을 지는 것은 별개라고 보아야 하기 때문이다(대법원 2013. 6. 27. 선고 2011다50165 판결: 공2013하, 1294). 나아가 재단법인 정관에서 일상적 사무를 처리하기 위해 사무총장, 사무국장 등의 명칭으로 상근 임원을 따로 두고 있는 경우, 비상근 또는 업무집행을 직접 담당하지 않는 이사도 단지 이사회에 상정된 의안에 대하여 찬부의 의사표시를 하는 데에 그치지 않고 상근 임원의 전반적인 업무집행을 감시할 의무가 있는 것이므로, 상근 임원의 업무집행이 위법하다고 의심할 만한 사유가 있음에도 불구하고 감시의무를 위반하여 이를 방치한 때에는 이로 말미암아 재단법인이 입은 손해에 대하여 배상책임을 면할 수 없다(대법원 2016. 8. 18. 선고 2016다200088 판결: 공2016하, 1343)고 한다.

그러나 판례는 법인의 불법행위책임과 대표자의 책임의 요건을 분리하여 보는 것이 기본적인 입장인 것으로 보인다. 예컨대, 지역주택조합이 사업부지 95% 이상 소유권 내지 사용권원을 확보한 것처럼 기망했다고 본 사안에서 대법원은 법인의 대표자가 제3자에 대해서 자연인으로서 제750조에 기한 불법행위책임을 진다고 보기 위해서는 대표자의 행위가 법인 내부의 행위를 벗어나 제3자에 대한 관계에서 사회상규에 반하는 위법한 행위라고 인정될 수 있는 정도에 이르러야 한다는 법리를 제시하면서, 대표자의 불법행위 책임을 긍정하였다(대법원 2020. 6. 25. 선고 2020다215469 판결: 미공간). 특히 법인이 채무불이행책임을 부담할 때 대표자가 35조에 따라 책임을 부담하는지에 관해서 이를 부정하는 선례들이 눈에 띈다. 법인의 적법한 대표권을 가진 자가 하는 법률행위는 그 성립상 효과뿐만 아니라 위반의 효과인 채무불이행책임까지 법인에게 귀속될 뿐이고, 다른 법령에서 정하는 등의 특별한 사정이 없는 한 법인이 당사자인 법률행위에 관하여 대표기관 개인이 손해배상책임을 지려면 제750조에 따른 불법행위책임 등이 별도로 성립하여야 한다면서, 법인의 채무불이행책임 성립을 이유로 대표자의 불법행위책임이 당연히 성립하는 것은 아니라고 판시하였다(대법원 2019. 5. 30. 선고 2017다53265 판결: 공2019하, 1300). 다른 유사한 사례를 본다. 변호사법 제50조 제6항은 '법무법인의 담당변호사는 지정된 업무를 수행할 때에 각자가 그 법무법인을 대표한다.'고 규정하고 있고, 변호사법 제58조 제1항에 의하여 준용되는 상법 제210조는 "회사를 대표하는 사원이 그 업무집행으로 인하여 타인에게 손해를 가한 때에는 회사는 그 사원과 연대하여 배상할 책임이 있다."라고 규정하고 있다. 상법 제210조는 법인의 불법행위능력에 관한 민법 제35조 제1항의 특칙이므로, 법무법인의 대표변호사나 담당변호사가 법무법인과 연대하여 제3자에 대해 손해배상책임을 부담하는 것은 대표변호사 등이 그 업무집행 중 불법행위를 한 경우에 한정된다(대법원 2013. 2. 14. 선고 2012다77969 판결: 미공간)고 한다. 위 선례도 법무법인이 불법행위로 인한 손해배상책임이 아니라 소송위임계약상 채무불이행으로 인한 손해배상책임을 부담할 뿐이라면, 그 대표변호사이자 담당변호사가 위 상법 조항에 따른 연대책임을 부담하지 않는다고 하였다.

제7절 해산과 잔여재산귀속

사단법인의 해산 결의는 총사원 3/4 이상의 동의가 있어야 하지만, 정관에 다른 규정이 있는 때에는 그 규정에 의한다(제78조). 그리고 이러한 법리는 법인 아닌 사단의 경우에도 유추적용된다(대법원 2015. 9. 10. 선고 2012다22228 판결: 미공간).

구 「도시 및 주거환경정비법」상 조합에 관하여 다른 정함이 없으면 민법상 사단법인에 관한 규정을 준용한다(현행 법도 동일함: 「도시 및 주거환경정비법」 제49조). 따라서 민법상 조합계약에 따라 잔여재산분배 청구를 할 것이 아니라 민법상 해산 규정, 조합의 정관규정에 따라 잔여재산의 귀속을 정해야 한다(대법원 2018. 5. 30. 선고 2017다50440 판결: 미공간).

제8절 비영리법인에 관한 설립허가 취소사유

제38조는 "法人이 目的 以外의 事業을 하거나 設立許可의 條件에 違反하거나 其他 公益을 害하는 行爲를 한 때에는 主務官廳은 그 許可를 取消할 수 있다."라고 규정하여 비영리법인에 관한 설립허가 취소사유를 정하고 있다.

비영리법인이 '목적 이외의 사업'을 한 때란 법인의 정관에 명시된 목적사업과 그 목적사업을 수행하는 데 직접 또는 간접으로 필요한 사업 이외의 사업을 한 때를 말하고, 이때 목적사업 수행에 필요한지는 행위자의 주관적·구체적 의사가 아닌 사업 자체의 객관적 성질에 따라 판단하여야 한다(대법원 2014. 1. 23. 선고 2011두25012 판결: 공2014상, 502).

비영리법인이 '공익을 해하는 행위'를 한 때에 해당된다고 하기 위해서는 해당 법인의 목적사업 또는 존재 자체가 공익을 해한다고 인정되거나 법인의 행위가 직접적이고도 구체적으로 공익을 침해하는 것이어야 하고, 목적사업의 내용, 행위의 태양 및 위법성의 정도, 공익 침해의 정도와 경위 등을 종합하여 볼 때 해당 법인의 소멸을 명하는 것이 그 불법적인 공익 침해 상태를 제거하고 정당한 법질서를 회복하기 위한 제재수단으로서 긴요하게 요청되는 경우이어야 한다(위 2011두25012 판결).

　　나아가 '법인의 목적사업 또는 존재 자체가 공익을 해한다'고 하려면 해당 법인이 추구하는 목적 내지 법인의 존재로 인하여 법인 또는 구성원이 얻는 이익과 법질서가 추구하고 보호하며 조장해야 할 객관적인 공공의 이익이 서로 충돌하여 양자의 이익을 비교형량하였을 때 공공의 이익을 우선적으로 보호하여야 한다는 점에 의문의 여지가 없어야 하고, 그 경우에도 법인의 해산을 초래하는 설립허가취소는 헌법 제10조에 내재된 일반적 행동의 자유에 대한 침해 여부와 과잉금지의 원칙 등을 고려하여 엄격하게 판단하여야 한다. 헌법은 양심과 종교의 자유, 결사의 자유를 기본권으로 보장하고 있으므로(헌법 제19조, 제20조 제1항, 제21조 제1항) 다양한 가치관 내지 종교적 신념은 헌법적 가치와 이념, 헌법질서와 충돌하지 않는 한 존중되어야 한다. 같은 가치관이나 신념을 가진 사람들이 공동의 목적을 위하여 자유로이 결합하여 단체를 설립하고 나아가 법인으로 허가받아 활동하는 것 역시 원칙적으로 보장된다. 따라서 그와 대립하거나 반대되는 가치관이나 신념을 가진 개인이나 단체가 그 법인의 존재를 부정하고 활동을 저지하려고 하여 사회적으로 갈등이 생길 염려가 있더라도 그러한 사정만으로 곧바로 당해 법인의 목적사업 또는 존재 자체가 공익을 해하는 경우에 해당한다고 쉽게 단정하여서는 안 된다(대법원 2017. 12. 22. 선고 2016두49891 판결: 공2018상, 341).

제9절 법인격의 부활

　　주택재개발정비사업을 위한 추진위원회는 조합의 설립을 목적으로 하는 비법인사단으로서 추진위원회가 행한 업무와 관련된 권리와 의무는 구 「도시 및 주거환경정비법」 제16조에 의한 조합설립인가처분을 받아 법인으로 설립된 조합에 모두 포괄승계되므로, 원칙적으로 조합설립인가처분을 받은 조합이 설립등기를 마쳐 법인으로 성립하게 되면 추진위원회는 그 목적을 달성하여 소멸한다. <u>그러나 그 후 조합설립인가처분이 법원의 판결에 의하여 취소된 경우에는 추진위원회가 그 지위를 회복하여 다시 조합설립인가신청을 하는 등 조합설립추진 업무를 계속 수행할 수 있다</u>(대법원 2016. 12. 15. 선고 2013두17473 판결: 공2017상, 139). <u>결국 조합설립인가처분이 취소되더라도 추진위원회 구성부터 다시 할 필요가 없다는 취지이다.</u>

제7장 하자 있는 의사표시

2010년대 판례 중 하자 있는 의사표시에서 가장 문제가 된 사안은 키코 사건을 들 수 있다. 그 외 아파트공화국이라고 불리우는 우리나라의 사정상, 아파트 개발을 둘러싸고 분양광고와 관련하여 착오, 기망의 문제가 많이 대두되었다. 기존 법리를 재확인한 판례들을 포함하여, 새로운 법리를 설시한 판례를 특별히 구분하지 않고 일괄하여 요건별로 설명한다.

제1절 비진의표시
1. 진의의 의미
진의 아닌 의사표시에 있어서의 '진의'란 특정한 내용의 의사표시를 하고자 하는 표의자의 생각을 말하는 것이지 표의자가 진정으로 마음속에서 바라는 사항을 뜻하는 것은 아니다. 표의자가 의사표시의 내용을 진정으로 마음속에서 바라지는 않았더라도 당시의 상황에서는 그것이 최선이라고 판단하여 그 의사표시를 하였을 경우에는 이를 내심의 효과의사가 결여된 진의 아닌 의사표시라고 할 수 없다(대법원 2015. 8. 27. 선고 2015다211630 판결: 미공간).

2. 해고의 경우
의원면직이 실질적으로 해고에 해당하는지는 여러 사정을 종합적으로 고려하여 판단하여야 한다. 이러한 법리는 「기간제 및 단시간근로자 보호 등에 관한 법률」이 적용되는 사안에서도 동일하게 보아, <u>위 법 제4</u>

조 제2항에 따라 기간의 정함이 없는 근로계약을 체결한 것으로 간주되는 근로자가 사직서를 제출하고 퇴직금을 지급받은 후 다시 기간제 근로계약을 체결하는 형식을 취하였다고 하더라도, 그것이 근로자의 자의에 의한 것이 아니라 사용자의 일방적인 결정에 따라 위 조항의 적용을 회피하기 위하여 퇴직과 재입사의 형식을 거친 것에 불과한 때에는, 실질적으로 사용자의 일방적인 의사에 의하여 근로계약관계를 종료시키는 것이어서 해고에 해당한다(대법원 2017. 2. 3. 선고 2016다255910 판결: 공2017상, 514).

3. 제107조 1항 단서의 유추 적용

가. 대리권 · 대표권 남용

진의 아닌 의사표시가 대리인에 의하여 이루어지고 그 대리인의 진의가 본인의 이익이나 의사에 반하여 자기 또는 제3자의 이익을 위한 배임적인 것임을 그 상대방이 알았거나 알 수 있었을 경우에는 제107조 제1항 단서의 유추해석상 그 대리인의 행위에 대하여 본인은 아무런 책임을 지지 않는다. 그 상대방이 대리인의 표시의사가 진의 아님을 알았거나 알 수 있었는가의 여부는 표의자인 대리인과 상대방 사이에 있었던 의사표시 형성 과정과 그 내용 및 그로 인하여 나타나는 효과 등을 객관적인 사정에 따라 합리적으로 판단하여야 한다(대법원 2010. 5. 13. 선고 2009다62066 판결: 미공간).

금융기관의 임 · 직원이 예금 명목으로 돈을 교부받을 때의 진의가 예금주와 예금계약을 맺으려는 것이 아니라 그 돈을 사적인 용도로 사용하거나 비정상적인 방법으로 운용하는 데 있었던 경우에 예금주가 그 임 · 직원의 예금에 관한 비진의 내지 배임적 의사를 알았거나 알 수 있었다면 금융기관은 그러한 예금에 대하여 예금계약에 기한 반환책임을 지지 않는다(대법원 2014. 7. 10. 선고 2012다106614, 106621, 106638, 106645 판결: 미공간).

미성년자의 법정대리인인 친권자의 법률행위(친권남용)에 있어서도 이는 마찬가지라 할 것이다. 법정대리인인 친권자의 대리행위가 객관적으로 볼 때 미성년자 본인에게는 경제적인 손실만을 초래하는 반면, 친권자나 제3자에게는 경제적인 이익을 가져오는 행위이고, 그 행위의 상대방이 이러한 사실을 알았거나 알 수 있었을 때에는, 제107조 제1항 단서의 규정을 유추 적용하여 그 행위의 효과는 子에게는 미치지 않는다(대법원 2011. 12. 22. 선고 2011다64669 판결: 공2012상, 164).

대표이사가 대표권을 남용한 경우에는 상대방이 선의·무과실이면 법률행위가 유효하다(대법원 2014. 11. 27. 선고 2014다210777 판결: 미공간). 다만 회사의 대표이사가 자신의 개인 채무를 담보하기 위해서 회사 명의의의 약속어음을 발행한 사안에서, 판례는 상대방이 선의·무중과실이면 발행행위의 효력을 긍정한다(대법원 2013. 2. 14. 선고 2011도10302 판결: 공2013상, 519). 대표권 남용 이외에 대표이사가 대표권의 법률상·정관상(내부적) 제한을 어긴 대표행위에 관해서 기존 판례는 상대방의 선의·무과실을 요건으로 대표행위의 효력을 긍정하였으나, 상대방의 선의·무중과실을 요건으로 하여 대표행위가 유효하게 된다는 것으로 판례가 변경되었다(대법원 2021. 2. 18. 선고 2015다45451 전원합의체 판결: 공2021상, 598).

지배인이 권한을 남용하여 그 범위 외 대리행위를 한 경우도 민법 제107조 제1항 단서를 유추하여 상대방의 선의·무과실을 요건으로 그 효력을 판단한다(대법원 2013. 11. 28. 선고 2012다99730 판결: 미공간).

나. 강행규정 위반의 경우

계약체결의 요건을 규정하고 있는 강행규정에 위반한 계약은 무효이므로 그 경우에 계약상대방이 선의·무과실이라 하더라도 제107조의 비진의표시의 법리 또는 표현대리 법리가 적용될 여지는 없다. 따라서 「도시 및 주거환경정비법」에 의한 주택재건축조합의 대표자가 그 법에 정한 강행규정에 위반하여 적법한 총회의 결의 없이 계약을 체결한 경우에는 상대방이 그러한 법적 제한이 있다는 사실을 몰랐다거나 총회결의가 유효하기 위한 정족수 또는 유효한 총회결의가 있었는지에 관하여 잘못 알았다고 하더라도 그 계약이 무효임에는 변함이 없다. 또한 총회결의의 정족수에 관하여 강행규정에서 직접 규정하고 있지 않지만 강행규정이 유추적용되어 과반수보다 가중된 정족수에 의한 결의가 필요하다고 인정되는 경우에도 그 결의 없이 체결된 계약에 대하여 비진의표시 또는 표현대리의 법리가 유추적용될 수 없는 것은 마찬가지이다(대법원 2016. 5. 12. 선고 2013다49381 판결: 공2016상, 730). 강행규정이 유추적용되는 경우라고 하여 강행규정의 명문 규정이 직접 적용되는 경우와 그 효력을 달리 볼 수는 없기 때문이다.

제2절 통정허위표시

1. 의   의

통정허위표시가 성립하기 위해서는 의사표시의 진의와 표시가 일치하지 않고 그 불일치에 관하여 상대방과 사이에 합의가 있어야 한다. 따라서 회사의 감사보고서상 가공의 대여금채무를 계상하였다는 사정만으로는 통정허위표시의 대상이 되는 의사표시가 존재하는 것과 같은 외관을 갖추었다거나, 허위의 의사표시에 관하여 당사자의 합의가 존재한다고 보기 어렵다(대법원 2017. 12. 22. 선고 2017다262663 판결: 미공간). 어떠한 의사표시가 통정허위표시로서 무효라고 주장하는 경우에는 이를 주장하는 자가 그 사유에 해당하는 사실을 증명할 책임이 있다(대법원 2016. 6. 9. 선고 2015다256732 판결: 미공간).

통정허위표시는 행정적 규제나 불이익을 피하거나, 강제집행이나 세금 부담을 회피하려는 등의 목적으로 행하여진다. 판례에서 문제되었던 몇 가지 거래유형을 살펴본다.

2. 구체적 사례

가. 실제 차주가 아닌 제3자가 자기 명의로 금융기관과 대출계약을 체결한 경우

제3자가 금전소비대차약정서 등 대출 관련 서류에 주채무자로 직접 서명·날인하였다면, 자신이 그 소비대차계약의 주채무자임을 금융기관 등 채권자에 대하여 표시한 셈이므로, 제3자가 타인으로 하여금 제3자 명의로 대출을 받아 이를 사용하도록 할 의사가 있었다거나 그 원리금을 타인의 부담으로 상환하기로 하였더라도, 이는 소비대차계약에 따른 경제적 효과를 타인에게 귀속시키려는 의사에 불과한 것이어서 원칙적으로 제3자의 진의와 표시에 불일치가 있다고 보기는 어렵다. 그러나 제3자가 소비대차계약에 따른 경제적 효과뿐만 아니라 그 법률상의 효과까지 타인에게 귀속시키려는 의사로 대출 관련 서류에 서명·날인한 것이고, 금융기관 등 채권자도 제3자와 사이에 당해 대출에 따르는 법률상의 효과까지 실제 차주에게 귀속시키고 제3자에게는 그 채무부담을 지우지 않기로 약정 내지 양해하였음을 추단할 수 있는 특별한 사정이 있다면 그 의사표시는 통정허위표시로서 무효이다(대법원 2018. 11. 29. 선고 2018다253413 판결: 미공간).

나. 외관상 대항력을 취득하기 위한 임대차계약

임대차계약이 대항력을 취득한 것과 같은 외관을 작성하기 위한 것이라면 통정허위표시에 해당하여 무효이다(대법원 2013. 7. 25. 선고 2013다27138 판결: 미공간).

다. 약속어음의 발행 가장

발행인과 수취인이 통모하여 형식적으로 약속어음의 발행을 가장한 경우 어음발행행위는 통정허위표시로 무효이다(대법원 2017. 8. 18. 선고 2014다87595 판결: 미공간).

라. 송금행위

다른 사람의 예금계좌에 금전을 이체하는 등으로 송금하는 경우에 그 송금은 다양한 법적 원인에 기하여 행하여질 수 있다. 과세 당국 등의 추적을 피하기 위하여 일정한 인적 관계에 있는 사람이 그 소유의 금전을 자신의 예금계좌로 송금한다는 사실을 알면서 그에게 자신의 예금계좌로 송금할 것을 승낙 또는 양해하였다거나 그러한 목적으로 자신의 예금계좌를 사실상 지배하도록 용인하였다는 것만으로는 객관적으로 송금인과 계좌명의인 사이에 그 송금액을 계좌명의인에게 위와 같이 무상

공여한다는 의사의 합치가 있었다고 추단된다고 쉽사리 말할 수 없다. 이는 금융실명제 아래에서 실명확인절차를 거쳐 개설된 예금계좌의 경우에 그 명의인이 예금계약의 당사자로서 예금반환청구권을 가진다고 하여도, 이는 그 계좌가 개설된 금융기관에 대한 관계에 관한 것으로서 그 점을 들어 곧바로 송금인과 계좌명의인 사이의 법률관계를 달리 볼 것이 아니다(대법원 2012. 7. 26. 선고 2012다30861 판결: 공2012하, 1495). 이러한 경우는 증여계약이 아니라 출연자와 예금주인 명의인 사이에 예금주 명의신탁계약이 체결되었다고 볼 수 있는 경우가 많을 것이다(대법원 2018. 12. 27. 선고 2017다290057 판결: 공2019상, 370).

마. 가장행위 이후 연속된 행위

임대차보증금반환채권을 담보할 목적 등으로 임차인 명의로 허위의 전세권설정등기를 경료한 경우(전세권설정계약이 통정허위표시임), A(전세권설정자) → B(전세권자) → C(악의의 전세권근저당권자) → D(선의의 전세권근저당권부 채권의 가압류권자)의 관계에서 비록 C가 악의이더라도 D가 선의이면 보호되는 제3자라 하였다(대법원 2013. 2. 15. 선고 2012다49292 판결: 공2013상, 469). 가장행위의 당사자를 상대로 하여 직접 법률상 이해관계를 가지는 경우 외에 그 법률상 이해관계를 바탕으로 하여 다시 새로이 법률상 이해관계를 가지게 되는 경우를 포함한다는 데 그 근거를 찾는다.

반면 이른바 간접적 이해관계를 맺은 경우에는 선의의 제3자에 해당하지 않는다는 취지의 선례도 있다. 등기가 다음의 순서, 즉 A → B(가등기) → B(본등기) → C → 원고 순으로 이전되었다. 그런데 매매예약에 기한 가등기가 통정허위표시이고, 가등기에 기한 C의 본등기는 공시송달에 의한 판결에 따라 이전되었다. 이후 추완항소에 따라 공시송달 판결이 취소되었는데, 취소판결에 따른 등기 집행이 이루어지지 않고 있던 동안 B가 C에게 이전등기를 하였다. 따라서 원고는 A와 B 사이의 매매예약을 토대로 법률관계를 형성한 자가 아니고, 무효의 본등기를 마친 B와 C 등기에 따른 외형상 소유권에 기하여 등기를 이전받은 것이다. 요컨대 원고가 신뢰한 외관은 가등기가 아니라 본등기이다. 그러므로 B 명의의 본

등기는 A의 의사와는 무관하게 이루어진 것이어서 통정허위표시 제3자 보호가 직접 적용될 여지가 없다고 한다(대법원 2020. 1. 30. 선고 2019다 280375 판결: 공2020상, 531). 구체적 판시는 없었지만 유사한 사실관계(통정허위표시에 의한 가등기에 기하여 무효인 본등기가 경료된 사안)에서 본등기를 믿은 통정허위표시의 제3자는 보호할 수 없다는 선행판례가 있다(대법원 2018. 12. 27. 선고 2016다276023 판결: 미공간).

바. 보험계약의 경우

상법 제644조에 의하면, 보험계약 당시에 보험사고가 발생할 수 없는 것인 때에는 보험계약의 당사자 쌍방과 피보험자가 이를 알지 못한 경우가 아닌 한 그 보험계약은 무효이다. 보증보험계약은 보험계약으로서의 본질을 가지고 있으므로, 적어도 계약이 유효하게 성립하기 위해서는 계약 당시에 보험사고의 발생 여부가 확정되어 있지 않아야 한다는 우연성과 선의성의 요건을 갖추어야 한다. 만약 보증보험계약의 주계약이 통정허위표시로서 무효인 때에는 보험사고가 발생할 수 없는 경우에 해당하므로 그 보증보험계약은 무효이다. 이때 보증보험계약이 무효인 이유는 보험계약으로서의 고유한 요건을 갖추지 못하였기 때문이므로, 보증보험계약의 보험자는 주계약이 통정허위표시인 사정을 알지 못한 제3자에 대하여도 보증보험계약의 무효를 주장할 수 있다(대법원 2010. 4. 15. 선고 2009다81623 판결: 공2010상, 878).

3. 제3자에 대한 효과

제108조 제2항에서 말하는 제3자는 허위표시의 당사자와 포괄승계인 이외의 자로서 허위표시를 기초로 하여 별개의 새로운 이해관계를 맺은 제3자에 한정되고, 제3자인지 여부를 판단할 때에는 형식뿐 아니라 실질까지 고려한다(대법원 2020. 1. 30. 선고 2019다280375 판결: 공2020상, 531). 구체적 사례를 들어 보면 아래와 같다.

임대차보증금반환채권 양도계약이 허위표시로 무효이더라도 양수인이 채권압류 및 추심명령을 받았다면 새로운 이해관계를 맺은 제3자가 된다(대법원 2014. 4. 10. 선고 2013다59753 판결: 공2014상, 1031). 실제로는 전세권설정계약을 체결하지 않았으면서 담보의 목적으로 전세권설정등기를 마친 경우 전세권부채권의 가압류채권자도 역시 새로이 법률상 이해관계를 맺은 제3자에 해당한다(대법원 2010. 3. 25. 선고 2009다35743 판결: 공2010상, 793).

파산관재인의 경우 총 파산채권자를 기준으로 하여 파산채권자 모두가 악의가 되지 않는 한 파산관재인은 선의의 제3자가 된다(대법원 2015. 2. 12. 선고 2014다203243 판결: 미공간).

제3자는 선의로 추정되므로, 제3자가 악의라는 사실에 관한 주장·증명책임은 그 허위표시의 무효를 주장하는 자에게 있다. 그리고 위와 같은 통정허위표시에서 제3자는 그 선의 여부가 문제 될 뿐이므로 이에 관한 과실 유무는 따질 것이 아니다(대법원 2013. 7. 11. 선고 2011다110159 판결: 미공간).

제3절 착   오
1. 착오의 의미
일반 국어 용법에서 착오란 말은 잘 쓰이지 않는 대신 착각이라는 용어가 즐겨 사용되지만 적어도 일상용어상 의미의 차이는 없다. 대법원은 의사표시에 착오가 있다고 하려면 법률행위를 할 당시에 실제로 없는 사실을 있는 사실로 잘못 깨닫거나 아니면 실제로 있는 사실을 없는 것으로 잘못 생각하듯이 의사표시자의 인식과 그러한 사실이 어긋나는 경우라야 한다고 반복하여 설시한다. 착오의 전형적인 경우는 표시상의 착오를 들 수 있다. 예컨대 강학상 기명날인의 착오(또는 서명의 착오), 즉 어떤 사람이 자신의 의사와 다른 법률효과를 발생시키는 내용의 서면에, 그것을 읽지 않거나 올바르게 이해하지 못한 채 기명날인을 하는 이른바 표시상의 착오는 착오에 의한 의사표시에 관한 법리를 적용하여 취소권 행사의 가부를 가려야 한다(대법원 2013. 9. 26. 선고 2013다40353, 40360 판결: 미공간).

그런데 사람의 인식과 실제 사실 사이의 차이는 정도의 차이가 있을지언정 늘상 존재하는 것이 보통의 모습이다. 법률행위를 행할 때도 마찬가지여서 계약의 모든 내용에 관해서 완벽한 인식을 한 채 계약을 체결하는 것은 오히려 이례적이라 할 수 있다. 사소한 착오를 이유로 이를 취소할 수 있다면, 거래의 안정을 기할 수 없게 된다. 그래서 민법은 중요 부분에 착오가 있을 때에만 취소를 허용하고 있다.

2. 중요부분의 착오

중요부분의 의미에 관한 표준적인 판시는 다음과 같다. 즉 착오가 법률행위 내용의 중요부분에 있다고 하기 위해서 표의자에 의하여 추구된 목적을 고려하여 합리적으로 판단하여 볼 때 표시와 의사의 불일치가 객관적으로 현저하여야 하고, 보통 일반인이 표의자의 입장에 섰더라면 경제적인 불이익을 입게 되는 결과 등을 가져오게 됨으로써 그와 같은 의사표시를 하지 않았으리라고 여겨져야 한다(위 2013다40353, 40360 판결).

중요부분에 해당하는지에 관해서는 많은 판례가 있지만, 결국 개별 사안의 포섭 문제여서 일일이 거론하는 것은 적당하지 않다고 생각하여 생략한다. 특이한 사례를 언급하자면, 토지소유자가 토지형질변경행위허가에 붙은 기부채납의 부관에 따라 토지를 기부채납(증여)한 경우, 기부채납의 부관이 당연무효이거나 취소되지 않은 이상 그 부관으로 인하여 증여계약의 중요부분에 착오가 있음을 이유로 증여계약을 취소할 수는 없다고 한다(대법원 2014. 7. 10. 선고 2013다35627 판결: 미공간).

3. 동기의 착오

법률행위의 동기란 법률행위를 하게 된 연유를 뜻한다. 그러한 동기는 대개 경제적, 세금상 요인에서 발생하는 경우가 많다. 판례는 일관하여 동기의 착오가 있다는 것만으로는 법률행위를 취소할 수 없고, 일정한 요건을 갖추어야만 취소할 수 있다는 견해를 유지하고 있다. 즉 의사표시의 동기에 착오가 있는 경우에는 당사자 사이에 그 동기를 의사표시의 내용으로 삼았을 때에 한하여(그러면서 동기를 의사표시의 내용으로 삼기를 하는 합의할 필요까지는 없다고 한다) 의사표시의 내용의 착오가 되어 취소할 수 있고, 동기가 의사표시의 중요부분에 해당하여야 함은 물론이다(대법원 2020. 10. 15. 선고 2020다227523, 227530 판결: 공2020하, 2149).

이러한 판례에 따르면 법률행위의 동기를 항상 의사표시의 내용으로 삼는 것이 향후 있을지 모르는 사태로 인한 계약 무위(취소)를 기할 수 있을 것이다. 그러나 거래 관행상 동기를 모두 드러냈다가는 협상력에서 약점을 보이게 되어 오히려 불리한 계약을 체결할 가능성이 높아지므로, 동기를 드러내지 않거나 감추고 계약을 체결하는 것이 사람의 본성이다. 그러나 의욕한 대로 동기가 충족되지 않았을 때 계약을 체결하지 않은 상태로 물리려 하는 것도 사람의 본성이며, 동기를 알지 못한 당사자는 당연히 그로 인한 취소를 인정하지 못하게 된다. 그렇기 때문에 동기의 착오가 판례에서 문제가 되는 경우가 많다.

4. 장래 사정에 관한 착오: 이른바 위험성의 현실화에 관한 착오

대법원 1994. 6. 10. 선고 93다24810 판결(공1994, 1920)은 '부동산의 양도가 있는 경우에 그에 대하여 부과될 양도소득세 등의 세액에 관한 착오가 미필적인 장래의 불확실한 사실에 관한 것이어서 착오에서 제외되는 것이라고도 말할 수 없다.'고 판시한 적이 있다.

이는 동기의 착오 유형에서 흔히들 '위험성의 현실화'에 관한 착오 사례로 불리운다. 현실적으로 위험성이 전무한 계약을 상정할 수는 없으므로, 정도의 차이가 있을 뿐 위험성은 미필적으로라도 예상할 수 있기에, 인식하고 있었던 위험성이 현실화된 것에 불과하다면 착오를 이유로 취소할 수 없다고 보는 견해가 가능하다. 그러나 계약에 잠복되어 있는 위험성을 알면서도 이를 인수하고 계약 체결에 나아갔는지, 아니면 단지 계약에서 발생할 수 있는 여러 위험 중 하나이지만 이를 감수할 의사는 없이 계약을 하였는지를 판별하는 것이 실제로는 매우 어렵다. 이와 관련한 최근 선례를 소개한다.

　　의사표시자가 행위를 할 당시 장래에 있을 어떤 사항의 발생이 미필적임을 알아 그 발생을 예측한 데 지나지 않는 경우는 의사표시자의 심리상태에 인식과 대조의 불일치가 있다고 할 수 없어 이를 착오로 다룰 수 없다고 한다(대법원 2020. 5. 14. 선고 2016다12175 판결: 공2020하, 1053). 위 선례는 원유 증산가능성이 당초 예측대로 이루어지지 않을 위험성이 있음을 미필적으로 인식한 후 석유개발사업에 참가하였다면 나중에 착오로 취소할 수 없다고 본 사안이다. 워낙 위험성이 큰 채굴사업이기에 계약 체결 당시부터 충분히 예상 가능하였다고 본 것이다.

5. 중대한 과실

　　법률행위 내용의 중요부분에 착오가 있는 때에는 그 의사표시를 취소할 수 있으나 그 착오가 표의자의 중대한 과실로 인한 때에는 취소하지 못한다. '중대한 과실'이란 표의자의 직업, 행위의 종류, 목적 등에 비추어 보통 요구되는 주의를 현저히 게을리한 것을 의미한다(대법원 2020. 3. 26. 선고 2019다288232 판결: 공2020상, 829). 토지의 현황과 경계에 관한 착오는 법률행위의 중요부분의 착오라고 보는 것이 판례인데[대법원 1968. 3. 26. 선고 67다2160 판결(대법원판례집 16-1, 민177) 등], 위 2019다288232 판결은 토지매수인에게 현황과 경계의 불일치를 미리 확인하여야 할 주의의무가 없음을 전제로 그에게 중대한 과실을 인정하기 어렵다고 본 사안이다.

　　표의자의 중대한 과실을 착오 취소의 소극적 요건으로 보는 것은 표의자의 상대방 이익을 보호하기 위한 것이다. 따라서 상대방이 표의자의 착오를 알고 이를 이용한 경우에는 그 착오가 표의자의 중대한 과실로 인한 것이라고 하더라도 표의자는 그 의사표시를 취소할 수 있다(대법원 2014. 11. 27. 선고 2013다49794 판결: 공2015상, 9; 대법원 2020. 3. 26. 선고 2019다288232 판결: 공2020상, 829).

6. 증명책임

착오를 이유로 의사표시를 취소하는 자는 법률행위의 내용에 착오가 있었다는 사실과 함께 착오가 의사표시에 결정적인 영향을 미쳤다는 점, 즉 만일 착오가 없었더라면 의사표시를 하지 않았을 것이라는 점을 증명하여야 한다(대법원 2018. 10. 25. 선고 2016다239345 판결: 공2018하, 2233). 이는 강박의 경우에도 마찬가지이다(대법원 2014. 10. 27. 선고 2012다108290 판결: 미공간). 제109조 제1항 단서에서 규정하는 착오한 표의자의 중대한 과실 유무에 관한 주장과 증명책임은 착오자가 아니라 의사표시를 취소하게 하지 않으려는 상대방에게 있다(대법원 2013. 2. 15. 선고 2012다25364, 25371 판결: 미공간).

7. 공통착오와 의사표시의 보충적 해석

계약 당사자 사이에 공통의 착오가 있을 때 당사자의 가정적 의사를 탐구하여 보충적 해석을 할 수 있다면, 착오로 인한 취소는 허용되지 않는 것이 판례의 태도라고 이해할 수 있다(대법원 1994. 6. 10. 선고 93다24810 판결: 공1994, 1920).

계약당사자 쌍방이 계약의 전제나 기초가 되는 사항에 관하여 같은 내용의 착오를 하였고 이로 인하여 그에 관한 구체적 약정을 하지 않았다면, 당사자가 그러한 착오가 없을 때에 약정하였을 것으로 보이는 내용으로 당사자의 의사를 보충하여 계약을 해석할 수 있다. 여기서 보충되는 당사자의 의사는 당사자의 실제 의사 또는 주관적 의사가 아니라 계약의 목적, 거래관행, 적용법규, 신의칙 등에 비추어 객관적으로 추인되는 정당한 이익조정 의사를 말한다(대법원 2014. 11. 13. 선고 2009다91811 판결: 공2014하, 2305). 위 판결은 계약기간 중 부가가치세법 시행령이 개정되어 당초 부가가치세 면세를 전제로 한 급부에 부가가치세가 부과된 사안에서, 도급인이 부가가치세를 부담한다는 가정적 의사가 인정된다고 판단한 사례이다.

8. 구체적 사례

가. 유발된 착오: 보험계약의 경우

보험모집인의 과세이연 여부 및 급여 종류에 따른 과세방식 차이에 관한 설명의무 위반으로 그 설명을 듣지 못한 보험계약자의 개인퇴직계좌 자산관리보험계약 취소를 긍정한 선례(대법원 2018. 4. 12. 선고 2017다229536 판결: 공2018상, 889)가 있다. 보험회사 또는 보험모집종사자가 설명의무를 위반하여 고객이 보험계약의 중요사항에 관하여 제대로 이해하지 못한 채 착오에 빠져 보험계약을 체결한 경우, 그러한 착오가 동기의 착오에 불과하다고 하더라도 그러한 착오를 일으키지 않았더라면 보험계약을 체결하지 않았거나 아니면 적어도 동일한 내용으로 보험계약을 체결하지 않았을 것이 명백하다면, 위와 같은 착오는 보험계약의 내용의 중요부분에 관한 것에 해당하므로 이를 이유로 보험계약을 취소할 수 있다는 이유이다. 동기의 착오이지만 상대방이 유발한 착오나 동기를 제공한 경우에는 중요부분의 착오로 보아 취소를 인정한 것이다.

통상 고지의무나 설명의무 위반과 같은 부작위는 기망에 의한 취소가 문제가 되는데, 위 사안에서는 보험회사 측의 고의의 기망행위가 인정되지 않아 착오 취소가 주장되어 인정되었다는 점에서 특색이 있다.

나. 담보책임과 경합

착오로 인한 취소 제도와 매도인의 하자담보책임 제도는 그 취지가 서로 다르고, 그 요건과 효과도 구별된다. 따라서 매매계약 내용의 중요부분에 착오가 있는 경우 매수인은 매도인의 하자담보책임이 성립하는지와 상관없이 착오를 이유로 그 매매계약을 취소할 수 있다(대법원 2018. 9. 13. 선고 2015다78703 판결: 공2018하, 1951). 이에 의하면 하자담보책임의 제척기간 경과 후에도 착오 취소 주장을 할 수 있다는 데 의의가 있다.

다. 제109조의 적용 배제 약정

당사자의 합의로 착오로 인한 의사표시 취소에 관한 제109조의 적용을 배제할 수 있다. 금융투자상품시장에서 이루어지는 증권이나 파생상

품 거래에 제109조를 배제하는 특약이 없는 한 위 법조가 적용되므로 착
오주문을 취소할 수 있다는 선례(대법원 2014. 11. 27. 선고 2013다49794 판
결: 공2015상, 9)가 있고, 주식 매수를 통한 인수계약에서 피인수회사의 가
치에 관한 착오가 있음을 이유로 책임을 물을 수 없다는 약정의 효력을
인정한 선례(대법원 2016. 4. 15. 선고 2013다97694 판결: 미공간)가 있다.

라. 특허발명 실시계약 체결 후 특허가 무효가 된 경우

특허는 그 성질상 특허등록 이후에 무효로 될 가능성이 내재되어
있는 점을 감안하면, 특허발명 실시계약 체결 이후에 계약의 대상인 특
허의 무효가 확정되었더라도 그 특허의 유효성이 계약 체결의 동기로서
표시되었고 그것이 법률행위의 내용의 중요부분에 해당하는 등의 사정이
없는 한, 착오를 이유로 특허발명 실시계약을 취소할 수는 없다(대법원
2014. 11. 13. 선고 2012다42666, 42673 판결: 공2014하, 2323). 특허가 무효로
확정되면 특허권은 특허법 제133조 제1항 제4호의 경우를 제외하고는 처
음부터 없었던 것으로 간주된다(특허법 제133조 제3항). 특허발명 실시계약
이 체결된 이후에 계약의 대상인 특허권이 무효로 확정된 경우 특허발명
실시계약이 계약 체결 시부터 무효로 되는지는 특허권의 효력과는 별개
로 판단하여야 하기 때문이다(대법원 2019. 4. 25. 선고 2018다287362 판결:
공2019상, 1179).

제4절 기망, 강박

1. 기망, 강박의 의미

기망에 의한 손해배상책임이 성립하기 위해서는 거래당사자 중 일방에
의한 고의적인 기망행위가 있고 이로 말미암아 상대방이 착오에 빠져 그러
한 기망행위가 없었더라면 사회통념상 하지 않았을 것이라고 인정되는 법
률행위를 하여야 한다(대법원 2019. 12. 27. 선고 2018다248510 판결: 미공간).

강박에 의한 의사표시라고 하려면 상대방이 불법으로 어떤 해악을
고지함으로 말미암아 공포를 느끼고 의사표시를 한 것이어야 한다. 어떤
해악을 고지하는 강박행위가 위법하다고 하기 위하여는 강박행위 당시의

거래관념과 제반 사정에 비추어 해악의 고지로써 추구하는 이익이 정당하지 아니하거나 강박의 수단으로 상대방에게 고지하는 해악의 내용이 법질서에 위배된 경우 또는 어떤 해악의 고지가 거래관념상 그 해악의 고지로써 추구하는 이익의 달성을 위한 수단으로 부적당한 경우 등에 해당하여야 한다(대법원 2010. 2. 11. 선고 2009다72643 판결: 공2010상, 529). 위 선례에서 대법원은 계약을 해제하여 손해배상을 청구할 수 있다는 취지로 말한 것으로는 제반 사정상 '위법한 해악의 고지'에 해당한다고까지 할 수 없다고 하였다.

2. 상품의 선전·광고에 수반하는 과장, 허위의 경우

상품의 선전·광고에서 다소의 과장이나 허위가 수반되는 것은 그것이 일반 상거래의 관행과 신의칙에 비추어 시인될 수 있는 한 기망성이 결여되나, 거래에 있어서 중요한 사항에 관하여 구체적 사실을 신의성실의 의무에 비추어 비난받을 정도의 방법으로 허위로 고지한 경우에는 기망행위에 해당한다(대법원 2020. 6. 25. 선고 2020다215469 판결: 미공간). 위 선례는 지역주택조합이 사업부지 95% 이상 소유권 내지 사용권원을 확보한 것처럼 기망했다고 본 경우이다.

마찬가지로 「표시·광고의 공정화에 관한 법률」이 적용되는 사안에서, 대법원은 '허위·과장의 광고'는 사실과 다르게 광고하거나 사실을 지나치게 부풀려 광고하여 소비자를 속이거나 소비자로 하여금 잘못 알게 할 우려가 있는 광고행위로서 공정한 거래질서를 저해할 우려가 있는 광고를 말하고, 광고가 소비자를 속이거나 소비자로 하여금 잘못 알게 할 우려가 있는지는 보통의 주의력을 가진 일반 소비자가 당해 광고를 받아들이는 전체적·궁극적 인상을 기준으로 하여 객관적으로 판단되어야 한다고 한다(대법원 2015. 9. 10. 선고 2014다56355, 56362 판결: 미공간).

그러나 그 선전·광고에 다소의 과장이 수반되었다고 하더라도 그것이 일반 상거래의 관행과 신의칙에 비추어 시인될 수 있는 것이라면 이를 기망행위라고 할 수 없다(위 2014다56355, 56362 판결). 대체로 아파트 등 분양계약에서 그 입지조건이나, 향후 인근지역 개발계획에 관해서는 기망행위, 허위·과장 광고를 인정하지 않는 경향으로 보인다. 군부대 주둔지가 있는 곳을 근린공원이라고만 분양광고에서 표시한 경우에는 「표시·광고의 공정화에 관한 법률」상 허위, 과장광고에 해당한다고 판시한 선례(대법원 2013. 11. 14. 선고 2013다8991 병합등 판결: 미공간)가 있다.

3. 재산권 거래에서의 고지의무

재산권 거래에서 당사자는 신의칙상 고지의무를 부담한다. 거래에 늘상 존재하는 정보의 격차를 해소하기 위함이다. 이에 관해서 대법원은 "재산권의 거래관계에 있어서 계약의 일방 당사자가 상대방에게 그 계약의 효력에 영향을 미치거나 상대방의 권리 확보에 위험을 가져올 수 있는 구체적 사정을 고지하였다면 상대방이 그 계약을 체결하지 아니하거나 적어도 그와 같은 내용 또는 조건으로 계약을 체결하지 아니하였을 것임이 경험칙상 명백한 경우 그 계약 당사자는 신의성실의 원칙상 상대방에게 미리 그와 같은 사정을 고지할 의무가 있다고 하겠으나, 이때에도 Ⓐ 상대방이 고지의무의 대상이 되는 사실을 이미 알고 있거나 Ⓑ 스스로 이를 확인할 의무가 있는 경우 또는 Ⓒ 거래 관행상 상대방이 당연히 알고 있을 것으로 예상되는 경우 등에는 상대방에게 위와 같은 사정을 알리지 아니하였다고 하여 고지의무를 위반하였다고 볼 수 없다."고 한다(대법원 2013. 11. 28. 선고 2011다59247 판결: 미공간, 원문자와 밑줄은 필자가 표기함). 위 선례 사안은 라이선스사업을 영위하는 회사의 주식을 양도하는 계약을 체결하는 과정에서 양도인이 라이선스계약상 해약조항의 존재를 알려주어야 할 신의칙상 의무가 있는지에 관해서 대법원이 이를 부정한 것이다.

위 판시에 의하면 재산권 거래 당사자가 상대방에게 고지의무를 부담하는 사유가 매우 포괄적이어서 문언상 원칙적으로 거래 당사자는 고지의무를 부담한다고 해석할 수 있다. 계약내용을 구성하는 모든 요소는 적건 크건 계약조건에 영향을 미치기 때문이다. 자유시장경제 체제 아래

에서 재산권을 거래하는 당사자는 합리적이고 이기적인 입장에서 자신의
이익을 극대화하는 방향으로 계약을 체결하려 한다. 계약당사자는 서로
대립하는 이해관계를 가지면서도 계약 체결에 협력하는 대향적 관계에
있다는 점에 주목하여 2010년대 대법원 판례들은 자유시장경제 논리에
더 근접한 것 같은 태도를 나타내기도 했다.

　　예컨대 채무자가 채권양도에 대하여 이의를 보류하지 않는 승낙을
하였더라도 양도인에게 대항할 수 있는 사유로서 양수인에게 대항하지
못할 뿐이고(제451조), 채권의 내용이나 양수인의 권리 확보에 위험을 초
래할 만한 사정을 조사, 확인할 책임은 원칙적으로 양수인 자신에게 있
으므로, 채무자는 양수인이 대상 채권의 내용이나 그 원인이 되는 법률
관계에 대하여 잘 알고 있음을 전제로 채권양도를 승낙할지를 결정하면
되고 양수인이 채권의 내용 등을 실제와 다르게 인식하고 있는지까지 확
인하여 그 위험을 경고할 의무는 없고, 따라서 채무자가 양도되는 채권
의 성립이나 소멸에 영향을 미치는 사정에 관하여 양수인에게 알려야 할
신의칙상 주의의무가 있다고 볼 만한 사정이 없는 한 채무자가 그러한
사정을 알리지 않았다 하여 불법행위가 성립한다고 볼 수 없다고 하였다
(대법원 2015. 12. 24. 선고 2014다49241 판결: 공2016상, 217). 또 신의성실의
원칙이나 사회상규 혹은 조리상의 작위의무는 혈연적인 결합관계나 계약
관계 등으로 인한 특별한 신뢰관계가 존재하여 상대방의 법익을 보호하
고 그에 대한 침해를 방지할 책임이 있다고 인정되거나 혹은 상대방에게
피해를 입힐 수 있는 위험요인을 지배·관리하고 있거나 타인의 행위를
관리·감독할 지위에 있어 개별적·구체적 사정하에서 그 위험요인이나
타인의 행위로 인한 피해가 생기지 않도록 조치할 책임이 있다고 인정되
는 경우 등과 같이 상대방의 법익을 보호하거나 그의 법익에 대한 침해
를 방지하여야 할 특별한 지위에 있음이 인정되는 자에 대하여만 인정할
수 있는 것이고, 그러한 지위에 있지 아니한 제3자에 대하여 함부로 작
위의무를 확대하여 부과할 것은 아니라고 한다(대법원 2012. 4. 26. 선고
2010다8709 판결: 공2012상, 841). 나아가 거래 등의 기초가 되는 정보의 진

실성은 스스로 검증하여 거래하는 것이 원칙이어서 정보제공자가 법령상··계약상 의무 없이 단지 질의에 응답한 것에 불과한 경우에는 고의로 거짓 정보를 제공하거나 선행행위 등으로 위험을 야기했다는 사정이 없는 한 위와 같은 응답행위가 불법행위를 구성한다고 볼 수 없다(대법원 2012. 2. 9. 선고 2011다14671 판결: 공2012상, 424), 부동산 거래에 있어 거래 상대방이 일정한 사정에 관한 고지를 받았더라면 거래를 하지 않았을 것임이 경험칙상 명백한 경우에는 신의성실의 원칙상 사전에 상대방에게 그와 같은 사정을 고지할 의무가 있으며, 그와 같은 고지의무의 대상이 되는 것은 직접적인 법령의 규정뿐 아니라 널리 계약상, 관습상 또는 조리상의 일반원칙에 의하여도 인정될 수 있지만(대법원 2007. 6. 1. 선고 2005다5812, 5829, 5836 판결: 공2007, 972), 이때에도 상대방이 고지의무의 대상이 되는 사정을 이미 알고 있거나 스스로 확인할 의무가 있는 경우 또는 거래 관행상 상대방이 당연히 알고 있을 것으로 예상되는 경우 등에는 상대방에게 그러한 사정을 알리지 않았다고 하여 고지의무를 위반하였다고 볼 수 없다(대법원 2015. 2. 26. 선고 2013다206900 판결: 미공간).

일반적으로 매매거래에서 매수인은 목적물을 염가로 구입할 것을 희망하고 매도인은 목적물을 고가로 처분하기를 희망하는 이해상반의 지위에 있으며, 각자가 자신의 지식과 경험을 이용하여 최대한으로 자신의 이익을 도모할 것으로 예상되기 때문에, 당사자 일방이 알고 있는 정보를 상대방에게 사실대로 고지하여야 할 신의칙상 의무가 인정된다고 볼 만한 사정이 없는 한, 매수인이 목적물의 시가를 묵비하여 매도인에게 고지하지 아니하거나 혹은 시가보다 낮은 가액을 시가라고 고지하였다 하더라도, 상대방의 의사결정에 불법적인 간섭을 하였다고 볼 수 없으므로 불법행위가 성립한다고 볼 수 없다. 더구나 매수인이 목적물의 시가를 미리 알고 있었던 것이 아니라 목적물의 시가를 알기 위하여 감정평가법인에게 의뢰하여 그 감정평가법인이 산정한 평가액을 매도인에게 가격자료로 제출하는 경우라면, 매수인에게 그 평가액이 시가 내지 적정가격에 상당하는 것인지를 살펴볼 신의칙상 의무가 있다고 할 수 없고, 이러한 법리는 그 법적 성격이 사법상 매매인 공유재산의 매각에 있어서도 마찬가지이다(대법원 2014. 4. 10. 선고 2012다54997 판결: 공2014상, 1025).

나아가 대법원은 분양자가 수분양자에게 수분양의 전매이익에 영향을 미칠 가능성이 있는 정보를 밝혀야 할 신의칙상 의무가 있다고 보기 어렵다고 하며(대법원 2010. 2. 25. 선고 2009다86000 판결: 공2010상, 657), 부동산거래에서 매수인이 목적물의 시가를 고지할 의무가 없고(대법원 2014. 4. 10. 선고 2012다54997 판결: 공2014상, 1025), 개발사업에 필요한 대출금채권 매매계약에서 매도인이 개발사업 위험성에 관한 자료를 제출하는 것 이외에 이를 직접 조사하여 고지할 의무까지는 없다(대법원 2014. 7. 24. 선고 2013다97076 판결: 공2014하, 1658)고 판시하였다.

키코사건에서도 대법원은 "일반적으로 재화나 용역의 판매자가 자신이 판매하는 재화나 용역의 판매가격에 관하여 구매자에게 그 원가나 판매이익 등 구성요소를 알려주거나 밝혀야 할 의무는 없다."라고 판시하면서, 은행이 고객으로부터 별도로 비용이나 수수료를 수취하는 않는 제로코스트 구조의 장외파생상품 거래를 하는 경우에도 마찬가지라고 한다(대법원 2013. 9. 26. 선고 2013다26746 전원합의체 판결: 공2013하, 1954).

제5절 제3자 보호

1. 일 반 론

사기를 이유로 한 법률행위의 취소로써 대항할 수 없는 제110조 제3항 소정의 제3자란 사기에 의한 의사표시의 당사자 및 포괄승계인 이외의 자로서 사기에 의한 의사표시를 기초로 하여 새로운 법률원인으로써 이해관계를 맺은 자를 의미한다(대법원 2010. 1. 28. 선고 2009다83025 판결: 미공간). 상대방의 대리인 등 상대방과 동일시할 수 있는 자의 사기나 강박은 제110조 제2항에서 말하는 제3자의 사기·강박에 해당하지 않으므로 대리인이 기망행위를 하여 상대방이 의사표시를 한 경우에 본인이 이를 알지 못하였고 알 수도 없었을지라도 상대방은 그 의사표시를 취소할 수 있다(대법원 2013. 5. 9. 선고 2012다54522, 54539 판결: 미공간).

2. 특수한 경우

파산관재인이 제3자로서의 지위도 가지는 점 등에 비추어, 파산관재인은 사기에 의한 의사표시에 따라 외형상 형성된 법률관계를 토대로 실질적으로 새로운 법률상 이해관계를 가지게 된 제110조 제3항의 제3자에 해당한다고 보아야 할 것이고, 파산채권자 모두가 악의로 되지 않는 한 파산관재인은 선의의 제3자라고 할 수밖에 없을 것이다(대법원 2010. 4. 29. 선고 2009다96083 판결: 공2010상, 993). 통정허위표시 파산채권자 제3자 법리와 동일한 법리이다.

제6절 아파트(택지) 분양계약과 인근의 개발사업 관련한 문제

주거용 주상복합건물 수분양자가 일정한 조망·일조가 확보되리라는 착오를 이유로 분양계약을 취소하기 위해서는 동기의 착오에 관한 요건을 충족해야 한다고 전제하고, 대법원은 조망·일조라는 동기가 분양가 형성에 미친 영향에 관해서 제반사정을 종합하여 판단하여야 한다고 하면서, 동기의 착오를 인정하지 않은 원심 판단을 수긍하였다(대법원 2010. 4. 29. 선고 2009다97864 판결: 미공간).

그 밖에 대법원은 택지나 아파트 분양계약을 체결하면서 분양사가 분양예정 부동산 인근에 대규모 개발사업이 예정되었다고 광고한 사안에서, 「표시·광고의 공정화에 관한 법률」위반, 사기에 의한 분양계약 취소를 인정하지 않고, 그러한 동기가 의사표시의 내용이 되지 않았으며, 장래 사정의 착오에 불과하다는 이유 등으로 취소를 인정하지 않았다(대법원 2015. 5. 28. 선고 2014다10793, 10809, 10816, 10823 판결: 미공간).

제7절 키코 사건(통화옵션계약)

키코(KIKO: Konock-in Knock-out) 통화옵션계약에 관하여 2013. 9. 26. 4건의 대법원 전원합의체 판결(2011다53683, 2012다1146, 2012다13637, 2013다26746)이 선고되었다. 사건마다 쟁점이 조금씩 다르지만, 민법 총론과 관계되는 쟁점은 키코계약이 민법상 불공정한 법률행위로서 무효인지, 사기 또는 착오를 이유로 취소할 수 있는지 여부 등이다. 대법원은 이러한 쟁점에 관한 기업의 주장을 모두 배척하였다.

제8장 불공정한 법률행위

제1절 요   건

불공정한 법률행위는 가해자에게 피해 당사자의 궁박, 경솔, 무경험을 이용하려는 악의가 있고, 급부와 반대급부 사이에 현저한 불균형이 존재하여야 한다. 이에 관해서 종합적으로 판시한 대법원의 표현은 다음과 같다.

> "민법 제104조에 규정된 불공정한 법률행위는 객관적으로 급부와 반대급부 사이에 현저한 불균형이 존재하고, 주관적으로 그와 같이 균형을 잃은 거래가 피해 당사자의 궁박, 경솔 또는 무경험을 이용하여 이루어진 경우에 성립하는 것으로서, 약자적 지위에 있는 자의 궁박, 경솔 또는 무경험을 이용한 폭리행위를 규제하려는 데에 그 목적이 있고, 불공정한 법률행위가 성립하기 위한 요건인 궁박, 경솔, 무경험은 모두 구비되어야 하는 요건이 아니라 그 중 일부만 갖추어져도 충분한데, 여기에서 '궁박'이라 함은 '급박한 곤궁'을 의미하는 것으로서 경제적 원인에 기인할 수도 있고 정신적 또는 심리적 원인에 기인할 수도 있으며, '무경험'이라 함은 일반적인 생활체험의 부족을 의미하는 것으로서 어느 특정영역에 있어서의 경험부족이 아니라 거래 일반에 대한 경험부족을 뜻하고 (중간 생략) 피해 당사자가 궁박, 경솔 또는 무경험의 상태에 있었다고 하더라도 그 상대방 당사자에게 그와 같은 피해 당사자측의 사정을 알면서 이를 이용하려는 의사, 즉 폭리행위의 악의가 없었다거나 또는 객관적으로 급부와 반대급부 사이에 현저한 불균형이 존재하지 아니한다면 불공정 법률행위는 성립하지 않는다."(대법원 2010. 9. 30. 선고 2009다76195, 76201 판결: 미공간).

제2절 판단 시점

어떠한 법률행위가 불공정한 법률행위에 해당하는지는 법률행위 당시를 기준으로 판단하여야 하므로, 계약 체결 당시를 기준으로 계약 내용에 따른 권리의무관계를 종합적으로 고려한 결과 불공정한 것이 아니라면, 사후에 외부적 환경의 급격한 변화에 따라 계약당사자 일방에게 큰 손실이 발생하고 상대방에게는 그에 상응하는 큰 이익이 발생할 수 있는 구조라고 하여 그 계약이 당연히 불공정한 계약에 해당한다고 말할 수 없다(대법원 2013. 9. 26. 선고 2012다13637 전원합의체 판결: 공2013하, 1916). 이러한 급부의 불균형을 시정하는 것은 사후적 수단으로서 사정변경의 원칙(신의칙)을 들 수 있겠으나, 위 전합판결에서 사정변경 주장도 받아들여지지 않았다.

제3절 급부 사이에 현저한 불균형이 있는지를 판단하는 대상

현저한 불균형이 있는지에 관해서는 피해 당사자의 궁박·경솔·무경험의 정도가 아울러 고려되어야 하고, 당사자의 주관적 가치가 아닌 거래상의 객관적 가치에 의하여야 한다(대법원 2010. 7. 15. 선고 2009다50308 판결: 공2010하, 1566). 따라서 급부의 상대적 가치, 즉 더 싼 가격에 제공받을 수 있는 급부를 비싸게 제공받았는지 여부에 따라 판단할 수는 없다(대법원 2011. 1. 13. 선고 2009다21058 판결: 공2011상, 309). 위 판례는 수자원공사와 서울특별시 사이의 용수계약이 불공정한 법률행위라는 원심판결을 파기한 사례이다.

토지 매매계약에서 대향되는 쌍방의 급부는 특별한 사정이 없는 한 매매대금 지급의무와 토지소유권 이전의무라고 할 것이므로, 토지 매매계약이 불공정한 법률행위인지 여부를 판단할 때에는 매매대금 지급의무와 토지소유권 이전의무가 가지는 각 가치를 심리하여 양자 사이에 현저한 불균형이 있는지 여부를 가려야 한다(대법원 2010. 12. 9. 선고 2010다40499 판결: 미공간).

대법원 2013. 9. 26. 선고 2010다42075 판결(공2013하, 1873)의 원심은 주식양도에 따른 양도대금 지급이 2단계로 나누어 이행되는 사안에서, 양수인이 1단계에서 이미 주식의 50%와 경영권에 필요한 서류를 인도받으면서도 주식의 실질가치에 비하여 매우 적은 금액만을 지급하면

되고, 2단계에서 주식을 그 실질가치에 합당한 양도대금으로 매수한다는 것을 보장할 아무런 수단이 없기 때문에 주식거래약정이 불공정하다고 판단하였다. 그러나 대법원은 <u>불공정 법률행위에 해당하는지 여부는 법률행위가 이루어진 시점을 기준으로 약속된 급부와 반대급부 사이의 객관적 가치를 비교 평가하여 판단하여야 할 문제이고, 당초의 약정대로 계약이 이행되지 않을 경우에 발생할 수 있는 문제는 채무의 불이행에 따른 효과로서 다루어지는 것이 원칙이라고 판시</u>하여, 원심판결을 파기하였다.

제4절 불공정한 법률행위 속에 부제소합의가 포함된 경우

매매계약과 같은 쌍무계약이 급부와 반대급부와의 불균형으로 말미암아 제104조에서 정하는 '불공정한 법률행위'에 해당하여 무효라고 한다면, 그 계약으로 인하여 불이익을 입는 당사자로 하여금 위와 같은 불공정성을 소송 등 사법적 구제수단을 통하여 주장하지 못하도록 하는 부제소합의 역시 무효이다(대법원 2010. 7. 15. 선고 2009다50308 판결: 공2010하, 1566). 그리하여 변호사가 위임받은 사건을 통해서 개발정보를 입수하여 알박기를 하고 시행사와 불공정한 계약을 체결하면서 약정한 부제소합의를 무효로 보았다(대법원 2017. 5. 30. 선고 2017다201422 판결: 미공간). LH공사가 임대아파트를 분양전환하는 과정에서 그 요구에 따르지 않을 경우 임대받은 아파트를 명도해야 할 처지에 있는 임차인의 궁박한 상태를 이용하여 분양전환에 따른 분양계약 체결을 조건으로 지급의무가 없는 불법거주배상금을 부담하도록 하면서 이를 소송을 통하여 주장하지 못하도록 약정한 것을 무효로 판단하였다(대법원 2011. 7. 14. 선고 2010다82745 판결: 미공간).

제9장 대   리

제1절 수권행위

대리권을 수여하는 수권행위는 불요식의 행위로서 명시적인 의사표시에 의함이 없이 묵시적인 의사표시에 의하여 할 수도 있고, 어떤 사람이 대리인의 외양을 가지고 행위하는 것을 본인이 알면서도 이의를 하지 아니하고 방임하는 등 사실상의 용태에 의하여 대리권의 수여가 추단되는 경우도 있다(대법원 2016. 5. 26. 선고 2016다203315 판결: 공2016하, 853). 인감도장 및 인감증명서는 대리권을 인정할 수 있는 하나의 자료에 지나지 않고, 대리권이 있다는 점에 대한 입증책임은 그 효과를 주장하는 사람에게 있다(대법원 2010. 1. 28. 선고 2009다65331 판결: 미공간).

제2절 임의대리권의 범위

임의대리의 대리권 범위는 수권행위의 내용에 따라 결정되고, 권한을 정하지 않은 경우 대리인은 보존행위, 물건이나 권리의 성질을 변하지 않는 범위에서 이용·개량행위를 대리할 수 있다. 그 밖에 법률행위 유형에 따라 수권행위에 당연히 포함된다고 볼 수 있는 경우가 있다.

임의대리권은 그 권한에 부수하여 필요한 한도에서 상대방의 의사표시를 수령하는 이른바 수령대리권을 포함한다. 따라서 소유자로부터 매매계약을 체결할 대리권을 수여받은 대리인은 그 매매계약에서 정한 바에 따라 중도금이나 잔금 등을 수령할 권한도 있다(대법원 2015. 9. 10. 선고 2010두1385: 공2015하, 1531). 부동산중개업자 또는 부동산개발업자가 토지소유자로부터 목적 토지를 매수한 다음 이를 개발·분할하여 다수의 제3자에게 주택 등의 부지로 분양하면서 원래의 토지소유자를 대리하여 매매계약을 체결하는 일은 이러한 유형의 토지거래에서 드물지 않게 관찰되는 바로서 이를 도저히 "매우 이례적"이라고 할 수 없다(대법원 2011. 8. 25. 선고 2011다40717 판결: 미공간).

통상적으로 본인을 위하여 금융기관과 사이에 대출거래약정과 그에 관한 담보권설정계약을 체결할 대리권을 수여받은 대리인은 그 대출금을 수령할 권한도 있다고 볼 수 있으나, 그렇다고 하더라도 대리권을 수여받은 대출거래약정 및 담보권설정계약을 넘어서서 타인의 채무를 인수하도록 하는 약정까지 체결할 수 있는 대리권을 수여받은 것으로 볼 수는 없다(대법원 2013. 6. 27. 선고 2012다63878 판결: 미공간).

법률행위에 의하여 수여된 대리권은 그 원인된 법률관계의 종료에 의하여 소멸하는 것이므로(제128조), 그 계약을 대리하여 체결하였던 대리인이 체결된 계약의 해제 등 일체의 처분권과 상대방의 의사를 수령할 권한까지 가지고 있다고 볼 수는 없지만, 아파트 등 건물의 분양업무에 관한 대리권을 수여받은 자의 업무가 개별적인 분양계약의 체결에 그치는 것이 아니라, 일부 분양계약의 취소, 해제와 재분양 계약의 체결 등을 할 권한도 가지는 경우가 있다(대법원 2015. 12. 23. 선고 2013다81019 판결: 미공간).

제3절 현명주의

대리행위는 원칙적으로 본인을 위한 것임을 표시하여야 직접 본인에 대하여 효력이 생기지만, 상대방이 대리인으로서 한 것임을 알았거나 알 수 있었을 때에도 본인에 대하여 효력이 생긴다(제115조 단서). 대리에서 본인을 위한 것임을 표시하는 현명은 반드시 명시적으로 할 필요는 없고 묵시적으로도 할 수 있는 것이고, 현명을 하지 않은 경우라도 여러 사정에 비추어 대리인으로서 행위한 것임을 상대방이 알았거나 알 수 있었을 때에는 제115조 단서의 규정에 의하여 본인에게 효력이 미친다(대법원 2011. 11. 10. 선고 2010다5434 판결: 미공간).

그리하여 조합대리에서 본인에 해당하는 모든 조합원을 위한 것임을 표시하여야 하나, 반드시 조합원 전원의 성명을 제시할 필요는 없고 상대방이 알 수 있을 정도로 조합을 표시하는 것으로 충분하다(대법원 2013. 5. 23. 선고 2012다57590 판결: 미공간). 다만 제115조 단서는 대리인이 대리행위를 할 의사를 가지고 행위한 경우에만 적용되는 것이지 대리의사 없이 행위자 자신이 직접 당사자로서 행위한 경우에는 적용되지 않는다(대법원 2011. 11. 10. 선고 2010다5434 판결: 미공간).

한편 일방 당사자가 대리인을 통하여 계약을 체결하는 경우 계약의 상대방이 대리인을 통하여 본인과 사이에 계약을 체결하려는 데 의사가 일치하였다면 대리인의 대리권 존부 문제와는 무관하게 상대방과 본인이 그 계약의 당사자가 된다(대법원 2014. 7. 10. 선고 2014다18711 판결: 미공간).

제4절 대리의 효과

법률행위가 대리인에 의해서 이루어지면 계약상 급부의 이행에 따른 법률효과, 계약의 불이행으로 인한 원상회복의무 모두 대리인이 아니라 본인에게 귀속되는 것은 대리의 효과상 당연하다(제114조). 대법원은 더 나아가 본인이 대리인으로부터 그 수령한 급부를 현실적으로 인도받지 못하였다거나 해제의 원인이 된 계약상 채무의 불이행에 관하여 대리인에게 책임 있는 사유가 있다고 하여도 마찬가지라고 한다(대법원 2011. 8. 18. 선고 2011다30871 판결: 공2011하, 1917).

제5절 자기계약, 쌍방대리와 이익상반행위

제124조는 본인의 허락이 없는 자기계약과 쌍방대리를 금지하고 있는데, 본인의 허락이 있는 경우에는 허용된다.

채무자의 '계약체결에 관한 의사표시 및 강제집행을 승낙하는 의사표시'와 '집행증서 작성을 촉탁하는 의사표시'는 구분하여야 한다. 전자의 의사표시를 채무자 본인이 직접 한 이상, 단지 후자의 의사표시에 관한 대리권만을 위임하여 촉탁대리인이 집행증서 작성을 촉탁하도록 하는 것은 제124조에 위배되지 않는다(대법원 2020. 11. 26. 선고 2020두42262 판결: 공2021상, 164).

제6절 표현대리

1. 대리권 수여 표시에 의한 표현대리(제125조)

제125조가 규정하는 대리권 수여의 표시에 의한 표현대리는 본인과 대리행위를 한 자 사이의 기본적인 법률관계의 성질이나 그 효력의 유무와는 직접적인 관계가 없이 어떤 자가 본인을 대리하여 제3자와 법률행위를 할 때 본인이 그 자에게 대리권을 수여하였다는 표시를 제3자에게 한 경우에 성립될 수 있다. 또 본인에 의한 대리권 수여의 표시는 반드시 대리권 또는 대리인이라는 말을 사용하여야 하는 것이 아니라 사회통념상 대리권을 추단할 수 있는 직함이나 명칭 등의 사용을 승낙 또는 묵인한 경우에도 대리권 수여의 표시가 있은 것으로 볼 수가 있다. 나아가 제125조의 표현대리에 해당하여 본인에게 대리행위의 직접의 효과가 귀속하기 위해서는 대리행위의 상대방인 제3자가 대리인으로 행위한 사람에게 실제로는 대리권이 없다는 점에 대하여 선의일 뿐만 아니라 무과실이어야 함은 같은 조 단서에서 명백하다(대법원 2014. 4. 30. 선고 2011다 72233, 72240 판결: 미공간).

2. 권한을 넘은 표현대리(민법 제126조)

제126조에서 말하는 권한을 넘은 표현대리의 효과를 주장하려면 자칭 대리인이 본인을 위한다는 의사를 명시 또는 묵시적으로 표시하거나 대리의사를 가지고 권한 외의 행위를 하는 경우에 상대방이 자칭 대리인에게 대리권이 있다고 믿고 그와 같이 믿는 데 정당한 이유가 있을 것을 요건으로 하는 것인데, 여기서 정당한 이유의 존부는 자칭 대리인의 대리행위가 행하여질 때에 존재하는 모든 사정을 객관적으로 관찰하여 판단하여야 한다(대법원 2019. 5. 30. 선고 2019다203545 판결: 미공간). '정당한 이유' 유무에 관한 판례 몇 가지를 소개한다.

대리행위의 표시를 하지 않고 사술을 써서 본인의 성명을 모용하여 자기가 마치 본인인 것처럼 기망하여 본인 명의로 직접 법률행위를 한

경우에는, 본인을 모용한 사람에게 본인을 대리할 기본대리권이 있었고,
상대방으로서는 위 모용자가 본인 자신으로서 본인의 권한을 행사하는
것으로 믿은 데 정당한 사유가 있었던 사정이 있는 경우에 한하여 위 법
조 소정의 표현대리의 법리가 유추적용 된다(대법원 2014. 5. 29. 선고 2012다
66303 판결: 미공간).

정당한 이유가 있는가의 여부는 대리행위인 매매계약 당시를 기준으
로 결정하여야 하고 매매계약 성립 이후의 사정은 고려할 것이 아니므
로, 무권대리인이 매매계약 후 그 이행단계에서야 비로소 본인의 인감증
명과 위임장을 상대방에게 교부한 사정만으로는 상대방이 무권대리인에
게 그 권한이 있다고 믿을 만한 정당한 이유가 있었다고 단정할 수 없다
(대법원 2018. 7. 24. 선고 2017다2472 판결: 미공간). 자칭 대리인이 매도, 담
보설정 등의 부동산에 관한 법률행위를 하면서 그 등기에 필요한 서류와
인감도장을 모두 소지한 채 이를 상대방에게 제시하며 그 법률행위의 대
리권이 있음을 표명하고 나섰다면 상대방은 자칭 대리인에게 본인을 대
리하여 해당 법률행위를 할 권한이 있다고 믿을 만한 정당한 이유가 있
었다고 볼 수 있고, 본인에 대해 직접 대리권 수여 여부를 확인해보아야
만 정당한 이유가 있다고 인정되는 것은 아니다(대법원 2012. 4. 13. 선고
2011다112483 판결: 미공간). 상대방이 "본인이 스스로 그러한 행위를 하였
다."고 주장하면서 그 증거로 내세운 서면에 본인의 이름이 수기되어 있
는데 그 필체가 본인의 진정한 필체와 단지 '외관상 유사'하다거나 그것
들이 '독특'하다는 등의 사정은, 본인이 스스로 그 행위를 하였음을 이유
로 그에 따르는 법적 책임을 묻는다는 관점에서라면 의미가 있을지 모르
나(그러한 관점에서 필요하다면 양자의 필적을 감정하는 등의 방법으로 그 서면
의 진정성립 여부를 가려야 할 것이다), 대리인의 대리행위에 대하여 본인이
제126조의 표현대리책임을 지는가 여부와는 별다른 관계가 없고, 따라서
그것이 표현대리책임의 긍정을 '구체적 타당성에 부합'하게 하는 근거가
된다고 할 수 없다(대법원 2012. 2. 9. 선고 2011다95090 판결: 미공간).

제7절 무권대리 행위의 추인

본인이 무권대리인의 처분을 추인하는 것은 사적자치의 원칙에 따라 당연히 인정된다. 무권대리 행위의 추인은 무효행위 등이 있음을 알고 그 행위의 효과를 자기에게 귀속시키도록 하는 단독행위이다. 이는 묵시적인 방법으로도 할 수 있지만, 묵시적 추인을 인정하기 위해서는 본인이 그 행위로 처하게 된 법적 지위를 충분히 이해하고 그럼에도 진의에 기하여 그 행위의 결과가 자기에게 귀속된다는 것을 승인한 것으로 볼 만한 사정이 있어야 한다(대법원 2014. 2. 13. 선고 2012다112299, 112305 판결: 공2014상, 577). 추인의 의사표시는 무권리자나 그 상대방 어느 쪽에 해도 무방하다(대법원 2017. 6. 8. 선고 2017다3499 판결: 공2017하, 1461). 본인이 무권대리행위의 상대방에게 의무를 이행하겠다는 의사를 적극적으로 표명한 경우에는 무권대리행위를 추인한 것으로 판단하는 데 주요한 고려 요소가 될 수 있다(대법원 2015. 4. 23. 선고 2013다61398 판결: 미공간).

제8절 주목할 만한 판례

1. 영농조합법인에 준용되는 민법 조항: 조합 vs. 법인

영농조합법인에 관하여 민법상 법인에 관한 규정이 아니라 조합에 관한 규정이 준용된다(구 「농어업경영체 육성 및 지원에 관한 법률」 제16조, 현행법도 같다). 따라서 영농조합법인의 대표이사가 이익상반이 있는 사항에 관해서 법률행위를 한 경우에는 무권대리행위가 되는 것이지 무권대표행위가 되는 것이 아니다(대법원 2018. 4. 12. 선고 2017다271070 판결: 공2018상, 895). 그런데 이와 반대되는 취지의 판례(대법원 2007. 11. 8.자 2007마488 결정: 미공간)와 관계가 문제된다. 후자의 사건에서 대법원은 영농조합법인의 정관상 주식 처분에 이사회 결의를 거치도록 규정되어 있으나, 이는 "법인 대표자"의 대표권 제한에 관한 것이어서 등기하지 않으면 제3자에게 대항할 수 없다는 항고심 판단을 수긍하였다. 즉 민법 중 법인에 관한 규정이 준용됨을 전제로 판단한 바가 있다.

2. 현명주의

대검찰청 중앙수사부 소속 검사 갑이 사건 조사를 위하여 을을 참고인 자격으로 소환한 다음 병을 대리한 을로부터 '병이 정 주식회사에서 급여 명목으로 부당하게 수령한 금액을 무 저축은행에 반환할 것을 서약한다'라는 취지의 각서를 징구한 사안에서, 여러 사정에 비추어 각서의 효력이 무 은행에 미치지 않는다고 본 원심판단을 정당하다고 한 사례가 있다(대법원 2013. 8. 22. 선고 2013다203369 판결: 공2013하, 1705). 위 판결은 피고 또는 그 대리인인 소외인이 수사기관을 상대방으로 인식한 채 수사기관에 대하여 단순히 부당 수령 급여를 장차 저축은행에 반환할 것을 다짐한다는 의미로 이 사건 각서를 작성, 교부하였던 것으로 보일 뿐, 피고 또는 그 대리인인 소외인이 각서 작성 당시 검사 등이 파산 전 회사를 대리하여 각서를 징구하는 것이라는 점을 알았거나 알 수 있었다고 보기는 어렵다고 판단한 원심을 수긍하였다.

3. 무권대리인의 책임

무권대리인의 책임에 관한 대법원 판례는 드물다. 그런 면에서 아래 판결들은 별도로 언급할 가치가 있다. 대법원 2014. 2. 27. 선고 2013다213038 판결(공2014상, 700)은 무권대리인의 상대방에 대한 책임이 무과실책임임을 명시적으로 판시하였다는 점에서 의미가 있다. 즉 대법원은 "대리권의 흠결에 관하여 대리인에게 과실 등의 귀책사유가 있어야만 인정되는 것이 아니다. 무권대리행위가 제3자의 기망이나 문서위조 등 위법행위로 야기되었더라도 그 책임은 부정되지 않는다."라고 하였다.

무권대리인은 상대방의 선택에 따라 계약 이행책임이나 손해배상책임을 지게 되므로 피고가 되는 것이 통상적인 모습일 것이다. 그런데 대법원 2018. 6. 28. 선고 2018다210775 판결(공2018하, 1465)은 무권대리인이 계약금을 몰취당한 후 그가 원고가 되어 자신이 상대방에게 지급한 계약금이 부당이득에 해당한다고 주장하는 사안에 관한 것이어서 이채롭다. 이에 관해서 대법원은 다음과 같이 판시하였다.

"상대방이 계약의 이행을 선택한 경우 무권대리인은 그 계약이 본인에게 효력이 발생하였더라면 본인이 상대방에게 부담하였을 것과 같은 내용의 채무를 이행할 책임이 있다. 무권대리인은 마치 자신이 계약의 당사자가 된 것처럼 계약에서 정한 채무를 이행할 책임을 지는 것이다. 무권대리인이 계약에서 정한 채무를 이행하지 않으면 상대방에게 채무불이행에 따른 손해를 배상할 책임을 진다. 위 계약에서 채무불이행에 대비하여 손해배상액의 예정에 관한 조항을 둔 때에는 특별한 사정이 없는 한 무권대리인은 그 조항에서 정한 바에 따라 산정한 손해액을 지급하여야 한다. 이 경우에도 손해배상액의 예정에 관한 민법 제398조가 적용됨은 물론이다."

나아가 상대방이 대리권이 없음을 알았다는 사실 또는 알 수 있었는데도 알지 못하였다는 사실에 관한 주장·증명책임은 무권대리인에게 있다고 판시하였다.

그 밖에 제135조 제1항은 "다른 자의 대리인으로서 계약을 맺은 자가 그 대리권을 증명하지 못하고 또 본인의 추인을 받지 못한 경우에는 그는 상대방의 선택에 따라 계약을 이행할 책임 또는 손해를 배상할 책임이 있다."라고 규정하는바, 이는 법인의 대표에 관하여 준용된다(제59조 제2항). 어떤 사람이 장래에 성립될 단체의 대표자로 칭하여 법률행위를 하였으나 그 단체가 성립되지 아니한 경우에도 준용된다. 위의 경우에 대리권의 존재 또는 본인의 추인이 있었다는 사실은 타인의 대리인 또는 대표자로 법률행위를 한 자가 입증책임을 진다(대법원 2010. 1. 14. 선고 2009다73110 판결: 미공간).

제10장 무효와 취소

제1절 추인의 의의

무효인 법률행위나 취소 대상 법률행위를 유효하게 하는 추인은 사적자치의 원칙상 당연히 인정된다. 민법은 그 외에 일정한 행위가 있으면 추인한 것으로 간주하는 법정추인을 규정하고 있다(제144조, 145조). 추인은 취소권을 가지는 자가 취소원인이 종료한 후에 취소할 수 있는 행위임을 알고서 추인의 의사표시를 하거나 법정 추인사유에 해당하는 행위를 행할 때에만 법률행위의 효력을 유효로 확정하는 효력이 발생하고, 이의를 보류한 때에는 추인한 것으로 보지 않는다(대법원 2015. 7. 23. 선고 2013다19342, 19359 판결: 미공간).

추인이 유효하려면 취소원인이 종료한 후 취소할 수 있는 행위임을 알고서 추인의 의사표시를 하거나(대법원 2010. 9. 9. 선고 2010다27625 판결: 미공간), 이전의 법률행위가 무효임을 알고서 그 행위에 대하여 추인하여야 한다(대법원 2014. 3. 27. 선고 2012다106607 판결: 공2014상, 933).

제2절 일부 무효

1. 원   칙

하나의 법률행위의 일부분에 무효사유가 있더라도 그 법률행위가 가분적이거나 그 목적물의 일부가 특정될 수 있다면 그 나머지 부분이라도 이를 유지하려는 당사자의 가정적 의사가 인정되는 경우, 그 일부만을 무효로 하고 나머지 부분은 유효한 것으로 유지하는 것도 가능하다(대법원 2015. 12. 10. 선고 2013다207538 판결: 미공간). 그 증명책임은 나머지 부분의 유효를 주장하는 자에게 있다(대법원 2015. 1. 29. 선고 2013다204508, 204515 판결: 미공간).

2. 복수의 당사자 중 일부의 의사표시가 무효인 경우

이러한 경우도 법률행위 해석의 일반원칙에 따른다. 복수의 당사자 사이에 어떠한 합의를 한 경우 그 합의는 전체로서 일체성을 가지는 것이므로, 그중 한 당사자의 의사표시가 무효인 것으로 판명된 경우 나머지 당사자 사이의 합의가 유효한지의 여부는 제137조에 정한 바에 따라 당사자가 그 무효 부분이 없더라도 법률행위를 하였을 것이라고 인정되는지의 여부에 의하여 판정된다(대법원 2010. 3. 25. 선고 2009다41465 판결: 공2010상, 795). 그런데 나머지 당사자 사이의 합의도 유효한 것으로 유지하려는 의사는 실재적 의사가 아니라 가정적 의사를 말하는 것이므로, 어느 한 당사자의 의사표시가 무효가 되더라도 나머지 당사자들이 약정대로 이행하기로 의욕하였다는 의사가 존재하였다면, 그 당사자들 사이에서는 가정적 의사가 무엇인지 가릴 필요가 없이 그 의사표시대로의 효력을 인정하면 된다(대법원 2010. 3. 25. 선고 2009다41465 판결: 공2010상, 795).

3. 법률행위의 일부가 강행법규에 위반된 경우

개별 법령이 일부 무효의 효력에 관한 규정을 두고 있는 경우에는 그에 따르고, 그러한 규정이 없다면 제137조 본문에서 정한 바에 따라서 원칙적으로 법률행위의 전부가 무효가 된다. 그러나 당사자가 위와 같은 무효를 알았더라면 그 무효 부분이 없더라도 법률행위를 하였을 것이라고 인정되는 경우에는 같은 조 단서에 따라서 그 무효 부분을 제외한 나머지 부분이 여전히 효력을 가진다(대법원 2013. 4. 26. 선고 2011다9068 판결: 공2013상, 918).

4. 노동사건의 경우

근로기준법은 일부 무효에 관한 민법의 특칙을 두고 있다. 근로기준법 제15조 제1항은 "이 법에서 정하는 기준에 미치지 못하는 근로조건을 정한 근로계약은 그 부분에 한정하여 무효로 한다."라고, 제2항은 "제1항에 따라 무효로 된 부분은 이 법에서 정한 기준에 따른다."라고 규정하고 있다. 위 규정은 근로기준법의 목적을 달성하기 위하여 개별적 노사간 합의라는 형식을 빌려 근로자로 하여금 근로기준법이 정한 기준에 미달하는 근로조건을 감수하도록 하는 것을 저지함으로써 근로자에게 실질적으로 최소한의 근로조건을 유지시켜 주기 위하여 둔 것이다.

따라서 근로기준법 소정의 통상임금에 산입될 수당을 통상임금에서 제외하기로 하는 노사간 합의는 그 전부가 무효로 되는 것이 아니라 그 법에 정한 기준과 전체적으로 비교하여 그에 미치지 못하는 근로조건이 포함된 부분에 한하여 무효로 된다(대법원 2011. 9. 8. 선고 2011다26988 판결:

미공간). 또 임금지급약정에 붙은 부관이 근로기준법 제43조(임금의 통화 직접 지급 규정)에 반하여 허용될 수 없다면 그 부관만 무효이고, 나머지 임금지급약정은 유효하다(대법원 2020. 12. 24. 선고 2019다293098 판결: 공2021상, 270). 위 판결은 지방문화원진흥법에 따라 설립된 갑 법인이 관할 지방자치단체로부터 받아 오던 보조금의 지급이 중단된 후 을을 사무국장으로 채용하면서 '월급을 350만 원으로 하되 당분간은 월 100만 원만 지급하고 추후 보조금을 다시 지급받으면 그때 밀린 급여 또는 나머지 월 250만 원을 지급하겠다.'는 취지로 설명하였고, 그 후 을에게 임금으로 매월 100만 원을 지급한 사안에서, '갑 법인의 보조금 수령'이라는 사유는 조건이 아닌 불확정기한으로 봄이 타당한데, 이는 근로기준법 제43조에 반하여 무효이고, 나머지 월 250만 원의 임금지급약정은 유효하다고 한 사례이다.

제3절 소 급 효
무효행위를 추인한 때에는 달리 소급효를 인정하는 법률규정이 없는 한 새로운 법률행위를 한 것으로 보아야 할 것이고, 이는 무효인 결의를 사후에 적법하게 추인하는 경우에도 마찬가지이다(대법원 2011. 6. 24. 선고 2009다35033 판결: 공2011하, 1459).

반면 권리자가 무권리자의 처분을 추인하면 무권대리에 대해 본인이 추인을 한 경우와 당사자들 사이의 이익상황이 유사하므로, 무권대리의 추인에 관한 제130조, 제133조 등을 무권리자의 추인에 유추 적용할 수 있다. 따라서 무권리자의 처분이 계약으로 이루어진 경우에 권리자가 이를 추인하면 원칙적으로 그 계약의 효과가 계약을 체결했을 때에 소급하여 권리자에게 귀속된다(대법원 2017. 6. 8. 선고 2017다3499 판결: 공2017하, 1461).

제4절 취소의 제척기간
제146조는 취소권을 추인할 수 있는 날로부터 3년 내에 행사하여야 한다고 규정하고 있다. 이때 3년이라는 기간은 일반 시효기간이 아니라 제척기간으로서 그 기간이 도과하였는지 여부는 당사자의 주장에 관계없

이 법원이 당연히 조사하여 고려하여야 한다(대법원 2011. 11. 24. 선고 2011다57074 판결: 미공간).

제5절 주목할 만한 판례

1. 묵시적 추인

법률행위의 일반 이론에 따라 추인도 묵시적으로 행하여질 수 있다. 묵시적 추인을 인정하기 위해서는 이전의 법률행위가 무효임을 알거나 적어도 무효임을 의심하면서도 그 행위의 효과를 자기에게 귀속시키도록 하는 의사로 후속행위를 하였음이 인정되어야 할 것이다. 선행행위의 무효성을 의심하지 않은 채 단순히 그러한 행위가 있었음을 전제로 후속행위를 하는 것만으로는 묵시적 추인으로 보기 어렵다(대법원 2014. 3. 27. 선고 2012다106607 판결: 공2014상, 933).

2. 무효행위의 전환

재건축사업부지에 포함된 토지에 대하여 재건축사업조합과 토지의 소유자가 체결한 매매계약이 매매대금의 과다로 말미암아 불공정한 법률행위가 되지만, 무효행위의 전환을 인정하여 적정한 매매대금으로 감액된 범위에서 매매계약이 유효하다고 판단한 선례가 있다(대법원 2010. 7. 15. 선고 2009다50308 판결: 공2010하, 1566). 이러한 알박기 사례에 대하여 일부무효의 법리에 의하여 해결이 시도되기도 했지만, 제137조가 요구하는 법률행위의 가분성 요건을 구비할 수 없기 때문에 무효행위 전환 법리가 동원된 것이다. 그러나 법원이 당위성을 근거로 당사자의 전환의사를 규범적으로 인정·해석할 수 있다 하더라도, 전환되는 유효행위에 관한 당사자의 의사는 실존하는 것이라기보다는 어디까지나 가정적인(fictional, imaginary) 것이어서 신중히 접근할 필요가 있다. 그리하여 위 사안에서 대법원은 계약 당시의 시가와 같은 객관적 지표는 그러한 가정적 의사의 인정에 있어서 하나의 참고자료로 삼을 수는 있을지언정 그것이 일응의 기준이 된다고도 쉽사리 말할 수 없기 때문에, 법원으로서는 그 '가정적 의사'를 함부로 추단하여 당사자가 의욕하지 아니하는 법률효과를 그에게 또는 그들에게 계약의 이름으로 불합리하게 강요하는 것이 되지 아니하도록 신중을 기하여야 한다고 판단하였다.

한편 근로사건에 관해서, 임금은 법령 또는 단체협약에 특별한 규정이 있는 경우를 제외하고는 통화로 직접 근로자에게 그 전액을 지급하여야 한다(근로기준법 제43조 제1항). 따라서 사용자가 근로자의 임금 지급에 갈음하여 사용자가 제3자에 대하여 가지는 채권을 근로자에게 양도하기로 하는 약정은 그 전부가 무효임이 원칙이다. 다만 당사자 쌍방이 위와 같은 무효를 알았더라면 임금의 지급에 갈음하는 것이 아니라 그 지급을 위하여 채권을 양도하는 것을 의욕하였으리라고 인정될 때에는 무효행위 전환의 법리(제138조)에 따라 그 채권양도 약정은 임금의 지급을 위하여 한 것으로서 효력을 가질 수 있다(대법원 2012. 3. 29. 선고 2011다101308 판결: 공2012상, 666).

3. 근로계약 취소로 인한 소급효 제한

근로계약도 사법상 계약이므로 일반이론에 따라 근로계약의 취소가 가능하다. 그 효과에 관하여 대법원은 소급효를 제한하고 있다. 즉 근로계약에 따라 그동안 행하여진 근로자의 노무 제공의 효과를 소급하여 부정하는 것은 타당하지 않으므로 이미 제공된 근로자의 노무를 기초로 형성된 취소 이전의 법률관계까지 효력을 잃는다고 보아서는 안 되고, 취소의 의사표시 이후 장래에 관하여만 근로계약의 효력이 소멸된다고 한다(대법원 2017. 12. 22. 선고 2013다25194, 25200 판결: 공2018상, 270). 위 선례는 경력허위기재를 이유로 한 근로계약 취소가 문제된 사안이었다. 결국 근로계약 취소에 따른 법률효과가 해고와 별반 다르지 않게 되었다.

제11장 조건과 기한

제1절 의   의

조건은 법률행위 효력의 발생 또는 소멸을 장래 불확실한 사실의 발생 여부에 따라 좌우되게 하는 법률행위의 부관이고, 법률행위에서 효과의사와 일체적인 내용을 이루는 의사표시 그 자체이다. 조건을 붙이고자 하는 의사는 법률행위의 내용으로 외부에 표시되어야 하고, 그러한 의사가 있는지는 의사표시의 해석에 관한 법리에 따라 판단한다(대법원 2020. 7. 9. 선고 2020다202821 판결: 공2020하, 1586). 조건을 붙이고자 하는 의사의 표시는 묵시적으로 행하여질 수 있지만(대법원 2018. 6. 28. 선고 2016다221368 판결: 공2018하, 1448), 그것이 외부에 표시되지 않으면 법률행위의 동기에 불과할 뿐 그것만으로는 법률행위의 부관으로서 조건이 되지는 않는다(대법원 2015. 10. 29. 선고 2015다219504 판결: 미공간).

그런데 판례 중에는 구체적인 사실관계가 어느 법률행위에 붙은 조건의 성취에 해당하는지 여부는 의사표시의 해석에 속하지만, 어느 법률행위에 어떤 조건이 붙어 있었는지 아닌지는 사실인정의 문제로서 그 조건의 존재를 주장하는 자가 이를 증명하여야 한다고 판시한 것들이 있다(대법원 2017. 5. 11. 선고 2016다274713 판결: 미공간). 사실인정 문제로서 법률행위에 조건이 부가되었는지 여부와, 법률행위 해석 문제로서 조건의사 유무를 구분하는 것은 반드시 명백한 것은 아니라고 생각된다. 오히려 판례의 주류는 법률행위 해석의 문제로 보는 것 같다. 즉 특정 법률행위에 관하여 어떠한 사실이 그 효과의사의 내용을 이루는 조건이 되는지와 해당 조건의 성취 또는 불성취로 말미암아 법률행위의 효력이 발생하거나 소멸하는지는 모두 법률행위 해석의 문제라는 것이다(대법원 2021. 1. 14. 선고 2018다223054 판결: 공2021상, 343).

제2절 조건과 기한의 구별

조건과 기한의 구별에 관해서 판례는 일관되게 판시하고 있다. 부관에 표시된 사실이 발생하지 않으면 채무를 이행하지 않아도 된다고 보는 것이 타당한 경우에는 조건으로 보아야 하고, 표시된 사실이 발생한 때에는 물론이고 반대로 발생하지 아니하는 것이 확정된 때에도 그 채무를 이행하여야 한다고 보는 것이 타당한 경우에는 표시된 사실의 발생 여부가 확정되는 것을 불확정기한으로 정한 것으로 보아야 한다는 것이다(대법원 2020. 12. 24. 선고 2019다293098 판결: 공2021상, 270). 그리고 이미 부담하고 있는 채무의 변제에 관하여 일정한 사실이 부관으로 붙여진 경우에는, 그것은 변제기를 유예한 것으로서 그 사실이 발생한 때 또는 발생하지 않는 것으로 확정된 때에 기한이 도래한다. 부관으로 정한 사실의 실현이 주로 채무를 변제하는 사람의 성의나 노력에 따라 좌우되고, 채권자가 그 사실의 실현에 영향을 줄 수 없는 경우에는 사실이 발생하는 때는 물론이고 그 사실의 발생이 불가능한 것으로 확정되지는 않았더라도 합리적인 기간 내에 그 사실이 발생하지 않는 때에도 채무의 이행기한은 도래한다(대법원 2018. 4. 24. 선고 2017다205127 판결: 공2018상, 947). 조건과 기한의 구분에 관하여 몇 가지 판례를 언급해 본다.

[조건으로 본 사례] 아파트 신축·분양 사업의 분양수입금 인출배분에 관하여 공사도급변경약정에서 시행사의 선투입비 및 일반관리비 채권을 2순위로 지급하기로 하면서, 위 선투입비는 아파트 분양 실계약률에 따라 계약률 50%시 45억 원, 최초 계약일로부터 6개월 이내에 계약률 75%시 35억 원, 12개월 이내에 계약률 95%시 10억 원을 각각 지급하기로 한 사안에서, 위 시행사의 선투입비 채권은 일정 기간 내에 일정 분양률이 충족되는 것을 정지조건으로 최대 90억 원까지 2순위로 지급받기로 약정된 것으로 보았다(대법원 2011. 4. 28. 선고 2010다89036 판결: 공2011상, 1026).

[불확정기한으로 본 사례] 도급계약의 당사자들이 '수급인이 공급한

목적물을 도급인이 검사하여 합격하면, 도급인은 수급인에게 그 보수를 지급한다.'고 정한 경우, 도급인의 수급인에 대한 보수지급의무와 동시이행관계에 있는 수급인의 목적물 인도의무를 확인한 것에 불과하고 '검사합격'은 법률행위의 효력 발생을 좌우하는 조건이 아니라 보수지급시기에 관한 불확정기한이다. 따라서 수급인이 도급계약에서 정한 일을 완성한 다음 검사에 합격한 때 또는 검사 합격이 불가능한 것으로 확정된 때 보수지급청구권의 기한이 도래한다(대법원 2019. 9. 10. 선고 2017다272486, 272493 판결: 공2019하, 1962).

제3절 조건 성취의 효과

정지조건 있는 법률행위는 조건이 성취한 때부터 효력이 생기고, 해제조건 있는 법률행위는 조건이 성취한 때부터 효력을 잃는다(제147조 제1항, 제2항).

1. 정지조건의 경우

동산의 소유권유보매매가 있는 경우, 매수인 앞으로의 소유권 이전에 관한 당사자 사이의 물권적 합의는 대금이 모두 지급되는 것을 정지조건으로 하여 행하여진다. 따라서 그 대금이 모두 지급되지 않고 있는 동안에는 비록 매수인이 목적물을 인도받았어도 목적물의 소유권은 위 약정대로 여전히 매도인이 이를 가지고, 대금이 모두 지급됨으로써 그 정지조건이 완성되어 별도의 의사표시 없이 바로 목적물의 소유권이 매수인에게 이전된다. 그리고 이는 매수인이 매매대금의 상당 부분을 지급하였다고 하여도 다를 바 없다. 그러므로 대금이 모두 지급되지 아니한 상태에서 매수인이 목적물을 다른 사람에게 양도하더라도, 양수인이 선의취득의 요건을 갖추거나 소유자인 소유권유보매도인이 후에 처분을 추인하는 등의 사정이 없는 한 그 양도는 목적물의 소유자가 아닌 사람이 행한 것으로서 효력이 없어서, 그 양도로써 목적물의 소유권이 매수인에게 이전되지 않는다(대법원 2010. 2. 11. 선고 2009다93671 판결: 공2010상, 565).

2. 해제조건의 경우

해제조건부 증여를 원인으로 부동산소유권이전등기를 마친 경우 그 해제조건이 성취되면 그 소유권은 증여자에게 복귀하고, 이 경우 당사자 사이에 별도의 의사표시가 없는 한 그 조건성취의 효과는 소급하지 않지만 조건성취 전에 수증자가 한 처분행위는 조건성취의 효과를 제한하는 한도 내에서는 무효이다. 다만 그 조건이 등기되어 있지 않는 한 그 처분행위로 인하여 권리를 취득한 제3자에게 위 무효를 대항할 수 없다고 하여(대법원 2015. 5. 14. 선고 2014다36443 판결: 미공간) 기존 대법원 입장(대법원 1992. 5. 22. 선고 92다5584 판결: 공1992, 1981)을 유지하고 있다.

제4절 조건성취, 불성취에 대한 반신의행위

조건의 성취로 인하여 불이익을 받을 당사자가 신의성실에 반하여 조건의 성취를 방해한 때에는 상대방은 그 조건이 성취한 것으로 주장할 수 있고(제150조 제1항), 조건의 성취로 인하여 이익을 받을 당사자가 신의성실에 반하여 조건을 성취시킨 때에는 상대방은 그 조건이 성취하지 아니한 것으로 주장할 수 있다(같은 조 제2항). 2010년대 판례는 아니지만 최근 대법원이 위 조항의 취지에 관해서 상세히 설명한 바 있어[29] 소개한다(대법원 2021. 1. 14. 선고 2018다223054 판결: 공2021상, 343).

"누구도 신의성실에 반하는 행태를 통해 이익을 얻어서는 안 된다는 사상을 포함하고 있다. 당사자들이 조건을 약정할 당시에 미처 예견하지 못했던 우발적인 상황에서 상대방의 이익에 대해 적절히 배려하지 않거나 상대방이 합리적으로 신뢰한 선행 행위와 모순된 태도를 취함으로써 형평에 어긋나거나 정의관념에 비추어 용인될 수 없는 결과를 초래하는 경우 신의성

---

29) 이에 관하여 양창수, "민법 제150조의 입법 목적과 유추적용: 우리 민법의 숨은 조항", 사법 제51호, 사법발전재단, 2020에서 입법연혁과 취지를 설명하면서 비단 조건의 성취, 불성취뿐 아니라 당사자가 약정으로 정한 개별 권리의 발생요건 등과 관련해서도 확장하여 적용되고 있다고 한다. 위 논문은 이어지는 2021년의 대법원 판시에 선제적 영향을 미친 것으로 보인다.

실에 반한다고 볼 수 있다. 민법 제150조 제1항은 계약 당사자 사이에서 정당하게 기대되는 협력을 신의성실에 반하여 거부함으로써 계약에서 정한 사항을 이행할 수 없게 된 경우에 유추적용될 수 있다. 그러나 민법 제150조 제1항이 방해행위로 조건이 성취되지 않을 것을 요구하는 것과 마찬가지로, 위와 같이 유추적용되는 경우에도 단순한 협력 거부만으로는 부족하고 이 조항에서 정한 방해행위에 준할 정도로 신의성실에 반하여 협력을 거부함으로써 계약에서 정한 사항을 이행할 수 없는 상태가 되어야 한다. 또한 민법 제150조는 사실관계의 진행이 달라졌더라면 발생하리라고 희망했던 결과를 의제하는 것은 아니므로, 이 조항을 유추적용할 때에도 조건 성취 의제와 직접적인 관련이 없는 사실관계를 의제하거나 계약에서 정하지 않은 법률효과를 인정해서는 안 된다."

2010년대 선례 중 조건 성취를 방해한 것으로 인정된 사례로 주목할 것은 대법원 2015. 5. 14. 선고 2013다2757 판결(공2015상, 785)이 있다. 파생금융상품을 둘러싸고 권리의무의 득실 변경이 다양한 조건에 따라 결정되기 마련인데, 파생금융상품인 주가연계증권의 중도상환금은 기초자산인 주식의 중간평가일의 종가에 따라 중도상환조건의 성취 여부가 결정되어 증권회사가 투자자에게 지급할 중도상환금의 지급시기와 금액이 달라지게 설계된 사안에서, 대법원은 증권회사의 조건 성취 방해행위를 긍정하였다.

한편 제150조는 당사자에 의하여 임의로 부가된 조건에 대하여만 적용되고, 법규정에 의하여 효력발생요건으로 정해진 소위 법정조건에 대해서는 적용 내지 유추적용될 수 없다는 판례(대법원 2015. 7. 23. 선고 2014다31837 판결: 미공간)도 눈에 들어온다.

제12장 자연인의 능력 등

사람은 생존하는 동안 권리의무의 주체가 된다(제3조). 따라서 사망한 자를 대위하여 권리를 행사할 수 없으므로 채권자대위소송은 부적법하다(대법원 2010. 4. 29. 선고 2009다93275 판결: 미공간). 최근 선고된 대법원 2021. 7. 21. 선고 2020다300893 판결(공2021하, 1516)은 피대위자가 사망한 사람인 경우 같은 결론을 내리면서도 피보전채권인 채권자의 채무자에 대한 권리를 인정할 수 없는 경우에 해당한다는 다른 근거를 제시하였다.

사람의 출생과 사망은 가족관계등록부에 기록된다(「가족관계의 등록 등에 관한 법률」 제9조). 사망신고가 이루어지지 않은 고령자는 사망한 것으로 추정되는가. 가족관계등록부는 그 기록이 적법하게 되었고 기록사항이 진실에 부합한다는 추정을 받지만, 기록에 반하는 증거가 있거나 진실이 아니라고 볼만한 특별한 사정이 있을 때에는 추정이 번복될 수 있다(대법원 2020. 1. 9.자 2018스40 결정: 공2020상, 450). 대법원 2016. 1. 14. 선고 2014다210968 판결(미공간)은 소제기 당시 136세인 사람은 사망하였을 것으로 쉽게 짐작할 수 있다고 한다.

2011. 3. 7. 민법 개정(2013. 7. 1. 시행)으로 성년기는 만 19세로 변경되었다. 당사자의 약정 등으로 법률행위의 기한이나 자격을 성년으로 규정한 경우, 개정 민법 시행 이후에는 어떻게 되는가. 이에 관한 선례가 있어 언급한다. 종중규약에서 종중원 자격을 공동선조의 후손으로서 20세 이상인 사람으로 제한하였더라도, 개정 민법 시행 이후에는 민법상 성년인 19세가 되면 당연히 종중원이 되고 그중 일부를 구성원에서 배제할 수 없다고 한다(대법원 2018. 6. 28. 선고 2016다244071 판결: 미공간). 양육비청구 사건에서 개정 민법 시행 전에 확정된 재판 등에서 사건본인의 성년에 이르기 전까지 양육비 지급을 명한 경우, 개정 민법 시행 후에도 사건본인이 아직 성년에 도달하지 않았다면 양육비 종료 시점은 개정 민법 규정에 따라 사건본인이 19세에 이르기 전날까지로 본다(대법원 2016. 4. 22.자 2016으2 결정: 공2016상, 704).

제13장 실 종

실종선고는 부재자를 법률상 사망한 것으로 간주하게 하는 효과를 가진다. 제27조는 실종선고를 청구할 수 있는 사람에 관해서 '이해관계인'이라고만 규정하는데, 이해관계인이란 부재자의 법률상 사망으로 인하여 직접적으로 신분상 또는 경제상 권리를 취득하거나 의무를 면하게 되는 사람만을 말한다. 따라서 재항고인이 1978년 사건본인과 혼인한 후 1994년 이혼하였고 슬하에 있던 자녀가 2003년 사망한 사안에서, 대법원은 사건본인의 사망 간주시기에 따라 재항고인의 상속지분에 차이가 생기더라도 간접적 영향에 불과하고(1977. 12. 31. 개정 민법 부칙 제6항은 이른바 실종기간 만료 시 기준설을 채택하여 사망간주 시점의 상속규정에 의하였는데, 1990. 1. 13. 개정 민법에 의하여 제정 민법과 동일하게 실종선고 시 기준설로 환원되었다), 사건본인의 실종선고 자체를 원인으로 한 직접적인 결과는 아니라고 보아, 재항고인은 사건본인에 대한 실종선고를 청구할 이해관계인에 해당하지 않는다고 하였다(대법원 2015. 5. 29.자 2015스36 결정: 미공간).

특별실종의 요건인 '사망의 원인이 될 위난'의 의미에 관해서, 대법원은 화재·홍수·지진·화산 폭발 등과 같이 일반적·객관적으로 사람의 생명에 명백한 위험을 야기하여 사망의 결과를 발생시킬 가능성이 현저히 높은 외부적 사태 또는 상황을 말하므로, 잠수장비를 착용하고 바다에 들어가서 해산물을 채취하다가 행방불명되었더라도 특별실종 요건인 '사망의 원인이 될 위난'에 해당하지 않는다고 한다(대법원 2011. 1. 31.자 2010스165 결정: 공2011상, 425).

부재자가 실종선고를 받으면 실종기간 경과 시점에 사망한 것으로 간주되는데(제28조), 사망의 효과인 상속 규정은 어느 시점의 법을 적용할 것인지가 문제 된다. 위에서 본 것처럼 제정 민법과 1990. 1. 13. 개정 민법은 '실종선고 시 기준설'을 채택하였고, 1977. 12. 31. 개정 민법은 '실종기간 만료 시 기준설'을 채택한 바 있다. 이에 관해서 명백히 판시한 선례가 있어 소개한다.

1990. 1. 13. 개정 민법 부칙 제12조는 상속에 관한 경과규정으로 제1항에서 '이 법 시행일 전에 개시된 상속에 관하여는 이 법 시행일 후에도 구법의 규정을 적용한다'고 정하고, 제2항에서 '실종선고로 인하여 상속이 개시되는 경우에 그 실종기간이 구법 시행기간 중에 만료되는 때에도 그 실종이 이 법 시행일 후에 선고된 때에는 상속에 관하여는 이 법의 규정을 적용한다.'고 규정하고 있다. 따라서 실종기간이 제정 민법

시행 전에 만료되어 그때 사망한 것으로 간주되더라도, 개정 민법 시행 후 실종선고가 있는 때에는 실종기간의 만료일이 언제인지와 관계없이 실종선고로 인한 상속에 관해서는 개정 민법이 적용된다(대법원 2017. 12. 22. 선고 2017다360, 377 판결: 공2018상, 309).

제14장 물   건

2010년대 대법원 판례 중 물건 규정에 관하여 새로운 법리를 설시한 것은 발견되지 않으며, 기존 법리를 재확인한 내용만 보인다. 몇 가지 언급하면 다음과 같다.

법률상 독립된 부동산인 건물이라고 하려면 토지의 정착물로서 최소한의 기둥과 지붕 및 주벽이 있어야 하므로, 토지로부터 쉽게 분리할 수 있거나 기둥과 지붕 및 주벽이 없다면 이를 건물이라고 할 수 없다(대법원 2018. 6. 29.자 2018그552 결정: 미공간). 건물의 신축 과정에서 건축자재 등의 동산이 결합되어 토지나 건물의 일부를 구성함으로써 그 동산을 훼손하거나 과다한 비용을 지출하지 않고서는 분리할 수 없을 정도로 토지나 건물에 부착·합체되거나 그 물리적 구조, 용도와 기능면에서 토지나 건물과는 독립한 경제적 효용을 가지고 거래상 별개의 소유권의 객체가 될 수 없는 정도에 이른 때에는 그 동산이 토지나 건물에 부합된 것으로 보아야 한다(대법원 2012. 11. 29. 선고 2010다8624 판결: 미공간). 부합이란 분리 훼손하지 않으면 분리할 수 없거나 분리에 과다한 비용을 요하는 경우는 물론 분리하게 되면 경제적 가치를 심히 감손케 하는 경우도 포함하고, 부합의 원인은 인공적인 경우도 포함한다. 종물은 주물의 처분에 수반된다는 제100조 제2항은 임의규정이므로, 당사자는 주물을 처분할 때에 특약으로 종물을 제외할 수 있고, 종물만을 별도로 처분할 수도 있다(대법원 2012. 1. 26. 선고 2009다76546 판결: 공2012상, 303).

제100조 제2항은 "從物은 主物의 處分에 따른다."라고 규정하고 있는 바, 위 종물과 주물의 관계에 관한 법리는 물건 상호 간의 관계뿐 아니라, 권리 상호 간에도 적용되는 것이지만, 어떤 권리를 다른 권리에 대하

여 종된 권리라고 할 수 있으려면 종물과 마찬가지로 다른 권리의 경제
적 효용에 이바지하는 관계에 있어야 한다(대법원 2014. 6. 12. 선고 2012다
92159, 92166 판결: 미공간). 판례가 종된 권리로 보는 것은 대지사용권(대법원
2012. 3. 29. 선고 2011다79210 판결: 미공간), 이자 또는 지연손해금(대법원
2018. 10. 25. 선고 2015다252679 판결: 미공간) 등이 있다.

제15장 의사표시의 효력발생시기

민법은 하자 있는 의사표시(착오, 사기, 강박) 조문 바로 뒤에 제111조
부터 제113조까지로 의사표시의 효력발생시기를 규정하고 있다. 이처럼
워낙 중요한 내용들이 앞에 존재하여 상대적으로 주목을 받지 못하지만,
이들 조문을 참조조문으로 한 선례들이 있어 소개한다.

제111조 제1항은 상대방이 있는 의사표시는 상대방에게 도달한 때에
그 효력이 생긴다고 규정하고 있다. 도달이란 사회통념상 상대방이 통지
의 내용을 알 수 있는 객관적 상태에 놓여 있는 경우를 가리키므로, 상
대방이 통지를 현실적으로 수령하거나 통지의 내용을 알 것까지는 필요
로 하지 않는다는 것이 일반적 설명이다.

그리하여 우편물이 내용증명의 방법으로 발송된 경우에는 반송되는
등의 사정이 없는 한 그 무렵 수취인에게 배달되었다고 본다(대법원 2011.
9. 8. 선고 2011다31751 판결: 미공간). 또 상대방이 정당한 사유 없이 등기
취급 우편물의 수취를 거부함으로써 그 우편물의 내용을 알 수 있는 객
관적 상태의 형성을 방해한 경우에는 수취 거부 시에 의사표시의 효력이
발생한다(대법원 2020. 8. 20. 선고 2019두34630 판결: 공2020하, 1809).
다만 의사표시의 도달에 관하여 민사소송법상 송달 규정은 유추할 것은
아니다. 따라서 채권양도의 통지는 민사소송법상 송달장소인 채무자의
주소·거소·영업소 또는 사무소 등이 아닌 장소에서라도 채무자가 그
통지 내용을 알 수 있는 객관적 상태에 놓여졌다고 인정됨으로써 충분하
다(대법원 2010. 4. 15. 선고 2010다57 판결: 공2010상, 894).

의사표시가 상대방에게 도달함과 동시에 그 효력을 발생하고 그 후

에는 의사표시자가 마음대로 철회할 수 없음이 원칙이다. 법인의 이사를 사임하는 의사표시도 마찬가지이지만, 사임서 제시 당시 즉각적인 철회권 유로 사임서 제출을 미루거나, 대표자에게 사표의 처리를 일임하거나, 사임서의 작성일자를 제출일 이후로 기재한 경우 등 사임의사가 즉각적이라고 볼 수 없는 특별한 사정이 있을 경우에는 별도의 사임서 제출이나 대표자의 수리행위 등이 있어야 사임의 효력이 발생하고, 그 이전에 사임의사를 철회할 수 있음은 앞에서 본 바와 같다(대법원 2011. 9. 8. 선고 2009다31260 판결: 미공간).

제16장 기   간

민법은 제155조부터 제161조까지 기간에 관하여 규정한다. 기간의 계산은 다른 법령이나 법률행위 등에 정한 바가 없으면 위 민법 규정에 의하므로(대법원 2016. 8. 18. 선고 2016다212395, 212401 판결: 미공간), 기간 계산에 관하여 위 규정들이 다른 법률에 따른 기간 계산의 총칙적인 성질을 가진다. 「채무자 회생 및 파산에 관한 법률」은 '회생절차개시신청 전 20일 이내에 채무자가 계속적이고 정상적인 영업활동으로 공급받은 물건에 대한 대금청구권'은 공익채권으로 규정한다(제179조 제1항 제8호의 2). 그 기간 계산에 관해서 위 법에 특별규정이 없으므로, 민법 제157조 본문에 따라 회생절차개시신청일인 초일은 산입하지 않고, 민법 제159조에 따라 기간 말일의 종료로 기간이 만료한다(대법원 2020. 3. 2. 선고 2019다 243420 판결: 공2020상, 769).

거의 대부분의 사건이 전자소송으로 진행되는 상황에서 상소기간을 계산할 때 주의해야 할 점이 있다. 판결서 송달이 전자적으로 이루어졌으나 등록사용자가 이를 1주 이내 확인하지 않은 경우, 상소기간은 송달 간주일 초일부터 기산한다. 판결서 송달 간주일은 등재사실을 등록사용자에게 통지한 날의 다음 날부터 기산하여 7일이 지난 날의 오전 0시가 되어 제157조 단서에 따라 초일을 산입하기 때문이다(대법원 2014. 12. 22.자 2014다229016 명령: 공2015상, 165).

채 권 법*

권 영 준**

■요 지■

이 글은 2010년 1월 1일부터 2020년 12월 31일까지 11년간 선고된 채권
법 분야 판례를 조망한 것이다. 대상 분야의 판례는 그야말로 방대하고 다양
하다. 특기할 만한 전원합의체 판결로는 물권적 청구권과 전보배상청구권
(2010다28604), 대위행사 통지로 인한 처분금지효와 계약해제(2011다87235),
공유물분할청구권의 대위행사(2018다879), 부진정연대채무와 상계(2008다
97218), 부진정연대관계에 있는 다액채무자 일부 변제의 효과(2012다74236),
채권양도금지특약에 위반한 채권양도의 효력(2016다24284), 채권양도 통지와
제척기간(2010다28840), 제3취득자와 물상보증인 사이의 변제자대위관계(2011다
50233), 퇴직금 분할지급 약정과 상계(2007다90760), 압류와 상계(2011다
45521), 매매예약 완결권의 귀속 형태(2010다82530), 임대차목적물의 보존의
무 위반과 손해배상(2012다86895, 86901), 임대차보증금반환채권의 가압류와
제3채무자 지위의 승계(2011다49523), 공동수급체의 공사대금채권 귀속(2009다
105406), 장기계속공사계약의 공사대금 조정(2014다235189), 집합건물 공용부
분의 무단사용과 부당이득(2017다220744), 과세처분의 당연무효와 부당이득
(2017다242409), 배당이의와 부당이득(2014다206983), 명의신탁과 불법원인급
여(2013다218156), 카지노 출입자에 대한 카지노의 보호의무(2010다92438), 일

---

* 이 글은 2021. 8. 21. 서울대학교 법학전문대학원에서 개최된 민사판례연구회 제
44회 하계심포지엄에서 발표한 것으로 필자의 단행본인 『민법판례연구 Ⅱ』 제2부
에 '2010~2020년 채권법 분야 판례 분석'이란 제목으로 수록되었음을 밝힌다.
** 서울대학교 법학전문대학원 교수.

용 근로자의 가동연한(2018다248909), 변호사의 개인신상정보에 기한 데이터
베이스 서비스와 인격권 침해(2008다42430), 정치적 표현의 자유와 공인의
명예훼손(2014다61654), 토양오염과 불법행위(2009다66549), 키코(KIKO) 상품
의 법률관계(2011다53683, 53690 등), 강제징용 피해자에 대한 손해배상책임
(2013다61381) 등을 들 수 있다. 이러한 방대하고 다양한 판례로부터 어떤
단일한 경향성을 추출할 수는 없다. 다만 약간의 관찰과 감상을 덧붙이자면
다음과 같다. 사회는 날로 복잡해지고 있고 판례도 이에 대응하여 분화되고
있다. 전통적인 민법 영역의 법리만으로 풀 수 없는 사건들이 늘어나고 있
다. 소송법이나 집행법, 도산법은 물론이고, 금융법, 보험법, 노동법, 환경법,
의료법, 소비자법, 약관법, 건설법 등 다양한 법 분야와의 유기적 결합 없이
는 민사 사건에 대한 해법을 제시하기 어렵게 되었다. 이 글에서 분석 대상
으로 삼은 판결들도 이러한 특징을 잘 보여주고 있다. 다수의 판결들이 전통
적인 법학 전공의 경계를 넘나드는 복합적인 쟁점들과 문제의식들을 담고 있
었다. 하지만 복잡해 보이는 판결 내용도 결국은 법의 기본적인 원리와 가치
의 문제로 환원될 수 있었다. 이러한 관찰 결과는 민법학자들이 전통적인 민
법적 쟁점에만 국한될 것이 아니라 민법학의 외연을 넓혀 날로 전문화, 세분
화되는 분쟁 양상에 적극적으로 대응해야 한다는 점, 하지만 그러할수록 수천
년간의 검증을 통해 형성되어 온 민법학의 기본 원리가 가지는 닻(anchor)으
로서의 역할이 강조된다는 점을 시사한다.

제1장 서 론

　필자는 민사판례연구회로부터 2010년 1월 1일부터 2020년 12월 31일까지 11년간의 채권법 분야 판례를 조망하는 임무를 부여받았다. 실로 무겁고 부담스러운 임무이다. 11년 동안 선고된 채권법 분야 판결의 숫자는 얼마나 될까? 이를 정확히 알려주는 통계는 없다. 사실 무엇이 이른바 채권법 분야 판결인지도 분명하지 않다. 하지만 대강의 감(感)을 잡기 위해 추산해 보자. 2019년 한 해 동안 대법원은 18,117건의 민사본안사건을 접수하였고, 15,267건의 민사본안사건을 처리하였다.[1] 채권법 분야에 속한다고 할 만한 사건 유형의 접수 및 처리 건수는 전체 민사본안사건의 절반에 가깝다.[2] 그렇다면 2019년 한 해 동안 대법원에서는 적어도 약 7,000건 이상의 채권법 판결들이 선고되었을 것이다. 매년 비슷한 숫자의 채권법 판결들이 선고되었다면 11년간의 합계는 80,000건 가까이 이를 것이다.

　만약 80,000건 정도의 판결을 모두 입수하여 읽는다면 판례의 확고한 경향성을 발견할 수 있을까? 필자는 회의적이다. 재판은 개별 사안에서 법을 선언하는 작업이다. 따라서 재판의 성과물인 판결은 개별 사안에 기초할 수밖에 없다. 사안은 무궁무진하다. 주인공도 다르고 이야기도 다르다. 같은 이야기라도 화자에 따라 다른 모습으로 나타난다. 법원의 판단은 이러한 이야기에 대응하여 개별적으로 이루어진다. 그것이 개별 사안을 다루는 법원의 숙명이자 역할이다. 그러다 보니 판결은 각각 고유한 내용과 의미를 가진다. 그 판결의 군집은 다양성을 지닌다. 하나로

---

1) **2020년 사법연감**, 576면. 참고로 2018년 대법원 민사본안사건 처리 건수는 17,677건, 2017년 대법원 민사본안사건 처리 건수는 13,362건이다. 사법연감 같은 면 참조.

2) **2020년 사법연감**, 581면에 따르면 공사대금, 사해행위취소, 대여금, 신용카드이용대금, 매매대금, 양수금, 임대차보증금, 부당이득금, 보증채무금, 약정금, 손해배상 사건처럼 확실히 채권법 분야의 사건으로 분류할 수 있는 사건의 접수 비율은 전체 민사본안사건의 46%에 이른다.

묶어서 평가하기가 쉽지 않다. 더구나 민사재판은 헌법재판이나 행정재판, 형사재판보다 상대적으로 탈정치적, 탈정책적이다. 그러므로 11년에 걸친 숱한 민사재판례에서 어떤 일정한 경향성을 추출한다는 것은 멋지게 들리지만 거의 불가능한 작업이다. 오히려 그러한 경향성을 무리하여 추출하려고 하다 보면 판례를 과도하게 단순화하거나 왜곡할 위험성이 있다. 그러므로 필자는 이 글을 통해 어떤 경향성을 애써 추출하려는 생각은 없다. 필자의 역할은 분석할 판결을 선정하고 각 판결의 내용과 의미를 간략하면서도 너무 피상적이지는 않게 제시하는 것이다.

그렇다면 어떤 판결을 분석 대상으로 삼을 것인가? 당사자에게 소중하지 않은 판결은 하나도 없지만, 그렇다고 모든 판결이 법리적 관점에서 동일한 비중과 의미를 가지지는 않는다. 작은 키를 움직여 거대한 선박의 항로를 움직이듯 소수의 판결이 법리의 흐름을 형성하거나 바꾸기도 한다. 이 점에서는 부득이하게 어떤 판결이 다른 판결보다 더 중요하다고 말할 수 있다. 이러한 중요 판결들은 대체로 법원공보에 게재되어 널리 읽히고 반복하여 인용되며 비판을 받기도 하면서 법 발전에 기여한다. 필자는 2010년 1월부터 2020년 12월까지 발간된 법원공보에서 채권법 관련 판결을 훑어보고 필자가 생각하는 중요 판결을 추려내었다. 전원합의체 판결이 다수이지만, 소부 판결 중에도 법리적으로 의미 있는 것들을 포함시켰다. 여기에는 새로운 법리나 관점을 제시한 '형성적 판결'들도 있고, 기존 법리를 재확인하거나 구체화한 '확인적 판결'들도 있다. 일반적으로는 '형성적 판결'들이 더 큰 관심사와 논쟁거리가 되나, '확인적 판결'들을 통해 점층적으로 이루어지는 법 발전도 우리의 관심 영역에서 벗어나서는 안 된다.

이 글에서는 이와 같이 추출한 채권법 분야 판결들을 민법전의 체계에 따라 분류하여 소개하고 분석하였다. 참고로 민법전 제3편인 채권편은 제1장 총칙(제1절 채권의 목적, 제2절 채권의 효력, 제3절 수인의 채권자 및 채무자, 제4절 채권의 양도, 제5절 채무의 인수, 제6절 채권의 소멸), 제2장 계약(제1절 총칙, 제2절 내지 제15절 각종 전형계약), 제3장 사무관리, 제4장

부당이득, 제5장 불법행위로 구성된다. 제3편 제1장 총칙은 강학상 채권총론으로, 제3편 제2장 내지 제5장은 채권각론으로 분류되어 연구되거나 강의된다. 이 글도 대체로 이러한 민법전의 순서에 따라 각 분야의 중요 판결들을 순서대로 분석하였다. 이 글의 본문에서 분석하거나 소개한 판결들은 모두 144건이고, 그중 전원합의체 판결은 모두 43건이다. 편의상 이 글에서 다루는 각각의 판결은 해당 설명 부분에서 '대상판결'이라고 칭하였다. 각 분야의 모두(冒頭)에서는 간략하게 해당 분야의 판례 전개 양상을 개관하였다. 각 대상판결에 대한 분석이나 소개의 분량은 천차만별인데, 11년간의 판례를 조망하는 이 글의 속성(더 근본적으로는 필자의 시간 및 능력의 한계)으로 인해 각각의 판결을 깊이 있게 다루기는 어려웠다. 마지막으로 이 글의 결론 부분에서는 약간의 주관적 감상을 부기하였다.

제2장 채권총론

제1절 채권의 효력

I. 개 관

채권은 여러 가지 효력을 수반한다. 채권의 핵심 효력은 무엇일까? 채권자가 그 채권을 실현할 권리를 가지게 되는 것, 바꾸어 말하면 채무자가 채무를 이행할 의무를 부담하게 되는 효력일 것이다. 그 외의 효력은 마치 인대가 뼈를 감싸듯 채권의 핵심 효력을 보완하고 강화하기 위한 주변적 효력이다. 채무자가 채권의 핵심 효력에 부응하여 채무를 이행하면 채권관계는 행복하게 마무리된다. 그러나 현실이 종종 그러하듯 채권관계도 늘 해피엔딩으로 끝나는 것은 아니다. 불완전한 사람이 사는 불완전한 세상에서 분쟁은 일어나기 마련이다. 법학은 이러한 분쟁을 먹고 사는 학문이다. 특히 소송은 분쟁이라는 병적 현상과 직면하는 절차이고, 판결은 그 산출물이다. 결국 채권법 분야 판례를 공부한다는 것은 채권관계의 병리적 현상을 공부한다는 것과 크게 다르지 않다. 채무가 그 내용에 좇아 제대로 이행되지 않는 상태, 즉 채무불이행은 이러한 병리적 현상의 대표적 모습이다. 법률행위에 기한 채무이건 불법행위 또는 부당이득 등의 법정채무이건 그 채무가 제대로 이행되었다면 소송도 없고 판결도 없었을 것이다. 바꾸어 말하면 소송이 제기되고 판결까지 선고되는 이유는 채무불이행이 있기 때문이다.

한편 채무 또는 채무불이행책임이 제대로 구현되려면 책임재산이 확보되어야 한다. 책임재산은 채무불이행책임을 현실에서 관철시키기 위한 수단이다. 채무불이행에 대응한 정의 구현의 보증수표에 비유할 수 있다. 그러한 점에서 책임재산에 관한 채권자대위권과 채권자취소권의 문제는 채무불이행의 문제와 밀접한 관련성을 가진다. 채무불이행은 채권관계의 내부에서 당사자 간에 문제되는 반면, 채권자대위권과 채권자취소권은 채권관계의 외부에 있는 제3자와의 관계에서 문제된다. 이론적으로는 채무불이행 법리가 채권 효력론의 중심을 차지하나, 새로운 판례는 오히려 채권자대위권이나 채권자취소권 분야에서 많이 나온다. 특히 채권자취소권 분야에서 그러한 현상이 두드러진다.[3] 왜 그럴까? 이는 채권자취소권이 실제로 빈번하게 행사되기 때문이기도 하지만, 채권자취소권에 관하여 민법이 별다른 의미 있는 지침을 주지 못하기 때문이기도 하다. 민법은 그 복잡한 채권자취소권의 규율을 위해 민법 제406조와 제407조라는 두 조항만을 제공할 뿐이다. 2014년 법무부 민법개정시안은 채권자취소권에 관하여 여러 조항에 걸쳐 상세한 내용을 담고 있으나, 실제 민법 개정에는 이르지 못하였다.[4] 결국 축적되어 가는 판례에 의존할 수밖에 없는 것이다.

---

3) **2020년 사법연감**, 768면에 따르면 1심 법원에 접수된 민사본안사건 중 채권자취소권 사건은 민사본안사건 전체 268,027건 중 7,453건으로 약 2.78%의 비중을 차지한다. 얼핏 보면 이는 그다지 높은 비중이 아닌 것처럼 느껴질 수 있다. 그러나 이는 부당이득금(7,529건), 임대차보증금(5,703건), 임금(5,308건), 자동차사고 손해배상(2,419건), 보증채무금(929건) 등 전형적이고 일상적으로 일어나는 민사본안사건보다도 더 많은 사건수이다.
4) 해당 내용은 윤진수·권영준, "채권자취소권에 관한 민법 개정안 연구", **민사법학**, 제66호(2014) 참조.

Ⅱ. 채무불이행

1. 이행불능

채무불이행은 채무의 내용에 좇은 이행이 이루어지지 않은 모든 경우를 일컫는다. 채무불이행은 형태에 있어서 열린 개념이다.[5] 일반적으로는 이행지체, 이행불능, 불완전이행, 이행거절 등의 형태로 나타나는 경우가 많다. 2010년대 판례 중에는 이행불능에 관한 다음 판결들이 주목할 만하다.

가. 이행불능과 대상청구권

이행불능과 대상청구권에 관한 법리는 일찍이 학설상 논의되어 오다가,[6] 대법원 1992. 5. 12. 선고 92다4581, 4598 판결에서 최초로 인정되었다. 그 이후 대법원은 대상청구권의 법리를 계속 승인하였다.[7] 학설도 대체로 이 법리에 긍정적이다.[8] 우리 민법은 명문으로 대상청구권을 규정하고 있지 않다.[9] 그러나 대법원은 대상청구권을 인정함으로써 '명문화되지 않은 권리'의 인정이 가능하다는 점을 각인시켜 주었다.[10] 세상이 아무리 변해도 민법 개정은 쉽지 않은 현실에서 이처럼 해석을 통해 새로운 권리를 인정하는 것이 필요할 때가 있다. 문제는 그 인정 근거이다. 대법원은 그 인정 근거를 분명히 밝히고 있지 않다. 대상청구권의 인정 근거에 대해서는 전체유추설,[11] 신의칙설,[12] 조리설[13] 등이 주장되었다.

---

5) 이러한 개방적 유형론에 관하여는 양창수, "독자적인 채무불이행 유형으로서의 이행거절", **민법연구**, 제4권(2007), 121면 이하.

6) 송덕수, "이행불능에 있어서 이른바 대상청구권", **경찰대논문집**, 제4집(1985), 198면 참조.

7) 그 이후 같은 취지로 대법원 1996. 12. 10. 선고 94다43825 판결; 대법원 2002. 2. 8. 선고 99다23901 판결 등 다수.

8) 반면 부정적인 견해로는 정상현, "대상청구권의 인정 여부에 관한 법리 재검토", **성균관법학**, 제19권 제3호(2007), 724-725면; 최원준, "위험부담의 원리와 대상청구권의 인정 여부", **성균관법학**, 제21권 제1호(2009), 615, 625-626면.

9) 이와 달리 프랑스 민법 제1351조 제2항, 독일 민법 제285조 및 일본 민법 제422조의2는 대상청구권을 명문으로 규정한다.

10) '명문화되지 않은 권리'의 인정은 불법행위에 대한 금지청구권에 관한 대법원 2010. 8. 25.자 2008마1541 결정에서도 이루어졌다.

다수설인 전체유추설의 설명력이 가장 높다고 생각한다.[14] 대상청구권에 동원된 전체유추의 기법은 해석을 통해 새로운 권리를 인정할 때 요긴하게 활용될 수 있는 수단이다.

(1) 사해행위 취소와 대상청구권

대법원 2012. 6. 28. 선고 2010다71431 판결은 사해행위 취소의 효과로서 대상청구권을 인정하였다. 해당 사안에서는 소외인이 자신의 부동산에 관하여 피고(국민은행)와 근저당권설정계약을 체결하고 근저당권설정등기를 마쳐주었다. 그러자 소외인의 채권자인 원고(신용보증기금)는 피고를 상대로 근저당권설정계약이 사해행위임을 이유로 이를 취소하고 원상회복으로서 근저당권의 말소를 구하는 소를 제기하였다. 원고는 승소하였고 그 승소판결은 확정되었다. 그런데 그 후 근저당권에 기한 임의경매절차에서 해당 부동산이 제3자에게 매각되었고, 피고는 배당금을 수령하였다. 원고는 임의경매절차 진행 중 배당표가 작성된 이후 피고를 상대로 배당금청구권을 양도하라는 소를 제기하였다가, 그 후 피고가 배당금을 수령하자 다시 청구취지를 변경하여 배당금을 반환하라고 구하였다. 원고는 이러한 주장을 사해행위 취소에 따른 가액배상으로 구성하였다.

그런데 원고의 가액배상 주장에는 다음 문제가 있다. 원고는 이미 사해행위 취소 및 원물반환의 확정판결을 받았다. 그런데 임의경매절차

---

11) 양창수, "매매목적토지의 수용과 보상금에 대한 대상청구권", **민법연구**, 제3권(1995), 392−396면; 이은애, "우리 민법상 이른바 대상청구권의 인정", 사법논집, 제26집(1995), 205−206면; 이충훈, "대상청구권", **연세법학연구**, 제5권 제1호(1998), 319−320면; 김용담 편, **주석민법 채권총칙(1)**, 제4판(한국사법행정학회, 2013), 694면(김상중 집필부분) 등.

12) 안법영, "채권적 대상청구권−우리 민법의 발전적 형성을 위한 비교법적 소고−", **김형배 교수 회갑기념논문집**: 채권법에 있어서 자유와 책임(1994), 252면.

13) 이상경, "대상청구권", **이시윤박사 회갑기념논문집**: 민사재판의 제문제(상)(1995), 254−255면.

14) 양창수(주 11), 392면 이하에서는, 대상청구권은 손해배상자의 대위(민법 제399조), 변제자대위(민법 제480조 이하), 물상대위(민법 제342조, 제370조) 등에 발현되고 있는 "일정한 사람에게 귀속된 재산가치가 그 기초에 존재하는 경제적 관계에 비추어 보면 그에게 속할 것이 아니고 실제로는 다른 권리자에게 속하여야 할 경우에는 그 재산가치는 후자에게 이전되어야 한다"는 소위 대상법리(Surrogationsprinzip)에 의하여 정당화될 수 있다고 한다.

를 통해 근저당권이 소멸하였으므로 근저당권 말소를 내용으로 하는 원
물반환은 불가능하게 되었다. 원물반환이 불가능하면 가액배상을 구할
수 있다. 하지만 원물반환청구권과 가액반환청구권은 모두 사해행위 취
소에 따른 원상회복청구권에 속하는 것으로서, 양자를 동일한 소송물로
보는 것이 판례의 태도이다.[15] 그러므로 이미 원물반환에 관한 확정판결
이 있는 상태에서 다시 동일한 사해행위 취소를 원인으로 가액배상을 구
하는 것은 전소의 기판력에 반하여 허용되지 않는다. 이 사건에서는 가
액배상 사유(즉 원물반환의 불가능 사유)가 전소의 변론종결 후에 발생하였
고, 피고가 그 배당금을 그대로 보유하게 하는 것은 부당한 면이 있으므
로 이 점을 들어 예외적으로 가액배상을 다시 구할 소의 이익이 있다고
말할 여지는 있다.[16] 그러나 대법원은 가액배상을 다시 구하기는 어렵다
고 판단하였다. 원상회복청구 그 자체를 소송물로 파악하는 기존 판례의
입장, 그리고 기판력의 이론에 따라 논리적으로 도출되는 결론을 뒤집기
가 부담스러웠을 것이다.

　　하지만 대법원은 다음과 같은 해법으로 배당금반환을 가능하게 하였
다. 대법원은 원고가 피고에게 배당금의 반환을 구하는 청구취지에는 가
액배상 외에도 대상청구를 구하는 내용이 포함되었다고 보았다. 실제 소
송 과정에서 대상청구에 관한 명시적인 주장이 있었던 것 같지는 않다.
1심판결과 원심판결도 모두 원고의 주장을 가액배상 주장으로만 파악하
고 있을 뿐 대상청구에 대해서는 아무런 언급이 없다. 대법원은 피고가
그대로 배당금을 보유하도록 하는 것은 부당하다는 결론하에 배당금반환
주장을 대상청구 주장으로 너그럽게 해석하여 준 것이다. 이와 관련하여
대법원은 이행불능의 효과로서 대상청구권을 부정할 이유가 없다는 기존
판례의 법리[17]를 재확인한 뒤 대상청구에 따른 배당금 반환을 인정하였

---

15) 대법원 2001. 6. 2. 선고 99다20612 판결; 대법원 2006. 12. 7. 선고 2004다
54978 판결.
16) 1심판결(서울중앙지방법원 2010. 2. 9. 선고 2009가단306658 판결)과 원심판결
(서울중앙지방법원 2010. 7. 27. 선고 2010나13229 판결)이 그러한 태도를 취하였다.
17) 대법원 1992. 5. 12. 선고 92다4581, 4598 판결.

다. 이로써 사해행위 취소에 따른 원상회복의 방법으로 원물반환이나 가액배상 외에도 대상청구가 활용될 수 있음이 명확해졌다. 대상판결에서 언급하고 있지는 않지만, 이 경우 대상청구의 반환범위는 가액배상 범위 내로 제한하는 것이 타당하다.[18]

(2) 화재보험금과 대상청구

대법원 2016. 10. 27. 선고 2013다7769 판결은 화재보험금과 대상청구의 문제를 다루었다. 결론부터 말하면 대법원은 ① 매매 목적물이 화재로 소실되어 매매목적물 인도의무가 이행불능에 빠진 경우 매수인은 대상청구권에 기해 매도인이 지급받을 화재보험금 내지 화재공제금의 지급을 구할 수 있고, ② 이 경우 대상청구권의 범위는 매매대금 상당액의 한도 내로 제한되지 않는다는 법리를 제시하였다. 두 가지 법리 모두 실무적으로나 이론적으로 대상청구권과 관련된 중요한 문제를 다루고 있어 살펴볼 가치가 있다.

우선 대상판결은 매매 목적물에 대한 보험금청구권이 대상청구권의 대상임을 명확히 하였다. 종래 이 문제를 정면으로 다룬 판례는 없었다.[19] 한편 다수설은 보험금청구권이 대상청구권의 대상이라는 입장을 취하고 있었다.[20] 달리 생각할 측면도 있기는 하다.[21] 보험금은 채무자가 지급한 보험료의 반대급부로 주어진다. 보험사고가 발생하였다면 그로 인한 보험금은 바로 그 사태에 대비하여 보험료를 출연한 채무자에게

---

18) 이봉민, "사해행위 취소의 효과로서 대상청구권", **민사판례연구**, 제36권(2014), 506－507면.

19) 다만 대법원 1996. 12. 10. 선고 94다43825 판결에서 대법원은 취득시효가 완성된 토지가 협의매수로 제3자에게 이전된 경우 그 토지대금에 관하여 대상청구권이 원칙적으로 인정된다고 하면서도 이를 행사하려면 이행불능 전에 그 권리를 주장하거나 등기청구권을 행사하였어야 한다는 제한을 부가한 바 있다. 이 판결은 매매대금에 관한 대상청구권이 인정된다는 점을 전제한 것으로 보인다.

20) 지원림, "점유취득시효 완성 이후의 사정변경과 대상청구권", **민사판례연구**, 제18권(1996), 212면; 윤근수, "부동산 점유취득시효 완성으로 인한 등기청구권이 이행불능된 경우 대상청구권의 성부 및 요건," **판례연구**(부산판례연구회), 8집(1998), 175면 등.

21) 이상경(주 13), 257면.

주어지는 것이 옳다고 볼 수도 있다. 그러나 결론적으로는 보험금청구권도 대상청구의 대상이 될 수 있다고 생각한다. 이행불능이 없었다면 채무자는 어차피 보험금을 지급받지 못하였을 것이다. 그러면서 목적물은 채권자에게 인도하였을 것이다. 그런데 이행불능이 되었다는 이유로 목적물 인도의무는 면하면서 보험금을 지급받아 보유하게 되면 채무자는 채무를 이행하는 경우보다 더 유리한 지위에 놓인다. 그만큼 채권자는 이행불능으로 인한 위험을 홀로 떠안게 되어 더 불리한 지위에 놓인다. 이러한 결과는 부당하다. 바로 이러한 부당한 결과를 막기 위해 고안한 법리가 대상청구권이다.

다음으로 대상판결은 대상청구가액이 매매 목적물 가치를 초과하는 경우 그 초과가치도 대상청구권의 대상이라고 보았다. 종전에 이미 그러한 취지의 판례가 있었으므로[22] 대상판결이 이 점을 최초로 판시한 것은 아니다. 학계에서는 초과가치 반환에 대한 긍정설과 부정설이 대립하여 왔다.[23] 긍정설은 대상청구권과 손해배상청구권은 다른 권리이므로 대상청구가액이 손해의 범위로 제한될 이유가 없다는 점을 강조한다. 또한 대상청구가액이 손해에 미치지 못해도 채권자는 그 대상 자체로만으로 만족해야 하는 위험을 부담하므로, 대상청구가액이 손해를 넘는 경우에도 채권자는 그 대상 자체를 수령할 수 있는 이익을 인정하는 것이 균형적인 결론이라고 한다. 대상판결도 이러한 태도를 취하였다.

그러나 대상청구권은 손해배상청구권보다는 부당이득반환청구권과 더 밀접한 관련성을 지닌다. 그러므로 대상청구권의 법리는 부당이득의 법리와 정합성을 유지해야 한다.[24] 부당이득에 관하여 판례는 부당이익의 반환은 손실 범위로 제한된다고 하여 초과가치분의 반환책임을 부정

---

22) 대법원 2008. 6. 12. 선고 2005두5956 판결.
23) 학설 상황에 대한 소개로 송덕수, "대상청구권에 관한 입법론", **법조**, 제660호 (2011); 정다영, "대상청구권의 행사 및 효력 범위-대법원 2016. 10. 27. 선고 2013다7769 판결-", **재산법연구**, 제35권 제2호(2018), 170-171면 참조.
24) 김형석, "대상청구권: 민법개정안을 계기로 한 해석론과 입법론", **서울대학교 법학**, 제55권 제4호(2014), 111-115면은 이에 대한 독일 논의를 소개하고 있다.

한다.[25] 그런데 대상청구권에 있어서는 초과가치분의 반환책임을 긍정하는 것은 정합적이지 않다.[26] 또한 보험금의 지급사유와 액수는 보험계약과 보험료에 따라 천차만별이다. 계약자유의 원칙상 보험계약자는 더 높은 보험료를 내고 목적물의 객관적 가치보다 더 높은 보험금을 지급받을 수도 있다. 반면 채권자 입장에서는 원래의 목적물 대가만 대상으로 지급받으면 충분하다. 대상청구는 이행불능 사태에 직면해서도 가급적 채권자를 이행가능 상황의 지위에 놓으려는 대체적 수단이므로 채권자에게 그보다 더 유리한 지위를 부여할 필요까지는 없다. 그렇다면 목적물의 가치를 초과하는 부분은 그에 상응하는 보험료를 납부한 채무자에게 귀속시키는 것이 더 공평하다. 부정설이 타당하다고 생각한다.[27]

나. 물권적 청구권과 전보배상청구권

대법원 2012. 5. 17. 선고 2010다28604 전원합의체 판결은 물권적 청구권에 따른 의무가 이행불능에 빠진 경우 전보배상청구권이 인정되는지를 다루었다. 사안은 다음과 같다. 국가 명의로 소유권보존등기가 마쳐진 토지 일부 지분에 관하여 甲 등 명의로 소유권이전등기가 이루어졌다. 그런데 乙은 자신이 그 토지 지분의 소유자임을 내세워 보존등기 및 이에 기한 이전등기가 무효라고 주장하며 국가 등을 상대로 등기말소의 소를 제기하였다. 법원은 국가에 대한 말소청구는 인용하였지만 甲 등에 대한 말소청구는 등기부취득시효 완성을 이유로 기각하였고, 그 판결이 확정되었다. 결국 乙은 등기말소의 목적을 달성할 수 없게 되었다. 그러자 乙은 다시 국가를 상대로 손해배상청구를 하였다. 이와 관련하여 물

---

25) 대법원 1997. 7. 11. 선고 96다31581 판결; 대법원 2008. 1. 18. 선고 2005다34711 판결 등. 이러한 손실한도 반환설에 대한 비판론도 유력하다. 김상중, "대상청구권의 반환내용", **법조**, 제725호(2017), 634면 이하; 이계정, "부당이득에 있어서 이득토출책임의 법리와 그 시사점 – 반환범위에 있어 손해중심에서 이득중심으로의 전환 –", **저스티스**, 제169호(2018), 68면 이하.

26) 양창수(주 11), 402 – 403면.

27) 김형석(주 24), 124 – 126면. 이것이 일본 판례(最高裁 1996(김和 41). 12. 23. 民集 20-10, 2211) 및 2020년부터 시행된 개정 일본 민법에 대상청구권이라는 표제 아래 신설된 제422조의2의 태도이기도 하다.

권적 청구권에 따른 등기말소의무가 이행불능에 빠지면 채무의 이행불능의 경우처럼 전보배상청구를 할 수 있는지가 문제되었다.

　대상판결 이전의 판례는 이러한 경우 전보배상청구가 허용된다고 보았다.[28] 그러나 대상판결은 판례를 변경하였다. 대상판결의 요지는 다음과 같다. 소유권에 기한 등기말소청구권이나 진정명의회복청구권은 물권적 청구권으로서의 방해배제청구권(민법 제214조)의 성질을 가진다. 소유자가 그 후 소유권을 상실함으로써 등기말소 등을 청구할 수 없게 되었더라도 그 권리의 이행불능을 이유로 민법 제390조의 손해배상청구권을 가지지 않는다. 채무불이행을 이유로 하는 손해배상청구권은 계약 또는 법률에 기하여 이미 성립하여 있는 채권관계에서 본래의 채권이 동일성을 유지하면서 그 내용이 확장되거나 변경된 것으로서 발생한다. 그러나 위와 같은 등기말소청구권 등의 물권적 청구권은 그 권리자인 소유자가 소유권을 상실하면 이제 그 발생의 기반이 아예 없게 되어 더 이상 그 존재 자체가 인정되지 않는다. 이러한 법리는 선행소송에서 소유권보존등기의 말소등기청구가 확정되었다고 하더라도 마찬가지이다. 한편 이러한 법정의견에 대해서는 이 경우에도 이행불능으로 인한 전보배상을 인정할 수 있다는 별개의견이 있었다.

　대상판결은 물권과 물권적 청구권, 이에 기한 이행의무, 나아가 물권적 문제에 대한 채권적 법리의 확장 가능성 등 다양한 문제를 다루었다. 이행불능은 이행의무 자체는 존재하나 그 의무를 이행하는 것이 불가능하게 된 상태이다. 즉 이행불능은 이행의무의 존재를 전제하고 이행불능을 소멸시키지 않는다. 한편 물권적 청구권에 대응한 상대방의 의무(예컨대 토지의 방해물을 제거하거나 잘못된 등기를 말소할 의무)는 그 물권적 청구권을 행사하는 특정인에 대한 특정한 행위의무라는 점에서는 이행의무라고 표현할 수 있다. 그러나 좀 더 정확하게 말한다면 이는 절대적, 대세적 효력을 가지는 물권에 대한 복속 상태가 구체적으로 발현된 것이

---

28) 대법원 2008. 8. 21. 선고 2007다17161 판결; 대법원 2009. 6. 11. 선고 2008다53638 판결. 두 판결 모두 공간되지 않았으나 대상판결에서 인용되었다.

다. 이러한 복속 상태는 당연하게도 그 복속력의 원천인 물권의 존재를
전제한다. 어떤 이유로든 그 물권이 소멸하는 순간 이와 불가분적으로
연결된 물권적 청구권 및 이러한 물권 내지 물권적 청구권에 대한 복속
상태도 동시에 소멸한다.[29] 별개의견은 이러한 상태를 이행불능이라고 부
름으로써 마치 그것이 채무의 이행불능과 유사한 상태인 것처럼 표현한
다. 그러나 이러한 상태는 채무는 존재하나 이행하지 못하는 채무의 이행
불능 상태와는 다르다. 별개의견은 이행불능과 무관한 물권법적 사태에
대해 이행불능이라는 동일한 용어를 사용하면서 이를 가교 삼아 이행불
능 법리를 확장 적용하려는 시도를 한 것이다. 대상판결이 타당하다고
생각한다. 따라서 해당 사안에서는 이행불능에 대한 채권 법리의 적용
문제는 발생하지 않는다. 乙의 구제는 불법행위로 인한 손해배상 또는
점유자의 소유자에 대한 손해배상[30]의 틀에서 해결할 수 있을 뿐이다.[31]

다. 이행불능 판단의 엄격성

대법원 2016. 5. 12. 선고 2016다200729 판결은 채권자가 채무자의
이행이 가능하다고 여겨 이행불능을 이유로 한 전보배상청구 대신 이행
청구를 하는 사안에서 이행불능 판단이 엄격해야 함을 밝혔다. 이 사건
에서 공익법인인 피고는 사업부지 및 지상 건물을 지방자치단체인 원고
에게 기부채납하기로 약정하였다. 원고는 피고에게 그 약정에 기한 이전
등기청구를 하였다. 그런데 그 부지와 건물은 피고 법인이 아니라 그 법
인 이사 개인의 소유로 등기되어 있었다. 원심법원은 기부채납 약정의
주체가 아닌 법인 이사가 소유한 부지와 건물의 증여를 강제할 방법이

29) 대상판결 사안에서는 제3자가 취득시효를 원인으로 소유권을 취득함으로써 원래
소유자의 소유권이 소멸되는 상황을 다루었지만, 제3자가 선의의 제3자 보호 규정
에 따라 소유권을 취득하는 경우라고 해서 달리 볼 이유가 없다. 지원림, "물권적
방해배제청구의 이행불능과 전보배상-대법원 2012. 5. 17. 선고 2010다28604 전원
합의체 판결", 법률신문 제4038호(2012. 6) 참조.
30) 민법 제202조에 의한 손해배상 가능성에 대해서는 김병선, "물권적 청구권의 이
행불능의 효과", **일감법학**, 제33호(2016), 596-598면.
31) 대상판결에 따른 파기환송 후 항소심은 실제로 불법행위책임을 인정하였다(서울
고등법원 2012. 10. 18. 선고 2014나41306 판결). 정문경, "물권적 청구권의 이행불
능으로 인한 전보배상청구권", **민사판례연구**, 제35권(2013), 151-152면.

없다고 하여 이행불능을 이유로 원고의 청구를 기각하였다. 하지만 대법원은 "계약은 어디까지나 그 내용대로 지켜져야 하는 것이 원칙이므로, 채권자가 굳이 채무의 본래 내용대로의 이행을 구하는 경우에는 쉽사리 그 채무가 이행불능이 되었다고 보아서는 안 된다."라고 판시하며 원심판결을 파기하였다.

채무를 이행하지 않는 경우 그 이행 자체를 구하고 나아가 이를 강제할 수 있다. 또한 그 불이행으로 인한 손해배상을 구할 수도 있다. 양자는 모두 채무불이행이라는 동일한 현상에 대응하는 별개의 다른 수단이다. 종래 보통법과 형평법을 구별해 온 영미법계 국가들에서는 계약위반에 대해 손해배상(damages)이라는 보통법적 구제를 인정하면서 특정이행(specific performance)이라는 형평법적 구제는 예외적으로만 허용해 왔다. 그러나 대륙법계에 속한 우리 민법은 채무의 이행청구 내지 이행강제를 후순위로 돌리지 않는다. 채권자는 채무자가 약속한 이행을 청구하거나 강제할 수 있고, 그것이 손해배상청구의 보충적 수단이 되는 것도 아니다. 오히려 이론적으로 따지자면 이것이 채무불이행 사태의 원칙적인 해결 방법이다.[32) 그런데 이행불능은 이러한 원칙적인 해결 방법을 배제하는 개념이다. 그 점에서 이행불능은 이행청구의 가능과 불능을 좌우하는 역할을 수행한다.

이러한 이행불능은 종국적이고 확정적인 것이라야 한다.[33) 그러한지는 가치적·목적적으로 판단해야 한다. 즉 이행불능 판단은 규범적인 성격을 띤다. 이러한 규범성은 소유관계의 귀속을 둘러싼 이행불능 판단에서 두드러진다. 소유권을 넘겨주어야 할 상황에서 그 소유권이 채무자 아닌 제3자에게 귀속되어 있다면 소유권이전의무는 이행불능인가? 만약

---

32) 오스트리아 민법 제918조, 제919조, 이탈리아 민법 제1453조 제1항, 네덜란드 민법 제3:296조 제1항, 덴마크 물품매매법 제21조, 스웨덴 물품매매법 제23조 등 이를 명문으로 규정하는 입법례들도 많다. 유럽계약법원칙(PECL) 제9:101조도 이러한 사고방식 위에 기초한다고 평가할 수 있다.

33) 곽윤직 편, **민법주해**(IX) 채권(2)(박영사, 1992), 242면(양창수 집필부분); 김용담 편, **주석민법 채권총칙(1)**, 제4판(한국사법행정학회, 2010), 684면(김상중 집필부분); 양창수·김재형, **계약법(민법 I)**, 제2판(박영사, 2015), 373면.

채무자가 제3자로부터 소유권을 취득한 뒤 채권자에게 넘겨줄 가능성이 있다면 그 소유권이전의무는 이행불능이 아니다.[34] 이러한 견지에서 대법원은 부동산 이중매매 사안에서 등기회복 가능성이 희박한 경우에는 이행불능이라고 보면서도,[35] 처[36] 또는 아들[37] 앞으로 소유권이전등기가 되었거나, 아들이 경락받아 소유권을 취득한 경우[38]에는 등기회복 가능성이 있다고 보아 이행불능이 아니라고 판단하였다. 이는 채무자와 현재 소유자 간 관계의 밀접성에 초점을 맞춘 판단이다. 이 사안에서 피고 법인의 이사는 피고 법인 설립자의 장남이었고, 토지 취득 및 건축 신고 시 피고 법인의 대표자이기도 하였다. 대상판결은 이러한 사정에 초점을 맞추어 피고의 채무가 이행불능에 빠졌다고는 단정할 수 없다고 보았다.

대상판결에서 주목할 만한 것은 이행불능의 엄격성이 원고의 청구원인에 따라 달라질 가능성을 내비친 점이다. 대법원은 "채권자가 굳이 채무의 본래 내용대로의 이행을 구하고 있는 경우에는 쉽사리 채무의 이행이 불능으로 되었다고 보아서는 아니 된다."라고 판시하였다. 채권자가 강제이행과 손해배상 중 무엇을 구하는지에 따라 이행불능 판단의 엄격함이 달라질 수 있다는 이야기이다. 이러한 이행불능에 관한 이중적 판단은 법 이론적으로 논리적이지 못하다는 비판을 받을지도 모른다. 그러나 리처드 포즈너(Richard Posner) 판사의 말처럼 우리는 이론에 대해 실용적이 되어야 한다. 이론은 궁극적 진실의 반영이라기보다는 도구이고, 그 도구의 기준은 효용에 있다.[39] 채권법이 추구하는 효용은 채무가 그 본래 내용에 좇아 이행되도록 하는 것, 바꾸어 말하면 채권이 그 내용에 좇아 만족되도록 하는 것이다. 법원의 판단도 가급적 이를 촉진하는 방향으로 이루어져야 하고, 이를 게을리한 채 손쉽게 모든 것을 손해배상

---

34) 주석민법/김상중(주 33), 685면.
35) 예컨대 대법원 2005. 9. 15. 선고 2005다29474 판결.
36) 대법원 1991. 7. 26. 선고 91다8104 판결.
37) 대법원 1995. 10. 13. 선고 95다25497 판결.
38) 대법원 1994. 12. 22. 선고 94다40789 판결.
39) Richard A. Posner, "The New Instrumental Economics Meets Law and Economics", *J. Inst. & Theoret. Econ.* 73 (1993), p. 77.

채 권 법 225

의 문제로 환원하려는 시도는 경계되어야 한다. 특히 채권자가 처음부터 전보배상을 원하는 경우와 달리, 스스로 불능으로 인한 불이익의 가능성을 감수하면서 본래의 채무이행을 원한다면 더욱 그러하다. 대상판결의 태도는 그러한 면에서 이해할 수 있다.

2. 귀책사유

대법원 2011. 8. 25. 선고 2011다43778 판결은 분양자가 분양계약 체결 당시 예견할 수 있었던 장애사유를 수분양자에게 고지하지 않았다가 그 장애사유가 현실화된 경우 분양자가 채무불이행 책임을 부담하는지를 다루었다. 분양자인 피고(지방공사)는 아파트 분양공고 및 분양계약 체결 당시 장차 아파트 부지에 대한 문화재발굴조사가 행해질 것을 알고 있었다. 또한 유적지가 발견되어 행정관청의 현지 보존결정이 내려지면 그 부지에서 아파트 건설을 할 수 없게 된다는 점도 알고 있었다. 더구나 피고는 주택건설사업계획 승인 과정에서 승인권자로부터 분양공고문에 '문화재 조사결과에 따라 사업계획이 변경될 수 있음'을 표기하여 민원 발생이 없도록 조치하라는 공문까지 받은 상태였다. 피고는 입주자모집공고문과 분양계약서에 문화재 조사로 인해 입주예정일이 늦어질 수 있다는 점은 밝혔으나, 아파트 건설이 불가능해질 수 있다는 점은 밝히지 않았다. 그런데 문화재발굴조사과정에서 유적지가 실제로 발견되었고, 결국 그 부지에서 아파트를 건설할 수 없게 되었다. 수분양자인 원고들은 분양자인 피고에게 손해배상을 청구하였다.

대법원은 "계약당사자 일방이 자신이 부담하는 계약상 채무를 이행하는 데 장애가 될 수 있는 사유를 계약을 체결할 당시에 알았거나 예견할 수 있었음에도 이를 상대방에게 고지하지 아니한 경우에는, 비록 그 사유로 말미암아 후에 채무불이행이 되는 것 자체에 대하여는 그에게 어떠한 잘못이 없다고 하더라도, 상대방이 그 장애사유를 인식하고 이에 관한 위험을 인수하여 계약을 체결하였다거나 채무불이행이 상대방의 책임 있는 사유로 인한 것으로 평가되어야 하는 등의 특별한 사정이 없는 한, 그 채무가 불이행된 것에 대하여 귀책사유가 없다고 할 수 없다."라고 판시하면서, "그것이 계약의 원만한 실현과 관련하여 각각의 당사자가 부담하여야 할 위험을 적절하게 분배한다는 계약법의 기본적 요구에 부합한다."라고 덧붙였다. 이러한 일반론 아래 대법원은 피고가 위와 같은 위험요소를 충분히 알았는데도 그 가능성을 언급하지 않은 이상 아파트 공급의무 불이행에 대한 귀책사유가 있다고 보았다.

이에 대해서는 다음과 같은 비판이 가해질 수 있다.[40] 유적지는 옛날부터 그 곳에 있었기에 발견된 것이고 이 과정에서 피고가 어떠한 잘못을 한 것은 아니다. 피고가 원고들에게 그러한 가능성을 충분히 알리지 않은 것은 유감스러운 일이다. 그러나 이는 계약 체결 과정에서 발생한 일일 뿐 계약상 급부의 이행 과정에서 발생한 일이 아니다. 그러므로 설령 그러한 불고지가 잘못이라고 하더라도 이를 채무불이행의 귀책사유라고 보기 어렵다. 그런데 대상판결이 피고의 귀책사유로 채무를 불이행하였다고 평가한 뒤 이행이익 상당의 배상까지 인정한 것은 타당하지 않다.

이러한 비판론이 날카롭게 지적하듯 계약 체결 시점의 고지의무와 계약 체결 이후의 급부의무는 구별되고, 전자를 위반하였다고 하여 당연히 후자의 위반에 따른 채무불이행책임이 성립한다고는 할 수 없다.[41] 다만 이 사건에서 원고들은 고지의무 위반을 주장한 것이 아니라 급부의무 위반(즉 아파트를 건설, 공급할 의무 위반)을 주장하였다. 그러므로 남는 문제는 불고지가 급부의무 위반의 귀책사유로 평가될 수 있는가 하는 점이다. 이는 채무불이행의 귀책사유가 급부의무 위반 그 자체에 관한 귀책사유로 제한되어야 하는가 하는 물음과 관련 있다. 민법 제390조의 문언만 놓고 보면 그렇다고 해석할 가능성이 높다.[42] 그러나 귀책사유의

---

40) 안병하, "급부장애사유에 대한 계약체결 전 고지의무 위반의 책임 : 대법원 2011. 8. 25. 선고 2011다43778 판결에 대한 비판적 검토", **민사판례연구**, 제38권 (2016), 371면 이하. 이 문헌은 민법 제535조에 규정된 계약체결상 과실책임의 적용범위 및 법률효과를 확대하여 급부장애사유에 대한 고지의무 위반의 문제를 해결하는 방안을 제시하고 있다.

41) 실제로 계약체결 과정에서의 고지의무 위반 또는 기망은 불법행위책임으로 구성하는 경우가 많다. 예컨대 대법원 2007. 6. 1. 선고 2005다5812, 5829, 5836 판결.

기능을 좀더 넓게 파악하는 것도 가능하다. 채무불이행의 귀책사유는 민법 제390조의 본문이 아닌 단서에 규정되어 있는 점에서도 알 수 있듯이 채무불이행책임을 부과하는 적극적 요건이라기보다는 채무불이행이라는 사태 그 자체에 대해 원칙적으로 책임을 져야 하는 채무자가 그 책임으로부터 벗어날 수 있는 일체의 소극적 정당화 사유이다. 즉 귀책사유는 채무불이행으로 인한 위험을 채무자로부터 채권자에게 전가하는 하나의 바로미터이다. 그러므로 채무의 성립부터 이행에 이르기까지의 전체 단계에서 이러한 위험 전가를 정당화할 만한 사유가 있다고 평가되지 않는다면 원칙으로 돌아가 채무불이행책임을 지는 것이 맞다. 해당 사안에서 채무자인 피고는 비록 유적지 발굴이라는 사태 그 자체에 대해 잘못이 있는 것은 아니지만 그 사태로 인한 위험을 충분히 알려 원고들로 하여금 그 위험을 스스로 감수하거나 회피할 수 있도록 해 주지 않은 잘못은 있다. 또한 일련의 사실관계에 비추어 피고는 고지되지 않은 위험은 스스로 떠안겠다는 묵시적인 의사 표명을 한 것이라고 평가할 여지도 있다. 그렇다면 피고는 유적지의 존재에 대한 귀책사유는 없으나 이행불능으로 발생한 사태에 대해서는 귀책사유가 없다고 할 수 없다.[43]

3. 손해배상의 범위
가. 낙찰자 결정 후 본계약 체결을 거절한 입찰실시자의 손해배상 범위
대법원 2011. 11. 10. 선고 2011다41659 판결은 예약 후 본계약체결 거절로 인한 손해배상 범위 문제를 다루었다. 입찰절차에서 낙찰자가 결정되면 입찰실시자와 낙찰자 사이에는 도급계약의 본계약 체결의무를 내용으로 하는 예약관계가 성립한다.[44] 그런데 입찰실시자가 정당한 이유

---

42) 민법 제390조는 "채무자의 고의나 과실없이 이행할 수 없게 된 때"라고 표현함으로써 귀책사유가 이행과 결부된 요건임을 나타내고 있다. 그러나 "고의나 과실 없이"와 "이행할 수 없게 된 때"를 분리함으로써 고의나 과실이 꼭 이행 그 자체에 국한되는 것은 아니라고 해석할 수도 있다.
43) 대상판결에 찬성하는 입장으로 김용덕 편, **주석민법 채권총칙**(1), 제5판(한국사법행정학회, 2020), 651면(김상중 집필부분).
44) 대법원 2006. 6. 29. 선고 2005다41603 판결.

없이 본계약 체결을 거절하는 것은 본계약 체결의무 위반에 해당한다. 이때 본계약 체결의무 위반으로 인한 손해배상 범위는 어떻게 산정하는가? 본계약이 체결되지도 않은 상태에서 본계약이 체결되었더라면 얻을 수 있었을 이익, 즉 이행이익 배상을 구할 수 있는가? 그 배상액은 어떻게 산정하는가? 대법원은 도급인이 될 자가 수급인 선정을 위한 입찰절차에서 낙찰자를 결정하였으나 정당한 이유 없이 본계약 체결을 거절하는 경우, 낙찰자에게 배상할 손해 범위에 이행이익 상실의 손해가 포함된다고 보았다.

채무불이행으로 인한 손해배상은 원칙적으로 '계약이 완전히 이행된 것과 동일한 이익', 즉 이행이익 상당의 배상이다.[45] 이행이익 배상을 통해 채권자는 계약이 이행된 것과 규범적으로 같은 지위를 확보하게 된다. 이것이 깨어진 정의를 회복된 정의 상태로 시정하는 손해배상제도의 이념에 부합한다. 이러한 이행이익 배상원칙은 주요 국가들, 나아가 각종 국제규범에서 채무불이행으로 인한 손해배상의 원칙으로 받아들여지고 있다.[46] 물론 이행이익에 갈음하여 신뢰이익의 배상을 구할 수도 있다.[47] 이때 이행이익 배상과 신뢰이익 배상은 손해 회복이라는 공통의 목적 달성에 동원되므로 협업적 관계에 있다. 하지만 신뢰이익의 배상이 허용된다고 하여 이행이익 배상이 가지는 원칙으로서의 지위가 흔들리는 것은 아니다.

이러한 이행이익 배상원칙은 계약에서 정한 의무를 위반하는 경우뿐만 아니라 계약을 체결할 의무를 위반하는 경우에도 적용되지 않을 이유가 없다.[48] 계약을 체결할 의무의 발생 근거가 되는 예약도 엄연히 일종

45) 대법원 2008. 12. 24. 선고 2006다25745 판결; 대법원 2009. 7. 9. 선고 2009다24842 판결.
46) 권영준, "이행이익, 신뢰이익, 중복배상－지출비용과 일실이익의 배상청구와 관련하여－", **인권과 정의**, 제491호(2020), 126면.
47) 대법원 1992. 4. 28. 선고 91다29972 판결; 대법원 1999. 7. 27. 선고 99다13621 판결; 대법원 2002. 6. 11. 선고 2002다2539 판결.
48) *Münchener Kommentar zum BGB/Busche*, 8. Auflage 2018, Vor § 145 Rn. 66은 본계약체결의무위반 시 이행에 갈음하는 전보배상을 구할 수 있다고 설명한다.

의 계약이고, 그 의무 위반은 예약이라고 불리는 계약에서 정한 채무의 위반이기 때문이다. 그러므로 본계약 체결의무라는 계약상 의무를 위반한 경우에도 그 본계약을 체결하였더라면 일반적으로 얻을 수 있었을 이익, 즉 이행이익의 배상이 가능하다. 또한 이러한 이행이익은 본계약 체결을 기대하는 당사자라면 통상적으로 예견할 수 있는 범위에 있는 이익이므로 통상손해에 해당한다. 이에 대해서는 계약교섭의 부당한 중도파기로 인한 손해배상책임의 범위를 신뢰이익으로 본 대법원 2003. 4. 11. 선고 2011다53059 판결을 들면서, 이처럼 계약이 체결되기 전 단계에서는 이행이익 배상이 허용될 수 없다고 반론할지도 모른다. 그러나 2011다53059 판결은 어떤 형태의 계약도 체결된 바 없는 사안을 다루고 있는 반면, 대상판결은 예약이라는 계약이 이미 체결된 사안을 다루고 있다는 점에서 구별되어야 한다.

다만 구체적으로 이행이익을 산정하는 과정에서는 유의할 점들이 있다. 우선 예약 단계에서 본계약의 내용이 구체적으로 확정되어 있다면 이행이익을 산정하기가 쉬워진다. 반면 그렇지 않다면 이행이익의 산정이 어려울 수도 있다. 이 경우에는 신뢰이익에 기대어야 할 수도 있다. 또한 여기에서의 이행이익은 총 매출에서 제반 비용을 공제한 순이익을 의미한다. 이러한 비용은 금전적 비용뿐만 아니라 수급인이 기울이게 될 노력이나 그 과정에서 감수해야 할 사업적 위험 등 무형적 비용을 포함하는 개념이다. 그렇지 않다면 수급인은 본계약이 체결되었더라면 기울였을 노력을 기울이거나 위험을 감수하지 않고도 본계약이 체결된 경우와 동일한 이윤을 얻게 되어 오히려 과도한 배상을 받는 결과가 되기 때문이다. 이러한 의미의 무형적 비용을 금전적으로 계산하기는 쉽지 않다. 대법원은 이러한 "여러 사정을 두루 고려하여 객관적으로 수긍할 수 있는 손해액을 산정하여야 한다."라고 판시하였다. 그 산정 과정에서는 채무불이행으로 인한 구체적 손해액을 증명하는 것이 곤란한 경우 법원이 증거조사의 결과와 변론 전체의 취지에 의하여 밝혀진 간접사실들을 종합하여 손해액을 판단할 수 있다는 판례[49]의 취지가 적용될 수 있을 것이다.

나. 변호사 보수에 상응하는 손해배상 범위

대법원 2012. 1. 27. 선고 2010다81315 판결은 채무자의 채무불이행 때문에 제3자를 상대로 소를 제기한 채권자가 지출한 변호사 보수가 채무자의 손해배상 대상인지를 다루었다. 일반적으로 채권자와 채무자 사이의 소송으로 인한 변호사 보수는 소송비용 부담의 문제로 보아 해결하면 충분하다. 그런데 이 사건에는 채권자가 제3자에게 소를 제기하였다는 특수성이 있다. 원고인 채권자는 피고인 한국 중개법인을 대리인으로 선임하여 미국에 있는 부동산중개회사와 중개계약을 체결하였다. 그런데 원고는 피고의 선관주의의무 위반으로 인해 미국 부동산중개회사에게 과다한 중개수수료를 지급하게 되었다. 원고는 그 과다 지급분을 돌려받기 위해 미국에서 변호사를 선임하여 소송을 제기하였다. 이때 원고가 소송 과정에서 지출한 변호사 보수도 상당인과관계 있는 손해에 해당하는가? 대법원은 채무자의 고의 또는 과실로 자신의 권리를 침해받은 채권자가 자신의 권리 보호를 위하여 부득이하게 외국에서 소송을 제기하고 그와 관련하여 변호사 비용을 지출할 수밖에 없었더라도 채권자가 지출한 변호사 보수 전액이 곧바로 상당인과관계 있는 손해에 해당한다고 볼 수는 없고, 상당한 범위 내의 변호사 보수액만을 상당인과관계가 있는 손해로 보아야 한다고 판시하였다.

변호사 강제주의가 적용되는 경우가 아니라면 소송 당사자는 소송 과정에서 반드시 변호사를 선임해야 하는 것은 아니다. 이러한 점에 착안한다면 변호사 보수 지출이라는 손해는 채무불이행으로 인한 것이 아니라 채권자의 변호사 선임 결정으로 인한 것이므로 채무불이행과 손해 사이에 상당인과관계가 없다거나, 상당인과관계가 있더라도 특별손해에 불과하다고 볼 수도 있다. 실제로 우리 판례 중에는 변호사 강제주의를 택하고 있지 않은 우리나라 법제하에서는 변호사비용이 불법행위로 인한 손해배상대상에 포함되지 않는다고 본 예들이 있다.[50] 그러나 이와 달리

---

49) 예컨대 대법원 2004. 6. 24. 선고 2002다6951, 6968 판결; 대법원 2010. 10. 14. 선고 2010다40505 판결.

변호사비용 상당액을 손해로 인정한 예들도 있다.[51]

변호사 강제주의만을 이유로 곧바로 변호사 보수가 손해배상의 대상
이 될 수 없다고 말하는 것은 지나치다. 상당인과관계 또는 통상손해는
결국 예견 가능성의 문제로 귀결된다. 그런데 채권자가 채무불이행으로
인해 침해된 자신의 권리를 보호하고 필요한 구제를 받기 위해 변호사
보수를 지출하는 사태는 충분히 예견할 수 있다. 변호사의 숫자가 늘어
나고 변호사의 도움을 받는 것이 일상화되면서 그러한 예견 가능성은 더
욱 증가한다. 대상판결 사안에서도 그러한 의미의 예견 가능성이 존재하
였다. 더구나 미국에서 미국 회사와 소송을 하면서 본인 소송을 하기란
여간 어려운 일이 아니다. 또한 원고가 변호사의 도움을 받아 미국 부동
산중개회사로부터 그 손해를 최대한 회복하는 것이 피고에게도 유리한
일이다. 그러므로 대상판결과 같은 사안에서는 변호사 보수를 통상손해
로 보는 것이 옳다.[52]

더욱 중요한 문제는 변호사 보수의 어느 범위까지를 통상손해로 인
정할 것인가이다. 변호사보수가 언제나 통상손해에 해당한다면 채권자는
불필요하게 과도한 소송비용을 지출해도 괜찮다고 잘못 생각할 수도 있
다. 그러므로 변호사 보수가 언제나 통상손해에 해당한다고 말할 수는
없다. 그렇다고 하여 통상손해에 해당하는 변호사 보수의 액수나 비율을
미리 획일적으로 정해 놓을 수도 없는 노릇이다. 대법원은 대상판결에서
"변호사 보수를 지출한 경위와 지급내역, 소송물 가액, 위임업무의 성격
과 난이도 등 구체적 사정을 고려하여 상당한 범위 내의 보수액만을 상
당인과관계 있는 손해로 보아야" 한다는 기준을 제시하였다. 이는 불법행
위로 인한 치료비 지출의 경우에 그 보수액의 상당성을 정하여 손해배상

50) 대법원 1978. 8. 22. 선고 78다672 판결; 대법원 1996. 11. 8. 선고 96다27889
판결; 대법원 2010. 6. 10. 선고 2010다15363, 15370 판결.
51) 대법원 1960. 6. 23. 선고 4292민상690 판결; 대법원 1997. 11. 28. 선고 97다
28377 판결; 대법원 2005. 5. 27. 선고 2004다60584 판결.
52) 만약 법률보험회사가 보험계약에 따라 소송비용을 부담했다면 구상권의 문제로
환원될 것이다.

범위를 정해야 한다는 판례와 궤를 같이한다.[53] 변호사 보수액의 상당성을 판단함에 있어서는 「변호사보수의 소송비용 산입에 관한 규칙」의 기준도 고려되어야 할 사정 중 하나로 볼 수 있다. 다만 변호사 보수의 소송비용 산입 기준을 현실화해야 한다는 목소리가 지속적으로 제기되어 왔다는 점도 염두에 두어야 한다. 참고로 최근 대법원은 제3자가 소송대리인에게 소송비용을 지급한 경우에도 당사자가 지급한 것과 동일하다고 볼 수 있는 사정이 인정되면 소송비용에 산입되는 변호사 보수로 인정할 수 있다는 유연한 태도를 취한 바 있다.[54]

4. 위약벌과 손해배상액 예정
가. 위약벌과 손해배상액 예정의 구별
대법원 2016. 7. 14. 선고 2012다65973 판결은 위약벌과 손해배상액 예정 구별 기준을 다루었다. 사안은 다음과 같다. 원고(한화케미칼)는 피고(한국산업은행) 등으로부터 대우조선해양 주식을 매수하기로 하는 양해각서를 체결하였다. 원고는 피고에게 3,000억 원대의 이행보증금을 납부하였는데, 양해각서에 따르면 원고는 확인실사 유무와 무관하게 피고와 최종 계약을 체결해야 하고, 원고가 정당한 이유 없이 최종 계약을 체결하지 않아 양해각서가 해제되면 이행보증금은 위약벌로 피고에게 귀속된다고 규정되어 있었다. 그런데 원고가 대우조선해양 노조의 확인실사 저지 등을 이유로 최종 계약 체결을 거부하였다. 그러자 피고는 양해각서를 해제하고 이행보증금을 위약벌로 몰취한다고 통지하였다. 그러자 원고도 확인실사가 무산된 것은 피고의 귀책사유 때문이라는 점 등을 들어 양해각서를 해제하고 이행보증금 반환을 구하였다.

이 사건에서는 매수인들이 정당한 이유 없이 최종 계약을 체결하지 않은 것인지, 만약 그렇다면 이행보증금은 위약벌과 손해배상액 예정 중

---

53) 대법원 1988. 4. 27. 선고 87다카74 판결; 대법원 2010. 11. 25. 선고 2010다51406 판결.
54) 대법원 2020. 4. 24.자 2019마6990 결정.

어디에 해당하는지가 문제되었다. 1심부터 대법원에 이르기까지 매수인들이 정당한 이유 없이 최종 계약을 체결하지 않았다는 판단이 내려졌다. 결국 이행보증금의 법적 성격이 초미의 관심사가 되었다. 왜 이 점이 중요할까? 손해배상액 예정으로 보면 직권 감액이 가능하지만, 위약벌은 직권 감액이 불가능하고 민법 제103조가 적용될 수 있는 경우에만 일부 무효가 되기 때문이다. 이행보증금이 3,000억 원대에 이르는 장면에서 감액 가능 여부는 실로 중요한 쟁점이었다. 원심법원은 위약금 약정이 위약벌이라고 보았지만, 대법원은 손해배상액 예정으로 보아야 한다는 취지로 원심판결을 파기 환송하였다.[55] 즉 대법원은 위약금 약정이 위약벌인지 손해배상액 예정인지는 의사해석의 문제라고 전제하면서, 특히 매수인들의 귀책사유로 양해각서가 해제됨으로써 발생하게 될 모든 금전적인 문제를 오로지 이행보증금의 몰취로 해결하고 기타의 손해배상이나 원상회복청구는 명시적으로 배제하여 매도인들에게 손해가 발생하더라도 매도인들은 이에 대한 손해배상청구를 할 수 없도록 한 것으로 보이는 점에 주목하여 이를 손해배상액 예정으로 보았다.

　　계약 해석의 궁극적인 목적은 당사자가 어떤 법률효과를 의도하였는지를 확정하는 데에 있다. 이러한 법률효과는 당사자가 계약서에서 어떤 용어나 표현을 사용하였는지에 기계적으로 좌우되지는 않는다. 이 사건에서 당사자들은 계약서에 '위약벌'이라는 표현을 명시적으로 사용하였다. 이 점은 1심법원과 원심법원이 그 금전의 성격을 위약벌로 파악하는데 결정적 역할을 하였다. 물론 이러한 표현은 계약 해석 시 충분히 고려되어야 한다. 상업적으로 숙련된 당사자들 사이의 계약이기에 더욱 그러하다. 그러나 궁극적으로는 당사자가 이행보증금의 몰취로 손해배상 문제를 갈음하기로 한 것인지(손해배상액 예정), 아니면 손해배상 문제와는 별도로 이행보증금의 몰취라는 제재를 가하기로 한 것인지(위약벌)를 실질적으로 밝히는 것이 더 중요하다. 이 사건의 계약서 조항들을 종합하여

---

55) 환송 후 법원은 이행보증금의 50%를 감액하였다. 서울고등법원 2018. 1. 11. 선고 2016나10959 판결.

보면 당사자는 전자의 의도를 가졌던 것으로 보인다. 이처럼 당사자가 양해각서에 사용한 표현에 얽매이지 않고 별도의 손해배상청구 허용 여부 등 당사자의 효과의사에 중점을 두어 위약벌 약정과 손해배상액 예정을 구별한 것은 옳다. 위약벌의 감액 문턱이 손해배상액 예정의 감액 문턱보다 높은 현실에서 양자를 형식적인 표현에 따라 구별한다면 협상력에서 우위에 있는 당사자는 표현을 달리함으로써 자신에게 유리한 법적 취급을 받으려는 기회주의적인 행동을 할 것이다. 이러한 표현의 불공정한 지배가 법률관계의 공정성을 해쳐서는 안 된다.

나. 위약벌의 감액

대법원 2016. 1. 28. 선고 2015다239324 판결은 위약벌에 손해배상액 감액 규정이 유추 적용될 수 없고, 공서양속을 통하여 전부 또는 일부가 무효가 될 수 있을 뿐이라고 판시하였다. 이러한 판시는 이 판결 외에도 다수 판결들에 나타난 바 있다.[56] 하지만 이 판결에서 주목할 만한 것은 위약벌 약정의 공서양속 위반 판단은 가급적 자제해야 한다는 판시 부분이다. 이러한 판시는 이 판결 직전에 선고된 대법원 2015. 12. 10. 선고 2014다14511 판결에서도 유사하게 이루어진 바 있는데, 이를 통해 감액이 비교적 자유롭고 너그러운 손해배상액 예정과 무효 판단이 자제되어야 하는 위약벌 사이의 괴리가 더욱 커지게 되었다. 그러나 직권감액 규정의 유추 적용을 부정하면서 위약벌 약정의 무효 판단에 대해 더욱 엄격한 잣대를 적용하는 대법원의 태도는 재고되어야 한다.[57]

위약벌 약정은 손해배상액 예정과 마찬가지로 위약금 약정의 일종이다. 한편 우리 민법은 제398조 제2항에서 손해배상액 예정에 대한 감액 규정만 두고 있을 뿐 위약벌의 감액 규정은 두고 있지 않다. 그러나 사실 민법은 위약벌이라는 개념 자체를 아예 다루고 있지 않다. 그러므로

---

56) 대법원 1993. 3. 23. 선고 92다46905 판결; 대법원 2002. 4. 23. 선고 2000다 56976 판결 등 다수.
57) 이하 내용은 권영준, "위약벌과 손해배상액 예정 - 직권감액 규정의 유추 적용 문제를 중심으로 -", **저스티스**, 제155호(2016)의 해당 부분에 의거하여 작성하였다.

민법 제398조 제2항이 위약벌의 감액을 의도적으로 배제하거나 부정한 것이라고 단정할 수는 없다. 입법자료상으로도 그러하다.[58) 시선을 국외로 돌려보면 위약벌 감액을 허용하는 경향성이 뚜렷하게 발견된다. 주요 대륙법계 국가들은 입법[59) 또는 해석론[60)으로 위약벌 약정과 손해배상액 예정을 가리지 않고 직권 감액을 허용한다. 주요 영미법계 국가들은 손해배상액 예정(liquidated damages)이 아닌 위약벌(penalty)은 감액을 넘어서서 원칙적으로 강제할 수 없다고 본다.[61) 주요 국제규범도 위약벌의 감액을 허용한다.[62) 이례적으로 일본은 종래 위약벌을 공서양속 조항으로 규율하였고 우리나라도 이러한 일본의 입장에 영향을 받은 것으로 보인다. 그런데 개정 전 일본 민법 제420조 후단은 특이하게도 손해배상 예정액의 증감 자체를 금지하고 있어 위약벌의 감액이 애당초 허용될 수 없는 상황이었다는 점을 고려해야 한다. 이는 손해배상액 예정의 감액이 명문으로 허용되는 우리나라와는 전혀 다른 상황이다.[63) 참고로 2020년

---

58) 민의원 법제사법위원회 민법안심의소위원회 편, **민법안심의록 상권: 총칙편 · 물권편 · 채권편**(법무부, 1957), 117, 118면에 따르면 당시 입법자의 관심은 손해배상액 예정의 증감을 명문으로 부정한 의용 민법 제420조 제1항의 입법 태도를 뒤엎고 감액을 허용하는 데에 있었을 뿐 위약벌에 대한 논의는 찾아볼 수 없다.

59) 프랑스 민법 제1152조 제2항; 독일 민법 제343조; 오스트리아 민법 제1336조 제2항; 네덜란드 민법 제6:94조; 이탈리아 민법 제1384조; 체코 상법 제301조 등.

60) 이탈리아는 해석론으로 'clausola penale'(위약벌)와 'liquidazione convenzionale del danno'(손해배상액 예정)에 대한 감액을 인정한다. J. Frank McKenna, "Liquidated Damages and Penalty Clauses: A Civil Law versus Common Law Comparison", *The Critical Path, ReedSmith, Spring* (2008)에서 재인용.

61) 미국 통일상법전(Uniform Commercial Code) 제2-718조 제1항, 계약법 제2차 리스테이트먼트(Restatement (Second) of Contracts) 제356조 참조. 이는 손해배상액 예정과 위약벌을 사전적 기준에 의하여 준별하기보다는, 결과적으로 실제 손해 전보에 합리적으로 필요한 범위를 넘어서서 부과되는 위약금은 위약벌이라고 이름 붙여 이를 불허하려는 태도이다. 호주, 캐나다, 아일랜드 등 다른 영미법계 국가들도 같은 태도를 취한다. 다만 영국의 경우 합리적 범위 내의 위약벌은 강제할 수 있다는 쪽으로 판례를 변경하였다. Cavendish Square Holding BV v Talal El Makdessi; ParkingEye Limited v Beavis 〔2015〕 UKSC 67(병합 사건임).

62) 유럽계약법원칙(Principles of European Contract Law) 제9:509조; 공통참조기준초안(Draft Common Frame of Reference) Ⅲ권 제3:712조; 국제상사계약원칙(Principles of International Commercial Contract) 제7.4.13조.

63) 이동신, "손해배상액의 예정과 위약벌에 관한 판례 연구", **민사재판의 제문제**, 제

부터 시행된 일본 개정 민법 제420조에서 후단은 삭제되었다.

위약금 감액의 필요성과 정당성은 계약이 공정해야 한다는 원리, 그리고 손해배상의 범위가 합리적이라야 한다는 원리에 따른 것이다. 이러한 원리는 손해배상액 예정과 위약벌에서 달라질 이유가 없다. 오히려 위약벌에서 이러한 원리가 더욱 관철되어야 한다. 그러므로 손해배상액 예정이 감액 대상이라면 위약벌도 감액되지 못할 이유가 없다. 명문 규정이 없지만 유추 적용은 가능하다. 이러한 결론에는 여러 장점이 있다. 상위 원리의 일관된 적용을 통해 법의 정합성을 증진시키고, 부당하게 과도한 위약벌 감액의 길을 열어줌으로써 구체적 타당성을 제고한다. 손쉽게 일반조항에 기대기보다는 개별 조항에 의한 규율을 먼저 모색함으로써 개별은 일반에 앞서야 한다는 원리에도 부합한다. 같은 것을 같게 다룸으로써 법의 적용에 있어서 헌법상 평등의 요청을 만족시킨다. 위약벌과 손해배상액 예정의 법적 취급이 달라짐으로써 양자를 애써 구별해야 하는 실무상 부담도 덜 수 있다. 그러므로 위약벌과 손해배상액 예정의 엄격한 구별에 기초하여 전자에 대해서만 유독 사적 자치의 원칙을 강조함으로써 위약벌 감액의 문턱을 더욱 높이는 태도는 재고할 필요가 있다. 사적 자치의 원칙의 적용 강도는 계약상 권리 또는 의무의 영역(권리영역)과 권리침해 또는 의무위반에 따른 책임에 관한 영역(책임 영역)에서 달라질 수 있다. 위약벌 약정은 책임 영역, 나아가 사적 제재의 영역에 속하므로 그만큼 사적 자치 원칙이 뒤로 물러설 수 있다.

다. 손해배상액 예정

대법원 2013. 4. 11. 선고 2011다112032 판결은 위약벌과 손해배상액 예정의 성격을 동시에 가지는 위약금이 가능하다고 보았다. 해당 사안에서 문제된 전기공급약관에는 계약종별 외의 용도로 전기를 사용하면 그로 인한 전기요금 면탈금액의 2배에 해당하는 위약금을 부과한다고 되어 있었다. 또한 해당 약관에는 이와 별도로 면탈한 전기요금 자체 또는

11권(2002), 301면은 우리 민법이 일본 민법과 달리 위약벌의 감액을 부정하는 규정을 두고 있지 않으므로, 감액을 부정할 이유가 없다고 지적한다.

채 권 법 *237*

손해배상을 청구할 수 있도록 하는 규정은 없고 면탈금액에 대해서만 부가가치세 상당을 가산하도록 되어 있었다. 대법원은 이러한 사정이 있는 경우 위 약관에 의한 위약금은 손해배상액의 예정과 위약벌의 성질을 함께 가지는 것이라고 보았다. 이 판결은 위약벌과 손해배상액 예정의 도식적인 구별을 허물어뜨린 의미를 지닌다.[64] 그 이후 대법원 2020. 11. 22. 선고 2017다275270 판결도 손해배상액 예정과 위약벌의 성격을 함께 가지는 특약의 존재를 인정하면서 감액 필요성을 승인한 바 있다.

대법원 2016. 6. 10. 선고 2014다200763 판결은 당사자 사이의 계약에서 채무자의 채무불이행으로 인한 손해배상액이 예정되어 있는 경우, 채무불이행으로 인한 손해의 발생 및 확대에 채권자에게도 과실이 있더라도 민법 제398조 제2항에 따라 채권자의 과실을 비롯하여 채무자가 계약을 위반한 경위 등 제반 사정을 참작하여 손해배상 예정액을 감액할 수는 있을지언정 채권자의 과실을 들어 과실상계를 할 수는 없다고 보았다. 감액을 통해 과실상계가 추구하는 공평한 손해분담의 이념을 충분히 실현할 수 있기 때문이다.

5. 채무불이행 관련 기타 판결

가. 법률상 금지된 행위와 이행불능

대법원 2017. 10. 12. 선고 2016다9643 판결은, 채무를 이행하는 행위가 법률로 금지되어 그 행위의 실현이 법률상 불가능한 경우도 이행불능에 해당한다고 하면서, 법령에 따라 토지분할에 행정관청의 분할허가를 받아야 하는 토지 중 일부를 특정하여 매매계약이 체결되었으나, 그 부분의 면적이 법령상 분할허가가 제한되는 토지분할 제한면적에 해당하여 분할이 불가능하다면, 매도인의 소유권이전등기의무는 이행불능이라고 보았다. 비슷한 시기에 선고된 대법원 2017. 8. 29. 선고 2016다212524 판

---

64) 양자를 도식적으로 구별하기보다는 위약금으로 묶어 함께 규율하는 것이 대륙법계 국가들을 중심으로 나타나는 일반적인 경향성이기도 하다. 권영준(주 57), 211－214면 참조.

결도 같은 취지이다.

나. 이행거절 요건으로서의 위법성

대법원 2015. 2. 12. 선고 2014다227225 판결은, 채무자가 채무를 이행하지 아니할 의사를 명백히 표시한 경우에 채권자는 신의성실의 원칙상 이행기 전이라도 이행의 최고 없이 채무자의 이행거절을 이유로 계약을 해제하거나 채무자를 상대로 손해배상을 청구할 수 있지만, 이러한 이행거절이라는 채무불이행이 인정되기 위해서는 채무를 이행하지 아니할 채무자의 명백한 의사표시가 위법한 것으로 평가되어야 한다고 보았다. 이러한 위법성 판단은 이행거절에 정당한 사유가 있는가를 살펴 행한다.

다. 부작위의무의 이행 소구

대법원 2012. 3. 29. 선고 2009다92883 판결은 채무자가 계약에 따른 부작위의무를 위반한 경우 채권자는 채무자를 상대로 부작위의무의 이행 그 자체를 소구할 수 있고, 부작위를 명하는 확정판결을 받아 이를 집행권원으로 하여 대체집행 또는 간접강제 결정을 받는 등으로 부작위의무 위반 상태를 중지시키거나 위반 결과를 제거할 수 있다고 보았다. 이 사건에서 골프클럽 회원들은 골프클럽이 소수회원제 약정에 반하여 새로 설립한 다른 골프클럽 회원들에게 주중 예약권 등을 부여하는 행위에 대해 금지청구를 하자, 원심법원은 골프회원권이 배타적 권리가 아니라는 이유로 그러한 청구를 할 수 없다고 보았으나, 대법원은 계약상 그러한 의무이행을 청구하는 것은 가능하다고 한 것이다.[65] 부작위의무의 이행 소구는 부작위의무의 위반 염려가 있을 때 장차 그 부작위의무를 위반하지 않도록 구하는 장래 이행의 소의 형태로도 할 수 있다.[66]

라. 이행보조자

대법원 2013. 8. 23. 선고 2011다2142 판결은 민법 제391조의 이행

---

65) 참고로 독일 민법 제241조 제1항은 "채권관계에 의하여 채권자는 채무자에 대하여 급부를 청구할 수 있다. 급부는 부작위일 수도 있다."라고 하여, 부작위채무의 소구 가능성을 명문으로 규정한다.

66) *Münchener Kommentar zum BGB/Bachmann*, 8. Auflage 2019, § 241 Rn. 22.

보조자 문제를 다루었다. 피고인 예술의 전당은 원고 회사와 오페라극장 대관계약을 체결하였다. 그런데 이와 별도로 피고와 대관계약을 체결한 국립오페라단이 원고 회사의 공연 일정 이전에 오페라극장에서 공연하다가 그 공연장에 화재가 발생하였다. 결국 원고는 자신의 공연 일정에 오페라극장을 사용할 수 없게 되었다. 이와 관련하여 국립오페라단이 피고의 이행보조자인지가 문제되었다. 그렇게 본다면 이행보조자인 국립오페라단의 부주의로 인한 이행불능의 책임은 채무자인 피고가 부담하게 된다. 대법원은 민법 제391조의 이행보조자는 채무자의 의사 관여 아래 그 채무의 이행행위에 속하는 활동을 하는 사람이라고 정의한 뒤, 국립오페라단은 피고의 원고에 대한 채무의 이행행위에 속하는 활동을 하는 주체가 아니므로 이행보조자가 아니라고 보았다.[67] 한편 임대차와 관련해서는 이른바 이용보조자에 관한 법리가 형성되어 왔는데, 대상판결은 이러한 법리와의 관계에서 검토할 필요성도 있어 보인다.[68]

대법원 2020. 6. 11. 선고 2020다201156 판결은 복이행보조자의 고의, 과실에 대한 채무자의 책임을 다루었다.[69] 이 사건에서 피고(현대중공업 주식회사)[70]는 원고(대한민국)에게 잠수함 건조계약에 따라 잠수함을 건조한 뒤 인도하여 주었다. 그런데 잠수함의 추진전동기에서 이상 소음이 발생하자, 원고는 피고를 상대로 계약의 불완전이행으로 인한 손해배상을 구하였다. 추진전동기는 피고가 독일 회사인 티센크루프와의 공급계약에

---

67) 원심판결인 서울고등법원 2009나121776 판결은 이행보조자의 행위가 채무자에 의하여 그에게 맡겨진 이행업무와 객관적, 외형적으로 관련을 가지는 경우 채무자는 그 행위에 대해 책임을 져야 한다는 대법원 1990. 8. 28. 선고 90다카10343 판결을 인용하면서, 피고의 원고에 대한 오페라극장의 보존 및 인도의무의 이행에 관하여 원고의 대관기간 전에 피고로부터 오페라극장을 대관받아 공연을 하는 국립오페라단은 피고의 이행보조자의 지위에 있다고 보았다.

68) 이에 대해서는 정욱도, "이행보조자의 의미—별도의 독립한 계약에 따른 목적물 사용자의 해당 여부—", 민사판례연구, 제37권(2015), 347-355면.

69) 그 외에도 이 판결은 수급인의 하자담보책임과 채무불이행책임이 경합하여 인정되므로 하자보수 보증기간이 지났더라도 여전히 불완전이행으로 인한 채무불이행책임은 물을 수 있다는 종래의 법리를 재확인하였다.

70) 본래는 한국조선해양 주식회사가 계약 주체였는데 현대중공업 주식회사가 그 지위를 인수하였다.

따라 공급받은 것이었고, 티센크루프는 하도급업체인 독일 기업 지멘스로 하여금 그 추진전동기를 제조하게 한 것이었다. 대법원은 이행보조자는 채무자의 의사 관여 아래 채무의 이행행위에 속하는 활동을 하는 사람이면 충분하므로 독립적 지위에 있는 사람도 이행보조자가 될 수 있고, 채무자가 승낙하거나 묵시적으로 동의한 복이행보조자의 고의, 과실에 대해서도 채무자는 책임을 부담한다고 보았다. 이 법리에 따라 피고가 승낙한 복이행보조자인 지멘스의 고의, 과실에 대해 피고는 원고에 대해 책임을 부담한다고 보았다.

Ⅲ. 채권자대위권

1. 피보전권리에 관한 제3채무자의 항변 가부

대법원 2015. 9. 10. 선고 2013다55300 판결은 채권자대위권에서 제3채무자가 피보전권리에 관하여 항변할 수 있는지에 관한 기준을 제시하였다. 이 판결에 따르면, 채권자가 채권자대위소송을 제기한 경우, 제3채무자는 채무자가 채권자에 대하여 가지는 항변권이나 형성권 등과 같이 권리자에 의한 행사를 필요로 하는 사유를 들어 채권자의 채무자에 대한 권리가 인정되는지 여부를 다툴 수 없지만, 채권자의 채무자에 대한 권리의 발생원인이 된 법률행위가 무효라거나 위 권리가 변제 등으로 소멸하였다는 등의 사실을 주장하여 채권자의 채무자에 대한 권리가 인정되는지 여부를 다투는 것은 가능하다. 또한 이 경우 법원은 제3채무자의 주장을 고려하여 채권자의 채무자에 대한 권리가 인정되는지에 관하여 직권으로 심리 · 판단하여야 한다.

채권자는 채무자가 제3채무자에게 가지는 권리를 대위행사하는 것이고, 피대위권리 그 자체만 놓고 보면 이는 채무자가 제3채무자에게 직접 권리를 행사하는 것과 본질적으로 다르지 않다. 그러므로 제3채무자는 채권자대위권의 형태로 피대위권리가 행사되었다는 이유로 종전보다 더 유리하거나 불리한 지위에 놓여서는 안 된다. 그 결과 제3채무자는 채무자에 대한 항변으로 대항할 수 있을 뿐, 자신과는 무관한 피보전권리에

관한 항변, 즉 채무자가 채권자에 대하여 가지는 항변으로는 대항할 수
없다. 이러한 원칙론에 기하여 대법원은 제3채무자는 채무자가 채권자에
대하여 가지는 피보전권리에 관한 항변으로 대항할 수 없다고 판시하여
왔다.[71] 이는 대부분 채권자대위소송의 제3채무자가 채무자의 채권자에
대한 소멸시효 항변을 원용할 수 있는가의 맥락에서 판시된 것이나, 소
멸시효 항변 원용과는 무관한 사건에서도 그렇게 판시된 사례가 있다.[72]
그런데 제3채무자가 피보전권리의 발생 근거인 양도약정이 통정허위표시
로 무효라거나 피보전권리가 변제로 소멸하였다고 주장한 사안에서는 이
러한 주장을 받아들여 소를 각하한 사례도 있었다.[73] 대상판결은 이러한
혼란스러움을 정리하였다.

　　대상판결의 법리는 다음 두 가지 측면에서 이해할 수 있다. 첫째,
피보전권리의 존부는 소송요건이다. 소송요건은 법원의 직권조사사항이
다. 따라서 법원은 제3채무자의 주장 유무에 얽매이지 않고 피보전권리
의 존부를 판단할 수 있다. 제3채무자가 피보전권리에 대해 어떤 주장을
하더라도 이는 법원의 직권 판단의 고려 요소에 불과하다. 이러한 관점
에서 보면 피보전권리에 대한 제3채무자의 주장을 막을 이유가 없다. 그
주장은 법원이 직권으로 고려할 여러 사정 중 하나에 불과하기 때문이
다. 둘째, 채무자가 실제로 자신의 의사에 따라 권리를 행사해야 비로소
피보전권리가 부정될 수 있는 경우에는 제3채무자가 채무자의 권리 행사
를 강제하거나 채무자의 의사를 무시하고 자신이 이를 행사해 버릴 수는
없다. 이러한 유형의 권리 행사로는 소멸시효 원용권의 행사, 해제권 또
는 해지권의 행사, 취소권의 행사 등을 들 수 있다. 그러나 채무자의 권
리 행사를 요구하지 않고도 이미 발생한 사실에 기초하여 행할 수 있는

71) 대법원 1992. 11. 10. 선고 92다35899 판결; 대법원 1993. 3. 26. 선고 92다
25472 판결; 대법원 2008. 1. 31. 선고 2007다64471 판결. 소멸시효 완성의 효과에
관하여 상대적 소멸설을 취할 때 이러한 판결들이 더 잘 설명될 수 있다.
72) 대법원 1995. 5. 12. 선고 93다59502 판결.
73) 대법원 2007. 3. 29. 선고 2006다72000 판결; 대법원 2008. 10. 23. 선고 2008다
37223 판결.

이른바 사실 항변은 가능하다. 이러한 사실 항변에는 계약이 무효라는 항변 또는 변제로 피보전권리가 소멸하였다는 항변, 나아가 소멸시효 원용권이 이미 채무자에게 행사된 경우라면 그 행사에 따라 피보전권리가 소멸하였다는 항변이 포함된다.[74]

2. 피보전권리 결여로 인한 소 각하 확정판결의 기판력

대법원 2014. 1. 23. 선고 2001다108095 판결은 채권자대위소송에서 피보전권리가 결여되었다는 이유로 소 각하 판결이 확정되었더라도 그 기판력은 피보전권리의 이행을 구하는 소송에 미치지 않는다는 법리를 제시하였다.[75] 민사소송법 제218조 제3항은 '다른 사람을 위하여 원고나 피고가 된 사람에 대한 확정판결은 그 다른 사람에 대하여도 효력이 미친다.'라고 규정한다. 채권자대위소송의 원고는 채권자, 피고는 제3채무자이다. 하지만 채권자는 '다른 사람'인 채무자를 위하여 원고가 되는 것이다(제3자 소송담당). 따라서 채권자대위판결의 기판력 등 판결의 효력은 채무자에게도 미친다. 다만 판례는 채무자가 채권자대위권에 의한 소송이 제기된 사실을 알았을 때에 한하여 그 판결의 효력이 채무자에게 미친다고 제한적으로 해석한다.[76]

그런데 채권자대위소송에서 피보전권리가 인정되지 않아 소가 각하된 경우 그 확정판결의 기판력은 그 이후 채권자와 채무자 사이의 피보전권리에 대한 소송에 어떤 영향을 미치는가? 전소에서 피보전권리가 부정되었다면 후소법원은 그 점에 관한 기판력을 받는가? 그렇지 않다는 것이 대상판결의 입장이다. 이러한 입장이 타당하다. 전소의 당사자는 채권자와 제3채무자이지만, 후소의 당사자는 채권자와 제3자이다. 또한 전소의 소송물은 채무자의 제3채무자에 대한 권리이지만, 후소의 소송물은 채권자의 채무자에 대한 권리이다. 기판력은 전소와 후소가 동일할 때,

---

74) 대법원 2008. 1. 31. 선고 2007다64471 판결.
75) 이 판결에 대한 평석으로 이창민, "채권자대위소송에서 소각하 판결이 있었던 경우 그 판결의 기판력이 채무자에게 미치는지 여부", **민사판례연구**, 제37권(2015).
76) 대법원 1975. 5. 13. 선고 74다1664 전원합의체 판결.

즉 양자의 당사자와 소송물이 동일할 때 미친다. 둘 중 어느 하나라도 다르다면 전소에 대한 확정판결의 기판력은 후소에 미치지 않는다. 또한 전소 확정판결은 본안판결이 아니라 소송판결이다. 소송판결의 기판력은 소송요건이 존재하지 않는다는 판단에 관한 것일 뿐 권리의 존부와 범위라는 본안 판단에 관한 것이 아니다. 그러므로 이러한 소송판결의 기판력은 후소법원의 본안 판단을 기속하지 못한다. 즉 소송판결의 기판력과 본안판결의 기판력은 내용을 달리한다. 그 점에서도 대상판결을 이해할 수 있다.

3. 공유물분할청구권의 대위행사와 보전의 필요성

대법원 2020. 5. 21. 선고 2018다879 전원합의체 판결은 채권자가 무자력인 채무자의 공유물분할청구권을 대위행사할 보전의 필요성을 부정하였다.[77] 이에 대해서는 공유물분할을 통해 채권자가 채권을 만족받을 수 있다면 보전의 필요성을 인정해야 한다는 반대의견이 있었다. 이 사건에서 채무자인 A는 무자력이었다. 채권자인 원고는 A를 대위하여 A와 피고가 공유하는 아파트에 관한 공유물분할청구권을 행사하였다. 원고로서는 A의 공유지분을 경매하는 경우 압류채권자의 채권에 우선하는 근저당권 등 부담을 제외하면 남는 금액이 없어 채권을 만족받을 수 없는 상황이었다. 그러나 A의 공유물분할청구권을 대위행사하여 아파트 전체를 대금분할하는 경우에는 채권을 일정 부분 만족받을 수 있는 상황이었다. 이러한 사정이 있는 경우 공유물분할청구권의 대위행사가 허용되는가? 이는 피대위권리 적격과 보전의 필요성이라는 두 가지 국면에서 살펴볼 필요가 있다. 공유물분할청구권은 일신전속권이 아니므로 피대위권리가 될 수 있다.[78] 대상판결에서 대법원은 이를 부정하지 않았다. 문

---

77) 이에 따라 이와 다른 취지의 대법원 2015. 12. 10. 선고 2013다56297 판결은 변경되었다.

78) 곽윤직 편, 민법주해(Ⅸ)(박영사, 1995), 767면(김능환 집필부분); 양창수 · 김형석, 민법 Ⅲ — 권리의 보전과 담보, 제3판(박영사, 2018), 175면; 대법원 2000. 1. 28. 선고 98다17183 판결.

제는 채권자가 공유물분할청구권을 행사할 보전의 필요성을 가지는가였
다. 대법원은 이를 부정하였다.

우선 보전의 필요성 일반론을 간단히 살펴보자. 종래 보전의 필요성
은 피보전권리가 금전채권인 경우와 그렇지 않은 경우를 나누어 달리 판
단하는 경향이 있었다. 피보전권리가 금전채권이라면 채무자의 자력 유
무에 따라 판단하고,[79] 금전채권이 아니라면 피대위권리와 피보전권리의
밀접한 관련성 여부에 따라 판단한다는 것이다.[80] 그러나 민법 제404조
제1항은 "자기의 채권을 보전하기 위하여" 채무자의 권리를 행사할 수 있
다고 규정하고 있을 뿐 피보전권리가 금전채권인지에 따라 요건을 달리
하고 있지 않다. 이에 따라 2000년대 이후에는 이른바 무자력 도그마를
벗어나 피보전권리가 금전채권인데도 채무자의 자력 유무와 상관없이 피
대위권리와 피보전권리의 밀접한 관련성 여부에 따라 보전의 필요성을
인정한 판결들이 선고되었다.[81] 대상판결도 같은 입장을 취하였다. 이 사
건에서 채무자는 무자력이 아니었지만 그러한 점만으로 보전의 필요성이
당연히 부정되지는 않는다고 한 것이다. 이러한 법리는 타당하다.

그런데 이 사건에서 대법원은 "채권자대위권의 행사가 채무자의 자
유로운 재산관리행위에 대한 부당한 간섭이 되는 등 특별한 사정이 있는
경우에는 보전의 필요성을 인정할 수 없다."[82]는 법리에 의거하여 결국
보전의 필요성을 부정하였다. 하지만 원고는 무자력인 A의 아파트 공유
물분할을 통해서만 자신의 채권을 만족받을 수 있는 상황이었으므로 공
유물분할청구권의 대위행사는 채권의 이행 확보에 필요한 수단이었다.

---

79) 대법원 1963. 4. 25. 선고 63다122 판결; 대법원 1969. 7. 29. 선고 69다835 판
결; 대법원 1969. 11. 25. 선고 69다1665 판결; 대법원 1993. 10. 8. 선고 93다
28867 판결; 대법원 2009. 2. 26. 선고 2008다76556 판결.
80) 대법원 2001. 5. 8. 선고 99다38699 판결; 대법원 2007. 5. 10. 선고 2006다
82700, 82717 판결; 대법원 2013. 6. 13. 선고 2011다83820 판결.
81) 대법원 2002. 1. 25. 선고 2001다52506 판결; 대법원 2014. 12. 11. 선고 2013다
71784 판결; 대법원 2017. 7. 11. 선고 2014다89355 판결.
82) 대법원 2001. 5. 8. 선고 99다38699 판결; 대법원 2007. 5. 10. 선고 2006다
82700, 82717 판결; 대법원 2013. 5. 23. 선고 2010다50014 판결; 대법원 2017. 7. 11.
선고 2014다89355 판결 등.

또한 채권자대위권은 본래 채무자의 의사와 무관하게 피대위권리를 행사하는 권리이므로 채무자에 대한 간섭을 이미 예정하고 있다. 그러므로 위와 같은 공유물분할청구권의 대위행사 사실만으로 A의 자유로운 재산관리행위에 대한 부당한 간섭이라고 보기 어렵다.

결국 대상판결을 실제로 뒷받침했던 이유는 다음 두가지이다. 하나는 공유자 중 누구도 공유물의 분할을 희망하지 않는 상황에서 금전채권자의 채권 보전을 위하여 채무자의 재산뿐만 아니라 다른 공유자의 공유지분 전부가 경매되는 것은 채무자를 포함한 공유자들에게 가혹하다는 것이다. 다른 하나는 특정 분할방법을 전제하고 있지 않는 공유물분할청구권의 성격 등에 비추어 볼 때 그 대위행사를 허용하면 여러 법적 문제들이 발생한다는 것이다. 이처럼 채무자가 아닌 제3자의 이해관계 또는 법원의 분할방식 결정에 대한 재량 보호는 일반적인 보전의 필요성 논의에는 등장하지 않는 특수한 요소들이다. 그 특수성은 공유물분할청구권의 특수성에서 비롯되었다. 대상판결은 이러한 특수성에 착안하여 보전의 필요성을 부정하기에 이른 것으로 보인다.

물론 공유물분할청구권의 대위행사에 관한 보전의 필요성이 늘 인정되어야 하는 것은 아니다. 그러나 이 사건에 관하여는 보전의 필요성이 인정될 수 있다고 생각한다. 앞서 살펴보았듯이 공유물분할청구권은 피대위권리 적격을 가진다. 그러므로 공유물분할청구권 대위의 일반적인 가능성은 열려 있다. 한편 원고는 그 공유물분할청구권을 행사하지 않고서는 채권을 일부라도 만족받기 어려운 상황이었다. 그런데 이러한 상황에서도 대위행사가 불허된다면 사실상 공유물분할청구권의 피대위권리 적격을 부정하는 것과 마찬가지이다. 이는 대상판결의 다수의견조차 예정하지 않았던 바이다. 또한 공유물분할가능성은 공유관계에 내재하는 것으로서 모든 공유자는 적법하게 행사된 공유물분할청구권에 의한 공유물 분할이 발생할 수 있다는 위험을 법적으로 감수해야 한다. 다른 공유자가 왜 나의 의사와 무관하게 공유물 분할을 하느냐고 법적으로 유효하게 항변할 지위에 있지 않다는 것이다. 또한 공유물분할청구권의 대위행

사는 규범적으로 공유자가 직접 분할청구권을 행사하는 것과 동등하게
평가될 수 있다는 점도 기억해야 한다. 다른 공유자는 공유자가 직접 행
사한 것인지 공유자를 대위하여 그의 채권자가 행사한 것인지를 가려 공
유물분할에 응할지를 결정할 지위에 있지 않다. 한편 법원이 대금분할을
명할 것을 기대하고 채권자대위권을 행사한다고 하여 법원의 분할방법
결정에 관한 재량이 제약되지도 않는다. 만약 법원이 해당 사안에서 대
금분할이 부적절하다고 판단한다면 이를 이유로 보전의 필요성을 부정하
면 충분하다. 하지만 아파트의 분할 문제를 다룬 대상판결 사안에서는
대금분할이 사실상 유일하게 기대되는 방법이었다. 이러한 사안에서는
보전의 필요성이 인정될 수 있다. 참고로 우리나라 채권자대위권 제도는
프랑스 및 일본에서 비롯되었는데, 프랑스는 입법,[83] 일본은 판례[84]로 공
유물분할청구권의 대위행사를 허용한다.

4. 대위통지로 인한 처분금지효와 계약해제

대법원 2012. 5. 17. 선고 2011다87235 전원합의체 판결은 채권자대
위권 행사 통지로 인한 처분금지효와 계약해제의 관계에 관하여 다루었
다. 사안은 다음과 같다. 채무자가 피고와 부동산 매매계약을 체결하면서
양도소득세를 부담하기로 하였다. 또한 채무자가 양도소득세 부담채무를
소정의 기한까지 이행하지 않으면 계약이 실효되는 특약도 포함시켰
다.[85] 한편 채권자인 원고는 매수인인 채무자를 대위하여 매도인이자 제
3채무자인 피고에게 소유권이전등기를 구하였고, 그 대위행사 사실을 채

---

83) 공유물분할청구권의 대위행사에 관하여는 프랑스 민법 제815-17조 제3항, 공유
물분할의 방법에 관하여는 프랑스 민법 제840조, 프랑스 민사소송법 제1361조 내
지 1377조 참조. 이러한 프랑스 법제에 관하여는 여하윤, "우리 법상 공유물분할청
구권의 대위행사를 허용할 것인지 여부", **법조**, 제743호(2020) 참조.
84) 東京地判 2013. 2. 8.(平成 21 (ワ) 43960); 東京地判 2014. 9. 30.(平成 25 (ワ) 21494).
85) 이는 일종의 자동해제약정으로 보인다. 대법원 1996. 3. 8. 선고 95다55467 판결
및 윤경, "자동해지조항의 의미와 효력, 전세금채권에 대한 양도금지특약의 해석,
계약의 합의해지시 반환할 전세금에 대한 지연손해금 부가 여부", **대법원판례해설**,
제44호(2004), 44면 참조.

무자에게 통지하였다. 그 후 채무자의 채무불이행으로 매매계약은 실효
되었다. 이와 관련하여 채무자가 대위통지를 받은 후 채무불이행으로 매
매계약이 실효되게 한 것이 매매계약으로부터 발생한 피고에 대한 소유
권이전등기청구권을 처분한 것인지가 문제되었다. 만약 그렇다면 민법
제405조 제2항에 따라 이러한 처분으로는 채권자인 원고에게 대항할 수
없기 때문이다.

　　대법원은 채무자의 채무불이행 사실 자체만으로는 권리변동의 효력
이 발생하지 않아 이를 채무자가 제3채무자에 대하여 가지는 채권을 소
멸시키는 적극적인 행위로 파악할 수 없는 점, 법정해제는 채무자의 객
관적 채무불이행에 대한 제3채무자의 정당한 법적 대응인 점, 채권이 압
류·가압류된 경우에도 압류 또는 가압류된 채권의 발생원인이 된 기본
계약의 해제가 인정되는 것과 균형을 이룰 필요가 있는 점 등을 고려할
때 채무자가 자신의 채무불이행을 이유로 매매계약이 해제되도록 한 것
을 두고 민법 제405조 제2항에서 말하는 '처분'에 해당한다고 할 수 없다
고 판시하였다. 다만 형식적으로는 채무자의 채무불이행을 이유로 한 계
약해제인 것처럼 보이지만 실질적으로는 채무자와 제3채무자 사이의 합
의에 따라 계약을 해제한 것으로 볼 수 있거나, 채무자와 제3채무자가
단지 대위채권자에게 대항할 수 있도록 채무자의 채무불이행을 이유로
하는 계약해제인 것처럼 외관을 갖춘 것이라는 등의 특별한 사정이 있는
경우에는 채무자가 피대위채권을 처분한 것으로 보아 제3채무자는 계약
해제로써 대위권을 행사하는 채권자에게 대항할 수 없다고 판시하였다.

　　종래 대법원은 채무자의 채무불이행으로 제3채무자로 하여금 매매계
약을 해제할 수 있도록 한 것도 채무자의 피대위권리의 처분이라고 보았
다.[86] 그러나 매매계약 해제는 제3채무자의 자유로운 권리 행사에 따른
행위이지 채무자의 처분행위가 아니다.[87] 물론 채무자에게는 채무를 이

　86) 대법원 2003. 1. 10. 선고 2000다27343 판결. 이에 대한 비판으로 양창수, "채권자
　　대위에 의한 처분금지효가 제3채무자가 채무자의 채무불이행을 이유로 매매계약을
　　해제하는 것에도 미치는가?" **민법연구**, 제7권(2003), 365면.

행하지 않은 잘못이 있다. 하지만 채무불이행은 채무불이행일 뿐 피대위 권리의 처분행위가 아니다. 종래 판례는 처분행위 개념을 무리하게 확장 하거나 왜곡한 것이다.[88] 또한 제3채무자의 입장에서도 이를 처분행위로 보는 것은 부당하다. 제3채무자는 피보전권리의 당사자도 아니고 채무불 이행을 한 주체도 아니며 대위통지를 받은 주체도 아니다. 그런데 자신 과 무관한 일련의 사정으로 법정해제권이 제약되는 불이익을 입어서는 안 된다. 더구나 제3채무자가 법정해제 사실로 채권자에게 대항할 수 없 다면 제3채무자는 채무자로부터는 채무불이행을 당하면서 채권자에게는 자신의 채무를 이행해야 할 수도 있다.[89]

　　민법 제405조 제2항은 채무자에 의한 대위행사 방해를 막기 위한 규정이다. 하지만 제3채무자가 법률의 규정에 따른 해제권을 행사하는 행위는 대위행사 방해가 아니다. 또한 그 원인이 된 채무불이행도 채무 불이행일 뿐 대위행사 방해로서의 처분행위는 아니다. 그러므로 대상판 결처럼 대위행사 통지 후에도 제3채무자는 채무불이행을 이유로 한 법정 해제를 할 수 있다고 보아야 한다. 그렇게 봄으로써 채권압류 이후에도 제3채무자의 법정해제를 허용하는 판례와도 일관성을 유지할 수 있다.[90] 한편 대상판결에서는 다루지 않았지만 채무자가 제3채무자의 채무불이행 을 이유로 하는 법정해제권을 행사하거나,[91] 계약상 해제사유 발생에 따 라 약정해제권을 행사하는 경우도 마찬가지로 보아야 한다. 다만 합의해 제 또는 이에 준하는 행위는 채무자와 제3채무자가 권리처분행위에 가담 하는 행위로도 평가될 수 있으므로 이때에는 민법 제405조 제2항이 적용 된다고 보아야 한다.

---

87) 윤진수, **민법기본판례**, 제2판(홍문사, 2020), 328면.
88) 양창수(주 86), 364면.
89) 이 경우에도 제3채무자는 동시이행 관계가 존재한다면 동시이행 항변권을 행사
　　할 수 있다.
90) 대법원 2000. 4. 11. 선고 99다51685 판결.
91) 심승우, "채권자대위권 행사로 제한되는 채무자의 처분행위", **민사판례연구**, 제37권
　　(2015), 400-405면; 윤진수(주 87), 329면.

5. 채권자대위권 관련 기타 판결

대법원 2010. 6. 24. 선고 2010다17284 판결에서는 원고가 채권자대위권에 기해 피대위권리에 기한 청구를 하다가 그 피대위채권 자체를 양수하여 양수금청구로 소를 변경한 사안에서 당초 채권자대위소송으로 인한 시효중단의 효력이 소멸하지 않는다고 보았다. 채무자가 가지는 피대위채권을 대위 행사하는 것과 채권자가 양수인 겸 권리의 주체로서 피대위채권을 직접 행사하는 것은 다르다. 그러한 차이에만 집착한다면 전자로 인한 시효중단이 후자에 미치지 않는다고 볼 여지도 있다. 그러나 이러한 지위의 변경이 채권자대위소송의 제기 이후 그 소송절차 내에서 이루어졌다는 점에서 이는 실질적으로 소송승계와 다르지 않다. 소송승계의 경우에는 그 소송이 법원에 처음 계속된 때에 소급하여 시효중단의 효력이 생긴다. 더구나 우리 판례는 시효중단의 범위를 너그럽게 해석하는 경향을 보여 왔다.[92] 이러한 점들을 생각하면 타당한 판결이다.

대법원 2012. 12. 27. 선고 2012다75239 판결에서는 재심의 소 제기가 채권자대위권의 목적이 될 수 없다고 보았다. 피대위권리를 행사하기 위해 채무자를 대위하여 소를 제기하는 것은 가능하다. 하지만 채무자가 스스로 소를 제기한 이후 그 소와 관련된 개별적인 소송행위나 상소 제기 등을 채권자가 대위하는 것은 채무자가 소송당사자로서 응당 스스로 결정하고 수행해야 할 행위를 못하게 하는 셈이어서 허용되지 않는다. 대법원은 재심의 소 제기도 상소 제기와 비슷하다고 본 것이다. 이처럼 채무자가 스스로 소를 제기하였다면, 그 결과에 대해 재심의 소를 제기할지는 별도로 대위행사 대상으로 삼기보다는 채무자의 의사에 맡기는 것이 타당하다.

---

92) 대법원은 시효중단을 위한 재판상 청구의 범주를 너그럽게 해석한다. 가령 응소 (대법원 1993. 12. 21. 선고 92다47861 전원합의체 판결), 흠 있는 소 제기(대법원 2005. 11. 10. 선고 2005다41818 판결)도 재판상 청구로 보는가 하면, 근저당권설 정등기청구권의 행사로 피담보채권의 시효가 중단된다고 한다(대법원 2004. 2. 13. 선고 2002다7213 판결).

대법원 2014. 10. 27. 선고 2013다25217 판결은 채무자 소유의 부동산을 시효취득한 채권자의 공동상속인이 채무자에 대한 소유권이전등기청구권을 피보전채권으로 하여 제3채무자를 상대로 채무자의 제3채무자에 대한 소유권이전등기의 말소등기청구권을 대위행사하는 경우, 공동상속인이 지분을 초과하는 부분에 관하여 채무자를 대위할 보전의 필요성이 없다고 보았다. 이 법리는 이미 대법원 2010. 11. 11. 선고 2010다43597 판결에서 판시된 바 있다. 시효취득자가 가지는 소유권이전등기청구권은 공동상속인이 준공유하고, 각 공동상속인은 자신의 지분범위 내에서만 소유권을 이전받게 된다. 그렇다면 그 소유권이전을 위해 피대위권리(말소등기청구권)를 행사하는 경우에도 그 보전에 필요한 범위 내에서만 행사하게 하면 족하다.

Ⅳ. 채권자취소권
1. 사해행위 취소 주체

대법원 2012. 10. 25. 선고 2011다107832 판결은 부동산 소유자가 등기명의를 수탁자에게 이전하는 양자 간 명의신탁의 경우 명의수탁자의 명의로 부동산에 관한 근저당권설정계약이 체결된 것을 사해행위로 취소할 수 있는지를 다루었다. 「부동산 실권리자명의 등기에 관한 법률」(이하 '부동산실명법'이라고 한다)에 따르면 부동산에 대한 명의신탁약정과 이에 기한 물권변동은 효력이 없다(제4조 제1, 2항). 그러므로 양자 간 명의신탁에 따라 명의수탁자 명의로 소유권이전등기가 마쳐졌더라도 그 명의신탁과 등기는 모두 무효이므로 여전히 명의신탁자가 부동산 소유자이다. 하지만 외관상으로는 명의수탁자 앞으로 소유권이전등기가 이루어져 있으므로 그 부동산에 대한 근저당권설정계약도 명의수탁자 명의로 체결되기가 쉽다. 그런데 민법 제406조 제1항 본문은 "채무자가 채권자를 해함을 알고 재산권을 목적으로 한 법률행위를 한 때"에 채권자는 그 법률행위의 취소 및 원상회복을 법원에 청구할 수 있다고 규정한다. 이 조항에 따르면 취소 대상인 사해행위의 주체는 "채무자"라야 한다. 그런데 명의신탁자를 채무자로 하여 명의수탁자 명의로 근저당권설정계약이 체결되면 채무자(명의신탁자)와 외견상의 사해행위 주체(명의수탁자)가 분리되는 현상이 생긴다. 이때 명의신탁자의 채권자가 이를 사해행위로 취소할 수 있는가?

　　대상판결의 요지는 다음과 같다. 채무자인 신탁자가 직접 자신의 명의 또는 수탁자의 명의로 제3자와 매매계약을 체결하는 등 신탁자가 실질적 당사자가 되어 법률행위를 하는 경우 이로 인한 신탁자의 소극재산이 적극재산을 초과하게 되거나 채무초과상태가 더 나빠지게 되고 신탁자도 그러한 사실을 인식하고 있었다면 이러한 신탁자의 법률행위는 신탁자의 일반채권자들을 해하는 행위로서 사해행위에 해당할 수 있다. 이 경우 사해행위취소의 대상은 신탁자와 제3자 사이의 법률행위가 될 것이고, 원상회복은 제3자가 수탁자에게 말소등기절차를 이행하는 방법에 의할 것이다.

　　대상판결은 근저당권설정계약 명의자인 수탁자가 아니라 채무자인 신탁자를 사해행위의 실질적 당사자로 본 것이므로 채무자가 사해행위의 주체라야 한다는 민법 제406조 제1항의 전통적 해석론에서 벗어난 것은 아니다. 만약 계약 당사자 확정의 법리에 따라 신탁자가 아닌 수탁자가 계약 당사자로 확정된다면 대상판결의 법리가 적용된다고 단정할 수는 없다. 그러나 대상판결은 누가 사해행위의 주체인가를 판단할 때 법률행위의 실질을 탐구하여야 한다는 사고방식의 단초를 제시하였다. 참고로 대법원은 채무자회생법상 부인은 원칙적으로 채무자의 행위를 대상으로 해야 한다고 보면서도, 채무자의 행위 없이 채권자 또는 제3자의 행위만 있는 경우에 채무자가 채권자와 통모하여 가공하였거나 기타의 특별한 사정으로 인하여 채무자의 행위가 있었던 것과 같이 볼 수 있는 예외적 사유가 있으면 채권자 또는 제3자의 행위도 부인 대상에 포함될 수 있다고 보았다.[93] 채무자회생법상 부인권처럼 사해행위의 경우에도 형식적으

---

93) 대법원 2002. 7. 9. 선고 99다73159 판결; 대법원 2004. 2. 12. 선고 2003다53497 판결; 대법원 2011. 10. 13. 선고 2011다56637, 56644 판결.

로는 채무자의 행위가 아니지만 실질적으로는 채무자의 행위로 평가할 수 있는 제3자의 행위를 취소할 수 있는지에 대한 논의가 필요하다. 예컨대 생명보험의 수익자로서 조만간 거액의 생명보험금을 받게 될 채무자가 제3자인 보험계약자와 통모하거나 그를 교사하여 수익자를 다른 사람으로 변경하게 하는 경우가 그러하다. 사견으로는 부인권에 관한 위 판례 법리가 사해행위 취소권에도 반영될 수 있다고 생각한다.

2. 물상보증인이 있는 경우 채무자의 책임재산 범위 판단

대법원 2013. 7. 18. 선고 2012다5643 전원합의체 판결은 채무자와 물상보증인이 공유하는 부동산에 저당권을 설정하였을 때 사해행위 판단의 기초가 되는 채무자의 책임재산 범위를 어떻게 산정할 것인가의 문제를 다루었다. 문제의 배경을 좀더 살펴보자. 사해행위가 성립하려면 그 행위로 인해 채무자가 무자력이 되거나 무자력 상태가 심화되어야 한다. 무자력은 소극재산이 적극재산을 초과하는 상태, 즉 책임재산이 마이너스(-)가 되는 상태이다. 그러므로 사해행위 여부를 판단하려면 먼저 책임재산의 범위와 상태를 파악해야 한다. 그런데 여기에서의 책임재산은 일반채권자들이 집행할 수 있는 공동담보로서의 재산을 말한다. 저당권자와 같은 특정 우선변제권자들에게 제공된 부동산은 공동담보가 아니므로 책임재산에서 제외된다. 그러므로 어떤 부동산의 처분이 사해행위에 해당하는지를 파악할 때는 우선 그 부동산 중 우선변제 부분을 제외한 나머지 책임재산 부분을 파악하는 작업을 수행해야 한다. 일반적으로 저당권에 따른 우선변제권은 피담보채권의 범위에서 미친다. 그런데 채무자와 물상보증인이 특정한 피담보채권의 담보를 위해 각각 별도로 자신의 부동산을 담보로 제공하였다면 채무자는 자신이 제공한 부동산 가액 비율 내에서만 우선변제의 부담을 떠안게 되는가?

예컨대 1억 원의 채무를 담보하기 위해 채무자와 물상보증인이 각각 5억 원 상당의 부동산을 담보로 제공한 뒤 채무자가 자신의 부동산을 제3자에게 매도하였다고 가정해 보자. 이때 일반채권자들과의 관계에서 이러한 매매가 사해행위인지 판단할 때 기준이 되는 채무자의 책임재산은 4억 원(부동산 가액 5억 원-피담보채권 1억 원)인가, 아니면 4억 5천만 원[부동산 가액 5억 원-(피담보채권 1억 원×0.5)]인가? 다시 말해 채무자의 우선변제 부담부분은 물상보증인과 나누게 되는가, 아니면 채무자가 모두 짊어지는가? 이러한 문제는 채무자와 물상보증인이 각각 독립된 부동산을 담보로 제공한 경우뿐만 아니라 하나의 부동산에 대한 독립된 지분을 제공한 경우에도 동일하게 문제된다. 부동산지분은 부동산소유권의 분량적 일부이기 때문이다.

대법원은 관여 대법관의 일치된 의견으로 "물상보증인이 채무자에 대하여 구상권을 행사할 수 없는 특별한 사정이 없는 한 채무자 소유의 부동산에 관한 피담보채권액은 공동저당권의 피담보채권 전액으로 봄이 상당하다."라고 하면서 "이러한 법리는 하나의 공유부동산 중 일부 지분이 채무자의 소유이고, 다른 일부 지분이 물상보증인의 소유인 경우에도 마찬가지로 적용된다."라고 판시하였다. 이와 달리 채무자 소유의 부동산 지분이 부담하는 피담보채권액은 원칙적으로 각 공유지분의 비율에 따라 분담된 금액이라는 취지의 대법원 2002. 12. 6. 선고 2002다39715 판결과 대법원 2005. 12. 9. 선고 2005다39068 판결은 대상판결로써 변경되었다.

대상판결의 논리는 다음과 같다. 공동저당권자는 채무자와 물상보증인의 부동산 또는 부동산지분 중 어느 쪽에라도 저당권을 실행할 수 있다. 하지만 물상보증인의 부동산에 설정된 저당권이 먼저 실행됨으로써 공동저당권자의 채권이 만족되면 물상보증인은 채무자에게 구상권을 행사할 수 있고(민법 제370조, 제341조), 그 구상권을 더욱 확실하게 실현하기 위해 변제자대위권도 행사할 수 있다(민법 제481조). 이러한 메커니즘을 통해 종국적으로 채무자는 물상보증인이 부담했던 피담보채권 부분을 포함하여 피담보채권 전액에 대해 책임을 지게 된다. 이러한 책임 부분은 채권자 또는 그를 대위할 물상보증인의 우선변제권에 바쳐진 부분이므로 일반채권자의 공동담보라고 할 수 없다. 따라서 이 부분은 책임재산에서 제외되어야 할 부분이다. 이러한 논리는 대상판결에서 처음 채택된 것이

나, 채무자와 제3취득자가 담보제공자인 사안 유형에서는 이미 채택된
바 있다.[94]

　　그렇다면 왜 종래 대법원은 이처럼 간명한 전액설의 논리를 배척하
고 안분설의 논리에 따라 채무자와 물상보증인 간에 피담보채권액을 안
분액으로 판단하였을까? 대상판결로 변경된 반대 취지의 두 판결[95]은 공
간되지 않았고, 종합법률정보 등 일반적으로 접근 가능한 데이터베이스에
서도 검색되지 않는다. 따라서 필자로서는 그 판결이 취한 논리를 정확
히 알기 어렵다. 다만 대법원 2003. 11. 13. 선고 2003다39989 판결은 채
무자가 복수의 부동산을 공동담보로 제공하였는데 그중 일부 부동산이
양도된 경우 그 부동산의 피담보채권액은 "민법 제368조의 규정 취지에
비추어 공동저당권의 목적으로 된 각 부동산의 가액에 비례하여 공동저
당권의 피담보채권액을 안분한 금액"이라고 판시하였다. 이에 비추어 보
면 담보제공자가 채무자와 물상보증인인 경우에도 민법 제368조 제1항에
따른 동시배당 시의 안분 비례 원칙이 적용된다는 점을 염두에 두고 피
담보채권액을 안분한 것이 아닌가 추측한다. 즉 전액설이 이시배당이나
대위변제의 경우를 주로 상정한 것이라면, 안분설은 동시배당의 경우를
주로 상정한 것이다. 하지만 대법원 2010. 4. 15. 선고 2008다41475 판결
은 채무자와 물상보증인 부동산에 대한 경매를 동시에 진행하여 그 경매
대가를 동시에 배당하는 때에는 민법 제368조 제1항은 적용되지 않으므
로 채무자 소유 부동산 경매대가에서 공동저당권자에게 우선적으로 배당
하고, 부족분이 있는 경우에 한하여 물상보증인 소유 부동산 경매대가에
서 추가배당을 해야 한다는 입장을 취하였다. 이로써 동시배당의 경우에
도 전액설이 타당하다는 전제적인 법리가 확립되었고, 대상판결은 이를
기초로 전액설의 논리를 취한 것이다. 물론 구상권이 제한되는 등 채무

---

94) 대법원 2010. 12. 23. 선고 2008다25671 판결.
95) 대법원 2002. 12. 6. 선고 2002다39715 판결; 대법원 2005. 12. 9. 선고 2005다
　　39068 판결. 다만 정수진, "공동저당물 중 일부의 처분으로 인한 사해행위 성립
　　여부 판단 및 원상회복 방법", **민사판례연구**, 제36권(2014), 447면이 이 판결들을
　　간략하게 소개하고 있다.

자에게 피담보채권 전액을 부담시키지 못할 사유가 있다면 그 경우에는 안분설을 취하는 것이 옳다. 대상판결도 이 점을 언급함으로써 전액설의 적용 범위의 한계에 대한 지침을 제공하였다.[96]

3. 부기등기와 원상회복 방법

대법원 2015. 5. 21. 선고 2012다952 전원합의체 판결은 사해행위인 매매예약에 기하여 수익자 앞으로 가등기를 마친 후 전득자 앞으로 가등기 이전의 부기등기까지 마친 후 매매예약이 사해행위로 취소되는 경우의 원상회복방법에 관하여 다루었다. 사안은 다음과 같다. 채무자 소유 부동산에 관하여 수익자 앞으로 매매예약을 원인으로 하는 가등기가 마쳐졌고, 그후 전득자 명의로 가등기의 부기등기가 마쳐졌다가 각 가등기에 기한 본등기가 마쳐졌다. 채권자는 매매예약이 사해행위임을 이유로 수익자를 상대로 매매예약의 취소를 구하면서 수익자에게 가액배상을 청구하였다. 대법원은 사해행위인 매매예약에 기하여 수익자 앞으로 가등기를 마친 후 전득자 앞으로 그 가등기 이전의 부기등기를 마치고 나아가 그 가등기에 기한 본등기까지 마쳤더라도 수익자의 지위가 소멸하지는 않으므로 채권자는 수익자를 상대로 사해행위인 매매예약의 취소를 청구할 수 있다고 보았다. 또한 대법원은 부기등기의 결과 위 가등기 및 본등기에 대한 말소청구소송에서 수익자의 피고적격이 부정되는 등의 사유로 인하여 수익자의 원물반환의무인 가등기말소의무의 이행이 불가능하게 되었다면 수익자는 원상회복의무로서 가액을 배상할 의무를 진다고 보았다. 이와 달리 이러한 사안에서 가등기를 제3자에게 이전한 매매예약 상대방은 더 이상 가등기말소의무나 가액배상의무를 부담하지 않는다는 종래 판결[97]은 대상판결로 변경되었다.

종래 대법원 판결에서 '가등기를 제3자에게 이전한 매매예약 상대방'은 사해행위 취소소송의 피고로서 원상회복의무를 부담하지 않는다고 한

이유는 가등기 이전에 따른 부기등기의 경우 가등기말소의무는 현재 부기등기 명의자가 부담한다는 법리 때문이다.[98] 이러한 등기 법리에 따르면 부기등기를 마쳐준 본래의 가등기명의자에 대한 가등기말소청구는 허용되지 않고, 그러한 소를 제기하였다면 피고적격이 부정되어 각하된다. 한편 매매예약에 따른 가등기의 경우 매매예약취소에 따른 원상회복은 원칙적으로 가등기말소에 의해야 하는데, 본래의 가등기명의자가 애당초 가등기말소의무라는 원물반환의무를 부담하지 않는다면, 원물반환의무가 불가능하거나 현저히 곤란할 때 발생하는 가액배상의무도 부담하지 않는다는 것이다. 또한 종래 대법원 판결은 "본등기 명의인도 아닌 가등기권리양도인이 채권자에 대하여 가액배상의무를 부담한다고 볼 수 없다."라고 부가함으로써 순위보전의 효력을 가지는데 그치는 가등기명의를 가졌다는 이유로 가액배상의무까지 부담하는 것은 과도하다는 뉘앙스도 풍기고 있다.[99]

그러나 '부기등기 명의자를 상대로 한 주등기 말소청구' 법리는 등기법의 특수성에 따른 것일 뿐 주등기 명의자가 가지는 실체법적 지위에 영향을 주지 않는다. 부기등기는 주등기에 기초하여 이루어지는 등기로서 주등기의 순위번호를 그대로 사용한다(부동산등기규칙 제2조). 이처럼 부기등기가 주등기에 종속되어 주등기와 일체를 이룬 경우에는 주등기를 말소하면 부기등기도 말소된다.[100] 한편 이러한 말소의무는 주등기를 이전받은 최종 등기명의자인 부기등기 명의자가 행하면 충분하다. 이러한 등기법상 특수성 때문에 '부기등기 명의자를 상대로 한 주등기 말소청구' 법리가 인정되는 것일 뿐이다. 한편 매매예약의 상대방으로 가등기를 설정받은 자는 엄연히 사해행위의 당사자로서 수익자의 지위에 서게 된다. 그가 가등기를 이전하여 줌으로써 가등기말소의무 자체를 이행할 수는 없게 되었다고 하여 수익자로서의 실체법적 지위가 소멸되지는 않는다.

---

98) 대법원 1994. 10. 21. 선고 94다17109 판결 등.
99) 대법원 1994. 10. 21. 선고 94다17109 판결.
100) 대법원 2005. 6. 10. 선고 2002다15412, 15429 판결.

또한 원물반환의무로서의 가등기말소의무이행이 불가능하게 되었다면 수익자의 지위를 제거할 것이 아니라 그로 하여금 일반적인 사해행위취소 법리에 따라 가액배상의무를 이행하게 하면 충분하다.[101] 대상판결은 이처럼 부기등기에 관한 등기법상 법리와 사해행위취소에 관한 실체법상 법리의 작동 영역이 다르다는 점, 전자가 후자의 근간을 뒤흔들 이유가 없다는 점을 밝힌 뒤, 사해행위취소에 관한 실체법상 법리를 부기등기의 장면에서도 복원한 것이다.

4. 사해행위 취소로 원상회복된 부동산의 소유관계

대법원 2017. 3. 9. 선고 2015다217980 판결은 사해행위 취소로 원상회복된 부동산 소유권의 법률관계를 다루었다. 사안은 다음과 같다. A회사는 자신의 부동산을 B회사에 매도하고 등기를 넘겨주었다. 그런데 이러한 매도행위가 사해행위로 취소되어 등기가 말소되었다. 그러자 A회사는 사해행위 취소로 인한 원상회복으로 자신에게 등기가 환원된 것을 이용하여 그 부동산을 다시 제3자에게 처분하고 그에게 소유권이전등기를 마쳐주었다. 그 이후 이에 기초한 다른 등기들이 순차적으로 이루어졌다. A회사의 일반채권자인 원고는 그 일련의 등기를 말소하라는 소를 제기하였다. 대법원은 "채무자가 사해행위 취소로 등기명의를 회복한 부동산을 제3자에게 처분하더라도 이는 무권리자의 처분에 불과하여 효력이 없으므로, 채무자로부터 제3자에게 마쳐진 소유권이전등기나 이에 기초하여 순차로 마쳐진 소유권이전등기 등은 모두 원인무효의 등기로서 말소되어야 한다."고 한 뒤, "이 경우 취소채권자나 민법 제407조에 따라 사해행위 취소와 원상회복의 효력을 받는 채권자는 채무자의 책임재산으로 취급되는 부동산에 대한 강제집행을 위하여 원인무효 등기의 명의인을 상대로 등기의 말소를 청구할 수 있다."고 판시하였다.

판례는 사해행위 취소의 효력에 관하여 상대적 무효설을 따르고 있

---

101) 대법원 1998. 5. 15. 선고 97다58316 판결; 대법원 2009. 3. 26. 선고 2007다63102 판결 등.

다.[102] 이에 따르면 부동산 매매가 사해행위에 해당하여 취소된 결과 채무자 명의로 등기가 회복되더라도 채무자는 그 부동산 소유자가 아니므로 제3자에 대한 채무자의 처분이나 이에 터 잡은 등기는 무효이다. 대상판결은 이 점에 착안하여 원고가 원인무효의 등기 말소를 구할 수 있다고 보았다. 그런데 문제는 등기 말소를 구할 수 있는 원고의 권리 발생 근거가 모호하다는 점이다. 원고는 부동산 소유자가 아니므로 소유권에 기한 방해배제청구권을 행사할 수 없다. 또한 말소를 구할 계약상 권리가 있는 것도 아니다. 생각해 볼 수 있는 것은 채권침해나 불법행위에 기한 방해배제청구권이다. 채무자인 A회사는 자신에게 환원된 부동산을 처분함으로써 원고를 비롯한 채권자의 책임재산을 감소시켰기 때문이다. 그러나 아직 판례가 이러한 방해배제청구권을 일반적으로 허용하지는 않는다. 더구나 판례는 고의에 기한 채권침해에 대해서만 위법성을 인정하고 있다.[103] 제3자가 선의인 경우에 그의 신뢰를 보호할 필요성이 있는데 소유자도 아닌 원고가 제3자를 상대로 등기말소를 제한 없이 구할 수 있다는 것도 문제이다. 대상판결은 말소청구권의 발생 근거와 성격이 무엇인지에 대해 별다른 설명을 하지 않은 채 법 형성에 가까운 해석론을 펼쳤다는 문제가 있다.

5. 제척기간과 인식의 귀속

대법원 2017. 6. 15. 선고 2015다247707 판결은 채권자취소소송의 제척기간과 인식의 귀속 문제를 다루었다. 채권자취소의 소는 채권자가 "취소원인을 안 날"부터 1년, "법률행위 있은 날"부터 5년 내에 제기해야 한다(민법 제406조 제2항). 그중 "취소원인을 안 날"은 채권자의 인식을 전제로 하는 제척기간 기산점이다. 그런데 채권자에게 대리인이 있거나, 채

---

102) 대법원 1988. 2. 23. 선고 87다카1989 판결; 대법원 2000. 12. 8. 선고 98두11458 판결; 대법원 2002. 5. 10.자 2002마1156 결정; 대법원 2005. 11. 10. 선고 2004다49532 판결 등.
103) 대법원 1997. 6. 10. 선고 95다28120 판결; 대법원 2001. 5. 8. 선고 99다38699 판결.

권자가 법인인 경우에는 인식의 귀속 문제가 등장한다. 대상판결은 국가가 조세채권을 피보전채권으로 하여 체납자의 법률행위를 대상으로 채권자취소권을 행사하는 경우 인식의 귀속에 관하여 판시하였다. 이에 따르면 "국가가 취소원인을 알았는지는 특별한 사정이 없는 한 조세채권의 추심 및 보전 등에 관한 업무를 담당하는 세무공무원의 인식을 기준으로 판단하여야 하고, 체납자의 재산 처분에 관한 등기·등록 업무를 담당하는 다른 공무원의 인식을 기준으로 판단하여서는 아니 된다."는 것이다.[104] 이러한 일반론하에 해당 사안에서 세무공무원이 아니라 특허청 공무원이 사해행위로 지목된 체납자의 지식재산권 양도행위를 알았다고 하더라도 그러한 인식은 국가에 귀속되지 않는다고 보았다. 따라서 그 시점부터 제척기간이 진행되는 것은 아니라고 보았다.

　　법인의 인식의 귀속 문제는 선의와 악의 등 특정한 주체의 인식 여부가 법률요건이 되는 여러 국면에서 다양한 모습으로 등장한다.[105] 법인은 속성상 자연적 의미에서의 인식 주체가 될 수는 없는 노릇이므로 인식 매개자를 통해 규범적 의미에서의 인식 주체가 될 수밖에 없다. 법인의 대표자나 대리인이 어떤 사항을 인식했다면 그것은 법인의 인식으로 귀속된다(민법 제116조, 제59조 제1항, 제35조).[106] 문제는 대표자나 대리인이 아니면서 법인의 업무를 수행하는 법인 관련자(예컨대 대표권 없는 임원이나 직원 등)의 인식을 법인의 인식으로 귀속시킬 수 있는가 하는 점이다. 대표권이나 대리권이 없다면 그 인식을 법인에게 귀속시킬 직접적인 법문상 근거는 없다. 더구나 법인 관련자들의 인식을 모두 그대로 법인의 인식으로 귀속시키는 것은 법인에게 지나친 부담을 안겨 준다. 예컨대

104) 이러한 인식 귀속의 법리는 대법원 2018. 7. 20. 선고 2018다222747 판결에서도 되풀이하여 판시되었다. 대법원은 예금보험공사가 채권자취소권을 행사하는 경우 취소원인을 알았는지는 예금보험공사에서 피보전채권의 추심 및 보전 등에 관한 업무를 담당하는 직원의 인식을 기준으로 판단해야 한다고 보았다.
105) 법인의 인식 귀속 일반론은 김용덕 편, **주석민법 총칙(1)**, 제5판(한국사법행정학회, 2019), 632-645면(송호영 집필부분) 참조.
106) 대법원 2002. 2. 5. 선고 2001다66369 판결(새마을금고의 이사장과 상무의 악의를 새마을금고에 귀속시킨 판결).

삼성전자의 임직원 숫자는 10만 명을 훌쩍 뛰어넘는데 이들의 인식을 모두 회사의 인식으로 귀속시키는 것은 회사의 악의 범위가 지나치게 확장되는 결과로 이어진다. 그렇다고 하여 오로지 대표자나 대리인의 인식만 법인의 인식으로 귀속시키는 것은 지나치게 협소하다. 그러므로 법인에 인식이 귀속되는 합리적인 범위를 설정해야 한다.

결국 중요한 것은 법인이 의사결정을 하고 업무집행을 하는 경우 해당 정보가 전달되고, 또한 그 정보를 살펴볼 계기가 있어 실제로 그 정보가 고려될 합리적 기대 가능성이 있었는가이다. 가령 대표권 없는 이사의 인식은 대표권 있는 이사에게 전달, 고려될 합리적 기대 가능성이 있다. 따라서 그의 인식은 법인의 인식으로 귀속시킬 수 있다.[107] 대표권은 없지만 사실상 회사업무에 영향력을 행사하는 업무집행지시자의 인식도 마찬가지이다.[108] 반면 모든 피용자의 인식을 법인에게 귀속시킬 수는 없다.[109] 하지만 업무를 직접 담당하는 직원이 인식한 정보는 결재선을 통해 법인의 의사결정기구에 전달될 합리적 기대가능성이 있으므로 이 경우에는 법인에 대한 인식의 귀속을 인정해야 한다.[110] 대상판결 사안에서는 국가라는 공법인의 인식 귀속이 문제되었다. 그런데 특허청 공무원이 지식재산권 양도계약 체결 사실을 인식하였더라도 그것이 사해행위에 해당한다고 인식하기는 어렵고, 그러한 정보가 세무관청이 사해행위를 이유로 채권자취소권을 행사할 수 있도록 전달될 것을 합리적으로 기대하기도 어렵다. 대상판결은 인식 매개자에게 업무 관련성을 요구함으로써 법인의 인식 귀속 범위의 합리적 획정을 꾀하였다.

---

107) 주석민법/송호영(주 105), 643면.
108) 주석민법/송호영(주 105), 643면.
109) 대법원 1998. 1. 23. 선고 96다41496 판결(근저당권설정을 권유한 뒤 그 대출금을 편취한 사건에 가담한 상호신용금고 기획감사실 과장의 인식을 상호신용금고에게 귀속시키지 않았으나 상호신용금고에게 과실이 있다고는 한 판결).
110) 대법원 2015. 1. 15. 선고 2013다50435 판결.

6. 채권자취소권 관련 기타 판결

가. 가압류채권자의 채권자취소권 행사 가부

대법원 2010. 1. 28. 선고 2009다90047 판결은 가압류 후 채무자가 물상보증인으로서 제3자에게 근저당권을 설정하여 책임재산이 부족하게 되거나 그 상태가 악화된 경우 가압류채권자는 자기 채권의 충분한 만족을 얻지 못하는 불이익을 받으므로 그 근저당권설정행위에 대해 채권자취소권을 행사할 수 있다고 보았다.[111] 이 판결은 채무자가 자신의 채무가 아닌 타인의 채무를 담보하기 위해 물상보증인이 된 사안을 다루었다는 점에서 채무자가 자신의 채무에 대한 담보로 근저당권을 설정한 경우 가압류채권금액 범위에서는 채권자취소권을 행사할 수 없다고 한 대법원 2008. 2. 28. 선고 2007다77446 판결과 구별된다. 그런데 선행 가압류채권자와 후행 근저당권자가 평등하게 배당받더라도 선행 가압류채권자의 입장에서는 후행 근저당권자의 등장으로 채권을 완전히 만족받지 못하게 되었고, 후행 근저당권설정행위가 사해행위의 요건을 모두 갖추었다면, 이를 사해행위로 취소할 수 있도록 허용하는 것이 타당하다.[112] 그 점에서 가압류 범위 내에서는 가압류채권자가 채권자취소권을 행사할 수 없다는 점을 전제로 한 2008년 대법원 판결의 타당성은 의심스럽다.

나. 피보전채권 적격 등

피보전채권과 관련해서는 정지조건부채권의 피보전채권 적격 문제를 다룬 대법원 2011. 12. 8. 선고 2011다55542 판결이 있다. 대법원은, 채권자취소권 행사는 채무 이행을 구하는 것이 아니라 총채권자를 위하여 이행기에 채무 이행을 위태롭게 하는 채무자의 자력 감소를 방지하는 데 목적이 있는 점과 민법이 제148조, 제149조에서 조건부권리의 보호에 관한 규정을 두고 있는 점을 종합해 볼 때, 취소채권자의 채권이 정지조건

---

111) 대법원 2010. 6. 24. 선고 2010다20617, 20624 판결도 마찬가지 취지이다.
112) 이연갑, "부동산의 가압류채권자가 가압류 후에 그 부동산에 관하여 이루어진 채무자의 물상보증행위를 사해행위로서 취소할 수 있는가", 민사법학, 제68호(2014), 422−423면.

부채권이라 하더라도 장래에 정지조건이 성취되기 어려울 것으로 보이는 등 특별한 사정이 없는 한, 이를 피보전채권으로 하여 채권자취소권을 행사할 수 있다고 보았다.

피보전채권과 소송물 문제를 다룬 대법원 2012. 7. 5. 선고 2010다 80503 판결도 있다. 대법원은, 채권자가 사해행위취소 및 원상회복청구를 하면서 보전하고자 하는 채권을 추가하거나 교환하는 것은 사해행위취소권과 원상회복청구권을 이유 있게 하는 공격방법에 관한 주장을 변경하는 것일 뿐이지 소송물 또는 청구 자체를 변경하는 것이 아니므로, 채권자가 보전하고자 하는 채권을 달리하여 동일한 법률행위의 취소 및 원상회복을 구하는 채권자취소의 소를 이중으로 제기하는 경우 전소와 후소는 소송물이 동일하다고 보아야 하고, 이는 전소나 후소 중 어느 하나가 승계참가신청에 의하여 이루어진 경우에도 마찬가지라고 보았다.

다. 사해행위 적격

행위의 성격상 사해행위가 될 수 있는지 여부를 다룬 판결들이 다수 선고되었다. 대법원 2010. 4. 29. 선고 2009다33804 판결은 무자력 상태의 채무자가 강제집행을 승낙하는 취지의 공정증서를 작성하여 준 행위는 집행 관련 행위로서 사해행위로 취소될 수 있다고 보았다. 민법 제406조 제1항은 사해행위를 "법률행위"로 상정하고 있는데, 판례는 이를 고유한 의미의 법률행위뿐만 아니라 집행 관련 행위, 심지어는 사실적 행위로서의 성격이 강한 변제 자체도 취소 대상으로 삼는데 이르렀다.[113] 그 외에도 대법원은 시효이익의 포기,[114] 영업양도[115]가 사해행위가 될 수 있다고 보았다. 반면 대법원 2011. 6. 9. 선고 2011다29307 판결은 상속포기는 '인적 결단'으로서의 성격을 가지므로 순전한 재산법적 행위와는 달리 사해행위가 될 수 없다고 보았고,[116] 대법원 2013. 10. 11. 선고

---

113) 대법원 2005. 3. 25. 선고 2004다10985, 10992 판결.
114) 대법원 2013. 5. 31.자 2012마712 결정.
115) 대법원 2015. 12. 10. 선고 2013다84162 판결.
116) 이에 대한 비판적 문헌으로 조인영, "상속포기와 채권자취소권", **민사판례연구**, 제35권(2013); 윤진수, "상속포기의 사해행위 취소와 부인", **가족법연구**, 제30권

2013다7936 판결은 협의 또는 심판에 의하여 구체화되지 않은 재산분할
청구권은 채무자의 책임재산에 해당하지 않으므로 이를 포기하는 행위
역시 사해행위가 될 수 없다고 보았다. 또한 대법원 2018. 11. 29. 선고
2015다19827 판결은 민법 제666조에 기한 수급인의 저당권설정청구권 행
사로 인해 도급인이 저당권을 설정하는 행위는 해당 제도의 취지상 사해
행위가 될 수 없다고 보았다.

라. 사해행위 판단

사해행위는 무자력 초래 또는 심화행위를 의미하고, 여기에서의 무
자력은 적극재산보다 소극재산이 많은 상태를 의미한다. 그러므로 사해
행위인지를 판단하려면 적극재산과 소극재산을 계산하여 비교해야 한다.
이와 관련하여 대법원 2013. 4. 26. 선고 2012다118334 판결은 적극재산
으로서의 임차보증금반환채권은 임차인이 이를 현실적으로 반환받을 가
능성이 없거나 제한되는 것으로 합리적으로 예측되는 등의 특별한 사정
이 없는 한 보증금액 액면 그대로 적극재산으로 포함된다고 평가해야 한
다고 보았다.

한편 변제, 대물변제 등 기존 채무를 이행하는 행위가 어떤 경우에
사해행위로 판단하기 위해서는 채권자의 책임재산 보전 내지 회복 필요
성과 채무자 및 제3채무자의 거래의 자유를 형량해야 한다. 이와 관련하
여 대법원 2010. 9. 30. 선고 2007다2718 판결은 채무초과의 상태에 있는
채무자가 적극재산을 채권자 중 일부에게 대물변제조로 양도하는 행위는
채무자가 특정 채권자에게 채무 본지에 따른 변제를 하는 경우와는 달리
원칙적으로 다른 채권자들에 대한 관계에서 사해행위가 될 수 있으나,
이러한 경우에도 사해성의 일반적인 판단 기준에 비추어 그 행위가 궁극
적으로 일반채권자를 해하는 행위로 볼 수 없는 경우에는 사해행위의 성
립이 부정될 수 있다고 보았다.[117]

제3호(2016).
117) 해당 사안에서 대법원은 채무초과 상태의 채무자가 유일한 재산인 전세권과 전
세금반환채권을 특정 채권자에게 그 채무 일부에 대한 대물변제조로 양도한 행위

자금 융통이나 재산의 양도 등 일상적인 거래행위에 대해서도 앞서 언급한 형량의 문제가 있다. 대법원은 일찍이 사업갱생이나 계속 추진의 의도로 신규자금을 융통하면서 담보를 제공하는 행위는 사해행위에 해당하지 않는다고 보았는데,[118] 이러한 신규자금 융통 없이 단지 기존 채무의 이행을 유예받기 위해 채권자 중 한 사람에게 담보를 제공하는 행위는 다른 채권자들에 대한 관계에서 사해행위에 해당한다고 보았다.[119] 한편 대법원은 채무자가 유일한 재산인 부동산을 매각하여 소비하기 쉬운 금전으로 바꾸는 행위는 사해행위가 되고 채무자의 사해의사도 추정된다고 보아왔는데,[120] 부동산의 매각 목적이 채무의 변제 또는 변제자력을 얻기 위한 것이고, 대금이 부당한 염가가 아니며, 실제 이를 채권자에 대한 변제에 사용하거나 변제자력을 유지하고 있는 경우에는, 채무자가 일부 채권자와 통모하여 다른 채권자를 해할 의사를 가지고 변제를 하는 등의 특별한 사정이 없는 한, 사해행위에 해당한다고 볼 수 없다고 하여 그 예외를 인정하였다.[121]

마. 사해행위 취소에 따른 법률관계

대법원 2015. 11. 17. 선고 2013다84995 판결은 사해행위 취소가 취소채권자 외의 다른 채권자에게 미치는 효력을 다루었다. 대상판결의 요지는 다음과 같다. 사해행위 취소로 인한 원상회복 판결의 효력은 소송의 당사자인 채권자와 수익자 또는 전득자에게만 미칠 뿐 채무자나 다른 채권자에게 미치지 않는다. 그러므로 사해행위 취소로 인한 원상회복이 소유권이전등기말소인 경우 그 말소등기 신청 주체는 취소채권자이다.

가 최고액 채권자와의 거래관계를 유지하면서 채무초과 상태에 있던 회사의 갱생을 도모하기 위한 유일한 방안이었던 점 등을 감안하면, 위 양도행위가 다른 채권자를 해하는 사해행위라고 단정하기 어렵다고 한 원심의 판단을 수긍하였다.
118) 대법원 2001. 10. 26. 선고 2001다19134 판결 등.
119) 대법원 2010. 4. 29. 선고 2009다104564 판결. 이미 대법원 2009. 3. 12. 선고 2008다29215 판결, 대법원 2009. 5. 28. 선고 2008다80807 판결에서 같은 취지의 판시가 이루어진 바 있다.
120) 대법원 1998. 4. 14. 선고 97다54420 판결 등.
121) 대법원 2015. 10. 29. 선고 2013다83992 판결.

다른 채권자는 취소채권자를 대위하여 말소등기를 신청할 수 없고, 그러한 말소등기가 이루어졌다면 그 등기는 절차상 흠이 존재하는 등기이다. 다만 취소의 효력은 민법 제407조에 따라 모든 채권자의 이익을 위하여 미치므로 수익자는 채무자의 다른 채권자에 대하여도 사해행위의 취소로 인한 소유권이전등기의 말소등기의무를 부담한다. 또한 등기절차상의 흠을 이유로 말소된 소유권이전등기가 회복되더라도 다른 채권자가 사해행위취소판결에 따라 사해행위가 취소되었다는 사정을 들어 수익자를 상대로 다시 소유권이전등기의 말소를 청구하면 수익자는 말소등기를 해 줄 수밖에 없어서 결국 말소된 소유권이전등기가 회복되기 전의 상태로 돌아가게 된다. 이러한 불필요한 절차를 거치게 할 필요가 없다. 이러한 점에 비추어 보면 다른 채권자의 대위신청으로 이루어진 말소등기는 실체관계에 부합하는 등기로서 유효하다.[122)]

제2절 다수당사자 채권관계

I. 개   관

민법 제408조 내지 제448조는 채권자 또는 채무자가 여러 명인 경우의 법률관계에 관한 규정들이다. 민법은 분할채권관계를 원형적인 채권관계로 상정한 뒤(제408조) 불가분채권관계(제409조 내지 제412조), 연대채무(제413조 내지 제427조), 보증채무(제428조 내지 제448조)에 관하여 규정하고 있다. 민법에서 명문으로 규정하고 있지는 않지만, 연대채권이나 부진정연대채권관계도 존재한다. 이러한 일련의 다수당사자 채권관계는 대외관계와 대내관계로 나누어 볼 수 있다. 채무자가 다수인 경우를 전제로 말하자면, 대외관계는 채무자들과 채권자 사이의 관계, 대내관계는 채무자들 상호 간의 관계를 지칭한다. 그중 대외관계는 담보적 기능과 밀접

---

122) 그런데 소송당사자가 아닌 일반채권자에 대해서도 민법 제407조에 따라 수익자가 당연히 등기말소의무를 부담하는 것처럼 판시한 부분은 판례의 기존 입장인 상대적 무효설과 상충되는 측면이 있다. 이 점을 지적하는 문헌으로 황진구, "사해행위의 취소와 원상회복이 모든 채권자의 이익을 위하여 효력이 있다는 의미", 민사판례연구, 제39권(2017), 57면.

한 관련성을 가진다. 채무자가 여럿이면 무자력 위험이 분산, 보강되어 채권자의 채권 만족 가능성을 높여주기 때문이다. 보증채무는 인적 담보의 일종으로 이러한 담보적 기능이 명시적으로 드러나는데, 불가분채무나 연대채무, 부진정연대채무도 담보적 의미를 가진다. 대내관계는 형평의 이념과 밀접한 관련성을 가진다. 이는 채권자의 채권을 만족시킨 후 그로 인한 부담을 채무자들 사이에서 어떻게 형평에 맞게 분담할 것인가와 관련되기 때문이다. 구상권이 그 핵심적인 분담 도구로 떠오르게 되고, 구상권을 강화하기 위한 변제자대위 제도도 존재한다.

다수당사자 채권관계에 관하여는 2008. 3. 21. 제정된 「보증인 보호를 위한 특별법」(이하 '보증인보호법'이라고 한다)과 그 연장선상에서 보증인 보호 강화 차원에서 2015. 2. 3. 개정 시 신설된 민법의 보증 관련 조항들이 특기할 만하다. 2015년 개정 민법은 보증인보호법 일부 조항들을 민법 차원으로 편입한 것인데, 제428조의2(보증의 방식), 제428조의3(근보증), 제436조의2(채권자의 정보제공의무와 통지의무 등)가 그 조항들이다. 보증인 보호는 과거부터 보증채무와 관련된 가장 중요한 문제였고, 관련 판례들도 축적되어 왔다. 이러한 판례들은 ① 보증의사의 엄격한 해석, ② 거래관행 내지 신의칙에 기한 보증책임 범위 제한 내지 해지권 인정, ③ 보증한도액과 보증기간의 정함이 없는 계속적 보증의 상속성 제한[123] 등 다양한 분야에서 생성되었다. 또한 일찍이 신원보증법을 통해 신원보증이라는 특정한 형태의 보증에 대한 입법적 규율이 존재하였는데, 2008년 보증인보호법을 통해 개인보증 일반에 대해, 2015년 개정 민법을 통해 보증 일반에 대해 위와 같은 판례의 취지가 입법적 형태로 확장 반영되었다. 2010년 이후에는 이러한 새로운 입법에 따른 해석론이 판례의 차원에서 문제되기 시작하였다. 그 외에도 독립적 은행보증, 진술 및 보증 조항 등 민법상 보증과 구별되는 변형된 보증에 대한 판례들도 주목할

---

123) 대법원 2003. 12. 26. 선고 2003다30784 판결. 다만 보증한도액이 정해진 계속적 보증계약의 상속성을 인정한 대법원 1998. 2. 10. 선고 97누5367 판결, 대법원 1999. 6. 22. 선고 99다19322, 19339 판결 참조.

만하다.

　다수당사자 채권관계의 다른 형태인 분할채권관계, 불가분채권관계, 연대채권관계에 관하여는 상대적으로 주목할 만한 판결들이 많이 선고되지 않았다. 하지만 민법에서 명문으로 규정하고 있지 않은 부진정연대채무와 관련해서는 대법원 2010. 9. 16. 선고 2008다97218 전원합의체 판결, 대법원 2018. 3. 22. 선고 2012다74236 전원합의체 판결이 선고되었다. 전자는 부진정연대채무자 중 1인에 의한 상계의 효력, 후자는 부진정연대채무자 중 다액채무자의 일부변제의 효력을 다루었다. 부진정연대채무는 연대채무와 유사하지만 동일하지는 않으므로 연대채무에 관한 규정 내지 법리를 어느 범위까지 유추 적용할 것인가가 문제된다. 특히 부진정연대채무자 내부간의 상호관계에 관하여는 불분명한 점들이 많았는데, 위와 같은 전원합의체 판결들은 그러한 불명확성을 상당 부분 제거하였다.

Ⅱ. 보증채무
1. 보증인 보호와 관련된 판례
가. 서면의 의미

　대법원 2013. 6. 27. 선고 2013다23372 판결은 보증인보호법상 서면의 의미를 다루었다. 이는 같은 내용을 담고 있는 현행 민법 제428조의2의 해석론에도 참고될 수 있는 판결이다. 해당 사안에서 원고는 소외 회사로부터 금원을 차용하면서 그 금원 액수가 기재된 차용증을 작성하여 주었고, 피고는 보증의 의미로 차용증의 채무자란에 자신의 이름을 추가로 기재하여 서명하였다. 원고가 피고에게 보증채무의 이행을 구하자, 피고는 구 보증인보호법 제3조 제1항 및 제4조 전단에 따라 보증의사 및 보증채무의 최고액이 서면으로 특정되어 있지 않다는 이유로 보증계약이 무효라고 주장하였다.

　구 보증인보호법 제3조 제1항은 보증은 보증인의 기명날인 또는 서명이 있는 서면으로 표시되어야 효력이 발생한다고 규정하고 있었다.[124] 보증채무를 부담할 때 그 의미를 다시 한 번 숙고하도록 하고, 서면을

통해 보증을 둘러싼 법률관계를 확실하게 하기 위한 취지이다. 대상판결
은 위 법 규정이 '보증의 의사'가 일정한 서면으로 표시되는 것을 정할
뿐이라는 점 등을 고려할 때, 작성된 서면에 반드시 '보증인' 또는 '보증
한다'라는 문언의 기재가 있을 것이 요구되지는 아니한다고 보았다. 이는
특정한 형식의 문언보다 당사자의 의사가 중시되는 법률행위 해석의 일
반론에 비추어 자연스러운 결론이다.

　　또한 구 보증인보호법 제4조 전단은 보증채무 최고액도 서면으로 특
정할 것을 요구하고 있었다. 우선 이 조항은 얼핏 보면 근보증에만 적용
되는 것처럼 보인다. 하지만 근보증의 최고액 특정에 대해서는 구 보증
인보호법 제6조 제2항에 별도로 규정되어 있었다. 따라서 제4조 전단은
'최고액'이라는 표현에도 불구하고 일반 보증의 보증액수를 염두에 두었
다고 볼 수밖에 없다.[125] 위와 같이 차용증에 보증의 의사로 서명한 것
이 보증계약서로 취급되는 이상, 그 보증계약서에 기재된 차용액수도 보
증액수로서 서면에 특정된 것으로 볼 수 있다. 그런데 원본채무 외에 이
자 또는 지연손해금채무에 대해서도 서면으로 최고액이 특정되어야 하는
가? 대상판결은 원본채무의 금액이 명확하게 기재되었다면 제4조 전단의
요건이 충족된다고 보았다. 이자 또는 지연손해금채무는 원본채무에 종
속되는 종된 채무에 불과할 뿐만 아니라, 기간의 경과로 늘어나는 속성
상 최고액을 미리 특정하기도 어렵기 때문이다.

나. 서명의 의미

　　대법원 2017. 12. 13. 선고 2016다233576 판결은 보증인보호법 제3
조 제1항의 서명에 타인이 보증인의 이름을 대신 쓰는 것이 포함되는지
를 다루었다.[126] 이는 현행 민법 제428조의2의 해석론에도 참고될 수 있

---

124) 보증인보호법 제3조는 2015. 2. 3. 민법 개정으로 같은 취지의 민법 제238조의2
　　가 신설되면서 삭제되었다.
125) 다만 구 보증인보호법 제3조가 폐지되면서 민법에서는 제428조의3에 근보증에
　　한하여만 채권최고액을 서면으로 기재하도록 하는 규정을 신설하였다. 타당한 입
　　법이다.
126) 박재억, "구 보증인보호법 제3조 제1항과 보증인의 자필서명", **대법원판례해설**,
　　제113호(2017).

는 판결이다. 대상판결은 일반적으로 서명은 기명날인과 달리 명의자 본
인이 자신의 이름을 쓰는 것을 의미하는데 보증인의 서명에 제3자가 보
증인을 대신하여 이름을 쓰는 것이 포함된다면, 보증인이 직접 자신의
의사표시를 표시한다는 서명 고유의 목적은 퇴색되고 사실상 구두를 통
한 보증계약 내지 보증인이 보증 내용을 구체적으로 알지 못하는 보증계
약의 성립을 폭넓게 인정하는 결과를 초래하게 되며, 경솔한 보증행위로
부터 보증인을 보호하고자 하는 구 보증인보호법의 입법 취지를 몰각시
키게 되므로, 타인이 보증인의 이름을 대신 쓰는 것은 보증인보호법상
서명에 해당하지 않는다고 보았다.

　　본래 서명이 꼭 서명 주체의 자필로 행해져야 하는 것은 아니다. 서
명 주체의 의사에 기한 것인 이상 서명대행이나 서명대리를 금할 이유는
없다. 법령 중에는 자필이 요구되는 서명은 자필서명이라고 표현하는 예
들이 있다.[127)] 대부업법 제6조의2도 대부계약서의 자필 기재를 명문화하
고 있다. 외국 민법에서도 그러한 예들이 발견된다.[128)] 그런데 보증인보
호법의 문언은 '자필'서명을 요구하지 않는다. 입법과정에서도 서명을 자
필서명으로 국한하였다고 볼 만한 자료는 발견되지 않는다. 이러한 점들
을 생각하면 서명대행이나 서명대리도 가능하다고 볼 여지가 있다. 하지
만 보증인보호법 제3조 제1항은 기명날인 또는 서명이 있는 서면을 요구
하는데, 서명대행의 목적은 기명날인을 통해 달성할 수 있다.[129)] 대상판
결 이후 선고된 대법원 2019. 3. 14. 선고 2018다282473 판결도 보증인의
기명날인 대행이 가능하다는 점을 명확히 한 바 있다. 그렇다면 기명날
인과의 관계에서 서명은 자필서명으로 축소 해석하는 것이 논리적이다.
또한 보증인보호법의 취지에 비추어 보면, 보증인이 스스로 서명하게 함

---

127) 보험업법 제97조, 암관리법 시행령 제10조, 제10조의2, 금융실명거래 및 비밀보
　　장에 관한 법률 시행령 제8조 제2항, 전기통신사업법 시행령 제50조의2 제2항 등.
128) 스위스채무법 제14조 제1항, 제493조 제1항, 독일 민법 제126조 제1항. 제철웅,
　　"서면에 의한 보증의사의 표시", **서울법학**, 제25권 제4호(2018), 169면 이하 참조.
129) 대법원 2015. 12. 23. 선고 2014다14320 판결은 신용협동조합 임원선거규약에
　　서 정한 임원입후보추천서 양식에 추천인의 날인 또는 서명을 하도록 정한 사안에
　　서, 날인은 대행할 수 있으나 서명은 직접 해야 한다고 판시하였다.

으로써 자신에게 닥칠 수도 있는 보증의 위험을 되새겨보고 신중하게 보
증계약을 체결하도록 도울 필요도 있다. 이처럼 보증의 위험을 경고하고
자제시키려는 입법 목적은 서명대행으로는 충분히 달성될 수 없다. 따라
서 대상판결의 태도는 수긍할 수 있다.

다. 보증기간의 의미

　대법원 2020. 7. 23. 선고 2018다42231 판결은 보증인보호법상 제7
조 제1항의 취지 및 이 조항에서 정한 보증기간의 의미를 다루었다. 사
안은 다음과 같다. 소외인은 원고에게 차용금 합계 120,000,000원에 관한
각서를 작성하여 교부하였고, 피고는 소외인의 차용금채무를 연대보증하
였다. 연대보증의 기간은 따로 정하지 않았다. 원고가 피고에게 보증채무
의 이행을 구하자, 피고는 이 사건 각서 작성일로부터 보증인보호법에
따른 보증기간 한도인 3년이 경과하였으므로 연대보증채무가 소멸하였다
고 주장하였다. 보증인보호법 제7조 제1항은 보증기간의 약정이 없는 때
에는 그 기간을 3년으로 본다고 규정한다. 또한 제7조 제2항은 보증기간
은 갱신할 수 있되 보증기간의 약정이 없는 때에는 계약체결 시의 보증
기간을 그 기간으로 본다고 규정한다.

　대상판결은 이러한 규정들의 내용과 체계, 입법 목적 등에 비추어
보면, 보증인보호법 제7조 제1항의 취지는 보증채무의 범위를 특정하여
보증인을 보호하는 것이므로 이 규정에서 정한 '보증기간'은 특별한 사정
이 없는 한 보증인이 보증책임을 부담하는 주채무의 발생기간을 의미하
는 것이지 보증채무의 존속기간을 의미한다고 볼 수 없다고 판시하였다.
제7조 제1항은 일정한 기간에 걸쳐 계속 채무가 발생하는 경우에 보증기
간 약정이 없는 때에 기간을 3년으로 제한하여 보증인의 책임이 무한정
확대되는 것을 방지하려는 규정이지, 보증일로부터 3년이 지나면 보증책
임이 소멸하게 하는 규정이 아니라는 것이다. 피고의 주장대로라면 제7
조 제1항은 보증채무의 소멸시효 규정이나 마찬가지인데 이는 제7조 제1
항의 취지와 잘 맞지 않다. 결국 보증기간을 정하지 않은 보증인은 3년
동안 발생한 주채무에 대해서만 보증책임을 지지만, 그와 같이 발생한 3

년분의 보증책임은 달리 소멸원인이 있는 것이 아니라면 3년 이후에도 계속 존속하게 된다. 대상판결은 '보증기간'이라는 표현이 야기할 수 있는 오해를 바로잡고 그 진정한 의미를 규명하였다.

2. 변형된 형태의 보증

가. 독립적 은행보증

대법원 2014. 8. 26. 선고 2013다53700 판결은 독립적 은행보증과 권리남용의 문제를 다루었다. 사안은 다음과 같다. 이란 회사인 원고는 한국 회사인 소외 회사와 수입계약을 체결하였다. 한국의 금융기관인 피고는 소외 회사의 의뢰에 따라 원고를 수익자로 하는 이행보증서를 발급하여 주었다. 보증서에는 '보증의뢰인인 소외 회사가 이 사건 수입계약을 불이행하였다고 원고가 판단하고 그 불이행 부분을 적시하여 서면으로 청구한 때에는 보증인인 피고가 조건 없이 107,500유로를 초과하지 않는 범위 내에서 원고가 청구하는 보증금을 지급하겠다'는 독립적 보증의 취지가 기재되어 있었다.[130] 그런데 원고가 소외 회사로부터 공급받아 이란의 다른 업체에 공급한 제품이 폭발하는 사고가 발생하였다. 그 사고 원인이 밝혀지지 않은 상황에서 원고는 피고의 채무불이행이 있었다고 주장하며 피고에게 보증서에 기한 보증금 지급을 청구하였다.

대법원은 위와 같은 보증은 통상의 보증이 아니라 주채무자인 보증의뢰인과 채권자인 수익자 사이의 원인관계와 독립되어 원인관계에 기한 사유로는 수익자에게 대항하지 못하고 수익자의 청구가 있기만 하면 은행의 무조건적인 지급의무가 발생하게 되는 이른바 독립적 은행보증[131]

---

130) 독립적 보증의 통일적 규율을 위해 국제상업회의소(ICC)의 「독립적 보증에 관한 통일규칙(Uniform Rules for Demand Guarantee)」가 마련되어 있는데, 계약 당사자들은 이 규칙을 계약에 편입시키는 경우가 많다. 이 사건 계약도 그러하였다. 그 외에 독립적 보증에 관하여 마련된 국제규범으로는 UNCITRAL이 1995년 채택한 「독립적 보증과 보증신용장에 관한 UNCITRAL 협약(UNCITRAL Convention on Independent Guarantees and Standby Letters of Credit)」이 있다.

131) 해당 용어로는 독립적 은행보증(independent bank guarantee), 독립적 보증(independent guarantee), 최초 청구보증(first demand guarantee), 청구보증(demand guarantee), 보증

이라고 보았다.[132] 또한 이러한 독립적 은행보증의 보증인은 수익자의 청구가 있기만 하면 보증의뢰인이 수익자에 대한 관계에서 채무불이행책임을 부담하게 되는지를 불문하고 보증서에 기재된 금액을 지급할 의무를 부담하고, 이 점에서 독립적 은행보증에서는 수익자와 보증의뢰인 사이의 원인관계와는 단절되는 추상성 및 무인성이 있다고 판시하였다. 다만 수익자가 실제로는 보증의뢰인에게 아무런 권리를 가지고 있지 못함에도 불구하고 은행보증의 추상성과 무인성을 악용하여 보증인에게 청구를 하는 것임이 객관적으로 명백할 때에는 권리남용에 해당하여 허용될 수 없고, 보증인도 수익자의 청구에 따른 보증금의 지급을 거절할 수 있으나, 원인관계와 단절된 추상성 및 무인성이라는 독립적 은행보증의 본질적 특성을 고려하면, 수익자가 보증금을 청구할 당시 보증의뢰인에게 아무런 권리가 없음이 객관적으로 명백하여 수익자의 형식적인 법적 지위의 남용이 별다른 의심 없이 인정될 수 있는 경우가 아닌 한 권리남용을 쉽게 인정하여서는 아니 된다고 판시하였다.[133]

독립적 은행보증은 민법상 보증과 달리 원인관계와 단절된 보증이므로, 보증인은 보증서에서 정한 형식적 조건만 부합하면 원인관계의 당부를 따지지 않고 수익자에게 보증금을 지급해야 한다. 수익자에게 압도적으로 유리한 형태의 보증이다. 민법상 보증은 보증인의 보호라는 가치 아래 채권자의 권리를 제한하려는 경향이 강하나, 독립적 은행보증은 그와 반대로 수익자의 권리를 최대한 강화하려는 경향이 강하다. 대등한 당사자 간의 국제거래에서 위험의 사전적, 확정적 인수를 통해 거래의 불확실성을 제거함으로써 채권자인 수익자로 하여금 안심하고 거래하도록 촉진하고자 하는 것이다. 보증의뢰인의 입장에서도 이렇게 함으로써

신용장(standby letter of guarantee) 등이 사용된다. 윤진수, "독립적 은행보증의 경제적 합리성과 권리남용의 법리", 법조, 제692호(2014), 10면.

132) 대법원 1994. 12. 9. 선고 93다43873 판결이 독립적 은행보증에 대한 최초의 대법원 판결이다.

133) 대상판결 이후에도 대법원 2015. 2. 12. 선고 2014다228228 판결, 대법원 2015. 7. 9. 선고 2014다6442 판결이 같은 법리를 판시하였다.

수익자를 안심시켜 거래성사 가능성을 높이고 거래비용도 줄이게 된다. 이러한 순기능 때문에 독립적 은행보증은 국제거래에서 확고한 거래 관행으로 자리 잡고 있다.[134] 이러한 독립적 은행보증의 취지를 살리려면 원인관계와 보증관계를 단절시키는 추상성 및 무인성이 철저하게 준수되어야 한다. 일단 보증은행이 수익자에게 보증금을 먼저 지급하고, 필요하면 보증의뢰인이 나중에 수익자를 상대로 원인관계를 다투도록(pay first, argue later) 함으로써 채권자가 선제적으로 비용을 회수할 수 있도록 해야 한다.[135] 다만 이러한 독립성, 추상성, 무인성, 형식성을 내세워 수익자가 제도를 남용하는 경우도 있을 수 있다. 대륙법계 국가들은 권리남용 이론, 영미법계 국가들은 사기(fraud)의 법리에 따라 이러한 남용의 위험에 대처하여 왔다.[136] 하지만 권리남용 이론 등을 느슨하게 적용하여 독립성의 예외를 지나치게 넓히면 독립성 은행보증의 근간이 위태로워질 수 있다. 대상판결은 객관적 명백성이라는 잣대를 제시함으로써 이러한 권리남용의 남용 위험을 경계하였다.

나. 진술 및 보증조항 위반과 손해배상

대법원 2015. 10. 15. 선고 2012다64253 판결은 주식양수도계약에서 주식매수인인 원고가 계약 체결 당시 주식매도인인 피고들의 진술 및 보증 조항 위반 사실을 알고 있는 경우에도 그 위반을 이유로 손해배상을 청구할 수 있는가의 문제를 다루었다. 이 사건에서 甲 회사(원고)[137]는 乙 회사[138]의 주주들인 丙 회사 등(피고들)[139]과 주식양수도계약을 체결하였다. 주식양도인인 丙 회사 등은 이 계약에서 '乙 회사가 행정법규를 위반한 사실이 없고, 행정기관으로부터 조사를 받고 있거나 협의를 진행하는

---

134) 김선국, "독립적 은행보증의 법리", **재산법연구**, 제25권 제1호(2008), 307면.
135) 김기창, "보증채무의 부종성과 독립성", **민사법학**, 제29호(2005), 85면.
136) 상세한 내용은 윤진수, "독립적 은행보증의 경제적 합리성과 권리남용의 법리", **법조**, 제692호(2014), 17−34면 참조.
137) 현대오일뱅크 주식회사이다.
138) 계약 체결 당시 한화에너지 주식회사였고, 그 이후 인천정유로 상호가 변경되었다.
139) 한화케미컬 주식회사 등이다.

것은 없다'는 내용의 진술과 보증을 하고, 진술 및 보증 조항 위반사항이
발견될 경우 손해를 배상하기로 하였다. 그런데 甲 회사는 진술 및 보증
당시 이미 乙 회사 등과 담합행위를 한 상태였고 양수도 실행일 이후 乙
회사는 담합행위를 이유로 과징금처분을 받았다.[140] 이처럼 주식매수인이
진술 및 보증 내용에 대해 악의인 경우에도 주식양수도계약에 따른 손해
배상청구를 하는 것이 공평의 이념 및 신의칙에 반하여 제한되어야 하는
가? 이에 대해 원심법원은 손해배상청구가 제한되어야 한다는 입장을 취
하였으나, 대법원은 이 경우에도 손해배상청구가 제한될 수 없다면서 원
심판결을 파기하였다. 대상판결은 M&A 거래에서 매도인의 진술 및 보증
약정 위반에 대하여 손해배상책임을 인정한 최초의 공간된 판결일 뿐만
아니라 매수인이 악의인 경우에도 손해배상책임을 인정했다는 점에서 선
례적 가치가 크다.[141]

　　1990년대 후반 금융위기 이후 M&A 거래가 활성화되면서 영국과 미
국의 M&A 계약에서 빈번히 사용되는 진술 및 보증(representation and
warranty) 조항[142]이 우리나라 M&A 계약에도 사용되기 시작하였다.[143] 이
는 영미법상 개념에 기초한 계약 조항이 대륙법적 체계로 규율되는 우리
나라 계약서에 영향을 미치는 수많은 예 중 하나이다. M&A 계약에서 진
술 및 보증 조항은 대상기업(팔고자 하는 기업)의 매도인과 매수인 사이에
매매계약의 당사자(행위능력, 내부수권에 관한 사항 등)와 매매계약 목적물인
대상기업에 관한 사항(재무상황, 우발채무의 존부, 법규 준수 여부 등)을 상대
방에게 진술하여 확인하고 그 내용의 진실성을 보증하는 조항이다.[144] 이

140) 현대오일뱅크, 인천정유, SK, LG 칼텍스, S-Oil 등 거의 모든 정유사들이 관여
　　한 군납유 입찰담합사건이다.
141) 김재형, "2015년 민법 판례 동향", **민사재판의 제문제**, 25권(2017), 24면.
142) 진술 및 보장 조항이라고 불리기도 한다. 허영만, "M&A 계약과 진술보장조항",
　　BFL, 제20호(2006); 김상곤, "진술 및 보장조항의 새로운 쟁점", **상사법연구**, 제32권
　　제2호(2013) 참조.
143) 김희중, "악의의 주식양수인이 '진술 및 보증조항' 위반을 이유로 손해배상청구
　　를 할 수 있는지 여부", BFL, 제76호(2016) 95면.
144) 김희중(주 143), 96면.

를 통해 기업매수인은 실사(due diligence)로 직접 얻는 정보 외에 상대방의 진술과 보증을 통해 상대방과 대상기업에 대한 추가 정보를 얻음으로써 이를 토대로 위험을 사전에 측정하여 대처할 수 있다. 또한 진술 및 보증위반이 드러나면 상대방에게 손해배상책임을 부가하기로 함으로써 상대방의 잘못된 정보제공을 예방하거나 발생한 손해를 상대방에게 전가할 수 있다.

　　우리 민법이나 상법은 진술 및 보증 조항의 문제를 직접 규율하고 있지 않다. 따라서 과연 진술 및 보증 조항이 상정하는 법률관계가 우리나라 법리상 어떠한 모습에 가까운가가 문제된다. 이 조항의 법적 성격에 대해서는 채무불이행책임설,[145] 약정하자담보책임설,[146] 손해담보계약설[147] 등이 있다. 그런데 진술 및 보증 조항도 계약의 일부인 이상 이 조항이 가지는 법적 의미는 계약 외부의 논리가 아니라 계약 당사자의 의사로부터 도출되어야 한다. 당사자의 의사는 계약마다 달라질 수 있다. 하지만 일반적으로 말하면 이 조항은 계약에서 의미 있는 법적 또는 사실적 상태에 관한 정보를 가진 당사자가 이를 있는 그대로 진술하고 보증하되, 그 내용이 실제와 다르다면 그 간극 자체를 이유로 책임을 진다는 의사를 담고 있다. 이러한 간극이 진술 및 보증인의 귀책사유로 발생하였는지, 또는 상대방이 이를 알았는지에 따라 손해배상 여부가 달라지지는 않는다.[148]

　　이 사건에서 피고들이 진술 및 보증한 내용은 대상회사가 일체의 행정법규를 위반한 사실이 없고, 이와 관련하여 행정기관으로부터 조사를 받거나 협의를 진행하는 것이 없다는 점이다. 그런데 원고는 계약 체결

---

145) 김태진, "M&A 계약에서의 진술 및 보증조항 및 그 위반", **저스티스**, 제113호 (2009), 49면.
146) 김홍기, "M&A계약 등에 있어서 진술보장조항의 기능과 그 위반시의 효과 — 대상판결 서울고등법원 2007. 1. 24. 선고 2006나11182 판결 —", **상사판례연구**, 제22권 제3호(2009), 78 — 79면.
147) 천경훈, "진술보장조항의 한국법상 의미", BFL, 제35호(2009), 89면.
148) 참고로 민법 제580조 제1항 단서에 따르면 매수인이 하자를 알았다면 하자담보책임이 발생하지 않는다.

이전에 대상회사와 담합행위를 한 적이 있고 계약 체결 이후 그 담합행위로 인해 과징금을 부과받았다. 그러므로 논리적으로 원고는 대상회사가 공정거래법을 위반하였다는 사실을 알거나 알 수 있는 지위에 있었다. 이처럼 원고가 이미 알고 있던 사항에 대해서는 피고들이 잘못 진술 또는 보증하였더라도 아무런 신뢰가 저해되지 않았고, 오히려 이를 알고도 지적하거나 가격에 반영하는 등의 조치를 취하지 않다가 나중에 손해배상청구를 하는 것은 신의칙에 반한다고 볼 여지도 있다. 그러나 진술 및 보증내용이 잘못되었다고 드러난 경우 그 자체를 이유로 책임을 지기로 약속한 경우 그 약속에 따른 이행을 구하는 것을 신의칙에 위반된다고 할 수는 없다.[149] 특히 원고나 대상회사의 행위가 위법한 담합행위인지, 그 담합행위가 '행정법규'에 위반되는 것인지, 또한 그 행위가 실제로 발각되어 법적 불이익을 받을 것인지 등이 불확실한 상황도 얼마든지 있을 수 있다. 이 경우 담합행위로 평가될 수 있는 행위를 하였다는 사실을 알았더라도 이를 가격에 반영하기는 쉽지 않다. 특히 그 행위에 관여한 회사 인력과 M&A 거래에 관여하는 회사 인력이 달라 법적으로는 회사가 '알았다'고 평가할 수는 있어도 실제로는 이를 의사결정에 반영하기는 어려운 경우라면 더욱 그러하다. 이러한 다양한 불확실성으로 인한 위험을 매도인에게 부담시키려 법률관계를 단순화하는 것이 진술 및 보증 조항의 주된 기능이다. 그리고 그러한 위험이 구현되었을 때 매도인이 이에 따른 책임을 지는 것은 거래의 안정성과 확실성을 선호하는 M&A 거래의 요청과도 부합한다. 이 사건도 그러한 경우로 보인다. 그러므로 대상판결의 결론에는 수긍할 수 있다.

Ⅲ. 부진정연대채무

1. 부진정연대채무와 상계

대법원 2010. 9. 16. 선고 2008다97218 전원합의체 판결은 부진정연

---

149) 악의의 매수인은 하자담보책임을 물을 수 없으나(민법 제580조 제1항) 진술 및 보증책임은 하자담보책임이 아니다.

대채무자 중 1인이 한 상계 내지 상계계약이 다른 부진정연대채무자에게도 절대적 효력을 가진다고 판시하였다. 이 사건에서는 채권자인 원고(우리은행)와 채무자인 쌍용건설이 기업개선약정에 따라 원고가 발행받는 쌍용건설의 신주대금을 지급하지 않되, 원고가 쌍용건설에 가지는 대출채권도 청구하지 않기로 합의하였다(출자전환합의). 그런데 원고는 쌍용건설의 대출채무와 부진정연대관계에 있는 피고의 손해배상채무 이행을 구하였다.[150] 이와 관련하여 위 출자전환합의의 법적 성격이 무엇인지(좀더 구체적으로는 이 행위를 상계계약으로 볼 수 있는지), 만약 위 출자전환행위가 상계계약이라면 이에 따른 대출채권의 소멸효가 부진정연대채무자인 피고에게도 미치는지가(즉 부진정연대채무에서 상계의 절대효가 인정되는지)가 문제되었다.

대법원은 "부진정연대채무자 중 1인이 자신의 채권자에 대한 반대채권으로 상계를 한 경우에도 채권은 변제, 대물변제, 또는 공탁이 행하여진 경우와 동일하게 현실적으로 만족을 얻어 그 목적을 달성하는 것이므로, 그 상계로 인한 채무소멸의 효력은 소멸한 채무 전액에 관하여 다른 부진정연대채무자에 대하여도 미친다고 보아야 한다. 이는 부진정연대채무자 중 1인이 채권자와 상계계약을 체결한 경우에도 마찬가지이다. 나아가 이러한 법리는 채권자가 상계 내지 상계계약이 이루어질 당시 다른 부진정연대채무자의 존재를 알았는지 여부에 의하여 좌우되지 아니한다."고 판시하였다. 이러한 판시는 출자전환행위가 신주인수대금채무와 대출채무를 맞비겨 소멸시키는 상계계약에 해당한다는 점을 전제한 것이다. 그런데 이에 대해서는 상계의 절대효는 인정하면서도 출자전환행위는 상계계약이 아니라 '(신주 액면 상당액이 아닌) 신주 시가 상당액의 변제와 나머지 채권액의 면제'로 보아야 한다는 반대의견이 있었다. 면제에는 절대

---

150) 원고는 분식회계로 인하여 작성된 쌍용건설의 재무제표를 신뢰하고 대출하여 주었다가 그 대출금을 회수하지 못하는 손해를 입었다고 주장하며 분식회계를 지시한 피고(쌍용건설의 대표이사)에게 대출금 상당액의 손해배상청구를 하였다. 이러한 회사의 대출금채무와 임직원의 손해배상채무는 부진정연대관계에 있다는 것이 판례의 태도이다. 대법원 2008. 1. 18. 선고 2005다65579 판결.

효가 인정되지 않으므로 그 부분에 관하여는 여전히 원고가 피고에게 손해배상을 구할 수 있다는 것이다.

대상판결에서 선례적 가치가 있는 부분은 부진정연대채무관계에서 상계의 절대효를 인정한 부분이다. 이 부분에 대해서는 대법관 전원의 의견이 일치하였다. 민법 제418조에 의하면 연대채무에서 상계는 절대효를 가진다. 이러한 민법 조항이 부진정연대채무에도 적용되는지는 해석론에 맡겨져 있다. 그런데 연대채무와 부진정연대채무는 수인의 채무자가 각자 독립하여 동일한 내용의 급부를 전부 행할 의무를 부담하되, 그중 1인이 그 채무를 이행하면 다른 채무자도 채무를 면한다는 공통점을 가진다. 따라서 고유한 의미의 채무 이행에 해당하는 변제뿐만 아니라 이와 동등하게 평가할 수 있는 대물변제와 공탁에 대해서는 절대효가 인정되었다. 그런데 유독 상계에 대해서는 절대효를 인정하지 않는 것이 종래 판례의 태도였다.[151]

하지만 상계는 재산상 출연을 통해 채권 만족 또는 채무 소멸을 가져오는 원인이라는 점에서 변제나 대물변제, 공탁과 가깝고, 면제나 채권포기, 시효중단 등 다른 상대효 사유와는 구별된다. 즉 변제, 대물변제, 공탁, 상계는 비록 모습을 달리하기는 하나 모두 채권을 만족시키는 원인이라는 점에서는 규범적으로 동등하다. 물론 변제나 대물변제, 공탁과 달리 상계는 상대방이 자신의 채무(즉 자동채권에 상응하는 채무)를 이행하지 않아도 되는 이익은 부여하지만 자신의 채권(즉 수동채권)을 직접 만족받지 못하게 한다. 이처럼 변제, 대물변제, 공탁처럼 자신이 직접 급부를 받고자 하는 소망은 좌절될 수 있다. 그러나 이는 법이 상계를 허용하는 이상 당연히 감내해야 하는 것이다. 또한 정책적으로 채무가 채권자에게 직접 이행되어야 할 필요가 있다면 근로기준법의 예처럼 상계를 금지하는 법 규정을 마련하면 된다. 이와 같이 상계가 변제, 대물변제, 공탁과 마찬가지로 채권을 만족시키는 원인으로 평가되는 이상, 부진정연대관계

---

151) 대법원 1989. 3. 28. 선고 88다카4994 판결; 대법원 1996. 12. 10. 선고 95다24364 판결; 대법원 2008. 3. 27. 선고 2005다75002 판결.

에서도 유독 상계에 대해서만 절대효를 부정할 이유가 없다. 학설도 상계의 절대효를 부정한 종래 판례의 태도를 비판하여 왔다.[152) 대상판결은 이러한 비판적 입장을 수용하고 종래 판례를 변경함으로써 법리를 바로 잡았다.

2. 부진정연대관계에 있는 다액채무자 일부 변제에 따른 법률관계

대법원 2018. 3. 22. 선고 2012다74236 전원합의체 판결은 다액채무자와 소액채무자가 부담하는 부진정연대채무관계에서 다액채무자가 일부변제를 하는 경우의 법률관계를 다루었다. 사안은 다음과 같다. 피고는 개업공인중개사로서 중개보조인인 소외인을 고용하고 있었다. 소외인은 고객들의 임대차계약 체결에 관여하였는데 임대인으로부터 받아 보관 중이던 임대차보증금 및 대출금상환수수료를 횡령하였다. 그 후 가해자인 소외인은 피해자인 임대인에게 일부 금액을 변제하였다. 원고는 「구 공인중개사의 업무 및 부동산 거래신고에 관한 법률」(이하 '공인중개사법'이라고 한다) 제15조 및 제30조 제1항[153)]에 따라 피고에게 잔존 손해에 대한 배상청구를 하였다. 1심법원은 피고에 대한 관계에서 원고의 과실을 50%로 보아 과실상계를 하였다. 피고에 대해서만 과실상계가 행해진 결과 피고는 소외인보다 소액의 손해배상채무를 부담하게 되었다. 이와 관련하여 다액채무자인 소외인의 일부 변제가 소외인과 피고가 연대하여 부담하는 부분(이하 '공동부담부분'이라고 한다)과 소외인이 단독으로 부담하는 나머지 부분(이하 '단독부담부분'이라고 한다) 중 어느 부분을 소멸시키는지 문제되었다.

대상판결 요지는 다음과 같다. 금액이 다른 채무가 서로 부진정연대관계에 있을 때 다액채무자가 일부 변제를 하는 경우, 당사자의 의사와

---

152) 하나의 예로 양창수, "부진정연대채무자 중 1인이 한 상계의 다른 채무자에 대한 효력", **민법연구**, 제2권(1991), 139면 이하 참조.
153) 공인중개사법 제15조는 중개보조원의 업무상 행위를 중개업자의 행위로 간주하고, 제30조 제1항은 중개행위에 있어서 고의 또는 과실로 거래당사자에게 발생시킨 재산상 손해에 대한 배상책임을 규정하였다.

채무 전액의 지급을 확실히 확보하려는 부진정연대채무 제도의 취지에
비추어 볼 때 단독부담부분이 먼저 소멸한다고 보아야 한다. 이러한 법
리는 사용자의 손해배상액이 피해자의 과실을 참작하여 과실상계를 한
결과 타인에게 직접 손해를 가한 피용자 자신의 손해배상액과 달라졌는
데 다액채무자인 피용자가 손해배상액의 일부를 변제한 경우, 공동불법행
위자들의 피해자에 대한 과실비율이 달라 손해배상액이 달라졌는데 다액
채무자인 공동불법행위자가 손해배상액의 일부를 변제한 경우에 모두 적
용된다. 중개보조원을 고용한 개업공인중개사의 공인중개사법 제30조 제
1항에 따른 손해배상액이 과실상계를 한 결과 거래당사자에게 직접 손해
를 가한 중개보조원 자신의 손해배상액과 달라졌는데 다액채무자인 중개
보조원이 손해배상액의 일부를 변제한 경우에도 마찬가지이다.

　　종래 이 문제에 대해서는 내측설, 외측설, 과실비율설, 안분설이 대
립하였다.[154] 판례는 부진정연대관계의 유형에 따라 달리 판단하였다. 즉
사용자책임과 공동불법행위책임으로 인한 부진정연대관계에는 과실비율
설을 취하였으나,[155] 그 외의 부진정연대관계(예컨대 계약책임과 불법행위책
임의 경합)에는 외측설을 취하였다.[156] 외측설에 따르면 다액채무자의 단
독부담부분부터 소멸되는 반면, 과실비율설에 따르면 소액채무자와의 공
동부담부분도 소액채무자의 과실비율에 상응하는 만큼 함께 소멸된다.

　　과실비율설은 채권자와 채무자 간 손해의 공평한 분담이라는 과실상
계 제도의 본래 취지를 확장하여, 채권자와 소액채무자 사이에 다액채무
자의 무자력 위험을 분담시키는 데에도 과실비율을 활용한다. 그러나 이
는 과실상계를 중복 적용함으로써 다액채무자의 무자력에 대한 위험 일
부를 채권자인 피해자에게 전가하고, 결국 채권자를 보호하려는 부진정연

---

154) 학설에 대한 내용은 고유강, "부진정연대채무자들 중 다액채무자가 한 일부변
　　제의 효과", 민사판례연구, 제41권(2019), 436-440면; 윤진수(주 87), 356-357면
　　참조.
155) 대법원 1994. 2. 22. 선고 93다53696 판결; 대법원 1995. 3. 10. 선고 94다5731
　　판결.
156) 대법원 2000. 3. 14. 선고 99다67376 판결; 대법원 2007. 10. 25. 선고 2007다
　　49748 판결.

대채무의 취지에 반한다는 비판을 받아왔다.[157] 또한 부진정연대채무관계의 일부 유형에 관하여만 과실비율설을 적용할 합리적 이유도 찾기 어렵다. 대법원은 이러한 점들을 고려하여 과실비율설에 기한 종래 판례를 폐기하고, 외측설로 통일하였다.

다액채무자와 소액채무자가 부진정연대관계에 있는 경우 다액채무자의 일부 변제가 어떤 법적 효과를 가져오는지에 관하여 직접 규율하는 규정은 없다. 안분설은 변제충당에 관한 민법 규정을 유추 적용하여 이 문제를 규율하고자 하나, 이 문제와 변제충당 상황은 유추 적용을 정당화할만큼 충분히 유사하지 않다. 부진정연대채무의 법리는 기본적으로 채권자를 두텁게 보호하기 위한 정신 아래 형성된 반면, 변제충당은 주로 채무자의 의사나 이익을 주된 기준으로 삼는 제도이기 때문이다.[158] 이처럼 법률로부터 해결의 단서를 찾지 못하는 이상 연대채무 관련 규정들 배후의 법 정신, 즉 채권자 보호라는 법 정신을 고려하여 이 문제를 풀어야 한다. 이러한 방향성을 반영한 입장이 외측설이다. 외측설은 변제자인 다액채무자와 변제수령자인 채권자의 일반적 의사에도 대체로 부합한다. 소액채무자의 일반적 의사는 다를 수 있으나, 그는 변제관계의 직접 당사자가 아니므로 그의 의사에 지나치게 좌우될 필요도 없다. 무엇보다도 외측설은 채권자 보호에 가장 유리하다. 이러한 배경에서 대상판결은 부진정연대관계의 유형을 불문하고 외측설이 타당하다는 점을 확인함으로써 모든 유형의 부진정연대채무에 대해 통일적 기준을 정립하였다.

제3절 채권양도 및 채무인수
I. 개   관

물권법에서 채권법으로 민법학의 중심이 옮겨가면서, 물권변동에 관한 관심도 채권변동으로 옮겨가고 있다. 오늘날 부동산 소유권의 이전과

---

157) 예컨대 서희석, "일부연대에서 일부변제의 효력의 문제—일본의 학설과 판례를 참고하여", **판례실무연구**(XI)(박영사, 2015), 41면.
158) 고유강(주 154), 459면.

같은 물권관계의 변동만큼 채권양도나 채무인수와 같은 채권관계의 변동
은 중요한 의미를 가진다. 채권양도는 채무이행에 갈음하거나 채무이행
을 담보하기 위해 행해지는 경우가 많았고, 또 그러한 청산형 내지 담보
형 채권양도가 주된 학문적 관심사이기도 하였다. 그런데 이제 채권양도
는 자금조달의 법적 도구로 활용되는 양상이 두드러지게 나타난다. 이러
한 현대적인 채권양도의 문제는 민법학을 넘어서서 자연스럽게 금융시장
또는 금융법학과 결합하여 생각하지 않으면 안 된다. 가령 자산유동화의
문제는 금융법학의 영역에 있다고 여겨지나 민법상 채권양도 법리와 밀
접한 관련성을 가진다. 아울러 부동산보다 채권이 국경을 넘어서기가 쉽
다. 그러므로 채권양도와 관련된 법리는 국제적인 경향을 염두에 두고
형성해 나갈 필요가 있다.[159) 아래에 소개할 대법원 2019. 12. 19. 선고
2016다24284 전원합의체 판결은 양도금지특약의 효력 문제를 다루었는
데, 채권양도의 금융관련성 및 국제성을 염두에 두고 이해할 필요가 있
다. 아울러 담보형 채권양도에 관해서는 2012. 6. 11.부터 시행된 「동
산·채권 등의 담보에 관한 법률」과의 연관성을 고려할 필요가 있다. 이
법에 따른 채권담보권 설정은 등기를 요구하고 있는데, 이는 종래의 채
권양도법을 생각하면 혁명적 변화이다. 한편 채무인수는 종래 부동산 처
분과 더불어 그 부동산에 결부된 채무관계를 어떻게 처리할 것인가와 관
련하여 이행인수와의 관계에서 다루어지는 경우가 많았는데,[160) 이제는
채무를 포함한 계약상 지위 또는 계약상 법률관계 전체가 법률상 또는
계약상 승계되는 법 현상이 더욱 중요한 관심사가 되고 있다. 아래에 소
개할 대법원 2012. 5. 24. 선고 2009다88303 판결은 조례 제정을 통한 채
무인수를 다루었고, 대법원 2018. 10. 18. 선고 2016다220143 전원합의체
판결은 체육시설법상 필수시설의 승계에 따른 권리의무 승계 문제를 다

---

159) UN 국제채권양도협약(United Nations Convention on the Assignment of Receivables
   in International Trade)은 이러한 채권양도규범의 국제적 통일을 염두에 두고 마련
   된 협약이다.
160) 예컨대 대법원 2007. 9. 21. 선고 2006다69479, 69486 판결.

루었다. 그 외에도 채권양도 및 채무인수, 계약인수에 관하여는 다수의
판결들이 선고되었으나 지면관계상 여기에서 다 살펴볼 수는 없다.

Ⅱ. 채권양도

1. 채권양도금지특약에 위반한 채권양도의 효력

대법원 2019. 12. 19. 선고 2016다24284 전원합의체 판결은 양도금
지특약을 위반한 채권양도의 효력 문제를 다루었다. 사안은 다음과 같다.
피고는 건설회사인 A회사를 수급인으로 하는 도급계약을 체결했다. 이
계약에서 A회사가 피고에 대한 공사대금채권을 제3자에게 양도하지 않기
로 하는 양도금지특약을 두었다. 그런데 A회사는 그 양도금지특약에 위
반하여 공사대금채권을 제3자에게 양도하였다. 그 후 A회사는 파산하였
고 원고가 파산관재인으로 선임되었다. 원고는 파산관재인의 자격으로
피고에게 공사대금 지급을 구하였다. 피고는 A회사가 이미 공사대금채권
을 제3자에게 양도했으므로 A회사가 더 이상 채권자가 아니라고 다투었
다. 그러나 원고는 양도금지특약에 위반한 채권양도는 무효이므로 여전
히 A회사가 채권자라고 주장하였다. 이와 관련하여 양도금지특약에 위반
한 채권양도의 효력이 문제되었다. 그동안 이에 관해서는 채권양도금지
특약에 의해 채권의 양도성 자체가 상실된다는 물권적 효력설과 채권양
도금지특약은 채권자와 채무자 사이에만 효력을 미칠 뿐이므로 채권양수
인에게는 효력을 미치지 않는다는 채권적 효력설이 주장되어 왔다.[161]

대상판결은 양도금지특약을 위반하여 이루어진 채권양도는 원칙적으
로 효력이 없다는 것이 통설이고, 이와 견해를 같이하는 상당수의 대법
원 판결[162]이 선고되어 재판실무가 안정적으로 운영되고 있는데, 이러한
판례 법리는 계속해서 유지되어야 한다고 보았다(물권적 효력설).[163] 대법

161) 이에 대해서는 전원열, "채권양도금지 특약의 효력", **민사법학**, 제75호(2016),
169－174면; 지선경, "채권양도금지특약과 이를 위반한 채권양도의 효력", **민사판례
연구**, 제43권(2021), 322－324면 등 많은 문헌들이 있다.
162) 대법원 2000. 4. 7. 선고 99다52817 판결; 대법원 2009. 10. 2. 선고 2009다
47685 판결 등.

원은 이러한 결론을 뒷받침하기 위해 여러 근거들을 제시하였는데 가장 주된 근거는 민법 제449조 제2항 본문의 문언이다. 대법원은 민법 제449조 제2항 본문에서 채권은 당사자가 반대의 의사를 표시한 경우에는 양도하지 못한다고 규정한 것은 양도금지특약을 위반한 채권양도의 효력을 부정하는 의미라고 해석해야 한다고 보았다. 또한 이렇게 해석하는 것이 악의의 양수인과의 관계에서 법률관계를 보다 간명하게 처리하는 길이라고 보았다. 이에 대해 양도금지특약의 구속력이 미치는 범위, 자유로운 양도 가능성의 보장 필요성, 국제적 흐름 등을 들어 양도금지특약에 위반한 채권양도가 유효하다는 반대의견이 있었다(채권적 효력설).

반대의견이 취한 채권적 효력설이 타당하다고 생각한다. 민법 제449조 제2항은 양도금지특약이 있으면 채권을 '양도하지 못한다'고 규정하나, '양도하지 못한다'와 '양도의 효력이 없다'는 문언상으로도 같은 의미가 아니다. 다수의견의 가장 강력한 근거는 민법 제449조 제2항의 문언이지만, 이처럼 문언으로부터 곧바로 물권적 효력을 도출할 수는 없다. 궁극적으로 중요한 것은 당사자의 의사인데, 과연 당사자가 양도금지특약을 통해 채권의 양도성을 박탈하려는 의사까지 가졌는지 의문이다.[164] 또한 물권적 효력설은 계약 당사자가 아닌 양수인에게 양도금지특약의 효력이 미치는지를 제대로 설명하지 못한다.[165] 물권적 효력설은 양도금지특약의 실효성을 높이고 채무자의 법적 안정성을 보장한다는 장점을 지닌다. 그러나 특약의 실효성은 채권의 양도성 자체를 박탈하기보다는 위약금 약정 등 다른 계약 장치를 통해 관철시키는 것이 정도(正道)이다. 또한 양도금지특약은 국가나 은행 등 강한 협상력을 가진 채무자에 의해 많이 활용되고 있어 물권적 효력설을 취한다고 하여 채무자 보호가 극적으로

---

163) 한편 대법원은 물권적 효력설을 취하면서 채권양도가 무효라고 보았으나, 윤진수 (주 87), 373면은 채무자인 피고가 양도된 부분에 대하여 이행거절을 함으로써 양도를 사후적으로 승낙하였으므로 이로써 무효인 채권양도가 추인으로 유효하게 되었다는 점을 지적한다.

164) 지선경(주 161), 350면.

165) 전원열(주 161), 172면.

강화되는 것도 아니다. 반면 채권적 효력설은 채권의 유통성 강화에 실제적 영향을 줄 수 있다. 또한 채권적 효력설은 채무자가 양수인의 악의 또는 중과실에 대한 증명책임을 진다고 하는 판례[166] 또는 악의의 양수인으로부터 다시 선의로 양수한 전득자에게는 그 전득 시부터 양도금지특약의 효력을 주장할 수 없다는 판례,[167] 양도금지특약이 있는 채권에 대해 압류채권자의 선·악의와 무관하게 압류 및 전부가 허용된다는 판례[168] 등을 더 잘 설명할 수 있다. 계약은 그 계약 당사자에게만 효력을 미친다는 계약법의 일반 원리와 더 잘 부합하는 것도 채권적 효력설이다. 과연 우리 민법의 입법자가 물권적 효력설을 채택하려고 하였던 것인지도 분명하지 않다. 문언이나 입법자의 의도에 비추어 양쪽으로 해석이 가능하다면 국제적 흐름을 해석론에 반영할 필요성도 있다.[169] 특히 채권양도가 국경을 넘어 이루어지는 경우가 많다는 점에 비추어 보아도 그러하다.

2. 채권양도 통지와 제척기간

대법원 2012. 3. 22. 선고 2010다28840 전원합의체 판결은 채권양도 통지만으로 제척기간 준수에 필요한 '권리의 재판외 행사'가 이루어졌다고 볼 수 있는지를 다루었다. 사안은 다음과 같다. 원고는 아파트 입주자대표회의로서 구 집합건물법 제9조에 의한 하자담보추급권에 기하여 손해배상을 직접 청구할 수 있다고 주장하여 분양자인 피고를 상대로 이 사건 아파트의 하자로 인한 손해배상청구의 소를 제기하였다. 그러다가 소송 계속 중 아파트 구분소유자들로부터 각 하자보수에 갈음하는 손해배상청구권을 양도받아 순차적으로 피고에게 채권양도통지를 하였다. 아울러 원고는 1심법원에 위 채권양수를 청구원인으로 하는 청구취지 및

---

166) 대법원 1999. 12. 18. 선고 99다8834 판결 등.
167) 대법원 2015. 4. 9. 선고 2012다118020 판결.
168) 대법원 2003. 12. 11. 선고 2001다3771 판결.
169) 2020년 4월부터 시행된 일본 개정 민법 제466조 제2항; 독일 상법 제354a조; 미국 통일상법전(UCC) 제2-210조(a); 공통참조기준초안(DCFR) Ⅲ, 제5:108조 제1항.

청구원인 변경신청서를 제출하였다. 한편 이 사건 하자담보책임은 민법
제671조 제1항 단서에 따라 10년 제척기간의 적용을 받는데, 원고가 채
권을 양수받은 뒤 피고에게 행한 채권양도통지가 제척기간 준수에 필요
한 권리행사에 해당하는지가 다투어졌다. 이에 관해 대법원은 채권양도
통지에 채권양도의 사실을 알리는 것 외에 이행을 청구하는 뜻이 별도로
덧붙여지거나 그 밖에 구분소유자들이 재판외에서 권리를 행사하였다는
등 특별한 사정이 없는 한, 위 손해배상청구권은 입주자대표회의가 위와
같이 소를 변경한 시점에 비로소 행사된 것으로 보아야 한다고 판시하였
다. 채권양도 통지만으로는 제척기간 준수에 필요한 권리 행사로 볼 수
없다는 것이다. 이에 대해서는 반대의견이 있었다.

　　민법 제671조 제1항에 따른 제척기간의 준수는 소 제기뿐만 아니라
재판외 권리행사로도 이루어질 수 있다. 또한 소멸시효와 관련해서는 시
효중단제도는 권리자를 위해 너그럽게 해석해야 한다는 판례[170]의 기조
하에 시효중단사유로서의 권리행사의 범위와 효력도 너그럽게 해석하려
는 경향성이 농후하다. 그 연장선상에서 대법원은 소 제기에 응소하는
것도 재판상 청구에 해당한다고 하여 권리행사형태의 외연을 목적적으로
넓혔고,[171] 재판외 청구인 최고도 너그럽게 해석하는 모습을 보여왔
다.[172] 한편 소멸시효와 제척기간은 다른 제도이지만, 법적 안정성을 위
해 일정한 기간 동안 권리를 행사하지 않으면 권리가 소멸하게 하는 제
도라는 공통점을 가지고 있다. 그리고 소멸시효와 제척기간의 구별은 다
분히 입법정책적인 것이어서 그 경계선이 언제나 뚜렷한 것은 아니다.
특히 이 사건처럼 형성권이 아닌 청구권에 제척기간이 적용되는 경우에

170) 대법원 1995. 5. 12. 선고 94다24336 판결; 대법원 2006. 6. 16. 선고 2005다
　　25632 판결 등.
171) 대법원 1993. 12. 21. 선고 92다47861 전원합의체 판결.
172) 예컨대 형사고소에 최고의 효력을 인정한 대법원 1989. 11. 28. 선고 87다273,
　　274, 87다카1772, 1773 판결; 경매신청에 최고의 효력을 인정한 대법원 2001. 8. 21.
　　선고 2001다22840 판결; 소송고지에 최고의 효력을 인정한 대법원 2015. 5. 14. 선고
　　2014다16494 판결; 최고의 효력이 일정 기간 지속되는 이른바 계속적 최고에 관한
　　대법원 1995. 5. 12. 선고 94다24336 판결.

는 더욱 그러하다. 그렇다면 권리행사에 관하여 너그러운 판례의 태도는 제척기간에도 적용될 수 있는 것이 아닌가 하는 생각에 이를 수 있다. 직접 이행청구를 하는 경우뿐만 아니라 채권의 다른 권능을 행사하는 등으로 그 채권 내지 청구권을 행사·실현하려는 행위를 하거나 이에 준하는 것으로 평가될 수 있는 객관적 행위 태양이 존재하면 제척기간을 준수한 것이라는 반대의견도 기본적으로는 그러한 사고방식에 기초한 것이다.

반대의견이 지적한 것처럼 소멸시효와 제척기간의 구별이 언제나 명쾌한 것은 아니고, 소멸시효 규정이 제척기간에 유추 적용되거나 소멸시효 해석론이 제척기간 해석론에 영향을 미칠 수 있는 경우도 있다. 그런데 그러한 가능성을 고려하더라도 「채권양도통지＝채권행사」라는 도식은 받아들이기 어렵다. 앞서 살펴본 최고는 재판외에서 행해지기는 하나 엄연한 이행청구이므로 권리행사라는 요소가 개념의 핵심에 자리 잡고 있다. 그러나 채권양도통지는 채권이 양도되었다는 사실을 알리는 것일 뿐 권리행사라는 요소를 포함하고 있지 않다. 더구나 채권양도통지의 주체는 채권을 이전하여 더 이상 권리를 가지지 않게 되는 양도인이므로(민법 제450조 제1항) 양도인의 통지를 권리행사라고 보기는 더욱 어렵다. 소멸시효에서는 사인(私人) 간의 관계에서 권리자의 권리가 실현되어야 마땅하다는 정의 관념에 입각하여 권리자에게 유리한 방향으로 권리행사 형태를 느슨하게 파악하는 해석론을 전개할 수도 있다. 그러나 제척기간은 법률관계의 조속한 안정이라는 공익적 요청의 지배를 받는 제도라는 점에서 소멸시효와 같지 않다.[173] 따라서 권리자의 권리를 소멸시키지 않으려고 애쓰는 나머지 권리행사의 틀을 과도하게 형해화시킴으로써 그러한 공익적 요청이 무너지지 않도록 유의해야 한다. 결국 채권양도통지를 권리행사로 보기는 어렵다. 대상판결 사안처럼 채권양도통지가 소 변경을 위해 소송 중에 이루어졌다고 하여 그러한 채권양도통지가 권리행사로 전환되는 것도 아니다.[174] 대상판결의 결론에 찬성한다.

---

173) 대법원 2011. 10. 13. 선고 2011다10266 판결.
174) 반면 이종문, "제척기간 준수에 필요한 권리행사―이행청구와 채권양도통지를

3. 이의를 보류하지 않은 승낙

대법원 2019. 6. 27. 선고 2017다222962 판결은 채권양도와 이의를 보류한 승낙의 문제를 다루었다. 사안은 다음과 같다. A(의사)는 국민건강보험공단(피고)에게 가지는 현재 또는 장래의 급여채권을 은행(원고)에게 양도하면서 채무자인 피고에게 그 사실을 통지하였다. 피고는 그 사실을 통지받은 후 A에게 '압류진료비 채권압류 확인서'라는 서면을 발급하였다. 그 이후 원고는 피고에게 양수금청구의 소를 제기하였는데, 피고는 A에게 가지는 손해배상채권을 자동채권으로 삼아 상계항변을 하였다. 이와 관련하여 피고가 채권압류 확인서를 발급한 행위가 이의를 보류하지 않은 승낙에 해당하여 상계항변이 불허되는지가 문제되었다.

대법원은 다음과 같이 판단하였다. 민법 제451조 제1항 본문에 따른 이의를 보류하지 않은 승낙으로 말미암아 채무자가 양도인에 대하여 갖는 대항사유가 단절되는 점을 감안하면, 채무자가 이 조항에 따라 이의를 보류하지 않은 승낙을 했는지 여부는 문제 되는 행위의 내용, 채무자가 그 행위에 이른 동기와 경위, 채무자가 그 행위로 달성하려고 하는 목적과 진정한 의도, 그 행위를 전후로 채무자가 보인 태도 등을 종합적으로 고려하여 양수인으로 하여금 양도된 채권에 대하여 대항사유가 없을 것을 신뢰하게 할 정도에 이르렀는지를 감안하여 판단해야 한다. 이러한 기준에 따를 때 위와 같은 확인서를 발급하였다고 하여 이를 이의를 보류하지 않은 승낙이라고 보기는 어렵다.

지명채권의 대항요건은 양도인의 통지 또는 채무자의 승낙이다(민법 제450조 제1항). 한편 채무자가 이의를 보류하지 않고 채권양도를 승낙할 경우 채무자가 양도인에게 대항할 수 있던 사유로 양수인에게 대항할 수 없다(민법 제451조 제2항). 항변이 봉쇄되는 것이다. 따라서 이 경우 채무

중심으로-", **민사판례연구**, 제35권(2013), 113면은 기본적으로 대상판결의 일반론에 찬성하면서도 대상판결 사안처럼 이미 장래의 양수인과 의무자 사이에 채권의 존부의 범위를 다투는 소송이 계속되고 있던 중 채권양도통지가 이루어졌다면 채권양도통지에 권리행사로서의 성질을 부여할 수 있다고 한다.

자는 양도인에게 가지던 상계항변을 할 수 있었더라도 양수인에게 더 이상 상계항변을 할 수 없다. 그렇다면 이의 보류 여부에 관하여 아무런 의사를 표명하지 않은 채 행한 승낙은 이의를 보류하지 않은 승낙인가? 종래 학설은 대체로 그러한 입장을 취해 온 것으로 보인다.[175) 그러나 합리적인 사람이라면 자신이 가지던 항변권을 상실시키는 결과를 쉽사리 감내하지 않을 것이다. 또한 법률 전문가가 아닌 일반인이 적극적인 이의를 보류하지 않은 채 채권양도 사실에 대한 인식을 표명하면 자신의 항변권이 상실된다는 점을 알기도 어렵다. 따라서 이의 보류 여부에 대해 침묵하였다고 하여 이의를 보류하지 않은 승낙을 하였다고 의사 해석을 해서는 안 된다. 침묵이 그렇게 평가되려면 단순한 침묵 또는 모든 형태의 침묵이 아니라 더 이상 양수인에게 항변권을 행사하지 못하게 되어도 무방하다는 의미의 침묵으로 볼 만한 사정이 있어야 한다.

　대법원은 대상판결을 통해 단순 승낙이 당연히 이의 무보류 승낙에 해당한다고 단정할 것이 아니라 여러 가지 요소들을 종합적으로 고려하여 판단해야 한다고 판시하였다. 이의를 보류하지 않은 승낙이 채무자의 지위에 가져올 불이익을 인식하면서 너무 손쉽게 침묵을 이의 무보류 승낙으로 치부해 버리는 태도를 경계한 것이다. 해당 사안에 관하여 대법원은 이 사건에서 피고가 가지는 기관으로서의 특성이나 해당 확인서의 성격과 목적, 손해배상채권에 관한 인식 시점 등에 비추어 볼 때 피고가 향후 상계권 등 항변권을 행사할 수 있다는 점을 구체적으로 표명하지 않았다는 이유만으로 항변 단절효를 초래하는 이의 무보류의 승낙을 하였다고 해석하기는 어렵다고 보았다. 타당한 결론이다. 한편 입법론으로는 이의 무보류 승낙의 항변 단절을 인정하는 민법 제451조 제1항을 삭제하거나 합리적 범위 내에서 양수인의 신뢰보호를 도모할 필요가 있다.[176)

---

175) 예컨대 곽윤직 편, **민법주해**(Ⅹ)(박영사, 1995), 594면(이상훈 집필부분).
176) 일본의 2017년 개정 민법 제468조가 그러한 입장을 취한다.

Ⅲ. 채무인수 내지 계약인수

1. 조례 제정을 통한 면책적 채무인수 내지 계약인수

대법원 2012. 5. 24. 선고 2009다88303 판결은 지방자치단체가 계약 관계에서 발생한 채무를 채권자의 승낙 없이 조례 제정을 통해 지방공사에게 면책적으로 인수시킬 수 없다고 보았다. 면책적 채무인수의 대항요건인 채권자의 승낙을 조례로 대체할 수 없다는 취지이다. 사안은 다음과 같다. 광주직할시 도시개발공사 설치 조례에 따라 광주직할시 도시개발공사가 설립되었다. 조례 부칙 제3조(이하 '이 사건 조례 규정'이라고 한다)는 '도시공사는 설립일로부터 광주직할시 공영개발사업단에 관한 광주직할시의 권리의무를 포괄 승계한다'라고 규정하고 있으나, 그 의무의 승계에 관하여 채권자의 동의나 승낙이 필요한지 여부에 관하여는 규정하고 있지 않았다. 한편 광주직할시는 시영아파트를 건축·분양하였고, 이 사건 조례규정에 따라 분양계약에 관한 사무 내지는 분양계약 당사자의 지위를 지방공사에게 인수시켰는데, 수분양자들은 광주직할시가 여전히 분양계약 당사자로서 채무를 부담한다는 전제에서 광주직할시를 상대로 아파트에 관한 하자담보책임을 구하였다. 이와 관련하여, 이 사건 조례 규정에 따라 채무가 완전히 공사에게 넘어간 것인지, 아니면 채권자인 수분양자의 승낙이 없었으므로 여전히 광주직할시에게 채무가 유보되어 있는 것인지 다투어졌다.

대법원은, 계약에서 채무자가 변경될 경우에 채권자의 승낙을 얻도록 함으로써 채권자가 불이익을 입지 않도록 하려는 민법 제454조의 규정과 계약인수의 해석론에 비추어 보면, 통상 변제자력이 더 풍부한 지방자치단체가 계약관계에서 발생된 채무에 관하여 채권자의 승낙을 받지 않고 일방적으로 조례 제정을 통하여 지방공사에 면책적으로 인수시킬 수 있다고 보는 것은 부당하고, 지방자치단체에 대하여 민법 제454조의 적용을 배제할 만한 합리적인 이유를 찾을 수 없다고 보아, 수분양자들의 승낙 여부를 따져보지도 않은 채 조례 규정에만 근거하여 지방자치단체가 분양자의 지위에서 벗어났다고 본 원심판결은 위법하다고 판시하였다.

지방자치단체는 법령의 범위 안에서 그 사무에 관하여 조례를 제정할 수 있다(지방자치법 제15조). 따라서 법령을 위반한 조례는 효력이 없다.[177] 이러한 법령에는 신원보증법과 같은 사법(私法)도 포함된다.[178] 한편 조례를 여러 갈래로 해석할 수 있다면 법령을 위반하지 않는 방향으로 해석하는 것이 타당하다. 그런데 민법 제454조 제1항은 면책적 채무인수의 효력 발생 요건으로 채권자의 승낙이 필요하다고 규정하고 있다. 또한 계약인수는 인수인과 피인수인, 상대방의 합의 내지 승낙을 요구한다. 조례는 가급적 법률의 규정에 부합하게 해석해야 한다는 점을 고려하면 이 사건 조례규정은 가급적 수분양자의 승낙 요건을 배제하지 않는 방향으로 해석하는 것이 옳다. 따라서 이 사건 조례에도 불구하고 채권자의 승낙이 필요하다는 민법상 법리는 여전히 적용되어야 한다. 그렇다면 이 사건 조례규정에서 '광주직할시의 권리의무를 포괄승계한다'는 부분은 어떻게 설명할 수 있을까? 이는 권리의무의 포괄승계가 당연히 또한 즉각 이루어진다는 것이 아니라 민법 등 법률에서 정한 절차를 거쳐서 포괄승계가 이루어진다는 것을 의미한다고 설명할 수 있다. 가령 영업양도도 영업 전체를 포괄적으로 이전하는 행위이지만 이러한 이전 과정에서 채권양도나 채무인수, 등기나 등록 등 필요한 절차를 거칠 것을 전제한다. 이 사건 조례규정도 마찬가지이다.

2. 체육필수시설 인수인의 시설 관련 권리의무 승계

대법원 2018. 10. 18. 선고 2016다220143 전원합의체 판결은 체육필수시설 인수인이 그 필수시설과 관련된 권리의무를 승계하는지를 다루었다. 사안은 다음과 같다. 골프장 운영자인 A회사는 골프장 관련 대출채무 담보를 위해 골프장 부지 및 시설에 담보신탁을 설정하고 채권자인

---

177) 법령 위반이 인정된 경우와 인정되지 않은 경우에 관한 판례 소개는 허성욱, "지방자치단체 권리의무의 포괄적 승계에 관해 정하고 있는 조례규정의 해석", 민사판례연구, 제35권(2013), 283－287면 참조.
178) 대법원 1963. 2. 28. 선고 63다22 판결.

금융기관들을 우선수익자로 지정하였다. 이후 A회사가 대출채무를 이행하지 않자 담보신탁계약에서 정한 바에 따라 신탁 목적물인 골프장 부지 및 시설에 관한 매각 절차가 진행되었고, 그 매각절차 결과 피고회사가 부지 및 시설을 인수하였다. 그러자 골프장 회원인 원고들은 피고회사가 A회사의 원고들에 대한 입회금반환채무를 인수하였다고 주장하며 피고회사를 상대로 골프장 입회금반환을 구하였다.

대상판결 요지는 다음과 같다. 「체육시설의 설치 및 이용에 관한 법률」(이하 '체육시설법'이라고 한다) 제27조 제1항은 체육시설업자의 상속인, 합병 후 존속 또는 신설법인, 영업양수인은 체육시설업의 등록 또는 신고에 따른 권리·의무를 승계한다고 정하고, 제2항은 경매, 도산법상 환가, 국세징수법 등에 따른 압류재산 매각, 기타 이에 준하는 절차에 따라 체육필수시설을 인수한 자에게도 제1항을 준용하고 있다. 한편 체육필수시설에 관한 담보신탁계약이 체결된 다음 그 계약에서 정한 공매나 수의계약 방식으로 체육필수시설이 일괄 이전되는 경우에도 체육시설법 제27조의 문언과 체계, 입법 연혁과 그 목적, 담보신탁의 실질적인 기능 등에 비추어 체육필수시설의 인수인은 체육시설업자와 회원 간에 약정한 사항을 포함하여 그 체육시설업의 등록 또는 신고에 따른 권리·의무를 승계한다고 보아야 한다. 따라서 인수인인 피고회사는 원고들에게 입회금반환채무를 부담한다. 이에 대해서는 다음과 같은 요지의 반대의견이 있었다. 담보신탁을 근거로 한 매매는 그 법적 성격이 체육시설법 제27조 제1항에서 규정하는 영업양도나 합병과 전혀 다르다. 또한 체육시설법 제27조 제2항 제1호 내지 제3호에서 규정하는 민사집행법에 따른 경매 절차 등과도 그 시행 주체, 절차, 매매대금의 배분 방식 등에서 성격을 달리한다. 체육시설법 제27조 제2항 제4호는 같은 항 제1호부터 제3호까지 정한 절차와 본질적으로 유사한 절차를 염두에 둔 규정이므로, 적어도 그 절차 자체에 관하여 법률에 구체적 규정을 두고 있고, 법원, 공적 기관 또는 공적 수탁자가 그 절차를 주관하는 등의 공통점을 갖추었을 때 적용된다고 보는 것이 문리해석상으로도 자연스럽다.

종래 이 문제에 대해서는 종래 학설이 대립하고 있었고, 법제처는 승계긍정설에 따라 유권해석을 한 바 있었다.[179] 이는 담보신탁에 근거한 매각절차가 체육시설법 제27조 제2항 제4호의 "그 밖에 제1호부터 제3호까지의 규정에 준하는 절차"에 포함된다고 해석할 것인가의 문제이다. 한편 법률해석의 출발점은 문언을 살피는 것이다. 그런데 문언에서 얻을 수 있는 실마리는 제4호의 절차가 제1호 내지 제3호의 절차와 유사해야 한다는 점 정도이다. 한편 법률해석을 할 때에는 입법자의 의사나 법률의 목적도 살펴야 한다. 그런데 입법자의 의사나 법률의 목적은 체육시설 회원들의 권익을 충실히 보호하는 것이다. 대상판결은 이를 고려하여 담보신탁에 근거한 매각절차도 제4호의 절차에 해당한다는 '넓은 해석론'을 채택하였다.

'넓은 해석론'과 '좁은 해석론' 어느 쪽이건 스스로를 논리적으로 정당화할 수 있다. 하지만 중요한 것은 입법자의 의사나 입법 목적에 비추어 제27조 제2항 제1호 내지 제3호에 규정된 절차들에 숨겨진 공통 핵심 요소를 발견하고, 담보신탁 매각절차에도 그 요소가 존재하는지를 확인하는 것이다. 제27조 제1항에 규정된 상속, 영업양도, 합병의 공통 핵심 요소가 '체육시설 운영자의 포괄적 지위 이전'이라면, 제27조 제2항 제1호 내지 제3호에 규정된 절차의 공통 핵심 요소는 '체육시설 운영자의 경제적 어려움에 따라 채무자의 의사와 무관하게 이루어지는 환가 절차'이다. 담보신탁에 따른 매각절차도 제1호 내지 제3호와 마찬가지로 이러한 요소를 가지고 있으므로 이들과 마찬가지로 취급할 수 있다. 또한 반대의 견대로라면 담보신탁계약에 기한 공매라는 손쉬운 우회로를 통해 회원보호를 위해 포괄규정까지 마련한 체육시설법의 규범력이 가볍게 무시될 위험성이 있다.[180]

입법론적으로는 체육시설 회원(주로 골프장 회원)에게 이처럼 우월한

179) 법제처 2010. 12. 30. 유권해석(안건번호 10-0419).
180) 최준규, "담보신탁을 근거로 한 체육필수시설의 매매와 매수인의 권리·의무 승계", 민사판례연구, 제42권(2020), 984면.

지위를 부여하는 것이 타당한가 하는 의문이 있기는 하다. 그러나 헌법 재판소는 이미 이 법의 합헌성을 인정한 바 있다.[181] 그렇다면 법원은 문언의 가능한 범위 내에 있는 여러 해석 방법 중 이 법의 취지를 존중하는 방향으로 해석하는 것이 타당하다.[182] 그것이 대상판결의 태도이기도 하다. 물론 대상판결로 인해 골프장 업계에 미칠 파급효과는 만만치 않을 것이나 이는 향후 제도 정비나 입법을 통해 해결할 문제이다. 한편 대상판결에 따르면 골프장 운영자 도산 시 그 도산 효과로부터 격리되어야 할 담보신탁 수익자가 그 도산으로 인한 부담(즉 입회금반환채무 승계)을 떠안게 된다. 하지만 이는 담보신탁의 도산격리효과를 부정한 것이 아니라 체육필수시설의 인수라는 특정 상황에 체육시설법 규정을 적용하여 결과적으로 나타난 법 현상일 뿐이다.

제4절 채권의 소멸

I. 개 관

채권은 다양한 원인으로 소멸하게 된다. 민법 제3편 채권-제1장 총칙-제6절 채권의 소멸에서는 채권의 소멸원인을 일목요연하게 정리한다. 이에 따르면 채권의 소멸원인은 변제, 대물변제, 공탁, 상계, 경개, 면제, 혼동이다. 물론 그 외에도 채권의 포기, 소멸시효 완성 등 여기에 속하지 않은 채권의 소멸원인도 있다. 이는 대체로 채권자가 더 이상 채권자임을 포기하거나 채권자임을 전제로 한 행위를 하지 않는 경우이다. 그러나 이러한 상황을 제외한다면 위에서 든 7가지의 채권의 소멸원인이 전형적인 채권소멸의 모습일 것이다. 그런데 7가지 소멸원인 중에서도 압도적인 비중을 차지하는 것은 변제이다. 또한 그것이 가장 정상적이고 바람직한 채권의 소멸원인이기도 하다. 따라서 변제로 채권이 소멸하는 현상 그 자체에 대해서는 법적 쟁점이 많지 않다. 오히려 변제와 관련해서는 비정상적 변제(가령 채권의 준점유자에 대한 변제, 비채변제 등)를 어떻

---

181) 헌법재판소 2010. 9. 29. 선고 2009헌바197 결정.
182) 최준규(주 180), 984면.

게 취급할 것인지, 정상적 변제가 이루어진 경우에도 그 뒤처리를 어떻
게 할 것인지(가령 변제충당, 제3자의 변제에 따른 구상 및 변제자대위, 보험자
대위 등)가 주로 문제되는 형국이다. 변제 외에 빈번하게 등장하는 채권
소멸원인은 공탁과 상계이다. 판례도 변제, 공탁, 상계에 관한 것들이 많
다. 전원합의체 판결을 기준으로 보면 2010년대에는 변제자대위, 압류와
상계, 퇴직금분할지급 약정과 상계에 관한 판결이 각각 선고되었다. 그
외에 부진정연대채무와 일부변제 및 상계에 관한 전원합의체 판결들도
있는데,[183] 이는 앞서 다수당사자 채권관계 부분에서 이미 살펴보았다.
아래에서는 변제와 상계에 관한 전원합의체 판결들을 살펴본 후, 그 외
에 주목할 만한 채권 소멸 관련 판결들을 언급한다.

Ⅱ. 변 제

1. 제3취득자와 물상보증인 사이의 변제자대위관계

대법원 2014. 12. 18. 선고 2011다50233 전원합의체 판결은 공동저
당에서 ① 물상보증인과 ② 채무자로부터 채무자 소유 부동산을 취득한
제3취득자 상호 간의 변제자대위 문제를 다루었다. 이 사건에서 원고들
은 채무자로부터 근저당권이 설정된 부동산 지분을 취득한 제3취득자이
다. 피고는 같은 피담보채무를 담보하기 위해 같은 부동산에 관한 자신
의 지분에 근저당권을 설정해 준 물상보증인이다. 피고가 채무자를 위해
채권자에게 대신 변제한 뒤 변제자대위의 일환으로 원고들의 지분에 설
정된 근저당권 이전의 부기등기를 마쳤다. 그러자 원고들은 이에 반발하
며 위와 같이 피고 명의로 이전된 근저당권설정등기의 말소를 구하는 소
를 제기하였다. 이와 관련하여 물상보증인의 대위변제 후 물상보증인과
제3취득자 상호 간의 관계가 문제되었다. 대위자 간의 관계를 다루는 민
법 제482조는 이 문제를 규율하고 있지 않다. 그렇다면 물상보증인을 보
증인처럼 취급하여 제3취득자와의 관계에서 물상보증인이 그 대위를 부

---

183) 대법원 2010. 9. 16. 선고 2008다97218 전원합의체 판결; 대법원 2018. 3. 22.
선고 2012다74236 전원합의체 판결.

기한 이상 제3취득자에게 전액 대위할 수 있는 반면 제3취득자는 물상보
증인에게 대위할 수 없다고 볼 것인가(민법 제481조 제2항 제1호, 제2호 참
조)?[184] 아니면 물상보증인을 제3취득자처럼 취급하여 물상보증인과 제3
취득자의 각 부동산 가액에 비례하여서만 대위를 허용할 것인가(민법 제
481조 제2항 제3호, 제4호 참조)?[185] 전자라면 제3취득자인 원고들의 근저당
권설정등기 말소청구는 기각되어야 하고, 후자라면 부동산 가액에 비례하
여 허용되는 범위를 넘어서는 근저당권설정등기 말소청구는 인용되어야
한다. 이에 대한 학설상 논의는 물상보증인을 보증인 및 제3취득자 중
어느 쪽으로 취급할 것인가, 또한 물상보증인이 대위하고자 하는 제3취
득자가 물상보증인과 채무자 중 누구로부터 부동산을 취득하였는가에 따
라 달리 취급할 것인가를 놓고 복잡하게 전개되고 있었다.

　　대법원은 대상판결에서 "물상보증인이 채무를 변제하거나 담보권의
실행으로 소유권을 잃은 때에는 보증채무를 이행한 보증인과 마찬가지로
채무자로부터 담보부동산을 취득한 제3자에 대하여 구상권의 범위 내에
서 출재한 전액에 관하여 채권자를 대위할 수 있는 반면, 채무자로부터
담보부동산을 취득한 제3자는 채무를 변제하거나 담보권의 실행으로 소
유권을 잃더라도 물상보증인에 대하여 채권자를 대위할 수 없다."라고 판
시하였다.[186] 이러한 대상판결의 태도는 물상보증인을 보증인과 마찬가지
로 취급함으로써 원칙적으로 물상보증인을 제3취득자보다 우선시키겠다
는 것이다. 한편 이 사건에서는 '채무자'로부터 담보부동산을 취득한 제3
취득자와의 관계가 문제되었을 뿐이므로 '물상보증인'으로부터의 제3취득

184) 민법 제482조 제2항 제1호는 "보증인은 미리 전세권이나 저당권의 등기에 그
　　대위를 부기하지 아니하면 전세물이나 저당물에 권리를 취득한 제삼자에 대하여
　　채권자를 대위하지 못한다.", 제2호는 "제삼취득자는 보증인에 대하여 채권자를 대
　　위하지 못한다."라고 각각 규정한다.
185) 민법 제482조 제2항 제3호는 "제삼취득자 중의 1인은 각 부동산의 가액에 비례
　　하여 다른 제삼취득자에 대하여 채권자를 대위한다.", 제4호는 "자기의 재산을 타
　　인의 채무의 담보로 제공한 자가 수인인 경우에는 전호의 규정을 준용한다."라고
　　각각 규정한다.
186) 이에 반하는 대법원 1974. 12. 10. 선고 74다1419 판결은 이 판결로 폐기되
　　었다.

자에 대한 대위 범위는 다루지 않았다는 점에 유의할 필요가 있다.[187]

대상판결이 타당하게 판시하였듯이 물상보증인은 제3취득자보다는 보증인에 더 가깝다. 민법 제341조, 제370조는 물상보증인도 보증인과 마찬가지로 채무자에게 구상권을 가진다고 규정한다. 또한 민법 제482조 제5호는 보증인과 물상보증인 간에는 인원수에 비례하여 상호 대위할 수 있다고 규정한다. 이러한 조항들은 모두 물상보증인이 보증인과 유사한 지위를 가지고 있음을 전제한다. 그렇게 본다면 보증인이 채무자에게 전액 대위할 수 있듯이 물상보증인도 채무자에게 전액 대위할 수 있어야 한다. 채무자의 부동산이 제3자에게 이전되었다고 이러한 전액 대위 가능성이 사라져서는 안 된다. 채무자를 위해 담보를 제공한 물상보증인이 종국적으로는 채무자의 재산으로부터 만족받을 수 있으리라는 기대는 보호받아야 하고, 자신과 무관하게 이루어진 채무자의 부동산 양도로 인해 이 기대가 좌절되어서는 안 된다. 한편 제3취득자는 이미 피담보채권 범위에서는 담보의 부담을 감수하고 부동산을 취득한 자이므로 물상보증인이 그 피담보채무를 변제하거나 담보물을 희생시켜 채권자를 만족시킨 후 그 범위에서 제3취득자의 부동산으로부터 만족을 얻는다고 하여 제3취득자의 기대가 부당하게 좌절되는 것은 아니다. 만약 이러한 결론과 달리 채무자가 부동산을 제3자에게 양도하는 순간 대위 범위가 줄어든다고 하게 되면 물상보증인은 애당초 담보를 제공하지 않으려고 하거나 채무자 부동산의 유통을 막으려고 할 것이다. 이러한 사태는 종국적으로는 원활한 금융을 저해한다.

2. 무권한자의 변제수령과 변제효

민법 제472조에 관하여 일련의 판결들도 주목할 만하다. 민법 제472조는 채권의 준점유자에 대한 변제(제470조), 영수증소지자에 대한 변제

---

187) 사견으로는 누구로부터 부동산을 취득하였는가에 따라 대위 범위를 달리 파악하는 학설이 타당하다고 생각한다. 이에 따르면 채무자로부터의 제3취득자에 대해서는 전액 대위를 할 수 있지만, 물상보증인으로부터의 제3취득자에 대해서는 부동산 가액에 비례한 대위를 할 수 있을 뿐이다.

(제471조)처럼 변제가 유효하게 취급되는 경우 외에는 변제받을 권한 없는 자에 대한 변제는 채권자가 이익을 받은 한도에서만 효력이 있다고 규정한다. 만약 채권자가 무권한자의 급부 전달 등으로 인해 이익을 얻었는데도 이러한 변제효를 인정하지 않으면 채권자는 채무자에게 이행청구를 하게 되고, 채무자는 그 이행청구에 응한 뒤 변제수령자에게 부당이득반환청구를 하게 되며, 변제수령자는 다시 급부를 전달받은 채권자에게 부당이득반환청구를 하는 등 연쇄적 부당이득반환의 법률관계가 형성된다. 이러한 복잡하고 불필요한 법률관계를 피하려는 것이 민법 제472조의 취지이다. 이와 관련하여 어떤 경우에 채권자가 이익을 받았다고 할 수 있는가가 문제된다.

대법원 2014. 10. 15. 선고 2013다17117 판결은 이른바 돌려막기 사안에서 민법 제472조가 적용될 수 있는지를 다루었다. 사안은 다음과 같다. 원고 회사의 재경팀 과장인 A는 피고 은행에 예치되어 있던 원고 회사의 예금(제1 예금) 약 76억 원을 무단 인출하여 횡령하였다. 한편 원고 회사는 피고 은행에 약 76억 원 상당의 다른 예금(제2 예금)을 가지고 있었다. A는 허위로 통장 분실신고를 하여 통장을 신규로 발급받은 뒤 제2 예금에 대한 중도해지신청을 하여 위 76억 원을 제1 예금에 다시 입금하였다. 제2 예금을 인출하여 제1 예금의 부족분을 채워넣은 것이다. 그 후 원고 회사가 피고 은행에게 제2 예금청구를 하였다. 원심법원은 A의 제1예금의 무단 인출은 채권의 준점유자에 대한 변제로서 유효하다고 보았다. 반면 제2 예금 인출은 피고 은행의 피용자의 묵인 아래 이루어졌으므로 변제자의 선의·무과실을 요건으로 하는 채권의 준점유자에 대한 변제는 성립할 수 없어 무효라고 보았다. 결국 피고 은행은 원고 회사에게 제2 예금을 고스란히 지급해야 하는 지위에 있는데, 위 제2 예금의 인출액이 원고 회사의 제1 예금계좌에 입금되어 원고 회사가 이익을 얻었으므로 민법 제472조가 적용되어 그 이익 범위 내에서는 변제효가 발생한다고 보았다. 반면 대상판결은 A에 의해 이루어진 제1 예금계좌 입금은 원고 회사가 A에게 가지는 손해배상채권의 변제로서의 성격을 가지는데, A가 채권의 준점유자로서 받은 제1 예금을 가지고 채권자인 원고 은행의 별도 채권(손해배상채권)을 소멸시킨 경우에는 원고 은행에게 실질적인 이익이 생겼다고 할 수 없으므로 민법 제472조에 의한 변제의 효력을 인정할 수 없다고 보았다. 간단히 말하면, 원고 은행의 또다른 계좌인 제1 예금에 입금된 금액은 A의 횡령사고에 대한 변제일 뿐이어서 원고 은행이 청구한 제2 예금채권에 관한 실질적인 이익이라고 볼 수 없다는 것이다.

대법원 2012. 10. 25. 선고 2010다32214 판결은 '채권자가 이익을 받은' 경우에는 변제의 수령자가 진정한 채권자에게 채무자의 변제로 받은 급부를 전달한 경우는 물론이고, 그렇지 않더라도 무권한자의 변제수령을 채권자가 사후에 추인한 때와 같이 무권한자의 변제수령을 채권자의 이익으로 돌릴 만한 실질적 관련성이 인정되는 경우도 포함된다고 판시하였다. 그런데 채권자가 무권한자의 변제수령을 추인한다는 것과 채권자가 무권한자의 변제수령으로 인하여 이익을 받는다는 것이 개념상 꼭 일치하는 것은 아니다. 따라서 판례에서 채택한 「추인=이익」이라는 등식의 근거가 무엇인지가 불분명하였다. 그런데 대법원 2016. 7. 14. 선고 2015다71856, 71863 판결은 이러한 일반론을 되풀이하면서 무권한자의 변제수령을 채권자가 추인한 경우에 채권자는 무권한자에게 부당이득으로서 변제받은 것의 반환을 청구할 수 있다는 점을 덧붙임으로써 추인과 이익 사이에 가교가 있음을 명확히 하였다.

Ⅲ. 상 계

1. 퇴직금 분할지급 약정과 상계

대법원 2010. 5. 20. 선고 2007다90760 전원합의체 판결은 퇴직금 분할지급 약정이 무효라는 점, 이러한 분할지급 약정에 기해 지급한 퇴직금의 부당이득반환채권을 자동채권으로 하여 근로자의 퇴직금채권 2분의 1 범위 내에서 상계할 수 있다는 점을 판시하였다. 원고들은 피고 회사에서 근무하다가 퇴사한 근로자들이다. 피고 회사는 원고들이 근무할 당시 연봉제 계약을 체결하였다. 이 계약에 따르면 퇴직금을 매월 중간 정산하여 월 급여에 포함시켜 분할 지급하기로 되어 있었다. 그런데 원 고들은 피고 회사로부터 퇴사한 뒤 피고에게 퇴직금 지급청구를 하였다. 피고 회사는 이미 퇴직금을 선지급하였다고 주장하면서, 이러한 퇴직금 선지급이 무효라면 그 선지급 상당액 부당이득반환채권을 자동채권으로 하여 원고들의 퇴직금채권과 상계한다고 주장하였다. 원심법원은 이러한 상계 주장을 받아들였고, 대법원도 원심판결을 유지하였다. 대상판결의 요지는 다음과 같다.

첫째, 사용자와 근로자가 매월 지급하는 월급이나 매일 지급하는 일 당과 함께 퇴직금으로 일정한 금원을 미리 지급하기로 한 퇴직금 분할 약정은 근로기준법상 유효한 퇴직금 중간정산으로 인정되는 경우가 아니 라면 근로기준법에 반하여 무효라는 것이다. 이 점에 대해서는 대법관 전원의 의견이 일치하였다. 둘째, 이처럼 무효인 퇴직금 분할 약정에 기 하여 선지급된 퇴직금은 부당이득으로 사용자에게 반환되어야 한다. 이 점에 대해서는 선지급된 퇴직금은 근로의 대가로 지급하는 임금의 일종 으로 정당하게 수령된 것이므로 부당이득이 아니라는 별개 및 반대의견 이 있었다. 셋째, 사용자의 근로자에 대한 퇴직금 선지급액 상당의 부당 이득반환청구권을 자동채권, 근로자의 사용자에 대한 퇴직금지급청구권을 수동채권으로 하여 상계하는 것이 가능하다. 이에 대해서는 퇴직금도 임 금의 일종이고 임금의 직접지급원칙에 비추어 임금채권을 수동채권으로 하는 상계는 불가능하므로 퇴직금지급청구권을 수동채권으로 하는 상계 는 허용되지 않는다는 별개 및 반대의견이 있었다. 넷째, 위와 같은 상계 는 퇴직금채권의 2분의 1에 해당하는 금액은 압류를 금지하는 민사집행 법 제246조 제1항 제5호에 비추어 퇴직금채권의 2분의 1을 초과하는 부 분에 해당하는 금액에 관하여만 허용된다.

대상판결의 첫 번째 쟁점, 즉 퇴직금 분할 약정의 효력에 대한 판시 부분은 논란의 여지가 거의 없다. 구 근로기준법(2005. 1. 27. 법률 제7379 호로 개정되기 전의 것) 제34조에 따르면 퇴직금은 최종 퇴직 시 지급하는 금전이고, 퇴직금 중간정산은 예외적으로 일정한 요건 아래서만 허용된다.[188] 이 조항은 강행규정이므로 이 조항에 반하여 미리 지급한 퇴직금은 퇴직금으로서 효력이 없다.[189] 또한 대상판결의 네 번째 쟁점, 즉 압류금지범위에 비추어 상계범위도 조정해야 한다는 판시 부분도 일단 퇴직금채권에 대한 상계를 허용하는 전제에서는 쉽게 수긍할 수 있다. 퇴직금 중 2분의 1만큼은 근로자가 직접 수령할 수 있도록 해 주겠다는 법질서의 태도는 압류와 상계라는 국면에서도 달라질 이유가 없기 때문이다. 그렇다면 대상판결에서 본격적인 논란의 대상이 되는 쟁점은 다음두 가지이다. 선지급된 퇴직금은 부당이득에 해당하는가? 만약 부당이득에 해당한다면 그 부당이득반환채권과 퇴직금채권을 상계할 수 있는가? 이러한 두 가지 물음은 퇴직금이 가지는 후불적 임금으로서의 법적 성격[190]과 관련 있다. 이러한 퇴직금의 임금성을 얼마나 강조하는가에 따라 결론이 달라질 수 있다.

우선 이 사건에서 미리 지급된 퇴직금은 부당이득인가? 다수의견은 그렇다고 보았으나, 반대의견은 퇴직금도 임금의 일종으로서 근로의 대가로 정당하게 지급된 것이므로 부당이득이 아니라고 보았다. 그렇다면 퇴직금은 임금인가? 근로자의 입사−재직−퇴사에 이르기까지의 전체 사이클을 조망하면 퇴직금도 근로자가 사용자를 위해 근무했기 때문에 퇴직시 지급되는 금원이다. 그 점에서는 퇴직금이 그때까지의 근로에 대응한 대가로서(즉 넓은 의미의 임금의 일종으로서) 주어진다고 말할 수 있다. 그러나 퇴직금이 후불적 임금이라는 점은 그 정도의 의미로 그쳐야 한다. 퇴직금은 사회보장 및 공로보상으로서의 성격이 뚜렷하다는 점에서 좁은 의미의 임금과는 다르다. 근로기준법도 퇴직금과 임금을 별개의 개념으로 사용하고 있다. 게다가 당사자가 양자를 뚜렷이 구별하여 후자만 순

---

188) 2005년 근로기준법 개정을 통해 현재는 제34조에 퇴직급여 제도에 관한 기본적인 언급만 한 채 구체적인 내용은 근로자퇴직급여보장법이 정하는 바에 따르도록 하고 있다.

189) 대법원 1998. 3. 24. 선고 96다24699 판결.

190) 대법원 1969. 3. 18. 선고 68다2408 판결.

수한 근로의 대가로서 지급하기로 합의하였다면 퇴직금의 성격은 그 합의를 고려하여 이해해야 한다. 그러므로 무효인 퇴직금 분할 약정에 기해 선지급된 퇴직금은 정당한 근로의 대가이므로 부당이득이 아니라는 반대 및 별개의견에는 찬성할 수 없다. 이러한 의견은 결국 사전지급된 퇴직금도 정당하지만 사후에 또 퇴직금을 지급해야 한다는 결론으로 이어지는데, 이러한 이중지급은 공평하지도 않고 당사자가 의도했던 바도 아니다. 다만 퇴직금 명목의 금원이 실질적으로는 근로의 대가로 지급된 것이라면 부당이득이 될 수 없다.[191] 결국 그 금원의 실질은 사안에 따라 달라질 수밖에 없는데, 적어도 해당 사안에서는 양자를 뚜렷하게 구별하였던 것으로 보이므로 퇴직금에 상응하는 금원은 부당이득으로 볼 수 있다.[192]

한편 퇴직금이 부당이득이라면 이를 상계의 대상으로 삼을 수 있는가? 퇴직금이 임금의 일종이라면 임금은 직접 전액을 지급해야 한다는 원칙(근로기준법 제43조)의 적용을 받는다. 그렇다면 직접지급을 무산시키는 상계는 금지된다는 것이다. 이는 앞서 본 부당이득 여부보다 더 논쟁적인 쟁점이다. 근로자 보호를 위한 임금 직접지급의 정신이 퇴직금에 적용되지 않을 이유가 없기 때문이다. 종래 판례는 계산 착오 등으로 임금이 초과 지급되었을 때 그 상계의 시기가 임금이 초과 지급된 시기와 임금의 정산, 조정의 실질을 잃지 않을 만큼 합리적으로 근접하여 있고 금액과 방법을 미리 예고하는 등으로 근로자의 경제생활 안정을 해할 염려가 없는 경우에는 예외적으로 상계를 허용하여 왔다.[193] 이는 임금 반

---

191) 하경효, "퇴직금 분할지급약정의 효력과 분할 지급된 금원의 성격", **고려법학**, 제63호(2011), 16-17면.
192) 이를 부당이득으로 볼 경우 그 지급이 악의의 비채변제(민법 제742조), 도의관념에 적합한 비채변제(민법 제744조), 불법원인급여(민법 제746조)에 해당하여 반환청구가 제한되는 것이 아닌가 하는 문제가 발생한다. 결론만 이야기하면 그 어디에도 해당하지 않는다. 이에 관하여는 하경효, "퇴직금 분할지급약정의 효력과 분할 지급된 금원의 성격", **고려법학**, 제63호(2011), 18-27면 참조.
193) 대법원 1993. 12. 28. 선고 93다38529 판결; 대법원 1995. 6. 29. 선고 94다18553 판결.

환이라기보다는 임금 정산에 가깝고, 그렇게 하더라도 직접지급 원칙을
통해 보호하고자 하는 근로자의 이익이 거의 침해되지 않기 때문이다.
그러나 이러한 조정 내지 정산의 실질을 담보하기 위한 시간적 근접성,
절차적 정당성의 한계 없이 퇴직금의 상계를 허용하는 대상판결의 태도
에는 의문이 있다.[194] 퇴직금의 상계가 금지되더라도 사용자는 별도의 청
구 내지 소 제기를 통하여 미리 지급된 퇴직금을 반환받음으로써 퇴직금
의 이중지급 사태는 피할 수 있다. 또한 근로자는 퇴직 시점에 곧바로
퇴직금을 직접 지급받음으로써 퇴직 후 생활 보장을 도모할 수 있다. 물
론 사용자 입장에서는 이러한 퇴직금 문제의 정리가 더 번잡해지기는 하
나, 그러한 이유로 퇴직금의 상계를 허용한다면 퇴직금의 사전 지급을
금지하면서 엄격한 요건 아래에서만 중간정산을 허용하는 제도의 취지가
아무런 불이익 없이 쉽게 회피될 위험이 있다.

2. 압류와 상계

대법원 2012. 2. 16. 선고 2011다45521 전원합의체 판결은 채권압류
명령을 받은 제3채무자가 압류채무자에게 반대채권을 가지고 있는 경우,
상계로써 압류채권자에게 대항하기 위한 요건을 다루었다. 사안은 다음
과 같다. 원고는 2008. 6. 30. 자신의 채무자인 A가 제3채무자인 피고에
대해 가지는 공사대금채권을 가압류하였고, 그후 그 가압류를 본압류로
전이하는 압류 및 추심명령을 받았다. 피압류채권인 공사대금채권의 변
제기는 2008. 6. 10.경이었다. 한편 제3채무자인 피고는 채무자인 A에 대
해 대여금채권을 가지고 있었다. 그 대여금채권의 변제기는 공사대금채
권의 변제기 후인 2008. 7. 25.이었다. 원고가 압류 및 추심명령에 기해
피고에게 공사대금의 추심청구를 하자 피고는 자신이 A에게 가지는 대여
금채권을 자동채권으로 하여 상계한다는 의사표시를 하였다. 원심은 피
고가 원고에게 상계로 대항할 수 있다고 보았다. 이와 관련하여 상계의

194) 같은 취지로 이동진, "월급에 포함된 퇴직금 지급의 효력과 임금채권 상계제한
의 범위", **민사판례연구**, 제32권(상)(2011), 119-120면.

의사표시 당시 제3채무자가 가지는 반대채권(자동채권)의 변제기가 도래하지 않았고, 그 이후 피압류채권의 변제기 이후에 그 변제기가 비로소 도래하는 경우에도 상계로써 압류채권자에게 대항할 수 있는지가 문제되었다.

대상판결은 제3채무자가 압류채무자에 대한 반대채권을 가지고 있는 경우에 상계로써 압류채권자에게 대항하기 위하여는, 압류의 효력 발생 당시에 대립하는 양 채권이 상계적상에 있거나, 그 당시 반대채권(자동채권)의 변제기가 도래하지 아니한 경우에는 그것이 피압류채권(수동채권)의 변제기와 동시에 또는 그보다 먼저 도래하여야 한다고 판시하였다. 기존 판례가 취한 변제기기준설에 따른 것이다.[195] 이에 대해서는 반대채권과 피압류채권 모두의 이행기가 도래하였다면 당연히 상계할 수 있고, 나아가 반대채권과 피압류채권 모두 또는 그 중 어느 하나의 이행기가 아직 도래하지 아니하여 상계적상에 놓이지 아니하였더라도 그 이후 제3채무자가 피압류채권을 채무자에게 지급하지 아니하고 있는 동안에 반대채권과 피압류채권 모두의 이행기가 도래한 때에도 제3채무자는 반대채권으로써 상계할 수 있고, 이로써 지급을 금지하는 명령을 신청한 채권자에게 대항할 수 있다는 반대의견이 있었다. 무제한설에 따른 것이다.

민법 제498조는 "지급을 금지하는 명령을 받은 제3채무자는 그 후에 취득한 채권에 의한 상계로 그 명령을 신청한 채권자에게 대항하지 못한다."라고 규정한다. 여기에서 "지급을 금지하는 명령"은 채권압류 또는 채권가압류 명령을 가리킨다. 상계권자와 압류채권자의 이해를 조정하는 조항이다. "그 후에 취득한 채권"의 구체적인 해석과 관련해서 그동안 우리나라 판례는 상당한 변동을 겪어왔다.[196] ① 처음에는 압류 당시 상계적상에 있었으면 압류 후에도 상계할 수 있다고 하다가(압류 전 상계적상에 이른 상계권자 보호),[197] ② 압류 이전에 상계적상에 있었더라도 실제로

---

195) 대법원 1982. 6. 22. 선고 82다카200 판결; 대법원 1987. 7. 7. 선고 86다카 2762 판결; 대법원 1988. 2. 23. 선고 87다카472 판결.

196) 이 문단의 아래 부분은 권영준, **민법학의 기본원리**(박영사, 2020), 336－338면에서 발췌하였다.

197) 대법원 1964. 4. 21. 선고 63다658 판결.

상계를 하지 않으면 그 이후에 상계할 수 없다는 태도로 변경하였고(압류 전 실제 상계권을 행사해야만 보호),[198] ③ 다시 압류 당시 상계적상에 있었으면 압류 후에도 상계할 수 있다는 처음의 태도로 회귀하였다가(압류 전 상계적상에 이른 상계권자 보호),[199] ④ 압류 전 자동채권의 변제기가 먼저 도래하였으면 압류 후에 상계할 수 있다고 하여 그 보호범위를 1차적으로 넓히고(압류 전 자동채권의 변제기가 도래한 상계권자 보호),[200] ⑤ 압류 후에라도 자동채권의 변제기가 먼저 또는 적어도 수동채권의 변제기와 동시에 도래하면 상계할 수 있다고 하여 그 보호범위를 재차 넓혔다(압류 전 자동채권의 변제기가 도래하지 않더라도 이후 그것이 먼저 또는 최소한 동시에 도래할 상계권자 보호).[201] 전반적으로 살펴보면 상계권자가 상계에 대해 가지는 기대 또는 신뢰의 보호범위가 점차 넓어지는 경향을 발견할 수 있다.

이 문제는 법률해석의 관점에서 바라볼 수 있다. 민법 제498조는 압류명령을 받은 제3채무자는 "그 후에 취득한 채권에 의한 상계"로 대항하지 못한다고 하여 문언상 압류명령 시점과 반대채권 취득시점을 비교하도록 하고 있다. 그러므로 제498조의 문언대로라면 압류명령 전에 반대채권이 발생한 이상 압류명령 당시 변제기가 아직 도래하지 않았더라도 제3채무자는 향후 상계적상이 발생하면 압류채권자에게 상계로 대항할 수 있다. 이 경우 장차 도래할 변제기가 피압류채권의 변제기보다 앞서거나 적어도 같은 시점에 있는지를 따질 필요가 없다. 이것이 반대의견이 취한 무제한설의 입장이다.[202] 물론 이러한 문언을 축소하여 해석할 필요성이 있다면 다수의견과 같이 현재의 변제기기준설처럼 해석하는 것도 가능하다. 그러나 과연 그렇게 상계권자의 지위를 후퇴시켜야 할 뚜

198) 대법원 1972. 12. 26. 선고 72다2117 판결.
199) 대법원 1973. 11. 13. 선고 73다518 전원합의체 판결.
200) 대법원 1980. 9. 9. 선고 80다939 판결.
201) 대법원 1982. 6. 22. 선고 82다카200 판결; 대법원 1987. 7. 7. 선고 86다카 2762 판결; 대법원 1988. 2. 23. 선고 87다카472 판결.
202) 일본 판례의 입장이기도 하다. 最高裁 1970(昭和45). 6. 24. 判決, 民集 24-6, 587.

렷한 필요성이 있는지 의문이다.[203] 변제기의 선후만으로 제3채무자의 상계 기대의 크기와 정당성이 달라지는 것도 의문스럽다.[204] 만약 입법정책상 변제기의 선후를 상계 가부의 기준으로 삼고자 한다면 독일 민법 제392조처럼 변제기기준설을 입법으로 명문화해야 한다.

피압류채권의 변제기가 먼저 도래하고 반대채권의 변제기가 나중에 도래하는 경우 제3채무자가 상계적상의 달성을 위해 자신의 채무를 이행하지 않으려는 행태를 보일 것이라는 점이 문제점으로 지적될 수는 있다. 다수의견이 취한 변제기기준설은 이러한 행태를 보이는 제3채무자보다는 압류채권자의 이익을 우선적으로 보호하겠다는 입장으로 이해된다. 그러나 상계를 위해 지연손해금을 부담하기로 선택하건, 상계 가능성을 포기하고 자신의 채무를 실제로 이행하건 그것은 채무자가 스스로 선택하고 스스로 책임질 몫이다.[205] 또한 이러한 문제는 이는 압류가 개입되지 않은 다른 일반적인 상계 상황에서도 어차피 마찬가지로 발생한다. 자동채권과 수동채권 중 수동채권의 변제기가 먼저 도래하는 경우에도 자동채권의 변제기 도래 시점까지 수동채무를 변제하지 않다가 자동채권의 변제기가 도래하여 상계적상이 발생할 때 상계하는 것은 얼마든지 가능하다. 이때에도 수동채무의 이행지체에 대해서는 지연손해금을 부담하게 함으로써 해결하되, 이를 이유로 상계 가능성까지 제한하지는 않는다. 본래 이처럼 상계 가능성을 제한받지 않던 제3채무자가 그 이후 수동채권이 압류되었다는 자신과 무관한 사정 때문에 상계 가능성의 제한을 받아야 할 이유는 없다. 압류명령 이후에 취득한 채권에 의한 상계만 제한하는 민법 제498조의 취지도 바로 그러하다. 압류채권자의 입장에서도 이러한 이행지체 상태를 감내할 수 없다면 상계적상이 도래하기 전에 추

---

203) 다수의견을 취하더라도 채권압류 또는 가압류와 동시에 그 반대채권의 기한이 도래하도록 하는 기한이익 상실 특약과 함께 상계 예약 조항을 둘 경우 무제한설과 마찬가지로 그 반대채권의 변제기 시점과 무관하게 상계로써 압류채권자에게 대항할 수 있다.

204) 김영진, "지급이 금지된 채권을 수동채권으로 하는 상계", **민사판례연구**, 제35권 (2013), 337면.

205) 김영진(주 204), 340면.

심이나 전부 등의 집행절차를 신속하게 진행하면 그만이다. 반대의견이 타당하다고 생각한다.

3. 제척기간과 민법 제495조에 따른 상계

대법원 2019. 3. 14. 선고 2018다255648 판결은 민법 제495조가 제척기간에도 유추 적용될 수 있는지를 다루었다. 민법 제495조는 "소멸시효가 완성된 채권이 그 완성 전에 상계할 수 있었던 것이면 그 채권자는 상계할 수 있다."라고 규정한다. 어차피 상계할 채권이라면 굳이 별도로 행사할 필요가 없으므로, 그 사이에 소멸시효가 완성되었더라도 이러한 '상계를 통한 일괄 정산'에 관한 당사자의 신뢰를 보호하기 위해 상계를 허용한다는 취지이다. 그렇다면 이 조항은 소멸시효가 아닌 제척기간에도 적용되는가? 사안에서는 도급인이 수급인에게 가지는 하자를 원인으로 한 손해배상채권과 수급인이 도급인에 대해 가지는 대금채권을 상계할 수 있는 경우인데 전자의 제척기간[206]이 경과하였다면 민법 제495조를 유추 적용하여 여전히 상계가 가능한가가 다투어졌다.

대상판결의 요지는 다음과 같다. 매도인의 담보책임을 기초로 한 매수인의 손해배상채권 또는 수급인의 담보책임을 기초로 한 도급인의 손해배상채권이 각각 상대방의 채권과 상계적상에 있는 경우에 당사자들은 채권·채무관계가 이미 정산되었거나 정산될 것으로 기대하는 것이 일반적이므로, 그 신뢰를 보호할 필요가 있다. 이러한 손해배상채권의 제척기간이 지난 경우에도 그 기간이 지나기 전에 상대방에 대한 채권·채무관계의 정산 소멸에 대한 신뢰를 보호할 필요성이 있다는 점은 소멸시효가 완성된 채권의 경우와 아무런 차이가 없다. 따라서 매도인이나 수급인의 담보책임을 기초로 한 손해배상채권의 제척기간이 지난 경우에도 제척기간이 지나기 전 상대방의 채권과 상계할 수 있었던 경우에는 매수인이나 도급인은 민법 제495조를 유추 적용해서 위 손해배상채권을 자동채권으

---

[206] 도급인의 수급인에 대한 하자를 원인으로 한 손해배상채권은 담보책임의 내용으로 인정되는데(민법 제667조), 1년의 제척기간에 걸린다(민법 제670조).

로 해서 상대방의 채권과 상계할 수 있다고 봄이 타당하다.

소멸시효와 제척기간은 서로 다른 제도이므로 소멸시효에 관한 민법 제495조가 제척기간에 당연히 적용되는 것은 아니다. 그러나 양자의 유사성에 착안하여 민법 제495조를 제척기간에 유추 적용하는 것은 가능하다. 제척기간이 적용되는 사안 유형도 광범위한 스펙트럼에 걸쳐 있다. 그런데 대상판결의 사안에서 문제된 손해배상채권은 우리 법제상 제척기간의 적용 대상이기는 하나, 입법례에 따라서는 소멸시효의 적용 대상이 되기도 한다. 독일 민법 제634조의a, 스위스 채무법 제371조, 제210조, 오스트리아 민법 제933조가 그 예이다. 실제로 우리 법제에서도 청구권은 대부분 소멸시효의 적용 대상이다. 결국 다른 제척기간 대상에 비해 해당 사안의 손해배상채권은 그 속성상 소멸시효와 그리 멀리 떨어져 있지 않다. 아울러 양 채권을 맞비겨 분쟁을 해결하리라는 신뢰는 해당 사안에도 존재하고, 이를 보호할 필요성도 있다.[207] 특히 도급인의 손해배상청구권과 수급인의 대금청구권 사이에는 일반적으로 밀접한 견련관계가 있다는 점도 중요하게 고려되어야 한다. 이러한 밀접한 견련관계가 있다면 민법 제495조를 유추 적용하는 쪽이 타당하다.[208]

제3장 채권각론-계약법

제1절 계약총론

I. 개   관

민법은 자유 본위의 법이고, 이를 본격적으로 구현한 법 제도가 계약이다. 사람 사이의 약속에 법적 구속력을 부여하여 스스로 자신들만의 법을 만들도록 허용한 계약이라는 제도는 시장경제와 맞물려 우리 사회를 지탱하는 중요한 역할을 수행하고 있다. 계약도 사람처럼 일정한 삶

---

207) 일본 최고재판소도 유추 적용을 긍정한다. 日 最判 1976(昭和 51). 3. 4. **民集** 30-2, 48면.

208) 곽윤직 편, **민법주해(XI)**(박영사, 1995), 408면(윤용섭 집필부분); 이창현, "제척기간이 경과한 채권을 자동채권으로 한 상계", **민사판례연구**, 제43권(2021), 388면.

의 사이클을 거치게 된다. 계약은 태아기를 거쳐(계약체결 전 단계), 일정한 시점에 법이라는 제국의 시민권을 획득하며(계약의 성립과 효력 발생), 일정한 과정을 거쳐 본래 의도했던 방향대로 목적을 달성하거나(계약의 이행), 여러 가지 사정으로 문제가 생기기도 하며(계약의 불이행), 어느 순간에는 수명을 다하여(계약의 해소) 마치 상속과 같은 뒷정리 단계로 들어간다(계약의 청산). 계약총론에서는 이러한 각 단계를 법적으로 고찰하게 되는데, 그중 상당 부분은 채권총론이나 부당이득법 등 법정채권론의 문제로 분가되어 나가기도 한다. 이 목차 아래에서는 계약 성립, 계약 해석, 계약 해소의 세 가지 분야를 중심으로 중요 판결들을 살펴본다. 아울러 계약의 특수한 형태인 약관 관련 판결들도 살펴본다. 약관은 계약의 핵심 속성인 개별성을 제거하고 제도화된 계약의 모습으로 널리 활용되고 있는데, 양적으로는 대부분의 계약이 약관의 형태로 체결되고 있으므로 매우 중요한 고찰 대상이다. 2010년대에도 약관에 관해 상당수의 판결들이 선고되었는데, 지면관계상 이 글에서는 2개의 판결만 다룬다.

Ⅱ. 계약 성립

1. 계약체결상 과실

대법원 2017. 11. 14. 선고 2015다10929 판결은 계약체결상 과실책임에 관한 민법 제535조 유추 적용 문제를 다루었다. 사안은 다음과 같다. 원고들은 자신의 자동차를 3,100만 원에 팔기 위해 인터넷 중고차매매사이트에 매물로 등록하였다. 사기꾼인 성명불상자는 이 매물을 보고 원고들에게 전화하여 자신들이 그 가격에 자동차를 사겠다고 하면서, 대금은 자신과 제3자가 분담하여 지급할 예정이라고 말하였다. 그 후 성명불상자는 이 사실을 전혀 모르는 다른 자동차 매매상인 피고에게 마치 자신이 위 자동차 소유자인 것처럼 전화를 걸어 자동차가 있는 곳을 알려준 뒤 2,600만 원에 팔겠다고 하였다. 이에 3,100만 원에 팔려고 하는 원고와 2,600만 원에 사려고 하는 피고가 만나 매매계약서를 작성하고 자동차이전등록에 필요한 서류까지 교부하였다. 놀랍게도 이들은 각각 성명불상자로부터 전달받은 매매대금이 최종 매매대금이라고 생각하고 매매계약서에는 매매대금을 기재하지 않았다.[209] 또한 매수인인 피고는 매매계약 현장에서 성명불상자의 전화를 받고 대포계좌로 2,600만 원을 송금하였다.[210] 그 후 성명불상자는 이 금액을 인출하고 연락두절이 되었다. 원고는 매매대금 수령 전까지는 자동차 열쇠를 줄 수 없다고 버티었고, 피고는 이미 교부받은 자동차이전등록서류를 이용하여 일단 자기 명의로 자동차이전등록을 마쳤다. 원고들은 피고를 상대로 위 소유권이전등록 말소를 구하는 소를 제기하였다. 피고는 반소를 제기하여, 주위적으로는 원고1과 피고 사이의 매매계약이 유효하게 성립하였다는 전제에서 X자동차의 인도를, 예비적으로는 위 매매계약이 유효하게 성립하지 않았다는 전제에서 매매대금 상당의 손해배상을 구하였다.

원심법원은 원고들과 피고가 체결한 매매계약은 매매대금에 관한 의사의 불합치로 유효하게 성립되지 않았는데, 이러한 불성립에 대해 원고들의 부주의가 원인이 되었으므로 민법 제535조를 유추 적용하여, 원고들은 위와 같은 자신들의 계약체결상의 과실로 인해 피고가 입은 손해를 배상할 의무가 있다고 보았다.[211] 대법원은 다음 이유로 원심판결을 파기하였다. 계약이 의사의 불합치로 성립하지 아니한 경우 그로 인하여 손해를 입은 당사자가 상대방에게 부당이득반환청구 또는 불법행위로 인한 손해배상청구를 할 수 있는지는 별론으로 하고, 상대방이 계약이 성립되지 아니할 수 있다는 것을 알았거나 알 수 있었음을 이유로 민법 제535조를 유추 적용하여 계약체결상 과실로 인한 손해배상청구를 할 수는 없다. 그러므로 원고들이 피고에 대하여 계약체결상 과실로 인한 손해배상책임을 부담한다고 볼 수는 없다. 다만 원고들이 계약체결 과정에서 요구되는 주의의무를 다하지 않음으로써 성명불상자의 불법행위를 방조한

---

209) 사기는 이렇게 허탈하게 성공하기도 한다.
210) 매도인 측은 이 계좌가 성명불상자와 매매대금을 분담하기로 한 제3자의 계좌라고 믿고 있었고, 그가 2,600만 원을 송금받은 뒤 바로 자신에게 재송금해 줄 것이라고 기대하고 있었다. 이는 매도인 측의 결정적인 잘못이었다.
211) 서울남부지방법원 2015. 1. 15. 선고 2014나9217, 9224 판결.

것으로 볼 여지가 있으므로 이에 관하여 심리할 필요가 있다.

대상판결은 민법 제535조가 계약체결 과정에서 계약 당사자의 과실로 상대방이 손해를 입은 경우에까지 확장되지 않는다는 점을 분명히 하였다. 민법 제535조는 원시적 불능 상태를 규율한다. 그런데 원시적 불능이 문제되는 경우는 거의 없다. 반면 계약교섭 또는 체결과정에서는 다양한 문제들이 발생한다. 계약교섭의 부당파기, 계약의 불성립이나 무효, 정보의 부실한 제공 또는 미제공 등이 그러하다. 이 과정에서 어느 당사자에게 잘못이 있다고 하더라도 그 잘못은 엄밀한 의미에서의 채무불이행이라고는 할 수 없다. 채무는 계약이 유효하게 성립한 이후 그 계약으로부터 발생하는 의무를 지칭하기 때문이다. 그러므로 학설상으로는 독일 논의의 영향 아래 민법 제535조를 원시적 불능 외에도 계약의 교섭 내지 준비단계 또는 체결과정에서 발생하는 법적 문제 일반에 확장하여 적용하려는 논의가 많았다.[212] 하지만 대법원은 그동안 이러한 법적 문제를 불법행위법이나 부당이득법 등 다른 차원에서 해결하면서, 계약체결상 과실책임 규정을 적용하거나 유추 적용하지 않았다.[213] 유추 적용은 법의 흠결이 존재할 때 행해진다. 그런데 현재의 판례 법리는 이러한 법의 흠결이 존재하지 않는다는 입장이다. 즉 민법 제535조는 원시적 불능에 관하여 적용되면 충분하고, 나머지 문제는 다른 법리로 해결하면 충분하다는 것이다.

2. 계약으로서의 구속력

계약서에 포함되는 조항 또는 계약과 관련하여 교부되는 각종 문서

---

212) 곽윤직, **채권각론**, 제6판(박영사, 2003), 57-58면; 김상용, **채권각론**, 개정판(법문사, 2003), 72면; 박재영, "민법 제535조의 계약체결상 과실책임", **민사판례연구**, 제35권(2013), 408-409면; 김세준, "계약체결상의 과실책임과 사기로 인한 취소", **법학연구**(경상대학교), 제23권 제3호(2015), 70면 참조.

213) 대법원 1974. 6. 11. 선고 73다1975 판결; 대법원 1997. 8. 22. 선고 97다13023 판결; 대법원 2001. 6. 15. 선고 99다40418 판결; 대법원 2002. 4. 9. 선고 99다47396 판결; 대법원 2003. 4. 11. 선고 2001다53059 판결; 대법원 2004. 5. 28. 선고 2002다32301 판결. 대법원 2021. 1. 14. 선고 2018다223054 판결 등.

가 계약으로서의 구속력을 가지는지 다투어지는 경우가 있다. 계약서의 서문(recital)이나 조항의 표제(title), 또는 최선노력조항(best efforts clause)[214] 등과 관련하여 이러한 다툼이 종종 발생한다. 계약은 당사자 간에 법적으로 구속되기로 하는 합의이므로, 이러한 다툼은 결국 형식이 아니라 계약 당사자 의사의 실질을 검토하여 해결해야 한다. 이와 관련하여 아래에서는 투자설명서와 컴포트레터(letter of comfort)가 계약으로서의 법적 구속력을 가지는지를 다룬 대법원 판결들을 살펴본다.

대법원 2013. 11. 28. 선고 2011다96130 판결은 투자신탁의 자산운용회사가 작성하는 투자설명서의 법적 구속력 문제를 다루었다. 이 사건에서 원고들은 신탁재산 대부분을 장외파생상품에 투자하는 펀드의 수익증권을 취득한 투자자들이었다. 이들은 투자신탁의 자산운용회사인 피고 회사를 상대로 피고 회사가 투자설명서에 기재된 장외파생상품의 거래상대방을 투자자들의 동의 없이 임의로 변경하는 바람에 손해를 입었다며 채무불이행 또는 불법행위에 따른 손해배상을 구하였다. 대법원은 구 간접투자자산 운용업법(2007. 8. 3. 법률 제8635호 자본시장과 금융투자업에 관한 법률 부칙 제2조로 폐지) 제28조, 제56조 제1항, 제2항의 투자설명서에 관한 규정 및 취지에 비추어 볼 때, 투자설명서의 기재 내용 자체가 투자신탁계약의 당사자 사이에서 당연히 계약적 구속력이 있다고 볼 수는 없고, 투자설명서에 기재된 내용이 신탁약관의 내용을 구체화하는 내용인 경우에 신탁약관의 내용과 결합하여 계약적 구속력을 가진다고 보았다. 또한 그 기재 내용이 개별약정으로서 구속력을 가질 수는 있지만, 개별약정으로서 구속력이 있는지 여부는 투자설명서에 기재된 구체적인 내용, 그러한 내용이 기재된 경위와 당사자의 진정한 의사 등을 종합적으로 고려하여 판단하여야 한다고 보았다. 이러한 일반론하에서 해당 사안의 투자설명서에 장외파생상품의 거래상대방을 기재한 부분은 신탁약관의 내용을 구체화하는 것이라 볼 수 없어 기재 내용이 당연히 투자신탁계약의

---

214) 대법원 1994. 3. 25. 선고 93다32668 판결; 대법원 1996. 10. 25. 선고 96다16049 판결; 대법원 2021. 1. 14. 선고 2018다223054 판결.

내용에 편입되어 계약적 구속력을 갖는다고 할 수 없고, 그 부분이 피고 회사와 원고들 사이의 개별약정에 해당한다고도 보기 어렵다고 보아 피고 회사의 손해배상책임을 부정하였다. 결국 대법원은 신탁약관이 계약의 내용을 구성하는 것이고, 투자설명서는 원칙적으로 그 약관을 이해하기 위해 필요한 정보를 제공하기 위한 문서일 뿐이라고 보았다.

　　대법원 2014. 7. 24. 선고 2010다58315 판결은 이른바 컴포트레터 (letter of comfort)의 법적 구속력을 다루었다. 컴포트레터를 거칠게 정의하자면 제3자가 채권자에게 채무자가 제대로 이행할 수 있도록 지원하고 돕겠다는 의사를 담은 문서이다. 이러한 컴포트레터는 주로 모회사나 정부가 자회사나 산하 공공단체의 금융거래에 있어서 그 계약에 대한 인식, 승인, 자회사 등의 자력이나 이행능력 등에 대해 일정한 확인이나 보장을 하는 형태로 활용된다.[215] 대상판결은 과연 이러한 문서에 법적 구속력이 있는가를 다루었다. 대법원은 이 경우에 보증의 의사를 추단할 문구가 전혀 없이 단지 모회사 등이 자회사 등의 지분을 보유하고 있다는 사실의 확인과 자회사 등의 계약 체결을 인식 혹은 승인하였다는 등의 내용만으로는, 모회사 등에 어떠한 법적 의무를 발생시킨다고 보기는 어렵다고 보았다. 그러나 여러 사정을 종합적으로 고려할 때 발행인이 컴포트레터를 교부함으로써 수취인이 거래에 응하도록 적극적으로 유인하고, 수취인은 이에 의하여 형성된 발행인의 신용에 대한 합리적인 신뢰를 바탕으로 계약의 체결에 이른 점 등이 인정된다면 경우에 따라서는 모회사 등은 채무불이행으로 인한 손해배상책임을 부담할 수도 있다고 보았다.

　　해당 사안에서는 피고(대한민국-철도청)는 한국철도교통진흥재단이 금융기관인 원고와 대출계약을 체결함에 있어서 원피고에게 확약서(letter of comfort)를 교부하였다. 그 확약서에는 피고는 차주가 채무이행에 충분한 재무상태를 유지할 수 있도록 필요한 지원과 협조를 차주에게 제공하고,

---

215) 김연학, "컴포트레터(Letter of Comfort)에 기한 채무불이행책임", BLF, 제70호 (2015), 91면.

차주가 출자·설립한 자회사의 발행주식을 49% 이상 확보하며 자회사로 하여금 그 채무지급을 보증하게 하며, 차주의 채무불이행 우려가 있을 때 자회사로 하여금 담보제공 및 보증서 발급을 하도록 한다는 등의 내용이 포함되어 있었다. 대법원은 이러한 확약서에 따라 피고는 그 확약서에 기재된 내용을 실현하기 위한 구체적인 의무를 부담하고, 그 의무에 위반할 경우 손해배상책임을 진다고 보았다.[216] 여러 사정을 고려한 결과 위 확약서에 법적 구속력을 인정한 것이다.

Ⅲ. 계약 해석

우리나라에서 실정법학은 해석법학이라고 해도 과언이 아닐 정도로 해석의 문제는 법학의 중심에 자리 잡고 있다. 민법학도 예외가 아니다. 민법학에서 해석의 주된 대상은 크게 법률과 계약으로 나눌 수 있다. 사적 자치의 원칙이 지배하는 민사관계에서는 계약이 사인 간의 관계를 규율하는 원형적인 도구이다. 계약은 당사자 간에만 적용되는 법이다. 이러한 계약의 비중 및 실정법학에서 해석이 차지하는 중요성을 생각한다면, 계약 해석은 실로 핵심 논제이다. 그럼에도 불구하고 계약 해석에 대한 학리적 논의가 그 실무적 비중만큼 충분하지 않은 이유는 계약 해석이 가지는 개별성 때문이다. 구체적인 계약 없이 논하는 계약 해석론은 지나치게 추상적이다. 구체적인 계약을 놓고 하는 계약 해석론은 지나치게 개별적이다. 그러므로 실무에 충분한 지침을 줄 수 있을 만큼 체계적인 계약 해석론을 정립하는 데에는 어려움이 있다. 2010년대에도 계약 해석에 관한 판결들이 여럿 선고되었으나, 이러한 계약 해석론의 본질적 한계로 인하여 새로운 법리로 일반화하기에 충분한 판결들은 많지 않았다. 다만 보충적 해석과 관련하여서는 다음에 소개할 두 개의 판결들이 주목할 만하다. 두 판결 모두 종래 공통의 착오를 중심으로 형성되어

---

216) 그 외에도 대상판결에서는 이러한 국가의 행위가 예산회계법에서 금지하는 채무부담행위 내지 보증행위에 해당하는 것인가 하는 점이 다투어졌는데, 대법원은 그렇게 보기는 어렵다고 판단하였다.

온 보충적 해석의 법리가 공통의 착오와 무관한 사안 유형에 적용되었다는 특징을 지닌다. 참고로 보충적 해석은 계약 당사자가 계약에서 다루지 않은 사항에 관하여 규율이 필요할 상황에 처하였을 때에 법원이 계약 당사자들이 계약 체결 당시에 가졌을 가정적 의사를 탐구하여 그 공백을 메우는 해석 방법이다.[217] 당사자의 가정적 '의사'를 고려해야 한다는 점에서 보충적 해석은 여전히 사적 자치 원칙과 일정한 관련성을 지닌다.

1. 보충적 해석에 의한 수수료율의 결정

대법원 2011. 6. 24. 선고 2008다44368 판결은 보충적 해석이라는 말을 사용하지는 않았지만 사실상 법원이 당사자를 대신하여 계약의 공백을 보충하였던 사례이다. 사안은 다음과 같다. 甲은 乙에게 용역을 제공하고 그 용역 수수료는 乙의 매출액에 비례하여 받기로 하였다. 해당 용역계약 제29조 제3항 제1호에서는 일정한 사유(관계법령에 의한 통제가격, 정부 등의 규제가격, 인·허가 또는 고시가격, 세법 등이 변동된 때)가 발생할 경우 양 당사자가 수수료율을 상호협의하여 조정할 수 있다고 규정하였다. 그러나 상호협의를 통하여 새로운 수수료율을 합의하지 못하는 경우에는 수수료율이 조정될 수 있는지, 또 조정될 수 있다면 어떤 비율로 조정되는지에 대해서는 계약상 아무런 규정이 없었다. 그런데 막상 뚜껑을 열어보니 乙의 매출액이 甲과 乙의 예상을 훨씬 뛰어넘었다. 甲은 乙에게 계약상 수수료율에 따른 수수료 지급을 구하였으나, 乙은 그 수수료 액수가 예상보다 지나치게 높자 계약상 재교섭조항을 들어 재교섭을

---

217) 이와 관련하여 대법원은 "계약당사자 쌍방이 계약의 전제나 기초가 되는 사항에 관하여 같은 내용으로 착오가 있고 이로 인하여 그에 관한 구체적 약정을 하지 아니하였다면, 당사자가 그러한 착오가 없을 때에 약정하였을 것으로 보이는 내용으로 당사자의 의사를 보충하여 계약을 해석"할 수 있다고 한 뒤, 여기서 보충되는 당사자의 의사는 "당사자의 실제 의사 또는 주관적 의사가 아니라 계약의 목적, 거래관행, 적용법규, 신의칙 등에 비추어 객관적으로 추인되는 정당한 이익조정 의사"라고 판시하였다. 대법원 2006. 11. 23. 선고 2005다13288 판결 참조.

요구하였다. 이러한 협상의 와중에 새로운 법이 시행되고 그 법에 따라 수수료 최고한도를 제한하는 고시가 제정되었다. 甲과 乙 사이의 재교섭은 결렬되어 수수료율의 상호 조정이 이루어지지 않았다. 1심법원은 乙에게 당초 계약에서 정하였던 수수료를 모두 지급하라고 하였다.[218] 원심법원은 乙에게 법원이 정하는 합리적 범위의 수수료만 지급하라고 하였다.[219]

대법원은 "이 사건 계약 제29조 제3항 제1호의 취지에 비추어 볼 때 수수료율 조정사유가 발생하였음에도 수수료율 조정을 위한 협의 결과 합의가 이루어지지 아니한 경우에는 법원이 여러 사정을 종합하여 합리적인 범위 내에서 위 계약조항에 따라 변경, 적용할 수수료율을 정할 수 있다고 봄이 상당하다."라고 한 뒤 "원심의 판단은 정당한 것으로 수긍할 수 있고, 거기에 계약 해석에 관한 법리를 오해하는 등의 잘못이 있다고 할 수 없다."라고 판시하였다. 즉, 이 사건에서 대법원은 당사자가 협의 결렬 시 수수료율을 어떻게 정할 것인지에 대해 미리 합의하지 않은 경우에도 법원은 분쟁해결을 위해 가장 합리적이라고 인정되는 수수료율을 정할 수 있고, 또한 그것이 계약 해석의 법리에도 부합한다고 판단한 것이다. 이 사건에서 대법원은 당사자들이 미처 계약에서 규율하지 못한 공백을 스스로 메우는 해석을 하였다는 점에서 실질적으로는 보충적 해석을 하였다고 평가할 수 있다. 이러한 후견적 해석은 이 사건 계약이 국가의 복권업과 관련된 공공적 성격을 지닌 계약이라는 점, 또한 이 사건 계약이 일정한 기간에 걸쳐 이행되는 계속적 계약이라는 점과 관련 있다.[220]

2. 보충적 해석에 의한 계약금액 수정

대법원 2014. 11. 13. 선고 2009다91811 판결도 보충적 해석이 적용된 사례이다. 해당 사안에서 甲 주식회사는 국가에게 육군과학화전투훈

---

218) 서울중앙지방법원 2006. 12. 14. 선고 2004가합61117 판결.
219) 서울고등법원 2008. 5. 20. 선고 2007나10421 판결.
220) 권영준, "재교섭조항의 해석", **민사판례연구**, 제36권(2014), 34－40면.

련장 중앙통제장비를 공급하는 장기계속계약을 상한가 개산계약으로 체결하였다. 이때 계약 당사자들은 예정 계약금액에 부가가치세를 포함시켜 정하였다. 아울러 당사자들은 계약 체결 당시 부가가치세 과세대상이던 부분에 대한 부가가치세만 그 계약금액에 포함시켰다. 그런데 그 후 법령 개정으로 부가가치세 면세대상 중 일부가 과세대상으로 변경되었다. 이러한 사후적 법령 개정으로 인하여 부가가치세를 포함한 계약금액이 재조정될 필요성이 발생하였다. 한편 「국가를 당사자로 하는 계약에 관한 법률」 제19조는 "물가의 변동, 설계변경 기타 계약내용의 변경으로 인하여 계약금액을 조정할 필요가 있을 때"에는 대통령령이 정하는 바에 따라 계약금액을 조정하도록 허용한다. 그러나 이러한 사후적인 세법 개정은 이러한 계약금액 조정사유에 해당하지 않는다는 문제가 있다.

대법원은 이 사건에 관한 판결이유에서 "보충적 해석에 의한 계약금액 수정"이라는 목차 아래 보충적 해석에 관한 일반론을 전개한 뒤 "만약 원고와 피고가 이 사건 계약 체결 당시 면세대상이 차후 과세대상으로 변경될 것을 알았더라면 그 부분에 대하여도 피고가 부가가치세를 부담하기로 약정하였을 것으로 보이므로 위 부가가치세 증액분이 이 사건 계약금액에 포함되는 것으로 해석함이 상당하다."라고 판시하였다. 이 사건 계약 체결 당시 해당 부분이 면세대상이었고 계약 당사자 역시 그 부분을 정확히 인식하고 계약금액을 정하였으므로 이 사건에서 공통의 착오가 있었다고는 볼 수 없었다. 또한 계약의 내용은 계약 체결 시 확정된다는 일반론을 생각한다면, 사후적 법령 개정을 이유로 계약의 내용을 사후적으로 변경할 수 있는가 하는 의문이 제기될 수도 있다. 하지만 대법원은 면세대상이 과세대상으로 변경될 경우에 관한 계약상 공백이 존재한다는 논리에 기초하여 당사자의 가정적 의사에 기한 보충적 해석을 통하여 그 공백을 메웠다. 이는 계약상 공백의 개념 확장을 통하여 행한 사실상의 계약 변경이다.

Ⅳ. 계약의 해제 · 해지

1. 중대한 사유를 이유로 한 계속적 공급계약의 해지

대법원 2013. 4. 11. 선고 2011다59629 판결은 채무불이행이 없는 경우에도 계속적 계약을 해지할 수 있는지를 다루었다. 도시가스회사인 원고는 아파트입주자대표회의인 피고와 공급기간을 정하지 않은 채 아파트 도시가스 공급계약을 체결하였다. 또한 피고의 대표자는 도시가스 공급에 필요한 정압기를 설치할 부지사용동의서를 원고에게 작성, 교부하여 주었다. 그런데 그 후 피고는 기존의 도시가스 업체가 공급하는 도시가스를 계속 사용하기로 결정하였다면서 이 사건 공급계약을 해지한다는 의사표시를 하였다. 이에 원고는 주위적으로 이 사건 공급계약의 유효 확인을 구하는 한편, 예비적으로 피고의 부당한 공급계약 해지를 이유로 한 손해배상청구를 하였다. 이와 관련하여 피고에게 이 사건 공급계약을 해지할 사유가 있었는지가 문제되었다. 원심법원은 원고와 피고 사이의 신뢰관계가 파괴되어 계약의 존속을 기대할 수 없게 되었다는 이유로 피고의 해지가 적법하다고 보았다. 반면 대법원은 이 사건에서는 계약의 존속을 기대할 수 없는 중대한 사유를 이유로 하는 계약 해지가 어렵다고 보았다. 대법원이 제시한 일반론은 다음과 같다.

계속적 계약은 당사자 상호 간의 신뢰관계를 기초로 하는 것으로서, 당해 계약의 존속 중에 당사자 일방의 부당한 행위 등으로 인하여 계약의 기초가 되는 신뢰관계가 파괴되어 계약의 존속을 기대할 수 없는 중대한 사유가 있는 때에는 상대방은 그 계약을 해지함으로써 장래에 향하여 그 효력을 소멸시킬 수 있다. 한편 계속적 계약 중 계약의 이행을 위하여 일정 규모의 설비가 필요하고 비교적 장기간의 거래가 예상되는 계속적 공급계약의 해지에 있어서 계약의 존속을 기대할 수 없는 중대한 사유가 있는지 여부는 계약을 체결하게 된 경위, 공급자와 수요자 사이의 관계, 공급계약의 내용, 공급자가 계약의 이행을 위하여 설치한 설비의 정도, 설치된 설비의 원상복구 가능성, 계약이 이행된 정도,

해지에 이르게 된 과정 등 제반 사정을 종합적으로 고려하여 판단하여야
할 것이다.

우리 민법은 중대한 사유를 이유로 한 계속적 계약의 해지에 관한
규정을 따로 두고 있지 않다. 그러나 대상판결은 계속적 계약의 존속을
기대할 수 없는 중대한 사유가 있는 때에는 그 계약을 해지할 수 있다는
법리를 선언하였다. 대법원은 과거에도 이미 이러한 입장을 표명한 바
있다.[221] 다만 실제로 이 법리에 따른 해지를 인정한 공간된 대법원 판
결은 아직 발견되지 않는다. 이러한 법리는 중대한 사유가 있는 경우의
계속적 계약 해지를 허용하는 독일 민법 제314조[222] 또는 이를 참조한
일본의 관련 법리로부터 영향을 받은 것으로 보인다. 우리 민법상으로는
신의칙에 기한 해지의 일종으로 볼 수 있다. 우리나라 법무부가 마련한
2004년 민법 개정안 제544조의3 제2항과 2014년 민법개정시안 제544조의2
는 이를 명문화하고 있다.

한편 대상판결 사안은 존속기간을 정하지 않은 계속적 계약을 다루
고 있다는 점에 주목할 만하다. 대상판결은 이 경우 계약을 임의로 해지
할 수 있는지의 문제를 정면으로 다루지는 않았다. 그런데 존속기간을
정하지 않은 계속적 계약은 원칙적으로 당사자가 임의로 해지할 수 있다
고 보아야 한다. 대상판결 사안도 그러한 법리로 해결할 수 있었을 것이
다. 이러한 법리를 규정하는 명문 규정은 없으나 계약 해석 또는 임의
해지를 허용하는 개별 조항[223]에서 도출되는 법의 일반 원칙 유추로 인
정할 수 있다.[224] 다만 계약관계의 존속을 합리적으로 신뢰한 상대방을

---

221) 대법원 2010. 10. 14. 선고 2010다48165 판결.
222) 이에 기한 해지권을 특별해지권(Außerordentliche Kündigung)이라고 부른다. 이
  에 비해 계속적 계약에서의 통상해지권은 채무불이행이나 신뢰관계 파괴 등 어떤
  중대한 사유가 있어야만 인정되는 것이 아니고 당사자가 언제든지 임의로 할 수 있는
  것이다. Medicus/Lorenz, *Schuldrecht Ⅰ, Allgemeiner Teil, 21.* Auflage, C.H.Beck,
  2015, S. 302.
223) 사용대차에 관한 민법 제613조, 임대차에 관한 민법 제635조, 고용에 관한 민
  법 제660조, 위임에 관한 민법 제689조, 임치에 관한 민법 제699조, 조합에 관한
  민법 제716조.
224) 이러한 임의해지를 인정하는 것이 국제적으로 주된 흐름이다. 국제상사계약원

보호할 필요성은 있다. 그 방안으로는 ① 상대방의 신뢰를 보호하는 데 필요한 최소한의 기간이 경과하여야 비로소 해지를 할 수 있도록 하는 방안(최소존속기간 설정 방안), ② 언제든지 해지를 할 수 있도록 허용하되 상대방의 신뢰를 보호하는 데 필요한 합리적 기간이 경과하여야 해지의 효과가 발생하도록 하는 방안(해지통고기간 설정 방안), ③ 언제든지 해지를 할 수 있도록 허용하되 상대방의 정당한 신뢰를 침해하여 상대방에게 손해가 발생하였다면 그 손해를 배상하도록 하는 방안(손해배상을 통한 전보 방안)을 생각할 수 있는데, 그 중 ② 유형이 원칙적인 모습이다. 이에 따르면, 존속기간을 정하지 않은 계속적 계약을 임의해지하는 당사자는 합리적 예고 기간을 두어야 한다.

2. 사정변경으로 인한 계약의 해제 · 해지
가. 사정변경 원칙의 적용 요건

대법원 2017. 6. 12. 선고 2016다249557 판결은 사정변경으로 인한 계약 해지 요건을 다루었다. 사안은 다음과 같다. 원고들은 휘트니스 클럽 회원들이다. 그런데 휘트니스 클럽 운영자인 피고가 클럽 운영을 일방적으로 중단하였다. 그러자 원고들은 피고를 상대로 손해배상을 구하였다. 피고의 항변 중에는 경영상 어려움이 가중되었다는 사정변경을 이유로 한 계약해지 항변이 포함되어 있었다. 대법원은 피고의 사정변경 항변을 배척한 원심판결의 결론을 지지하면서, "계약 성립에 기초가 된 사정이 현저히 변경되고 당사자가 계약의 성립 당시 이를 예견할 수 없었으며, 그로 인하여 계약을 그대로 유지하는 것이 당사자의 이해에 중대한 불균형을 초래하거나 계약을 체결한 목적을 달성할 수 없는 경우에는 계약준수 원칙의 예외로서 사정변경을 이유로 계약을 해제하거나 해지할 수 있다."고 판시하였다. 특히 대법원은 계속적 계약에서는 계약 체결 시와 이행 시 사이에 간극이 크기 때문에 당사자들이 예상할 수 없었

칙(PICC) 5.1.8조, 유럽계약법원칙(PECL) 6:109조, 공통참조기준초안(DCFR) Ⅲ, 1:109조, 미국 통일상법전(UCC) 제2-309조, 프랑스 민법 제1211조 등 참조.

던 사정변경이 발생할 가능성이 높지만, 이 경우에도 이러한 요건이 충족되어야 한다고 덧붙였다.

　　대상판결은 일반론으로서 사정변경 원칙의 요건과 효과를 선언한 뒤 사정변경 항변은 배척한 종전의 판결들[225]과 비슷한 내용을 담고 있다. 그러나 대상판결 이유를 세밀하게 살펴보면 종전의 판결들과는 다른 점들도 있다. 종전의 판결들은 사정변경 원칙으로 인한 계약해제 요건으로 ① 현저한 사정변경, ② 예견 불가능성, ③ 해제 주장 당사자의 귀책사유 부존재, ④ 신의칙에 현저히 반하는 결과를 제시하여 왔다. 대상판결에서는 ③ 요건을 언급하지 않았다. ③ 요건은 ①과 ②의 요건에서 사실상 흡수될 수 있기 때문에 이러한 태도는 타당하다. 또한 ④ 요건에서는 신의칙을 언급하지 않은 채 "당사자의 이해에 중대한 불균형을 초래"하거나 "계약을 체결한 목적을 달성할 수 없는 경우"라는 두 가지 구체적 유형을 제시하였다. ④ 요건은 사실 요건이라고 보기 어려웠다. 사정변경 원칙도 신의칙의 일종이므로 신의칙에 현저히 반할 것이 요구되는 것은 요건론을 운운하기 전에 당연하기 때문이다. 대상판결은 ④ 요건을 제거하면서 새로운 요건을 제시하기보다는 사정변경 원칙의 적용 유형을 예시한 것으로 보인다. 참고로 이러한 판시 내용은 사정변경에 관한 법무부 민법개정위원회의 민법 개정시안 제538조의2와 거의 동일한 것이다.[226] 아울러 대상판결은 계속적 계약관계와 사정변경 원칙의 관계를 명시적으로 언급하였다는 점에서 의미를 가진다.[227]

나. 실제로 사정변경 해지를 인정한 사례

　　대법원 2020. 12. 10. 선고 2020다254846 판결은 사정변경 원칙을 실제로 적용하여 임대차계약의 해지를 인정한 판결이다. 원고는 주택건

---

225) 대법원 2007. 3. 29. 선고 2004다31302 판결; 대법원 2011. 6. 24. 선고 2008다44368 판결; 대법원 2013. 9. 26. 선고 2012다13637 전원합의체 판결.
226) 해당 내용에 대한 상세한 소개는 김재형, "계약의 해제·해지, 위험부담, 사정변경에 관한 민법 개정안", **서울대학교 법학**, 제55권 제4호(2014), 49면 이하 참조. 대상판결의 주심 대법관도 김재형 대법관이었다.
227) 김효정, "계속적 계약관계에서 사정변경에 따른 해지", **민사판례연구**, 제41권 (2019), 565면.

설사업에 필요한 견본주택 건축을 위해 피고로부터 토지를 임차하였다. 특약사항으로 견본주택 건축이 임대차 목적이라는 점, 피고는 인허가 관련 서류를 제공한다는 점이 포함되어 있었다. 그런데 견본주택 건축신고가 반려되어 견본주택 건축이 어려워졌다. 그러자 원고는 착오·약정해지·사정변경 등을 주장하며 이미 지급한 보증금 및 1년 차임의 반환을 구하였다. 대법원은 계약 성립의 기초가 된 사정이 현저히 변경되고 당사자가 계약의 성립 당시 이를 예견할 수 없었으며 그로 인하여 계약을 그대로 유지하는 것이 당사자의 이해에 중대한 불균형을 초래하거나 계약을 체결한 목적을 달성할 수 없는 경우에는 계약준수 원칙의 예외로서 사정변경을 이유로 계약을 해제하거나 해지할 수 있다는 종래 법리를 재확인한 뒤 사정변경을 이유로 계약 해지를 인정한 원심법원의 판단을 그대로 수긍하였다.

대상판결은 공간된 판결 중에는 고유한 의미의 사정변경 원칙을 실제로 적용하여 계약 해지를 인정한 최초의 판결이다. 사정변경 원칙은 당사자 간에 계약으로 배분되지 않은 현저한 사정변경 위험을 사후적으로 배분하는 원칙으로서 판례에 의해 승인되어 왔다. 그러나 실제로 사정변경원칙을 적용하여 계약 해제나 해지를 인정한 사례는 거의 찾아보기 어려웠다. 따라서 과연 어떤 경우에 사정변경원칙이 적용될 수 있는가, 실제로 적용될 가능성이 있기는 한 것인가에 대한 관심이 많았다. 특히 최근 코비드 19로 인해 사정변경의 원칙이 더욱 주목받고 있다. 그러한 점에서 사정변경 원칙을 적용한 원심판결을 수긍한 대상판결은 상당한 의미를 가진다.

그런데 판례 법리에 따르면 사정변경 원칙을 적용하기 위해서는 계약 성립의 기초가 된 사정이 현저히 변경된 것을 넘어서서 당사자가 이러한 사정변경을 계약 성립 당시 예견할 수 없었어야 한다. 그러나 이 사건에서는 당사자가 인허가를 받지 못하는 사태를 예견할 수 없었다고 보기는 어렵다. 인허가 좌절은 일반적으로 흔히 일어날 수 있는 일이기 때문이다. 특히 이 사건에서 당사자들은 견본주택 건설이 계약 목적이라는 점을 명시하면서 인허가에 관한 특약사항까지 두고 있었다. 따라서 당사자는 인허가가 필요하다는 점을 명확히 알고 있었고 그 인허가 여부는 행정관청에 달려 있으므로 인허가를 못 받는 사태가 발생할 수도 있었음을 예견할 수 있었다. 그러므로 이 사건에는 사정변경 원칙이 적용되기 어렵다고 생각한다.

다만 다음과 같은 보충적 해석을 시도해 볼 수는 있다. 이 사건에서 원고와 피고는 견본주택 건축이 가능하다는 점을 계약의 당연한 전제로 삼았다고 보이나 그것이 불가능하게 되었다고 하여 계약을 해지할 수 있도록 약정한 것으로 보이지는 않는다. 하지만 견본주택 건축이 불허되리라는 점을 알았더라면 위와 같은 사실관계에 비추어 이를 계약의 해지사유로 합의하였을 개연성이 크다. 그렇다면 예견할 수는 있었으나 계약에서 규율하지는 않았던 견본주택 건축 불가능이라는 사태에 관하여 계약의 공백이 존재한다고 보아 당사자의 가정적 의사에 따라 보충적 해석을 하는 것도 가능하다. 그렇다면 사정변경 원칙을 적용하지 않고도 대상판결과 같은 결론에 이를 수 있었을 것이다.

Ⅴ. 약   관

1. 선택형 약관

대법원 2014. 6. 12. 선고 2013다214864 판결은 선택형 약관의 문제를 다루었다. 해당 사안에서 문제된 근저당권설정계약서에는 근저당권설정비용부담 주체나 비율을 고객이 선택할 수 있는 선택형 약관 조항이 포함되어 있었다. 금융기관이 비용을 부담하도록 선택하는 경우에는 가산금리를 적용받거나 중도상환수수료를 부담하는 조건이 결부되어 있었다. 즉 비용부담의 주체가 누구인가에 따라 대출조건이 달라진 것이다. 공정거래위원회는 세부 비용별로 비용부담의 주체를 하나로 명시하는 형태로 표준약관을 개정하여 사용권장처분을 하였고, 금융기관들이 이러한 사용권장처분을 취소해 달라는 행정소송을 제기하였다. 대법원에 두 차례 상고되었던 이 사건에서 결국 개정 전 표준약관이 불공정약관조항임을 이유로 한 사용권장처분이 적법한 것으로 확정되었다.[228) 그 후 일부 고객들이 선택형 약관조항이 무효임을 이유로 그 약관조항에 따라 자신들이 부담했던 비용을 부당이득으로 반환하라는 소를 제기하였다. 이 판결은 이러한 부당이득반환소송에 관한 것이다. 여기에서 선택형 약관조항의 약관성과 금융기관 고객의 근저당권설정비용 부담약관의 무효 여부가 문제되었다. 원심은 이러한 비용부담조항이 개별 약정에 따른 것이므로 약관에 해당하지 않는다고 보았지만, 대법원은 약관에 해당한다고 보았다.

약관 해당성은 약관법 적용 여부를 좌우하는 중요한 문제이다. 한편 선택형 약관조항이 약관인지 개별 약정인지는 일률적으로 말할 수 없다.[229) 어떤 약관조항에서 선택 가능성이 주어졌다는 것만으로 곧바로 그 약관조항을 개별약정이라고 할 수는 없다. 그 선택지가 예시적인지 한정적인지, 실질적인 선택권이 얼마나 보장되는지, 즉 특정 선택지가 불이익 또는 이익과 결부되어 있는지 등을 종합적으로 고려하여 약관성 여부를 판단해야 한다. 한 가지 선택지를 제외하고는 다른 선택지를 채택할 경우 불이익이 부가되는 등 사실상 하나의 선택지를 선택하도록 강하게 유도되는 경우에는 실질적 선택권을 행사할 수 있는 상태라고 하기 어렵다. 이러한 선택 가능성조차도 사전에 사업자에 의해 일방적으로 설계된 것에 불과하기 때문이다. 그 점에서 고객이 근저당권설정비용을 부담하지 않으면 더 열악한 대출조건을 감수해야 하는 선택형 약관조항은 약관에 해당한다. 대법원도 이를 약관으로 보았다.

한편 대법원은 이러한 선택형 약관조항이 고객에게 부당하게 불리하여 무효인 약관조항에 해당하지는 않는다고 보았다. 대법원은 "약관조항의 무효 사유에 해당하는 '고객에게 부당하게 불리한 조항'인지 여부는 그 약관조항에 의하여 고객에게 생길 수 있는 불이익의 내용과 불이익

---

228) 관련 대법원 판결로 대법원 2010. 10. 14. 선고 2008두23184 판결, 대법원 2011. 8. 25. 선고 2011두9614 판결.

229) 독일 판례도 같은 입장이다. BGH NJW 1996, 1676; BGH NJW 1998, 1066; BGH NJW 2003, 1313; BGH NJW 2008, 987.

발생의 개연성, 당사자들 사이의 거래과정에 미치는 영향, 관계 법령의
규정 등 모든 사정을 종합하여 판단하여야 한다."라고 본 뒤 위와 같은
결론에 이르렀다. 담보설정비용은 누가 부담하는가에 관해 저당권에 관
해서는 채무자가 부담해야 한다는 판결,230) 양도담보에 관해서는 채권자
가 부담해야 한다는 판결231)이 있는데, 학설로서는 채무자가 부담해야 한
다는 견해가 다수설이다.232) 또한 그것이 종래의 거래관행이기도 하
다.233) 한편 담보설정비용의 부담 여부에 따라 금리 등 대출조건이 달라
지는 것은 대출계약의 등가성에 비추어 자연스러운 일이다. 따라서 고객
이 위와 같은 거래관행과 달리 금융기관에게 담보설정비용을 부담시키되
다른 대출조건을 양보하는 것을 허용하는 약관조항이 무효라고 보기는
어렵다. 그 점에서 대상판결은 타당하다.

　　대상판결이 논쟁적이었던 또 다른 이유는 앞서 보았듯이 동일한 약
관조항에 대한 표준약관 사용권장처분취소소송에서 해당 약관조항이 불
공정하다는 선행 판단이 이루어졌기 때문이다. 같은 약관조항을 놓고 행
정사건과 민사사건에서 달리 판단할 수 있는가? 일반적으로는 동일한 취
지의 판단이 이루어지는 것이 자연스럽겠지만, 대법원은 행정사건과 민사
사건에서 달리 판단하였다. 행정사건에서는 공정거래위원회의 표준약관
사용권장처분의 적법성이 문제되고, 민사사건에서는 표준약관과 다른 약
관조항의 유효성 여부가 문제된다. 또한 전자에서는 행정적·사전적 규
제, 후자에서는 사법적·사후적 규제가 문제된다. 그러므로 표준약관 사
용권장처분을 정당화하는 '불공정한 약관'과 약관조항의 효력 박탈을 정

---

230) 대법원 1962. 2. 15. 선고 4294민상291 판결.
231) 대법원 1975. 5. 27. 선고 75다235 판결; 대법원 1981. 7. 28. 선고 81다257 판결;
　　 대법원 1987. 6. 9. 선고 86다카2435 판결.
232) 김상용, 물권법(화산미디어, 2009), 647면; 김재형, "2014년 민법 판례 동향", 민
　　 사재판의 제문제, 제20권(2011), 23면; 곽윤직·김재형, 물권법, 제8판 보정(박영사,
　　 2015), 437면 등. 이러한 다수설의 태도는 결국 담보설정비용을 담보권설정계약의
　　 변제비용으로 파악한 뒤 변제비용은 채무자가 부담한다는 민법 제473조의 입장을
　　 따르는 태도이기도 하다. 지원림, "(근)저당권 설정비용의 부담자", 고려법학, 제66호
　　 (2012), 137－138면.
233) 지원림(주 232), 138면.

당화하는 '불공정한 약관'의 범위가 반드시 일치하지는 않는다. 바꾸어 말하면 약관법 제19조의2 제3항 소정의 불공정한 약관과 제6조 소정의 불공정한 약관의 범위가 반드시 일치하지는 않는다. 전자는 고객을 보호하기 위한 공정거래위원회의 사전적 행정조치의 가능 범위를 정하기 위한 것이므로 후자보다 좀더 넓게 해석해야 할 필요도 있다. 이러한 점에서 대법원의 판단은 수긍할 수 있다.

2. 약관의 설명의무

대법원 2019. 5. 30. 선고 2016다276177 판결은 약관의 설명의무에 관하여 다루었다. 사안은 다음과 같다. 원고는 신용카드 회사인 피고와 카드 회원가입계약을 체결하고 신용카드를 발급받았다. 피고는 신용카드에 고유한 서비스 외에도 카드사용금액 1500원당 2마일의 크로스 마일리지를 제공하는 부가서비스를 제공하기로 약정하였다. 피고는 그 후 약관을 변경하면서 일정한 조건과 절차하에 부가서비스 내용을 일방적으로 변경할 수 있도록 하는 조항(이 사건 약관 조항)을 두었다. 그 후 피고는 크로스 마일리지를 축소하였다. 원고는 피고가 이 사건 약관 조항에 관한 설명의무를 이행하지 않았으므로 이 사건 약관 조항을 계약 내용으로 주장할 수 없고, 따라서 이에 기한 일방적인 크로스 마일리지의 축소는 불가능하다고 주장하였다. 이에 대해 피고는, ① 원고가 이 사건 약관 조항의 내용을 잘 알고 있었거나 별도의 설명 없이도 이를 충분히 예상할 수 있었고, ② 이 사건 약관 조항은 이미 법령에 의하여 정하여진 것을 되풀이하거나 부연하는 정도에 불과하므로 이 사건 약관 조항에 대한 설명의무를 지지 않는다고 다투었다.

대법원은 다음과 같이 판시하였다. 약관에 정하여진 사항이라고 하더라도 거래상 일반적이고 공통된 것이어서 고객이 별도의 설명 없이도 충분히 예상할 수 있었던 사항이거나 이미 법령에 의하여 정하여진 것을 되풀이하거나 부연하는 정도에 불과한 사항이라면, 그러한 사항에 대하여서까지 사업자에게 설명의무가 있다고 할 수는 없다. 사업자의 설명의무를 면제하는 사유로서 '거래상 일반적이고 공통된 것'이라는 요건은 해당 약관 조항이 거래계에서 일반적으로 통용되고 있는지의 측면에서, '고객이 별도의 설명 없이도 충분히 예상할 수 있는 사항'인지는 소송당사자인 특정 고객에 따라 개별적으로 예측가능성이 있었는지의 측면에서 각각 판단되어야 한다. 약관에 정하여진 사항이 '이미 법령에 의하여 정하여진 것을 되풀이하거나 부연하는 정도에 불과한지'는 약관과 법령의 규정 내용, 법령의 형식 및 목적과 취지, 해당 약관이 고객에게 미치는 영향 등 여러 가지 사정을 종합적으로 고려하여 판단하여야 한다. 여기에서 말하는 '법령'은 일반적인 의미에서의 법령, 즉 법률과 그 밖의 법규명령으로서의 대통령령·총리령·부령 등을 의미하고, 이와 달리 상급행정기관이 하급행정기관에 대하여 업무처리나 법령의 해석·적용에 관한 기준을 정하여 발하는 이른바 행정규칙은 일반적으로 행정조직 내부에서만 효력을 가질 뿐 대외적인 구속력을 갖는 것이 아니므로 이에 해당하지 않는다.

대상판결의 첫 번째 판시 사항은, 사업자의 설명의무를 면제하는 사유로서 '거래상 일반적이고 공통된 것'이라는 요건은 해당 약관 조항이 거래계에서 일반적으로 통용되고 있는지의 측면에서, '고객이 별도의 설명 없이도 충분히 예상할 수 있는 사항'인지는 소송당사자인 특정 고객에 따라 개별적으로 예측가능성이 있었는지의 측면에서 각각 판단되어야 한다는 것이다. 그런데 예측가능성을 주관적 기준에 따라 판단해야 한다는 판시 부분의 타당성은 의문스럽다. 법률상 의무는 일반성과 보편성을 지녀야 한다. 약관규제법이 고객의 개별적 능력과 상황에 따라 그때 그때 이행 여부가 달라지는 맞춤형 설명의무까지 부과할 수는 없다. 빅데이터와 인공지능의 시대를 맞이하여 이러한 맞춤형 의무의 가능성을 논의할 필요성이 생긴 것은 사실이지만, 현재까지의 기술 상황이나 법 인식에 비추어 보면 이는 여전히 비현실적이다. 때로는 이러한 주관적 기준설이 '객관적으로는 예상할 수 있지만 해당 당사자는 예상하지 못했던 상황'에서 고객을 두텁게 보호하는 역할을 수행할 수는 있다. 그러나 고객 보호는 설명의무 면제 요건을 엄격하게 해석함으로써 달성하는 것이 타당하다. 따라서 대상판결이 주관적 기준설을 채택한 것에는 찬성할 수 없다. 다만 부가서비스의 축소·폐지 가능성과 절차에 관한 약관 조항 내용이 '거래상 일반적이고 공통된 것'이어서 '충분히 예상할 수 있는 사항'이라고 보기는 어렵다.[234] 따라서 대상판결이 이를 설명의무의 대상이라고 본 결론 그 자체는 타당하다.

대상판결의 두 번째 판시 사항은 대외적 구속력이 없는 행정규칙에 규정된 내용은 '이미 법령에 의하여 정하여진 것'에 해당하지 않아 설명의무가 면제되지 않는다는 것이다. 그런데 행정규칙의 대외적 구속력 여부에 따라 설명의무 여부가 달라진다는 법리는 지나치게 도그마틱한 법리이다. 행정규칙의 대외적 구속력의 논의 차원과 그 내용을 그 고객이 예상할 수 있는지의 차원은 서로 다르다. 따라서 후자의 판단이 전자의 기준에 속박될 필연성이 없다. 보다 근본적으로는 법령상 내용이 일단 약관에 포함되면 그것이 아무리 중요한 내용이라도 설명의무 대상이 아니라는 법리가 문제이다. 그러한 실정법 조항을 두는 것은 가능하겠지만, 우리나라에는 그러한 조항이 없다. 또한 법령상 내용 중에도 쉽게 예측하기 어렵거나 고객에게 불리하여 계약 체결 여부 결정에 중요한 변수가 되는 사항이 있을 수 있다. 따라서 법령상 내용에 관한 사항은 독립적인 설명의무 면제사유라기보다는 거래상 일반적이고 공통적인 사항의 대표적인 예시로 파악하여야 한다. 이러한 입장을 취한다면 더욱 더 대외적 구속력 여부에 따라 설명의무 대상 여부가 결정되어야 할 이유를 찾기 어렵다. 대상판결 판시 부분은 기존 판례를 원용한 것이나 그 타당성은 의문스럽다.

제2절 계약각론
I. 개   관
민법 채권편 제2장(계약)은 제1절(총칙)에서 계약의 성립, 효력, 해소에 관하여 일반적으로 규정한 뒤 제2절부터 제15절에 이르기까지 모두

---

234) 대법원 2013. 2. 15. 선고 2011다60953 판결.

15개의 전형계약에 관하여 개별적인 조항들을 두고 있다. 15개의 전형계약은 증여(제2절), 매매(제3절), 교환(제4절), 소비대차(제5절), 사용대차(제6절), 임대차(제7절), 고용(제8절), 도급(제9절), 여행계약(제9절의2), 현상광고(제10절), 위임(제11절), 임치(제12절), 조합(제13절), 종신정기금(제14절), 화해(제15절)이다. 그중 자주 쟁송 대상이 되는 계약 유형은 매매, 소비대차, 임대차, 고용, 도급, 위임, 조합이다. 다만 고용에 관한 대부분의 법적 문제들은 근로기준법 등 근로 관련 법령에서 규율하고 있다. 아래에서는 매매, 임대차, 도급을 중심으로 2010년대 판결들을 살펴보고자 한다. 한편 여행계약은 2015년 민법 개정을 통해 새로 추가된 전형계약 유형으로서 향후 판례의 축적이 요구되는 분야이다. 바꾸어 말하면 현존하는 몇 안 되는 판결들이 가지는 상대적인 비중과 의미가 크다. 따라서 이 글에서는 여행계약에 관한 판결들도 살펴본다. 그 외에 재판상 화해의 효력 범위 문제를 다룬 전원합의체 판결 및 연명치료 중단이 의료계약에 미치는 영향을 다룬 판결도 기타 판결로 살펴본다. 한편 위임과 관련해서는 변호사 보수약정을 둘러싼 공서양속 및 신의칙 문제를 다룬 2개의 전원합의체 판결들이 선고되었고,[235] 민법상 전형계약에 속하지 않는 담보신탁계약에 있어서 피담보채권과 우선수익권의 관계를 다룬 1개의 전원합의체 판결[236]이 선고되었는데, 이는 각각 민법총칙편 및 물권편의 해설에서 다루어지리라 믿고 여기에서는 다루지 않는다.

II. 매　　매

1. 매매예약 완결권의 귀속 형태

대법원 2012. 2. 16. 선고 2010다82530 전원합의체 판결은 수인의 채권자가 채권 담보를 위해 채무자 소유 부동산에 관하여 채권자들을 공동매수인으로 하는 매매예약을 체결하고 그들의 명의로 가등기를 마친

---

235) 대법원 2015. 7. 23. 선고 2015다200111 전원합의체 판결; 대법원 2018. 5. 17. 선고 2016다35833 전원합의체 판결.
236) 대법원 2017. 6. 22. 선고 2014다225809 전원합의체 판결.

경우 매매예약완결권의 귀속 형태를 다루었다. 매매예약완결권은 채권자에게 공동으로 귀속될 수도 있고, 채권자 각자의 지분별로 분할하여 귀속될 수도 있다. 어떤 형태인지는 매매예약의 내용에 따라 결정된다. 이 사건에 관하여 대법원은 채권자가 각각의 지분별로 별개의 독립적인 매매예약완결권을 가진다고 보았다. 따라서 채권자는 각각 자신의 지분에 관하여 매매예약완결권을 행사하고 가등기에 기한 본등기절차의 이행을 구할 수 있다고 보았다. 즉 이러한 본등기를 구하는 소는 필수적 공동소송이 아니라고 보았다.

　　종래 대법원은 이러한 채권담보를 위한 매매예약완결권 사안 유형에서는 언제나 수인의 채권자가 공동으로 매매예약완결권을 가지므로 그 완결의 의사표시도 채권자 전원이 공동으로 행사해야 한다는 입장을 취하여 왔다.[237] 이와 달리 매매예약완결권을 단독으로 행사할 수 있다는 판결도 있었으나,[238] 이 판결 사안은 채권담보를 위한 매매예약완결권 사안이 아니라 명의신탁해지에 따른 소유권이전등기청구권을 보존하기 위해 가등기를 하면서 편의상 그 가등기원인을 매매예약으로 하였던 사안이었다. 하지만 수인의 채권자가 가지는 매매예약완결권의 귀속형태는 계약자유의 원칙에 따라 매매예약의 의사해석에 따르면 충분하고, 이를 일률적으로 공동귀속형태로 보아야 할 이유가 없다.[239]

　　종래 통설[240]과 판례[241]는 매매예약완결권이 준공유대상이고, 그 완결권 행사는 일종의 공유물 처분행위이므로 공유자 전체(즉 채권자 전체)가 공동으로 행사해야 한다는 입장을 취하였다. 그러나 수인의 채권자가 언제나 매매예약완결권을 준공유한다고 볼 수는 없다. 각자 자신의 채권

---

237) 대법원 1984. 6. 12. 선고 83다카2282 판결; 대법원 1985. 5. 28. 선고 84다카2188 판결; 대법원 1985. 10. 8. 선고 85다카604 판결; 대법원 1987. 5. 26. 선고 85다카2203 판결 등.
238) 대법원 2002. 7. 9. 선고 2001다43922, 43939 판결.
239) 양승태, "공동명의로 가등기한 수인의 매매예약자의 법률관계", **민사판례연구**, 제7권 (1985), 25면.
240) 곽윤직, **채권각론**, 제6판(박영사, 2003), 129면.
241) 대법원 1984. 6. 12. 선고 83다카2282 판결 등 다수.

부분을 개별 담보하기 위해 준공유자가 아닌 지분별 단독권리자로서 매매예약을 체결하는 경우도 있을 수 있다.[242] 수인의 채권자 중 1인이 자신의 채권을 만족받음으로써 매매예약완결권의 지분이 소멸하더라도 일반적으로 그 지분은 나머지 채권자들에게 귀속되지 않는데, 이는 실제로는 채권자들이 공유자라기보다는 지분별 단독권리자의 집합일 가능성이 높다는 점을 보여준다. 설령 이들이 매매예약완결권을 준공유한다고 보더라도 그 매매예약완결권을 '행사'하는 것이 매매예약완결권의 '처분'에 해당하는지,[243] 또한 그것이 '처분'에 해당하더라도 공유지분의 단독처분이 가능하듯 준공유지분에 상응하는 매매예약완결권의 단독행사도 가능한 것은 아닌지 의문이 제기된다. 결국 수인의 채권자가 매매예약완결권을 보유하는 관계는 언제나 준공유관계이고 그 권리는 언제나 공동으로 행사되어야 한다는 확고한 법리를 인정하기는 어렵다. 대상판결은 마치 이러한 법리가 선험적, 고정적으로 존재하는 것처럼 여겨지던 기존의 인식을 깨뜨리고 매매예약완결권의 귀속형태는 당사자의 의사에 달려 있다는 점을 분명히 하였다는 의미를 가진다.[244]

2. 완전물급부청구권

대법원 2014. 5. 16. 선고 2012다72582 판결은 매수인의 완전물급부청구권을 제한할 수 있는지의 문제를 최초로 다룬 판결이다. 원고는 피고 1(수입차 업체)로부터 자동차(BMW)를 매수하고 인도받았다. 그런데 자

---

242) 이러한 의사해석 과정에서 가등기로 공시된 내용이 무엇인지(가령 가등기를 채권자 각자의 지분별로 하였는지, 아니면 지분의 구분 없이 공동 명의로 하였는지)는 중요한 고려 요소이다. 김재형, "2012년 민법 판례 동향", 민사재판의 제문제, 제22권(2013), 17면.

243) 매매예약완결권의 행사는 매매예약완결권의 본래 목적을 달성하는 행위로서 공유물의 처분과는 결을 달리한다. 다만 매매예약완결권의 행사가 매매예약완결권의 소멸로 이어진다는 점에서는 공유물의 처분과 비슷한 점이 있다. 이 문제에 관하여는 윤경, "공동명의의 가등기권자가 매매예약이 완결된 매매목적물에 대한 본등기의 이행을 구하는 소의 형태", **법조**, 제555호(2002), 220−225면 참조.

244) 대법원 2007. 6. 14. 선고 2005다5140 판결 등은 공동매수인의 법률관계가 공유관계인지 조합관계인지를 당사자의 의사해석 차원에서 정하고 있다.

동차를 인도받은 지 5일 만에 계기판의 속도계가 작동하지 않았다. 그러자 원고는 하자를 이유로 매도인인 피고 1에게 신차 교환을 요구하였다. 피고 1은 계기판 모듈을 교체하면 큰 비용을 들이지 않고 문제를 해결할 수 있다며 신차교환 요구에 응하지 않았다. 이에 원고는 주위적으로는 피고 1에게 완전물급부청구로서, 피고 2(BMW 코리아)에게는 품질보증서상 보증이행청구로서 연대하여 신차 인도의무의 이행을 구하고, 예비적으로는 피고 1, 2를 상대로 손해배상청구를 하였다. 1심과 원심법원은 모두 피고 1에 대한 완전물급부청구는 인용하되, 피고 2에 대한 청구는 기각하였다. 그런데 대법원은 피고 1에 대한 완전물급부청구권은 제한되어야 한다는 취지로 원심판결을 파기하였다.

대상판결의 요지는 다음과 같다. 민법의 하자담보책임에 관한 규정은 매매라는 유상·쌍무계약에 의한 급부와 반대급부 사이의 등가관계를 유지하기 위하여 민법의 지도이념인 공평의 원칙에 입각하여 마련된 것인데, 종류매매에서 매수인이 가지는 완전물급부청구권을 제한 없이 인정하는 경우에는 오히려 매도인에게 지나친 불이익이나 부당한 손해를 주어 등가관계를 파괴하는 결과를 낳을 수 있다. 따라서 매매목적물의 하자가 경미하여 수선 등의 방법으로도 계약의 목적을 달성하는 데 별다른 지장이 없는 반면 매도인에게 하자 없는 물건의 급부의무를 지우면 다른 구제방법에 비하여 지나치게 큰 불이익이 매도인에게 발생되는 경우와 같이 하자담보의무의 이행이 오히려 공평의 원칙에 반하는 경우에는, 완전물급부청구권의 행사를 제한함이 타당하다.

대상판결은 완전물급부청구권의 제한에 관한 중요한 법리를 담고 있다.[245] 완전물급부청구권은 "매매의 목적물을 종류로 지정한 경우", "그 후 특정된 목적물에 하자가 있는 때"(민법 제581조 제1항), "계약의 해제 또는 손해배상의 청구를 하지 아니하고 하자 없는 물건을 청구"(민법 제581

---

245) 대상판결 이전에도 이미 완전물급부청구권 행사의 제한에 관하여는 학설상 찬반 논의가 있었고, 하급심 판례에서도 일정한 제한을 가하고 있었다. 상세한 내용은 장지용, "완전물급부청구권 행사의 제한", **민사판례연구**, 제37권(2015), 296-301면.

조 제2항)할 수 있는 권리이다. 요건은 단순하다. 목적물이 특정된 종류매매에서 목적물에 하자가 있을 것을 요구할 뿐이다. 효과도 단순하다. 하자 없는 물건, 즉 완전물을 청구할 수 있다는 것이다. 물론 이때 특정물은 상대방에게 반환되어야 한다.[246] 이러한 민법 제581조의 문언에서는 대상판결과 같은 완전물급부청구권 행사 제한 근거를 찾을 수 없다. 그러나 모든 권리의 행사는 신의칙의 규율 대상이다(민법 제2조). 완전물급부청구권도 예외일 수 없다. 대상판결은 공평의 원칙이라는 표현을 쓰긴 했으나 결국 완전물급부청구권도 신의칙에 의해 제한될 수 있다는 점을 선언한 것이다.[247]

신의칙은 권리 행사의 사회적·규범적 일탈상태를 방지하고자 한다.[248] 이는 결국 권리자의 이익과 그로 인하여 침해되는 상대방의 이익이 현저한 불균형 상태에 놓이게 되는지를 검토하여 판단하게 된다.[249] 하자가 경미한데다가 그 하자 치유를 통한 원상회복이 매수인에게 별다른 불이익을 초래하지 않는 반면, 하자 있는 물건의 수거와 새로운 완전물의 급부가 매도인에게는 현저한 불이익을 초래한다면 그 하자를 이유로 한 완전물급부청구권은 제한될 수 있다. 독일 민법 제439조 제3항은 이러한 점을 명문화하기도 하였다. 또한 완전물급부는 추완의 일종이다.[250] 추완의 일종인 하자보수청구권에 관한 민법 제667조 제1항(수급인의 담보책임), 시정청구권에 관한 제674조의6 제1항(여행주최자의 담보책임)은 그 하자보수나 시정에 과도한 비용이 소요되는 경우 청구권의 행사를 제한하고 있다. 이는 추완을 관철시키는 데에도 이익형량의 정신이 엄격하

---

246) 하자 있는 물건의 반환과 완전물의 인도가 동시이행 관계에 있는지에 대해서는 논란이 있으나, 긍정하는 것이 옳다. 김용담 편, **주석민법 채권각칙(3)**, 제4판(한국사법행정학회, 2014), 224면(김대정 집필부분) 및 대법원 1993. 4. 9. 선고 92다25946 판결.
247) 김재형, "2014년 민법 판례 동향", **민사재판의 제문제**, 24권(2016), 37면.
248) 김용덕 편, **주석민법**, **총칙(1)**, 제5판(한국사법행정학회, 2019), 196면(권영준 집필부분).
249) **주석민법**/권영준(주 248), 196면.
250) 김재형, "민법상 구제수단의 다양화─이행·추완·금지청구권에 관한 민법개정안", **서울대학교 법학**, 제57권 제4호(2016), 124면.

게나마 작동한다는 것을 예시적으로 보여준다. 아울러 매도인의 완전물급부청구권에 유추 적용될 수도 있다. 그렇다면 그와 본질적으로 동일선상에 있는 완전물급부청구권에 대해 그러한 제한을 부가하는 것은 이론적으로 충분히 수긍할 수 있는 일이다.

오히려 실천적으로 더욱 중요한 문제는 완전물급부청구권의 행사를 제한하는 문턱의 높이를 어떻게 설정할 것인가이다. 이 관점에서 보면 이 사건은 경계선상에 있다. 속도 계기판의 문제는 단순히 계기판만의 문제가 아니라는 불안감을 준다. 특히 자동차는 사람의 생명, 신체와 밀접한 관련이 있어 안전성 확보가 최고의 가치인 재화이다. 설령 자동차 공학적으로 계기판의 탈부착이 자동차의 안전성에 아무런 영향을 주지 않더라도 이러한 하자는 단순히 범퍼에 미세한 긁힘이 있는 하자와는 달리 안전에 대한 신뢰성을 합리적으로 의심할 만한 요인임에는 틀림없다. 미국에서는 신차 인도로부터 얼마 지나지 않아 하자가 발생하여 자동차의 안전성과 신뢰성에 관하여 신뢰가 흔들리게 된 경우 자동차 매매를 취소할 수 있도록 허용하는 "흔들린 신뢰의 이론(shaken faith doctrine)"이 인정되고 있다.[251] 또한 신차와 교환차의 시가만큼 판매사에 불이익이 발생하는 것은 사실이나, 과연 그것이 완전물급부청구권의 행사 제한을 정당화할 만한 "현저한" 불이익인지도 의문스럽다.[252]

3. 계약금 일부 지급과 배액 상환에 의한 매매계약 해제

대법원 2015. 4. 23. 선고 2014다231378 판결은 매도인이 '계약금 일부만 지급된 경우 지급받은 금원의 배액을 상환하고 매매계약을 해제할 수 있다'고 주장한 사안을 다루었다. 일반적으로 배액상환에 의한 매매계약 해제는 계약금 전액이 지급되는 상황에서 이루어진다. 그런데 이 사안에서는 계약금의 일부만 지급된 상황이었다. 이러한 경우에도 실제로 지급된 금액의 배액만을 상환하고 매매계약을 해제할 수 있는가? 대법원

---

251) Ramirez v. Autosport, 440 A.2d 1345 (N.J. 1982).
252) 장지용(주 245), 310-311면도 대상판결의 결론에 의문을 표하고 있다.

은 그렇게 해제할 수는 없다고 보았다. 대법원은 실제 교부받은 계약금'
의 배액만을 상환하여 매매계약을 해제할 수 있다면 이는 당사자가 일정
한 금액을 계약금으로 정한 의사에 반하게 될 뿐 아니라, 교부받은 금원
이 소액일 경우에는 사실상 계약을 자유로이 해제할 수 있어 계약의 구
속력이 약화되는 결과가 되어 부당하다고 보았다.

　계약금은 계약을 체결할 때 당사자 일방이 상대방에게 교부하는 금
전 기타 유가물을 의미한다. 계약금은 계약 체결 시 언제나 교부되어야
하는 것은 아니나, 계약금을 제공하기로 하는 계약, 즉 계약금계약에 의
해 교부될 수 있다. 계약금계약은 주계약과는 구별되는 별도의 계약이나,
실제로는 주계약과 일체를 이루어 체결된다. 한편 계약금계약에 따라 계
약금이 교부되는 경우 그 계약금은 언제나 증약금으로서의 성격을 가지
고, 다른 약정이 없는 한 해약금의 성격을 가지며, 추가적인 특약에 의해
위약금의 성격도 가질 수 있다.[253] 한편 민법 제565조 제1항은 "매매의
당사자 일방이 계약 당시에 금전 기타 물건을 계약금, 보증금 등의 명목
으로 상대방에게 교부한 때에는 당사자 간에 다른 약정이 없는 한 당사
자 일방이 이행에 착수할 때까지 교부자는 이를 포기하고 수령자는 그
배액을 상환하여 매매계약을 해제할 수 있다."라고 규정하고 있는데, 이
것은 해약금으로서의 계약금에 관한 조항이다. 이 조항이 적용되는 범위
에서는 계약금계약은 곧 해약금계약이라고도 표현할 수 있다.

　대상판결은 민법 제565조 제1항에서 포기 또는 배액 상환의 기준이
되는 계약금이 계약금 전액을 의미하는 것인지를 다루었다. 계약금은 앞
서 살폈듯이 해약금 또는 위약금의 성격을 가지게 되는데, 이 경우 계약
금의 액수는 계약의 해제 또는 손해배상의 기준이 되므로 계약금계약에
서 가장 중요한 부분이다. 그러므로 계약금의 일부만 지급한 뒤 그 일부
의 배액만 상환하여 계약을 해제하도록 허용하는 것은 이러한 해약금계
약의 본래 취지에 반한다. 또한 판례에 따르면 계약금계약(또는 해약금계

---

253) 여기에서의 위약금은 손해배상액의 예정으로 추정된다. 대법원 1992. 5. 12. 선
　고 91다2151 판결 등.

약)은 합의된 계약금이 교부될 때 비로소 성립하는 요물계약이므로[254] 계약금의 일부만 지급된 상태라면 아예 해약금계약이 성립되지 않은 상태라고 보아야 한다.[255] 그렇다면 원칙적으로 해약금계약에 관한 민법 제565조 제1항에서의 계약금은 실제로 지급된 일부 계약금이 아니라 약정된 전체 계약금을 의미한다고 보아야 한다. 다만 계약자유의 원칙상 이와 달리 일부 계약금만 교부한 경우에 그 계약금의 배액을 상환하고 임의해제할 수 있도록 정하는 것은 가능하다.

Ⅲ. 임 대 차

1. 임대차 목적물의 보존의무 위반과 손해배상책임

대법원 2017. 5. 18. 선고 2012다86895, 86901 전원합의체 판결은 임대인 소유 건물 중 임차 부분 화재로 나머지 건물 부분이 불에 탄 경우의 법률관계를 다루었다. 사안은 다음과 같다. 원고(임대인)는 피고 1(임차인)에게 원고 소유 2층 건물 중 1층 일부인 150평 부분을 임대하였다. 피고 1은 피고 2(보험회사)와 화재보험계약을 체결하였다. 임대차 기간 중 임차 건물 부분에서 화재가 발생하였고, 임차 건물 부분 외의 부분에도 불이 옮겨 붙어 임차 건물 전체가 소훼되었다. 이러한 사안에 대해 대법원은 종래 임차 건물 부분에서 화재가 발생하여 임차 외 건물 부분까지 불에 탄 경우 두 부분이 구조상 불가분 일체를 이루는 경우에 한하여 임차 외 건물 부분에 대한 손해배상책임이 성립한다고 한 대법원 1986.

---

254) 대법원 2008. 3. 13. 선고 2007다73611 판결. 다만 이 판례에 대해서는 비판론이 있다. 남효순, "계약금약정에 관한 몇 가지 쟁점", **서울대학교 법학**, 제39권 제2호(1998), 267면 이하; 김재형, "2015년 민법 판례 동향", **민사재판의 제문제**, 제25권(2017), 37면. 한편 해약금으로서의 계약금계약은 요물계약이지만, 위약금으로서의 계약금계약은 낙성계약이라는 견해로 지원림, "계약금 분할지급 약정의 효력 – 대상판결 : 대법원 2015. 4. 23. 선고 2014다231378 판결 –", **민사법학**, 제72호(2015), 102면 이하.

255) 매도인과 매수인이 분할지급 약정을 한 경우에는 실제 교부된 계약금 범위 내에서 계약금계약이 성립한다는 견해가 있다. 지원림(주 254), 106면. 다만 이 견해도 이러한 분할지급 약정이 없었던 대상판결의 사안에서는 약정계약금이 배액상환의 기준이 되어야 한다고 한다. 같은 논문, 109면.

10. 28. 선고 86다카1066 판결 등을 변경하면서, 임차 외 건물 부분에 대해서도 민법 제390조, 제393조에 따라 손해배상책임의 범위를 정하면 충분하다고 판시하였다. 다만 임차 외 건물 부분에 관하여는 임차인의 계약상 의무 위반, 그 의무 위반과 손해 사이의 상당인과관계, 민법 제393조에 따른 손해 범위에 대한 증명책임은 임대인에게 있다고 판시하였다. 두 번째 판시 사항에 관하여는 두 개의 별개의견과 하나의 반대의견이 있었다.

대상판결이 이른바 구조상 불가분 일체론을 폐기한 것은 타당하다. 구조상 불가분 일체론은 화재의 특수성으로 인한 손해배상책임의 지나친 확대를 막기 위한 이론이지만 법적으로 근거를 찾을 수 없다. 대상판결에서 더 첨예하게 다투어진 쟁점은 화재가 임차목적물의 범위를 벗어나서 번졌을 때 이로 인한 위험을 임대인과 임차인 사이에 어떻게 배분할 것인가 하는 점이었다. 다수의견은 임차인의 계약상 의무 위반과 관련된 증명책임을 임차 건물 부분(임차인)과 임차 외 건물 부분(임대인)으로 나눔으로써 손해배상책임의 합리적 제한을 꾀하였다. 별개의견 1은 불법행위법의 적용을 통하여, 별개의견 2는 신의칙에 의한 책임제한에 의하여 이러한 목적을 달성하고자 하였다. 반대의견은 명시적으로 이러한 고려를 하지 않으나, 통상손해에 의한 합리적 손해배상범위의 설정을 통하여 충분히 합리적인 결과에 이를 수 있다고 본 듯하다.

그런데 다수의견에 대해서는 다음과 같은 의문이 있다. 다수의견은 임차 건물 부분에 관해서는 결과채무인 임차목적물 반환의무 이행불능이, 임차 외 건물 부분에 관해서는 행위채무인 임차목적물에 대한 선관주의 의무 위반이 각각 문제된다는 점을 염두에 두었다. 그러나 실질적으로 두 의무는 목적–수단 관계 속에서 유기적으로 존재하고, '임차목적물을 잘 보존하여 반환할 의무'라는 하나의 큰 의무 아래 상호 연결될 수 있다. 그렇다면 하나의 사태에 대해 손해 발생 부분에 따라 두 의무를 분리하여 증명책임을 달리하는 것은 인위적이다. 그러므로 임차 건물 화재에 관한 위험배분은 다음과 같이 이루어지는 것이 합리적이라고 생각한

다. 우선 임대인은 임차 건물에서 화재가 발생하였다는 점을 증명해야
한다. 만약 화재 발생 지점 자체가 분명하지 않으면 화재로 인한 위험은
임대인이 부담해야 한다. 한편 임차 건물에서 화재가 발생하였다는 점이
증명되었더라도 그 화재 원인이 임대인의 지배 영역 내에 속한 것이라면
여전히 그 화재로 인한 위험은 임대인이 부담해야 한다. 반면 화재 원인
이 끝까지 밝혀지지 않는다면 그 화재로 인한 위험은 임차 건물을 현실
적으로 지배하는 것으로 추정되는 임차인이 부담하는 것이 타당하다. 요
컨대 화재 발생 지점의 불명확성에 대한 위험은 임대인이, 화재 발생 원
인의 불명확성에 대한 위험은 임차인이 부담하는 것이다. 다만 화재의
특수성을 감안한다면 신의칙 또는 실화책임법의 유추 적용에 따라 임차
인의 책임 범위를 합리적으로 제한할 수 있을 것이다.

2. 임대차계약과 보증금계약의 상호관계

　　대법원 2016. 11. 18. 선고 2013다42236 전원합의체 판결은 공공건
설임대주택의 표준임대보증금을 높이고 그 대신 표준임대료를 낮추어 체
결한 임대차계약의 효력 문제를 다루었다. 공공건설임대주택의 경우 임
대주택법과 시행령 등 관련 법령에 의해 표준임대보증금 및 표준임대료
가 설정되어 있다. 한편 임차인의 부담이 동등하게 유지된다는 조건하에
임대보증금을 높이는 대신 임대료를 낮추거나 그 반대의 조치를 취하는
것도 가능하다. 이를 통해 결정된 것을 전환임대보증금 및 전환임대료라
고 한다. 이러한 상호전환절차에는 임차인의 동의가 필요하고, 임차인의
동의가 없이 이루어진 상호전환은 무효이다.[256] 이 사건에서는 이러한 이
유로 상호전환이 무효가 되었고, 그 결과 표준임대보증금보다 높게 설정
된 보증금 부분은 임차인에게 반환되어야 했다. 이때 임차인은 표준임대
료보다 낮게 설정된 전환임대료만 내면 되는 것인지, 아니면 전환임대보
증금이 표준임대보증금으로 사실상 감액된 이상 이에 대응하여 표준임대
료를 내야 하는 것인지가 문제되었다. 대상판결은 무효행위 전환 법리를

---

256) 대법원 2010. 7. 22. 선고 2010다23425 판결.

적용하여 임차인은 전환임대료를 내야 한다고 보았다. 이에 대해서는 임대보증금계약과 임대차계약은 별도의 계약이므로 임대보증금계약의 일부가 무효가 되었다고 하더라도 임대차계약에서 정한 전환임대료는 영향을 받지 않기 때문에 그 전환임대료만 내면 된다는 별개의견이 있었다.

　해당 판결의 주된 쟁점은 민법상 무효행위 전환 및 일부무효 법리와 관련되므로 민법총칙편에서 다룰 것으로 예상된다. 다만 이러한 법리의 적용 배후에는 임대차계약과 보증금계약의 상호관계에 관한 문제가 숨어 있으므로 이 글에서는 그 부분만 간략하게 언급하고자 한다. 다수의견은 양 계약이 사실상 일체를 이루고 있다는 점을 강조하면서 임대보증금과 임대료의 문제를 하나로 묶어서 정리하고자 하였다. 별개의견은 양 계약이 별도의 독립된 계약임을 강조하면서 임대보증금과 임대료의 문제를 별개로 분리하여 해결하고자 하였다. 양 의견 모두 임대차계약과 보증금계약이 개념적으로 다른 계약이라는 점은 인정하고 있다. 또한 보증금계약은 임대차계약의 필수 구성요소도 아니다. 민법은 임대보증금에 관하여 아예 규정을 두고 있지 않다. 또한 임대료지급의무는 임대차계약으로부터, 임대보증금 지급의무는 보증금계약으로부터 각각 발생한다. 그러나 일반적으로 임대차계약과 임대보증금계약은 하나의 세트(set)로 여겨진다. 또한 우리나라처럼 고액의 임대보증금이 수수되는 경우 이는 차임지급의 기능도 수행한다. 이러한 실질적인 차임 지급 기능과 거래 관행, 이에 기초한 일반인들의 법적 의식에 주목한다면 양자는 기능적으로 하나의 계약처럼 평가될 수도 있다. 따라서 양자의 유기성을 단절하는 방향의 해석론은 이러한 실질과 맞지 않다. 그 점에서 다수의견이 더 설득력을 가진다.

3. 임대목적물 소유권이전과 임대차보증금 공제

　대법원 2017. 3. 22. 선고 2016다218874 판결은 임대인 지위 승계 전 발생한 연체차임이 새로운 임대인이 반환할 임대차보증금에서 당연공제되는지를 다루었다. 임차인인 피고는 임대인과 임대차계약을 체결하고 임대차보증금을 지급하였으나 차임을 연체하였다. 한편 임대인으로부터 임대차목적물의 소유권을 취득함으로써 임대인의 지위를 승계한 원고는 피고의 차임 연체를 이유로 임대차계약 해지를 통고하였다. 이때 원고가 반환할 임대차보증금에서 원고의 임대인 지위 승계 전 연체 차임을 공제할 수 있는지가 문제되었다. 대법원은 "임차건물의 양수인이 건물 소유권을 취득한 후 임대차관계가 종료되어 임차인에게 임대차보증금을 반환해야 하는 경우에 임대인의 지위를 승계하기 전까지 발생한 연체차임이나 관리비 등이 있으면 이는 특별한 사정이 없는 한 임대차보증금에서 당연히 공제된다."라고 판시하면서, 그 이유를 "일반적으로 임차건물의 양도 시에 연체차임이나 관리비 등이 남아있더라도 나중에 임대차관계가 종료되는 경우 임대차보증금에서 이를 공제하겠다는 것이 당사자들의 의사나 거래관념에 부합하기 때문"이라고 설명하였다.

　　대상판결에서는 신 임대인이 반환할 임대차보증금에서 구 임대인에 대한 연체차임이 당연공제된다고 보았다. 신 임대인이 타인의 연체차임 채권에 기해 당연공제로 인한 혜택을 누리는 법적 현상이 정당화되는지에 대한 의문이 들 수 있다. 이 문제에 대한 답은 당연공제가 인정되는 근거에서 출발하여야 한다. 일반적으로 임대차보증금계약의 당사자인 임대인과 임차인은 "임차인의 채무 담보를 위해 임대인이 일단 임대차보증금을 받아놓되 임대차기간 중에는 임대인의 의사에 따라 임대차보증금에서 임차인의 채무를 공제할 수 있고, 임대차 종료로 목적물을 반환받는 때에는 임차인의 채무를 당연히 공제하고 임대차보증금을 돌려준다."는 합치된 의사를 가진다. 이러한 사전 합의(공제예약)에 따라 임대차 종료 후 임대차보증금 반환 시 당연공제(공제의 결과)가 실행된다. 우선 임차인은 임대차 종료로 임대차목적물을 반환할 때 누가 임대인이건 간에 임대차보증금에서 자신의 채무가 공제되는 것에 반대할 합리적인 이유가 없다. 그것이 훨씬 간편하고 수월한 결제 방법이기도 하다. 요컨대 연체차임 등을 임대차보증금에서 당연공제하는 것은 임차인의 일반적인 의사에 부합할 뿐만 아니라 연체차임 결제의 효율성을 높이는 길이기도 하다.

한편 신 임대인은 계약상 지위를 인수하면서 임대차보증금계약에 내재한 당연공제의 가능성도 함께 인수한다. 이는 신 임대인의 이익에 부합할 뿐만 아니라 임대차에 관련된 일체의 지위를 인수하고자 하였던 그의 일반적인 의사에도 부합한다. 구 임대인은 이러한 당연공제 가능성의 이전으로 인해 연체차임 채권이 무담보 상태로 전락하는 불이익을 입게 되는 사람이다. 하지만 그는 신 임대인에게 자신의 계약상 지위를 이전함으로써 임대차보증금의 당연공제 가능성이 함께 이전된다는 점을 스스로 감수하였다. 또한 지금까지 차임을 연체한 임차인보다는 건물 소유자인 신 임대인으로부터 연체차임 상당액을 회수하는 쪽이 채권을 만족 받을 가능성을 높이는 길이기도 하다. 요컨대 구 임대인에 대해서도 대상판결과 같은 결론이 부당하게 불리하지만은 않다. 대상판결의 태도는 이처럼 당사자들의 일반적인 의사에 부합할 뿐만 아니라, 법률관계의 공정성과 효율성을 담보한다.

4. 차임채권 소멸시효 완성과 공제

대법원 2016. 11. 25. 선고 2016다211309 판결은 소멸시효가 완성된 차임채권을 자동채권으로, 임대차보증금반환채권을 수동채권으로 하는 상계가 가능한지를 다루고 있다. 이는 임대차관계에서 자주 발생할 수 있는 문제를 다루고 있어 실제로도 중요한 의미를 가진다. 임대차 관계가 존속하는 동안에는 임대인이 임대차보증금에서 연체차임을 충당할지, 아니면 이와 별도로 연체차임의 지급을 청구할 것인지를 자유롭게 선택할 수 있다. 따라서 연체차임 공제에 관한 별도의 의사표시 없이 연체차임이 임대차보증금에서 당연히 공제되지는 않는다.[257] 하지만 이 경우에도 임대인은 장차 임대차 관계가 종료될 때 연체차임의 당연공제를 통해 이를 회수할 수 있으리라고 신뢰하는 경우가 많다. 그런데 일반적으로 차임은 매월 정기적으로 지급하므로 3년의 단기소멸시효에 걸린다(민법 제163조 제1호 참조). 따라서 임대차 기간 만료 전에 차임채권의 소멸시효가

257) 대법원 2013. 2. 28. 선고 2011다49608, 49615 판결 등 다수.

완성되는 경우가 종종 발생한다. 그렇게 되면 임대인의 차임채권은 소멸하게 되어 이를 향후 임대차보증금에서 공제할 수 없게 된다. 이미 소멸하여 존재하지 않게 된 차임채권에 기한 차임을 임대차보증금에서 공제할 수는 없기 때문이다.

그런데 민법 제495조는 소멸시효가 완성된 채권이라고 하더라도 그 완성 전에 상계할 수 있었던 것이면 그 채권자는 이를 자동채권으로 삼아 상계할 수 있다고 규정하고 있다. 이 조항을 대상판결 사안에 유추 적용할 수 있는가? 이 조항은 ① 공제가 아닌 상계에 관한 규정이고, ② 소멸시효 완성 전에 상계적상이 존재할 것을 요건으로 한다. 유추 적용에 있어서는 두 번째 요건, 즉 상계적상 요건에 관해서는 다음과 같은 문제가 있다. 상계의 수동채권과 유사한 지위에 있는 임대차보증금반환채권은 임대차 기간이 종료할 때 비로소 발생한다.[258] 반면 대상판결 사안에서 차임채권은 임대차보증금반환채권이 발생하기 전에 이미 소멸시효로 소멸하였다. 따라서 "쌍방 채권의 대립"은 애당초 존재한 적이 없다. 결국 소멸시효 완성 전에 상계적상이 있어야 한다는 민법 제495조의 요건과는 잘 맞지 않다. 이 점 때문에 유추 적용을 망설이게 된다.

하지만 대법원은 위와 같은 법리를 도식적으로 적용하기보다는 민법 제495조의 배후에 있는 법 원리를 추출, 확장하여 임대인의 신뢰를 보호하는 방법을 택하였다. 대법원은 민법 제495조의 목적을 "당사자 쌍방의 채권이 상계적상에 있었던 경우에 당사자들은 그 채권·채무관계가 이미 정산되어 소멸하였다고 생각하는 것이 일반적이라는 점을 고려하여 당사자들의 신뢰를 보호하기 위한 것"이라고 파악하면서 이 사안에 이 조항을 직접 적용할 수는 없어도 유추 적용할 수는 있다고 보았다. 즉 "임대차 존속 중 차임이 연체되고 있음에도 임대차보증금에서 연체차임을 충당하지 않고 있었던 임대인의 신뢰와 차임연체 상태에서 임대차관계를 지속해 온 임차인의 묵시적 의사를 감안하면 그 연체차임은 민법 제495

---

258) 대법원 1987. 6. 23. 선고 87다카98 판결 등 다수.

조의 유추 적용에 의하여 임대차보증금에서 공제할 수는 있다."라고 판시하였다. 결국 대법원은 대상판결에서 당사자의 신뢰 보호라는 민법 제495조의 배후 원리와 연체차임을 임대차보증금으로 해결하려는 당사자의 일반적 의사를 결합하여 민법 제495조의 정신을 이와 같은 사건 유형에도 확장한 것이다. 여기에는 대법원이 소멸시효 제도에 대해 종종 보여왔던 엄격한 태도도 간접적으로나마 영향을 미쳤으리라 추측된다.[259)]

대상판결에 대하여 다음 의문이 제기될 수는 있다. 임대인은 공제 또는 지급청구의 방법으로 차임채권을 행사할 수 있었고, 이를 통해 소멸시효를 중단시킬 수 있었다. 그런데 그러한 간편한 방법도 취하지 않은 임대인의 신뢰는 얼마나 보호되어야 하는가? 또한 임차인은 차임채권의 소멸시효가 완성되더라도 나중에 임대차보증금에서 공제되리라고 감수하였을까? 만약 그렇지 않다면 대상판결은 소멸시효 제도의 취지를 무색하게 하거나 임차인의 보호를 약화시키는 것이 아닌가? 이러한 일련의 의문에도 불구하고, 대상판결이 임대차보증금의 실제적인 목적과 기능 및 임대차보증금에 관한 당사자들의 실제적인 관념에 착안하여 당사자 사이의 이해관계를 좀 더 실질적이고 공평하게 조율하고자 한 것으로 이해할 수 있다. 특히 소멸시효 기간이 완성될 때까지 차임을 연체한 임차인이 오히려 그 연체차임을 면하면서 임대차보증금을 모두 반환받는 결과는 부당하다. 그 점에서 대상판결은 구체적 타당성을 갖춘 결론에 이르렀다.

5. 임대차보증금반환채권의 가압류와 제3채무자 지위의 승계

대법원 2013. 1. 17. 선고 2011다49523 전원합의체 판결은 주택임대차보호법상 대항력을 갖춘 임차인의 임대차보증금반환채권이 가압류된 상태에서 임대주택이 양도된 경우 양수인이 채권가압류의 제3채무자 지위를 승계한다는 법리를 선언하였다. 사안은 다음과 같다. 주택 임차인의

---

259) 소멸시효제도, 특히 시효중단제도는 그 제도의 취지에 비춰 볼 때 원권리자를 위하여 너그럽게 해석하는 것이 상당하다고 한 대법원 1995. 5. 12. 선고 94다24336 판결; 대법원 2006. 6. 16. 선고 2005다25632 판결; 대법원 2015. 5. 14. 선고 2014다16494 판결 등 참조.

채권자(원고)가 임차인의 임대인에 대한 임차보증금채권을 가압류하였다. 그 후 임대인은 주택을 피고에게 양도하였다. 원고는 피고를 제3채무자로 하여 위 가압류를 본압류로 이전하는 채권압류 및 추심명령을 받은 뒤 피고를 상대로 추심금청구를 하였다. 이 사건에서는 가압류 당시에는 제3채무자의 지위에 있지 않던 피고가 원래 제3채무자이던 종전 임대인의 지위를 승계함에 따라 임차보증금반환채권 가압류의 제3채무자로서 가압류 또는 이에 기초한 본압류의 효력을 받게 되는지가 다투어졌다.

대상판결의 요지는 다음과 같다. 임대주택이 양도된 경우에 주택임대차보호법 제3조 제3항에 따라 양수인은 주택의 소유권과 결합하여 임대인의 임대차 계약상의 권리·의무 일체를 그대로 승계하며, 그 결과 양수인이 임대차보증금반환채무를 면책적으로 인수하고, 양도인은 임대차 관계에서 탈퇴하여 임차인에 대한 임대차보증금반환채무를 면하게 된다. 나아가 임차인에 대하여 임대차보증금반환채무를 부담하는 임대인임을 당연한 전제로 하여 임대차보증금반환채무의 지급금지를 명령받은 제3채무자의 지위는 임대인의 지위와 분리될 수 있는 것이 아니므로, 임대주택의 양도로 임대인의 지위가 일체로 양수인에게 이전된다면 채권가압류의 제3채무자의 지위도 임대인의 지위와 함께 이전된다고 볼 수밖에 없다. 또한 이 경우 가압류권자는 임대주택의 양도인이 아니라 양수인에 대하여만 위 가압류의 효력을 주장할 수 있다고 보아야 한다. 이에 대해서는 압류 또는 가압류에 본질적으로 내재한 처분금지 및 현상보전 효력 때문에 당사자인 집행채권자, 집행채무자, 제3채무자의 집행법상 지위는 달라지지 않으므로 상속이나 합병과 같은 당사자 지위의 포괄승계가 아닌 주택양수도로 인한 임대차보증금반환채무의 이전의 경우 이미 집행된 가압류의 제3채무자 지위는 승계되지 않는다는 반대의견이 있었다.

이 사건은 가압류의 효력과 임대인 지위승계의 효력이 교차하는 지점에서 발생한 충돌 문제를 다루고 있다.[260] 반대의견이 지적한 것처럼 일반적으로 말하면 실체법상 임대인의 지위 및 이에 수반한 임차보증금반환채무가 이전되었다고 하여, 집행법상 제3채무자의 지위가 당연히 그에 수반되어 이전되지는 않는다. 그러나 이러한 일반론은 특별법의 해석론으로 수정될 수 있다. 주택임대차보호법 제3조 제3항은 주택양도로 인해 임차보증금반환채무를 포함한 임대인의 지위가 포괄적, 면책적으로 이전된다고 규정한다. 물론 이러한 임대인 지위 승계는 상속이나 합병과 같은 본래적인 의미의 포괄승계는 아니다.[261] 그러나 임대주택을 둘러싼 법적 지위로 시선을 좁혀보면 그 범위에서는 포괄승계와 다르지 않다. 즉 일종의 부분적 포괄승계가 일어나는 셈이다. 상속이나 합병의 경우 가압류 제3채무자의 지위가 이전되는 것이 분명한 이상, 임대주택을 둘러싼 법률관계에 관하여 그 임대주택에 관한 가압류 제3채무자의 지위가 이전된다고 해석하는 것도 가능하다. 즉 승계되는 임대인의 지위에 임차보증금반환채무자이기 때문에 가지게 된 가압류의 제3채무자의 지위가 포함된다는 것이다. 또한 그렇게 해석하는 것이 임대차관계의 실질에도 맞다. 대상판결은 그러한 관점에서 이해할 수 있다

다만 이러한 대상판결의 태도는 가압류 사실을 알지 못한 채 임차인에게 임대차보증금을 반환한 양수인에게는 불의타가 될 수 있기는 하다.[262] 양수인이 임대주택을 양수하면서 가압류 사실을 확인해 볼 수는 있으나, 그 확인이 쉽지 않을 뿐만 아니라 거래비용이 상승하는 부작용이 있다.[263] 이 문제는 가압류 관계의 당사자(채권자-임차인-양도인 겸 구임대인)와 임대주택 처분관계의 당사자(양도인 겸 구임대인과 양수인 겸 신임대인)가 다르고 각각의 관계에 관한 정보가 모든 당사자에게 공유되도록

260) 이영창, "주택임대차보호법상 대항력 있는 임차보증금반환채권에 대한 가압류의 효력", **사법**, 제23호(2013), 372면
261) 이혜민, "주택임대차보호법상 임대인 지위 승계의 성질 및 범위", **민사판례연구**, 제36권(2014), 681–682면.
262) 반대의견이 이 점을 강조한다. 이영창(주 260), 356면도 이러한 비판 가능성에 대해 언급한다.
263) 윤권원, "주택임대차보호법상 대항력을 갖춘 임차인의 임대차보증금반환채권이 가압류된 이후 임차주택의 소유권을 이전받은 자가 채권가압류의 제3채무자 지위도 승계하는지 여부", 재판과 판례(대구판례연구회), 제22집(2013), 421–422면.

하는 장치가 없기 때문에 불가피하게 발생하는 결과이다. 한편 반대의견
에 따르면 채권자와의 관계에서는 양도인이 여전히 임대차보증금반환채
무자의 지위에 있으므로 위와 같은 문제는 발생하지 않는다. 하지만 실
체법상으로는 임대주택을 처분하고 임대차보증금반환채무도 면한 양도인
이 집행법상으로는 임대차보증금반환의 부담을 계속 떠안아야 하는 것도
문제이다. 특히 임대차보증금 상당액을 공제한 나머지 대금만 받고 임대
주택을 처분하는 거래 관행을 생각해 보면 더욱 그러하다. 결국 현행법
아래에서 선의의 양수인은 채권의 준점유자에 대한 변제 법리의 적용 또
는 유추 적용을 주장하거나[264] 임차인에 대한 부당이득반환청구를 통해
이중지급으로 인한 부담을 제거하는 수밖에 없을 것이다.

6. 임대차 관련 기타 판결

임대차에 관하여는 그 외에도 많은 중요 판결들이 있다. 하지만 지
면관계상 이들을 여기에서 일일이 소개할 수는 없다. 주택임대차보호법 및
상가건물 임대차보호법에 관한 몇몇 판결들의 요지만 간단히 서술한다.[265]

가. 주택임대차보호법 관련 판결

주택임대차보호법과 관련해서는 다음 판결들이 주목할 만하다. 대법
원 2016. 10. 13. 선고 2014다218030, 218047 판결은 외국인 또는 외국국
적동포가 구 출입국관리법이나 구 재외동포의 출입국과 법적 지위에 관
한 법률에 따라 외국인등록이나 체류지변경신고 또는 국내거소신고나 거
소이전신고를 한 경우, 주택임대차보호법 제3조 제1항에서 주택임대차의

---

264) 임대차보증금반환채권이 가압류된 경우에도 임차인은 엄연히 채권자이므로 그
가 채권자가 아님을 전제로 한 채권의 준점유자 법리가 적용될 수 없다는 반론이
제기될 수도 있다. 그러나 가압류채무자는 가압류로 인하여 변제를 수령할 수 없
는 지위에 있으므로 실질적으로는 무권한자에 가깝고 이 점에서 채권의 준점유자
와 유사한 지위에 있다. 그러므로 이 법리가 직접 적용되지는 않더라도 유추 적용
될 가능성은 있다. 참고로 대법원 2003. 7. 22. 선고 2003다24598 판결은 가압류
채무자를 채권의 준점유자로 파악한 바 있다.
265) 주택임대차보호법과 상가건물 임대차보호법은 최근 그야말로 전례 없는 과감한
개정들을 경험하고 있는데, 향후 그 해석론을 둘러싸고 많은 분쟁이 발생할 것으
로 예상된다.

대항력 취득 요건으로 규정하고 있는 주민등록과 동일한 법적 효과가 인정된다고 보았다. 그 외에 임차권등기명령에 따른 임차권등기는 소멸시효 중단사유에 해당하지 않는다는 대법원 2019. 5. 16. 선고 2017다226629 판결도 주목할 만하다.

나. 상가건물 임대차보호법 관련 판결

상가건물 임대차보호법과 관련해서는 다음 판결들이 주목할 만하다. 대법원 2010. 9. 9. 선고 2010다37905 판결은 상가건물의 공유자인 임대인이 임차인에게 갱신거절 통지를 하는 행위는 실질적으로 임대차계약의 해지와 같이 공유물의 임대차를 종료시키는 것이므로 공유물의 관리행위에 해당하여 공유자 지분의 과반수로써 결정해야 한다고 하였다. 대법원 2014. 7. 24. 선고 2012다28486 판결은 상가임대차의 갱신거절사유와 상가임대차 해지사유는 다른 차원의 문제이므로 갱신거절사유가 3기의 차임연체를 요구하고 있더라도 2기 차임연체에 따른 해지를 규정한 민법 제640조는 여전히 적용될 수 있다고 보았다. 권리금과 관련된 판결들도 여럿 있다. 대법원 2013. 5. 9. 선고 2012다115120 판결은 권리금계약은 임대차계약과는 별개의 계약이지만 양자의 경제적·사실적 일체성에 비추어 권리금계약 부분만 따로 떼어 취소할 수 없다고 하였다. 대법원 2019. 5. 16. 선고 2017다225312 판결은 구 상가건물 임대차보호법 제10조 제2항에 따라 최초의 임대차기간을 포함한 전체 임대차기간이 5년을 초과하여 임차인이 계약갱신요구권을 행사할 수 없는 경우에도 임대인이 같은 법 제10조의4 제1항에 따른 권리금 회수기회 보호의무를 부담한다고 보았다. 그 외에 권리금 회수 방해행위에 관한 법적 쟁점들을 다룬 판결들도 여럿 있다.[266] 상가건물 임대차보호법은 2015년 개정을 통해 권리금에 관한 조항들을 신설하였는데(제10조의3 내지 제10조의7) 향후 이 조항들의 해석을 둘러싼 판결들이 더 나오리라 예상한다.

---

266) 대법원 2019. 7. 4. 선고 2018다284226 판결; 대법원 2019. 7. 10. 선고 2018다239608 판결; 대법원 2019. 7. 10. 선고 2018다242727 판결.

Ⅳ. 도　급

1. 공동수급체의 공사대금채권 귀속

대법원 2012. 5. 17. 선고 2009다105406 전원합의체 판결은 공동이행방식의 공동수급체가 도급인에 대하여 가지는 공사대금채권이 공동수급체의 각 구성원에게 어떤 형태로 귀속되는지를 다루었다. 이 사건에서는 공동수급체 구성원들 상호 간에 기성대가 또는 준공대가를 공동수급체 구성원별로 직접 지급받기로 하는 공동수급협정이 체결되어 있었다. 한편 이 사건에 적용되는 예규인 공동도급계약운용요령(1996. 1. 8. 개정) 제11조는 도급인이 공동수급체 구성원 각자에게 공사대금채권을 지급할 것을 예정하고 있었다.[267] 공동수급체 대표자는 도급인에게 위와 같은 공동수급협정서를 입찰참가 신청서류와 함께 제출하고 도급인은 별다른 이의를 유보하지 않은 채 이를 수령한 다음 공동수급체와 공동도급계약을 체결하였다. 이러한 사실관계하에서 공동수급체의 개별 구성원이 출자지분 비율에 따른 자신의 공사대금채권만 단독으로 청구할 수 있는지, 아니면 민법상 조합의 원리에 따라 공동수급체 구성원 전체가 함께 공사대금 전체를 청구해야만 하는지가 문제되었다.

대상판결의 요지는 다음과 같다. 공동이행방식의 공동수급체는 기본적으로 민법상 조합의 성질을 가지는 것이므로, 공동수급체가 공사를 시행함으로 인하여 도급인에 대하여 가지는 채권은 원칙적으로 공동수급체 구성원에게 합유적으로 귀속하는 것이어서 특별한 사정이 없는 한 구성원 중 1인이 임의로 도급인에 대하여 출자지분 비율에 따른 급부를 청구할 수 없고, 구성원 중 1인에 대한 채권으로써 그 구성원 개인을 집행채무자로 하여 공동수급체의 도급인에 대한 채권에 대하여 강제집행을 할 수 없다. 그러나 공동이행방식의 공동수급체와 도급인이 공사도급계약에서 발생한 채권과 관련하여 공동수급체가 아닌 개별 구성원으로 하여금

---

267) 개정 전 제11조는 공사대금을 공동수급대표자에게 지급하도록 규정하고 있었다.

지분비율에 따라 직접 도급인에 대하여 권리를 취득하게 하는 약정을 하
는 경우와 같이 공사도급계약의 내용에 따라서는 공사도급계약과 관련하
여 도급인에 대하여 가지는 채권이 공동수급체 구성원 각자에게 지분비
율에 따라 구분하여 귀속될 수도 있고, 위와 같은 약정은 명시적으로는
물론 묵시적으로도 이루어질 수 있다. 공동수급협정과 공동도급계약운용
요령의 내용, 공동수급협정서의 제출 및 수령 경위 등에 비추어 볼 때
이 사건에서는 그러한 약정이 묵시적으로 이루어졌다.

공동수급체는 민법상 조합의 대표적인 유형으로 일컬어진다.[268] 민
법은 제703조부터 제724조까지 조합에 관한 규정을 두고 있다. 그중 민
법 제704조는 "조합원의 출자 기타 조합재산은 조합원의 합유로 한다."라
고 규정하고 있다. 공동수급체가 도급인에게 가지는 공사대금채권도 조
합재산의 일종이다. 그러므로 민법 제704조에 따르면 공사대금채권은 조
합원인 공동수급체 구성원들에게 합유적으로 귀속한다. 합유물을 처분
또는 변경하려면 합유자 전원의 동의가 있어야 한다(민법 제272조). 공사
대금채권은 물건이 아니어서 합유물은 아니지만 합유 대상으로서 준합유
의 대상이 된다(민법 제278조). 공사대금채권을 행사하여 공사대금을 수령
함으로써 그 채권이 소멸되는 일련의 과정은 공사대금채권의 처분이라고
평가할 수도 있다. 그렇다면 공동수급체의 공사대금채권은 합수적으로,
즉 모든 구성원들이 함께 행사해야 한다. 그런데 민법 중 채권편 규정은
일반적으로 임의규정이다. 민법 제704조 역시 임의규정으로 보지 않을
이유가 없다.[269] 그러므로 조합재산의 귀속 형태는 조합원들 사이의 약정
으로 자유롭게 정할 수 있다. 즉 조합원들 사이의 약정을 통해 조합재산
을 공유로 하거나 한 조합원의 단독 소유로 하는 것도 가능하다. 그렇다
면 조합재산인 공사대금채권을 미리 정해진 구성원별 지분에 따라 구분

268) 대법원 2000. 12. 12. 선고 99다49620 판결.
269) 이동진, "건설공사공동수급체의 법적 성격과 공사대금청구권의 귀속", **민사판례
연구**, 제35권(2013), 543면. 대법원 2010. 4. 29. 선고 2008다50691 판결도 그러한
전제에 서 있다.

귀속시키는 것도 가능하다. 다만 이러한 구분 귀속을 넘어서서 도급인에게 구분 청구가 가능하려면 이 점에 관하여 도급인과의 사이에 이 점에 관한 합의가 필요하다.

대상판결은 ① 공동수급인들 상호 간에 구분귀속에 관한 내부 합의(공동수급협정)가 있고, ② 도급인에게 적용되는 예규(공동도급계약운용요령)에서 구분지급에 관한 내용이 있으며, ③ 이 상황에서 공동수급인이 구분귀속을 정한 공동수급협정서를 도급인에게 제출하고, 도급인이 아무런 이의를 제기하지 않았다면 양자 사이에 구분귀속 및 구분청구에 관한 묵시적 약정이 체결되었다고 인정하였다. 이에 대해 다수의견의 결론에는 동의하면서도 일반론으로서는 공동도급계약운용요령은 국가의 내부규정에 불과하므로 이를 적극적으로 계약 내용에 편입시킨 경우에 한하여 공사대금채권의 지분별 귀속이 이루어진다고 한 별개의견이 있었다. 물론 공동도급계약운용요령은 「국가를 당사자로 하는 계약에 관한 법률」 및 동법 시행령에 기초하여 제정된 기획재정부 예규로서 국가 내부에 적용될 뿐이고, 그 자체가 곧바로 공동수급인과 체결되는 공동도급계약의 내용이 되지는 않는다. 그러나 공동도급계약에서 명시적이고 적극적으로 공동도급계약운용요령을 편입해야만 하는 것은 아니다. 계약방식 자유의 원칙에 따라, 공동도급계약운용요령과 동일한 내용에 관하여 도급인과 공동수급인 사이에 묵시적 약정을 체결하는 것도 얼마든지 가능하다.

참고로 대상판결 이후 선고된 대법원 2013. 2. 28. 선고 2012다107532 판결은 위와 같은 지분별 귀속 약정이 이루어진 경우 일부 구성원만이 실제로 공사를 수행하거나 일부 구성원이 그 공사대금채권에 관한 자신의 지분비율을 넘어서 수행하였더라도 이를 이유로 도급인에 대한 공사대금채권 자체가 그 실제의 공사비율에 따라 그에게 귀속하지는 않는다고 보았다. 즉 공사대금 채권액수는 약정에 기초하여 정해지는 것이지 실제 공사비율에 따라 정해지는 것이 아니다. 약정 내용과 실제 공사비율 사이의 차이로 인한 정산은 공동수급체 구성원들 내부의 정산 문제일 뿐이다.[270)]

2. 국가계약법령상 물가변동에 따른 계약금액 조정 규정의 적용을 배제하는 합의

대법원 2017. 12. 21. 선고 2012다74076 전원합의체 판결은 국가계약법령상 물가변동에 따른 계약금액 조정 규정이 강행규정인지 여부를 다루었다. 사안은 다음과 같다. 원고들은 피고(한국토지주택공사)로부터 시설공사를 도급받으면서 '원고들이 국외업체로부터 공급받는 부분에 관한 계약금액 고정특약'에 합의하였다. 그런데 2008년 금융위기로 환율이 상승하였고, 이에 원고들은 피고에게 계약금액 조정을 요청하였다. 피고는 계약금액 고정특약을 이유로 원고들의 요청을 거절하였다. 그러자 원고들은 위 특약이 물가변동에 따라 계약금액을 조정하도록 한 구 국가를 당사자로 하는 계약에 관한 법률(2012. 12. 18. 법률 제11547호로 개정되기 전의 것, 이하 '국가계약법'이라 한다) 제19조, 국가계약법 시행령(2008. 2. 29. 대통령령 제20720호로 개정되기 전의 것) 제64조 제1항 전문 등의 규정에 위반하거나, 계약자(원고들을 지칭함)의 계약상 이익을 부당하게 제한하는 공사계약특수조건은 무효라고 정한 공사계약일반조건에 반하여 무효라는 점 등을 들어 피고에게 부당이득금의 반환을 구하였다.

대상판결의 요지는 다음과 같다. 위와 같은 공공계약[271]은 국가 또는 공기업이 사경제의 주체로서 상대방과 대등한 지위에서 체결하는 사법(私法)상 계약이므로 사인 간의 계약과 다를 바가 없다. 그러므로 법령에 특별한 정함이 있는 경우를 제외하고는 사적 자치와 계약자유의 원칙을 비롯한 사법의 원리가 공공계약에도 마찬가지로 적용된다. 공공계약의 당사자들은 국가계약법상 물가의 변동으로 인한 계약금액 조정 규정

---

270) 대법원 2016. 8. 29. 선고 2015다5811 판결.
271) 대상판결을 비롯하여 대법원 2001. 12. 11. 선고 2001다33604 판결 등은 편의상 '공공계약'이라는 표현을 사용하나 이는 법령상 용어가 아니고 공법상 계약을 포함하는 개념으로도 오해할 수 있어 부적절한 면이 있다. 김지건, "국가계약법상 물가변동에 따른 계약금액 조정규정의 적용을 배제한 특약의 효력", **민사판례연구**, 제41권(2019), 10-11면.

의 적용을 배제하는 합의를 할 수 있다고 보아야 한다. 다만 국가계약법 시행령 제4조는 "계약담당공무원은 계약을 체결함에 있어서 국가계약법 령 및 관계 법령에 규정된 계약상대자의 계약상 이익을 부당하게 제한하 는 특약 또는 조건을 정하여서는 아니 된다."라고 규정하고 있으므로, 공 공계약에서 계약상대자의 계약상 이익을 부당하게 제한하는 특약은 효력 이 없다. 대상판결은 이러한 일반론 아래 위 계약금액 고정특약의 효력 을 인정하여 부당이득반환청구를 부정한 원심판결을 유지하였다. 이에 대해서는 물가변동에 따른 계약금액 조정 규정은 강행규정이므로 위 특 약은 무효라는 반대의견이 있었다.

공공계약이 사법상 계약의 성격을 띠는 것은 맞다. 그러나 계약에는 넓은 스펙트럼이 존재하고, 공공계약은 그 스펙트럼 중 공공성과 후견성 이 강조되는 영역에 위치한다. 따라서 『공공계약=사인 간의 계약』이라 는 지나치게 단순화된 등식에만 얽매여 공공계약의 특수성을 도외시해서 는 안 된다. 이러한 등식은 독일 이론의 영향을 받은 것이나, 독일에서도 이제는 공공계약을 순수한 사법의 영역으로만 남기지 않고 이른바 행정 사법의 영역에 위치시켜 다양한 공법적 구속을 가하고 있다.[272] 계약금액 조정조항은 그 도입 경위나 현실적 기능에 비추어 보면 주로 계약상대자 의 이익을 보호하고, 나아가 비현실적인 계약금액으로 인해 발생할 수 있는 부실공사를 막기 위한 공익적 성격의 조항이다. 반면 계약 담당자 인 공무원들의 입장에서는 계약금액 고정특약이 단순하고 간편하며 예측 가능할 뿐만 아니라 업무를 줄이고 예산을 절감하는 효과도 있어 이러한 특약을 체결하고자 하는 인센티브가 더 크다. 이러한 특약을 널리 허용 하면 이론적으로는 상호 대등하나 현실적으로는 갑을관계가 상존하는 계 약 현장에서는 계약금액 조정조항의 취지를 잠탈하는 특약이 체결될 위 험성도 있다. 기획재정부, 조달청, 공정거래위원회 등도 이러한 견지에서 오랫동안 이러한 특약이 무효라는 입장을 표명해 왔다.[273] 이에 기초하여

---

272) 박정훈, "행정조달계약의 법적 성격", **민사판례연구**, 제25권(2003), 568–569면.
273) 김지건, "국가계약법상 물가변동에 따른 계약금액 조정규정의 적용을 배제한

이루어진 공통의 인식과 관행을 깨뜨릴 만한 이유가 있었을까? 대상판결
의 타당성은 의문스럽다.[274] 또한 다수의견은 국가계약법 시행령 제4조에
의해 부당한 특약을 선별해 내면 된다는 입장이나, 계약금액 조정특약은
장차 누구에게 유리하게 작용할지 알 수 없으므로 이 조항으로 걸러낼
수 있는 경우는 거의 없다는 점도 덧붙인다.

3. 장기계속공사계약에서 총공사기간 연장 시 공사대금 조정 가부

대법원 2018. 10. 30. 선고 2014다235189 전원합의체 판결은 장기계
속공사계약에서 총공사기간이 연장된 경우 총공사대금을 조정할 수 있는
지의 문제를 다루었다. 이 사건에서 원고들은 피고 서울시의 요청에 따
라 피고 대한민국 산하 조달청장과 지하철 7호선 연장공사에 관한 장기
계속계약을 체결하였는데, 그 이후 국토해양부장관의 기본계획 변경으로
총 공사기간이 연장되었다. 원고들은 피고 서울시에게 총 공사기간 연장
을 이유로 간접공사비가 추가 지출되었다면서 총괄계약에 기한 계약금액
조정을 요청하였으나, 피고 서울시는 공기연장 비용이 이미 연차별 계약
금액에 포함되어 있다면서 이를 거절하였다. 원고들은 주위적으로는 피
고 대한민국, 예비적으로는 피고 서울시를 상대로 총공사기간 연장에 따
라 증가한 간접공사비 지급을 구하는 소를 제기하였다.

대상판결의 요지는 다음과 같다. 총괄계약은 그 자체로 총공사금액
이나 총공사기간에 대한 확정적인 의사의 합치에 따른 것이 아니라 각
연차별 계약 체결에 따라 연동되는 것이다. 따라서 일반적으로 장기계속
공사계약의 당사자들은 총괄계약의 총공사금액 및 총공사기간을 각 연차
별 계약을 체결하는 데 잠정적 기준으로 활용할 의사를 가지고 있을 뿐
이라고 보이고, 각 연차별 계약에 부기된 총공사금액 및 총공사기간 그
자체를 근거로 하여 공사금액과 공사기간에 관하여 확정적인 권리의무를
발생시키거나 구속력을 부여하려는 의사를 가지고 있다고 보기 어렵다.

특약의 효력", **민사판례연구**, 제41권(2019), 18면.
274) 이 판결에 대한 찬성 취지의 평석으로 김지건(주 273).

따라서 총괄계약의 효력은 계약상대방의 결정(연차별 계약마다 경쟁입찰 등 계약상대방 결정 절차를 다시 밟을 필요가 없다), 계약이행의사의 확정(정당한 사유 없이 연차별 계약의 체결을 거절할 수 없고, 총공사내역에 포함된 것을 별도로 분리발주할 수 없다), 계약단가(연차별 계약금액을 정할 때 총공사의 계약단가에 의해 결정한다) 등에만 미칠 뿐이고, 계약상대방이 이행할 급부의 구체적인 내용, 계약상대방에게 지급할 공사대금의 범위, 계약의 이행기간 등은 모두 연차별 계약을 통하여 구체적으로 확정된다고 보아야 한다. 그러므로 총괄계약에 따른 총공사금액 조정은 별도로 인정되지 않는다. 이에 대해서는 반대의견이 있었다.

국가나 지방자치단체는 1년 단위로 예산을 편성하고 집행하므로, 별도로 계속비 의결을 얻지 않는 한 수년에 걸친 장기계속공사계약은 여러 개 연차별 계약으로 나누어 체결하게 된다. 하지만 실질적으로는 이 역시 하나의 공사에 관한 하나의 계약인데 예산제도의 제약 때문에 여러 개 연차별 계약으로 나누어 체결하는 것일 뿐이다. 이때 전체 공사에 대한 포괄적 합의를 연차별 계약과 대비하여 총괄계약이라고 부른다. 그 결과 장기계속공사계약은 「총괄계약(기본계약)+연차별 계약(개별계약)」의 이중 구조를 띤다. 총괄계약은 입찰과정에서 확정된 총공사금액, 총공사기간 등을 제1차년도 계약서에 부기하는 방식으로 체결되고, 별도의 총괄계약서를 작성하는 경우는 많지 않다.[275]

그런데 총공사기간 연장 등으로 간접공사비(예컨대 현장사무소 및 그 인력 운영비용 등)가 추가 지출된 경우 이를 공사대금에 반영할 필요가 있다. 이때 연차별 계약의 연차별 공사대금을 조정하는 방법 외에 총괄계약의 총 공사대금을 조정하는 방법도 가능한지가 문제된다. 이에 관한 하급심의 입장은 나누어져 있었는데 대상판결이 이를 정리한 것이다. 대법원은 총괄계약의 유효성을 인정하면서도, 총공사대금과 총공사기간에

---

275) 장기계속공사계약의 구조에 대한 상세한 설명은 전재현, "장기계속공사계약에서 총공사기간이 연장된 경우 총괄계약을 근거로 한 계약금액 조정의 인정 여부", **민사판례연구**, 제42권(2020), 264−272면 참조.

법적 구속력을 부여하려는 의사가 없었다고 하여 총괄계약에 기한 총공사대금 조정은 허용되지 않는다고 하였다. 하지만 총괄계약의 유효성을 인정하는 이상 총괄계약의 핵심 요소인 총공사대금에 법적 구속력을 부여하려는 의사가 없었다고 말하는 것은 부자연스럽다. 물론 총공사대금은 여러 변수로 인해 사후에 변경될 수는 있다. 그러나 사후적 변경가능성과 총괄계약의 확정성은 구별해야 할 개념이다. 위험배분의 일반 원리나 채권자지체의 정신에 비추어 볼 때에도 발주자 측 영역에서 발생한 위험은 발주자가 인수하는 것이 공평하고 합리적이다. 대상판결에 따르면 이때에도 연차별 계약의 틀로 해결할 수 없는 간접공사비는 고스란히 계약상대자가 떠안아야 한다. 반면 계약상대자의 영역에서 발생한 위험에 대해서는 지체상금이 부과된다. 결국 어느 영역에서 발생한 위험도 모두 계약상대자에게 부담시키는 것이다. 이러한 결과가 국가계약법이 구현하고자 하는 계약의 대등성과 등가성의 이념과 맞는지 의문이다.

V. 여행계약

2015. 2. 3. 민법 개정을 통해 여행계약이 전형계약으로 추가되었다. 1960. 1. 1. 민법 시행 이후 최초의 전형계약 추가이다. 지난 60년 간 사회 변화상을 돌이켜 보면 한국 민법, 특히 재산법이 얼마나 개정이 어려운 경성법인가를 역설적으로 보여주는 점이다. 여행계약에 관한 민법 제674조의2 내지 제674조의9는 제9절 도급 다음에 제9절의2 여행계약이라는 표제 아래 규정되었다. 여행계약에 관한 규정들이 신설된지 얼마 되지 않으므로 그 해석에 관한 판례는 축적되지 않은 상태이다. 그러나 여행계약에 관한 민법 규정들이 하늘에서 갑자기 떨어진 것은 아니다. 이미 여행업계는 여행약관의 형태로 여행을 둘러싼 사법적 법률관계를 규율해 오고 있었다. 또한 여행업자의 주의의무에 관한 대법원 판결들도 선고되어 왔는데, 이러한 판결들은 향후 여행계약에 관한 민법 규정들을 해석하는 데에도 도움이 될 것이다. 여행업자의 주의의무에 관한 최초의 판결은 태국 파타야에서 바나나보트와 모터보트 등 단체 레저 활동을 하

다가 그 보트 충돌이 발생한 사안에서 기획여행업자의 신의칙상 안전배려의무 및 그 의무위반을 인정한 대법원 1998. 11. 24. 선고 98다25061 판결이다. 이러한 의무는 부수의무의 일종이다. 그 후 기획여행 중 특정 시설(일본 스키장) 이용을 목적으로 하는 자유여행상품에 대해 여행업자에게 안전배려의무를 인정한 대법원 2007. 5. 10. 선고 2007다3377 판결이 선고되었다. 2010년대에도 그 연장선상에서 여행업자의 안전배려의무 및 그 구체적인 내용에 대한 후속 판결들이 선고되었다.[276)]

1. 선택관광 중 현지 여행업자의 잘못으로 발생한 사고에 대한 기획여행 업자의 책임

대법원 2011. 5. 26. 선고 2011다1330 판결은 기획여행업자의 주의의무에 관한 일반론을 제시하는 한편, 약관에서 기획여행업자가 현지 여행업자 등의 고의 또는 과실로 인한 가해행위에 대해 책임을 지기로 한 경우 현지 여행업자가 어떤 의미인지를 판시하였다. 우선 대법원은 기획여행업자는 여행자의 생명·신체·재산 등의 안전을 확보하기 위하여 여행목적지·여행일정·여행행정·여행서비스기관의 선택 등에 관하여 미리 충분히 조사·검토하여 여행계약 내용의 실시 도중에 여행자가 부딪칠지 모르는 위험을 미리 제거할 수단을 강구하거나, 여행자에게 그 뜻을 고지함으로써 여행자 스스로 위험을 수용할지에 관하여 선택할 기회를 주는 등 합리적 조치를 취할 신의칙상 안전배려의무를 부담한다고 판시하였다. 한편 기획여행업자의 여행약관에서 여행업자의 여행자에 대한 책임의 내용 및 범위에 대해 규정하였다면 이는 위와 같은 안전배려의무가 여행계약상 주의의무로 명시된 것이라고 보았다. 한편 기획여행사가 현지 여행사와 연결되어 옵션투어(선택관광)를 제공하는 경우가 많은데, 이때 약관조항상 기획여행업자가 현지 여행업자의 고의 또는 과실에 대한 책임을 지기로 한 경우

---

276) 대법원 2011. 5. 26. 선고 2011다1330 판결; 대법원 2017. 12. 13. 선고 2016다6293 판결; 대법원 2017. 12. 22. 선고 2015다221309 판결; 대법원 2019. 4. 3. 선고 2018다286550 판결.

'현지 여행업자'는 '여행업자의 여행지 현지에서의 이행보조자 내지 여행업자가 사용을 승낙하였거나 또는 적어도 사용에 묵시적으로 동의한 복이행보조자'를 의미하는 것이라고 판시하였다. 대상판결 사안에서는 현지 옵션관광사를 통해 정글투어를 옵션관광으로 실시하였는데, 관광지로 이동하던 중 교통사고가 발생하였다. 기획여행업자인 피고는 현지 옵션관광사를 물색하여 연결시켜 주는 책임만 부담할 뿐 현지 여행업자가 일으킨 사고에 대한 책임까지 부담하지는 않는다고 다투었으나, 법원은 현지 옵션관광사는 이행보조자로서 약관상 현지 여행업자에 해당한다고 보았다. 이는 약관법상 고객유리의 원칙을 적용한 판결이라고도 볼 수 있다.

2. 기획여행업자의 안전배려의무의 범위와 한계

대법원 2017. 12. 23. 선고 2016다6293 판결은 일반론으로서 기획여행업자의 안전배려의무를 인정하면서도, 해당 사안에 관하여는 안전배려의무 위반을 부정하였다는 점에서 주목할 만한 판결이다. 여행자들은 여행사인 피고 회사와 기획여행계약을 체결하고 베트남 여행 중이었다. 이들은 자유시간인 야간에 숙소 인근 해변에서 물놀이를 하고 있었다. 피고 회사 소속 인솔자는 "바닷가는 위험하니 빨리 나오라"고 말하였다. 그러나 여행자들은 계속 물놀이를 하다가 파도에 휩쓸려 익사하였다. 대법원은 여행 실시 도중 안전배려의무 위반을 이유로 기획여행업자에게 손해배상책임을 인정하기 위해서는, 문제가 된 사고와 기획여행업자의 여행계약상 채무이행 사이에 직접 또는 간접적으로 관련성이 있고, 그 사고 위험이 여행과 관련 없이 일상생활에서 발생할 수 있는 것이 아니어야 하며, 기획여행업자가 그 사고 발생을 예견하였거나 예견할 수 있었음에도 그러한 사고 위험을 미리 제거하기 위하여 필요한 조치를 다하지 못하였다고 평가할 수 있어야 한다고 보았다. 또한 기획여행업자가 취할 조치는 여행일정에서 상정할 수 있는 모든 추상적 위험을 예방할 수 있을 정도일 필요는 없고, 개별적·구체적 상황에서 여행자의 생명·신체·재산 등의 안전을 확보하기 위하여 통상적으로 필요한 조치이면 된다고 보았다. 해당 사안에 관하여는, 망인들이 성년자이고, 사고 당시 음주한 상태가 아니었으며 별다른 신체장애도 없었던 것으로 보이는 점, 망인들을 포함한 여행자들이 사고 당일 야간에 숙소 인근 해변에서 물놀이하는 것은 여행계약의 내용에 명시되어 있지 않았고, 위 여행계약에 당일 오전에 해변에서 해수욕하거나 휴식을 취하는 자유시간 일정이 있었다는 점만으로 이러한 해변에서의 야간 물놀이가 위 여행계약의 급부와 관련이 있다고 보기 어려운 점, 위 사고는 피고 회사가 객관적으로 예견할 수 있는 위험에 해당한다고 보기 어려운 점 등에 비추어, 피고 회사가 안전배려의무를 위반하였다고 단정하기 어렵다고 보았다. 기획여행업자의 안전배려의무는 상황 의존적인 것으로서 제한 없이 확장되는 결과책임으로 이어져서는 안 된다는 점, 또한 기획여행계약의 급부 범위를 합리적으로 획정할 필요가 있다는 점을 일깨워 준 판결이다.

3. 현지 여행 중 사고로 인한 귀환운송비 등의 통상손해성

대법원 2019. 4. 3. 선고 2018다286550 판결은 여행자가 해외 여행계약에 따라 여행하는 도중 여행업자의 고의 또는 과실로 상해를 입은 경우, 이로 인하여 발생하는 귀환운송비 등 추가적인 비용이 통상손해에 해당하는지의 문제를 다루었다. 이 사건에서 원고는 여행업자인 피고 회사와 호주-뉴질랜드 패키지 여행계약을 체결하고 여행을 시작하였다. 그런데 여행일정 중 교통사고가 발생하여 원고가 정신적인 충격을 입었고, 현지에서 치료를 받다가 한국으로 조기 귀국하여 치료를 받았다. 원고는 이 모든 비용을 손해배상으로 청구하였고, 피고 회사는 가벼운 접촉사고에 불과하므로 이러한 원고의 정신적 충격이 통상손해에 해당하지 않는다고 다투었다. 대법원은, 여행자가 해외 여행계약에 따라 여행하는 도중 여행업자의 고의 또는 과실로 상해를 입은 경우 계약상 여행업자의 여행자에 대한 국내로의 귀환운송의무가 예정되어 있고, 사회통념상 국내로 조기 귀환할 필요성이 있다면, 그 추가 비용은 통상손해에 해당하거나 적어도 예견가능성이 있는 특별손해에 해당한다고 판단하였다.

　　여행업자는 여행계약상 주의의무 내지 신의칙상 안전배려의무를 부담한다.[277] 한편 패키지여행이라 불리는 기획여행 중 여행차량에 교통사고가 발생하였다면 여행업자는 그 사후 조치를 철저히 함으로써 여행자의 손해가 발생하지 않도록 하거나 그 손해를 경감시킬 주의의무를 부담한다. 이러한 사후조치의무에는 치료비지급의무와 귀환운송의무도 포함된다. 참고로 개정 민법 제674조의4는 부득이한 사유가 있는 경우 각 당사자는 계약을 해지할 수 있고, 계약상 귀환운송 의무가 있는 여행업자는 계약 해지 시에도 여전히 귀환운송 의무를 부담한다고 규정한다.[278] 대상판결 사안을 살펴보면 원고가 경미한 교통사고에 대하여 다소 특이한 증상과 반응을 보인 것은 사실이다. 해당 사고는 투어버스의 후사경에 흠집이 나고 상대방 차량의 후사경이 깨지는 정도의 간단한 접촉사고에 불과하였고, 원고 외에는 누구도 다치거나 이상증세를 보인 여행자가 없었다. 그런데 원고는 조기 귀환을 요청하고, 사고 이틀 후 발작 증세를 일으키기도 하였다. 그러나 이러한 증상이나 반응이 이례적이라고 하더라도 그 증상이나 반응이 교통사고로 인한 것임에 틀림없고, 한국을 떠나 외국에서 여행 중 발생한 사태이므로 정신적으로 충격을 받을 가능성도 있다. 또한 사고 직후 원고가 보여준 행동에 비추어 여행업자는 원고가 현지에서 치료를 받거나 조기 귀환할 것이라는 점을 예견할 수 있었다. 그 점에서 이러한 귀환운송비용 등을 통상손해의 범주에 포함시킬 수 있다.

Ⅵ. 개별 계약 관련 기타 판결

1. 민주화운동 관련 재판상 화해의 효력 범위

　　대법원 2015. 1. 22. 선고 2012다204365 전원합의체 판결은 민주화보상법 제18조 제2항에 따른 재판상 화해 간주의 의미와 효력에 관하여 다루었다. 재판상 화해는 민법상 화해계약과는 구별되나, 넓은 의미의 화

---

277) 대법원 1998. 11. 24. 선고 98다25061 판결; 대법원 2007. 5. 10. 선고 2007다3377 판결.
278) 다만 대상판결 사안에는 개정 민법이 적용되지 않았다.

해에 속하는 것으로 보아 여기에서 살펴보기로 한다. 원고 1, 2와 망 소
외 1(이하 '원고 1 등'[279])이라고 한다)은 민주화 운동을 하다가 수사기관에
불법체포, 구금된 후 고문 등에 의한 자백으로 유죄판결을 받고 복역하
였다. 이들의 억울한 사연은 세월에 묻히는 듯 했다. 그런데 세월이 흘러
「민주화운동관련자 명예회복 및 보상 등에 관한 법률」(이하 '민주화보상법'
이라고 한다)이 제정되었다. 민주화운동 관련자들에게 피해보상을 해 주기
위한 법이었다. 원고 1 등은 이 법에 따라 「민주화운동관련자명예회복및
보상심의위원회」(이하 '위원회'라고 한다)에 보상금을 신청하였고, 위원회는
이들에 대한 보상금지급결정을 하였다. 원고 1 등은 위원회의 보상금지
급결정에 동의하였다.

　　민주화보상법 제18조 제2항에 따르면 보상금신청인이 위원회의 보상
금지급결정에 동의하면 민주화운동과 관련하여 입은 피해에 대하여 민사
소송법에 따른 재판상 화해가 성립된 것으로 본다. 재판상 화해가 성립
하면 그 화해조서는 확정판결과 같은 효력을 가진다(민사소송법 제220조).
확정판결은 기판력을 가지므로 당사자는 그 기판력이 미치는 범위 내에
서는 더 이상 해당 사건의 권리관계를 다툴 수 없게 된다. 보상금신청인
이 위원회의 보상금지급결정에 동의하면, 민주화운동과 관련하여 입은 피
해에 대해서는 더 이상 추가 손해가 있음을 들어 배상청구를 할 수 없게
되는 것이다. 그런데 그 이후 원고 1 등에 대한 재심절차가 진행되어 종
전의 유죄판결이 취소되고 무죄판결이 확정되었다. 원고 1 등은 보상금
지급결정 이후에 자신들에 대한 무죄판결이 확정되었다는 사정 변경이
있었다는 점을 들어 추가적으로 위자료를 구하였다. 이와 관련하여 이러
한 위자료도 위원회의 보상금지급결정이 가지는 재판상 화해의 범위에
포함되는지 문제되었다.

　　대법원은 보상금신청인이 민주화운동과 관련하여 수사기관에 의하여
불법체포·구금된 후 고문 등 가혹행위를 당하여 범죄사실을 자백하고

---

279) 나머지 원고들은 망 소외 1의 배우자 및 자녀들이다.

그에 기하여 유죄판결을 받고 복역함으로써 입은 피해는 민주화운동과
관련하여 입은 피해에 해당하므로, 이에 대하여 신청인이 위원회의 보상
금 등 지급결정에 동의한 때에는 민주화보상법 제18조 제2항에 따라 재
판상 화해와 동일한 효력이 발생하고, 나중에 형사 재심절차에서 무죄판
결이 확정되었다고 하여 그 부분 피해를 재판상 화해의 효력이 미치는
범위에서 제외할 수는 없다고 보았다. 이에 대해 재심판결에 의한 유죄
판결 취소로 새로 밝혀진 억울한 복역 등으로 피해자가 입은 정신적 손
해에 대하여는 화해의 효력이 미치지 않으므로 이 부분에 대해서는 추가
로 배상청구를 할 수 있다는 반대의견이 있었다.

　　민주화보상법 제18조 제2항은 보상금신청인이 보상금지급결정에 동
의한 경우 "민주화운동과 관련하여 입은 피해"에 대하여 재판상 화해가
성립한다고 규정함으로써 그 피해의 범위를 제한하지 않는다. 즉 민주화
운동 관련 복역 등으로 인한 피해와 무죄로 밝혀진 억울한 복역으로 인
한 피해를 구별하지 않는다. 대상판결 전 판례에서도 "위자료를 포함하
여…민주화운동과 관련하여 입은 피해 일체"에 대하여 재판상 화해의 효
력이 미친다는 입장을 취하였다.[280] 대상판결의 다수의견 역시 그 연장
선상에서 민주화보상법상 문언에 충실한 해석론을 전개하였다. 물론 "민
주화운동과 관련하여 입은 피해"를 "그때까지 민주화운동과 관련하여 입
은 것으로 밝혀진 피해"로 해석하는 것도 불가능하지는 않다. 밝혀지지
않은 피해에 대한 보상금지급결정에 동의하기는 어렵기 때문이다. 또한
화해 당시 예상하지 못했던 손해에는 화해의 효력이 미치지 않는다는
법리를 적용할 여지도 있다.[281] 그러나 결론적으로는 다수의견이 타당하
다고 생각한다. 화해의 대상으로 삼은 사항에 대해서는 창설적 효력이
인정되므로 설령 그 사항 중 일부가 나중에 밝혀졌더라도 화해에 따른
기존 권리의무관계의 소멸과 새로운 권리의무관계의 창설의 효력은 온존
한다. 이는 재판상 화해의 경우도 마찬가지이다. 또한 향후 재심을 통해

280) 대법원 2014. 3. 13. 선고 2012다45603 판결.
281) 대법원 2001. 9. 14. 선고 99다42797 판결.

무죄판결을 선고받을 수도 있다는 사정이 보상금지급결정 동의 당시 예상하기 어려웠던 사정이라고 보기도 어렵다. 나아가 민주화운동 관련 복역 등으로 인한 피해와 재심에서 무죄판결이 선고되어 새로 발생한 피해를 구별하는 것도 쉽지 않다. 오히려 민주화보상법은 이러한 복역 등이 부당하다는 전제에 서서 이로 인한 피해 일체를 보상하려는 입법 취지를 가진 것으로 보인다. 그러한 점에서 대상판결은 수긍할 수 있다고 생각한다.

2. 의료계약과 연명치료 중단

대법원 2016. 1. 28. 선고 2015다9769 판결은 연명치료 중단을 명하는 판결이 확정된 경우 기존 의료계약이 어떻게 되는지를 다루었다. 이 사건에서 소외 1은 의료기관인 원고와 의료계약을 체결하고 원고 병원에 입원하였다가 지속적 식물인간 상태에 빠져 연명치료를 받고 있었다. 소외 1의 자녀들인 피고 1 내지 4 및 피고 4가 대리한 소외 1은 원고를 상대로 연명치료장치제거 등을 구하는 소를 제기하였고, 법원은 소외 1의 청구만을 받아들여 연명치료중단 판결을 선고하였으며, 그 판결은 대법원에서 확정되었다. 이 판결이 이른바 김할머니 판결로 널리 알려진 연명치료중단 판결이다.[282] 원고 병원 의료진은 이 확정판결에 따라 소외 1에게 부착된 인공호흡기를 제거하였으나 소외 1은 7개월 가까이 자발호흡으로 연명하다가 사망하였다. 소외 1의 상속인으로는 자녀인 피고 1 내지 4가 있다. 또한 기존 의료계약에 따른 총 진료비 중 미납진료비가 약 8,700만 원에 달하였다. 그런데 피고들은 연명치료중단 판결이 확정됨으로써 그 소송의 소장부본 송달 또는 1심판결 송달로 기존 의료계약이 해지되었다고 다투었다. 피고들의 주장에 따르면 해지 이후에 발생한 진료비에 대해서는 피고들이 아무런 책임을 부담하지 않게 된다. 그러나 대법원은 이러한 피고들의 주장을 받아들이지 않았다.

---

282) 대법원 2009. 5. 21. 선고 2009다17417 전원합의체 판결. 그 이후 「호스피스·완화의료 및 임종과정에 있는 환자의 연명의료결정에 관한 법률」이 제정되었다.

대상판결은 2009년 대법원 전원합의체 판결의 취지에 따라, 회복불
가능한 사망의 단계에 이른 후에 환자가 인간으로서의 존엄과 가치 및
행복추구권에 기초하여 자기결정권을 행사하는 것으로 인정되는 경우에
는 특별한 사정이 없는 한 연명치료의 중단이 허용될 수 있다는 일반론
을 밝힌 뒤, 환자가 의료인과 사이에 의료계약을 체결하고 진료를 받다
가 미리 의료인에게 자신의 연명치료 거부 내지 중단에 관한 의사(이하
'사전의료지시'라고 한다)를 밝히지 않은 상태에서 회복불가능한 사망의 단
계에 진입을 하였고, 환자 측이 직접 법원에 연명치료 중단을 구하는 소
를 제기한 경우에는, 특별한 사정이 없는 한, 연명치료 중단을 명하는 판
결이 확정됨으로써 그 판결의 주문에서 중단을 명한 연명치료는 더 이상
허용되지 않지만, 환자와 의료인 사이의 기존 의료계약은 판결 주문에서
중단을 명한 연명치료를 제외한 나머지 범위 내에서는 유효하게 존속한
다고 판시하였다.[283] 이는 일부 해지가 아니라 진료내용의 변경을 의도한
것으로 이해된다.[284] 참고로 2009년 전원합의체 판결도 "진료행위의 내용
변경"을 요구할 수 있다는 표현을 사용하였다.

이러한 대상판결의 태도는 타당하다. 연명치료는 의료계약을 통해
제공되는 의료서비스의 한 내용일 뿐 그 전부가 아니다. 그렇기 때문에
연명치료 중단판결이 확정되었더라도 환자가 사망할 때까지 기본적인 보
살핌을 위해 요구되는 나머지 의료행위는 계속되어야 한다.[285] 즉 시시각
각 변하는 상황에 따라 구체적인 진료내용이 달라지듯, 연명치료 중단판
결도 그러한 변수의 하나로 보아 구체적인 진료내용이 이에 대응하여 달
라지는 것일 뿐이다. 그렇다면 기존 의료계약의 진료내용에서 연명치료

283) 대상판결 이전의 학설도 그렇게 새겼다. 예컨대 김천수, "연명치료에 관한 계약
법적 고찰", **성균관법학**, 제21권 제3호(2009), 89면.
284) 박정제, "연명치료 중단과 기존 의료계약의 존속 여부", **대법원판례해설**, 제107호
(2016), 432면.
285) 「호스피스·완화의료 및 임종과정에 있는 환자의 연명의료결정에 관한 법률」
제19조 제2항은 "연명치료중단등결정 이행 시 통증 완화를 위한 의료행위와 영양
분 공급, 물 공급, 산소의 단순 공급은 시행하지 아니하거나 중단되어서는 아니
된다."라고 규정한다.

부분이 제외되는 시점은 언제인가? 대상판결에 따르면 그 시점은 연명치료 중단판결이 확정되는 시점이다. 그렇다면 이러한 판결은 계약의 내용을 변경시키는 형성력을 가지는 형성판결인가? 연명치료 중단소송은 이행소송의 형태를 취하고 있으나 대상판결에서는 그 실질을 일종의 형식적 형성소송으로 보았다.[286] 즉 연명치료 중단을 위해서는 회복불가능 단계로의 진입 외에도 환자의 자기결정이 필요한데, 사전의료지시가 없는 경우에는 법원의 판결이 확정되어야 비로소 환자가 연명치료 중단을 원한다는 추정적 의사의 존재도 확정된다는 것이다.

그렇다면 대상판결 사안과 달리 환자의 사전의료지시가 존재하는 경우에는 언제 진료내용의 변경이 이루어지는가? 이론적으로는 그 후 회복불가능 상태에 빠지는 시점에 연명치료가 진료내용에서 제외된다고 말할 여지가 충분하다. 그러나 환자의 사전의료지시가 가지는 의미를 놓고 다른 해석이 존재할 수 있는데다가, 연명중단이라는 조치가 가지는 심중함에 비추어 볼 때 실제로 회복불가능 상태에 빠지는 그 순간부터 의료진이 독자적으로 연명치료를 중단하기는 쉽지 않을 것이다. 또한 연명치료 중단소송의 성질이 사전의료지시의 존부에 따라 이행소송이 되기도 하고 형식적 형성소송이 되기도 하는 것은 부자연스럽다. 이제 이러한 논쟁은 입법적으로 정리되었다. 「호스피스·완화의료 및 임종과정에 있는 환자의 연명의료결정에 관한 법률」 제19조 제1항은 연명의료중단 등 결정의 이행 시점을 규정하고 있기 때문이다. 이에 따르면 담당의사는 ① 제17조에 따라 연명의료계획서, 사전연명의료의향서 또는 환자가족의 진술을 통하여 환자의 의사로 보는 의사가 연명의료중단등결정을 원하는 것이고, 임종과정에 있는 환자의 의사에도 반하지 아니하는 경우, ② 제18조에 따라 연명의료중단등결정이 있는 것으로 보는 경우 즉시 연명의료중단등결정을 이행해야 한다.

---

286) 박정제(주 284), 433면.

제4장 채권각론 − 사무관리 · 부당이득 · 불법행위

제1절 개   관

민법전 채권편의 제3장 사무관리, 제4장 부당이득, 제5장 불법행위
는 법정채권에 관한 장이다. 법정채권이라는 공통점 때문에 사무관리 ·
부당이득 · 불법행위는 하나의 카테고리로 묶여 고찰 대상이 되기도 한
다.[287] 하지만 각각의 분야가 차지하는 비중은 같지 않다. 실제로는 법정
채권 분야에서 불법행위가 압도적으로 큰 비중을 차지하고 있다. 재판실
무상으로도 불법행위 사건으로 분류할 만한 사건들은 부당이득 또는 사
무관리 사건으로 분류할 만한 사건들보다 훨씬 많다. 아울러 불법행위법
은 극히 다양한 사안 유형들을 규율하고 있어 그 법 분야 내에서 사건
유형별 법리가 점점 전문화되어 가는 양상을 보인다. 아울러 불법행위법
은 속성상 사회의 현안과 밀접하게 연결된 경우가 많아 사회에 큰 파급
효과를 일으키는 판결들도 자주 선고된다. 2010년대에도 불법행위의 문
제를 주된 쟁점으로 삼은 10건의 전원합의체 판결들이 선고되었는데, 이
들은 모두 사회적으로나 학리적으로 상당한 의미를 가지는 것들이다. 부
당이득은 불법행위에 미치지는 못하나 여전히 중요한 법정채권 분야이
다. 재판실무에서도 자주 문제될 뿐만 아니라 학술이론상으로도 첨예하
고 난해한 쟁점들을 계속 생산해내는 분야이다. 근년에는 독일의 부당
이득법 이론이 큰 영향을 미치고 있다. 이러한 점 때문에 2010년대에는
8건의 전원합의체 판결들이 부당이득의 문제를 주된 쟁점으로 다루었다.
반면 사무관리는 법정, 강의실, 연구실 어디에서도 깊이 있는 연구 대상
이 되는 것 같지 않다. 사무관리의 세계는 계약법이나 부당이득법의 영
역이 확장될수록, 상호부조 행위가 줄어들수록 축소된다. 또한 민법 제
734조 내지 제740조에 규정된 사무관리 일반론은 이에 우선하는 개별 조
항[288]이 늘어날수록 적용 빈도가 낮아진다. 이러한 이유 때문인지 우리나

---

287) 加藤雅新, 事務管理 · 不當利得 · 不法行爲, 新民法大系 V, 第2版(有斐閣, 2005).
288) 민법 제203조, 제325조와 같은 비용상환청구권 조항이 그 예이다.

라 재판실무에서 사무관리가 문제되는 경우는 드물다.[289] 사무관리에 관한 학술적인 연구도 충분히 이루어졌다고 할 수 없다. 독일에서 사무관리 법리를 적용한 판례가 많고, 이에 따른 학설상 논의도 활발한 것과는 대조적이다.[290] 하지만 2010년부터 2020년 사이에는 주목할 만한 사무관리 관련 판결들이 선고되었다. 아래에서 살펴본다.

제2절 사무관리

Ⅰ. 사무관리 의사

대법원 2010. 1. 14. 선고 2007다55477 판결은 사무관리 성립요건 중 하나인 사무관리 의사[291]에 관하여 다루었다.[292] 대상판결의 요지부터 말하면 다음과 같다. 계약에 따른 사무처리는 계약상 채무이행일 뿐 사무관리가 아니다. 하지만 계약의 범위를 벗어난 사무처리는 사무관리가 될 수 있다. 이때 계약 당사자가 향후 상대방과 사이에 별도 계약이 체결되리라 기대하고 사무처리를 하였다면 사무관리 의사를 인정할 수 있다. 이처럼 사무관리가 성립하면 사무관리자는 본인에게 비용상환을 청구할 수 있다. 한편 사무관리자가 영업의 일환으로 유상으로 타인을 위하여 일하는 사람이라면 상환대상이 되는 비용은 통상적인 보수에 상당하는 액수이다.

해당 사안에서 피고는 대한주택공사로부터 도급받은 공사를 수행하

---

289) 박운삼, "사무관리에 있어서 사무관리의사와 보수청구에 관하여", **판례연구(부산판례연구회)**, 제23집(2012). 305면.

290) 이병준, "사무관리 제도의 기능과 그 적용범위 : 계약이 성립하지 않거나 무효인 경우를 중심으로", **고려법학**, 제56호(2010), 138면.

291) 사무관리의 성립에 사무관리의사라는 주관적 요건이 필요하지 않다는 견해도 있으나(이은영, **채권각론**, 제4판(박영사, 2004), 649면 이하), 이는 "타인을 위하여" 사무를 관리할 것을 요하는 민법의 명문 규정에 반한다. 대법원은 사무관리의사를 사무관리 성립요건으로 본다. 대법원 1995. 3. 3. 선고 93다36332 판결; 대법원 2010. 2. 11. 선고 2009다71558 판결; 대법원 2010. 6. 10. 선고 2009다98669 판결.

292) 이 판결에 대한 평석으로 이병준, "사무관리의 성립과 노무 제공에 따른 보수청구권 : 대법원 2010. 1. 14. 선고 2007다55477 판결에 대한 평석", **안암법학**, 제34호(2011); 박운삼(주 289).

는 자이자 공사 현장에서 발생하는 폐기물배출자로서 그 폐기물을 처리해야 하는 지위에 있었다. 한편 원고는 폐기물처리업체로서 건설폐기물 처리 용역계약에 따라 건설폐기물 처리업무를 실제로 수행하고 있었다. 건설폐기물 처리 용역계약은 공사 발주자인 대한주택공사와 폐기물 처리업체인 원고 사이에 체결되었으나, 건설폐기물 처리에 관한 종국적인 의무는 건설폐기물에 관한 전반적인 관리책임을 맡고 있는 피고가 부담하였다. 한편 당초의 계약 물량을 초과한 건설폐기물이 발생하자 원고가 건설폐기물의 처리를 중단하였다가 피고의 요청으로 용역업무를 재개하여 위 초과 건설폐기물을 처리하게 된 것이었다. 대법원은 원심법원과 마찬가지로 이 경우 원고가 피고를 위하여 사무를 처리하는 의사를 가지고 초과 건설폐기물을 처리하였다고 판단한 것이다. 도급계약에서는 현장의 상황으로 인해 일단 계약에서 정한 범위를 벗어나는 조치를 취하는 경우가 발생하기도 한다. 대상판결은 이때 계약법의 보충규범으로서 사무관리법이 활용될 수 있다는 점을 보여주었다.

Ⅱ. 전용물소권과 사무관리

대법원 2013. 6. 27. 선고 2011다17106 판결은 전용물소권의 법리가 사무관리와 관련해서도 적용될 수 있음을 보여주었다. 해당 사안에서 원고는 대한민국의 해군 전술자료 처리체계(Korean Naval Tactical Data System, KNTDS)의 유지·보수를 담당하는 용역업체였다. 한편 KNTDS에는 영국회사가 발간하는 군사 정보 관련 연감인 Jane's Yearbook의 내용을 전산상 열람할 수 있는 Jane's Data System(JDS)이 설치되어 있었다. 그런데 JDS를 이용하려면 매년 영국회사로부터 JDS 사용권을 취득하여야 했다. 용역계약상 이러한 JDS 사용권의 취득의무는 용역업체인 원고에게 있었다. 그런데 원고와 대한민국의 용역계약이 종료되기 전 JDS 사용권이 만료될 상황이 되자 원고는 1년치 JDS 사용권을 구매하였고, 용역계약 종료 후 약간의 공백을 거쳐 피고가 새로운 용역업체로 선정되었다. 피고는 원고가 이미 1년치 JDS 사용권을 구매하여 놓은 덕택에 자신의 비용으로 이를 구매할 필요가 없었다. 그러자 원고는 피고에게 피고가 절감한 비용 상당액의 부당이득반환 청구를 하였다.

대상판결의 요지는 다음과 같다. 계약상 급부가 계약 상대방뿐 아니라 제3자에게 이익이 된 경우에 급부를 한 계약당사자는 계약 상대방에 대하여 계약상 반대급부를 청구할 수 있는 이외에 제3자에 대하여 직접 부당이득반환청구를 할 수는 없다고 보아야 하고, 이러한 법리는 급부가 사무관리에 의하여 이루어진 경우에도 마찬가지이다. 따라서 의무 없이 타인을 위하여 사무를 관리한 자는 타인에 대하여 민법상 사무관리 규정에 따라 비용상환 등을 청구할 수 있는 외에 사무관리에 의하여 결과적으로 사실상 이익을 얻은 다른 제3자에 대하여 직접 부당이득반환을 청구할 수는 없다.

이 사건에서 원고는 대한민국과의 용역계약 기간 중에만 JDS 사용이 가능하도록 사무를 처리하면 되는 상황이었다. 그러나 JDS 사용권은 1년 단위로 구매하도록 되어 있었고, 대한민국은 원고에게 용역계약 직후 JDS 사용이 불가능할 경우 업무에 차질이 빚어질 수 있다는 통지를 한 상황이었으므로 원고는 자신에게 계약상 요구되는 범위를 넘어서서 JDS 사용권을 구매할 수밖에 없었다. 이처럼 계약을 넘어선 관리행위는 앞서 대법원 2010. 1. 14. 선고 2007다55477 판결에서 본 것처럼 사무관리에 해당한다. 그런데 여기에서 사무관리의 상대방은 새로운 용역업체인 피고가 아니라 JDS 사용주체인 대한민국이다. 그러므로 원고는 대한민국을 상대로 사무관리에 기한 비용상환청구권을 행사하는 것이 타당하다. 이로 인하여 새로운 용역계약을 체결한 피고도 간접적으로 이익을 얻었으나, 이 경우 사무관리로 인한 비용상환청구권에 더하여 피고에 대한 부당이득반환청구까지 인정할 경우 사무관리자가 과도하게 우대받는 결과가 되고, 피고가 대한민국에 대하여 가지는 계약상 항변권 등을 침해하게 되어 부당하다. 이러한 이익상황을 부당이득에 관하여 반영한 것이 전용물소권의 법리이다.[293] 대상판결은 이러한 전용물소권의 법리가 사무관리에도 적용될 수 있음을 명확히 하였다. 사무관리는 부당이득이 아니지만 비용부당이득의 정신을 공유한다는 점을 생각하면 이해할 수 있는 판결이다.

Ⅲ. 원유 유출 사고와 사무관리

대법원 2014. 12. 11. 선고 2012다15602 판결은 국가를 위한 사무관리 문제를 다루었다. 충남 태안에서 선박간 충돌로 인해 원유가 유출되는 사고(이른바 '허베이호 사고')가 발생하였다. 이 사고는 그 이후 「허베이스피리트호 유류오염사고 피해주민의 지원 및 해양환경의 복원 등에 관한 특별법」의 제정으로 이어질 정도로 유례없는 대형 해양오염사고로 사회의 이목을 끌었다. 사고 직후 해양오염의 확산을 막아야 하는 급박한 상황에서 해양경찰은 해상 방제업을 영위하는 민간업체인 원고에게 방제작업 지원을 요청하였다. 이에 원고는 국가기관인 해양경찰의 직접적인 지휘를 받아 방제작업을 보조하였다. 그 후 원고는 피고인 국가를 상대로 용역비를 청구하였다. 그런데 원고와 피고 사이에는 어떤 계약에 체결된 것은 아니었다. 그러므로 계약상 용역비청구는 불가능하였다. 따라서 원고가 피고에게 사무관리로 인한 비용상환을 청구할 수 있는지가 문제되었다.

대법원은 타인의 사무가 국가의 사무인 경우, 원칙적으로 사인이 법령상 근거 없이 국가의 사무를 수행할 수 없다는 점을 고려하면, 사인이 처리한 국가의 사무가 사인이 국가를 대신하여 처리할 수 있는 성질의 것으로서, 사무 처리의 긴급성 등 국가의 사무에 대한 사인의 개입이 정당화되는 경우에 한하여 사무관리가 성립하고, 사인은 그 범위 내에서 국가에 대하여 국가의 사무를 처리하면서 지출된 필요비 내지 유익비의 상환을 청구할 수 있다고 보았다. 해당 사안에 관하여 대법원은, 원유 유출사고에 따른 해양오염을 방지하기 곤란할 정도로 긴급방제조치가 필요한 상황이었고, 위 방제작업은 국가의 의무 영역과 이익 영역에 속하는

---

293) 대법원 2002. 8. 23. 선고 99다66564, 66571 판결; 대법원 2005. 4. 15. 선고 2004다49976 판결; 대법원 2011. 11. 10. 선고 2011다48568 판결.

사무이며, 원고가 방제작업을 하면서 해양경찰의 지시·통제를 받았던 점 등에 비추어 원고는 국가의 사무를 처리한다는 의사로 방제작업을 한 것으로 볼 수 있으므로, 사무관리에 근거하여 국가에 방제비용을 청구할 수 있다고 보았다.

사무관리의 사무에 국가나 지방자치단체와 같은 공법인의 사무도 포함되는가? 일반적으로 국가의 사무는 국가가 직접 처리해야 한다. 만약 사인(私人)이 국가의 사무를 수행하려면 법령에 근거하여 그 권한을 위탁받아야 한다(정부조직법 제6조 제3항). 그런데 국가의 사무 중에는 속성상 사인이 대신 수행할 수도 있고, 또 사인이 수행할 필요가 있는 상황도 있다. 이러한 경우에는 사인이 공무를 수탁받아 처리한 것은 아니라도 일단 그 공무를 처리한 후 비용을 상환해 달라고 요구할 수도 있다. 즉 국가의 사무라는 이유로 언제나 사무관리의 성립이 부정되는 것은 아니다. 대상판결 이전에 선고되었던 대법원 2013. 6. 27. 선고 2011다17106 판결도 국가에 대한 사무관리가 성립할 수 있다는 점을 암묵적으로 전제하였던 판결이다. 일본의 해석론도 같은 취지이다.[294]

이 사건의 경우 원유 유출사고 처리를 위한 방제작업은 국가 및 사고 선주의 사무이지만 사인이 대신 수행할 수 있는 속성의 것이었다. 또한 사태의 긴박성에 비추어 해양오염을 막기 위해 국가 외의 민간 방제업체들도 동원될 필요성이 있는 상황이었다. 이러한 방제작업은 국가의 요청에 따른 것이었으므로 국가의 의사에 명백히 반하여 이루어진 사무 처리도 아니었다. 행정 주체 사이의 사무관리에 대해서는 공법상 사무관리 이론이 적용되어야 하나,[295] 이 사안에서는 사무관리의 주체가 사인이었다. 대상판결은 이러한 제반 사정을 참작하여 국가의 사무에 대한 민법상 사무관리를 인정하였다.[296]

---

294) **新版注釋民法(18)**, 債權(9)(有斐閣, 2015), 175-178면(高木多喜男 집필부분).
295) 최계영, "행정주체 사이의 사무관리와 비용상환청구-독일의 공법상 사무관리 이론을 중심으로-", **특별법연구**, 제14권(2017) 참조.
296) 이에 대해서는 해당 사안은 공법상 사무관리 사안이므로 공법상 당사자소송의 형태로 처리되었어야 한다는 행정법학자의 비판이 있다. 김중권, "사인의 방제보조

Ⅳ. 사무관리 관련 기타 판결

1. 채권자대위권과 사무관리

대법원 2013. 8. 22. 선고 2013다30882 판결은 채권자대위권과 사무관리의 상호관계를 다루었다. 이 판결에 따르면, 채권자가 자신의 채권을 보전하기 위하여 채무자가 다른 상속인과 공동으로 상속받은 부동산에 관하여 공동상속등기를 대위신청하였다면, 채권자는 자신의 채무자가 아닌 제3자에 대하여도 다른 특별한 사정이 없는 한 사무관리에 기하여 그 등기에 소요된 비용의 상환을 청구할 수 있다고 보았다. 사무관리가 성립하려면 타인을 위하여 사무를 처리할 것이 요구된다. 한편 채권자는 자기 채권을 보전하기 위해 타인의 권리를 행사한다. 그런데 대상판결은 이러한 점만으로 공동상속인들을 위하여 사무를 처리한다는 의사가 부인되지는 않는다고 보았다. 사무관리의사는 관리의 사실상 이익을 타인에게 귀속시키려는 의사로 충분하고, 그 사무관리가 결과적으로 관리자 자신에게도 이익이 된다고 하여 사무관리의사가 부정되지 않는다는 것이다.

2. 제3자와의 약정에 의한 사무처리와 사무관리

대법원 2013. 9. 26. 선고 2012다43539 판결은, 의무 없이 타인의 사무를 처리한 자는 그 타인에 대하여 민법상 사무관리 규정에 따라 비용상환' 등을 청구할 수 있으나, 제3자와의 약정에 따라 타인의 사무를 처리한 경우에는 의무 없이 타인의 사무를 처리한 것이 아니므로 이는 원칙적으로 그 타인과의 관계에서는 사무관리가 된다고 볼 수 없다고 보았다. 사무관리자는 제3자와의 약정에 따라 제3자와의 관계에서는 타인의 사무를 처리할 의무가 있다. 그러나 사무관리자와 타인 간에는 아무런 계약이 없으므로 타인과의 관계에서는 여전히 그러한 의무가 없다고 볼

작업에 대한 사무관리적 접근의 문제점", 법률신문 제4315호(2015) 참조.

수도 있다. 그 점에서 대상판결의 논리에는 의문이 제기된다. 그러나 다른 한편 사무관리자는 제3자와의 약정에 따른 자신의 채무 이행으로서 사무를 처리한 것이므로 타인의 사무처리를 요건으로 하는 사무관리는 성립하지 않는다고 볼 수도 있다. 또한 설령 이를 타인의 사무처리라고 보더라도 그 사무처리에 따른 법률관계는 사적 자치의 원칙에 따라 우선 제3자와의 약정에서 정한 바에 따라 처리되어야 하므로,[297] 제3자와의 약정에서 그 약정 이행에 따른 비용상환 문제를 이미 규율하고 있다면 사무관리 법리는 적용될 여지가 없다. 결국 해당 사안에서 사무관리는 성립하지 않는다고 한 대상판결의 결론은 타당하다.

제3절 부당이득
Ⅰ. 부당이득 성립요건
1. 이 익

부당이득이 성립하려면 이익이 있어야 한다. 이에 관해 대법원은 "법률상 원인없이 이득하였음을 이유로 한 부당이득반환에 있어서 이득이라 함은 실질적인 이익을 가리키는 것이므로 법률상 원인없이 건물을 점유하고 있다고 하여도 이를 사용수익하지 못하였다면 실질적인 이익을 얻었다고 볼 수 없는 것"이라는 입장을 취한다.[298] 이러한 실질적 이익의 개념은 본래 임대차관계에서 임차인 보호를 위해 창안된 것인데 최근에는 다양한 사안 유형으로 일반화되는 경향을 보이고 있다. 이러한 판례의 태도에 대해서는 유력한 비판론이 제기되고 있다.[299] 어쨌든 대법원은 2010년대에도 실질적 이익 개념에 기초한 듯한 판결들을 계속 선고하였다.[300] 가령 대법원 2011. 9. 8. 선고 2010다37325, 37332 판결은 甲이

---

297) 이준현, "제3자와의 약정에 따른 타인 사무의 처리는 사무관리가 될 수 없는가", **민사법학**, 제66호(2014), 567면.
298) 대법원 1984. 5. 15. 선고 84다카108 판결 등 다수.
299) 예컨대 이계정, "송금된 금원에 대한 예금 명의인의 부당이득반환의무 유무의 판단기준 : 부당이득에 있어서 이득의 개념을 중심으로", **민사판례연구**, 제35권 (2013), 575－578면.
300) 무권한자의 변제수령에 관한 민법 제472조의 적용 문제를 다룬 대법원 2014.

丙 명의의 계좌에 송금한 당일 丙 명의의 계좌 통장과 도장을 소지하고 있던 乙이 전액 인출한 경우 부당이득자는 실질적 이익을 취득한 乙이라고 보았다. 대법원 2015. 5. 29. 선고 2012다92258 판결은 금전채권의 질권자가 피담보채권을 초과하여 금전을 지급받았다가 그 초과 지급부분을 질권설정자에게 그대로 반환한 경우에는 초과 지급부분에 관하여 질권자가 아닌 질권설정자가 실질적 이익을 받았으므로 질권자를 상대로 그 부분에 대한 부당이득반환청구를 할 수 없다고 보았다. 대법원 2016. 4. 28. 선고 2012다19659 판결은 복수의 양도담보 목적물이 부합되어 그중 피부합목적물에 대한 양도담보권자가 손해를 본 경우 이로 인하여 실질적 이익을 입은 자는 양도담보설정자이므로 양도담보권자를 상대로 민법 제261조에 따른 보상을 청구할 수 없다고 보았다. 대법원 2018. 5. 30. 선고 2018다201429 판결도 비슷한 맥락에서 타인의 토지를 건물부지로 무단점유, 사용하는 경우 그 건물을 실제로 사용, 수익하는 양도담보설정자가 부당이득반환의무를 부담한다고 판시하였다. 이러한 일련의 판례의 태도는 부당이득관계에서는 누구에게 이익이 귀속되는가를 따지지 않을 수 없고, 이 경우에 법 형식에 지나치게 얽매이지 않고 이익상황의 실질을 보아야 한다는 취지로 본다면 이해하지 못할 바 없다.

2. 손　해

대법원 2020. 5. 21. 선고 2017다220744 전원합의체 판결은 집합건물 공용부분에 대한 부당이득반환청구에 관하여 다루면서 부당이득에 있어서 손해의 요건이 가지는 의미를 다루었다. 집합건물인 상가건물의 구분소유자 중 1인인 피고는 자신의 전유부분을 넘어서 공용부분인 1층 복도와 로비에도 영업시설을 설치하여 이를 마치 전유부분처럼 독점적으로 사용·수익하였다. 그러자 집합건물 관리단인 원고가 피고를 상대로 공용부분 인도 및 부당이득반환을 청구하였다.

대상판결의 요지는 다음과 같다. 구분소유자 중 일부가 정당한 권원

10. 15. 선고 2013다17117 판결도 실질적인 이익의 개념을 사용하고 있다.

없이 집합건물의 복도·계단 등과 같은 공용부분을 배타적으로 점유·사용함으로써 이익을 얻고 그로 인하여 다른 구분소유자들이 해당 공용부분을 사용할 수 없게 되었다면 공용부분을 무단점유한 구분소유자는 특별한 사정이 없는 한 해당 공용부분을 점유·사용함으로써 얻은 이익을 부당이득으로 반환할 의무가 있다. 해당 공용부분이 구조상 이를 별개 용도로 사용하거나 다른 목적으로 임대할 수 있는 대상이 아니더라도 무단점유로 인하여 다른 구분소유자들이 해당 공용부분을 사용·수익할 권리가 침해되었고 이는 그 자체로 민법 제741조에서 정한 손해로 볼 수 있다. 이러한 법리는 구분소유자가 아닌 제3자가 집합건물의 공용부분을 정당한 권원 없이 배타적으로 점유·사용하는 경우에도 마찬가지로 적용된다. 이에 대해 필수적 공용부분은 별개 용도로 사용하거나 다른 목적으로 임대할 수 있는 대상이 아니므로 구분소유자 중 일부나 제3자가 점유·사용하였더라도 이로 인하여 다른 구분소유자에게 차임 상당 이익을 상실하는 손해가 발생하였다고 볼 수 없다는 반대의견이 있었다.

대상판결은 종래 판례[301]를 변경하고 공용부분에 대한 부당이득반환청구를 인정하였다. 이 사건에서는 여러 부당이득 유형 중 침해부당이득이 문제된다. 침해부당이득에서의 손해는 배타적으로 할당된 법적 이익의 침해 상태를 의미한다. 이러한 침해 상태는 그 자체로 손해를 구성한다. 그러한 의미에서 침해부당이득에서 이득과 손해는 동전의 양면 또는 물체와 그 거울상(mirror image)의 관계에 있다. 집합건물도 마찬가지이다. 집합건물 구분소유자들은 공용부분을 공유한다. 공유도 물건을 사용·수익·처분할 수 있는 소유권의 속성을 지닌다. 따라서 공용부분 공유자들은 그 부분을 그 용도에 따라 사용할 수 있고(집합건물법 제11조) 규약에 달리 정한 바가 없으면 그 지분비율에 따라 공용부분에서 생기는 이익을 취득한다(집합건물법 제17조). 그런데 공유자 중 1인이 공용부분을 배타적으로 무단사용하면 그 범위에서 다른 공유자들에게 할당된 법적 이익으

---

301) 대법원 2015. 11. 26. 선고 2014다31684 판결 등 다수.

로서의 사용·수익권이 그 무단사용 공유자에게 귀속되는 듯한 왜곡 상태가 발생하고 이로써 다른 공유자들의 사용·수익권이 침해된다. 이러한 상태는 곧 부당이득법상 손해를 구성한다. 다른 공유자들에게 실제로 손해가 발생하였는지, 목적물을 제3자에게 임대하여 차임을 얻을 수 있었는지를 별도로 따질 필요가 없다. 대상판결은 부당이득의 성립요건인 손해의 의미를 좀더 명확하고 구체적으로 규명하면서 특히 유형론의 연장선상에서 침해부당이득의 본질을 더욱 잘 이해하는 데 도움이 되는 판결이다. 다만 반대의견이 제기한 세세한 문제점들 가령 공용부분의 사용·수익권 침해에 따른 부당이득액을 어떻게 산정할 것인지, 관리단과 구분소유자의 부당이득반환청구권의 상호관계가 무엇인지 등은 향후 판례의 축적을 통하여 더욱 명확히 해야 할 부분이다.

3. 법률상 원인
가. 국립대 기성회비와 법률상 원인

대법원 2015. 6. 25. 선고 2014다5531 전원합의체 판결은 국립대학의 기성회가 기성회비를 납부받은 것이 '법률상 원인 없이' 타인의 재산으로 이익을 얻은 경우에 해당하지 않는다고 보았다. 이 사건에서는 수십년간 사실상 등록금의 일부처럼 납부해 온 기성회비가 부당이득에 해당하는가가 다투어졌다. 기성회비는 대학 운영재원의 상당 부분을 차지하고 있었다.[302] 그런데 기성회비의 납부에 관한 법적 근거가 불분명하였다. 고등교육법 제11조 제1항에 따르면 학교의 설립자·경영자는 "수업료와 그 밖의 납부금"을 납부받을 수 있다. 실제로 학생들이 납부하는 금액 항목은 수업료, 입학금, 기성회비였다. 그중 수업료는 징수 근거가 명확하고, 입학금은 "그 밖의 납부금"으로 이해하는 데 어려움이 없었다. 문제는 기성회비였다. 실제로는 대학이 직접 기성회비를 납부받지만, 법 형

---

302) 대상판결 이유에 따르면 국립대학 학생이 납부하는 총 등록금 중 기성회비가 차지하는 비중은 2002학년도부터 2007학년도까지는 약 80% 내외, 2010학년도에는 84.6%에 이르렀다.

식상으로는 기성회(期成會)라는 별도 단체가 이를 납부받아 대학에 기부 채납하는 것으로 이해되었다.

기성회는 사전적으로는 "어떤 일을 이루기 위하여 뜻을 같이하는 사람들이 조직한 모임"인데, 대학과 관련해서는 재정적인 후원단체를 가리킨다. 이처럼 법 형식상으로는 기성회비의 급부 수령 주체는 기성회이므로 그 급부에 관한 부당이득 반환 주체도 기성회이다. 기성회는 국립대학과 사립대학을 가리지 않고 널리 설립되어 있었는데, 사립대학은 1999년 기성회비를 폐지하여 수업료에 통합하였다. 그러나 국립대학은 이 사건이 문제될 때까지도 계속 기성회비를 납부받고 있었고, 국고회계와는 별도의 기성회계로 그 기성회비를 운영하였다. 2015년 「국립대학의 회계 설치 및 재정 운영에 관한 법률」이 제정·시행되어 기존의 국고회계와 기성회계가 대학회계로 통합되면서 국립대학의 기성회비가 수업료에 통합되었다.

국립대학이 당초 기성회비를 납부받아 재원에 충당한 이유는 수업료와 입학금만으로는 대학운영재원이 부족한데다가 국가로부터의 재정지원도 충분하지 않았기 때문이다. 기성회는 건국 후 대학을 설립하고 운영하는 재원이 부족한 상황에서 지역유지나 상공인이 후원회를 결성하여 대학의 재정을 부담한 데에서 비롯되었다. 그 이후 재정부담 주체가 학생 또는 학부모로 바뀌었다. 국가는 1963년 문교부 훈령인 「대학, 고·중학교 기성회 준칙」을 제정하여 기존의 등록금 외에 기성회비를 징수할 수 있는 근거를 마련하였고, 1977년 1월에는 문교부 훈령인 「국립대학(교) 비국고회계관리규정」을 제정하여 국고회계와 별도로 기성회회계를 운영할 수 있는 근거를 마련하였다. 이처럼 기성회비가 완전히 제도권 바깥에 있었던 것은 아니다. 오히려 기성회비는 국가의 묵인 내지 승인 아래 사실상 등록금의 일부처럼 수십 년간 징수되어 대학 재원의 일부로 사용되어 왔다. 하지만 법률 차원에서는 기성회비의 납부 근거를 구체적으로 규정하지는 않았다. 바로 이 점 때문에 국립대학이 기성회비를 납부받을 법률상 원인이 없어 이를 부당이득으로 반환해야 한다는 본건 소송이 제

채 권 법 377

기된 것이다. 이와 관련하여 고등교육법 제11조 제1항의 "그 밖의 납부금"에 기성회비를 포함시켜 해석할 수 있는가가 쟁점이 되었다.

대상판결은 그렇게 해석할 수 있다고 보았다. 우선 대법원은 고등교육법 제11조 제1항 자체에서는 기성회비를 구체적으로 언급하고 있지 않지만, 그 외 사립학교법 등 다른 법률들[303]은 기성회비가 수업료와 유사한 실질을 가지고 있음을 고려하여 이를 수업료와 마찬가지로 취급하고 있다는 점에 주목하였다. 또한 법 형식상으로는 기성회장 명의로 기성회비 납부 고지를 하여 기성회가 이를 납부받은 뒤 대학에 기부채납하는 구조로 되어 있으나, 실질적으로는 대학이 완전한 지배권을 가지고 기성회비 액수를 결정하고 기성회를 거치지 않고 직접 학생으로부터 납부받아 대학 운영에 사용하고 있으므로, 그 점에서도 수업료와 다를 바가 없다고 보았다. 나아가 이를 실제로 대학 운영에 사용한 이상 원고들이 어떤 손해를 본 것이 아니고, 오히려 그 반환을 명하면 원고들이 대가 없이 국립대학을 이용하게 된 셈이 되어 부당이득제도의 본질인 공평과 이념에 반한다고 보았다. 요컨대 실질적으로 보면 기성회비는 수업료와 마찬가지로 공법상 영조물인 국립대학의 이용대가의 일부로 납부되어 왔고, 고등교육법 제11조 제1항도 그 납부 근거로 해석될 수 있으므로 부당이득이 아니라는 것이다.[304] 이에 대해서는 고등교육법 제11조 제1항은 어디까지나 "학교의 설립자·경영자"가 납부받는 주체가 되는 경우에만 적

---

303) 「국가유공자 등 예우 및 지원에 관한 법률」 제25조 제1항, 「5·18 민주유공자 예우에 관한 법률」 제13조, 「북한이탈주민의 보호 및 정착지원에 관한 법률 시행령」 제46조 제3항, 「특수임무유공자 예우 및 단체설립에 관한 법률」 제12조 등은 교육지원의 내용으로 '수업료·입학금·기성회비'를 면제 또는 지원한다고 규정하고 있고, 사립학교법 제28조 제3항은 "고등교육법 제11조의 규정에 의한 수업료 기타 납부금(입학금·학교운영지원비 또는 기성회비를 말한다)을 받을 권리는 이를 압류하지 못한다."고 규정하고 있다.
304) 대상판결이 오토 마이어의 영조물 이용관계의 관념을 그대로 계승한 것으로 평가하면서, 이러한 관념은 이제 극복되어야 한다고 비판하는 한편, "영조물 이용에 대한 사용료"가 아닌 "공공서비스 이용에 대한 수수료"로 표현하는 것이 타당하다고 하는 견해로 이광윤, "기성회비의 법적 성격", 행정판례연구, 21-2집(2016), 169-170면.

용될 뿐이고, 이 사건처럼 제3자인 기성회가 납부받는 주체가 되는 경우에는 적용될 수 없으므로 "그 밖의 납부금"으로 볼 수 없다는 반대의견이 있었다.

대상판결은 타당하다. 우선 법 형식상으로는 기성회가 기성회비의 부과 및 수령 주체로 되어 있으나, 실제로 기성회는 학생 또는 학부모로부터 학교로 등록금의 일부를 전달하는 도관에 불과하였다. 물론 이러한 편법적 등록금 수령은 대학의 재정난, 강한 규제에 따른 자율적 등록금 책정의 불가능성, 기성회 제도의 연혁 등을 고려하더라도 결코 바람직한 현상은 아니었다. 그러나 대학-기성회-납부자 등 이 법률관계에 관여한 모든 주체들은 기성회비를 대학에 귀속되는 등록금의 일부로 주고받는다는 의사를 가지고 있었다. 실질적 이익도 대학에 귀속되었다. 또한 단축급부관계에서 실제로 급부를 수령하는 외관을 가지는 자와 규범적으로 급부의 수령 주체가 되는 자가 달라질 수 있는 것처럼, 외견상 기성회가 수령 주체라고 하더라도 규범적으로는 대학이 수령 주체라고 볼 여지가 충분하다. 기성회 징수에 관한 성문법 조항이 없는 것은 사실이나, 부당이득법에 있어서 "법률상 원인"이 언제나 특정한 성문법 조항의 형태로만 존재해야 하는 것은 아니다. 부당이득에 관한 독일 민법 제812조가 "법적 근거(rechtlichen Grund)"라는 포괄적 개념을 사용하는 데에서 알 수 있듯이 여기에서의 "법률상 원인"은 법질서 전체의 관점에서 해당 이득을 정당화할 수 있는 제반 원인을 포괄하는 넓은 개념이다. 기성회비는 정부 부처의 훈령 등에 의해 제도권 내에서 그 실체를 인정받아 규율의 대상이 되어 왔고, 기성회비의 존재 및 그 정당성을 전제로 한 다른 법률들의 규정도 다수 존재하였다. 그렇다면 비록 성문법 조항은 없더라도 법질서 전체의 관점에서는 기성회비의 납부와 수령이 정당화될 수도 있다. 물론 기성회비에 관한 관행은 개선되어야 마땅하고, 궁극적으로는 이를 규율할 법적 근거를 마련하고 절차를 정비해야 한다. 실제로도 이제는 국공립대학과 사립대학을 불문하고 기성회비를 수업료의 일부로 포함하여 납부받고 있다. 하지만 수십 년간 등록금의 일부로 엄연히 기능해 온 기성회비를 이제 와서 법률상 원인이 없는 금액이라고 하여 부당이득으로 반환하게 하는 것은 타당하지 않다.

나. 과세처분의 당연무효와 부당이득

대법원 2018. 7. 19. 선고 2017다242409 전원합의체 판결은 과세처분의 당연무효와 부당이득의 문제를 다루었다. 사안은 다음과 같다. 원고는 세무서의 종합소득세 등 각 부과처분(이하 '이 사건 각 부과처분'이라고 한다)에 따른 세금을 모두 납부하였다. 그런데 종합부동산세법 시행령에 기재된 공제세액 계산식의 의미에 대한 해석론은 불명확한 상태였다. 그 이후 대법원 판례[305])를 통해 그 의미가 명확해지게 되었다. 그러자 원고는 이 사건 소를 제기하여, 이 사건 각 부과처분 중 위 대법원 판결의 법리에 의한 공제세액 계산식을 적용한 정당세액을 초과하는 부분은 위법하고 그 하자가 중대·명백하여 당연무효라고 주장하였다. 이와 관련하여 과세처분의 하자가 중대·명백하여 당연무효가 된다는 것의 의미가 무엇인지가 다투어졌다.

대상판결의 요지는 다음과 같다. 과세처분이 당연무효라고 하기 위하여는 그 처분에 위법사유가 있다는 것만으로는 부족하고 그 하자가 법규의 중요한 부분을 위반한 중대한 것으로서 객관적으로 명백한 것이어야 하며, 하자가 중대하고 명백한지를 판별할 때에는 과세처분의 근거가 되는 법규의 목적·의미·기능 등을 목적론적으로 고찰함과 동시에 구체적 사안 자체의 특수성에 관하여도 합리적으로 고찰하여야 한다. 그리고 어느 법률관계나 사실관계에 대하여 어느 법령의 규정을 적용하여 과세처분을 한 경우에 그 법률관계나 사실관계에 대하여는 그 법령의 규정을 적용할 수 없다는 법리가 명백히 밝혀져서 해석에 다툼의 여지가 없음에도 과세관청이 그 법령의 규정을 적용하여 과세처분을 하였다면 그 하자는 중대하고도 명백하다고 할 것이나, 그 법률관계나 사실관계에 대하여 그 법령의 규정을 적용할 수 없다는 법리가 명백히 밝혀지지 아니하여

---

305) 대법원 2015. 6. 23. 선고 2012두2986 판결.

해석에 다툼의 여지가 있는 때에는 과세관청이 이를 잘못 해석하여 과세처분을 하였더라도 이는 과세요건사실을 오인한 것에 불과하여 그 하자가 명백하다고 할 수 없다. 따라서 부당이득반환청구는 할 수 없다. 이에 대해서는 과세관청이 취한 해석론이 잘못되었다는 법리가 뒤늦게나마 분명하게 밝혀져 과세처분에 정당성이 없다는 사정이 확인되었으면, 그 과세처분의 하자가 명백하지 않더라도 그 과세처분에 있는 하자는 무효사유가 된다는 반대의견이 있었다.

행정처분이 무효가 되려면 그 하자가 중대·명백해야 한다는 것이 판례의 주류적 태도이다.[306] 한편 이 사건에서는 대법원 판결이 선고되기 전에 행해진 과세처분의 하자가 명백하지 않다는 점에 대해 대법관들의 의견이 일치하였다. 대상판결은 명백성 요건이 갖추어지지 않았으므로 과세처분을 무효라고 할 수 없고 과세처분의 무효를 전제로 한 부당이득반환청구도 허용되지 않는다는 논리를 채택하였다. 반면 반대의견은 하자가 중대하다면 설령 그 하자가 명백하지 않더라도 과세처분이 무효가 될 수 있다는 명백성 보충요건설에 입각하였다.[307] 또한 반대의견은 과세처분에 대한 항고소송이 90일이라는 짧은 기간 내에 이루어져야 하고, 그 기간이 지나면 납세자는 더 이상 불복할 수 없는 지위에 있는 점, 그런데 과세처분의 하자가 명백하지 않다는 이유로 부당이득 반환청구까지 봉쇄되면 과세관청의 잘못된 법령해석으로 인한 불이익을 납세자에게 전가하는 셈이 되어 부당하다는 점을 들어 부당이득반환청구를 인용해야 한다는 입장을 취하였다.

일반적인 행정처분은 제3자의 이해관계와도 관련되는 경우가 많으므로 행정의 계속성과 안정성을 위해 행정처분을 쉽사리 무효화해서는 안된다. 중대명백설은 이러한 이념에 터 잡은 것이다. 과세처분도 행정처분

---

306) 대법원 2006. 3. 16. 선고 2006두330 전원합의체 판결 등 다수.
307) 대법원 1995. 7. 11. 선고 94누4615 전원합의체 판결에서도 명백성 보충요건설에 따른 반대의견이 있었고, 대법원 2009. 2. 12. 선고 2008두11716 판결은 납세의무자의 신고행위 하자가 중대하지만 명백하지는 않은 때에도 특별한 사정이 있다면 예외적으로 그 신고행위를 당연무효로 판단할 수 있다고 보았다.

의 일종이기는 하다. 그러나 과세처분은 국가와 납세자 사이의 금전적인 채권채무관계를 다룰 뿐이고, 대세적인 법률관계의 토대가 되지 않는다. 또한 세금의 효율적이고 확실한 징수도 중요하나, 잘못된 법령해석에 기초하여 과도하게 세금을 징수하였다면 돌려주는 것이 상식에도 부합한다. 물론 납세자는 90일 내에 조세쟁송절차를 통해 다툴 수 있으나, 사실관계가 아닌 법령의 해석론의 잘못을 들어 불복하기는 쉽지 않은데다가, 다수의견대로라면 일단 불복하고 보는 납세자를 순종적인 납세자보다 더 우대하는 결과가 되어 조세 쟁송을 부추기는 면도 있다. 따라서 반대의견에 찬성한다. 대법원 판례와 다른 해석론에 기초하여 징수한 세금을 모두 돌려주어야 한다면 국가 재정에 큰 부담을 줄 수 있기는 하다. 또한 이러한 점으로 인해 대법원이 과세관청의 해석과 다른 판결을 선고하는 것을 주저하게 될 수도 있다. 그러나 국가를 상대로 한 부당이득반환청구권은 5년의 소멸시효에 걸리므로 반환액에 제한이 가해진다. 또한 모든 판례 변경의 경우에 종전 과세처분의 하자가 중대하다고 단정할 필요도 없다. 하자의 중대성은 종전 해석론의 잘못의 정도에 따라 개별적으로 결정하면 된다.

다. 공익사업 관련 이주대책의 실시와 생활기본시설 설치비용 상당의 부당이득

대법원 2011. 6. 23. 선고 2007다63089, 63096 전원합의체 판결은 사업시행자가 구 공익사업을 위한 토지 등의 취득 및 보상에 관한 법률(이하 '구 공익사업법'이라고 한다)에 따른 이주대책대상자들에게 생활기본시설을 설치해 줄 의무가 있는지를 부당이득의 맥락에서 다루었다. 사안의 요지는 다음과 같다. 피고인 대한주택공사는 공익사업의 일환으로 택지개발사업을 시행하였다. 구 공익사업법 제78조 제1항은 사업시행자의 이주대책 수립·실시의무를 규정하고 있었다. 따라서 피고가 택지개발사업을 시행하려면 개발대상토지에 살던 원고들을 위한 이주대책을 수립·실시해야 했다. 피고는 이주대책의 일환으로 별도의 이주정착지를 조성하는 대신 이주대상자들이 이주정착금을 받거나 사업시행지구 내 아파트를 일반분양가로 특별공급받을 기회 중 하나를 선택하도록 하였다. 한편 후자의 분양대금에는 도로, 급수시설, 배수시설 등 생활기본시설 설치 대금이 포함되어 있었다. 그런데 구 공익사업법 제78조 제4항에 따르면 그 이주정착지의 생활기본시설 비용은 사업시행자가 부담하도록 규정되어 있었다. 이에 원고들은 사업시행자인 피고가 부담해야 하는 생활기본시설 비용을 수분양자인 원고들에게 부담시킨 것은 법률상 원인이 없으므로 해당 비용은 부당이득으로 원고들에게 반환되어야 한다고 주장하였다.

이 사건의 쟁점은 크게 두 가지였다. 첫째, 구 공익사업법 제78조 제4항에 따르면 사업시행자가 이주정착지의 생활기본시설 비용을 부담하도록 되어 있는데, 이주정착지 대신 택지나 주택을 특별공급한 경우에도 사업시행자가 그 생활기본시설 비용을 부담해야 하는가? 둘째, 만약 그러하다면 구 공익사업법 제78조 제4항은 강행규정인가? 만약 두 가지 질문에 대해 모두 그렇다고 답변할 수 있다면 생활기본시설 비용을 분양대금에 포함시켜 원고들에게 전가한 것은 법률상 원인이 없는 것이므로 해당 비용은 부당이득으로 반환되어야 한다. 결국 이 사건은 부당이득 그 자체의 법리를 깊이 다루기보다는 구 공익사업법의 관련 조항의 내용과 성격을 어떻게 파악할 것인가를 다룬 사건이다. 그런데 구 공익사업법의 공공적 성격에 비추어 보면 생활기본시설 비용부담에 관한 구 공익사업법 제78조 제4항은 강행규정으로 파악해야 한다. 대상판결도 이를 강행규정으로 보았다. 하지만 이 규정이 이주정착지 제공이 아닌 주택 특별공급의 경우에도 적용되는가에 대해서는 다수의견과 별개의견이 갈렸다.

다수의견의 요지는 다음과 같다. 사업시행자가 구 공익사업법 시행령 제40조 제2항 단서에 따라 택지개발촉진법 또는 주택법 등 관계 법령에 의하여 이주대책대상자들에게 택지 또는 주택을 공급(이하 '특별공급'이라고 한다)하는 것도 구 공익사업법 제78조 제1항의 위임에 근거하여 사업시행자가 선택할 수 있는 이주대책의 한 방법이므로, 특별공급의 경우에도 이주정착지를 제공하는 경우와 마찬가지로 사업시행자의 부담으로 같은 조 제4항이 정한 생활기본시설을 설치하여 이주대책대상자들에게 제공하여야 한다고 보아야 하고, 이주대책대상자들이 특별공급을 통해 취득하는 택지나 주택의 시가가 공급가액을 상회하여 그들에게 시세차익을 얻을 기회나 가능성이 주어진다고 하여 달리 볼 것은 아니다. 이에 대해서는 이러한 특별공급은 이주대책의 하나이지만, 생활기본시설 설치비용에 관한 구 공익사업법 제78조 제4항은 이주정착지 조성의 경우에만 적용된다는 별개의견이 있었다.[308]

구 공익사업법 제78조 제4항 본문은 "이주대책의 내용에는 이주정착지에 대한 도로·급수시설·배수시설 그 밖의 공공시설 등 당해 지역조건에 따른 생활기본시설이 포함되어야 하며, 이에 필요한 비용은 사업시행자의 부담으로 한다."라고 규정하였다. 문언상 이는 "이주정착지"에 대한 생활기본시설에 관하여만 다루고 있다. 그런데 구 공익사업법 시행령 제40조 제2항 단서는 이주대책대상자들에게 택지 또는 주택을 특별공급하는 것도 이주대책의 한 방법으로 포함시키고 있으므로, 구 공익사업법 제78조 제4항 본문은 이주정착지를 조성하는 경우뿐만 아니라 이를 대체하여 실시되는 주택 특별공급의 경우에도 적용된다고 해석할 여지가 충분하다. 결국 중요한 것은 구 공익사업법의 취지이다. 구 공익사업법은 공익사업으로 인해 자신의 생활터전이 희생되는 국민들이 그 이전의 상태와 마찬가지로 생활을 계속 영위할 수 있도록 손실보상의 일환으로 이주대책을 수립·실천하도록 하고 있다. 한편 공익사업 시행 전에 개발대상토지 내 주거지에서 도로, 상하수도 시설 등 생활에 필요한 기본시설의 혜택을 받으며 생활하고 있었다면 공익사업 시행 후에도 주택의 특별공급 외에 생활기본시설의 혜택을 받을 수 있도록 회복시켜 주어야 마땅하다. 그러므로 이 경우에도 생활기본시설 설치비용은 사업시행자가 부담하는 것이 마땅하고, 이를 원고들에게 전가하여 그 비용 지출을 면하였다면 그 비용 상당액은 법률상 원인 없는 이익으로 원고들에게 반환되어야 한다.

---

308) 대상판결에서는 그 외에도 생활기본시설의 의미와 범위에 대해 다수의견과 별개의견이 갈렸는데, 이에 대한 설명은 생략한다.

라. 배당이의와 부당이득

대법원 2019. 7. 18. 선고 2014다206983 전원합의체 판결은 배당미 이의와 부당이득반환청구 가부의 문제를 다루었다. 부동산경매절차에서 일반채권자인 원고가 배당기일에 출석하였지만 배당표에 관하여 이의하 지는 않았다. 그 후 원고는 배당표가 실체적 권리와 맞지 않다고 주장하 며 배당액을 더 수령해 간 피고를 상대로 부당이득반환청구의 소를 제기 하였다. 대상판결의 요지는 다음과 같다. 배당절차에 참가한 채권자가 배 당이의 등을 하지 않아 배당절차가 종료되었더라도 그의 몫을 배당받은 다른 채권자에게 그 이득을 보유할 정당한 권원이 없는 이상 잘못된 배 당의 결과를 바로잡을 수 있도록 하는 것이 실체법 질서에 부합한다. 나 아가 위와 같은 부당이득반환청구를 허용해야 할 현실적 필요성(배당이의 의 소의 한계나 채권자취소소송의 가액반환에 따른 문제점 보완), 현행 민사집 행법에 따른 배당절차의 제도상 또는 실무상 한계로 인한 문제, 민사집 행법 제155조의 내용과 취지, 입법 연혁 등에 비추어 보더라도, 종래 대 법원 판례는 법리적으로나 실무적으로 타당하므로 유지되어야 한다. 이 에 대해 반대의견이 있었다.

대상판결은 실체법적 권리관계와 집행절차의 관계의 문제를 다루었 다.[309] 배당절차는 집행절차의 일종이므로 원칙적으로 실체법상 권리를 확정·형성·변경하는 절차가 아니다. 이 점에 착안한다면 배당이의를 하지 않아 배당절차가 종료되었더라도 실체법상 권리로서의 부당이득반 환청구권을 행사하는 데에는 지장이 없다. 이와 달리 배당이의를 하고 배당이의소송까지 제기되어 확정판결이 존재하게 된 경우에는 그에 반하 는 부당이득반환청구를 할 수 없게 된다. 하지만 이는 기판력 있는 확정 판결이 법률상 원인으로 작동하기 때문이지, 배당절차에 실체법적 권리의 형성효가 인정되기 때문은 아니다. 대상판결은 실체법상 권리관계와 배 당절차의 관계를 주종 관계 또는 목적-도구 관계로 파악하는 사고방식

---

309) 박종원, "배당이의하지 아니한 일반채권자의 부당이득반환청구권에 대한 소고", **민사판례연구**, 제43권(2021), 517면.

에 기초하여 배당절차 종료 후의 부당이득반환청구를 인정한 기존 판례[310]를 유지하였다.

이에 대해 반대의견은 배당이의를 하였으나 이의의 소를 제기하지 않은 채권자는 실체법상 권리를 행사할 수 있다는 민사집행법 제155조의 반대해석상 배당이의를 하지 않은 채권자는 부당이득반환청구권을 행사할 수 없다고 보았다. 그러나 이처럼 실체법상 권리박탈을 초래하는 반대해석은 신중하게 해야 한다. 또한 이 조항은 배당이의가 완성되지 않은 모든 경우를 포괄하는 확인적·예시적 조항으로 볼 여지도 있고, 그렇게 본다면 배당이의 자체를 하지 않은 채권자에게도 적용된다고 볼 여지가 있다. 또한 배당이의는 복잡한 법률관계에 대한 이해를 토대로 이루어질 수 있는 것이므로, 짧은 시간 동안 일반인이 배당이의 여부를 결정하지 못해 이의하지 않았다가 나중에 법률관계를 파악하고 자신의 몫을 돌려달라고 청구하는 것이 금반언에 해당한다고 보기도 어렵다.

마. 다수당사자 간의 부당이득

2000년대 이후 다수당사자 간의 부당이득 문제를 다루는 판결들이 본격적으로 나오기 시작했다. 전용물소권,[311] 편취금전에 의한 변제와 부당이득,[312] 삼각관계에서의 부당이득,[313] 소유권을 유보한 물품의 부합과 부당이득[314] 등에 관하여 중요한 판결들이 선고되었다. 독일에서 비롯된 이론이 이러한 판결들의 배경을 이루었다. 2010년대에는 이러한 선행 판결들의 취지를 보다 다양한 사안 배경 아래 재확인하고 구체화하는 판결들이 선고되었다. 전용물소권의 법리는 대법원 2010. 6. 24. 선고 2010다9269 판결, 대법원 2011. 11. 10. 선고 2011다48568 판결, 대법원 2013. 6. 27. 선고 2011다17106 판결에서 재확인되었다. 대법원 2013. 6. 27.

---

310) 대법원 1977. 2. 22. 선고 76다2984 판결 등 다수.
311) 대법원 2002. 8. 23. 선고 99다66564, 66571 판결.
312) 대법원 2003. 6. 13. 선고 2003다8862 판결.
313) 대법원 2003. 12. 26. 선고 2001다46730 판결; 대법원 2008. 9. 11. 선고 2006다46278 판결.
314) 대법원 2009. 9. 24. 선고 2009다15602 판결.

선고 2011다17106 판결은 사무관리와 관련된 전용물소권의 법리 문제를 다루었는데, 사무관리 부분에서 이미 설명하였다. 또한 단축급부의 법리도 여러 판결들을 통해 재확인되었다. 예컨대 대법원 2017. 7. 11. 선고 2013다55447 판결은 단축급부와 부당이득에 관한 종전 판례 법리를 재확인하면서, 상가 건축 및 분양 사업의 시행사로부터 분양대금의 수납, 관리 등의 사무를 위탁받은 신탁회사에게 수분양자가 분양대금을 입금한 것은 단축급부에 해당하므로, 수분양자는 신탁회사를 상대로 그 분양대금 상당의 부당이득반환청구를 할 수 없다고 보았다.[315] 또한 대법원 2018. 7. 12. 선고 2018다204992 판결은 제3자를 위한 계약에서 단축급부의 일환으로 낙약자가 수익자인 제3자에게 직접 급부하였다가 계약이 해제되는 경우 낙약자는 수익자인 제3자를 상대로 직접 부당이득반환청구를 할 수 없다고 보았다. 그 외에 채권질권과 부당이득에 관한 판결들도 있다. 채권질권자 또는 담보 목적으로 채권양도를 받은 양수인이 피담보채권을 초과하여 금전채권을 추심한 경우 그 초과분은 질권설정자에 대한 관계에서 부당이득이 된다고 한 대법원 2011. 4. 14. 선고 2010다5694 판결, 대법원 2015. 5. 29. 선고 2012다92258 판결[316]이 그것이다.

Ⅱ. 부당이득의 효과

1. 국유재산 대부료 부당이득액 산정

대법원 2013. 1. 17. 선고 2011다83431 전원합의체 판결은 국공유재산의 대부료 산정 문제를 다루었다. 원고는 국가 및 지방자치단체(피고들)로부터 국유재산 A 및 공유재산 B의 점용허가를 받았다. 그 이후 양 부동산은 모두 행정재산에서 일반재산으로 전환되었다. 행정재산과 달리

---

315) 이 판결에 대하여 채권양도와 부당이득의 문제를 곁들여 평석한 문헌으로 윤지영, "채권양도와 부당이득—「삼각관계에서의 급부부당이득」 법리를 중심으로", **민사판례연구**, 제41권(2019), 609면 이하가 있다.

316) 이 판결에 대한 평석으로 오대석, "제3채무자가 질권자에게 질권의 피담보채권액을 초과하여 지급하고 질권자가 초과 지급된 금액을 질권설정자에게 반환한 경우 부당이득반환의무자", **민사판례연구**, 제39권(2017), 671면 이하가 있다.

일반재산도 국유재산의 일종이지만, 행정처분의 일종인 점용허가가 아니라 사법상 계약의 일종인 대부계약의 대상이 된다. 이에 따라 양 부동산에 대해서도 점용허가에 갈음하여 새로운 대부계약이 체결되었다. 대부료는 국유재산법 시행령 등 관련 법령에 따라 산출하기로 정하였다. 각각의 대부계약은 매년 갱신되어 왔다. 원고는 위 부동산들에 대한 점용허가 이후 골프장을 조성하여 운영하고 있었다. 한편 2009년 개정 국유재산법 시행령[317]이 시행되기 전에는 점유 개시 시점의 이용상태를 기준으로 대부료를 산정하는 것으로 해석되고 있었다. 그런데 위 개정법 시행령이 시행되면서 대부료는 점유 개시 시점이 아니라 대부계약 갱신 시점의 이용상태를 기준으로 산정하도록 바뀌었다. 반면 피고들은 처음부터 대부계약 갱신 시점의 이용상태를 기준으로 대부료를 산정하여 징수하여 왔다.[318] 원고는 피고들이 대부료를 초과 징수하였다며 부당이득반환을 청구하였다.

대법원은 국유재산인 A 부동산에 관하여는 2009년 개정 국유재산법 시행령의 시행 전에는 대부계약 갱신 시점의 이용상태(즉 골프장으로서의 이용상태)를 기준으로 대부료를 징수할 법률상 원인이 없으므로 점유 개시 시점의 이용상태를 기준으로 산정한 대부료를 초과한 대부료 부분은 부당이득이라고 보았다. 반면 2009년 개정 국유재산법 시행령의 시행 이후에는 그 시행령에 기초하여 대부료가 적법하게 산정된 것이므로 위 초과 부분은 부당이득이 성립되지 않는다고 보았다. 한편 공유재산인 B 부동산에 관하여는 2009년 국유재산법이 개정되었지만 공유재산법은 그러한 취지로 개정되지 않았으므로 점유 개시 당시의 이용상태를 기준으로 산정한 대부료를 초과하는 부분은 부당이득에 해당한다고 보았다.

대부계약은 일반재산을 국가 또는 지방자치단체 외의 자가 일정 기

317) 2009. 7. 27. 대통령령 제21641호로 전부 개정되어 같은 달 31일부터 시행된 것.
318) 실제로는 지방자치단체의 장이 공유재산뿐만 아니라 국유재산에 대해서도 국가로부터 관리처분에 관한 사무위임을 받아 양 부동산에 대해 대부계약을 체결하였다.

간 유상이나 무상으로 사용·수익하도록 하는 계약이다(국유재산법 제2조 제8호, 공유재산 및 물품 관리법 제2조 제8호). 대부계약은 국가나 지방자치단체가 사경제 주체로서 행하는 사법상 계약이다.[319] 그러므로 대부료의 산정 기준은 계약에서 정할 수 있는 것이 원칙이나, 실제로는 국유재산법이나 공유재산법 시행령에서 그 산출 기준을 정하고 있다.[320] 이 사건 대부계약에서도 대부료 산정은 법령에 따르도록 규정되어 있었다. 관련 법령상 산출 기준에 관한 문구 내지 표현은 계속 변천되어 왔으나, 대체로 그 핵심 내용은 개별공시지가로 표현되는 재산가액을 기초로 산출한다는 것이다. 그런데 토지의 경우 재산가액의 산출 기준 시점이 언제인지에 대해서는 법문이 명확하지 않았다. '현재의 상태'를 기준으로 하도록 명문으로 규정된 건물 등 토지 외 일반재산과 달리 토지에 대해서는 그러한 명문의 규정이 없었기 때문이다.[321] 종래 판례는 토지에 대해서만큼은 '현재의 상태'가 아니라 '점유 개시 상태'를 기준 시점으로 삼아 대부료를 산정하도록 입법화한 것이라고 보았다.[322] 따라서 점유 개시 후 점유자가 자기의 비용과 노력으로 토지의 가치를 증가시켰다고 하더라도 그 가치 증가분이 대부료의 증액 요소가 될 수 없었다. 그런데 2009년 개정 국유재산법 시행령에서는 토지에 대해서도 '사용료 산출을 위한 재산가액 결정 당시의 개별공시지가'로 문구를 변경하였다. 이는 토지에 대해서도 기준 시점이 '현재의 상태'임을 분명히 한 것이다. 대상판결은 이

---

319) 대법원 2000. 2. 11. 선고 99다61675 판결; 대법원 2010. 11. 11. 선고 2010다 59646 판결.

320) 이러한 관련 법령의 규정이 강행규정인지 여부는 명확하지 않으나, 강행규정으로 보는 것이 타당하다고 생각한다. 대법원 2000. 2. 11. 선고 99다61675 판결에도 그러한 사고방식이 깔려 있다. 대부계약 실무상으로는 관련 법령의 규정에 따라 대부료를 산출하고 있으므로 강행규정 여부가 실제로 잘 문제되지는 않는 것으로 보인다.

321) 신용호, "국·공유 일반재산인 토지를 대부받은 점유자가 점유 개시 후 자기의 비용과 노력으로 가치를 증가시킨 경우, 대부료 산정의 기준이 되는 해당 토지가액의 평가방법", **양승태 대법원장 재임 3년 주요 판례 평석**(사법발전재단, 2013), 160－161면.

322) 대법원 2004. 10. 28. 선고 2002다20995 판결; 대법원 2006. 2. 10. 선고 2005 다20569 판결.

러한 법령의 변화에 따라 부당이득 여부를 판단한 것으로 타당하다.

2. 국유재산과 부당이득

대법원 2014. 7. 16. 선고 2011다76402 전원합의체 판결은 국유재산과 부당이득 문제를 다룬 또다른 전원합의체 판결이다. 원고는 국가로부터 국유재산 관리업무를 위탁받은 한국자산관리공사이고, 피고는 국유재산인 토지 위의 건물 소유자이다. 원고는 피고가 국유재산을 무단점유하였다는 이유로 변상금[323])을 부과하였으나 피고는 이를 납부하지 않았다. 그러자 원고는 피고를 상대로 민사상 부당이득반환청구의 소를 제기하였다. 대법원은 이와 관련하여 국유재산의 무단점유자에 대해 국유재산법상 변상금을 부과, 징수하는 것과 별도로 민사상 부당이득반환청구의 소를 제기할 수 있는지를 직권 검토하였다.

대상판결은 변상금부과는 행정처분이고 이에 기한 변상금 징수권은 공법상 권리이지만, 민사상 부당이득반환청구권은 국유재산 소유자로서 가지는 사법상 채권이며, 양자의 목적과 액수,[324]) 성립요건도 다르므로 변상금의 부과, 징수와는 별도로 민사상 부당이득반환을 구할 수 있다고 보았다. 청구권 경합과 유사하게 본 것이다. 이에 대해서는 변상금의 부과, 징수절차는 행정주체의 효율적 권리 행사 확보를 위해 특별히 마련된 간이하고 경제적인 권리구제절차이므로 행정주체는 그 절차에 의해서만 권리를 실현할 수 있고, 이와 별도로 민사소송의 방법으로 권리를 행사하는 것은 허용되지 않는다는 반대의견이 있었다. 반대의견에 따르면 민사상 부당이득반환청구의 소는 소의 이익이 없어 각하되어야 한다.

우선 실체법적 차원에서 보면 변상금 부과 및 징수권과 부당이득반

---

323) 변상금은 사용허가나 대부계약 없이 국유재산을 사용·수익하거나 점유한 자 (사용허가나 대부계약 기간이 끝난 후 다시 사용허가나 대부계약 없이 국유재산을 계속 사용·수익하거나 점유한 자를 포함한다. 이하 "무단점유자"라 한다)에게 부과하는 금액을 말한다(국유재산법 제2조 제9호).

324) 변상금으로 사용료나 대부료의 100분의 120에 상당하는 금액을 징수한다(국유재산법 제72조 제1항).

환청구권은 서로 다른 권리이다. 전자는 공법상 권리로서 국유재산법에 기하여 인정되고, 그 부과 및 징수 절차가 별도로 마련되어 있다. 후자는 사법상 권리로서 민법에 기하여 인정되고, 그 청구 및 관철은 민법, 민사소송법, 민사집행법의 일반적인 절차에 따른다. 전자에는 공법상 제재의 의미도 포함되어 있지만, 후자는 사법상 이익조정의 의미를 가질 뿐이다. 전자에 관한 국유재산법상 규정이 꼭 후자를 배제하기 위한 것인지도 분명하지 않다. 목적과 내용이 유사하지만 동일하지는 않은 복수의 권리가 병존적으로 인정되는 경우는 흔히 존재한다. 민법 내에서도 불법행위책임과 부당이득반환, 계약책임과 불법행위책임은 동일한 사실관계에서 비롯된 경우에도 병존하는 것으로 인정된다. 하물며 공법상 처분과 민법상 책임의 병존은 더욱 자연스러운 일이다.

그러나 소송법적 차원에서는 소의 이익이라는 다른 문제가 있다. 부당이득반환청구권이 엄연히 별도로 발생하는 권리라고 하더라도 이를 굳이 민사소송으로 구할 이익이 있는가는 실체법적 차원과는 다른 영역에서 논할 필요가 있다. 일반적으로 민사소송에 의하지 않고 간편한 경제적 방법으로 소송의 목적을 달성할 수 있을 때나 법률이 그 민사소송을 대신할 특별한 구제방법을 두고 있을 때에는 소의 이익이 인정되지 않는다. 반대의견이 "출입이 쉽고 공연 보기도 좋은 특별관람석 입장권을 제공하였으면 그것으로 충분하지, 굳이 이에 더하여 출입 관람이 불편한 일반관람석 입장권까지도 추가로 제공할 일은 아니다."라는 비유적 의견을 제시한 것도 같은 취지이다. 한편 그동안의 판례를 보면 행정대집행에 따른 건물 철거,[325] 보조금교부결정 취소에 따른 보조금반환명령 및 징수,[326] 감사원법에 의한 변상금 판정,[327] 과오급된 산업재해보상보험법상 보험급여의 환수[328] 등에 관하여 별도의 공법적 절차가 마련되어 있

---

325) 대법원 2009. 6. 11. 선고 2009다1122 판결; 대법원 2017. 4. 28. 선고 2016다 213916 판결.
326) 대법원 2012. 3. 15. 선고 2011다17328 판결.
327) 대법원 1970. 4. 14. 선고 67다2138 판결.
328) 대법원 2005. 5. 13. 선고 2004다8630 판결.

는 이상 민사소송의 방법을 이용하는 것은 허용되지 않는다고 본 바 있다. 그렇게 본다면 대상판결은 이러한 판례의 흐름에 비추어 오히려 이례적인 것으로 평가될 수 있다. 과연 이러한 이례적 판단에 충분한 근거가 있는지는 의문스럽다.

대상판결은 해당 사안에서 현실적으로 변상금의 부과 및 징수가 어려울 수 있다는 점을 염두에 둔 듯하다. 원고처럼 관리·처분에 관한 사무를 위탁받은 주체는 변상금을 부과할 수 있을 뿐 직접 징수할 수 없고 관할 세무서장등에게 징수하게 할 수 있을 뿐이다(국유재산법 제73조 제2항 제2호, 제42조 제1항). 사실 이처럼 부과권자와 징수권자가 분리되어 있는 경우에는 꼭 변상금 쪽이 더 효율적인 절차라고 단정하기도 어렵다. 현실적으로 관할 세무서장이 제대로 협조하지 않는 경우도 있을 것이다. 그러나 이러한 부과주체 및 징수주체의 분리와 징수주체의 비협조는 국가가 떠안고 해결해야 할 몫이지 국민에게 전가할 성격의 것이 아니다. 물론 양자가 완전히 일치하는 제도는 아니므로 양자를 모두 허용하는 것이 무단점유에 따른 이익 환수에 더 유리하기는 하다. 그러나 국가를 위한 변상금 부과 및 징수절차가 마련되어 있는데 굳이 별도의 우회로를 하나 더 허용함으로써 국민의 법적 책임의 폭을 넓히는 것은 바람직하지 않다. 변상금절차에 부족함이 있다면 이는 민사소송을 허용해서 해결할 것이 아니라 변상금절차를 개선해서 해결해야 한다.

한편 대법원은 2006년 전원합의체 판결을 통해 구 회계관계직원 등의 책임에 관한 법률 제2조에 정한 공무원이 아닌 회계관계직원이 같은 법 제4조 제1항에 따라 변상책임을 지는 경우, 그 직원의 소속 단체에 대한 민법상의 불법행위책임이 배제되지 않는다고 판시한 바 있다.[329] 이처럼 변상책임과 불법행위책임이 병존한다면 부당이득반환책임도 마찬가지라야 하는 것이 아닌가 하는 의문이 들 수도 있다. 그러나 2006년 전원합의체 판결에 적용된 위 법률 제4조는 회계관계직원의 고의 또는 중

---

329) 대법원 2006. 11. 16. 선고 2002다74152 전원합의체 판결.

과실에 대해서만 변상책임을 지우고 있어 경과실로 인한 불법행위책임은 규율하지 않는다. 만약 변상책임만 적용된다고 하면 회계관계직원은 경과실에 대해서는 아무런 책임도 지지 않게 된다. 그러한 해석은 곤란하다. 그렇게 본다면 민간단체의 회계관계직원은 그 외의 직원이 누리지 않은 면책의 혜택을 누리게 되는 부당한 결과가 발생하기 때문이다. 따라서 2006년 전원합의체 판결은 이러한 맥락하에서 이해하여야 하고, 그 취지를 대상판결의 사안에 그대로 적용할 수는 없다.

Ⅲ. 불법원인급여

1. 부동산실명법에 위반한 명의신탁과 불법원인급여

대법원 2019. 6. 20. 선고 2013다218156 전원합의체 판결은 부동산실명법에 위반한 명의신탁이 불법원인급여에 해당하는지를 다루었다. 부동산 명의신탁자의 상속인(원고)은 명의수탁자의 상속인(피고)을 상대로 피상속인들 간의 명의신탁 약정이 무효이고 그 약정에 기한 소유권이전등기도 무효라고 주장하며 진정명의회복을 원인으로 한 소유권이전등기를 소로써 구하였다. 이에 대하여 피고는 명의신탁 약정은 민법 제103조에 반하는 행위로서 그에 기해 명의수탁자에게 마쳐진 소유권이전등기는 불법원인급여에 해당하므로 원고는 그 반환을 청구할 수 없다고 주장하였다. 대법원은 부동산실명법을 위반하여 무효가 된 명의신탁약정에 따른 등기는 민법 제746조의 불법원인급여에 해당하지 않는다고 판단하였다. 이에 대해서는 반대의견이 있었다. 다수의견은 부동산실명법이 실권리자에게 부동산 소유권이 있다는 점을 전제하고 있고, 입법자의 의사도 그러하며, 이를 불법원인급여로 볼 경우 명의신탁자의 재산권을 과도하게 침해될 우려가 있다는 점을 근거로 삼았다. 반대의견은 부동산 거래의 정상화와 부동산실명제의 정착을 위해 명의신탁을 방지할 필요성이 있고, 부동산실명법과 불법원인급여는 별도의 문제인데 부동산실명법이 민법상 불법원인급여의 적용 가능성을 배제한 것이 아니며, 명의신탁자가 부동산에 관한 권리를 상실하더라도 재산권의 본질적 침해라고 할 수 없다는 점을 근거로 삼았다.

대상판결의 핵심 쟁점은 부동산실명법이 명의신탁 대상 부동산의 권리 귀속 문제에 대해 특정한 입장을 채택하였는가이다. 만약 부동산실명법이 부동산 소유권이 명의신탁자에게 귀속됨을 전제한 것이라면 불법원인급여 법리를 내세워 그 귀속을 바꾸는 것은 원칙적으로 허용되지 않아야 한다. 부동산실명법이 명의신탁약정과 그에 기한 등기를 무효로 하는 한편(제4조) 법 위반행위에 대해 과징금, 이행강제금, 형사처벌을 부과하기로 하면서도(제5조 내지 제7조), 명의신탁자의 소유권까지 박탈하지는 않기로 하는 입법적 의사결정을 내렸다면, 그러한 의사결정을 담고 있는 부동산실명법의 입장은 위헌이 아닌 이상 존중되어야 한다. 그런데 부동산실명법의 제정 시 이 문제는 이미 논의되었고 결정되었다.[330] 부동산실명법의 제반 조항들도 이를 암묵적으로 전제하여 입법된 것으로 보인다. 즉 부동산실명법은 명의신탁의 폐해와 문제점에 대응하여 마련된 특별법이고, 명의신탁과 이에 기한 등기를 무효로 하고 명의신탁에 대한 제재는 가하되 원 소유권까지 박탈하지는 않기로 이미 결정한 것이다. 이는 불법원인급여가 다루고자 하는 바로 그 문제점과 폐해에 대한 입법적 숙고의 결과이므로 존중되어야 한다. 대법원 역시 명의신탁 부동산의 소유권이 명의수탁자에게 귀속되지 않는다는 전제에서 명의신탁의 문제를 규율하여 왔다.[331] 헌법재판소도 부동산 소유권을 언제나 명의수탁자에게 귀속시키는 것은 명의신탁자가 가지는 재산권의 본질적 부분을 침해하게 될 소지가 크다고 지적한 바 있다.[332] 명의신탁을 무효화하는 것을 넘어서서 부동산 소유권을 박탈하여 수탁자에게 이전시키는 문제는 현행법의 해석론으로 풀기에는 적당하지 않다. 입법론으로 논의될 여지가 있을 뿐이다.

---

330) 제173회 국회 법제사법위원회회의록 제3호(1995. 3. 17), 48면.
331) 대법원 2003. 11. 27. 선고 2003다41722 판결; 대법원 2010. 9. 30. 선고 2010도 8556 판결; 대법원 2014. 7. 10. 선고 2013다74769 판결.
332) 헌법재판소 2001. 5. 31. 선고 99헌가18, 99헌바71·111, 2000헌바51·64·65·85, 2001헌바2 병합 결정.

2. 농지임대차와 불법원인급여

대법원 2017. 3. 15. 선고 2013다79887, 79894 판결은 농지임대차계약과 불법원인급여에 관한 것이다. 사안은 다음과 같다. 원고는 피고에게 농지를 임대하였다. 피고는 임대차계약에서 정한 바에 따라 원고에게 임대료 전액을 선불로 지급하였다. 그런데 임대차가 종료된 이후에도 피고는 원고에게 농지를 반환하지 않았다. 원고는 피고에게 농지 인도 및 인도 시까지의 차임 상당 손해배상을 구하는 소를 제기하였다. 그러자 피고는 위 농지임대차계약은 농지임대차를 금지한 농지법 제23조에 위반하여 무효이므로 원고가 피고에게 임대료 전액을 부당이득으로 반환해야 한다고 주장하며 반소를 제기하였다. 이와 관련하여 농지임대차계약이 무효인지, 또한 원고가 피고에게 차임 상당 손해배상을 구하는 것이 불법원인급여의 법리상 금지되는지가 문제되었다.

대법원은 농지법 제23조가 강행규정이므로 농지임대차계약이 무효라고 보면서, 불법원인급여가 되기 위해서는 "급부의 원인이 된 행위가 그 내용이나 성격 또는 목적이나 연유 등으로 볼 때 선량한 풍속 기타 사회질서에 위반될 뿐 아니라 반사회성·반윤리성·반도덕성이 현저하거나, 급부가 강행법규를 위반하여 이루어졌지만 이를 반환하게 하는 것이 오히려 규범 목적에 부합하지 아니하는 경우 등에 해당하여야" 한다고 전제한 뒤, "오늘날의 통상적인 농지임대차는 경자유전의 원칙과 농지의 합리적인 이용 등을 위하여 특별한 규제의 대상이 되어 있기는 하지만, 특별한 사정이 없는 한 계약 내용이나 성격 자체로 반윤리성·반도덕성·반사회성이 현저하다고 단정할 수는 없다."고 보아 불법원인급여가 아니라고 판단하였다.

헌법상 경자유전의 원칙을 포기하지 않는 한 농지법 제23조를 강행규정으로 보아 농지임대차를 무효로 보는 대상판결의 태도는 타당하다. 다만 농지 임대차는 본질적으로 '좀 더 강한 규제를 받는 부동산 임대차' 정도로 인식되는 것이 현실이다. 실제로 농지 임대차는 매우 흔하게 이루어진다. 통계청의 자료에 따르면 2018년 기준으로 임차농지비율은 48.7%에 이른다.[333] 이를 감안하면 무효인 농지 임대차에 기한 급부를 불법원인급여로 보아 이에 대한 반환청구 또는 그에 준하는 손해배상청구를 금지해야 할 정도로 농지임대차가 반사회적이라고 보기는 어렵다. 다만 대상판결은 "임대 목적이 농지로 보전되기 어려운 용도에 제공하기 위한 것으로서 농지로서의 기능을 상실하게 하는 경우" 또는 "임대인이 자경할 의사가 전혀 없이 오로지 투기의 대상으로 취득한 농지를 투하자본 회수의 일환으로 임대하는 경우" 등 농지법의 이념에 정면으로 배치되어 반사회성이 현저하다면 불법원인급여의 법리가 적용될 수 있다고 보았다. 불법원인 여부가 사안의 속성과 맥락에 좌우되는 점을 고려하면 이처럼 농지 임대차와 불법원인급여에 관하여 닫힌 법리가 아니라 열린 법리를 제시한 점도 긍정적으로 평가될 수 있다. 대상판결의 결론에 대해서는 농지 임대차가 무효라고 하면서도 농지 임대인이 차임에 상당하는 부당이득 또는 손해배상을 받도록 허용하는 것은 농지 임대차를 유효하게 취급하는 것과 결과적으로 같다는 비판이 제기될 수도 있다. 하지만 이러한 사태는 부당이득반환의 원칙을 포기하여 해결할 문제가 아니라 농지임대차에 관한 합리적이고 현실적인 규제를 마련하거나, 이미 마련된 형사처벌 규정의 적절한 활용을 통하여 해결할 문제이다.

제4절 불법행위
Ⅰ. 불법행위 총론
1. 불법행위 성립요건
가. 법령 및 고시상 기준 준수와 주의의무 위반의 상관관계

　대법원 2015. 2. 12. 선고 2013다43994 판결('옥션 판결')과 대법원 2018. 1. 25. 선고 2015다24904 판결('싸이월드 판결')은 해킹으로 인한 정보유출 사건에 관한 판결들이다. 두 판결은 모두 정보통신서비스 제공자

---

333) 국가통계포털(http://kosis.kr/index/index.do)의 농가경제조사 부분 관련 통계 참조.

가 개인정보의 안전성 확보에 대한 주의의무를 위반하였는지를 다루었
다. 이러한 주의의무는 「정보통신망 이용촉진 및 정보보호 등에 관한 법
률」(이하 '정보통신망법'이라고 한다)에 기초한다. 구 정보통신망법 제28조는
정보통신서비스 제공자가 개인정보의 분실·도난·유출·위조·변조·훼
손을 방지하고 개인정보의 안전성을 확보하기 위하여 필요한 보호조치를
취하여야 한다고 규정하였다.[334) 정보통신망법 시행령과 방송통신위원회
고시는 이러한 보호조치의 구체적 내용을 규정하였다. 그런데 해킹은 끊
임없이 발생하며 해킹 기법도 끊임없이 진화한다. 그래서 해킹을 완전히
막기는 불가능하다.[335) 해킹이 발생하면 잘못한 자를 찾아 책임을 지워야
한다. 직접적 가해자는 해커이다. 그런데 해커를 잡기도 어렵거니와, 그
에게는 자력이 없을 가능성이 높다. 따라서 해킹의 피해자인 정보주체인
또다른 의미에서 해킹의 피해자인 정보통신서비스 제공 회사와 법적 다
툼을 벌인다. 회사는 이러한 다툼에서 회사는 관련 법령과 고시를 모두
준수하였으므로 자신에게는 과실이 없다고 다툰다. 이러한 회사의 말은
법적으로 타당한가? 이는 중요한 의미를 지닌다. 왜냐하면 회사의 말이
맞다면 회사는 법령과 고시를 준수하는 데에만 진력하면 해킹으로 인한
책임을 면할 수 있어 행위 지침이 명확해지기 때문이다. 하지만 법령과
고시가 과연 해킹 방지에 필요하고도 적절한 모든 정보를 담아낼 수 있
는가? 이러한 질문에 이르면 법령과 고시를 모두 지켰더라도 과실이 인
정되는 경우가 있을 수 있다는 생각도 든다.

옥션 판결은 이 문제에 관한 리딩 케이스이다. 대법원은 "정보통신
부장관이 마련한 「개인정보의 기술적·관리적 보호조치 기준」(정보통신부

---

334) 개인정보를 안전하게 처리하기 위한 내부관리계획의 수립·시행(제1호), 개인정
　　보에 대한 불법적인 접근을 차단하기 위한 침입차단시스템 등 접근 통제장치의 설
　　치·운영(제2호), 접속기록의 위조·변조 방지를 위한 조치(제3호), 개인정보를 안
　　전하게 저장·전송할 수 있는 암호화기술 등을 이용한 보안조치(제4호), 백신 소프
　　트웨어의 설치·운영 등 컴퓨터바이러스에 의한 침해 방지조치(제5호), 그 밖에 개
　　인정보의 안전성 확보를 위하여 필요한 보호조치(제6호)가 그것이다.
335) 권영준, "해킹(hacking) 사고에 대한 개인정보처리자의 과실판단기준", **저스티스**,
　　제132호(2012), 44면.

고시)은 해킹 등 침해사고 당시의 기술수준 등을 고려하여 정보통신서비스제공자가 구 정보통신망법 제28조 제1항에 따라 준수해야 할 기술적·관리적 보호조치를 구체적으로 규정하고 있으므로, 정보통신서비스제공자가 고시에서 정하고 있는 기술적·관리적 보호조치를 다하였다면, 특별한 사정이 없는 한, 정보통신서비스제공자가 개인정보의 안전성 확보에 필요한 보호조치를 취하여야 할 법률상 또는 계약상 의무를 위반하였다고 보기는 어렵다."라고 판시하였다. 그리고 해당 사건에 관하여는 옥션이 법령과 고시가 요구하는 개인정보 보호를 위한 기술적·관리적 보호조치를 다하였다고 하여 옥션의 책임을 부정하였다. "특별한 사정이 없는 한"이라는 단서를 부가하기 하였으나, 책임판단기준의 예측 가능성을 제고한 판결이다. 이러한 신중한 태도는 우리나라 관련 법령과 고시의 규율 범위가 포괄적일 뿐만 아니라 규제 강도가 높다는 점, 형사책임까지 부과한다는 점을 고려한 것으로 보인다.

그러나 관련 법령과 고시의 기준을 모두 준수하면 언제나 면책된다는 것도 다소 극단적인 결론이다. 법령과 고시가 마땅히 해야 할 모든 행위 지침을 완벽하게 담아낸다는 보장이 없기 때문이다. 또한 때로는 너무 당연히 해야 할 사항은 법령과 고시가 담지 않기도 하기 때문이다. 그러므로 법령과 고시의 기준을 모두 준수하더라도 면책되지 않을 수 있다. 결국 면책 예외 사유인 "특별한 사정"이 무엇인가가 수범자에게 초미의 관심사가 된다. 그러나 옥션 판결은 이에 대한 구체적 지침을 주지 않았다. 또한 옥션 판결에 대해서는 "특별한 사정"이라는 관용적이고 모호한 단서를 방패 삼아 주의의무의 범위를 사실상 좁혔다는 비판도 가해졌다.[336] 그 와중에 2015. 5. 19. 개정된 「개인정보의 기술적·관리적 보

---

336) 김준기·송현석, "규제 패러다임의 전환과 손해배상 강화를 통한 개인정보보호의 개선방안－해킹 사례를 중심으로－", **규제와 법정책**, 제4호(2016), 262면; 이용재, "개인정보 보호조치에 관하여－ 옥션 판결의 기술적·관리적 보호조치와 인과관계 판단을 중심으로－", **사법**, 제38호(2016), 526면; 전승재·권헌영, "해킹을 방지하지 못한 사업자의 법적 책임 판단기준의 문제점", **정보법학**, 제21권 제2호(2017), 133, 138면.

호조치 기준」[337]은 해당 기준의 내용이 정보통신서비스 제공자가 취하여야 하는 기술적·관리적 보호조치의 "최소한의 기준"임을 명시하였다. 법령상 보호조치를 모두 취하였더라도 다른 내용의 주의의무 위반이 있을 수 있다는 점을 분명히 한 것이다. 다만 "최소한의 기준"을 넘어서는 다른 기준이 무엇인지를 밝히지 않았다는 점에서 업계의 불안감은 가시지 않았다.

싸이월드 판결은 그 "특별한 사정"의 정체를 좀더 구체적으로 밝히려고 시도하였다는 점에서 의미 있다. 싸이월드 판결은 위 개정 고시와 마찬가지로 그 고시에서 정한 기준이 "최소한의 기준"임을 명시하는 한편, 그 외에도 "정보통신서비스 제공자가 마땅히 준수해야 한다고 일반적으로 쉽게 예상할 수 있고 사회통념상으로도 합리적으로 기대 가능한 보호조치"를 취해야 한다고 판시하였다. 예상 가능성과 기대 가능성이라는 두 가지 추가적인 잣대를 수범자들에게 추가로 제공한 것이다. 한편 대법원은 해당 사건에서 피고 담당직원이 퇴근 시 로그아웃을 하지 않거나 자동 로그아웃 기능을 설정하지 않은 점에 관하여 피고의 주의의무 위반을 인정하였다. 다만 이러한 피고의 과실과 개인정보 유출 사이의 인과관계는 부정되었다. 결과적으로 피고의 책임은 부정되었다. 그러한 결론은 타당하다고 생각한다.

나. 카지노 출입자에 대한 카지노의 보호의무

대법원 2014. 8. 21. 선고 2010다92438 전원합의체 판결은 도박과 자기책임의 원칙을 다룬 흥미로운 판결이다. 강원랜드 카지노이용자인 원고는 2003. 4. 13.부터 2006. 11. 28.까지 3년 간 총 333회에 걸쳐 카지노 도박을 하면서 약 231억 원을 잃었다. 그러자 원고는 피고인 강원랜드가 자신의 출입을 금지하지 않아 자신에 대한 보호의무를 위반하였다며 강원랜드에게 손해배상을 청구하였다. 이는 자신이 스스로 담배를 구입하여 피운 후 자신에게 담배를 판매한 회사에게 손해배상청구를 하

---

337) 방송통신위원회고시 제2015-3호.

는 담배소송과 유사한 구조이다. 얼핏 보면 당황스럽게 느껴지는 사건이 지만 여기에는 생각해 볼 바가 있다. 원래 도박은 법으로 금지되어 있다 (형법 제246조). 하지만 다른 법으로 이를 허용하기도 한다. 카지노가 그 대표적인 예이다. 카지노에 대한 법률은 「관광진흥법」과 「폐광지역 개발 지원에 관한 특별법」이다. 전자는 외국인의 카지노 출입만 허용하지만 후자로 설립된 강원랜드에 한하여는 내국인의 카지노 출입을 허용한다. 내국인 출입이 가능한 유일한 카지노인 강원랜드는 폭발적인 인기를 누 려왔다. 그러나 카지노 도박은 돈을 따기보다는 잃기 쉽게 구성되어 있 다. 이러한 확률을 이성적으로 바라보고 자제할 수 있다면 거액의 도박 을 하지 않는 것이 합리적이다. 하지만 도박은 재미도 있고 중독성도 있 다. 또한 무모한 일에 매력을 느끼고 이끌리는 것이 사람의 본래 모습이 다. 그러다 보니 자칫 잘못하면 도박에 빠져 패가망신하기가 쉽다. 그래 서 오히려 사업자가 후견인의 입장에서 카지노이용자의 이용을 금지하거 나 자제시켜야 하는 경우도 있다.

　「폐광지역 카지노사업자 영업준칙」[338)에 따르면 카지노 이용자가 도 박 중독의 징후를 드러내고 스스로 사행심을 제어할 수 없어 과도한 재 산상실의 위험이 현저히 커진 경우 가족의 요청으로 카지노 이용자의 카 지노 출입을 제한하는 절차가 마련되어 있었다. 또한 「카지노출입관리지 침」에 따르면 카지노사업자는 가족의 출입제한요청이 있으면 별도 심사 나 판단 없이 출입제한조치를 하도록 되어 있었다. 원고의 아들은 2006. 7. 19. 원고의 도박 중독을 이유로 출입제한 요청서를 발송하였는데, 2006. 7. 20. 그 요청서가 피고에게 도달하자마자 곧바로 전화를 걸어 그 반송을 요구하면서 요청을 철회하였다. 피고는 원고에 대한 출입제한조 치를 취하지 않았고, 원고는 계속 카지노에 출입하였다. 한편 위 영업준 칙에 따르면 1회 최대 베팅한도액이 제한되어 있었다. 그런데 원고는 이 른바 '병정'[339)을 이용하여 베팅한도금액을 초과하는 도박을 하였다. 원고

---

338) 구 관광진흥법 시행규칙(2007. 8. 28. 문화관광부령 제167호로 개정되기 전의 것) 제36조 단서 「별표 7의2」이다.

는 피고 직원들이 이를 알고도 묵인하였다고 주장하였다. 이러한 사실관계하에서 피고는 원고에 대한 보호의무 위반으로 손해배상책임을 지는가?

　　다수의견은 자기책임의 원칙에 따라 원고는 스스로 재산상 손실을 감수하는 것이고, 특별한 사정[340]이 없는 한 피고가 원고의 보호의무를 부담하지는 않는다고 보았다. 반대의견은 도박중독자에게 자기책임의 원칙만을 내세워 이들에 대한 보호를 거부해서는 안 된다고 하면서 이 사건의 경우 피고가 원고의 보호의무를 부담한다고 보았다. 어느 의견에 따르건 자기책임의 원칙이 1차적으로 적용되어야 하므로 카지노이용자는 스스로 자신의 재산을 보호할 의무가 있다. 또한 어느 의견에 따르건 카지노이용자가 더 이상 자신을 보호할 수 없는 상황에서는 카지노가 개입하여 카지노이용자의 도박을 막아야 할 보호의무가 발생할 수 있다. 그렇다면 이 사건에서는 카지노의 보호의무 이행이 요구되었는가? 만약 이 사건에서 피고가 원고의 도박 중독 상태를 알았거나 쉽게 알 수 있었고, 가족으로부터 출입제한요청이 있었는데도 원고의 카지노 출입을 허용하였다면 보호의무 위반 행위로 평가될 수 있었을 것이다. 그런데 이 사건에서 출입제한요청은 곧바로 철회되었다. 다수의견은 이를 이유로 보호의무 위반을 부정한 반면, 반대의견은 「카지노출입관리지침」에 따르면 출입제한요청이 서면으로 이루어져야 하는 이상 그 철회도 구두로 해서는 효력이 없으므로 피고는 출입제한요청에 따라 원고의 출입을 제한하여 그를 보호할 의무를 부담하였다고 보았다. 또한 다수의견은 영업준칙상 1회 베팅한도 제한규정은 사회적 폐해를 억제하기 위한 공익보호규정일 뿐 카지노 이용자 개개인의 재산상 손실방지를 위한 규정이 아니므로 이에 위반하였더라도 사법적인 차원의 위법성이 인정되지는 않는다고 본

---

339) 타인을 위하여 베팅만 대신해 주는 사람이다. 원고는 이들에게 돈을 제공하고 이들이 원고를 위해 대리베팅을 하였다.

340) 대상판결에 따르면 여기에서의 특별한 사정은 카지노이용자의 재산상실에 관한 주된 책임이 카지노사업자에게 있을 뿐만 아니라 카지노이용자의 손실이 카지노사업자의 영업이익으로 귀속되는 것이 사회 통념상 용인될 수 없을 정도에 이르렀다고 볼만한 사정을 의미한다.

반면, 반대의견은 이와 반대로 위 규정이 위법성 인정 근거가 될 수 있다고 보았다.[341]

큰 그림에서 보면 이 사건에서는 도박과 자기책임 원칙의 상호관계에 관한 대법관들의 생각 차이가 결론을 좌우하였다. 다수의견은 자기책임 원칙을 좀 더 무겁게 보았고, 반대의견은 이를 제어하는 후견적 요청을 좀 더 무겁게 보았다. 외국 법제를 살펴보면 미국, 영국, 캐나다, 호주는 전자의 입장, 독일은 후자의 입장에 가깝다. 가령 독일은 이용자가 스스로 출입제한을 설정함으로써 출입제한합의가 이루어졌는데도 카지노가 이용자의 출입을 허용하였거나,[342] 2007년 각 란트가 서명한 '독일에서 도박사업에 관한 주간(州間) 협약'에서 도입한 도박자제한제도에 위반한 경우 채무불이행 또는 불법행위책임이 성립한다는 법리를 가지고 있다.[343]

이 사건을 구체적으로 보면 출입제한금지 요청의 효력, 1회 베팅한도 제한규정의 성격, 원고의 베팅한도 초과도박에 관한 피고 직원들의 인식 및 관여 여부가 사건의 결론을 좌우하는 요소로 작용하였다. 원고의 아들이 곧바로 출입제한금지서의 반송을 요청하며 이를 적극적으로 철회한 이상 피고가 그러한 의사에 반하여 출입제한조치를 취하기를 기대하기는 어려웠을 것이다. 그 점에서는 다수의견을 이해할 수 있다. 하지만 반대의견이 지적하는 것처럼 1회 베팅한도 제한규정은 이용자의 사익을 보호하기 위한 측면도 있다고 보아야 한다. 따라서 피고 직원들이 베팅한도 초과 도박을 알고도 묵인하거나 관여하였다면 이 점에서는 피고의 책임이 인정될 수도 있었을 것이다.

다. 국가작용이 개입한 경우 위법성과 인과관계의 판단

대법원 2020. 11. 26. 선고 2018다221676 판결은 보건복지부장관의 고시로 인한 약가 인하로 손해를 입은 오리지널 의약품 특허권자가 그

---

341) 단속법규 위반행위가 언제나 위법행위에 해당하는 것은 아니다. 대법원 1987. 2. 10. 선고 86다카1288 판결 등.

342) BGH NJW 2006, 362.

343) 이에 관해서는 김재형, "법규 위반과 불법행위책임 – 카지노 베팅한도 및 출입제한 규정 위반을 중심으로 –", **판례실무연구** XI(상)(2015), 676 – 702면 참조.

약가 인하의 원인을 제공한 복제의약품 회사에게 불법행위로 인한 손해배상을 청구할 수 있는지를 다루었다. 사안은 다음과 같다. 원고는 A 회사의 자회사로서 A 회사의 특허의약품을 국내에서 독점판매하고 있었다. 그 특허의약품은 건강보험공단의 요양급여대상으로서 판매제품의 약가 일부를 공단으로부터 지급받고 있었다. 한편 피고는 국내 제약회사로서 위 특허의약품의 특허 만료 후 복제의약품을 판매하겠다고 신청하여 보건복지부장관 고시로 요양급여대상 결정을 받았다. 그런데 특허법원이 위 특허의 진보성 결여를 이유로 특허무효판결을 선고하자 피고는 그 판결이 상고로 미확정인 상태에서 위 복제의약품을 즉시 판매하겠다고 신청한 뒤 그 국내 판매를 시작하였다. 이처럼 복제의약품이 시장에 진입함에 따라 관련 규정 및 지침에 의거하여 보건복지부장관의 고시로 위 특허의약품의 약가가 20% 인하되었다. 그 후 대법원이 특허법원의 판결을 파기하여 결국 특허는 유효로 확정되었다. 그러자 원고는 피고가 특허기간 중에 복제의약품을 판매함으로써 공단으로부터 받는 약가가 인하되어 영업이익이 상실되었다며 피고를 상대로 그 상당액의 손해배상청구를 하였다.

대법원은 원고의 독점적 통상실시권을 부정하는 한편 피고의 판매예정시기 변경신청은 제도적으로 허용된 적법한 행위인 점, 원고 제품의 약가 인하는 보건복지부장관의 고시를 통해 결정되었던 점, 그러한 고시가 위법한 처분이라고 볼 만한 자료가 없는 점, 약가 인하로 입게 된 원고의 불이익은 이러한 제도를 채택한 결과에 따라 불가피하게 발생한 것인 점 등의 이유를 들어 피고 행위의 위법성이나 피고의 행위와 원고 제품의 약가 인하 사이의 상당인과관계도 부정하였다. 원고에게 독점적 통상실시권이 부여되었는지는 사실 인정의 문제이다. 대법원은 원고의 독점적 통상실시권을 부정한 원심판단을 그대로 유지하였다. 그런데 대법원은 더 나아가 원고에게 독점적 통상실시권이 있더라도 불법행위의 법리에 따를 때 피고에게는 책임이 없다고 하였다. 그런데 피고가 타인의 독점적 권리하에 있는 의약품을 복제, 판매하여 손해를 입혔는데도 약가

인하제도라는 국가적인 제도를 이용하여 그렇게 하였다는 이유로 면책된다는 결론은 직관적으로 의문을 불러일으킨다.

　이 사건에서 피고는 특허기간 중에 타인의 특허를 침해하여 복제의 약품을 판매한 것으로 드러났다. 그러므로 피고는 그 특허침해행위로 인하여 특허권자가 입은 손해를 배상해야 한다. 또한 원고가 그 특허품의 국내 독점판매권 또는 이에 준하는 영업권을 가진 자였다면 피고의 위법한 특허침해행위로 인해 원고가 입은 손해도 배상해야 마땅하다. 대상판결은 원고의 불이익은 약가 인하 제도를 채택한 결과에 따른 것이므로 원고가 원고 제품의 상한금액에 관하여 갖는 이익은 이러한 제도의 테두리 내에서 보호될 수 있을 뿐이고 그 제도에서 정한 절차에 따른 결과가 원고에게 불리하게 작용하더라도 이를 피고의 책임으로 돌릴 것은 아니라고 판시하였다. 그러나 약가 인하 제도는 적정한 약가를 설정함으로써 국민건강보험 재정을 건전화하여 원활한 요양급여를 지속적으로 보장하는 목적을 가진 제도일 뿐 사인(私人) 간의 특허침해 및 관련 불법행위로 인한 손해배상의 문제까지 규율하는 제도는 아니다. 보건복지부장관은 약가 인하 시 특허분쟁 관련 소명을 받기는 하나 특허침해에 대한 심리나 판단을 하지 않는다. 오히려 이 제도는 이러한 손해배상 문제는 특허법 또는 민법에 따라 그들 간에 별도로 또는 사법부의 판단을 받아 해결해야 함을 전제로 설계된 것이다. 실제로 보건복지부장관이 약가 인하를 시행한 후 제네릭의약품이 특허침해제품으로 밝혀지면 그때부터 인하된 상한금액을 본래의 금액으로 회복하나 인하 시점부터 회복 시점까지 인하로 입은 손해를 회복해 주지는 않는다. 이 부분의 손해는 민사법리에 따라 별도 민사소송에서 회복되어야 한다.

　대상판결에서는 피고의 복제의약품 판매와 원고의 손해 사이에 보건복지부장관 고시가 개재되었다는 점이 위법성이나 인과관계 판단에 중요하게 고려되었던 것으로 보인다. 그러나 보전처분이나 판결ㆍ행정작용 등이 중간에 개입되더라도 불법행위가 인정된 사례들은 많다.[344] 제약회사인 피고는 자신이 복제의약품의 판매예정시기를 앞당겨 시장에 이를 조기출시하면 원고의 특허의약품 약가가 거의 자동적으로 인하되리라는 점을 충분히 예견할 수 있었다. 더 나아가 이러한 사태는 피고가 자신의 위험부담 아래 스스로 유발한 것이다. 이 경우 자신이 유발한 보건복지부장관 고시를 방패삼아 자신의 책임을 회피할 수는 없다. 그러므로 특허권을 침해한 것으로 밝혀진 피고의 행위에 위법성이 없다거나 그 행위와 원고의 손해 사이에 상당인과관계가 없다고 한 대상판결에는 찬성하기 어렵다.

대상판결은 유효성 분쟁 중인 특허 때문에 복제의약품의 시장 진입이 늦어지면 국민건강보험은 특허의약품에 고가의 약가를 상환해야 하고 국민들도 복제의약품에 대한 접근성이 저하된다는 점을 고려한 판결로 이해되나 위와 같은 공익이 특허침해의 토대 위에서 구현되어서는 안 된다. 특허 제도를 인정하는 이상 특허가 무효라고 믿고 무단으로 특허 발명을 이용하는 자는 자신의 위험 부담 아래 그렇게 하는 것이고 사후에 특허침해로 밝혀진 행위에 따른 손해배상은 부담하게 하는 것이 맞다. 또한 위와 같은 복제의약품의 조기 개발과 시장 진입이 가지는 공익이 그토록 크다면 이는 별도 입법을 통해 반영할 문제이다.

라. 사고로 인한 자동차 가격 하락손해의 통상손해 여부

대법원 2017. 5. 17. 선고 2016다248806 판결은 사고로 인한 자동차 가격 하락 손해가 통상손해인지를 다루었다. 원고는 운송회사이자 A차량의 소유자이다. 피고는 B차량의 운전자이다. 피고회사는 B차량의 보험회사이다. 피고는 B차량을 운전하던 중 중앙선을 넘어 맞은편에 오던 A차량과 충돌하였다. A차량 소유자인 원고는 피고회사 및 피고를 상대로 손해배상을 구하였다. 이 사안에서는 수리 완료 후에도 존재하는 자동차 가격 하락 손해(격락손해)가 통상손해에 해당하는지가 다투어졌다.

대법원은 "자동차의 주요 골격 부위가 파손되는 등의 사유로 중대한 손상이 있는 사고가 발생한 경우에는, 기술적으로 가능한 수리를 마치더

---

344) 대법원 1974. 10. 22. 선고 74다79 판결; 대법원 2001. 11. 13. 선고 2001다 26774 판결 등.

라도 특별한 사정이 없는 한 원상회복이 안 되는 수리 불가능한 부분이
남는다고 보는 것이 경험칙에 부합하고, 그로 인한 자동차 가격 하락의
손해는 통상의 손해에 해당한다고 보아야 한다."고 판시한 뒤, "이 경우
그처럼 잠재적 장애가 남는 정도의 중대한 손상이 있는 사고에 해당하
는지는 사고의 경위 및 정도, 파손 부위 및 경중, 수리방법, 자동차의 연
식 및 주행거리, 사고 당시 자동차 가액에서 수리비가 차지하는 비율,
중고자동차 성능·상태점검기록부에 사고 이력으로 기재할 대상이 되는
정도의 수리가 있었는지 여부 등의 사정을 종합적으로 고려하여, 사회일
반의 거래관념과 경험칙에 따라 객관적·합리적으로 판단하여야 하고, 이
는 중대한 손상이라고 주장하는 당사자가 주장·증명하여야 한다."라고
판시하였다.

　판례는 물건이 훼손된 경우 수리가 가능하면 수리비 상당액, 수리가
불가능하면 교환가치 감소분이 통상손해라고 판시하여 왔다.[345] 수리가
가능하면 수리비 상당액이 통상손해라고 하는 이유는 수리비를 들여 수
리가 완성되면 교환가치가 온전히 회복되리라고 전제하기 때문이다. 그
러므로 종국적으로 중요한 것은 수리 가능성 또는 수리비 액수라기보다
는 교환가치의 회복 여부 또는 회복되지 못한 교환가치의 액수이다. 그
렇다면 일단 물리적·기술적으로 수리가 완성되어 물건이 정상적으로 사
용됨으로써 사용가치 감소는 없더라도 물건의 교환가치 감소분이 여전히
존재하면 그 부분은 규범적으로 수리가 불가능한 것과 마찬가지로 취급해
야 한다. 종국적으로는 교환가치 감소분이 통상손해로 배상되어야 한다.

　이에 대해서는 자동차 가격 하락이 자동차의 객관적 가치 감소 때
문이라기보다는 사고 차량을 꺼림칙하게 여기는 일반인들의 불안함 때문
에 발생한 것은 아닐까 하는 의문이 들 수 있다. 그러한 불안함을 달래
기 위해 수리비를 넘는 손해배상을 명하는 것이 타당한가 하는 의문이
들 수도 있다. 그런데 중고차 거래량이나 거래 시스템을 보면, 우리나라

---

345) 대법원 1992. 2. 11. 선고 91다28719 판결 등 다수.

중고차 시장은 자동차의 가치를 객관적으로 반영할 정도로 공고하게
형성되어 있다. 그러한 시장가격은 시장에서 거래되는 물품의 교환가치
를 측정하는 유일하고 완벽한 기준은 아닐지 몰라도 손해가 발생하였음
을 보여주는 가장 중요한 기준이다. 또한 자동차관리법령에 따르면 자동
차매매업자가 매수인에게 발급하는 중고자동차 성능·상태점검기록부에
는 사고 유무를 표시하고 중대 사고의 경우에는 그 수리 부위 등도 반드
시 표시하여야 한다. 실제로도 사고 차량은 중고차 시장에서 통상 더 낮
은 가격으로 거래된다. 이러한 법령과 거래 현실을 고려하여 보험약관에
도 자동차 시세 하락 손해배상에 대한 규정이 포함되어 있다. 대상판결
은 이러한 거래 현실을 반영하여 가격 하락분을 통상손해로 보면서도 중
대한 손상을 야기하였을 것을 요구함으로써 법리의 지나친 확장을 제어
하였다.[346)]

마. 과거사정리위원회의 진실규명결정의 불법행위 증명력

대법원 2013. 5. 16. 선고 2012다202819 전원합의체 판결은 진도군
민간인 희생 국가배상청구 사건을 다루었다. 원고들은 자신들의 아버지
나 친척이 한국전쟁 당시 인민재판 참관 또는 인민군 부역 등을 이유로
적법한 절차를 거치지 않은 채 대한민국의 경찰관들에게 처형되었다고
주장하며 국가배상청구를 하였다. 원고들의 이러한 주장은 『진실·화해
를 위한 과거사정리위원회』(이하 '과거사정리위원회'라고 한다)의 진실규명결
정에 기초한 것이었다. 이 국가배상소송에서 사실상 유일한 증거는 과거
사정리위원회의 조사보고서였다. 그런데 이 조사보고서의 내용만으로는
국가배상청구의 원인이 되는 사실관계를 확정하기에 충분하지 않았다.
그러나 원심은 조사보고서만을 증거로 삼아 원고들의 청구를 모두 인용
하였다. 과거사정리위원회가 조사 결과에 따라 진실규명결정을 하였다면

---

346) 신세희, "자동차 파손 시 가치하락손해에 관한 연구", **민사판례연구**, 제43권
(2021), 582−583면은 경미한 손상에 대해서는 통상손해성을 부정하는 대상판결에
대해서 실제 중고차 시장에서는 경미한 사고이력이 있는 경우에도 거래가격이 하
락되는 것이 엄연한 거래현실이라는 점을 들어 비판론을 전개하고 있다.

법원도 이를 존중함이 마땅하고, 과거사 사건에서 일반적인 사법절차의 사실인정에서 이루어지는 것 같은 정도의 증명을 요구할 수 없다는 이유 때문이었다.

대법원에서는 이러한 원심판결의 당부가 다투어졌다. 다수의견은 조사보고서 내용만으로 사실을 인정하기 불충분한 때에는 추가 증거조사를 통하여 사실관계를 더 확인하여야 한다고 보았다. 반대의견은 과거사정리위원회의 진실규명결정은 그 내용에 중대하고 명백한 오류가 있는 등 그 자체로 증명력이 부족함이 분명한 경우가 아닌 한 매우 유력한 증거가치를 가지므로 피해자는 이를 제출함으로써 국가 공무원의 불법행위책임 발생원인 사실의 존재를 모두 증명한 것이라고 보았다. 다수의견은 "조사보고서", 반대의견은 "진실규명결정"에 대해 언급하고 있으나, 결국 양 의견 모두 과거사정리위원회의 불충분하거나 모순된 조사결과에 기초한 결정에 법원이 얼마나 구속될 것인가의 문제를 다루고 있다. 이는 사실인정의 권한을 가지는 법원이 과거사 사건이라는 특수성 앞에서 얼마나 더 세밀하게 사실관계를 조사·확정할 수 있는가 하는 문제와 관련 있다.

이러한 과거사 사건들은 ① 국가권력에 의하여 집단적, 조직적으로 자행되었다는 점, ② 이로 인한 피해자들의 숫자가 많다는 점, ③ 사건 발생 이후 시간이 많이 흘러 사실인정에 한계가 있다는 특징을 지닌다. 그래서 일반적인 국가배상사건에 비해 더욱 집단적이고 정책적인 해결이 요구된다. 바로 이러한 요구 때문에 각종 특별법들이 제정되었다.[347] 「진실·화해를 위한 과거사정리 기본법」(이하 '과거사정리 기본법'이라고 한다)도 그중 하나이다. 과거사정리 기본법은 "항일독립운동, 반민주적 또는 반인권적 행위에 의한 인권유린과 폭력·학살·의문사 사건 등을 조사하여

---

347) 「진실·화해를 위한 과거사정리 기본법」, 「노근리사건 희생자 심사 및 명예회복에 관한 특별법」, 「거창사건등 관련자의 명예회복에 관한 특별조치법」, 「민주화운동 관련자 명예회복 및 보상 등에 관한 법률」, 「대일항쟁기 강제동원 피해조사 및 국외강제동원 희생자 등 지원에 관한 특별법」, 「제주 4·3사건 진상규명 및 희생자 명예회복에 관한 특별법」 참조.

왜곡되거나 은폐된 진실을 밝혀냄으로써 민족의 정통성을 확립하고 과거와의 화해를 통해 미래로 나아가기 위한 국민통합에 기여함"을 목적으로 하는 법이다(제1조). 이를 위해 설치된 과거사정리위원회는 조사대상을 선정하여 조사를 진행하고 그 조사 결과 진상규명결정 또는 진상규명불능결정을 내린다(제3조). 과거사정리위원회는 조사대상자 및 참고인으로부터 진술서나 관련 자료 또는 물건을 제출받거나 진술을 청취하거나 관계 기관 등에게 사실 또는 정보 조회를 하는 등의 방법으로 조사를 수행한다(제23조 제1항). 과거사정리위원회는 최초의 진실규명 조사개시 결정일 이후 4년이라는 한시적 기간 동안 진실규명활동을 하고, 2년의 범위 내에서 그 기간을 연장할 수 있다(제25조 제1, 2항).

다수의견과 반대의견은 이러한 조사결과에 대해 법원이 사실인정의 권한을 내세워 개입하는 것은 가급적 자제해야 한다는 점에 공감하였다. 위에서 살펴본 과거사 사건의 특수성을 고려한 것이다. 그러나 다수의견은 과거사 사건이라고 하여 민사소송의 일반 원칙을 포기하여서는 안 된다고 보았다. 만약 조사결과만으로 충분히 사실이 증명되지 않으면 법원이 추가로 사실인정을 위한 심리를 해야 한다고 보았다. 반대의견도 법원의 추가 심리 여지를 완전히 봉쇄하지는 않았다. 하지만 반대의견은 과거사 사건과 이에 관한 특별법의 취지에 무게를 두어 특별한 사정이 없으면 과거사정리위원회의 결정대로 따라야 한다고 보았다.

다수의견에 따른 대상판결의 입장은 여러 각도에서 평가할 수 있다. 사법적극주의와 사법소극주의의 구도에서는 사법적극주의에 가까운 성격을 띤다. 형식과 실질의 구도에서는 실질을 중시하는 성격을 띤다. 효율과 형평의 구도에서는 형평을 중시하는 성격을 띤다. 한 마디로 특별한 사정이 없으면 과거사위원회의 진실규명결정에 따르고자 하는 획일적인 처리에 제어장치를 설정함으로써 필요한 경우에는 법원이 사안을 좀 더 세밀하게 살펴볼 수 있는 길을 열어놓은 것이다. 물론 다수의견에 의하면 반대의견에 의할 때보다 진실규명결정을 받은 사람이 국가배상을 받지 못할 가능성은 더 높아진다. 그러나 이는 대법원이 세밀하게 사건을 살펴 본 결과일 뿐, 피해자의 구제 필요성을 경시하였기 때문이 아니다. 오히려 이는 진실규명결정을 받지 못한 사람에 대해서도 국가배상을 명할 수 있다는 결론을 더욱 강하게 뒷받침하는 논리가 될 수 있다. 실제로 대법원은 과거사정리위원회가 진실규명불능결정을 내린 사건에 대해서 국가배상책임을 인정한 원심 판결을 그대로 확정한 바 있다.[348]

2. 불법행위 효과
가. 불법행위와 금지청구권

대법원 2010. 8. 25. 2008마1541 결정은 부정경쟁행위에 해당하는 민법상 불법행위의 금지 또는 예방을 청구할 수 있다고 하였다. 이 사안에서 갑 회사는 인터넷 사이트를 이용한 광고시스템 프로그램을 제공하여 이를 설치한 인터넷 사용자들이 을 회사가 운영하는 인터넷 포털사이트에 방문하면 그 화면에 을 회사가 제공하는 광고 대신 갑 회사의 광고가 대체 혹은 삽입된 형태로 나타나게 하였다. 대법원은 갑 회사의 위와 같은 광고행위는 위 인터넷 포털사이트가 가지는 신용과 고객흡인력을 무단으로 이용하는 셈이 될 뿐만 아니라 을 회사의 영업을 방해하면서 을 회사가 얻어야 할 광고영업의 이익을 무단으로 가로채는 부정한 경쟁행위로서 민법상 불법행위에 해당한다고 본 원심결정이 정당하다고 하였다. 이와 관련하여 경쟁자가 상당한 노력과 투자에 의하여 구축한 성과물을 상도덕이나 공정한 경쟁질서에 반하여 자신의 영업을 위하여 무단으로 이용함으로써 경쟁자의 노력과 투자에 편승하여 부당하게 이익을 얻고 경쟁자의 법률상 보호할 가치가 있는 이익을 침해하는 행위는 부정한 경쟁행위로서 민법상 불법행위에 해당한다는 일반론을 제시하였다. 또한 이러한 무단이용 상태가 계속되어 금전배상을 명하는 것만으로는 피해자 구제의 실효성을 기대하기 어렵고 무단이용의 금지로 인하여 보호되는 피해자의 이익과 그로 인한 가해자의 불이익을 비교·교량할 때

---

348) 대법원 2016. 12. 1. 선고 2014다234209 판결.

피해자의 이익이 더 큰 경우에는 그 행위의 금지 또는 예방을 청구할 수 있다고 판시하였다. 이에 따라 을 회사는 갑 회사의 광고행위 금지 또는 예방을 청구할 피보전권리와 보전의 필요성이 소명되었다고 본 원심결정이 정당하다고 보았다.

이 결정은 민법상 불법행위에 대한 금지 또는 예방이 가능하다고 한 점에서 의미 있다. 물론 이 결정은 부정경쟁행위 유형의 민법상 불법행위를 염두에 둔 것이므로, 과연 이 결정이 다른 유형의 불법행위에서도 금지청구권을 전면적으로 인정한 취지인지는 분명하지 않다. 하지만 적어도 대상결정이 불법행위에 대한 금지청구권을 허용할 수 있는 길을 열어놓았다는 점은 분명하다. 그 이후 대법원 2011. 10. 13. 선고 2010다63720 판결은 특정인의 통행 자유를 침해한 행위를 민법상 불법행위로 규정한 뒤 그 통행방해 행위의 금지를 청구할 수 있다고 보았다.[349] 또한 대법원 2014. 5. 29. 선고 2011다31225 판결은 CF박스 설치를 통해 방송프로그램 하단에 방송사업자가 의도하지 않았던 자막광고를 내보내는 영업행위가 민법상 불법행위에 해당한다고 하여 그 영업행위의 금지를 청구할 수 있다고 보았다.[350] 한편 대상결정 이후 2013. 7. 30. 법률 제11963호로 개정된 「부정경쟁방지 및 영업비밀보호에 관한 법률」 제2조 제1호 차목(현행법으로는 카목)에서는 "그 밖에 타인의 상당한 노력으로 만들어진 성과 등을 공정한 상거래 관행이나 경쟁질서에 반하는 방법으로

---

349) 다만 이 판결에서는 통행 자유 침해를 인격권 침해의 일종으로 본 듯 하다. 강지웅, "통행의 자유와 통행방해 금지청구", **민사판례연구**, 제35권(2013), 200면. 인격권 침해에 대해서는 종래부터 해석론상 금지청구권이 인정되어 왔다. 대법원 1996. 4. 12. 선고 93다40614·40621 판결.

350) 피고는 원고들의 종합유선방송가입자 가운데 음식점, 찜질방 등 불특정 다수 고객 상대 업체들을 회원으로 모집하여, 해당 회원들이 보유한 개별 TV 수상기와 원고들 소유의 셋톱박스 사이에 피고 소유의 광고영상송출기기(CF 박스)를 연결함으로써, TV 화면에서 원고들이 전송한 방송프로그램 바로 아래에 피고가 별도 모집한 광고주들로부터 의뢰받은 이 사건 자막광고가 나가게 하는 방식으로 광고영업을 하였다. 피고의 이러한 행위로 인하여 시청자들이 방송프로그램을 보면서 그 아래에 있는 이 사건 자막광고를 볼 수밖에 없는 상황이 되므로, 이는 원고들이 송신하는 방송프로그램이 시청자의 눈길을 끄는 흡인력을 피고의 광고영업에 적극적으로 이용하게 된다.

자신의 영업을 위하여 무단으로 사용함으로써 타인의 경제적 이익을 침해하는 행위"를 부정경쟁행위의 유형으로 추가하였다. 부정경쟁행위에 대해서는 금지청구권이 인정된다(제4조). 대상결정이 입법에 반영된 결과이다.

민법상 불법행위에 대한 금지청구권은 해석론상 인정될 수 있는가?351) 불법행위에 대한 금지청구권은 손해의 회복과 예방이라는 불법행위의 목적에 비추어 보거나 의미 있는 원상회복이 곤란한 사안에서의 현실적 필요성에 비추어 보면 이러한 금지청구권은 입법론으로뿐만 아니라 해석론으로도 인정될 수 있다. 일반적으로는 물권 또는 이와 유사한 성격을 가지는 인격권이 침해되는 불법행위이거나 법률에 별도의 규정이 있는 경우에만 금지청구권이 인정되고 있다. 그러나 권리의 도그마틱한 성격(가령 물권의 배타성)에 권리 구제수단의 모습이 필연적으로 복속되어야 할 이유는 없다. 법이 보호하고자 하는 권리나 이익이 침해되었다면 피해자는 그 침해로부터 회복될 수 있는 가장 적절하고 유효한 수단에 의하여 구제되어야 한다. 이러한 요청은 추상적으로는 신의칙에 관한 민법 제2조에서 출발하여, 구체적으로는 소유권에 기한 물권적 청구권에 관한 민법 제214조, 생활방해에 관한 적절한 조치의무를 규정한 민법 제217조 제1항, 부작위 채무에 위반한 경우 적당한 처분을 구할 수 있도록 한 민법 제389조 제3항, 명예훼손에 관하여 손해배상과 별도로 명예회복에 적당한 처분의무를 규정한 민법 제764조, 그 외에 물권 침해 외의 불법행위에 대해 금지청구권을 인정한 각종 특별법 규정들에서 도출될 수 있다. 이러한 개별 조항들은 서로 무관하게 별도로 존재하는 것이 아니라, 모두 권리구제적합성을 향한 법의 정신 내지 일반원칙을 공유하고 있다. 이러한 정신에 비추어 보면, 민법에서 명시적으로 불법행위에 대한 일반적 구제수단으로서 금지청구권을 규정하지 않는 것은 그러한 구제수단 자체를 부정하는 취지라기보다는 단지 이에 관하여 침묵하고 있는 것일 뿐이다. 따라서 이러한 전체유추가 성문법에 반하는 것이라고 할 수

---

351) 이하 내용은 권영준, "불법행위와 금지청구권—eBay vs. MercExchange 판결을 읽고—", Law & Technology, 제4권 제2호(2008), 55면 이하 참조.

없다. 민법에 명문으로 규정되어 있지 않은 대상청구권을 해석론으로서 인정하는 것도 같은 취지이다.[352] 참고로 외국에서는 일반적으로 불법행위에 대한 금지청구권을 널리 허용하고 있고,[353] 우리나라 법무부 2014년 민법 개정시안도 불법행위에 대한 금지청구권을 일반적으로 허용하는 조항(제766조의2)을 두었다.[354]

나. 인신손해 사건에서 손해액 산정 요소로서의 가동연한

대법원 2019. 2. 21. 선고 2018다248909 전원합의체 판결은 일용 근로자의 가동연한을 다루었다. 이 사건에서는 4세 어린이가 수영장 성인 풀에 빠져 익사하자 그 가족들이 수영장 운영회사 등을 상대로 피해자의 가동연한이 만 65세임을 전제로 손해배상을 구하였다. 1심 및 원심법원은 기존 판례에 따라 가동연한을 만 60세로 보아 손해배상액을 산정하였다. 대법원은 우리나라의 사회적·경제적 구조와 생활여건이 급속하게 향상·발전하고 법제도가 정비·개선됨에 따라 종전 전원합의체 판결 당시 위 경험칙의 기초가 되었던 제반 사정들이 현저히 변하였기 때문에 이제는 특별한 사정이 없는 한 만 60세를 넘어 만 65세까지도 가동할 수 있다고 보는 것이 경험칙에 합당하다고 판시하였다. 종래 대법원은 일용 근로자의 가동연한을 만 55세로 보았다가, 1989년에 이를 만 60세로 올렸다(대법원 1989. 12. 26. 선고 88다카16867 전원합의체 판결). 대상판결은 이를 다시 만 65세로 올렸다. 대상판결은 고용, 보험, 의료, 연금, 고령화 정책 등 사회의 각 분야에 엄청난 파급효과를 불러일으킬 만큼 의미 있는 판결이다. 결론에 이르는 과정에서 다음과 같은 세 가지 쟁점이 문제되었다.

첫째, 대법원은 경험칙상 가동연한을 특정 연령으로 정하여 선언할

---

352) 대법원 1992. 5. 12. 선고 92다4581, 4598 판결.

353) 김상중, "불법행위의 사전적 구제수단으로서 금지청구권의 소고", **비교사법**, 제17권 제4호(2010), 152면 이하.

354) 개정시안 제766조의2는 "금지청구"라는 표제하에 제1항에서 "타인의 위법행위로 인하여 손해를 입거나 입을 염려가 있는 자는 손해배상에 의하여 손해를 충분히 회복할 수 없고 손해의 발생을 중지 또는 예방하도록 함이 적당한 경우에는 그 행위의 금지를 청구할 수 있다."라고 규정하고 있다.

수 있는가? 이는 법률심인 대법원과 사실심인 하급심 법원의 역할분담과
도 관련 있다. 이에 관하여 대법원이 일률적으로 가동연한을 만 65세라
고 단정하여 선언하는 방식이 아니라 '육체노동의 일반적 가동연한을 만
60세 이상이라고만 제시하고 만 65세로 인정한 별개 사건에서 사실심 판
결이 옳다고 판단하는 방법'으로 충분하다는 별개의견이 있었다. 그러나
경험칙은 개별 사건을 뛰어넘는 추상성·객관성·보편성을 지녀야 하므
로 그 가이드라인은 가급적 대법원이 제공하는 것이 바람직하다. 이로
인해 사실심 법관의 판단재량이 부당하게 침해되지도 않는다. 대법원이
인정한 경험칙을 그대로 적용할 수 없는 개별 사건의 특수한 사정이 있
다면 사실심 법관은 이러한 사정을 반영하여 얼마든지 달리 판단할 수
있기 때문이다.

   둘째, 만 60세로 되어 있는 일용 근로자의 경험칙상 가동연한은 적
정한가? 법원이 선언하는 경험칙과 사회 현실 사이의 간극이 지나치게
벌어지는 것은 바람직하지 않다. 이러한 간극은 분쟁의 정의로운 해결에
장애가 될 뿐만 아니라, 사법불신의 원인이 되기 때문이다. 대상판결에서
대법관들은 ① 신체적 측면(평균 수명 10년 이상 증가), ② 경제적 측면(1인
당 GDP 4.5배 증가, 60~64세 경제활동참가율 및 실질은퇴연령 상승), ③ 규범적
측면(사회보장법령 및 연금법령이 65세까지의 근로를 전제로 변화 중)의 변화에
주목하여 이를 상향 조정해야 한다고 보았다.

   셋째, 가동연한은 몇 세로 보는 것이 적정한가? 다수의견은 만 65
세, 별개의견은 만 63세가 적정하다고 보았다. 가동연한은 단순히 통계를
기초로 도출되는 실증적 문제가 아니라 고도의 법적 평가가 수반되는 규
범적 문제이다. 이에 관한 논리필연적 정답은 없다. 다만 손해배상사건에
서 가동연한을 정하는 문제는 궁극적으로 인신사고 배상액을 정하는 문
제임을 떠올린다면, 합리적 범위 안에 있는 한 사고로 인한 배상액의 불
명확성은 가해자 측에 귀속시켜야 한다. 그 외에 일본과 독일, 호주 등에
서 가동연한을 만 67세로 보고 있는 점, 통계청의 '경제활동인구조사'에서
만 15세부터 만 64세까지를 생산가능연령으로 파악하는 점, '농어업인 삶

의 질 향상 및 농어촌지역 개발촉진에 관한 특별법' 제19조의5에서 정부
가 자동차보험에 관한 표준약관 등에서 취업가능연한의 기준이 만 65세
이상이 되도록 하는 등 필요한 시책을 수립·시행해야 한다고 규정하는
점, 만 65세 이상을 '부양 및 보호가 필요한 노인' 또는 '근로를 할 것이
기대되지 않는 사람'으로 전제하는 법률들이 다수 시행되고 있는 점 등까
지 고려하면, 가동연한을 만 65세로 본 대상판결의 태도는 타당하다.

다. 위자료에 대한 지연손해금의 기산일

대법원 2011. 7. 21. 선고 2011재다199 전원합의체 판결은 대법원
2011. 1. 27. 선고 2010다6680 판결에 재심사유가 있는지를 다루었다. 재
심대상판결은 위자료 지연손해금 기산점 문제를 다루었다. 본래 지연손
해금은 불법행위 성립과 동시에 발생한다는 것이 확립된 판례이다.[355] 그
런데 재심대상판결은 불법행위시부터 사실심 변론종결시까지 장기간이
경과하고 통화가치 등에 상당한 변동이 생기면 예외적으로 사실심 변론
종결일부터 지연손해금이 발생한다고 보았다.[356] 그렇다면 재심대상판결
은 종전 판례를 변경한 판결인가? 만약 종전 판례를 변경한 것이라면 이
는 본래 전원합의체를 통해 이루어졌어야 한다. 그런데도 소부에서 판례
를 변경하였다면 그 소부의 판결에 대해서는 재심사유가 있는가? 대상판
결은 이 두 가지 질문을 다루었다.

우선 두 번째 질문에 관하여 대법원은 전원합의체를 통하지 않고
이루어진 판례 변경은 민사소송법 제451조 제1항 제1호의 재심사유가 존
재한다고 보았다. 민사소송법 제451조 제1항 제1호는 "법률에 따라 판결
법원을 구성하지 아니한 때"를 재심사유의 하나로 규정하고 있다. 한편
법원조직법 제7조 제1항에 의하면 대법원의 심판권은 대법관 전원의 3분
의 2 이상의 합의체에서 행하되, 다만 같은 항 각호의 경우에 해당하는

---

355) 대법원 1975. 5. 27. 선고 74다1393 판결; 대법원 1993. 3. 9. 선고 92다48413
판결; 대법원 2010. 7. 22. 선고 2010다18829 판결.
356) 대법원 2011. 1. 13. 선고 2009다103950 판결도 같은 취지이다. 이 판결에 대한
해설로는 김미리, "불법행위로 인한 위자료채무의 지연손해금 발생시기", **대법원판례
해설**, 제87호(2011)이 있다.

경우가 아니면 대법관 3인 이상으로 구성된 부(이른바 '소부')에서 사건을 먼저 심리하여 의견이 일치된 경우에 한하여 그 부에서 심판할 수 있도록 하고 있다. 한편 법원조직법 제7조 제1항 제3호는 '종전에 대법원에서 판시한 헌법·법률·명령 또는 규칙의 해석적용에 관한 의견을 변경할 필요가 있음을 인정하는 경우'에는 소부에서 심판할 수 없도록 규정하고 있다. 그러므로 소부가 판례를 변경하는 판결을 선고하였다면 이는 민사소송법 제451조 제1항 제1호의 '법률에 의하여 판결법원을 구성하지 아니한 때'의 재심사유에 해당한다.

하지만 첫 번째 질문에 관하여 대법원은 재심대상판결이 종전 판례를 변경한 것이 아니라고 보았다. 재심대상판결은 공무원들에 의하여 불법구금되어 유죄의 확정판결까지 받았다가 오랜 시일이 경과된 후에 재심을 통하여 무죄가 확정된 피해자가 국가에 불법행위로 인한 손해배상으로 위자료를 청구한 사안을 다루었다. 국가는 불법행위일부터 장기간이 경과한 뒤에 제소됨으로써 이미 소멸시효가 완성되었다고 항변하였다. 이 항변은 신의칙 위반 또는 권리남용에 해당한다는 이유로 배척되었다. 재심대상판결은 불법행위시로부터 지연손해금이 발생한다는 원칙을 확인하면서도, 불법행위시와 사실심 변론종결시 사이에 40년 이상의 오랜 세월이 경과되어 위자료를 산정함에 반드시 참작해야 할 변론종결시 통화가치 또는 국민소득수준 등에 불법행위시와 비교하여 상당한 변동이 생긴 때에는, 합리적인 이유 없이 과잉손해배상이 이루어지는 것을 방지하기 위하여, 예외적으로 위자료 산정의 기준시인 사실심 변론종결일부터 지연손해금이 발생한다고 판단하였다. 이러한 재심대상판결의 태도는 종래 판례를 변경한 것으로 평가되기보다는 종래 판례가 천명하여 온 원칙을 재확인하면서도 그 토대 위에서 예외를 둔 것으로 평가되어야 한다. 이를 두고 예외가 인정되지 않던 원칙에 예외를 인정함으로써 판례를 변경하였다고 할지 모른다. 하지만 이는 원칙을 폐기하였다기보다는 원칙의 적용 범위와 한계를 구체화한 것이다. 또한 어떤 원칙이건 예외가 있기 마련이고, 이러한 예외는 원칙과 양립 가능한 존재이다.

그런데 오히려 더 큰 관심을 모으는 것은 대상판결이 논란의 여지가 있던 재심대상판결의 타당성을 전원합의체 판결의 형태로 승인하였다는 점이다. 재심대상판결의 취지는 불법행위시부터 사실심 변론종결시까지의 사정을 위자료 산정에도 반영하면서 지연손해금은 불법행위시부터 붙이는 것이 현저한 과잉배상이 되는 경우에는 지연손해금의 기산점을 사실심 변론종결일로 하자는 것이다. 위자료의 액수는 사실심 변론종결일을 기준으로 산정한다는 법리[357]와 지연손해금은 불법행위시에 발생한다는 법리[358]의 충돌을 조정한 판결이라고 볼 수 있다. 또한 불법행위로 인한 손해배상액 산정 기준 시점에 관하여 판례가 취해 온 책임원인발생시 기준설[359]에 대해 변론종결시설을 예외적으로 채택한 판결이라고도 볼 수 있다. 이러한 태도에 대해 계약법에서도 받아들여지지 않는 사정변경 원칙을 불법행위법에 적용하여서는 안 된다는 비판이 있으나,[360] 대상판결이나 재심대상판결은 사정변경 원칙을 적용한 판결이 아니다.

다만 재심대상판결이 불법행위시 발생한 정신적 고통에 관한 위자료에 대해 사실심 변론종결시까지 지체책임이 발생하지 않는다고 본 것은 논리적으로 문제가 있다.[361] 불법행위시 정신적 고통이 발생하였다면 그때부터 위자료를 지급할 의무가 발생하고, 이를 지급하지 않으면 지체책임이 발생한다고 보는 것이 논리적이다. 사실심 변론종결시점은 일반적으로 지체책임의 기산점으로 삼기에는 적절하지 않다. 이 시점은 소가 언제 제기되었는지, 그 사건이 얼마나 신속하게 진행되었는지, 당사자들

---

357) 대법원 2011. 1. 13. 선고 2009다103950 판결은 위자료를 산정함에 있어서는 사실심 변론종결 당시까지 발생한 일체의 사정을 참작해야 한다고 한다.

358) 대법원 1966. 10. 21. 선고 64다1102 판결; 대법원 1975. 1. 28. 선고 74다2021 판결; 대법원 1997. 10. 28. 선고 97다26043 판결, 대법원 2007. 9. 6. 선고 2007다30263 판결 등 참조.

359) 대법원 2010. 4. 29. 선고 2009다91828 판결.

360) 오시영, "불법행위로 인한 손해배상채권 중 위자료 증액 및 지연이자 기산일 변경이 판례변경인지 여부 및 위반 시 재심대상인지 여부에 대한 연구", **민사소송**, 제15권 제1호(2011), 510－511면.

361) 권영준, "경제상황의 변동과 민법의 대응", **법과 정책연구**, 제12권 제4호(2012), 1455면.

은 사건 진행과정에서 어떻게 행동하였는지 등 여러 가지 외부적인 사정에 좌우되기 때문이다. 이러한 점 때문에 대법원은 다시 이를 고려하여 위자료 원금을 적절히 증액할 수 있다고 하고 있으나, 이러한 접근방식은 복잡하고 기교적이다. 또한 지연손해금이 불법행위시부터 발생한다는 점과 위자료 액수 산정은 변론종결 시점까지의 사정을 종합하여 행해야 한다는 점이 꼭 상충하지도 않는다. 위자료 액수 산정은 법원이 고도의 재량권을 행사하는 영역이고, 그 재량권을 행사하는 과정에서 불법행위시부터 지연손해금이 발생한다는 점까지 고려하여 적정한 위자료 액수를 산정하는 것이 얼마든지 가능하기 때문이다.[362] 결국 과잉배상을 막겠다는 대법원의 목적은 타당하나, 이는 기존 법리에 대한 예외를 인정하지 않고도 달성할 수 있었을 것이다.

라. 학교안전사고에 대한 기왕증과 과실상계에 의한 지급 제한

대법원 2016. 10. 19. 선고 2016다208389 전원합의체 판결은 학교안전사고와 관련된 공제급여 제도의 문제를 다루었다. 사안은 다음과 같다. 고등학생이던 소외인은 학교 화장실에서 쓰러져 응급실로 옮겨졌으나 사망하였다. 사인(死因)은 간질 발작으로 추정되었는데 소외인에게는 기왕증으로 간질이 있었다. 원고들(유족)은 이 사고가 「학교안전사고 예방 및 보상에 관한 법률」(이하 '학교안전법'이라고 한다)에서 정한 학교안전사고에 해당한다고 하면서 피고(부산광역시학교안전공제회)를 상대로 학교안전법에 따른 유족급여와 장의비 등 공제급여를 지급하여 달라고 청구하였다.

학교안전법 제2조 제6호에 따르면 학교안전사고는 "교육활동 중에 발생한 사고로서 학생·교직원 또는 교육활동참여자의 생명 또는 신체에 피해를 주는 모든 사고 및 학교급식 등 학교장의 관리·감독에 속하는 업무가 직접 원인이 되어 학생·교직원 또는 교육활동참여자에게 발생하는 질병으로서 대통령령이 정하는 것"을 말한다. 학교안전법 제36조 내지 제40조는 학교안전사고로 인하여 생명·신체에 피해를 입은 피공제자에

---

362) 윤진수, "이용훈 대법원의 민법판례", **이용훈대법원장재임기념 정의로운 사법** (2011), 24면.

게 공제급여를 지급하도록 규정하면서 그 지급기준 등에 관하여 필요한
사항을 대통령령에 위임하고, 동법 시행령 제14조 내지 제19조는 이러한
위임에 따라 각 급여의 항목별 지급기준과 지급금액의 산정요소에 관하
여 세부적인 사항을 규정한다. 그런데 시행령 제19조의2는 모법에 지급
제한 사유로 규정되지 않은 기왕증이나 과실상계를 지급제한 사유로 규
정한다.

이 사건에서는 위 사고가 학교안전사고인지, 그 사고와 소외인의 사
망 사이에 상당인과관계가 있는지, 모법에 명시되지 않은 기왕증을 시행
령에서 지급제한 사유로 정할 수 있는지 등이 다투어졌다. 원심법원은
위 사고가 학교안전사고에 해당하고 그 사고와 소외인의 사망 사이에 상
당인과관계가 있다고 인정하였고, 소외인의 기왕증은 참작하지 않은 채
피고에게 공제급여 전액 지급을 명하였다.[363] 대법원에서도 위 쟁점들이
피고의 상고이유로 다루어졌는데, 소외인의 기왕증이 지급제한 사유인지
에 대해서 대법관들의 의견이 나뉘었다.

다수의견은, 학교안전법상 공제제도는 상호부조 및 사회보장적 차원
에서 학교안전사고로 피공제자가 입은 피해를 직접 전보하기 위하여 특
별법으로 창설한 것으로서 일반 불법행위로 인한 손해배상 제도와는 취
지나 목적이 다르므로 기왕증이나 과실상계의 법리는 법률에 특별한 규
정이 없는 이상 학교안전법에 따른 공제급여에 적용되지 않는다고 판단
하였다. 또한 학교안전법 제36조 내지 제40조는 급여 유형별로 공제급여
의 지급기준 등에 관하여 필요한 사항을 대통령령으로 정하도록 위임하
였을 뿐 지급제한 사유에 관하여 위임한 바 없으므로 위 시행령 조항들
은 법률의 위임 없이 피공제자의 권리를 제한하여 무효라고 보았다. 이
에 대해서는 이 사건 소송은 행정소송법상 당사자소송으로 처리하였어야
한다는 별개의견과, 기왕증으로 인한 피해는 학교안전사고와 인과관계에
있는 피해의 개념에 포함되지 않으므로 위임이 필요하지 않다거나, 기왕

---

363) 부산고등법원 2016. 1. 28. 선고 2015나50842 판결.

증이나 과실상계 참작 여부는 위임 대상인 '지급기준 등에 관하여 필요한 사항'과 '장해급여액의 산정 및 지급방법 등에 관하여 필요한 사항'에 포함될 수 있다는 반대의견이 있었다.

시행령은 모법인 법률이 위임한 범위 내 사항에 대해서만 규정할 수 있고, 이러한 위임 없이 법률상 권리 · 의무를 변경하거나 권리제한 사유를 추가할 수 없다. 그런데 이 사건 시행령 조항이 권리제한 사유를 추가한 것인지에 대해서는 의견이 갈린 것이다. 의견이 갈라진 표면적 분기점은 시행령 조항이 모법의 위임 범위 내에 있는가에 대한 관점 차이였다. 의견이 갈라진 근본적 분기점은 공제급여의 성격에 대한 관점 차이였다. 다수의견은 산업재해보상보험과 같은 사회보장급여에 가깝다고 보았고, 별개의견은 다수의견과 같은 입장이되 그 공법적 성격에 더욱 무게를 두어 민사소송이 아니라 행정소송법상 당사자소송에 의하여야 한다고까지 보았다. 반대의견은 공제급여의 성격을 손해배상에 가깝다고 본 반면, 다수의견은 산업재해보상보험과 같은 사회보장급여에 가깝다고 보았고, 별개의견은 다수의견과 같은 입장이되 그 공법적 성격에 더욱 무게를 두어 민사소송이 아니라 행정소송법상 당사자소송에 의하여야 한다고까지 본 것이다. 이러한 관점 차이가 법률의 위임 조항 해석에도 영향을 미쳤다.

학교안전법에 의한 공제급여 제도는 손해배상이라기보다는 사회보장급여에 가깝다. 심지어 자연재해로 인한 피해도 보상대상이 된다는 점에서도 그러하다. 이러한 근본 성격의 변경에 대한 진지한 성찰과 체제 개편의 결단 없이 현행 법률의 보상체계 아래에서 법률의 명시적인 위임 근거도 없이 시행령으로 과실상계 등에 의한 책임제한이 가능하도록 규정해서는 안 된다.[364] 그러한 규정은 위임 범위를 벗어난 무효의 규정이다. 이러한 해석을 통하여 피해자 또는 유족의 생활보장이라는 제도의 실질적 목적을 더욱 충실하게 달성하는 결과를 도모할 수도 있다.

---

364) 다수의견에 대한 보충의견 참조.

마. 징벌적 손해배상과 공서양속

대법원 2015. 10. 15. 선고 2015다1284 판결은 외국재판의 승인 및 집행이라는 맥락에서 징벌적 손해배상이 공서양속에 반하는지를 다루었다. 이 판결은 민사소송법 제217조와 관련되어서인지 민법학자들의 충분한 관심을 받지 못하였지만, 비전보적 손해배상에 관한 입법이 급증하는 현재 시점에 되돌아볼 만한 판결이다. 이 사건에서는 특허침해를 이유로 손해배상을 명한 미국판결의 승인 및 집행이 문제되었다. 원심법원은 미국판결에서 인정된 원고의 손해액은 전보적 손해배상액에 해당하고 제재적 성격의 손해액에 포함되어 있지 않으므로 미국판결의 승인 및 집행이 대한민국의 선량한 풍속이나 그 밖의 사회질서에 어긋나지 않는다고 보았다. 대법원도 이러한 결론을 유지하였다.

민사소송법은 외국법원의 확정판결 또는 이와 동일한 효력이 인정되는 재판(이하 '외국판결'이라고 한다)이 일정한 요건을 갖춘 경우에 한국에서도 효력을 인정한다(제217조 제1항). 이러한 요건 중에는 그 판결의 내용 및 소송절차에 비추어 그 확정재판 등의 효력을 인정하는 것이 대한민국의 선량한 풍속이나 그 밖의 사회질서에 어긋나지 아니할 것이 포함되어 있다. 이처럼 외국법원의 확정판결의 효력이 국내에서 인정되는 것을 승인이라고 한다.[365] 승인을 위한 특별한 절차나 재판은 필요하지 않다.[366] 즉 외국 판결이 민사소송법 제217조 제1항의 요건을 갖추면 자동적으로 한국에서도 효력을 가지는 자동승인제가 채택되어 있다.[367] 다만 외국판결에 기초해 한국에서 집행하려면 별도의 집행판결이 필요하다. 한편 민사소송법 제217조의2 제1항은 "법원은 손해배상에 관한 확정재판 등이 대한민국의 법률 또는 대한민국이 체결한 국제조약의 기본질서에 현저히 반하는 결과를 초래할 경우에는 해당 확정재판 등의 전부 또는 일부를

---

365) 석광현, **국제민사소송법**(박영사, 2012), 343면; 안춘수, **국제사법**(법문사, 2017), 372면.
366) 민일영 편, **민사집행법**, 제4판(한국사법행정학회, 2018), 85면(이원 집필부분).
367) 석광현(주 365), 408면.

승인할 수 없다."라고 규정한다. 이는 징벌적 손해배상을 명한 외국법원의 확정재판의 승인을 적정한 범위로 제한하기 위해 2014년 민사소송법 개정 시 신설된 조항이다.[368]

　대법원은 이 판결에서 이 조항은 비전보적 손해배상을 명한 외국재판을 대상으로 하는 조항이고, 전보배상을 명한 외국재판의 승인을 제한하기 위한 조항이 아니고, 그러한 전보배상액이 과다하다는 이유만으로 승인을 제한해서도 안 된다는 법리를 선언하였다. 그런데 우리나라에 현재까지 비전보적 손해배상 제도를 도입한 법률은 모두 21개(괄호 안 숫자는 손해배상 배수 상한)이다.[369] 또한 현재 국회에 다수의 비전보적 손해배상 법률안이 제출되어 있는데, 여기에는 기존의 법률처럼 분야를 제한하지 않고 포괄적으로 비전보적 손해배상을 도입하고자 하는 '징벌적 배상에 관한 법률안'과 '징벌배상법안'이 포함되어 있다. 법무부는 2020. 9. 28. 상행위 전반에 걸쳐 징벌적 손해배상제도를 도입하는 상법 개정안을 입법예고한 바 있는데, 이 개정안 제66조의2에 따르면, 상인이 상행위와 관련하여 고의 또는 중과실로 불법행위를 한 경우, 법원이 고의·중과실의 정도, 발생한 손해의 정도, 가해자가 취득한 경제적 이익, 재산상태, 처벌 경위, 구제 노력 등을 고려하여 손해의 5배의 한도에서 손해배상액을 정할 수 있다. 그 외에도 2021년 8월 현재 이른바 '언론개혁법'이라는 이름 아래 언론에 대한 최대 5배의 징벌적 손해배상제도를 규정한 언론중재법안 등이 통과를 눈앞에 두고 있다. 그렇다면 비록 우리나라에는

---

368) 석광현, "손해배상을 명한 외국재판의 승인 및 집행: 2014년 민사소송법 개정과 그에 따른 판례의 변화를 중심으로", **국제사법연구**, 제23권 제2호(2017. 12), 251면.

369) 하도급거래 공정화에 관한 법률(3배), 파견근로자 보호 등에 관한 법률(3배), 기간제 및 단시간근로자 보호 등에 관한 법률(3배), 대리점거래의 공정화에 관한 법률(3배), 개인정보 보호법(3배), 신용정보의 이용 및 보호에 관한 법률(5배), 가맹사업거래의 공정화에 관한 법률(3배), 제조물 책임법(3배), 공익신고자 보호법(3배), 대규모유통업에서의 거래 공정화에 관한 법률(3배), 독점규제 및 공정거래에 관한 법률(3배), 환경보건법(3배), 축산계열화사업에 관한 법률(3배), 대·중소기업 상생협력 촉진에 관한 법률(3배), 특허법(3배), 부정경쟁방지 및 영업비밀보호에 관한 법률(3배), 산업기술의 유출방지 및 보호에 관한 법률(3배), 상표법(3배), 디자인보호법(3배), 식물신품종 보호법(3배), 자동차관리법(5배).

미국과 같은 정도의 징벌적 손해배상을 허용하는 일반적인 법 제도는 아직 존재하지 않지만, 적어도 한국에서 이미 입법되었거나 현재 입법을 추진하는 정도의 비전보적 손해배상을 현저히 초과하지 않는 범위의 배상을 명한 판결은 공서양속에 반한다고 쉽사리 말하기는 어렵게 되었다.[370] 더구나 그러한 판결이 공서양속에 위반되는지를 판단하는 기준 시점은 판결 시점이 아니라 장차 한국 법원이 그 판결의 승인 여부를 판단하게 되는 시점이다.[371] 지금처럼 기하급수적으로 비전보적 손해배상 입법이 늘어나는 추세에 비추어 볼 때, 향후 외국 법원의 확정판결 승인을 판단해야 하는 장래의 시점에서는 비전보적 손해배상에 관한 한국 법질서의 태도가 더욱 전향적으로 바뀌어 있을 가능성이 높다. 또한 징벌적 손해배상액수 전체를 승인하는 것이 힘든 상황이라고 하더라도, 앞서 살펴본 바와 같이 한국에서 인정되거나 논의되는 비전보적 손해배상을 현저히 초과하지 않는 범위 내의 손해배상액은 승인하는 이른바 부분 승인은 가능한 상황이라는 점도 염두에 두어야 한다.[372]

II. 불법행위 각론

1. 개인정보

가. 변호사의 개인신상정보에 기한 데이터베이스 서비스와 인격권 침해

대법원 2011. 9. 2. 선고 2008다42430 전원합의체 판결은 한국 법률시장의 맥락에서 개인정보와 표현의 자유의 관계를 다룬 흥미로운 사건이다. 원고들은 변호사들(실제로는 이들을 선정자로 하는 선정당사자)이었고, 피고는 웹사이트를 통해 위와 같은 서비스를 제공하는 회사인 로앤비였다. 로앤비는 변호사들의 공개 개인신상정보 및 대법원의 '나의 사건검색'

---

370) 민사집행법 제217조의2는 손해배상을 명한 외국법원의 확정재판 등이 "대한민국의 법률 또는 대한민국이 체결한 국제조약의 기본질서에 현저히 반하는 결과를 초래"해야 승인이 거절된다고 규정하고 있다.

371) 김주상, "외국판결의 승인과 집행－섭외사법 이론과 관련하여－", **사법논집**, 제6집(1975), 508면; 석광현, **국제민사소송법**(박영사, 2012), 397면; 대법원 2015. 10. 15. 선고 2015다1284 판결.

372) 석광현(주 365), 416면.

을 통해 수집된 정보를 자료로 삼아 ① 각 변호사와 다른 법률가들의 인적 관계를 수치화한 인맥지수 서비스, ② 각 변호사의 승소율이나 전문성의 정도를 수치화한 전문성 지수 서비스를 제공하였다. 원고들은 로앤비의 변호사 인맥지수 및 전문성 지수 서비스가 변호사의 인격권을 침해한다고 주장하며 금지청구 및 손해배상청구를 하였다. 이는 단순히 인격권과 표현의 자유의 문제를 넘어서서 변호사들에 대한 정보의 불충분, 이와 연관된 이른바 전관예우 관행 등 법조계의 고질적인 문제까지 고려 대상이 되었다. 1심과 원심은 인맥지수 서비스는 적법, 전문성지수 서비스는 위법하다고 보았지만, 대법원은 이와 반대로 인맥지수 서비스는 위법, 전문성지수 서비스는 적법하다고 보았다. 대법원 내에서도 인맥지수 서비스에 대해서는 적법하다는 반대의견이 있었다.

대법원은 이러한 서비스의 위법성은 여러 사정을 종합적으로 고려하여, 개인정보에 관한 인격권 보호에 의하여 얻을 수 있는 이익(비공개 이익)과 표현행위에 의하여 얻을 수 있는 이익(공개 이익)을 구체적으로 비교형량하여, 어느 쪽 이익이 더욱 우월한 것으로 평가할 수 있는지에 따라 판단하여야 한다고 보았다. 이러한 공통의 일반론에 기초하고도 인맥지수에 관한 이익형량에 대해서는 의견이 갈렸다. 다수의견은 인맥지수의 사적·인격적 성격, 산출과정에서 왜곡 가능성, 인맥지수 이용으로 인한 변호사들의 이익 침해와 공적 폐해의 우려에 무게를 두었다. 인맥지수는 변호사들의 사적 영역에 관한 것인데다가, 이를 허용할 공적 요청은 미약한 반면 이로써 야기될 공적 폐해(예컨대 전관예우 조장 및 사법불신)는 크다는 것이다. 그런데 반대의견은 같은 형량 요소들을 놓고도 피고의 표현의 자유 내지 영업의 자유 보장, 나아가 법률수요자 및 일반 국민의 알 권리의 보장, 인맥지수의 한계에 대한 소비자들의 인식 가능성에 무게를 두었다. 일반 국민이 알고 싶어 하는 정보의 기초 자료를 제공하는 행위를 막을 뚜렷한 이유가 없고, 다수의견이 걱정하는 사법불신 등의 공적 폐해는 인맥지수 서비스를 금지하여 해결할 것이 아니라 근본적인 원인을 찾아 해결해야 한다는 것이다.

이러한 의견 차이의 배후에는, 사회와 시장의 자생력과 회복력을 믿고 수요와 공급이 있는 정보거래 현장에 가급적 개입하지 않을 것인가(자유주의, 사법소극주의), 아니면 법원이 생각하는 바람직한 모습으로 나아가도록 좀더 적극적으로 관여하여 위법성 판단을 할 것인가(후견주의, 사법적극주의)라는 근본적인 관점 차이가 깔려 있었다.[373] 이는 로앤비가 스스로 서비스 과정에서 명시적으로 밝히고 있는 인맥지수 서비스의 한계를 소비자가 얼마나 제대로 이해할 것인가라는 소비자의 판단능력에 대한 신뢰도와도 관련된다. 보다 근본적인 관점에서 보면, 이 문제는 법률수요자들이 변호사들에 대해 충분한 정보를 얻지 못하는 구조적 한계에 기인한 것이다. 이러한 정보비대칭은 이른바 전관예우 현상의 원인이기도 하다. 대상판결은 법원을 오랫동안 괴롭혀 온 이른바 전관예우 현상에 대한 예민한 반응으로 보인다. 그렇다면 이러한 정보의 공백을 메우기 위해 초기적 단계에서 등장한 정보제공 서비스를 그 어설픔과 왜곡 가능성을 지적하며 막을 것인가? 또한 그러한 정보제공을 막는다면 법률수요자는 그 정보취득을 포기할 것인가, 아니면 다른 음성적인 경로로 그 정보를 취득하고자 할 것인가? 위와 같은 질문들을 염두에 둔다면 대상판결의 태도에 대해서는 의문이 든다.

나. 수사기관의 요청에 따른 개인정보 제공과 불법행위

대법원 2016. 3. 10. 선고 2012다105482 판결은 수사기관의 통신자료 요청에 따라 개인정보를 제공한 것이 위법한지가 문제되었다. 피고는 포털사이트를 운영하는 전기통신사업자이다. 원고는 그 포털 가입자이다. 수사기관이 피고에게 원고의 인적 사항을 요청하였다. 피고는 그 요청에 따라 수사기관에 인적 사항을 제공하였다. 그러자 원고는 피고가 수사기관 요청의 당부를 심사하지 않고 원고의 개인정보를 제공한 것은 법령 및 약관에 따른 개인정보 보호의무 위반행위라고 주장하며 손해배상을 구하였다. 원심법원은 피고의 손해배상책임을 인정하였다. 하지만 대법원

---

373) 홍진영, "개인정보자기결정권과 개인정보처리의 자유 충돌의 사법적 해결", 민사판례연구, 제35권(2013), 777 – 778면.

은 "검사 또는 수사관서의 장이 수사를 위하여 전기통신사업법 제54조 제3항, 제4항에 의하여 전기통신사업자에게 통신자료의 제공을 요청하고, 이에 전기통신사업자가 위 규정에서 정한 형식적·절차적 요건을 심사하여 검사 또는 수사관서의 장에게 이용자의 통신자료를 제공하였다면, 검사 또는 수사관서의 장이 통신자료의 제공 요청 권한을 남용하여 정보주체 또는 제3자의 이익을 부당하게 침해하는 것임이 객관적으로 명백한 경우와 같은 특별한 사정이 없는 한, 이로 인하여 해당 이용자의 개인정보자기결정권이나 익명표현의 자유 등이 위법하게 침해된 것이라고 볼 수 없다"고 판시하며 원심판결을 파기하였다.

　구 전기통신사업법 제54조 제3항은 수사기관이 수사에 필요한 정보 수집을 위하여 전기통신사업자에게 통신자료를 제공하여 달라고 요청할 수 있고, 전기통신사업자는 이에 응할 수 있다고 규정하고 있었다.[374] 이러한 요청에 따른 전기통신사업자의 통신자료 제공이 위법하다고 하려면 전기통신사업자에게 제공 요청의 당부에 대한 실질적 심사의무가 인정되어야 한다. 그런데 피고에게 이러한 의무가 인정된다고 볼 만한 법령상, 계약상 근거는 없다. 또한 전기통신사업자가 이러한 실질적 심사를 할 만한 정보나 인력, 전문성을 가지고 있는 것도 아니다. 그러한 자원은 수사기관에게 있다. 정보통신사업자가 연간 수천만건에 이르는 통신자료 제공요청의 당부를 일일이 심사하는 것도 불가능하다. 통신비밀보호법이나 형사소송법의 관련 규정과 달리 전기통신사업법 제54조 제3항은 수사 초기 단계에서 피의자와 피해자의 신속하고 정확한 특정을 위해 필요한 최소한의 인적 정보에 관한 한 영장 없이 서면으로 제공 요청을 하도록 규정한 취지도 고려할 필요가 있다. 그러므로 통신자료 제공의 당부 판단에 관한 위험을 사업자에게 전가하는 것은 부당하다. 통신자료 제공이 수사에 필요하여 정당한 것인지는 국가가 판단해야 한다. 그 판단이 잘못되어 타인이 손해를 입었다면 그에 따른 책임은 국가가 부담해야 한

---

374) 현행 전기통신사업법에서는 제83조에 유사한 내용으로 규정되어 있다.

다. 그 점에서 대상판결은 타당하다.[375] 입법론적으로는 통신자료 제공에 관한 실체적, 절차적 요건을 구체적이고 엄격하게 정립하여 개인정보 보호를 꾀할 필요가 있다.

다. 공개된 개인정보의 영리적 이용

대법원 2016. 8. 17. 선고 2014다235080 판결은 공개된 개인정보의 영리적 이용의 위법성 문제를 다루었다. 원고는 공립대학 교수이고, 피고는 법률정보를 제공하는 회사인 로앤비였다. 피고는 영업의 일환으로 법조인 또는 법학교수에 대한 정보를 제공하는 서비스도 운영하고 있었다. 피고는 대학 홈페이지, 교원명부, 교수요람 등에 공개된 원고의 개인정보를 원고의 동의 없이 수집하여 이를 데이터베이스에 편입시켰고, 이 데이터베이스에 기초한 법률정보 서비스를 제3자에게 유료로 제공하였다. 그러자 원고는 피고가 개인정보 자기결정권을 침해하였다고 주장하며 손해배상을 구하였다.

하지만 대법원은 피고 행위가 위법하지 않다고 보았다. 피고의 행위는 개인정보 보호법 시행 전후에 걸쳐 있는데, 대법원은 법 시행 전 행위에 대해서는 피고가 원고의 개인정보를 수집하여 영리 목적으로 제3자에게 제공하였더라도 그에 의하여 얻을 수 있는 법적 이익이 정보처리를 막음으로써 얻을 수 있는 정보주체의 인격적 법익에 비하여 우월하므로 위법성이 인정되지 않는다고 보았고, 법 시행 후 행위에 대해서는 정보주체의 의사에 따라 공개된 개인정보는 공개 당시 정보주체가 그 수집 및 제공 등에 대하여 일정한 범위 내에서 묵시적인 동의를 한 것으로 볼 수 있으므로 그 범위에서는 별도로 정보주체의 동의를 다시 구할 필요가 없다고 하여 위법성이 인정되지 않는다고 보았다.

이 사건은 공개된 개인정보를 수집한 뒤 이를 기초로 영업을 하였

---

375) 반면 허문희, "전기통신사업법 제83조 제3항에 따라 수사기관의 통신자료제공 요청에 응한 전기통신사업자의 책임", 민사판례연구, 제39권(2017), 766－767면에서는 자료제공요청서와 해당 게시글에 의하더라도 범죄 성립 여부가 심히 의문스러워 수사기관의 자료제공요청에 응할 정당한 이유가 없다고 한다.

다는 특징을 지닌다. 공개된 개인정보도 개인정보 보호대상이다.[376] 하지만 공개된 개인정보는 그렇지 않은 개인정보보다 보호 필요성이 약한 것도 사실이다. 또한 공개된 개인정보에 대해서도 일일이 정보주체의 동의를 요구하는 것은 사회적 비용을 높이고 알 권리와 표현의 자유, 직업수행의 자유를 저해한다. 대법원은 이 점들을 고려하여 개인정보 보호법 시행 전 행위의 이익형량 결과 위법성을 부정하였다. 한편 법 시행 후에는 개인정보 처리자는 개인정보 처리를 위해 원칙적으로 사전에 명시적·개별적인 정보주체의 동의를 받아야 한다(개인정보 보호법 제15조 제1항, 제17조 제1항 제1호, 제18조 제2항 제1호, 제19조, 제22조 제1항). 그런데 대상판결은 공개정보의 경우 향후 수집 및 제공에 대해 묵시적 동의가 인정되는 범위에서는 명시적·개별적 동의를 받을 필요가 없다고 보아 법의 문언보다 완화된 해석론을 제시하였다. 결론은 타당하나 이 사건 사실관계에 비추어 과연 원고의 묵시적 동의를 인정할 수 있었는지는 의문이다. 또한 묵시적 동의를 받으면 된다는 법리는 명시적 동의를 요구하는 개인정보 보호법의 태도와 충돌하는 문제가 있다.

　　묵시적 동의라는 개념을 동원하지 않고도 다음 해석론을 통해 동일한 결론에 이를 수 있었을 것이다. 첫째, 개인정보 보호법 제20조 제1항의 해석론에 기한 방법이다. 개인정보 보호법 제20조 제1항은 "개인정보 처리자가 정보주체 이외로부터 수집한 개인정보를 처리하는 때에는 정보주체의 요구가 있으면", "개인정보의 수집 출처"와 "개인정보의 처리 목적" 및 "개인정보 처리의 정지를 요구할 권리가 있다는 사실"을 정보주체에게 알리도록 규정하고 있다. 공개된 개인정보처럼 정보주체 이외의 출처로부터 정보를 수집할 수 있는 경우에는 정보주체의 사전 동의를 받지 않아도 되지만, 정보주체의 사후적 통제권에는 복속하게 된다는 취지로 이 조항을 해석할 가능성도 충분하다. 둘째, 개인정보 보호법 시행 후에도 여전히 일반적인 이익형량을 통한 위법성 조각이 가능하다고 보는 해

---

376) 대법원 2014. 7. 24. 선고 2012다49933 판결.

석론에 기한 방법이다. 개인정보 보호법은 정보주체의 동의를 얻지 않고
도 개인정보를 처리할 수 있는 사유들을 제시하고 있다. 그러나 이러한
사유들이 위법성 판단에 고려해야 할 모든 사정들을 망라하여 열거한 것
이라고 보기는 어렵다. 따라서 정보주체의 동의를 얻지 않고, 또 동의에
갈음하는 다른 법정 사유들이 존재하지 않더라도, 마치 형법상 정당행위
처럼 제반 사정을 형량하여 위법성이 조각되는 경우를 상정할 수 있다.
즉 개인정보 보호법의 시행이 민법상 불법행위의 위법성을 판단하는 이
익형량의 틀을 완전히 축출하지 않았다고 보는 것이다. 대상판결은 그러
한 일반적 이익형량이라는 관점에서 이해할 수도 있다.

라. 개인정보자기결정권 침해와 위자료

개인정보 유출로 인해 비재산적 손해가 발생하였는지를 다룬 리딩케
이스로 대법원 2012. 12. 26. 선고 2011다59834 판결이 있다.[377] 피고 지
에스칼텍스 주식회사(이하 '피고 1'이라고 한다)는 주유 관련 보너스카드 회
원으로 가입한 고객들의 개인정보를 데이터베이스로 구축하여 관리하면
서 이를 이용하여 고객서비스센터를 운영하였다. 한편 피고 지에스넥스
테이션 주식회사(이하 '피고 2'라고 한다)는 피고 1로부터 고객서비스센터
운영업무 및 관련 장비 유지 보수 업무를 위탁받아 수행하였다. 그런데
피고 2의 직원들과 외부인들이 공모하여 1,100만 명이 넘는 고객들의 정
보를 빼내어 DVD와 USB 등 저장매체에 저장한 뒤 이를 외부에 유출하
려고 하다가 수시기관에 검거되어 모든 저장매체가 압수, 폐기되었다. 이
와 관련하여 고객인 원고들에게 위자료로 배상할 만한 정신적 손해가 발
생하였는지가 문제되었다.

이 사건의 특징은 개인정보가 일단 데이터베이스로부터는 유출되었
고 그중 일부 샘플이 몇몇 기자들에게 전달되기도 하였으나, 불특정 다
수인에게 유출되기 전에 회수되었다는 데에 있다. 대법원은 "개인정보를

---

377) 이 판결을 비롯해 개인정보 유출사고와 손해배상에 관한 판례의 태도와 이에
대한 분석은 송혜정, "개인정보 유출로 인한 손해배상책임", 민사판례연구, 제37권
(2015), 375면 이하 참조.

처리하는 자가 수집한 개인정보를 피용자가 정보주체의 의사에 반하여 유출한 경우, 그로 인하여 정보주체에게 위자료로 배상할 만한 정신적 손해가 발생하였는지는 유출된 개인정보의 종류와 성격이 무엇인지, 개인정보 유출로 정보주체를 식별할 가능성이 발생하였는지, 제3자가 유출된 개인정보를 열람하였는지 또는 제3자의 열람 여부가 밝혀지지 않았다면 제3자의 열람 가능성이 있었거나 앞으로 열람 가능성이 있는지, 유출된 개인정보가 어느 범위까지 확산되었는지, 개인정보 유출로 추가적인 법익 침해 가능성이 발생하였는지, 개인정보를 처리하는 자가 개인정보를 관리해온 실태와 개인정보가 유출된 구체적인 경위는 어떠한지, 개인정보 유출로 인한 피해 발생 및 확산을 방지하기 위하여 어떠한 조치가 취하여졌는지 등 여러 사정을 종합적으로 고려하여 구체적 사건에 따라 개별적으로 판단하여야 한다."라는 일반론을 제시하였다. 이 사건에 관해서는 범인들이나 언론관계자들이 개인정보 저장 과정 또는 진위 확인 과정에서 개인정보 일부를 열람한 사실은 있으나 이러한 열람만으로 특정한 개인정보를 식별하거나 알아내기는 어려웠고, 이를 넘어선 유출이 없어 후속 피해도 발생하지 않은 사정에 비추어 보면, 원고들에게 위자료로 배상할 만한 정신적 손해가 발생하였다고 보기는 어렵다고 보았다. 개인정보자기결정권의 침해와 이로 인한 손해를 구분하는 입장이라고도 평가할 수 있다.[378)]

그런데 이처럼 침해와 손해를 구분하는 것과는 별도로 과연 어떠한 경우에 정신적 손해가 발생하는가를 판단하는 문제가 중요하다. 이를 일률적으로 정하기는 어려우므로 결국 의미 있는 고려 요소들을 제시하고, 그 토대 위에서 사안이 축적되기를 기다리는 수밖에 없다.[379)] 대법원이 제시한 고려 요소들은 ① 행위불법 관련 요소(개인정보 관리 실태, 개인정보

378) 양자의 개념을 구별해야 한다는 견해로는 정상조·권영준, "개인정보의 보호와 민사적 구제수단", **법조**, 제630호(2009), 15면.
379) 이혜미, "개인정보 침해로 인한 손해배상책임", **민사판례연구**, 제41권(2019), 710-711면.

유출 경위)와 ② 결과불법 관련 요소(개인정보의 종류와 성격, 정보주체 식별
가능성, 제3자의 열람 여부 또는 열람 가능성, 유출 정보의 확산 범위, 추가적인
법익침해 가능성, 피해 확산 방지 조치)로 나눌 수 있다.[380] 그런데 불법행위
성립요건 중 '손해'는 결과불법과 밀접한 관련성을 가지므로 손해 발생
판단에서는 행위불법 관련 요소보다 결과불법 관련 요소가 중요하게 고
려되어야 한다. 한편 결과불법 관련 요소들은 다양하게 제시되어 있으나
이를 한 마디로 표현하면 "2차 피해 발생 가능성"이다. 그러므로 개인정
보자기결정권 침해로 인한 정신적 손해 판단에서는 침해행위로 인한 2차
피해 발생 가능성이 중요하게 고려되어야 한다. 대상판결에서 정신적 손
해를 부정한 것도 결국 유출로 인한 1차 피해가 거의 없었고, 2차 피해
발생 가능성도 봉쇄되어 있었기 때문일 것이다. 이러한 잣대는 그 뒤 개
인정보 유출로 인한 위자료 문제를 다른 후속 판결들에서도 그대로 적용
되었다.[381] 반면 사생활 비밀 침해 등 2차적 피해가 실제 발생하였거나
발생 가능성이 높았던 사건에서는 정신적 손해 발생이 인정되었다.[382]

2. 표현의 자유
가. 과학적 사실과 정정보도청구

　　대법원 2011. 9. 2. 선고 2009다52649 전원합의체 판결은 미국산 쇠
고기와 광우병 문제를 다룬 문화방송(MBC) PD수첩 프로그램에 관한 정
정보도청구 사안을 다루었다. 대상판결은 ① 정정보도청구권을 행사할

---

380) 이하 설명은 권영준, "2018년 민법 판례 동향", **서울대학교 법학**, 제60권 제1호
　　(2019), 335–339면에 의거한 것이다. 해당 부분은 대법원 2018. 5. 30. 선고 2015
　　다251539 판결(애플의 위치정보 수집 판결)에 관한 설명이나, 대상판결에도 그대로
　　적용될 수 있다.
381) 대법원 2014. 5. 16. 선고 2011다24555 판결; 대법원 2018. 5. 30. 선고 2015다
　　251539 판결.
382) 대법원 2016. 9. 26. 선고 2014다56652 판결. 이 사건에서 피고들인 콜 택시
　　서비스 회사 임원들은 위치정보 무단 열람을 통해 2년이 넘는 장기간 동안 수시
　　로 소속 택시기사들의 동향을 파악하였으며, 직접 현장에 가서 택시기사들의 도박
　　행위 또는 음주행위 등을 확인하는 등 택시기사들의 프라이버시권을 실제로 침해
　　하였다.

수 있는 피해자인지의 판단기준, ② 언론보도에 의하여 주장된 과학적
사실의 진실 여부가 현재 과학 수준으로 완전히 밝혀지지 않은 단계에서
과학적 진실성의 심리·판단 방법, ③ 정정보도청구권을 행사할 이익이
없을 정도로 후속보도에 의해 원보도가 충분히 정정되었는지에 관한 판
단 기준, ④ 사실성 주장과 단순한 의견 표명의 구별 기준에 관한 판시
를 담고 있다. 그중 ①을 제외한 모든 쟁점들에 대해 반대의견이 있었
다. 법정의견에 기초한 각 해당 쟁점에 관한 사건의 결론은 다음과 같다.

    ① 문화방송이 PD수첩 프로그램에서 "미국산 쇠고기, 광우병에서 안
전한가"라는 제목으로 한 방송에 대하여, 미국산 쇠고기 수입위생조건 협
상을 주도한 농림수산식품부는 「구 언론중재 및 피해구제 등에 관한 법
률」(이하 '언론중재법'이라고 한다) 제14조에서 정정보도청구권 행사 주체인
피해자로 규정한 '보도내용과 개별적인 연관성이 있음이 명백히 인정되는
자'에 해당한다.

    ② 어떤 과학적 연구에서 주장된 과학적 사실의 진위가 증명되지
않은 상태에 있음이 분명하다면, 언론이 그러한 진위불명의 상태를 언급
하지 않고 그 과학적 연구의 주장을 과학적 사실로 단정적으로 보도하였
다면 그 언론보도는 진실하지 않은 것이다. 정정보도를 청구하는 피해자
로서는 그 과학적 사실이 틀렸다는 점을 적극적으로 증명할 필요 없이
위와 같이 그 과학적 사실의 진위가 아직 밝혀지지 않은 상태에 있다는
점을 증명함으로써 언론보도가 진실하지 아니하다는 데에 대한 증명을
다한 것이다. 이러한 견지에서, 문화방송이 "PD수첩" 프로그램에서 '한국
인 중 약 94%가 엠엠(MM)형 유전자를 가지고 있어 한국인이 광우병에
걸린 쇠고기를 섭취할 경우 인간광우병이 발병할 확률이 약 94%에 이른
다'는 취지의 보도는 허위임이 증명되었다(반대의견 있음).

    ③ 언론중재법 제15조 제1항 제4호에서 규정한 "피해자가 정정보도
청구권을 행사할 정당한 이익이 없는 때"에는 원보도와 같은 비중으로
이미 충분한 후속 정정보도가 이루어진 경우가 포함되는데, 이러한 경우
에 해당하려면 후속 정정보도를 통하여 진실에 반하는 원보도로 인한 객

관적 피해상태가 교정될 정도에 이르러야 한다. 단순히 후속 정정보도에서 정정보도청구로 구하는 내용과 일부 유사한 표현이 있었다는 정도이거나 또는 언론사가 잘못된 보도에 대해 추후 자체적으로 정정보도를 했다고 하더라도 그 보도가 형식적인 측면에서 원보도의 그것과 균형을 이루지 못한 경우에는 진실에 반하는 원보도의 사실적 주장으로 인한 피해를 입은 피해자는 여전히 정정보도청구에 정당한 이익이 있다. 이 사건에서는 그러한 정도의 충분한 정정보도가 이루어지지 않았다(반대의견 있음).383)

④ 정정보도청구는 사실적 주장에 관한 언론보도가 진실하지 아니한 경우에 허용되므로 그 청구의 당부를 판단하려면 원고가 정정보도청구의 대상으로 삼은 원보도가 사실적 주장에 관한 것인지 단순한 의견표명인지를 먼저 가려보아야 한다. '개정된 미국산 쇠고기 수입위생조건에서는 광우병 위험물질이 국내에 들어오거나 미국에서 인간광우병이 발생하더라도 우리 정부가 독자적으로 어떤 조치를 취할 수 없고 미국 정부와 협의를 거쳐야 한다'라는 취지의 보도 및 '우리 정부가 미국산 쇠고기 수입위생조건 협상 당시 미국의 도축시스템에 대한 실태를 파악하고 있는지 의문이다'라는 취지의 보도는 모두 정정보도청구의 대상이 되지 아니하는 의견표명으로 보아야 한다(반대의견 있음).

대상판결은 이처럼 다양한 쟁점에 대한 판단을 담고 있는데. 요약하자면 피해자의 정정보도청구인 적격을 인정하면서 한국인의 인간광우병 발병확률이 94%에 이른다는 보도는 허위이고, 후속보도로도 원보도가 충분히 정정되었다고 볼 수 없어 원보도가 정정보도 대상이 되지만, 광우병과 관련된 정부 대처에 대한 부분은 의견 표명에 불과하여 정정보도 대상이 되지 않는다는 것이다.384) 그중 가장 눈길을 끄는 것은 ② 쟁점,

---

383) 이 쟁점에 관하여는 구자헌, "정정보도청구권을 행사할 정당한 이익-대법원 2011. 9. 2. 선고 2009다52649 전원합의체 판결-", 정의로운 사법 : 이용훈대법원장 재임기념논문(사법발전재단, 2011) 참조.

384) 정부 대처에 관한 보도가 형법상 명예훼손에 해당하는지가 다투어졌던 형사사건에서도 대법원은 이러한 보도는 명예훼손죄의 '사실의 적시'에 해당하지 않는다고 보았다. 대법원 2011. 9. 2. 선고 2010도17237 판결.

즉 주장된 과학적 사실의 진위가 불명상태인데도 그 주장을 사실인 것처럼 단정적으로 보도한 경우 정정보도청구를 하는 피해자가 불명상태를 밝히는 것으로 충분한지, 아니면 적극적으로 그 과학적 사실이 허위임을 밝혀야 하는지에 대한 판단이다. 우선 진위불명상태의 사실을 단정적으로 보도하는 것도 허위 보도의 일종이다. 일반 시청자나 구독자도 양자를 구별하여 알 권리가 있다. 또한 이 경우 피해자의 정정보도청구도 진위불명 상태임을 밝히라는 취지이지 그 과학적 사실이 허위임을 밝히라는 취지가 아닐 것이다. 학계에서도 진위를 밝힐 수 없는데 피해자가 그 진위를 밝힐 수는 없기 때문이다. 그 점에서 대상판결의 태도는 수긍할 수 있다.

다만 진위불명이라는 개념 그 자체도 상대적이고 불명확하다. 과학은 반증 가능성을 특징으로 하고, 오늘의 과학적 사실이나 가설은 내일 폐기될 가능성에 열려 있다. 그러므로 모든 과학적 사실은 어느 정도 진위불명이다. 진위불명의 범주를 과도하게 넓히면 과학적 사실에 기한 단정적 보도는 사실상 금지된다. 이를 피하려면 언제나 해당 과학적 사실의 한계에 대한 단서를 달아야 한다. 하지만 학술논문이 아닌 언론기사에 언제나 이러한 섬세한 유보를 기대할 수는 없다. 그러므로 여기에서의 진위불명은 과학적 사실의 신뢰성이 완벽하게 보장되지 않는 모든 경우를 의미하는 것이 아니라, 과학적 사실의 신뢰성이 아직 정립되지 않은 경우만을 의미하는 것이다. 아울러 이러한 의미의 진위불명인지 여부는 해당 보도의 비중과 파급효과, 근거 자료의 신빙성 및 주장의 강도 등 사건의 맥락을 고려하여 이해해야 한다. 한국인이 광우병에 걸린 쇠고기를 섭취할 경우 인간광우병이 발병할 확률이 약 94%에 이른다는 취지의 보도는 앞서 살펴본 기준에 의하더라도 진위불명의 과학적 사실에 대한 보도로 볼 수 있다.[385]

---

385) 이러한 보도의 근거 자료는 '영국에서 발병한 인간광우병 환자 135명을 대상으로 한 조사에서 프리온 유전자의 코돈 129번이 모두 엠엠(MM)형을 가진 것으로 조사된 것에 비추어 보면 엠엠(MM)형 유전자와 인간광우병 발병 사이에 상관관계가 있고 한국인의 경우 94%가 엠엠(MM)형 유전자를 보유하고 있으므로 한국인이 인간광우병에 취약하다'는 내용의 논문이었다. 그러나 이 논문은 학계에서 일반적

나. 정치적 논쟁에 관한 표현의 자유와 공인의 명예훼손

대법원 2018. 10. 30. 선고 2014다61654 전원합의체 판결은 정치적 논쟁에 관한 표현의 자유와 공인의 명예훼손을 다루었다. 사실관계를 간단히 요약하면 다음과 같다. 원고 1은 통합진보당 대표이고, 원고 2는 원고 1의 남편이자 변호사이다. 피고 1은 '주간 미디어 워치'를 창간한 언론인으로서 자신의 트위터 계정에 "원고들은 경기동부연합 그 자체이다.", "경기동부연합은 종북·주사파이다.", "원고 2는 경기동부연합의 브레인이자 이데올로그이고, 종북파의 성골쯤 되는 인물이다.", "원고 2 등이 원고 1에게 대중선동 능력만 집중적으로 가르쳐 아이돌 스타로 기획하였다." 등의 글을 게재하였다. 원고들은 피고 1등을 상대로 명예훼손에 따른 위자료 및 정정보도 게재를 청구하는 소를 제기하였다.

대법원은 다음과 같은 취지로 판시하였다. 타인에 대하여 비판적 의견을 표명하는 것은 극히 예외적인 사정이 없는 한 위법하다고 볼 수 없다. 특히 정치적 논쟁이나 의견 표명과 관련하여서는 표현의 자유를 넓게 보장할 필요가 있다. 또한 표현행위가 명예훼손에 해당하는지를 판단할 때에는 사용된 표현뿐만 아니라 발언자와 그 상대방이 누구이고 어떤 지위에 있는지도 고려해야 한다. '극우'든 '극좌'든, '보수우익'이든 '종북'·'주사파'든, 그 표현만을 들어 명예훼손이라고 판단할 수 없고, 그 표현을 한 맥락을 고려하여 명예훼손에 해당하는지를 판단해야 한다. 또한 공론의 장에 나선 전면적 공적 인물의 경우에는 비판을 감수해야 하고 그러한 비판에 대해서는 해명과 재반박을 통해서 극복해야 한다. 발언자의 지위나 평소 태도도 그 발언으로 상대방의 명예를 훼손했는지 판단할 때 영향을 미칠 수 있다. 이 사건 표현행위는 의견 표명 내지 구체적 정황 제시가 있는 의혹 제기에 불과하여 불법행위가 되지 않거나, 원고들이 공인이라는 점을 고려할 때 위법하지 않다고 보아야 한다. 명예훼손과 별개로 모욕이나 인신공격적 표현이 불법행위가 될 수는 있다. 이에

으로 받아들여지는 연구성과가 아니었던 것으로 보인다.

대해서는 반대의견이 있었다.

대상판결은 원심과 달리 위와 같은 표현이 의견 표명의 범주에 해당할 수 있음에 주목하였다. 이를 사실 적시가 아닌 의견 표명으로 규정하는 순간 표현의 자유는 극적으로 확장된다.[386) 또한 대상판결은 위와 같은 표현행위가 정치인인 공인에 대한 정치적 표현행위임에 주목하면서 표현의 자유의 폭을 넓혔다. 표현의 자유는 시민의 자율적 정치참여를 통한 참여민주주의 실현에 기여한다. 그런데 시민의 참여가 강조될수록 표현의 자유에서 사법부의 자제가 가지는 의미도 강조된다. 즉 표현의 자유를 넓게 보호한다는 것은 민주적 담론의 장에서 시민의 지분을 넓히고 그만큼 사법부를 포함한 국가의 지분을 줄인다는 것을 의미한다. 그런데 이 사건에서 문제되는 "정치인의 정치이념에 관한 정치적 표현"의 자유는 이념적으로나 역사적으로 가장 강하게 보호할 대상이다. 이와 관련하여 미국 연방대법원 Brennan 대법관은 New York Times 판결에서 "공적 문제에 관한 논쟁은 무제한적이고, 강렬하며, 널리 공개되어야 하고, 그 논쟁은 정부와 공직자에 대한 격렬하고 신랄하며 때로는 불쾌할 정도로 날카로운 공격을 포함할 수도 있다."라고 판시하였다.[387) 이러한 정신은 이른바 한국논단 판결[388)을 계기로 우리 판례에도 반영되어 있다. 이와 더불어 표현 주체와 정치적 담론의 장이 다양화되고 정치적 표현을 수용하는 사회 구성원들의 성숙성이 제고되면서, 정치적 표현에 대한 사법적 개입의 필요성도 줄어들고 있다는 점도 주목할 필요가 있다. 대상판결은 이러한 정치적 표현에 대한 강한 보호의 흐름에서 이해할 수 있다. 대상판결에서는 발화자의 정치적 또는 철학적 입장에 기초하여 그들의 발언을 차별 취급해서는 안 된다는 관점 중립성(viewpoint neutrality)도 강조되었다. 관점 중립성 이론은 발화자의 정치적 또는 철학적 입장에

---

386) 대상판결의 맥락에서 사실 적시와 의견 표명의 구별 기준에 관하여 서술한 최근 문헌으로 권태상, "종북, 주사파 표현에 의한 명예훼손", **민사판례연구**, 제42권 (2020), 643-654면.

387) New York Times Co. v. Sullivan, 376 U.S. 254 (1964).

388) 대법원 2002. 1. 22. 선고 2000다37524, 37531 판결.

기초하여 그들의 발언을 차별 취급해서는 안 된다는 이론이다.[389] 이는 정부 또는 법원의 정치적·철학적 입장에 따라 표현의 자유와 관련된 시민의 법적 지위가 달라져서는 안 된다는 생각에 기초한 것이다.[390] 관점 중립성 이론은 표현의 자유 보호에 관한 시민의 평등한 취급을 강조하는 이론이다. 관점 중립성과 관련된 가치 역시 다수의견에 의해 강조되었다. 다수의견은 "표현의 자유를 보장하는 것은 좌우의 문제가 아니다."라고 판시함으로써 관점 중립성을 강조하였다. 관점 중립성에 기초한 인내와 관용이 단기적으로는 답답해 보일지 몰라도, 장기적으로는 사회와 그 구성원에게 자율적 성장의 기회를 제공한다. 여기에서 말하는 인내와 관용은 다소간의 시행착오에 대한 인내와 관용이기도 하다.

물론 정치인도 공인이기 이전에 인간이고, 그들의 존엄성을 보호하기 위해 최소한 지켜져야 할 표현의 품격과 감정적 수위가 있다. 이러한 인격적 이익에 대한 최소한의 배려가 어디까지인가는 명예훼손과는 별도의 맥락에서 추가 논의되어야 할 사항이다. 대상판결은 그 점을 정면으로 다루지는 않았다. 참고로 대상판결 이후에도 공인들에 대한 '종북' 표현과 관련된 판결들이 여럿 선고되었다.[391]

3. 환경침해

가. 토양오염

대법원 2016. 5. 19. 선고 2009다66549 전원합의체 판결은 오염된 토지 처분과 관련된 불법행위 문제를 다루었다. 사안은 다음과 같다. 피

389) Corey Brettschneider, "Value Democracy as the Basis for Viewpoint Neutrality: A Theory of Free Speech and Its Implications for the State Speech and Limited Public Forum Doctrines", Nw. U.L. Rev., 107 (2013), p. 603.

390) Rosenberger v. Rectors and Visitors of the University of Virginia, 515 U.S. 819 (1995).

391) 명예훼손책임을 부정한 판결로는 대법원 2019. 4. 3. 선고 2016다278166, 278173 판결; 대법원 2019. 5. 30. 선고 2016다254047 판결; 대법원 2019. 6. 13. 선고 2014다220798 판결; 명예훼손책임을 인정한 판결로는 대법원 2018. 11. 29. 선고 2016다23489 판결(구체적인 사실 적시가 있었던 사안임).

고는 자기 토지에서 주물제조공장을 운영하면서 오염물질을 배출하여 토지를 오염시키고 폐기물을 매립하였다. 그 상태에서 피고는 그 토지를 매도하였고, 그 토지는 전전유통되다가 최종적으로 원고가 이를 취득하였다. 원고는 자신의 비용으로 오염토양 및 폐기물을 처리한 뒤 피고를 상대로 손해배상을 구하였다. 이 사건에서는 불법행위 성립 여부와 소멸시효 등 여러 쟁점들에 대한 판단이 이루어졌는데 그 중 불법행위 성립 여부에 대한 대상판결의 판시는 다음과 같다.

헌법 제35조 제1항, 구 환경정책기본법(2011. 7. 21. 법률 제10893호로 전부 개정되기 전의 것), 구 토양환경보전법(2011. 4. 5. 법률 제10551호로 개정되기 전의 것) 및 구 폐기물관리법(2007. 1. 19. 법률 제8260호로 개정되기 전의 것)의 취지와 아울러 토양오염원인자의 피해배상의무 및 오염토양 정화의무, 폐기물 처리의무 등에 관한 관련 규정들과 법리에 비추어 보면, 토지의 소유자라 하더라도 토양오염물질을 토양에 누출·유출하거나 투기·방치함으로써 토양오염을 유발하였음에도 오염토양을 정화하지 않은 상태에서 오염토양이 포함된 토지를 거래에 제공함으로써 유통되게 하거나, 토지에 폐기물을 불법으로 매립하였음에도 처리하지 않은 상태에서 토지를 거래에 제공하는 등으로 유통되게 하였다면, 특별한 사정이 없는 한 이는 거래의 상대방 및 토지를 전전 취득한 현재의 토지 소유자에 대한 위법행위로서 불법행위가 성립할 수 있다. 그리고 토지를 매수한 현재의 토지 소유자가 자신의 토지소유권을 완전하게 행사하기 위하여 오염토양 정화비용이나 폐기물 처리비용을 지출하였거나 지출해야만 하는 상황에 이르렀거나 관할 행정관청으로부터 조치명령 등을 받음에 따라 마찬가지의 상황에 이르렀다면 위법행위로 인하여 오염토양 정화비용 또는 폐기물 처리비용의 지출이라는 손해의 결과가 현실적으로 발생하였으므로, 토양오염을 유발하거나 폐기물을 매립한 종전 토지 소유자는 그 비용 상당의 손해에 대하여 불법행위자로서 손해배상책임을 진다.

이에 대해서는 자신의 토지에 폐기물을 매립하거나 토양을 오염시켜 토지를 유통시킨 경우는 물론 타인의 토지에 그러한 행위를 하여 토지가 유통된 경우라 하더라도, 행위자가 폐기물을 매립한 자 또는 토양오염을 유발시킨 자라는 이유만으로 자신과 직접적인 거래관계가 없는 토지의 전전 매수인에 대한 관계에서 폐기물 처리비용이나 오염정화비용 상당의 손해에 관한 불법행위책임을 부담한다고 볼 수 없다는 반대의견이 있었다. 대상판결은 불법행위의 성립 요건인 위법성, 손해, 인과관계 등 다양한 쟁점을 다루고 있으나, 지면관계상 위법성 문제만 살펴본다.

첫째, 불법행위의 위법성은 사인 간의 법질서에 반하는 상태인데, 오염토양 정화의무, 폐기물 처리의무 등이 공법상 의무를 넘어서서 사인 간의 사법상 의무라고 볼 수 있는가? 대법원은 환경문제의 중요성이나 환경관련 법령의 내용과 취지에 비추어 이러한 의무가 공법상 의무를 넘어서서 사인 간 의무가 될 수 있다고 보았다.

둘째, 자신의 토지를 오염시키는 행위는 타인과 무관한 행위인데도 이를 위법한 행위로 볼 수 있는가? 종래 판례는 자기 토지에 대한 토양오염행위 그 자체는 타인에게 손해를 입히는 행위가 아니므로 불법행위로 인한 손해배상책임 원인이 될 수 없다고 보았다.[392] 그러나 토양오염행위와 오염된 토지의 유통행위가 결합하여 타인에게 손해를 입혔다면 그로 인한 손해배상책임을 부정할 이유가 없다. 토양오염행위는 위법행위이고, 오염된 토지를 유통시킴으로써 그 위법성이 타인 관련성을 획득하게 되기 때문이다.

셋째, 토지가 전전유통된 경우 토지의 최종 취득자는 자신의 직접적인 거래 상대방에게 담보책임 등 계약법적 구제수단을 강구하면 충분하지 않은가? 이는 계약법과 불법행위법의 관계라는 근원적인 문제와도 연결된다. 영미법계 국가들은 대체로 계약법과 불법행위법을 준별하면서 계약관계와 관련된 문제는 계약법의 영역 내에서 해결하려는 경향성을 보인다.[393] 그러나 우리나라 법제에서는 계약법상 구제수단이 존재한다는

---

392) 대법원 2002. 1. 11. 선고 99다19460 판결. 이 판결은 대상판결로 변경되었다.
393) 관련 논의로는 권영준, "미국법상 순수재산손해의 법리", **민사법학**, 제58호(2012) 참조. 또한 Miller v. United States Steel Corp. 902 F. 2d 573, 574 (7th Cir. 1990)

이유로 불법행위의 성립이 배제되지는 않는다. 또한 이처럼 자신의 전자(前者)에게만 순차적으로 책임을 추궁할 수 있다고 보면 전체적인 분쟁횟수와 분쟁비용이 증가되고, 피해자의 충실한 구제에도 도움이 되지 않는다.

대상판결은 삶의 유한한 토대인 토지의 특수성을 충분히 고려하여 환경보전의 이념을 공법관계뿐만 아니라 사법관계에도 강화된 형태로 구현하고, 불법행위법의 포괄성을 인식하면서 불법행위법의 목적 중 예방과 제재에 관심을 기울인 판결로 평가할 수 있다.

나. 일조방해

대법원 2010. 6. 24. 선고 2008다23729 판결은 이른바 복합일영에 의한 일조방해 문제를 다루었다.[394] 요지는 다음과 같다. 가해건물의 신축으로 일조피해를 받게 되는 피해건물이 이미 다른 기존 건물에 의하여 일조방해를 받고 있거나 피해건물의 구조 자체가 충분한 일조를 확보하기 어려운 경우도 있다. 이 경우 가해건물의 신축으로 인한 일조방해가 사회통념상 수인한도를 넘었는지를 판단함에 있어서는 이러한 일종의 일조 기왕증을 고려해야 한다. 이러한 경우에는 상린관계에 있는 이웃 간의 토지이용의 합리적인 조정이라는 요청과 손해부담의 공평이라는 손해배상제도의 이념에 비추어, 특별한 사정이 없는 한 기존 건물의 일조방해가 수인한도를 넘는 데 기여함으로써 피해건물의 소유자가 입게 된 재산적 손해가 신축건물의 소유자와 피해 건물의 소유자 사이에서 합리적이고 공평하게 분담될 수 있도록 정하여야 한다. 이 판결은 동시에 건축된 복수의 가해 건물들에 의하여 일조권이 침해된 경우 공동불법행위책임을 인정한 대법원 2006. 1. 26. 선고 2005다47014, 47021, 47038 판결과 비교할 필요가 있다. 대상판결은 이시에 건축된 해당 사안에 관하여는 공동불법행위가 성립하지 않는다는 전제에 서 있다고 보이나, 이 점을 명시적으로 설명하고 있지는 않다.

도 참조.

394) 이 판결에 대한 평석으로 이동진, "복합일영(複合日影)에 의한 일조방해(日照妨害)의 책임", 민사재판의 제문제, 제20권(2011) 참조.

다. 시야차단으로 인한 폐쇄감이나 압박감 등 생활이익 침해

대법원 2014. 2. 27. 선고 2009다40462 판결은 일조방해 판단기준을 재확인함과 아울러 인접 토지에 건물 등이 건축되어 발생하는 시야차단으로 인한 폐쇄감이나 압박감 등 생활이익의 침해 판단기준을 제시하였다. 대상판결은 인접 토지에 건물 등이 건축되어 발생하는 시야 차단으로 인한 폐쇄감이나 압박감 등의 생활이익의 침해를 이유로 하는 소송에서 그 침해가 사회통념상 일반적으로 수인할 정도를 넘어서서 위법하다고 할 것인지 여부는, 피해 건물의 거실이나 창문의 안쪽으로 일정 거리 떨어져서 그 거실 등의 창문을 통하여 외부를 보았을 때 창문의 전체 면적 중 가해 건물 외에 하늘이 보이는 면적비율을 나타내는 이른바 천공율이나 그 중 가해 건물이 외부 조망을 차단하는 면적비율을 나타내는 이른바 조망침해율뿐만 아니라, 피해건물과 가해건물 사이의 이격거리와 가해 건물의 높이 및 그 이격거리와 높이 사이의 비율 등으로 나타나는 침해의 정도와 성질, 창과 거실 등의 위치와 크기 및 방향 등 건물 개구부 현황을 포함한 피해 건물의 전반적인 구조, 건축법령상의 이격거리 제한 규정 등 공법상 규제의 위반 여부, 나아가 피해 건물이 입지하고 있는 지역에 있어서 건조물의 전체적 상황 등의 사정을 포함한 넓은 의미의 지역성, 가해건물 건축의 경위 및 공공성, 가해자의 방지조치와 손해회피의 가능성, 가해자 측이 해의를 가졌는지 유무 및 토지 이용의 선후관계 등 모든 사정을 종합적으로 고려하여 판단하여야 한다고 판시하였다.

종래 대법원은 이러한 시야차단의 문제를 조망이익의 내용으로 파악하기도 하였으나, 엄밀히 말하면 조망이익이 침해되었다는 것과 폐쇄감과 압박감을 느낀다는 것은 다른 차원의 문제이다.[395] 대상판결은 이를 본래적인 의미의 조망이익과 구별하여 독자적인 생활이익으로 인정하였다는

---

395) 이상주, "인접 토지에 건물 등이 건축되어 발생하는 시야차단으로 인한 폐쇄감이나 압박감 등을 독자적인 법적 보호이익의 침해로 평가할 수 있는지 여부", 대법원판례해설, 제99호(2014), 39 – 41면.

점에서 의미 있다. 대법원은 많은 경우에 그러하듯 이 경우에도 "모든 사정을 종합적으로 고려하여 판단"하여야 한다는 기본 입장을 제시하긴 하였지만, 특히 "피해 건물의 거실이나 창문의 안쪽으로 일정 거리 떨어져서 거실 등의 창문을 통하여 외부를 보았을 때 창문의 전체 면적 중 가해 건물 외에 하늘이 보이는 면적비율을 나타내는 이른바 천공률"이나 "그중 가해 건물이 외부 조망을 차단하는 면적비율을 나타내는 이른바 조망침해율", "피해건물과 가해건물 사이의 이격거리" 등을 주된 고려 기준으로 제시하였다는 점에서 시야차단 사건에 참고될 수 있다.

라. 소음피해

요즘 빈발하는 층간소음 분쟁에서 알 수 있듯이 소음은 환경법 분야에서 매우 중요한 관심사가 되고 있다. 우리나라에서는 환경정책기본법 제12조 및 동법 시행령 제2조,[396] 소음·진동관리법 제26, 27조 및 동법 시행규칙, 주택건설기준 등에 관한 규정 제9조, 공항소음 및 소음대책지역 지원에 관한 법률 제5조 제1항, 제16조, 동법 시행령 제2조, 제9조, 동법 시행규칙 제2조, 제10조 등을 통하여 소음규제가 이루어지고 있다. 소음피해에 관한 민사소송도 드물지 않게 제기되고 있다. 민사소송은 민법 제750조의 일반적인 불법행위책임이나 민법 제758조의 공작물책임을 묻거나 국가가 피고인 경우에는 국가배상책임 또는 영조물하자책임을 묻는 형태로 이루어진다. 이러한 소음피해 소송에서 가장 중요한 쟁점은 소음의 참을 한도이다. 이에 관해서는 공법적 규제 기준이 있으나, 민사소송에서 위법성 판단 기준이 되는 참을 한도가 어느 정도인지, 또한 참을 한도는 어떤 상황을 전제로 판단해야 하는가는 일률적으로 말하기 어렵다.

대법원 2015. 9. 24. 선고 2011다91784 판결은 소음피해 소송에 관한 중요한 법리들을 망라하고 있어 주목할 만하다. 이 사건은 경부고속도로 인근 아파트의 소음 피해를 다루었다. 원고인 한국도로공사는 경부

---

396) 이에 따르면 주거지역에서는 낮(06:00~22:00)에는 55dB, 밤(22:00~06:00)에는 45dB이 그 상한이다.

고속도로 확장공사를 시작하였다. 공사 시작 후 고속도로 인근 지역에서
택지개발사업이 시행되어 민간 아파트가 건설되었다. 고속도로 확장공사
가 완료된 이후 아파트가 완공되었는데, 아파트는 고속도로로부터 200미
터 이상 떨어져 있었다. 그런데 아파트 입주민들인 피고와 고속도로 관
리자인 원고 사이에 고속도로 소음을 둘러싼 분쟁이 벌어졌다. 그러자
원고는 피고들을 상대로 방음벽 추가 설치 등 방음대책 이행의무가 존재
하지 않는다고 주장하며 채무부존재확인의 소를 제기하였다. 대상판결의
요지는 다음과 같다.

첫째, 소음의 참을 한도는 피해의 성질과 정도, 피해이익의 공공성,
가해행위의 태양, 가해행위의 공공성, 가해자의 방지조치 또는 손해 회피
의 가능성, 공법상 규제 기준의 위반 여부, 지역성, 토지이용의 선후관계
등 모든 사정을 종합적으로 고려하여 판단하여야 한다. 이는 여러 유형
의 환경 분쟁에서 참을 한도에 관하여 대동소이하게 판시하여 온 바를
재확인한 것이다.[397]

둘째, 일정한 도로 소음의 발생과 증가는 현대사회에서 불가피하고,
특히 이미 운영 중인 또는 운영이 예정된 고속국도에 근접하여 주거를
시작한 경우의 '참을 한도' 초과 여부는 보다 엄격히 판단하여야 한다.
고속국도에 관한 판시 부분은 대상판결이 처음 제시한 것이다. 도로는
사회의 토대로서 많은 효용을 제공한다. 그러므로 소음의 발생원이라는
이유만으로 도로건설을 막거나 그 소음에 대한 책임을 지울 수는 없다.
도로소음의 참을 한도는 비용/편익 분석의 관점에서 접근하여 설정해야
한다. 특히 고속국도는 자동차 전용의 고속교통에 공용되는 도로로서 그
속성상 도로소음의 정도가 일반 도로보다 높을 것이 예정되어 있다. 이
러한 위험을 알고도 그 위험원에 접근했다면 참을 한도는 그만큼 높아져
야 한다. 이러한 범위에서는 대상판결은 도로소음 사건에서 참을 한도를
높이는 의미를 지닌다.[398]

397) 대법원 1999. 7. 27. 선고 98다47528 판결; 대법원 2007. 6. 15. 선고 2004다
37904, 37911 판결.

셋째, 도로변 지역의 소음에 관한 환경정책기본법의 소음환경기준을 초과하는 도로소음이 있다고 하여 바로 민사상 '참을 한도'를 넘는 위법한 침해행위가 있다고 단정할 수 없다. 종래 판례 법리를 재확인한 것이다. 공법상 규제 기준은 사인 간의 분쟁을 적정하게 해결하기 위해 마련된 것이 아니라 국가와 사인 간에서 공익적 목적을 효과적으로 달성하기 위해 마련된 것이다. 또한 공법상 규제 기준의 완성도와 세밀도도 천차만별이어서 그대로 적용하는 데에는 문제가 있다.[399] 물론 위법성 판단 기준에 관한 객관적인 수치 지표가 마련되어 있지 않은 현실에서 공법상 규제 기준은 여전히 중요한 고려 요소에 해당한다.[400]

넷째, 도로소음으로 인한 생활방해를 원인으로 제기된 사건에서 공동주택에 거주하는 사람들이 참을 한도를 넘는 생활방해를 받고 있는지는 특별한 사정이 없는 한 일상생활이 실제 주로 이루어지는 장소인 거실에서 도로 등 소음원에 면한 방향의 모든 창호를 개방한 상태로 측정한 소음도가 환경정책기본법상 소음환경기준 등을 초과하는지에 따라 판단하는 것이 타당하다. 대상판결이 처음 제시한 법리이다. 이는 소음을 막기 위해 창문을 닫고 생활할 것을 기대해서는 안 된다는 점, 다만 주택 내에서도 어디에서 소음을 측정하는가에 따라 소음도가 달라지므로 주택의 중심이라고 할 수 있는 거실을 기준으로 소음도를 측정해야 한다는 점을 내용으로 한다.

다섯째, 도로소음으로 인한 생활방해를 원인으로 소음의 예방 또는 배제를 구하는 방지청구는 금전배상을 구하는 손해배상청구와는 내용과 요건을 서로 달리하는 것이어서 같은 사정이라도 청구의 내용에 따라 고려 요소의 중요도에 차이가 생길 수 있고, 방지청구는 그것이 허용될 경우 소송당사자뿐 아니라 제3자의 이해관계에도 중대한 영향을 미칠 수

---

398) 조재헌, "도로소음으로 인한 생활방해의 방지청구", **민사판례연구**, 제39권(2017), 342-343면.
399) 조재헌(주 398), 317-319면.
400) 대법원 2008. 8. 21. 선고 2008다9358, 9365 판결.

있어, 방지청구의 당부를 판단하는 법원으로서는 청구가 허용될 경우에 방지청구를 구하는 당사자가 받게 될 이익과 상대방 및 제3자가 받게 될 불이익 등을 비교·교량하여야 한다. 이는 물권적 침해와 불법행위의 위법성 요건과 관련하여 논의되던 법리[401]를 소음피해 소송의 영역에 반영한 것이다.

4. 제조물책임
가. 고엽제소송

대법원 2013. 7. 12. 선고 2006다17539 판결은 고엽제로 피해를 입은 베트남전 참전군인이 고엽제 제조회사들을 상대로 손해배상청구를 한 사건을 다루었다. 이 사건에서는 제조물책임 외에도 국제재판관할과 준거법 등 국제사법적 쟁점들도 문제되었는데,[402] 아래에서는 제조물책임에 관한 대법원의 판시 사항을 중심으로 살펴본다. 참고로 이 사건은 제조물책임법 시행 전 사건이다. 대법원은 고엽제와 같이 인체에 유해한 독성물질이 혼합된 화학제품을 설계·제조하는 경우 제조업자는 고도의 위험방지의무를 부담한다고 보았다. 즉 제조업자는 그 시점에서의 최고의 기술 수준으로 그 제조물의 안전성을 철저히 검증하고 조사·연구를 통하여 발생 가능성 있는 위험을 제거·최소화하여야 하며, 만약 그 위험이 제대로 제거·최소화되었는지 불분명하고 더욱이 실제 사용자 등에게 그 위험을 적절히 경고하기 곤란한 사정도 존재하는 때에는, 안전성이 충분히 확보될 정도로 그 위험이 제거·최소화되었다고 확인되기 전에는 그 화학제품을 유통시키지 말아야 할 의무를 부담한다는 것이다. 그런데 이 사건에서 피고들은 이러한 고도의 위험방지의무를 위반하여 고엽제를

---

401) 예컨대 곽윤직 편, **민법주해**(XⅧ)(박영사, 2005), 257-258면(박철 집필부분). 또한 대법원 2010. 8. 25.자 2008마1541 결정; 대법원 2016. 11. 10. 선고 2013다71098 판결도 참조.
402) 대법원은 법정지인 우리나라와 이 사건 당사자 및 분쟁 사안 사이에 실질적 관련성이 있다고 보아 우리나라 법원의 국제재판관할을 인정하였고, 불법행위 사건의 준거법을 결정하는 불법행위지에는 손해의 결과발생지가 포함되고 우리나라가 손해의 결과발생지이므로 우리나라 법이 준거법으로 적용될 수 있다고 보았다.

제조, 유통시켰으므로 피고들이 제조한 고엽제에는 설계상의 결함이 있다고 보았다. 그러므로 피고들은 이러한 결함으로 인하여 원고들이 입은 손해를 배상할 책임이 있다. 그런데 대법원은 염소성여드름과 같은 특이성 질환403)과의 인과관계는 인정하였지만, 그 외의 비특이성 질환에 대해서는 역학적 상관관계는 인정되지만 법률적 인과관계는 증명되지 않았다고 보아 이 부분에 대한 피고들의 손해배상책임은 인정하지 않았다. 그 외에 대상판결에서는 일단 손해배상책임이 인정된 부분에 관하여 소멸시효의 기산점 및 소멸시효 항변의 신의칙 위반 여부도 다루어졌다.

나. 담배소송

대법원 2014. 4. 10. 선고 2011다22092 판결은 흡연으로 폐암 등 질병을 얻은 환자 또는 그 유족들이 담배를 제조하였던 국가와 KT&G를 상대로 손해배상청구를 한 사건을 다루었다. 이 역시 고엽제 사건과 마찬가지로 제조물책임법 시행 전 사건인데, 제조물책임 외에도 일반 불법행위 쟁점들도 있었다. 제조물책임 부분만 살펴본다. 우선 대법원은 설계상 결함과 관련하여, 담뱃잎을 태워 연기를 흡입하는 것이 담배의 본질적 특성인 점, 니코틴과 타르의 양에 따라 담배의 맛이 달라지고 담배소비자는 자신이 좋아하는 맛이나 향을 가진 담배를 선택하여 흡연하는 점, 담배소비자는 안정감 등 니코틴의 약리효과를 의도하여 흡연을 하는 점 등에 비추어 국가 등이 니코틴이나 타르를 완전히 제거할 수 있는 방법이 있다 하더라도 이를 채용하지 않은 것 자체를 설계상 결함이라고 볼 수 없다고 보았다. 또한 대법원은 표시상 결함과 관련하여, 언론보도와 법적 규제 등을 통하여 흡연이 폐를 포함한 호흡기에 암을 비롯한 각종 질환의 원인이 될 수 있다는 것이 담배소비자들을 포함한 사회 전반에 널리 인식되게 되었다고 보이는 점, 흡연을 시작하는 것은 물론이고 흡연을 계속할 것인지는 자유의지에 따른 선택의 문제로 보일 뿐만 아니라 흡연을 시작하는 경우 이를 쉽게 끊기 어려울 수도 있다는 점 역시

---

403) 특정 병인에 의하여 발생하고 원인과 결과가 명확히 대응하는 질환을 의미한다.

담배소비자들 사이에 널리 인식되어 있었던 것으로 보이는 점 등에 비추어 담배제조자인 국가 등이 법률의 규정에 따라 담뱃갑에 경고 문구를 표시하는 외에 추가적인 설명이나 경고 기타의 표시를 하지 않았다고 하여 담배에 표시상의 결함이 있다고 보기 어렵다고 판단하였다. 아울러 대법원은 원심과 마찬가지로, 폐암 중 편평세포암이나 소세포암은 특이성 질환으로 보아 인과관계를 인정하였지만, 비소세포암과 폐포세포암은 비특이성 질환으로 본 뒤 흡연과 이러한 암 사이의 역학적 인과관계만으로는 양자 사이의 인과관계를 인정할 만한 개연성이 증명되었다고 단정할 수 없다고 보았다.

다. 두 사건의 공통 쟁점 : 역학적 상관관계와 법률적 인과관계

고엽제 사건과 담배소송 사건은 제조물책임사건으로서 역학적 상관관계와 법률적 인과관계를 다루었다. 이 쟁점은 자동차배출가스와 천식의 관계를 다룬 대법원 2014. 9. 4. 선고 2011다7437 판결에서도 다루어졌다. 이 문제를 이해하는 첫 번째 개념적 구분 틀은 특이성 질환과 비특이성 질환의 구별이다. 특이성 질환은 특정 병인에 의하여 발생하고 원인과 결과가 명확히 대응하는 질환을 의미한다.[404] 비특이성 질환은 그 외의 질환으로서 여러 요인들이 복합적으로 작용하여 발생하는 질환이다. 특이성 질환은 원인과 결과의 상호 연결점이 증명되면 법률적 인과관계도 손쉽게 증명될 것이 개념 그 자체에서 예정되어 있다. 하지만 비특이성 질환은 원인과 결과의 상호 연결점만으로는 법률적 인과관계가 곧바로 증명되기는 어렵다. 그 외에 다른 원인들이 복합적으로 상호 작용하였으므로 과연 해당 원인이 해당 결과의 규범적 원인으로 평가받을 수 있는지가 불명확하기 때문이다. 따라서 원인과 결과 사이의 개연성 증명의 잣대가 더 높아진다. 역학적 연구결과의 의미가 문제되는 영역도

---

404) 특이성 질환(signature disease)의 대표적인 사례로서 석면(asbestos)과의 접촉을 통해 발생할 수밖에 없는 석면침착증(asbestosis)이나 중피종(mesothelioma)을 들 수 있다. Hurtado v Purdue Pharma Co. 2005 NY Slip Op 50045(U) Decided on January 24, 2005.

비특이성 질환이다.

역학은 집단현상의 차원에서 특정 위험인자와 특정 질병 사이의 통계적 상관관계를 규명하는 학문이다. 법률적 인과관계는 개별사건의 차원에서 특정 위험인자와 특정 질병 사이의 규범적 귀책관계를 규명하는 개념이다. 그러므로 역학적 상관관계가 곧바로 법률적 인과관계로 이어지는 것은 아니다.[405] 가령 어느 집단에서 담배를 피우는 사람이 폐암(비소세포암)에 걸릴 확률이 높다는 통계가 나왔다고 하여, 곧바로 해당 사건의 원고가 흡연 때문에 폐암에 걸렸다고 인정할 수는 없다는 것이다. 비소세포암의 원인은 흡연 외에도 다양하게 존재하기 때문이다. 따라서 이러한 역학적 상관관계를 넘어서는 인과관계의 증명(가령 흡연 외에는 폐암을 유발할 요인이 없어 흡연 때문에 폐암이 발생하였을 개연성이 높다는 증명)이 필요하다는 것이다.

이러한 대법원의 태도는 논리적으로 보면 타당하다. 그러나 다음 두 가지 점을 고려해야 한다. 첫 번째로 특이성 질환과 비특이성 질환을 구별하는 문제이다. 과연 특정한 원인에 의해서만 발병할 수밖에 없는 질환이 존재할 수 있는지, 존재한다면 무엇이 그러한 질환인지가 언제나 명확하지는 않기 때문이다.[406] 둘째, 비특이성 질환에서 법률적 인과관계를 인정하기 위해 요구되는 추가적 증명의 정도이다. 대부분의 질환은 오랜 기간 여러 원인이 복합적으로 작용하여 발생하게 되는데, 그 인과관계의 증명이 너무 엄격하게 요구되면 어떤 위험인자로 인한 질환의 발생을 증명하는 것은 사실상 어려워지기 때문이다. 향후에는 역학적 인과관계를 넘어서는 증명이 얼마나 엄격하게 이루어져야 하는지, 바꾸어 말하면 그 증명이 얼마나 완화될 수 있는지, 나아가 그 증명책임이 사실상 전

---

405) 이연갑, "역학연구결과에 의한 인과관계의 증명", **법조**, 제670호(2012), 136–138면.
406) 의학계에서는 모든 질병은 복수의 요인이 복합적으로 작용하여 발생하는 것이므로 특이성 질환과 비특이성 질환을 구별하는 입장에 대해 비판이 많다고 한다. 예컨대 이선구, "유해물질소송에서역학적 증거에 의한 인과관계의 증명: 대법원 판례를 중심으로", **저스티스**, 제146-1호(2015), 277–278면. 따라서 이러한 판시는 향후 수정될 필요가 있다는 견해가 있다. 이봉민, "제조물책임에 관한 판례의 전개와 동향", **민사판례연구**, 제41권(2019), 1204–1205면.

환될 수 있는지에 대한 논의가 더욱 충실하게 이루어질 필요가 있다.[407]

5. 국가배상
가. 한센병 환자들에 대한 단종(斷種) 수술과 국가배상책임

대법원 2017. 2. 15. 선고 2014다230535 판결은 국가가 한센병 환자의 치료 및 격리수용을 위하여 운영·통제한 병원시설에서 한센병 환자들을 상대로 정관절제수술이나 임신중절수술을 시행한 것에 대한 국가배상책임을 인정한 판결이다. 한센병은 나병(leprosy)이라고도 불리는 전염병이다. 이 병은 나균이 피부, 말초신경계, 점막을 침범하여 조직을 변형시켜 외모에 변형을 가져오는 병이다. 한센병 환자는 역사적으로 사회적 차별과 편견에 시달려 왔다. 우리나라에서는 1909년 이후 부산과 광주, 대구에 차례대로 나병원이 설립되었고, 1917년에는 우리에게 널리 알려진 국립 소록도병원의 전신인 소록도 자혜의원이 설립되었다.[408] 이러한 시설들은 한센병 환자에 대한 격리·수용기관으로 기능하여 왔다. 해방 이후에도 우리나라는 구 전염병예방법에 기초하여 한센병 환자들을 사실상 격리·수용하여 왔다. 이러한 격리·수용은 1차적으로는 의료적 목적을 표방하였으나, 2차적으로는 이들을 격리해야 한다는 사회적 여론에 기한 것이기도 하였다.[409] 국가는 위와 같은 격리·수용시설에서 한센병 환자들의 동의하에 정관절제술이나 낙태시술 등 단종(斷種) 수술을 행하였다. 이러한 단종 수술의 배후에는 한센병이 자식에게 전염되거나 유전된다는 편견이 도사리고 있었다. 또한 출산으로 급증하는 자녀가 가져올

---

407) 윤진수(주 87), 564-565면에서는 일단 역학적 인과관계가 인정되면 개별적 인과관계가 없다는 점은 책임을 부정하는 측에서 증명해야 한다고 한다.

408) 김재형, "한센인의 격리제도와 낙인·차별에 관한 연구", **서울대학교 박사학위논문** (2019), 61-71면.

409) 김재형(주 408), 113-118면. 1951년 5월 2일에는 국회에서 나환자가 어린아이 3명을 잡아먹었다고 주장하면서 전국의 나환자들을 즉각 격리 수용해야 한다는 국회의원의 의견이 공식적으로 개진되기도 하였다. 물론 이 주장은 잘못된 것이었다. 같은 논문, 118면 및 여기에 인용된 1951. 5. 2. 제10회 71차 국회정기회의속기록, 나병환자 수용대책에 관한 긴급동의안, 5면.

관리비용의 증가도 고려되었던 것 같다.[410] 이 사건에서는 이러한 수술이 국가의 위법행위인지가 쟁점이 되었다.

이러한 국가의 행위가 정당화되려면 법령상 근거가 있거나 피해자의 동의가 있어야 한다. 그런데 단종수술의 법적 근거는 존재하지 않았다. 구 전염병예방법 등 법령이 허용하는 것은 한센병 환자들의 격리·수용일 뿐이었다. 소송 과정에서 국가는 전염병예방법 내의 가족동거제한 조항을 근거로 들기도 하였다. 그러나 가족동거가 제한된다는 점이 단종수술을 허용하는 것으로 해석될 수는 없는 노릇이었다. 결국 쟁점은 한센병 환자들이 동의하였는지 여부였다. 일단 형식적으로는 환자들의 동의가 이루어졌던 것으로 보인다. 그러나 이러한 동의가 과연 충실한 정보에 기초한 실질적이고 자발적인 동의였는지는 의문이다. 이와 관련하여 대법원은 의료행위에 대한 환자의 동의 내지 승낙은 진정한 선택권을 행사할 수 있을 만큼의 설명이 선행된 이후의 동의 내지 승낙이라야 하는 것이고, 이러한 설명의무를 소홀히 하여 환자로 하여금 자기결정권을 실질적으로 행사할 수 없게 하였다면 그 자체만으로도 불법행위가 성립한다고 판시하였다. 아울러 대법원은 한센병 예방이라는 보건정책 목적을 고려하더라도 단종수술은 과도한 조치였고, 한센병 환자들은 충분히 설명을 받지 못한 상태에서 어쩔 수 없이 동의 내지 승낙한 것으로 보이므로 결국 국가의 단종수술은 위법행위라고 판단하였다. 그 외에도 국가는 소멸시효 항변도 하였는데, 이러한 항변은 신의칙에 위반된 것으로 판단하였다. 대상판결은 해방 후 전쟁과 권력투쟁, 경제성장을 압축적으로 겪는 과정에서 발생한 일련의 국가권력적 불법행위의 한 단면을 다루고 있으나, 일련의 민주화운동 피해자들과는 달리 사회적 편견 속에 예나 지금이나 별다른 조명을 받지 못하는 한센병 환자들의 비극적 삶을 달래준 판결이다.

나. 국가기관 홈페이지 게시판의 글 삭제에 따른 국가배상책임 여부

대법원 2020. 6. 4. 선고 2015다233807 판결은 해군본부 게시판 항

---

410) 김재형(주 408), 123면.

의글 삭제에 따른 국가배상책임을 다루었다. 사안은 다음과 같다. 정부의 제주해군기지 건설사업에 관해 야당과 시민단체 등이 반대하던 중 그 반대운동의 일환으로 원고들을 비롯한 다수인은 해군본부 홈페이지 자유게시판에 해군기지 사업 중단을 요청하는 취지의 유사한 글들을 하루에 100여건 이상 게재하였다. 해군본부 담당자는 이처럼 유사한 내용의 항의글들이 '해군 인터넷 홈페이지 운영규정'의 삭제 사유에 해당한다고 보아 임의로 이를 삭제하였다. 원고들은 표현의 자유와 행복추구권이 침해되었다고 주장하면서 대한민국을 피고로 하여 국가배상을 청구하였다.

대상판결 요지는 다음과 같다. 일반적으로 국가기관이 자신이 관리·운영하는 홈페이지에 게시된 글에 대하여 정부의 정책에 찬성하는 내용인지, 반대하는 내용인지에 따라 선별적으로 삭제 여부를 결정하는 것은 특별한 사정이 없는 한 국민의 기본권인 표현의 자유와 자유민주적 기본질서에 배치되므로 허용되지 않는다. 그러나 원고들이 작성한 항의 글은 군의 정치적 중립성 요청에 따라 이 사건 운영규정에서 정한 게시글 삭제사유인 '정치적 목적이나 성향이 있는 경우'에 해당하는 것으로서 자유게시판의 일반적인 존재 목적, 기능, 게시판 운영 원칙의 삭제 사유, 이 사건 사업에 대한 결정 주체 및 다른 게시글의 방해효과 등과 아울러 해군본부에게 게시물을 영구히 또는 일정 기간 보존하여야 할 의무가 있다고는 볼 수 없는 점, 이 사건 삭제 조치는 표현행위 자체를 금지하거나 제재한 것이 아니라 결과물을 삭제한 것일 뿐이고 삭제 이유를 밝히는 입장문도 공개적으로 게시하는 등 반대의견 표명을 억압하거나 여론을 호도·조작하려는 시도로 볼 수 없다는 점 등을 고려하면 이 사건 삭제 조치의 경우에는 객관적 정당성을 상실한 위법한 직무집행에 해당한다고 보기 어렵다.

대상판결은 국가기관의 자유게시판에 게재한 글을 행정규칙인 운영규정에 따라 삭제하는 것이 위법한 직무집행인지를 다루었다. 우선 대법원은 운영규정상 삭제 사유인 '정치적 목적이나 성향이 있는 경우'는 군의 정치적 중립성 요청을 구체화한 것인데 원고들의 글이 여기에 해당한다고 보았다. 그러나 정치적 표현의 자유는 가급적 넓게 보장되어야 한다. 또한 군의 정치적 중립성 요청은 군에게 요구되는 것이지 국민의 정치적 표현을 막는 근거가 될 수 없다. 현실적으로 어떤 글이 정치적 목적이나 성향을 띠는지 구별하기도 어렵다. 오히려 이를 심사하여 삭제 여부를 결정하는 과정에서 군의 정치적 목적이나 성향이 나타날 우려도 있다. 그것이야말로 군의 정치적 중립을 해치는 것이다. 그러한 관점에서 '정치적 목적이나 성향이 있는 경우'를 게시글 삭제 사유로 삼은 운영규정이 적절한지 의문스럽다. 한편 대법원은 이 사건 사업의 시행 여부를 결정할 권한은 국방부장관에게 있으므로 이 사건 사업 시행에 항의하더라도 국방부장관이나 국무총리 또는 대통령에게 하는 것이 적절하지 결정권이 없는 해군본부나 그 기관장인 해군참모총장에게 하는 것은 적절하지 않다고 판시하였다. 그러나 국민이 해군기지 건설사업에 대한 의견을 해군 자유게시판에 개진하는 것은 적절하고 자연스러운 일이다.

　　다만 이 사건에서는 게시글의 내용이 아니라 게시 방법 및 그 방법이 게시판에 미치는 영향에 주목해야 한다. 국가기관이 운영하는 게시판은 공공재이고 그 게시판을 수많은 글로 뒤덮어 사실상 사유화하는 행위는 합리적으로 제한되어야 한다. 그 행위는 자신의 표현의 자유를 만족시킬지는 몰라도 다른 이용자의 표현의 자유와 알 권리를 실질적으로 무력화할 수도 있기 때문이다. 또한 국가기관은 애당초 자유게시판을 개설하지 않을 수도 있고 개설 후에 폐쇄할 수도 있으며, 게시판 용도를 정할 수도 있다. 게시글을 영구적으로 보존할 의무도 없다. 그러므로 게시글의 내용이 아닌 게시판 용도, 게시 방법 등에 대한 합리적 규제는 허용되어야 한다. 만약 게시판을 개설하는 순간 표현의 자유 때문에 이러한 조치를 전혀 취할 수 없게 된다면 국가기관은 아예 게시판을 개설하지 않는 쪽을 선택할 가능성이 크고 이는 궁극적으로 표현의 자유를 더욱 좁히는 결과로 이어진다. 또한 원고들에게는 위와 같은 주장을 할 수 있도록 마련되거나 공개된 다른 장소나 방법들을 활용하여 표현의 자유를 개진할 수 있었다는 점도 염두에 두어야 한다. 이 사건 운영규정에는 동일인 또는 동일 내용의 게시물을 삭제할 수 있는 근거가 있었고 해군본부의 항의글 삭제는 여기에 기초하여 이루어진 것으로 평가할 수 있다. 요컨대 항의글을 삭제하는 것이 바람직한 대처였는지에 대해서는 의문이 없지 않으나 적어도 위와 같은 조치가 위법한 직무집행으로 국가배상책임의 대상이 된다고 보기는 어렵다.

6. 헌법상 기본권 침해
가. 종교의 자유

대법원 2010. 4. 22. 선고 2008다38288 전원합의체 판결은 종교단체가 설립한 종립학교가 고등학생들에게 종교행사와 종교과목 수업을 실시하는 것이 학생들의 기본권을 침해하여 불법행위를 구성하는지를 다루었다. 고등학교 평준화정책에 따른 학교 강제배정으로 종교와 무관하게 학생들이 특정 학교에 배정되는데, 이때 종립학교가 가지는 '종교교육의 자유 및 운영의 자유'와 학생들이 가지는 '소극적 종교행위의 자유 및 소극적 신앙고백의 자유'의 충돌 문제를 다룬 것이다. 사안은 다음과 같다. 원고는 기독교 정신을 건학이념으로 설립된 대광고등학교에 배정되었다. 대광고등학교는 모든 학생을 대상으로 예배 등 종교행사와 종교교육을 실시하였다. 원고는 이에 참여하다가 학생회장이 된 이후 종교행사 등 참여 거부를 독려하는 교내방송을 실시하고 1인 시위를 하는 등 학교와 계속 대립하였고 학교의 징계처분으로 퇴학처분을 받았다. 원고는 학교법인인 피고를 상대로 종교행사 등 참여 강제 및 징계처분으로 인한 손해배상청구를 하였다.[411]

대법원은 원고의 손해배상청구를 인정하였다. 종교행사 등 참여 강제로 인한 손해배상청구에 대해서는 다음과 같이 판시하였다. 헌법상 기본권 규정은 그 성질상 사법관계에 직접 적용될 수 있는 예외적인 것을

---

411) 원고는 그 외에도 서울특별시를 피고로 삼았으나, 아래에서는 학교법인에 대한 부분을 중심으로 살펴본다.

제외하고는 사법상의 일반원칙을 규정한 민법 제2조, 제103조, 제750조, 제751조 등의 내용을 형성하고 그 해석 기준이 되어 간접적으로 사법관계에 효력을 미치게 된다(이른바 간접적용설). 종교의 자유라는 기본권의 침해와 관련한 불법행위의 성립 여부도 위와 같은 일반규정을 통하여 사법상으로 보호되는 종교에 관한 인격적 법익침해 등의 형태로 구체화되어 논하여져야 한다. 한편 피고가 사실상 모든 학생들이 종교행사나 종교교육에 참여하도록 하는 등 신앙을 갖지 않거나 학교와 다른 신앙을 가진 학생의 기본권을 고려하지 않은 것은, 우리 사회의 건전한 상식과 법감정에 비추어 용인될 수 있는 한계를 벗어나 학생의 종교에 관한 인격적 법익을 침해하는 위법한 행위이다. 또한 징계의 이유로 된 사실이 퇴학처분에 해당한다고 볼 수 없음이 객관적으로 명백하고 징계권자 또는 징계위원들이 조금만 주의를 기울이면 이와 같은 사정을 쉽게 알아볼 수 있음에도 징계에 나아간 것으로, 그 징계권의 행사가 우리의 건전한 사회통념이나 사회상규에 비추어 용인될 수 없음이 분명하여 원고에 대하여 불법행위가 성립한다.412) 이에 대하여는 국가가 학교 강제배정제도를 실시하는 우리 현실에 비추어 종립학교에서 종교행사와 종교수업을 실시하는 것은 불가피한 면이 있으므로 이를 이유로 한 위법성 인정은 엄격히 해야 한다는 점 등을 들어 피고의 손해배상책임이 인정되지 않는다는 반대의견이 있었다.

종교행사 및 종교교육의 실시 가능성은 국공립학교와 사립학교의 경우에 달라질 것이다. 국공립학교가 특정한 종교에 관한 행사나 교육을 실시하는 것은 국교금지원칙에 반하므로 허용되지 않는다. 반면 특정한 종교 이념에 기초하여 설립된 사립학교가 그렇게 하는 것은 원칙적으로 허용될 수 있다. 특히 학생들이 이러한 사립학교의 설립이념과 교과과정

---

412) 이와 관련하여 징계 양정이 잘못되었다는 이유만으로 과실이 인정되지는 않는다는 대법원 1997. 9. 9. 선고 97다20007 판결 및 퇴학 등 징계처분 사유에 해당하지 않는다는 점이 객관적으로 명백하고 조금만 주의를 기울이면 이러한 사정을 쉽게 알아볼 수 있는데도 징계에 나아간 경우 불법행위를 구성한다는 대법원 2004. 9. 24. 선고 2004다37294 판결 참조.

을 충분히 알고도 사립학교를 선택하였다면 학교에 허용되는 종교적 활동의 폭은 넓어질 수 있다. 하지만 국가가 실시하는 학교 강제배정제도 하에서는 이러한 사립학교의 적극적인 종교의 자유는 학생들의 소극적인 종교의 자유와의 관계에서 한걸음 물러설 수밖에 없다. 가령 전통적으로 입학식이나 졸업식에서 종교적 색채가 다소 가미되거나, 학교를 소개하는 과정에서 특정 종교와의 관련성을 강조하는 것은 학생들이 감내해야 하겠지만, 학생들에게 3년 내내 지속적으로 종교행사와 종교교육에 참여하도록 사실상 강제하고 이에 위반하는 경우 과도한 불이익을 부과하는 것을 학생들에게 감내하도록 할 수는 없다. 결국 이는 정도의 문제이겠으나, 사립학교도 공공적 성격을 가진다는 점, 종교는 본질적으로 강제될 수 없다는 점, 종교행사나 종교교육을 통하지 않고도 학교 설립이념을 성취하는 것이 불가능하지 않다는 점을 고려하면, 해당 사안과 같이 종교행사와 종교교육의 참여를 사실상 강제하고 그 거부 운동을 펼친 원고를 퇴학시킨 일련의 과정에는 위법성과 과실이 인정된다고 생각한다. 해당 사안의 사실관계를 살펴보면 원고의 대처 양상에도 문제가 없지 않으나, 이러한 결론을 뒤집을 정도로는 보이지 않는다.

나. 평등권

대법원 2011. 1. 27. 선고 2009다19864 판결은 사인에 의한 평등권 침해가 불법행위를 구성하는지의 문제를 다루었다. 사안은 다음과 같다. 피고(서울기독교청년회 또는 YMCA 서울회)는 비법인사단으로서 남성단체로 출발하였는데 그 후 여성회원도 받아들이기 시작하였다. 그런데 피고의 헌장에 따르면 총회원은 원칙적으로 남성으로 제한되어 있었다. 이에 대해서는 평등권 침해라는 비판이 제기되었고 국가인권위원회도 이러한 차별행위 시정을 권고하였다. 피고는 2003년 제100차 정기총회를 통해 개선 노력을 천명하였으나 곧바로 시정이 이루어지지는 않았다. 그러자 여성회원들인 원고들은 피고를 상대로 평등권 침해에 따른 불법행위를 원인으로 한 손해배상청구를 하였다. 대법원은 헌법상 기본권 규정은 사법의 일반조항을 통해 사인 간에도 효력을 미친다고 전제한 뒤, 원고들은 비법인사단인 피고의 단체구성원으로서 회비를 부담하면서도 여성이라는 이유만으로 지속적으로 일반적인 사원에게 부여되는 고유하고 기본적인 권리인 총회의결권 등을 행사할 기회를 원천적으로 빼앗겨 온 점 등을 고려하면, 적어도 피고가 스스로 불합리한 총회 운영에 대한 개선 노력을 천명한 2003년도 제100차 정기총회 이후에도 원고들을 총회원 자격심사에서 원천적으로 배제한 성차별적 처우는 우리 사회의 건전한 상식과 법 감정에 비추어 용인될 수 있는 한계를 벗어나 사회질서에 위반되는 것으로서 원고들의 인격적 법익을 침해하여 불법행위를 구성한다고 보았다.

민법의 토대는 자유주의이다. 따라서 민법은 자유라는 가치와 친하다. 자유는 개별성 및 다양성의 존중과 연결된다. 사적 자치의 원칙 및 계약자유의 원칙은 이러한 이념을 구현하는 원칙이다. 따라서 당사자는 자신이 원하는 상대방과 자신이 원하는 방식과 내용으로 자신이 원하는 개별적 법률관계를 개척해 나갈 수 있다. 이것이 민법의 핵심 가치 중 하나이다. 그러므로 매도인은 A에게는 물건을 팔지만 B에게는 물건을 팔지 않을 수도 있다. 임대인은 C에게는 임대하지만 D에게는 임대를 거절할 수도 있다. 이를 차별이라고 볼 수도 있으나, 민법에서는 이를 자유라고 부른다. 그러나 민법이 상정하는 법률관계라고 하여 헌법상 평등권의 이념에서 완전히 자유로울 수는 없다. 이는 단체적 법률관계에서 더욱 두드러진다. 단체의 설립과 운영도 사적 자치 원칙의 적용을 받는다. 그러나 단체적 법률관계에는 일정한 획일성이 요구된다. 그리고 단체 구성원의 차별적 취급은 그에 합당한 이유를 수반해야 한다. 무엇이 합당한 이유인가를 놓고 자유와 평등 사이의 줄다리기가 벌어진다. 예컨대 백화점이 구매액이 높은 고객에게만 주차장을 무료로 사용하도록 해 주는 것은 온전히 자유의 영역이다. 그러나 백화점이 여성에게만 주차장을 무료로 사용하도록 해 주는 것은 평등의 영역에서 타당성 여부가 논의될 수 있는 대상이다.

해당 사안은 더욱 그러하다. 피고가 속한 YMCA는 역사적으로 개화, 근대화, 탈식민화의 상징이었다. 줄곧 우리 사회 선진화의 흐름과 함께 하여 왔다. 역사적으로는 남성단체로 출발하였으나 여성회원들을 널리 받아들인 것도 이러한 선진화의 과정이었다. 또한 피고는 사적 단체이기는 하나 공익적 사업을 목적으로 하면서 정부나 지방자치단체로부터 재정적 지원도 받아왔다. 사적 단체가 자치적 규범을 만들어 단체의 운영 방향을 결정할 자유를 누리더라도 그러한 규범이 헌법이 보장하는 구성원의 기본적 인권을 필요하고 합리적인 범위를 벗어나 과도하게 침해하거나 제한해서는 안 된다.[413] 성별에 따른 차별금지는 이처럼 기본적 인권을 보호하기 위한 핵심 가치 중 하나이다. 우리나라는 유엔의 여성차별철폐협약(Convention on the Elimination of All Forms of Discrimination Against Women)의 가입국으로서 이 협약이 우리 법 질서의 일부를 구성하기도 한다. 그런데 동일한 회비를 내고 동일한 자격을 갖춘 회원인데 단지 성별만을 이유로 총회의결권을 박탈하는 것은 필요하고 합리적인 범위를 넘어선 조치이다. 총회의결권은 사단의 구성원이 가지는 가장 기본적이고 핵심적인 권리라는 점도 염두에 두어야 한다. 피고가 민간단체로서 헌법상 결사의 자유를 누린다는 점, 또한 국가나 법원은 단체 내부의 문제에 과도하게 개입해서는 안 된다는 점을 감안하더라도 이러한 결론은 달라지지 않는다. 대상판결은 헌법적 가치인 평등 또는 차별금지의 문제를 민법 제103조, 제750조를 매개로 사법적 법률관계에도 투영하였다는 점에서 의미 있다. 평등, 차별금지, 공정이라는 가치는 향후 사법(私法) 분야에서도 지속적으로 중요하게 다루어질 것이다.

7. 불법행위 관련 기타 판결
가. 키코(KIKO) 관련 전원합의체 판결

2013년에는 키코(KIKO)와 관련된 전원합의체 판결 4건이 한꺼번에 선고되었다. 대법원 2013. 9. 26. 선고 2011다53683, 53690 전원합의체 판결, 대법원 2013. 9. 26. 선고 2012다1146, 1153 전원합의체 판결, 대법원 2013. 9. 26. 선고 2012다13637 전원합의체 판결, 대법원 2013. 9. 26.

---

413) 노동조합에 관한 것이기는 하나 대법원 2002. 2. 22. 선고 2000다65086 판결.

선고 2013다26746 전원합의체 판결이다. 이 판결들은 모두 환율헷지상품
인 키코(KIKO) 통화옵션계약상품을 둘러싼 법적 분쟁을 다루었다.[414] 이
상품은 미리 약정환율과 변동의 상한(Knock-In) 및 하한(Knock-Out)을 정해
놓고 환율이 상한과 하한 사이에서 변동하면 기업이 약정환율에 따라 달
러를 매도할 수 있는 풋옵션을 설정한다. 환율이 하한 이하로 떨어지면
그 기간에 해당하는 계약 부분은 실효(Knock-Out 조건)되고, 환율이 상한
이상으로 오르면 약정환율에 따라 은행이 달러를 매수할 수 있는 콜옵션
을 가진다(Knock-In 조건). 우리나라에서 문제된 키코 상품은 대부분 콜옵
션 부분에 레버리지 조건을 결합시켜 은행이 콜옵션을 행사할 때 그 대
상이 되는 계약금액을 풋옵션 계약금액보다 크게(통상 2배로) 만든다. 가
령 미리 정한 행사환율이 1000원이고, 상한이 1200원, 하한이 800원인 경
우 환율이 상하한선 사이에서 움직이면 상품가입자인 기업은 풋옵션을
가진다. 따라서 환율이 900원이면 기업은 풋옵션을 행사하여 달러당
1000원에 매도하여 이익을 얻고, 환율이 1100원이면 풋옵션을 행사하지
않아 달러당 1100원에 매도하여 환율하락의 위험을 회피한다. 계약기간
중 환율이 700원으로 떨어지면 넉아웃 조건에 따라 계약은 실효되므로
기업은 시장가격에 따라 매도할 수밖에 없다. 계약기간 중 환율이 1300
원이 되면 넉인 조건에 따라 은행은 콜옵션을 행사할 수 있게 되고, 이
에 따라 은행은 약정환율인 1,000원이라는 싼값으로 계약금액의 2배 상
당 달러를 매수할 수 있다. 이때 기업은 싼 가격에 달러를 팔아야 하므
로 손실을 입게 된다. 요컨대 환율이 일정한 한도 내에서 움직이면 기업
이 이익을 보지만, 환율이 그 한도를 넘어 상승하면 은행이 이익을 보는
구조이다. 그런데 2008년 이후 환율급등으로 인해 키코 상품에 가입하였
던 많은 기업들이 은행의 콜옵션 행사로 큰 손실을 입었다. 그 중 상당
수 기업들이 은행을 상대로 소를 제기하였다.
　　청구원인은 크게 ① KIKO 계약 무효, 취소 또는 해지를 원인으로

---

414) KIKO 상품에 대한 설명 부분은 권영준, "위험배분의 관점에서 본 사정변경의
　　원칙", **민사법학**, 제51호(2010), 229면에서 발췌하여 약간 수정하였다.

한 부당이득반환청구, ② 적합성 원칙과 설명의무 위반으로 인한 불법행위에 관한 손해배상청구로 나뉜다.⁴¹⁵⁾ 무효와 관련해서는 신의칙 위반, 민법 제104조 소정의 불공정행위, 불공정 약관 등의 주장, 취소와 관련해서는 기망이나 착오 주장, 해지와 관련해서는 사정변경 주장 등이 있었다.⁴¹⁶⁾ 적합성 원칙 또는 설명의무 위반 주장은 금융기관의 고객 보호의무로부터 도출되는 주장이었다. 적합성 원칙 및 설명의무는 「자본시장과 금융투자업에 관한 법률」(이하 '자본시장법'이라고 한다) 제46조(적합성 원칙 등), 제47조(설명의무)에 규정되었다가 현재는 「금융소비자 보호에 관한 법률」(이하 '금소법'이라고 한다) 제17조(적합성원칙), 제19조(설명의무)로 이관, 규정되어 있다. 하지만 키코 사건 당시는 자본시장법이나 금소법 시행 전이었으므로 해당 사안이 민법상 불법행위의 문제로 다루어졌다.

예컨대 대법원 2013. 9. 26. 선고 2012다1146, 1153 전원합의체 판결에 따르면, 은행이 환 헤지 목적을 가진 기업과 통화옵션계약을 체결함에 있어서 해당 기업의 경영상황에 비추어 과대한 위험성을 초래하는 통화옵션계약을 적극적으로 권유하여 이를 체결하게 한 때에는, 이러한 권유행위는 이른바 적합성의 원칙을 위반하여 고객에 대한 보호의무를 저버리는 위법한 것으로서 불법행위를 구성한다. 특히 은행이 위험성이 큰 장외파생상품의 거래를 권유할 때에는 다른 금융기관에 비해 더 무거운 고객 보호의무를 부담한다. 적합성의 원칙은 적합하지 않은 상품은 권유하지 않는다는 원칙이다.⁴¹⁷⁾ 대상판결은 이러한 적합성 원칙을 선언한 뒤⁴¹⁸⁾ "과대한 위험성을 초래하는" 권유행위를 한 경우에는 적합성 원칙 위반으로 인한 불법행위가 성립한다고 함으로써 적합성 원칙 위반이 언

415) 진상범·최문희, "KIKO 사건에 관한 대법원 전원합의체 판결의 논점–적합성 원칙과 설명의무를 중심으로(상)–", BFL, 제63호(2014), 85면.
416) 진상범·최문희(주 415), 86면.
417) 김건식·정순섭, **자본시장법**, 제3판(두성사, 2013), 768면.
418) 판례는 자본시장법 제정 전부터 적합성 원칙을 인정하고 있었다. 대법원 2008. 9. 11. 선고 2006다53856 판결; 대법원 2010. 10. 11. 선고 2010다55699 판결.

제나 곧바로 불법행위로 이어지는 것은 아님을 암시하였다.[419] 또한 대상
판결에 따르면, 금융기관은 금융상품의 특성 및 위험의 수준, 고객의 거
래 목적, 투자경험 및 능력 등을 종합적으로 고려하여 고객이 그 거래상
의 주요 정보를 충분히 이해할 수 있을 정도로 설명하여야 하고, 특히
금융기관으로서는 장외파생상품 거래의 위험성에 대하여 고객이 한층 분
명하게 인식할 수 있도록 구체적이고 상세하게 설명할 의무가 있다. 다
만 대상판결은 금융공학적 구조나 중도 해지, 수술, 마이너스 시장가치는
설명의무의 대상이 아니라고 보았다. 이로써 대상판결은 설명의무의 범
위에 관하여 합리적 지침을 제공하였다. 이러한 고객의 보호의무 내지
신의칙상 설명의무는 이러한 금융상품의 구조가 매우 복잡하고 위험성이
높은데 고객의 입장에서는 정보가 부족하여 정보비대칭 상황이 존재한다
는 점에 기초한 것이다.

나. 강제징용 피해자에 대한 손해배상책임

대법원 2018. 10. 30. 선고 2013다61381 전원합의체 판결은 일제강
점기 시절 강제징용 피해자에 대한 일본 기업의 손해배상책임 문제를 다
루었다. 원고들(또는 그 피상속인들)은 일제 강점기 시절 징용되어 피고회
사의 전신인 구 일본제철에서 강제노역에 종사하다 귀국하였다. 원고들
은 일본에서 피고회사를 상대로 불법행위를 이유로 한 손해배상소송을
제기하였다가 1965년 한일청구권협정(이하 '청구권협정'이라고 한다)의 존재
를 이유로 패소확정되자 다시 한국에서 위자료청구소송을 제기하였다. 1
심법원과 원심법원은 불법행위로 인한 손해배상청구권의 시효가 만료되
었다는 이유로 원고들의 청구를 기각하였다. 그러나 2012년 대법원은 한
일청구권협정으로 소멸된 것은 대한민국의 외교적 보호권이지 원고들 개
인의 위자료청구권이 아니고, 피고회사의 소멸시효 항변은 신의칙에 반한
다고 하여 원심판결을 파기환송하였다.[420] 대법원은 대상판결을 통해 이

419) 최문희, "키코(KIKO) 통화옵션계약의 적합성 원칙과 설명의무", 민사판례연구,
제37권(2015), 729면.
420) 대법원 2012. 5. 24. 선고 2009다68620 판결.

에 따른 환송 후 원심판결에 대한 피고회사의 상고를 기각하여 종전에
이루어진 대법원의 판단을 유지한 것이다.

대상판결의 요지는 다음과 같다. 원고들의 손해배상청구권은 일본
정부의 한반도에 대한 불법적인 식민지배 및 침략전쟁의 수행과 직결
된 일본 기업의 반인도적인 불법행위를 전제로 하는 강제동원 피해자의
일본 기업에 대한 위자료청구권인 점, 청구권협정의 체결 경과와 전후
사정들에 의하면, 청구권협정은 일본의 불법적 식민지배에 대한 배상을
청구하기 위한 협상이 아니라 기본적으로 샌프란시스코 조약 제4조에
근거하여 한일 양국 간의 재정적·민사적 채권·채무관계를 정치적 합의
에 의하여 해결하기 위한 것이었다고 보이는 점, 청구권협정 제1조에 따
라 일본 정부가 대한민국 정부에 지급한 경제협력자금이 제2조에 의한
권리문제의 해결과 법적 대가관계가 있다고 볼 수 있는지도 불분명한
점, 청구권협정의 협상 과정에서 일본 정부는 식민지배의 불법성을 인정
하지 않은 채 강제동원 피해의 법적 배상을 원천적으로 부인하였고, 이
에 따라 한일 양국의 정부는 일제의 한반도 지배의 성격에 관하여 합의
에 이르지 못하였는데, 이러한 상황에서 강제동원 위자료청구권이 청구권
협정의 적용대상에 포함되었다고 보기는 어려운 점 등에 비추어, 원고
들이 주장하는 손해배상청구권은 청구권협정의 적용대상에 포함되지 않
아 소멸되지 않았다. 이에 대해서는 2개의 별개의견과 1개의 반대의견
이 있었다.

대상판결의 결론은 결국 청구권협정 제2조의 해석에 달려 있다. 청
구권협정은 양국 간 청구권 문제 뿐만 아니라 일방 국가와 상대국 국민
간 청구권 문제도 해결하려고 한 조약이다. 그런데 대법원은 조약 체결
의 전후 과정에 비추어 보면 반인도적 불법행위로 인하여 입은 정신적
고통에 대한 배상청구권까지 소멸시키기로 하는 양국 간의 명확한 상호
이해와 의사 합치가 있었다고 단정하기 어렵다고 보았다. 대법원이 제시
한 사실관계에 따르면, 양국은 큰 틀에서는 합의에 이르렀지만 자금의
구체적인 법적 성격에 대해서는 일단 추상적 문언으로 봉합한 뒤 동상이

몽(同床異夢) 또는 아전인수(我田引水) 격으로 해석 내지 주장해 온 것으로
보인다. 일종의 이견합의(異見合意)였던 셈이다. 청구권협정 제2조는 양국
과 양국 국민 간 청구권에 관한 문제가 "완전히 그리고 최종적으로 해결"
되었다고 하는 한편, 이러한 "모든 청구권"에 관하여는 어떠한 주장도 할
수 없다고 규정하였다. 그러나 해결 대상이 된 "모든 청구권"이라는 표현
은 문자 그대로 양 국가와 양 국민 사이에 존재하는 "모든" 청구권(가령
일반적인 대여금채권)을 의미한다기보다는 해석을 통해 확정되는 특정한
범주의 "청구권"에 속하는 모든 청구권을 의미한다고 보아야 한다. 그
"청구권"의 범주가 무엇인가에 관한 해석 문제는 여전히 남게 된다. 그런
데 위와 같이 조약의 해석 과정에서 불명확성이 존재한다면, 그 조약 내
용은 가급적 국제법상 보호되는 보편적 인권이 존중되는 방향으로 해석
되어야 한다. 이는 법률 해석에 불명확성이 존재하면 헌법에 합치되는
방향으로, 계약 해석에 불명확성이 존재하면 가상의 합리적 당사자의 합
리적 의사에 합치되는 방향으로 해석되어야 하는 것과 마찬가지이다. 대
법원은 이러한 점들에다가 선례(이 사건의 경우 환송판결)는 가급적 존중되
어야 한다는 점을 고려하여 위와 같은 결론에 이른 것으로 생각된다. 대
법관들은 방법론을 달리하였을 뿐 반인도적 불법행위로 고통받은 피해자
구제 필요성에 대한 인식을 같이하였다. 다수의견은 일본 기업의 손해배
상책임을 인정하는 방법론을 채택하였다. 다만 이러한 사법적 구제가 피
해자 전체에 얼마나 실효적 구제수단이 될 수 있을지는 불분명하다. 결
국 피해자군 전체의 실질적 구제는 사법(司法)의 영역을 넘어서서 입법의
영역에서 이루어질 수밖에 없을 것이다.[421]

---

421) 일본 정부를 대상으로 하는 위자료청구소송에 관하여는 주권면제이론의 적용
여부를 둘러싸고 하급심 법원이 서로 다른 판결들을 선고하고 있어 향후 추이가
주목된다. 주권면제를 부정한 서울중앙지방법원 2021. 1. 8. 선고 2016가합505092
판결 및 주권면제를 긍정한 서울중앙지방법원 2021. 4. 21. 선고 2016가합580239
판결.

제5장 결   론

지금까지 살펴본 2010~2020년 채권법 분야 판결들은 워낙 다양한 사실관계와 법적 판단을 담고 있어 서론에서 밝혔듯이 이로부터 일정한 경향성을 추출하기는 어렵다. 올리버 웬델 홈즈 판사의 표현을 빌리자면 이러한 일련의 판결들이 "수학 책의 공식과 결과만" 담고 있는 것이 아니라 "국가의 발전에 관한 이야기"를 담고 있다는 점 정도를 말할 수 있을 뿐이다.[422] 약간의 관찰과 감상을 덧붙이자면 다음과 같다. 사회는 날로 복잡해지고 있고 판례도 이에 대응하여 분화되고 있다. 전통적인 민법 영역의 법리만으로 풀 수 없는 사건들이 늘어나고 있다. 소송법이나 집행법, 도산법은 물론이고, 금융법, 보험법, 노동법, 환경법, 의료법, 소비자법, 약관법, 건설법 등 다양한 법 분야와의 유기적 결합 없이는 민사 사건에 대한 해법을 제시하기 어렵게 되었다. 이 글에서 분석 대상으로 삼은 판결들도 이러한 특징을 잘 보여주고 있다. 다수의 판결들이 전통적인 법학 전공의 경계를 넘나드는 복합적인 쟁점들과 문제의식들을 담고 있었다. 하지만 복잡해 보이는 판결 내용도 결국은 법의 기본적인 원리와 가치의 문제로 환원될 수 있었다. 이러한 관찰 결과는 민법학자들이 전통적인 민법적 쟁점에만 국한될 것이 아니라 민법학의 외연을 넓혀 날로 전문화, 세분화되는 분쟁 양상에 적극적으로 대응해야 한다는 점, 하지만 그러할수록 수천년간의 검증을 통해 형성되어 온 민법학의 기본 원리가 가지는 닻(anchor)으로서의 역할이 강조된다는 점을 시사한다.

새로운 사회적 이슈들을 다양한 모습으로 다루었던 2010년대 판례에서 드러났듯이 몇 걸음 뒤늦게 사회의 변화상을 접할 수밖에 없는 대법원마저도 아찔한 사회의 변화 속도 앞에서 일정한 변화 탄력성을 갖추어야 한다. 특히 이른바 제4차 산업혁명시대를 맞이하여 향후 데이터나 프라이버시, 개인정보, 블록체인, 인공지능 등 새로운 법적 문제들에 대한

---

422) Oliver W. Holmes, *The Common Law* (Mark D. Howe ed., 1881), p. 1.

분쟁은 늘어날 것이고, 대법원도 지속적으로 이러한 문제들에 대한 입장 표명을 요구받을 것이다. 그런데 역설적으로 이러한 새로운 문제에 대한 대응은 현존하는 판례에 대한 철저한 이해와 분석으로부터 출발해야 한다. 하늘 아래 새로운 것은 없고, 법리도 그러하기 때문이다. 격변의 시대일수록 판례 연구가 중요한 이유이다. 김증한 교수의 말을 인용하며 글을 끝맺는다.[423)]

> 이론이 아무리 아름답게 정돈된들 현실로부터 유리된다면 그 이론에 무슨 생명이 있으리요. 그렇지 않아도 준법정신이 희박한 우리의 현 사회에 있어서 법학자들이 현실로부터 유리된 이론만을 농한다면 법학자는, 그리고 그와 더불어 법은 우리 사회로부터 버림을 받고야 말 것이다. 그러한 결과에 다다르는 것을 회피하고 반대로 법과 법학이 사회를 지도하는 힘을 얻으려면 법학자는 항상 현실로부터 유리되어서는 아니 될 것이다. 현실에 즉하여 법과 법이론이 현실에서 어떻게 작용하느냐를 알기 위하여 우리는 언제나 판례의 연구를 소홀히 하여서는 아니 될 것이다.

---

423) 김증한, "민법연구의 설계", **고대신보**, 제92호(1955. 12. 5), 2면. 우리 법 70년 변화와 전망: 사법을 중심으로, **청헌 김증한 교수 30주기 추모논문집**(법문사, 2018), lxix면에서 재인용.

물 권 법

최 우 진*

■요 지■

본문의 글에서 2010년부터 2019년까지의 물권법 분야에 관한 민사판례 경향과 흐름을 살펴보았다.

2010년대의 판례를 되돌아보면, 관습법상 분묘기지권의 규범력 유지 여부, 가등기에 기한 본등기가 이루어지는 경우의 중간등기 직권말소에 관한 등기관의 심사범위, 배타적 사용수익권 포기 법리의 유지 여부, 구분행위의 등기·등록 요부, 무효인 명의신탁약정에 따른 명의수탁자 명의 등기의 불법 원인급여 해당 여부, 압류 등 제한이 있는 경우에 관습법상 법정지상권의 동 일인 소유 판단 기준시점, 피담보채권 일부를 먼저 배당받은 공동근저당권자 의 우선변제권 범위 등 2010년대 이전 시기에 형성된 판례법리에 대한 전면 적 재검토가 적지 않게 이루어졌음을 알 수 있다. 취득시효나 부동산실명법 에 반하는 명의신탁에 따른 이해당사자 간의 법률관계 전개, 경매절차개시결 정에 따른 압류의 처분금지효를 발판으로 삼은 경매절차 매수인에 대한 유치 권 행사 제한 법리 등 이전 시기에 대법원판례의 해석론을 중심으로 형성· 발전되어 온 법리의 빈틈을 채우거나 적용 범위를 미세하게 조정하는 대법원 판례도 다수 확인할 수 있었다. 종전에 비해, 상린관계나 공동소유, 집합건 물, 공동저당 등 일방의 재산권 행사와 타방의 재산권 행사를 조율하는 법적 문제가 다수 다루어진 점이나 물권 침해에 대한 부당이득법적 교정 시도가 더 활발해진 점, 담보물권자의 담보가치 확보 및 관철 과정에서의 이해관계

---

* 고려대학교 법학전문대학원 교수, 법학박사.

조정 문제 증대도 특징적이었다.

이러한 동향과 흐름은 이전부터 시나브로 진행되어 온 사회문화의 변천 및 사회구성원의 물권적 권리에 관한 권리의식 증대와 더불어 관련 법령의 제·개정에 따른 입법 취지의 반영이나 좀 더 편이한 권리구제 방법의 정비 등의 요청에서 비롯한 것으로 평가해 볼 수 있다. 향후도 이러한 경향성이 일정 기간 지속되지 않을까, 조심스럽게 전망해 본다. 그러한 과정에서 물권 관계에 관한 이해관계 대립은 더욱 치열해지겠지만, 물권법에 관한 더 정밀하면서도 체계정합적인 법리가 형성되어 나갈 것으로 기대한다. 이를 위한 실무와 학계의 노력도 계속될 것이다.

제1장 들어가며

　　민사판례연구회는 매 10년 주기로 민사법 각 분야에 관한 판례를 되돌아보고, 그 경향과 흐름을 살펴보는 연구물을 발표해왔다. 지난 2011년 2월 발간한 민사판례연구 제33권(하권)에서도 물권법 분야에 관한 2000년부터 2009년까지의 민사판례의 경향과 흐름이 진단된 바 있다.[1] 이 글은 그 후속 연구물이다. 여기서는 2010년부터 2019년까지의 물권법 분야에 관한 민사판례의 경향과 흐름을 살펴보고자 한다.

　　어느 시기의 경향과 흐름은 그 이전과 이후 시기의 경향, 흐름과 떼어놓고 볼 수 없다. 사회에서 발생하는 개별적·구체적 사안에 관한 법 해석 및 적용 결과인 판례는 더욱 그러하다. 따라서 이 글에서도 2010년대 이전과 2020년 이후 판례의 경향과 흐름 속에서 지난 10년의 민사판례 경향과 흐름을 드러내 보려 한다. 다행히 앞서 든 선행 연구물이 있으므로, 이를 활용하여 그 목차 순서에 따라 검토를 이어가겠다. 다만 집합건물에 관한 판례는, 이제 물권법 체계 내, 특히 소유권 중 공동소유 규율과 연결하여 살핌이 그 경향과 흐름의 의미를 좀 더 심도 있게 파악하는 데 도움이 되리라는 판단에서 검토 순서를 앞당겼다. 이러한 체계에 따른 각각의 목차 내에서, 이 글의 소재가 된 판결의 주요 내용과 그 이전 및 이후의 판례 동향, 해당 판례법리에 대한 학계의 주요 논의를 소개하고, 약간이나마 필자의 졸견을 덧붙이고자 한다.

　　이 글의 소재가 된 재판례는 2010년대에 나온 대법원 판결·결정 중 학계와 실무계에서 주요 재판례로 소개하거나 연구 또는 평석 대상으로 거론되었던 것들에서 선별하였다. 대략 140여 개에 이르는데, 해당 판결 내용은 법원의 웹사이트 「종합법률정보」(glaw.scourt.go.kr)에서 발췌하고,

---

1) 강승준, 2000년대 민사판례의 경향과 흐름: 물권법, 민사판례연구(제33권, 하), 박영사(2011), 411면 이하. 그리고 90년대 물권법 판례를 회고한 연구물로는 이동명, 90년대 물권법 판례 회고, 90년대 주요민사판례평석(민사판례연구회 편), 박영사(2001), 85면 이하 참조.

달리 출처(게재된 판례공보 등)는 기재하지 않았다. 해당 재판례의 주요 판시사항 부분에 대해서는, 필자가 이하의 본문이나 판결 문구에 (원래의 판결문 등에는 없지만) 임의로 밑줄을 그어 가독성을 높이고자 한다. 물론 위 재판례만으로 지난 10년간의 물권법 판례 경향과 흐름을 완전히 드러내기에는 충분하지 않겠으나, 적어도 같은 시기의 판례 법리 발전과 이를 위한 법원과 학계의 치열한 노력과 기여의 어느 단면이라도 보여줄 수 있기를 바란다. 그중에는 9개의 전원합의체 판결 및 결정도 포함되어 있다. 이들은 기존의 (몇몇 경우는 모순되기도 하던) 판례 법리나 규범 상태에 대한 대법원의 재고와 반추, 법적 안정성 확보와 새로운 규율로의 전환 시도 과정을 보여 준다. 향후의 법발전 향방에 관한 시사점도 얻을 수 있는 주요 자료가 될 것이다.

제2장 물권 총칙 및 부동산등기

제1절 물권 총칙: 관습법상 분묘기지권

물권은 법률 외에 관습법에 의해서도 창설될 수 있다(민법 제185조). 관습법이란 사회의 거듭된 관행으로 생성한 사회생활규범이 사회의 법적 확신과 인식에 따라 법적 규범으로 승인·강행되기에 이른 것을 말한다.[2]

관습법의 존재는 종국적으로 법원의 재판을 통해 확인되곤 한다.[3] 관습법상 분묘기지권은 일제의 '조선토지조사령[朝鮮土地調査令, 조선총독부 제령(制令) 제2호, 1912. 8. 13. 시행]'에 따른 산림의 사유화와 기존 장묘문화 사이의 충돌 과정에서 나타난 분묘관련 법률분쟁의 증대 및 일제의 1920년대 유화적 통치체제라는 시대적 배경 앞에서, 1927년 조선고등법원 판결[4]로써 법적 규범으로 처음 승인·강행되었다.[5] 이러한 관습법상 분묘

---

2) 대법원 1983. 6. 14. 선고 80다3231 판결 등.
3) 지원림, 민법강의(제18판), 홍문사(2021), 11면; 권철, 분묘기지권의 시효취득에 관한 관습법 인정 여부, 성균관법학(제30권 제3호), 성균관대학교 법학연구원 (2018), 359면 등 참조. 다만, 관습법의 성립에 법원의 승인이 있어야 하는지에 대해서는 견해가 나뉜다. 이를 정리한 문헌으로는 우선 편집대표 김용덕, 주석 민법 [총칙 1](제5판), 한국사법행정학회(2019), 77-78면(이원범 집필) 참조.

기지권의 법적 규범력은 현행민법 시행 후에도 계속 유지되었다.[6] 그 유형으로는 ① 타인의 토지 내에 그 소유자의 승낙을 얻어 분묘를 설치한 경우(승낙형),[7] ② 자기 소유 토지에 분묘를 설치하고 이 토지를 타인에게 양도한 경우(양도형),[8] ③ 취득시효에 의하여 취득하는 경우(취득시효형)[9] 등 3가지가 인정되었다.[10]

그러나 등기와 같은 확실한 공시방법 없이 성립하고 제3자에 대해서도 대항할 수 있게 하는 관습법상 분묘기지권의 법적 규범력에 대한 의구심이 제기되어 왔다.[11] 더구나 토지에 분묘를 설치하여 시신을 매장하던 종전 장례 관행에 변화가 생겼다. 국토의 효율적 이용 등을 목적으로 하는 장사 등에 관한 법률(2000. 1. 12. 법률 제6158호로 구 매장 및 묘지 등에 관한 법률을 전부 개정하여 시행된 법, 이하 '장사법'이라 한다) 규정에 따라 같은 법률 시행 이후에 설치되는 분묘에 대하여는 관습법상 분묘기지권의 시효취득이 인정될 수 없게 되기도 하였다.[12] 관습법상 분묘기지권의

4) 1926년민상제585호 1927년 3월 8일 판결의 국역 내용은 국역 고등법원판결록 제14권(민·형사편), 법원도서관(2011), 45-48면 참조.
5) 일제 강점기 아래에서의 관습법상 분묘기지권 성립 경과에 관해서는 이진기, 분묘기지권의 근거와 효력, 비교사법(제23권 제4호), 한국비교사법학회(2016), 1717-1722면 참조.
6) 대법원 1967. 10. 12. 선고 67다1920 판결; 대법원 1982. 1. 26. 선고 81다1220 판결; 대법원 1991. 10. 25. 선고 91다18040 판결; 대법원 2000. 9. 26. 선고 99다14006 판결; 대법원 2011. 11. 10. 선고 2011다63017, 63024 판결 등 참조.
7) 위 주 4)에서 소개한 조선고등법원 판결 및 대법원 2000. 9. 26. 선고 99다14006 판결 등.
8) 대법원 1967. 10. 12. 선고 67다1920 판결; 대법원 2015. 7. 23. 선고 2015다206850 판결.
9) 대법원 1996. 6. 14. 선고 96다14036 판결; 대법원 1997. 11. 14. 선고 97다36866 판결; 대법원 2011. 11. 10. 선고 2011다63017, 63024 판결 등.
10) 권영준, 민법판례연구 Ⅰ, 박영사(2019), 105-106면; 윤진수, 민법기본판례(제2판), 홍문사(2020), 234면; 편집대표 곽윤직, 민법주해[Ⅵ], 박영사(1992), 100-101면(박재윤 집필); 편집대표 김용덕, 주석 민법[물권 3](제5판), 한국사법행정학회(2019), 153-154면(김수일 집필) 참조.
11) 민법주해[Ⅵ](주 10), 104면(박재윤 집필); 주석 민법[물권 3](주 10), 157-158면(김수일 집필) 등 참조.
12) 2001. 1. 13. 시행된 장사법은 묘지에 설치된 분묘의 설치기간을 15년(연장신청이 있는 경우 3회에 한하여 연장 가능)으로 정하고(제17조 제1, 2항, 그러나 2015.

법적 규범력에 대한 확신은 더욱 흔들릴 수밖에 없었다.

　　대법원 2017. 1. 19. 선고 2013다17292 전원합의체 판결은 관습법
상 분묘기지권 중 '취득시효형'에 관한 위와 같은 규범력 동요(動搖) 과정
에서 나왔다. 반대의견은 토지소유자의 권리의식 향상과 보호 필요성 증
대, 매장 중심의 장묘문화의 현저한 퇴색 등에 따라 취득시효에 의한 분
묘기지권을 관습으로 인정하였던 사회적·문화적 기초가 상실되었고, 그
러한 관습이 법질서와도 부합하지 않다고 보았다. 악의의 무단점유자에
대해서는 자주점유의 추정이 깨진다는 대법원 1997. 8. 21. 선고 95다
28625 전원합의체 판결과 2001. 1. 13. 장사법 시행으로 사실상 영구적이
고 무상인 분묘기지권의 시효취득을 인정하는 종전의 관습이 적어도 위
장사법 시행 무렵에는 사유재산권을 존중하는 헌법을 비롯한 전체 법질
서에 반하여 정당성과 합리성을 상실하였다고 진단하였다.[13] 또, 그러한
관습의 법적 구속력에 대한 우리 사회 구성원들의 확신도 쇠퇴하여 법적
규범으로서 효력이 상실되었다고 하였다.

　　그러나 다수의견은 "타인 소유의 토지에 분묘를 설치한 경우에 20년
간 평온, 공연하게 분묘의 기지를 점유하면 지상권과 유사한 관습상의
물권인 분묘기지권을 시효로 취득한다는 점은 오랜 세월 동안 지속되어
온 관습 또는 관행으로서 법적 규범으로 승인되어 왔고, 이러한 법적 규
범이 장사법(법률 제6158호) 시행일인 2001. 1. 13. 이전에 설치된 분묘에

---

12. 29. 법률 제13660호로 개정된 이후의 현행 장사법은 분묘의 설치기간을 30년
으로 정하고 1회에 한하여 설치기간 30년으로 하여 연장할 수 있도록 규정한다),
타인의 토지 등에 설치된 분묘 등의 연고자가 해당 토지소유자, 묘지 설치자, 연
고자에게 토지사용권이나 그 밖에 분묘의 보존을 위한 권리를 주장할 수 없도록
규정(제23조 제3항, 2007. 5. 25. 법률 제8489호로 개정된 이후의 현행 장사법은
제27조 제3항)하였다. 이러한 법률 규정들에 비추어, 장사법 시행 이후에 설치되는
분묘에 대해서는 종래 인정되던 관습법상 분묘기지권의 시효취득을 인정하지 않겠
다는 입법적 결단이 내려진 것으로 보는 견해는 주석 민법[물권 3](주 10), 151(김
수일 집필) 참조. 같은 취지로 권영준(주 10), 107면도 참조.

13) 이러한 정당성과 합리성에 관해서는 대법원 2005. 7. 21. 선고 2002다1178 전원
합의체 판결 등 참조. 한편, 위 95다28625 전원합의체 판결의 소개 및 평석으로는
이동명(주 1), 165면 이하 참조.

관하여 현재까지 유지되고 있다고 보아야 한다."는 입장을 취했다. 우선 장사법 시행 전에 설치된 분묘에 대한 분묘기지권의 존립 근거가 같은 법률의 시행으로 상실되었다고 볼 수 없고, 분묘기지권을 둘러싼 전체 법질서 체계에 중대한 변화가 생겨 분묘기지권의 시효취득에 관한 종래의 관습법이 전체 법질서에 부합하지 아니하거나 정당성과 합리성을 인정할 수 없게 되었다고도 보기 어렵다고 하였다. 분묘기지권의 기초가 된 매장문화가 여전히 우리 사회에 자리 잡고 있고 사설묘지의 설치가 허용되고 있으며, 이에 관한 관습에 대해 사회구성원들의 법적 구속력에 대한 확신이 소멸하였거나 본질적으로 변경되었다고 인정할 수 없음도 확인하였다. 요컨대, "관습법의 법적 규범으로서의 효력을 부정하기 위해서는 관습을 둘러싼 전체적인 법질서 체계와 함께 관습법의 효력을 인정한 대법원판례의 기초가 된 사회 구성원들의 인식·태도나 사회적·문화적 배경 등에 의미 있는 변화가 뚜렷하게 드러나야 하고, 그러한 사정이 명백하지 않다면 기존의 관습법에 대하여 법적 규범으로서의 효력을 유지할 수 없게 되었다고 단정하여서는 아니" 된다는 전제에서, 그와 같은 사정이 명백하지 않다고 본 것이다.

관습법상 분묘기지권의 시효취득이 분묘기지권 주장 당사자의 토지소유자 승낙 사실에 대한 증명곤란 문제를 해소해주기 위한 측면이 있고, 이러한 점이 취득시효제도의 존재이유에 부합한다고 볼 수 있기는 하다.[14] 하지만, 종전의 관습법적 규율에는 지나친 면이 있었다. 즉 토지소유자의 승낙 없이 분묘가 설치된 경우에도 분묘기지권의 시효취득이 인정되었고,[15] 등기 없이도 토지소유자 등 제3자에 대항할 수 있으며,[16] 해당 분묘가 존속하는 동안 분묘기지권이 존속하면서,[17] 지료의 지급도 필요 없다고 보았던 것[18]이다. 장묘문화가 변천하고, 토지소유권에 관한

---

14) 위 2013다17292 전원합의체 판결 중 다수의견 참조.
15) 가령, 대법원 1957. 10. 31. 선고 4290민상539 판결; 대법원 2011. 11. 10. 선고 2011다63017, 63024 판결 등 참조.
16) 대법원 1957. 10. 31. 선고 4290민상539 판결 등 참조.
17) 대법원 1982. 1. 26. 선고 81다1220 판결 등 참조.

우리 사회의 가치평가가 달라짐에 따라, 위와 같은 규율이 분묘기지권의 보호가치를 뛰어넘는 과도한 토지소유권 제약이자, 물권법정주의가 추구하는 물권거래의 법적 안정성 및 공시제도 기능 발휘에 대한 저해 요소로 감지되기에 이르렀다. 향후 그 감지 정도는 더 심화할 것이다.[19] 성문법률만에 의한 물권창설의 한계를 보완하기 위해 또 하나의 물권창설 근거로 자리매김(민법 제185조)한 관습법적 규율이[20] 오히려 위와 같이 성문법률이 정한 물권법 질서를 흩트리고 사회변화에 부응하지 못한다면, 더는 그러한 규율에 물권창설의 근거 역할을 부여하기 어렵다.

다만, 이러한 평가를 확정 짓기 위해서는 종전 규율에 터 잡아 이익을 얻고 있는 당사자 권리관계의 법적 안정성과 그 지위의 보호가치성도 아울러 살펴볼 필요가 있다.[21] 사회변화가 있을지라도 종전 규율에 기반한 지위를 보호할 가치가 여전하고 법적 안정성의 유지이익도 경시할 수 없다면, "그 관습을 둘러싼 전체적인 법질서 체계와 함께 관습법의 효력을 인정한 대법원판례의 기초가 된 사회 구성원들의 인식·태도나 그 사회적·문화적 배경 등에 의미 있는 변화가 뚜렷하게" 드러나지 않고, "그

---

18) 대법원 1995. 2. 28. 선고 94다37912 판결. 그러나 이 판결에 제시된 자료 관련 대법원 판시 법리는 대법원 2021. 4. 29. 선고 2017다228007 전원합의체 판결로 변경되었다. 아래 주 23)의 본문 부분 참조.

19) 위 2013다17292 전원합의체 판결 이후에도 관습법상 분묘기지권의 시효취득에 대한 규범력 부여에 비판적인 다수의 글이 발표되었다. 가령, 오시영, 관습법상의 분묘기지권 인정 대법원 판례 검토 - 대법원 2013다17292 전원합의체 판결, 동북아법연구(제11권 제1호), 전북대학교 동북아법연구소(2017), 259면; 윤진수(주 10), 236면, 장형진·김미정, 시효취득에 의한 분묘기지권 - 대법원 2017. 1. 19. 선고 2013다17292 전원합의체 판결 비판적 고찰, 동아법학(제75호), 동아대학교 법학연구소(2017), 193 - 194면; 진상욱, 분묘기지권의 재검토 - 대법원 2017. 1. 19. 선고 2013다17292 전원합의체 판결 -, 토지법학(제33권 제1호), 한국토지법학회(2017), 215 - 216면 등 참조.

20) 편집대표 곽윤직, 민법주해[IV], 박영사(1992), 119면(김황식 집필); 편집대표 김용덕, 주석 민법[물권 1](제5판), 한국사법행정학회(2019), 171면(손철우 집필) 등 참조.

21) 이진기(주 5), 1736 - 1737면 참조. 한편, 관습법상 물권의 유지 여부의 문제와 이를 폐지하면서 이에 대한 이해관계를 가지게 된 자들의 보호범위 문제를 구별하면서, 위 2013다17992 전원합의체 판결 사안의 쟁점은 후자의 문제라는 지적으로는 권영준(주 10), 108 - 109; 권철(주 3), 366 - 367면 참조.

러한 사정이 명백하지 않"다고 볼 수밖에 없다.[22]

하지만 그렇다 하더라도, 종전의 관습법적 규율 중 의미 있는 변화가 뚜렷한 세부 사항은 교정의 대상이 될 수 있다. 우선 지목할 수 있는 것이 관습법상 분묘기지권을 시효취득한 경우에 특별한 사정이 없는 한 지료를 지급할 필요가 없다는 규율이다.[23] 이를 변경하여, "분묘기지권을 시효로 취득하였더라도, 분묘기지권자는 토지소유자가 분묘기지에 관한 지료를 청구하면 그 청구한 날부터의 지료를 지급할 의무가 있다고 보아야 한다."라고 판시한 대법원 2021. 4. 29. 선고 2017다228007 전원합의체 판결(다수의견)은 "관습법적으로 인정된 권리의 내용"에 관한 규범력을 "그 권리의 법적 성질과 인정 취지, 당사자 사이의 이익형량 및 전체 법질서와의 조화를 고려하여 합리적으로" 형성·유지[24]하고자 한 대법원의 시도와 그 결과로 이해할 수 있다.

제2절 부동산등기
I. 특별조치법상 연장된 등기기간 내에 마쳐진 등기의 추정력

부동산등기에 관한 여러 특별조치법은 부동산등기법에 의한 일반적 등기절차의 예외를 인정하여 실체관계에 부합하는 현재의 사실상 소유자가 보증서, 확인서 등 소정 서류를 갖추어 간이한 방법으로 단독 등기신청을 할 수 있도록 함에 그 목적과 특징이 있다.[25]

이러한 특별조치법에 의한 등기에도 등기의 추정력이 적용된다. 구 임야소유권이전등기 등에 관한 특별조치법(1969. 5. 21. 법률 제2111호로 제정되어 1969. 6. 21.부터 시행되었고, 1970. 6. 18. 법률 제2204호로 일부 개정·시행된 다음 2008. 12. 19. 법률 제9143호로 폐지되었다. 이하 '위 특별조치법'이라 한다)에 따라 마친 등기도 실체적 권리관계에 부합하는 등기로 추정되

---

22) 위 2013다17292 전원합의체 판결 중 다수의견 참조.
23) 위 주 18) 부분 참조.
24) 위 2017다228007 전원합의체 판결 중 다수의견 참조.
25) 강승준(주 1), 415-416면 참조.

고, 특별조치법에서 정한 보증서나 확인서가 허위 또는 위조된 것이라거
나 그 밖의 사유로 적법하게 등기된 것이 아니라는 증명이 없는 한 그
소유권보존등기나 이전등기의 추정력은 깨어지지 않는다고 본다.[26]

그런데 위 특별조치법 제11조는 등기기간에 관하여 "이 법에 의하여
등기하여야 할 임야의 등기를 하지 못한 취득자는 이 법 시행일부터 1년
내에 등기하여야 한다."라고 정하였고, 이후 1970. 6. 18. 법률 제2204호
로 '이 법 시행일부터 2년 6개월 내에 등기하여야 한다.'로 개정(이하 '개
정규정'이라 한다)되어 그 등기기간이 연장되었다.

그렇다면, 위 특별조치법 시행일인 1969. 6. 21.부터 1년이 경과한
1970. 8. 14. 마쳐진 위 특별조치법에 의한 소유권이전등기에 "법률 제
2111호[27])에 의함"이라는 기재가 있다는 사정만으로 위와 같은 특별조치
법에 의한 등기추정력을 깨진다고 볼 수 있을까? 대법원 2019. 1. 31.
선고 2018다287751 판결은 해당 등기가 1970. 6. 18. 법률 제2204호로
개정된 위 특별조치법 제11조에 따른 등기기간 내에 이루어진 것이면 위
특별조치법이 정한 등기기간 내에 이루어진 것으로 봄이 타당하다고 보
았다.[28] 등기부에 해당 등기의 법령상 근거로 특별조치법 제정 당시의
법령 번호가 기재되어 있더라도, 그 등기일(1970. 8. 14.) 당시에 이미 유
효하게 시행되던 개정규정이 아닌 개정 전의 규정에 따른 등기기간이 적
용될 수 없다. 해당 등기의 기재는 위 특별조치법에 따른 등기임을 표시
하기 위한 것으로 보아야 할 것이다. 따라서 이러한 사정만으로 위 특
별조치법에 따라 적법하게 등기된 것이 아니라는 증명이 있다고 보아
위 특별조치법에 의한 소유권이전등기의 추정력이 복멸되었다고는 볼
수 없다.

---

26) 대법원 1987. 11. 10. 선고 87다카63 판결; 대법원 2001. 11. 22. 선고 2000다
71388, 71395 전원합의체 판결 등 참조.
27) 등기기간이 1년으로 규정되었던 1970. 6. 18. 법률 제2204호로 개정되기 전의
것의 법령 번호이다.
28) 같은 취지의 원심판결(대전지방법원 2018. 10. 19. 선고 2017나111978 판결)에
대한 상고를 기각하였다.

Ⅱ. 후행 중복등기에 대응하는 지적공부에 기초한 환지처분의 효력

부동산등기제도의 근간이 되는 '1부동산 1용지주의'에 어긋나는 외관을 형성한 중복등기 문제의 해결은 2000년대 초중반까지 물권법 총칙과 부동산등기법에서 비중 있게 다루어진 논제 중 하나이었다.[29] 이후 등기 전산화와 중복등기기록의 정리절차[30]를 거치면서 기존의 중복등기기록은 거의 전부 해소되었다고 평가되기도 하나,[31] 2010년대에도 간간이 중복등기 관련 소송사건과 대법원판결이 등장하였다.[32]

그중 대법원 2014. 7. 10. 선고 2011다102462 판결은 <u>중복 후행등기에 대응하는 지적공부에 기초하여 구 농촌근대화촉진법(1994. 12. 22. 법률 제4823호로 개정되기 전의 것)에 따른 환지처분[33]이 이루어진 사안</u>에 관한 법리를 제시하였다.

해당 사안을 축약하여 제시하면, 어느 토지의 전부 또는 일부에 관하여 중복하여 별개의 지적공부가 작성되고 각각 소유권보존등기가 경료됨으로써 하나의 토지에 관하여 2개의 등기가 존재하였다. 그중 후행등기에 대응하는 지적공부에 기초하여 위와 같은 환지처분이 이루어졌다.

위 법률에 기한 환지처분이 이루어지면 해당 근거법령에 기한 환지

---

29) 2000년대 초반에 나온 주요 판례인 '중복등재된 각 멸실회복등기의 효력에 관한 판단기준'에 관해서는 강승준(주 1), 417−420면 참조. 90년대의 판례에 관해서는 이동명(주 1), 106−117면 참조.
30) 부동산등기법 제21조 참조. 이러한 정리절차의 연혁에 관해서는 우선, 편집대표 권광중, 온주 부동산등기법 제21조(2019. 8. 27.) Ⅳ. 1.(김민경 집필) 참조.
31) 온주 부동산등기법(주 30) Ⅳ. 1.(김민경 집필) 참조.
32) 아래 본문에서 다루는 2010다107064 판결 외에도, 중복 보존등기된 상속부동산에 대한 상속회복청구의 소를 다룬 대법원 2011. 7. 14. 선고 2010다107064 판결, 매수인인 한국토지주택공사가 매도인으로부터 소유권이전등기신청에 필요한 서류를 모두 교부받았음에도 중복등기 해소 전까지 소유권이전등기를 마치지 않은 것이 의무위반에 해당하는지를 다룬 2013. 12. 26. 선고 2013다207088 판결 등이 있었다.
33) 본문의 구 농촌근대화촉진법에 의한 농지개량사업의 일환으로 이루어지는 환지처분은 시행구역 내의 종전 토지에 대신하여 농지정리공사 완료 후에 새로 지번을 붙인 다른 토지를 지정하여 이를 종전의 토지로 보는 일종의 대물적 행정행위이다 (위 2011다102462 판결 참조).

등기가 없어도 환지된 토지의 소유권을 취득한다. 사업시행자가 소유자를 오인하여 소유자가 아닌 다른 사람에게 환지를 하였더라도 그 다른 사람이 소유권을 취득하는 것이 아니다. 종전의 토지소유자는 환지처분 후 종전 토지의 소유권에 기하여 환지된 토지의 소유권을 주장할 수 있다.[34] 위와 같이 중복된 지적공부와 중복등기가 있는 토지에 대한 환치처분이 이루어진 경우, 공부상으로는 별개의 등기가 있더라도 실제로는 하나의 토지만이 존재하는 가운데 이에 관하여 환지처분이 이루어진 것임을 염두에 두어야 한다.[35]

따라서 대법원은, 해당 환지처분 효력이 (원칙적으로 무효인) 후행등기와 중복되는 범위에서 (원칙적으로 유효인) 선행등기로 표상되는 토지 부분에도 미친다고 보았다. 그리하여 선행등기에 기한 해당 토지의 소유자는 위 환지처분으로써 후행등기와 중복되는 부분의 소유권을 상실하고, 그 대신 이에 상응하는 환지된 토지의 소유권을 취득한다고 봄이 타당하다고 하였다. 이때 후행등기상 토지 전체가 선행등기상 토지와 중복된다면 환지의 단독소유권을 취득할 것이다. 만일 후행등기상 토지 일부만이 선행등기상 토지와 중복된다면, 환지의 어느 특정 부분에 대해서만 소유권을 취득한다고는 볼 수 없다. 이때는 후행등기상 토지 중 선행등기와 중복되는 부분이 차지하는 비율에 따른 환지의 공유지분권을 각각 취득한다는 대법원의 판단 내용이 합리적이라고 본다.

Ⅲ. 토지대장상 토지소유자의 채권자가 소유권보존등기를 마치기 위한 소송의 형태

부동산등기법 제65조 제2호는 "확정판결에 의하여 자기의 소유권을 증명한 자"를 미등기 토지에 관한 소유권보존등기의 신청인으로 정한다.

---

34) 대법원 1999. 5. 25. 선고 99다1789 판결; 대법원 1999. 12. 24. 선고 99다38446, 38453 판결 등 참조.
35) 위 2011다102462 판결 및 김제완, 2014년 민사(물권법) 중요 판례, 인권과 정의 (제448호), 대한변호사협회(2015), 22면 참조.

소유권자 아닌 자가 대장에 등록되어 있거나 등기기록에 등기된 경우에 진정한 소유자가 그 토지에 대한 소유권이 자기에게 있음을 증명하는 판결에 기해 소유권보존등기를 신청할 수 있도록 하였다.[36) 그런데 대장상 등록명의자가 없거나 등록명의자가 누구인지 알 수 없을 때(명의인의 성명 또는 주소가 불명인 경우)에는 위 확정판결을 받기 위한 소송상대방을 특정할 수 없다. 이러한 경우에 대하여 대법원은 종래부터 국가를 상대로 해당 토지(임야)의 소유권 확인을 구할 이익을 인정하였다.[37) 이에 대한 근거로서, 이해관계가 대립하는 직접적 상대방이 출현하지 아니한 상황에서 대장의 소관청인 국가가 토지의 진정한 소유자를 파악하여 대장에 기재해주어야 할 의무가 있다는 점과 대장에 의하여 토지의 소유권을 관리하는 국가를 상대로 소유권을 확인받도록 함이 실제의 권리관계를 가장 정확하게 반영할 수 있다는 점이 제시된다.[38) 미등기토지에 관한 대장상 소유권이전등록을 받았으나 대장상 최초의 소유자는 등재되어 있지 않은 경우도 마찬가지이다.[39)

대법원 2019. 5. 16. 선고 2018다242246 판결도 <u>토지대장상 소유자 표시 중 주소 기재의 일부가 누락되어 등록명의자가 누구인지 알 수 없었던 사안</u>을 다루었다. 이때 토지대장에 기한 소유권보존등기는 신청할 수 없다. 공간정보의 구축 및 관리 등에 관한 법률[40) 제87조 제4호에

---

36) 부동산등기실무[Ⅱ], 법원행정처(2015), 190-191면 참조.

37) 국가를 상대로 한 토지소유권확인청구는 ① 그 토지가 미등기이고 토지대장이나 임야대장상에 등록명의자가 없거나 등록명의자가 누구인지 알 수 없을 때와 ② 그 밖에 국가가 등기 또는 등록명의자인 제3자의 소유를 부인하면서 계속 국가소유를 주장하는 등 특별한 사정이 있는 경우에 한하여 그 확인의 이익이 인정된다. 대법원 1994. 12. 2. 선고 93다58738 판결; 대법원 2009. 10. 15. 선고 2009다48633 판결 및 강승준(주 1), 420-421면 참조.

38) 서명수, 건물의 소유권보존등기를 위하여 국가를 상대로 건물소유권확인을 구할 이익이 있는지 여부, 대법원판례해설(제23호), 법원도서관(1995), 176-177면 참조.

39) 대법원 2009. 10. 15. 선고 2009다48633 판결 참조. 다만, 대장(토지대장, 임야대장)등본에 의하여 자기 또는 피상속인이 대장상 소유자로서 등록되어 있음을 증명한다면, 그는 부동산등기법 제65조 제1호에서 정한 "토지대장, 임야대장 또는 건축물대장에 최초의 소유자로 등록되어 있는 자 또는 그 상속인, 그 밖의 포괄승계인"으로서 미등기토지에 관한 소유권보존등기를 신청할 수 있다.

의하면, 채권자가 자기의 채권을 보전하기 위하여 채무자인 토지소유자가 위 법에 따라 하여야 하는 신청을 대위할 수 있기는 하지만, 같은 법 제84조에 따른 지적공부의 등록사항 정정은 대위하여 신청할 수 없다(제87조 제4호 단서). 따라서 대법원은 위와 같은 경우에도 토지대장상 토지소유자의 채권자는 소유권보존등기의 신청을 위하여 토지소유자를 대위하여 국가를 상대로 소유권확인을 구할 이익이 있다고 보았다.

다만, 대법원 2011. 11. 10. 선고 2009다93428 판결이 판시[41]한 바와 같이, 건축물대장이 생성되어 있지 않은 건물에 대해서는, 건축법상 규제에 대한 탈법행위의 방지 측면에서, 처음부터 위 판결이나 그 밖에 지방자치단체장의 확인에 의한 소유권증명서면(부동산등기법 제65조 제4호)에 의하여 소유권을 증명하여 소유권보존등기를 신청할 수 있다는 의미는 아니라고 해석함이 타당하다. 따라서 건축물대장이 생성되지 않은 건물에 대해서는 위 제65조 제2호에 따라 소유권보존등기를 마칠 목적으로 제기하는 소유권확인청구의 소에 확인의 이익을 인정할 수 없다.

한편 토지에 관하여 이미 등기가 마쳐져 있다면, 비록 등기부상 명의인 기재가 실제와 일치하지 않더라도 국가를 상대로 실제 소유자에 대하여 확인을 구할 이익은 인정할 수 없다. 대법원 2016. 10. 27. 선고 2015다230815 판결은 이러한 법리를 판시하였다. 등기부상 명의인의 기재가 실제와 일치하지 아니하더라도 인격의 동일성이 인정된다면 등기명의인의 표시경정등기가 가능하기 때문이다.[42]

---

40) 구 지적법은 측량·수로조사 및 지적에 관한 법률 부칙(제9774호, 2009. 6. 9.)에 따라 2009. 12. 10. 폐지되었고, 현재 지적공부·부동산종합공부의 작성 및 관리 등에 관한 사항은 공간정보의 구축 및 관리 등에 관한 법률에서 규율한다.

41) 위 2009다93428 판결의 의의에 대해서는 김승정, 건축물대장이 작성되어 있지 않은 건축물에 대하여 소유권보존등기를 경료하기 위하여 지방자치단체를 상대로 소유권확인을 구할 확인의 이익이 있는지 여부, 대법원판례해설(제89호), 법원도서관(2012), 438면 참조.

한편, 건축물대장이 생성되어 있고, 그 대장상 소유자를 확정할 수 없는 경우에도 국가를 상대로 한 소유권확인청구는 확인의 이익이 없다. 대법원 1999. 5. 28. 선고 99다2188 판결 참조.

42) 등기명의인의 표시경정은 등기부에 기재되어 있는 등기명의인의 성명, 주소 또

Ⅳ. 폐쇄된 등기기록에 기재된 등기사항의 말소 또는 말소회복 방법

등기기록의 전환(부동산등기법 제20조), 중복등기기록의 정리(부동산등기법 제21조 제1항), 기록사항의 과다 등 합리적 사유로 인한 신등기기록에의 이기(부동산등기법 제33조), 합필이나 건물합병 등(부동산등기규칙 제79조, 제100조), 부동산멸실(부동산등기규칙 제84조, 제103조), 도시 및 주거환경정비법에 따른 이전고시(도시 및 주거환경정비 등기규칙 제9조)나 그 밖에 소유권보존등기의 말소, 환지 등의 사유로 어떤 부동산에 관한 현재의 유효한 권리관계를 공시할 필요가 없게 되거나 공시할 수 없게 된 때에는, 등기기록에 그 사유와 등기기록을 폐쇄한다는 뜻을 기록하고 부동산의 표시를 말소한다. 이를 '등기기록의 폐쇄'라 한다.[43]

등기기록이 폐쇄되면 그때부터 그 등기기록은 효력을 상실하므로, 폐쇄된 등기기록에 기재된 등기사항은 그 말소나 말소회복을 구할 소의 이익을 인정하기 어렵게 된다.[44]

그러나 폐쇄된 등기기록에 기재된 등기사항의 말소 또는 말소회복이 당사자의 권리구제를 위해 필요한 경우가 있을 수 있다. 가령 폐쇄 후 이기된 현재의 등기기록상 소유명의인에 관한 등기가 원인무효 등을 이유로 모두 말소되어야 하는 경우라면,[45] 폐쇄된 등기기록에 기재된 원인무효의 등기사항이나 부적법하게 말소된 등기가 회복되어야 실체적 권리관계에 부합하는 공시가 이루어질 수 있다. 종래 실무에서, 재판의 결과로 현재의 등기기록상 등기사항이 말소됨에 따라 그 전의 등기기록 순위

는 주민등록번호 등에 착오나 빠진 부분이 있는 경우에 그 명의인으로 기재되어 있는 사람의 동일성을 변함이 없이 이를 정정하는 것을 말한다. 대법원 1996. 4. 12. 선고 95다33214 판결 참조.

43) 부동산등기실무[I], 법원행정처(2015), 94-95면.

44) 따라서 원칙적으로 소의 이익이 부정되어왔다. 말소청구에 관해서는 대법원 1978. 11. 28. 선고 78다1485 판결; 대법원 1980. 10. 27. 선고 80다223 판결 등 참조. 말소회복청구에 관해서는 대법원 1979. 9. 25. 선고 78다1089 판결; 대법원 1980. 1. 15. 선고 79다1949 판결 등 참조.

45) 사안의 예시로는 권영준(주 10), 75면 참조.

전번 등기부터 다시 이기 또는 전사하여야 할 경우 부동산등기법 제32조
의 규정에 따라 경정하는 등기절차가 취해지기도 하였다.[46] 하지만, 이러
한 이기 등의 절차는 일거에 이루어지지 못하였고, 진정한 권리자가 그
등기명의를 회복하기 위해서는 원인무효의 등기 수(數)에 상응하는 번거
로운 재판과정을 거쳐야 했다.

다만, 예고등기 제도를 도입한 구 부동산등기법(2011. 4. 12. 법률 제
10580호로 전부개정되기 전의 것) 제4조, 제39조와 이에 근거한 구 부동산등
기규칙(2011. 9. 28. 대법원규칙 제2356호로 전부개정되기 전의 것) 제113조[47]
에 따라 등기원인의 무효 또는 취소를 이유로 하는 등기의 말소 또는 회
복의 소가 제기된 경우, 구 폐쇄등기부에 등재된 등기사항에 관한 예고
등기의 촉탁이 있으면 그 등기사항을 신등기용지에 이기한 후 예고등기
를 하는 절차가 마련되었던 시기가 있었다. 이 절차에 따라 구 폐쇄등기
부에 등재된 등기사항이 유효한 신등기용지에 이기되면, 그 등기사항의
말소 또는 말소회복을 구할 소송상 이익이 긍정되었다.[48]

그러나 예고등기 제도는 2011. 4. 12. 전부개정된 부동산등기법(법률
제10580호)에 따라 폐지되었다.[49] 이로써 더는 위와 같은 이기가 이루어지
지 않게 되었다. **대법원 2016. 1. 28. 선고 2011다41239 판결**은, 예고

---

46) 등기예규 제1340호 참조(다만, 이러한 등기사항의 오류는 등기관의 과오로 인한
  것이라고는 할 수 없으므로 부동산등기법 제32조 제2항에 따른 등기관의 과오로
  인하여 발생한 경정등기 절차를 취하지는 않는다. 따라서 부동산등기법 제32조 제
  2항에 따라 직권으로 경정하지 않고, 당사자의 신청에 의해 이루어진다). 이 예규
  는 1971. 12. 27. 등기예규 제191호로 제정된 것이 2011. 10. 11.자로 개정(법령조
  항을 제외한 주요내용은 동일)된 것이다.

47) 이러한 예고등기 촉탁과정에서의 이기는 1984. 6. 19. 대법원규칙 제880호로 전
  부 개정된 부동산등기법시행규칙의 시행(시행일: 1984. 7. 1.)으로 실무에 도입되
  었다. 도입 전의 구 폐쇄등기부 기재사항의 말소청구에 관해서는 이임수, 등기부
  의 카드화에 따른 폐쇄등기의 말소청구, 민사판례연구(제6권), 박영사(1993),
  95－114면 참조.

48) 대법원 1987. 11. 10. 선고 87다카63 판결(말소회복청구), 대법원 1994. 10. 28.
  선고 94다33835, 94다33842 판결(말소청구) 등 참조.

49) 예고등기 제도는, 예고등기로 인하여 등기명의인이 거래상 받는 불이익이 크고
  집행방해의 목적으로 소를 제기하여 예고등기가 행하여지는 등 그 폐해가 크다는
  이유로 폐기되었다. 부동산등기법(법률 제10580호)의 개정이유 참조.

등기 및 그 촉탁과정에서의 이기절차 폐기 후, 말소회복사유가 있는 폐
쇄된 등기기록에 기재된 등기사항에 관한 새로운 구제방법이 모색되어야
하는 상황에서 나온 판결이다. 물론 해당 사안 자체가 폐쇄등기기록에
관한 것이 아니기는 하였다. 즉, 토지분할 과정에서 분할 전 토지의 등기
기록에는 남아 있으나 분할 후 새로운 등기기록을 사용하는 토지의 등기
기록에는 이기되지 않은 등기사항에 관한 것이었다. 그러나 더는 효력을
가지지 못하는 분할 전 토지의 등기기록상 등기사항에 대한 말소회복을
구한다는 점에서 등기기록이 폐쇄된 경우와 그 등기절차 및 효력 구조에
서 같다고 볼 수 있다.[50]

　위 사안에 관하여 대법원은, 우선 "부동산등기법 제33조가 등기기록
에 등기된 사항 중 현재 효력이 있는 등기만을 새로운 등기기록에 옮겨
기록할 수 있도록 규정하고 있는 것은 등기실무의 편의를 고려한 것이
고, 이로 인하여 진정한 권리자의 권리구제가 곤란하게 되어서는 아니
되므로, 등기가 부적법하게 말소된 상태에서 현재 효력이 있다고 보이는
등기만을 새로운 등기기록에 옮겨 기록한 후 종전 등기기록을 폐쇄함으
로써 진정한 권리자의 말소된 등기가 폐쇄등기로 남게 되는 경우와 같
이, <u>새로운 등기기록에 옮겨 기록되지는 못하였지만 진정한 권리자의 권
리실현을 위하여는 말소회복등기를 마쳐야 할 필요가 있는 때에도 그 등
기가 폐쇄등기로 남아 있다는 이유로 말소회복등기절차의 이행을 구하는
소의 이익을 일률적으로 부정하는 것은 타당하다고 할 수 없다.</u>"라고 하
면서, 새로운 권리구제 방법을 인정하여야 할 필요성을 긍정하였다.

　그리고 그 권리구제 방법은 부동산등기법 제32조(등기의 경정) 제2항
에서 찾았다.[51] 그리하여 "등기가 부적법하게 말소되지 아니하였더라면
현재의 등기기록에 옮겨 기록되었을 말소된 권리자의 등기 및 그 등기를

<hr/>

50) 권영준(주 10), 74면 참조.
51) 폐쇄 후 이기(전사)된 현재의 등기기록상 등기사항이 재판의 결과에 따라 말소
　됨에 따라 폐쇄된 등기기록상 전번 순위 등기부터 다시 이기(전사)하는 종래 실무
　의 근거규정도 부동산등기법 제32조이기는 하나, 이때는 등기관의 직권 경정에 관
　한 제2항이 근거가 되지 않는다. 위 주 46) 및 해당 본문 부분 참조.

회복하는 데에 필요하여 함께 옮겨 기록되어야 하는 등기에 관하여 말소회복등기절차 등의 이행을 구하는 소를 제기하고, 그 사건에서 말소회복등기절차 등의 이행을 명하는 판결이 확정되는 한편 현재의 등기기록에 이미 기록되어 있는 등기 중 말소회복등기와 양립할 수 없는 등기가 모두 말소되면, 등기관은 새로운 등기기록에 등기사항을 처음 옮겨 기록할 당시 말소된 권리자의 등기 및 그 등기를 회복하는 데에 필요한 등기도 함께 옮겨 기록하였어야 함에도 이를 누락한 것으로 보아 부동산등기법 제32조에 의하여 직권으로 이들 등기를 현재의 등기기록에 옮겨 기록한 다음 그 등기에서 위 확정판결에 기한 말소회복등기 등을 실행할 수 있다고 봄이 타당하다."고 판시하였다. 이로써 폐쇄등기기록상 등기사항을 말소회복하기 위해, 폐쇄등기기록상 등기사항이 아닌, 장래에 "현재의 등기기록에 옮겨 기록되었을 말소된 권리자의 등기 및 그 등기를 회복하는 데에 필요하여 함께 옮겨 기록되어야 하는 등기"를 대상으로 하여 말소회복등기절차 등의 이행을 구하는 소를 제기할 수 있고, 이러한 소는 그 소의 이익이 인정될 수 있음이 확인되었다. 소제기 당시에 기록되어 있는 등기사항이 아닌 장래에 기록될 등기사항에 대한 말소등기청구의 "미리 청구할 필요"(민사소송법 제251조)도 인정된 것으로 볼 수 있다.[52]

　　다만, 부동산등기법 제32조 제2항에서 정한 직권경정등기는 "등기의 착오나 빠진 부분이 등기관의 잘못으로 인한 것"을 요건으로 한다. 등기기록의 폐쇄 과정에서 부적법하게 말소된 등기가 현재의 (새로운) 등기기록에 이기되지 않은 것이 형식적 심사권만 보유한 '등기관의 잘못'에 기인하지 않은 경우도 충분히 상정해볼 수 있다.[53] 이러한 이유에서 위 대법원 판결이 부동산등기법 제32조(제2항)를 직권 이기의 적용법조인양 제시할 것이 아니라, 위 조항을 유추 적용하는 구성이 타당하다는 지적이

---

52) 권영준(주 10), 77면 참조.
53) 다만, 위 2011다41239 판결 사안은 말소등기가 마쳐질 때 등기상 이해관계인인 원고의 승낙서나 그에 갈음하는 재판서 등본이 제출되지 않았던 사안이므로, '등기관의 잘못'을 탓할 수 있었다고 본다. 그러나 이를 일반론으로 확정하여 제시하는 것은 무리라는 지적으로 권영준(주 10), 78면 각주 18) 참조.

제기되었다.[54)]

이후 대법원 2017. 9. 12. 선고 2015다242849 판결은 폐쇄된 등기기록상 등기사항의 말소를 구할 때에도 위와 같은 법리를 적용하였는데,[55)] 이때도 "폐쇄등기 자체를 대상으로 하는 것이 아니라, 원인 없이 이전된 진정한 권리자의 등기를 회복하는 데에 필요하여 '현재의 등기기록에 옮겨 기록되었을 위와 같은 이전 등기'를 대상으로 말소등기절차의 이행을 구하는 소는 특별한 사정이 없는 한 허용되어야 한다."라고 판시하였다. 다만, "이러한 사건에서 말소등기절차의 이행을 명하는 판결이 확정되고 현재의 등기기록에 이미 기록되어 있는 등기 중 진정한 권리자의 등기와 양립할 수 없는 등기가 모두 말소되면, 등기관은 직권으로 위 말소등기절차의 이행을 명하는 판결에서 말소등기청구의 대상이 된 위 등기를 현재의 등기기록에 옮겨 기록한 다음 그 등기에서 위 확정판결에 기한 말소등기를 실행할 수 있다고 보아야" 하는데, "부동산등기법에 이에 관한 명시적 규정을 두고 있지 않지만, 부동산등기법 제32조 제2항을 유추하여 위와 같은 결론을 도출할 수 있다."고 판시하였다. "폐쇄등기와 관련하여 위와 같은 요건을 갖춘 경우에 등기관은 당사자들의 권리를 구제하기 위하여 새로운 등기기록에 진정한 권리자의 등기를 회복하는 데에 필요한 등기도 함께 옮겨 기록하였어야 함에도 이를 누락한 것으로 볼 수 있기 때문"임을 그 논거로 제시하였다. 즉, 규율흠결 상태를 인정하면서, 사후적으로 말소 원인이 발견되었을 경우 등기관이 곧바로 이기하였어야 함에도 이를 누락하였다는 점에서 본질적으로 동일한 법적 효과를 내도록 함이 타당하다고 본 것이다.

위 두 판결로써, 예고등기 제도의 폐기 후에도 폐쇄된 등기기록상 등기사항의 말소 또는 말소회복을 위한 간이한 권리구제의 길이 열리게

---

54) 권영준(주 10), 79면 참조.
55) 위 2015다242849 판결 사안도, 위 2011다41239 판결 사안처럼, 분할 전 토지의 등기기록에는 남아 있으나 분할 후 새로운 등기기록을 사용하는 토지의 등기기록에는 이기되지 못한 등기에 관한 사안이었다.

되었다고 평가할 수 있다. 다만, 등기기록의 폐쇄사유가 앞서 본 바와 같이 다양하고, 위 두 판결 사안과 같이 토지분할 사안에서도 같은 구조의 권리구제 방법에 관한 문제가 발생한다는 점을 감안할 때, 부동산등기법령상 폐쇄등기기록 등 그 효력이 상실된 등기기록의 등기사항 중 그 효력이 부활한 전(前) 등기사항을 등기관이 폐쇄등기기록으로부터 지체없이 이기하도록 하는 규정상 근거와 그 실무적 등기처리례에 관한 법령 정비가 필요하다고 본다. 폐쇄된 등기기록상 등기사항의 말소 또는 말소회복을 위해 여러 번의 번거로운 재판절차와 경정신청 절차를 거친 과거의 실무례에 관해서만 규율하고 있는 현행 등기예규(제1340호)만으로는 부족하다.

Ⅴ. 가등기에 기한 본등기가 이루어지는 경우의 중간등기 직권말소

대법원은 일찍이 가등기권자가 소유권이전의 본등기를 한 경우에는 등기공무원(등기관)이 구 부동산등기법(2011. 4. 12. 법률 제10580호로 전부개정되기 전의 것) 제175조 제1항, 제55조 제2호[56]에 의하여 가등기 이후에 한 제3자의 본등기를 직권말소할 수 있다고 판시한 바 있다.[57] 이후, 해당 가등기 후 본등기 전에 행하여진 압류·가압류·가처분등기 등의 중간등기가 가등기권자의 본등기 취득으로 인한 등기순위와 물권의 배타성에 의하여 실질적으로 등기의 효력을 상실하게 되는 것이어서 등기관이 이를 직권말소하여야 함이 원칙이라고 보았고,[58] 이에 따른 등기실무례가 형성·유지되어 왔다.[59]

---

56) 현행 부동산등기법 제58조 제1항, 제29조 제2호에 상응한다.

57) 대법원 1962. 12. 24.자 4294민재항675 결정.

58) 대법원 1979. 9. 27.자 79마222 결정, 대법원 1981. 10. 6.자 81마140 결정 등 참조.

59) 구 등기예규 제45호(1997. 11. 21. 등기예규 제897호로 폐지되기 전의 것), 제261호(앞의 등기예규 제897호로 폐지되기 전의 것) 등과 위 예규 내용이 흡수된 구 등기예규 제1063호(2011. 10. 12. 등기예규 제1408-2호로 폐지) 및 현행 등기예규 제1632호(가등기에 관한 업무처리지침, 2018. 3. 7.자로 개정된 것) 5. 가. 1) 부분 참조.

그런데 소유권이전청구권 보전을 위한 가등기로 등기되어 있어도 실제로는 담보목적으로 가등기가 이루어지는 경우가 적지 않았다. 그런 상황에서, 담보목적 가등기가 되어 있는 재산에 대한 국세체납압류 후에 그 가등기에 기한 본등기가 행해지더라도 국세징수법과의 관계에서 국세가 우선하도록 하는 국세기본법 개정이 1981. 12. 31. 법률 제3471호로 이루어졌다.[60] 1984. 1. 1.부터는 가등기담보 등에 관한 법률(1983. 12. 30.자 법률 제3681호, 이하 '가등기담보법'이라 한다)이 시행되었는데, 이는 가등기담보를 담보물권으로 보는 이론적 토대 위에서 규율된 것[61]이었다. 이후 1994. 12. 22. 지방세법[62] 제31조 제4항에도 위 국세기본법과 같은 취지가 규정되기도 하였다. 그러나 문제가 된 가등기가 담보가등기인지, 소유권이전청구권 보전을 위한 가등기인지는 그 등기부상 형식적 기재로 결정되지 않았다.[63] 따라서 그 실질이 담보가등기인 경우에 국세

---

60) 구 국세기본법(본문의 법률 제3471호로 개정되어 2010. 1. 1. 법률 제9911호로 개정되기 전의 것) 제35조 제2항 참조. 이 조항 단서에서 정한 우선순위 결정기준, 즉 "납부기한으로부터 1년전" 부분에 관해서는 헌법재판소의 위헌결정이 있었다(헌법재판소 1990. 9. 3. 선고 89헌가95 결정 참조). 이후 1990. 12. 31. 법률 제4377호로 개정된 국세기본법 이후에는 "법정기일 전에"로 개정되었다. 이에 상응하는 현행 규정은 국세기본법 제35조 제1항 제3호 다.목 참조.

61) 이에 관해 우선, 편집대표 김용덕, 주석 민법[물권 4](제5판), 한국사법행정학회(2019), 441면(오영준 집필) 참조.

62) 2010. 3. 31. 법률 제102221호로 전부개정되기 전의 구 지방세법을 가리킨다. 이 규율은 현행 지방세기본법 제71조 제2항에 규정되어 있다.

63) 대법원 1998. 10. 7.자 98마1333 결정 참조. 물론, 가등기담보법 시행에 맞추어 1984. 1. 18. 제정된 '가등기담보 등에 관한 법률 시행에 따른 등기사무처리지침'(등기예규 제501호) 제1호는 대물반환의 예약을 원인으로 한 가등기신청을 할 경우에 등기신청서 기재사항 중 등기의 목적에 '본등기될 권리의 이전담보 가등기'라고 기재할 것을 정하고 있기는 하다(위 등기예규를 폐지한 현행 제1057호 제2호 다.목에도 같은 내용의 규정 있음). 그러나 실무상 위 예규 규정에 따라 "담보가등기"로 등기되는 예는 찾기 어렵다. 문정일, 가등기에 의한 본등기를 할 때 중간등기의 직권말소 여부, 대법원판례해설(제83호), 법원도서관(2010), 427면 참조.
한편, 대법원은 일찍이 의용 민법과 의용 부동산등기법이 적용되던 당시에 행하여진 가등기의 구체적 등기원인이 존재하는 것으로 추정할 수 없다고 판단한 바 있다(대법원 1963. 4. 18. 선고 63다114 판결 참조). 가등기의 구체적 등기원인의 추정력을 부정하는 대법원의 입장은 현행 민법과 부동산등기법에 따라 이루어진 가등기에 관해서도 마찬가지로 유지되었다(대법원 1979. 5. 22. 선고 79다239 판결; 대법원 1992. 2. 11. 선고 91다36932 판결 등 참조). 이처럼 의용 민법, 의용

등의 압류등기에 대항할 수 없는 경우[64]가 생겨, 등기관이 등기부의 기재에 따른 형식적 심사만을 내세워 중간등기를 직권으로 말소할 경우 실체법적 우선순위에 반하는 경우가 발생할 수 있게 되었다.[65] 그렇다고 그 실체적 우열관계를 심사하도록 하는 것은 등기관의 심사권 범위를 넘는 일이 될 수 있다.[66]

대법원 2010. 3. 18.자 2006마571 전원합의체 결정은, "위 구 국세기본법 및 지방세법의 해당 조항은 위 규정에 해당하는 가등기의 권리자가 그 재산에 대한 체납처분에 대하여 그 권리를 주장할 수 없다는 실체법상 효력을 규정한 것이지만, 등기절차에서 위 규정의 실효성을 확보하기 위하여는 그에 필요한 범위 내에서 등기관에게 가등기와 압류등기 사이의 실체법상 우열 여부를 심사할 수 있도록 할 필요가 있다."라고 방향을 잡았다. 다만, "부동산등기법상 등기관의 심사권은 형식적인 것에 한정되는 것이 원칙이므로 이러한 점을 감안하여 등기관의 심사범위를 정하여야 한다."라는 점에서 그 권한 범위의 한계선을 긋고자 하였다.

위 전원합의체 결정 이전의 판결례 중에는, 등기관의 국세 등 압류등기 말소통지 절차에 대한 체납처분권자의 이의 진술 과정에서 소유권이전청구권 보전을 위한 가등기인지 아니면 담보가등기인지가 실체적으로 다투어진 사례에 관하여, 등기관이 제출된 소명자료를 심사하여 담보가등기임이 인정되거나, 체납처분권자의 담보가등기라는 점에 관한 소명

<hr>

부동산등기법에 따라 마친 가등기의 추정력이 인정되지 않는 이상, 이 사건 가등기도 그 등기원인에 해당하는 특정의 법률관계가 존재한다고 추정할 수 없다. 대법원 2018. 11. 29. 선고 2018다200730 판결 참조.
64) 해당 국세 또는 지방세가 당해 재산에 관하여 부과된 조세이거나 가등기일이 그 국세 또는 지방세의 법정기일보다 앞서는 경우, 국세 또는 지방세 압류등기가 담보가등기보다 실체법적으로 우위에 설 수 있다.
65) 문정일(주 63), 425면 참조.
66) 원칙적으로 등기관은 등기신청에 대하여 부동산등기법상 그 등기신청에 필요한 서면이 제출되었는지 여부 및 제출된 서면이 형식적으로 진정한 것인지 여부 등 그 등기신청이 신청서 및 그 첨부서류와 등기부에 의하여 등기요건에 합당한지 여부를 심사할 형식적 심사권한밖에 없고, 실체법상의 권리관계와 일치하는지 여부를 심사할 실질적 심사권한은 없다(대법원 1966. 7. 25.자 66마108 결정, 대법원 1990. 10. 29.자 90마772 결정, 대법원 2005. 2. 25. 선고 2003다13048 판결 등 참조).

자료가 제출되어 이해관계인 사이에 실질적으로 다투어진다면 국세 등 압류등기의 직권말소를 할 수 없다고 판시한 경우가 있기도 하였다.[67] 담보가등기임이 인정되거나 실질적으로 다투어지는 때에, 문제 되는 중간등기가 국세 등 압류등기라면 해당 국세 등이 당해세[68]에 해당하거나, 해당 압류등기에 의하여 보전된 국세 등의 법정기일이 가등기일에 앞설 때에는 국세 등 압류등기가 가등기에 우선한다는 점도 고려하여야 한다. 물론, 이러한 심사가 형식적 심사주의를 벗어난 것 아닌지 의문이 제기될 수 있으나, 형식적 심사주의 아래에서도 신청정보 자체로부터 허용되지 않는 등기신청임이 명백하거나 제공된 정보 상호 간에 모순이 있을 때에는 부동산등기법 제29조에서 정한 각하사유로 본다는 점을 감안할 필요가 있다.[69] 구 부동산등기법(2011. 4. 12. 법률 제10580호로 전부개정되기 전의 것) 제175조[70]에서 정한 말소통지 절차에서 체납처분권자 등 이해관계 있는 제3자가 제기할 이의 사유를 제한하고 있지 않고, 이러한 이의 절차의 실효성을 확보할 필요가 있음도 고려하여야 한다.[71] 따라서 체납처분권자가 제출한 담보가등기 관련 소명자료에서 담보가등기가 아니라거나 담보가등기더라도 그 국세나 지방세가 당해세가 아니고 그 법정기일이 가등기일보다 늦다는 사정이 명백하게 드러나지 않는 이상, 등기관이 해당 가등기 이후에 마쳐진 국세 등 압류등기를 직권으로 말소할 수는 없다고 봄이 타당하다.

　　그런데 담보가등기라는 점에 관한 소명자료가 제출되어 이해관계인 사이에 실질적으로 다툼이 있음에 더 나아가, 해당 가등기가 담보가등기

67) 대법원 1988. 3. 24.자 87마1270 결정, 대법원 1992. 3. 18.자 91마675 결정, 대법원 1998. 10. 7.자 98마1333 결정 등 참조.
68) 국세기본법 제35조 제3항(해당 재산에 대하여 부과된 상속세, 증여세 및 종합부동산세), 지방세기본법 제71조 제5항("그 재산에 대하여 부과된" 재산세, 자동차세(자동차소유에 대한 자동차세만 해당), 지역자원시설세(소방분에 대한 지역자원시설세만 해당), 지방교육세(재산세와 자동차세에 부가되는 지방교육세만 해당)] 참조.
69) 부동산등기실무[II](주 43), 514–515면 참조.
70) 현행 부동산등기법 제58조에 상응한다. 그 밖에 현행 부동산등기법 제92조 제2항도 참조.
71) 문정일(주 63), 441–442면 참조.

로 인정되더라도, 그것이 가등기담보법의 적용을 받는 가등기인지,[72] 가
등기담보법의 적용을 받는 가등기라면 같은 법이 정한 청산절차를 거친
본등기인지 등에 대해 다투면 어떨까? 종래 대법원판결 중에는, 가등기에
기한 본등기가 가등기담보법 제3조 및 제4조에서 정한 담보권실행의 방
법으로서 이루어진 것이 아닌 이상, 아직 담보권이 실행된 것은 아니라
고 보아야 하므로 가등기와 본등기 사이에 경료된 국세압류등기는 담보
권이 실행될 때까지 여전히 그 효력을 유지하는 것이고, 등기공무원은
이를 직권말소할 수 없다고 판시한 것이 있었다.[73] 그러나 이러한 심사
는 위 구 국세기본법 등이 예정한 심사라고 볼 수 없다. 현실적 측면에
서, 체납처분권자가 제출할 수 있는 소명자료는 제한적일 수밖에 없다.
부동산등기법상 본등기권자가 이의의 당부나 그 소명자료의 증명력 또는
신빙성 등을 그 심사절차 내에서 다툴 수 있는 기회가 보장되어 있지도
않으므로, 그 소명자료의 적정성을 확보하기도 어렵다. 그런데도 대량의
등기신청사건을 신속하고 적정하게 처리할 것을 요구받는 등기관에게 체
납처분권자의 소명자료만으로 본등기의 유효성 여부까지 심사하게 하는
것은 부동산등기법이 형식적 심사주의를 취한 취지에 반한다고 보아야
한다. 그 심사결과의 정당성과 안정성을 담보하기도 어렵다. 만일 등기관
이 위와 같은 심사까지 해서 본등기가 무효라고 판단할 수 있다고 한다
면, 체납처분으로 인한 국세 또는 지방세 압류등기뿐만 아니라 모든 중

---

72) 가등기담보법은 차용물의 반환에 관하여 차주가 차용물을 갈음하여 다른 재산권
을 이전할 것을 예약할 때 그 재산의 예약 당시 가액이 차용액과 이에 붙인 이자
를 합산한 액수를 초과하는 경우에 이에 따른 담보계약과 그 담보의 목적으로 마
친 가등기 또는 소유권이전등기의 효력을 정함을 목적으로 한다(제1조). 따라서
금전소비대차나 준소비대차에 기한 차용금반환채무 이외의 채무를 담보하기 위하
여 경료된 가등기나 양도담보에는 위 법이 적용되지 아니하나, 금전소비대차나 준
소비대차에 기한 차용금반환채무와 그 외의 원인으로 발생한 채무를 동시에 담보
할 목적으로 경료된 가등기나 소유권이전등기라도 그 후 후자의 채무가 변제 기타
의 사유로 소멸하고 금전소비대차나 준소비대차에 기한 차용금반환채무의 전부 또
는 일부만이 남게 된 경우에는 그 가등기담보나 양도담보에 가등기담보등에관한법
률이 적용된다. 대법원 2004. 4. 27. 선고 2003다29968 판결 등 참조.
73) 대법원 1989. 11. 2.자 89마640 결정.

간등기를 말소할 수 없다고 보는 것이 오히려 논리적으로 맞는 업무처리라고 할 것이다. 그러나 이러한 처리방법은 하나의 부동산에 두 명의 소유자를 표상하는 소유권이전등기를 남길 가능성이 있어 오히려 더 취하기 어렵다.[74]

위와 같은 이유에서 위 전원합의체 결정은, "소유권이전 청구권 보전의 가등기 이후에 국세·지방세의 체납으로 인한 압류등기가 마쳐지고 위 가등기에 기한 본등기가 이루어지는 경우, 등기관은 체납처분권자에게 부동산등기법 제175조에 따른 직권말소 통지를 하고, 체납처분권자가 당해 가등기가 담보가등기라는 점 및 그 국세 또는 지방세가 당해 재산에 관하여 부과된 조세라거나 그 국세 또는 지방세의 법정기일이 가등기일보다 앞선다는 점에 관하여 소명자료를 제출하여, 담보가등기인지 여부 및 국세 또는 지방세의 체납으로 인한 압류등기가 가등기에 우선하는지 여부에 관하여 이해관계인 사이에 실질적으로 다툼이 있으면, 가등기에 기한 본등기권자의 주장 여하에 불구하고 국세 또는 지방세 압류등기를 직권말소할 수 없고, 한편 이와 같은 소명자료가 제출되지 아니한 경우에는 등기관은 가등기 후에 마쳐진 다른 중간 등기들과 마찬가지로 국세 또는 지방세 압류등기를 직권말소하여야 한다고 봄이 상당하다."고 하면서도, "등기관이 국세 또는 지방세 압류등기의 말소를 위하여 위와 같은 심사를 한다고 하더라도, 나아가 그 본등기가 가등기담보 등에 관한 법률 제1조에 의하여 가등기담보법의 적용을 받는 가등기에 기한 것으로서 가등기담보법 제3조 및 제4조가 정한 청산절차를 거친 유효한 것인지 여부까지 심사하여 그 결과에 따라 국세 또는 지방세 압류등기의 직권말소 여부를 결정하여야 하는 것으로 볼 것은 아니다."라고 판시하였다.[75]

---

74) 위 2006마571 전원합의체 결정 이유 부분 참조.
75) 해당 사안에 관해서는, 당해세가 아닌 국세에 관하여 법정기일 대신 납부기한이 나타나 있는 소명자료만 제출되어 있음에도 국세의 법정기일과 가등기일의 선후를 심리하지 아니한 채, 담보가등기 여부에 관하여 실질적인 다툼이 있는 경우 국세 압류등기와 가등기의 실체법상 우열과 무관하게 국세 압류등기를 직권말소할 수

위 전원합의체 결정이 나온 이후인 2011년, 부동산등기법은 전부개정(법률 제10580호)되었다. 그리고 이때 가등기 및 가등기에 기한 본등기 사이의 중간등기의 직권말소절차에 관한 규정(제92조)이 신설되었다. 이 규정의 위임으로 부동산등기규칙은, 체납처분으로 인한 압류등기를 제외한 중간등기는 직권말소대상 통지 없이 등기관이 본등기 시 바로 직권말소하도록 규율하였다(부동산등기규칙 제147~149조). 체납처분으로 인한 압류등기의 경우, 먼저 직권말소대상통지를 한 후 이의신청이 있으면 제출된 소명자료에 의하여 말소 또는 인용 여부가 결정되도록 하였는데[부동산등기규칙 제149조 제2항, 등기예규 제1632호 5. 가. 2)], 그 소명자료에 의하여 담보가등기인지 여부와 담보가등기 또는 소유권이전등기청구권 보전을 위한 가등기라 하더라도 사실상 담보가등기인 경우 해당 국세 또는 지방세가 당해세에 해당하거나 법정기일이 가등기일에 우선하는지 여부 등을 심사하도록 정하고 있다[등기예규 제1632호 5. 가. 2)]. 그러나 해당 담보가등기가 가등기담보법에 적용되는지, 가등기담보법 제3조 및 제4조가 정한 청산절차를 거쳐 본등기가 마쳐진 것인지는 등기관의 심사사항으로 정하고 있지 않다. 위 전원합의체 결정 취지에 따라 등기관의 심사범위를 구체적으로 규정한 결과이다.

제3장 점유권과 소유권

제1절 점유권

I. 사실적 지배로서의 점유: 판단 요소

민법은 사실적 지배상태 자체를 법적으로 보호하기 위하여 물건을 사실상 지배하는 경우에 본권의 보유 여부나 그 원인이 무엇인지를 묻지 않고 사실적 지배상태에 대한 일정한 법률효과를 부여한다(민법 제192~

없다고 한 원심을 파기하였다. 위 전원합의체 결정 이유 참조.

한편, 독일과 일본의 입법례를 참조하여, 가등기에 기한 본등기 시 중간등기 명의인의 승낙서나 이에 갈음하는 판결 등을 제출하도록 하는 방안의 필요성을 주장하는 문정일(주 63), 468-470, 472면의 견해는 향후 부동산등기법제의 입법론으로 참고할 가치가 있다고 본다.

210조).[76] 그러나 물건에 대한 점유 여부를 판단하는 일은 그리 간명하지 못하다. 물론 민법 제192조 제2항이 "물건에 대한 사실상의 지배"를 점유의 주된 판단요소로 제시하고 있기는 하다. 그러나 우리는 반드시 어떠한 물건을 물리적, 현실적으로 지배하지 않더라도, 물건과 사람과의 시간적, 공간적 관계와 본권 관계, 타인지배의 배제 가능성 등을 고려하여 사회관념에 따라 합목적적으로 점유의 존재를 인정해 왔다.[77]

위와 같이 '사실적 지배로서의 점유'를 판단하면서 본권 관계 등까지 아울러 고려하므로, 가령 토지의 소유자로 이전등기를 한 자는 보통의 경우 매매 등을 원인으로 해당 토지를 양도받아 등기하면서 이를 인도받아 점유를 얻은 것으로 보아야 한다는 전제에서, 소유권이전등기 사실을 인정하면서 특별한 사정의 설시 없이 점유 사실을 인정할 수 없다고 판단해서는 아니 된다는 것이 종래 대법원의 입장이기도 했다.[78]

그렇다면, 소유권이전등기가 아닌 소유권보존등기 사실이 인정되는 때는 어떨까?

대법원 2013. 7. 11. 선고 2012다201410 판결은, 소유권보존등기는 이전등기와 달리 해당 토지의 양도를 전제로 하는 것이 아니어서, 보존등기를 마쳤다고 하여 일반적으로 등기명의자가 그 무렵 다른 사람으로부터 인도(점유의 이전)를 받는다고 볼 수는 없으므로, 소유권보존등기의 경우에도 소유권이전등기 사실이 인정되는 경우와 마찬가지로 취급할 수 없다고 판단하였다. 소유권이전등기의 경우 그 등기원인 기재의 존재와 유효성까지 등기의 추정력이 미치고,[79] 여기에 더해 매매 등의 이전등기 원인이 유효하게 존재한다면 인도(점유의 이전)가 수반되기 마련이라는 통상적 개연성에 따른 (사실상) 추정이 이루어져 소유권이전등기 사실만 증

---

76) 곽윤직·김재형, 물권법(제8판), 박영사(2015), 181면; 지원림(주 3), 11면; 주석 민법[물권 1](주 20), 346−347면(김형석 집필) 등 참조.
77) 대법원 1992. 6. 23. 선고 91다38266 판결 등 참조.
78) 대법원 1978. 11. 14. 선고 78다192 판결; 대법원 2001. 1. 16. 선고 98다20110 판결 등 참조.
79) 대법원 1967. 10. 23. 선고 67다1778 판결; 대법원 1977. 6. 7. 선고 76다3010 판결 등 및 주석 민법[물권 1](주 20), 140면(손철우 집필) 참조.

명하여도 점유사실에 대한 2단의 추정이 이루어질 수 있다. 그러나 등기원인의 기재가 없는 소유권보존등기의 경우, 그 기재사실만으로는 그 본권에 대한 추정력 외에 해당 토지의 점유 사실을 추단할 만한 어떠한 사정도 발견하기 어렵다. 일정한 부동산에 마쳐진 등기사실이 본권에 대한 권리추정력을 가지더라도, 그 추정력이 미치는 범위에 따라 '사실적 지배로서의 점유' 사실의 증명에 미치는 영향은 다를 수 있음을 보여주는 판시이다.

II. 간접점유

1. 점유매개관계: 일반론

간접점유가 성립하기 위해서는 직접점유자와 간접점유자 사이의 점유관계를 규율하는 점유매개관계가 존재하여야 한다.[80] 대법원 2012. 2. 23. 선고 2011다61424, 61431 판결은, "<u>점유회수의 소에 있어서의 점유에는 직접점유뿐만 아니라 간접점유도 포함되는 것이기는 하나, 간접점유를 인정하기 위해서는 간접점유자와 직접점유를 하는 자 사이에 일정한 법률관계, 즉 점유매개관계가 필요하다.</u>"라고 판시하였다.

민법 제194조는 "지상권, 전세권, 질권, 사용대차, 임대차, 임치"를 예시로 들면서, "기타의 관계"도 간접점유의 점유매개관계가 될 수 있음을 정한다. 여기서 "기타의 관계"란 일시적으로 타인으로 하여금 점유할 수 있는 권리 및 반환의 의무를 발생하게 하는 법률관계로 설명되곤 한다.[81] 즉, 직접점유자가 간접점유자의 자신에 대한 반환청구권을 승인하면서 자기의 점유를 행사하는 경우에 점유매개관계가 인정될 수 있다.[82]

이러한 점유의 전래성과 반환청구권의 존재라는 속성이 존재한다면, 점유매개관계는 민법 제194조에서 예시하는 계약관계나 도급, 운송,

---

80) 곽윤직·김재형(주 76), 193면; 이영준, 물권법(전정신판), 박영사(2009), 338–340면; 지원림(주 3), 536면; 주석 민법[물권 1](주 20), 396면(김형석 집필) 참조.
81) 곽윤직·김재형(주 76), 193면; 주석 민법[물권 1](주 20), 397면(김형석 집필) 참조.
82) 위 2011다61424, 61431 판결 이유 부분 참조.

신탁, 양도담보 등의 법률행위로 설정될 수 있을 뿐만 아니라, 법률 규정(유치권이나 친권 또는 후견, 사무관리 등)이나 국가행위(강제관리, 파산의 개시, 명도단행 가처분, 징발, 군사상 필요에 의한 출입통제)에 의해서도 발생할 수 있고, 그 법률관계는 사법상 관계만이 아니라 공법상 관계일 수도 있다.[83]

또한, 점유매개관계가 유효하게 존속할 필요도 없다.[84] 대법원 2019. 8. 14. 선고 2019다205329 판결은 "간접점유를 인정하기 위해서는 간접점유자와 직접점유를 하는 자 사이에 일정한 법률관계, 즉 점유매개관계가 필요한데, 간접점유에서 점유매개관계를 이루는 임대차계약 등이 해지 등의 사유로 종료되더라도 직접점유자가 목적물을 반환하기 전까지는 간접점유자의 직접점유자에 대한 반환청구권이 소멸하지 않는다."라고 판시하였다. 간접점유자의 유치권이 주장된 사안이었다. 유치권 성립요건인 점유에는 직접점유뿐 아니라 간접점유도 포함된다.[85] 해당 사안에서는 유치권을 주장한 시공회사가 그 소유자로부터 승낙을 받는 등 적법한 권한에 기해 해당 목적물[86]을 임차인에게 임대하였으나, 이후 그 임대차계약 등이 해지 등 사유로 종료하였다. 그러나 여전히 임차인이 위 시공회사(임대인)로부터 그 목적물을 인도받아 이를 직접 점유하였고(점유의 전래성), 위 시공회사에게 임대차계약에 기한 위 목적물 반환청구권이 존재하였다(반환청구권의 존재). 사정이 이러하므로, 간접점유의 점

---

83) 곽윤직·김재형(주 76), 193면; 지원림(주 3), 536면; 주석 민법[물권 1](주 20), 401면(김형석 집필) 참조. 공법상 법률관계가 점유매개관계가 되는 경우는 바로 다음 2)항 부분 참조.

84) 곽윤직·김재형(주 76), 193면; 이영준(주 80), 339면; 지원림(주 3), 536면; 주석 민법[물권 1](주 20), 397-398면(김형석 집필) 참조.

85) 대법원 2002. 11. 27.자 2002마3516 결정(단, 유치권자는 채무자의 승낙이 없는 이상 그 목적물을 타에 임대할 수 있는 처분권한이 없으므로, 유치권자의 그러한 임대행위는 소유자의 처분권한을 침해하는 것으로서 소유자에게 그 임대의 효력을 주장할 수 없고, 따라서 소유자의 동의 없이 유치권자로부터 유치권의 목적물을 임차한 자의 점유는 '경매절차의 매수인에게 대항할 수 있는 권원'에 기한 것이라고 볼 수 없다) 등 참조.

86) 사안에서는 집합건물(아파트)의 전유부분이었다.

유매개관계는 여전히 남아 있다고 볼 수 있었다. 따라서 위 시공회사의 간접점유에 기한 유치권 행사도 이유 있다고 보았던 것이다.

2. 점유매개관계: 공법상 법률관계

종래 국가 또는 상위 지방자치단체 등이 행정권한 위임조례 등에 의하여 그 권한의 일부를 하위 지방자치단체의 장 등에게 기관위임 하여 수임기관 내지 그가 속하는 지방자치단체가 그 사무처리를 위하여 공원 이나 도로 등의 부지가 된 토지를 사용, 유지, 보수 등의 관리를 하는 경 우가 종종 있었다. 이때 해당 수임기관(관리청)이나 그가 속하는 하위 지 방자치단체가 해당 부지를 점유, 사용하고 있다는 전제에서 부당이득반환 책임을 부담한다는 대법원판례가 있기도 하였다.[87] 그런데 국가나 상위 지방자치단체 등 위임청도 부당이득반환책임을 지는지는 기존의 대법원 판결 중에서 확인하기 어려웠다.[88]

이러한 상황에서, 대법원 2010. 3. 25. 선고 2007다22897 판결은 "<u>위임관청은 위임조례 등을 점유매개관계로 하여 법령상 관리청인 수임</u> <u>관청 또는 그가 속하는 지방자치단체가 직접점유하는 공원 등의 부지가</u> <u>된 토지를 간접점유한다고 보아야 하므로, 위임관청은 공원 부지의 소유</u> <u>자에게 그 점유·사용으로 인한 부당이득을 반환할 의무가 있다.</u>"고 판시 하였다. 앞서 본 바와 같이, 간접점유의 요건이 되는 점유매개관계는 법 률행위뿐만 아니라 법률의 규정, 국가행위 등에도 설정될 수 있으므로 위 행정권한 위임조례 등을 점유매개관계의 근거로 볼 수 있다. 사무귀 속의 주체인 위임관청은 위임조례의 개정 등에 의한 기관위임의 종결로 법령상 관리청으로 복귀할 수 있는데, 이때 수임관청에게 그 점유의 반 환을 요구할 수 있는 지위에 있기도 하다.[89] 즉, 점유의 전래성과 반환청

---

87) 대법원 1999. 4. 23. 선고 98다61562 판결 참조.
88) 다만, 이러한 경우에 상위 지방자치단체 등이 간접점유자의 지위에서 도로의 점 용으로 인한 부당이득반환책임을 하위 지방자치단체 등과 같이 책임을 져야 한다 는 설명으로는, 편집대표 곽윤직, 민법주해[XVII], 박영사(2005), 300면 참조.
89) 위 2007다22897 판결 이유 및 유진현, 국가 또는 상위 지방자치단체 등이 위

구권의 존재라는 점유매개관계의 속성이 모두 인정된다. 따라서 해당 부지의 관리를 기관위임한 국가 또는 상위 지방자치단체가 그 부지를 간접점유하는 방법으로 점유, 사용한다고 봄이 타당하다.[90] 물론, 위와 같은 위임기관(청)의 간접점유와 수임기관(청)의 직접점유가 인정되기 위해서는 해당 토지에 대한 사실상 지배가 전제되어야 한다.[91]

위와 같이 간접점유자도 직접점유자와 함께 토지 등의 점유·사용으로 인한 부당이득반환책임을 지는 경우, 이는 동일한 경제적 목적을 가진 채무로서 서로 중첩되는 부분에 관해서는 일방의 채무가 변제 등으로 소멸하면 타방의 채무도 소멸하는 이른바 부진정연대채무 관계에 있다고 보아야 할 것이다. 대법원 2012. 9. 27. 선고 2011다76747 판결도 위와 같은 중첩관계를 인정하였다.

한편 대법원 2010. 10. 14. 선고 2008다92268 판결은, 국가 등 위임관청이 법령 등에 의하여[92] 그 권한의 일부가 하위 지방자치단체 등

임조례 등에 의하여 그 권한의 일부를 하위 지방자치단체의 장 등에게 기관위임을 하여 수임관청이 그 사무처리를 위하여 공원 등의 부지가 된 토지를 점유하는 경우, 위임관청이 그 토지를 간접점유하는 것인지 여부, 대법원판례해설(제83호), 90면 참조.

90) 이러한 판결로써 위임청과 수임기관 사이의 형평성, 보다 두터운 국민의 권익 보호, 소송경제적 이익에 부합하는 의의가 있다는 설명으로는 유진현(주 89), 94면 참조.

91) 직접점유자(수임 지방자치단체)와 간접점유자(위임 지방자치단체)가 문제가 된 공원 부지 중, 관리한 산책로, 운동시설 등의 시설물 부지를 넘어 자연녹지지역까지도 점유한 것으로 볼 수 있는지는 의문이라는 이유로 원심판결을 파기환송한 대법원 2018. 3. 29. 선고 2013다2559, 2566 판결 참조(피고들의 점유를 인정하기 위해서는, 피고들이 전체적으로 새로 조림을 하여 관리하거나 울타리와 출입구를 설치하여 출입을 통제하거나 안내문을 설치하여 관리자와 이용방법을 표시하는 등으로 사회관념상 피고들이 자연녹지지역의 토지까지도 계속적으로 지배하는 것으로 인식될 만한 특별한 사정이 있는지에 관하여 충분한 심리가 필요하다고 보았다) 참조.

92) 사안은 1988. 4. 6. 전부개정된 지방자치법이 시행되기 이전인 1934년경 다툼의 대상이 된 토지 부분이 도로로 성립한 사안이므로, 행정권한 위임조례에 따라 기관위임이 되지 않았다. 따라서 이 사안에 대해서는 법령상 지방자치단체의 장이 처리하도록 하고 있는 사무가 자치사무인지, 기관위임사무인지의 판단 기준도 중요 쟁점에 해당하였다. 이에 관해서는 위 2008다92268 판결 이유 및 곽병훈, 도로관리권한을 위임한 위임관청의 도로 부지에 대한 간접점유 인정, 대법원판례해설

수임관청에 기관위임이 되어, 수임관청이 그 사무처리를 위하여 도로 등의 부지가 된 토지를 점유하는 경우, "위임관청은 법령의 규정 등을 점유매개관계로 하여 법령상 관리청인 수임관청이 직접점유하는 도로 등의 부지가 된 토지를 간접점유한다"고 보아, 간접점유한 국가의 점유취득시효 완성을 인정하기도 하였다. 국가의 간접점유를 인정한 논거는 위 2007다22897 판결과 같았다.

Ⅲ. 점유권의 효력

1. 본권에 관한 소의 패소와 악의의 점유

선의의 점유자는 점유물의 과실을 취득하고(민법 제201조 제1항), 점유자는 선의로 점유한 것으로 추정된다(민법 제197조 제1항). 다만, 선의의 점유자라도 본권에 관한 소에서 패소한 때에는 그 소가 제기된 때부터 악의의 점유자로 본다(민법 제197조 제2항). 부당이득관계에서 악의의 수익자가 그 받은 이익에 이자를 붙여 반환하고 손해가 있으면 이를 배상하여야 하는데(민법 제748조 제2항), 선의의 수익자가 패소한 때에 그 소를 제기한 때부터 악의의 수익자로 간주되는 것(민법 제749조 제2항)도 위 악의의 점유자 간주 조항(민법 제197조 제2항)과 같은 취지의 규율로 볼 수 있다.[93]

물론, 선의로 추정되던 점유자의 점유가 권원 없는 것이었음이 밝혀졌다고 하여 곧바로 그 이전의 점유에 대한 선의의 추정(민법 제197조 제1항)이 깨어졌다고 보는 것은 아니다.[94] 다만, 본권에 관한 소 제기를 통

(제85호), 법원도서관(2011), 67－74면 참조.

93) 점유자와 회복자 사이의 관계를 규율한 민법 제201~203조의 규정은 물권적 청구권 관계에 관한 부당이득법의 특칙으로 이해되고 있다. 김형배, 사무관리·부당이득[채권각론 Ⅱ], 박영사(2003), 194면; 주석 민법[물권 1](주 20), 471면 이하(김형석 집필) 등 참조. 한편, 민법 제749조 제2항이 제197조 제2항의 확장으로서 우리 민법에 규정되기에 이르렀다는 설명으로는 양창수, 본권의 소에서 패소한 점유자의 사용이익반환청구, 민법연구(제2권), 박영사(1991), 81면 참조.

94) 대법원 2000. 3. 10. 선고 99다63350 판결; 대법원 2019. 1. 31. 선고 2017다216028, 216035 판결 등 참조.

한 명확한 경고신호를 받았음에도 해당 소송에서 적법한 권원 없는 점유
로서 패소판결을 받고 그 판결이 확정될 때까지 계속 점유하였다는 사정
은, 그 경고신호를 받은 소제기 시점(소장송달시점)부터는 민법 제201조
제2항과 제748조 제2항에서 정한 "악의"의 점유자·수익자와 동등한 법적
평가를 가능하게 한다. 위와 같은 의제는 본권에 관한 소에서 패소가 확
정되면, 소급하여 위와 같은 소제기 시점부터 더 이상 선의의 점유자로
서 보호하지 않겠다는 취지의 규율로 풀이할 수 있다.[95]

   따라서 위 규율에서 "본권에 관한 소에서 패소한 때"란 종국판결
로 패소가 확정된 경우를 말하지만,[96] 이는 악의의 점유자로 의제하는
효과가 그 "패소한 때"에 발생한다는 의미일 뿐이다. 즉, <u>민법 제197조
제2항이나 제749조 제2항에 따라 악의의 점유자나 수익자로서 책임을
묻기 위해서는 본권에 관한 소에서의 패소판결 확정이라는 요건이 필요
하고, 점유자나 수익자의 그러한 패소판결이 확정되기 전에는 그의 악
의를 전제로 하는 청구를 하지 못한다는 의미는 위 규율에 포함되어 있
지 않다.</u>[97]

   이러한 이유에서, 자동차의 소유자가 그 점유자를 상대로 자동차인
도청구를 하였다가, 항소심(원심)에서 자동차의 점유·사용으로 인한 부당
이득반환청구를 추가한 사안에서, "피고가 악의의 점유자임을 인정할 증
거가 없다"는 이유만으로 원고의 위 부당이득반환청구를 배척한 원심판
결[98]에 대하여, 대법원 2016. 7. 29. 선고 2016다220044 판결[99]은, "소

---

95) 민법 제749조 제2항에 관한 같은 취지의 설명으로는 최우진, 민법 제748조 제2
   항에서 정한 "악의"의 의미, 민사법학(제93호), 한국민사법학회(2020), 353–354면
   참조.
96) 대법원 1974. 6. 25. 선고 74다128 판결 참조. 따라서 대법원의 파기환송 판결이
   나거나 재판상 화해로 종결된 경우 등은 여기에 해당하지 않는다고 본다. 민법주
   해[Ⅳ](주 20), 335–336면(최병조 집필); 주석 민법[물권 1](주 20), 446면(김형석
   집필) 참조.
97) 양창수(주 93), 82면; 주석 민법[물권 1](주 20), 446면(김형석 집필) 참조.
98) 전주지방법원 2016. 4. 7. 선고 2015나2334 판결.
99) 사안의 정리는 김제완, 2016년 민사(물권법) 중요 판례, 인권과 정의(제464호),
   대한변호사협회(2017), 33면 참조.

유자가 점유자 등을 상대로 물건의 반환과 아울러 권원 없는 사용으로
얻은 이익의 반환을 청구하면서 물건의 반환 청구가 인용될 것을 전제로
하여 그에 관한 소송이 계속된 때 이후의 기간에 대한 사용이익의 반환
을 청구하는 것은 허용된다."라고 판시하면서, "피고가 악의의 점유자 또
는 수익자로 되는지 여부, 부당이득반환의무의 성립 여부와 그 범위, 액
수 등에 관하여 나아가 심리·판단하였어야" 한다며 위 원심판결을 파기
(환송)하였다. 자동차인도청구라는 본권의 소와 별개의 소송물인 해당 자
동차의 (악의의) 점유·사용으로 인한 부당이득반환청구에서, 소유자인 원
고로서는 본권에 관한 소인 위 인도청구의 인용 여부와 무관하게 점유자
인 피고의 악의를 주장, 증명할 수 있고, 위 인도청구의 인용 판결의 확
정을 전제로 위 인도청구 소송이 계속된 때 이후의 부당이득반환을 청구
하는 것도 위 규정 취지에 비추어 가능한 일이다. 아직 본권에 관한 소
가 계속 중이어서 "본권에 관한 소에서 패소한 때"에 이르지 아니하였다
는 이유만으로는, 권리 없는 자동차의 점유·사용자를 상대로 악의의 점
유·사용으로 인한 부당이득반환청구가 배척될 수 없는 것이다.

2. 점유보호청구권 제척기간의 의미와 그 기산점

민법 제205조는 물건에 대한 사실적 지배인 점유를 보호하기 위한
청구권 중 하나로 방해의 제거(보유) 및 손해배상 청구권을 규정하면서(제
1항), 이러한 청구권은 "침탈을 당한 날로부터 1년내에" 행사하여야 한다
고 정한다(제3항).

이러한 1년의 행사기간에 대하여 대법원은 종래 "청구권은 그 점유
를 침탈 당한 날 또는 점유의 방해행위가 종료된 날로부터 1년 내에 행
사하여야 하는 것으로 규정되어 있는데, 여기에서 제척기간의 대상이 되
는 권리는 형성권이 아니라 통상의 청구권인 점과 점유의 침탈 또는 방
해의 상태가 일정한 기간을 지나게 되면 그대로 사회의 평온한 상태가
되고 이를 복구하는 것이 오히려 평화질서의 교란으로 볼 수 있게 되므
로 일정한 기간을 지난 후에는 원상회복을 허용하지 않는 것이 점유제도

의 이상에 맞고 여기에 점유의 회수 또는 방해제거 등 청구권에 단기의
제척기간을 두는 이유가 있는 점 등에 비추어 볼 때, 위의 제척기간은
재판외에서 권리행사하는 것으로 족한 기간이 아니라 반드시 그 기간 내에
소를 제기하여야 하는 이른바 출소기간으로 해석함이 상당하다."고 판시한
바 있다.[100] 대법원 2016. 7. 29. 선고 2016다214483, 214490 판결도 위
판결에 이어 "민법 제205조 제2항이 정한 '1년의 제척기간'은 재판 외에서
권리행사하는 것으로 족한 기간이 아니라 반드시 그 기간 내에 소를 제기
하여야 하는 이른바 출소기간으로 해석함이 타당하다."고 판시하였다.

　　그런데 '청구권에 관한 제척기간'이라 하여 반드시 출소기간(제소기간)
으로 풀이하여야 할 논리적 필연성은 찾을 수 없다.[101] 물론 일정 기간(1년
을 초과한) 점유의 방해 상태가 계속되고, 이로써 형성된 사회의 평온한
상태를 다시 교란할 수 있게 하는 것이 점유제도의 이상에 맞지 않는다
는 점이 제척기간을 정하여 두고 그 기간을 단기로 설정한 취지나 논거
로는 제시될 수 있기는 하다. 그러나 이러한 사유만으로 위 제척기간이
반드시 출소기간이어야 한다는 점을 설명하기에 충분하지 않다. 게다가
당초 의용민법이 점유물방해제거청구권 등 점유보호에 관한 권리를 "점
유소권(占有訴權)"(제200, 201조)으로 규정하고 있었던 데 비해, 민법은 점유
보호청구권에 관한 권리근거 규정(제204~206조)에 '소'로써 행사되어야 한
다는 문언을 남겨두지 않기도 하였다.

　　그러나 위와 같은 규정 문언의 변동만으로는, 입법자가 소권 행사를
의도한 의용민법상 점유보호 규율을 재판 외 실체법적 청구까지 가능한
규율로 바꾸려는 취지이었는지, 판단하기 쉽지 않다.[102] 관련 규정의 내
용을 좀 더 살펴보면, 민법 제208조는 "점유의 소와 본권의 소와의 관계"

---

100) 대법원 2002. 4. 26. 선고 2001다8097, 8103 판결(민법 제204조 제3항과 제205
　　조 제2항에서 정한 행사기간에 관한 판시이었다) 등 참조.
101) 권영준(주 10), 83-84면; 김진우, 제척기간이 붙은 권리의 보전방법, 외법논집
　　(제28권), 한국외국어대학교 법학연구소(2007), 191면 등 참조.
102) 권영준(주 10), 83면은 의도적 입법 선택이라고 평가하는 반면, 김진우(주 101),
　　191면은 의용민법과 다른 내용을 규율할 의도 아래 점유보호청구권을 현재와 같은
　　문언으로 규정한 것은 아니라고 본다.

에 관한 규정을 두면서, 점유보호청구권이 소로써 행사되는 상황에 관해 규율하고 있다. 또, 민법 제209조가 일정한 제한적 요건 아래에서 점유자의 자력방위권과 자력탈환권을 인정하고 있는데, 이는 자력구제의 원칙적 불허용을 전제한 것이다.[103] 재판 외의 사력(私力)으로 점유의 방해상태를 제거하거나 회수하는 등의 조처는 우리 민법질서에서 금지되는 일이다. 이러한 관련 규정의 내용 및 각 규정의 체계와 그 취지, 그리고 앞서 본 단기의 제척기간을 둔 근거까지 아울러 보면, 민법 제204~206조의 규정에 명시적 문언이 없더라도, 제척기간이 걸리는 점유보호청구권은 현행 민법 아래에서도 금지된 실력행사로써 점유를 침탈·방해받거나 방해받을 염려가 있는 점유자를 위해 부여된, 법원(法院), 즉 사법(司法)절차를 통해 행사되어야 하는 청구소권을 의미[104]한다고 해석함이 타당하다고 생각한다.[105]

한편, 위 2016다214483 판결은, 민법 제206조 제1항에서 제척기간(출소기간)의 기산일인 "방해가 종료한 날"의 의미가 "방해 행위가 종료한 날"

---

103) 곽윤직·김재형(주 76), 217면; 지원림(주 3), 560면; 주석 민법[물권 1](주 20), 554면(김형석 집필) 참조.
104) 물론, 강포(强暴)에 의한 점유침탈 등 전형적 양태의 사적 실력행사 외에, 말이나 서면으로써 침탈된 점유물의 반환이나 방해의 제거나 예방 등을 최고, 독촉하는 등의 조처나 손해배상청구를 재판 외에서 하는 등의 조처까지 자력구제의 원칙적 금지에 반한다고 보기 어려울 것이다. 그러나 말이나 서면에 의한 최고 등은 현 점유자나 방해자의 임의 이행 없이는 침탈 또는 방해 등의 상태를 실질적·종국적으로 회복하는 조처가 될 수 없다. 방해자 등의 대응이나 그 밖의 상황에 따라 평화질서 교란상태를 더욱 가중할 수도 있다. 위와 같은 조처만으로 사실적 지배상태의 보호청구권이 실질적으로 행사·보전된다고는 볼 수 없는 것이다. 따라서 별도의 소제기 없이 그러한 조처만 행해진 상태에 머물러 있다면, 점유보호청구권에 단기의 제척기간을 둔 취지의 규율, 즉 금지된 사력행사로 인한 점유침탈이나 방해상태의 지속으로 창출된 새로운 사회평온 상태의 재교란 방지 목적을 위한 원상회복 불허의 제척기간 규율이 작동되어야 한다고 본다.
한편, 민법 제204, 205조에서 정한 손해배상청구권은 불법행위로 인한 손해배상이므로 민법 제766조가 적용된다고 보는 견해로는 민법주해[IV](주 20), 451면(최병조 집필) 참조.
105) 한편, 입법사적·비교법적 이유에서 점유보호청구권의 재판외 권리행사로 제척기간이 보전되지 않는다고 보아야 한다는 취지의 주장으로는 김진우(주 101), 195면 참조. 그 밖에 민법 제204~206조의 점유보호청구권이 점유소권(possessorium)이라는 전제에서 설명하는 문헌으로는 민법주해[IV](주 20), 433면 이하(최병조 집필) 참조.

이라고 판시하였다. 위 판결 사안에서와 같이, 건물의 출입문에 철망을 설치하는 등 사람의 행위로서 점유의 방해를 받은 경우라면, 그 행위로 인한 방해 상태가 계속되더라도 방해행위 종료 후 1년이 지나면서 형성된 새로운 사회평온 상태(방해가 지속되고 있는 그 상태)를 복구하는 것이 오히려 평화질서의 교란이 될 수 있다. 방해행위가 일정 기간 지속되어 방해 상태가 지속되다가 해당 방해행위가 종료한 때에도 마찬가지로 볼 수 있을 것이다. 이러한 행위 종료일을 새로운 사회평온 상태의 형성시기(始期)로서의 "방해가 종료한 날"로 보는 해석은 충분히 수긍할 수 있다.[106]

문제는 사람의 작위적 행위와 무관하게 방해 상태가 발생하여 지속되는 경우이다. 위 2016다214483 판결이 이러한 경우까지 염두에 두고 민법 제206조 제1항에서 정한 "방해가 종료한 날"의 의미를 판시한 것으로는 보기 어렵다.[107] 점유의 방해 상태가 지속하는 한 방해의 제거는 청구할 수 있지만, 그 방해 상태가 확립되어 안정된 경우라면 새로운 사회평온 상태를 보호할 필요가 있다. 따라서 작위적 행위와 무관하게 발생한 방해 상태가 동일한 상태로 1년 이상 지속하였다면 제척기간이 도과한 것으로 봄[108]이 점유보호청구권의 제척기간 규정 취지에 더 부합하지 않을까 한다.[109]

제2절 소 유 권

I. 소유권효력이 토지의 상하에 미치게 하는 '정당한 이익 있는 범위'

토지소유권은 토지의 효용을 완전히 누리는 것을 보장하는 것이다. 이를 위해서는 지표뿐 아니라 지상의 공간이나 지하의 지각(地殼)에도 소

---

106) 권영준(주 10), 84면; 민법주해[IV](주 20), 452-453면(최병조 집필); 주석 민법[물권 1](주 20), 528면(김형석 집필)도 기본적으로는 같은 취지로 이해된다.
107) 권영준(주 10), 85면(폭풍우로 A의 돌담이 B의 토지 위로 무너져 내린 경우에 B가 점유권에 기한 방해제거청구권을 행사하는 경우를 예시로 든다) 참조.
108) 주석 민법[물권 1](주 20), 528면(김형석 집필)도 같은 취지로 이해된다.
109) 반면, 방해상태가 확립되어 안정된 시점을 '방해가 종료한 날'로 보아 제척기간의 기산일로 보아야 한다는 견해로는 권영준(주 10), 84-85면 참조.

유권의 효력이 미칠 필요가 있다.[110] 이에 관해 민법 제212조는 "토지의 소유권은 정당한 이익 있는 범위 내에서 토지의 상하에 미친다."고 규정한다.[111] 정당한 이익이 미치지 않는 범위에서는 타인이 그 부분을 이용할 수 있도록 한 취지로 풀이할 수 있다.[112] 여기서 '정당한 이익 있는 범위'는 구체적 사안에서 거래관념 내지 사회관념에 따라 판단해야 한다고 이해되어 왔다.[113] 그러나 이러한 판단기준을 명시하여 제시한 대법원 판결례는 2010년대까지 소개된 바 없었다.

다만, 대법원이 종래 토지 상공에 고압전선이 통과하는 경우, 그 상공 부분과 관계 법령에서 고압전선과 건조물 사이에 일정한 거리를 유지하도록 규정하고 있다면 그 거리 내의 상공 부분은 토지소유자의 이용이 제한되고 있다고 볼 수 있다고 판시한 바 있기는 했다.[114] 또, 고압전선이 양쪽의 철탑으로부터 아래로 늘어져 있어 강풍 등이 있는 때에 양쪽으로 움직이는 횡진현상이 발생하더라도, 그 최대횡진거리 내의 상공 부분은 횡진현상이 발생할 가능성이 있는 것에 불과하므로 일반적으로는 토지소유자가 그 이용에 제한을 받고 있다고 볼 수 없지만 최대횡진거리 내의 상공 부분이라도 토지소유자의 이용이 제한되고 있다고 볼 특별한 사정이 있는 경우에는 토지소유자의 토지이용이 제한된다는 취지를 판시한 바도 있다.[115] 그러나 위 두 판결례에서도 '정당한 이익 있는 범위'의 판단기준이 구체적으로 제시되지는 않았다.

그러다가, 토지소유자 상공을 헬기의 이·착륙 항로로 사용하는 행위에 관하여, **대법원 2016. 11. 10. 선고 2013다71098 판결**이 "**토지의**

---

110) 곽윤직·김재형(주 76), 226면; 주석 민법[물권 1](주 20), 588면(이계정 집필) 참조.
111) 토지소유권의 상하범위에 관한 입법례 소개로는 박정제, 토지소유권이 토지 상공에 미치는 범위, 대법원판례해설(제109호), 법원도서관(2017), 10면; 주석 민법 [물권 1](주 20), 589−591면(이계정 집필) 참조.
112) 박정제(주 111), 12면 참조.
113) 권영준(주 10), 90면; 박정제(주 111), 10면; 이영준(주 80), 441면; 지원림(주 3), 564면; 주석 민법[물권 1](주 20), 591면(이계정 집필) 등 참조.
114) 대법원 2006. 4. 13. 선고 2005다14083 판결 참조.
115) 대법원 2009. 1. 15. 선고 2007다58544 판결 참조.

소유권은 정당한 이익이 있는 범위 내에서 토지의 상하에 미치고(민법 제212조), 토지의 상공으로 어느 정도까지 정당한 이익이 있는지는 구체적 사안에서 거래관념에 따라 판단하여야 한다."는 점을 밝혔다. 그리고 해당 토지 위의 상공을 헬기가 통과함으로써 "헬기의 하강풍으로 왕래하는 사람들이나 물건들에 피해를 입힐 우려가 큰 것으로 보이고," 그 토지 위의 건축허가 등의 제한을 받는 등의 사실관계를 거래관념에 비추어 보면, 해당 토지소유권이 그 상공 부분에 미친다고 판시하였다.[116]

위 판결의 판시내용과 그 판단구조를 살펴보면, 민법 제212조에서 정한 '정당한 이익 있는 범위'는 개별적·구체적 사안에서의 타인 또는 공공 이익과의 형량을 통해 해당 토지소유권에 기한 권능 행사를 근거 지울만한 보호가치성 평가에 따라 정해진다고 볼 수 있다.[117]

그러나 토지소유권의 '정당한 이익 있는 범위'에 해당한다고 하여, 해당 토지소유자가 곧바로 언제나 민법 제214조에서 정한 방해배제청구권을 행사하거나 자신의 소유권 침해를 이유로 불법행위에 기한 손해배상청구를 할 수 있는 것은 아니다. 물권적 방해배제청구권이나 불법행위에 기한 손해배상청구권이 성립하기 위해서는 방해의 위법성과 가해자의 위법행위가 있어야 한다. 대법원은 각 청구권원 요건인 위법성을 판단하는 기준으로 "참을 한도(수인한도)"를 제시한다. 위 2013다71098 판결에서도, "항공기가 토지의 상공을 통과하여 비행하는 등으로 토지의 사용·수익에 대한 방해가 있음을 이유로 비행 금지 등 방해의 제거 및 예방을 청구하거나 손해배상을 청구하려면, 토지소유권이 미치는 범위 내의 상공에서 방해가 있어야 할 뿐 아니라 방해가 사회통념상 일반적으로 참을 한도를 넘는 것이어야 한다. 이때 방해가 참을 한도를 넘는지는 피해의 성질 및 정도, 피해이익의 내용, 항공기 운항의 공공성과 사회적 가치, 항공기의 비행고도와 비행시간 및 비행빈도 등 비행의 태양, 그 토지 상

116) 위 2013다71098 판결 이유 부분 참조.
117) 민법 제212조에서 정한 '정당한 이익'이 형량 개념이라는 설명으로는 박정제 (주 111), 12면 참조.

공을 피해서 비행하거나 피해를 줄일 수 있는 방지조치의 가능성, 공법적 규제기준의 위반 여부, 토지가 위치한 지역의 용도 및 이용 상황 등 관련 사정을 종합적으로 고려하여 판단하여야 한다."라고 판시하였다.

위 "참을 한도"에 관한 판단기준 중 특히 주목할 만한 것은 "방지조치의 가능성"과 "지역의 용도 및 이용 상황"이다. 이는 민법 제217조 제1항에서 정한 "적당한 조처를 할 의무" 및 제2항에서 토지소유자에게 인용의무를 부과하는 기준으로 제시한 "이웃 토지의 통상의 용도에 적당한 것"과 연결된다.[118) 위 조항이 민법 제214조에 기한 소유물방해배제청구권을 보충 또는 제한하는 규정이라고 볼 때,[119) 토지소유권 행사를 방해하거나 그 토지소유권 침해행위에 대한 위법성 평가에 토지소유자의 상린관계상 조치 및 인용 의무가 핵심적 규준이 됨을 의미한다. 그런데 위와 같은 기준이 방해의 위법성 판단에서 작동할 때와 불법행위에서의 위법성 판단에서 작동할 때 각기 달라지는지에 관해서는 견해가 나뉜다.[120) 대법원은 이를 각각 달리 보는 듯한 판시를 한 바 있는데,[121) 좀 더 정밀한 연구·검토가 필요한 과제로 생각된다.

II. 소유권에 기한 물권적 청구권

1. 제3자에 대한 처분수권과 소유자의 물권적 청구권

물권관계의 규율에서는 채권법에서 인정하는 계약자유의 원칙이 인정되지 않는다.[122) "물권은 법률 또는 관습법에 의하는 외에는 임의로 창

---

118) 안법영, 교통소음Immission과 민사책임, 법문사(2001), 85면 참조.
119) 주석 민법[물권 1](주 20), 704면(황진구 집필).
120) 각 견해의 소개 및 정리로는 윤진수(주 10), 179－180면 참조.
121) 대법원 2015. 9. 24. 선고 2011다91784 판결(도로소음으로 인한 생활방해를 원인으로 소음의 예방 또는 배제를 구하는 방지청구는 금전배상을 구하는 손해배상청구와는 내용과 요건을 서로 달리하는 것이어서 같은 사정이라도 청구의 내용에 따라 고려요소의 중요도에 차이가 생길 수 있고, 방지청구는 그것이 허용될 경우 소송당사자뿐 아니라 제3자의 이해관계에도 중대한 영향을 미칠 수 있어, 방지청구의 당부를 판단하는 법원으로서는 해당 청구가 허용될 경우에 방지청구를 구하는 당사자가 받게 될 이익과 상대방 및 제3자가 받게 될 불이익 등을 비교·교량하여야 한다) 참조.

설하지 못한다."고 규정한 민법 제185조는 강행규정으로 해석되고, 이에 반하는 당사자 사이의 약정은 채권적 효력을 가지는 데 그친다.[123) 대표적 물권인 소유권에 대해서도 위와 같은 원리가 당연히 지배한다.

대법원 2014. 3. 13. 선고 2009다105215 판결은, 토지소유자가 제 3자에게 소유토지 중 일부의 처분권한을 수여하였다고 인정할 수 있을 때 해당 토지에 관한 처분권한 상실로 소유권에 기한 물권적 청구권을 행사할 수 없는지가 쟁점이 된 사안[124)을 다루었다. 이에 대해 위 판결은, "소유권은 물건을 배타적으로 지배하는 권리로서 대세적 효력이 있으므로, 그에 관한 법률관계는 이해관계인들이 이를 쉽사리 인식할 수 있도록 명확하게 정하여져야 한다. 그런데 소유자에게 소유권의 핵심적 내용에 속하는 처분권능이 없다고 하면(민법 제211조 참조), 이는 결국 민법이 알지 못하는 새로운 유형의 소유권 내지 물권을 창출하는 것으로서, 객체에 대한 전면적 지배권인 소유권을 핵심으로 하여 구축되어 있고 또한 물권의 존재 및 내용에 관하여 일정한 공시수단을 요구하는 물권법의 체계를 현저히 교란하게 된다."는 점을 지적하였다. 이러한 전제에서, "소유자가 제3자에 대하여 목적물의 소유권을 이전하기로 하는 매매·증여·교환 기타의 채권계약을 체결하는 것만에 의하여서는 자신의 소유권에 어떠한 물권적 제한을 받지 아니하여서, 그는 다른 특별한 사정이 없는 한 자신의 소유물을 여전히 유효하게 달리 처분할 수 있고, 또한 소유권에 기하여 소유물에 대한 방해 등을 배제할 수 있는 민법 제213조, 제214조의 물권적 청구권을 가진다."고 하면서, "나아가 소유자는 제3자에게 그 물건을 제3자의 소유물로 처분할 수 있는 권한을 유효하게 수여할 수 있다고 할 것인데, 그와 같은 이른바 '처분수권'의 경우에도 그 수

---

122) 곽윤직·김재형(주 76), 17면 참조.
123) 곽윤직·김재형(주 76), 20면; 지원림(주 3), 443-444면 참조. 다만, 물권법정주의에 반하는 물권행위를 내용으로 하는 채권행위는 언제나 무효라는 설명으로는 이영준(주 80), 21면 참조.
124) 해당 사안의 원심판결(서울고등법원 2009. 11. 19. 선고 2009나36175 판결)은 물권적 청구권의 일환인 소유권이전등기 등의 말소를 청구할 권리가 없다고 판단하였다.

권에 기하여 행하여진 제3자의 처분행위(부동산의 경우에 처분행위가 유효하게 성립하려면 단지 양도 기타의 처분을 한다는 의사표시만으로는 부족하고, 처분의 상대방 앞으로 그 권리 취득에 관한 등기가 있어야 한다. 민법 제186조 참조)가 대세적으로 효력을 가지게 되고 그로 말미암아 소유자가 소유권을 상실하거나 제한받게 될 수는 있다고 하더라도, 그러한 제3자의 처분이 실제로 유효하게 행하여지지 아니하고 있는 동안에는 소유자는 처분수권이 제3자에게 행하여졌다는 것만으로 그가 원래 가지는 처분권능에 제한을 받지 아니한다. 따라서 그는, 처분권한을 수여받은 제3자와의 관계에서 처분수권의 원인이 된 채권적 계약관계 등에 기하여 채권적인 책임을 져야 하는 것을 별론으로 하고, 자신의 소유물을 여전히 유효하게 처분할 수 있고, 또한 소유권에 기하여 소유물에 대한 방해 등을 배제할 수 있는 민법 제213조, 제214조의 물권적 청구권을 가진다."라는 점을 분명하게 확인하였다.

2. 물권적 청구권의 이행불능에 따른 손해배상청구 가부

물권적 청구권은 상대방에 대하여 일정한 행위(작위 또는 부작위)를 요구할 수 있다는 점에서 채권적 청구권과 유사한 측면이 있다. 따라서 그 성질에 반하지 않는 범위에서 채권에 관한 규정이 준용될 수 있다. 이행지체, 채권자지체, 변제에 관한 규정 등이 준용된다고 설명되곤 한다.[125]

나아가 과거의 판결례 중에는, 이행불능으로 인한 전보배상청구에 관한 규정(민법 제390조)도 물권적 청구권에 준용할 수 있음을 전제한 판시도 있었다.[126] 그러나 방해배제청구권에서 '방해를 제거할 수 없는 자'

---

125) 편집대표 곽윤직, 민법주해[Ⅴ], 박영사(1992), 188면(양창수 집필); 주석 민법[물권 1](주 20), 44면(손철우 집필) 등 참조.
126) 김재형, 민법판례분석, 박영사(2015), 87면에 따르면, 다음과 같은 2가지 유형, 즉 ① 무권리자가 타인 소유의 부동산에 관하여 임의로 소유권보존등기를 마친 후 그 부동산을 제3자에게 처분하였는데, 제3자의 등기부취득시효가 완성되어 소유자가 소유권을 상실하게 된 경우(미공간인 대법원 2008. 8. 21. 선고 2007다17161 판결; 대법원 2009. 6. 11. 선고 2008다53638 판결)와 ② 증여계약 등 원인행위에 의하여 소유권이전등기가 마쳐졌다가 나중에 그 원인행위가 강박에 의한

는 대개 '방해자'가 아니고, 반환청구권에서 점유의 상실이 소유물반환관
계 그 자체의 성립을 저지하므로 이로 인한 이행불능 법리가 적용될 수
없으며, 그 외의 원인으로 반환불능이 되어도 민법 제202조가 그 멸실,
훼손으로 인한 책임관계를 배타적으로 규율하므로, 이에 관하여 채무불이
행책임에 관한 규정이 적용될 여지가 없다는 주장이 제기되었다.[127]

그리고 대법원 2012. 5. 17. 선고 2010다28604 전원합의체 판결의
다수의견도, "<u>소유자가 그 후에 소유권을 상실함으로써 이제 등기말소 등
을 청구할 수 없게 되었다면, 이를 위와 같은 청구권의 실현이 객관적으
로 불능이 되었다고 파악하여 등기말소 등 의무자에 대하여 그 권리의
이행불능을 이유로 민법 제390조상의 손해배상청구권을 가진다고 말할
수 없다.</u>"고 판시하였다. 채무불이행을 이유로 하는 위 규정에 기한 손해
배상청구권은 "계약 또는 법률에 기하여 이미 성립하여 있는 채권관계에
서 본래의 채권이 동일성을 유지하면서 그 내용이 확장되거나 변경된 것
으로 발생"하는데, "위와 같은 등기말소청구권 등의 물권적 청구권은 그
권리자인 소유자가 소유권을 상실하면 이제 그 발생의 기반이 아예 없게
되어 더 이상 그 존재 자체가 인정되지 아니하는 것"임을 논거로 제시하
였다.

물권을 상실하면 물권적 청구권을 행사할 수 없다.[128] 이에 터 잡아
물건에 대해 물권을 상실하면 물권적 청구권도 소멸하고, 이로써 물권적
청구권의 이행불능 문제도 발생하지 않으므로, 민법 제390조에 기한 전

의사표시 등으로 취소되었으나, 부동산에 관하여 선의의 제3자 명의로 소유권이전
등기가 되어 소유권이전등기의 말소가 집행불능에 이르게 된 경우(대법원 2005.
9. 15. 선고 2005다29474 판결; 대법원 2006. 3. 10. 선고 2005다55411 판결)가 있
다고 한다.
127) 민법주해[Ⅵ](주 125), 189면(양창수 집필) 참조. 그 밖에 소유권에 기한 등기말
소청구권이 불능이 되는 경우에 채무불이행으로서의 이행불능과 같은 것으로 볼
수 없다는 취지로는 김제완, 계약취소시 소유권이전등기 말소의무의 이행불능으로
인한 전보배상청구권의 소멸시효 기산점, 민사재판의 제문제(제15권), 한국사법행
정학회(2006), 103면 참조.
128) 대법원 2005. 9. 28. 선고 2004다50044 판결; 대법원 2008. 10. 9. 선고 2008다
35128 판결; 대법원 2019. 7. 10. 선고 2015다249352 판결 등 참조.

보배상청구권도 발생하지 않는다는 논리 전개[129]는 그 자체로 매우 간명하다. 하지만 물권의 대상이 멸실되어 그 대상에 대한 물권과 물권적 청구권을 행사할 수 없게 되어도 당초의 물권적 청구권자와 그 상대방 사이에 모종의 법률관계가 형성되는 경우가 있다. 가령, 민법 제202조는 점유물 멸실 사안에 관한 점유자의 회복자에 대한 책임관계를 정하고,[130] 민법 제342조는 담보목적물인 질물 멸실 사안에 관한 질권자의 물상대위관계를 규율한다. 이는 저당권에 관하여 준용된다(민법 제370조). 이러한 규율들이 민법에 있음을 감안해 보면, 물건의 멸실 등으로 물권을 상실하고, 그 물권적 청구권의 상대방이 물권적 반환의무 내지 방해제거 등의 의무를 면하였다고 하여 물권적 청구권에서 확장되거나 변경되는 권리가 반드시 그리고 본질적으로 발생할 수 없는 것이라고 단정할 수 있을지 의문이다. 위 판결의 별개의견[131]이 "청구권이 발생한 기초가 되는 권리가 채권인지 아니면 물권인지와 무관하게 이미 성립한 청구권에 대하여는 그 이행불능으로 인한 전보배상을 인정하는 것이 법리적으로 불가능하지 아니하며, 이를 허용할 것인지는 법률 정책적인 결단"이라고 지적한 대목에 수긍이 가기도 한다.

---

129) 같은 취지로 위 전원합의체 판결을 설명하는 문헌으로 김재형(주 126), 88면; 지원림, 물권적 방해배제청구의 이행불능과 전보배상, 법률신문(2012. 6. 11.자) 참조.

130) 민법 제201~203조에 의하여 인정되는 소유자의 청구권은 소유물반환청구권의 행사로 인하여 발생하는 과실반환, 손해배상, 비용상환의 문제를 조정하는 부수적 청구권(채권)이라는 설명으로는 민법주해[IV](주 20), 352면; 주석 민법[물권 1](주 20), 467면(김형석 집필).

131) 별개의견(대법원장 양승태, 대법관 이상훈, 대법관 김용덕)은, "청구권이 발생한 기초가 되는 권리가 채권인지 아니면 물권인지와 무관하게 이미 성립한 청구권에 대하여는 그 이행불능으로 인한 전보배상을 인정하는 것이 법리적으로 불가능하지 아니하며, 이를 허용할 것인지는 법률 정책적인 결단이므로, 이미 대법원에서 이를 허용하여 채권에 못지않게 물권을 보호하는 견해를 취한 것은 구체적 타당성 면에서 옳고, 확정판결을 거쳐 기판력이 발생되어 있는 경우에는 더욱 그러하다고 보이며, 장기간 이와 같은 견해를 유지하여 온 판례들을 뒤집어 물권 내지는 물권자의 보호에서 후퇴하여야 할 이론적·실무적인 필요성이 없다."을 논거로 제시하면서, "선행소송에서 본래적 급부의무인 소유권보존등기 말소등기절차를 이행할 의무가 현존함이 확정된 경우, 그 이행불능 또는 집행불능에 따른 전보배상책임을 인정하는 것이 가능하다."고 보았다.

물론, 소유물반환관계에서 목적물이 멸실, 훼손되어 반환불능에 이르게 되는 경우[132)]에 관해서는 이미 민법 제202조가 점유자의 선·악의, 소유의 의사 유무 등에 따른 차등적 배상책임 규율을 마련해두고 있다. 이러한 규율을 우회하여 채무불이행으로 인한 손해배상책임에 관한 규정(민법 제390조)을 적용하는 것은 해당 법률관계의 성질에 반하는 일이 될 것이다.[133)] 다른 한편으로, 2010다28604 전원합의체 판결 사안처럼 타인 소유물에 원인 무효의 소유권등기를 마치는 방법 등으로 소유권행사를 방해하고 있는 경우에는, 해당 사안처럼 제3자의 등기부시효취득으로 당초 소유자의 소유권이 상실되더라도, 그로 인한 당초 소유자의 소유권 상실이익이 방해제거의무 불이행으로 인한 전보이익이 될 수는 없다고 보아야 할 것이다. 당초 소유자의 소유권 상실이익은 불법행위로 배상하여야 할 손해로 포착할 수 있기도 하다.[134)] 이러한 점들을 고려해 보면, 결과적으로 위 판결 사안에서 민법 제390조에 기한 전보배상청구권을 인정하지 않은 다수의견의 결론은 정당하다고 생각한다.

그러나 위와 같은 판시 법리가 물권에 기한 특정 물건의 반환 등 물권적 청구권과 그에 대응하는 의무가 면해지는 모든 경우에 적용되는 일반 법리의 지위를 갖는다고 보는 데에는 신중할 필요가 있다고 본다.[135)]

---

132) 민법 제202조의 '멸실'은 물리적 멸실뿐 아니라, 제3자에 대한 양도 등을 포괄하는 넓은 의미에서의 반환불능을 의미하는 것으로 해석되고 있다. 곽윤직·김재형(주 76), 208면 등 참조.

133) 윤진수(주 10), 184-185면; 민법주해[Ⅵ](주 125), 189면(양창수 집필) 참조.
   사견이기는 하나, 물건의 소유권 행사를 방해하는 행위를 하는 때에도, 그 방해행위 양태에 따라서는 민법 제202조를 (유추)적용하여 손해배상책임을 구할 만한 사안(가령, 타인의 토지를 적법한 권리 없이 점유하면서 그 지상에 지장물을 설치하여 그 토지 가치를 손상하는 방법으로 훼손한 경우)도 상정해볼 수 있지 않을까 한다.

134) 윤진수(주 10), 184-185면 참조[불법행위로 인한 손해배상청구 시 단기소멸시효(민법 제766조 제1항)가 적용되어 당초 소유자에게 불리하다고 볼 여지가 있으나, 해당 규정의 적용과정을 살펴볼 때 권리구제에 별 부족함이 없다는 취지의 설명도 함께 참조].

135) 가령, 독일연방최고법원은 2016. 3. 18. 선고한 판결(BGH NJW 2016, 3235)에

3. 소유물방해배제청구권에서의 '방해'

(1) 건축물대장상 건축물 소재 지번의 오기

민법 제214조는 "소유자는 소유권을 방해하는 자"에 대하여 "방해의 제거"를 청구할 수 있도록 규정한다. 여기서 '방해'란 소유권에 의하여 법적으로 보장되는 물건에 대한 전면적 지배(민법 제211조의 사용, 수익, 처분이 대표적)의 권능 내지 가능성이 타인의 개입에 의해 실제로는 실현되지 못하는 상태로 풀이되곤 한다.[136] '진실한 현재의 물권관계와 일치하지 않는 등기', 즉 불실(不實) 기재가 있는 등기는 소유권에 대한 추상적 방해의 대표 유형으로 제시되고 있다.[137]

그런데 건축물과 그 대지의 현황 및 일정한 건축물의 구조내력에 관한 정보를 적어서 보관하는 건축물대장[138]은 등기와 달리 그 기재 자체만으로는 소유권 등 권리관계를 공시하지 않는다. 그 기재 내용이 진실한 현재의 건축물 관계와 일치하지 않더라도, 추상적으로도, 소유물에 대한 지배 권능이나 그 가능성이 실제로 실현되지 못하는 상태에 있다고 보기 어려울 수 있다.

하지만 달리 볼 수 있는 때도 있다. 건축물대장의 기재 및 관리 등에 관한 규칙(이하 '건축물대장규칙'이라 한다)[139] 제6조는 동일한 대지에

서, 악의 또는 제소된 점유자가 독일 민법 제985조(우리 민법 제213조에 상응)에 따른 반환청구권을 이행하지 않는 경우, 물건의 소유자가 독일 민법 제280조 제1항, 제3항, 제281조 제1항, 제2항의 요건 아래에 이행에 갈음한 손해배상을 청구할 수 있다고 판시하였다. 독일 민법 제281조는 급부의 불이행 또는 채무에 좇지 아니한 이행으로 인한 전보배상에 관한 규정이다. 양창수, 독일민법전, 박영사(2018), 126 - 129면 참조. 만일, 물권적 반환청구권을 행사하는 소유자가 반환의무의 이행지체에 빠진 점유자에 대해 최고 후 기간 내 이행을 하지 않았다거나 반환에 더 이상 이익이 없음을 주장하며 반환의 수령을 거절하고 이행에 갈음한 손해배상을 청구한다면, 이때 우리 민법 제395조(이행지체와 전보배상)가 적용될 수 있는지에 관한 논의에 참고할 만한 판시라고 생각된다.

136) 민법주해[Ⅵ](주 125), 241 - 242면(양창수 집필); 주석 민법[물권 1](주 20), 647면 (이계정 집필) 참조.

137) 민법주해[Ⅵ](주 125), 257면 이하(양창수 집필); 주석 민법[물권 1](주 20), 670면 이하(이계정 집필) 참조.

138) 건축법 제38조 제1항 참조.

기존 건축물대장이 존재하는 경우 대장을 말소하거나 폐쇄하기 전에는 새로운 건축물대장을 작성할 수 없음을 규정한다. 따라서 가령, 어느 건축물의 대지가 실제와는 다른 지번으로 건축물대장에 기재되어 있는데도, 해당 건축물 소유자가 지번의 정정신청을 거부한다면, 잘못 기재된 지번의 토지(즉, 실제로는 위 건축물이 건립되어 있지 않은 토지) 소유자는 사실상 해당 토지 위에 건축물을 신축할 수 없고 그에 따른 소유권보존등기를 마칠 수도 없게 된다. 이렇게 되면, 건축물대장에 건축물 대지로 잘못 기재된 지번의 토지소유자로서는 해당 토지의 사용, 수익이라는 소유권 권능을 현실적으로 제대로 실현하지 못하는 상태에 이르게 된다.

대법원 2014. 11. 27. 선고 2014다206075 판결은, 위와 같은 사안에서 먼저 건축물대장의 작성 및 관리에 관한 건축물대장규칙 규정[140]의 내용을 살펴, 건축물대장의 지번에 관한 사항에 잘못이 있는 경우, 건축물대장 소관청이 직권 정정을 제외하고는 건축물 소유자의 신청에 의해서만 정정이 가능하고, 잘못 기재된 지번의 토지 소유자가 건축물대장 소관청에 대해 지번의 정정을 신청하더라도, 소관청이 건축물 소유자의 정정신청 없이 지번을 정정할 수 없음을 확인하였다.[141] 이러한 사정을 감안하여, "건축물대장에 건축물 대지로 잘못 기재된 지번의 토지 소유자라고 주장하는 자가 지번의 정정신청을 거부하는 건축물 소유자를 상대로 건축물대장 지번의 정정을 신청하라는 의사의 진술을 구하는 소는 토지 소유권의 방해배제를 위한 유효하고도 적절한 수단으로서 소의 이익이 있다."고 판시하여 건축물대장상 대지 지번 오기로 인한 소유권행사 제한으로부터의 법적 구제방법을 마련하였다.

---

139) 건축법 제38조, 제39조, 같은 법 시행령 제25조에 따라 건축물대장의 서식·기재내용·기재절차·관리 및 등기촉탁의 절차 등에 관하여 필요한 사항을 규정하기 위해 마련된 규칙이다. 같은 규칙 제1조 참조.
140) 건축물대장규칙 제21조.
141) 건축물대장규칙에는 부동산등기법 제28조(채권자대위권에 의한 등기신청)에 상응하는 대위신청 제도에 관한 규정이 없다.

(2) 방해와 손해의 구별: 토양오염물질의 매립 사안

소유물방해배제청구권(민법 제214조)의 요건인 소유권에 대한 '방해' 개념은 불법행위(민법 제750조)에 기한 손해배상청구권에서의 '손해' 개념과 쉽게 구별되지 않는다. 이 문제는 특히, 토지가 토양오염물질 유입으로 오염된 사안에서 주된 쟁점이 되곤 하였다. 소유물방해배제청구권과 손해배상청구권은 그 구성요건뿐 아니라 소멸시효 적용에 관해서도 차이가 난다. 오염된 토지의 소유자는 위법행위자의 과책을 주장·증명하여야 하고 소멸시효(민법 제766조)의 대상이 되기도 하는 손해배상청구권에서의 '손해'를 주장하기보다는, 소유물방해배제청구권의 '방해'를 주장할 유인이 컸다.

대법원은 2003년 "소유권에 기한 방해배제청구권에 있어서 '방해'라 함은 현재에도 지속되고 있는 침해를 의미하고, 법익 침해가 과거에 일어나서 이미 종결된 경우에 해당하는 '손해'의 개념과는 다르다 할 것이어서, 소유권에 기한 방해배제청구권은 방해결과의 제거를 내용으로 하는 것이 되어서는 아니 되며(이는 손해배상의 영역에 해당한다 할 것이다) 현재 계속되고 있는 방해의 원인을 제거하는 것을 내용으로 한다"고 하면서, 해당 사건에서 오염된 토지에 쓰레기가 매립되어 있어도 과거의 위법한 매립공사로 인하여 생긴 결과로서 원고가 입은 손해에 해당하고, 소유권에 기한 방해배제청구권을 행사할 수 있는 경우에 해당하지 않는다고 보았다.[142]

그러나 대법원이 위 2003년 판결 이전에, 폐기물이 독립된 물건의 형태로 대지 위에 적치되어 있는 사안에서 소유권 방해를 인정하고 해당 폐기물의 취거청구를 인용한 바 있었다.[143] 종래 타인의 토지 위에 건물을 지은 경우, 그 건축행위가 완료되어도 부지 소유자의 소유물방해배제청구권(철거청구권)을 인정해오던 실무례에 비추어 보더라도, 위와 같은 방해행위 종료를 기준으로 한 구별기준의 제시에 대한 비판[144]이 제기될

---

142) 대법원 2003. 3. 28. 선고 2003다5917 판결 참조.
143) 대법원 2002. 10. 22. 선고 2002다46331 판결 참조.

만했다.

  이후 대법원은 토양오염 유발 및 폐기물 매립에 따른 불법행위책임
이 문제 된 2016년 전원합의체 판결의 이유에서, 토지소유자가 오염 사
실을 발견하고 이를 제거하여야 할 때부터 민법 제766조 제2항에서 정한
소멸시효가 기산된다는 취지를 판시하였다.[145] 이로써 오염된 토지의 소
유자가 오염물질 정화비용 정도의 손해배상청구권을 행사할 때 소멸시효
완성으로 인한 권리구제 좌절의 위험으로부터 어느 정도 벗어날 수 있게
되었다. 다만, 위 전원합의체 판결은 "토지 소유자의 소유권을 방해하는
상태가 계속되며, 이에 따라 폐기물을 매립한 자는 그 폐기물이 매립된
토지의 소유자에 대하여 민법상 소유물방해제거의무의 하나로서 폐기물
처리의무를 부담할 수도 있다"라는 판시도 그 이유에서 밝히기도 하였다.

  그런데 대법원 2019. 7. 10. 선고 2016다205540 판결은, 오염된
토지의 지하 1.5~4m 지점 사이에 비닐, 목재, 폐의류, 오니류, 건축폐기
물 등 각종 생활쓰레기가 뒤섞여 혼합된 상태로 매립되어 있던 사안에
서, "이 사건 토지 지하에 매립된 생활쓰레기는 매립된 후 30년 이상 경
과하였고, 그 사이 오니류와 각종 생활쓰레기가 주변 토양과 뒤섞여 토
양을 오염시키고 토양과 사실상 분리하기 어려울 정도로 혼재되어 있다
고 봄이 상당하며, 이러한 상태는 과거 피고의 위법한 쓰레기매립행위로
인하여 생긴 결과로서 토지 소유자인 원고가 입은 손해에 불과할 뿐 생
활쓰레기가 현재 원고의 소유권에 대하여 별도의 침해를 지속하고 있는
것이라고 볼 수 없다. 따라서 원고의 방해배제청구는 인용될 수 없다."라
고 판시하였다. 이는 위 2003년 대법원 판결에서 제시된 오염된 토지에
관한 '방해'와 '손해'의 구별 규준이 위 사안에도 적용된 결과로 평가할
수 있다.

---

144) 김형석, 소유물방해배제청구권에서 방해의 개념 – 대법원 2003.3.28. 선고, 2003
   다5917 판결의 평석을 겸하여 –, 서울대학교 법학(제45권 제4호), 서울대학교 법학
   연구소(2004), 400, 421면 이하 참조.
145) 대법원 2016. 5. 19. 선고 2009다66549 전원합의체 판결 참조. 이후 같은 취지
   의 판결로는 대법원 2021. 3. 11. 선고 2017다179, 186 판결이 있다.

이러한 판결에 대해서는, 방해배제(제거)청구권이 방해원(妨害源)의 제거를 구하는 권리로서 방해원에 해당하는 오염물질이 현존하는 이상 방해의 현존성이 인정되므로 그 제거청구권을 인정함이 타당하다는 비판[146]이 다시 제기되었다.

이러한 비판 취지를 반영한 재검토 여지를 부인할 수 없다. 물론, 토양환경보전법 제10조의3이 토양오염야기자의 손해배상 및 정화 등 조치에 관한 무과실책임을 규율하고, 위 2016년 전원합의체 판결로써 오염토지 소유자의 손해배상청구권이 시효완성으로 제약될 가능성도 줄어들었으므로, 토양오염 사건에서는 주로 위 법률에 따른 구제방법이 활용될 것으로 예상되기는 한다. 그렇다손 치더라도, 그간의 대법원 판결례 논지는 분명 혼란스럽다. 토양오염이 아니더라도, 오염물질이 다른 사람의 (흰색) 옷에 묻은 경우, 겨울에 타인이 던진 돌로 주택의 창문이 깨져 그 깨진 틈으로 바람이 들어 해당 주택의 사용이 어렵게 된 경우[147] 등 비견할 만한 사안들에서 과연 민법 제214조에서 정한 방해배제를 인정할 수 있을지, 손해배상 문제로만 해결하여야 할지 판단하기 쉽지 않다. 우리 민법상 민법 제214조에서 정한 방해배제청구권의 의미와 기능에 대한 고려뿐 아니라, 민법상 손해배상책임에 과책원리(Verschuldensprinzip)가 관철되고 있음에 비해 방해배제청구권은 방해자의 과책을 요구하지 않음도 아울러 볼 필요가 있다.[148] 과연 방해배제(제거)청구의 구체적 내용으로 지목된 행위를 하는 과정에서 해당 방해원의 유입 시보다 과다한 비용이 필요한 경우(가령, 방해원이 되는 물건 자체의 제거·운반비용 외의 소유물 자체의 정화·복구비용이 드는 경우), 이러한 재산상 불이익을 과책 없는 방해자에게 방해배제(제거)청구권 행사라는 명목으로 전가할 수 있을까? 조심스럽지만, 현재로서는 회의적이다.[149]

---

146) 이계정, 소유물방해제거청구권 행사를 위한 방해의 현존, 민사판례연구(제43권), 박영사(2021), 248면 이하 참조.

147) 김형석(주 144), 396에서 제시한 사안 참조.

148) 이미 김형석(주 144), 396면 참조.

149) 한편, 민법상 물권적 청구권은 행위청구권이지만, 이를 관철할 때 생기는 불합

Ⅲ. 배타적 사용수익권의 포기

1970년대부터 대법원은, 토지소유자가 일단의 택지를 여러 사람에게 분양하면서 그 택지를 위한 공로로의 통행로 제공 용도로 설치된 도로에 관하여, 해당 토지소유자가 해당 토지(도로가 된 부분)에 대한 "독점적이고 배타적인 사용수익권을 행사할 수 없"다는 이유로 그 도로를 관리하여 이를 점유한다고 볼 수 있는 지방자치단체에 대한 부당이득금 반환청구를 기각하는 취지의 판결을 하였다.[150] 그리고 이후 국가나 지방자치단체 등이 타인의 토지 위에 권원 없이 도로 등 시설물을 개설·유지하는 경우에 관한 같은 취지의 판결례[151]가 이어졌다. 이러한 판결례 중에는 도로개설 당시의 토지소유자로부터의 특정승계인에 대해서도 위와 같은 법리가 적용된다는 판시[152]도 있었다. 이러한 법리가 우리 민법질서에 어울리는 것인지에 대한 의문이 제기될 만했다.[153]

이후 대법원은 2009년 "소유권의 핵심적 권능에 속하는 사용·수익의 권능이 소유자에 의하여 대세적으로 유효하게 포기될 수 있다고 하

리를 피하고자 과실책임 일반원칙에 따라 해결할 것을 제안하는 곽윤직·김재형 (주 76), 31-32면의 설명 취지도 이 논제와 관련해 숙고해보아야 할 것으로 생각한다.

150) 가령, 대법원 1974. 5. 28. 선고 73다399 판결 등 참조.
151) 가령, 대법원 1985. 8. 13. 선고 85다카421 판결; 대법원 1989. 2. 28. 선고 88다카4482 판결; 대법원 1992. 7. 24. 선고 92다15970 판결 등 참조. 토지소유자가 토지인도 청구나 지상 건물 등의 철거청구 등의 물권적 청구권을 행사할 때에도 배타적 사용수익권의 포기 법리가 다루어질 수 있을 것이다. 윤진수(주 10), 172면 등 참조. 다만, 위 예시 판결례는 모두 부당이득반환이 청구된 사안이었다. 대법원 판결례 중에서 물권적 청구권이 행사되었으나, 배타적 사용수익권 포기가 인정되어 그 물권적 청구권 행사가 배척된 사안은 쉽게 찾기 어렵다. 대개 도로 등 공적 시설물의 인도나 철거를 청구하는 데 법률상 또는 현실적 제약이 있고, 그렇지 않더라도 배타적 사용수익권 포기 법리를 (더는) 적용할 수 없는 경우가 다수이기 때문이 아닐까 한다. 아래 주 154)의 판결례 참조.
152) 대법원 1994. 9. 30. 선고 94다20013 판결; 대법원 1998. 5. 8. 선고 97다52844 판결 등 참조.
153) 가령, 권영준, 배타적 사용수익권 포기 법리에 관한 비판적 검토, 서울대학교 법학(제47권 제4호), 서울대학교 법학연구소(2006), 318-326면; 민법주해[ⅩⅦ] (주 88), 304-306면(양창수 집필) 등 참조.

면, 이는 결국 처분권능만이 남는 민법이 알지 못하는 새로운 유형의 소유권을 창출하는 것으로서, 객체에 대한 전면적 지배권인 소유권을 핵심으로 하여 구축된 물권법의 체계를 현저히 교란하게 된다."라고 하면서, 위와 같은 법리의 논리는 "소유물반환청구권 등의 물권적 청구권과는 무관한 것"으로 이해되어야 한다고 판시하였다.[154] 배타적 사용수익권 포기를 물권적 포기로 보아서는 아니 된다는 취지를 분명히 한 것이다.[155]

그리고 2010년대에 이르러, 대법원 2013. 8. 22. 선고 2012다54133 판결은, 위 2009년 판결의 판시에 기초를 두고, "토지소유자가 그 소유 토지를 일반 공중의 통행로로 무상제공하거나 그에 대한 통행을 용인하는 등으로 자신의 의사에 부합하는 토지이용상태가 형성되어 그에 대한 독점적·배타적 사용·수익권이 인정되지 않는다고 보는 경우에도, 이는 금반언이나 신뢰보호 등 신의성실의 원칙상 기존의 이용상태가 유지되는 한 토지소유자는 이를 수인하여야 하므로 배타적 점유·사용을 하지 못하는 것으로 인한 손해를 주장할 수 없기 때문에 부당이득반환을 청구할 수 없는 것일 뿐이고, 그로써 소유권의 본질적 내용인 사용·수익권 자체를 대세적·확정적으로 상실하는 것을 의미한다고 할 것은 아니다."라고 하면서, "그 후 토지이용상태에 중대한 변화가 생기는 등으로 배타적 사용·수익권을 배제하는 기초가 된 객관적인 사정이 현저히 변경된 경우에는, 토지소유자는 그와 같은 사정변경이 있은 때부터는 다시 사용·수익권능을 포함한 완전한 소유권에 기한 권리주장을 할 수 있다고 보아야 한다."고 판시하였다.[156]

이후 대법원 2019. 1. 24. 선고 2016다264556 전원합의체 판결에서는, 배타적 사용수익권 포기에 관한 기존 법리의 유지 여부가 종합적

---

154) 대법원 2009. 3. 26. 선고 2009다228, 235 판결 참조.

155) 강승준(주 1), 436면 참조.

156) 위 2012다54133 판결 이유 참조. 이 판결에서는 "그러한 사정변경이 있는지는 당해 토지의 위치와 물리적 성상, 토지소유자가 토지를 일반 공중의 통행에 제공하게 된 동기와 경위, 당해 토지와 인근 다른 토지들과의 관계, 토지이용 상태가 바뀐 경위 및 종전 이용상태와의 동일성 여부 등 전후 여러 사정을 종합적으로 고려하여 판단할 것"임도 제시하였다.

으로 검토되었다. 반대의견 중에는, "기존의 독점적 · 배타적인 사용 · 수
익권의 포기에 관한 법리를 유지하고 있으나, 대법원의 기존 법리에는
우리나라의 법체계상 받아들이기 어려운 문제가 있다."라고 하면서, "주
위토지통행권이나 지상권과 같은 물권 또는 임대차, 사용대차와 같은 채
권적 토지이용계약이 성립하였거나, 토지 소유자의 권리행사가 신의칙에
어긋나거나 권리남용에 해당하는 경우와 같이, 민법 등 법률의 명문 규
정과 그에 기초한 법리가 적용될 수 있는 경우에만 토지 소유자의 사
용 · 수익권을 포함한 소유권 행사가 제한될 수 있"고, 그 이외의 경우에
위와 같은 법리를 인정할 수 없다는 의견157)이 있었다. 또 "당사자들의
의사나 거래관행에 비추어 볼 때, 토지 소유자가 자발적인 의사로 자신
의 토지를 무상 사용하도록 하였더라도 토지의 사용 · 수익권 자체를 '포
기'한 것으로 볼 수 없"고, "이러한 의사표시에는 대세적인 효력이 없"으
며, "배타적 사용 · 수익권 포기를 이유로 토지 소유자의 권리를 제한하는
이론은 민법 제1조가 규정하는 법원(法源)의 어디에서도 그 근거를 찾을
수 없다"는 등의 이유로, "'채권적' 또는 '그 상대방에 대하여'와 같은 부
연설명 없이 배타적 사용 · 수익권 포기를 이유로 토지 소유자의 사용 ·
수익권을 포함한 권리행사를 제한하고, 토지 소유자의 특정승계인에게도
그러한 포기의 효과가 당연히 미친다고 판단한 대법원판결들"은 변경되
어야 한다는 의견158)도 있었다.

　　그러나 다수의견은 "이러한 법리는 대법원이 오랜 시간에 걸쳐 발전
시켜 온 것으로서, 현재에도 여전히 그 타당성을 인정할 수 있다."고 보
았다. 다만, "토지 소유자의 독점적이고 배타적인 사용 · 수익권 행사의
제한 여부를 판단하기 위해서는 토지 소유자의 소유권 보장과 공공의 이
익 사이의 비교형량을 하여야 하고, 원소유자의 독점적 · 배타적인 사용 ·
수익권 행사가 제한되는 경우에도 특별한 사정이 있다면 특정승계인의
독점적 · 배타적인 사용 · 수익권 행사가 허용될 수 있다. 또한, 토지 소유

---

157) 위 2016다264556 전원합의체 판결 중 대법관 조희대의 반대의견 참조.
158) 위 2016다264556 전원합의체 판결 중 대법관 김재형의 반대의견 참조.

자의 독점적·배타적인 사용·수익권 행사가 제한되는 경우에도 일정한 요건을 갖춘 때에는 사정변경의 원칙이 적용되어 소유자가 다시 독점적·배타적인 사용·수익권을 행사할 수 있다고 보아야 한다."면서 그 인정요건에 사익(소유권보장)과 공익 사이의 비교형량이 있고, 일정한 요건을 갖춘 때에는 배타적 사용수익권 행사가 허용될 수 있음도 분명히 밝혔다. "토지 소유자가 그 소유의 토지를 도로, 수도시설의 매설 부지 등 일반 공중을 위한 용도로 제공한 경우"로서 위와 같은 형량 결과 위와 같은 배타적 사용수익권 포기 법리가 적용될 수 있지만, 이때에도 "소유권의 핵심적 권능에 속하는 사용·수익 권능의 대세적·영구적인 포기는 물권법정주의에 반하여 허용할 수 없으므로, 토지 소유자의 독점적·배타적인 사용·수익권의 행사가 제한되는 것으로 보는 경우에도, 일반 공중의 무상 이용이라는 토지이용현황과 양립 또는 병존하기 어려운 토지 소유자의 독점적이고 배타적인 사용·수익만이 제한될 뿐이고, 토지 소유자는 일반 공중의 통행 등 이용을 방해하지 않는 범위 내에서는 그 토지를 처분하거나 사용·수익할 권능을 상실하지 않는다."라는 점도 밝혔다. 원소유자의 배타적 사용수익권 행사가 제한되는 토지의 소유권을 경매, 매매, 대물변제 등으로 승계한 특정승계인에 대해서는, "특별한 사정이 없는 한 그와 같은 사용·수익의 제한이라는 부담이 있다는 사정을 용인하거나 적어도 그러한 사정이 있음을 알고서 그 토지의 소유권을 취득하였다고 봄이 타당하므로, 그러한 특정승계인은 그 토지 부분에 대하여 독점적이고 배타적인 사용·수익권을 행사할 수 없다."라고 하면서, "특정승계인이 토지를 취득한 경위, 목적과 함께, 그 토지가 일반 공중의 이용에 제공되어 사용·수익에 제한이 있다는 사정이 이용현황과 지목 등을 통하여 외관에 어느 정도로 표시되어 있었는지, 해당 토지의 취득가액에 사용·수익권 행사의 제한으로 인한 재산적 가치 하락이 반영되어 있었는지, 원소유자가 그 토지를 일반 공중의 이용에 무상 제공한 것이 해당 토지를 이용하는 사람들과의 특별한 인적 관계 또는 그 토지 사용 등을 위한 관련 법령상의 허가·등록 등과 관계가 있었다고 한다면, 그와 같은 관련성이 특정승계인에게 어떠한 영향을 미치는지 등의 여러 사정을 종합적으로 고려하여" 특정승계인의 독점적·배타적 사용수익권 행사를 허용할 특별한 사정의 유무를 판단하여야 한다고 하면서, 특정승계인에게 위 법리가 적용되지 않을 수 있는 여지를 분명히 남겨두었다.

그러나 특정승계인이 "특별한 사정이 없는 한 그와 같은 사용·수익의 제한이라는 부담이 있다는 사정을 용인하거나 적어도 그러한 사정이 있음을 알고서 그 토지의 소유권을 취득하였다고 봄이 타당"하다는 판시를 일반화·원칙화할 수 있을지, '어떠한 사정의 인식'과 '소유권 권능 중 일부를 불특정 다수인에 대하여 행사하지 않겠다는 채무부담적 의사'를 동일시할 수 있을지, 다른 대안적 법리가 없을지, 여전히 여러 의문이 남는다.[159]

이후에 나온 대법원 2019. 11. 14. 선고 2015다211685 판결은, 배타적 사용수익권 법리의 적용 확대를 경계한다. 즉, "토지소유자의 독점적·배타적 사용·수익권 행사 제한의 법리는 토지가 도로, 수도시설의 매설 부지 등 일반 공중을 위한 용도로 제공된 경우에 적용되는 것이어서, 토지가 건물의 부지 등 지상 건물의 소유자들만을 위한 용도로 제공된 경우에는 적용되지 않는다."라고 하면서, "토지소유자가 그 소유 토지를 건물의 부지로 제공하여 지상 건물소유자들이 이를 무상으로 사용하도록 허락하였다고 하더라도, 그러한 법률관계가 물권의 설정 등으로 특정승계인에게 대항할 수 있는 것이 아니라면 채권적인 것에 불과하여 특정승계인이 그러한 채권적 법률관계를 승계하였다는 등의 특별한 사정이 없는 한 특정승계인의 그 토지에 대한 소유권 행사가 제한된다고 볼 수 없다."라고 판시하였다.[160] 이러한 경향은 이후의 대법원판결[161]에서도

---

159) 윤진수(주 10), 174면(기본적으로 공법상 손실보상 법리에 의한 해결을 제시한다) 참조.

160) 위 판결 사안에 대해서는 집합건물의 소유 및 관리에 관한 법률 제20조에서 정한 전유부분과 대지사용권의 일체성(분리처분금지) 규율로 해결 가능하다는 견해로는 민사판례해설, 서울고등법원 판례공보스터디(2020), 178-179면 참조.

161) 토지가 건물의 부지 등 지상 건물의 소유자들만을 위한 용도로 제공된 경우에는 위 배타적 사용수익권 행사 제한의 법리가 적용되지 않는다고 한 대법원 2021.

확인할 수 있다.

Ⅳ. 상린관계

1. 상린관계 규정에 의한 수인의무 범위와 사적자치 원리

2010년대 대법원 민사판례의 주요 경향 중 하나로 상린관계에 관한 판결 사안의 증대를 꼽고 싶다. 소유권에 관해서는 종래 취득과 귀속에 관한 다수의 분쟁과 판례법리가 양산된 데에 비해, 이웃 부동산소유자 사이의 사용관계 조정에 관한 분쟁은 주위토지통행권 외에는 쉽게 접하기 어려웠다.

그런데 **대법원 2012. 12. 27. 선고 2010다103086 판결**은 상린관계에 관한 민법 등 법률 규정 및 사적자치 원리와의 관계와 그 법률 규정의 해석 및 유추적용에 관한 지침을 제시하였다는 점에서 의미를 부여할 수 있다. 이 판결에서 대법원은 "<u>인접하는 토지 상호간의 이용의 조절을 위한 상린관계에 관한 민법 등의 규정은 인접지 소유자에게 소유권에 대한 제한을 수인할 의무를 부담하게 하는 것이므로 적용 요건을 함부로 완화하거나 유추하여 적용할 수는 없고, 상린관계 규정에 의한 수인의무의 범위를 넘는 토지이용관계의 조정은 사적자치의 원칙에 맡겨야 한다.</u>"는 점을 밝혔다. 이러한 전제에서 "<u>어느 토지소유자가 타인의 토지를 통과하지 아니하면 필요한 전선 등을 시설할 수 없거나 과다한 비용을 요하는 경우에는 타인은 자기 토지를 통과하여 시설을 하는 데 대하여 수인할 의무가 있고(민법 제218조 참조), 또한 소유지의 물을 소통하기 위하여 이웃토지 소유자가 시설한 공작물을 사용할 수 있지만(민법 제227조), 이는 타인의 토지를 통과하지 않고는 전선 등 불가피한 시설을 할 수가 없거나 타인의 토지를 통하지 않으면 물을 소통할 수 없는 합리적 사정이 있어야만 인정되는 것</u>"이라고 하면서, "<u>인접한 타인의 토지를 통과하지 않고도 시설을 하고 물을 소통할 수 있는 경우에는 스스로 그와 같은</u>

---

2. 25. 선고 2018다278320 판결 참조.

시설을 하는 것이 타인의 토지 등을 이용하는 것보다 비용이 더 든다는 등의 사정이 있다는 이유만으로 이웃토지 소유자에게 그 토지의 사용 또는 그가 설치·보유한 시설의 공동사용을 수인하라고 요구할 수 있는 권리는 인정될 수 없"고, "위와 같은 경우에는 주위토지통행권에 관한 민법 제219조나 유수용공작물(流水用工作物)의 사용권에 관한 민법 제227조 또는 타인의 토지 또는 배수설비의 사용에 관하여 규정한 하수도법 제29조 등 상린관계에 관한 규정의 유추적용에 의하여 타인의 토지나 타인이 시설한 전선 등에 대한 사용권을 갖게 된다고 볼 여지는 없다."는 점을 분명히 하였다.

위와 같은 판시 취지를 보면, 우선 학설상 민법의 상린관계에 관한 규정이 임의규정인지, 강행규정인지에 관한 견해 대립이 있음이 떠오른다.[162] 대법원의 위와 같은 판시 취지는 상린관계에 관한 대인적(채권법적) 효력을 갖는 토지이용관계 조정에 관한 당사자 합의는 사적자치 원리상 허용됨을 확인한 것으로 풀이된다. 그러나 당사자 사이에 대세적 효력을 갖는 토지이용관계 조정 규율을 임의로 창설하는 것은 물권법 규정의 강행성(민법 제185조)에 반하는 일이 될 것이다. 민법 등 상린관계에 관한 법률 규정에서 이해관계의 조정에 관한 규율을 일반화·추상화하여 정해 둔 것은 그것이 상린관계에서 소유권 내용의 한계로서 자리매김할 수 있다는 입법적 평가가 있었기 때문이다. 이에 대해서는 사적자치의 원리가 대세적 효력을 갖고 관철될 수 없다. 따라서 개별적·구체적 사정에 터 잡아 상린관계에 관한 형평적 조정을 추구하는 일은 상린관계에 관한 물권법 질서에 어울린다고 볼 수 없다. 나아가 당사자 의사에 무관하게, 해당 사안에 꼭 들어맞는 법률 규정이 없음에도 다른 규정의 규율이나 그 취지를 함부로 유추하여 이웃 토지 소유자의 소유권 내용에 한계를 설정하는 일도 삼가야 할 것이다.

---

162) 각 견해의 소개로는 주석 민법[물권 1](주 20), 681면(황진구 집필) 참조. 또한, 관련지어 위 주 123) 및 해당 본문 부분도 참조.

2. 타인 토지 통과시설권

대법원 2016. 12. 15. 선고 2015다247325 판결도 민법의 상린관계 규율에 관한 위 2010다103086 판결과 같은 이해를 바탕으로 하고 있다. 이 판결에서 대법원은, "민법 제218조 제1항 본문이 "토지 소유자는 타인의 토지를 통과하지 아니하면 필요한 수도, 소수(疏水)관, 까스관, 전선 등을 시설할 수 없거나 과다한 비용을 요하는 경우에는 타인의 토지를 통과하여 이를 시설할 수 있다."라고 규정하는데, 이와 같은 수도 등 시설권은 법정의 요건을 갖추면 당연히 인정되는 것이라는 전제에서, <u>수도 등 "시설권에 근거하여 수도 등 시설공사를 시행하기 위해 따로 수도 등이 통과하는 토지 소유자의 동의나 승낙을 받아야 하는 것이 아니다. 따라서 토지 소유자의 동의나 승낙은 민법 제218조에 기초한 수도 등 시설권의 성립이나 효력 등에 어떠한 영향을 미치는 법률행위나 준법률행위라고 볼 수 없다.</u>"라고 판시하였다.

위 판결 사안의 요지는 다음과 같다. 즉 어느 지방자치단체의 '수도급수 조례'에서 급부공사 신청 시 필요하다고 판단될 경우 이해관계인의 동의서를 제출하게 할 수 있다고 규정하고 있는데, 해당 지방자치단체가 위 조례 등에 근거하여 급수공사 시 경유하여야 하는 이웃 토지의 소유자의 토지사용승낙서 제출을 요구하며 급수공사 시행신청을 반려하자, 해당 신청인이 민법 제218조에서 정한 수도 등 시설권을 근거로 위 이웃 토지소유자를 상대로 수도 등 시설공사에 필요한 토지 사용을 승낙한다는 진술을 구하는 소를 제기한 사안이었다.

대법원은, 급수공사 신청인의 토지사용권한 유무를 확인하기 위한 증명자료의 하나로서 위와 같은 동의서를 요구하는 것이 위 조례의 취지라고 설명하면서, 급수공사 신청인이 민법 제218조의 수도 등 시설권이 있다는 확인을 구하는 소 등을 제기하여 승소판결을 받은 다음 이를 해당 신청인의 사용권한을 증명하는 자료로 제출하여 급부공사의 시행을 신청할 수 있다고 보아, 위 의사진술을 명하는 판결을 구하는 소에 권리

보호의 이익을 인정할 수 없다고 판단하였다.

3. 주위토지통행권

대법원은 2000년대 들어 주위토지통행권에 관한 종래의 판례법리를 보충하여 주위토지통행권의 범위, 그 범위에 관한 판단기준 및 비용부담, 주위토지통행권의 변경에 관한 의미 있는 판결을 한 바 있다.[163]

그러한 판시 법리가 2010년대 들어 더욱 발전·보완되었음을 보여주는 판결로, 대법원 2017. 1. 12. 선고 2016다39422 판결을 꼽을 수 있다. 이미 "주위토지통행권은 공로와 사이에 토지의 용도에 필요한 통로가 없는 경우에 피통행지 소유자의 손해를 무릅쓰고 특별히 인정하는 것이므로, 통행로의 폭이나 위치, 통행방법 등은 피통행지 소유자에게 손해가 가장 적게 되도록 하여야 하고, 이는 구체적 사안에서 쌍방 토지의 지형적·위치적 형상과 이용관계, 부근의 지리 상황, 인접 토지 이용자의 이해관계 기타 관련 사정을 두루 살펴 사회통념에 따라 판단하여야 한다."라는 주위토지통행권 범위의 판단기준에 관한 법리가 선언된 바 있기는 하였다.[164] 그런데 대법원은 위 판결에서 "<u>주위토지통행권이 인정된다고 하더라도 통로를 상시적으로 개방하여 제한 없이 이용할 수 있도록 하거나 피통행지 소유자의 관리권이 배제되어야만 하는 것은 아니므로, 쌍방 토지의 용도 및 이용 상황, 통행로 이용의 목적 등에 비추어 토지의 용도에 적합한 범위에서 통행 시기나 횟수, 통행방법 등을 제한하여 인정할 수도 있다.</u>"라고 하여, 주위토지통행권의 내용(통행시기, 횟수, 방법 등)을 제한함으로써 상린관계에 있는 토지 이용관계의 적정한 조정을 꾀할 수도 있음을 밝혔다. 따라서 "<u>통행권의 확인을 구하는 특정의 통로 부분 중 일부분이 민법 제219조에 정한 요건을 충족하거나 특정의 통로 부분</u>

---

163) 강승준(주 1), 446-447면에서 소개하는 대법원 2006. 6. 2. 선고 2005다70144 판결; 대법원 2006. 10. 26. 선고 2005다30993 판결; 대법원 2009. 6. 11. 선고 2008다75300, 75317, 75324 판결 참조.
164) 대법원 1992. 4. 24. 선고 91다32251 판결; 대법원 2006. 6. 2. 선고 2005다 71044 판결 등 참조.

에 대하여 일정한 시기나 횟수를 제한하여 주위토지통행권을 인정하는
것이 가능한 경우라면, 그와 같이 한정된 범위에서만 통행권의 확인을
구할 의사는 없음이 명백한 경우가 아닌 한 그 청구를 전부 기각할 것이
아니라, 그렇게 제한된 범위에서 청구를 인용"함이 타당하다.

4. 자연유수의 승수의무 및 수류의 변경

대법원 2012. 4. 13. 선고 2010다9320 판결은 양안(兩岸)의 토지가
수류지(水流地) 소유자의 소유인 경우의 상린관계를 규율한 민법 제229조
제2항의 적용 여부가 문제 된 사안을 다루었다. 즉, 원고가 폐기물 매립
장 설치 공사를 하던 중, 그 인접 토지를 소유하는 피고 측이 인접 토지
에 형성되어 있던 기존 배수로를 매립하고 매립장 부지 경계 부근에 새
로운 배수로를 만들었는데, 그 배수로의 통수단면 면적이 감소하여 수일
간 내린 비로 월류(越流)가 발생하여 매립장이 침수되고, 이후 신설 배수
로의 보수와 확장을 하지 않아 다시 내린 비로 굴착사면이 붕괴하는 등
의 사고가 추가로 발생한 사안이었다. 원심판결[165]은, 피고 측이 기존 배
수로를 매립하고 그보다 통수능력이 부족한 새로운 배수로를 설치하여
자연히 흘러오던 물의 일부를 막은 피고 측 행위가 민법 제221조 제1
항[166]에 위반한 위법행위라고 판단하였다. 이에 대해 피고 측은 민법 제
229조 제2항이 "양안의 토지가 수류지 소유자의 소유인 때에는 소유자는
수로와 수류의 폭을 변경할 수 있다."라고 규정함을 들어, 이를 근거로
피고 측에 과실이 없음을 주장하였다. 그러나 대법원은 위 판결에서 위
규정은 "대안(對岸)의 수류지 소유자와의 관계에서의 수류이용권을 규정한
것으로서, 이는 위와 같은 경우 수류지 소유자는 그 수로와 수류의 폭을
변경하여 그 물을 가용 또는 농·공업용 등에 이용할 권리가 있다는 것
을 의미함에 그치고, 더 나아가 그 수로와 수류의 폭을 임의로 변경하여

---

165) 서울고법 2009. 12. 23. 선고 2008나111444 판결.
166) "토지소유자는 이웃 토지로부터 자연히 흘러오는 물을 막지 못한다."라고 규정
한다.

범람을 일으킴으로써 인지(隣地) 소유자에게 손해를 발생시킨 경우에도 면책된다는 취지를 규정한 것이라고 볼 수 없"다는 이유로 피고 측 주장을 받아들이지 않았다. 대안의 토지가 타인의 소유인 경우(민법 제229조 제1항이 적용되는 경우)와 달리 양안의 토지 소유자가 같은 경우에 수로와 수류의 폭을 임의로 변경하더라도 타인 소유 토지의 물리적 변경이 가해지는 것이 아니어서 타인의 권리를 해칠 염려가 없다는 이유에서 위와 같은 규율을 두었지만,[167] 그러한 임의적 변경이 월류 등 인접 토지에 대한 또 다른 가해행위가 된다면, 위 조항을 들어 적법성을 주장하거나 과책 없음을 주장할 수는 없다고 봄이 타당할 것이다.

V. 취득시효

1. 시효취득의 대상

(1) 자기 소유물에 대한 점유로 인한 시효취득 가부

민법 제245조 제1항은 점유취득시효의 목적물을 "부동산"으로 규정하고 있을 뿐, 그 부동산이 누구의 소유이어야 하는지는 규율하고 있지 않다.[168] 그런데 종래의 대법원 판결례 중에는 시효취득의 대상이 반드시 타인의 소유물이어야 하거나 그 타인이 특정되어 있어야만 하는 것은 아니라는 법리[169]나 시효취득에서 부동산을 점유하는 자에 "구 민법상 제3자에게 대항할 수 없는 소유권에 기하여 점유하는 자"도 포함한다는 법리[170]가 제시된 바 있었다. 반면, "자기소유의 부동산을 점유하고 있는

---

167) 주석 민법[물권 1](주 20), 760면(황진구 집필) 참조.
168) 일본민법과 의용민법 제162조 제1, 2항에 "타인의(他人の)"라는 수식어가 붙어 있는 것과 다르다. 서종희, 자기 소유 부동산의 시효취득 인정여부-대법원 2016. 10. 27. 선고 2016다224596 판결을 계기로-, 일감부동산법학(제14호), 건국대학교 법학연구소(2017), 196면; 정병호. 부동산 등기명의를 갖춘 소유자의 점유시효취득 가부-대법원 2016. 10. 27. 선고 2016다224596 판결-, 법조(제66권 제1호), 법조협회(2017), 604면 참조.
169) 가령, 대법원 1992. 2. 25. 선고 91다9312 판결 참조. 그 밖에 이러한 유형의 판결례 소개로는 방웅환, 자기 소유의 부동산에 대한 취득시효, 대법원판례해설(제109호), 법원도서관(2017), 31, 33-34면 참조.
170) 대법원 1966. 3. 22. 선고 66다26 판결; 대법원 1998. 11. 24. 선고 98다28619

상태에서 다른 사람 명의로 소유권이전등기가 된 경우 자기소유 부동산
을 점유하는 것은 취득시효의 기초로서의 점유라고 할 수 없"다고 판시
하기도 하였다.[171] 학설도 자기소유 부동산의 시효취득을 긍정하는 견해
와 부정하는 견해가 있다.[172]

    이와 관련하여, 대법원 2016. 10. 27. 선고 2016다224596 판결은
"부동산에 관하여 적법·유효한 등기를 마치고 소유권을 취득한 사람이
자기 소유의 부동산을 점유하는 경우에는 특별한 사정이 없는 한 사실상
태를 권리관계로 높여 보호할 필요가 없고, 부동산의 소유명의자는 부동
산에 대한 소유권을 적법하게 보유하는 것으로 추정되어 소유권에 대한
증명의 곤란을 구제할 필요 역시 없으므로, 그러한 점유는 취득시효의
기초가 되는 점유라고 할 수 없다. 다만 그 상태에서 다른 사람 명의로
소유권이전등기가 되는 등으로 소유권의 변동이 있는 때에 비로소 취득
시효의 요건인 점유가 개시된다고 볼 수 있을 뿐이다."라고 판시하였
다.[173] 그러면서도, "시효취득의 목적물은 타인의 부동산임을 요하지 않
고 자기 소유의 부동산이라도 시효취득의 목적물이 될 수 있다"는 법리
를 제시한 종전 대법원 판결[174]은 위 사건에 원용할 수 있는 적절한 선
례가 아니라는 점을 밝혔다.[175]

    이러한 판시에 대해서는, 위 판결에서 제시된 법리에 반대되는 법리
는 폐기했어야 했다는 비판이 제기된다.[176] 반면, 판례의 사안을 유형별

---

171) 가령, 대법원 1989. 9. 26. 선고 88다카26574 판결; 대법원 1997. 1. 21. 선고
    96다40080 판결(당초 동일인의 소유에 속하던 토지와 그 지상 건물 중 어느 하나
    의 소유권이 다른 사람에게 이전됨으로써 그 소유자가 다르게 된 경우에 토지와
    건물이 동일인의 소유에 속하고 있던 기간 동안의 토지 소유자의 자기 소유 토지
    에 대한 점유는 취득시효의 기초가 되는 점유가 될 수 없다는 판시) 등 및 방응환
    (주 169), 32-34면 참조.
172) 학설의 소개와 정리는 우선 정병호(주 168), 603-605면 참조.
173) 이 부분 법리를 설시하면서 위 주 171)의 88다카26574를 참조판결로 제시하
    였다.
174) 대법원 2001. 7. 13. 선고 2001다17572 판결.
175) 위 2016다224596 판결 이유 부분 참조.
176) 정병호(주 168), 613, 617면 참조.

로 분석해보면 구체적 사안에서 결론이 모순되지 않는다는 해설이나,[177]
우리 판례가 소유권의 관계적 분열을 인정하면서 대외적으로 등기를 갖
추지 못하여 소유권을 가지지 못하나 내부적으로 소유권을 가지는 경우
에 한하여 자기 소유의 부동산에 대한 시효취득을 인정하고 있다는 설
명[178]도 있다.

　위 판결은, 가압류 등기가 마쳐진 부동산을 매수하여 적법·유효하
게 소유권이전등기를 마친 피고가 등기 후 20년이 지나 위 가압류에 터
잡은 강제경매개시결정 등기가 마쳐지자, 제3자이의의 소를 제기하면서
점유취득시효 완성에 의한 원시취득을 주장한 사안이었다.[179] 부동산에
대한 취득시효 제도의 존재이유가 "해당 부동산을 점유하는 상태가 오랫
동안 계속된 경우 권리자로서의 외형을 지닌 그 사실상태를 존중하여 이
를 진실한 권리관계로 높여 보호함으로써 법질서의 안정을 기하고, 장기
간 지속된 사실상태는 진실한 권리관계와 일치될 개연성이 높다는 점을
고려하여 권리관계에 관한 분쟁이 생긴 경우 점유자의 증명곤란을 구제
하려는 데에 있다."[180]고 보면, 위 사안에서의 원고가 취득시효제도의 보
호범위에 포함되기 어렵다는 점에 대해서는 별 이견이 제기되지 않을 것
이다. 문제는 시효취득의 대상이 반드시 타인의 소유물이어야 하는 것은
아니라는 종래의 일부 대법원 판시 법리의 의미이다. 과연 이 법리가 위
판결 법리와 상충하는가? 그렇게 단정할 수는 없다고 본다. 위 판결은
"부동산에 관하여 적법·유효한 등기를 마치고 그 소유권을 취득한 사람
이 자기 소유의 부동산을 점유하는 경우"에 관한 것이었고, 이러한 경우
에 취득시효 제도가 적용될 이유는 찾기 어렵다.[181] 그러나 가령, 민법
제187조에 의해 (아직) 등기 없이 소유권을 취득한 사람이나 부동산 실권
리자명의 등기에 관한 법률(이하 '부동산실명법'이라 한다)의 적용을 받지 않

177) 방웅환(주 169), 43면 참조.
178) 서종희(주 168), 218-219면 참조.
179) 위 2016다224596 판결 이유 부분 참조.
180) 위 2016다224596 판결 이유에서 제시한 내용이다.
181) 서종희(주 168), 217-218면 참조.

거나 예외에 해당하는 명의신탁자 등의 경우, 자기의 자주점유 권원을
설명하면서 그 소유권취득 사실을 주장·증명하더라도, 점유취득시효 제
도의 보호범위에 포함될 수 있다고 보아야 한다.[182] 따라서 종래의 일부
대법원 판시 법리도 아직 그 나름의 의미를 갖는 것으로 봄이 타당하다.
긍정설과 부정설이라는 양단(兩端)적 논의로 위 문제를 일반화하는 것은,
오히려 구체적 사안에서 취득시효 제도의 보호범위에 포함되는 경우인지
를 궁구하는 데에는 그리 도움이 되지 않을 것으로 생각한다.

(2) 사해행위 수익자의 등기부 시효취득 가부

자기 소유 부동산에 대한 취득시효 인정 가부는 등기부취득시효에서
도 문제 된다.

이에 대하여 **대법원 2016. 11. 25. 선고 2013다206313 판결**은 위
2016다224596 판결[183])처럼, "부동산에 관하여 적법·유효한 등기를 하여
소유권을 취득한 사람이 당해 부동산을 점유하는 경우에는 특별한 사정
이 없는 한 사실상태를 권리관계로 높여 보호할 필요가 없고, 부동산의
소유명의자는 부동산에 대한 소유권을 적법하게 보유하는 것으로 추정되
어 소유권에 대한 증명의 곤란을 구제할 필요 역시 없으므로, 그러한 점
유는 취득시효의 기초가 되는 점유라고 할 수 없다."라고 판시하였다.[184]

그런데 위 판결에서는, 사해행위인 매매계약으로 어느 토지의 소유
권이전등기를 마친 수익자가 채권자에 의해 제기된 사해행위취소 및 원
상회복(말소등기)청구 소송에서 패소 확정판결을 받았고, 채권자가 그로부
터 10년이 지난 후에 위 확정판결에 기한 소유권이전등기의 말소등기를

---

182) 같은 취지로는 서종희(주 168), 221면 참조.
183) 서종희(주 168), 219-220면은 위 2016다224596 사안에 대해 아래에서 다룰 대
    법원 2015. 2. 26. 선고 2014다21649 판결 법리를 활용한 접근 가능성의 모색을
    제시한다. 반면, 이동진, 양도담보설정자의 담보목적물에 대한 시효취득 허부 및
    그 소급효 제한, 민사법학(제77호), 한국민사법학회(2016), 97면은 위 2014다21649
    판결 사안에서 자기 소유 물건의 시효취득이 허용되지 않은 법리가 터 잡은 사안
    해결 가능성을 모색한다.
184) 이 판결 이전에 자기 소유 부동산에 대한 등기부취득시효에 관한 판결례의 소
    개 및 분석으로는 김천수, 사해행위 수익자의 시효취득-대법원 2016. 11. 25. 선
    고 2013다206313 판결-, 법조(제66권 제4호), 법조협회(2017), 529-530면 참조.

마친 다음 해당 부동산에 압류등기를 마치자, 수익자가 채권자를 상대로
그 압류등기의 말소를 청구한 사안이 다루어졌다. 수익자인 원고는 위
부동산에 관한 등기부취득시효의 완성을 주장하였는데, 대법원은 "부동산
에 관한 소유권이전의 원인행위가 사해행위로 인정되어 취소되더라도, 그
사해행위취소의 효과는 채권자와 수익자 사이에서 상대적으로 생길 뿐이
다. 따라서 사해행위가 취소되더라도 그 부동산은 여전히 수익자의 소유
이고, 다만 채권자에 대한 관계에서 채무자의 책임재산으로 환원되어 강
제집행을 당할 수 있는 부담을 지고 있는 데 지나지 않는다."는 점[185]에
서 수익자인 원고가 "적법·유효한 등기를 하여 소유권을 취득한 사람이
당해 부동산을 점유하는 경우"에 해당한다고 보아, 원고의 청구를 인용한
원심판결[186]을 파기하였다.

　　이러한 판결이유의 논리에 대하여, 사해행위취소의 효력에 관한 종
전 판례 입장인 상대적 무효설에 입각하면 채권자와 채무자 사이의 사해
행위 취소로 인한 상대적 무효의 효과가 채권자(피고)와 수익자(원고) 관
계에서 나타나므로, 수익자(원고)의 소유권은 채권자(피고)에 대한 관계에
서 소멸한 것으로 보아야 함에도, 위와 같이 "사해행위가 취소되더라도
그 부동산은 여전히 수익자의 소유이고, 다만 채권자에 대한 관계에서
채무자의 책임재산으로 환원되어 강제집행을 당할 수 있는 부담을 지고
있는 데 지나지 않는다."라고 판시한 것은, 대법원이 사해행위취소의 효
과에 관해 상대적 무효설에서 채권설로의 변화를 모색한 것이라는 평가
가 있다.[187]

(3) 양도담보설정자의 담보목적물에 대한 시효취득 가부

　　대법원 2015. 2. 26. 선고 2014다21649 판결은 위 2016다224596
판결 사안 및 2013다206313 판결 사안과 유사하다고 평가할 수도 있던
사안을 다른 법리의 적용으로 해결하였다. 해당 사안에서,[188] 원고의 피

---

185) 위 2013다206313 판결 이유 부분 참조.
186) 서울중앙지법 2013. 5. 16. 선고 2012나34206 판결.
187) 김천수(주 184), 542면 참조.

상속인은 1941년경 피고들의 피상속인에게 해당 토지를 차용금상환채무의 담보목적으로 양도하였다. 이후 원고와 피고들이 각각의 피상속인 재산을 상속하였고, 원고가 피고들을 상대로 위 토지에 관한 점유취득시효(점유기간은 1990. 8.경부터 20년간)를 주장하며 소유권이전등기청구소송을 제기하였다. 즉, 양도담보권 설정자(의 상속인)가 양도담보부동산에 관하여 양도담보권자(의 상속인들)를 상대로 점유취득시효 완성을 주장한 사안이었다. 가등기담보법의 적용을 받지 않는 양도담보의 법적 구성에 대해서는 담보물권설과 신탁적 양도설이 있고, 판례가 반드시 어느 입장에 서 있다고 단정하기는 어렵다.[189] 다만, 담보물권설에 따르면 설정자(의 상속인)가 해당 토지의 소유자가 되고, 신탁적 양도설에 따르더라도 담보권자(의 상속인들)와의 대내적 관계에서는 설정자(의 상속인)가 소유권을 주장할 수 있게 된다. 앞서 본 바와 같이 자기 소유 부동산에 대한 시효취득 가부 문제가 다시 등장할 수 있는 상황이다.[190]

그러나 위 사안에 대하여 대법원은 (물론 당사자의 주장과 제1심 및 원심의 판단이유에 영향을 받은 탓이겠지만) 다른 방향으로 접근하였다. 우선, "부동산점유취득시효는 원시취득에 해당하므로 특별한 사정이 없는 한 원소유자의 소유권에 가하여진 각종 제한에 의하여 영향을 받지 아니하는 완전한 내용의 소유권을 취득하는 것이지만, 진정한 권리자가 아니었던 채무자 또는 물상보증인이 채무담보의 목적으로 채권자에게 부동산에 관하여 저당권설정등기를 경료해 준 후 그 부동산을 시효취득하는 경우에는, 채무자 또는 물상보증인은 피담보채권의 변제의무 내지 책임이 있는 사람으로서 이미 저당권의 존재를 용인하고 점유하여 온 것이므로, 저당목적물의 시효취득으로 저당권자의 권리는 소멸하지 않는다."는 법리

---

188) 원심판결의 내용을 확인할 수 없어, 이하의 사안 설명은 이동진(주 183), 69면 내용을 간추렸다.
189) 가등기담보법이 적용되지 않는 양도담보의 법적 구성에 관한 판결례 분석은 이동진(주 183), 72-76면 참조.
190) 이러한 논점으로 위 사안의 해결가능성을 제기하는 견해로는 이동진(주 183), 82면 참조.

를 제시하였다. 그리고 "이러한 법리는 부동산 양도담보의 경우에도 마찬
가지이므로, 양도담보권설정자가 양도담보부동산을 20년간 소유의 의사로
평온, 공연하게 점유하였다고 하더라도, 양도담보권자를 상대로 피담보채
권의 시효소멸을 주장하면서 담보 목적으로 경료된 소유권이전등기의 말
소를 구하는 것은 별론으로 하고, 점유취득시효를 원인으로 하여 담보
목적으로 경료된 소유권이전등기의 말소를 구할 수 없고, 이와 같은 효
과가 있는 양도담보권설정자 명의로의 소유권이전등기를 구할 수도 없
다."라고 판시하였다.

　　민법 제247조 제1항이 "전2조의 규정에 의한 소유권취득의 효력은
점유를 개시한 때에 소급한다."라고 정하고 있지만, 점유개시 전이나 그
이후부터 시효완성 시까지 해당 부동산에 권리를 설정한 제3자와 시효취
득자의 관계에 대해서는 논란이 있다. 위 판시처럼 취득시효의 기초가
된 점유가 타인의 권리를 용인하고 있었는가에 따라 결정되어야 할 것이
라는 견해가 있지만,[191] 취득시효 완성에 따른 소유권취득을 승계취득으
로 이해하거나,[192] 점유를 수반하지 않는 저당권의 경우 시효완성으로 소
멸하지 아니한다고 해석함이 타당하다는 견해[193]도 있다.

　　이미 다른 연구[194]에서 지적한 바 있지만, 점유목적물의 현황 등 사
실상태의 변화에 대한 용인[195]과 달리, 취득시효완성자가 저당권이나 양
도담보 설정 등 권리관계의 변경에 대해 '용인'한다는 경우가 어떤 경우

---

191) 민법주해[Ⅴ](주 125), 420면(윤진수 집필) 참조. 한편, 곽윤직·김재형(주 76),
　　　268은 타인의 지역권을 인용하고 있는 경우에 지역권 제한이 있는 소유권을 취득
　　　한 것이 된다고 설명하는데, 점유와 무관한 저당권설정이나 (가)압류 등에 대해서
　　　도 용인(인용)을 기준으로 하는지에 대해서는 언급이 없다.
192) 이영준(주 80), 526면; 주석 민법[물권 1](주 20), 885면(김진우 집필) 참조.
193) 이동진(주 183), 84면 참조.
194) 이동진(주 183), 91-92면 참조.
195) 대법원 1999. 7. 9. 선고 97다53632 판결(특별한 사정이 없는 한, 원소유자는
　　　점유자 명의로 소유권이전등기가 경료되기까지는 소유자로서 그 토지에 관한 적법
　　　한 권리를 행사할 수 있고, 따라서 그 권리행사로 인하여 점유자의 토지에 대한
　　　점유의 상태가 변경되었다면, 그 뒤 소유권이전등기를 경료한 점유자는 변경된 점
　　　유의 상태를 용인하여야 한다고 판시) 참조.

인지 명확하게 포착하기 어렵다. 취득시효 완성으로 당초 소유자의 소유권을 상실하게 하는 효력이 부여되는데도, 그보다는 약하거나 작은, 그 소유권에 붙은 제3자의 물적 부담을 그대로 승계한다고 보는 것이 취득시효 제도의 취지에 부합하는지도 석연치 않다.

이에 관해서는 민법 제245~248조에서 정한 취득시효 제도가 일정 기간의 점유(또는 점유와 등기)에 관하여 점유의 자주성, 평온성, 공연성 등[196]을 요건으로 삼아 취득시효완성자의 소유권 등 재산권 취득 효력을 부여하면서 그 재산권에 관하여 취득시효완성자와는 양립할 수 없는 자의 (실재하였을 수도 있는) 권리에 대한 희생을 규율하고 있음을 염두에 둘 필요가 있다. 물론 위 법률 규정 내용에서 명확히 도출할 수 있는 위와 같은 권리취득 및 양립불가한 권리의 상실 효력에서 더 나아가, 양립 가능한 권리관계를 형성한 제3자의 희생까지 요구할 수 있는지는 명확하지 않다. 이에 관해서는 결국 취득시효 제도의 규범목적[197]과 취득시효완성자와 양립가능한 권리를 설정한 제3자의 이익형량에 대한 고려가 요청되는데, 일반적·추상적으로 취득시효완성자의 이익과 위 제3자의 이익 중 어느 일방이 언제나 우위에 있다고는 단언할 수 없다.[198] 그런데 이러한 상황은 일정 기간의 점유 요건을 갖춘 취득시효완성자 및 그와 양립불가한 권리 보유자 사이의 이익형량에서도 마찬가지로 문제 되는 것이었다. 그리고 민법은 해당 점유의 자주성, 평온성, 공연성 등을 양자의 이익형량과 취득시효 제도로 보호할 시효완성자의 범주를 획정하는 규준으로 제시하였다. 따라서 이러한 법률상 규준(즉, 취득시효를 위한 점유 양태 요건)은 위 규정에서 명확히 정하지 않은 취득시효완성자 및 그와 양립가능한 권리를 설정한 제3자의 이익형량에서도 유추하여 적용될 수 있다고

---

196) 등기부취득시효(민법 제245조 제2항)과 동산에 관한 단기취득시효(민법 제246조 제2항)에서는 선의, 무과실 점유도 요건으로 정한다.
197) 위 2016다224596 판결 참조.
198) 이러한 이익형량에 대한 검토로는 이동진(주 183), 94면[다만 이 글에서는 이익형량 결과 제3자(해당 글에서는 저당권자)의 이익이 과하게 해쳐진다고 평가한다] 참조.

생각한다.[199]

그렇다면 위 2014다21649 판결에서, "저당권의 존재를 용인하고 점유하여 온 것"이란 표현은 '저당권의 부담을 받는 소유의 의사로 평온, 공연하게 점유하여 온 것'의 의미로 이해할 수 있다. 즉, 취득시효완성자가 위와 같은 부담 없이 소유한다는 의사로 평온, 공연하게 점유해왔다면 취득시효 완성으로 그러한 부담 없는 소유권을 취득하고, 당초의 소유자와 그러한 부담에 관한 권리자의 재산권도 희생되지만, 취득시효완성자가 (실제 사례에서는 흔치 않겠지만) 위와 같은 부담을 받는 소유의 의사로 점유해왔다면 취득시효 완성으로 그러한 부담 있는 소유권을 취득한다는 것이다. 위 판결 사안에서 다루어진 양도담보가 설정된 경우도 마찬가지로 볼 수 있다. 해당 사안에서, 원고의 점유개시 전에 피고들의 양도담보가 설정되었는데, 원고의 20년간 점유가 위 양도담보의 부담을 받는 소유의 의사로 평온, 공연하게 이루어졌는지에 따라 취득시효 완성에 따른 피고들의 양도담보권 희생 여부가 결정될 텐데, 원고는 해당 양도담보를 설정한 원고의 피상속인 점유를 그대로 승계하였으므로(민법 제193조), 그러한 부담 없는 소유의 의사로 전환하였다고 볼 다른 특별한 사정이 없는 한, 위 양도담보 부담부 소유의 의사로 점유를 개시하였다고 보아야 한다. 원고가 피고들을 상대로 위 양도담보권 상실의 효과를 주장할 수 없다고 본, 위 판결의 결론은 타당하다고 생각한다.

(4) 집합건물의 대지에 관한 시효취득

종래부터 대법원은, 건물 공유자 중 일부만이 어떠한 건물을 점유하고 있는 경우라도 그 건물 부지는 건물 소유를 위하여 공유명의자 전원이 공동으로 이를 점유하고 있는 것이라는 전제에서, 건물 공유자들이 건물부지의 공동점유로 인하여 건물부지에 대한 소유권을 시효취득하는

---

199) 비교법적으로 보아도, 비록 동산 취득시효에 관한 규정이기는 하나, 독일 민법 제945조가 취득시효에서 제3자의 권리 소멸의 요건을 같은 법 제937조의 취득시효 요건에 상응하도록 규율하고 있음을 알 수 있다. 양창수(주 135), 720-723면 참조. 또한, 민법주해[Ⅴ](주 125), 419면(윤진수 집필)도 참조.

경우라면 그 취득시효 완성을 원인으로 한 소유권이전등기청구권은 해당 건물의 공유지분비율과 같은 비율로 건물 공유자들에게 귀속된다고 보아왔다.[200]

그렇다면, 집합건물의 구분소유자는 어떠할까? 대법원 2017. 1. 25. 선고 2012다72469 판결이 이에 관한 법리를 설시하였다.

우선, 대법원은 "1동의 건물의 구분소유자들은 전유부분을 구분소유하면서 공용부분을 공유하므로 특별한 사정이 없는 한 건물의 대지 전체를 공동으로 점유한다. 이는 집합건물의 대지에 관한 점유취득시효에서 말하는 '점유'에도 적용되므로, 20년간 소유의 의사로 평온, 공연하게 집합건물을 구분소유한 사람은 등기함으로써 대지의 소유권을 취득할 수 있다."라고 하면서, "이와 같이 점유취득시효가 완성된 경우에 집합건물의 구분소유자들이 취득하는 대지의 소유권은 전유부분을 소유하기 위한 대지사용권에 해당한다."라고 판시하였다.

구분소유자들이 대지 소유권의 시효취득을 할 수 있다면 그 구분소유자들의 내부관계를 어떻게 설정할 것인지도 문제 되는데, 대법원은 집합건물의 소유 및 관리에 관한 법률(이하 '집합건물법'이라 한다) 제20조에서 정한 전유부분 및 대지사용권의 일체성 규율과 같은 법 제12조 제1항,[201] 제21조 제1항[202] 규정이 "전유부분을 처분하는 경우에 여러 개의 전유부분에 대응하는 대지사용권의 비율을 명백히 하기 위한 것인데, 대지사용권의 비율은 원칙적으로 전유부분의 면적 비율에 따라야 한다는 것이 집합건물법의 취지"라고 하면서, 이러한 취지에 비추어 "집합건물의 구분소유자들이 대지 전체를 공동점유하여 그에 대한 점유취득시효가 완성된 경우에도 구분소유자들은 대지사용권으로 전유부분의 면적 비율에 따른 대지 지분을 보유한다고 보아야 한다."라고 판시하였다. 그리고 "집합건

---

200) 대법원 2003. 11. 13. 선고 2002다57935 판결 참조.
201) 각 공유자의 지분은 그가 가지는 전유부분의 면적 비율에 따른다고 규정한다.
202) 구분소유자가 둘 이상의 전유부분을 소유한 경우에는 각 전유부분의 처분에 따르는 대지사용권은 제12조에 규정된 비율에 따르되, 다만 규약으로써 달리 정할 수 있다고 규정한다.

물의 대지 일부에 관한 점유취득시효의 완성 당시 구분소유자들 중 일부
만 대지권등기나 지분이전등기를 마치고 다른 일부 구분소유자들은 이러
한 등기를 마치지 않았다면, 특별한 사정이 없는 한 구분소유자들은 각
전유부분의 면적 비율에 따라 대지권으로 등기되어야 할 지분에서 부족
한 지분에 관하여 등기명의인을 상대로 점유취득시효 완성을 원인으로
한 지분이전등기를 청구할 수 있다."라고 하였다.

2. 구 회사정리법에 따른 정리절차 관리인 선임과 임의의 취득시효 기산점 선택 가부

점유자가 취득시효 기산점을 임의의 시점으로 삼을 수 없다.[203] 다
만, 취득시효기간 중 계속해서 점유 부동산에 관하여 등기명의자가 동
일한 경우라면 취득시효 기산점을 어디에 두든지 간에 취득시효 완성
을 주장할 수 있는 시점에서 보아 그 기간이 경과한 사실만 확정되면
충분하다. 따라서 전(前) 점유자의 점유를 승계하여 자신의 점유기간을
통산하여 20년이 경과하였더라도 전 점유자가 점유를 개시한 이후의 임
의의 시점을 그 기산점으로 삼을 수 있다는 것[204]이 그간의 대법원판례
법리이다.

그런데 대법원 2015. 9. 10. 선고 2014다68884 판결은 "취득시효기
간 중 점유 부동산의 등기명의자에 대하여 구 회사정리법(2005. 3. 31. 법
률 제7248호 채무자 회생 및 파산에 관한 법률 부칙 제2조로 폐지되기 전의 것,
이하 '구 회사정리법'이라고 한다)에 따른 정리절차가 개시되어 관리인이 선
임된 사실이 있다고 하더라도 점유자가 취득시효 완성을 주장하는 시점
에서 그 정리절차가 이미 종결된 상태라면 등기명의자에 대하여 정리절
차상 관리인이 선임된 적이 있다는 사정은 취득시효기간 중 점유 부동산
에 관하여 등기명의자가 변경된 것에 해당하지 아니하므로, 점유자는 그
가 승계를 주장하는 점유를 포함한 점유기간 중 임의의 시점을 취득시효

203) 대법원 1966. 2. 28. 선고 66다108 판결 등 참조.
204) 대법원 1998. 5. 12. 선고 97다8496, 8502 판결 등 참조

의 기산점으로 삼아 취득시효 완성을 주장할 수 있다."라고 판시하였다.

이에 대해서는, 파산채무자에 대하여 파산관재인이 파산선고와 동시에 파산채권자 전체의 공동의 이익을 위하여 파산재단에 속하는 그 부동산에 관하여 이해관계를 갖는 제3자의 지위에 있다는 전제에서, 파산선고 전에 부동산에 대한 점유취득시효가 완성되었으나 파산선고시까지 이를 원인으로 한 소유권이전등기를 마치지 아니한 자가 파산관재인을 상대로 파산선고 전의 점유취득시효 완성을 원인으로 한 소유권이전등기절차의 이행을 청구할 수 없고, 또 그 부동산의 관리처분권을 상실한 파산채무자가 파산선고를 전후하여 그 부동산의 법률상 소유자로 남아 있음을 이유로 점유취득시효의 기산점을 임의로 선택하여 파산선고 후에 점유취득시효가 완성된 것으로 주장하여 파산관재인에게 소유권이전등기절차의 이행을 청구할 수도 없다고 본 종전 대법원판례[205]와 어울리지 않는다는 취지의 지적이 있다.[206] 파산관재인을 파산채무자와 독립한 지위에 있는 법률상 이해관계를 가지게 되는 제3자에 해당한다고 본다면,[207] 구 회사정리법상 관리인의 지위도 위와 달리 취급할 수 없을 것이다.[208]

물론 위 판결 사안에서는, 회사정리절차가 종결되어 도로 회사에게 관리처분권이 이전되었고, 다투어진 토지들 중 일부에 관해서는 정리절차 개시 전에 점유취득시효가 완성되기도 하였다. 그러나 그러한 절차종결에 따른 관리처분권 이전을 상속의 경우와 같이 볼 수 없고, 점유취득시효의 기산점 임의선택의 가부 문제와 점유취득시효 완성 당시의 소유자

205) 대법원 2008. 2. 1. 선고 2006다32187 판결.
206) 김성용, 2015년 도산법 중요 판례, 인권과 정의(제456호), 대한변호사협회(2016), 255면; 정성헌, 회생절차와 부동산점유취득시효에서의 등기명의변경 - 대법원 2015. 9. 10. 선고 2014다68884 판결을 중심으로 - , 민사법의 이론과 실무(제21권 제1호), 민사법의 이론과 실무 학회(2017), 69면 이하 참조(다만, 위 두 글은 위 2014다68884 판결 결론의 구체적 타당성에 대해서는 이론을 제기하지 않는다).
207) 대법원 2003. 6. 24. 선고 2002다48214 판결 참조.
208) 위 2014다68884 판결의 원심판결도 구 회사정리법 제53조 제1항, 제56조 제1항, 제58조 제1항, 제112조 등의 규정 내용에 비추어 볼 때, 회사정리절차에서의 관리인도 회사와 독립하여 회사재산에 관하여 이해관계를 가지게 된 제3자로서의 지위를 가진다고 보았다.

가 그 소유권을 회복하였을 때 그를 상대로 취득시효를 주장할 수 있는
지의 문제도 구별 지어 보아야 한다고 생각한다.[209] 법논리적으로 접근한
다면, 취득시효 완성 후 파산선고나 정리절차개시결정이 내려진 때와 파
산절차나 정리절차 중 취득시효가 완성되고 이후 해당 절차가 종료한 때
를 취득시효 완성에 따른 등기청구 법리 적용에서 각각 달리 취급하여야
할 이유를 찾기 어렵다.

　만일, 회사정리절차가 진행되면서 정리계획에 따른 매각이나 그 밖
의 다른 사유로 해당 회사 소유의 부동산에 이해관계를 맺은 다른 제3자
가 있다면, 설령 정리절차가 종결되었더라도 그 부동산의 점유자가 시효
기간의 기산점을 임의로 선택하도록 하여서는 안 될 것이다. 정리절차
진행 중 정리채권자 전체의 공동 이익을 위해 제공된 바 없고, 달리 제3
자의 이해관계에도 관련되지 않은 채로 정리절차가 종결하였다면, 종결
이후 시점에서 볼 때 결과적으로 해당 부동산에 이해관계를 맺은 제3자
가 없었던 것 아닌가 하는 생각을 해 볼 수도 있겠지만, 회사는 정리절
차 중 위 부동산에 대한 시효중단 조치 등 회사재산에 관한 법률행위를
독단으로 할 수 없었다(구 회사정리법 제56조). 실제의 점유개시일로부터
취득시효기간이 만료되던 때가 위와 같이 정리절차 진행 중이었고, 이때
관리인을 상대로 시효취득을 원인으로 한 소유권이전등기청구를 하였으
나, 이행되지 않던 중 정리절차 진행이 종료하여 해당 회사가 관리처분
권을 되찾게 되었을 때, 그 취득시효완성자가 위 회사를 상대로 시효취
득을 원인으로 한 소유권이전등기청구권을 주장·행사할 수 있을까? 행

---

209) 회사정리절차와 유사한 회생절차의 관리인 지위에 관해서는 아래 주 533) 및
　　해당 본문 부분도 참조.
　　그리고 점유취득시효 완성 후 소유권이 제3자에게 이전되었다가 다시 원소유자
　에게 회복된 경우 취득시효완성자가 원소유자를 상대로 취득시효를 주장할 수 있
　다는 취지의 대법원 판결로 대법원 1991. 6. 25. 선고 90다14225 판결; 대법원
　1994. 2. 8. 선고 93다42016 판결 등 참조. 이러한 판시 법리에 대하여, 제3자에게
　소유권이 이전됨으로써 이미 확정적으로 성립한 법률관계가 사후적인 우연한 사정
　변경에 의하여 급부의 가능 및 그를 전제로 한 이행청구권으로 바뀌는 실체법적
　근거에 대한 의문을 제기하는 견해로는 지원림(주 3), 1075면 참조.

사할 수 없다고 봄이 취득시효완성자의 등기청구권 법리에 부합하는 것
아닌가 한다. 그렇다면, 정리절차 종결이 있어도 기산점을 임의로 선택할
수 없다는 결론이 기존 취득시효 판례법리에 더 들어맞는 것 아닌가 하
는 생각이다.

3. 취득시효 요건으로서의 자주점유
(1) 국가나 지방자치단체의 점유와 관련한 자주점유 추정의 번복

부동산의 점유권원 성질이 분명하지 않은 때에는 민법 제197조 제1
항에 따라 자주 및 선의, 평온 및 공연 점유가 추정된다. 그러나 점유자
가 점유개시 당시에 소유권 취득의 원인이 될 수 있는 법률행위 기타 법
률요건이 없이 그러한 법률요건 결여 사실을 알면서 타인 소유의 부동산
을 무단점유한 것임이 증명되면, 특별한 사정이 없는 한 그 점유자는 타
인의 소유권을 배척하고 점유할 의사를 갖고 있지는 않다고 보아야 한
다. 이로써 소유의 의사가 있는 점유라는 추정은 깨어진다.[210]

국가나 지방자치단체가 자신의 부담이나 기부채납 등 지방재정법 또
는 국유재산법 등에 정한 공공용 재산의 취득절차를 밟는 등 토지를 점
유할 수 있는 권원 없이 사유 토지를 임의로 도로부지로 편입시킨 경우
도 달리 볼 것은 아니다.[211]

다만, 국가나 지방자치단체가 어떠한 토지의 취득절차를 밟았다는
점에 관한 서류를 제출하지 못하였더라도, 그 토지에 관한 지적공부 등
이 6·25 전란이나 그 밖의 여러 사정으로 소실되거나 보존되지 못하였
을 수도 있다. 만일 그렇다면, 국가나 지방자치단체가 지적공부 등에 소
유자로 등재된 자가 따로 있음을 알면서 그 토지를 점유하여 온 것이라
단정하기는 어렵게 될 것이다. 또, 해당 점유의 경위와 용도 등을 감안할
때 국가나 지방자치단체가 점유개시 당시 공공용 재산의 취득절차를 거
쳐서 소유권을 적법하게 취득하였을 가능성도 배제할 수 없다고 여겨지

---

210) 대법원 1997. 8. 21. 선고 95다28625 전원합의체 판결 등 참조.
211) 대법원 2009. 9. 10. 선고 2009다32553 판결 등 참조.

는 때도 있을 수 있다. 이러한 때에 해당한다면, 국가나 지방자치단체가 소유권 취득의 법률요건이 없이 그러한 사정을 잘 알면서 토지를 무단점유한 것임이 증명되었다고 보기도 어렵다. 이러한 사정들을 감안하여, 위와 같이 토지의 취득절차에 관한 서류를 제출하지 못하고 있다는 사정만으로 그 토지에 관한 국가나 지방자치단체의 자주점유 추정이 번복된다고 할 수는 없다는 것이 종래의 대법원판례 법리이었다.[212]

이후 2010년대 들어, 대법원은 지적공부가 보존되어 있으나 거기에 국가나 지방자치단체의 취득권원에 관한 기재가 없는 토지에 대한 국가 또는 지방자치단체의 시효취득 주장 사안에서 그 자주점유 추정 번복 여하에 대해 좀 더 세밀한 법리를 제시하기에 이르렀다.

먼저, 대법원 2011. 11. 24. 선고 2009다99143 판결은 "국가나 지방자치단체가 해당 토지의 점유·사용을 개시할 당시의 지적공부 등이 멸실된 바 없이 보존되어 있고 거기에 국가나 지방자치단체의 소유권 취득을 뒷받침하는 어떠한 기재도 없는 경우까지 함부로 적법한 절차에 따른 소유권 취득의 가능성을 수긍하여서는 아니 된다."는 판시를 하였다. 이는 일제강점기인 1940년과 1944년경 도로로 편입되었고 그에 관한 지적공부가 멸실된 적도 없는 사안을 다룬 것이었다. 그 판시에 따르면, 일제강점기 때 작성된 지적공부가 보존되어 있고 그 지적공부에 국가 등의 소유권 취득사실을 뒷받침할 만한 기재가 나타나지 않는다면 다른 특별한 사정이 없는 한 무단점유가 추인된다고 보게 될 것이다.[213]

한편 대법원 2014. 3. 27. 선고 2010다94731, 94748 판결은 "국가 등이 취득시효의 완성을 주장하는 토지의 취득절차에 관한 서류를 제출하지 못하고 있다고 하더라도, 점유의 경위와 용도, 국가 등이 점유를 개시한 후에 지적공부 등에 토지의 소유자로 등재된 자가 소유권을 행사하

---

212) 대법원 2005. 12. 9. 선고 2005다33541 판결; 대법원 2007. 12. 27. 선고 2007다42112 판결 등 참조.
213) 이영훈, 일제강점기 때 도로로 편입된 토지에 대한 국가 등의 자주점유 추정 유지 여부, 대법원판례해설(제99호), 법원도서관(2014), 24－25면 참조.

려고 노력하였는지 여부, 함께 분할된 다른 토지의 이용 또는 처분관계 등 여러 가지 사정을 감안할 때 국가 등이 점유 개시 당시 공공용 재산의 취득절차를 거쳐서 소유권을 적법하게 취득하였을 가능성을 배제할 수 없는 경우에는, 국가의 자주점유의 추정을 부정하여 무단점유로 인정할 것이 아니다."라는 판시도 하였다. 일제강점기 때 도로로 지목이 변경된 이래 현재까지 줄곧 국가 또는 지방자치단체가 도로 부지로 점유·사용해 온 토지에 관하여, 해당 토지에 관한 일제강점기 작성 등기부 등이 소실되지 않고 남아 있고, 지방자치단체가 위 토지의 취득절차에 관한 서류를 제출하지 못하고 있지만, 해당 토지를 지방자치단체가 점유하게 된 경위나 점유의 용도, 위 토지 및 그와 함께 분할된 다른 토지들의 처분·이용관계 등을 감안할 때 당시 국가 등에 의하여 위 토지의 소유권 취득을 위한 적법한 절차를 거쳤을 가능성이 크다고 본 것이다.[214] 이에 따르면, 일제강점기 때 도로 등으로 편입된 토지에 관한 지적공부가 존재하고 거기에 국가 등의 소유권 취득사실을 뒷받침할 만한 기재가 나타나지 않는 경우라도 법령에서 정한 절차에 따라 적법하게 토지를 취득했을 가능성이 존재한다면, 지적공부가 존재한다는 사정만으로 적법한 토지 취득을 인정할 여지가 봉쇄되는 것은 아니라고 볼 것이다.[215] 이러한 판시취지가 위 2009다99143 판결의 판시와 다소 상충된다고 볼 여지도 없지 않지만, 위 2009다99143 판결과 같이 무단점유의 추정을 하지 않을 '다른 특별한 사정'에 관한 판시가 위 2010다94731, 94748 판결에서 제시된 것으로도 이해할 수 있다.[216]

(2) 구분소유적 공유관계에서의 자주점유

공유부동산의 공유자 중 1인이 공유지분권에 기초하여 부동산 전부

---

214) 위 2010다94731, 94748 판결 이유 부분 참조.
215) 이영훈(주 213), 30−31면 참조.
216) 이후 위 2010다94731, 94748 판결의 판시 법리에 기초하여 해방 후 도로가 개설되고 지적공부가 존재하는 경우로서 취득관련 자료를 제출하지 못하였으나, 그 점유의 경위와 용도 등을 감안할 때 해당 지방자치단체가 소유권을 적법하게 취득하였을 가능성이 충분히 있다고 보아 자주점유의 추정 번복을 인정하지 않은 판결로 대법원 2021. 2. 4. 선고 2019다297663 판결 참조.

를 점유하고 있다면, 권원의 성질상 다른 공유자의 지분비율의 범위 내에서는 원칙적으로 타주점유로 보아야 할 것이다.[217]

그러나 공유자들 사이에 해당 부동산의 위치와 면적을 특정하여 구분소유하기로 하거나, 분할하기로 약정하고 그때부터 각자의 소유로 분할된 부분을 특정하여 각자 점유·사용하는 구분소유적 공유관계가 성립하였을 때[218]라면 위와 같이 보기 어려울 것이다. 이에 대하여 **대법원 2013. 3. 28. 선고 2012다68750 판결**은, "구분소유적 공유관계에서 어느 특정된 부분만을 소유·점유하고 있는 공유자가 매매 등과 같이 종전의 공유지분권과는 별도의 자주점유가 가능한 권원에 의하여 다른 공유자가 소유·점유하는 특정된 부분을 취득하여 점유를 개시하였다고 주장하는 경우에는 타인 소유의 부동산을 매수·점유하였다고 주장하는 경우와 달리 볼 필요가 없으므로, 취득 권원이 인정되지 않는다고 하더라도 그 사유만으로 자주점유의 추정이 번복된다거나 점유권원의 성질상 타주점유라고 할 수 없고, 상대방에게 타주점유에 대하여 증명할 책임이 있다."고 판시하였다. 매매 등의 취득권원을 증명하지 못하더라도, 구분소유적 공유관계가 인정되는 경우 그것이 해당 특정 점유·사용 부분에 대한 자주점유의 추정 번복을 저지하는 요소로 작동할 수 있음을 확인해준 것이다.

4. 취득시효 완성의 효과
(1) 신탁재산에 속하는 부동산에 대한 취득시효 완성의 효과

대법원 2016. 2. 18. 선고 2014다61814 판결은, 점유취득시효 완성 당시 부동산이 구 신탁법(2011. 7. 25. 법률 제10924호로 전부 개정되기 전의 것, 이하 같다)상 신탁계약에 따라 수탁자 명의로 소유권이전등기와 신탁등기가 되어 있었는데, 시효취득을 원인으로 한 소유권이전등기를 하지

---

217) 대법원 1995. 1. 12. 선고 94다19884 판결; 대법원 2008. 9. 25. 선고 2008다 27752 판결 참조.
218) 구분소유적 공유관계의 성립요건에 관해서는 대법원 2005. 4. 29. 선고 2004다 71409 판결 참조.

않은 사이에 제3자에게 처분되어 그 명의로 소유권이전등기가 마쳐졌다가, 다시 별개의 신탁계약으로 동일한 수탁자 명의로 소유권이전등기와 신탁등기가 마쳐진 경우, 점유자가 수탁자에 대하여 취득시효 완성을 주장할 수 있는지를 쟁점으로 다루었다.

앞에서 잠시 언급했지만, 종래 점유취득시효 완성 후 소유권이 제3자에게 이전되었다가 다시 원소유자에게 회복되면 취득시효완성자가 원소유자를 상대로 취득시효를 주장할 수 있다는 취지의 대법원판결[219]이 있었다. 그러나 대법원은 위 쟁점에 대해서는 달리 접근하였다. 우선, 신탁재산의 소유관계, 신탁재산의 독립성, 신탁등기의 대항력, 구 신탁법상 신탁의 설정(제3조 제1항), 신탁재산관리인의 공고, 등기 또는 등록(제20조), 수탁자의 파산 등과 신탁재산(제24조), 점유하자의 승계(제30조)에 관한 조항 취지 등을 살폈다. 이를 바탕으로, "부동산에 대한 점유취득시효가 완성될 당시 부동산이 구 신탁법상의 신탁계약에 따라 수탁자 명의로 소유권이전등기와 신탁등기가 되어 있더라도 수탁자가 신탁재산에 대하여 대내외적인 소유권을 가지는 이상 점유자가 수탁자에 대하여 취득시효 완성을 주장하여 소유권이전등기청구권을 행사할 수 있지만, 이를 등기하지 아니하고 있는 사이에 부동산이 제3자에게 처분되어 그 명의로 소유권이전등기가 마쳐짐으로써 점유자가 제3자에 대하여 취득시효 완성을 주장할 수 없게 되었다면 제3자가 다시 별개의 신탁계약에 의하여 동일한 수탁자 명의로 소유권이전등기와 신탁등기를 마침으로써 부동산의 소유권이 취득시효 완성 당시의 소유자인 수탁자에게 회복되는 결과가 되었더라도 수탁자는 특별한 사정이 없는 한 취득시효 완성 후의 새로운 이해관계인에 해당하므로 점유자는 그에 대하여도 취득시효 완성을 주장할 수 없다."라고 판단하였다. 그리고 그 논거로 "이 경우 점유자가 수탁자의 원래 신탁재산에 속하던 부동산에 관하여 점유취득시효 완성을 원인으로 하는 소유권이전등기청구권을 가지고 있었다고 하여 수탁자가 별개

---

219) 위 주 209) 참조.

의 신탁계약에 따라 수탁한 다른 신탁재산에 속하는 부동산에 대하여도
소유권이전등기청구권을 행사할 수 있다고 보는 것은 신탁재산을 수탁자
의 고유재산이나 다른 신탁재산으로부터 분리하여 보호하려는 신탁재산
독립의 원칙의 취지에 반하기 때문"임을 밝혔다.

(2) 시효취득을 원인으로 한 소유권이전등기청구권의 양도 가부

부동산 매매로 인한 소유권이전등기청구권은 물권의 이전을 목적으
로 하는 매매계약의 효과이다. 이는 매도인이 부담하는 재산권이전의무
의 한 내용을 이룬다. 채권적 청구권이지만, 그 이행과정에 매매계약에
기초한 신뢰관계가 따른다. 이러한 이유에서 종래 대법원은 "소유권이전
등기청구권을 매수인으로부터 양도받은 양수인은 매도인이 그 양도에 대
하여 동의하지 않고 있다면 매도인에 대하여 채권양도를 원인으로 하여
소유권이전등기절차의 이행을 청구할 수 없고, 따라서 매매로 인한 소유
권이전등기청구권은 특별한 사정이 없는 이상 그 권리의 성질상 양도가
제한되고 그 양도에 채무자의 승낙이나 동의를 요한다고 할 것이므로 통
상의 채권양도와 달리 양도인의 채무자에 대한 통지만으로는 채무자에
대한 대항력이 생기지 않으며 반드시 채무자의 동의나 승낙을 받아야 대
항력이 생긴다."라고 보아왔다.[220]

그러나 취득시효 완성으로 인한 소유권이전등기청구권의 양도는 매
매의 경우와 달리 볼 수 있다. 취득시효 완성으로 인한 소유권이전등기
청구권은 채권자와 채무자 사이에 아무런 계약관계나 신뢰관계가 없고,
그에 따라 채권자가 채무자에게 반대급부로 부담하여야 하는 의무도 없
다고 보아왔기 때문이다.[221] 이러한 법리에 기초하여 **대법원 2018. 7.
12. 선고 2015다36167 판결**은 "취득시효완성으로 인한 소유권이전등기

---

220) 대법원 1996. 2. 9. 선고 95다49325 판결; 대법원 2001. 10. 9. 선고 2000다
51216 판결 등 참조.
221) 부동산 점유자에게 시효취득으로 인한 소유권이전등기청구권이 있다고 하더라
도 이로 인하여 부동산 소유자와 시효취득자 사이에 계약상의 채권·채무관계가
성립하는 것은 아니므로, 그 부동산을 처분한 소유자에게 채무불이행 책임을 물을
수 없다는 취지의 대법원판결로는 대법원 1995. 7. 11. 선고 94다4509 판결 등과
이동명(주 1), 180면 이하 참조.

청구권의 양도의 경우에는 매매로 인한 소유권이전등기청구권에 관한 양
도제한의 법리가 적용되지 않는다."라고 판시하였다.

5. 취득시효의 중단사유

민법 제247조 제2항은 "소멸시효의 중단에 관한 규정은 전2조의 소
유권취득기간에 준용한다."라고 규정한다. 그런데 민법 제168조 제2호에
는 소멸시효의 중단사유로 "압류 또는 가압류, 가처분"가 제시되고 있다.
그중 압류나 가압류는 금전채권의 강제집행 또는 보전 수단이다. 이러한
금전채권의 집행 등으로 취득시효가 중단된다는 것은 상정하기 어렵다.
이러한 이유에서 민법 제168조 제2호에서 정한 '압류'나 '가압류'는 소멸
시효의 중단 사유일 뿐 취득시효의 중단사유가 될 수 없다는 지적[222]이
제기된 바 있다.

같은 취지에서 **대법원 2019. 4. 3. 선고 2018다296878 판결**도 "점
유로 인한 부동산소유권의 시효취득에 있어 취득시효의 중단사유는 종래
의 점유상태의 계속을 파괴하는 것으로 인정될 수 있는 사유이어야 하는
데, 민법 제168조 제2호에서 정하는 '압류 또는 가압류'는 금전채권의 강
제집행을 위한 수단이거나 그 보전수단에 불과하여 취득시효기간의 완성
전에 부동산에 압류 또는 가압류 조치가 이루어졌다고 하더라도 이로써
종래의 점유상태의 계속이 파괴되었다고는 할 수 없으므로 이는 취득시
효의 중단사유가 될 수 없다."라고 판시하였다. 취득시효 제도의 규범목
적에 비추어 위와 같이 제한적으로 해석함이 타당하다.

VI. 첨부와 부당이득반환청구권

1. 건물이 신축된 경우

어떠한 건축자재가 신축건물 중 일부를 구성하더라도, 일반적으로는
건물신축 과정에서 시공사와 건축주 사이의 도급계약과 시공사와 자재공

---

222) 지원림(주 3), 618면; 민법주해[Ⅴ](주 125), 413면(윤진수 집필) 등 참조.

급자 사이의 매매계약이 그 이전의 법률상 원인이 된다.[223] 그러나 건물
의 신축 중 타인 소유의 자재나 타인의 노무가 법률상 원인 없이 투입되
어 신축된 건물의 일체가 되기도 한다. 이러한 경우에 부당하게 발생한
재화의 이전을 교정할 필요가 있는데, 이때 적용조항으로 거론되는 것이
민법 제261조이다.

　　이와 관련하여, 우선 대법원 2010. 2. 25. 선고 2009다83933 판결
은 당초의 건축주가 부지 소유자의 허락을 받아 건물을 신축하던 중 시
공사에 대한 공사대금 미지급 등 사유로 공사가 중단된 상태에서 새로운
부지 소유자가 그 부지를 매수하면서도 신축 중이던 건물은 매수하지 않
았음에도 해당 건물의 신축공사를 다시 진행하여 이를 완성함으로써 그
건물소유권을 원시취득한 사안에서, 당초의 건축주가 원시취득자에 대하
여 민법 제261조에 따른 보상을 청구할 수 있는지의 쟁점을 다루었다.
대법원은 위 판결에서 애초의 신축 중 건물에 대한 소유권을 상실한 사
람은 민법 제261조(첨부로 인한 구상권), 제257조(동산간의 부합), 제259조(가
공)를 준용하여 건물의 원시취득자에 대하여 부당이득 관련 규정에 기하
여 그 소유권의 상실에 관한 보상을 청구할 수 있다고 판단하였다.

　　위 제261조에서 정한 보상청구가 인정되기 위해서는 민법 제261조
자체의 요건뿐만 아니라, 부당이득 법리에 따른 판단에 의하여 부당이득
요건이 모두 충족되었다고 인정되어야 한다.[224] 그런데 건축자재 매도인
에게 소유권이 유보된 자재가 시공업자(매수인)와 제3자(건축주) 사이에 체
결된 도급계약의 이행에 따라 신축건물에 부합한 경우가 문제 된다. 이
때 매도인과 시공업자(매수인) 사이에는 침해부당이득관계가 성립한다.[225]
건축주의 입장에서는 도급계약에 기해 건축자재의 소유권을 취득한 것으
로 생각할 수 있겠지만, 건축주가 해당 자재의 소유권을 적법하게 취득
할 수 없을 때는 달리 보아야 한다.[226] 이러한 상황에 대해, 대법원은

223) 김형배(주 93), 178면 참조.
224) 대법원 2009. 9. 24. 선고 2009다15602 판결 참조.
225) 김형배(주 93), 179면 참조.

2009년 "매도인에게 소유권이 유보된 자재가 제3자와 매수인과 사이에 이루어진 도급계약의 이행에 의하여 부합된 경우 보상청구를 거부할 법률상 원인이 있다고 할 수 없지만, 제3자가 도급계약에 의하여 제공된 자재의 소유권이 유보된 사실에 관하여 과실 없이 알지 못한 경우라면 선의취득의 경우와 마찬가지로 제3자가 그 자재의 귀속으로 인한 이익을 보유할 수 있는 법률상 원인이 있다고 봄이 상당하므로 매도인으로서는 그에 관한 보상청구를 할 수 없다고 할 것"임을 판시한 바 있다.[227]

그리고 대법원 2018. 3. 15. 선고 2017다282391 판결은, 위와 같은 법리가 "매도인에게 소유권이 유보된 자재가 본인에게 효력이 없는 계약에 기초하여 매도인으로부터 무권대리인에게 이전되고, 무권대리인과 본인 사이에 이루어진 도급계약의 이행으로 본인 소유 건물의 건축에 사용되어 부합된 경우"에도 마찬가지로 적용된다고 판시하였다. 건축주와 도급계약을 체결한 시공업자가 수권 없이 건축주의 대리인으로서 매도인으로부터 소유권유보부로 승강기를 매수하여 이를 신축건물에 설치한 사안에 관한 판결이었다. 여기서 매도인이 건축주와의 계약으로 위 승강기가 신축건물에 설치된 것임을 인식하였다는 점은 위 2009년 판결 사안과 다르지만, 매도인은 소유권유보부로 해당 승강기의 점유를 이전하였을 뿐이고, 시공업자가 그 소유권을 침해하여 이득을 보았으며, 건축주는 시공업자와의 도급계약 이행으로 부합된 승강기의 소유권을 취득하였다는 점에서 본질적으로 이해관계가 동일하다고 평가한 것은 정당하다고 본다.[228]

---

226) 침해부당이득 반환청구권은 소유물 반환청구권을 갈음하는 구제수단임을 의미한다는 설명으로 김형석, 양도담보 목적물 사이의 부합과 부당이득, 서울대학교 법학(제60권 제3호), 서울대학교 법학연구소(2019), 127면 참조.

227) 대법원 2009. 9. 24. 선고 2009다15602 판결 및 강승준(주 1), 470－472면 참조.

228) 민철기, 매도인에게 소유권이 유보된 자재가 본인에게 효력이 없는 계약에 기초하여 매도인으로부터 무권대리인에게 이전되고, 무권대리인과 본인 사이에 이루어진 도급계약의 이행으로 본인 소유 건물의 건축에 사용되어 부합된 경우 부당이득반환청구권의 성립요건, 대법원판례해설(제115호), 법원도서관(2018), 99면 참조.

2. 서로 다른 양도담보권의 각 담보목적물이 부합된 경우

대법원 2016. 4. 28. 선고 2012다19659 판결은, 양도담보권의 목적인 주된 동산에 다른 동산이 부합되어 그 부합된 동산의 권리자(그도 양도담보권자이었다)가 해당 권리를 상실하는 손해를 입었다면 누구를 상대로 보상청구권(부당이득반환청구권)을 행사하여야 하는지에 대해 판시하였다.[229] 해당 판결 사안에서, 조선회사인 설정자는 제1양도담보권자(피고)에게 사업장 내 건조 중 선박 및 원자재 일체를 점유개정의 방법으로 인도하여 집합동산 양도담보를 설정하였다. 그리고 제2양도담보권자(원고)에게 사업장 내에 반입되기 전의 선박 장착용 카고펌프에 관한 양도담보약정을 하고 선하증권을 통해 이를 양도하였는데, 위 카고펌프가 사업장 내에 반입된 후 (이미 제1양도담보권자에게 담보목적으로) 양도된 선박의 건조과정에서 해당 선박에 부합되었다. 제2양도담보권자는 제1양도담보권자에게 민법 제261조에 따른 부당이득반환을 청구하였다.

이에 대해 대법원은 "부당이득반환청구에 있어 이득이라 함은 실질적인 이익을 의미"하고,[230] "동산에 대하여 양도담보권을 설정하면서 양도담보권설정자가 양도담보권자에게 담보목적인 동산의 소유권을 이전하는 이유는 양도담보권자가 양도담보권을 실행할 때까지 스스로 담보물의 가치를 보존할 수 있게 함으로써 만약 채무자가 채무를 이행하지 않더라도 채권자인 양도담보권자가 양도받은 담보물을 환가하여 우선변제받는 데에 지장이 없도록 하기 위한 것이고, 동산양도담보권은 담보물의 교환가치 취득을 그 목적으로 하는 것"[231]이라는 전제에 서서, "이러한 양도담보권의 성격에 비추어 보면, 양도담보권의 목적인 주된 동산에 다른

---

229) 그 외에도 집합물에 대한 양도담보권자가 점유개정의 방법으로 양도담보권설정계약 당시 존재하는 집합물을 이루는 개개의 물건을 반입한 경우, 양도담보권의 효력이 나중에 반입한 물건에 미치는지, 그 물건이 제3자 소유인 경우에는 어떠한지에 대해서도 판시하였는데, 이 부분에 대해서는 제5장 제4절의 Ⅱ. 1.항 부분에서 다루기로 한다.
230) 대법원 1992. 11. 24. 선고 92다25830, 25847 판결 등 참조.
231) 대법원 2009. 11. 26. 선고 2006다37106 판결 참조.

동산이 부합되어 부합된 동산에 관한 권리자가 그 권리를 상실하는 손해를 입은 경우 주된 동산이 담보물로서 가치가 증가된 데 따른 실질적 이익은 주된 동산에 관한 양도담보권설정자에게 귀속되는 것이므로, 이 경우 부합으로 인하여 그 권리를 상실하는 자는 그 양도담보권설정자를 상대로 민법 제261조의 규정에 따라 보상을 청구할 수 있을 뿐 양도담보권자를 상대로 그와 같은 보상을 청구할 수는 없다."라고 판시하였다.

이 판결은 논쟁적이다.[232] 위 2009년 판결[233]과 2017다282391 판결의 법리와도 어울리지 못한다.[234] 물론 제2양도담보권자가 부합으로 양도담보목적물의 가치를 증대시킨 제1양도담보권자를 상대로 보상청구를 하였다는 점에서, 자재 소유자가 부합으로 건물의 가치증대 이득을 본 건물 소유자를 상대로 보상청구를 한 위 두 판결 사안과 무조건 같게 취급할 수는 없을 것이다. 그러나 제2양도담보권자의 물권적 권리가 침해되었음은 부인할 수 없고, 제1양도담보권자는 부합 외에[235] 이를 제1양도담보의 목적물로 취득할 적법한 권리를 가지지 못한다. 위 두 판결 사안처럼 선의취득이 인정될 사안도 아니다. 양도담보가 담보권으로서의 실질을 갖는다고 하더라도, 제1양도담보권자는 부합으로 취득한 물건의 가치

---

232) 양도담보의 담보적 실질을 고려하여 위 판결의 결론에 찬동하는 견해가 있지만, 이에 반대하며 부합으로 인한 부당이득반환청구권을 가지는 자는 (제2)양도담보권자라고 주장하는 견해도 있다. 찬동하는 견해로는, 권영준(주 10), 132-135면; 권태상, 양도담보와 부합, 부당이득, 법학논집(제24권 제1호), 이화여자대학교 법학연구소(2019), 16면 이하; 이새롬, 집합양도담보물에 제3자 소유물이 반입·부합된 경우 부당이득의 문제, 민사판례연구(제40권), 박영사(2018), 610면 이하; 이원석, 집합물 양도담보와 타인 소유 물건의 반입, 대법원판례해설(제107호), 법원도서관(2016), 113면 이하 등 참조. 반대하는 견해로는 김형석(주 226), 106면 이하; 손호영, 서로 다른 동산양도담보권의 각 담보목적물이 부합된 경우 부당이득반환 의무자, 저스티스(제157호), 한국법학원(2016), 422면 이하; 윤진수(주 10), 153면; 이진기, 부합과 양도담보권의 효력, 법조(제65권 제7호), 법조협회(2016), 539면 이하 등 참조.
233) 위 주 227)의 2009다15602 판결.
234) 김형석(주 226), 123면 이하; 손호영(주 232), 424-425면 참조.
235) 민법상 첨부에 관한 규정들은 민법 제741조에서 정한 '법률상 원인'에 해당한다고 보지 않는다. 위 주 223)의 본문 부분 및 김형석(주 226), 112면 및 같은 면의 각주 22) 참조.

에 관한 권리귀속 내용을 향유하는 이익을 얻는다. 담보권으로서의 실질을 가질 뿐이라는 점이 위와 같은 침해부당이득 법리 적용의 예외를 설정할 사유가 되기는 어렵다. 따라서 제2양도담보권자가 제1양도담보권자를 상대로 그 권리침해에 따른 부당이득 반환청구를 할 수 있다고 봄이 타당하다고 생각한다.

VII. 공동소유
1. 공   유
(1) 공유물의 관리행위

대법원은 종래부터 공유자가 공유물을 타인에게 임대하는 행위와 그 임대차계약을 해지하는 행위는 공유물의 관리행위에 해당한다면서 민법 제265조 본문에 따라 공유자 지분의 과반수로써 결정하여야 한다고 보아 왔다.[236]

민법 제265조 본문이 정한 '공유물의 관리행위'는 공유물의 처분이나 변경에까지 이르지 아니하는 정도로 공유물을 이용하거나 개량하는 행위를 가리키는 것으로 이해되고 있다.[237] 이는 공유물의 관리행위를 위하여 구체적으로 계약을 체결하거나 그 계약관계를 청산하는 등의 외부적 행위와는 구분하여 볼 필요가 있다.[238] 즉, 위 조항에서 지분의 과반수로써 정하도록 한 것은 공유물 관리에 관한 내부적 의사결정이다.[239] 그 의사결정에 따른 계약체결이나 그 청산 방법은 위 규정에서 정하고 있지 않다. 따라서 과반수 지분권자가 정한 관리방법에 동의하지 않은 소수 지분권자에게까지 과반수 지분권자가 체결한 계약이나 그 계약상 행위의 효력이 미치는지는 위 조항을 적용하여 해결할 사항이 아니다.[240] 이러한

236) 대법원 1962. 4. 4. 선고 62다1 판결; 대법원 2019. 5. 30. 선고 2016다245562 판결 등 참조.
237) 민법주해[Ⅴ](주 125), 571면(민일영 집필); 편집대표 김용덕, 주석 민법[물권 2] (제5판), 한국사법행정학회(2019), 38면(최준규 집필) 등 참조.
238) 이동진, 민법 중 공유에 관한 규정의 입법론적 고찰, 민사법학(제78호), 한국 민사법학회(2017), 132면 참조.
239) 이영준(주 80), 597면 참조.

규율 내용 및 체계를 감안해 보면, 위 대법원 판시 법리에서 "임대하는
행위"나 "임대차계약을 해지하는 행위"는 그 임차인과 구체적으로 계약을
체결하거나 그 계약 해지의 통고 행위를 의미한다기보다는, 해당 공유물
을 타인에게 임대할 것인지, 그러한 이용방법을 변경할 것인지 등 그 이
용에 관한 사항을 공유자 지분의 과반수로써 내부적으로 결정한다는 취
지로 풀이해야 할 것이다.

　　같은 취지에서, 대법원 2010. 9. 9. 선고 2010다37905 판결이 "상
가건물 임대차보호법이 적용되는 상가건물의 공유자인 임대인이 같은 법
제10조 제4항에 의하여 임차인에게 갱신 거절의 통지를 하는 행위는 실
질적으로 임대차계약의 해지와 같이 공유물의 임대차를 종료시키는 것이
므로 공유물의 관리행위에 해당하여 공유자의 지분의 과반수로써 결정하
여야 한다."라고 판시한 바 있다. 즉, 여기서 "갱신 거절의 통지를 하는
행위"도 그러한 행위를 할 것인지에 관한 공유자들 사이의 내부적 의사
결정을 의미한다고 볼 것이다.

(2) 공유지분의 포기

　　민법 제267조는 "공유자가 그 지분을 포기하거나 상속인 없이 사망
한 때에는 그 지분은 다른 공유자에게 각 지분의 비율로 귀속한다."라고
규정한다. 그런데 부동산 공유자 중 1인이 공유지분을 포기하면 그 공유
지분이 등기와 무관하게 다른 공유자에게 귀속되는지, 아니면 등기를 하
여야 비로소 귀속되는지가 문제시될 수 있다.

　　이에 대하여 대법원 2016. 10. 27. 선고 2015다52978 판결은, "공
유지분의 포기는 법률행위로서 상대방 있는 단독행위에 해당하므로, 부동
산 공유자의 공유지분 포기의 의사표시가 다른 공유자에게 도달하더라도
이로써 곧바로 공유지분 포기에 따른 물권변동의 효력이 발생하는 것은
아니고, 다른 공유자는 자신에게 귀속될 공유지분에 관하여 소유권이전등

---

240) 이동진(주 238), 132면 참조. 가령, 민법 제547조 제1항이 해지, 해제권의 불가
　　분성을 정하는데, 이는 계약해지, 해제권 행사방법에 관한 규율로서 적용 차원을
　　달리한다. 이영준(주 80), 597면 참조.

기청구권을 취득하며, 이후 민법 제186조에 의하여 등기를 하여야 공유
지분 포기에 따른 물권변동의 효력이 발생한다."라고 하면서,[241] "부동산
공유자의 공유지분 포기에 따른 등기는 해당 지분에 관하여 다른 공유자
앞으로 소유권이전등기를 하는 형태가 되어야 한다."라고 판시하였다.[242]

민법 제267조가 민법 제187조에서 정한 "기타 법률의 규정"에 해당
한다고 볼 여지가 없지 않다.[243] 그러나 지분 포기는 법률행위에 해당한
다. 그런데도 등기 없이 포기에 의한 물권변동이 일어난다면 거래의 안
전이 저해될 수 있다.[244] 일반적으로 부동산물권의 포기에 대해서도 포기
의 의사표시 외에 등기까지 이루어져야 한다고 봄이 다수[245]를 형성한다.
이러한 점들을 감안하면, 등기를 요한다고 보아야 하고, 그 등기방법도
승계취득에 준하여 이전등기절차로 이루어져야 한다고 봄이 타당하다고
생각한다.[246]

(3) 지분에 대한 담보물권과 공유물의 현물분할

공유물분할은 형식적으로는 공유물의 특정 부분을 단독으로 소유하
고 나머지 부분에 대한 지분을 다른 공유자에게 이전하여 승계취득하게
하는 형태로 볼 수도 있지만, 실질적으로는 공유물에 분산되어 있는 지
분을 분할로 인하여 취득하는 특정 부분에 집중시켜 그 소유형태를 변경

---

241) 대법원은 위와 같은 판시의 참조 선례로 대법원 1965. 6. 15. 선고 65다301 판
결(미공간)을 제시한다.
242) 한편, 합유지분 포기가 적법하다면 그 포기된 합유지분은 나머지 잔존 합유지
분권자들에게 균분으로 귀속하게 되지만 그와 같은 물권변동은 합유지분권의 포기
라고 하는 법률행위에 의한 것이므로 등기하여야 효력이 있고 지분을 포기한 합유
지분권자로부터 잔존 합유지분권자들에게 합유지분권 이전등기가 이루어지지 아니
하는 한 지분을 포기한 지분권자는 제3자에 대하여 여전히 합유지분권자로서의 지
위를 가지고 있다고 보아야 한다는 판시로는 대법원 1997. 9. 9. 선고 96다16896
판결 참조.
243) 법률규정에 따라 다른 공유자가 해당 지분권을 원시취득을 한다는 관점에서 등
기를 요하지 않는다고 보는 견해로는 민법주해[IV](주 20), 179 – 180면(김황식 집
필) 참조.
244) 권영준(주 10), 70면 참조.
245) 곽윤직·김재형(주 76), 176면; 지원림(주 3), 468면 등 참조. 그러나 반대설로
는 이영준(주 80), 102, 301면 참조.
246) 민법주해[Ⅵ](주 125), 582 – 583면(민일영 집필) 참조.

한 것으로 이해되어왔다.[247] 그런데 분할 전 공유부동산의 일부 공유지분
에 저당권이 설정되었고, 이후 그 부동산이 현물로 분할되면, 해당 저당
권은 위와 같은 소유형태 변경에 영향을 받지 않으므로, 현물 분할된 각
부동산 위에 종전의 지분비율대로 존속하게 된다.[248] 그러나 단독소유로
각각 분할된 부동산 위에 담보에 관한 지분이 여전히 남아 있다는 점이
나 당초 담보를 설정한 바 없는 제3자(이전에 담보를 설정하지 않았던 다른
공유자)가 저당권의 부담을 진다는 점에서 매우 복잡한 법률관계가 전개
될 수 있다.[249] 실무적으로 위와 같은 공유물분할이 있는 경우, 다른 토
지의 등기부에 전사된 저당권등기를 저당권자와 저당권설정자 또는 현재
등기부상 소유자가 공동으로 말소신청을 하고, 당초 설정자 소유 토지
전체에 관한 저당권으로 설정(변경)함으로써 집중·정리하기도 한다. 그러
나 언제나 그렇게 집중·정리될 것이라고 기대만 하고 있을 수는 없다.
위와 같은 집중·정리가 이루어지지 않은 경우, 제3자가 분할받은 단독
소유 토지에 설정된 지분저당권과 설정자가 분할받은 단독 소유 토지에
설정된 지분저당권의 관계를 어떻게 볼지 문제 될 수 있다.

이에 관하여 종래 등기실무상 이러한 각 분할 토지에 설정된 지분
저당권 등기는 공동저당 관계로 보아왔는데,[250] 대법원 2012. 3. 29. 선
고 2011다74932 판결도 "부동산의 일부 공유지분에 관하여 저당권이 설
정된 후 부동산이 분할된 경우, 그 저당권은 분할된 각 부동산 위에 종

---

247) 대법원 1999. 6. 17. 선고 98다58443 전원합의체 판결 등 및 이에 관한 이동명
(주 1), 231면 이하 참조.
248) 대법원 1993. 1. 19. 선고 92다30603 판결 참조.
249) 이동진(주 238), 153면 참조.
250) 등기선례 제2-244호(1989. 1. 4. 제정): 甲과 乙의 공유토지 중 甲의 지분에 관
하여만 저당권설정등기가 경료된 후 그 토지를 분할하여 이를 각자 甲과 乙의 단
독소유로 하는 공유물분할등기를 함으로써 乙이 단독으로 소유하는 토지의 등기용
지에도 위 저당권등기가 그대로 전사된 경우, 이들 저당권등기 (甲이 소유하는 토
지의 등기용지에 그대로 남아 있거나, 乙이 소유하는 토지의 등기용지에 전사된
저당권등기)는 공동저당의 관계에 있는 것이므로, 甲 소유 토지상의 저당권등기만
을 말소하는 등기신청이 있는 경우에도 이를 수리할 수밖에 없으며, 이 경우 乙
소유 토지상의 저당권등기는 통상의 절차에 의하여 말소하여야 한다.

전의 지분비율대로 존속하고, 분할된 각 부동산은 저당권의 공동담보가
된다."라고 판시하였다.[251]

그런데 위 판결에서 저당권의 공동담보가 되는 것을 "분할된 각 부
동산"이라고 기재한 부분에 눈길이 간다. 위 판결이 각 단독소유물의 지
분에 관한 공동담보권의 담보가치를 해당 단독소유물 전체로 확장하려는
취지를 선언한 것인지, 그 법리 기재 부분의 판시만으로는 명확하지 않
다. 다만, 그 해당 사안[252]에 대한 위 판시법리의 적용 결과를 보면, 분
할된 대지 전체[253]에 대해 공동담보권이 미치는 것으로 보았음을 알 수

---

251) 한편, 대법원 2020. 5. 21. 선고 2018다879 전원합의체 판결(다수의견)은, 채무
자의 공유지분이 다른 공유자들의 공유지분과 함께 근저당권을 공동으로 담보하고
있고, 근저당권의 피담보채권이 채무자의 공유지분 가치를 초과하여 채무자의 공
유지분만을 경매하면 남을 가망이 없어 민사집행법 제102조에 따라 경매절차가 취
소될 수밖에 없는 반면, 공유물분할의 방법으로 공유부동산 전부를 경매하면 민법
제368조 제1항에 따라 각 공유지분의 경매대가에 비례해서 공동근저당권의 피담보
채권을 분담하게 되어 채무자의 공유지분 경매대가에서 근저당권의 피담보채권 분
담액을 변제하고 남을 가망이 있는 경우에 채권자가 자신의 금전채권 보전을 위하
여 채무자를 대위하여 부동산에 관한 공유물분할청구권을 행사하는 것이 "책임재
산의 보전과 직접적인 관련이 없어 채권의 현실적 이행을 유효·적절하게 확보하
기 위하여 필요하다고 보기 어렵고 채무자의 자유로운 재산관리행위에 대한 부당
한 간섭이 되므로 보전의 필요성을 인정할 수 없다. 또한 특정 분할 방법을 전제
하고 있지 않은 공유물분할청구권의 성격 등에 비추어 볼 때 그 대위행사를 허용
하면 여러 법적 문제들이 발생한다."고 하면서, "극히 예외적인 경우가 아니라면
금전채권자는 부동산에 관한 공유물분할청구권을 대위행사할 수 없다고 보아야 한
다."고 판시하였다.
252) 甲, 乙 등 명의로 지분이 나뉘어 있는 분할 전 대지 중 甲 지분에 관하여 丙
명의로 근저당권이 설정되어 있었고, 이후 乙 지분을 양수한 丁이 위 대지를 분할
하여 분할된 일부 대지(이하 '이 사건 대지'라고 한다) 위에 집합건물을 신축하여
소유권보존등기를 하면서 이 사건 대지에 관하여 대지권등기를 마쳤는데, 그 후
집합건물 중 일부 전유부분과 그 대지권에 관하여 경매절차가 진행된 사안에서,
이 사건 대지에 관한 대지권 성립 전에 설정된 위 근저당권은 그 후 이 사건 대
지가 집합건물의 대지권 목적이 되었더라도 종전 저당목적물에 대한 담보적 효력
을 그대로 유지하므로 丙은 위 전유부분에 대한 전체 매각대금 중 대지권에 대한
부분에 관하여 우선변제받을 권리가 있고, 근저당권의 공동담보 중 일부인 대지권
의 경매 대가를 먼저 배당하게 되었으므로, 丙은 근저당권의 피담보채권 전액을 기
준으로 배당에 참가할 수 있다고 한 사례이었다. 위 2011다74932 판결의 요지 [3]
부분 참조.
253) 위 2011다74932 판결의 원심판결인 수원지방법원 2011. 8. 10. 선고 2011나
1566 판결 이유를 살펴보면, 해당 근저당권 중 250/1,190 지분이 분할된 대지 위

있다. 그러나 이러한 적용 결과는 당초 담보를 설정하지 않았던 제3자(이전에 담보를 설정하지 않았던 다른 공유자)나 후순위권리자 등 분할된 각 토지에 이해관계를 맺는 자의 이익을 법적 원인 없이 침해하는 것 아닌지, 의구심이 든다.

한편 대법원 2016. 5. 27. 선고 2014다230894 판결은, "공유지분에 관하여 담보가등기를 설정하였다가 공유물분할로 단독소유가 된 부동산에 전사된 담보가등기에 관하여 사해행위를 이유로 채권자취소권을 행사할 경우"에 관하여 판시하였다. 물론, 사해행위 해당 여부의 판단은 "특별한 사정이 없는 한 공유지분에 대한 담보가등기 설정 당시를 기준"으로 삼았다. 그리고 앞서 본 바와 같이, 지분 담보권을 설정자 소유로 분할된 부동산에 집중·정리하는 실무례가 활용된 경우, 즉 "공유물분할 이후 당초 공유지분에 담보가등기를 설정한 공유자의 단독소유로 귀속된 부동산에 종전의 담보가등기에 대체하는 새로운 담보가등기를 설정하고 다른 공유자의 소유로 분할된 부동산에 전사된 담보가등기는 모두 말소한 경우" 그 취소로 인한 원상회복의 방법은 "공유물분할 자체가 불공정하게 이루어져 사해행위에 해당한다는 등 특별한 사정이 없는 한 공유물분할이 되어 단독소유로 된 부동산에 설정된 담보가등기 설정계약의 취소와 그 담보가등기의 말소를 구하는 방법으로 할 수 있다."라고 판시하였다. 당초의 공유지분에 관한 담보가등기 설정 및 이후의 공유물분할 및 담보권의 집중·정리를 위한 조치 등 일련의 행위를 번거롭게 모두 되돌리지 않고, 현 상태의 담보가등기 설정계약 취소 및 그 담보가등기 말소만으로 사해행위취소로 인한 원상회복의 목적을 간명히 달성할 수 있음을 확인해 준 것이다.

에 존속하다가, 그 후 해당 대지 위에 집합건물이 신축된 이후에는 각 대지권에 그 지분의 비율에 따라 분화되어 존속하고, 각 대지권이 공동으로 각 근저당권을 담보한다는 설명이 나오지만, 이후 근저당권의 공동담보 중 일부인 대지권의 경매대가를 산출, 배당할 때에는 위 지분을 고려하지 않고 있음을 알 수 있다.

(4) 구분소유적 공유관계

어느 부동산의 위치와 면적을 특정하여 구분소유하기로 하거나, 공유물을 분할하기로 약정하고 그때부터 각자의 소유로 분할된 부분을 특정하여 각자 점유·사용하는 구분소유적 공유관계가 성립하였을 때,[254) 구분소유자들 사이에 공유지분등기의 상호명의신탁관계 내지 그 부동산에 대한 구분소유적 공유관계가 성립한다.

1동의 건물 중 위치 및 면적이 특정되고 구조상·이용상 독립성이 있는 일부분씩을 2인 이상이 구분소유하기로 약정하고 등기만은 편의상 각 구분소유의 면적에 해당하는 비율로 공유지분등기를 하여 놓은 때에도,[255) 마찬가지이다. 그러나 "위와 같은 <u>약정이 있더라도, 1동 건물 중 각 일부분의 위치 및 면적이 특정되지 않거나 구조상·이용상 독립성이 인정되지 아니한 경우에는 공유자들 사이에 이를 구분소유하기로 하는 취지의 약정이 있다 하더라도 일반적인 공유관계가 성립할 뿐, 공유지분등기의 상호명의신탁관계 내지 그 건물에 대한 구분소유적 공유관계가 성립한다고 할 수 없</u>"음은 물론이다. 대법원 2014. 2. 27. 선고 2011다42430 판결이 이에 관하여 판시하였다.

한편 대법원은 종래부터, 구분소유적 공유관계에서 부동산 전체에 관하여 공유지분등기가 이루어진 경우, 각자가 소유하는 특정부분 이외의 부분에 관한 등기는 상호명의신탁관계에 있다고 보아왔다.[256) 이에 기초하여, 구분소유적 공유관계로 특정부분을 소유한다고 주장하는 자는 "그 부분에 대하여 신탁적으로 지분등기를 가지고 있는 자들을 상대로 하여 그 특정부분에 대한 명의신탁해지를 원인으로 한 지분이전등기절차의 이행만을 구하면 될 것이고 공유물분할 청구를 할 수 없"는 것으로 취급되었다.[257] 대법원 2010. 5. 27. 선고 2006다84171 판결도 같은 취지를 판시하였다. 다만, 1동의 건물 중 위치 및 면적이 특정되고 구조상·이용상 독립성이 있는 일부분씩을 2인 이상이 구분소유하기로 약정하고 등기만은 편의상 각 구분소유의 면적에 해당하는 비율로 공유지분등기를 하여 놓은 경우에 관하여, 해당 건물 각 층의 구분소유자들은 다른 층 소유자들과 사이에 상호명의신탁을 해지하는 것 외에, 그 "건물에 대하여 구분건물로 건축물대장의 전환등록절차 및 등기부의 구분등기절차를 마치고 각 층별로 상호간에 자기가 신탁받은 공유지분 전부를 이전하는 방식으로 이 사건 건물에 대한 구분소유적 공유관계를 해소할 수 있다."는 점을 밝혔다. 또, 구분소유의 목적물인 해당 건물 각 층과 분리하여 그 대지만에 대해 경매분할을 명한 확정판결이 있을 때, 그 확정판결에 기하여 진행되는 공유물분할경매절차에서 그 대지만을 낙찰받더라도 경매절차 매수인은 집합건물법 제20조 제2항에서 정한 분리처분금지 규율에 따라 원칙적으로 그 소유권을 취득할 수 없음도 함께 지적하였다. 어떠한 건물에 관한 구분소유적 공유관계가 해소되어 해당 건물이 구분소유의 대상인 건물이 될 때, 그에 상응하는 등록·등기절차를 밟아야 하고, 구분소유의 대상이 되는 이상 집합건물법에 따라 규율하여야 함을 밝혀 준 것이다.

2. 총   유

(1) 총유물의 처분행위와 관리행위

민법 제275조 제2항은 "총유에 관하여는 사단의 정관 기타 계약에 의하는 외에 다음 2조의 규정에 의한다."라고 규정하고, 제276조 제1항은 "총유물의 관리 및 처분은 사원총회의 결의에 의한다."라고 정한다. 이러한 규정 체계에 따르면, 총유물의 관리·처분에 관한 내부적 의사결정은

---

257) 대법원 1989. 9. 12. 선고 88다카10517 판결 참조.

1차적으로는 사단의 '정관 기타 계약'에 따르고, 그러한 정함이 없다면 2
차적으로 사원총회의 결의에 따르게 된다. 이와 달리, 타인 간의 금전채
무 보증행위처럼 총유물 그 자체의 관리·처분이 따르지 않는 단순한 채
무부담행위는 총유물의 관리·처분행위로 보지 않는다.[258]

　　대법원 2012. 10. 25. 선고 2010다56586 판결은 종중규약(정관)에
고정자산 취득과 처분을 총회의결사항으로, 고정자산 사용료 징수나 회장
이 부의하는 사항을 이사회 의결사항으로 정해 둔 종중이 이사회 의결을
거쳐 그 총유 토지를 다른 종중에 무상으로 사용할 수 있도록 승낙한 행
위가 처분행위로서 종중규약이나 종중재산 처분에 관한 일반 법리에 위
반한 것이라는 원심판단[259]에 대해, "총유물의 처분이라 함은 '총유물을
양도하거나 그 위에 물권을 설정하는 등의 행위'를 말하므로, 그에 이르
지 않은 단순히 '총유물의 사용권을 타인에게 부여하거나 임대하는 행위'
는 원칙적으로 총유물의 처분이 아닌 관리행위에 해당한다고 보아야 한
다."라고 하면서, 해당 토지에 관한 무상사용 승낙행위가 원칙적으로 종
중재산에 관한 처분행위가 아닌 관리행위에 해당한다는 취지를 판시하였
다. 또, 위 판결은 "민법 제619조에 의하면 처분의 능력 또는 권한 없는
사람도 석조, 석회조, 연와조 및 그와 유사한 건축물을 목적으로 한 토지
의 임대차의 경우에는 10년, 그 밖의 토지의 임대차의 경우에는 5년의
범위 안에서 다른 사람에게 토지를 임대할 수 있으므로, 종중이 종중총
회의 결의에 의하지 않고 타인에게 기한을 정하지 않은 채 건축물을 목
적으로 하는 토지의 사용권을 부여하였다고 하더라도 이를 곧 처분행위
로 단정하여 전체가 무효라고 볼 것이 아니라 관리권한에 기하여 사용권
의 부여가 가능한 범위 내에서는 관리행위로서 유효할 여지가 있"음도
밝혔다.

　　민법 제276조에서 사원총회의 결의 사항으로 "총유물의 관리 및 처

---

258) 대법원 2007. 4. 19. 선고 2004다60072, 60089 전원합의체 판결 및 강승준(주 1),
　　476-481면 참조.
259) 서울고등법원 2010. 6. 18. 선고 2009나66862 판결 참조.

분"을 규정하고 있으므로, 총유물의 처분행위와 관리행위의 의미를 일괄하여 설명하는 경우가 많다.[260] 그러나 위 판결을 통해, 사단의 정관이나 계약 등에 의해 처분행위와 관리행위의 절차 및 방법 등이 구분되어 있다면, 각각의 의미를 구분해서 볼 필요도 있음을 알 수 있다.

(2) 총유물의 처분에 관한 총회결의의 사회적 타당성(종중의 경우)

비법인사단인 종중도 결사로서 그 내부적 의사결정 등에 관한 자율권을 누릴 수 있다(헌법 제21조 제1항). 특히, 총유물의 관리 및 처분에 관하여 앞서 본 바와 같이 사단의 정관 기타 계약이나 사원총회 결의에 의하도록 규정하므로(민법 제275조 제2항, 제276조 제1항), 그러한 총유물의 관리·처분에 관하여 어떠한 내용을 정할지도 해당 종중원의 내부적·자율적 의사 결의에 달려 있다. 즉 그 내용 형성에 재량이 있다고 말할 수 있다. 그러나 위와 같은 내부적 의사결정에 관한 자율권과 내용 형성의 재량에 기대어 우리 법질서에서 추구하는 다른 가치나 권리를 본질적으로 침해할 수 있다고까지는 말하기 어려울 것이다.

대법원도 2010년대에 들어, 종중의 내부적 결의내용 형성에 관한 자율권과 재량에 한계가 있음을 지적하면서, 그 결의내용에 통제를 가하는 일련의 판결을 하였다.

먼저, 대법원 2010. 9. 9. 선고 2007다42310, 42327 판결은 종중이 소유하던 토지 매각대금의 분배에 관한 사안이었다. 해당 사안의 종중은 종토 매각대금을 종원에게 분배하면서 그 종토에 관한 토지조사부에 사정명의인으로 등재된 자의 직계손에게 이를 분배하되 방계손에게는 지원금을 1/2 이하로 감축하거나 지급을 보류할 수 있고, 해외 이민자는 지급대상에서 제외하기로 결의하였다. 물론, 정관 기타 규약에 달리 정함이 없는 한 종중총회의 결의로 수용보상금을 분배할 수 있고, 그 분배비율이나 방법, 내용도 자율적으로 결의하여 정할 수 있지만, 대법원은 "종중은 공동선조의 분묘수호와 제사 및 종원 상호간의 친목 등을 목적

---

260) 곽윤직·김재형(주 76), 301면; 주석 민법[물권 2](주 237), 106-108면(최준규 집필) 등 참조.

으로 하여 구성되는 자연발생적인 종족집단으로 그 공동선조와 성과 본
을 같이하는 후손은 그 의사와 관계없이 성년이 되면 당연히 그 구성원
(종원)이 되는 종중의 성격에 비추어, 종중재산의 분배에 관한 종중총회의
결의 내용이 현저하게 불공정하거나 선량한 풍속 기타 사회질서에 반하
는 경우 또는 종원의 고유하고 기본적인 권리의 본질적인 내용을 침해하
는 경우 그 결의는 무효"라고 하면서, "위 결의는 종원으로서의 권리의
본질적 부분을 부당하게 침해하는 것으로 합리적이라 할 수 없어 무효"
라고 판시하였다. 해당 종중재산의 조성 경위, 종중재산의 유지·관리에
대한 기여도, 종중행사 참여도를 포함한 종중에 대한 기여도, 종중재산의
분배 경위, 전체 종원의 수와 구성, 분배 비율과 그 차등의 정도, 과거의
재산분배 선례 등 제반 사정을 고려하여 위 종토재산의 분배에 관한 종
중총회의 결의 내용이 현저하게 불공정한지를 판단한 것이다.[261]

한편 위 판결 사안에서, 위와 같은 법원에 의한 종중결의 내용의 통
제로 해당 결의가 무효가 되었을 때, 종원이 곧바로 종중을 상대로 하여
스스로 공정하다고 주장하는 분배금의 지급을 청구할 수 있을지도 쟁점
이 되었다. 이에 대해 대법원은, 총유물인 종중 토지 매각대금의 분배는
정관 기타 규약에 달리 정함이 없는 한 종중총회 결의에 의하여만 처분
할 수 있고 이러한 분배결의가 없으면 종원이 종중에 대하여 직접 분배
청구를 할 수 없다는 전제[262]에 서서, "종중 토지 매각대금의 분배에 관
한 종중총회의 결의가 무효인 경우, 종원은 그 결의의 무효확인 등을 소
구하여 승소판결을 받은 후 새로운 종중총회에서 공정한 내용으로 다시
결의하도록 함으로써 그 권리를 구제받을 수 있을 뿐이고 새로운 종중총
회의 결의도 거치지 아니한 채 종전 총회결의가 무효라는 사정만으로 곧
바로 종중을 상대로 하여 스스로 공정하다고 주장하는 분배금의 지급을
구할 수는 없다."라고 판시하였다. 현저하게 불공정하거나 반사회질서적
내용의 결의 또는 타인 고유의 기본적 권리 중 본질적 내용을 침해하는

261) 위 2007다42310, 42327 판결 이유 부분 참조.
262) 대법원 1994. 4. 26. 선고 93다32446 판결 등 참조.

내용의 결의는 '종중 등 사단 내부결의 형성 자율권' 한계선을 넘어서는 것이므로 법원이 이를 통제할 수 있지만, 그러한 자율성의 한계선 범주 내에서 어떠한 내용을 형성할지는 도로 해당 종중의 자율적 형성 영역 내의 일로서 법원이 이 영역에 들어가 스스로 그 내용을 형성할 수 없음을 선언한 것이다.

위 판결에 곧이어 나온 **대법원 2010. 9. 30. 선고 2007다74775 판결**은 종중이 소유하던 토지에 대한 수용보상금의 분배에 관한 사안이었다. 대법원은 위와 같은 법리에 기초하여, "종중재산을 분배함에 있어 단순히 남녀 성별의 구분에 따라 그 분배 비율, 방법, 내용에 차이를 두는 것은 개인의 존엄과 양성의 평등을 기초로 한 가족생활을 보장하고, 가족 내의 실질적인 권리와 의무에 있어서 남녀의 차별을 두지 아니하며, 정치·경제·사회·문화 등 모든 영역에서 여성에 대한 차별을 철폐하고 남녀평등을 실현할 것을 요구하는 우리의 전체 법질서에 부합하지 아니한 것으로 정당성과 합리성이 없어 무효"라고 판시하였다.

그리고 **대법원 2017. 10. 26. 선고 2017다231249 판결**도 마찬가지의 법리를 내세워, '종토 환원을 위하여 사비를 출연하고 소송실무를 대행하여 종토 전부를 종중으로 환원하여 감사의 의미로 환수 종토의 일부를 증여하기로 한다.'라고 하면서 종중회장 등 임원을 맡은 특정 종원들에게 종토 일부를 증여하기로 하는 결의를 한 것도, 그들이 "종중재산의 회복에 기여한 부분이 있다고 하더라도 이는 선관주의의무를 부담하는 종중의 임원으로서 당연히 해야 할 업무를 수행한 것에 지나지 않으므로" 그들에게 실비를 변상하거나 합리적인 범위 내에서 보수를 지급하는 외에 이를 벗어나 회복한 종중재산의 상당 부분을 분배하는 위 증여결의의 내용이 "현저하게 불공정하거나 사회적 타당성을 결하여 무효"라고 판시하였다.

위와 같은 종중결의의 내용통제에 관한 법리는 그 밖의 사단 내부 결의 사항에 관한 자율권과 형성 재량에 대한 법원의 내용통제 법리로도 기능할 수 있다고 본다. 2020년에 선고된 재건축조합 총회 결의 내용의 자율성과 재량 정도에 관한 판시²⁶³⁾도 그 맥락상 무관하지 않다고 생각된다.

VIII. 집합건물의 구분소유
1. 구분소유권의 성립과 소멸
(1) 성   립
(가) 이용상·구조상 독립성

1동의 건물 중 일부분이 구분소유권의 객체가 되기 위해서는, 그 부분이 이용상은 물론 구조상으로도 다른 부분과 구분되는 독립성이 있어야 한다. 이러한 객관적·물리적 요건을 갖추지 못한 건물 일부에 관해서는 구분소유권이 성립할 수 없다. 따라서 종래부터 위와 같은 독립성 없는 건물 부분이 건축물관리대장상 독립한 별개의 구분건물로 등재되고 등기부에도 구분소유권의 목적으로 등기되어 있어 그러한 등기에 기초한 경매절차가 진행되어 매각허가를 받고 매각대금을 다 냈다 하더라도, 그러한 구분소유 등기는 그 자체로 효력이 없으므로 해당 매수인이 소유권을 취득할 수 없다고 보아왔다.²⁶⁴⁾ 다만, 위와 같은 객관적·물리적 요건을 구비하지 못한 상태가 복원을 전제로 한 일시적인 것이고, 복원이 용이하다면 구분등기 역시 유효하다고 보기도 하였다.²⁶⁵⁾ 이처럼 구분소유권 성립을 위한 객관적·물리적 요건의 판단은 그 구조와 이용관계에 따라 그 엄격성에 차이가 발생²⁶⁶⁾하는 상대적 개념으로 이해되어 왔다.²⁶⁷⁾

---

263) 대법원 2020. 9. 3. 선고 2017다218987, 218994 판결 참조(재건축사업의 수행결과에 따라 차후에 발생하는 추가이익금의 상당한 부분에 해당하는 금액을 조합 임원들에게 인센티브로 지급하도록 하는 내용을 총회에서 결의하는 경우 조합 임원들에게 지급하기로 한 인센티브의 내용이 부당하게 과다하여 신의성실의 원칙이나 형평의 관념에 반한다고 볼 만한 특별한 사정이 있는 때에는 적당하다고 인정되는 범위를 벗어난 인센티브 지급에 대한 결의 부분은 그 효력이 없다는 판시). 다만, 이 판결이 위 종중에 관한 2010년대 판결을 참조판결로 제시하고 있지는 않다.

264) 대법원 2008. 9. 11.자 2008마696 결정 등 참조.

265) 대법원 1999. 6. 2.자 98마1438 결정 참조.

266) 대법원 1993. 3. 9. 선고 92다41214 판결 참조.

267) 박정제, 구분건물의 물리적 구분이 완성되기 전에 구분건물소유권보존등기가

나아가 2003. 7. 18. 법률 제6925호로 개정된 집합건물법 제1조의2 는 상가 등의 집합건물 안의 구분된 점포가 경계를 명확하게 식별할 수 있는 표지를 바닥에 견고하게 설치하고 구분점포별로 부여된 건물번호표 지를 견고하게 부착할 것 등의 일정한 요건을 갖춘 경우 구분소유권의 대상이 되도록 규정하여, 상가점포에 관한 구분소유 성립을 위한 객관 적·물리적 요건을 완화하기도 하였다.

그런데 대법원 2016. 1. 28. 선고 2013다59876 판결에서는, 1동 건 물의 일부분이 구분소유권 객체로서 적합한 구조상 독립성을 갖추지 못 한 상태에서 구분소유권의 목적으로 등기되고 이에 기초하여 근저당권설 정등기 등이 순차로 마쳐진 다음에야 비로소 집합건물법 제1조의2에 따 른 구분소유권 성립의 객관적·물리적 요건이 구비된 때의 위 근저당권 설정등기 등의 유효 여부가 다투어진 사안을 다루었다. 이에 대하여 대 법원은 종래, 신축건물의 보존등기를 건물 완성 전에 하였더라도 그 후 건물이 완성된 이상 등기를 무효라고 볼 수 없다고 본 판례[268] 법리를 제시하면서, "이러한 법리는 1동의 건물의 일부분이 구분소유권의 객체로 서 적합한 구조상 독립성을 갖추지 못한 상태에서 구분소유권의 목적으 로 등기되고 이에 기초하여 근저당권설정등기나 소유권이전등기 등이 순 차로 마쳐진 다음 집합건물법 제1조의2, 경계표지 및 건물번호표지 규 정[269]에 따라 경계를 명확하게 식별할 수 있는 표지가 바닥에 견고하게 설치되고 구분점포별로 부여된 건물번호표지도 견고하게 부착되는 등으 로 구분소유권의 객체가 된 경우에도 마찬가지"라고 판시하였다. 당초 구 분소유성립을 위한 객관적·물리적 요건이 갖춰져 있지 않은 상태에서 마쳐진 무효의 등기도 사후에 그 실체가 추완됨으로써 유효하게 된 경우

마쳐지고 그에 터 잡아 근저당권설정등기 및 소유권이전등기가 순차로 마쳐진 후 물리적 구분이 완성된 경우 위 등기들의 효력, 대법원판례해설(제107호), 법원도서 관(2016), 281면 참조.

268) 대법원 1970. 4. 14. 선고 70다260 판결 참조.

269) '집합건물의 소유 및 관리에 관한 법률 제1조의2 제1항의 경계표지 및 건물번 호표지에 관한 규정'을 가리킨다.

에는 '무효등기의 추완' 법리에 따라 실체관계에 부합하는 등기로서 유효
한 등기가 된다고 본 것이다.[270]

한편, 대법원 2018. 3. 27. 선고 2015다3471 판결은 1동의 건물을
신축한 후 그 건물 중 구조상·이용상 독립성을 갖추지 못한 부분을 스
스로 구분건물로 건축물관리대장에 등재하고 소유권보존등기를 마친 자
가, 구조상·이용상 독립성을 갖출 수 있는데도, 그 건물 부분에 관하여
자신과 매매계약을 체결하여 그에 따라 소유권이전등기를 마친 자 또는
자신과 근저당권설정계약을 체결하여 그에 따라 근저당권설정등기를 마
친 자 등을 상대로 그러한 등기가 무효임을 주장하며 이에 대한 멸실등
기절차의 이행이나 위와 같은 건물 부분의 인도를 청구한 사안을 다루었
다. 이에 대해 대법원은 위와 같은 청구가 "신의성실의 원칙에 위반된다
고 볼 여지가 있다."고 보았다. 또, "이러한 법리는 위와 같은 근저당권에
기초한 임의경매절차에서 해당 건물 부분을 매수하여 구분건물로서 소유
권이전등기를 마친 자를 상대로 그 등기의 멸실등기절차의 이행 또는 해
당 건물 부분의 인도를 청구하는 경우에도 마찬가지로 적용된다고 보아
야 한다."라고도 판시하였다.

그리고 대법원은 위 판결에서 소유권보존등기 당시 구분소유권의 객
체로서 적합한 객관적·물리적 요건을 갖추지 못한 상태였다고 하더라도,
그러한 사정만으로 그러한 구분건물에 관한 매매계약이나 근저당권설정
계약이 무효라고 할 수는 없다고 보았다. 오히려 소유권보존등기 명의자
는 매매계약 등에 따라 매수인 또는 근저당권자에게 해당 목적물이 구분
건물로서의 요건을 갖출 수 있도록 할 의무를 부담하는데, 이처럼 구분
건물로서의 요건을 갖추도록 해주어야 할 의무를 부담하는 자가 도리어
구분건물로서의 요건을 갖추지 못하였다는 사정을 이유로 거래 상대방
또는 그 전전양수인 등을 상대로 목적물의 인도 등을 구하는 것은 쉽사
리 용납되기 어렵다는 점을 위와 같은 판시 법리의 논거 중 하나로 제시

---

270) 권영준(주 10), 95-96면; 박정제(주 267), 292면 참조.

하였다. 또, 위 2013다59876 판결의 판시 법리를 제시하면서, 1동의 건물 중 일부분이 구분건물로서의 요건을 갖추지 못한 상태라는 이유만으로 그에 관하여 마쳐진 등기가 모두 확정적으로 무효로 되는 것도 아니라는 점도 논거로 제시하였다. 결국 구분소유성립을 위한 객관적·물리적 요건의 구비 여부는 그 불비 상태의 지속성 문제가 아니라 소유자, 매수인, 저당권자 등의 의사에 따른 복원가능성에 중요한 의미가 있음을 나타낸 것이라 평가할 수 있다.[271] 이는 객관적·물리적 요건의 요소 중 이용상 독립성이 소유자 등의 의사에 좌우되고, 구조상 독립성도 그 이용관계에 따라 상대적으로 판단되는 구조가 구분소유건물의 원활한 거래를 보장하고, 물권법적 거래질서의 안정에도 그리 저해되지는 않는다는 사고가 뒷받침되어 있기에 나온 평가일 것이다.

(나) 구분행위와 그 등기·등록 요부

1동의 건물에 대하여 구분소유가 성립하기 위해서는 앞서 언급한 객관적·물리적 측면에서의 구조상·이용상 독립성뿐 아니라, 1동의 건물 중 물리적으로 구획된 건물부분을 각각 구분소유권의 객체로 하려는 구분행위가 있어야 한다.[272] 대법원은 종래부터 구분소유의 성립요건이 되는 구분행위는, 건물의 물리적 형질에 변경을 가함이 없이 법률관념상 그 건물의 특정 부분을 구분하여 별개의 소유권의 객체로 하려는 일종의 법률행위(의사표시)로 이해하였다.[273] 그러나 다른 한편으로, 구분소유는 건물 전체가 완성되고 원칙적으로 집합건축물대장에 구분건물로 등록된 시점, 예외적으로 등기부에 구분건물의 표시에 관한 등기가 마쳐진 시점에 비로소 성립한다는 취지의 판시가 있기도 하였다.[274]

이러한 상황에서 **대법원 2013. 1. 17. 선고 2010다71578 전원합의**

---

271) 한애라, 구분건물의 구조상 독립성 판단기준과 경매절차−최근 판례를 중심으로−, 민사집행법연구(제15권), 한국민사집행법학회(2019), 117면 참조.
272) 대법원 1999. 7. 27. 선고 98다35020 판결 등 참조.
273) 대법원 2006. 3. 10. 선고 2004다742 판결 등 참조.
274) 대법원 1999. 9. 17. 선고 99다1345 판결; 대법원 2006. 11. 9. 선고 2004다 67691 판결 등. 한편, 종래 소유자의 구분소유의 의사가 등기되어야 한다는 취지의 설명으로는 민법주해[Ⅵ](주 125), 269면(김황식 집필) 참조.

체 판결은 앞서 본 바와 같이 구분소유성립을 위한 구분행위는 일종의
법률행위에 해당한다는 전제에서, "그 시기나 방식에 특별한 제한이 있는
것은 아니고 처분권자의 구분의사가 객관적으로 외부에 표시되면 인정되
고, 따라서 구분건물이 물리적으로 완성되기 전에도 건축허가신청이나 분
양계약 등을 통하여 장래 신축되는 건물을 구분건물로 하겠다는 구분의
사가 객관적으로 표시되면 구분행위의 존재를 인정할 수 있고, 이후 1동
의 건물 및 그 구분행위에 상응하는 구분건물이 객관적·물리적으로 완
성되면 아직 그 건물이 집합건축물대장에 등록되거나 구분건물로서 등기
부에 등기되지 않았더라도 그 시점에서 구분소유가 성립한다."고 판시하
였고, 이와 다른 취지인 종전 판결[275]은 폐기하였다.

　　이에 대하여 위 판결의 반대의견은, 구분행위가 부동산 소유권의 내
용을 변경시키는 법적 행위로서 부동산 물권변동에서 요구되는 공시방법
인 등기에 준할 정도로 명료한 공시기능을 갖추는 것이 반드시 필요하다
는 입장에 섰다. 이에 따라 "원칙적으로 건물 전체가 완성되어 당해 건물
에 관한 건축물대장에 구분건물로 등록된 시점에 성립하고, 다만 예외적
으로 건축물대장에 등록되기 전에 등기관이 집행법원의 등기촉탁에 의하
여 미등기건물에 관하여 소유권 처분제한의 등기를 하면서 구분건물의
표시에 관한 등기를 하는 경우에는 등기된 시점에 구분소유권이 성립한
다."라는 논지를 제시하였다.

　　그러나 구분행위는 집합건물법 제1조 또는 민법 제215조에서 정한
구분소유의 객체로 삼으려는 법적 효과를 지향하는 의사표시이지,[276] 그
소유권 귀속을 정하는 행위가 아니다.[277] 해당 부동산이 구분소유의 객체

---

275) 위 주 274) 판결.
276) 다만, 구분행위를 의사표시(법률행위)가 아닌 준법률행위나 사실행위로 보는 견
　　해로는 김성연, 구분소유권의 성립요건 - 대법원 2013.01.17. 선고 2010다71578 전
　　원합의체 판결을 중심으로 -, 홍익법학(제14권 제4호), 홍익대학교 법학연구소
　　(2013), 223면; 박종두·박세창, 집합건물법(제2판), 삼영사(2011), 72면 참조.
277) 김규완, 구분소유 관념과 구분소유권 개념 - 대법원 2013. 1. 17. 선고 2010다
　　71578 전원합의체 판결의 평석, 민사법학(제72호), 한국민사법학회(2015), 37, 42면
　　(집합건물에서의 구분소유권 귀속은 집합건물법 제1조, 민법 제187조에 따라 원시

로 될 수 있음은 구분소유 성립을 위한 객관적·물리적 요건, 즉 구조
상·이용상 독립성을 통해 이해당사자들이 어렵지 않게 인식할 수 있다.
이로써 구분소유의 객체로 되는지와 관련한 법률관계의 명확성과 안정성
이 확보될 수 있는 것이다.[278] 따라서 구분소유의 객체가 되도록 하는
법률효과를 의욕하는 구분의사의 표시는 위 판결의 다수의견처럼 그 시
기나 방식에 특별한 제한 없이 그 처분권자의 구분의사가 객관적으로 표
시되면, 그 존재를 인정함이 타당하다고 본다.

　위 2010다71578 전원합의체 판결 이후, 그 판시법리에 기초를 둔 여
러 후속 판결이 나왔다.

　대법원 2016. 6. 28. 선고 2013다70569 판결은, "집합건물이 아닌
일반건물로 등기된 기존의 건물이 구분건물로 변경등기되기 전이라도, 구
분된 건물부분이 구조상·이용상 독립성을 갖추고 건물을 구분건물로 하
겠다는 처분권자의 구분의사가 객관적으로 외부에 표시되는 구분행위가
있으면 구분소유권이 성립한다."라고 하면서, "일반건물로 등기되었던 기
존의 건물에 관하여 실제로 건축물대장의 전환등록절차를 거쳐 구분건물
로 변경등기까지 마쳐진 경우라면 특별한 사정이 없는 한 전환등록 시점
에는 구분행위가 있었던 것으로 봄이 타당하다."라고 판시하였다.

적으로 귀속된다고 설명한다); 윤진수(주 10), 167면; 이상용, 구분폐지에 의한 구
분소유권 소멸의 요건으로서 이해관계인의 부존재 - 대법원 2016. 1. 14. 선고
2013다219142 판결을 중심으로, 민사법학(제78호), 한국민사법학회(2017), 90면 참
조. 또한, 구분행위와 소유권 귀속을 구분하는 취지의 평석으로 김재형(주 126),
110-111면 참조. 나아가 반대의견처럼 대장등록을 요구하는 것은 부동산 물권변
동의 일반원칙에 맞지 않는다는 취지의 지적으로는 김창모, 구분소유의 성립요건,
민사판례연구(제36권), 박영사(2015), 167면 참조.
278) 물론 구조상·이용상 독립성 판단이 앞에서 본 바와 같이 그 구조나 당사자 의
사에 좌우되는 이용관계에 따라 그 엄격성이 상대적이기는 하지만[앞의 (가) 부분
참조], 여기에 구분행위 존부 판단의 엄격성 정도도 구조상·이용상 독립성 판단과
상대적·상관(相關)적으로 결부 지어 요구함으로써 물권적 법률관계의 명확성과
안정성을 확보할 수 있으리라 본다. 가령, 구조상·이용상 독립성이 명확하지 않
은 때에는 구분행위 표시의 명시성 요구 정도를 상대적으로 높여서 구분소유의 객
체가 되는지를 판단한다는 것이다. 아래 본문에서 살필 대법원 2018. 2. 13. 선고
2016다245289 판결 참조.

대법원 2019. 10. 17. 선고 2017다286485 판결도, 1동의 건물에 대한 구분소유가 성립하기 위해서는 객관적·물리적 요건으로서 1동의 건물 존재와 그 구조상·이용상 독립성이 갖추어져야 할 뿐 아니라 해당 건물 중 물리적으로 구획된 건물 부분을 각각 구분소유권의 객체로 하려는 법률행위로서의 구분행위가 있어야 하고, 그 구분행위에는 시기나 방식에 특별한 제한이 있는 것은 아니며 처분권자의 구분의사가 객관적으로 외부에 표시되면 인정할 수 있다는 점을 기초로 하여, "1동의 건물과 그 구분행위에 상응하는 구분건물이 객관적·물리적으로 완성되면 그 시점에서 구분소유가 성립한다. 이와 같이 구분소유가 성립하는 이상 구분행위에 상응하여 객관적·물리적으로 완성된 구분건물이 구분소유권의 객체가 되고, 구분건물에 관하여 집합건축물대장에 등록하거나 등기부에 등재하는 것은 구분소유권의 내용을 공시하는 사후적 절차일 뿐"이라는 점을 다시 확인하였다.

다만 대법원 2016. 6. 28. 선고 2016다1854, 1861 판결은 "처분권자의 구분의사는 객관적으로 외부에 표시되어야 할 뿐만 아니라, 건축법 등은 구분소유의 대상이 되는 것을 전제로 하는 공동주택과 그 대상이 되지 않는 것을 전제로 하는 다가구주택을 비롯한 단독주택을 엄격히 구분하여 규율하고 있고(건축법 제2조 제2항, 건축법 시행령 제3조의5, 같은 시행령 [별표 1], 주택법 제2조 제2호 등 참조), 이에 따라 등록·등기되어 공시된 내용과 다른 법률관계를 인정할 경우 거래의 안전을 해칠 우려가 크다는 점 등에 비추어 볼 때, 단독주택 등을 주용도로 하여 일반건물로 등록·등기된 기존의 건물에 관하여 건축물대장의 전환등록절차나 구분건물로의 변경등기가 마쳐지지 아니한 상태에서 구분행위의 존재를 인정하는 데에는 매우 신중하여야 한다."라고 판시하였다. 또, 대법원 2018. 2. 13. 선고 2016다245289 판결은 다세대주택의 지하층이 구분소유의 객체가 되는지가 쟁점인 사안을 다루었는데, 대법원은 "집합건물 중에서 전유부분 소유자들이 함께 사용하는 것이 일반적인 건물부분의 경우에는 구분소유권의 성립 여부가 전유부분 소유자들의 권리관계나 거래의 안전에 미치는 영향을 고려하여 구분의사의 표시행위가 있었는지 여부를 신중하게 판단하여야 한다."라고 하면서, "다세대주택의 지하층은 구분소유자들이 공동으로 사용하는 경우가 적지 않은데, 다세대주택인 1동의 건물을 신축하면서 건축허가를 받지 않고 위법하게 지하층을 건축하였다면 처분권자의 구분의사가 명확하게 표시되지 않은 이상 공용부분으로 추정하는 것이 사회관념이나 거래관행에 부합한다."라고 판시하였다. 건물의 구조상·이용상 독립성이라는 객관적·물리적 요건의 존재(또는 그 존재, 특히 이용관계를 추단하게 하는 등기·등록에 의한 공시내용 포함)와 구분행위 요건의 존재 여부를 상대적·상관적으로 판단함으로써 구분소유의 객체가 되는지에 관한 법률관계의 명확성과 안정성을 확보하고자 하는 판례 법리로 이해할 수 있다.[279)

(2) 구분폐지행위에 의한 구분소유권 소멸

앞서 본 바와 같이, 1동의 건물 중 일부를 구분소유의 객체로 할지는 그 구조상·구조상 독립성이란 객관적·물리적 요건 및 처분권자의 구분행위라는 주관적 요건 구비 여부에 따라 정해진다. 따라서 처분권자가 위와 같은 구분행위에 반대되는 행위를 한다면, 구분소유의 객체로 삼을 주관적 요건이 탈락하게 된다.[280)

대법원 2016. 1. 14. 선고 2013다219142 판결이 이러한 논제를 다루었다. 대법원은 먼저 "1동의 구분된 각 부분이 구조상·이용상 독립성을 가지는 경우 각 부분을 구분건물로 할지 1동 전체를 1개의 건물로 할지는 소유자의 의사에 의하여 자유롭게 결정할 수 있는 점"을 거론하였다.[281) 그리고 이러한 점에 비추어, "구분건물이 물리적으로 완성되기 전에 분양계약 등을 통하여 장래 신축되는 건물을 구분건물로 하겠다는 구

---

279) 위 주 278) 및 해당 본문 부분 참조.
280) 구분소유 성립의 객관적·물리적 요건이 흠결되는 경우를 '사실상 구분폐지'로, 주관적 요건이 흠결되는 경우를 '의사표시에 의한 구분폐지'로 구분하여 설명하기도 한다. 김판기, 구분소유권의 성립과 소멸에 관한 법정책적 고찰-대법원 2016. 1. 14. 선고 2013다219142 판결의 평석을 중심으로-, 법과 정책연구(제16권 제2호), 한국법정책학회(2016), 132-134면; 이상용(주 277), 91-92면 등 참조.
281) 그 참조판결로 위 주 272) 판결 등을 제시하였다.

분의사를 표시함으로써 구분행위를 한 다음 1동의 건물 및 구분행위에
상응하는 구분건물이 객관적·물리적으로 완성되면 그 시점에서 구분소
유가 성립하지만, 이후 소유권자가 분양계약을 전부 해지하고 1동 건물
의 전체를 1개의 건물로 소유권보존등기를 마쳤다면 이는 구분폐지행위
를 한 것으로서 구분소유권은 소멸한다."라고 판시하였다. 해당 사안은
구분폐지행위가 있기 전에 개개 구분건물에 대해 유치권이 성립한 경우
이었는데, 대법원은 "이러한 법리는 구분폐지가 있기 전에 개개의 구분건
물에 대하여 유치권이 성립한 경우라 하여 달리 볼 것은 아니다."라고 밝
혔다. 구분소유가 성립되고 이를 기초로 이해관계를 맺은 제3자가 있을
때, 이후의 구분폐지행위로써 그 이해관계에 영향이 가해진다면 그 지위
보호를 위해 구분소유권 소멸의 효과에 제약을 가할 필요성이 제기될 수
있다.[282] 그러나 유치권은 유치목적물이 분할 가능한 경우에 각 부분에
대해서도 성립할 수 있다.[283] 구분폐지로 인한 구분소유권 소멸로, 적어
도, 유치권자의 법률상 지위에는 영향이 없다고 볼 수 있다. 위 사안에서
의 유치권 존재는 구분폐지행위에 따른 구분소유권 소멸을 저지하는 사
유가 될 수 없다.[284]

2. 구분소유의 법률관계
(1) 대지사용권
(가) 전유부분과 대지사용권의 분리처분금지와 그 예외
집합건물법 제20조는, 구분소유자의 대지사용권은 그가 가지는 전유

---

282) 이상용(주 277), 96면 이하는 기존 구분건물들의 소유관계가 다른 경우, 저당권
이나 가압류·가처분 등기처럼 1동의 건물 일부에 관하여 성립할 수 없는 권리가
있는 경우를 구분소유권 소멸로 피해를 입거나 이해관계에 영향을 받을 이해관계
인 발생 사유로 들고 있다.
283) 대법원 2007. 9. 7. 선고 2005다16942 판결(다세대주택의 창호 등의 공사를 완
성한 하수급인이 공사대금채권 잔액을 변제받기 위하여 해당 다세대주택 중 한 세
대를 점유하여 유치권 행사하는 것을 긍정하는 전제에서, 그 한 세대에 대한 공사
대금만이 아니라 다세대주택 전체에 대하여 시행한 공사대금채권의 전액 전부를
피담보채권으로 하여 성립한다고 본 사례) 참조.
284) 이상용(주 277), 104면 참조.

부분의 처분에 따르고(제1항), 구분소유자는 규약 또는 공정증서로써 달리 정하지 않는 한 그가 가지는 전유부분과 분리하여 대지사용권을 처분할 수 없다(제2항, 제4항)고 규정한다. 이는 집합건물의 전유부분과 대지사용권이 분리되는 것을 최대한 억제하여 대지사용권 없는 구분소유권의 발생을 방지함으로써 집합건물에 관한 법률관계의 안정과 합리적 규율을 도모하려는 데에 그 취지가 있다고 한다.[285] 따라서 위 규정에서 분리처분이 금지되는 대지사용권이란 구분소유자가 전유부분을 소유하기 위하여 건물의 대지에 대하여 가지는 권리를 가리킨다고 보아야 하고, 그렇지 않은 대지에 대한 권리는 달리 보아야 할 것이다.

대법원 2010. 5. 27. 선고 2010다6017 판결은 위와 같은 이유에서 "구분소유자 아닌 자가 집합건물의 건축 전부터 전유부분의 소유와 무관하게 집합건물의 대지로 된 토지에 대하여 가지고 있던 권리는 집합건물법 제20조에 규정된 분리처분금지의 제한을 받지 않는다."라는 점을 확인하였고, 이후에도 이러한 판례 법리는 계속 확인되었다.[286] 같은 맥락에서 대법원 2011. 9. 8. 선고 2011다23125 판결은 "구분소유자가 애초부터 대지사용권을 보유하고 있지 아니하거나, 대지사용권 보유의 원인이 된 신탁계약 종료에 따라 대지사용권이 소멸한 경우에는 특별한 사정이 없는 한 집합건물법 제20조가 정하는 전유부분과 대지사용권의 일체적 취급이 적용될 여지가 없다."라고 하면서, 해당 사안에서 신탁계약의 종료로 대지사용권도 종료된 이후에는 전유부분의 양수로 대지사용권을 함께 취득할 여지가 없음을 밝혔다.[287]

한편, 집합건물법 제20조 제2항 본문의 분리처분금지는 그 취지를 등기하지 아니하면 선의로 물권을 취득한 제3자에게 대항하지 못한다(집합건물법 제20조 제3항). 이때의 '선의의 제3자'는 원칙적으로 집합건물의

285) 대법원 2006. 3. 10. 선고 2004다742 판결 등 참조.
286) 대법원 2013. 10. 24. 선고 2011다12149, 12156 판결; 대법원 2017. 9. 12. 선고 2015다242849 판결 등 참조.
287) 같은 취지의 후속 판결로는 대법원 2017. 9. 12. 선고 2015다242849 판결 참조.

대지로 되어 있는 사정을 모른 채 대지사용권의 목적이 되는 토지를 취득한 제3자를 의미한다고 이해되어 왔다.[288]

　　그런데 대법원 2018. 12. 28. 선고 2018다219727 판결에서는 토지 위에 집합건물이 존재하는 사실은 알았으나 해당 토지나 그 지분에 관하여 규약이나 공정증서로 전유부분과 대지사용권을 분리하여 처분할 수 있도록 정한 것으로 믿은 제3자도 '선의의 제3자'에 포함되는지가 쟁점인 사안을 다루었다. 대법원은 위 판결에서, 위와 같은 제3자도 원칙적으로 '선의의 제3자'에 포함된다는 점도 밝혔다. 그러나 이러한 대법원의 판시가, 대지권등기가 되어 있지 않거나 일부 지분에 관해서만 대지권등기가 된 상황에서 '해당 대지 또는 대지권등기가 되지 않은 나머지 대지 지분의 분리처분이 가능하도록 정한 규약이나 공정증서가 존재한다고 오신'한 제3자를 언제나 '선의의 제3자'로 보호하여야 한다는 취지를 가리키는 것은 아니었다. 즉 대법원은 위 판결에서 "다만 집합건물의 전유부분과 대지사용권이 분리되는 것을 최대한 억제하여 대지사용권 없는 구분소유권 발생을 방지함으로써 집합건물에 관한 법률관계의 안정과 합리적 규율을 도모하려는 집합건물법 제20조의 규정 취지 및 같은 조 제3항이 '분리처분금지의 취지를 등기하지 아니할 것' 외에 '선의로 물권을 취득할 것'을 요건으로 정하고 있는 점 등을 종합하면, 단지 집합건물 대지에 관하여 대지권등기가 되어 있지 않다거나 일부 지분에 관해서만 대지권등기가 되었다는 사정만으로는 그 대지나 대지권등기가 되지 않은 나머지 대지 지분을 취득한 자를 선의의 제3자로 볼 수는 없다."라고 하면서, "그와 같은 경우 대지나 그 지분을 취득한 제3자가 선의인지는 대지 일부에만 집합건물이 자리 잡고 있어 분양자가 나머지 대지 부분을 활용할 필요가 있는 경우 등 집합건물과 대지의 현황 등에 비추어 볼 때 공정증서 등으로 분리처분이 가능하도록 정할 필요성이 있었는지 여부, 분양자에게 유보된 대지 지분이 위와 같은 필요에 상응하는 것인지 여부, 제3자가 경

---

288) 대법원 2009. 6. 23. 선고 2009다26145 판결; 대법원 2013. 1. 17. 선고 2010다 71578 전원합의체 판결 참조.

매나 공매 등의 절차에서 대지 지분을 매수한 경우라면 해당 절차에서
공고된 대지의 현황과 권리관계 등 제반 사정까지 종합하여 판단하여야
한다."라고 하여, 오신에 정당한 근거가 있었음을 추단케 하는 정황을 종
합적으로 살필 것을 요청하였다. 이는 집합건물법 제20조 제3항에서 정
한 '선의'가 분리처분금지 제약의 존재 여부에 대한 것이 아니라, 그 대
지가 집합건물의 대지로서 전유 부분의 대지사용권의 목적으로서 분리처
분금지의 제한 규율의 적용대상이 되는지에 대한 것이라는 전제에서, 그
러한 법적 평가에 대한 오신에 보호가치 존부, 즉 정당한 근거가 있었
는지에 따라 그 제3자에 대한 대항 가부를 판단하려는 취지로 이해할
수 있다.[289]

(나) 집합건물 증축으로 생긴 전유부분의 대지사용권

앞서 본 집합건물법 규율에 따라, 전유부분에 대한 대지사용권을 분
리처분할 수 있도록 정한 규약이 존재한다는 등의 특별한 사정이 인정되
지 않는 한 전유부분과 분리하여 대지사용권을 처분할 수 없고, 이를 위
반한 대지지분의 처분행위는 그 효력이 없다고 보아왔다.[290]

그런데 **대법원 2017. 5. 31. 선고 2014다236809 판결**에서, 구분소
유권이 이미 성립한 집합건물이 증축되어 새로운 전유부분이 생긴 때에
도 기존 전유부분을 소유하기 위한 대지사용권이 새로운 전유부분을 위
한 대지사용권으로 인정될 수 있는지가 쟁점으로 다루어졌다. 이에 대하
여 대법원은 위와 같은 전유부분과 대지사용권의 분리처분금지 법리에
기초하여 "구분소유권이 이미 성립한 집합건물이 증축되어 새로운 전유
부분이 생긴 경우에는, 건축자의 대지소유권은 기존 전유부분을 소유하기
위한 대지사용권으로 이미 성립하여 기존 전유부분과 일체불가분성을 가
지게 되었으므로 규약 또는 공정증서로써 달리 정하는 등의 특별한 사정
이 없는 한 새로운 전유부분을 위한 대지사용권이 될 수 없다."라고 판시

---

289) 서아람, 집합건물의 소유 및 관리에 관한 법률 제20조 제3항에서 정한 '선의'의
    의미, 대법원판례해설(제117호), 법원도서관(2019), 582면 이하 참조.
290) 그 밖에 위 주 285)의 판결도 참조.

하였다.

이처럼 전유부분과 대지사용권의 분리처분을 금지하는 집합건물법 제20조의 규정 취지 관철을 위한 판시 법리가 오히려 대지사용권 없는 새로운 구분소유권(증축 부분)을 발생시키는 결과에 대해서는 비판적 견해가 제시되기도 한다.[291] 그러나 위 판결의 해당 사안은, 증축 당시 대지소유자와 기존의 구분건물 전체의 소유자가 동일인이었고, 그가 증축공사를 하였던 경우이었다. 따라서 증축 당시에는 증축 부분에 대한 대지사용권[292]이 부여되어 있다고 볼 수 있었다.[293] 그러나 기존 구분소유자가 다수인 경우를 가정해 보면, 구분소유의 대상이 되는 집합건물을 증축할 때, 기존 전유부분의 대지사용권이 증축과 동시에 (당연히) 해당 증축 부분(새로운 전유부분)의 대지사용권이 된다고 볼 경우, 기존 전유부분의 소유자들 권리가 침해되거나 그들의 의사에 반할 수 있음을 알 수 있다. 이에 따른 법률관계도 매우 복잡다기하게 전개될 것이다.[294] 증축 부분의 대지사용권을 별도 원인으로 갖추도록 유도할 필요가 있다. 이러한 점을 감안하면, 위 2014다236809 판결 법리가 집합건물법 제20조에서 정한 전유부분과 대지사용권의 분리처분금지의 규범 취지, 즉 대지사용권 없는 구분소유권 발생을 방지하여 집합건물에 관한 법률관계의 안정과 합리적 규율을 도모하기에 더 적절하다고 볼 수 있다.

---

291) 모승규, 집합건물의 증축에 따르는 대지사용권의 변동여부－대법원 2017. 5. 31. 선고, 2014다236809 판결－, 집합건물법학(제26권), 한국집합건물법학회(2018), 44면 참조.
292) 대지소유권 외에 매수인 지위에서 가지는 점유·사용권도 대지사용권에 해당한다고 본 대법원 2000. 11. 16. 선고 98다45652, 45669 전원합의체 판결 참조.
293) 다만 이러한 채권적 대지사용권이 해당 사안의 당사자들인 증축된 구분건물 부분이나 기존 대지소유권의 경매절차 매수인들에게 이전되지 않았기에 부당이득 반환의무가 발생하는 상황에 이르렀다. 이에 관해서는 권영준(주 10), 101면; 이진관, 구분소유권이 이미 성립한 집합건물이 증축되어 새로운 전유부분이 생긴 경우, 새로운 전유부분을 위한 대지사용권이 인정되는 경우, 대법원판례해설(제111호), 법원도서관(2017), 40면 참조.
294) 이진관(주 293), 36－38면 참조.

(다) 구분소유자 아닌 대지공유자의 구분소유자들에 대한 부당이득반환청구

1동 건물의 구분소유자들이 그 건물의 대지를 공유하는 경우, 각 구분소유자는 별도 규약이 존재하는 등의 특별한 사정이 없는 한 그 대지에 대하여 가지는 공유지분의 비율과 관계없이 그 건물의 대지 전부를 용도에 따라 사용할 수 있는 적법한 권원을 가진다. 이러한 경우, 그 구분소유자들 상호 간에는 특별한 사정이 없는 한[295] 그 대지에 가지는 공유지분 비율의 차이를 이유로 부당이득의 반환은 청구할 수 없다고 보아야 할 것이다.[296]

그런데 건물의 구분소유자 아닌 자가 경매절차 등을 통해 대지의 공유지분만 취득하였으나 대지를 전혀 사용·수익하지 못하는 경우에도 대지 공유지분권에 기한 부당이득반환청구를 전유부분 소유자들에게 할 수 없는지가 대법원 2012. 5. 24. 선고 2010다108210 판결에서 다루어졌다. 이에 대하여 대법원은, "건물의 구분소유자 아닌 자가 경매절차 등에서 대지의 공유지분만을 취득하게 되어 대지에 대한 공유지분은 있으나 대지를 전혀 사용·수익하지 못하고 있는 경우에는 다른 특별한 사정이 없는 한 대지 공유지분권에 기한 부당이득반환청구를 할 수 있다."라고 판시하였다. 공유관계에서도 과반수지분권자가 그 공유토지의 특정부분을 배타적으로 사용·수익할 것을 정하는 것이 공유물의 적법한 관리방법으로 인정되지만, 모든 공유자가 공유물 전부를 지분의 비율로 사용·수익할 수 있는 것이므로, 이때도, 지분은 있으나 사용·수익은 전혀 하고 있지 않아 손해를 입고 있는 다른 공유자에 대해서는 그 자의 지분에 상응하는 부당이득반환의무가 인정되었다.[297] 위 2010다108210 판결

---

295) 단, 구분소유자가 자신의 전유부분 소유와 무관하게 대지 지분을 취득하거나, 구분소유자가 대지사용권을 갖고 있더라도 그 대지사용권이 지분 쪼개기 등으로 변칙적으로 취득한 경우에는 부당이득 반환의무를 진다는 설명으로는 심재남, 구분소유자 아닌 자가 취득한 구분건물 대지의 공유지분에 기한 부동이득반환청구, 대법원판례해설(제91호), 법원도서관(2012), 91면 참조.

296) 대법원 1995. 3. 14. 선고 93다60144 판결 등 참조.

297) 대법원 1991. 9. 24. 선고 88다카33855 판결; 대법원 2002. 10. 11. 선고 2000다17803 판결; 대법원 2011. 7. 14. 선고 2009다76522, 76539 판결 등 참조.

내용은 위와 같은 공유물에 관한 일반 법리와 같은 맥락에서 나온 것이
라 할 수 있다.

대법원 2013. 3. 14. 선고 2011다58701 판결도, 구분소유 건물의
대지에 관하여 구분소유자 외의 다른 공유자가 있는 경우에는, 그 다른
공유자도 공유물에 관한 일반 법리에 따라 대지를 사용·수익·관리할
수 있다고 보아야 한다는 전제에서, 그 "다른 공유자가 자신의 공유지분
권에 의한 사용·수익권을 포기하였다거나 그 포기에 관한 특약 등을 승
계하였다고 볼 수 있는 사정 등이 있는 경우가 아니라면 구분소유자들이
무상으로 그 대지를 전부 사용·수익할 수 있는 권원을 가진다고 단정할
수 없고 다른 공유자는 그 대지 공유지분권에 기초하여 부당이득의 반환
을 청구할 수 있다."라는 점을 다시 확인하였다.

(2) 전유부분으로 임의 개조된 공용부분의 전속적 소유 가부

집합건물법 제3조 제1항은 "여러 개의 전유부분으로 통하는 복도,
계단, 그 밖에 구조상 구분소유자 전원 또는 일부의 공용에 제공되는 건
물부분은 구분소유권의 목적으로 할 수 없다."라고 규정한다. 같은 법 제
2조 제4호도, "공용부분"이란 전유부분 외의 건물부분, 전유부분에 속하지
아니하는 건물의 부속물 및 제3조 제2항 및 제3항에 따라 공용부분으로
된 부속의 건물을 말한다고 정하는데, 이 조항도 위 제3조 제1항의 규정
과 함께 공용부분의 범위를 명확하게 하고 있다.[298] 그리고 대법원은 종
래부터 위 제3조 제1항에서 정한 법정공용부분[299]에 해당하는지는 원칙
적으로 그 건물의 구조에 따른 객관적 용도에 의해 결정되어야 한다고
보아왔다.[300]

그런데 대법원 2016. 5. 27. 선고 2015다77212 판결에서 구분소유

298) 주석 민법[물권 2](주 237), 155면(이원 집필) 참조.
299) 한편, 집합건물법 제3조 제2~4항은 규약 등으로 공용부분을 정할 수 있고, 이
를 등기하도록 규율하는데, 이를 규약상 공용부분이라 한다. 주석 민법[물권 2](주
237), 159면 이하(이원 집필) 참조.
300) 대법원 1989. 10. 27. 선고 89다카1497 판결; 대법원 1995. 2. 28. 선고 94다
9269 판결 등 참조.

성립 당시에는 객관적 용도가 법정공용부분인 건물부분이 나중에 임의로 개조하는 등으로 이용상황이 변경되거나 집합건축물대장에 전유부분으로 등록되어 소유권보존등기가 마쳐진 때에는 전유부분으로 취급될 수 있는지가 다루어졌다. 이에 대하여 대법원은 위와 같은 종래의 판례 법리를 기초로 "구분건물에 관하여 구분소유가 성립될 당시 객관적인 용도가 공용부분인 건물부분을 나중에 임의로 개조하는 등으로 이용 상황을 변경하거나 집합건축물대장에 전유부분으로 등록하고 소유권보존등기를 하였다고 하더라도 그로써 공용부분이 전유부분이 되어 어느 구분소유자의 전속적인 소유권의 객체가 되지는 않는다."라고 판시하였다. 구분소유관계에서 공용부분의 관리 문제는 각 전유부분 소유자들의 이해관계에 적지 않은 영향을 미치는 사항이다. 따라서 각 구분소유자들 사이에 특단의 합의가 없는 한, 어느 부분이 공용부분에 해당하는지는 해당 건물의 구조에 따른 객관적 용도에 따라 명확히 정할 필요가 있다. 특정 구분소유자의 임의적 구조변경 등으로 이를 전유부분화하는 것이 가능하다고 보는 것은 다른 구분소유자들의 소유권을 침해하는 결과를 초래할 수 있다.[301]

(3) 집합건물의 관리

(가) 집합건물 관리단과 입주자·입점상인 단체의 관계

집합건물법 제23조 제1항에 따라, 건물에 대하여 구분소유 관계가 성립하면 구분소유자 전원을 구성원으로 하여 건물과 그 대지 및 부속시설의 관리에 관한 사업의 시행을 목적으로 하는 관리단이 설립된다. 한편, 공동주택관리법 제14조는 동별 세대수에 비례하여 선출된 대표자를 구성원으로 하는 입주자대표회의의 구성 등에 관하여 규정한다. 집합건물법상 관리단이 구분소유자 전원을 구성원으로 하는 데 비해, 공동주택법상 입주자대표회의는 "입주자등"으로 구성된다. 여기의 "입주자등"에는

---

301) 위 2015다77212 판결의 취지가 일부공용부분(집합건물법 제10조 제1항)에 관해서도 관철되었다고 볼 수 있는 최근 판결로는 대법원 2021. 1. 14. 선고 2019다294947 판결 참조.

소유자와 그 소유자를 대리하는 배우자 및 직계존비속을 가리키는 입주
자뿐 아니라 그 공동주택을 임차하여 사용하는 등의 사용자도 포함된다
(공동주택법 제2조 제1항 제5~8호).

　　위와 같이 공동주택의 관리라는 동일한 목적을 가진 두 개의 단체
가 집합건물법과 공동주택관리법이라는 2개의 법률에 각각 규정되어 있
으므로, 각 권한이 상호 충돌하지 않으면서 적절히 조화를 이룰 수 있는
관계 정립이 필요하다.[302] 대법원은 종래, 공동주택관리규약에서 입주자
대표회의가 공동주택의 구분소유자를 대리하여 공용부분 등의 구분소유
권에 기초한 방해배제청구 등의 권리를 행사할 수 있다고 규정하고 있다
고 하더라도 이러한 규약 내용은 효력이 없다고 하여,[303] 구분소유자들의
소유권에 기한 재산권행사로 볼 수 있는 업무에 관한 사항은 입주자대표
회의의 소관사항에 해당하지 않음을 확인한 바 있다.

　　그런데 **대법원 2017. 3. 16. 선고 2015다3570 판결**에서는, 입주자
대표회의가 해당 집합건물의 공용부분 변경(난방방식 변경) 공사에 관하여
해당 집합건물(아파트) 구분소유자 및 의결권의 각 4/5 이상으로부터 공사
및 비용부담 등에 대한 동의서를 받고, 해당 공사를 실시한 후 각 구분
소유자에게 공사비용 분담금을 청구한 사안에서 해당 입주자대표회의 및
관리단의 각 권한 관계가 문제 되었다. 이에 대하여 대법원은 먼저 "집합
건물의 공용부분 변경에 관한 업무는 구분소유자 전원으로 법률상 당연
하게 성립하는 관리단에 귀속되고, 변경에 관한 사항은 관리단집회에서의
구분소유자 및 의결권의 각 4분의 3 이상의 결의[304] 또는 구분소유자 및
의결권의 각 5분의 4 이상의 서면이나 전자적 방법 등에 의한 합의[305]로
써 결정하는 것"이라고 하면서, "집합건물의 관리단은 위와 같은 방법에
의한 결정으로 구분소유자들의 비용 부담 아래 공용부분 변경에 관한 업

---

302) 집합건물법상 관리단과 공동주택관리법상 입주자대표회의의 관계에 관한 좀 더
　　상세한 설명은 주석 민법[물권 2](주 237), 276면 이하(이원 집필) 참조.
303) 대법원 2003. 6. 24. 선고 2003다17774 판결 참조.
304) 집합건물법 제15조 제1항 참조.
305) 집합건물법 제41조 제1항 참조.

무를 직접 수행할 수 있음은 물론, 타인에게 위임하여 처리할 수 있고, 집합건물이 일정 규모 이상의 공동주택에 해당하여 입주자대표회의가 구성되어 있는 경우라면 입주자대표회의에 위임하여 처리할 수도 있다."라고 판시하였다. 따라서 해당 사안에서 집합건물의 구분소유자 및 의결권의 각 4/5 이상이 난방방식의 변경과 같이 공용부분 변경에 해당하는 공사에 동의하는 내용의 서면동의서를 입주자대표회의에 제출하고 이에 따라 입주자대표회의가 그 업무를 처리하였다면 "특별한 사정이 없는 한 집합건물의 관리단이 집합건물법 제41조 제1항에서 정한 구분소유자들의 서면동의로써 입주자대표회의에 그 공용부분 변경에 관한 업무를 포괄적으로 위임한 것으로 보아야 한다."고 밝혔다. 그리고 이처럼, "집합건물의 관리단이 집합건물법 제15조 제1항에서 정한 특별결의나 집합건물법 제41조 제1항에서 정한 서면이나 전자적 방법 등에 의한 합의의 방법으로 입주자대표회의에 공용부분 변경에 관한 업무를 포괄적으로 위임한 경우에는, 공용부분 변경에 관한 업무처리로 인하여 발생하는 비용을 최종적으로 부담하는 사람이 구분소유자들이라는 점을 고려해 보면 통상적으로 그 비용에 관한 재판상 또는 재판외 청구를 할 수 있는 권한도 함께 수여한 것으로 볼 수 있다. 이 경우 입주자대표회의가 공용부분 변경에 관한 업무를 수행하는 과정에서 체납된 비용을 추심하기 위하여 직접 자기 이름으로 그 비용에 관한 재판상 청구를 하는 것은 임의적 소송신탁에 해당한다."라고 하면서, "임의적 소송신탁은 원칙적으로는 허용되지 않지만, 민사소송법 제87조에서 정한 변호사대리의 원칙이나 신탁법 제6조에서 정한 소송신탁의 금지 등을 회피하기 위한 탈법적인 것이 아니고, 이를 인정할 합리적인 이유와 필요가 있는 경우에는 예외적·제한적으로 허용될 수 있다.[306]"는 점도 확인하였다. 이어, "구분소유자들의 비용 부담 아래 구분소유자들로 구성되는 집합건물의 관리단이 입주자대표회의에 위임하여 공용부분 변경에 관한 업무를 수행하도록 하는 데에는 합리

---

306) 임의적 소송신탁을 예외적으로 인정한 판결례로는 대법원 2012. 5. 10. 선고 2010다87474 판결; 대법원 2016. 12. 15. 선고 2014다87885, 87892 판결 등 참조.

적인 이유와 필요가 있고, 그러한 업무처리방식이 일반적인 거래현실이
며, 공용부분 변경에 따른 비용의 징수는 업무수행에 당연히 수반되는
필수적인 요소이고, 공동주택에 대해서는 주택관리업자에게 관리업무를
위임하고 주택관리업자가 관리비에 관한 재판상 청구를 할 수 있는 것이
법률의 규정에 의하여 인정되고 있다"는 점 등을 고려해 보면, "집합건물
법 제15조 제1항에서 정한 특별결의나 집합건물법 제41조 제1항에서 정
한 서면이나 전자적 방법 등에 의한 합의의 방법으로 집합건물의 관리단
으로부터 공용부분 변경에 관한 업무를 위임받은 입주자대표회의는 특별
한 사정이 없는 한 구분소유자들을 상대로 자기 이름으로 소를 제기하여
공용부분 변경에 따른 비용을 청구할 권한이 있다."라고 보았다.

  사실, 아파트 등 공동주택에서 그 건물의 공용부분 변경공사 등이,
구분소유자들의 소유권에 기한 재산권 행사에 해당함에도, 그 관련 업무
를 전적으로 입주자대표회의가 수행해오고 있음이 현실이다. 더구나 해
당 사안에서는, 피고를 제외한 모든 구분소유자들이 분담금을 입주자대표
회의에 납부하기도 하였다. 위 2015다3570 판결은 위와 같은 현실적 상
황과 해당 사안의 특수한 사정 등을 감안하여 구체적 타당성 있는 분쟁
해결을 추구한 판결로 평가할 수 있다. 그러나 입주자대표회의에 대한
구분소유자 및 의결권의 각 4/5 이상의 동의서 제출을 관리단에 대한 동
의서 제출과 관리단의 입주자대표회의에 대한 공용부분 변경 업무의 포
괄위임으로 해석하는 것을 일반화된 법리로 보는 데에는 신중을 기할 필
요가 있다고 본다.[307]

  한편 공동주택법의 입주자대표회의와 유사하게, 유통산업발전법은
같은 법 제2조 제3호에서 정한 대규모점포의 입점상인들에 의해 설립되
는 대규모점포등관리자에 대규모점포의 유지·관리에 관한 일반적 권한

---

307) 권형필, 입주자대표회의 및 관리단의 권한 범위 및 한계, 법률신문(2019. 4.
  22.자) 참조. 그 밖에 위 2015다3570 판결과 같은 해석에 논거가 부족하다거나 과
  감하다는 평가로는 문영화, 입주자대표회의의 임의적 소송담당, 성균관법학(제30권
  제3호), 성균관대학교 법학연구원(2018), 139면; 윤재윤, [2017년 분야별 중요판례분
  석] 건축법, 법률신문(2018. 6. 29.자) 참조.

을 부여한다(유통산업발전법 제12조 제2항). 그러나 유통산업발전법은 '구분소유와 관련된 사항'에 관해서는 구분소유자단체인 관리단에 의해서 설정된 규약 또는 관리단 집회의 결의 등 집합건물법의 규정에 따르도록 정하고 있다(유통산업발전법 제12조 제4항). **대법원 2019. 12. 27. 선고 2018다37857 판결**은, 이러한 대규모점포 집합건물에서의 관리단과 입점상인 단체인 대규모점포등관리자의 관계를 구체적으로 밝힌 판결로 평가할 수 있다.

위 2018다37857 판결에서 대법원은, 대규모점포의 관리에 관하여 유통산업발전법[308]이 정한 구분소유자와 입점상인 사이의 이해관계 조절을 위한 위와 같은 규율의 취지를 고려하여, "대규모점포관리자[309]의 업무에서 제외되는 '구분소유와 관련된 사항'은 대규모점포의 유지·관리 업무 중 그 업무를 대규모점포개설자 내지 대규모점포관리자에게 허용하면 점포소유자들의 소유권 행사와 충돌이 되거나 구분소유자들의 소유권을 침해할 우려가 있는 사항이라고 해석함이 타당하다."라고 판시하였다. 그리고 "상가건물이 집합건물법의 규율대상인 집합건물인 경우 분양이 개시되고 입주가 이루어짐으로써 공동관리의 필요가 생긴 때에는 그 당시의 미분양된 전유부분의 구분소유자를 포함한 구분소유자 전원을 구성원으로 하는 집합건물법 제23조에서 말하는 관리단이 당연히 설립되고, 관리단의 설립 이후에는 집합건물법 제28조의 관리단 규약을 통하여 업종 제한을 새로 설정하거나 변경할 수도 있는데, 이러한 업종 제한에는 기본적으로 수분양자 또는 구분소유자에게 해당 업종에 관한 독점적 운영권을 보장하는 의미가 내포되어 있으므로 이를 변경하기 위해서는 임차인 등의 제3자가 아닌 수분양자들이나 구분소유자들 스스로의 합의가 필요하다."라고 하면서, "따라서 상가건물의 업종 제한 내지 변경 업무는 이

---

308) 위 2018다37857 판결 사안에서는 구 유통산업발전법(2017. 10. 31. 법률 제14997호로 개정되기 전의 것)이 적용되었으나, 본문에서는 편의상 '유통산업발전법'이라고만 지칭한다.

309) 위 주 308)의 구 유통산업발전법에는 '대규모점포등관리자'라는 용어가 규정되지 않았고, 위 2018다37857에서는 '대규모점포관리자'라는 용어를 사용하였다.

를 대규모점포개설자 내지 대규모점포관리자에게 허용하면 점포소유자들의 소유권 행사와 충돌하거나 구분소유자들의 소유권을 침해할 우려가 있는 '구분소유와 관련된 사항'에 해당하고, 대규모점포 본래의 유지·관리를 위하여 필요한 업무에 포함되지 않는다고 보아야" 함을 밝혔다. 그리고 해당 집합건물(상가건물) 관리단의 층별 영업품목 변경 등 결의 및 그 결의에 따른 단전·단수 등의 조치를 대규모점포등관리자의 점포사용·수익 방해로는 볼 수 없다고 판단하였다.

(나) 집합건물 공용부분에 대한 보존행위

공유물의 보존행위는 공유물의 멸실·훼손을 방지하고 그 현상을 유지하기 위하여 하는 사실적, 법률적 행위로서, 민법 제265조 단서가 이러한 공유물의 보존행위를 각 공유자가 단독으로 할 수 있도록 한 취지는 그 보존행위가 긴급을 요하는 경우가 많고 다른 공유자에게도 이익이 되는 것이 보통이기 때문이라고 이해되어 왔다.[310]

그런데 집합건물법 제16조 제1항도, 공용부분의 관리에 관한 사항을 관리단의 통상의 집회결의로 결정한다고 정하면서도, 그 단서에 "다만, 보존행위는 각 공유자가 할 수 있다."라고 정한다. 또 같은 법 제19조는, 구분소유자가 공유하는 건물의 대지 및 공용부분 외의 부속시설에 관하여 제16조를 준용한다. 이러한 규정 내용 및 체계에 비추어 보면, 사안에 따라 구분소유자 각자가 관리단 결의 없이 보존행위로서 집합건물 공용부분의 시설철거를 청구할 수 있다는 해석도 가능하다. 그렇다면, 어느 사안에서 그러한지 살펴볼 필요가 있다.

대법원 2019. 9. 26. 선고 2015다208252 판결이 위와 같은 문제를 다룬 판결이다. 이 판결에서는, 아파트 대지에 설치되어 있던 도시가스 정압기실을 관리단 결의 없이 각 구분소유자가 보존행위로서 철거 청구할 수 있는지가 쟁점으로 다루어졌다. 이에 대하여 대법원은 집합건물의 관리단 당연설립에 관한 집합건물법 제23조, 관리인 선임 등을 정한 같

---

310) 대법원 1995. 4. 7. 선고 93다54736 판결 등 참조.

은 법 제24조, 공용부분의 보존·관리 및 변경을 위한 행위 등을 관리인의 권한과 의무에 속하는 것으로 정한 같은 법 제25조 제1항, 구분소유자의 구분소유자 공동이익에 반하는 행위를 금하는 같은 법 제5조 제1항, 공동이익에 반하는 행위에 대한 관리인의 행위정지 등 청구에 관한 같은 법 제43조 제1항, 제2항 등의 규정 내용에 따르면, "집합건물의 공용부분과 대지의 관리 업무는 기본적으로 구분소유자들로 구성된 관리단과 이를 대표하는 관리인에게 있다."라고 확인한 다음, 앞서 본 "집합건물법 제16조 제1항의 취지는 집합건물의 공용부분과 대지의 현상을 유지하기 위한 보존행위를 관리행위와 구별하여 공유자인 구분소유자가 단독으로 행사할 수 있도록 정한 것"이고, "민법 제265조 단서의 취지, 집합건물법의 입법 취지와 관련 규정을 종합하여 보면, 구분소유자가 공용부분과 대지에 대해 그 지분권에 기하여 권리를 행사할 때 이것이 다른 구분소유자들의 이익에 어긋날 수 있다면 이는 각 구분소유자가 집합건물법 제16조 제1항 단서에 의하여 개별적으로 할 수 있는 보존행위라고 볼 수 없고 집합건물법 제16조 제1항 본문에 따라 관리단집회의 결의를 거쳐야 하는 관리행위라고 보아야 한다."라고 판시하였다. 따라서 해당 사안에서 그 정압기실의 철거와 부지의 인도 청구가 다른 구분소유자들의 이익에 반할 수 있고, 그것이 아파트 대지의 현상을 유지하기 위한 행위라고 보기 어렵다는 이유로 위 청구는 보존행위가 아니라 아파트 대지의 관리를 위한 행위로서 관리단집회의 결의를 거쳐야 한다고 판단하였다.

　　공유관계나 집합건물 소유관계에서 해당 공유 또는 공용부분의 관리를 과반수 또는 관리단집회의 결의라는 단체적 의사결정 방법으로 행하되, 예외적으로 보존행위를 단독으로 할 수 있도록 한 취지가 그러한 행위의 긴급한 필요성과 공동이익 부합성에 있음을 고려하여야 한다. 따라서 위 판시 취지와 같이 구분소유자의 보존행위를 빌미로 한 개별적 권리행사도 위와 같은 긴급한 필요성과 공동이익 부합성을 갖춘 경우만 허용하고, 그렇지 않은 경우는 원칙에 따라 단체적 의사결정에 따르도록 함이 타당할 것이다.[311]

IX. 부동산 명의신탁

1. 명의신탁 유형별 법률관계

(1) 양자간(이전형) 등기명의신탁

(가) 명의수탁자가 신탁부동산 처분 후 재취득한 사안

부동산실명법 제4조 제2항 본문은 "명의신탁약정에 따른 등기로 이루어진 부동산에 관한 물권변동은 무효로 한다."라고 규정한다. 따라서 이른바 양자간 등기명의신탁에서 명의신탁자는 신탁부동산의 소유자로서 명의수탁자를 상대로 원인무효를 이유로 소유권이전등기의 말소 또는 진정한 등기명의의 회복을 원인으로 한 소유권이전등기절차 이행을 구할 수 있다.[312] 한편, 부동산실명법 제4조 제3항이 "제1항 및 제2항의 무효는 제3자에게 대항하지 못한다."라고 규정하므로, 무효인 명의신탁등기 명의자(명의수탁자)가 신탁부동산을 임의로 처분하면, 특별한 사정이 없는 한 그 제3취득자는 유효하게 소유권을 취득한 것과 같은 지위를 갖게 될 것이다.

그렇다면, 그 제3취득자로부터 명의수탁자가 (우연히) 다시 신탁부동산의 소유권을 취득하였다면, 명의신탁자는 그 명의수탁자를 상대로 물권적 청구권을 행사할 수 있을 것인가?

이에 대하여 대법원 2013. 2. 28. 선고 2010다89814 판결은, "양자간 등기명의신탁에서 명의수탁자가 신탁부동산을 처분하여 제3취득자가 유효하게 소유권을 취득하고 이로써 명의신탁자가 신탁부동산에 대한 소유권을 상실하였다면, 명의신탁자의 소유권에 기한 물권적 청구권, 즉 말소등기청구권이나 진정명의회복을 원인으로 한 이전등기청구권도 더 이상 그 존재 자체가 인정되지 않는다."라고 하면서, "그 후 명의수탁자가

---

311) 이지영, 아파트 대지에 설치되어 있던 도시가스 정압기실의 철거 청구가 아파트 대지의 보존행위인지 여부, 대법원판례해설(제121호), 법원도서관(2020), 25면 참조.

312) 대법원 2002. 9. 6. 선고 2002다35157 판결 참조.

우연히 신탁부동산의 소유권을 다시 취득하였다고 하더라도 명의신탁자가 신탁부동산의 소유권을 상실한 사실에는 변함이 없으므로, 여전히 물권적 청구권은 그 존재 자체가 인정되지 않는다."라고 판시하였다.

이에 대하여 부동산실명법 제4조 제3항에서 정한 "제1항 및 제2항의 무효는 제3자에게 대항하지 못한다."라는 규정의 의미가 명의신탁약정과 이에 기초한 물권변동을 확정적으로 유효로 만드는 것이 아니라, (따라서 제3자 스스로는 그 무효를 주장할 수 있다는 전제에서) 단지 제3자에게 이를 주장하지 못하게 함으로써 반사적으로 제3자가 소유권을 취득한 것처럼 취급한다는 의미에 불과하다면서, 위 판결 사안에서 신탁자가 확정적으로 소유권을 상실한 것이 아니므로 현재의 등기명의자인 명의수탁자를 상대로 등기명의를 회복하는 것을 막을 필요가 없다는 반론[313]이 제기된 바 있다.

부동산실명법이 제3자의 유효·적법한 소유권 취득을 명시하지 않고 있음은 분명하다. 종래부터 위 제4조 제3항에서 정한 "대항하지 못한다."라는 문언의 의미에 관하여, 특히 제3차 측에서 스스로 무효를 주장하는 것이 가능한지에 대해 견해가 나뉘기도 하였다.[314] 그러나 제3자가 (스스로 그러한 무효 주장 없이) 자신의 유효·적법한 소유권 취득을 전제로 이를 양도한 때에도 해당 전득자의 (양수인으로서의) 소유권 취득 지위가 명의신탁자나 제3자의 (뒤늦은) 무효 주장으로 흔들리게 둘 수는 없을 것이다. 위 제4조 제3항의 제3자 보호규정은 거래안전을 위하여 부동산실명법 시행 전의 판례 법리[315]에 기초를 두고 입안된 것이고,[316] 그 취지가

---

313) 정병호, 부동산실명법 제4조 3항의 대항불능의 의미 - 대법원 2013. 2. 28. 선고 2010다89814 판결의 평석 -, 서울법학(제24권 제2호), 서울시립대학교 법학연구소 (2017), 218면 이하 참조.

314) 각 견해의 소개 및 정리로는 주석 민법[물권 2](주 237), 698-699면(강경구 집필) 참조.

315) 대법원 1963. 9. 19. 선고 63다388 판결(종중소유의 부동산을 신탁받은 종회원이 자의로 그 부동산을 타인에게 처분하여도 그 제3자는 적법하게 소유권을 취득한다) 참조.

316) 이동명, 부동산 실권리자명의 등기에 관한 법률의 입법과정에서의 쟁점, 부동산등기법, 사법연수원(2000), 165-166면; 주석 민법[물권 2](주 237), 697면(강경구

부동산실명법 시행 후에 달라졌다고 볼 수 없다. 따라서 제3자에 이어
거래행위를 한 전득자, 전전득자 등이나 그들의 채권자 등도 위 규범취
지에 따라 보호되어야 한다.[317] 이러한 전제에 설 때, 설령 명의수탁자가
다시 전득자로부터 해당 부동산을 양수하였다 하더라도, 명의신탁자가 더
는 명의수탁자에 대하여 소유권에 기한 물권적 청구권을 행사할 수 없다
고 본, 위 판결의 결론이 타당하다고 생각한다.

물론, 명의수탁자는 당초의 제3자에 대한 처분행위로써 명의신탁자
에게 민법 제202조나 불법행위에 기한 배상책임을 진다.[318] 명의수탁자가
위 조항에 따른 명의신탁자의 소유권 상실을 의도하고 계획적으로 제3자
에게 양도하였다가 이를 다시 양수한 다음 신탁부동산에 관한 소유권을
행사한다면, 이에 대해서는 민법 제2조가 적용될만하다.[319]

(나) 학교법인 기본재산에 대한 명의신탁 사안

사립학교법 제28조 제1항은, 학교법인이 그 기본재산에 대한 처분행
위를 하려는 경우 관할청의 허가를 받도록 규정한다. 이는 사립학교의
설치경영을 위하여 설립된 학교법인이 그 기본재산을 부당하게 감소시키
는 것을 방지함으로써 사립학교의 건전한 발달을 도모하고자 하는 데에

집필) 등 참조.

317) 위 판결의 사안처럼, 부동산실명법 제4조 제3항에서 정한 제3자로부터 (우연히)
신탁부동산을 다시 양수한 명의수탁자의 채권자가 그 신탁부동산을 압류하거나 이
를 타인에게 매도하는 계약을 체결하고 아직 이전등기를 마치지 않았다면, 이러한
채권자들도 위 제4조 제3항에 따라 자신들의 권리행사가 보호되어야 할 것이다.
이때 명의신탁자의 물권적 청구권이 우선한다고 보는 것은 거래안전이라는 위 조
항 취지를 저해한다.

318) 대법원 2021. 6. 3. 선고 2016다34007 판결(명의수탁자가 양자간 명의신탁에 따
라 명의신탁자로부터 소유권이전등기를 넘겨받은 부동산을 임의로 처분한 경우,
형사상 횡령죄의 성립 여부와 관계없이 명의신탁자에 대하여 민사상 불법행위책임
을 부담) 참조. 더불어 양자간 명의신탁에 따라 명의신탁자로부터 소유권이전등기
를 넘겨받은 부동산을 임의로 처분한 경우 횡령죄가 성립하지 않는다는 취지의 대
법원 2021. 2. 18. 선고 2018도18761 전원합의체 판결도 참조.

319) 거래안전에 관한 제3자 보호규정을 악용한 유사 사안, 즉 무권리자가 권리자의
물권박탈을 의도하여 계획적으로 선의취득자에게 처분행위를 한 다음 이를 다시
법률행위로 재취득하였다면, 신의칙의 적용이 고려될 수 있다는 설명으로는, 민법
주해[Ⅵ](주 125), 459(이인재 집필); 주석 민법[물권 1](주 20), 957면(김진우 집필)
참조.

그 목적이 있다.[320]

그런데 **대법원 2013. 8. 22. 선고 2013다31403 판결**은 학교법인이 명의신탁약정의 명의수탁자로서 기본재산에 관한 등기를 마칠 때 그 기본재산 처분에 관한 허가권을 갖는 관할청이 부동산실명법 제4조 제3항에서 정한 '제3자'에 해당하는지를 다루었다. 이에 대하여 대법원은, 해당 관할청의 허가권은 "<u>위와 같은 목적 달성을 위하여 관할청에게 주어진 행정상 권한에 불과한 것이어서 위 관할청을 명의수탁자인 학교법인이 물권자임을 기초로 학교법인과 사이에 직접 새로운 이해관계를 맺은 자라고 볼 수 없</u>"다고 판시하였다. 부동산실명법 제3조에서 정한 '제3자'란, 수탁자가 물권자임을 기초로 그와의 사이에 새로운 이해관계를 맺은 자를 가리키는데,[321] 위와 같은 허가권을 갖는 관할청이 여기에 해당한다고 볼 수 없음을 확인한 것이다.

또한 대법원은 위 판결에서, 부동산실명법에 따라 명의신탁약정 및 그에 따른 등기에 의한 부동산 물권변동이 무효가 되는 경우에 명의신탁자가 명의수탁자를 상대로 원인무효를 이유로 등기말소나 진정명의회복을 위한 소유권이전등기를 청구할 수 있는 경우를 '사립학교법 제28조 제1항에서 정한 학교법인의 기본재산 처분행위가 있는 경우'로 볼 수 없으므로 관할청의 허가도 필요하지 않다는 취지를 밝혔다.

(다) 채무자인 신탁자가 실질적 당사자가 되어 처분행위를 한 사안: 사해행위 여부

대법원 2012. 10. 25. 선고 2011다107382 판결은, 채무자인 부동산소유자(명의신탁자)가 명의수탁자와의 양자간 명의신탁약정에 따라 수탁자 명의로 부동산 등기명의를 신탁하여 두었다가 이에 관하여 수익자 앞으로 근저당권을 설정하여 주었는데, 명의신탁자의 채권자가, 채무초과 상태에 있는 채무자(명의신탁자)의 수익자에 대한 근저당권 설정행위가 사

---

320) 대법원 1997. 12. 26. 선고 97누14538 판결 등 참조.
321) 대법원 2003. 5. 16. 선고 2003다11714 판결; 2004. 8. 30. 선고 2002다48771 판결 등 참조.

해행위라며 명의수탁자와 수익자 사이의 근저당권설정계약 취소 및 원상회복을 구한 사안을 다루었다. 이 사건에 대해 원심[322]판결은, 원고(채권자)가 취소를 구하는 근저당권설정계약은 해당 부동산의 명의수탁자와 수익자 간 법률행위이므로 명의신탁자의 채권자인 원고가 그 취소를 구할 수는 없다는 이유로 원고의 사해행위취소청구 부분은 부적법 각하하고, 사해행위취소를 전제로 구하는 원상회복청구 부분을 기각하였다.

그러나 위와 같은 원심판결의 이해는 신탁자의 대내적 소유권과 수탁자의 대외적 소유권의 분열을 인정하는 명의신탁 법률관계 규율, 다시 말해 부동산실명법 제4조가 적용되지 않는 양자간 명의신탁관계에 관한 규율이 해당 사안의 명의신탁 관계에서도 관철되어야 가능한 것이었다.

대법원은 부동산실명법 시행 후에는 양자간 명의신탁의 경우 "명의신탁약정에 의하여 이루어진 수탁자 명의의 소유권이전등기는 원인무효로서 말소되어야 하고, 부동산은 여전히 신탁자의 소유로서 신탁자의 일반채권자들의 공동담보에 제공되는 책임재산이 된다."는 점을 분명히 확인하였다. "따라서 신탁자의 일반채권자들의 공동담보에 제공되는 책임재산인 신탁부동산에 관하여 채무자인 신탁자가 직접 자신의 명의 또는 수탁자의 명의로 제3자와 매매계약을 체결하는 등 신탁자가 실질적 당사자가 되어 법률행위를 하는 경우 이로 인하여 신탁자의 소극재산이 적극재산을 초과하게 되거나 채무초과상태가 더 나빠지게 되고 신탁자도 그러한 사실을 인식하고 있었다면 이러한 신탁자의 법률행위는 신탁자의 일반채권자들을 해하는 행위로서 사해행위에 해당할 수 있다."라고 판시하였다. 수탁자가 신탁부동산의 소유명의가 자기에게 있음을 기화로 스스로 자기의 채무를 담보하기 위해 해당 부동산을 담보로 제공한 경우와는 구별해서 보아야 한다는 것이다.

또한 대법원은 위와 같이 명의신탁자의 채권자에 대한 사해행위가 성립하는 경우의 원상회복방법도 제시하였다. 즉 "사해행위취소의 대상은

신탁자와 제3자 사이의 법률행위가 될 것이고, 원상회복은 제3자가 수탁자에게 말소등기절차를 이행하는 방법에 의할 것"이라고 하였다.

(라) 무효인 명의신탁약정에 따른 명의수탁자 명의 등기의 불법원인급여 해당 여부

명의신탁자가 부동산실명법을 위반하여 무효인 명의신탁약정에 따라 명의수탁자 명의로 신탁부동산에 관한 소유권등기를 해준 경우, 이러한 급여는 민법 제746조에서 정한 불법원인급여에 해당한다고 보아, 그 말소등기를 청구할 수 없다고 보아야 하는가?

민법 제746조는 부당이득의 반환청구를 금지하는 사유로 "불법의 원인"을 정한다. 이는 그 원인되는 행위가 선량한 풍속 기타 사회질서에 위반하는 경우를 말하는 것으로서, 법률의 금지에 위반하는 경우라 할지라도 그것이 선량한 풍속 기타 사회질서에 위반하지 않는 경우에는 이에 해당하지 않는다고 해석되었다.[323] 그리고 대법원은 종래, 부동산실명법이 규정하는 명의신탁약정이 "그 자체로 선량한 풍속 기타 사회질서에 위반하는 경우에 해당한다고 단정할 수 없을 뿐만 아니라, 위 법률은 원칙적으로 명의신탁약정과 그 등기에 기한 물권변동만을 무효로 하고 명의신탁자가 다른 법률관계에 기하여 등기회복 등의 권리행사를 하는 것까지 금지하지는 않는 대신, 명의신탁자에 대하여 행정적 제재나 형벌을 부과함으로써 사적자치 및 재산권보장의 본질을 침해하지 않도록 규정하고 있으므로, 위 법률이 비록 부동산등기제도를 악용한 투기·탈세·탈법행위 등 반사회적 행위를 방지하는 것 등을 목적으로 제정되었다고 하더라도, 무효인 명의신탁약정에 기하여 타인 명의의 등기가 마쳐졌다는 이유만으로 그것이 당연히 불법원인급여에 해당한다고 볼 수는 없는 것"이라는 입장[324]을 취해 왔다.

---

323) 대법원 1983. 11. 22. 선고 83다430 판결; 대법원 2001. 5. 29. 선고 2001다1782 판결 등 참조.

324) 대법원 2003. 11. 27. 선고 2003다41722 판결 참조. 또 대법원 2010. 9. 30. 선고 2010도8556 판결(중간생략등기형 명의신탁 사안) 및 백숙종, 부동산 실권리자명의 등기에 관한 법률에 위반한 명의신탁약정과 불법원인급여, 사법(제50호), 사법

그러나 부동산실명법의 입법과정과 그 목적, 사회일반의 인식 등을 이유로 부동산실명법을 위반한 명의신탁약정에 따른 등기이전이 불법원인급여에 해당한다는 견해도 만만치 않게 주장되었고, 반면 기존의 대법원판례 입장을 지지하는 견해도 계속 제시되었다.[325]

이러한 상황에서, **대법원 2019. 6. 20. 선고 2013다218156 전원합의체 판결**의 다수의견은 "부동산실명법을 위반하여 무효인 명의신탁약정에 따라 명의수탁자 명의로 등기를 하였다는 이유만으로 그것이 당연히 불법원인급여에 해당한다고 단정할 수는 없다."라는 기존의 입장을 견지하였다. 주된 이유로, ① 부동산실명법은 부동산 소유권을 실권리자에게 귀속시키는 것을 전제로 명의신탁약정과 그에 따른 물권변동을 규율하고 있다는 점, ② 부동산실명법을 제정한 입법자의 의사는 신탁부동산의 소유권을 실권리자에게 귀속시키는 것을 전제로 하고 있다는 점, ③ 명의신탁에 대하여 불법원인급여 규정을 적용한다면 재화 귀속에 관한 정의 관념에 반하는 불합리한 결과를 가져올 뿐만 아니라 판례의 태도나 부동산실명법 규정에도 합치되지 않는다는 점, ④ 명의신탁을 금지하겠다는 목적만으로 부동산실명법에서 예정한 것 이상으로 명의신탁자의 신탁부동산에 대한 재산권의 본질적 부분을 침해할 수는 없다는 점,[326] ⑤ (해당 사안은 농지법에 따른 제한을 회피하고자 명의신탁하였다고 주장된 경우이었는데) 농지법에 따른 제한을 회피하고자 명의신탁을 한 사안이라고 해서 불법원인급여 규정의 적용 여부를 달리 판단할 이유는 없는 점 등을 들었다.

발전재단(2019), 557면에 소개된 대법원 2009. 12. 24. 선고 2008다91098 판결(미공간: 강제집행을 면할 목적으로 부동산의 소유자 명의를 신탁하는 것 역시 불법원인급여에 해당한다고 볼 수 없다는 태도를 보임)도 참조.

325) 각 견해와 논거의 소개 및 정리로는 백숙종(주 324), 558-567면 참조.

326) 위 2013다218156 전원합의체 판결 이후 제시된 것으로, 부동산실명법상 여러 제재규정에 추가하여 수탁자명의의 이전등기를 불법원인급여로 파악하는 것은 명의신탁자에 대한 이중 제재, 과도한 제재에 이르게 된다는 비판을 피해갈 수 없다는 견해로는 박동진, 부동산명의신탁과 불법원인급여, 법학연구(제30권 제1호), 연세대학교 법학연구원(2020), 24-25면 참조.

반대의견이 "부동산실명법의 입법과정과 목적, 현재 우리 사회에서 명의신탁을 바라보는 일반인의 인식, 헌법상 재산권의 내용과 한계 등을 종합하면, 부동산실명법을 위반하여 무효인 명의신탁약정에 따라 명의수탁자에게 마친 등기는 특별한 사정이 없는 한 불법원인급여에 해당한다고 보아야 한다."는 논지를 펼치며, "사법적 결단"을 촉구하였지만, 다수를 이루지 못하였다.[327]

명의신탁의 폐해와 현행 부동산실명법의 한계에 대한 문제의식을 다수의견이 인식하지 못한 것은 아닐 것이다.[328] 그러나 현행 부동산실명법 규정의 내용과 체계에 비추어 '사법적 결단'을 내리기는 곤란하고, 현행법의 한계를 극복하기 위한 보완 입법이 필요하다고 본 것으로 이해할 수 있다.[329]

(2) 3자간 등기명의신탁(중간생략등기형 명의신탁)

(가) 계약명의신탁과의 구별

부동산실명법은 계약명의신탁에 관한 별도의 규율을 제4조 제2항 단서에서 정하고 있으나, 종종 계약명의신탁과 3자간 등기명의신탁의 구별이 쉽지 않을 때가 발생한다. 가령, 어떤 사람이 계약상대방으로부터 토지 지분을 매수하면서 그중 1/2 지분에 관한 등기명의를 다른 제3자에게 하기로 한 경우, 그 1/2 지분에 관하여 어떤 유형의 명의신탁이 있었는지는 추가의 구체적 사실관계를 확인하기 전에는 판가름하기 쉽지 않다. 이는 계약당사자 확정에 관한 법률행위 해석 문제와 결부된다.[330]

대법원 2010. 10. 28. 선고 2010다52799 판결에서 위와 같은 사안을 다루었다. 여기서 대법원은 명의신탁약정이 3자간 등기명의신탁인지 계약명의신탁인지의 구별은 계약당사자가 누군인가를 확정하는 문제로

---

327) 위 2013다218156 전원합의체 판결의 반대의견(대법관 조희대, 박상옥, 김선수, 김상환) 참조.

328) 위 2013다218156 전원합의체 판결의 다수의견에 대한 대법관 김재형의 보충의견 참조.

329) 백숙종(주 324), 568면 참조.

330) 우선 송덕수, 명의신탁된 부동산을 명의수탁자가 처분한 경우의 법률관계, 법학논집(제19권 제1호), 이화여자대학교 법학연구소(2014), 18−20면 참조.

귀결된다는 점을 정확히 짚었다. 그리고 "계약명의자가 명의수탁자로 되어 있다 하더라도 계약당사자를 명의신탁자로 볼 수 있다면 이는 3자간 등기명의신탁이 된다."라고 보고, 따라서 "계약명의자인 명의수탁자가 아니라 명의신탁자에게 계약에 따른 법률효과를 직접 귀속시킬 의도로 계약을 체결한 사정이 인정된다면 명의신탁자가 계약당사자라고 할 것이므로, 이 경우의 명의신탁관계는 3자간 등기명의신탁으로 보아야 한다."라고 판시하였다.

그리고 행정사건이기는 하지만, 대법원 2016. 10. 27. 선고 2016두 43091 판결도, 원고가 해당 사안의 매매계약 당사자로서 그 부동산(주택)을 매수하면서 등기명의만을 명의수탁자들 앞으로 하고, 매매계약에 따른 법률효과는 명의신탁자인 원고에게 직접 귀속시킬 의도였던 사정이 인정되는 사안에서, 위와 같은 법리에 기초하여 해당 부동산에 관한 명의신탁약정이 3자간 등기명의신탁에 해당한다고 보았다.

(나) 명의수탁자의 신탁부동산 임의처분 등으로 인한 부당이득반환관계

부동산실명법이 적용되는 3자간 등기명의신탁의 경우, 해당 명의신탁약정과 그에 의한 등기가 무효로 되고 그 결과 명의신탁된 부동산은 매도인 소유로 복귀한다. 이때 매도인은 명의수탁자에게 무효인 그 명의등기의 말소를 구할 수 있다. 다만, 매도인과 명의신탁자 사이의 매매계약은 여전히 유효하다. 따라서 명의신탁자는 매도인에 대하여 매매계약에 기한 소유권이전등기를 청구할 수 있고, 그 소유권이전등기청구권을 보전하기 위하여 매도인을 대위하여 명의수탁자에게 무효인 그 명의 등기의 말소를 구할 수도 있다.[331]

그런데 명의수탁자가 신탁부동산을 임의로 처분하거나 강제수용이나 공공용지 협의취득 등을 원인으로 제3취득자 명의의 이전등기가 마쳐진 경우, 부동산실명법 제4조 제3항에서 정한 바에 따라 그 제3취득자에게 위 등기명의신탁의 무효를 이유로 대항할 수 없다. 이로써 매도인의 명

---

331) 대법원 1999. 9. 17. 선고 99다21738 판결; 대법원 2002. 3. 15. 선고 2001다 61654 판결 참조.

의신탁자에 대한 소유권이전등기의무는 이행불능 상태에 빠지게 된다. 그러나 이때 명의신탁자가 매도인을 상대로 어떠한 청구를 하기 어렵다. 매도인이 매매계약의 체결이나 그 이행 또는 이행불능 상태에 빠지게 된 것에 관하여 어떠한 귀책사유가 있다고 보기 어렵기 때문이다. 명의신탁자가 자신의 편의를 위하여 명의수탁자 앞으로의 등기이전을 요구하였음에도 위와 같은 명의수탁자의 처분 등을 이유로 매도인에 대하여 매매대금의 반환을 구하거나, 명의신탁자 앞으로 재차 소유권이전등기를 경료하도록 요구하는 것도 신의칙상 허용되지 않는다고 보아야 할 것이다.[332] 그렇다면, 이러한 상황에서 명의신탁자가 명의수탁자를 상대로 부당이득반환청구를 할 수는 있을까?

이에 대하여 **대법원 2011. 9. 8. 선고 2009다49193, 49209 판결**은, "명의신탁자는 신탁부동산의 소유권을 이전받을 권리를 상실하는 손해를 입게 되는 반면, 명의수탁자는 신탁부동산의 처분대금이나 보상금을 취득하는 이익을 얻게 되므로, 명의수탁자는 명의신탁자에게 그 이익을 부당이득으로 반환할 의무가 있다."라고 판시하였다. 그리고 **대법원 2019. 7. 25. 선고 2019다203811, 203828 판결**은 위와 같은 법리를 다시 확인하면서, 3자간 등기명의신탁에서 명의신탁 부동산에 관하여 경매를 원인으로 제3취득자 명의로 이전등기가 마쳐진 경우도 마찬가지로 명의신탁자의 명의수탁자에 대한 부당이득반환청구가 가능하다고 보았다.

위 (1)의 (라)에서 알 수 있듯이, 현행 부동산실명법은 같은 법을 위반하여 신탁된 재산을 신탁자로부터 박탈하는 취지의 규율까지는 하고 있지 않다. 신탁자가 자신에게 귀속된 재산의 부당한 이전을 되돌리거나

---

332) 부동산실명법 시행 이전에 3자간 명의신탁약정 및 명의신탁자의 요구에 따라 명의수탁자 앞으로 소유명의를 이전하였던 사안에 관한 판례이기는 하나, 대법원 2002. 3. 15. 선고 2001다61654 판결(이때 매도인으로서는 명의수탁자가 신탁부동산을 타에 처분하였다고 하더라도, 명의수탁자로부터 그 소유명의를 회복하기 전까지는 명의신탁자에 대하여 신의칙 내지 민법 제536조 제1항 본문의 규정에 의하여 이와 동시이행의 관계에 있는 매매대금 반환채무의 이행을 거절할 수 있고, 한편 명의신탁자의 소유권이전등기청구도 허용되지 아니하므로, 결국 매도인으로서도 명의수탁자의 처분행위로 인하여 손해를 입은 바가 없다고 판시하였다) 참조.

그로 인한 손해를 전보받을 다른 구제방법이 있는 것도 아니다.[333] 관련
지어, 종래 3자간 등기명의신탁에서 명의수탁자가 수탁부동산을 임의로
처분한 경우, 이를 횡령죄로 의율하는 대법원판례[334]가 있었으므로 불법
행위에 기한 손해배상청구가 검토될 수 있었으나,[335] 대법원 2016. 5.
19. 선고 2014도6992 전원합의체 판결은 "중간생략등기형 명의신탁을 한
경우, 명의신탁자는 신탁부동산의 소유권을 가지지 아니하고, 명의신탁자
와 명의수탁자 사이에 위탁신임관계를 인정할 수도 없다. 따라서 명의수
탁자가 명의신탁자의 재물을 보관하는 자라고 할 수 없으므로, 명의수탁
자가 신탁받은 부동산을 임의로 처분하여도 명의신탁자에 대한 관계에서
횡령죄가 성립하지 아니한다."라고 판시하면서 종전에 횡령죄 성립을 긍
정한 종전 대법원판결을 폐기하였다. 이로써 수탁자에게 횡령(불법행위)으
로 인한 손해배상청구를 하기도 어려운 상황이 되었다. 신탁자로서는 이
제 수탁자에 대한 부당이득반환청구를 고려할 수밖에 없게 되었다.

(3) 계약명의신탁(위임계약형 명의신탁)

(가) 경매부동산 소유자의 부동산실명법 제4조 제2항 단서 소정 "상대방 당사자" 해당 여부

대법원은 종래 부동산경매절차에서 부동산을 매수하려는 사람이 매
수대금을 자신이 부담하면서 타인의 명의로 매각허가결정을 받기로 하고
그 타인이 경매절차에 참가하여 매각허가가 이루어진 경우, 해당 경매절
차의 매수인은 그 명의인이므로 경매목적 부동산의 소유권은 매수대금을
실질적으로 부담한 사람이 누구인가와 상관없이 그 명의인이 취득하고,
이 경우 매수대금을 부담한 사람과 이름을 빌려준 사람 사이에는 명의신
탁관계가 성립한다고 판시한 바 있다.[336] 이러한 명의신탁약정은 계약명

---

333) 조용현, 3자 간 등기명의신탁에서 수탁자가 부동산을 처분한 경우의 법률관계,
    대법원판례해설(제89호), 법원도서관(2011), 455-456면.
334) 대법원 2001. 11. 27. 선고 2000도3463 판결 등 참조. 한편 양자간 명의신탁에
    서의 형사상 횡령죄 성립 여부 및 민사상 불법행위책임 성립 여부에 관해서는 위
    주 318)의 판결 참조.
335) 그러나 신탁부동산이 강제수용된 경우에는 수탁자의 귀책사유를 인정하기 곤란
    한 문제가 있었다. 조용현(주 333), 456면 참조.

의신탁 약정으로서 부동산실명법 제4조 제1항에 따라 무효로 보아야 할 것이다.[337]

그런데 부동산실명법 제4조 제2항 단서는 계약명의신탁에 따라 명의수탁자가 어느 한쪽 당사자가 되고 그와 거래한 상대방 당사자가 명의신탁약정이 있다는 사실을 알지 못한 경우에는 달리 보도록 규정한다. 경매도 사법상 매매의 성질을 가지고 있으므로, 위 단서 조항이 적용되어야 할 것으로 생각될 수 있다. 그러나 다른 한편으로, 법원이 소유자의 의사와 관계없이 그 소유물을 처분하는 공법상 처분으로서의 성질도 경매에 내포되어 있다. 현실적으로나 절차법적으로도 소유자가 경매절차에서의 매수인 결정 과정에 어떠한 관여를 하기 어렵기도 하다. 경매절차의 소유자가 계약명의신탁자와 계약명의수탁자 사이의 명의신탁약정 사실을 알고 있다거나 소유자와 명의신탁자가 동일인라는 등의 사유로 그 유·무효가 달라진다는 것은 경매절차의 안정성을 저해할 수 문제가 있기도 하다.

이러한 사정들을 종합적으로 고려하여, 대법원 2012. 11. 15. 선고 2012다69197 판결은 "경매부동산의 소유자를 위 제4조 제2항 단서의 '상대방 당사자'라고 볼 수는 없"다는 이유로 "경매절차에서의 소유자가 위와 같은 명의신탁약정 사실을 알고 있었거나 소유자와 명의신탁자가 동일인이라고 하더라도 그러한 사정만으로 그 명의인의 소유권취득이 부동산실명법 제4조 제2항에 따라 무효로 된다고 할 것은 아니다."라고 타당하게 판시하였다.

(나) 매도인이 선의인 경우, 명의수탁자의 부당이득반환 대상

위 (가)에서 본 바와 같이, 계약명의신탁약정을 맺고 명의수탁자가 당사자가 되어 명의신탁약정이 있다는 사실을 알지 못하는 소유자와 부동

---

336) 대법원 2005. 4. 29. 선고 2005다664 판결; 대법원 2008. 11. 27. 선고 2008다 62687 판결 등 참조.

337) 따라서 명의신탁자는 명의수탁자에 대하여 그 경매부동산 자체의 반환을 구할 수는 없고, 명의수탁자에게 제공한 매수대금에 상당하는 금액의 부당이득반환청구권을 가질 뿐이라는 판시로는 대법원 2009. 9. 10. 선고 2006다73102 판결 참조.

산에 관한 매매계약을 체결한 후 그 매매계약에 따라 해당 부동산의 소유권이전등기를 수탁자 명의로 마친 경우, 부동산실명법 제4조 제1항, 제2항 단서에 따라 명의신탁자와 명의수탁자 사이의 명의신탁약정은 무효이나, 그 명의수탁자는 해당 부동산의 완전한 소유권을 취득하게 된다. 다만 이 경우에 대해 대법원은, 명의신탁자는 부동산실명법에 따라 애초부터 그 부동산의 소유권을 취득할 수 없었으므로 해당 계약명의신탁약정의 무효로 인하여 명의신탁자가 입은 손해는 해당 부동산 자체가 아니라 명의수탁자에게 제공한 매수자금이고, 따라서 명의수탁자는 명의신탁자로부터 제공받은 매수자금 정도의 액수를 부당이득으로 반환하여야 한다고 보았다.[338]

그런데 명의수탁자가 명의신탁자로부터 부동산 매수자금 외에 소유권이전등기를 위하여 지출하여야 할 취득세, 등록세 등을 제공받은 경우에, 이러한 자금도 부당이득으로 반환하여야 하는지가 문제 되었다. 위와 같은 취득비용이 수탁부동산 자체가 아니고, 명의수탁자 명의의 등기 자체가 유효하다는 등의 이유로 이를 부당이득으로 볼 수 없다고 볼 여지가 없지는 않다.[339] 그러나 대법원 2010. 10. 14. 선고 2007다90432 판

---

338) 위 주 337)의 판결 및 대법원 2005. 1. 28. 선고 2002다66922 판결 등 참조. 한편, 부동산실명법 시행 전에 명의신탁자와 명의수탁자가 계약명의신탁약정을 맺고 명의수탁자가 당사자가 되어 선의인 소유자와 부동산에 관한 매매계약을 체결하고 매매계약에 따른 매매대금을 모두 지급하였으나 해당 부동산의 소유권이전등기를 명의수탁자 명의로 마치지 못한 상태에서 부동산실명법 제11조에서 정한 유예기간이 경과한 사안도 문제 된 바 있다. 이에 대해서는, 명의신탁약정의 무효임에도 명의수탁자와 소유자의 매매계약 자체는 유효한 것으로 취급되는데, 이 경우 명의수탁자는 명의신탁약정에 따라 명의신탁자가 제공한 비용으로 소유자에게 매매대금을 지급하고 당해 부동산을 매수한 매수인의 지위를 취득한 것에 불과하지, 해당 부동산에 관한 소유권을 취득하는 것은 아니라는 전제에서, 유예기간 경과에 따른 명의신탁약정의 무효로 인하여 명의신탁자가 입게 되는 손해는 해당 부동산 자체가 아니라 명의수탁자에게 제공한 매수자금이고, 그 후 명의수탁자가 해당 부동산에 관한 소유권을 취득하게 되었다고 하더라도 이로 인하여 부당이득반환 대상이 달라진다고 할 수는 없다고 한 대법원 2011. 5. 26. 선고 2010다21214 판결도 참조.

339) 이러한 부정설의 논거 정리로는 윤강열, 매도인 선의의 계약명의신탁에서 명의수탁자가 매수자금 이외에 취득세, 등록세 등 취득비용도 부당이득으로 반환하여야 하는지 여부, 대법원판례해설(제85호), 법원도서관(2011), 586-587면 참조(단,

결은 "이러한 자금 역시 위 계약명의신탁약정에 따라 명의수탁자가 당해 부동산의 소유권을 취득하기 위하여 매매대금과 함께 지출된 것이므로, 당해 부동산의 매매대금 상당액 이외에 명의신탁자가 명의수탁자에게 지급한 취득세, 등록세 등의 취득비용도 특별한 사정이 없는 한 위 계약명의신탁약정의 무효로 인하여 명의신탁자가 입은 손해에 포함되어 명의수탁자는 이 역시 명의신탁자에게 부당이득으로 반환하여야 한다."라고 판시하였다.

위 취득비용이 명의신탁자 명의의 등기가 아닌 명의수탁자 명의의 등기를 위해 지출되었고, 부동산실명법 제4조 제1항에 따라 해당 등기명의를 수탁한 원인은 원시적으로 무효이므로, 그러한 등기를 위한 취득비용도 매매대금과 마찬가지로 부당이득반환 대상으로 삼는 것이 타당하다고 본다.

(다) 조합원 1인 명의로 명의신탁된 부동산의 조합재산 해당 여부

대법원 2019. 6. 13. 선고 2017다246180 판결은, 조합원들이 공동사업을 위하여 매수한 부동산에 관하여 합유등기를 하지 않고 조합원 중 1인 명의로 소유권이전등기를 하였다가, 이후 조합에서 탈퇴한 조합원이 동업관계 해지를 원인으로 해당 부동산의 지분이전등기를 구한 사안을 다루었다.

종래부터 대법원은, 조합원들이 공동사업을 위하여 매수한 부동산에 관하여 합유등기를 하지 않고 조합원 중 1인 명의로 소유권이전등기를 한 경우 조합체가 조합원에게 명의신탁한 것으로 보았다.[340] 그런데 위 ⑵에서 본 바와 같이, 부동산실명법 제4조 제2항 단서에 따라, 부동산에 관한 물권을 취득하기 위한 계약에서 명의수탁자가 어느 한쪽 당사자가 되고 상대방 당사자는 명의신탁약정이 있다는 사실을 알지 못한 경우 명의수탁자는 부동산의 완전한 소유권을 취득하되 명의신탁자에 대하여 부

이 글의 저자는 취득비용 포함 긍정설을 취하고 있다).

340) 대법원 2002. 6. 14. 선고 2000다30622 판결; 대법원 2006. 4. 13. 선고 2003다 25256 판결 등 참조.

당이득반환의무를 부담하게 될 뿐이다.[341]

따라서 대법원은 위 판결에서 "조합체가 조합원에게 명의신탁한 부동산의 소유권은 위에서 본 법리에 따라 물권변동이 무효인 경우 매도인에게, 유효인 경우 명의수탁자에게 귀속된다. 이 경우 조합재산은 소유권이전등기청구권 또는 부당이득반환채권이고, 신탁부동산 자체는 조합재산이 될 수 없다."라고 판시하면서, 원고가 해당 부동산 지분에 관한 이전등기를 청구할 수 없다는 원심[342]의 결론을 정당하다고 보았다.

실무상 조합체의 동업재산인 부동산에 관하여 합유등기를 하는 경우가 드물다는 점에서 위와 같이 해당 부동산 자체를 조합재산으로 보지 않는 법리적용 결과가 조합재산의 계산 과정에서 복잡한 문제를 야기할 수 있다.[343] 조합재산을 계산할 때 위 소유권이전등기청구권이나 부당이득반환채권뿐 아니라 해당 조합재산에 관한 1인 명의 등기 이후의 사용관계에 따른 이득과 손실도 조합재산으로 함께 반영하여야 할 것임을 감안하면 더욱 그렇다. 그러나 이는 부동산실명법이 적용되는 한 불가피한 결과가 아닌가 생각한다.

(라) 채무자인 신탁자가 실질적 당사자가 되어 처분행위를 한 사안: 사해행위 여부

계약명의신탁의 명의수탁자가 매수당사자가 되어 명의신탁약정 사실을 알지 못하는 매도인과 부동산에 관한 매매계약을 체결한 후 그 매매계약에 따라 해당 부동산의 소유권이전등기를 명의수탁자 명의로 마친 경우에는 명의신탁자와 명의수탁자 사이의 명의신탁 약정은 무효이나 (부동산실명법 제4조 제1항), 같은 법 제4조 제2항 단서에 따라 그 명의수탁자가 해당 부동산의 완전한 소유권을 취득하게 된다. 이때 해당 부동산은 명의수탁자의 책임재산이 될 뿐, 명의신탁자의 책임재산에는 속할 수 없게 된다. 그리고 명의신탁자는 명의수탁자에 대한 관계에서 부당이득

---

341) 위 주 338)의 판결 및 해당 본문 부분 참조.
342) 수원지방법원 2017. 6. 15. 선고 2016나55599 판결.
343) 이에 대한 우려로는 민사판례해설(주 160), 37면 참조.

반환을 구할 수 있는 금전채권자 중 한 명에 지나지 않는다. 따라서 명의수탁자의 재산이 자기 채무 전부를 변제하기에 부족한 경우 명의수탁자가 위 부동산을 명의신탁자 또는 그가 지정하는 자에게 양도하는 행위는 특별한 사정이 없는 한 다른 채권자의 이익을 해하는 것으로서 다른 채권자들에 대한 관계에서 사해행위가 된다.[344]

그런데 **대법원 2013. 9. 12. 선고 2011다89903 판결**은 위와 유사하지만 명의수탁자의 일반채권자가 아닌 명의신탁자의 일반채권자가 명의수탁자 취득 부동산에 관한 사해행위를 주장한 사안이었다. 즉, 위와 같은 양태의 계약명의신탁 및 매매[345]로 명의수탁자가 해당 부동산의 완전한 소유권을 취득하였고, 이후 명의수탁자가 '명의신탁자의 지시에 따라 해당 부동산의 소유명의를 이전'하기로 명의신탁자와 약정하여 이에 따라 명의수탁자가 명의신탁자의 지시로 해당 부동산에 관하여 명의신탁자와 대물변제계약을 체결한 제3자에게 위 부동산의 소유명의를 넘겨주자, 명의신탁자의 일반채권자가 사해행위라 주장하며 위 대물변제계약의 취소와 원상회복을 청구한 사안이 다루어졌다.

이에 대하여 대법원은 먼저 "신탁자와 수탁자 사이에 신탁자의 지시에 따라 부동산의 소유 명의를 이전하기로 약정하였더라도 이는 명의신탁약정이 유효함을 전제로 명의신탁 부동산 자체의 반환을 구하는 범주에 속하는 것에 해당하여 역시 무효라고 볼 것"이라는 종전 판례[346] 법리를 제시하였다. 그리고 "이와 같이 신탁자가 수탁자에 대하여 부당이득 반환채권만을 가지는 경우에는 그 부동산은 신탁자의 일반채권자들의 공동담보에 제공되는 책임재산이라고 볼 수 없고, 신탁자가 위 부동산에 관하여 제3자와 매매계약을 체결하는 등 신탁자가 실질적인 당사자가 되어 처분행위를 하고 소유권이전등기를 마쳐주었다고 하더라도 그로써 신

---

344) 대법원 2008. 9. 25. 선고 2007다74874 판결 참조.
345) 해당 사안에서는, 명의수탁자가 경매절차에서 해당 부동산을 매수하였다. 위 2011다89903 판결 이유 부분 및 계약명의신탁의 경매절차를 통한 매수 사안에 관한 앞의 (가)의 2012다69197 판결 참조.
346) 대법원 2006. 11. 9. 선고 2006다35117 판결 참조.

탁자의 책임재산에 감소를 초래한 것이라고 할 수 없으므로, 이를 들어 신탁자의 일반채권자들을 해하는 사해행위라고 할 수 없다."라고 판시하였다. 부동산실명법 제4조 제2항 단서에서 정한 매수부동산의 소유권귀속에 관한 규율을 일관되게 관철한 결과로 평가할 수 있다.[347]

(마) 명의수탁자의 부당이득(매수자금 등) 반환의무 이행에 갈음한 명의신탁 부동산 자체에 관한 양도합의의 효력

계약명의신탁 관계에서 위와 같이 명의수탁자가 해당 부동산의 완전한 소유권을 취득하면서, 명의신탁자에 대하여 부당이득반환의무를 부담하게 되는 경우, 명의수탁자가 명의신탁자에게 당초 계약명의신탁의 목적이 되었던 부동산에 관한 소유권등기를 이전하거나 그 처분대가를 지급하는 등의 약정을 한다면, 이러한 약정은 유효한가?

이에 대하여 종래, 원칙적으로는 소유권이전의 원인이 없거나 그 원인이 무효이나, 유효한 원인이 별도로 존재하는 경우에는 유효할 수 있다는 취지의 견해(제한적 유효설)와 일반적으로 유효하다는 견해가 제시된 바 있다.[348]

그리고 **대법원 2014. 8. 20. 선고 2014다30483 판결**이 이에 관한

---

347) 이에 대하여, 명의신탁자의 대물변제약정이 실질적으로 신탁자의 책임재산 감소를 초래한 것으로서 명의신탁자의 일반채권자에 대한 사해행위로 볼 수 있는 가능성을 제기하는 견해로는 이준현, 계약명의신탁에 있어서 신탁자가 수탁자 명의의 부동산을 제3자에게 처분한 행위와 채권자취소권 – 대법원 2013. 9. 12. 선고 2011다89903 판결의 검토, 동아법학(제66호), 동아대학교 법학연구소(2015), 541면 이하 참조. 그러나 부동산실명법이 제4조에서 신탁자, 수탁자, 제3자 사이의 소유권 귀속과 이를 둘러싼 법률관계에 관해 정한 사항과 이에 관한 해석 법리는 가급적 명확하고 일관되게 유지할 필요가 있다. 위 법률 내용과 해석 법리에 따라 목적 부동산이 명의수탁자의 소유로 정해지면, 명의수탁자의 채권자 등도 해당 부동산에 관하여 법적 이해관계를 맺을 수 있게 되는데, 이러한 이익의 보호가치가 기존 해석 법리를 흔들어 명의신탁자의 채권자를 보호할 가치에 미치지 못한다고는 보기 어렵다. 명의신탁 부동산의 소유권을 보유하는 양자간 등기명의신탁의 명의신탁자가 실질적 당사자가 되어 명의수탁자 명의로 된 부동산을 처분하는 경우와는 달리 보아야 한다. 위 가) (3) 부분의 대법원 2012. 10. 25. 선고 2011다107382 판결 참조.
348) 각 견해의 소개와 정리는 우선 김진우, 계약명의신탁에서 수탁자의 신탁부동산 대물변제의 효력, 인권과 정의(제453호), 대한변호사협회(2015), 117 – 118면 참조.

사안을 다루었다. 대법원은 우선, 이에 관한 일반 법리로서, "계약명의신탁의 당사자들이 명의신탁약정이 유효한 것, 즉 명의신탁자가 이른바 내부적 소유권을 가지는 것을 전제로 하여 장차 명의신탁자 앞으로 목적부동산에 관한 소유권등기를 이전하거나 부동산의 처분대가를 명의신탁자에게 지급하는 것 등을 내용으로 하는 약정을 하였다면 이는 명의신탁약정을 무효라고 정하는 부동산실명법 제4조 제1항에 좇아 무효"임을 밝혔다. 위 (4)에서 본 바와 같이,[349] 명의신탁자와 명의수탁자가 부동산실명법에 따라 무효인 명의신탁약정의 유효를 전제로 어떠한 재산 이전을 약정한다면, 이는 부동산실명법이 금지하는 명의신탁약정에 부수하거나 이를 관철하는 약정으로서 효력을 부여할 수 없음을 다시 확인한 것이다.[350]

다만 대법원은, 명의수탁자가 "명의수탁자의 완전한 소유권 취득을 전제로 하여 사후적으로 명의신탁자와의 사이에 위에서 본 매수자금반환의무[351]의 이행에 갈음하여 명의신탁된 부동산 자체를 양도하기로 합의하고 그에 기하여 명의신탁자 앞으로 소유권이전등기를 마쳐준 경우에는 그 소유권이전등기는 새로운 소유권 이전의 원인인 대물급부의 약정에 기한 것이므로 그 약정이 무효인 명의신탁약정을 명의신탁자를 위하여 사후에 보완하는 방책에 불과한 등의 다른 특별한 사정이 없는 한 유효하다고 할 것이고, 그 대물급부의 목적물이 원래의 명의신탁부동산이라는 것만으로 그 유효성을 부인할 것은 아니다."라고 판시하여 위 효력제한 법리가 적용되지 않을 수 있는 경우를 제시하였다. 이는 앞서 본 제한적 유효설의 입장에서 출발한 것으로 생각할 수 있지만, 부동산실명법의 취지 관철을 위해, 별도의 원인이 있더라도 "무효인 명의신탁약정을 명의신

---

349) 위 주 346) 및 그 해당 본문 부분 참조.
350) 같은 맥락에서 명의신탁자가 명의신탁약정과는 별개의 적법한 원인에 기하여 명의수탁자에 대하여 소유권이전등기청구권을 가지게 되었다 하더라도, 이를 보전하기 위하여 자신의 명의가 아닌 제3자 명의로 가등기를 마친 경우 위 가등기는 명의신탁자와 그 제3자 사이의 명의신탁약정에 기하여 마쳐진 것으로서 그 약정의 무효로 말미암아 효력이 없다고 본 대법원 2015. 2. 26. 선고 2014다63315 판결도 참조.
351) 법적 성질은 앞에서도 본 바와 같이 부당이득반환의무에 해당한다.

탁자를 위하여 사후에 보완하는 방책에 불과한 등의 다른 특별한 사정"
이 있다면 여전히 부동산실명법의 취지를 잠탈하는 것으로서 무효로 보
아야 함을 밝혔다는 데에서 그 고유의 의미를 찾을 수 있다. 어느 경우
가 '무효인 명의신탁약정을 사후에 보완하는 방책에 불과한 등의 다른 특
별한 사정'에 해당하는지는 당사자관계, 별도 반환 등 약정의 시기, 내용,
경위, 목적, 목적부동산의 시가와 매매대금과의 균형 여부, 신탁자의 권
리확보 조치 여부, 반환 등 약정 이후의 사정과 같이 구체적 사안에서
나타나는 여러 사정을 종합하여 판단해야 할 것이다.[352]

(바) 명의수탁자의 신탁부동산 처분행위로 인한 악의 매도인의 손해배상 청구 가부

대법원 2013. 9. 12. 선고 2010다95185 판결은, 명의신탁자와 명의
수탁자가 계약명의신탁 약정을 맺고, 매매계약을 체결한 매도인(소유자)도
그러한 명의신탁약정을 알면서 해당 매매계약에 따라 명의수탁자 앞으로
목적 부동산의 소유권이전등기를 마친 이후, 명의수탁자가 자기 명의로
소유권이전등기를 마친 부동산을 제3자에게 처분한 사안에서 매도인이
수탁자를 상대로 불법행위에 기한 손해배상청구를 할 수 있는지에 관한
사안을 다루었다.

대법원은 위 사안에 관하여, (매도인인 목적 부동산의 당초 소유자가 계
약명의신탁약정을 알면서 매매계약에 따른 소유권이전등기를 마쳤으므로) 부동산
실명법 제4조 제2항 본문에 따라 명의수탁자 명의의 소유권이전등기는
무효이므로, 해당 부동산의 소유권은 매매계약을 체결한 매도인에게 그대
로 남아 있게 되고, 이때 명의수탁자가 자기 명의로 소유권이전등기를
마친 부동산을 제3자에게 처분하면 이는 매도인의 소유권을 침해하는
"불법행위"가 된다고 보았다.

그리고 대법원은 "명의수탁자로부터 매매대금을 수령한 상태의 소유

---

352) 이재욱, 계약명의신탁에 있어서 수탁자의 신탁자에 대한 부당이득반환의무의
이행에 갈음하는 부동산소유권이전약정의 인정요건 및 그 효력, 부산고등법원 웹
사이트(2021. 7. 19. 최종검색), 부산판례연구회(2016), 23면 이하 참조.

자로서는 그 부동산에 관한 소유명의를 회복하기 전까지는 신의칙 내지
민법 제536조 제1항 본문의 규정에 의하여 명의수탁자에 대하여 이와 동
시이행의 관계에 있는 매매대금 반환채무의 이행을 거절할 수 있는데,
이른바 계약명의신탁에서 명의수탁자의 제3자에 대한 처분행위가 유효하
게 확정되어 소유자에 대한 소유명의 회복이 불가능한 이상, 소유자로서
는 그와 동시이행관계에 있는 매매대금 반환채무를 이행할 여지가 없다.
또한 명의신탁자는 소유자와 매매계약관계가 없어 소유자에 대한 소유권
이전등기청구도 허용되지 아니하므로, 결국 소유자인 매도인으로서는 특
별한 사정이 없는 한 명의수탁자의 처분행위로 인하여 어떠한 손해도 입
은 바가 없다."라고 판시하면서, 원심판결[353] 중 위 사안에 대해 불법행
위로 인한 손해배상을 명한 부분을 파기하였다.

위 판시 내용과 관련하여 우선, 민법 제750조에서 정한 불법행위는
손해의 발생을 요건으로 삼고 있다는 점에서 문제를 지적할 수 있다.[354]
위 판시 중 "불법행위"라는 부분은 결과적으로 손해 발생사실을 부정한
위 판결의 전체 취지에 비추어 보면 "위법행위"를 의미한다고 보아야 할
것이다.

또한, 대법원이 손해 발생 사실을 인정하지 않기 위하여 제시한 '매
도인(당초 소유자)과 명의수탁자 사이의 매매계약 무효로 인한 부당이득반
환 관계에서의 동시이행항변관계에 기한 이행거절권 행사가능성에 따른
매매대금 반환채무의 이행 여지 결여' 등의 논지에 대해서도 비판의 여지
가 있다.[355] 우선, 부동산실명법은 명의신탁약정과 그에 따른 물권변동의

---

353) 대전고등법원 2010. 10. 20. 선고 2010나963 판결.
354) '불법행위는 성립하되 손해가 없다.'는 위와 같은 판시 취지를 비판하는 견해로
    는 송덕수(주 330), 40면. 같은 취지의 비판으로 송오식, 계약명의신탁에서 명의수
    탁자의 처분행위와 불법행위 성립 여부 - 대법원 2013. 9. 12. 선고 2010다95185
    판결 - , 법학논총(제34권 제1호), 전남대학교 법학연구소(2014), 314면 참조.
355) 원물반환이 불능이 되어 가액반환으로 전환되면 동시이행관계는 목적물 가액
    정도의 부당이득반환의무와 매매대금반환의무 사이에 성립됨에도, 이미 불능으로
    소멸한 원물반환의무와 매매대금반환의무 사이의 동시이행관계를 전제로 논리를
    전개한 것은 명백히 잘못된 논리라는 지적으로는 이동진, 매도인 악의의 계약명의
    신탁과 명의수탁자의 부동산 처분에 대한 책임, 재산법연구(제34권 제4호), 한국재

효력 유무 외에 매매계약 자체의 무효를 규율하고 있지 않다. 따라서 매도인(당초 소유자)이 계약명의신탁 사실을 알면서 계약명의수탁자와 매매계약을 체결한 경우, 그 매매계약 자체가 과연 무효인지에 대하여 이견이 제기될 수 있다.[356] 매도인과 명의수탁자가 체결한 매매계약이 원시적으로 무효라는 판결례[357]도 있지만, 매도인이 계약체결 후에 계약명의신탁 사실을 알게 된 경우(사후적 악의인 경우)에도 원시적 무효라고는 볼 수 없을 터이다. 더구나 부동산실명법 제4조 제3항이 적용되는 경우, 가령 명의수탁자가 제3자에게 목적 부동산을 양도한 때에도 매매계약이 여전히 (원시적) 무효이고, 위 판결 판시처럼 매도인과 명의수탁자 사이에 매매계약의 무효에 따른 법률관계가 전개된다고 볼지, 의문이다. 위 제4조 제3항에 따라 제3자가 적법·유효하게 소유권을 취득한다면, 매도인(당초 소유자)과 명의수탁자 사이의 매매계약도 유효하다고 봄[358]이 사안의 실질에 더 부합하지 않을까 생각한다. 물론, 매도인의 손해 발생 사실을 인정할 수 없어 불법행위에 기한 손해배상책임을 인정하지 않은 위 판결의 결론은 타당하다.

2. 부동산실명법 제8조의 적용범위

(1) 배우자 일방이 사망한 부부간 명의신탁

부동산실명법 제8조 제2호는 "배우자 명의로 부동산에 관한 물권을 등기한 경우"로서 조세 포탈, 강제집행의 면탈 또는 법령상 제한의 회피를 목적으로 하지 아니하는 경우에는 그 명의신탁약정과 그 약정에 기하

산법학회(2018), 285-286, 299면 참조.

356) 양창수, 부동산실명법의 사법적 규정에 의한 명의신탁의 규율-소위 계약명의신탁을 중심으로, 민법연구(제5권), 박영사(1999), 174-175면 참조.
357) 대법원 2016. 6. 28. 선고 2014두6456 판결(이 판결 중 원시적 무효라는 판례 법리에 관한 참조판결로 위 2010다95185 판결다 제시하고 있다) 참조.
358) 이동진(주 355), 299면 참조(다만, 이 글 295-298면에서 제시하는, 당사자의 가정적 의사에 바탕을 둔 해석의 보충 제안은, 일정 사례에서는 타당할 수 있으나, 그렇지 않은 사안도 있을 수 있다. 따라서 매매계약에 따른 물권변동이 무효가 되는 계약명의신탁 사안 일반에 적용될 수 있을지에 대해서는 회의적이다).

여 행하여진 물권변동을 무효로 보는 같은 법 제4조 등을 적용하지 아니하도록 규정한다. 이처럼 부부관계에서의 명의신탁약정에 관한 특례를 정하고 있지만, 명의신탁을 받은 사람이 사망하면 부부관계가 해소되므로, 이때에도 해당 명의신탁약정이 사망한 배우자의 다른 상속인과의 관계에서도 여전히 유효한지, 아니면 부부관계의 해소로써 위 제4조 등의 적용이 있게 되는지가 문제 될 수 있다.

이에 대하여 대법원 2013. 1. 24. 선고 2011다99498 판결은 "명의신탁을 받은 사람이 사망하면 그 명의신탁관계는 재산상속인과의 사이에 그대로 존속한다고 할 것인데, 부동산실명법 제8조 제2호의 문언상 명의신탁약정에 따른 명의신탁등기의 성립 시점에 부부관계가 존재할 것을 요구하고 있을 뿐 부부관계의 존속을 그 효력 요건으로 삼고 있지 아니한 점, 부동산실명법상 제8조 제2호에 따라 일단 유효한 것으로 인정된 부부간 명의신탁에 대하여 그 후 배우자 일방의 사망 등으로 부부관계가 해소되었음을 이유로 이를 다시 무효화하는 별도의 규정이 존재하지 아니하는 점, 부부간 명의신탁이라 하더라도 조세 포탈 등 목적이 없는 경우에 한하여 위 조항이 적용되는 것이므로 부부관계가 해소된 이후에 이를 그대로 유효로 인정하더라도 새삼 부동산실명법의 입법 취지가 훼손될 위험성은 크지 아니한 점 등"을 고려하여, "부동산실명법 제8조 제2호에 따라 부부간 명의신탁이 일단 유효한 것으로 인정되었다면 그 후 배우자 일방의 사망으로 부부관계가 해소되었다 하더라도 그 명의신탁약정은 사망한 배우자의 다른 상속인과의 관계에서도 여전히 유효하게 존속한다고 보아야 한다."고 판시하였다. 부동산실명법상 부부간 특례를 규정한 제8조 제2호의 규정 취지와 내용을 타당하게 해석·적용한 판시라고 생각한다.

(2) 조세 포탈 등을 목적으로 한 명의신탁

한편, 부동산실명법 제8조에서 정한 조세 포탈, 강제집행의 면탈 등 목적의 의미에 대해서도 문제가 되었다. 대법원 2017. 12. 5. 선고 2015다240645 판결은 이에 대하여 판시하였다. 대법원은 우선 부동산실명법

제8조의 내용과 문장 구조에 주목하여, 거기서 부부간의 부동산에 관한 명의신탁 약정에 따른 등기가 있는 경우 그것이 조세 포탈 등을 목적으로 한 것이라는 점이 예외에 속한다고 보아, 조세 포탈 등의 목적이 있다는 이유로 등기가 무효라는 점은 "이를 주장하는 자가 증명하여야 한다."라고 밝혔다. 그리고 위 규정에서 '조세 포탈, 강제집행의 면탈 등의 목적'은 부동산실명법상 과징금 · 이행강제금의 부과 요건, 형벌조항의 범죄구성요건에도 해당하는데(부동산실명법 제5~7조, 제12조), 이러한 목적이 있는지는 "부부간의 재산관리 관행을 존중하려는 특례규정의 목적과 취지, 부부의 재산관계와 거래의 안전에 미치는 영향, 조세 포탈 등의 행위를 처벌하는 다른 형벌조항과의 체계적 연관성 등을 고려하여 판단하여야 한다."라고 판시하였다.

또한, 부동산실명법 제8조에서 정한 '강제집행의 면탈'을 목적으로 한 명의신탁에 해당하는지에 관해서도, "민사집행법에 따른 강제집행 또는 가압류 · 가처분의 집행을 받을 우려가 있는 객관적인 상태, 즉 채권자가 본안 또는 보전소송을 제기하거나 제기할 태세를 보이고 있는 상태에서 한쪽 배우자가 상대방 배우자에게 부동산을 명의신탁함으로써 채권자가 집행할 재산을 발견하기 곤란하게 할 목적이 있다고 인정되어야 한다."라고 하면서, "부부간의 명의신탁 당시에 막연한 장래에 채권자가 집행할 가능성을 염두에 두었다는 것만으로 강제집행 면탈의 목적을 섣불리 인정해서는 안 된다."라는 점도 확인하였다.

제4장 용익물권

제1절 지 상 권

I. 담보지상권의 효력

지상권은 타인의 토지에 건물 기타 공작물이나 수목을 소유하기 위하여 그 토지를 사용하고자 설정하는 물권이다(민법 제279조). 그러나 종래 나대지에 저당권을 설정하면서 그 실효성을 확보하기 위하여 지상권을 설정하는 경우가 있었다. 이를 '담보지상권'으로 지칭해 왔다. 이러한 담보지상권이 물권법정주의에 반하고, 허위표시에 해당한다고 볼 여지가 큼[359]에도, 대법원은 그간 위와 같은 형태의 지상권 효력을 정면으로 부정하지는 않은 채, 담보지상권과 함께 취득한 저당권의 담보가치 확보를 목적으로 해당 저당 토지 위에 건물을 축조하는 것을 중지하거나 그러한 방해를 제거할 권리를 가진다고 하면서도,[360] 그 저당 토지 위에 도로개설·옹벽축조 등의 행위를 한 무단점유자에 대하여 지상권 자체의 침해를 이유로 한 임료 정도의 손해배상을 구할 수는 없다고 보았다.[361]

대법원은 2010년대에도 담보지상권에 관한 몇 가지 판결을 했는데, 먼저 **대법원 2011. 4. 14. 선고 2011다6342 판결**은 "근저당권 등 담보권 설정의 당사자들이 그 목적이 된 토지 위에 차후 용익권이 설정되거나 건물 또는 공작물이 축조·설치되는 등으로써 그 목적물의 담보가치가 저감하는 것을 막는 것을 주요한 목적으로 하여 채권자 앞으로 아울러 지상권을 설정하였다면, 그 피담보채권이 변제 등으로 만족을 얻어 소멸한 경우는 물론이고 시효소멸한 경우에도 그 지상권은 피담보채권에 부종하여 소멸한다."라고 판시하여, 담보지상권에 담보물권의 통유성 중 하나인 부종성을 부여하였다.[362] 이러한 판시는 **대법원 2014. 7. 24. 선고 2012다97871, 97888 판결**에서도 이어졌는데, 이 판결에서는, "토지에 관하여 담보권이 설정될 당시 담보권자를 위하여 동시에 지상권이 설정되었다고 하더라도, 담보권 설정 당시 이미 토지소유자가 그 토지 상에 건물을 소유하고 있고 그 건물을 철거하기로 하는 등 특별한 사유가 없으며 담보권의 실행으로 그 지상권도 소멸하였다면 건물을 위한 법

---

359) 우선 윤진수, 저당권에 대한 침해를 배제하기 위한 담보지상권의 효력, 한국민법의 새로운 전개(고상룡교수고희기념논문집), 법문사(2012), 295－300면 참조. 그 밖에 담보지상권에 관한 각 견해의 소개 및 정리로는 김재남, 담보지상권의 효력, 민사판례연구(제42권), 박영사(2020), 396면 이하 참조.

360) 대법원 2004. 3. 29.자 2003마1753 결정, 대법원 2008. 2. 15. 선고 2005다47205 판결 등 참조.

361) 대법원 2008. 1. 17. 선고 2006다586 판결 참조.

362) 유사한 취지로는 이미 대법원 1991. 3. 12. 선고 90다카27570 판결 참조.

정지상권이 발생하지 않는다고 할 수 없다."라는 종전 법리의 판시[363]도
있었다.

그리고 대법원 2018. 3. 15. 선고 2015다69907 판결은, "지상권자
는 타인의 토지에 건물 기타 공작물이나 수목을 소유하기 위하여 그 토
지를 사용하는 권리가 있으므로(민법 제279조), 지상권설정등기가 경료되면
토지의 사용·수익권은 지상권자에게 있고, 지상권을 설정한 토지소유자
는 지상권이 존속하는 한 토지를 사용·수익할 수 없다. 따라서 지상권
을 설정한 토지소유자로부터 토지를 이용할 수 있는 권리를 취득하였다
고 하더라도 지상권이 존속하는 한 이와 같은 권리는 원칙적으로 민법
제256조 단서가 정한 '권원'에 해당하지 아니한다."라고 하면서도, "금융기
관이 대출금 채권의 담보를 위하여 토지에 저당권과 함께 지료 없는 지
상권을 설정하면서 채무자 등의 사용·수익권을 배제하지 않은 경우, 지
상권은 저당권이 실행될 때까지 제3자가 용익권을 취득하거나 목적 토지
의 담보가치를 하락시키는 침해행위를 하는 것을 배제함으로써 저당 부
동산의 담보가치를 확보하는 데에 목적이 있으므로, 토지소유자는 저당
부동산의 담보가치를 하락시킬 우려가 있는 등의 특별한 사정이 없는 한
토지를 사용·수익할 수 있다고 보아야 한다. 따라서 그러한 토지소유자
로부터 토지를 사용·수익할 수 있는 권리를 취득하였다면 이러한 권리
는 민법 제256조 단서가 정한 '권원'에 해당한다고 볼 수 있다."라고 판시
하여, 담보지상권의 경우 토지의 사용·수익에 관한 권리도 담보가치 하
락 우려 등의 특별한 사정이 없는 한 원칙적으로 (담보)지상권자가 아닌
토지소유자에게 귀속한다는 취지를 밝혔다.

그러나 민법 제279조에서 정하지 않은, 부종성을 가지면서, 토지에
관한 사용·수익권도 원칙적으로 귀속되지 않는 내용과 종류의 물권이
물권법정주의를 취한 우리 법제에서 창설될 수 있는지, 민법에서 정한
저당권 등 담보물권의 보호수단에 더해 위와 같은 물권을 창설하여 얻는

---

363) 대법원 1991. 10. 11. 선고 91다23462 판결; 대법원 2013. 10. 17. 선고 2013다
51100 판결 등 참조.

실익이 과연 있는 것인지에 대한 의심과 비판은 계속 제기될 수밖에 없는 상황이다.[364]

II. 관습법상 법정지상권

1. 성립요건: '토지 및 그 지상건물의 동일인 소유'의 판단 기준시점

동일한 소유자에 속하는 토지와 그 지상 건물이 매매, 강제경매, 공매 등으로 각기 그 소유자가 달라지면, 그 건물을 철거한다는 조건이 없는 한 건물소유자는 그 대지 위에 그 건물을 위한 관습법상 법정지상권을 취득한다.[365] 이러한 관습법상 법정지상권이 성립하기 위해서는 토지와 그 지상 건물의 소유자가 동일인이어야 한다는 요건이 구비되어야 하지만, 두 부동산이 당초부터 원시적으로 동일인 소유에 속하였을 필요는 없다고 하고, 다만, 그 소유권이 유효하게 변동될 당시에 동일인이 토지와 그 지상 건물을 소유하면 족하다고 한다.[366]

그런데 강제경매나 공매로 토지와 그 지상 건물의 소유자가 달라질 때, 관습법상 법정지상권 성립을 위한 두 부동산의 소유자 동일성 요건의 구비 기준시점을 강제경매 등의 절차에서 매각[367]되는 시점[368]으로 볼 것인지, (가)압류 시점으로 볼 것인지[369]에 관해, 종래의 대법원판결이 엇갈렸다. 매매의 경우와 달리 경매절차 등의 이해관계인은 토지와 건물의 이용관계 및 이에 영향받는 각 부동산의 가치를 당초의 (가)압류 시

---

364) 김재남(주 359), 447-448면; 윤진수(주 359), 295면 이하; 이진기, 물권법정주의, 소유권과 제한물권의 범위와 한계-지상권에 관한 대법원 판결을 중심으로, 비교사법(제19권 제4호), 한국비교사법학회(2012), 1194면 이하 등 참조.

365) 대법원 1967. 11. 28. 선고 67다1831 판결; 대법원 1979. 8. 28. 선고 79다1087 판결; 대법원 1990. 6. 26. 선고 89다카24094 판결; 대법원 1997. 1. 21. 선고 96다 40080 판결 등 참조. 관습법상 법정지상권의 연혁에 관해서는 배병일, 관습법상 법정지상권과 가압류, 저스티스(제129호), 한국법학원(2012), 83-88면 참조.

366) 대법원 1995. 7. 28. 선고 95다9075, 9082 판결 등 참조.

367) 민사집행법 제135조는 매수인이 매각대금을 다 낸 때에 매각의 목적인 권리를 취득한다고 규정한다.

368) 대법원 1970. 9. 29. 선고 70다1454 판결.

369) 대법원 1990. 6. 26. 선고 89다카24094 판결.

점에 평가하여 이해관계를 맺는다. 그런데도, 이후의 소유자 변동을 이유로 법정지상권 성립 여부가 달라지게 된다면 당사자 지위는 불안정해지고, 경매절차 등의 예측가능성도 떨어지게 된다.[370] 이러한 이유에서 매각(경락) 시점을 기준으로 삼는 종전 대법원판결에 대해서는 비판의 여지가 있었다. 대법원 2012. 10. 18. 선고 2010다52140 전원합의체 판결도 (가)압류 시점을 기준시점으로 본다고 판시하면서 종래 매각(경락) 시점을 기준으로 본 판결을 폐기하였다.

위 전원합의체 판결의 이유를 본다. 대법원은, 부동산강제경매절차에서 목적물을 매수한 사람의 법적 지위는 다른 특별한 사정이 없는 한 그 절차상 압류의 효력이 발생하는 때를 기준으로 하여 정하여지고, 매수신청인·담보권자·채권자·채무자, 그 밖에 그 절차에 이해관계를 가지는 여러 당사자가 위와 같은 기준으로 정해지는 법적 지위를 전제로 자신의 이해관계를 계산하고, 나아가 경매절차에 참여하거나 채무이행, 대위변제 등의 재산적 결정을 하게 된다는 점에 주목하였다. 그리고 토지와 지상 건물 중 하나 또는 그 전부가 경매목적물이 되고 그 경매로 소유자가 달라져, 토지가 건물의 소유를 위한 사용권의 부담을 안게 되는지, 건물이 계속 유지되어 존립할 수 있는지 등과 같이 이해관계인에게 중요한 의미가 있는 사항에 관련하여서도 다를 바 없음을 확인하였다. 이러한 전제에서 대법원은, "강제경매의 목적이 된 토지 또는 그 지상 건물의 소유권이 강제경매로 인하여 그 절차상의 매수인에게 이전된 경우에 건물의 소유를 위한 관습상 법정지상권이 성립하는가 하는 문제에 있어서는 그 매수인이 소유권을 취득하는 매각대금의 완납시가 아니라 그 압류의 효력이 발생하는 때를 기준으로 하여 토지와 그 지상 건물이 동일인에 속하였는지 여부가 판단되어야 한다."라고 판시하였다.[371]

---

370) 윤진수(주 10), 229-230면 참조. 한편, (가)압류 후의 소유자변동이 처분금지효력에 반하는 것이라는 관점에서 매각(경락) 시점을 기준으로 삼은 위 70다1454 판결을 비판하는 견해로는 배병일(주 365), 105면; 주석 민법[물권 2](주 237), 116-117면(김수일 집필) 등 참조. 이러한 비판 논거에 한계에 대해서는 다시 윤진수(주 10), 230면 참조.

강제경매개시결정 이전에 가압류가 있는 때에도, 그 가압류가 강제경매개시결정으로 인하여 본압류로 이행되어 가압류집행이 본집행에 포섭됨으로써 당초부터 본집행이 있었던 것과 같은 효력이 있으므로,[372] 경매의 목적이 된 부동산에 대하여 가압류가 있고 그것이 본압류로 이행되어 경매절차가 진행된 때에는 애초 가압류가 효력을 발생하는 때를 기준으로 토지와 그 지상 건물이 동일인에 속하였는지를 판단할 것이라고 하였다.

다음 해에 나온 대법원 2013. 4. 11. 선고 2009다62059 판결도 기본적으로는 같은 취지를 판시하였다. 그런데 이 판결의 사안은 달랐다. 토지 또는 그 지상 건물에 관하여 강제경매를 위한 압류나 그 압류에 선행한 가압류가 있었다는 점에서는 위 판결 사안과 같은 유형이었지만, 그러한 (가)압류가 있기 이전에 저당권이 설정되어 있다가 이후 강제경매로 해당 저당권도 소멸한 사안이 문제 되었다. 이러한 경우에 대하여, 대법원은, "그 저당권 설정 이후의 특정 시점을 기준으로 토지와 그 지상 건물이 동일인의 소유에 속하였는지에 따라 관습상 법정지상권의 성립 여부를 판단하게 되면, 저당권자로서는 저당권 설정 당시를 기준으로 그 토지나 지상 건물의 담보가치를 평가하였음에도 저당권 설정 이후에 토지나 그 지상 건물의 소유자가 변경되었다는 외부의 우연한 사정으로 인하여 자신이 당초에 파악하고 있던 것보다 부당하게 높아지거나 떨어진 가치를 가진 담보를 취득하게 되는 예상하지 못한 이익을 얻거나 손해를 입게" 된다고 하면서, "그 저당권 설정 당시를 기준으로 토지와 그 지상 건물이 동일인에게 속하였는지에 따라 관습상 법정지상권의 성립 여부를

---

371) 아울러 대법원은, 강제경매개시결정의 기입등기가 이루어져 압류 효력이 발생한 후에 경매목적물의 소유권을 취득한 이른바 제3취득자가 그의 권리를 경매절차상 매수인에게 대항하지 못하고, 나아가 그 명의로 경료된 소유권이전등기는 매수인이 인수하지 아니하는 부동산의 부담에 관한 기입에 해당하므로(민사집행법 제144조 제1항 제2호 참조) 그 매각대금이 완납되면 직권으로 그 말소가 촉탁되어야 하는 것이어서(대법원 2002. 8. 23. 선고 2000다29295 판결 등 참조), 결국 매각대금 완납 당시 소유자가 누구인지는 이 문제맥락에서 별다른 의미를 가질 수 없다는 점도 고려하였다. 위 2010다52140 전원합의체 판결 이유 부분 참조.

372) 대법원 2002. 3. 15.자 2001마6620 결정 등 참조.

판단하여야 한다."고 판시하였다.

위 판시는 저당물에 대한 강제경매가 있는 경우에 민법 제366조가 아닌 관습법상 법정지상권에 관한 규율이 적용되어야 한다고 보는 입장[373]에서 나온 것으로 볼 수 있다. 그러나 민법 제366조는 '저당물의 경매'라고만 정하고 있는데도,[374] 그 법정지상권 규율이 토지나 그 지상 건물이 '저당물로서 경매'된 경우에 관한 것[375]이라고 보아야 하는지 의문이다. 만일, 민법 제366조에서 정한 법정지상권이 적용된다고 보더라도, 위 판결 사안에서는 저당권 설정 당시가 토지와 그 지상 건물의 동일인 소유 여부를 판단하는 기준 시점이 된다. 동일한 요건으로 동일한 효과를 낼 수 있고, 성문법률 문언의 가능한 의미 범위 내로 포섭할 수 있다면, 굳이 관습법 범주 내에 남겨둘 필요는 없지 않을까 생각한다.[376]

2. 압류 등 처분제한 등기에 반하는 처분행위와 관습법상 법정지상권

관습법상 법정지상권이 성립하기 전에 토지 또는 건물이 압류된 때에는 그 처분금지효에 의해 그 지상권의 존속에 관한 법률관계가 상황에 따라 달리 전개된다.[377] 가령, 토지 및 그 지상 건물 중 ① 토지가 압류된 후 토지소유자가 변동되면 그 지상 건물에 관하여 관습법상 법정지상권이 성립되지만, 해당 토지가 강제경매나 공매로 매각되면 민사집행법

373) 신용호, 강제경매의 목적이 된 토지 또는 그 지상 건물에 관하여 강제경매를 위한 압류나 그 압류에 선행한 가압류가 있기 이전에 저당권이 설정되어 있다가 강제경매로 저당권이 소멸한 경우, 건물 소유를 위한 관습상 법정지상권의 성립요건인 '토지와 그 지상 건물이 동일인 소유에 속하였는지'를 판단하는 기준시기, 대법원판례해설(제95호), 법원도서관(2013), 59면; 편집대표 곽윤직, 민법주해[VII], 박영사(1992), 146-147면(남효순 집필) 등 참조.
374) 이러한 지적은 이미 윤진수(주 10), 230면 참조.
375) 민법 제366조가 '저당물로서 경매'된 경우에 관한 규율임을 간접적으로 표현한 것으로 제시되는 판결로는 대법원 1987. 7. 7. 선고 87다카634 판결(민법 제366조의 법정지상권은 저당물의 경매로 인하여 토지와 그 지상건물이 다른 소유자에 속한 경우에 성립되는 것이므로, 이 사건 토지가 저당물이 아닌 이상 위 법 소정의 법정지상권은 그 성립여부를 논할 여지가 없다) 참조.
376) 관습법상 법정지상권에 관한 판례의 타당성에 대한 의구심을 표하는 문헌으로는 우선 곽윤직·김재형(주 76) 329-330면 참조.
377) 이하의 설명은 윤진수(주 10), 230-231면의 내용을 인용·참조하였다.

제91조 제3항에 따라 그 법정지상권은 매각으로 소멸하고, 다만 그 경매 등에 의한 매각으로 새로운 법정지상권이 성립한다. ② 토지가 압류된 후 건물소유자가 변동한 경우도 위 집행법 규정에 따라 마찬가지의 결과가 도출된다. 반면, ③ 건물이 압류된 후 건물소유자가 변동하면, 새로운 건물소유자가 관습법상 법정지상권을 취득하나, 그 건물이 경매 등으로 매각되면 압류의 처분금지효로 인하여 새로운 건물소유자는 그 소유권을 가지고 경매 등 절차의 매수인에게 대항할 수 없고, 그 매각 과정에서 취득한 법정지상권으로도 대항할 수 없게 되므로, 역시 해당 법정지상권이 소멸하지만, 위 매각으로 인하여 경매 등 절차의 매수인이 새롭게 법정지상권을 취득한다. 그리고 ④ 건물이 압류되고, 토지소유자가 변동하여 건물소유자를 위한 관습법상 법정지상권이 성립한 후 건물이 경매 등으로 매각되면, 건물압류에 저촉되는 처분이 없었으므로, 건물 매수인은 기존의 관습법상 법정지상권을 승계취득한다.

그런데 대법원 2014. 9. 4. 선고 2011다13463 판결은 당초 동일인(A) 소유이던 토지 및 건물 중 토지에 관하여 선행 처분금지가처분(가처분채권자 B)이 있었고, 이후 토지와 건물에 대한 양도과정에서 토지에 관하여 먼저 양수인(C) 명의로 이전등기 된 다음, 건물에 관하여 체납처분압류등기 이후 위 양수인(C) 명의로의 이전등기가 이루어지고, 그 다음에 위 가처분에 반하여 이루어진 양수인(C) 명의의 토지소유권이전등기가 말소되면서 가처분채권자(B) 명의의 소유권이전등기가 마쳐졌다가 위 건물에 관한 공매절차가 진행되어 건물소유자가 양수인(C)에서 공매절차 매수인(Y)으로 변동된 사안에서, 위 공매절차 매수 전에 가처분채권자로부터 위 토지를 매수한 자(X)가 위 공매절차 매수인(Y)을 상대로 철거청구를 하자, 공매절차 매수인(Y)이 법정지상권을 주장한 사안을 다루었다. 이미 공간된 문헌[378]에서 제시한 바를 참고하여 정리하면, 다음 그림과 같다.

---

378) 김제완, 가처분·압류에 위반한 처분행위와 법정지상권—대법원 2014. 9. 4. 선고, 2011다13463[건물등철거]—, 법조(제64권 제2호), 법조협회(2015), 277면과 김유환, 부동산 가압류의 처분금지효와 관습상 법정지상권, 사법논집(제67집), 사법발전재

압류(국세체납)   ㉯ 양도   ㉱ 공매 + C 등기 말소

건 물	A	C	Y
토 지	A	C	B	X

↑ ㉮ 양도   ㉰ C 등기 말소   ㉯ 매도
처분금지가처분(B)   가처분자(B) 이전등기

즉, 앞에서 구별한 4가지의 사례유형(특히, 건물에 압류가 되었다가 경매 등의 절차가 진행된 ③, ④)과 대비해 보면, 위 사안에서, 건물이 압류된 후에 건물소유자가 변동된 다음에 토지소유자도 변동되었다는 점이 다름을 알 수 있다. 건물소유자의 변동이 압류의 처분금지효에 반한다고 보아 위 ③ 유형과 같이 처리할 수 있는 것 아닌지가 검토되어어야 하는 상황이었다.

이러한 까닭인지, 해당 원심판결[379]은 (해당 사안의) 공매절차에서 해당 건물이 매각됨으로써 그 건물에 관하여 과세관청의 압류등기에 반하여 이루어진 처분제한 등기에 저촉되는 소유권이전등기가 말소(위 그림 중 ㉱ 부분)됨에 따라 그 건물(중 침해건물 부분)의 소유를 위한 관습법상 법정지상권도 소멸하였다고 판단하였다.[380]

그러나 대법원은 종래의 "건물소유를 위하여 법정지상권을 취득한 자로부터 경매절차를 통해 그 건물의 소유권을 이전받은 매수인은, 매수 후 건물을 철거한다는 등의 매각조건으로 경매되는 등의 특별한 사정이 없는 한 건물의 소유권 취득과 함께 위 지상권도 당연히 취득한다."라는 판시[381]를 인용하면서, "압류, 가압류나 체납처분압류 등 처분제한의 등기가 된 건물에 관하여 그에 저촉되는 소유권이전등기를 마친 사람이 건물의 소유자로서 관습상의 법정지상권을 취득한 후 경매 또는 공매절차

에서 건물이 매각되는 경우에도 마찬가지"라고 하면서, 공매절차나 경매절차로 해당 건물(부분)의 소유권을 이전받은 매수인이 그 소유권 취득과 함께 위 관습법상 법정지상권도 당연히 취득함이 원칙이라는 취지를 판시하고, 위 원심판결 부분을 파기하였다.

그 판시내용을 좀 더 살펴보기로 한다. 위 사안에서, 양수인(C)이 법정지상권을 취득한 시점이 뒤늦게 건물에 관하여 소유권이전등기를 마친 시점(위 그림 중 ㉯ 시점)인지, 해당 토지에 관한 처분금지가처분에 저촉되어 양수인(C)의 소유권이전등기가 말소되고 가처분채권자(B) 명의로 소유권이전등기가 마쳐진 시점(위 그림 중 ㉰ 시점)인지가 문제 될 수 있다. 대법원의 판결이유를 보면, 전자(前者; 위 ㉯ 시점)를 염두에 둔 것처럼 보이지만,[382] 그처럼 건물소유자의 변동으로 인해서가 아니라, 위 가처분에 저촉되는 소유권이전등기의 말소 및 가처분채권자 명의의 소유권이전등기가 마쳐짐으로써, 즉 토지소유자의 변동으로 관습법상 법정지상권이 성립되었다고 봄이 옳다고 생각한다.[383] 그렇다면, 위 사안은 앞에서 구분한 사례유형 중 ④ 유형, 즉 건물이 압류되었으나 토지소유자 변동으로 관습법상 법정지상권이 설정되고, 이후 건물이 공매절차로 매각되는 사안유형에 더 부합한다. 이처럼 토지소유자 변동으로 성립한 법정지상권을 이미 마쳐진 건물에 대한 압류등기에 저촉되는 처분행위로는 보기 어렵다.[384] 따라서 위 판시처럼, "건물소유를 위하여 법정지상권을 취득한 자로부터 경매절차를 통해 그 건물의 소유권을 이전받은 매수인은, 매수 후 건물을 철거한다는 등의 매각조건으로 경매되는 등의 특별한 사정이 없는 한 건물의 소유권 취득과 함께 위 지상권도 당연히 취득한다."라는 법리가 마찬가지로 적용될 수 있다.

그런데 위 판결은 위 사안을 "압류, 가압류나 체납처분압류 등 처분

---

382) 위 2012다102384 판결의 이유 중 "소외 2는 이 사건 건물에 관하여 소유권을 취득함으로써 관습상의 법정지상권을 취득하였다고 할 것이고" 부분 참조. 위 "소외 2"는 위 그림 중 C에 상응한다.

383) 김유환(주 378), 529면; 김제완(주 378), 285, 290면 이하 참조.

384) 김유환(주 378), 529면; 김제완(주 378), 295면 참조.

제한의 등기가 된 건물에 관하여 그에 저촉되는 소유권이전등기를 마친
사람이 건물의 소유자로서 관습상의 법정지상권을 취득한 후 경매 또는
공매절차에서 건물이 매각되는 경우"로만 정리함으로써, 마치 해당 사안
이 위 사례유형 중 ③ 유형과 같고, 그러한 경우 경매 등 절차로 매각되
기 전에 성립한 법정지상권이 소멸하지 않고 그대로 경매 등 절차에서의
매수인에게 승계된다는 취지로 이해되는 판시를 내놓았다. 좀 더 세밀한
사안 유형 구분과 거기에 적확하게 부합하는 법리 설시의 보완이 필요했
던 판결로 생각된다.

Ⅲ. 지상권소멸청구권의 행사요건: 2년 이상의 지료 연체

민법 제287조는 "지상권자가 2년 이상의 지료를 지급하지 아니한 때
에는 지상권설정자는 지상권의 소멸을 청구할 수 있다."라고 규정한다.
지상권은 그 성질상 존속기간 동안 당연히 존속함을 원칙으로 하나, 지
상권자가 2년 이상의 지료를 연체하는 때에는 토지소유자로 하여금 지상
권의 소멸을 청구할 수 있도록 함으로써 토지소유자의 이익을 보호하
려는 취지이다.[385] 다만 위 조항에서 지상권소멸청구권의 행사요건으로
"2년 이상의 지료" 미지급을 정한 까닭은, 지상권과 같은 계속적 관계에
서 지료 채무의 근소한 불이행만으로는 해지되지 않고 적어도 그 불이행
이 2년에 이르는 중한 정도에 이르러야만 종료될 수 있음을 정한 것이라
고 한다.[386]

그런데 지상권자가 2년 이상의 지료를 지급하지 않았음에도, 지상
권설정자가 지상권의 소멸을 청구하지 않고 있는 동안 지상권자로부터
연체된 지료의 일부를 이의 없이 수령하여 연체된 지료가 2년 미만으
로 된 경우에도 위 조항에 따른 지상권소멸청구가 가능한지 문제 될
수 있다.

---

385) 대법원 2001. 3. 13. 선고 99다17142 판결 및 강승준(주 1), 486-487면 참조.
386) 민법주해[Ⅵ](주 10), 77면(박재윤 집필); 주석 민법[물권 3](주 10), 83면(김수일
집필) 등 참조.

이에 대하여 **대법원 2014. 8. 28. 선고 2012다102384 판결**은, 지상권설정자가 종전에 지상권자가 2년분의 지료를 연체하였다는 사유를 들어 지상권자에게 지상권의 소멸을 청구할 수 없다고 판시하였다. 물론, 2년 이상의 지료를 연체한 지상권자가 지상권소멸청구권의 의사표시가 도달하기 전에 그 연체지료 전액과 지연손해금을 함께 이행제공하지 않는다면 부적법한 이행제공이 되므로, 지상권설정자가 일부 연체 지료의 이행제공을 거절하고 지상권소멸을 청구할 수 있을 것이다.[387] 그러나 위 사안처럼 지상권설정자가 연체된 지료의 일부를 이의 없이 수령하여 연체된 지료가 2년 미만이 되었다면, 위 제287조에서 지상권소멸청구권의 요건을 "2년 이상의 지료" 연체로 정한 취지에 따라 지상권소멸청구권이 소멸하였다고 봄이 타당하겠다. 물론 위 판시처럼, 이러한 법리는 토지소유자와 법정지상권자 사이에 대해서도 마찬가지로 적용할 수 있다.[388]

나아가 민법 제287조는 관습법상 분묘기지권에 관해서도 유추적용할 수 있다. 이러한 분묘기지권을 가진다는 것이 해당 분묘의 기지에 대하여 분묘소유자를 위한 지상권 유사의 물권이 설정된 것으로 보아왔기 때문이다.[389]

대법원 2015. 7. 23. 선고 2015다206850 판결도, 자기 소유의 토지 위에 분묘를 설치한 후 토지의 소유권이 경매 등으로 타인에게 이전되면서 분묘기지권(양도형)을 취득한 자가, "판결에 따라 분묘기지권에 관한 지료의 액수가 정해졌음에도 판결확정 후 책임 있는 사유로 상당한 기간 동안 지료의 지급을 지체하여 지체된 지료가 판결확정 전후에 걸쳐 2년분 이상이 되는 경우에는 민법 제287조를 유추적용하여 새로운 토지소유자는 분묘기지권자에 대하여 분묘기지권의 소멸을 청구할 수 있다."라고 판시하였다. 즉, "분묘기지권자가 판결확정 후 지료지급 청구

---

387) 박정제, 지상권소멸청구권의 행사 당시에도 2년 이상의 지료 연체 상태가 유지되어야 하는지 여부, 대법원판례해설(제101호), 법원도서관(2014), 62면 참조.
388) 위 2012다102384 판결 이유 부분 참조.
389) 대법원 2000. 9. 26. 선고 99다14006 판결; 대법원 2021. 4. 29. 선고 2017다228007 전원합의체 판결 등 참조.

를 받았음에도 책임 있는 사유로 상당한 기간 지료의 지급을 지체한 경우"에만 분묘기지권의 소멸을 청구할 수 있는 것은 아니라, 그 지료의 액수를 정하는 판결확정 전까지 포함하여 사후에 확정된 지료 액수로 계산할 때 2년분 이상의 지료가 연체된다면 지상권소멸청구가 가능하다는 것이다. 지료의 액수를 정하는 판결 확정 전에도 분묘기지에 관한 지료지급에 관한 실체법상 의무가 발생함을 전제한 판결이다. 그 취지는 2021년에 나온 전원합의체 판결의 다수의견 판시 취지[390]와도 연결된다.

제2절 지역권, 전세권

요역지의 소유자가 승역지 위에 도로를 설치하여 요역지의 편익을 위하여 승역지를 늘 사용하는 객관적 상태가 민법 제245조에 규정된 기간 계속되면 그 시효취득을 인정할 수 있음은 종전 판례[391]에서도 확인된 바 있다. 이에 기반하여 대법원 2015. 3. 20. 선고 2012다17479 판결은 취득시효 기산점의 임의 선택 가부와 전 점유자의 점유승계 주장 가부 등에 관해서도 소유권 점유취득시효에 관한 종전 대법원판례[392] 법리가 "지역권의 취득시효에 관한 민법 제294조에 의하여 민법 제245조의 규정이 준용되는 통행지역권의 취득시효에 관하여도 마찬가지로 적용된다."는 점을 밝혔다.

한편, 전세권에 관한 2010년대의 주요 판결은 전세권저당권에 관한 사안을 다루었다. 이에 대해서는 뒤의 제5장 제3절의 Ⅱ.항 부분에서 살펴보기로 한다.

---

390) 앞의 제2장 제1절에서 소개한 2017다228007 전원합의체 판결의 다수의견 참조.
391) 대법원 1995. 6. 13. 선고 95다1088, 1095 판결; 대법원 2001. 4. 13. 선고 2001다8493 판결 등 참조.
392) 임의의 기산점 선택 가부에 관해서는 대법원 1995. 5. 23. 선고 94다39987 판결 등 참조. 전 점유자의 승계 주장에 관해서는 대법원 1998. 4. 10. 선고 97다56822 판결 등 참조.

제5장 담보물권

제1절 유 치 권

I. 성립요건 관련

1. 유치권자의 간접점유

유치권 성립요건인 유치권자의 점유는 직접점유이든, 간접점유이든 상관없다.[393] 따라서 "유치권자로부터 유치물을 유치하기 위한 방법으로 유치물의 점유나 보관을 위탁받은 자는 특별한 사정이 없는 한 점유할 권리가 있음을 들어 소유자의 소유물반환청구를 거부할 수 있다." 대법원 2014. 12. 24. 선고 2011다62618 판결은 등기수수료 채권을 피담보채권으로 삼아 등기필증에 관하여 유치권을 행사하는 자가 해당 등기필증을 유치하기 위한 방법으로 타인에게 이를 점유하게 한 사안에서, 위와 같은 취지를 판시하였다. 나아가 앞서 살펴본 대법원 2019. 8. 14. 선고 2019다205329 판결도[394] 같은 취지에서 "점유매개관계를 이루는 임대차계약 등이 종료된 이후에도 직접점유자가 목적물을 점유한 채 이를 반환하지 않고 있는 경우에는, 간접점유자의 반환청구권이 소멸한 것이 아니므로 간접점유의 점유매개관계가 단절된다고 할 수 없다."라고 하면서, 직접점유자가 간접점유자의 유치권을 근거로 소유자에게 해당 부동산의 반환을 거부할 수 있음을 밝혔다.

2. 피담보채권과 목적물과의 견련관계

민법 제320조 제1항은 "타인의 물건 또는 유가증권을 점유한 자는 그 물건이나 유가증권에 관하여 생긴 채권이 변제기에 있는 경우에는 변제를 받을 때까지 그 물건 또는 유가증권을 유치할 권리가 있다."라고 규정한다. 유치권의 피담보채권을 "그 물건 또는 유가증권에 관하여 생긴 채권"이라고 규정하므로 피담보채권과 유치목적물 사이에는 견련관계가

---

393) 대법원 2002. 11. 27.자 2002마3516 결정 등 참조.
394) 위 제3장 제1절의 II. 1.항 참조.

있어야 한다.

그런데 부동산매도인이 매매대금을 다 지급받지 아니한 상태에서 매수인에게 소유권이전등기를 경료하여 목적물의 소유권을 매수인에게 이전한 경우에도, 그 목적물과 미지급 매매대금 채권 사이에 위와 같은 견련관계를 인정할 수 있는지가 문제 되었다. 이에 대하여 대법원 2012. 1. 12.자 2011마2380 결정은 매매계약에서 매도인과 매수인 쌍방의 의무는 특별한 약정이나 관습이 없으면 동시이행의 관계에 있고(민법 제568조), 쌍무계약의 당사자 일방에게는 동시이행의 항변권(민법 제536조)이 부여되어 있음을 지적하면서, "매도인의 목적물인도의무에 관하여 위와 같은 동시이행의 항변권 외에 물권적 권리인 유치권까지 인정할 것은 아니다."라고 판시하였다. 그리고 그 논거로서, "법률행위로 인한 부동산물권변동의 요건으로 등기를 요구함으로써 물권관계의 명확화 및 거래의 안전·원활을 꾀하는 우리 민법의 기본정신에 비추어 볼 때, 만일 이를 인정한다면 매도인은 등기에 의하여 매수인에게 소유권을 이전하였음에도 불구하고, 매수인 또는 그의 처분에 기하여 소유권을 취득한 제3자에 대하여 소유권에 속하는 대세적인 점유의 권능을 여전히 보유하게 되는 결과가 되어 부당"하다는 점과 "매도인으로서는 자신이 원래 가지는 동시이행의 항변권을 행사하지 아니하고 자신의 소유권이전의무를 선이행함으로써 매수인에게 소유권을 넘겨 준 것이므로 그에 필연적으로 부수하는 위험은 스스로 감수하여야 한다."는 점을 제시하였다.

한편, 대법원 2012. 1. 26. 선고 2011다96208 판결도 건물 신축공사 수급인과 체결한 약정에 따라 공사현장에 시멘트와 모래 등의 건축자재대금 채권은 매매계약에 따른 매매대금채권에 불과할 뿐 유치목적물인 건물 자체에 관하여 생긴 채권이라고 할 수 없음을 밝혔다.

유치권 성립요건으로서의 피담보채권과 목적물과의 견련관계에 관해서는 종래 일원설과 이원설의 학설 대립[395]이 있지만,[396] 각 학설이 제시

---

395) 학설의 소개 및 정리로는 우선 주석 민법[물권 3](주 10), 460-464면(홍동기 집필) 참조.

한 기준만으로 유치권 성립을 긍정할 견련관계 인정 범주를 명확하게 획
정하기 어렵다.[397] 이러한 상황에서 매매계약에 기한 대금채권도 유치권
성립을 위한 견련관계를 갖추었다는 주장이 실무에서 제기되었고, 대법원
은 위와 같은 불명확한 기준 아래에서도, 매매계약 당사자의 법적 관계
와 이에 관한 규율, 유치권을 인정할 때의 당사자 간 균형성 확보 가부
등을 종합적으로 고려하여, 매매대금 채권과 그 매매목적물 또는 그 목
적물로써 부합되거나 가공된 물건과는 견련관계를 인정할 수 없음을 확
인하여, 물권으로서 대세적 효력을 갖는 유치권의 적용 범위 확대가능성
을 차단하였다.

3. 피담보채권의 변제기 도래

민법 제320조는 유치권 성립요건으로 '피담보채권의 변제기 도래'도
제시하고 있다. 이 요건이 갖추어지지 않았음에도 유치권의 성립 및 그
행사가 가능하면, 사실상 변제기 전에 상대방의 채무이행을 강제하는 결
과에 이른다.[398] 위 요건은 유치권제도가 상대방의 피담보채권에 관해 갖
는 정당한 기한(期限) 이익마저 사실상 무력화시키는 남용적 수단으로 활
용되는 것을 저지하는 기능을 수행한다.

그리고 대법원 2014. 1. 16. 선고 2013다30653 판결은 위와 같은
취지를 확장하여, 피담보채권의 변제기가 도래한 경우라도 유치권 행사로
써 피담보채권에 관한 상대방의 정당한 이행거절 권능이 침해되는 때에
도 그 행사를 제한하는 법리를 제시하였다. 즉, 대법원은, 민법이 피담보
채권의 변제기 도래를 유치권 성립요건으로 규정한 취지와 수급인의 공

---

396) 다만, 대법원 2007. 9. 7. 선고 2005다16942 판결은 "민법 제320조 제1항에서
'그 물건에 관하여 생긴 채권'은 유치권제도 본래의 취지인 공평의 원칙에 특별히
반하지 않는 한 채권이 목적물 자체로부터 발생한 경우는 물론이고 채권이 목적물
의 반환청구권과 동일한 법률관계나 사실관계로부터 발생한 경우도 포함"한다고
판시하였는데, 이는 이원설에 기초한 것이라고 볼 여지가 있다. 주석 민법[물권 3]
(주 10), 464면(홍동기 집필) 참조.

397) 윤진수(주 10), 244면 참조.

398) 주석 민법[물권 3](주 10), 479면(홍동기 집필) 참조.

사대금채권이 도급인의 하자보수청구권 내지 하자보수에 갈음한 손해배상채권 등과 동시이행관계에 있는 점 등에 착안하여, "건물신축 도급계약에서 수급인이 공사를 완성하였더라도, 신축된 건물에 하자가 있고 그 하자 및 손해에 상응하는 금액이 공사잔대금액 이상이어서, 도급인이 수급인에 대한 하자보수청구권 내지 하자보수에 갈음한 손해배상채권 등에 기하여 수급인의 공사잔대금 채권 전부에 대하여 동시이행의 항변을 한 때에는, 공사잔대금 채권의 변제기가 도래하지 아니한 경우와 마찬가지로 수급인은 도급인에 대하여 하자보수의무나 하자보수에 갈음한 손해배상의무 등에 관한 이행의 제공을 하지 아니한 이상 공사잔대금 채권에 기한 유치권을 행사할 수 없다고 보아야 한다."라고 판시하였다. 공사대금이 하자보수에 갈음한 손해배상액의 일부에 지나지 않고, 도급인이 도급계약에 기한 동시이행의 항변권을 행사하며 그 손해배상의 이행을 정당하게 확보하고자 함에도, 유치권을 행사함으로써 피담보채권인 공사대금채권과의 이행상 견련관계를 파괴하는 것을 제한하겠다는 취지이다.[399]

Ⅱ. 유치권에 의한 경매

민법 제322조 제1항은 유치권자가 채권의 변제를 받기 위하여 유치물을 경매할 수 있다고 규정하고, 민사집행법 제274조 제1항도 유치권에 의한 경매를 담보권실행을 위한 경매의 예에 따라 실시한다고 규정하지만, 유치권에 의한 경매의 구체적 절차는 명확하게 규정하고 있지 않다. 이러한 이유에서 종래부터 유치권에 의한 경매의 법적 성질이 환가형 형식적 경매인지, 청산형 형식적 경매인지, 또 그 매각조건은 소멸주의인지, 인수주의인지에 대해 여러 견해가 제시되었다.[400]

---

399) 수급인의 유치권이 동시이행의 항변권에 의해 규율되는 당사자의 이익상태를 왜곡하여 그 제도적 취지에 반하는 결과를 초래하게 된다면 이를 교정하기 위하여 유치권 행사를 제한할 필요가 있다는 설명으로는 최수정, 유치권과 동시이행의 항변권의 관계 정립을 위한 시론, 민사법학(제77호), 한국민사법학회(2016), 63면 참조.

이에 관하여 **대법원 2011. 6. 15.자 2010마1059 결정**은 유치권에 의한 경매에 관하여 원칙적으로 소멸주의가 적용되지만, 집행법원이 부동산 위의 이해관계를 살펴 목적부동산 위의 부담을 매수인으로 하여금 인수하도록 정할 수 있다는 입장을 취했다. 즉, "유치권에 의한 경매도 강제경매나 담보권 실행을 위한 경매와 마찬가지로 목적부동산 위의 부담을 소멸시키는 것을 법정매각조건으로 하여 실시되고 우선채권자뿐만 아니라 일반채권자의 배당요구도 허용되며, 유치권자는 일반채권자와 동일한 순위로 배당을 받을 수 있다고 보아야 한다. 다만 집행법원은 부동산 위의 이해관계를 살펴 위와 같은 법정매각조건과는 달리 매각조건 변경결정을 통하여 목적부동산 위의 부담을 소멸시키지 않고 매수인으로 하여금 인수하도록 정할 수 있다."라고 판시한 것이다. 이렇게 보는 데 고려한 주요 사항으로는, ① 민사집행법 제91조 제2항, 제3항, 제268조는 경매의 대부분을 차지하는 강제경매와 담보권 실행을 위한 경매에서 소멸주의를 원칙으로 하고 있을 뿐만 아니라 이를 전제로 하여 배당요구의 종기결정이나 채권신고의 최고, 배당요구, 배당절차 등에 관하여 상세히 규정하고 있는 점, ② 민법 제322조 제1항에 "유치권자는 채권의 변제를 받기 위하여 유치물을 경매할 수 있다."고 규정하고 있는데, 유치권에 의한 경매에도 채권자와 채무자의 존재를 전제로 하고 채권의 실현 · 만족을 위한 경매를 상정하고 있는 점, ③ 반면에 인수주의를 취할 경우 필요하다고 보이는 목적부동산 위의 부담의 존부 및 내용을 조사 · 확정하는 절차에 대하여 아무런 규정이 없고 인수되는 부담의 범위를 제한하는 규정도 두지 않아, 유치권에 의한 경매를 인수주의를 원칙으로 진행하면 매수인의 법적 지위가 매우 불안정한 상태에 놓이게 되는 점, ④ 인수되는 부담의 범위를 어떻게 설정하느냐에 따라 인수주의를 취하는 것이 오히려 유치권자에게 불리해질 수 있는 점 등을 들었다.

그리고 대법원은 위 결정에서, "유치권에 의한 경매가 소멸주의를

---

400) 각 견해의 소개와 정리로는 우선 주석 민법[물권 3](주 10), 501-503면(홍동기 집필) 참조.

원칙으로 하여 진행되는 이상 강제경매나 담보권 실행을 위한 경매의 경우와 같이 목적부동산 위의 부담을 소멸시키는 것이므로 집행법원이 달리 매각조건 변경결정을 통하여 목적부동산 위의 부담을 소멸시키지 않고 매수인으로 하여금 인수하도록 정하지 않은 이상 집행법원으로서는 매각기일 공고나 매각물건명세서에 목적부동산 위의 부담이 소멸하지 않고 매수인이 이를 인수하게 된다는 취지를 기재할 필요없다."는 점도 밝혔다.

다만, 집행법원이 부동산 위의 이해관계를 살펴 매각조건 변경결정으로 목적부동산 위의 부담을 매수인으로 하여금 인수하도록 정한 경우와 관련하여, 대법원 2014. 1. 23. 선고 2011다83691 판결은 "소멸주의에 따른 경매절차에서는 우선채권자나 일반채권자의 배당요구와 배당을 인정하므로 그 절차에서 작성된 배당표에 대하여 배당이의의 소를 제기하는 것이 허용되지만, 인수주의에 따른 경매절차에서는 배당요구와 배당이 인정되지 아니하고 배당이의의 소도 허용되지 아니한다."라는 점도 분명히 하였다.

한편 대법원 2011. 8. 18. 선고 2011다35593 판결을 통해, 대법원은 "부동산에 관한 강제경매 또는 담보권 실행을 위한 경매절차에서의 매수인은 유치권자에게 그 유치권으로 담보하는 채권을 변제할 책임이 있고(민사집행법 제91조 제5항, 제268조), 유치권에 의한 경매절차는 목적물에 대하여 강제경매 또는 담보권 실행을 위한 경매절차가 개시된 경우에는 정지되도록 되어 있으므로(민사집행법 제274조 제2항), 유치권에 의한 경매절차가 정지된 상태에서 그 목적물에 대한 강제경매 또는 담보권 실행을 위한 경매절차가 진행되어 매각이 이루어졌다면, 유치권에 의한 경매절차가 소멸주의를 원칙으로 하여 진행된 경우와는 달리 그 유치권은 소멸하지 않는다고 봄이 상당하다."는 점도 확인하였다.

이로써 유치권에 의한 경매의 구체적 절차에 관한 실무상 윤곽은 어느 정도 설정되었다고 볼 수 있다.

Ⅲ. 경매절차 매수인에 대한 유치권 행사 제한

1. 경매절차에서의 유치권제도 남용과 그 대응

민사집행법 제91조 제5항은, 경매절차 매수인이 유치권자에게 그 유치권으로 담보하는 채권을 변제할 책임이 있다고 규정한다. 이로써 경매절차 매수인은 사실상 최우선적 변제권을 가지는 유치권 부담을 안고 경매부동산을 매수하게 되는데, 2000년대 이후 공사대금 채권에 기한 유치권 주장 사건이 급증하는 과정에서, 채무자와 공사대금 채권자의 통모에 의한 허위·과대 채권의 작출이나 경매절차 개시 후의 목적물 인도, 경매절차 중 목적물 점유확보를 위한 이해관계인 사이의 실력행사 등 유치권제도를 악용 또는 남용하는 행태가 종종 일어났다. 경매절차 전후의 유치권 행사가 경매절차 진행을 저해하고 그 절차의 신뢰성과 법적 안정성을 떨어뜨리는 요인으로 지목되었던 이유와 무관하지 않다.[401]

이러한 배경에서, 대법원은 2005년 선고한 판결[402]을 통해, 채무자 소유의 건물 등 부동산에 강제경매개시결정의 기입등기가 경료되어 압류의 효력이 발생한 이후에 채무자가 위 부동산에 관한 공사대금 채권자에게 그 점유를 이전함으로써 그로 하여금 유치권을 취득하게 한 사안에 대하여, 그와 같은 점유의 이전은 목적물의 교환가치를 감소시킬 우려가 있는 처분행위에 해당한다면서 압류의 처분금지효(민사집행법 제92조 제1항, 제83조 제4항)에 저촉되므로 해당 점유자가 유치권을 내세워 그 부동산에 관한 경매절차의 매수인에게 대항할 수 없다는 판시를 하기에 이르렀다. 이후 유치권을 취득한 채권자가 그 기입등기의 경료사실을 과실 없이 알지 못하였다는 사정을 내세워도 경매절차의 매수인에게 대항할 수 없다고 하였다.[403] 다만 대법원은, 위와 같은 법리는 경매로 인한 압

---

401) 김재형(주 126), 128면; 윤진수, 유치권 및 저당권설정청구권에 관한 민법개정안, 민사법학(제63-1호), 한국민사법학회(2013), 194-195면 등 참조.
402) 대법원 2005. 8. 19. 선고 2005다22688 판결.
403) 대법원 2006. 8. 25. 선고 2006다22050 판결 참조.

류의 효력이 발생하기 전에 유치권을 취득한 경우에는 적용되지 않고, 그 유치권 취득시기가 근저당권설정 후라거나 유치권 취득 전에 설정된 근저당권에 기하여 경매절차가 개시되었다고 하여 달리 볼 것은 아니라고 하였다.404)

위와 같은 경매절차 매수인에 대한 유치권 행사 제한 법리는 2010년대에 들어서도 계속 관철되었다. 즉, 대법원 2011. 10. 13. 선고 2011다55214 판결은 "채무자 소유의 부동산에 경매개시결정의 기입등기가 마쳐져 압류의 효력이 발생한 후에 유치권을 취득한 경우에는 그로써 부동산에 관한 경매절차의 매수인에게 대항할 수 없는데, 채무자 소유의 건물에 관하여 증·개축 등 공사를 도급받은 수급인이 경매개시결정의 기입등기가 마쳐지기 전에 채무자에게서 건물의 점유를 이전받았다 하더라도 경매개시결정의 기입등기가 마쳐져 압류의 효력이 발생한 후에 공사를 완공하여 공사대금채권을 취득함으로써 그때 비로소 유치권이 성립한 경우에는, 수급인은 유치권을 내세워 경매절차의 매수인에게 대항할 수 없다."라고 판시하여 점유이전 자체는 압류 이전에 있었더라도 피담보채권의 취득 시점이 경매개시결정에 따른 압류의 효력 발생 이후에는 경매절차 매수인에 대한 유치권 행사가 제한된다고 보았다.

한편, 대법원은 다른 방면에서도 경매절차나 그 밖의 채권실현절차에서의 매수인에 대한 유치권 행사 제한 법리를 모색하였다. 우선, 대법원 2011. 12. 22. 선고 2011다84298 판결은 "유치권제도와 관련하여서는 거래당사자가 유치권을 자신의 이익을 위하여 고의적으로 작출함으로써 앞서 본 유치권의 최우선순위담보권으로서의 지위를 부당하게 이용하고 전체 담보권질서에 관한 법의 구상을 왜곡할 위험이 내재한다. 이러한 위험에 대처하여, 개별 사안의 구체적인 사정을 종합적으로 고려할 때 신의성실의 원칙에 반한다고 평가되는 유치권제도 남용의 유치권 행사는 이를 허용하여서는 안 될 것이다."라고 판시하면서, "채무자가 채무초과

---

404) 대법원 2009. 1. 15. 선고 2008다70763 판결 참조.

의 상태에 이미 빠졌거나 그러한 상태가 임박함으로써 채권자가 원래라면 자기 채권의 충분한 만족을 얻을 가능성이 현저히 낮아진 상태에서 이미 채무자 소유의 목적물에 저당권 기타 담보물권이 설정되어 있어서 유치권의 성립에 의하여 저당권자 등이 그 채권 만족상의 불이익을 입을 것을 잘 알면서 자기 채권의 우선적 만족을 위하여 위와 같이 취약한 재정적 지위에 있는 채무자와의 사이에 의도적으로 유치권의 성립요건을 충족하는 내용의 거래를 일으키고 그에 기하여 목적물을 점유하게 됨으로써 유치권이 성립하였다면, 유치권자가 그 유치권을 저당권자 등에 대하여 주장하는 것은 다른 특별한 사정이 없는 한 신의칙에 반하는 권리행사 또는 권리남용으로서 허용되지 아니한다."라고 하여 신의칙에 따른 유치권행사의 저지 가능성을 제시하였다.

더불어 대법원은 위 판결에서 "저당권자 등은 경매절차 기타 채권실행절차에서 위와 같은 유치권을 배제하기 위하여 그 부존재의 확인 등을 소로써 청구할 수 있다"는 점도 확인해주었다. 이후 대법원 2016. 3. 10. 선고 2013다99409 판결은 민사집행법 제268조, 제91조 제5항에 따라 "유치권자는 경락인에 대하여 피담보채권의 변제를 청구할 수는 없지만 자신의 피담보채권이 변제될 때까지 유치목적물인 부동산의 인도를 거절할 수 있어 경매절차의 입찰인들은 낙찰 후 유치권자로부터 경매목적물을 쉽게 인도받을 수 없다는 점을 고려하여 입찰하게 되고 그에 따라 경매목적 부동산이 그만큼 낮은 가격에 낙찰될 우려가 있다."라고 하면서, "이와 같이 저가낙찰로 인해 경매를 신청한 근저당권자의 배당액이 줄어들거나 경매목적물 가액과 비교하여 거액의 유치권 신고로 매각 자체가 불가능하게 될 위험은 경매절차에서 근저당권자의 법률상 지위를 불안정하게 하는 것이므로 위 불안을 제거하는 근저당권자의 이익을 단순한 사실상·경제상의 이익이라고 볼 수는 없다."고 하고, "따라서 근저당권자는 유치권 신고를 한 사람을 상대로 유치권 전부의 부존재뿐만 아니라 경매절차에서 유치권을 내세워 대항할 수 있는 범위를 초과하는 유치권의 부존재 확인을 구할 법률상 이익이 있고, 심리 결과 유치권 신고를 한 사람이 유치권의 피담보채권으로 주장하는 금액의 일부만이 경매절차에서 유치권으로 대항할 수 있는 것으로 인정되는 경우에는 법원은 특별한 사정이 없는 한 그 유치권 부분에 대하여 일부패소의 판결을 하여야 한다."라고 판시하였다. 이로써 유치권 신고자를 상대로 경매절차의 이해관계인이 적극적으로 유치권부존재확인소송을 통해 유치권제도 악용자의 경매절차에 대한 영향력을 법적으로 배제할 수 있는 길도 열어주었다.

또 다른 한편에서, 대법원 2013. 2. 28. 선고 2010다57350 판결은 채무자 소유 부동산에 관하여 이미 선행(先行)저당권이 설정되어 있는 상태에서 채권자의 상사유치권이 성립한 경우, 상사유치권자가 선행저당권자 또는 선행저당권에 기한 임의경매절차에서 부동산을 취득한 매수인에 대한 관계에서 상사유치권으로 대항할 수 있는지를 다루었다. 대법원은, 상사유치권이 민사유치권과 달리 피담보채권이 '목적물에 관하여' 생긴 것일 필요는 없지만, 그 대상이 되는 물건이 '채무자 소유'일 것으로 제한되어 있음(상법 제58조, 민법 제320조 제1항)에 착안하였다. 그리고 "이와 같이 상사유치권의 대상이 되는 목적물을 '채무자 소유의 물건'에 한정하는 취지는, 상사유치권의 경우에는 목적물과 피담보채권 사이의 견련관계가 완화됨으로써 피담보채권이 목적물에 대한 공익비용적 성질을 가지지 않아도 되므로 피담보채권이 유치권자와 채무자 사이에 발생하는 모든 상사채권으로 무한정 확장될 수 있고, 그로 인하여 이미 제3자가 목적물에 관하여 확보한 권리를 침해할 우려가 있어 상사유치권의 성립범위 또는 상사유치권으로 대항할 수 있는 범위를 제한한 것으로 볼 수 있다."라고 하였다. 즉 "상사유치권은 성립 당시 채무자가 목적물에 대하여 보유하고 있는 담보가치만을 대상으로 하는 제한물권이라는 의미를 담고 있다 할 것이고, 따라서 유치권 성립 당시에 이미 목적물에 대하여 제3자가 권리자인 제한물권이 설정되어 있다면, 상사유치권은 그와 같이 제한된 채무자의 소유권에 기초하여 성립할 뿐이고, 기존의 제한물권이 확보하고 있는 담보가치를 사후적으로 침탈하지는 못한다고 보아야 한다."라는 이유에서, "채무자 소유의 부동산에 관하여 이미 선행 저당권이 설정되어 있는 상태에서 채권자의 상사유치권이 성립한 경우, 상사유치권자는 채무자 및 그 이후 채무자로부터 부동산을 양수하거나 제한물권을 설정받는 자에 대해서는 대항할 수 있지만, 선행저당권자 또는 선행저당권에 기한 임의경매절차에서 부동산을 취득한 매수인에 대한 관계에서는 상사유치권으로 대항할 수 없다."라고 판시하였다. 상사유치권과 민사유치권의 성립요건상 차이와 그렇게 차이를 둔 취지로부터 유치권을 둘러싼 이해관계를 조화롭게 도모하려는 유연하고 실질적인 해석이라는 평가가 있고,[405] 선행담보권자의 담보가치를 상사유치권 취득으로 사후적으로 침탈하지 못하도록 한 결과의 바람직함[406]에 대해서도 이견을 달기 어렵다. 다만, 상법에서 위와 같은 경매절차 매수인에 대한 상대적 대항력이라는 효과를 도출할 수 있을지에 대한 의문[407]은 제기될 만 했다.

2. 압류의 처분금지효에 기초한 유치권 행사 제한 법리의 확장 시도와 그 대응

그런데 위와 같은 유치권 행사 제한 법리 중 압류의 처분금지효에서 출발한 법리는 대법원 2011. 11. 24. 선고 2009다19246 판결 사안에서 난제를 만났다. 해당 사안은 토지에 대한 담보권실행 등을 위한 경매 개시 후에 그 지상 건물에 가압류등기가 경료되었고, 그 이후에 채무자의 점유이전으로 제3자가 유치권을 취득한 경우이었다. 압류의 처분금지효에서 유치권 행사 제한 법리가 도출되었으므로, 위 사안에서도 위 행사 제한 법리가 확장적으로 적용된다고 볼 여지가 없지 않지만, 이때의 대법원 판단은 달랐다.

즉 대법원은 "부동산에 가압류등기가 경료되면 채무자가 당해 부동

---

405) 권영준, 세밀한 정의를 향한 여정, 법과 정의 그리고 사람(박병대 대법관 재임 기념 문집), 사법발전재단(2017), 46면 참조.
406) 김재형(주 126), 130면 참조.
407) 김재형(주 126), 129-130면 참조.

산에 관한 처분행위를 하더라도 이로써 가압류채권자에게 대항할 수 없게 되는데, 여기서 처분행위란 당해 부동산을 양도하거나 이에 대해 용익물권, 담보물권 등을 설정하는 행위를 말하고 특별한 사정이 없는 한 점유의 이전과 같은 사실행위는 이에 해당하지 않는다."라고 하였다.

'점유의 이전과 같은 사실행위'가 가압류등기의 효력에 반하는 처분행위에 해당하지 않는다는 판시는 위 1.항에서 본 2011다55214 판결에서, 부동산에 경매개시결정의 기입등기가 경료되어 압류의 효력이 발생한 후에 채무자가 제3자에게 해당 부동산의 점유를 이전함으로써 그로 하여금 유치권을 취득하게 하면 그와 같은 점유 이전을 처분행위에 해당한다고 본 판시와 어울리지 않을 수 있는 부분이다. 이에 대하여 대법원은 위 2009다19246 판결에서 "이는 어디까지나 경매개시결정의 기입등기가 경료되어 압류의 효력이 발생한 후에 채무자가 당해 부동산의 점유를 이전함으로써 제3자가 취득한 유치권으로 압류채권자에게 대항할 수 있다고 한다면 경매절차에서의 매수인이 매수가격 결정의 기초로 삼은 현황조사보고서나 매각물건명세서 등에서 드러나지 않는 유치권의 부담을 그대로 인수하게 되어 경매절차의 공정성과 신뢰를 현저히 훼손하게 될 뿐만 아니라, 유치권신고 등을 통해 매수신청인이 위와 같은 유치권의 존재를 알게 되는 경우에는 매수가격의 즉각적인 하락이 초래되어 책임재산을 신속하고 적정하게 환가하여 채권자의 만족을 얻게 하려는 민사집행제도의 운영에 심각한 지장을 줄 수 있으므로, 위와 같은 상황하에서는 채무자의 제3자에 대한 점유이전을 압류의 처분금지효에 저촉되는 처분행위로 봄이 타당하다는 취지이다."라고 하면서 "따라서 이와 달리 부동산에 가압류등기가 경료되어 있을 뿐 현실적인 매각절차가 이루어지지 않고 있는 상황하에서는 채무자의 점유이전으로 인하여 제3자가 유치권을 취득하게 된다고 하더라도 이를 처분행위로 볼 수는 없다."라고 판시하였다. 즉 '점유의 이전'이 원칙적으로 압류의 처분금지효에 저촉되는 처분행위에 해당한다는 의미가 아니라, 어떠한 행위가 압류 또는 가압류의 처분금지효에 반하는 행위로 볼 것인지는 그 행위가 이루어진 상황과 그 상황에 따른 (법적) 의미를 고려하여 달리 볼 수 있음을 전제로, 경매절차 개시에 따른 압류의 효력 발생 후에 제3자가 유치권을 취득할 수 있도록 부동산의 점유를 이전하는 경우는 압류의 처분금지효에 저촉되는 처분으로 보되, 매각절차(경매절차)가 현실적으로 개시되지 않은 상황에서의 점유 이전은 가압류의 처분금지효에 저촉되지 않는다고 봄이 타당하다는 것이다.

이러한 법리 전개는, 당초 경매절차 매수인에 대한 유치권 행사 제한에 관하여 판시된 위 2005년 대법원 판결에서 논거로 삼은 '압류의 처분금지효에 저촉'된다는 의미의 해석에 '유치권 행사로 인한 경매절차의 신뢰성 및 법적 안정성 저해 방지'라는 상황적 목적을 고려한 결과로 볼 수 있다.

'압류의 처분금지효에 저촉'된다는 의미의 해석에 위와 같은 경매절차의 신뢰성 및 안정성 확보라는 상황적 목적이 가미되었음을 다시 한번 확인해 준 판결로 **대법원 2014. 3. 20. 선고 2009다60336 전원합의체 판결**이 있다. 이는 체납처분압류가 되어 있는 부동산에 대하여 경매절차가 개시되기 전에 유치권(민사)을 취득한 유치권자가 경매절차의 매수인에게 유치권을 행사할 수 있는지, 아니면 '압류의 처분금지효'에 기초한 유치권 행사 제한 법리가 여기서도 적용될 수 있는지가 쟁점인 사안을 다루었다.

위 판결에서 반대의견은, 국세징수법에 따른 체납처분에 의한 부동산 압류의 효력과 민사집행절차에서 경매개시결정의 기입등기로 인한 부동산 압류의 효력이 같다는 점에서 출발하여, 조세체납자 소유의 부동산에 체납처분압류등기가 마쳐져 압류 효력이 발생한 후에 조세체납자가 제3자에게 그 부동산의 점유를 이전하여 유치권을 취득하게 하는 행위는 체납처분압류의 처분금지효에 저촉되므로 유치권으로 공매절차의 매수인에게 대항할 수 없다고 보았다. 나아가 체납처분에 의한 부동산 압류 후 그 부동산에 관하여 개시된 경매절차에서 부동산이 매각되는 때에도, 체납처분압류권자가 선행하는 체납처분압류에 따라 파악한 목적물의 교환가치가 이후의 경매절차에서도 실현되어야 한다는 점도 반대의견의 논거로 제시되었다.

그러나 다수의견은, 압류와 동시에 매각절차가 개시되는 부동산에 관한 민사집행절차와 달리 국세징수법에 의한 체납처분절차에서는 체납처분압류와 동시에 매각절차인 공매절차가 개시되는 것이 아니고, 체납처분압류가 반드시 공매절차로 이어지는 것도 아니며, 체납처분절차와 민사집행절차가 서로 별개의 절차로서 각각 별도로 진행된다는 점에 착안하여, "부동산에 관하여 체납처분압류가 되어 있다고 하여 경매절차에서 이를 그 부동산에 관하여 경매개시결정에 따른 압류가 행하여진 경우와 마찬가지로 볼 수는 없다."라고 보았다. 이러한 이유에서 "체납처분압류가 되어 있는 부동산이라고 하더라도 그러한 사정만으로 경매절차가 개시되어 경매개시결정등기가 되기 전에 부동산에 관하여 민사유치권을 취득한 유치권자가 경매절차의 매수인에게 유치권을 행사할 수 없다고 볼 것은 아니다."라고 판시하였다. 다만, 이러한 판시 내용이 (반대의견이 논거 제시 과정에서 상정하였던) 체납처분에 의한 공매절차 개시 후 유치권을 취득하고 그 공매절차가 계속 진행 중인 상태에서 그후 개시된 경매절차에서 부동산이 매각된 경우까지 아우르는 것이라고는 보기 어렵다.[408]

위 다수의견의 판시 취지는, 경매절차 매수인에 대한 유치권 행사 제한 법리의 근거를 경매절차의 신뢰성 및 법적 안정성 보장을 위한 유치권의 한계에서 찾은 결과로 볼 수 있다. 따라서 설령 체납처분압류만 되어 있는 상태에서 유치권을 취득하였더라도, 체납처분압류만 되어 있고 공매절차가 개시되지 않은 경우가 대부분인 현실을 고려하여, 그러한 유치권 취득이 저당권설정 후의 유치권 취득이나 가압류 후의 유치권 취득과 마찬

---

408) 황진구, 체납처분압류가 되어 있는 부동산에 유치권을 취득한 경우 경매절차의 매수인에게 유치권을 행사할 수 있는지 여부, 사법(제28호), 사법발전재단(2014), 398면은 이러한 경우에 대해 판단하지 아니하였고, 그러한 사례는 흔하지 않을 것으로 예상한다.

가지로, 경매절차의 신뢰성과 안정성을 훼손하지는 않는다고 본 것이다.[409)]

3. 학계의 비판과 평가

위와 같이 '압류의 처분금지효에 저촉'된다는 법리에서 출발한 경매절차 매수인에 대한 유치권 행사 제한 법리가 형성 및 관철되는 것에 대해서는, 학계로부터 그 정당성에 대한 의문이 제기되었다.[410)]

경매절차 과정에서 유치권을 행사하려는 당사자에게 그 '경매개시결정의 기입등기 경료 시점'이라는 명확한 기준시를 제시하면서 유치권 행사 제한 법리를 적용한다는 점에서 위와 같은 제한 법리는 그 내재적 목적인 경매절차의 안정성을 그 적용과정에서도 구현할 수 있다는 긍정적 측면을 가진다. 그러나 그러한 획일적 기준의 법리 관철은 동일 또는 유사하다고 볼 수 있는 이익 상태에 있는 가압류, 체납처분압류, 나아가 저당권설정 등의 등기 경료시점으로 확장되려 하였고, 그로 인한 또 다른 의미의 법적 불안정성이 (일시적으로라도) 발생하는 것을 법논리적으로 명쾌하게 막기는 어려웠다. 위와 같은 획일적 법리적용 과정에서, 경매개시결정 기입등기 이후에 진정한 유치권을 취득한 자의 보호가치가 경매절차의 매수인이나 그 밖의 이해관계인의 보호가치 또는 경매절차의 신뢰성이나 안정성보다 우위에 있는 구체적 사안이 전혀 없었다고 단정할 수 있을지도 의문이다. 이러한 점에서 다소 불안정하게 적용될 여지가 있으나, 이미 대법원[411)]에서 모색한 바 있는 '신의칙에 반하는 권리행사 또는 권리남용'에 근거한 유치권 행사 제한 법리[412)]가 현행법 테두리 내에서의

---

409) 황진구(주 408), 397-398면 참조. 한편, 다수의견에서 압류의 처분금지효 법리를 언급하지 않은 것은 다분히 의도적인 것으로 보이고, 이는 압류의 처분금지효 법리의 문제점을 인식하고 위 법리와 일정한 거리를 두려고 했다고 해석으로는 이계정, 체납처분압류와 유치권의 효력, 서울대학교 법학(제56권 제1호), 서울대학교 법학연구소(2015), 238면 참조.
410) 김재형(주 126), 133-134면; 윤진수(주 10), 249면 등 참조.
411) 위 2011다84298 판결 참조.
412) 경매절차 매수인에 대한 유치권 행사 제한 법리로 유치권의 남용 법리를 제안하는 견해로는 이계정(주 409), 239면 이하 참조.

해석·적용에는 더 타당하지 않았을까 하는 생각이다.

제2절 질   권

I. 채권질권설정계약에서 교부하여야 할 '채권증서'의 의미

민법 제347조는 "채권을 질권의 목적으로 하는 경우에 채권증서가 있는 때에는 질권의 설정은 그 증서를 질권자에게 교부함으로써 효력이 생긴다."라고 규정한다. 종래 이 규정에서 의미하는 채권증서의 의미에 관한 명확한 대법원 판시는 찾기 어려웠는데, 대법원 2013. 8. 22. 선고 2013다32574 판결이 이에 관하여 판시하였다. 즉, "여기에서 말하는 '채권증서'는 채권의 존재를 증명하기 위하여 채권자에게 제공된 문서로서 특정한 이름이나 형식을 따라야 하는 것은 아니지만, 장차 변제 등으로 채권이 소멸하는 경우에는 민법 제475조에 따라 채무자가 채권자에게 그 반환을 청구할 수 있는 것이어야 한다."라고 밝힌 것이다. 그리고 위와 같은 의미에 비추어 "임대차계약서와 같이 계약 당사자 쌍방의 권리의무관계의 내용을 정한 서면은 그 계약에 의한 권리의 존속을 표상하기 위한 것이라고 할 수는 없으므로 위 채권증서에 해당하지 않는다."라는 점을 밝혔다.

II. 질권설정계약의 합의해지와 제3채무자 보호

민법 제349조는 지명채권에 대한 질권의 대항요건과 관련하여 민법 제450조, 제451조를 지시하거나 준용하고 있으나, 민법 제452조(양도통지와 금반언)에 관해서는 언급하고 있지 않다. 그런데 대법원 2014. 4. 10. 선고 2013다76192 판결이 지명채권에 대한 질권설정계약에 관하여 위 제452조의 유추적용 가부의 문제를 다루었다. 해당 사안은 다음과 같다. 즉 제3채무자(해당 사안에서는 은행)가 질권자와 질권설정자 사이의 예금채권에 대한 질권설정을 승낙하였는데, 질권자가 제3채무자 측에 모사전송의 방법으로 질권해제통지서를 전송하였고 제3채무자의 직원이 질권해제통지서를 받은 직후 질권설정자에게 예금채권을 변제한 경우이었다.

이에 대하여 대법원은 "채권양도인이 채무자에게 채권양도를 통지한 때에는 아직 양도하지 아니한 경우에도 선의인 채무자는 양수인에게 대항할 수 있는 사유로 양도인에게 대항할 수 있다고 규정한 민법 제452조 제1항 역시 지명채권을 목적으로 한 질권 설정의 경우에 유추적용된다."라고 판시하였다. 해당 사안은 '질권 설정' 후 '질권해제통지서'가 전송된 사안이지만,[413] 대법원은 위 판시 법리에 기초하여, 위 사건에 관해 "제3채무자가 질권설정 사실을 승낙한 후 질권설정계약이 합의해지된 경우 질권설정자가 해지를 이유로 제3채무자에게 원래의 채권으로 대항하려면 질권자가 제3채무자에게 해지 사실을 통지하여야 하고, 만일 질권자가 제3채무자에게 질권설정계약의 해지 사실을 통지하였다면, 설사 아직 해지가 되지 아니하였다고 하더라도 선의인 제3채무자는 질권설정자에게 대항할 수 있는 사유로 질권자에게 대항할 수 있다고 봄이 타당하다."라고 하였다. 종래부터 대법원이, 지명채권의 양도계약이 해제되면 채권양수인이었던 사람은 이를테면 지명채권을 새로 양도하는 사람의 지위에 놓인다는 이유에서 해제사유를 채무자에게 대항하기 위해서는 원래의 채권양수인이 채무자에게 통지하여야 한다는 취지를 판시한 바 있고,[414] 이는 채권양도가 해지되거나 합의해제·해지된 경우에도 마찬가지로 볼 수 있으므로,[415] 같은 취지에서 위 2013다76192 판결도 채권양수인과 유사한 지위에 있는 질권자가 제3채무자에게 질권설정계약의 해지 사실을 통지하여야 하고, 이러한 통지가 있으면, 설령 해지되지 않았더라도 선의의 제3채무자를 민법 제452조 제1항의 유추적용으로 보호하여야 한다고

---

413) 대법원의 위와 같은 이유 전개에 다소간 논리 비약이 있다고 지적하면서 '질권 설정의 경우'는 '질권설정과 관련된 모든 경우'라는 넓은 의미라고 설명하는 송덕수, 이른바 질권설정계약의 합의해지와 제3채무자 보호 – 대상판결: 대법원 2014. 4. 10. 선고 2013다76192 판결 –, 법학논집(제20권 제1호), 이화여자대학교 법학연구소(2015), 313면 참조.

414) 대법원 1962. 4. 26. 선고 62다10 판결 및 이상오, 채권질권설정계약 해지통지와 관련하여 민법 제452조 '채권양도통지와 금반언' 규정을 유추 적용할 수 있는지 여부, 대법원판례해설(제99호), 법원도서관(2014), 113면 참조.

415) 단, 지명채권양도의 해제·합의해제는 채권양도가 아니므로, 금반언 규정이 적용될 때에도 민법 제452조 제1항 후단이 유추적용되어야 한다는 주장으로는 송덕수(주 413), 315면 참조.

본 것이다.

그리고 대법원은 위 2013다76192 판결에서 "<u>위와 같은 해지 통지가 있었다면 해지 사실은 추정되고, 그렇다면 해지 통지를 믿은 제3채무자의 선의 또한 추정된다고 볼 것이어서 제3채무자가 악의라는 점은 선의를 다투는 질권자가 증명할 책임이 있다.</u>"라는 점을 밝혔다. 이미 (해지) 통지 사실로써 채권(재)양도에 해당하는 유효·적법한 해지의 외관 형성이 이루어진 이상, 제3채무자의 선의를 추정하고, 이를 다투는 질권자가 그의 악의를 증명하도록 한 것이다.

또, 대법원은 "<u>위와 같은 해지 사실의 통지는 질권자가 질권설정계약이 해제되었다는 사실을 제3채무자에게 알리는 이른바 관념의 통지로서, 통지는 제3채무자에게 도달됨으로써 효력이 발생하고, 통지에 특별한 방식이 필요하지는 않다.</u>"는 점도 확인하였다. 이러한 법리는, 채권양도의 통지가 관념의 통지이고,[416] 채무자에게 도달하였는지에 관하여 민사소송법의 송달에 관한 규정을 유추적용할 것이 아니라고 본 종전 대법원 판시 취지와 연결지어 볼 수 있다.[417]

Ⅲ. 주택임대차보호법상 대항요건을 갖춘 임차인의 임대차보증금반환 채권에 질권을 설정한 경우의 법률관계

1. 임대인의 질권설정 승낙 후 임대주택 양도한 경우

대법원 2018. 6. 19. 선고 2018다201610 판결은 주택임대차보호법이 정한 대항요건을 갖춘 임대차계약상 임대차보증금반환채권에 질권이 설정된 사안에서도, 임대주택이 양도되면, 주택임대차보호법상 양수인의 임대인 지위승계 조항과 임대인의 임대차관계 탈퇴 법리에 따라 그 임대인이 해당 질권 설정을 승낙하였음에도 그 임대차보증금반환채무를 면하는지를 다투었다. 해당 사안에 대해서는 구 주택임대차보호법(2013. 8. 13. 법률 제12043호로 개정되기 전의 것, 이하 '구 주택임대차법'이라고 한다)이 적용되었다.

---

416) 대법원 2000. 4. 11. 선고 2000다2627 판결 참조.
417) 대법원 2010. 4. 15. 선고 2010다57 판결 및 이상오(주 414), 109-110면 참조.

이에 대하여 대법원은, 구 주택임대차보호법 제3조 제3항[418]은 "법률상의 당연승계 규정으로 보아야 하므로, 임대주택이 양도된 경우에 양수인은 주택의 소유권과 결합하여 임대인의 임대차계약상 권리·의무 일체를 그대로 승계한다. 그 결과 양수인이 임대차보증금반환채무를 면책적으로 인수하고, 양도인은 임대차관계에서 탈퇴하여 임차인에 대한 임대차보증금반환채무를 면하게 된다."라는 종전의 판시 법리[419]를 토대로 하여 "이는 임차인이 임대차보증금반환채권에 질권을 설정하고 임대인이 그 질권 설정을 승낙한 후에 임대주택이 양도된 경우에도 마찬가지라고 보아야 한다."고 보았다. 그리고 이러한 이유에서 "이 경우에도 임대인은 구 주택임대차법 제3조 제3항에 의해 임대차관계에서 탈퇴하고 임차인에 대한 임대차보증금반환채무를 면하게 된다."라고 판시함으로써, 임대차보증금반환채권에 대한 질권설정을 승낙한 임대인의 면책 항변을 받아들인 제1심판결[420]을 인용한 원심판결[421]에 잘못이 없다고 보았다.

2. 임차인이 임대인으로부터 임대주택을 양수하면서 보증금 액수를 매매대금에서 공제하는 내용의 상계합의를 한 경우

타인에 대한 채무의 담보로 제3채무자에 대한 채권에 대하여 권리질권을 설정한 경우 질권설정자는 질권자의 동의 없이 질권의 목적된 권리를 소멸하게 하거나 질권자의 이익을 해하는 변경을 할 수 없다(민법 제352조). 이는 질권자가 질권의 목적인 채권의 교환가치에 대하여 가지는 배타적 지배권능을 보호하기 위한 것이라고 한다.[422]

그런데 대법원 2018. 12. 27. 선고 2016다265689 판결에서는, 주택임대차보호법상 대항력을 갖춘 임차인(질권설정자)이 보증금반환채권에

---

418) 현행 주택임대차보호법 제3조 제4항에 상응한다.
419) 대법원 1987. 3. 10. 선고 86다카1114 판결; 대법원 2013. 1. 17. 선고 2011다 49523 전원합의체 판결 등 참조.
420) 서울남부지방법원 2017. 4. 25. 선고 2016가단213088 판결.
421) 서울남부지방법원 2017. 12. 7. 선고 2017나55259 판결.
422) 대법원 1997. 11. 11. 선고 97다35375 판결 등 참조.

대한 질권을 설정하고, 임대인(제3채무자)이 질권자에 대하여 그 질권설정
을 승낙하고 보증금의 직접 반환을 약정하였는데, 이후 임차인이 임대인
으로부터 해당 임차주택을 매수하면서 임대차계약 해지 및 매매대금채권
과 보증반환채권의 상계를 합의하였다고 볼 수 있는 사안이 다루어졌다.
이에 대하여 대법원은, "질권설정자가 제3채무자에게 질권설정의 사실을
통지하거나 제3채무자가 이를 승낙한 때에는 제3채무자가 질권자의 동의
없이 질권의 목적인 채무를 변제하더라도 이로써 질권자에게 대항할 수
없고, 질권자는 민법 제353조 제2항에 따라 여전히 제3채무자에 대하여
직접 채무의 변제를 청구할 수 있다."라고 하면서, "제3채무자가 질권자
의 동의 없이 질권설정자와 상계합의를 함으로써 질권의 목적인 채무를
소멸하게 한 경우에도 마찬가지로 질권자에게 대항할 수 없고, 질권자는
여전히 제3채무자에 대하여 직접 채무의 변제를 청구할 수 있다."라고 판
시하면서, 원심판결[423]을 파기하였다.

제3절 저 당 권

Ⅰ. 저당권의 피담보채권 범위에 속하는 과실(果實)의 의미와 그 실행방법

민법 제359조 전문은 "저당권의 효력은 저당부동산에 대한 압류가
있은 후에 저당권설정자가 그 부동산으로부터 수취한 과실 또는 수취할

---

423) 서울중앙지방법원 2016. 10. 28. 선고 2016나40124 판결은 임차인(질권설정자)
이 임차주택의 소유권을 취득함으로써 임대인의 지위도 그대로 승계하여 임차권과
소유권이 동일인에게 귀속하고, 다만 혼동에 관한 민법 제191조 제1항 단서가 적
용되어 임대차보증금반환채권이 소멸하거나 질권자의 이익을 해하는 변경을 가져
오지 않는다고 판시한 제1심판결(서울중앙지방법원 2016. 6. 24. 선고 2015가단
5329435 판결)을 인용하였다. 이에 대하여 대법원은 위와 같은 원심판결의 판시가,
주택임대차보호법상 임차주택의 양수인 지위 승계를 임차권자 스스로 원하지 아니
한 때에는 승계되는 임대차관계의 구속을 면할 수 있고(대법원 1996. 7. 12. 선고
94다37646 판결 등 참조), 임대차 만료 전에 임대인과 합의로 임대차계약을 해지
하고 임대인으로부터 임대차보증금을 반환받을 수 있으며, 본문 기재와 같이 제3
채무자가 질권자의 동의 없이 질권설정자와 상계합의를 하여 질권자에게 대항할
수 없다는 법리를 오해한 것이라고 판시하였다.

수 있는 과실에 미친다."라고 규정한다. 여기서 말하는 '과실'에는 천연과
실뿐만 아니라 저당권설정자의 저당부동산에 대한 차임채권 등의 법정과
실도 포함된다고 봄이 학설상 다수[424]였다. 다만, 경매실무에서는 저당권
효력이 법정과실에 미치지 않는다는 전제에서 차임채권 등 법정과실을
감정평가 대상으로 하거나 최저매각가격에 반영하지 않았다고 한다.[425]

그런데 대법원 2016. 7. 27. 선고 2015다230020 판결은 위 조항에
서 말하는 '과실'에 차임채권 등 법정과실도 포함한다는 취지를 판시하였
다. 그리하여 위 규정에 따라 "저당부동산에 대한 압류가 있으면 압류 이
후의 저당권설정자의 저당부동산에 관한 차임채권 등에도 저당권의 효력
이 미친다."라고 판시하였다.

이처럼 저당권 효력이 압류 이후의 저당부동산에 관한 차임채권 등
법정과실에 미친다고 보더라도, 그 실행방법이 어떠한지는 민법이나 민사
집행법에 별다른 규정이 없다. 이에 관해서는 저당부동산에 대한 경매절
차에서 환가 또는 수취될 수 있다는 견해,[426] 경매절차에서의 환가가능성
과 경매절차와 병존하여 물상대위 법리의 유추에 따른 민사집행법 제273
조의 방법에 의한 환가가능성을 제시하는 견해,[427] 민사집행법 제273조에
따른 채권집행의 방법과 강제관리에 관한 규정의 유추적용 방법을 제시
하는 견해[428] 등이 제시된다. 대법원은 위 판결에서 "저당부동산에 대한
경매절차에서 저당부동산에 관한 차임채권 등을 관리하면서 이를 추심하
거나 저당부동산과 함께 매각할 수 있는 제도가 마련되어 있지 아니하므
로, 저당권의 효력이 미치는 차임채권 등에 대한 저당권의 실행이 저당

424) 곽윤직·김재형(주 76), 444면; 이영준(주 80), 875면 등 참조.
425) 법원실무제요 민사집행[Ⅱ], 법원행정처(2014), 154면 및 손흥수, 저당권의 효력
   이 압류 후 차임채권에 미치는지 여부와 그 실행방법-대법원 2016. 7. 27. 선고
   2015다230020 판결, 민사집행법연구(제14권), 한국민사집행법학회(2018), 220면 참조
   (다만, 이 글 229-230면도 법정과실에 저당권의 효력이 미친다고 보는 긍정설이
   타당하다고 본다).
426) 민법주해[Ⅶ](주 373), 58면(남효순 집필) 참조.
427) 김형석, 과실에 미치는 저당권의 효력-저당권의 성질에 대한 재고를 겸하여-, 법
   조(제65권 제6호), 법조협회(2016), 91-95면 참조.
428) 손흥수(주 425), 236-239면 참조.

부동산에 대한 경매절차에 의하여 이루어질 수는 없고, 그 저당권의 실
행은 저당권의 효력이 존속하는 동안에 채권에 대한 담보권의 실행에 관
하여 규정하고 있는 민사집행법 제273조에 따른 채권집행의 방법으로 저
당부동산에 대한 경매절차와 별개로 이루어질 수 있을 뿐이다."라고 판시
하였다.[429]

　　이러한 판시에 대해서는 먼저, 저당권자가 유체물로서의 저당물 처
분에 의한 환가 외에 저당부동산의 압류 후 매각 시까지 발생하는 차임
채권 등의 사용가치까지 우선변제 받을 수 있음이 대법원판결로 확인되
었다는 점에서 민법상 저당제도의 진일보라고 평가할 만하다.[430] 그러나
저당권자가 담보권 실행절차 내에서 차임채권 등의 법정과실(사용이익)을
우선변제 받는 방법[431]을 배제하고("… 있을 뿐이다"), 저당권자가 별도의
채권집행절차를 밟아야만 하도록 한 점에 대해서는 (입법론적으로는 당연하
고, 법해석론적으로도) 규율의 보완 필요성이 감지되기도 한다.

　　한편, 위 2015다230020 판결 사안은 저당부동산의 임차인이 저당권
설정자(임대인)에게 임대차보증금을 교부한 경우이었다. 부동산에 관한 임
대차보증금의 성격상, 임대차관계 종료 후 목적물이 반환될 때 그 보증
금에서 해당 피담보채무액(차임채무 등)이 특별한 사정이 없는 한 별도의
의사표시 없이 당연히 공제된다.[432] 따라서 보증금의 위와 같은 담보적
효력과 그 차임채권 등 법정과실에 미치는 저당권 효력 중 어느 것이 우
선하는지도 주요 쟁점이 되었다. 이에 대해 대법원은 "보증금이 수수된
저당부동산에 관한 임대차계약이 저당부동산에 대한 경매로 종료되었는

<hr>

429) 따라서 위 2015다230020 판결 이후에도, 저당부동산의 담보권실행경매절차에서
　　는 여전히 법정과실을 평가의 대상으로는 보기 어렵다. 법원실무제요 민사집행[Ⅱ]
　　부동산집행1, 법원행정처(2020), 174면 참조.
430) 그 밖에 위 2015다230020 판결이 법해석의 한계를 벗어난 것은 아닌가 하는
　　생각도 일부 있지만, 그 노력 자체는 높이 평가받을 만하다는 손흥수(주 425), 242
　　면 참조. 같은 판결의 선고 전에 저당권의 환가과정에서 사용가치 모두가 금전으
　　로 실현될 수 있다는 점이 우리 민법에서도 보조적 의미를 가진다는 점을 강조한
　　글로는 김형석(주 427), 97면 이하, 108면 참조.
431) 위 주 427), 428)의 각 문헌 및 각 해당 본문 부분 참조.
432) 대법원 1999. 12. 7. 선고 99다50729 판결 등 참조.

데, 저당권자가 차임채권 등에 대하여는 민사집행법 제273조에 따른 채권집행의 방법으로 별개로 저당권을 실행하지 아니한 경우에 저당부동산에 대한 압류의 전후와 관계없이 임차인이 연체한 차임 등의 상당액이 임차인이 배당받을 보증금에서 당연히 공제됨은 물론, 저당권자가 차임채권 등에 대하여 위와 같은 방법으로 별개로 저당권을 실행한 경우에도 채권집행 절차에서 임차인이 실제로 차임 등을 지급하거나 공탁하지 아니하였다면 잔존하는 차임채권 등의 상당액은 임차인이 배당받을 보증금에서 당연히 공제된다."라고 판시하였다. 이는 임대차보증금이 수수된 임대차계약에서 차임채권에 관하여 압류 및 추심명령이 있었더라도 해당 임대차계약이 종료되어 목적물이 반환될 때에는 그때까지 추심되지 아니한 채 잔존하는 차임채권액도 임대보증금에서 당연히 공제된다거나[433] 보증금이 수수된 임대차계약에서 차임채권이 양도된 경우 임차인이 임대차계약이 종료되어 목적물을 반환할 때까지 연체한 차임 상당액을 보증금에서 공제할 것을 주장할 수 있다[434]고 본, 종전 대법원 판시에 부합하는 취지이다.

II. 물상대위와 상계

민법은 동산질권에 관한 제342조에 물상대위에 관한 규정을 둔다. 제355조를 통해 권리질권에 관하여, 제370조를 통해 저당권에 관하여, 각각 이를 준용하도록 한다. 이처럼 담보목적물의 멸실·훼손·공용징수 등으로 그 목적물을 갈음하는 금전 기타의 물건이 목적물소유자에게 귀속하는 경우에 그 목적물을 갈음하는 것에 관하여 담보물권이 존속하도록 하는 물상대위의 성질은 담보물권의 공통된 특성(통유성)으로 설명되곤 한다.[435] 그리고 대법원은 동산 양도담보에 대하여도, 양도담보로 제공된 목적물이 멸실, 훼손되어 양도담보설정자와 제3자 사이에 교환가치에 대한 배상 또는 보상 등의 법률관계가 발생하면, 그로 인하여 양도담보설정자가

---

433) 대법원 2004. 12. 23. 선고 2004다56554 등 판결 참조.
434) 대법원 2015. 3. 26. 선고 2013다77225 판결 참조.
435) 곽윤직·김재형(주 76), 372면; 지원림(주 3), 742면 등 참조.

받을 금전 기타 물건에 대하여 담보적 효력이 미친다고 본 바 있다.[436]

그런데 대법원 2014. 9. 25. 선고 2012다58609 판결에서는, 동산 양도담보권자가 물상대위권 행사로 양도담보설정자의 화재보험금 성격의 공제금 청구권에 대하여 압류 및 추심명령을 얻어 추심권을 행사하였지만, 제3채무자인 공제기관이 양도담보 설정 후 취득한 양도담보설정자에 대한 별개의 채권을 가지고 상계로써 대항한 사안을 다루었다. 동산 양도담보권의 효력과 상계의 담보적 효력 중 어느 쪽을 어느 시점 기준으로 우선시할 것인지의 문제에 대해, 대법원은 "특별한 사정이 없는 한 제3채무자인 보험회사는 그 양도담보 설정 후 취득한 양도담보 설정자에 대한 별개의 채권을 가지고 상계로써 양도담보권자에게 대항할 수 없다고 할 것이다. 그리고 이는 보험금청구권과 그 본질이 동일한 공제금청구권에 대하여 물상대위권을 행사하는 경우에도 마찬가지라고 할 것이다."라고 판시하여 양도담보 설정시를 기준으로 그 이후에 제3채무자가 자동채권을 취득하였다면 물상대위권을 행사하는 양도담보권자에 대항할 수 없다고 보았다.

이후 대법원 2014. 10. 27. 선고 2013다91672 판결도 (사안은 다르지만) 유사한 맥락의 쟁점을 다루었다. 이 사안은 전세권을 목적으로 저당권이 설정된 경우이었다. 여기서 전세권저당권자는 전세권의 존속기간 만료 후 전세금반환채권에 대하여 압류 및 추심명령 또는 전부명령을 받거나 제3자가 전세금반환채권에 대하여 실시한 강제집행절차에서 배당요구를 하는 등의 방법으로 물상대위권을 행사하였다.[437] 그런데 전세권설정자가 전세권자에 대하여 전세권이나 그 기초가 된 임대차계약과 무관

---

436) 대법원 1975. 12. 30. 선고 74다2215 판결; 대법원 2009. 11. 26. 선고 2006다37106 판결 참조.

437) 전세권을 목적으로 저당권이 설정된 후 전세권의 존속기간이 만료되면 전세권의 용익물권적 권능이 소멸하기 때문에 더 이상 전세권 자체에 대하여 저당권을 실행할 수 없게 되고, 저당권자는 저당권의 목적물인 전세권에 갈음하여 존속하는 것으로 볼 수 있는 전세금반환채권에 대하여 본문 기재와 같은 방법으로 물상대위권을 행사하여 전세금의 지급을 구하여야 한다는 것이 기존 대법원판례 법리이다. 대법원 1999. 9. 17. 선고 98다31301 판결 등 참조.

한 자동채권으로 상계로써 대항할 수 있는지가 주된 쟁점으로 떠올랐다. 이에 관하여 대법원은, "전세권저당권자가 위와 같은 방법으로 전세금반환채권에 대하여 물상대위권을 행사한 경우, 종전 저당권의 효력은 물상대위의 목적이 된 전세금반환채권에 존속하여 저당권자가 그 전세금반환채권으로부터 다른 일반채권자보다 우선변제를 받을 권리가 있으므로, 설령 전세금반환채권이 압류된 때에 전세권설정자가 전세권자에 대하여 반대채권을 가지고 있고 그 반대채권과 전세금반환채권이 상계적상에 있다고 하더라도 그러한 사정만으로 전세권설정자가 전세권저당권자에게 상계로써 대항할 수는 없다."라고 하면서도, "그러나 전세금반환채권은 전세권이 성립하였을 때부터 이미 그 발생이 예정되어 있다고 볼 수 있으므로, 전세권저당권이 설정된 때에 이미 전세권설정자가 전세권자에 대하여 반대채권을 가지고 있고 그 반대채권의 변제기가 장래 발생할 전세금반환채권의 변제기와 동시에 또는 그보다 먼저 도래하는 경우와 같이 전세권설정자에게 합리적 기대 이익을 인정할 수 있는 경우에는 특별한 사정이 없는 한 전세권설정자는 그 반대채권을 자동채권으로 하여 전세금반환채권과 상계함으로써 전세권저당권자에게 대항할 수 있다."라고 판시하였다. 즉, 전세금반환채권의 압류 시점이 아니라 전세권저당권의 설정 시를 기준으로 전세권설정자의 상계에 대한 합리적 기대 이익이 인정되는 경우에는, 전세권설정자가 상계로써 전세권저당권자에 대항할 수 있다고 본 것이다.

종래 대법원은, 민법 제342조 단서가 물상대위권 행사를 위해 담보설정자에게 '받을 금전 기타 물건의 지급 또는 인도 전의 압류'를 요구한 것은 물상대위의 목적인 채권의 특정성을 유지하여 그 효력을 보전함과 동시에 제3자에게 불측의 손해를 입히지 않으려는 데 있는 것이라고 이해하였다.[438] 그리고 저당목적물의 변형물인 금전 기타 물건에 대하여 이미 제3자가 압류하여 그 금전 또는 물건이 특정된 경우에는 담보권자가

---

438) 대법원 2002. 10. 11. 선고 2002다33137 판결; 대법원 2010. 10. 28. 선고 2010다46756 판결 등 참조.

스스로 이를 압류하지 않고서도 물상대위권을 행사하여 일반채권자보다 우선변제를 받을 수 있다고 하였다.[439] 저당목적물의 변형물인 금전 기타 물건에 대하여 일반채권자가 담보채권자보다 단순히 먼저 압류나 가압류의 집행을 함에 지나지 않은 경우에는 담보권자가 그 전은 물론 그 후에도 목적채권에 대하여 물상대위권을 행사하여 일반채권자보다 우선변제 받을 수 있고, 그와 같이 담보권자가 우선권 있는 채권에 기하여 전부명령을 받은 경우에는 형식상 압류가 경합되었다 하더라도 그 전부명령은 유효하다고 보아왔다.[440] 즉, 담보권이 물상대위에 의해 당연히 대위목적 채권에 미치고 민법 제342조 단서에서 정한 압류는 물상대위의 목적인 채권의 특정성을 유지하는 데 있다고 보되, 그 압류를 통해서 우선권이 보전되는 것으로는 파악하지 않았다.[441]

한편 민법 제498조는, 지급금지 명령을 받은 제3채무자가 그 후에 취득한 채권에 의한 상계로 그 명령을 신청한 채권자에게 대항하지 못한다는 취지를 규정한다. 지급금지 명령 전에 취득한 채권으로의 상계 가부에 대해서는 명문의 규율이 없으나, 압류의 효력 발생 당시에 대립하는 양 채권이 상계적상에 있거나, 그 당시 반대채권(자동채권)의 변제기가 도래하지 아니한 경우에는 그것이 피압류채권(수동채권)의 변제기와 동시에 또는 그보다 먼저 도래하여야 상계로써 압류채권자에게 대항할 수 있다는, 이른바 합리적 기대이익설이 대법원판례의 입장이다.[442] 채권질권이 설정된 때에는, 그 양도통지 등의 대항요건이 갖추어지기 전에 제3채무자가 이미 질권설정자에 대하여 반대채권을 가지고 있으나 아직 상계적상에 이르지 않았다면, 채권을 양도한 경우와 마찬가지로, 반대채권의 변제기가 입질채권의 변제기보다 늦게 도래하면 상계로 대항할 수 없다

439) 대법원 1998. 9. 22. 선고 98다12812 판결 등 참조.
440) 대법원 2008. 12. 24. 선고 2008다65396 판결 등 참조.
441) 김정민, 전세권저당권자가 물상대위로서 전세금반환채권에 대하여 압류 및 추심명령을 받은 경우, 제3채무자인 전세권설정자가 전세권이나 그 기초가 된 임대차계약과 무관한 자동채권으로 상계할 수 있는지 여부, 대법원판례해설(제101호), 법원도서관(2014), 69-70면; 윤진수(주 10), 282면 등 참조.
442) 대법원 2012. 2. 16. 선고 2011다45521 전원합의체 판결 등 참조.

고 해석되곤 한다.[443]

대법원은 위와 같은 물상대위 및 그 행사를 위한 압류의 의미와 반대채권자의 상계에 대한 합리적 기대이익 보호에 관한 법리를 종합적으로 고려하여, 저당권 등 담보권 설정 시를 기준으로, 그 당시 반대채권이 발생하였고, (당연히 아직은 상계적상에 이르지 않았더라도) 그 변제기가 물상대위의 목적인 채권의 변제기와 동시에 또는 그보다 먼저 도래하는 경우와 같이 합리적 기대이익을 갖춘 경우에는 상계로써 대항할 수 있다는 법리를 위 두 판결로써 제시하였다고 볼 수 있다.[444]

다만, 동산 양도담보에 관한 위 2012다58609 판결에 대해서는 등기로 공시되는 저당권과 달리 점유만으로 공시되는 동산질권이나 점유조차 수반하지 않는 동산 양도담보가 설정되는 것을 제3채무자 측에서 알 수 없고, 그러한 상황에서 제3채무자의 상계에 대한 합리적 기대이익이 좌절되어서는 아니 된다는 이유로, 이때에는 질권이나 동산 양도담보의 설정 시가 아닌 물상대위권에 기한 압류 시를 기준으로 합리적 기대이익을 살펴야 한다는 지적이 있다.[445] 동산질권에서의 점유나 동산 양도담보에서 행해지는 점유개정 방법에 의한 인도가 부동산등기에 비해 담보권의 목적물이라는 점을 공시하는 데 취약하고, 이러한 점에서 제3채무자의 보호필요성이 더 커진다는 점은 부인하기 어렵다. 그러나 동산질권이나 동산 양도담보는 위와 같은 취약한 공시제도에 기반하여 대세적 담보력을 보장받는다. 동산에 설정한 담보권의 물상대위와 부동산에 설정된 담보권의 물상대위 행사요건을 구별하는 명문 규정[446]이 없는 상황에서 위와 같은 개별 공시제도의 현실적 취약성을 일일이 고려하여야 하는지, 그렇다면 제3

---

443) 이동진, 물상대위와 상계: 동산 양도담보와 전세권 저당을 중심으로, 민사법학 (제83호), 한국민사법학회(2018), 45면; 주석 민법[물권 3](주 10), 712-713면(이태종 집필) 등 참조.

444) 김정민(주 441), 71면 이하 참조.

445) 이동진(주 443), 49-52면 참조.

446) 이에 관한 입법례는 이동진(주 443), 51면의 각주 43) 참조. 물상대위에 관한 각국 입법례의 좀 더 상세한 소개로는 김형석, 저당권자의 물상대위와 부당이득, 서울대학교 법학(제50권 제2호), 서울대학교 법학연구소(2009), 503-529면 참조.

채무자의 담보권 설정에 관한 개별적, 구체적 인식 내지 통지 여부까지
고려하여야 하는 것 아닌지에 대한 의문이 들기도 한다. 담보목적물이 부
동산인지, 동산인지, 대체물인지, 부가물인지 등의 구분 없이 "질권설정자
가 받을 금전 기타 물건"에 대하여 그 지급 또는 인도 전의 압류를 조건
으로 물상대위를 할 수 있도록 규정하고(민법 제342조), 이를 준용하거나
유추하는 현행법 체계 내에서, 담보권 설정 시라는 일률적 기준을 적용하
는 대법원의 판시 법리가 좀 더 안정적이지 않은가 생각한다.

또 전세권에 대한 저당권에 관한 위 2013다91672 판결에 대해서도,
전세권 설정자의 상계에 대한 기대는 원칙적으로 전세기간 만료 전에는
전세권의 물권성으로 보호받을 수 없으므로 전세기간만료 시점을 기준으
로 상계의 허부를 판단하여야 한다는 지적이 있다.[447] 전세권에 대한 저
당권의 경우 그 목적물이 전세권 자체이고, 나중에 전세권 존속기간이
만료되면 그 저당권 효력이 전세금반환채권에 미쳐 존속한다고 보는
점[448]이 담보목적물 소멸에 따른 다른 담보권에 기한 물상대위와 다른
측면이 있지만, 그렇다 하더라도, 과연 부동산 저당권 등 다른 담보물권
에서의 제3채무자의 상계에 대한 합리적 기대이익의 보호가치와 전세권
저당권에서의 제3채무자(전세권설정자)의 상계에 대한 합리적 기대이익의
보호가치를 달리 보아야 하는지는 의문이다.[449]

III. 일부 대위변제자의 변제자대위와 저당권자의 담보권 행사와의 관계

변제할 정당한 이익이 있는 사람이 채무자를 위하여 저당권이나 근
저당권[450]의 피담보채무 일부를 대위변제하면, 그 대위변제자는 근저당권

---

447) 김제완, 전세권을 목적으로 한 저당권자의 우선변제권과 상계적상, 고려법학(제
76권), 고려대학교 법학연구소(2015), 285-305면; 이동진(주 443), 56-59면 참조.
448) 위 주 437) 및 해당 본문 부분 참조.
449) 한편, 전세권저당권의 물상대위에서 언제나 상계가 허용되지 않는다는 상계부
정설에 대한 반박으로서, 전세권저당권 관계에서의 전세권설정자의 상계에 대한
합리적 기대이익의 보호필요성에 관한 설명으로는 김정민(주 441), 76-78면 참조.

일부 이전의 부기등기 경료 여부와 관계없이 변제한 가액의 범위 내에서 채권자가 가지고 있던 채권 및 담보에 관한 권리를 법률상 당연히 취득한다(민법 제481조). 한편, 수인이 시기를 달리하여 채권의 일부씩 대위변제한 경우, 각 일부 대위변제자들이 각각 변제한 가액에 비례하여 채권자와 함께 근저당권을 준공유한다고 볼 것이다. 하지만, 변제자의 구상권 확보를 위한 변제자대위제도가 원래의 채권자 권리까지 침해하는 법적 수단이 되어서는 아니 된다.[451] 따라서 종전의 판례[452]는, 위와 같은 때에도 특별한 사정이 없는 한 채권자가 채권의 일부씩을 대위변제한 일부 대위변제자들에 대하여 우선변제권을 가진다는 법리를 형성하였다. 채권자의 우선변제권은 채권최고액을 한도로 자기가 보유하고 있는 잔존 채권액 전액에 미치므로, 결국 그 근저당권을 실행하여 배당할 때는 채권자가 자신의 잔존 채권액을 일부 대위변제자들보다 우선하여 배당받고, 일부 대위변제자들은 채권자가 우선 배당받고 남은 한도액을 각 대위변제액에 비례하여 안분 배당받는 것이 원칙이라고 본 것이다. 다만, 채권자와 어느 일부 대위변제자 사이에 변제 순위나 배당금 충당에 관하여 따로 약정하였다면, 그 약정에 따라 배당의 방법이 정해진다고 보았다.[453]

대법원 2011. 6. 10. 선고 2011다9013 판결은 위와 같은 채권자와 수인의 일부 대위변제자 중 어느 일부만이 변제 순위나 배당금 충당에 관하여 별도 약정을 한 때에 그 약정 당사자가 아닌 다른 일부 대위변제자에 대한 배당방법이 문제시된 사안에 관하여 다음과 같이 판시하였다.

---

450) 주로 근저당권이 설정된 사안이 다루어졌으므로, 이하에서는 '근저당권'이라고만 표시한다.

451) 편집대표 곽윤직, 민법주해[XI], 박영사(1995), 210면(이인재 집필); 편집대표 김용덕, 주석 민법[채권 4](제5판), 한국사법행정학회(2020), 321면(최형표 집필) 등 및 일부대위 변제자가 "채권자와 함께" 그 대위권을 행사하도록 정한 민법 제483조 제1항 규정 참조.

452) 대법원 2001. 1. 19. 선고 2000다37319 판결; 대법원 2002. 7. 26. 선고 2001다53929 판결; 대법원 2006. 2. 10. 선고 2004다2762 판결; 대법원 2010. 4. 8. 선고 2009다80460 판결 등 참조.

453) 대법원 2009. 2. 26. 선고 2007다15448 판결; 대법원 2010. 4. 8. 선고 2009다80460 판결 등 참조.

즉, "경매법원으로서는 ① 채권자와 일부 대위변제자들 전부 사이에 변제의 순위나 배당금의 충당에 관하여 동일한 내용의 약정이 있으면 그들에게 그 약정의 내용에 따라 배당하고, ② 채권자와 어느 일부 대위변제자 사이에만 그와 같은 약정이 있는 경우에는 먼저 원칙적인 배당방법에 따라 채권자의 근저당권 채권최고액의 범위 내에서 채권자에게 그의 잔존 채권액을 우선 배당하고, 나머지 한도액을 일부 대위변제자들에게 각 대위변제액에 비례하여 안분 배당하는 방법으로 배당할 금액을 정한 다음, 약정의 당사자인 채권자와 일부 대위변제자 사이에서 그 약정 내용을 반영하여 배당액을 조정하는 방법으로 배당을 하여야 한다."라고 판시하여, 근저당권을 행사하는 채권자와 일부 대위변제자 사이의 이해관계를 합리적으로 조율하고자 하였다.

Ⅳ. 저당토지 위에 축조된 건물에 대한 일괄경매청구권

민법 제366조의 법정지상권은 저당권 설정 당시에 동일인 소유에 속하는 토지와 건물이 저당권 실행 경매로 인하여 각기 다른 사람 소유에 속하게 된 경우에 그 건물 소유를 위하여 인정된다. 그런데 대법원은, 동일인 소유에 속하는 토지 및 지상 건물에 관하여 공동저당권이 설정된 후 건물이 철거되고 새로 건물이 신축된 경우, 신축건물 소유자가 토지 소유자와 동일하고 토지의 저당권자에게 신축건물에 관하여 토지 저당권과 동일한 순위의 공동저당권을 설정해 주었다는 등 특별한 사정이 없는 한 저당물의 경매로 인하여 토지와 신축건물이 다른 소유자에 속하게 되더라도 신축건물을 위한 법정지상권이 성립하지 않는다고 본 바 있다.[454] 이는 건물이 철거된 후 신축된 건물에 토지와 같은 순위의 공동저당권이 설정되지 아니하였는데도 그 신축건물을 위한 법정지상권이 성립한다고 해석하면, 공동저당권을 가지고 있던 자가 법정지상권이 성립하는 신축건물의 교환가치를 취득할 수 없게 되는 결과, 처음의 기대와 달리 법정지

---

454) 대법원 2003. 12. 18. 선고 98다43601 전원합의체 판결 참조.

상권의 가액 상당 가치를 되찾을 길이 막혀, 당초 토지에 관하여 아무런 제한이 없는 나대지로서의 교환가치 전체를 실현시킬 수 있다고 기대하고 담보를 취득한 공동저당권자에게 불측의 손해를 입게 하기 때문이라고 설명되었다.[455]

다만 민법 제365조는, "토지를 목적으로 저당권을 설정한 후 그 설정자가 그 토지에 건물을 축조한 때에는 저당권자는 토지와 함께 그 건물에 대하여도 경매를 청구할 수 있다. 그러나 그 건물의 경매대가에 대하여는 우선변제를 받을 권리가 없다."라고 규정한다. 따라서 위의 경우, 해당 토지와 신축건물에 대하여 민법 제365조에 의하여 일괄경매청구에 따른 일괄매각이 이루어질 수 있다.[456]

대법원 2012. 3. 15. 선고 2011다54587 판결은, 그러한 사안에서 위 규정에 따른 일괄매각이 이루어지면, "그 일괄매각대금 중 토지에 안분할 매각대금은 법정지상권 등 이용 제한이 없는 상태의 토지로 평가하여 산정하여야 할 것이다."라고 판시하였다. 그리고 "집행법원이 위와 같은 일괄매각절차에서 각 부동산별 매각대금의 안분을 잘못하여 적법한 배당요구를 한 권리자가 정당한 배당액을 수령하지 못하게 되었다면 그러한 사유도 배당이의의 청구사유가 될 수 있다."는 점을 확인하였다.

한편 위 판결은, "민법 제365조 본문이 토지를 목적으로 한 저당권을 설정한 후 저당권설정자가 그 토지에 건물을 축조한 때에는 저당권자가 토지와 건물에 대하여 일괄하여 경매를 청구할 수 있도록 규정한 취지는, 저당권설정자로서는 저당권 설정 후에도 그 지상에 건물을 신축할 수 있는데 후에 저당권 실행으로 토지가 제3자에게 매각될 경우에 건물을 철거하여야 한다면 사회경제적으로 현저한 불이익이 생기게 되므로 이를 방지할 필요가 있고, 저당권자에게도 저당토지상 건물의 존재로 인하여 생기게 되는 경매의 어려움을 해소하여 저당권 실행을 쉽게 할 수

---

455) 위 98다43601 전원합의체 판결 참조.
456) 김형석, 저당권자의 일괄경매청구권에 관한 몇 가지 문제, 사법(제36호), 사법발전재단(2016), 127면 참조.

있도록 한 데 있"다고 하고, 이와 더불어 "같은 조 단서에 의하면 그때 저당권자에게는 건물의 매각대금에 대하여 우선변제를 받을 권리가 없도록 규정되어 있는 점"까지 아울러 보면, 위와 같은 경우, "토지의 저당권자가 건물의 매각대금에서 배당을 받으려면 민사집행법 제268조, 제88조의 규정에 의한 적법한 배당요구를 하였거나 그 밖에 달리 배당을 받을 수 있는 채권으로서 필요한 요건을 갖추고 있어야 한다."는 점도 밝혔다. 즉 채권자인 토지 저당권자가 건물의 경매대가에서 만족을 받기 위해서는 일반채권자로서 요건을 갖추어 적법한 배당요구를 하여야 함을 분명히 확인한 것이다.[457]

V. 저당권설정 당시에 토지 위에 존재하던 건물에 대한 법정지상권

1. 존속하는 저당건물의 등기부가 멸실 사유로 폐쇄된 경우

앞서 본 바와 같이, 동일인 소유에 속하는 토지 및 그 지상 건물에 대하여 공동저당권이 설정된 후 그 지상 건물이 철거되고 새로 건물이 신축되어 두 건물 사이의 동일성이 부정되는 결과 공동저당권자가 당초의 기대와 달리 법정지상권이 성립하는 신축건물의 교환가치를 취득할 수 없게 되었다면, 공동저당권자의 불측의 손해를 방지하기 위하여, 특별한 사정이 없는 한 저당물의 경매로 인하여 토지와 그 신축건물이 다른 소유자에 속하게 되더라도 그 신축건물을 위한 법정지상권은 성립하지 않는다고 본다.[458]

그런데 대법원 2013. 3. 14. 선고 2012다108634 판결은, 토지와 함께 공동근저당권이 설정된 건물이 그대로 존속함에도, 사실과 달리 등기부에 멸실의 기재가 이루어지고 이를 이유로 등기부가 폐쇄된 사안을 다루었다. 이에 대해 대법원은 "저당권자로서는 멸실 등으로 인하여 폐쇄된 등기기록을 부활하는 절차 등을 거쳐 건물에 대한 저당권을 행사하는 것이 불가능한 것이 아닌 이상 저당권자가 이 사건 주택의 교환가치에

457) 김형석(주 456), 136면 참조.
458) 위 주 454)의 98다43601 전원합의체 판결 참조.

대하여 이를 담보로 취득할 수 없게 되는 불측의 손해가 발생한 것은 아니라고 보아야" 한다는 이유로 "그 후 토지에 대하여만 경매절차가 진행된 결과 토지와 건물의 소유자가 달라지게 되었다면 그 건물을 위한 법정지상권은 성립한다 할 것이고, 단지 건물에 대한 등기부가 폐쇄되었다는 사정만으로 건물이 멸실된 경우와 동일하게 취급하여 법정지상권이 성립하지 아니한다고 할 수는 없다."라고 판시하여, 저당권 실행에 따른 토지와 건물의 법정용익관계 설정에 관하여 단지 등기부 기재가 아니라 건물의 실재(현황)에 따른 토지소유자와 건물소유자의 실질적 이해관계를 살폈다.

2. 토지의 공유지분 일부에 저당권이 설정된 경우

토지공유자 중 한 사람이 다른 공유자의 지분 과반수 동의를 얻어 건물을 건축한 후 토지와 건물의 소유자가 달라진 경우, 토지에 관하여 관습법상 법정지상권이 성립되는 것으로 보면, 이는 토지공유자의 1인으로 하여금 자신의 지분을 제외한 다른 공유자의 지분에 대하여서까지 지상권설정의 처분행위를 허용하는 셈이 되어 부당하다. 이러한 점은 이미 대법원이 확인한 바 있다.[459)

대법원 2014. 9. 4. 선고 2011다73038, 73045 판결은 위와 같은 법리가 "민법 제366조의 법정지상권에도 마찬가지로 적용"되고, 나아가 "토지와 건물 모두가 각각 공유에 속한 경우에 토지에 관한 공유자 일부의 지분만을 목적으로 하는 근저당권이 설정되었다가 경매로 인하여 그 지분을 제3자가 취득하게 된 경우에도 마찬가지로 적용된다."는 점을 확인하였다. 이와 관련하여, 근저당권이 설정되지 않은 토지 지분권자가 건물에 대해서도 지분권을 가지고 있는 경우에도 근저당권이 설정되었던 지분을 매수한 제3자의 철거 청구에 대응할 수 없게 됨은 부당하다는 지적이 있다.[460) 위 법리에서 법정지상권 설정으로 침해될 것이 우려되었던

---

459) 대법원 1993. 4. 13. 선고 92다55756 판결 등 참조.
460) 김제완, 공유토지 위의 단독소유건물·공유건물과 법정지상권, 인권과 정의(제449호), 대한변호사협회(2015), 133-135면 참조.

지분의 공유자에게 그 지상 건물의 공유를 위한 지상권 설정의 이익이 있는 때에도 위 법리가 그대로 관철되어야 할 것인지, 그 전의 청구원인 단계에서 새로 지분을 매수한 제3자 단독의 철거청구가 다른 지분공유자들의 이익에 어긋나 보존행위로 볼 수 없게 되는 것은 아닌지 등에 대해서는, 추후 개별적·구체적 사안에 따라 추가로 검토해 볼 여지가 있다고 본다.

3. 집합건물이나 그 일부 전유부분과 대지 지분에 저당권이 설정된 후 그 지상 집합건물이 철거되고 새로운 집합건물이 신축된 경우

한편 대법원은 위 2011다73038, 73045 판결에서, "동일인의 소유에 속하는 토지 및 그 지상 건물에 관하여 공동저당권이 설정된 후 그 지상 건물이 철거되고 새로 건물이 신축된 경우에, 그 신축건물의 소유자가 토지의 소유자와 동일하고 토지의 저당권자에게 신축건물에 관하여 토지의 저당권과 동일한 순위의 공동저당권을 설정해 주는 등 특별한 사정이 없는 한, 저당물의 경매로 인하여 토지와 그 신축건물이 다른 소유자에 속하게 되더라도 그 신축건물을 위한 법정지상권은 성립하지 않는다."라는 종전 판시 법리[461]가 "집합건물의 전부 또는 일부 전유부분과 그 대지 지분에 관하여 공동저당권이 설정된 후 그 지상 집합건물이 철거되고 새로운 집합건물이 신축된 경우에도 마찬가지"로 적용된다는 점을 확인하였다. 위 판시대로, 토지와 그 지상건물의 공동저당에 관한 위 법리가 집합건물의 전유부분과 대지부분에 관한 공동저당 설정 후 기존 집합건물 철거 및 새로운 집합건물 신축 사안에 관하여, 다르게 적용될 이유는 없을 것이다.

Ⅵ. 불법행위로 원인 없이 등기말소된 저당권 침해로 인한 손해배상 청구 가부

대법원 2010. 2. 11. 선고 2009다68408 판결은 근저당권설정등기가 다른 사람의 불법행위로 원인 없이 말소된 경우, 등기명의인에게 곧

---

461) 위 주 454)의 98다43601 전원합의체 판결 참조.

바로 근저당권 상실의 손해가 발생하였다고 볼 수 있는지가 문제 된 사
안을 다루었다. 그런데 대법원은 종래부터, 등기는 물권의 효력 발생 요
건이고 존속 요건은 아니어서 등기가 원인 없이 말소된 경우 그 물권의
효력에 아무런 영향이 없고, 그 회복등기가 마쳐지기 전이라도 말소된
등기의 등기명의인은 적법한 권리자로 추정된다고 보아왔다.⁴⁶²⁾ 이 경우
부동산등기법이 정한 회복등기 신청절차에 따라 말소된 등기를 회복할
수도 있다(부동산등기법 제59조). 이러한 이유에서 대법원은 "근저당권설정
등기가 불법행위로 인하여 원인 없이 말소되었다 하더라도 말소된 근저
당권설정등기의 등기명의인이 곧바로 근저당권 상실의 손해를 입게 된다
고 할 수는 없다."라고 판시하였다. 불법행위로 인한 재산상 손해가 있다
고 하려면 위법한 가해행위로 인하여 발생한 재산상 불이익, 즉 그 위법
행위가 없었더라면 존재하였을 재산상태와 그 위법행위가 가해진 현재의
재산상태에 차이가 있어야 하는데,⁴⁶³⁾ 존속 요건이 아닌 등기가 원인 없
이 말소된 사정만으로는 그 근저당권자에게 재산상 손해가 발생한 것으
로는 보기 어렵다는 취지이다.

Ⅶ. 후순위 (근)저당권자의 보증인에 대한 변제자대위

민법 제482조 제2항은 보증인, 물상보증인, 제3취득자 사이의 변제
자대위 관계를 조정하는 규율을 두고 있지만, 후순위저당권자에 관해서는
규율하고 있지 않다. 그런데 대법원 2013. 2. 15. 선고 2012다48855 판
결에서는, 대위변제한 보증인이 채권자의 선순위 근저당권이전의 부기등
기를 마친 후 그 근저당권에 기한 담보권실행경매를 신청하여 그 경매절
차에서 후순위 근저당권자보다 우선하여 배당을 받자, 그 후순위 근저당
권자가 자신의 후순위 근저당권 설정 후에야 위 근저당권이전의 부기등
기가 마쳐졌음을 이유로 배당액이 감액되어야 한다며 배당이의의 소를

---

462) 대법원 1997. 9. 30. 선고 95다39526 판결; 대법원 2002. 10. 22. 선고 2000다
　　59678 판결 등 참조.
463) 대법원 1992. 6. 23. 선고 91다33070 전원합의체 판결 등 참조.

제기한 사안이 다루어졌다.

이에 대하여 대법원은 우선 "민법 제482조 제2항 제1호와 제2호에서 보증인에게 대위권을 인정하면서도 제3취득자는 보증인에 대하여 채권자를 대위할 수 없다고 규정한 까닭은, 제3취득자는 등기부상 담보권의 부담이 있음을 알고 권리를 취득한 자로서 그 담보권의 실행으로 인하여 예기치 못한 손해를 입을 염려가 없고, 또한 저당부동산에 대하여 소유권, 지상권 또는 전세권을 취득한 제3자는 저당권자에게 그 부동산으로 담보된 채권을 변제하고 저당권의 소멸을 청구할 수 있으며(민법 제364조), 저당물의 제3취득자가 그 부동산의 보존, 개량을 위하여 필요비 또는 유익비를 지출한 때에는 저당물의 경매대가에서 우선상환을 받을 수 있도록(민법 제367조) 하는 등 그 이익을 보호하는 규정도 마련되어 있으므로, 변제자대위와 관련해서는 제3취득자보다는 보증인을 보호할 필요가 있기 때문"이지만, 후순위 근저당권자는 제3취득자만큼 법적 보호를 받지 않고, 변제자대위에 관하여 보증인보다 더 보호할 이유도 없다는 점에 주목하였다. 즉, "<u>저당부동산에 대하여 후순위 근저당권을 취득한 제3자는 민법 제364조에서 정한 저당권소멸청구권을 행사할 수 있는 제3취득자에 해당하지 아니하고,</u>⁴⁶⁴⁾ <u>달리 선순위 근저당권의 실행으로부터 그의 이익을 보호하는 규정이 없으므로 변제자대위와 관련해서 후순위 근저당권자보다 보증인을 더 보호할 이유가 없으며, 나아가 선순위 근저당권의 피담보채무에 대하여 직접 보증책임을 지는 보증인과 달리 선순위 근저당권의 피담보채무에 대한 직접 변제책임을 지지 않는 후순위 근저당권자는 보증인에 대하여 채권자를 대위할 수 있다고 봄이 타당</u>"하다는 이유에서 "<u>민법 제482조 제2항 제2호의 제3취득자에 후순위 근저당권자는 포함되지 아니한다고 해석하여야 할 것</u>"이라고 판단하였다.

그리고 대법원은 다른 한편으로, "민법 제482조 제2항 제2호의 제3취득자에 후순위 근저당권자가 포함되지 않음에도 같은 항 제1호의 제3

---

464) 대법원 2006. 1. 26. 선고 2005다17341 판결 참조.

자에는 후순위 근저당권자가 포함된다고 하면, 후순위 근저당권자는 보증인에 대하여 항상 채권자를 대위할 수 있지만 보증인은 후순위 근저당권자에 대하여 채권자를 대위하기 위해서는 미리 대위의 부기등기를 하여야만 하므로 보증인보다 후순위 근저당권자를 더 보호하는 결과"가 된다고 보았다. "이러한 결과는 법정대위자인 보증인과 후순위 근저당권자 간의 이해관계를 공평하고 합리적으로 조절하기 위한 민법 제482조 제2항 제1호와 제2호의 입법 취지에 부합하지 않을뿐더러 후순위 근저당권자는 통상 자신의 이익을 위하여 선순위 근저당권의 담보가치를 초과하는 담보가치만을 파악하여 담보권을 취득한 자에 불과"하다고 하면서, "변제자대위와 관련해서 후순위 근저당권자를 보증인보다 더 보호할 이유도 없다."고 밝혔다.

대법원은, 위와 같이 사정들과 "민법 제482조 제2항 제1호와 제2호가 상호작용하에 법정대위자 중 보증인과 제3취득자의 이해관계를 조절하는 규정인 점 등을 종합하여 보면, 보증인은 미리 저당권의 등기에 그 대위를 부기하지 않고서도 저당물에 후순위 근저당권을 취득한 제3자에 대하여 채권자를 대위할 수 있다고 할 것이므로 민법 제482조 제2항 제1호의 제3자에 후순위 근저당권자는 포함되지 않는다고 할 것"이라고 하면서, 보증인이 후순위 근저당권자의 해당 근저당 취득 전에 대위의 부기등기를 하지 않았더라도 선순위 근저당권자를 대위할 수 있다고 본 원심[465]의 조치가 결과적으로 정당하다고 판시하였다.

이러한 대법원의 판시 법리에 대하여, 민법 제482조 제2항 제1호의 '제3자'에는 위 판시처럼 후순위저당권자가 포함되지 않지만, 제2호의 '제3취득자'에는 후순위저당권자가 포함되는 것으로 해석하여야 한다는 견해가 제시된 바 있다.[466] 이에 대해서는, 후순위저당권자가 자신의 저당권

---

465) 부산고등법원 2012. 5. 18. 선고 (창원)2011나4493 판결 참조.

466) 백경일, 보증인과 후순위저당권자 간의 변제자대위 - 대법원 2013. 2. 15. 선고 2012다48855 판결, 민사법학(제64호), 한국민사법학회(2013), 251면 이하(후순위저당권자에 비해 제3취득자가 법적으로 그리 큰 보호를 받는다고 볼 수 없고, 직접적 변제책임 부담 여부가 변제자대위의 우열을 가리는 근거가 될 수 없으며, 변제

을 통한 만족 없이 해당 후순위저당권을 상실하였음을 이유로 다른 저당
권을 대위하는 상황과 자신의 후순위저당권을 유지하면서 선순위저당권자
의 피담보채권을 변제하여 선순위저당권을 변제자대위하는 경우를 구별하
여야 하는데, 민법 제482조 제2항은 전자의 영역을 규율하는 것임에도 위
2012다48855 판결이 후자의 영역에서의 해석론에 위 조항을 원용한 점은
부당하나, 결론적으로 후자의 경우 후순위저당권자의 대위 가능성을 긍정
한 것 자체는 정당하다는 견해⁴⁶⁷⁾가 제시되었다. 공동저당이 설정되어 이
시배당(만족)이 이루어진 경우, 즉 민법 제368조 제2항의 적용이 문제 되는
경우를 제외하고, 후순위저당권자가 전자에 해당함을 이유로 변제자대위를
할 수 있는 경우는 상정하기 어렵다. 민법 제482조 제2항도 자신의 취득
물(제3취득자)이나 담보로 제공한 물건(물상보증인) 또는 책임재산(보증인)의
상실로 채권자에게 만족을 준 경우에 관한 변제자대위관계 조정 규율로
봄이 타당할 것이다. 이러한 전제에서 민법 제482조 제2항 제2호에서 정
한 제3취득자와 자신의 후순위저당권을 유지하면서 선순위저당권자의 피
담보채권을 변제한 후순위저당권자를 동일하게 취급할 수는 없을 것이다.

Ⅷ. 공동저당

1. 공동저당관계 등기의 의미

구 부동산등기법(2011. 4. 12. 법률 제10580호로 전부개정되기 전의 것, 이
하 이 항 내에서는 '부동산등기법'이라고만 한다) 제149조⁴⁶⁸⁾는 같은 법 제145
조의 규정에 의한 공동담보등기의 신청이 있는 경우 각 부동산에 관한
권리에 대하여 등기를 하는 때에는 그 부동산의 등기용지 중 해당 구(區)
의 사항란에 다른 부동산에 관한 권리의 표시를 하고 그 권리가 함께 담
보의 목적이라는 뜻을 기재하도록 규정한다.

자대위에서 후순위저당권자보다 보증인의 보호 필요성이 더 크고, 민법 제482조
제2항 제2호를 확대해석할 필요가 있다는 등의 논거를 제시한다) 참조.
467) 김형석, 공동저당의 실행과 이해관계의 조정－민법 제368조 재론－, 서울대학
교 법학(제57권 제4호), 서울대학교 법학연구소(2016), 82－83면의 각주 74) 참조.
468) 현행 부동산등기법 제78조 제1항에 상응한다.

대법원 2010. 12. 23. 선고 2008다57746 판결은 위 규정에 따른 공동저당이라는 취지의 등기가 없음에도 공동저당 관계를 인정할 수 있는지가 쟁점인 사안을 다루었다. 이에 대하여 대법원은, <u>위 규정은 "공동저당권의 목적물이 수개의 부동산에 관한 권리인 경우에 한하여 적용되는 등기절차에 관한 규정일 뿐만 아니라, 수개의 저당권이 피담보채권의 동일성에 의하여 서로 결속되어 있다는 취지를 공시함으로써 권리관계를 명확히 하기 위한 것에 불과하므로, 이와 같은 공동저당관계의 등기를 공동저당권의 성립요건이나 대항요건이라고 할 수 없다."</u>라고 판시하였다. 따라서 <u>"근저당권설정자와 근저당권자 사이에서 동일한 기본계약에 기하여 발생한 채권을 중첩적으로 담보하기 위하여 수개의 근저당권을 설정하기로 합의하고 이에 따라 수개의 근저당권설정등기를 마친 때에는 부동산등기법 제149조에 따라 공동근저당관계의 등기를 마쳤는지 여부와 관계없이 그 수개의 근저당권 사이에는 각 채권최고액이 동일한 범위 내에서 공동근저당관계가 성립한다."</u>라고 보았다. 민법 제368조는 동일한 채권의 담보로 수개의 부동산에 저당권을 설정한 경우의 이해관계를 조정하기 위한 규율이지 새로운 물권을 창설하는 규정이 아니다. 공동저당은 각각의 목적물에 동일한 채권의 담보로 저당권이 설정된 결과일 뿐이다.[469] 따라서 공동저당관계의 등기가 '공동저당권'이라는 별도 물권 취득의 성립요건 또는 대항요건에 해당한다고 볼 수는 없다고 생각한다.

2. 민법 제368조 제1항의 적용범위

종래부터 대법원은, <u>공동저당권이 설정되어 있는 수개의 부동산 중 일부는 채무자 소유이고 일부는 물상보증인의 소유인 경우로서, ① 물상보증인 소유의 부동산에 대하여 먼저 경매가 이루어져 그 경매대금의 교부로 선순위저당권자가 변제받은 때에는 물상보증인이 채무자에 대하여 구상권을 취득함과 동시에, 민법 제481조, 제482조의 규정에 따른 변제자대위로 채무자 소유의 부동산에 대한 선순위저당권을 취득하고, 이러한</u>

---

469) 곽윤직 · 김재형(주 76), 484면 등 참조.

경우 물상보증인 소유의 부동산에 대한 후순위저당권자는 물상대위의 방법으로 물상보증인에게 이전한 선순위저당권으로부터 우선하여 변제받을 수 있고,[470] ② 채무자 소유의 부동산에 대하여 먼저 경매가 이루어져 그 경매대금의 교부에 의하여 1번 공동저당권자가 변제를 받으면, 채무자 소유의 부동산에 대한 후순위저당권자는 민법 제368조 제2항 후단에 의하여 1번 공동저당권자를 대위하여 물상보증인 소유의 부동산에 대하여 저당권을 행사할 수 없음[471]을 밝혀왔다.[472]

이처럼 공동저당권이 설정되어 있는 수개의 부동산 중 일부는 채무자 소유이고 일부는 물상보증인의 소유일 때 변제자대위와 후순위저당권자의 대위 중 변제자대위를 우선하는 위 법리(변제자대위 우선설)에 비추어 보면, 소유관계가 위와 같은 공동저당권이 설정된 경우에 각 부동산의 경매대가를 동시에 배당할 때에도 "각 부동산의 경매대가에 비례하여 그 채권의 분담을 정한다."고 규정하는 민법 제368조 제1항은 적용하기 곤란하게 된다. 대법원 2010. 4. 15. 선고 2008다41475 판결도 위와 같은

---

470) 대법원 1994. 5. 10. 선고 93다25417 판결 등 참조. 공동근저당의 경우에도 이러한 법리가 적용된다는 판시로는 는 대법원 2018. 7. 11. 선고 2017다292756 판결 참조.

471) 대법원 1995. 6. 13.자 95마500 결정, 대법원 1996. 3. 8. 선고 95다36596 판결 등 참조. 한편, 채무자 소유의 부동산에 후순위저당권이 설정된 후에 물상보증인 소유의 부동산이 추가로 공동저당의 목적으로 된 경우에도 마찬가지라는 판시로는 대법원 2014. 1. 23. 선고 2013다207996 판결 참조.

472) 한편 대법원 2018. 7. 11. 선고 2017다292756 판결에 따르면, 채무자 소유 부동산과 물상보증인 소유 부동산에 공동근저당권을 설정한 채권자가 공동담보 중 채무자 소유 부동산에 대한 담보 일부를 포기하거나 순위를 불리하게 변경하여 담보를 상실하게 하거나 감소하게 한 경우, 물상보증인은 그로 인하여 상환받을 수 없는 한도에서 책임을 면한다. 물상보증인의 변제자대위에 대한 기대권은 민법 제485조에 의하여 보호되어, 채권자가 고의나 과실로 담보를 상실하게 하거나 감소하게 한 때에는, 특별한 사정이 없는 한 물상보증인은 그 상실 또는 감소로 인하여 상환을 받을 수 없는 한도에서 면책 주장을 할 수 있기 때문이다. 채권자가 물적 담보인 담보물권을 포기하거나 순위를 불리하게 변경하는 것은 담보의 상실 또는 감소행위에 해당한다. 그리고 이 경우 공동근저당권자는 나머지 공동담보 목적물인 물상보증인 소유 부동산에 관한 경매절차에서, 물상보증인이 위와 같이 담보 상실 내지 감소로 인한 면책을 주장할 수 있는 한도에서는, 물상보증인 소유 부동산의 후순위 근저당권자에 우선하여 배당받을 수 없다.

취지를 밝히면서, "이러한 경우 경매법원으로서는 채무자 소유 부동산의 경매대가에서 공동저당권자에게 우선적으로 배당을 하고, 부족분이 있는 경우에 한하여 물상보증인 소유 부동산의 경매대가에서 추가로 배당을 하여야 할 것"이라고 판시하였다. 그리고 대법원 2016. 3. 10. 선고 2014다231965 판결은 "이러한 이치는 물상보증인이 채무자를 위한 연대보증인의 지위를 겸하고 있는 경우에도 마찬가지"임을 확인하면서, 기존에 변제자대위 우선설을 취한 판례 법리의 사고를 민법 제368조 제1항의 적용 범위에 관한 해석에서도 관철하고자 하였다.

3. 공동저당이 설정된 부동산 중 일반책임재산 부분의 평가

채권자취소의 대상인 사해행위에 해당하는지를 판단할 때 채무자 소유의 재산이 다른 채권자의 채권에 물상담보로 제공되어 있다면, 물상담보로 제공된 부분은 채무자의 일반채권자들을 위한 채무자의 책임재산이라고 할 수 없다. 따라서 물상담보에 제공된 재산의 가액에서 다른 채권자가 가지는 피담보채권액을 공제한 잔액만을 채무자의 적극재산으로 평가한다.[473]

그런데 수개의 부동산에 공동저당권이 설정되고, 그중 일부의 부동산에 관하여 사해행위로 지목되는 행위가 있는 때에는 민법 제368조의 규정 취지를 감안하여야 한다.[474] 종래 대법원은, 위 같은 경우, 공동저

---

473) 대법원 2012. 1. 12. 선고 2010다64792 판결 등 참조.
474) 이는 공동저당권이 설정된 수개의 부동산 중 일부의 재산에 대한 매매계약 등이 사해행위에 해당하는 경우에 관한 것이다. 만일 그 전부의 매매계약이 사해행위에 해당하고 사해행위의 목적 부동산 전부가 하나의 계약으로 동일인에게 일괄 양도된 경우라면, 사해행위로 되는 매매계약 등이 공동저당 부동산의 일부를 목적으로 할 때처럼 부동산 가액에서 공제하여야 할 피담보채권액의 산정이 문제 되지 아니한다. 따라서 특별한 사정이 없는 한 취소에 따른 배상액의 산정은 목적 부동산 전체의 가액에서 공동저당권의 피담보채권 총액을 공제하는 방식으로 함이 취소채권자의 의사에도 부합하는 상당한 방법이고, 특별한 사정이 없는 한 목적물 전부를 사해행위로 취소하는 경우와 그중 일부를 개별적으로 취소하는 경우 사이에 취소에 따른 배상액 산정기준이 달라져야 할 이유가 없으므로 사해행위인 매매계약의 목적물 중 일부 목적물만을 사해행위로 취소하는 경우 일부 목적물의 사실심 변론종결 당시 가액에서 공제되어야 할 피담보채권액은 공동저당권의 피담보채

당권의 목적으로 된 각 부동산의 가액에 비례하여 각 부동산이 부담하는 피담보채권액은 공동저당권의 목적으로 된 각 부동산의 가액에 비례하여 안분한 금액이라고 본 바 있다.[475)]

다만 대법원은, 수개의 부동산 중 일부는 채무자의 소유이고 다른 일부는 물상보증인의 소유인 경우라면, 물상보증인이 민법 제481조, 제482조의 규정에 따른 변제자대위에 의하여 채무자 소유의 부동산에 대하여 저당권을 행사할 수 있는 지위에 있는 점 등을 고려할 때, 그 물상보증인이 채무자에 대하여 구상권을 행사할 수 없는 특별한 사정이 없는 한 채무자 소유의 부동산에 관한 피담보채권액은 공동저당권의 피담보채권액 전액으로 보았다.[476)] 하지만 종래, 채무자와 물상보증인의 공유인 부동산에 관하여 저당권이 설정되어 있고, 채무자가 그 부동산 중 자신의 지분을 양도하여 그 양도가 사해행위에 해당하는지를 판단할 때 채무자 소유의 부동산 지분이 부담하는 피담보채권액은 원칙적으로 각 공유지분의 비율에 따라 분담된 금액이라는 취지의 대법원판결례[477)]가 있었다. 이는 위와 같은 판시 취지와 저촉되는 면이 있었다. 이러한 이유에서 **대법원 2013. 7. 18. 선고 2012다5643 전원합의체 판결**은 <u>하나의 공유 부동산 중 일부 지분이 채무자 소유이고, 다른 일부 지분이 물상보증인의 소유인 경우에도, 위와 같은 이유에서, 채무자가 그 부동산 중 자신의 지분을 양도하여 그 양도가 사해행위에 해당하는지를 판단할 때 물상보증인이 채무자에 대하여 구상권을 행사할 수 없는 특별한 사정이 없는 한 채무자 소유의 지분에 관한 피담보채권액은 공동저당권의 피담보채권액 전액으로 보는 법리가 마찬가지로 적용된다</u>고 보면서,[478)] 종전에 저촉

권총액을 사실심 변론종결 당시를 기준으로 한 공동저당 목적물의 가액에 비례하여 안분한 금액이라고 보아야 한다. 이에 관해서는 대법원 2014. 6. 26. 선고 2012다77891 판결 참조.

475) 대법원 2003. 11. 13. 선고 2003다39989 판결 참조.
476) 대법원 2008. 4. 10. 선고 2007다78234 판결 참조.
477) 대법원 2002. 12. 6. 선고 2002다39715 판결과 대법원 2005. 12. 9. 선고 2005다39068 판결.
478) 이후 같은 취지의 판시로는 대법원 2016. 8. 18. 선고 2013다90402 판결 참조.

되는 면이 있던 판결들을 변경하였다.

4. 공동저당실행에 따른 이해관계 조정

(1) 선순위 공동저당권자의 저당권 포기와 후순위저당권자의 대위에 대한 기대이익: 공동저당 부동산 일부가 제3자에게 양도된 경우

대법원 2011. 10. 13. 선고 2010다99132 판결은 채무자 소유의 수개 부동산(해당 사안에서는 공유인 부동산)에 공동저당권이 설정되고 이후 일부 부동산(해당 사안에서는 일부 지분, 이하 '부동산 ⓧ'라 한다)에 관하여 후순위저당권이 설정된 다음, 그 부동산 ⓧ는 경매절차로, 다른 일부 부동산(이하 '부동산 ⓨ'라 한다)은 매매로, 각각 동일한 제3자에게 양도되었는데, 그 사이에 공동저당권자(선순위저당권자)가 위 부동산 ⓨ에 관한 근저당권을 포기하였음에도, 위 부동산 ⓧ에 관한 경매의 배당절차에서 '저당권을 포기하지 않았더라면 후순위저당권자가 대위할 수 있는 한도'에서 후순위저당권자에 우선하여 배당받을 수 없는지가 문제 된 사안을 다루었다.

대법원은 이미 2009년에 "채무자 소유의 수개 부동산에 관하여 공동 저당권이 설정된 경우 민법 제368조 제2항 후문에 의한 후순위저당권자의 대위권은 선순위 공동저당권자가 공동저당의 목적물인 부동산 중 일부의 경매대가로부터 배당받은 금액이 그 부동산의 책임분담액을 초과하는 경우에 비로소 인정되는 것이지만, 후순위저당권자로서는 선순위 공동 저당권자가 피담보채권을 변제받지 않은 상태에서도 추후 공동저당 목적 부동산 중 일부에 관한 경매절차에서 선순위 공동저당권자가 그 부동산의 책임분담액을 초과하는 경매대가를 배당받는 경우 다른 공동저당 목적 부동산에 관하여 선순위 공동저당권자를 대위하여 저당권을 행사할 수 있다는 대위의 기대를 가진다고 보아야 하고, 후순위저당권자의 이와 같은 대위에 관한 정당한 기대는 보호되어야 하므로, 선순위 공동저당권 자가 피담보채권을 변제받기 전에 공동저당 목적 부동산 중 일부에 관한 저당권을 포기한 경우에는, 후순위저당권자가 있는 부동산에 관한 경매절차에서, 저당권을 포기하지 아니하였더라면 후순위저당권자가 대위할 수 있었던 한도에서는 후순위저당권자에 우선하여 배당을 받을 수 없다고 보아야 하고, 이러한 법리는 공동근저당권의 경우에도 마찬가지로 적용된다고 보아야 한다."라고 판시[479]한 바 있다. 선순위 공동저당권자가 피담보채권을 변제받기 전에 공동저당 목적 부동산 중 일부에 관한 저당권을 포기하더라도, 후순위저당권자가 있는 부동산에 관한 경매절차에서, 선순위 공동저당권자가 아닌, 후순위저당권자가 민법 제368조 제2항에 따라 대위할 수 있었던 한도에서 우선 배당받을 수 있도록 한 것이다.[480]

그런데 위 2010다99132 판결 사안은 부동산 ⓧ에 후순위저당권이 설정된 다음에 다른 공동담보물인 부동산 ⓨ가 제3자에게 양도되었다는 점에서 위 2009년 판결 사안과 달랐다. 위 부동산 ⓨ를 양수한 제3자는 제3취득자에 해당하므로, 그와 후순위저당권자와의 대위에 관한 이해관계 조정에 따라 후순위저당권자의 대위에 대한 기대가 달라질 여지가 없는지 검토가 필요하다.

이에 대하여 대법원은 "민법 제368조 제2항에 의하여 공동저당 부동산의 후순위저당권자에게 인정되는 대위를 할 수 있는 지위 내지 그와 같은 대위에 관한 정당한 기대를 보호할 필요성은 그 후 공동저당 부동산이 제3자에게 양도되었다는 이유로 달라지지 않는다. 즉 공동저당 부동산의 일부를 취득하는 제3자로서는 공동저당 부동산에 관하여 후순위저당권자 등 이해관계인들이 갖고 있는 기존의 지위를 전제로 하여 공동저당권의 부담을 인수한 것으로 보아야 하기 때문에 공동저당 목적부동산의 후순위저당권자의 대위에 관한 법적 지위 및 기대는 공동저당 부동산의 일부가 제3자에게 양도되었다는 사정에 의해 영향을 받지 않는다."라고 판시하여, 제3취득자의 취득 전에 이미 후순위저당권자가 가졌던

---

479) 대법원 2009. 12. 10. 선고 2009다41250 판결 참조.
480) 종래 후순위저당권자로부터 동의를 받지 않은 선순위 공동저당권자의 저당권 포기 유무를 후순위저당권자에게 대항할 수 없다는 취지의 설명으로는 이영준(주 80), 931면 참조. 대법원판례의 접근방법이 법률관계를 간명하게 처리하는 장점이 있다는 견해로는 김형석(주 467), 77면 참조.

목적 부동산 가액에 비례하는 대위에 대한 기대이익은 여전히 보호된다
는 법리를 밝혔다.[481]

(2) 대위등기하지 않은 후순위저당권자의 다른 공동담보물 제3취득자에 대한 대위 가부

대법원 2015. 3. 20. 선고 2012다99341 판결은 공동저당의 목적부
동산 중 먼저 경매된 부동산의 후순위저당권자가 다른 부동산에 공동저
당의 대위등기를 하지 않고 있는 사이에 선순위저당권자 등에 의해 그
다른 부동산에 관한 저당권등기가 말소된 경우, 그 상태에서 그 (다른)
부동산에 관하여 소유권이나 저당권 등 새로 이해관계를 취득한 제3취득
자에 대하여 후순위저당권자가 민법 제368조 제2항에 따른 대위를 주장
할 수 있는지가 쟁점이 되었다. 종래 이에 관해서는, 후순위저당권의 대
위에 따른 권리이전은 법률의 규정에 의한 것이고, 이해관계인이 등기부
를 통해 마땅히 대위를 예상할 수 있는 것이라는 이유에서 등기 없이도
저당권 이전의 효력이 발생하므로 대위를 주장할 수 있다는 견해(대위등
기 불요설)가 있었지만,[482] 거래의 안전을 이유로 대위를 주장할 수 없다
는 견해[483]도 있었다.

이에 대하여 대법원은 "민법 제482조 제2항 제1호, 제5호는 변제자
대위의 효과로 채권자가 가지고 있던 채권 및 그 담보에 관한 권리가 법
률상 당연히 변제자에게 이전하는 경우에도, 변제로 인하여 저당권 등이
소멸한 것으로 믿고 목적부동산을 취득한 제3취득자를 불측의 손해로부
터 보호하기 위하여 미리 저당권 등에 대위의 부기등기를 하지 아니하면

---

481) 같은 취지의 설명으로는 양창수, 후순위저당권자 있는 공동저당 부동산에 대한
경매와 물상보증인의 지위, 민법연구(제4권), 박영사(1997), 318-320면 참조. 다만,
위 판시 법리처럼 후순위저당권자의 대위와 제3취득자의 변제자대위의 관계를 후
순위저당권자와 제3취득자의 취득 선후에 따른 우열 문제로 풀이할 것이 아니라,
(제3취득자가 먼저 담보목적물을 취득한 다음에 후순위저당권이 설정된 경우에도)
민법 제482조 제2항 제3호에 따라 각 부동산 가액에 비례하여 대위하도록 하여야
한다는 주장으로는 김형석(주 467), 91-93면 참조.
482) 우선, 이영준(주 80), 931-932면 참조.
483) 우선, 곽윤직·김재형(주 76), 489면 참조.

제3취득자에 대하여 채권자를 대위하지 못하도록 정하고 있다. 이에 따라 자기의 재산을 타인의 채무의 담보로 제공한 물상보증인이 수인일 때 그중 일부의 물상보증인이 채무를 변제한 뒤 다른 물상보증인 소유 부동산에 설정된 근저당권설정등기에 관하여 대위의 부기등기를 하여 두지 아니하고 있는 동안에 제3취득자가 위 부동산을 취득하였다면, 대위변제한 물상보증인들은 제3취득자에 대하여 채권자를 대위할 수 없다."는 점에 착안하였다. 그리하여 "이와 같이 법률상 당연히 이전되는 저당권과 관련하여 그 후에 해당 부동산에 대하여 권리를 취득한 제3취득자를 보호할 필요성은 후순위저당권자의 대위의 경우에도 마찬가지로 존재한다."라고 보았다. 또, "후순위저당권자의 대위의 경우에도 부동산등기법 제80조에서 정한 공동저당의 대위등기를 통하여 제3취득자에게 공시할 수 있으므로, 변제자대위와 마찬가지로 일정한 경우에 대위등기를 선행하도록 요구한다고 하더라도 후순위저당권자에게 크게 불리하지 아니하다. 더욱이 변제자대위의 경우에는 저당권뿐 아니라 채권까지 이전됨에 비하여 후순위저당권자의 대위의 경우에는 채권이 이전되지 아니한다는 점까지 고려하면, 후순위저당권자를 변제자보다 항상 더 보호하여야 할 필요성이 있다고 보기는 어렵다."는 점과 "한편 후순위저당권자의 대위에 의하여 선순위저당권자가 가지고 있던 다른 부동산에 관한 저당권이 후순위저당권자에게 이전된 후에 아직 저당권이 말소되지 아니하고 부동산등기부에 존속하는 경우라면, 비록 공동저당의 대위등기를 하지 아니하더라도 제3취득자로서는 저당권이 유효하게 존재함을 알거나 적어도 저당권이 공동저당권으로서 공시되어 있는 상태에서 이를 알면서 해당 부동산을 취득할 것이므로 저당권의 이전과 관련하여 제3취득자를 보호할 필요성은 적다."는 점도 고려하였다.

　이러한 사정들을 종합하여 대법원은, "먼저 경매된 부동산의 후순위저당권자가 다른 부동산에 공동저당의 대위등기를 하지 아니하고 있는 사이에 선순위저당권자 등에 의해 그 부동산에 관한 저당권등기가 말소되고, 그와 같이 저당권등기가 말소되어 등기부상 저당권의 존재를 확인

할 수 없는 상태에서 그 부동산에 관하여 소유권이나 저당권 등 새로 이
해관계를 취득한 사람에 대해서는, 후순위저당권자가 민법 제368조 제2
항에 의한 대위를 주장할 수 없다."라는 판례 법리를 제시하였다.

　　위 판례 법리에 대해서는 앞서 본 대위등기불요설의 입장에서 비
판적 견해가 제시되고 있기도 하다.[484] 그러나 선순위저당권자 등에 의해
(후순위저당권이 설정되지 않은) 다른 부동산에 관한 저당권등기가 말소되었
다면, 제3취득자로서는 후순위저당권자의 대위를 예상하기 어렵다. 이러한
상황에서 그 법률상 권리를 이전받은 대위권자와 위와 같은 제3취득자 사
이의 이해관계에 관한 규율은 흠결 상태이다. 이때 담보권실행으로 변제자
대위를 하는 물상보증인과 제3취득자 사이의 이해관계에 관한 민법 제482
조 제2항 제1호의 규율과 본질적으로 동일한 법적 효과를 내도록 함이 위
와 같은 규율 흠결상태에 대한 더 적절한 해결이 아닐까 생각한다.[485]

(3) 물상보증인 소유 부동산의 후순위저당권자에 의한 물상대위와 상계

　　이미 앞의 2.항에서 살펴본 바와 같이, 공동저당에 제공된 채무자
소유의 부동산과 물상보증인 소유의 부동산 가운데 물상보증인 소유의
부동산이 먼저 경매되어 그 매각대금에서 선순위공동저당권자가 변제를
받은 때에는 물상보증인이 채무자에 대하여 구상권을 취득함과 동시에
변제자대위에 의하여 채무자 소유의 부동산에 대한 선순위공동저당권을
대위취득하고, 그 물상보증인 소유의 부동산에 대한 후순위저당권자는 물
상보증인이 대위취득한 채무자 소유의 부동산에 대한 선순위공동저당권
에 대하여 물상대위를 할 수 있다.[486] 이때 채무자가 물상보증인에 대한

---

484) 박근웅, 동일한 물상보증인 소유 부동산에 대한 공동저당, 토지법학(제36권 제1호),
　　한국토지법학회(2021), 42면; 이성진, 공동저당의 대위등기와 후순위저당권자의 대
　　위－대법원 2015. 3. 20. 선고 2012다99341 판결－, 영남법학(제42권), 영남대학교
　　법학연구소(2016), 160－161면; 홍봉주, 후순위저당권자 대위와 대위등기－대법원
　　2015. 3. 20. 선고 2012다99341 판결－, 법조(제66권 제1호), 법조협회(2017), 557면
　　이하 참조.
485) 같은 취지로는 이미 김형석(주 467), 76－77면 참조.
486) 위 주 470)의 판결례 참조.

반대채권을 가지고 있다면, 그는 이를 가지고 물상보증인의 구상금 채권
과 상계할 수 있을까?

　대법원 2017. 4. 26. 선고 2014다221777, 221784 판결은 "특별한
사정이 없는 한 물상보증인의 구상금 채권과 상계함으로써 물상보증인
소유의 부동산에 대한 후순위저당권자에게 대항할 수 없다."고 판시하였
다. 그 논거로 "채무자는 선순위공동저당권자가 물상보증인 소유의 부동
산에 대해 먼저 경매를 신청한 경우에 비로소 상계할 것을 기대할 수 있
는데, 이처럼 우연한 사정에 의하여 좌우되는 상계에 대한 기대가 물상
보증인 소유의 부동산에 대한 후순위저당권자가 가지는 법적 지위에 우
선할 수 없다."라는 점을 들었다.

　위 판시는 앞의 Ⅱ.항에서 살핀 '물상대위와 상계'에 관한 판례 법리
와 연결 지어 살펴볼 필요가 있다. 물론, 위 2014다221777 등 판결 사안
에서 후순위저당권자가 물상대위권을 행사하는 대상이 물상보증인의 채
무자에 대한 구상금 채권이 아닌, 이를 확보하기 위한 물상보증인의 변
제자대위 대상인 채무자 소유 부동산에 관한 선순위저당권이기는 하다.
따라서 물상대위의 대상인 채권과 반대채권과의 상계를 다룬 위 Ⅱ.항의
법리가 당연히 적용된다고는 말하기 어렵다.

　그러나 후순위저당권자는 그의 저당권설정 당시부터 해당 저당목적
물(물상보증인 소유물)에 관한 선순위 공동저당권 실행으로 말미암아 다른
공동저당목적물에 설정된 선순위저당권을 대위할 수 있다는 기대이익을
가지고 있다. 물상보증인 소유 저당목적물 처분에 따른 물상보증인의 구
상금 채권 및 변제자대위권 취득과 후순위저당권자의 물상대위권 발생
및 실현·관철 과정에서 위와 같은 기대이익은 보호가치가 있다.[487]

---

[487] 채무자 소유의 수개 부동산에 공동저당이 설정된 경우에, 어느 한 부동산의 후
순위 권리자가 민법 제368조 제2항에 따른 대위를 할 수 있다는 기대이익이 담보
권실행 전에도 보호된다는 취지의 판례 법리로는 앞의 (1)에서 본 2010다99132 판
결 등 참조. 공동저당이 설정된 수개의 부동산 중 일부는 채무자 소유, 일부는 물
상보증인 소유로서, 물상보증인 소유 부동산의 후순위권리자가 물상보증인의 변제
자대위의 대상인 선순위저당권을 물상대위할 수 있다는 기대이익도 위와 마찬가지
로 보호가 필요하다 할 것이다.

그런데 민법은 타인 권리의 목적이 되어 그 지급이 제한되어야 하는 상황에서의 상계 허부와 관련하여, 민법 제498조를 두어 지급금지명령을 받은 후에 제3채무자가 취득한 자동채권으로 상계를 할 수 없다고 규정한다. 그리고 이 규정이 정하지 않은 상황, 즉 지급이 제한되어야 하는 때 이전에 반대채권(자동채권)이 발생한 때에 관하여, 대법원은 이른바 상계를 주장하는 반대채권자의 상계에 대한 합리적 기대이익 존부에 따라 상계 허부를 판가름해왔다.[488] 이러한 법리는 상계의 수동채권 자체가 타인 권리의 목적은 아니지만, 그 임의 지급이나 그 밖의 원인에 따른 소멸로 타인의 권리나 보호가치 있는 이익의 실현 및 관철이 저해될 수 있는 때에도 유추할 수 있다고 본다. 따라서 위 2014다221777 등 판결 사안처럼, 구상금 채권 자체가 (물상보증인 아닌) 타인 권리의 목적이 되지는 않았지만, 그에 터 잡은 후순위저당권자의 선순위저당권에 대한 물상대위권 실현·관철을 상계로써 좌절시킬 수 있는지를 판단할 때도 위 법리에서 제시하는 이른바 '합리적 기대이익'이 고려되어야 한다.

좀 더 구체적으로 보면, 후순위권리자는 그 후순위저당권 설정 당시부터 위와 같은 기대이익을 가지게 되므로, 채무자는 그 이후에 물상보증인에 대해 취득한 반대채권에 의한 상계로써 그 기대이익의 실현·관철을 저해할 수 없다.[489] 그 이전에 반대채권(자동채권)을 취득하였더라도, 그 변제기가 수동채권(구상금채권)보다 늦다면 상계를 주장할 합리적 기대이익을 인정할 수 없다. 그뿐만 아니라, 후순위저당권자의 저당권 설정 전에 취득하고 그 변제기도 구상금채권 발생 전에 도래한 경우도 합리적 기대이익을 인정할 수 없다. 반대채권(자동채권)의 발생 및 그 변제기 도래 시에 수동채권인 구상금채권의 발생 자체가 선순위저당권자의 담보권 실행 대상의 선택이나 그 반대채권자인 채무자의 변제 여부에 따라 달라지기 때문이다. 이처럼 제3자의 임의적 선택이나 반대채권자의 조치에

---

488) 위 주 442) 및 해당 본문 부분 참조.
489) 위 Ⅱ.항에서 살핀 대법원 2014. 9. 25. 선고 2012다58609 판결 및 대법원 2014. 10. 27. 선고 2013다91672 판결도 아울러 참조.

따라 대립하는 두 채권의 존재 여부가 달라지는 상황에서 반대채권자(채무자)가 자신의 물상보증인에 대한 채권이 상계의 자동채권이 될 것이라고 (특히 물상보증인 소유 저당 목적물에 대한 경매신청 전에는) 기대하기도 어렵고, (해당 경매신청 전후로 설령) 기대하였더라도 이는 후순위저당권자의 물상대위권의 실현·관철을 저해할 만한 정도의 합리적 기대라고는 보기 어려운 것이다.

대법원이 '우연한 사정에 의하여 좌우되는 상계에 대한 기대'가 '물상보증인 소유의 부동산에 대한 후순위저당권자가 가지는 법적 지위에 우선할 수 없다.'라고 판시한 것은, 비록 위와 같은 여러 상황 중 일부에 대한 이해관계인의 이익 상태를 평가한 것이기는 하지만, 해당 사안의 채무자(반대채권자)가 후순위저당권자의 물상대위권 실현·관철을 저해할 수 있을 정도의 상계에 대한 합리적 기대이익을 가지지 못하였음을 밝힌 취지로서 타당한 판단이라고 생각한다.

Ⅸ. (공동)근저당

1. 피담보채권의 확정사유

담보할 채권의 최고액만을 정하고 채무의 확정을 장래에 유보하여 설정하는 근저당권은, 그 피담보채무가 확정될 때까지의 채무의 소멸 또는 이전이 근저당권에 영향을 미치지 않는다. 가령, 근저당부동산에 대하여 소유권, 전세권 등의 권리를 취득한 제3자는 피담보채무가 확정된 이후에야 채권최고액 범위 내에서 그 확정된 피담보채무를 변제하고 근저당권의 소멸을 청구할 수 있다.[490]

따라서 근저당권의 피담보채권이 언제 확정되는지는 근저당권을 둘러싼 이해관계인들에게 중요한 의미를 지닌다. 대법원은 2010년대에도

---

490) 대법원 2002. 5. 24. 선고 2002다7176 판결 등 참조. 다만, 채무자가 그 부동산의 소유자 겸 근저당설정자인 경우에는 그 피담보채무는 채무자가 채권자인 근저당권자에 대하여 부담하는 채무 전액으로 보아야 하므로 채무자로서는 채권최고액이 아니라 확정된 피담보채무액 전액을 변제공탁하지 않는 한 적법한 변제공탁이 될 수 없다는 대법원 2011. 7. 28. 선고 2010다88507 판결도 참조.

이와 관련하여 다음과 같이 의미 있는 판례 법리를 제시하였다.

(1) 물상보증인이 설정한 근저당권 채무자의 합병

대법원 2010. 1. 28. 선고 2008다12057 판결은 물상보증인이 설정한 근저당권의 채무자가 합병으로 소멸하는 경우의 확정 시기에 관한 판시를 하였다. 즉, 위 경우에 "합병 후의 존속회사 또는 신설회사는 합병의 효과로서 채무자의 기본계약상 지위를 승계하지만 물상보증인이 존속회사 또는 신설회사를 위하여 근저당권설정계약을 존속시키는 데 동의한 경우에 한하여 합병 후에도 기본계약에 기한 근저당거래를 계속할 수 있고, 합병 후 상당한 기간이 지나도록 그러한 동의가 없는 때에는 합병 당시를 기준으로 근저당권의 피담보채무가 확정된다."라고 보았다. 따라서 "위와 같이 근저당권의 피담보채무가 확정되면, 근저당권은 그 확정된 피담보채무로서 존속회사 또는 신설회사에 승계된 채무만을 담보하게 되므로, 합병 후 기본계약에 의하여 발생한 존속회사 또는 신설회사의 채무는 근저당권에 의하여 더 이상 담보되지 아니한다."라고 하면서, "이러한 법리는 채무자의 합병 전에 물상보증인으로부터 저당목적물의 소유권을 취득한 제3자가 있는 경우에도 마찬가지로 적용된다."라고 판시하였다. 계속적 계약관계에 있는 물상보증인 또는 제3취득자가 채무자의 합병 후에도 근저당거래관계의 지속에 관한 동의 또는 부동의 내지는 이를 추단하는 사정에 따라 피담보채무 확정 여부를 정하도록 한 것이다. 이러한 판시 법리는, 존속기간이나 결산기를 정하지 않은 때에, 당사자 사이에 다른 약정이 있으면 그에 따르고, 그러한 약정이 없는 경우라면 근저당권설정자가 근저당권자를 상대로 언제든지 계약 해지의 의사표시를 함으로써 피담보채무를 확정시킬 수 있다는 종전 판시 법리[491]와도 상통한다.

(2) 공동근저당 부동산 중 일부에 대한 제3자 경매신청에 따른 배당

공동근저당권자가 목적 부동산 중 일부 부동산에 대하여 제3자가 신

---

491) 대법원 2002. 5. 24. 선고 2002다7176 판결; 대법원 2017. 10. 31. 선고 2015다 65042 판결 등 참조.

청한 경매절차에 소극적으로 참가하여 우선배당 받은 경우, 해당 부동산에 관한 근저당권의 피담보채권은 그 근저당권의 소멸 시기, 즉 매수인이 매각대금을 지급한 때에 확정되는 것으로 본다.[492]

그런데 **대법원 2017. 9. 21. 선고 2015다50637 판결**은 위 경우에 나머지 목적 부동산에 관한 근저당권의 피담보채권도 확정되는지가 쟁점인 사안을 다루었다. 이에 대해 대법원은 "이때 나머지 목적 부동산에 관한 근저당권의 피담보채권은 기본거래가 종료하거나 채무자나 물상보증인에 대하여 파산이 선고되는 등의 다른 확정사유가 발생하지 아니하는 한 확정되지 아니한다고 본다."라고 판시하였다.[493] 그 논거로서 "공동근저당권자가 제3자가 신청한 경매절차에 소극적으로 참가하여 우선배당을 받았다는 사정만으로는 당연히 채권자와 채무자 사이의 기본거래가 종료된다고 볼 수 없고, 기본거래가 계속되는 동안에는 공동근저당권자가 나머지 목적 부동산에 관한 근저당권의 담보가치를 최대한 활용할 수 있도록 피담보채권의 증감·교체를 허용할 필요가 있으며, 위와 같이 우선배당을 받은 금액은 나머지 목적 부동산에 대한 경매절차에서 다시 공동근저당권자로서 우선변제권을 행사할 수 없어 이후에 피담보채권액이 증가하더라도 나머지 목적 부동산에 관한 공동근저당권자의 우선변제권 범위는 위 우선배당액을 공제한 채권최고액으로 제한되므로 후순위 근저당권자나 기타 채권자들이 예측하지 못한 손해를 입게 된다고 볼 수 없기 때문이다."라는 점을 제시하였다.

종래 공동근저당권의 확정시기에 관하여 동시확정설[494]과 개별확정설[495]의 대립이 있었다. 대법원은 위와 같은 논거로써 개별확정설을 취하

492) 대법원 1999. 9. 21. 선고 99다26085 판결 참조. 한편, 공동근저당권자가 스스로 근저당권의 목적물 중 어느 하나에 대해 경매를 신청하여 근저당권이 실행되었다면, 근저당권자의 경매신청시에 다른 담보목적물에 관한 근저당권이 확정된다고 보았다. 이에 관해서는 대법원 1996. 3. 8. 선고 95다36596 판결 참조.
493) 이미 이러한 전제에서 판시한 것으로 파악되는 사안으로는 대법원 2006. 10. 27. 선고 2005다14502 판결; 대법원 2012. 1. 12. 선고 2011다68012 판결 참조.
494) 윤진수, 2006년도 주요 민법 관련 판례 회고, 서울대학교 법학(제48권 제1호), 서울대학교 법학연구소(2007), 417-418면 참조.

였다고 볼 수 있다. 공동근저당물 중 일부에 대하여 공동근저당권이 실행되면 나머지 부분도 종료하는지는 궁극적으로는 "(경우에 따라서는 보충적) 계약해석의 문제"로 봄[496]이 타당하다고 생각한다. 이러한 관점에서 보면, 대법원은 공동근저당권자가 '제3자가 신청한 경매절차'에 소극적으로 참가하여 우선배당을 받았다는 사정만으로 기본계약이나 근저당거래계약의 해지 등 의사표시가 있었던 것으로는 해석할 수 없는 객관적·규범적 관점의 논거를 제시한 것으로 풀이할 수 있다.

2. 피담보채권 일부를 먼저 배당받은 공동근저당권자의 우선변제권 범위

한편 위 2015다50637 판결은, 공동근저당권자가 선행 경매절차에서 우선배당받은 금액이 다른 부동산에 대한 공동근저당권의 채권최고액에 미치지 아니하므로 그 (다른) 근저당권은 채권최고액만 위 우선배당액을 공제한 금액으로 감액되어 존속한다는 취지를 밝혔다.[497]

위와 같은 취지는 기존의 몇몇 대법원판례들[498]에서 확인할 수 있었던 것이기는 하지만, 이와 달리, 공동근저당의 목적 부동산이 일부씩 나누어 순차로 경매 실행되어 근저당권자가 배당받은 원본 및 지연이자의 합산액이 결과적으로 채권최고액으로 되어 있는 금액을 초과하였더라도 그것만으로 책임한도 범위 내의 피담보채권이 모두 소멸하였다고 볼 수 없다는 취지가 대법원 판결례[499]로 제시된 바도 있었다.

---

495) 우선 곽윤직·김재형(주 76), 510면 등 참조.
496) 이동진, 공동근저당의 법리－대법원 2017. 9. 21. 선고 2015다50637 판결－민사법학(제93호), 한국민사법학회(2020), 163－164면 참조[따라서 공동근저당권자가 스스로 어느 하나의 목적물에 대해 경매를 신청하여 근저당권이 실행되면, 그 경매 신청시에 다른 목적물에 대한 근저당권도 확정된다고 본 위 주 492)의 95다36596 판결도 그때그때의 의사해석의 결론일 뿐이라고 본다].
497) 위 2015다50637 판결의 이유 부분 참조.
498) 대법원 2006. 10. 27. 선고 2005다14502 판결; 대법원 2012. 1. 12. 선고 2011다68012 판결 참조.
499) 대법원 2009. 12. 10. 선고 2008다72318 판결 및 민법주해[Ⅶ](주 373), 212－213면(조대현 집필) 참조.

이러한 상황에서, 대법원 2017. 12. 21. 선고 2013다16992 전원합의체 판결은 반대의견 없이 "우선변제받은 금액에 관하여는 공동담보의 나머지 목적 부동산에 대한 경매 등의 환가절차에서 다시 공동근저당권자로서 우선변제권을 행사할 수 없다"라고 판시하였다. 그 판결요지를 좀 더 살펴 보면, 대법원은 우선 "공동저당권의 목적인 수개의 부동산이 동시에 경매된 경우에 공동저당권자로서는 어느 부동산의 경매대가로부터 배당받든 우선변제권이 충족되기만 하면 되지만, 각 부동산의 소유자나 후순위저당권자 그 밖의 채권자는 어느 부동산의 경매대가가 공동저당권자에게 배당되는지에 관하여 중대한 이해관계를 가진다. 민법 제368조 제1항은 공동저당권 목적 부동산의 전체 환가대금을 동시에 배당하는 이른바 동시배당의 경우에 공동저당권자의 실행선택권과 우선변제권을 침해하지 아니하는 범위 내에서 각 부동산의 책임을 안분함으로써 각 부동산의 소유자와 후순위저당권자 그 밖의 채권자의 이해관계를 조절하고, 나아가 같은 조 제2항은 대위제도를 규정하여 공동저당권의 목적 부동산 중 일부의 경매대가를 먼저 배당하는 이른바 이시배당의 경우에도 최종적인 배당의 결과가 동시배당의 경우와 같게 함으로써 공동저당권자의 실행선택권 행사로 인하여 불이익을 입은 후순위 저당권자를 보호하는 데에 그 취지가 있다."라는 점을 확인하였다. 더불어 "민법 제368조는 공동근저당권의 경우에도 적용되고, 공동근저당권자가 스스로 근저당권을 실행한 경우는 물론이며 타인에 의하여 개시된 경매·공매 절차, 수용절차 또는 회생 절차 등(이하 '경매 등의 환가절차'라 한다)에서 환가대금 등으로부터 다른 권리자에 우선하여 피담보채권의 일부에 대하여 배당받은 경우에도 적용된다."는 점도 분명히 하였다. 그리고 먼저, 공동근저당권이 설정된 목적 부동산에 대하여 동시배당이 이루어지는 경우에 관하여, "공동근저당권자는 채권최고액 범위 내에서 피담보채권을 민법 제368조 제1항에 따라 부동산별로 나누어 각 환가대금에 비례한 액수로 배당받으며, 공동근저당권의 각 목적 부동산에 대하여 채권최고액만큼 반복하여, 이른바 누적적으로 배당받지 아니한다."라고 하면서, "그렇다면 공동근저당권이 설정된 목적 부동산에 대하여 이시배당이 이루어지는 경우에도 동시배당의 경우와 마찬가지로 공동근저당권자가 공동근저당권 목적 부동산의 각 환가대금으로부터 채권최고액만큼 반복하여 배당받을 수는 없다고 해석하는 것이 민법 제368조 제1항 및 제2항의 취지에 부합한다."고 하였다. 따라서 대법원은 "공동근저당권자가 스스로 근저당권을 실행하거나 타인에 의하여 개시된 경매 등의 환가절차를 통하여 공동담보의 목적 부동산 중 일부에 대한 환가대금 등으로부터 다른 권리자에 우선하여 피담보채권의 일부에 대하여 배당받은 경우에, 그와 같이 우선변제받은 금액에 관하여는 공동담보의 나머지 목적 부동산에 대한 경매 등의 환가절차에서 다시 공동근저당권자로서 우선변제권을 행사할 수 없다고 보아야 하며, 공동담보의 나머지 목적 부동산에 대하여 공동근저당권자로서 행사할 수 있는 우선변제권의 범위는 피담보채권의 확정 여부와 상관없이 최초의 채권최고액에서 위와 같이 우선변제받은 금액을 공제한 나머지 채권최고액으로 제한된다고 해석함이 타당하다."라고 판시하였고, 덧붙여 "이러한 법리는 채권최고액을 넘는 피담보채권이 원금이 아니라 이자·지연손해금인 경우에도 마찬가지로 적용된다."라고 하였다. 민법 제368조의 규범취지를 공동근저당의 이시배당, 특히 타인에 의해 개시된 환가절차에서의 (일부) 우선 배당이 있었지만 나머지 목적 부동산에 대한 피담보채권이 여전히 미확정인 경우에도 관철하려는 타당한 시도라고 평가할 수 있다.[500)]

이후 대법원 2018. 7. 11. 선고 2017다292756 판결은, 위와 같은 법리는 "채무자 소유 부동산과 물상보증인 소유 부동산에 공동근저당권이 설정된 후 공동담보의 목적 부동산 중 채무자 소유 부동산을 임의환가하여 청산하는 경우, 즉 공동담보의 목적 부동산 중 채무자 소유 부동산을 제3자에게 매각하여 그 대가로 피담보채권의 일부를 변제하는 경우에도 적용되어, 공동근저당권자는 그와 같이 변제받은 금액에 관하여는

---

500) 권영준(주 10), 114–115면; 윤진수(주 10) 290–291면 등 참조.

더 이상 물상보증인 소유 부동산에 대한 경매 등의 환가절차에서 우선변제권을 행사할 수 없다."라고 판시하였다. "만일 위와 달리 공동근저당권자가 임의환가 방식을 통해 채무자 소유 부동산의 대가로부터 피담보채권의 일부를 변제받았음에도, 이후 공동근저당권의 다른 목적 부동산인 물상보증인 소유 부동산에 대한 경매 등의 환가절차에서 우선변제권을 행사할 수 있다고 보게 되면, 채무자 소유 부동산의 담보력을 기대하고 자기의 부동산을 담보로 제공한 물상보증인의 기대이익을 박탈하게 되는 것일 뿐만 아니라, 공동근저당권자가 담보 목적물로부터 변제받는 방법으로 임의환가 방식을 선택하였다는 이유만으로 물상보증인의 책임 범위가 달라지게 되어 형평에 어긋나기 때문"이라는 타당한 논거를 제시하였다.

제4절 비전형담보

Ⅰ. 가등기담보

1. 가등기담보법의 적용 가부: 부동산에 관한 가등기나 소유권이전등기 없는 담보계약 사안

가등기담보법 제3조, 제4조는, 채권자가 같은 법 제2조 제1호에서 정한 담보계약에 따른 '담보권'을 실행하는 방법으로서 귀속정산 절차를 규정한 것이다. 가등기담보법 제3조(담보권 실행의 통지와 청산기간), 제4조(청산금의 지급과 소유권의 취득)가 적용되기 위해서는 채권자가 담보목적부동산에 관하여 가등기나 소유권이전등기 등을 마침으로써 '담보권'을 취득하였음을 요한다. 따라서 종래부터, 위와 달리 채권자가 채무자와 담보계약을 체결하였지만, 담보목적부동산에 관하여 가등기나 소유권이전등기를 마치지 아니한 경우에는 '담보권'을 취득하였다고 볼 수 없다는 이유에서 가등기담보법 제3조, 제4조를 원칙적으로 적용하지 않아 왔다.[501]

대법원 2013. 9. 27. 선고 2011다106778 판결은, 채권자와 채무자

---

501) 대법원 1996. 11. 15. 선고 96다31116 판결; 대법원 1999. 2. 9. 선고 98다51220 판결 등 참조.

가 담보계약을 체결하였지만 담보목적부동산에 관하여 가등기나 소유권이전등기를 마치지 아니한 상태에서 채권자로 하여금 귀속정산 절차에 의하지 않고 담보목적부동산을 타에 처분하여 채권을 회수할 수 있도록 약정한 사안을 다루었는데, 대법원은 앞서 본 가등기담보법 및 그 해석에 관한 판례 법리에 따라, 위와 같은 약정이 가등기담보법의 규제를 잠탈하기 위한 탈법행위에 해당한다는 등의 특별한 사정이 없는 한 가등기담보법 제3조, 제4조를 적용하지 않고, 따라서 가등기담보법이 정한 청산 절차 외의 처분청산에 관한 약정이 가등기담보법을 위반한 것으로 무효라고는 할 수 없음을 밝혔다.

2. 가등기담보 설정 후에 이해관계 있는 제3자가 있는 상태에서 확장·변경된 피담보채권의 우선변제권 인정 여부

채권자와 채무자는 가등기담보권설정계약을 체결하면서 가등기 이후에 발생할 채권도 후순위권리자에 대하여 (우선변제권을 가지는) 가등기담보권의 피담보채권에 포함시키기로 약정할 수 있다.[502] 가등기담보권 존재가 가등기로 공시되므로 후순위권리자로 하여금 예측할 수 없는 위험에 빠지게 한다고도 볼 수 없다.[503]

한편, 가등기담보권을 설정한 후에 채권자와 채무자의 약정으로 새로 발생한 채권을 기존 가등기담보권의 피담보채권에 추가할 수도 있다.[504] 다만, 가등기담보권 설정 후에 후순위권리자나 제3취득자 등 이해관계 있는 제3자가 생긴 상태에서 새로운 약정으로 기존 가등기담보권에 피담보채권을 추가하거나 피담보채권의 내용을 변경·확장하는 경우라면, 달리 보아야 할 것이다. 대법원 2011. 7. 14. 선고 2011다28090 판결도 같은 취지를 판시하였다. 즉, 가등기담보권 설정 후에 후순위권리자나 제

---

502) 대법원 1993. 4. 13. 선고 92다12070 판결 참조.
503) 위 주 502)의 92다12070 판결 참조.
504) 대법원 1985. 12. 24. 선고 85다카1362 판결; 대법원 1989. 4. 11. 선고 87다카992 판결 참조.

3취득자 등 이해관계 있는 제3자가 생긴 상태에서 위와 같은 피담보채권의 추가 또는 그 내용의 변경, 확장은 "이해관계 있는 제3자의 이익을 침해하게 되므로, 이러한 경우에는 피담보채권으로 추가, 확장한 부분은 이해관계 있는 제3자에 대한 관계에서는 우선변제권 있는 피담보채권에 포함되지 않는다고 보아야 한다."라고 타당하게 판시하였다.

3. 가등기담보 목적물에 관한 차임의 귀속

종래 대법원은, 일반적으로 담보목적으로 가등기를 경료한 경우 담보물에 대한 사용·수익권은 가등기설정자인 소유자에게 있지만, 가등기담보권 실행으로 청산절차가 종료된 후에는 그 담보목적물의 사용·수익권이 채권자에게 있음을 밝힌 바 있다.[505]

그런데 담보가등기에 기하여 마쳐진 본등기가 가등기담보법 제3조, 제4조에서 정한 절차를 거치지 않아 무효인 경우에는 어떠한지, 특히 채무자가 자신이 소유하는 담보목적 부동산에 관하여 채권자와 임대차계약을 체결하고 채권자에게 차임을 지급하거나 채무자가 자신과 임대차계약을 체결하고 있는 임차인으로 하여금 채권자에게 차임을 지급하도록 하여 채권자가 차임을 수령한 사안에서는 그 차임의 귀속을 어떻게 볼 것인지가 문제 될 수 있다. 대법원 2019. 6. 13. 선고 2018다300661 판결이 위와 같은 사안을 다루었다.

이에 대하여 대법원은 우선, "담보가등기에 기하여 마쳐진 본등기가 무효인 경우, 담보목적 부동산에 대한 소유권은 담보가등기 설정자인 채무자 등에게 있고 소유권의 권능 중 하나인 사용수익권도 당연히 담보가등기 설정자가 보유한다."라고 하였다. 가등기담보법이 정한 청산절차가 이루어지지 않아 그 본등기가 무효로 된 이상, 당초의 권리자인 소유자, 즉 채무자 등에게 여전히 그 사용·수익권이 있다고 본 것이다. 그렇다면, 그 사이에 채권자가 사용·수익권 귀속자인 듯 체결된 임대차계약에 따라 채무자 등으로부터 수령한 차임은 어떻게 되는가? 대법원은 위와

---

505) 대법원 2001. 2. 27. 선고 2000다20465 판결 참조.

같이 채무자 등에게 그 사용·수익권이 있다는 기초 위에서 "채권자와 채무자 사이에 위 차임을 피담보채무의 변제와는 무관한 별개의 것으로 취급하기로 약정하였거나 달리 차임이 피담보채무의 변제에 충당되었다고 보기 어려운 특별한 사정이 없는 한 위 차임은 피담보채무의 변제에 충당된 것으로 보아야 한다."라고 판시하였다.

채권자와 채무자 사이의 담보목적물 차임 지급에 관한 약정은 담보가등기에 기한 본등기 과정에서 채권자에게 해당 목적물에 관한 사용·수익권이 귀속됨을 전제로 체결된 것일 터이다. 그러나 위 본등기가 가등기담보법을 위반한 무효의 등기이므로 여전히 채무자 측에 사용·수익권이 남아 있음에도, 임대인의 목적물 사용·수익하게 할 의무가 원시적으로 불능인 임대차계약이 체결되었다고 볼 수 있다. 이럴 때 채무자가 채권자에게 차임 정도의 돈을 지급하기로 약정한 것에 관해서는, 달리 채무자와 채권자 사이의 특별한 약정이 있지 않은 한, 위와 같은 무효를 알았더라면 피담보채무의 변제충당에 관한 합의를 의욕 하였으리라는 가정적 의사를 인정할 수 있다(민법 제138조).[506] 따라서 대법원의 위 판시는 타당하다고 본다.[507]

---

506) 위와 같은 보충적 해석 외에 규범적 해석도 고려하는 견해로는 이지영, 가등기담보의 목적물에 관한 차임의 귀속과 담보계약의 해석, 민법논고—이론과 실무(윤진수교수정년기념), 박영사(2020), 333면 참조.

507) 한편, 이지영(주 506), 329–332면은, 위 판시에 나온 '채권자와 채무자 사이에 위 차임을 피담보채무의 변제와는 무관한 별개의 것으로 취급하기로 약정'한 경우와 '차임을 피담보채권과 별도로 받기로 약정한 경우'가 같다는 전제에서 대법원의 위 2018다300661 판결의 판시 중 '채권자와 채무자 사이에 위 차임을 피담보채무의 변제와는 무관한 별개의 것으로 취급하기로 약정'한 경우를 변제충당 합의의 가정적 의사를 인정할 수 없는 예외적 사유로 제시한 것이 타당하지 않다고 비판한다. 그러나 후자의 약정은 본등기가 무효인 이상 원시적 불능인 임대차계약에 따른 차임지급약정이므로 마찬가지로 무효이다. 본등기가 유효하다면, 위와 같은 차임지급약정은 유효하다고 보아야 한다. 따라서 대법원이 위 판시에서 밝힌 '채권자와 채무자 사이에 위 차임을 피담보채무의 변제와는 무관한 별개의 것으로 취급하기로 약정'은 위와 같은 가정적 의사를 인정할 수 없는 별도의 약정을 의미할 뿐, '차임을 피담보채권과 별도로 받기로 약정한 경우'와 동일시할 것은 아니라고 본다.

4. 가등기담보법 제3조, 제4조를 위반한 본등기 후 당사자 사이에 가등기에 기한 본등기를 이행한다는 내용의 화해권고결정이 확정된 경우의 본등기 효력

가등기담보법 제3조, 제4조의 각 규정을 위반하여 담보가등기에 기한 본등기가 이루어지면, 그 본등기는 무효로 본다.[508] 다만 가등기권리자가 가등기담보법 제3조, 제4조에 정한 절차에 따라 청산금의 평가액을 채무자 등에게 통지한 후 채무자에게 정당한 청산금을 지급하거나 지급할 청산금이 없는 경우에는 채무자가 그 통지를 받은 날부터 2개월의 청산기간이 지나야 무효인 해당 본등기가 실체적 법률관계에 부합하는 유효한 등기가 될 수 있다.[509]

그런데 대법원 2017. 8. 18. 선고 2016다30296 판결 사안에서는, 가등기담보법에 따른 청산절차를 거치지 않은 채 본등기가 마쳐진 후에 가등기에 기한 본등기를 이행한다는 내용의 화해권고결정이 확정되었을 때 그 본등기의 효력이 어떻게 되는지가 문제 되었다. 이에 대하여 대법원은 "그러한 화해권고결정의 내용이 가등기담보법 제3조, 제4조가 정한 청산절차를 갈음하는 것으로 채무자 등에게 불리하지 않다고 볼 만한 특별한 사정이 없는 한, 위와 같이 확정된 화해권고결정이 있다는 사정만으로는 무효인 본등기가 실체관계에 부합하는 유효한 등기라고 주장할 수 없다."라고 한 다음, "나아가 그러한 화해권고결정에 기하여 다시 본등기를 마친다고 하더라도 그 본등기는 가등기담보법의 위 각 규정을 위반하여 이루어진 것이어서 여전히 무효라고 할 것이다."라고 판시하였다.

위와 같이 가등기담보법에 따른 청산절차를 거치지 아니한 채 확정판결이나 제소전화해, 재판상화해, 화해권고결정 등에 의해 본등기가 경료되면, 그와 같은 확정판결이나 화해 등의 기판력이 발생하더라도, 이는 가등기담보설정자의 소유권이전등기절차 이행의무의 존재에만 미치는 것

---

508) 대법원 1994. 1. 25. 선고 92다20132 판결 등 참조.
509) 대법원 2010. 8. 19. 선고 2009다90160 판결 등 참조.

이지 그로 인한 소유권이전의 효과에까지 미치는 것은 아니다. 그 소유권이전등기가 가등기담보법상 소유권을 이전시키는 효력이 없음을 주장하는 것은 기판력에 저촉된다고 볼 수 없다.[510] 따라서 위와 같은 화해권고결정이나 그 밖에 확정판결 등이 있더라도 가등기담보법에 위반하여 무효인 본등기의 효력이 달라지지 않는다는 위 판시가 타당하다.

5. 환수권에 관한 제척기간
(1) 변제조건부 말소등기청구소송 계속 중의 제척기간 도과

가등기담보법 제11조 본문은 같은 법 제2조 제2호에서 정한 채무자 등(이하 '채무자 등'이라고 한다)은 청산금채권을 변제받을 때까지 그 피담보채무액(반환할 때까지의 이자와 손해금을 포함한다)을 채권자에게 지급하고 그 채권담보의 목적으로 마친 소유권이전등기의 말소를 청구할 수 있다고 하여 채무자 등의 환수권을 규정한다. 다만, 같은 조 단서 전단은 그 채무의 변제기가 지난 때부터 10년이 지난 경우에는 그러하지 아니하다고 규정한다.

이러한 가등기담보법 제11조의 규정 내용 및 체계에 비추어 보면, 채무자 등이 가등기담보법 제11조 본문에 따라 환수권 행사의 일환으로 채권담보 목적으로 마친 소유권이전등기의 말소를 구하기 위해서는 그때까지의 이자와 손해금을 포함한 피담보채무액을 전부 지급함으로써 그 요건을 갖추어야 한다고 볼 수 있다.[511] 한편, 가등기담보법 제11조 단서에 정한 10년의 기간은 제척기간으로서 그 기간의 경과 자체만으로 권리소멸의 효과가 발생하므로, 가등기담보법 제11조 본문에 정한 채무자 등의 말소청구권은 위 제척기간의 경과로 확정적으로 소멸한다고 보아야 한다.[512]

---

510) 지귀연, 가등기담보 등에 관한 법률 제3조, 제4조를 위반하여 담보가등기에 기한 보등기가 이루어졌으나, 이후 당사자 사이에 가등기에 기한 본등기를 이행한다는 내용의 화해권고결정이 확정된 경우 본등기의 효력, 대법원판례해설(제113호), 법원도서관(2018), 179면 참조.
511) 대법원 2007. 6. 1. 선고 2005다3304 판결 등 참조.

그런데 대법원 2014. 8. 20. 선고 2012다47074 판결 사안에서는, 채무자 등이 제척기간 경과 전에 피담보채무를 변제하지 아니한 채 또는 변제를 조건으로 하여 가등기담보법 제11조 본문에 따른 말소청구권을 행사한 것만으로 제척기간 내의 권리행사로 볼 수 있는지가 쟁점이 되었다. 특히, 해당 사안에서는 변제조건부 말소등기청구소송이 장래이행의 소 형태로 제기되었다.[513] 이에 대하여 대법원은 위와 같은 "가등기담보법 규정의 내용과 제척기간 제도의 본질에 비추어 보면, 채무자 등이 위 제척기간이 경과하기 전에 피담보채무를 변제하지 아니한 채 또는 그 변제를 조건으로 담보목적으로 마친 소유권이전등기의 말소를 청구하더라도 이를 제척기간 준수에 필요한 권리의 행사에 해당한다고 볼 수 없으므로, 채무자 등의 위 말소청구권은 위 제척기간의 경과로 확정적으로 소멸한다."라고 하면서, "이러한 법리는 채무자 등이 피담보채무를 변제하지 아니한 채 또는 그 변제를 조건으로 위 소유권이전등기의 말소등기를 청구하는 소를 제기한 경우에도 마찬가지로 적용된다."라고 판시하였다. 환수권 행사를 위해 변제조건부 말소등기청구소송을 장래이행의 소 형태로 제기할 수 있고, 담보권자의 태도로 보아 피담보채무가 전부 변제되더라도 즉시 담보목적 등기의 말소에 협력하리라 기대하기 어렵다고 인정된다면 '미리 청구할 필요'를 인정할 수 있지만,[514] 그러한 장래이행의 소 계속 중에 제척기간이 도과된 경우에는 가등기담보법 제11조의 규정 내용 및 체계에 비추어 환수권으로서의 가등기 등 말소청구권이 확정적으로 소멸된다고 봄이 타당하다 할 것이다.[515]

(2) 제척기간 경과 후의 법률관계

대법원 2018. 6. 15. 선고 2018다215947 판결에서는 위와 같은 환

---

512) 아래 본문에서 볼 대법원 2018. 6. 15. 선고 2018다215947 판결 참조.
513) 위 2012다47074 판결의 원심판결인 창원지방법원 2012. 5. 2. 선고 2011나1723 판결 및 김상훈, 담보채무의 변제를 조건으로 한 가등기말소청구권의 행사요건 및 그 소멸시기, 대법원판례해설(제101호), 법원도서관(2015), 172-174면 참조.
514) 김상훈(주 513), 179-180면 및 같은 면에 인용된 문헌 참조.
515) 김상훈(주 513), 182-183면 참조.

수권에 대한 제척기간 도과 후에 채권자가 여전히 청산금 지급의무를 부담하는지가 쟁점이 되었다. 이에 대법원은 먼저 가등기담보법의 입법 취지가 "가등기담보계약 등의 법률관계를 명확히 하여 채무자를 보호하고 채권자 및 후순위권리자 등 이해관계인과의 법률관계를 합리적으로 조정하는 데"에 있고, "이를 위하여 가등기담보법은 제3조, 제4조 등에서 채권자가 가등기담보계약에 따른 담보권을 실행하여 담보목적부동산의 소유권을 취득하려면 반드시 청산절차를 거치도록 규정하고 있다."는 점을 확인한 다음, "이러한 <u>가등기담보법의 입법 취지 및 가등기담보법 제3조, 제4조의 각 규정 내용에 비추어 볼 때, 가등기담보법 제11조 단서에 정한 제척기간이 경과함으로써 채무자 등의 말소청구권이 소멸하고 이로써 채권자가 담보목적부동산의 소유권을 확정적으로 취득한 때에는 채권자는 가등기담보법 제4조에 따라 산정한 청산금을 채무자 등에게 지급할 의무가 있고, 채무자 등은 채권자에게 그 지급을 청구할 수 있다.</u>"라고 판시하였다.

　　가등기담보법 제11조 단서 규정이 청산금지급을 둘러싼 채권채무관계에 관한 권리행사기간을 정한 것은 아니다. 따라서 청산절차가 진행되어 채무자 등이 채권자에 대하여 청산금지급청구권을 이미 보유하고 있다면, 그 소멸시효 완성 여부는 별론으로 하고, 환수권의 제척기간 도과 후에도 여전히 청산금 지급을 청구할 수 있다는 데에 별 이론이 없었다.[516] 다만, 채권자가 청산절차를 전혀 밟지 않았거나 아직 청산금지급청구권이 유효하게 발생하지 않은 경우에 관해서는 위 환수권 소멸사유가 발생한 시점을 기준으로 목적부동산의 평가액에서 피담보채무액을 공제한 잔액을 부당이득으로 반환받을 수 있다는 입장이 있었다고 한다.[517] 위 2018다215947 판결은, 그 원심판결[518]이, 채권자가 담보권 실행 통지

---

516) 김상훈(주 513), 178면; 민법주해[Ⅷ](주 373), 440면(서정우 집필); 주석 민법[물권 4](주 61), 505면(오영준 집필) 등 참조.
517) 주석 민법[물권 4](주 61), 506면(오영준 집필)에 소개된 견해(단, 출처는 확인할 수 없다) 참조.
518) 서울고등법원 2018. 1. 24. 선고 2017나2054105 판결.

를 하지 않고 채무자도 그 피담보채무를 변제하지 않은 상태로 제척기간
경과로 가등기담보법 제11조 본문이 정한 말소청구권이 소멸하고 채무자
의 채권자에 대한 청산금 채권이 발생하였다는 취지로 판시한 바를 위와
같은 법리에 따른 것으로 정당하다고 보았다. 즉, 채권자의 청산절차 실
행 여부와 무관하게 청산금 지급의무 발생을 인정한 것이다.[519)

Ⅱ. 양도담보

1. 집합물 양도담보에서의 담보목적물 범위

채무자가 영업활동을 하면서 사업장 내의 재고상품, 제품, 원자재
등과 같은 집합물을 하나의 물건으로 보아 이를 일정 기간 계속하여 채
권담보의 목적으로 삼으려는 이른바 집합물에 대한 양도담보권설정계약
을 체결할 수 있다. 이러한 계약에서 담보목적인 집합물을 종류, 장소 또
는 수량지정 등의 방법에 의하여 특정할 수 있으면 집합물 전체를 하나
의 재산권 객체로 하는 담보권의 설정이 가능하고, 이러한 양도담보설정
계약이 체결되면, 그 집합물을 구성하는 개개의 물건이 변동되거나 변형
되더라도 한 개의 물건으로서의 동일성을 잃지 아니한 채 양도담보권의
효력은 항상 현재의 집합물 위에 미친다고 본다.[520) 또한, 이러한 경우에
양도담보권자가 점유개정의 방법으로 양도담보권설정계약 당시 존재하는
집합물의 점유를 취득하면 그후 양도담보권설정자가 집합물을 이루는 개
개의 물건을 반입하였다 하더라도 별도의 양도담보권설정계약을 맺거나
점유개정의 표시를 하지 않더라도 양도담보권의 효력이 나중에 반입된
물건에도 미치는 것으로 이해되어 왔다.[521)

다만, 이때 제3자 소유의 물건도 집합물 범주 내로 유입되면 집합물
양도담보권의 담보목적물이 되는지는 종래 견해가 나뉘었다.[522) 그러나

---

519) 주석 민법[물권 4](주 61), 506면(오영준 집필) 참조.
520) 대법원 1988. 12. 27. 선고 87누1043 판결; 대법원 1999. 9. 7. 선고 98다47283
    판결 등 참조.
521) 위 주 520)의 판결 등 참조.
522) 각 견해의 소개 및 정리로는 이원석(주 232), 101-102면 참조.

채무자와 채권자가 집합물 양도담보계약을 체결하면서 타인 소유의 물건까지 담보목적물로 삼겠다는 의사가 합치되는 경우는 흔치 않을 것이다. 아무리 집합물의 일부를 이룬다고 하더라도 해당 담보물을 소유한 제3자의 처분의사 없이 이에 관한 양도담보 설정의 효력을 인정할 수도 없다. 대법원이 종래 돈사에서 대량으로 사육되는 돼지를 집합물 양도담보의 목적물로 삼았더라도 해당 돈사의 양수인이 별도의 자금을 투입하여 반입한 돼지에까지는 그 양도담보의 효력이 미치지 않는다는 취지를 판시[523]한 바 있기도 하다. 따라서 타인 소유의 동산이 집합물 양도담보계약에서 정한 집합물 범주 내에 들어가 있더라도, 이에 대해서는 해당 양도담보권의 효력이 미친다고 보기는 어려울 것이다.

대법원 2016. 4. 28. 선고 2012다19659 판결[524]도 같은 입장에서, "<u>양도담보권설정자가 양도담보권설정계약에서 정한 종류·수량에 포함되는 물건을 계약에서 정한 장소에 반입하였더라도 그 물건이 제3자의 소유라면 담보목적인 집합물의 구성부분이 될 수 없고 따라서 그 물건에는 양도담보권의 효력이 미치지 않는다.</u>"라고 판시하였다.

한편, 위와 같은 <u>집합물에 대한 양도담보설정계약을 체결하면서 향후 일정 장소에 편입되는 동산에 대해서도 양도담보의 효력을 받는 것으로 약정</u>하기도 한다. 이때, 이를 특정된 동산들을 목적물로 한 양도담보로 볼지, 일단의 증감 변동하는 동산을 하나의 물건으로 보아 이를 목적물로 한 이른바 유동집합동산 양도담보로 볼 것인지[525] 문제 될 수 있는데, 이에 대해서는 개별적·구체적 양도담보약정의 해석에 따라 판단하여야 할 것이다.

대법원 2016. 4. 28. 선고 2015다221286 판결도 <u>위와 같은 약정이</u>

---

523) 대법원 2004. 11. 12. 선고 2004다22858 판결.
524) 앞의 제3장 제2절의 Ⅵ. 2.항 부분의 본문에서 다룬 판결이기도 하다.
525) 집합동산양도담보를 확정집합동산양도담보, 유동집합동산양도담보, 변성집합동산양도담보(확정집합물양도담보와 원재료 등 개개 동산이 생산·가공·판매의 과정에서 변형·변질되는 일련의 물건을 일괄하여 담보로 제공하는 형태)로 나누어 설명하는 문헌으로는 이원석(주 232), 94면; 주석 민법[물권 4](주 61), 527−529면 (오영준 집필) 참조.

특정된 동산들을 목적물로 한 양도담보인지 유동집합동산 양도담보인지
는 "양도담보설정계약의 해석의 문제"임을 밝히고, "양도담보설정계약이
기계기구 또는 영업설비 등 내구연수가 장기간이고 가공 과정이나 유통
과정 중에 있지 아니한 여러 개의 동산을 목적으로 하고 있으며, 담보목
적물마다 명칭, 성능, 규격, 제작자, 제작번호 등으로 특정하고 있는 경
우에는, 원칙적으로 특정된 동산들을 일괄하여 양도담보의 목적물로 한
계약"이라고 하면서, 따라서 이러한 특정된 동산들을 목적물로 한 양도담
보로 해석되는 때에는 "향후 편입되는 동산을 양도담보 목적으로 하기
위해서는 편입 시점에 제3자가 그 동산을 다른 동산과 구별할 수 있을
정도로 구체적으로 특정되어야 한다."라고 판시하면서, 이처럼 채무자의
다른 동산과 구별할 수 있을 정도로 구체적으로 특정되었다고 볼 수 없
는 동산에 대한 양도담보의 효력을 부정한 원심판결[526]에 잘못이 없다고
보았다.

2. 타인 토지 위에 설치된 양도담보목적물의 사용·수익에 따른 부당 이득반환의무자

점유개정 방법으로 동산에 관해 (약한 의미의) 양도담보를 설정한 경
우의 법률관계에 관하여 대법원은, 동산의 소유권이 신탁적으로 이전되어
채권자와 채무자 사이의 대내적 관계에서는 채무자가 소유권을 보유하나
대외적 관계에서는 채권자에게 소유권을 이미 양도한 것으로 보아야 함
을 판시한 바 있다.[527]

그런데 대법원 2018. 5. 30. 선고 2018다201429 판결에서, 타인
토지 위에 양도담보 목적물인 동산이 권원 없이 설치되어 그 토지의 점
유·사용에 따른 차임 정도의 부당이득이 청구될 때, 그 반환의무자가
양도담보권자인지, 양도담보 설정자인지 문제 된 사안이 다루어졌다. 이

---

526) 서울고등법원 2015. 5. 21. 선고 2014나2042477 판결.
527) 대법원 2004. 10. 28. 선고 2003다30463 판결; 대법원 2005. 2. 18. 선고 2004
　　다37430 판결 등 참조.

에 대하여 대법원은, "양도담보 설정자가 채권을 담보하기 위하여 그 소유의 동산을 채권자에게 양도한 경우 담보목적물을 누가 사용·수익할 수 있는지는 당사자의 합의로 정할 수 있지만 반대의 특약이 없는 한 양도담보 설정자가 동산에 대한 사용·수익권을 가진다. 따라서 그 동산이 일정한 토지 위에 설치되어 있어 토지의 점유·사용이 문제 된 경우에는 특별한 사정이 없는 한 양도담보 설정자가 토지를 점유·사용하고 있는 것으로 보아야 한다."라고 판시하였다.

타인의 토지 위에 설치된 양도담보물이 양도담보의 법률관계에 따라 대외적으로는 양도담보권자의 소유라는 점에 주목하면 부당이득반환의무가 양도담보권자에게 있다고 볼 여지가 없지 않지만, 대법원은 부당이득법을 적용하면서 해당 법률관계의 형식이 아닌, 법률상 원인없이 얻은 이득이 누구에게 귀속되었는지라는 실질관계에 주목한 것이다. 부당이득법의 실질성에 부합하는 판결로 평가[528]할 만하다.[529]

3. 집합채권양도담보권의 회생절차개시 후 발생 채권에 대한 효력 유무

대법원 2013. 3. 28. 선고 2010다63836 판결은 집합채권양도담보계약 체결 후 해당 채무자에게 회생절차가 개시된 경우 그 이후에 발생한 채권에 대해서도 양도담보의 효력이 미치는지가 쟁점인 사안을 다루었다. 담보설정자가 현존하거나 장래에 발생할 채권을 일괄하여 양도하는 형태의 담보설정 방법을 집합채권양도담보라 한다. 주로 소비자금융회사, 리스회사, 할부판매회사 등 고객에 대한 채권이 주요 자산을 이루는 기업에서 이를 활용하곤 하는데,[530] 특히 해당 사안에서는 양도담보권

---

528) 권영준(주 10), 138-139면 참조.
529) 한편, 타인 토지 위에 시설된 양도담보물의 처분주체는 양도담보의 법률관계상 양도담보권자이므로, 해당 토지의 인도청구의 상대방은 양도담보권자로 보아야 한다는 설명으로는 권영준(주 10), 139-140면 및 같은 면 각주 15)에 인용된 판결 및 문헌 참조.
530) 이상주, 집합채권양도담보에서의 담보권실행의 효력과 회생절차가 개시된 후 발생하는 채권에 대해서도 담보권의 효력이 미치는지 여부, 대법원판례해설(제95호), 법원도서관(2013), 625-626면; 주석 민법[물권 4](주 61), 569면(오영준

자인 은행이 담보목적물 중 일부 채권에 대하여 담보권을 실행하여 회수한 후에 양도담보 설정자(채무자)에 대하여 회생절차가 개시된 점이 특징적이었다.

대법원은 위 사안에서 다룬 쟁점에 대하여, "장래 발생하는 채권이 담보목적으로 양도된 후 채권양도인에 대하여 회생절차가 개시되었을 경우, 회생절차개시결정으로 채무자의 업무의 수행과 재산의 관리 및 처분권한은 모두 관리인에게 전속하게 되는데(채무자 회생 및 파산에 관한 법률 제56조 제1항), 관리인은 채무자나 그의 기관 또는 대표자가 아니고 채무자와 그 채권자 등으로 구성되는 이른바 이해관계인 단체의 관리자로서 일종의 공적 수탁자에 해당한다"라고 하면서, "회생절차가 개시된 후 발생하는 채권은 채무자가 아닌 관리인의 지위에 기한 행위로 인하여 발생하는 것으로서 채권양도담보의 목적물에 포함되지 아니하고, 이에 따라 그러한 채권에 대해서는 담보권의 효력이 미치지 아니한다."는 법리를 제시한 다음, 양도담보권자인 은행이 피담보채권인 대출금채권 전액의 만족을 얻지 아니한 이상, 담보권실행 후 발생하는 채권에 대해서도 담보권을 실행할 수 있고, 담보권실행으로 인하여 그후 발생하는 채권에 대하여 담보권의 효력이 미치지 아니하게 되는 것은 아니지만, 담보권실행 후 채무자(설정자)에 대한 회생절차개시 당시까지 담보목적물인 채권이 남아 있지 아니하였고, 개시 후에 채권이 추가로 발생하였더라도 그러한 채권에 대해서는 더 이상 담보권의 효력이 미치지 아니하기 때문에 담보권자인 은행의 잔존 대출금채권은 담보목적물이 존재하지 아니하는 회생채권에 해당한다는 취지를 밝혔다.

집합채권양도담보는 장래 증감하는 장래채권을 그 목적물로 하되, 그 기한이익 상실 사유가 발생하지 않는 한 채권양도인이 그 채권에 대한 추심권·사용권을 계속 보유하면서 다시 매출채권을 발생시켜 그것이 다시 양도담보의 목적물이 되는 순환형 구조를 가지는 경우가 많다.[531]

집필) 등 참조.
531) 이상주(주 530), 639−640면은 위와 같은 순환형 집합채권양도담보와 이미 발

그러나 회생절차개시 후에도 위와 같은 담보효력이 미친다면 채무자는 회생을 위한 운영자금이나 변제재원을 마련하기 어렵게 되는데, 그렇다고 이미 담보로 제공되어 대항력까지 갖춘 집합채권양도담보의 효력을 어떤 근거로 제한할 수 있는지도 문제이다.[532] 대법원은 위 판시를 통해 회생절차개시결정으로 채무자의 업무수행 및 재산 관리처분권이 공적 수탁자에 해당하는 관리인에게 전속된다는 논리를 바탕으로 양도담보권의 효력이 미치지 않는다는 결론을 끌어냈다. 그러나 회생절차의 관리인에게 채무자의 업무수행과 재산 관리처분권이 전속한다고 하여 그 재산 자체가 관리인에게 이전·귀속하는 것은 아니라는 점에서 위 논거에 대해 비판이 제기된다.[533] 관리인이 공적 수탁자의 지위에 있고[534] '회생절차가 개시된 후 발생하는 채권'이 관리인의 재산 관리처분권 행사 및 업무 수행 중에 발생하였다 하더라도, 그것만으로 회생절차 개시 전에 대항력을 갖춘 양도담보의 효력을 제한할 근거로는 제시되기 어렵다는 지적은 충분히 수긍할 만하다. 채무자 회생 및 파산에 관한 법률 제124조 제1항[535]

생한 채권뿐 아니라 담보권설정자의 사업 활동으로 장래 발생할 채권도 모두 담보 목적으로 담보권자에게 이전되고 담보권설정자는 담보목적물인 채권에 대한 추심 권한을 상실하는 형태의 누적적 집합채권양도담보를 구분하여 소개하고 있다. 그 밖에 위 순환형 집합채권양도담보의 구조를 설명하는 문헌으로는 주석 민법[물권 4](주 61), 576, 625면(오영준 집필) 등 참조.

532) 김재형(주 126), 159-160면; 이상주(주 530), 686면; 이연갑, 장래채권 양도담보와 회생담보권의 효력이 미치는 범위-대법원 2013. 3. 28. 선고, 2010다63836 판결-, 법조(제63권 제8호), 법조협회(2014), 166면; 주석 민법[물권 4](주 61), 627면(오영준 집필) 등 참조.

533) 김재형(주 126), 160-161면; 박진수, 회생절차개시결정과 집합채권양도담보의 효력이 미치는 범위, 민사판례연구(제36권), 박영사(2014), 595면 이하; 이연갑(주 532), 192면 참조. 한편, 이연갑(주 532), 189, 191, 201면에서 회생관리인이 포괄승계인과 유사하다는 주장이 제기되는데, 이는 양도담보의 담보물로 제공한 각 채권을 특정하여 승계한 지위에 있지 않고, 그 담보설정자로서의 관리처분권을 일체로(포괄적으로) 승계하였다는 취지가 아닐까 한다. 그렇다 하더라도, 관리인의 (공적) 이익과 채무자의 이익은 동일하지 않으므로, 채무자와 관리인의 지위가 피상속인과 상속인의 지위와 같게 볼 수는 없다고 생각한다. 이에 관해서는 대법원 2003. 6. 24. 선고 2002다48214 판결 및 앞의 제3장 제2절의 Ⅴ. 2.항 부분 참조.

534) 대법원 1988. 10. 11. 선고 87다카1559 판결(정리회사의 관리인은 정리회사의 기관이거나 그 대표자가 아니고 정리회사와 그 채권자 및 주주로 구성되는 소위 이해관계인 단체의 관리자로서 일종의 공적 수탁자이다) 참조.

처럼 회생절차의 관계에서 양도담보의 효력 주장을 제한하는 법률 규정이 없는 상황에서는 더욱 그러하다.[536)]

다만, 위 2010다63836 판결 사안에서 다루어진 양도담보계약 조건에 비추어 보면, 해당 집합채권양도담보계약은 앞서 본 순환형 집합채권양도담보라기보다는, 담보설정 후 담보목적 채권의 추심권한을 담보권자에게 부여한 누적적 집합채권양도담보계약에 해당하는 것으로 볼 수 있었다고 한다.[537)] 이러한 사안에서는 위 판결의 판시와 같이, 회생절차가 개시되더라도 양도담보의 대상이 되는 채권이 고정화되지는 않는 조건으로 해당 양도담보계약을 해석할 수밖에 없었을 것이다.[538)] 그러나 보다 전형적으로 활용되는 순환형 집합채권양도담보계약이라면,[539)] 그 담보권실행에 따라 원칙적으로 그 담보목적물이 고정화된다고 봄이 타당할 것이다.[540)] 그렇다면 위 판결의 판시 법리를 집합채권양도담보의 일반에 적용하기에는 무리가 있다고 본다.

Ⅲ. 동산·채권 등의 담보에 관한 법률에 기한 채권담보권과 채권 양도의 법률관계

동산·채권 등의 담보에 관한 법률(이하 '동산채권담보법'이라 한다) 제35조 채권에 관한 담보등기의 효력과 동일 채권의 이해관계인 사이의 우열관계를 규율한다. 즉, 같은 조 제1항은 "약정에 따른 채권담보권의 득

---

535) 제1항은, 임대인은 채무자에 대하여 회생절차가 회생절차가 개시된 때에는 차임의 선급 또는 차임채권의 처분은 회생절차가 개시된 때의 당기와 차기에 관한 것을 제외하고는 회생절차의 관계에서는 그 효력을 주장할 수 없음을 규정하고 있다.

536) 이연갑(주 532), 193면 참조.

537) 이상주(주 530), 687; 주석 민법[물권 4](주 61), 631면(오영준 집필) 참조.

538) 이상주(주 530), 688; 주석 민법[물권 4](주 61), 631면(오영준 집필) 참조.

539) 이상주(주 530), 641면은 위와 같은 누적형 집합채권양도담보가 담보권설정자의 사업활동을 곤란하게 하는 문제가 있고, 특히 재정적 파탄에 임박하여 궁박한 상황에 처한 담보권설정자가 당면한 위기를 모면하기 위해 사업활동으로 발생하는 장래채권을 모두 일괄적으로 담보권자에게 이전하는 담보권설정계약을 체결한다면 민법 제103조, 제104조에 따라 무효가 되는지 문제 될 여지가 많다고 한다.

540) 이에 관한 상세한 검토는 이상주(주 530), 648–656면 참조.

실변경은 담보등기부에 등기한 때에 지명채권의 채무자(이하 '제3채무자'라 한다) 외의 제3자에게 대항할 수 있다."라고 규정하고, 제2항은 "담보권자 또는 담보권설정자(채권담보권 양도의 경우에는 그 양도인 또는 양수인을 말한다)는 제3채무자에게 제52조의 등기사항증명서를 건네주는 방법으로 그 사실을 통지하거나 제3채무자가 이를 승낙하지 아니하면 제3채무자에게 대항하지 못한다."라고 규정한다. 또 같은 조 제3항은 "동일한 채권에 관하여 담보등기부의 등기와 민법 제349조 또는 제450조 제2항에 따른 통지 또는 승낙이 있는 경우에 담보권자 또는 담보의 목적인 채권의 양수인은 법률에 다른 규정이 없으면 제3채무자 외의 제3자에게 등기와 그 통지의 도달 또는 승낙의 선후에 따라 그 권리를 주장할 수 있다."라고 규정한다.

그런데 **대법원 2016. 7. 14. 선고 2015다71856, 71863 판결**에서, 동산채권담보법에 따른 채권담보권자가 채권양수인보다 우선하고 담보권설정 통지도 제3채무자에게 도달하였지만, 그 통지보다 채권양도의 확정일자부 통지가 먼저 도달하였다는 등의 이유로 제3채무자가 채권양수인에게 채무를 변제한 사안이 다루어졌다.

이에 대하여 대법원은, 우선 위 동산채권담보법 제35조 규정에 따라 위와 같은 "<u>채권담보권자가 담보등기를 마친 후에서야 동일한 채권에 관한 채권양도가 이루어지고 확정일자 있는 증서에 의한 채권양도의 통지가 제3채무자에게 도달하였으나, 동산채권담보법 제35조 제2항에 따른 담보권설정의 통지는 제3채무자에게 도달하지 않은 상태에서는, 제3채무자에 대한 관계에서 채권양수인만이 대항요건을 갖추었으므로 제3채무자로서는 채권양수인에게 유효하게 채무를 변제할 수 있고 이로써 채권담보권자에 대하여도 면책된다.</u>"는 점을 확인하면서도, "<u>다만 채권양수인은 채권담보권자에 대한 관계에서는 후순위로서, 채권담보권자의 우선변제적 지위를 침해하여 이익을 받은 것이 되므로, 채권담보권자는 채권양수인에게 부당이득으로서 변제받은 것의 반환을 청구할 수 있다.</u>"는 점도 밝혔다. 문제는 <u>채권담보권의 등기가 먼저 이루어졌으나, 담보권설정 통지가</u>

채권양도의 확정일자부 통지보다 늦게 도달한 경우이다. 이에 관한 규율을 동산채권담보법 규정에서는 명확하게 찾을 수 없는데, 대법원은 "그 후 동산채권담보법 제35조 제2항에 따른 담보권설정의 통지가 제3채무자에게 도달한 경우에는, 그 통지가 채권양도의 통지보다 늦게 제3채무자에게 도달하였더라도, 채권양수인에게 우선하는 채권담보권자가 제3채무자에 대한 대항요건까지 갖추었으므로 제3채무자로서는 채권담보권자에게 채무를 변제하여야 하고, 채권양수인에게 변제하였다면 특별한 사정이 없는 한 이로써 채권담보권자에게 대항할 수 없다."라고 판시하였다. 이처럼, 채권담보권 설정등기가 먼저 이루어졌음에도 그 통지가 채권양도의 확정일자부 통지가 늦게 이루어지더라도, 그 통지서에 첨부된 등기사항증명서상 등기일자가 앞서는 이상 채권담보권자가 우선한다고 봄이 동산채권담보법 제35조 제3항의 취지에 부합할 것이다.[541]

　　한편 위 판결 사안에서는, 위와 같이 채권양수인의 대항요건 구비시보다 먼저 담보등기가 되어 있음을 알리는 담보권설정 통지가 제3채무자에게 도달하였는데도 제3채무자가 채권양수인에게 채무를 변제하였고, 채권담보권자가 무권한자인 채권양수인의 변제수령을 추인한 경우의 법률관계도 문제 되었다. 이에 대하여 대법원은, 그러한 "추인에 의하여 제3채무자의 채권양수인에 대한 변제는 유효하게 되는 한편 채권담보권자는 채권양수인에게 부당이득으로서 변제받은 것의 반환을 청구할 수 있다."라고 판시하였다.

---

541) 위 판례 법리를 지지하는 견해로는 김판기, 동산채권담보법에 의한 채권담보권자의 제3채무자에 대한 대항요건과 제3채무자의 면책기준 – 대법원 2016. 7. 14. 선고 2015다71856, 71863 판결 –, 법조(제66권 제3호), 법조협회(2017), 690면; 김현진, 동산채권담보법상 채권담보권과 채권양도의 법률관계 – 대법원 2016. 7. 14. 선고 2015다71856, 71863 판결에 대한 평석 –, 법학논총(제34권 제3호), 한양대학교 법학연구소(2017), 455면; 윤진수(주 10), 295면; 정소민, 「동산·채권 등의 담보에 관한 법률」상 채권담보권자, 채권양수인, 제3채무자의 법률관계, 사법(제47호), 사법발전재단(2019), 272 – 273면; 주석 민법[물권 4](주 61), 404면(오영준 집필) 참조.

제6장 나 오 며

지금까지 2010년대 물권법 분야에 관한 주요 대법원판례들을 일별해 보았다.

지난 10년간의 판례를 되돌아보면, 관습법상 분묘기지권의 규범력 유지 여부, 가등기에 기한 본등기가 이루어지는 경우의 중간등기 직권말 소에 관한 등기관의 심사범위, 배타적 사용수익권 포기 법리의 유지 여 부, 구분행위의 등기·등록 요부, 무효인 명의신탁약정에 따른 명의수탁 자 명의 등기의 불법원인급여 해당 여부, 압류 등 제한이 있는 경우에 관습법상 법정지상권의 동일인 소유 판단 기준시점, 피담보채권 일부를 먼저 배당받은 공동근저당권자의 우선변제권 범위 등 2010년대 이전 시 기에 형성된 판례법리에 대한 전면적 재검토가 적지 않게 이루어졌음을 알 수 있다. 취득시효나 부동산실명법에 반하는 명의신탁에 따른 이해당 사자 간의 법률관계 전개, 경매절차개시결정에 따른 압류의 처분금지효를 발판으로 삼은 경매절차 매수인에 대한 유치권 행사 제한 법리 등 이전 시기에 대법원판례의 해석론을 중심으로 형성·발전되어 온 법리의 빈틈 을 채우거나 적용 범위를 미세하게 조정하는 대법원판례도 다수 확인할 수 있었다. 종전에 비해, 상린관계나 공동소유, 집합건물, 공동저당 등 일 방의 재산권 행사와 타방의 재산권 행사를 조율하는 법적 문제가 다수 다루어진 점이나 물권 침해에 대한 부당이득법적 교정 시도가 더 활발해 진 점, 담보물권자의 담보가치 확보 및 관철 과정에서의 이해관계 조정 문제 증대도 특징적이었다.

이러한 동향과 흐름은 이전부터 시나브로 진행되어 온 사회문화의 변천 및 사회구성원의 물권적 권리에 관한 권리의식 증대와 더불어 관련 법령의 제·개정 따른 입법 취지의 반영이나 좀 더 편이한 권리구제 방 법의 정비 등의 요청에서 비롯한 것으로 평가해 볼 수 있다. 향후도 이 러한 경향성이 일정 기간 지속되지 않을까, 조심스럽게 전망해 본다. 그 러한 과정에서 물권관계에 관한 이해관계 대립은 더욱 치열해지겠지만,

물권법에 관한 더 정밀하면서도 체계정합적인 법리가 형성되어 나갈 것으로 기대한다. 이를 위한 실무와 학계의 노력도 계속될 것이다.[542]

---

542) 끝으로 이 글의 초고를 꼼꼼히 검토하여 유익한 의견을 전해 주신 양승우 판사님께 감사의 말씀을 드린다.

참고문헌

1. 단 행 본

곽윤직 · 김재형, 물권법(제8판), 박영사(2015).

권영준, 민법판례연구 Ⅰ, 박영사(2019).

김재형, 민법판례분석, 박영사(2015).

김형배, 사무관리 · 부당이득[채권각론 Ⅱ], 박영사(2003).

박종두 · 박세창, 집합건물법(제2판), 삼영사(2011).

안법영, 교통소음Immission과 민사책임, 법문사(2001).

양창수, 독일민법전, 박영사(2018).

윤진수, 민법기본판례(제2판), 홍문사(2020).

이영준, 물권법(전정신판), 박영사(2009).

지원림, 민법강의(제18판), 홍문사(2021).

2. 논   문

강승준, 2000년대 민사판례의 경향과 흐름: 물권법, 민사판례연구(제33집, 하),
박영사(2011).

곽병훈, 도로관리권한을 위임한 위임관청의 도로 부지에 대한 간접점유 인정,
대법원판례해설(제85호), 법원도서관(2011).

권영준, 배타적 사용수익권 포기 법리에 관한 비판적 검토, 서울대학교 법학
(제47권 제4호), 서울대학교 법학연구소(2006).

_____, 세밀한 정의를 향한 여정, 법과 정의 그리고 사람(박병대 대법관 재
임기념 문집), 사법발전재단(2017).

권 철, 분묘기지권의 시효취득에 관한 관습법 인정 여부, 성균관법학(제30권
제3호), 성균관대학교 법학연구원(2018).

권태상, 양도담보와 부합, 부당이득, 법학논집(제24권 제1호), 이화여자대학교
법학연구소(2019).

권형필, 입주자대표회의 및 관리단의 권한 범위 및 한계, 법률신문(2019. 4.
22.자).

김규완, 구분소유 관념과 구부소유권 개념 – 대법원 2013. 1. 17. 선고 2010다

71578 전원합의체 판결의 평석, 민사법학(제72호), 한국민사법학회 (2015).

김상훈, 담보채무의 변제를 조건으로 한 가등기말소청구권의 행사요건 및 그 소멸시기, 대법원판례해설(제101호), 법원도서관(2015).

김성연, 구분소유권의 성립요건-대법원 2013.01.17. 선고 2010다71578 전원합의체 판결을 중심으로-, 홍익법학(제14권 제4호), 홍익대학교 법학연구소(2013).

김성용, 2015년 도산법 중요 판례, 인권과 정의(제456호), 대한변호사협회 (2016).

김승정, 건축물대장이 작성되어 있지 않은 건축물에 대하여 소유권보존등기를 경료하기 위하여 지방자치단체를 상대로 소유권확인을 구할 확인의 이익이 있는지 여부, 대법원판례해설(제89호), 법원도서관(2012).

김유환, 부동산 가압류의 처분금지효와 관습상 법정지상권, 사법논집(제67집), 사법발전재단(2018).

김재남, 담보지상권의 효력, 민사판례연구(제42권), 박영사(2020).

김정민, 전세권저당권자가 물상대위로서 전세금반환채권에 대하여 압류 및 추심명령을 받은 경우, 제3채무자인 전세권설정자가 전세권이나 그 기초가 된 임대차계약과 무관한 자동채권으로 상계할 수 있는지 여부, 대법원판례해설(제101호), 법원도서관(2014).

김제완, 계약취소시 소유권이전등기 말소의무의 이행불능으로 인한 전보배상 청구권의 소멸시효 기산점, 민사재판의 제문제(제15권), 한국사법행정학회(2006).

_____, 가처분·압류에 위반한 처분행위와 법정지상권-대법원 2014. 9. 4. 선고, 2011다13463[건물등철거]-, 법조(제64권 제2호), 법조협회(2015).

_____, 공유토지 위의 단독소유건물·공유건물과 법정지상권, 인권과 정의 (제449호), 대한변호사협회(2015).

_____, 전세권을 목적으로 한 저당권자의 우선변제권과 상계적상, 고려법학 (제76권), 고려대학교 법학연구소(2015).

_____, 2014년 민사(물권법) 중요 판례, 인권과 정의(제448호), 대한변호사협회 (2015).

_____, 2016년 민사(물권법) 중요 판례, 인권과 정의(제464호), 대한변호사협회 (2017).

김진우, 제척기간이 붙은 권리의 보전방법, 외법논집(제28권), 한국외국어대학교 법학연구소(2007).

_____, 계약명의신탁에서 수탁자의 신탁부동산 대물변제의 효력, 인권과 정의(제453호), 대한변호사협회(2015).

김창모, 구분소유의 성립요건, 민사판례연구(제36권), 박영사(2015).

김천수, 사해행위 수익자의 시효취득－대법원 2016. 11. 25. 선고 2013다206313 판결－, 법조(제66권 제4호).

김판기, 구분소유권의 성립과 소멸에 관한 법정책적 고찰－대법원 2016. 1. 14. 선고 2013다219142 판결의 평석을 중심으로－, 법과 정책연구(제16권 제2호), 한국법정책학회(2016).

김판기, 동산채권담보법에 의한 채권담보권자의 제3채무자에 대한 대항요건과 제3채무자의 면책기준－대법원 2016. 7. 14. 선고 2015다71856, 71863 판결－, 법조(제66권 제3호), 법조협회(2017).

김현진, 동산채권담보법상 채권담보권과 채권양도의 법률관계－대법원 2016. 7. 14. 선고 2015다71856, 71863 판결에 대한 평석－, 법학논총(제34권 제3호), 한양대학교 법학연구소(2017).

김형석, 소유물방해배제청구권에서 방해의 개념－대법원 2003.3.28. 선고, 2003다5917 판결의 평석을 겸하여－, 서울대학교 법학(제45권 제4호), 서울대학교 법학연구소(2004).

_____, 저당권자의 물상대위와 부당이득, 서울대학교 법학(제50권 제2호), 서울대학교 법학연구소(2009).

_____, 공동저당의 실행과 이해관계의 조정－민법 제368조 재론－, 서울대학교 법학(제57권 제4호), 서울대학교 법학연구소(2016).

_____, 과실에 미치는 저당권의 효력－저당권의 성질에 대한 재고를 겸하여－, 법조(제65권 제6호), 법조협회(2016).

_____, 저당권자의 일괄경매청구권에 관한 몇 가지 문제, 사법(제36호), 사법발전재단(2016).

_____, 양도담보 목적물 사이의 부합과 부당이득, 서울대학교 법학(제60권 제3호), 서울대학교 법학연구소(2019).

모승규, 집합건물의 증축에 따르는 대지사용권의 변동여부－대법원 2017. 5. 31. 선고, 2014다236809 판결－, 집합건물법학(제26권), 한국집합건물법학회(2018).

문영화, 입주자대표회의의 임의적 소송담당, 성균관법학(제30권 제3호), 성균관
    대학교 법학연구원(2018).
문정일, 가등기에 의한 본등기를 할 때 중간등기의 직권말소 여부, 대법원
    판례해설(제83호), 법원도서관(2010).
민철기, 매도인에게 소유권이 유보된 자재가 본인에게 효력이 없는 계약에
    기초하여 매도인으로부터 무권대리인에게 이전되고, 무권대리인과 본인
    사이에 이루어진 도급계약의 이행으로 본인 소유 건물의 건축에 사용
    되어 부합된 경우 부당이득반환청구권의 성립요건, 대법원판례해설(제
    115호), 법원도서관(2018).
박근웅, 동일한 물상보증인 소유 부동산에 대한 공동저당, 토지법학(제36권
    제1호), 한국토지법학회(2021).
박동진, 부동산명의신탁과 불법원인급여, 법학연구(제30권 제1호), 연세대학교
    법학연구원(2020).
박정제, 지상권소멸청구권의 행사 당시에도 2년 이상의 지료 연체 상태가 유지
    되어야 하는지 여부, 대법원판례해설(제101호), 법원도서관(2014).
_____, 구분건물의 물리적 구분이 완성되기 전에 구분건물소유권보존등기가
    마쳐지고 그에 터 잡아 근저당권설정등기 및 소유권이전등기가 순차
    로 마쳐진 후 물리적 구분이 완성된 경우 위 등기들의 효력, 대법원판례
    해설(제107호), 법원도서관(2016).
_____, 토지소유권이 토지 상공에 미치는 범위, 대법원판례해설(제109호),
    법원도서관(2017).
박진수, 회생절차개시결정과 집합채권양도담보의 효력이 미치는 범위, 민사판례
    연구(제36권), 박영사(2014).
방웅환, 자기 소유의 부동산에 대한 취득시효, 대법원판례해설(제109호), 법원
    도서관(2017).
배병일, 관습법상 법정지상권과 가압류, 저스티스(제129호), 한국법학원
    (2012).
백경일, 보증인과 후순위저당권자 간의 변제자대위 – 대법원 2013. 2. 15. 선고
    2012다48855 판결, 민사법학(제64호), 한국민사법학회(2013).
백숙종, 부동산 실권리자명의 등기에 관한 법률에 위반한 명의신탁약정과
    불법원인급여, 사법(제50호), 사법발전재단(2019).
서명수, 건물의 소유권보존등기를 위하여 국가를 상대로 건물소유권확인을

구할 이익이 있는지 여부, 대법원판례해설(제23호), 법원도서관(1995).

서아람, 집합건물의 소유 및 관리에 관한 법률 제20조 제3항에서 정한 '선의'의 의미, 대법원판례해설(제117호), 법원도서관(2019).

서종희, 자기 소유 부동산의 시효취득 인정여부 - 대법원 2016. 10. 27. 선고 2016다224596 판결을 계기로 -, 일감부동산법학(제14호), 건국대학교 법학연구소(2017).

손호영, 서로 다른 동산양도담보권의 각 담보목적물이 부합된 경우 부당이득 반환 의무자, 저스티스(제157호), 한국법학원(2016).

손흥수, 저당권의 효력이 압류 후 차임채권에 미치는지 여부와 그 실행방법 - 대법원 2016. 7. 27. 선고 2015다230020 판결, 민사집행법연구(제14권), 한국민사집행법학회(2018).

송덕수, 명의신탁된 부동산을 명의수탁자가 처분한 경우의 법률관계, 법학논집(제19권 제1호), 이화여자대학교 법학연구소(2014).

_____, 이른바 질권설정계약의 합의해지와 제3채무자 보호 - 대상판결: 대법원 2014. 4. 10. 선고 2013다76192 판결 -, 법학논집(제20권 제1호), 이화여자대학교 법학연구소(2015).

송오식, 계약명의신탁에서 명의수탁자의 처분행위와 불법행위 성립 여부 - 대법원 2013. 9. 12. 선고 2010다95185 판결 -, 법학논총(제34권 제1호), 전남대학교 법학연구소(2014).

신용호, 강제경매의 목적이 된 토지 또는 그 지상 건물에 관하여 강제경매를 위한 압류나 그 압류에 선행한 가압류가 있기 이전에 저당권이 설정되어 있다가 강제경매로 저당권이 소멸한 경우, 건물 소유를 위한 관습상 법정지상권의 성립 요건인 '토지와 그 지상 건물이 동일인 소유에 속하였는지'를 판단하는 기준시기, 대법원판례해설(제95호), 법원도서관(2013).

심재남, 구분소유자 아닌 자가 취득한 구분건물 대지의 공유지분에 기한 부동이득반환청구, 대법원판례해설(제91호), 법원도서관(2012).

양창수, 본권의 소에서 패소한 점유자의 사용이익반환청구, 민법연구(제2권), 박영사(1991).

_____, 부동산실명법의 사법적 규정에 의한 명의신탁의 규율 - 소위 계약명의신탁을 중심으로, 민법연구(제5권), 박영사(1999).

오시영, 관습법상의 분묘기지권 인정 대법원 판례 검토 - 대법원 2013다17292

전원합의체 판결, 동북아법연구(제11권 제1호), 전북대학교 동북아법연구소(2017).

유진현, 국가 또는 상위 지방자치단체 등이 위임조례 등에 의하여 그 권한의 일부를 하위 지방자치단체의 장 등에게 기관위임을 하여 수임관청이 그 사무처리를 위하여 공원 등의 부지가 된 토지를 점유하는 경우, 위임관청이 그 토지를 간접점유하는 것인지 여부, 대법원판례해설(제83호).

윤강열, 매도인 선의의 계약명의신탁에서 명의수탁자가 매수자금 이외에 취득세, 등록세 등 취득비용도 부당이득으로 반환하여야 하는지 여부, 대법원판례해설(제85호), 법원도서관(2011).

윤재윤, [2017년 분야별 중요판례분석] 건축법, 법률신문(2018. 6. 29.자).

윤진수, 2006년도 주요 민법 관련 판례 회고, 서울대학교 법학(제48권 제1호), 서울대학교 법학연구소(2007).

_____, 저당권에 대한 침해를 배제하기 위한 담보지상권의 효력, 한국민법의 새로운 전개(고상룡교수고희기념논문집), 법문사(2012).

_____, 유치권 및 저당권설정청구권에 관한 민법개정안, 민사법학(제63-1호), 한국민사법학회(2013).

이계정, 체납처분압류와 유치권의 효력, 서울대학교 법학(제56권 제1호), 서울대학교 법학연구소(2015).

_____, 소유물방해제거청구권 행사를 위한 방해의 현존, 민사판례연구(제43권), 박영사(2021).

이동명, 부동산 실권리자명의 등기에 관한 법률의 입법과정에서의 쟁점, 부동산등기법, 사법연수원(2000).

_____, 90년대 물권법 판례 회고, 90년대 주요민사판례평석(민사판례연구회 편), 박영사(2001).

이동진, 양도담보설정자의 담보목적물에 대한 시효취득 허부 및 그 소급효 제한, 민사법학(제77호), 한국민사법학회(2016).

_____, 민법 중 공유에 관한 규정의 입법론적 고찰, 민사법학(제78호), 한국민사법학회(2017).

_____, 매도인 악의의 계약명의신탁과 명의수탁자의 부동산 처분에 대한 책임, 재산법연구(제34권 제4호), 한국재산법학회(2018).

_____, 물상대위와 상계: 동산 양도담보와 전세권 저당을 중심으로, 민사법학

(제83호), 한국민사법학회(2018).

_____, 공동근저당의 법리 ─ 대법원 2017. 9. 21. 선고 2015다50637 판결 ─ 민사법학(제93호), 한국민사법학회(2020).

이상오, 채권질권설정계약 해지통지와 관련하여 민법 제452조 '채권양도통지와 금반언' 규정을 유추 적용할 수 있는지 여부, 대법원판례해설(제99호), 법원도서관(2014).

이상용, 구분폐지에 의한 구분소유권 소멸의 요건으로서 이해관계인의 부존재 ─ 대법원 2016. 1. 14. 선고 2013다219142 판결을 중심으로, 민사법학(제78호), 한국민사법학회(2017).

이상주, 집합채권양도담보에서의 담보권실행의 효력과 회생절차가 개시된 후 발생하는 채권에 대해서도 담보권의 효력이 미치는지 여부, 대법원판례해설(제95호), 법원도서관(2013).

이새롬, 집합양도담보물에 제3자 소유물이 반입 · 부합된 경우 부당이득의 문제, 민사판례연구(제40권), 박영사(2018).

이성진, 공동저당의 대위등기와 후순위저당권자의 대위 ─ 대법원 2015. 3. 20. 선고 2012다99341 판결 ─, 영남법학(제42권), 영남대학교 법학연구소(2016).

이연갑, 장래채권 양도담보와 회생담보권의 효력이 미치는 범위 ─ 대법원 2013. 3. 28. 선고, 2010다63836 판결 ─, 법조(제63권 제8호), 법조협회(2014).

이영훈, 일제강점기 때 도로로 편입된 토지에 대한 국가 등의 자주점유 추정 유지 여부, 대법원판례해설(제99호), 법원도서관(2014).

이원석, 집합물 양도담보와 타인 소유 물건의 반입, 대법원판례해설(제107호), 법원도서관(2016).

이임수, 등기부의 카드화에 따른 폐쇄등기의 말소청구, 민사판례연구(제6권), 박영사(1993).

이재욱, 계약명의신탁에 있어서 수탁자의 신탁자에 대한 부당이득반환의무의 이행에 갈음하는 부동산소유권이전약정의 인정요건 및 그 효력, 부산고등법원 웹사이트(2021. 7. 19. 최종검색), 부산판례연구회(2016).

이준현, 계약명의신탁에 있어서 신탁자가 수탁자 명의의 부동산을 제3자에게 처분한 행위와 채권자취소권 ─ 대법원 2013. 9. 12. 선고 2011다89903 판결의 검토, 동아법학(제66호), 동아대학교 법학연구소(2015).

이지영, 가등기담보의 목적물에 관한 차임의 귀속과 담보계약의 해석, 민법논고-이론과 실무(윤진수교수정년기념), 박영사(2020).

_____, 아파트 대지에 설치되어 있던 도시가스 정압기실의 철거 청구가 아파트 대지의 보존행위인지 여부, 대법원판례해설(제121호), 법원도서관(2020).

이진기, 물권법정주의, 소유권과 제한물권의 범위와 한계-지상권에 관한 대법원 판결을 중심으로, 비교사법(제19권 제4호), 한국비교사법학회(2012).

_____, 부합과 양도담보권의 효력, 법조(제65권 제7호), 법조협회(2016).

_____, 분묘기지권의 근거와 효력, 비교사법(제23권 제4호), 한국비교사법학회(2016).

이진관, 구분소유권이 이미 성립한 집합건물이 증축되어 새로운 전유부분이 생긴 경우, 새로운 전유부분을 위한 대지사용권이 인정되는 경우, 대법원판례해설(제111호), 법원도서관(2017).

장형진·김미정, 시효취득에 의한 분묘기지권-대법원 2017. 1. 19. 선고 2013다17292 전원합의체 판결 비판적 고찰, 동아법학(제75호), 동아대학교 법학연구소(2017).

정성헌, 회생절차와 부동산점유취득시효에서의 등기명의변경-대법원 2015. 9. 10. 선고 2014다68884 판결을 중심으로-, 민사법의 이론과 실무(제21권 제1호), 민사법의 이론과 실무 학회(2017).

정소민, 「동산·채권 등의 담보에 관한 법률」상 채권담보권자, 채권양수인, 제3채무자의 법률관계, 사법(제47호), 사법발전재단(2019).

정병호, 부동산 등기명의를 갖춘 소유자의 점유시효취득 가부-대법원 2016. 10. 27. 선고 2016다224596 판결-, 법조(제66권 제1호), 법조협회(2017).

_____, 부동산실명법 제4조 3항의 대항불능의 의미-대법원 2013. 2. 28. 선고 2010다89814 판결의 평석-, 서울법학(제24권 제2호), 서울시립대학교 법학연구소(2017).

조용현, 3자 간 등기명의신탁에서 수탁자가 부동산을 처분한 경우의 법률관계, 대법원판례해설(제89호), 법원도서관(2011)..

지귀연, 가등기담보 등에 관한 법률 제3조, 제4조를 위반하여 담보가등기에 기한 보등기가 이루어졌으나, 이후 당사자 사이에 가등기에 기한 본등기를 이행한다는 내용의 화해권고결정이 확정된 경우 본등기의 효력, 대법원판례해설(제113호), 법원도서관(2018).

지원림, 물권적 방해배제청구의 이행불능과 전보배상, 법률신문(2012. 6. 11.자).

진상욱, 분묘기지권의 재검토-대법원 2017.1.19. 선고 2013다17292 전원합의체 판결-, 토지법학(제33권 제1호), 한국토지법학회(2017).

최수정, 유치권과 동시이행의 항변권의 관계 정립을 위한 시론, 민사법학(제 77호), 한국민사법학회(2016).

최우진, 민법 제748조 제2항에서 정한 "악의"의 의미, 민사법학(제93호), 한국 민사법학회(2020).

한애라, 구분건물의 구조상 독립성 판단기준과 경매절차-최근 판례를 중심 으로-, 민사집행법연구(제15권), 한국민사집행법학회(2019).

홍봉주, 후순위저당권자 대위와 대위등기-대법원 2015. 3. 20. 선고 2012다 99341 판결-, 법조(제66권 제1호), 법조협회(2017).

황진구, 체납처분압류가 되어 있는 부동산에 유치권을 취득한 경우 경매절차의 매수인에게 유치권을 행사할 수 있는지 여부, 사법(제28호), 사법발전 재단(2014).

3. 주석서 및 자료

편집대표 곽윤직, 민법주해[IV], 박영사(1992).
_____, 민법주해[VI], 박영사(1992).
_____, 민법주해[V], 박영사(1992).
_____, 민법주해[VII], 박영사(1992).
_____, 민법주해[XI], 박영사(1995).
_____, 민법주해[XVII], 박영사(2005).
편집대표 권광중, 온주 부동산등기법 제21조(2019. 8. 27.).
편집대표 김용덕, 주석 민법[총칙 1](제5판), 한국사법행정학회(2019).
_____, 주석 민법[물권 1](제5판), 한국사법행정학회(2019).
_____, 주석 민법[물권 2](제5판), 한국사법행정학회(2019).
_____, 주석 민법[물권 3](제5판), 한국사법행정학회(2019).
_____, 주석 민법[물권 4](제5판), 한국사법행정학회(2019).
_____, 주석 민법[채권 4](제5판), 한국사법행정학회(2020).

국역 고등법원판결록 제14권(민·형사편), 법원도서관(2011).

민사판례해설, 서울고등법원 판례공보스터디(2020).

법원실무제요 민사집행[Ⅱ], 법원행정처(2014).

_____ 민사집행[Ⅱ] 부동산집행 1, 법원행정처(2020).

부동산등기실무[Ⅰ], 법원행정처(2015).

부동산등기실무[Ⅱ], 법원행정처(2015).

가 족 법*

2010년대 가족법 분야 판례는 양적·질적으로 비약적인 성장을 거두었다. 연금분할을 인정한 대법원 2014.7. 16. 선고 2013므2250 전원합의체 판결과 대법원 2014. 7. 16. 선고 2012므2888 전원합의체 판결, AID 방식의 인공수정에 의해 출생한 자녀의 법적 지위를 밝힌 대법원 2019. 10. 23. 선고 2016므2510 전원합의체 판결, 아동의 출생등록권 보장을 위해 이른바 '사랑이법'의 적용범위를 확대해석한 대법원 2020. 6. 8.자 2020스575 결정 등과 같이 판례에 의한 법형성을 통해 과감하게 입법의 공백을 메꾼 중요한 판결들이 등장하였을 뿐만 아니라, 가족 내 약자를 보호하기 위해 기존의 법리를 수정하거나 합헌적 법률해석을 시도하는 과정에서 다수의견과 반대의견, 별개의견 간에 사법적극주의와 사법소극주의, 문리해석과 목적론적 해석 등이 정면으로 충돌하면서 법해석학의 관점에서 흥미로운 논쟁거리를 제공하는 판결들도 다수 선고되었다. 이혼 후 경제적으로 열악한 지위에 처할 우려가 있는 배우자 보호라는 관점에서 소극재산의 총액이 적극재산의 총액을 초과하는 경우에도 재산분할청구를 허용할 것인지의 문제를 다루었던 대법원 2013. 6. 20. 선고 2010므4071 전원합의체 판결, 기존의 유책주의를 파탄주의로 전환할 것인지를 심리하였던 대법원 2015. 9. 15. 선고 2013므568 전원합의체

---

* 본 논문은 2021. 8. 21. 개최된 『민사판례연구회 제44회 하계 심포지엄』에서 "2010년대 민사판례의 경향과 흐름: 가족법"이라는 제목으로 발표한 글을 일부 수정 및 보완한 것이다.
** 성균관대학교 법학전문대학원 부교수.

판결, 현행 민법상 배우자 상속분 제도의 한계를 극복하기 위한 방편으로 기여분의 판단기준을 검토하였던 대법원 2019. 11. 21.자 2014스44 등 전원합의체 결정, 북한 주민의 상속권 보장을 위해 상속회복청구권의 제척기간 규정 적용 여부 여부를 문제 삼았던 대법원 2016. 10. 19. 선고 2014다46648 전원합의체 판결, 법정대리인의 제척기간 도과로 인해 단순승인의 법률관계가 확정된 미성년자의 보호를 위해 특별한정승인의 기회를 한 번 더 부여할 것인지를 판단한 대법원 2020. 11. 19. 선고 2019다232918 전원합의체 판결 등이 이에 해당한다. 이 시기에는 가족 내 분쟁 해결을 위해 호주나 가장 대신 법원의 권위에 의존하는 분위기가 확산되고, 상속재산의 규모가 확대되면서 기존에 강학상으로만 문제되어 왔던 각종의 친족법·상속법 관련 쟁점들에 대해 법원의 해석론을 확립할 수 있는 기회도 증가하였다. 그 결과 부부 간 성적 성실의무의 시적 한계, 제1차 부양의무와 제2차 부양의무 간의 순위, 특별수익의 판단기준, 한정승인 시 상속채권자와 고유채권자 간의 우열 관계, 대상재산 및 과실 등 상속재산분할 대상 재산의 범위, 유류분 부족액 계산을 위한 기본 법리들이나 유류분반환청구권의 법적 성격 등과 관련된 주요 판결들이 연이어 선고되었다. 미성년 자녀 있는 성전환자의 성별 정정을 허용하지 않은 대법원 2011. 9. 2.자 2009스117 전원합의체 결정과 같이 소수자의 인권보장이라는 측면에서 아쉬운 판결들이나 추상적 권리─구체적 권리 준별론을 고수한 결과 논리 정합성 내지 현실의 수요에 부응하지 못한 판결들도 없지 않았으나, 아동과 장애인 인권에 대한 관심이 높아지면서 가족의 자율성 보장과 가족 구성원을 위한 국가의 후견적 개입 간의 경계에 관한 판결들이 축적되고 있는 것, 한부모 가정·다문화 가정 등 다양한 가족 내의 분쟁 해결을 위한 규준을 제시하는 판결들이 증가하고 있는 것, 배우자 보호를 위해 청산과 부양의 관점에서 발전되어 온 친족법상 법리가 상속법에 반영되기 시작한 것은 2010년대 가족법 판례의 고유한 특징으로서 의미가 깊다.

제1장 서 론

지난 10년간 가족법 분야는 거대한 변화를 경험하였다. 「민법」(이하 민법 조문의 인용은 법명을 생략한다)만 보더라도 2012년에는 중혼 취소청구권자의 범위가 확대되었고,[1] 부부간 계약 취소권 규정은 삭제되었으며, 2013년부터는 단독친권자 사망 시 친권자 지정제도, 성년후견제 및 입양 허가제가, 2015년부터는 친권 일시정지 및 일부제한 등 제도가 시행되었다. 2016년에는 후견 제도에 관해 소폭의 개정이 있었으며, 2017년부터는 조부모 면접교섭권 제도가, 2018년부터는 친생부인 허가 및 인지허가 제도가 도입되어 시행 중이다. 2021년에는 친권자의 징계권 규정이 민법에서 삭제되었다. 「가족관계의 등록 등에 관한 법률」(이하 '가족관계등록법') 에서는 2011년과 2016년 두 차례에 걸쳐 국민의 사생활 보호를 위한 가족관계증명서 등 제도 개선이, 2017년에는 가족관계증명서 등 교부 청구권자 범위 개정[2]이 있었으며, 2015년부터 2021년까지 총 세 차례에 걸쳐

---

1) 舊 민법 제818조(2012. 2. 10. 법률 제11300호로 개정되기 전의 것)는 중혼 취소청구권자를 "당사자 및 그 배우자, 직계존속, 4촌 이내의 방계혈족 또는 검사"로 한정하고 있었다. 이에 대해 헌재 2010. 7. 29. 선고 2009헌가8 결정은 "직계비속을 제외하면서 직계존속만을 취소청구권자로 규정한 것은 가부장적 · 종법적인 사고에 바탕을 두고 있고, 직계비속이 상속권 등과 관련하여 중혼의 취소청구를 구할 법률적인 이해관계가 직계존속과 4촌 이내의 방계혈족 못지않게 크며, 그 취소청구권자의 하나로 규정된 검사에게 취소청구를 구한다고 하여도 검사로 하여금 직권발동을 촉구하는 것에 지나지 않은 점 등을 고려할 때, 합리적인 이유 없이 직계비속을 차별하고 있어, 평등원칙에 위반된다"는 이유로 위 조문에 대해 헌법불합치 결정을 선고하였다. 이에 2012년 법을 개정하여 그 취소청구권자를 "당사자 및 그 배우자, 직계혈족, 4촌 이내의 방계혈족 또는 검사"로 확대한 것이다.

2) 舊 가족관계등록법(2017. 10. 31. 법률 제14963호로 개정되기 전의 것) 제14조 제1항은 형제자매에게도 가족관계등록부 등의 기록사항에 관한 증명서 교부청구권을 제한 없이 부여하고 있었다. 이에 대해 헌재 2016. 6. 30. 선고 2015헌마924 결정은 "가족관계등록법상 각종 증명서에 기재된 개인정보가 유출되거나 오남용될 경우 정보의 주체에게 가해지는 타격은 크므로 증명서 교부청구권자의 범위는 가능한 한 축소하여야 하는데, 형제자매는 언제나 이해관계를 같이 하는 것은 아니므로 형제자매가 본인에 대한 개인정보를 오남용 또는 유출할 가능성은 얼마든지 있[음]"에도 불구하고 "형제자매에게 정보주체인 본인과 거의 같은 지위를 부여"하는 것은 침해의 최소성이나 법익의 균형성을 갖추지 못한 것으로서 개인정보자기

출생신고 제도도 대폭 개정되었다.[3] 「국민연금법」, 「공무원연금법」, 「사립학교교직원연금법」, 「군인연금법」의 개정작업을 통해 연금분할 제도가 완비되었고, 친권 및 양육권과 관련하여서는 2013년 「헤이그 국제아동탈취협약 이행에 관한 법률」(이하 '헤이그아동탈취법')이 제정되었으며, 입양과 관련하여서는 2012년 「입양특례법」 전부개정이 이루어졌다. 상속 분야에서는 「남북 주민 사이의 가족관계와 상속 등에 관한 특례법」(이하 '남북가족특례법')의 제정이 있었다. 2021년 현재 부양의무를 불이행한 상속인으로부터 상속권을 박탈하는 것을 내용으로 하는 상속권 상실 제도 도입[4]과 출생신고 누락을 방지하기 위한 출생통보제[5] 도입을 위한 방안이 한참 논의 중이다.

급변하는 가족법과 가족 현실에 대응하여 가족법 관련 판례의 양과 질도 빠른 속도로 성장하였다. 2010년부터 2020년까지 선고된 가족법 관련 전원합의체 판결은 13건에 달한다. 자녀의 최선의 이익, 경제적 약자인 배우자의 보호, 상속권의 보장과 같은 가족법의 기치에는 변함이 없지만, 혼인 외 출생자·다문화 가정·북한 주민 등 과거에는 찾아보기 힘들었던 다양한 소재의 사건들이 점점 더 빈번하게 등장하고 있다. 소수자 보호를 위한 법원의 후견적 개입을 어디까지 허용할 수 있는지와 관

결정권을 침해한다는 이유로 위 조문이 헌법에 위반된다고 선언하였다. 이에 입법자는 2017년 가족관계등록법을 개정하여 증명서 교부청구권자에서 형제자매를 삭제하였다. 이에서 더 나아가 현재 2020. 8. 28. 선고 2018헌마927 결정은 "직계혈족이 가족관계증명서 및 기본증명서의 교부를 청구"하는 부분에 대해서도 그로 인해 가정폭력 피해자의 개인정보가 유출되는 중대한 피해가 발생할 수 있다는 이유로 2021. 12. 31.까지 계속 적용을 전제로 헌법불합치 결정을 선고하였는바, 현재 그 개선입법을 위한 정부안이 마련되어 입법예고 중이다. 법무부공고 제2021-279호 참조.

3) 생부에 의한 혼인 외 출생자의 출생신고 제도 도입(가족관계등록법 제57조 제2항)에 관한 2015년 개정, 출생신고 시 인우보증 제도의 폐지(가족관계등록법 제44조의2) 및 지방자치단체장의 직권에 의한 출생신고 제도 도입(가족관계등록법 제46조)에 관한 2016년 개정, 생부에 의한 혼인 외 출생자의 출생신고 제도 확대(가족관계등록법 제57조 제1항 단서 및 제2항)에 관한 2021년 개정이 그것이다.

4) 정부는 상속권 상실 제도 도입을 위한 민법 개정안을 마련해 2021. 6. 18. 국회에 제출하였다. 의안번호 2110864 참조. 위 개정안에 대한 상세한 소개로 윤진수, "상속권 상실에 관한 정부의 민법개정안", 比較私法 第28卷 第3號(2021), 241–278면 참조.

5) 정부는 출생통보제 도입을 위해 관련 법안을 마련해 2021. 6. 21. 입법예고한 바 있다. 법무부공고 제2021-188호(가족관계의 등록 등에 관한 법률 일부개정법률안 입법예고) 참조.

련하여 사법적극주의와 사법소극주의가 치열하게 대립하고, 입법의 공백
이 있는 쟁점들에 대해 독창적 법리구성을 시도하는 별개의견이나 반대
의견이 증가하는 등 판결의 내용 자체도 상당한 변화가 있었다. 이 시기
의 가족법 판례들은 다양한 각도에서 그 경향성을 분석할 수 있고, 어떠
한 시각에서 이를 분류하더라도 흥미로운 결론을 도출해낼 수 있다. 하
지만 이 글은 특정한 입장을 지지하거나 논증하는 것을 목적으로 하는
학술논문이 아니라, 지난 10년간 판례의 흐름을 회고하기 위한 글이라는
점을 고려하여 2010년부터 2020년까지 선고된 가족법 관련 판결들 중 법
리적으로 의미 있는 것들을 주제별로 나누어 소개하고, 그 의의를 짚어
보는 것으로 만족하고자 한다.

친족법은 혼인, 이혼, 친자관계, 친권 및 후견, 부양 및 가족관계등
록으로, 상속법은 상속인과 상속분, 상속재산과 상속비용, 상속의 승인·
한정승인·포기, 상속재산분할, 상속회복청구, 유언과 유증, 유류분으로
주제를 분류하였으나, 서로 다른 주제에 속하는 판결이라도 함께 분석하
는 것이 더 효율적인 경우에는 분류기준에 구애되지 않고 다루기도 하였
다. 지난 10년간 가족법 분야에서 중요한 헌법재판소 결정도 여러 건 선
고되었으나, 지면 관계상 위헌 또는 헌법불합치 결정이 선고된 사건에
한해 본문 또는 각주에서 간략히만 소개하였다.[6] 이 글에서 원용하고 있

---

6) 본 논문에서 따로 다루지는 않았지만, 의미 있는 헌재 결정으로 헌재 2010. 4.
   29. 선고 2007헌바144 결정(공동상속인이 받은 특별수익을 상속개시 당시 가액으
   로 산정하여 유류분 산정의 기초재산으로 삼는 것이 헌법에 위반되지 않는다고 본
   사건); 헌재 2010. 7. 29. 선고 2005헌바89 결정(제1014조에 따른 가액지급청구권
   에 상속회복청구권의 제척기간을 적용하는 것이 헌법에 위반되지 않는다고 본 사
   건); 헌재 2011. 9. 29. 선고 2010헌바250 등 결정(자필증서유언 중 주소의 자서
   요건이 헌법에 위반되지 않는다고 본 사건); 헌재 2011. 11. 24. 선고 2010헌바2
   결정(기여분 제도가 헌법에 위반되지 않는다고 본 사건); 헌재 2012. 5. 31. 선고
   2010헌바87 결정(친양자 입양 시 부모의 동의를 요구하는 것이 헌법에 위반되지
   않는다고 본 사건); 헌재 2013. 2. 28. 선고 2009헌바129 결정(호주가 사망한 경우
   여자에게 분재청구권을 인정하지 않은 구 관습법 자체는 위헌법률심판의 대상이
   되지만, 분재청구권의 소멸시효가 완성된 이상 재판의 전제성이 인정되지 않는다
   고 본 사건); 헌재 2013. 9. 26. 선고 2011헌가42 결정(독신자에게 친양자 입양을
   허용하지 않는 것이 헌법에 위반되지 않는다고 본 사건); 헌재 2014. 3. 27. 선고
   2010헌바397 결정(친생자관계존부확인의 소에서 당사자 사망 시 원고가 이해관계

는 다양한 학설이나 주장들에 대해서는 그 전거를 밝힘이 마땅하나, 글의 무게를 줄이기 위해 세세한 인용은 생략하고, 대표적인 문헌들만 인용하였다. 다행히 「주해친족법」[7]과 「주해상속법」[8]에서 대부분 그 출처를 확인할 수 있으므로, 그것으로 인용을 갈음하고자 한다.

제2장 친 족 법

제1절 혼   인

I. 혼인의 성립요건

1. 혼인 무효 사유

(1) 혼인의 의사

혼인이 유효하게 성립하려면 당사자 간에 혼인의사의 합치가 필요하다(제815조 제1호). 이때 혼인의사의 의미에 대해 다수설은 일찍부터 실질적 의사설을 지지해 왔다.[9] 실질적 의사설은 과거 국민들이 혼인신고 제

인인 경우에도 제소기간을 사망을 안 날부터 2년으로 제한한 것이 헌법에 위반되지 않는다고 본 사건); 헌재 2014. 8. 28. 선고 2013헌바119 결정(사실혼 배우자에게 상속권을 인정하지 않는 것이 헌법에 위반되지 않는다고 본 사건); 헌재 2016. 4. 28. 선고 2013헌바396 등 결정(절가된 가의 유산 귀속순위에 관하여 출가한 여성을 그 가적에 남아 있는 자와 달리 취급하는 것이 헌법에 위반되지 않는다고 본 사건); 헌재 2016. 10. 27. 선고 2015헌바203 결정(실종선고에 의해 상속이 개시된 경우 실종선고일 당시의 상속법을 적용한다고 규정한 1990년 개정민법 부칙 제12조 제2항이 헌법에 위반되지 않는다고 본 사건); 헌재 2017. 4. 27. 선고 2015헌바24 결정(특별수익자가 배우자인 경우에 특별수익 산정에 관한 예외규정을 두지 않은 것이 헌법에 위반되지 않는다고 본 사건); 헌재 2018. 2. 22. 선고 2017헌바59 결정(직계존속이 피상속인에 대한 부양의무를 이행하지 않은 것을 상속결격 사유로 규정하지 않은 것이 헌법에 위반되지 않는다고 본 사건); 헌재 2018. 5. 31. 선고 2015헌바78 결정(4촌 이내 방계혈족을 4순위 법정상속인으로 규정한 것이 헌법에 위반되지 않는다고 본 사건); 헌재 2019. 12. 27. 선고 2018헌바130 결정 등(본인 외의 자에게 성년후견개시심판 청구권을 부여한 조항 등이 헌법에 위반되지 않는다고 본 사건); 헌재 2019. 12. 27. 선고 2018헌바161 결정(성년후견개시심판의 요건 및 성년후견인의 포괄적 권한 등 관련 조항이 헌법에 위반되지 않는다고 본 사건) 등 참조.

7) 편집대표 윤진수, 「주해친족법」 제1권 및 제2권, 박영사, 2015를 말한다. 이하 '주해친족법 제○권(집필자)' 형태로 인용한다.

8) 편집대표 윤진수, 「주해상속법」 제1권 및 제2권, 박영사, 2019를 말한다. 이하 '주해상속법 제○권(집필자)' 형태로 인용한다.

도에 익숙하지 않았던 시절에 사실혼 관계에 법률혼에 준하는 효과를 부
여하거나 법률혼으로의 전환을 손쉽게 만들어준다는 점[10]에서 역사적으
로 중요한 역할을 담당해 왔으나, 법률혼을 기피하고 의식적으로 사실혼
관계를 선택하는 경우가 점차 증가하고 있는 현재의 가족 현실과는 어울
리지 않는 부분이 있다.[11] 이에 최근에는 혼인이 유효하게 성립하려면
단순히 정신적·육체적으로 결합하여 생활공동체를 이루려는 실질적 의
사를 넘어서 당사자에게 혼인의 법률효과를 발생시키고자 하는 효과의사
가 있어야 한다고 보는 이른바 '법적 의사설'이 점차 유력해지고 있다.[12]
법적 의사설은 다시 ① 당사자에게 혼인신고를 통해 법률혼에 수반되는
법률효과의 발생을 의욕하는 의사만 있으면 유효하게 혼인이 성립할 수
있으므로 가장혼도 무효로 되는 것은 아니라는 견해[13]와 ② 부부 사이에
발생하는 법률효과에는 당사자가 부부로서 정신적·육체적으로 결합하여
생활공동체를 형성하는 것도 포함되는 이상 당사자에게 이러한 생활공동
체를 형성할 의사가 없었다면 법적 의사도 없었던 것으로 보아 가장혼을
무효로 처리해야 한다는 견해[14]로 나누어지는데, 판례는 이 중 ②의 견
해와 같은 입장을 택해왔다.[15] "혼인의 합의란 법률혼주의를 택하고 있는

9) 대표적으로 김주수·김상용, 「친족·상속법」(제16판), 法文社, 2019, 85면.
10) 가령 판례는 부부 중 한쪽이 일방적으로 혼인신고를 하였더라도 그들이 사실혼
관계에 있었다면 상대방에게도 혼인의사의 존재를 추정할 수 있으므로, 특별한 사
정이 없는 한 그 혼인을 무효라고 할 수 없다고 보고 있다. 대법원 1980. 4. 22.
선고 79므77 판결; 대법원 1994. 5. 10. 선고 93므935 판결; 대법원 2000. 4. 11.
선고 99므1329 판결; 대법원 2012. 11. 29. 선고 2012므2451 판결 참조. 이러한 판
례의 태도에 대해 비판적인 견해로 윤진수, 「민법기본판례」(제2판), 弘文社, 2020
(이하 '윤진수: 판례(2020)' 형태로 인용한다), 607-608면 참조.
11) 당사자들에게 혼인의사가 있어야만 사실혼으로 인정할 수 있다는 이른바 '준혼
이론'도 이와 같은 맥락에서 더이상 타당하지 않다. 같은 취지로 주해친족법 제1권
(윤진수), 525-527면.
12) 대표적으로 윤진수, 「친족상속법 강의」(제3판), 박영사, 2020, 48-49면.
13) 박희호, "혼인의 성립요건에 대한 소고", 家族法研究 第25卷 第1號(2011), 20면.
14) 조미경, "혼인의사와 신고", 家族法研究 第10號(1996), 65면.
15) 김주수·김상용(2019), 85면; 박동섭·양경승, 「친족상속법」(제5판), 박영사, 2020,
88면 등은 판례가 실질적 의사설을 택하였다고 서술하고 있고, 일부 판결만 보
면 그와 같이 이해할만한 여지도 없지 않으나, 관련 판례 전반을 종합적으로 고
려하면 ②의 견해와 같이 실질적 의사를 포함하는 법적 의사를 요구하는 것으로

우리나라 법제 하에서는 법률상 유효한 혼인을 성립케 하는 합의를 말하는 것이므로 비록 양성간의 정신적·육체적 관계를 맺는 의사가 있다는 것만으로는 혼인의 합의가 있다고 할 수 없다."[16]고 하면서도 "당사자 사이에 혼인의 합의 즉 정신적, 육체적 결합을 생기게 할 의사로서 신고된 것이 아니면" 그 혼인관계는 무효[17]라고 판시해 온 것이다.

대법원 2010. 6. 10. 선고 2010므574 판결은 이 점을 재차 확인하면서 "민법 제815조 제1호가 혼인무효의 사유로 규정하는 '당사자 간에 혼인의 합의가 없는 때'란 당사자 사이에 사회관념상 부부라고 인정되는 정신적·육체적 결합을 생기게 할 의사의 합치가 없는 경우를 의미하므로, 당사자 일방에게만 그와 같은 참다운 부부관계의 설정을 바라는 효과의사가 있고 상대방에게는 그러한 의사가 결여되었다면 비록 당사자 사이에 혼인신고 자체에 관하여 의사의 합치가 있어 일응 법률상의 부부라는 신분관계를 설정할 의사는 있었다고 하더라도 그 혼인은 당사자 간에 혼인의 합의가 없는 것이어서 무효라고 보아야 한다."고 보았다. 다만, 당사자에게 '사회관념상 부부라고 인정되는 정신적·육체적 결합을 생기게 할 의사'가 있는지를 판단하는 기준은 여전히 모호하다. 위 판결에서는 필리핀 국적의 아내가 대한민국 국적의 남편과 혼인신고를 마친 후 한국에 입국하여 약 한 달 동안 남편과 혼인 생활을 하였으나, 그 후 '가족들을 부양하기 위해 결혼했고 한국에서 돈을 벌어야 한다.'는 내용의 편지를 남기고 가출한 사안이 문제되었다. 원심은 아내가 입국 후 한 달 동안 남편과 정상적인 부부로 함께 생활하였던 점, 가출 직전까지 혼인관계의 계속과 필리핀의 가족에 대한 부양의무 사이에서 갈등하였던 점 등을 고려할 때 아내에게 처음부터 혼인의 의사가 없었던 것으로 볼 수 없다고 판단하였으나, 대법원은 아내 스스로도 한국에 입국하여 돈을 벌

보인다.

16) 대법원 1983. 9. 27. 선고 83므22 판결; 대법원 2000. 4. 11. 선고 99므1329 판결; 대법원 2012. 11. 29. 선고 2012므2451 판결.

17) 대법원 1980. 1. 29. 선고 79므62 등 판결; 대법원 1985. 9. 10. 선고 85도1481 판결; 대법원 1996. 11. 22. 선고 96도2049 판결도 참조.

기 위한 목적으로 혼인하였음을 편지에서 밝히고 있는 점, 입국 후 한 달 동안 아내의 거부로 부부관계가 없었고, 그 중에서도 절반 정도는 종교활동을 이유로 남편과 떨어져 지낸 점 등을 고려할 때 아내는 "참다운 부부관계를 설정하려는 의사가 없음에도 단지 한국에 입국하여 취업하기 위한 방편으로 혼인신고에 이르렀다고 봄이 상당"하고, <u>설령 한 달 동안 계속 혼인생활을 해왔다고 하더라도 이는 "진정한 혼인의사 없이 위와 같은 다른 목적의 달성을 위해 일시적으로 혼인생활의 외관을 만들어낸 것"</u>으로 보인다는 이유로 이 사건은 무효라고 판단하였다.[18] 혼인의사 유무를 판단함에 있어 '정신적·육체적 결합을 발생시킨다는 목적 그 자체'보다 '정신적·육체적 결합이 생기게 만든 동기'를 더 중요하게 고려하고 있는 것으로 보인다.

(2) 당연무효설

혼인관계의 존부는 친족관계의 성립과 효과, 상속 등 신분 관계 전반에 지대한 영향을 미치므로, 외국의 입법례 중에는 혼인무효를 재판상 무효로 구성하는 경우가 적지 않다.[19] 하지만 제815조는 위 조문 각호에 따른 혼인 무효 사유가 존재하는 경우에 무효로 한다고만 규정하고, 별도의 재판을 요구하지 않는다. 법원에 청구할 것을 명시적으로 요구하고 있는 혼인 취소 조문과 차이가 있다(제816조). 이에 학설은 일찍부터 당연

---

18) 피고인이 채팅으로 만난 피해자로부터 2억1천만 원을 편취하면서 피해자를 안심시킬 목적으로 '결혼하여 금전 문제를 잘 해결하자'고 제안하여 피해자와 함께 혼인신고까지 한 후 잠적한 사안에서 피고인과 피해자가 동거하지도 않았고, 함께 거주할 집이나 가재도구 등을 알아보거나 마련한 바도 없다면 피고인은 피해자로부터 금원을 편취하기 위한 기망의 수단으로 피해자와 혼인신고를 하였을 뿐이고, 그들 사이에 부부로서의 결합을 할 의사나 실체관계가 있었다고 볼 아무런 사정도 없다는 이유로 이 사건 혼인은 무효이고, 따라서 친족상도례도 적용될 여지가 없다고 판단하였던 대법원 2015. 12. 10. 선고 2014도11533 판결도 참조.

19) 가령 독일의 舊 혼인법 제23조는 혼인 무효 사유에 해당하더라도 법원의 판결이 있어야 그 혼인이 소급적으로 효력을 상실하는 것으로 규정하였으며, 1998년 개정 이후로는 혼인무효사유와 혼인취소사유를 통합하여 언제나 법원의 판결에 의해서만 그 효력을 제거할 수 있는 것으로 일원화하였다. 이에 대해 자세히는 尹眞秀, "婚姻 成立에 관한 獨逸 民法의 改正에 관한 考察", 家族法研究 第13號(1999), 41-46면 참조.

무효설을 지지해 왔다.[20] 대법원 2013. 9. 13. 선고 2013두9564 판결 역시 같은 맥락에서 당연무효설을 선언하였다. "민법은 혼인의 취소에 관하여는 소에 의하도록 하면서도(제816조), 혼인의 무효에 관하여는 그 사유만을 제815조에 규정하고 있을 뿐이므로, 혼인무효사유가 있는 경우 혼인무효의 소를 제기할 수 있음은 물론, 이러한 소가 제기되지 않은 상태에서도 이해관계인은 다른 소송에서 선결문제로서 혼인의 무효를 주장할 수 있다고 할 것"이라고 판시한 것이다.

다만, 당연무효설에 따르더라도 가족관계등록부에 기록된 혼인 관계 사항의 정정은 가족관계등록법 제107조에 따라 가정법원으로부터 혼인무효 확정판결을 받은 때에만 가능한 것이 원칙이다.[21] 그런데 대법원 2009. 10. 8.자 2009스64 결정은 중국 국적의 조선족 여성을 한국에 입국시킬 목적으로 혼인신고를 하였다는 이유로 공전자기록불실기재죄의 유죄확정판결을 받았다면, 그 혼인은 혼인의사의 합치가 결여되어 무효임이 명백하므로 혼인무효판결을 받지 않았더라도 가족관계등록법 제105조에 따라 가정법원의 허가를 받아 가족관계등록부를 정정할 수 있다고 판시한 바 있으므로, 가족관계등록의 영역에서도 당연무효의 효과가 관철되는 것으로 오인될 여지가 있었다.[22] 하지만 위 2013두9564 판결은 "가사소송법이 혼인무효의 소의 제기권자를 별도로 규정하고 혼인무효의 청구를

---

20) 대표적으로 김주수·김상용(2019), 116면; 윤진수(2020), 56면.
21) 대법원 1993. 5. 22.자 93스14 등 전원합의체 결정은 "가사소송법 제2조(…)에 규정되어 있는 가사소송사건으로 판결을 받게 되어 있는 사항은 모두 친족법상 또는 상속법상 중대한 영향을 미치는 것으로 보아 그와 같은 사항에 관하여는 호적법 제123조에 따라 확정판결에 의하여서만 호적정정의 신청을 할 수 있고, 같은 법 제2조에 의하여 판결을 받을 수 없는 사항에 관한 호적기재의 정정은 호적법 제120조에 따라 법원의 허가를 얻어 정정을 신청할 수 있다고 보는 것이 상당"하다고 판시한 바 있는데, 혼인무효의 소는 가사소송법 제2조 제1항 제1호 가목 1)에 열거되어 있는 가사소송사건에 해당하기 때문이다. 위 결정 중 호적법 제123조는 현행 가족관계등록법 제107조와, 호적법 제120조는 현행 가족관계등록법 제105조와 동일한 내용을 담고 있다. 같은 취지로 대법원 1995. 4. 13.자95스5 결정; 대법원 2006. 6. 22.자 2004스42 전원합의체 결정도 참조.
22) 이 점에 대해 자세히는 현소혜, "혼인의 무효와 가족관계등록부의 정정", 사법 통권 제14호(2010), 73–109면 참조.

인용한 확정판결에 대세적 효력을 인정하고 있다거나, 혼인 여부가 친족법상 또는 상속법상 중대한 영향을 미치는 사항이어서 이에 관한 가족관계등록기록의 정정은 공정증서원본불실기재죄의 형사판결이 확정된 경우와 같은 특별한 사정이 없는 한 가족관계의 등록 등에 관한 법률 제107조에 따라 혼인무효 확정판결에 의하여만 할 수 있을 뿐, 같은 법 제105조 제1항에 따라 가정법원의 허가를 얻어 할 수는 없다고 하여 달리 볼 것이 아니다."라고 판시함으로써 위 2009스64 결정에 따른 가정법원의 허가에 기한 가족관계등록부 정정은 예외에 불과하다는 점, 가족관계등록부의 정정을 위해서는 원칙적으로 혼인무효의 확정판결이 필요하다는 점, 그리고 이러한 확정판결은 가족관계등록의 영역에서만 문제되는 것이어서 일반적인 당연무효의 효과와는 무관하다는 점을 명백하게 하였다.

2. 혼인 취소 사유
(1) 악질 기타 중대한 사유

혼인 당시 당사자 일방에 부부생활을 계속할 수 없는 악질 기타 중대사유 있음을 알지 못한 때에는 법원에 그 혼인의 취소를 청구할 수 있다(제816조 제2호). 이때 "부부생활을 계속할 수 없는 악질 기타 중대사유"란 성병·불치의 정신병 등 혼인 전에 그러한 사유 있음을 알았더라면 혼인하지 않았을 것으로 인정되는 경우를 의미한다고 해석되어왔다.[23] 대법원 2015. 2. 26. 선고 2014므4734 등 판결은 임신 불능만으로는 이에 해당하지 않음을 밝힌 최초의 판결이다. 위 판결에서는 남편의 성기능 장애로 인해 혼인 성립 후 약 8개월여간 지속적으로 성관계가 원만하지 않았고, 남편에게 무정자증과 성염색체 이상이 있어서 임신도 어렵다는 사정을 알게 된 아내가 남편을 상대로 혼인 취소를 구한 사안이 문제되었다. 이에 대해 원심은 ① 피고에게 일반적인 부부 사이에 필요한 최소한의 성기능이 가능하다고 보기 어렵다는 점, ② 전문직 종사자 중매의 경우 2세에 대한 기대를 중요한 선택 요소로 고려한다는 점, ③ 성기능

---

23) 대표적으로 김주수·김상용(2019), 124－125면; 윤진수(2020), 60면.

장애나 불임 상태가 향후 개선될 수 있다고 볼 자료가 부족하다는 점 등을 들어 남편에게 부부생활을 계속할 수 없는 악질 기타 중대한 사유가 있다고 보아 아내의 혼인취소 청구를 인용하였다. 하지만 대법원은 ① "혼인은 남녀가 일생의 공동생활을 목적으로 하여 도덕 및 풍속상 정당시되는 결합을 이루는 법률상, 사회생활상 중요한 의미를 가지는 신분상의 계약으로서 그 본질은 양성 간의 애정과 신뢰에 바탕을 둔 인격적 결합에 있다고 할 것이고, 특별한 사정이 없는 한 임신가능 여부는 민법 제816조 제2호의 부부생활을 계속할 수 없는 악질 기타 중대한 사유에 해당한다고 볼 수 없다."는 점, ② 원고의 부부생활에 피고의 성기능 장애는 크게 문제되지 않았으며, 성기능에 문제가 있었다고 하더라도 약물 치료나 전문가의 도움 등으로 개선이 가능하다는 점 등을 근거로 원심판결을 파기환송하였다.

하지만 위 2014므4734 판결은 위 취소 사유의 구체적인 의미나 판단기준을 제시하지 않고 있다는 점에서 한계가 있다. 위 판결은 제840조 제6호가 재판상 이혼 사유로 '혼인을 계속하기 어려운 중대한 사유'를 규정하고 있는 것에 반해 제816조 제2호는 '부부생활을 계속할 수 없는 중대한 사유'라고 규정하고 있는 것에 비추어 위 조문을 "엄격히 제한하여 해석함으로써 그 인정에 신중을 기하여야 할 것"이라고 판시하였다.[24] 하지만 대법원은 종래 약혼해제나 재판상 이혼 사건에서도 임신 불능을 신분 관계 해소 사유로 구성하는 것에 부정적인 입장을 반복적으로 설시해 왔다.[25] 혼인은 일생에 걸친 남녀의 결합을 목적으로 하는 계약이며, 임신이나 출산은 그 결과물일 뿐, 그것 자체가 혼인계약의 목적이 될 수는 없다는 것이다. 성기능 장애 사안에서 회복가능성을 기준으로 재판상 이

---

24) 같은 취지로 윤진수(2020), 60면; 정구태, "2015년 혼인법 관련 주요 판례 회고", 法學硏究 제27권 제1호(2016)(이하 '정구태(2015: 혼인법 회고)' 형태로 인용한다), 151면.

25) 임신 불능은 약혼 해제사유에 해당하지 않는다고 보았던 사건으로 대법원 1960. 8. 18. 선고 4292민상995 판결; 임신 불능은 재판상 이혼사유에 해당하지 않는다고 보았던 사건으로 대법원 1991. 2. 26. 선고 89므365 등 판결 참조.

혼 청구의 인용 가능성을 판단해온 것[26]도 위 2014므4734 판결과 동일하다. 이러한 판례의 태도에 비추어 볼 때 위 2014므4734 판결의 사실관계에서 아내가 남편을 상대로 재판상 이혼을 청구하였더라도 대법원은 동일한 법리와 논증 구조를 통해 동일한 결론에 도달할 것으로 추단되는바, 실제로 대법원이 혼인 취소 사유와 재판상 이혼 사유 사이에 어떠한 차별성을 두고자 한 것인지 분명하지 않다. 양자 간에 개념 범위에 관한 일반론을 설시하기보다는 중대한 사유의 존재 시점 또는 인과관계 관점에서 접근하는 것이 나았을 것이다. 입법론으로서 혼인을 계속하기 어려운 중대한 사유를 재판상 이혼 사유와 별도로 혼인취소 사유로 인정할 필요가 없다는 견해[27]도 참고할만하다.

(2) 사기 또는 강박으로 인한 혼인

사기 또는 강박으로 인해 혼인의 의사표시를 한 자는 법원에 그 혼인의 취소를 청구할 수 있다(제816조 제3호). 대법원 2016. 2. 18. 선고 2015므654 판결에서는 이 중 '사기'를 이유로 하는 혼인 취소가 정면으로 문제되었다. 위 사건에서 원고인 남편은 피고인 아내(이하 'A')가 혼인 전 출산경력을 자신에게 고지하지 않았다는 이유로 A를 상대로 혼인의 취소를 청구하였다. A는 베트남 소수민족 출신이었는데, 출신 지역에서 횡행하였던 약탈혼(이른바 '빳버 혼') 관습에 따라 만 13세경 여러 명의 남자에게 납치당해 그중 한 남자(이하 'B')로부터 강간을 당한 후 자녀를 출산하였으나, B 측에서 아이를 데리고 가 아이와 관계가 단절된 후 8년간 양육이나 교류가 전혀 이루어지지 않았다. 그 후 A는 국제결혼 중개업체를 통해 대한민국 국민인 원고와 혼인하여 대한민국에서 원고의 모 및 계부와 함께 생활하던 중 원고의 계부로부터 강간 및 강제추행을 당하였다. 이로 인해 원고의 계부에 대한 형사재판이 진행되던 중에 원고는 A의 출산경력을 알게 되었다. 그 후 원고는 A를 상대로 사기를 이유로 하는 혼인취소 및 위자료 지급 청구의 소를, A는 원고를 상대로 재판상 이혼 및

---

26) 대법원 2010. 7. 15. 선고 2010므1140 판결.
27) 윤진수(2020), 60면.

위자료 지급 청구의 반소를 제기하였다.

이에 대해 원심판결은 혼인당사자의 출산경력은 상대방이 혼인의 의사를 결정함에 있어 매우 중요하게 고려하는 요소라고 할 것이어서 이에 관하여 당사자 또는 제3자가 명시적·묵시적으로 기망하였고, 이로 인하여 착오에 빠진 상대방이 혼인의 의사를 표시하였으며, 위와 같은 기망에 의한 착오가 없었더라면 그 상대방이 혼인에 이르지 않았을 것으로 보이는 경우 그 상대방은 혼인의 취소를 청구할 수 있다는 전제 하에 B와 결혼중개업자는 혼인 전 남편에게 출산경력에 관한 사실을 고지하여 혼인 여부에 관해 신중하게 결정할 수 있도록 하여야 함에도 불구하고 이를 알리지 않음으로써 원고를 기망했음을 이유로 원고의 청구를 인용하였다. 하지만 위 2015므654 판결은 "혼인의 당사자 일방 또는 제3자가 출산의 경력을 고지하지 아니한 경우에 그것이 상대방의 혼인의 의사결정에 영향을 미칠 수 있었을 것이라는 사정만을 들어 일률적으로 고지의무를 인정하고 제3호 혼인취소사유에 해당한다고 하여서는 아니 [된다.]" 고 판시하였다. 제816조 제3호가 규정하는 '사기'에는 혼인의 당사자 일방 또는 제3자가 적극적으로 허위의 사실을 고지한 경우뿐만 아니라 소극적으로 고지를 하지 아니하거나 침묵한 경우도 포함되는 것이지만, 불고지 또는 침묵의 경우에는 법령, 계약, 관습 또는 조리상 사전에 그러한 사정을 고지할 의무가 인정되어야 위법한 기망행위로 볼 수 있는데, 관습 또는 조리상 고지의무가 인정되는지 여부는 당사자들의 연령, 초혼인지 여부, 혼인에 이르게 된 경위와 그때까지 형성된 생활관계의 내용, 당해 사항이 혼인의 의사결정에 미친 영향의 정도, 이에 대한 당사자 또는 제3자의 인식 여부, 당해 사항이 부부가 애정과 신뢰를 형성하는 데 불가결한 것인지, 또는 당사자의 명예 또는 사생활 비밀의 영역에 해당하는지, 상대방이 당해 사항에 관련된 질문을 한 적이 있는지, 상대방이 당사자 또는 제3자로부터 고지받았거나 알고 있었던 사정의 내용 및 당해 사항과의 관계 등의 구체적·개별적 사정과 더불어 혼인에 대한 사회 일반의 인식과 가치관, 혼인의 풍속과 관습, 사회의 도덕관·윤리관 및 전통문화까지 종합적으로 고려하여 판단해야 한다는 것이다.

따라서 출산의 경력이나 경위가 알려지는 경우 당사자의 명예 또는 사생활 비밀의 본질적 부분이 침해될 우려가 있는지, 사회통념상 당사자나 제3자에게 그에 대한 고지를 기대할 수 있는지와 이를 고지하지 아니한 것이 신의성실 의무에 비추어 비난받을 정도라고 할 수 있는지까지 심리한 다음, 그러한 사정들을 종합적으로 고려하여 신중하게 고지의무의 인정 여부와 그 위반 여부를 판단함으로써 당사자 일방의 명예 또는 사생활 비밀의 보장과 상대방 당사자의 혼인 의사결정의 자유 사이에 균형과 조화를 도모하여야 하는데, "당사자가 성장과정에서 본인의 의사와 무관하게 아동성폭력범죄 등의 피해를 당해 임신을 하고 출산까지 하였으나 이후 그 자녀와의 관계가 단절되고 상당한 기간 동안 양육이나 교류 등이 전혀 이루어지지 않은 경우라면, 이러한 출산의 경력이나 경위는 개인의 내밀한 영역에 속하는 것으로서 당사자의 명예 또는 사생활 비밀의 본질적 부분에 해당한다고 할 것이고, 나아가 사회통념상 당사자나 제3자에게 그에 대한 고지를 기대할 수 있다거나 이를 고지하지 아니한 것이 신의성실 의무에 비추어 비난받을 정도라도 단정할 수도 없으므로, 단순히 출산의 경력을 고지하지 않았다고 하여 그것이 곧바로 민법 제816조 제3호 소정의 혼인취소사유에 해당한다고 보아서는 아니 된다."고 보아 원심판결을 파기환송하였다. 그 후 파기환송심은 새로운 증거조사를 통해 ① A는 납치 당일 B의 성폭력에 의해 임신한 것이 아니라, 그 후 A 부모의 동의하에 B와 1년 여간 혼인 생활을 하던 중에 자녀를 출산하였고, ② 그 후 B가 사망하면서 B의 부모가 아이를 데려갔을 뿐 A의 베트남 호적에 여전히 A의 성을 따른 자녀가 기록되어 있어 원고와의 사이에 인척 관계가 형성될 수 있다는 사실을 인정하면서 사정이 이러하다면 A의 출산경력이나 경위가 원고인 남편에게 알려지더라도 A의 명예나 사생활의 비밀의 본질적 부분이 침해된다고는 볼 수 없다고 이유로 원고의 혼인 취소 청구를 인용하였다. 이에 피고는 재상고하였으나 대법원 2017. 5. 16. 선고 2017므238 판결에 의해 심리불속행으로 기각되었다.

위 판결에 대해서는 출산경력 고지의무를 일반적으로 인정할 것인가
를 둘러싸고 찬반 대립이 있다.[28] 하지만 보다 의문스러운 점은 혼인 관
계를 스스로 파탄에 빠트린 유책배우자가 혼인 취소의 청구를 통해 이혼
과 위자료 지급 등을 면하는 것이 적절한가 하는 점이다. 이에 대해 파
기환송심은 혼인 취소와 이혼은 신분에 미치는 법률효과에 차이가 있다
는 점, 혼인 취소청구가 오로지 A를 본국으로 추방하여 A에게 고통을 주
려는 목적에서 비롯된 것이라고 단정할 수 없다는 점 등을 이유로 이 사
건 혼인 취소청구가 권리남용에 해당하지 않는다고 보았다. 하지만 혼인
의 취소와 이혼은 장래를 향하여 혼인 관계를 해소시킨다는 점에서 본질
상 동일할 뿐만 아니라, 위 사안에서 A는 배우자의 혼인상 의무 위반에
도 불구하고 혼인 취소에 의해 배우자로부터 아무런 손해배상을 받지 못
한 채 혼인 관계를 종료 당하는 현저한 불이익을 입게 된다. 유책배우자
가 스스로 재판상 이혼을 청구하는 것이 신의칙에 반할 수 있다면,[29] 그
러한 유책배우자가 혼인관계의 해소를 위해 혼인취소를 청구하는 것이
신의칙 위반 내지 권리남용에 해당하는지에 대해서도 보다 적극적인 심
사가 행해졌어야 했다. 배우자의 기망행위가 혼인관계 파탄과 직접적인
인과관계가 없는 경우에는 더욱 그러하다.[30]

---

28) 원칙적으로는 출산경력에 대한 고지의무가 있으나, 성폭력으로 인한 출산에 대
   해서는 예외적으로 고지의무를 부정할 수 있다는 견해로 최준규, "출산 경력의 불
   고지가 혼인취소 사유에 해당하는지 여부−대법원 2016. 2. 18. 선고 2015므654
   등 판결", 家族法研究 第31卷 第2號(2017), 335−343면; 출산한 자녀가 아직 미성
   년자여서 동거 또는 부양을 해야 하는 경우가 아닌 한 출산 사실에 대한 고지의
   무를 일반적으로 인정할 수 없다는 견해로 김유진, "출산경력의 불고지와 혼인 취
   소 사유−대법원 2017. 5. 16. 선고 2017므238 판결−", 家族法研究 第35卷 第2號
   (2021), 314−324면 참조.
29) 이 점에 대해서는 제2장 제2절 I. 1. 이하의 서술 참조.
30) 이와 같은 취지로 김유진(2021), 351−353면 참조.

Ⅱ. 혼인의 효과

1. 부부간의 부양의무

(1) 과거의 부양료 청구

부부간에는 혼인 성립과 동시에 부양의무가 성립한다(제826조 제1항 본문). 따라서 부부 중 일방에게 부양의 필요가 생겼을 때 그는 다른 일 방을 상대로 장래의 부양료 지급을 청구할 수 있다. 한편 부부간의 부양 의무는 제1차 부양의무로서 부양의 필요가 생겼을 때 당연히 발생하는 것이므로, 논리적으로만 보면 적시에 필요한 부양을 받지 못한 부부 중 일방이 다른 일방을 상대로 과거의 부양료 지급도 청구할 수 있다고 보 아야 할 것이다. 그러한 해석이 부모의 미성년 자녀에 대한 양육의무에 관한 판례[31]의 태도와도 체계상 균형이 맞는다. 하지만 판례는 일찍부터 부부간의 부양의무에 있어서만큼은 "그 성질상 부양의무자가 부양권리자 로부터 그 재판상 또는 재판외에서 부양의 청구를 받고도 이를 이행하지 않음으로써 이행지체에 빠진 이후의 분에 대한 부양료 지급을 구할 수 있음에 그치고 그 이행청구를 받기 전의 부양료에 대하여는 이를 청구할 수 없다"[32]고 해석해 왔다. 대법원 2012. 12. 27. 선고 2011다96932 판결 은 이에서 더 나아가 "부양의무자인 부부의 일방에 대한 부양의무 이행 청구에도 불구하고 배우자가 부양의무를 이행하지 아니함으로써 이행지 체에 빠진 후의 것이나, 그렇지 않은 경우에는 <u>부양의무의 성질이나 형 평의 관념상 이를 허용해야 할 특별한 사정이 있는 경우</u>에 한하여 이행 청구 이전의 과거 부양료를 지급하여야 한다."고 하여 부부간에 과거의 부양료를 청구할 수 있는 범위를 보다 확대하는 한편, "<u>부부 사이의 부양</u>

---

31) 대법원 1994. 5. 13.자 92스21 전원합의체 결정; 대법원 1995. 4. 25. 선고 94므 536 판결; 대법원 2011. 7. 29.자 2008스67 결정; 대법원 2011. 7. 29.자 2008스113 결정.
32) 대법원 1991. 10. 8. 선고 90므781 등 판결; 대법원 1991. 11. 26. 선고 91므375 등 판결; 대법원 2008. 6. 12.자 2005스50 결정; 대법원 2012. 12. 27. 선고 2011다 96932 판결.

료 액수는 당사자 쌍방의 재산 상태와 수입액, 생활정도 및 경제적 능력, 사회적 지위 등에 따라 부양이 필요한 정도, 그에 따른 부양의무의 이행 정도, 혼인생활 파탄의 경위와 정도 등을 종합적으로 고려하여 판단하여야 한다."고 판시하였다. 배우자가 경막외 출혈 등으로 수술을 받은 후 장기간 의식이 혼미하고 마비증세가 지속되고 있다면 스스로 의사소통이 불가능하므로 부양을 청구하기가 곤란하고, 상대방 배우자로서는 그에게 부양이 필요한 상태라는 점을 잘 알 수 있었으므로, 부양의무의 이행청구를 받기 전의 과거 부양료도 지급할 의무가 있다고 본 것이다. 과거 판례는 "부양의무의 성질이나 형평의 관념"을 이행청구 전의 부양료 지급을 청구할 수 없는 근거로 제시했던 것에 반해,[33] 위 2011다96932 판결은 이를 과거의 부양료 청구 가능성을 판단하기 위한 별도의 또는 상위의 유형으로 끌어올렸다는 데 의의가 있다.

　　이에 대해서는 ① 판례의 태도에 반대하면서 부부간에도 이행청구와 무관하게 과거의 부양료 청구를 널리 허용해야 한다는 견해,[34] ② 현재 판례의 태도와 같이 미성년 자녀를 위한 과거의 양육비청구의 경우와 달리 부부간에는 과거의 부양료 청구를 이행청구 시 이후로 한정해야 한다는 견해,[35] ③ 부양권리자가 부양의무자를 상대로 직접 부양료를 청구하는 경우에는 과거의 부양료청구를 이행청구시 이후로 한정해야 하지만, 부양의무자 중 1인이 동순위의 다른 부양의무자를 상대로 구상권을 행사하는 경우에는 시기의 제한 없이 이를 허용해야 한다는 견해[36] 등이 대

---

33) 가령 대법원 1991. 11. 26. 선고 91므375 등 판결은 "부부간의 상호부양의무는 부부의 일방에게 부양을 받을 필요가 생겼을 때 당연히 발생되는 것이기는 하지만, 과거의 부양료에 관하여는 특별한 사정이 없는 한, 부양을 받을 자가 부양의무자에게 부양의무의 이행을 청구하였음에도 불구하고 부양의무자가 부양의무를 이행하지 아니함으로써 이행지체에 빠진 이후의 것에 대하여만 부양료의 지급을 청구할 수 있을 뿐, 부양의무자가 부양의무의 이행을 청구 받기 이전의 부양료의 지급은 청구할 수 없다고 보는 것이 부양의무의 성질이나 형평의 관념에 합치된다고 할 것"이라고 설시하였다.

34) 대표적으로 김주수 · 김상용(2019), 133면; 송덕수, 「친족상속법」(제5판), 박영사, 2020, 275면.

35) 대표적으로 박동섭 · 양경승(2020), 495면; 윤진수(2020), 68면.

립하고 있다. 우리 부양법의 체계상 당사자의 협의나 심판에 의해 확정
되기 전까지는 부양의무의 존부나 그 내용을 예상하기 어렵고, 구체적인
지급청구권으로서 성립하기 전까지는 부양청구권의 소멸시효도 진행하지
않는 이상[37] 예측할 수 없었던 고액의 부양채무로부터 부양의무자를 보
호할 필요가 매우 크다는 점을 고려할 때 위 2011다96932 판결의 태도
와 같이 과거의 부양료 청구를 원칙적으로 금지하되, 부양권리자의 이
익 보호를 위해 필요한 예외적인 상황에서만 이를 허용하는 것은 타당한
것으로 보인다. 미성년 자녀를 위한 과거의 양육비 청구 사건의 경우에
도 동일한 취지로 판례가 변경되어야 할 것이다. 다만, 위 2011다96932
판결에서 언급하고 있는 "부양의무의 성질이나 형평의 관념"이라는 기준
은 지나치게 모호하여 과거의 부양료 청구가 허용되는 경우가 언제인지
를 짐작하기 어렵다는 한계가 있으므로, 이를 유형별로 보다 구체화할
필요가 있다.[38]

(2) 부양과 생활비용 분담 간의 관계

제833조는 "부부의 공동생활에 필요한 비용은 당사자 간에 특별한
약정이 없으면 부부가 공동으로 부담한다"고 규정한다. 따라서 부부 중
일방은 다른 일방을 상대로 장래 식비·의류비·주거비 등 혼인생활의
유지에 필요한 비용을 분담하여 지급할 것을 청구할 수 있을 뿐만 아니
라, 이미 지출이 완료된 비용의 상환도 청구할 수 있다. 이때 상환청구권
은 성질상 부당이득반환청구권에 해당하므로 제741조 이하의 규정에 따
라 그 반환범위가 결정된다고 해석할 여지가 있다. 하지만 대법원 2017.
8. 25.자 2014스26 결정은 제833조에 따른 생활비용 청구를 제826조에
따른 부양료 청구와 동일한 법적 성격을 갖는 것으로 보았다. "제826조
제1항은 부부간의 부양·협조의무의 근거를, 제833조는 위 부양·협조의

---

36) 이동진, "부모 일방의 타방에 대한 과거의 양육비 상환청구와 소멸시효", 家族法
   研究 第26卷 第2號(2012), 135-143면.
37) 대법원 2011. 7. 29.자 2008스67 결정.
38) 보다 자세한 내용은 현소혜, "제2차 부양의무자 간의 구상관계-독일과 오스트
   리아에 대한 비교법적 검토-", 比較私法 第27卷 第3號(2020), 422-431면 참조.

무 이행의 구체적인 기준을 제시한 조항"이라는 것이다. 위 결정에서는 청구인이 배우자를 상대로 생활비용 지급의 주위적 청구와 과거 부양료 및 장래 부양료 지급의 예비적 청구를 병합한 사건이 문제되었는데, 위 결정은 「가사소송법」상으로도 제826조에 따른 부양에 관한 처분과 제833 조에 따른 생활비용 부담에 관한 처분은 같은 심판사항으로 규정하고 있 다는 점을 들어 두 청구는 별개의 청구원인에 기한 청구라고 볼 수 없다 는 전제 하에 이를 주위적-예비적 청구가 아닌 단순청구로 보아 부양료 청구 부분을 일부 인용하면서 나머지 청구를 기각한다는 뜻을 주문을 기 재하지 않은 원심결정에 법령위반의 위법이 없다고 보았다.

　　위 2014스26 결정은 제826조와 제833조 간의 관계에 대해 선언한 최초의 결정으로서 의미가 있다. 부부간 부양의무에 관한 제826조는 재 산적·비재산적 의무를 포괄하는 규정인 반면, 생활비용의 부담에 관한 제833조는 그 중 재산적 부분에 관한 구체적 이행방식을 정하는 규정이 라고 서술하고 있는 기존 문헌의 태도도 위 결정과 같은 시각에 기초한 것이다.[39] 일부 견해는 위 결정의 태도에 반대하면서 제826조는 강행규 정인 반면 제833조는 임의규정이라는 점, 제833조에 따른 공동생활비용 에는 부부간 부양 외에 자녀 기타 생계를 같이 하는 친족을 부양하는 비 용도 포함되는데, 제833조에 따른 비용상환청구권을 제826조에 따른 부 양청구권과 같은 성격을 갖는 것으로 해석한다면 미성년 자녀 양육을 위 해 지출한 비용에 대해서도 이행청구 후에만 과거의 부양료로 청구할 수 있게 되어 논리가 모순된다고 주장하나,[40] 제833조에 따른 공동생활비용 에 미성년 자녀를 위한 양육비 지출까지 포함된다고 보기는 어렵다. 위 결정의 취지에 찬성한다.

---

39) 주해친족법 제1권(이동진), 284면.

40) 엄경천, "부부간 부양의무와 부부 공동생활비용 부담의 관계", 「2017년 가족법 주요 판례 10선」, 세창출판사, 2018, 16-32면 참조.

2. 성적 성실의무

(1) 성적 성실의무의 법적 근거와 시적 한계

혼인 성립과 동시에 부부간에 성적 성실의무가 발생한다는 점에 대해서는 이견(異見)이 없다. 다만, 이 점을 선언하고 있는 명문의 규정이 존재하지 않으므로, 그 법적 근거에 대해서는 주로 부정행위를 재판상 이혼사유로 규정하고 있는 제840조 제1호가 원용되어왔다.[41] 대법원 2014. 11. 20. 선고 2011므2997 전원합의체 판결은 이와 달리 제826조의 동거 및 협조의무로부터 성적 성실의무를 도출해낸 최초의 판결이다. "부부는 동거하며 서로 부양하고 협조할 의무를 진다(민법 제826조). 부부는 정신적 · 육체적 · 경제적으로 결합된 공동체로서 서로 협조하고 보호하여 부부공동생활로서의 혼인이 유지되도록 상호 간에 포괄적으로 협력할 의무를 부담하고 그에 관한 권리를 가진다. 이러한 동거의무 내지 부부공동생활 유지의무의 내용으로서 부부는 부정행위를 하지 아니하여야 하는 성적 성실의무를 부담한다."는 것이다.

더 나아가 위 2011므2997 판결은 성적 성실의무의 시적 범위를 제한하면서 "부부가 장기간 별거하는 등의 사유로 실질적으로 부부공동생활이 파탄되어 실체가 더 이상 존재하지 아니하게 되고 객관적으로 회복할 수 없는 정도에 이른 경우에는 혼인의 본질에 해당하는 부부공동생활이 유지되고 있다고 볼 수 없다. 따라서 비록 부부가 아직 이혼하지 아니하였지만 이처럼 실질적으로 부부공동생활이 파탄되어 회복할 수 없을 정도의 상태에 이르렀다면, 제3자가 부부의 일방과 성적인 행위를 하더라도 이를 두고 부부공동생활을 침해하거나 그 유지를 방해하는 행위라고 할 수 없고 또한 그로 인하여 배우자의 부부공동생활에 관한 권리가 침해되는 손해가 생긴다고 할 수도 없으므로 불법행위가 성립한다고 보기 어렵다."라고 판시하였다. 이러한 대법원의 태도는, 혼인 관계가 파탄에 이른 후에 부정행위를 한 경우에는 그 행위와 혼인 파탄 간에 인과관

41) 대표적으로 김주수 · 김상용(2019), 135면; 박동섭 · 양경승(2020), 130면.

계가 없으므로 그러한 부정행위를 유책사유로 구성할 수 없다는 취지의 판례[42]나 당사자에게 더 이상 혼인 관계를 지속할 의사가 없고 이혼 의사의 명백한 합치가 있는 경우에는 비록 법률적으로는 혼인 관계가 존속한다하더라도 상대방의 부정행위에 대한 사전 동의가 있는 것으로 볼 수 있다는 취지의 판례[43]와 궤를 같이하는 것으로서 유책주의로 인해 이미 혼인 관계가 파탄에 이른 후에도 재판상 이혼을 하지 못한 채 사실상 이혼 관계에 있는 부부의 숫자가 적지 않은 상황에서 '사실상 이혼'의 효과에 관한 논의를 촉발한 판결로서 중요한 의미가 있다.[44]

　문제는 부부 사이에 성적 성실의무가 소멸하는 시점을 언제로 볼 것인가이다. 위 2011므2997 판결의 다수의견은 "혼인 관계가 회복할 수 없을 정도로 파탄된 때"부터 즉시 성적 성실의무가 소멸한다는 전제 하에 재판상 이혼 청구가 계속 중에 있다거나 재판상 이혼이 청구되지 않은 상태라고 하여 달리 볼 것은 아니라고 본 반면, 별개의견[45]은 "부부공동생활이 파탄되어 이를 회복할 수 없는 상태에 이른 후에 그러한 상황을 인식하고 있는 부부 일방이 배우자에게 이혼의사를 표시한 경우" 또는 "민법 제840조 제6호에 의하여 이혼이 가능한 파탄상태에서 실제로 부부 일방으로부터 이혼청구가 있는 경우"에 이르러야 비로소 성적 성실의무의 소멸을 인정할 수 있다고 보았다. 혼인에 따른 가장 본질적인 의무 중 하나인 부부 상호간의 성적 성실의무의 소멸을 쉽게 인정하는 것은 법률혼주의를 훼손시킬 우려가 있다는 것이다. 학설 중에도 사실상 이혼 상태라고 하여 성적 성실의무가 소멸하는 것은 아니며 경감될 뿐이라고 보는 견해[46] 또는 사실상 이혼 중에도 성적 성실의무가 존재하지

42) 대법원 1987. 12. 22. 선고 86므90 판결.
43) 대법원 2008. 7. 10. 선고 2008도3599 판결. 다만, 위 판결은 "간통의 종용"이 있었는지 여부가 문제된 사건으로 헌재 2015. 2. 26. 선고 2009헌바17 등 결정에 의해 간통죄에 대해 위헌 결정이 선고된 후 그 법적 의미를 상실하였다.
44) 그 밖에 사실상 이혼 상태에서의 법률효과가 문제되었던 사건으로 대법원 2011. 6. 30. 선고 2011다10013 판결도 참조.
45) 대법관 이상훈, 대법관 박보영, 대법관 김소영의 의견이다.
46) 송덕수(2020), 80면.

만, 그 의무 위반에 따른 손해는 존재하지 않는다고 보아 불법행위책임의 성립을 부정할 수 있다는 견해[47]가 있다. 하지만 유책주의 구조하에서는 재판상 이혼 청구 사실만으로 장래 이혼이 성립할 것이 담보되지 않으므로, 이를 성적 성실의무 존부의 판단기준으로 삼기에 적절하지 않다. 다수의견에 찬성한다.[48] 다만, 위 2011므2997 판결은 부부가 경제적인 문제, 성격 차이 등으로 불화를 겪다가 일방이 가출하여 4년 이상 별거가 계속되었고, 이미 1심 법원에서 이혼 판결이 선고되어 이혼소송이 항소심에 계속 중인 상태에서 부정행위가 있었던 사안이었던 이상 어떠한 견해를 택하더라도 성적 성실의무가 이미 소멸한 것으로 판단할 수 있다.

(2) 성적 성실의무 위반의 효과

부부 중 일방이 부정행위를 한 경우에 그로 인해 배우자가 입게 된 정신적 고통에 대해 불법행위로 인한 손해배상 의무를 지는 것은 성적 성실의무 위반에 따른 당연한 귀결이다. 부정행위의 상대방은 어떠한가. 학자에 따라서는 부정행위의 상대방에게 손해배상책임을 인정할 수 없다고 주장하는 경우도 없지 않으나,[49] 판례는 제3자가 부부의 일방과 부정행위를 함으로써 혼인의 본질에 해당하는 부부공동생활을 침해하거나 그 유지를 방해하고 그에 대한 배우자로서의 권리를 침해하는 행위를 한 경우에 그는 상대방 배우자에게 입힌 정신적 고통에 대한 손해배상 의무를 진다는 입장을 고수하고 있다.[50] 대법원 2014. 5. 16. 선고 2013다101104 판결은 이에서 더 나아가 부정행위로 혼인 관계가 파탄에 이르러 부부가 이혼을 하게 되었음을 이유로 제3자를 상대로 하는 손해배상청구 사건은 가사소송법 제2조 제1항 제1호 다목 2)에서 정한 다류 가사소송사건에

---

47) 이동진, "부부관계의 사실상 파탄과 부정행위(不貞行爲)에 대한 책임: 비교법적 고찰로부터의 시사", 서울대 法學 제54권 제4호(2013), 95－102면.
48) 같은 취지로 다수의견에 찬성하는 견해로 정구태, "2014년 친족상속법 관련 주요 판례 회고", 민사법의 이론과 실무 제18권 제2호(2015), 125－128면.
49) 洪春義, "姦通과 損害賠償", 家族法研究 第8號(1994), 259－260면.
50) 대법원 2005. 5. 13. 선고 2004다1899 판결; 대법원 2014. 11. 20. 선고 2011므2997 전원합의체 판결.

해당하므로 가정법원의 전속관할에 속한다는 점을, 대법원 2015. 5. 29. 선고 2013므2441 판결은 이때 부정행위를 한 부부 중 일방과 제3자가 부담하는 불법행위책임은 공동불법행위책임으로서 부진정연대채무 관계에 있다는 점을 확인하였다.[51] 부정행위에도 불구하고 혼인 관계를 유지하기로 결단한 상태에서 제3자만을 상대로 손해배상청구를 한 경우에까지 이를 부진정연대채무로 구성하는 것은 현실적으로 피해자의 의사에 반하는 결과로 이어질 수 있을 것이나, 공동불법행위로서의 성격을 고려할 때 법리상 부진정연대채무 관계로 보는 수밖에 없다. 판결의 취지에 찬성한다. 부정행위가 혼인 파탄의 원인인가 또는 혼인 파탄의 결과인가에 따라 손해배상청구의 인용 여부가 달라질 수 있을 것이나, 이 쟁점과 관련하여 인과관계의 문제를 본격적으로 다룬 판결은 아직 찾아보기 어렵다.

Ⅲ. 사 실 혼

판례는 사실혼이라도 부부로서의 공동생활이라는 혼인의 실체가 존재하는 이상, 법률혼에 준하는 보호를 제공하고자 한다. 다만, 혼인 장애 사유가 존재하여 법률혼에 이를 수 없는 유형의 사실혼에 대해서까지 동일한 보호를 제공할 수 있는지에 대해서는 ① 보호를 제공할 수 없다는 견해,[52] ② 혼인 장애 사유(특히 근친혼 금지 규정 위반의 경우)가 혼인 무효 사유인지 또는 혼인 취소 사유인지에 따라 보호의 정도를 달리 보는 견해,[53] ③ 구체적 사안에 따라 개별적으로 보호의 정도를 달리 판단해야 한다는 견해[54] 등이 대립한다. 종래 판례는 중혼적 사실혼과 관련하여 "특별한 사정이 없는 한, 이를 사실혼으로 인정하여 법률혼에 준하는

---

51) 이에 찬성하는 견해로 정구태(2015: 혼인법 회고), 158-159면 참조.
52) 대표적으로 송덕수(2020), 127면.
53) 대표적으로 박동섭·양경승(2020), 224면; 朴秉濠, 「家族法」, 韓國放送通信大學校, 1991, 140면.
54) 대표적으로 윤진수(2020), 151-152면; 현소혜, "「근친혼적 사실혼」 관계의 보호", 民事判例硏究 제34권, 博英社, 2012, 597면. 당해 사실혼이 선량한 풍속 기타 사회질서에 반하는지 여부에 따라 보호의 정도를 달리해야 한다는 김주수·김상용(2019), 281면도 같은 견해로 분류할 수 있다.

보호를 허여할 수는 없다"는 이유로 사실혼 관계의 해소를 원인으로 하
는 손해배상청구권이나 재산분할청구권, 유족연금 수급권 등을 허용하지
않았다.[55] 이때 "특별한 사정"의 의미와 관련하여서는 법률혼 관계가 이혼
에 이르러야 한다는 취지의 판결들[56]과 법률혼 관계가 사실상 이혼 상태
에 이른 경우라면 이에 해당할 수 있다는 취지의 판결들[57]이 혼재한다.

대법원 2010. 9. 30. 선고 2010두9631 판결은 법률혼 배우자가 사망
한 경우 역시 중혼적 사실혼 배우자를 보호할 수 있는 특별한 사정이 있
는 경우에 해당함을 분명히 하였다. "비록 중혼적 사실혼일지라도 군인
또는 군인이었던 자의 퇴직 후 61세 전에 법률혼인 전 혼인의 배우자가
사망함으로써 전 혼인이 해소됨과 동시에 통상적인 사실혼이 된 경우 등
과 같은 특별한 사정이 있다면, 전 혼인의 배우자 사망 후에는 사실상
혼인관계에 있던 자를 군인연금법 제3조 제1항 제4호에 규정된 배우자로
보아야 한다."는 것이다. 한 가지 흥미로운 점은 위 2010두9631 판결이
중혼적 사실혼이라도 보호의 필요성이 있다는 점을 논증하기 위해 중혼
은 혼인 취소 사유에 불과하다는 점, 따라서 중혼에 해당하는 혼인이라
도 취소되기 전까지는 유효하게 존속하는 이상 중혼적 사실혼도 그러하
다는 점을 논거로 제시하였다는 것이다. 혼인 장애 사유 있는 사실혼의
보호와 관련해 ②의 견해를 택한 것으로 읽힐 여지가 있다.

55) 대법원 1995. 9. 26. 선고 94므1638 판결; 대법원 1996. 9. 20. 선고 96므530 판
결; 대법원 1995. 7. 3.자 94스30 결정; 대법원 1995. 9. 26. 선고 94므1638 판결;
대법원 1996. 9. 20. 선고 96므530 판결; 대법원 2001. 4. 13. 선고 2000다52943
판결.
56) 대법원 1995. 9. 26. 선고 94므1638 판결; 대법원 1996. 9. 20. 선고 96므530 판
결; 대법원 1996. 9. 20. 선고 96므530 판결; 대법원 2001. 4. 13. 선고 2000다
52943 판결.
57) 대법원 1993. 7. 27. 선고 93누1497 판결; 대법원 1995. 7. 3.자 94스30 결정; 대
법원 2007. 2. 22. 선고 2006두18584 판결. 다만, 위 각 판결은 모두 아직 법률혼
관계가 사실상 해소된 정도에 이르지 않았다는 이유로 중혼적 사실혼 배우자에 대
한 보호를 거부하였다. 중혼적 사실혼 배우자에게 배우자로서의 법률효과를 인정
한 사안으로는 대법원 1977. 12. 27. 선고 75다1098 판결; 대법원 2002. 2. 22. 선
고 2001도5075 판결; 대법원 2009. 12. 24. 선고 2009다64161 판결 정도가 있을
뿐이다.

하지만 대법원 2010. 11. 25. 선고 2010두14091 판결은 사실혼 관계에 혼인 무효 사유에 해당하는 혼인 장애 사유가 있다고 하여 당연히 보호의 대상으로부터 제외되는 것은 아니라고 보았다. 위 판결에서는 형부와 사실혼 관계를 유지해 온 처제가 형부 사망 후 공무원연금법에 따른 유족연금을 청구한 사안이 문제되었다. 공무원연금공단은 형부가 공무원으로 재직할 당시 민법 규정에 따르면 형부와 처제 사이의 혼인은 무효였으므로 혼인 무효에 해당하는 사실혼 관계는 보호받을 수 없다는 이유로 그 신청을 거부하였으나, 위 2010두14091 판결은 "비록 민법에 의하여 혼인이 무효로 되는 근친자 사이의 사실혼관계라고 하더라도, (…) 그 반윤리성·반공익성이 혼인법질서 유지 등의 관점에서 현저하게 낮다고 인정되는 경우에는 근친자 사이의 혼인을 금지하는 공익적 요청보다는 유족의 생활안정과 복리향상이라는 유족연금제도의 목적을 우선할 특별한 사정이 있다" 할 것이므로, 그 사실혼 관계가 혼인무효인 근친자 사이의 관계라는 사정만으로 유족연금의 지급을 거부할 수 없다고 판시한 것이다. ③의 견해를 따라 개별 사안별로 유연한 판단을 시도하였다는 점에서 의미가 있으나, 정작 논증 과정에서는 혼인 무효 사유였던 형부와 처제 간의 혼인이 2005년 민법 개정에 의해 혼인 취소 사유로 변경되었다는 점이 판단에 중요하게 작용하였다는 점이 흥미롭다.[58]

제2절 이 혼

I. 이혼의 성립요건

1. 유책주의와 파탄주의

(1) 2015년 전원합의체 판결 선고 전의 상황

제840조 제6호는 재판상 이혼 사유 중 하나로 "기타 혼인을 계속하기 어려운 중대한 사유가 있을 때"를 인정한다. 이는 파탄주의적 이혼 사

---

58) 이에 대해 자세히는 현소혜(2012), 607-611면 참조. 위 2010두14091 판결과 같이 현행법상 형부와 처제 간의 혼인이 혼인 취소 사유라는 이유로 판결의 태도에 찬성하는 견해로 김상훈, "형부와 사실혼관계의 처제는 유족연금을 받을 수 있을까", 「상속법판례연구」, 세창출판사, 2020, 45면 참조.

유로서 도입된 것이나,[59] 판례는 일찍부터 이를 유책주의적 시각에서 파악하면서 혼인을 계속하기 어려운 중대한 사유가 있는 경우라도 유책배우자의 이혼 청구는 인용할 수 없다는 입장을 택해 왔다.[60] 유책 사유 있는 당사자가 혼인을 계속할 수 없는 중대한 사유가 있다 하여 스스로 재판상 이혼을 청구하는 것은 신의칙에 반한다는 것이다. 다만, ① 부부 쌍방의 유책성을 형량한 결과 이혼을 청구한 당사자의 책임이 상대방의 책임보다 더 무겁다고 인정되지 않는 경우(이하 '유책성 형량의 법리')[61]나 ② 오기나 보복적 감정에서 표면적으로 이혼에 불응하고 있기는 하나 실제에 있어서는 혼인의 계속과는 도저히 양립할 수 없는 행위를 하는 등 그 이혼의 의사가 객관적으로 명백한 경우(이하 '명백한 이혼 의사의 법리')[62] 등에는 유책배우자의 이혼 청구가 인용될 수 있다. 대법원 2009. 12. 24. 선고 2009므2130 판결은 이에 더해 ③ <u>유책성이 세월의 경과에 따라 상당 정도 약화되고, 그에 대한 사회적 인식이나 법적 평가도 달라지는 등 혼인제도가 추구하는 목적과 민법의 지도이념인 신의성실의 원칙에 비추</u>

---

59) 이에 대해 자세히는 주해친족법 제1권(이동진), 303−304, 467면 참조. 반면 제 840조 제6호 사유를 유책주의적 이혼사유로 이해하는 견해로 박동섭·양경승 (2020), 163면; 송덕수(2020), 81면 등 참조.

60) 대법원 1965. 9. 21. 선고 65므37 판결; 대법원 1969. 12. 9. 선고 69므31 판결; 대법원 1971. 3. 23. 선고 71므41 판결; 대법원 1980. 6. 24. 선고 80므4 판결; 대법원 1982. 9. 28. 선고 82므37 판결; 대법원 1982. 12. 28. 선고 82므54 판결; 대법원 1983. 3. 22. 선고 82므57 판결; 대법원 1983. 6. 28. 선고 82므55 판결; 대법원 1983. 7. 12. 선고 83므11 판결; 대법원 1984. 7. 10. 선고 84므7 판결; 대법원 1984. 9. 25. 선고 84므53 판결; 대법원 1984. 12. 11. 선고 84므90 판결; 대법원 1985. 7. 23. 선고 85므20 판결; 대법원 1986. 2. 25. 선고 85므79 판결 외 다수.

61) 대법원 1988. 4. 25. 선고 87므9 판결; 대법원 1989. 10. 13. 선고 89므785 판결; 대법원 1991. 1. 11. 선고 90므552 판결; 대법원 1991. 12. 24. 선고 91므528 판결; 대법원 1991. 7. 9. 선고 90므1067 판결; 대법원 1992. 11. 10. 선고 92므549 판결; 대법원 1990. 3. 27. 선고 88므375 판결; 대법원 1994. 5. 27. 선고 94므130 판결 외 다수.

62) 대법원 1987. 4. 14. 선고 86므28 판결; 대법원 1987. 9. 22. 선고 86므87 판결; 대법원 1987. 12. 8. 선고 87므44 등 판결; 대법원 1988. 2. 9. 선고 87므60 판결; 대법원 1989. 10. 24. 선고 89므426 판결; 대법원 1996. 6. 25. 선고 94므741 판결; 대법원 2004. 2. 27. 선고 2003므1890 판결 외 다수. 다만, 실제로 이러한 사정이 존재함을 이유로 유책배우자의 이혼 청구를 인용한 사안은 매우 드문 편이다.

어 보더라도 혼인관계의 파탄에 대한 유책성이 반드시 그의 이혼청구를
배척하지 않으면 아니 될 정도로 중한 것이라고 단정할 수 없는 경우(이
하 '유책성 약화의 법리)[63]에도 유책배우자의 이혼 청구가 인용될 수 있다
고 보았다.

위 판결에 대해서는 한때 유책주의에서 파탄주의로의 전환점이 된
판결이라는 평가[64]가 있었고, 그 후 선고된 대법원 2010. 6. 24. 선고
2010므1256 판결 역시 부부 사이에 자녀가 없는 상태에서 남편이 집을
나와 다른 여자와 동거하면서 자녀들을 출산하고 약 46년간 아내와 계속
별거한 사안에서 위 2009므2130 판결을 원용하면서 혼인의 실체가 완전
히 해소되고 각자 독립적인 생활관계가 고착화되었으며, 아내와 시댁과의
유대관계도 이미 단절된 점 등을 고려할 때 혼인관계 파탄에 대한 남편
의 유책성이 반드시 그의 이혼 청구를 배척하지 않으면 안 될 정도로 남
아 있다고 단정할 수 없다고 판시하여 위 2009므2130 판결을 파탄주의로
의 전환으로 해석할 만한 가능성을 보다 확장한 바 있다.[65] 하지만 그

---

63) 대법원 2009. 12. 24. 선고 2009므2130 판결은 남편의 잦은 음주와 외박으로 인
해 원만하지 않은 혼인 생활을 하던 아내가 어린 자녀들을 두고 가출하여 약 11
년간 별거하던 중 다른 남자와 동거하면서 장애가 있는 딸을 출산한 사안에서 원
고와 피고 사이의 부부공동생활 관계의 해소 상태가 장기화되면서 원고의 유책성
도 세월의 경과에 따라 상당 정도 약화되고, 원고가 처한 상황에 비추어 그에 대
한 사회적 인식이나 법적 평가도 달라져 파탄에 이르게 된 데 대한 책임의 경중
을 엄밀히 따지는 것의 법적·사회적 의의는 현저히 감쇄되었으며, 쌍방의 책임의
경중에 관하여 단정적인 판단을 내리는 것 역시 곤란한 상황에 이르러 "혼인제도
가 추구하는 목적과 민법의 지도이념인 신의성실의 원칙에 비추어 보더라도 혼인
관계의 파탄에 대한 원고의 유책성이 반드시 원고의 이혼청구를 배척하지 않으면
아니 될 정도로 중한 것이라고 단정할 수 없는 경우"라면 유책배우자의 이혼청구
를 인용할 수 있다고 판시하면서 부부공동생활 관계가 회복할 수 없을 정도로 파
탄되고, 그 혼인생활의 계속을 강제하는 것이 일방 배우자에게 참을 수 없는 고통
이 된다는 이유로 원고인 아내의 이혼청구를 인용하였다.
64) 김정우, "유책배우자의 이혼청구 – 최근 판례를 중심으로 – ", 「가정법원 50주년
기념논문집」, 서울가정법원, 2013, 173면; 이희배, "유책배우자의 이혼청구 허용이 신
의칙·사회정의에 반하지 않는다는 사례", 法律新聞 2010. 3. 11.자 판례평석 참조.
65) 위 2010므1256 판결을 파탄주의를 택한 판결로 분류하고 있는 문헌으로 최명수,
"이혼재판에서 파탄주의로의 전환의 필요성에 관한 소고", 慶星法學 第20輯 第2號
(2011), 111 – 113면 참조.

후 선고된 대법원 2010. 12. 9. 선고 2009므884 판결은 "혼인관계가 사실
상 실질적으로 파탄되어 재결합의 가능성이 없다는 이유로 유책배우자인
원고의 이혼청구를 인용한 것"은 유책배우자의 이혼청구에 관한 법리를
오해한 것이라는 이유로 파탄주의를 명시적으로 지지하였던 원심판결[66]
을 파기환송하였으며, 대법원 2013. 11. 28. 선고 2010므4095 판결 역시
"<u>혼인생활의 파탄에 대하여 주된 책임이 있는 배우자는 원칙적으로 그</u>
<u>파탄을 사유로 하여 이혼을 청구할 수 없고, 다만 상대방도 그 파탄 이</u>
<u>후 혼인을 계속할 의사가 없음이 객관적으로 명백함에도 오기나 보복적</u>
<u>감정에서 이혼에 응하지 아니하고 있을 뿐이라는 등의 특별한 사정이 있</u>
<u>는 경우에만 예외적으로 유책배우자의 이혼청구권이 인정된다.</u>"고 판시하
여 대법원이 여전히 유책주의를 택하고 있음을 재차 선언하였다. 따라서
현재 위 2009므2130 판결에 대해서는 유책주의의 예외를 확장하여 결과
적으로 파탄주의에 근접한 것일 뿐 파탄주의를 택한 것으로까지는 볼 수
없다는 평가가 주류를 이룬다.[67]

(2) 2015년 전원합의체 판결

대법원 2015. 9. 15. 선고 2013므568 전원합의체 판결은 유책주의를
그대로 유지할 것인지 또는 파탄주의로 전환할 것인지의 문제를 정면으

---

66) 수원지방법원 2009. 2. 2. 선고 2008르882 판결. 위 판결은 법 제840조 제6호는
"유책배우자의 이혼 청구를 명시적으로 금지하고 있지 않으므로, 유책배우자의 이
혼 청구를 허용할 것인지의 여부는 혼인 및 이혼 제도에 관한 사회인식의 변화와
그에 대한 국가적 개입의 필요성에 대한 재검토 등을 통해 결정할 것인바, 유책배
우자의 이혼 청구를 원칙적으로 금지함으로써 책임이 없는 배우자를 보호할 수 있
다는 점은 부정할 수 없으나, 혼인관계가 사실상 실질적으로 파탄되어 재결합의
가능성이 전혀 없음에도, 유책배우자라는 이유만으로 이혼 청구를 허용하지 않는
것은 실제 생활에서는 존재하지 않는 혼인 관계를 법률상으로만 강제하는 것으로
서 유책배우자뿐만 아니라 상대방 배우자에게도 인간으로서의 행복추구나 사생활
의 자유, 신분질서의 안정이라는 측면에서 무의미한 조치이고, 책임 없는 배우자
나 자녀의 보호문제는 이혼에 따르는 위자료, 재산분할, 양육비 청구권 등의 현실
화를 통해 혼인 전과 같은 정도의 생활을 유지할 수 있도록 함으로써 이를 도모
할 수 있다고 할 것이어서, 유책배우자라는 이유만으로 이혼 청구를 허용하지 않
는 것은 타당하지 않다고 할 것"이라고 하면서 부정행위 및 악의의 유기를 한 남
편의 이혼청구를 인용한 바 있다.
67) 대표적으로 김주수 · 김상용(2019), 198면; 송덕수(2020), 89면.

로 다루었다. 위 판결에서는 부부가 1976년경 혼인하여 3명의 자녀를 둔 상태에서 남편이 2000년경 집을 나와 자신의 딸을 출산한 다른 여자와 계속 동거 중이며, 당뇨와 고혈압으로 인한 합병증 등으로 동거인의 개호와 협력에 의지하여 살아가고 있는 반면, 아내는 남편이 집을 나간 후 직업 없이 남편으로부터 매달 생활비조로 지급받은 월 100만 원 정도로 생계를 유지하면서 혼자 세 자녀를 양육하였으며, 2012년 이후로는 남편으로부터 생활비도 지급받지 못하고 있고, 만63세의 고령으로 위암 수술을 받는 등 건강이 좋지 않은 상태로서 혼인을 계속할 의사를 밝히고 있는 사안이 문제되었다.

이에 대해 위 2013므568 판결은 공개변론을 거쳐 기존의 유책주의를 유지하기로 하였다. 대법원이 종래 유책주의를 택한 것은 "스스로 혼인의 파탄을 야기한 사람이 이를 이유로 이혼을 청구하는 것은 신의성실에 반하는 행위라는 일반적 논리와 아울러, 여성의 사회적·경제적 지위가 남성에 비해 상대적으로 열악한 것이 현실인 만큼 만일 유책배우자의 이혼청구를 널리 허용한다면, 특히 파탄에 책임이 없는 여성배우자가 이혼 후의 생계나 자녀 부양 등에 큰 어려움을 겪는 등 일방적인 불이익을 입게 될 위험이 크므로 유책인 남성배우자의 이혼청구를 불허함으로써 여성배우자를 보호"하기 위한 것인데, 이러한 사회적·경제적 상황에 특별한 변화가 생겼다고 보기 어렵다는 것이다. 특히 위 2013므568 판결의 다수의견은 ① 유책배우자라도 진솔한 마음과 충분한 보상으로 상대방을 설득하여 협의이혼을 하는 것이 가능하므로, 파탄주의를 택하지 않더라도 유책배우자의 행복추구권을 침해하는 것은 아니라는 점, ② 가혹조항과 같은 파탄주의의 한계나 기준, 이혼 후 부양 등 유책배우자의 상대방을 보호할만한 법률조항을 두고 있지 않은 상황에서 파탄주의를 택하면 유책배우자의 행복을 위해 상대방이 일방적으로 희생되는 결과가 된다는 점, ③ 간통죄가 폐지된 상황에서 파탄주의까지 도입한다면 배우자 아닌 사람과 사실혼을 맺은 자가 적법한 배우자를 축출이혼하는 것이 가능해져 결과적으로 법률이 금지하는 중혼을 인정하게 될 위험이 있다는 점,

④ 우리나라는 아직 취업, 임금, 자녀양육 등 사회경제의 모든 영역에서 양성평등이 실현되었다고 보기에 미흡하며, 유책배우자의 이혼청구로 인해 극심한 정신적 고통을 받거나 생계유지가 곤란한 경우가 엄연히 존재하는 현실을 외면해서도 안 된다는 점 등을 근거로 제시하였다.

이에 대해 위 2013므568 판결의 반대의견[68]은 ① 부부가 장기간 별거하는 등의 사유로 실질적으로 부부공동생활이 파탄되어 객관적으로 회복할 수 없는 정도에 이른 때에는 이미 혼인의 실체는 소멸하여 가족 구성원의 존엄과 가치를 실현하는 조직체로서의 기능을 수행하지 못할 뿐만 아니라, 외형적으로만 혼인이 유지된 부부로서 대립·갈등하는 관계가 장기간 지속됨에 따라 자녀에게 부정적인 영향을 미치게 된다는 점, ② 유책주의하에서 이혼소송의 심리는 과거의 잘못을 들추어내는 것에만 집중되어 부부 쌍방이 서로 승소하기 위해 더욱 적대적으로 되며, 이혼 과정에서의 갈등 해소나 이혼 후의 생활, 자녀의 양육과 복지 등에 관해 합리적 해결책을 모색하는 데 소홀하게 될 뿐만 아니라, 혼인생활의 파탄을 초래하는 경위는 대체로 복잡·미묘하여 쌍방 책임의 유무나 경중에 대해 단정적 판단을 내리는 것이 곤란하거나 적절하지 않은 경우도 많다는 점, ③ 1990년 민법 개정 후 가족법 분야에서 양성평등에 상당한 진전이 있었고, 손해배상청구권·재산분할청구권·연금분할청구권 등을 통해 상대방 배우자 보호가 가능해졌다는 점, ④ 부부 공동생활이 객관적으로 회복할 수 없을 정도로 파탄된 상황에서 혼인 계속을 희망한다는 상대방 배우자의 주관적 의사에만 의지하여 이혼 청구를 허용하지 않는다면 협의가 이루어지지 않을 때 혼인해소 절차를 규정한 재판상 이혼 제도의 취지에 부합하지 않는다는 점 등을 근거로 제시하면서 유책배우자의 이혼 청구라도 특별한 사정이 없는 한 인용할 필요가 있다고 보았다.

다만, 반대의견도 "이혼으로 인해 파탄에 책임 없는 상대방 배우자가 정신적·사회적·경제적으로 심히 가혹한 상태에 놓이는 경우, 부모의

---

68) 대법관 민일영, 대법관 김용덕, 대법관 고영한, 대법관 김창석, 대법관 김신, 대법관 김소영의 의견이다.

이혼이 자녀의 양육·교육·복지를 심각하게 해치는 경우, 혼인기간 중에 고의로 장기간 부양의무 및 양육의무를 저버린 경우, 이혼에 대비하여 책임재산을 은닉하는 등 재산분할, 위자료의 이행을 의도적으로 회피하여 상대방 배우자를 곤궁에 빠뜨리는 경우 등과 같이 유책배우자의 이혼 청구를 인용한다면 상대방 배우자나 자녀의 이익을 심각하게 해치는 결과를 가져와 정의·공평의 관념에 현저히 반하는 객관적인 사정이 있는 경우"에는 예외적으로 제840조 제6호 사유가 존재하지 않는다고 보아 이혼청구를 기각할 수 있다는 입장이고, 다수의견도 "혼인제도가 추구하는 이상과 신의성실의 원칙에 비추어 보더라도 그 책임이 반드시 이혼청구를 배척해야 할 정도로 남아 있지 아니한 경우라면 그러한 배우자의 이혼청구는 혼인과 가족제도를 형해화할 우려가 없고 사회의 도덕관·윤리관에도 반하지 아니하므로 허용될 수 있다고 보아야 한다."고 판시하여 유책배우자의 이혼청구가 예외적으로 인용될 수 있다는 입장이다. 따라서 어느 의견을 따르더라도 구체적인 사실관계에서 유책배우자 이혼 청구의 인용 여부에 대한 판단 자체가 달라질 가능성은 크지 않다.

특히 다수의견은 종래 판례에 의해 인정되어 왔던 유책성 형량의 법리나 명백한 이혼 의사의 법리, 유책성 약화의 법리에 더해 "이혼을 청구하는 배우자의 유책성을 상쇄할 정도로 상대방 배우자 및 자녀에 대한 보호와 배려가 이루어진 경우"(이하 '유책성 상쇄의 법리')에도 유책배우자의 이혼 청구를 예외적으로 허용할 수 있다고 판시하면서 "이와 같이 유책배우자의 이혼청구를 예외적으로 허용할 수 있는지를 판단할 때에는 유책배우자의 책임의 태양·정도, 상대방 배우자의 혼인계속의사 및 유책배우자에 대한 감정, 당사자의 연령, 혼인생활의 기간과 혼인 후의 구체적인 생활관계, 별거기간, 부부간의 별거 후에 형성된 생활관계, 혼인생활 후의 파탄 후 여러 사정의 변경 여부, 이혼이 인정될 경우의 상대방 배우자의 정신적·사회적·경제적 상태와 생활보장의 정도, 미성년 자녀의 양육·교육·복지의 상황, 그 밖의 혼인관계의 여러 사정을 두루 고려하여야 한다."고 보았다. 위 2013므568 판결이 유책주의를 유지한 것, 그리고 유책성 상쇄의 법리에 통해 유책주의의 예외를 확대한 것에 대해서는 혼인과 이혼 제도의 기능에 대해 어떠한 시각을 갖는지에 따라 다양한 평가가 존재한다.[69] · [70] 한 가지 확실한 점은 유책성 약화의 법리나 유책성 상쇄의 법리 등과 같이 혼인상 의무 위반 행위 이후에 발생한 사정을 고려하여 이혼 청구의 인용 여부를 판단하는 순간 유책배우자에 대한 제재를 통해 혼인상 의무 준수를 간접적으로 강제하고, 기회주의적 행동을 최소화하여 상대방 배우자를 보호하며 혼인제도를 수호한다는 유책주의 본연의 기능은 무력해질 수밖에 없다는 것이다.

(3) 2015년 전원합의체 판결 선고 후의 상황

대법원 2015. 10. 29. 선고 2012므721 판결은 위 2013므568 판결이 제시한 유책성 상쇄의 법리를 원용해 유책배우자의 이혼 청구를 인용한 바 있다. 위 판결에서는 남편이 부정행위로 가출한 후 계속 외국에 거주하면서 약 16년가량 별거한 사안이 문제되었는데, 원심은 유책배우자인 남편의 이혼 청구를 기각하였으나, 대법원은 아내가 남편의 가출 후 남편의 사업체를 정리한 돈을 전액 생활비로 사용하였으며, 남편이 그 돈의 반환을 요구하지 않았고 자녀들에게 거액의 결혼자금이나 사업자금을 지원해 왔다면 아내와 자녀들에 대한 상당한 배려가 이루어졌다고 볼 여지가 있다는 점 등을 고려하여 원심판결을 파기환송하였다.

---

69) 현행법의 해석으로는 유책주의를 택할 수밖에 없다는 관점에서 위 판결에 찬성하는 견해로 송덕수(2020), 88면; 윤진수(2020), 100면; 정구태(2015: 혼인법 회고), 166-167면 등 참조. 반면 파탄주의적 관점에서 위 판결을 비판하는 견해로 박정민, "유책배우자의 이혼청구에 관한 연구-대법원 2015. 9. 15. 선고 2013므568 전원합의체 판결을 중심으로-", 영남법학 제45호(2017), 229-231면; 이준영, "유책배우자의 이혼청구권-대법원 2015. 9. 15. 선고 2013므568 전원합의체 판결-", 법학연구 통권 제51집(2017), 274-280면; 이상명, "유책배우자의 이혼청구-대법원 2015. 9. 15. 선고 2013므568 판결을 중심으로-", 法學論叢 第36輯 第3號(2019), 160-161면 등 참조.
70) 유책성 상쇄의 법리에 대해 긍정적으로 평가하는 견해로 송덕수(2020), 88면; 조경애, "재판상 이혼원인에서의 파탄주의 도입에 관한 제언", 家族法研究 第32卷 第3號(2018), 76면 등 참조. 비판하는 견해로 김주수·김상용(2019), 203-204면; 박소현, "젠더 관점에서의 이혼법제에 대한 검토: 유책주의와 파탄주의를 중심으로", 이화젠더법학 제7권 제3호(2015), 76면 등 참조.

유책성 약화나 유책성 상쇄와 같은 특별한 사정이 존재하지 않는 경우에도 위 2013므568 판결의 다수의견이 설시하고 있는 일반론, 즉 "혼인과 가족제도를 형해화할 우려가 없고 사회의 도덕관·윤리관에도 반하지 [않는]" 경우라면 유책배우자의 이혼 청구가 널리 허용될 수 있는가. 대법원 2020. 11. 12. 선고 2020므11818 판결은 이를 긍정한 바 있다. 부부가 혼인 기간 중 총 십여 차례에 걸쳐 협의이혼 절차 또는 이혼소송 절차를 신청 내지 청구하였다가 취하하는 행위를 반복하는 등 정상적인 부부관계의 회복이 불가능하고, 소송 계속 중에도 상호간 및 상대방 직계존속에 대한 폭언 등으로 지속적으로 갈등하면서 면접교섭도 거부하는 등 부부간의 분쟁으로 자녀들의 복리를 심각하게 저해하고 있으며, 상호간에 애정이나 존중 없이 형식적인 혼인 관계를 유지하는 것이 문제 해결보다는 새로운 문제의 원인이 되어 쌍방에게 크나큰 고통이 될 수밖에 없다는 점 등을 이유로 "유책배우자인 원고의 피고에 대한 이혼청구를 허용하여도 혼인과 가족제도를 형해화할 우려가 없고, 사회의 도덕관, 윤리관에도 반하지 아니한다고 판단하여 유책배우자인 원고의 이혼 청구를 인용"한 원심판결을 유지하였던 것이다. 위 2020므11818 판결의 태도를 관철한다면 유책성 약화나 유책성 상쇄와 같은 예외 사유를 증명할 수 없는 경우라도 이미 혼인 관계가 형해화되어 있는 상황에서는 유책배우자의 이혼 청구가 인용될 수 있는 범위가 획기적으로 넓어질 수 있을 것이다.

2. 후견인에 의한 재판상 이혼 청구

이혼은 가족법상 법률행위로서 대리에 친하지 않은 것으로 이해되어 왔다. 하지만 성년후견제 시행 전까지는 배우자에게 법정후견인의 지위가 인정되었으므로, 유책배우자가 상대방 배우자를 돌보지 않으면서 법정후견인의 지위에서 재산관리권만 악용하는 것을 방지하기 위해 대리에 의해서라도 의사무능력자 내지 피후견인의 재판상 이혼 청구를 인정할 필요성이 적지 않았다. 이에 대법원 2010. 4. 8. 선고 2009므3652 판결과 대법원 2010. 4. 29. 선고 2009므639 판결은 모두 후견인이 재판상 이혼 청구를 대리하는 것을 허용하였다. 다만, 위 두 판결은 두 가지 점에서 차이가 있다. 첫째, 의사무능력자인 본인을 대리하여 배우자를 상대로 재판상 이혼을 청구할 수 있는 자는 누구인가 하는 점이다. 위 2009므3652 판결은 의사무능력자의 대리인이 배우자인 경우에 「민사소송법」상 특별대리인 선임을 신청하여 특별대리인이 배우자를 상대로 재판상 이혼을 청구하는 것을, 위 2009므639 판결은 민법에 따라 후견인 변경을 신청하여 새롭게 변경된 후견인이 배우자를 상대로 재판상 이혼을 청구하는 것을 허용하였다. 둘째, 대리인이 배우자를 상대로 재판상 이혼을 청구할 수 있는 요건은 무엇인가 하는 점이다. 위 2009므3652 판결은 "의식불명의 식물인간 상태와 같이 의사무능력자인 금치산자의 경우"라고 간략히 설시하였을 뿐이나 위 2009므639 판결은 "의식불명의 식물상태와 같은 의사무능력 상태에 빠져 금치산선고를 받은 자의 배우자에게 부정행위나 악의의 유기 등과 같이 제840조 각 호가 정한 이혼사유가 존재하고 나아가 금치산자의 이혼의사를 객관적으로 추정할 수 있는 경우"에 대리에 의한 재판상 이혼 청구가 가능하다는 점을 부기하였다. 위 2009므3652 판결에서 특별대리인에 의한 재판상 이혼 청구가 인용된 반면, 위 2009 므639 판결에서 그 청구가 기각된 것은 금치산자의 이혼의사를 추정할 수 있는 객관적 사정이 부족하였던 것과 관련이 있다.

  2013년 성년후견제 시행과 함께 법정후견인 제도가 폐지되었으므로, 이제는 위와 같은 문제가 발생할 여지가 별로 없다. 현재의 법상황에서 대리인이 의사 무능력 상태에 있는 자를 위해 대신 재판상 이혼을 청구하도록 하는 것은 본인의 복리 실현보다는 상속권 박탈 등을 목적으로 배우자를 축출하기 위한 수단으로 악용될 우려가 높다. 재판상 이혼 청구의 대리를 널리 허용하는 것은 정신 장애인의 자기결정권을 최대로 보장하고자 하는 성년후견 제도의 이념에도 반한다.[71] 성년후견 제도 시행

---

71) 가족관계에서의 피성년후견인의 자기결정권 보장에 대해 자세히는 현소혜, "피성년후견인의 가족관계에 관한 의사결정 자유의 보장", 家族法硏究 第32卷 第3號

전에 선고된 판결이기는 하나, 위 2009므639 판결이 이러한 문제점을 인식하여 "위와 같은 금치산자의 이혼의사를 추정할 수 있는 것은, 당해 이혼사유의 성질과 정도를 중심으로 금치산자 본인의 결혼관 내지 평소 일상생활을 통하여 가족, 친구 등에게 한 이혼에 관련된 의사표현, 금치산자가 의사능력을 상실하기 전까지 혼인생활의 순탄 정도와 부부간의 갈등해소방식, 혼인생활의 기간, 금치산자의 나이·신체·건강상태와 간병의 필요성 및 그 정도, 이혼사유 발생 이후 배우자가 취한 반성적 태도나 가족관계의 유지를 위한 구체적 노력의 유무, 금치산자의 보유 재산에 관한 배우자의 부당한 관리·처분 여하, 자녀들의 이혼에 관한 의견 등의 제반 사정을 종합하여 <u>혼인관계를 해소하는 것이 객관적으로 금치산자의 최선의 이익에 부합한다고 인정되고 금치산자에게 이혼청구권을 행사할 수 있는 기회가 주어지더라도 혼인관계의 해소를 선택하였을 것이라고 볼 수 있는 경우</u>이어야 한다."는 점을 함께 명시한 것은 이 지점에서 매우 중요한 의미가 있다.

그럼에도 불구하고 이혼이 가지고 있는 고도의 인격적 성격을 고려할 때 의사무능력자의 가정적 의사에만 기초하여 대리에 의한 재판상 이혼 청구를 허용할 수 있는지는 여전히 의문이다. 법정후견인 제도가 폐지되고, 성년후견제가 정착된 이상 이를 허용해야 할 실익도 더 이상 크지 않다. 물론 의사무능력자의 배우자가 단순히 성적 성실의무 기타 협조의무 등을 위반하는 것을 넘어 부양의무를 중대하게 위반하거나 의사무능력자를 유기·학대한 경우 등과 같이 그에게 상속권을 인정하는 것이 현저히 정의에 반하는 결과로 이어지는 예외적인 사안들도 없지는 않을 것이나, 이 문제는 현재 국회에 제출되어 있는 상속권 상실 제도[72]

(2018), 231-254면 참조.

72) 현재 정부가 국회에 제출한 민법 개정안(의안번호 2110864) 제1004조의2 제1항 및 제3항에 따르면 배우자가 피상속인에 대해 부부로서의 부양의무를 다하지 않은 경우, 중대한 범죄행위를 한 경우 또는 학대 그 밖에 심히 부당한 대우를 한 경우에는 피상속인의 직계혈족, 형제자매 또는 4촌 이내 방계혈족이 배우자가 상속인이 되었음을 안 날부터 6개월 내에 가정법원에 그 배우자의 상속권 상실을 청구할 수 있다.

가 완비되면 어느 정도 자연스럽게 해결될 수 있을 것인바, 유책배우자의 상속권 박탈을 위해 재판상 이혼이 선행되어야만 하는 것도 아니다.

II. 이혼의 효과

1. 재산분할

(1) 재산분할 대상 재산

(가) 혼인관계 파탄 후 취득한 재산

이혼에 따른 재산분할시 분할 대상 재산과 그 액수는 이혼소송의 사실심 변론종결일을 기준으로 정하는 것이 원칙[73]이나, 실제 이혼 재판에서는 당사자들의 혼인 관계가 이혼소송 사실심 변론종결일 전에 이미 파탄되어 그 재산의 형성이나 유지에 더 이상 기여한 바가 없는 경우가 종종 있다. 대법원 2013. 11. 28. 선고 2013므1455 등 판결은 이러한 사정을 고려하여 "혼인관계 파탄 후 사실심 변론종결일 사이에 생긴 재산관계의 변동이 부부 중 일방에 의한 후발적 사정에 의한 것으로서 혼인 중 공동으로 형성한 재산관계와 무관하다는 등 특별한 사정이 있는 경우에는 그 변동된 재산은 재산분할 대상에서 제외"해야 함을 분명히 하였다. 원고가 피고와 별거하기 시작한 후에 취득한 수입으로 혼인 전부터 자신이 지고 있었던 대출금 채무를 모두 변제하였다면 이는 원고의 일방적 노력에 의한 것으로서 그 전에 형성된 재산관계 등과는 무관한 것이므로, 그 채무를 원고의 소극재산에 포함시켜 분할대상 재산을 산정해야 한다는 것이다. 반면 별거 후 취득한 재산이라도 그것이 별거 전에 쌍방의 협력에 의해 형성된 유형·무형의 자원에 기한 것이라면 재산분할의 대상이 됨은 물론이다.[74] 대법원 2019. 10. 31. 선고 2019므12549 판결에서는 피고가 혼인 관계 파탄 후 비로소 잔금을 지급하고 부동산 소유권을 취득하였으나, 혼인 성립 후 위 부동산에 관해 공급계약을 체결하였

---

73) 대법원 2000. 5. 2.자 2000스13 결정; 대법원 2000. 9. 22. 선고 99므906 판결; 대법원 2010. 4. 15. 선고 2009므4297 판결; 대법원 2011. 7. 14. 선고 2009므2628 등 판결.

74) 대법원 1999. 6. 11. 선고 96므1397 판결.

고, 혼인 관계가 파탄에 이르기 전까지 계약금과 중도금 등 분양대금 중 70% 정도를 납입하였으며, 그 기간 동안 원고 측이 가사와 육아를 담당하였을 뿐만 아니라, 일정 기간은 소득 활동까지 하였던 사안이 문제되었다. 이에 대해 위 2019므12549 판결은 "부부의 일방이 혼인관계 파탄 이후에 취득한 재산이라도 그것이 혼인관계 파탄 이전에 쌍방의 협력에 의하여 형성된 유형·무형의 자원에 기한 것이라면 재산분할의 대상이 된다." 고 판시하면서 혼인 관계 파탄 전에 분양대금으로 납입한 계약금과 중도금이 아니라, 이 사건 부동산 자체가 재산분할의 대상이 되어야 한다고 보았다. 재산분할의 청산 기능에 비추어 볼 때 지극히 타당한 판결이다.[75]

(나) 장래의 퇴직급여 분할

과거 판례는 이혼소송의 사실심 변론종결일을 기준으로 재산분할 대상 재산을 특정하는 원칙에 따라 위 시점에 배우자가 아직 퇴직하지 않은 채 직장에 근무하고 있다면 장래 퇴직금을 받을 개연성이 있을 뿐이므로, 그러한 장래의 퇴직금을 재산분할의 대상이 되는 재산에 포함시킬 수는 없고, 제839조의2 제2항 소정의 분할 액수와 방법을 정하는 데 필요한 기타 사정으로 참작하는 것으로 충분하다고 보았다.[76] 하지만 퇴직금은 임금의 후불적 성격과 성실한 근무에 대한 공로보상적 성격을 가지고 있으므로 부부 중 일방이 일정 기간 이상 계속 근로하는 데 협력하여 퇴직금 형성에 기여한 상대방 배우자로서는 이를 청산받을 수 있어야 함이 마땅함에도 불구하고, 아직 분할의무자가 퇴직하지 않았다는 이유만으로 이를 분할 대상 재산으로부터 제외하면 분할의무자에게 장래의 퇴직금 채권 외에 다른 재산이 없는 경우에 아예 재산분할을 받지 못하거나, 이러한 사태를 피하기 위해 분할의무자가 퇴직금을 수령할 때까지 이혼을 미루는 등의 폐해가 발생할 수밖에 없다.[77]

---

75) 같은 취지로 정구태, "2019년 친족상속법 관련 주요 판례 회고", 안암법학 제60호 (2020), 268－271면 참조.

76) 대법원 1995. 5. 23. 선고 94므1713 등 판결; 대법원 1997. 3. 14. 선고 96므 1533 등 판결; 대법원 1998. 6. 12. 선고 98므213 판결; 대법원 2000. 5. 2.자 2000스13 결정; 대법원 2002. 8. 28.자 2002스36 결정.

이에 대법원 2014. 7. 16. 선고 2013므2250 전원합의체 판결은 공개 변론을 거쳐 「근로자퇴직급여보장법」, 「공무원연금법」, 「군인연금법」, 「사립 학교교직원연금법」상의 각 퇴직급여 역시 부부 쌍방의 협력으로 이룩한 재산으로서 재산분할의 대상이 될 수 있다는 쪽으로 그 입장을 변경하였 다. 장래의 퇴직급여 채권은 퇴직이라는 급여의 사유가 발생함으로써 현 실화되는 것이므로, 이혼 시점에서는 어느 정도의 불확실성이나 변동 가 능성을 지닐 수밖에 없지만, 그렇다고 하여 이를 기타 사정으로만 참작 하는 것은 부부가 혼인 중 형성한 재산 관계를 이혼에 즈음하여 청산·분배하는 것을 본질로 하는 재산분할제도의 취지에 맞지 않고, 당사자 사이의 실질적 공평에도 반하여 부당하다는 것이다. 이때 재산분할의 대 상이 되는 퇴직급여 액수의 산정 기준에 대해서는 이혼소송 사실심변론 종결일 기준설[78]과 정년도달시설[79]이 대립하고 있었으나, 위 2013므2250 판결은 "이혼소송의 사실심 변론종결시를 기준으로 그 시점에서 퇴직할 경우 수령할 수 있을 것으로 예상되는 퇴직급여 상당액의 채권"이 재산 분할의 대상이 된다고 하여 전자의 견해를 택하였다. 배우자 보호를 위 해 사법적극주의의 입장에서 판례에 의한 법형성을 통해 입법의 공백을 메꾼 대표적인 판결이다. 다만, 이와 같은 방식의 장래의 퇴직금 분할은 이혼 성립 당시 분할의무자에게 다른 재산이 없는 경우에 사실상 집행이 불가능하다는 점에서 한계가 있다.[80]

(다) 퇴직연금 분할

같은 날 선고된 대법원 2014. 7. 16. 선고 2012므2888 전원합의체

---

77) 장래의 퇴직급여 분할의 필요성과 가능성에 대해 논증한 문헌으로 현소혜, "장 래의 퇴직급여와 재산분할", 法學論叢 第21輯 第2號(2014), 311–325면 참조.

78) 閔裕淑, "財産分割 對象이 되는 財産의 確定에 관한 몇 가지 問題點", 법조 535호 (2001), 131–132면; 현소혜(2014), 337–339면.

79) 차선자, "이혼 시 연금분할을 위한 입법적 제언", 法學論叢 第32輯 第1號(2012), 242–243면.

80) 이 문제를 해결하기 위해 현물분할 방식의 장래의 퇴직금 분할을 허용할 필요가 있다고 주장하는 견해로 현소혜(2014), 331–336면 참조. 이에 반대하는 견해로 정구태(2015), 131–132면 참조.

판결은 이혼소송 사실심 변론 종결 당시에 부부 중 일방이 공무원 퇴직 연금을 실제로 수령 중인 경우 이러한 공무원 퇴직연금 수급권도 재산분 할의 대상이 될 수 있다고 보았다. ① 이혼 당시 연금수급권자인 배우자 의 여명을 확정할 수 없어 최종적인 퇴직연금 수령 액수에 변동 가능성 이 있다는 이유만으로 퇴직연금 수급권을 재산분할의 대상으로부터 제외 한다면 분할의무자가 퇴직급여를 연금이 아닌 일시금 형태로 수령한 경 우와 비교하여 현저히 불공평한 결과가 초래된다는 점, ② 이혼 당시 부 부 중 일방은 「국민연금법」에 따른 노령연금을 수령하고 있고, 다른 일 방은 공무원 퇴직연금을 수령하고 있는 경우에 공무원인 배우자는 「국민 연금법」에 따라 노령연금액 중 혼인기간에 해당하는 연금액의 절반을 청 구할 수 있음에도 불구하고,[81] 상대방 배우자는 공무원 퇴직연금의 분할 을 청구할 수 없도록 하는 것은 부당하다는 점도 함께 고려되었다. 이때 매달 정기금으로 지급되는 공무원 퇴직연금 수급권을 어떠한 방법에 의 해 일시금으로 산정하여 재산분할의 대상으로 삼을 것인지가 문제되는데, 위 2012므2888 판결은 "연금수급권자인 배우자가 매월 수령할 퇴직연금 액 중 일정 비율에 해당하는 금액을 상대방 배우자에게 정기적으로 지급 하는 방식의 재산분할"(이하 '정기금 지급 방식')을 허용하는 방법에 의해 그 난점을 돌파하였다. 다만, 상대방 배우자가 갖게 되는 정기금 채권은 사 회보장적 급여로서 일신전속적 성격을 갖는 공무원 퇴직연금 수급권과 경제적 동일성이 인정되므로, 제3자에게 양도되거나 분할권리자의 상속인 에게 상속될 수 없다는 것이 위 판결의 태도이다. 따라서 분할권리자가 사망함과 동시에 위 정기금 채권은 소멸한다.[82]

　　또한 위 2012므2888 판결은 "공무원 퇴직연금의 분할비율은 전체 재 직기간 중 실질적 혼인기간이 차지하는 비율, 당사자의 직업 및 업무내 용, 가사 내지 육아부담의 분배 등 상대방 배우자가 실제로 협력 내지

---

81) 당시 「국민연금법」 제64조에는 당사자의 협의 또는 재판에 의해 연금분할 비율 을 조정할 수 있는 근거조문이 존재하지 않았다.

82) 이 점에 대해 반대하는 문헌으로 정구태(2015), 137-138면 참조.

기여한 정도 기타 제반 사정을 종합적으로 고려하여 정하여야 한다."고
하면서 정기금 지급방식에 의한 공무원 퇴직연금 수급권 분할 시에는 공
무원 퇴직연금수급권과 다른 일반재산을 구분하여 개별적으로 분할 비율
을 정하도록 하였다. 본래 재산분할 비율은 개별재산에 대한 기여도를
일컫는 것이 아니라 기여도 기타 모든 사정을 고려하여 전체로서의 형성
된 재산에 대하여 상대방 배우자로부터 분할받을 수 있는 비율을 일컫는
것이므로, 법원이 합리적인 근거 없이 분할대상 재산들을 개별적으로 구
분하여 분할 비율을 달리 정하는 것은 허용될 수 없다는 것이 판례의 태
도[83]이나, 공무원 퇴직연금 수급권의 경우에는 그 연금수급권자의 여명
을 알 수 없어 가액을 특정할 수 없다는 특성이 있으므로, 이를 다른 재
산분할 대상 재산과 합산해 전체로서의 형성된 재산을 파악하고 그 기여
도 기타 비율을 산정하는 것이 불가능하다는 점을 고려한 것이다. 위
2012므2888 판결에서는 피고가 1977년부터 2006년까지 29년간 경찰공무
원으로 근무하여 매월 2,128,600원의 퇴직연금을 수령 중이었으며, 원고
는 1993년 피고와 혼인하여 약 15년간 가정주부로 생활해온 사안이 문제
되었는데, 대법원은 재산분할 비율을 원고 30%, 피고 70%로 보고 피고가
매월 수령하는 퇴직연금액 중 30%의 비율에 의한 돈을 원고에게 지급하
라고 판단하였던 원심판결에 대해 피고의 공무원 퇴직연금 수급권 자체
를 재산분할의 대상으로 인정한 조치는 정당하나, 피고의 재직기간은 모
두 29년인데 그 중 원고와의 혼인 기간이 13년이어서 그 혼인 기간이 피
고의 전체 재직기간 중 40%에 그침에도 불구하고 퇴직연금의 30%를 원
고에게 귀속시키는 것은 그 혼인 기간에 해당하는 퇴직연금의 대부분을
원고에게 돌리는 것과 같은 결과가 된다는 이유로 원심판결이 공무원 퇴
직연금 수급권과 일반재산을 구분하지 아니하고 일괄하여 분할 비율을
정한 것은 위법하다고 보아 이를 파기환송하였다.

---

83) 대법원 2002. 9. 4. 선고 2001므718 판결; 대법원 2006. 9. 14. 선고 2005다
74900 판결. 이와 달리 개별재산별로 분할비율을 별도로 정할 수 있도록 해야 한
다는 견해로 김주수·김상용(2019), 257-258면 참조.

다만, 정기금 지급 방식에 의한 퇴직연금 수급권 분할 역시 분할의 무자가 그 정기금 지급 의무를 제때 이행하지 않는 경우에 집행이 어렵다는 한계가 있다. 「가사소송법」에 따른 이행명령 및 과태료·감치 명령 등을 통해 간접적으로 강제하는 것은 가능하나, 분할의무자에게 퇴직연금 수급권 외에 다른 재산이 없는 경우에 압류금지채권에 해당하는 위 퇴직연금수급권에 직접 집행하는 것이 불가능해지기 때문이다. 이 점을 고려하여 위 2012므2888 판결은 "<u>분할권리자가 공무원 퇴직연금수급권에 대한 재산분할을 원하지 아니하거나, 혼인기간이 너무 단기간이어서 매월 지급할 금액이 극히 소액인 경우 등 퇴직연금 자체를 재산분할의 대상으로 하는 것이 적절하지 아니한 특별한 사정이 있는 경우에는 당사자들의 자력 등을 고려하여 이를 재산분할의 대상에서 제외하고 기타 사정으로만 고려하는 것도 허용될 수 있다</u>"고 판시하였다.

(라) 「공무원연금법」상 분할연금청구권

입법자는 2015. 6. 22.자 「공무원연금법」 개정에 의해 분할연금 제도를 도입하여 분할청구권자가 분할의무자가 아닌 공무원연금공단에 직접 분할연금을 청구할 수 있도록 함으로써 집행상의 난점을 해결한 바 있다. 혼인 기간이 5년 이상인 사람이 ① 배우자와 이혼하였고, ② 배우자였던 사람이 퇴직연금 또는 조기퇴직연금 수급권자이며, ③ 65세에 달한 경우에는 생존하는 동안 배우자였던 사람의 퇴직연금 또는 조기퇴직연금을 분할한 일정 금액의 연금, 즉 분할연금을 청구할 수 있도록 한 것이다(舊 「공무원연금법」(2018. 3. 20. 법률 제15523호로 개정되기 전의 것) 제46조의3 제1항). 이때 분할연금액은 배우자였던 사람의 퇴직연금액 또는 조기퇴직연금액 중 "혼인기간에 해당하는 연금액을 균등하게 나눈 금액"으로 하는 것이 원칙이나(위 조 제2항), 당사자들의 협의 또는 재판에 의해 연금분할이 별도로 결정된 경우에는 그에 따르도록 함으로써 구체적 사안에서 배우자의 기여도가 연금분할 비율에 반영될 수 있도록 하였다(舊 「공무원연금법」 제46조의4).[84]

---

84) 위 각 조문은 2018. 3. 20.자 「공무원연금법」 전부개정에 의해 제45조 및 제46조

「공무원연금법」상 분할연금 제도와 판례에 의해 형성된 연금분할 제도 간의 관계에 대해 대법원 2019. 9. 25. 선고 2017므11917 판결은 "혼인 생활의 과정과 기간, 그 퇴직급여의 형성 및 유지에 대한 양 당사자의 기여 정도, 당사자 쌍방이 혼인 생활 중 협력하여 취득한 다른 적극재산과 소극재산의 존재와 규모, 양 당사자의 의사와 나이 등 여러 사정을 종합적으로 고려"해 이혼 당시 재산분할의 대상으로 삼을 것인지 또는 「공무원연금법」상 분할연금 제도에 따르도록 할 것인지를 정할 수 있다고 판시하였다. 따라서 법원은 분할의무자가 아직 재직 중인 경우에 장래 수령할 공무원 퇴직연금 또는 퇴직연금일시금에 관해 2013므2250 판결에 따라 이혼소송의 사실심 변론종결시를 기준으로 그 시점에서 퇴직할 경우 수령할 수 있을 것으로 예상되는 퇴직급여를 재산분할의 대상에 포함시켜 재산분할의 액수와 방법을 정할 수도 있고, 이를 재산분할 대상에 포함시키지 아니한 채 연금분할 비율만을 정해 향후 「공무원연금법」에서 정한 분할연금 청구권을 행사하도록 할 수도 있다.

「공무원연금법」상의 분할연금 제도는 2016. 1. 1.부터 시행되었으며, 위 법 부칙 제2조 제1항 1문은 "제46조의3부터 제46조의5까지의 개정규정에 따른 분할연금은 이 법 시행 후 최초로 지급사유가 발생한 사람부터 지급한다."는 점을 명시하였다. 이때 "이 법 시행 후 최초로 지급사유가 발생"하였다는 것의 의미와 관련하여 ① 내지 ③의 요건이 모두 법 시행 후에 비로소 갖추어진 경우만을 의미하는지가 문제될 수 있다. 이에 대해 대법원 2019. 10. 31. 선고 2018두32200 판결은 이 사건 부칙조항에서 정하고 있는 '이 법 시행 후 최초로 지급사유가 발생한 사람'은 (…) 2016. 1. 1. 이후에 이혼한 사람을 의미한다고 보았다. 따라서 2016. 1. 1. 전에 이미 이혼한 사람은 법 시행일 후 ② 및 ③의 요건을 갖추었더라도 분할연금을 받을 수 없지만, 법시행일 전에 이미 ② 및 ③의 요건을 갖추고 있었던 사람이라도 2016. 1. 1. 후에 이혼하여 ①의 요건을 갖춘 사람은

로 위치가 이동되었다.

분할연금을 받을 수 있다.

한편 위 법 부칙 제2조 제1항 2문은 "분할연금액 지급 대상 혼인기간에는 이 법 시행 전에 배우자 또는 배우자였던 사람이 공무원으로서 재직한 기간 중의 혼인기간을 포함한다."고 규정하고 있는바, 혼인과 이혼이 반복된 경우에도 분할연금 제도 시행 전의 혼인기간을 합산하여 분할연금을 청구할 수 있는지가 문제된다. 대법원 2020. 4. 29. 선고 2019두44606 판결에서는 분할의무자가 1968. 9. 20.부터 2001. 6. 30.까지 경찰공무원으로 근무하다가 퇴직하였는데, 분할청구권자는 분할의무자와 ⓐ 1975. 5. 26. 혼인하였다가 1994. 5. 17.에 이혼하였고, ⓑ 1998. 7. 8. 다시 혼인하였다가 2017. 6. 15. 이혼한 사안이 문제되었다. 피고인 공무원연금공단은 이 중 ⓑ의 기간만으로는 '배우자의 공무원 재직기간 중 혼인기간 5년 이상'의 요건에 해당하지 않고, ⓐ의 기간은 분할연금 제도 시행 전에 이혼하였으므로 위 혼인 기간이 합산할 수 없다는 이유로 분할연금 청구에 대해 거부처분을 하였으나, 위 2019두44606 판결은 "분할연금제도 시행 전에 이혼을 하면서 그때까지의 퇴직연금 등의 형성에 대한 기여를 실질적으로 참작하여 재산분할이 이루어졌다는 특별한 사정이 없는 한, 구 공무원연금법 제46조의3 제1항 본문에서 정한 분할연금 지급요건인 '혼인기간'을 판단할 때 분할연금제도 시행 전의 혼인기간을 분할연금제도 시행 후의 혼인기간과 합산하여야 한다."고 판시하였다. 혼인과 이혼을 여러 차례 반복한 경우라면, 종전에 이혼을 하면서 실질적인 재산분할을 하였거나 재산분할청구권을 완전히 포기하였다고 볼 만한 특별한 사정이 없는 한, 마지막 이혼에 따른 재산분할 시에 각 혼인 중에 쌍방의 협력에 의해 이룩한 재산을 모두 재산분할의 대상으로 삼을 수 있다고 보아 왔던 종전 판례[85]의 태도가 공무원 연금분할에도 반영된 것으로서 정당한 청산의 관점에서 볼 때 타당한 결론이다.

(마) 퇴직수당의 분할

대법원 2019. 9. 25. 선고 2017므11917 판결에서는 「공무원연금법」상

---

85) 대법원 2000. 8. 18. 선고 99므1855 판결.

퇴직수당의 분할 방법이 문제되었다. 위 판결에서 원고는 장래 공무원 퇴직연금일시금 및 퇴직수당을, 피고는 국민연금을 수령할 것으로 예상되었는데, 피고는 원고의 예상 퇴직연금일시금 및 퇴직수당을 모두 재산분할 대상에 포함시켜 달라고 주장한 반면, 원고는 이 중 예상 퇴직연금일시금에 관해서는 피고가 향후 공무원연금법에 따른 분할 청구를 할 수 있으므로 재산분할 대상에서 제외해야 한다고 주장하였다. 이에 대해 원심은 피고의 국민연금을 재산분할에 반영하지 않은 이상 원고의 예상 퇴직연금일시금 및 퇴직수당도 재산분할 대상에서 제외함이 옳다고 판단하였으나, 대법원은 퇴직연금일시금을 재산분할 대상에서 제외한 것은 수긍할 수 있지만, 예상퇴직수당 부분까지 재산분할 대상에서 제외한 것은 수긍할 수 없다는 이유로 원심판결을 파기환송하였다. 「공무원연금법」 제28조 제4호에 따른 퇴직수당에 관해서는 별도의 분할연금 제도가 마련되어 있지 않으므로, 이혼소송의 사실심 변론종결 시를 기준으로 그 시점에서 퇴직할 경우 수령할 수 있을 것으로 예상되는 퇴직수당 상당액의 채권을 재산분할의 대상으로 삼을 필요가 있다는 것이다. 사회복지시스템의 발전에 따라 향후 정당한 청산의 관점에서 입법의 미비가 있는 부분에 관해 관련 판례가 지속적으로 축적될 것으로 예상된다.

(바) 노령연금의 분할

「국민연금법」은 2014년 두 건의 전원합의체 판결이 선고되기 전부터 연금분할 제도를 두고 있었다. 2011년 개정에 의해 이미 혼인 기간[86] 이 5년 이상인 사람이 ① 배우자와 이혼하였고, ② 배우자였던 사람이 노령연금 수급권자이며, ③ 60세에 달한 경우에는 생존하는 동안 배우자였던 사람의 노령연금을 분할한 일정 금액의 연금, 즉 분할연금을 청구

---

86) 현재 위 조문상 혼인기간이란 "배우자의 가입기간 중의 혼인기간으로서 별거, 가출 등의 사유로 인해 실질적인 혼인관계가 존재하지 않았던 기간을 제외한 기간"을 의미한다. 과거에는 이와 같은 사실상 이혼 상태와 무관하게 법률혼 기간 전부에 대해 연금분할 청구가 가능하도록 하였으나, 헌법재판소 2016. 12. 29. 선고 2015헌바18 결정이 이에 대해 헌법불합치를 선고한 결과 2017년 개정에 의해 위와 같이 혼인 기간의 개념을 제한하였다.

할 수 있도록 한 것이다(「국민연금법」 제64조 제1항). 2011년 개정 당시 분할연금액은 배우자였던 사람의 노령연금액 중 "혼인기간에 해당하는 연금액을 균등하게 나눈 금액"으로 고정되어 있었으나(위 조 제2항), 위 각 전원합의체 판결 선고 및 2015년 「공무원연금법」 개정의 영향을 받아 당사자들의 협의 또는 재판에 의해 연금분할이 별도로 결정된 경우에는 그에 따르도록 하였다(「국민연금법」 제64조의2). 연금분할 비율 산정에서 당사자의 의사를 존중하고 개별 사안의 특수성을 고려하고자 한 것이다. 따라서 부부 중 일방이 자기의 노령연금수급권을 포기하고 다른 일방에게 온전히 귀속시키는 방식의 협의를 하는 것도 가능하다. 다만, 이혼 당시 일부 재산에 관해 분할의 내용과 방법을 특정하여 협의하면서 "그 밖에 이 사건 이혼과 관련된 위자료와 재산분할을 청구하지 아니한다."는 내용의 청산조항을 함께 둔 경우에 그 청산조항에 의해 「국민연금법」상 분할연금에 대한 비율도 함께 정해진 것으로 볼 수 있는지가 문제될 수 있다. 당사자들이나 법원이 이혼 당시 십몇 년 또는 몇십 년 후에 받게 될 국민연금까지 고려하여 재산분할의 내용이나 방법을 정하는 것은 이례적이기 때문이다. 이에 대법원 2019. 6. 13. 선고 2018두65088 판결은 청산조항은 이혼 시 재산분할 과정에서 누락되거나 은닉된 상대방의 재산에 대해 적용될 뿐이고, 이혼배우자가 국민연금공단을 상대로 자신의 고유한 권리인 분할연금 수급권을 행사하는 것에 대해서까지 적용되는 것은 아니라고 하면서 "이혼배우자의 분할연금 수급권이 국민연금법상 인정되는 고유한 권리임을 감안하면, 이혼 시 재산분할절차에서 명시적으로 정한 바가 없을 경우 분할연금 수급권은 당연히 이혼배우자에게 귀속된다고 보아야 한다."고 판시하였다. 이와 달리 청산조항은 연금 수급권에 대해서도 적용되므로 더 이상 연금분할을 청구할 수 없다고 보았던 원심판결은 파기환송되었다.

(사) 명예퇴직금의 분할

이혼소송 사실심 변론종결 당시 배우자가 이미 퇴직하여 퇴직금 내지 퇴직급여를 수령하였다면 이를 재산분할 대상으로 삼을 수 있음은 물론이다.[87] 다만, 대법원 2011. 7. 14. 선고 2009므2628 등 판결에서는 이미 수령한 명예퇴직금도 재산분할의 대상이 될 수 있는지 여부가 문제되었다. 임금의 후불로서의 성격을 갖는 일반적인 퇴직금과 달리 명예퇴직금은 정년까지 계속 근로로 받을 수 있는 수입의 상실이나 새로운 직업을 얻기 위한 비용 지출 등에 대한 보상의 성격이 강하기 때문이다. 하지만 위 2009므2628 판결은 <u>명예퇴직금이라도 그것이 "일정기간 근속을 요건으로 하고 상대방 배우자의 협력이 근속 요건에 기여하였다면, 명예퇴직금 전부를 재산분할의 대상으로 삼을 수 있다.</u>"고 판시하면서 "다만 법원은 상대방 배우자가 근속요건에 기여한 정도, 이혼소송 사실심 변론종결일부터 정년까지의 잔여기간 등을 민법 제839조의2 제2항이 정한 재산분할의 액수와 방법을 정하는 데 필요한 기타 사정으로 참작할 수 있다."고 보았다.

(아) 채무의 분할

판례는 일찍부터 "부부가 이혼을 할 때 쌍방의 협력으로 이룩한 적극재산이 있는 경우는 물론 부부 중 일방이 제3자에 대하여 부담한 채무라도 그것이 공동재산의 형성에 수반하여 부담한 것이거나 부부 공동생활관계에서 필요한 비용 등을 조달하는 과정에서 부담한 것이면 재산분할의 대상이 된다."고 보아 왔다.[88] 재산분할청구권이 부부별산제 하에서 부부가 혼인 중 공동으로 형성한 재산을 명의와 무관하게 실질에 부합하도록 정당하게 청산·분배하는 것을 목적으로 하는 제도라는 점을 고려하면 부부가 공동으로 부담함이 마땅한 소극재산도 재산분할의 대상으로 삼는 것이 당연하다. 문제는 이혼 당시 부부에게 소극재산만 있거나, 소

---

87) 대법원 2000. 5. 2.자 2000스13 결정.

87) 대법원 2000. 5. 2.자 2000스13 결정.
88) 대법원 1993. 5. 25. 선고 92므501 판결; 대법원 1994. 11. 11. 선고 94므963 판결; 대법원 1994. 12. 2. 선고 94므1072 판결; 대법원 1996. 12. 23. 선고 95므1192 등 판결; 대법원 1997. 9. 26. 선고 97므933 판결; 대법원 1997. 12. 26. 선고 96므1076 등 판결; 대법원 1998. 2. 13. 선고 97므1486 등 판결; 대법원 1999. 6. 11. 선고 96므1397 판결; 대법원 2002. 8. 28.자 2002스36 결정; 대법원 2005. 8. 19. 선고 2003므1166 등 판결; 대법원 2006. 9. 14. 선고 2005다74900 판결; 대법원 2010. 4. 15. 선고 2009므4297 판결; 대법원 2011. 3. 10. 선고 2010므4699 등 판결.

극재산의 총액이 적극재산의 총액을 초과하는 경우와 같이 재산분할의
결과가 결국 채무의 분담을 정하는 것이 되는 경우에도 재산분할청구를
허용할 것인지 여부이다. 과거 판례는 부부의 일방이 청산의 대상이 되
는 채무를 부담하고 있어 총 재산 가액에서 채무액을 공제하면 남는 금
액이 없는 경우라면 상대방의 재산분할 청구는 받아들여질 수 없다고 보
았으나,[89] 대법원 2013. 6. 20. 선고 2010므4071 전원합의체 판결은 이를
변경하였다. "소극재산의 총액이 적극재산의 총액을 초과하여 재산분할을
한 결과가 결국 채무의 분담을 정하는 것이 되는 경우에도 법원은 채무
의 성질, 채권자와의 관계, 물적 담보의 존부 등 일체의 사정을 참작하여
이를 분담하게 하는 것이 적합하다고 인정되면 구체적인 분담의 방법 등
을 정하여 재산분할 청구를 받아들일 수 있다."는 것이다. 특히 다수의견
은 그것이 부부가 혼인 중 형성한 재산 관계를 이혼에 즈음하여 청산하
는 것을 본질로 하는 재산분할 제도의 취지에 맞다는 점, 당사자 사이의
실질적 공평에도 부합한다는 점, 민법은 분할대상인 재산을 적극재산으로
한정하고 있지 않다는 점 등을 근거로 제시한다.

반면 위 2010므4071 판결의 반대의견[90]은, 재산분할청구권은 혼인생
활 중에 형성된 부부 공동의 재산 관계 전체의 청산을 요구할 권리가 아
니라 상대방 명의로 되어 있는 재산이 존재하고 그 재산이 혼인 생활 중
에 부부 공동의 노력으로 형성되었을 것을 필수불가결한 전제로 하여 그
실질적 기여 부분에 대해 상대방 배우자에게 재산에 대한 권리 이전이나
그에 상당하는 금전 지급을 청구할 수 있는 권리일 뿐이므로, "부부의 채
무액이 총 재산가액을 초과하여 혼인생활 중에 형성된 공동재산이 없는
경우에도 재산분할이 가능하다고 본다면, 이는 재산분할 제도의 본질과
대상을 오해한 것"이라고 한다. 협의나 심판에 의해 채무의 분담을 정하
는 내용의 재산분할을 하더라도 채권자의 승낙이 없는 한 면책적 인수의

<hr>

89) 대법원 1997. 9. 26. 선고 97므933 판결; 대법원 2002. 9. 4. 선고 2001므718
판결 등.
90) 대법관 이상훈, 대법관 김소영의 의견이다.

효과는 발생하지 않는다는 점, 제839조의2 제1항의 문언상 '당사자 쌍방의 협력으로 이룩한 재산'에 채무까지 포함되는 것으로 해석할 수 없다는 점, 채무까지 재산분할의 대상으로 삼으면 별다른 실익도 없이 분쟁만 증가하고, 증명이나 심리 부담은 가중되며, 그 분담 비율을 정하는 기준이나 액수 산정, 집행 등의 과정에서 혼란만 야기할 뿐이라는 점 등을 근거로 제시한다.[91]

위와 같은 견해 대립의 기저에는 실직이나 사업 실패 등으로 경제적 파탄 상태에 있는 남편으로부터 가정폭력까지 당하고 있는 전업주부인 아내가 남편의 채무까지 분담하게 될 것이 두려워 이혼을 포기하거나, 남편의 채무를 떠안는 것을 감수하고 이혼한 결과 더 큰 경제적 어려움에 빠지게 되는 상황을 어떻게 타개할 것인가에 대한 고민이 담겨있다. 반대의견은 경제적 능력 없는 여성에게 실질적 이혼의 자유를 보장하고자 도입한 재산분할 제도가 오히려 이혼의 자유를 침해하는 결과로 이어지는 일을 막기 위해 채무의 분할 자체를 금지하고자 한 반면, 다수의견은 원칙적으로 채무의 분할을 허용하되, "다만 재산분할 청구 사건에 있어서는 혼인 중에 이룩한 재산관계의 청산뿐 아니라 이혼 이후 당사자들의 생활보장에 대한 배려 등 부양적 요소 등도 함께 고려할 대상이 되므로, (…) 그 채무부담의 경위, 용처, 채무의 내용과 금액, 혼인생활의 과정, 당사자의 경제적 활동능력과 장래의 전망 등 제반 사정을 종합적으로 고려하여 채무를 분담하게 할지 여부 및 그 분담의 방법 등을 정"하도록 함으로써 구체적 타당성을 실현하고자 하였다. 다수의견에 대한 보충의견[92]이 정확하게 지적하고 있는 바와 같이 소극재산이 더 많다는 이유만으로 재산분할을 금지하는 것이 언제나 여성을 보호하는 결과로 이

---

91) 그 밖에 위 2010므4071 판결에는 재산분할의 결과가 채무의 분담을 정하는 것이 되는 경우라면 재산분할이 허용될 수 없다고 하면서도 재산분할청구 상대방 명의의 적극재산이 있는 경우에는 예외적으로 재산분할 청구가 가능하다는 취지의 별개의견과 상대방 명의 순재산 한도에서 재산분할 청구가 가능하다는 취지의 별개의견도 있었으나, 지면 관계상 자세한 내용은 생략한다.
92) 대법관 양창수, 대법관 민일영, 대법관 박병대, 대법관 박보영의 의견이다.

어지는 것은 아니다. 다수의견에 찬성한다.[93]

(자) 제3자 명의 재산

판례는 제3자 명의의 재산이라도 부부의 일방이 실질적으로 지배하고 있는 재산으로서 부부 쌍방의 협력에 의하여 형성된 것, 부부 쌍방의 협력에 의하여 형성된 유형 · 무형의 자원에 기한 것 또는 그 유지를 위하여 상대방의 가사노동 등이 직 · 간접으로 기여한 것이라면 재산분할의 대상이 될 수 있다고 본다.[94] 다만, 제3자 명의 재산인 이상 그 자체를 분할할 수는 없고, 그 가액을 산정하여 분할대상으로 삼거나 다른 재산의 분할에 참작하는 방법으로 재산분할의 대상에 포함시킬 수 있을 뿐이다.[95] 대법원 2011. 3. 10. 선고 2010므4699 등 판결에서는 부부 중 일방이 실질적으로 혼자 지배하고 있는 1인 회사 명의의 재산을 재산분할의 대상으로 삼을 수 있는지가 문제되었다. 원심판결은 1인 회사 소유의 부동산과 임대차보증금채권 등을 모두 적극재산으로 인정하여 분할대상이 되는 재산에 포함시켰으나, 위 2010므4699 등 판결은 "주식회사와 같은 기업의 재산은 다양한 자산 및 부채 등으로 구성되는 것으로서, 그 회사의 재산에 대하여는 일반적으로 이를 종합적으로 평가한 후에야 1인 주주에 개인적으로 귀속되고 있는 재산가치를 산정할 수 있는 것이므로, <u>한 회사의 개별적인 적극재산의 가치가 그대로 1인 주주의 적극재산으로서 재산분할의 대상이 된다고 할 수 없다</u>."는 이유로 원심판결을 파기환

---

93) 반대의견에 따르면 배우자가 이득 기회에만 참여하고 손실위험은 부담하지 않는 것이 되어 부당하다는 이유로 다수의견에 찬성하는 견해로 정구태, "부부 쌍방의 소극재산 총액이 적극재산 총액을 초과하는 경우에도 재산분할이 가능한지 여부 — 대법원 전원합의체 2013. 6. 20. 선고 2010므4071(본소), 2010므4088(반소) 판결 —", 法學論叢 第20輯 第2號(2013), 103-114면 참조. 개별 사안에 따른 유연한 판단이 가능해졌다는 이유로 다수의견에 찬성하는 견해로 김주수 · 김상용(2019), 253면 참조. 다만 윤진수: 판례(2020), 637-638면은 다수의견과 같이 채무의 재산분할을 허용하더라도 실제로 실효성이 없다는 이유로 비판한다.

94) 대법원 1998. 4. 10. 선고 96므1434 판결; 대법원 2009. 6. 9.자 2008스111 결정; 대법원 2009. 11. 12. 선고 2009므2840 등 판결; 대법원 2013. 7. 12. 선고 2011므1116 등 판결.

95) 대법원 2009. 11. 12. 선고 2009므2840 등 판결.

송하였다.

(2) 재산분할청구권의 법적 성격

이혼으로 인한 재산분할청구권은 이혼이 성립한 때에 법적 효과로서 비로소 성립한다. 따라서 재판상 이혼소송과 병합하여 재산분할을 청구한 경우에 재판상 이혼 판결이 확정되기 전까지 재산분할청구권은 그 발생 여부 자체가 확실하지 않다고 할 수 있다. 판례는 이에서 더 나아가 이미 이혼이 성립하여 재산분할청구권을 행사할 수 있게 되었다 하더라도, 재산분할청구권은 성질상 협의 또는 심판에 따라 구체적 내용이 형성되기까지는 범위 및 내용이 불명확·불확정하기 때문에 아직 "구체적으로 권리가 발생하였다고 할 수 없[다.]"고 보고 있다. 이러한 이해를 전제로 판례는 협의 또는 심판에 의해 구체화되지 않은 재산분할청구권의 권리로서의 성격을 일관되게 부정한다. 하지만 이와 같은 법적 구성이 개별 쟁점에서 타당한 결론으로 이어지고 있는지는 의문이다.[96]

(가) 재산분할청구권의 포기

대법원 2016. 1. 25.자 2015스451 결정은 청구인이 상대방과 장차 이혼하기로 합의하면서 재산분할을 청구하지 않겠다는 내용의 서면을 작성해 준 사안에서 "이혼으로 인한 재산분할청구권은 이혼이 성립한 때에 법적 효과로서 비로소 발생하는 것일 뿐만 아니라 <u>협의 또는 심판에 따라 구체적 내용이 형성되기까지는 범위 및 내용이 불명확·불확정하기 때문에 구체적으로 권리가 발생하였다고 할 수 없으므로, 협의 또는 심판에 따라 구체화되지 않은 재산분할청구권을 혼인이 해소되기 전에 미리 포기하는 것은 성질상 허용되지 아니한다.</u>"고 판시하였다. 위 결정에서 청구인은 중국인으로서 상대방의 요구에 따라 위 서면을 작성해 준 후 비로소 변호사와의 상담을 통해 재산분할청구가 가능하다는 점을 알게 되었는바, 위 판결이 그 포기의 효력을 부정함으로써 결론에 있어서 구체적 타당성을 도모하고자 한 것은 납득할 만하다. 하지만 위와 같은

---

96) 같은 맥락에서 추상적 권리-구체적 권리 준별론에 반대하는 견해로 김상훈, "재산분할청구권의 상속성과 양도성", 「상속법판례연구」, 세창출판사, 2020, 81-84면.

방식의 법리 구성은 협의이혼에 대비하여 조건부 재산분할의 예약을 허용해 온 기존 판례[97]의 태도와 대비하여 수범자에게 혼란을 야기한다. 이에 위 2015스451 결정은 '재산분할청구권의 사전포기'와 '재산분할에 관한 협의로서의 포기약정'을 구별하면서 "부부 雙方의 협력으로 형성된 공동재산 전부를 청산·분배하려는 의도로 재산분할의 대상이 되는 재산액, 이에 대한 雙方의 기여도와 재산분할 방법 등에 관하여 협의한 결과 부부 일방이 재산분할청구권을 포기하기에 이르렀다는 등의 사정이 없는 한 성질상 허용되지 않는 '재산분할청구권의 사전포기'에 불과할 뿐이므로 쉽사리 '재산분할에 관한 협의'로서의 '포기약정'이라고 보아서는 아니 된다."고 판시하였다. 이러한 판례의 태도에 따르면 결국 당사자가 협의 당시 충분한 정보를 바탕으로 진지한 협상에 응하였는지에 따라 포기의 의사표시의 유·무효가 좌우된다.[98] 그렇다면 오히려 비진의표시·착오·사기 등 민법총칙상의 법리를 활용해 포기의 효력을 다투는 편이 정공법 일 것이다.[99]

　　대법원 2013. 10. 11. 선고 2013다7936 판결에서는 이혼이 확정되었으나 아직 협의 또는 심판에 의해 구체화되지 않은 재산분할청구권을 포기한 사안이 문제되었다. 이에 대해 위 2013다7936 판결은 위 2015스451

---

97) 대법원 2000. 10. 24. 선고 99다33458 판결: "아직 이혼하지 않은 당사자가 장차 협의상 이혼할 것을 약정하면서 이를 전제로 하여 위 재산분할에 관한 협의를 하는 경우에 있어서는, 특별한 사정이 없는 한, 장차 당사자 사이에 협의상 이혼이 이루어질 것을 조건으로 하여 조건부 의사표시가 행하여지는 것이라 할 것이므로, 그 협의 후 당사자가 약정한 대로 협의상 이혼이 이루어진 경우에 한하여 그 협의의 효력이 발생하는 것이지, 어떠한 원인으로든지 협의상 이혼이 이루어지지 아니하고 혼인관계가 존속하게 되거나 당사자 일방이 제기한 이혼청구의 소에 의하여 재판상 이혼(화해 또는 조정에 의한 이혼을 포함한다. 이하 같다.)이 이루어진 경우에는, 위 협의는 조건의 불성취로 인하여 효력이 발생하지 않는다." 같은 취지로 대법원 2001. 5. 8. 선고 2000다58804 판결; 대법원 2003. 8. 19. 선고 2001다14061 판결도 참조.

98) 윤진수(2020), 119면도 참조.

99) 사기·강박 등을 증명하지 못한 경우에도 재산분할청구권의 포기임을 이유로 그 효력을 부정할 수 있도록 함으로써 재산분할청구권을 실질화하였다는 점에서 위 판결의 의의를 찾고 있는 문헌으로 엄경천, "협의이혼을 전제로 한 재산분할청구권 포기약정의 효력", 「2016년 가족법 주요 판례 10선」, 세창출판사, 2017, 9면 참조.

결정과 같은 맥락에서 "협의 또는 심판에 의하여 구체화되지 않은 재산
분할청구권은 채무자의 책임재산에 해당하지 아니하고, 이를 포기하는 행
위 또한 채권자취소권의 대상이 될 수 없다"고 설시하였다. 하지만 재산
분할협의의 내용이 재산분할 규정의 취지에 비추어 상당하다고 할 수 없
을 정도로 과대한 경우에는 사해행위 취소가 허용되어 왔다는 점,[100] 재
산분할청구권의 포기 자체가 재산분할청구권의 내용을 0으로 하는 협의
로서의 법적 성질을 가지고 있다는 점 등에 비추어 볼 때 재산분할청구
권의 포기에 대해 획일적으로 채권자 취소를 부정할 필요가 있었는지는
의문이다.[101] 기존 판례의 법리에 따라 구체적 사안별로 그 포기의 상당
성을 판단하는 것으로 족하다. 이혼의 성립과 동시에 적어도 추상적 권
리로서의 재산분할청구권은 성립한다고 보아야 한다는 점에서도 2013다
7936 판결의 태도에는 찬성할 수 없다. 추상적 권리로서의 재산분할청구
권을 재산으로 인정하지 않는다면 이를 피보전채권으로 하는 채권자대위
권이나 채권자취소권의 행사가 불가능해질 뿐만 아니라,[102] 이혼 성립 후

100) 대법원 2001. 5. 8. 선고 2000다58804 판결; 대법원 2005. 1. 28. 선고 2004다
   58963 판결; 대법원 2006. 6. 29. 선고 2005다73105 판결; 대법원 2006. 9. 14. 선고
   2006다33258 판결; 대법원 2016. 12. 29. 선고 2016다249816 판결.
101) 재산분할청구권의 대위행사가 가능한지 여부에 따라 재산분할청구권의 포기에
   대한 사해행위 취소 가능성을 달리 판단해야 한다는 견해로 윤진수(2020),
   119-120면 참조.
102) 같은 취지로 김상훈·정구태, "이혼으로 인한 재산분할청구권의 상속성과 양도
   성", 法學論叢 제25집 제1호(2018), 91-95면. 실제로 대법원 1999. 4. 9. 선고 98다
   58016 판결은 "이혼으로 인한 재산분할청구권은 협의 또는 심판에 의하여 그 구체
   적 내용이 형성되기까지는 그 범위 및 내용이 불명확·불확정하기 때문에 구체적
   으로 권리가 발생하였다고 할 수 없으므로 이를 보전하기 위하여 채권자대위권
   을 행사할 수 없다."고 판시한 바 있다. 같은 논리를 일관되게 적용한다면 재산
   분할청구권을 피보전채권으로 하는 사해행위 취소도 인정할 수 없을 것이나 제
   839조의3은 이혼 성립 전에도 재산분할청구권의 보전을 위한 사해행위 취소를 허
   용하고 있다. 사해행위 취소를 인정하는 제839조의3과 같은 명문의 규정이 없는
   한, 이혼 성립 전부터 재산분할청구권을 피보전채권으로 하는 채권자대위를 인정
   하기는 어렵겠지만, 적어도 이혼 성립 후에는 채권자대위를 인정할 필요가 있다.
   아직 재산분할청구권의 범위 및 내용이 확정되지 않은 상태에서 채권자대위를 함
   으로써 발생할 수 있는 여러 문제들은 대부분 '보전의 필요성' 요건을 통해 통제할
   수 있을 것이다.

배우자가 취득한 재산분할청구권 또는 그에 대응하는 재산분할의무의 상속[103]을 논리적으로 설명하기 어렵다.

(나) 재산분할청구권의 양도

대법원 2017. 9. 21. 선고 2015다61286 판결 역시 재산분할청구권은 이혼이 성립한 때에 그 법적 효과로서 비로소 발생하며, 협의 또는 심판에 의하여 그 구체적 내용이 형성되기 전까지는 그 범위 및 내용이 불명확·불확정하기 때문에 구체적으로 권리가 발생하였다고 할 수 없다는 점을 근거로 "당사자가 이혼이 성립하기 전에 이혼소송과 병합하여 재산분할의 청구를 한 경우에, 아직 발생하지 아니하였고 그 구체적 내용이 형성되지 아니한 재산분할청구권을 미리 양도하는 것은 성질상 허용되지 아니하며, 법원이 이혼과 동시에 재산분할로서 금전의 지급을 명하는 판결이 확정된 이후부터 채권 양도의 대상이 될 수 있다."고 판시하였다. 부부 중 일방이 이혼 및 재산분할 등을 청구하는 본소와 다른 일방이 제기한 이혼 및 위자료 등을 청구하는 반소가 병합되었고, 그 이혼소송의 항소심 판결이 선고된 상태에서 재산분할청구권을 양도한 사안에서 양도 당시 이혼 판결이 아직 확정되지 않아 이혼이 성립하지 아니하였고, 재산분할에 관한 심판도 확정되기 전이므로 이러한 양도행위는 "성질상 채권양도가 허용되지 아니하는 채권을 목적으로 한 것으로서 무효"라고 보았던 것이다.

하지만 채권양수인이 스스로 이와 같이 불명확·불확정한 채권을 양도받는 위험을 감수한 경우에까지 그 효력을 부정할 필요가 없다는 점,

---

103) 대법원 2009. 2. 9.자 2008스105 결정은 부부 중 일방이 그 의사표시에 의해 사실혼 관계를 해소하고, 재산분할심판 청구를 한 상황에서 분할의무자인 상대방이 사망하였다면 그 상대방의 지위를 상속인들이 수계한다고 판시한 바 있다. 다만, 재산분할청구권의 상속 가능성에 대해서는 견해의 대립이 있다. 재산분할청구권의 상속이 가능하려면 사망 전에 이혼이 성립하였을 뿐만 아니라, 당사자 사이에 재산분할에 관한 협의가 이루어졌거나 재산분할청구가 있어야 한다는 견해로 김주수·김상용(2019), 263-264면; 박동섭·양경승(2020), 216면; 사망 전에 재산분할심판 청구가 있었던 경우에 청산적 부분은 상속 가능하다는 견해로 송덕수(2020), 117면; 사망 전에 재산분할 협의나 재산분할청구가 없었더라도 상속이 가능하다는 견해로 김상훈·정구태(2018), 103-106면 참조.

장래의 채권이라도 양도 당시 기본적 채권 관계가 어느 정도 확정되어 있어 그 권리의 특정이 가능하고 가까운 장래에 발생할 것임이 상당 정도 기대되는 경우에는 판례가 양도를 허용해 왔다는 점,[104] 배우자 입장에서는 장래 이혼 성립에 대비하여 주택 마련 등을 위해 거액의 자금 조달을 필요로 하는 경우가 적지 않다는 점 등을 고려하면 적어도 이혼 및 재산분할을 명하는 1심 판결이 선고된 후에는 그것이 확정되기 전이라도 재산분할청구권의 양도를 허용하더라도 무방할 것이다.[105] 일부 견해는 재산분할청구권의 행사상 일신전속성 내지 인적 속성을 근거로 위 2015다61286 판결의 결론에 찬성하나,[106] 재산분할청구권이 일신전속적 권리인지는 의문이다.

(다) 재산분할심판과 가집행선고

판례는 법원이 이혼과 동시에 재산분할을 명하는 판결을 하는 경우라면 이혼 판결은 확정되지 않은 상태이므로 그 시점에서 재산분할에 관해 가집행을 허용할 수 없다고 보아왔다.[107] 재산분할청구권은 이혼이 성립한 때 비로소 발생하는 것이기 때문이다. 같은 맥락에서 판례는 법원이 이혼과 동시에 재산분할로서 금전의 지급을 명하는 판결을 하는 경우 그 금전지급 채무에 관하여는 판결이 확정된 다음날부터 이행지체 책임을 지는 것이며, 「소송촉진 등에 관한 특례법」 제3조 제1항 본문에서 정

---

104) 대법원 1996. 7. 30. 선고 95다7932 판결; 대법원 1997. 7. 25. 선고 95다21624 판결; 대법원 2010. 4. 8. 선고 2009다96069 판결; 대법원 2019. 1. 31. 선고 2016다215127 판결; 대법원 2019. 2. 28. 선고 2016다215134 판결 등 참조.
105) 같은 취지로 윤진수(2020), 118면.
106) 대법원이 재산분할청구권의 내용이 아직 불확정·불명확하다는 이유로 양도를 금지한 것에는 찬성할 수 없지만, 재산분할청구권의 행사상 일신전속권으로서의 성격에 비추어 보면 결론에는 찬성할 수 있다는 견해로 김상훈·정구태(2018), 109–113면; 김상훈, "재산분할청구권의 상속성과 양도성", 「상속법판례연구」, 세창출판사, 2020, 96–100면 참조. 재산분할청구권은 그 인적 속성으로 인해 이혼이 성립하기 전까지는 그 양도를 인정할 수 없을 뿐만 아니라, 가까운 장래에 발생할 것임이 상당 정도 기대되는 재산분할청구권과 그렇지 않은 재산분할청구권 간의 경계를 설정하는 것은 실무상 거의 불가능하다는 점을 들어 위 2015다61286 판결의 태도에 찬성하는 견해로 권영준, "2017년 민법 판례 동향", 서울대학교 法學 제59권 제1호(2018), 530–533면 참조.
107) 대법원 1998. 11. 13. 선고 98므1193 판결.

한 이율이 적용되지 않는다고 보았다.[108] 대법원 2014. 9. 4. 선고 2012
므1656 판결은 이에서 한발 더 나아가 "이혼이 먼저 성립한 후에 재산분
할로 금전의 지급을 명하는 경우"라도 가집행선고의 대상이 될 수 없으
며, 이행지체 책임도 판결이 확정된 다음 날부터 발생한다고 판시하였다.
이러한 결론은 양육비 지급을 명하는 심판에 대해 가집행 선고를 허용해
온 기존 실무의 태도와 대비된다.[109] 판례는 일찍부터 ① 이혼 당사자
사이의 양육비 청구사건은 마류 가사비송사건인데, ② 마류 가사비송사
건 심판에 대해서는 즉시항고가 가능하고(「가사소송규칙」 제94조 제1항),
③ 재산상 청구에 관한 심판으로서 즉시항고의 대상이 되는 심판에 대해
서는 가집행을 명해야 하므로(「가사소송법」 제42조 제1항), 양육비 청구 사
건은 가집행선고가 가능하다는 입장을 택해왔기 때문이다. 재산분할 청
구사건 역시 마류 가사비송사건으로서 ① 내지 ③의 논리구조가 동일하
게 적용될 수 있음에도 불구하고 정반대 결론에 도달한 이유로 위 2012므
1656 판결은 "재산분할은 부부가 혼인 중에 취득한 실질적인 공동재산을
청산 분배하는 것을 주된 목적으로 하고, 법원이 당사자 쌍방의 협력으
로 이룩한 재산의 액수 기타 사정을 참작하여 분할의 액수와 방법을 정
하는 것이므로, 재산분할로 금전의 지급을 명하는 경우에도 그 판결 또
는 심판이 확정되기 전에는 금전지급의무의 이행기가 도래하지 아니할
뿐만 아니라 금전채권의 발생조차 확정되지 아니한 상태에 있다고 할
것"이라는 점을 근거로 제시하고 있다. 하지만 판례는 양육비 청구 사건
에 대해서도 추상적 권리와 구체적 권리를 구별하고 있다는 점,[110] 양육
비 청구권의 경우에도 협의 또는 심판에 의해 양육자로 확정되기 전까지
는 그 채권의 발생조차 확정되지 않는다는 점, 재산분할도 이혼 후 생활
보장을 위해 미리 가집행을 할 필요가 적지 않다는 점 등을 고려할 때
판례가 위와 같은 논리로 양자 간에 법적 평가를 달리하는 이유를 쉽게

108) 대법원 2001. 9. 25. 선고 2001므725 등 판결.
109) 대법원 1994. 5. 13.자 92스21 전원합의체 결정.
110) 대법원 2006. 7. 4. 선고 2006므751 판결; 대법원 2011. 7. 29.자 2008스67
     결정 참조.

납득할 수 없다.[111]

(3) 재산분할청구권의 제척기간

　　재산분할청구권은 이혼한 날부터 2년을 경과한 때 소멸한다(제839조의2). 대법원 2018. 6. 22.자 2018스18 결정은 위 조문을 근거로 "2년 제척기간 내에 재산의 일부에 대해서만 재산분할을 청구한 경우 청구 목적물로 하지 않은 나머지 재산에 대해서는 제척기간을 준수한 것으로 볼 수 없으므로, 재산분할청구 후 제척기간이 지나면 그때까지 청구 목적물로 하지 않은 재산에 대해서는 청구권이 소멸한다."고 판시하였다. 판례는 분할의 무자인 배우자가 분할 대상 재산을 은닉하는 경우가 적지 않은 현실을 고려하여 재산분할 재판에서 분할 대상인지가 전혀 심리된 바 없는 재산이 재판 확정 후 추가로 발견된 경우에 이에 대하여 추가로 재산분할 청구를 하는 것을 허용해 왔는데,[112] 위 2018스18 결정은 법률관계의 조속한 안정이라는 제척기간 규정의 입법목적을 고려하여 이와 같이 뒤늦게 발견된 재산에 대한 재산분할 청구에 대해 시적 한계를 정한 것이다. 하지만 추가로 발견된 재산에 대한 재산분할청구를 이혼한 날부터 2년까지만 허용하는 것은 재산은닉으로부터 재산분할청구를 보호하기 위해 추가 재산분할을 허용한 기존 판례의 태도나 재산분할청구권을 피보전채권으로 하는 사해행위 취소의 제척기간을 사해행위를 안 때로부터 1년 또는 사해행위가 있을 때부터 5년으로 정하고 있는 제839조의3 제2항의 취지에 반한다. 본래 재산분할청구권은 혼인생활 중에 형성된 부부 공동의 재산 관계 전체를 이혼에 즈음하여 일거에 청산하기 위한 제도로서 심판의 대상은 이혼소송 사실심 변론종결 당시 존재하는 모든 분할 대상 재산에 미치며,[113] 당사자가 분할을 구하고 있는 특정의 재산별로 별도의

---

111) 2012므1656 판결의 결론에 비판적인 견해로 윤진수(2020), 134면 참조.
112) 대법원 2003. 2. 28. 선고 2000므582 판결; 대법원 2017. 9. 28.자 2017카기248 결정.
113) 법원은 당사자의 주장에 구애되지 아니하고 재산분할의 대상이 무엇인지 직권으로 사실조사하여 포함시키거나 제외시킬 수 있다는 판례로 대법원 1996. 12. 23. 선고 95므1192 등 판결; 대법원 1997. 12. 26. 선고 96므1076 등 판결; 대법원 1999. 11. 26. 선고 99므1596 등 판결; 대법원 2013. 7. 12. 선고 2011므1116 등

재산분할청구권이 성립하는 것은 아니다. 당사자가 제척기간을 준수하여 재산분할청구권을 한 번 행사한 이상 그 재산분할 심판의 대상이 되는 재산 전부에 대해 제척기간이 준수되었다고 보아야 할 것이며, 당사자가 재산분할 심판 청구 당시 특정한 일부 재산에 대해서만 제척기간이 준수된 것으로 볼 수는 없다.[114)]

2. 자녀에 대한 친권 및 양육
(1) 친권자 및 양육자의 결정

이혼 시 자녀의 친권 및 양육에 관한 사항을 결정함에 있어서는 언제나 '아동의 최선의 이익'이 기준이 되어야 한다. 대법원 2010. 5. 13. 선고 2009므1458 등 판결은 "자의 양육을 포함한 친권은 부모의 권리이자 의무로서 미성년인 자의 복지에 직접적인 영향을 미치므로 부모가 이혼하는 경우에 부모 중 누구를 미성년인 자의 친권을 행사할 자 및 양육자로 지정할 것인가를 정함에 있어서는, 미성년인 자의 성별과 연령, 그에 대한 부모의 애정과 양육의사의 유무는 물론, 양육에 필요한 경제적 능력의 유무, 부 또는 모와 미성년인 자 사이의 친밀도, 미성년인 자의 의사 등의 모든 요소를 종합적으로 고려하여 미성년인 자의 성장과 복지에 가장 도움이 되고 적합한 방향으로 판단하여야 한다."고 하여 이 점을 선언하였다.[115)] 위 판결 선고 후 입법자는 2011년 민법을 개정하여 이혼

판결 참조.

114) 이 점에 대해 자세히는 현소혜, "재산분할과 제척기간", 「윤진수교수정년기념 민법논고: 이론과 실무」, 박영사, 2020, 465-480면 참조. 이혼 성립 후 별도로 재산분할청구를 하는 경우에까지 위 2018스18 결정의 태도를 그대로 관철하는 것은 부당하다는 견해로 엄경천, "재산분할청구권의 행사기간", 「2018년 가족법 주요 판례 10선」, 세창출판사, 2019, 20-24면 참조. 분할청구 상대방이 누락재산을 고의로 은닉한 경우와 같이 제척기간 적용이 신의칙에 반하는 결과로 이어지는 경우에는 예외적으로 이혼 성립 후 2년이 지난 후에도 추가 발견 재산에 대한 분할을 허용해야 한다는 견해로 권영준, "2018년 민법 판례 동향", 서울대학교 法學 제60권 제1호(2019), 368-376면 참조. 이에 반해 일부 청구의 법리를 원용하여 위 판결에 찬성하는 견해로 김명숙, "2018년 가족법 중요판례평석", 인권과 정의 통권 제480호(2019), 69면 참조.

115) 같은 취지로 대법원 2012. 4. 13. 선고 2011므4719 판결; 대법원 2013. 12. 26.

시 가정법원이 친권자를 지정함에 있어서는 자녀의 복리를 우선적으로 고려하여야 함을 명시하였다(제912조 제2항).

하지만 구체적 사안에서 어떠한 요소들을 중요하게 고려하여 어떠한 결론을 내리는 것이 미성년 자녀의 복리에 가장 적합한지를 판단하는 것은 쉬운 일이 아니다. 위 2009므1458 등 판결은 '양육의 계속성'을 다른 요소들, 특히 '모 선호의 원칙(maternal preference)'보다 우대하였다.[116] 위 판결에서는 부모가 장기간 별거하는 중에 계속 부가 9세 가량의 여아를 양육해 온 사안이 문제되었는데, 원심은 9세 남짓의 어린 여아라면 정서적으로 성숙할 때까지 어머니인 원고가 양육하는 것이 사건본인의 건전한 성장과 복지에 도움이 될 것으로 보인다는 점을 고려하여 어머니를 친권행사자 및 양육자로 지정한 반면, 대법원은 부가 사건본인을 계속하여 양육하게 하더라도 사건본인의 건전한 성장과 복지에 방해가 되지 아니하고 오히려 도움이 된다고 할 수 있으므로, "<u>현재의 양육상태에 변경을 가하여 원고를 사건본인에 대한 친권행사자 및 양육자로 지정하는 것이 정당화되기 위하여는 그러한 변경이 현재의 양육상태를 유지하는 경우보다 사건본인의 건전한 성장과 복지에 더 도움이 된다는 점이 명백하여야 한다.</u>"고 하면서 "단지 어린 여아의 양육에는 어머니가 아버지보다 더 적합할 것이라는 일반적 고려만으로는 위와 같은 양육상태 변경의 정당성을 인정하기에 충분하지 아니하다."는 이유로 원심판결을 파기환송하였다.

친권자 및 양육자 결정시 부모의 의사 역시 고려해야 하는 중요한 요소 중 하나이나, 법원이 반드시 부모의 의사에 구속되는 것은 아니다. 판례는 일찍부터 양육에 관한 사항에 대해 당사자의 협의에도 불구하고 언제든지 그 변경을 청구할 수 있다고 보았다.[117] 대법원 2019. 11. 28. 선고 2015다225776 판결은 더 나아가 친권에 관해서도 동일한 법리가 적

___

선고 2013므3383 등 판결; 대법원 2019. 11. 28. 선고 2015다225776 판결.
116) 이에 대해 계속성의 원칙을 안이하게 적용하는 것은 경계되어야 한다는 견해로 김주수 · 김상용(2019), 223면 참조.
117) 대법원 1992. 12. 30.자 92스17 등 결정; 대법원 1998. 7. 10.자 98스17 등 결정.

용됨을 확인하였다는 데 의의가 있다. 위 판결에서는 모가 자녀에 대한 친권을 포기하는 조건으로 부로부터 금전을 지급받고, 향후 친권을 회복하고자 하는 경우에는 부로부터 받은 위자료의 두 배를 지급하기로 약정한 사안이 문제되었는데, 대법원은 "친권자가 정하여졌더라도 자의 복리를 위하여 필요하다고 인정되는 경우 가정법원은 자의 4촌 이내 친족의 청구에 의하여 친권자를 변경할 수 있다. 그와 같이 <u>자의 4촌 이내 친족의 가정법원에 친권자 변경을 청구하는 것은 미성년자인 자의 복리를 위한 것이므로, 그러한 청구권을 포기하거나 제한하는 내용의 약정은 민법 제103조의 선량한 풍속 기타 사회질서에 반하는 것이어서 사법상 효력을 인정할 수 없다.</u>"고 판시하면서 모가 약정한 금전을 지급하지 않더라도 친권자 변경 청구가 가능하다고 보았다.

친권과 양육권을 다른 사람에게 귀속시키거나 공동으로 귀속시키는 것은 가능한가. 학설 중에는 친권 없는 양육권을 인정하는 것에 대해 비판적인 견해[118]가 있으나, 대법원 2012. 4. 13. 선고 2011므4719 판결은 이를 긍정하였다. "민법 제837조, 제909조 제4항, 가사소송법 제2조 제1항 제2호 나목의 3) 및 5) 등이 부부의 이혼 후 그 자의 친권자와 그 양육에 관한 사항을 각기 다른 조항에서 규정하고 있는 점 등에 비추어 보면, <u>이혼 후 부모와 자녀의 관계에 있어서 친권과 양육권이 항상 같은 사람에게 돌아가야 하는 것은 아니며, 이혼 후 자에 대한 양육권이 부모 중 어느 일방에, 친권이 다른 일방에 또는 부모에 공동으로 귀속되는 것으로 정하는 것은 (…) 허용된다</u>"는 것이다. 그러한 결정이 미성년 자녀의 성장과 복지에 가장 도움이 되고 적합한 방향이어야 함은 물론이다. 다만, 판례는 이혼 후 부모를 공동양육자로 지정하는 데 매우 신중한 태도를 보인다. 대법원 2013. 12. 26. 선고 2013므3383 등 판결은 부모 사이에 자녀 양육방식에 관한 의사나 가치관에 현저한 차이가 있어 서로 첨예하게 대립하고 있고, 현재로서는 가까운 장래에 쌍방의 의견을 조율

---

118) 윤진수(2020), 240면. 친권과 양육권을 일원화하는 입법적 해결을 제안하는 문헌으로 김주수·김상용(2019), 222-223면; 송덕수(2020), 92면.

하여 양육방식에 대한 의사 합치가 이루어질 가능성이 전혀 불투명하다면 공동양육은 자녀들에게 정신적 혼란이나 갈등을 초래할 뿐이라는 점을 들어 부모를 공동양육자로 지정하여 일방이 주중에, 다른 일방이 주말에 자녀들을 직접 양육하게 한 원심판결을 파기환송한 바 있다. 대법원 2020. 5. 14. 선고 2018므15534 판결은 이에서 더 나아가 재판상 이혼에서 이혼하는 부모 모두를 공동양육자로 정할 때에는 신중하게 판단할 필요가 있다고 하면서 "재판상 이혼의 경우 부모 모두를 자녀의 공동양육자로 지정하는 것은 부모가 공동양육을 받아들일 준비가 되어 있고 양육에 대한 가치관에서 현저한 차이가 없는지, 부모가 서로 가까운 곳에 살고 있고 양육환경이 비슷하여 자녀에게 경제적·시간적 손실이 적고 환경 적응에 문제가 없는지, 자녀가 공동양육의 상황을 받아들일 이성적·정서적 대응능력을 갖추었는지 등을 종합적으로 고려하여 공동양육을 위한 여건이 갖추어졌다고 볼 수 있는 경우에만 가능하다고 보아야 한다."는 점을 일반론으로서 명시하였다. 판례의 태도에 찬성한다.[119]

(2) 양 육 비

이혼 시 자녀의 양육비 지급과 관련하여서도 두 건의 중요한 판결이 선고되었다.

첫째, 대법원 2019. 1. 31.자 2018스566 결정은 양육에 관한 처분을 변경할 필요가 있는지에 대한 판단기준을 제시하였다. 舊 민법(2007. 12. 21.자 법률 제8720호로 개정되기 전의 것) 제837조 제2항은 "가정법원은 제반 사정을 참작하여 양육사항을 정하며 언제든지 이를 변경할 수 있다."는 조문을 두고 있었으며 이때 "언제든지"의 의미와 관련하여 판례는 "당초의 결정이나 당사자가 협의하여 정한 사항이 종전 조항의 제반 사정에 비추어 부당하다고 인정되는 때에는 그 사항을 변경할 수 있는 것이고

---

119) 이와 달리 공동양육권자 지정에 우호적인 문헌으로 윤석찬, "이혼부모와 공동양육권", 「여암 송덕수 교수 정년퇴임 기념 민법 이론의 새로운 시각」, 박영사, 2021, 1255-1266면; 윤진수: 판례(2020), 642-644면 참조.

협의 후에 특별한 사정변경이 있는 때에 한하여 변경할 수 있는 것은 아니라고" 보았다.[120] 제837조 제5항은 舊 민법과 달리 "자의 복리를 위하여 필요하다고 인정하는 경우"에는 양육에 관한 처분을 변경할 수 있다고 규정하고 있는바, 이로써 기존 판례가 양육에 관한 처분 변경의 기준으로 삼은 '부당성'의 판단기준이 '자의 복리'에 있음이 명백해졌다. 위 2018스566 결정 역시 같은 견지에서 기존 판례와 마찬가지로 "가정법원이 재판 또는 당사자의 협의로 정해진 양육비 부담 내용이 제반 사정에 비추어 부당하게 되었다고 인정되는 때에는 그 내용을 변경할 수 있[다.]"고 하면서도 "종전 양육비 부담이 '부당'한지 여부는 친자법을 지배하는 기본이념인 '자녀의 복리를 위하여 필요한지'를 기준으로 판단하여야 할 것"이라고 하였다. 위 2018스566 결정은 이에서 더 나아가 "양육비의 감액은 일반적으로 자녀의 복리를 위하여 필요한 조치라고 보기 어려우므로, 가정법원이 양육비 감액을 구하는 심판청구를 심리할 때에는 양육비 감액이 자녀에게 미치는 영향을 우선적으로 고려하되 종전 양육비가 정해진 경위와 액수, 줄어드는 양육비 액수, 당초 결정된 양육비 부담 외에 혼인관계 해소에 수반하여 정해진 위자료, 재산분할 등 재산상 합의의 유무와 내용, 그러한 재산상 합의와 양육비 부담과의 관계, 쌍방 재산상태가 변경된 경우 그 변경이 당사자의 책임으로 돌릴 사정이 있는지 유무, 자녀의 수, 연령 및 교육 정도, 부모의 직업, 건강, 소득, 자금 능력, 신분관계의 변동, 물가의 동향 등 여러 사정을 종합적으로 참작하여 양육비 감액이 불가피하고 그러한 조치가 궁극적으로 자녀의 복리에 필요한 것인지에 따라 판단하여야 한다."고 판시하였는바,[121] 양육에 관한 처분을 변경하는 것이 자녀의 복리를 위해 필요한

---

120) 대법원 1991. 6. 25. 선고 90므699 판결; 대법원 2006. 4. 17.자 2005스18 등 결정.

121) 양육비 증액에서는 자녀의 복리가 변경심판을 위한 적극적 요건으로서의 성격을 갖지만, 양육비 감액에서는 자녀의 복리가 소극적 요건으로서의 성격을 가질 뿐이므로, 자녀의 복리를 고려하더라도 양육비를 감액해야만 하는 특별한 사정이 있는지를 판단해야 한다는 견해로 윤진수(2020), 146면.

조치인지를 판단하기 위한 구체적 기준을 제시한 첫 번째 판결로서 의미가 있다.[122]

둘째, 대법원 2020. 5. 14. 선고 2019므15302 판결은 부부 중 일방이 다른 일방을 상대로 이혼 청구 등을 하면서 자신을 친권자와 양육자로 지정하고 양육비를 지급할 것을 청구하자 원심이 판결 주문에서 부부 쌍방에게 자녀 양육비로 각 일정액을 부담하도록 하면서 부부가 친권자와 양육자로 지정된 일방의 명의에 자녀의 명의를 병기한 새로운 예금 계좌를 개설하여 양육비를 입금하도록 명한 사안에서 ① 법원은 자녀의 양육비 중 양육자가 부담해야 할 양육비를 제외하고 상대방이 분담해야 할 적정 금액의 양육비만을 결정해야 한다는 점, ② 위와 같은 판결 주문만으로는 예금 계좌 개설과 관련하여 부부 각자가 이행할 의무의 내용이 객관적으로 특정되었다고 볼 수 없다는 점 등을 이유로 원심판결을 파기환송하였다. 소송법적으로는 불가피한 결론이나, 비양육자가 양육자에 의한 양육비 유용 또는 양육자의 채권자에 의한 집행을 우려하여 양육비를 제 때 지급하지 않을 것에 대비하여 원심판결이 공동명의의 예금 계좌를 개설하여 체크카드를 통해 양육비를 지출하고 비양육자도 예금 계좌의 거래내역 확인이 가능하도록 하는 방법을 시도하였던 것은 양육비 이행 확보와 자녀의 복리 실현이라는 측면에서 중요한 의미가 있다. 향후 관련 법리의 개발이 필요하다.

(3) 이행명령 제도

대법원 2020. 5. 28.자 2020으508 명령은 양육비 지급이나 유아의 인도를 명하는 가집행선고부 판결이나 심판이 선고되었다면 그것이 확정되기 전이라도 「가사소송법」상 이행명령 제도를 통해 이를 강제집행하는 것이 가능하다는 점을 선언하였다. 이행명령을 하는 경우에도 이행명령부터 감치에 이르기까지 여러 단계를 거쳐야 하고, 판결 등에 불복한 당

---

122) 같은 맥락에서 위 2018스566 결정에 대해 긍정적으로 판단하면서 특히 사정변경 원칙에 관한 일반론을 양육비 감액 사건에 그대로 적용해서는 안 된다는 점을 논증하고 있는 문헌으로 권영준, "2019년 민법 판례 동향", 서울대학교 法學 제61권 제1호(2020), 586–589면 참조.

사자 입장에서는 그 사정 등을 법원에 진술할 기회가 부여되어 있어 반드시 판결 등의 확정을 기다려 이행명령을 하여야 할 필요는 적은 반면, 위와 같이 여러 단계를 거쳐야 하는 절차의 특성상 원래의 판결 등이 확정되기를 기다려야 한다면 지나치게 장기간이 소요되어 실질적인 분쟁해결을 기대할 수 없게 될 우려가 있다는 것이다. 특히 양육비 지급이나 유아인도 의무, 면접교섭 허용 의무 등은 가집행선고에 따른 「민사집행법」상의 강제집행 제도를 이용하기에 적절하지 않거나 실효를 거두기 어려운 경우가 많으므로,[123] 가집행시에도 가사사건의 고유한 특성을 반영한 이행명령 제도를 이용할 수 있도록 할 필요가 있다는 점을 고려하지 않을 수 없다. 이행명령 제도 역시 강제집행 절차의 한 유형으로서의 성격을 가지고 있다는 점을 고려할 때 타당한 판결이다.

(4) 국제적 아동 탈취

다문화 가정이 증가하면서 국제적 아동 탈취 사건도 점차 증가하고 있다. 대법원 2013. 6. 20. 선고 2010도14328 전원합의체 판결은 형사법적 관점에서 국제적 아동 탈취 문제를 다룬 최초의 판결이다. 당시 위 2010도14328 판결의 다수의견은 부모가 이혼하였거나 별거하는 상황에서 미성년의 자녀를 부모의 일방이 평온하게 보호·양육하고 있는데, 상대방 부모가 폭행, 협박 또는 불법적인 사실상의 힘을 행사하여 그 보호·양육상태를 깨뜨리고 자녀를 탈취하여 자기 또는 제3자의 사실상 지배하에 옮긴 경우라면 미성년자에 대한 약취죄를 구성하나, <u>미성년의 자녀를 부모가 함께 동거하면서 보호·양육하여 오던 중 부모의 일방이 상대방 부모나 그 자녀에게 어떠한 폭행, 협박이나 불법적인 사실상의 힘을 행사함이 없이 그 자녀를 데리고 종전의 거소를 벗어나 다른 곳으로 옮겨 자녀에 대한 보호·양육을 계속하였다면 그 행위가 보호·양육권의 남용에 해당한다는 등 특별한 사정이 없는 한 미성년자 약취죄의 성립을 인정할 수 없다</u>고 판시하면서 베트남 국적의 아내가 한국 국적의 남편 의사에

---

123) 특히 양육비 청구권의 소액 정기금 채권으로서의 성격을 언급하고 있는 문헌으로 김주수·김상용(2019), 218면 참조.

반해 생후 13개월 된 아들을 주거지에서 데리고 나와 베트남으로 떠난 행위는 친권자인 모로서 출생 이후 줄곧 맡아왔던 보호·양육상태를 계속 유지하는 행위에 해당할 뿐이며 약취행위로 볼 수 없다고 하였다. 하지만 위와 같이 미성년 자녀를 국외로 데리고 나간 행위에 대한 형사법적 평가를 그 주체가 혼인 중인 양육친인가 이혼 또는 별거 중인 비양육친인가에 따라 달리하는 것은 미성년자 약취죄의 보호법익에 비추어 적절하지 않다. 혼인 중에 공동을 친권을 행사 중인 부모 중 일방의 보호·양육권도 보호받을 필요가 있기 때문이다. 위 2010도14328 판결의 반대의견 역시 "부모 중 일방이 상대방과 동거하여 공동으로 보호·양육하던 유아를 국외로 데리고 나갔다면, 사실상의 힘을 수단으로 사용하여 유아를 자신 또는 제3자의 사실상 지배하에 옮겼다고 보아야 함에 이론이 있을 수 없다."고 하면서 "공동친권자인 부모의 일방이 상대방의 동의나 가정법원의 결정이 없는 상태에서 유아를 데리고 공동양육의 장소를 이탈함으로써 상대방의 친권행사가 미칠 수 없도록 하였다면, 이는 특별한 사정이 없는 한 다른 공동친권자의 유아에 대한 보호·양육권을 침해한 것"이라고 하였다.[124] 반대의견에 찬성한다.

　　대법원 2018. 4. 17.자 2017스630 결정에서는 국제적 아동 탈취에서의 민사적 측면이 최초로 문제되었다. 위 결정에서는 일본에 상거소를 가지고 있는 청구인이 자녀들을 우리나라로 탈취해 온 모(母)를 상대로 헤이그아동탈취법 제12조 제1항에 따라 아동의 반환을 청구한 사안이 문제되었다. 헤이그아동탈취법상 아동반환 청구 제도는 국제적 아동 탈취 사건에서 아동의 신속한 반환을 확보하기 위해 마련된 것이나, "아동의 반환으로 인해 아동이 육체적 또는 정신적 위해에 노출되거나 그 밖에 견디기 힘든 상황에 처하게 될 중대한 위험"이 있는 경우에는 예외적으로 그 반환청구를 기각할 수 있다(헤이그아동탈취법 제12조 제4항 제3호). 아동의 신속한 반환 확보라는 추상적 복리 실현을 위해 오히려 아동의 구

---

124) 윤진수(2020), 242-243면 역시 반대의견에 찬성한다.

체적·개별적 복리가 침해되는 것을 방지하기 위한 조문이다. 위 2017스 630 결정은 위 반환 예외 사유에 해당하는 "중대한 위험에는 청구인의 아동에 대한 직접적인 폭력이나 학대 등으로 아동의 심신에 유해한 영향을 미칠 우려가 있는 경우뿐만 아니라 상대방인 일방 부모에 대한 잦은 폭력 등으로 인하여 아동에게 정신적 위해가 발생하는 경우와 상거소국에 반환될 경우 오히려 적절한 보호나 양육을 받을 수 없게 되어 극심한 고통을 겪게 되는 경우를 포함한다."고 판시하면서 청구인이 상대방인 모를 수 차례 폭행하고, 자녀 중 1인이 그 장면을 목격하여 정신적 고통을 겪었다는 점을 고려하여 청구인의 아동반환 청구를 기각한 원심의 판단을 유지하였다. 종래 논란의 대상이었던 '중대한 위험'의 판단기준을 구체적으로 제시한 첫 번째 판결로서 중요한 의미가 있는 결정이다. 하지만 위 2017스630 결정과 같이 구체적·개별적 복리 보호 심사가 강화될수록 본안사건과 아동반환 사건 간의 경계가 모호해지며, 아동의 상거소국에서 이루어진 본안판단이 다른 체약국에서도 효과적으로 존중될 수 있도록 하고자 한 「국제적 아동탈취의 민사적 측면에 관한 헤이그 협약」의 목적에 정면으로 배치될 우려가 있다.[125] 중대한 위험의 심사 기준과 증명의 정도 등에 관해 보다 섬세한 일반론 정립이 필요하다.[126]

---

125) 같은 취지로 권재문, "헤이그 아동탈취협약과 가족생활에 관한 기본권 – 유럽인권재판소 판례를 중심으로 –", 國際私法硏究 제24권 제2호(2018), 184면 참조. 이병화, "헤이그국제아동탈취협약의 이행에 있어서 친자법적 재고찰", 國際私法硏究 제23권 제1호(2017), 254면 역시 중대한 위험을 이유로 아동 반환명령을 거부하는 것이 남용된다면 동 협약의 실효성 자체를 파괴하게 될지도 모르기 때문에 법원은 반환에 의해 아동이 처하게 될 상황에 각별히 유의하면서 중대한 위험의 유무를 엄격히 판정해야 한다고 서술하고 있다. 이에 반해 가정폭력 사안에서는 이러한 엄격한 해석이 불합리한 결과로 이어질 수 있다는 점을 강조하고 있는 문헌으로 곽민희, "헤이그아동탈취협약의 해석상 「중대한 위험」과 子의 利益", 민사법학 제67호(2014), 25 – 68면 참조. 권영준(2019), 380 – 382면도 가정폭력 사안의 특수성을 강조하면서 대상결정의 결론이 정당화될 가능성이 상대적으로 높다고 서술하고 있다.
126) 같은 취지로 곽민희, "헤이그 아동탈취협약의 적용상 중대한 위험의 판단", 「2018년 가족법 주요 판례 10선」, 세창출판사, 2019, 105 – 109면 참조.

제3절 친자관계

Ⅰ. 혼인 중 출생자

1. 친생추정 조항의 적용범위

혼인 관계 성립일로부터 200일 후부터 혼인 관계 종료일로부터 300일 내 사이에 출생한 자녀는 모의 남편의 자녀로 추정되며, 그 추정은 정해진 기간 내에 친생부인의 소를 제기한 경우에만 번복할 수 있음이 원칙이다(제844조 및 제846조 이하). 이는 부자 관계를 가급적 신속하게 확정하고, 분쟁의 가능성을 최소화하여 자녀의 복리를 실현하기 위한 것이나, 유전자검사 등 과학적 방법에 의해 혈연관계의 존부를 손쉽게 확인할 수 있게 된 현대 사회에서는 그것이 과연 자녀의 복리 실현에 도움이 되는지에 대해 의문을 제기하는 견해가 적지 않다. 모가 남편 아닌 다른 남자와의 사이에서 자녀를 출산한 사안에서 모의 남편은 자녀의 양육에 관심이 없는 반면, 생부는 자기 자녀로 양육하기를 희망하고 있는데도 원고적격이나 제소기간 등에 걸려 모의 남편과의 법률상 부자 관계를 제거하지 못하는 경우가 종종 발견되기 때문이다. 이 경우에는 본래 모가 스스로 제소기간 내에 친생부인의 소를 제기하여 부자관계를 정리하면 된다는 것이 법의 태도이나, 모가 법에 대한 무지나 신생아 양육에 따른 경제적·사회적·심리적 어려움 등으로 제때 소를 제기하지 못하는 경우도 많고, 모가 가정폭력의 피해자인 경우나 이미 이혼하여 전남편에게 외도 및 출산과 같은 내밀한 사생활을 알리고 싶지 않은 경우, 자녀의 양육에 관심이 없어 생부에게 자녀를 맡겨 놓고 사라진 경우 등과 같이 사실상 모에게 친생부인의 소를 제기할 것을 기대하기 어려운 사안도 많다. 그 결과 부자 관계가 적시에 정리되지 못하고, 자녀에 대한 출생신고조차 이루어지지 않아 건강보험이나 복지 관련 급여를 받지 못하거나 학교에 진학하지 못하는 등 자녀의 복리를 해친 사례들도 종종 발견되었다.

헌법재판소 2015. 4. 30. 선고 2013헌마623 결정은 이러한 점을 고

려하여 舊 민법(2017. 10. 31.자 법률 제14965호에 의해 개정되기 전의 것) 제
844조 제2항 중 "혼인관계종료의 날로부터 300일 내에 출생한 자" 부분
에 대해서까지 엄격한 친생부인의 소를 통해서만 친생추정을 번복할 수
있도록 한 것에 대해 헌법불합치 결정을 선고하였고,[127] 이에 따라 2017
년 혼인 관계 종료일로부터 300일 내에 출생한 자녀에 대해 모 또는 모
의 전남편이라면 친생부인 허가를 통해, 생부라면 인지허가를 통해 간이
하게 친생추정을 배제하고, 생부의 자녀로 출생신고가 가능하도록 하는
내용의 개선 입법이 이루어졌다(제854조의2 및 제855조의2).[128] 하지만 부
모의 혼인관계 존속 중에 출생한 자녀에 대해서는 여전히 기존의 친생
추정 법리가 적용되고 있으므로, 그로 인한 불합리를 제거하고 친생추정
이 미치는 범위를 제한하기 위해 외관설,[129] 혈연설,[130] 가정파탄설,[131]
동의설,[132] 사회적 친자관계설[133] 등 다양한 학설이 개진되고 있다. 반면

---

127) 헌법재판소 2015. 4. 30. 선고 2013헌마623 결정: "혼인 종료 후 300일 내에 출
    생한 자녀가 전남편의 친생자가 아님이 명백하고, 전남편이 친생추정을 원하지도
    않으며, 생부가 그 자를 인지하려는 경우에도, 그 자녀는 전남편의 친생자로 추정
    되어 가족관계등록부에 전남편의 친생자로 등록되고, 이는 엄격한 친생부인의 소
    를 통해서만 번복될 수 있다. 그 결과 심판대상조항은 이혼한 모와 전남편이 새로
    운 가정을 꾸리는 데 부담이 되고, 자녀와 생부가 진실한 혈연관계를 회복하는 데
    장애가 되고 있다. 이와 같이 민법 제정 이후의 사회적·법률적·의학적 사정변경
    을 전혀 반영하지 아니한 채, 이미 혼인관계가 해소된 이후에 자가 출생하고 생부
    가 출생한 자를 인지하려는 경우마저도, 아무런 예외 없이 그 자를 전남편의 친생
    자로 추정함으로써 친생부인의 소를 거치도록 하는 심판대상조항은 입법형성의 한
    계를 벗어나 모가 가정생활과 신분관계에서 누려야 할 인격권, 혼인과 가족생활에
    관한 기본권을 침해한다." 이 사건에서 기본권 침해가 민법 제844조 제2항으로 인
    해 발생한 것인지에 대해 의문을 제기하고 있는 문헌으로 윤진수, "친생추정에 관
    한 민법개정안", 家族法硏究 第31卷 第1號(2017), 13-14면; 현소혜, "친생자 추정:
    헌법불합치결정에 따른 개정방안", 成均館法學 第27卷 第4號(2015), 69-73면 참조.
128) 위 제도에 대한 해설로 윤진수(2017), 1-26면 참조.
129) 대표적으로 박동섭·양경승(2020), 267면.
130) 대표적으로 曹美卿, "血緣眞實主義-親生否認의 訴에 관한 法務部改正案과 관
    련하여", 家族法硏究 第12號(1998), 380-381면.
131) 대표적으로 김주수·김상용(2019), 300-301면.
132) 대표적으로 朴秉濠(1991), 159-160면; 송덕수(2020), 143면.
133) 대표적으로 정구태, "친생추정의 한계 및 친생부인의 소의 원고적격-대법원
    2012. 10. 11. 선고 2012므1892 판결 및 대법원 2014. 12. 11. 선고 2013므4591 판
    결-", 법학연구 제26권 제1호(2015), 131-134면.

친생추정 조항은 자녀의 신분상 지위를 조속한 시일 내에 확정하기 위한 것으로서 위와 같은 학설을 통해 친생추정이 미치는 범위를 제한하는 것은 친생추정 제도 자체를 형해화시킬 우려가 있으며, 친생부인의 소의 원고적격과 제소기간이 확대된 2005년 민법 개정에 의해 친생추정 조항의 위헌성도 모두 제거되었다고 반박하는 견해(무제한설)도 유력하였다.[134)]

대법원 2019. 10. 23. 선고 2016므2510 전원합의체 판결에서는 이와 같이 모의 남편이 혼인 중 출생한 자녀의 생부가 아닌 경우에 혈연설에 따라 친생부인의 소의 제소기간이 도과된 후에라도 친자관계존부확인의 소를 이용하여 모의 남편과 자녀 사이의 부자 관계를 제거할 수 있는지가 정면으로 문제되었다. 위 판결에서 첫째 자녀는 아내가 혼인 중 남편이 아닌 제3자의 정자를 제공받아 이른바 AID 방식의 인공수정에 의해 출생하였으며, 둘째 자녀는 아내가 혼인 중 남편이 아닌 남자와의 성적 관계를 통해 포태하여 출생하였는바, 부자 관계의 성립 및 해소에 관한 논박이 자녀별로 서로 다른 관점에서 이루어졌으므로, 쟁점을 나누어 살펴본다.

(1) AID 방식의 인공수정에 의해 출생한 자녀의 법적 지위

AID 방식의 인공수정에 의해 출생한 자녀에 대해서는 모의 남편이 인공수정에 동의함으로써 그 의사표시에 의해 그와 자녀 사이에 부자관계가 창설된다고 볼 것인지, 동의 여부와 무관하게 그 자녀가 혼인 중에 출생하였다는 이유만으로 모의 남편이 친생추정 조항에 의해 자동적으로 법률상 부로서의 지위를 취득한다고 볼 것인지 또는 혈연에 기초하여 정자제공자를 부로 보아야 하는지 등이 문제될 수 있다. 현행 민법상 인공

---

134) 대표적으로 윤진수(2020), 167–169면. 현소혜, "부자관계의 결정기준: 혼인과 혈연", 家族法硏究 第33卷 第2號(2019), 52–54면도 기본적으로 무제한설의 입장이나, 기존의 무제한설과 달리 현행 친생부인의 소 제도가 헌법상 가족구성권을 과도하게 제한하는 측면이 있다는 점을 인정하고, 친생추정이 미치는 범위와 친생부인의 소의 적용범위를 분리함으로써 친생추정을 다툴 수 있는 범위를 확대하고자 한다는 점에서 차이가 있다. 위 논문, 65–72면 참조.

수정으로 출생한 자녀의 친자관계 성립에 관한 명시적 규정이 존재하지 않기 때문이다. 이에 대해 위 2016므2510 판결의 다수의견은 "아내가 혼인 중 남편이 아닌 제3자의 정자를 제공받아 인공수정으로 자녀를 출산한 경우에도 친생추정 규정을 적용하여 인공수정으로 출생한 자녀가 남편의 자녀로 추정된다고 보는 것이 타당하다."고 보았다. ① 혼인 중 출생자의 부자 관계는 민법 규정에 따라 일률적으로 정해지는 것이고 혈연관계를 개별적·구체적으로 심사하여 정해져서는 안 된다는 점, ② 친생추정을 통해 출생과 동시에 안정된 법적 지위를 부여하여 법적 보호의 공백을 없앨 필요가 있다는 점은 인공수정으로 출생한 자녀의 경우에도 동일하다는 점, ③ 혼인 중 출생한 인공수정 자녀에 대해 친생추정 규정의 적용을 배제하거나 제한하는 규정이 존재하지 않는다는 점, ④ 생물학적 혈연관계에 따라 부자 관계를 결정하기에는 정자 제공자를 특정하기도 어렵고, 그에게 아버지 역할을 기대하기도 어렵다는 점, ⑤ 자녀의 복리를 지속적으로 책임지는 부모에게 자녀와의 신분 관계를 귀속시키는 것이 자녀의 복리에 도움이 된다는 점 등을 근거로 제시하였다. 이에 대해서는 인공수정에 의해 출생한 자녀의 친자관계에 관해 '법의 공백'이 있는 상황이므로 판례에 의한 법형성이 필요하다는 전제하에 혼인 중인 남편과 아내가 인공수정 자녀의 출생에 관하여 의사가 합치되어 이를 토대로 제3자의 정자를 제공받아 인공수정이라는 보조생식 시술에 동의함으로써 자녀가 출생하였다면 그 의사에 기초하여 부자관계가 성립한 것으로 보아야 한다는 별개의견[135]이 있었다. 하지만 혼인과 혈연을 매개로 가족을 구성해 온 오랜 법전통과 현행법 규정에도 불구하고, 별도의 입법 없이 당사자의 의사에 기초해 즉시 친자관계의 성립을 인정하는 것은 사법부의 권한을 넘어서는 것이다. 친생추정 조항을 활용한 해석론을 통해 충분히 당사자의 보호가 가능한 상황에서 판례에 의한 법형성을

---

135) 대법관 권순일, 대법관 노정희, 대법관 김상환의 의견이다. 별개의견에 찬성하는 견해로 정구태(2020), 279-282면. 위 견해는 특히 다수의견에 따르면 혼인성립 일로부터 200일 전에 AID 방식의 인공수정에 의해 출생한 자녀에 대해 의뢰부와의 친자관계를 인정할 수 없어 부당하다는 점을 지적하고 있다.

필요로 할 정도의 입법의 공백이 있다고 보기도 어렵다. 다수의견에 찬성한다.[136)]

다수의견과 같이 친생추정 조항에 기초해 법률상 부의 지위를 갖게 된 모의 남편은 혈연관계가 존재하지 않는다는 이유로 AID 방식의 인공수정으로 출생한 자녀를 상대로 친생부인의 소를 제기할 수 있는가. 위 2016므2510 판결의 다수의견은 동의를 통해 스스로 인공수정 자녀의 임신과 출산에 참여한 남편이 인공수정에 동의하였다가 나중에 이를 번복하고 친생부인의 소를 제기하는 것은 친생자 승인에 관한 제852조의 취지나 신의성실의 원칙에 비추어 허용되지 않는다고 판시하였다. 기존의 통설[137)]을 그대로 수용한 것이다. 문제는 남편의 동의 여부를 확인하기 어려운 경우이다. 이에 대해 다수의견은 동의 여부가 명백히 밝혀지지 않았다고 하더라도 다른 사정에 대한 증명이 없는 한 남편의 동의가 있었던 것으로 보아야 하며, 자녀 출생 이후 남편이 인공수정 자녀라는 사실을 알면서 출생신고를 하였거나, 상당 기간 동안 실질적인 친자관계를 유지하였다면 동의가 있었던 경우와 마찬가지로 보아야 한다고 설시하였다. 이러한 전제 하에 다수의견은 사안에서 모의 남편이 인공수정에 어떠한 형태로 동의한 것인지 확인할 수는 없지만, 자신이 무정자증으로 자녀를 출산할 수 없다는 것과 자신의 동의에 의해 제3자의 정자를 제공받아 첫째 자녀가 포태 및 출산하였다는 사실을 명확하게 인식한 상태에서 자녀에 대해 출생신고를 하고 20년이 넘는 동안 실질적인 친자관계를 형성해 왔음을 이유로 모의 남편이 첫째 자녀를 상대로 제기한 친생자관계부존재확인의 소는 부적법하다고 보았다.[138)] 다만, 이에 대해서는 동의

---

136) 같은 취지로 권영준(2020), 594-596면 참조. 그 밖에 다수의견에 찬성하는 견해로 박동섭·양경승(2020), 270-274면도 참조.
137) 대표적으로 김주수·김상용(2019), 342면.
138) 당사자의 의사에 기초해 모의 남편과 AID 방식의 인공수정으로 출생한 자녀 간의 부자관계 성립을 인정하고자 했던 대법관 권순일, 대법관 노정희, 대법관 김상환의 별개의견 역시 "남편과 아내의 합치된 의사 및 시술에 대한 동의를 사후적으로 번복하는 것은 허용될 수 없다. 이는 인간의 존엄과 가치에 대한 헌법적 결단과 친자관계에 관한 민법의 기본질서 및 선량한 풍속에 반하는 것이기 때문이

여부가 불분명한 경우에까지 동의를 추정할 수는 없으며, 남편이 인공수
정 사실을 알지 못한 경우에 출생신고나 자녀양육 사실만으로 동의를 의
제할 수도 없다는 취지의 별개의견[139]이 있었다.

(2) 모의 남편이 아닌 자와의 사이에서 출생한 자녀의 법적 지위

아내가 혼인 중 남편이 아닌 남자와의 성적 관계를 통해 포태하여
자녀를 출산한 경우에 남편과 자녀 사이에 혈연관계가 없음이 밝혀졌더
라도 여전히 제844조에 따른 친생추정이 미친다고 볼 것인지 또는 혈연
설에 따라 친생추정이 미치지 않는다고 볼 것인지가 문제된다. 이에 대
해 위 2016므2510 판결의 다수의견은 "혼인 중에 아내가 임신하여 출산
한 자녀가 남편과의 혈연관계가 없다는 점이 밝혀졌더라도 친생추정이
미치지 않는다고 볼 수 없다."고 하여 혈연설의 채택을 명시적으로 배척
하였다. ① 혈연관계의 유무를 기준으로 친생추정 규정이 미치는 범위를
정하는 것은 민법 규정의 문언에 배치되며 친생추정 규정을 사실상 사문
화하고, 친자관계를 장기간 불안한 상태에 놓이게 한다는 점, ② 혈연관
계의 유무를 기준으로 친생추정 규정의 효력이 미치는 범위를 정하게 되
면 필연적으로 가족관계의 당사자가 아닌 제3자가 부부관계나 가족관계
등 가정 내부의 내밀한 영역에 깊숙이 관여하게 되어 가정의 평화가 불
안해지고, 사생활이 침해된다는 점, ③ 혈연관계의 유무는 친생부인의 소
를 통해 친생추정을 번복할 수 있는 사유에 해당할 뿐이지 출생과 동시
에 친생추정이 미치지 않는 범위를 정하는 사유가 될 수는 없다는 점 등
을 근거로 제시하고 있다.[140]

유의할 점은 다수의견이 친생추정이 미치는 범위에 관하여 혈연설을
배척하였을 뿐, 무제한설을 택한 것은 아니라는 것이다. 다수의견은 무제

다."라고 하여 사안에서 첫째 자녀에 대한 친생자관계부존재확인의 소가 부적법하
다는 점에 대해서는 다수의견과 동일한 결론에 도달하였다. 이에서 더 나아가 남
편의 동의가 없었던 것으로 밝혀진 경우에도 여전히 친생추정이 미치는 것으로 보
아야 한다는 견해로 박동섭·양경승(2020), 274면.
139) 대법관 민유숙의 의견이다.
140) 다수의견에 찬성하는 견해로 권영준(2020), 597-601면 참조.

한설의 논거를 그대로 차용하여 판결 이유 중 일부를 구성하였으나, 외관설을 택하였던 기존 판례[141]를 폐기하는 데까지는 나아가지 않았다.[142] 따라서 위 2016므2510 판결에도 불구하고 "그 부부의 한쪽이 장기간에 걸쳐 해외에 나가 있거나, 사실상의 이혼으로 부부가 별거하고 있는 경우 등 동거의 결여로 처가 부의 자를 포태할 수 없는 것이 외관상 명백한 사정이 있는 경우"에는 여전히 친생추정이 미치지 않는다.[143] 이에 대해서는 기존의 외관설을 폐기하고, 가족관계 형성에 대한 자율적 결정권 보장과 자녀의 복리 향상이라는 헌법적 요청에 비추어 사회적 친자관계설에 따라 친생추정이 미치는 범위를 정해야 한다고 본 별개의견[144]과 외관설을 유지하면서도 '아내가 남편의 자녀를 임신할 수 없는 외관상 명백한 사정'에 동거의 결여뿐만 아니라 '아내가 남편의 자녀를 임신할 수 없었던 것이 외관상 명백하다고 볼 수 있는 다른 사정'도 포함되는 것으로 해석해야 한다는 반대의견[145]이 있었다. 논리적으로 무제한설이 타당함에도 불구하고 대법원이 외관설을 유지하고 있는 것, 그로 인해 친생추정이 미치는 범위를 둘러싼 견해의 대립이 계속되고 있는 것은 결국 현행법상 친생추정 및 친생부인 제도가 추정부·생부·모·자녀 모두의 '가족구성권'을 조화롭게 실현시키기에 충분치 않다는 점에서 비롯된 것

---

141) 대법원 1983. 7. 12. 선고 82므59 전원합의체 판결 외 다수.

142) 다수의견이 외관설에 대한 명백한 입장을 밝히지 않은 것에 대해 비판적인 문헌으로 정구태(2020), 283 – 286면 참조. 이에 대해 다수의견에 대한 대법관 김재형의 보충의견은 외관설의 유지 또는 변경이 이 사건의 구체적 해결과 직접적 관련이 없고, 원고의 상고이유에도 이러한 주장이 포함되어 있지 않기 때문에 다수의견이 이 쟁점에 대해 판단하지 않은 것이라고 해설하면서 다만, 자녀에게 친생부인의 사유가 있음을 안 날(자녀가 미성년인 동안 그 사유를 알았다면 성년에 이른 날)부터 2년 내에 친생자관계부존재확인의 소를 제기하는 것을 허용함으로써 친생추정으로부터 벗어날 수 있는 기회를 제공하는 방식으로 엄격한 친생부인 제도에 따른 불합리를 제거할 수 있도록 헌법합치적 해석을 할 필요가 있다는 점을 부기하고 있다.

143) 최근 선고된 대법원 2021. 9. 9. 선고 2021므13293 판결 역시 같은 취지로 판시한 바 있다.

144) 대법관 권순일, 대법관 노정희, 대법관 김상환의 의견이다. 위 별개의견에 찬성하는 견해로 정구태(2020), 286 – 287면 참조.

145) 대법관 민유숙의 의견이다.

인바, 입법적 해결을 기대하는 수밖에 없다.

2. 친생부인의 소의 원고적격

대법원 2014. 12. 11. 선고 2013므4591 판결에서는 친생부인의 소의 원고적격이 문제되었다. 제846조는 '부부의 일방', 제847조는 '부(夫) 또는 처(妻)'가 친생부인의 소를 제기할 수 있다고 규정하고 있을 뿐이므로, 문언상 부부가 이혼하여 다른 사람과 재혼한 후 과거 혼인 중에 출생한 자녀에 대해 친생부인의 소를 제기하고자 하는 경우에 그 새로운 배우자에게도 원고적격이 있는 것으로 해석될 여지가 있다. 실제로 원심판결은 이러한 해석을 전제로 새로운 배우자의 원고적격을 인정하였다. 하지만 위 2013므4591 판결은 "법 해석은 어디까지나 법적 안정성을 해치지 않는 범위 내에서 구체적 타당성을 찾는 방향으로 이루어져야 한다. 이를 위해서는 가능한 한 원칙적으로 법률에 사용된 문언의 통상적인 의미에 충실하게 해석하는 것을 원칙으로 하면서, 법률의 입법 취지와 목적, 제정·개정 연혁, 법질서 전체와의 조화, 다른 법령과의 관계 등을 고려하는 체계적·논리적 해석방법을 추가적으로 동원함으로써, 위와 같은 타당성 있는 법 해석의 요청에 부응하여야 한다."고 설시하면서 "<u>친생부인의 소를 제기할 수 있는 처는 자의 생모를 의미한다.</u>"고 판단하였다. 2005년 민법 개정이 친생부인의 원고적격을 기존의 "부(夫)"에서 "부(夫) 또는 처(妻)"로 확대한 경위[146]나 친생부인의 소의 원고적격을 엄격히 제한하고 있는 취지 등에 비추어 볼 때 당연한 결론이다.[147]

3. 친생자관계존부확인의 소의 당사자적격

(1) 원고적격

제865조 제1항은 "제845조, 제846조, 제848조, 제850조, 제851조, 제

---

146) 김주수·김상용(2019), 304면 참조.
147) 위 2013므4591 판결의 결론에 찬성하면서 친생부인의 소의 원고적격을 확대하였던 원심판결이 이른바 '혈연설'의 시각에 기초하고 있음을 논증한 문헌으로 정구태 (2015), 144-147면 참조.

862조, 제863조의 규정에 의하여 소를 제기할 수 있는 자는 다른 사유를 원인으로 하여 친생자관계존부확인의 소를 제기할 수 있다."고 규정하고 있다. 이와 같이 명문의 규정에 의해 원고적격이 한정되어 있음에도 불구하고 판례는 오래전부터 제777조에서 정한 친족이라면 그와 같은 신분관계를 가졌다는 사실만으로 친생자관계존부확인의 소를 제기할 소의 이익이 있다고 보아 원고적격을 널리 인정해왔다.[148] 이러한 판례의 태도에 대해서는 찬성하는 견해[149]와 반대하는 견해[150]가 대립하고 있었으나, 대법원 2020. 6. 18. 선고 2015므8351 전원합의체 판결은 기존의 판례를 변경하여 친생자관계존부확인의 소의 원고적격을 제865조 제1항에 열거된 자, 즉 ① 친생자관계의 당사자인 부, 모, 자녀(제845조, 제846조, 제862조, 제863조), ② 자녀의 직계비속과 법정대리인(제863조), ③ 성년후견인(제848조), ④ 유언집행자(제850조), ⑤ 부 또는 처의 직계존속이나 직계비속(제851조), ⑥ 이해관계인(제862조)으로 한정하였다. 다수의견은 이와 같이 원고적격을 좁게 해석하는 이유로 친생자관계존부확인의 소의 보충성, 舊「인사소송법」상 근거조문의 삭제[151]와 함께 호주제 폐지에 따라 제777조에서 정한 친족이라는 이유만으로 친생자관계에 대해 밀접한 신분적 이해관계를 가진다고 보기 어렵게 되었다는 점, 당사자의 자유로운 의사에 기초해 법적 친자관계가 형성되는 경우가 증가함에 따라 이를 존중하고 제3자가 부당하게 개입하지 않도록 일정한 제한을 둘 필요가 있다는 점, 친생자관계존부확인의 소는 이미 여러 측면에서 제소요건이 완화되어 있으므로, 원고적격의 범위를 제777조에서 정한 친족으로 넓히는 것은 다른 소송절차와 비교해서도 균형이 맞지 않는다는 점 등을 제시하고 있다.

148) 대법원 1981. 10. 13. 선고 80므60 전원합의체 판결; 대법원 1991. 5. 28. 선고 90므347 판결; 대법원 2004. 2. 12. 선고 2003므2503 판결.
149) 박동섭·양경승(2020), 347-349면.
150) 송덕수(2020), 165면.
151) 舊「인사소송법」(1990. 12. 31. 법률 제4300호로 폐지되기 전의 것) 제35조는 제777조에 의한 친족에게 널리 혼인무효의 소의 원고적격을 인정한 위 법 제26조를 친생자관계존부확인의 소에도 준용하고 있었으나, 1990년「가사소송법」제정에 의해 위 조문은 삭제되었다.

위 2015므8351 판결은 이에서 더 나아가 <u>위 ③ 내지 ⑤에 해당하는</u>
<u>자는 각 제848조, 제850조, 제851조에서 정한 요건을 구비한 경우에만 원</u>
<u>고적격이 있다고</u> 보았다. ③ 성년후견인은 남편이나 아내가 성년후견을
받게 되었을 때에만, ④ 유언집행자는 남편이나 아내가 유언으로 친생자
관계를 부정하는 의사를 표시한 때에만, ⑤ 부 또는 처의 직계존속이나
직계비속은 부가 자녀 출생 전에 사망하거나 부 또는 처가 친생부인의
소의 제기기간 내에 사망한 때에만 원고적격이 인정된다는 것이다. 한편
위 2015므8351 판결은 ⑥ <u>이해관계인 역시 다른 사람들 사이의 친생자관</u>
<u>계가 존재하거나 존재하지 않는다는 내용의 판결이 확정됨으로써 일정한</u>
<u>권리를 얻거나 의무를 면하는 등 법률상 이해관계 있는 제3자로 한정하</u>
<u>였다.</u> 위 판결에서는 망인의 장녀가 舊 「독립유공자예우에 관한 법률」에
따른 독립유공자 유족으로 인정되자, 망인의 장남의 손자에 해당하는 원고
가 검사를 상대로 망인과 장녀 사이에 친생자관계부존재확인의 소를 제기
한 사안이 문제되었는데, 다수의견은 위와 같은 제한적 해석을 전제로 위
사안에서 ⑤ 부의 직계비속으로서의 원고적격은 제851조의 요건이 갖추어
지지 않아 인정할 수 없고, ⑥ 이해관계인으로서의 원고적격은 법률상 이
해관계가 없어 인정할 수 없다고 하였다. 망인과 장녀 사이에 친생자관계
부존재확인 판결이 선고되더라도 망인에게 손자녀들이 있는 이상 증손자
에 불과한 원고가 독립유공자의 유족으로 등록될 수 없다는 것이다.

반면 별개의견[152)]은 제777조 소정의 친족이라고 하여 당연히 친생자
관계존부확인의 소의 원고적격이 인정되는 것은 아니라는 점에 대해서는
다수의견에 동조하면서도 ⑤ 부 또는 처의 직계존속이나 직계비속은 "부
가 자녀 출생 전에 사망하거나 부 또는 처가 친생부인의 소의 제기기간
내에 사망한 때"에 해당하지 않더라도 친생자관계존부확인의 소의 원고
적격을 인정할 수 있다는 점 및 ⑥ 이해관계인인지는 "현재 가족관계등
록부에 진실한 혈연과 다른 친생자관계가 등록됨으로 인해 자신의 신분

---

152) 대법관 안철상, 대법관 민유숙의 의견이다.

관계를 기초로 한 법적 지위에 불이익을 받는지 여부"에 따라 판단해야
한다는 점에서 다수의견과 입장을 달리하였다. 이해관계는 "친생자관계존
부확인 판결을 통해 잘못된 가족관계등록부의 기록을 바로잡아야 할 법
률상 보호할 가치가 있는 이익"이 있는지를 기준으로 판단해야 하는 것
이며, 다수의견과 같이 그로써 일정한 권리를 얻거나 의무를 면하는가라
는 재산적 이해관계를 기준으로 판단해서는 안 된다는 것이다. 별개의견
과 같이 이해관계인의 범위를 넓게 해석하는 것은 결국 신분적 이해관
계에 기초해 제777조에서 정한 친족에게 널리 원고적격을 인정하였던
과거 판례의 태도와 동일한 결과로 이어질 우려가 있으며, 수범자에게
원고적격에 관한 명확한 판단기준을 제시하기도 쉽지 않다. 다수의견에
찬성한다.[153]

(2) 피고적격

친생자관계존부확인의 소의 피고적격에 관해서는 「가사소송법」 제28
조에 의해 같은 법 제24조가 준용된다. 따라서 친생자관계의 당사자 중
일방이 소를 제기할 때에는 다른 일방을 피고로, 제3자가 소를 제기할
때에는 부모와 자녀 모두를 피고로 삼되, 그 중 어느 한쪽이 사망한 경
우에는 생존자를 피고로 삼아야 한다. 제3자가 생존 중인 부모와 자녀
쌍방을 상대로 친생자관계존부확인의 소를 제기하였는데 소송계속 중에
피고 중 어느 한 편이 사망한 경우에도 같다. 대법원 2018. 5. 15. 선고
2014므4963 판결 역시 같은 취지에서 "제3자가 친자 쌍방을 상대로 제기
한 친생자관계 부존재확인소송이 계속되던 중 친자 중 어느 한편이 사망
하였을 때에는 생존한 사람만 피고가 되고, 사망한 사람의 상속인이나

153) 법률상 친자관계의 중요성 및 친자관계 당사자의 의사 존중이라는 관점에서 친
생자관계존부확인의 소의 소송요건을 가능한 엄격하게 해석할 필요가 있다는 이유
로 다수의견에 대체로 찬성하는 평석으로 이소은, "친생자관계 부존재 확인의 소
의 소송요건에 관한 연구", 家族法研究 第35卷 第2號(2021), 363-397면 참조. 민
법이 친생자관계존부확인의 제소권자를 명문으로 열거함으로써 법적 불명확성을
제거하고자 하였다는 점, 친족의 실질적 의미가 변화하였다는 점 등을 논거로 다
수의견에 찬성하는 견해로 권영준, "2020년 민법 판례 동향", 서울대학교 法學 제
62권 제1호(2021), 327-329면 참조.

검사가 그 절차를 수계할 수 없다. 이 경우 사망한 사람에 대한 소송은 종료한다."고 판시하였다. 「가사소송법」 관련 규정의 해석상 당연한 결론이다.

한편 친생자관계존부확인의 소에서 피고될 자가 사망한 경우에는 그 사망을 안 날로부터 2년 내에 검사를 상대로 소를 제기할 수 있다(제865조 제2항). 문제는 생존 중인 피고적격자를 상대로 소를 제기하였으나, 소송계속 중 피고가 사망한 경우이다. 친생자관계존부확인 소송의 소송물이 일신전속적 성격을 갖는다는 점을 고려하면 그 소송을 종료하는 것이 원칙이겠으나, 대법원 2014. 9. 4. 선고 2013므4201 판결은 "원고의 수계신청이 있으면 검사로 하여금 사망한 피고의 지위를 수계하게 하여야 한다."고 하면서 「가사소송법」 제16조 제2항을 유추적용하여 수계신청은 피고가 사망한 때로부터 6개월 이내에 하여야 하고, 그 기간 내에 수계 신청을 하지 않으면 그 소송절차는 종료된다고 판시하였다. 다만, 위 2013 므4201 판결에서 피고는 실종선고가 확정되어 사망 간주된 상황이었는바, 대법원은 이때에도 6개월 내에 수계 신청이 필요하다고 하면서도 그 기산점은 피고가 사망한 것으로 간주되는 실종기간 만료일이 아니라 "실종선고가 확정된 때"로 보았다. 사망 간주 시점은 실종기간 만료일이라 하더라도 소송상 지위의 승계 절차는 실종선고가 확정되어야만 비로소 취할 수 있으므로 실종선고가 있기까지는 소송상 당사자능력이 없다고 할 수 없고, 소송절차가 법률상 그 진행을 할 수 없게 된 때, 즉 실종선고가 확정된 때에 소송절차가 중단되기 때문이라고 한다. 실종선고의 소송법적 효력에 관한 기존 판례의 태도와 같다.[154]

Ⅱ. 혼인 외 출생자

1. 제소기간

부(父)가 살아 있는 동안 재판상 인지 청구에 대해서는 제소기간의 제한이 없으며, 실효의 법리도 적용되지 않는다.[155] 하지만 부(父)가 사망

---

154) 대법원 1983. 2. 22. 선고 82사18 판결; 대법원 2008. 6. 26. 선고 2007다11057 판결.

한 후에는 그 사망을 안 날부터 2년 내에만 검사를 상대로 인지 청구의
소를 제기할 수 있다(제864조). 대법원 2015. 2. 12. 선고 2014므4871 판
결은 이때 "사망을 안 날"의 의미를 밝힌 최초의 판결이다. 위 판결은
"인지청구 등의 소에서 제소기간의 기산점이 되는 '사망을 안 날'은 사망
이라는 객관적 사실을 아는 것을 의미하고, 사망자와 친생자관계에 있다
는 사실까지 알아야 하는 것은 아니라고 해석함이 타당하다."고 보았다.
① 오랜 시간이 지난 후에 인지 청구의 소를 허용하면 상속에 따라 형성
된 법률관계를 불안정하게 할 우려가 있는 점, ② 친생자관계존부에 관
하여 알게 된 때를 제소기간의 시점으로 삼으면 사실상 이해관계인이 주
장하는 시기가 제소기간의 기산점이 되어 제소기간을 두는 취지를 살리
기 어렵게 되는 점 등을 근거로 제시한다. 하지만 부 사망 후 인지재판
에 의해 상속인이 된 자녀는 그 재판확정일로부터 3년 내에 제1014조에
따른 가액지급청구권을 행사할 수 있을 뿐이라는 점,[156] ②의 논거는 주
관적 기산점이 인정되는 모든 사안에서 동일하게 등장하는 문제라는 점
등을 고려할 때 판례와 같이 제소기간의 기산점을 앞당길 필요가 있는지
의문이다.[157]

2. 인지판결의 효과

친생자 관계 부존재 확인 청구 사건에서 그 친생자 관계 부존재 확
인 판결이 확정된 바 있다 하더라도, 그 기판력은 재판상 인지 청구에는
미치지 않는다는 것이 판례의 태도이다.[158] 하지만 대법원 2015. 6. 11.
선고 2014므8217 판결은 그 반대의 상황에서 "인지의 소의 확정판결에
의하여 일단 부와 자 사이에 친자관계가 창설된 이상, 재심의 소로 다투

155) 대법원 2001. 11. 27. 선고 2001므1353 판결.
156) 대법원 2007. 7. 26. 선고 2006므2757 판결.
157) 정구태, "2015년 親子法 관련 주요 판례 회고", 法學論叢 제23권 제1호(2016),
    31-33면 역시 혼인 외 출생자는 누군가가 자신의 부모였다는 사실을 알게 되더
    라도 인지청구권을 행사할 기회도 갖지 못한 채 그 권리가 소멸하는 부당한 결과
    가 초래된다는 이유로 위 판결을 비판한다.
158) 대법원 1982. 12. 14. 선고 82므46 판결.

는 것은 별론으로 하고, 확정판결에 반하여 친생자관계부존재확인의 소로
써 당사자 사이에 친자관계가 존재하지 않는다고 다툴 수는 없다."고 판
시하였다. 재판상 인지 사건은 나류 가사소송사건으로서 그 청구 인용
확정 판결에는 대세적 효력이 인정된다는 점(「가사소송법」 제21조 제1항),
이를 위해 가정법원은 사건 심리 시 직권으로 사실조사 및 필요한 증거
조사를 해야 한다는 점(「가사소송법」 제17조), 심리 결과 혈연상 친생자관
계가 존재하는 것으로 인정되어 그 청구인용판결이 확정되면 그와 동시
에 법률상 친자관계에 변동이 발생하며, 판결 후의 인지 신고는 보고적
신고에 불과하다는 점 등에 비추어 볼 때 적극적 신분 관계의 변동을 수
반하는 인지 재판의 효력과 소극적 판단에 머무르는 친생자 관계 부존재
확인 판결의 효력 간에 차등을 둔 것은 충분히 납득할 만하다.

Ⅲ. 입 양

판례는 당사자 사이에 양친자관계를 창설하려는 명백한 의사가 있고
기타 입양의 성립요건이 모두 구비된 경우에는 입양신고가 아닌 허위의
친생자 출생신고만으로도 입양의 효력을 인정하고 있다.[159) 2013년 입양
허가제 시행 이후 입양허가를 받지 않은 미성년자 입양은 무효임이 규정
상 명백해졌으나(제883조 제2호), 입양허가제의 도입은 종전의 규정에 따라
생긴 효력에는 영향을 미치지 않으므로(부칙 제2조), 기존에 허위의 친생
자 출생신고 법리에 따라 성립한 입양은 여전히 우리 사회에서 생명력을
가지고 있다. 그 결과 2010년대에도 여전히 허위의 친생자 출생신고에
의한 입양과 관련된 판결이 여럿 선고되었다. 법리적으로 의미 있는 판
결들로 한정하여 살펴본다.

1. 입양 취소 사유와 친생자관계존부확인의 소

판례는 허위의 친생자 출생신고에 의해 입양이 성립한 경우에 "허위
의 친생자출생신고는 법률상의 친자관계인 양친자관계를 공시하는 입양

---

159) 대표적으로 대법원 1977. 7. 26. 선고 77다492 전원합의체 판결.

신고의 기능을 발휘하게 되는 것이며, 이와 같은 경우 파양에 의하여 그 양친자관계를 해소할 필요가 있는 등 특별한 사정이 없는 한 그 호적기재 자체를 말소하여 법률상 친자관계의 존재를 부인하게 하는 친생자관계부존재확인청구는 허용될 수 없는 것"이라는 입장을 고수해 왔다.[160] 하지만 허위의 친생자 출생신고에 입양으로서의 효력을 인정하려면 적어도 입양의 실질적 요건을 구비하고 있어야 하므로,[161] 입양 무효 사유가 존재하는 경우에 친생자 관계 부존재 확인 판결을 통해 그 친자관계의 외관을 제거할 수 있음은 물론이다. 대법원 2010. 3. 11. 선고 2009므4099 판결에서는 이와 달리 허위의 친생자 출생신고에 의해 성립한 입양에 입양 취소 사유가 있는 경우에 입양의 취소를 구하는 의미에서 친생자관계부존재확인 청구가 가능한지가 문제되었다. 위 사안에서 원심판결은 양부모가 사기에 의해 입양의 의사표시를 하였으므로 입양취소 사유에 해당하고, 친생자 관계 부존재 확인을 구할 이익도 있다고 보았으나, 위 2009므4099 판결은 사기에 해당하지 않을 뿐만 아니라 "사기 또는 강박으로 인하여 입양의 의사표시를 한 때'의 입양취소는 그 성질상 그 입양의 의사를 표시한 자에 한하여 원고 적격이 있고, 사기를 안 날 또는 강박을 면한 날로부터 3월을 경과한 때에는 그 취소를 청구하지 못하며, 입양의 취소의 효력은 기왕에 소급하지 않는바, 그 원인 사유 및 효력 등에 있어서 친생자관계존부확인의 소와는 구별되는 것이므로, 이 사건에서 원고가 입양의 취소를 구하는 의미에서 친생자관계부존재확인을 구할 수는 없다고 할 것"이라고 판시하였다.

---

160) 대법원 1988. 2. 23. 선고 85므86 판결; 대법원 1991. 12. 13. 선고 91므153 판결; 대법원 2001. 5. 24. 선고 2000므1493 전원합의체 판결; 대법원 2001. 8. 21. 선고 99므2230 판결; 대법원 2009. 4. 23. 선고 2008므3600 판결.
161) 대법원 2000. 6. 9. 선고 99므1633 등 판결; 대법원 2004. 11. 11. 선고 2004므1484 판결; 대법원 2007. 12. 13. 선고 2007므1676 판결; 대법원 2009. 10. 29. 선고 2009다4862 판결; 대법원 2010. 3. 11. 선고 2009므4099 판결; 대법원 2011. 9. 8. 선고 2009므2321 판결; 대법원 2020. 5. 14. 선고 2017므12484 판결.

2. 동성애 관계에 있는 양부모에 의한 입양의 효력

대법원 2014. 7. 24. 선고 2012므806 판결에서는 乙女가 입양의 의사로 丙에 대해 허위의 친생자 출생신고를 한 후 자기와 동성애 관계에 있었던 甲女와 함께 丙을 양육하던 중 甲이 丙에 대해 입양신고를 하였고, 그 후로도 甲, 乙, 丙이 함께 거주한 경우에 그 입양이 선량한 풍속에 반하여 무효인지 여부 및 甲의 입양신고에 의해 乙과 丙간의 양친자관계가 파양되었다고 볼 수 있는지가 문제되었다. 이에 대해 위 2012므806 판결은 입양허가제 도입 전에는 "성년에 달한 사람은 성별, 혼인 여부 등을 불문하고 당사자들의 입양 합의와 부모의 동의 등만 있으면 입양을 할 수 있었으므로, 당시의 민법 규정에 따라 적법하게 입양신고를 마친 사람이 단지 동성애자로서 동성과 동거하면서 자신의 성과 다른 성역할을 하는 사람이라는 이유만으로는 그 입양이 선량한 풍속에 반하여 무효라고 할 수 없고, 이는 그가 입양의 의사로 친생자 출생신고를 한 경우에도 마찬가지"라고 하면서 甲의 입양신고에 의해 乙과 丙 사이의 양친자관계가 파양되었다고 보기도 어렵다고 판시하였다. 위 판결은 동성애 관계에 있는 양부모에 의한 입양이 선량한 풍속에 반하지 않는다고 보았다는 점에서 중요한 의미가 있을 뿐만 아니라, 재입양이 먼저 있었던 입양의 효력에 미치는 효과를 밝힌 최초의 판결로서도 법리적으로 가치가 있다.[162] 위 판결에서 가장 흥미로운 부분은 우리 민법상 법률혼 부부가 될 수 없는 동성 커플이 재입양이라는 장치를 이용해 사실상 자녀를 공동으로 입양할 수 있는지, 그리고 만약 그것을 허용한다면 이를 법률상 부부가 아닌 사람들이 공동으로 입양하는 것을 금지해 온 기존 판례[163]의 태도와 어떻게 정합적으로 설명할 것인지이다. 하지만 위

---

162) 일반입양되었던 양자를 재입양하는 것이 허용된다는 견해로 윤진수(2020), 211면. 이에 반해 파양에 의해 종전의 양친자관계를 해소시킨 후에만 재입양을 허용해야 한다는 견해로 김주수·김상용(2019), 365면. 뒤의 견해에 찬성하면서도 종전의 양친자관계가 해소되지 않았다는 이유만으로 재입양이 당연무효로 되는 것은 아니라는 견해로 정구태(2015), 152면 참조.

2012므806 판결은 부부공동입양과 관련된 쟁점은 나중에 입양신고를 한 甲과 丙 사이에서 문제되는 것일 뿐, 위 판결에서 다투어지고 있는 乙과 丙 사이의 입양의 효력에 영향을 미치는 것은 아니라는 이유로 위 쟁점에 대한 직접적인 판단을 피하였다.

3. 부부 아닌 자에 의한 공동입양

대법원 2018. 5. 15. 선고 2014므4963 판결에서도 법률상 부부 아닌 자가 자녀를 입양하여 공동으로 양육해 온 사안이 문제되었다. 위 판결에서는 다른 여자와 법률혼 관계를 유지하고 있는 甲男이 乙女와 혼인하지 않은 상태에서 부모를 알 수 없는 丙을 데려와 함께 키우면서 丙을 甲과 乙 사이에서 태어난 자녀로 출생신고하여 甲의 호적에 올린 사안이 문제되었다. 이에 대해 乙의 남동생은 '乙과 丙 사이에 친생자관계가 존재하지 않음을 확인한다'는 취지의 친생자 관계 존부 확인의 소를 제기하였으나, 위 2014므4963 판결은 乙과 丙 사이에는 개별적인 입양의 실질적 요건이 모두 갖추어져 있다는 점, 乙에게 甲과 공동으로 양부모가 되는 것이 아니라면 단독으로는 양모도 되지 않았을 것이라는 의사, 즉 甲과 丙 사이의 입양이 불성립·무효·취소 혹은 파양된다면 乙도 丙을 입양할 의사가 없었을 것이라고 볼 만한 특별한 사정도 찾아볼 수 없다는 점, 입양신고 대신 丙에 대한 친생자 출생신고가 이루어진 후 호적제도가 폐지되고 가족관계등록제도가 시행됨으로써 乙의 가족관계등록부에는 丙이 乙의 자녀로 기록되었고, 丙의 가족관계증명서에도 乙이 모로 기록되어 있다는 점 등을 들어 乙과 丙 사이에 입양이 성립하였다고 판단하였다.

위 판결은 대법원 1995. 1. 24. 선고 93므1242 판결과 대비해 볼 필요가 있다. 위 93므1242 판결에서는 A女가 부모를 알 수 없는 C를 데려다 키우던 중 B男과 내연관계를 맺게 되었고, B에게 C를 B의 호적에 올려달라고 수차례 부탁하였으나, B가 이를 미루어 오다가 중학교 입학을

---

163) 대법원 1995. 1. 24. 선고 93므1242 판결.

위해 호적등본이 필요해지자 비로소 C를 A와 B 사이에 태어난 자녀로 출생신고하여 B의 호적에 올린 사안이 문제되었다. 이에 대해 위 93므1242 판결은 B에게 입양의 의사가 없었음을 이유로 B에 의한 출생신고는 입양의 실질적 요건이 갖추어지지 않아 무효이고, 이처럼 "무효인 호적상 부의 출생신고에 기하여 호적상의 모와 호적상의 자 사이에서만 양친자관계를 인정할 수는 없고, 호적상의 부와 호적상의 자 사이에 입양의 실질적 요건이 갖추어진 경우라 하더라도 우리 민법이 부부공동입양의 원칙을 채택하고 있는 점에 비추어 보면, 법률상 부부가 아닌 사람들이 공동으로 양부모가 되는 것은 허용될 수 없다고 보아야" 한다는 이유로 A와 C 사이에도 양친자관계가 성립한 것으로 볼 수 없다고 판시하였다.

위 93므1242 판결과 2014므4963 판결은 세 가지 점에서 차이가 있다. 첫째, 93므1242 판결에서는 양부에게 입양의 의사가 없었으나, 2014므4963 판결에서는 양부에게도 입양의 의사가 있었다. 둘째, 93므1242 판결은 가사 양부에게 입양의 의사가 있었더라도, 양부모가 부부가 아닌 이상 공동입양이 불가능하여 입양이 성립할 수 없다고 본 반면, 2014므4963 판결은 가사 부부가 아니어서 공동입양이 불가능하더라도 양모에게 단독입양의 의사가 있었다면 입양이 성립할 수 있다고 보았다. 그동안 판례가 부부공동입양에 관해 택해 왔던 이른바 '개별설'[164]의 입장에 따르면 수긍할 만한 결론이나, 그 결과 양모에게 단독입양의 의사가 있었던 93므1242 판결에서는 부부공동입양의 원칙을 들어 단독입양의 성립을 부정하고, 양부에게 공동입양의 의사가 있었던 2014므4963 판결에서는 오히려 양모에 의한 단독입양의 성립을 인정하는 이율배반적 상황이 발

---

164) 대법원 1998. 5. 26. 선고 97므25 판결: "입양이 개인간의 법률행위임에 비추어 보면 부부의 공동입양이라고 하여도 부부 각자에 대하여 별개의 입양행위가 존재하여 부부 각자와 양자 사이에 각각 양친자관계가 성립한다고 할 것이므로, 부부의 공동입양에 있어서도 부부 각자가 양자와의 사이에 민법이 규정한 입양의 일반 요건을 갖추는 외에 나아가 위와 같은 부부 공동입양의 요건을 갖추어야 하는 것으로 풀이함이 상당[하다.]"

생하게 되었다. 셋째, 93므1242 판결에서는 A와 C 간의 친자관계가 부의
호적에만 공시되었던 반면, 2014므4963 판결에서는 개인별 편제방식에
따라 모든 당사자의 가족관계등록부에 친자관계가 공시되고 있다는 점이
고려되었다. 하지만 이러한 차이점은 그 공시로써 입양신고에 갈음하고
자 한다는 당사자의 의사에 기초해 발생한 것이 아니라, 신분등록제도의
변화에 따라 반사적으로 발생한 효과에 불과한바, 가정적 의사에 기초한
무효행위 전환의 법리 적용 가능성을 판단함에 있어서 이러한 사정을 고
려할 필요가 있었는지 의문이다.[165]

제4절 친권과 후견
I. 친 권
1. 친권남용

제921조는 친권의 남용으로부터 미성년 자녀를 보호하기 위해 이해
상반행위 규정을 두고 있다. 하지만 판례는 이해상반행위를 이른바 '형식
적 판단설'에 따라 판단하고 있으므로,[166] 친권자의 대리행위에 의해 자
녀에게 분명 손해가 발생하였음에도 불구하고 이해상반행위의 법리만으
로는 그 행위의 효력을 부정하는 것이 불가능한 경우가 종종 발생하곤
한다. 따라서 이러한 경우에 미성년 자녀를 보호하기 위한 친권남용의
법리가 발전하였다. 과거 판례는 "친권자가 자(子)를 대리하는 법률행위는
친권자와 자(子) 사이의 이해상반행위에 해당하지 않는 한, 그것을 할 것
인가 아닌가는 자(子)를 위하여 친권을 행사하는 친권자가 자(子)를 둘러
싼 여러 사정을 고려하여 행할 수 있는 재량에 맡겨진 것으로 보아야 하

---

165) 이와 달리 위 2014므4963 판결의 취지에 찬성하는 견해로 배인구, "부부공동입
   양원칙", 「2018년 가족법 주요 판례 10선」, 세창출판사, 2019, 36-39면 참조.
166) 대법원 1993. 4. 13. 선고 92다54524 판결: "이해상반행위란 행위의 객관적 성
   질상 친권자와 그 자 사이 또는 친권에 복종하는 수인의 자 사이에 이해의 대립
   이 생길 우려가 있는 행위를 가리키는 것으로서 친권자의 의도나 그 행위의 결과
   실제로 이해의 대립이 생겼는가의 여부는 묻지 아니하는 것[이다.]" 같은 취지로
   대법원 1994. 9. 9. 선고 94다6680 판결; 대법원 1996. 11. 22. 선고 96다10270 판
   결; 대법원 2002. 1. 11. 선고 2001다65960 판결도 참조.

므로, 이와 같이 친권자가 자(子)를 대리하여 행한 자(子) 소유의 재산에 대한 처분행위에 대해서는 그것이 사실상 자(子)의 이익을 무시하고 친권자 본인 혹은 제3자의 이익을 도모하는 것만을 목적으로 하여 이루어졌다고 하는 등 친권자에게 자(子)를 대리할 권한을 수여한 법의 취지에 현저히 반한다고 인정되는 사정이 존재하지 않는 한 친권자에 의한 대리권 남용에 해당한다고 쉽게 단정할 수 없다.”고 보아 친권남용의 법리를 인정하는 데에도 소극적이었다.[167]

하지만 대법원 2011. 12. 22. 선고 2011다64669 판결은 일반적인 대리권남용 사안에서 개발된 비진의표시 유추적용의 법리[168]가 친권남용 사안에서도 동일하게 적용될 수 있음을 선언함으로써 보다 적극적으로 미성년 자녀의 보호를 도모하고자 하였다. 미성년 자녀들의 법정대리인인 친권자가 자녀들의 이익이나 의사에 반하여 자녀들 소유의 토지를 시세보다 매우 낮은 가격에 매각하였고, 매수인이 이러한 배임적 사정을 알았거나 알 수 있었던 사안에서 “법정대리인인 친권자의 대리행위가 객관적으로 볼 때 미성년자 본인에게는 경제적인 손실만을 초래하는 반면, 친권자나 제3자에게는 경제적인 이익을 가져오는 행위이고, 그 행위의 상대방이 이러한 사실을 알았거나 알 수 있었을 때에는, 민법 제107조 제1항 단서의 규정을 유추 적용하여 그 행위의 효과는 자(子)에게는 미치지 않는다고 해석함이 상당하다.”는 이유로 매매계약의 효력을 부정한 것이다.

대법원 2018. 4. 26. 선고 2016다3201 판결은 이러한 법리를 기초로 친권자의 행위가 대리권남용에 해당하여 무효인 경우라도 “그에 따라 외형상 형성된 법률관계를 기초로 하여 새로운 법률상 이해관계를 맺은 선의의 제3자에 대하여는 같은 조 제2항의 규정을 유추적용하여 누구도 그와 같은 사정을 들어 대항할 수 없으며, 제3자가 악의라는 사실에 관한 주장·증명책임은 그 무효를 주장하는 자에게 있다.”고 판시하였다. 위

167) 대법원 2009. 1. 30. 선고 2008다73731 판결.
168) 대법원 1987. 11. 10. 선고 86다카371 판결 외 다수.

판결에서는 부동산 매매계약이 친권남용으로 무효이므로 매수인은 미성년 자녀들에게 그 소유권이전등기를 말소할 의무가 있다는 취지의 판결이 선고되었으나, 매수인이 이미 위 부동산을 제3자에게 다시 매도하고 그 소유권이전등기까지 경료해 준 사실이 밝혀져 미성년 자녀들이 재차 그 제3자를 상대로 소유권이전등기의 말소를 청구한 사안이 문제되었는데, 대법원은 위와 같은 법리를 기초로 피고가 선의의 제3자인지 여부에 대한 심리가 필요하다는 이유로 원심판결을 파기환송하였다.

임의대리에서 대리권남용에 해당할만한 사안이라면 법정대리에서도 대리권남용에 해당하여 무효라고 봄이 타당하다. 미성년 자녀의 복리를 위해 마련된 법정대리 제도가 오히려 미성년 자녀에게 불리한 결과로 이어져서는 안 되기 때문이다. 위 2011다64669 판결의 결론에 찬성한다. 다만, 그 친권남용 행위의 효력을 부정하기 위해 비진의표시 유추적용설의 법리구성을 따를 필요가 있었는지는 의문이다.[169] 법정대리는 임의대리와 달리 그 법률효과가 본인에게 귀속되는 근거에 차이가 있을 뿐만 아니라, 대리인의 배임적 행위로부터 본인을 보호할 필요성도 더 크다. 본인에게 스스로 법정대리인을 해임하거나 변경할 권한이 없기 때문이다. 제107조 제2항의 유추적용을 통해 거래의 안전을 도모하기보다는 신의칙설에 따라 친권남용 행위의 효력을 절대적으로 부정하는 편이 나았을 것이다.[170]

---

169) 이와 달리 비진의표시 유추적용설을 지지하는 견해로 김주수·김상용(2019), 442-443면; 박동섭·양경승(2020), 422면. 비진의표시 유추적용설과 신의칙설에 모두 부정적인 견해로 서종희, "대리권(친권)남용과 선의의 제3자 보호-대법원 2018. 4. 26. 선고 2016다3201 판결-", 외법논집 제43권 제3호(2019), 8-10면 참조.
170) 설령 비진의표시 유추적용설을 따르더라도 법정대리 사안에서 제107조 제2항까지 유추적용하는 것은 허용될 수 없다는 견해로 지원림, "대리권의 남용과 선의의 제3자-대법원 2018. 4. 26. 선고 2016다3210 판결-, 法律新聞 2018. 7. 9.자 판례평석 참조. 반면 본인이 제한능력자라는 우연한 사정에 따라 제3자의 법적 지위가 달라져서는 안 된다는 이유로 제107조 제2항을 유추적용하는 데 찬성하는 견해로 서종희(2019), 14면 참조.

2. 친권상실과 친권 일부제한의 관계

대법원 2018. 5. 25.자 2018스520 결정에서는 친권상실과 친권 일부
제한 제도 간의 관계가 문제되었다. 위 결정에서 사건본인의 부모는 고
부갈등 등으로 별거를 시작하였으며, 이혼소송 진행 중 모가 암으로 사
망한 후부터 외조부모가 사건본인을 양육 중이었으나, 외조부모와 부 사
이에 사건본인이 살고 있던 부동산의 인도나 초등학교 전학 등을 두고
갈등이 있었다. 이에 외조부는 부를 상대로 친권상실을 청구하였는데, 이
에 대해 위 2018스520 결정은 "친권 상실이나 제한의 경우에도 자녀의
복리를 위한 양육과 마찬가지로 가정법원이 후견적 입장에서 폭넓은 재
량으로 당사자의 법률관계를 형성하고 그 이행을 명하는 것이 허용되며
당사자의 청구취지에 엄격하게 구속되지 않는다고 보아야 한다. 따라서
민법 제924조 제1항에 따른 친권 상실 청구가 있으면 가정법원은 민법
제925조의2의 판단 기준을 참작하여 친권 상실사유에는 해당하지 않지만
자녀의 복리를 위하여 친권의 일부 제한이 필요하다고 볼 경우 청구취지
에 구속되지 않고 친권의 일부 제한을 선고할 수 있다."고 판시하면서 부
에게 친권상실 사유가 있다고 보기는 어렵지만, 사건본인이 부(父)에게
심한 거부감을 보이고 있고 이러한 상태가 상당 기간 지속될 것으로 보이
는 이상 사건본인의 복리를 위해 친권 중 양육에 관한 권한을 제한하는
것이 적당하다고 보아 친권을 제한하는 결정을 한 원심을 유지하였다.

기존의 친권상실 제도는 친자관계의 전면적 단절이라는 강력한 효과
만을 가지고 있었던 결과 친권을 과도하게 제약하고, 그로 인해 오히려
제도 이용률이 저하되는 문제가 있었다는 점, 이에 민법은 2014. 10. 15.
자 개정에 의해 친권 일시정지 및 일부 제한 제도를 도입하여 UN 아동
권리협약이 요구하고 있는 원가정 양육의 원칙과 미성년 자녀의 복리 실
현 간에 균형을 실현하고자 하였다는 점, 제925조의2는 친권의 일부 제
한, 대리권·재산관리권의 상실 선고 또는 그 밖의 다른 조치에 의해 자
녀의 복리를 충분히 보호할 수 없는 경우에만 친권상실이 가능하도록 하

는 등 보충성의 원칙을 선언하고 있다는 점 등을 고려할 때 친권상실 사건과 친권 일시정지·일부 제한 사건 사이에는 양적 차이가 있을 뿐, 질적 차이가 있는 것이 아님은 명백하다.[171] 이러한 측면에서 위 결정의 결론에 대해서는 수긍할 만한 부분이 없지 않다.[172]

하지만 제924조는 친권상실과 친권 일시정지의 요건을 모두 "부 또는 모가 친권을 남용하여 자녀의 복리를 현저히 해치거나 해칠 우려가 있는 경우"로 규정한 반면, 제924조의2는 친권 일부 제한의 요건을 "거소의 지정이나 그 밖의 신상에 관한 결정 등 특정한 사항에 관하여 친권자가 친권을 행사하는 것이 곤란하거나 부적당한 사유가 있어 자녀의 복리를 해치거나 해칠 우려가 있는 경우"로 달리 규정하고 있으며, 일시정지와 일부 제한 제도는 서로 그 기능과 역할을 달리한다. 그렇다면 법원으로서도 해당 사안에서 굳이 일시정지가 아니라 일부 제한 형태의 후견적 개입이 필요해야만 했던 이유를 보다 적극적으로 논증했어야 했다. 특히 모 사망 후 단독친권자가 된 부에게 양육에 관한 권한을 전면적으로 제한하는 것은 사실상 외조부와 부 간의 양육권 분쟁을 친권 일부 제한에 관한 분쟁으로 전환시킬 우려가 있으므로, 더 신중하게 접근할 필요가 있다. 실제로 위 사안에서 부는 사건본인의 양육을 희망하고 있고, 그 동안 사건본인과의 관계에도 별다른 문제가 없었으나, 모의 암 투병 기간 중에 부모 간에 갈등이 있었음을 모 사망 후 뒤늦게 알게 된 사건본인이 부에게 적개심을 드러내며 접촉을 거부하고 있는 상황이었는바, 사건본인이 부에게 거부감을 갖게 된 경위와 관계 회복 가능성, 향후 외조부와 부 간에 사건 본인 양육을 둘러싼 지속적인 갈등 가능성 등을 고려하면 친권의 일시정지가 보다 적절했던 사건으로 보인다. 위 결정이 제시하고

---

171) 친권 일부 제한 제도 도입의 취지에 대해 자세히는 김민지, "친권정지·제한제도에 관한 민법일부개정안의 소개 및 검토", 법학논총 제27권 2호(2014), 183-207면 참조.

172) 위 결정의 취지에 찬성하는 견해로 조인선, "친권상실선고심판청구에 대한 친권의 일부 제한 심판 사례-대법원 2018. 5. 25.자 2018스520 결정-", 「2018년 가족법 주요 판례 10선」, 세창출판사, 2019, 81면 참조.

있는 논거, 즉 '후견적 입장'에 비추어 볼 때 당사자가 친권 일시정지나 일부 제한을 청구한 경우에 법원이 친권상실을 선고할 수 있는지도 향후 규명되어야 할 쟁점 중 하나이다.[173]

Ⅱ. 후   견

2013년 기존의 금치산·한정치산 제도가 성년후견 제도로 대체된 후 그 이용 건수가 대폭 증가하였을 뿐만 아니라, 제도 운영 실무에 있어서도 상당한 변화가 있었다. 아동 인권에 대한 관심이 높아지면서 미성년 후견 제도를 둘러싼 논의도 점차 활발해지고 있다. 그에 따라 향후 관련 판례도 점차 많아질 것으로 예상된다.[174] 하지만 이 글의 검토 대상 시기로 한정하면 후견에 관해서는 단 한 건의 대법원 판례가 있었을 뿐이다. 대법원 2017. 6. 1.자 2017스515 결정이 그것이다. 위 결정에서는 사건본인에 대해 한정후견개시심판 청구가 제기된 후 후견계약이 등기된 사안이 문제되었다. 성년후견 제도는 정신장애인의 자기결정권 보장을 주된 입법목적으로 하는 제도이므로, 법정후견은 임의후견에 대해 보충적·예외적 지위를 갖는다. 따라서 후견계약이 등기되어 있는 경우에는 가정법원은 "본인의 이익을 위해 특별히 필요한 경우"에 한해 법정후견 심판을 할 수 있다(제959조의20 제1항). 위 2017스515 결정은 이러한 조문 체계와 사적 자치의 원칙을 고려하여 "본인에 대해 한정후견개시심판 청구가 제기된 후 심판이 확정되기 전에 후견계약이 등기된 경우에도 (…)

---

173) 성년후견이나 한정후견에 관한 심판 절차는 가사비송사건으로서 가정법원이 당사자의 주장에 구애받지 않고 후견적 입장에서 합목적적으로 결정할 수 있다는 점 등을 근거로 "한정후견의 개시를 청구한 사건에서 의사의 감정결과 등에 비추어 성년후견 개시의 요건을 충족하고 본인도 성년후견의 개시를 희망한다면 법원이 성년후견을 개시할 수 있고, 성년후견 개시를 청구하고 있더라도 필요하다면 한정후견을 개시할 수 있다고 보아야 한다."고 판시한 대법원 2021. 6. 10.자 2020스596 결정도 참조.

174) 실제로 2021년 상반기에 후견인 변경에 관한 대법원 2021. 2. 4.자 2020스647 결정; 미성년후견인의 양육비 청구에 관한 대법원 2021. 5. 27.자 2019스621 결정; 성년후견개시 청구에 대해 한정후견을 개시할 수 있는지에 관한 대법원 2021. 6. 10.자 2020스596 결정 등 중요한 결정들이 잇달아 선고되었다.

가정법원은 본인의 이익을 위하여 특별히 필요하다고 인정할 때에만 한 정후견개시심판을 할 수 있다. 그리고 위 규정에서 정하는 후견계약의 등기에 불구하고 한정후견 등의 심판을 할 수 있는 '본인의 이익을 위하 여 특별히 필요할 때'란 후견계약의 내용, 후견계약에서 정한 임의후견인 이 임무에 적합하지 아니한 사유가 있는지, 본인의 정신적 제약의 정도, 기타 후견계약과 본인을 둘러싼 제반 사정 등을 종합하여, 후견계약에 따른 후견이 본인의 보호에 충분하지 아니하여 법정후견에 의한 보호가 필요하다고 인정되는 경우를 말한다."고 판시하였다. 현재 성년후견 제도 운용 실태상 법정후견인이 되기를 희망하는 자가 법정후견 개시심판을 청구하였다가 심리 도중 법정후견인으로 선임되지 못할 가능성이 높다고 판단되는 경우에 법정후견인 선임을 방해하고, 심리절차를 지연시키기 위해 사건본인과 후견계약을 체결하는 방식으로 후견계약이 악용될 가능 성이 적지 않다. 하지만 구체적 타당성은 '특별한 필요'에 대한 합목적 적·후견적 판단을 통해서도 충분히 실현할 수 있으므로, 이와 같은 파 행적 행태를 우려하여 제959조의20의 적용 범위 자체를 축소하고, 자기 결정권 존중의 이념을 훼손할 필요는 없을 것이다. 위 결정의 태도에 찬 성한다.[175]

제5절 부   양

I. 부양청구권의 법적 성격

판례는 재산분할과 마찬가지로 부양청구권이나 미성년 자녀를 위한 양육비 청구권에 대해서도 추상적 권리와 구체적 권리를 구별한다. 당사 자의 협의 또는 가정법원의 심판에 의해 그 내용이 확정된 경우에 비로 소 구체적 권리로서의 성격을 갖게 된다는 것이다. 이 점은 양육비채권 을 자동채권으로 하는 상계가 가능한지가 문제되었던 대법원 2006. 7. 4.

---

175) 같은 취지로 권영준(2018), 534-538면; 배인구, "한정후견과 임의후견-대법원 2017. 6. 1.자 2017스515 결정-", 「2017년 가족법 주요 판례 10선」, 세창출판사, 2018, 109면 참조.

선고 2006므751 판결[176]에 의해 이미 확립되었으나, 대법원 2011. 7. 29.
자 2008스67 결정에 의해 재차 확인되었다. 위 2008스67 결정은 "양육자
가 상대방에 대하여 자녀 양육비의 지급을 구할 권리는 당초에는 기본적
으로 친족관계를 바탕으로 하여 인정되는 하나의 추상적인 법적 지위이
었던 것이 당사자 사이의 협의 또는 당해 양육비의 내용 등을 재량적·
형성적으로 정하는 가정법원의 심판에 의하여 구체적인 청구권으로 전환
됨으로써 비로소 보다 뚜렷하게 독립한 재산적 권리로서의 성질을 가지
게 된다. 이와 같이 당사자의 협의 또는 가정법원의 심판에 의하여 구체
적인 지급청구권으로서 성립하기 전에는 과거의 양육비에 관한 권리는
양육자가 그 권리를 행사할 수 있는 재산권에 해당한다고 할 수 없고,
따라서 이에 대하여는 소멸시효가 진행할 여지가 없다고 보아야 한다."고
판시한 것이다.[177] 이에 대해서는 협의 또는 심판에 의해 구체화되지 않
았다고 하여 권리행사에 장애가 있는 것은 아니라는 점, 소멸시효 완성
에 따른 미성년 자녀의 보호는 다른 법리들을 사용하여 해결할 수 있음
에도 불구하고, 다른 부양 관계에서의 구상 청구권과 달리 취급하는 것
은 논의만 복잡하게 할 뿐이라는 점 등을 이유로 비판하는 견해가 유력
하다.[178] 대법원 2015. 1. 29. 선고 2013다79870 판결이 "민법 제974조,
제975조에 의하여 부양의 의무 있는 사람이 여러 사람인 경우에 그중 부

---

176) 위 판결은 "이혼한 부부 사이에서 자(子)에 대한 양육비의 지급을 구할 권리(이
하 '양육비채권'이라 한다)는 당사자의 협의 또는 가정법원의 심판에 의하여 구체
적인 청구권의 내용과 범위가 확정되기 전에는 '상대방에 대하여 양육비의 분담액
을 구할 권리를 가진다'라는 추상적인 청구권에 불과하고 당사자의 협의나 가정법
원이 당해 양육비의 범위 등을 재량적·형성적으로 정하는 심판에 의하여 비로소
구체적인 액수만큼의 지급청구권이 발생하게 된다고 보아야 하므로, 당사자의 협
의 또는 가정법원의 심판에 의하여 구체적인 청구권의 내용과 범위가 확정되기 전
에는 그 내용이 극히 불확정하여 상계할 수 없지만, 가정법원의 심판에 의하여 구
체적인 청구권의 내용과 범위가 확정된 후의 양육비채권 중 이미 이행기에 도달한
후의 양육비채권은 완전한 재산권(손해배상청구권)으로서 친족법상의 신분으로부
터 독립하여 처분이 가능하고, 권리자의 의사에 따라 포기, 양도 또는 상계의 자
동채권으로 하는 것도 가능하다."고 판시한 바 있다.
177) 이에 찬성하는 견해로 김주수·김상용(2019), 597면.
178) 이동진(2012), 143-151면; 주해친족법 제2권(최준규), 1523-1525면 참조. 윤진수
(2020), 302면도 같은 취지이다.

양의무를 이행한 1인이 다른 부양의무자에 대하여 이미 지출한 과거 부양료의 지급을 구하는 권리는 당사자의 협의 또는 가정법원의 심판 확정에 의하여 비로소 구체적이고 독립한 재산적 권리로 성립"하는 것이라고 하면서도 "부양료청구권의 침해를 이유로 채권자취소권을 행사하는 경우의 제척기간은 부양료청구권이 구체적인 권리로서 성립한 시기가 아니라 민법 제406조 제2항이 정한 '취소원인을 안 날' 또는 '법률행위가 있은 날'로부터 진행한다"고 판시한 것과도 모순된다.

Ⅱ. 부양의무의 내용, 정도와 순위

1. 부양의무의 이행 순위

다수설은 일찍부터 이른바 '이원형론'에 따라 친족간 부양의무를 제1차 부양의무와 제2차 부양의무로 분류해 왔다.[179] 대법원 2012. 12. 27. 선고 2011다96932 판결은 이원형론을 정면으로 수용하였을 뿐만 아니라, 이원형론에 따라 부양의무 이행의 정도뿐만 아니라 의무이행의 순위도 결정된다는 점을 선언한 최초의 판결이다. 위 판결에서는 성년인 자녀를 위해 병원비 등을 지출한 모가 그 자녀의 배우자(즉, 며느리)를 상대로 병원비 상당의 구상금을 청구한 사안이 문제되었다. 이에 대해 원심판결은 배우자의 부양의무가 친족간의 부양의무보다 항상 우선한다고 볼 민법상 근거가 없고, 부양의무자 상호 간에 구체적인 권리의무나 부양순위 등은 당사자 사이의 협의 또는 가정법원의 심판에 의해 결정하도록 되어 있다는 점을 들어 그 구상금 청구를 기각하였으나, 대법원은 원심판결을 파기환송하였다. 제826조 제1항에 규정된 부부간의 상호 부양의무는 제1차 부양의무로서 "부양을 받을 자의 생활을 부양의무자의 생활과 같은 정도로 보장하여 부부공동생활의 유지를 가능하게 하는 것"을 내용으로 하는 반면, 부모가 제974조 제1호 및 제975조에 따라 성년의 자녀에 대해 부담하는 부양의무는 제2차 부양의무로서 "부양의무자가 자기의 사회적 지

---

179) 대표적으로 김주수·김상용(2019), 132면; 박동섭·양경승(2020), 485면; 송덕수 (2020), 56-57면 참조.

위에 상응하는 생활을 하면서 생활에 여유가 있음을 전제로 하여 부양을 받을 자가 그 자력 또는 근로에 의하여 생활을 유지할 수 없는 경우에 한하여 그 생활을 지원하는 것"을 내용으로 한다는 것이다.

이에 더해 위 2011다96932 판결은 "제1차 부양의무와 제2차 부양의무는 의무이행의 정도뿐만 아니라 의무이행의 순위도 의미하는 것이므로, 제2차 부양의무자는 제1차 부양의무자보다 후순위로 부양의무를 부담한다. 따라서 제1차 부양의무자와 제2차 부양의무자가 동시에 존재하는 경우에 제1차 부양의무자는 특별한 사정이 없는 한 제2차 부양의무자에 우선하여 부양의무를 부담하므로, 제2차 부양의무자가 부양받을 자를 부양한 경우에는 그 소요된 비용을 제1차 부양의무자에 대하여 상환청구할 수 있다."는 점, 그리고 부부간의 부양의무를 이행하지 않은 부부의 일방에 대하여 상대방의 친족이 구하는 부양료의 상환청구는 가사소송법 제2조 제1항 제2호 나. 마류사건의 어디에도 해당하지 아니하여 이를 가사비송사건으로 가정법원의 전속관할에 속하는 것이라고 할 수는 없고, 민사소송사건에 해당한다는 점[180]을 함께 판시하였다. 위 판결에 대해서는 비판적인 견해가 유력하다.[181] 제1차 부양의무(생활유지의무)와 제2차 부양의무(생활부조의무) 간에는 질적인 차이가 아니라 양적인 차이가 있을 뿐이므로, 반드시 생활부조의무자가 생활유지의무자보다 후순위로 부양의무를 부담한다고 보기는 어렵다는 것이다. 이러한 견해에 따르면, 제974조 각 호에 해당하는 부양의무자라면 그가 배우자인지, 직계혈족인지, 기타 친족간인지를 묻지 않고, 당사자의 협의 또는 심판에 의해 비로소 부양의 순위와 정도·방법이 정해진다고 보지 않을 수 없다(제976조). 이원형론의 이론적 당부에 대해서는 여러 견해가 있을 수 있겠으나, 요부조자의 생계보장이라는 부양법의 본질과 부양의무 이행의 적시성이 요부조자에게 갖는 중요성을 고려할 때 법정책적으로 부양의 순위가 장기간 불확

---

180) 위 사건이 민사소송사건이라는 점에 대해 찬성하는 견해로 윤진수: 판례(2020), 685면 참조.
181) 윤진수(2020), 297면; 엄경천(2018), 18－20면.

정·불명확한 상태에 놓이는 것은 바람직하지 않다. 부양의 순위에 관한 규정이 정비될 때까지는 부득이 현재 판례의 태도를 유지하는 수밖에 없을 것이다.[182]

2. 성년인 자녀에 대한 부양의무

대법원 2017. 8. 25.자 2017스5 결정은 위 2011다96932 판결에 이어 이원형론을 유지하면서 "부모가 성년의 자녀에 대하여 직계혈족으로서 민법 제974조 제1호, 제975조에 따라 부담하는 부양의무는 부양의무자가 자기의 사회적 지위에 상응하는 생활을 하면서 생활에 여유가 있음을 전제로 하여 부양을 받을 자가 자력 또는 근로에 의하여 생활을 유지할 수 없는 경우에 한하여 그의 생활을 지원하는 것을 내용으로 하는 제2차 부양의무"이므로, "성년의 자녀는 요부양상태, 즉 객관적으로 보아 생활비 수요가 자기의 자력 또는 근로에 의하여 충당할 수 없는 곤궁한 상태인 경우에 한하여, 부모를 상대로 그 부모가 부양할 수 있을 한도 내에서 생활부조로서 생활필요비에 해당하는 부양료를 청구할 수 있을 뿐"이고 통상적인 생활필요비라고 보기 어려운 유학비용의 충당을 위해 성년의 자녀가 부모를 상대로 부양료를 청구할 수는 없다고 보았다. 이에 대해서는 이원형론에 반대하는 견지에서 제975조상의 "부양을 받을 자가 자기의 자력 또는 근로에 의하여 생활을 유지할 수 없는 경우"란 부양권리자와 부양의무자의 관계·자력과 소득·부양의무자가 같은 촌수의 친족에 대해 부양의무를 이행한 정도 등을 종합적으로 고려하여 개별 사안별로 결정되어야 하는 것이므로, 성년의 자녀라도 통상적인 생활필요비의 범위를 넘어선 교육비를 청구하는 것이 가능할 수 있다고 비판하는 견해가 있다.[183]

---

182) 판례의 태도에 찬성하는 견해로 송덕수(2020), 273면.
183) 엄경천, "성년 자녀에 대한 부양의 범위와 한계", 「2017년 가족법 주요 판례 10선」, 세창출판사, 2018, 115-128면 참조.

3. 직계혈족 및 그 배우자 간의 부양의무

제974조 제1호에 따라 직계혈족 및 그 배우자 간에는 서로 부양의무가 있다. 따라서 부부 중 일방은 그 배우자의 부모 등 직계혈족에 대해, 부모는 자기 자녀 등 직계혈족의 배우자에 대해 부양의무를 부담함이 원칙이다. 하지만 대법원 2013. 8. 30.자 2013스96 결정은 위 조문에 따른 부양의무는 그 매개점이 되는 부부 중 일방이 생존해있는 경우에만 적용되는 것으로서, <u>그가 사망하면 그의 배우자와 그의 직계혈족 간에는 제974조 제3호에 따라 생계를 같이하는 경우에 한해서만 부양의무가 인정된다고</u> 보았다. 제974조 제1호는 "배우자 관계"가 유지되는 동안에만 적용될 수 있는데, 배우자 관계는 혼인의 성립에 의해 발생하여 당사자 일방의 사망, 혼인의 무효 · 취소, 이혼으로 인해 소멸하는 것이므로, 부부 중 일방이 사망하는 순간 더 이상 "직계혈족 및 그 배우자" 관계가 존재한다고 볼 수 없기 때문이다. 다만, 부부의 일방이 사망하더라도 상대방이 재혼하지 않는 한 혼인으로 인해 발생한 인척관계는 그대로 유지되기 때문에(제775조 제2항), 제974조 제3호에서 정한 "기타 친족간"으로서 생계를 같이 하는 경우에는 부양의무가 성립할 수 있다고 본다. 배우자가 사망한 후에도 배우자의 직계혈족과 동일 가적을 유지하면서 생계를 같이 하는 경우가 많았던 호주제 시절과 달리 현재의 가족 단위에서는 배우자 사망 후 그의 직계혈족간의 관계에서 상호 간의 부양의무가 더 이상 당연한 관념으로 받아들여지지 않는다. 변화된 법현실을 고려할 때 타당한 결론이다. 다만, 재혼가정에서 계친자관계에까지 동일한 법리를 적용할 수 있을지에 대해서는 추후 검토가 필요하다.

제6절 가족관계등록법
I. 가족관계등록부의 정정
1. 성전환자의 성별정정

대법원 2006. 6. 22.자 2004스42 전원합의체 결정은 성전환자의 경우 "출생시의 성과 현재 법률적으로 평가되는 성이 달라, 성에 관한 호적의 기재가 현재의 진정한 신분관계를 공시하지 못하게 되므로, 현재 법률적으로 평가되는 성이 호적에 반영되어야 한다."는 이유로 성전환자의 성별정정을 허용하는 기념비적인 판결을 선고한 바 있다.[184] 하지만 대법원 2011. 9. 2.자 2009스117 전원합의체 결정의 <u>다수의견</u>은 성전환수술 등으로 신체적 특성이나 사회적 활동을 함에 있어서는 전환된 성이 그 사람의 성으로 인식되더라도 "<u>성별정정으로 배우자나 자녀와의 신분관계에 중대한 변경을 초래하거나 사회에 미치는 부정적 영향이 현저한 경우 등 특별한 사정이 있다면, 성별정정을 허용하여서는 아니 된다.</u>"고 하면서 ① 현재 혼인 중에 있는 성전환자에 대하여 성별정정을 허용하면 법이 허용하지 않는 동성혼을 인정하는 결과가 된다는 점, ② 성전환자에게 미성년 자녀가 있는 경우에 성별정정을 허용하면 미성년 자녀가 정신적 혼란과 충격, 사회적 차별과 편견에 무방비하게 노출된다는 점을 이유로 <u>현재 혼인 중에 있거나 미성년인 자녀를 둔 성전환자의 성별 정정은 허용되지 않는다</u>고 보았다.

이에 대해 위 2009스117 결정의 첫 번째 <u>반대의견</u>[185]은 적절하게도 "성적 정체성에 관한 태도 결정이나 성적 지향은 개인의 존재 그 자체를 구성하는 것으로서 이를 법적으로 인정받지 못하는 것은 인간의 존엄을 유지하고 스스로 선택한 가치관에 따라 행복을 추구한다는 가장 기본적인 권리를 부정당하는 것"임을 강조하면서 "미성년인 자녀가 있다는 사정은 이와 더불어 그 자녀의 연령과 취학 여부, 부모의 성별정정에 대한 자녀의 이해나 동의 여부, 자녀에 대한 보호·교양·부양의 모습과 정도, 기타 가정환경 등 제반사정과 함께 그 성전환자가 사회통념상 전환된 성을 가진 자로서 인식될 수 있는지 여부를 결정하는 여러 가지 요소들의 일부로 포섭하여 법원이 구체적 사안에 따라 성별정정의 허가 여부를 결

---

184) 다만, 현재 실무상 성전환자의 성별 정정은 성전환증을 이유로 성전환수술을 받은 경우에 한해 허용되고 있다. 「성전환자의 성별정정허가신청사건 등 사무처리지침」 제2조 제1항 참조.
185) 대법관 양창수, 대법관 이인복의 의견이다.

정하면 충분하고, <u>미성년자인 자녀가 있다는 사정을 성별정정의 독자적인 소극적 요건으로 설정할 것이 아니다.</u>"라고 판시하였다. 위 2009스117 결정의 두 번째 반대의견[186]은 이에서 더 나아가 미성년 자녀가 있다는 사정뿐만 아니라 성전환자가 현재 혼인 중이라는 사정 역시 독자적인 소극적 요건으로 보는 데 반대한다. "<u>혼인 중에 있다고 하더라도, 성별정정신청 당시 그 혼인관계의 실질적 해소 여부와 그 사유, 혼인관계의 실질적 해소로부터 경과한 기간, 실질적으로 해소된 혼인관계의 부활가능성 등 제반사정을 종합적으로 고려하여 가족관계등록부상의 성별란 정정이 신분관계에 혼란을 줄 염려가 있는지를 가리고 그에 따라 성별정정 여부를 결정하면 충분하다.</u>"는 것이다.

학설 중에서도 성전환자의 성별 정정을 허용한다고 하여 그 자체로 미성년 자녀의 복리를 해치는 것은 아니며, 설령 해치는 측면이 있더라도 그것만으로 성별정정을 반대할 근거는 되지 못한다는 이유로 비판적인 견해[187]가 유력하다. 개인의 성적 정체성은 가족 내에서 기대되는 부모로서의 역할 내지 성역할에 우선하는 영역으로서 인간으로서의 존엄을 지키기 위한 핵심적 요소에 해당한다. 미성년 자녀나 배우자가 있다는 이유만으로 성별정정을 허용하지 않는 것은 이미 존재하는 성전환의 현실을 법으로 감추려는 엄이도종(掩耳盜鐘)의 계책에 불과하다. 두 번째 반대의견에 찬성한다.

2. 성(姓)의 정정

대법원 2020. 1. 9.자 2018스40 결정에서는 오랜 기간 한자 성 '金'을 한글 성 '금'으로 사용해 왔고, 주민등록증·여권·자동차운전면허증 등의 성도 '금'으로 기재되어 있으나, 가족관계등록부상 성만 '김'으로 기재되어 있다면 가족관계등록부의 성을 '금'으로 정정할 수 있는지가 문

---

186) 대법관 박시환, 대법관 김지형, 대법관 전수안의 의견이다.
187) 윤진수, "미성년 자녀를 둔 성전환자의 성별정정", 서울대학교 *法學* 제61권 제3호 (2020), 15–20면 참조.

제되었다. 위 2018스40결정은 "가족관계등록부는 그 기재가 적법하게 되었고 기재사항이 진실에 부합한다는 추정을 받는다. 그러나 가족관계 등록부의 기재에 반하는 증거가 있거나 그 기재가 진실이 아니라고 볼 만한 특별한 사정이 있을 때에는 그 추정은 번복될 수 있다. 따라서 <u>어 떠한 신분에 관한 내용이 가족관계등록부에 기재되었더라도 기재된 사 항이 진실에 부합하지 않음이 분명한 경우에는 그 기재내용을 수정함으 로써 가족관계등록부가 진정한 신분관계를 공시하도록 하여야</u> 한다."는 전제 하에 위 사안에서 신청인의 가족관계등록부상 한글 성을 '금'으로 정정하도록 허용하는 것은 가족관계등록부 기재내용의 진실성을 확보하 여 진정한 신분관계를 공시하는 가족관계등록제도 본래의 목적과 기능 에도 부합한다고 보았다. 2007년 성·본 변경 제도의 도입 이래 부계혈 통의 상징으로서의 성·본 기능은 점차 약해지고, 개인의 정체성을 확 보하고 인적 동일성을 확인하기 위한 제도로 전환되고 있다. 일상생활 에서 자신을 나타내주는 성과 가족관계등록부상의 성이 일치되어야 한 다는 점에서 위 2018스40 결정의 결론에는 찬성할 수 있으나, 그것이 '진실'의 영역인지에 대해서는 의문의 여지가 있다. 해당 사건에서 구체 적 타당성을 실현하기 위한 다른 방편이 마땅치 않은 것은 사실이지만, 위와 같은 법리구성은 성·본 변경 제도를 사실상 형해화시킬 우려가 있기 때문이다.

Ⅱ. 출생신고

혼인 외 출생자에 대한 출생신고는 모(母)가 해야 하는 것이 원칙이 다(가족관계등록법 제46조). 부(父)가 혼인 외 출생자에 대한 출생신고를 하 면 인지의 효력이 있으나(가족관계등록법 제57조 제1항), 인지의 효력이 있 는 출생신고를 하기 위해서는 그 자녀에 대해 친생추정이 미치지 않는다 는 점을 증명해야 하므로, 이때 출생신고를 하려는 부(父)는 모의 혼인관 계증명서를 함께 제출해야 한다.[188] 대법원 2020. 6. 8.자 2020스575 결 정에서는 사건본인인 혼인 외 출생자의 모가 외국인으로서 중국 당국으로부터 여권의 효력을 정지당하였으며, 일본 정부로부터 난민 지위를 인정받아 대한민국에 출입하였기 때문에 중국 정부로부터 출생신고에 필요한 혼인관계증명서를 발급받을 수 없어 대한민국 국민인 부가 사건본인에 대해 인지의 효력 있는 출생신고를 할 수 없었던 사안이 문제되었다. 舊 가족관계등록법(2021. 3. 16. 법률 제17928호로 개정되기 전의 것) 제57조 제2항은 부가 모의 혼인관계증명서를 제출할 수 없는 경우에 대비하여 "모의 성명 · 등록기준지 및 주민등록번호를 알 수 없는 경우"에는 부가 가정법원의 확인을 받아 출생신고를 할 수 있도록 하는 제도(이른바 '사랑이법')를 두고 있었으나, 위 사안에서는 부가 모의 인적 사항을 알고 있었기 때문에 위 조문에 따른 출생신고를 하는 것도 불가능한 상황이었다.

　　이에 위 2020스575 결정은 "舊 가족관계등록법 제57조 제2항의 문언에 기재된 '모의 성명 · 등록기준지 및 주민등록번호를 알 수 없는 경우'는 예시적인 것이므로, 외국인인 모의 인적사항은 알지만 자신이 책임질 수 없는 사유로 출생신고에 필요한 서류를 갖출 수 없는 경우 또는 모의 소재불명이나 모가 정당한 사유 없이 출생신고에 필요한 서류 발급에 협조하지 않는 경우 등과 같이 그에 준하는 사정이 있는 때에도 적용된다고 해석하는 것이 옳다."고 판시하였다. "대한민국 국민으로 태어난 아동은 태어난 즉시 '출생등록될 권리'를 가진다. 이러한 권리는 '법 앞에 인간으로 인정받을 권리'로서 모든 기본권 보장의 전제가 되는 기본권이므로 법률로써도 이를 제한하거나 침해할 수 없다."는 점을 고려할 때 생부가 가정법원의 확인을 받아 사건본인의 출생신고를 할 수 있도록 법조문을 확대해석할 필요가 있다는 것이다.

　　위 결정은 아동의 출생등록권을 인정한 최초의 판례로서 아동 인권의 보장이라는 측면에서 매우 중요한 의미가 있으나, 舊 가족관계등록법 제57조 제2항의 문언 · 관련 조항들과의 관계 · 입법 경위 등에 비추어 볼

---

188) 가족관계등록예규 제412호 제8조 제1항 참조.

때 위 조항을 예시조항으로 해석할 여지가 전혀 없음에도 불구하고 과감하게 그 적용 범위를 확대하고 있는바, 결론의 타당성은 별론으로 하고, 해석론으로서는 무리한 구성이다. 오히려 사안의 유비를 통한 유추해석을 시도하는 편이 나았을 것이다.[189] 또한 위 결정은 출생등록권을 '대한민국 국민으로 태어난 아동'에 대해서만 보장하고 있는바, UN 아동권리협약이 요구하고 있는 보편적 출생등록의 원칙에 위반된다는 점에서 명백한 한계가 있다.[190] 위 결정을 계기로 2021년 가족관계등록법이 개정되어 이제 ① 모가 특정됨에도 불구하고 부가 출생신고를 함에 있어 모의 소재불명 또는 모가 정당한 사유 없이 출생신고에 필요한 서류 제출에 협조하지 아니하는 등의 장애가 있는 경우, ② 모의 성명·등록기준지 및 주민등록번호의 전부 또는 일부를 알 수 없어 모를 특정할 수 없는 경우 또는 ③ 모가 공적 서류·증명서·장부 등에 의하여 특정될 수 없는 경우에 모두 부는 가정법원의 확인을 받아 출생신고를 할 수 있게 되었다(가족관계등록법 제57조 제1항 및 제2항).[191]

---

189) 반면 생부가 모의 인적 사항을 알았던 경우와 그렇지 않은 경우를 달리 취급할 필요가 없다는 이유로 위 2020스575 결정에 찬성하는 견해로 권영준(2021), 320-323면 참조.

190) 이 점에 대해 자세히는 현소혜, "외국인 아동을 위한 보편적 출생등록제의 도입필요성과 도입방안", 家族法硏究 第34卷 第2號(2020), 141-182면 참조. 이와 달리 권영준(2021), 318-320면은 사안에서 문제가 된 혼인 외 출생자의 경우에는 부의 인지에 의해 비로소 국적을 취득하는 것일 뿐 출생 즉시 대한민국 국민이 되는 것이 아니므로, 그에게 출생등록될 권리라는 기본권이 출생과 동시에 부여된다고 말하기도 어렵고, 그 권리가 기본권인지조차 확실치 않다고 서술하고 있는바, 출생등록권은 우리 헌법과 준하는 효력을 갖는 UN 아동권리협약의 관련 조문에 기초하여 국적을 불문하고 모든 아동에게 동일하게 적용되어야 하는 인권이라는 점에서 찬성할 수 없다.

191) 2021년 가족관계등록법 개정의 의미와 한계에 대해 논하고 있는 문헌으로 양진섭, "혼인 외의 자녀와 출생신고-대법원 2020. 6. 8.자 2020스575 결정과 최근 가족관계등록법 개정을 중심으로-", 사법 통권 제57호(2021), 327-338면 참조.

제3장 상 속 법

제1절 상속인과 상속분

I. 특별수익

1. 대습상속인과 특별수익

대습상속인이 피상속인으로부터 생전증여를 받은 경우에 이를 특별 수익으로 볼 수 있는가에 대해서는 견해의 대립이 있다. 일부 견해는 특별수익이 공동상속인들 사이에 공평을 기하기 위한 제도인 만큼 대습상속인이 증여를 받은 시기를 묻지 않고 언제나 특별수익으로 처리해야 한다고 주장하는 반면,[192] 일부 견해는 특별수익이 상속분의 선급으로서 미리 받은 증여를 반영하여 상속분을 조정하기 위한 제도인 만큼 대습원인의 발생으로 대습상속인의 자격을 취득한 후에 받은 증여만을 특별수익으로 처리할 수 있다고 주장한다.[193] 대법원 2014. 5. 29. 선고 2012다31802 판결은 "대습상속인이 대습원인의 발생 이전에 피상속인으로부터 증여를 받은 경우 이는 상속인의 지위에서 받은 것이 아니므로 상속분의 선급으로 볼 수 없다. (…) 따라서 대습상속인의 위와 같은 수익은 특별수익에 해당하지 않는다."고 하여 뒤의 견해를 지지하였다. 대습원인 발생 전에 피상속인으로부터 증여를 받은 것까지 상속분의 선급으로 보게 되면, 피대습인이 사망하기 전에 피상속인이 먼저 사망하여 상속이 이루어진 경우에는 특별수익에 해당하지 않던 것이 피대습인이 피상속인보다 먼저 사망하였다는 우연한 사정으로 인해 특별수익으로 되는 불합리한 결과가 발생한다는 것이다.[194] 위 2012다31802 판결은 이에 덧붙여 유류

---

192) 김주수·김상용(2019), 699면; 박동섭·양경승(2020), 685면.

193) 郭潤直, 「相續法」(改訂版), 博英社, 2004, 101면; 송덕수(2020), 330－331면.

194) 대법원 판결에 찬성하는 견해로 김상훈, "대습상속인이 대습원인 발생 이전에 피상속인으로부터 받은 증여가 특별수익에 해당할까", 「상속법판례연구」, 세창출판사, 2020, 51면. 비판적인 견해로 정구태, "대습상속과 특별수익, 그리고 유류분－대법원 2014. 5. 29. 선고 2012다31802 판결에 대한 비판적 검토－", 안암법학 제45호(2014), 328－335면 참조.

분 제도가 피상속인의 자유의사에 기한 자기 재산의 처분을 그의 의사에 반하여 제한하는 것인 만큼 그 인정 범위를 가능한 필요최소한으로 할 필요가 있다는 점에서도 이를 특별수익으로 볼 수 없다는 점을 부기하였다. 공동상속인 중 1인이 대습상속인을 상대로 유류분 반환 청구를 하면서 대습상속인이 대습원인 발생 전에 피상속인으로부터 증여받은 재산도 특별수익에 해당하여 유류분 산정을 위한 기초재산에 포함된다고 주장한 사안이었다는 점이 반영된 것이나, 유류분이 문제되는 사건과 그렇지 않은 사건에서 특별수익의 판단기준이 달라져서는 안 된다는 점을 고려할 때 일반론으로서 설시할 만한 논거였는지는 의문이다.

2. 상속결격과 특별수익

특별수익에 따른 상속분의 조정은 상속인의 지위에 있음을 전제로 이루어지는 것이므로, 상속결격 사유가 발생한 후 결격자가 받은 증여가 특별수익이 될 수 없는 것은 당연하다. 다만, 상속결격으로 인해 대습상속이 개시된 경우에 피대습자인 결격자가 받은 증여를 대습상속인의 특별수익으로 처리할 수 있는지가 문제될 수 있다. 대법원 2015. 7. 17.자 2014스206 결정에서는 실제로 공동상속인 중 1인이 다른 공동상속인 중 1인을 살해하려 미수에 그쳐 상속결격이 된 상태에서 피상속인이 그 상속결격자에게 부동산을 증여한 것을 특별수익으로 보아 상속결격자에 갈음하여 대습상속인이 된 그의 배우자와 자녀들의 구체적 상속분 산정 시 고려해야 하는지가 문제되었다. 이에 대해 대법원은 "상속결격사유가 발생한 이후에 결격된 자가 피상속인으로부터 직접 증여를 받은 경우, 그 수익은 상속인의 지위에서 받은 것이 아니어서 원칙적으로 상속분의 선급으로 볼 수 없다."고 선언하였다. '상속분의 선급'으로서의 특별수익 관념에 기초하여 특별수익 인정 여부를 판단하고 있다는 점에서 위 2012다31802 판결의 태도와 일관된다.

3. 배우자에 대한 증여와 특별수익

상속인의 지위에서 받은 증여만이 특별수익이 될 수 있지만, 상속인이 받은 증여라고 하여 언제나 특별수익이 되는 것은 아니다. 어떠한 증여가 특별수익에 해당하는지는 "피상속인의 생전의 자산, 수입, 생활수준, 가정상황 등을 참작하고 공동상속인들 사이의 형평을 고려하여 당해 생전 증여가 장차 상속인으로 될 자에게 돌아갈 상속재산 중 그의 몫의 일부를 미리 주는 것이라고 볼 수 있는지에 의하여 결정"해야 하기 때문이다.[195] 대법원 2011. 12. 8. 선고 2010다66644 판결은 이러한 전제 하에 "생전 증여를 받은 상속인이 배우자로서 일생동안 피상속인의 반려가 되어 그와 함께 가정공동체를 형성하고 이를 토대로 서로 헌신하며 가족의 경제적 기반인 재산을 획득·유지하고 자녀들에게 양육과 지원을 계속해 온 경우, <u>생전 증여에는 위와 같은 배우자의 기여나 노력에 대한 보상 내지 평가, 실질적 공동재산의 청산, 배우자 여생에 대한 부양의무 이행 등의 의미도 함께 담겨 있다고 봄이 타당하므로 그러한 한도 내에서는 생전 증여를 특별수익에서 제외하더라도</u> 자녀인 공동상속인들과의 관계에서 공평을 해친다고 말할 수 없다."고 판시하였다.[196]

하지만 배우자로서의 기여나 노력에 대한 보상 내지 평가는 별도의 기여분 제도를 통해 달성하는 것이 원칙이며, 실질적 공동재산의 청산이나 부양의무 이행 등은 배우자의 법정상속분에 5할을 가산하는 방식으로 이미 상속법제에 반영되어 있다는 점을 고려할 때 이러한 사정을 특별수익 판단기준에 반영하는 것이 적절한지에 대해서는 의문의 여지가 있다. 위와 같은 방식으로 특별수익의 개념 범위를 조정하는 것은 개별 사건에서 현행법상 배우자 상속분 제도의 불합리성, 배우자 부양행위에 대한

---

195) 대법원 1998. 12. 8. 선고 97므513 등 판결; 대법원 2011. 7. 28. 선고 2009다64635 판결; 대법원 2014. 11. 25.자 2012스156 등 결정 등 참조.
196) 위 판결에 찬성하는 취지로 김상훈, "아내가 평생 함께 살았던 남편으로부터 증여받은 부동산도 유류분반환 대상이 될까", 「상속법판례연구」, 세창출판사, 2020, 123면 참조.

기여분 인정 기준의 엄격성, 기여분과 유류분의 단절에 따른 보상의 한
계 등을 뛰어넘어 구체적 타당성을 실현하는 데 분명 유용한 측면이 있
으나, 다른 공동상속인들의 법적 지위와 상속을 둘러싼 법률관계 전반을
불안정하게 만들고, 법정상속 제도 자체를 잠식하는 부작용도 간과할 수
없다.[197] 배우자에 대한 증여가 특별수익에 해당하는가라는 쟁점만 놓고
본다면, 차라리 피상속인에게 배우자를 위해 특별수익에 따른 상속분 조
정을 면제해 줄 의사가 있었는지 여부를 기준으로 삼는 편이 나을 것이
다.[198] 2010다66644 판결은 유류분 사건으로서 특별수익 조정의 면제가
허용되지 않는다는 전제 하에 이러한 난점을 돌파하기 위해 배우자에 대
한 증여를 일종의 사전적 재산분할로 보아 유류분 반환 대상인 증여로부
터 제외하려는 해석론[199]이 있으나, 혼인 중 재산분할을 허용하지 않는
우리 법의 해석상 가능한지 의문이다.

II. 기 여 분

기여분은 공동상속인 중 피상속인을 특별히 부양하였거나 피상속인
의 재산 유지 또는 증가에 특별히 기여한 상속인이 있는 경우 이를 상속
분 산정에 고려함으로써 공동상속인 간의 실질적 공평을 도모하기 위한
제도이다(제1008조의2). 이때 '특별한 부양'의 의미에 대해 ① 법률상 부양
의무의 정도를 넘어서는 부양을 하였다면 특별한 부양에 해당하며, 그로
써 상속재산의 유지·증가라는 결과가 발생할 필요는 없다는 견해,[200]
② 단순히 다른 상속인보다 더 많은 부양비용을 지출한 것만으로는 특별

197) 위 판결에 대해 "유류분반환청구에서 기여분을 고려할 수 없다는 문제점을 완
  화하기 위해 사실상 특별수익의 결정에서 기여분을 고려한 것으로서 이론적으로는
  다소 문제가 있다는 점을 지적하고 있는 문헌으로 윤진수(2020), 414면 참조.
198) 현행법의 해석상 피상속인에 의한 조정의 면제를 인정할 수 있다는 견해로 윤
  진수(2020), 424면 참조. 반면 해석론으로서는 조정의 면제를 인정할 수 없다는 견
  해로 송덕수(2020), 334면.
199) 이동진, "배우자의 특별수익, 기여분, 유류분-대법원 2011. 12. 8. 선고 2010다
  66644 판결-", 사법 통권 제56호(2021), 304-325면.
200) 대표적으로 송덕수(2020), 336-337면.

한 부양이라고 할 수 없고, 그 부양비용의 지출에 의해 상속재산의 유지·증가라는 결과가 발생했을 때에만 특별한 부양에 해당한다는 견해,[201] ③ 공동상속인이 상속재산을 본래의 상속분에 따라 분할하는 것이 명백히 기여자에게 불공평하다고 인식되는 정도에 이른 경우라면 특별한 부양이 된다는 견해[202] 등이 대립해 왔다. 이에 대해 판례는 일찍부터 ①의 견해를 택하여 제1차 부양의무자인 배우자인지, 제2차 부양의무자인 성년 자녀인지에 따라 그 특별한 부양에 대한 판단기준을 달리 설정하였다.[203]

이에 더해 대법원 2014. 11. 25.자 2012스156 등 결정은 기여분으로 인정되려면 "공동상속인 간의 공평을 위해 상속분을 조정하여야 할 필요가 있을 만큼 피상속인을 특별히 부양하였다거나 피상속인의 상속재산 유지 또는 증가에 특별히 기여하였다는 사실이 인정되어야 한다."는 점을 선언하였으며, 대법원 2015. 7. 17.자 2014스206 등 결정도 같은 취지로 설시하였다. 하지만 위 두 사건에서는 모두 피상속인의 성년 자녀가 법률상 부양의무의 범위를 넘어서는 특별한 부양을 했다고 인정할만한 증거가 부족하다는 이유로 기여분 주장이 배척되었으므로, 기존 판례의 태도와 특별히 차별화되는 의미를 찾을 수 없다. 반면 대법원 2019. 11. 21.자 2014스44 등 전원합의체 결정은 피상속인의 배우자가 어느 정도까지 부양을 한 경우에 특별한 부양으로 인정될 수 있는지의 쟁점을 정면으로 다루었다. 위 결정에서는 배우자가 약 37년간 피상속인과 사실혼 및 법률혼 관계를 유지하면서 동거하였고 피상속인이 병환 중인 약 5년

---

201) 대표적으로 郭潤直(2004), 117－119면.
202) 대표적으로 김주수·김상용(2019), 710면.
203) 대법원 1996. 7. 10.자 95스30 등 결정(남편이 교통사고를 당하여 치료를 받을 때 처가 간병하였고, 남편과 공동으로 또는 남편의 도움을 받아 쌀 소매업, 잡화상 등 소소한 사업을 영위하였더라도 이는 부부간의 부양의무 이행의 일환일 뿐 특별한 기여로 볼 수 없다고 한 사안); 대법원 1998. 12. 8. 선고 97므513 등 판결(성년인 딸이 결혼 후에도 계속 홀로된 어머니를 모시고 살면서 가사를 도맡아 하고, 치료비를 내며 간호를 계속해 왔다면 성년인 자가 부양의무의 존부나 그 순위에 구애됨이 없이 스스로 장기간 그 부모와 동거하면서 생계유지의 수준을 넘는 부양자 자신과 같은 생활수준을 유지하는 부양을 한 경우에 해당하여 특별한 부양으로 볼 수 있다고 한 사안) 참조.

간 간호도 하였으나, 피상속인의 자녀 11명과 공동상속을 하게 되어 법정상속분은 3/25에 불과하였던 사안이 문제되었다. 위 2014스44 등 결정의 다수의견은 기존 판례의 태도를 유지하면서 <u>배우자가 장기간 피상속인과 동거하면서 간호하였다는 사정만으로 당연히 특별한 부양으로 인정할 수는 없다</u>고 판시하였다. ① 배우자의 동거·간호를 무조건 특별한 부양으로 보는 것은 기여분을 가정법원이 일체의 사정을 고려하여 후견적 재량에 따라 판단하도록 하고 있는 민법 및 가사소송법의 관련 규정에 반한다는 점, ② 민법은 배우자에게 다른 친족보다 더 높은 정도의 동거·부양의무를 부담시키는 대신 배우자 상속분에 다른 공동상속인보다 5할을 가산하고 있는데, 배우자의 동거·간호를 무조건 특별한 부양으로 보아 기여분을 절대적으로 인정하면 결국 해석에 의해 법정상속분을 변경하는 결과가 된다는 점, ③ 배우자가 이미 초과특별수익자인 상태에서 기여분까지 절대적으로 인정하면 다른 공동상속인들과의 공평을 해하게 된다는 점 등을 근거로 제시한다.

    이에 대해 위 2014스44 등 결정의 반대의견[204]은 피상속인의 배우자가 상당한 기간에 걸쳐 피상속인과 동거하면서 간호하는 방법으로 피상속인을 부양하였다면 특별한 사정이 없는 한 이를 특별한 부양으로 보아 기여분을 인정해야 한다고 보았다. ① 배우자에 의한 동거·간호 행위에 대해 기여분을 인정하는 것이 2005년 개정 당시 입법자의 의사 및 제1008조의2 제1항의 문언에 부합한다는 점, ② 2005년 개정에 의해 '특별한 부양'과 '특별한 재산적 기여행위'가 별개의 기여분 인정 요건으로 규정되었으므로, 특별한 부양이 있었는지는 피상속인의 재산 유지·증가와 무관하게 동거·간호 행위가 있었는지에 따라 판단해야 함에도 불구하고 다수의견은 부양비용의 부담 주체나 특별수익액 등을 종합적으로 고려하여 배우자의 기여분 인정 여부를 결정하고 있어 부당하다는 점, ③ 배우자가 상당한 기간동안 피상속인을 동거·간호하였다면 다른 공동상속인

---

204) 대법관 조희대의 의견이다.

인 자녀들과 비교해 일반적으로 기대되는 공헌의 정도를 넘은 것이므로 공동상속인들 사이에 실질적 공평을 도모하기 위해 배우자의 상속분을 조정할 필요가 있으며, 이를 기여분으로 인정하지 않으면 적극적으로 부양의무를 다한 배우자와 그렇지 않은 배우자를 똑같이 취급하는 결과가 되어 부당하다는 점, ④ 배우자의 기여분을 적극적으로 인정하면 우리 법상 배우자 상속분 제도로 인한 부당한 결과와 노인 돌봄 문제를 모두 해결할 수 있다는 점 등을 근거로 제시한다.

위 2014스44 등 결정의 다수의견에 대해서는 현행법상 이미 배우자의 기여도를 고려한 별도의 법정상속분 가산 제도가 있다는 점, 반대의견과 같이 상당한 기간의 동거·간호만으로 즉시 배우자의 기여분을 인정하는 것은 기여분 제도의 입법 취지 및 결정절차에 반한다는 점 등을 들어 찬성하는 견해[205]와 배우자에 의한 부양을 권장하기 위해 배우자의 기여분을 적극적으로 인정할 필요가 있다거나,[206] 특별한 부양인지 여부는 다른 공동상속인들과의 관계에 따라서 상대적으로 판단해야 한다거나,[207] 제1008조의2 제1항의 문언과 입법자의 의사에 비추어 상당한 기간 동거·간호가 있으면 원칙적으로 특별한 부양이 있는 것으로 보아야 하며 부양의무의 존부나 범위와 연동시킬 것은 아니라는 등[208]의 이유로 반대하는 견해가 대립한다. 다만, 위 다수의견도 배우자의 간호 행위에 대해 절대적으로 기여분을 부정하는 취지는 아니며, "배우자의 동거·간호가 부부 사이의 제1차 부양의무 이행을 넘어서 '특별한 부양'에 이르는

205) 위 2014스44 등 결정의 다수의견에 찬성하는 견해로 권영준(2021), 603–610면; 정구태(2020), 289–300면 참조.
206) 윤진수(2020), 427면.
207) 옥도진, "부양의 원리와 부양적 기여분의 판단기준–대법원 2019. 11. 21.자 2014스44, 45 전원합의체 결정에 대한 비판적 검토–", 家族法研究 第34卷 第2號 (2020), 362–371, 395–403면; 이소은, "배우자의 부양과 기여분", 法學論叢 第40卷 第3號(2020), 132–146면. 특히 옥도진(2020), 362면은 다수의견과 같은 해석을 하면 제1차 부양의무를 지는 배우자가 늘 상속에서 불리한 지위에 서게 되어 부당하다는 점을 지적한다.
208) 박근웅, "상속에 의한 기업승계의 몇 가지 문제", 비교사법 통권 제90호(2020), 91–98면.

지 여부와 더불어 동거·간호의 시기와 방법 및 정도뿐 아니라 동거·간호에 따른 부양비용의 부담 주체, 상속재산의 규모와 배우자에 대한 특별수익액, 다른 공동상속인의 숫자와 배우자의 법정상속분 등 일체의 사정을 종합적으로 고려하여 공동상속인들 사이의 실질적 공평을 도모하기 위하여 배우자의 상속분을 조정할 필요성이 인정되는지 여부를 가려서 기여분 인정 여부와 그 정도를 판단"해야 한다는 것이므로, 구체적 사건의 결론에서 실질적인 차이가 발생하는 경우는 드물 것이다.[209] 이는 결국 현행법상 배우자 상속분 규정의 한계를 기여분으로 조정하는 것을 어느 정도까지 허용할 것인가의 문제로서 입법적 해결이 요망된다.[210]

제2절 상속재산과 상속비용

Ⅰ. 상속재산

1. 보 험 금

판례는 생명보험계약이나 상해보험계약에서 피상속인인 보험계약자가 보험수익자를 '상속인' 내지 '법정상속인'으로 지정한 경우[211] 또는 보험수익자를 지정하지 않아 「상법」 제733조에 의해 상속인이 보험수익자가 되는 경우[212]에 상속인이 취득하는 보험금청구권은 상속재산이 아니라 상속인의 고유재산이라는 태도를 견지해왔다. 이때 보험금청구권을 취득하는 상속인이 여러 명인 경우에 각 상속인이 취득할 보험금청구권의 비율에 대해 대법원 2017. 12. 22. 선고 2015다236820 판결은 "상해의 결과로 피보험자가 사망한 때에 사망보험금이 지급되는 상해보험에서 보

---

209) 이러한 조정을 통해 배우자에 대해 특별한 부양인지 여부를 완화하여 해석할 수 있다는 이유로 다수의견에 찬성하는 견해로 김수정, "기여분과 부양", 家族法硏究 第35卷 第1號(2021), 99면.
210) 배우자 상속제도의 개선에 관한 다양한 의견에 대해서는 대표적으로 윤진수, "배우자의 상속법상 지위 개선 방안에 관한 연구", 家族法硏究 第33卷 第1號(2019), 1－68면 참조.
211) 대법원 2001. 12. 28. 선고 2000다31502 판결; 대법원 2004. 7. 9. 선고 2003다29463 판결.
212) 대법원 2007. 11. 30. 선고 2005두5529 판결.

험계약자가 보험수익자를 단지 피보험자의 '법정상속인'이라고만 지정한 경우, 특별한 사정이 없는 한 그와 같은 지정에는 장차 상속인이 취득할 보험금청구권의 비율을 상속분에 의하도록 하는 취지가 포함되어 있다고 해석함이 타당하다."고 판시하였다.[213] 이와 관련하여 보험금청구권이 상속재산에 포함되지 않는다고 하면서 그 취득 비율은 다시 상속분에 따른다고 보는 것은 모순이므로, 제408조의 원칙으로 돌아가 보험금청구권은 모든 공동상속인이 균등한 비율로 취득해야 한다는 비판이 있다.[214] 결국은 의사해석의 문제인데, 피상속인의 추정적 의사에 기초하여 특별수익을 고려해 구체적 상속분을 산정하는 상속법의 기본 법리를 고려할 때 보험금청구권에 관해서만 상속인들에게 법정상속분 비율대로 귀속되기 원하였다는 것이 피상속인의 의사라고 추정하기는 쉽지 않다. 비판의 취지에 찬성한다.

이 경우 공동상속인들이 균등한 비율로 보험금청구권을 취득한다고 해석하는 것이 대법원 2020. 2. 6. 선고 2017다215728 판결의 태도와도 조화롭다. 위 판결에서는 단체보험계약상 피보험자가 아닌 회사가 보험수익자로 지정된 사안이 문제되었는데, 대법원은 "단체의 규약으로 피보험자 또는 그 상속인이 아닌 자를 보험수익자로 지정한다는 명시적인 정함이 없음에도 피보험자의 서면 동의 없이 단체보험계약에서 피보험자 또는 그 상속인이 아닌 자를 보험수익자로 지정하였다면 그 보험수익자의 지정은 구 상법 제735조의3 제3항에 반하는 것으로 효력이 없고, 이후 적법한 보험수익자 지정 전에 보험사고가 발생한 경우에는 피보험자 또는 그 상속인이 보험수익자가 된다."는 전제 하에 보험수익자가 된 상속인 중 1인이 자신에게 귀속된 보험금청구권을 포기한 경우에 그 효

---

213) 이에 찬성하는 견해로 김상훈, "보험수익자가 피보험자의 '법정상속인'인데 법정상속인이 여러 명인 경우, 상속인 중 1인이 보험금 전액을 청구할 수 있을까", 「상속법판례연구」, 세창출판사, 2020, 106-107면; 양희석, "보험금청구권과 상속관련 법적 문제", 보험법연구 제11권 제2호(2017), 237-239면; 최준규, 「상속법의 관점에서 본 생명보험」, 보험연구원, 2018, 31-32면.

214) 정구태, "상속에 있어서 보험금청구권의 취급", 民事法研究 第26輯(2018), 139-140면.

과에 관해 "그 포기한 부분이 당연히 다른 상속인에게 귀속되지는 아니한다."고 판시하였다.[215] 만약 보험금청구권을 상속재산으로 본다면 제1043조에 따라 그 포기된 보험금청구권 부분이 다른 상속인들에게 상속분의 비율로 귀속됨이 마땅할 것이나, 위 보험금청구권은 상속재산이 아니라 상속인의 고유재산에 해당하므로 그와 같이 해석할 수 없다는 것이다. 그렇다면 보험수익자가 포기한 보험금청구권은 누구에게 귀속되는가. 수익자 지정이 없었던 것으로 보아 피보험자의 상속인에게 그 보험금청구권을 귀속시켜야 한다는 견해[216]가 있으나, 보험수익자가 스스로 보험금청구권을 포기한 이상 보험회사는 그 지급의무를 면한다고 보아야 할 것이다.

2. 재해위로금 수급권

　피상속인의 사망으로 발생한 각종 유족급여 수급권 등이 상속재산인지에 대해서는 논란이 있을 수 있다. 판례는 그동안 「공무원연금법」이나 「군인연금법」, 「산업재해보상보험법」상의 유족급여 수급권은 상속재산에 속하지 않는다고 보았다.[217] 이는 유족의 경제적 생활안정과 복리향상에 기여하기 위한 제도로서 상속제도와는 헌법적 기초나 제도적 취지를 달리하기 때문에 수급권자인 유족의 범위 역시 민법상 상속인과 다르게 규

---

215) 다만, 정구태, "2020년 상속법 관련 주요 판례 회고", 안암법학 제62권(2021), 306－308면은 위 2017다215728 판결에 대해 처음부터 상속 포기가 문제되는 사건이 아니라고 비판한다. 위 사안에서 원심판결은 피상속인이 중국 국적인 이상 「국제사법」 제49조 제1항에 따라 피상속인의 본국법인 중국법이 적용된다는 전제 하에 피상속인의 직계존속도 배우자 및 직계비속과 함께 1순위 상속인으로서 보험수익자가 된다고 보았으나, 반정의 법리에 따라 피상속인의 상거소지인 대한민국 법이 준거법이 되어야 하므로(중국 섭외민사관계법률적용법 제31조), 직계존속은 처음부터 상속인도 아니고, 보험수익자도 아니며, 따라서 그가 상속을 포기한 것이 보험금청구권의 귀속에 어떤 영향을 미치는지에 대해서는 판단할 필요가 없었다는 것이다.

216) 최준규(2018), 74－78면 참조.

217) 대법원 1996. 9. 24. 선고 95누9945 판결; 대법원 1998. 3. 10. 선고 97누20908 판결; 대법원 2000. 9. 26. 선고 98다50340 판결; 대법원 2006. 2. 23. 선고 2005두11845 판결. 郭潤直(2004), 84면; 박동섭·양경승(2020), 639면; 송덕수(2020), 318면의 태도도 이와 같다.

정되어 있는바, 유족은 상속인의 지위가 아니라 관련 규정에 근거해 자기 고유의 권리로서 그 수급권을 취득한다는 것이다. 반면 대법원 2020. 9. 24. 선고 2020두31699 판결은 舊「석탄산업법 시행령」에 따른 유족보상일시금 상당의 재해위로금 수급권은 상속재산으로서 민법의 상속에 관한 규정에 따라 피상속인의 배우자와 자녀들이 공동으로 상속한다고 보았다. 기존 판례에서 문제되어 왔던 유족급여수급권과 달리 위 법은 재해위로금 수급권자를 근로자 본인으로 규정하고 있으며 유족의 권리나 범위 등에 대해서는 별도의 규정을 두고 있지 않다는 점, 위 법에 따른 재해위로금 제도는 「산업재해보상보험법」상의 유족급여 수급권 제도와 그 취지와 성격이 다르다는 점 등을 근거로 제시한다. 이러한 법리에 기초하여 위 2020두31699 판결은 위 재해위로금 수급권에 관해 「산업재해보상보험법」상 유족급여 수급권자에 관한 규정을 유추적용하여 배우자가 위 권리를 단독으로 취득한다고 판단하였던 원심판결을 파기환송하였다.[218]

II. 상속비용

상속에 관한 비용은 상속재산 중에서 지급한다(제998조의2). 판례는 이때 상속에 관한 비용이란 상속재산의 관리와 청산에 필요한 비용을 의미한다고 해석해 왔다.[219] 대법원 2012. 9. 13. 선고 2010두13630 판결 역시 기존 판례의 입장을 유지하면서 상속채무의 변제를 위해 상속재산을 처분하는 과정에서 부담한 양도소득세 채무는 상속비용이 될 수 있다고 판시하였다. 반면 상속세는 상속비용에 해당하지 않는다. 기존 학설 중에는 상속세 역시 상속비용에 해당한다는 견해가 적지 않았다.[220] 「상속세 및 증여세법」이 유산세 방식을 택하고 있는 이상 상속세는 상속재산 중에서 지급해야 한다는 것이다. 하지만 대법원 2013. 6. 24.자 2013스33

---

218) 대법원 판결의 취지에 찬성하는 견해로 정구태(2021), 281면 참조.
219) 대법원 1997. 4. 25. 선고 97다3996 판결; 대법원 2003. 11. 14. 선고 2003다30968 판결.
220) 대표적으로 郭潤直(2004), 35면; 김주수 · 김상용(2019), 620면; 박동섭 · 양경승(2020), 532면; 송덕수(2020), 299면.

등 결정은 각 공동상속인들이 부담하는 상속세 납부의무는 "피상속인의 상속재산 총액을 과세가액으로 하여 산출한 상속세 총액 중 그가 상속으로 받았거나 받을 재산의 비율에 따른 상속세를 납부할 고유의 납세의무"라는 전제 하에 "공동상속의 경우 상속재산의 분할 전에 <u>법정상속분에 따라 공동상속인 중 특정한 1인에게 귀속되는 부분이 그 특정인의 상속세 납부에 공여되었다고 하여 이를 공동상속인들 전체의 상속비용으로 보아 분할대상 상속재산에서 제외하여서는 아니된다고 할 것</u>"이라고 판시하였다. 상속세는 상속재산으로 지급해야 하는 상속비용이 아니라는 취지이다. 대법원 2014. 11. 25.자 2012스156 등 결정 역시 상속재산에 부과된 취득세, 상속세 신고 관련 세무사 수수료 등은 상속재산 관리 및 청산에 필요한 상속비용으로 보기 어렵다고 한 원심판결을 유지한 바 있다. 판례의 취지에 찬성한다.

제3절 상속의 승인 · 한정승인 · 포기
I. 법정단순승인
1. 처분행위의 개념

제1026조 제1호는 '상속인이 상속재산에 대한 처분행위를 한 때' 상속인이 단순승인을 한 것으로 간주한다. 이때 처분행위란 상속재산의 현상이나 성질을 변경하는 행위로서 법률행위와 사실행위를 모두 포함하는 개념이다.[221] 대법원 2010. 4. 29. 선고 2009다84936 판결 역시 공동상속인 중 1인이 피상속인 소유의 재산을 임의로 처분 · 사용한 자를 상대로 형사고소를 한 후 그로부터 손해배상조로 1천만 원을 지급받아 다른 공동상속인 중 1인의 예금계좌로 송금한 다음 상속 포기 신고를 한 사안에서 <u>피상속인의 손해배상채권을 추심하여 변제받은 것 역시 상속재산의 처분행위에 해당하여 단순승인을 한 것으로 간주되기</u> 때문에 그 후에 한 상속포기 신고는 효력이 없다고 보았다. 반면 대법원 2012. 4. 16.자

---

221) 郭潤直(2004), 180면; 김주수 · 김상용(2019), 760면; 송덕수(2020), 387면; 주해 상속법 제1권(이동진), 464면.

2011스191 등 결정은 여러 명의 공동상속인 중 1명을 제외한 나머지 상속인 모두가 상속을 포기하기로 하였으나 아직 그 상속포기 신고가 수리되기 전에 피상속인 소유의 미등기 부동산에 관하여 상속인들 전원 명의로 법정상속분에 따른 소유권보존등기가 경료되자 상속을 포기하는 상속인들이 상속을 포기하지 않은 상속인 앞으로 지분이전등기를 하였고, 그 후 상속포기 신고가 수리된 사안에서 그것만으로는 제1026조 제1호 소정의 법정단순승인 사유에 해당하는 처분행위에 해당하지 않는다고 보았다. 처분행위의 개념적 정의에는 포섭될 수 있지만, 이러한 경우에까지 법정단순승인의 효과를 부여하는 것은 적절하지 않기 때문이다. 위 결정은 특히 제1026조 제1호가 처분행위에 법정단순승인의 효과를 부여하는 이유는 상속재산을 처분한 상속인에게 통상 상속을 단순승인하려는 의사가 있다고 추단할 수 있다는 점, 그 처분 후 한정승인이나 포기를 허용하면 상속채권자나 공동상속인 또는 차순위 상속인에게 불의의 손해를 미칠 우려가 있다는 점, 상속인의 처분행위를 믿은 제3자의 신뢰도 보호될 필요가 있다는 점 등을 고려한 것인바, 2011스191 등 결정과 같은 사안에서는 법정단순승인의 효과를 부여할 필요가 없다는 점을 논거로 제시하고 있다. 처분행위의 의미에 관한 기존의 논의가 그대로 반영된 것으로서 타당하다.

2. 처분행위의 시점

대법원 2016. 12. 29. 선고 2013다73520 판결에서는 공동상속인 중 1인이 피상속인 소유의 차량 6대를 폐차하거나 다른 사람에게 매도하도록 한 후 대금을 수령한 사안이 문제되었다. 그것이 처분행위에 해당한다는 점에 대해서는 의문의 여지가 없으나, 그 행위의 시점에 대해 논란이 있었다. 제1026조 제1호에 따른 법정단순승인은 한정승인이나 포기의 효력이 생기기 전에 상속재산을 처분한 경우에만 적용되는데,[222] 위 사건에서는 상속인이 상속포기 신고를 하였으나, 아직 그 신고를 수리하는

---

222) 대법원 2004. 3. 12. 선고 2003다63586 판결.

심판이 있기 전에 처분행위를 하였기 때문이다. 원심판결은 위 처분행위
가 상속포기 신고 후에 있었으므로 이를 제1026조 제1호상의 법정단순승
인 사유로 볼 수 없다고 판단하였다. 하지만 위 2013다73520 판결은 상
속의 한정승인이나 포기는 상속인의 의사표시만으로 효력이 발생하는 것
이 아니라 가정법원에 신고를 하여 가정법원의 심판을 받아야 하며, 그
심판은 당사자가 이를 고지받음으로써 효력이 발생하는 것이므로, "상속
인이 가정법원에 상속포기의 신고를 하였다고 하더라도 이를 수리하는
가정법원의 심판이 고지되기 이전에 상속재산을 처분하였다면, 이는 상속
포기의 효력 발생 전에 처분행위를 한 것에 해당하므로 민법 제1026조
제1호에 따라 상속의 단순승인을 한 것으로 보아야 한다."고 판시하면서
원심판결을 파기환송하였다.

    이에 대해서는 일단 상속포기 신고가 수리되었다면 상속 포기의 효
력은 신고 시로 소급하는 것이기 때문에 더 이상 제1026조 제1호에 따른
법정단순승인은 문제되지 않으며 제1026조 제3호의 적용영역이 된다거
나,[223] 고지 시를 기준으로 한다면 고려기간 내에 적법하게 포기신고를
한 상속인이라도 법원의 수리심판 고지가 지연되었다는 우연한 사정으로
불이익을 입게 되어 부당하다[224]는 등의 이유로 비판하는 견해가 있다.
하지만 상속인의 '의사추정'에 기초하여 법정단순승인의 효과를 인정하는
제1026조의 입법취지에 비추어 볼 때 포기의 효력이 발생한 시점 또는
포기신고를 한 시점보다는 상속인이 이제 포기의 효과가 발생하여 더 이
상 그 재산을 처분할 수 없다고 인식한 시점, 즉 '상속포기 수리 심판을
고지받은 시점'이 더 중요하게 작용할 수밖에 없다. 한 견해는 상속인이
일단 가정법원에 한정승인 또는 포기의 신고를 한 이상 그의 명시적 의
사에 반하여 상속인의 처분행위로부터 단순승인의 의사를 추단해 낼 수
없다는 이유로 위 2013다73520 판결에 반대하나,[225] 한정승인 또는 포기

223) 윤진수(2020), 485면.
224) 정구태, "2016년 상속법 관련 주요 판례 회고", 법학논총 제24권 제1호(2017),
    199－202면.
225) 김상훈, "상속포기신고를 하고 수리되기 전에 상속재산을 처분하면 단순승인으

신고 수리 심판을 고지받은 후에야 비로소 한정승인 또는 포기의 효력이 발생하는 것이 우리 법의 확고한 태도인 이상, 심판 고지 전에 처분행위를 하였다면 상속인으로서는 아직 한정승인 또는 포기의 효력이 발생하지 않았음을 전제로 스스로 처분행위를 함으로써 단순승인의 의사를 표명한 것으로 해석해야 함이 마땅하며, 한정승인 또는 포기 신고와 동시에 이미 자신의 의사에 확정적으로 구속되어 더 이상 단순승인이 되지 않을 것으로 신뢰하고 처분행위를 한 것으로 보는 것은 상속인의 '법의 무지'를 간주하는 것으로서 온당하지 않다.

Ⅱ. 한정승인

1. 상속채권자의 법적 지위

대법원 2010. 3. 18. 선고 2007다77781 전원합의체 판결에서는 상속인이 한정승인을 한 후 상속재산인 부동산에 관하여 상속을 원인으로 하는 소유권이전등기를 마치고 자기 채권자 A를 위해 근저당권을 설정해 주었는데, 그 후 상속채권자 B가 상속채권의 집행을 위해 위 부동산에 관해 강제경매를 신청한 사안이 문제되었다. 경매법원은 배당기일에 근저당권자 A가 상속채권자인 B에 대한 관계에서 우선변제권을 주장할 수 있다고 보아 배당표를 작성하였으나, B의 배당이의에 대해 원심판결은 상속채권자 B에게 우선적으로 배당되어야 한다고 보아 배당표를 경정하였다. 이에 대해 위 2007다77781 판결의 다수의견은 한정승인으로 인해 책임재산이 상속재산으로 제한된다고 하여 한정승인자의 상속재산 처분행위가 당연히 제한된다고 할 수는 없다는 전제 하에 "한정승인만으로는 상속채권자에게 상속재산에 관하여 한정승인자로부터 물권을 취득한 제3자에 대하여 우선적 지위를 부여하는 규정은 두고 있지 않으며, 민법 제1045조 이하의 재산분리 제도와 달리 한정승인이 이루어진 상속재산임을

로 의제될까", 「상속법판례연구」, 세창출판사, 2020, 189-190면; 윤진수: 판례 (2020), 716-717면; 이동진, "민법 제1026조 제1호의 법정단순승인", 家族法研究 第31卷 第1號(2017), 399-340면.

등기하여 제3자에 대항할 수 있게 하는 규정도 마련하고 있지 않다. 따라서 한정승인자로부터 상속재산에 관하여 저당권 등의 담보권을 취득한 사람과 상속채권자 사이의 우열관계는 민법상의 일반원칙에 따라야 하고, 상속채권자가 한정승인의 사유만으로 우선적 지위를 주장할 수는 없다고 할 것이다. 그리고 이러한 이치는 한정승인자가 그 저당권 등의 피담보채무를 상속개시 전부터 부담하고 있었다고 하여 달리 볼 것이 아니다."라고 판시하면서 원심판결을 파기환송하였다.

　　반면 위 2007다77781 판결의 반대의견[226]은 "상속채권자가 한정승인자의 고유재산에 대하여 강제집행할 수 없는 것에 대응하여 한정승인자의 고유채권자는 상속채권자에 우선하여 상속재산에 대하여 강제집행할 수 없다는 의미에서, 상속채권자는 상속재산에 대하여 우선적 권리를 가진다고 할 것"이며, 한정승인자가 상속채권자의 강제집행 개시 전에 상속재산을 처분하여 그 소유권을 상실한 경우라면 모르겠으나, "한정승인자가 그 고유채무에 관하여 상속재산에 담보물권 등을 설정한 경우와 같이, 한정승인자가 여전히 상속재산에 대한 소유권을 보유하고 있어 상속채권자가 그 재산에 대하여 강제집행할 수 있는 한에 있어서는, 그 상속재산에 대한 상속채권자의 우선적 권리는 그대로 유지되는 것"으로 보았다. 그것이 한정승인 제도의 취지에 부합한다는 점, 상속재산이 한정승인자의 고유채권자에 대한 관계에서 책임재산이 될 수 없다면 고유채권자가 상속재산에 관해 담보물권을 설정받은 경우라도 책임재산이 될 수 없다는 점, 한정승인 사실이 등기부에 공시되지 않는다고 하여 상속채권자의 우선적 권리가 당연히 부정되어야 하는 것은 아니라는 점 등을 고려할 때 한정승인자의 고유채무를 위한 담보물권 등의 설정등기에 의하여 상속채권자의 우선적 권리가 상실된다고 보는 것은 "상속채권자의 희생 아래 한정승인자로부터 상속재산에 관한 담보물권 등을 취득한 고유채권자를 일방적으로 보호하려는 것에 다름 아니고, 이는 상속의 한정승인

---

226) 대법관 김영란, 대법관 박시환, 대법관 김능환의 의견이다.

제도를 형해화시키고 제도적 존재 의미를 훼손하는 것이어서 수긍하기 어렵다."는 것이다.

이에 대해 다수의견의 대한 보충의견[227]은 책임재산의 분리로부터 상속채권자가 '상속재산에 대해 대세적으로 우선하는 권리'가 논리필연적으로 도출되는 것은 아니며, 공시되지 않은 권리에 대해 우선적 권리를 인정하려면 명문의 근거가 필요하다는 점을 들어 반박한다. 위 2007다77781 판결의 다수의견에 대해서는 학설상으로도 찬성하는 견해[228]와 반대하는 견해[229]가 극명하게 엇갈린다. 한 가지 분명한 것은 상속채권자로서는 한정승인자의 담보 설정 행위에 의해 책임재산인 상속재산에 부족이 생긴 경우에 어차피 사해행위 취소를 통해 원상회복을 청구하는 것이 가능하다는 것이다. 한정승인 제도의 기능상 상속채권자가 고유채권자보다 우선하여 상속재산을 책임재산으로 확보할 수 있어야 한다는 실체적 정의는 이미 정해져 있다. 상속채권자가 번잡한 사해행위 취소 소송을 통해 책임재산을 확보하도록 할 것인가 또는 본래 받아올 수 있

---

227) 대법관 양창수, 대법관 민일영의 의견이다.

228) 김상훈, "상속재산에 담보권을 취득한 고유채권자와 상속채권자 중에 누가 상속재산에 대한 우선권을 가질까", 「상속법판례연구」, 세창출판사, 2020, 205면; 송덕수(2020), 394면; 송재일, "한정승인과 담보권", 서울법학 제19권 제3호(2012), 196-198면; 윤진수: 판례(2020), 721-722면; 정구태, "상속채권자와 한정승인자의 근저당권자 간의 우열문제 - 대법원 2010. 3. 18. 선고 2007다77781 전원합의체 판결", 고려법학 제64권(2012), 204-209면 등. 해석론으로서는 어쩔 수 없는 결론이라고 하면서도 이로 인해 상속채권자가 희생된다거나 한정승인 제도가 형해화된다는 비판을 면할 수는 없다는 이유로 입법론적 해결을 주장하는 견해로 김주수·김상용(2019), 768면 참조.

229) 김미경, "한정승인에 있어 한정승인자의 상속재산 처분과 상속채권자 보호 - 대법원 2010. 3. 18. 선고 2007다77781 전원합의체 판결 -", 法學研究 제27권 제1호(2016), 207-208면; 김형석, "한정승인의 효과로서 발생하는 재산분리의 의미", 家族法研究 第22卷 第3號(2008), 519-527면; 홍춘의·이상래, "상속재산의 강제집행 절차에 있어서 상속채권자와 한정승인을 한 상속인의 조세채권자 사이의 우열관계 - 대법원 2016. 5. 24. 선고 2015다250574 판결을 중심으로 -", 동북아법연구 제10권 제3호(2017), 968-971면 등. 문영화, "한정승인자의 조세채권자가 상속재산에 대한 강제집행에서 배당을 받을 수 있는지 여부 - 대법원 2016. 5. 24. 선고 2015다250574 판결 -", 「2016년 가족법 주요 판례 10선」, 세창출판사, 2017, 139면 역시 반대의견을 지지하는 견해로 보인다.

었던 몫을 배당절차에서 손쉽게 받아올 수 있도록 할 것인가라는 절차
상의 문제가 있을 뿐이다. 굳이 모두에게 어려운 길을 선택할 필요는
없어 보인다.[230)]

　위 2007다77781 판결에도 불구하고 판례가 한정승인의 본질, 즉 상
속채권자와 고유채권자를 위한 책임재산의 분리라는 효과 자체를 부정하
는 것은 아니다. 대법원 2016. 5. 24. 선고 2015다250574 판결은 이 점을
확인하였다. 상속재산에 관해 담보권을 취득하지 못한 "한정승인자의 고
유채권자는 상속채권자가 상속재산으로부터 채권의 만족을 받지 못한 상
태에서 상속재산을 고유채권에 대한 책임재산으로 삼아 이에 대하여 강
제집행을 할 수 없다고 보는 것이 형평의 원칙이나 한정승인제도의 취지
에 부합하며, 이는 한정승인자의 고유채무가 조세채무인 경우에도 그것이
상속재산 자체에 대하여 부과된 조세나 가산금, 즉 당해세에 관한 것이
아니라면 마찬가지"라는 것이다. 법문에 명시되어 있는 것은 아니지만,
상속채권자가 한정승인자의 고유재산을 책임재산으로 삼을 수 없는 것과
균형을 유지하기 위해 종전부터 널리 받아들여져 오던 법리를 그대로 수
용하는 한편, 당해세가 아닌 한 조세채권의 경우도 예외가 될 수 없다는
점을 선언하였다는 데 의의가 있다.[231)]

2. 한정승인에 따른 상속채무 변제 절차

　제1037조는 한정승인 절차에 따라 상속채무를 변제하기 위해 상속재
산을 환가할 때에는 민사집행법에 따른 경매 절차를 거칠 것을 강제하고
있다. 경매에 따른 매각대금은 상속재산관리인이 제1034조 이하의 규정
에 따라 상속채권자들에게 각 채권액의 비율로 안분하여 배당하도록 되
어 있다. 따라서 형식적 경매시 매각대금은 상속재산관리인에게 교부되

---

230) 자세히는 현소혜, "한정승인 제도의 개선방안에 관하여―특히 상속채권자 보호의
　　관점에서―", 국제법무 제11권 제1호(2019), 145-148면 참조.
231) 위 판결의 취지에 찬성하는 견해로 김상훈, "상속채권자와 한정승인자의 고유채
　　권자 중에 누가 상속재산에 대한 우선권을 가질까", 「상속법판례연구」, 세창출판사,
　　2020, 198-199면; 문영화(2017), 133-139면 참조.

어야 하며, 상속채권자가 스스로 그 형식적 경매 절차에서 배당요구를 할 수 없음에는 이설(異說)이 없다. 대법원 2013. 9. 12. 선고 2012다 33709 판결 역시 "민법 제1037조에 근거하여 민사집행법 제274조에 따라 행하여지는 상속재산에 대한 형식적 경매는 한정승인자가 상속재산을 한도로 상속채권자나 유증받은 자에 대하여 일괄하여 변제하기 위하여 청산을 목적으로 당해 재산을 현금화하는 절차이므로, (…) 일반채권자인 상속채권자로서는 민사집행법이 아닌 민법 제1034조, 제1035조, 제1036조 등의 규정에 따라 변제받아야 한다고 볼 것이고, 따라서 그 경매에서는 일반채권자의 배당요구가 허용되지 아니한다."고 판시하였다.

반면 대법원 2010. 6. 24. 선고 2010다14599 판결은 "상속부동산에 관하여 민사집행법 제274조 제1항에 따른 형식적 경매절차가 진행된 것이 아니라 담보권 실행을 위한 경매절차가 진행된 경우에는 비록 한정승인 절차에서 상속채권자로 신고한 자라고 하더라도 집행권원을 얻어 그 경매절차에서 배당요구를 함으로써 일반채권자로서 배당받을 수 있다."고 하였다. 입법자는 한정승인에 따른 배당절차를 통해 채권자 간의 공평한 변제를 도모하고자 하였으나, 실제 한정승인 사건에서 상속채권자들의 공평한 변제에 대한 욕구는 크지 않다. 그 결과 현실에서는 번잡스럽게 한정승인에 따른 배당절차를 거치기보다는 상속채권자별로 집행권원을 얻어 일반적인 민사집행 절차에 따라 강제집행을 하거나 배당요구를 함으로써 원하는 시점에 원하는 방식으로 상속채권을 회수하는 경우가 적지 않았다. 위 판결은 종래 한정승인 실무상 만연해 있었던 일반적인 민사집행 절차와의 병행 가능성을 인정해 준 첫 판결로서 의미가 있다.

이러한 이유로 한정승인에 따른 상속채무 변제 절차는 현실적으로 이용되는 경우가 많지 않았고, 관련되는 판례도 찾아보기 어렵다. 대법원 2018. 11. 9. 선고 2015다75308 판결 정도가 있을 뿐이다. 위 2015다 75308 판결은 채권신고기간 만료 후 한정승인자가 제1034조에 따라 그 기간 내에 신고한 채권자와 알고 있는 채권자에게 각 채권액의 비율로 변제함에 있어 '한정승인자가 알고 있는 채권자'인지를 판단하는 시점과 관련하여 "한정승인자가 채권신고의 최고를 하는 시점이 아니라 배당변제를 하는 시점을 기준으로 판단"해야 한다고 판시하였다. 한정승인자가 채권신고의 최고를 하는 시점에는 알지 못했더라도 그 이후 실제로 배당변제를 하기 전까지 알게 된 채권자가 있다면 그에게도 배당변제를 해야 한다는 것이다.

3. 한정승인의 항변과 기판력

상속채무 관련 소송에서 상속인이 미리 한정승인의 항변을 하지 않아 청구인용 판결이 확정된 경우라도 상속채권자가 고유재산에 대해 집행을 시도하면 상속인은 청구이의의 소를 제기하여 그 집행을 막을 수 있다는 것이 현재 판례의 태도이다.[232] 책임의 범위가 현실적인 심판대상으로 등장하지 않아 주문에서는 물론 이유에서도 판단되지 않으므로, 그 부분에 대해 기판력이 미치지 않기 때문이라고 한다. 이러한 판례의 태도에 대해서는 한정승인이라도 소송상 공격방어방법 중 하나에 불과하므로 소송법적으로 타당하지 않다는 비판이 있다.[233] 상속인이 미리 한정승인의 항변을 하여 책임제한 유보부 판결이 확정된 경우는 어떠한가. 한정승인의 존재 및 효력이 심리·판단되어 주문에 책임 범위 유보까지 명시된 이상 이 부분에 대해 기판력에 준하는 효력을 인정하지 않을 수 없다. 대법원 2012. 5. 9. 선고 2012다3197 판결은 이와 같은 맥락에서 책임제한 유보부 판결이 확정된 후에는 "그 채권자가 상속인에 대하여 새로운 소에 의해 위 판결의 기초가 된 전소 사실심의 변론종결시 이전에 존재한 법정단순승인 등 한정승인과 양립할 수 없는 사실을 주장하여 위 채권에 대해 책임의 범위에 관한 유보가 없는 판결을 구하는 것은 허용되지 아니한다."고 설시하였다. 판례의 취지에 찬성한다. 책임제한 유보부 판결이 확정된 후 상속인이 상속채권자에 의한 자기 고유재산에 대한

---

232) 대법원 2006. 10. 13. 선고 2006다23138 판결; 대법원 2009. 5. 28. 선고 2008다79876 판결.
233) 박동섭·양경승(2020), 771-772면.

집행을 막기 위해 제3자 이의의 소를 제기할 수 있음은 물론이다.[234]

Ⅲ. 상속의 포기

1. 상속포기와 사해행위 취소

상속개시와 동시에 발생하였던 상속재산 당연승계 · 포괄승계의 효과
는 상속포기에 의해 소급적으로 소멸한다(제1042조). 이러한 재산적 효과
에도 불구하고 대법원 2011. 6. 9. 선고 2011다29307 판결은 "상속의 포
기는 민법 제406조 제1항에서 정하는 재산권에 관한 법률행위에 해당하
지 아니하여 사해행위 취소의 대상이 되지 못한다고 함이 상당하다."고
판시하였다. 위 2011다29307 판결에서는 공동상속인 중 1인이 상속을 포
기한 경우에 그의 채권자(고유채권자)가 상속포기를 사해행위로 취소하고,
채무자의 상속포기에 의해 상속분이 증가한 다른 공동상속인들을 상대로
원상회복을 청구할 수 있는지가 문제되었는데, 대법원은 ① 상속의 포기
는 1차적으로 피상속인 또는 후순위상속인을 포함하여 다른 상속인 등과
의 인격적 관계를 전체적으로 판단하여 행하여지는 '인적 결단'으로서의
성질을 가진다는 점, ② 상속포기에 대한 사해행위 취소를 허용하면 그
상대적 효과로 인해 상속을 둘러싼 법률관계는 상속인 확정 단계부터 복
잡하게 얽히게 된다는 점, ③ 상속인의 채권자 입장에서는 상속포기가
그의 기대를 저버리는 측면이 있다고 하더라도 상속인의 재산을 현재 상
태보다 악화시키지 않는다는 점 등을 근거로 제시한다.

이러한 판결의 취지에 대해 다수의 견해는 찬성하고 있으나,[235] ①
상속포기도 재산권에 관한 법률행위임이 분명하다는 점, ② 채무자의 책
임재산이 반드시 채권 성립 당시의 책임재산으로 한정되는 것은 아니라
는 점, ③ 상속인이 파산선고 후에 상속을 포기한 경우에는 「채무자 회

---

234) 대법원 2005. 12. 19.자 2005그128 결정.
235) 대표적으로 김상용, "상속포기가 사해행위취소의 대상이 될까", 「상속법판례연구」,
　　　세창출판사, 2020, 183－184면; 김주수 · 김상용(2019), 779－780면; 박동섭 · 양경승
　　　(2020), 731면; 송덕수(2020), 381면.

생 및 파산에 관한 법률」제386조 제1항에 따라 상속포기에도 불구하고 한정승인의 효과가 발생하므로 상속인의 채권자가 상속재산에 대해 집행을 할 수 있는데, 파산선고 전에 상속을 포기한 경우에는 상속인의 채권자가 상속재산에 집행할 수 있는 가능성이 봉쇄되어 부당하다는 점, ④ 동일하게 소급효가 인정되는 상속재산분할협의에 대한 사해행위 취소가 허용되는 것과 균형이 맞지 않는다는 점 등에서 비판하는 견해도 유력하다.[236] 사견으로는 위 2011다29307 판결의 태도에 찬성한다.[237] 당사자들이 상속포기에 이르게 되는 동기(특히 피상속인과의 관계)와 그것이 상속공동체인 가족 구성원들에게 미치는 영향을 고려할 때, 상속인의 상속포기의 자유에 간섭하는 것을 허용해야 할 정도로 고유채권자의 보호법익이 크지 않다. 일부 견해는 이에 대해 사해행위 취소는 상대적 효력만 있을 뿐이므로, 사해행위 취소를 허용하더라도 상속포기자에게 승계를 강제하는 결과로 이어지는 것은 아니라고 반박하나,[238] 상대적 효력에도 불구하고 사해행위 취소에 의해 상속포기자가 상속 포기를 통해 의욕하였던 효과, 즉 상속재산이 그의 고유채무의 변제를 위한 책임재산으로 사용되는 것을 봉쇄하고자 하였던 의사를 달성하는 것이 불가능해진다는 점에는 차이가 없으므로, 상대적 효력만을 이유로 상속포기에 대한 사해행위 취소를 허용하기에는 부족하다.

2. 상속포기와 대습상속

대법원 2017. 1. 12. 선고 2014다39824 판결에서는 피상속인 X의 사망 후 상속인인 배우자와 자녀들이 모두 상속을 포기하여 2순위 상속인인 직계존속 Y가 피상속인의 상속채무를 승계하였는데, 그 후 Y가 사망하여 X의 배우자와 자녀들이 X를 피대습자로 하는 대습상속에 의해 상속채무를 다시 승계하는지가 문제되었다. 이에 대해 원심판결은 피상속

---

236) 윤진수(2020), 510면; 주해상속법 제1권(이동진), 449–453면.
237) 그 이유에 대해 자세히는 현소혜, "상속법의 자화상과 미래상", 民事法學 第52號 (特別號)(2010)(이하 '현소혜(2010: 상속법)'형태로 인용한다.), 620면 참조.
238) 주해상속법 제1권(이동진), 450–451면.

인의 상속재산이 모두 피대습자로부터 상속받은 것이고, 피상속인의 고유
재산이 따로 존재하지 않았다면, 피대습자(X)에 대한 상속포기의 효과가
피상속인(Y)의 사망에 따른 대습상속에까지 미친다고 보아야 한다고 설시
하면서 대습상속인들은 상속포기에 의해 채무를 승계하지 않는다고 보았
다. 하지만 대법원은 "상속포기의 효력은 피상속인의 사망으로 개시된 상
속에만 미치는 것이고, 그 후 피상속인을 피대습자로 하여 개시된 대습
상속에까지 미치지는 않는다."는 이유로 원심판결을 파기환송하였다. ①
대습상속은 상속과는 별개의 원인으로 발생하는 것이므로 별도의 절차와
방식을 갖추어 상속포기를 해야 한다는 점, ② 대습상속이 개시되기 전
에 이를 포기하는 것은 허용되지 않는다는 점, ③ 피상속인에 대한 상속
포기를 이유로 대습상속 포기의 효력까지 인정한다면 상속포기의 의사를
명확히 하고 법률관계를 획일적으로 처리함으로써 법적 안정성을 꾀하고
자 하는 상속포기 제도가 잠탈될 우려가 있다는 점 등을 근거로 제시하
고 있다. 상속포기가 상속을 둘러싼 법률관계 일반, 특히 상속채권자에게
미치는 영향을 고려하면 상속포기의 요식성을 엄격히 해석하지 않을 수
없다. 그로 인해 구체적 사안에서 발생할 수 있는 부당한 결과는 고려기
간 기산점의 조정 또는 특별한정승인 제도의 이용을 통해 해결할 수 있
을 것이다. 위 판결의 취지에 찬성한다.[239)]

3. 상속포기의 효과

공동상속인 중 1인이 상속을 포기한 경우 그 상속분은 다른 상속인
의 상속분의 비율로 그 상속인에게 귀속된다(제1043조). 이 중 "다른 상속
인"의 개념에 대해서는 한때 혈족상속인만 포함된다는 견해[240)]가 있었으

---

239) 위 판결에 찬성하는 견해로 권영준(2018), 539 – 542면; 김상훈, "상속포기의 효
력이 피상속인을 피대습자로 하여 개시된 대습상속에까지 미칠까", 「상속법판례연구」,
세창출판사, 2020, 58 – 59면. 구체적 타당성 측면에서 위 판결의 결론을 비판하는
견해로 우병창, "상속포기의 효력과 대습상속", 「2017년 가족법 주요 판례 10선」,
세창출판사, 2018, 187 – 189면 참조.
240) 金容漢, 「親族相續法論」, 博英社, 2003, 390면.

나, 위 견해는 배우자 상속분이 고정되어 있는 외국 상속법의 해석론을
무분별하게 따른 것으로서 위 "다른 상속인"으로부터 배우자 상속인을 제
외할 필요가 없다는 것이 현재의 통설이다.[241] 따라서 피상속인의 배우자
와 자녀 중 자녀 전부가 상속을 포기한 경우에는 자녀들의 상속분이 모
두 배우자에게 귀속되어 배우자가 단독상속을 해야 함이 원칙이다. 하지
만 대법원 2015. 5. 14. 선고 2013다48852 판결은 "상속을 포기한 자는
상속개시된 때부터 상속인이 아니었던 것과 같은 지위에 놓이게 되므로,
피상속인의 배우자와 자녀 중 자녀 전부가 상속을 포기한 경우에는 배우
자와 피상속인의 손자녀 또는 직계존속이 공동으로 상속인이 되고, 피상
속인의 손자녀와 직계존속이 존재하지 아니하면 배우자가 단독으로 상속
인이 된다."고 판시하였다. 피상속인에게 직계비속 또는 직계존속인 상속
인이 있는 경우에 피상속인의 배우자는 그 상속인과 공동상속인이 된다
는 제1003조 제1항의 규정을 제1043조보다 우위에 둔 것이다.[242] 하지만
위 2013다48852 판결에 대해서는 제1043조를 도외시한 해석이라거나 공
동상속인인 배우자와 자녀들 중 자녀 1인을 제외한 나머지 상속인들이
모두 상속을 포기한 경우와 배우자를 제외한 나머지 상속인들이 모두 상
속을 포기한 경우에 손자녀의 법적 지위를 달리 취급하는 것은 합리적이
지 않다는 등의 이유를 들어 비판하는 견해가 많다.[243] 통상적으로 이러
한 경우에는 배우자가 단독상속을 한다고 보는 것이 배우자를 위해 상속
을 포기한 자녀들의 합리적 의사에도 부합한다.

241) 대표적으로 郭潤直(2004), 195면; 송덕수(2020), 401면.
242) 판례를 지지하는 견해로 김상훈, "자녀가 상속을 포기한 경우 피상속인의 배우
자와 손자녀의 상속관계", 「상속법판례연구」, 세창출판사, 2020, 165면 참조.
243) 류일현, "선순위 혈족상속인 전원의 상속포기와 그 효과", 成均館法學 第28卷
第1號(2016), 193-195면; 박근웅, "동순위 혈족상속인 전원의 상속포기와 배우자상
속", 家族法研究 第29卷 第2號(2015), 218-221면; 송덕수(2020), 401-402면; 윤진수
(2020), 507면; 임종효, "피상속인의 배우자와 자녀 중 자녀 전부가 상속포기한
경우 상속재산의 귀속-대법원 2015. 5. 14. 선고 2013다48852 판결을 중심으
로-", 家族法研究 第29卷 第3號(2015), 501-511면; 정구태, "2015년 상속법 관련
주요 판례 회고", 사법 통권 제35호(2016)(이하 '정구태(2016: 상속법 회고)' 형태로
인용한다), 44-47면.

Ⅳ. 특별한정승인

상속채무가 상속재산을 초과하는 사실을 중대한 과실 없이 알지 못
한 채 단순승인한 상속인들의 보호를 위해 2002년 개정에 의해 특별한정
승인 제도가 도입되었다. 특별한정승인은 상속인이 상속채무가 상속재산
을 초과하는 사실을 안 날부터 3월 내에 해야 하며(제1019조 제3항), 상속
인이 미성년자인 경우에는 그의 친권자 또는 후견인이 그 사실을 안 날
부터 기산한다(제1020조). 대법원 2012. 3. 15. 선고 2012다440 판결 역시
"민법 제1019조 제3항에서 정한 '상속채무가 상속재산을 초과하는 사실을
중대한 과실 없이 제1항의 기간 내에 알지 못하였는지 여부'를 판단함에
있어서 상속인이 무능력자인 경우에는 그 법정대리인을 기준으로 삼아야
할 것"이라고 판시한 바 있다.

대법원 2020. 11. 19. 선고 2019다232918 전원합의체 판결에서도 이
와 동일하게 친권자가 특별한정승인 사유에 해당하는 사정을 안 날부터
3월 내에 미성년자를 위해 특별한정승인을 하지 않아 단순승인의 법률관
계가 확정된 상황이 문제되었다. 그 후 상속채권자가 미성년자인 상속인
을 상대로 상속채무 이행청구의 소를 제기하여 그 승소판결이 확정되었
고, 두 차례에 걸쳐 시효 연장을 위한 확정판결이 있었다. 상속인이 성년
이 된 후 상속채권자가 위 확정판결을 집행권원으로 하여 상속인 명의의
은행 예금채권에 대해 채권압류 및 추심명령을 받자 상속인은 특별한정
승인 신고를 한 후 청구이의의 소를 제기하였다. 이에 대해 원심판결은
상속인이 채권압류 및 추심명령에 의해 비로소 상속채무의 존재를 알게
되었으므로 그로부터 3개월 내에 이루어진 특별한정승인 신고는 적법·
유효하다고 판단하였으나, 위 2019다232917 판결의 다수의견은 "상속인이
성년에 이르더라도 상속개시 있음과 상속채무 초과사실에 관하여 상속인
본인 스스로의 인식을 기준으로 특별한정승인 규정이 적용되고 제척기간
이 별도로 기산되어야 함을 내세워 새롭게 특별한정승인을 할 수는 없
다."는 이유로 위 원심판결을 파기환송하였다. 법정대리인의 인식을 기준

으로 이미 특별한정승인의 제척기간이 도과하여 미성년 상속인에게 단순승인의 효과가 미침이 확정되었음에도 "상속인이 성년에 이른 후 본인 스스로 상속채무 초과사실을 알게 된 날을 기준으로 그때부터 3월내에 새롭게 특별한정승인을 함으로써 기존의 법률관계를 번복시킬 수 있다고 보는 것은, 대리의 기본 원칙에 정면으로 반하거나 논리모순"이라는 것이다.

반면 위 판결의 반대의견[244]은 ① 이러한 경우에 특별한정승인이 불가능하다고 하면 자기 책임의 원칙 하에 상속인의 자기결정권과 재산권을 보호하기 위해 제척기간 도과의 효력을 번복할 수 있도록 한 특별한정승인 제도의 입법취지에 어긋나는 결과가 되어 불합리하다는 점, ② 상속인이 미성년일 때 적용되는 규정들에 의해 상속인이 성년에 이른 후의 법률관계까지 규율해서는 안 된다는 점, ③ 법정대리인 제도는 미성년 자녀를 보호하기 위한 것이므로 그로 인해 미성년자의 권리행사가 제약되어서는 안 된다는 점, ④ 특별한정승인은 상속인이 피상속인 등과의 인격적 관계를 전체적으로 판단하여 행하는 인적 결단이므로, 순수한 재산법상 법률행위와 달리 상속인 본인의 의사결정이 가장 중요하게 고려되어야 하며, 총칙편의 대리에 관한 규정이 그대로 적용될 수 없다는 점, ⑤ 법정대리인이 특별한정승인을 하지 않은 것은 법적 지식의 부족으로 '특별한정승인을 하지 않으면 상속인 본인이 성년에 이르러 경제활동을 해서 얻은 수입과 재산에 대해서도 상속채권자가 평생 강제집행을 할 수 있다'는 사실을 알지 못하기 때문인 경우가 많은 반면, 상속채권자는 상속인의 고유재산까지 책임재산이 될 것으로 기대하고 거래하였다고 볼 수 없고, 달리 미성년 상속인을 보호할 제도적 방안이 없다는 점 등을 근거로 법정대리인이 특별한정승인 제척기간을 지나 단순승인의 효력이 유지된 경우에도 상속인이 성년에 이른 다음 특별한정승인을 함으로써 단순승인의 효력을 소멸시킬 수 있다고 해석하는 것이 가능하다고 보았다.

---

244) 대법관 민유숙, 대법관 김선수, 대법관 노정희, 대법관 김상환의 의견이다.

위 2019다232918 판결에서 다수의견과 반대의견이 충돌하는 지점은 법정대리인의 부적절한 의사결정으로부터 미성년자 상속인을 어떻게 보호할 것인가 하는 점이다. 현행 민법의 체계상 미성년자의 이익은 법정대리인을 통해 실현되는 것이 원칙이므로, 법정대리인의 권한 남용이나 해태로 인한 미성년자의 불이익은 제도에 수반하는 당연한 부작용으로서 다소간 감수하는 수밖에 없다. 하지만 친권자의 재산관리권이나 법정대리권은 자녀가 성년이 됨과 동시에 종료하는 것이므로, 법정대리인에 의한 단순승인 내지 법정단순승인의 효력이 미치는 시적 범위 역시 그 시점을 기준으로 단절시킬 필요가 있다. 위 2019다232918 판결에서 문제된 사안에서와 같이 상속채권자가 장기간 소멸시효의 중단을 반복하면서 상속인이 성년에 이른 후 취득한 고유재산까지 책임재산으로 삼을 수 있도록 하는 것은 한정승인 내지 특별한정승인 제도의 입법취지에도 부합하지 않는다.[245] 반대의견의 결론에 찬성한다.

문제는 이러한 해석이 과연 법률해석의 한계를 넘어서는 것인가 하는 점이다. 이는 위 2019다232918 판결에서 다수의견에 대한 보충의견 및 반대의견에 대한 보충의견이 정면으로 대립하는 지점이기도 하다. 다수의견에 대한 보충의견[246]은 "법률 문언과 체계 등을 통해 나타난 입법자의 의사가 명확함에도 합헌적 법률해석이라는 명목 하에 법률해석의 한계를 뛰어넘는 해석을 하여 입법권을 침해하는 것은 허용될 수 없다."고 하면서 "현재 상태에서 우리 민법이 미성년자에게 불리한 개별적인 대리행위를 감독하거나 사후적으로 무효화할 방안을 마련하지 않고 있다거나 특별한정승인에 관하여 미성년자를 보호하기 위한 특별규정을 두지 않고 있다고 하여, 이것이 입법재량의 한계를 벗어나 미성년자의 자기결정권이나 인격권을 침해하는 것으로서 위헌이라고 할 수는 없다"고 하였다. 이러한 특별규정을 마련하는 것이 입법론적으로 바람직한 것은 사실

---

245) 같은 이유에서 위 2019다232918 판결의 반대의견에 찬성하는 견해로 정구태 (2021), 310−319면 참조.
246) 대법관 김재형, 대법관 이동원의 의견이다.

이나, "미성년자를 보호할 필요성이나 당위성만을 이유로 법정대리인이 제척기간을 도과한 데에 따른 법적 효과를 상속인 본인이 성년에 이른 후 번복할 수 있도록 하는 것은, 실질적으로 미성년 상속인이 부담하던 상속채무에 대한 책임을 일정 시점 이후 제한하는 새로운 제도를 입법하는 것과 다름없다."는 것이다.[247] 이에 대해 반대의견에 대한 보충의견은 이러한 특별규정을 마련하지 않은 것이 합헌적 법률해석을 필요로 할 정도의 입법의 공백에 해당한다는 전제 하에 반대의견과 같이 해석하더라도 문리해석의 한계를 벗어난 것이 아님을 지적하고 있다. 입법의 공백을 판단하는 기준에 대해서는 여러 논란이 있을 수 있으나, 그동안 대법원이 이와 유사한 형태의 부진정부작위 입법 상황에 대해 합헌적 법률해석을 통해 적극적으로 대응해 온 경향에 비추어 볼 때 이러한 논쟁은 새삼스러운 감이 없지 않다.

제4절 상속재산분할
Ⅰ. 상속재산분할의 대상
1. 가분채권

가분채권은 그 성질상 상속개시와 동시에 법정상속분에 따라 각 공동상속인들에게 분할되어 귀속되므로, 상속재산분할의 대상이 될 수 없다는 것이 실무의 태도였다.[248] 하지만 이에 대해서는 ① 가분채권이 상속개시와 동시에 분할된다고 하여 상속재산분할 대상에서까지 제외할 이유가 없다거나,[249] ② 공동상속인 모두가 가분채권을 상속재산분할의 대상으로 삼기를 희망하는 경우 또는 공동상속인들 간의 형평을 위해 가분채

---

[247] 이러한 다수의견의 태도에 찬성하면서 반대의견과 같이 미성년자 보호라는 정의감과 사명감만으로 문언을 넘는 법형성을 정당화할 수는 없다는 견해로 권영준 (2021), 334–339면 참조.

[248] 대법원 2006. 7. 24.자 2005스83 결정. 이에 대해 상속채무자 보호를 위해 가분채권이라도 상속개시와 동시에 분할되어서는 안 된다는 취지로 비판하는 견해로 김주수·김상용(2019), 691면 참조. 이에 반박하는 문헌으로 郭潤直(2004), 130면 참조.

[249] 윤진수(2020), 441면.

권을 포함하여 상속재산분할을 할 필요가 있는 경우에는 상속재산분할의 대상으로 삼을 수 있도록 해야 한다거나,[250] ③ 초과특별수익자나 특별수익자 또는 기여분 권리자 등이 있으면 가분채권이라도 상속재산분할의 대상이 될 수 있다[251]는 등의 비판이 있었다. 대법원 2016. 5. 4.자 2014스122 결정은 절충적 견해를 택해 <u>상속재산분할을 통하여 공동상속인들 사이에 형평을 기할 필요가 있다면 가분채권도 예외적으로 상속재산분할의 대상이 될 수 있다</u>고 보았다. 공동상속인들 중에 초과특별수익자가 있는 경우 초과특별수익자는 초과분을 반환하지 않으면서도 가분채권을 법정상속분대로 상속받게 되는 부당한 결과가 나타날 수 있다는 점, 특별수익이 존재하거나 기여분이 인정되어 구체적 상속분이 법정상속분과 달라질 수 있는 상황에서 상속재산으로 가분채권만 있는 경우에는 모든 상속재산이 법정상속분에 따라 승계되므로 구체적 상속분 산정에 의해 공동상속인간에 공평을 도모하는 것이 불가능해진다는 점 등을 고려한 것이다. 이러한 법리에 따라 위 2014스122 결정은 상속재산으로 가분채권인 예금채권과 부당이득반환채권만 있는 상황에서 공동상속인들 중 초과특별수익자가 존재한다면 위 각 채권을 상속재산분할의 대상으로 삼을 수 있다고 본 원심결정을 유지하였다.[252] 2014스122 결정의 결론에 찬성하나, 공동상속인들 사이에 형평을 기할 필요가 있는 경우에만 예외적으로 분할을 허용해야만 했는지는 의문이다.[253] 가분채권이 상속개시와 동시에 각 공동상속인들에게 분할귀속되는 것은 다수당사자 채권관계의 법리가 준공유에 관한 규정들보다 우선 적용되는 결과일 뿐이며, 그것이 상속재산분할의 대상이 될 수 없는 자연적 성질을 갖고 있기 때문인 것은 아니다.

---

250) 박동섭·양경승(2020), 812면.

251) 김주수·김상용(2019), 726-727면; 배인구, "대상재산과 상속재산분할", 「2016년 가족법 주요 판례10선」, 세창출판사, 2017, 102-104면.

252) 위 판결에 찬성하는 견해로 김상훈, "가분채권 또는 대상재산이 상속재산분할의 대상이 될 수 있을까", 「상속법판례연구」, 세창출판사, 2020, 129-130면.

253) 같은 취지로 권영준, "2016년 민법 판례 동향", 民事法學 第78號(2017), 539-541면; 박근웅, "가분채권과 상속재산분할", 家族法硏究 第34卷 第1號(2020), 19-25면; 정구태(2017), 191-195면.

2. 대상재산

상속재산은 상속 개시 당시를 기준으로 결정되지만, 상속개시 후 그
재산이 처분되거나 멸실·훼손되는 등의 사정으로 분할 당시 더 이상 상
속재산을 구성하지 않게 되었다면 이를 상속재산분할의 대상으로 삼을
수 없음은 분명하다. 다만, 상속인이 그 대가로 처분대금, 화재보험금, 손
해배상청구권 등 대상재산을 취득하였다면, 그 대상재산도 상속재산분할
의 대상으로 삼는 것이 분쟁의 일회적 해결과 상속재산분할 제도의 목적
에 부합한다는 것이 통설이다.[254] 대법원 2016. 5. 4.자 2014스122 결정
은 통설과 같이 "대상재산은 종래의 상속재산이 동일성을 유지하면서 형
태가 변경된 것에 불과할 뿐만 아니라 상속재산분할의 본질이 상속재산
이 가지는 경제적 가치를 포괄적·종합적으로 파악하여 공동상속인에게
공평하고 합리적으로 배분하는 데에 있는 점에 비추어, 그 대상재산이
상속재산분할의 대상으로 될 수는 있을 것"이라고 판시한 최초의 결정이
다. 이러한 법리에 따라 위 2014스122 결정은 상속재산이었던 예금채권
이 상속개시 후 구상권, 공탁금출급청구권, 부당이득반환채권 등의 형태
로 변형을 거듭하였다면, 이미 소멸한 예금채권이 아니라, 그 대가로 취
득한 대상재산을 상속재산분할의 대상으로 삼아야 한다고 보았다. 대법
원 2020. 4. 9. 선고 2018다238865 판결도 같은 맥락에서 피상속인이 공
무원들의 불법행위로 말미암아 분배농지에 관한 권리를 상실한 경우로서
피상속인 사망 당시 상속재산이었던 분배농지에 관한 권리가 3년의 시효
에 걸려 소멸하였다면, 상속재산분할협의 당시 수분배권의 대상재산인 손
해배상청구권이 상속재산분할의 대상이 된다고 판시하였다.

3. 상속재산의 과실

상속개시 후 상속재산분할이 완료되기 전까지 상속재산으로부터 발
생하는 과실이 상속재산분할의 대상이 되는지에 대해서는 학설의 대립이

---

254) 대표적으로 김주수·김상용(2019), 729면; 윤진수(2020), 442면.

있다. ① 부정설은 상속개시 당시에는 존재하지 않았던 과실이 상속재산
분할의 대상이 될 수 없다는 점, 상속재산분할의 효과는 상속개시 당시
로 소급한다는 점 등을 들어 상속재산분할협의 또는 심판에 의해 그 과
실의 원물인 상속재산을 취득한 상속인이 그 상속재산으로부터 발생한
과실도 모두 취득할 뿐이며, 과실이 별도로 상속재산분할의 대상이 되는
것은 아니라고 주장한다.[255] 반면 ② 긍정설은 상속재산을 취득한 상속
인이 과실까지 모두 취득한다면 심리에 나타나지 않은 수익의 과다에 따
라 공동상속인 사이의 형평을 해할 우려가 있다는 점을 들어 이를 상속
재산분할의 대상으로 삼아야 한다고 주장한다.[256] ③ 원칙적으로는 상속
재산분할의 대상이 되지 않지만, 공동상속인 전원의 동의가 있거나 형평
의 견지에서 필요한 경우에는 상속재산분할의 대상으로 할 수 있다는 절
충설도 있다.[257] 대법원 2007. 7. 26. 선고 2006므2757 판결은 제1014조
에 의한 상속분 상당 가액지급청구에 있어 상속재산으로부터 발생한 과
실은 그 상속재산을 취득한 자에게 확정적으로 귀속되는 것이므로, 그
가액 산정 대상에 포함된다고 할 수 없다고 판시한 바 있으나,[258] 대법원
2018. 8. 30. 선고 2015다27132 판결은 대상분할 방식으로 상속재산을 분
할할 때 "그 특정 상속재산을 분할받은 상속인은 민법 제1015조 본문에
따라 상속개시된 때에 소급하여 이를 단독소유한 것으로 보게 되지만,
상속재산 과실까지도 소급하여 상속인이 단독으로 차지하게 된다고 볼

---

255) 임채웅, 「상속법연구」, 박영사, 2011, 97-98면.
256) 郭潤直(2004), 152면; 김주수·김상용(2019), 729면; 송덕수(2020), 363-364면.
257) 박동섭·양경승(2020), 812면
258) 대법원 2007. 7. 26. 선고 2006므2757 판결: "인지 전에 공동상속인들에 의해
    이미 분할되거나 처분된 상속재산은 이를 분할받은 공동상속인이나 공동상속인들
    의 처분행위에 의해 이를 양수한 자에게 그 소유권이 확정적으로 귀속되는 것이
    며, 그 후 그 상속재산으로부터 발생하는 과실은 상속개시 당시 존재하지 않았던
    것이어서 이를 상속재산에 해당한다 할 수 없고, 상속재산의 소유권을 취득한 자
    가 민법 제102조에 따라 그 과실을 수취할 권능도 보유한다고 할 것[이다.]" 따라
    서 피인지자에 대한 인지 이전에 상속재산을 분할한 공동상속인이 그 분할받은 상
    속재산으로부터 발생한 과실을 취득하는 것은 피인지자에 대한 관계에서 부당이득
    이 되지 않는다고 보았던 대법원 2007. 7. 26. 선고 2006다83796 판결도 참조.

<u>수는 없다.</u>"는 이유로 "상속재산 과실은 특별한 사정이 없는 한, 공동상
속인들이 수중재산과 기여분 등을 참작하여 상속개시 당시를 기준으로
산정되는 '구체적 상속분'의 비율에 따라, 이를 취득한다고 보는 것이 타
당하다."고 판시하였다.[259] 위 2006므2757 판결이 상속재산의 과실을 제
1014조에 따른 가액반환청구의 대상으로부터 제외한 것에 대해서는 상속
개시 후 인지된 혼인 외 출생자를 혼인 중 출생자와 차별하는 것이라는
비판[260]이 유력하였는데, 위 2015다27132 판결에 의해 그 차별적 성격이
더욱 두드러지게 되었다. 조속한 시일 내에 판례 변경이 이루어지기를
기대한다.

Ⅱ. 상속재산분할의 방법

1. 상속재산분할 협의

상속재산분할 협의는 공동상속인 간에 체결되는 일종의 계약이므로,
공동상속인 전원이 참여해야 하며 일부 상속인만으로 한 협의분할은 무
효이다.[261] 대법원 2011. 6. 9. 선고 2011다29307 판결에서는 상속포기
신고가 아직 행해지지 않거나 법원에 의해 아직 수리되지 않고 있는 동
안 포기자를 제외한 나머지 공동상속인들 사이에 이루어진 상속재산분할
협의가 위와 같은 요건을 만족시키지 못해 무효인지가 문제되었다. 대법
원은 이에 대해 상속의 포기는 상속이 개시된 때에 소급하여 그 효력이
있으므로, <u>위와 같은 사안에서도 나중에 상속포기 신고가 적법하게 수리
되어 상속포기의 효력이 발생하면 포기자는 처음부터 상속인이 아니었던
것이 되어 공동상속인 자격을 가지는 사람들 전원이 참여한 상속재산분
할협의로서 소급적으로 유효하게 된다</u>고 판시하였다. 상속포기의 소급효

259) 위 판결에 찬성하는 취지로 김상훈, "상속재산으로부터 발생한 과실은 누구에
    게 귀속될까", 「상속법판례연구」, 세창출판사, 2020, 156-157면 참조.
260) 윤진수(2020), 467면.
261) 대법원 1995. 4. 7. 선고 93다54736 판결; 대법원 2001. 6. 29. 선고 2001다
    28299 판결; 대법원 2004. 10. 28. 선고 2003다65438 등 판결; 대법원 2010. 2. 25.
    선고 2008다96963 판결 등.

에 비추어 볼 때 당연한 판결이다.

2. 상속재산분할과 한정승인 절차

우리 민법은 상속채무 청산절차와 상속재산 분배 절차를 시간적으로 분리할 것인지에 대한 명문의 규정을 두고 있지 않다. 따라서 한정승인을 한 상속인이 있을 때 상속채무 청산절차와 상속재산분할 간의 관계가 해석론상 문제된다. 이에 대해 대법원 2014. 7. 25.자 2011스226 결정은 "우리 민법이 한정승인 절차가 상속재산분할 절차보다 선행하여야 한다는 명문의 규정을 두고 있지 않고, 공동상속인들 중 일부가 한정승인을 하였다고 하여 상속재산분할이 불가능하다거나 분할로 인하여 공동상속인들 사이에 불공평이 발생한다고 보기 어려우며, 상속재산분할의 대상이 되는 상속재산의 범위에 관하여 공동상속인들 사이에 분쟁이 있을 경우에는 한정승인에 따른 청산절차가 제대로 이루어지지 못할 우려가 있는데 그럴 때에는 상속재산분할청구 절차를 통하여 분할의 대상이 되는 상속재산의 범위를 한꺼번에 확정하는 것이 상속채권자의 보호나 청산절차의 신속한 진행을 위하여 필요하다는 점 등을 고려하면, 한정승인에 따른 청산절차가 종료되지 않은 경우에도 상속재산분할청구가 가능하다."고 판시하였다.

이에 대해서는 한정승인에 따른 청산절차가 완료되기 전에 재판에 의한 상속재산분할을 하는 것은 허용될 수 없다는 비판이 있다.[262] ① 한정승인을 한 상속인에게는 상속재산에 대한 처분권한이 없다는 점, ② 청산 완료 전에 상속재산분할이 이루어지면 단순승인이 의제되어 한정승인의 효과가 소멸하는데, ③ 이는 결국 한정승인의 효과를 한정승인을 하지 않은 다른 상속인들이 뒤집는 것을 허용하는 것이 되어 일부 상속인만 한정승인을 할 수 있도록 한 민법의 취지에 어긋난다는 점, ④ 상속재산분할절차에서 상속재산의 범위를 정하더라도 기판력이 없으므로, 분쟁을 종국적으로 해결하는 데 도움이 되지 않는다는 점 등을 근거로 제

---

262) 윤진수(2020), 455면.

시한다. 하지만 ①′ 판례는 한정승인에도 불구하고 한정승인자의 상속재산처분행위가 제한되는 것은 아니라고 보고 있으며,[263] ②′ 한정승인 후 상속재산분할을 하더라도 그것이 부정소비 또는 은닉에 해당하지 않는 한 법정단순승인의 효과는 발생하지 않는다(제1026조 제3호). ③′ 단순승인자와 한정승인자가 모두 있을 때 한정승인에 따른 청산절차가 완료되기 전까지 상속재산분할이 불가능하다고 하면 오히려 한정승인의 효과로 인해 단순승인한 상속인들의 상속재산분할이 지연되어 상속인별로 각자 단순승인 또는 한정승인을 선택할 수 있도록 한 민법의 취지에 어긋난다.[264] 한정승인 제도 전반에 대한 입법적 개선이 필요하다는 점과 별개로 현재 우리 법의 해석상 판례의 태도는 부득이하다. 다만, 위 견해 ④가 적절하게 지적하고 있는 바와 같이 상속재산분할을 통해 상속재산의 범위를 한꺼번에 확정하는 것이 상속채무의 청산이나 상속채권자의 보호에 특별한 유익이 있는 것으로는 보이지 않는다.

3. 상속재산분할과 공유물 분할

상속재산분할이 이루어질 때까지 공동상속인들은 그 상속재산을 공유한다(제1006조). 이때 공유는 물권법상의 공유와 동일한 개념으로 이해되고 있으므로,[265] 상속인은 상속재산에 상속재산분할을 청구하는 외에 상속재산에 속하는 개별재산에 대해 제268조에 따른 공유물분할도 청구할 수 있는지가 문제될 수 있다. 대법원 2015. 8. 13. 선고 2015다18367 판결에서는 공동상속인 중 1인의 채권자가 그 상속인을 대위하여 상속재산인 부동산에 관해 상속으로 인한 소유권이전등기를 신청한 후 공동상속인 전원에 대해 그 법정상속분에 따른 소유권이전등기가 경료되자 자기 채권을 보전하기 위해 위 상속인을 대위하여 위 부동산에 관해 공유물 분할을 청구한 사안이 문제되었다. 이에 대해 위 판결은 "공동상속인

---

263) 대법원 2010. 3. 18. 선고 2007다77781 전원합의체 판결.
264) 이와 관련하여서는 현소혜(2019), 153−155면도 참조.
265) 대표적으로 郭潤直(2004), 129면; 김주수·김상용(2019), 688−689면; 송덕수 (2020), 348면.

은 상속재산의 분할에 관하여 공동상속인 사이에 협의가 성립되지 아니하거나 협의할 수 없는 경우에 가사소송법이 정하는 바에 따라 가정법원에 상속재산분할심판을 청구할 수 있을 뿐이고, 그 상속재산에 속하는 개별 재산에 관하여 민법 제268조의 규정에 의한 공유물분할청구의 소를 제기하는 것은 허용되지 않는다."고 판시하였다. 상속재산분할은 공동상속인 간에 상속재산에 관한 분쟁을 포괄적·일회적으로 해결하기 위한 절차라는 점을 고려할 때 당연한 결론이다.[266]

4. 상속재산분할의 방법

상속재산분할 방법에 관해서는 공유물 분할에 관한 규정이 준용된다 (제1013조 제2항에 의한 제269조 제2항의 준용). 따라서 현물분할을 원칙으로 하되, 현물로 분할할 수 없거나 분할로 인해 현저히 그 가액이 감손될 염려가 있는 경우에 한해 예외적으로 경매에 의한 가액 분할을 고려할 수 있다.[267] 하지만 대법원 2014. 11. 25.자 2012스156 등 결정은 상속재산분할의 특수성을 반영하여 "상속재산 분할방법은 상속재산의 종류 및 성격, 상속인들의 의사, 상속인들 간의 관계, 상속재산의 이용관계, 상속인의 직업·나이·심신상태, 상속재산분할로 인한 분쟁 재발의 우려 등 여러 사정을 고려하여 법원이 후견적 재량에 의하여 결정할 수 있다."고 판시하였다. 위 결정에서는 청구인과 상대방이 남매지간으로 오랜 기간 동안 피상속인의 부양이나 상속재산분할을 둘러싸고 첨예하게 대립해 왔고, 악화된 관계가 회복되기 곤란한 상황에서 청구인은 세금 부담 등을 피하기 위해 상속지분에 따른 공유방식의 분할을 희망하고 있는 반면, 상대방은 종국적 분쟁 해결을 위해 대상분할이나 경매에 의한 분할을 희

---

266) 같은 취지로 郭潤直(2004), 145면; 정구태(2016: 상속법 회고), 42면. 김상훈, "상속재산에 대하여 공유물분할소송을 할 수 있을까? —상속재산분할청구와 공유물분할청구의 관계", 「상속법판례연구」, 세창출판사, 2020, 135−137면은 판례의 취지에 찬성하면서도 일단 상속재산분할이 있은 후에는 공유물 분할 청구가 허용될 수 있다고 서술한다.

267) 같은 취지로 郭潤直(2004), 148면.

망하고 있는 사안이 문제되었는데, 대법원은 부동산의 관리·처분을 둘러싼 후속 분쟁이 계속되는 것을 막을 필요가 있다는 점 등을 고려하여 경매에 의한 분할을 명한 원심결정을 유지하였다. 상속재산분할 심판은 마류 가사비송사건으로서 가정법원은 가정의 평화와 사회정의를 위하여 가장 합리적인 방법으로 청구의 목적이 된 법률관계를 조정할 수 있는 내용의 심판을 해야 한다는 점에서 판례의 취지에 찬성한다(가사소송규칙 제93조 제1항).

Ⅲ. 상속재산분할의 효과

제1015조는 상속재산의 분할에 소급효를 인정하면서도 그로써 "제3자의 권리를 해하지 못한다"고 규정하고 있다. 상속재산분할 전에 이와 양립할 수 없는 법률상 이해관계를 갖게 된 제3자를 보호하고 거래의 안전을 도모하기 위해 상속재산분할의 소급효를 제한한 것이다. 판례는 이때 제3자란 상속재산분할의 대상이 된 상속재산에 관해 상속재산분할 전에 새로운 이해관계를 가졌을 뿐만 아니라, 등기·인도 등으로 권리를 취득한 자를 의미한다고 판시해 왔다.[268] 대법원 2020. 8. 13. 선고 2019다249312 판결은 제3자의 의미를 보다 확대하여 "<u>상속재산분할심판에 따른 등기가 이루어지기 전에 상속재산분할의 효력과 양립하지 않는 법률상 이해관계를 갖고 등기를 마쳤으나 상속재산분할심판이 있었음을 알지 못한 제3자</u>"에 대해서도 상속재산분할의 소급효를 주장할 수 없다고 하였다. 위 판결에서는 5명의 공동상속인 A, B, C, D, E가 각 1/5의 상속분에 따라 공유하고 있던 X 부동산을 A가 단독 소유하고, 나머지 상속인들에게 현금을 지급하기로 하는 내용의 상속재산분할심판이 확정되었으나, 아직 A 명의로 소유권이전등기가 이루어지기 전에 B의 채권자가 B 명의 공유지분에 대해 가처분기입등기를, C의 채권자가 C 명의 공유지분에 대해 압류등기를 하자 A가 위 각 채권자를 상대로 상속재산분할등기

268) 대법원 1992. 11. 24. 선고 92다31514 판결; 대법원 1996. 4. 26. 선고 95다54426 등 판결 등.

를 마치는 데에 대해 동의의 의사표시를 구하는 소를 제기한 사안이 문제되었다. 원심판결은 위 각 채권자가 상속재산분할심판 후 등기가 이루어지기 전에 이해관계를 갖게 된 사람이므로 A가 상속재산분할의 효력을 주장할 수 없다고 보았으나, 대법원은 위와 같은 법리에 따라 위 각 채권자가 상속재산분할이 있었음을 알았는지를 심리할 필요가 있다는 점을 들어 원심판결을 파기환송하였다. 실체관계와 등기 간의 불일치 사안에서 등기를 신뢰한 자를 어디까지 보호할 것인지에 대해서는 여러 입장이 있을 수 있으나, 판례가 제548조에 따라 계약 해제의 소급효로부터 보호받는 제3자의 범위를 "계약해제로 인한 원상회복등기 등이 이루어지기 이전에 계약의 해제를 주장하는 자와 양립되지 아니하는 법률관계를 가지게 되었고 계약해제사실을 몰랐던 제3자"까지로 확대해 온 이상[269] 위 사안에서도 동일한 이익형량 구조를 택한 것은 충분히 수긍할 만하다.[270]

제5절 상속회복청구

I. 상속회복청구권

1. 참칭상속인의 개념

공동상속인도 참칭상속인이 될 수 있는지에 대해서는 긍정설[271]과 부정설[272]이 대립한다. 판례는 긍정설에 따라 상속회복청구의 상대방인 참칭상속인을 "정당한 상속권이 없음에도 재산상속인임을 신뢰케 하는 외관을 갖추고 있는 사람이나 상속인이라고 참칭하여 상속재산의 전부 또는 일부를 점유하는 사람"이라고 파악하면서 "재산상속에 관하여 진정한 상속인임을 전제로 그 상속으로 인한 소유권 또는 지분권 등 재산권

---

269) 대법원 1985. 4. 9. 선고 84다카130 등 판결; 대법원 1996. 11. 15. 선고 94다 35343 판결; 대법원 2000. 4. 21. 선고 2000다584 판결; 대법원 2005. 6. 9. 선고 2005다6341 판결.
270) 위 판결의 결론에 찬성하면서도 논증의 부족함을 비판하는 문헌으로 정구태 (2021), 293–297면 참조.
271) 대표적으로 郭潤直(2004), 160면; 김주수·김상용(2019), 631–633면; 박동섭· 양경승(2020), 576–577면; 송덕수(2020), 374면.
272) 朴秉濠(1991), 320–321면.

의 귀속을 주장하고, 참칭상속인 또는 자기들만이 재산상속을 하였다는
일부 공동상속인들을 상대로 상속재산인 부동산에 관한 등기의 말소 등
을 청구하는 경우에도, 그 소유권 또는 지분권이 귀속되었다는 주장이
상속을 원인으로 하는 것인 이상"이는 상속회복청구의 소에 해당한다는
입장을 고수하고 있다.[273] 대법원 2011. 3. 10. 선고 2007다17482 판결
역시 같은 맥락에서 "공동상속인 중 1인이 협의분할에 의한 상속을 원인
으로 하여 상속부동산에 관한 소유권이전등기를 마친 경우에, 협의분할이
다른 공동상속인의 동의 없이 이루어진 것이어서 무효라는 이유로 다른
공동상속인이 위 등기의 말소를 청구하는 소는 상속회복청구의 소에 해
당한다."고 설시하였다. 위 판결 전에도 실무는 위조된 상속재산분할협의
서를 이용하여 단독으로 소유권이전등기를 경료한 공동상속인 중 1인을
상대로 다른 공동상속인이 그 등기의 말소를 청구하는 것을 상속회복청
구 사건으로 다뤄 왔으므로,[274] 위 판결은 이 점을 일반론으로서 설시한
정도의 의미가 있을 뿐이다. 다만, 상속재산분할을 둘러싼 공동상속인간
의 분쟁을 과연 상속회복청구 사건으로 구성해야 하는가에 대해서는 여
전히 의문이 있다.[275]

공동상속인 명의의 소유권이전등기가 있었더라도 그것이 등기명의인
의 의사와 무관하게 경료된 것이라면 참칭상속인이라고 볼 수 없다는 판
례[276]의 태도도 그대로 유지되었다. 대법원 2012. 5. 24. 선고 2010다
33392 판결은 상속을 포기한 상속인 명의로 상속지분에 따라 상속등기가
마쳐진 사건에서 "상속을 유효하게 포기한 공동상속인 중 한 사람이 그

273) 대법원 1991. 12. 24. 선고 90다5740 전원합의체 판결; 대법원 1992. 10. 9. 선고 92다11046 판결; 대법원 1994. 3. 11. 선고 93다24490 판결; 대법원 1994. 10. 21. 선고 94다18249 판결; 대법원 1997. 1. 21. 선고 96다4688 판결; 대법원 2006. 7. 4. 선고 2005다45452 판결; 대법원 2010. 1. 14. 선고 2009다41199 판결.
274) 대법원 1994. 10. 21. 선고 94다18249 판결; 대법원 2006. 9. 8. 선고 2006다26694 판결.
275) 같은 취지로 김상훈, "친권자가 미성년자녀를 대리하여 상속재산분할협의를 할 수 있을까?",「상속법판례연구」, 세창출판사, 2020, 146－147면 참조.
276) 대법원 1994. 3. 11. 선고 93다24490 판결; 대법원 1997. 1. 21. 선고 96다4688 판결.

사실을 숨기고 여전히 공동상속인의 지위에 남아 있는 것처럼 참칭하여 그 상속지분에 따른 소유권이전등기를 한 경우에도 참칭상속인에 해당할 수 있으나, 이러한 상속을 원인으로 하는 등기가 그 명의인의 의사에 기하지 않고 제3자에 의하여 상속 참칭의 의도와 무관하게 이루어진 것일 때에는 위 등기명의인을 상속회복청구의 소에서 말하는 참칭상속인이라고 할 수 없다."고 하면서 특히 수인의 상속인이 부동산을 공동으로 상속하는 경우 공동상속인 중 1인이 공유물 보존행위로서 공동상속인 모두를 위해 상속등기를 신청하는 과정에서 상속을 포기한 공동상속인이 포함되었다면 그 상속포기자 명의의 등기가 그의 의사에 의해 이루어졌다고 단정하기 어렵다고 보았다. 스스로 상속인의 지위를 참칭하는 행위를 한 공동상속인을 상대로 한 말소 등기 청구에 대해서는 엄격한 제척기간 규정이 적용되는 반면, 그러한 행위를 하지 않은 공동상속인을 상대로 한 말소 등기 청구에 대해서는 제척기간 규정이 적용되지 않는다는 것인데, 상속을 둘러싼 법률관계를 조기에 안정시킨다는 제999조 제2항의 취지에 비추어 볼 때 양자를 달리 취급할 필요가 있는지, 전자의 사안에서 과연 법적 안정성 확보의 필요성이 후자보다 크다고 판단할 수 있는지 등에 대해 고민해 볼 필요가 있다.

　　이러한 맥락에서 대법원 2014. 1. 23. 선고 2013다68948 판결이 등기의 추정력을 들어 상속등기가 등기명의인의 의사와 무관하게 경료된 것인지를 판단하는 데 신중한 입장을 취한 것은 흥미롭다. 위 판결에서는 원고가 협의분할에 의한 상속을 원인으로 부동산 소유권을 단독으로 취득하였음에도 불구하고 공동상속인 중 1인인 피고와 공동상속을 한 것으로 상속등기가 이루어졌다는 이유로 피고 명의 고유지분이전등기의 말소를 구한 사건이 문제되었는데, 원심판결은 본래 위 부동산에 관해서 원고가 단독상속하기로 하는 상속재산분할협의가 있었는데, 등기업무를 담당한 법무사 직원의 실수 등 등기 과정상의 착오로 협의와 다르게 원·피고의 공동소유로 등기가 이루어진 것인 이상 "등기명의인의 의사와 무관하게 경료된 것"으로서 피고는 상속회복청구의 상대방인 참칭상속인에 해당하지 않는다고 판단하였으나, 위 2013다68948 판결은 위 부동산에 관해서는 원고가 단독상속하기로 하는 상속재산분할협의가 있었는지 의문이며, 등기부상 소유권이전등기가 경료되어 있는 이상 일응 그 절차와 원인이 정당한 것이라는 추정된다는 점 등을 근거로 제시하면서 원심이 들고 있는 사정들만으로는 이 사건 등기가 등기명의인의 의사와 무관하게 경료된 것이라고 인정할 근거로 삼기에 부족하다는 이유로 원심판결을 파기환송하였다. 등기의 추정력을 둘러싼 증명책임의 문제라고 볼 수도 있을 것이나, 등기가 이루어진 경위와 제척기간 준수의 효과를 결부시키는 무리한 법리구성을 타개하는 것이 우선 과제이다.

2. 북한 주민의 상속회복청구권

2012년 제정된 남북가족특례법은 남북이산으로 인하여 피상속인인 남한 주민으로부터 상속을 받지 못한 북한 주민 또는 그 법정대리인도 상속회복청구를 할 수 있음을 명시하였다(남북가족특례법 제11조). 하지만 위 조문은 "제999조 제1항에 따른 상속회복청구"를 할 수 있다고 규정하고 있을 뿐이므로, 북한 주민의 상속회복청구에 관해 제999조 제2항에 따른 제척기간 규정도 함께 적용되는지에 대해 논란의 여지가 있었다. 대법원 2016. 10. 19. 선고 2014다46648 전원합의체 판결에서는 이 점이 정면으로 문제되었다. 피상속인이 1961. 12. 13. 사망할 당시 그의 자녀 중 1인이 북한에 생존해 있었음에도 불구하고, 1978. 1. 23. 남한에 있던 배우자 및 자녀들 명의로만 상속재산에 대해 소유권보존등기가 경료됨으로써 북한 소재 자녀의 상속권이 침해되었으나, 그가 2006. 10. 31. 사망한 다음인 2011. 10. 26.에야 비로소 그의 딸인 원고가 상속회복청구의 소를 제기한 것이 상속권이 침해된 날로부터 10년이 도과한 후에 제기한 것으로서 부적법한지가 다투어졌던 것이다. 이에 대해 위 2014다46648 판결의 다수의견은 남북가족특례법 제11조에 따른 북한 주민의 상속회복청구에 관한 법률관계에 대해서도 제999조 제2항의 제척기간이 적용된다고 보았다. ① 남북가족특례법은 남한 주민과 북한 주민 사이의 가족관

계와 상속 등에 관한 법률관계의 안정을 도모할 목적으로 제정되었다는
점, ② 남북가족특례법은 친생자관계존재확인의 소나 인지청구의 소와
달리 상속회복청구에 관해서는 제척기간의 특례를 인정하는 규정을 두지
않는 방향으로 입법적 선택을 하였다는 점, ③ 상속의 회복은 상속인들
사이뿐만 아니라 그 상속재산을 전득한 제3자에게까지 영향을 미치므로,
제척기간의 특례를 인정하려면 해석이 아니라 입법에 의한 통일적 처리
가 필요하다는 점 등을 고려할 필요가 있다는 것이다.

반면 위 2014다46648 판결의 반대의견[277]은 ① 남북가족특례법은 평
화통일을 지향하는 헌법 정신에 비추어 북한 주민에 대한 보호와 배려가
이루어지는 방식으로 해석되어야 한다는 점, ② 남북가족특례법 제11조
가 제999조 제1항만을 언급하고 제척기간에 관해 명시적인 규정을 두지
않은 것은 제척기간 연장을 법률해석에 맡겨둔 것으로 볼 수 있다는 점,
③ 남북 분단으로 민간 차원의 교류가 단절된 현실에서 북한 주민이 자
기 책임과 무관하게 제척기간의 경과로 상속권을 박탈당하는 것은 부당
하다는 점, ④ 남한 주민이 이미 상속재산분할 그 밖의 처분을 한 경우
에 북한 주민은 가액지급청구를 할 수 있을 뿐이므로(남북가족특례법 제11
조), 제척기간의 연장을 인정하더라도 거래의 안전을 해할 위험이 없다는
점 등을 고려할 때 "남북이산으로 인하여 피상속인인 남한주민으로부터
상속을 받지 못한 북한주민이었던 사람은 남한의 참칭상속인에 의하여
상속권이 침해되어 10년이 경과한 경우에도 민법상 상속회복청구권의 제
척기간이 연장되어 남한에 입국한 때부터 3년 내에 상속회복청구를 할
수 있다고 보는 것이 옳다."고 판시하였다.

반대의견이 지적하고 있는 바와 같이 남한에 있는 공동상속인들이
이미 분할 기타 처분을 마친 경우에 북한 주민은 가액지급청구권을 행사
할 수 있을 뿐이므로, 일반적인 상속회복청구권에 비해 북한 주민의 상
속회복청구권 행사가 거래의 안전에 미치는 영향이 현저히 적은 것은 사

---

277) 대법관 김창석, 대법관 김소영, 대법관 권순일, 대법관 이기택, 대법관 김재형
    의 의견이다.

실이다. 하지만 판례는 제1014조에 따른 가액지급청구권에 대해서도 제999조 제2항에 따른 제척기간 규정이 적용된다는 입장을 유지해왔다.[278] 제척기간 규정은 거래의 안전을 넘어 상속을 둘러싼 법률관계 자체를 조기에 확정하고, 이를 통해 분쟁을 최소화하며, 증명의 어려움으로부터 당사자들을 구제한다는 고유한 기능을 수행하기 때문이다. 가혹한 분단의 현실로 인해 북한 주민이 상속권을 사실상 박탈당하는 일을 막아야 한다는 인도적 정신에는 공감할 수 있으나, 분단이 장기화되어 감에 따라 남한에서 형성된 상속재산에 대해 북한 주민에게 상속권을 인정해야 하는 근거가 점차 희박해지는 것도 사실이다. 공동상속인 간의 상속분쟁을 상속회복청구 사건으로 구성할 수 있는가라는 근본적인 의문은 여전히 남아 있으나, 현재 실무의 태도가 유지된다는 전제 하에 법해석론으로서 북한 주민에게만 제척기간의 특례를 인정할 수는 없다. 다수의견에 찬성한다.[279]

Ⅱ. 제1014조에 따른 가액지급청구권

제1014조는 "상속개시 후의 인지 또는 재판의 확정에 의하여 공동상속인이 된 자가 상속재산의 분할을 청구할 경우에 다른 공동상속인이 이미 분할 기타 처분을 한 때에는 그 상속분에 상당한 가액의 지급을 청구할 권리가 있다."고 규정한다. 상속인 자격의 미확정으로 인해 상속재산

---

278) 대법원 1981. 2. 10. 선고 79다2052 판결; 대법원 2007. 7. 26. 선고 2006므 2757 등 판결. 이에 반해 제1014조에 따른 가액지급청구권은 상속재산분할청구권에 준하는 성격을 갖는다는 견해로 郭潤直(2004), 156면 참조.

279) 다수의견에 찬성하는 견해로 권영준(2017), 543−547면 참조. 다수의견에 반대하는 견해로 김상훈, "북한주민의 상속회복청구권 행사와 제척기간", 「상속법판례연구」, 세창출판사, 2020, 29−31면 참조. 북한 주민의 상속회복청구권에 대해서는 제166조 및 제999조 제2항을 유추적용하여 '북한 주민이 실제로 권리를 행사할 수 있는 것을 전제로 상속권 침해 사실을 안 때로부터 3년의 제척기간에 걸리고, 상속권 침해시부터 10년의 규정은 적용되지 않는다'는 절충적인 견해로 박근웅, "북한주민의 상속회복청구", 가천법학 제12권 제1호(2019), 264−265면; 정구태(2015), 158−162면 참조. 위 2014다46648 판결의 다수의견에 반대하는 취지를 보다 상세히 담고 있는 동일인의 문헌으로 정구태, "북한주민의 상속회복청구권 행사와 제척기간", 「2016년 가족법 주요 판례 10선」, 세창출판사, 2017, 82−93면도 참조.

분할에 참가하지 못한 공동상속인과 상속재산분할 등을 한 다른 공동상속인 기타 제3자의 보호 간에 균형을 도모하기 위한 제도이다. 대법원 2018. 6. 19. 선고 2018다1049 판결에서는 상속개시 후 친생자관계 존재확인 판결에 의해 모자 관계가 확정된 경우에 그 자녀도 제1014조 소정의 '상속개시 후 재판의 확정에 의해 공동상속인이 된 자'에 해당하는지가 문제되었다. 위 판결에서 A는 혼인 중에 피고 1을 출산한 후 이혼하였고, 그 후 다른 사람과 사실혼 관계를 유지하면서 원고를 출산하였다. A 사망 후 피고 1은 상속재산이었던 부동산에 관해 상속을 원인으로 한 소유권이전등기를 마친 후 피고 2에게 위 부동산을 매도하고 소유권이전등기를 경료해 주었다. 그 후 원고는 A와의 사이에서 친생자관계 존재확인 확정판결을 받고, 피고 1과 피고 2를 상대로 각 소유권이전등기의 말소를 청구하였다. 이에 대해 원심판결은, 원고는 "상속개시 후의 재판의 확정에 의해 공동상속인이 된 자"에 해당하므로, 피고 1을 상대로 제1014조에 따른 가액지급청구권을 행사할 수 있을 뿐이고, 피고 2에게 그 소유권이전등기의 말소를 청구할 수는 없다고 판시하였다. 하지만 위 2018다1049 판결은 "혼인 외 출생자와 생모 사이에는 생모의 인지나 출생신고를 기다리지 아니하고 자의 출생으로 당연히 법률상의 친자관계가 생기고, 가족관계등록부의 기재나 법원의 친생자관계존재확인판결이 있어야만 이를 인정할 수 있는 것이 아니다. 따라서 인지를 요하지 아니하는 모자관계에는 인지의 소급효 제한에 관한 민법 제860조 단서가 적용 또는 유추적용되지 아니하며, 상속개시 후의 인지 또는 재판의 확정에 의하여 공동상속인이 된 자의 가액지급청구권을 규정한 민법 제1014조를 근거로 자가 모의 다른 공동상속인이 한 상속재산에 대한 분할 또는 처분의 효력을 부인하지 못한다고 볼 수도 없다. 이는 비록 다른 공동상속인이 이미 상속재산을 분할 또는 처분한 이후에 모자관계가 친생자관계존재확인판결의 확정 등으로 비로소 명백히 밝혀졌다 하더라도 마찬가지"라는 이유로 원심판결을 파기환송하였다.

이에 대해 일부 견해는 모자관계의 경우에 자녀는 판결 확정 전부터 상속권을 가지고 있으므로, 다른 공동상속인들은 해당 상속지분에 대해 권리를 취득한 적이 없고, 따라서 제860조 단서에 따라 보호받는 "제3자가 취득한 권리"에 해당할 수 없다는 이유로 위 판결의 취지에 찬성한다.[280] 하지만 이에 대해서는 제1014조는 제860조 단서의 적용을 전제로 하는 것이 아니므로 모자관계에 제860조 단서가 적용되지 않더라도 제1014조가 적용될 수 있다는 비판이 있다.[281] 제1014조는 상속개시 후 인지가 있었던 경우뿐만 아니라 재판의 확정이 있었던 경우에 두루 적용되는 조문이라는 점에서 타당한 비판이다. 상속인이 상속회복청구권을 행사할 수 있는가 또는 제1014조에 따른 가액지급청구권을 행사할 수 있을 뿐인가의 문제는 그것이 제860조의 적용대상인지가 아니라 제1014조의 적용대상인지에 따라 결정될 뿐이다. 다만, 제1014조상 '재판의 확정'이 형성재판만을 의미하는지 또는 확인재판까지 포함하는 개념인지는 논란의 여지가 있다. 위 2018다1049 판결은 제1014조의 문언에 충실하게 "재판의 확정에 의하여 공동상속인이 된 자"에게만 가액지급청구권이 인정되는 것으로 해석하면서 모자관계에서는 자녀가 출생과 동시에 공동상속인이 되는 것이고, 재판의 확정에 의해 비로소 공동상속인이 된 것은 아니라고 보았으나, 제1014조의 입법 취지를 고려할 때 위 조문은 재판의 확정에 의해 비로소 공동상속인이 '된' 자뿐만 아니라 공동상속인 지위에 다툼이 있어 재판의 확정에 의해 비로소 공동상속인 자격 있음이 가족관계등록부상 명백해진 자에게까지 널리 적용되어야 한다고 보아야 할 것

---

280) 오종근, "민법 제1014조 가액지급청구권", 家族法研究 第34卷 第1號(2020), 172−176면; 정다영, "상속재산 분할 후 모자관계가 밝혀진 경우 민법 제860조 단서 및 제1014조의 적용 여부−대법원 2018. 6. 19. 선고 2018다1049 판결−", 「2018년 가족법 주요 판례 10선」, 세창출판사, 2019, 137−139면. 다만, 정다영, "생모에 대한 친생자관계존재확인청구와 상속재산분할", 법학논고 제65집(2019), 177−194면은 위와 같은 논거를 사실상 철회하고, 다른 논거에 기초하여 위 2018다1049 판결의 결론에 찬성하고 있다.

281) 김상훈, "모자관계에서도 민법 제860조 단서, 제1014조가 적용될까", 「상속법판례연구」, 세창출판사, 2020, 151면; 김세준, "민법 제1014조의 재판의 확정과 상속재산분할−대법원 2018. 6. 19. 선고 2018다1049 판결", 法學論叢 제26집 제1호(2019), 299−301면; 윤진수(2020), 463면.

이다. 위 2018다1049 판결과 같이 해석한다면 당연무효설의 법리에 따라 이혼무효 또는 파양무효 등 확인재판에 의해 상속인 자격이 확정된 자에게는 모두 제1014조가 적용될 수 없다는 결과가 될 뿐만 아니라,[282] 어머니만 같이하는 이성(異姓) 형제자매간에는 상속회복청구권을 행사할 수 있는 반면 아버지만 같이 하는 이복 형제자매간에는 가액지급청구권만 행사할 수 있게 된다는 점에서도 부당하다. 청구권자의 입장에서도, 상대방의 입장에서도 양자를 달리 취급할만한 합리적 이유가 없다. 모자관계가 출산에 의해 당연히 성립한다는 명제도 점차 흔들리고 있는 상황이라는 점[283]을 고려할 때 제1014조 소정의 재판에는 형성소송과 확인소송이 모두 포함된다고 해석해야 할 것이다.[284]

제6절 유언과 유증
I . 유   언
1. 자필증서유언

제1066조는 자필증서유언의 성립요건으로 "유언자가 그 전문과 연월일, 주소, 성명을 자서하고 날인"할 것을 요구하고 있다. 이 중 주소의 자서 부분에 대해서는 해석론[285] 또는 입법론[286]으로서 그 요건의 준수

---

282) 제1014조상 '재판'에 친생자관계존재확인의 소, 파양 또는 이혼 무효의 소 등이 포함된다고 서술하고 있는 문헌으로 郭潤直(2004), 154－155면; 김주수・김상용(2019), 739면.

283) 대리모 등 인공생식기술을 이용한 출산에서 모자관계 결정의 법리에 대해 자세히는 현소혜, "대리모를 둘러싼 쟁점과 해결방안－입법론을 중심으로－", 家族法研究 第32卷 第1號(2018), 107－144면 외 다수의 문헌 참조. 반면 서울가정법원 2018. 5. 18.자 2018브15 결정(확정)은 여전히 출산기준설에 따라 모자관계를 판단하고 있다. 위 2018브15 결정의 취지에 찬성하는 취지의 평석으로 김현진, "대리모 출생아의 친자관계－2018. 5. 18. 선고 서울가정법원 2018므15 결정을 중심으로－", 법학연구 제22집 제3호(2019), 495－519면; 최성경, "대리모계약의 효력과 모자관계 결정－서울가정법원 2018. 5. 18.자 2018므15 결정을 계기로 하여－", 홍익법학 제20권 제2호(2020), 343－372면 참조.

284) 같은 취지로 김상훈(2020), 151면; 김세준(2019), 309－314면; 박근웅, "상속분가액지급청구권의 몇 가지 문제", 家族法研究 第34卷 第3號(2020), 14－16면; 이동진, "공동상속인 중 1인의 상속재산처분과 민법 제1014조", 法律新聞 2018. 7. 25.자 판례평석 참조.

가 불필요하다고 보는 견해가 적지 않다. 유언자의 동일성 확인이나 유언의 진정성 확보에 크게 이바지하는 바가 없기 때문이다. 하지만 대법원 2014. 9. 26. 선고 2012다71688 판결은 "자필증서에 의한 유언은 민법 제1066조 제1항의 규정에 따라 유언자가 그 전문과 연월일, 주소, 성명을 모두 자서하고 날인하여야만 효력이 있다고 할 것이고, 유언자가 주소를 자서하지 않았다면 이는 법정된 요건과 방식에 어긋난 유언으로서 그 효력을 부정하지 않을 수 없으며, 유언자의 특정에 지장이 없다고 하여 달리 볼 수 없다."고 하여 현행법의 해석상 주소 요건을 갖추어야만 유언의 효력을 인정할 수 있음을 분명히 하였다. 대법원 2014. 10. 6. 선고 2012다29565 판결 역시 같은 맥락에서 "유언자가 주소를 자서하지 않았다면 이는 법정된 요건과 방식에 어긋난 유언으로서 그 효력을 부정하지 않을 수 없고, 유언자의 특정에 아무런 지장이 없다고 하여 달리 볼 것도 아니다."라고 판시하였다. 방식 규정의 특성을 고려하면 부득이한 결론이다.[287] 유언자의 의사 실현을 위해 입법적 해결이 필요하다.

또한 위 2012다71688 판결은 주소의 개념에 대해 "자서가 필요한 주소는 반드시 주민등록법에 의하여 등록된 곳일 필요는 없으나, 적어도 민법 제18조에서 정한 생활의 근거되는 곳으로서 다른 장소와 구별되는 정도의 표시를 갖추어야 한다."고 판시하였다. 위 결정에서는 "망인이 유언장을 자서한 후 유언장 말미에 작성연월일, 주민등록번호, 성명을 자서한 후 날인하였으나, 작성연월일 옆에 "암사동에서"라고만 기재한 사안이 문제되었는데, 원심판결은 이로써 주소의 자서 요건이 갖추어졌다고 판단

---

285) 金泳希, "자필증서유언방식에 관한 제문제", 家族法研究 第17卷 第2號(2003), 276면; 주소의 기재가 없어도 유언자의 인적 동일성을 확보할 수 있을 때에는 주소의 기재가 없다는 이유로 유언의 효력을 부정해서는 안 된다는 견해로 정구태, "헌법합치적 법률해석의 관점에서 바라본 주소가 누락된 자필증서유언의 효력—서울중앙지방법원 2014. 2. 21. 선고 2012가합527377 판결—", 江原法學 제43권(2014), 635-636면.

286) 정구태(2014), 644면; 현소혜, "유언방식의 개선방향에 관한 연구", 家族法研究 第23卷 第2號(2009), 26-30면.

287) 위 판결에 대해 비판하는 견해로 정구태(2015), 173-176면 참조.

한 반면, 대법원은 망인이 유언장을 작성한 2005년 당시 그는 강남구 소재 부동산에 주민등록이 되어 있었고, 2007년경에야 위 부동산을 다른 사람에게 임대해 준 반면, 위 부동산을 포함한 전재산을 물려받은 원고는 2005년 이래 계속 암사동에 거주해 왔다면, 망인이 유언장에 기재한 '암사동에서'라는 부분은 다른 주소와 구별되는 정도의 표시를 갖춘 생활의 근거되는 곳을 기재한 것으로 보기 어렵다고 하면서 원심판결을 파기환송하였다. 하지만 이와 같이 유언 외부의 사정까지 고려하여 방식의 준수 여부를 판단하는 것은 유언을 요식행위로 규정한 입법목적 자체를 형해화시킨다. 유언서의 기재만을 기준으로 '다른 장소와 구별되는 정도의 표시'가 있었는지를 판단해야 할 것이다.

2. 유언집행자

유언의 내용은 법정상속인의 이익과 상반되는 경우가 많다. 입법자는 이러한 점을 고려하여 유언자에게 유언집행자 지정 권한을 인정한다(제1093조). 중립적 지위에서 유언의 집행이 이루어질 수 있도록 하고자 한 것이다. 유언집행자의 지정이나 지정위탁이 없었던 경우에는 상속인이 유언집행자가 되나(제1095조), 상속인도 없거나 사망, 결격 기타 사유로 인하여 없게 된 때에는 법원이 유언집행자를 선임하여야 한다(제1096조). 대법원 2010. 10. 28. 선고 2009다20840 판결은 "유언자가 지정 또는 지정위탁에 의하여 유언집행자의 지정을 한 이상 그 유언집행자가 사망·결격 기타 사유로 자격을 상실하였다고 하더라도 상속인은 민법 제1095조에 의하여 유언집행자가 될 수는 없다. 또한 유증 등을 위하여 유언집행자가 지정되어 있다가 그 유언집행자가 사망·결격 기타 사유로 자격을 상실한 때에는 상속인이 있더라도 유언집행자를 선임하여야 하는 것이므로, 유언집행자가 해임된 이후 법원에 의하여 새로운 유언집행자가 선임되지 아니하였다고 하더라도 유언집행에 필요한 한도에서 상속인의 상속재산에 대한 처분권은 여전히 제한되며 그 제한 범위 내에서 상속인의 원고적격 역시 인정될 수 없다."고 판시하였다. 한 번 유언집행자의

지정 또는 지정위탁이 있었던 이상 어떠한 사유로 그 유언집행자가 유언
집행 업무를 수행하지 못하게 되었는지를 불문하고 상속인에게 법정 유
언집행자의 자격을 인정하지 않는 것이다. 제1095조는 유언집행자의 순
위를 정하기 위한 강행규정이 아니라, 유언집행자 지정에 관한 유언자의
의사가 명백하지 않은 경우에 대비한 의사해석 규정으로서의 성격을 갖
는다는 점을 고려하면 충분히 납득할 만하다.[288]

　　유언집행자와 상속인 간의 이해대립 상황을 보여주는 또 다른 판결
로 대법원 2011. 10. 27.자 2011스108 결정이 있다. 위 결정에서는 유언
에 의해 유언집행자로 지정된 자가 상속개시 후 유언에 따라 분배해야
하는 금융자산의 소재를 확인한 결과 그 금융자산 중 대부분이 이미 인
출된 것을 확인하고 나머지 금융자산을 자기 명의 예금 계좌로 이체시켜
보관하면서 상속인들에게 분배를 거절하는 한편, 상속인들에게 기인출된
금원의 반환을 요구하면서 상속인 소유의 집을 가압류하는 등의 행위를
한 사안이 문제되었다. 이에 대해 원심은 유언의 효력 및 유언철회에 대
해 유언집행자와 상속인들 사이에 분쟁이 있었음에도 불구하고 유언집행
자가 가압류신청을 하여 상속인 전원의 신뢰를 얻지 못하였고, 남아 있
는 금융자산의 분배를 거절하는 것도 부당하다는 등의 이유를 들어 유언
집행자에 대한 해임청구를 인용하였으나, 위 2011스108 결정은 이를 파
기환송하였다. 유언집행자에게 유언의 충실한 집행을 위해 기인출된 금
융자산의 규모와 인출 내역 등을 확인하고 보전할 권한과 의무가 있는
이상 "유언집행자가 유언의 해석에 관하여 상속인과 의견을 달리한다거
나 혹은 유언집행자가 유언의 집행에 방해되는 상태를 야기하고 있는 상
속인을 상대로 유언의 충실한 집행을 위하여 자신의 직무권한 범위에서
가압류신청 또는 본안 소송을 제기하고 이로 인해 일부 상속인들과 유언
집행자 사이에 갈등이 초래되었다는 사정만으로 유언집행자의 해임사유
인 '적당하지 아니한 사유'가 있다고 할 수 없으며, 일부 상속인에게만 유

---

[288] 유언자의 의사추정과 원활한 유언집행을 이유로 판결의 태도에 찬성하는 견해
　　로 김주수·김상용(2019), 852면 참조.

리하게 편파적인 집행을 하는 등으로 공정한 유언의 실현을 기대하기 어려워 상속인 전원의 신뢰를 얻을 수 없음이 명백하다는 등 유언집행자로서의 임무수행에 적당하지 아니한 구체적 사정이 소명되어야" 해임이 가능하다는 것이다.

대법원 2011. 6. 24. 선고 2009다8345 판결에서는 유언집행자가 여러 명인 경우의 법률관계가 문제되었다. 유언집행자가 상속인의 대리인이라는 점(제1103조 제1항)을 강조한다면 제119조에 따라 각자대리의 원칙이 적용될 것이나, 위 2009다8345 판결은 "유언집행자가 수인인 경우에는, 유언집행자를 지정하거나 지정위탁한 유언자나 유언집행자를 선임한 법원에 의한 임무의 분장이 있었다는 등의 특별한 사정이 없는 한, 유증 목적물에 대한 관리처분권은 유언의 본지에 따른 유언의 집행이라는 공동의 임무를 가진 수인의 유언집행자에게 합유적으로 귀속되고, 그 관리처분권 행사는 과반수의 찬성으로써 합일하여 결정하여야 하므로, 유언집행자가 수인인 경우 유언집행자에게 유증의무의 이행을 구하는 소송은 유언집행자 전원을 피고로 하는 고유필수적 공동소송으로 봄이 상당하다."고 판시하였다. 수인의 유언집행자는 유언집행이라는 공동의 목적을 달성하기 위해 중립적 지위에서 상속인에 갈음하여 상속재산에 대한 관리처분권을 대신 행사해야 한다는 점에서 조합에 준하여 그 사무집행 방법을 결정하도록 하는 것은 여러모로 유용하다. 특히 제1095조에 따라 공동상속인 여러 명이 함께 유언집행자가 되는 경우에 상속인 중 1인에 의한 권한 전횡을 막을 수 있다는 점에서 더욱 그러하다.[289]

위 판결들은 모두 유언집행자를 상속인의 대리인으로 간주하는 제1103조 제1항에도 불구하고 유언집행자는 유언자의 의사를 실현할 직무를 수행하는 법적 지위를 가지고 있다는 점,[290] 따라서 상속인의 의사에 종속되지 않고, 중립적 지위에서 그 임무를 수행한다는 점을 간접적으로

289) 판례와 같이 보지 않으면 공동유언집행자 중 한 사람이 공동유언집행자 전체의 결정 없이 임의로 상속재산을 처분하는 것이 되어 유언자의 단일한 의사를 분할하는 결과가 된다는 점에서 판례의 태도에 찬성하는 견해로 윤진수(2020), 577면 참조.
290) 대표적으로 郭潤直(2004), 272면; 김주수 · 김상용(2019), 854면.

보여주는 판례로서 중요한 의미가 있다. 위 각 판결의 취지에 찬성한다.

3. 유언의 철회

　　대법원 2015. 8. 19. 선고 2012다94940 판결에서는 유언철회의 자유가 문제되었다. 위 판결에서는 유언자가 자기 소유 부동산을 자녀 4인에게 각 1/4 지분씩 유증하기로 하는 내용의 공정증서유언을 작성하였고, ① 유언자와 자녀들 사이에 유언자가 위 공정증서유언의 내용을 수정하려면 모든 자녀들의 동의를 받아야 하고, ② 만약 동의 없이 임의로 수정하면 자녀들이 위 유언의 내용에 따라 협의하는 것으로 하며, ③ 유언자가 그 재산을 자녀들에게 증여하는 경우에는 위 공정증서유언에 따른 분배로 보아 처리하기로 하는 내용의 약정을 체결한 사안이 문제되었다. 이에 대해 원심판결은 약정 ① 부분은 사실상 유언철회의 자유를 제한하는 내용에 해당하여 무효이나, 약정 내용 ② 및 ③은 자녀들 사이에 재산 처리 방법을 정한 것일 뿐이므로 유효하다는 전제 하에 위 부동산을 증여받은 자녀들은 다른 자녀에게 각 1/4 지분을 이전해줄 의무가 있다고 보았다. 하지만 위 2012다94940 판결은 유언자는 "언제든지 유언 또는 생전행위로써 유언의 전부나 일부를 철회할 수 있고, 유언 후의 생전행위가 유언과 저촉되는 경우에는 민법 제1119조에 의하여 그 저촉된 부분의 전유언은 이를 철회한 것으로 본다 (…) 생전에 언제든지 유언을 철회할 수 있으므로, 일단 유증을 하였더라도 유언자가 사망하기까지 수유자는 아무런 권리를 취득하지 않는다"는 전제 하에 약정 ① 뿐만 아니라, ②와 ③ 부분 역시 역시 유언자의 유언 또는 생전행위에 의한 철회행위를 무력화하는 것이어서 무효라고 보았다. 상속인들의 간섭으로부터 피상속인의 유언의 자유와 유언철회의 자유, 생전처분의 자유가 보장되어야 함은 물론이나, 유언자가 이미 자녀 중 일부에게 위 부동산의 소유권이전등기를 경료해 준 이상 약정 ② 및 ③ 부분의 효력을 부정하는 것이 유언철회의 자유와 어떠한 직접적인 관련이 있는지 알 수 없다. 부동산을 증여받은 자녀가 그 중 1/4 지분을 다른 상속인들에게 이전할 것인지

는 그의 자유로운 소유권 행사에 따를 문제이다. 그가 장래 그 부동산의
소유권을 취득할 것을 정지조건으로 하여 지분 이전 약정을 하는 것 자
체의 효력을 부정할 이유도 없다. 위 2012다94940 판결의 취지는 유언자
의 종의(終意)가 그 부동산을 특정의 자녀에게 단독귀속시키는 것을 넘어
어떠한 방법으로도 다른 상속인들에게 그 지분이 넘어가는 것을 금지하
는 데까지 미친다고 해석될 때에만 이해될 수 있는데, 이러한 내용의 종
의는 우리 법의 해석상 허용될 수 없을 뿐만 아니라, 설령 허용된다 할
지라도 그 의사의 내용이 증여의 부관 형태로 미리 표시되어 있어야 비
로소 효력을 발생할 수 있다고 할 것이다. 원심판결의 결론에 찬성한다.

Ⅱ. 유   증
1. 포괄적 유증을 원인으로 하는 소유권이전등기
   포괄적 유증을 받은 자는 유증받은 부동산에 관해 유언 집행을 위
한 등기의무자인 유언집행자와 함께 유증을 원인으로 하는 소유권이전등
기를 공동으로 신청할 수 있다. 유언집행자는 유증의 목적인 재산의 관
리 기타 유언의 집행에 필요한 행위를 할 권리(제1101조)가 있고, 그 집행
에 필요한 한도에서 상속인의 상속재산에 대한 처분권은 제한되므로,[291]
유언집행자가 포괄적 수증자에게 유증 목적물에 대한 소유권이전등기를
경료해 줌에 있어서 다른 상속인들의 동의나 승낙이 필요한 것은 아니
다. 대법원 2014. 2. 13. 선고 2011다74277 판결은 이 점을 밝힌 최초의
판결이다. 다만, 유증을 원인으로 하는 소유권이전등기를 신청하려면 등
기원인에 해당하는 유증이 있었다는 점을 증명하기 위한 유언서를 제출
할 필요가 있다(부동산등기규칙 제46조 제1항 제1호). 이때 유언서는 방식을
갖춘 적법한 것이어야 하므로, 자필증서유언이 방식을 갖추지 못하였음이
명백한 경우에는 그 등기신청을 각하해야 할 것이다(부동산등기법 제29조
제3호 또는 제9호). 일응 유언의 방식을 갖춘 것으로 판단되나, 상속인들이

---

291) 대법원 2001. 3. 27. 선고 2000다26920 판결; 대법원 2010. 10. 28. 선고 2009다
20840 판결.

검인기일에 자필증서유언에 대해 유언자의 자서가 아니고 날인도 유언자의 사용인이 아니라고 생각한다고 진술하는 등 그 유언의 진정성을 다투고 있는 경우에는 어떠한가. 이러한 경우에 대비하여 대법원 등기예규는 상속인들이 "유언 내용에 따른 등기신청에 이의가 없다"는 취지로 작성한 동의서와 인감증명서를 첨부하여 제출하도록 규정하고 있다.[292] 위 2011다74277 판결에서는 상속인들이 위와 같은 취지의 진술서 작성을 거부하자 유언집행자가 '유언 내용에 따른 등기신청에 이의가 없다'는 진술을 구하는 소를 제기한 사안이 문제되었다. 이에 대해 대법원은 "<u>유언집행자가 자필 유언증서상 유언자의 자서와 날인의 진정성을 다투는 상속인들에 대하여 '유언 내용에 따른 등기신청에 이의가 없다'는 진술을 구하는 소는</u>, 등기관이 자필 유언증서상 유언자의 자서 및 날인의 진정성에 관하여 심사하는 데 필요한 증명자료를 소로써 구하는 것에 불과하고, 민법 제389조 제2항에서 규정하는 '채무가 법률행위를 목적으로 한 때에 채무자의 의사표시에 갈음할 재판을 청구하는 경우'에 해당한다고 볼 수 없다. 따라서 위와 같은 소는 <u>권리보호의 이익이 없어 부적법하다.</u>"라고 하면서 이 경우 유언집행자로서는 "그 진술을 소로써 구할 것이 아니라, 그 상속인들을 상대로 유언효력확인의 소나 포괄적 수증자 지위 확인의 소 등을 제기하여 승소 확정판결을 받은 다음, 이를 부동산등기규칙 제46조 제1항 제1호 및 제5호의 첨부정보로 제출하여 유증을 원인으로 하는 소유권이전등기를 신청할 수 있을 것"이라고 판시하였다.

2. 특정유증과 보험계약자의 지위 이전

대법원 2018. 7. 12. 선고 2017다235647 판결은 "생명보험계약에서 보험계약자의 지위를 변경하는 데 보험자의 승낙이 필요하다고 정하고 있는 경우, 보험계약자가 보험자의 승낙이 없는데도 일방적인 의사표시만으로 보험계약상의 지위를 이전할 수는 없다."고 하면서 이러한 법리를

---

[292] 대법원 등기예규 제1482호(「유증을 받은 자의 소유권보존(이전)등기신청절차 등에 관한 사무처리지침」).

유증에 의한 보험계약자 지위 변경에 그대로 적용하여 "유증에 따라 보험계약자의 지위를 이전하는 데에도 보험자의 승낙이 필요하다고 보아야 한다. (…) 유언집행자가 유증의 내용에 따라 보험자의 승낙을 받아서 보험계약상의 지위를 이전할 의무가 있는 경우에도 보험자가 승낙하기 전까지는 보험계약자의 지위가 변경되지 않는다."고 판시하였다. 보험계약자의 지위 변경은 피보험자, 보험수익자 사이의 이해관계나 보험사고 위험의 재평가, 보험계약의 유지 여부 등에 영향을 줄 수 있기 때문이다. 상속법의 영역에서 위 판결이 갖는 의미는 특정유증의 목적물을 무엇으로 볼 것인가에 있다. 위 사안에서 망인은 피고 보험회사와 연금보험 계약을 체결한 후 공정증서유언에 의해 원고들에게 연금보험금을 유증하였는데, 유언 효력 발생 후 원고들은 자신들이 망인으로부터 유증받은 것은 연금보험금 청구권이 아니라 연금 보험계약 자체라고 주장하면서 피고 보험회사를 상대로 보험계약자 지위 확인의 소를 제기하였다. 이에 대해 위 2017다235647 판결은 보험자의 승낙 없이 자신의 일방적인 의사표시만으로는 보험계약자의 지위를 이전할 수 없기 때문에 유언자는 보험계약자의 지위를 유증하려고 했다기보다는 연금보험금에 관한 권리를 유증했다고 보는 것이 유언공정증서의 문언에 부합하고 합리적이라는 이유로 연금보험금 청구권 유증으로서의 효력을 인정하였던 원심판결의 결론을 그대로 유지하였다. 호의적 해석의 원칙(favor testamenti)이 유언의 해석에 활용된 사안으로서 의미가 있다.[293)

3. 유증 목적물에 대한 담보책임

대법원 2018. 7. 26. 선고 2017다289040판결에서는 망인이 자기가 설립하여 이사장으로 재직해오던 A 사회복지법인을 위해 자기 소유 토지 위에 A 소유의 건물을 완공하고, 토지를 무상사용하도록 하던 중 위 토

---

293) 처분문서의 해석이라는 관점에서 위 판결의 결론에 찬성하는 문헌으로 김상훈, "유언에 의한 보험계약자 지위의 이전가능성 — 대법원 2018. 7. 12. 선고 2017다235647 판결—", 「2018년 가족법 주요 판례 10선」, 세창출판사, 2019, 158면 참조.

지를 제3자 B에게 유증하였고, 망인 사망 후 B 명의로 소유권이전등기가 경료된 경우에 B가 A를 상대로 토지 사용이익 상당의 부당이득반환청구권을 행사할 수 있는지가 문제되었다. 이에 대해 원심판결은 B가 위 토지의 소유권을 취득한 후에는 A가 망인에 대해 가지고 있었던 무상사용권으로 더 이상 B에게 대항할 수 없다는 이유로 A에게 부당이득반환채무가 존재한다고 보았으나, 위 2017다289040 판결은 원심판결을 파기환송하였다. 제1085조는 유증의 목적인 물건이나 권리가 유언자의 사망 당시에 제3자의 권리의 목적인 경우에는 수증자는 유증의무자에 대하여 그 제3자의 권리를 소멸시킬 것을 청구하지 못한다고 규정하고 있는데, "이는 유언자가 다른 의사를 표시하지 않는 한 유증의 목적물을 유언의 효력발생 당시의 상태대로 수증자에게 주는 것이 유언자의 의사라는 점을 고려하여 수증자 역시 유증의 목적물을 유언의 효력발생 당시의 상태대로 취득하는 것이 원칙임을 확인한 것이다. 그러므로 유증의 목적물이 유언자의 사망 당시에 제3자의 권리의 목적인 경우에는 그와 같은 제3자의 권리는 특별한 사정이 없는 한 유증의 목적물이 수증자에게 귀속된 후에도 그대로 존속하는 것으로 보아야 한다."는 것이다. 이에 대해 일부 견해는 A가 피상속인에 대해 가지고 있었던 채권적 권리로써 새로운 소유자 B에게까지 대항할 수 없다는 점,[294] 제1085조 상의 '제3자의 권리'란 물권 또는 이에 준하는 권리만을 의미한다는 점,[295] 제1085조는 수증자와 유증의무자 간의 관계를 규율하기 위한 조문일 뿐이며 수증자와 제3자 간의 관계를 규율하기 위한 조문은 아니라는 점[296] 등을 이유로 위 판결을 비판한다. 하지만 기존의 다수설은 제1085조에서 말하는 제3자의 권리에는 제한물권뿐만 아니라 임차권 기타 유증목적물에 붙어 있는 각종의 채권이 모두 포함된다고 해석한다.[297] 유언자가 다른 의사를 표시하

---

294) 김명숙(2019), 80면.
295) 최수정, "유증목적물에 대한 제3자의 권리", 家族法研究 第33卷 第1號(2019), 314–321면.
296) 권영준(2019), 385–387면; 이소은, "제3자의 권리 대상인 유증 목적물에 관한 법률관계", 비교사법 제26권 제2호(2019), 281–284면.

지 않는 한, 특정물 유증에서는 유증의 효력 발생 당시 상태 그대로의 물건을 이전하고자 하는 것이 통상적인 유언자의 의사이기 때문이다. 이 경우에 수증자가 유증의 목적물에 붙어 있는 채권의 존재를 수인하지 않아도 된다면, 수증자는 채무자의 지위를 승계하는 상속인의 희생 하에 물건의 이익만을 누리게 되어 부당하다.[298] 위 2017다289040 판결과 같이 해석하면 부담부 유증이 아닌 일반유증에서까지 수증자에게 채무를 부담시키는 결과가 되어 부당하다는 비판[299]도 있으나, 제1085조 자체가 제3자의 권리가 붙어 있는 목적물을 유증하는 경우에는 다른 의사표시가 없는 한 이를 부담부 유증으로 보는 의사해석 규정으로서의 성격을 가지고 있다. 판결의 취지에 찬성한다.[300]

4. 유증의 포기와 사해행위 취소

특정유증을 받을 자는 유언자 사망 후에 언제든지 유증을 승인 또는 포기할 수 있다(제1074조 제1항). 그런데 대법원 2019. 1. 17. 선고 2018다260855 판결은 "유증을 받을 자가 이를 포기하는 것은 사해행위 취소의 대상이 되지 않는다."고 판시하였다. 이에 대해서는 특정유증은 수증자의 승인에 의해 비로소 효력이 발생하며, 그 효력이 유언자 사망 시로 소급할 뿐이므로, 특정유증의 포기는 '받은' 권리의 포기가 아니라 '받을' 권리의 포기에 불과하여 그 포기 행위에 의해 재산이 감소되지 않는다는 점, 특정유증의 포기는 채무자의 자유의사에 맡겨져야 한다는 점 등을 들어 지지하는 견해[301]가 있으나, 찬성하기 어렵다. 특정유증은 단

---

297) 대표적으로 김가을, "민법 제1085조 해석에 관하여: 유증물이 제3자의 권리의 목적인 경우의 법률관계", 홍익법학 제20권 제4호(2019), 457면; 김주수·김상용 (2019), 837면; 송덕수(2020), 438면 참조.
298) 이에 대해 보다 자세히는 현소혜, "특정물 유증에서의 담보책임 – 대법원 2018. 7. 26. 선고 2017다289040 판결", 「2018년 가족법 주요 판례 10선」, 세창출판사, 2019, 164–175면 참조.
299) 권영준(2019), 387면.
300) 같은 취지로 김가을(2019), 450–463면; 김상훈, "유증받은 토지를 제3자가 무상으로 사용하고 있으면 차임을 요구할 수 있을까?", 「상속법판례연구」, 세창출판사, 2020, 292면; 윤진수: 판례(2020), 741–742면.

독행위이므로, 유언의 효력 발생과 동시에 수증자는 특정유증 목적물에 대한 채권을 취득한다. 따라서 특정유증의 포기는 일반적인 채권의 포기와 다르지 않으며, 순수한 재산법적 법률행위로서의 성격을 갖는다. 이 점에서 특정유증의 포기는 인적 결단으로서의 성격을 갖는 상속포기와 차이가 있다. 특정유증의 포기로 인해 채권자를 해하는 결과가 발생한다면 사해행위 취소도 가능하다고 보아야 할 것이다.[302] 위 2018다260855 판결은 유증의 포기에 대해 사해행위 취소를 허용하지 않는 이유로 유증 포기의 효력은 유언자가 사망한 때에 소급하여 발생한다는 점, 채무자의 유증 포기가 직접적으로 채무자의 일반재산을 감소시켜 채무자의 재산을 유증 이전의 상태보다 악화시킨다고 볼 수도 없다는 점 등을 근거로 제시한다. 하지만 법률행위에 소급효가 있는지 여부에 따라 사해행위 취소 가능성을 달리 판단하는 것은 논리적으로 납득하기 어렵다. 채권자 취소 제도는 사해행위 당시를 기준으로 채권자가 책임재산 확보에 대해 가지고 있는 기대를 보장하기 위한 것이므로, 그 기대를 무산시킨 사해행위에 소급효가 있는지를 사후적 평가의 대상으로 삼아서는 안 된다.

제7절 유 류 분
1. 유류분과 유류분 부족액의 산정

유류분 반환의 범위는 상속개시 당시 피상속인이 가진 재산의 가액에 제1114조에 따른 증여 및 제1118조에 따라 준용되는 제1008조상의 증여를 가산하고 채무의 전액을 공제한 재산을 평가하여 그 재산액에 유류분청구권자의 유류분 비율을 곱하여 얻은 유류분액을 기준으로 산정된다(제1113조). 2010년대에는 이 중 특히 가산의 대상이 되는 증여의 범위 및 공제의 대상이 되는 채무의 범위와 관련하여 의미 있는 판결이 여럿 선고되었다.[303]

---

301) 정구태(2020), 305 – 308면.
302) 유증포기에 대해 사해행위 취소가 가능하다는 견해로 김주수 · 김상용(2019), 841면; 박동섭 · 양경승(2020), 910면; 윤진수(2020), 510, 563면 참조.
303) 유류분 부족액 산정시 유류분액에서 공제해야 하는 순상속분액을 산정하는 방

(1) 증여의 처리

(가) 유류분 제도 시행 전에 있었던 증여의 처리

대법원 2012. 12. 13. 선고 2010다78722 판결은 "유류분 제도가 생기기 전에 피상속인이 상속인이나 제3자에게 재산을 증여하고 그 이행을 완료하여 소유권이 수증자에게 이전된 때에는 피상속인이 개정 민법 시행 이후에 사망하여 상속이 개시되더라도 소급하여 그 증여재산이 유류분 제도에 의한 반환청구의 대상이 되지는 않는다고 할 것"이라고 하였다. 1977년 개정 민법상 유류분 규정을 개정법 시행 전에 이루어지고 이행이 완료된 증여에까지 적용한다면 수증자의 기득권을 소급입법에 의해 제한 또는 침해하는 결과가 된다는 것이다. 반면 개정 민법 시행 전에 증여계약이 체결되었더라도 그 이행이 완료되지 않은 상태에서 개정 민법이 시행되었고 그 후에 상속이 개시되었다면 그 재산은 유류분 반환청구의 대상이 된다는 것이 위 2010다78722 판결의 태도이다.[304] 유류분 반환 청구권자인 공동상속인이 개정 민법 시행 전에 피상속인으로부터 증여받아 이미 이행이 완료된 경우에는 어떠한가. 대법원 2018. 7. 12. 선고 2017다278422 판결은, 개정 민법 시행 전에 이미 법률관계가 확정된 증여재산에 대한 기득권을 보장한다는 것이 위 2010다78722 판결의 취지인 만큼, 유류분 반환청구권자가 개정 민법 시행 전에 피상속인으로부터 증여받아 이미 이행이 완료된 재산 역시 유류분 산정을 위한 기초재산에 포함되지 않는다고 보았다. 다만, 위 2017다278422 판결은 "개정 민법 시행 전에 이행이 완료된 증여 재산이 유류분 산정을 위한 기초재

법에 관해 구체적 상속분설을 택한 대법원 2021. 8. 19. 선고 2017다235791 판결이나 유언대용신탁에 관한 유류분반환청구 사건에서 수탁자증여설을 택한 수원지방법원 성남지원 2020. 1. 10. 선고 2017가합408490 판결 역시 매우 중요한 의미가 있으나, 본 논문의 연구대상 범위에 포함되지 않으므로 별도로 언급하지 아니하였다.

304) 위 판결의 취지에 찬성하면서도 대법원이 유류분 제도 시행 전에 증여계약이 체결되고 시행 후에 이행된 사안에 관하여 개정 민법의 적용을 긍정하는 근거로 부칙 제5항을 제시한 것은 부적절하다는 견해로 정구태, "유류분제도 시행 전 증여된 재산에 대한 유류분반환—대법원 2012. 12. 13. 선고 2010다78722 판결—", 홍익법학 제14권 제1호(2013), 855—861면 참조.

산에서 제외된다고 하더라도, 위 재산은 당해 유류분반환청구권자의 유류
분 부족액 산정 시에는 특별수익으로 공제되어야 한다."고 판시하였다.
유류분 제도의 취지는 법정상속인의 상속권을 보장하고 상속인 간의 공
평을 기하기 위한 것인 만큼, 이미 유류분액 이상을 특별수익한 공동상
속인에게 유류분 반환청구권을 인정할 필요는 없다는 점에서 위 판결에
찬성한다.[305)]

(나) 제3자에 대한 증여의 처리

공동상속인이 아닌 제3자에 대한 증여는 상속개시 전 1년간에 행한
것에 한하여 유류분 산정을 위한 기초재산에 포함되는 것이 원칙이나 당
사자 쌍방이 유류분권리자에 손해를 가할 것을 알고 증여한 때에는 1년
전에 한 것도 포함될 수 있다(제1114조). 대법원 2012. 5. 24. 선고 2010
다50809 판결에서는 상속개시 1년 전에 공동상속인 아닌 제3자에게 한
증여가 문제되었다. 원심판결은 위 증여가 상속개시 전 1년간에 행해진
증여가 아니라는 이유만으로 위 증여에 대한 유류분반환청구를 배척하였
으나, 위 2010다50809 판결은 "증여 당시 법정상속분의 2분의 1을 유류분
으로 갖는 직계비속들이 공동상속인으로서 유류분권리자가 되리라고 예
상할 수 있는 경우에, 제3자에 대한 증여가 유류분권리자에게 손해를 가
할 것을 알고 행해진 것이라고 보기 위해서는, 당사자 쌍방이 증여 당시
증여재산의 가액이 증여하고 남은 재산의 가액을 초과한다는 점을 알았
던 사정뿐만 아니라, 장래 상속개시일에 이르기까지 피상속인의 재산이
증가하지 않으리라는 점까지 예견하고 증여를 행한 사정이 인정되어야
하고, 이러한 당사자 쌍방의 가액의 인식은 증여 당시를 기준으로 판단
하여야 한다."고 판시하면서 악의 여부에 대한 판단을 누락하였다는 이유

---

305) 유류분 부족액 산정을 위한 특별수익에는 그 시기의 제한이 없고, 제1008조상
특별수익 제도는 유류분 제도 신설 전부터 존재하던 규정이라는 점을 고려하여 위
판결에 찬성하는 문헌으로 김상훈, "유류분 제도 시행 전에 증여받은 재산도 특별
수익에 해당할까?", 「상속법판례연구」, 세창출판사, 2020, 345면; 윤진수: 판례
(2020), 746−747면; 정구태, "유류분 부족액 산정시 유류분제도 시행 전 이행된
특별수익의 취급−대법원 2018. 7. 12. 선고 2017다278422 판결−", 「2018년 가족법
주요 판례 10선」, 세창출판사, 2019, 187−188면 참조.

로 원심판결을 파기환송하였다.

(다) 증여의 가액 산정

유류분 산정을 위한 기초재산 산정 시 가산할 증여재산의 액수는 상속개시 당시를 기준으로 평가하여야 한다는 것이 판례의 확고한 태도이다.[306] 다만, 대법원 2015. 11. 12. 선고 2010다104768 판결은 "증여 이후 수증자나 수증자에게서 증여재산을 양수한 사람이 자기 비용으로 증여재산의 성상 등을 변경하여 상속개시 당시 가액이 증가되어 있는 경우, 변경된 성상 등을 기준으로 상속개시 당시의 가액을 산정하면 유류분권리자에게 부당한 이익을 주게 되므로, 이러한 경우에는 그와 같은 변경을 고려하지 않고 증여 당시의 성상 등을 기준으로 상속개시 당시의 가액을 산정하여야 한다."고 판시하면서 증여 후 지목이 변경되었다면 증여재산의 상속개시 당시 가액은 증여 당시 지목, 형상, 이용 상태를 기준으로 평가해야 한다고 보았다. 증여 가액 산정 시점을 상속개시 시점으로 고정시킨 취지에 비추어 볼 때 타당한 판결이다.[307]

(2) 상속채무의 처리

유류분 산정을 위한 기초재산으로부터 상속채무를 공제해야 함은 제1113조 제1항에 비추어 당연하다. 제998조의2에 따라 상속재산으로부터 지급되어야 하는 상속비용도 상속채무에 준해 공제해야 하는지에 대해서는 견해의 대립[308]이 있으나, 대법원 2015. 5. 14. 선고 2012다21720 판결은 제1113조 제1항에 따라 "공제되어야 할 채무란 상속채무, 즉 피상속인의 채무를 가리키는 것이고, 여기에 상속세, 상속재산의 관리·보존을

---

306) 대법원 1996. 2. 9. 선고 95다17885 판결; 대법원 1997. 3. 21.자 96스62 결정; 대법원 2005. 6. 23. 선고 2004다51887 판결; 대법원 2009. 7. 23. 선고 2006다28126 판결; 대법원 2011. 4. 28. 선고 2010다29409 판결 등.

307) 같은 취지로 정구태(2016: 상속법 회고), 56-57면 참조.

308) 상속세와 상속비용을 모두 공제해야 한다는 견해로 郭潤直(2004), 286면; 송덕수(2020), 445면; 정구태(2016: 상속법 회고), 58-59면. 반면 상속세는 공제할 수 있지만, 그 밖의 상속비용은 공제할 수 없다는 견해로 김주수·김상용(2019), 869면. 상속세 및 상속비용을 모두 공제할 수 없다는 견해로 박동섭·양경승(2020), 532, 955면.

위한 소송비용 등 상속재산에 관한 비용은 포함되지 아니한다."고 판시하
였다. 상속세는 상속을 원인으로 상속인들에게 개별적으로 부과되는 조
세이므로 상속비용에 포함되지 않는다는 것이 판례의 태도인바,[309] 위
2012다21720 판결이 유류분 기초재산 산정 시 상속세를 공제하지 않은
것은 기존 판례와의 일관성이라는 측면에서 충분히 수긍할 만하다. 반면
상속재산 관리·보존을 위한 소송비용을 공제하지 않는 이유에 대해 위
2012다21720 판결은 피상속인이 사망 당시 부담하고 있던 채무가 아니라
는 점을 근거로 제시하고 있는바, 유류분 기초재산 산정 시 상속채무를
고려하는 이유는 순재산을 기준으로 유류분을 산정하기 위한 것이라는
점을 고려할 때 이와 같이 비용 발생 시점을 기준으로 공제 여부를 판단
하는 것이 논리적으로 적절한지는 의문이나, 상속개시 시점을 기준으로
가액을 산정하는 현재의 실무관행상으로는 부득이한 결론으로 보인다.
대법원 2013. 3. 14. 선고 2010다42624 등 판결은 유류분 권리자의 유류
분 부족액을 산정함에 있어 상속개시와 동시에 당연히 그에게 승계된 법
정상속분 상당의 금전채무를 고려해야 한다고 하면서도 "공동상속인 중
1인이 자신의 법정상속분 상당의 상속채무 분담액을 초과하여 유류분권
리자의 상속채무 분담액까지 변제한 경우에는 그 유류분권리자를 상대로
별도로 구상권을 행사하여 지급받거나 상계를 하는 등의 방법으로 만족
을 얻는 것은 별론으로 하고, 그러한 사정을 유류분권리자의 유류분 부
족액 산정 시 고려할 것은 아니다."라고 판시한 것도 같은 맥락에서 충분
히 납득할 만하다.

(3) 기여분의 처리

종래 판례는 유류분과 기여분 간의 관계에 대해 "공동상속인 중 피
상속인의 재산의 유지 또는 증가에 관하여 특별히 기여하거나 피상속인
을 특별히 부양한 자가 있는 경우 그 기여분의 산정은 공동상속인들의
협의에 의하여 정하도록 되어 있고, 협의가 되지 않거나 협의할 수 없는

---

309) 대법원 2013. 6. 24.자 2013스33 등 결정.

때에는 기여자의 신청에 의하여 가정법원이 심판으로 이를 정하도록 되어 있으므로 이와 같은 방법으로 기여분이 결정되기 전에는 유류분반환청구소송에서 피고가 된 기여상속인은 상속재산 중 자신의 기여분을 공제할 것을 항변으로 주장할 수 없다."고 판시하고 있었을 뿐이다.[310] 따라서 당사자들 사이에 협의 또는 가정법원의 심판에 의해 기여분이 결정된 경우라면 이를 고려하여 유류분 부족액을 산정해야 하는지에 대해 여전히 견해의 대립이 있었다.[311] 이에 대해 대법원 2015. 10. 29. 선고 2013다60753 판결은 "기여분은 상속재산분할의 전제 문제로서의 성격을 가지는 것으로서, 상속인들의 상속분을 일정 부분 보장하기 위하여 피상속인의 재산처분의 자유를 제한하는 유류분과는 서로 관계가 없다고 할 것"이므로, "설령 공동상속인의 협의 또는 가정법원의 심판으로 기여분이 결정되었다고 하더라도 유류분을 산정함에 있어 기여분을 공제할 수 없고, 기여분으로 인하여 유류분에 부족이 생겼다고 하여 기여분에 대하여 반환을 청구할 수도 없다."고 하여 유류분과 기여분 간의 단절을 선언하였다.

이러한 판례의 태도에 대해서는 여전히 찬성하는 견해[312]도 적지 않으나, 상속개시 당시 상속 적극재산이 존재하지 않는 경우에 사실상 기여분 제도의 입법 취지를 형해화시킬 우려가 있다는 점에서 재고의 여지가 있다.[313] 학설상으로도 유류분 산정을 위한 기초재산에서 기여분을 공

---

310) 대법원 1994. 10. 14. 선고 94다8334 판결.
311) 유류분과 기여분은 별개의 제도이므로, 유류분 산정 시 기여분을 고려할 필요가 없다는 견해로 郭潤直(2004), 120면; 김주수·김상용(2019), 713-714, 883면; 박동섭·양경승(2020), 958-960면 참조. 협의 또는 심판에 의해 기여분이 결정되었다면 유류분 산정 시 고려할 수 있다는 견해로 오병철, "유류분 부족액의 구체적 산정방법에 관한 연구", 家族法硏究 第20卷 第2號(2006), 219면; 윤진수(2020), 432면; 송덕수(2020), 338면 참조. 협의 또는 심판에 의해 기여분이 결정되기 전이라도 기여분을 고려할 수 있다는 견해로 權載文, "유류분과 기여분의 단절에 대한 비판적 고찰-대법원 2015. 10. 29. 선고 2013다60753 판결-", 法曹 통권 제719호(2016), 492-493면 참조.
312) 이봉민, "기여분과 유류분의 관계에 대한 새로운 해석론-유류분 부족액 산정방법을 중심으로-", 家族法硏究 第32卷 第1號(2018), 79, 86-92면; 정구태(2016: 상속법 회고), 61-62면.

제할 필요가 있다거나,[314] 유류분 산정 시 기초재산에서 기여분을 공제할
수는 없지만 유류분권리자의 순상속액을 계산할 때에는 기여분을 고려해
야 한다거나,[315] 유류분 산정을 위한 기초재산을 계산할 때와 유류분권리
자의 순상속액을 계산할 때 모두 기여분을 공제해야 한다거나,[316] 유류분
반환 청구가 있으면 상속재산분할과 무관하게 가정법원에 기여분 결정
청구를 할 수 있도록 제도를 정비해야 한다거나,[317] 유류분 반환 소송에
서 기여분 항변에 따른 기여분 산정이 가능하도록 해야 한다[318]는 등 다
양한 견해가 개진되고 있는 상황이다.

2. 유류분 반환청구권의 행사

유류분 반환청구권의 법적 성격에 관해서는 형성권설[319]과 청구권
설[320]이 대립한다. 판례가 명시적으로 형성권설을 지지한 적은 없지만,
아래에서 소개하는 일련의 판결례는 형성권적 구성을 전제로 할 때 보다
자연스럽게 설명할 수 있다. 제1115조 제1항이 유류분 부족분에 대해 "그
재산의 반환을 청구할 수 있다."고 규정하고 있는 점, 제1117조가 유류분
반환청구권에 관해 소멸시효 규정을 두고 있는 점 등을 고려하면 형성권
적 구성 자체에 의문스러운 점이 없지 않고, 개별 사건의 타당한 처리라
는 관점에서도 형성권적 구성이 부적절한 결과로 이어지는 경우가 종종
있으나, 세세한 법리구성과 제도의 정교화보다는 유류분 제도 자체의 개

---

313) 같은 취지로 김상훈, "기여분과 유류분의 관계",「상속법판례해설」, 세창출판사,
     2020, 316면. 그 밖에 기여분과 유류분 간의 단절로 인한 문제점에 대해 상세히는
     權載文(2016), 497-500면 참조.
314) 權載文(2016), 500면; 최준규, "유류분과 기여분의 관계", 저스티스 통권 제162호
     (2017), 121-148면.
315) 정구태(2016: 상속법 회고), 61-62면.
316) 오병철, "기여분과 유류분의 관계에 관한 연구", 家族法研究 第31卷 第1號(2017),
     46-61면.
317) 오병철(2017), 62-64면; 윤진수(2020), 432면.
318) 權載文(2016), 492-493면.
319) 대표적으로 김주수·김상용(2019), 873-874면; 朴秉濠(1991), 479-480면.
320) 대표적으로 郭潤直(2004), 292-294면; 박동섭·양경승(2020), 980-981면; 송덕수
     (2020), 460면; 윤진수(2020), 598-603면.

혁이 필요한 시점이라는 점을 고려하여 이에 관한 자세한 논의는 생략하고, 일단 형성권설을 전제로 실무상 의미 있는 관련 판결들과 그 의의를 간략히 소개하는 것으로 갈음하고자 한다.

(1) 원물반환과 가액반환

유류분 반환 방법에 대해 판례는 원물반환을 원칙으로 하되, 원물반환이 불가능한 경우에는 그 가액 상당액을 반환해야 한다는 입장이다.[321] 하지만 이와 같은 원물반환의무에 대해서는 명문의 근거가 충분치 않다거나, 법정상속인에게 해당 상속재산을 귀속시키지 않고자 했던 피상속인의 의사를 최대한 존중할 필요가 있다는 점 등을 근거로 이유로 비판하는 견해가 유력하다.[322] 유류분반환청구의 대상이 되는 재산이 주거용 부동산이거나 가업승계를 필요로 하는 자산인 경우와 같이 원물반환이 현실적으로 부적절한 경우도 종종 있다. 이에 대법원 2013. 3. 14. 선고 2010다42624 판결은 "원물반환이 가능하더라도 유류분권리자와 반환의무자 사이에 가액으로 이를 반환하기로 협의가 이루어지거나 유류분권리자의 가액반환청구에 대하여 반환의무자가 이를 다투지 않은 경우에는 법원은 그 가액반환을 명할 수 있[다.]"고 하여 가액반환의 가능성을 보다 확대하였다. 다만, 위 2010다42624 판결은 "유류분권리자의 가액반환청구에 대하여 반환의무자가 원물반환을 주장하며 가액반환에 반대하는 의사를 표시한 경우에는 반환의무자의 의사에 반하여 원물반환이 가능한 재산에 대하여 가액반환을 명할 수 없다."고 하여 원물반환의 원칙 자체는 여전히 고수하고 있다.

가액반환을 청구할 수 있는 상황임에도 불구하고 유류분권리자가 스스로 원물반환을 청구한 경우에는 어떠한가. 대법원 2014. 2. 13. 선고 2013다65963 판결은 "증여나 유증 후 그 목적물에 관하여 제3자가 저당권이나 지상권 등의 권리를 취득한 경우에는 원물반환이 불가능하거나

---

321) 대법원 2005. 6. 23. 선고 2004다51887 판결; 대법원 2006. 5. 26. 선고 2005다 71949 판결 등.
322) 최준규, "유류분과 기업승계 — 우리 유류분 제도의 비판적 고찰", 司法 통권 제37호 (2016), 359 — 371면 참조.

현저히 곤란하여 반환의무자가 목적물을 저당권 등의 제한이 없는 상태로 회복하여 이전하여 줄 수 있다는 등의 예외적인 사정이 없는 한 유류분권리자는 반환의무자를 상대로 원물반환 대신 그 가액 상당의 반환을 구할 수도 있을 것이나, 그렇다고 하여 <u>유류분권리자가 스스로 위험이나 불이익을 감수하면서 원물반환을 구하는 것까지 허용되지 아니한다고 볼 것은 아니므로, 그 경우에도 법원은 유류분권리자가 청구하는 방법에 따라 원물반환을 명하여야 한다.</u>"고 보았다. 위 2010다42624 판결이 "유류분권리자가 반환의무자를 상대로 유류분반환청구권을 행사하고 이로 인하여 생긴 목적물의 이전등기의무나 인도의무 등의 이행을 소로써 구하는 경우에는 그 대상과 범위를 특정하여야 하고, 법원은 처분권주의의 원칙상 유류분권리자가 특정한 대상과 범위를 넘어서 그 청구를 인용할 수 없다."고 판시하였던 것과 같은 맥락이다.

(2) 유류분 반환범위

피상속인으로부터 증여 또는 유증을 받아 상속인의 유류분을 침해한 자가 여러 명인 때에는 각자가 얻은 재산가액의 비례로 반환하되(제1115조), 유증을 받은 자가 일차적으로 반환의무를 지고, 그 후 남은 부분에 대해서만 증여받은 자가 반환의무를 부담한다(제1116조). 증여 또는 유증을 받은 재산 등의 가액이 자기 고유의 유류분액을 초과하는 공동상속인이 여러 명인 경우에도 이러한 원칙은 동일하게 적용된다. 대법원 2013. 3. 14. 선고 2010다42624 판결 역시 "<u>수인의 공동상속인이 유증받은 재산의 총가액이 유류분권리자의 유류분 부족액을 초과하는 경우에는 그 유류분 부족액의 범위 내에서 각자의 수유재산을 반환하면 되는 것이지 이를 놓아두고 수증재산을 반환할 것은 아니다.</u>"라고 판시하였다. 다만, "<u>수인의 공동상속인이 유류분권리자의 유류분 부족액을 각자의 수유재산으로 반환함에 있어서 분담하여야 할 액은 각자 증여 또는 유증을 받은 재산 등의 가액이 자기 고유의 유류분액을 초과하는 가액의 비율에 따라 안분하여 정하되, 그 중 어느 공동상속인의 수유재산의 가액이 그의 분담액에 미치지 못하여 분담액 부족분이 발생하더라도 이를 그의 수증재산으로</u>

반환할 것이 아니라, 자신의 수유재산의 가액이 자신의 분담액을 초과하는 다른 공동상속인들이 위 분담액 부족분을 위 비율에 따라 다시 안분하여 그들의 수유재산으로 반환하여야 한다."는 것이 위 2010다42624 판결의 태도이다.[323)]

　　유류분 반환의무자는 그 원물에 대한 사용이익도 부당이득으로 반환해야 하는가. 이에 대해서는 반환청구를 받은 날 이후에 생긴 과실을 모두 반환해야 한다는 견해[324)]와 청구권설을 전제로 과실을 반환할 필요가 없다는 견해[325)]가 대립하고 있었으나, 위 2010다42624 판결은 유류분반환청구권의 행사와 동시에 "유류분을 침해하는 증여 또는 유증은 소급적으로 효력을 상실하므로, 반환의무자는 유류분 권리자의 유류분을 침해하는 범위 내에서 그와 같이 실효된 증여 또는 유증의 목적물을 사용·수익할 권리를 상실"하게 된다고 하면서도, 선의의 점유자에게 과실수취권을 인정하는 제201조 제1항에 따라 "반환의무자가 악의의 점유자라는 사정이 증명되지 않는 한 반환의무자는 그 목적물에 대하여 과실수취권이 있다고 할 것이어서 유류분권리자에게 그 목적물의 사용이익 중 유류분권리자에게 귀속되어야 할 부분을 부당이득으로 반환할 의무가 없다."고 판시하였다. 반환의무자가 악의의 점유자라는 점이 증명된 경우에는 그 악의의 점유자로 인정된 시점부터, 그렇지 않다고 하더라도 본권에 관한 소에서 종국판결에 의해 패소로 확정된 경우에는 제197조 제2항에 따라 그 소가 제기된 때로부터 악의의 점유자로 의제되어 그 때부터 사용이익 중 유류분권리자에게 귀속되었어야 할 부분을 부당이득

───────────
323) 판결의 취지에 찬성하는 견해로 김상훈, "공동상속인들이 증여와 유증을 혼합하여 받은 경우 유류분반환의 순서와 범위", 「상속법판례연구」, 세창출판사, 2020, 324-325면. 이러한 산정 방법에 반대하면서 반환의무자는 각자가 얻은 증여가액과 유증가액을 합산한 가액의 비례로 반환하되, 유증부터 반환하도록 하는 것으로 족하다는 견해로 전경근, "유류분 침해액의 반환순서", 홍익법학 제22권 제2호(2021), 184-189면; 정구태, "상속법 개정을 위한 전문가 설문조사'를 통해 살펴본 유류분제도의 개선방안", 法學論叢 제26집 제3호(2019), 301-302면 참조.
324) 김주수·김상용(2019), 877면; 朴秉濠(1991), 483면; 윤진수(2020), 612면.
325) 郭潤直(2004), 296-297면; 박동섭·양경승(2020), 991면; 송덕수(2020), 464면.

으로 반환해야 함은 물론이다. 위 2010다42624 판결의 태도도 이와 같다. 또한 위 2010다42624 판결은 유류분반환청구권의 행사로 인하여 생기는 원물반환의무 또는 가액반환의무는 이행기한의 정함이 없는 채무이므로, 반환의무자는 그 의무에 대한 이행청구를 받은 때에 비로소 지체책임을 진다고 보았다.

(3) 소멸시효

유류분반환청구권은 유류분권리자가 상속의 개시와 반환하여야 할 증여 또는 유증을 한 사실을 안 때로부터 1년 또는 상속이 개시한 때로부터 10년이 지나면 시효에 의하여 소멸한다(제1117조). 하지만 위 소멸시효는 유류분권리자가 그의 유류분을 침해하는 범위 내에서 유증 또는 증여의 효력을 소급적으로 상실시키기 위해 유류분반환청구권을 행사하는 경우에 적용되는 것이므로, 침해를 받은 유증 또는 증여행위를 지정하여 반환청구의 의사를 표시하는 것으로 족하며, 그 목적물을 구체적으로 특정해야만 시효기간 안에 권리를 행사한 것이 되는 것은 아니다.[326] 대법원 2012. 5. 24. 선고 2010다50809 판결은 "상속인이 유증 또는 증여행위가 무효임을 주장하여 상속 내지는 법정상속분에 기초한 반환을 주장하는 경우에는 그와 양립할 수 없는 유류분반환청구권을 행사한 것으로 볼 수 없지만, 상속인이 유증 또는 증여행위의 효력을 명확히 다투지 아니하고 수유자 또는 수증자에 대하여 재산분배나 반환을 청구하는 경우에는 유류분반환의 방법에 의할 수밖에 없으므로 비록 유류분 반환을 명시적으로 주장하지 않더라도 그 청구 속에는 유류분반환청구권을 행사하는 의사표시가 포함되어 있다고 해석함이 타당한 경우가 많다."고까지 설시하고 있다. 대법원 2015. 11. 12. 선고 2011다55092 판결은 위와 같은 형성권으로서의 유류분반환청구권을 행사함으로써 유류분권리자가 그 실효된 범위 내에서 상대방에게 유증 또는 증여의 목적물을 반환할 것을 청

---

326) 대법원 1995. 6. 30. 선고 93다11715 판결; 대법원 2001. 9. 14. 선고 2000다66430 등 판결; 대법원 2002. 4. 26. 선고 2000다8878 판결; 대법원 2016. 1. 28. 선고 2013다75281 판결.

구하는 권리, 가령 목적물의 이전등기청구권 등은 유류분반환청구권과는 별개의 권리라는 전제 하에 "그 이전등기청구권 등에 대하여는 민법 제 1117조 소정의 유류분반환청구권에 대한 소멸시효가 적용될 여지가 없고, 그 권리의 성질과 내용 등에 따라 별도로 소멸시효의 적용 여부와 기간 등을 판단하여야 한다."고 판시하였다.[327]

(4) 유류분반환청구권과 채권자대위

대법원 2010. 5. 27. 선고 2009다93992 판결에서는 유류분반환청구권이 채권자대위권의 목적이 될 수 있는지가 문제되었다. 유류분반환청구권은 재산적 효과를 수반하는 것이기는 하지만, 유류분권리자는 "피상속인의 의사나 피상속인과의 관계는 물론 수증자나 다른 상속인과의 관계 등도 종합적으로 고려하여 유류분반환청구권의 행사 여부를 결정"하는 것인 이상 "유류분반환청구권은 그 행사 여부가 유류분권리자의 인격적 이익을 위하여 그의 자유로운 의사결정에 전적으로 맡겨진 권리로서 행사상의 일신전속성을 가진다"고 보아야 하고, 유류분권리자에게 그 권리행사의 확정적 의사가 있다고 인정되는 경우가 아니라면 채권자대위권의 목적이 될 수 없다는 것이다. 이에 대해서는 유류분반환청구권은 귀속상의 일신전속권은 아니지만, 행사상의 일신전속권에 해당한다는 이유로 찬성하는 견해[328]와 행사상의 일신전속권도 아니라는 이유로 반대하는 견해[329]가 대립한다. 앞의 견해에 찬성한다.[330]

---

327) 위 판결에 찬성하는 견해로 김상훈, "유류분반환청구권의 소멸시효", 「상속법판례연구」, 세창출판사, 2020, 365면 참조.

328) 정구태, "유류분반환청구권의 일신전속성 – 대법원 2013. 4. 25. 선고 2012다 80200 판결 –", 홍익법학 제14권 제2호(2013), 681 – 682면; 현소혜(2010: 상속법), 621 – 622면 등. 위 판결 선고 전에 이미 유류분반환청구권에 대한 채권자대위가 허용될 수 없음을 주창한 문헌으로 정구태, "遺留分返還請求權이 債權者代位權의 目的이 되는지 與否 – 日本에서의 論議를 바탕으로 한 從來 國內의 通說에 대한 批判的 檢討 –", 家族法研究 제22권 제1호(2008), 227 – 247면 참조.

329) 郭潤直(2004), 295면; 김주수·김상용(2019), 874면; 박동섭·양경승(2020), 945면; 송덕수(2020), 460면.

330) 구체적인 이유에 대해서는 현소혜(2010: 상속법), 621 – 622면 참조.

제4장 결   론

　제1장에서 소개한 바와 같이 가족법 분야의 개정이 비교적 빠른 속도로 진행되었음에도 불구하고, 급변하는 가족의 현실과 높아진 인권 의식을 모두 담아내기에는 여전히 현행법상 미비한 부분이 적지 않다. 친족법 분야에서는 더욱 그러하다. 이에 대법원은 때로는 판례에 의한 법형성을 통해 입법의 공백을 메꾸며, 때로는 가족 내 약자 보호를 위해 과감한 합헌적 법률해석을 시도하는 등 다양한 방법으로 대응하였다. 이 과정에서 사법적극주의와 사법소극주의의 대립, 문리해석과 목적론적 해석의 충돌, 추상적 입법목적과 구체적 복리 실현 간의 갈등, 가족의 자율성 보장과 가족 구성원을 위한 후견적 개입의 경계 등 굵직한 주제에 관해 친족법을 소재로 한 풍부한 판결례가 축적되었다.

　2010년대 가족법 판례는 질적으로뿐만 아니라, 양적으로도 비약적으로 성장하였다. 호주제 시절에는 가족 내 분쟁을 호주의 무능력이나 가문의 수치로 여기는 문화로 인해 그것이 법적 쟁송으로 이어지는 경우가 드물었다. 그 결과 그동안 우리나라에서는 친족법에서도 상속법에서도 가장 기초적인 쟁점들에 대해서조차 관련 판례를 찾아보기 어려운 경우가 많았다. 하지만 2005년 호주제 폐지 후 개인의 존엄과 양성평등에 기초한 가족문화가 정착하면서 가족 간의 분쟁 해결을 위해 가장(家長)의 권위가 아닌 법원에 의존하는 경향이 두드러지게 나타났고, 이는 가족 간 소송의 증가로 이어졌다. 그와 더불어 경제발전에 따라 상속재산의 규모가 확대되면서 대법원이 그동안 강학상으로만 문제되어 왔던 각종의 상속법적 쟁점들에 대해 해석론을 확립할 수 있는 기회가 증가하였다.

　이 시기 상속법 관련 판례들의 또 다른 특징으로는 '가족법의 일부로서의 상속법' 관념을 들 수 있다. 1997년 郭潤直의 『相續法』 교과서가 출판된 이래 '재산법의 일부로서의 상속법'에 대한 인식이 확산되었으나,[331] 아직 우리 사회에서는 상속재산이 유언에 의해 배분되기보다는 법정상속 제도에 의해 가족 내에서 분배되는 경우가 많고, 피상속인이 스스로 재산을 배분하는 경우에도 그 재산을 받아 가는 자는 가족구성원인 경우가 대부분이다. 강력한 유류분 제도로 말미암아 유언자의 의사에 의해 처분된 재산이 법정 상속인들에게로 다시 돌아오는 경우도 많다. 일반적인 재산법상 법률행위와 달리 상속법상 각종의 법률행위에서는 그것이 가족관계에 미치는 영향 또는 가족관계로부터 받은 영향을 적극적으로 고려하지 않을 수 없는 것이다.[332] 배우자 보호를 위해 청산과 부양의 관점에서 발전되어 온 친족법상 법리나 미성년 자녀 보호를 위해 친권 영역에서 발전되어 온 법리를 상속법의 해석론에 반영하려는 시도들 역시 이러한 가족법의 일부로서의 상속법의 특징이 반영된 것으로 볼 수 있다. 2010년대 상속법 관련 판결례들은 이와 같은 상속법상 법률행위의 특수성과 그것이 다른 공동상속인들이나 가족 외부의 제3자에 미치는 재산법적 효과를 상징적으로 보여준다.

이 글에서 소개된 판결들 중 일부는 종래 통설 내지 다수설에 의해 널리 받아들여져 온 법리를 다시 한 번 확인한 것에 불과하나, 일부는 입법이나 해석론의 공백을 메꾸는 중요한 역할을 담당하였으며, 일부는 법개정의 직접적인 동력이 되기도 하였다. 논리적으로 또는 현실적으로 납득하기 어렵거나 부적절한 논지가 섞여 있는 판결들도 없지 않지만, 일반론을 확립하면서도 개별 사건에서의 구체적 타당성을 실현해야 하는 판례의 역할을 감안할 때 다양한 요소들을 형량하는 과정에서 파생된 고민의 결과물로서 개개 판결의 결론을 이해 못할 바는 아니다. 향후 친족·상속 관련 판례가 가족 구성원 개개인의 존엄과 행복추구권을 실현하고, 현실의 다양한 가족이 사회의 기초로서 그 기능을 다할 수 있도록 조력하는 방향으로 그 법리를 보다 정교하게 발전시켜 나갈 것을 기대한다.

---

331) 郭潤直, 「相續法」, 博英社, 1997은 머리말에서 "現行 相續法은 분명히 財産法의 일부라고 하여야 한다."고 선언한 바 있다.

332) 이 점에 대해 보다 자세히는 현소혜(2010: 상속법), 618－626면 참조.

참고문헌

1. 단 행 본

郭潤直, 「相續法」, 博英社, 1997.

_____, 「相續法」(改訂版), 博英社, 2004.

김상훈, 「상속법판례연구」, 세창출판사, 2020.

金容漢, 「親族相續法論」, 博英社, 2003.

김주수 · 김상용, 「친족 · 상속법」(제16판), 法文社, 2019.

박동섭 · 양경승, 「친족상속법」(제5판), 박영사, 2020.

朴秉濠, 「家族法」, 韓國放送通信大學校, 1991.

송덕수, 「친족상속법」(제5판), 박영사, 2020.

윤진수, 「친족상속법 강의」(제3판), 박영사, 2020.

_____, 「민법기본판례」(제2판), 弘文社, 2020.

편집대표 윤진수, 「주해친족법」 제1권, 박영사, 2015.

_____, 「주해친족법」 제2권, 박영사, 2015.

_____, 「주해상속법」 제1권, 박영사, 2019.

_____, 「주해상속법」 제2권, 박영사, 2019.

임채웅, 「상속법연구」, 박영사, 2011.

최준규, 「상속법의 관점에서 본 생명보험」, 보험연구원, 2018.

2. 논   문

곽민희, "헤이그아동탈취협약의 해석상 「중대한 위험」과 子의 利益", 민사법학
　　　제67호(2014).

_____ "헤이그 아동탈취협약의 적용상 중대한 위험의 판단", 「2018년 가족법
　　　주요 판례 10선」, 세창출판사, 2019.

권영준, "2016년 민법 판례 동향", 民事法學 第78號(2017).

_____, "2017년 민법 판례 동향", 서울대학교 法學 제59권 제1호(2018).

_____, "2018년 민법 판례 동향", 서울대학교 法學 제60권 제1호(2019).

_____, "2019년 민법 판례 동향", 서울대학교 法學 제61권 제1호(2020).

_____, "2020년 민법 판례 동향", 서울대학교 法學 제62권 제1호(2021).

권재문, "유류분과 기여분의 단절에 대한 비판적 고찰-대법원 2015. 10. 29.
　　　　선고 2013다60753 판결-", 法曹 통권 제719호(2016).

_____, "헤이그 아동탈취협약과 가족생활에 관한 기본권-유럽인권재판소
　　　　판례를 중심으로-", 國際私法研究 제24권 제2호(2018).

김명숙, "2018년 가족법 중요판례평석", 인권과 정의 통권 제480호(2019).

김미경, "한정승인에 있어 한정승인자의 상속재산 처분과 상속채권자 보호-대
　　　　법원 2010. 3. 18. 선고 2007다77781 전원합의체 판결-", 法學研究
　　　　제27권 제1호(2016).

김민지, "친권정지·제한제도에 관한 민법일부개정안의 소개 및 검토", 法學
　　　　論叢 제27권 2호(2014).

김상훈·정구태, "이혼으로 인한 재산분할청구권의 상속성과 양도성", 法學論叢
　　　　제25집 제1호(2018).

_____, "유언에 의한 보험계약자 지위의 이전가능성-대법원 2018. 7. 12.
　　　　선고 2017다235647 판결-", 「2018년 가족법 주요 판례 10선」, 세창출
　　　　판사, 2019.

김세준, "민법 제1014조의 재판의 확정과 상속재산분할-대법원 2018. 6. 19.
　　　　선고 2018다1049 판결", 法學論叢 제26집 제1호(2019).

김수정, "기여분과 부양", 家族法研究 第35卷 第1號(2021).

金泳希, "자필증서유언방식에 관한 제문제", 家族法研究 第17卷 第2號(2003).

김유진, "출산경력의 불고지와 혼인 취소 사유-대법원 2017. 5. 16. 선고
　　　　2017므238 판결-", 家族法研究 第35卷 第2號(2021).

김정우, "유책배우자의 이혼청구-최근 판례를 중심으로-", 「가정법원 50주년
　　　　기념논문집」, 서울가정법원, 2013.

김현진, "대리모 출생아의 친자관계-2018. 5. 18. 선고 서울가정법원 2018므15
　　　　결정을 중심으로-", 법학연구 제22집 제3호(2019).

김형석, "한정승인의 효과로서 발생하는 재산분리의 의미", 家族法研究 第22卷
　　　　第3號(2008).

류일현, "선순위 혈족상속인 전원의 상속포기와 그 효과", 成均館法學 第28卷
　　　　第1號(2016).

문영화, "한정승인자의 조세채권자가 상속재산에 대한 강제집행에서 배당을
　　　　받을 수 있는지 여부-대법원 2016. 5. 24. 선고 2015다250574 판결-",
　　　　「2016년 가족법 주요 판례 10선」, 세창출판사, 2017.

閔裕淑, "財産分割 對象이 되는 財産의 確定에 관한 몇 가지 問題點", 법조 제535호(2001).

박근웅, "동순위 혈족상속인 전원의 상속포기와 배우자상속", 家族法研究 第29卷 第2號(2015).

_____, "북한주민의 상속회복청구", 가천법학 제12권 제1호(2019).

_____, "상속에 의한 기업승계의 몇 가지 문제", 비교사법 통권 제90호(2020).

_____, "가분채권과 상속재산분할", 家族法研究 第34卷 第1號(2020).

_____, "상속분가액지급청구권의 몇 가지 문제", 家族法研究 第34卷 第3號(2020).

박소현, "젠더 관점에서의 이혼법제에 대한 검토: 유책주의와 파탄주의를 중심으로", 이화젠더법학 제7권 제3호(2015).

박정민, "유책배우자의 이혼청구에 관한 연구-대법원 2015. 9. 15. 선고 2013므568 전원합의체 판결을 중심으로-", 영남법학 제45호(2017).

박희호, "혼인의 성립요건에 대한 소고", 家族法研究 第25卷 第1號(2011).

배인구, "대상재산과 상속재산분할", 「2016년 가족법 주요 판례10선」, 세창출판사, 2017.

_____, "한정후견과 임의후견-대법원 2017. 6. 1.자 2017스515 결정-", 「2017년 가족법 주요 판례 10선」, 세창출판사, 2018.

_____, "부부공동입양원칙", 「2018년 가족법 주요 판례 10선」, 세창출판사, 2019.

서종희, "대리권(친권)남용과 선의의 제3자 보호-대법원 2018. 4. 26. 선고 2016다3201 판결-", 외법논집 제43권 제3호(2019).

송재일, "한정승인과 담보권", 서울법학 제19권 제3호(2012).

양진섭, "혼인 외의 자녀와 출생신고-대법원 2020. 6. 8.자 2020스575 결정과 최근 가족관계등록법 개정을 중심으로-", 사법 통권 제57호(2021).

양희석, "보험금청구권과 상속관련 법적 문제", 보험법연구 제11권 제2호(2017).

엄경천, "협의이혼을 전제로 한 재산분할청구권 포기약정의 효력", 「2016년 가족법 주요 판례 10선」, 세창출판사, 2017.

_____, "부부간 부양의무와 부부 공동생활비용 부담의 관계", 「2017년 가족법 주요 판례 10선」, 세창출판사, 2018.

_____, "성년 자녀에 대한 부양의 범위와 한계", 「2017년 가족법 주요 판례 10선」, 세창출판사, 2018.

_____, "재산분할청구권의 행사기간", 「2018년 가족법 주요 판례 10선」, 세창출판사, 2019.

오병철, "유류분 부족액의 구체적 산정방법에 관한 연구", 家族法硏究 第20卷 第2號(2006).

_____, "기여분과 유류분의 관계에 관한 연구", 家族法硏究 第31卷 第1號 (2017).

오종근, "민법 제1014조 가액지급청구권", 家族法硏究 第34卷 第1號(2020).

옥도진, "부양의 원리와 부양적 기여분의 판단기준 — 대법원 2019. 11. 21.자 2014스44, 45 전원합의체 결정에 대한 비판적 검토 —", 家族法硏究 第34卷 第2號(2020).

우병창, "상속포기의 효력과 대습상속", 「2017년 가족법 주요 판례 10선」, 세창출판사, 2018.

윤석찬, "이혼부모와 공동양육권", 「여암 송덕수 교수 정년퇴임 기념 민법 이론의 새로운 시각」, 박영사, 2021.

윤진수, "婚姻 成立에 관한 獨逸 民法의 改正에 관한 考察", 家族法硏究 第13號 (1999).

_____, "친생추정에 관한 민법개정안", 家族法硏究 第31卷 第1號(2017).

_____, "배우자의 상속법상 지위 개선 방안에 관한 연구", 家族法硏究 第33卷 第1號(2019).

_____, "미성년 자녀를 둔 성전환자의 성별정정", 서울대학교 法學 제61권 제3호(2020).

_____, "상속권 상실에 관한 정부의 민법개정안", 比較私法 第28卷 第3號 (2021).

이동진, "부모 일방의 타방에 대한 과거의 양육비 상환청구와 소멸시효", 家族法研究 第26卷 第2號(2012).

_____, "부부관계의 사실상 파탄과 부정행위(不貞行爲)에 대한 책임: 비교법적 고찰로부터의 시사", 서울대 法學 제54권 제4호(2013).

_____, "민법 제1026조 제1호의 법정단순승인", 家族法硏究 第31卷 第1號 (2017).

_____, "공동상속인 중 1인의 상속재산처분과 민법 제1014조", 法律新聞

2018. 7. 25.자 판례평석.

_____, "배우자의 특별수익, 기여분, 유류분－대법원 2011. 12. 8. 선고 2010다 66644 판결－", 사법 통권 제56호(2021).

이병화, "헤이그국제아동탈취협약의 이행에 있어서 친자법적 재고찰", 國際私法 研究 제23권 제1호(2017).

이봉민, "기여분과 유류분의 관계에 대한 새로운 해석론－유류분 부족액 산정 방법을 중심으로－", 家族法研究 第32卷 第1號(2018).

이상명, "유책배우자의 이혼청구－대법원 2015. 9. 15. 선고 2013므568 판결을 중심으로－", 法學論叢 第36輯 第3號(2019).

이소은, "제3자의 권리 대상인 유증 목적물에 관한 법률관계", 比較私法 第26卷 第2號(2019).

_____, "배우자의 부양과 기여분", 法學論叢 第40卷 第3號(2020).

_____, "친생자관계 부존재 확인의 소의 소송요건에 관한 연구", 家族法研究 第35卷 第2號(2021).

이준영, "유책배우자의 이혼청구권－대법원 2015. 9. 15. 선고 2013므568 전원 합의체 판결－", 법학연구 통권 제51집(2017).

이희배, "유책배우자의 이혼청구 허용이 신의칙·사회정의에 반하지 않는다는 사례", 法律新聞 2010. 3. 11.자 판례평석.

임종효, "피상속인의 배우자와 자녀 중 자녀 전부가 상속포기한 경우 상속 재산의 귀속－대법원 2015. 5. 14. 선고 2013다48852 판결을 중심으 로－", 家族法研究 第29卷 第3號(2015).

전경근, "유류분 침해액의 반환순서", 홍익법학 제22권 제2호(2021).

정구태, "遺留分返還請求權이 債權者代位權의 目的이 되는지 與否－日本에서 의 論議를 바탕으로 한 從來 國內의 通說에 대한 批判的 檢討－", 家 族法研究 제22권 제1호(2008).

_____, "상속채권자와 한정승인자의 근저당권자 간의 우열문제－대법원 2010. 3. 18. 선고 2007다77781 전원합의체 판결", 고려법학 제64권 (2012).

_____, "부부 쌍방의 소극재산 총액이 적극재산 총액을 초과하는 경우에도 재산분할이 가능한지 여부－대법원 전원합의체 2013. 6. 20. 선고 2010 므4071(본소), 2010므4088(반소) 판결－", 法學論叢 第20輯 第2號(2013).

_____, "유류분반환청구권의 일신전속성－대법원 2013. 4. 25. 선고 2012다

80200 판결 —", 홍익법학 제14권 제2호(2013).

_____, "유류분제도 시행 전 증여된 재산에 대한 유류분반환 — 대법원 2012. 12. 13. 선고 2010다78722 판결 —", 홍익법학 제14권 제1호(2013).

_____, "대습상속과 특별수익, 그리고 유류분 — 대법원 2014. 5. 29. 선고 2012다31802 판결에 대한 비판적 검토 —", 안암법학 제45호(2014).

_____, "헌법합치적 법률해석의 관점에서 바라본 주소가 누락된 자필증서유언의 효력 — 서울중앙지방법원 2014. 2. 21. 선고 2012가합527377 판결 —", 江原法學 제43권(2014).

_____, "친생추정의 한계 및 친생부인의 소의 원고적격 — 대법원 2012. 10. 11. 선고 2012므1892 판결 및 대법원 2014. 12. 11. 선고 2013므4591 판결 —", 법학연구 제26권 제1호(2015).

_____, "2014년 친족상속법 관련 주요 판례 회고", 민사법의 이론과 실무 제18권 제2호(2015).

_____, "2015년 혼인법 관련 주요 판례 회고", 法學硏究 제27권 제1호(2016).

_____, "2015년 親子法 관련 주요 판례 회고", 法學論叢 제23권 제1호(2016).

_____, "2015년 상속법 관련 주요 판례 회고", 사법 통권 제35호(2016).

_____, "2016년 상속법 관련 주요 판례 회고", 법학논총 제24권 제1호(2017).

_____, "북한주민의 상속회복청구권 행사와 제척기간", 「2016년 가족법 주요 판례 10선」, 세창출판사, 2017.

_____, "상속에 있어서 보험금청구권의 취급", 民事法研究 第26輯(2018).

_____, "유류분 부족액 산정 시 유류분제도 시행 전 이행된 특별수익의 취급 — 대법원 2018. 7. 12. 선고 2017다278422 판결 —", 「2018년 가족법 주요 판례 10선」, 세창출판사, 2019.

_____, "'상속법 개정을 위한 전문가 설문조사'를 통해 살펴 본 유류분제도의 개선방안", 法學論叢 제26집 제3호(2019).

_____, "2019년 친족상속법 관련 주요 판례 회고", 안암법학 제60호(2020).

_____, "2020년 상속법 관련 주요 판례 회고", 안암법학 제62권(2021).

정다영, "상속재산 분할 후 모자관계가 밝혀진 경우 민법 제860조 단서 및 제1014조의 적용 여부 — 대법원 2018. 6. 19. 선고 2018다1049 판결 —", 「2018년 가족법 주요 판례 10선」, 세창출판사, 2019.

_____, "생모에 대한 친생자관계존재확인청구와 상속재산분할", 법학논고 제65집(2019).

조경애, "재판상 이혼원인에서의 파탄주의 도입에 관한 제언", 家族法研究 第32卷 第3號(2018).

조미경, "혼인의사와 신고", 家族法研究 第10號(1996).

_____, "血緣眞實主義 - 親生否認의 訴에 관한 法務部改正案과 관련하여", 家族法研究 第12號(1998).

조인선, "친권상실선고심판청구에 대한 친권의 일부 제한 심판 사례 - 대법원 2018. 5. 25.자 2018스520 결정 - ", 「2018년 가족법 주요 판례 10선」, 세창출판사, 2019.

지원림, "대리권의 남용과 선의의 제3자 - 대법원 2018. 4. 26. 선고 2016다 3210 판결 - ", 法律新聞 2018. 7. 9.자 판례평석.

차선자, "이혼 시 연금분할을 위한 입법적 제언", 法學論叢 第32輯 第1號(2012).

최명수, "이혼재판에서 파탄주의로의 전환의 필요성에 관한 소고", 慶星法學 第20輯 第2號(2011).

최성경, "대리모계약의 효력과 모자관계 결정 - 서울가정법원 2018. 5. 18.자 2018브15 결정을 계기로 하여", 홍익법학 제20권 제2호(2020).

최수정, "유증목적물에 대한 제3자의 권리", 家族法研究 第33卷 第1號(2019).

최준규, "유류분과 기업승계 - 우리 유류분 제도의 비판적 고찰", 司法 통권 제37호(2016).

_____, "출산 경력의 불고지가 혼인취소 사유에 해당하는지 여부 - 대법원 2016. 2. 18. 선고 2015브654 등 판결", 家族法研究 第31卷 第2號(2017).

_____, "유류분과 기여분의 관계", 저스티스 통권 제162호(2017).

현소혜, "유언방식의 개선방향에 관한 연구", 家族法研究 第23卷 第2號(2009).

_____, "혼인의 무효와 가족관계등록부의 정정", 사법 통권 제14호(2010).

_____, "상속법의 자화상과 미래상", 民事法學 第52號(特別號)(2010).

_____, "「근친혼적 사실혼」 관계의 보호", 民事判例研究 제34권, 博英社, 2012.

_____, "장래의 퇴직급여와 재산분할", 法學論叢 第21輯 第2號(2014).

_____, "친생자 추정: 헌법불합치결정에 따른 개정방안", 成均館法學 第27卷 第4號(2015).

_____, "대리모를 둘러싼 쟁점과 해결방안 - 입법론을 중심으로 - ", 家族法研究 第32卷 第1號(2018).

_____, "피성년후견인의 가족관계에 관한 의사결정 자유의 보장", 家族法硏究
第32卷 第3號(2018).

_____, "특정물 유증에서의 담보책임-대법원 2018. 7. 26. 선고 2017다
289040 판결", 「2018년 가족법 주요 판례 10선」, 세창출판사, 2019.

_____, "부자관계의 결정기준: 혼인과 혈연", 家族法硏究 第33卷 第2號(2019).

_____, "한정승인 제도의 개선방안에 관하여-특히 상속채권자 보호의 관점
에서-", 국제법무 제11권 제1호(2019).

_____, "재산분할과 제척기간", 「윤진수교수정년기념 민법논고: 이론과 실무」,
박영사, 2020.

_____, "제2차 부양의무자 간의 구상관계-독일과 오스트리아에 대한 비교
법적 검토-", 比較私法 第27卷 第3號(2020).

_____, "외국인 아동을 위한 보편적 출생등록제의 도입필요성과 도입방안",
家族法硏究 第34卷 第2號(2020).

洪春義, "姦通과 損害賠償", 家族法硏究 第8號(1994).

홍춘의·이상래, "상속재산의 강제집행절차에 있어서 상속채권자와 한정승인을
한 상속인의 조세채권자 사이의 우열관계-대법원 2016. 5. 24. 선고
2015다250574 판결을 중심으로-", 동북아법연구 제10권 제3호(2017).

상　법

백 숙 종*

■요　지■

　　이 글은 2010년대, 정확하게는 2010. 1. 1.부터 2020. 12. 31.까지 대법원에서 선고된 상사 관련 판결들 중에서, 필자의 기준으로 선례적 가치가 있거나 또는 새로운 법리를 선언하거나 기존의 법리를 변경하는 등의 주요 판결을 중심으로 소개하고자 하는 글로서, 어떠한 주제에 관한 심도 있는 연구를 목적으로 하지 않는다. 다만 대법원 판례에 따라 개별 사건의 당부를 판단해야 하는 실무가로서, 지난 10년간 상사 분야에서의 판례 동향을 개략적으로 살펴보고자 하였다.

　　상사 분야의 판례는 비단 상법에서 명시적으로 규정하고 있는 회사와 보험, 해상, 운송 등에 관련된 것뿐 아니라 증권과 금융투자상품 등을 다루는 「자본시장과 금융투자업에 관한 법률」, 국제거래와 관련된 국제사법 등 다양한 법률과 광범위한 영역에 걸쳐 있을 뿐 아니라 선고되는 판결의 수도 적지 않다. 필자의 능력과 지면의 한계로, 본고에서는 주로 회사법과 관련된 판례를 다루면서 다른 분야는 전원합의체 판결 등을 중심으로 선별하여 소개할 수밖에 없었고, 대상 판례에 관해 구체적으로 분석하고 검토한 경우도 있지만, 판례 요지만을 소개한 경우도 있다.

　　본문에서는 상법(총칙과 상행위, 회사, 보험, 해상·항공운송 등) 및 증권과 금융상품거래, 어음·수표, 국제거래의 분야로 나누어 순차로 서술하되

---

* 서울고등법원 판사.

회사법 내에서는 법인격부인, 주식, 주주의 권리, 회사의 기관(주주총회, 이사, 이사회, 감사), 상장회사 특례규정 등 회사법의 편제에 따른 소쟁점에 진술·보증약정 및 배임죄의 소쟁점을 추가하여 각 쟁점별로 구분하여 기술함을 원칙으로 하였다. 다만 하나의 판례에서 여러 영역의 쟁점을 아우르고 있는 경우에는 부득이 가독성과 이해의 편의 등을 고려하여 위 구분에 구애받지 않고 기술하였다.

이하 본문에서는 아래와 같이 일부 법령에 관해 약어를 사용하기로 한다.
- ○ 간접투자자산 운용업법(이하 '간접투자법'이라 한다)
- ○ 약관의 규제에 관한 법률(이하 '약관규제법'이라 한다)
- ○ 자본시장과 금융투자업에 관한 법률(이하 '자본시장법'이라 한다)
- ○ 주식회사 등의 외부감사에 관한 법률(이하 '외부감사법'이라 한다)
- ○ 채무자 회생 및 파산에 관한 법률(이하 '채무자회생법'이라 한다)

제1장 서   론

2011. 4. 14. 개정된 상법은 "1962년 상법 제정 이후 가장 큰 개정"으로 평가받았고[이하 본문에서 특별히 부기하지 않는 한 '구 상법'이라 함은 2011. 4. 14. 개정 전의 상법을 의미한다], 이후에도 크고 작은 개정이 거듭되던 중 2020년을 이틀 남겨 놓은 2020. 12. 29. 법률 제17764호로 재차 상법이 개정되었다. 2011년 개정 당시 새롭게 도입된 제도와 관련하여 선도적 의미를 갖는 판결도 적지 않았던 반면, 이사의 자기거래(상법 제398조) 등 아직까지도 개정상법이 적용되는 사안에 관하여 대법원의 법리 판단이 존재하지 않는 영역도 있다는 점은 흥미롭다. 또한 금융시장 관련 법령 중 은행법, 보험업법 등을 제외하고, 자본시장을 규율하는 15개 법률 중 6개의 구 법률(증권거래법, 선물거래법, 간접투자법, 신탁업법, 종합금융회사에 관한 법률, 한국증권선물거래소법)을 직접 통합한 자본시장법이 2007. 8. 3. 제정되어 2009. 2. 4.부터 시행되었다. 이러한 법령의 정비에 맞추어 법원 역시 실무의 흐름에 부합하면서도 현행 법률의 한계 내에서 가능한 범위 내에서의 타당한 법리를 제시하고자 하였던 바, 이는 기존의 법리를 발전시키거나 종래 확립되어 있던 법리를 변경하는 등 다양한 양태로 나타났다.

이하에서는 2010. 1.부터 2020. 12.까지 사이에 선고된 상사분야의 대법원 판결을 중심으로 살펴보되, 전원합의체 판결은 가급적 최근에 선고된 판결까지 간략하게나마 소개하고자 하였다.

총칙과 상행위 분야에서는 상호 부정사용, 영업양도, 상호속용인의 책임, 상사유치권, 금융리스 등의 소쟁점별로 살펴보면서 상사이율 또는 민사이율, 상사시효 또는 민사시효의 적용 여부를 다툰 다수 판례를 사례 중심으로 검토하고, 2021. 7. 상행위인 계약의 무효로 인한 부당이득반환청구권의 소멸시효에 관한 일반법리를 선언한 대법원 2019다277812 전원합의체 판결을 소개하였다.

회사법 분야에서 선고된 수많은 대법원 판결들 중에서, 원칙적으로 주주명부상 주주만이 회사에 대해 주주권을 행사할 수 있다고 본 대법원 2015다248342 전원합의체 판결과 대표이사가 이사회 결의를 거치지 않고 행한 대외적 거래행위에 관하여 상법 제209조 제2항에 따라 선의·무중과실의 제3자가 보호된다고 본 대법원 2015다45451 전원합의체 판결 및 이사·감사의 지위는 주주총회 선임결의가 있고 선임된 사람의 동의만 있으면 취득되고 임용계약 체결이 불필요하다고 본 대법원 2016다251215 전원합의체 판결은 수십 년간 확립되어 있었던 기존의 법리를 변경한 중요한 판결이다. 2000년대에 이어 계속해서 소위 'LBO' 사안에서의 배임죄의 성부가 다투어졌던바, 특히 2020년 선고된 대법원 2016도10654 판결에서 인수자가 피인수회사에 아무런 반대급부를 제공하지 않음에도 피인수회사의 재산을 담보로 제공하게 하였다면 배임죄가 성립한다는 기존의 법리가 재확인되었다. 2002년 제소된 이후 두 차례의 파기환송을 거쳐 2018년에 비로소 확정된 인천정유 사건도 진술·보증약정의 해석과 관련된 의미 있는 판결이다. 신세계 주주대표소송과 삼성물산 합병 사건 등 다양한 쟁점을 아우르는 의미 있는 사건도 적지 않다. 그 밖에도 법인격부인, 주식매수청구권과 주주평등원칙, 경업금지와 기회유용금지, 자기거래 금지 등 이사의 각종 의무, 이사의 보수, 회사의 합병 등 회사법의 다양한 쟁점에서 선례로서의 가치를 갖는 중요한 판결이 다수 선고되었던바, 가급적 누락 없이 고루 소개하고자 노력하였다.

　　한편 보험법 분야에서는 두 차례의 전원합의체 판결(대법원 2014다46211 전원합의체 판결, 2018다287935 전원합의체 판결)을 통해 보험자가 피보험자보다 우선하여 제3자(불법행위의 가해자 또는 채무자)에게 청구권을 행사할 수 있다고 보았던 기존의 법리를 변경하면서, 피보험자가 보험자보다 우선하여 손해를 전보받을 수 있는 길을 열어주었다. 전자의 판결은, 피보험자가 보험금을 지급받았음에도 전보되지 않은 손해액이 가해자인 제3자의 손해배상책임액보다 많다면 제3자에게 그의 책임액 전부를 이행할 것을 청구할 수 있다고 하였고, 후자의 판결은 국민건강보험법상 급여 사안에서, 국민건강보험공단이 피해자에게 보험급여를 한 다음 가해자에게 대위할 수 있는 범위는 공단부담금 중 가해자의 책임비율에 해당하는 금액으로 제한된다고 하면서 '공제 후 과실상계' 방식을 취하였다. 민사집행법상 압류금지채권으로 규정된 '보장성보험'의 의미에 관하여 판단한 대법원 2015다50286 판결, 태아를 피보험자로 한 상해보험의 유효성을 인정한 대법원 2016다211224 판결, 자동차보험 구상금분쟁심의위원회에서 한 조정결정의 효력에 관한 대법원 2017다217151 판결도 의미 있는 판결이다. 그 밖에도 임원책임배상보험 등 본고에 미처 소개하지 못하였으나 사회흐름을 반영한 각종 보험상품에 관하여 그 약관의 효력 등을 판단한 다수 판례가 있었다.

이처럼 양적·질적으로 압도적 판례가 쏟아진 보험법 분야와는 대조적으로 어음·수표법 분야의 판결은 그 수가 적었다. 그 중에서 융통어음과 표지어음에 관한 판결 등을 소개하였다.

해상·항공운송과 관련하여서는 먼저 해상보험업계에서 널리 사용되고 있는 영국법 준거약관의 유형과 그에 따른 효력을 다룬 일련의 판결들을 소개하였다. 또한 상법이 예정하고 있지는 않으나 실무상 필요에 따라 등장하여 널리 사용되고 있는 서렌더 선하증권에 관한 대법원 2016다213237 판결과 2016다276719 판결, 스위치 선하증권에 관한 대법원 2018다249018 판결, 항공화물운송장 발행인의 주의의무를 논한 대법원 2014다40237 판결 등을 소개하였다.

각종 펀드와 ELS, 파생상품 등 복잡·다양한 금융상품이 등장하면서 손실을 입은 투자자의 보호 및 관련된 이해관계자들 사이의 법률관계도 문제되었는데, 전자의 대표적인 예로 키코(KIKO) 사건을 들 수 있다. 대법원은 자기책임원칙과 투자자 보호의 법리 사이에서 균형을 잃지 않으면서도 개별 사건의 구체적 타당성을 고려한 결론을 이끌어 내고자 노력하였다. 간접투자법상의 자산운용회사와 판매회사가 부담하는 의무, 자본시장법상 금융투자업자가 부담하는 의무에 관한 법리가 발전한 것 역시 같은 맥락이다. 또한 대법원은 증권 관련 집단소송의 허가요건을 적극적

으로 해석함으로써 증권 관련 불법행위 피해자들의 효율적 구제를 위해
신설된 증권관련 집단소송법의 취지가 몰각되지 않도록 하였다. 나아가
2020년에는 최초로 증권관련 집단소송에서 피해자들 승소의 본안판결이
대법원에서 확정되기도 하였다.

국제거래 분야에서는 먼저 2014. 5. 20. 개정된 민사소송법 제217조
(외국재판의 승인) 등을 소개하고 외국판결과 중재판정의 승인과 집행에
관한 일련의 판결들을 살펴본 다음, 국제재판관할 판단의 기준이 되는
국제사법 제2조의 해석과 관련하여, 실질적 관련성(제1항) 및 국내법 관할
규정(제2항)을 종합적으로 고려하도록 한 대법원 2016다33752 판결 등을
살펴보았다. 국제도산 분야에서는 외국적 요소가 있는 계약을 체결한 당
사자에 대해 국내 도산절차가 개시된 경우의 준거법에 관한 법리를 선언
한 대법원 2012다104526, 104533 판결과 영국 보통법상 상계가 쟁점이
되었던 대법원 2012다108764 판결을 함께 소개하였다.

제2장 총칙과 상행위
제1절 총   칙
1. 상   인

1) 상인의 행위에 대하여는, 상사시효(상법 제64조) 상사이율(상법 제
54조) 등이 적용되므로 언제 상인이 되는지 여부는 상법의 적용범위를 정
하는 중요한 문제이다. 종래 판례는, 영업의 목적인 기본적 상행위를 개
시하기 전에 영업을 위한 준비행위를 하는 자는 영업으로 상행위를 할
의사를 실현하는 것이므로 그 준비행위를 한 때 상인자격을 취득함과 아
울러 이 개업준비행위는 영업을 위한 행위로서 그의 최초의 보조적 상행
위가 되는 것이고, 이와 같은 개업준비행위는 반드시 상호등기·개업광
고·간판부착 등에 의하여 영업의사를 일반적·대외적으로 표시할 필요
는 없으나 점포구입·영업양수·상업사용인의 고용 등 그 준비행위의 성
질로 보아 영업의사를 상대방이 객관적으로 인식할 수 있으면 당해 준비

행위는 보조적 상행위로서 여기에 상행위에 관한 상법의 규정이 적용된다(대법원 1999. 1. 29. 선고 98다1584 판결 참조)라고 함으로써, 영업을 준비하는 행위를 보조적 상행위라고 판정하여 행위자에게 상인자격을 부여하고 이 행위에 상행위성을 인정하여 상법을 적용하기 위하여는 기본적으로 이 행위에 영업을 하려는 의사가 표명되었다고 볼 수 있어야 한다는 태도를 취해 왔다.

2) 대법원 2012. 4. 13. 선고 2011다104246 판결은, 甲이 학원 설립과정에서 영업준비자금으로 乙에게서 돈을 차용한 후 학원을 설립하여 운영한 사안에서, "영업자금의 차입 행위는 행위 자체의 성질로 보아서는 영업의 목적인 상행위를 준비하는 행위라고 할 수 없지만, 행위자의 주관적 의사가 영업을 위한 준비행위이었고 상대방도 행위자의 설명 등에 의하여 그 행위가 영업을 위한 준비행위라는 점을 인식하였던 경우에는 상행위에 관한 상법의 규정이 적용된다고 봄이 상당하다."고 하여, 甲은 상법 제5조 제1항에서 정한 '의제상인'에 해당하고 甲의 차용행위는 학원영업을 위한 준비행위에 해당하며 상대방인 乙도 이러한 사정을 알고 있었으므로 차용행위를 한 때 甲은 상인자격을 취득함과 아울러 차용행위는 영업을 위한 행위로서 보조적 상행위가 되어 상법 제64조에서 정한 상사소멸시효가 적용된다고 보았다.

위 판결은, 행위 자체의 성질로 보아서는 영업을 목적으로 이를 준비하는 행위라고 할 수 없는 경우에도 행위자의 주관적 의사가 영업자금의 차입이었고 상대방도 행위의 성질 이외의 사정에 의하여 이를 인식한 경우 경우에는 상법이 적용된다고 판시하여 상행위법의 적용범위를 넓혔다는 점에서 선례로서의 가치가 있다.[1]

3) 반면, 영업을 위한 준비행위가 보조적 상행위로서 상법의 적용을 받기 위해서는 그 행위를 하는 자 스스로 상인자격을 취득하는 것을 당연한 전제로 하므로, 어떠한 자가 다른 상인의 영업을 위한 준비행위를

1) 호제훈, "학원업이 의제상인에 해당하는지 여부 및 개업준비를 위한 영업자금 차입행위에 상법이 적용되는 경우", 대법원판례해설 제91호, 법원도서관(2012), 296면.

하는 것에 불과하다면, 그 행위는 그 행위를 한 자의 보조적 상행위가 될 수 없다. 회사 설립을 위하여 개인이 한 행위는, 그것이 설립중 회사의 행위로 인정되어 장래 설립될 회사에 효력이 미쳐 회사의 보조적 상행위가 될 수 있는지 여부는 별론으로 하고, 장래 설립될 회사가 상인이라는 이유만으로 당연히 그 개인의 상행위가 되어 상법의 규정이 적용된다고 볼 수는 없다(대법원 2012. 7. 26. 선고 2011다43594 판결). 상인이 영업과 상관없이 개인 자격에서 돈을 투자하는 행위는 상인의 기존 영업을 위한 보조적 상행위로 볼 수 없고(대법원 2018. 4. 24. 선고 2017다205127 판결, 따라서 민사시효가 적용된다고 보았다), 회사가 상법에 의해 상인으로 의제된다고 하더라도 회사의 기관인 대표이사 개인은 상인이 아니므로, 비록 대표이사 개인이 회사 자금으로 사용하기 위해서 차용하더라도 그 차용금채무를 상사채무로 볼 수 없다(**대법원 1992. 11. 10. 선고 92다7948 판결 등 참조**).

2. 상호의 부정사용

상법 제23조 제1항은 "누구든지 부정한 목적으로 타인의 영업으로 오인할 수 있는 상호를 사용하지 못한다."고 규정하고 있다. 위 규정의 취지는 일반거래시장에서 상호에 관한 공중의 오인·혼동을 방지하여 이에 대한 신뢰를 보호함과 아울러 상호권자가 타인의 상호와 구별되는 상호를 사용할 수 있는 이익을 보호하는 데 있다.

종래 대법원은 상법 제23조 제1항의 오인가능성에 관하여 "타인의 영업으로 오인할 수 있는 상호는 그 타인의 영업과 동종 영업에 사용되는 상호만을 한정하는 것은 아니라고 할 것이나, 어떤 상호가 일반 수요자들로 하여금 영업주체를 오인·혼동시킬 염려가 있는 것인지를 판단함에 있어서는, 양 상호 전체를 비교 관찰하여 각 영업의 성질이나 내용, 영업방법, 수요자층 등에서 서로 밀접한 관련을 가지고 있는 경우로서 일반 수요자들이 양 업무의 주체가 서로 관련이 있는 것으로 생각하거나 또는 그 타인의 상호가 현저하게 널리 알려져 있어 일반 수요자들로부터 기업의 명성으로 인하여 절대적인 신뢰를 획득한 경우에 해당하는지 여부를 종합적으로 고려하여야 할 것이다."라고 하여(**대법원** 2002. 2. 26. 선고 2001다73879 판결 등) 그 판단주체에 관해 '일반 수요자'라고 판시하여 왔다.

그러던 중, 상장회사인 원고가 사용한 "대성홀딩스 주식회사(DAESUNG HOLDINGS CO., LTD)"라는 상호와 역시 상장회사인 피고가 사용한 "주식회사 대성지주(DAESUNG GROUP HOLDINGS CO., LTD.)"라는 상호 사이에서의 오인가능성과 부정한 목적이 문제가 다투어진 사안(원고가 먼저 상호 가등기와 상호 변경등기를 마치고 피고는 그보다 늦게 상호를 등기하였다)인 **대법원 2016. 1. 28. 선고 2013다76635 판결**에서, "어떤 상호가 '타인의 영업으로 오인할 수 있는 상호'에 해당하는지를 판단함에 있어서는 양 상호 전체를 비교 관찰하여 각 영업의 성질이나 내용, 영업 방법, 수요자층 등에서 서로 밀접한 관련을 가지고 있는 경우로서 일반인이 양 업무의 주체가 서로 관련이 있는 것으로 생각하거나 또는 그 타인의 상호가 현저하게 널리 알려져 있어 일반인으로부터 기업의 명성으로 인하여 견고한 신뢰를 획득한 경우에 해당하는지 여부를 종합적으로 고려하여야 한다."고 함으로써 그 주체를 '일반인'으로 보았다. 또한 위 조항에 규정된 "'부정한 목적'이란 어느 명칭을 자기의 상호로 사용함으로써 일반인으로 하여금 자기의 영업을 그 명칭에 의하여 표시된 타인의 영업으로 오인하게 하여 부당한 이익을 얻으려 하거나 타인에게 손해를 가하려고 하는 등의 부정한 의도를 말하고, 부정한 목적이 있는지는 상인의 명성이나 신용, 영업의 종류 · 규모 · 방법, 상호 사용의 경위 등 여러 가지 사정을 종합하여 판단하여야 할 것"이라고 함으로써 오인가능성과 피고의 부정한 목적을 모두 인정한 원심이 타당하다고 하였다.

3. 영업양도

1) 영업의 양도란 일정한 영업목적에 의하여 조직화된 업체 즉, 인적 · 물적 조직을 동일성은 유지하면서 일체로서 이전하는 것이어서 영

업 일부만의 양도도 가능하고, 이러한 영업양도가 이루어진 경우에는 원칙적으로 해당 근로자들의 근로관계가 양수하는 기업에 포괄적으로 승계되지만 근로자가 반대 의사를 표시함으로써 양수기업에 승계되는 대신 양도기업에 잔류하거나 양도기업과 양수기업 모두에서 퇴직할 수도 있다. 또한 이와 같은 경우 근로자가 자의에 의하여 계속근로관계를 단절할 의사로 양도기업에서 퇴직하고 양수기업에 새로이 입사할 수도 있다. 이때 근로관계 승계에 반대하는 의사는 근로자가 영업양도가 이루어진 사실을 안 날부터 상당한 기간 내에 양도기업 또는 양수기업에 표시하여야 하고, 상당한 기간 내에 표시하였는지는 양도기업 또는 양수기업이 근로자에게 영업양도 사실, 양도 이유, 양도가 근로자에게 미치는 법적·경제적·사회적 영향, 근로자와 관련하여 예상되는 조치 등을 고지하였는지 여부, 그와 같은 고지가 없었다면 근로자가 그러한 정보를 알았거나 알 수 있었던 시점, 통상적인 근로자라면 그와 같은 정보를 바탕으로 근로관계 승계에 대한 자신의 의사를 결정하는 데 필요한 시간 등 제반 사정을 고려하여 판단하여야 한다(대법원 2012. 5. 10. 선고 2011다45217 판결).

　　2) 대법원 2015. 12. 10. 선고 2013다84162 판결은, 마트를 운영하던 채무자가 채무초과 상태에서 마트 영업재산과 영업권 일체를 제3자에게 양도한 사안에서, "채무자가 영업재산과 영업권이 유기적으로 결합된 일체로서의 영업을 양도함으로써 채무초과상태에 이르거나 이미 채무초과 상태에 있는 것을 심화시킨 경우, 그 영업양도는 채권자취소권 행사의 대상이 된다. 나아가 위와 같은 영업양도 후 종래의 영업조직이 전부 또는 중요한 일부로서 기능하면서 동일성을 유지한 채 채무자에게 회복되는 것이 불가능하거나 현저히 곤란하게 된 경우, 채권자는 사해행위취소에 따른 원상회복으로 피보전채권액을 한도로 하여 영업재산과 영업권이 포함된 일체로서의 영업의 가액을 반환하라고 청구할 수 있다."라고 하여, 사해행위의 일부취소와 가액상환을 명한 원심판결의 주문[2)]을 확정시켰다. 영업양도 역시 채권자취소권의 대상이 됨을 명확히 한 것이다. 나아가, 남용

적 회사분할을 인정하고 있는 일본의 논의를 들면서 분할무효의 소와 채권자취소권의 국면이 다른 점 등을 이유로 회사가 '분할'의 방법으로 재산을 빼돌려 채권자를 해하려 한 경우에도 채권자취소권을 행사할 수 있다고 보는 견해[3]도 있는데, 이에 관하여는 향후 대법원의 판단을 기다려 볼 필요가 있다.

3) 영업의 일부양도와 경업금지

◉ 대법원 2015. 9. 10. 선고 2014다80440 판결

상법 제41조 제1항은 다른 약정이 없으면 영업양도인이 10년간 동일한 특별시·광역시·시·군과 인접 특별시·광역시·시·군에서 양도한 영업과 동종인 영업을 하지 못한다고 규정하고 있다. 위 조문에서 양도 대상으로 규정한 영업은 일정한 영업 목적에 의하여 조직화되어 유기적 일체로서 기능하는 재산의 총체를 말하는데, 여기에는 유형·무형의 재산 일체가 포함된다(대법원 2009. 9. 14.자 2009마1136 결정 등 참조). 영업양도인이 영업을 양도하고도 동종 영업을 하면 영업양수인의 이익이 침해되므로 상법은 영업양수인을 보호하기 위하여 영업양도인의 경업금지의무를 규정하고 있다. 위와 같은 상법의 취지를 고려하여 보면, 경업이 금지되는 대상으로서의 동종 영업은 영업의 내용, 규모, 방식, 범위 등 여러 사정을 종합적으로 고려하여 볼 때 양도된 영업과 경쟁관계가 발생할 수 있는 영업을 의미한다고 보아야 한다.

상법 제41조 제1항에 규정된 '동일한 특별시·광역시·시·군과 인접 특별시·광역시·시·군'이라는 제한은 상법 제정 이후 행정구역의 변화만이 그대로 반영되었을 뿐 사실상 변화가 없다. 적어도 교통·통신이 발달한 현재에 물적 설비의 소재지와 영업활동이 이루어지는 지

---

2) 원심(부산고등법원 2013. 10. 10. 선고 2012나7458 판결)은 1심 판결에 대한 피고의 항소를 기각하였고, 1심(울산지방법원 2012. 8. 23. 선고 2011가합7280 판결)의 주문은 "피고와 B 사이에 소매점 영업에 관해 체결한 영업양수도계약을 205,000,000원 한도 내에서 취소한다. 피고는 원고에게 205,000,000원 및 이에 대하여 이 판결 확정일 다음 날부터 다 갚는 날까지 연 5%의 비율로 계산한 돈을 지급하라"였다.

3) 노혁준, "2016년 상법총칙, 상행위법 주요판례의 분석", 상사판례연구 제30집 제1권, 한국상사판례학회(2017), 7면.

역이 반드시 일치하지도 않을 것으로 생각되고, 특히 전자상거래의 경우 물적 설비와 무관하게 영업이 이루어지게 된다는 점에서도, 경업금지지역을 법문의 문리적 해석에서 벗어나서 영업활동이 이루어지는 범위로 이해하는 목적론적 해석을 채택한[4] 본 판결의 타당성을 이해할 수 있다.

4. 상호속용인의 책임

1) 합병, 분할 등 회사법상의 조직변경에 대해 채권자 보호에 관한 다수 규정이 존재하는 것과 달리, 영업양도에 대하여는 채권자 보호를 위한 규정이 거의 전무하다. 그나마 영업양수인이 양도인의 상호를 속용하는 경우에 한하여 양수인의 책임을 정하고 있을 뿐이다(상법 제42조). 위 규정의 입법취지에 관하여 권리외관설과 책임재산설 등의 대립이 있고, 대법원은 "일반적으로 영업상의 채권자의 채무자에 대한 신용은 채무자의 영업재산에 의하여 실질적으로 담보되어 있는 것이 대부분인데도 실제 영업의 양도가 이루어지면서 채무의 승계가 제외된 경우에는 영업상의 채권자의 채권이 영업재산과 분리되게 되어 채권자를 해치게 되는 일이 일어나므로 영업상의 채권자에게 채권추구의 기회를 상실시키는 것과 같은 영업양도의 방법, 즉 채무를 승계하지 않았음에도 불구하고 상호를 속용함으로써 영업양도의 사실이 대외적으로 판명되기 어려운 방법 또는 영업양도에도 불구하고 채무의 승계가 이루어지지 않은 사실이 대외적으로 판명되기 어려운 방법 등이 채용된 경우에 양수인에게도 변제의 책임을 지우기 위하여 마련된 규정이다(대법원 2010. 9. 30. 선고 2010다35138 판결 등 다수)."라고 하여 양설을 혼용하여 판시하여 왔다. 이때 양수인이 변제책임을 지는 채무는 양도인의 영업으로 인한 채무로서 영업양도 전에 발생한 것이면 족하고, 반드시 영업양도 당시의 상호를 사용하는 동안 발생한 채무에 한하는 것은 아니다(대법원 2010. 9. 30. 선고

---

4) 정병덕, "2015년 상법총칙·상행위법 판례의 동향과 분석", 상사판례연구 제29집 제1권, 한국상사판례학회(2016), 169면.

2010다35138 판결). 이러한 입법취지에 비추어 볼 때, 교육시설을 운영
하는 회사로부터 해당 교육시설을 양수하면서 그 회사의 상호가 아니라
교육시설의 옥호(屋號, 사안에서는 '서울종합예술원')를 속용한 경우와 같이,
양수인에 의하여 속용되는 명칭이 상호 자체가 아닌 옥호 또는 영업표지
인 때에도 그것이 영업주체를 나타내는 것으로 사용되는 경우에는 영업
상의 채권자가 영업주체의 교체나 채무승계 여부 등을 용이하게 알 수
없다는 점에서 일반적인 상호속용의 경우와 다를 바 없으므로, 양수인은
특별한 사정이 없는 한 상법 제42조 제1항의 유추적용에 의하여 그 채
무를 부담한다고 봄이 상당하다(대법원 2010. 9. 30. 선고 2010다35138
판결).

　　2) 반면, 골프연습장 영업의 임차인인 피고가 '도암녹천골프 아카데
미'라는 사업자등록을 하고 임대인인 주식회사 도암녹천골프센터에게 매
월 5,000만 원을 지급해 온 영업임대차의 경우에는, 상법 제42조 제1항
과 같은 법률규정이 없고, 영업상의 채권자가 제공하는 신용에 대하여
실질적인 담보의 기능을 하는 영업재산의 소유권이 재고상품 등 일부를
제외하고는 모두 임대인에게 유보되어 있고 임차인은 그 사용·수익권
만을 가질 뿐이어서 임차인에게 임대인의 채무에 대한 변제책임을 부담
시키면서까지 임대인의 채권자를 보호할 필요가 있다고 보기 어려우며,
상법 제42조 제1항에 의하여 양수인이 부담하는 책임은 양수한 영업재
산에 한정되지 아니하고 그의 전 재산에 미친다는 점 등을 종합하면,
영업임대차의 경우에 상법 제42조 제1항을 그대로 유추적용할 것은 아니
다(대법원 2016. 8. 24. 선고 2014다9212 판결). 대법원은, 위 사건에서 이
러한 법리에 따라 피고는 임대인의 채권자에 대한 영업상의 채무를 변
제할 책임이 없다고 보았다. 이는 영업임대차의 종료로 영업을 반환하는
경우에도 마찬가지이므로(대법원 2017. 4. 7. 선고 2016다47737 판결), 임차
인의 영업상 채권자가 임대차계약 해지로 영업재산 및 조직이 다시 임대
인에게 이전되자 임대인을 상대로 상법 제42조 제1항의 적용을 주장하였
으나, 임대인이 임차인의 영업을 양수하였다고 보기 어렵다는 이유로 그

주장은 배척되었다.

5. 기　타
1) 영농조합법인의 법적 성격

영농조합법인은 법인으로 하되 영농조합법인에 관하여 본 법에서 규정한 사항 외에는 민법 중 조합에 관한 규정을 준용한다고 정하고 있는 구 「농어업경영체 육성 및 지원에 관한 법률」(2015. 1. 6. 법률 제12961호로 개정되기 전의 것, 이하 '구 농어업경영체법'이라고 한다) 제16조 등의 규정 내용에 비추어 볼 때, 영농조합법인에 대하여는 구 농어업경영체법 등 관련 법령에 특별한 규정이 없으면 법인격을 전제로 한 것을 제외하고는 민법의 조합에 관한 법리가 적용되고, 따라서 영농조합법인의 채권자는 원칙적으로 조합원에 대한 채권자의 권리행사에 관한 민법 제712조에 따라 채권 발생 당시의 각 조합원에 대하여 지분비율에 따라 또는 균분해서 해당 채무의 이행을 청구할 수 있다(대법원 2018. 4. 12. 선고 2016다39897 판결 및 대법원 2018. 8. 1. 선고 2017다246739 판결). 또한, 조합채무가 특히 조합원 전원을 위하여 상행위가 되는 행위로 인하여 부담하게 된 것이라면 상법 제57조 제1항을 적용하여 조합원들의 연대책임을 인정할 수 있으므로(**대법원 1998. 3. 13. 선고 97다6919 판결**), 대법원은 2016다39897 판결에서, 영농조합법인의 조합원들은 위 영농조합법인에 계란을 공급한 자에 대하여 연대하여 물품대금채무를 부담한다고 판단하였고, 국제사법에서의 준거법이 또 하나의 쟁점이 되었던 2017다246739 판결에서는, 영농조합법인이 원고에 대하여 상행위로 인해 약정금채무를 부담하게 되었으므로 조합원들인 피고들이 법인과 연대하여 원고에 대하여 약정금을 변제할 책임을 부담한다고 판단하였다.

2) 공동수급체 구성원 중 잔존 조합원이 탈퇴 조합원에 대해 부담하는 책임

공동이행방식의 공동수급체는 기본적으로 민법상 조합의 성질을 가지고(**대법원 2012. 5. 17. 선고 2009다105406 전원합의체 판결**), 공동수급체의 제3자에 대한 채무가 조합원 전원의 상행위에 의해 부담한 채무라면 조합원들은 연대하여 그 채무를 이행할 책임을 진다(대법원 2013. 5. 23. 선고 2012다57590 판결, 대법원 2015. 3. 26. 선고 2012다25432 판결 등 참조). 대법원 2016. 7. 14. 선고 2015다233098 판결은 탈퇴한 조합원과 잔존 조합원들 사이의 관계에 대하여도 마찬가지로 보아, 공동수급체의 구성원들이 상인인 경우 탈퇴 조합원에 대하여 잔존 조합원들이 탈퇴 당시의 조합재산상태에 따라 탈퇴 조합원의 지분을 환급할 의무는 구성원 전원의 상행위에 따라 부담한 채무로서 공동수급체의 구성원들인 잔존 조합원들은 연대하여 탈퇴한 조합원에게 지분환급의무를 이행할 책임이 있다고 하였다.

3) 그 밖에도, 당사자의 일방이 수인인 경우에 그 중 1인에게만 상행위가 되더라도 전원에 대하여 상법이 적용된다고 한 대법원 2014. 4. 10. 선고 2013다68207 판결, 상법 제24조에 의한 명의대여자와 명의차용자의 책임은 부진정연대의 관계에 있다고 명시한 대법원 2011. 4. 14. 선고 2010다91886 판결, 변호사가 상인에 해당한다고 볼 수 없다고 판단하였던 대법원 2007. 7. 26.자 2006마334 결정의 법리를 재차 확인한 대법원 2011. 4. 22.자 2011마110 결정, 법률관계가 내적 조합에 해당하는지 아니면 익명조합에 해당하는지는, 당사자들의 내부관계에 있어서 공동사업이 있는지, 조합원이 업무검사권 등을 가지고 조합의 업무에 관여하였는지, 재산의 처분 또는 변경에 전원의 동의가 필요한지 등을 모두 종합하여 판단하여야 한다고 하면서 익명조합의 영업자가 영업이익금 등을 임의로 소비하였더라도 횡령죄가 성립하지 않는다고 본 대법원 2011. 11. 24. 선고 2010도5014 판결 등도 참고할 만하다.

제2절 상 행 위

1. 상사이율과 상사시효

상인인지 여부의 쟁점과 마찬가지로, 상법 제2편에서 규정하고 있는 '상행위'인지 여부를 다투는 대부분의 사안에서, 그 실익은 다음과 같다.

먼저 상행위로 인한 채무에는 연 6%의 상사법정이율이 적용된다(상법 제54조). 다음으로 상행위로 인한 채권은 민사채권보다 단기인 5년의 상사시효가 적용된다(상법 제64조). 여기서 상행위로 인한 채무(채권)에는, 상행위로 인하여 직접 생긴 채무뿐만 아니라 그와 동일성이 있는 채무 또는 변형으로 인정되는 채무도 포함되고, 당사자 쌍방에 대하여 모두 상행위가 되는 행위로 인한 채무뿐만 아니라 당사자 일방에 대하여만 상행위에 해당하는 행위로 인한 채무도 포함된다(대법원 2016. 6. 10. 선고 2014다200763, 200770 판결 등).

이하에서는, 상사이율과 상사시효의 쟁점을 중심으로 2010년대에 선고된 일련의 판결을 살펴본다.

① 건설공사에 관한 도급계약이 상행위에 해당하는 경우 그 도급계약에 기한 수급인의 하자담보책임에 상사시효가 적용된다고 본 사안(대법원 2011. 12. 8. 선고 2009다25111 판결), ② 한국전력공사의 전기공급계약은 기본적 상행위이므로 위 계약에 근거한 위약금 지급채무에는 상사시효가 적용된다고 본 사안(대법원 2013. 4. 11. 선고 2011다112032 판결), ③ 건설자재 등 판매업을 하는 갑이 을 주식회사를 상대로 제기한 물품대금청구소송에서 갑 승소판결이 확정된 후 병이 을 회사의 물품대금채무를 연대보증한 사안에서, 상인인 갑이 상품을 판매한 대금채권에 대하여 병으로부터 연대보증을 받은 행위는 반증이 없는 한 상행위에 해당하고, (보증채무는 주채무와 별개의 독립한 채무이므로 주채무에 대하여 확정판결이 존재하여 그 시효가 10년으로 연장되었다 하더라도) 갑의 병에 대한 보증채권은 특별한 사정이 없는 한 상사채권으로서 소멸시효기간은 5년이라고 한 사안(대법원 2014. 6. 12. 선고 2011다76105 판결), ④ 시효에 관한 주장은 변론주의가 적용되지 않으므로 법원이 직권으로 판단할 수 있다(**대법원 2008. 3. 27. 선고 2006다70929, 70936 판결 등 참조**)는 종래 법리의 연장선에서 당사자가 민사시효를 주장한 경우에도 법원은 직권으로 상사시효를 적용할 수 있다고 본 **대법원 2017. 3. 22. 선고 2016다258124 판결**[5) 및 ❶ X와의 보험계약에 따라 보험금을 지급한 원고가 X의 피고에 대한

운송계약상의 채무불이행을 원인으로 한 손해배상청구권을 대위행사하는 경우, 위 운송계약은 상인인 피고가 영업으로 하는 상행위에 해당하므로, 위 손해배상청구권의 지연손해금 산정에는 상사이율이 적용된다고 본 사안(대법원 2014. 11. 27. 선고 2012다14562 판결), ❷ 국방전자조달 경쟁입찰을 통해 군수물품 낙찰업체로 선정되어 국가(육군군수사령부)와 물품구매계약을 체결한 원고가 물품의 하자로 인해 국가에 대해 부담하는 손해배상채권은 상사법정이율이 적용되는 상행위로 인한 채무에 해당한다고 본 사안(대법원 2016. 6. 10. 선고 2014다200763, 200770 판결), ❸ 신탁회사가 신탁계약의 체결을 권유하면서 고객에 대한 보호의무를 위반하여 고객이 본래 체결하지 않았을 신탁계약을 체결하게 된 경우, 신탁회사가 고객에 대해 부담하는 불법행위로 인한 손해배상채무에는 상사이율이 적용되지 않는다고 본 사안(대법원 2018. 2. 28. 선고 2013다26425 판결), ❹ 부당해고 기간 중의 미지급 임금은 상행위로 생긴 것이므로 그 변형으로 인정되는 지연손해금채무에도 상사이율이 적용된다고 본 사안(대법원 2014. 8. 26. 선고 2014다28305 판결), ❺ 학원을 운영하는 피고 회사에서 어학강사로서 근무하다가 퇴직한 근로자인 원고들이 회사인 피고를 상대로 미지급 임금 등의 지급을 구한 사안에서, 피고가 원고들과 체결한 근로계약은 보조적 상행위에 해당하므로 상사법정이율을 적용해야 한다고 본 사안(대법원 2019. 10. 18. 선고 2018다239110 판결) 등이 있다.

그러나 실무에서 제일 논란이 되는 것은 상행위로 인한 부당이득반환청구권의 시효라 할 것이다. 학계에서는 민사시효설(부당이득반환청구권은 법정채권이다)과 상사시효설(원래 행위가 상행위인 이상 동일성이 인정되므로 원상회복청구권과 다를 바 없다)의 대립이 있다.

판례는 상행위로 인하여 생긴 채무의 불이행에 기하여 성립한 손해배상채권(**대법원 1997. 8. 26. 선고 97다9260 판결**)과 상행위인 계약의 해제로 인한 원상회복청구권(**대법원 1993. 9. 14. 선고 93다21569 판결**)에 관하여

---

5) 위 판결은, 원고가 甲과 공동 운영하는 택지개발 및 분양사업을 위해 피고들에게 토지를 매도한 경우 그 매매대금 채권에는 상사시효가 적용된다고 본 사안이다.

는 상사시효가 적용된다고 하였으나, 상행위로 인한 부당이득반환청구권 사안에서는 아래와 같이 상사시효 적용을 긍정한 판결과 부정한 판결이 혼재되어 있었다.

① 은행으로부터 대출받으면서 약관에 따라 채무자가 근저당권설정 비용 등을 부담하였는데, 그 약관 조항이 구 약관의 규제에 관한 법률 제6조에 따라 무효라는 이유로 발생한 비용 등 상당액의 부당이득 반환 채권은 "근본적으로 상행위에 해당하는 대출거래 약정에 기초하여 발생한 것으로 볼 수 있고, 그 채권 발생의 경위나 원인 등에 비추어 그로 인한 거래관계를 신속하게 해결할 필요가 있으므로" 상사시효가 적용된다고 하였고(대법원 2014. 7. 24. 선고 2013다214871 판결), ② 공공건설임대주택의 임대사업자인 한국토지주택공사가 일률적인 산정방식에 따라 정한 분양전환가격으로 분양계약을 체결한 분양자 등이, 강행법규 위반으로 정당한 분양전환가격을 초과하는 부분이 무효가 됨을 이유로 청구하는, 납부한 분양대금과 정당한 분양전환가격의 차액 상당의 부당이득반환채권에 관하여도 "근본적으로 상행위에 해당하는 분양계약에 기초하여 발생한 것으로 볼 수 있고, … 부당이득반환채권의 발생 경위나 원인 등에 비추어 보면, 그로 인한 거래관계를 신속하게 해결할 필요가 있으므로" 상사시효가 적용된다고 하였으며(대법원 2015. 9. 15. 선고 2015다210811 판결), ③ 가맹점사업자인 甲 등이 가맹본부인 乙 유한회사를 상대로 乙 회사가 가맹계약상 근거를 찾을 수 없는 'SCM Adm'(Administration Fee)이라는 항목으로 甲 등에게 매장 매출액의 일정 비율에 해당하는 금액을 청구하여 지급받은 것은 부당이득에 해당한다며 그 금액 상당의 반환을 구한 사안에서, 위 부당이득반환채권(대법원 2018. 6. 15. 선고 2017다248803, 248810 판결) 역시 상사시효가 적용된다고 하였다.

반면, ❶ 교통사고 피해자가 가해차량이 가입한 책임보험의 보험자로부터 보험금을 수령하였음에도 자동차손해배상 보장사업을 위탁받은 보험사업자로부터 또다시 피해보상금을 수령한 경우, 위 보험사업자의 부당이득반환청구권에 관하여는, 자동차손해배상 보장사업이 "피해자에 대한 신속한 보상을 주목적으로 하고 있는 것이 아니"라는 이유로(대법원 2010. 10. 14. 선고 2010다32276 판결), ❷ 한국토지주택공사가 임대주택법에 의하여 특별수선금을 적립하고 또 이를 원고(아파트입주자대표회의)에게 인계해 줄 의무를 부담하는바, 이에 따른 원고의 한국토지주택공사에 대한 특별수선충당금채권은 "법정채무이고, … 상거래 관계와 같은 정도로 신속하게 해결할 필요성이 있다고 볼 만한 합리적인 근거도 없다"는 이유로(대법원 2014. 9. 4. 선고 2013다216150 판결), ❸ 금융기관의 채무자에 대한 대출금채권을 최종 양수하는 등 권리를 취득한 원고가, 채무자 재산에 관해 이루어진 경매사건의 배당절차에서 근저당권자로서 배당받은 피고들을 상대로, '허위채권에 기하여 일반채권자이자 가압류권자인 원고보다 선순위로 배당을 받았다'라고 주장하며 부당이득반환을 구한 사안에서 원고 주장의 부당이득반환채권은 "상행위에 해당하는 계약에 기초하여 이루어진 급부 자체의 반환을 구하는 것이 아니고, … 원고와 피고들의 법률관계를 상거래 관계와 같은 정도로 신속하게 해결할 필요성이 있다고 보이지도 않으므로"(대법원 2019. 9. 10. 선고 2016다271257 판결), ❹ 배당가능이익이 없음에도 주주에게 배당금이 지급되었음을 이유로 회사가 그 부당이득반환을 구하는 사안에서 "배당금 지급청구권은 상법 제64조가 적용되는 상행위로 인한 채권이라고 볼 수 없"고, 사안의 특성상 "배당가능이익이 없는데도 이익의 배당이나 중간배당이 실시된 경우 회사나 채권자가 주주로부터 배당금을 회수하는 것은 회사의 자본충실을 도모하고 회사채권자를 보호하는 데 필수적이므로, 회수를 위한 부당이득반환청구권 행사를 신속하게 확정할 필요성이 크다"는 이유로(대법원 2021. 6. 24. 선고 2020다2008621 판결),[6] 각 민사시효가 적용된다고 하였다.

최근 대법원 2021. 7. 22. 선고 2019다277812 전원합의체 판결에

---

6) 사견으로는 1984년 상법 개정으로 결의일로부터 1월 이내에 배당금을 지급하도록 하는 제464조의2(배당금지급시기)가 신설된 점, 같은 조 제2항에서 배당금 지급청구권의 소멸시효를 5년으로 정한 것과의 형평 등을 고려한다면 배당금의 부당이득반환을 구할 경우에도 상법 제464조의2 제2항 또는 상법 제64조가 유추적용될 수 있지 않을까 생각한다.

서 대법관 전원의 일치된 의견으로, "판례는 상행위에서 직접 생긴 채권 뿐만 아니라 이에 준하는 채권에도 상법 제64조가 적용되거나 유추적용될 수 있다는 전제에서 다음과 같은 원칙과 예외를 인정한다. 상행위인 계약 의 무효로 인한 부당이득반환청구권은 민법 제741조의 부당이득 규정에 따라 발생한 것으로서 특별한 사정이 없는 한 민법 제162조 제1항이 정 하는 10년의 민사 소멸시효기간이 적용된다. 다만 부당이득반환청구권이 상행위인 계약에 기초하여 이루어진 급부 자체의 반환을 구하는 것으로서 채권의 발생 경위나 원인, 당사자의 지위와 관계 등에 비추어 법률관계를 상거래 관계와 같은 정도로 신속하게 해결할 필요성이 있는 경우 등에는 상법 제64조가 정하는 5년의 상사 소멸시효기간이 적용되거나 유추적용된 다."라는 법리가 선언되었다. 위 판결은 보험회사인 원고가 보험계약자인 피고들을 상대로 그 사이에 체결되었던 보험계약이 민법 제103조에 위반 되어 무효라고 주장하면서 기지급 보험금의 부당이득을 구한 사안으로, 대법원은 위와 같은 대원칙 하에 "보험계약자가 다수의 계약을 통하여 보 험금을 부정 취득할 목적으로 보험계약을 체결하여 그것이 민법 제103조 에 따라 선량한 풍속 기타 사회질서에 반하여 무효인 경우 보험자의 보험 금에 대한 부당이득반환청구권은 상법 제64조를 유추적용하여 5년의 상사 소멸시효기간이 적용된다."고 하였다.

한편, 상거래의 신속한 종료가 관건인 상사시효와 달리 상사이율은 거래의 신속성보다는 영리성에 근거한 것이라는 지적[7]을 고려한다면, 부 당이득반환채권의 상사시효에 관한 위 논의가 상사이율에도 그대로 적용 된다고 쉽사리 단정하기는 어려워 보인다.

2. 유질계약

민법에서 유질계약을 금지하는 것과 달리(민법 제339조), 상법 제59조 에서는 '상행위로 인하여 생긴 채권을 담보하기 위하여 설정한 질권'에는

---

7) 노혁준, "2016년 상법총칙, 상행위법 주요판례의 분석", 상사판례연구 제30집 제1권, 한국상사판례학회(2017), 32면.

민법 제339조가 적용되지 않는다고 정하고 있다. 관련하여 비상인인 채무자가 질권을 설정하는 경우에도 피담보채권이 상행위로 인하여 생긴 것이기만 하면 유질계약이 허용될 것인지에 관하여 학설의 대립이 있는데, 대법원 2017. 7. 18. 선고 2017다207499 판결은 채무자(회사)의 은행에 대한 대출금채무를 담보하기 위해 채무자의 연대보증인인 대표이사 소유의 주식에 관해 유질계약을 체결한 사안에서 "질권설정계약에 포함된 유질약정이 상법 제59조에 따라 유효하기 위해서는 질권설정계약의 피담보채권이 상행위로 인하여 생긴 채권이면 충분하고, 질권설정자가 상인이어야 하는 것은 아니"고, "일방적 상행위로 생긴 채권을 담보하기 위한 질권에 대해서도 유질약정을 허용한 상법 제59조가 적용된다."고 하여 해당 유질계약이 유효하다고 판단하였다. 이것이 법규정의 문언에 충실한 해석이라는 점, 위와 같은 질권에 대해 유질계약을 금지할 필요가 없다는 점을 근거로 제시하고 있다.

3. 상사유치권

상법 제58조에서 정하는 상사유치권은 단지 상인 간의 상행위에 기하여 채권을 가지는 사람이 채무자와의 상행위(그 상행위가 채권 발생의 원인이 된 상행위일 것이 요구되지 아니한다)에 기하여 채무자 소유의 물건을 점유하는 것만으로 바로 성립하는 것으로서, 피담보채권의 보호가치라는 측면에서 보면 위와 같이 목적물과 피담보채권 사이의 이른바 견련관계를 요구하는 민사유치권보다 그 인정범위가 현저하게 광범위하다(대법원 2011. 12. 22. 선고 2011다84298 판결). 이처럼 상사유치권은 민사유치권과 달리 '목적물과 채권 사이의 개별적 견련성'을 요구하지 않기 때문에 그 주장의 대상이 되는 피담보채권의 종류와 금액이 무한정하게 확대되는 양상까지 나타나게 되면서, 특히 부동산 유치권의 경우 부동산거래의 안전에 중대한 위협요소로 작용할 우려를 낳았다.[8]

---

8) 박양준, "부동산 상사유치권의 대항범위 제한에 관한 법리", 법과 정의 그리고 사람: 박병대 대법관 재임기념 문집, 사법발전재단(2017), 948면.

　　대법원 2011다84298 판결은, 채무자 甲 주식회사 소유의 건물 등에 관하여 乙 은행 명의의 1순위 근저당권이 설정되어 있었는데, 2순위 근저당권자인 丙 주식회사가 甲 회사와 건물 일부에 관하여 임대차계약을 체결하고 건물 일부를 점유하고 있던 중 1순위 근저당권자인 乙 은행의 신청에 의하여 개시된 경매절차에서 유치권신고를 한 사안이다. 대법원은 丙 회사가 경매절차에서 유치권을 주장하는 것은 신의칙상 허용될 수 없다고 함으로써 상사유치권의 대항력을 제한하는 결과를 도출하였다. 이와 같이 부동산에 선행저당권이 설정된 상태에서 상사유치권이 성립한 경우, 선행저당권자의 부동산유치권부존재 확인 소송 또는 선행저당권에 기한 경매절차에서 부동산을 매수한 경락인의 인도소송에 맞서 상사유치권자가 유치권항변으로 맞설 수 있다고 한다면, 사후적인 담보가치가 박탈되는 심각한 부작용이 있음을 부정할 수 없다. 그럼에도 이러한 경우에 신의칙의 일반법리에 기대는 것 외에는 유치권을 제한할 방법이 없다고 보는 것은 부당하다.

　　나아가 대법원 2013. 2. 28. 선고 2010다57350 판결은 상사유치권에 관하여 다음과 같은 법리를 설시하여 소위 대항관계설(우리 민법과 상법은 부동산유치권을 물권으로 구성하여 등기주의와 충돌하는 문제가 있으므로, 이를 완화하려면 부동산유치권으로 대항가능한 제3자의 범위를 제한하여야 한다는 입장에서, 부동산유치권의 성립 가능성을 논리적으로 전제하면서도 유치권의 절대적인 대항력을 부정하여 점유개시 시점 또는 유치권 성립 시점보다 시간적으로 먼저 설정된 저당권이 존재하는 경우에는 유치권이 선순위 저당권자에 대항할 수 없다는 견해)[9]을 취함으로써 상사유치권의 효력범위를 제한하고 제3자가 유치목적물에 관하여 이미 확보하였던 권리를 보호하고자 하였다.

　　"상사유치권은 민사유치권과 달리 그 피담보채권이 '목적물에 관하여' 생긴 것일 필요는 없지만 유치권의 대상이 되는 물건은 '채무자 소유'일 것으로 제한되어 있다(상법 제58조, 민법 제320조 제1항 참조). 이와 같이 상

---

　9) 박양준, "부동산 상사유치권의 대항범위 제한에 관한 법리", 법과 정의 그리고 사람: 박병대 대법관 재임기념 문집, 사법발전재단(2017), 953면.

사유치권의 대상이 되는 목적물을 '채무자 소유의 물건'에 한정하는 취지는, 상사유치권의 경우에는 목적물과 피담보채권 사이의 견련관계가 완화됨으로써 피담보채권이 목적물에 대한 공익비용적 성질을 가지지 않아도 되므로 피담보채권이 유치권자와 채무자 사이에 발생하는 모든 상사채권으로 무한정 확장될 수 있고, 그로 인하여 이미 제3자가 목적물에 관하여 확보한 권리를 침해할 우려가 있어 상사유치권의 성립범위 또는 상사유치권으로 대항할 수 있는 범위를 제한한 것으로 볼 수 있다. 즉 상사유치권이 채무자 소유의 물건에 대해서만 성립한다는 것은, 상사유치권은 그 성립 당시 채무자가 목적물에 대하여 보유하고 있는 담보가치만을 대상으로 하는 제한물권이라는 의미를 담고 있다 할 것이고, 따라서 유치권 성립 당시에 이미 그 목적물에 대하여 제3자가 권리자인 제한물권이 설정되어 있다면, 상사유치권은 그와 같이 제한된 채무자의 소유권에 기초하여 성립할 뿐이고, 기존의 제한물권이 확보하고 있는 담보가치를 사후적으로 침탈하지는 못한다고 보아야 한다. 그러므로 채무자 소유의 부동산에 관하여 이미 선행 저당권이 설정되어 있는 상태에서 채권자의 상사유치권이 성립한 경우, 상사유치권자는 채무자 및 그 이후 그 채무자로부터 부동산을 양수하거나 제한물권을 설정받는 자에 대해서는 대항할 수 있지만, 선행저당권자 또는 선행저당권에 기한 임의경매절차에서 부동산을 취득한 매수인에 대한 관계에서는 그 상사유치권으로 대항할 수 없다."

이러한 법리는 직후의 대법원 2013. 5. 24. 선고 2012다39769, 39776 판결에서 부동산이 상사유치권의 대상이 되는 '물건'에 포함된다고 명시한 점에 비추어 보면 더욱 의미가 크다.

4. 상법 제69조의 적용범위

상법 제69조 제1항은, 상인 간의 매매에서 매수인이 목적물을 수령한 때에는 지체 없이 이를 검사하여 하자 또는 수량의 부족을 발견한 경우에는 즉시, 즉시 발견할 수 없는 하자가 있는 경우에는 6개월 내에 매수인이 매도인에게 그 통지를 발송하지 아니하면 그로 인한 계약해제,

대금감액 또는 손해배상을 청구하지 못하도록 규정하고 있다. 이처럼 상인간 매매에 한하여 매수인의 목적물 검사·통지의무를 규정한 위 조항은 민법상의 매도인의 담보책임에 대한 특칙이라는 것이 통설, 판례(**대법원 2008. 5. 15. 선고 2008다3671 판결 등 참조**)인데, 나아가 **대법원 2015. 6. 24. 선고 2013다522 판결**은 토지를 매수한 매수인이 매도인을 상대로 토양오염으로 인한 손해배상을 청구한 사안에서, 상법 제69조 제1항이 채무불이행에 해당하는 이른바 불완전이행으로 인한 손해배상책임을 묻는 청구에는 적용되지 않는다고 명시하였다. 따라서 매수인이 6개월 내에 검사·통지의무를 다하지 아니하여 민법상의 담보책임을 물을 수 없게 되더라도, 불완전이행으로 인한 손해배상청구는 할 수 있다는 것이다. 이는 하자있는 물건(오염된 토지)을 급부한 경우 매도인의 하자담보책임과 채무불이행책임이 경합할 수 있음을 전제하는 것으로 이해되고, 본 조항을 담보책임의 특칙으로 보는 이상 논리적으로는 당연한 귀결이다. 그러나 이로써 상인간 매매에서 매도인을 장기간 불안정한 상태에 방치하는 것은 적절하지 않고, 매수인의 투기적 행위를 방지할 필요도 있다는 취지에서 규정된 상법 제69조의 입법취지가 퇴색할 수 있다는 지적[10]도 경청할 만하다.

5. 위탁매매

어떠한 계약이 일반의 매매계약인지, 위탁매매계약인지, 아니면 준위탁매매계약(상법 제113조)인지는 계약의 명칭 또는 형식적인 문언을 떠나 그 실질을 중시하여 판단하여야 한다. 위탁매매와 준위탁매매 모두 "자기의 명의, 타인의 계산으로" 이루어진다는 점에서 자기 명의, 자기 계산으로 이루어지는 일반의 매매계약과 구별되지만, 위탁매매는 물건 또는 유가증권의 "매매"를, 준위탁매매는 "매매 아닌 행위"를 영업으로 한다는 차

---

10) 정병덕, "2015년 상법총칙·상행위법 판례의 동향과 분석", 상사판례연구 제29집 제1권, 한국상사판례학회(2016), 182면에서는 상법 제69조가 특칙으로서 의미를 계속 갖기 위해 입법상의 조치가 필요하다는 견해를 밝히고 있다.

이가 존재한다. 따라서 매매를 전제로 하는 위탁매매에 관한 규정(상법 제107조 등)은 준위탁매매에 적용되지 않는데, 민법상 위임규정의 적용에 관한 상법 제102조, 위탁물 귀속에 관한 상법 제103조 등은 준위탁매매에도 적용된다.

　　대법원 2011. 7. 14. 선고 2011다31645 판결은 특히 상법 제103조는, 위탁자가 위탁매매인의 배후에 있는 경제적 주체로서 위 물건 또는 채권에 대하여 가지는 직접적 이익을 고려하고 나아가 위탁매매인이 위탁자에 대하여 신탁에서의 수탁자에 유사한 지위에 있음을 감안하여, 위탁자와 위탁매매인 사이 또는 위탁자와 위탁매매인의 채권자 사이의 관계에 있어서는 위탁매매인의 실제의 양도행위가 없더라도 위 물건 또는 채권을 위탁자의 재산으로 의제하는 것으로, 이로써 위탁자의 이익을 보호하고자 하는 것이라고 하면서, 따라서 "위탁매매인이 그가 제3자에 대하여 부담하는 채무를 담보하기 위하여 그 채권자에게 위탁매매로 취득한 채권을 양도한 경우에 위탁매매인은 위탁자에 대한 관계에서는 위탁자에 속하는 채권을 무권리자로서 양도하였다고 볼 것이고, 따라서 그 채권양도는 무권리자의 처분 일반에서와 마찬가지로 양수인이 그 채권을 선의취득하였다는 등의 특별한 사정이 없는 한 위탁자에 대하여 효력이 없다고 할 것이다. 이는 채권양수인이 양도의 목적이 된 채권의 귀속 등에 대하여 선의이었다거나 그 진정한 귀속을 알지 못하였다는 점에 관하여 과실이 없다는 것만으로 달라지지 아니한다."고 하였다. 이러한 법리에 따라, 甲이 국내에서 독점적으로 판권을 보유하고 있는 영화에 관하여 甲과 국내배급대행계약을 체결한 乙이 배급대행계약의 이행으로 극장운영자인 丙과 영화상영계약을 체결하고 그 계약에 따라 丙에 대하여 가지게 된 부금채권을 자신의 채권자인 丁에게 채권 담보를 위해 양도한 사안에서, 乙의 채권양도가 준위탁매매계약상 위탁자의 지위에 있는 甲에 효력이 없다고 본 원심판단은 정당하다고 판단되었다. (준)위탁매매의 본질과 상법 제103조의 입법취지에 부합하는 판시로 타당하나, 한편 위탁매매인의 채권자가 선의인 경우에도 그 이익이 부당하게 희생된다는 점에서[11] 생각해 볼 여지는 있다.

6. 금융리스

종래 상법은 '기계·시설 기타 재산의 물융에 관한 행위'를 기본적 상행위의 하나로 규정하였을 뿐(2010. 5. 14. 개정 전 상법 제46조 제19호) 리스거래에 관한 별다른 규정을 두고 있지 않았는데, 2010. 5. 14. 개정으로 상법 제2편 제12장에 금융리스업에 관한 규정이 신설되었다. 물론 그 전부터 판례는 "**금융리스업자가 금융리스이용자에게 금융리스물건을 취득 또는 대여하는 데 소요되는 자금에 관한 금융의 편의를 제공하는 것을 본질적 내용**"으로 하는 금융리스계약의 존재를 인정하여 왔다(**대법원 1997. 11. 28. 선고 97다26098 판결 등**). 이러한 금융리스의 특징에 비추어 볼 때 甲과 피고 사이의 정수기 대여계약은 그 본질이 정수기 취득 자금에 대한 금융 편의 제공이 아니라 정수기의 사용 기회 제공에 있는 점, 이 사건 대여계약에서 월 대여료는 甲이 피고에게 제공하는 취득 자금의 금융 편의에 대한 원금의 분할변제와 이자·비용 등의 변제 성격을 가지는 것이 아니라 정수기의 사용에 대한 대가인 점, 또한 일반적인 금융리스와 달리 36개월의 계약기간 동안 피고가 언제든지 계약을 해지할 수 있으며 甲이 정수기에 대한 정기점검 서비스를 제공하는 점 등을 들어 금융리스에 해당하지 않는다고 하였다(대법원 2013. 7. 12. 선고 2013다 20571 판결).

반면, 리스회사인 甲 주식회사가 고가의 의료기기를 리스물건으로 공급한 의료기기 판매업자 乙과 리스물건 재매입약정을 체결하면서 '甲 회사와 리스이용자 丙 사이에 체결된 리스계약에서 정한 계약해지사유가 발생하면 甲 회사의 요청에 따라 乙이 리스물건의 상태 및 존재 유무에 상관없이 리스계약에서 정한 규정손해금을 매입대금으로 하여 무조건 리스물건을 매수하여야 한다'는 내용의 조항을 둔 사안에서는 해당 계약이

---

11) 김홍기, "2011년 분야별 중요판례분석(상법)", 분야별 중요판례분석, 법률신문사 (2015), 447면.

금융리스에 해당한다는 전제 하에, 위 조항이 구 「약관의 규제에 관한 법률」에 따라 무효라고 보기 어렵다고 하였다(대법원 2012. 3. 29. 선고 2010다16199 판결).

2010년 개정된 상법이 적용된 대법원 2019. 2. 14. 선고 2016다 245418, 245425, 245432 판결은, 금융리스업자는 금융리스이용자가 금융리스계약에서 정한 시기에 금융리스계약에 적합한 금융리스물건을 수령할 수 있도록 하여야 하고(상법 제168조의3 제1항), 금융리스이용자가 금융리스물건수령증을 발급한 경우에는 금융리스업자와 사이에 적합한 금융리스물건이 수령된 것으로 추정한다(상법 제168조의3 제3항)는 상법의 규정과 금융리스계약의 특징 등 금융리스계약의 법적 성격에 비추어 보면, **금융리스계약 당사자 사이에 금융리스업자가 직접 물건의 공급을 담보하기로 약정하는 등의 특별한 사정이 없는 한, 금융리스업자는 금융리스이용자가 공급자로부터 상법 제168조의3 제1항에 따라 적합한 금융리스물건을 수령할 수 있도록 협력할 의무를 부담할 뿐이고, 이와 별도로 독자적인 금융리스물건 인도의무 또는 검사·확인의무를 부담한다고 볼 수는 없다**고 하였다.

객관적 하자가 존재하는 물건이라는 이유만으로 '리스계약에 적합하지 않은 물건'이라고 단정할 수 없고(즉, 양자는 구별되어야 한다), 결국 리스계약에서 예정한 물건의 성상, 리스계약 당사자(특히 리스계약이용자)의 의사 등을 종합하여 판단하되, 리스업자의 관여 없이 리스 목적물이 정해지고 그에 따라 공급계약이 체결되며 공급자로부터 리스이용자에게 직접 물건이 인도되는 리스거래의 구조에 비추어 볼 때 리스이용자가 지정한 물건의 종류·사용방법·양식·수량 등 리스이용자가 지정한 조건과 부합하면 일응 '적합한' 리스물건이라고 할 것[12]이라는 점에서 대상판결은 타당하다.

최근의 대법원 2021. 1. 14. 선고 2019다301135 판결에서는, "컴퓨

[12) 백숙종, "금융리스계약에 기해 금융리스업자가 금융리스이용자에게 부담하는 의무", BFL 제96호, 서울대학교 금융법센터(2019), 110면.

터와 태블릿, 전자칠판 등의 하드웨어와 학습프로그램의 소프트웨어"를 렌탈물품으로 하는 렌탈계약도 금융리스계약에 해당한다고 봄으로써, 금융리스계약의 목적물이 컴퓨터 프로그램에까지 확장됨을 긍정하였다.

제3장 회   사

제1절 법인격 부인

넓은 의미에서의 법인격 부인은, 법인격이 형해화된 경우와 법인격이 남용된 경우로 나누어 볼 수 있다. 대법원도 이에 관하여, "회사가 외형상으로는 법인의 형식을 갖추고 있으나 법인의 형태를 빌리고 있는 것에 지나지 아니하고 실질적으로는 완전히 그 법인격의 배후에 있는 타인의 개인기업에 불과하거나 그것이 배후자에 대한 법률적용을 회피하기 위한 수단으로 함부로 이용되는 경우에는, 비록 외견상으로는 회사의 행위라 할지라도 회사와 그 배후자가 별개의 인격체임을 내세워 회사에게만 그로 인한 법적 효과가 귀속됨을 주장하면서 배후자의 책임을 부정하는 것은 신의성실의 원칙에 위반되는 법인격의 남용으로서 심히 정의와 형평에 반하여 허용될 수 없고, 회사는 물론 그 배후자인 타인에 대하여도 회사의 행위에 관한 책임을 물을 수 있다고 보아야 한다. 여기서 회사가 그 법인격의 배후에 있는 타인의 개인기업에 불과하다고 보려면, 원칙적으로 문제가 되고 있는 법률행위나 사실행위를 한 시점을 기준으로 하여, 회사와 배후자 사이에 재산과 업무가 구분이 어려울 정도로 혼용되었는지, 주주총회나 이사회를 개최하지 아니하는 등 법률이나 정관에 규정된 의사결정절차를 밟지 아니하였는지, 회사 자본의 부실 정도, 영업의 규모 및 직원의 수 등에 비추어 볼 때, 회사가 이름뿐이고 실질적으로는 개인 영업에 지나지 아니하는 상태로 될 정도로 형해화되어야 한다."라고 하고, "이와 같이 법인격이 형해화될 정도에 이르지 아니하더라도 회사의 배후에 있는 자가 회사의 법인격을 남용한 경우 회사는 물론 그 배후자인 타인에 대하여도 회사의 행위에 관한 책임을 물을 수 있으나, 이 경우 채무면탈 등의 남용행위를 한 시점을 기준으로 하여, 회사의 배후에 있는 자가 회사를 자기 마음대로 이용할 수 있는 지배적 지위에 있고 그와 같은 지위를 이용하여 법인제도를 남용하는 행위를 할 것이 요구되며, 이와 같이 배후자가 법인 제도를 남용하였는지는 앞서 본 법인격 형해화의 정도 및 거래 상대방의 인식이나 신뢰 등 제반 사정을 종합적으로 고려하여 개별적으로 판단하여 야 한다."라고 하여 양자를 구분하여 판시하고 있다(대법원 2016. 4. 28. 선고 2015다13690 판결). 위 2015다13690 판결은, 이러한 법리에 따라 해당 사안의 사실관계를 살펴본 다음 부실한 기존 회사(A)가 부담하고 있던 채무에 대한 책임을 그 대주주 개인에게 묻는 청구는 기각하고(법인격 형해화의 법리), 대주주가 지배하는 다른 신설회사(B)에게 묻는 청구는 인용하였다(법인격 남용의 법리).

　　이와 달리 대법원 2013. 2. 15. 선고 2011다103984 판결은, 원고가 주식회사인 피고에게 철근을 공급하다가 피고의 음성지점 공장이 폐업하자 위 공장을 넘겨받은 소외회사에게 철근을 계속 공급한 상황에서, 소외회사가 무단으로 철근을 반출함에 따른 채무를 피고에게 이행하도록 청구한 사안이었는데, 소외회사가 피고와 동일한 회사라고 보아 피고의 책임을 인정한 원심과 달리, 이 사건은 소외회사 설립 이전에 발생한 채무에 관한 것이 아니고 문제된 채무의 원인인 철근반출행위 무렵 이미 원고는 피고의 영업폐지와 소외회사와의 철근 가공 거래 및 소외회사의 철근 보관을 용인하고 있었던 사정 등을 들어, 채무면탈 목적의 회사 설립으로 볼 수 없다고 함으로써 심리미진을 이유로 원심을 파기하였다.

　　법인격 남용의 법리는 다른 회사를 새로 설립한 경우뿐 아니라 이미 기존에 설립되어 있었던 다른 회사를 이용한 경우에도 마찬가지로 적용되는데, 이에 관하여는, "기존회사의 채무를 면탈할 의도로 다른 회사의 법인격을 이용하였는지는 기존회사의 폐업 당시 경영상태나 자산상황, 기존회사에서 다른 회사로 유용된 자산의 유무와 그 정도, 기존회사에서 다른 회사로 자산이 이전된 경우 그 정당한 대가가 지급되었는지 여부 등 여러 사정을 종합적으로 고려하여 판단하여야 한다(대법원 2008. 8. 21.

선고 2006다24438 판결, 대법원 2011. 5. 13. 선고 2010다94472 판결 등 참조).”는 법리가 확립되어 있었다. 대법원은 나아가, A회사와 B회사 사이에 정당한 대가를 지급한 제3자 X가 개입되었다 하더라도, “다른 회사가 제3자로부터 자산을 이전받는 대가로 기존회사의 다른 자산을 이용하고도 기존회사에 정당한 대가를 지급하지 않았다면, 이는 기존회사에서 다른 회사로 직접 자산이 유용되거나 정당한 대가 없이 자산이 이전된 경우와 다르지 않다. 이러한 경우에도 기존회사의 채무를 면탈할 의도나 목적, 기존회사의 경영상태, 자산상황 등 여러 사정을 종합적으로 고려하여 회사제도를 남용한 것으로 판단된다면, 기존회사의 채권자는 다른 회사에 채무 이행을 청구할 수 있다.”고 하여 실질적 정의를 달성하고자 하였다(대법원 2019. 12. 13. 선고 2017다271643 판결).

최근의 대법원 2021. 4. 15. 선고 2019다293449 판결은 개인의 채권자가 개인이 설립한 주식회사를 상대로 채무이행을 구하는 사안에서(이를 일반적인 법인격부인론과는 구별하여 강학상 ‘법인격 부인론의 역적용’이라고 하기도 한다), “개인과 회사의 주주들이 경제적 이해관계를 같이하는 등 개인이 새로 설립한 회사를 실질적으로 운영하면서 자기 마음대로 이용할 수 있는 지배적 지위에 있다고 인정되는 경우로서, 회사 설립과 관련된 개인의 자산 변동 내역, 특히 개인의 자산이 설립된 회사에 이전되었다면 그에 대하여 정당한 대가가 지급되었는지 여부, 개인의 자산이 회사에 유용되었는지 여부와 그 정도 및 제3자에 대한 회사의 채무 부담 여부와 그 부담 경위 등을 종합적으로 살펴보아 회사와 개인이 별개의 인격체임을 내세워 회사 설립 전 개인의 채무 부담행위에 대한 회사의 책임을 부인하는 것이 심히 정의와 형평에 반한다고 인정되는 때에는 회사에 대하여 회사 설립 전에 개인이 부담한 채무의 이행을 청구하는 것도 가능하다고 보아야 한다.”고 하여 채권자의 청구를 받아들인 원심에 대한 상고를 기각하였다.

제2절 대법원 2015다248342 전원합의체 판결과 관련 후속판결

1. 대법원 2015다248342 전원합의체 판결의 소개

2010년대에 선고된 회사법 영역의 주요 판결로는 2017년 전원합의체에서 선고된 2015다248342 전원합의체 판결부터 소개하지 않을 수 없다. 특별한 사정의 여지를 남겨 놓기는 하였으나 회사에 대한 주주권의 행사는 주주명부에 따라야 하고 회사 역시 이에 구속된다는 원칙을 선언함으로써 1970년대부터 확립되어 온 종래의 법리를 변경한 의미 있는 판결이다.

◉ 대법원 2017. 3. 23. 선고 2015다248342 전원합의체 판결
(이하 '2017년 전합판결'이라 한다)

특별한 사정이 없는 한, 주주명부에 적법하게 주주로 기재되어 있는 자는 회사에 대한 관계에서 그 주식에 관한 의결권 등 주주권을 행사할 수 있고, 회사 역시 주주명부상 주주 외에 실제 주식을 인수하거나 양수하고자 하였던 자가 따로 존재한다는 사실을 알았든 몰랐든 간에 주주명부상 주주의 주주권 행사를 부인할 수 없으며, 주주명부에 기재를 마치지 아니한 자의 주주권 행사를 인정할 수도 없다.

주주명부에 기재를 마치지 않고도 회사에 대한 관계에서 주주권을 행사할 수 있는 경우는 주주명부에의 기재 또는 명의개서청구가 부당하게 지연되거나 거절되었다는 등의 극히 예외적인 사정이 인정되는 경우에 한한다.

상장회사인 피고의 실질주주명부상 주주인 원고가, 피고의 주주총회 결의 하자를 주장하며 그 부존재, 무효확인, 취소 등을 구하는 이 사건 소를 제기하였고, 피고는 원고 명의의 주식 취득자금을 실제로 부담한 자(甲)가 별도로 존재하고 甲이 실질주주라는 이유로 다투었던 사안으로, 대법원은 위와 같은 법리에 따라, 원고가 피고에 대한 관계에서 주주권을 행사할 권한을 가진다고 보고, 이와 달리 본 원심을 파기환송하였다.

위 판결에 대해 수십 건의 평석이 발표되었음에도 그 정확한 의미, 포섭범위 등에 관하여 여러 관점에서 논의가 계속되고 있다. 우선 전합

판결 자체에서 분명히 한 내용을 소개한다.

1) 상법 제337조 제1항[13])에서 정한 주주명부의 대항력에 관하여, 종래 판례는 실질주주를 회사 측에서 주주로 인정하는 것은 무방하다는 편면적 구속설의 입장이었으나,[14]) 2017년 전합판결로 쌍면적 구속설을 취하였다. 이로써 회사가 실질주주의 존재를 알고 있다 하더라도 주주명부상 주주의 주주권 행사를 부인할 수 없다는 원칙이 선언되었다.

2) 주주명부 기재의 효력에 관한 면책력의 측면에서도 '실질주주의 존재를 회사가 알았든 몰랐든 명의주주의 주주권 행사를 부인할 수 없고, 특별한 사정이 없는 한 (회사는) 명의개서를 마치지 않은 자의 주주권 행사를 인정할 수도 없다'고 판시하면서 이와 배치되는 기존의 판결들을 변경하였다. 위 판시와 관련하여, 신의칙에 반한다는 비판도 일부 있으나 전합판결의 의미 자체를 위와 같이 평가하는 데에는 큰 이견이 없는 것으로 보인다.

3) 반면, 종래 인정되어 온 주주명부 기재의 "추정력 내지 자격수여적 효력"과 관련하여서는, ① 전합판결이 추정력 내지 자격수여적 효력 이상의 효력(창설적 효력)을 부여하였다고 보는 견해,[15]) ② 주주권 행사를 위해서는 주주명부의 명의개서를 필수적으로 요구함으로써 주주명부 기재에 '사실상의 확정력'을 인정하였다는 견해,[16]) ③ 명의개서에 의해 주주권행사의 요건이 창설된다고 해석할 수 있을 뿐 명의개서 자체에 권리

---

13) 상법 제337조(주식의 이전의 대항요건) ① 주식의 이전은 취득자의 성명과 주소를 주주명부에 기재하지 아니하면 회사에 대항하지 못한다.

14) 대법원 1989. 10. 24. 선고 89다카14714 판결 등.

15) 박수영, "형식주주의 주주권 – 대법원 2017. 3. 23. 선고 2015다248342 전원합의체 판결을 중심으로 –", 경제법연구 제16권 제2호, 한국경제법학회(2017), 19면; 이영철, "실질주주와 형식주주의 관계 및 주주명부의 대항력 구속범위 – 대법원 2017. 3. 23. 선고 2015다248342 전원합의체 판결과 관련하여 –", 선진상사법률연구 제81호, 법무부(2017), 16면; 정찬형, "주주명부의 기재(명의개서)의 효력 – 대법원 2017. 3. 23. 선고 2015다248342 전원합의체 판결에 대한 평석 –", 서강법률논총 제6권 제2호, 서강대학교 법학연구소(2017), 192면.

16) 김홍기, "주주명의 차용관계의 해석론 및 주주명부 기재의 효력 – 대상판결: 대법원 2017. 3. 23. 선고 2015다248342 판결(전합)의 분석을 중심으로 –", 기업법연구 제31권 제3호, 한국기업법학회(2017), 95면.

창설의 효력을 인정한 것은 아니라는 견해,[17] ④ 종전과 같이 주주명부의 추정력과 자격수여적 효력을 인정한 것이라는 견해,[18] ⑤ 주주권의 귀속과 권리행사의 문제를 2원화하여 전자의 문제는 실질설에 따라 해결하고 후자의 경우에는 쌍면적 구속력을 인정하여 해결한 것이고, 명의개서에 창설적 효력을 인정한 것은 아니라는 견해[19]·[20] 등 다양한 평가가 존재하였다. 이에 관하여는 후술하는 대법원 2017다221501 판결 등을 통해, 2017년 전합판결이 명의개서에 창설적 효력을 인정한 것이 아니라는 점은 분명해졌다.

2. 2017년 전합판결의 적용: 주주권의 행사

원칙적으로 주주명부상 주주만이 회사에 대하여 주주권을 행사할 수 있다는 2017년 전합판결의 법리는 채무자가 채무담보 목적으로 주식을 채권자에게 양도하여 채권자가 주주명부상 주주로 기재된 경우에도 마찬가지로서, 이때에도 "**양수인이 주주로서 주주권을 행사할 수 있고 회사 역시 주주명부상 주주인 양수인의 주주권 행사를 부인할 수 없다.**" 따라서 (사건본인인 회사가 이 사건 주식의 반환을 청구하는 등의 조치가 없는 이상) 피담보채무가 변제로 소멸하였다고 해서 주주명부상 주주로 기재된 채권자의 임시주주총회 소집허가 신청이 권리남용에 해당한다고는 볼 수 없다

---

17) 이철송, "회사분쟁의 단체법적 해결원칙의 제시", 선진상사법률연구 제78호, 한국상사법학회(2016), 246면.
18) 이기종, "주주명부의 효력과 실질주주에 의한 주주권 행사의 허용가능성 – 대법원 2017. 3. 23. 선고 2015다248342 전원합의체 판결 –", 기업법연구 제31권 제3호, 한국기업법학회(2017), 115면.
19) 송종준, "명의주주의 법적지위와 명의개서의 상호관계 – 대법원 2017. 3. 23. 선고 2015다248342 판결 –", 법조 제723호, 법조협회(2017), 888면; 심영, "명의주주와 주주권의 행사 – 대법원 2017. 3. 23. 선고 2014다248342 전원합의체 판결이 다른 판례에 미치는 영향 –", 상사법연구 제36권 제3호, 한국상사법학회(2017), 11 – 12면.
20) 이에 관하여 정경영, "주식회사와 형식주주, 실질주주의 관계 – 대법원 2017. 3. 23. 선고 2015다248342 판결에 대한 평석 –", 비교사법 제24권 제2호, 한국비교사법학회(2017), 873면에서는 '권리의 행사가 귀속과 무관하게 결정되어야 한다는 대상판결의 해석은 받아들이기 어렵다'고 하면서, 이러한 대상판결의 해석은 상법상 근거가 없는 부적절한 해석이고 사법원리에 반한다고 보고 있다.

(대법원 2020. 6. 11.자 2020마5263 결정). 위 판결은 주권이 발행되어 그 주권도 양도담보권자에게 교부되었던 사안이므로, 이러한 점에서도 타당하다.

3. 2017년 전합판결과 명의개서

1) 명의개서의 한계

본 판결은 "주식의 소유권 귀속"과 "주주권의 행사"를 구분하면서, 특히 본 판결이 "회사에 대한 주주권의 행사"에 적용됨을 전제하고 있다. 이는 주식의 소유권 귀속에 관한 회사 이외의 주체들 사이의 권리관계와 주주의 회사에 대한 주주권 행사국면을 구분하여, 후자에 대하여는 주주명부상 기재 또는 명의개서에 특별한 효력을 인정하는 태도라고 할 것이다.

2017년 전합판결 이후 선고된 대법원 2018. 10. 12. 선고 2017다221501 판결 및 대법원 2020. 6. 11. 선고 2017다278385, 278392 판결은 "상법은 주주명부의 기재를 회사에 대한 대항요건으로 정하고 있을 뿐 주식 이전의 효력발생요건으로 정하고 있지 않으므로 명의개서가 이루어졌다고 하여 무권리자가 주주가 되는 것은 아니고, 명의개서가 이루어지지 않았다고 해서 주주가 그 권리를 상실하는 것도 아니다."라고 함으로써 상법 제337조 제1항에서 정한 명의개서의 한계를 분명히 하고 주주권의 귀속은 2017년 전합판결 법리와 무관함을 밝혔다.

먼저 대법원 2017다221501 판결은, 주권발행 전 주식에 관하여 주권의 양도와 압류, 가압류 등이 경합하여 회사가 해당 주식에 대한 이익배당금을 혼합공탁한 다음, 이해관계인들 사이에서 그 배당금이 누구에게 귀속될 것인지를 두고 다툰 사안이었는데, 대법원은 위 쟁점에 관하여는 2017년 전합판결의 법리가 적용될 것이 아님을 전제로, 주권발행 전 주식의 양도담보권자와 동일 주식에 대하여 압류명령을 집행한 자 사이의 우열은 (주권발행 전 주식의 이중양도와 마찬가지로) 양도통지 또는 승낙의 일시와 압류명령의 송달일시를 비교하여 그 선후에 따라 결정한다는 법리에 따라, 혼합공탁으로써 회사의 이익배당금지급채무는 소멸하고 그 이익배당금에 대한 권리는 먼저 위 법리에 따른 대항요건을 갖춘 자에게 귀속된다고 보았다.

나아가 대법원 2017다278385, 278392 판결은 회사가 주주명부상 주주를 상대로 주주지위 부존재 확인을 구한 사안이었는데, 그 판결문에서 "… 이와 같이 주식의 소유권 귀속에 관한 권리관계와 주주의 회사에 대한 주주권 행사국면은 구분되는 것이고, 회사와 주주 사이에서 주식의 소유권, 즉 주주권의 귀속이 다투어지는 경우 역시 주식의 소유권 귀속에 관한 권리관계로서 마찬가지이다. … 이 사건은 회사인 원고와 주주명부상 적법하게 주주로 기재되었던 피고와 사이에서 주주권의 귀속이 다투어진 경우로서, 회사에 대한 관계에서 주주권을 행사할 자의 확정에 관한 대법원 2017. 3. 23. 선고 2015다248342 전원합의체 판결과는 그 사안이 달라 이 사건에 원용하기에 적절하지 않다. 이러한 점에서 원심의 이유 기재는 다소 부적절하다."라고 판시함으로써 회사 이외의 자들 사이에서뿐 아니라 회사와 주주 사이에서의 "주식 소유권의 귀속" 문제 역시 2017년 전합판결의 범위에 포섭되지 않음을 분명히 하였던 것이다. 위 사안에서 대법원은 일부 주식에 관하여 원고 승소로 판단한 원심에 대한 상고를 기각하였던바, 이는 회사인 원고가 주주명부상 주주를 상대로 주주지위 부존재 확인을 구할 이익이 있음을 전제한 판단으로 이해된다.

2) 명의개서의 부당거절[21]

2017년 전합판결은 주주명부상 주주 아닌 자가 회사에 대해 주주권을 행사할 수 있는 "예외적인 사정"의 예시로, 주주명부에의 기재 또는 명의개서청구가 부당하게 지연되거나 거절되는 경우를 들었고, 학계에서는 주식매매계약서를 위조한 경우, 주주명부상 주주의 의결권 행사를 금지하는 가처분이 있는 경우, 적법하게 마쳐진 명의개서를 부당하게 말소한 경우, 잘못된 표시(falsa demonstratio)에 의해 명의개서가 된 경우 등이

---

21) 이준일, "명의개서 부당거절의 증명책임 및 판단기준", 상사판례연구 제33권 제3호, 한국상사법학회(2020), 296–322면에서는 기존에 명의개서 부당거절을 긍정 또는 부정하였던 다수 판결에 대해 자세히 소개하고 분석하고 있다.

거론되는 것으로 보인다.

관련하여 전합판결 이전에 선고되기는 하였으나, 명의개서의 부당거
절을 판단함에 있어 참고할 만한 미간행판결 두 건을 소개한다.

먼저, 대법원 2014. 7. 24. 선고 2013다55386 판결은, 주식병합 전
주식을 양수하였다가 주식병합 후 6개월이 경과할 때까지 신주권이 발행
되지 않은 경우 양수인은 구주권 또는 신주권의 제시 없이 자신의 주식
양수 사실을 증명하여 회사에 대하여 명의개서를 청구할 수 있다고 하면
서, 여러 사정을 종합하면 양수인인 원고가 주식병합에 따른 주식변경신
고서를 제출한 것을 적법한 명의개서청구로 볼 수 있으므로, 회사가 명
의개서절차를 이행하지 아니한 채 이 사건 무상증자 시 원고에게 신주를
배정하지 않고 또 배당금도 지급하지 않았다면 상법 제389조 제3항, 제210
조에 따라 회사와 당시 대표이사의 손해배상책임이 인정된다고 하였다.

다음으로, 대법원 2016. 3. 24. 선고 2015다71795 판결은, 주권발
행 전 주식을 양수한 양수인이 명의개서를 게을리하고 있던 중에 회사가
주식 양도를 위해 이사회 승인을 얻도록 정관을 개정한 경우, "주권발행
전 주식의 양도가 회사 성립 후 6월이 경과한 후에 이루어진 때에는 당
사자의 의사표시만으로 회사에 대하여 효력이 있으므로, 그 주식양수인은
특별한 사정이 없는 한 양도인의 협력을 받을 필요 없이 단독으로 자신
이 주식을 양수한 사실을 증명함으로써 회사에 대하여 그 명의개서를 청
구할 수 있다."는 기존의 법리에 따라, 회사는 (이후의 정관개정에 따른 양
도제한 규정을 들어) 원고의 명의개서청구를 거부할 수 없다고 하였다.

4. 주주권의 귀속: 주주의 확정 문제

주주(주식인수인) 확정의 쟁점에 관하여는 2017년 전합판결 이전부터
❶ 실질설(실질적 주식인수인이 주주), ❷ 형식설(적어도 회사 또는 제3자와의
관계에서는 명의상의 주식인수인이 주주), ❸ 계약당사자 확정의 문제라고 보
는 견해(법률행위 해석을 통해 주식인수라는 의사표시의 수령자인 회사의 의사를
고려하여 계약상대방인 주주를 결정해야 함) 등의 대립이 있었다.

1) 먼저 "대금을 납입한 명의차용인만이 주주가 된다"고 하여 실질설을 취한 것으로 평가되는 **대법원 2004. 3. 26. 선고 2002다29138 판결(Ⓐ)**, **대법원 2008. 3. 27. 선고 2007다70599, 70605 판결** 등은 2017년 전합판결에서 폐기되는 판결로 명시되지 않았다. 2017년 전합판결에서 폐기한 판결은 "타인의 명의를 빌려 회사의 주식을 인수하고 그 대금을 납입한 경우에 그 타인의 명의로 주주명부에 기재까지 마쳐도 실질상의 주주인 명의차용인만이 회사에 대한 관계에서 주주권을 행사할 수 있는 주주에 해당한다는 취지로 본 대법원 74다804 판결, 97다50619 판결, 2010다22552 판결 등"이다.

2) 역시 전합판결에서 폐기하지 아니한 **대법원 2010. 3. 11. 선고 2007다51505 판결(Ⓐ″)**에서는, 주주명부에 주주로 등재되어 있으면 주주로서 주주총회에서 의결권을 행사할 자격이 있다고 추정된다고 하면서, 그럼에도 불구하고 의결권을 적법하게 행사할 수 없다고 인정하려면 "주주명부상의 주주가 아닌 제3자가 주식인수대금을 납입하였다는 사정만으로는 부족하고, 그 제3자와 주주명부상의 주주 사이의 내부관계, 주식 인수와 주주명부 등재에 관한 경위 및 목적, 주주명부 등재 후 주주로서의 권리행사 내용 등에 비추어, 주주명부상의 주주는 순전히 당해 주식의 인수과정에서 명의만을 대여해 준 것일 뿐 회사에 대한 관계에서 주주명부상의 주주로서 의결권 등 주주로서의 권리를 행사할 권한이 주어지지 아니한 형식상의 주주에 지나지 않는다는 점이 증명되어야 한다."고 하였다.[22]

3) 나아가 전합판결 이후 선고된 **대법원 2017. 12. 5. 선고 2016다265351 판결(Ⓑ)[23]**에서는 타인의 승낙을 얻어 타인 명의로 주식을 인수한 경우에 "원칙적으로는 명의자를 주식인수인으로 보아야 한다"고 하면

---

22) 같은 취지로, 대법원 2014. 2. 13. 선고 2012다29441 판결(… 실질관계를 규명함이 없이 단순히 제3자가 주식인수대금을 납입하였다는 사정만으로 그 제3자를 주주 명의의 명의신탁관계에 기초한 실질상의 주주라고 단정할 수 없다) 등이 있다.
23) 위 판결사안의 원고들은 피고 자본금을 납입하지도 않았고, 피고 주주명부에 등재되지도 않았다(이러한 점에서도 2017년 전합판결의 법리에 따라 원고들이 주주권에 기초하여 회계장부 등에 대한 열람·등사 등을 구하는 청구는 받아들일 수 없다고 판단되었다).

서, 명의자와 실제 출자자 사이에서 실제 출자자를 주식인수인으로 하기
로 약정하였더라도 그 사실을 주식인수계약의 상대방인 회사 등이 알고
이를 승낙하는 등 특별한 사정이 없다면, 그 상대방은 명의자를 주식인수
계약의 당사자로 이해하였다고 보는 것이 합리적이기 때문이라고 하였다.

4) 즉, 현재 주주권의 귀속에 관하여는 종래의 A판결과 A″판결(명
시적으로 폐기된 바 없다) 및 전합판결 이후 선고된 B판결이 공존하고 있
는 상황이다.

결론적으로, 명의대여인과 명의차용인 중 누가 주주인가(명의차용인이
실질주주로서 회사에 대해 명의개서를 청구할 수 있는가)의 문제는, 주식인수
대금 납입 여부만을 고려할 것이 아니라, 다른 여러 사정들(명의대여인과
명의차용인 사이의 내부관계, 주식인수와 주주명부 등재에 관한 경위와 목적, 주
주명부 등재 후 주주로서의 권리행사 내용 등)을 함께 고려해서 판단해야 하
고, 이처럼 고려되어야 할 사정들 중에는 B판결에서 설시한 「"누구를
주주로 하기로 하였는가(누가 주주로서 권리를 행사하는가)"에 관한 회사의
인식」도 포함되어 있다고 해석함이 타당하다고 생각한다. 과거 타인명의
주식인수가 문제되었던 대부분의 사안들은 실제 출자자가 경영진 측(대표
이사 등)이었고, 명의자 아닌 자가 주식대금을 납입하였다는 사정 및 그러
한 실질 출자자의 의사에 따라 명의자가 사자(使者)로서 주주권을 행사하
는 사정까지도 회사가 알고 있었던 경우이어서 A판결처럼 "대금을 납입
한 자가 주주"라고 하여도 회사의 인식과 충돌할 가능성이 거의 없었다.
그러나 금융실명제의 도입, 상장회사의 발전, 주식대금의 납입 외에 무형
적 기여를 통한 출자 가능성 등 시대상황과 사회가 변화함에 따라 A판
결에서 A″판결을 거쳐 B판결로 "타인명의로 주식을 인수한 경우 주주
가 누구인가"를 결정하는 법리가 점차 발전해 온 것으로 평가할 수 있을
것이다.

제3절 주   식

1. 주식의 양도

주권발행 후의 주식의 양도는 주권을 교부하여야 효력이 발생하고 (상법 제336조 제1항), 이 경우 주권의 교부는 당사자 사이의 주식양도에 관한 의사표시와 함께 주식양도의 효력발생요건이 되지만, 주권의 교부가 없더라도 당사자 사이의 주식양도에 관한 의사표시만으로 주식양도를 목적으로 하는 양도계약은 유효하게 성립한다. 그리고 주권발행 전에 한 주식의 양도[24]는 회사에 대하여 효력이 없으나 회사성립 후 또는 신주의 납입기일 후 6월이 경과한 때에는 회사에 대하여도 효력이 있다.

따라서 주식병합이 있어 구주권이 실효되었음에도 주식병합 후 6월이 경과할 때까지 회사가 신주권을 발행하지 않은 경우에는 주권의 교부가 없더라도 당사자의 의사표시만으로 주식양도의 효력이 생기고, 이는 당사자 사이의 주식양도에 관한 의사표시가 주권의 발행 후 주식병합이 있기 전에 있었다고 하더라도 마찬가지로서, 주식병합으로 실효되기 전의 구주권의 교부가 없는 상태에서 주식병합이 이루어지고 그로부터 6월이 경과할 때까지 회사가 신주권을 발행하지 않았다면 주식병합 후 6월이 경과한 때에 주식병합 전의 당사자 사이의 의사표시만으로 주식양도의 효력이 생긴다(**대법원 2012. 2. 9. 선고 2011다62076, 62083 판결**).

1) 주권의 점유자는 적법한 소지인으로 추정되므로(상법 제336조 제2항), 주권을 점유하는 자는 반증이 없는 한 그 권리자로 인정된다. 따라서 주권이 발행되어 있는 주식을 양수한 자는 주권을 제시하여 양수사실을 증명함으로써 회사에 대해 단독으로 명의개서를 청구할 수 있고(**대법원 1995. 5. 23. 선고 94다36421 판결**), 주권 미발행 주식을 양수한 자는 특별한 사정이 없는 한 양도인의 협력을 받을 필요 없이 단독으로 자신이 주

---

24) 본고에서 주식 양도를 전제로 언급하는 '주권발행 전 주식' 또는 '주권 미발행 주식'이라 함은, 상법 제335조 제3항 단서에 따라 회사 성립 후 또는 신주의 납입기일 후 6월이 경과하였음에도 주권이 발행되지 않아서 주식의 양도·양수를 회사에 대항할 수 있는 경우를 의미한다.

식을 양수한 사실을 증명함으로써 회사에 대하여 그 명의개서를 청구할 수 있다(대법원 1992. 10. 27. 선고 92다16386 판결). 반면 **주식 양도인은 다른 특별한 사정이 없는 한 회사에 대하여 주식 양수인 명의로 명의개서를 해 달라고 청구할 권리가 없다**(대법원 2010. 10. 14. 선고 2009다89665 판결).

권한 있는 자(회사)가 명의개서절차 이행 청구에 관해 형식적 심사의무를 다하였고, 그 심사의무 이행에 중과실이 없다면 그에 기해 마쳐진 명의개서는 일응 적법하다고 본다(통설).[25] 따라서 주식양수인으로부터 명의개서 청구를 받은 회사는 청구자가 진정한 주권을 점유하고 있는가에 대한 형식적 자격만을 심사하면 족하고, 나아가 청구자가 진정한 주주인가에 대한 실질적 자격까지 심사할 의무는 없다. **주권이 발행되어 있는 주식을 취득한 자가 주권을 제시하는 등 그 취득사실을 증명하는 방법으로 명의개서를 신청하고, 그 신청에 관하여 주주명부를 작성할 권한 있는 자가 형식적 심사의무를 다하였으며, 그에 따라 명의개서가 이루어졌다면, 특별한 사정이 없는 한 그 명의개서는 적법한 것으로 보아야 한다**(대법원 2019. 8. 14. 선고 2017다231980 판결). 위 판결 사안에서의 회사는 명의개서청구인 아닌 제3자가 주권을 소지하고 있음을 잘 알면서도 명의개서를 마쳐주었고, 이에 형식적 심사의무를 다하였다고 볼 수 없다고 판단되었다.

2) 지명채권과 마찬가지로, 주권발행 전 주식이 이중으로 양도된 경우에 양수인들 사이에서는 명의개서를 하였는지 여부와 상관없이, 확정일자 있는 증서에 의한 통지나 승낙이 회사에 도달한 일시를 기준으로 우열을 정한다. 주권발행 전 주식의 양도담보권자와 동일 주식에 대하여 압류명령을 집행한 자 사이의 우열 역시 양도통지 또는 승낙의 일시와

---

25) 권기범, 현대회사법론, 삼영사(2021), 592면; 김건식·노혁준·천경훈, 회사법, 박영사(2021), 194면; 김홍기, 상법강의, 박영사(2021), 441면; 송옥렬, 상법강의, 홍문사(2021), 837면; 이철송, 회사법강의, 박영사(2021), 372면; 임재연, 회사법Ⅰ, 박영사(2020), 534면; 정찬형, 상법강의(상), 박영사(2021), 808면; 주석 상법 회사(Ⅱ), 한국사법행정학회(2014), 410면; 최준선, 회사법, 삼영사(2018), 282면.

압류명령의 송달일시를 비교하여 그 선후에 따라 결정된다(앞서 소개한 대법원 2018. 10. 12. 선고 2017다221501 판결). 따라서 주권 미발행 주식을 이중으로 양수한 제1, 2 양수인 모두 회사에 대한 확정일자 있는 증서에 의한 통지나 승낙을 마치지 못하였다면, 제2양수인만 먼저 명의개서를 마쳤다고 해서 제1양수인에 대해 우선적 지위에 있다고 주장할 수 없다(대법원 2014. 4. 30. 선고 2013다99942 판결). 또한 주권의 양도와 압류, 가압류 등이 경합하여 회사가 해당 주식에 대한 이익배당금을 혼합공탁하였다면, 이로써 회사의 이익배당금지급채무는 소멸하고 그 이익배당금에 대한 권리는 먼저 위 법리에 따른 대항요건을 갖춘 측에게 귀속된다(앞서 소개한 대법원 2018. 10. 12. 선고 2017다221501 판결).

3) 주권발행 전 주식 양도의 경우, 그 원인이 된 매매·증여 기타의 채권계약에서 다른 약정이 없는 한 양도인은 그 채권계약에 기하여 양수인이 목적물인 주식에 관하여 완전한 권리 내지 이익을 누릴 수 있도록 할 의무를 진다. 따라서 양도인은 이미 양도한 주식을 제3자에게 다시 양도 기타 처분함으로써 양수인의 주주로서의 권리가 침해되도록 하여서는 아니된다. 나아가 회사 이외의 제3자에 대하여 주식의 양도를 대항하기 위하여는 지명채권의 양도에 준하여 확정일자 있는 증서에 의한 양도의 통지 또는 그와 같은 승낙이 있어야 하므로, 양도인은 위와 같은 의무의 일환으로 양수인에 대하여 회사에 그와 같은 양도통지를 하거나 회사로부터 그러한 승낙을 받을 의무를 부담한다(대법원 1995. 5. 23. 선고 94다36241 판결, 대법원 2006. 9. 14. 선고 2005다45537 판결 등 참조). 이러한 양도인의 의무는 자기의 사무에 불과하므로, 이를 위반하여 (주권 발행 전의) 주식을 이중으로 양도하더라도 배임죄가 성립하지 않는다(대법원 2020. 6. 4. 선고 2015도6057 판결, 구체적 내용은 후술). 그러나 대법원은 "양도인이 제1양수인에 대하여 앞서 본 바와 같은 원인계약상의 의무를 위반하여 이미 자신에 속하지 아니하게 된 주식을 다시 제3자에게 양도하고 제2양수인이 주주명부상 명의개서를 받는 등으로 제1양수인이 회사에 대한 관계에서 주주로서의 권리를 제대로 행사할 수 없게 되었다면, 이는

그 한도에서 이미 제1양수인이 적법하게 취득한 주식에 관한 권리를 위법하게 침해하는 행위로서 양도인은 제1양수인에 대하여 그로 인한 불법행위책임을 진다. 이러한 양도인의 책임은 주식이 이중으로 양도되어 주식의 귀속 등에 관하여 각 양수인이 서로 양립할 수 없는 이해관계를 가지게 됨으로써 이들 양수인이 이른바 대항관계에 있게 된 경우에 앞서 본 대로 그들 사이의 우열이 이 중 누가 제3자 대항요건을 시간적으로 우선하여 구비하였는가에 달려 있어서 그 여하에 따라 제1양수인이 제2양수인에 대하여 그 주식의 취득을 대항할 수 없게 될 수 있다는 것에 의하여 영향을 받지 아니한다."고 하였다(대법원 2012. 11. 29. 선고 2012다38780 판결). 이에 따라 위 사안의 제1양수인인 원고와 제2양수인인 피고 모두 제3자 대항요건을 갖추지 않았으나 제2양수인만이 먼저 명의개서를 마쳤으므로 양도인은 제1양수인인 원고에게 대해 불법행위책임을 부담한다고 보았던 것이다. 그러나 한편, 명의개서절차는 양수인이 단독으로 청구할 수 있는데, 제1양수인이 이를 게을리하고 있던 중에 이중양도라는 양도인의 불법행위가 개입하여 제2양수인이 먼저 명의개서를 마친 것이라면, 제1양수인에 대해 과실상계가 인정될 여지도 있지 않을까? 또한, 불법행위를 이유로 배상하여야 할 손해는 현실로 입은 확실한 손해에 한하는데,[26] 만약 제2양수인이 명의개서를 마치지 않은 상태였다면 제1양수인의 손해가 현실적으로 발생하였다고 볼 수 있을지도 의문이기는 하다.

   4) 주식의 양도에 관하여 이사회의 승인을 얻어야 하는 경우에 주식을 취득하였으나 회사로부터 양도승인거부의 통지를 받은 양수인은 상법 제335조의7에 따라 회사에 대하여 주식매수청구권을 행사할 수 있다. 이러한 주식매수청구권은 주식을 취득한 양수인에게 인정되는 이른바 형성권으로서 그 행사로 회사의 승낙 여부와 관계없이 주식에 관한 매매계약이 성립하게 되므로, 주식을 취득하지 못한 양수인이 회사에 대하여 주식매수청구를 하더라도 이는 아무런 효력이 없고, 사후적으로 양수인이 주식

---

26) 대법원 2020. 7. 9. 선고 2017다56455 판결, 대법원 2021. 3. 11. 선고 2017다 179, 186 판결 등.

취득의 요건을 갖추게 되더라도 그 하자가 치유될 수는 없다(대법원 2014. 12. 24. 선고 2014다221258, 221265 판결). 이에 따라 대법원은, 주권이 발행된 주식에 관하여 양도담보권을 설정받고 또 '양도한 주식에 대한 소유권을 포기한다'는 내용의 주식포기각서가 작성되었더라도 이러한 사정만으로 점유개정의 방법으로 주권을 양도받았다고 보기 어려운 이상, 그 이후인 2013. 7.에야 주권을 교부받은 자가 2012. 2.경에 행사한 주식매수청구권은 아무런 효력이 없다고 하였다.

5) 주권발행 전 주식에 관하여 채권담보를 목적으로 체결된 주식양도계약은 바로 주식양도담보의 효력이 생기고, 양도담보권자가 대외적으로는 주식의 소유자가 된다(**대법원 1993. 12. 28. 선고 93다8719 판결, 대법원 1995. 7. 28. 선고 93다61338 판결 등 참조**)는 것이 주권 미발행 주식의 양도담보에 관한 법리였던바, 주식 질권에 관하여도 같은 취지의 판결이 선고되었다. 대법원 2014. 1. 23. 선고 2013다56839 판결은, "상행위로 인하여 생긴 채권을 담보하기 위하여 주식에 대하여 질권이 설정된 경우에 질권자가 가지는 권리의 범위 및 그 행사 방법은 원칙적으로 질권설정계약 등의 약정에 따라 정하여질 수 있고(상법 제59조 참조), 위와 같은 질권 등의 담보권의 경우에 담보제공자의 권리를 형해화하는 등의 특별한 사정이 없는 이상 담보권자가 담보물인 주식에 대한 담보권실행을 위한 약정에 따라 그 재산적 가치 및 권리의 확보 목적으로 담보제공자인 주주로부터 의결권을 위임받아 그 약정에서 정한 범위 내에서 의결권을 행사하는 것도 허용될 것"이라고 하였다. 나아가 위 판결은 주주가 의결권을 포괄 위임할 수 있다는 기존 법리[27]를 재차 확인하였다.

2. 제권판결 취소의 효력

◉ 대법원 2013. 12. 12. 선고 2011다112247, 112254 판결

상법 제360조 제1항은 "주권은 공시최고의 절차에 의하여 이를 무효로 할 수 있다"라고 정하고, 같은 조 제2항은 "주권을 상실한 자는 제권판

---

27) 대법원 1969. 7. 8. 선고 69다688 판결.

결을 얻지 아니하면 회사에 대하여 주권의 재발행을 청구하지 못한다"라고 정하고 있다. 이는 주권은 주식을 표창하는 유가증권이므로 기존의 주권을 무효로 하지 아니하고는 동일한 주식을 표창하는 다른 주권을 발행할 수 없다는 의미로서, 위 규정에 반하여 제권판결 없이 재발행된 주권은 무효라고 할 것이다. 한편 증권이나 증서의 무효를 선고한 제권판결의 효력은 공시최고 신청인에게 그 증권 또는 증서를 소지하고 있는 것과 동일한 지위를 회복시키는 것에 그치고 공시최고 신청인이 실질적인 권리자임을 확정하는 것은 아니다. 따라서 증권이나 증서의 정당한 권리자는 제권판결이 있더라도 실질적 권리를 상실하지 아니하고, 다만 제권판결로 인하여 그 증권 또는 증서가 무효로 되었으므로 그 증권 또는 증서에 따른 권리를 행사할 수 없게 될 뿐이다. 그리고 민사소송법 제490조, 제491조에 따라 제권판결에 대한 불복의 소가 제기되어 제권판결을 취소하는 판결이 확정되면 제권판결은 소급하여 효력을 잃고 정당한 권리자가 소지하고 있던 증권 또는 증서도 소급하여 그 효력을 회복하게 된다. 그런데 위와 같이 제권판결이 취소된 경우에도 그 취소 전에 제권판결에 기초하여 재발행된 주권이 여전히 유효하여 그에 대한 선의취득이 성립할 수 있다면, 그로 인하여 정당한 권리자는 권리를 상실하거나 행사할 수 없게 된다. 이는 실제 주권을 분실한 적이 없을 뿐 아니라 부정한 방법으로 이루어진 제권판결에 대하여 적극적으로 불복의 소를 제기하여 이를 취소시킨 정당한 권리자에게 가혹한 결과이고, 정당한 권리자를 보호하기 위하여 무권리자가 거짓 또는 부정한 방법으로 제권판결을 받은 때에는 제권판결에 대한 불복의 소를 통하여 제권판결이 취소될 수 있도록 한 민사소송법의 입법 취지에도 반한다. 또한 민사소송법이나 상법은 제권판결을 취소하는 판결의 효력을 제한하는 규정을 두고 있지도 아니하다. 따라서 기존 주권을 무효로 하는 제권판결에 기하여 주권이 재발행되었다고 하더라도 제권판결에 대한 불복의 소가 제기되어 제권판결을 취소하는 판결이 선고·확정되면, 재발행된 주권은 소급하여 무효로 되고, 그 소지인이 그 후 이를 선의취득할 수 없다고 할 것이다.

제4절 주주의 권리

1. 주주 지위에 관한 다툼이 있는 경우

1) 회사를 상대로 한 주주권 확인 청구

확인의 소는 법적 지위의 불안·위험을 제거하기 위하여 확인판결을 받는 것이 가장 유효·적절한 수단인 경우에 인정되고, 이행을 청구하는 소를 제기할 수 있는데도 불구하고 확인의 소를 제기하는 것은 분쟁의 종국적인 해결방법이 아니어서 확인의 이익이 없다는 법리[28]가 확립되어 있다.

주주라고 주장하는 자는 특별한 사정이 없는 한 회사를 상대로 점유하고 있는 주권의 제시 등의 방법으로 자신이 주식을 취득한 사실을 증명함으로써 회사에 대하여 단독으로 그 명의개서를 청구할 수 있으므로 회사를 상대로 주주권 확인을 구할 확인의 이익은 없고(대법원 2019. 5. 16. 선고 2016다240338 판결 등), 이는 주권 발행 여부를 불문한다. 위 2016다240338 판결 사안은, 원래 피고 회사의 주주명부상 주주였던 원고가, 소외인이 위조한 주식매매계약서로 인해 타인 앞으로 명의개서가 되자, 여전히 원고 자신이 피고의 주주라고 주장하면서 이 사건 소를 통해 피고를 상대로 주주권 확인을 구하였는데, 대법원은 위와 같은 법리를 판시하면서 본안판단(원고 패소)을 한 원심을 파기하고 소 각하의 자판을 하였다.

2) 주주지위를 다투는 자를 상대로 한 주주권 확인 청구

주권이 발행된 경우에는 다투는 자를 상대로 주권의 인도를 구하면 되므로 확인의 이익이 없음이 원칙이지만, 예외적으로 확인의 이익이 인정되는 경우도 상정 가능하다. 앞서 본 대법원 2019. 8. 14. 선고 2017다231980 판결은 주주권 확인 청구를 인용한 원심에 대한 상고를 기각하였는데, 그 사안은 원래 주주가 구주권을, 다투는 자가 신주권을 소지

---

28) 대법원 2006. 3. 9. 선고 2005다60239 판결, 대법원 2017. 1. 12. 선고 2016다241249 판결 등.

한 경우로서 교부시설[29])에 따라 주주 아닌 자가 교부받은 신주권은 무효
이므로 무효인 신주권의 인도를 구할 필요가 없어 예외적으로 신주권을
소지한 자를 상대로 주주권 확인을 구할 이익이 인정된 경우라고 이해할
수 있다.

주권이 발행되지 않은 경우에는 다투는 자를 상대로 주주권 확인을
구할 이익이 있다 할 것이고, 이는 실질적인 주주의 채권자가 자신의 채
권을 보전하기 위하여 그 실질적인 주주를 대위하여 명의신탁계약을 해
지하고 주주명의인을 상대로 주주권의 확인을 구하는 경우에도 마찬가지
이다(대법원 2013. 2. 14. 선고 2011다109708 판결[30]) 등).[31])

2. 주주 지위의 이전과 주주권 행사소송의 원고적격

1) 신세계 주주대표소송으로 일컬어지는 대법원 2013. 9. 12. 선고
2011다57869 판결은, 경제개혁연대를 비롯한 신세계의 주주들이 신세
계의 이사들을 상대로, 신세계가 자회사인 광주신세계백화점의 유상증자
당시 그 신주인수권을 포기함으로써 그 실권주가 제3자인 신세계 이사
X에게 배정되도록 한 행위에 관하여, 임무해태를 이유로 한 손해배상청
구를 주장하며 제기하였던 주주대표소송 사안이다. 2008년에 소가 제기

---

29) 회사가 주주권을 표창하는 문서를 작성하여 이를 주주가 아닌 제3자에게 교부하
여 주었다 할지라도 위 문서는 아직 회사의 주권으로서의 효력을 가지지 못한다
(대법원 1987. 5. 26. 선고 86다카982 판결 등 다수).
30) "주권발행 전 주식에 관하여 주주명의를 신탁한 사람이 수탁자에 대하여 명의신
탁계약을 해지하면 그 주식에 대한 주주의 권리는 해지의 의사표시만으로 명의신
탁자에게 복귀하는 것이고, 이러한 경우 주주명부에 등재된 형식상 주주명의인이
실질적인 주주의 주주권을 다투는 경우에 실질적인 주주가 주주명부상 주주명의인
을 상대로 주주권의 확인을 구할 이익이 있다. 이는 실질적인 주주의 채권자가 자
신의 채권을 보전하기 위하여 실질적인 주주를 대위하여 명의신탁계약을 해지하고
주주명의인을 상대로 주주권의 확인을 구하는 경우에도 마찬가지이고, 그 주식을
발행한 회사를 상대로 명의개서절차의 이행을 구할 수 있다거나 명의신탁자와 명
의수탁자 사이에 직접적인 분쟁이 없다고 하여 달리 볼 것은 아니다."
31) 한편, 주권 미발행 주식 사안에서, 원고가 피고에게 명의신탁하였다고 주장하는
주식이 이미 제3자에게 양도되어 피고가 주주명부에 주주로 등재되어 있지 않다
면, 피고를 상대로 한 주주권 확인소송은 분쟁해결을 위한 유효적절한 수단이 아
니라고 본 대법원 2014. 12. 11. 선고 2014다218511 판결이 있다.

된 이후 5년만인 2013년에 대법원에서 판결이 선고되었고, 주주대표소
송의 원고 적격, 구 상법 제398조에서 규제하는 자기거래에 모회사 이
사와 자회사 사이의 거래가 포함되는지 여부, 구 상법 제397조의 경업
금지의무의 내용 등 여러 중요한 쟁점에 관하여 의미 있는 법리가 선고
되었다.

　여기에서는 우선 주주대표소송의 원고 적격에 관한 판단을 소개한다.

　대법원은, "상법 제403조와 구 증권거래법 제191조의13 제1항 등을
종합하면, 여러 주주들이 함께 대표소송을 제기하기 위하여는 그들이 회사
에 대하여 이사의 책임을 추궁할 소의 제기를 청구할 때와 회사를 위하여
그 소를 제기할 때 보유주식을 합산하여 상법 또는 구 증권거래법이 정하
는 주식보유요건을 갖추면 되고, 소 제기 후에는 보유주식의 수가 그 요건
에 미달하게 되어도 무방하지만, 대표소송을 제기한 주주 중 일부가 주식
을 처분하는 등의 사유로 주식을 전혀 보유하지 아니하게 되어 주주의 지
위를 상실하면, 특별한 사정이 없는 한 그 주주는 원고적격을 상실하여 그
가 제기한 부분의 소는 부적법하게 되고, 이는 함께 대표소송을 제기한 다
른 원고들이 주주의 지위를 유지하고 있다고 하여 달리 볼 것은 아니다."
라고 하여 원고들 중 일부가 소송 진행 중 보유주식 전부를 처분한 경우
개별 원고들을 기준으로 원고 적격을 판단하였다.

　회계장부 열람·등사신청권 등의 다른 소수주주권과 달리 상법 제
403조 제5항에서, "… 소를 제기한 주주의 보유주식이 제소후 발행주식총
수의 100분의 1 미만으로 감소한 경우(발행주식을 보유하지 아니하게 된 경
우를 제외한다)에도 제소의 효력에는 영향이 없다."고 규정하고 있는 문언
에 충실하되, 주식 전부를 보유하지 않게 되었다면 더 이상 회사의 주주
가 아니라는 점을 고려한 것이다.

　이러한 법리는 회사가 행한 포괄적 주식교환으로 소송 진행 중에
주주의 지위를 상실하는 등 "자신의 의사에 반하여 주주의 지위를 상실
한 경우"에도 동일하게 적용된다는 것이 대법원의 태도이다(대법원 2018.
11. 29. 선고 2017다35717 판결, 외환은행 주주들이 외환은행의 업무집행지시자

또는 이사들을 상대로 임무해태에 따른 손해배상을 구한 주주대표소송사안으로 소제기 이후 외환은행과 하나금융지주 사이에서 주식의 포괄적 교환계약이 체결됨에 따라 외환은행 주주들이던 원고들이 하나금융지주의 주주가 되었던 사안이다). 한편, 일본의 경우 2005년 회사법 제정 당시 합병·주식교환·주식이전 등의 사유로 주주의 지위를 상실한 경우 주주대표소송을 계속할 수 있도록 규정하여(일본 회사법 제851조), 합병 등 이후에도 제소주주의 원고적격이 유지됨을 명문화하였다.

관련하여, 주주대표소송 계속 중 대상회사 A가 B회사로 흡수합병됨에 따라, 원래 A의 주주였던 위 소송 원고가 합병의 대가로 B의 주식을 교부받은 경우, 흡수합병으로 인해 A가 소멸하고 A의 모든 권리의무가 존속회사인 B에 포괄적으로 이전되며[32] A의 주주는 B의 주주가 되므로, 포괄적 주식교환과 달리 보아 여전히 주주대표소송의 원고 적격이 인정되고, B는 그 주주대표소송에서의 피고(A)의 지위를 승계한다고 본 하급심 판결(서울고등법원 2017. 3. 16. 선고 2016나2032030 판결)이 있고 이에 대한 상고심(대법원 2017다222368호)이 계속 중인데, 대법원이 어떠한 판단을 할지 주목된다.

2) 상법 제403조 제5항에서 제소 이후 지분비율이 감소하여도 제소효력에 영향이 없음을 명시한 주주대표소송과 달리, 다른 소수주주권의 행사에 있어서는 소송 계속 중의 전 기간을 통해 그 지분비율을 충족할 것이 요구되는데, 이는 상법 제466조의 회계장부 등 열람·등사청구권(대법원 2017. 11. 9. 선고 2015다252037 판결[33]), 상법 제467조의 검사인 선임청구권(**대법원 2002. 9. 4.자 2002마2552 결정**) 사안에서 반복되어 확인되고 있다. 학계에서는 소수주주권을 재판상 행사하는 경우 변론종결시 또는 재판 확정시까지 지주요건을 충족해야 한다고 하면서도 회사가 신주

---

32) 송옥렬, 상법강의, 홍문사(2021), 1252면; 이철송, 회사법강의, 박영사(2021), 130면.
33) 1심 계속 중 피고인 회사가 주주배정 방식의 신주발행을 함으로써 원고(주주)의 지분비율을 3/100 미만으로 낮춘 경우(소 제기 당시 33.3%→2.97%), 원고가 당사자 적격을 상실하였다고 보고, 이와 달리 피고의 본안전항변을 배척한 원심을 파기하였다.

발행을 통해 원고 주주의 지분비율을 낮추는 경우는 예외로 보아야 한다
는 견해[34]가 있으나, 대법원은 위와 같이 원고가 "자발적으로 주식을 양
도한 경우"와 "타의에 의해 주주가 아니게 되거나 지주요건을 충족하지
못하게 된 경우"를 달리 보지 않고 있는 것이다. 대법원은 채무자회생법
상의 회생절차에서 인가된 회생계획에 따라 회사의 구 주식이 전부 무상
소각되어 주주 지위를 상실하게 된 경우에도, 상법 제466조 제1항에 의
한 회계장부의 열람·등사를 청구할 당사자적격을 상실하였다고 보았고
(대법원 2020. 9. 25.자 2020마5509 결정), 단독 주주권의 일환으로 행사되
는 상법 제376조의 주주총회결의 취소소송에서도 소송 계속 중에 회사의
포괄적 주식교환으로 인해 주주의 지위를 상실한 경우에도 그 주주 지위
상실이 그 의사에 따른 것인지를 불문하고 "그 취소를 구할 당사자 적격
을 상실한다."고 하였다(대법원 2016. 7. 22. 선고 2015다66397 판결).

　　3) 이에 대하여 도산상황에서 주식이 전혀 가치가 없게 되어 주식이
소각됨으로써 주주 지위를 상실한 경우 등과, 조직재편에 따라 주주가
완전모회사의 주주로 지위가 변경된 경우는 달리 보아야 한다고 하면서
입법적 개선을 촉구하는 견해[35]가 있는바 경청할 만하다. 다만 입법이
이루어지기 전까지 현행법 하에서의 해석론으로는, 주주 지위를 상실하게
된 것이 자의에 의한 것인지 아니면 타의에 의한 것인지, 나아가 어떠한
상황에서 타의로 그 지위를 상실하게 된 것인지 등에 따라 기왕의 주주
권 행사 여부를 달리 정하는 것은 어려운 측면이 있어 보이고, 이러한
관점에서 대법원의 판단을 이해할 수 있을 것으로 생각된다.

3. 주식매수청구권

　　1) 우리 상법상 주주가 타자(他者)에게 자신의 주식을 매수하여 줄

---

34) 김성태, "소수주주보호제도에 관한 고찰", 경희법학 제28권, 경희대학교 경희법학
　　연구소(1993), 29면.
35) 최문희, "합병, 주식교환, 주식이전 등 조직재편과 대표소송의 원고적격의 쟁점:
　　대법원 판례에 대한 비판적 고찰과 입법론적 제안", 상사판례연구 제29집 제3권,
　　한국상사판례학회(2016), 267면 이하.

것을 청구할 수 있는 권리(주식매수청구권)는 여러 조문에서 규정하고 있는데, 크게는 ① 영업양수도·합병 등 회사의 근본적 변화에 반대하는 주주에 대하여 회사에 대한 주식매수청구권을 부여하는 경우와 ② 2011년 상법 개정시에 신설된, 지배주주가 있는 회사의 소수주주들에 대하여 지배주주에 대한 주식매수청구권을 부여한 경우36)로 나누어 볼 수 있다. ①의 경우 영업양도 사안에서의 상법 제374조의2가 대표적 조문으로 이를 합병 등에서 준용37)하고 있고, ②의 경우 상법 제360조의25 이하에서 규정하고 있는데, 그 매수가액의 결정 절차, 방법 등에 관한 규정은 거의 동일하지만, ②의 경우 상법 제360조의26에서 "주식을 취득하는 지배주주가 매매가액을 소수주주에게 지급한 때에 주식이 이전된 것으로 본다"라고 하여 주식 이전의 시기를 명시하고 있다는 점에서 ①과 구별된다.

2) 주식매수청구권을 행사한 주주의 지위

같은 날 선고된 대법원 2011. 4. 28. 선고 2009다72667 판결과 대법원 2011. 4. 28. 선고 2010다94953 판결은, 반대주주의 주식매수청구권은 이른바 형성권으로서 그 행사로 회사의 승낙 여부와 관계없이 주식에 관한 매매계약이 성립하고, 상법(2015. 12. 1. 법률 제13523호로 개정되기 전의 법) 제374조의2 제2항의 '회사가 주식매수청구를 받은 날로부터 2월'38)은 주식매매대금 지급의무의 이행기를 정한 것이며, 이는 위 2월 이내에 주식의 매수가액이 확정되지 아니하였다고 하더라도 다르지 아니하

---

36) 한편, 지배주주는 "경영상 목적을 달성하기 위하여 필요한 경우"에는 소수주주를 상대로 주식의 "매도"를 청구할 수 있다(상법 제360조의24).

37) 회사로부터 양도승인거부의 통지를 받은 주주(상법 제335조의6); 주식교환, 주식이전의 결의에 반대하는 주주(상법 제360조의5, 제360조의22); 합병 또는 분할합병 결의에 반대의사를 통지한 주주(상법 제522조의3, 제530조의11).

38) 본문의 판결들이 선고될 당시의 상법 제374조의2 제2항은 "회사는 제1항의 청구를 받은 날부터 2월 이내에 그 주식을 매수하여야 한다"라고 되어 있었으나, 이에 관해 매수청구자마다 청구시기가 다를 경우 이행기가 달라지는 등 처리의 난점 등을 고려하여 2015. 12. 1. 현재와 같이 상법 제374조의2를 개정하여 제1항에서 주주총회 결의일부터 20일 내에 매수청구를 하도록 하는 한편 제2항에서는 "제1항의 청구를 받으면 해당 회사는 같은 항의 매수 청구 기간(이하 이 조에서 "매수청구 기간"이라 한다)이 종료하는 날부터 2개월 이내에 그 주식을 매수하여야 한다."라고 규정하였다.

다고 해석하면서, 법원에 의한 주식매매대금 액수의 확정절차가 지연되더라도 회사는 주주에게 그 지연손해금 전부를 지급해야 함을 분명히 하였다. 물론 주권이 발행되었다면 회사의 주식대금 지급의무와 주주의 주권 교부의무가 동시이행관계에 있을 것이지만, 한편 **대법원 2010다94953 판결**에서는, 해당 주권이 명의개서대리인(국민은행)에 예탁되어 있었고, 주주들이 '회사가 공정한 매매대금을 지급함과 동시에 주권을 인도하겠다'는 서면을 제출하였으며 실제로도 회사로부터 대금지급의 이행제공을 받기만 하면 국민은행을 통해 지체 없이 회사에게 주권을 교부할 수 있었던 점 등을 이유로 회사의 동시이행의 항변을 배척하였다.

　이처럼 주식매수청구권을 행사한 주주가 공정한 가액 전부를 지급받을 때까지 지연손해금을 지급받을 수 있다면, 그러한 자는 더 이상 주주가 아니라고 보아야 하는 것인지가 문제되었다. 피고의 주주인 원고가 피고를 상대로 회계장부 열람·등사청구권을 행사하는 이 사건 소를 제기하여 재판이 진행되던 중, 피고가 영업을 변경할 계획으로 주주총회에서 공장건물 등 매도를 결의하였고, 원고는 위 안건에 반대한 주주로서 반대주주의 주식매수청구권을 행사하였는데 원고와 피고 사이에서 매매가액에 관해 협의가 이루어지지 않아 주식매수가액 결정절차가 진행되고 있었다. 앞서 보았듯 회계장부 열람·등사청구권과 같은 소수주주권의 경우 그 권리의 행사를 구하는 소송 계속 중의 전 기간을 통해 그 지분비율을 충족할 것이 요구되므로, 이 사건 원고와 같이, 주식매수청구권을 행사하고도 그 매매대금(공정한 가액)을 지급받지 못한 자를 주주로 볼 것인지, 아니면 단순한 채권자로 볼 것인지가 정면으로 문제되었다. 입법론으로는 '채권자지위설'이 간명하다는 지적이 있고,[39] 미국 모범회사법과 일본의 2014년 개정회사법이 모두 채권자지위설을 택하고 있기도 하다. 그러나 대법원은 "**주식매수청구권을 행사한 주주도 회사로부터 그 주식의 매매대금을 지급받지 아니하고 있는 동안에는 주주로서의 지위를 여전히**

---

39) 노혁준, "주식매수청구권 행사 이후의 법률관계에 관한 연구-합병에 대한 반대주주 사안을 중심으로-", 인권과 정의 제461호, 대한변호사협회(2016), 22면.

가지고 있으므로 특별한 사정이 없는 한 주주로서의 권리를 행사하기 위하여 필요한 경우에는 위와 같은 회계장부열람·등사권을 가진다."라고 하여 주주지위설을 채택하였다(대법원 2018. 2. 28. 선고 2017다270916 판결). 이는 법문상 '공정한 가액'을 지급받을 권리가 부여된 주주의 보호를 우선하는 것으로, 특히 위 사안에서 문제된 주주권인 회계장부 열람·등사청구권은 공익권의 성격을 가진다는 점을 주목할 필요가 있다(배당금지급청구권과 같은 자익권의 경우 아직 대법원에서 판단된 사안이 없다).

3) 반대주주가 주식매수청구권을 행사한 경우 매수가격의 산정방법

반대주주가 주식매수청구권을 행사한 경우 그 매수가액의 산정방법에 관하여, 대법원은 비상장 주식에 관하여 "객관적 교환가치가 적정하게 반영된 정상적인 거래의 실례가 있으면 그 거래가격을 시가로 보아 주식의 매수가액을 정하여야 할 것이나, 그러한 거래사례가 없으면 비상장주식의 평가에 관하여 보편적으로 인정되는 시장가치방식, 순자산가치방식, 수익가치방식 등 여러 가지 평가방법을 활용하되, 비상장주식의 평가방법을 규정한 관련 법규들은 그 제정 목적에 따라 서로 상이한 기준을 적용하고 있으므로, 어느 한 가지 평가방법(예컨대, 증권거래법 시행령 제84조의7 제1항 제2호의 평가방법이나 상속세 및 증여세법 시행령 제54조의 평가방법)이 항상 적용되어야 한다고 단정할 수는 없고, 당해 회사의 상황이나 업종의 특성 등을 종합적으로 고려하여 공정한 가액을 산정하여야 한다."고 판시한 바 있고(대법원 2006. 11. 23.자 2005마958, 959, 960, 961, 962, 963, 964, 965, 966 결정) 이러한 법리는 최근의 **대법원 2018. 12. 17.자 2016마272 결정**에서도 반복되고 있다.

반면 상장주식의 매수가격결정에 관한 사안은 찾아보기 어려웠는데, 대법원 2011. 10. 13.자 2008마264 결정은 최초로, 원칙적으로 시장주가를 참조하여 산정하여야 하되 시장주가가 해당 주권상장법인의 객관적 가치를 제대로 반영하지 못하고 있다고 판단되는 등의 예외적 경우에는 순자산가치나 수익가치 등 다른 평가요소를 반영하여 산정할 수 있다는 법리[40]를 처음으로 밝혔다.

위 사안은 회사정리절차 중이던 두산산업개발과 두산건설의 합병에
관한 사안으로 자본시장법 시행 전의 구 증권거래법이 적용되었는데, 자
본시장법 제165조의5 제3항에서 법원에 매수가격 결정을 신청할 수 있다
고 명시한 것과 달리 구 증권거래법에서는 상장법인 주식에 대한 법원의
매수가격결정절차를 명시적으로 정하고 있지 않았다. 그럼에도 불구하고
대법원은, 법원에 매수가격결정 신청을 할 수 있는 비상장법인 주주와의
형평, 구 증권거래법(2007. 8. 3. 법률 제8635호로 공포되어 2009. 2. 4. 시행된
「자본시장과 금융투자업에 관한 법률」 부칙 제2조에 의하여 폐지되기 전의 것.
이하 특별한 언급이 없으면 동일하다) 등에서 상장법인 주식에 대한 법원의

---

40) 원문은 다음과 같다.
　　"주권상장법인의 합병 등에 반대하는 주주가 구 증권거래법 제191조 제1항에
의하여 당해 법인에 대하여 그 상장주식의 매수를 청구하고 주주와 당해 법인 간
에 매수가격에 대한 협의가 이루어지지 아니하여 주주 또는 당해 법인이 법원에
매수가격 결정을 청구한 경우, 일반적으로 주권상장법인의 시장주가는 유가증권시
장에 참여한 다수의 투자자가 법령에 근거하여 공시되는 당해 기업의 자산내용,
재무상황, 수익력, 장래의 사업전망 등 당해 법인에 관한 정보에 기초하여 내린
투자판단에 의하여 당해 기업의 객관적 가치가 반영되어 형성된 것으로 볼 수 있
고, 주권상장법인의 주주는 통상 시장주가를 전제로 투자행동을 취한다는 점에서
시장주가를 기준으로 매수가격을 결정하는 것이 당해 주주의 합리적 기대에 합치
하는 것이므로, 법원은 원칙적으로 시장주가를 참조하여 매수가격을 산정하여야
한다. 다만 이처럼 시장주가에 기초하여 매수가격을 산정하는 경우라고 하여 법원
이 반드시 구 증권거래법 시행령(2005. 1. 27. 대통령령 제18687호로 개정되기 전
의 것, 이하 같다) 제84조의9 제2항 제1호에서 정한 산정 방법 중 어느 하나를 선
택하여 그에 따라서만 매수가격을 산정하여야 하는 것은 아니고, 법원은 공정한
매수가격을 산정한다는 매수가격 결정신청사건의 제도적 취지와 개별 사안의 구체
적 사정을 고려하여 이사회결의일 이전의 어느 특정일의 시장주가를 참조할 것인
지, 또는 일정기간 동안의 시장주가의 평균치를 참조할 것인지, 그렇지 않으면 구
증권거래법 시행령 제84조의9 제2항 제1호에서 정한 산정 방법 중 어느 하나에
따라 산정된 가격을 그대로 인정할 것인지 등을 합리적으로 결정할 수 있다 .
　　나아가 당해 상장주식이 유가증권시장에서 거래가 형성되지 아니한 주식이거
나(구 증권거래법 시행령 제84조의9 제2항 제2호) 시장주가가 가격조작 등 시장의
기능을 방해하는 부정한 수단에 의하여 영향을 받는 등으로 당해 주권상장법인의
객관적 가치를 제대로 반영하지 못하고 있다고 판단되는 경우에는, 시장주가를 배
제하거나 또는 시장주가와 함께 순자산가치나 수익가치 등 다른 평가요소를 반영
하여 당해 법인의 상황이나 업종의 특성 등을 종합적으로 고려한 공정한 가액을
산정할 수도 있으나, 단순히 시장주가가 순자산가치나 수익가치에 기초하여 산정
된 가격과 다소 차이가 난다는 사정만으로 위 시장주가가 주권상장법인의 객관적
가치를 반영하지 못한다고 쉽게 단정하여서는 아니 된다."

매수가격 결정절차를 명시적으로 배제하고 있지 않은 점 등을 들어, 구 증권거래법이 적용되는 본 사안에서도 반대주주들이 법원에 매수가격결 정을 청구할 수 있다고 하였다.

상장주식의 매수가격 결정에 관하여는, 크게 (1) 시장주가를 기준으 로 산정하되 특별한 사정이 있으면 다른 요소를 반영하여 산정하여야 한 다는 견해와, (2) (비상장주식과 마찬가지로) 모든 요소를 고려하여 공정한 가격을 결정하는 것이 원칙이라는 견해로 나뉘어져 있었다. 두 견해는 근본적으로 시장가치가 원칙적으로 합리적인 것인지, 시장가치를 신뢰할 수 있는지에 대한 관점의 차이를 보여준다.[41]

대법원은 ① 일반적으로 주권상장법인의 시장주가는 당해 기업의 객관적 가치가 반영되어 형성된 것으로 볼 수 있는 점, ② 주권상장법인 의 주주는 통상 시장주가를 전제로 투자행동을 취한다는 점 등을 들어, 원칙적으로 시가에 따르도록 하는 (1)의 견해를 취하였고, 다만 시가가 당해 주권상장법인의 객관적 가치를 반영하지 못하는 경우에는 시가가 아닌 다른 방법에 따라 매수가격을 결정할 수 있다고 하였으며, 그러한 예로 당해 주식이 시장에서 거래가 형성되지 않은 주식이거나, 시가가 가격조작 등 시장의 기능을 방해하는 부정한 수단에 의하여 영향을 받는 경우를 들었다(이러한 법리는 자본시장법 하의 상장법인에 관하여도 동일하게 적용될 수 있음은 당연하다).

현실적으로 주식시장에서 가격조작이나 투기적 요인 등 기업의 내 재가치와 무관한 사정에 의해 시장주가가 형성되는 측면이 존재하는 것 을 부인할 수는 없으나, 대법원이 밝힌 ①, ②의 논거, 비상장주식에 관 하여 '객관적 교환가치가 적정하게 반영된 정상적인 거래의 실례가 있으 면 그 거래가격을 시가로 보아 매수가격을 정하여야 한다'는 대법원 판례

---

41) 각 견해의 구체적 논거 등은 진상범, "주권상장법인의 합병 등 반대주주가 주 식매수청구권을 행사한 경우 그 매수가격의 산정방법-대상결정: 대법원 2011. 10. 13.자 2008마264 결정", BFL 제53호, 서울대학교 금융법센터(2012), 125-127면 을 참조.

와의 정합성, 비상장주식의 매수가격 결정에 관하여 발생하는 현실적 어려움을 (적어도) 상장주식에 관하여는 시가를 기준으로 함으로써 최소화할 수 있다는 점 등을 종합하면, 시가를 원칙으로 선언한 대법원의 태도는 타당하다.[42]

위 사안의 원심은 사건본인인 두산산업개발이 회사정리절차 중에 있었음을 주된 이유로 하여 이 사건 주식매수가격을 시가로 산정할 수 없는 예외적 경우에 해당한다고 보았으나, 대법원은 시장의 투자자들이 회사정리절차에 들어간 기업의 시장가치를 낮게 평가하는 것은 정상적인 주가반응이고, 어떠한 기업의 주식이 관리종목으로 지정되었다는 사정만으로 시가가 기업의 객관적 가치를 반영하지 못할 정도의 거래 제약이 있다고 보기는 어렵다고 하여 원심을 파기하였다. 관련하여 대법원이 위 판결에서 선언한 "단순히 시장주가가 순자산가치나 수익가치에 기초하여 산정된 가격과 다소 차이가 난다는 사정만으로 위 시장주가가 주권상장법인의 객관적 가치를 반영하지 못한다고 쉽게 단정하여서는 아니 된다."는 법리는, 주권상장법인의 경우 함부로 시가를 배제할 수 없도록 하는 하나의 기준으로 작용하게 되었고, 이는 후술하는 삼성물산 합병 사건에서도 중요한 법리로 작용하였다.

4) 상환주식

주식매수청구권을 행사한 이후에도 '공정한 가액'을 지급받을 때까지 주주라고 보는 대법원의 태도는 주주상환주식(상법 제345조 제3항)을 보유한 상환주주가 상환권을 행사한 사안에서도 그대로 이어졌는데, 대법원은 "주주가 상환권을 행사하면 회사는 주식 취득의 대가로 주주에게 상환금을 지급할 의무를 부담하고, 주주는 상환금을 지급받음과 동시에 회사에게 주식을 이전할 의무를 부담한다. 따라서 정관이나 상환주식인수계약 등에서 특별히 정한 바가 없으면 주주가 회사로부터 상환금을 지급받을 때까지는

---

42) 진상범, "주권상장법인의 합병 등 반대주주가 주식매수청구권을 행사한 경우 그 매수가격의 산정방법 – 대상결정: 대법원 2011. 10. 13.자 2008마264 결정", BFL 제 53호, 서울대학교 금융법센터(2012), 127면.

상환권을 행사한 이후에도 여전히 주주의 지위에 있다."고 판단하여, 이와 달리 원고가 상환권을 행사한 이상 회사의 채권자에 불과하다고 본 원심을 파기환송하였다(대법원 2020. 4. 9. 선고 2017다251564 판결).

다만, 상법에서 "매수청구기간이 종료하는 날부터 2개월 이내에 그 주식을 매수"하도록 규정하고 있는 반대주주의 주식매수청구권과 달리, 상환주식에 관하여는 정관이나 회사와의 계약에서 얼마든지 상환권 행사에 따른 주주 지위 상실 시점을 달리 정할 수 있고(물론 이 경우에도 주주 평등원칙 등 강행규정에 위배되는 계약은 무효라 하겠다), 위 판결에서도 이 점을 명시하고 있으므로, 위 판결 법리는 이 점에 관하여 정관이나 계약에서 명시하지 않은 경우의 해석론으로서 의미를 가지게 될 것이다.

한편, 위 2017다251564 판결의 당사자들 사이에서 지급해야 할 상환대금의 액수가 다투어진 관련사건에서는, 1심에서 감정 등을 거친 결과 정당한 상환대금이 265억 원으로 판단되었는데(회사는 소 제기 직전에 임의로 230억 원을 공탁), 상환주주가 이를 수령하지 아니하여 그 지연손해금 발생의 존부와 범위에 관하여 분쟁이 계속되었다. 결론적으로 관련사건 원심은 신의칙을 이유로 회사 공탁일로부터의 지연손해금 발생을 일부 제한하였으나, 대법원은 "원고는 상환권을 행사한 피고에게 정해진 이행기 이후에는 이행지체로 인한 지연손해금을 지급할 의무가 있고, 이는 당사자 사이에 '공정한 시장가격'에 대한 협의가 이루어지지 않아서 상환금의 액수가 확정되지 아니하였더라도 마찬가지이다. 이 사건 계약에서 정한 '공정한 시장가격'이라는 개념이 추상적이어서 분쟁이 발생할 여지가 많다거나 원고와 피고가 서로 주장하는 액수의 차이가 크다는 사정만으로는, 이 사건 지연손해금 약정이 손해배상액의 예정으로서 감액이 가능한지 여부는 별론으로 하고, 피고가 원고에게 이 사건 주식의 상환금으로 '공정한 시장가격'에 미치지 못하는 일부의 돈이라도 수령하겠다는 신의를 공여하였다고 볼 수는 없다."고 하여 원심을 파기하였다(대법원 2020. 4. 9. 선고 2016다32582 판결).[43]

4. 열람 · 등사청구권

상법은 정관 등(상법 제396조 제2항), 이사회 의사록(상법 제391조의3 제3항), 재무제표 등(상법 제448조 제2항), 회계장부 등(상법 제466조 제1항)에 관하여 주주의 열람 · 등사청구권을 규정하고 있다. 그 중 상법 제391조의3 제4항의 규정에 의한 이사회 의사록의 열람 등 허가사건은 비송사건절차법 제72조 제1항에 규정된 비송사건이므로 민사소송의 방법으로 이사회 회의록의 열람 및 등사를 청구하는 것은 허용되지 않는다(대법원 2013. 3. 28. 선고 2012다42604 판결). 이러한 법리에 따라 회계장부 등과 함께 이사회 의사록 열람 · 등사를 민사소송으로 청구하면 이사회 의사록 부분은 각하될 수밖에 없는데, 이에 대하여는 유사한 성질의 열람청구사건 중 일부를 특히 비송사건으로 분류해야 할 뚜렷한 이유가 없으므로 입법의 개선이 필요하다는 의견이 있다.[44]

주주의 권리와 회사의 이익이 항상 같은 방향을 지향하는 것만은 아니기에 양자 사이에는 종종 충돌이 일어나는데 주주권 중에서도 이사회 의사록이나 회계장부 등의 열람 · 등사를 구하는 권리가 행사될 때에 이러한 측면은 특히 부각된다.

1) 회사가 청구를 거부할 수 있는 경우: 정당한 목적의 흠결

현대엘리베이터 사건은 회사의 2대 주주가 신청인으로서 이사회 의사록의 열람 · 등사를 신청한 사건이다. 대법원은 종래부터 상법 제391조의3 제3항, 제466조 제1항에서 규정하고 있는 주주의 이사회 의사록 또는 회계 장부와 서류 등에 대한 열람 · 등사청구권에 관해 회사가 그 부당함을 증명하여 이를 거부할 수 있다고 보아 왔다(**대법원 2004. 12. 24.자 2003마1575 결정**). 현대엘리베이터 사건의 원심은, 신청인이 제기한 열

---

43) 위 사안의 회사가 행한 230억 원 공탁의 효력과 관련하여 백숙종, "회사가 불확정 액수의 주식대금 지급의무를 부담하는 경우 일부공탁의 가능성", BFL 제103호, 서울대학교 금융법센터(2020) 참조.
44) 노혁준, "2013년 회사법 중요 판례", 인권과 정의 제440호, 대한변호사협회(2014), 143면.

람·등사의 필요성(사건본인 회사가 사업목적과 무관하게 행한 파생상품 거래, 현대건설 인수참여 등으로 인한 손실로 인해 재직 이사에 대해 책임을 추궁할 필요가 있다는 등의 점)을 인정하면서도, 신청인이 사업본인의 엘리베이터 사업부문을 인수하려는 과정에서 사건본인을 압박하기 위해 이사회 의사록 등에 대한 열람·등사를 청구하는 것으로 보이므로, 신청인의 이 사건 열람·등사권 행사는 부당하다고 판단하였다. 그러나 대법원은, "적대적 인수·합병을 시도하는 주주의 열람·등사청구라고 하더라도 그 목적이 단순한 압박이 아니라 회사의 경영을 감독하여 회사와 주주의 이익을 보호하기 위한 것이라면 허용되어야 할 것인데, 주주가 회사의 이사에 대하여 대표소송을 통한 책임추궁이나 유지청구, 해임청구를 하는 등 주주로서의 권리를 행사하기 위하여 이사회 의사록의 열람·등사가 필요하다고 인정되는 경우에는 특별한 사정이 없는 한 그 청구는 회사의 경영을 감독하여 회사와 주주의 이익을 보호하기 위한 것이라고 할 것이므로, 이를 청구하는 주주가 적대적 인수·합병을 시도하고 있다는 사정만으로 그 청구가 정당한 목적을 결하여 부당한 것이라고 볼 수 없고, 주주가 회사의 경쟁자로서 그 취득한 정보를 경업에 이용할 우려가 있거나 또는 회사에 지나치게 불리한 시기를 택하여 행사하는 등의 경우가 아닌 한 허용되어야 한다."고 판단하여 원심을 파기하였다(대법원 2014. 7. 21. 자 2013마657 결정).

또한 상법에 정해진 반대주주의 주식매수청구권을 행사하였다는 사정만으로 (그 주주가 신청한) 회계장부 열람·등사청구가 정당한 목적을 결하여 부당한 것이라고 볼 수도 없다(대법원 2018. 2. 28. 선고 2017다270916 판결).

2) 회사에 대해 회생절차개시결정이 내려진 경우

소수주주의 회계장부 등 열람·등사청구권은 주식회사에 대하여 채무자회생법에 따른 회생절차가 개시되었다 하더라도 배제되지 않는다(대법원 2020. 10. 20.자 2020마6195 결정). 대법원은 그 적용을 배제하는 채무자회생법의 명시적 조문이 없고, 채무자회생법에 따라 이해관계인이 열람할 수 있는 서류의 범위보다 상법 제466조 제1항의 권리를 행사함으로써 열람·등사를 청구할 수 있는 서류의 범위가 넓다는 점 등을 근거로 들었다. 그러면서도 대법원은, "주주가 회사의 회생을 방해할 목적으로" 이러한 권리를 행사한다면 이는 정당한 목적이 없는 경우임을 분명히 하였으므로, 회사로서는 이러한 사정을 증명하여 주주의 청구를 거부할 수 있을 것이다. 통상 회생절차에서 주주는 가장 열후적 지위에 있는 것으로 취급되지만, 그러기에 더욱 더 주식회사에 대해 회생절차가 개시되었다는 사정만을 들어 주주의 권리를 제한하는 것은 신중할 필요가 있고, 명시적 법률 조항 없이 해석에 의하여 주주의 법적 권리를 제한하는 것은 더욱 그러하다. 파산절차와 달리 회생절차는 채무자의 사업계속을 전제로 하기 때문에 주주가 그 권리를 행사하고자 할 현실적 이익도 부정할 수 없다.

3) 자본시장법상의 실질주주명부

자본시장법에 따라 예탁결제원에 예탁된 상장주식 등에 관하여 작성되는 실질주주명부는 상법상 주주명부와 동일한 효력이 있으므로(자본시장법 제316조 제2항), 실질주주가 실질주주명부의 열람 또는 등사를 청구하는 경우에도 상법 제396조 제2항이 유추적용되고, 그에 따라 열람 또는 등사청구가 허용되는 범위도 '실질주주명부상의 기재사항 전부'가 아니라 그중 실질주주의 성명 및 주소, 실질주주별 주식의 종류 및 수와 같이 '주주명부의 기재사항'에 해당하는 것에 한정된다(대법원 2017. 11. 9. 선고 2015다235841 판결). 대법원은 이러한 법리에 따라 원심이 인정한 실질주주의 명칭과 주소, 실질주주별 주식의 종류와 수, 실질주주의 전자우편주소' 중에서 (상법 제352조에서 정한) 주주명부의 기재사항이 아닌 실질주주의 전자우편주소는 열람·등사의 대상에 포함되지 않는다고 하여 이 부분 원심을 파기하였다.

5. 지배주주의 매도청구권

2011년 상법 개정 당시 주식회사 규정 중 제2절(주식) 제4관(지배주주에 의한 소수주식의 전부취득)이 신설되어, 소수주주 보유주식에 관한 강제

매도와 강제매수의 제도가 규정되었다. 당시, 특정주주가 주식의 대부분을 보유하는 경우 회사로서는 주주총회 운영 등과 관련하여 관리비용이 들고 소수주주로서는 정상적인 출자회수의 길이 막히기 때문에 대주주가 소수주주의 주식을 매입함으로써 그 동업관계를 해소할 수 있도록 허용할 필요가 있다는 취지에서 발행주식총수의 95퍼센트 이상을 보유하는 지배주주가 소수주주의 주식을 공정한 가격에 매입할 수 있도록 하는 한편,[45)·46)] 이에 상응하여 소수주주를 보호하기 위해 입법정책의 일환으로 소수주주 역시 지배주주에게 그 소유의 주식에 관한 매수청구권을 행사할 수 있도록 한 것이다. 이에 따라 상법 제360조의25에 도입된 소수주주의 주식매수청구권 제도는 우리나라 특유의 제도로서,[47)] 소수주주에게 회사의 지배 내지는 경영참가에 관한 무의미한 수량의 주식을 계속 보유해야 하는 부담을 덜어주는 한편, 시장성을 상실한 주식의 환가를 가능하게 한다.[48)]

지배주주의 매도청구권이 규정된 결과 (소수)주주는 그 의사에 반하여 회사로부터 축출될 수 있게 되었다. 이에 대하여 본 제도는 헌법이 보장하는 주식소유권(즉, 사유재산권)을 침해하는 것으로 위헌이라는 견해[49)]도 있으나, 국내 다수설은 공정한 보상이 이루어지는 것을 전제로 하므로 위헌이라고 단정하기 어렵다고 보고 있고, 독일 연방헌법재판소 역시 헌법이 보장하는 주식소유권은 사원권 또는 사원권에 기초한 지배권에 대한 것이 아니기 때문에 상실하는 재산적 가치에 대해 적정한 대가가 지급되는 한 위헌은 아니라고 판시한바 있다.[50)]

주주는 본질적으로 회사의 사업기회를 포함한 미래에 대한 신뢰이익을 가지는 동시에 그에 일정한 방식으로 기여하기도 하는데, 그럼에도

---

45) 국회, 상법 일부개정법률안 심사보고서(2011), 81-82면.
46) 정동윤 감수, 상법 회사편 해설, 법무부(2012), 178-180면.
47) 주석 상법 회사(Ⅱ), 한국사법행정학회(2014), 708면.
48) 이철송, 회사법강의, 박영사(2021), 1200면.
49) 이철송, 회사법강의, 박영사(2021), 1200면.
50) 권기범, 현대회사법론, 삼영사(2021), 260면에서 재인용.

불구하고 강제로 회사에서 축출당한다면 아무리 공정한 가액(+프리미엄)을 지불하더라도 해당 주주는 주관적인 경제적 가치를 박탈당한다고 생각하게 될 것이므로,[51] · [52] 이러한 관점에서 바라본다면, 본 제도는 주주를 회사라는 단체의 구성원으로 취급해 온 종래 회사법과는 친하지 않은 측면이 있는 것은 사실이다. 현실적으로는, 내부자인 지배주주는 회사의 사업 현황에 대해 가장 잘 알고 있기 때문에 주가가 가장 저평가된 시점을 택해서 당시 시점에는 충분히 공정한 가격에 소수주주를 축출하고 향후 회사의 주가가 상승할 때는 그 이익을 독점할 수 있다는 점도 경계해야 한다. 본 제도의 입법 배경과 취지, 본 제도가 가지는 의미 등을 종합해 본다면, 특히 지배주주의 매도청구권 제도를 실행하는 과정에서는 그 의사에 반하여 강제로 축출되는 소수주주를 보호하는 것이 반드시 필요하고, 그 일환으로 "공정한 주식가액"을 지급받을 수 있도록 보장하는 것이 기본이라 하겠다. 이하에서 소개하는 대법원 판결 역시 이러한 관점을 바탕으로 하고 있다.

특히 우리 법이 도입한 지배주주에 의한 소수주식의 강제매도제도는 유럽법 중에서도 독일 주식법의 소수주식 강제매수제도(제327a부터 제327f까지 규정)를 입법모델로 삼은 것으로 평가되지만, 독일 주식법과 달리 실질적 기준으로서 "경영상 목적 달성 필요"라는 요건을 추가하는 등 소수주주 강제퇴출의 남용을 방지하고자 하였다(즉, 독일 주식법의 경우 우리 법과 같은 실질적 기준 요건이 불필요하고, 우리 법의 소수주주의 매수청구권에 상응하는 제도도 없다). 독일 주식법상의 소수주식 강제매도제도에 의하면, 회사는 기본자본의 95% 이상을 보유한 지배주주의 청구에 의해 주주총회에서 소수주주의 주식을 지배주주에게 양도할 것과 소수주주의 주식에

---

51) 미국의 판례는 특정 회사에 주주로서 남아 있고자 하는 주주의 희망이 법률적으로 보호할 가치가 있는 정당한 이익이라고 본 바 있다(Singer v. Magnavox, 380 A.2d 969, 977 - 978(Del. 1977)].

52) 김화진, "소수주식의 강제매수제도", 법학 제50권 제1호, 서울대학교 법학연구소 (2009), 327면에서는 이를 "회사 주주로서 가지는 기대이익의 상실 가능성이 큰 문제"라고 표현하고 있다.

대하여 지급되는 적정한 가액을 결정하고,[53] 주요주주의 신청에 의해 법원이 선임한 전문검사인이 소수주주 축출이 주주총회에서 결의되기 전에 금전대가의 상당성을 검사해서 서면으로 보고해야 하며, 이러한 전문검사인의 검사보고서와 주요주주의 보고서는 주주총회 소집시부터 회사 영업소에 비치되어야 하고, 주요주주는 주주총회에서 소수주주축출 요건을 충족한다는 점 및 금전대가의 상당성을 서면으로 보고해야 한다. 무엇보다 소수주주를 축출하는 주주총회결의가 등기되면 소수주주의 주식이 법률적으로 지배주주에게 이전되고(주식법 제327e ③), 주식매매가액에 대한 이자도 그 시점부터 발생하도록(주식법 제327b ②) 규정함으로써 주주 지위 이전 시점의 문제를 입법으로 해결하였다. 이러한 규정이 없는 우리 법 하에서 대법원은 다음과 같이 판단하였다.

1) 지배주주의 매도청구권(상법 제360조의24)에 관하여, **대법원 2020. 6. 11. 선고 2018다224699 판결**은, 95% 이상의 주식을 보유한 지배주주가 소수주주에게 공정한 가격을 지급한다면, 일정한 요건 하에 발행주식 전부를 지배주주 1인의 소유로 할 수 있도록 함으로써 회사 경영의 효율성을 향상시키고자 한 제도라고 하면서, 입법 의도와 목적 등에 비추어 보면, **지배주주가 본 조항에 따라 매도청구권을 행사할 때에는 반드시 소수주주가 보유하고 있는 주식 전부에 대하여 권리를 행사하여야 하**고, 위 권리를 행사하여 주식을 취득하는 지배주주는 '매매가액'을 소수주주에게 지급한 때에 주식이 이전된 것으로 본다는 간주규정(상법 제360조의26 제1항)에서 말하는 '매매가액'은 **지배주주가 일방적으로 산정하여 제시한 가액이 아니라 소수주주와 협의로 결정된 금액 또는 법원이 상법 제360조의24 제9항에 따라 산정한 공정한 가액으로 보아야 한다**'고 하였다.

그렇다면 상법 제360조의24에 의한 매도청구권을 행사할 때에 '매매가격'의 결정을 어떻게 법원에 청구할 것인지가 문제되는데, 비송사건절차법에는 본조에 관한 규정은 없기 때문에 성격상 유사한 주식매수청구

---

53) 김경일, "소수주주축출(Freeze-Out)에 관한 연구", 서울대학교 대학원 박사학위논문(2017), 103－112면.

권에 관한 규정(비송사건절차법 제86조의2)을 유추적용하는 것이 타당할 것
이라는 법무부 유권해석이 있고,54) 현재 실무도 그러한 것으로 보인다.

　　2) 위 사건에서 쟁점이 되지는 않았으나, 학계에서는 일찍부터 상법
제360조의24 제1항에 규정된 "경영상 목적을 달성하기 위하여 필요한 경
우"의 해석에 관하여 논의가 활발하였다. ① 동일한 법문언이 있는 상법
제418조 제2항(경영상 목적)과 마찬가지로 해석해야 한다는 견해,55) ② 소
수주주 관리비용 부담이나 주주 구조의 조정 등을 통한 기업경영의 효율
화를 도모하는 경우라면 요건이 충족된다고 해석하거나, 미국 판례에서
확립된 사업목적 기준(proper business purpose)을 참조해서 해석56)함으로써
①설보다 넓게 해석하는 견해,57) ③ 실효성 없는 무의미한 요건이라는
견해,58) ④ 소수주주 축출 이외의 별도의 가치 있는 경제적 목적이 요구
된다고 보는 점에서 ②설과 구별되는 견해59) 등 매우 다양한 견해를 찾
아볼 수 있다. 이에 관한 대법원 판결이 아직 없고, 실무에서는 '경영상
목적'이란 소수주주들의 재산권 박탈을 정당화할 수 있는 회사이익의 실
질적인 증대를 뜻한다고 보았던 **서울중앙지방법원 2015. 6. 11. 선고
2014가합578720 판결**이 널리 통용되고 있는 것으로 보이는데, 결국 "소

54) 김건식·노혁준·천경훈, 회사법, 박영사(2021), 873면.
55) 이철송, 회사법강의, 박영사(2021), 1204면; 정준우, "지배주주의 주식매도청구권
　　에 관한 입법론적 재검토", 법과 정책연구 제12집 제2호, 한국법정책학회(2012), 19면.
56) 임재연, 회사법 Ⅱ, 박영사(2020), 869면.
57) 주석 상법 회사(Ⅱ), 한국사법행정학회(2014), 695-697면; 김건식·노혁준·천경
　　훈, 회사법, 박영사(2021), 871면; 김태진, "일본의 2011년 회사법 개정 중간시안에
　　관한 연구", 상사법연구 제31권 제1호, 한국상사법학회(2012), 173면; 송옥렬, 상법
　　강의, 홍문사(2021), 889면; 송종준, "소수주식 전부취득제의 입법의도와 해석방향",
　　기업법연구 제26권 제1호, 한국기업법학회(2012), 87면; 이병기, "개정상법상 지배
　　주주에 의한 소수주식의 전부취득", BFL 제51호, 서울대학교 금융법센터(2012),
　　125면; 최문희, "지배주주의 매도청구권, 소수주주의 매수청구권의 법적 논점", 민
　　사재판의 제문제 26권, 한국사법행정학회(2018), 286면.
58) 권기범, 현대회사법론, 삼영사(2021), 261-262면; 최준선, "기업구조조정 수단으로
　　서의 소수주주의 축출과 소수주주의 보호문제", 법조 제62권 제1호, 법조협회
　　(2013), 53면.
59) 육태우, "개정상법상 소수주주축출제도에 관한 연구", 경영법률 제22집 제2호, 경
　　영법률학회(2012), 66면.

수주주의 축출만을 목적으로 한 경우에도 본조에 의한 매도청구가 가능할 것인지 여부"가 핵심이라 하겠다. 위 중앙지방법원 판결은 삼성생명보험㈜가 삼성자산운용㈜의 지배주주가 된 이후 소수주주들을 상대로 매도청구권을 행사하자, 소수주주들이 원고가 되어 매도청구권 행사를 승인한 삼성자산운용㈜의 주주총회결의 취소를 구한 사건으로 원고들 패소의 제1심 판결이 그대로 확정되었다.

　동시에 소수주주들은, 삼성생명보험㈜가 제시한 '매매가격'에 대하여도 상법 제360조의24에서 정한 '공정한 가액'이 아니라고 다투면서 매매가격의 결정을 구하였는데, 서울고등법원 2016. 8. 26.자 2015라694, 695, 696 결정(재항고이유서 미제출로 확정)은 소수주주 측에서 제시한 다양한 비교가격 및 배당할인모형이 적절하지 않고, 「상속세 및 증여세법」의 방식에 따라 산출한 순자산가치와 순손익가치를 2 : 3으로 가중평균한 가액을 할증하여 평가한 금액을 사건본인의 1주당 매매가액으로 채택한 제1심 결정[서울중앙지방법원 2015. 4. 28.자 2014비합171, 2014비합173(병합), 2015비합8(병합) 결정]이 타당하다고 보았다.

3) 지배주주인지 여부의 판단

◉ 대법원 2017. 7. 14. 자 2016마230 결정

　자회사의 소수주주가 상법 제360조의25 제1항에 따라 모회사에게 주식매수청구를 한 경우에 모회사가 지배주주에 해당하는지 여부를 판단함에 있어, 상법 제360조의24 제1항은 회사의 발행주식총수를 기준으로 보유주식의 수의 비율을 산정하도록 규정할 뿐 발행주식총수의 범위에 제한을 두고 있지 않으므로 자회사의 자기주식은 발행주식총수에 포함되어야 한다. 또한 상법 제360조의24 제2항은 보유주식의 수를 산정할 때에는 모회사와 자회사가 보유한 주식을 합산하도록 규정할 뿐 자회사가 보유한 자기주식을 제외하도록 규정하고 있지 않으므로 자회사가 보유하고 있는 자기주식은 모회사의 보유주식에 합산되어야 한다.

　대법원은 이러한 법리에 따라 대상회사인 사건본인의 발행주식총수 중 사건본인의 모회사인 피신청인이 84.96%를, 사건본인이 자기주

식으로 13.14%를 각 보유하고 있고 이를 합산하면 98.1%가 되므로 피신청인은 사건본인의 지배주주에 해당한다는 원심의 판단은 타당하다고 하였다.

다만 이러한 법리를 그대로 따른다면, 회사의 자금으로 취득한 자기주식을 마치 지배주주의 주식인 것처럼 취급함으로써 소수주주 축출의 요건을 지나치게 완화하는 결과가 될 것이라는 우려[60]가 있다.

6. 주식매수선택권

⦿ 대법원 2011. 3. 24. 선고 2010다85027 판결

주식매수선택권 제도는 1997. 1. 3. 법률 제5254호로 개정된 구 증권거래법 제189조의4에서 주식매입선택권이라는 이름으로 주권상장법인과 협회등록법인 등에 처음으로 도입되었고, 1998. 12. 30. 법률 제5607호로 개정된 벤처기업육성에 관한 특별조치법 제16조의3에서 주식회사인 벤처기업에 위 증권거래법의 규정을 준용하였다. 그 후 1999. 12. 31. 법률 제6086호로 개정된 상법 제340조의2 내지 제340조의5에서 주식매수선택권이라는 이름으로 비상장법인에도 도입하였는데, 위 법 제340조의4 제1항에, "제340조의2 제1항의 주식매수선택권은 제340조의3 제2항 각 호의 사항을 정하는 주주총회결의일부터 2년 이상 재임 또는 재직하여야 이를 행사할 수 있다."라고 규정하였고, 이러한 2년 이상 재임요건에 대하여는 별다른 예외를 두지 않은 채 현재까지 유지되고 있다.

한편, 2000. 1. 21. 법률 제6176호로 개정된 구 증권거래법 제189조의4에 주식매수선택권으로 이름을 변경하면서 같은 조 제4항 후문에 "이 경우 주식매수선택권을 부여받은 자는 재정경제부령이 정하는 경우를 제외하고는 제1항의 결의일부터 2년 이상 재임 또는 재직하여야 이를 행사할 수 있다."라고 규정하고, 그에 따라 2000. 3. 15. 재정경제부령 제129호로 개정된 구 증권거래법 시행규칙 제36조의9 제2항에 "주식매수선

---

60) 노혁준, "2016년 회사법 중요 판례", 인권과 정의 제464호, 대한변호사협회(2017), 159면.

택권부여법인은 주식매수선택권을 부여받은 임·직원이 사망하거나 정년으로 인한 퇴임 또는 퇴직 기타 본인의 귀책사유가 아닌 사유로 퇴임 또는 퇴직한 경우에는 그 행사기간 동안 주식매수선택권을 행사할 수 있도록 하여야 한다."라고 규정함으로써, 상장법인의 경우에는 귀책사유 없는 퇴임의 경우 2년 이상 재임요건의 예외를 인정하였다. 이러한 규정은 구 증권거래법이 2007. 8. 3. 자본시장법 제정에 따라 폐지되면서 신설된 2009. 1. 30. 법률 제9362호로 개정된 상법 제4장 제13절 '상장회사에 대한 특례' 제542조의3 및 상법 시행령(2009. 2. 3. 대통령령 제21288호로 개정된 상법 시행령) 제9조 제5항에 동일하게 이어졌다.

　　이상과 같은 주식매수선택권에 관한 입법 연혁을 거치면서도 상법 제340조의4 제1항과 구 증권거래법 및 그 내용을 이어받은 상법 제542조의3 제4항이 주식매수선택권 행사요건에 있어서 차별성을 유지하고 있는 점, 위 각 법령에 있어서 '2년 이상 재임 또는 재직' 요건의 문언적인 차이가 뚜렷한 점, 비상장법인, 상장법인, 벤처기업은 주식매수선택권 부여 법인과 부여 대상, 부여 한도 등에 있어서 차이가 있는 점, 주식매수선택권 제도는 임직원의 직무의 충실로 야기된 기업가치의 상승을 유인동기로 하여 직무에 충실하게 하고자 하는 제도라는 점, 상법의 규정은 주주, 회사의 채권자 등 다수의 이해관계인에게 영향을 미치는 단체법적 특성을 가진다는 점 등을 고려하면, 상법 제340조의4 제1항에서 규정하는 주식매수선택권 행사요건을 판단함에 있어서 구 증권거래법 및 그 내용을 이어받은 상법 제542조의3 제4항을 적용할 수 없고, 정관이나 주주총회의 특별결의를 통해서도 상법 제340조의4 제1항의 요건을 완화하는 것은 허용되지 않는다고 해석함이 상당하다. 따라서 비상장법인에서의 주식매수선택권의 경우에는 상장법인에서와 달리, 본인의 귀책사유가 아닌 사유로 퇴임 또는 퇴직하게 되더라도 퇴임 또는 퇴직일까지 상법 제340조의4 제1항의 '2년 이상 재임 또는 재직' 요건을 충족하지 못한다면 위 조항에 따른 주식매수선택권을 행사할 수 없다.

　　위 판결은 상법 제340조의4 제1항을 강행규정으로 보고 있으나,[61]

이에 대하여는 비상장회사에 관해 상장법인과 같은 예외규정을 두지 않은 것은 입법의 실수에 불과하다거나,[62] 굳이 상장회사에 한하여 비자발적으로 퇴직한 임직원에게 주식매수선택권의 행사를 인정할 정책적 이유를 찾기 어렵다는 이유로 문언상의 차이에도 불구하고 상장회사와 비상장회사를 동일하게 해석하는 것이 타당하다는 반론[63]이 있다. 사견으로는, 귀책사유 없이 퇴직한 자가 주식매수선택권을 행사하는 경우에 상장법인과 비상장법인을 구별하는 것이 합리적인지는 의문이므로, 입법론으로는 양자를 통일하여 규율하는 것도 고려할 만하다고 생각한다.

대법원 2018. 7. 26. 선고 2016다237714 판결은 상법 제340조의2 이하에서 정한 주식매수선택권에 관하여, "회사는 주식매수선택권을 부여받은 자의 권리를 부당하게 제한하지 않고 정관의 기본 취지나 핵심 내용을 해치지 않는 범위에서 주주총회 결의와 개별 계약을 통해서 주식매수선택권을 부여받은 자가 언제까지 선택권을 행사할 수 있는지를 자유롭게 정할 수 있다"고 하면서 회사 정관에서 주식매수선택권의 행사기간의 시기(始期)를 '주주총회결의일부터 2년 이상 재임 또는 재직하여야' 행사할 수 있도록 하였으나 그 종기에 관하여는 규정을 두지 않고 회사의 자치에 맡기고 있음을 고려하여, 계속 재직하는 자와 달리 퇴직하는 자에 대하여는 그 행사기간을 '퇴직일로부터 3개월'로 정한 개별 계약이 유효하다고 본 원심을 정당하다고 하였다. 요컨대, 상법 제340조의2에서 정한 주식매수선택권의 행사기간의 시기(始期)에 관하여는 정관이나 주주총회 특별결의로도 그 요건을 완화할 수 없지만, 상법 제340조의2에서 정하지 않은 내용인 행사기간의 종기에 관하여는 개별 계약에서 자유롭게 정할 수 있다는 것이다.

---

61) 같은 취지에서 위 대법원 2010다86026 판결이 타당하다는 견해로 권기범, 현대회사법론, 삼영사(2021), 916면.

62) 최준선, 회사법, 삼영사(2018), 344면.

63) 송옥렬, "회사법의 강행법규성에 대한 소고−대법원 2011. 3. 24. 선고 2010다 85027 판결 평석−", 상사판례연구 제24집 제3권, 한국상사판례학회(2011), 15−16면.

7. 이익공여금지, 주주평등원칙 등

1) 상법 제467조의2 제1항은 "회사는 누구에게든지 주주의 권리행사와 관련하여 재산상의 이익을 공여할 수 없다."라고 규정하고, 제3항은 "회사가 제1항의 규정에 위반하여 재산상의 이익을 공여한 때에는 그 이익을 공여받은 자는 이를 회사에 반환하여야 한다."라고 규정하고 있다. 여기서 '주주의 권리'란 법률과 정관에 따라 주주로서 행사할 수 있는 모든 권리를 의미하고, 주주총회에서의 의결권, 대표소송 제기권, 주주총회결의에 관한 각종 소권 등과 같은 공익권뿐만 아니라 이익배당청구권, 잔여재산분배청구권, 신주인수권 등과 같은 자익권도 포함하지만, 회사에 대한 계약상의 특수한 권리는 포함되지 아니한다. 그리고 '주주의 권리행사와 관련하여'란 주주의 권리행사에 영향을 미치기 위한 것을 의미한다(대법원 2017. 1. 12. 선고 2015다68355, 68362 판결).

2) 대법원이 상법 제467조의2에서 금지하는 이익공여라고 본 사안은 다음과 같다.

주주제로 골프장을 운영하는 회사가 사전투표에 참여하거나 주주총회에서 직접 투표권을 행사한 주주들(전체 주주의 약 68%)에게 무상으로 골프장 예약권과 상품권을 제공하는 것은 주주의 권리행사와 관련하여 이를 공여한 것으로 추정되고, 그 액수도 사회통념상 허용되는 범위를 넘어서는 것으로 보이며, 사전투표기간에 이익공여를 받은 주주들 중 약 75%가 이익을 제공한 당사자측에게 투표하였는데 사전투표기간 중의 투표결과가 대표이사 후보들의 당락을 좌우한 요인이 되었다고 보이는 점 등에 비추어, 이는 상법상 금지되는 주주의 권리행사와 관련된 이익공여에 해당한다고 보았다. 따라서 이러한 이익공여에 따른 의결권행사를 기초로 한 주주총회는 그 결의방법이 법령에 위반하여 취소사유가 존재하므로, 위 결의에 따라 선임된 임원들의 직무집행정지가처분 신청을 기각한 원심을 파기하였다(대법원 2014. 7. 11.자 2013마2397 결정).[64] 이후 동

---

64) 대법원 2013마2397 결정이 나오기 전에는, 이익을 제공받는다는 것이 의결권 행

일 사실관계에서 위와 같이 이익공여행위를 한 대표이사에 대하여 형법 제20조의 정당행위라는 주장을 배척하고 상법 제634조의2 제1항의 이익공여죄가 인정되었다(대법원 2018. 2. 8. 선고 2015도7397 판결).

3) 반면, 대법원은 아래 사안에서는 '주주의 권리'에 해당하지 않는다는 이유로 달리 판단하였다. 甲 주식회사와 그 경영진 및 우리사주조합이 甲 회사의 운영자금을 조달하기 위하여 乙과 사이에, '乙은 우리사주조합원들이 보유한 甲 회사 발행주식 중 일부를 액면가로 매수하여 그 대금을 甲 회사에 지급하고, 이와 별도로 甲 회사에 일정액의 자금을 대여하며, 甲 회사 임원 1명을 추천할 권리를 가진다'는 내용의 주식매매약정을 체결하였고, 그 후 甲 회사가 乙과 '乙이 위 임원추천권을 행사하는 대신 甲 회사가 乙 및 그의 처인 丙에게 매월 약정금을 지급한다'는 내용의 약정을 재차 체결하여 乙 등에게 매월 약정금을 지급하여 오던 중 당사자 사이에 분쟁이 발생하였다. 甲 회사는 위 약정의 무효를 주장하며 기지급한 약정금의 반환을 구하고, 乙 등은 약정금의 계속 지급을 구하는 반소를 청구하였는데, 대법원은, 여기서의 임원추천권은 "주식매매약정에 정한 계약상의 특수한 권리이고 이를 주주의 자격에서 가지는 공익권이나 자익권이라고 볼 수는 없으므로 상법 제467조의2 제1항에서 정한 '주주의 권리'에 해당하지 아니"하므로 위 지급약정이 상법 제467조의2 제1항에 위반되는 이익공여행위가 아니라고 판단하여, 이와 달리 본 원심을 파기환송하였다(대법원 2017. 1. 12. 선고 2015다68355, 68362 판결).

4) 위 사건의 환송 후 원심에서는 다시 문제의 지급약정이 주주평등원칙에 위배되는지 여부가 문제되었다. 이에 대한 상고심(제2차 환송심)은 乙이 임원추천권을 가지게 된 것은 자금난에 처한 甲 회사에 주식매매약정에 따라 주식매매대금과 대여금으로 운영자금을 조달해 준 대가이므로, 임원추천권 대신 乙 등에게 약정금을 지급하기로 한 위 지급약정도 그러

사의 동기에 불과하므로 회사의 이익공여는 주주총회 결의의 효력에는 영향을 미치지 않는다는 것이 일반적인 해석이었다고 한다[권재열, "이사보수의 결정을 둘러싼 몇 가지 쟁점의 검토", 법학논고 제57집, 경북대학교 출판부(2017), 160면].

한 운용자금 조달에 대한 대가라고 볼 수 있고, 이와 같이 乙 등이 지급 약정에 기해 매월 약정금을 받을 권리는 주주 겸 채권자의 지위에서 가지는 계약상 특수한 권리인 반면, 乙 등은 주식매매대금을 지급하고 주식을 매수한 때부터 현재까지 甲 회사의 주주이고, 이러한 주주로서의 권리는 주식을 양도하지 않는 이상 변함이 없으므로, 乙 등이 甲 회사로부터 적어도 운영자금을 조달해 준 대가를 전부 지급받으면 甲 회사 채권자로서의 지위를 상실하고 주주로서의 지위만을 가지게 되는데, 채권자의 지위를 상실하여 주주에 불과한 乙 등에게 甲 회사가 계속해서 지급 약정에 의한 돈을 지급하는 것은 甲 회사가 다른 주주들에게 인정되지 않는 우월한 권리를 주주인 乙 등에게 부여하는 것으로 주주평등의 원칙에 위배된다고 하였다(대법원 2018. 9. 13. 선고 2018다9920, 9937 판결). 결국 위 사안은 재차 파기된 후에, 원고의 본소청구와 피고들의 반소청구를 모두 기각하는 것으로 확정되었다.[65]

  5) 주주평등원칙은 주주는 회사와의 법률관계에서는 그가 가진 주식의 수에 따라 평등한 취급을 받아야 함을 의미하는바, 이를 위반하여 회사가 일부 주주에게만 우월한 권리나 이익을 부여하기로 하는 약정은 특별한 사정이 없는 한 무효이다. 상법에 명문으로 규정되어 있지는 않지만, 대법원이 평화은행 사건(**대법원 2007. 6. 28. 선고 2006다38161, 38178 판결**)에서 유상증자에 참여한 직원들에게 퇴직시 출자손실금을 전액 보전해 주기로 한 손실보전약정이 주주평등원칙에 위반하여 무효라고 판단하면서 주주평등원칙이 강행규정임을 명시한 이후, 위 원칙에 위반되는 정관이나 주주총회 결의는 무효라고 보고 있다. 사실 일부 주주만을 우대하는 내용의 약정이 주주평등원칙에 위반되어 무효라고 보는 판례는 그 이전부터 꾸준하게 계속되어 왔다(**대법원 2003. 5. 16. 선고 2001다44109 판결,**

---

65) 이에 대하여, "금전지급의 이유와 회사경영상의 필요성 등을 판단하지 않고 '특정주주에게만 돈을 주었다'는 이유로 너무 성급히 주주평등원칙 위반을 인정한 문제"가 있어 보인다는 평가가 있다[천경훈, "회사와 신주인수인 간의 약정의 적법성—투자자보호약정의 효력을 중심으로", 한국상사법학회 2021년 춘계학술대회 자료집(2021), 93면].

대법원 2005. 6. 10. 선고 2002다63671 판결 등).

　　일반적으로 그 적용요건으로 「① 회사와 주주 사이에 사원관계가 존재할 것, ② 회사의 차별행위가 존재할 것, ③ 차별행위를 정당화하는 사유가 없을 것, ④ 법률이나 정관에 다른 규정이 없거나 다른 주주의 승인이 없을 것」이 요구된다.

　　현실에서 회사가 투자를 유치하기 위해 여러 조건을 내세우는 것은 당연하고 특히 어려운 상황에 처한 회사일수록 그 간절함은 더할 것이다. 그러나 회사가 투자의 대가로 주식을 교부하면서 일부 투자자에게만 다른 투자자보다 유리한 조건을 부여한다면 이는 주주평등원칙에 위배될 가능성이 매우 높다. 甲 주식회사가 제3자 배정 방식의 유상증자를 실시하면서 이에 참여한 사람들 중 일부인 乙 등과 사이에, '乙 등이 투자하는 돈을 유상증자 청약대금으로 사용하되, 투자금은 30일 후 반환하고 투자원금에 관하여 소정의 수익률에 따른 수익금을 지급하며, 담보로 공증약속어음, 발행되는 주식 등을 제공한다'는 등의 내용으로 투자계약을 체결한 다음 乙 등에게 담보를 제공하고 수익금을 지급하였다면, 위 투자계약은 유상증자에 참여하여 甲 회사 주주의 지위를 갖게 되는 乙 등에게 신주인수대금의 회수를 전액 보전해 주는 것을 내용으로 하고 있어서 회사가 주주에 대하여 투하자본의 회수를 절대적으로 보장하는 것인 동시에 다른 주주들에게 인정되지 않는 우월한 권리를 부여하는 계약이다. 또한 乙 등이 투자한 자금이 그 액수 그대로 신주인수대금으로 사용될 것으로 예정되어 있었고 실제로도 그와 같이 사용되었으며 이로써 乙 등이 甲 회사의 주주가 된 이상, 위 투자계약이 乙 등의 주주 지위에서 발생하는 손실을 보상하는 것을 주된 목적으로 한다는 점을 부인할 수 없으므로 위 투자계약은 주주평등의 원칙에 위배되어 무효라고 보아야 한다. 원심은 투자계약이 체결된 시점이 乙 등이 주주 자격을 취득하기 전이었고, 신주인수계약과 별도로 투자계약이 체결되었다는 점 등을 들어 주주평등원칙 위반이 아니라고 보았지만, 대법원은 이러한 이유로 달리 볼 수 없음을 분명히 하였다(대법원 2020. 8. 13. 선고 2018다236241 판결).

주주평등원칙의 법리상 타당하나, 한편, 회사가 이러한 조건을 이면 약정처럼 내세워 투자를 유치하고 투자금을 받아 사용한 다음, 사후에 그 무효를 주장하는 것이 가능하다는 결론에 이르게 되어(주주평등원칙이 강행규정인 이상 회사의 이러한 주장이 신의칙에 반하지도 않는다), 장기적으로 투자자가 안심하고 투자할 수 있는 방안을 고민할 필요가 있어 보인다. 주주평등원칙의 문제를 회피하기 위해 회사를 당사자로 하지 않고 대주주와 투자자 사이에서 주주간 계약으로 유사한 약정이 체결되거나, 또는 대주주와 회사, 투자자 3자간에 계약이 체결되는 경우도 적지 않은데, 전자와 같은 방식, 즉 회사를 위해 대주주가 투자자에게 대가를 약정하거나 투자금 회수를 보장하는 방식의 해결이 바람직한 것인지 의문이고, 후자의 경우 회사에 대한 약정부분만 주주평등원칙 위반 등을 이유로 무효라고 보는 것이 가능한지, 가능하다면 그러한 결과는 또 바람직한지 등 어려운 문제가 여전히 존재한다. 만약 회사가 신주발행을 통해 투자를 유치하면서 주식인수대금의 보전과 같은 금전적 대가를 조건으로 하지 않고, 이사 지명권을 부여하는 등 비금전적 대가를 약정한 경우는 또 어떻게 볼 수 있을 것인지도 의문이다.

제5절 신주발행과 자본감소, 사채

1. 신주발행 등

1) 신주발행 무효의 소

신주발행에 관한 하자를 민법의 일반원칙에 따라 누구든지 그 무효·취소를 주장할 수 있다면, 신주발행의 유효를 전제로 이루어진 법률관계의 안정을 도모할 수 없다.[66] 이러한 이유로 상법 제429조에서는 신주발행 무효의 소에 관하여 제소기간과 제소권자를 제한하는 한편, 회사설립무효·취소의 소에 관한 일부 규정을 준용하도록 정하고 있다. 나아가 대법원은 신주발행 무효의 소는 거래의 안전과 법적 안정성을 해칠

---

66) 송옥렬, 상법강의, 홍문사(2021), 1158면.

위험이 크다는 점 등을 고려하여 그 무효원인을 가급적 엄격하게 해석하여야 한다고 하면서 "법령이나 정관의 중대한 위반 또는 현저한 불공정이 있어 그것이 주식회사의 본질이나 회사법의 기본원칙에 반하거나 기존 주주들의 이익과 회사의 경영권 내지 지배권에 중대한 영향을 미치는 경우로서 신주와 관련된 거래의 안전, 주주 기타 이해관계인의 이익 등을 고려하더라도 도저히 묵과할 수 없는 정도라고 평가되는 경우에 한하여" 신주발행을 무효로 할 수 있다고 판시하여 왔다(대법원 2004. 6. 25. 선고 2000다37326 판결, 대법원 2010. 4. 29. 선고 2008다65860 판결 등). 대법원 2008다65860 판결은 위 법리를 확인하면서, 이사 선임에 관한 주주총회 결의가 취소되었고, 이러한 하자를 지적한 신주발행금지가처분이 발령되었음에도 그 이사들을 동원하여 이사회를 진행하여 신주발행을 결의하고 또 이사회를 진행한 측만이 신주를 인수하였다면, 이러한 신주발행은 신주의 발행사항을 이사회결의에 의하도록 한 법령과 정관을 위반하였을 뿐만 아니라 현저하게 불공정하고, 그로 인하여 기존 주주들의 이익과 회사의 경영권 내지 지배권에 중대한 영향을 미쳤다는 등의 이유로 무효라고 하였다.

2) 실권주의 제3자 배정

회사가 이사회 결의에 따라 기존 주주들에게 주식 보유 비율로 안분하여 신주를 우선 배정하되 기존 주주가 신주인수를 포기하거나 청약하지 않아 실권된 신주를 제3자에게 발행하였는데, 기존 주주였던 원고가 본인이 신주인수를 포기한 적이 없다고 하면서 위 신주발행의 효력을 다투었다. 대법원은, "신주발행무효의 소에서 신주를 발행한 날부터 6월의 출소기간이 경과한 후에는 새로운 무효사유를 추가하여 주장할 수 없다."는 종래의 확립된 법리와 "신주 등의 발행에서 주주배정방식과 제3자배정방식을 구별하는 기준은 회사가 신주 등을 발행함에 있어서 주주들에게 그들의 지분비율에 따라 신주 등을 우선적으로 인수할 기회를 부여하였는지 여부에 따라 객관적으로 결정되어야 하고, 신주 등의 인수권을 부여받은 주주들이 실제로 인수권을 행사함으로써 신주 등을 배정받았는지 여부에 좌우되는 것은 아니다(대법원 2009. 5. 29. 선고 2007도4949 전원합의체 판결 등 참조)."라는 에버랜드 전환사채 판결에서의 법리를 재확인하고, 회사가 주주배정방식에 의하여 신주를 발행하려는데 주주가 인수를 포기하거나 청약을 하지 아니함으로써 그 인수권을 잃은 때에는(상법 제419조 제4항) 회사는 이사회의 결의에 의하여 그 인수가 없는 부분에 대하여 자유로이 이를 제3자에게 처분할 수 있고, 이 경우 그 실권된 신주를 제3자에게 발행하는 것에 관하여 정관에 반드시 근거 규정이 있어야 하는 것은 아니라고 하여 원고의 청구를 기각한 원심판단이 타당하다고 하였다(대법원 2012. 11. 15. 선고 2010다49380 판결).[67] 이러한 태도는 (앞서 소개한) 신세계 대표소송 판결(대법원 2013. 9. 12. 선고 2011다57869 판결)에서도 이어졌다.

관련하여, 실권주를 제3자에게 처분하는 경우 시가가 당초 발행가액을 상회한다면 실권주의 발행가액을 시가를 감안한 공정한 가액으로 하여야 한다는 견해,[68] 실권주 발행가액을 당초 발행가액보다 낮게 정하는 경우가 아닌 한 별다른 문제가 없다는 견해,[69] 당초의 신주발행보다 유리한 조건으로 실권주를 모집하는 때에는 모든 주주에게 공평한 기회를 주어야 한다는 견해[70] 등이 있고, 상법이 전환사채의 발행에 관하여는 주주배정과 제3자배정 모두 이사회 결의에 의하도록 한 것으로 볼 수 있는 반면, 신주발행은 상법 제418조 제2항에서 특별히 제3자 배정에 관하여 규정하고 있는 점, 주주배정 증자와 제3자배정 증자는 지배권의 분배

---

67) 대법원 판결문에 의하면 신주가 실권되었다고 보는 이유로는 이 사건에서 "원고가 피고 회사를 상대로 소정의 기간 내에 신주인수의 청약을 하고 그 인수대금을 납입하였다고 볼 만한 아무런 자료가 없다"는 점이 제시되었다.

68) 정찬형, 상법강의(사), 박영사(2021), 1155면; 주석 상법[회사 4], 한국사법행정학회(2021), 64면; 김건식 · 노혁준 · 천경훈, 회사법, 박영사(2021), 661–662면도 "이사회가 실권주를 처리할 권한을 위임받은 경우에도 이사회 결정이 선관주의의무 내지 충실의무의 구속을 벗어날 수는 없다"고 기술하고 있는바 같은 취지로 이해된다.

69) 권기범, 현대회사법론, 삼영사(2021), 1111; 이철송, 회사법강의, 박영사(2021), 934면.

70) 최기원, 신회사법론, 박영사(2012), 807면.

에 중요한 차이를 가져오므로 달리 취급할 필요가 있다는 점 등을 이유로, 유상증자시에 실권이 일어나면 그 부분은 미발행 주식으로 하여 인수된 부분에 대해서만 증자를 하면 된다는 견해[71]도 찾아볼 수 있다.

한편, 상장법인의 경우 2013. 5. 28. 법률 제11845호로 개정된 자본시장법 제165조의6 제2항에서 원칙적으로 실권주에 대하여는 발행을 철회하도록 정하고 있는데, 위와 같이 개정한 이유는 주주배정 방식에서 실권주가 유리한 가격으로 제3자에게 배정되는 것을 방지하기 위함이었다는 점도 참고할 수 있다.

3) 주권발행 전 주식(회사성립 후 또는 신주 납입기일 후 6월이 경과한 경우를 말한다, 이하 본항에서 같다)**의 이전**

주권발행 전의 주식에 관하여 주주명의를 신탁한 사람이 수탁자에 대하여 명의신탁계약을 해지하면 그 주식에 대한 주주의 권리는 그 해지의 의사표시만으로 명의신탁자에게 복귀한다(대법원 2013. 2. 14. 선고 2011다109708 판결). 이는 교부할(되돌려 줄) 주권도 존재하지 않는다는 점 및 원래 주권발행 전 주식의 양도 역시 당사자 사이의 의사표시만으로 효력이 발생한다는 법리에 비추어 보아도 타당하다.

그렇다면 주권발행 전의 주식에 관한 양도계약 자체가 무효였다면 어떠할까.

대법원 2018. 10. 25. 선고 2016다42800, 42817, 42824, 42831 판결 사안이 그러하다. 회사와 주주인 피고들 사이에서 주권발행 전 주식에 관한 매매계약이 체결되어 피고들이 그 대금을 모두 지급받았는데 이후 회사의 채권자인 원고가, 위 매매계약이 구 상법에서 금지한 자기주식취득에 해당되어 무효라고 주장하며 회사의 피고들에 대한 매매대금 반환청구권을 대위하여 청구함에 따라 문제가 되었다.

대법원 판결의 요지는 다음과 같다.

주권이 발행된 주식의 매매계약이 무효라면, 매도인은 매수인에게 지

---

71) 김택주, "2012년 회사법 판례회고", 상사판례연구 제26집 제3권, 한국상사판례학회 (2013), 425 – 427면.

급받은 주식매매대금을 반환할 의무를, 매수인은 매도인에게 교부받은 주권을 반환할 의무를 각 부담한다. … 주권이 발행되지 않은 주식의 매매계약이 무효라면 그 계약은 처음부터 당연히 효력을 가지지 아니하므로, 원칙적으로 계약에 따라 매도의 대상이 되었던 주식의 이전은 일어나지 않고, 매도인은 매매계약 이후에도 주주의 지위를 상실하지 않는다. 따라서 주권이 발행되지 않은 주식에 관하여 체결된 매매계약이 구 상법 제341조에서 금지한 자기주식의 취득에 해당하여 무효인 경우, 매도인은 지급받은 주식매매대금을 매수인에게 반환할 의무를 부담하는 반면 매수인은 매매계약 체결 당시 이행받은 급부가 없으므로 특별한 사정이 없는 한 반환할 부당이득이 존재하지 않는다. 다만 무효인 매매계약을 근거로 매수인이 마치 주주인 것처럼 취급되고 이러한 외관상 주주의 지위에서 매도인의 권리를 침해하여 매수인이 이익을 얻었다면 매수인은 그 이익을 반환할 의무가 있다. 그러나 매수인이 이러한 외관상 주주의 지위에 기하여 이익을 얻은 바도 없다면, 역시 매수인의 매도인에 대한 부당이득반환의무는 존재하지 않는다. 한편 만약 무효인 매매계약에 따라 매수인에게 상법 제337조 제1항에 규정된 명의개서절차가 이행되었더라도, 매도인은 특별한 사정이 없는 한 매수인의 협력을 받을 필요 없이 단독으로 매매계약이 무효임을 증명함으로써 회사에 대해 그 명의개서를 청구할 수 있다(대법원 1995. 3. 24. 선고 94다47728 판결 참조). 주권이 발행되지 않은 주식에 관하여 체결된 매매계약이 구 상법 제341조에서 금지한 자기주식의 취득에 해당하여 무효인 경우에도 마찬가지이다(대법원 2018. 10. 25. 선고 2016다42800, 42817, 42824, 42831 판결).

대법원은, 위와 같은 법리에 따라 무효인 매매계약에 따라 매수인(회사)에게 상법상 명의개서절차가 이행되었더라도 매도인(피고들)은 매수인의 협력을 받을 필요 없이 단독으로 매매계약이 무효임을 증명함으로써 회사에 대해 그 명의개서를 청구할 수 있다고 보아, 회사가 피고들에 대하여 부당이득반환의무를 부담함을 전제로 한 피고들의 상계항변을 배척한 원심이 타당하다고 하여, 피고들의 상고를 기각하였다.

위 판결에서 말하는 "외관상 주주(주식 매수인)의 지위에서 누릴 수 있었던 권리"란, 결국 배당금을 지급받을 권리, 회사 분할의 경우 찬반의 의결권을 행사하고 또 분할신설회사 신주를 배정받는 권리, 회사 조직변경의 경우 찬반의 의결권을 행사하는 권리 등이 모두 포함된다고 상정할 수 있다. 따라서 주식매매계약이 무효이면 매수인은 기지급받은 배당금, 배정받은 분할신설회사의 신주(나아가 그 회사가 유한회사로 조직이 변경되었다면 사원권) 등을 부당이득으로 매도인에게 반환할 의무가 있고, 이는 매도인의 매매대금반환의무와 동시이행관계에 있다고 할 것이다. 그러나 위 판결 사안에서는 회사의 "자기주식"이라는 이유로 회사에 의한 매수 이후 매수인인 회사에게 배당금이 지급되지 않았고(마찬가지 이유에서 회사 분할에도 불구하고, 원래대로라면 기존 주주에게 배정되었어야 할 분할된 신설회사의 신주도 배정되지 않았던 것으로 보인다), 이러한 이유로 회사가 반환할 부당이득을 상정하기 어려웠던 것으로 보인다.

2. 자본감소의 무효

1) 상법 제445조는 자본감소의 무효는 주주 등이 자본감소로 인한 변경등기가 있은 날로부터 6月 내에 소만으로 주장할 수 있다고 규정하고 있으므로, 설령 주주총회의 자본감소 결의에 취소 또는 무효의 하자가 있다고 하더라도 그 하자가 극히 중대하여 자본감소가 존재하지 아니하는 정도에 이르는 등의 특별한 사정이 없는 한 **자본감소의 효력이 발생한 후에는 자본감소 무효의 소에 의해서만 다툴 수 있다(대법원 1993. 5. 27. 선고 92누14908 판결, 대법원 2004. 8. 20. 선고 2003다20060 판결 등 참조).** 대법원은, 위 법리에 따라, 자본감소 결의의 무효의 확인을 구하는 소라면 이는 소의 이익이 없어 부적법한 것이라고 보아야 할 것이지만, 사건 원고들은 비록 소장의 청구취지에서 위 자본감소 결의의 무효확인을 구하였으나, 사건명을 "감자무효의 소"라고 표시하였을 뿐 아니라, 원고들과 피고 회사 모두 제1심과 원심의 변론과정에서 근거조문까지 명시하면서 상법 제445조의 자본감소 무효의 소를 제기한 것임을 전제로 상법 제446

조, 제189조에 의한 재량기각 여부를 주된 쟁점으로 삼아 변론하였음을 알 수 있으므로, 원고들의 진정한 의사는 청구취지의 기재에도 불구하고 상법 제445조의 자본감소 무효의 소를 제기한 것으로 볼 여지가 충분하다고 하여 원심이 석명의무를 다하지 않은 위법이 있다는 이유로 파기하였다(대법원 2010. 2. 11. 선고 2009다83599 판결).

2) 또한 자본감소의 무효에 관한 상법 제445조는 무효사유의 주장시기도 제한하고 있는 것이므로, 자본감소로 인한 변경등기가 있는 날로부터 6월이라는 자본감소 무효의 소의 출소기간이 경과한 후에는 새로운 무효사유를 추가하여 주장할 수 없다(대법원 2010. 4. 29. 선고 2007다12012 판결).

3) 원래 상법에서는 자본금감소의 수단으로 주식병합을 규정하고 있는데, 사실상 주식병합을 목적으로 자본금감소를 하여 결과적으로 소수주주를 축출하게 된다면 어떠한가. 바꾸어 말하면, 소수주주를 축출하기 위해 상법 제360조의24에서 정한 지배주주의 매도청구권 제도를 이용하지 않고, 주식병합의 절차를 이용할 수 있는 것인지가 문제된다.

대법원은, "상법은 자본금감소의 무효와 관련하여 개별적인 무효사유를 열거하고 있지 않으므로, 자본금감소의 방법 또는 기타 절차가 주주평등의 원칙에 반하는 경우, 기타 법령·정관에 위반하거나 민법상 일반원칙인 신의성실의 원칙에 반하여 현저히 불공정한 경우에 무효소송을 제기할 수 있다. 주주평등원칙에 반하는 주식병합으로 차등감자가 이루어진 경우, 주식병합을 통한 자본금감소가 현저하게 불공정하게 이루어져 권리남용금지의 원칙이나 신의성실의 원칙에 반하는 경우에도 자본금감소 무효의 원인이 될 수 있다."는 일반론 하에, 해당 사안의 주식병합은, ① 모든 주식에 대해 동일한 비율로 주식병합이 이루어져서 주주의 비율적 지위에 변동이 발생하지 않아 주주평등원칙의 위반으로 볼 수 없고, ② 엄격한 요건 아래 허용되고 있는 소수주주 축출제도를 회피하기 위하여 탈법적으로 동일한 효과를 갖는 다른 방식을 활용하는 것은 위법하지만, 소수주식의 강제매수제도는 지배주주에게 법이 인정한 권리로 반드시 지배주주가 이를 행사하여야 하는 것은 아니고, 상법에서 소수주식의 강제매수 제도를 도입하면서 이와 관련하여 주식병합의 목적이나 요건 등에 별다른 제한을 두지 않았으며, 주식병합을 통해 지배주주가 회사의 지배권을 독점하려면, 단주로 처리된 주식을 소각하거나 지배주주 또는 회사가 단주로 처리된 주식을 취득하여야 하는데 이를 위해서는 법원의 허가가 필요하고, 주식병합으로 단주로 처리된 주식을 임의로 매도하기 위해서도 대표이사가 사유를 소명하여 법원의 허가를 받아야 하며(비송사건절차법 제83조), 이때 단주 금액의 적정성에 대한 판단도 이루어지므로 주식가격에 대해 법원의 결정을 받는다는 점은 소수주식의 강제매수제도와 유사하다는 점 등에 비추어 결과적으로 주식병합으로 소수주주가 주주의 지위를 상실했다 할지라도 그 자체로 위법이라고 볼 수는 없다는 점, ③ 이 사건 주식병합 및 자본금감소는 주주총회 참석주주의 99.99% 찬성(발행주식총수의 97% 찬성)을 통해 이루어졌던바, 이는 지배주주뿐만 아니라 소수주주의 대다수가 찬성하여 이루어진 것으로 볼 수 있고, 단주의 보상금액(액면가 1,000원을 상회하는 5,000원)도 회사가 일방적으로 지급한 불공정한 가격이라고 보기 어렵다는 점 등을 이유로, 이 사건 주식병합과 자본금감소는 무효가 아니라고 판단하였다(대법원 2020. 11. 26. 선고 2018다 283315 판결).

　　위 사안은 X회사가 채무자회생법상 회생절차를 진행하면서, 투자자 Y회사에게 법원의 허가를 받아 신주를 발행하고 Y회사가 납입한 신주인수대금으로 기존 회생채무 등을 변제하는 회생계획 변경인가결정이 내려져 Y회사가 지배주주(97.73%)가 된 다음, 10,000 : 1의 주식병합을 승인하면서 문제가 되었는데, 무엇보다 대다수 소수주주들이 원래 X회사의 채권자였다가 회생계획으로 인해 주주가 된 자들로서 원고를 제외하고는 대부분 이 사건 주식병합에 찬성하였다는 점에서 구체적 타당성을 도모한 판결로 이해된다. 그러나 대법원은 신의칙 등을 이유로 하여 자본금감소를 무효로 볼 수 있는 가능성을 열어두었던바, 주식병합을 통한 소수주주 축출의 결과를 당연히 용인하는 것이 아님을 유의해야 할 것이다.

3. 사   채

1) 신주인수권부사채 발행의 무효

신주인수권부사채는 미리 확정된 가액으로 일정한 수의 신주 인수를 청구할 수 있는 신주인수권이 부여된 사채로서 이러한 신주인수권부사채 발행의 경우에도 주식회사의 물적 기초와 기존 주주들의 이해관계에 영향을 미친다는 점에서 사실상 신주를 발행하는 것과 유사하므로, 신주발행무효의 소에 관한 상법 제429조가 유추적용되고, 신주발행의 무효원인에 관한 법리도 마찬가지로 적용된다(대법원 2015. 12. 10. 선고 2015다 202919 판결). 대법원은 종래 전환사채 발행의 경우 상법 제429조가 유추적용된다고 보았던바(대법원 2004. 6. 25. 선고 2000다37326 판결), 신주인수권부사채에 관하여도 동일하게 판단한 것이다.

2) 분리형 신주인수권부사채의 양도

신주인수권부사채(BW: Bond with Warrant)는 사채권과 신주인수권이 병존하므로 양자를 구별하여 행사할 수 있다. 현행 상법 해석상 비분리형이 원칙이고 분리형이 예외적인 경우라고 설명되지만[72] 실무상 분리형이 더 많이 사용되고 있고, 상장법인이 분리형 신주인수권부사채를 발행한 경우[73] 시장에서 신주인수권만 활발히 거래되고 있기도 하다.

신주인수권의 양도는 "신주인수권증권의 교부에 의하여서만" 행하도록 되어 있다(상법 제516조의5 제1항). 그럼에도 불구하고 **분리형 신주인수**

---

72) 송옥렬, 상법강의, 홍문사(2021), 1192면.
73) 상장법인에 대하여는 원래 분리형 BW 발행이 금지되었다가 1999. 1. 29. 정부의 규제철폐로 허용되어 원활한 자금조달수단으로 널리 활용되었다. 그런데 분리형 BW가 편법적인 지분 확보의 방편으로 악용되거나 대주주 등의 신주인수권의 저가 매수 또는 바이백 방식을 통한 경영권 보호수단, 편법적인 경영권 승계수단 등으로 남용되는 측면이 있다는 지적에 따라 상장법인의 경우 기업 자금조달의 투명성을 재고하고자 2013. 5. 28. 자본시장법 개정(2013. 8. 29. 시행)으로 분리형 BW 발행이 전면 금지되었다가, 중소 상장기업의 자금조달 여건 개선 등을 위해 (대주주에 의한 편법적 활용가능성이 희박한) 공모 발행에 한하여 분리형 BW 발행을 허용하는 내용으로 2015. 7. 24. 자본시장법이 다시 개정되었다(2015. 10. 25. 시행).

권부사채가 발행되었으나 그 신주인수권에 대하여 별도의 분리 가능한 증권이 발행되지 아니한 경우 그 신주인수권은 지명채권 양도의 절차에 따라 양도할 수 있다(대법원 2020. 7. 23. 선고 2015도11931 판결). 분리형 신주인수권부사채로 발행된 이상, 신주인수권증권이 발행되지 않았다는 이유만으로 그 인수인이 사채권을 행사하여 회사로부터 사채를 상환받음으로써 당연히 신주인수권까지 소멸하는 것은 아니고, 사채 상환 여부와 관계없이 신주인수권을 분리하여 행사할 수 있는 것이다.

3) 주가가 하락할 경우 신주인수권 행사가격도 하향 조정할 수 있도록 하는 '리픽싱(refixing) 조항'은, 주식분할과 병합, 자본감소 등 자본구성이 달라짐에 따라 신주인수권 행사가액을 조정할 수 있도록 하는 반희석화 조항과 구별된다. 반희석화 조항은 자본구성 변경에 따른 주식가치의 증감을 기계적으로 반영하는 것이므로 원칙적으로는 주주들의 이익에 영향을 미치지 않고, 실제로 영향을 미치지 않는 범위에서만 허용되는 반면, 리픽싱조항은 시가가 하락하면 신주인수 가액을 낮추어 주어 더 많은 주식을 발행받을 수 있도록 함으로써 신주인수권자를 시가하락의 위험으로부터 보호하는 것이므로, 결국 주주들로부터 신주인수권자로의 부의 이전이 발생하게 된다.[74] 그럼에도 불구하고 회사로서는 투자를 촉진하고 사채를 원활히 발행하기 위하여 리픽싱 조항을 두게 되는데, 자본시장법 제165조의16(주권상장법인 재무관리기준)에 따른 「증권의 발행 및 공시 등에 관한 규정」 제5-23조[75]에서는 전환가액의 하향조정에 관해 조

---

74) 천경훈, "2014년 회사법 판례회고", BFL 제69호, 서울대학교 금융법센터(2015), 84−85면.

75) 제5-23조(전환가액의 하향조정) 주권상장법인이 전환가액을 하향하여 조정할 수 있는 전환사채를 발행하는 경우에는 다음 각 호의 방법에 따라야 한다.
　1. 전환사채의 발행을 위한 이사회에서 증자·주식배당 또는 시가변동 등 전환가액을 하향조정 하고자 하는 각 사유별로 전환가액을 조정할 수 있다는 내용, 전환가액을 조정하는 기준이 되는 날(이하 "조정일"이라 한다) 및 구체적인 조정방법을 정하여야 한다.
　2. 시가하락에 따른 전환가액의 조정시 조정 후 전환가액은 다음 각 목의 가액 이상으로 하여야 한다.
　　가. 발행당시의 전환가액(조정일 전에 신주의 할인발행 등 또는 감자 등의 사

정 후의 전환가액을 일정 수준으로 제한하고 있고 제5-24조[76])에서 신주인수권부 사채의 발행에 관하여 위 규정을 준용하고 있다.

실무상 발행권자인 회사와 투자자에 해당하는 신주인수권자 사이에서 조정사유가 발생하였는지 여부, 조정되는 가액이 얼마인지 등 리픽싱 조항의 해석을 둘러싸고 다툼이 발생하는데, 대법원 2014. 9. 4. 선고 2013다40858 판결은 다음과 같이 조정절차의 이행을 구하는 소의 권리보호 이익이 있다고 명시적으로 판단함으로써 신주인수권자의 권리가 실질적으로 보장되도록 하였다.

분리형 신주인수권부사채를 발행한 발행회사가 신주인수권의 발행조건으로 주식의 시가하락 시 신주인수권의 행사가액을 하향조정하는 이른바 '리픽싱(refixing) 조항'을 둔 경우, 주식의 시가하락에 따른 신주인수권 행사가액의 조정사유가 발생하였음에도 발행회사가 그 조정을 거절하고 있다면, 신주인수권자는 발행회사를 상대로 조정사유 발생시점을 기준으로 신주인수권 행사가액 조정절차의 이행을 구하는 소를 제기할 수 있고, 신주인수권자가 소송과정에서 리픽싱 조항에 따른 새로운 조정사유의 발생으로 다시 조정될 신주인수권 행사가액의 적용을 받겠다는 분명한 의사표시를 하는 등의 특별한 사정이 없는 한 위와 같은 이행의 소에 대하여 과

유로 전환가액을 이미 하향 또는 상향 조정한 경우에는 이를 감안하여 산정한 가액)의 100분의 70에 해당하는 가액. 다만, 정관의 규정으로 조정후 전환가액의 최저한도(이하 "최저조정가액"이라 한다), 최저조정가액을 적용하여 발행할 수 있는 전환사채의 발행사유 및 금액을 구체적으로 정한 경우 또는 정관의 규정으로 전환가액의 조정에 관한 사항을 주주총회의 특별결의로 정하도록 하고 해당 전환사채 발행시 주주총회에서 최저조정가액 및 해당 사채의 금액을 구체적으로 정한 경우에는 정관 또는 주주총회에서 정한 최저조정가액

나. 조정일 전일을 기산일로 하여 제5-22조 제1항 본문의 규정에 의하여 산정(제3호는 제외한다)한 가액

76) 제5-24조(신주인수권부사채의 발행)

① 제5-21조, 제5-22조제1항, 제5-23조 및 제5-23조의2의 규정은 신주인수권부사채의 발행에 관하여 이를 준용한다.

② 주권상장법인이 신주인수권부사채를 발행하는 경우 각 신주인수권부사채에 부여된 신주인수권의 행사로 인하여 발행할 주식의 발행가액의 합계액은 각 신주인수권부사채의 발행가액을 초과할 수 없다.

거의 법률관계라는 이유로 권리보호의 이익을 부정할 수는 없다. 그리고 위와 같은 발행조건의 리픽싱 조항에서 신주인수권의 행사를 예정하고 있지 아니하고 신주인수권자가 소로써 신주인수권 행사가액의 조정을 적극적으로 요구하는 경우와 발행회사가 자발적으로 그 행사가액을 조정하는 경우를 달리 볼 이유가 없는 점, 주식의 시가하락이 있는 경우 리픽싱 조항에 따른 신주인수권 행사가액의 조정이 선행되어야만 신주인수권자로서는 신주인수권의 행사 또는 양도 등 자신의 권리행사 여부를 결정할 수 있는 점, 반면 위와 같은 이행의 소에 신주인수권의 행사가 전제되어야 한다면 이는 본래 신주인수권의 행사기간 내에서 신주인수권의 행사 여부를 자유로이 결정할 수 있는 신주인수권자에 대하여 신주인수권의 행사를 강요하는 결과가 되어 불합리한 점 등을 종합하면, 신주인수권 행사가액 조정절차의 이행을 구하는 소는 신주인수권의 행사 여부와 관계없이 허용된다고 보아야 한다.

4) 소멸시효

◉ 대법원 2010. 9. 9. 선고 2010다28031 판결

사채의 상환청구권에 대한 지연손해금은 사채의 상환청구권과 마찬가지로 10년간 행사하지 아니하면 소멸시효가 완성하고, 사채의 이자에 대한 지연손해금은 사채의 이자와 마찬가지로 5년간 행사하지 아니하면 소멸시효가 완성한다.

제6절 회사의 기관—주주총회

주식회사의 경우 소유와 경영의 분리라는 이념에 따라 비교법적으로도 주주총회의 권한을 약화시키면서 이사회의 권한을 강화하는 방향으로 가는 것이 세계적인 추세이다.[77] 이러한 흐름을 반영하여, 의용상법 하에서는 법률이 정한 사항뿐 아니라 회사에 관한 모든 사항을 결의할 수 있도록 정하였던 주주총회의 권한에 대해, 현행 상법 제361조에서는 "주주

---

77) 송옥렬, 상법강의, 홍문사(2021), 915면.

총회는 본법 또는 정관에 정하는 사항에 한하여 결의할 수 있다."라고 규정하여 그 권한을 제한하게 되었다.[78] 그러나 **상법에 정한 주주총회 결의 사항은 반드시 주주총회가 정해야 하고 정관이나 주주총회의 결의에 의하더라도 이를 다른 기관이나 제3자에게 위임하지 못한다**(대법원 2017. 3. 23. 선고 2016다251215 전원합의체 판결). 대법원은 또한 "주주총회에서 이사의 보수에 관한 구체적 사항을 이사회에 위임한 경우에도 이를 주주총회에서 직접 정하는 것도 상법이 규정한 권한의 범위에 속하는 것으로서 가능하다."고 함으로써(대법원 2020. 6. 4. 선고 2016다241515, 241522 판결) 주주총회의 최고기관성을 재차 확인하였다.

1. 주주총회 특별결의를 요하는 영업양도

주식회사가 영업의 전부 또는 중요한 일부를 양도할 때 주주총회 특별결의를 얻도록 한 상법 제374조 제1항 제1호는 "주식회사가 주주의 이익에 중대한 영향을 미치는 계약을 체결할 때에는 주주총회의 특별결의를 얻도록 하여 그 결정에 주주의 의사를 반영하도록 함으로써 주주의 이익을 보호하려는 강행법규(대법원 2018. 4. 26. 선고 2017다288757 판결)"이므로, "주식회사가 영업의 전부 또는 중요한 일부를 양도한 후 주주총회의 특별결의가 없었다는 이유를 들어 스스로 그 약정의 무효를 주장하더라도 주주 전원이 그와 같은 약정에 동의한 것으로 볼 수 있는 등 특별한 사정이 인정되지 않는다면 위와 같은 무효 주장이 신의성실 원칙에 반한다고 할 수는 없다." 위 판결의 원심은, 피고가 그 자회사인 유한공사의 지분 전부를 당시 피고 대표이사이자 실질적 운영자이던 원고에게 매각하기 위해서는 (유한공사가 피고 자산 중 약 1/4을 차지하는 점 등을 종합하면 상법 제374조 제1항이 적용되므로) 주주총회의 특별결의를 거쳐야 함에도 이를 거치지 않았으나, 85%의 지분을 가진 주주가 그 매각에 동의한 것으로 볼 수 있으므로, 피고가 주주총회 특별결의 흠결을 이유로 유한공사 매매계약의 무효를 주장하는 것은 신의칙에 반하여 허용되지 않는다고 하

---

78) 주석 상법 회사(Ⅲ), 한국사법행정학회(2014), 67-68면.

였다. 그러나 대법원은 위 법리에 따라 유한공사 지분 매매계약이 무효라고 보아 원심을 파기하였고, 동시에 "원심이 판단의 근거로 삼은 대법원 2003. 3. 28. 선고 2001다14085 판결은 실질적으로 주주 전원의 동의가 있었던 사안으로서 이 사건과 사실관계를 달리하고 있으므로" 그대로 원용하기 적절하지 않다고 하였다.

이때 '영업의 전부 또는 중요한 일부의 양도'라 함은 일정한 영업목적을 위하여 조직되고 유기적 일체로 기능하는 재산의 전부 또는 중요한 일부를 총체적으로 양도하는 것을 의미하는 것으로서, 이에는 양수 회사에 의한 양도 회사의 영업적 활동의 전부 또는 중요한 일부분의 승계가 수반되어야 하는 것이므로 단순한 영업용 재산의 양도는 이에 해당하지 않는다(**대법원 2004. 7. 8. 선고 2004다13717 판결 등 참조**). 나아가 주식회사가 그 사업목적으로 삼는 영업 중 일부를 양도하는 경우 상법 제374조 제1항 제1호 소정의 '영업의 중요한 일부의 양도'에 해당하는지는 양도대상 영업의 자산, 매출액, 수익 등이 전체 영업에서 차지하는 비중, 일부 영업의 양도가 장차 회사의 영업규모, 수익성 등에 미치는 영향 등을 종합적으로 고려하여 판단하여야 한다(대법원 2014. 10. 15. 선고 2013다38633 판결). 위 2013다38633 판결 사안에서는, 양도된 금융사업부문의 자산가치가 甲 회사 전체 자산의 약 33.79%에 달하고 본질가치의 경우 금융사업부문만이 플러스를 나타내고 있는 점, 금융사업부문은 甲 회사 내부에서 유일하게 수익 창출 가능성이 높은 사업부문인 점 등 제반 사정에 비추어 상법 제374조 제1항 제1호가 규정하고 있는 '영업의 중요한 일부의 양도'에 해당한다고 판단되었고, 영업양도 당시에 甲 회사가 사실상 영업중단 상태에 있었다는[79] 피고측의 주장은 배척되었다

---

79) 대법원 1988. 4. 12. 선고 87다카1662 판결(주식회사가 회사 존속의 기초가 되는 중요한 재산을 처분할 당시에 이미 사실상 영업을 중단하고 있었던 상태라면 그 처분으로 인하여 비로소 영업의 전부 또는 일부가 폐지 또는 중단됨에 이른 것이라고는 할 수 없으므로 이러한 경우에는 주주총회의 특별결의가 없었다 하여 그 처분행위가 무효로 되는 것은 아니다).

2. 주주총회의 소집

1) 소수주주의 총회소집권

법원은 상법 제366조 제2항에 따라 총회의 소집을 구하는 소수주주에게 회의의 목적사항을 정하여 이를 허가할 수 있다. 이때 법원이 총회의 소집기간을 구체적으로 정하지 않은 경우에도 소집허가를 받은 주주는 소집의 목적에 비추어 상당한 기간 내에 총회를 소집하여야 하고, 상당한 기간이 경과하도록 총회가 소집되지 않았다면, 소집허가결정에 따른 소집권한은 특별한 사정이 없는 한 소멸한다(대법원 2018. 3. 15. 선고 2016다275679 판결). 위 판결 사안의 소수주주들은 2007. 11. 6. 법원으로부터 '이사 1인'의 선임을 목적으로 하는 주주총회 소집허가결정을 받았고, 이에 따라 2007. 12. 6. 개최된 주주총회에서 이사선임 결의 등이 이루어졌는데 이후에 위 결의에 무효 또는 부존재 등의 사유가 존재한다는 판결이 확정되었다. 이에 이 사건 소집허가결정을 받았던 소수주주들이 2014. 11. 20. '이사 1인'의 선임을 위한 주주총회를 소집·개최하여 피고를 이사로 선임하였으나, 대법원은 위 법리에 따라 이 사건 소집허가결정 이후 상당한 기간이 경과한 이상 2014. 11. 20.자 주주총회는 소집권한 없는 자에 의해 소집된 것으로 부존재한다고 본 원심판단이 정당하다고 하였다.

2) 회사 정관에서 "대표이사의 '유고'시에는 부사장이 제1순위로 대표이사의 직무를 대행"하도록 규정하였는데 임기가 만료된 대표이사가 주주총회를 소집한 경우에, 그 소집절차에 중대한 하자가 존재하는지 여부가 문제된 사안에서, 서울고등법원 2019. 5. 8. 선고 2018나2036098 판결은 "상법 제389조 제3항, 제386조 제1항에 의하면 법률 또는 정관에서 정한 대표이사의 결원이 있는 경우 임기의 만료로 인하여 퇴임한 대표이사는 새로 선임된 대표이사가 취임할 때까지 대표이사로서의 권리·의무를 가지는 것이므로 대표이사의 '유고'란 대표이사가 임기 중 사망, 질병 기타 부득이한 사정으로 그 직무를 집행할 수 없는 경우를 말하며(대법원 1970. 3. 10. 선고 69다1812 판결, 대법원 2008. 12. 11. 선고 2006다57131 판

결 등 참조) 대표이사의 임기만료에 따른 퇴임으로 대표이사의 결원이 발생한 경우를 대표이사의 '유고'에 포함시킬 수는 없다."고 하여 이 사건의 경우 대표이사의 '유고'에 관한 위 정관 규정이 적용될 수 없다고 보았다. 또한 "상법 제389조 제3항, 제386조 제1항에서 대표이사의 결원이 있는 경우 퇴임한 대표이사가 새로 선임된 대표이사의 취임 시까지 대표이사로서의 권한을 행사할 수 있음을 명백히 규정하고 있으므로 퇴임한 대표이사의 직무집행권한에 어떠한 제한이 있다고 볼 수는 없다(대법원 1968. 5. 22.자 68마119 결정 참조)."고 하여 이 사건 주주총회 소집절차에 하자가 없다고 판단하였는데, 이에 대한 상고가 심리불속행으로 기각되어 그대로 확정되었다(대법원 2019. 10. 17.자 2019다243260 판결).

3. (사실상의) 1인회사

1) 2017년 전합판결 선고 이전 대법원은 1인회사의 경우에 "유일한 주주로서 주주총회에 출석하면 전원 총회로서 성립하고 그 주주의 의사대로 결의가 될 것임이 명백"하다는 이유를 들어 주주총회 결의의 하자가 치유된다고 보았고(대법원 2004. 12. 10. 선고 2004다25123 판결 등 참조) 이러한 논리를 소위 "사실상의 1인회사"에까지 확장하여 왔으나, 2017년 전합판결 선고 이후, 사실상의 1인회사 인정 여부에 관한 논란이 계속되고 있고, 이 점에 관하여 대법원이 명시적으로 법리를 선언한 바는 아직 없다.

2) 다만 2017년 전합판결 선고 이전에 "실질주주"의 존재를 인정하였던 원심(대구고등법원 2015. 7. 23. 선고 2014나3895 판결)을 2017년 전합판결 법리에 따라 파기환송한 대법원 2018. 2. 28. 선고 2015다50439 판결은, 일응 주주명부를 기준으로 1인회사 여부를 판단해야 할 것임을 시사하는 것으로 이해된다. 구체적 사실관계는 다음과 같다. 원심은, 피고 회사 주주명부에 A, B, 원고가 각 20%, 50%, 30%의 주주로 기재되어 있지만 그 실제 주주는 X(A와 원고 명의 주식)와 Y(B 명의 주식)라고 사실인정 한 다음, 2014. 2. 6.에 피고의 실질주주 전원(X, Y)과 이해관계인 B 등이 참석하여 대표이사와 감사 선임의 합의를 한 이 사건 경영합의는

"피고의 대표이사 및 감사의 선임에 관한 피고의 주주총회 결의로서의 성질과 효력을 가진다"고 판단하고, 따라서 그 전에 있었던 2013. 2. 26. 자 임시주주총회에서의 대표이사, 감사의 사임 및 선임 결의의 부존재 확인을 구하는 이 사건 소는 과거의 법률관계 내지 권리관계의 확인을 구하는 것으로서 권리보호의 이익이 없거나 소의 이익이 없어 부적법하다고 판단하였다. 그러나 대법원은, 원심 사실인정에 의하면 피고 주주명부상 20%의 주주로 기재된 A가 이 사건 경영합의에 참가하지 않았음을 지적하면서, 2017년 전합판결 법리에 따라 위 20%의 주식에 대하여는 "원칙적으로 주주명부에 주주로 기재된 A만이 피고에 대한 관계에서 그 주주권을 행사할 수 있고, 피고 역시 그 주식을 소유하는 자가 따로 존재한다는 사실을 알았든 몰랐든 간에 A 이외의 사람의 주주권 행사를 인정할 수도 없다고 할 것이다."라고 하여 A가 이 사건 경영합의에 참여한 사람에게 합의 권한을 위임하였는지, 그렇다면 그 위임이 유효한지 등에 관하여 나아가 살펴보지 아니한 채, X만이 A 명의 주식의 실제 주주로서 피고에 대한 관계에서 그 주주권을 행사할 수 있다는 전제에서 이 사건 경영합의는 피고의 주주 전원의 참여 및 동의에 의하여 이루어진 주주총회 결의로서의 성질과 효력이 있다고 판단한 위법이 있다고 하여 원심을 파기하였다.[80]

　　3) 그 이후의 하이마트 보수 사건에서 대법원은, "주식회사의 총주식을 한 사람이 소유하는 이른바 1인회사의 경우에는 그 주주가 유일한 주주로서 주주총회에 출석하면 전원 총회로서 성립하고 그 주주의 의사대로 결의가 될 것이 명백하다. 이러한 이유로 주주총회 소집절차에 하자가 있거나 주주총회의사록이 작성되지 않았더라도, 1인주주의 의사가 주주총회의 결의내용과 일치한다면 증거에 의하여 그러한 내용의 결의가 있었던 것으로 볼 수 있다(대법원 1976. 4. 13. 선고 74다1755 판결 등 참조). 그러나

---

80) 환송 후 원심(대구고등법원 2018. 11. 2. 선고 2018나108 판결)은, 피고의 2013. 2. 26.자 주주총회결의가 부존재함을 확인한다고 본 제1심 판결이 타당하다고 하여 피고 항소를 기각하였고, 위 판결이 그대로 확정되었다.

이는 주주가 1인인 1인회사에 한하여 가능한 법리이다. 1인회사가 아닌 주식회사에서는 특별한 사정이 없는 한, 주주총회의 의결정족수를 충족하는 주식을 가진 주주들이 동의하거나 승인하였다는 사정만으로 주주총회에서 그러한 내용의 결의가 이루어질 것이 명백하다거나 또는 그러한 내용의 주주총회 결의가 있었던 것과 마찬가지라고 볼 수는 없다."고 하였다(대법원 2020. 6. 4. 선고 2016다241515, 241522 판결).

위 사안의 구체적 사실관계를 살펴보면 회사인 원고는, 피고가 원고 회사의 대표이사로서 2008. 2.부터 2011.까지 지급받은 보수에 관해 상법 제388조에 반한다는 이유로 부당이득반환을 청구하였다. 그런데 위 문제된 기간 중에 원고의 주주가 1인이었던 때는 2008년뿐이었는데, 그때의 1인 주주 X는 법인이었고, X 자체를 1인회사로 볼 자료도 없었다. 이러한 상황에서 X 법인을 실질적으로 지배하고 있던 甲의 승인만을 이유로 (X도 아닌) 원고 주주총회의 결의가 있었던 것과 같이 볼 수도 없음은 당연하다. 나머지 기간 중 원고의 주주가 X 법인과 피고 2인이었던 시기 역시 마찬가지 이유로 원고가 "(종래 판례가 인정해 온) 사실상의 1인회사"였다고 보기는 어려웠다.

대법원은 결국, 보수 전부의 부당이득반환의무를 인정함으로써, 일부 기간의 부당이득청구만을 인용하였던 원심을 파기하였다.

4) 학계에서는 2017년 전합판결 선고 이후, "2017년 전원합의체 판결이 1인 주주의 법리를 변경시키지는 않았으나 2017년 전원합의체 판결의 법리상 '사실상 1인 주주'라는 개념은 더 이상 인정될 수 없다"거나,[81] "1인주주 여부는 … 주주명부상 주주를 기준으로 판단하는 것이 타당하다. 따라서 타인명의로 주주명부에 등재되어 있으나 실질적으로는 1인주주인 자의 의사에 따라 총회의사록이 작성되었거나 주주명부에 등재되지 아니한 실질주주 전원이 출석하여 결의하였다고 하더라도, 실질주주가 회

---

81) 심영, "명의주주와 주주권의 행사 - 대법원 2017. 3. 23. 선고 2014다248342 전원 합의체 판결이 다른 판례에 미치는 영향 - ", 상사법연구 제36권 제3호, 한국상사법 학회(2017), 50면.

사에 대하여 주주권을 행사할 수 있는 예외에 해당하지 아니하는 한 그 총회결의는 하자가 존재한다"고[82] 보는 등, 더 이상은 '사실상의 1인회사' 개념을 인정하기 어렵다고 보는 견해를 찾아볼 수 있다.[83] 반면 소위 실질설을 지지하면서 여전히 사실상의 1인회사 법리가 유지되는 것이 타당하다는 견해[84]도 존재하고, (실질설을 지지하지는 않지만) 2017년 전합판결은 실질적 1인 회사의 법리에는 영향이 없다고 하면서, 그 이유로 종래 판례가 사실상 1인 회사를 인정하였던 것은 실질적 1인 주주만 의결권을 가지기 때문에 1인 회사라고 한 것이 아니라 실질적 1인 주주의 사실상 지배에 착안하여 주주총회 규정의 적용을 엄격히 할 필요가 없다고 했던 것이기 때문이고 이러한 경제적 실질은 여전히 동일함을 내세우는 견해[85]도 존재한다.

5) 사견으로는 주주가 주주총회에서 의결권을 행사하는 것은 '회사에 대한 주주권의 행사'임이 분명하고 따라서 소위 쌍면적 구속설을 취한 2017년 전합판결이 적용됨에 이론이 없는 이상, 적어도 주주총회 결의와 관련하여서는 필연적으로 실질주주를 기준으로 한 1인회사의 법리, 즉 "사실상의 1인회사" 법리는 더 이상 적용될 수 없는 것이 아닌가라는 생각이다.[86]

4. 주주총회 결의
1) 결의 요건 등

상법 제368조 제1항은 보통결의 요건을 정관에서 달리 정할 수 있

---

82) 김재남, "주주명부상 주주와 실질주주가 다를 경우 발생하는 회사법상 쟁점", BFL 제88호, 서울대학교 금융법센터(2018), 123면.
83) 이진수, "주주지위의 확정에 관한 최근 대법원 판례의 법적 쟁점", 동아법학 제11권 제4호, 아주대학교 법학연구소(2018), 91면.
84) 정찬형, "주주명부의 기재(명의개서)의 효력: 대법원 2017. 3. 23. 선고 2015다248342 전원합의체 판결에 대한 평석", 서강법률논총 제6권 제2호, 서강대학교 법학연구소(2017), 182면.
85) 송옥렬, 상법강의, 홍문사(2021), 719면.
86) 구체적 내용은 백숙종, "2015다248342 전원합의체 판결이 미친 영향—사실상의 1인회사 및 명의개서와 관련하여", 사법 제57호, 사법발전재단(2021) 참조.

음을 허용하고 있으므로, 정관에서 주주총회의 의사정족수를 규정하는 것은 가능하다. 한편 상법 제382조의2에 정한 집중투표란 2인 이상의 이사를 선임하는 경우에 각 주주가 1주마다 선임할 이사의 수와 동일한 수의 의결권을 가지고 이를 이사 후보자 1인 또는 수인에게 집중하여 투표하는 방법으로 행사함으로써 투표의 최다수를 얻은 자부터 순차적으로 이사에 선임되는 것으로서, 이 규정은 어디까지나 주주의 의결권 행사에 관련된 조항이다. 따라서 주식회사의 정관에서 이사의 선임을 발행주식 총수의 과반수에 해당하는 주식을 가진 주주의 출석과 그 출석주주의 의결권의 과반수에 의한다고 규정하는 경우, 집중투표에 관한 위 상법조항이 정관에 규정된 의사정족수 규정을 배제한다고 볼 것은 아니므로, 이사의 선임을 집중투표의 방법으로 하는 경우에도 정관에 규정한 의사정족수는 충족되어야 한다(대법원 2017. 1. 12. 선고 2016다217741 판결). 특히 위 판결에서는 주주총회 안건에 반대하였으나 퇴장하지 않은 주주, 즉, "회의장 안에 머무르면서 안건 상정을 거부하는 의사를 표시한 채 투표를 하지 않은" 주주도 출석한 주주에는 포함된다고 하였다.

2) 주주총회 결의 하자소송의 대상

예탁금 회원제 골프장을 운영하는 甲 주식회사가 주주회원들 중 일부로 구성된 주주회원모임과 체결한 약정(甲 회사가 주주회원의 골프장 이용혜택을 변경할 경우 주주회원모임과 협의하여 결정하고 중요한 사항은 주주총회에 회부하여야 한다)에 따라 주주총회에서 주주회원의 골프장 이용혜택을 축소하는 내용의 결의를 하자, 주주회원들이 甲 회사를 상대로 주위적으로 결의의 무효 확인과 예비적으로 결의의 취소를 구하였다. 원심은 문제의 주주총회 결의가 무효라고 확인해 주었으나, 대법원은, "위 결의는 甲 회사와 개별 주주회원 사이의 계약상 법률관계에 해당하는 골프장 이용혜택의 조정에 관하여 갑 회사와 주주회원모임이 임의로 약정한 절차적 요건일 뿐이지 甲 회사와 그 기관 및 주주들 사이의 단체법적 법률관계를 획일적으로 규율하는 의미가 전혀 없고, 상법이나 피고의 정관 어디에서도 위와 같은 주주총회 결의에 관한 근거를 찾을 수 없으므로 상법 제380조에서 정한 결의무효확인의 소 또는 상법 제376조에서 정한 결의취소의 소의 대상이 되는 주주총회결의라고 할 수 없다."고 하였다. 이러한 논리에 의하면 이 사건 결의는 상법에 정한 주주총회 결의 하자를 다투는 소송의 대상이 아니라 민사상 무효확인 소송의 대상이 될 뿐인데, 대법원은 그 경우에도 확인의 소에 관한 일반법리에 비추어 볼 때, 甲 회사에 의한 골프장 이용혜택 축소는 아무런 효력이 없다는 이유로 자신들의 종전 주주회원으로서 지위나 그에 따른 이용혜택이 그대로 유지된다고 주장하는 주주회원들은 직접 甲 회사를 상대로 그 계약상 지위나 내용의 확인을 구하면 충분하고 이와 별도로 위 결의 자체의 효력 유무의 확인을 구하는 것이 주주회원들의 법적 지위에 현존하는 불안·위험을 제거하기 위한 가장 유효·적절한 수단이라고 볼 수도 없다고 하여, 결국 결의 자체의 유효를 구할 확인의 이익은 없다고 보고, 원심을 파기하고 소 각하의 자판을 하였다(대법원 2013. 2. 28. 선고 2010다58223 판결). 다만 위 사건 원고들은 별소로서 계약상 지위의 확인, 즉 주주회원권 확인을 구하는 등의 소송도 제기하였던바, 이에 대한 본안판단은 위 소송에서 이루어졌다(대법원 2013. 2. 28. 선고 2010다58230 판결).

상법은, 단체법적 고려 하에 집단적 회사관계를 획일적으로 확정시키고 거래관계에서의 법적 확실성을 도모하기 위해 주주총회 하자의 유형을 법으로 정하고, 그에 따른 네 가지 종류의 소[❶ 상법 제376조 결의취소의 소, ❷ 상법 제380조 결의무효확인의 소, ❸ 상법 제380조 결의부존재확인의 소, ❹ 상법 제381조 부당결의 취소·변경의 소]를 제기하는 방법으로만 주주총회의 하자를 다툴 수 있도록 하였는데, 이러한 점을 재차 확인한 판결이라고 하겠다.

3) 취소의 소의 제소기간

상법 제376조 제1항에 따라 주주총회결의 취소의 소는 결의의 날로부터 2월 내에 제기해야 하는데, **주주총회에서 여러 개의 안건이 상정되어 각각 결의가 이루어진 경우 그 제소기간의 준수 여부는 각 안건에 대한 결의마다 별도로 판단되어야 한다**(대법원 2010. 3. 11. 선고 2007다51505

판결). 대법원은 이러한 법리 하에 하나의 주주총회에서 A, B, C 안건에 대해 결의가 이루어졌는데 먼저 A 결의에 대해 무효확인을 구하는 소송을 제기하였다가 B, C 결의에 대한 무효확인의 소를 병합하고, 이러한 무효확인의 청구를 취소청구로 변경한 사안에서, B, C 결의의 경우 각 주주총회결의 무효확인의 소가 추가적으로 병합될 때에 주주총회결의 취소의 소가 제기된 것으로 볼 수 있으나(**대법원 2007. 9. 6. 선고 2007다 40000 판결 참조**), 그렇다고 하여도 위 추가적 병합 당시 이미 2개월의 제소기간이 도과되었음이 역수상 명백하므로 부적법하다고 판단함으로써, 청구원인의 주장시기에 대하여도 제소기간의 제한을 적용하였다.

4) 주주총회결의 부존재 확인을 구할 이익

앞서 주주권 상실에 따른 원고적격 상실 쟁점에서 살펴본 **대법원 2016. 7. 22. 선고 2015다66397 판결**[87]을 재차 소개한다. 하나은행의 소수주주들이 의결권 없는 주주가 의결권을 행사하였다는 등의 사유를 들어 배당을 결의한 주주총회결의에 대해 주위적으로 부존재확인을, 예비적으로 그 취소를 구하는 소를 제기하였는데 소송 계속 중 주식의 포괄적 교환으로 하나금융지주의 주주로 지위가 변동됨에 따라 원고 적격이 상실되어 소가 부적법하게 됨은 앞서 본 바이다. 그런데 위 판결의 원심에서 원고적격의 상실에 관해 판단한 다음 나아가, "원고들에게 이 사건 주주총회 결의 부존재에 대한 확인을 구할 구체적이고 직접적인 이익이 없다"고까지 판단함으로써, 이 점이 상고이유가 되어 대법원 역시 이에 관해 판단하게 되었다.

대법원은, 주식회사의 주주는 주식의 소유자로서 회사의 경영에 이해관계를 가지고 있으나, 회사의 재산관계에 대하여는 단순히 사실상, 경제상 또는 일반적, 추상적인 이해관계만을 가질 뿐, 구체적 또는 법률상의 이해관계를 가진다고는 할 수 없다는 기존의 법리를 재확인하면서

---

87) 위 판결에 대한 평석으로 이도경, "주식의 포괄적 교환과 주주총회결의의 하자를 다투는 소의 원고적격 및 확인의 이익", BFL 제81호, 서울대학교 금융법센터 (2017)를 참고할 수 있다.

"이 사건 주주총회결의가 부존재하는 것으로 확인이 되어 이 사건 주주총회결의에 근거한 배당액이 모두 피고에게 반환됨으로써 피고의 완전모회사인 하나금융지주에 이익이 된다고 하더라도, 이로 인하여 하나금융지주의 주주인 원고들이 갖는 이익은 사실상, 경제상의 것에 불과하다고 할 것이므로, 원고들은 이 사건 주주총회결의 부존재의 확인을 구할 법률상 이익을 가진다고 할 수 없"고, 이 사건 주주총회결의 내지 그에 따른 배당금 지급이 그로부터 약 1년 10개월 후의 시장주가에 근거한 이 사건 주식교환비율의 결정에 영향을 미쳤다고 단정하기 어려우며 "설령 이 사건 주주총회결의가 이 사건 주식교환비율의 결정에 영향을 미쳤다고 하더라도 이 사건 주식교환비율의 불공정 또는 이 사건 주주총회결의 성립과정에서의 위법 등을 이유로 주식교환무효의 소 또는 손해배상청구의 소를 통하여 직접 다툴 수 있는 것이어서 이 사건 주주총회결의 부존재의 확인을 구하는 것이 이 사건 주식교환비율을 둘러싼 분쟁을 가장 유효·적절하게 해결하는 수단이 된다고 볼 수도 없다."고 하여 원고들의 확인의 이익을 부정하였다.

  5) 상법 제190조 본문에 따라 편면적 대세효를 가지는 회사관계소송의 성격

   대법원 2021. 7. 22. 선고 2020다284977 전원합의체 판결[88]은, 상법 제190조 본문에 따라 청구를 인용하는 판결이 제3자에게 효력이 있는 상법상 회사관계소송에 대하여, "이러한 소를 여러 사람이 공동으로 제기한 경우 당사자 1인이 받은 승소 판결의 효력이 다른 공동소송인에게 미치므로 공동소송인 사이에 소송법상 합일확정의 필요성이 인정되고, 상법상 회사관계소송에 관한 전속관할이나 병합심리 규정(상법 제186조, 제188조)도 당사자 간 합일확정을 전제로 하는 점 및 당사자의 의사와 소송경제

---

88) 위 판결은 주주들이 원고로서 주식회사를 상대로 소집절차의 하자, 의결정족수 등을 문제삼아 주주총회결의 부존재 또는 무효확인을 구한 사안으로, 문제의 주주총회결의에 원고들 주장의 하자가 없다고 보아 원고들의 청구를 기각한 원심이 그대로 확정되었다.

등을 함께 고려하면, 이는 민사소송법 제67조가 적용되는 필수적 공동소송에 해당한다."고 판단하였다. 이는 편면적 대세효 있는 회사관계소송을 수인이 공동으로 제기한 경우 유사필수적 공동소송으로 보았던 학계의 통설과 입장을 같이 하는 것으로 보인다.[89] 이에 대해, 다수의견에 따르면 당사자의 처분권이나 소송절차에 관한 권리를 부당하게 제약할 뿐 아니라 소송경제에도 반하게 됨을 지적하면서 위와 같은 회사관계소송은 통상공동소송이므로, 주주총회결의에 무효사유가 있더라도 주주 甲은 패소 판결을, 주주 乙은 승소 판결을 받을 수 있고 다만 상법 제380조에서 준용하는 제190조 본문에 따라 주주 乙의 승소판결에 대세적 효력을 인정함으로써 단체법적 법률관계가 통일적으로 처리될 수 있도록 하면 된다는 별개의견이 존재하였다.

6) 주주총회결의 취소소송 중 원고인 이사가 사망한 경우

주주총회결의에서 해임된 이사가 그 결의취소의 소를 제기하였는데 사실심 변론종결 후에 사망하자, 대법원은 "이사가 그 지위에 기하여 주주총회결의 취소의 소를 제기하였다가 소송 계속 중에 사망하였거나 사실심 변론종결 후에 사망하였다면, 그 소송은 이사의 사망으로 중단되지 않고 그대로 종료된다. 이사는 주식회사의 의사결정기관인 이사회의 구성원이고, 의사결정기관 구성원으로서의 지위는 일신전속적인 것이어서 상속의 대상이 되지 않기 때문이다."라고 하여 사망한 자가 원고인 주주총회결의 취소청구부분에 관하여 소송종료선언을 하였다(대법원 2019. 2. 14. 선고 2015다255258 판결). 주주총회결의 취소의 소는 주주, 이사, 감사에 한하여 제기할 수 있는데, 앞서 본 것처럼 이러한 자격요건은 소 제기시부터 변론종결시 또는 판결선고시까지 유지되어야 한다. 비록 주주총회결의 취소소송에 공익적 성격이 있기는 하지만 이사 본인이 사망한 경우 이사 지위가 당연 승계되는 제3자를 찾을 수도 없는 상황에서 명문의 규정 없이 소송수계를 허용할 수는 없을 것이라는 점에서, 위 판결의 타당성을 이해할 수 있다. 반면 주주총회결의 취소소송을 제기한 주주가 사망한 경우에는, 당연승계의 원인이므로 상속인이 소송을 수계한다고 보는 견해가 다수이다.[90]

7) 의결권행사금지가처분의 효력

의결권행사금지가처분과 동일한 효력이 있는 강제조정 결정(주식에 대하여 의결권 행사 금지)에 위반하여 찬성의 의결권을 행사함으로써 그 주주총회 결의에 가결정족수 미달의 하자가 존재하는지 여부가 문제되었는데, 대법원은, 가처분의 본안소송에서 가처분의 피보전권리가 없음이 확정됨으로써 그 가처분이 실질적으로 무효임이 밝혀진 이상 위 강제조정 결정에 위반하는 의결권 행사는 결국 가처분의 피보전권리를 침해한 것이 아니어서 유효하다고 하였다(대법원 2010. 1. 28. 선고 2009다3920 판결).

제7절 회사의 기관 - 이사, 이사회, 감사

1. 이사의 의무와 책임

이사는 회사에 대하여 선량한 관리자의 주의의무를 부담하지만(상법 제382조 제2항, 제681조), 1998. 12. 28. 법률 제5591호로 개정된 상법은 이에 더하여 '이사의 충실의무'를 명시적으로 규정하였다(상법 제382조의3). 충실의무와 선관주의의무를 구별하면서 상법 제382조의2는 종래의 선관주의의무와는 다른 영미법상의 충실의무를 도입한 것으로 보는 이질설[91]과, 양자는 크게 다르지 않고 상법 제382조의3은 선관주의의무를 구체화한 것이거나 이사의 주의의무를 다시 강조한 선언적 규정에 불과하다고 보는 동질설[92]의 대립이 있고, 우리 판례는 '이사의 직무상 충실 및 선관

90) 권기범, 현대회사법론, 삼영사(2021), 787면; 임재연, 회사법 Ⅱ, 박영사(2020), 231면; 최기원, 신회사법론, 박영사(2012), 541면; 이도경, "주식의 포괄적 교환과 주주총회결의의 하자를 다투는 소의 원고적격 및 확인의 이익", BFL 제81호, 서울대학교 금융법센터(2017), 115면.
91) 권기범, 현대회사법론, 삼영사(2021), 865-866면; 김홍기, 상법강의, 박영사(2021), 608면; 정동윤, 상법 상, 법문사(2012), 628면; 홍복기·박세화, 회사법강의, 법문사(2019), 489면.
92) 김건식·노혁준·천경훈, 회사법, 박영사(2021), 416면; 김정호, 회사법, 법문사

의무 위반의 행위'[93] 또는, '선량한 관리자의 주의의무 또는 충실의무를 부담'[94]이라고 하여, 상법 제382조의3 신설 전후를 불문하고 양자를 구별하지 않는 전제 하에 판단하고 있는 것으로 평가된다. 어느 견해에 의하든 대체로 상법 제397조, 제397조의2 및 제398조는 모두 특히 이사가 충실의무(상법 제382조의3)의 일환으로 부담하는 의무를 정형화시켜 구체적으로 규정한 조항으로 평가하고 있다.

1) 경업금지 및 기회유용금지 의무

상법 제397조는, 이사에 대하여 상법이 규정한 일정한 범위 내에서 경업과 겸직을 제한하고 있는데, 이를 "경업금지(Wettbewerbsverbot)"라 하며, 이사의 의무라는 측면에서는 "경업피지의무"라고 한다.[95] 본조는 이사가 그 지위를 이용하여 자신의 개인적 이익을 추구함으로써 회사의 이익을 침해할 우려가 큰 경업을 금지하여 이사로 하여금 선량한 관리자의 주의로써 회사를 유효적절하게 운영하여 그 직무를 충실하게 수행하여야할 의무를 다하도록 하려는 데 있다.[96]

1962. 1. 20. 상법 제정 당시부터 존재하였던 상법 제397조와 달리, 이사의 기회유용금지의무를 명시적으로 규정하고 있는 상법 제397조의2는 2011년 상법 개정 당시에 신설된 조항으로 미국에서 발전된 회사기회유용금지의 원칙(usurpation of corporate opportunity doctrine)을 받아들인 것으로 평가된다. 그러나 상법 제397조의2 신설 이전부터도 대법원은 이사가 부담하는 선량한 관리자의 주의의무 내지 충실의무의 일환으로서 해석론을 통해 기회유용금지의무를 인정하고 있었다. 이처럼 우리 법원이 해석론을 통해 기회유용금지 의무를 인정하던 시기의 핵심 쟁점 중

(2015), 482−483면; 이철송, 회사법강의, 박영사(2021), 760면; 장덕조, 회사법, 법문사(2019), 350면; 정찬형, 상법강의(상), 박영사(2021), 1039면; 최기원, 신회사법론, 박영사(2012), 660면; 최준선, 회사법, 삼영사(2018), 527면.

93) 대법원 1985. 11. 12. 선고 84다카2490 판결.
94) 대법원 2013. 9. 12. 선고 2011다57869 판결.
95) 이철송, 회사법강의, 박영사(2021), 765면.
96) 대법원 2018. 10. 25. 선고 2016다16191 판결; 대법원 1993. 4. 9. 선고 92다53583 판결.

하나는 과연 무엇이 유용금지의 대상이 되는 회사의 사업기회이냐는 물음이었다.

미국의 경우, 회사의 '사업기회'를 어느 범위까지 인정할 것인지에 관하여 판례를 통해 다양한 기준이 정립되어 왔는데, 간략히 소개하면 다음과 같다. ① Lagarde v. Anniston Lime & Stone Co. 판결[97]에서 비롯된 이익 또는 기대기준(interest or expectancy)은, 회사가 어떤 특정 기회에 대하여 법으로 보호할 만한(회사에게 있어 중요하거나 필요한) 이익 내지 기대를 가지고 있는 경우에는 그 기회는 회사에 귀속한다는 기준으로 이는 회사기회에 관한 가장 협소한 기준인 동시에 이사들에게 가장 관대한 법리라고 평가받는다.[98] ② 1939년 델라웨어주 대법원이 Guth v. Loft, Inc. 판결[99]에서 처음 제시한 후 주류적 법리가 된 사업범위(line of business) 기준은, 어느 특정한 기회가 회사의 사업범위에 속하면 그 기회는 회사에 귀속된다는 기준으로, "회사가 재정적으로 이러한 기회를 수행할 능력이 있고, 그 기회가 회사의 사업범위 내에 해당하는 사업이며, 당해 기회가 회사에 실질적 이익이 되고, 회사가 이익 또는 상당한 정도의 기대를 가지고 있는 경우" 이사가 그 기회를 이용하면 회사기회의 유용이 된다고 본다. ③ 그 밖에도, "이사에 의한 회사기회의 취득이 공정한가"라는 윤리적 기준에 따라 판단하는 공정성 기준(fairness test) 및 1단계로 사업범위 기준에 따라 검토하고, 2단계로 수탁자가 그의 성실의무, 충실의무, 공정거래의무를 준수하였는가를 판단하는 2단계 기준 등이 있다.

'사업기회'에 관하여 규정하고 있는 우리 상법 제397조의2 제1, 2호는 미국 법률협회(American Law Institute, ALI)가 제정한 회사지배구조원칙(Principles of Corporate Governance, 이하 'ALI 원칙'이라고 한다)의 §5.05(b)[100]

---

97) Lagarde v. Anniston Lime & Stone Co., 126 Ala. 496, 28 So. 199(1900).
98) Eric Talley, "Turning Servile Opportunities to Gold: A Strategic Analysis of the Corporate Opportunities Doctrine", 108 Yale Law Journal(1998), 292.
99) Guth v. Loft, Inc., 23 Del. Ch. 255, 5 A.2d 503, 514 (1939).
100) (1) 이사 또는 상급집행임원이 자신의 직무수행과 관련하여 알게 된 기회로서,
　　(A) 이사 또는 상급집행임원이 직무수행과 관련하여 또는 그들에게 기회를 제공한 자가 회사에 그것을 제공한 것이라고 이사 또는 상급집행임원이

의 사업기회 정의 규정을 참조하여 사업기회의 개념을 정의한 것으로 이해된다.

대법원의 판결은 아니지만 2011년 서울중앙지방법원에서 선고된 글로비스 판결(서울중앙지방법원 2011. 2. 25. 선고 2008가합47881 판결, 미항소확정)은, 상법 제397조의2가 입법되기 이전 사안으로 이 물음에 관하여 최초로 의미있는 판단을 한 예로 언급된다. 현대자동차의 주주들은 현대자동차의 대표이사 등을 상대로 하여, 물류회사인 글로비스 설립 및 지분 인수 등과 관련하여 현대자동차의 사업기회를 유용하여 지배주주의 이익을 도모하였다고 주장하며 대표소송을 제기하였다. 법원은 계열사 부당지원을 이유로 피고들에게 회사인 현대자동차에 대한 손해배상을 명하면서도, 피고들이 현대자동차의 사업기회를 유용하여 충실의무를 위배했다는 주장에 대하여는 "글로비스의 설립이 현대자동차에 현존하는 '현실적이고 구체적인 사업기회'라는 것을 인정하기에 부족"하다는 등의 이유로 위 주장을 받아들이지 않았다. 즉, 위 판결은 현행 상법 제397조의2 각호와 같은 규정이 없는 상황에서 "회사에 현존하는 현실적이고 구체적인 사업기회"만이 유용금지의 대상이 되는 회사의 기회라고 본 것이다. 이는 Lagarde 판결의 이익 또는 기대기준에 가까운 설시로, 현재의 상법 제397조의2에 따른다면 위 사안이 "회사기회"가 아니라고 판단되기는 어려울 것으로 보인다.[101]

역시 2011년 개정되기 전의 구 상법이 적용된 신세계 주주대표소송 사건인 대법원 2013. 9. 12. 선고 2011다57869 판결에서, 사업기회의 의미에 관하여 대법원이 명시적인 법리를 선언한 바는 없다. 그러나 대법원의 상고기각으로 확정된 위 사건 원심은, 회사가 사업기회를 유용한

믿는 것이 합리적인 경우,
(B) 회사의 정보나 재산을 이용하여, 기회의 결과가 회사의 이익이 될 것으로 이사 또는 상급집행임원이 합리적으로 예상할 수 있는 경우,
(2) 상급집행임원이 알게 된 기회로서 회사가 실제로 수행하고 있거나 장차 수행할 것으로 기대되는 사업과 밀접하게 관련되어 있음을 알고 있는 경우
101) 천경훈, "개정상법상 회사기회유용 금지규정의 해석론 연구", 상사법연구 제30권 제2호, 한국상사법학회(2011), 181면.

것으로 인정되려면 유망한 사업기회가 존재하였어야 하고, 이 점은 사후적으로 볼 것이 아니라 서울신세계의 이사인 피고 1이 광주신세계의 신주를 인수할 당시를 기준으로 판단해야 한다고 한 다음, 해당 사건에서는 "광주신세계가 '유망한 사업기회'이었다고 보기 어렵"다고 하여 원고들의 기회 유용 주장을 받아들이지 않았고, 대법원은 "원심의 이유설시에 부적절한 점이 없지 않다"고 하면서도 이 부분 원심판단을 수긍하여 상고이유를 배척하였다. 이를 두고 '유망성'이란 요건이 회사기회 해당성 여부를 판단함에 있어 필요한지의 의문을 제기하는 견해[102]가 있다. 어찌되었든 현행 상법 제397조의2에 따르면 위 사안 역시 회사의 사업기회에는 해당할 것으로 보인다. 위 사건에서 주목할 만한 판시는 다음과 같다. 대법원은 먼저, **"상법 제397조 제1항의 취지는 이사가 그 지위를 이용하여 자신의 개인적 이익을 추구함으로써 회사의 이익을 침해할 우려가 큰 경업을 금지하여 이사로 하여금 선량한 관리자의 주의로써 회사를 유효적절하게 운영하여 그 직무를 충실하게 수행하여야 할 의무를 다하도록 하려는 데 있으므로, 회사 이사가 경업 대상 회사의 이사, 대표이사가 되는 경우뿐만 아니라 그 회사의 지배주주가 되어 그 회사의 의사결정과 업무집행에 관여할 수 있게 되는 경우에도 자신이 속한 회사 이사회의 승인을 얻어야 한다"**고 하면서, 서로 영업지역을 달리하고 있다고 하여 그것만으로 두 회사가 경업관계에 있지 아니하다고 볼 것은 아니지만, 광주신세계는 신세계의 이사인 피고 1이 광주신세계의 신주를 인수한 후에도 그 전과 마찬가지로 사실상 신세계의 지점처럼 운영되었고, 피고 1이 광주신세계를 통하여 신세계와 이익충돌의 염려가 있는 거래를 하였다고 볼 자료가 없다는 등의 이유로, 피고 1이 광주신세계의 신주를 인수하여 지배주주가 되었더라도 상법 제397조에 따라 신세계 이사회의 승인을 받았어야 한다고 보기는 어렵다고 하였다. 다음으로, **"이사는 회사에 대하여 선량한 관리자의 주의의무를 지므로, 법령과 정관에 따라 회사를 위하여**

---

102) 천경훈, "신세계 대표소송의 몇 가지 쟁점 – 경업, 회사기회유용, 자기거래", 상사법연구 제33권 제1호, 한국상사법학회(2014), 160면.

그 의무를 충실히 수행한 때에야 이사로서의 임무를 다한 것이 된다. 이사는 이익이 될 여지가 있는 사업기회가 있으면 이를 회사에 제공하여 회사로 하여금 이를 이용할 수 있도록 하여야 하고, 회사의 승인 없이 이를 자기 또는 제3자의 이익을 위하여 이용하여서는 아니 된다. 그러나 회사의 이사회가 그에 관하여 충분한 정보를 수집·분석하고 정당한 절차를 거쳐 회사의 이익을 위하여 의사를 결정함으로써 그러한 사업기회를 포기하거나 어느 이사가 그것을 이용할 수 있도록 승인하였다면 그 의사결정과정에 현저한 불합리가 없는 한 그와 같이 결의한 이사들의 경영판단은 존중되어야 할 것이므로, 이 경우에는 어느 이사가 그러한 사업기회를 이용하게 되었더라도 그 이사나 이사회의 승인 결의에 참여한 이사들이 이사로서 선량한 관리자의 주의의무 또는 충실의무를 위반하였다고 할 수 없다.”라는 법리를 설시하면서, 피고 1이 신세계의 사업기회를 유용하였다고 보기 어렵다고 판단한 원심 결론이 정당하다고 하였다.

이러한 법리는 삼협교역·던롭 사건인 대법원 2018. 10. 25. 선고 2016다16191 판결에서 그대로 이어졌다. 위 사안에서는 해당 이사가 경업금지의무와 기회유용금지의무를 위반하였다는 점에는 큰 의문이 없었으나, 그에 따른 회사의 손해액을 산정하는 방법이 주로 다투어졌다. 즉, 乙 회사의 이사 甲이 기회를 유용하여 자신이 설립한 丙 회사로 하여금 乙 회사의 기회를 이용하게 하였는데 丙이 그 사업기회(X와 체결한 독점판매권)를 일정기간 이용한 다음 그 사업 자체를 제3자에게 양도해 버렸다면, 그 양도의 대가가 乙의 손해액에 포함될 것인지가 문제되었다. 대법원은 이를 부정한 원심과 달리, “영업권 속에는 丙 회사가 직접 사업을 영위하여 형성한 가치 외에 甲의 사업기회 유용행위로 乙 회사가 상실한 제3자(X를 의미한다, 필자 부기)와의 독점판매계약권의 가치도 포함되어 있고, 위 사업 양도 후 수개월이 지나 乙 회사가 해산하였다고 하여 해산 전에 乙 회사가 입은 손해와 상당인과관계가 단절되지도 않으므로, 丙 회사가 받은 양도대금 중 丙 회사가 乙 회사의 사업기회를 이용하여 수년간 직접 사업을 영위하면서 스스로 창출한 가치에 해당하는 부분을 제외하고

乙 회사가 빼앗긴 사업기회의 가치 상당액을 산정하는 등의 방법을 통해 이를 乙 회사의 손해로 인정하여야 한다."고 하였다.[103] 위 2016다16191 판결 사안은 1999년부터 2011. 2.경의 영업권 양도시점까지 발생한 손해에 관한 것으로 상법 제397조의2가 아니라 구 상법 하의 기존 판례법리에 따라 판단되었는데, 이에 대해 상법 제397조의2 제2항은 '이사 또는 제3자가 얻은 이익' 전부를 손해로 "추정"하고 있으므로, 상법 제397조의2가 적용되었더라면 그 결론이 달라졌을 수도 있다는[104] 평가가 있다.

2) 이사의 선관주의의무: 회사의 기부행위

주식회사는 기본적으로 영리기업이지만, 최근 기업의 사회적 책임론이 대두되면서 회사의 기부행위를 어떻게 파악해야 하는 것인지가 문제된다. 형사법적으로는 기부행위 내지 "증여"를 주도한 이사 등 경영진에 관하여 배임죄가 성립하는지의 쟁점이, 민사법적으로는 기부행위 등으로 인해 회사에 손해배상책임을 부담할 것인지(또는 주주가 이사를 상대로 손해배상책임을 묻는 주주대표소송의 당부)의 쟁점이 관련되어 있다.

종래 대법원은, 주식회사가 그 재산을 대가없이 타에 기부·증여하는 것이 배임행위가 되려면 회사의 설립목적, 기부금의 성격, 기부금이 사회에 끼치는 이익, 그로 인한 주주의 불이익 등을 합목적적으로 판단하여 기부행위가 실질적으로 주주권을 침해한 것이라고 인정되어야 한다고 하면서(**대법원 1985. 7. 23. 선고 85다480 판결**), "주주권의 침해"라는 관점에서 접근하였으나, 대법원 2012. 6. 14. 선고 2010도9871 판결에서는 재무구조가 열악한 회사라면 어차피 주주로서는 배당을 기대하기 어렵고, 오히려 주주 전원의 동의에 따라 채권자들이 피해를 입게 될 수 있다는 점 등을 고려하여 "**재무구조가 열악한 회사의 대표이사가 제3자에**

---

103) 환송 후 원심은 영업권 양도의 대가로 丙 회사가 지급받은 10억 원 중, 丙이 고유의 노력으로 창출한 가치부분을 40%로 보아, 나머지 60%에 해당하는 6억 원을 乙 회사의 손해액으로 보았고(다만 甲 상속재산의 파산절차 진행에 따라 파산채권 확정의 소로 변경되었다), 이에 대한 상고심이 심리불속행되어 그대로 확정되었다(대법원 2020. 3. 12.자 2019다38444 판결).

104) 노혁준, "2018년 회사법 중요판례평석", 인권과 정의 제480호, 대한변호사협회 (2019), 166면.

게 회사의 자산으로 거액의 기부를 한 경우 그로써 회사를 채무초과 상태에 빠뜨리거나 채무상환이 곤란한 상태에 처하게 하는 등 그 기부액수가 회사의 재정상태 등에 비추어 기업의 사회적 역할을 감당하는 정도를 넘는 과도한 규모로서 상당성을 결여한 것이고 특히 그 기부의 상대방이 대표이사와 개인적 연고가 있을 뿐 회사와는 연관성이 거의 없다면, 그 기부는 대표이사의 선량한 관리자로서의 업무상 임무에 위배되는 행위에 해당한다 할 것이고, 그 대표이사가 실질적 1인 주주라는 등의 사정이 있다고 하더라도 마찬가지"라고 하였다.

소위 강원랜드 기부사건은 강원랜드의 특수성과 기부 과정에서 불거진 지방의회 상호간 또는 지방의회와 중앙의회 사이의 의견 대립 등으로 주목받았던 사안이다. 대법원 2019. 5. 16. 선고 2016다260456 판결은 종래 법리의 연장선에서 "주식회사 이사들이 이사회에서 회사의 주주 중 1인에 대한 기부행위를 결의하면서 기부금의 성격, 기부행위가 회사의 설립 목적과 공익에 미치는 영향, 회사 재정상황에 비추어 본 기부금 액수의 상당성, 회사와 기부상대방의 관계 등에 관해 합리적인 정보를 바탕으로 충분한 검토를 거치지 않았다면, 이사들이 결의에 찬성한 행위는 이사의 선량한 관리자로서의 주의의무에 위배되는 행위에 해당한다."고 하여 해당 기부행위가 선관주의의무에 위반한 것이라는 원심을 수긍하였다. 다만 원심과 달리, 기권한 것으로 의사록에 기재된 이사는 상법 제399조 제3항에 따라 이사회 결의에 찬성한 것으로 추정할 수 없고, 따라서 같은 조 제2항의 책임을 부담하지 않는다고 보았다. 상법 제393조 제3항에서 규정한 '이의'의 해석과 관련하여 충분히 양론이 가능할 것이나,[105] ① 결의의 효과 면에서도, 불출석과 달리 출석한 이사의 '기권'은 '찬성'이 아니라 출석하여 반대한 것과 동일한 효과를 가져온다는 점(정족수에서 출석한 자에는

105) 이철송, 회사법강의, 박영사(2021), 709면[회의의 실례를 보면 찬성과 반대 외에 기권이나 중립과 같이 자기의 입장표명을 유보하는 예가 있다. 그러나 이사의 의결권 행사방법은 의안에 대해 적극(찬성)이냐, 소극(비찬성)이냐는 두 가지뿐이고 기권이나 중립은 적극이 아니므로 소극으로 분류되어야 한다.].

포함된다),[106] ② 상법의 다수 규정에서 '반대'와 '이의'를 구별하여 사용하고 있다는 점,[107] ③ 이사는 회사기관인 동시에 양심을 지닌 개인인데, 모든 결의에서 찬성 또는 반대의 양자선택만을 강요하는 것은 기본권의 관점에서도 위험하고, 자칫 어려운 상황에서 불출석을 택하려는 유혹에 빠질 수도 있다는 점 등을 고려한다면, 대법원의 판단을 이해할 수 있다. 물론 이와 별도로 이사의 기권행위가 실질적으로 이사의 의무를 전혀 수행하지 않은 것[108] 또는 감시·감독의무를 다하지 않은 것으로 볼 수 있다면, 상법 제399조 제1항의 책임을 부담할 수 있을 것이다. 이 사건의 경우, 환송 후 원심(서울고등법원 2019. 10. 23. 선고 2019나2022225 판결)에서 그러한 취지의 주장이 제기되었으나, 위 법원은 "기권한 것이 이사로서의 감시의무를 위반한 것이어서 상법 제399조 제1항에 따른 손해배상책임을 부담한다"는 주장을 배척하였고, 위 판결은 그대로 확정되었다.

3) 이사의 감시·감독의무

판례는, 주식회사의 이사에 대해 선관주의의무의 일환으로 이사회 참석 및 이사회에서의 의결권 행사를 통해 대표이사 및 다른 이사들의 업무집행을 감시·감독할 의무를 인정하면서 '명목상 이사'에 대하여도

---

106) 이 사건에서도 기권은 반대로 분류되었다.
107) 이사회 의사록 기재(상법 제391조의3 ②항)와 주식교환, 합병 등 반대주주의 주식매수청구권(상법 제360조의5, 제522조의3) 규정에서는 "반대"라는 용어를 사용하는 반면 합병에 대한 채권자 이의(상법 제232조)를 비롯하여 위 조항을 준용하고 있는 여러 규정들(상법상 합자회사, 유한책임회사, 주식회사, 유한회사의 합병 규정; 합명회사, 합자회사의 임의청산; 주식회사, 유한회사의 자본감소; 주식회사와 유한회사간의 조직변경), 과태료처분에 대한 이의(상법 제637조의2) 등 규정에서는 "이의"라는 용어를 사용하고 있다.
108) 대법원 2008. 12. 11. 선고 2006다5550 판결.
　　주식회사의 이사는 이사회의 일원으로서 이사회에 상정된 의안에 대하여 찬부의 의사표시를 하는데 그치지 않고, 담당업무는 물론 다른 업무담당 이사의 업무집행을 전반적으로 감시할 의무가 있고 이러한 의무는 비상근 이사라고 하여 면할 수 있는 것은 아니므로 주식회사의 이사가 이사회에 참석하지도 않고 사후적으로 이사회의 결의를 추인하는 등으로 실질적으로 이사의 임무를 전혀 수행하지 않은 이상 그 자체로서 임무해태가 된다고 할 것이다. 원심이 이러한 취지에서 피고 1에 대하여 임무해태에 따른 손해배상책임을 면할 수 없다고 판단한 것은 수긍할 수 있고, 이러한 판단에 이사책임에 관한 법리오해의 위법이 없다.

감시의무를 인정하였고,[109] 대법원 2019. 11. 28. 선고 2017다244115 판결에서 사외이사, 비상근이사에 대하여도 마찬가지라고 하였다. 특히 위 2017다244115 판결의 사실관계를 살펴보면, 해당 이사들은, 대상회사가 상장회사로서 수년간 이사회 자체가 개최되지 않았으나 이사회가 제대로 개최된 것처럼 회의록이 작성되고 또 공시되었음에도 이에 의문을 품지 않았고 대규모 유상증자가 이루어진 이후 그 대금이 어떻게 사용되었는지 등에 관하여도 전혀 관심을 기울이지 않았다. 이에 대법원은, 해당 이사들에 대하여 대표이사가 위 유상증자대금을 횡령한 불법행위로 인해 회사가 입은 손해에 대해 감시의무 위반에 따른 책임을 부담하라고 판단하였다.

분식회계, 부실대출 등이 행해졌던 P 상호저축은행의 이사에 대하여 "다른 업무담당이사의 업무집행이 위법하다고 의심할만한 사유가 있음에도 이를 방치한 때"라고 보아 P 상호저축은행의 손해에 관한 이사의 책임을 인정한 대법원 2019. 1. 17. 선고 2016다236131 판결 역시 종래의 법리에 따른 것이다.

4) 제3자에 대한 상법 제401조의 책임

주식회사의 주주가 이사의 악의 또는 중대한 과실로 인한 임무해태 행위로 직접 손해를 입은 경우에는 이사에 대하여 상법 제401조에 의하여 손해배상을 청구할 수 있으나, 이사가 회사의 재산을 횡령하여 회사의 재산이 감소함으로써 회사가 손해를 입고 결과적으로 주주의 경제적 이익이 침해되는 손해와 같은 간접적인 손해는 상법 제401조 제1항에서 말하는 손해의 개념에 포함되지 아니하므로 이에 대하여는 위 법조항에 의한 손해배상을 청구할 수 없다는 것이 확립된 판례의 태도이다. 이처럼 주주의 간접손해가 상법 제401조의 손해에 포함되지 않는다는 견해의 주된 근거는, 주주는 대표소송을 통해 상법 제399조에 따라 이사로 하여금 회사에게 손해를 전보하도록 할 수 있다는 것이다.

---

109) 대법원 2006. 9. 8. 선고 2006다21880 판결, 대법원 2008. 12. 11. 선고 2005다51471 판결, 대법원 2014. 12. 24. 선고 2013다76253 판결 등.

대법원 2012. 12. 13. 선고 2010다77743 판결은, 이사의 주주에 대한 손해배상책임에 관한 사안으로 ① 회사의 재산을 횡령한 이사가 악의 또는 중대한 과실로 부실공시를 하여 재무구조의 악화 사실이 증권시장에 알려지지 아니함으로써 회사 발행주식의 주가가 정상주가보다 높게 형성되고, 주식매수인이 그러한 사실을 알지 못한 채 주식을 취득하였다가 그 후 그 사실이 증권시장에 공표되어 주가가 하락한 경우에는, 주주는 이사의 부실공시로 인하여 정상주가보다 높은 가격에 주식을 매수하였다가 주가가 하락함으로써 직접 손해를 입은 것이므로, 이사에 대하여 상법 제401조 제1항에 의하여 손해배상을 청구할 수 있고, ② 주식매수인의 주식 취득 후에 이사의 횡령 등이 발생하고 그로 인해 회사 재무구조가 악화되어 결국 주가가 하락하였다면 이는 간접손해로서 상법 제401조 제1항에 의한 손해배상을 청구할 수 없다고 구별하면서, 언제 어떠한 내용의 부실공시를 하거나 주가조작을 하였는지, 주식매수인 등이 어느 부실공시 또는 주가조작으로 인하여 주식 평가를 그르쳐 몇 주의 주식을 정상주가보다 얼마나 높은 가격에 취득하였는지 등에 관하여 추가로 심리하여 주식매수인 등이 주장하는 손해가 상법 제401조 제1항에 정한 손해에 해당하는지 및 상당인과관계를 인정할 수 있는지를 가려보아야 한다고 하였다.

5) 표현대표이사의 책임

대법원 2013. 2. 14. 선고 2010다91985 판결은 상법 제395조의 표현대표이사의 책임에 관하여 중과실 있는 제3자는 보호받지 못한다는 기존의 법리를 확인하면서, 표현대표이사가 진정한 대표이사의 승낙을 받아 사장이라는 명칭을 사용하고, 회사 인감을 소지하며 국내영업을 총괄한 사정 등을 인정하여 회사의 중과실 항변을 배척하고 표현대표이사 책임을 인정하였다.

6) 이사의 공동불법행위 책임

주식회사의 대표이사가 업무집행을 하면서 고의 또는 과실에 의한 위법행위로 타인에게 손해를 가한 경우 주식회사는 상법 제389조 제3항,

제210조에 의하여 제3자에게 손해배상책임을 부담하게 되고, 그 대표이사도 민법 제750조 또는 상법 제389조 제3항, 제210조에 의하여 주식회사와 연대하여 공동불법행위책임을 부담한다(대법원 1980. 1. 15. 선고 79다1230 판결, 대법원 2007. 5. 31. 선고 2005다55473 판결 등)는 법리는 이미 확립되어 있었다.

이러한 법리에 따라, ① 주식회사의 대표이사가 업무집행과 관련하여 정당한 권한 없이 그 직원으로 하여금 타인의 부동산을 지배·관리하게 하는 등으로 소유자의 사용수익권을 침해하고 있는 경우, 그 부동산의 점유자는 회사일 뿐이고 대표이사 개인은 독자적인 점유자는 아니기 때문에 그 부동산에 대한 인도청구 등의 상대방은 될 수 없다고 하더라도, 고의 또는 과실로 그 부동산에 대한 불법적인 점유상태를 형성·유지한 위법행위로 인한 손해배상책임은 회사와 별도로 부담한다고 보아야 한다고 하였고(대법원 2013. 6. 27. 선고 2011다50165 판결), ② 주식회사가 건물을 신축하면서 인접한 원고 소유 건물에 균열 등 피해를 입게 하였다면 위와 같은 시공상의 잘못에 관하여 대표이사로서 선량한 관리자의 주의의무와 충실의무를 위반하여 의사결정을 하고, 업무를 집행하거나, 피용자의 그와 같은 행위를 방지할 의무를 해태하여 감시·감독의무를 위반한 과실이 있는지를 심리·판단하였어야 한다고 하면서, 이와 달리 구체적인 불법행위사실의 주장·입증이 없다고 본 원심을 파기하였다(대법원 2013. 4. 11. 선고 2012다116307 판결).

2. 이사의 자기거래

1) 2011년 상법 개정 전의 구 상법 제398조는 '이사'와 회사 사이의 거래에 관하여만 규율하였고, 사전 개시 의무에 관하여 명시적으로 정하지 않았으며(다만 판례상 인정되었다) 이사회 승인을 위한 결의요건도 특별히 가중하지 않아 보통결의 요건에 따르도록 되어 있었다. 그러나 이러한 종전의 규정만으로는 이사와 지배주주가 그 지위를 이용하여 회사와 거래를 함으로써 사익을 추구하는 현실을 규율하는 데에 한계가 있다는

인식[110] 하에, 개정 상법과 같이 이사회 승인대상의 거래 범위를 확대한다면 경영의 효율성과 거래의 신속성이 저하되는 등 경영 위축의 우려가 있다는 경제계의 반대에도 불구하고, 결국 기업 투명성을 위한 불가피한 조치로서[111] 대상자를 확대하는 등 현재와 같이 상법 제398조를 개정하였다. 요컨대 상법 제398조와 관련된 2011년 개정의 주요 내용은, 「① 자기거래의 적용대상자 확대, ② 이사회 사전승인의 명문화, ③ 이사회 승인요건의 강화, ④ 사전개시의무 및 거래의 내용과 절차가 공정할 것을 명문으로 요구함」이라고 할 수 있겠다.

2) 구 상법 제398조 하에서 이사회 승인을 얻지 못한 자기거래행위의 효력에 관한 판례의 태도를 요약하면, 다음과 같다.

❶ 회사의 대표이사가 이사회의 승인 없이 한 이른바 자기거래행위는 회사와 이사 간에서는 무효이지만, 회사가 위 거래가 이사회의 승인을 얻지 못하여 무효라는 것을 제3자에 대하여 주장하기 위해서는 거래의 안전과 선의의 제3자를 보호할 필요상 이사회의 승인을 얻지 못하였다는 것 외에 제3자가 이사회의 승인 없음을 알았다는 사실을 증명하여야 하고,[112] 비록 제3자가 선의였다 하더라도 이를 알지 못한 데 중대한 과실이 있음을 증명한 경우에는 악의인 경우와 마찬가지라고 할 것이며, 이 경우 중대한 과실이라 함은 제3자가 조금만 주의를 기울였더라면 그 거래가 이사와 회사 간의 거래로서 이사회의 승인이 필요하다는 점과 이사회의 승인을 얻지 못하였다는 사정을 알 수 있었음에도 만연히 이사회의 승인을 얻은 것으로 믿는 등 거래통념상 요구되는 주의의무에 현저히 위반하는 것으로서 공평의 관점에서 제3자를 구태여 보호할 필요가 없다고 봄이 상당하다고 인정되는 상태를 말한다.[113]

---

110) 정동윤 감수, 상법 회사편 해설, 법무부(2012), 227–228면.
111) 구승모, "상법 회사편 입법과정과 향후 과제", 선진상사법률연구 제55호, 법무부(2011), 120면.
112) 대법원 1984. 12. 11. 선고 84다카1591 판결, 1994. 10. 11. 선고 94다24626 판결 등.
113) 대법원 2004. 3. 25. 선고 2003다64688 판결 등.

대우로지스틱스 판결(대법원 2014. 6. 26. 선고 2012다73530 판결)에서
는, 이러한 법리에 따라, 대우로지스틱스와 피고 회사 쌍방의 적법한 대
표이사인 甲이 두 회사를 동시에 대표하여 원고인 서울보증보험과 사이
에 피보험자를 대우조선해양으로, 대우로지스틱스를 보험계약자로, 피고
를 보증인으로 하는 연대보증계약을 체결한 사안에서, 이사회 결의·승인
의 부존재 사실 및 이에 관한 제3자의 악의·과실을 증명할 책임은 피고
회사에 있을 뿐만 아니라, 이 사건 연대보증계약 당시 대우로지스틱스가
피고 회사 지분의 72.8%를 소유하고 있었고 대우로지스틱스도 사실상 소
외인의 지배 하에 있어 소외인이 위 두 회사를 사실상 지배하고 있었으
므로, 원고가 위 연대보증계약에 관하여 피고 회사 이사회의 결의나 승
인이 없었다고 의심할 만한 특별한 이유가 있었다고 보기 어렵다는 이유
로, 거래상대방인 원고의 중과실을 인정한 원심을 파기하였다.

❷ 구 상법 제398조의 취지가 회사와 주주에게 예기치 못한 손해를
끼치는 것을 방지함에 있으므로, 그 채무부담행위에 대하여 주주 전원이
이미 동의하였다면 회사는 이사회의 승인이 없었음을 이유로 그 책임을
회피할 수 없고,[114] 주주 전원이 사후에 추인한다면 이사회 승인이 없었
더라도 유효하다.

❸ 상법 제398조 전문이 이사와 회사 사이의 이익상반거래에 대하
여 이사회의 사전 승인만을 규정하고 사후 승인을 배제하고 있다고 볼
수는 없다.[115]

❹ 나아가 구 상법 제398조 하에서도 대법원은 이사회의 승인이 필
요한 이사와 회사의 거래에는 "이사가 거래의 상대방이 되는 경우뿐만 아
니라 상대방의 대리인이나 대표자로서 회사와 거래를 하는 경우와 같이
특별한 사정이 없는 한 회사와 이사 사이에 이해충돌의 염려 내지 회사에
불이익을 생기게 할 염려가 있는 거래"도 포함된다고 보았고, 이사의 자
기거래에 이사회의 승인을 요하는 이유는 이사와 회사 사이의 이익상반

---

114) 대법원 2002. 7. 12. 선고 2002다20544 판결.
115) 대법원 2007. 5. 10. 선고 2005다4284 판결.

거래가 비밀리에 행해지는 것을 방지하고 그 거래의 공정성을 확보함과
아울러 이사회에 의한 적정한 직무감독권의 행사를 보장하기 위해서이므
로, "거래와 관련된 이사는 이사회의 승인을 받기에 앞서 이사회에 그 거
래에 관한 자기의 이해관계 및 그 거래에 관한 중요한 사실들을 개시하여
야 할 의무가 있다."고 함으로써(대법원 2017. 9. 12. 선고 2015다70044 판
결, 한화대표소송), 명문의 규정 없이도 사전개시의무를 인정하였던바, 이
러한 판단은 당연히 현행 상법에서도 유지될 것으로 보인다.

　　3) 상법 제398조가 현재와 같이 개정된 이후, 확대된 대상자의 범위
해석과 관련한 문제(더불어 신주발행, 사채발행, 합병 등 소위 '자본거래'[116]가
본조의 거래에 해당될 것인지 여부[117]), 주요주주 등이 대상자에 포함되었음
에도 종전 판례[118]와 같이 이사회 승인을 (정관에 의해) 주주총회의 승인
으로 갈음할 수 있다고 볼 수 있을지, 사전승인이 명문화 되었음에도 여
전히 사후추인이 인정될 것인지[이에 대하여 허용되지 않는다는 견해[119]와,

---

116) 자본거래란 손익거래와 대치되는 용어로, 이익잉여금이 아닌 자본 항목에 증
　　감·변동을 일으키는 거래를 의미한다.
117) 적용긍정설을 취하는 견해로 권윤구, "이사 등의 자기거래", 주식회사법대계 Ⅱ,
　　법문사(2019), 721면; 김건식·노혁준·천경훈, 회사법, 박영사(2021), 442면; 송옥
　　렬, 상법강의, 홍문사(2021), 1063면; 임재연, 회사법 Ⅱ, 박영사(2020), 511면; 장덕
　　조, 회사법, 법문사(2019), 366면 등이 있고, 적용부정설을 취하는 견해로 권기범,
　　현대회사법론, 삼영사(2021), 893면; 권재열, "모회사의 이사에 대한 자회사의 실권
　　주 배정에 관련된 몇 가지 쟁점의 검토", 선진상사법률연구 제65호(2014), 32면; 송종
　　준, "주주전원동의에 의한 이사의 자기거래의효력", 법조 제728호, 법조협회(2018),
　　718면; 주석상법 회사(Ⅲ), 한국사법행정학회(2014), 338-339면 등이 있다.
118) 대법원 2007. 5. 24. 선고 2005다4284 판결.
　　"이사와 회사 사이의 이익상반거래에 대한 승인은 주주 전원의 동의가 있다거
　　나 그 승인이 정관에 주주총회의 권한사항으로 정해져 있다는 등의 특별한 사정이
　　없는 한 이사회의 전결사항이라 할 것이므로, 이사회의 승인을 받지 못한 이익상
　　반거래에 대하여 아무런 승인 권한이 없는 주주총회에서 사후적으로 추인 결의를
　　하였다 하여 그 거래가 유효하게 될 수는 없다."
119) 김한종, "상법상 이사 등의 자기거래에 관한 연구-상법 제398조의 해석상의
　　주요 쟁점 및 입법론적 개선방안-", 법학연구 제29권 제2호, 충북대학교(2018),
　　289면; 김홍기, 상법강의, 박영사(2021), 624면; 박세화, "상법상 자기거래 규제규정
　　의 해석상 쟁점 및 입법적 개선방안-자기거래의 유효요건 및 이사의 손해배상책
　　임을 중심으로-", 상사법연구 제34권 제2호, 한국상사법학회(2015), 410면; 송종
　　준, "주주전원동의에 의한 이사의 자기거래의효력", 법조 제728호, 법조협회(2018),

여전히 사후추인이 긍정된다는 견해[120]가 병존하는 바 흥미롭다), 공정성 요건
이 추가된 이상 그 요건이 흠결된 거래의 효과(특히 이사회 승인은 거쳤으
나 공정성이 흠결된 거래의 경우)를 어떻게 볼 것인지 등에 관한 논쟁이 뜨겁다.

아직까지 개정 후 상법 제398조가 적용된 사안으로 이러한 쟁점들에
관하여 주목할 만한 법리가 판시된 대법원 판결은 찾아볼 수 없다. 다만
개정된 상법 제398조의 취지에 관하여 "이사 등이 그 지위를 이용하여 회
사와 거래를 함으로써 자기 또는 제3자의 이익을 도모하고 회사와 주주에
게 예기치 못한 손해를 끼치는 것을 방지하기 위한 것으로, 이사와 지배주
주 등의 사익추구에 대한 통제력을 강화하고자 그 적용대상을 이사 외의
주요주주 등에게까지 확대하고 이사회 승인을 위한 결의요건도 가중하여
정하였다."고 한 대법원 2020. 7. 9. 선고 2019다205398 판결이 있다.
위 판결은 소규모 주식회사 사안이어서 상법 제383조 제4항에 따라 이사
회 대신 주주총회 결의가 필요하였는데, 대법원은 주주총회 의결정족수를
충족하는 주식을 가진 주주들의 동의나 승인만으로는 주주총회 결의가
있는 것과 마찬가지라고 볼 수 없다는 법리를 재차 확인하면서, 사실상
주주총회 결의가 있는 것과 동일하다는 당사자의 주장을 배척하였다.

구 상법 제398조가 적용된 사안에서 대법원은 재차 이사회 승인이
없었더라도 "주주 전원의 동의"가 있었다면 회사는 이사회 승인이 없었음
을 이유로 그 책임을 피할 수 없다는 종래의 법리를 확인하였다(대법원
2017. 8. 18. 선고 2015다5569 판결). 위 사안의 경우 甲이 원고 회사와 피
고 회사의 대표이사 지위를 겸하고 있어서 원·피고 사이의 공급계약이

721면; 이철송, 회사법강의, 박영사(2021), 784면; 정동윤, 상법 상, 법문사(2012),
635면; 정찬형, 상법강의(상), 박영사(2021), 1058－1059면; 최준선, 회사법, 삼영사
(2018), 545면; 홍복기·박세화, 회사법강의, 법문사(2019), 520면.
120) 권기범, 현대회사법론, 삼영사(2021), 885면; 권윤구, "이사 등의 자기거래", 주
식회사법대계 Ⅱ, 법문사(2019), 725면; 김건식·노혁준·천경훈, 회사법, 박영사
(2021), 446면; 송옥렬, 상법강의, 홍문사(2021), 1065면; 장정애, "이사의 자기거래
규제 강화에 따른 실무상 개선방안에 관한 고찰", 비교사법 제22권 제3호, 한국비
교사법학회(2015), 1332, 1345－1347면; 천경훈, "개정상법상 자기거래 제한 규정의
해석론에 관한 연구, 저스티스 제131호, 한국법학원(2012), 82면.

상법 제398조의 자기거래에 해당하였다. 위 甲은 원고의 1인 주주이기도 하였으나 동시에 甲이 제3자에게 그 소유 주식에 관해 질권을 설정해 주었기 때문에 문제가 되었는데, "질권설정 계약 등에 따라 질권자가 담보 제공자인 주주로부터 의결권을 위임받아 직접 의결권을 행사하기로 약정하는 등의 특별한 약정이 있는 경우를 제외하고 질권설정자인 주주는 여전히 주주로서의 지위를 가지고 의결권을 행사할 수 있다."고 하여 1인 주주인 甲이 동의하였음을 전제로 해당 거래가 유효라고 보았다. 특이한 점은 대법원 판결문에 괄호를 사용하여 "(다만 2011. 4. 14. 법률 제10600호로 개정되어 2012. 4. 15.부터 최초로 체결된 거래부터 적용되는 현행 상법 제398조는 '상법 제542조의8 제2항 제6호에 따른 주요주주의 경우에도 자기 또는 제3자의 계산으로 회사와 거래를 하기 위해서는 미리 이사회에 해당 거래에 관한 중요사실을 밝히고 이사회의 승인을 받아야 한다')"라고 부기하고 있다는 점이다. 이러한 기재에 비추어 보면 개정 상법 하에서는 종래의 판결 법리(주주 전원의 동의 또는 주주총회 승인이 이사회 승인을 갈음할 수 있다는 법리 및 사후 추인이 가능하다는 법리)가 그대로 통용될 것으로 보기는 어려울 것으로 보이기도 한다.

　　역시 구 상법이 적용된 신세계 대표소송 사건(대법원 2013. 9. 12. 선고 2011다57869 판결)에서, 대법원은 "자회사가 모회사의 이사와 거래를 한 경우에는 설령 모회사가 자회사의 주식 전부를 소유하고 있더라도 모회사와 자회사는 상법상 별개의 법인격을 가진 회사이고, 그 거래로 인한 불이익이 있더라도 그것은 자회사에게 돌아갈 뿐 모회사는 간접적인 영향을 받는 데 지나지 아니하므로, 자회사의 거래를 곧바로 모회사의 거래와 동일하게 볼 수는 없다. 따라서 모회사인(신세계)의 이사와 자회사(광주신세계)의 거래는 모회사와의 관계에서 구 상법 제398조가 규율하는 거래에 해당하지 아니하고, 모회사의 이사는 그 거래에 관하여 모회사 이사회의 승인을 받아야 하는 것이 아니다."라고 하였다. 즉, 구 상법에 따라 '회사와 이사 사이의 자기거래'인지 여부만 문제가 되었는데, 자회사(B)가 모회사(A)의 이사에게 신주를 발행한 것이므로 "모회사(A)의 이사와 자회사

(B) 사이의 거래"이어서 개정 전 상법 제398조가 적용되지 않는다고 판단
되었던 것이다. 만약 현재의 상법 제398조에 따라 자본거래가 규제된다
는 견해를 취한다면, 위 사안은 결국 자본거래의 일종인 신주인수(실권주
의 배정)에 관한 것이라는 점에서는 상법 제398조가 적용된다고 볼 여지
가 있다.

3. 이사의 보수

1) 상법 제338조의 강행규정성

"이사의 보수는 정관에 그 액을 정하지 아니한 때에는 주주총회의
결의로 이를 정한다."고 규정된 상법 제388조는 이사가 자신의 보수와 관
련하여 개인적 이익을 도모하는 폐해를 방지하여 회사와 주주 및 회사채
권자의 이익을 보호하기 위한 강행규정이다. 상법 제388조의 보수에는
월급·상여금·연봉 등 명칭 여하를 불문하고 이사의 직무수행에 대한
보상으로 지급되는 일체의 대가가 포함되고(통설, 판례[121]) 정관이나 주주
총회 결의에서 총액 내지 한도액만을 정하고, 개별 이사에 대한 지급액
등 구체적인 사항은 이사회에 위임하는 것이 가능하다(대법원 2012. 3. 29.
선고 2012다1993 판결).

2) 이사의 보수청구권

대법원은, 이사·감사로 적법하게 선임되었다면 실제 그 업무를 수
행하지 않거나 명목상의 이사·감사에 불과하다 하더라도 특별한 사정이
없는 한 보수청구권을 가진다고 하면서, 이때의 특별한 사정으로는, "이
사·감사를 선임하거나 보수를 정한 주주총회 결의의 효력이 무효이거나
또는 위와 같은 소극적인 직무 수행이 주주총회에서 그 이사·감사를 선
임하면서 예정하였던 직무 내용과 달라 주주총회에서 한 선임 결의 및 보
수지급 결의에 위배되는 배임적인 행위에 해당하거나, 오로지 보수의 지급

121) 퇴직위로금에 관한 대법원 2004. 12. 10. 선고 2004다25123 판결, 퇴직연금에
    관한 대법원 2018. 5. 30. 선고 2015다51968 판결, 공로상여금에 관한 대법원
    1978. 1. 10. 선고 77다1788 판결, 퇴직금에 관한 대법원 2016. 1. 28. 선고 2014다
    11888 판결, 해직보상금에 관한 대법원 2006. 11. 23. 선고 2004다49570 판결 등.

이라는 형식으로 회사의 자금을 개인에게 지급하기 위한 방편으로 이사·감사로 선임한 것이라는 등"의 사정을 예시하고 있다(대법원 2015. 7. 23. 선고 2014다236311 판결 및 2015. 9. 10. 선고 2015다213308 판결).

다만 이사·감사가 회사에 대하여 제공하는 반대급부와 그 지급받는 보수 사이에는 합리적 비례관계가 유지되어야 하므로 그 보수가 합리적인 수준을 벗어나서 현저히 균형성을 잃을 정도로 과다하거나, 오로지 보수의 지급이라는 형식으로 회사의 자금을 개인에게 지급하기 위한 방편으로 이사·감사로 선임하였다는 등의 특별한 사정이 있는 경우에는 보수청구권의 일부 또는 전부에 대한 행사가 제한되고 회사는 합리적이라고 인정되는 범위를 초과하여 지급된 보수의 반환을 구할 수 있다. 보수청구권의 제한 여부와 그 제한 범위는, 직무를 수행하는 이사·감사가 제공하는 급부의 내용 또는 직무 수행의 정도, 지급받는 보수의 액수와 회사의 재무상태, 실질적인 직무를 수행하는 이사 등의 보수와의 차이, 소극적으로 직무를 수행하는 이사·감사를 선임한 목적과 그 선임 및 자격 유지의 필요성 등 변론에 나타난 여러 사정을 종합적으로 고려하여 판단하여야 한다.

이러한 합리적 비례관계를 이유로, "**회사 재무상황이나 영업실적에 비추어 현저히 균형성을 잃을 정도로 과다해서는 아니 된다**"라고 하면서 주주총회의 승인이 있었음에도 불구하고 그 보수 지급이 회사에 대한 배임행위에 해당한다고 하여 이사 등의 회사에 대한 퇴직금청구를 기각한 대법원 2016. 1. 28. 선고 2014다11888 판결도 주목할 만하다. 특히 위 판결은 주주총회의 승인이 있었음에도 이사의 보수청구권을 부인하였다는 점에서 의미가 있다. 그러나 합리적 비례관계를 상실한 보수지급을 승인한 주주총회 결의가 무효인지에 관하여 명시적 판단을 하지 아니한 아쉬움은 있다.[122]

---

122) 권재열, "이사보수의 결정을 둘러싼 몇 가지 쟁점의 검토", 법학논고 제57집, 경북대학교 출판부(2017), 163면.

3) 보수의 지급시기와 방법이 이례적인 경우

원고 회사 정관에서 '(임원의) 보수는 주주총회에서 총액을 정하고 각자의 보수액은 이사회의 결의로 정한다. … 퇴직위로금도 같다. 그 지급액은 …로 한다.'라고 정하였고, 이사회에서 제정한 임원퇴직급여 규정에서 '회사는 임원의 신청이 있으면 퇴직금 중간정산을 실시할 수 있다. … 본 규정 시행 전 퇴직금을 중간정산한 경우에는 본 규정에 의해 산출된 퇴직금에서 기정산 지급한 금액을 공제한 금액으로 지급한다'라고 정하고 있었는데, 위 임원퇴직급여 규정에 따라 퇴직금 중간정산금을 지급받은 피고(현재 원고의 이사이자, 과거 원고의 대표이사)를 상대로, 회사인 원고가 상법 제388조 위반을 이유로 부당이득 반환을 구하였다. 대법원은 "퇴직금 중간정산금은 지급시기가 일반적으로 정해져 있는 정기적 보수 또는 퇴직금과 달리 권리자인 이사의 신청을 전제로 이사의 퇴직 전에 지급의무가 발생하게 되므로, 이사가 중간정산의 형태로 퇴직금을 지급받을 수 있는지 여부는 퇴직금의 지급시기와 지급방법에 관한 매우 중요한 요소"라고 보아, 위 사건 회사의 정관 등에서 이사의 퇴직금에 관하여 주주총회의 결의로 정한다고만 규정하였고, 정관 또는 주주총회 결의로 '퇴직금 중간정산'에 관하여 정하였음을 인정할 증거가 없는 이상, 이사회에서 제정한 임원퇴직급여 규정은 퇴직금 중간정산의 근거가 될 수 없다는 이유로, 원고의 부당이득반환 청구를 인용한 원심이 정당하다고 하였다(대법원 2019. 7. 4. 선고 2017다17436 판결).

퇴직금 중간정산금은 통상의 퇴직금과 달리 그 지급 시기와 방법 등이 이례적이어서 회사가 퇴직금 지급을 전제로 예상한 범위를 넘어선다는 점, 근로자가 퇴직금 중간정산을 받기 위하여도 근로자의 요구와 사용자의 승낙 뿐 아니라 중간정산사유가 필요할 것을 요하는데(근로자퇴직급여 보장법 제8조 등), 임원이라는 이유로 상법 제388조의 제한조차 받지 않고 퇴직금 중간정산금을 지급받을 수 있다면 근로자보다 훨씬 쉽게 퇴직금 중간정산금의 명목으로 보수를 지급받을 수 있다는 결론에 이르게 되어 불합리하다는 점 등에 비추어 보면, 위 판결의 타당성을 이해할 수 있다. 특히 위 판결의 원고 회사는 법정퇴직금 제도를 취하고 있어서 피고에게 지급된 퇴직금 중간정산금은 어느 모로 보더라도 원고회사의 자산이었다. 반면 대표이사에 대한 퇴직금 중간정산에 대해 "주주총회 또는 이사회의 결의를 반드시 거치도록 하고 있다고 볼 수 없다"라고 판단한 원심을 수긍한 대법원 2010. 3. 11. 선고 2007다71271 판결[123]의 사실관계는 이와 구별되는데, 위 사안의 회사인 T전자는 퇴직보험(퇴직신탁)계약[124]을 체결하여 퇴직금 제도를 운영하고 있었기 때문에, T전자의 대표이사였던 피고가 T전자의 중간정산금 지급 동의에 따라 제3자(보험회사들)로부터 보험금을 수령하는 방식으로 지급받은 중간정산금은 곧 보험계약의 피보험자로 되어 있던 피고(T전자 대표이사)의 재산이고, T전자의 재산으로 보기 어려웠다.

대법원 2020. 4. 9. 선고 2018다290436 판결은, 원고 회사 정관에서 이사의 보수에 관해 주주총회 결의로 정하도록 하고 있음에도 과거

---

123) "원심이 T전자의 정관이나 임원퇴직금지급규정 등에서 T전자의 임원들에 대한 퇴직금 중간정산 규정을 별도로 두고 있지는 아니하나, 직원들에게 적용되는 임금규정에 의하면 회사는 사원이 요구하는 경우 퇴직하기 전에 당해 사원이 계속 근로한 기간에 대한 퇴직금을 미리 정산하여 지급할 수 있도록 하는 중간정산 규정을 마련하고 있고, 그 밖에 이사 등 임원에 대한 퇴직금의 중간정산이 허용되지 않는다거나, 주주총회 또는 이사회의 결의를 반드시 거치도록 하고 있다고 볼 수 없고, 퇴직금보험계약에 의한 보험금청구권이 파산재단에 속하는 것이 아니라 개별 피보험자에 귀속되는 것인 이상, 단지 피고가 T전자의 대표이사로서 퇴직금 중간정산에 동의하는 형태를 취하여 그 보험금을 지급받았다는 사정만으로는 그 중간정산 동의행위가 대표이사로서의 대표권을 남용하여 T전자로 하여금 그 퇴직보험금 수령액 상당의 손해를 입게 한 불법행위를 저질렀다고 볼 수 없다고 하여 원고의 주장을 배척한 것은 정당하여 수긍할 수 있고, 거기에 상고이유에서 주장하는 대표권의 남용에 대한 법리오해의 위법이 없다."

124) 퇴직보험 제도는 1997. 3. 13. 제정된 근로기준법에 포함되어 도입되었던 제도로서, ① 기업이 도산하는 경우 퇴직금을 확실하게 지급받기 어렵고, ② 퇴직금을 일시금으로 지급받는 경우 노후 생활안정에 미흡한 면이 있으며, ③ 사용자측에서는 근로자의 근속 연수가 길어질수록 퇴직금이 증가해 관리 운영부담이 크므로 이를 해소하는 데 그 의의가 있다고 평가되었다. 퇴직연금 제도를 도입한 근로자퇴직급여 보장법 시행에 따라 위 규정이 삭제되었고 현재는 찾아볼 수 없다(근로자퇴직급여 보장법 시행일인 2005. 12. 1.부터 새로운 퇴직보험 등 가입을 할 수 없게 되고, 기존 가입자 역시 퇴직급여 충당금 적립제도 또는 퇴직연금 제도로 전환해야 할 의무를 부담하게 되었다)[박정택, "퇴직보험 제도 실효와 관련한 문제점 및 쟁점", 노동법률 제216호, 중앙경제사(2009), 80면].

원고 회사의 대표이사였던 피고가 주주총회 결의 없이 회사 대주주의 승인만 받고 '특별성과급 약 28억 원'을 지급받은 사안에서, "주주총회를 개최하였더라도 결의가 이루어졌을 것이 예상된다는 사정만으로 결의가 있었던 것과 같게 볼 수는 없다."고 하여, 원고의 피고에 대한 부당이득반환청구를 인정하였다. 위 사건 피고는, 주주총회에서 이사 보수 한도액을 20억 원으로 정한 이상 적어도 위 한도액 범위 내에서는 부당이득이 성립하지 않고 그 한도를 초과한 부분만 부당이득이 될 것이라고도 다투었으나, 대법원은 "이 사건 특별성과급의 지급에 관한 의사결정이 주주총회의 결의를 거치지 않아 무효라면 이 사건 특별성과급의 일부가 주주총회에서 정한 이사의 보수한도액 내에 있다는 사정만으로 그 부분의 지급을 유효하다고 볼 수도 없다."고 하여 위 주장 역시 받아들이지 않았다. 이는, 주주총회에서 보수의 한도액을 정한 다음 수인의 이사들에게 과도한 특별성과급을 지급한 경우를 상정해 보면 쉽게 수긍할 수 있다. 회사가 이사 A에게 지급한 특별성과급은 보수 한도액 범위 내로서 유효하고 이사 B에게 지급한 특별성과급은 그렇지 않다고 판단할 수는 없기 때문이다(만약 이와 같이 본다면 회사가 수인의 이사들 중 상대방을 선택하여 부당이득 반환을 청구하는 것이 가능하다는 부당한 결론에 이른다).

　　4) 이사의 퇴직연금채권 등이 민사집행법상 압류금지채권에 해당하는지 여부

　　대법원 2018. 5. 30. 선고 2015다51968 판결은, 채무자가 주식회사 이사 등이라거나, 그 급여채권이 위임관계에 기초하여 발생하였다는 이유만으로 채무자의 기본적인 생활(생계) 보장과 직무의욕 유지라는 사회적·정책적 배려가 불필요하다고 볼 수 없다는 등의 이유를 들어, 주식회사의 이사 등의 보수가 합리적인 수준을 벗어나서 현저히 균형을 잃을 정도로 과다하거나, 이를 행사하는 사람이 법적으로는 주식회사 이사 등의 지위에 있으나 이사 등으로서의 실질적인 직무를 수행하지 않는 이른바 명목상 이사 등에 해당한다는 등의 특별한 사정이 없는 이상, 민사집행법 제246조 제1항 제4호 또는 제5호가 정하는 압류금지채권에 해당한다고

하였다.

이사 등은 근로기준법상의 근로자에 해당하지 아니하므로, 회사가 퇴직연금제도를 설정한 경우에 퇴직한 이사 등이 퇴직연금 사업자를 상대로 가지는 퇴직연금 채권에 관하여는, '퇴직연금 제도의 급여를 받을 권리'의 양도 금지를 규정한 근로자퇴직급여 보장법 제7조 제1항은 적용되지 않는다(대법원 2016. 12. 1. 선고 2015다244333 판결).

그러나, 이러한 퇴직연금이 이사 등의 재직 중의 직무수행에 대한 대가로서 지급되는 급여라고 볼 수 있는 경우에는, 그 이사 등이 퇴직연금사업자를 상대로 가지는 퇴직연금 채권은 민사집행법 제246조 제1항 제4호 본문이 정하는 '퇴직연금, 그 밖에 이와 비슷한 성질의 급여채권'으로서 압류금지채권에 해당한다. 이러한 퇴직연금이 이사 등의 재직 중의 직무수행에 대한 대가로서 지급되는 급여에 해당하는지 여부는 회사가 퇴직연금제도를 설정한 경위와 그 구체적인 내용, 이와 관련된 회사의 정관이나 이사회, 주주총회 결의의 존부와 그 내용, 이사 등이 회사에서 실질적으로 수행한 직무의 내용과 성격, 지급되는 퇴직연금의 액수가 이사 등이 수행한 직무에 비하여 합리적인 수준을 벗어나 현저히 과다한지, 당해 퇴직연금 이외에 회사가 이사 등에게 퇴직금이나 퇴직위로금 등의 명목으로 재직 중의 직무수행에 대한 대가로 지급하였거나 지급할 급여가 있는지, 퇴직연금사업자 또는 다른 금융기관이 당해 이사 등에게 퇴직연금의 명목으로 지급하였거나 지급할 다른 급여의 존부와 그 액수, 그 회사의 다른 임원들이 퇴직금, 퇴직연금 등의 명목으로 수령하는 급여와의 형평성 등을 종합적으로 고려하여 판단하여야 한다(대법원 2018. 5. 30. 선고 2015다51968 판결).

5) 유한회사 사원총회에서 이사보수를 감액하는 결의를 한 경우

대법원 2017. 3. 30. 선고 2016다21643 판결은 유한회사의 사원총회에서 이사보수 감액의 결의를 한 사안이지만, 주식회사에도 마찬가지 법리가 적용될 것이다[주식회사와 유한회사 모두 이사의 보수는 정관에 근거가 없으면 주주총회 또는 사원총회의 결의로 정하도록 되어 있다. 상법 제388조와

제567조. 위 판결은, "유한회사에서 상법 제567조, 제388조에 따라 정관
또는 사원총회 결의로 특정 이사의 보수액을 구체적으로 정하였다면, 그
보수액은 임용계약의 내용이 되어 그 당사자인 회사와 이사 쌍방을 구속
하므로, 그 이사가 보수의 변경에 대하여 명시적으로 동의하였거나, 적어
도 직무의 내용에 따라 보수를 달리 지급하거나 무보수로 하는 보수체계
에 관한 내부규정이나 관행이 존재함을 알면서 이사직에 취임한 경우와
같이 직무내용의 변동에 따른 보수의 변경을 감수한다는 묵시적 동의가
있었다고 볼 만한 특별한 사정이 없는 한, 유한회사가 그 이사의 보수를
일방적으로 감액하거나 박탈할 수 없다. 따라서 유한회사의 사원총회에서
임용계약의 내용으로 이미 편입된 이사의 보수를 감액하거나 박탈하는 결
의를 하더라도, 이러한 사원총회 결의는 그 결의 자체의 효력과 관계없이
그 이사의 보수청구권에 아무런 영향을 미치지 못한다."라고 하였다.[125]
대법원은, 이러한 법리에 따라 이사가 회사를 상대로 보수감액 결의의
무효확인을 구할 이익이 없다고 보아, 본안판단에 나아간 원심을 파기하
고 소 각하의 자판을 하였다.

한편, 이러한 법리는, 이사의 임용계약기간 중에 퇴직금 산정방법
등에 관한 규정이 변경되면 퇴직 당시의 규정에 따라 퇴직금이 지급되어
야 한다는 점(**대법원 2006. 5. 25. 선고 2003다16092 판결 참조**)과는 구별되어
야 한다.

4. 대표이사의 대외적 거래행위
1) 이사회 결의 없이 한 대표이사의 행위

주식회사의 대표이사가 이사회 결의를 거쳐야 함에도 이를 거치지
않고 제3자와 대외적 거래행위를 한 경우 보호되는 상대방의 범위에 관
하여, **대법원 1978. 6. 27. 선고 78다389 판결**에서 "이사회의 결의가 없
었다는 것을 '알거나 알 수 있었다는 점'에 대한 회사측의 아무런 주장·

---

125) 주식회사 상무이사에 대해 주주총회에서 퇴직위로금을 지급하지 않기로 한 결
    의는 효력이 없다고 본 대법원 1977. 11. 22. 선고 77다1742 판결이 있다.

증명이 없는 이 사건에 있어, 이사회 결의가 없다는 이유만으로 계약이 무효라고 단정할 수 없다"고 판단한 이후 수십 년 동안 "상대방이 이사회 결의 없었음을 알았거나 알 수 있었던 경우가 아니라면 거래행위는 유효"라고 하여 선의·무과실의 상대방을 보호하는 법리가 확립되어 있었다. 이에 대하여는 선의·무과실의 상대방을 보호하는 근거에 대한 논리적 의문과 경과실 있는 자를 보호하는 다수 상법 사안과의 균형, 상법 제389조 제3항에 의해 준용되는 상법 제209조 제2항이 존재함에도 위 규정을 적용하지 않는 불합리 등 여러 가지 측면에서 비판이 제기되어 왔다.

대법원 2021. 2. 18. 선고 2015다45451 전원합의체 판결은, 명시적으로 선의자를 보호하도록 한 상법 제209조 제2항이 존재함에도 명확한 근거 없이 선의·무과실의 상대방을 보호하는 기존 판례의 논리적 흠결을 극복하는 한편 상법 제393조 제1항의 해석론이 명확하지 않은 현재 상황에서 상법 제393조 제1항에 따라 이사회 결의를 요하는 경우에 이를 흠결한 소위 '법률상 제한'의 경우를 내부적 제한과 구별하여 취급할 경우의 혼란, 회사 내부의 문제인 이사회 결의 흠결로 인한 위험을 거래 상대방에게 전가하는 것은 바람직하지 않다는 점 등을 근거로 하여 법률상 제한과 내부적 제한 모두 상법 제209조 제2항에 따르되 중과실 있는 자는 위 조항의 '선의'자에 포함되지 않는다고 함으로써 결론적으로 선의·무중과실의 상대방을 보호하는 견해를 취하였다. 이에 따라 이사회 결의 없이 행한 대표이사의 대외적 거래행위에 관하여 선의·무과실의 상대방을 보호하였던 종래 판례들은 모두 변경되었다. 원문을 발췌하여 소개하면 아래와 같다.

"… 대표권이 제한된 경우에 대표이사는 그 범위에서만 대표권을 갖는다. 그러나 그러한 제한을 위반한 행위라고 하더라도 그것이 회사의 권리능력을 벗어난 것이 아니라면 대표권의 제한을 알지 못하는 제3자는 그 행위를 회사의 대표행위라고 믿는 것이 당연하고 이러한 신뢰는 보호되어야 한다. 일정한 대외적 거래행위에 관하여 이사회 결의를 거치도록 대표이사의 권한을 제한한 경우에도 이사회 결의는 회사의 내부적 의사결정절차에 불과하고, 특별한 사정이 없는 한 거래 상대방으로서는 회사의 대표자가 거래에 필요한 회사의 내부절차를 마쳤을 것으로 신뢰하였다고 보는 것이 경험칙에 부합한다. 따라서 회사 정관이나 이사회 규정 등에서 이사회 결의를 거치도록 대표이사의 대표권을 제한한 경우(이하 '내부적 제한'이라 한다)에도 선의의 제3자는 상법 제209조 제2항에 따라 보호된다.

거래행위의 상대방인 제3자가 상법 제209조 제2항에 따라 보호받기 위하여 선의 이외에 무과실까지 필요하지는 않지만, 중대한 과실이 있는 경우에는 제3자의 신뢰를 보호할 만한 가치가 없다고 보아 거래행위가 무효라고 해석함이 타당하다. 중과실이란 제3자가 조금만 주의를 기울였더라면 이사회 결의가 없음을 알 수 있었는데도 만연히 이사회 결의가 있었다고 믿음으로써 거래통념상 요구되는 주의의무를 현저히 위반하는 것으로, 거의 고의에 가까운 정도로 주의를 게을리하여 공평의 관점에서 제3자를 구태여 보호할 필요가 없다고 볼 수 있는 상태를 말한다. 제3자에게 중과실이 있는지는 이사회 결의가 없다는 점에 대한 제3자의 인식가능성, 회사와 거래한 제3자의 경험과 지위, 회사와 제3자의 종래 거래관계, 대표이사가 한 거래행위가 경험칙상 이례에 속하는 것인지 등 여러 가지 사정을 종합적으로 고려하여 판단하여야 한다. 그러나 제3자가 회사 대표이사와 거래행위를 하면서 회사의 이사회 결의가 없었다고 의심할 만한 특별한 사정이 없다면, 일반적으로 이사회 결의가 있었는지를 확인하는 등의 조치를 취할 의무까지 있다고 볼 수는 없다.

대표이사의 대표권을 제한하는 상법 제393조 제1항은 그 규정의 존재를 모르거나 제대로 이해하지 못한 사람에게도 일률적으로 적용된다. 법률의 부지나 법적 평가에 관한 착오를 이유로 그 적용을 피할 수는 없으므로, 이 조항에 따른 제한은 내부적 제한과 달리 볼 수도 있다. 그러나 주식회사의 대표이사가 이 조항에 정한 '중요한 자산의 처분 및 양도, 대규모 재산의 차입 등의 행위'에 관하여 이사회의 결의를 거치지 않고 거래행위를 한 경우에도 거래행위의 효력에 관해서는 위에서 본 내부적 제한의 경우와 마찬가지로 보아야 한다."

이에 대해 반대의견은 상법 제393조 제1항 위반의 법률상 제한과 내부적 제한을 구별하지 않고 선의·무과실의 상대방을 보호함으로써 거래안전과 회사의 이익 보호 사이에서 균형을 도모함으로써 온 기존 판례의 우월성을 논증하면서, 애초 합명회사를 위해 규정된 상법 제209조 제2항이 주식회사 대표이사에 무비판적으로 준용되는 것에 대한 경계 등을 이유로, 본 쟁점에 관한 판례 변경에 반대하였다.

그러나 다수의견과 반대의견 모두, 주식회사에서 이사회가 중요한 업무집행에 관한 의사결정권을 가진다는 점에는 이론이 없고, 이러한 이사회 권한이 약화되어서는 아니 된다는 문제의식도 같이하고 있다. 다만 다수의견은, 그 위험부담을 거래 상대방에게 전가하기 보다는 회사가 부담하도록 하는 것이 당장은 회사가 손해를 입을지라도 궁극적으로는 회사 스스로 이사회가 제대로 운영되도록 하는 유인을 제공할 것이라고 보는 반면, 반대의견은 이사회 결의가 흠결된 경우 그 거래행위를 유효로 보는 범위를 넓힌다면 이사회 권한이 약화될 것이라고 우려한다는 점에서, 차이가 있을 뿐이다. 또한 분명히 할 것은, 위 판결에서 상법 제209조 제2항을 적용하여 판단하겠다고 선언한 영역은, 기존 판례가 동일 쟁점에 관해 판단하여 오던 법리의 대상영역, 즉, "상법 제393조 제1항에 따라 또는 정관 등 내부규정에 따라 이사회 결의를 거쳐야 함에도 이를 거치지 않고 대표이사가 대외적 거래행위를 한 경우"에 한정된다는 점이다. 상법 제374조 제1항 등 법률에서 요구하는 주주총회 결의를 거치지 않고 대표이사가 행위한 경우 등은 대상판결 법리와 무관함이 명백하고, 다수의견에서 이러한 경우에까지 상법 제209조 제2항이 적용되어야 한다고 판단한 것은 결코 아니다.[126)]

2) 대표권 남용

대표이사가 회사의 영리목적과 관계없이 자기 또는 제3자의 이익을 위하여 대표행위를 한 경우를 대표권의 남용행위라고 하는데, 판례는 그

---

126) 백숙종, "대표이사가 이사회 결의 없이 제3자와 거래행위를 한 경우 상대방의 보호범위", 사법 제56호, 사법발전재단(2021), 892면.

효력에 관해 선의·무과실의 상대방을 보호하면서 "주식회사의 대표이사
가 회사의 이익을 위해서가 아니고 자기 또는 제3자의 이익을 도모할 목
적으로 그 권한을 행사한 경우에 상대방이 대표이사의 진의를 알았거나
알 수 있었을 때에는 그 행위는 회사에 대하여 무효가 된다"고 하여(**대법
원 1993. 6. 25. 선고 93다13391 판결 등 다수**) 대부분 비진의의사표시설을
취한 것으로 평가되어 왔다. 이에 대해 대표행위가 유효하게 성립하기
위해서는 회사에 법률효과를 발생시키려는 의사가 있으면 충분하고 회사
의 이익을 위한다는 의사의 존재는 필요하지 않기 때문에 대표권 남용행
위에 대해 비진의 의사표시의 법리를 유추적용하는 것은 타당하지 않다
는 등[127]의 비판이 있었고, 학계의 다수설[128]은 대표권 남용행위라도 객
관적·추상적으로 볼 때 일단 대표권 내의 유효한 대표행위이므로 유효
하고 다만 상대방이 대표권남용의 사실을 알고 있는 때에는 회사에 대해
그 권리를 행사하는 것은 권리남용 또는 신의칙 위반으로 허용되지 않는
다고 보는 권리남용설이다.

  그러던 중 선고된 대법원 2016. 8. 24. 선고 2016다222453 판결은
"주식회사의 대표이사가 그 대표권의 범위 내에서 한 행위는 설사 대표이
사가 회사의 영리 목적과 관계없이 자기 또는 제3자의 이익을 도모할 목
적으로 그 권한을 남용한 것이라 할지라도 일응 회사의 행위로서 유효하
다. 그러나 그 행위의 상대방이 그와 같은 정을 알았던 경우에는 그로 인
하여 취득한 권리를 회사에 대하여 주장하는 것이 신의칙에 반하므로 회
사는 상대방의 악의를 입증하여 그 행위의 효과를 부인할 수 있다고 함이
상당하다(대법원 1987. 10. 13. 선고 86다카1522 판결 등 참조)."고 하여 일응
권리남용설을 취한 것으로 평가되었으나, 최근 선고된 대법원 2021. 4.
15. 선고 2017다253829 판결에서는 다시 "상대방이 대표이사의 진의를

127) 송옥렬, 상법강의, 홍문사(2021), 1024-1025면; 이철송, 회사법강의, 박영사
  (2021), 730면; 정동윤, 상법 상, 법문사(2012), 617면.
128) 김홍기, 상법강의, 박영사(2021), 595면; 손주찬, 상법(상), 박영사(2004), 786면; 이철송,
  회사법강의, 박영사(2021), 730면; 장덕조, 회사법, 법문사(2019), 333면; 정동윤,
  상법 상, 법문사(2012), 617면.

알았거나 알 수 있었을 때에는 그 거래행위는 회사에 대하여 무효"라고
하였다. 나아가 위 2017다253829 판결에서는 "대표권 남용에 관한 법리는
앞서 본 대표권 제한에 관한 법리와 양립할 수 있다. 즉 대표이사가 대표
권 제한을 위반하여 한 거래행위가 상법 제209조 제2항에 의해 유효한
경우에 해당하더라도 그 거래행위가 대표권을 남용한 행위로서 상대방이
그러한 대표이사의 진의를 알았거나 알 수 있었다면 회사에 대하여 무효
가 될 수 있다."는 법리를 선언하였다. 구체적으로는, 회사 대표이사가 이
사회 결의 없이 회사의 중요자산인 부동산을 제3자에게 증여하는 계약을
체결한 행위에 관해 앞서의 대법원 2015다45451 전원합의체 판결의 법리
에 따라 그 상대방의 악의나 중과실을 인정하기 부족하여 무효라고 보기
어렵다고 하면서도 동시에 그 증여행위가 대표권 남용행위에 해당하고
이러한 남용행위에 관한 상대방의 악의 내지 과실은 인정되므로 이에 따
라 증여계약이 무효라고 본 원심이 타당하다고 하였던 것이다.

5. 이 사 회

1) 2001. 7. 24. 개정 전 상법 제393조 제1항은 '이사회의 권한'이라
는 제목 하에 "회사의 업무집행, 지배인의 선임 또는 해임과 지점의 설
치 · 이전 또는 폐지는 이사회의 결의로 한다."라고만 규정하고 있었는데,
2001. 7. 24. 법률 제6488호로 현행 상법 제393조 제1항(중요한 자산의 처
분 및 양도, 대규모 재산의 차입, 지배인의 선임 또는 해임과 지점의 설치 · 이전
또는 폐지 등 회사의 업무집행은 이사회의 결의로 한다)과 같이 개정되었다.
이러한 개정은 일본 구 상법 제260조 제1항 전단과 제2항을 압축적으로
규정한 것으로,[129] 구 상법에서의 '회사의 업무집행'이라는 문구를 현재의
'중요한 자산의 처분 및 양도, 대규모 재산의 차입 등 회사의 업무집행'이

---

129) 일본 구 상법 제260조 제1항은 "이사회는 회사의 업무집행을 결정하고, 이사의
직무집행을 감독한다."라고, 제2항은 "이사회는 다음 사항 기타 중요한 업무집행에
관하여는 이사로 하여금 결정하도록 할 수 없다."라고 규정하였고, 그 제1호에 "중
요한 재산의 처분 및 양수"를 규정하여, 중요한 재산의 처분에 관하여 이사회가
대표이사에게 그 결정을 일임할 수 없도록 명문으로 규정하고 있었다.

라는 문구로 구체화한 것은 이사회의 활성화를 위한 것으로 이해되고 있다. 이에 대하여 2001년 개정 직후인 2003년 발간된 주석 상법에서도 "일반적으로 자산의 처분·양도나 재산차입이 회사의 일상업무로 대표이사가 단독으로 결정하는 경우가 많기 때문에 중요자산과 대규모 재산은 그 처분·양도·차입에 이사회 결의를 필요로 하며, 대표이사에게 위임할 수 없다는 점을 명시하기 위한 입법"이라고 설명하고 있다.[130]

대법원 2010. 1. 14. 선고 2009다55808 판결은 "상법 제393조 제1항은 … 주식회사의 이사회는 회사의 업무집행에 관한 의사결정권한이 있음을 밝히고 있으므로, 주식회사의 중요한 자산의 처분이나 대규모 재산의 차입행위 뿐만 아니라 이사회가 일반적·구체적으로 대표이사에게 위임하지 않은 업무로서 일상 업무에 속하지 아니한 중요한 업무에 대해서는 이사회의 결의를 거쳐야" 한다고 명시하였다. 즉, 상법 제393조 제1항에서 들고 있는 '중요한 자산의 처분', '대규모 재산의 차입'은 중요한 업무집행의 예시에 불과한 것이다.

대법원 2019. 8. 14. 선고 2019다204463 판결은 이러한 법리를 바탕으로 주식회사에서의 이사회의 역할 및 주식회사에 대한 회생절차개시결정의 효과 등에 비추어 보면 주식회사의 회생절차개시신청은 대표이사의 업무권한인 일상 업무에 속하지 아니한 중요한 업무에 해당하여 이사회 결의가 필요한 업무에 해당한다고 하였다. 따라서 주식회사의 대표이사가 이사회 결의 없이 회사를 채무자로 하는 회생절차개시신청을 하였는데, 이로 인해 회사가 은행 대출금채무에 대한 기한의 이익을 상실하여 추가로 지연손해금을 부담하게 되었다는 등의 상당인과관계까지 인정된다면, 대표이사는 회사에 대해 불법행위에 기한 손해배상책임을 부담할 수 있다. 위 2019다204463 판결 사안은 퇴직한 대표이사가 회사에 대해 퇴직금 지급을 구하자, 회사가 위와 같이 과거 대표이사가 이사회 결의 없이 회생절차개시신청을 하여 회사가 손해를 입었으므로 그 손해배

---

130) 주석 상법 회사(Ⅲ), 한국사법행정학회(2003), 257면.

상채권과 상계하겠다고 항변한 사안으로, 회사의 상계 항변이 일부 받아들여졌다.

주식회사의 중요한 업무는 이사회 결의를 거쳐야 한다는 앞서의 법리는, 대법원 2021. 2. 18. 선고 2015다45451 전원합의체 판결에서도 "이사회가 일반적·구체적으로 대표이사에게 위임하지 않은 업무로서 일상업무에 속하지 않은 중요한 업무의 집행은 정관이나 이사회 규정 등에서 이사회 결의사항으로 정하였는지 여부와 상관없이 반드시 이사회의 결의가 있어야 한다."고 하여 재차 확인되었다.

2) 경영권 분쟁 중인 회사의 대표이사가 반대주주측의 의결권 행사를 허용하는 가처분결정이 내려졌음을 뒤늦게 알고, 이미 소집통지가 마쳐진 임시주주총회에 관해, 그 소집을 철회하기로 이사회에서 결의하였다. 대법원 2011. 6. 24. 선고 2009다35033 판결은 "이사가 주주의 의결권행사를 불가능하게 하거나 현저히 곤란하게 하는 것은 주식회사 제도의 본질적 기능을 해하는 것으로서 허용되지 아니하고, 그러한 것을 내용으로 하는 이사회결의는 무효로 보아야 한다"는 법리를 선언하면서, 다만 해당 사안의 경우에는 반대주주측이 상법 제366조의 임시주주총회 소집청구권을 행사할 수 있다는 등의 이유를 들어 위 이사회결의가 주식회사 제도의 본질적 기능을 해하는 것으로서 무효가 되기에 이르렀다고 보기는 어렵다고 하였다. 또한 위 판결은, 이사회 소집통지를 할 때, 특별한 사정이 없는 한, 주주총회 소집통지의 경우와 달리 회의의 목적사항을 함께 통지할 필요는 없다고도 하였다.

6. 감　사

주식회사의 감사는 회사의 필요적 상설기관으로서 회계감사를 비롯하여 이사의 업무집행 전반을 감시할 권한을 갖는 등 상법 기타 법령이나 정관에서 정한 권한과 의무가 있다. 감사는 이러한 권한과 의무를 선량한 관리자의 주의의무를 다하여 이행하여야 하고, 이에 위반하여 그 임무를 해태한 때에는 그로 인하여 회사가 입은 손해를 배상할 책임이 있다(상법 제414조).

감사업무와 관련하여 회계감사에 관한 상법상의 감사와 「주식회사의 외부감사에 관한 법률」상의 감사인에 의한 감사는 일부 중복되는 면이 있기는 하나 상호 독립적인 것이므로 외부감사인에 의한 감사가 있다고 해서 상법상 감사의 감사의무가 면제되거나 경감되지 않는다(대법원 2019. 11. 28. 선고 2017다244115 판결).

1) 상법 제394조 제1항의 취지

이사와 회사 사이의 소에 관하여 감사로 하여금 회사를 대표하도록 규정한 상법 제394조 제1항은, 이사와 회사 양자 간에 이해의 충돌이 있기 쉬우므로, 그 충돌을 방지하고 공정한 소송수행을 확보하기 위한 것이다. 따라서 법원의 결정에 따라 선임된 회사의 일시대표이사가 있을 경우에는 상법 제394조 제1항은 적용되지 않으므로, 감사가 아닌 일시대표이사가 회사와 이사 사이의 소송에서 회사를 대표하여도 부적법하지 않다(대법원 2018. 3. 15. 선고 2016다275679 판결).

2) 감사·이사의 지위 취득과 임용계약

감사·이사가 그 지위를 언제 취득하는지에 관하여, 종래 판례는 일반 계약법리에 따라 회사의 청약과 피선임자의 승낙에 의한 임용계약이 체결됨에 따라 비로소 그 지위를 취득한다는 임용계약 체결 필요설[131]을 취하였으나, 대법원 2017. 3. 23. 선고 2016다251215 전원합의체 판결로, "이사·감사의 지위는 주주총회의 선임결의가 있고 선임된 사람의 동의가 있으면 취득된다."고 하여 임용계약 체결 불요설(주주총회의 이사·감사 선임결의는 창설적 효력을 갖는 행위로서 그 자체에 청약의 효력이 있고 선임결의가 있으면 피선임자가 이에 동의함으로써 바로 이사·감사 지위를 취득하는 것으로 보아야 한다)로 법리를 변경하였다. 그 근거로는 이사·감사의 선임을 주주총회의 전속적 권한으로 규정하여 주주들의 단체적 의사결정 사항으로 정한 상법의 취지에 배치된다는 점, 이사·감사의 선임은 상법

---

131) 대법원 2009. 1. 15. 선고 2008도9410 판결(이사에 관한 사안), 대법원 1995. 2. 28. 선고 94다31440 판결(감사에 대한 사안) 등.

제209조 제1항(상법 제389조 제3항)에서 정한 대표이사의 권한에 속하지 않는다는 점 등을 들었다.

이에 따라 위 대법원 판결 사안에서 피고 회사를 상대로 감사 지위 확인을 구하였던 원고 청구를 기각한 원심(서울고등법원 2016. 8. 18. 선고 2015나2071120 판결)은 파기되었으나, 환송후 원심(서울고등법원 2018. 6. 7. 선고 2017나2019232 판결)은 다시 "감사임기 도과"를 이유로 확인의 이익이 없다고 보아 원고의 위 청구를 각하하였고, 이에 원고가 재상고하여 후술하는 대법원 2018다249148 판결이 선고되었다.

3) 감사임기가 종료된 경우 감사 지위 확인을 구할 이익이 있는지 여부

종래의 판례법리였던 임용계약 체결 필요설에 따라 원고가 주주총회에서 감사로 선임되었음에도 회사가 임용계약 체결을 거부하여 소송을 통해 감사지위를 다투었고 결국 종래의 판례를 변경하는 전원합의체 판결을 통해 원고가 감사의 지위에 있음을 확인받았음에도, 이러한 일련의 소송 진행 중에 원래의 감사 임기(2년)가 만료함으로써 문제가 되었다. 원심은 이를 과거의 법률관계에 대한 확인을 구하는 것으로 부적법하다고 보았으나, 대법원은, "원고에게 현재의 권리 또는 법률상 지위에 대한 위험이나 불안을 제거하기 위해 과거의 법률관계에 대한 확인을 구할 이익이나 필요성이 있는지 여부를 석명하고 이에 관한 의견을 진술하게 하거나 청구취지를 변경할 수 있는 기회를 주어야 한다"고 하여 원심을 파기하였다(대법원 2020. 8. 20. 선고 2018다249148 판결). 환송 후 원심(서울고등법원 2021. 1. 15. 선고 2020나2028496 판결, 미상고 확정)은, "원고가 2014. 12. 3.부터 2016. 3. 24.까지 피고 감사 지위에 있었음을 확인한다."라는 주문을 포함하여 원고의 보수 지급 청구를 일부 인용하는 내용의 판결을 선고하였다. 대법원이 이유에서 적시한 바와 같이, 이러한 경우 항상 확인의 이익이 없어 본안판단을 할 수 없다고 한다면 당사자 사이에 실질적인 분쟁이 있는데도 법원이 사실상 재판을 거부하는 결과가 될 수 있고, 실무적으로는 자신에게 불리한 본안판단을 회피하기 위해 상대방 당사자가 의도적으로 소송을 지연시키는 등의 부작용이 발생할 수도 있으며, 석명을 통해 나아가 판단함으로써 발생 가능한 후속 분쟁을 보다 근본적으로 해결하는 유효·적절한 수단이 될 수 있다는 점에서 타당한 면이 있다.

4) 감사의 해임과 손해배상

주식회사의 이사는 근로자와 달라서 정당한 이유가 없어도 자유롭게 해임할 수 있고, 다만 '정당한 이유'가 없이 임기만료 전에 해임하였다면 이사에게 손해를 배상해야 하며, 이는 주식회사의 감사도 마찬가지이다(상법 제415조, 제385조 제1항). 이때 '정당한 이유'란 주주와 감사 사이에 불화 등 단순히 주관적인 신뢰관계가 상실된 것만으로는 부족하고, 감사가 그 직무와 관련하여 법령이나 정관에 위반된 행위를 하였거나 정신적·육체적으로 감사로서 직무를 감당하기 현저하게 곤란한 경우, 감사로서 직무수행능력에 대한 근본적인 신뢰관계가 상실된 경우 등과 같이 당해 감사가 그 직무를 수행하는 데 장해가 될 객관적 상황이 발생한 경우를 의미한다(대법원 2004. 10. 15. 선고 2004다25611 판결 등 참조).

대법원 2013. 9. 26. 선고 2011다42348 판결은 나아가, 이와 같이 정당한 이유 없이 임기 중에 해임된 감사가 다른 직장을 구한 경우에, 일정한 요건 하에 새로운 직장에서 얻은 수입이 손해배상의 범위에서 공제될 수 있다고 하였다. 요컨대, "당해 감사가 그 해임으로 인하여 남은 임기 동안 회사를 위한 위임사무 처리에 들이지 않게 된 자신의 시간과 노력을 다른 직장에 종사하여 사용함으로써 얻은 이익이 해임과 사이에 상당인과관계가 인정된다면" 해임으로 인한 손해배상액을 산정함에 있어서 공제되어야 한다는 것이다.

5) 감사 선임시 3% 초과 주식의 상법 제368조 제1항의 '발행주식총수' 산입 여부

상법 제368조 제1항에서 정한 주주총회 결의방법 중 '발행주식총수의 1/4 이상의 수'의 요건과 관련하여, 상법 제409조 제2항은 "발행주식총수의 3%를 초과하는 수의 주식을 가진 주주는 그 초과하는 주식에 관하여 의결권을 행사하지 못한다."라고, 상법 제371조 제2항은 "총회 결의에 관하여 ⋯ 제409조 제2항에 따라 그 비율을 초과하는 주식으로서 행사할 수 없는 주식의 의결권 수는 출석한 주주의 의결권 수에 산입하지 아니한다."라고 각 규정하고 있어서, 각 규정의 조화로운 해석이 문제되었다.

학설로는 ① 상법 제371조 명문의 규정에 따라 3% 초과 주식이 발행주식총수에는 포함된다는 견해, ② 상법 제371조는 입법의 오류이므로 3% 초과 주식은 발행주식총수에서 제외되는 것으로 해석하는 견해, ③ 기본적으로 ①설이 타당하지만 상법 규정상 감사 선임이 불가능한 경우에는 ②설과 같이 보아야 한다는 절충적 견해 등이 병존하고 있었는데, 대법원 2016. 8. 17. 선고 2016다222996 판결은 "만약 3% 초과 주식이 상법 제368조 제1항에서 말하는 '발행주식총수'에 산입된다고 보게 되면, 어느 한 주주가 발행주식총수의 78%를 초과하여 소유하는 경우와 같이 3% 초과 주식의 수가 발행주식총수의 75%를 넘는 경우에는 상법 제368조 제1항에서 말하는 '발행주식총수의 4분의 1 이상의 수'라는 요건을 충족시키는 것이 원천적으로 불가능하게 되는데, 이러한 결과는 감사를 주식회사의 필요적 상설기관으로 규정하고 있는 상법의 기본 입장과 모순된다. 따라서 감사의 선임에서 3% 초과 주식은 상법 제371조의 규정에도 불구하고 상법 제368조 제1항에서 말하는 '발행주식총수'에 산입되지 않는다. 그리고 이는 자본금 총액이 10억 원 미만이어서 감사를 반드시 선임하지 않아도 되는 주식회사라고 하여 달리 볼 것도 아니다."라고 하여 ②설을 채택하였다. 상법 제371조 제2항은 의사정족수 요건을 폐지한 1995년의 상법 제368조 개정을 반영하지 못한 입법의 착오로 보이므로 불가피하게 판례와 같이 해석하는 것이 타당하다고 할 것이다.[132]

---

132) 주석 상법[회사 3], 한국사법행정학회(2021), 829면.

7. 기   타

1) 상법 제383조 제3항의 취지

◉ 대법원 2010. 6. 24. 선고 2010다13541 판결

상법 제383조 제3항은 이사의 임기는 3년을 초과할 수 없도록 규정한 같은 조 제2항에 불구하고 정관으로 그 임기 중의 최종의 결산기에 관한 정기주주총회의 종결에 이르기까지 이를 연장할 수 있다고 규정하고 있는바, 위 규정은 임기가 만료되는 이사에 대하여는 임기 중의 결산에 대한 책임을 지고 주주총회에서 결산서류에 관한 주주들의 질문에 답변하고 변명할 기회를 주는 한편, 회사에 대하여는 정기주주총회를 앞두고 이사의 임기가 만료될 때마다 임시주주총회를 개최하여 이사를 선임하여야 하는 번거로움을 덜어주기 위한 것에 그 취지가 있다. 위와 같은 입법 취지 및 그 규정 내용에 비추어 보면, 위 규정상의 '임기 중의 최종의 결산기에 관한 정기주주총회'라 함은 임기 중에 도래하는 최종의 결산기에 관한 정기주주총회를 말하고, 임기 만료 후 최초로 도래하는 결산기에 관한 정기주주총회 또는 최초로 소집되는 정기주주총회를 의미하는 것은 아니므로, 위 규정은 결국 이사의 임기가 최종 결산기의 말일과 당해 결산기에 관한 정기주주총회 사이에 만료되는 경우에 정관으로 그 임기를 정기주주총회 종결일까지 연장할 수 있도록 허용하는 규정이라고 보아야 한다.

2) 이사의 해임사유

◉ 대법원 2010. 9. 30. 선고 2010다35985 판결

직무에 관한 부정행위 또는 법령이나 정관에 위반한 중대한 사실이 있어 해임되어야 할 이사가 대주주의 옹호로 그 지위에 그대로 머물게 되는 불합리를 시정함으로써 소수주주 등을 보호하기 위한 상법 제385조 제2항의 입법 취지 및 회사 자본의 충실을 기하려는 상법의 취지를 해치는 행위를 단속하기 위한 상법 제628조 제1항의 납입가장죄 등의 입법 취지를 비롯한 위 각 규정의 내용 및 형식 등을 종합하면, 상법 제628조 제1항에 의하여 처벌 대상이 되는 납입 또는 현물출자의 이행을 가장하는 행

위는 특별한 다른 사정이 없는 한, 상법 제385조 제2항에 규정된 '그 직무에 관하여 부정행위 또는 법령에 위반한 중대한 사실'이 있는 경우에 해당한다고 보아야 한다.

3) 이사의 직무집행 정지 및 직무대행자 선임 가처분

주식회사 이사의 직무집행을 정지하고 직무대행자를 선임하는 가처분은 성질상 당사자 사이뿐만 아니라 제3자에 대한 관계에서도 효력이 미치고 가처분에 반하여 이루어진 행위는 제3자에 대한 관계에서도 무효이므로 가처분에 의하여 선임된 이사직무대행자의 권한은 법원의 취소결정이 있기까지 유효하게 존속한다는 것이 확립된 법리이다(**대법원 1991. 12. 24. 선고 91다4355 판결 등 참조**).

대법원 2014. 3. 27. 선고 2013다39551 판결은 직무집행 정지 및 대행자 선임의 가처분 결정 이전에 직무집행이 정지된 대표이사의 퇴임등기와 직무집행이 정지된 이사가 대표이사로 취임하는 등기가 마쳐졌다고 할지라도(정확하게는 가처분신청 이후 가처분결정 이전의 기간 동안에, 가처분을 당한 피신청인측의 주도로 새로운 내용의 임원등기가 마쳐짐에 따라, 가처분결정에 따른 등기를 마치는 것이 불가능하게 되었다) 직무집행이 정지된 이사에 대하여는 여전히 가처분결정의 효력이 있으므로 그 가처분결정에 의하여 선임된 대표이사 및 이사 직무대행자의 권한은 유효하게 존속하고, 반면에 그 가처분결정 이전에 직무집행이 정지된 이사가 대표이사로 선임되었다고 할지라도 그 선임결의의 적법 여부에 관계없이 대표이사로서의 권한을 가지지 못한다고 하였다.

그러나 이러한 가처분결정은 이사 등의 직무집행을 정지시킬 뿐 이사 등의 지위나 자격을 박탈하는 것이 아니므로(**대법원 1987. 8. 18. 선고 87도145 판결 등 참조**), 특별한 사정이 없는 한 가처분결정으로 인하여 이사 등의 임기가 당연히 정지되거나 가처분결정이 존속하는 기간만큼 연장된다고 할 수 없고, 가처분결정이 이사 등의 임기 진행에 영향을 주는 것은 아니다(앞서 본 대법원 2020. 8. 20. 선고 2018다249148 판결).

제8절 회사의 설립과 조직 변경(합병, 분할, 해산 등)

1. 회사의 설립

1) **불법목적의 회사설립**

보이스피싱 범죄에 사용할 목적으로 회사를 설립하고 등기를 마친 경우, 형법 제228조 제1항의 공정증서원본 등 불실기재죄가 성립할 것인지가 문제되었는데, 대법원은 "주식회사의 발기인 등이 상법 등 법령에 정한 회사설립의 요건과 절차에 따라 회사설립등기를 함으로써 회사가 성립하였다고 볼 수 있는 경우 회사설립등기와 그 기재 내용은 특별한 사정이 없는 한 공정증서원본 등 불실기재죄에서 말하는 불실의 사실에 해당하지 않는다."고 하여 이를 부정하였다. ① 회사설립등기가 발기인 등의 주관적 의도나 목적을 공시하는 것도 아니어서 발기인 등 그 설립에 관여하는 사람이 가지는 회사설립의 의도나 목적 등 주관적 사정만으로는 회사설립에 관해 상법, 상업등기법과 상업등기규칙 등에서 정하는 요건과 절차가 갖추어졌는지 여부를 달리 평가할 수 없다는 점, ② 회사설립 시에 회사로서의 인적 · 물적 조직 등 영업의 실질을 갖추는 것까지 요구된다고 볼 근거도 없는 점, ③ 회사설립등기에 관해 공정증서원본 등 불실기재죄의 성립이 문제 되는 경우 설립등기 당시를 기준으로 회사설립등기와 그 등기사항이 진실에 반하는지 여부를 판단하여야 하는데, 원칙적으로 회사설립에 관한 발기인 등의 주관적 의도나 목적이 무엇인지 또는 회사로서의 실체를 갖추었는지에 따라 불실 여부에 대한 판단이 달라진다고 볼 수 없는 점, ④ 회사설립의 주관적 의도와 목적만을 이유로 그 설립등기가 불실기재가 된다고 본다면 형사처벌 범위가 지나치게 확대되거나 범죄의 성립 여부가 불확실하게 될 수 있다는 점 등을 종합하여, 발기인 등이 회사를 설립할 당시 회사를 실제로 운영할 의사 없이 회사를 이용한 범죄 의도나 목적이 있었다거나, 회사로서의 인적 · 물적 조직 등 영업의 실질을 갖추지 않았다는 이유만으로는 불실의 사실을 법인등기부에 기록하게 한 것으로 볼 수 없고, 설립목적이 불법한 회사라도 회사로서 성립한다는 것을 전제로 하여 해산명령의 대상이 될 뿐이라고 하였다(대법원 2020. 2. 27. 선고 2019도9293 판결).

2) 법정요건을 흠결한 재산인수와 신의성실의 원칙

甲은, 乙이 장래 설립·운영할 丙 주식회사에 토지를 현물로 출자하거나 매도하기로 약정하고 丙 회사 설립 후 소유권이전등기를 마쳐 준 다음 회장 등 직함으로 장기간 丙 회사의 경영에 관여해 오다가, 丙 회사가 설립된 때부터 약 15년이 지난 후에 토지 양도의 무효를 주장하면서 소유권이전등기의 말소를 구하였다. 대법원 2015. 3. 20. 선고 2013다88829 판결은, 위 약정은 상법 제290조 제3호에서 정한 재산인수로서 정관에 기재가 없어 무효이나, 丙 회사로서는 丙 회사의 설립에 직접 관여하여 토지에 관한 재산인수를 위한 약정을 체결하고 이를 이행한 다음 설립 후에는 장기간 丙 회사의 경영에까지 참여하여 온 甲이 이제 와서 丙 회사의 설립을 위한 토지 양도의 효력을 문제 삼지 않을 것이라는 정당한 신뢰를 가지게 되었고, 甲이 乙과 체결한 사업양도양수계약에 따른 양도대금채권이 시효로 소멸하였으며, 甲이 丙 회사 설립 후 15년 가까이 지난 다음 토지의 양도가 정관의 기재 없는 재산인수임을 내세워 자신이 직접 관여한 회사설립행위의 효력을 부정하면서 무효를 주장하는 것은 회사의 주주 또는 회사채권자 등 이해관계인의 이익 보호라는 상법 제290조의 목적과 무관하거나 오히려 이에 배치되는 것으로서 신의성실의 원칙에 반하여 허용될 수 없다고 하였다.

3) 주식회사의 설립무효 사유

◉ 대법원 2020. 5. 14. 선고 2019다299614 판결

상법은 회사의 설립에 관하여 이른바 준칙주의를 채택하고 있으므로, 상법 규정에 따른 요건과 절차를 준수하여 회사를 설립한 경우에 회사의 성립이 인정된다. 그러나 다수의 이해관계인이 참여하는 회사의 설립에 관하여 일반원칙에 따라 제한 없이 설립의 무효를 주장할 수 있도록 허용하면 거래안전을 해치고 회사의 법률관계를 혼란에 빠지게 할 수 있으므로 상법은 회사 설립의 무효에 관하여 반드시 회사성립의 날로부터 2년 내에

소를 제기하는 방법으로만 주장할 수 있도록 하였다(상법 제184조, 제269조,
제287조의6, 제328조, 제552조). 또한 주식회사를 제외한 합명회사와 합자회
사, 유한책임회사와 유한회사에 대해서는 설립취소의 소를 규정하고 있으
나 주식회사에 대해서는 설립취소의 소에 관한 규정을 두지 않았는데(상법
제184조, 제269조, 제287조의6, 제552조), 이는 물적 회사로서 주주 개인의
개성이 중시되지 않는 주식회사에 있어서는 취소사유에 해당하는 하자를
이유로 해서는 회사 설립의 효력을 다툴 수 없도록 정한 것이다. 회사 설
립을 위해 주식을 인수한 자는 일정한 요건을 갖추어 주식인수의 무효 또
는 취소를 다툴 수 있으나, 이 역시 주식회사가 성립된 이후에는 그 권리
행사가 제한된다(상법 제320조). 이러한 상법의 체계와 규정 내용을 종합해
보면, 주식회사의 설립과 관련된 주주 개인의 의사무능력이나 의사표시의
하자는 회사설립무효의 사유가 되지 못하고, 주식회사의 설립 자체가 강행
규정에 반하거나 선량한 풍속 기타 사회질서에 반하는 경우 또는 주식회
사의 본질에 반하는 경우 등에 한하여 회사설립무효의 사유가 된다고 봄
이 타당하다.

　대상회사 설립 이전에 원고의 광업권을 매입하기로 하고 그 내용이
정관에까지 기재되었으나 2017. 10. 10. 회사 설립등기를 마친 이후 개
최된 2018. 2. 28.자 이사회에서 원고의 광업권 가액이 과도하다는 이유
로 양수안건이 부결된 사안에서, 대법원은 "설립과정에 일부 절차를 거치
지 아니한" 사정만으로 설립무효사유가 아니라고 본 원심이 타당하다고
하였다.

2. 합   병

1) 합병 당사자인 회사의 주주가 주식회사인 경우, 그 이사의 주의
의무

　비상장회사인 A 회사가 같은 H백화점 기업집단에 소속된 비상장회
사 B로 흡수합병되는 계약을 체결함에 있어 A 회사 주주인 X 회사가 이
사회를 개최하지 않고 그 합병에 찬성하자, X 회사 주주들이 X 회사 이

사, 감사 등을 상대로 임무해태를 이유로 한 손해배상청구소송을 제기하였다. 대법원 2015. 7. 23. 선고 2013다62278 판결은, "흡수합병 시 존속회사가 발행하는 합병신주를 소멸회사의 주주에게 배정·교부함에 있어서 적용할 합병비율을 정하는 것은 합병계약의 가장 중요한 내용이고, 만일 합병비율이 합병할 각 회사의 일방에게 불리하게 정해진 경우에는 그회사의 주주가 합병 전 회사의 재산에 대하여 가지고 있던 지분비율을 합병 후에 유지할 수 없게 됨으로써 실질적으로 주식의 일부를 상실하게 되는 결과를 초래하므로, 비상장법인 간 흡수합병의 경우 소멸회사의 주주인 회사의 이사로서는 그 합병비율이 합병할 각 회사의 재산 상태와 그에 따른 주식의 실제적 가치에 비추어 공정하게 정하여졌는지를 판단하여 회사가 그 합병에 동의할 것인지를 결정하여야 한다. 다만 비상장법인 간 합병의 경우 합병비율의 산정방법에 관하여는 법령에 아무런 규정이 없을 뿐만 아니라 합병비율은 자산가치 이외에 시장가치, 수익가치, 상대가치 등의 다양한 요소를 고려하여 결정되어야 하는 만큼 엄밀한 객관적 정확성에 기하여 유일한 수치로 확정할 수 없는 것이므로, 소멸회사의 주주인 회사의 이사가 합병의 목적과 필요성, 합병 당사자인 비상장법인 간의 관계, 합병 당시 각 비상장법인의 상황, 업종의 특성 및 보편적으로 인정되는 평가방법에 의하여 주가를 평가한 결과 등 그 합병에 있어서 적정한 합병비율을 도출하기 위한 합당한 정보를 가지고 합병비율의 적정성을 판단하여 그 합병에 동의할 것인지를 결정하였고, 그 합병비율이 객관적으로 현저히 불합리하지 아니할 정도로 상당성이 있다면, 이사는 선량한 관리자의 주의의무를 다한 것이라고 봄이 상당하다(대법원 2005. 10. 28. 선고 2003다69638 판결, 대법원 2008. 1. 10. 선고 2007다64136 판결 등 참조)."고 하여해당 사안의 합병비율은 현저히 불공정하지 않으므로 (설령 이사회를 개최하지 않은 임무 해태가 있다 하더라도) 피고들의 손해배상책임은 발생하지 않는다고 하였다.

　　2) 합병무효판결은 판결 당사자가 아닌 제3자에 대하여도 일반적 효력을 가진다(상법 제240조, 제190조). 따라서 A 회사가 원고에 흡수합병되

고 합병등기가 마쳐졌다가 위 합병에 관하여 무효판결이 선고되어 확정
되었다면, 그 이후 A에 대한 공정증서를 소지한 피고가 원고에 대한 강
제집행을 위해 부여받은 승계집행문에 대하여 원고는 승계집행문 부여에
대한 이의의 소를 통해 다툴 수 있고, 더 이상 합병 사실을 전제로 원고
가 A의 승계인이라고 볼 수 없다. 승계집행문 부여에 대한 이의의 소에
서 위와 같은 합병 사실의 존부를 판단함에 있어서 일반에 대한 공시를
위한 합병무효등기가 마쳐졌는지 여부는 아무런 영향을 미칠 수 없다
(대법원 2016. 6. 23. 선고 2015다52190 판결). 이와 달리 원심은 상법 제37
조 제1항을 들어 합병등기가 마쳐졌고 합병무효의 등기가 마쳐지지 않았
으며 상대방인 피고의 악의·중과실에 대한 입증도 없으므로 원고가 승
계집행문 부여를 다툴 수 없다고 보았으나, 거래안전을 위한 상법 제37
조 제1항을 집행절차에까지 확장할 것은 아니므로[133] 원심의 태도는 타
당하지 않다.

3) 삼성물산과 제일모직의 합병에 관한 일련의 소송

삼성물산은 2015. 5. 26. 제일모직과 사이에, 삼성물산이 소멸법인이
되고 제일모직이 존속법인이 되는 내용의 흡수합병에 관한 이사회결의를
하고 제일모직과 합병계약을 체결하였다. 당시 합병비율은 보통주와 우
선주 모두 자본시장법 시행령의 관련 규정에 따라 합병을 위한 이사회
결의일이자 합병계약을 체결한 날의 전일인 2015. 5. 25.을 기산일로 하
여 산정한 가격, 즉 삼성물산 주식을 주당 55,767원, 제일모직 주식을 주
당 159,294원으로 평가하여 1 : 0.3500885로 산출되었다.

이에 삼성물산 주주인 엘리엇이 (1) 위 합병비율이 현저히 불공정하
거나 합병목적이 부당하다는 등의 이유를 들어 2015. 7. 17.로 예정된 삼
성물산 주주총회에 대한 총회소집통지 및 결의금지 등 가처분을 신청하
고, (2) 삼성물산이 2015. 6. 11. 보통주식 총수의 약 5.76%에 해당하는
자사주 전부를 주당 75,000원에 KCC에 처분한 행위가 무효라고 주장하며

---

133) 노혁준, "2016년 회사법 중요 판례", 인권과 정의 제464호, 대한변호사협회(2017),
154면.

주식처분금지 가처분을 각 신청하였다. (3) 또한 위 합병이 삼성물산 주주총회에서 승인된 이후 엘리엇을 포함한 합병에 반대한 삼성물산 주주들이 반대주주로서 매수청구권을 행사함에 따른 매수가격결정을 신청하였다. 사건별로 다양한 쟁점을 포함하고 있는데, (1), (2)의 경우 2심 결정(동일 재판부에서 판단되었다)이 그대로 확정되었고 (3)의 경우 현재 재항고 사건이 대법원에 계류 중이므로(대법원 2016마5394호), 2심인 서울고등법원의 각 결정 중 법리적 쟁점을 중심으로 관련 내용을 간략히 소개한다.

(1) 서울고등법원 2015. 7. 16.자 2015라20485 결정

엘리엇이 삼성물산과 그 등기이사 7인을 상대로, 합병비율이 현저히 불공정하고 합병목적도 부당하므로 합병은 무효이고, 또한 엘리엇이 삼성물산 주주로서 상법상 유지청구권을 행사할 수 있다고 주장하며 2015. 7. 17.로 예정된 주주총회의 소집통지 금지 등의 가처분을 신청한 사건이다.

1️⃣ 먼저 상법상 유지청구권은 제402조에서 '발행주식 총수의 100분의 1 이상에 해당하는 주주'가 행사하도록 규정되어 있으나 상장회사의 경우 제542조의6 제5항에서 특례규정을 두면서 자본금 1,000억 원 이상인 상장회사의 경우에는 '6개월 전부터 계속하여 발행주식 총수의 10만분의 25 이상에 해당하는 주식을 보유한 주주'가 행사할 수 있다고 규정하고 있어 상법 회사편의 일반 규정과 상장회사 특례규정 사이의 관계가 문제되었다. 위 쟁점에 대한 구체적 논의는 후술하되(제10절 참조), 여기에서는 법원의 결정 내용만 간략히 소개한다.

1심 법원[134]은 '우선하여 적용한다'는 내용의 상법 제542조의 제2항이 신설된 점, 상장회사의 경우 주식을 취득하여 바로 소수주주권을 행사하고 다시 이를 처분하는 식으로 소수주주권이 악용될 우려가 있어서 보유기간 요건을 추가할 필요가 있는 점 등을 종합하면, 개정 상법이 시행된 2009. 2. 4.부터는 특례조항만 적용된다고 해석함이 타당하다고 판단하였다(이에 따라 유지청구권을 피보전권리로 하는 등기이사 7인에 대한 신청은 각하되었다). 한편 원심은 위 쟁점에 관하여 판단하지 않은 채 등기이

---

134) 서울중앙지방법원 2015. 7. 1.자 2015카합80582 결정.

사들에 대한 신청에 관하여, 삼성물산에 대한 피보전권리 및 보전의 필요성이 소명되었다고 할 수 없다는 판단에 따라서 "삼성물산의 집행기관으로서 위 결의를 집행할 지위에 있는 등기이사들에 대한 가처분신청 역시 그 피보전권리 및 보전의 필요성이 소명되었다고 보기 어렵다"고만 판단하였다[다만 원심은, 그러한 이유로 이 사건 신청은 이를 기각하여야 하는바 이와 결론을 일부 달리한 제1심 결정을 부당하나, 채권자만 항고하였음을 이유로 불이익변경금지원칙에 따라 채권자의 항고를 기각한다고 하였다].

[2] 원심과 1심은 모두 합병비율이 불공정하지 않다고 보았다. 흡수합병 사안에서 당사자가 주권상장법인인 경우의 합병가액 및 합병비율 산정에 관한 선례인 **대법원 2008. 1. 10. 선고 2007다64136 판결**의 법리 (합병비율은 자산가치 이외에 시장가치, 수익가치, 상대가치 등의 다양한 요소를 고려하여 결정되어야 할 것인 만큼 엄밀한 객관적 정확성에 기하여 유일한 수치로 확정할 수 없는 것이고, 그 제반 요소의 고려가 합리적인 범위 내에서 이루어진 것이라면 결정된 합병비율이 현저하게 부당하다고 할 수 없을 것이므로, 합병 당사자 회사의 전부 또는 일부가 주권상장법인인 경우 증권거래법과 그 시행령 등 관련 법령이 정한 요건과 방법 및 절차 등에 기하여 합병가액을 산정하고 그에 따라 합병비율을 정하였다면 그 합병가액 산정이 허위자료에 의한 것이라거나 터무니없는 예상 수치에 근거한 것이라는 등의 특별한 사정이 없는 한, 그 합병 비율이 현저하게 불공정하여 합병계약이 무효로 된다고 볼 수 없을 것이다) 및 주권상장법인의 합병에 반대하여 주식매수를 청구한 주주가 법원에 매수가격 결정을 청구한 경우 매수가격 산정에 관한 **대법원 2011. 10. 13.자 2008마264 결정**의 법리(일반적으로 주권상장법인의 시장주가는 유가증권시장에 참여한 다수의 투자자가 법령에 근거하여 공시되는 당해 기업의 자산내용, 재무상황, 수익력, 장래의 사업전망 등 당해 법인에 관한 정보에 기초하여 내린 투자판단에 의하여 당해 기업의 객관적 가치가 반영되어 형성된 것으로 볼 수 있는바, 시장주가가 순자산가치나 수익가치에 기초하여 산정된 가격과 다소 차이가 난다는 사정만으로 위 시장주가가 주권상장법인의 객관적 가치를 반영하지 못한다고 쉽게 단정하여서는 아니 된다)에 따라, 이 사건 합병비율은 관련 법령에

서 정한 방식에 따라 산정되었고 그 산정기준이 된 주가가 자본시장법상 시세조종행위, 부정거래행위 등에 의하여 형성되었다는 등의 특별한 사정이 있다고도 보이지 않으므로(즉, 기준일의 주가는 삼성물산과 제일모직의 가치를 정상적으로 반영한 것으로 볼 수 없다는 엘리엇의 주장을 배척하였다) 이 사건 합병비율이 현저히 불공정하다고 단정할 수 없다고 하였다.

③ 엘리엇은, 이 사건 합병이 제일모직 대주주인 삼성그룹 총수 일가에게만 이익이 되고(경영권 승계의 목적이라고 주장) 삼성물산과 그 주주들의 이익에는 반한다는 취지로 주장하였으나, 원심과 1심은 모두, 합병비율이 현저히 불공정하다고 볼 수 없는 점, 이 사건 합병 공시 이후 삼성물산 주가가 상승하는 등 시장에서 이 사건 합병을 긍정적으로 평가하는 모습을 보이기도 한 점 등을 이유로 합병목적이 부당하다는 엘리엇의 주장 역시 받아들일 수 없다고 판단하였다.

(2) 서울고등법원 2015. 7. 16.자 2015라20503 결정

① 엘리엇은 삼성물산 이사회에서 이 사건 합병을 결의한 직후인 2015. 6. 10.에 '회사 성장성 확보를 위한 합병가결 추진 및 재무구조 개선'을 목적으로 KCC에 삼성물산의 자기주식(발행주식 총수의 약 5.76%)을 매도한 행위를 다투면서, 먼저 자기주식 처분에도 신주발행에 관련된 법리가 유추적용되어야 하고, 따라서 다른 주주들에게 매수기회를 주지 않은 채 제일모직의 주요주주인 KCC에게 일방적으로 매도한 것은 무효라고 주장하였다.

원심과 1심은 다음과 같은 이유로 자기주식의 처분에는 신주발행 관련 법리가 유추적용될 수 없다고 하였다. ① 신주발행과 달리 자기주식 처분은 회사 자본금에 아무런 변동을 가져오지 않고, 기존 주주들의 지분비율도 변동되지 않는다. 또한 신주발행은 단체법적 법률행위인 자본거래의 성격을 가지는 것에 비하여 자기주식 처분은 손익거래의 성격을 가진다. ② 상법과 자본시장법도 신주발행에 관하여는 요건, 절차 및 그 무효를 다투는 소 등에 관한 특별한 규정을 두고 있지만, 자기주식 처분에 관하여는 별도로 정하고 있지 않고 신주발행에 관한 규정을 준용하고

있지도 않다. ③ 상법 개정과정에서 여러 차례 자기주식 처분에 관하여
신주발행 절차를 준용하는 규정을 두는 안이 검토되었으나 반영되지 않
았다.

자기주식의 처분 시에 신주발행의 법리를 유추적용할 수 있는지에
관하여는 논란이 있다. 자기주식의 처분이 신주발행과 경제적 효과가 동
일하다는 점 등을 들어 유추적용 긍정설을 취하는 견해[135]도 있으나, 대
체로 자기주식 처분에 있어 불공정의 문제가 발생할 수 있음을 숙지하면
서도 상법 개정과정에서 그러한 내용의 입법안이 결국 채택되지 않았던
점에 비추어 보면 적어도 현행 상법의 해석론으로서는 유추적용이 어렵
다고 볼 수밖에 없고 이사의 신인의무 위반 등의 문제로 해결하되 입법
을 통해 해결할 것을 촉구하는 견해가 지배적인 것으로 보인다.[136] 입법
론으로서는 자기주식의 처분 시에 신주발행에 관한 규정을 준용하는 규
정을 두자는 견해가 많다.[137]·[138] 대법원 2010. 10. 28. 선고 2010다
51413 판결은, 회사 주주들이 원고로서 회사가 피고들에게 자기주식을
매도한 매매계약이 대표이사의 대표권 남용행위에 해당하여 무효라고 주
장하면서 그 주식매매계약의 무효확인을 구한 사건에서, 주식회사의 주주
는 회사의 재산관계에 대하여는 단순히 사실상·경제상 또는 일반적·추

---

135) 권재열, "개정상법상 주식관련제도의 개선내용과 향후과제", 선진상사법률연구
제56호, 법무부(2011), 22면.
136) 권기범, 현대회사법론, 삼영사(2021), 635–636면; 송옥렬, 상법강의, 홍문사
(2021), 873–874면; 이철송, 회사법강의, 박영사(2021), 423–424면; 정찬형, 상법
강의(상), 박영사(2021), 787–788면; 주석 상법[회사 3], 한국사법행정학회(2021),
593–594면; 최준선, 회사법, 삼영사(2018), 315–317면; 최문희, "자기주식과 경영
권에 관한 판례 및 상법 개정안의 검토-자기주식의 처분, 활용에 관한 법적 쟁
점", 선진상사법률연구 제78호, 법무부(2017), 67–72면.
137) 주석 상법[회사 3], 한국사법행정학회(2021), 593–594면.
138) 김건식·노혁준·천경훈, 회사법, 박영사(2020), 684–685면에서는 자기주식 처
분이 기능적인 면에서 신주발행과 유사하다는 점을 고려하면 자기주식 처분 시에
도 기존 주주의 이익을 고려할 필요는 있으나 주주이익 보호를 위해 반드시 주주
에게 우선매수권을 인정해야 하는지는 의문이므로(유연한 재무관리라는 장점이 사
라질 것이다) 법으로 일률적으로 자기주식 처분의 경우 주주에 대한 배정을 의무
화하기 보다는 이사의 신인의무의 적극적인 해석을 통해 주주의 이익을 보호하는
것이 바람직하다고 한다.

상적인 이해관계만을 가질 뿐 구체적 또는 법률상의 이해관계를 가진다고는 할 수 없다는 기존 법리[139]에 따라, 확인의 이익이 없다고 본 원심 판단을 수긍하였다(판결문에 의하면, 위 사건에서는 당사자들이 "신주발행 무효에 관한 규정을 유추적용해 달라"는 주장은 하지 않았던 것으로 보인다).

② 그 밖에도 엘리엇은, 이 사건 자기주식 처분 행위가 현저히 불공정하고 사회질서에 위반되어 무효라고도 주장하였으나 이러한 주장 역시 배척되었다. 원심과 1심은 모두, 이 사건 자기주식 처분 행위가 삼성물산의 주주총회에서 이 사건 합병계약서를 승인하는 결의가 이루어지도록 하려는 목적 하에 이루어진 것으로 보인다고 하면서도, 그 자체로 회사나 주주 일반의 이익에 반한다고 단정할 수는 없다고 하였다.

(3)서울고등법원 2016. 5. 30.자 2016라20189, 20190, 20192 결정

위 (1), (2)와 같이 주주총회 소집 금지 등을 구하는 일련의 가처분 신청이 기각됨에 따라, 2015. 7. 17. 삼성물산 주주총회는 이 사건 합병계약을 승인하는 결의를 하였다. 위 합병을 반대한 삼성물산 주주들은 주식매수청구권을 행사하였고 그 중 일부가 법원에 주식매수가액의 결정을 청구한 사안이 (3) 소송이다.

1심[140]은, 합병 전 삼성물산의 시장주가가 삼성물산의 객관적 가치를 제대로 반영하지 못하고 있다는 신청인들의 주장을 배척하고, 대법원 2008마264 결정의 법리에 따라 자본시장법과 시행령에서 정한 방법에 따라 산정한 시장주가(1주당 57,234원)를 매수가액으로 정하였다.

반면 원심은, 비송사건에서는 사실인정에 관하여 직권탐지, 직권에 의한 증거조사의 원칙을 취하고 있다는 점을 들어 '이 사건 신청 전에 경제적인 관점에서 작성된 다양한 기사와 경험칙, 증거법칙, 다른 객관적인 정황, 증권사들의 분석자료 등'을 종합하여 사실을 인정할 수 있다고 전제한 다음, 이 사건 합병에 관한 이사회 결의일 전일 무렵 삼성물산의

139) 대법원 1979. 2. 13. 선고 78다1117 판결, 대법원 2001. 2. 28.자 2000마7839 결정 등.
140) 서울중앙지방법원 2016. 1. 27.자 2015비합91, 92, 30037 결정.

시장주가는 이 사건 합병의 영향을 받지 않은 삼성물산의 객관적 가치를 반영하지 못하고 있었다고 보고, 합병계획 등의 영향을 배제할 수 있는 다른 시점인 제일모직 상장일 전일(2014. 12. 17.)의 시장주가를 기초로 주식매수가격(1주당 66,602원)을 산정하였다.

(1), (2)의 결정은, 관련 규정을 준수하여 합병이 이루어졌고 관련 규정에 정한 방식에 따라 합병비율이 산정된 이상 이 사건 합병비율이 현저히 불공정하다고 보기 어렵고, 또 합병목적이 부당하다고도 볼 수 없다고 판단한 반면, (3)의 원심 결정은 관련 규정에 정한 방식에 따라 합병비율이 정해졌다 하더라도 그 기준이 된 이사회 결의일 전날의 주가가 삼성물산의 객관적 가치를 반영하지 못하고 있다고 보았다는 차이가 있다.

본 합병은 자본시장법 등 관련 규정에서 정한 방식을 모두 준수하였음에도 불구하고 계열회사 간 합병으로서 경영권 승계의 목적을 위해 당사자 일방인 제일모직에게 특히 유리하게 합병비율이 정해졌다는 의혹이 제기되었던 사안으로[141] 구체적 사건에서 결론의 당부는 여기에서 논의할 바가 아니다. 다만 (1) 사건에서, 상장회사 특례규정이 우선적용된다는 이유로 유지청구권 주장에 대한 본안판단이 이루어지지 않은 것은 그 자체로 아쉬운 일이라는[142] 평가가 있다. 삼성물산 이사들이 본 합병 결의에 찬성한 것이 법령 위반의 행위인지에 대한 판단이 이루어졌더라면, 결론과 무관하게 그 과정에서 회사간 합병에서 합병을 결의하는 회사 이사들이 부담하는 선관주의의무 또는 충실의무의 내용은 무엇인가에 대하여 풍부한 논의가 이루어질 수 있었을 것이라고 한다.

합병 여부, 합병의 시기, 합병비율 등은 모두 경영판단에 의해 결정

141) 자본시장법에서 합병비율 기준을 정해 놓은 것은 자의적인 합병비율 산정을 제한하기 위함인데, 이 사건은 소수주주 입장에서 보면 지배주주 위 규정을 역이용하여 자기에게 유리하게 타이밍을 잡은 사건이라는 평가로, 좌담회, "삼성물산 합병의 회사법적 쟁점", BFL 제74호, 서울대학교 금융법센터(2015), 68면.
142) 천경훈, "계열회사 간 합병과 이사의 의무－엘리엇 대 삼성물산 사건의 평석을 겸하여", 민사판례연구 제40권, 박영사(2018), 831면.

됨이 원칙이다.[143] 따라서 경영판단의 원칙의 요건을 충족하는 한 합병을 결의한 이사에게 책임을 묻는 것은 적절하지 않다. 이처럼 합병비율의 결정은 원래 합병 당사자 사이의 합의에 따라 정해져야 하고 그것이 당연하지만, 그럼에도 불구하고 자본시장법과 그 시행령에서 상장법인에 관하여 시가를 기준으로 합병가액의 산정방법을 정해 놓은 것은 원래 자의적인 합병비율 산정을 제한하기 위함이었다. 일반적으로 국내에서 이루어지는 합병의 대부분은 계열사 간 합병이라는 점도 염두에 두었던 것으로 생각된다.[144] 일반적으로 주권상장법인의 시장주가는 유가증권시장에 참여한 다수의 투자자가 법령에 근거하여 공시되는 당해 기업의 자산내용, 재무상황, 수익력, 장래의 사업전망 등 당해 법인에 관한 정보에 기초하여 내린 투자판단에 의하여 당해 기업의 객관적 가치가 반영되어 형성된 것으로 볼 수 있고, 주권상장법인의 주주는 통상 시장주가를 전제로 투자행동을 취한다는 점에서 시장주가를 기준으로 매수가격을 결정하는 것이 당해 주주의 합리적 기대에 합치하는 것이므로, 법원은 원칙적으로 시장주가를 참조하여 매수가격을 산정하여야 한다는 대법원 2008마264 결정의 법리 역시 시가에 대한 신뢰를 보여준다. 그런데 (3)의 원심결정은 이러한 시가가 조작될 수 있다는 전제 하에, 실제 해당 사안에서의 시가가 조작되었다고 인정하였다는 점에서 획기적이다. 이러한 원심판단이 유지될 것인지, 대법원의 최종 판단이 주목된다.

3. 분 할

1) 대법원 2010. 7. 22. 선고 2008다37193 판결은 이랜드의 분할합병에 관하여 그 주주인 세이브존 등이 분할합병을 승인한 주주총회의 절차하자를 이유로 분할합병 무효의 소를 제기하였던 사안이다. 요지는 다음과 같다.

---

143) 김화진, "삼성물산과 제일모직의 합병", 선진상사법률연구 제72호, 법무부(2015), 190-191면.
144) 좌담회, "삼성물산 합병의 회사법적 쟁점", BFL 제74호, 서울대학교 금융법센터(2015), 70면.

[1] 주주가 회사를 상대로 제기한 분할합병무효의 소에서 당사자 사이에 분할합병계약을 승인한 주주총회결의 자체가 있었는지 및 그 결의에 이를 부존재로 볼 만한 중대한 하자가 있는지 등 주주총회결의의 존부에 관하여 다툼이 있는 경우 주주총회결의 자체가 있었다는 점에 관해서는 회사가 증명책임을 부담하고 그 결의에 이를 부존재로 볼 만한 중대한 하자가 있다는 점에 관해서는 주주가 증명책임을 부담하는 것이 타당하다.

[2] 상법 제530조의11 제1항 및 제240조는 분할합병무효의 소에 관하여 상법 제189조를 준용하고 있고 상법 제189조는 "설립무효의 소 또는 설립취소의 소가 그 심리 중에 원인이 된 하자가 보완되고 회사의 현황과 제반 사정을 참작하여 설립을 무효 또는 취소하는 것이 부적당하다고 인정한 때에는 법원은 그 청구를 기각할 수 있다"고 규정하고 있으므로, 법원이 분할합병무효의 소를 재량기각하기 위해서는 원칙적으로 그 소 제기 전이나 그 심리 중에 원인이 된 하자가 보완되어야 할 것이나, 그 하자가 추후 보완될 수 없는 성질의 것인 경우에는 그 하자가 보완되지 아니하였다고 하더라도 회사의 현황 등 제반 사정을 참작하여 분할합병무효의 소를 재량기각할 수 있다.

[3] 상법 제335조 제1항 본문은 "주식은 타인에게 이를 양도할 수 있다"고 하여 주식양도의 자유를 보장하고 있으므로 회사와 경쟁관계에 있거나 분쟁 중에 있어 그 회사의 경영에 간섭할 목적을 가지고 있는 자에게 주식을 양도하였다고 하여 그러한 사정만으로 이를 반사회질서 법률행위라고 할 수 없다.

사실관계를 요약하면 이러하다. 이랜드가 이랜드월드에게 이랜드의 투자부분을 분할하여 합병시키는 분할합병계약을 체결한 다음 두 회사 모두 2005. 11. 25.자 임시주주총회에서 각 분할합병계약을 승인하였는데, 이랜드가 당시 발생주식의 9.22%를 보유한 원고 甲 등 소수주주들에게 소집통지를 해태하여 위 주주들이 주식매수청구권의 행사기회를 갖지 못하였다.

이러한 소집통지 해태의 하자에 관하여, 대법원은 위 하자가 주주총회 결의 부존재 사유가 아니라 취소사유에 불과하다고 하였다. 다음으로, 원고 甲이 그 소유의 이랜드 주식을 원고 세이브존에게 양도한 이상 원고 甲은 더 이상 분할합병무효의 소를 제기할 원고 적격이 없고, 원고 甲과 원고 세이브존 사이의 주식매매계약이 반사회질서의 법률행위라고 할 수도 없다고 하였다.

　한편, 이랜드와 이랜드월드는 2007. 3. 30.자 정기주주총회에서 재차 분할합병에 따른 효과를 승인하는 결의를 하였는데, 이로써 종전의 임시 주주총회의 하자가 치유되었다고 본 원심과 달리, 대법원은 "이 사건 분할합병으로 피고 이랜드의 주주 구성이 달라진 후에 이루어진 2007. 3. 30.자 정기주주총회결의에 의해 이 사건 분할합병계약승인결의를 한 이 사건 주주총회의 소집통지 누락의 하자가 치유되었다고 판단한 것은 부당" 하다고 하면서도 "주식매수청구권은 분할합병에 반대하는 주주로 하여금 투하자본을 회수할 수 있도록 하기 위해 부여된 것인데 분할합병무효의 소를 제기한 소수주주가 자신이 보유하고 있던 주식을 제3자에게 매도함으로써 그 투하자본을 이미 회수하였다고 볼 수 있고, 위 분할합병의 목적이 독점규제 및 공정거래에 관한 법률상 상호출자관계를 해소하기 위한 것으로 위 분할합병을 무효로 함으로 인하여 당사자 회사와 그 주주들에게 이익이 된다는 사정이 엿보이지 아니하는 점 등" 재량기각 사유가 존재함을 이유로 상고를 기각하였다.

　2) 대법원 2010. 8. 26. 선고 2009다95769 판결은 당시의 구 상법 (2015. 12. 1. 법률 제13523호로 개정되기 전의 법) 제530조의9 제1항[145])에 관하여, 분할 또는 분할합병으로 인하여 설립되는 회사 또는 존속하는 회사(이하 '분할당사회사')는 특별한 사정이 없는 한 연대책임을 지는 것이 원칙이고, 연대책임을 면하기 위하여는 그 취지가 기재된 분할합병계약서에

---

145) 2015. 12. 1.의 상법 개정으로 회사분할 관련 제도를 정비함에 따라 상법 제 530조의9 제1항은 "분할회사, 단순분할신설회사, 분할승계회사 또는 분할합병신설 회사는 분할 또는 분할합병 전의 분할회사 채무에 관하여 연대하여 변제할 책임이 있다."라고 개정되었다.

대하여 분할당사회사 각자의 주주총회 승인을 얻어야 하며, 이러한 요건이 충족되었다는 점에 관한 주장·증명책임은 분할당사회사가 연대책임관계가 아닌 분할채무관계에 있음을 주장하는 측에게 있다고 하였다. 따라서 단순히 분할합병계약서에 상법 제530조의6 제1항 제6호가 규정하는 '분할되는 회사가 분할합병의 상대방 회사에 이전할 재산과 그 가액'의 사항 등을 기재하여 주주총회의 승인을 얻었다는 사정만으로는 위와 같이 분할책임관계를 형성하기 위한 요건이 충족되었다고 할 수 없으므로, 분할당사회사는 각자 분할합병계약서에 본래 부담하기로 정한 채무 이외의 채무에 대하여 연대책임을 면할 수 없다. 이처럼 분할책임의 취지가 기재된 계약서에 관한 주주총회 승인이 없는 이상, 분할책임의 취지가 일간신문에 공고되었다고 하여 그에 따른 효력이 발생한다고 볼 수 없고, 채권자가 분할합병에 동의하여 개별 최고를 생략하였다고 해도 상법 제530조의9 제1항에 의하여 부담하게 되는 연대책임의 성부에 아무런 영향을 미치지 못하는 것이다. 이러한 법정 연대책임의 부담에 관하여 분할당사회사 사이에 주관적 공동관계가 있다고 보기 어려우므로, 그 법적 성질은 부진정연대로 봄이 상당하다.

　　나아가 대법원 2017. 5. 30. 선고 2016다34687 판결에서는, 채권자를 분할 또는 분할합병 이전의 상태보다 더욱 두텁게 보호할 필요는 없다는 이유를 들어 "수혜회사가 채권자에게 연대하여 변제할 책임을 부담하는 채무는 분할 또는 분할합병 전의 회사가 채권자에게 부담하는 채무와 동일한 채무"이므로 "수혜회사가 채권자에게 부담하는 연대채무의 소멸시효 기간과 기산점은 분할 또는 분할합병 전의 회사가 채권자에게 부담하는 채무와 동일한 것으로 봄이 타당하다."고 하였다.

　　3) 개별 최고가 필요한 '회사가 알고 있는 채권자'의 의미

　　◉ 대법원 2011. 9. 29. 선고 2011다38516 판결

　　회사의 분할 또는 분할합병으로 인하여 회사의 책임재산에 변동이 생기게 되는 채권자를 보호하기 위하여 상법이 채권자의 이의제출권을 인정하고 그 실효성을 확보하기 위하여 알고 있는 채권자에게 개별적으로 최

고하도록 한 입법 취지를 고려하면, 개별 최고가 필요한 '회사가 알고 있는 채권자'라 함은 채권자가 누구이고 그 채권이 어떠한 내용의 청구권인지가 대체로 회사에게 알려져 있는 채권자를 말하는 것이고, 그 회사에 알려져 있는지 여부는 개개의 경우에 제반 사정을 종합적으로 고려하여 판단하여야 할 것인바, 회사의 장부 기타 근거에 의하여 그 성명과 주소가 회사에 알려져 있는 자는 물론이고 회사 대표이사 개인이 알고 있는 채권자도 이에 포함된다고 봄이 상당하다.

사실관계는 이러하다. 원고는 A회사가 수취인 백지로 발행한 어음의 제1배서인으로 위 어음은 순차로 양도되어 유통되었는데, A회사가 당좌거래 정지처분을 받음에 따라 결국 위 어음 소지인에게 원고가 소구의무를 이행하고 어음을 회수하였다. 그런데 A회사는 재산의 일부인 전기공사업, 전문소방시설공사업 부분을 분할하여 이를 피고와 분할합병하고 A회사는 존속하기로 하는 주주총회 결의를 하였고, 피고 역시 마찬가지의 결의를 하였다. 당시 A회사와 피고는 연대책임을 부담하지 않기로 하고 그 내용을 포함한 분할합병공고를 하였으나 원고에게 별도최고를 하지는 않았다. 이후 원고가 피고를 상대로 약속어음금 지급청구를 한 것이 이 사건 소송이다.

위 판결이 선고되기 이전의 종래 학설은 개별 최고가 필요한 '회사가 알고 있는 채권자'라 함은, 일반적으로 채권자가 누구이며, 그 채권이 어떠한 원인에 기한 어떠한 청구권인가 하는 것이 대체로 회사에 알려져 있는 경우의 채권자로서, 분할합병에 의하여 당해 채권의 효력이 중대한 영향을 받게 되는 지위에 있는 채권자를 말한다고만 설명하여 왔다. 이러한 논리를 엄격하게 또는 형식적으로 적용하면, 위 판결 사안의 경우 유가증권으로서의 약속어음의 유통성과 양도성을 고려한다면, 위 사안 원고가 회사의 대표이사로부터 이 사건 약속어음을 배서양도받았다 하더라도, 그 후 원고가 이 사건 약속어음을 계속 소지하고 있는지, 아니면 누구에게 양도되었는지를 회사가 알고 있었다고 단정할 수 없게 되어 원고를 개별 최고의 대상으로 보기 어려웠을 수 있다.[146)]

이에 대상판결은 '대표이사 개인이 알고 있는 채권자'를 포함시킴으로써 개별 최고가 필요한 '회사가 알고 있는 채권자'의 범위를 확대하는 해석론을 시도하였다.[147] 이때 '대표이사 개인이 알고 있는 채권자'의 의미와 관련하여, 집단적 회사관계의 특수성과 원활한 구조조정의 필요 등을 들어 대표이사가 회사의 업무수행과 무관하게 알게 된 채권자라면 이를 회사의 인식으로 보기 어려우므로 개별 최고가 필요한 채권자에 포함되지 않는다는 견해[148]와, 채권자 보호를 위해 경위를 불문하고 대표이사 개인이 알고 있기만 하다면 개별 최고가 필요한 채권자에 해당한다고 보는 것이 타당하다는 견해[149]가 병존하나, 위 대법원 판결의 원고는 회사가 수취인 백지로 발행한 어음의 제1배서인으로 당시 회사 대표이사가 원고에게 그 어음을 배서·양도하였던 것이므로, 회사의 업무수행과 관련하여 대표이사 개인이 알고 있는 채권자에 해당하고, 따라서 이 쟁점에 관한 어느 견해에 의하더라도 개별 최고가 필요하다고 보게 될 것이다.

4) 회사 분할과 근로관계의 승계

대법원 2013. 12. 12. 선고 2011두4282 판결은, "둘 이상의 사업을 영위하던 회사의 분할에 따라 일부 사업 부문이 신설회사에 승계되는 경우 분할하는 회사가 분할계획서에 대한 주주총회의 승인을 얻기 전에 미리 노동조합과 근로자들에게 회사 분할의 배경, 목적 및 시기, 승계되는 근로관계의 범위와 내용, 신설회사의 개요 및 업무 내용 등을 설명하고 이해와 협력을 구하는 절차를 거쳤다면 그 승계되는 사업에 관한 근로관계는 해당 근로자의 동의를 받지 못한 경우라도 신설회사에 승계되는 것이 원칙"이라고 하였다. 다만 회사의 분할이 근로기준법상 해고의 제한을 회

---

146) 호제훈, "회사의 분할 및 합병과 관련된 몇 가지 법률적 쟁점", 자유와 책임 그리고 동행: 안대희 대법관 재임기념, 사법발전재단(2012), 316면.

147) 호제훈, "회사의 분할 및 합병과 관련된 몇 가지 법률적 쟁점", 자유와 책임 그리고 동행: 안대희 대법관 재임기념, 사법발전재단(2012), 318면.

148) 노혁준, "회사분할관련 최근 판례들의 비판적 검토", 상사판례연구 제25집 제2권, 한국상사판례학회(2012), 108 – 109면.

149) 김택주, "2011년 회사법 판례상의 주요 쟁점", 상사판례연구 제25집 제3권, 한국상사판례학회(2012), 671면.

피하면서 해당 근로자를 해고하기 위한 방편으로 이용되는 등의 특별한 사정이 있는 경우에는, 해당 근로자는 근로관계의 승계를 통지받거나 이를 알게 된 때부터 사회통념상 상당한 기간 내에 반대 의사를 표시함으로써 근로관계의 승계를 거부하고 분할하는 회사에 잔류할 수 있다고 하였는데, 해당 사안의 경우 원고 회사는 이 사건 회사 분할과 관련하여 노동조합에 협의를 요구하고 약 5개월의 기간에 걸쳐 근로자들을 상대로 회사 분할에 관한 설명회를 개최하는 등 근로자들의 이해와 협력을 구하는 절차를 거쳤고, 앞서 본 특별한 사정에 해당하지 않으므로, 회사가 취한 전적 조치가 정당하다고 보았다.

5) 채무자회생법상 회생계획에 따라 회생채무자가 분할, 분할합병될 경우 상법 제530조의9 제1항에 따른 연대책임을 배제하도록 회생계획에서 정할 수 있고(채무자회생법 제212조 제1항 제7호, 제213조 제1항 제7호, 제272조 제1항), 이때는 상법 제527조의5 등의 규정에 따른 채권자보호절차도 적용되지 않는다(채무자회생법 제272조 제4항).

그러나 회생채권, 회생담보권과 달리 회생계획에서 공익채권에 관하여는 그 변제기의 유예 또는 채권의 감면 등 공익채권자의 권리에 영향을 미치는 규정을 정할 수 없고, 설령 회생계획에서 그와 같은 규정을 두었더라도 공익채권자가 이에 대하여 동의하지 아니하는 한 그 권리변경의 효력이 공익채권자에게 미치지 않는다(**대법원 2010. 1. 28. 선고 2009다 40349 판결 등 참조**).

대법원 2016. 2. 18. 선고 2015다10868, 10875 판결은, 이와 같은 상법 규정들과 채무자회생법 규정들의 취지, 회생절차에서의 공익채권자의 지위 등에 비추어 보면, 회사분할의 경우 연대책임 배제와 같은 채무자회생법의 특례규정들은 회생채권과 회생담보권에 대하여 적용될 수 있지만 공익채권에 대하여는 적용되지 아니한다고 하면서, "회생계획에 의하여 주식회사인 회생채무자를 분할하는 경우에도 상법 제530조의9 제1항이 원칙적으로 적용되므로 모든 승계회사와 분할 후에 존속하는 분할회사는 분할 전에 성립한 분할회사의 공익채무에 관하여 연대하여 변제할 책임을 진다"고 봄이 타당하고, "설령 회생계획에서 이러한 연대책임을 배제하는 취지의 규정을 두었더라도 분할회사의 공익채권자에 대하여는 분할로 인한 채무자 변경 등의 효과가 귀속되어 그 권리가 실질적으로 변경되는 결과가 되기 때문에 그가 동의하지 아니하는 한 효력을 미치지 아니한다."고 하였다.

위 사안은 회생채무자였던 대우자동차판매 회사에 대해 회생계획에 따라 회사가 분할되면서 각 버스판매사업 부문, 건설사업 부문 등을 분할하여 A, B 회사를 신설하고, 대우자동차 판매회사는 존속회사가 되며, A, B 회사가 승계하는 각 사업 부문 관련 채무에 대하여는 분할존속회사인 대우자동차판매 회사가 연대책임을 부담하지 않기로 하는 내용의 회생계획이 인가된 사안이다. 대법원은 대우자동차판매 회사의 버스사업 부문의 근로자였던 원고의 임금채권은 공익채권이므로, 원고가 (연대책임 배제의 내용이 담긴) 회생계획에 동의하였다는 점에 대한 자료가 없는 이상, 분할존속회사도 원고에 대해 임금을 변제할 책임을 여전히 부담하고, 원고가 분할신설회사 A로 고용 승계되었다는 등의 사정은 상법 제530조의9 제1항에 따른 연대책임을 배제할 만한 사유가 되지 못한다고 하였다.

4. 회사 해산 등

주식회사에 관한 해산판결은, 소수주주의 이익을 보호하기 위한 것으로 특히 주식의 양도가 보장된 공개회사보다 폐쇄회사, 그것도 합작회사 형태에서 제1대 주주와 제2대 주주간의 대립으로 정상적인 의사결정을 할 수 없는 상황(dead lock)에서 이를 인정할 여지가 크다.[150]

상법 제520조 제1항 각호는, 부득이한 사유가 있는 때에 소수주주가 법원에 회사의 해산을 청구할 수 있다고 규정하고 있다. 그 중 제1호에서 말하는 '회사의 업무가 현저한 정돈상태를 계속하여 회복할 수 없는 손해가 생긴 때 또는 생길 염려가 있는 때'라 함은 "이사 간, 주주 간의

150) 김지환, "회사법 판례 회고－2015년 회사법 주요 판례를 중심으로－", 상사판례
    연구 제29집 제1권, 한국상사판례학회(2016), 257면.

대립으로 회사의 목적 사업이 교착상태에 빠지는 등 회사의 업무가 정체되어 회사를 정상적으로 운영하는 것이 현저히 곤란한 상태가 계속됨으로 말미암아 회사에 회복할 수 없는 손해가 생기거나 생길 염려가 있는 경우"를 의미한다(대법원 2015. 10. 29. 선고 2013다53175 판결). 원고와 소외인이 함께 특수목적법인인 피고를 설립하였으나 추후 분쟁이 발생하여 소외인이 원고를 배제한 채 피고를 운영하는 등의 상황에서, 대법원은 위 법리에 따라 원고의 해산청구를 받아들임으로써(… 피고를 해산하는 것 외에는 달리 원고의 이익을 보호할 방법이 없다고 할 것이므로, 원고가 피고의 해산을 청구할 부득이한 사유도 있다고 봄이 타당하다 …) 원고의 이익을 보호하였다.

제9절 기타 회사

1. 합명회사

합명회사의 경우, 정관 등에서 달리 정하지 않는 한, ① 상법 제205조 제1항에 따라 다른 사원의 청구에 의하여 법원의 선고로써 업무집행사원의 업무집행권한을 상실시킬 수 있고, ② 상법 제195조에 의하여 준용되는 민법 제708조에 따라 법원의 선고절차를 거치지 않고 총사원이 일치하여 업무집행사원을 해임함으로써 그 권한을 상실시킬 수도 있다.

대법원 2015. 5. 29. 선고 2014다51541 판결은 합명회사의 내부관계에 관한 상법 규정은 원칙적으로 임의규정이라고 하면서도, "합명회사의 사원은 회사채권자에 대하여 직접·연대·무한책임을 진다. 만약 다른 사원 또는 업무집행사원이 업무집행에 현저히 부적합하거나 중대하게 의무를 위반하는 경우에는 그로 인하여 자신의 책임이 발생·증대될 우려가 있으므로, 그 다른 사원 또는 업무집행사원을 업무집행에서 배제할 수 있는지 여부는 각 사원의 이해관계에 큰 영향을 미친다. 합명회사의 사원은 업무집행권한 상실제도를 통하여 업무집행에 현저히 부적합하거나 중대하게 의무를 위반한 사원이나 업무집행사원을 업무집행에서 배제함으로써 자신의 책임이 부당하게 발생·증대되는 것으로부터 자신을 보호할 수 있다. 따라서 업무집행권한 상실에 관한 정관이나 관련 법률 규정을 해석할

상   법   1033

때에는 위와 같은 사원의 권리가 합리적 근거 없이 제한되지 않도록 신중하게 해석하여야 한다."고 보았다.

따라서 대상회사 정관에서 업무집행사원의 업무집행권한 상실에 관하여 규정하고 있지 않다가 '업무집행사원이 업무를 집행함에 현저하게 부적임하거나 중대한 업무에 위반한 행위가 있는 때에는 총사원의 결의로써 업무집행권한을 상실하게 할 수 있다.'라는 내용의 정관이 신설되었다고 해서, 위 정관이 법원의 선고에 의한 업무집행권한 상실방법을 배제한 것이라고 해석하기는 어려우므로 상법 제205조 제1항은 대상회사에 여전히 적용된다고 판단하였다.

2. 합자회사

1) 합자회사는 정관으로 정한 존립기간의 만료로 해산한 경우에도(상법 제269조, 제227조 제1호), 사원의 전부 또는 일부의 동의로 회사를 계속할 수 있다(상법 제269조, 제229조 제1항).

소외인은 합자회사인 원고의 대표(청산인)로서, 대표사원이자 업무집행사원인 피고에 대해 충실의무 및 선량한 관리자로서의 주의의무 위반을 이유로 손해배상을 청구하였다. 원심은, 원고는 정관에 규정된 존립기간(30년)이 2009. 6. 28. 만료되어 해산하였으나 원고의 일부 사원들이 2014. 8. 8.자 사원총회를 개최하여 회사계속을 결의하고 회사의 존립기간을 정한 정관규정을 폐지하기로 결의하였으므로 사원 일부의 동의에 의하여 위 사원총회일 현재 회사를 계속하고 있고, 같은 날 위 회사계속 결의와 아울러 이루어진 소외인에 대한 청산인 선임 결의[151]는 회사계속

---

151) 구체적 사실관계는 이러하다. 원고는 무한책임사원으로 피고와 소외 4만을 두고 있었는데, 소외 4는 이 사건 소 제기 후 제1심 판결 선고 전인 2014. 5. 12. 사망하였다. 원고의 사원 중 무한책임사원인 피고, 유한책임사원인 소외 9, 소외 10, 소외 11, 소외 2, 소외 12, 소외 1 및 위임장을 제출한 유한책임사원인 소외 13, 소외 14는 2014. 8. 8. 원고의 사원총회에 참석하여 무한책임사원인 피고를 임시의장에 선출한 후 제1호 안건으로 회사계속에 관한 안건, 제2호 안건 중 존립기간을 정한 정관 제5조 폐지에 관한 안건, 제3호 안건으로 회사계속등기를 위한 청산인으로 소외 1을 선출하는 안건을 각 출석사원 전원의 찬성으로 의결하였다.

에 배치되어 무효이므로 소외인은 원고의 적법한 대표자가 될 수 없으며, 따라서 소외인을 대표로 하여 원고가 제기한 항소는 부적법하다고 하였다. 대법원 역시 "합자회사가 존립기간의 만료로 해산한 후 사원의 일부만 회사계속에 동의하였다면 그 사원들의 동의로 정관의 규정을 변경하거나 폐지할 수 있다. 그리고 회사계속 동의 여부에 대한 사원 전부의 의사가 동시에 분명하게 표시되어야만 회사계속이 가능한 것은 아니므로, 일부 사원이 회사계속에 동의하였다면 나머지 사원들의 동의 여부가 불분명하더라도 회사계속의 효과는 발생한다."고 하여 원고의 상고를 기각하였다(대법원 2017. 8. 23. 선고 2015다70341 판결). 합자회사의 회사계속을 위해 존속에 반대하는 사원의 동의까지 요구할 것은 아니므로 타당하다.

2) 합자회사 무한책임사원의 책임과 사해행위

조선무역 합자회사의 채권자가, 위 회사의 무한책임사원이었던 X와 피고 사이에 체결된 대물변제계약이 사해행위라고 주장하며 그 취소를 구하였던 사안으로, 대법원은 다음과 같은 법리에 따라 원고 승소의 원심이 타당하다고 하여 피고의 상고를 기각하였다(대법원 2012. 4. 12. 선고 2010다27847 판결).

상법 제269조에 의하여 합자회사에 준용되는 상법 제212조 제1항은 "회사의 재산으로 회사의 채무를 완제할 수 없는 때에는 합명회사의 각 사원은 연대하여 변제할 책임이 있다"고 규정하고, 제2항은 "회사재산에 대한 강제집행이 주효하지 못한 때에도 전항과 같다."고 규정하고 있는바, 합자회사의 무한책임사원의 책임은 회사가 채무를 부담하면 법률의 규정에 기해 당연히 발생하는 것이고, "회사의 재산으로 회사의 채무를 완제할 수 없는 때" 또는 "회사재산에 대한 강제집행이 주효하지 못한 때"에 비로소 발생하는 것은 아니며, 이는 회사채권자가 그와 같은 경우에 해당함을 증명하여 합자회사의 무한책임사원에게 보충적으로 책임의 이행을 청구할 수 있다는 책임이행의 요건을 정한 것으로 봄이 타당하다(대법원 2009. 5. 28. 선고 2006다65903 판결 참조).

따라서 합자회사의 무한책임사원이 한 대물변제계약 등의 법률행위가 사해행위에 해당하는지 여부를 판단함에 있어, 무한책임사원 고유의 채무 총액과 합자회사의 부채 총액을 합한 액이 무한책임사원 고유의 재산 총액을 초과하는 경우에는 그 법률행위는 특별한 사정이 없는 한 사해행위에 해당한다고 볼 수 있지만, 합자회사의 무한책임사원의 책임이 위와 같이 보충성을 갖고 있는 점 등에 비추어 그 법률행위 당시 합자회사가 그 재산으로 채무를 완제할 수 있었다는 점(상법 제212조 제1항)이 주장·입증된 경우에는 합자회사의 채무를 고려함이 없이 무한책임사원 고유의 채무 총액과 그 고유의 재산 총액을 비교하여 그 법률행위가 사해행위에 해당하는지 여부를 판단함이 상당하다(대법원 2001. 10. 23. 선고 2001다40763 판결 참조).

한편 상법 제212조 제1항에서 규정하는 "회사의 재산으로 회사의 채무를 완제할 수 없는 때"라 함은 회사의 부채 총액이 회사의 자산 총액을 초과하는 상태, 즉 채무초과 상태를 의미하는바, 이는 회사가 실제 부담하는 채무의 총액과 실제 가치로 평가한 자산의 총액을 기준으로 판단하여야 하고, 대차대조표 등 재무제표에 기재된 명목상의 부채 및 자산의 총액을 기준으로 판단할 것은 아니며(대법원 2007. 11. 15.자 2007마887 결정 참조), 나아가 회사의 신용·노력·기능(기술)·장래의 수입 등은 원칙적으로 회사의 자산 총액을 산정함에 있어 고려할 대상이 아니다.

  3) 합자회사 업무집행사원의 권한상실

  ● 대법원 2012. 12. 13. 선고 2010다82189 판결

상법 제269조에 의해 합자회사에 준용되는 상법 제205조 제1항(합명회사의 업무집행사원의 권한상실선고에 관하여 "사원이 업무를 집행함에 현저하게 부적임하거나 중대한 의무에 위반한 행위가 있는 때에는 법원은 사원의 청구에 의하여 업무집행권한의 상실을 선고할 수 있다."고 규정함)의 문언과 취지 등에 비추어 보면, 합자회사의 무한책임사원뿐만 아니라 유한책임사원도 각자 업무집행사원에 대한 권한상실선고를 청구할 수 있다고 해석하는 것이 타당하다. 따라서 광주통상 합자회사의 유한책임사원들인 원고들은 업무집행사원인 피고에 대한 권한상실선고를 청구할 수 있다.

4) 합자회사 사원의 책임 변경 등

◉ 대법원 2010. 9. 30. 선고 2010다21337 판결

[1] 상법 제270조는 합자회사 정관에는 각 사원이 무한책임사원인지 또는 유한책임사원인지를 기재하도록 규정하고 있으므로, 정관에 기재된 합자회사 사원의 책임 변경은 정관변경의 절차에 의하여야 하고, 이를 위해서는 정관에 그 의결정족수 내지 동의정족수 등에 관하여 별도로 정하고 있다는 등의 특별한 사정이 없는 한 상법 제269조에 의하여 준용되는 상법 제204조에 따라 총 사원의 동의가 필요하다.

[2] 합자회사의 유한책임사원이 한 지분양도가 합자회사의 정관에서 규정하고 있는 요건[152]을 갖추지 못한 경우에는 그 지분양도는 무효이다.

제10절 상장회사 특례규정

1. 개   괄

2009년 자본시장법 제정에 따라 구 증권거래법에 존재하던 '상장법인 등에 대한 특례규정' 중 기업지배구조에 관한 사항은 상법 제13절로 옮겨오고, 재무관리 및 감독에 관한 사상은 자본시장법에 포함시켜 규정하게 되었다. 과거에는 주식회사에 적용되는 회사법이 상법과 구 증권거래법으로 이원적으로 존재하였다면 현재는 상장회사에 관한 특례규정이 상법(제542조의2 내지 제542조의13)과 자본시장법(제165조의2 내지 제165조의20)으로 이원적으로 존재하게 된 것이다.[153]

나아가 상장회사 특례규정의 적용범위를 정한 상법 제542조의2 제2항에서 "이 절은 이 장 다른 절에 우선하여 적용한다."고 규정하고 있어 그 해석이 문제되어 왔다(구 증권거래법 하에서는 위 상법 제542조의2 제2항과 같은 적용범위에 관한 규정이 존재하지 않았다).

자본시장법 제정 이전의 구 증권거래법 적용 사안에서 대법원이 "증

---

152) 사안의 대상회사 정관에서는 "무한책임사원회의의 의결이나 대표자의 승낙"을 요구하였다.
153) 주석 상법[회사 5], 한국사법행정학회(2021), 712면.

권거래법 제191조의13 제5항은 상법 제366조의 적용을 배제하는 특별법에 해당한다고 볼 수 없고, 주권상장법인 내지 협회등록법인의 주주는 증권거래법 제191조의13 제5항이 정하는 6월의 보유기간요건을 갖추지 못한 경우라 할지라도 상법 제366조의 요건을 갖추고 있으면 그에 기하여 주주총회소집청구권을 행사할 수 있다."고 판단한 바 있으나(**대법원 2004. 12. 10. 선고 2003다41715 판결**), 자본시장법 제정 후의 현행 상법 하에서는 명시적인 대법원의 판단이 부존재하는 가운데, 학설로는 상장회사 특례규정만이 적용되고 상법의 일반규정은 적용이 부정된다는 견해(배타적 적용설), 어느 쪽의 요건이든 충족하면 권리를 행사할 수 있다는 견해(선택적 또는 중첩적 적용설), 입법취지와 법률관계의 성격에 따라 배타적 적용 여부를 개별적으로 판단해야 한다는 견해 등이 병존하고, 각 특례규정에 따라 다양한 하급심 결정이 병존한다. 다만 이하에서 보듯 소수주주권에 관하여는 2020년의 상법 개정으로 입법에 의해 해결되었다.

2. 소수주주권

[표: 소주주주권 행사요건][154]

아래의 %는 발행주식 총수 기준(다만 주주제안권은 '의결권 없는 주식을 제외한 발행주식총수' 기준)이다.

소수주주권의 종류	일반 조항	상장회사 특례조항 (+6개월 보유)
해산판결청구(제520조)	10%	없음
주주총회소집청구(제366조)	3%	1.5% (제542조의6 제1항)
업무·재산상태 검사인 선임 (제467조)		
집중투표청구(제382조의2)		1% (제542조의7 제2항) −6개월 보유 요건 없음

---

154) 이하의 표는 천경훈, "계열회사 간 합병과 이사의 의무-엘리엇 대 삼성물산 사건의 평석을 겸하여", 민사판례연구 제40권, 박영사(2018), 821면에서 발췌하였다.

주주제안권(제363조의2)		자본금 1천억 원 미만 1% 자본금 1천억 원 이상 0.5% (제542조의6 제2항)
이사·감사·청산인 해임청구 (제385조, 제415조, 제539조)	3%	자본금 1천억 원 미만 0.5% 자본금 1천억 원 이상 0.25% (제542조의6 제3항)
회계장부 열람등사청구 (제466조)		자본금 1천억 원 미만 0.1% 자본금 1천억 원 이상 0.05% (제542조의6 제4항)
총회검사인선임 (제367조 제2항)		없음
위법행위유지청구(제402조) (준용되는 경우 포함)	1%	자본금 1천억 원 미만 0.05% 자본금 1천억 원 이상 0.025% (제542조의6 제5항)
대표소송(제403조) (준용되는 경우 포함)		0.01%(제542조의6 제6항)

1) 상장회사의 임시주주총회 소집을 청구할 수 있는 소수주주권에 관한 상법 제542조의6 제1항이 상법 제366조(소수주주에 의한 소집청구)의 적용을 배제하는 특별규정인지 여부가 문제되었던 사안에서, **서울고등법원 2011. 4. 1.자 2011라123 결정**은, 상법 제542조의2 제2항은 "특례규정과 관련된 모든 경우에 상법 일반규정의 적용을 배제한다는 의미라기보다는 '1차적'으로 적용한다는 원론적 의미의 규정이므로, 상법 일반규정의 배제 여부는 특례의 각 개별 규정에 따라 달리 판단하여야 할 것이다."라고 하면서, "상법 등의 개정연혁과 입법취지, 법률 규정의 표현 방식 등과 상법 제542조의6 제1항에서 '행사할 수 있다'라는 표현을 사용한 점을 종합해 보면, 위 상법 조항은 상법 제366조의 적용을 배제하는 특별규정에 해당한다고 볼 수 없다"고 판단하였고, 이에 대한 특별항고가 기각되어(대법원 2011. 8. 19.자 2011그114 결정), 위 결정이 그대로 확정되었다.

2) 반면 삼성물산과 제일모직 사이의 합병에 관하여 삼성물산 주주인 엘리엇이 상법상 유지청구권을 피보전권리로 하여 제기한 가처분 사

건의 제1심에서는, 특례조항(상법 제542조의6 제5항)이 일반조항인 상법 제402조(유지청구권)에 우선하여 적용된다는 취지의 조항으로 해석하여, 채권자의 채무자 甲 등에 대한 신청은 상법 제542조의6 제5항에서 정한 유지청구권의 행사청구권을 갖추지 못한 자에 의해 제기된 것으로 부적법하다고 하였다[서울중앙지방법원 2015. 7. 1.자 2015카합80582 결정, 서울고등법원 2015. 7. 16.자 2015라20485 결정에서 항고가 기각되었으나 항고심 법원이 위 쟁점에 관해 판단하지 아니하였음은 전술한 바이다, 이에 대한 재항고(대법원 2015마4216호)가 취하됨으로써 위 항고기각 결정이 그대로 확정되었다]. 그 근거로는 2009년 상법 개정 당시 굳이 상법 제542조의2 제2항을 신설한 점, 상장회사의 경우 소수주주권이 악용될 우려가 있어 비상장회사와 달리 소수주주권 행사 요건에 보유기간 요건을 추가할 필요가 있는 점 등을 들었다.

3) 한진칼의 소수주주가 한진칼의 2019. 3.의 정기주주총회를 위해 주주제안권을 행사한 사안에서, 상장회사 특례규정인 상법 제542조의6 제2항과 일반규정인 상법 제363조의2(주주제안권)의 관계가 문제되었다.

1심은, 구 증권거래법 사안이었던 **대법원 2004. 12. 10. 선고 2003다41715 판결**에 따른 해석을 입법을 통해 변경하겠다거나 양 규정의 중첩적용으로 인한 문제를 해결하겠다는 입법자의 뚜렷한 의사는 찾아보기 어려운 점, '우선'이라는 문언의 의미상 일반규정이 적용될 수 있는 여지를 남겨두었다고 봄이 타당한 점, 특례규정의 입법취지에 비추어 일반규정인 상법 제363조의2에 의해 부여된 권리를 박탈하려는 것으로 보이지 않고 두 조항은 양립할 수 있는 것으로 보이는 점 등을 들어 중첩적 적용설을 취하였다[서울중앙지방법원 2019. 2. 28.자 2019카합20313 가처분결정 및 이에 대한 가처분이의사건인 같은 법원 2019. 3. 5.자 2019카합20351 결정].

반면 이에 대한 항고심에서는, 개정 과정에서 상법 제542조의2 제2항을 신설한 점과 '우선'이라는 문언의 통상적 의미, 상법 개정과정 등에 비추어 본 입법자의 의도, 상법 제542조의6 각 항의 규정형식 등 법질서 전체의 조화, 소수주주권 남용을 방지하려 하였던 특례규정의 입법의도

등을 이유로, 배타적 적용설을 취하였다[서울고등법원 2019. 3. 21.자 2019
라20280 결정, 그대로 확정].

4) 2020. 12. 29. 개정된 상법에서는 제542조의6(소수주주권)에 "제1항
부터 제7항까지는 제542조의2 제2항에도 불구하고 이 장의 다른 절에 따
른 소수주주권의 행사에 영향을 미치지 아니한다."는 내용의 제10항을 신
설함으로써, 상장회사의 경우 소수주주권 행사를 위해 상법의 일반규정과
상장회사 특례규정(제542조의6) 중 어느 한 가지 요건만을 충족하면 가능
하다는 중첩적 적용을 명백히 하여 이 문제를 입법적으로 해결하였다.
그러나 상법 제542조의6을 제외한 나머지 특례규정에 관하여는 여전히
상법 제542조의2 제2항에서 말하는 "우선하여 적용한다"는 의미를 어떻게
볼 것인지의 문제는 남아 있는데, 대표적인 경우가 다음에서 살펴볼 신
용공여 금지 규정(상법 제542조의9)이다.

3. 주요주주 등 신용공여 금지

1) 상법 제542조의9(주요주주 등 이해관계자와의 거래)는 주요주주와 그
특수관계인, 감사와 회사 간의 거래를 규제하였던 구 증권거래법 제191
조의19의 특례규정을 일부 개정하여 승계한 것으로, 유사한 내용을 담고
있는 상법 제398조(이사 등과 회사 간의 거래)와의 관계가 문제된다. 본조 제1
항은 원칙적 금지를, 제2, 3항은 예외적 허용을 각 규정하고 있는데, 상법
제398조에 대하여 본조 제1항은 배타적으로, 본조 제2, 3항은 중첩적으로
적용되어야 한다는 견해[155]도 이러한 규정체계를 반영한 것으로 보인다.

2) **대법원 2013. 5. 9. 선고 2011도15854 판결**은 구 증권거래법 제
191조의19 중 제1항 제1호 가목[156]에 관한 판결로, "**구 증권거래법 제191**

---

155) 주석 상법[회사 5], 한국사법행정학회(2021), 723-724면.
156) 증권거래법 제191조의19(주권상장법인 및 코스닥상장법인의 주요주주등 이해관
 계자와의 거래)
 ① 주권상장법인 또는 코스닥상장법인은 당해 법인의 주요주주(그의 특수관계인을
 포함한다)·이사(「상법」 제401조의2제1항 각호의 1에 해당하는 자를 포함한다.
 이하 이 항에서 같다) 또는 감사(감사위원회의 위원을 포함한다. 이하 이 항에
 서 같다)를 상대방으로 하거나 그를 위하여 제1호 각목의 1에 해당하는 행위를

조의19 제1항 제1호 (가)목이 주권상장법인 또는 코스닥상장법인(이하 '상장법인'이라고 한다)의 이사 등에 대한 금전 등의 대여를 금지한 취지는, 영리법인인 상장법인의 업무는 그 회사의 자율에 맡기는 것이 원칙이겠지만, 상장법인은 비상장법인과는 달리 다수의 일반 투자자들이 유가증권시장이나 코스닥시장을 통하여 증권거래에 참가하고 있어 그와 같은 내부거래를 자율에만 맡길 경우 상장법인의 건전한 재정상태를 위태롭게 하고 일반 투자자들의 이익을 해할 위험이 있으므로 일정한 금전 등의 대여행위를 금지함으로써 상장법인의 건전한 경영을 도모하고 이를 통하여 일반 투자자들을 보호하려는 데 있다 할 것이다. 이러한 입법 취지와 함께 위 규정이 '이사 등을 상대방으로 하는' 금전 등의 대여행위와 아울러 '이사 등을 위하여 하는' 금전 등의 대여행위도 금지하고 있는 점 등을 고려하면, 위 규정에서 금지하고 있는 금전 등의 대여행위에는 상장법인이 그 이사 등을 직접 상대방으로 하는 경우뿐만 아니라, 그 금전 등의 대여행위로 인한 경제적 이익이 실질적으로 상장법인의 이사 등에게 귀속하는 경우와 같이 그 행위의 실질적인 상대방을 상장법인의 이사 등으로 볼 수 있는 경우도 포함된다고 해석함이 상당하다."고 하였다.

이러한 신용공여 금지 규제 위반의 효과에 대하여는, 학설로는 상법 제398조의 자기거래 규정과 동일하게 상대적 무효설을 취하는 견해가 일반적[157]이었다. 대법원 2021. 4. 29. 선고 2017다261943 판결은, 회사 채권자인 원고와 피고가, 회사의 X에 대한 물품대금채권을 각 가압류 하였는데, 위 채권의 배당절차에서 피고에게 일정액을 배당하는 내용으로

하여서는 아니된다. 다만, 제2호 각목의 1에 해당하는 경우에는 그러하지 아니하다.

1. 금지행위

가. 금전 · 유가증권 · 실물자산 · 무체재산권 등 경제적 가치가 있는 재산을 대여하는 행위

157) 김순석, "이사 등의 자기거래", 기업법연구 제31권 제1호, 한국기업법학회(2017), 186면; 김지평, "상장회사 이해관계자 거래 규제(상법 제542조의9)의 실무상 쟁점", 선진상사법률연구 제81호, 법무부(2018), 136면; 송옥렬, 상법강의, 홍문사(2021), 1069면; 이철송, 회사법강의, 박영사(2021), 789면; 임재연, 회사법 Ⅱ, 박영사(2020), 535면.

배당표가 작성되자, 원고가 피고의 가압류 이전에 해당 채권이 제3자에게 양도되었으므로 피고의 가압류가 무효라고 주장한 사안에서. 해당 채권의 제3자에 대한 양도가 상법 제542조의9 제1항에 반하는 신용공여행위로서 무효인지 여부가 문제된 사안이다. 대법원은 다음과 같은 법리를 선언한 다음, 해당 채권이 제3자에게 양도된 행위는 상법 제542조의9 제1항에서 금지하고 있는 신용공여행위이고, 당시 제3자에게는 중과실이 인정되므로 그 양도가 무효라고 본 원심판단이 타당하다고 하여(따라서 피고의 가압류는 유효하므로 원고 청구를 기각함) 상고를 기각하였다.

"상법 제542조의9 제1항에 의하면, 상장회사는 주요주주 및 그의 특수관계인, 이사 및 집행임원, 감사(이하 '주요주주 등'이라 한다)를 상대방으로 하거나 그를 위하여 신용공여를 하여서는 아니 된다. 여기서 신용공여는 금전 등 경제적 가치가 있는 재산의 대여, 채무이행의 보증, 자금 지원적 성격의 증권 매입, 그 밖에 거래상의 신용위험이 따르는 직접적 · 간접적 거래로서 대통령령으로 정하는 거래를 의미한다. 주요주주 등이 주식회사의 경영에 상당한 영향력을 행사할 수 있다는 점을 고려하면, 회사가 주요주주 등에게 신용공여를 할 경우 회사의 재무건전성을 저해하고 일반주주나 채권자 등의 이익을 침해하는 결과가 초래될 우려가 높을 뿐만 아니라, 경우에 따라서는 이를 은폐하기 위하여 비정상적인 회계처리를 감행할 가능성도 커지게 된다. 특히 다양한 이해관계자가 존재하는 상장회사의 경우 회계 · 경영 관련 건전성에 대한 요구가 비상장회사에 비해 높으므로, 상법 제542조의9 제1항은 상장회사의 주요주주 등에 대한 신용공여를 원칙적으로 금지하여 회사의 이익을 보호할 뿐 아니라 주식시장의 건전성 및 투자자 보호에 기여하고자 한 것이다. 다만 상장회사의 경영상 필요나 영업의 자유 등의 측면에서 볼 때 신용공여 중에는 금지대상으로 삼을 필요가 없거나 적은 것도 있을 수 있으므로, 상법 제542조의9는 제2항에서 거래상대방, 거래의 성격이나 목적, 규모, 경영건전성에 미치는 영향 등을 고려하여 일부 신용공여에 대해서 예외적으로 허용하고 있다. 나아가 상법 제624조의2는 신용공여 금지의 실효성을 확보하기 위하여 상법 제542조의9

제1항을 위반하여 신용공여를 한 자를 5년 이하의 징역 또는 2억 원 이하의 벌금에 처한다고 규정하는 한편, 상법 제634조의3은 회사에 대한 양벌 규정을 두고 있다.

앞서 본 법리에 비추어 상법 제542조의9 제1항의 입법 목적과 내용, 위반행위에 대해 형사처벌이 이루어지는 점 등을 살펴보면, 위 조항은 강행규정에 해당하므로 위 조항에 위반하여 이루어진 신용공여는 허용될 수 없는 것으로서 사법상 무효이고, 누구나 그 무효를 주장할 수 있다. 그리고 위 조항의 문언상 상법 제542조의9 제1항을 위반하여 이루어진 신용공여는, 상법 제398조가 규율하는 이사의 자기거래와 달리, 이사회의 승인 유무와 관계없이 금지되는 것이므로, 이사회의 사전 승인이나 사후 추인이 있어도 유효로 될 수 없다.

다만 앞서 보았듯이 상법 제542조의9는 제1항에서 신용공여를 원칙적으로 금지하면서도 제2항에서는 일부 신용공여를 허용하고 있는데, 회사의 외부에 있는 제3자로서는 구체적 사안에서 어떠한 신용공여가 금지대상인지 여부를 알거나 판단하기 어려운 경우가 생길 수 있다. 상장회사와의 상거래가 빈번한 거래현실을 감안하면 제3자로 하여금 상장회사와 거래를 할 때마다 일일이 상법 제542조의9 위반 여부를 조사·확인할 의무를 부담시키는 것은 상거래의 신속성이나 거래의 안전을 해친다. 따라서 상법 제542조의9 제1항을 위반한 신용공여라고 하더라도 제3자가 그에 대해 알지 못하였고 알지 못한 데에 중대한 과실이 없는 경우에는 그 제3자에 대하여는 무효를 주장할 수 없다고 보아야 한다."

즉, 대법원은 상법 제542조의9 제1항과 상법 제398조를 동일하게 보는 것을 경계하고(따라서 이사회의 사전 승인이나 사후 추인이 있어도 유효로 될 수 없다), 특히 "회사만이 무효를 주장할 수 있고 특별한 사정이 없는 한 거래 상대방이나 제3자는 그 무효를 주장할 이익이 없다"는 판례[158] 법리가 확립된 상법 제398조와 달리 상법 제542조의9 제1항의 위반에 대

---

158) 대법원 2012. 12. 27. 선고 2011다67651 판결 등 다수.

하여는 "누구나" 무효를 주장할 수 있다고 하면서도, 결과적으로는 거래안전을 고려하여 선의·무중과실의 제3자는 보호된다는 논리를 취한 것으로 보인다. 이는 적어도 본조 제1항에서 금지하는 신용공여에 관하여는 상장회사 특례규정이 상법 제398조를 배제한다는 입장을 취한 것으로 이해되는데, 본조 제1항의 경우 그와 같이 보아도 문제가 없지만 본조 제2, 3항의 경우에는 상법 제398조보다 이사회 결의요건이 완화되어 있고, 공정성 요건이 존재하지 않는 등 반드시 그와 같이 보기는 어려울 것이다.

제11절 진술·보증 조항

1. 인천정유 사건

1) 먼저 사실관계를 간략히 소개한다.

1999. 8. 31. 甲 주식회사(인천정유)의 주주인 乙 주식회사 등이 丙 주식회사(현대오일뱅크)에 甲 회사의 발행주식을 양도하는 계약을 체결하면서 계약 체결일과 丙 회사의 주식취득일을 기준으로 '甲 회사가 행정법규를 위반한 사실이 없고 이와 관련하여 행정기관으로부터 조사를 받고 있거나 협의를 진행하는 것도 없다'라고 진술 및 보증을 하였고, 또한 '양수도 실행일 이후 보증의 위반사항(순자산가치의 부족이나 숨은 채무 또는 우발채무가 새로이 발견되는 경우도 포함한다)이 발견된 경우 또는 기타 본 계약상의 약속사항을 위반함으로 인하여 甲 회사 또는 丙 회사에 손해가 발생한 경우 乙 회사 등은 현금으로 丙 회사에 배상한다'라고 정하였다. 그런데 이후, 甲 회사가 다른 정유사들과 함께 1998년부터 2000년까지 담합행위를 하고 있었다는 사실이 밝혀져 벌금과 과징금을 부과받고, 손해배상금과 관련 소송비용을 지출하였다. 이에 丙 회사가 乙 주식회사 등에게 위 진술 및 보증조항에 따른 손해배상을 청구한 사안이다.

2) 위 사건은 2002년 제소된 이후 두 차례에 걸쳐 파기환송되면서 서울고등법원 2019. 8. 22. 선고 2018나10526 판결로 비로소 확정되었는데, 처음의 환송판결(대법원 2015. 10. 15. 선고 2012다64253 판결)에서는, 악의의 매수인이 진술 및 보증조항에 기한 손해배상을 청구할 수 있을

것인지가 주된 쟁점이 되었다. 즉, 위 사건의 丙 회사 역시 문제의 담합행위자 중 1인으로서 이미 계약 당시부터 甲의 진술 및 보증조항 위반 사실을 알고 있었다고 사실인정이 되었던 것이다. 1심은 진술 및 보장조항 위반책임에는 악의의 매수인에 대해 하자담보책임을 부정하는 민법 제580조 제1항 단서가 적용되지 않는다고 보아 원고의 청구를 받아들였고, 반면 원심은 마찬가지로 판단하면서도 '공평의 이념 및 신의칙'을 이유로 원고의 청구를 기각하였다. 제1환송판결인 대법원 2012다64253 판결은, "계약당사자 사이에 어떠한 계약내용을 처분문서인 서면으로 작성한 경우에 문언의 객관적인 의미가 명확하다면 특별한 사정이 없는 한 문언대로의 의사표시의 존재와 내용을 인정하여야 하며, 문언의 객관적 의미와 달리 해석함으로써 당사자 사이의 법률관계에 중대한 영향을 초래하게 되는 경우에는 그 문언의 내용을 더욱 엄격하게 해석하여야 한다(대법원 2010. 11. 11. 선고 2010다26769 판결, 대법원 2011. 12. 8. 선고 2011다78958 판결 참조)."라는 종래의 계약해석 법리에 기초하여 이 사건 진술·보증조항을 해석하면, 당사자들의 의사는 매수인의 고의 여부를 불문하고 손해를 배상하기로 약정한 것으로 봄이 타당하다고 하여 원심을 파기하였다. 또한 "일단 유효하게 성립한 계약상의 책임을 공평의 이념 및 신의칙과 같은 일반원칙에 의하여 제한하는 것은 자칫하면 사적 자치의 원칙이나 법적 안정성에 대한 중대한 위협이 될 수 있으므로 신중을 기하여 극히 예외적으로 인정하여야 한다(대법원 2004. 1. 27. 선고 2003다45410 판결, 대법원 2013. 7. 12. 선고 2011다66252 판결 참조)."고 하여, 이 사건의 경우 공정거래위원회가 이 사건 담합행위에 대한 조사를 개시한 것은 이 사건 주식양수도계약의 양수도 실행일 이후여서, 이 사건 주식양수도계약을 체결할 당시 공정거래위원회가 인천정유에 이 사건 담합행위를 이유로 거액의 과징금 등을 부과할 가능성을 예상하고 있었을 것으로 보기는 어려우므로, 특별한 사정이 없는 한 丙 회사가 담합행위를 알고 있었고 이 사건 담합행위로 인한 공정거래위원회의 제재 가능성 등을 이 사건 주식양수도대금 산정에 반영할 기회를 가지고 있었다는 점만으로 이 사건 손해배상청구가 공평의 이념 및 신의칙에 반하여 허용될 수 없다고 보기는 어렵다고 하였다.

3) 이와 같이 파기환송된 이후, 주된 쟁점은 손해의 범위로 옮겨졌다.

환송 후 원심은, 甲이 스스로 행한 담합행위의 결과로 과징금 등을 부담하게 된 이상, 이를 피고들의 행위로 甲이 입은 '손해'로 평가할 수 없다고 보는 한편, 결국 이 사건에서 원고가 입은 구체적인 손해의 액수를 증명하는 것이 성질상 매우 어려운 경우라고 하여 민사소송법 제202조의2에 따라 10억 원을 손해배상금으로 정하였다. 이는 원고의 청구취지 금액 원금이 약 322억 원이었고, 주식양수도대금이 약 454억 원이었던 점에 비추어 보면 현저히 낮은 액수였다.

원고가 상고하였고, 대법원은, 문제의 주식양수도계약서 규정은 진술·보증 조항의 위반으로 인한 손해배상책임에 관한 조항이고, 여기에서 '甲 회사 또는 丙 회사에 손해가 발생한 경우 현금으로 丙 회사에 배상한다'는 약정은 구체적으로 손해배상의 범위와 금액을 산정하는 방법을 정한 것인데, 계약서의 문언에 따르면, 乙 회사 등이 진술·보증한 것과 달리 기업지배권이 이전되는 시점 이전의 사유로 甲 회사의 우발채무가 발생하거나 부실자산 등이 추가로 발견되면 특별한 사정이 없는 한 그 금액이 진술·보증 위반으로 丙 회사가 입게 되는 손해이고, 나아가 丙 회사가 직접 비용을 지출하는 등으로 손해를 입었다면 그 또한 손해에 포함된다고 보아야 한다고 하면서, 원심판단에 매도인의 진술·보증 위반으로 대상회사가 입은 손해의 의미를 이해하지 못한 잘못이 있다고 하여 재차 원심을 파기하였다(대법원 2018. 10. 12. 선고 2017다6108 판결).[159]

4) 원래 기업인수계약에서의 진술·보증 조항 위반으로 인한 손해배상책임의 성격을 어떻게 볼 것인지에 관하여, ① 하자담보책임설(약정하자담보책임에 해당한다는 견해 및 물건매매에 관한 민법 제570조 내지 제572조의 규정이 적용된다는 견해), ② 손해담보계약과 유사한 비전형계약설, ③ 채

---

159) 제2차 환송 후 서울고등법원 2019. 8. 22. 선고 2018나10526 판결로 비로소 확정되었는데, 위 판결에서 인정한 손해배상의 액수는 원금 약 85억 원이었다.

무불이행책임설 등의 대립이 있었다. 대법원은, 이미 인천정유 사건의 제
1환송심에서 진술·보증 조항은 "경제적 위험의 배분과 주식양수도대금의
사후 조정의 필요성"이라는 목적을 가진 것으로 평가하면서 원심을 파기
한 시점에서 채무불이행책임설의 입장을 취한 것으로 보였지만, 특히 제
2환송심인 2017다6108 판결에서 명시적으로 "매도인이 대상회사의 상태에
관하여 사실과 달리 진술·보증을 하고 이로 말미암아 매수인에게 손해를
입힌 경우에는 계약상 의무를 이행하지 않은 것에 해당하므로 일종의 채
무불이행 책임이 성립한다."라고 판시하였다. 구체적으로는, ① 계약에서
진술·보증 위반으로 인한 손해배상의 범위나 금액을 정하는 조항이 없
는 경우에는 매수인이 소유한 대상회사의 주식가치 감소분 또는 매수인
이 실제 지급한 매매대금과 진술·보증 위반을 반영하였을 경우 지급하
였을 매매대금의 차액을 산정하는 등의 방법으로 손해배상액을 정하여야
하지만, ② 계약에서 손해배상의 범위와 금액을 산정하는 방법을 정하고
있는 경우에는 이를 배제하거나 제한할 만한 사정이 없는 한 그에 따라
야 한다고 하였던바, 제1환송심에서 계약해석을 통해 손해배상의 책임을
인정하였던 것과 같은 맥락이라고 하겠다.

2. 매수인이 대상회사 주식을 처분한 경우
◉ 대법원 2018. 7. 20. 선고 2015다207044 판결

　M&A 계약에서 진술 및 보증 조항을 둔 목적은, 계약 종결과 이행
이후 진술 및 보증하였던 내용과 다른 사실이 발견되어 일방 당사자에게
손해가 발생한 경우에 상대방에게 그 손해를 배상하게 함으로써, 불확실한
상황에 관한 경제적 위험을 배분하고 사후에 현실화된 손해를 감안하여
매매대금을 조정할 수 있게 하기 위한 것이다. 매수인이 거래 종결 후 대
상회사 주식을 매각하는 경우 대부분 매수인은 후속 매수인에게 진술 및
보증을 하고 그 위반으로 인한 책임을 부담하게 된다. 만약 매도인의 진술
및 보증 조항 위반으로 매수인의 주식 매각 이후 대상회사에 손실이 발생
하고, 그로 인해 매수인이 새로운 매수인에 대하여 책임을 부담하게 되었

음에도, 매수인이 주식을 매각하여 주주의 지위에 있지 않다는 이유로 당초의 매도인에게 책임을 물을 수 없는 결과에 이른다면 경제적 위험의 적정한 배분이라는 진술 및 보증 조항의 목적에 반하게 된다. 따라서 당사자들 사이에 특별한 합의가 없다면 매수인이 대상회사의 주식을 처분하더라도 손해배상청구 및 액수 산정에 별다른 영향을 미치지 않는다.

위 판시는, 대부분의 경우 매수인 역시 후속 매수인에게 유사한 내용의 진술·보증을 함으로써 그 위반으로 인한 책임을 부담하고 있음을 생각해 보면 쉽게 수긍할 수 있다. 나아가 위 2015다207044 판결 사안에서는 "별지 1에 기재된 것을 제외하고, 대상회사에 대하여 현재 진행 중인 금 10억 원 이상(청구취지를 확장하는 경우 금 10억 원 이상으로 될 가능성이 있는 일부 청구를 포함한다)의 소송, 조정, 중재, 이의신청, 기타 분쟁절차 및 행정기관의 조사, 기타 행정조치 등은 존재하지 아니한다."는 내용의 진술·보증 조항이 있었는데, 거래종결 후에 원래 진행 중이던 소송절차에서의 조정에 따라 대상회사가 초등학교 재건축이라는 비용 지출을 수반하는 의무를 부담하게 되었다. 대법원은, 이처럼 이 사건 주식매매계약 체결 당시 진행 중인 소송절차에서 수소법원의 조정에 따라 의무를 부담하게 된 것은 "소송으로부터 직접 그리고 자연스럽게 도출된 것"으로 보아야 하고, 위 조정 내용은 대규모 건축공사를 하는 건설회사로서는 "합리적으로 예상가능한 범위 안"에 있으므로, 매수인들은 이를 이유로 매도인에 대해 진술·보증조항 위반에 따른 손해배상을 청구할 수 있고, 이를 두고 매수인으로부터 진술 및 보증 위반을 이유로 손해배상을 받을 수 있음을 고려하여 매도인이 대상회사로 하여금 무리하게 조정에 응하도록 한 것이라고 단정하기는 어렵다고 하였다.

3. 진술·보증 조항에 따른 손해배상을 청구할 수 없는 경우

그러나 당사자 사이에 체결된 계약이 강행법규 위반으로 무효인 경우에 그 계약 불이행을 이유로 진술·보장 약정에 따른 손해배상채무를 이행하는 것이 강행법규가 금지하는 것과 동일한 결과를 가져온다면 이는 강행법규를 잠탈하는 결과가 되고, 이러한 경우에는 진술·보장 조항 위반을 이유로 손해배상을 청구할 수 없다고 보아야 한다(대법원 2019. 6. 13. 선고 2016다203551 판결). 대상사안에서의 계약 조항은 원래의 계약 조항이 금전채무(홍삼제품 매입에 따른 매매대금 지급채무)를 부담하는 것이었기 때문에 계약의 이행이 (진술·보장 조항 위반을 이유로 한) 손해배상채무의 이행과 동일한 결과를 가져온다고 보는 데에 별다른 문제가 없었으나, 만약 진술·보증의 대상이 된 계약 조항이 기술 이전, 특정물 인도 등의 비금전채무의 이행을 내용으로 하고 있다면 어떻게 볼 수 있을지 흥미롭다.

제12절 배임죄 관련 문제

1. LBO와 배임죄

이른바 차입매수 또는 LBO(Leveraged Buy-Out의 약어이다)란 일의적인 법적 개념이 아니라 일반적으로 기업인수를 위한 자금의 상당 부분에 관하여 피인수회사의 자산을 담보로 제공하거나 그 상당 부분을 피인수회사의 자산으로 변제하기로 하여 차입한 자금으로 충당하는 방식의 기업인수 기법을 일괄하여 부르는 용어로, 거래현실에서 그 구체적인 태양은 매우 다양하다.

이미 대법원은, (1) 회사정리절차 중인 대상회사의 자산을 담보로 하여 인수회사가 부채를 차입하였던 신한 사건(**대법원 2006. 11. 9 선고 2004도7027 판결**)에서, 인수자가 피인수회사의 담보제공으로 인한 위험 부담에 상응하는 대가를 지급하는 등의 반대급부를 제공하는 경우에 한하여 LBO가 허용되고, 만일 인수자가 피인수회사에 아무런 반대급부를 제공하지 않고 임의로 피인수회사의 재산을 담보로 제공하게 하였다면, 인수자 또는 제3자에게 담보 가치에 상응한 재산상 이익을 취득하게 하고 피인수회사에게 그 재산상 손해를 가하였다고 봄이 상당하여 배임죄가 성립하며, 이는 당해 주식회사가 부도로 인하여 회사정리절차(2006. 4. 1. 채무자회생법의 시행으로 회생절차로 바뀌었다)가 진행 중이라 하더라도 그 회사의 주주나 채권자들의 잠재적 이익은 여전히 보호되어야 할 것이므로 마찬가지라고 하였고, (2) 그로부터 약 4년 뒤에, 인수회사가 설립한 SPC가 대출을 받아 대상회사를 인수한 다음 SPC와 대상회사가 합병하고 최종적으로는 인수회사와도 합병이 이루어졌던 한일합섬 사건(대법원 2010. 4. 15. 선고 2009도6634 판결)에서는, "LBO를 따로 규율하는 법률이 없는 이상 일률적으로 LBO를 주도한 관련자들에게 배임죄가 성립한다거나 성립하지 아니한다고 단정할 수 없고, 배임죄의 성립 여부는 차입매수가 이루어지는 과정에서의 행위가 배임죄의 구성요건에 해당하는지 여부에 따라 개별적으로 판단되어야 한다."는 법리 하에 배임죄가 무죄라고 본 원심의 판단을 수긍하였다.

이러한 상반된 결론에 대하여, 일응 신한 사건은 '담보제공형'인 반면 한일합섬 사건은 '합병형'으로, 피인수회사가 별개의 법인격체인 인수회사를 위해 담보를 제공하는 전자와 달리 후자는 합병을 통해 피인수회사와 인수회사가 법률상 일체가 되고 결국 인수회사의 채무가 존속회사의 채무가 되므로 존속회사가 자신의 채무에 대해 담보를 제공하거나 변제한다는 차이가 존재하므로, 구별되는 것이 합리적이라고 이해하는 것이 지배적이었다.

(3) 이러한 이해구조는 인수회사가 설립한 SPC가 대상회사의 주주가 된 다음, 장차 SPC와 대상회사를 합병할 계획 하에 대상회사의 유상감자와 이익배당을 통해 SPC에게 현금을 지급한(물론 소수주주들에게도 지급되었다) 것이 배임이라고 기소되었던 대선주조 사건에서 배임죄의 무죄가 확정되자(대법원 2010. 4. 15. 선고 2009도6634 판결), 이러한 유형을 '분배형' 또는 '자산인출형'이라고 명명하면서 그러한 자산의 분배 또는 인출 과정에서 상법에 정한 절차를 준수하였다면 손해 발생이 없어 배임죄로 볼 수 없다는 인식과 함께 널리 퍼지게 되었다.

(4) 2015년 대법원은 온세통신 사건에서도 배임죄가 무죄라고 본 원심을 수긍하였는데(대법원 2015. 3. 12. 선고 2012도9148 판결), 그 사실관계는 다음과 같다.

온세통신은 회사정리절차 진행 중에 매각입찰절차를 진행하였고, 인수회사는 총 인수자금을 1,420억 원으로 하여 온세통신을 인수하겠다고 인수제안을 하여 정리법원이었던 수원지방법원으로부터 우산협상대상자로 지정받은 후에, 금융기관에 대해 향후 온세통신 자산을 담보로 제공하기로 하여 인수자금을 대출받는 등 자금을 조달하였다. 구체적으로는 인수자금 마련을 위해 인수회사가 전환사채를 발행하고 돈을 대출받으면서, 그 담보로 향후 인수회사가 인수할 온세통신의 주식과 회사채에 대한 질권을 설정해 주고, 온세통신에 대한 회사정리절차가 종결되면 온세통신 소유 부동산과 매출채권 등에 대해 근저당권이나 질권을 설정해 주기로 하였으며, 온세통신 이후에는 인수회사의 은행에 대한 대출금채무의 차주를 온세통신으로 전환하기로 하였던 것이다. 이후 인수회사는 인수대금을 모두 납입하였고 온세통신의 회사정리절차가 종결되었으며 인수회사의 대표이사였던 피고인은 온세통신의 대표이사로 취임하였다. 또한 온세통신이 새로 대출을 받은 다음 이로써 인수회사의 대출금채무를 변제하는 등 기존 약정이 모두 이행되었고, 궁극적으로는 인수회사가 온세통신의 1인주주가 된 다음, 온세통신을 흡수합병하였다.

피고인에 대하여 '배임의 고의로 인수회사를 위해 담보를 제공하여, 온세통신에 담보자산 상실이라는 손해발생의 위험을 초래하였다'고 본 1심과 달리, 항소심은, 피고인이 인수회사로 하여금 담보가액만큼 이득을 취하게 하고 온세통신에게 담보가액만큼 손해를 가하였다고 볼 수 없고, 배임의 범의가 있었다고도 볼 수 없다고 하여 무죄라고 판단하였다. 항소심이 그 판단의 주된 근거로 든 사정들은, ① 인수회사가 자체 마련한 자금도 상당 정도 투입된 점, ② 인수회사와 온세통신이 투자계약을 체결할 당시부터 합병을 전제로 논의하였고 결국 합병이 이루어져 법률적으로 동일한 인격체가 되었으며 그 인수·합병의 실질이나 절차에 하자가 있다는 점을 기록상 찾아볼 수 없는 점, ③ 인수회사가 인수하였던 온세통신 발행의 신주인수권부 사채를 온세통신이 자신의 부동산을 담보로 제공하고 대출받은 돈으로 상환하기는 하였지만 이로써 온세통신의 재무구조가 개선되어 전체적으로 온세통신에게 손해가 되었다고 보기 어

려운 점, ④ 인수회사는 양호한 상태의 회사로 온세통신을 인수할 필요
가 있었고 기존 근로자들과의 고용관계도 유지한 점 등이었다.

대법원은, LBO가 배임죄의 구성요건에 해당하는지는 개별적으로 판
단되어야 한다는 기존 한일합섬 사건의 법리와, 경영판단에 있어서 배임
죄의 고의는 엄격하게 인정되어야 한다는 대법원 2002도4229 판결의 법
리[160]를 선언한 다음 "배임죄의 고의가 있었다고 볼 수 없다고 판단"한
원심이 정당하다고 하여 검사의 상고를 기각하였다. 즉, 대법원은 신한
사건에서와 달리, 문제의 LBO로 인하여 인수대상 회사, 즉 온세통신에
손해가 발생하였는지에 관한 직접적인 판단을 하지 않고, 피고인에게 "배
임의 고의가 없었다"고 판단하여 무죄의 원심판단을 유지한 것이다.

온세통신 사건은 담보제공 행위와 이후의 합병(및 그 후의 자산인출)
이 동시에 존재한다는 이유로 '복합형'으로 분류되는 것이 일반적인데, 이
에 대하여는 신한판결과 사실상 모순된다고 분석할 수도 있다거나(대법원
이 모순을 피하기 위해 고의를 부정하는 것으로 접근하였다고 보았다),[161] 실제

---

160) 대법원 2015. 3. 12. 선고 2012도9148 판결[…경영상의 판단과 관련하여 기업의
경영자에게 배임의 고의가 있었는지 여부를 판단함에 있어서도 일반적인 업무상배
임죄에 있어서 고의의 입증 방법과 마찬가지의 법리가 적용되어야 함은 물론이지
만, 기업의 경영에는 원천적으로 위험이 내재하여 있어서 경영자가 아무런 개인적
인 이익을 취할 의도 없이 선의에 기하여 가능한 범위 내에서 수집된 정보를 바
탕으로 기업의 이익에 합치된다는 믿음을 가지고 신중하게 결정을 내렸다 하더라
도 그 예측이 빗나가 기업에 손해가 발생하는 경우가 있을 수 있는바, 이러한 경
우에까지 고의에 관한 해석기준을 완화하여 업무상배임죄의 형사책임을 묻고자 한
다면 이는 죄형법정주의의 원칙에 위배되는 것임은 물론이고 정책적인 차원에서
볼 때에도 영업이익의 원천인 기업가 정신을 위축시키는 결과를 낳게 되어 당해
기업뿐만 아니라 사회적으로도 큰 손실이 될 것이므로, 현행 형법상의 배임죄가
위태범이라는 법리를 부인할 수 없다 할지라도, 문제된 경영상의 판단에 이르게
된 경위와 동기, 판단대상인 사업의 내용, 기업이 처한 경제적 상황, 손실발생의
개연성과 이익획득의 개연성 등 제반 사정에 비추어 자기 또는 제3자가 재산상
이익을 취득한다는 인식과 본인에게 손해를 가한다는 인식(미필적 인식을 포함)하
의 의도적 행위임이 인정되는 경우에 한하여 배임죄의 고의를 인정하는 엄격한 해
석기준은 유지되어야 할 것이고, 그러한 인식이 없는데 단순히 본인에게 손해가
발생하였다는 결과만으로 책임을 묻거나 주의의무를 소홀히 한 과실이 있다는 이
유로 책임을 물을 수는 없다(대법원 2004. 7. 22. 선고 2002도4229 판결 참조)…].
161) 송옥렬, "하이마트 LBO 판결", BFL 제105호, 서울대학교 금융법센터(2021), 91면.

합병 전이라도 인수회사와 대상회사의 경제적 이해관계가 합일되는 때를 기준으로 해야 한다는 기준을 제시하였다는 의미가 있다거나,[162] 신한 사건과 같은 담보제공형으로 대주주 지분율이 약 66.2%에 불과하였던 반면 온세통신 사건은 지분율이 100%여서 이해상충이 존재하지 않고, 온세통신 사건의 경우 궁극적으로는 인수회사와 대상회사가 합병하였다는 차이가 있지만 대법원의 판단은 구체적 타당성 관점에서 결론을 중시하였을 뿐 선례로서의 가치는 크지 않다거나[163] 하는 등의 다양한 평가가 있다.

(5) 어찌되었든 신한 사건 이후 약 10여 년 동안 이어진 일련의 굵직한 LBO 사건에서 대법원은 개별 사건마다의 논리를 들어 배임죄를 부정하여 왔는데, 2020년 하이마트 사건(대법원 2020. 10. 15. 선고 2016도10654 판결[164])에서는 원심과 1심이 모두 대상회사(하이마트) 대표이사인 피고인에 대하여 배임의 무죄를 선고하였음에도 불구하고 이를 유죄 취지로 파기하여 충격을 주었다.

사실관계를 요약하면, 다음과 같다.

하이마트 대표이사이자 최대주주인 피고인이 A사모투자회사와 매각협상을 진행하여, A사모투자회사는 하이마트 주식 100%를 보유할 목적으로 특수목적법인 X홀딩스를 설립하였고, X홀딩스가 대주단과 총 4,720억 원의 대출계약을 체결하면서 그 담보로 하이마트 소유의 부동산에 관해 근저당권(채권최고액 6,136억 원, 채무자 하이마트)을 설정해 주었으며, X홀딩스는 대주단으로부터 대출받은 대출금으로 하이마트의 기존주주들로부터 그 주식을 매수하는 등 하이마트 주식 100%를 보유하게 되었고, 이

---

162) 최승재, "대법원 판결로 보는 차입매수(LBO)와 배임죄", 법과 기업연구 제5권 제3호, 서강대학교 법학연구소(2015), 68면.
163) 이상훈, "신한·온세통신·한일합섬 LBO 판결에 대한 분석 및 비판", 상사판례연구 제30집 제1권, 한국상사판례학회(2017), 194-195면.
164) 파기환송 후 원심(서울고등법원 2021. 8. 18. 선고 2020노1872 판결)은 대법원 판결의 취지에 따라 특정경제범죄가중처벌등에관한법률위반(배임)의 유죄를 인정하였고(다만 사실관계에 관하여, 하이마트가 대주단에게 근저당권을 설정해 줄 당시, X홀딩스의 대출금채무는 근저당권의 피담보채무에 포함되었다고 보기 어렵다고 인정하였다), 이에 대해 쌍방이 상고하여 대법원 2021도11071호로 계속 중이다.

후 하이마트로 흡수합병되었다. 하이마트 대표이사인 피고인은, 업무상 임무에 위배하여 X홀딩스의 인수자금 대출을 위해 반대급부 없이 하이마트의 자산을 담보로 제공하여 배임행위를 하였다는 등의 공소사실로 기소되었다.

원심(서울고등법원 2016. 6. 24. 선고 2015노478 판결)은, 이 사건 근저당권설정계약서의 해석상 하이마트와 X홀딩스의 합병 전까지 근저당권의 피담보채무에는 하이마트의 채무만이 포함되고, 다만 합병이 예정된 상황을 고려해 합병 후에 하이마트가 승계할 X홀딩스의 대주단에 대한 대출금채무까지 담보할 예정으로 채권최고액을 높게 설정해 둔 것일 뿐이며, 하이마트는 합병을 통해 X홀딩스의 자산까지 인수하게 되는 점 등을 들어, "하이마트의 대표이사인 피고인이 업무상 임무에 위배하여 X홀딩스가 인수자금 대출을 받을 수 있도록 하이마트 소유 부동산을 담보로 제공함으로써 X홀딩스가 담보가액만큼 이득을 취하고 하이마트에게 그만큼의 재산상 손해가 발생하였다고 보기 부족하다"고 판단하였다.

그러나 대법원은 주식회사와 주주는 별개의 법인격을 가진 존재이고, LBO에서의 배임죄의 성부는 개별적으로 판단되어야 하며, 인수자가 피인수회사에 아무런 반대급부를 제공하지 않고 피인수회사 대표이사가 피인수회사 재산을 담보로 제공하게 하였다면 배임죄가 성립한다는 기존 법리와 배임죄에서의 재산상 손해 유무에 대한 판단은 경제적 관점에서 파악하여야 한다는 대법원 2014도1104 전원합의체 판결의 법리 및 "근저당권 설정계약서"라는 처분문서 해석의 법리를 들면서, 이 사건 근저당권의 피담보채무에는 등기원인서류로 제출된 2005. 4. 9.자 국문본 근저당권설정계약서의 기재와 같이 하이마트의 대출금채무 2,170억 원뿐만 아니라 X홀딩스의 대출금채무 2,550억 원도 포함되었다고 볼 여지가 크다고 판단하고, 이로 인해 하이마트로서는 보유 부동산 전부가 A사모투자회사의 하이마트 인수를 위해 필요한 자금을 마련하기 위해 대주단과 사이에 체결된 이 사건 대출금채무를 위한 책임재산으로 제공되어 장차 이를 변제하지 못할 경우 환가처분 될 수 있는 위험을 부담하게 되는 이

상, 피고인은 대표이사로서의 임무를 위배하여 A사모투자회사에게 재산
상 이익을 취득하게 하고 하이마트에게 재산상 손해를 가한 것에 해당한
다고 하여 원심을 파기환송하였다.

　　나아가 대법원은, X홀딩스는 영업적 실체를 갖추지 못한 특수목적회
사(Special Purpose Company)에 불과하여 이 사건 합병에도 불구하고 통상
기업결합에서 기대되는 영업상의 시너지 효과 등을 통해 장래 피해자회
사에 초과수익을 가져다주기는 어렵고, X홀딩스 보유 자산의 거의 대부
분은 하이마트가 발행한 주식으로서 위 합병을 통해 피해자회사가 이를
승계하더라도 자기주식을 취득한 것에 불과하여 실질적 가치 있는 재산
을 얻은 것으로 볼 수 없다는 판단도 부가하였다.

　　먼저, 하이마트 판결 이전부터 소위 담보제공형, 합병형, 복합형 등
의 유형화가 해당 판례 사안들과 반드시 부합하지는 않는다는 분석과 함
께,[165] "담보제공형 LBO는 배임죄가 성립하고 합병형은 무죄"라는 도식적
인 이해에 대한 경계가 있었다. 엄밀히 분석하자면, 그동안 대법원의 태
도는 배임죄의 구성요건으로서의 고의 또는 피해자인 대상회사의 재산상
손해를 판단함에 있어 고려할 요소로서 LBO의 태양과 인수계약의 내용
등 제반 사정을 고려한 것일 뿐, LBO를 어떠한 틀에 유형화시킨 다음 그
무죄 여부를 판단한 것은 아니었다. 그 과정에서 인수회사가 스스로 인
수자금을 조달하였는지, 스스로 인수자금을 조달하였더라도 실제로는 대
상회사의 자산을 통해 인수자금을 충당하는 효과를 가져오는 것은 아닌
지(대상회사의 가치 있는 자산을 담보로 제공하게 하는 행위가 대표적이다)를 따
져 보아야 했고, 피고인의 배임 범의와 관련하여서는 불가피하게 인수
회사와 대상회사의 합병이 처음부터 예정되어 있었던 것인지도 중요한

---

165) 선우석호, "LBO 및 MBO의 경제적 기능과 기업의 활용", 상장협연구 제62호,
　　한국상장회사협의회(2010), 136면; 원창연, "차입매수(LBO)와 배임죄의 성부", 연세
　　법학연구 제5권 제1호, 연세대학교 법학연구원 글로벌비즈니스와 법센터(2013),
　　99, 102면; 이정민, "LBO와 업무상 배임죄", 경영판례연구회 판례 평석집: 2015, 에
　　프케이아이미디어(2016), 311－313면; 천경훈, "LBO 판결의 회사법적 의미: 이사는
　　누구의 이익을 보호해야 하는가?", 저스티스 제127호, 한국법학원(2011), 220면.

요소로 고려할 수밖에 없었을 것이다.

이러한 관점에서, 하이마트 사건에서의 주된 쟁점 중 하나가, 대상 회사인 하이마트가 금융기관에 제공한 근저당권의 피담보채무가, 하이마트 본인의 채무만인지 아니면 인수회사가 내세운 SPC로써 장차 하이마트와 합병할 예정인 X홀딩스의 채무까지 포함하는지 여부였다는 점을 이해할 수 있고, 더욱이 그 해석의 가장 기본적인 자료가 되어야 하는 근저당권 설정계약서의 영문본과 국문본 기재가 달리 되어 있었다는 점에서 (즉, 근저당권이 담보하는 채무의 범위와 관련하여, 영문본에는 합병 이전에는 근저당권의 피담보채무에서 X홀딩스가 부담하는 채무를 제외한다는 기재가 있었던 반면, 국문본에는 그러한 기재가 없었다) 원심과 대법원이 위 쟁점에 관한 판단을 달리 한 것도 수긍할 수 없는 것은 아니다. 원심은 국문본과 영문본의 기재가 상이할 경우 영문본의 기재가 우선한다는 문구를 중심으로 해석한 반면, 대법원은 대출계약서의 다른 규정들(하이마트의 이 사건 근저당권은 '다른 채무자의 인수과정에서 부담하는 채무도 담보한다')의 해석, 국문본 계약서가 영문본보다 후에 작성되었고 등기소에 등기원인서류로 제출된 점, (영문본에 따르면) 합병 전에는 X홀딩스의 채권자일 뿐이어야 하는 L사가 등기부상 이 사건 근저당권의 채권자로 등기되어 있는 점, 이 사건 근저당권을 제외하면 X홀딩스가 제공한 다른 담보들만으로는 X홀딩스의 대출금 규모에 비추어 채권자들을 위해 충분해 보이지 않는 점 등 여러 사정을 들어 국문본과 같이 해석할 여지가 크다고 판단하였다.

위 판결에 대하여는, 최종적으로 대상회사를 합병하는 것으로 종결되는 LBO라면 회사의 손해나 이사의 임무위배를 부정하는 것이 옳다고 하면서, 특히 "하이마트와 합병한 X홀딩스가 SPC에 불과하다"는 대법원 판결의 설시는 마치, 인수회사의 SPC와 합병하여서는 배임죄로부터 자유로울 수 없으니 반드시 인수회사와 합병하여야 한다는 것처럼 이해될 수 있어 (더욱) 문제라는 취지의 평가[166]가 있다.

---

166) 송옥렬, "하이마트 LBO 판결", BFL 제105호, 서울대학교 금융법센터(2021), 93–95면.

한편, 피해자인 하이마트의 손해에 관한 대법원 판단의 당부는 별론으로 하더라도, 기업 경영에서 경영자가 한 행위에 관하여는 경영판단의 원칙에 따라 엄격한 해석기준에 따라 배임의 고의를 인정하여야 한다는 확립된 법리(대법원 2019. 6. 13. 선고 2018도20655 판결 등)에 비추어 볼 때 온세통신 사건과 이 사건에 있어서의 사실관계가 각 피고인의 배임의 고의 인정 여부를 달리 판단할 정도로 뚜렷이 구별되는 것인지도 의문이기는 하다. 즉, 이 사건 피고인이 처음부터 대상회사의 기업가치 상승이나 경영상태 개선 등 대상회사에 이익을 가져올 것이라는 합리적 기대하에 근저당권의 설정부터 합병까지 계획하여 실행하였다고 사실인정을 할 수 있다면 (비록 SPC와의 합병이라 하더라도) 피고인의 배임의 고의는 "증명되었다고 단정하기 어려울 수"도 있지 않았을까? 물론 이처럼 LBO 사안을 배임의 고의 증명의 문제로 쟁점화하는 것은, 성공한 LBO의 경우 배임의 고의 증명이 어렵게 되므로 결과론적 시각에서 과거의 범죄 성립 여부를 판단하게 된다는 비판이 충분히 예상된다.

하이마트 사건의 판결 선고 이후 얼마 지나지 않은 현 시점에서 많은 평석을 찾아볼 수는 없으나, "대법원이 지난 15년간 일련의 판결을 통하여 진전시켜 온 법리적 발전을 다시 신한 판결로 후퇴시켰다"는 비판[167]이 뼈아프다. 동산 이중양도, 부동산 이중매매 등 배임죄 자체에 대한 깊은 고민이 계속되던 중에 선고된 판결이라 더욱 그렇다.

2. 주식 이중양도와 배임죄

배임죄에 있어서의 '타인의 사무', '재산상 이익', '손해' 등의 개념은 명료하게 정리되기 어렵다. 이러한 이유로 부동산 이중매매를 배임죄로 처벌하는 확립된 판례법리에 대하여 많은 의문이 제기되고 있으나, 그럼에도 대법원은 최근의 전원합의체 판결(대법원 2018. 5. 17. 선고 2017도4027 전원합의체 판결)을 통해 이러한 태도를 유지하였다.

다만, 부동산과 달리 주권발행 전 주식을 이중양도한 경우에는 배임

---

167) 송옥렬, "하이마트 LBO 판결", BFL 제105호, 서울대학교 금융법센터(2021), 95면.

죄가 성립하지 않는다고 보았다(대법원 2020. 6. 4. 선고 2015도6057 판결). 주권발행 전 주식의 양도는 양도인과 양수인의 의사표시만으로 그 효력이 발생하고 그 주식 양수인은 특별한 사정이 없는 한 단독으로 자신이 주식을 양수한 사실을 증명함으로써 회사에 대하여 그 명의개서를 청구할 수 있으므로(대법원 2019. 4. 25. 선고 2017다21176 판결 등 참조), 양도인이 양수인으로 하여금 회사 이외의 제3자에게 대항할 수 있도록 확정일자 있는 증서에 의한 양도통지 또는 승낙을 갖추어 주어야 할 채무를 부담한다 하더라도 이는 자기의 사무라고 보아야 하고, 이를 양수인과의 신임관계에 기초하여 양수인의 사무를 맡아 처리하는 것으로 볼 수 없기 때문에, 양도인이 제3자에 대한 대항요건을 갖추어 주지 아니하고 주식을 타에 처분하였다 하더라도 형법상 배임죄가 성립하는 것은 아니라는 것이다.

　　이는 동산을 양도담보로 제공한 자가 채권자에 대해 부담하는 채무(담보물의 담보가치를 유지·보전할 의무 내지 담보권 실행에 지장을 초래하는 행위를 하지 않을 의무)만으로는 채권자와의 신임관계에 기초하여 채권자의 사무를 맡아 처리하는 것으로 볼 수 없으므로, 동산을 타에 양도하더라도 배임죄가 성립하지 않는다고 한 **대법원 2020. 2. 20. 선고 2019도9756 전원합의체 판결**에서 "주식에 관하여 양도담보설정계약을 체결한 채무자가 제3자에게 해당 주식을 처분한 사안에도 마찬가지로 적용된다."고 하였던 데에서 예견가능한 법리였다.

　　한편 동산의 이중양도에 관해 배임죄 성립을 인정하지 않는 **대법원 2011. 1. 20. 선고 2008도10479 판결**(사안의 동산은 인쇄기였다)의 법리에 비추어 보면, 주권이 발행된 주식의 이중양도 역시 '타인의 사무를 처리하는 자'의 지위에 있다고 보기 어려울 것이므로 배임죄는 부정될 것으로 생각된다.

3. 전환사채 발행과 배임죄

　　주식대금의 가장납입, 소위 견금의 경우 상법 제628조 위반의 가장납입죄와 공정증서원본불실기재 및 동행사죄가 성립함은 별론으로 하고 배임죄나 횡령죄는 성립하지 않는다는 것이 판례의 태도이다(**대법원 2004. 6. 17. 선고 2003도7645 전원합의체 판결**). 반면 전환사채의 경우 "상법 제 628조 제1항의 납입가장죄는 회사의 자본에 충실을 기하려는 상법의 취 지를 해치는 행위를 처벌하려는 것인데, 전환사채는 발행 당시에는 사채 의 성질을 갖는 것으로서 사채권자가 전환권을 행사한 때 비로소 주식으 로 전환되어 회사의 자본을 구성하게 될 뿐만 아니라, 전환권은 사채권 자에게 부여된 권리이지 의무는 아니어서 사채권자로서는 전환권을 행사 하지 아니할 수도 있으므로, 전환사채의 인수 과정에서 그 납입을 가장 하였다고 하더라도 상법 제628조 제1항의 납입가장죄는 성립하지 아니한 다."고 하였다(**대법원 2008. 5. 29. 선고 2007도5206 판결**). 전환사채는 전환 권을 행사하기 전까지는 사채일 뿐이고 전환권 행사 여부는 채권자의 의 사에 달린 것이므로 타당하다.

그러던 중 선고된 대법원 2015. 12. 10. 선고 2012도235 판결에서 는, 회사의 실질적인 경영자인 피고인이 제3자와 공모하여 제3자 명의로 사채를 발행하는 대신 제3자가 회사 계좌로 입금한 사채대금을 즉시 인 출하여 사용한 경우에, "사채의 발행업무를 담당하는 사람과 전환사채 인 수인이 사전 공모하여 제3자에게서 전환사채 인수대금에 해당하는 금액을 차용하여 전환사채 인수대금을 납입하고 전환사채 발행절차를 마친 직후 인출하여 차용금채무의 변제에 사용하는 등 실질적으로 전환사채 인수대 금이 납입되지 않았음에도 전환사채를 발행한 경우에, 전환사채의 발행이 주식 발행의 목적을 달성하기 위한 수단으로 이루어졌고 실제로 목적대로 곧 전환권이 행사되어 주식이 발행됨에 따라 실질적으로 신주인수대금의 납입을 가장하는 편법에 불과하다고 평가될 수 있는 등의 특별한 사정이 없는 한, 전환사채의 발행업무를 담당하는 사람은 회사에 대하여 전환사채 인수대금이 모두 납입되어 실질적으로 회사에 귀속되도록 조치할 업무상 의 임무를 위반하여, 전환사채 인수인이 인수대금을 납입하지 않고서도 전 환사채를 취득하게 하여 인수대금 상당의 이득을 얻게 하고, 회사가 사채 상환의무를 부담하면서도 그에 상응하여 취득하여야 할 인수대금 상당의 금전을 취득하지 못하게 하여 같은 금액 상당의 손해를 입게 하였으므로, 업무상배임죄의 죄책을 진다."고 하여 피고인에 대하여 배임죄의 유죄를 인정하였다. 위 판결에서 특별한 사정으로 거시한 '전환사채의 발행이 실질적으로 신주인수대금의 납입을 가장하는 편법에 불과하다고 평가될 수 있는 경우'란, 대법원 2011. 10. 27. 선고 2011도8112 판결 사안과 같이 전환사채 발행 당시부터 주식으로의 전환이 예정되어 있었던 경우를 상정한 것으로 해석되는데, 이는 결국 사실인정의 문제로 귀결되지 않을까 생각된다. 이처럼 배임죄를 인정하는 법리에 따라, 전환사채의 인수인이 전환사채를 처분하여 대금 중 일부를 회사에 입금하였거나 또는 사채로 보유하는 이익과 주식으로 전환할 경우의 이익을 비교하여 전환권을 행사함으로써 전환사채를 주식으로 전환하였더라도, 이러한 사후적인 사정은 이미 성립된 업무상배임죄에 영향을 주지 못한다.

제4장 보   험

제1절 피보험자(손해배상청구권자 또는 피해자)와 보험자, 손해배상의무자 (또는 가해자) 사이의 관계

1. 판례의 변경

1) 사 보 험

상법 제682조 제1항은 "손해가 제3자의 행위로 인하여 발생한 경우에 보험금을 지급한 보험자는 그 지급한 금액의 한도에서 그 제3자에 대한 보험계약자 또는 피보험자의 권리를 취득한다."고 하여 보험자가 제3자에 대한 청구권을 대위함을 정하고 있다. 이는 피보험자가 보험자로부터 보험금액을 지급받은 후에도 제3자에 대한 청구권을 보유, 행사하게 하는 것은 피보험자에게 손해의 전보를 넘어서 오히려 이득을 주는 결과가 되어 손해보험제도의 원칙에 반하고 배상의무자인 제3자가 피보험자의 보험금 수령으로 인하여 그 책임을 면하는 것도 불합리하므로 이를 제거하여 보험자에게 그 이익을 귀속시키려는 데 있고**(대법원 1989. 4. 25.**

선고 87다카1669 판결 등), 동시에 보험사고의 발생에 책임이 있는 자는 누구도 책임을 면할 수 없도록 하려는 데 있다. 그리고 보험자가 피보험자에게 보상할 보험금의 일부를 지급한 경우에는 피보험자의 권리를 침해하지 아니하는 범위에서 그 권리를 행사할 수 있다(상법 제682조 단서). 이러한 보험자대위는 ① 제3자의 행위에 의해 보험사고가 발생하였을 것, ② 보험자가 피보험자에게 보험금을 지급하였을 것, ③ 피보험자가 제3자에 대해 권리를 가지고 있을 것을 요건으로 한다.

그런데, 보험금액이 보험가액에 미달하는 일부보험의 경우[168] 보험자가 보험계약에 따른 보험금 전부를 지급하였음에도(즉, "보험자가 보상할 보험금의 일부를 지급한" 상법 제682조 제1항 단서의 경우가 아니다. 위 단서가 적용되는 일부지급의 사안에서는 위 단서에 따라 피보험자의 권리가 우선하고 나머지에 한하여 보험자가 대위할 수 있음에 이론이 없다) 피보험자는 손해 전부를 보상받지 못하게 될 수 있는데, 가해자의 자력 부족 또는 과실상계, 실화책임법상 제한 등의 사유로 가해자의 책임이 제한되는 경우에도 그러하다. 이처럼 피보험자이자 피해자인 손해배상청구권자가 자신의 손해 전부를 전보받지 못하게 된 경우에 상법 제682조에 따른 대위권을 행사할 수 있는 보험자와 피보험자 중 누가 우선할 것인지가 문제된다.

학설은 ❶ 상법 제682조 제1항 본문의 문언해석을 중시하여 보험자가 지급한 보험금 범위 내에서는 항상 피보험자보다 우선한다는 절대설, ❷ 잔존물대위에 관한 상법 제681조 단서를 유추적용하여 보험금액의 보험가액에 대한 비율만큼 보험자가 피보험자의 손해배상청구권을 취득한다고 보는 상대설(또는 비례설), ❸ 피보험자가 손해 전부를 배상받은 다음 남은 차액에 한하여 보험자가 피보험자의 권리를 대위할 수 있다는 차액설 등의 대립이 있고, 차액설이 국내 통설이다.[169] 피보험자의 이중이득을 방지하고자 하였던 보험자대위 제도의 취지, 원래 보험자가 지급

---

168) 물론 보험계약 체결 당시에는 전부 보험이었더라도 보험목적물의 시가가 상승함에 따라 결과적으로 일부보험이 되는 경우에도 마찬가지의 문제가 발생할 수 있다.
169) 2008년 개정된 일본 보험법 제25조는 차액설에 의함을 명시적으로 밝히고 있다.

하는 보험금은 피보험자가 납입한 보험료의 대가라는 점 등에 비추어 피
보험자가 우선하는 차액설이 타당하다.

이해를 돕기 위해, 피보험자인 원고가 피고 소유의 옆 건물에서 발
생한 화재로 재산상 100의 손해를 입었고, 원고와 피고의 과실은 2 : 8로
판단되었으므로, 원래대로라면 원고는 피고에게 80을 청구할 수 있었는
데 원고는 X보험회사와 화재보험계약을 체결해 두었기에 X로부터 60의
보험금을 받은 상태였다고 가정하는, 가상의 사례에 따라 살펴본다.

구 분	보험자가 대위취득하는 손해배상청구권	피보험자에 유보된 손해배상청구권	피보험자의 손해의 회복 (보험금과 손해배상청구권의 합계)
절대설	60	80 - 60 = 20	보험금 60 + 손해배상 20 = 80
비례설	80 × (60/100) = 48	80 - 48 = 32	보험금 60+손해배상 32 = 92
차액설	80 - (100 - 60) = 40	80 - 40 = 40	보험금 60 + 손해배상 40 = 100(전액회복)

대법원은 **2009. 4. 9. 선고 2008다27721 판결**에서 "…제3자의 피보
험자에 대한 손해배상액에서는 피보험자가 지급받은 보험금을 공제하여
야 한다. 한편 그 손해발생에 피보험자의 과실이 있다면 제3자의 피보험
자에 대한 손해배상액을 산정함에 있어 과실상계를 먼저 한 다음 위와
같은 보험금을 공제하여야 하고, 이는 과실상계 뿐 아니라 손해부담의
공평을 기하기 위한 책임제한의 경우에도 마찬가지이다.…"라고 하여 절
대설의 결론을 취하였으나, 그 이후 화재손해보험의 약관에서 "보험자가
보험금을 지급한 때에는 지급한 보험금의 한도 내에서 보험계약자 또는
피보험자가 제3자에 대하여 가지는 손해배상청구권을 취득하되, 보험자가
보상한 금액이 피보험자가 입은 손해의 일부인 경우에는 피보험자의 권
리를 침해하지 아니하는 범위 내에서 보험자가 그 권리를 취득한다."고
규정하고 있는 사안에서, "보험자대위에 의하여 보험자가 행사할 수 있는
권리의 범위는 위 약관 규정에 따라 제한되므로, 보험사고가 피보험자와
제3자의 과실이 경합되어 발생한 경우 피보험자가 제3자에 대하여 그 과
실분에 상응하여 청구할 수 있는 손해배상청구권 중 피보험자의 전체 손

해액에서 보험자로부터 지급받은 보험금을 공제한 금액만큼은 여전히 피보험자의 권리로 남는 것이고, 그것을 초과하는 부분의 청구권만이 보험자가 보험자대위에 의하여 제3자에게 직접 청구할 수 있다"고 판단함으로써 (대법원 2012. 8. 30. 선고 2011다100312 판결), 차액설을 취한 것으로 평가되었고,[170] 이어진 대법원 2013. 9. 12. 선고 2012다27643 판결에서 상법 제682조 제1항에 관하여, "피보험자가 보험자로부터 보험금을 지급받고도 보상받지 못한 손해액이 남아 있는 경우 피보험자가 제3자에 대하여 그 과실분에 상응하여 청구할 수 있는 손해배상청구권 중 피보험자의 전체손해액에서 보험자로부터 지급받는 보험금을 공제한 금액(이하 '미보상손해액'이라고 한다)만큼은 여전히 피보험자의 권리로 남는 것이고, 그것을 초과하는 부분의 청구권만이 보험자가 보험자대위에 의하여 제3자에게 직접 청구할 수 있게 된다(대법원 2012. 8. 30. 선고 2011다100312 판결 참조). 따라서 피보험자의 제3자에 대한 손해배상청구권이 미보상손해액에 미치지 못한다면 보험자가 보험금을 지급한다 하더라도 보험자대위권을 행사할 수 없다고 할 것이다. 결국 보험자대위권의 범위는 상법 제682조에 의하여 피보험자가 제3자에 대하여 가지는 전체 손해배상청구권 중 미보상손해액을 공제한 나머지 부분에 대하여만 행사할 수 있는 것으로 정해지는 것이고, 피보험자의 제3자에 대한 손해배상청구권 중 미보상손해액 범위 내의 권리는 피보험자의 온전한 권리이므로, 피보험자의 행사 또는 처분 여부에 관계없이 보험자는 그 부분에 대하여 보험자대위권을 행사할 수 없는 것이다."라고 재차 차액설의 법리를 확인하였다.

　　대법원 2011다100312 판결과 2012다27643 판결은 모두 "보험자"가 채무자(손해배상의무자)에게 어떠한 권리를 행사할 수 있는지를 중심으로 판단하였던 반면, 대법원 2015. 1. 22. 선고 2014다46211 전원합의체

---

170) 임기환, "피보험자와 제3자의 과실이 경합하여 보험사고가 발생한 경우, 보험자대위에 의하여 보험자가 행사할 수 있는 권리의 범위", 대법원판례해설 제93호, 법원도서관(2013), 359면; 장덕조, "2012년 보험법 판례의 동향과 그 연구", 상사판례연구 제26집 제4권, 한국상사판례학회(2013), 515면.

판결은 앞서 본 차액설의 법리를 바탕으로 할 때에 보험자로부터 보험금을 지급받은 "피보험자"가 채무자에게 어떠한 권리를 행사할 수 있는지, 즉, 피보험자가 청구권자로서 채무자(해당 사안에서는 불법행위의 가해자였다)에게 손해배상금을 청구할 때에, 보험자로부터 지급받은 보험금을 어떻게 처리할 것인지의 쟁점이 문제되었는데, 위 판결에서 앞서의 2008다27721 판결을 폐기하면서 차액설의 법리를 확립하였다.

즉, 종래의 대법원 2008다27721 판결은 절대설을 취하여 과실상계 후에 보험금을 공제하도록 함으로써 보험금 공제를 손익공제와 마찬가지로 취급하는 결과를 가져왔다. 원래 손익공제란 불법행위로 인해 손해를 입은 자가 동시에 그 불법행위로 이득을 얻은 경우에 손해배상액에서 그 이득을 차감함으로써 이해의 조정을 도모하는 것으로, ① 손해 발생의 원인과 동일한 원인으로부터 이득이 발생할 것, ② 불법행위(가해행위)와 상당인과관계 있는 이득일 것을 요건으로 하며, 판례는 확고하게 과실상계(또는 책임제한) 후에 손익상계를 해야 한다는 태도를 위하여 왔다.[171] 이처럼 손익상계란 "동일한 원인"으로부터 발생한 손해와 이익 사이에서의 조정을 도모하는 것으로, 손해배상채권과 보험금채권이라는 서로 다른 원인으로 발생한 두 권리 사이의 관계를 조정하는 이 사건 쟁점과는 구별된다. 또한 법논리상으로는 보험금 상당의 손해배상청구권이 보험자대위로서 보험자에게 이전되는 것이라는 점에서도 이 사건 쟁점인 손해배상액수의 산정에 있어 보험금 공제의 문제는 손익상계와 구별하여 파악하는 것이 타당하다. 대부분의 학설도 같은 취지에서 이 사건 쟁점은 "중복전보의 조정 문제"라고 하여 손익상계의 문제와 구별하여 바라보고 있다.[172] 무엇보다 손익상계의 논리에 따를 경우, 피보험자가 이중으로 이득을 보아서는 안 된다는 대전제 하에서도 불법행위의 피해자 또는 손해배상청구권자인 "피보험자"의 이익을 우선 전보하고자 차액설을 취하는

---

171) 대법원 1996. 1. 23. 선고 95다24340 판결 등 다수.
172) 이원석, "손해배상액 산정에 있어 손해보험금의 공제 방법", 민사재판의 제문제 제23권, 한국사법행정학회(2015), 774면.

것과도 모순이 생긴다.

앞서 상정한 사례에 비추어 보면, 60의 보험금을 지급받은 원고(피보험자)가 피고에게 얼마의 손해배상금을 청구할 수 있는지가 대법원 2014다46211 전원합의체 판결에서 문제된 쟁점이었다. 원심은, 손익공제와 같이 본 대법원 2008다27721 판결의 법리에 따라 원고가 피고에게 원래 청구할 수 있었던 손해배상액 80에서 기지급 보험금 60을 공제한 나머지 20만을 원고 승소 금액으로 판단하였다.

그러나 대법원 2014다46211 전원합의체 판결은 "손해보험의 보험사고에 관하여 동시에 불법행위나 채무불이행에 기한 손해배상책임을 지는 제3자가 있어 피보험자가 그를 상대로 손해배상청구를 하는 경우에, 피보험자가 손해보험계약에 따라 보험자로부터 수령한 보험금은 보험계약자가 스스로 보험사고의 발생에 대비하여 그때까지 보험자에게 납입한 보험료의 대가적 성질을 지니는 것으로서 제3자의 손해배상책임과는 별개의 것이므로 이를 그의 손해배상책임액에서 공제할 것이 아니다. 따라서 위와 같은 피보험자는 보험자로부터 수령한 보험금으로 전보되지 않고 남은 손해에 관하여 제3자를 상대로 그의 배상책임(다만 과실상계 등에 의하여 제한된 범위 내의 책임이다. 이하 같다)을 이행할 것을 청구할 수 있는바, 전체 손해액에서 보험금으로 전보되지 않고 남은 손해액이 제3자의 손해배상책임액보다 많을 경우에는 제3자에 대하여 그의 손해배상책임액 전부를 이행할 것을 청구할 수 있고, 위 남은 손해액이 제3자의 손해배상책임액보다 적을 경우에는 그 남은 손해액의 배상을 청구할 수 있다. 후자의 경우에 제3자의 손해배상책임액과 위 남은 손해액의 차액 상당액은 보험자대위에 의하여 보험자가 제3자에게 이를 청구할 수 있다(상법 제682조)."라는 법리를 선언한 다음, 위 사안에서 원고의 원래 손해액 전부 100에서 보험금 60을 공제한 나머지 40과, 피고가 (과실상계 후에) 지급해야 할 80을 비교하면 40이 적으므로, 피고에게 40의 배상을 청구할 수 있다고 판단하였다.

이는 손해보험금의 성격에 부합하고 보험자대위의 범위에 관하여 차액설을 취한 기왕의 대법원 판결의 논리와도 일관되는 타당한 판결이다.[173] 보험자와 피보험자, 불법행위나 채무불이행을 원인으로 피보험자에 대한 손해배상의무를 부담하는 채무자 사이에서의 법률관계에서 우선되어야 할 것은 피보험자의 이익이라는 점에서도 그러하다.

2) 국민건강보험법상 급여 사안

한편, 산업재해보상보험법과 국민건강보험법, 국민연금법 등 사회보험에 대하여도 각 근거법률에서 상법상의 보험자대위와 유사하게 보험급여를 한 보험자가 수급권자의 가해자에 대한 손해배상청구권을 대위하도록 규정하고 있으므로 공단의 구상범위를 어떻게 볼 것인지의 해석에 관하여 마찬가지의 견해 대립이 가능하다.

종래 대법원은, 사회보험은 사보험과 달리 ❶ '피보험자의 권리를 침해하지 아니하는 범위에서'라고 명시한 상법 제682조 제1항 단서와 같이 피보험자를 우선하는 규정을 명문으로는 두고 있지 않다는 점, ❷ 사보험에 따라 지급된 보험금은 보험료의 대가적 성격이라고 할 수 있지만, 사회보험에 의한 보험급여는 복합적인 성격을 갖고 있다는 점 등을 이유로 일관하여 "피해자의 가해자에 대한 기왕치료비 손해배상채권을 대위하는 경우에, 그 대위의 범위는 가해자의 손해배상액을 한도로 공단이 부담한 보험급여비용(이하 '공단부담금'이라 한다) 전액이고, 피해자의 가해자에 대한 손해배상채권액은 그만큼 감축되며, 손해발생에 피해자의 과실이 경합된 때에는 먼저 산정된 손해액에서 과실상계를 한 다음 거기에서 공단부담금을 공제하여야 한다"는 입장을 취하여 왔다(국민건강보험법상 급여에 관한 **대법원 2002. 1. 8. 선고 2001다40022, 40039 판결** 등, 산업재해보상보험법상 급여에 관한 **대법원 1989. 4. 25. 선고 88다카5041 판결** 등, 국민연금법상 급여에 관한 **대법원 2007. 7. 27. 선고 2007다10245 판결** 등).

그러던 중 앞서 본 것처럼 사보험에 관하여 차액설을 명시적으로 선언한 2014다46211 **전원합의체 판결**이 선고되었고, 그때로부터 수개월 만에 선고된 국민건강보험 사안에서의 **대법원 2015. 9. 10. 선고 2014다**

---

173) 이원석, "손해배상액 산정에 있어 손해보험금의 공제 방법", 민사재판의 제문제 제23권, 한국사법행정학회(2015), 794면.

상 법 *1067*

206853 판결(후술하는 대법원 2021. 3. 18. 선고 2018다287935 전원합의체 판결에 의하여 변경됨)은 여전히 국민건강보험공단이 공단부담금 전액을 대위할 수 있다는 입장을 취하면서도 피해자의 이중 이득 방지라는 취지에 비추어 "국민건강보험공단이 피해자를 대위하여 얻는 손해배상채권은 피해자의 전체 손해배상채권 중 건강보험 보험급여와 동일한 사유에 의한 손해배상채권으로 한정"된다고 하여 "동일한 사유"라는 제한을 최초로 명시하면서, "손해의 발생 또는 확대에 피해자의 과실이 경합한 경우에 국민건강보험공단이 가해자에 대하여 주장할 수 있는 손해배상채권액은 전체 손해배상채권이 아니라 국민건강보험공단이 대위하여 얻는 손해배상채권, 즉 건강보험 보험급여와 동일한 사유에 의한 손해배상채권에 과실상계를 한 범위 내에서 보험급여에 들어간 비용을 한도로 산정하여야 한다."고 하였다. 해당 사안에서 피해자의 손해에 해당하는 치료비는 1차와 2차로 구분되었는데, 1차 치료비 25,000,000원은 가해자측(가해자의 보험자)이 전부 부담한 반면, 2차 치료비 43,000,000원은 공단이 요양급여로 33,000,000원을, 피해자가 나머지를 본인부담금으로 부담하였다. 대법원은, 치료비 전액(68,000,000원)에 대하여 과실상계 후 공제설을 취한 원심(따라서 피해자 과실 30%를 적용한 47,600,000원보다 요양급여 지급액 33,000,000원이 적으므로 공단은 전액을 구상할 수 있다)과 달리, 2차 치료비(43,000,000원)에 한하여 과실상계 후 공제설을 취하여(따라서 피해자 과실 30%를 적용한 30,100,000원보다 요양급여 지급액 33,000,000원이 크므로, 공단은 30,100,000원만 구상할 수 있다) 원심을 파기하였던 것이다. 위 판결 선고 이후의 평석에서는 건강보험법상의 급여 사안에서도 일반 사보험처럼 차액설(피보험자 우선설)로 판례가 변경될 가능성을 조심스럽게 언급하기도 하였다.[174]

그러나 그 이후에도 대법원 2018. 6. 12. 선고 2018다203920 판결(원심은 적극적 손해에 공단의 보험급여를 포함시키지 않은 채 과실상계를 하고 거기에서 다시 보험급여 전액을 공제하였는데, 대법원은 상계의 대상이 되는 손해

---

174) 서영화, "2015년 상법 중요 판례", 인권과 정의 제456호, 대한변호사협회(2016), 161면.

액에는 보험급여가 포함되어야 한다는 종래의 법리에 따라 원심을 파기하였다, 후술하는 대법원 2018다287935 전원합의체 판결로 변경되었다), **대법원 2019. 5. 30. 선고 2016다205243 판결**(원심은 원고가 보험급여액을 기왕치료비 손해에서 스스로 공제하여 구하고 있다고 하여 기왕치료비 손해에 보험급여를 포함시키지 아니한 채 원고가 청구한 치료비액에 대해서만 과실상계를 하여 기왕치료비를 산정하였는데, 대법원은 이러한 경우에도 과실상계의 대상이 되는 손해액에는 보험급여가 포함되어야 한다고 하여 원심을 파기하였다, 후술하는 대법원 2018다287935 전원합의체 판결로 변경되었다) 등 "상계 후 공제설"을 전제로 한 판결이 이어져 오다가, 국민건강보험법상 급여 사안인 **대법원 2021. 3. 18. 선고 2018다287935 전원합의체 판결**에서 "공제 후 과실상계 방식"으로 법리를 변경하였다.

이 사건 쟁점이 손익상계의 문제와는 구별되는 것임은 앞서 본 바인데, 초기 대법원 판례가 사회보험급여를 '손익상계'로 파악하는 듯한 판시를 하면서[175] 이 사건 쟁점을 (사보험에서처럼) 보험자와 피해자의 우열 관계로 접근하기보다는 보험급여 공제와 과실상계의 선후 문제로 접근하면서 「절대설, 비례설, 차액설」이 아닌 「상계 후 공제설, 공제 후 상계설, 차액설」이라 명명되어 논의가 이루어져 왔다.

① 상계 후 공제설은, 피해자는 전체 치료비에서 과실상계를 한 다음 보험금을 공제한 액수만을 청구할 수 있다는 견해로, 기존 판례의 태

---

175) 대법원 2002. 1. 8. 선고 2001다40022, 40039 판결(불법행위로 인한 손해배상액을 산정함에 있어서 과실상계를 한 다음 손익상계를 하여야 하므로 보험자가 불법행위로 인한 피해자에게 보험급여를 한 후 피해자의 가해자에 대한 손해배상채권을 대위하는 경우 그 대위의 범위는 손해배상청구권의 범위 내에서 보험급여를 한 전액이라고 할 것); 대법원 2002. 12. 26. 선고 2002다50149 판결(산업재해보상보험법 또는 국민건강보험법에 따라 보험급여를 받은 피해자가 제3자에 대하여 손해배상청구를 할 경우 그 손해발생에 피해자의 과실이 경합된 때에는 먼저 산정된 손해액에서 과실상계를 한 다음 거기에서 보험급여를 공제하여야 하고, 그 공제되는 보험급여에 대하여는 다시 과실상계를 할 수 없으며, 보험자가 불법행위로 인한 피해자에게 보험급여를 한 후 피해자의 가해자에 대한 손해배상채권을 대위하는 경우 그 대위의 범위는 손해배상채권의 범위 내에서 보험급여를 한 전액이다. … 원심의 판단에는 손해배상액 산정의 경우에 과실상계 및 손익상계의 순서, …에 관한 법리를 오해한 … 위법이 있다) 등.

도이자 2018다287935 전원합의체 판결의 반대의견 내용이다. 공단으로서는 과실상계 후 치료비가 보험급여액을 초과한다면 급여액 전액을, 초과하지 않는다면 과실상계 후 치료비 액수만큼을 각 구상할 수 있다.

'급여에 들어간 비용'을 한도로 하도록 정한 국민건강보험법 제58조의 문언에 부합한다는 점, 국민건강보험법은 상법 제682조 제1항 단서와 같은 규정을 두고 있지 않다는 점, 건강보험은 사회보장보험제도로서 신속하고 안정적이며 보편적 보험급여를 통해 수급권자를 보호하는 것을 주된 목적으로 하고 피해자의 손해 전보가 주된 기능이 아니라는 점, 이를 위해 보험급여를 위한 재정 확보가 중요하다는 점 등을 논거로 한다.

② 공제 후 상계설은, 피해자는 전체 치료비에서 보험금을 공제한 다음 과실상계를 한 액수만을 청구할 수 있다는 견해로, 2018다287935 전원합의체 판결의 다수의견과 같다. 공단으로서는 보험급여액 중 가해자의 책임비율만큼만 구상할 수 있다. 국민건강보험법 제58조에서 대위의 범위에 대해 구체적으로 정하지 않았으므로 합리적 해석을 통해 공제 후 상계설을 취할 수 있다는 점, 공제 후 상계설을 취하더라도 피해자가 이중 이익을 얻거나 가해자가 손해배상책임을 면탈하는 문제는 발생하지 않는다는 점, 국민건강보험법의 입법취지와 국민건강보험제도의 사회보장적 성격에 비추어 보면 보험재정의 확보가 수급권자인 피해자의 이익보다 반드시 우선적으로 고려해야 할 사항으로 볼 수 없다는 점, 불법행위가 없었을 경우 수급권자가 누릴 수 있는 보험급여의 이익과 그에 따른 법적 지위와의 균형, 수급권자와 공단 사이의 형평 등을 고려하면 공단의 대위범위를 합리적으로 제한하는 공제 후 상계설이 타당하다는 점 등을 논거로 한다.

③ 차액설은, 피해자는 치료비에서 먼저 보험급여액을 공제하고 남은 액수 전부를, 가해자의 책임범위 내에서 청구할 수 있다는 견해로, 앞서 본 사보험에서의 2014다46211 전원합의체 판결의 태도이다. 공단으로서는 보험급여액과 과실상계 후 손해액의 합계액이 전체 손해액을 초과하는 경우 그 초과액만큼 구상할 수 있다. 기존 판례의 입장인 ①설에

대한 비판적 논거는 ②설과 같고, 추가적 논거로는, 가장 강력하게 피해자를 보호할 수 있는 견해로 사보험에서와 일관적 해석이 가능하다는 점, 국민건강보험법상의 보험급여도 피해자가 부담한 보험료의 대가로 볼 수 있고, 공단의 구상권 인정 여부와 범위는 정책적인 문제에 불과하다는 점 등을 논거로 한다.

대법원 2018다287935 전원합의체 판결은, "공단의 손해배상청구권 대위를 인정한 국민건강보험법 제58조의 문언과 입법 취지, 국민건강보험 제도의 목적과 사회보장적 성격, 불법행위가 없었을 경우 보험급여 수급권자가 누릴 수 있는 법적 지위와의 균형이나 이익형량, 보험급여 수급권의 성격 등을 종합하여 보면, 공단이 불법행위의 피해자에게 보험급여를 한 다음 국민건강보험법 제58조 제1항에 따라 피해자의 가해자에 대한 기왕치료비 손해배상채권을 대위하는 경우 그 대위의 범위는, 가해자의 손해배상액을 한도로 한 공단부담금 전액이 아니라 그 중 가해자의 책임비율에 해당하는 금액으로 제한되고 나머지 금액(공단부담금 중 피해자의 과실비율에 해당하는 금액)에 대해서는 피해자를 대위할 수 없으며, … 국민건강보험법에 따라 보험급여를 받은 피해자가 가해자를 상대로 손해배상청구를 할 경우 그 손해 발생에 피해자의 과실이 경합된 때에는, 기왕치료비와 관련한 피해자의 손해배상채권액은 전체 기왕치료비 손해액에서 먼저 공단부담금을 공제한 다음 과실상계를 하는 '공제 후 과실상계' 방식으로 산정하여야 한다"고 함으로써 ①설을 취하였던 기존 판례들을 폐기하고 ②설을 취하였다.

공단의 우선권을 인정하는 기존 판례에 의할 경우 피해자 과실로 인해 발생한 치료비 손해를 모두 피해자가 떠안게 된다는 비판이 있어 왔는데, 대법원은 본 판례변경을 통해 공단의 대위 범위를 합리적으로 제한하고 그만큼 피해자인 수급권자가 추가로 손해를 전보받을 수 있도록 함으로써 건강보험의 재산권적 성격과 사회보험으로의 성격을 조화롭게 고려하고 보험자와 수급권자 사이의 형평을 도모한 것이다. 이로써 (1) 피해자가 가해자에 대해 치료비 상당의 손해배상을 구할 경우, 종전에는 전체치료비(공단부담금＋본인일부부담금)에 가해자 책임비율을 곱한 금액에서 공단부담금을 공제하는 방식으로 산정하였다면, 이제는 전체치료비에서 공단부담금을 먼저 공제한 다음, 그 공제한 액수(즉, 본인일부부담금)에 가해자책임비율을 곱하여 손해배상액수를 산정하면 되고, (2) 공단이 가해자에게 구상금지급을 청구할 경우, 종전에는 '전체치료비에 가해자 책임비율을 곱한 금액'과 '공단부담금' 중에서 적은 금액으로 정하였다면, 이제는 공단부담금에 가해자 책임비율을 곱한 금액을 구상금 액수로 정하면 된다.

2. 일부보험에서 보험자대위권 행사 범위의 기준

건물을 보험목적물로 하여 일부보험에 가입한 피해자가 옆 건물에서 발생한 화재로 인하여 건물과 그 안의 재고자산(이는 보험목적물이 아니다)이 전소되는 손해를 입었다면, 결국 피해자가 이 사건 화재로 인해 입은 전체 손해에는 보험목적물에서 발생한 손해와 보험목적물과 무관하게 발생한 손해가 모두 포함되어 있다. 이때 피해자에게 보험금을 지급한 보험자는 불법행위자(가해자)에게 상법 제682조에 따른 보험자대위권을 행사할 수 있는데, 그러한 "보험자대위권 행사 범위는 보험목적물을 대상으로 산정하여야" 하므로(대법원 2019. 11. 14. 선고 2019다216589 판결), 보험자가 가해자측에 보험자대위를 행사할 수 있는 범위는 보험목적물에 발생한 손해에 한정된다. 보험목적물이 아닌 부분과 관련된 손해에 대해서는 보험자에게 보험금지급의무가 없을 뿐만 아니라 보험자가 피해자에게 지급한 보험금에 이 부분 손해액이 포함되어 있지도 않기 때문이다. 만약 일부보험인 관계로 보험자가 보험금을 전부 지급하더라도 피해자가 보험목적물에 관한 손해 전부를 전보받지 못한다면 이를 가해자측에 청구할 수 있게 되는데, 결국 이때 보험목적물에 관한 가해자측의 손해배상책임액과 피해자의 남은 손해액의 차액 상당이 보험자가 앞서 본 대법원 2014다46211 전원합의체 판결의 법리에 따라 보험자대위권을 행사할 수 있는 범위가 될 것이다.

3. 재보험계약에서의 보험자대위

재보험계약은 보험자가 보험계약에 의하여 인수한 책임의 전부 또는 일부를 다른 보험자에게 다시 인수시키는 보험계약을 말한다(상법 제661조). 재보험에 대해 그 원인이 된 최초의 보험을 '원보험'이라 하는데, 재보험계약은 원보험계약과는 독립된 계약으로 원보험자의 책임에 관한 계약이다. 재보험계약은 위험을 분산하고 보험자의 지급능력을 유지함으로써 피보험자를 보호한다.[176] 상법 제726조는 그 성질에 반하지 않는 범위 내에서 책임보험에 관한 규정을 재보험계약에 준용하도록 정하고 있고, 학설도 재보험계약의 성질을 책임보험계약으로 보고 있다(통설). 재보험자가 재보험의 피보험자인 원보험자에 대해 손해보상의무를 부담하는 '재보험의 보험사고'의 시점에 관하여는, 원보험의 보험사고가 발생하여 원보험자가 보험금지급의무를 부담하는 때로 보는 것이 다수설이다. 이러한 재보험계약의 당사자 쌍방은 모두 전문적인 보험지식을 구비한 보험자이므로 사적자치의 원칙이 많이 허용되고, 그 결과 당사자의 최대선의를 바탕으로 재보험 관계에서 적용되는 특유한 상관습이 발달하게 되었으며,[177] 보험계약자 보호를 위한 상법의 규정들은 적용 여지가 거의 없다.[178]

재보험계약 역시 보험계약에 속하므로 보험자대위 등 일반적인 보험법리가 적용된다고 보지 않을 이유가 없다. 대법원은 2013. 2. 14. 선고 2010다94908 판결에서 재보험의 경우에도 원보험과 마찬가지로 보험자대위가 인정된다고 한 이후 대법원 2015. 6. 11. 선고 2012다10386 판결에서 재보험자와 원보험자의 법률관계에 관하여 "재보험관계에서 재보험자가 원보험자에게 재보험금을 지급하면 원보험자가 취득한 제3자에 대

---

176) 장덕조, 보험법, 법문사(2020), 373－374면.
177) 김문재, "재보험자의 책임범위에 관한 상관습법", 21세기 상사법의 전개: 하촌 정동윤 선생 화갑기념, 법문사(1999), 669면; 김은경, "재보험의 법률관계에 관한 소고", 외법논집 제10집, 한국외국어대학교 법학연구소(2001), 316면.
178) 장덕조, 보험법, 법문사(2020), 377면.

한 권리는 지급한 재보험금의 한도에서 다시 재보험자에게 이전된다. 그리고 재보험자가 보험자대위에 의하여 취득한 제3자에 대한 권리의 행사는 재보험자가 이를 직접 하지 아니하고 원보험자가 재보험자의 수탁자의 지위에서 자기 명의로 권리를 행사하여 그로써 회수한 금액을 재보험자에게 재보험금의 비율에 따라 교부하는 방식에 의하여 이루어지는 것이 상관습이다. 따라서 재보험자가 원보험자에게 재보험금을 지급함으로써 보험자대위에 의하여 원보험자가 제3자에 대하여 가지는 권리를 취득한 경우에 원보험자가 제3자와 기업개선약정을 체결하여 제3자가 원보험자에게 주식을 발행하여 주고 원보험자의 신주인수대금채무와 제3자의 채무를 같은 금액만큼 소멸시키기로 하는 내용의 상계계약 방식에 의하여 출자전환을 함으로써 재보험자가 취득한 제3자에 대한 채권을 소멸시키고 출자전환주식을 취득하였다면, 이는 원보험자가 재보험자의 수탁자의 지위에서 재보험자가 취득한 제3자에 대한 권리를 행사한 것이라 할 것이므로, 재보험자의 보험자대위에 의한 권리는 원보험자가 제3자에 대한 권리행사의 결과로 취득한 출자전환주식에 대하여도 미친다. 그리고 이러한 법리 및 상관습은 재재보험관계에서도 마찬가지로 적용된다."라고 판단하였다.

현실적으로 다수의 재보험계약은 외국의 재보험자와 체결되어 재보험자가 직접 대위권을 행사하기 위해 국내에 있는 원보험계약의 피보험자와 관련된 이해관계를 파악하거나 증거를 수집하는 것이 용이하지 않다는 등의 어려움을 고려하여 위와 같은 상관습이 형성되었는데, 위 판결은 이러한 상관습의 존재를 인정하면서 재보험자와 원보험자의 법률관계를 수탁자와 위탁자의 관계로 정리하였다는 데에 의의가 있다. 일본 역시 재보험에 관하여 같은 내용의 상관습법이 존재한다고 보고 있다(일본 大審院 1940. 2. 21. 선고).

위 2012다20386 판결 사안의 재보험 법률관계는 다소 복잡하였는데, 요약하면, (원보험계약의 피보험자인) 대우와 체결한 사채보증보험계약에 따라 사채권자들에게 보험금을 지급함으로써 대우에 대한 구상금채권을 취득한 피고가, 대우에 관한 기업개선약정에 따라 구상금채권이 출자전환되

면서 주식을 취득하였다가 이를 매각하자, 위 보증보험계약의 재재보험자
인 원고들이 문제의 출자전환된 주식에 대하여 보험자대위의 효력이 미
침을 주장하며 원보험자인 피고를 상대로 주식매각대금 중 원고들의 재
재보험출재율에 해당하는 돈의 지급을 구하였다. 대우의 기업개선약정에
따라 피고를 포함한 채권자들에 대해 세 차례에 걸쳐 출자전환이 이루어
졌는데, 1, 2차 출자전환에 따라 발행된 주식의 경우에는 출자전환시의
발행가액보다 낮은 가격으로 해당 주식이 매각되었고, 피고는 그 주식매
각대금을 기준으로 재재보험출재율에 따른 돈을 원고들에게 지급하였으
며 원고들도 이의가 없었다. 그런데 3차 출자전환에 따라 발행된 주식이
출자전환시의 발행가액보다 5배가 넘는 가격으로 매각되면서 피고가 태
도를 바꾸어 주식매각대금이 아니라 '출자전환으로 소멸한 구상금채권'을
기준으로 재재보험출재율에 따른 돈을 원고들에게 지급하겠다고 하면서
다툼이 발생하였다. 대법원은 위 법리에 따라 피고가 출자전환으로 인해
취득한 주식에 대해 원고들의 권리가 미친다고 보고, 피고가 출자전환주
식을 처분하고 취득한 처분대금 중 재재보험금 비율에 해당하는 금액을
원고들에게 지급하라고 하였다.

　　피고가 구상금채권을 행사하여 회수한 것은, 대우의 기업개선약정에
서 출자전환을 통해 소멸하는 것으로 정한 구상금채권 중 재재보험금 비
율에 대항하는 구상금채권액이 아니라, 그 채권을 소멸시키고 인수한 출
자전환 주식이다. 즉, 피고는 자신의 구상금채권을 행사하는 방법으로
(기업개선약정에 따라) 출자전환을 하여 구상금채권과 신주인수대금채권을
상계함으로써 주식을 취득한 것이다. 따라서 보험자대위의 법리에 따라
재재보험자인 원고들은 원보험자인 피고가 취득한 주식에 대하여 권리를
행사할 수 있다고 보아야 하므로, 이와 같이 판단한 위 판결은 타당하다.

제2절 민사집행법 제246조(압류금지채권)의 '보장성보험'의 해석

　　민사집행법 제246조(압류금지채권)에서는 공익적 또는 사회적·정책적
인 이유에 기초하여 급여채권의 1/2에 해당하는 금액 등 압류가 금지되

는 채권의 종류와 압류가 허용되는 범위를 한정하여 규정하고 있었는데, 2011. 4. 5. 민사집행법을 개정하면서 "생명, 상해, 질병, 사고 등을 원인으로 채무자가 지급받는 보장성보험의 보험금(해약환급 및 만기환급금을 포함한다). 다만, 압류금지의 범위는 생계유지, 치료 및 장애 회복에 소요될 것으로 예상되는 비용 등을 고려하여 대통령령[179]으로 정한다."라는 내용의 민사집행법 제246조 제1항 제7호를 신설하여 보장성보험의 보험금도 압류하지 못하는 것으로 정하였다.

이는 보험계약자의 해약환급금 청구권에 대해 압류 및 추심명령을 받은 채권자가 추심권에 기하여 자기의 이름으로 보험계약을 해지할 수 있다고 하였던 **대법원 2009. 6. 23. 선고 2007다26165 판결**[180]에서 비롯되었다. 위 판결 이후 채권자인 금융기관이 보험계약자의 동의 없이 보

---

179) 민사집행법 시행령 제6조(압류금지 보장성 보험금 등의 범위)
① 법 제246조 제1항 제7호에 따라 다음 각 호에 해당하는 보장성보험의 보험금, 해약환급금 및 만기환급금에 관한 채권은 압류하지 못한다.
1. 사망보험금 중 1천만 원 이하의 보험금
2. 상해·질병·사고 등을 원인으로 채무자가 지급받는 보장성보험의 보험금 중 다음 각 목에 해당하는 보험금
   가. 진료비, 치료비, 수술비, 입원비, 약제비 등 치료 및 장애 회복을 위하여 실제 지출되는 비용을 보장하기 위한 보험금
   나. 치료 및 장애 회복을 위한 보험금 중 가목에 해당하는 보험금을 제외한 보험금의 2분의 1에 해당하는 금액
3. 보장성보험의 해약환급금 중 다음 각 목에 해당하는 환급금
   가. 「민법」 제404조에 따라 채권자가 채무자의 보험계약 해지권을 대위행사하거나 추심명령(추심명령) 또는 전부명령(전부명령)을 받은 채권자가 해지권을 행사하여 발생하는 해약환급금
   나. 가목에서 규정한 해약사유 외의 사유로 발생하는 해약환급금 중 150만 원 이하의 금액
4. 보장성보험의 만기환급금 중 150만 원 이하의 금액
180) 위 판결은, ① 보험계약에 관한 해약환급금채권은 보험계약자가 해지권을 행사할 것을 조건으로 하여 효력이 발생하는 조건부 권리이기는 하지만, 금전 지급을 목적으로 하는 재산적 권리로서 법령에서 정한 압류금지재산이 아니어서 압류 및 추심명령의 대상이 되는 점, ② 해약환급금채권을 청구하기 위해서는 보험계약의 해지가 필수적이라는 점 등을 들어, 당해 보험계약자인 채무자의 해지권 행사가 금지되거나 제한되어 있는 경우 등과 같은 특별한 사정이 없는 한, 해약환급금청구권에 관해 추심명령을 얻은 채권자는 채무자의 보험계약 해지권을 자기의 이름으로 행사하여 그 채권의 지급을 청구할 수 있다고 하였다.

험계약을 강제로 해지하는 사태가 다수 발생하였고, 이에 사회보장적 기능을 수행하고 있는 보험계약자의 보장성 보험계약까지 해지하여 채권을 회수하는 것은 가혹할 뿐만 아니라 사회적·도덕적으로 비난의 소지가 높다는 점 등이 문제되었다. 특히 보험계약 해지로 암 등 중병치료 중인 자에게 보험금으로 지급되던 병원치료비까지 지급되지 않는다면 서민생계를 위협하는 지경에 이르게 될 수 있음을 감안하여 그에 대한 대책으로 위와 같이 민사집행법 제246조 제1항 제7호가 신설된 것이다.[181]

그러나 민사집행법 등 관련 법령에서는 보장성보험과 (그에 대응되는 개념인) 저축성보험의 개념을 따로 규정하지 않고 있고, 보험실무에서는 새롭고 복합적인 형태의 보험상품이 계속 개발되고 있다. 따라서 민사집행법 제246조에서 규정한 '보장성보험'이 무엇인지, 나아가 보장성보험과 저축성보험이 혼합된 보험상품의 경우 어떻게 보아야 하는지가 문제된다.

보험실무에서는 보험업감독규정(금융위원회고시 제2010-7호, 2010. 4. 1. 일부개정시 제1-2조 제2항을 신설) 제1-2조 제2항 제3, 4호의 정의에 따라 보장성보험과 저축성보험을 구분하고 있는 것으로 보이는바, 위 규정에 따르면, "보장성보험"이란 기준연령 요건에서 생존시 지급되는 보험금의 합계액이 이미 납입한 보험료를 초과하지 아니하는 보험을, "순수보장성보험"이란 생존시 지급되는 보험금이 없는 보장성보험을, "저축성보험"이란 보장성보험을 제외한 보험으로서 생존시 지급되는 보험금의 합계액이 이미 납입한 보험료를 초과하는 보험을 말한다.

대법원 2018. 12. 27. 선고 2015다50286 판결은, 최초로 보장성보험과 저축성보험의 개념을 정의하고 하나의 보험계약에 보장성보험과 저축성보험의 성격이 모두 있는 사안에서 민사집행법 제246조 제1항 제7호의 해석과 적용에 관한 기준을 제시한 의미 있는 판결이다. 먼저 그 요지를 소개한다.

---

181) 주석 민사집행법(Ⅴ), 한국사법행정학회(2018), 826면.

(1) 보장성보험이란 생명, 상해, 질병, 사고 등 피보험자의 생명·신체와 관련하여 발생할 수 있는 경제적 위험에 대비하여 보험사고가 발생하였을 경우 피보험자에게 약속된 보험금을 지급하는 것을 주된 목적으로 한 보험으로, 일반적으로는 만기가 되었을 때 보험회사가 지급하는 돈이 납입받은 보험료 총액을 초과하지 않는 보험을 말한다. 반면 저축성보험은 목돈이나 노후생활자금을 마련하는 것을 주된 목적으로 한 보험으로 피보험자가 생존하여 만기가 되었을 때 지급되는 보험금이 납입보험료에 일정한 이율에 따른 돈이 가산되어 납입보험료의 총액보다 많은 보험이다.

(2) 한편 보험계약 중에는 보장성보험과 저축성보험의 성격을 함께 가지는 것도 많이 있다. 만일 보장성보험계약과 저축성보험계약이라는 독립된 두 개의 보험계약이 결합된 경우라면 저축성보험계약 부분만을 분리하여 이를 해지하고 압류할 수 있을 것이다. 이와 달리 하나의 보험계약에 보장성보험과 저축성보험의 성격이 모두 있는 경우에 그중 저축성보험의 성격을 갖는 계약 부분만을 분리하여 이를 해지하고 압류할 수 있는지가 문제 된다. 민사집행법에서 보장성보험이 가지는 사회보장적 성격을 고려하여 압류금지채권으로 규정한 입법 취지를 고려할 때 하나의 보험계약이 보장성보험과 더불어 저축성보험의 성격을 함께 가지고 있다 하더라도 저축성보험 부분만을 분리하여 해지할 수는 없다고 보아야 한다.

(3) 이처럼 하나의 보험계약에 보장성보험과 저축성보험의 성격이 모두 있는 경우에 저축성보험의 성격을 갖는 계약 부분만을 분리하여 해지할 수 없다면, 해당 보험 전체를 두고 민사집행법 제246조 제1항 제7호에서 규정하는 '보장성보험'에 해당하는지 여부를 결정하여야 한다. 원칙적으로 보험가입 당시 예정된 해당 보험의 만기환급금이 보험계약자의 납입보험료 총액을 초과하는지를 기준으로 하여, 만기환급금이 납입보험료 총액을 초과하지 않으면 민사집행법 제246조 제1항 제7호에서 규정하는 '보장성보험'에 해당한다고 보아야 한다. 그러나 만기환급금이 납입보험료 총액을 초과하더라도, 해당 보험이 예정하는 보험사고의 성질과 보험가입 목적, 납입보험료의 규모와 보험료의 구성, 지급받는 보험료의 내용 등을 종

합적으로 고려하였을 때 보장성보험도 해당 보험의 주된 성격과 목적으로 인정할 수 있다면 이를 민사집행법이 압류금지채권으로 규정하고 있는 보장성보험으로 보아야 한다.

사실관계는 이러하다. K의 대출금채권자인 원고는 K에 대한 확정판결에 기하여 K가 피고와 체결한 보험계약을 중도해지할 경우 피고로부터 지급받을 환급금 등에 관해 채권 압류 및 추심명령을 받은 다음, 피고를 상대로, 원고가 K를 대위하여 위 보험계약을 해지하였으므로 원고에게 해약환급금과 지연손해금을 지급할 것을 청구하였다. 위 사안에서 문제된 보험계약은, K가 친권자로서 미성년자인 자녀를 피보험자로 하고 자신을 보험수익자로 하여 체결한 것으로, 약관에서 보험계약자가 납입하는 기본보험료를 "보장계약보험료"와 "적립계약보험료"로 구분하고 있고, 경우에 따라 질병·재해·상해보험금, 사망보험금, 만기보험금을 지급하도록 되어 있는 타인의 생명·상해·질병보험에 해당한다.

원심(서울중앙지방법원 2015. 7. 17. 선고 2015나15121 판결)은, "이 사건 보험계약은 피보험자가 만 15세 이후 보험기간 내인 22세 사이에 사망한 경우에만 적립금에 2,000만 원을 더한 금액을 지급하도록 되어 있을 뿐, 피보험자가 보험기간 만료시인 22세까지 생존할 경우 납입보험료에서 부가보험료 및 위험보험료를 공제한 금액의 원리금을 적립금으로 반환하고 있어 생존시 지급하는 보험금의 합계액이 납입한 보험료를 초과하지 아니하므로 보장성 보험에 해당한다"고 하여 원고의 청구를 기각하였으나, 대법원은 앞서 본 법리를 바탕으로 "이 사건 보험에는 보장성보험과 저축성보험의 특성이 함께 있으므로, 독립된 각 보장성보험계약과 저축성보험계약이 결합된 경우라면 저축성보험계약을 분리하여 해지할 수 있고 아니라면 이를 분리하여 해지할 수 없다. 원심으로서는 먼저 이 사건 보험계약의 약관 등을 통하여 이 사건 보험계약이 독립된 보장성보험계약과 저축성보험계약이 결합된 것인지 아니면 하나의 보험계약으로서 보장성보험과 저축성보험의 성격을 모두 갖는 것인지에 관하여 심리한 후 하나의 보험계약에 해당할 때에 비로소 저축성보험계약 부분만을 분리하여 해지할 수 없다고 판단하였어야 한다."고 하여 원심을 파기하였다. 환송 후 원심(서울중앙지방법원 2020. 1. 8. 선고 2019나5627 판결, 그대로 확정)은, 심리를 통해 월 납입보험료 200,000원 중 부가보험료, 위험보험료, 적립보험료의 액수와 대략의 비율을 파악하여 적립보험료가 납입보험료의 86.39%~86.41% 상당에 이르고, 만기 시에 지급되는 보험금이 납입보험료 총액을 초과하게 되는 점, 이 사건 보험계약에 보장성보험의 성격이 일부 혼합되어 있지만 이 사건 보험계약의 보험료 중 저축보험료가 차지하는 비중이 대부분이고 위험보험료는 1.36%에 불과하는 등 보장성보험 부분이 전체 보험에서 차지하는 부분은 극히 일부에 불과한 점 등을 들어, 이 사건 보험계약은 (하나의) 저축성보험에 해당한다고 판단하였다(원고 일부승소).

　　위 판결은, 다양한 보험상품이 개발되면서 보장성보험과 저축성보험의 성격을 함께 갖고 있는 경우가 많은 현실에서 해당 보험상품이 독립된 두 개의 보험계약이 결합된 것이 아니라면 분리하여 해지할 수 없음을 명백히 하고, 하나의 보험계약 속에 보장성보험과 저축성보험의 성격이 혼재한 경우 그 성격은 만기환급금이 지급보험료 총액을 초과하는지 여부를 원칙으로 판단하되, 예외적으로 다른 여러 사정을 종합적으로 고려하여 보장성보험 여부를 판단할 수 있는 가능성을 열어 둔, 매우 중요한 판결이라 하겠다.[182]

제3절 손해방지의무

　　상법 제680조는 보험계약자와 피보험자 모두에 대해 손해의 방지와 경감을 위해 노력할 의무를 부과하고 있다. 이러한 손해방지의무 조항(Sue and Labour Clause)은 영국해상보험법상 17세기경부터 보험증권에 등장하였던 내용으로, 그 인정근거는 영미와 독일이 달리 보고 있는데, 영국에서는 그 인정근거를 보험자에 대한 신의성실의 원칙과 공익보호의

---

182) 김윤종, "민사집행법 제246조(압류금지채권)에서 규정하는 보장성보험의 성격", 대법원 판례해설 제117호, 법원도서관(2019), 318-319면.

필요성에서 구하는 반면, 독일에서는 손해방지의무의 불이행은 보험사고의 요소인 우연성이 결여된다거나 보험사고의 불확정성에 반한다는 점 등을 들어 보험계약의 본질상 요구되는 의무로 설명하는 차이가 있다고 한다.[183] 우리의 경우는 손해방지를 장려하려는 공익적 필요에서 법이 특별히 부과한 의무로, 보험계약의 본질에 기한 것은 아니라고 보고 있다.[184]

상법 제680조에서는 '손해'의 방지와 경감을 위한 노력을 요구하고 있을 뿐 '사고'의 방지를 요구하고 있는 것이 아니므로, 보험사고가 발생한 때부터 손해방지의무를 부담한다고 본다. 보험계약자 또는 피보험자는, 보험계약이 없는 경우에도 자기의 이익에 대한 손해를 방지·경감하기 위해 노력하게 될 경우와 같은 정도의 노력을 기울여야 한다고 보는 것이 합리적이다.[185]

이처럼 상법 제680조에서 명시적으로 손해방지 및 경감의무를 규정하였음에도 불구하고 그 위반의 효과에 대하여는 규정하고 있지 않아서 이에 관한 해석을 둘러싸고 견해의 대립이 있었다. ① 의무자가 손해방지의무를 위반하였더라도 보험자에 대해 보험금청구권을 행사할 수 있다는 전제 하에, 다만 의무자의 고의·중과실로 손해방지의무를 위반하였다면 의무자는 보험자에 대해 손해배상책임을 부담하므로 보험자는 상계로써 보험금에서 이를 공제하여 지급할 수 있다는 견해(다수설)와 ② 의무자의 고의·중과실로 손해방지의무를 위반하였다면 공익 보호라는 입법취지에 비추어 보험자는 보상책임을 면하고, 의무자가 경과실로 손해방지의무를 위반한 경우에는 보험자는 면책되지는 않으나 그에 따른 손해배상청구를 할 수 있으므로 결국 보험금에서 손해액을 공제하고 지급할 수 있다는 견해 등이 그것이다. 한편, 경과실을 제외하고, 고의로 인한 위반

---

183) 장덕조, 보험법, 법문사(2020), 254 – 255면.
184) 김상준, "책임보험에 있어서의 손해방지비용 및 방어비용", 대법원판례해설 제40호, 법원도서관(2002), 701면.
185) 주석 상법 보험(1), 한국사법행정학회(2015), 479면; 장덕조, 보험법, 법문사(2020), 257면.

에 대하여는 보험자가 면책되고, 중과실로 인한 위반의 경우에는 보험자의 공제를 허용하자는 내용의 입법안[186]이 제안된 바도 있다.

대법원 2016. 1. 14. 선고 2015다6302 판결은, "보험계약자와 피보험자가 상법 제680조 제1항 전문에서 정한 손해방지의무를 위반한 경우, 고의 또는 중대한 과실로 이러한 손해방지의무를 위반한 경우에는 보험자는 손해방지의무 위반과 상당인과관계가 있는 손해, 즉 그 의무 위반이 없다면 방지 또는 경감할 수 있으리라고 인정되는 손해액에 대하여 배상을 청구하거나 지급할 보험금과 상계하여 이를 공제한 나머지 금액만을 보험금으로 지급할 수 있으나, 경과실로 이를 위반한 경우에는 그러하지 아니하다. 그리고 이러한 법리는 재보험의 경우에도 마찬가지로 적용된다."고 하여 ①설과 같은 입장을 취하였다.

제4절 기   타

1. 태아를 피보험자로 하는 상해보험

대법원 2019. 3. 28. 선고 2016다211224 판결은 상해보험은 인보험이므로 피보험자는 신체를 가진 사람(人)임을 전제로 하지만(상법 제737조), 상법상 상해보험계약 체결에서 태아의 피보험자 적격이 명시적으로 금지되어 있지 않다는 점, 인보험인 상해보험에서 피보험자는 '보험사고의 객체'에 해당하여 그 신체가 보험의 목적이 되는 자로서 보호받아야 할 대

---

186) 2007년 상법 개정안 제680조(손해방지의 의무와 비용)
① 보험계약자와 피보험자는 보험사고가 생긴 때에 그 사고로 인한 손해의 방지와 경감을 위하여 노력하여야 한다.
② 보험계약자 또는 피보험자가 제1항의 의무를 고의로 위반한 경우에는 보험자는 보험금의 지급책임을 면하고, 중대한 과실로 인하여 위반한 경우에는 보험자는 이 의무가 이행되었더라면 방지 또는 경감할 수 있었던 손해액을 보상액에서 공제할 수 있다. 그러나 제1항의 의무위반이 손해의 발생 및 확대에 영향을 미치지 아니한 경우에는 그러하지 아니하다.
③ 보험자는 제1항의 의무의 이행을 위하여 필요 또는 유익하였던 비용과 보상액을 보험금의 한도 내에서 부담한다. 그러나 이 의무의 이행이 보험자의 지시에 따른 것인 경우에는 그 비용과 보상액이 보험금을 초과하더라도 보험자가 이를 부담한다.

상을 의미하는데, 헌법상 생명권의 주체가 되는 태아의 형성 중인 신체도 그 자체로 보호해야 할 법익이 존재하고 보호의 필요성도 본질적으로 사람과 다르지 않다는 점에서 보험보호의 대상이 될 수 있다는 점, 약관이나 개별 약정으로 출생 전 상태인 태아의 신체에 대한 상해를 보험의 담보범위에 포함하는 것이 보험제도의 목적과 취지에 부합하고 보험계약자나 피보험자에게 불리하지 않으므로 상법 제663조에 반하지 아니하고 민법 제103조의 공서양속에도 반하지 않는다는 점 등을 들어, **계약자유의 원칙상 태아를 피보험자로 하는 상해보험계약은 유효**하고, 상해보험계약의 약관 또는 보험자와 보험계약자의 개별 약정으로 태아를 상해보험의 피보험자로 할 수 있다고 보았다. 따라서 비록 이 사건 상해보험계약의 특별약관에서 "태아는 출생 시에 피보험자가 된다"고 규정하고 있으나, 한편 원고와 피고는 이 사건 보험계약 체결 당시 보험대상자인 소외인이 태아임을 잘 알고 있었고, 보험사고의 객체가 되는 소외인이 태아 상태일 때 계약을 체결하면서 계약체결일부터 보험료를 지급하여 보험기간을 개시하였던 점 등 이 사건 보험계약을 체결하게 된 동기와 경위, 절차, 보험기간, 보험계약에 의하여 달성하고자 하는 목적 등을 종합적으로 고려하면, 당사자 사이에 위 특별약관의 내용과 달리 출생 전 태아를 피보험자로 하기로 하는 개별 약정이 있다고 봄이 타당하고, 태아가 분만 과정에서 뇌손상 등의 상해를 입어 양안의 시력을 완전히 상실하는 영구장해진단을 받았다면 이는 보험기간 중에 발생한 보험사고에 해당하므로 보험금을 지급해야 한다고 판단하였다.

　　사람은 생존한 동안 권리와 의무의 주체가 된다고 정한 민법 제3조는 원칙적으로 태아의 권리능력을 부정하는 것으로 이해된다. 이는 태아뿐 아니라 관련된 다른 사람의 이해관계도 고려하는 규정이다. 상해보험이 인보험인 이상 일응 태아를 피보험자로 할 수 있는지 의문이 제기되는 지점으로 '태아는 출생 시에 피보험자가 된다'고 규정한 이 사건 특별약관조항이 이러한 관점을 잘 보여준다. 그럼에도 불구하고 본 판결은 약관의 구속력을 배제할 수 있는 개별 약정의 존재와 그러한 약정 해석

의 논리를 빌어, 무리없이 태아가 입은 상해에 대해 보험금을 지급할 의
무가 있다고 판단하였다.

2. 「자동차보험 구상금분쟁심의에 관한 상호협정」에 따른 조정결정의 효력

2007.경 15개 손해보험회사들이 '자동차손해배상보장법 등에 정한 자
동차보험 또는 자동차공제의 책임이 경합되었음을 이유로 그 책임의 유
무와 범위에 관하여 보험사업자 또는 공제사업자 사이에 발생한 분쟁을
합리적·경제적으로 신속히 해결할 목적'으로, 「자동차보험 구상금분쟁심
의에 관한 상호협정」(이하 '상호협정'이라 한다)을 체결하고 보험업법에 따
라 금융위원회의 인가[187]를 받았다. 이후 공제사업자들이 위 상호협정에
추가로 참여하였다. 상호협정은 가입한 협정회사들(보험사업자와 공제사업
자들) 사이에서 적용되는데, 협정회사들이 지명한 운영위원들 등으로 운
영위원회가 구성되고, 운영위원회에서 상호협정 시행에 필요한 규약을 제
정하며, 운영위원회가 위촉한 심의위원 등은 심의위원회를 구성하여 협정
회사들 사이의 구상금 분쟁을 심의하고 그에 따른 결정을 한다.

실무상 상호협정에 근거하여 이루어지는 심의위원회의 조정절차가
널리 활용되고 있으나, 그 조정결정의 효력이 명확하지 않아 조정결정
확정 이후에도 법원에 구상금 지급을 구하는 소송이 제기되는 등 분쟁이
계속되어 왔는데, 대법원 2019. 8. 14. 선고 2017다217151 판결은 이
점에 관하여 확정된 조정결정이 민법상 화해계약의 효력을 가지고 있어
무효나 취소사유가 없는 한 당사자나 법원을 구속한다고 판시하였다.

사실관계는 다음과 같다. 甲 보험회사의 자동차종합보험계약에 가
입된 차량과 乙 보험회사의 자동차종합보험계약에 가입된 차량 사이에
발생한 교통사고에 관하여 상호협정에 따라 구성된 심의위원회가 甲 회
사 측 차량 운전자와 乙 회사 측 차량 운전자의 과실비율을 정하는 내

---

187) 상호협정은 보험회사의 공동행위에 해당하여 이에 대해서는 보험업법 제125조
에 따라 금융감독위원회의 인가 절차가 필요하다.

용의 조정결정을 하여 그 결정이 확정되자, 甲 회사가 조정결정이 정한 대로 구상금을 지급한 다음 乙 회사를 상대로 위 사고에 대해 甲 회사 측 차량 운전자는 과실이 전혀 없다며 위 구상금 상당의 부당이득반환을 구하였다.

먼저, 위 조정결정의 확정으로 甲 회사와 乙 회사 사이에 부제소합의가 성립한 것인지 문제되었는데, 대법원은, 상호협정은 그에 의해 구성된 심의위원회가 한 조정결정이 일정한 절차를 거쳐 확정된 경우에 당사자 사이에 조정결정의 주문과 같은 내용의 합의가 성립된 것과 동일한 효력이 있다고 규정하고 있을 뿐, 더 나아가 부제소합의가 성립된 것과 동일한 효력이 있다는 점을 명시하고 있지는 않은 점, 상호협정은 조정결정이 확정된 이후 정당한 이유 없이 소를 제기한 당사자에 대해서는 일정한 액수의 제재금이 부과될 수 있다고 규정하고 있는데, 이는 사후적 제재 가능성을 정하는 것으로서 소 제기 자체를 금지하는 취지라고 보기는 어려운 점 등의 사정과 관련 법리에 비추어 보면 부제소합의의 존재를 부정할 수밖에 없고, 설령 상호협정의 해석상 조정결정이 확정된 경우에 부제소합의가 성립된 것으로 볼 여지가 있다고 하더라도, 이는 상호협정의 당사자들이 재판청구권을 구체적인 분쟁이 생기기 전에 미리 일률적으로 포기한 것으로서 부제소합의 제도의 취지에 위반되어 무효라고 판단하였다.

다음으로, 설령 이 사건 제소 자체는 적법하더라도 확정된 조정결정에 반하는 것이 아닌지의 쟁점에 관하여, 대법원은, 상호협정은 적법·유효하므로 협정회사들 사이에서 구속력이 있고, 상호협정의 내용상 심의위원회의 조정결정이 확정된 경우 당사자 사이에 조정결정의 주문과 같은 내용의 합의가 성립되며, 이 합의는 민법상 화해계약에 해당한다고 보아, 조정결정에 따른 구상금 지급은 정당하고 그와 달리 과실비율을 판단하여 부당이득반환을 명한 원심을 파기하였다.

대상판결은 당사자의 소제기권을 박탈하는 '부제소합의'의 효력을 인정하는 데에는 신중한 태도를 견지하면서도, 상호협정에 따른 조정절차가 널리 활용되고 있는 현실을 고려하여 민법상 화해의 법리를 가져와서 심의위원회의 조정결정에 강력한 구속력을 부여하였다. 이로써 상호협정에 따른 심의위원회 조정이 더 활성화되고 그 절차가 더 충실하게 진행될 것으로 기대되며, 나아가 대상판결이 향후 심의위원회와 같은 민간형 ADR 의 구성 및 운영에 관한 지침을 제시하는 역할을 할 것으로 기대된다.[188]

3. 보험의 본질

그 밖에도 해외긴급의료지원 서비스 사업이 보험업에 해당하는지가 문제되었던 사안에서 "보험의 본질이 우연한 사고로 입을 수 있는 경제적 인 불안을 제거 또는 경감시킬 목적을 달성하는 데 있음에 비추어 보험업 법이 규정하는 보험상품의 개념요소로서의 '위험보장의 목적'은 단지 경제 적 가치 있는 급부의 제공으로 손해가 보전되는 측면이 있다는 이유만으 로 쉽게 인정하여서는 아니 되고, 그러한 경제적 위험보장의 목적이 보험 업 영위가 문제되는 대상영업의 주된 목적인지에 따라 판단하여야 할 것" 이라고 하면서 "보험업법이 규정하는 보험상품의 개념요소 중 '그 밖의 급 여'에 용역을 포함하는 것은 보험사업자가 다양한 보험수요에 맞추어 보험 급부를 다양하게 구성하는 것을 가능하게 하려는 의미이지, 계약 당시 용 역제공 여부가 미리 정하여지지 아니한 방식으로 용역계약을 체결하는 경 우를 모두 보험상품으로 규제하려는 의도는 아니라 할 것이므로, 보험업법 이 규정하는 '그 밖의 급여'에 포함되는 용역은 경제적 위험보장을 목적으 로 제공되는 용역, 즉 위험에 대한 보상으로서 원칙적으로 금전으로 급부 가 이루어져야 하지만 보험사 내지는 고객의 편의 등을 위하여 금전에 대 한 대체적 의미에서 용역이 제공되는 경우만을 의미하는 것이라고 보아야 할 것"이라고 판단한 대법원 2014. 5. 29. 선고 2013도10457 판결(따라 서 문제의 해외긴급의료지원 서비스 사업은 보험업에 해당하지 않는다고 보았다) 도 보험의 본질과 관련하여 참조할 만하다.

---

188) 황재호, "구상금분쟁심의위원회가 한 조정결정의 효력", 대법원판례해설 제121호, 법원도서관(2020), 47면.

제5장 해상·항공운송

제1절 영국법 준거약관

1. 해상보험에서 영국법 준거약관의 유형과 성질

해상보험의 국제적 성격과 해상보험업계에서의 영국의 현실적 지배력으로 인해, 대부분의 해상보험약관에는 영국법을 준거법으로 한다는 내용의 조항(이하 '영국법 준거약관'이라 한다)이 기재되어 있다. 이는 영국을 중심으로 해상운송이 발전하였던 역사에 기인한 것으로, 우리나라 해상기업들이 해상보험을 체결하는 경우에도 예외가 아니다.

실무상 해상보험에서는 국제적으로 영국의 런던보험자협회가 작성한 해상보험증권양식과 표준협회약관이 사용되는데, 여기에 기재되는 영국법 준거약관의 유형은 다음과 같이 세 가지로 분류될 수 있다. 우리나라의 경우 선박보험에서는 Ⓐ 유형이, 적하보험에서는 Ⓑ, Ⓒ 유형이 주로 사용된다.[189)]

> Ⓐ 이 보험은 영국의 법률과 실무에 따른다(This Insurance is subject to English law and practice).
> Ⓑ 이 보험증권 아래에서 발생하는 책임에 관한 모든 문제는 영국의 법률과 관습에 따른다(All questions of liability arising under this policy are to be governed by the laws and customs of England).
> Ⓒ 이 보험증권에 포함되어 있거나 또는 이 보험증권에 첨부되는 어떠한 반대되는 규정이 있음에도, 이 보험은 일체의 전보청구 및 결제에 관하여는 영국의 법률과 관습에 의한다(Notwithstanding anything contained herein or attached hereto to the contrary, this Insurance is understood and agreed to be subject to English law and practice only as to liability for and settlement of any and all claims).

영국법 준거약관의 성질에 관하여는 (1) 계약 당사자가 합의로써 계

---

189) 박세민, "해상보험에 있어서 영국법 준거조항의 유효성 인정문제와 그 적용범위에 대한 비판적 고찰", 한국해법학회지 제33권 제1호, 한국해법학회(2011), 197-198면.

약의 준거법을 영국법으로 선택한 것으로 보는 저촉법적 지정설과, (2) 당사자의 선택 또는 국제사법의 준거법 결정원칙에 따른 준거법의 적용을 받되, 그 준거법이 허용하는 범위 안에서 당사자들이 다른 나라의 법을 적용하기로 약정한 것으로 보는 실질법적 지정설의 대립이 있고, 다시 (1)은, (1)-① 보험계약 전부에 대해 준거법을 지정한 것으로 보는 전부지정설과 (1)-② (영국법 준거약관의 문언에 따라) 보험자의 책임 또는 일체의 전부청구 및 결제와 관련된 사항에 대해서만 준거법을 지정한 것으로 보는 부분지정설로 나뉜다.[190]

실질법적 지정설에 의하면 객관적 준거법의 강행법규에 의한 제한을 받는다는 점에서 저촉법적 지정설과 구별된다(즉, 저촉법적 지정에 의하면, 당사자가 준거법을 선택하지 않았다면 준거법이 되는 객관적 준거법의 강행규정 적용이 배제된다). 또한 저촉법적 지정의 경우 계약 체결 후 준거법이 개정되면 개정된 준거법이 적용되고, 개정 여부를 직권으로 조사·적용해야 하지만, 실질법적 지정의 경우 구 외국법이 계약에 편입되었으므로 외국법의 사후 개정은 계약 내용에 영향을 미치지 않고, 이는 계약의 내용으로 당사자가 주장·입증해야 한다.[191]

대법원 2018. 3. 29. 선고 2014다41469 판결[192]은 "국제계약에서 준거법 지정이 허용되는 것은 당사자자치(party autonomy)의 원칙에 근거하고 있다. 선하증권에 일반적인 준거법에 대한 규정이 있음에도 운송인의

190) 구체적 내용은 박세민, "해상보험에 있어서 영국법 준거조항의 유효성 인정문제와 그 적용범위에 대한 비판적 고찰", 한국해법학회지 제33권 제1호, 한국해법학회(2011), 198-201면.
191) 석광현, "영국법이 준거법인 한국 회사들 간의 선박보험계약과 약관규제법의 적용 여부", 국제사법과 국제소송, 박영사(2019), 93-94면.
192) 甲 주식회사가 乙 외국법인과 매매계약을 체결하여 국내로 수입한 화물이 운송 중 상품성이 없을 정도로 사양이 이탈되는 사고가 발생하자, 위 화물에 관하여 甲 회사와 해상적하보험계약을 체결한 丙 보험회사 등이 甲 회사에 보험금을 지급하고 甲 회사가 소지하고 있던 선하증권을 교부받아 화물을 운송한 丁 외국법인을 상대로 불법행위에 따른 손해배상책임을 구한 사안에서, 위 불법행위에 따른 손해배상청구의 준거법은 국제사법 제32조 제1항, 제3항에 따라 선하증권의 준거법이라고 한 사안이다.

책임범위에 관하여 국제협약이나 그 국제협약을 입법화한 특정 국가의 법을 우선 적용하기로 하는 이른바 '지상약관(Clause Paramount)'이 준거법의 부분지정(분할)인지 해당 국제협약이나 외국 법률규정의 계약 내용으로의 편입인지는 기본적으로 당사자의 의사표시 해석의 문제이다."라고 하였던 바, 영국법 준거약관의 성질 역시 원칙적으로는 당사자의 의사에 따라 판단되어야 할 것이다.

2. Ⓐ, Ⓒ 유형 약관에 관하여

우선 문언에 의하면, Ⓐ 유형 약관은 해당 보험계약에 관한 법률관계 일반에 대해 영국법을 준거법으로 지정한 것으로 무리없이 해석된다. **대법원 2003. 6. 13. 선고 2001다42660 판결**은 Ⓐ 유형 약관(… 약관에 따르면 이 보험은 영국의 법과 관습의 적용을 받는 사실 …)이 포함된 적하보험계약 사안에서, 영국의 해상보험법(Marine Insurance Act 1906)이나 판례, 관습을 기준으로 해당 약관을 해석하고자 하였고, **대법원 2015. 3. 20. 선고 2012다118846, 118853 판결** 역시 Ⓐ유형의 약관이 적용되는 선박보험계약이 체결된 사안에서, 약관규제법상의 설명의무 위반을 이유로 문제의 워런티 조항[193])이 계약에 편입되지 않았다는 당사자의 주장을 배척하면서, "이 사건 선박보험과 관련된 모든 법률관계의 준거법은 영국법이고 달리 약관규제법을 적용하여야 할 사정이 없어, 이 사건 선박보험에는 약관규제법이 적용되지 않는다"고 판단한 원심이 타당하다고 하였다. 위 판결은 또한 같은 Ⓐ 유형 약관이 존재하는 선박보험계약 사안이었음에도 약관규제법의 적용이 긍정되었던 **대법원 2010. 9. 9. 선고 2009다105383 판결**에 관하여 "준거법 지정 외에 외국적 요소 없는 순수 국내

---

193) 영국 해상보험법상 워런티(warranty)라 함은, "피보험자가 특정한 사항이 행하여지거나 행하여지지 않을 것 또는 특정한 조건이 준수될 것을 약속하거나 또는 특정한 사실상태의 존재나 부존재를 보증하는 것"이라고 설명된다(제33조 제1항 참조). 주로 "담보특약"이라고 번역된다[석광현, "영국법이 준거법인 채권 간의 소송상 상계에 관한 국제사법의 제문제", 서울대학교 법학 제57권 제1호, 서울대학교 법학연구소(2016), 111면].

계약인 사안에 관한 것"으로, (피보험선박이 태평양, 인도양, 남빙양 등 수역에서 조업을 하였고, 보험사고도 남빙양에서 발생하는 등) 외국적 요소가 있는 이 사건과 사안을 달리함을 분명히 하였다.[194]

마찬가지로 특별한 사정이 없는 한 ⓒ 유형 약관에 대하여는 "일체의 전보청구 및 결제"에 관하여만 영국법을 준거법으로 지정한 것으로 해석하는 것이 어렵지 않다. **대법원 1998. 7. 14. 선고 96다39707 판결**은 해상적하보험계약에 포함된 ⓒ 유형 약관이 문제되었는데, 대법원은 "기록에 의하면 이 사건 영문 보험증권에 '이 보험증권에 포함되어 있거나 또는 이 보험증권에 첨부되는 어떠한 반대되는 규정이 있음에도 불구하고, 이 보험은 일체의 전보청구 및 결제에 관해서 영국의 법률과 관습에만 의한다(Notwithstanding anything contained herein or attached hereto to the contrary, this insurance is understood and agreed to be subject to English law and practice only as to liability for and settlement of any and all claims).'고 명기되어 있음을 알 수 있으나, 이와 같은 영국법 준거조항은 이 사건에서와 같이 보험계약의 보험목적물이 무엇인지 여부에 관한 사항, 즉 보험계약의 성립 여부에 관한 사항에까지 영국의 법률과 실무에 따르기로 하기로 한 것으로는 볼 수 없으므로, 이와 같은 사항은 우리나라의 법률이 적용되어야 할 것이어서…"라고 판시함으로써, (보험계약의 성립과 책임을 구분하는 전제 하에) 최초로 준거법의 분열을 명시적으로 인정하였다.[195]

3. Ⓑ 유형 약관에 관하여

문제는 Ⓑ 유형의 약관으로, 앞서 살펴본 학설의 대립도 위 유형의 약관을 두고 치열하게 다투어진다. 대법원은 일찍이 Ⓑ 유형의 영국법

---

194) 대법원 2009다105383 판결에 대해 국제사법적 접근이 부족했다고 보는 평가로 이정훈, "해상보험계약상 영국법 준거약관과 설명의무 – 대법원 2016. 6. 23. 선고 2015다5194 판결의 평석을 중심으로", 법과 기업연구 제9권 제3호, 서강대학교 법학연구소(2019), 233면.
195) 이정훈, "해상보험계약상 영국법 준거약관과 설명의무 – 대법원 2016. 6. 23. 선고 2015다5194 판결의 평석을 중심으로", 법과 기업연구 제9권 제3호, 서강대학교 법학연구소(2019), 237면.

준거약관의 적하보험계약이 체결된 사안에서의 보험금 지급이 다투어진 **대법원 1991. 5. 14. 선고 90다카25314 판결**[196]에서, 해당 보험계약은 영국법을 준거법으로 하므로 고지의무 위반을 이유로 한 해지에 관하여도 우리 상법 규정(제척기간에 관한 제651조, 인과관계에 관한 상법 제655조)이 적용될 여지가 없다고 보아 영국해상보험법에 따라 보험회사의 면책을 인정한 원심판단을 수긍한 바 있었다. 그러나 위 판결에서 문제된 약관은 (A 유형이 아닌) B 유형이었음에도 이 점에 대한 고민 없이 만연히 전부지정설의 견지에서 판단하였고, 나아가 고지의무의 문제를 계약의 성립 문제로 이해한다면 이는 "책임"에 관한 것이 아니어서 영국법이 아닌 우리 상법이 적용될 여지가 있었을 것이라는 등의 비판[197]이 있었다.

그러나 최근 B 유형의 영국법 준거약관을 포함하고 있는 보험계약 사안에 관하여 선고된 다수 판결은 준거법의 분열을 인정하는 전제 하에 부분지정설의 견해를 취한 것으로 평가되는데, 구체적으로 살펴보면 다음과 같다.

(1) 우리나라의 약관규제법의 설명의무에 관한 규정이 적용되는지 여부가 문제된 **대법원 2016. 6. 23. 선고 2015다5194 판결**에서, "외국적

196) "… 해상보험증권 아래에서 야기되는 일체의 책임문제는 영국의 법률 및 관습에 의하여야 한다는 영국법 준거약관은 오랜 기간 동안에 걸쳐 해상보험업계의 중심이 되어 온 영국의 법률과 관습에 따라 당사자간의 거래관계를 명확하게 하려는 것으로서 우리나라의 공익규정 또는 공서양속에 반하는 것이라거나 보험계약자의 이익을 부당하게 침해하는 것이라고 볼 수 없으므로 유효하고, 따라서 이 사건 적하보험계약에 있어서 고지의무위반을 이유로 한 보험계약의 해지에 관하여는 영국해상보험법 제18조, 제17조(원심은 동법 제17조의 최고선의의무위반만을 그 취소이유로 하였으나 해상보험계약상의 고지의무는 최고선의의무의 한 태양에 불과하므로 동법 제18조를 적용한 취지라고 볼 것이다)가 적용되고 동법 소정의 고지의무위반을 이유로 한 보험계약의 해지는 우리 상법 제651조 소정의 그것과는 그 요건과 효과를 달리하고 있어 이에 대하여 상법 제651조 소정의 제척기간이나 상법 제655조의 인과관계에 관한 규정은 적용될 여지가 없다 고 하여야 할 것이며, …."
197) 석광현, "해상적하보험계약에 있어 영국법준거약관과 관련한 법적인 문제점", 손해보험 제302호, 대한손해보험협회(1993), 25-26면; 박세민, "해상보험에 있어서 영국법 준거조항의 유효성 인정문제와 그 적용범위에 대한 비판적 고찰", 한국해법학회지 제33권 제1호, 한국해법학회(2011), 201면.

요소가 있는 계약에서 당사자가 계약의 일부에 관하여만 준거법을 선택한 경우에 그 해당 부분에 관하여는 당사자가 선택한 법이 준거법이 되지만, 준거법 선택이 없는 부분에 관하여는 계약과 가장 밀접한 관련이 있는 국가의 법이 준거법이 된다."는 법리 하에, 해당 사안에서의 준거법 약관(ⓑ 유형)은 "이 사건 보험계약 전부에 대한 준거법을 지정한 것이 아니라 보험자의 '책임' 문제에 한정하여 영국의 법률과 관습에 따르기로 한 것이므로 보험자의 책임에 관한 것이 아닌 사항에 관하여는 이 사건 보험계약과 가장 밀접한 관련이 있는 우리나라의 법이 적용된다고 할 것인데, 약관의 설명의무에 관한 사항은 약관의 내용이 계약내용이 되는지 여부에 관한 문제로서 보험자의 책임에 관한 것이라고 볼 수 없으므로(대법원 2001. 7. 27. 선고 99다55533 판결 참조), 이에 관하여는 영국법이 아니라 우리나라의 약관규제법이 적용된다"고 하였다.

(2) 대법원 2017. 10. 26. 선고 2015다42599 판결은, "외국적 요소가 있는 책임보험계약에서 제3자 직접청구권의 행사에 관한 법률관계에 대하여는 그 기초가 되는 책임보험계약에 적용되는 국가의 법이 가장 밀접한 관련이 있다고 보이므로, 그 국가의 법이 준거법으로 된다고 해석함이 타당하다(대법원 2016. 12. 29. 선고 2013므4133 판결 참조)."는 법리에 따라 피보험자와 보험자(피고)가 체결한 해상적하책임보험계약에 보험자인 피고의 책임에 관하여 영국법을 적용하기로 하는 (ⓑ 유형의) 영국법 준거조항이 포함되어 있으므로, 이 사건 보험계약에 따른 보험자의 책임에 관한 준거법으로 영국법이 적용되고, 피해자의 보험자에 대한 직접청구권의 행사는 보험계약의 준거법에 따라야 하므로, 이 사건 피해자인 주위적 원고의 보험자인 피고에 대한 직접청구권 행사에는 이 사건 보험계약의 준거법인 영국법이 적용된다고 판단한 원심이 타당하다고 하였다.

(3) 피보험자(원고)가 보험계약 계속 중 기존 계약의 내용을 추가 또는 변경함에 있어 영국 해상보험법 제17조[198]에 규정된 최대선의(utmost

---

[198] "해상보험계약은 최대선의(utmost good faith)에 기초한 계약이며, 만일 일방당사자가 최대선의를 준수하지 않았을 경우 상대방은 그 계약을 취소할 수 있다."

good faith)의무를 위반하였는지 여부가 문제된 **대법원 2018. 10. 25. 선고 2017다272103 판결**은 객관적 준거법에 대한 검토 없이 영국 해상보험법을 바로 적용하였다. 위 사안의 영국법 준거약관이 Ⓑ 유형이었던 점에 비추어 보면 대법원이 최대선의의무 위반의 문제를 보험자의 '책임' 문제로 본 것으로 생각될 수 있지만, 한편 최대선의의무에 관한 대법원의 판시 내용[영국 해상보험법상 최대선의의무는 해상보험계약의 체결·이행·사고 발생 후 보험금 청구의 모든 단계에서 적용된다(대법원 2005. 3. 25. 선고 2004다22711, 22728 판결 등 참조). 특히 계약의 체결 단계에서 가장 엄격하게 요구된다. 즉, 이러한 최대선의 원칙에 기초하여 같은 법 제18조는 피보험자가 계약 체결 전에 알고 있는 모든 중요한 사항을 보험자에게 고지하도록 규정하고, 제20조는 피보험자 등이 보험계약 체결 이전 계약의 교섭 중에 보험자에게 한 모든 중요한 표시는 진실하여야 한다고 규정한다. 여기서 중요한 사항이란 보험자가 보험료를 산정하거나 위험을 인수할지 여부를 결정함에 있어서 그 판단에 영향을 미치는 모든 사항을 의미한다. 이처럼 영국 해상보험법상 최대선의의 의무는 보험계약 체결 이후에도 계속되는 공정거래의 원칙(a principle of fair dealing)으로 계약 전반에 있어서 준수되어야 하지만, 보험계약의 이행 단계에서도 최대선의의무를 광범위하고 일반적인 의무로 인정하면 피보험자에게 과도한 부담을 초래하고 계약관계의 형평을 훼손할 우려가 있다. 따라서 일단 계약이 성립된 이후에는 계약 상대방의 편의를 증대시키기 위하여 적극적으로 행동할 것을 요구하는 정도에는 이르지 않고 상대방에게 손해를 일으키거나 계약관계를 해치지 않을 의무로 완화된다고 보아야 한다[Manifest shipping Co. Ltd v. Uni-Polaris shipping Co. Ltd.(The Star Sea), [2001] Lloyd's C.L.C.608]. 특히 영국 해상보험법상 보험계약 계속 중 기존 계약의 내용을 추가 또는 변경할 때에는 해당 변경사항과 관련하여 중요한 사항에 대하여만 고지의무를 부담하는 것이지, 제18조에 규정된 고지의무와 같이 모든 중요한 사항에 대하여 고지하여야 하는 것은 아니다.]을 고려하면, 오히려 대법원은 최대선의의무에 대하여 보험계약의 성립·유효성의 문제로서의 성질과 보험계약의 효력 문제로서의 성질을 함께 가지고 있다고 파악하는 입장에 있었다고 볼 여지가 있고,[199] 다만 대상판결 사안에서 최대선의의무가 문제된 상황이 해상보험계약 체결 이후 계약의 이행 단계에서 발생한 것이어서 보험자의 "책임"과 더 관련성이 깊다고 판단한 것으로 보인다.[200]

결국 ⊞ 유형의 약관이 포함된 보험계약 사안을 해결함에 있어서는, 무엇이 보험자의 "책임"에 속하는 사항인지를 결정하는 것이 중요하다고 할 것이다. 관련하여, 어떤 위험이 보험에 의해 담보되는가(보험사고 해당성), 어떠한 범위의 손해가 보험에 의한 전보의 대상이 되는가(전보되는 손해의 범위), 보험금 지급의 방법, 보험금청구권의 소멸시효, 지연손해금, 보험계약자 등의 손해방지의무에 관한 문제 등은 보험자의 책임에 속하는 사항이라는 견해[201]가 있다. 그러나 (국제사법 제25조 제2항[202]에서 준거법의 분열을 명시적으로 허용하고 있기는 하지만) 준거법의 분열은 '부분문제(Teilfrage)' 또는 문제된 '쟁점(issue)'의 다른 부분과 논리적으로 분할 가능하고 그 경우 준거법의 분열이 논리적으로 양립할 수 있어야 한다는 내재적 한계가 있는데,[203] 과연 보험자의 책임에 관한 사항이 보험계약의 성립이나 유효성으로부터 독립적으로 분리·분할될 수 있는지 의문이다. 이는 앞서의 대법원 2017다272103 판결에서 문제되었던 최대선의의무, 이를 구체화한 고지의무, 또는 보험자의 설명의무 등의 경우 계약의 성립과 보험자의 책임 모두와 관련된다고 볼 수 있다는 점에서 더욱 그러하다.[204]

---

199) 이필복, "해상적하보험상 준거법 약관의 유형과 피보험자의 최대선의의무 — 대법원 2018. 10. 25. 선고 2017다272103 판결의 평석 —", 2019년도 법관연수 어드밴스 과정 연구논문집, 사법연수원(2020), 592면.

200) 사법논집(2021)에 게재 예정인 김윤종 부장판사의 "국제해상보험계약의 주요 쟁점 — 대법원 판례의 동향을 중심으로 —", 논문 초안 21면.

201) 이필복, "해상적하보험상 준거법 약관의 유형과 피보험자의 최대선의의무 — 대법원 2018. 10. 25. 선고 2017다272103 판결의 평석 —", 2019년도 법관연수 어드밴스 과정 연구논문집, 사법연수원(2020), 589면.

202) 국제사법 제25조(당사자자치) ② 당사자는 계약의 일부에 관하여도 준거법을 선택할 수 있다.

203) 석광현, 국제사법해설, 박영사(2013), 298면.

204) 사법논집(2021)에 게재 예정인 김윤종 부장판사의 "국제해상보험계약의 주요 쟁점 — 대법원 판례의 동향을 중심으로 —", 논문 초안 8 이하 참고.

제2절 선하증권 관련

선하증권(Bill of Landing, B/L)은 해상 운송인이나 그 대리인이 해상
물건운송계약에 따라 운송물을 수령하여 특정 목적지로 항해할 특정 선
박에 선적하였음을 증명하고, 그 운송물의 인도청구권을 표창하는 유가
증권이다.[205]

우리 법제상 선하증권은 ❶ 유인증권성(요인증권성), ❷ 요식증권성
(상법 제853조, 기재사항의 법정), ❸ 법률상 당연한 지시증권성(상법 제861조,
제130조), ❹ 문언증권성(상법 제854조, 선하증권에 기재된 대로의 화물을 인도
할 의무), ❺ 상환증권성(상법 제861조, 제129조, 증권과 상환으로 운송물을 인
도), ❻ 인도증권성(상법 제861조, 제133조), ❼ 처분증권성(상법 제861조, 제
132조)의 성격을 가진다.[206] 판례도 선하증권에 대하여 "운송물의 인도청
구권을 표창하는 유가증권으로 운송계약에 기하여 작성되는 유인증권이
고, 상법은 운송인이 송하인으로부터 실제로 운송물을 수령 또는 선적하
고 있는 것을 유효한 선하증권 성립의 전제조건으로 삼고 있으므로, 운
송물을 수령 또는 선적하지 아니하였는데도 발행한 선하증권은 원인과
요건을 구비하지 못하여 목적물의 흠결이 있는 것으로서 무효"라고 반복
하여 판시하여 왔다.[207]

그런데 실무상 필요에 따라 법에서 예정하고 있는 원래 의미의 선
하증권이 변형된 형태로서 서렌더 선하증권과 스위치 선하증권 등 특수
한 형태의 선하증권이 등장하여 널리 사용되고 있다. 서렌더 선하증권은
근해 항로에서의 선하증권의 위기에 대한 대응책인 반면 스위치 선하증
권은 원거리 항로의 경우에 선하증권의 내용을 변경할 필요성에서 등장
하였다는 차이는 있으나, 양자 모두 법적인 리스크를 가지고 있다.[208] 최

---

205) 송상현·김현, 해상법원론, 박영사(2015), 315, 317면.
206) 한낙현·박지문, "국제상거래의 다양화에 따른 Switched B/L의 법적 문제점에
    관한 고찰", 무역보험연구 제18권 제1호, 한국무역보험학회(2017), 150면.
207) 대법원 1982. 9. 14. 선고 80다1325 판결, 대법원 2008. 2. 14. 선고 2006다
    47585 판결 등 다수.

근 대법원은 서렌더 선하증권과 스위치 선하증권에 관한 법리를 최초로 선언하였던바, 차례로 그 판결들을 소개한다.

1. 서렌더 선하증권 및 그에 기재된 히말라야 약관의 효력

해상운송은 육상운송에 비하여 그 손해발생의 위험이나 규모가 크고 대체로 운송기간이 길며, 선박의 발착이 불규칙할 뿐 아니라 하역작업이 복잡하기 때문에, 운송인의 책임을 또는 면제하는 이른바 면책약관이 발전하였다.[209) 그 중 히말라야 약관(Himalaya Clause)이라 함은, 해상운송인에게 적용되는 책임제한의 혜택을 선원, 선장, 선박대리점, 터미널 운영자 기타 운송물 취급자에게 확장하여 적용하도록 하는 선하증권의 조항을 의미한다. 대법원은 일찍이 '히말라야 약관(Himalaya Clause)'이 선하증권의 이면에 기재되어 있는 경우에, 그 손해가 고의 또는 운송물의 멸실, 훼손 또는 연착이 생길 염려가 있음을 인식하면서 무모하게 한 작위 또는 부작위로 인하여 생긴 것에 해당하지 않는다면, 하위계약자인 하역업자도 선하증권에 기재된 운송과 관련하여 운송인이 선하증권 약관조항에 따라 주장할 수 있는 책임제한을 원용할 수 있다고 판단한 바 있다(**대법원 1997. 1. 24. 선고 95다25237 판결, 대법원 2007. 4. 27. 선고 2007다4943 판결 등**).

우리 상법 제798조 제2항에서도 "운송인의 사용인 또는 대리인"에 대하여 운송인이 주장할 수 있는 항변과 책임제한을 원용할 수 있도록 규정하고 있는데, 이는 1991년 상법 개정 당시 헤이그 비스비(Hague Visby) 규칙의 주요 내용을 도입하면서 신설된 조항이 현재까지 이어지고 있는 것으로, (상법 제798조 제2항의 사용인 또는 대리인에 해당하지 않는), 피용자, 대리인뿐 아니라 독립적인 계약자도 책임제한 항변을 원용할 수 있다고 판단되는 히말라야 약관보다 그 책임제한의 인적 범위가 좁다

208) 한낙현·박지문, "국제상거래의 다양화에 따른 Switched B/L의 법적 문제점에 관한 고찰", 무역보험연구 제18권 제1호, 한국무역보험학회(2017), 120면.
209) 오영준, "2000년대 민사판례의 경향과 흐름: 운송", 민사판례연구 제33집(하), 박영사(2012), 804면.

고[210] 평가된다. 다만 우리 판례는 선하증권의 히말라야 조항에 독립적인 계약자가 열거되어 있다면 그 자가 운송인의 항변을 원용하는 것은 타당하다고[211] 함으로써 히말라야 조항을 존중하고 있다.

해상운송이 복잡·대형·다양화됨에 따라 운송인 외에 그를 보조하는 제3자의 기여가 절실해지면서 이행보조자나 독립계약자의 선하증권상 히말라야 약관의 적용범위가 확대되는 추세로, 현재 이와 관련된 주된 쟁점은 그 책임제한 등 항변을 원용할 수 있는 자의 범위를 어디까지 인정할 것인가이다.[212]

선하증권의 이면약관 제6조(운송인의 책임기간)에서 "선적항에서 선적하기 전이나 양륙항에서 양륙한 이후에 발생한 손해에 관하여는 운송인에게 어떠한 책임도 없다."라고 정하고, 제5조(책임제한)에서 "소송이 운송인의 이행보조자, 대리인 또는 하위계약자에게 제기된 경우에, 이들은 운송인이 이 사건 선하증권에 의하여 주장할 수 있는 항변 및 책임제한을 원용할 수 있다."라고 정하였으며, 제1조(정의규정)에서 "하위계약자는 선박소유자 및 용선자 그리고 운송인이 아닌 선복제공자, 하역업자, 터미널 및 분류업자, 그들을 위한 대리인 및 이행보조자, 그리고 누구든지 운송의 이행을 보조하는 모든 사람을 포함한다."라고 규정하였던(이하 위 제5조와 제1조를 합하여 '히말라야 약관'이라 한다) 사안에서 **대법원 2016. 9. 28. 선고 2016다213237 판결**은, 히말라야 약관을 원용할 수 있는 자에 "**해당 약관에서 운송인과 직접적인 계약관계가 있을 것을 요구하는 등의 특별한 사정이 없는 한, 운송인과 직접적인 계약관계 없이 그 운송인의 선하증권에 따른 업무범위 및 책임영역에 해당하는 작업의 일부를 대행한 하역업자**"도 포함된다고 하였다.

또한 위 사안의 선하증권은 서렌더 선하증권이었기 때문에, 이로 인

210) 오영준, "2000년대 민사판례의 경향과 흐름: 운송", 민사판례연구 제33집(하), 박영사(2012), 804면.
211) 대법원 2007. 4. 27. 선고 2007다4943 판결.
212) 김윤종, "서렌더 선하증권의 효력범위와 독립계약자의 히말라야 약관의 원용 여부", 대법원판례해설 제109호, 법원도서관(2017), 243면.

해 선하증권 이면에 기재되어 있던 히말라야 약관의 효력이 무효가 되는지 여부도 함께 다투어졌다.

이 사건에서 문제되는 서렌더 선하증권(Surrendered B/L)은 무역실무상 사용되는 용어로, 지역적으로 우리나라나 일본, 중국 등 동아시아 무역실무에서 선적서류보다 화물이 먼저 도착하는 경우에 선하증권 원본이 도착하기 전에 화물을 인수할 필요에 따라, 출발지에서 선하증권 원본을 이미 회수된 것으로 처리함으로써 선하증권의 상환증권성을 소멸시켜 수하인이 양륙항에서 선하증권 원본 없이 즉시 운송품을 인도받을 수 있도록 한다. 이는 송하인이 대금을 회수하는 데에 위험성이 없는 경우 사용되는데, (1) 선하증권을 발행받는 것을 처음부터 포기하거나[서렌더 화물, Surrender Cargo], (2) 또는 선하증권이 발행된 이후 그 원본을 운송인에게 반납하면서 서렌더를 요청하는[서렌더 선하증권] 방식으로 구분된다.[213] 이 사건에서 문제된 것은 후자로, 송하인은 운송인으로부터 선하증권 원본을 발행받은 후 운송인에게 선하증권에 의한 상환청구 포기(영문으로 'surrender')를 요청하고, 운송인은 선하증권 원본을 회수하여 그 위에 '서렌더(SURRENDERED)' 스탬프를 찍고 선박대리점 등에 전신으로 선하증권 원본의 회수 없이 운송품을 수하인에게 인도하라는 서렌더 통지(surrender notice)를 보내게 된다.

위 대법원 판결은 이러한 서렌더 선하증권에 대하여, "유가증권으로서의 성질이 없고 단지 운송계약과 화물인수사실을 증명하는 일종의 증거증권으로 기능하는데, 이러한 효과는 송하인과 운송인 사이에 선하증권의 상환증권성을 소멸시키는 의사가 합치됨에 따른 것으로서, 당사자들 사이에 다른 의사표시가 없다면 상환증권성의 소멸 외에 선하증권에 기재된 내용에 따른 운송에 관한 책임은 여전히 유효하다."고 함으로써, 이 사건 선하증권이 비록 발행 후 다시 운송인에 회수되어 서렌더 선하증권이 되었지만, 그 밖의 합의가 이루어졌다는 특별한 사정이 없는 한 이 사건 선

---

213) 김윤종, "서렌더 선하증권의 효력범위와 독립계약자의 히말라야 약관의 원용 여부", 대법원판례해설 제109호, 법원도서관(2017), 249-250면.

하증권 발행 당시 유효하였던 운송 책임에 관한 이면약관의 내용은 여전히 효력이 있어 이 사건 히말라야 약관이 여전히 유효하다고 판단하였다.

2. 서렌더 선하증권과 선박대리점의 운송물 인도상 주의의무

해상운송화물은 선하증권과 상환으로 그 소지인에게 인도되어야 하므로, 운송인의 이행보조자인 선박대리점이 운송물을 선하증권 소지인이 아닌 자에게 인도하여 선하증권 소지인에게 운송물을 인도하지 못하게 된 경우에는 선하증권 소지인의 운송물에 대한 권리를 위법하게 침해한 것으로 불법행위가 된다는 법리가 확립되어 있었다(**대법원 1999. 4. 23. 선고 98다13211 판결, 대법원 2005. 1. 27. 선고 2004다12394 판결 등 참조**).

대법원 2019. 4. 11. 선고 2016다276719 판결은 서렌더 선하증권이 발행된 경우 위 법리에 따른 선박대리점의 불법행위 성부가 문제되었던 사안으로 구체적 사실관계는 다음과 같다.

피고는 운송인의 국내 선박대리점으로, 운송인으로부터 애초에는 신용장 거래 결제방식으로 통보를 받았으나, 화물 입항 당일에 해당 운송 건을 서렌더 선하증권으로 하고 결재방식도 전신환 송금거래로 수정하여야 한다고 통보를 받았다. 피고는 운송인에게 이 사건 화물에 관한 선하증권이 모두 서렌더 선하증권으로 발행되었음을 확인한 후에 수하인에게 화물인도지시서를 발행해 주었고, 이에 수하인이 위 화물인도지시서를 창고업자에게 제시하여 화물을 반출하였다. 한편 원고는 이 사건 결제방식이 신용장 거래에서 전신환 송금 방식으로 변경되었음을 모르고 신용장을 개설하여 이 사건 화물이 반출된 이후 신용장 매입은행에 신용장 대금을 결제하고 운송인이 이중으로 발행한 것으로 보이는 선하증권을 교부받아서 소지하고 있는 은행이다. 원고는, 피고가 송하인이나 신용장 개설은행에 서렌더 선하증권의 발행 여부, 결제방식 변경 여부 등에 관하여 확인한 다음 수하인에게 화물인도지시서를 발행해야 할 주의의무가 있음에도 이를 위반하였다고 주장하며 손해배상을 구하였다.

화물인도지시서(Delivery Order, D/O)란 운송인이 운송물을 보관하고

있는 자에게 지시서 소지인에게 화물을 인도하여 주라고 지시 내지 위탁
하는 서류로서 수하인과 운송인 사이에 화물의 인도·인수가 정당하게
이루어진 것임을 확인하기 위한 서류이다. 실무상 운송인의 도착지 선박
대리점이 운송인의 지시를 받아 화물인도지시서를 발행하는데, 수하인의
기타 모든 비용 지급 여부를 확인한 다음 발행된다.[214] 적어도 화물인도
지시서가 발행되어 화물 보관자가 지시서상의 수취인에게 운송물을 인도
하였다면, 보관자는 지시서 발행인에 대해 면책된다는 점에는 이론이 없
다. 따라서 선하증권이 발행된 경우 선하증권 소지인은 운송인 또는 선
박대리점에게 선하증권을 제시하고 운송인 또는 선박대리점으로부터 화
물인도지시서를 교부받아 이를 창고업자에게 제시하여 화물을 찾는다.
그런데 앞서 본 대법원 2016다213237 판결에서 살펴본 것처럼 서렌더
선하증권이 발행된 경우에는 선하증권의 상환증권성이 소멸되므로, 결국
선하증권을 제시하지 않고도 화물인도지시서를 교부받을 수 있다고 보아
야 한다.

　　위 판결 역시 "운송계약에 따른 도착지의 선박대리점은 운송인의 이
행보조자로서 수입화물에 대한 통관절차가 끝날 때까지 수입화물을 보관
하고 해상운송의 정당한 수령인인 수하인 또는 수하인이 지정하는 자에게
화물을 인도할 의무를 부담한다."는 원칙을 확인하면서도, "… 이처럼 서
렌더 선하증권(Surrender B/L)이 발행된 경우 선박대리점은 다른 특별한 사
정이 없는 한 선하증권 원본의 회수 없이 운송인의 지시에 따라 운송계약
상의 수하인에게 화물인도지시서(Delivery Order)를 발행하여 수하인이 이를
이용하여 화물을 반출하도록 할 수 있다."고 판단하였다.

　　이에 따라 위 사안 피고가 운송인에게 직접 전신환 송금 거래인지
여부와 서렌더 선하증권 발행 여부를 확인하고 운송인의 지시를 믿고 수
하인에게 화물인도지시서를 발행하였다면 그 주의의무를 다한 것이고, 원
고가 소지하고 있는 선하증권이 원본 선하증권이라고 단정할 수 없는 이

---

214) 김인현, "인도지시서(D/O)와 화물선취보증장(L/I)을 이용한 인도에 대한 소고",
　　한국해법학회지, 제33권 제1호, 한국해법학회(2011), 69－71면.

상 피고가 서렌더 선하증권 사본 외에 이중으로 발행된 원본 선하증권이 존재하는지 여부를 확인하는 등으로 운송인이 선하증권을 취조하였거나 이 사건 매매계약의 거래방식을 허위로 고지하였는지를 조사할 의무는 없다고 하여 원고의 손해배상청구를 배척한 원심이 타당하다고 하였다.

3. 스위치 선하증권의 효력

중계무역에서는 통상 비용을 절감하기 위해 물품이 중계업자의 국가를 거치지 않고 최초 수출국에서 최종 수입국으로 직접 운송되는 경우가 많은데, 이때 중계업자로서는 최초 수출자와 최종 수입자를 서로 모르게 할 필요가 있거나, 또는 선하증권 발행 후에 발생한 사정변경에 기한 선하증권상 이해관계자의 명칭을 변경할 필요성, 선적항 등 수출입계약의 내용을 변경할 필요성, 하나의 선하증권을 여러 개로 분할하거나 반대로 여러 개의 선하증권을 하나로 통합할 필요성 등[215]에 따라 운송인에게 원본 선하증권을 대체하여 스위치 선하증권(Switched B/L)을 발행해 줄 것을 요청하게 된다. 그러나 이는 우리 상법이 예정하지 않은 선하증권의 유형으로 실무상 필요에 따라 등장한 것이어서, 그 효력에 관하여는 의문이 있어 왔다.

대법원 2020. 6. 11. 선고 2018다249018 판결은 수출업자 H, 중계무역상 K, 실수입업자(최종 수입업자)[216] C의 중계무역[216] 사안에서 화물적하보험계약의 보험자인 원고가 화물이 침수됨에 따른 보험금을 지급한 다

---

215) 이정원, "스위치 선하증권의 법적 성질 및 효력에 관한 고찰", 선진상사법률연구 제94호, 법무부(2021), 65면; 한낙현·박지문, "국제상거래의 다양화에 따른 Switched B/L의 법적 문제점에 관한 고찰", 무역보험연구 제18권 제1호, 한국무역보험학회(2017), 130면 이하.

216) 대외무역관리규정(산업통상자원부고시 제2021-65호) 제2조 제11호에서는 중계무역에 관하여, "수출할 것을 목적으로 물품 등을 수입하여 「관세법」 제154조에 따른 보세구역 및 같은 법 제156조에 따라 보세구역 외 장치의 허가를 받은 장소 또는 「자유무역지역의 지정 등에 관한 법률」 제4조에 따른 자유무역지역 이외의 국내에 반입하지 아니하고 수출하는 수출입이라고 정의하고 있다. 이는 최초 수출업자와 최초 수입업자 사이에 중개상이 개입하여 당사자 일방의 대리인으로 계약을 체결하고 중개수수료를 취하는 중개무역과 구별된다.

음, K의 요청에 따라 원선하증권을 대체하는 스위치 선하증권을 발행한 피고를 상대로 손해배상을 청구한 사건으로, 스위치 선하증권에 관하여 명확한 법리를 선고한 최초의 판결이다.[217]

물론 위 판결 이전에도, 운송인(원고)이 원선하증권과 별도로 스위치 선하증권을 발행하고 화물을 인도하더라도 원선하증권으로 인한 위험이 발생하지 않도록 중계무역업자(피고)가 이를 회수하여 반환하기로 합의하고 피고의 요청에 따라 스위치 선하증권을 발행하였음에도, 피고가 원선하증권을 회수하지 않아서 원선하증권 소지자가 그에 기한 권리를 행사하였고, 이에 원고가 피고를 상대로 손해배상을 구한 사안에서 피고의 손해배상책임을 인정한 대법원 2017. 10. 26. 선고 2015다241600 판결 등 스위치 선하증권에 관한 판결이 존재하기는 하였으나, 대법원의 법리 설시는 없었다.

대법원 2018다249018 판결의 요지는 다음과 같다.

이른바 스위치 선하증권(Switch B/L)은 운송인이 최초 발행한 선하증권(이하 '원선하증권'이라고 한다)을 대체하여 발행하는 것으로 주로 선적 이후에 수하인이나 물량 등 수출입계약의 내용을 변경하기 위한 경우 또는 한 건의 선하증권을 분할하거나 반대로 여러 건의 선하증권을 통합할 필요가 있을 경우 등 원선하증권으로는 달성할 수 없는 특수한 목적을 위하여 발행하게 된다. 이러한 스위치 선하증권도 유효한 선하증권으로 기능하기 위해서는 선하증권의 발행요건을 모두 충족하여야 한다. 즉, 스위치 선하증권도 운송물을 수령하고 발행하여야 하므로 발행권자는 원칙적으로 운송계약의 당사자로서 원선하증권을 발행한 운송인이나 선박소유자 또는 운송인의 위임을 받은 선박대리점이나 운송주선인 등 운송인으로부터 선하증권의 교부를 위임받은 자이어야 하고, 권한 없는 자가 발행하는 경우에는 적법한 선하증권이라고 볼 수 없다(상법 제852조, 제855조 참조). 따라서 제3자가 아무런 원인관계 없이 원선하증권만을 교부받았다고 하여 운송물의 점유가 이전되는 효과가 발생한다고 할 수 없고, 새롭게 운송을 인수하여 원선하증권을 대체하는 스위치 선하증권을 발행할 수 있게 되는 것도 아니다.

나아가 선하증권의 발행요건을 갖추지 못한 채 발행한 스위치 선하증권은 효력이 없으므로 이러한 무효인 선하증권을 발행한 경우 운송인이 아닌 자가 그 문언증권성에 따라 발행인으로서 스위치 선하증권을 선의로 취득한 자에 대하여 책임을 진다고도 볼 수 없다.

대법원은, 이러한 법리에 따라 위 사안에서 피고가 중계무역업자인 K의 요청에 따라 발행·교부한 선하증권은 중계무역의 거래구조상 원선하증권의 내용을 변경시킬 필요가 있어서 이를 대체하기 위해 발행한 스위치 선하증권이지만, 피고가 최종 수입업자와의 관계에서 송하인의 지위에 있는 K와 운송계약을 체결한 적이 없고, 운송인이자 원선하증권을 발행한 X로부터 스위치 선하증권의 발행에 관해 권한을 위임받은 적도 없으므로, 문제의 스위치 선하증권은 운송인 아닌 자가 발행한 것으로 선하증권으로서의 발행요건을 갖추지 못하여 적법한 선하증권이 아니고, 따라서 위 스위치 선하증권을 선의로 취득한 자에 대해 발행인으로서의 책임을 부담한다고 볼 수도 없다고 판단하였다.[218] 이로써 선하증권의 유인증권성과 문언증권성이 충돌할 경우 유인증권성이 우선한다는 기존의 법리가 여전히 유효함도 확인되었다.[219]

이러한 스위치 선하증권은 원선하증권을 회수한 다음 이를 대체하여 발행되는 것이 원칙이나(그렇지 않으면 원선하증권과 스위치 선하증권 모두가 유통됨에 따라 이해관계인의 권리가 침해될 수 있다), 간혹 원선하증권이 회수되지 않은 채로 스위치 선하증권이 발행되어 문제가 된다(앞서 본 대법원

---

218) 위 대법원 판결에 대하여 선하증권 발행권한의 유무와 요식증권성 충족은 별개의 문제라는 점에서 논리적 오류를 범하고 있고, 유인증권성을 문언증권성보다 우선함으로써 유가증권으로서의 선하증권의 유통성과 거래 안전을 심각하게 해치는 문제가 있다는 비판으로 이정원, "스위치 선하증권의 법적 성질 및 효력에 관한 고찰", 선진상사법률연구 제94호, 법무부(2021), 75면 이하.

219) 이필복, "스위치 선하증권의 유효성과 효력 — 대법원 2020. 6. 11. 선고 2018다 249018 판결", 월간 해양한국 2020. 10., 한국해사문제연구소(2020), 145면.

2015다241600 판결 사안 등). 이때 원선하증권을 회수·폐기하는 것이 스위치 선하증권 발행의 적법·유효요건이라고 보는 견해[220]와 이와 달리 원선하증권이 회수·폐기되는 것이 바람직하기는 하지만 원선하증권을 회수하지 않은 채 스위치 선하증권이 발행되었다고 해서 무효는 아니라고 보는 견해[221]가 병존한다. 대법원 2018다249018 판결에서 특별히 원선하증권의 회수 등을 스위치 선하증권의 유효요건으로 언급하지 않은 점을 들어, 대법원 역시 후자의 견해를 취한 것으로 평가하는 견해[222]가 있으나, 위 사안의 스위치 선하증권은 운송인 아닌 자가 발행한 것이어서 부적법하다고 판단되었던 것이라는 점에서 위 쟁점에 관한 대법원의 태도는 명확하지 않은 것으로 보인다.

제3절 항공운송

1. 국제항공운송계약의 법률관계에 우선 적용되는 국제조약

2011. 5. 23. 법률 제10696호로 상법이 개정되면서 "제6편 항공운송"이라는 표제 하에 제896조부터 제935조까지 40개의 조문이 신설되었다. 그러나 국제항공운송에 관한 법률관계에 대하여는 우리나라가 가입한 국제조약이 일반법인 민법이나 상법 또는 국제사법보다 우선적으로 적용된다.[223]

1929년 국제항공운송에서 발생하는 분쟁을 규율하는 규범의 국제적 통일을 달성하기 위해 「국제항공운송 관련규칙의 통일에 관한 협약」[Convention for the Unification of Certain Rules Relating to International Carriage by Air, 이하

---

220) 정경영, "스위치선하증권의 법적 성질과 효력에 관한 연구", 성균관법학 제26권 제1호, (2014), 23−24면; 한낙현·박지문, "국제상거래의 다양화에 따른 Switched B/L의 법적 문제점에 관한 고찰", 무역보험연구 제18권 제1호, 한국무역보험학회 (2017), 151−152면.

221) 이정원, "스위치 선하증권의 법적 성질 및 효력에 관한 고찰", 선진상사법률연구 제94호, 법무부(2021), 83; 이필복, "스위치 선하증권의 유효성과 효력−대법원 2020. 6. 11. 선고 2018다249018 판결", 월간 해양한국 2020. 10., 한국해사문제연구소(2020), 146면.

222) 이필복, "스위치 선하증권의 유효성과 효력−대법원 2020. 6. 11. 선고 2018다 249018 판결", 월간 해양한국 2020. 10., 한국해사문제연구소(2020), 146면.

223) 대법원 1986. 7. 22. 선고 82다카1372 판결, 2004. 7. 22. 선고 2001다67164 판결, 대법원 2016. 3. 24. 선고 2013다81514 판결 외 다수.

'바르샤바 협약'(Warsaw Convention)]이 체결되었다. 이는 항공운송의 초창기에 항공사고에 관한 항공운송인의 책임을 제한하는 유한책임의 기본원칙을 채택함으로써 취약한 상태의 항공산업이 성장할 수 있도록 형성된 국제협약이다.[224] 2차 세계대전 후 항공기의 발달에 의한 항공운송의 변화를 반영하여 승객이 사망하거나 상해를 입은 경우 책임한도를 상향하는 등의 내용으로 바르샤바 협약을 부분 개정하는 1955년 헤이그 의정서가 채택되었고(「국제항공운송에 있어서 일부 규칙의 통일에 관한 협약」 (Protocol to Amend the Convention for the Unification of Certain Rules Relating to International Carriage by Air, 이하 '개정 바르샤바 협약'), 그 이후에도 1961년 과다하라 협약, 1971년 과테말라 의정서, 1975년 몬트리올 제1, 2, 3, 4 의정서가 순차로 채택되었는데, 통상 이러한 두 개의 협약과 여섯 개의 의정서로 이루어진 국제항공운송법 체제를 "바르샤바협약 체제"라고 한다.[225]

1970년대부터 복잡한 바르샤바협약 체제를 가능한 하나의 조약으로 통합하여 새로운 체제를 구축하자는 노력이 세계국제법협회 등에서 시작되었고, 1999. 5. 28. ICAO(International Civil Aviation Organization, 국제민간항공기구)는 몬트리올에서 「국제항공운송에 있어서 일정 규칙의 통일에 관한 협약」(Convention for the Unification of Certain Rules for International Carriage by Air, 이하 '몬트리올협약')을 성립시켰다. 몬트리올 협약은 항공산업의 발전으로 항공운송산업을 보호할 필요성이 감소한 현실을 반영하여 바르샤바 협약에 비해 항공운송인의 손해배상책임을 강화하고, 운송인의 이익 보호에서 고객의 이익 보호로 전환하였다.

우리나라는 바르샤바 협약에는 가입하지 않았으나 1967. 7. 13. 개

224) 권창영, "국제항공운송과 몬트리올 협약", 항공법 판례해설 Ⅲ: 항공운송법, 법문사(2020), 7-8면.
225) 이기수·신창섭, 국제거래법, 세창출판사(2019), 280-282면; 임태혁, "국제항공운송에서 운송계약의 당사자 및 운송물에 대한 소유권의 이전", 국제규범의 현황과 전망: 2009년 국제규범연구반 연구보고 및 국제회의 참가보고(상), 법원행정처(2016), 25면.

정 바르샤바 협약에 가입하여 위 협약은 1967. 10. 11.부터 우리나라에서 발효되었고(그러나 개정 바르샤바협약의 조항에 따라 바르샤바협약과 개정 바르샤바협약을 포섭하는 바르샤바협약 체제를 따르기로 한 것으로 이해된다[226]), 2007. 10. 30. 몬트리올 협약에 가입하여 위 협약은 2007. 12. 29. 우리나라에서 공식발효되었다.

2. 항공화물운송장 발행인의 주의의무

대법원 2015. 1. 29. 선고 2014다40237 판결은 개정 바르샤바 협약이 적용된 사안으로 항공화물운송장 발행인의 주의의무를 다루었다. 먼저 사실관계를 살펴보면 다음과 같다.

수출자 A는 2007. 11.경 미국 회사인 D와 이 사건 화물을 미국으로 수출하기로 하는 계약을 체결하였고, D는 이 사건 화물의 대금을 지급하기 위하여 W은행에 신용장[227] 개설을 의뢰하여 W은행이 수익자를 A로 하는 취소불능 신용장[228]을 개설하였다. 피고는 D와 이 사건 화물에 관한 운송계약을 체결한 UPS항공의 대리인인 UPS 체인의 요청을 받고

---

226) 이기수·신창섭, 국제거래법, 세창출판사(2019), 283면.
227) 신용장(Letter of Credit)이란 거래당사자간의 신용을 더 확고하게 하여 국제거래의 확대와 원활을 도모하도록 하는 수단의 하나로, 개설은행이 신용장에서 규정한 소정의 조건에 합치하는 서류와 상환으로 제3자인 수익자 또는 그가 지시하는 자에게 금전의 지급 또는 수익자가 발행한 환어음의 인수·지급 또는 매입을 하도록 수권한 것을 의미한다. 매도인과 매수인이 원거리에 떨어져 있어 상호 신용도의 문제가 발생하는 국제물품매매계약의 특성상 현재 국제무역거래에서 활발하게 사용되고 있다. 원칙적으로 수익자가 신용장대금을 청구하기 위해서는 신용장에서 요구하는 서류와 일치하는 서류를 신용장 개설은행에 제시해야 하지만 통상 신용장 개설은행은 수익자 소재지 외의 장소(국외)에 있기 마련이므로, 수익자는 신용장대금의 신속한 회수를 위해 자신의 거래은행에 신용장상 요구되는 기적서류(機積書類)와 환어음의 매입을 의뢰하게 된다. 이처럼 수익자 등으로부터 신용장에서 요구하는 기적서류와 환어음을 매입하는 은행을 매입은행이라고 한다[권창영, "항공운송계약과 항공화물운송장 이면약관의 관계", 항공법판례해설 Ⅲ: 항공운송법, 법문사(2020), 706-707면].
228) 취소불능 신용장에서 규정된 수익자의 권리 또는 권리의 행사요건 등에 영향을 미치는 신용장 조건 등의 변경은 수익자의 동의를 얻지 못하면 효력이 없다[권창영, "항공운송계약과 항공화물운송장 이면약관의 관계", 항공법판례해설 Ⅲ: 항공운송법, 법문사(2020), 708면].

UPS항공의 대한민국 내 대리인 내지 이행보조자로서 이 사건 화물의 수령이나 선적에 관한 업무를 처리하면서 UPS항공을 대리하여 항공화물운송장을 발행·교부하는 업무도 함께 처리하게 되었다.

피고 직원인 X는 계약운송인인 UPS항공의 대리인인 UPS체인과 송하인인 A의 지시에 따라 이 사건 화물의 운송에 관하여 수하인을 D와 사실상 같은 회사인 DR로 기재한 수하인용 항공화물운송장(→ 이 사건 제1 항공화물운송장)을 발행하여 이 사건 화물과 함께 UPS체인에 송부하였는데, 다음 날 A가 X에게 항공화물운송장의 수하인을 W은행의 지시인으로 변경해 달라고 요청하자 이에 따라 이 사건 제1 항공화물운송장과 달리 수하인을 W은행의 지시인으로 기재한 송하인용 항공화물운송장(→ 이 사건 제2 항공화물운송장)을 발행하여 이를 A에 교부하였다.

이 사건 화물이 미국에 도착하자 UPS체인은 W은행의 지시나 승낙을 받지 아니한 채 이 사건 화물을 DR에 인도하는 내용의 인도지시서를 발행하여 D가 수출대금을 결재하지 아니한 채 그 인도지시서를 이용하여 이 사건 화물을 인도받았다.

원고는, A로부터 이 사건 화물에 관한 수출환어음과 이 사건 제2 항공화물운송장 등 서류의 매입을 의뢰받고, 이를 미화 172,967.95달러에 매입한 은행으로, W은행에 수출자 A로부터 매입한 수출환어음의 지급을 청구하였으나 W은행은 신용장 조건의 불일치를 이유로 이를 거절하였다.

이에 원고는 피고가 제1, 2 항공화물운송장 원본의 수하인을 서로 다르게 작성하여 발생함으로 인해 손해를 입었다고 주장하며 피고를 상대로 손해배상을 청구한 것이 이 사건 소송이다.

개정 바르샤바 협약에서는, "항공화물운송장은 운송계약의 체결, 화물의 수취 및 운송의 조건에 관한 증거가 되는 서류로서 제1 원본인 운송인용, 제2 원본인 수하인용, 제3 원본인 송하인용 등 3통의 원본(three original parts)이 작성되고, 운송인용 원본은 송하인이 서명하며, 수하인용 원본은 송하인 및 운송인이 서명하여 화물과 함께 송부되고, 송하인용 원본은 운송인이 서명하여 송하인에게 교부되어야 한다"고 규정하고 있

다.[229] 따라서 운송인용, 송하인용, 송하인용 등 항공화물운송장 원본 3
통은 모두 원본으로서 증거력이 동일하고, 각 서명 부분을 제외하고는
그 내용이 서로 동일하게 작성되어야 한다. 나아가 위 협약은, 송하인은
출발공항 또는 도착공항에서 화물을 회수하거나 운송 도중 착륙할 때에
화물을 유치하거나 항공화물운송장에 기재한 수하인 이외의 자에 대하여
도착지 또는 운송 도중에 화물을 인도하거나 또는 출발공항으로 화물의
반송을 청구하는 것에 의하여 화물을 처분할 권리를 가지고, 그 처분권
은 화물이 도착지에 도착한 때에 수하인이 운송인에 대하여 항공화물운
송장의 교부 및 화물의 인도를 청구할 권리를 가지게 됨으로써 소멸하지
만, 수하인이 항공화물운송장 또는 화물의 수령을 거부한 때 또는 수하
인을 알 수 없을 때에는 송하인은 그 처분권을 회복한다고 규정하고 있
다.[230] 이상의 내용은 몬트리올 협약에서도 마찬가지로 규정되어 있다.
　　대법원 2014다40237 판결은 위와 같은 개정 바르샤바 협약 규정에
비추어 "수출자가 항공화물운송장을 첨부한 수출환어음을 발행하여 국내은
행에 그 매입을 의뢰하고 이를 매입한 국내은행이 신용장 개설은행에 추
심하는 방법에 의하여 수출대금이 결제되는 방식의 무역거래에서 항공화
물운송장의 수하인을 신용장 개설은행으로 할 경우, 신용장 개설은행이 도
착지에서 화물의 인도청구권을 가지게 되어 그 인도청구권이 수출대금을
담보하는 기능을 하게 된다. 그리고 수출환어음을 매입하는 국내은행이 수
출자와 사이에 수출환어음의 매입에 수반하는 화물을 그 거래와 관련하여
수출자가 국내은행에 부담하는 채무의 지급을 위한 담보로서 양도하기로
약정한 경우에는 국내은행이 그 화물에 대한 양도담보권을 취득하므로, 위
와 같은 방식의 무역거래에서 항공화물운송장의 수하인인 신용장 개설은
행이 수출환어음의 지급을 거절함으로써 항공화물운송장 또는 화물의 수
령을 거부한 때에는 화물에 대한 처분권이 송하인인 수출자에게 회복되어
국내은행이 그 화물에 대한 양도담보권을 행사할 수 있게 되고, 국내은행

229) 개정 바르샤바 협약 제6조 제1항, 제2항, 제11조.
230) 개정 바르샤바 협약 제12조 제1항, 제4항, 제13조 제1항.

은 그 양도담보권의 행사를 통하여 수출자에게 지급한 수출환어음 매입대금을 상환받게 된다."고 판시하였다.

　　이어서 앞서의 사실관계 및 X는 이 사건 화물의 운송에 관한 항공화물운송장을 작성하기 전에 이미 상업송장 등 서류를 통하여 이 사건 화물의 운송이 신용장이 개설된 거래에 관한 것임을 알고 있었던 사실, 매입은행인 원고는 A와 사이에 수출환어음의 지급 또는 인수가 거절될 경우 A는 그 수출환어음 매입대금 상환의무를 지고, 수출환어음의 매입 및 추심에 수반하는 물품을 그 거래와 관련하여 A가 원고에게 부담하는 채무의 지급을 위한 담보로서 원고에게 양도하기로 약정한 사실을 인정한 다음, 앞서의 법리에 따라, "신용장이 개설된 무역거래에서 거래의 대상이 된 수출물품의 운송에 관한 항공화물운송장을 작성·발행하는 업무를 담당하는 자로서는 각 항공화물운송장 원본의 내용이 서로 불일치하지 않도록 하여야 할 의무가 있고, 이러한 의무에 위반하여 각 항공화물운송장 원본의 내용을 서로 다르게 작성·발행함으로써 송하인용 원본인 항공화물운송장의 기재를 신뢰한 국내은행이 수출자로부터 수출환어음과 항공화물운송장 등 서류를 매입하고도 신용장 개설은행의 수출환어음 지급 거절 시 수출물품에 대한 양도담보권을 행사할 수 없게 되었다면, 그로 인하여 국내은행이 입은 손해를 배상할 책임이 있다."고 하여 원고에 대한 피고의 불법행위 책임을 인정하였다.

　　만약 피고 직원 X가 이 사건 제1, 2 항공화물운송장의 수하인을 동일하게 DR로 기재하였더라면 신용장 매입을 의뢰받은 원고로서는 이 사건 화물이 무단반출될 것을 우려하여 신용장을 매입하지 않았거나, 또는 그럼에도 불구하고 신용장 대금이 지급될 것으로 신뢰할 만한 특별한 사정을 조사·확인한 후 이를 매입하거나, 적어도 W은행이 신용장 대금의 지급을 거절하였을 경우 A로부터 이를 상환받기 위한 별도의 담보를 확보하는 조치를 취한 후에 매입하였을 것이다. 그리고 만약 피고 직원 X가 이 사건 제1, 2 항공화물운송장의 수하인을 동일하게 W은행으로 기재하였다면 이 사건 신용장 대금은 정상적으로 결제되거나 적어도 원고가 이 사건 화물에 대한 양도담보권을 행사할 수 있었을 것이다.[231] 그러나 X가 송하인용인 제2 항공화물운송장에는 수하인을 W은행으로 기재하고 수하인용인 제1 항공화물운송장에는 수하인을 DR로 기재함으로써, 제2 항공화물운송장을 교부받은 원고로서는 제1 항공화물운송장에도 수하인이 W은행으로 기재되어 있을 것으로 신뢰하였던 것이므로, 피고로서는 원고의 손해를 배상함이 타당하다. 위 판결은 개정 바르샤바 협약의 내용에 따라 항공화물운송장을 작성·발행하는 자는 각 항공화물운송장 원본의 내용이 서로 불일치하지 않도록 해야 할 의무가 있음을 밝힌 최초의 판결로 의미가 있다.

3. 기   타

1) 항공화물운송장(airway bill)은 항공운송에 있어 가장 기본적인 서류로, 화물의 수취증권이며 요식증권인 점에서는 해상운송의 선하증권과 동일하지만, 화물의 수령 및 운송계약 체결을 증명하는 단순한 증거서류에 지나지 않고 유통이 금지된 비유통증권이며, 상환증권이 아니고 유가증권이 아니라는 점에서 선하증권과 차이가 있다.[232] 따라서 물품인도청구권을 표창하는 선하증권과 달리 운송계약상 수하인이 아니라면 항공화물운송장을 수령하였다 하더라도 물품인도청구권을 취득한다고 보기 어려운바, 대법원 2018. 3. 15. 선고 2017다240496 판결[233]은 항공운송을 이용한 CIP 인도조건(Carriage & Insurance Paid to, 운송비·보험료 지급인도조건)의 국제물품 매매계약 사안에서, 물품의 소유권 이전을 위해서는 물건이 인도되어야 한다는 전제 하에 해당 항공운송계약의 준거법이었던 몬트리올 협약에 따라 화물이 수입지에 도착하여 매수인이

---

231) 이창열, "항공화물운송장을 발행하면서 송하인용 원본과 수하인용 원본의 수하인 기재를 다르게 한 경우 발행인의 손해배상책임 여부", 고영한 대법관 재임기념 논문집, 사법발전재단(2018), 416-418면.
232) 서영화, "2015년 상법(보험, 해상) 중요 판례, 인권과 정의 제456호, 대한변호사협회(2016), 165면.
233) 대상판결에서는 또한 매도인의 피보험적격, 피보험이익 등에 관한 법리도 설시되었으나 본고에서는 논하지 않는다.

운송인에 대해 화물인도청구권을 취득하는 시점이 인도 시점이라고 보았다.[234]

    2) 일반적으로 민법, 상법, 국제사법보다 우리나라가 가입한 국제조약이 우선 적용된다는 법리를 확인하면서도, 그 적용대상은 조약에서 정한 바에 따라 엄격하게 판단하여야 한다고 하여, 몬트리올 협약의 규정 내용에 의하면, "**국제항공운송계약에 몬트리올 협약이 적용되려면 출발지와 도착지가 모두 협약 당사국이어야 한다**"고 한 다음, 해당 사건 운송계약상 출발지인 대한민국은 몬트리올 협약 당사국이지만 도착지인 아이티공화국은 위 협약의 당사국이 아니므로 이 사건 운송계약에는 원칙적으로 몬트리올 협약이 적용되지 않는다고 판단한 대법원 2016. 3. 24. 선

---

234) 원문을 발췌하면 다음과 같다.
    "출발지와 도착지가 모두 「국제항공운송에 있어서의 일부 규칙 통일에 관한 협약」(이하 '몬트리올 협약'이라고 한다)의 당사국인 국제항공운송에 관한 법률관계에 대하여는 몬트리올 협약이 민법이나 상법보다 우선적으로 적용된다.
    몬트리올 협약 제12조 제1항, 제4항에 의하면, ① 송하인은 운송계약에 따른 모든 채무를 이행할 책임을 조건으로, 출발공항 또는 도착공항에서 화물을 회수하거나, 운송 도중 착륙할 때에 화물을 유치하거나, 최초 지정한 수하인 이외의 자에 대하여 도착지에서 또는 운송 도중에 화물을 인도할 것을 요청하거나 또는 출발공항으로 화물을 반송할 것을 청구함으로써 화물을 처분할 권리를 보유하고, ② 송하인에게 부여된 권리는 수하인의 권리가 제13조에 따라 발생할 때에 소멸한다. 그리고 몬트리올 협약 제13조에 의하면, ① 송하인이 제12조에 따른 권리를 행사하는 경우를 제외하고, 수하인은 화물이 도착지에 도착하였을 때 운송인에게 정당한 비용을 지급하고 운송의 조건을 충족하면 화물의 인도를 요구할 권리를 가지고, ② 별도의 합의가 없는 한, 운송인은 화물이 도착한 때에 수하인에게 통지를 할 의무가 있으며, ③ 운송인이 화물의 분실을 인정하거나 화물이 도착되었어야 할 날로부터 7일이 경과하여도 도착하지 아니하였을 때에는 수하인은 운송인에 대하여 계약에 기한 권리를 행사할 권한이 있다. 한편 몬트리올 협약 제11조에 의하면, 항공화물운송장은 반증이 없는 한 계약의 체결, 화물의 인수 및 운송의 조건에 관한 증거(prima facie evidence)가 된다.
    위 각 규정의 체계와 내용을 종합하여 보면, 항공화물운송에서 운송인이 화물을 분실하거나 화물이 도착하지 아니하였을 때에 수하인은 운송인에 대하여 운송계약으로부터 발생한 권리를 행사할 권한이 있고 송하인에게 부여된 권리는 수하인의 권리가 발생한 때에 소멸하므로, 이 사건 약관 조항에서 화물이 멸실, 손상 지연된 경우에 운송인에게 일정한 기간 내에 서면으로 이의를 제기할 수 있는 '인도받을 권리를 가지는 자(the person entitled to delivery)'라 함은 운송 도중 송하인이 몬트리올 협약 제12조 제1항에서 규정한 처분권을 행사하지 아니하는 한 수하인을 의미한다고 보아야 한다."

고 2013다81514 판결도 주목할 만한 판결이다. 이에 따라 대법원은 위 사안의 원고와 피고 사이에서 몬트리올 협약 적용에 이의가 없었음에도 불구하고, 적용 법률이나 법적 효과는 자백의 대상이 되지 않고 이를 준거법에 관한 합의가 성립된 것으로 볼 수도 없다고 하여, 몬트리올 협약을 적용하여 판단한 원심을 파기하였다.

제6장 증권, 금융상품 거래 등

제1절 금융기관의 고객 보호의무와 손해배상책임

2007. 8. 3. 법률 제8635호로 제정되어 2009. 2. 4.부터 시행되고 있는 자본시장법은 금융시장 관련 법령 중 은행법, 보험업법 등을 제외하고, 자본시장을 규율하는 15개 법률 중 6개의 구 법률(증권거래법, 선물거래법, 간접투자법, 신탁업법, 종합금융회사에 관한 법률, 한국증권선물거래소법)[235]을 직접 통합함으로써, 금융투자상품의 개념을 포괄적으로 규정하고, 겸영 허용 등 금융투자회사의 업무범위를 확대하며, 금융업에 관한 제도적 틀을 금융기능 중심으로 재편하고, 투자자 보호장치를 강화하고자 하였다. 비록 2010년대의 많은 대법원 판결이 구 증권거래법과 구 간접투자법이 적용된 사안이기는 하지만, 각 법률의 많은 부분이 자본시장법에 그대로 반영되었기 때문에 구 증권거래법과 구 간접투자법에 관한 판례라 할지라도 자본시장법 규정의 적용 또는 해석의 기준으로 의미가 있다. 마찬가지로 자본시장법에 규정되어 있던 적합성 원칙, 적정성 원칙, 설명의무, 부당권유 금지(자본시장법 제46조, 제46조의2, 제47조, 제49조) 등에 관한 내용이 2020. 3. 24. 법률 제17112호로 제정되어 2021. 3. 25.부터 시행된 「금융소비자 보호에 관한 법률」(약칭: 금융소비자보호법)로 이관되었으나, 자본시장법 하에서 고객보호의무에 관해 선고된 기존의 판례들은 여전히 선례로서 의미를 가진다고 하겠다.

---

235) 이상 6개 법률은 자본시장법으로 통합 후 폐지되었다.

1. 기왕의 판례의 태도

투자성 있는 금융상품 거래를 권유한 금융기관이 고객에 대하여 부담하는 의무의 내용에 관하여, 자본시장법 또는 간접투자법 등 제정 이전부터 대법원은 투자성 있는 금융상품의 거래 자체가 투기성과 위험성을 안고 있다는 점, 금융기관과 고객 사이에는 지식, 경험, 능력 면에서 무시할 수 없는 구조적 차이가 있고[정보의 비대칭성과 불균형성], 이 때문에 고객은 금융기관의 투자권유를 신뢰하여 투자를 결정할 가능성이 높다는 점 등을 고려하여 고객에 대한 "보호의무"를 인정하여 왔다.

대법원은, 증권거래에서 증권회사의 임직원이 강행규정에 위반한 투자수익보장약정으로 투자를 권유하였으나 손실이 발생한 경우에 불법행위의 성립 여부가 문제되었던 **대법원 1994. 1. 11. 선고 93다26205 판결**에서 "증권회사의 임직원이 강행규정에 위반된 이익보장으로 투자를 권유하였으나 투자결과 손실을 본 경우에 투자자에 대한 불법행위책임이 성립되기 위하여는, 이익보장 여부에 대한 적극적 기망행위의 존재까지 요구하는 것은 아니라 하더라도, 적어도 거래경위와 거래방법, 고객의 투자상황(재산상태, 연령, 사회적 경험 정도 등), 거래의 위험도 및 이에 관한 설명의 정도 등을 종합적으로 고려한 후, ① 당해 권유행위가 경험이 부족한 일반 투자가에게 거래행위에 필연적으로 수반되는 위험성에 관한 올바른 인식형성을 방해하거나 또는 ② 고객의 투자상황에 비추어 과대한 위험성을 수반하는 거래를 적극적으로 권유한 경우에 해당하여, 결국 고객에 대한 보호의무를 저버려 위법성을 띤 행위인 것으로 평가될 수 있는 경우라야 한다.(번호는 필자가 부기)"라고 하여 '고객에 대한 보호의무'라는 표현을 최초로 사용하면서 그 위반에 따른 불법행위의 성립 가능성을 시사하였다(다만 위 판결은 불법행위책임을 인정한 원심을 파기하였다). 위 판결은 위법성의 판단기준으로 '고객보호의무'라는 개념을 도입하면서 그 내용으로 '①행위'와 '②행위'를 제시하고 있는데, '①행위'는 단정적 판단의 제공에 의한 권유, 손실부담 내지 이익보장약정에 의한 권유 등 이른

바 부당권유행위의 금지를 그 내용으로 하거나 설명의무를 내용으로 하
는 반면, '②행위'는 적합성 원칙을 사법상 위법성 판단의 기준으로 도입
한 것으로 이해되고 있다.[236] 즉, 적합성 원칙 위반이 사법상 위법한 것
으로 평가되려면 '고객의 투자상황에 비추어 과대한 위험성을 수반하는
거래를 적극적으로 권유한 경우'에 해당하여야 한다는 기준을 제시한 것
이다.[237] 이후 **대법원 1996. 8. 23. 선고 94다38199 판결**에서 같은 법리
를 설시하면서 고객에 대한 보호의무 위반으로 인한 불법행위책임을 최
초로 인정하였다.

대법원은 위 93다26205 판결을 근거로 일반론으로서 "증권회사 임직
원이 고객에게 투자를 권유할 때에는 고객이 합리적인 투자판단과 의사
결정을 할 수 있도록 고객을 보호할 의무를 부담"한다고 하였고,[238] 이러
한 보호의무는 증권투자신탁회사와의 수익증권거래에서 강행규정에 위반
된 수익보장약정이 있었던 경우에도 부담하는 것으로 확대되었으며,[239]
한편 일반투자자 또는 개인투자자에 한하지 아니하고 금융기관(신용협동조
합),[240] 상호신용금고,[241] 기업[242] 등의 투자자를 상대로 한 사안에도 확
대되어 적용되었다.[243]

대법원은, 2008. 9. 11. 선고 2006다53856 판결[244]에서 '적합성'이라

---

236) 권순일, 증권투자 권유자 책임론, 박영사(2002), 165 - 166면.
237) 한국증권법학회, 자본시장법[주석서 Ⅰ], 박영사(2009), 240면.
238) 대법원 2006. 6. 29. 선고 2005다49799 판결.
239) 대법원 1998. 10. 27. 선고 97다47989 판결.
240) 대법원 1999. 2. 24. 선고 98다21212 판결.
241) 대법원 1998. 10. 27. 선고 97다47989 판결.
242) 대법원 1999. 7. 9. 선고 98다45775 판결.
243) 고홍석, "대법원 판례에 나타난 금융투자상품 거래에서의 적합성 원칙", 민사판
례연구 제37권, 박영사(2015), 1285 - 1286면.
244) 대법원 2008. 9. 11. 선고 2006다53856 판결은, 민법상 위임계약에 해당하는 투
자일임계약을 체결한 투자자문회사에게 위임계약상 부담하는 선관주의의무로부터
적합성 원칙을 도출한 사안이다.
　"투자일임계약에 의하여 고객의 자산을 관리하는 투자자문회사는 고객에 대하여
부담하는 선관주의의무의 당연한 내용으로서 우선 고객의 투자목적·투자경험·위
험선호의 정도 및 투자예정기간 등(이하 '투자목적 등'이라고 한다)을 미리 파악하
여 그에 적합한 투자방식을 선택하여 투자하여야 하고, 조사된 투자목적에 비추어

는 용어를 명시적으로 사용하였고, 대법원 2010. 9. 30. 선고 2010다
47254(본소), 2010다47261(반소) 판결에서 고객의 자산을 관리하는 금융
기관이 고객에게 금융상품을 권유할 경우에 선관주의의무의 내용으로서
적합성 원칙을 부담한다고 판시하였다.[245] 이후 선물환계약 체결 사
안,[246] 변액보험계약 체결 사안[247]에서 이러한 판시가 이어져, 소위

볼 때 과도한 위험을 초래하는 거래행위를 감행하여 고객의 재산에 손실을 가한
때에는 그로 인한 손해를 배상할 책임이 있다 할 것이나, 고객의 투자목적 등은
지극히 다양하므로, 어느 특정한 상품에 투자하거나 어떠한 투자전략을 채택한 데
에 단지 높은 위험이 수반된다는 사정만으로 일률적으로 선관주의의무를 위반한
것이라고 단정할 수는 없다. …(중략)… 피고 회사가 주가지수 옵션 상품 투자에
구사한 스트랭글 또는 레이쇼 스프레드 매도 전략은 주가지수가 예상과 달리 큰
폭으로 변동하는 경우에는 큰 폭의 손실을 볼 수 있으나(수익의 규모는 일정하나
손실의 규모는 이론적으로는 그 한계가 없다), 이는 어디까지나 확률과 그에 입각
한 투자 판단의 문제로서, 피고 회사가 조사한 원고들의 앞서 본 투자목적 등에
비추어 적합성을 잃은 것으로 보기는 어렵다고 할 것이므로,…."

245) 대법원 2010다47254(본소), 2010다47261(반소) 판결 원문은 다음과 같다.
  "고객의 자산을 관리하는 금융기관은 고객에 대하여 부담하는 선관주의의무의
내용으로서 고객의 투자목적·투자경험·위험선호의 정도 및 투자예정기간 등을
미리 파악하여 그에 적합한 투자방식을 선택하여 투자하도록 권유하여야 하고, 조
사된 투자목적에 비추어 볼 때 고객에게 과도한 위험을 초래하는 거래행위를 감행
하도록 하여 고객의 재산에 손실을 가한 때에는 그로 인한 손해를 배상할 책임이
있다고 할 것이나, 투자자가 금융기관의 권유를 받고 어느 특정한 상품에 투자하
거나 어떠한 투자전략을 채택한 데에 단지 높은 위험이 수반된다는 사정만으로 일
률적으로 금융기관이 적합성의 원칙을 위반하여 부당하게 투자를 권유한 것이라고
단정할 수는 없으며, 투자자로서도 예상 가능한 모든 위험을 회피하면서 동시에
높은 수익률이 실현될 것을 기대할 수는 없고 위험과 수익률의 조합을 스스로 투
자목적에 비추어 선택할 수밖에 없는 것이다. 또한, 금융기관이 일반 고객과 선물
환거래 등 전문적인 지식과 분석능력이 요구되는 금융거래를 할 때에는, 상대방이
그 거래의 구조와 위험성을 정확하게 평가할 수 있도록 거래에 내재된 위험요소
및 잠재적 손실에 영향을 미치는 중요인자 등 거래상의 주요 정보를 적합한 방법
으로 설명할 신의칙상의 의무가 있으나, 계약자나 그 대리인이 그 내용을 충분히
잘 알고 있는 경우에는 그러한 사항에 대하여서까지 금융기관에게 설명의무가 인
정된다고 할 수는 없다."
246) 대법원 2010. 11. 11. 선고 2010다55699 판결(고객의 자산을 관리하는 금융기관
은 고객에 대하여 선량한 관리자로서의 주의의무를 부담하는 것이므로, 고객의 투
자목적·투자경험·위험선호의 정도 및 투자예정기간 등을 미리 파악하여 그에 적
합한 투자방식을 선택하여 투자하도록 권유하여야 하고, 조사된 투자목적에 비추
어 볼 때 고객에게 과도한 위험을 초래하는 거래행위를 감행하도록 하여 고객의
재산에 손실을 가한 때에는 그로 인한 손해를 배상할 책임이 있다고 할 것이다.
그러나 투자자가 금융기관의 권유를 받고 어느 특정한 상품에 투자하거나 어떠한

KIKO 전원합의체 판결에까지 이르게 되었다.

2. 고객에 대한 보호의무의 인정

1) KIKO 전원합의체 판결은 신의칙에 근거한 보호의무를 바탕으로, 일반 민법 법리에 따라 손해배상책임을 인정하였다.

해당 사안은 2007년 내지 2008년경 수출기업과 은행 사이에서 체결된 장외파생상품인 KIKO 통화옵션계약[248]과 관련하여 손실을 본 기업측이 계약의 무효(신의칙, 민법 제104조의 불공정한 법률행위, 약관규제법상의 불공정 약관 등)와 취소(기망, 착오 등), 불법행위(계약의 적합성 원칙 위반, 설명의무 위반 등) 등을 청구원인으로 하여 부당이득 또는 손해배상을 구하였던 일련의 사건들[249]이다. 대법원은 부당이득반환 청구는 전부 인정하지 않았고,[250] 불법행위 손해배상 청구는 개별 사안의 구체적 사정에 따라

투자전략을 채택한 데에 단지 높은 위험이 수반된다는 사정만으로 일률적으로 금융기관이 적합성의 원칙을 위반하여 부당하게 투자를 권유한 것이라고 단정할 수는 없으며, 투자자로서도 예상 가능한 모든 위험을 회피하면서 동시에 높은 수익률이 실현될 것을 기대할 수는 없고 위험과 수익률의 조합을 스스로 투자목적에 비추어 선택할 수밖에 없는 것이다. 또한 금융기관이 일반 고객과 선물환거래 등 전문적인 지식과 분석능력이 요구되는 금융거래를 할 때에는, 상대방이 그 거래의 구조와 위험성을 정확하게 평가할 수 있도록 거래에 내재된 위험요소 및 잠재적 손실에 영향을 미치는 중요인자 등 거래상의 주요 정보를 적합한 방법으로 설명할 신의칙상의 의무가 있다고 할 것이나, 계약자나 그 대리인이 그 내용을 충분히 잘 알고 있는 경우에는 그러한 사항에 대하여서까지 금융기관에게 설명의무가 인정된다고 할 수는 없다).

247) 대법원 2013. 6. 13. 선고 2010다34159 판결.
248) KIKO는 Knock In Knock Out의 줄임말로, 기업과 은행이 환율의 상한과 하한을 정해 놓고 그 범위 내에서 지정환율로 외화를 거래하는, 일종의 통화옵션상품이다.
249) 대법원 2013. 9. 26. 선고 2011다53683, 53690 전원합의체 판결('수산중공업 판결'), 대법원 2013. 9. 26. 선고 2012다1146, 1153 전원합의체 판결('세신정밀 판결'), 대법원 2013. 9. 26. 선고 2012다13637 전원합의체 판결('삼코 판결'), 대법원 2013. 9. 26. 선고 2013다26746 전원합의체 판결('모나미 판결').
250) 대법원은, ❶ KIKO 계약의 구조, KIKO 상품 가입 당시의 시장환율, 헤지거래의 본질 등에 비추어 KIKO 계약을 불공정한 계약이라고 볼 수 없고, ❷ KIKO 계약의 구조 자체는 약관규제법의 규율대상인 약관에 해당하지 않으며, ❸ KIKO 계약의 옵션 이론가 내지 은행들이 수취한 이윤이 (고객에 대한) 고지의무의 대상이 될 수 없다는 점, 은행이 일정한 이익을 추구하리라는 점은 시장경제의 속성상 당

청구 인용 여부를 판단하였다. 개별 사건에서의 구체적 결론의 당부는 별론으로 하고, 법리상으로는 적합성 원칙과 설명의무에 관하여 추상적 법리 판시에 머물렀던 종래의 대법원 판결과 달리 환 헤지 목적을 위한 KIKO 통화옵션계약이라는 금융거래에서 요구되는 적합성 원칙과 설명의무의 구체적 내용과 범위를 상세히 판시한 것으로 평가된다.[251] 그 중 대법원 2013. 9. 26. 선고 2011다53683, 53690 전원합의체 판결(수산중공업 판결)의 요지를 중심으로, 해당 금융상품을 판매하는 판매자가 부담하는 고지의무의 내용, 적합성 원칙, 설명의무와 관련된 주요 판시를 발췌하여 소개한다(번호는 필자가 임의로 부기).

① 일반적으로 재화나 용역의 판매자가 자신이 판매하는 재화나 용역의 판매가격에 관하여 구매자에게 그 원가나 판매이익 등 구성요소를 알려주거나 밝힐 의무는 없고, 이는 은행이 고객으로부터 별도로 비용이나 수수료를 수취하지 아니하는 이른바 제로 코스트 구조의 장외파생상품 거래를 하는 경우에도 다르지 아니하다. 또한 은행이 장외파생상품 거래의 상대방으로서 일정한 이익을 추구하리라는 점은 시장경제의 속성상 당연하여 누구든지 이를 예상할 수 있으므로, 달리 계약 또는 법령 등에 의하여 가격구성요소의 고지의무가 인정되는 등의 특별한 사정이 없는 한 은행은 고객에게 제로 코스트인 장외파생상품의 구조 내에 포함된 옵션의 이론가, 수수료 및 그로 인하여 발생하는 마이너스 시장가치에 대하여 고지하여야 할 의무가 있다고 할 수 없고, 이를 고지하지 아니하였다고 하여 그것이 고객에 대한 기망행위가 된다거나 고객에게 당해 장외파생상품 거래에서 비용이나 수수료를 부담하지 아니한다는 착오를 유발한다고 볼 수 없다.

② 은행은 환 헤지 목적을 가진 기업과 통화옵션계약을 체결함에 있

연한 점, KIKO 계약의 환 헤지 적합성 등에 비추어 고객(원고측)의 착오 또는 피고들의 기망을 인정할 수 없다고 보았다.

251) 고홍석, "키코 통화옵션계약 체결과정에서의 불법행위 성립 여부", 양승태 대법원장 재임 3년 주요 판례 평석, 사법발전재단(2015), 247면.

어서 해당 기업의 예상 외화유입액, 자산 및 매출 규모를 포함한 재산상태, 환 헤지의 필요 여부, 거래 목적, 거래 경험, 당해 계약에 대한 지식 또는 이해 정도, 다른 환 헤지 계약 체결 여부 등의 경영상황을 미리 파악한 다음, 그에 비추어 해당 기업에 적합하지 아니한 통화옵션계약의 체결을 권유하여서는 아니 된다. 만약 은행이 이러한 의무를 위반하여 해당 기업의 경영상황에 비추어 과대한 위험을 초래하는 통화옵션계약을 적극적으로 권유하여 이를 체결하게 한 때에는, 이러한 권유행위는 이른바 적합성의 원칙을 위반하여 고객에 대한 보호의무를 저버리는 위법한 것으로서 불법행위를 구성한다고 할 것이다. 특히 장외파생상품은 고도의 금융공학적 지식을 활용하여 개발된 것으로 예측과 다른 상황이 발생하였을 경우에는 손실이 과도하게 확대될 위험성이 내재되어 있고, 다른 한편 은행은 그 인가요건, 업무범위, 지배구조 및 감독 체계 등 여러 면에서 투자를 전문으로 하는 금융기관 등에 비하여 더 큰 공신력을 가지고 있어 은행의 권유는 기업의 의사결정에 강한 영향을 미칠 수 있으므로, 은행으로서는 위와 같이 위험성이 큰 장외파생상품의 거래를 권유할 때에는 다른 금융기관에 비하여 더 무거운 고객 보호의무를 부담한다고 봄이 타당하다.

③ 금융기관이 일반 고객과 사이에 전문적인 지식과 분석능력이 요구되는 장외파생상품 거래를 할 때에는, 고객이 당해 장외파생상품에 대하여 이미 잘 알고 있는 경우가 아닌 이상, 그 거래의 구조와 위험성을 정확하게 평가할 수 있도록 거래에 내재된 위험요소 및 잠재적 손실에 영향을 미치는 중요인자 등 거래상의 주요 정보를 적합한 방법으로 명확하게 설명하여야 할 신의칙상의 의무가 있다(대법원 2010. 11. 11. 선고 2010다55699 판결 참조). 이때 금융기관이 고객에게 설명하여야 하는 거래상의 주요 정보에는 당해 장외파생상품 계약의 구조와 주요 내용, 고객이 그 거래를 통하여 얻을 수 있는 이익과 발생 가능한 손실의 구체적 내용, 특히 손실발생의 위험요소 등이 모두 포함된다 할 것이다. 그러나 당해 장외파생상품의 상세한 금융공학적 구조나 다른 금융상품에 투자할 경우와 비교하여 손익에 있어서 어떠한 차이가 있는지까지 설명하여야 한다고 볼 것은

아니고, 또한 금융기관과 고객이 제로 코스트 구조의 장외파생상품 거래를 하는 경우에도 수수료의 액수 등은 그 거래의 위험성을 평가하는 데 중요한 고려요소가 된다고 보기 어렵다 할 것이므로, 수수료가 시장의 관행에 비하여 현저하게 높지 아니한 이상 그 상품구조 속에 포함된 수수료 및 그로 인하여 발생하는 마이너스 시장가치에 대하여까지 설명할 의무는 없다고 보는 것이 타당하다. 그리고 장외파생상품 거래도 일반적인 계약과 마찬가지로 중도에 임의로 해지할 수 없는 것이 원칙이고, 설령 중도에 해지할 수 있다고 하더라도 금융기관과 고객이 중도청산금까지 포함하여 합의하여야 가능한 것이므로, 특별한 사정이 없는 한 금융기관이 고객과 장외파생상품 거래를 하면서 그 거래를 중도에 해지할 수 있는지와 그 경우 중도청산금의 개략적인 규모와 산정방법에 대하여도 설명할 의무가 있다고 할 수 없다.

한편 금융기관은 고객이 당해 파생상품거래의 구조와 위험성을 정확히 평가할 수 있도록 그 금융상품의 특성 및 위험의 수준, 고객의 거래목적, 투자경험 및 능력 등을 종합적으로 고려하여 고객이 앞서 살펴본 거래상 주요 정보를 충분히 이해할 수 있을 정도로 설명하여야 한다(대법원 2003. 7. 11. 선고 2001다11802 판결 등 참조).

금융투자업자가 고객에게 금융상품을 권유할 때에 적합성 원칙을 준수해야 한다는 점은 이미 판례에 의해 확립되어 있었으나, KIKO 전원합의체 판결을 통해 적합성 원칙의 전제로서 금융투자업자가 미리 고객의 투자경험, 재산상황, 투자목적 등을 조사해야 한다는 점, 적합성 원칙이 "적합하지 않은 투자를 권유해서는 아니 되는" 소극적 의무라는 점이 분명하게 되었고, 나아가 해당 사안에서 은행의 공신력과 장외파생상품의 위험성에 비추어 이 사건 금융기관인 은행이 더 무거운 고객 보호의무를 부담한다고까지 하였던 점에서 의미가 있다(물론 "은행이 다른 금융기관에 비해 더 큰 공신력을 가지고 있다는 점을 고려하더라도" 모나미 판결에서 판단한 바와 같이 적합성 원칙을 위반하였다고 보기 어려운 경우도 있다).

설명의무에 관하여는, 개별 고객의 상황에 따라 보다 구체적이고 상

세하게 설명할 의무가 있다고 하면서도(세신정밀 판결에서 "고위험 구조이고,
더구나 개별 거래의 당사자인 고객의 예상 외화유입액 등에 비추어 객관적 상황
이 환 헤지 목적보다는 환율변동에 따른 환차익을 추구하는 정도에 이른 것으로
보이는 경우라면, 금융기관으로서는 그 장외파생상품 거래의 위험성에 대하여 고
객이 한층 분명하게 인식할 수 있도록 구체적이고 상세하게 설명할 의무가 있다."
고 판단하였다), 이미 고객이 그 내용을 충분히 알고 있다면 설명의무가
없다고 하는 등(모나미 판결), 투자자들의 개별 상황을 고려하여 구체적이
고 타당한 결론을 이끌어 내고자 노력하였다.[252]

2) 금융기관의 거래 상대방으로서 고객을 보호하는 법리는, 간접투
자상품에 관한 구 간접투자법 적용 사안에서 자산운용회사와 판매회사가
부담하는 투자자보호의무의 범위를 넓히고 명확히 하는 판결이 계속되면
서 『(금융상품을 다루는) 금융기관은 신의칙상 고객보호의무를 부담하고,
여기에는 (자본시장법에서 명문화된) 적합성 원칙이 포함되며, 이를 위반한
경우 민법상 불법행위책임이 성립한다』는 원칙으로 확립되었다.

◉ 우리파워인컴펀드 판결

간접투자법 하에서 판매회사의 지위와 판매회사가 부담하는 주의의
무의 내용을 명확히 한 판결이다. 당시 자산운용회사 또는 투자회사가
간접투자증권을 판매하기 위해서는 판매회사와 위탁판매계약을 체결해야
했는데(간접투자법 제55조), 이때 자산운용회사와 판매회사의 관계를 어떻
게 볼 것인지에 관하여 견해의 대립이 있었다.

① 먼저, 자산운용회사와 판매회사가 '수익증권 위탁판매계약'이라는
명칭의 계약을 체결하고 있는 점에 비추어, 위탁매매계약은 판매회사가
자기의 명의로 그리고 자산운용회사의 계산으로 수익증권을 판매하게 되
는 위탁매매의 위임계약이라고 보는 견해[위탁매매설],[253] ② 자산운용회사

---

252) 고홍석, "키코 통화옵션계약 체결과정에서의 불법행위 성립 여부", 양승태 대법
원장 재임 3년 주요 판례 평석, 사법발전재단(2015), 247면.
253) 강희철 · 조상욱, "증권투자신탁업법상의 수익증권저축계약", 인권과 정의 제278호,
대한변호사협회(1999); 김태병, "증권투자신탁 판매회사의 환매책임", 저스티스
제84호, 한국법학원(2005).

가 판매회사에 수익증권의 판매를 위탁하는 관계는 민법상의 위임계약관계
이고 판매회사는 자산운용회사 대리인의 지위를 지니는 것에 불과하므로,
판매회사를 민법상의 위임계약에 의한 대리라고 보는 견해[대리인설],254) 그
밖에 ③ 민법상의 조합으로 보거나(자산운용회사와 판매회사가 증권투자신탁
업이라는 단일의 사업을 나누어 수행하는 형태의 민법상 조합에 해당한다), ④
판매회사는 자신의 책임으로 판매업무를 수행하므로 투자신탁계약의 독
립된 당사자에 해당하고, 따라서 수익자가 직접 판매회사에 대해 환매책
임을 물을 수 있다는 견해(그러나 판매회사의 고유재산에 의한 환매의무를 인
정하지 않는 방향으로 1998. 9. 16. 증권투자신탁업법이 개정된 이후에는 이 견
해를 지지하는 학자는 없다고 한다) 등이 있었는데, ①설은 일본의 통설이
었고 ②설은 우리나라의 다수설이었다. ②설에 대해, 판매업무에 관해
판매회사와 위탁회사가 체결한 수익증권위탁판매계약서와 협약서 등에
의하면 판매회사는 판매업무를 자신의 책임으로 수행한다고 규정하고 있
어 대리관계로 볼 수 없다는 비판255)이 있었고, 무엇보다도 ①설을 취할
경우 수익자가 직접 판매회사를 상대로 환매의무의 이행청구, 수익증권
매매계약의 하자를 이유로 하는 투자금 반환청구 등을 할 수 있다는 장
점이 있었다.

　　대법원은 우리파워인컴펀드에 관한 대법원 2011. 7. 28. 선고 2010
다76368 판결을 통해, "판매회사는 수익증권의 판매에 있어서 단순히 자
산운용회사의 대리인에 불과한 것이 아니라 투자자의 거래상대방의 지위
에서 판매회사 본인의 이름으로 투자자에게 투자를 권유하고 수익증권을
판매하는 지위에 있다"는 점을 명시한 다음, ① 원칙적으로 판매회사는
(투자대상에 대해 1차적으로 정보를 생산하고 유통시켜야 할) 자산운용회사와

---

254) 김건식, "수익증권 판매회사의 환매의무", BFL 제12호, 서울대학교 금융법센터
(2005), 70－71면; 백태승, "증권투자신탁의 본질과 수익증권의 환매제도", 인권과
정의 제302호, 대한변호사협회(2001), 36면; 이중기, "위탁회사, 판매회사의 수익증
권 환매책임과 환매유예제도", 상사법연구 제20권 제3호, 한국상사법학회(2001),
396－397면.
255) 조용균, "구 증권투자신탁의 여러 가지 문제", 저스티스 제93호, 한국법학원(2006),
101면 이하.

동일한 수준의 보호의무를 부담하지는 않지만, ② 판매회사가 단순히 위탁회사(자산운용회사)의 대리인이 아닌 이상 자산운용회사의 지시를 따르기만 하였다면 투자자보호의무를 이행하였다고 볼 수는 없고, ③ 자산운용회사와 구별되는 독자적 지위에서 자산운용회사가 제공한 자료를 정확하게 이해한 다음 투자신탁의 수익과 위험을 투자자가 균형 있게 이해할 수 있도록 설명하는 등의 투자자보호의무를 부담한다고 하였다. 위 판결은 또한 간접투자법에서 규정하는 자산운용회사에 대하여 "수익증권의 판매업무를 직접 담당하지 않는 경우에도 수익증권의 판매에 직접적인 이해관계가 있을 뿐 아니라 투자신탁의 설정자 및 운용자로서 투자신탁에 대하여 제1차적으로 정보를 생산하고 유통시켜야 할 지위에 있으므로, … 판매회사나 투자자에게 투자신탁의 수익구조와 위험요인에 관한 올바른 정보를 제공함으로써 투자자가 그 정보를 바탕으로 합리적인 투자판단을 할 수 있도록 투자자를 보호하여야 할 주의의무와 이에 따른 불법행위책임을 부담한다."고 하여 구 증권투자신탁업법(간접투자법에 의하여 폐지) 하에서 위탁회사(간접투자법상 자산운용회사에 해당)에 대하여도 동일한 내용의 투자자 보호의무를 인정하였던 대법원 2007. 9. 6. 선고 2004다53197 판결의 법리를 확인하였다.

이러한 법리를 바탕으로 판매회사가 자산운용회사와 마찬가지로 조사의무를 포함하는 투자자보호의무를 부담한다고 선언한 판결이 다음의 선박펀드 판결이다.

◉ 선박펀드 판결

산은자산운용 주식회사가 자산운용회사, 에스케이증권 주식회사가 판매회사로 관여한 일련의 선박펀드에서, 일부 펀드와 관련하여 계약서 위조, 이중작성 등의 위법행위가 있었고, 이에 선박펀드에 투자하여 손실을 본 투자자들이 자산운용회사와 판매회사 등을 상대로 손해배상을 구한 일련의 사건들이다.

그중 공간된 대법원 2015. 11. 12. 선고 2014다15996 판결을 중심으로 소개하자면, 원문은 다음과 같다.

"구 간접투자자산 운용업법(2007. 8. 3. 법률 제8635호로 제정된 자본시장과 금융투자업에 관한 법률 부칙 제2조에 의하여 폐지. 이하 '구 간접투자법'이라고 한다) 제4조 제2항, 제56조 제1항, 제4항에 의하면, 자산운용회사는 투자신탁을 설정하고 투자신탁재산을 운용하는 자로서 투자신탁에 관하여 제1차적으로 정보를 생산하고 유통시켜야 할 지위에 있고, 투자자도 자산운용회사의 전문적인 지식과 경험을 신뢰하여 자산운용회사가 제공하는 투자정보가 올바른 것이라고 믿고 그에 의존하여 투자판단을 한다. 따라서 자산운용회사는 투자신탁재산의 운용대상이 되는 자산과 관련된 제3자가 제공한 운용자산에 관한 정보를 신뢰하여 이를 그대로 판매회사나 투자자에게 제공하는 데에 그쳐서는 아니 되고, 그 정보의 진위를 비롯한 투자신탁의 수익구조 및 위험요인에 관한 사항을 합리적으로 조사한 다음 올바른 정보를 판매회사와 투자자에게 제공하여야 하며, 만약 합리적인 조사를 거친 뒤에도 투자신탁의 수익구조와 위험요인에 관한 정보가 불명확하거나 불충분한 경우에는 판매회사나 투자자에게 그러한 사정을 분명하게 알려야 할 투자자보호의무를 부담한다.

판매회사는 특별한 사정이 없는 한 자산운용회사로부터 제공받은 투자설명서나 운용제안서 등의 내용을 명확히 이해한 후 이를 투자자가 정확하고 균형 있게 이해할 수 있도록 설명하면 되고, 그 내용이 진실한지를 독립적으로 확인하여 이를 투자자에게 알릴 의무가 있다고 할 수는 없다. 그러나 판매회사가 투자신탁재산의 수익구조나 위험요인과 관련한 주요 내용을 실질적으로 결정하는 등으로 투자신탁의 설정을 사실상 주도하였다고 볼 만한 특별한 사정이 있는 경우에는 판매회사 역시 자산운용회사와 마찬가지로 투자신탁의 수익구조와 위험요인을 합리적으로 조사하여 올바른 정보를 투자자에게 제공하여야 할 투자자보호의무를 부담한다."

① 본 판결은 판매회사 등 자산운용회사 아닌 제3자가 펀드 설정을 실질적으로 주관하였다 하더라도 자산운용회사는 투자자보호의무를 부담한다는 점을 분명히 하였다. 위 사건 사실관계에서 "판매회사인 에스케이증권 주식회사가 해당 선박펀드의 설정을 실질적으로 주관하였다"는 특

수성이 있었으나, 이에 대하여 대법원은 "피고 산은자산운용의 이러한 행위는 투자자보호의무를 게을리한 것이라고 할 것이고, 이는 피고 에스케이증권이 이 사건 펀드의 설정을 사실상 주도하였다고 하여 달리 볼 것은 아니다."라고 함으로써 그러한 사정만으로 자산운용회사의 책임을 부정할 것은 아니라고 판단하였다.

② 사모펀드라는 이유로 투자자보호의무가 배제되지 아니함을 분명히 하였다.

해당 선박펀드는 모두 사모펀드로서, 일부 사건에서는 사모펀드일 경우 투자자보호의무가 배제된다는 취지의 상고이유도 있었던 것으로 보이나, 대법원 2015. 12. 24. 선고 2015다19346 판결은 "앞에서 본 법리에 따라 위와 같은 사실관계를 살펴보면, 비록 이 사건 펀드가 구 간접투자법상 사모간접투자기구에 해당하고 피고 에스케이증권이 이 사건 펀드의 설정을 주도하였다고 하더라도 피고 산은자산운용이 구 간접투자법상 자산운용회사의 투자자보호의무를 다하지 못하였음이 인정되고, 이러한 피고 산은자산운용의 투자자보호의무 위반과 원고의 손해 사이에 상당인과관계를 인정할 수 있다고 본 원심의 판단은 정당하다"고 하여 위 주장을 배척하였다.

③ 판매회사에게 자산운용회사와 동일한 수준의 투자자보호의무(조사의무)를 인정할 수는 없음이 원칙이나 특별한 사정이 있는 경우에는 인정 가능하다고 하였다.

간접투자법에 따르면, 투자신탁의 약관과 투자설명서의 작성은 자산운용회사의 의무이므로, 판매회사는 투자신탁 관련 정보의 생산자가 아니고, 자산운용회사와 수탁회사에 대하여는 선관주의의무가 규정되어 있으나 판매회사에 대하여는 규정되어 있지 않다. 따라서 원칙적으로는 판매회사에게 자산운용회사와 동일 수준의 의무를 인정할 수 없다는 태도를 견지하였으나, 이 사건의 경우처럼 판매회사가 투자신탁의 설정을 주도하면서 신탁약관이나 투자설명서 등 투자신탁의 수익구조와 위험요인에 관한 중요 정보를 생성하여 자산운용회사와 사실상 동일한 지위에 있었다고 볼만한 특별한 사정이 있는 경우에는 자산운용회사는 물론 판매회사도 투자정보의 진실 여부를 조사·확인할 의무를 부담한다고 하여 예외가 인정될 가능성을 열어 두었다.

⊙ **대신증권 판결**

먼저 대법원 2015. 3. 26. 선고 2014다214588(본소), 2014다214595(반소) 판결은, D자산운용이 대신라발로 1, 2호 펀드의 투자자들(건설근로자공제회, 중소기업은행)에 대하여 자산운용회사로서, 투자 권유 단계에서의 투자자 보호의무 및 펀드 운용단계에서의 선관주의의무를 각 위반하였음을 이유로 손해배상책임이 인정된 사안이다. 주목할 부분은, 대법원이, "피고는 이 사건 펀드의 실질적인 판매회사로서 원고들의 투자경험에 비추어 과도한 위험을 수반하는 투자를 적극적으로 권유한 반면 이 사건 펀드가 가진 위험성에 관하여는 설명의무를 다하지 아니하여, 원고들이 … 투자금 손실의 손해를 입었다"고 본 원심판단이 정당하다고 하여 상고를 기각하였던바, 간접투자법상 자산운용회사와 판매회사가 구분되어 있음에도 불구하고, 자산운용회사인 피고(D자산운용)에 대하여 『"실질적 판매회사로서" 판매회사가 부담하는 투자자 보호의무까지 부담한다』고 판시한 원심을 수긍하였다는[256] 점이다.

간접투자법(제4조 제3항[257])상 자산운용회사가 판매업무를 할 수 있음을 배제하고 있지 아니하므로, 이 사건처럼 형식은 별도 판매회사를 통하였으나 사실상 D자산운용이 판매회사의 역할을 수행한 것으로 사실인정이 되었다면, 그에 관한 주의의무위반을 부담하게 하는 것이 부당하지 않다. 특히 위 사건과 같은 적격투자자 사모펀드의 경우 통상 자산운용회사가 투자자와 직접 접촉하는 경우가 많기 때문에 판매회사의 역할이 매우 제한적일 것이라는 점도 고려해야 한다.

---

256) 대법원 판결 선고 전에 원심판결에 대하여 이와 같이 평가한 견해로, 이숙연, "금융투자상품의 투자자 보호에 대한 연구" 사법논집 제59집, 법원도서관(2015), 325면.

257) 간접투자법 제4조(자산운용회사)
③ 자산운용회사는 제2항 각호의 업무외에 대통령령이 정하는 바에 따라 자기가 운용하는 간접투자기구의 간접투자증권을 판매할 수 있다.

이와 구별해서 살펴볼 판결은 유사한 대신라발로 펀드가 문제되었던 대법원 2020. 2. 27. 선고 2016다223494 판결이다. 투자자가 피고 D자산운용의 권유를 받고 대신라발로펀드 수익증권을 매수하려 하였는데, 관계법령상 특수자산펀드인 대신라발로펀드 수익증권 매수가 불가능하게 되자, 피고 D자산운용의 직원, 피고 M의 직원, 원고측의 합의 하에, 이 사건 개발사업을 통해 수익을 얻는 것은 동일하지만 구조만을 약간 달리하는 부동산펀드인 이 사건 펀드를 피고 M이 설정하고, 원고가 그 수익증권을 매수하기로 하였다.

원심은 피고 D자산운용은 자산운용회사가 아니므로 어떠한 주의의무도 부담하지 않고, 피고 M은 자산운용회사이지만, 원고 투자금을 지정계좌로 입금하기만 하면 그 임무가 종료하고 원고가 수익증권을 매수한 이 사건 펀드 재산을 실제 운용하지 않기로 하는 합의가 있었으므로 설명의무, 선관주의의무, 투자자보호의무 등을 부담하지 않는다고 하여 원고의 손해배상청구를 모두 기각하였다.

이에 원고가 상고하면서 피고 D자산운용이 "실질적 자산운용회사"로서 책임을 져야 한다고 주장하였는데, 대법원은 "구 간접투자법상 간접투자재산의 운용을 업으로 하는 자산운용회사가 되기 위해서는 일정한 요건을 갖추어 금융위원회의 허가를 받도록 하고 있고(제4조 제1항), 자산운용회사가 아닌 자는 그 상호 중에 '자산운용', '투자신탁' 또는 이와 유사한 문자를 사용하지 못하도록 하고 있다(제7조 제2항). 또 자산운용회사와 투자자 사이에는 앞서 본 바와 같이 투자신탁에 관한 지식, 경험, 능력 면에서 차이가 존재한다. 이러한 정보의 비대칭성 및 자금제공 기능과 투자관리 기능의 분리로 인하여 시장에서의 투자자료 수집과 제공이 원칙적으로 전문적 투자관리자에게 맡겨질 수밖에 없는 간접투자의 일반적 특성 등에 비추어 보면, 자산운용회사 본인이 직접 설정하거나 운용하는 투자신탁이 아니라 하더라도 그 투자신탁재산의 수익구조나 위험요인과 관련한 주요 내용을 실질적으로 결정하는 등으로 투자신탁의 설정을 사실상 주도하였다고 볼 만한 특별한 사정이 있다면, 자산운용회사가 해당 투자신탁상품을 투자자에게 권유할 때는 투자신탁상품의 투자권유자로서, 투자신탁의 수익구조와 위험요인을 합리적으로 조사하여 올바른 정보를 투자자에게 제공하여야 할 투자자 보호의무를 부담한다고 보아야 한다."라고만 하여 피고 D자산운용의 책임을 인정하였을 뿐,[258] ('실질적 판매회사'의 경우와 달리) '실질적 자산운용회사'에 관하여는 언급하지 않았다.

  3) 이처럼 판례는 일반 민법 법리를 바탕으로 고객에 대한 보호의무를 인정하는 한편 특히 간접투자상품에 관하여는 간접투자법의 규정을 근거로 자산운용회사와 판매회사에 대해 일정한 의무를 부담시킴으로써 투자자를 보호하여 왔다. 그러나 (1) 계약관계, 특히 위임관계가 성립되는 경우에는, 그로부터 발생하는 선관주의의무로부터 적합성 원칙과 같은 고객보호의무를 도출할 수 있지만, (2) 위임의 요소가 있는 계약관계가 성립되지 않는 경우 판례 문언만으로는 근거를 명확히 찾기 어렵다는 문제의식[259]이 제기되었고, 일반적인 사법상 거래에서, 특히 '자기책임의 원칙'이 강조되는 금융투자거래에서 거래 당사자 일방인 금융기관이 투자자에 대하여 보호의무를 부담한다거나 해당 거래가 투자자에게 적합한 것인지 여부를 판단할 의무가 있다고 인정하는 것 역시 곤란한 측면이 있었다. 이러한 차에 간접투자법을 폐지하고 자본시장법으로 통합·제정하여 금융투자업자 전반에 대한 일반 규제를 정하면서 설명의무와 적합성 원칙이 명문의 규정으로 입법되고,[260] · [261] 그 밖에 적정성 원칙, 부당권유금지 원칙 등까지도 함께 규정되었다.

  대법원 2016다223494 판결에서 드러난, 본인이 직접 설정·운용한 투자신탁상품이 아니어도 특별한 사정이 있는 경우에는 투자자에 대한

---

258) 대법원은 또한 피고 M에 대하여도 자산운용회사로서의 투자자보호의무를 부담하고, 이는 "제3자가 투자신탁의 설정을 사실상 주도하였다고 하여 달리 볼 것은 아니다"고 하여 피고 M의 책임을 인정하는 취지로 원심을 파기하였다.

259) 김건식·정순섭, 자본시장법, 두성사(2013), 571면.

260) 강대섭, "2015년 자본시장법 주요 판례의 분석과 평가", 상사판례연구 제29집 제1호, 한국상사판례학회(2016), 367면.

261) 자본시장법 시행 전에는 대체적으로 당시의 증권업감독규정[(제4-4조(영업의 일반원칙), 제4-15조(투자권유)]을 적합성 원칙을 규정한 예로 들었다.

보호의무를 부담한다는 법리는 자본시장법이 적용된 세이프에셋 판결(대법원 2015. 1. 29. 선고 2013다217498 판결)에서 비롯된 것으로 보인다. 투자자인 원고가 평소 거래하던 피고(H투자증권 주식회사) 직원으로부터 제3자(세이프에셋투자자문 주식회사)가 운용하는 투자일임계약을 소개받아 계약을 체결하였는데 손실을 보자, 피고를 상대로 손해배상을 구한 사안으로, 자본시장법상 적합성 원칙 및 설명의무를 준수해야 할 주체를 '금융투자업자'로만 정하고 있을 뿐 금융투자업자가 고객과 사이에 자신이 직접 취급하는 상품 등에 관한 계약을 체결하기 위하여 투자를 권유하는 경우로 한정하고 있지 않다는 점에 착안하여, "금융투자업자가 과거 거래 등을 통하여 자신을 신뢰하고 있는 고객에게 다른 금융투자업자가 취급하는 금융투자상품 등을 단순히 소개하는 정도를 넘어 계약 체결을 권유함과 아울러 그 상품 등에 관하여 구체적으로 설명하는 등 적극적으로 관여하고, 나아가 그러한 설명 등을 들은 고객이 해당 금융투자업자에 대한 신뢰를 바탕으로 다른 금융투자업자와 계약 체결에 나아가거나 투자 여부 결정에 있어서 그 권유와 설명을 중요한 판단요소로 삼았다면, 해당 금융투자업자는 자본시장법 제9조 제4항에서 규정하는 '투자권유'를 하였다고 평가할 수 있고 그와 같이 평가되는 경우 해당 금융투자업자는 직접 고객과 사이에 금융투자상품 등에 관한 계약을 체결하는 것이 아니라 하더라도 고객에 대하여 해당 금융투자상품에 관한 적합성 원칙의 준수 및 설명의무를 부담한다."고 판단하였다. 이로써 금융투자업자가 적합성 원칙 준수 및 설명의무를 부담하는 상대방을 직접 금융상품계약을 체결하지 않은 고객에 대하여까지 확대한 것으로 평가된다.

4) 특정금전신탁의 신탁업자가 부담하는 주의의무

특정금전신탁은 위탁자가 신탁재산인 금전의 '운용방법을 지정'하는 금전신탁[262)]으로서 위탁자가 지정한 운용방법에 따른 자산운용에 의하여

---

262) 자본시장법 시행령 제103조(신탁의 종류) 법 제103조 제3항에 따라 금전신탁은 다음 각 호와 같이 구분한다.
　1. 위탁자가 신탁재산인 금전의 운용방법을 지정하는 금전신탁(이하 "특정금전

그 수익률이 변동함으로써 항상 위험이 따르고, 그 위험은 특별한 사정이 없는 한 수익자가 부담하여야 하므로, 신탁재산의 운용 결과에 대한 손익은 모두 수익자에게 귀속되는 자기책임주의와 실적배당주의를 그 본질로 한다(대법원 2007. 11. 29. 선고 2005다64552 판결[263]). 특정금전신탁의 신탁업자는 신탁법상의 수탁자이자 자본시장법의 금융투자업자로서 관계 법령에 따라 선관주의의무와 충실의무를 부담할 뿐만 아니라, "신탁회사가 특정금전신탁의 신탁재산인 금전의 구체적인 운용방법을 미리 정하여 놓고 고객에게 그 계약 체결을 권유하는 등 실질적으로 투자를 권유하였다고 볼 수 있는 경우"에는, 신탁재산의 구체적 운용방법을 포함한 신탁계약의 특성 및 주요 내용과 그에 따르는 위험을 적절하고 합리적으로 조사하고, 그 결과를 신탁계약의 고객이 이해할 수 있도록 명확히 설명함으로써 고객이 그 정보를 바탕으로 합리적인 투자판단을 할 수 있도록 "고객을 보호하여야 할 주의의무"가 인정된다(대법원 2015. 9. 10. 선고 2013다6872 판결, 대법원 2018. 2. 28. 선고 2013다26425 판결 등). 이때 신탁업자가 고객에게 어느 정도의 설명을 하여야 하는지는 신탁재산 운용방법의 구체적 내용 및 위험도의 수준, 고객의 투자 경험 및 능력 등을 종합적으로 고려하여 판단해야 한다.

역시 특정금전신탁 사안이었던 대법원 2019. 7. 11. 선고 2016다224626 판결은, 자본시장법이 투자권유 단계에서 (전문투자자에 비하여) 일반투자자의 보호를 강화하고 있는 것과 달리, 신탁업자의 영업행위 규칙을 다루고 있는 자본시장법 제102조에서는 수익자가 전문투자자인지 일반투자자인지 구별하지 않고 신탁업자의 선관주의의무와 충실의무를 규정하고 있음을 들어, "특정금전신탁의 신탁업자가 계약 체결 이후 투자자의 재산을 관리·운용하는 단계에서 수익자에 대하여 부담하는 선관주

신탁"이라 한다)
　2. 위탁자가 신탁재산인 금전의 운용방법을 지정하지 아니하는 금전신탁(이하 "불특정금전신탁"이라 한다)
263) 대법원 2007. 11. 29. 선고 2005다64552 판결('특정금전신탁'이라는 용어를 사용한 최초의 대법원 민사판결이다).

의의무 및 충실의무의 정도는 수익자가 전문투자자인지 여부에 따라 달라진다고 보기 어렵다."고 하였다.

5) 사모투자전문회사의 무한책임사원 등이 부담하는 주의의무

간접투자법은 사모투자전문회사를 투자신탁이나 투자회사와 같은 간접투자기구에서 배제하여(간접투자법 제2조 제2호) 간접투자기구를 전제로 한 규정들이 적용되지 않았고, 자본시장법은 사모투자전문회사를 집합투자기구의 하나인 투자합자회사로 규정하였으나 실질적으로는 특례규정을 통해 일반적인 집합투자기구와는 상당히 달리 규율하고 있다. 따라서 간접투자법이나 자본시장법 하에서 금융투자업자(판매회사 또는 자산운용회사)가 고객에 대해 부담하는 주의의무를 사모투자전문회사, 특히 무한책임사원이나 업무집행사원이 당연히 부담한다고 보기는 어렵다.[264]

그러나 대법원 2016. 10. 27. 선고 2015다216796 판결은 일반 사법상의 원리에 의한 주의의무가 인정됨을 전제로 사모투자전문회사 무한책임사원 겸 업무집행사원은, 사모투자전문회사의 유한책임사원으로서 투자에 참여하려는 투자자들에 대해, "중요한 사항에 대하여 정확한 정보를 생산하여 제공할 의무"를 부담하고 그 의무를 위반하여 투자자에게 손해가 발생하였다면 불법행위책임을 부담한다고 판단하였다.

6) 금융투자업자가 부담하는 설명의무의 내용

금융투자업자가 일반투자자를 상대로 투자권유를 하는 경우에는 금융투자상품의 내용, 투자에 따르는 위험, 그 밖에 대통령령으로 정하는 사항을 일반투자자가 이해할 수 있도록 설명하여야 하고, 투자자의 합리적인 투자판단 또는 해당 금융투자상품의 가치에 중대한 영향을 미칠 수 있는 중요사항을 거짓 또는 왜곡하여 설명하거나 중요사항을 누락하여서는 아니 된다(자본시장법 제47조 제1항, 제3항). 이 경우 금융투자업자가 투자자에게 어느 정도의 설명을 하여야 하는지는 해당 금융투자상품의 특성 및 위험도의 수준, 투자자의 투자경험 및 능력 등을 종합적으로 고려

---

264) 이원석, "사모투자전문회사 설립·운용자의 투자권유 관련 손해배상책임", BFL 제82호, 서울대학교 금융법센터(2017), 115-116면.

하여 판단하여야 한다(대법원 2018. 9. 28. 선고 2015다69853 판결 등 다수).

대법원은, 금융투자업자가 ① 회사채에 투자할 것을 권유하는 경우 시장금리 수준에 따른 회사채 시가의 변동 위험과 원리금이 만기에 지급되지 아니할 위험, 즉 발행기업의 신용위험 및 그로 인한 원본 손실 가능성 등(대법원 2015. 9. 15. 선고 2015다216123 판결[265])을, ② 기업어음에 투자하는 것으로 운용방법을 지정하는 특정금전신탁 상품을 권유할 경우, 기업어음이 만기에 지급되지 아니할 위험, 즉 발행기업의 신용위험 및 그로 인한 원금 손실 가능성 등(대법원 2015. 4. 23. 선고 2013다17674 판결)을, ③ 공사채형 투자신탁의 매입을 권유할 경우에는, 채권시장의 시가 변동에 의한 위험, 발행주체의 신용 위험, 그리고 만약 외국채권을 신탁재산에 편입하는 때에는 환시세의 변동에 의한 위험이 존재하고 이로 인하여 원본 손실의 가능성이 있다는 사실 등**(대법원 2003. 7. 11. 선고 2001다11802 판결)**을 각 설명할 의무가 있다고 판시한 바 있다(장외형 파생상품에 관하여는 앞서 본 KIKO 전원합의체 판결 참조).

7) 유사투자자문업자의 의무

투자자문업과 유사투자자문업은 상대방 특정 여부, 투자조언대상의 범위 및 상대방과의 상호작용 존재 여부에서 차이가 있고,[266] 진입규제와 검사·감독 및 투자자보호를 위한 영업행위 관련 규제 등에서 차이가 있다.

대법원 2014. 5. 16. 선고 2012다46644 판결 역시 자본시장법에서 정한 적합성 원칙과 설명의무 등은 자본시장법에 따라 금감위의 인가를 받거나 금감위에 등록한 투자자문업자 등에게만 적용되고, 유사투자자문업 신고를 하고 영업하는 유사투자자문업자나 미등록 투자자문업자에게는 적용되거나 유추적용되지 않는다는 점을 분명히 하였다. 관련 원문을

---

265) 대법원 2015. 9. 15. 선고 2015다216123 판결은 또한, "금융투자업자가 투자자에게 사채권의 신용등급과 아울러 해당 신용등급의 의미와 그것이 전체 신용등급에서 차지하는 위치에 대하여 투자자가 이해할 수 있도록 설명하였다면, 특별한 사정이 없는 한 금융투자업자는 사채권의 원리금 상환 여부에 영향을 미치는 발행기업의 신용위험에 관하여 설명을 다하였다고 볼 것"이라고도 하였다.
266) 권재열, "자본시장법상 유사투자자문업자 규제 – 투자자문업자에 대한 경우와 비교를 중심으로", 사법 제32호, 사법발전재단(2015), 13 – 14면.

발췌하면 다음과 같다. "적합성원칙과 설명의무는 특정 투자자를 상대로
하여 그 투자자로부터 그의 투자목적·재산상황·투자경험 등의 정보를
얻어 그에게 적합한 투자권유를 할 의무와 금융투자상품의 내용 등에 관
하여 그 특정 투자자가 이해할 수 있을 정도로 설명을 할 의무를 말하므
로, 불특정 다수인을 상대로 투자조언을 하는 유사투자자문업자에게는 적
합성원칙과 설명의무에 관한 규정이 유추적용된다거나 같은 내용의 신의
칙상 의무가 인정된다고 할 수 없다. 또한 미등록 투자자문업자의 경우 투
자자문을 받는 자와의 계약에서 자본시장법이 정한 투자자문업자의 의무
와 같은 내용의 의무를 부담하기로 약정하였다는 등의 특별한 사정이 없
는 이상, 미등록 투자자문행위에 대하여 자본시장법 위반을 이유로 형사처
벌을 받는 것은 별론으로 하고, 미등록 투자자문업자에게도 자본시장법이
정한 적합성원칙과 설명의무가 유추적용된다거나 그러한 내용의 신의칙상
의무가 인정된다고 할 수 없다." 위 판결에 대하여는, 투자자문업을 영위
한 이상 등록 여부에 따라 고객보호의무의 유무나 내용이 달라진다고 보
기 어려우므로 적어도 미등록 투자자문업자에 대하여는 적합성 원칙과
설명의무를 인정하여도 무방할 것이라는 분석[267]이 있다.

　　그러나 그 이후 선고된 대법원 2015. 6. 24. 선고 2013다13849 판
결[268]에서는, 자본시장법상의 유사투자자문업자인 피고 1 및 피고 1에게
소속되어 인터넷 증권방송을 진행하는 피고 2에게는 자본시장법상의 투
자자보호의무 관련 규정들이 적용되지 않는다는 대법원 2012다46644 판
결 법리를 재차 확인하면서, 동시에 "유사투자자문업자가 고객에게 금융투
자상품에 대한 투자판단 또는 금융투자상품의 가치에 관한 정보를 제공하
고 조언을 할 때 고객의 투자판단에 영향을 미칠 수 있는 중요한 사항에

267) 양호승, "2014년 분야별 중요판례분석(자본시장법)", 분야별 중요판례분석, 법률
　　신문사(2015), 624면.
268) 유사투자자문업자(유사투자자문업 신고를 하고 인터넷 증권방송 회원들로부터
　　월회비를 받고 증권방송 등을 통해 주식과 관련된 투자정보를 제공함)의 사용인이
　　증권방송 회원인 甲에게 전혀 근거 없는 허위사실을 투자정보로 제공하여 코스닥
　　상장법인인 A회사의 주식매수를 적극 추천하였고, 甲이 이에 따라 주식거래를 계
　　속 함으로써 손해를 입었다고 인정된 사안이다.

관하여 허위의 정보를 제공하거나 아무런 합리적이고 객관적인 근거가 없는 정보를 마치 객관적인 근거가 있는 확실한 정보인 것처럼 제공하였고, 고객이 위 정보를 진실한 것으로 믿고 금융투자상품에 관한 거래를 하여 손해를 입었다면, 고객은 유사투자자문업자에 대하여 민법상 불법행위책임을 물을 수 있고, 이러한 법리는 유사투자자문업자와 고용 등의 법률관계를 맺고 그에 따라 유사투자자문업자의 업무를 직접 수행하는 자에 대하여도 마찬가지로 적용된다."고 하여 피고 1이 민법 제750조에 기한 손해배상책임을 부담한다고 판단하였다.

　자본시장법에서 금융투자업자를 정의하면서 인가·등록 요건을 요구하고 있는 취지를 고려하여 자본시장법상의 금융투자업자와 그렇지 않은 자(유사투자자문업자, 미등록 투자자문업자)를 구별할 필요성은 수긍할 수 있으나 한편 민법상의 불법행위책임을 인정할 수 있는 근거로서의 보호의무와 자본시장법상 적합성원칙과 설명의무와 같은 내용의 신의칙상 의무가 실제적으로 구별된다고 볼 수 있는지는 다소 의문인바, "그러한 내용의 신의칙상 의무를 인정할 수 없다"는 대법원 2012다46644 판결의 문구는 해당 사안의 구체적 사실관계[269]를 고려하여 신중하게 이해되어야 할 것으로 보인다.

3. 손해액의 산정

　1) 일반적으로 불법행위로 인한 손해배상책임은 고의·과실에 의한 위법한 가해행위가 존재할 뿐만 아니라 그로 인한 손해가 발생하여야 성

---

269) 피고 1은 유사투자자문업 신고를 마친 회사로서, 인터넷상 사이트에 가입한 고객들로부터 수수료를 받고 투자정보를 제공하는 영업을 하고 있고, 피고 2는 이 사건 사이트에서 증권투자 전문가로 활동하면서 인터넷 방송 등으로 고객들에게 투자정보를 제공하고, 피고 회사로부터 고객들이 지급한 가입료 중 50%를 배분받았다. 원고들은 이 사건 사이트의 이용약관에 동의하고 가입함으로써 피고 1과 이용계약을 체결하고, 위 사이트 중 피고 2가 운영하는 투자클럽의 유료회원이 되어 가입료를 지급하고 피고 2로부터 각종 투자정보를 제공받았다. 원고들은 피고 2가 제공한 정보에 따라 주식, 파생상품 등에 투자하였다가 손해를 입자 피고들을 상대로, 투자계약이 체결되었음을 전제로 한 채무불이행, 기망에 의한 불법행위, 자본시장법 위반의 불법행위 등을 이유로 손해배상을 구하였고(단 민법상 불법행위 청구는 하지 않은 것으로 보인다), 대법원은 위 법리에 따라 원고들의 청구를 모두 기각한 원심이 타당하다고 판단하였다.

립하는 것이므로, 원칙적으로는 위법행위 시에 성립하지만, 위법행위(가해행위) 시점과 손해발생 시점 사이에 시간적 간격이 있는 경우에는 손해발생 시점에 불법행위책임이 성립하고,[270] 이때 손해의 발생시점이란 손해가 현실적으로 발생한 때를 의미하며,[271] 현실적으로 손해가 발생하였는지 여부는 사회통념에 비추어 객관적이고 합리적으로 판단하여야 한다.[272]

일반적인 불법행위책임에서 '손해'란 '위법한 가해행위로 인하여 발생한 재산상 불이익', 즉 '그 위법행위가 없었더라면 존재하였을 재산상태와 그 위법행위가 가해진 현재의 재산상태의 차이'를 말하는 것으로 확립되어 있다.[273] 손해의 발생시점 즉 불법행위책임의 성립시점은 ① 불법행위로 인한 손해배상청구권의 지연손해금 기산점이자 소멸시효 기산점이 되고, ② 손해액 산정의 기준시점이 된다(위 시점까지의 회수액은 손해액 산정에 반영되지만, 위 시점 이후의 회수액은 손익상계의 대상이거나 변제액으로 취급된다).

2) 투자자보호의무 위반으로 인한 불법행위책임에서 손해를 파악하는 방법에 관하여는 차액설과 매수대금설(지급설)의 대립이 있는데, ① 차액설은, 위법한 투자권유로 인하여 투자자가 금융투자상품을 취득하기 위하여 지급한 금전 총액에서 그 금융투자상품의 처분 등으로 회수하였거나 회수할 수 있는 금전의 총액을 공제한 금액이 손해라는 견해로, 대금 지급 이후 손해가 현실적으로 발생한 때에 불법행위로 인한 손해배상청구권이 성립하게 되고, ② 매수대금설은, 위법한 투자권유로 인하여 투자자가 금융투자상품을 취득하기 위하여 지급한 금전 총액 그 자체가 손해라는 견해로, 대금을 지급한 때에 불법행위로 인한 손해배상청구권이 성립하게 된다.

자본시장법 제48조 제2항[274]은 차액설을 전제로 규정하고 있고, 대

---

270) 대법원 2016. 9. 30. 선고 2015다19117, 19124 판결 .
271) 대법원 2011. 7. 28. 선고 2010다74485 판결.
272) 대법원 2011. 7. 28. 선고 2010다76368 판결 등.
273) 대법원 2011. 7. 28. 선고 2010다74485 판결 등 다수.
274) 자본시장법 제48조(손해배상책임)

법원 2016. 9. 30. 선고 2015다19117, 19124 판결[275])도 "특정 투자를 목적으로 사모투자전문회사를 설립하여 무한책임사원 겸 업무집행사원이 된 자(이하 '사모투자전문회사의 설립·운용자'라고 한다)가 투자자들에게 투자참여를 권유하는 과정에서 계획된 투자대상 및 투자방법과 투자회수구조에 관하여 정확한 정보를 제공할 의무를 위반함으로 말미암아 사모투자전문회사의 유한책임사원으로 투자에 참여한 투자자가 입은 손해액은 사모투자전문회사의 지분을 취득하기 위하여 지급한 금전 총액에서 지분으로부터 회수하였거나 회수할 수 있는 금전의 총액을 뺀 금액(이하 '미회수금액'이라고 한다)이므로, 사모투자전문회사의 설립·운용자가 위와 같은 주의의무를 위반함에 따른 투자자의 손해는 미회수금액의 발생이 확정된 시점에 현실적으로 발생하고, 그 시점이 투자자가 사모투자전문회사의 설립·운용자에게 갖는 손해배상청구권에 대한 지연손해금의 기산일이 된다."고 하여 마찬가지 입장을 취하고 있다.

　　3) 결국 손해의 현실적 발생시점을 어떻게 볼 것인지, 구체적인 손해액은 어떻게 산정할 것인지의 판단은 개별 사안마다 해당 금융상품의 특성(만기의 유무), 구조와 내용(중도환매 허용 여부), 손해발생의 경위 등

---

② 금융투자상품의 취득으로 인하여 일반투자자가 지급하였거나 지급하여야 할 금전등의 총액에서 그 금융투자상품의 처분, 그 밖의 방법으로 그 일반투자자가 회수하였거나 회수할 수 있는 금전등의 총액을 뺀 금액은 제1항에 따른 손해액으로 추정한다.

275) 해당 사안의 원고는 KTB자산운용회사의 투자권유에 따라 위 자산운용회사가 설립한 사모투자전문회사에 20억 원을 출자하여 유한책임사원이 되었고, 위 사모투자전문회사는 원고 등의 투자금으로 중앙부산저축은행 주식 55%를 인수하였는데, 2012. 2. 중앙부산저축은행이 파산선고를 받음에 따라 원고가 자산운용회사를 상대로 손해배상을 구한 사건이다.
　　대법원은, 변론종결 시점에 가장 가까운 시기에 작성된 부산저축은행 파산관재인의 정기보고서에 기재된 총배당예상률을 적용하여 위 사모투자전문회사가 부산저축은행의 파산절차에서 회수할 수 있는 금액, 나아가 원고가 위 지분에 의하여 회수할 수 있는 금액을 산정한 원심의 조치는 정당하나, 부산저축은행이 파산선고를 받은 2012. 8. 16.에 위 지분의 취득에 따른 미회수금액의 발생이 확정되었으므로, 이때에 위 지분의 취득으로 인한 원고의 손해가 현실적으로 발생하였고, 따라서 위 시점이 피고들의 부정확한 정보 제공으로 인한 원고의 손해배상청구권에 대한 지연손해금의 기산일이라고 판단하여, 위 정기보고서 작성일을 지연손해금 기산일로 본 원심을 파기하고, 자판하였다.

을 종합하여 판단할 수밖에 없을 것인바, 판례 사안들을 소개하면 다음
과 같다.

① 투자신탁 사안에서 수익증권의 만기가 도래한 경우 원칙적으로
만기시를 손해의 현실적 발생시점으로 본다[주식펀드에 관한 **대법원 1999.
7. 9. 선고 98다45775 판결**[276]과 **대법원 2005. 7. 15. 선고 2003다28200 판결**,[277]
외국국채펀드에 관한 **대법원 2003. 7. 11. 선고 2001다11802 판결**[278] 등].

② 수익증권을 만기 전에 환매한 경우에는, 그 중도환매시점이 손해
의 현실적 발생시점이 된다[장외파생상품 펀드에 관한 **대법원 2011. 7. 28. 선
고 2010다76368 판결**[279]]. 만기 전에 사실상 투자신탁의 청산을 종료한 사

---

276) 투자신탁회사(Y)의 수익보장약정에 따라 주식형 수익증권을 매수한 투자자(X)
가 주가하락으로 손실을 입자 Y를 상대로 투자자보호의무 위반을 이유로 손해배
상을 구한 사건이다.
　　대법원은, 원금손실분 산정을 위한 수익증권 가치의 평가는 만기일을 기준으로
하여야 하고 투자자(X)가 현실적으로 이를 출급받은 날을 기준으로 할 것은 아니
라고 하였다.
277) 신용협동조합(X)이 투자신탁회사(Y)의 수익보장약정에 따라 주식형 수익증권(애
초 공사채형이었는데 주식형으로 전환됨)을 매수하였다가 주가하락으로 손실이 발
생하자 Y를 상대로 투자자보호의무 위반을 이유로 손해배상을 청구한 사건이다.
　　대법원은, "원고는 피고의 불법행위가 없었더라면 이 사건 수익증권에 투자한
원금을 적어도 연 8% 이상이 보장되는 안정적 금융상품에 투자하였을 것으로 보
인다"는 판단 하에 '예탁원금+연 8% 수익(일실수익)－수익증권 평가액'을 손해로
보고 투자신탁의 만기일을 기준으로 이를 산정한 원심이 정당하다고 하였다.
278) 투자신탁회사(Y)가 1996. 11. ~ 1997. 1. 러시아 단기국채를 주된 투자대상으로
하는 만기 2~3년의 펀드를 설립하여 그 수익증권을 일반인(X)에게 판매하였다가
1998. 8. 러시아의 지불유예(moratorium) 선언 및 채무재조정으로 수천억 원의 손
실이 발생하자 X가 Y를 상대로 투자자보호의무 위반을 이유로 제기한 손해배상청
구 사건이다.
　　대법원은, '수익증권 매입원금＋매입일부터 원고들이 수익증권 상환을 청구한
투자신탁 만기일까지 시중 정기예금 이자 상당액(일실수익)－기수령 이익분배금(회
수금액)'을 손해로 보고 투자신탁(펀드)의 만기일을 기준으로 이를 산정한 원심이
정당하다고 하였다.
279) 해외증권사 발행의 장외파생상품에 신탁재산의 대부분을 투자하는 투자신탁상
품(우리파워인컴펀드)을 매수한 투자자들(X)이 매분기 확정수익금이 지급되는 안전
한 상품이라는 애초 설명과 달리 수익률의 급격한 악화로 상당한 규모의 원금손실
이 현실화되자 자산운용회사(Y1)와 판매회사(Y2)를 상대로 손해배상을 구한 사건
이다.
　　투자신탁기간 6년 동안 매분기마다 '국공채금리＋연1.2%'의 확정수익금이 지급
되지만 만기상환금은 기초자산에 편입된 세계 각국의 112개 종목 주식의 주가(장

안에서 사실상의 청산종료시점을 손해의 현실적 확정시점으로 보는 것(선
박펀드에 관한 대법원 2015. 9. 10. 선고 2013다59890 판결[280]) 역시 마찬가
지의 법리이다.

③ 반면, 만기가 미도래하였고, 만기 전에 환매에 의하여 손해를 확
정시키지도 않은 경우에는 손해가 아직 현실적·확정적으로 발생하였다
고 볼 수 없다는 이유로 손해배상청구를 기각한 예도 있다[장외파생상품에
관한 대법원 2011. 7. 28. 선고 2011다13784 판결[281]].

④ 만기일 또는 중도환매일을 기준으로 수익증권의 잔존가치를 확
정할 수 없을 때에는 만기일 이후 또는 중도환매일 이후로서 수익증권의
잔존가치 산정이 가능한 때를 손해의 현실적 발생시점으로 본다[부동산 펀
드에 관한 대법원 2013. 1. 24. 선고 2012다29649 판결[282]].

외파생상품 발행일부터 3년이 경과된 시점부터 만기까지 3년 동안 매주 목요일의
주가)에 의하여 결정되는 것이어서 원금손실의 위험이 있었고, 실제로 원금손실의
위험이 구체화됨으로써 Y2로부터 손실을 줄이기 위한 환매를 권유받자 X가 소를
제기한 사안이었다.
　　대법원은, 투자신탁의 만기시 또는 만기 전 환매시에 손해가 현실적으로 발생
한 것으로 보면서, 다만 위 사건의 경우 사실심 변론종결시까지 만기가 도래하지
않은 상태였고, 따라서 변론종결시까지 환매한 원고들의 청구는 인용하였으나 환
매하지 않고 있던 원고들의 청구는 손해가 확정되지 않았음을 이유로 기각하였다.
280) 선박펀드(투자금으로 선박을 매수하여 용선함으로써 수익이 발생하는 펀드)의
투자자(X)가 2008년 금융위기에 따른 용선료 하락으로 손실이 발생한 채로 만기가
도래하자 자산운용회사(Y)를 상대로 투자자보호의무 위반을 이유로 손해배상을 구
하는 사건이다.
　　대법원은, 투자신탁 만기(수익자총회로 만기 연장) 도래 전이더라도 사실상
청산이 완료된 시점(선박이 매각되고 용선사업이 중단됨으로써 더 이상의 수익창
출이 불가능해진 시점)을 손해의 현실적 발생시점으로 본 원심판단이 정당하다고
하였다.
281) 2010다76368 판결과 동일한 펀드에 관한 것으로서, 사실심 변론종결시까지 만기
가 도래하지 않았고, 환매도 하지 않아서 원고들의 청구가 모두 기각된 사안이다.
282) 자산운용회사(Y)가 수탁회사(Z)를 통하여 신탁재산을 뉴질랜드의 부동산개발사
업에 투자[시행사(A)에 대여]하였는데 A가 부도를 내고 청산절차에 들어감으로써
투자자(X)에게 수익금을 지급하지 못하게 된 사안이다.
　　대법원은, 투자자의 손해는 수익증권의 만기일 이후 또는 중도환매가 허용되는
경우에는 환매일 이후로서 수익증권의 잔존가치의 산정이 가능한 때에 확정되므
로, 그때가 투자자가 입은 손해가 현실적·확정적으로 발생한 시점으로서 불법행
위로 인한 손해배상청구권의 지연손해금 기산일이 된다고 하였다.

⑤ 만약 금융투자상품을 취득하기 위하여 금전을 지급할 당시에 미회수금액의 발생이 이미 객관적으로 확정되어 있었다면, 금융투자상품을 취득하기 위하여 금전을 지급한 시점이 금융투자업자에 대한 손해배상청구권의 지연손해금 기산일이 된다(부산저축은행 발행의 전환우선주식을 인수한 주식형 투자신탁에 관한 대법원 2018. 9. 28. 선고 2015다69853 판결, 앞서 본 대법원 2015다19117 판결 사안과 동일한 사실관계로, 투자원금 전부가 투자자들의 손해액이고 부산저축은행의 재정상태에 비추어 투자금을 지급할 당시에 이미 그 손해가 객관적으로 확정되었으므로, 투자금 지급일이 손해배상청구권의 지연손해금 기산일이라고 보았다).

⑥ 특정금전신탁의 경우에도 신탁회사의 고객보호의무 위반으로 인해 고객이 입은 손해액은 차액설에 따라 신탁금액에서 신탁계약에 따라 회수하였거나 회수할 수 있는 금전의 총액을 뺀 "미회수금액"이라 할 것이다. 이에 따라 대법원은, D회사 발행의 단기사채 매입에 100% 투자하는 특정금전신탁계약을 체결하였는데 D회사에 대해 회생절차가 개시되고 회생계획이 인가된 경우, "회생계획이 인가된 시점에 미회수금액의 발생이 확정되어 투자자의 손해가 현실적으로 발생"하였고, 신탁금액에서 공제하여야 하는 돈, 즉 수익권에 기해 회수할 수 있는 금전의 액수도 위 미회수금액 확정 시점을 기준으로 산정해야 한다고 하였다(대법원 2018. 6. 15. 선고 2016다212272 판결).

제2절 증권관련 집단소송

1. 개   괄

「증권관련 집단소송법」(이하 '집단소송법'이라 한다)은 대량으로 발행·유통되는 증권과 관련하여 불법행위가 자행되면 집단적인 피해를 발생시키는 반면 개별 피해자의 손해 규모는 상대적으로 작아 피해자 개개인이 소송을 통하여 구제받는 것을 기대하기 어려운 점을 고려하여 투자자의 피해를 효율적으로 구제함과 아울러 이를 통하여 기업의 경영투명성을 확보하기 위하여 2004. 1. 20. 제정되어 2005. 1. 1.부터 시행되고 있는 법으로, 제3조에서 자본시장법의 일부 조항을 위반한 경우에 한정하여 증권관련 집단소송을 허용하고 있다.

제정 당시 남소를 우려하였던 것이 무색할 정도로 그 이용이 저조하였는데,[283]·[284] 이는 법에서 요구하는 소송허가 요건이 까다롭고 소송허가 결정에 장기간이 소요되는 재판현실에 기인한 면이 없지 않았다. 그러나 대법원은 2015년 증권관련 집단소송의 허부를 다투는 사건(한화증권 ELS 사건인 대법원 2015. 4. 9.자 2013마1052, 1053 결정 및 한국투자증권 ELS 사건인 대법원 2015. 4. 9.자 2014마188결정)에서 소송을 허가하지 않았던 원심을 파기하면서 소송허가요건을 적극적으로 해석하는 태도를 보여주었다. 나아가 대법원 2018. 7. 5.자 2017마5883 결정에서는 소송허가 사건에서의 대표당사자 요건 및 총원범위 변경에 관하여 지나치게 엄격하게 해석하는 것을 경계하면서 피해자 구제를 위한 집단소송법의 취지를 살리고 집단소송의 허용범위를 가능한 넓히고자 하는 의미 있는 판시를 하였다. 한편, 씨모텍 유상증자와 관련하여 증권신고서에 부실기재가 있었음을 이유로 구 자본시장법 제125조 제1항에 따른 손해배상책임을 주장하며 집단소송을 제기하였던 사안에서 피해자들 승소의 본안판결이 대법원에서 비로소 확정되었다는 점도 의미가 있다(대법원 2020. 2. 27. 선고 2019다223747 판결).

2. 적용범위(집단소송법 제3조)

증권관련집단소송은 ① 자본시장법 제125조(거짓의 기재 등으로 인한 배상책임)에 따른 손해배상청구, ② 자본시장법 제162조(거짓의 기재 등에 의한 배상책임)에 따른 손해배상청구, ③ 자본시장법 제175조(미공개중요정

---

283) 김홍기, "금융소비자 보호를 위한 집단소송제도의 개선방안: 최근 증권관련 집단소송법의 개정 논의를 중심으로", 상사법연구 제33권 제2호, 한국상사법학회 (2014), 271면.

284) 집단소송법이 시행된 2005. 1. 1.이후 2018.경까지 제기된 증권관련집단소송은 약 10건에 불과하다고 한다[서아람, "증권관련집단소송의 소송허가 절차에서 대표당사자 일부가 결격된 경우 법원이 취할 조치", 대법원판례해설 제117호, 법원도서관(2019), 551면].

보 이용행위의 배상책임), 제177조(시세조종의 배상책임) 또는 제179조(부정거래행위 등의 배상책임)에 따른 손해배상청구, ④ 자본시장법 제170조(회계감사인의 손해배상책임)에 따른 손해배상청구에 한정하여 제기할 수 있다(집단소송법 제3조 제1항). 이러한 손해배상청구는 주권상장법인이 발행한 증권의 매매 또는 그 밖의 거래로 인한 것이어야 한다(집단소송법 제3조 제2항). 그런데, 집단소송법 제12조 제1항 제2호는 위에서 정한 "제3조 제1항 각 호의 손해배상청구로서 법률상 또는 사실상의 중요한 쟁점이 모든 구성원에게 공통될 것"을 소송허가 요건으로 요구하고 있어서[쟁점공통성], 불가피하게 소송허가절차에서 문제의 손해배상청구의 당부에 대한 사실상의 본안판단이 전제로서 요구되는 측면이 있다.

2015년에 대법원이 원심을 파기하고 집단소송을 허가한 두 건의 결정이 모두 그와 같은 유형이다.

먼저 한화 ELS 사건이다(대법원 2015. 4. 9.자 2013마1052, 1053 결정). 한화증권이 발행한 ELS(포스코 보통주와 에스케이 보통주를 기초자산으로 한 주가연계증권)를 매수한 투자자들이, 한화증권이 ELS의 상환금 위험을 회피하기 위해 캐나다은행(Royal Bank Oh Canada)과 스왑계약을 체결하여 백투백 헤지를 하였는데 캐나다은행이 만기에 에스케이 보통주를 대량으로 매도함에 따라 결국 상환조건을 충족하지 못하여 원금의 약 74%만을 지급받게 되었고, 이에 자본시장법 제178조 제1항 제1호의 부정거래행위에 해당한다는 등의 이유로 집단소송의 허가를 구한 사건이다.

한국투자증권 ELS 사건(대법원 2015. 4. 9.자 2014마188 결정) 역시 투자자들이 백투백 헤지를 담당한 도이치방크아게를 상대로 동일한 내용을 주장하며 집단소송을 제기하여 그 소송허가가 문제되었는데, 위 사건 원심은 한화 ELS 사건의 원심과 동일하게 소송허가신청을 불허하였다.

위 두 사건 모두, 투자자들의 주장과 같이 자본시장법 제179조에 따른 손해배상청구(제178조를 위반한 자는 … 손해를 배상할 책임을 진다)가 가능한지 여부가 쟁점이 되었다. 구체적으로 살펴보면, 투자자들의 주장, 즉 피고가 헤지와 무관하게 단지 상환조건 성취를 막기 위한 목적으로 기초자산을 대량으로 매도하여 행사가격 이하로 가격이 결정되도록 하는 행위를 하였다면, 그 행위의 '부정성'은 충분히 인정될 것이므로 자본시장법 제178조 제1항 제1호의 부정거래행위에 해당하게 될 것인지만, 한편, 자본시장법 제179조는 '제178조의 위반행위로 인하여 금융투자상품의 매매 그 밖의 거래를 한 자'가 손해배상을 청구할 수 있다고 규정되어 있는데, 위 사건의 투자자들은 피고측(캐나다은행 또는 도이치방크아게)의 행위로 인해 ELS를 취득하거나 처분하는 등의 거래를 한 것이 아니라, 그 행위 이전에 ELS를 매수하여 보유하고 있었던 자들일 뿐이어서, 그 요건을 충족하지 못하는 것이 아닌가 하는 점이 문제되었던 것이다.

위 두 사건의 원심(서울고등법원 2013. 5. 31.자 2012라764, 765 결정 및 서울고등법원 2014. 1. 13.자 2013라1426 결정)은, "투자자들이 2008. 4. 25. 이 사건 주가연계증권을 취득한 이후 만기까지 소극적·수동적으로 보유하고 있었을 뿐 상대방이 2009. 4. 22. 그 기초자산인 에스케이 보통주를 대량으로 매도한 행위로 인하여 이 사건 주가연계증권을 매매·교환하거나 담보로 제공하는 등 적극적으로 거래한 사실이 없으므로 자본시장법 제179조에 따른 손해배상청구권을 행사할 수 없다"고 보아 이 사건 소송허가신청은 집단소송법 제3조의 요건을 갖추지 못하였다고 판단하였다. 이에 투자자들은 재항고하면서, 자본시장법상 '계약'과 '거래'는 구별되는 개념으로 ELS의 경우 계약체결만으로 거래가 끝나는 것이 아니고 만기에 기초자산의 수준에 따라 금전 등을 수수하는 것까지를 ELS 거래라고 볼 수 있고, ELS와 같은 파생결합증권이나 옵션 등의 파생상품거래는 거래 개시 이후 만기일 또는 청산일에 중요한 거래조건이 결정되기 때문에 거래의 개시 이후 위반행위가 있고 그 위반행위로 중요한 거래조건에 영향을 가하였을 경우 위반행위와 거래인과관계가 인정될 수 있다고 주장하였다.

대법원은, "어느 행위가 금융투자상품의 거래와 관련하여 자본시장법 제178조에서 금지하고 있는 부정행위에 해당하는지 여부는, 해당 금융투자상품의 구조와 거래방식 및 거래경위, 그 금융투자상품이 거래되는 시장

의 특성, 그 금융투자상품으로부터 발생하는 투자자의 권리·의무 및 그
종료 시기, 투자자와 행위자의 관계, 행위 전후의 제반 사정 등을 종합적
으로 고려하여 판단하여야 한다. 따라서 특정 시점의 기초자산 가격 또는
그와 관련된 수치에 따라 권리행사 또는 조건성취의 여부가 결정되거나
금전 등이 결제되는 구조로 되어 있는 금융투자상품의 경우에 사회통념상
부정하다고 인정되는 수단이나 기교 등을 사용하여 그 금융투자상품에서
정한 권리행사나 조건성취에 영향을 주는 행위를 하였다면, 이는 그 금융
투자상품의 거래와 관련하여 부정행위를 한 것으로서 자본시장법 제178조
제1항 제1호를 위반한 행위에 해당하고, 그 위반행위로 인하여 그 금융투
자상품의 투자자의 권리·의무의 내용이 변경되거나 결제되는 금액이 달
라져 투자자가 손해를 입었다면 그 투자자는 그 부정거래행위자에 대하여
자본시장법 제179조 제1항에 따라 손해배상을 청구할 수 있다."고 한 다
음, 이 사건 ELS는 투자자에게 상환될 금액이 기초자산의 상환기준일 종
가에 따라 결정되는 구조로 되어 있으므로, 상대방이 자본시장법 제178조
제1항 제1호를 위반하여 기초자산인 에스케이 보통주의 주가를 인위적으
로 하락시킴으로써 이 사건 ELS의 상환조건 성취가 무산되었고 그로 인
해 이 사건 ELS를 보유한 투자자들이 만기에 투자금 중 일부만을 상환받
아 손해를 입었다고 주장하며 손해배상을 구하는 피해자들의 청구는 자
본시장법 제179조 제1항의 손해배상청구에 해당한다고 보아 두 사건 모
두 원심을 파기하였다.

　　증권 관련 손해배상청구에서 인과관계를 거래인과관계와 손해인과관
계로 구분하는 것은 미국 증권 판례의 이론을 반영한 것으로서, 여기서
거래인과관계(transaction causation)는 피해자가 그 거래를 하게 된 이유가
상대방의 위법한 행위 때문이었는지에 관한 것이고, 손해인과관계(loss
causation)는 피해자가 그 거래로 인하여 입은 손해가 상대방의 위법행위
로 인한 것인지에 관한 것을 말한다.[285] 기망 등을 이유로 한 민법상의

285) 임재연, 자본시장법, 박영사(2020), 1089면.

손해배상청구소송에서는 위법행위가 대부분 대면 거래를 중심으로 발생하기 때문에 상대방의 신뢰는 당연히 존재하는 것으로 간주되어 특별히 거래인과관계가 문제되지 않지만, 증권거래와 관련한 불공정행위는 통상 증권시장을 통하여 투자자와 직접적인 대면 없이 대량으로 이루어지기 때문에 전통적인 인과관계를 그대로 적용하여 직접적인 신뢰를 요구하는 경우 그 증명이 쉽지 않다. 따라서 증권 거래와 관련한 투자자의 피해 구제를 위하여는 거래인과관계 인정 범위를 적절히 조절하거나 증명책임을 완화 또는 전환할 필요성이 있다.[286] 비교법적으로 미국에서도 시장사기이론(Fraud on the Market Thoery)[287] 등을 통해 투자자의 신뢰를 추정하여 거래인과관계의 증명책임을 완화하고 있다.[288]

　　자본시장법 제179조 제1항의 법문은, 미공개중요정보 이용행위에 관한 손해배상책임을 규정한 자본시장법 제175조 제1항 및 시세조종의 배상책임을 규정한 자본시장법 제177조 제1항과 달리, "그 위반행위로 인하여(… 거래를 한 자)"라는 문구를 삽입하고 있어서 거래인과관계의 존재를 요구하고 있는 것으로 해석할 수밖에 없다. 그러나 이 사건과 같은 ELS 상품의 특성상, '거래'라 함은 최초로 ELS 상품을 매수하는 것만을 가리키는 것이 아니라 ELS 만기일에 상환금을 지급하고 계약을 청산하는 과정도 하나의 '거래'로 볼 수 있다고 할 것이므로, 이 사건 투자자들은 자본시장법 제179조 제1항에 따라 손해배상을 청구할 수 있다고 이해하는 것이 타당하다. 이러한 해석이 자본시장법 제178조와 제179조의 입법취지에도 부합한다.

---

286) 김상연, "자본시장법 제179조 제1항에 따른 손해배상청구권자의 범위", 대법원 판례해설 제103호, 법원도서관(2015), 296면.
287) 완전하고 효율적인 시장에서는 회사와 관련된 중요한 정보가 시장에 알려지는 즉시 주가에 반영된다는 경제학 이론(효율적 시장가설)을 전제한다면, 중요사항의 허위기재 또는 기재누락은 시장주가를 부당하게 끌어올리는 효과가 있고, 이러한 시장주가가 적정한 것으로 믿고 거래한 자는 감사보고서 부실공시에 책임이 있는 외부감사인 등으로부터 사기를 당한 것으로 볼 수 있다는 것이다[한국공인회계사회·법무법인(유) 율촌, 외부감사인의 책임한계, 한국공인회계사회(2018), 20－21면].
288) 임재연, 미국증권법, 박영사(2009), 361면.

대법원 역시 이와 같이 보아 투자자들의 소송허가를 받아들이는 취지로 원심을 파기하였고, 이후 위 두 사건의 소송허가는 확정되었다. 한화 ELS 사건은 1심에서 화해로 종결되었고(서울중앙지방법원 2010가합1604호 사건[289]), 한국투자증권 ELS 사건은 서울중앙지방법원 2017. 1. 20. 선고 2012가합17061 판결에 다라 원고 승소로 종결되었다(피고의 항소 취하).

이처럼 집단소송의 적용범위를 제한함에 따라 불가피하게 소송허가의 당부를 판단하기 위해 주장되는 손해배상청구의 당부에 관하여도 사실상의 판단이 선행되는 측면이 있었고, 그 과정에서 증권관련 집단소송의 본안소송보다 그 소송허가절차에 더 오랜 시간이 소요되었던 현실은 아쉬운 측면이 있었다. 이에 위 두 사건의 결정이 있었던 때로부터 약 1년 후의 씨모텍 집단소송의 소송허가에 관한 **대법원 2016. 11. 4.자 2015마4027 결정**에서, 집단소송법의 규정 체계가 소송허가절차와 그 집단소송의 본안소송절차를 분리하고 있음을 들어 "소송허가절차에서 대표당사자가 소명할 대상은 소송허가요건이고, 본안소송절차에서 다루어질 손해배상책임의 성립 여부 등은 원칙적으로 소송허가절차에서 심리할 대상이 아니다."는 점을 분명히 한 다음, "다만, 법원은 증권관련 집단소송법 제12조 제1항 제2호에 정한 '제3조 제1항 각 호의 손해배상청구로서 법률상 또는 사실상의 중요한 쟁점이 모든 구성원에게 공통될 것'이라는 소송허가요건이 충족되는지를 판단하는 데에 필요한 한도 내에서 손해배상청구의 원인이 되는 행위 등에 대하여 심리를 할 수 있다."고 판시한 것은 반가운 일이다.

이에 따라 대법원은, 씨모텍 사건의 원고들이 피고가 자본시장법 제125조의 손해배상책임을 부담한다고 주장하면서 집단소송을 제기하고 그 소송허가를 구하는 경우, 원고들의 주장이 그 자체로 명백하게 집단소송법의 적용범위에 해당하지 아니한다고 볼 수 없는 이상 피고가 자본시장법 제125조 제1항 제5호에 따른 손해배상책임을 부담하는지 아닌지는 추

---

289) 종합법률정보시스템의 사건검색 결과 2017. 2. 15. 화해로 사건이 종국된 것으로 검색된다.

후 본안소송에서 심리할 대상일 뿐 소송허가 단계에서 심리하여야 할 사항이 아니라고 보았다.

3. 소송허가 요건(집단소송법 제12조)

1) 증권관련 집단소송을 진행하기 위해서는 집단소송법 제12조[290]의 요건[다수성, 쟁점의 공통성, 적합성 및 효율성 등]을 갖추어 법원의 허가를 받아야 한다. 증권 관련 집단소송은 구성원들의 명시적 위임 없이 대표당사자가 구성원을 대표하여 소송을 수행하고, 구성원이 제외신고를 하지 않는 한 그 확정판결의 효력이 소송에 참가하지 아니한 구성원에게도 미치게 되므로, 법원이 주도적으로 제소를 비롯한 소송절차를 감독하여 대표당사자가 아닌 구성원들의 이익이 부당히 침해되지 않도록 할 필요성이 있기 때문이다.

집단소송법 제12조 제1항 각호의 해석과 관련하여 씨모텍 집단소송 허가사건(대법원 2016. 11. 4.자 2015마4027 결정)에서 의미 있는 판시가 있었으므로, 차례로 살펴본다.

① 집단소송법 제12조 제1항 제1호(…그 구성원이 보유하고 있는 증권의 합계가 '피고 회사'의 발행 증권 총수의 1만분의 1 이상일 것)의 해석과 관련하여, 집단소송법 제3조에 정한 증권관련 집단소송의 적용 범위에 속하는 손해배상청구의 상대방이 될 수 있는 자가 반드시 증권 발행회사에 한정되지 않는 점, 집단소송법이 토지관할을 피고의 보통재판적 소재지를

---

290) 집단소송법 제12조(소송허가 요건)
　① 증권관련집단소송 사건은 다음 각 호의 요건을 갖추어야 한다.
　　1. 구성원이 50인 이상이고, 청구의 원인이 된 행위 당시를 기준으로 그 구성원이 보유하고 있는 증권의 합계가 피고 회사의 발행 증권 총수의 1만분의 1 이상일 것
　　2. 제3조제1항 각 호의 손해배상청구로서 법률상 또는 사실상의 중요한 쟁점이 모든 구성원에게 공통될 것
　　3. 증권관련집단소송이 총원의 권리 실현이나 이익 보호에 적합하고 효율적인 수단일 것
　　4. 제9조에 따른 소송허가신청서의 기재사항 및 첨부서류에 흠이 없을 것
　② 증권관련집단소송의 소가 제기된 후 제1항 제1호의 요건을 충족하지 못하게 된 경우에도 제소의 효력에는 영향이 없다.

관할하는 지방법원 본원 합의부의 전속관할로 규정하면서도(제4조) 동일
한 분쟁에 관한 여러 개의 증권관련 집단소송의 소송허가신청서가 각각
다른 법원에 제출된 경우 관계 법원에 공통되는 바로 위의 상급법원이
결정으로 심리할 법원을 정하도록 규정함으로써(제14조 제2항) 동일한 분
쟁에 관하여 증권 발행회사 외에도 집단소송법 제3조에 정한 손해배상청
구의 상대방이 될 수 있는 다른 채무자를 상대로 증권관련 집단소송이
제기될 수 있음을 전제하고 있는 점 등을 종합하면, 입법자의 의사가 증
권관련 집단소송의 피고를 증권 발행회사만으로 한정하려는 것이라고 볼
수 없으므로, 집단소송법 제12조 제1항 제1호에서 말하는 '피고 회사'는
그 문언에도 불구하고 '구성원이 보유하고 있는 증권을 발행한 회사'라고
해석함이 타당하다.

② 집단소송법 제12조 제1항 제2호에서 규정한 쟁점공통성의 요건
은 모든 구성원의 청구원인 가운데 중요사실이 공통되면 충족되는 것
이고, 각 구성원의 청구에 약간의 다른 사실이 존재한다거나 개별 구성
원에 대한 항변사항이 존재한다는 사정만으로 위 요건이 흠결된다고 볼
수 없다.

③ 집단소송법 제12조 제1항 제3호는 소송허가요건의 하나로 '증권
관련 집단소송이 총원의 권리실현이나 이익보호에 적합하고 효율적인 수
단일 것'을 규정하고 있으므로 다수 구성원들의 피해 회복을 위하여 소송
경제상 집단소송이 다른 구제수단보다 경제적일 것이 요구된다.

④ 한편, 법원이 집단소송을 허가하는 결정서에는 집단소송법 제15
조 제2항 각호의 사항을 적어야 하는데 그중 '총원의 범위'는, 증권 발행
회사, 증권의 종류, 발행시기, 피해의 원인이 된 증권의 거래행위 유형,
피해기간 등을 특정하는 방법으로 확정하되, 소송허가결정 확정 후 지체
없이 총원을 구성하는 구성원에게 소송허가결정을 고지하여야 하는 점을
고려할 때 관련 자료에 의하여 특정인이 구성원에 해당하는지를 판단할
수 있을 정도로 명확하여야 한다.

나아가 총원의 범위를 특정하는 방법은 원칙적으로는 개별 사안에

따라 다를 수 있겠으나, 일단 대법원은 "대표당사자가 선택한 방법이 특히 불합리하다거나 그 방법에 의하여 총원의 범위를 확정하는 것이 불가능하다는 등의 특별한 사정이 없는 한 대표당사자가 선택한 방법에 따라 총원의 범위를 확정할 수 있다"고 하여 일응의 지침을 제시하였다.[291] 대법원 결정에서 상세하게 설명하였듯, 구성원이 문제가 되는 주식을 취득하였다가 일부를 처분한 경우에 손해배상을 구하는 주식의 특정이 문제될 수 있는데, 선입선출법(먼저 취득한 주식을 먼저 처분한 것으로 의제) 또는 후입선출법(나중에 취득한 주식을 먼저 처분한 것으로 의제) 등의 방법에 따라 총원의 범위와 손해액의 규모에 차이가 생길 수 있지만, 기본적으로 집단소송의 허가 단계에서 총원의 범위는 구성원의 특정이 가능할 정도로 명확하면 되는 것이기 때문에 대표당사자가 선택한 방법에 따라 총원의 범위가 명확하게 확정되기만 한다면, 이를 배척할 이유가 없을 것이다.

2) 대표당사자가 되기 위해 집단소송의 소를 제기하는 자는 소장과 소송허가신청서를 법원에 제출해야 하고, 법원은 소를 제기한 자와 구성원 중에서 대표당사자를 선임한다. 이에 따라 수인의 대표당사자들이 선임되었는데, 만약 그 중 중 일부가 소송허가절차 진행 중에 총원의 범위가 변경됨에 따라 더 이상 구성원이 아니게 되고 따라서 대표당사자가 아니게 된다면, 법원은 어떠한 조치를 취해야 하는가.

유안타 증권으로부터 ㈜동양 발행의 회사채를 취득한 자들이, 회사채의 증권신고서와 투자설명서에 거짓의 기재가 있으므로 자본시장법 제125조에 따른 손해배상청구를 하겠다고 주장하며 집단소송을 제기한 소송허가 사건에서, 1심이 '쟁점 공통성' 요건이 결여되었다는 이유로 허가를 기각하자, 이에 항고하면서 원심에 이르러 총원의 범위를 축소하겠다고 신청하였다. 이에 원심은, 총원범위 축소에 따라 대표당사자 중 2인이 구성원이 될 수 없게 된 이상, 집단소송법 제11조[292]의 요건을 충족하지

291) 진상범, "증권관련 집단소송의 소송허가요건", BFL 제83호, 서울대학교 금융법센터(2017), 94면.
292) 집단소송법 제11조(대표당사자 및 소송대리인의 요건)

못한다는 이유로 항고를 기각하였다. 그러나 대법원 2018. 7. 5.자 2017
마5883 결정은, ① 1인의 대표당사자만 있어도 증권관련집단소송을 수행
할 수 있는 점, ② 법원은 소 제기자와 대표당사자 선임신청을 한 구성
원 중 요건을 갖춘 자를 대표당사자로 선임할 수 있는 점, ③ 법원은 총
원의 범위를 조정하여 증권관련집단소송을 허가할 수 있는 점 등을 근거
로, "집단소송법 제10조 제4항에 따라 법원이 대표당사자로 선임한 자가
대표당사자로서 요건을 갖추지 못한 사실이 밝혀지거나, 소송허가 절차에
서 대표당사자들이 총원 범위 변경 신청을 하였고 대표당사자들 가운데
일부가 변경 신청된 총원 범위에 포함되지 않게 된 경우, 법원은 대표당사
자의 요건을 갖추지 못한 자를 제외하고 증권관련집단소송의 소를 제기한
자 및 대표당사자가 되기를 원하여 신청서를 제출한 구성원 중 법에 정한
요건을 갖춘 자로서 대표당사자를 구성할 수 있는지 여부 및 그 증권관련
집단소송의 소송허가 신청이 법 제3조(적용 범위)와 제12조(소송허가 요건)의
요건을 갖추었는지 여부를 심리하여, 소송허가 신청이 위와 같은 요건을
갖추었다면 증권관련집단소송을 허가하여야 한다."고 하여, 구성원이 될
수 없게 된 2인을 제외하더라도 다른 대표당사자인 재항고인 A 등이 구
성원으로 남아 있는 이상 소송을 불허할 수는 없다고 보아 원심을 파기
하였다. 이에 따라 환송 후에 소송이 허가되었고(재항고되었으나 심리불속
행으로 기각되었다) 2021. 7. 현재 집단소송의 본안소송이 서울중앙지방법
원 2014가합31627호로 진행 중이다.

4. 증권관련 집단소송의 본안 판결

　　앞서 본 바와 같이 씨모텍 사건의 집단소송 허가가 대법원의 재항
고기각 결정으로 확정된 때로부터 약 2년만에 씨모텍 집단소송의 본안소
송의 제1심 판결이 선고되었고, 결국 본안소송 제소 이후 거의 10년 만

---

① 대표당사자는 구성원 중 해당 증권관련집단소송으로 얻을 수 있는 경제적 이
　익이 가장 큰 자 등 총원의 이익을 공정하고 적절하게 대표할 수 있는 구성원
　이어야 한다.

에 대법원에서 투자자들 승소의 원심 판결이 상고기각으로 확정되었다(대
법원 2020. 2. 27. 선고 2019다223747 판결, 서울고등법원 2019. 2. 15. 선고
2018나2045009 판결, 서울남부지방법원 2018. 7. 13. 선고 2011가합19387 판결).

본안소송에서는 씨모텍 유상증자 당시 대표주관회사 겸 증권인수인
이었던 피고가 자본시장법 제125조 제1항의 '거짓 기재'를 하였다는 이유
로 씨모텍 발행주식을 취득한 구성원들에 대해 손해배상책임을 부담하는
지 여부가 쟁점이 되었는데, 원심은 기왕의 법리를 바탕으로 피고의 책
임을 인정하되 손해분담의 공평이라는 손해배상제도의 이념에 비추어 피
고의 책임을 10%로 제한하였고, 대법원 역시 이와 같은 원심판단이 타당
하다고 하였다.

제3절 외부감사인의 책임

1. 개   괄

2011년 삼화저축은행을 시작으로 2013년까지 29개 저축은행이 연이
어 영업정지 되었던 소위 상호저축은행 부실사태[293]는 민·형사적으로
다수의 판결을 이끌어 내었다. 저축은행 임원진 개개인에 대하여 특가법
위반(배임), 특가법위반(횡령), 상호저축은행법위반 등의 형사책임을 묻는
판결들이 있었고(본 글에서는 다루지 아니한다), 민사적으로는 상호저축은행
의 파산에 따라 파산관재인이 된 예금보험공사가 책임자(주로 임원진)를
상대로 선관주의의무 위반 등을 이유로 손해배상청구를 하거나, 저축은행
발행의 주식, 후순위사채 등을 취득한 투자자들이 원고로서, 저축은행 본
인에 대하여는 자본시장법 제125조 제1항(또는 민법 제750조)을, 외부감사
인에 대하여는 자본시장법 제170조 제1항과 그에 따라 준용되는 구 외부
감사법(2017. 10. 31. 법률 제15022호로 전부 개정되기 전의 법, 이하 특별한 언
급이 없으면 같다)[294] 제17조 제2항(또는 민법 제750조)을 근거로 저축은행

---

293) 최원재, "저축은행 사태 관련 제도·정책 연구", 고려대학교 법과대학원 석사학
위논문(2019), 78면.
294) 현재 시행되고 있는 「주식회사 등의 외부감사에 관한 법률」('외부감사법')은, 1980.
12. 31. 법률 제3297호로 제정되어 시행되었던 「주식회사의 외부감사에 관한 법률」

재무제표 등에 분식회계가 있음을 이유로, 증권신고서 중 '중요사항의 거
짓 기재' 및 증권신고서 등에 첨부된 감사보고서의 '거짓 기재' 등을 주장
하며 책임을 묻는 사안이 병존하였다[다만 이 경우 외부감사인의 자본시장법
상 책임은 단기제척기간(3년)이 도과되는 경우가 많았다].

2. 외부감사인의 책임에 관한 규정

외부회계감사는, 감사인이 기업의 감사대상인 재무제표가 재무상태
와 경영성과, 현금흐름 및 기타 재무정보를 회계기준에 따라 적정하게
표시하고 있는가의 여부에 대한 합리적인 확신을 얻기 위해 독립적으로
증거를 수집하고 평가하며, 이에 근거해 재무제표의 적정성에 대한 의견
을 표명하는 체계적 과정이다. 현재의 외부감사법은 상장여부와 자산, 부
채, 종업원의 수 또는 매출액 등을 바탕으로 일정한 기준을 충족하는 주
식회사와 유한회사에 적용된다(외부감사법 제2조).

자본시장법 제170조는 선의의 투자자가 사업보고서 등에 첨부된 회
계감사인의 감사보고서를 신뢰하여 손해를 입은 경우 회계감사인의 손해
배상책임에 관하여 외부감사법 제31조 제2항부터 제9항까지(구 외부감사법
을 기준으로 하면 제17조 제2항부터 제9항까지)를 준용하도록 하고 있다. 외
부감사법 제31조 제2항은 감사인이 중요한 사항에 관하여 감사보고서에
기재하지 않거나 허위 기재(이하 '부실기재')를 함으로써 이를 믿고 이용한
제3자에게 손해를 발생하게 한 경우에는 그 감사인은 제3자에게 손해를
배상할 책임이 있다고 규정하고 있고, 같은 조 제7항은 감사인 또는 감
사에 참여한 공인회계사가 제1 내지 3항의 손해배상책임을 면하기 위해
서는 그 임무를 게을리하지 아니하였음을 증명해야 하고 손해배상청구자
가 은행, 농협, 수협, 보험회사, 종합금융회사, 상호저축은행인 경우 등에
한하여 예외로 한다고 규정하고 있으며, 같은 조 제9항에서는 해당 손해

('구 외부감사법')을 전신으로 하여 2017. 10. 31. 법률 제15022호로 전부개정된 것이
다. 구 외부감사법 제17조에 규정되었던 감사인의 손해배상책임에 관한 내용은 현재
의 외부감사법 제31조로 옮겨졌다.

배상책임은 "청구권자가 해당 사실을 안 날부터 1년 이내 또는 감사보고
서를 제출한 날부터 8년 이내"에 청구권을 행사하지 아니하면 소멸한다
고 규정하고 있다.

구 외부감사법 제17조 제9항은 제척기간에 관하여 감사보고서를 제
출한 날부터 3년으로 규정하였고 이러한 단기의 제척기간 규정이 선의의
투자자들의 재산권을 침해하는 것이 아닌지 문제되었으나, 헌법재판소는
위 조항이 입법목적의 정당성이 인정되고 선의의 투자자가 손해배상청구
권을 행사하기에 부족한 기간이라고 볼 수 없으며, 선의의 투자자와 회
계감사인의 충돌하는 이익을 조정하고 나아가 자본시장의 안전을 도모하
기 위한 합리적인 수단이 되고, 투자자는 여전히 민법 제750조, 제766조
에 따라 손해 및 가해자를 안 날로부터 3년, 불법행위를 한 날로부터 10
년 내에 불법행위로 인한 손해배상책임을 물을 수 있다는 점 등에 비추
어, 해당 조항은 투자자들의 재산권을 침해하지 않는다고 결정하였다[헌법
재판소 2017. 6. 29. 선고 2015헌바376, 393, 394, 445, 446, 2016헌바47, 50,
199, 255, 256, 271, 273, 291, 292, 345, 352, 366(병합) 전원재판부 결정].

3. 외부감사법 제31조(구 외부감사법 제17조)에 따른 손해배상책임의 요건

위 헌법재판소 결정에서 판시하였듯, 선의의 투자자에 대한 회계감
사인의 손해배상책임이 인정되기 위한 요건은 ❶ 감사인의 고의 또는 과
실, ❷ 감사보고서의 부실기재, ❸ 인과관계(감사보고서를 신뢰하여 거래하
였다는 신뢰인과관계 및 투자자의 손해가 감사인의 부실기재가 원인이 되어 발생
하였다는 손해인과관계), ❹ 손해의 발생이라 할 것이다.

1) 감사인의 주의의무

감사인은 외부감사법에 따라 주식회사 등에 대한 감사업무를 수행함
에 있어서 일반적으로 공정 · 타당하다고 인정되는 회계감사기준에 따라
감사를 실시함으로써 피감사회사의 재무제표에 대한 적정한 의견을 표명
하지 못함으로 인한 이해관계인의 손해를 방지하여야 할 주의의무가 있

다. 공인회계사회가 정한 회계감사기준과 그 시행을 위하여 마련한 회계
감사준칙은 특별한 사정이 없는 한 일반적으로 공정·타당하다고 인정되
는 것으로서 감사인의 위와 같은 주의의무 위반 여부에 대한 판단의 주
요한 기준이 된다고 할 것이다(대법원 2011. 1. 13. 선고 2008다36930 판결,
대법원 2020. 7. 9. 선고 2016다268848 판결).

　　甲 회계법인이 乙 저축은행에 대한 회계감사를 수행한 후 감사보고
서에 '적정' 의견을 표시하자, 乙 은행이 회사채를 발행하면서 증권신고서
에 '甲 법인이 乙 은행의 재무제표에 관하여 적정 의견을 제출하였다'고
기재하였다. 위 회사채를 취득하였다가 乙 은행의 파산으로 손해를 입은
丙 등이 甲 법인을 상대로 구 자본시장법 제170조 제1항, 구 외부감사법
제17조 제2항 등에 따른 손해배상을 구한 사안에서, 대법원은, 甲 법인이
감사업무를 수행하는 과정에서 乙 은행에 대하여 일부 대출채권의 자산
건전성 분류 및 대손충당금 적립 액수의 오류를 지적하고 이를 바로잡을
것을 요청한 사실이 있고, 위 감사 당시 적용된 회계감사기준 등에 비추
어 보면, "사후적으로 재무제표에서 일부 부정과 오류가 밝혀졌다고 하더
라도, 감사인이 감사업무를 수행하면서 전문가적 의구심을 가지고 충분하
고 적합한 감사증거를 확보하고 경영자 진술의 정당성 여부를 판단하기
위한 확인절차를 거치는 등 회계감사기준 등에 따른 통상의 주의의무를
다하였다면 그 임무를 게을리하지 아니하였음을 증명하였다고 봄이 타당"
하므로, 甲 법인이 위와 같이 요청한 이후에 그 내용이 최종 감사보고서
와 최종 재무제표 등에 반영되어 수정되었는지 여부와 그 과정의 합리성
과 적절성 등에 관하여 더 살펴보았어야 하는데도, 만연히 甲 법인이 乙
은행의 재무제표상 거짓 기재를 인지하고서도 이를 지적하지 아니한 채
적정 의견의 감사보고서를 작성하여 제출하였다고 본 원심판단에는 심리
미진 등의 잘못이 있다고 하여 원심을 파기하였다(대법원 2020. 7. 9. 선고
2016다268848 판결).

　　특히 해당 사안에서 판단의 근거로 삼은 내용 중에 "부정과 오류의
예방과 적발에 대한 책임은 회사의 내부감시기구와 경영자에게 있는 점(회

계감사기준 240의 1.2), 외부감사인은 피감사회사가 제시한 회계기록 등 자료가 일응 진실하다고 신뢰하고(회계감사기준 100의 4.4), 한정된 시간 안에 감사의견을 형성해야 하는 한계가 있는 점, 무엇보다 피감사회사 임직원 등 내부자에 의한 횡령 등 부정행위가 발생하지 아니하도록 내부통제제도를 설계하고 이를 지속적으로 운영·감시할 책임은 피감사회사의 이사 등 경영자 및 내부의 감사 등이 부담하는 점" 등의 사정을 주목할 만하다. ⓐ 외부감사인은 반증이 없는 한 피감사회사가 제시한 회계기록이나 문서가 일응 진실하다고 받아들이는 것을 감사업무의 전제로 하는 점, ⓑ 외부감사인은 감사계약에서 정한 한정된 시간 안에 감사의견을 형성할 것을 요구받는 점, ⓒ 수사기관에 의한 수사와 달리 감사인에게는 강제조사권이 없고, 회계감사는 시사(試査)의 방식에 의해 이루어지는 점 등 감사업무에는 본질적 한계가 존재하므로, 왜곡을 발견하지 못하였다는 이유만으로 외부감사인에게 책임을 물을 수는 없다[295]는 견해 역시 같은 취지로 이해된다.

다만, 외부감사법 제31조 제7항에 의하여 ❶ 요건(감사인의 고의·과실)에 관하여는 감사인이 그 요건의 부존재, 즉 스스로가 임무를 게을리하지 않았음을 증명하도록 되어 있어 민법상의 손해배상책임과 달리 증명책임이 전환되어 있고, 상호저축은행 등이 청구권자인 경우에만 증명책임 전환의 예외를 규정하고 있음을 주의해야 한다.

2) 부실기재의 존재

앞서 본 대법원 2016다268848 판결에서는, 손해배상을 청구하는 자가 감사인이 중요한 사항에 관하여 감사보고서에 기재하지 아니하거나 거짓으로 기재를 하였다는 점을 주장·증명해야 함을 명시하였다. 일반 불법행위에서의 증명책임에 따른 것으로 외부감사법 제31조 제7항과 같은 증명책임 전환에 관한 규정이 없는 이상 당연한 법리이다.

---

295) 심현지, "감사보고서상 거짓 기재와 감사인의 손해배상책임", BFL 제82호, 서울대학교 금융법센터(2017), 61면.

3) 거래인과관계

헌법재판소 결정에서 말하는 '신뢰인과관계'는, 대법원 판례에서 말하는 '거래인과관계'와 같은 의미로, 대법원은 구 증권거래법 하의 소위 한국강관 분식회계 사건으로 일컬어지는 **대법원 1997. 9. 12. 선고 96다41991 판결**에서 "주식거래에 있어서 대상 기업의 재무상태는 주가를 형성하는 가장 중요한 요인 중의 하나이고, 대상 기업의 재무제표에 대한 외부감사인의 회계감사를 거쳐 작성된 감사보고서는 대상 기업의 정확한 재무상태를 드러내는 가장 객관적인 자료로서 일반투자자에게 제공·공표되어 그 주가 형성에 결정적인 영향을 미치는 것이므로, 주식투자를 하는 일반투자가로서는 그 대상 기업의 재무상태를 가장 잘 나타내는 감사보고서가 정당하게 작성되어 공표된 것으로 믿고 주가가 당연히 그에 바탕을 두고 형성되었으리라는 생각 아래 대상 기업의 주식을 거래한 것으로 보아야 한다."라고 최초로 판시한 이후 거래인과관계를 사실상 추정하는 위 법리를 반복하여 선언해 왔다(**대법원 2007. 10. 25. 선고 2006다16758, 16765 판결, 대법원 2016. 12. 15. 선고 2015다243163 판결** 등). 이는 미국연방대법원의 '시장사기이론'에 입각한 것으로 평가되는데, 정작 한국강관 사건은 제척기간 도과를 이유로 구 증권거래법 및 외부감사법상의 책임을 배척하고 다만 민법 제750조의 일반불법행위책임을 인정하면서 위 법리와 같이 거래인과관계의 존재를 사실상 추정하였던 것이어서 이로 인해 오히려 증명책임의 원칙에 관한 혼란이 초래된 것이 아닌가 하는 의문이 있다.

실제 대부분의 사안에서 당사자들은 자본시장법(및 외부감사법)에 따른 청구가 단기제척기간의 도과로 불가능하게 될 경우를 대비하여 민법상 불법행위책임을 예비적으로 주장하고 있고 법원의 판단도 그에 따라 이루어지는데, 일반 불법행위 책임의 원칙(외부감사인의 고의·과실, 거짓 기재 등의 위법행위와 손해발생 사이의 인과관계 등 요건사실을 모두 입증해야 함)에도 불구하고 사실상 판례[296]가 자본시장법상 책임과 유사하게 인과관

---

296) 대법원 2008. 6. 26. 선고 2007다90647 판결
  "감사인의 부실감사로 손해를 입게 된 투자자가 민법상의 불법행위책임에 기하

계의 사실상 추정을 하는 것으로 보인다고 하면서, "특별법상 완화된 요건으로 투자자를 보호하면서도 단기제척기간을 두어 거래의 안정을 꾀하는 취지가 몰각"되고,[297]·[298] "불법행위의 일반원칙에 반하여 입증책임을 손해배상의무자에게 전가한 것이어서 타당하지 않다"[299]는 비판이 있다. 이러한 비판적 시각에서는, 나아가 인과관계의 사실상 추정은 투기성향의 투자자까지 소를 쉽게 제기하도록 함으로써 남소를 촉진할 우려가 있다고도 하면서, 민법상 불법행위책임 성립 여부를 판단함에 있어서는 원칙적으로 인과관계 입증을 요구하여야 한다고 지적하고 있다.

한편으로 대법원은, 정기예금계약을 체결한 원고가, 감사보고서상 "적정"의견을 기재한 외부감사인을 상대로 구 외부감사법 제17조 등을 근거로 손해배상책임을 구한 사건에서, "원고 제출의 증거들만으로는 원고가 이 사건 감사보고서를 신뢰하여 이 사건 정기예금계약을 체결했다고 단정하기 부족하고 달리 이를 인정할 만한 증거가 없다"고 하여 거래인과관계를 부정함으로써 원고 청구를 배척한 원심(서울고등법원 2015. 11. 27. 선고 2015나2012701 판결)의 판단을 수긍하였다(대법원 2016. 3. 24. 선고 2015다254446 판결). 이는 원고가 (주식투자자가 아니라) 예금거래자인 경우에는 거래 여부를 결정함에 있어 채무자인 금융기관의 재무상태가 직접적 요인으로 작용하기보다는 이율, 세제혜택 등의 다른 요인을 더 고려할 것

여 배상을 구할 경우, 투자자인 유가증권의 취득자는 배상의무자의 허위기재 등의 위법행위와 손해 발생 사이의 인과관계 등의 요건사실을 모두 입증하여야 하나(대법원 2007. 10. 25. 선고 2006다16758, 16765 판결 참조), 특별한 사정이 없는 한 분식회계를 밝히지 못한 감사보고서의 내용은 기업어음의 가치를 결정하는 데 영향을 주어 부당하게 가격을 형성하게 하는 원인이 되고, 이로 인하여 기업어음을 매입한 사람은 손해를 입었다고 보아야 한다."

297) 심현지, "감사보고서상 거짓 기재와 감사인의 손해배상책임", BFL 제82호, 서울대학교 금융법센터(2017), 64면.

298) 같은 취지로, 제척기간 도과 등 어떠한 이유에서든 피해자보호를 위한 특별법상 책임이 부정되는 상황에서 일반불법행위책임을 인정하면서 시장사기이론을 확장하여 적용하는 것은 그 타당성에 의문이 있다는 견해로고창현, "부실기재 관련 증권소송에서의 인과관계와 증명책임", 증권집단소송 ISSUE 시리즈 06, 전국경제인연합회(2005), 44면.

299) 이준섭, 감사책임법, 법문사(2005), 169–171면.

으로 보아서 인과관계를 부정한 것으로 추측할 여지가 있고, 대법원은
결국 (논리적으로는 다소 부족함이 있을지라도) 투자자 보호와 전문가의 책임
사이에서 개별 사안의 구체적 타당성을 꾀하고자 노력하였던 것이 아닌
가 생각된다.

4) 손해의 발생

자본시장법 제170조 제2항에 따라 배상책임을 지는 외부감사인이 배
상할 금액은 증권을 취득 또는 처분함에 있어서 실제로 지급한 금액 또
는 받은 금액과 변론종결시의 시가(변론종결 전에 처분한 경우는 처분가액)와
의 차액으로 추정된다.[300] 나아가 자본시장법 제170조 제3항에서는 감사
인이 배상청구권자가 입은 손해액의 전부 또는 일부를 중요사항의 거짓
기재 또는 기재누락으로 발생한 것이 아님을 입증한 때 그 부분에 대하
여는 배상책임을 지지 아니한다고 하여 손해인과관계에서의 증명책임을
전환시키고 있고, 판례는 일찍이 "직접적으로 문제된 감사보고서의 허위
기재 등 위법행위가 손해 발생에 아무런 영향을 미치지 아니하였다는 사
실이나 부분적 영향을 미쳤다는 사실을 입증하는 방법 또는 간접적으로
문제된 당해 허위기재 등 위법행위 이외의 다른 요인에 의하여 손해의
전부 또는 일부가 발생하였다는 사실을 입증하는 방법"을 예로 들었으
나,[301] 사실상 이러한 부존재 입증은 쉽지 않고 그 입증에 성공한 실례도
찾아보기 어렵다.

실제 대법원은 코스닥 시장에서 한솔신텍 주식의 매수·매도 거래를
한 자들이 원고로서, 한솔신텍이 매출액 과대계상 등 분식회계를 하였음

---

300) 한편, 자본시장법의 적용이 없이 구 외부감사법 제17조만 적용되는 사안에서
판례는 "감사인의 부실감사로 인하여 비공개기업의 가치 평가를 그르쳐 해당 기업
의 주식을 매수하여 손해를 입게 된 제3자가 구 주식회사의 외부감사에 관한 법
률(2013. 12. 30. 법률 제12148호로 개정되기 전의 것) 제17조 제2항에 따라 감사
인에게 손해배상을 구할 경우, 특별한 사정이 없는 한, 그 손해액은 해당 주식의
매입대금에서 해당 주식의 실제 가치, 즉 분식회계 및 부실감사가 없었더라면 형
성되었을 주식의 가액을 공제한 금액"이라고 판시한 바 있다(대법원 2016. 4. 15.
선고 2013다97694 판결).
301) 대법원 2007. 10. 25. 선고 2005다60246 판결, 대법원 2008. 6. 26. 선고 2006
다35742 판결 등.

에도 적정의견으로 감사보고서를 작성한 회계법인을 상대로 구 외부감사법 제17조 제2항의 손해배상책임을 청구한 사건(대법원 2016. 12. 15. 선고 2015다243163 판결)에서, "특정한 사건이 발생하기 이전의 자료를 기초로 하여 그 특정한 사건이 발생하지 아니하였다고 가정하였을 경우 예상할 수 있는 기대수익률을 추정하고 그 기대수익률과 시장에서 관측된 실제수익률의 차이인 초과수익률의 추정치를 이용하여 그 특정한 사건이 주가에 미친 영향이 통계적으로 의미가 있는 수준인지를 분석하는 사건연구(event study) 방법을 사용할 수도 있으나, 투자자 보호의 측면에서 손해액 추정 조항을 둔 구 자본시장법 제162조 제3항, 제170조 제2항의 입법 취지에 비추어 볼 때 예컨대 거짓 기재가 포함된 사업보고서 등이나 감사보고서가 공시된 이후 매수한 주식의 가격이 하락하여 손실이 발생하였는데 그와 같은 사업보고서 등이나 감사보고서의 공시 이후의 주식 가격 형성이나 사업보고서 등이나 감사보고서의 거짓 기재가 공표된 이후의 주식 가격 하락이 문제 된 사업보고서 등이나 감사보고서의 거짓 기재 때문인지 여부가 불분명하다는 정도의 증명만으로는 그 손해액의 추정이 깨진다고 볼 수 없다."고 하였고, 나아가 "일반적으로 사업보고서 등이나 감사보고서의 거짓 기재 사실이 밝혀진 이후 그로 인한 충격이 가라앉고 그와 같은 허위정보로 인하여 부양된 부분이 모두 제거되어 일단 정상적인 주가가 형성되면 그와 같은 정상주가 형성일 이후의 주가변동은 특별한 사정이 없는 한 사업보고서 등이나 감사보고서의 거짓 기재와 인과관계가 없다고 할 것이므로, 그 정상주가 형성일 이후에 해당 주식을 매도하였거나 변론종결일까지 계속 보유 중인 사실이 확인되는 경우 구 자본시장법 제162조 제3항, 제170조 제2항이 정하는 손해액 중 정상주가와 실제 처분가격(또는 변론종결일의 시장가격)과의 차액 부분에 대하여는 구 자본시장법 제162조 제4항, 제170조 제3항의 손해 인과관계 부존재의 증명이 있다고 보아야 할 것이고, 이 경우 손해액은 계산상 매수가격에서 정상주가 형성일의 주가를 공제한 금액이 될 것이다."라는 법리를 선언하면서도 해당 사안의 경우에는 피고측의 손해 인과관계 부존재 주장을 배척한 원심이 타당하다고 하였다.

4. 외부감사인이 부담하는 손해배상책임의 제한

현재의 외부감사법 제31조 제4항 단서[302]에서는 비례책임제도가 도입되었으나, 위 제도는 자본시장법(2014. 1. 28. 개정, 같은 날 시행) 부칙 제2조에 따라 "위 법 시행일이 속하는 연도에 최초로 시작되는 사업연도에 대한 재무제표 및 감사보고서"부터 적용되므로, 그 이전의 사안에서는 과실상계 또는 책임제한의 방법에 따라 구체적 타당성을 꾀할 수밖에 없었다(구 자본시장법 제162조, 제170조가 적용되는 손해배상청구소송의 경우에도 손해의 공평한 부담이라는 손해배상법의 기본 이념이 적용되어야 하므로, 피해자에게 손해의 발생 및 확대에 기여한 과실이 있는 사정을 들어 과실상계를 하거나 공평의 원칙에 기하여 책임을 제한할 수 있다고 한 대법원 2016. 12. 15. 선고 2015다243163 판결 등 다수).

통상 분식회계에 직접 책임이 있는 회사와 그 임원들 및 외부감사인(회계법인)은 공동불법행위자라고 할 것인데, 일반적인 공동불법행위의 경우 피해자에 대한 관계에서 가해자 전원의 행위를 전체적으로 함께 평가하여 그 책임범위를 정해야 하고 가해자 중 1인이 다른 가해자에 비해 불법행위에 가공한 정도가 경미하더라도 피해자에 대한 관계에서 그 가해자의 책임범위를 일부로 제한할 수 없다는 것이 확립된 법리이지만(대법원 2007. 6. 14. 선고 2005다32999 판결 등), 제일저축은행 분식회계 사건에서 대법원은, 외부감사인에 대하여 분식행위의 당사자인 저축은행 임직원과 동일한 책임제한 비율을 정한 것은 현저히 불합리하다고 하여 원심을 파기함으로써, 차등적 책임제한이 가능함을 명시하였다(대법원 2016. 9. 30. 선고 2013다85172 판결[303] 등). 책임제한의 고려요소로는 투자 자체의 위

---

302) 다만, 손해를 배상할 책임이 있는 자가 고의가 없는 경우에 그 자는 법원이 귀책사유에 따라 정하는 책임비율에 따라 손해를 배상할 책임이 있다.

303) "제일저축은행의 감사인인 피고가 재무제표에 대한 회계감사를 부실하게 하여 분식행위를 밝히지 못한 과실 책임을 져야 한다고 하더라도 횡령·부실대출 및 분식행위 등 직접적으로 고의의 범죄행위를 저지른 원심 공동피고 1, 원심 공동피고

험성이나, 투자자(피해자)들의 투자행태 등을 들 수 있고[304] 외부감사인에 특유한 책임제한 요소로는 감사업무 수행상의 과실책임이라는 점을 들 수 있다. 판례에서 든 사정들을 중심으로 구체적 판시 내용을 소개하면, 외부감사인의 경우 직접적으로 고의의 범죄행위를 저지른 회사의 임원과는 그 책임의 발생근거 및 성질에 있어 차이가 있으며 외부감사 이후에도 지속된 범죄행위가 손해 확대에 기여하였을 개연성을 배제할 수 없는 점,[305] 회사 등은 고의에 기한 불법행위인 반면, 외부감사인의 경우 고의의 불법행위에 가담하거나 이를 알면서도 묵인·방치한 것이 아니라 회계감사를 함에 있어 그 임무를 게을리하여 분식회계를 밝혀내지 못한 과실에 기한 불법행위라는 점,[306] 외부감사인은 회사 및 임원에 의해 적극적으로 분식회계된 재무제표를 사후에 감사한 것에 불과하다는 점,[307] 분식회계에 적극적으로 관여한 이사들과 분식된 재무제표를 사후에 감사한 외부감사인에게 동일한 책임을 묻는 것은 형평에 맞지 않는다는 점 및 회계법인의 지위,[308] 외부감사인은 임직원들의 조직적인 공모와 관련서류 위조 등으로 인해 분식회계 사실을 쉽게 적발하기 곤란했던 것으로 보이는 점[309] 등이 있다.

　　대우전자의 분식회계가 문제되었던 **대법원 2007. 10. 25. 선고 2005**

　　2의 책임과는 그 발생 근거 및 성질에 있어서 차이가 있다고 하지 않을 수 없고, 피고의 회계감사 이후로도 지속적으로 이루어진 원심 공동피고 1 등의 횡령과 부실대출 등의 범죄행위가 원고들이 입은 손해의 확대에 기여하였을 개연성을 배제할 수 없다고 할 것인데 피고가 그 부분 손해까지도 책임을 져야 한다면 이는 피해자의 두터운 보호라는 측면을 고려하더라도 손해의 공평·타당한 분배라는 손해배상 제도의 이념에 반하는 결과를 초래한다고 하지 않을 수 없다. 따라서 원심이 그 판시와 같이 피고의 책임제한액을 위 원심 공동피고 1 등과 동일하게 50%로 정한 것은 형평의 원칙에 비추어 현저히 불합리하다."
304) 조성규·이승요, "회계감사 관련 감사위원회 위원 및 외부감사인의 책임", BFL 제95호, 서울대학교 금융법센터(2019), 81-82면.
305) 대법원 2016. 9. 30. 선고 2013다85172 판결.
306) 서울고등법원 2015. 8. 21. 선고 2014나60257 판결, 서울고등법원 2015. 9. 11. 선고 2014나2040426 판결, 서울고등법원 2015. 12. 18. 선고 2014나61038 판결 등.
307) 서울고등법원 2006. 10. 26. 선고 2005나8844 판결.
308) 서울고등법원 2006. 5. 3. 선고 2005다32069 판결.
309) 서울중앙지방법원 2013. 10. 31. 선고 2012가합20272 판결.

다60246 판결, 대법원 2007. 10. 25. 선고 2006다16758 판결 등의 경우 각 환송심에서 회사와 외부감사인에 대해 일괄하여 60%의 책임을 인정하는 것으로 확정되었던 반면, 2016. 9.경부터 최근인 2020. 5.경까지 사이에 선고된 일련의 제일저축은행 사건들의 경우, 사건과 당사자들의 불복 여부에 따라 최종적으로 인정된 외부감사인의 책임비율이 15%에서 40%까지 다양하였다. 이에 대하여 1990년대나 2000년대 초반의 소송에서는 외부감사인에 대해 책임제한을 하지 않거나 그 비율이 낮았던 반면 (60% 등), 최근 점차적으로 외부감사인의 책임제한 비율을 높여 그 책임부담을 낮추는 추세로 파악된다[310]는 평가가 있다.

5. 상호저축은행 분식회계 사건을 중심으로 살펴본 외부감사인의 책임

1) 상호저축은행의 대출채권 분류와 그에 따른 대손충당금 적립기준은 관련규정에 따라 회수가능성을 기준으로 Ⓐ 정상, Ⓑ 요주의, Ⓒ 고정, Ⓓ 회수의문, Ⓔ 추정손실의 5단계로 분류되고, 그에 따라 적립해야 하는 대손충당금 액수(채권액의 일정비율 상당)가 달라지는데, 대출채권의 자산건전성 분류기준을 조절하거나 그 기준 내에서의 대손충당금 적립비율을 조절하면 최종적인 대손충당금 액수를 조정할 수 있게 된다. 대손충당금을 적게 쌓으면 대손상각비가 적게 되므로 당기순이익이 커지고, 당기순이익이 커지면 이익잉여금이 커져서 종국적으로는 총자본이 커지게 되며, 이는 BIS 비율[= (자기자본/위험가중자산) × 100%]을 높이게 된다. 상호저축은행의 경우 BIS 비율을 높이는 것이 중요하였기 때문에 대출채권의 자산건전성 분류를 부적절하게 행함으로써(예를 들면, 연체채권에 대하여 대환대출, 이자상환대출로 연체이자 등을 변제받으면서 그 대환대출과 이자상환대출을 기존대출의 차주와 다른 명의로 실행함) 대손충당금을 과소 설정하는 방법을 통해 자기자본비율을 조절하여 왔다.

저축은행의 분식회계가 문제된 사건들은 임원진이 배임 등 형사 유

---

310) 심현지, "감사보고서상 거짓 기재와 감사인의 손해배상책임", BFL 제82호, 서울대학교 금융법센터(2017), 67-70면.

죄 판결을 받은 경우가 대부분이고(부실대출), 특히 분식회계로 인한 민사
상 손해배상책임이 인정된 저축은행 사건은 ⓐ 외부감사인이 분식회계
관련 "거짓으로 재무제표를 작성·공시"하였다는 범죄사실[311]로 외부감사
법위반죄의 유죄 판결을 받거나, ⓑ 금융감독원의 감사 과정에서 외부감
사인에 대한 징계 등이 있기도 하였고, ⓒ 드물지만 외부감사를 담당한
공인회계사 등이 외부감사법위반의 유죄 판결을 선고받기도 하였다.

2) 이하에서 살펴보듯 제일저축은행과 부산저축은행 사건을 제외한
대부분의 저축은행 사건(부산2저축은행, 토마토저축은행, 한국저축은행, 경기저
축은행, 프라임상호저축은행, 솔로몬저축은행)에서 외부감사인의 책임은 부정
되었다.

제일저축은행 사건(대법원 2016. 9. 30. 선고 2013다85172 판결 등[312])
은, 외부감사인인 신한회계법인에 대하여, 제일저축은행의 주식을 매수한
자들 또는 제일저축은행 발행의 후순위사채를 취득한 자들이 제기한 일
련의 손해배상소송으로, 자본시장법 제170조(구 외부감사법 제17조)의 책임
을 인정한 사건[313]과 민법상 책임(유동천 등과 공동불법행위책임)을 인정한
사건[314]이 병존한다. 제일저축은행 경영진에 대하여 대출채권의 자산건전
성을 허위로 분류하는 분식행위를 하였다는 범죄사실로 자본시장법위반,
외부감사법위반 등 형사 유죄판결[315]이 선고되었고, 인정된 외부감사인의
과실은, 특히 명의를 도용하여 발생시킨 신규 소액대출과 관련하여 표본
감사를 하지 않고 제일저축은행이 제시한 전산자료로만 확인하였다는 점

---

311) 구 외부감사법 제20조(벌칙)
① 「상법」 제635조제1항에 규정된 자나 그 밖에 회사의 회계업무를 담당하는 자
가 제13조에 따른 회계처리기준을 위반하여 거짓으로 재무제표 또는 연결재무제표
를 작성·공시한 경우 5년 이하의 징역 또는 5천만원 이하의 벌금에 처한다.
312) 그 외에 제일저축은행의 분식회계 관련, 2016. 9. 28. 선고 2014다221517 판결,
2017. 4. 13.자 2017다203817 판결, 2020. 4. 29. 선고 2014다11895 판결 2020. 5. 14.
선고 2016다230775 판결이 존재한다.
313) 대법원 2013다85172, 대법원 2014다221517, 대법원 2017다203817 등.
314) 대법원 2014다11895, 대법원 2016다230775 등.
315) 범죄사실이 "자산건전성을 허위로 분류하는 분식행위를 하였다", "… 금융위원회
가 정한 회계처리기준에 위배하여 허위의 재무제표를 작성·공시하였다" 등이다.

이었다.

부산저축은행 사건[서울고등법원 2016. 4. 29. 선고 2014나2015062 판결, 외부감사인 다인회계법인은 상고하지 아니하였으나, 다른 일부 피고들이 상고하여 대법원 2016. 9. 9.자 2016다231174 판결(심리불속행)로 종국되었다]은, 부산저축은행 그룹 회장 P 등이 횡령사실을 은폐하기 위해 부산저축은행의 39 내지 41기 재무제표를 작성하면서 차명차주를 이용한 이자 대출 등 분식회계를 하였고(외부감사법위반, 자본시장법위반 등에 관하여 유죄의 형사판결 존재), 부산저축은행 발행의 후순위사채를 취득한 자들이 원고로서 외부감사인을 상대로 민법 제750조에 기한 손해배상을 구하였던 사안이다. 거의 유일하게 공인회계사들에 대하여 형사책임이 인정되었던 사안으로, 다인회계법인 소속 공인회계사들에 대하여 "각 재무제표 작성기준 시점에서 수익으로 인식할 수 없는 금융자문수수료를 수익으로 계상한 제39기 내지 41기 재무제표에 대해 그 잘못을 알면서도(즉, 미필적 고의를 인정하였다, 필자 첨언) 감사보고서에 '적정' 의견을 기재함으로써 허위의 기재를 하였다"[316]는 내용의 외부감사법위반죄의 유죄 판결이 선고되어 확정

---

316) 원심(서울고등법원 2013. 12. 12. 선고 2013노1579 판결)은 아래와 같은 법리를 설시하면서 해당 회계사들의 미필적 고의를 인정하였다.

"구 주식회사의 외부감사에 관한 법률(2009. 2. 3. 법률 제19408호로 개정되기 전의 것, 이하 같다) 제20조 제2항 제2호의 '감사보고서에 허위의 기재를 한 때'라고 함은 행위자인 외부감사인이 감사보고서의 내용에 자신이 감사한 사실에 관한 인식이나 판단의 결과를 표현함에 있어서 자신의 인식판단이 감사보고서에 기재된 내용과 불일치하는 것임을 알고서도 일부러 내용이 진실 아닌 기재를 한 경우를 말하는데, 외부감사인이 감사보고서에 기재된 자신의 인식이나 판단은 진실에 부합하므로 허위가 아니며, 설령 그렇지 않다 하더라도 자신은 그것이 허위라는 점을 몰랐다고 주장하는 경우, 그 기재의 허위성 및 허위기재의 고의는 사물의 성질상 그와 상당한 관련성이 있는 간접사실을 증명하는 방법에 의하여 이를 증명할 수밖에 없고 이때 무엇이 상당한 관련성이 있는 간접사실에 해당할 것인가는 정상적인 경험칙에 바탕을 두고 치밀한 관찰력이나 분석력에 의하여 사실의 연결상태를 합리적으로 판단하는 방법에 의하여야 할 것이다. 또 그러한 추론에 의해 외부감사인이 재무제표에 분식회계의 내용이 있다는 점을 구체적으로 알지 못하였더라도 그 재무제표에 영향을 미치게 될 중요한 부정이나 오류의 가능성을 보여주는 여러 표지가 있음을 인식하였고 그러한 경우 감사범위를 확대하여야 함을 알고 있었던 것으로 인정된다면, 감사절차를 수정 또는 추가하여 감사범위를 확대하지 아니한 채 만연히 감사보고서에 '적정 의견'을 기재한 이상 허위의 점에 대하여 적어

되었고(대법원 2014. 3. 13. 선고 2014도146 판결), 이러한 범죄사실과 관련하여 민법 제750조의 손해배상책임이 인정되었다. 다만 형사상 대출채권 자산건전성 부당분류(차명차주를 이용한 이자대출 등)로 대손충당금이 누락된 부분과 관련하여서는 그 허위 기재 사실을 인식하기 어려웠다고 보아 무죄판결이 선고되었고, 민사상 손해배상책임 역시 부정되었다.

그 밖에 아래 사안들에서는 외부감사인에 대하여 민법 제750조의 불법행위책임이 문제되었는데 모두 배척되었다. ① 부산2저축은행 발행의 후순위사채를 취득한 자들이 원고로서, 사채발행 당시 제출된 증권신고서 및 첨부서류에 분식에 의한 거짓의 기재가 있음을 이유로 사채발행회사인 부산2저축은행, 외부감사인, 금융감독원과 대한민국 등을 상대로 손해배상을 구한 부산2저축은행 사건(대법원 2015. 12. 23. 선고 2015다210194 판결), ② 토마토저축은행 발행의 후순위채권을 매입한 자들이 원고로서, 외부감사인 등을 상대로 자본시장법 제170조와 외부감사법 제17조 제2항 및 민법 제750조 등을 근거로 손해배상을 청구한 토마토저축은행 사건(대법원 2017. 12. 13. 선고 2016다263010 판결 및 대법원 2017. 12. 13. 선고 2016다265238 판결, 해당 회계법인에 대하여 증권선물위원회가 징계조치를 하였던 사안이지만, 회계감사기준 등에 따른 통상적인 절차와 방법을 거쳐 감사를 진행하였다고 인정되어 그 책임이 부정되었다), ③ 한국저축은행의 후순위사채를 취득한 당사자들이 한국저축은행의 분식회계가 있었음에도 '적정' 의견을 표시한 외부감사인 등을 상대로 자본시장법과 민법에 근거하여 손해배상책임을 청구한 한국저축은행 사건(대법원 2016. 3. 10.자 2015다247479 판결, 한국저축은행 경영진들에 대하여는 부당대출을 이유로 한 배임죄의 유죄판결이 확정되었으나, 대법원은 외부감사인들에 관하여 민법상의 '주의의무 위반'에 대한 입증이 부족하다고 본 원심판단을 수긍하여 상고를 기각하였다),

---

도 미필적 고의는 있었던 것으로 보아야 하는데(대법원 2007. 8. 23. 선고 2005도
4471 판결 등 참조), 이와 같은 법리는 주식회사의 외부감사에 관한 법률 제20조
제3항 제2호의 '감사보고서에 거짓으로 기재를 한 경우'를 해석하는 데에도 그대로
적용된다."

④ 경기저축은행의 후순위사채를 취득한 당사자들이 경기저축은행의 분식회계가 있었음에도 '적정' 의견을 표시한 외부감사인 등을 상대로 자본시장법과 민법에 근거하여 손해배상책임을 청구한 경기저축은행 사건(대법원 2016. 4. 12.자 2015다254132 판결[317]), ⑤ 프라임상호저축은행 발행의 후순위사채를 취득한 자가 외부감사인을 상대로 자본시장법과 민법에 기한 손해배상을 청구한 프라임상호저축은행 사건(대법원 2016. 6. 23.자 2016다211071 판결)이 그것이다. ⑥ 솔로몬저축은행 발행의 후순위사채를 취득한 자들이 원고로서 구 외부감사법 제17조 또는 민법 제750조의 책임을 물었던 솔로몬저축은행 사안에서도 대법원은 감사인이 임무를 게을리하지 아니하였음을 증명하였다고 볼 여지가 있다고 보아 외부감사인의 책임을 인정한 원심을 파기하였다(대법원 2020. 7. 9. 선고 2016다268848 판결).

3) 참고로 상호저축은행 임원의 주의의무에 관한 일련의 판결도 함께 소개한다.

대법원은, 상호저축은행의 임원에 대하여도 상법상의 주식회사 이사의 주의의무에 관한 규정이 적용됨을 전제로, "대출과 관련된 경영판단을 하면서 통상의 합리적인 금융기관 임원으로서 그 상황에서 합당한 정보를 가지고 적합한 절차에 따라 회사의 최대이익을 위하여 신의성실에 따라 대출심사를 한 것이라면 의사결정과정에 현저한 불합리가 없는 한 임원의 경영판단은 허용되는 재량의 범위 내의 것으로서 회사에 대한 선량한 관리자의 주의의무 내지 충실의무를 다한 것으로 볼 수 있고, 금융기관의 임원이 위와 같은 선량한 관리자의 주의의무에 위반하여 자신의 임무를 해태하였는지는 대출결정에 통상의 대출담당임원으로서 간과해서는 안 될 잘못이 있는지를 대출의 조건과 내용, 규모, 변제계획, 담보의 유무와 내용, 채무자의 재산 및 경영상황, 성장가능성 등 여러 가지 사항에 비추어 종합적으로 판정해야" 하고 "임원이 한 대출이 결과적으로 회수곤란 또는 회수불능으로 되었다 하더라도 그러한 사정만으로 해당 임원이 선량한 관리자

---

317) 제1심 진행 중 경기저축은행에 대한 소가 취하되었다.

로서의 주의의무 내지 충실의무를 위반한 것이라고 단정할 수 없고, … 대표이
사나 이사의 직무수행사의 채무는 손해 등의 결과가 전혀 발생하지 않도록
하여야 할 결과채무가 아니"라는 기왕의 판례 법리(**대법원 2002. 6. 14. 선고
2001다52407 판결, 대법원 2006. 11. 9. 선고 2004다41651, 41668 판결 등**)를 확인
하면서, 이러한 법리를 프로젝트 파이낸스 대출에 관하여도 확장하였다.

　　대법원 2011. 10. 13. 선고 2009다80521 판결은 금융기관인 상호
저축은행이 아파트 건축 사업을 시행하는 회사에 프로젝트 파이낸스 대
출을 하였다가 대출금을 회수하지 못하는 손해를 입은 사안에서, 프로젝
트 파이낸스 대출을 "부동산 개발 관련 특정 프로젝트의 사업성을 평가하
여 그 사업에서 발생할 미래의 현금흐름을 대출원리금의 주된 변제재원으
로 하는 금융거래"라고 정의한 다음, "금융기관의 이사가 대출 요건으로서
의 프로젝트의 사업성에 관하여 심사함에 있어서 필요한 정보를 충분히
수집 · 조사하고 검토하는 절차를 거친 다음 이를 근거로 금융기관의 최대
이익에 부합한다고 합리적으로 신뢰하고 신의성실에 따라 경영상의 판단
을 내렸고, 그 내용이 현저히 불합리하지 아니하여 이사로서 통상 선택할
수 있는 범위 안에 있는 것이라면, 비록 사후에 회사가 손해를 입게 되는
결과가 발생하였다고 하더라도 그로 인하여 이사가 회사에 대하여 손해배
상책임을 부담한다고 할 수 없지만, 금융기관의 이사가 이러한 과정을 거
쳐 임무를 수행한 것이 아니라 단순히 회사의 영업에 이익이 될 것이라는
일반적 · 추상적인 기대 하에 일방적으로 임무를 수행하여 회사에 손해를
입게 한 경우에는 필요한 정보를 충분히 수집 · 조사하고 검토하는 절차를
거친 다음 이를 근거로 회사의 최대 이익에 부합한다고 합리적으로 신뢰
하고 신의성실의 원칙에 따라 경영상의 판단을 내린 것이라고 볼 수 없으
므로, 그와 같은 이사의 행위는 허용되는 경영판단의 재량범위 내에 있는
것이라고 할 수 없다"고 하여 상호저축은행 이사의 임무해태를 부정한 원
심을 파기하였다.

　　또한 S상호저축은행의 등기 감사 및 등기 이사이자 상근감사위원으
로 재직하면서 문제된 대출과 관련된 심사부의안에 서명한 자에 대하여

부실대출로 인한 손해배상책임을 청구한 사안에서는, S저축은행의 대출규
정에도 불구하고 주채무자와 연대보증인에 대한 신용조사가 이루어지지
않은 점, 요구되는 서류 대부분이 제출되지 않았던 점, 해당 대출의 규모
도 상당하였던 점 등을 들면서, 주의의무 위반을 부정한 원심을 파기하
였다(대법원 2017. 11. 23. 선고 2017다251694 판결).

제4절 ELS상품 발행회사의 헤지거래와 투자자 보호의무(민법 제150조 제1항의 법리)

　　민법 제150조 제1항은 조건의 성취로 인하여 불이익을 받을 당사자
가 신의성실에 반하여 조건의 성취를 방해한 때에는 상대방은 그 조건이
성취한 것으로 주장할 수 있다고 규정하고 있다. 언뜻 금융거래와 무관
해 보이는 이 민법조항이 중요하게 등장한 것은, 甲 주식회사의 주식을
기초자산으로 하여 평가가격(중간평가일의 종가)이 기준가격(발행일의 종가)
보다 높거나 같을 경우 중도상환금을 지급하는 구조의 주가연계증권(ELS)
에 관하여, 증권회사가 델타헤지 방법으로 대량 매도주문을 내어 상환조
건이 충족되지 않음에 따라 투자자인 원고들이 손실을 입자 그 손해배상
을 청구하면서, 위와 같이 델타헤지 방법으로 대량 매도주문을 낸 것이
신의성실에 반하는 조건성취의 방해행위인지 여부가 문제되면서이다.

　　원래 델타헤지란, 기초자산의 가격변동에 따른 위험을 회피하기 위
하여 기초자산 자체를 보유한 다음 기초자산의 가격변화에 대한 옵션가
치의 민감도를 의미하는 델타값에 따라 기초자산의 보유량을 조절함으로
써 옵션의 손익과 보유하는 기초자산의 손익이 상쇄되도록 하는 금융기
법으로서, 금융투자업자가 자신의 위험을 회피 내지 관리하는 금융거래기
법이다(대법원 2015. 5. 14. 선고 2013다2757 판결, 대법원 2016. 3. 24. 선고
2013다2740 판결 등). 2015년과 2016년에 걸쳐 ELS 상품 투자자들이 제기
한 손해배상소송에 관하여 선고된 수건의 판결들은 사안에 따라 ① 주식
의 대량 매도 주문을 낸 시기가 중도상환기준일인지 또는 만기상환기준
일인지,[318] ② ELS 발행회사가 직접 헤지를 하였는지 아니면 다른 증권

회사와 스와프(SWAP)계약을 통해 백투백 헤지를 하였는지 여부[319] 등에
차이가 있었다.[320] 대법원은, ELS 발행회사가 직접 헤지를 한 당사자로서
손해배상청구소송의 피고가 된 경우, 해당 ELS 상품을 발행하고 운용한
당사자로서 신의칙상 투자자보호의무를 부담한다는 점을 전제하여 그 위
반에 따른 손해배상책임을 인정한 반면(대법원 2015. 5. 14. 선고 2013다
2757 판결), 다른 제3의 증권회사가 헤지를 담당하여 소송의 피고가 된
경우에는 그러한 투자자보호의무와 무관하게 문제의 헤지거래가 자본시
장법에서 금지하는 시세조종행위 내지 부정거래행위에 해당하는지의 측
면에서 접근하였다(대법원 2016. 3. 10. 선고 2013다7264 판결, 대법원 2016.
3. 24. 선고 2012다108320 판결, 대법원 2016. 3. 24. 선고 2013다2740 판결.
그 중에서도 특히 헤지거래 자체의 합리성·공정성 측면에서 접근한 판결로 대법
원 2013다7264 판결[321]).

따라서 민법 제150조가 문제된 것은 2015년에 선고된 자체 헤지 사안
에 관한 대법원 2013다2757 판결이다. 대법원은, "민법과 구 증권거래법
등의 규정 취지에 비추어 보면, 증권회사는 유가증권의 발행, 매매 기타의
거래를 함에 있어 투자자의 신뢰를 저버리는 내용 또는 방법으로 권리를
행사하거나 의무를 이행하여 투자자의 보호나 거래의 공정을 저해하여서는
안 되므로 투자자와의 사이에서 이해가 상충하지 않도록 노력하고, 이해상
충이 불가피한 경우에는 투자자가 공정한 대우를 받을 수 있도록 적절한
조치를 취함으로써 투자자의 이익을 보호하여야 하며, 정당한 사유 없이 투

---

318) 중도상환기준일 사안(대법원 2015. 5. 14. 선고 2013다2757 판결, 2015. 5. 14.
선고 2013다3811 판결, 대법원 2016. 3. 10. 선고 2013다7264 판결), 만기상환기준
일 사안(대법원 2016. 3. 24. 선고 2012다108320 판결, 대법원 2016. 3. 24. 선고
2013다2740 판결).

319) 직접 헤지한 사안(대법원 2015. 5. 14. 선고 2013다2757 판결, 2015. 5. 14. 선
고 2013다3811 판결), 백투백 헤지 사안(대법원 2016. 3. 24. 선고 2012다108320
판결, 대법원 2016. 3. 24. 선고 2013다2740 판결, 대법원 2016. 3. 10. 선고 2013다
7264 판결).

320) 그 밖에도 자본시장법 적용 여부도 차이가 있었다.

321) 호제훈, "ELS 헤지거래와 투자자 보호의무", 민사판례연구 제39권, 박영사(2017),
951면.

자자의 이익을 해하면서 자기 또는 제3자의 이익을 추구하여서는 안 된다."
고 한 다음, 증권회사가 중간평가일의 장 종료 무렵 기준가격에 미치지 못
하는 가격으로 대량의 매도 주문을 함에 따라 장 종료 10분 전까지 기준
가격을 상회하던 甲 회사의 보통주 가격이 기준가격 아래로 떨어져 중도
상환조건의 성취가 무산된 해당 사안에서 증권회사의 행위는 "기초자산의
**공정한 가격형성에 영향을 끼쳐 조건의 성취를 방해함으로써 투자자의 이익
과 신뢰를 훼손한 행위**"로서 신의성실에 반하여 중도상환의 조건성취를 방
해한 것이라고 보았다(동일 사실관계 사안에 관한 대법원 2015. 5. 14. 선고
2013다3811 판결에서도 마찬가지로 판단되었다). 위 판결은 자본시장법이 아
니라 구 증권거래법 당시의 사안인데, 금융투자업자의 신의성실의무(자본시
장법 제37조)와 이해상충관리의무(자본시장법 제44조)를 규정하고 있는 자본
시장법의 취지를 신의성실에 관한 민법 일반규정(제2조)로부터 도출하여 금
융투자업자에게 이해상충관리의무를 부과하였다는 점에서 의미가 있다.[322]

다음 해인 2016년에 선고된 백투백 헤지 사안들은 문제의 헤지 행
위가 민법 제150조의 신의성실에 반하는 조건성취 방해행위인지 여부가
아니라 구 증권거래법 또는 자본시장법에서 금지한 시세조종행위 등에
해당하는지 여부에 관해 다투어졌고, 사안에 따라 결론을 달리하였다.[323]

BNB파리은행 사건이었던 대법원 2016. 3. 10. 선고 2013다7264
판결은, "금융투자업자가 파생상품의 거래로 인한 위험을 관리하기 위하여
시장에서 주식 등 그 기초자산을 매매하는 방식으로 수행하는 헤지(hedge)
거래가 시기, 수량 및 방법 등의 면에서 헤지 목적에 부합한다면 이는 경

---

322) 진상범 부장판사가 2016. 3. 26. 상사법무연구회에서 발표한 "2015년 주요 상사
    판례 동향"(미공간), 53면.
323) 이처럼 개별 사건에 따라 다른 결론이 내려짐에 따른 혼란과 비판도 적지 않았
    던 것으로 보인다. 구체적 내용은 성희활, "주가연계증권(ELS) 분쟁 관련 대법원의
    상반된 판결에 대한 고찰", 증권법연구 제17권 제3호, 삼우사(2016); 양기진, "ELS
    헤지활동에 관한 판결 동향과 투자자보호 쟁점: 시세조종 의도 판단시의 이해상충
    회피 관리의무를 중심으로", 증권법연구 제17권 제2호, 삼우사(2016); 정순섭, "주
    가연계증권 관련 소송의 유형별 분석과 법적 판단기준", BFL 제80호, 서울대학교
    금융법센터(2016); 호제훈, "ELS 헤지거래와 투자자 보호의무", 민사판례연구 제39권,
    박영사(2017) 등.

제적 합리성이 인정되는 행위라고 할 것이므로, 헤지거래로 인하여 기초자산의 시세에 영향을 주었더라도 파생상품의 계약 조건에 영향을 줄 목적으로 인위적으로 가격을 조작하는 등 거래의 공정성이 훼손되었다고 볼만한 특별한 사정이 없는 한 이를 시세조종행위라고 할 수는 없다."는 일반 법리를 선언한 다음, 해당 사안은, 시장요인에 의한 정상적인 수요·공급으로 볼 수 있는 델타헤지를 위한 주식 매매에 해당한다고 보아, 피고가 시세조종행위를 하였다거나 제3자로서 이 사건 주가연계증권의 상환조건 성취를 위법하게 방해하였다는 원고의 주장을 모두 배척하여 (민법상) 불법행위청구를 기각한 원심 판단이 타당하다고 하였다.

반면 도이치방크 사건이었던 대법원 2016. 3. 24. 선고 2013다2740 판결은 이 사건과 같은 ELS 상품의 경우에 그 금융투자상품의 기초자산인 증권의 가격을 고정시키는 시세조종행위를 비롯하여 사회통념상 부정하다고 인정되는 수단이나 기교 등을 사용하여 그 금융투자상품에서 정한 권리행사나 조건성취에 영향을 주는 행위를 하였다면, 이는 그 금융투자상품의 거래와 관련하여 부정행위를 한 것으로서 자본시장법 제178조 제1항 제1호를 위반한 행위에 해당한다는 기왕의 대법원 2015. 4. 9.자 2013마1052, 1053 결정의 법리 하에, "시세조종행위 등 사회통념상 부정하다고 인정되는 수단이나 기교 등을 사용한 자로서 그 금융투자상품의 거래와 관련하여 입은 손해를 배상할 책임을 지는 부정거래행위자에는, 그 금융투자상품의 거래에 관여한 발행인이나 판매인뿐 아니라, 발행인과 스와프계약 등 그 금융투자상품과 연계된 다른 금융투자상품을 거래하여 권리행사나 조건성취와 관련하여 투자자와 대립되는 이해관계를 가지게 된 자도 포함된다."고 하여 피고에게 민법 제750조의 불법행위책임을 인정하였다.

개별 사건에서의 구체적인 매매태양(매도주문의 시점과 수량, 호가방식, 계약체결 관여율 등) 등 제반 사정을 종합하여 시세조종행위인지 여부를 판단한 판결 결론의 구체적 타당성은, 이 글에서 논하고자 하는 바가 아니다. 다만 ① 금융투자업자가 행하는 헤지거래에 관하여 "특별한 사정이 없는 한" 시세조종행위라고 할 수 없다는 원칙이 논리적으로, 또 증명책임의 관점에서 타당한지 의문이 있고, ② 반드시 투자자와 직접 계약을 체결한 금융투자업자만이 투자자에 대한 보호의무를 부담한다고 한정할 것은 아니라는 점에서[324](이때야말로 특별한 사정이 인정된다면 투자자와 직접 금융상품 거래계약을 체결하지 않은 금융투자업자라 하더라도 본인이 취급하는 금융투자상품과 관련된 투자자를 보호할 의무가 있다고 볼 수도 있을 것이다) 자체헤지 사안과 백투백 헤지 사안을 구별하는 것이 합리적인지 재차 생각해 볼 필요가 있다.

참고로, 민법 제150조 제1항의 적용을 긍정하였던 대법원 2013다2757 판결과 달리 **대법원 2021. 1. 14. 선고 2018다223054 판결**에서는 동일한 민법 제150조 제1항의 적용을 전제로 한 당사자의 조건성취 방해행위 주장을 배척하였는데, 그 구체적 분석은 다음 기회로 미루기로 하되, 다만 위 2018다223054 판결 사안의 원고와 피고는 서로 대등한 관계의 투자자와 회사로서 투자자가 회사에 자금을 투자하면서 체결하였던 주주간계약의 내용이 다투어졌던 사건으로, 원고가 투자자이고 피고가 증권회사로서 피고가 원고에 대해 '보호의무'를 부담하였던 대법원 2013다2757 판결(및 대법원 2013다3811 판결) 사안과는 구별됨을 지적하고자 한다.

제5절 과징금 부과대상인 '인수인'에 공동주관회사가 포함되는지 여부

◉ 대법원 2020. 2. 27. 선고 2016두30750 판결[325]

자본시장법은 자본시장의 공정성 · 신뢰성 및 효율성을 높이고 투자자를 보호하기 위하여 증권의 발행인으로 하여금 증권의 내용이나 발행회

---

324) 금융투자업자가 보호의무를 부담하는 상대방을 반드시 거래관계를 맺은 투자자 또는 거래를 위한 교섭을 한 직접 상대방에 한정할 필요는 없고, 실질적으로 판단하여야 하되, 다만 투자자의 개념이 무한정 확장되는 것은 막아야 하므로 문제된 행위마다 그 범위 획정을 함이 타당하다는 견해로 김홍기, "ELS 델타헷지의 정당성과 시세조종에 관한 연구", 상사판례연구 제29집 제2권, 한국상사판례학회(2016), 111-112면.

325) 본 판결에 대한 평석으로 임정하, "상장주관사에 대한 자본시장법상 과징금 부과에 관한 소고-대법원 2020. 2. 27. 선고 2016두30750 판결을 중심으로-", 상사판례연구 제33집 제1권, 한국상사판례학회(2020).

사의 재산, 경영상태 등 투자자의 투자판단에 필요한 기업 내용을 신속·정확하게 공시하게 하는 제도를 두었다. 발행시장은 최초로 시장에 증권이 등장하는 공모발행이라는 점에서 그 증권의 가치평가가 어렵고, 투자판단에 필요한 정보가 부족한 경우가 많으며, 그 결과 투자자들이 증권시장에 대한 신뢰와 투자에 대한 확신을 가지기 어려운 특징이 있다. 이 때문에 증권의 모집·매출은 발행회사가 직접 공모하기보다는 인수인을 통하여 간접공모를 하는 것이 통상인데, 그 이유는 발행회사로서는 인수인이 가지는 공신력에 의하여 공모가 성공할 가능성이 높아질 뿐만 아니라 공모 차질로 인한 위험을 부담하게 되는 보험자의 역할을 기대할 수 있고, 투자자들은 시장의 '문지기(Gatekeeper)' 기능을 하는 인수인의 평판을 신뢰하여 그로부터 투자판단에 필요한 정보의 취득·확인·인증 등을 용이하게 제공받을 수 있기 때문이다. 이러한 이유로 자본시장법은 인수인이 증권신고서 등의 직접적인 작성주체는 아니지만 증권신고서나 투자설명서 중 중요사항에 관하여 거짓 기재 또는 기재 누락을 방지하는 데 필요한 적절한 주의를 기울여야 할 의무를 부과하고[자본시장법 제71조 제7호, 자본시장법 시행령 제68조 제5항 제4호], 거짓 기재 또는 기재 누락으로 증권의 취득자가 손해를 입은 때에는 손해배상책임을 지우는 한편(자본시장법 제125조 제1항 제5호), 그 위반행위에 대하여 고의 또는 중대한 과실이 있는 때에는 과징금을 부과하도록 규정하였다(자본시장법 제429조 제1항 제1호, 제430조 제1항).

　　이러한 자본시장법상 인수인의 지위, 발행시장에서의 공시규제의 내용에 더하여 공시위반에 대한 과징금 조항의 문언 및 취지 등을 종합하여 살펴보면, 구 자본시장법 시행령(2013. 8. 27. 대통령령 제24697호로 개정되기 전의 것) 제135조 제2항에 정한 '증권의 발행인으로부터 직접 증권의 인수를 의뢰받아 인수조건 등을 결정하는 인수인'이 고의 또는 중대한 과실로 말미암아 발행인이 작성, 제출한 증권신고서나 투자설명서 중 중요사항에 관하여 거짓의 기재 또는 표시를 하거나 중요사항을 기재 또는 표시하지 아니한 행위를 방지하지 못한 때에는 과징금 부과대상이 된다.

　　사실관계는 이러하다. 싱가포르에서 상장한 A회사가 한국에서의 상
장을 위해 甲과 대표주관계약을, 乙과 공동주관계약을 체결하여 '공동주
관회사'의 지위에 있게 된 乙이, 실제로 증권 발행인인 A로부터 직접 증
권의 인수를 의뢰받아 인수조건 등을 결정한 적이 없으므로 과징금부과
대상인 '인수인'이 아니라고 다투었다. 즉, 대표주관회사가 별도로 존재하
는 경우, 공동주관회사인 乙이, (과징금 부과대상으로 정해진) 자본시장법
시행령 제135조 제2항에서 정한 "직접 증권의 인수를 의뢰받아 인수조건
등을 정하는 인수인"에 해당한다고 볼 것인지가 주된 쟁점이었다.

　　원심은 乙이 '주관회사'라는 명칭에도 불구하고 실제로는 그 업무를
수행하지 않았다는 등의 이유를 들어 乙이 과징금 부과대상이 아니라고
판단하였다.

　　그러나 대법원은 위와 같은 법리를 설시한 다음, 원고는 이 사건 공
동주관계약 및 이 사건 인수계약에 의하여 이 사건 증권의 발행을 위한
'주관회사'로서의 지위를 취득하였고, 여기에서 주관회사라 함은 구 자본
시장법 시행령 제135조 제2항에 정한 '증권의 발행인으로부터 직접 증권
의 인수를 의뢰받아 인수조건 등을 결정하는 인수인'에 해당함이 분명하
며 자본시장 법령의 규제 내용에 상관없이 원고가 실제로 주관회사로서
의 업무를 수행하지 않았기 때문에 과징금 부과대상이 되지 않는다는 원
심판단은 잘못된 것이라고 하여 원심을 파기하였다.

　　위 판결 이후 자본시장법 시행령 제135조 제2항은 자본시장법 제
125조 제1항 제5호의 "대통령령으로 정하는 자"에 대하여 "1. 인수인, 2.
발행인 또는 매출인으로부터 인수 외의 방법으로 그 발행인 또는 매출인
을 위하여 해당 증권의 모집·사모·매출을 할 것을 의뢰받거나 그 밖에
직접 또는 간접으로 증권의 모집·사모·매출을 분담할 것을 의뢰받아
그 조건 등을 정하는 주선인"이라고 개정되었고, 이로써 복수대표주관 또
는 공동주관의 경우 대표주관회사뿐 아니라 (인수조건을 정하는 데 직접 관
여하지 않았더라도) 공동주관회사를 포함한 인수인 전원이 책임을 부담함
을 명백히 하였다.

제6절 기   타

그 밖에, ① 자본시장법 제49조 제2호(확실한 사항에 대하여 단정적 판단을 제공하거나 확실하다고 오인하게 할 소지가 있는 내용을 알리는 행위)에서 금지하는 부당권유행위인지 여부는, "통상의 주의력을 가진 평균적 투자자"를 기준으로 판단해야 한다고 본 **대법원 2017. 12. 5. 선고 2014도 14924 판결**, ② 자본시장법 시행 후 최초로 사업보고서의 허위기재 등에 의한 손해배상책임에서 인과관계 입증책임의 부담자와 증명의 방법·정도 등에 관하여 구 증권거래법상의 판례 법리(**대법원 2010. 8. 19. 선고 2008다92336 판결 등**)를 그대로 확인한 **대법원 2015. 1. 29. 선고 2014다 207283 판결**,[326] ③ 주식 양도와 함께 경영권의 양도가 이루어지는 경우 경영권의 양도는 주식 양도에 따르는 부수적 효과에 불과하고 그 양도대금은 경영권을 행사할 수 있는 정도의 수에 이르는 주식 자체에 대

---

326) "「자본시장과 금융투자업에 관한 법률」(이하 '자본시장법'이라 한다) 제162조의 규정을 근거로 주식의 취득자 또는 처분자가 주권상장법인 등에 대하여 사업보고서의 거짓 기재 등으로 인하여 입은 손해의 배상을 청구하는 경우에, 주식의 취득자 또는 처분자는 자본시장법 제162조 제4항의 규정에 따라 사업보고서의 거짓 기재 등과 손해 발생 사이의 인과관계의 존재에 대하여 증명할 필요가 없고, 주권상장법인 등이 책임을 면하기 위하여 이러한 인과관계의 부존재를 증명하여야 한다. 그리고 자본시장법 제162조 제4항이 요구하는 '손해 인과관계의 부존재 사실'의 증명은 직접적으로 문제된 해당 허위공시 등 위법행위가 손해 발생에 아무런 영향을 미치지 아니하였다는 사실이나 부분적 영향을 미쳤다는 사실을 증명하는 방법 또는 간접적으로 문제된 해당 허위공시 등 위법행위 이외의 다른 요인에 의하여 손해의 전부 또는 일부가 발생하였다는 사실을 증명하는 방법으로 가능하다. 이 경우 특정한 사건이 발생하기 이전의 자료를 기초로 하여 그 특정한 사건이 발생하지 않았다고 가정하였을 경우 예상할 수 있는 기대수익률 및 정상주가를 추정하고 그 기대수익률과 시장에서 관측된 실제 수익률의 차이인 초과수익률의 추정치를 이용하여 그 특정한 사건이 주가에 미친 영향이 통계적으로 유의한 수준인지 여부를 분석하는 사건연구(event study) 방법을 사용할 수도 있으나, 투자자 보호의 측면에서 손해액 추정조항을 둔 자본시장법 제162조 제3항의 입법 취지에 비추어 볼 때 예컨대 허위공시 등 위법행위 이후 매수한 주식의 가격이 하락하여 손실이 발생하였는데 허위공시 등 위법행위 이후 주식 가격 형성이나 그 위법행위 공표 이후 주식 가격 하락의 원인이 문제된 해당 허위공시 등 위법행위 때문인지 여부가 불분명하다는 정도의 증명만으로는 위 손해액의 추정이 깨진다고 볼 수 없다(대법원 2010. 8. 19. 선고 2008다92336 판결 등 참조)."

한 대가이므로 내부자가 그 법인의 주식 양도와 함께 경영권을 양도하면
서 이른바 경영권 프리미엄을 취득한 후 6월 이내에 주식을 매수하여 이
익을 얻은 경우에 그 단기매매차익을 산정할 때에 경영권 프리미엄을 제
외해야 한다고 볼 수 없다고 하여 구 증권거래법 하의 법리(**대법원 2004.
2. 12. 선고 2002다69327 판결 등**)를 확인한 대법원 2016. 3. 24. 선고
2013다210374 판결 등도 의미 있는 판결이다.

제7장 어음 · 수표

2000년 이후 어음 · 수표의 사용량이 급속도로 감소되어 관련 분쟁이
감소한 것으로 보이고, 이에 따라 어음 · 수표에 관한 대법원 판결 자체
가 드물었다.

제1절 융통어음

대법원 2012. 11. 15. 선고 2012다60015 판결은 융통어음의 개념
과 특징에 관한 기존의 법리(**대법원 1996. 5. 14. 선고 96다3449 판결, 대법원
2001. 8. 24. 선고 2001다28176 판결 등**)를 재확인하였다.

융통어음이라 함은 타인으로 하여금 어음에 의하여 제3자로부터 금융
을 얻게 할 목적으로 수수되는 어음으로, 융통어음의 발행자는 피융통자
로부터 그 어음을 양수한 제3자에 대하여는 선의이거나 악의이거나, 또
한 그 취득이 기한 후 배서에 의한 것이라 하더라도 대가 없이 발행된
융통어음이라는 항변으로 대항할 수 없으나, 피융통자에 대하여는 어음상
의 책임을 부담하지 아니한다. 그리고 어떠한 어음이 융통어음에 해당하
는지 여부는 당사자의 주장만에 의할 것은 아니고 구체적 사실관계에 따
라 판단하여야 한다. 해당 사안은, 甲에 부탁하여 어음할인에 사용할 약
속어음을 발행받은 乙이 어음할인을 받지 못하자 甲에게 어음을 반환하
기로 약속하고서도 그 후 丙에게 어음할인을 의뢰하면서 위 어음을 배
서 · 양도하였고, 丙도 甲의 어음 반환 요구를 거부한 채 丁에게 어음할
인을 의뢰하면서 위 어음을 배서 · 양도하였으며, 그 후 丁이 어음소지인

으로서 위 어음을 지급제시하자 甲이 지급거절한 사안이다.

대법원은, 문제의 어음은 甲이 당초 乙로 하여금 제3자에게서 어음할인을 받아 금융을 얻게 할 목적으로 위 어음을 발행하였으므로 융통어음이라고 하였다(따라서 이를 원인관계 없이 교부된 어음에 불과하다고 본 원심의 판단 부분은 잘못이다). 또한 융통어음이므로 어음금 지급을 할 수 없다는 항변[일반적으로 일컬어지는 '융통어음의 항변']은 피융통자가 아닌 양수인에 대하여는 선·악의를 불문하고 대항할 수 없는데, 그럼에도 불구하고, 위 사안에서 대법원은 "丙은 乙한테서, 丁은 丙한테서 각기 어음할인을 위하여 원인관계 없이 약속어음을 교부받았고 丁이 위 어음의 지급을 구할 경제적 이익이 없는 이상 甲은 丁에 대하여 위 어음의 지급을 거절할 수 있다고 보아야 하므로," 丁의 어음금 청구를 배척한 원심의 결론이 정당하다고 하였던바, 이는 앞서 본 '융통어음의 항변'과 구별되는 '융통계약 위반의 항변'[327]을 받아들인 것으로 평가할 수 있다.

즉, 융통어음은 통상, 발행인이 피융통자로 하여금 만기까지 해당 어음을 자금융통 목적에 이용하도록 할 수 있게 하는 대신, 피융통자가 제3자에게 해당 어음을 교부하고 자금을 융통한 다음 만기 전에 이를 변제하여 제3자로부터 해당 어음을 회수하여 반환하거나, 발행인에게 어음을 반환하지 못할 경우 어음금 상당의 돈을 변제하고, 또는 피융통자가 자금을 융통하지 못하면 어음을 발행인에게 그대로 반환한다는 의사합치 하에 발행되기 마련이다. 따라서 제3자가 해당 어음이 융통어음이라는 사정뿐 아니라, 위와 같은 합의 위반의 사정까지 알고 있었다면(융통어음과 교환으로 교부된 담보어음이 지급거절되었다는 사실을 알고 있었다고 판단된 예로 **대법원 1995. 1. 20. 선고 94다50489 판결**), 이때 발행인은 제3자에 대

---

327) 송옥렬, 상법강의, 홍문사(2021), 587면; 김교창, "융통어음에 관한 융통계약상의 항변들", 상사법연구 제15권 제2호, 한국상사법학회(1996), 238면 이하; 김문재, "어음할인을 위한 융통어음의 양도와 이중무권의 항변", 상사법연구 제32권 제4호, 한국상사법학회(2014), 179면 이하.

하여도 그 지급을 거절할 수 있는데, 이 사건 역시 그러한 경우로 이해
할 수 있다.

제2절 표지어음

2014년과 2015년에 연달아 표지어음에 관한 두 건의 대법원 판결이
선고되었다. 표지어음(cover bill)이란 금융기관이 할인하여 보유하고 있는
상업어음(경상적 영업활동 과정에서 재화와 용역의 거래에 수반되어 발행된 약
속어음), 무역어음(수출신용장, 선수출계약서, 외화표시물품공급계약서, 내국신용
장 또는 수출신용장결제조건부 수출계약서를 근거로 발행된 환어음), 팩토링어음
(상거래에 수반되어 발생한 어음채권 및 외상매출채권을 금융기관이 팩토링대출을
취급하면서 취득한 것) 등을 분할 또는 통합하여 새로이 발행한 약속어음
을 의미한다. 표지어음제도는 1989년 9월 수출기업을 지원하기 위해 투
자금융회사에 표지무역어음 발행이 허용되면서 처음으로 도입되어, 1994
년 7월에는 은행에 대하여, 1995년 5월에는 상호저축은행에 대하여 표지
어음 발행이 각각 허용되었다.[328]

대법원은 이러한 표지어음의 법적 성격을 어음법 소정의 약속어음이
라고 보았고(대법원 2014. 6. 26. 선고 2014다13167 판결[329]), 따라서 은행이
표지어음을 발행하여 발행의뢰인에게 어음할인 방식으로 매출하는 것은
어음의 매매의 성격을 가진다고 할 것이므로, "**은행이 표지어음을 발행·매
출하면서 발행의뢰인으로부터 그 대가로 지급받은 자금을 향후 표지어음**

---

328) 한국금융연수원 편저, 수신실무법률, 한국금융연수원(1995), 528-529면; 정성욱,
"표지어음 매출대금 보관계좌의 법적 성격", 대법원판례해설 제105호, 법원도서관
(2016), 414면 이하.
329) "표지어음은 약속어음임을 표시하는 문구를 비롯하여 만기, 발행일, 발행인의
기명날인 등을 비롯한 어음법 제75조 소정의 주요한 어음요건을 갖추고 있고, 하
단에는 표지어음이 어음에 해당함을 다시 확인하여 주는 문구, 즉 "발행지, 발행
일, 수취인 등이 누락된 상태에서 지급제시하는 경우 지급거절로 선의의 피해를
입을 수 있으니 누락됨이 없도록 주의하시기 바랍니다."라고 찍혀 있는 것이 보통
이며, 그 기재가 계약서가 아닌 약속어음 표면에 존재하는 이상 이를 예문에 해당
하는 것으로 볼 수 없다는 점에서 그 법적 성격은 어음법 소정의 약속어음에 해
당한다."

금의 지급을 대비하여 별도로 보관·관리하기 위하여 개설한 계좌는 그 계좌가 편의상 발행의뢰인의 명의로 되어 있다고 하더라도, 발행의뢰인은 특별한 사정이 없는 한 은행에 대하여 그 자금의 대가로 발행된 표지어음 금의 지급을 구할 수 있을 뿐 그 어음금과 별도로 그 계좌에 관한 예금의 반환을 구할 수는 없다고 보아야 한다(대법원 2015. 9. 10. 선고 2015다 27545 판결)."고 하였다.

제3절 물품대금채무의 지급을 위해 약속어음을 발행·교부한 경우의 법률관계

A는 B에게 전자제품을 공급하고 B는 그 물품대금을 어음을 발행하여 결제하되 그 어음의 지급기일은 3개월 후로 하기로 약정하고, 한편 B 는 X보증보험회사와 사이에 위 납품계약을 주계약, 피보험자는 A, 보험 기간은 2008. 9. 19.부터 2009. 1. 31.까지로 하여 "(B가) 물품공급계약에 서 정한 채무(이행기일이 보험기간 안에 있는 채무에 한함)를 이행하지 않음 으로써 A가 입은 손해를 보상"하기로 하는 이행보증보험계약을 체결한 다음 그 보증보험증권을 A에게 교부하였다. 이후 B가 2009. 1. 8.경 회 생절차개시신청을 하고, 2009. 1. 14. 당좌거래정지처분을 받음에 따라 A 가 X에게 보험금을 청구한 사안에서, X는 A가 교부받은 약속어음의 지급 기일이 2009. 2. 28.로 보험기간 이후이므로, "보험사고"에 해당하지 않는 다고 다투었다.

A의 보험금 청구의 당부를 다투는 이 사건의 직접 쟁점은 이 사건 의 이행보증보험계약에서 정한 보험사고가 발생하였는지 여부이다. 대법 원 2014. 6. 26. 선고 2011다101599 판결은, 매수인이 매도인으로부터 물 품을 공급받은 다음 그들 사이의 물품대금 지급방법에 관한 약정에 따라 그 대금의 지급을 위하여 물품 매도인에게 지급기일이 물품공급일자 이 후로 된 약속어음을 발행·교부한 경우, 물품대금 지급채무의 이행기는 다른 특별한 사정이 없는 한 그 약속어음의 지급기일이고, 위 약속어음 이 발행인에게 발생한 지급정지사유로 그 지급기일이 도래하기 전에 지

급거절되었더라도 그 지급거절된 때에 물품대금 지급채무의 이행기가 도래하는 것은 아니라는 기존 법리(대법원 2000. 9. 5. 선고 2000다26333 판결 등 참조)를 확인하고, "물품대금 지급채무 등과 같은 물품공급계약에서 정하여진 채무에 관하여 체결된 '이행보증보험계약'이 '이행기일이 보험기간 안에 있는 채무'의 불이행으로 인한 손해를 보장하는 내용인 경우에는 위와 같이 지급거절 등 사유의 발생으로 바로 그 보험계약에서 정하여진 '이행기일'이 도래한다고 할 수 없다."고 하였다.

이에 따라 B의 A에 대한 물품대금채무의 이행기는 A가 B로부터 발행·교부받은 약속어음의 지급기일(2009. 2. 28.)이고, 이행기가 이 사건 보험계약에서 정한 보험기간에 속하지 아니하는 이상 위 물품대금 지급채무는 이 사건 보험계약에서 정하는 '이행기일이 보험기간 안에 있는 채무'에 해당한다고 할 수 없으며, B가 위 어음을 그 지급기일에 결제하지 못하였거나 위 보험기간 내에 B의 회생절차개시신청이나 B에 대한 당좌거래정지처분이 있었다 하더라도 이 사건 보험계약에서 정한 보험사고가 발생하였다고 볼 수 없다고 보아서, 같은 취지의 원심판단이 정당하다고 하였다.

제4절 기   타

그 밖에도, ① 약속어음이 수취인 겸 소지인의 발행인에 대한 장래 발생할 구상금채권을 담보하기 위하여 발행된 것이라면, 소지인은 발행인에 대하여 구상금채권이 발생하지 않은 기간 중에는 약속어음상의 청구권을 행사할 수 없고 구상금채권이 현실로 발생한 때에 비로소 이를 행사할 수 있으므로(대법원 2004. 12. 10. 선고 2003다33769 판결 참조), 약속어음이 일람출급식이고 소지인이 위 약속어음에 관하여 강제집행을 수락하는 취지가 기재된 공정증서를 작성받았다 하더라도, 배당요구의 종기까지 아직 구상금채권이 발생하지 않았다면, 달리 특약이 없는 한 소지인은 위 약속어음공정증서에 기하여 강제집행을 개시할 수도 없고 따라서 배당요구를 할 수도 없다고 한 대법원 2016. 1. 14. 선고 2015다233951

판결, ② 어음의 제시증권성과 상환증권성에 비추어 볼 때, 회생절차에 참가하기 위해 어음채권을 회생채권으로 신고하는 경우에도 어음을 소지해야만 권리를 행사할 수 있다는 법리는 동일하다고 한 **대법원 2016. 10. 27. 선고 2016다235091 판결**(이에 따라 해당 사안에서는 타인이 어음을 횡령하여 어음 원본을 제시하지 못하고 회생채권 신고를 한 채권자는 당시 그 어음을 소지하고 있지 않았던 이상 그 권리를 회생절차에서 주장할 수 없다고 보았다), ③ 甲 은행 직원인 乙이 甲 은행에서 양도성예금증서를 횡령하여 현금화한 다음 丙 은행에 丁 주식회사 명의의 계좌를 개설하여 횡령금 중 일부를 예금하였다가 그 중 일부를 자기앞수표 발행자금으로 丙 은행의 별단예금 계좌에 입금하여 자기앞수표를 교부받았는데, 甲 은행이 자기앞수표에 관한 피사취신고를 하여 丙 은행이 발행자금에 대한 지급을 정지하였고, 그 후 자기앞수표의 지급제시기간이 경과하고 지급제시기간으로부터 10년이 경과하도록 자기앞수표상 권리나 이득상환청구권을 행사한 자가 없어 丙 은행이 발행자금을 그대로 보유하고 있는 사안에서, 丙 은행이 당초 발행자금을 취득한 데에 일반적 · 형식적으로 정당한 법률상 원인이 있었더라도 이후 丙 은행이 甲 은행의 사고신고에 의해 발행자금의 출처가 횡령금이라는 사실을 알게 되었고, 나아가 발행자금의 지급을 거절할 수 있는 상태가 되었으며 사실상 이를 지급할 가능성도 없게 된 이상, 발행의뢰인인 丁 회사에 대한 관계에서는 발행자금을 취득할 때 존재하던 법률상 원인이 소멸하였다고 볼 수 없지만, 손실자인 甲 은행에 대한 관계에서는 발행자금을 계속 보유하는 것이 상대적 · 실질적인 관점에서 부당하여 법률상 원인이 없으므로 부당이득반환의무를 부담한다고 본 **대법원 2016. 7. 27. 선고 2016다203735 판결** 등을 참조할 만하다.

제8장 국제거래

제1절 외국판결, 중재판정의 승인과 집행

1. 외국판결의 승인과 집행

2014. 5. 20. 외국판결의 승인과 집행에 관한 민사소송법 제217조, 민사집행법 제26조, 제27조가 개정되었고, 민사소송법 제217조의2(손해배상에 관한 확정재판 등의 승인)가 신설되었다.

현행 민사소송법	개정 전 민사소송법
제217조(외국재판의 승인) ① 외국법원의 확정판결 또는 이와 동일한 효력이 인정되는 재판(이하 "확정재판등"이라 한다)은 다음 각호의 요건을 모두 갖추어야 승인된다. 1. 대한민국의 법령 또는 조약에 따른 국제재판관할의 원칙상 그 외국법원의 국제재판관할권이 인정될 것 2. 패소한 피고가 소장 또는 이에 준하는 서면 및 기일통지서나 명령을 적법한 방식에 따라 방어에 필요한 시간여유를 두고 송달받았거나(공시송달이나 이와 비슷한 송달에 의한 경우를 제외한다) 송달받지 아니하였더라도 소송에 응하였을 것 3. 그 확정재판등의 내용 및 소송절차에 비추어 그 확정재판등의 승인이 대한민국의 선량한 풍속이나 그 밖의 사회질서에 어긋나지 아니할 것 4. 상호보증이 있거나 대한민국과 그 외국법원이 속하는 국가에 있어 확정재판등의 승인요건이 현저히 균형을 상실하지 아니하고 중요한 점에서 실질적으로 차이가 없을 것 ② 법원은 제1항의 요건이 충족되었는지에 관하여 직권으로 조사하여야 한다.	**제217조(외국판결의 효력)** 외국법원의 확정판결은 다음 각호의 요건을 모두 갖추어야 효력이 인정된다. 1. 대한민국의 법령 또는 조약에 따른 국제재판관할의 원칙상 그 외국법원의 국제재판관할권이 인정될 것 2. 패소한 피고가 소장 또는 이에 준하는 서면 및 기일통지서나 명령을 적법한 방식에 따라 방어에 필요한 시간여유를 두고 송달받았거나(공시송달이나 이와 비슷한 송달에 의한 경우를 제외한다) 송달받지 아니하였더라도 소송에 응하였을 것 3. 그 판결의 효력을 인정하는 것이 대한민국의 선량한 풍속이나 그 밖의 사회질서에 어긋나지 아니할 것 4. 상호보증이 있을 것

제217조의2(손해배상에 관한 확정재판등의 승인) ① 법원은 손해배상에 관한 확정재판등이 대한민국의 법률 또는 대한민국이 체결한 국제조약의 기본질서에 현저히 반하는 결과를 초래할 경우에는 해당 확정재판등의 전부 또는 일부를 승인할 수 없다. ② 법원은 제1항의 요건을 심리할 때에는 외국법원이 인정한 손해배상의 범위에 변호사보수를 비롯한 소송과 관련된 비용과 경비가 포함되는지와 그 범위를 고려하여야 한다.	

현행 민사집행법	개정 전 민사집행법
제26조(외국재판의 강제집행) ① 외국법원의 확정판결 또는 이와 동일한 효력이 인정되는 재판(이하 "확정재판등"이라 한다)에 기초한 강제집행은 대한민국 법원에서 집행판결로 그 강제집행을 허가하여야 할 수 있다. ② 집행판결을 청구하는 소(소)는 채무자의 보통재판적이 있는 곳의 지방법원이 관할하며, 보통재판적이 없는 때에는 민사소송법 제11조의 규정에 따라 채무자에 대한 소를 관할하는 법원이 관할한다. **제27조(집행판결)** ① 집행판결은 재판의 옳고 그름을 조사하지 아니하고 하여야 한다. ② 집행판결을 청구하는 소는 다음 각 호 가운데 어느 하나에 해당하면 각하하여야 한다. 1. 외국법원의 확정재판등이 확정된 것을 증명하지 아니한 때 2. 외국법원의 확정재판등이 민사소송법 제217조의 조건을 갖추지 아니한 때	**제26조(외국판결의 강제집행)** ① 외국법원의 판결에 기초한 강제집행은 대한민국 법원에서 집행판결로 그 적법함을 선고하여야 할 수 있다. ② 집행판결을 청구하는 소(소)는 채무자의 보통재판적이 있는 곳의 지방법원이 관할하며, 보통재판적이 없는 때에는 민사소송법 제11조의 규정에 따라 채무자에 대한 소를 관할하는 법원이 관할한다. **제27조(집행판결)** ① 집행판결은 재판의 옳고 그름을 조사하지 아니하고 하여야 한다. ② 집행판결을 청구하는 소는 다음 각 호 가운데 어느 하나에 해당하면 각하하여야 한다. 1. 외국법원의 판결이 확정된 것을 증명하지 아니한 때 2. 외국판결이 민사소송법 제217조의 조건을 갖추지 아니한 때

민사소송법 제217조 제1항에서 정한 외국판결 승인의 요건은 확정판결요건, 국제재판관할요건, 송달요건, 공서요건, 상호보증요건으로 요약된

다. 이하에서는 그 중 공서요건과 상호보증요건에 관하여 대법원 판결을
중심으로 살펴본다.

1) 공서요건

민사소송법 제217조 제1항 제3호의 '선량한 풍속이나 그 밖의 사회
질서'란 민법 제103조와는 다른 '국제적 공서양속'을 뜻하는 것으로 민법
제103조의 개념보다는 좁은 의미라고 보는 것이 통설이다.[330] 판례도 외
국중재판정의 승인 거부사유인 '공서양속'은 국내적 공서양속과 구별되는
'국제적 공서양속'이라고 보았는데 이는 외국재판의 승인에 관하여도 마
찬가지로 볼 수 있다.[331] 공서요건에는 '실체적 공서'와 '절차적 공서'가
포함된다. (민사소송법 제217조 제1항 제3호에서) 외국판결의 효력을 인정하
는 것, 즉 외국판결을 승인한 결과가 대한민국의 선량한 풍속이나 그 밖의
사회질서에 어긋나는지 여부는 그 승인 여부를 판단하는 시점에서 외국판
결의 승인이 대한민국의 국내법 질서가 보호하려는 기본적인 도덕적 신념
과 사회질서에 미치는 영향을 외국판결이 다룬 사안과 대한민국과의 관련
성의 정도에 비추어 판단하여야 하고, 이때 그 외국판결의 주문뿐 아니라
이유 및 외국판결을 승인할 경우 발생할 결과까지 종합하여 검토하여야
한다(대법원 2012. 5. 24. 선고 2009다22549 판결[332]). 한편 민사집행법 제27

---

330) 주석 민사소송법(Ⅲ), 한국사법행정학회(2018), 471면.
331) 대법원 1990. 4. 10. 선고 89다카20252 판결, 대법원 1995. 2. 14. 선고 93다
53054 판결, 대법원 2003. 4. 11. 선고 2001다20134 판결.
332) 일제강점기에 국민징용령에 의하여 강제징용되어 일본국 회사인 미쓰비시중공
업 주식회사에서 강제노동에 종사한 대한민국 국민이 새로이 설립된 미쓰비시중공
업 주식회사를 상대로 국제법 위반 및 불법행위를 이유로 한 손해배상과 미지급
임금의 지급을 구한 사안에서, 甲 등이 미쓰비시를 상대로 동일한 청구원인으로
일본국에서 제기한 소송의 패소확정판결을 승인하는 것은 대한민국의 선량한 풍속
이나 그 밖의 사회질서에 어긋나므로 효력을 인정할 수 없다고 판시한 사안이다.
즉, 위 패소확정판결의 이유에 일본의 한반도와 한국인에 대한 식민지배가 합법적
이라는 규범적 인식을 전제로 하여 일제의 국가총동원법과 국민징용령을 한반도와
甲 등에게 적용하는 것이 유효하다고 평가한 부분이 포함되어 있는데, 대한민국
헌법 규정에 비추어 볼 때 일제강점기 일본의 한반도 지배는 규범적인 관점에서
불법적인 강점에 지나지 않고, 일본의 불법적인 지배로 인한 법률관계 중 대한민
국의 헌법정신과 양립할 수 없는 것은 그 효력이 배제된다고 보아야 하므로, 일본
판결 이유는 일제강점기의 강제동원 자체를 불법이라고 보고 있는 대한민국 헌법

조 제1항은 실질적 재심사 금지의 원칙을 규정하고 있는바, 이에 따라 외국재판 승인요건으로서의 공서양속 위반 여부를 심사할 때에도 외국재판의 승인이 우리나라의 도덕관념이나 국내법질서의 기본이념에 비추어 허용될 수 있을 것인지 여부를 심사하는 범위로 한정되어야 하고, 이를 초과하여 외국법원의 사실인정과 법률의 적용 및 해석 등에 대한 심사는 허용될 수 없다.[333]

한편 민사소송법 제217조의2는 손해전보의 범위를 초과하는 손해배상을 명한 외국재판을 초과하는 범위 내에서 공서양속에 반하는 것으로 판단한다는, 즉 우리 손해산정의 기본원칙인 전보배상의 법리에 어긋나는 '징벌배상 내지 수배배상을 명한 외국재판'의 경우 그 승인 및 집행을 적정범위로 제한하는 취지에서 신설된 규정이다.[334] · [335] 앞서 본 것처럼 민사소송법 제217조의2를 신설하면서 제217조도 함께 개정하여 외국재판의 승인 요건 중 소위 '공서요건'에 해당하는 제217조 제1항 제3호를 "그 확정재판 등의 내용 및 소송절차에 비추어 그 확정재판 등의 승인이 대한민국의 선량한 풍속이나 그 밖의 사회질서에 어긋나지 아니할 것"이라는 내용으로 구체화하였는데, 위와 같이 개정된 제217조 제1항 제3호와 제217조의2의 관계에 관하여도 논란이 있다. 즉, 개념상 손해배상을 명한 외국법원의 확정재판의 승인이 제217조 제1항 제3호의 '공서요건'에는 반하지 않지만 제217조의2 제1항의 '대한민국의 법률 또는 국제조약의 기본

의 핵심적 가치와 정면으로 충돌하는 것이라는 점을 주된 이유로 들었다.

333) 주석 민사소송법(Ⅲ), 한국사법행정학회(2018), 474면.
334) 김진오, "징벌적 배상이 아닌 전보배상을 명한 외국판결의 경우, 인용된 손해액이 과다하다는 이유로 승인을 제한할 수 있는지 여부", 대법원판례해설 제105호, 법원도서관(2016), 326면; 석광현, "국제재판관할과 외국판결의 승인 및 집행", 국제사법연구 제20권 제1호, 한국국제사법학회(2014), 61면.
335) 제323회 국회법제사법위원회 회의록 16에 의하면 "손해전보의 범위를 초과하는 손해배상과 소송비용이 과다한 경우에 대한 승인거부를 할 수 있도록 하자는 것입니다. [중략] 기본적으로 통설하고 독일, 일본의 판례는 징벌적 손해배상으로 고액배상의 민사판결을 승인하는 것은 공서양속에 반한다는 취지로 지금까지 인정을 하지 않아 왔습니다. 그래서 이러한 통설·판례 입장을 법으로 명시하자는 취지입니다."라고 기재되어 있다.

질서'에 현저히 반하는 경우를 상정할 수 있을 것인지가 문제된다. 이에 대해 제217조의2 제1항에서 말하는 기본질서 등이 제3호의 '공서'에 포함되는 것이므로 양자의 실질적 차이가 없다고 보는 견해[336]가 있다. 제217조의2는 제217조 제1항의 승인 요건에 덧붙여 추가적 승인요건을 규정하는 것이 아니라 제217조 제1항 제3호의 공서양속 요건과 관련하여 입법화된 조항이다. 손해전보의 범위를 초과하는 배상액을 제한하는 것은 기존의 제217조 제1항 제3호의 공서요건으로도 해결할 수 있었으나 그 취지를 명확히 함으로써 법적 안정성을 제고하고자 한[337] 입법배경과 취지에 비추어 볼 때, 민사소송법 제217조의2에 해당하는지 여부는 제217조 제1항 제3호의 공서요건의 개념과 일관성을 유지하는 의미로 판단되어야 한다.[338]

대법원은 특허침해에 따른 손해배상을 명한 미국법원의 판결에 대한 승인과 집행을 구한 사건에서, "외국법원의 확정재판 등이 당사자가 실제로 입은 손해를 전보하는 손해배상을 명하는 경우에는 민사소송법 제217조의2 제1항을 근거로 그 승인을 제한할 수 없다."는 법리를 최초로 선언하였고(대법원 2015. 10. 15. 선고 2015다1284 판결, 위 판결 사안은 미국법원의 판결이 전보배상을 명하였다는 점에 관하여는 사실상 다툼이 없었던 것으로 보인다), 수개월 뒤의 대법원 2016. 1. 28. 선고 2015다207747 판결에서도 이러한 법리를 반복하여 확인하였다.

다만 대법원 2015다207747 판결은, 원고(미국인)가 피고로부터 그 소유 암말을 매수하기로 하였는데 피고가 그 계약이행을 거부함에 따라

---

336) 김진오, "징벌적 배상이 아닌 전보배상을 명한 외국판결의 경우, 인용된 손해액이 과다하다는 이유로 승인을 제한할 수 있는지 여부", 대법원판례해설 제105호, 법원도서관(2016), 328면; 윤성근, "외국판결 및 중재판정 승인거부요건으로서의 공서위반", 국제사법연구 제20권 제2호, 한국국제사법학회(2014), 443면; 이규호, "외국판결의 승인·집행에 관한 2014년 개정 민사소송법·민사집행법의 의의 및 향후 전망", 한국민사소송법학회지 제19권 제1호, 한국사법행정학회(2015), 121-122면.
337) 석광현, "국제재판관할과 외국판결의 승인 및 집행", 국제사법연구 제20권 제1호, 한국국제사법학회(2014), 486면.
338) 주석 민사소송법(Ⅲ), 한국사법행정학회(2018), 486면.

손해배상의무를 부담하게 되었고(미국법원은 국제물품매매계약에 관한 국제연합협약에 따라 손해배상금과 소송비용 및 변호사보수의 지급을 명하여 그 판결이 그대로 확정되었다), 그러한 내용의 미국법원 판결의 승인을 구한 사안으로, 이에 관하여 원심은, 미국판결의 배상액 중 자문비용, 소송 전 법률비용 및 소송비용 합계 157,379달러에 대하여 민사소송법 제217조 제1항 제3호 소정의 대한민국의 선량한 풍속 기타 사회질서에 반함을 이유로 그 배상액의 50%만 승인하고 나머지 부분은 승인을 제한하였다. 이는 전보배상을 명한 외국판결이라면 앞서의 대법원 2015다1284 판결 법리에 따라 민사소송법 제217조의2에 따라 제한될 수는 없지만, 제217조 제1항 제3호에 의하여는 그 승인과 집행을 제한할 수 있다는 판단을 전제하고 있는 판결로 보인다.

반면 대법원은, 미국판결의 배상액이 모두 전보적 성격의 배상액인 이상 그 액수가 매매계약 매매대금을 초과한다는 사정만으로 그 배상액이 과다하여 미국판결을 승인하는 것이 대한민국의 선량한 풍속이나 그 밖의 사회질서에 반한다고 볼 수 없고, 미국판결에서 적법한 근거에 따라 피고에게 부담시키는 것이 합리적이라고 판단한 액수의 배상만을 명하였다면 그 변호사비용이 우리 법원에서 인정되는 수준보다 다액이라 하더라도 그러한 미국판결을 승인하는 것이 대한민국의 기본적인 도덕적 신념과 사회질서에 배치되는 것이 아니라고 하면서, "(위와 같이 50%만 승인한) 원심의 조치가 적절하지 아니하더라도" 피고만이 상고한 이 사건에서 불이익변경금지 원칙상 원심판결을 상고인인 피고에게 불이익하게 변경할 수 없다는 설시를 부가하였다. 이러한 기재에 비추어 보건대, (비록 대법원이 명시하지는 않았으나) 전보배상을 명한 외국판결이라면 민사소송법 제217조의2는 물론이고 제217조 제1항 제3호에 의하여도 그 승인과 집행을 함부로 제한해서는 아니 된다는 판단을 전제하고 있는 것으로 이해된다.

2) 상호보증 요건

대법원 2017. 5. 30. 선고 2012다23832 판결은 민사소송법 제217조 제1항 제4호에 관하여, "우리나라와 외국 사이에 동종 판결의 승인요건이 현저히 균형을 상실하지 아니하고 외국에서 정한 요건이 우리나라에서 정한 그것보다 전체로서 과중하지 아니하며 중요한 점에서 실질적으로 거의 차이가 없는 정도"라면 상호보증의 요건을 갖춘 것으로 보아야 하고, "이러한 상호보증은 외국의 법령, 판례 및 관례 등에 의하여 승인요건을 비교하여 인정되면 충분하고 반드시 당사국과 조약이 체결되어 있을 필요는 없으며, 해당 외국에서 구체적으로 우리나라의 같은 종류의 판결을 승인한 사례가 없다고 하더라도 실제로 승인할 것이라고 기대할 수 있을 정도이면 충분하다(대법원 2004. 10. 28. 선고 2002다74213 판결, 대법원 2016. 1. 28. 선고 2015다207747 판결 등 참조)."는 종래 법리를 확인하였다.

2. 중재판정의 승인과 집행

중재란 당사자 간의 합의로 재산권상의 분쟁 및 당사자가 화해에 의하여 해결할 수 있는 비재산권상의 분쟁을 법원의 재판에 의하지 아니하고 중재인의 판정에 의하여 해결하는 절차를 말한다(중재법 제3조 제1호). 중재판정의 승인은 중재판정부가 내린 중재판정의 법적 효력을 인정하는 것을, 중재판정의 집행은 중재판정에 대해 법원이 집행력을 부여하여 그 강제실현을 허용하는 것을 의미하는바, 논리적으로 중재판정의 집행은 중재판정의 승인을 전제로 한다.[339]

우리 중재법은 1966년 제정 이후에 1999. 12. 31. 법률 제6083호로 UNCITRAL이 1985년 채택한 「국제상사중재에 관한 모델법」(Model Law on International Commercial Arbitration)을 전면 수용하는 내용으로 전부 개정되었고,[340] 이후 장기간 큰 변화 없이 시행되어 오던 중 2016. 5. 29. 중재 대상인 분쟁의 범위를 확대하고 중재합의 요건을 완화하며 중재인이 할 수 있는 임시적 처분을 확대하는 한편 중재판정의 승인·집행을 판결이 아닌 결정으로 하는 것을 주된 내용으로 하는 개정이 이루어져 2016.

---

339) 석광현, "2016년 중재법에 따른 국내중재판정의 효력, 취소와 승인·집행에 관한 법리의 변화", 법학논총 제34권 제1호, 한양대학교 법학연구소(2017), 475면.

340) 석광현, "중재법의 개정방향: 국제상사중재의 측면을 중심으로", 서울대학교 법학 제53권 제3호, 서울대학교 법학연구소(2012), 534면.

11. 30.부터 시행되고 있다.[341] 다만 부칙 제2조에서 개정 중재법 시행 당시 중재절차가 진행 중인 사건에 대한 중재합의의 방식 등에 관하여는 종전의 규정에 따르도록 하였다.

1) 중재절차를 위반한 중재판정의 이의제기신청권

중재법 제39조(외국 중재판정)에서는 「외국 중재판정의 승인 및 집행에 관한 협약」(The United Nations Convention on the Recognition and Enforcement of Foreign Arbitral Awards, 이하 '뉴욕협약')이 적용되는 외국 중재판정인지, 뉴욕협약이 적용되지 않는 외국 중재판정인지에 따라 중재판정의 승인·집행에 관한 요건이나 절차를 다르게 규정하고 있는데, 우리나라뿐 아니라 2014. 9. 기준 총 150개국이 가입한 위 협약에 따라 외국 중재판정의 승인과 집행이 소송보다 수월하여 국제적으로 널리 보장되어 있다. 또한 우리나라 중재법이 2016년 개정 당시 모델로 삼은 2006년 UNCITRAL 모델중재법(Model Law on International Commercial Arbitration, 이하 '개정 모델법') 역시 우리나라뿐 아니라 다수 국가의 중재법의 원형으로 기능하고 있는바, 이러한 점에서 개정 모델법과 뉴욕 협약은 국제상사중재에서 매우 중요한 역할을 하고 있다.[342]

대법원 2017. 12. 22. 선고 2017다238837 판결은, 뉴욕협약 적용 사안에서, 중재판정의 기초가 된 중재판정부의 구성이나 중재절차가 당사자의 중재합의에 합치하지 아니하거나, 합의가 없는 경우에는 중재가 이루어지는 국가의 법령에 합치하지 아니할 때, 중재판정의 승인이나 집행을 거절할 수 있도록 규정한 뉴욕협약 제5조 제1항 (라)호에 관하여 다음과 같이 설시하였다.

"… 이는 중재절차의 계약적 성격에서 비롯된 것으로서, 중재절차는 원칙적으로 당사자의 자치 및 합의(parties' autonomy and agreement)로 형성되나, 당사자 합의가 없는 경우에는 보충적으로 해당 중재에 적용되는

---

341) 중재재판실무편람, 법원행정처(2018), iii면.
342) 김상만, "뉴욕협약 및 UNCITRAL 모델중재법 관련 최근 캐나다 판결에 대한 고찰", 법학논고 제48집, 경북대학교 법학연구원(2014), 308면.

임의규정에 따라 이루어진다는 취지이다. 그렇지만 위 규정에서 정한 중재
판정 승인이나 집행의 거절 사유에 해당하려면 단순히 당사자의 합의나
임의규정을 위반하였다는 것만으로는 부족하고, 해당 중재절차에 의한 당
사자의 절차적 권리에 대한 침해의 정도가 현저하여 용인할 수 없는 경우
라야 할 것이다. 또한 중재판정부나 중재절차의 위반 여부를 판단할 때에,
승인국 또는 집행국 법원은 '중재절차에서 적시에 이의를 제기하였는지'를
중요하게 고려하여 중재절차 진행과정에서 절차위반이 있더라도 이에 대
하여 당사자가 적절히 이의를 제기하지 아니하였고 위반사항이 공공의 이
익을 보장하기 위한 것이라기보다 당사자의 절차적 권리와 이익을 보장하
기 위한 것일 경우에는 이에 관한 이의제기 권한을 포기한 것으로 볼 수
있다. 뉴욕협약은 이와 같은 이의제기 권한의 포기에 관하여 명문의 규정
을 두고 있지는 아니하지만, 당사자의 권리와 이익을 보장하기 위한 중재
절차에 관한 하자에 대하여 당사자가 적시에 이의를 제기하지 아니하고
중재절차에 참여한 경우에는 중재판정의 승인 및 집행절차에서 그와 같은
이의를 제기할 수 없다고 해석함이 타당하다."

　　위 사안의 원고는 기업컨설팅을 목적으로 아일랜드에 설립된 법인이
고, 피고는 외국기업 주재원 컨설팅업 등을 목적으로 대한민국에 설립된
법인으로 2008년 프랜차이즈 계약을 체결하였는데 피고가 원고에게 지급
할 수수료와 관련된 분쟁이 발생하였다. 피고는, 애초 원고와 사이에 국
제상공회의소(ICC)의 중재를 통해 분쟁을 해결하기로 합의하였으나 원고
가 이와 달리 영국에 본부를 둔 공인중재인 협회 아일랜드 지부(이 사건
중재기관)에 중재를 신청하였고, 그에 따라 중재절차가 진행되어 중재판정
이 이루어졌다는 등의 이유를 들어 위 중재판정의 집행을 거부하였다.

　　대법원은 위 법리에 따라, 위 중재절차 진행 과정에서 피고가 별다
른 이의를 제기하지 않고 해당 절차에 참여하였고 그 결과 중재판정이
이루어진 이상, 피고는 기존에 약정하였던 ICC의 중재절차를 통한 중재
등 자신의 절차적 권리를 포기하고 이 사건 중재기관의 중재절차로 진행
하는 것에 관해 새로 합의하였다고 보아야 한다는 원심의 판단이 타당하

다고 보아 피고의 상고를 기각하였다. 이는, 중재 신청 전의 대면협의 절차, 중재기관 및 중재인 선정에 관한 사항은 공공의 이익을 보장하기 위한 것이라기보다는 당사자의 절차적 권리와 이익을 보장하기 위한 것이어서 포기의 대상이 될 수 있음을 전제하면서, 포기에 관한 명시적 규정이 없는 뉴욕협약이 적용되는 이 사건에서도 피고가 적시에 이의를 제기하지 않고 절차에 계속 참여한 사정 등을 들어 그러한 포기를 인정할 수 있다고 본 것이다.

뉴욕협약 제5조 제1항 (라)호에서 말하는 "중재절차에서 당사자 합의에 위반"한 대표적인 사례로는, 당사자들의 중재지 선택조항이나 기관중재에 있어 중재규칙의 선택, 중재 준거법이나 적용언어의 선택 등에 관한 합의를 위반하는 것 등이 거론되고,[343] 이 사건 중재판정은 일응 당사자의 중재합의에 위반하여 합의된 중재기관이 아닌 다른 중재기관에 신청된 하자가 있었다. UNCITRAL 모델중재법[344]과 ICC 중재규칙[345] 등 대부분의 국제중재규칙에는 당사자가 중재절차상 하자를 알고도 이의 없이 절차에 참여하는 경우에 이의제기 권한을 포기하는 것으로 간주하는 규정을 두고 있고, 대부분의 승인국이나 집행국 법원도 그러한 명시적인 규정이 없더라도 이를 대부분 인정하고 있는[346] 점에 비추어 보면, 비록 뉴욕협약에서 당사자의 이의제기권(right to object)과 그 포기(waiver)에 대한 명시적 규정을 두고 있지 않다 하더라도, 적어도 당사자가 중재에서

---

343) 김윤종, "중재판정부 구성이나 중재절차를 위반한 중재판정의 이의제기신청권", 대법원판례해설 제113호, 법원도서관(2018), 286면.

344) 제4조(이의신청권의 포기) 이 법의 규정에 의하여 당사자가 그 효력을 배제할 수 있다는 규정이나 중재합의의 요건이 준수되지 아니한 사실을 알았거나 알 수 있으면서 당사자가 지체 없이 또는 기한이 정해져 있는 경우에는 그 기한 내에 그러한 불이행에 대해 이의를 제기하지 아니하고 중재절차를 속행한 경우에는 자신의 이의신청권을 포기한 것으로 본다.

345) 제39조(포기) 중재에 적용되는 본 중재규칙 또는 그 외 다른 규칙 규정, 중재판정부의 지시, 중재판정부의 구성이나 절차 진행과 관련한 중재합의에서의 요건 등이 지켜지지 않는 데 대하여 당사자가 이의를 제기하지 않고 중재절차를 계속 진행하면 이의할 권리를 포기한 것으로 간주한다.

346) 김윤종, "중재판정부 구성이나 중재절차를 위반한 중재판정의 이의제기신청권", 대법원판례해설 제113호, 법원도서관(2018), 287면.

절차상의 위반을 알고도 이의를 제기하지 않고, 그 절차에 계속 참여하였다면, 당사자가 그 권리를 포기한 것으로 해석할 수 있다고 할 것이다.

2) 중재판정부 구성에 관한 당사자간의 합의 위반의 의미

개정 전 중재법이 적용된 대법원 2018. 4. 10. 선고 2017다240991 (본소), 2017다241000(반소) 판결은, 중재판정의 취소를 구하는 원고의 본소와 중재판정에 기한 강제집행 허가를 구하는 피고의 반소가 결합된 사건으로, 문제의 중재가 국제중재이어서 국제중재규칙에 따라 중재판정부가 구성되어야 함에도 대한상사중재원 사무국이 이를 국내중재로 오인하고 국내중재규칙에 따라 중재인 선정절차를 진행하였으므로, 중재판정부의 구성 또는 중재절차가 당사자 간의 합의에 따르지 아니한 경우에 해당하여 중재법 제36조 제2항 제1호 (라)목에 따른 중재판정 취소의 사유가 존재한다는 점에는 큰 의문이 없었다. 다만 문제는 이러한 "중재판정부의 구성"을 다투는 원고의 항변(주장)이, 중재법 제17조에서 정한 "중재판정부의 판정 권한"에 속하는 것인지 여부였다.

우리 중재법에 따르면, 중재판정부의 권한에 관한 이의는 본안에 관한 답변서를 제출할 때까지 제기할 수 있지만(중재법 제17조 제2항), 중재판정부의 권한이 아닌 사항이라면, 중재법 제5조에 따라 "지체 없이 이의를 제기하지 않거나 정해진 이의제기 기간 내에 이의를 제기하지 않고 중재절차가 진행된 경우"에는 이의신청권을 상실하게 된다.

그런데 위 사건에서 원고는, 중재판정부가 구성된 이후 1개월 이상이 지난 시점에서야 "이 사건 중재에 대해 국제중재규칙이 적용되어야 하는데 국내중재규칙에 따라 중재판정부가 구성된 것은 당사자 사이의 중재합의와 중재규칙에 반하여 위법하다"는 본안전 항변을 하였다. 만약 원고의 위 항변에 관하여 중재법 제17조 제2항이 적용된다면 실기하지 않은 것이 되고, 중재법 제5조가 적용된다면 일응 실기한 것으로 보게 될 가능성이 존재한다.

대법원은 "중재제도의 특성상 중재판정부의 구성은 중재합의와 중재절차의 가장 핵심적이고 본질적인 요소 중의 하나이므로, 중재판정부의 구성에 당사자 간의 합의를 위반한 사항이 있을 때에는 중재판정부의 권한에 관한 근간이 흔들리게 된다. 따라서 중재판정부의 구성이 당사자 간의 합의 등을 위반하여 해당 중재판정부가 당사자로부터 분쟁해결 권한을 위탁받은 것으로 볼 수 없는 경우에는 중재법 제5조나 국제중재규칙 제50조가 아닌 중재법 제17조 제2항 전문 또는 제3항에 따라 이의를 제기하여야 한다."고 하여 원고의 이의는 중재법 제17조 제2항 전문에서 규정하는 중재판정부의 권한에 대한 이의제기에 해당하고, 원고는 중재법 제17조 제2항 전문이 정한 기간 내에 이의를 제기하였으므로 이의신청권을 상실하지 않았다고 판단하였다. 이는 중재판정부의 분쟁해결 권한이 당사자의 합의에서 나오는 것임을 확인하고 이에 대한 당사자 합의를 위반하게 되면 중재판정부의 권한에 관한 근간이 흔들리는 것임을 강조한 판결로 의미가 있다.[347]

3) 간접강제를 명한 외국 중재판정의 국내 집행 가능성

특허권 이전과 함께 위반시의 간접강제를 명한 외국 중재판정의 국내 집행에 관한 **대법원 2018. 11. 29. 선고 2016다18753 판결**을 소개한다.

甲 주식회사가 乙 외국회사와 乙 회사의 특허 등에 관하여 라이선스 계약을 체결하였는데, 甲 회사가 특허를 출원함으로써 라이선스계약을 위반하였다는 이유로 乙 회사가 甲 회사를 상대로 출원특허에 대한 모든 권리와 이익의 반환 등을 구하는 중재신청을 하였다. 甲 회사는 특허에 대한 모든 권리와 이익을 乙 회사에 이전하고 이를 위반하면 간접강제 배상금을 지급하라는 내용의 중재판정이 내려졌는데, 우리 민사집행법 등에 의하면 특허권 이전과 같은 의사표시를 할 채무에 관하여 판결이 확정된 경우에는 민사집행법 제263조 제1항에 강제집행방법이 규정되어 있으므로 간접강제의 보충성 원칙에 따라 특허권의 이전에 관하여는 간접강제가 허용되지 않는다는 점이 문제가 되었다. 乙 회사가 이 사건 중재

---

347) 김윤종, "중재판정부 구성을 위한 중재인 선정절차에 관한 이의가 중재판정부 판정권한에 관한 이의인지에 관한 검토", 대법원판례해설 제115호, 법원도서관 (2018), 317면.

판정의 승인과 집행을 구함에 대하여, 甲 회사는 위와 같은 간접강제의
보충성 및 뉴욕협약 제5조 제2항 가목에서는 '분쟁의 대상인 사항이 그
국가의 법률에서는 중재에 의하여 해결할 수 없는 것일 경우'를 집행거부
사유로 규정하고 있는데(분쟁대상의 중재가능성), 우리법상 간접강제는 제1
심 법원의 전속관할이고, 간접강제와 같은 민사집행법상의 권리는 중재합의
의 대상이 될 수 없어 중재가능성이 인정되지 않는다는 점 등을 들면서,
이 사건 중재판정에는 뉴욕협약에서 정한 집행거부사유가 존재한다고 다투
었다(그 밖에도 甲 회사는, 일부 특허에 관하여 乙의 적법한 대리인에 대해 중재판
정에 기한 의무이행을 다하였다고 다투었고, 이는 네덜란드법상 표현대리가 성립할
것인지의 쟁점으로 판단되었으며, 결국 이 부분 판단이 잘못되었음을 이유로 원심이
일부 파기되었다.³⁴⁸⁾ 이 부분 쟁점에 관하여는 본 글에서 검토하지 아니한다).

대법원은 먼저, 간접강제의 보충성과 관련된 주장과 관련하여, "우리
나라 민사집행법과 달리 의사표시를 할 채무에 대하여 간접강제를 명한
중재판정을 받아들인다고 하더라도 간접강제는 어디까지나 심리적인 압박
이라는 간접적인 수단을 통하여 자발적으로 의사표시를 하도록 유도하는
것에 불과하여 의사결정의 자유에 대한 제한 정도가 비교적 적어 그러한
간접강제만으로 곧바로 헌법상 인격권이 침해된다고 단정할 수 없는 점
등에 비추어, 중재판정 중 간접강제 배상금의 지급을 명하는 부분이 집행
을 거부할 정도로 대한민국의 공서양속에 반한다고 볼 수 없다."고 한 원
심판단을 수긍하였다.

다음으로, 간접강제는 중재가능성이 없다는 주장과 관련하여, 뉴욕협
약 제5조 제2항 (가)호에서 말하는 분쟁 대상의 중재가능성(arbitrability)은
중재 대상 분쟁의 성질상 당사자들이 사적 자치에 따라 중재로 해결하기

348) 대법원 2018. 11. 29. 선고 2016다18753 판결(… 원심은 위에서 본 바와 같은
이유로 피고가 이 사건 인도특허 이전의무와 서류제출의무를 이행하지 않아 이 사
건 중재판정 주문 제9항의 간접강제 배상금 지급 의무가 있다고 판단하였다. 이러
한 원심의 판단에는 외국적 요소가 있는 법률관계에 관한 법리를 오해하고 간접강
제 배상금의 발생 시점과 의무 이행으로 인한 소멸 시점에 관한 심리를 다하지
못하여 판결에 영향을 미친 잘못이 있다).

로 합의할 수 있는지 여부에 관한 것으로 특히 분쟁에 관한 특정 구제수단이 단순히 집행국 특정 법원의 전속적 토지관할에 속하는 것만으로는 해당 분쟁 자체의 중재가능성을 부정할 수 없다고 하였다. 또한 "이 사건 중재판정 중 간접강제를 명하는 부분은 분쟁의 대상인 사항이 아니라 분쟁에 따른 권리구제방법에 해당하기 때문에 중재가능성과는 다른 문제이다. 또한 우리나라 민사집행법 제21조, 제261조에서 간접강제결정을 제1심법원의 전속관할로 정한 것은 우리나라 법원에서 간접강제결정을 내릴 경우를 전제로 하는 것이므로 이 사건 중재판정부가 중재지법에 따라 간접강제 배상금을 부과하는 것이 우리나라 민사집행법을 위반하는 것으로 볼 수 없다. 나아가 중재판정의 집행이 거부될 수 있다는 것은 집행 단계의 문제로서 그 전단계인 중재판정에서 간접강제 배상금의 지급을 명할 수 없다고 볼 논리필연적인 근거가 될 수 없다."고 하여, 이 사건 중재판정 중 간접강제를 명한 부분에 중재가능성이 없다는 피고 주장을 배척한 원심판단이 타당하다고 판단하였다.

본 판결은 간접강제를 명한 외국 중재판정의 국내 집행가능성을 인정한 첫 사례로서[349] 의미가 있다.

4) 외국 중재판정의 집행거부사유

대법원 2018. 12. 13. 선고 2016다49931 판결 역시 개정 전 중재법에 따라 원고가 외국 중재판정에 기한 강제집행을 허가한다는 판결을 구하였는데, 피고가 외국 중재판정의 성립 이후 발생한 사정을 들어 중재판정의 집행을 거부한다고 다툰 사안이다. 사실관계가 매우 복잡하나 위 쟁점과 관련된 부분만을 단순화시켜 설명하면, 원고가 피고에 대해 확약서에 기하여 원고가 부동산을 매각하는 등의 업무처리과정에서 발생한 비용의 50%를 부담할 것을 요구하여 그러한 내용의 중재판정이 성립되었는데, 이에 따라 피고가 부담해야 하는 비용 중에는 원고에게 부과된 법인세 등 세금을 분담하는 명목의 비용도 포함되어 있었다. 그런데 원고는

---

349) 윤병철, "2018년 분야별 중요판례분석 19(국제거래법)", 법률신문 제4705호 (2019).

문제의 세금부과처분에 대하여 행정소송을 제기하여 다투어 왔던바, 중재판정 성립 이후에 위 행정소송에서 일부 세금이 감축되고 또 일부는 부과처분을 취소하는 내용의 조정이 성립되는 등의 사정이 발생하여, 결국 원고가 중재를 청구할 당시 상정하였던 세금은 약 237억 원이었는데, 최종적으로 부과가 확정된 액수는 약 5억 6천만 원에 불과하게 되었다. 즉, 원래의 세금액수 중 피고가 부담할 부분은 약 118억 원이었으나, 종국적인 세금액수 중 피고가 부담할 부분은 약 2억 8천만 원에 불과하게 되는 사정변경이 발생하게 된 것이다. 피고는 이러한 사정변경에도 불구하고 피고가 원래의 세금액수를 상정하여 계산된 중재판정에 따라 강제집행을 당하는 것은 억울하다며 집행거부사유가 있다고 주장하였다.

원심은, 과세채권 환급금은 이 사건 중재판정에 따른 금원이 반환된 후에 이 사건 주주 간 계약에 따라 회사법적 절차인 청산배당을 통하여 피고 등에게 배분되어야 하는 것이므로, 이 사건 사업의 진행과정에서 발생한 세금이 환급되었다는 사정 등만으로는 청구이의 사유가 존재한다고 볼 수 없다고 판단하였다.

그러나 대법원은 "확정판결과 동일한 효력을 갖게 된 외국 중재판정에 따른 권리라 하더라도 신의에 좇아 성실하게 행사되어야 하고 이에 기한 집행이 권리남용에 해당하거나 공서양속에 반하는 경우에는 허용되지 않는다. 외국 중재판정의 내용이 실체적 권리관계에 배치되는 경우에 권리남용 등에 이르렀는지에 관하여는, 그 권리의 성질과 내용, 중재판정의 성립 경위 및 성립 후 집행판결에 이르기까지의 사정, 이에 대한 집행이 허가될 때 당사자에게 미치는 영향 등 제반 사정을 종합하여 살펴보아야 한다. 특히 외국 중재판정에 민사소송법상의 재심사유에 해당하는 사유가 있어 그 집행이 현저히 부당하고 상대방으로 하여금 그 집행을 수인하도록 하는 것이 정의에 반함이 명백하여 사회생활상 용인할 수 없을 정도에 이르렀다고 인정되는 경우에 그 중재판정의 집행을 구하는 것은 권리남용에 해당하거나 공서양속에 반하므로 이를 청구이의 사유로 삼을 수 있다."고

한 다음, 법인세 감액으로 인해 중재판정의 내용이 실체적 권리관계에 부합하지 않게 된 점, 재심의 소가 인정되지 않는 중재판정의 특수성 등을 고려하여 법인세 감액이 민사소송법 제451조 제1항 제8호의 재심사유(확정판결의 기초가 된 행정처분이 다른 재판이나 행정처분에 따라 바뀐 경우)에 준한다고 하여 원심을 파기하였다.

중재법 개정에 따라 집행결정제가 도입된 현재에도, 중재판정의 집행을 구하는 절차에서 청구이의사유를 주장할 수 있을 것인지 논란이 있고, 절차적 비효율성을 들어 이를 긍정하는 견해[350]와 청구이의 소송절차와 집행결정절차의 성질이 다름을 들어 부정하는 견해[351]가 병존한다. 물론 청구이의사유가 발생하였다는 취지의 당사자 주장을 집행 거부 사유를 열거하고 있는 뉴욕협약 제5조 제2항 (나)호의 '공공질서 위반'의 문제로 접근함으로써(대법원 2003. 4. 11. 선고 2001다20134 판결[352]) 해결할 수도 있을 것이다.

3. 기   타

집행판결을 청구하는 소도 소의 일종이므로 통상의 소송에서와 마찬가지로 당사자능력 등 소송요건을 갖추어야 한다고 판단한 **대법원**

---

350) 석광현, "2016년 중재법에 따른 국내중재판정의 효력, 취소와 승인·집행에 관한 법리의 변화", 법학논총 제34권 제1호, 한양대학교 법학연구소(2017), 493면.

351) 강태훈, "중재판정 집행재판의 개정에 관한 검토", 저스티스 제151호, 한국법학원(2015), 382면; 이호원, "중재판정 집행절차의 개선에 관한 연구", 법학연구 제23권 제1호, 연세대학교 법학연구소(2013), 80−82면에서는, 중재법 개정 전에 발표된 위 논문을 통해, 집행문 부여절차는 유효한 집행권원의 존재 및 집행당사자적격 등 일정한 사항에 대하여 집행에 문제가 없다는 것을 공증하기 위한 절차이므로, 그 과정에서 중재판정이 승인 및 집행요건을 갖추었는지를 심사하는 것은 부적절하다고 기술하면서 중재판정에 바로 집행문을 부여하자는 주장을 반박하였다.

352) "외국 중재판정은 확정판결과 동일한 효력이 있어 기판력이 있으므로 대상이 된 청구권의 존재가 확정되고, 집행판결을 통하여 집행력을 부여받으면 우리나라 법률상의 강제집행절차로 나아갈 수 있게 된다. 집행판결은 그 변론종결 시를 기준으로 하여 집행력의 유무를 판단하는 재판이므로, 중재판정의 성립 이후 집행법상 청구이의의 사유가 발생하여 중재판정문에 터잡아 강제집행절차를 밟아 나가도록 허용하는 것이 우리나라 법의 기본적 원리에 반한다는 사정이 집행재판의 변론과정에서 드러난 경우에 법원은 뉴욕협약 제5조 제2항 (나)호의 공공질서 위반에 해당하는 것으로 보아 그 중재판정의 집행을 거부할 수 있다."

2015. 2. 26. 선고 2013다87055 판결, 중재법 제36조 제2항 제1호
(라)목[중재판정부의 구성 또는 중재절차가 이 법의 강행규정에 반하지 아니하
는 당사자 간의 합의에 따르지 아니하였거나 그러한 합의가 없는 경우에는 이
법에 따르지 아니하였다는 사실]에서 정한 중재판정 취소사유의 해석에 관
하여, 앞서 본 대법원 2017다238837 판결에서 뉴욕협약 제5조 제1항
(라)호에 관하여 판단한 것과 마찬가지로, "단순히 당사자 간의 합의나
임의규정을 위반하였다는 것만으로는 부족하고, 해당 중재절차에 의한 당
사자의 절차적 권리에 대한 침해 정도가 현저하여 용인할 수 없는 경우
라야 한다"고 판단한 대법원 2018. 12. 13. 선고 2018다240387 판결
등이 있다.

제2절 국제재판관할

국제재판관할이란, 국제 민사사건에서 제기되는 법적 쟁송에 대하여
어느 국가의 법원이 재판할 권한을 가지는가에 관한 민사재판권의 물적
범위의 문제로, 2001. 4. 7. 법률 제6465호로 전부개정된 국제사법에서는
국제재판관할에 관한 제2조를 신설하였다.

국제사법 제2조(국제재판관할)

① 법원은 당사자 또는 분쟁이 된 사안이 대한민국과 실질적 관련이 있는 경우에
국제재판관할권을 가진다. 이 경우 법원은 실질적 관련의 유무를 판단함에 있어
국제재판관할 배분의 이념에 부합하는 합리적인 원칙에 따라야 한다.
② 법원은 국내법의 관할 규정을 참작하여 국제재판관할권의 유무를 판단하되, 제1
항의 규정의 취지에 비추어 국제재판관할의 특수성을 충분히 고려하여야 한다.

국제사법 제2조의 취지는, "국제재판관할규칙=토지관할규칙"이라는
도식에서 벗어나, 토지관할 등 국내관할규칙을 참작하되 국제재판관할의
특수성을 고려하여 합리적인 규칙을 정립하도록 하는 한편, "실질적 관련
성"을 기초로 탄력적 운용이 가능하도록 한 것이다.

1. 종래의 판례 법리

대법원 2005. 1. 27. 선고 2002다59788 판결은, 위와 같이 국제사법 제2조가 신설된 이후 최초의 국제재판관할에 관한 판결로, 대한민국 내에 주소를 두고 영업을 영위하는 원고가 미국의 도메인 이름 등록기관에 등록·보유하고 있는 도메인 이름에 대한 미국의 국가중재위원회의 이전 판정에 불복하여, 도메인 이름이 이전된 피고를 상대로 대한민국 법원에 손해배상 소송을 제기한 사안이었다. 대법원은 "국제재판관할을 결정함에 있어서는 당사자 간의 공평, 재판의 적정, 신속 및 경제를 기한다는 기본이념에 따라야 할 것이고, 구체적으로는 소송당사자들의 공평, 편의 그리고 예측가능성과 같은 개인적인 이익뿐만 아니라 재판의 적정, 신속, 효율 및 판결의 실효성 등과 같은 법원 내지 국가의 이익도 함께 고려하여야 할 것이며, 이러한 다양한 이익 중 어떠한 이익을 보호할 필요가 있을지 여부는 개별 사건에서 법정지와 당사자와의 실질적 관련성 및 법정지와 분쟁이 된 사안과의 실질적 관련성을 객관적인 기준으로 삼아 합리적으로 판단하여야 할 것이다."라고 하여 해당 분쟁의 내용이 대한민국과 실질적 관련성이 있다고 보고, 대한민국법원의 국제재판관할권을 인정하였다.

이후 대법원은, 대한민국법원이 "분쟁 사안과 가장 실질적 관련이 있는 법원"은 아니지만, "대한민국에도 … 분쟁이 된 사안과 실질적 관련이 있다"고 보아 대한민국법원의 국제재판관할권을 인정하기도 하였는데 **(대법원 2008. 5. 29. 선고 2006다71908, 71915 판결)**, 위 판결 사실관계를 살펴보면, 대한민국 회사가 일본 회사에게 러시아에서 선적한 냉동청어를 판매하되 이를 중국에서 인도하기로 하고, 매매대금은 일단 임시가격을 정해 지급한 다음 인도지인 중국 청도항에서 최종 검품을 하여 그 결과에 따라 정산하기로 하였던 사안이다. 위 매매계약에 따른 매매대금 지급 분쟁과 관련하여, 가장 실질적 관련이 있는 법원은 청어 인도지이자 최종검품의 예정지인 중국 법원이지만, 이미 피고가 청어를 인도받고 처분한 지 5년이 경과하였고, 피고가 원고를 상대로 중국에서 제기한 소가 각하되었으므로 대한민국법원의 국제재판관할을 부정한다면 당사자의 권리구제를 도외시하는 결과를 야기할 수 있는 점, 이 사건 정산금을 송금받기로 한 곳이 대한민국인 점 등의 사정을 들어 "대한민국에도 실질적 관련이 있다"고 보았던 것이다.

2. 국제사법 제2조 제1항의 '실질적 관련성' 판단을 위한 종합적 고려

1) 대법원 2010. 7. 15. 선고 2010다18355 판결은, 비행기가 김해공항에서 추락하여 사망한 중국 승무원의 유가족이 항공사인 중국법인을 상대로 손해배상소송을 제기한 사안에서 다음과 같은 이유를 들어 대한민국 법원의 국제재판관할권을 인정하였다. ❶ 불법행위지가 속한 대한민국 법원에는 민사소송법상 토지관할권이 존재하는데, 실질적 관련성의 존부를 판단하는 데 있어서 "민사소송법상 토지관할권 유무가 여전히 중요한 요소가 된다"는 점, ❷ 국제재판관할권은 배타적인 것이 아니라 병존할 수 있다는 점, ❸ 이 사건에 적용될 준거법이 중국법이라는 사정만으로 대한민국 법원과의 실질적 관련성을 부정하는 근거로 삼기에는 부족하다는 점, ❹ 국제재판관할권은 주권이 미치는 범위에 관한 문제라 할 것이므로 형식적인 이유를 들어 부당하게 자국의 재판관할권을 넓히려는 시도도 타당하지 않지만 부차적 사정을 들어 국제재판관할권을 스스로 포기하는 것 또한 신중할 필요가 있다는 점 등이 그것이다.

2) 대법원 2014. 4. 10. 선고 2012다7571 판결은, 일본국에 주소를 둔 재외동포 甲이 일본국에 주소를 둔 재외동포 乙을 상대로 대여금채무에 대한 변제를 구하는 소를 대한민국 법원에 제기한 사안에서, 일부 대여금은 대한민국 내의 순천시 문화테마파크 개발 사업과 관련하여 지급된 돈으로 채권 발생 자체가 대한민국 내 개발사업과 관련이 있고, 원고가 가압류를 집행한 피고 소유 부동산 역시 위 개발사업의 부지라는 점, 일부 대여금의 수령과 사용장소가 대한민국이고, 수령인도 대한민국 내 거주자라는 점 등을 이유로 대한민국 법원에 국제재판관할권이

인정된다고 하였다.

3. 국제재판관할권 판단과 국내법 관할 규정

국제재판관할의 판단에 관한 이러한 일련의 대법원 판결에 대하여 국제사법 제2조 제1항의 '실질적 관련성'에 초점을 맞춘 나머지 제2조 제2항에서 참작하도록 정하고 있는 '국내법의 관할 규정', 즉 국내 토지관할과 같은 규정을 다소 경시하고 있다는 우려 섞인 평가[353]·[354]가 있었다.

이런 상황에서 선고된 대법원 2019. 6. 13. 선고 2016다33752 판결은 국제사법 제2조에 관하여 앞서 본 대법원 2002다597888 판결의 법리에 덧붙여, 다음과 같은 법리를 선언함으로써 국제재판관할을 판단함에 있어 국내 민사소송법에 따른 보통재판적과 특별재판적을 중요한 판단요소로 고려하여야 함을 확인하였다.

(1) … **국제사법 제2조 제2항은 "법원은 국내법의 관할 규정을 참작하여 국제재판관할권의 유무를 판단하되, 제1항의 규정의 취지에 비추어 국제재판관할의 특수성을 충분히 고려하여야 한다."라고 정하여 제1항에서 정한 실질적 관련성을 판단하는 구체적 기준 또는 방법으로 국내법의 관할 규정을 제시한다. 따라서 민사소송법 관할 규정은 국제재판관할권을 판단하는 데 가장 중요한 판단 기준으로 작용한다. 다만 이러한 관할 규정은**

---

353) "국내법에 참작할 관할규정이 없는 때에는 실질적 관련으로부터 직접 국제재판관할을 도출하는 것이 가능하나, 참작할 관할규정이 있음에도 불구하고, 특히 그 관할규정에 따르면 한국에 국제재판관할이 있거나 없음에도 불구하고 실질적 관련에 근거하여 이를 뒤집는 것은 제2조에 비추어 원칙적으로 허용되지 않고 매우 신중하게 하여야 한다. … 대법원은 제2조 제1항을 기초로 사안의 모든 사정을 고려하는 이른바 '사안별분석(case-by-case analysis)'을 거쳐 원하는 결론을 내리고 있으며 그 과정에서 토지관할 규정은 아예 배제되거나 법원이 고려할 요소 중 하나로 전락하였다. … "[석광현, "국제재판관할과 외국판결의 승인 및 집행", 국제사법연구 제20권 제1호(2014), 24-26면].

354) "대법원이 국제사법 개정 이후 국제사법 제2조에 기초해서 나름대로 기존의 논리방식과는 다른 모색을 하고 있음을 보여주고 있지만, 과연 실질적 관련이라는 것을 단순히 여러 사정의 종합으로 보는 듯한 설시구조는 좀 더 정치한 국제재판관할규칙이 요구되는 점에서 앞으로의 판례에서는 보완이 되어야 할 부분이다."[최성수, "국제사법 제2조상의 국제재판관할 관련 우리나라 판례의 검토", 동아법학 제48호, 동아대학교 출판부(2010), 787-788면].

국내적 관점에서 마련된 재판적에 관한 규정이므로 국제재판관할권을 판단할 때에는 국제재판관할의 특수성을 고려하여 국제재판관할 배분의 이념에 부합하도록 수정하여 적용해야 하는 경우도 있다.

(2) 민사소송법 제3조 본문은 "사람의 보통재판적은 그의 주소에 따라 정한다."라고 정한다. 따라서 당사자의 생활 근거가 되는 곳, 즉 생활관계의 중심적 장소가 토지관할권의 가장 일반적·보편적 발생근거라고 할 수 있다. 민사소송법 제2조는 "소는 피고의 보통재판적이 있는 곳의 법원이 관할한다."라고 정하고 있는데, 원고에게 피고의 주소지 법원에 소를 제기하도록 하는 것이 관할 배분에서 당사자의 공평에 부합하기 때문이다. 국제재판관할에서도 피고의 주소지는 생활관계의 중심적 장소로서 중요한 고려요소이다.

국제재판관할에서 특별관할을 고려하는 것은 분쟁이 된 사안과 실질적 관련이 있는 국가의 관할권을 인정하기 위한 것이다. 민사소송법 제11조는 "대한민국에 주소가 없는 사람 또는 주소를 알 수 없는 사람에 대하여 재산권에 관한 소를 제기하는 경우에는 청구의 목적 또는 담보의 목적이나 압류할 수 있는 피고의 재산이 있는 곳의 법원에 제기할 수 있다."라고 정한다. 원고가 소를 제기할 당시 피고의 재산이 대한민국에 있는 경우 대한민국 법원에 피고를 상대로 소를 제기하여 승소판결을 얻으면 바로 집행하여 재판의 실효를 거둘 수 있다. 이와 같이 피고의 재산이 대한민국에 있다면 당사자의 권리구제나 판결의 실효성 측면에서 대한민국 법원의 국제재판관할권을 인정할 수 있다. 그러나 그 재산이 우연히 대한민국에 있는 경우까지 무조건 국제재판관할권을 인정하는 것은 피고에게 현저한 불이익이 발생할 수 있다. 따라서 원고의 청구가 피고의 재산과 직접적인 관련이 없는 경우에는 그 재산이 대한민국에 있게 된 경위, 재산의 가액, 원고의 권리구제 필요성과 판결의 실효성 등을 고려하여 국제재판관할권을 판단해야 한다.

나아가 예측가능성은 피고와 법정지 사이에 상당한 관련이 있어서 법정지 법원에 소가 제기되는 것에 대하여 합리적으로 예견할 수 있었는지

를 기준으로 판단해야 한다. 피고가 대한민국에서 생활 기반을 가지고 있
거나 재산을 취득하여 경제활동을 할 때에는 대한민국 법원에 피고를 상
대로 재산에 관한 소가 제기되리라는 점을 쉽게 예측할 수 있다.

(3) 국제재판관할권은 배타적인 것이 아니라 병존할 수도 있다. 지리,
언어, 통신의 편의 측면에서 다른 나라 법원이 대한민국 법원보다 더 편리
하다는 것만으로 대한민국 법원의 재판관할권을 쉽게 부정할 수는 없다.

위 판결은, 중국에서 사채업을 하던 중국인인 원고가, 중국에서 부
동산개발사업을 하던 중국 국적의 부부인 피고들을 상대로 중국에서 이
루어진 금전 대여행위에 따른 대여금의 지급을 구하는 소송을 대한민국
법원에 제기한 사안으로, 원고는 2014. 1.경 대한민국에서 영업을 시작하
기 위해 대한민국에 입국하였고, 피고들은 원고에 대한 대여금을 변제하
지 않은 채 2013.경 대한민국에 입국한 이래 원고가 2014. 1.경 피고를
상대로 이 사건 소를 제기할 때까지 제주도에서 거주·생활하면서 자녀
를 양육하였다.

제1심은, 대한민국법원의 국제재판관할이 인정되지 않는다고 보아
원고의 소를 각하하였으나, 원심은, ❶ 원고나 피고들이 이 사건 소 제기
당시 대한민국에 실질적인 생활 기반을 형성하였다고 볼 수 있다는 점,
❷ 피고들은 분쟁을 회피하고자 중국을 떠난 뒤 대한민국에 생활 기반을
마련하고 (제주도 부동산을 매수하여 등기를 마치는 등) 대한민국에서 재산을
취득하였으므로 원고가 자신들을 상대로 대한민국 법원에 이 사건 소를
제기할 것을 예상하지 못했다고 보기 어렵고, 원고가 대한민국법원에 소
를 제기할 실익도 있는 점, ❸ 중국 국적인 원고가 중국 국적인 피고들
을 상대로 스스로 대한민국 법원에 재판을 받겠다는 의사를 명백히 표시
하여 재판을 청구하고 있고, 상당기간 대한민국에서 본안에 관한 실질적
변론과 심리가 이루어진 점, ❹ 국제재판관할과 준거법은 서로 다른 이
념에 의해 지배되는 것이므로 이 사건 준거법이 중국법이라는 사정만으
로 대한민국 법원의 실질적 관련성을 부정할 수 없는 점 등을 이유로,
대한민국 법원의 국제재판관할권을 인정하였다. 대법원 역시 앞서의 법

리를 바탕으로 원심 판단이 타당하다고 하였다.

　살피건대, 민사소송법상의 토지관할 규정에 비추어 볼 때, 피고들이 이 사건 소가 제기될 당시에 대한민국에 주소를 두고 있었으므로 (비록 그 이후 피고들이 중국으로 출국하였다가 출국금지조치를 당하는 등의 이유로 중국에 거주하고 있다 하더라도) 피고들의 주소에 따른 보통재판적이 인정되고, 재산권상 소송에 관한 특별재판적 규정(민사소송법 제8조, 제11조)에 의하여 대한민국에 피고들 소유의 부동산과 예금채권 등이 있는 이상 재산소재지라는 이유로 관할을 인정하더라도 이를 과잉관할로 보기는 어려운 사안이다. 나아가 당사자의 이익(원고의 권리구제, 피고들의 예측가능성을 해하는지 여부)과 공익(소송경제) 측면에서도 대한민국 법원의 관할을 인정한 대상판결이 타당함에는 의문이 없다.

4. 가사사건과 국제재판관할권

　1) **대법원 2006. 5. 26. 선고 2005므884 판결**은 미국 국적을 가진 원고가 한국 국적이었으나 혼인 이후 미국 국적을 취득한 피고를 상대로 대한민국 법원에 이혼, 친권자 및 양육자지정 청구 등을 한 사안에서, 명시적으로 법리를 선언하지는 않았으나, 다음과 같이 국제사법 제2조의 "실질적 관련성"과 "국제재판관할의 특수성"을 고려하였다. 즉, 대법원은, 원·피고 모두 대한민국에 상거소를 가지고 있고, 혼인이 대한민국에서 성립되었으며, 혼인생활 대부분이 대한민국에서 형성된 점 등을 고려하면 위 청구는 대한민국과 실질적 관련이 있고[따라서 국제사법 제2조 제1항에 따라 대한민국 법원이 재판관할권을 가진다], 원·피고가 선택에 의한 주소(domicile of choice)를 대한민국에 형성했고 피고가 소장부본을 적법하게 송달받고 적극적으로 응소한 점까지 고려하면 국제사법 제2조 제2항에 규정된 '국제재판관할의 특수성'을 고려하더라도 대한민국 법원의 재판관할권 행사에 아무런 문제가 없다고 보았다.

　이후의 **대법원 2014. 5. 16. 선고 2013므1196 판결**은, 대한민국 국적을 가진 원고가 현재 스페인 국적을 가지고 있는 피고를 상대로 제기한 이혼소송의 국제재판관할권이 문제 된 사안에서, 앞서 대법원 2002다 59788 판결, 대법원 2010다1835 판결 등에서 선언된 실질적 관련성에 관한 법리(국제재판관할은 당사자 간의 공평, 재판의 적정, 신속 및 경제를 기한다는 기본이념에 따라 결정하여야 하고, 구체적으로는 소송당사자들의 공평, 편의 그리고 예측 가능성과 같은 개인적인 이익뿐만 아니라, 재판의 적정, 신속, 효율 및 판결의 실효성 등과 같은 법원과 국가의 이익도 함께 고려하여야 한다. 그리고 이러한 다양한 이익 중 어떠한 이익을 보호할 필요가 있을지 여부는 개별 사건에서 법정지와 당사자의 실질적 관련성 및 법정지와 분쟁이 된 사안과의 실질적 관련성을 객관적인 기준으로 삼아 합리적으로 판단하여야 한다)를 재차 확인하면서, 원고의 청구가 대한민국과 실질적 관련성이 있으므로 대한민국 법원에 국제재판관할권이 인정된다고 본 원심판단이 정당하다고 하였다.

2) 그러나 구 섭외사법 시행 당시 재산법상 사건과 달리 가사사건에 관하여 피고지주소주의를 따라 국제재판관할을 판단한 것으로 평가되는 **대법원 1975. 7. 22. 선고 74므22 판결**[355])이 명시적으로 변경되거나 폐기된바 없었고, 이로 인해 국제사법 개정 이후 혼인관계사건에서의 국제재판관할에 대해 하급심의 혼란을 야기하는 등 법적 불안정성을 초래하였다는 비판[356])이 있었다.

그러던 중에 선고된 대법원 2021. 2. 4. 선고 2017므12552 판결은 "국제재판관할권에 관한 국제사법 제2조는 가사사건에도 마찬가지로 적용

---

355) 대법원은, "외국인간의 이혼심판청구사건에 대한 재판청구권의 행사는 소송절차 상 공평 및 정의관념에 비추어 상대방인 피청구인이 행방불명 기타 이에 준하는 사정이 있거나 상대방이 적극적으로 응소하여 그 이익이 부당하게 침해될 우려가 없다고 보여져 그들에 대한 심판의 거부가 오히려 외국인에 대한 법의 보호를 거부하는 셈이 되어 정의에 반한다고 인정되는 예외적인 경우를 제외하고는 상대방인 피청구인의 주소가 우리나라에 있는 것을 요건으로 한다고 풀이하는 것이 상당하다고 볼 것이라는 전제 하에 심판인의 이혼심판청구를 기각한 원심"이 타당하다고 하여 항고를 기각하였다.

356) 석광현, "이혼 기타 혼인관계사건의 국제재판관할에 관한 입법론", 국제사법연구 제19권 제2호, 한국국제사법학회(2013), 105면 이하; 석광현, "외국인 부부의 이혼사건에서 이혼·재산분할의 국제재판관할과 준거법", 안암법학 제62권, 안암법학회(2021), 652면.

된다"고 하여 국제사법 제2조의 해석에 관한 대법원 2016다33752 판결 등의 법리는 가사사건에도 적용된다고 하면서도 동시에 가사사건의 특수성(이혼청구의 주요원인이 된 사실관계가 대한민국에 형성되었다는 점, 이혼과 함께 재산분할도 청구되었는데 해당 재산이 대한민국에 있는 점 등)을 고려하여 대한민국의 국제재판관할권을 인정하였다.

사실관계는 다음과 같다. 원고와 피고의 국적과 주소지는 모두 캐나다였는데, 원고가 피고를 상대로 피고가 대한민국에 머물면서 원고를 악의로 유기하고 종전 혼인관계와 재산의 사용에 관해 기망하는 등 원고에게 정신적 고통을 입혔다는 이유로 이혼을 청구하고 위자료와 재산분할을 구하는 이 사건 소송을 서울가정법원에 제기하였다.

우리나라 가사소송법의 관할에 관한 규정만으로는 원고와 피고 모두 대한민국 국적이 없고 대한민국 내에 주소지도 없었기 때문에 관할이 인정되기 어려웠으나, 대법원은 가사사건의 특수성, 캐나다 국적인 원고가 피고를 상대로 대한민국 법원에서 재판을 받겠다는 의사를 명백히 표시하여 청구하였으며, 피고 역시 제1심에서는 소장부본을 송달받은 이후 적극적으로 응소함에 따라 상당 기간 실질적인 변론과 심리가 이루어진 점, 대한민국 법원의 관할을 부정하면 소송경제에 심각하게 반하는 점 등을 들어, 이 사건에 대하여 대한민국 법원의 국제재판관할권이 인정된다는 전제에서 원피고의 이혼과 재산분할 등에 대하여 심리한 원심판단에 잘못이 없다고 하였다. 요지를 소개하면 다음과 같다.

"… 가사사건은 일반 민사사건과 달리 공동생활의 근간이 되는 가족과 친족이라는 신분관계에 관한 사건이거나 신분관계와 밀접하게 관련된 재산, 권리, 그 밖의 법률관계에 관한 사건으로서 사회생활의 기본토대에 중대한 영향을 미친다. 가사사건에서는 피고의 방어권 보장뿐만 아니라 해당 쟁점에 대한 재판의 적정과 능률, 당사자의 정당한 이익 보호, 가족제도와 사회질서의 유지 등 공적 가치를 가지는 요소도 고려할 필요가 있다. 따라서 가사사건에서 '실질적 관련의 유무'는 국내법의 관할 규정뿐만 아니라 당사자의 국적이나 주소 또는 상거소, 분쟁의 원인이 되는 사실관계가 이루어진 장소(예를 들어 혼인의 취소나 이혼 사유가 발생한 장소, 자녀의 양육권이 문제 되는 경우 자녀가 생활하는 곳, 재산분할이 주요 쟁점인 경우 해당 재산의 소재지 등), 해당 사건에 적용되는 준거법, 사건 관련 자료(증인이나 물적 증거, 준거법 해석과 적용을 위한 자료, 그 밖의 소송자료 등) 수집의 용이성, 당사자들 소송 수행의 편의와 권익보호의 필요성, 판결의 실효성 등을 종합적으로 고려하여 판단하여야 한다.

　… (중략) … 국내법의 관할 규정을 참작할 때 재판상 이혼과 같은 혼인관계를 다투는 사건에서 대한민국에 당사자들의 국적이나 주소가 없어 대한민국 법원에 국내법의 관할 규정에 따른 관할이 인정되기 어려운 경우라도 이혼청구의 주요 원인이 된 사실관계가 대한민국에서 형성되었고 (부부의 국적이나 주소가 해외에 있더라도 부부의 한 쪽이 대한민국에 상당 기간 체류함으로써 부부의 별거상태가 형성되는 경우 등) 이혼과 함께 청구된 재산분할사건에서 대한민국에 있는 재산이 재산분할대상인지 여부가 첨예하게 다투어지고 있다면, 피고의 예측가능성, 당사자의 권리구제, 해당 쟁점의 심리 편의와 판결의 실효성 차원에서 대한민국과 해당 사안 간의 실질적 관련성을 인정할 여지가 크다."

　위 판결에 대해 제소 당시 피고 주소가 한국에 있다고 본 것인지에 대한 대법원의 태도가 명확하지 않은 점은 이해하기 어렵다고 하면서도 실질적 관련에 근거하여 한국의 재판관할을 인정한 결론에 찬성하며 가사사건에서도 국제사법 제2조가 적용된다는 점이 분명하게 되었고 실질적 관련의 판단기준이 정립되었다고 보는 평가[357]가 있다.

5. 소　　결

　현행 국제사법이 국제재판관할에 관해 '실질적 관련'이라는 추상적 개념만을 기반으로 하여 '국제재판관할의 특수성을 충분히 고려'하라는 모호한 내용을 담고 있는 일반조항만을 두고 있는 이상 법원이 위 규정

---

357) 석광현, "외국인 부부의 이혼사건에서 이혼·재산분할의 국제재판관할과 준거법", 안암법학 제62권, 안암법학회(2021), 676면.

에 따라 국재재판관할의 유무를 판단하는 구체적 판단기준을 제시하는
데에는 한계가 있고, 그 구체적 판단기준은 결국 개별 사안의 사실관계
에 따른 여러 가지 사정이 될 수밖에 없다. 궁극적으로는 입법을 통해 해
결되어야 할 것으로 생각되는데, 앞서 본 대법원 판례에서 제시한 실질적
관련성을 판단하는 내용을 구체화하고 사무소·영업소 소재지 등의 특별
관할, 재산소재지의 특별관할, 반소관할, 보전처분의 관할, 비송사건의 관
할 등 등 정치한 내용의 국제재판관할규칙을 총칙에서 도입하는 내용의
국제사법 전부개정법률안(의안번호 2102818)이 현재 국회에 계류 중이다.

제3절 국제도산

1. 외국적 요소가 있는 계약을 체결한 당사자에 대해 회생절차가 개시된 경우의 준거법

채무자회생법 제정 당시 구 파산법과 회사정리법, 화의법에는 존재
하지 않았던 '국제도산'에 관한 제5편을 신설하여 국제도산관할, 외국도산
절차의 대내적 효력, 병행절차, 국제공조 등에 관한 규정을 두고 있다.
그러나 EU 도산규정 제7조 내지 제18조와 같은 도산국제사법에 관한 명
시적 규정을 두고 있지는 않아서 외국적 요소가 있는 계약을 체결한 당
사자에 대해 도산절차가 개시된 경우 당사자 간의 법률관계에 어떠한 준
거법을 적용해야 하는지는 명확하지 않다.[358]

대법원 2015. 5. 28. 선고 2012다104526, 104533 판결은, "외국적
요소가 있는 계약을 체결한 당사자에 대한 회생절차가 개시된 경우, 그 계
약이 쌍방미이행 쌍무계약에 해당하여 관리인이 이행 또는 해제·해지를
선택할 수 있는지 여부, 그리고 계약의 해제·해지로 인하여 발생한 손해
배상채권이 회생채권인지 여부는 도산법정지법인 채무자회생법에 따라 판
단되어야 하지만, 그 계약의 해제·해지로 인한 손해배상의 범위에 관한
문제는 계약 자체의 효력과 관련된 실체법적 사항으로서 도산전형적인 법

---

358) 주석 채무자회생법(Ⅵ), 한국사법행정학회(2021), 602면.

률효과에 해당하지 아니하므로 국제사법에 따라 정해지는 계약의 준거법
이 적용된다."고 하였다. 위 판결은 원고와 피고 사이의 정기용선계약이
원고에 대한 회생절차개시결정으로 인해 해지됨에 따라 피고가 원고에
대해 가지는 손해배상채권의 존부와 액수를 다툰 조사확정재판 사안에
관한 것으로, 도산법정지법 원칙의 적용범위와 관련하여 도산전형적 법률
효과에 해당하는 사항과 그렇지 않은 사항을 명시적으로 판시한 최초의
대법원 판결로써 의미를 가진다.

　　도산전형적인 법률효과에 해당하는 사항에 대해서는 도산법정지법
이, 계약 자체의 효력과 관련된 실체법적 사항으로서 도산전형적인 법률
효과에 해당하지 않는 사항에 대해서는 국제사법에 따라 정해지는 계약
의 준거법이 각 적용되어야 한다.[359) 절차는 법정지법에 따라야 한다는
원칙은 국제적으로 통용되는 원칙이므로(**대법원 1997. 5. 9. 선고 95다34385
판결 등**), 외국적 요소가 있는 도산 법률관계의 절차법적 사항(관할, 절차의
개시, 관리인의 선임과 권한·의무, 채권의 신고·확정·배당 등)은 도산법정지
법에 의하여야 한다. 그리고 앞서 본 대법원 2012다104526, 104533 판결
법리에 따라 외국적 요소가 있는 도산법률관계의 실체법적 사항 중 도산
절차에 내재하는 구성요건에 의하여 발생하고 나아가 도산절차의 목적에
봉사하는 '도산 전형적인 법률효과' 또는 '도산법에 특유한 효력'에 대하
여는 도산법정지법의 규율을 받게 되지만, 계약 자체의 효력과 관련된
실체법적 사항으로서 도산전형적인 법률효과에 해당하지 않는 사항에 대
하여는 국제사법에 따라 정해지는 계약의 준거법이 적용된다. 결국 문제
는 무엇이 도산전형적인 법률효과인지 여부인데, 향후 보다 다양한 사례
가 집적되기를 기대한다.

---

359) 주석 채무자회생법(Ⅵ), 한국사법행정학회(2021), 602면; 석광현, "영국법이 준거
　　법인 채권 간의 소송상 상계에 관한 국제사법의 제문제: 성질결정, 숨은반정, 적
　　응, 상계의 준거법 및 압류채권자와 상계를 주장하는 제3채무자의 우열의 준거법",
　　국제사법과 국제소송, 박영사(2019), 27면.

2. 준거법이 영국법인 채권의 상계

대한민국의 채무자회생법에 따라 도산절차가 진행 중인 채무자와 채권자 사이에서, 준거법을 영국법으로 하는 자동채권과 수동채권이 존재하는 경우 상계의 요건과 효력이 문제된 **대법원 2015. 1. 29. 선고 2012다 108764 판결**을 소개한다.

S상선의 채권자인 원고가, S상선의 피고에 대한 채권에 관해 2010. 3. 31.자 가압류에 이어 압류 및 추심명령을 받은 다음 그 추심금 지급을 청구하였는데, 그 소송 제기 전에 피고에 대하여 회생절차가 개시되어 회생계획이 인가되었다. 피고는 회생절차 개시 이후 회생법원의 허가를 받아 아래와 같은 "피고의 S상선에 대한 미지급 용선료채권 및 조기반선으로 인한 손해배상채권(회생절차 개시 이후 인가결정 이전 시점에, 런던 해사중재위원회에서 총 18,891,346.14달러임이 확정)"을 자동채권으로 하고, "S상선의 피고에 대한 미지급 용선료 및 손해배상채권(회생채권으로 신고되어 조사확정재판을 통해 24,6675,898달러임이 확정됨)"을 수동채권으로 하는 상계의사표시를 한 바 있고(2010. 2.경 소송외 상계), 소 제기 이후로써 회생절차가 종결된 이후인 해당 소송 제1심 진행 중에 같은 내용으로 다시 상계항변을 하였다(2011. 12. 15.자 상계). 위 추심금 소송에서 이러한 각 상계의 효력이 문제되었다.

먼저, 피고가 상계항변으로 주장하는 자동채권과 수동채권이 모두 영국법을 준거법으로 한 정기용선계약에서 발생한 사실은 당사자 사이에 다툼이 없었던바, 영국법상 당사자가 도산에 들어가지 않은 통상의 경우, ① 형평법상의 상계(equitable set-off)와 ② 보통법상 상계(legal set-off)가 있고, ③ 영국 도산법상의 상계(insolvency set-off)가 별도로 존재한다. 형평법상 상계는 동일한 거래로부터 발생하거나 견련관계(connection)가 있는 채권 간에 허용되는 실체법상의 제도(소송 외에서 행사 가능)로, 대표적으로 정기용선계약에서 선박소유자의 용선자에 대한 용선료 지급청구권과 용선자의 선박소유자에 대한 운송지연 · 선적거부 · 감항능력주의의무위반 등과 관련한 손해배상청구권 사이에서는 형평법상 상계가 허용된다.[360] 이와 달리 견련관계가 없는 채권 간에 허용되는 절차법상의 제도가 보통법상의 상계이다. 도산법상의 상계는 보통법상 상계에서 요구되는 "채권의 사법적 확정"의 요건을 필요로 하지 않고, 도산절차 개시 시점에 소급하여 효력을 발생한다.

영국 보통법상 상계는 계속 중인 소송에서 항변의 형식으로 주장되어야 한다. 즉, 원고가 제기한 금전지급청구소송에서 피고가 소송상 항변권으로만 행사할 수 있다. 또한 상계의 효력은 상계적상이 발생한 때에 소급하여 발생하는 것이 아니라, 상계 항변이 이루어진 소송절차에서 판결이 확정된 때에 효력이 발생한다. 상호 대립하는 채권(debts)이 있어야 하고(mutually), 이들은 동종의 것이어야 하며, 변제기가 도래했어야 하는 (due and payable) 등의 요건이 구비되어야 한다고 설명된다.[361]

이 사건 상계는 우리나라의 채무자회생법에 따른 피고의 회생절차 진행 중에 행해진 것이므로, 도산절차가 상계의 요건과 효과에 어떤 영향을 미치는지(상계의 준거법) 문제된다. 절차는 법정지법에 따라야 한다는 원칙은 국제적으로 통용되는 원칙으로(**대법원 1997. 5. 9. 선고 95다 34385 판결 등**), 영국법이 준거법이라 하더라도 적용되는 영국법은 실체법에 한하며, 절차법은 적용이 배제되는 것이 원칙이기 때문이다.

이 사건은 당사자 사이에서 영국 보통법상 상계의 적용 여부가 다투어졌고, 대법원은 **"영국 보통법상 상계는 소송상 항변권으로만 행사할 수 있어 절차법적인 성격을 가진다고 해석"**되지만, 동시에 **"상계권의 행사에 의하여 양 채권이 대등액에서 소멸한다는 점에서는 실체법적인 성격도 아울러 가진다"**고 하면서, 상계는 원칙적으로 채권 자체의 준거법에 의하여야 하므로 상계의 요건에 관한 준거법으로 영국 보통법상 상계가 적용

---

360) 이헌묵, "영국법상 상계제도와 영국법이 적용되는 채권의 상계와 관련한 국내 법상의 문제", 저스티스 제142호, 한국법학원(2014), 47면.
361) 석광현, "영국법이 준거법인 채권 간의 소송상 상계에 관한 국제사법의 제문제", 서울대학교 법학 제57권 제1호, 서울대학교 법학연구소(2016), 211–212면.

된다고 판단한 원심이 타당하다고 하였다.

　　다만 앞서 본 것처럼 이 사건 사안은 채권자인 원고가 우리 민사집행법상의 가압류 명령, 그리고 채권 압류 및 추심명령을 받아 추심금 지급을 구함에 대해 제3채무자인 피고가 채무자(S상선)에 대한 반대채권을 주장하며 그에 기한 상계로써 대항하는 경우였는데, 대법원은 이를 가리켜 "집행절차인 채권가압류나 채권압류의 효력과 관련된 문제이므로 특별한 사정이 없는 한 대한민국의 민사집행법에 의하여 판단함이 원칙"이라고 한 다음, 대법원 2012. 2. 16. 선고 2011다45521호 전원합의체 판결의 법리에 비추어 보면 2010. 3. 31. 이 사건 가압류 당시 이 사건 자동채권의 변제기는 도래한 반면 이 사건 수동채권은 회생계획에 따라 변제되는 회생채권에 해당하므로 제3채무자인 피고는 상계로써 가압류채권자인 원고에게 대항할 수 있다는 취지로 판단하여, 이 사건 수동채권은 피고의 2011. 12. 15.자 상계로써 모두 소멸하였다고 보았다.

　　위 사건의 피고는 수동채권의 준거법이 영국법이라고 하더라도 일단 도산절차가 개시된 이상 상계의 요건이나 방법 그리고 그 효과는 한국법이 적용되고, 그 채권의 성립 또는 유효성 등에 관하여만 영국법이 적용되어야 할 것이라고 주장하였는데, 대법원은 이러한 주장을 명시적으로 받아들이지는 않았다. 아마도 이 사건에서는 문제된 상계에 보다 직접적으로 적용되는 법이 채무자회생법이 아닌 민사집행법이라고 판단한 결과로 보인다.[362]

　　참고로 위 판결 사건에 관하여, 당사자 쌍방은 각자 법원에 전문가 의견서를 제출하였다. (1) 원고측 요청으로 전문가 의견서를 작성하였던 석광현 교수는, "회생절차 내에서 상계가 행해지더라도 상계 자체는 도산전형적 법률효과나 도산법에 특유한 효력에 속하는 사항이 아니므로, 채무자회생법이 특별히 정한 요건을 제외한 상계의 요건과 효과는 모두 국제사법에 의하여 결정되는 통상의 상계의 준거법에 따라야 하고, 따라서

───────────

362) 이형근·김시내, "도산국제사법과 도산법정지법의 원칙", 율촌판례연구, 박영사 (2017), 572면.

이 사건에서 상계의 요건과 효과의 준거법은 영국 보통법이고 우리 민법
이 적용될 근거는 없으며, 다만 그 경우에도 제3채무자의 상계가 채무자
회생법이 정한 제한에 저촉되지는 않아야 한다"고 하였다.[363] 이러한 관
점에서 "상계의 절차 및 효과에 관하여는 국내법이 적용되므로"라고 판시
한 원심의 판단이 잘못되었고, 대법원이 이를 바로잡지 않은 것은 유감
이라고 지적하고 있다.[364] (2) 반면, 피고측 요청으로 전문가 의견서를 작
성하였던 이헌묵 교수는, "수동채권이 압류된 경우 제3채무자가 상계할
수 있는지 여부는 압류의 효력에 관한 문제이고, 절차법에 해당하므로
상계의 준거법인 영국법이 아니라 한국법에 따라야 하고, 도산법에 규정
된 실체적 사항과 이러한 실체적 사항과 불가분적으로 연결된 사항에 대
하여도 도산법정지법 원칙이 적용되어야 하므로, 수동채권의 준거법이 영
국법이라 하더라도 일단 도산절차가 개시된 이상 상계의 요건이나 방법
그리고 그 효과는 한국법이 적용되고, 그 채권의 성립 또는 유효성 등에
관하여만 영국법이 적용되어야 한다"는 의견을 밝히고 있다.[365]

363) 석광현, "영국법이 준거법인 채권 간의 소송상 상계에 관한 국제사법의 제문제",
　　서울대학교 법학 제57권 제1호, 서울대학교 법학연구소(2016), 227 - 228면.
364) 석광현, "영국법이 준거법인 채권 간의 소송상 상계에 관한 국제사법의 제문제",
　　서울대학교 법학 제57권 제1호, 서울대학교 법학연구소(2016), 228면.
365) 이헌묵, "영국법상 상계제도와 영국법이 적용되는 채권의 상계와 관련한 국내
　　법상의 문제", 저스티스 제142호, 한국법학원(2014), 59면 이하.

참고문헌

1. 단 행 본

국　회, 상법 일부개정법률안 심사보고서(2011).

권기범, 현대회사법론, 삼영사(2021).

권순일, 증권투자 권유자 책임론, 박영사(2002).

김건식·노혁준·천경훈, 회사법, 박영사(2020).

김건식·정순섭, 자본시장법, 두성사(2013).

김정호, 회사법, 법문사(2015).

김홍기, 상법강의, 박영사(2021).

석광현, 국제사법해설, 박영사(2013).

손주찬, 상법(상), 박영사(2004).

송상현·김현, 해상법원론, 박영사(2015).

송옥렬, 상법강의, 홍문사(2021).

이기수·신창섭, 국제거래법, 세창출판사(2019).

이준섭, 감사책임법, 법문사(2005).

이철송, 회사법강의, 박영사(2021).

임재연, 회사법 Ⅰ, 박영사(2020).

＿＿＿＿, 회사법 Ⅱ, 박영사(2020).

＿＿＿＿, 자본시장법, 박영사(2020).

＿＿＿＿, 미국증권법, 박영사(2009).

장덕조, 회사법, 법문사(2019).

＿＿＿＿, 보험법, 법문사(2020).

정동윤 감수, 상법 회사편 해설, 법무부(2012).

＿＿＿＿, 상법 상, 법문사(2012).

정찬형, 상법강의(상), 박영사(2021).

주석 민사소송법(Ⅲ), 한국사법행정학회(2018).

주석 민사집행법(Ⅴ), 한국사법행정학회(2018).

주석 상법 보험(1), 한국사법행정학회(2015).

주석 상법 회사(Ⅱ), 한국사법행정학회(2014).
_____(Ⅲ), 한국사법행정학회(2003).
_____(Ⅲ), 한국사법행정학회(2014).
주석 상법[회사 3], 한국사법행정학회(2021).
_____[회사 4], 한국사법행정학회(2021).
_____[회사 5], 한국사법행정학회(2021).
주석 채무자회생법(Ⅵ), 한국사법행정학회(2021).
중재재판실무편람, 법원행정처(2018).
최기원, 신회사법론, 박영사(2012).
최준선, 회사법, 삼영사(2018).
한국공인회계사회 · 법무법인(유) 율촌, 외부감사인의 책임한계, 한국공인회계
    사회(2018).
한국금융연수원 편저, 수신실무법률, 한국금융연수원(1995).
한국증권법학회, 자본시장법[주석서 Ⅰ], 박영사(2009).
홍복기 · 박세화, 회사법강의, 법문사(2019).

2. 논   문

강대섭, "2015년 자본시장법 주요 판례의 분석과 평가", 상사판례연구 제29집
    제1호, 한국상사판례학회(2016).
강태훈, "중재판정 집행재판의 개정에 관한 검토", 저스티스 제151호, 한국법
    학원(2015).
강희철 · 조상욱, "증권투자신탁업법상의 수익증권저축계약", 인권과 정의 제278호,
    대한변호사협회(1999).
고창현, "부실기재 관련 증권소송에서의 인과관계와 증명책임", 증권집단소송
    ISSUE 시리즈 06, 전국경제인연합회(2005).
고홍석, "대법원 판례에 나타난 금융투자상품 거래에서의 적합성 원칙", 민사
    판례연구 제37권, 박영사(2015).
_____, "키코 통화옵션계약 체결과정에서의 불법행위 성립 여부", 양승태 대
    법원장 재임 3년 주요 판례 평석, 사법발전재단(2015).
구승모, "상법 회사편 입법과정과 향후 과제", 선진상사법률연구 제55호, 법
    무부(2011).

권윤구, "이사 등의 자기거래", 주식회사법대계 Ⅱ, 법문사(2019).

권재열, "개정상법상 주식관련제도의 개선내용과 향후과제", 선진상사법률연구 제56호, 법무부(2011).

_____, "모회사의 이사에 대한 자회사의 실권주 배정에 관련된 몇 가지 쟁점의 검토", 선진상사법률연구 제65호(2014).

_____, "자본시장법상 유사투자자문업자 규제－투자자문업자에 대한 경우와 비교를 중심으로", 사법 제32호, 사법발전재단(2015).

_____, "이사보수의 결정을 둘러싼 몇 가지 쟁점의 검토", 법학논고 제57집, 경북대학교 출판부(2017).

권창영, "국제항공운송과 몬트리올 협약", 항공법 판례해설 Ⅲ: 항공운송법, 법문사(2020).

_____, "항공운송계약과 항공화물운송장 이면약관의 관계", 항공법판례해설 Ⅲ: 항공운송법, 법문사(2020).

김건식, "수익증권 판매회사의 환매의무", BFL 제12호, 서울대학교 금융법센터 (2005).

김경일, "소수주주축출(Freeze-Out)에 관한 연구", 서울대학교 대학원 박사학위 논문(2017).

김교창, "융통어음에 관한 융통계약상의 항변들", 상사법연구 제15권 제2호, 한국상사법학회(1996).

김문재, "재보험자의 책임범위에 관한 상관습법", 21세기 상사법의 전개: 하촌 정동윤 선생 화갑기념, 법문사(1999).

_____, "어음할인을 위한 융통어음의 양도와 이중무권의 항변", 상사법연구 제32권 제4호, 한국상사법학회(2014).

김상만, "뉴욕협약 및 UNCITRAL 모델중재법 관련 최근 캐나다 판결에 대한 고찰", 법학논고 제48집, 경북대학교 법학연구원(2014).

김상연, "자본시장법 제179조 제1항에 따른 손해배상청구권자의 범위", 대법 원판례해설 제103호, 법원도서관(2015).

김상준, "책임보험에 있어서의 손해방지비용 및 방어비용", 대법원판례해설 제40호, 법원도서관(2002).

김성태, "소수주주보호제도에 관한 고찰", 경희법학 제28권, 경희대학교 경희 법학연구소(1993).

김순석, "이사 등의 자기거래", 기업법연구 제31권 제1호, 한국기업법학회(2017).

김윤종, "서렌더 선하증권의 효력범위와 독립계약자의 히말라야 약관의 원용
　　여부", 대법원판례해설 제109호, 법원도서관(2017).

_____, "중재판정부 구성이나 중재절차를 위반한 중재판정의 이의제기신청권",
　　대법원판례해설 제113호, 법원도서관(2018).

_____, "중재판정부 구성을 위한 중재인 선정절차에 관한 이의가 중재판정부
　　판정권한에 관한 이의인지에 관한 검토", 대법원판례해설 제115호,
　　법원도서관(2018).

_____, "민사집행법 제246조(압류금지채권)에서 규정하는 보장성보험의 성격",
　　대법원 판례해설 제117호, 법원도서관(2019).

_____, "국제해상보험계약의 주요 쟁점－대법원 판례의 동향을 중심으로－",
　　사법논집(2021) 게재 예정.

김은경, "재보험의 법률관계에 관한 소고", 외법논집 제10집, 한국외국어대학교
　　법학연구소(2001).

김인현, "인도지시서(D/O)와 화물선취보증장(L/I)을 이용한 인도에 대한 소고",
　　한국해법학회지, 제33권 제1호, 한국해법학회(2011).

김지평, "상장회사 이해관계자 거래 규제(상법 제542조의9)의 실무상 쟁점",
　　선진상사법률연구 제81호, 법무부(2018).

김지환, "회사법 판례 회고－2015년 회사법 주요 판례를 중심으로－", 상사판례
　　연구 제29집 제1권, 한국상사판례학회(2016).

김진오, "징벌적 배상이 아닌 전보배상을 명한 외국판결의 경우, 인용된 손해
　　액이 과다하다는 이유로 승인을 제한할 수 있는지 여부", 대법원판례
　　해설 제105호, 법원도서관(2016).

김재남, "주주명부상 주주와 실질주주가 다를 경우 발생하는 회사법상 쟁점",
　　BFL 제88호, 서울대학교 금융법센터(2018).

김태병, "증권투자신탁 판매회사의 환매책임", 저스티스 제84호, 한국법학원
　　(2005).

김태진, "일본의 2011년 회사법 개정 중간시안에 관한 연구", 상사법연구 제31권
　　제1호, 한국상사법학회(2012).

김택주, "2011년 회사법 판례상의 주요 쟁점", 상사판례연구 제25집 제3권,
　　한국상사판례학회(2012).

_____, "2012년 회사법 판례회고", 상사판례연구 제26집 제3권, 한국상사판례
　　학회(2013).

김한종, "상법상 이사 등의 자기거래에 관한 연구－상법 제398조의 해석상의 주요 쟁점 및 입법론적 개선방안－", 법학연구 제29권 제2호, 충북대학교(2018).

김홍기, "금융소비자 보호를 위한 집단소송제도의 개선방안: 최근 증권관련 집단소송법의 개정 논의를 중심으로", 상사법연구 제33권 제2호, 한국상사법학회(2014).

_____, "2011년 분야별 중요판례분석(상법)", 분야별 중요판례분석, 법률신문사(2015).

_____, "ELS 델타헷지의 정당성과 시세조종에 관한 연구", 상사판례연구 제29집 제2권, 한국상사판례학회(2016).

_____, "주주명의 차용관계의 해석론 및 주주명부 기재의 효력－대상판결: 대법원 2017. 3. 23. 선고 2015다248342 판결(전합)의 분석을 중심으로－", 기업법연구 제31권 제3호, 한국기업법학회(2017).

김화진, "소수주식의 강제매수제도", 법학 제50권 제1호, 서울대학교 법학연구소(2009).

_____, "삼성물산과 제일모직의 합병", 선진상사법률연구 제72호, 법무부(2015).

노혁준, "회사분할관련 최근 판례들의 비판적 검토", 상사판례연구 제25집 제2권, 한국상사판례학회(2012).

_____, "2013년 회사법 중요 판례", 인권과 정의 제440호, 대한변호사협회(2014).

_____, "주식매수청구권 행사 이후의 법률관계에 관한 연구－합병에 대한 반대주주 사안을 중심으로－", 인권과 정의 제461호, 대한변호사협회(2016).

_____, "2016년 회사법 중요 판례", 인권과 정의 제464호, 대한변호사협회(2017).

_____, "2016년 상법총칙, 상행위법 주요판례의 분석", 상사판례연구 제30집 제1권, 한국상사판례학회(2017).

_____, "2018년 회사법 중요판례평석", 인권과 정의 제480호, 대한변호사협회(2019).

박세민, "해상보험에 있어서 영국법 준거조항의 유효성 인정문제와 그 적용범위에 대한 비판적 고찰", 한국법학회지 제33권 제1호, 한국해법학회(2011).

박세화, "상법상 자기거래 규제규정의 해석상 쟁점 및 입법적 개선방안-자기거래의 유효요건 및 이사의 손해배상책임을 중심으로-", 상사법연구 제34권 제2호, 한국상사법학회(2015).

박수영, "형식주주의 주주권-대법원 2017. 3. 23. 선고 2015다248342 전원합의체 판결을 중심으로-", 경제법연구 제16권 제2호, 한국경제법학회(2017).

박양준, "부동산 상사유치권의 대항범위 제한에 관한 법리", 법과 정의 그리고 사람: 박병대 대법관 재임기념 문집, 사법발전재단(2017).

박정택, "퇴직보험 제도 실효와 관련한 문제점 및 쟁점", 노동법률 제216호, 중앙경제사(2009).

백숙종, "금융리스계약에 기해 금융리스업자가 금융리스이용자에게 부담하는 의무", BFL 제96호, 서울대학교 금융법센터(2019).

_____, "회사가 불확정 액수의 주식대금 지급의무를 부담하는 경우 일부공탁의 가능성", BFL 제103호, 서울대학교 금융법센터(2020).

_____, "대표이사가 이사회 결의 없이 제3자와 거래행위를 한 경우 상대방의 보호범위", 사법 제56호, 사법발전재단(2021).

백태승, "증권투자신탁의 본질과 수익증권의 환매제도", 인권과 정의 제302호, 대한변호사협회(2001).

서아람, "증권관련집단소송의 소송허가 절차에서 대표당사자 일부가 결격된 경우 법원이 취할 조치", 대법원판례해설 제117호, 법원도서관(2019).

서영화, "2015년 상법 중요 판례", 인권과 정의 제456호, 대한변호사협회(2016).

석광현, "해상적하보험계약에 있어 영국법준거약관과 관련한 법적인 문제점", 손해보험 제302호, 대한손해보험협회(1993).

_____, "중재법의 개정방향: 국제상사중재의 측면을 중심으로", 서울대학교 법학 제53권 제3호, 서울대학교 법학연구소(2012).

_____, "이혼 기타 혼인관계사건의 국제재판관할에 관한 입법론", 국제사법연구 제19권 제2호, 한국국제사법학회(2013).

_____, "국제재판관할과 외국판결의 승인 및 집행", 국제사법연구 제20권 제1호, 한국국제사법학회(2014).

_____, "영국법이 준거법인 채권 간의 소송상 상계에 관한 국제사법의 제문제", 서울대학교 법학 제57권 제1호, 서울대학교 법학연구소(2016).

_____, "2016년 중재법에 따른 국내중재판정의 효력, 취소와 승인·집행에

관한 법리의 변화", 법학논총 제34권 제1호, 한양대학교 법학연구소 (2017).

_____, "영국법이 준거법인 한국 회사들 간의 선박보험계약과 약관규제법의 적용 여부", 국제사법과 국제소송, 박영사(2019).

_____, "영국법이 준거법인 채권 간의 소송상 상계에 관한 국제사법의 제문제: 성질결정, 숨은반정, 적응, 상계의 준거법 및 압류채권자와 상계를 주장하는 제3채무자의 우열의 준거법", 국제사법과 국제소송, 박영사(2019).

_____, "외국인 부부의 이혼사건에서 이혼・재산분할의 국제재판관할과 준거법", 안암법학 제62권, 안암법학회(2021).

선우석호, "LBO 및 MBO의 경제적 기능과 기업의 활용", 상장협연구 제62호, 한국상장회사협의회(2010).

성희활, "주가연계증권(ELS) 분쟁 관련 대법원의 상반된 판결에 대한 고찰", 증권법연구 제17권 제3호, 삼우사(2016).

송옥렬, "회사법의 강행법규성에 대한 소고 - 대법원 2011. 3. 24. 선고 2010다85027 판결 평석 -", 상사판례연구 제24집 제3권, 한국상사판례학회(2011).

_____, "하이마트 LBO 판결", BFL 제105호, 서울대학교 금융법센터(2021).

송종준, "소수주식 전부취득제의 입법의도와 해석방향", 기업법연구 제26권 제1호, 한국기업법학회(2012).

_____, "명의주주의 법적지위와 명의개서의 상호관계 - 대법원 2017. 3. 23. 선고 2015다248342 판결 -", 법조 제723호, 법조협회(2017).

_____, "주주전원동의에 의한 이사의 자기거래의효력", 법조 제728호, 법조협회(2018).

심 영, "명의주주와 주주권의 행사 - 대법원 2017. 3. 23. 선고 2014다248342 전원합의체 판결이 다른 판례에 미치는 영향 -", 상사법연구 제36권 제3호, 한국상사법학회(2017).

심현지, "감사보고서상 거짓 기재와 감사인의 손해배상책임", BFL 제82호, 서울대학교 금융법센터(2017).

양기진, "ELS 헤지활동에 관한 판결 동향과 투자자보호 쟁점: 시세조종 의도 판단시의 이해상충 회피 관리의무를 중심으로", 증권법연구 제17권 제2호, 삼우사(2016).

양호승, "2014년 분야별 중요판례분석(자본시장법)", 분야별 중요판례분석, 법률신문사(2015).

오영준, "2000년대 민사판례의 경향과 흐름: 운송", 민사판례연구 제33집(하), 박영사(2012).

육태우, "개정상법상 소수주주축출제도에 관한 연구" 경영법률 제22집 제2호, 경영법률학회(2012).

윤병철, "2018년 분야별 중요판례분석 19: 국제거래법", 법률신문 4705호(2019).

윤성근, "외국판결 및 중재판정 승인거부요건으로서의 공서위반", 국제사법연구 제20권 제2호, 한국국제사법학회(2014).

원창연, "차입매수(LBO)와 배임죄의 성부", 연세법학연구 제5권 제1호, 연세 대학교 법학연구원 글로벌비즈니스와 법센터(2013).

이규호, "외국판결의 승인·집행에 관한 2014년 개정 민사소송법·민사집행법의 의의 및 향후 전망", 한국민사소송법학회지 제19권 제1호, 한국사법행 정학회(2015).

이기종, "주주명부의 효력과 실질주주에 의한 주주권 행사의 허용가능성 – 대 법원 2017. 3. 23. 선고 2015다248342 전원합의체 판결 –", 기업법연구 제31권 제3호, 한국기업법학회(2017).

이도경, "주식의 포괄적 교환과 주주총회결의의 하자를 다투는 소의 원고적 격 및 확인의 이익", BFL 제81호, 서울대학교 금융법센터(2017).

이병기, "개정상법상 지배주주에 의한 소수주식의 전부취득", BFL 제51호, 서 울대학교 금융법센터(2012).

이상훈, "신한·온세통신·한일합섬 LBO 판결에 대한 분석 및 비판", 상사판례 연구 제30집 제1권, 한국상사판례학회(2017).

이숙연, "금융투자상품의 투자자 보호에 대한 연구" 사법논집 제59집, 법원도 서관(2015).

이영철, "실질주주와 형식주주의 관계 및 주주명부의 대항력 구속범위 – 대법 원 2017. 3. 23. 선고 2015다248342 전원합의체 판결과 관련하여 –", 선진상사법률연구 제81호, 법무부(2017).

이원석, "손해배상액 산정에 있어 손해보험금의 공제 방법", 민사재판의 제문 제23권, 한국사법행정학회(2015).

_____, "사모투자전문회사 설립·운용자의 투자권유 관련 손해배상책임", BFL 제82호, 서울대학교 금융법센터(2017).

이정민, "LBO와 업무상 배임죄", 경영판례연구회 판례 평석집: 2015, 에프케 이아이미디어(2016).

이정원, "스위치 선하증권의 법적 성질 및 효력에 관한 고찰", 선진상사법률
　　　연구 제94호, 법무부(2021).

이정훈, "해상보험계약상 영국법 준거약관과 설명의무－대법원 2016. 6. 23.
　　　선고 2015다5194 판결의 평석을 중심으로", 법과 기업연구 제9권 제3호,
　　　서강대학교 법학연구소(2019).

이준일, "명의개서 부당거절의 증명책임 및 판단기준", 상사판례연구 제33권
　　　제3호, 한국상사법학회(2020).

이중기, "위탁회사, 판매회사의 수익증권 환매책임과 환매유예제도", 상사법연구
　　　제20권 제3호, 한국상사법학회(2001).

이진수, "주주지위의 확정에 관한 최근 대법원 판례의 법적 쟁점", 동아법학
　　　제11권 제4호, 아주대학교 법학연구소(2018).

이창열, "항공화물운송장을 발행하면서 송하인용 원본과 수하인용 원본의 수하인
　　　기재를 다르게 한 경우 발행인의 손해배상책임 여부", 고영한 대법관
　　　재임기념 논문집, 사법발전재단(2018).

이철송, "회사분쟁의 단체법적 해결원칙의 제시", 선진상사법률연구 제78호,
　　　한국상사법학회(2016).

이필복, "해상적하보험상 준거법 약관의 유형과 피보험자의 최대선의의무－
　　　대법원 2018. 10. 25. 선고 2017다272103 판결의 평석－", 2019년도
　　　법관연수 어드밴스 과정 연구논문집, 사법연수원(2020).

＿＿＿, "스위치 선하증권의 유효성과 효력－대법원 2020. 6. 11. 선고 2018다
　　　249018 판결", 월간 해양한국 2020. 10., 한국해사문제연구소(2020).

이헌묵, "영국법상 상계제도와 영국법이 적용되는 채권의 상계와 관련한 국
　　　내법상의 문제", 저스티스 제142호, 한국법학원(2014).

이형근 · 김시내, "도산국제사법과 도산법정지법의 원칙", 율촌판례연구, 박영사
　　　(2017).

이호원, "중재판정 집행절차의 개선에 관한 연구", 법학연구 제23권 제1호,
　　　연세대학교 법학연구소(2013).

이훈종, "민사시효와 상사시효 구별의 타당성에 관한 연구", 강원법학 제59호,
　　　강원대학교 비교법학연구소(2020).

임기환, "피보험자와 제3자의 과실이 경합하여 보험사고가 발생한 경우, 보험자
　　　대위에 의하여 보험자가 행사할 수 있는 권리의 범위", 대법원판례해설
　　　제93호, 법원도서관(2013).

임정하, "상장주관사에 대한 자본시장법상 과징금 부과에 관한 소고―대법원 2020. 2. 27. 선고 2016두30750 판결을 중심으로―", 상사판례연구 제33집 제1권, 한국상사판례학회(2020).

임태혁, "국제항공운송에서 운송계약의 당사자 및 운송물에 대한 소유권의 이전", 국제규범의 현황과 전망: 2009년 국제규범연구반 연구보고 및 국제회의 참가보고(상), 법원행정처(2016).

장덕조, "2012년 보험법 판례의 동향과 그 연구", 상사판례연구 제26집 제4권, 한국상사판례학회(2013).

_____, "부당이득반환청구권과 상사소멸시효", 상법판례백선 제3판, 법문사 (2014).

장정애, "이사의 자기거래규제 강화에 따른 실무상 개선방안에 관한 고찰", 비교사법 제22권 제3호, 한국비교사법학회(2015).

정경영, "스위치선하증권의 법적 성질과 효력에 관한 연구", 성균관법학 제26권 제1호, (2014).

_____, "주식회사와 형식주주, 실질주주의 관계―대법원 2017. 3. 23. 선고 2015다248342 판결에 대한 평석―", 비교사법 제24권 제2호, 한국비교 사법학회(2017).

정병덕, "2015년 상법총칙·상행위법 판례의 동향과 분석", 상사판례연구 제29집 제1권, 한국상사판례학회(2016).

정성욱, "표지어음 매출대금 보관계좌의 법적 성격", 대법원판례해설 제105호, 법원도서관(2016).

정순섭, "주가연계증권 관련 소송의 유형별 분석과 법적 판단기준", BFL 제80호, 서울대학교 금융법센터(2016).

정준우, "지배주주의 주식매도청구권에 관한 입법론적 재검토", 법과 정책연 구 제12집 제2호, 한국법정책학회(2012).

정찬형, "주주명부의 기재(명의개서)의 효력―대법원 2017. 3. 23. 선고 2015다 248342 전원합의체판결에 대한 평석―", 서강법률논총 제6권 제2호, 서강대학교 법학연구소(2017).

조성규·이승요, "회계감사 관련 감사위원회 위원 및 외부감사인의 책임", BFL 제95호, 서울대학교 금융법센터(2019).

조용균, "구 증권투자신탁의 여러 가지 문제", 저스티스 제93호, 한국법학원 (2006).

좌담회, "삼성물산 합병의 회사법적 쟁점", BFL 제74호, 서울대학교 금융법센터(2015).

진상범, "주권상장법인의 합병 등 반대주주가 주식매수청구권을 행사한 경우 그 매수가격의 산정방법－대상결정: 대법원 2011. 10. 13.자 2008마264 결정", BFL 제53호, 서울대학교 금융법센터(2012).

_____, "2015년 주요 상사판례 동향", 상사법무연구회(2016)(미공간).

_____, "증권관련 집단소송의 소송허가요건", BFL 제83호, 서울대학교 금융법센터(2017).

천경훈, "개정상법상 회사기회유용 금지규정의 해석론 연구", 상사법연구 제30권 제2호, 한국상사법학회(2011).

_____, "LBO 판결의 회사법적 의미: 이사는 누구의 이익을 보호해야 하는가?", 저스티스 제127호, 한국법학원(2011).

_____, "개정상법상 자기거래 제한 규정의 해석론에 관한 연구, 저스티스 제131호, 한국법학원(2012).

_____, "신세계 대표소송의 몇 가지 쟁점－경업, 회사기회유용, 자기거래", 상사법연구 제33권 제1호, 한국상사법학회(2014).

_____, "2014년 회사법 판례회고", BFL 제69호, 서울대학교 금융법센터(2015).

_____, "계열회사 간 합병과 이사의 의무－엘리엇 대 삼성물산 사건의 평석을 겸하여", 민사판례연구 제40권, 박영사(2018).

_____, "회사와 신주인수인 간의 약정의 적법성－투자자보호약정의 효력을 중심으로", 한국상사법학회 2021년 춘계학술대회 자료집(2021).

최문희, "합병, 주식교환, 주식이전 등 조직재편과 대표소송의 원고적격의 쟁점: 대법원 판례에 대한 비판적 고찰과 입법론적 제안", 상사판례연구 제29집 제3권, 한국상사판례학회(2016).

_____, "자기주식과 경영권에 관한 판례 및 상법 개정안의 검토－자기주식의 처분, 활용에 관한 법적 쟁점", 선진상사법률연구 제78호, 법무부(2017).

_____, "지배주주의 매도청구권, 소수주주의 매수청구권의 법적 논점", 민사재판의 제문제 26권, 한국사법행정학회(2018).

최성수, "국제사법 제2조상의 국제재판관할 관련 우리나라 판례의 검토", 동아법학 제48호, 동아대학교 출판부(2010).

최승재, "대법원 판결로 보는 차입매수(LBO)와 배임죄", 법과 기업연구 제5권 제3호, 서강대학교 법학연구소(2015).

최원재, "저축은행 사태 관련 제도 · 정책 연구", 고려대학교 법과대학원 석사 학위논문(2019).

최준선, "기업구조조정 수단으로서의 소수주주의 축출과 소수주주의 보호문제", 법조 제62권 제1호, 법조협회(2013).

한낙현 · 박지문, "국제상거래의 다양화에 따른 Switched B/L의 법적 문제점에 관한 고찰", 무역보험연구 제18권 제1호, 한국무역보험학회(2017).

호제훈, "학원업이 의제상인에 해당하는지 여부 및 개업준비를 위한 영업 자금 차입행위에 상법이 적용되는 경우", 대법원판례해설 제91호, 법원 도서관(2012).

_____, "회사의 분할 및 합병과 관련된 몇 가지 법률적 쟁점", 자유와 책임 그리고 동행: 안대희 대법관 재임기념, 사법발전재단(2012).

_____, "ELS 헤지거래와 투자자 보호의무", 민사판례연구 제39권, 박영사 (2017).

황재호, "구상금분쟁심의위원회가 한 조정결정의 효력", 대법원판례해설 제121호, 법원도서관(2020).

민사소송법, 민사집행법

박 진 수*

요 지

2002. 1. 26. 민사소송법이 전문 개정(법률 제6626호)되고, 민사소송법의 일부를 이루던 강제집행과 보전처분 부분이 민사집행법으로 분리 제정(법률 제6627호)되어 2002. 7. 1.부터 시행되고 있다. 시행 20년 차를 앞둔 지금 민사소송법, 민사집행법 분야에서 2010년대(2011~2020년) 이루어진 판례의 경향과 흐름을 살펴본다.

지난 10년간 민사소송법과 민사집행법 분야에서도 대법원판결과 결정이 다수 선고되었는데, 이들 판결과 결정들은 2000년대 형성된 기본 판례 법리를 바탕으로 더욱 공정·신속·투명한 소송절차와 집행절차를 구현하기 위한 노력의 산물이다. 대법원은 기존 대법원 판례를 재음미하여 이를 유지하거나 새롭게 발전시키는 한편, 학계와 실무계에서 이루어진 건설적 비판과 의견을 수용하거나 2010년에 이루어진 시대적 흐름과 변화를 반영하여 기존 판례를 변경하거나 새로운 해결책을 제시하기도 하였다. 특히, 진실·화해를 위한 과거사정리 기본법에 따른 진실규명결정 이후 피해회복을 위한 조치가 늦어짐에 따라 국가를 상대로 민사소송으로 제기된 손해배상청구소송을 둘러싸고 새로운 쟁점들에 관한 판단도 있었다.

2010년대 이루어진 대법원판결을 읽다 보면 실체법과 절차법은 엄연히 구별되지만 그렇다고 서로 동떨어진 것이 아님을 확인하게 된다. 일정한 국면에서 절차법이 실체법에 영향을 미치기도 하고, 실체법과 절차법의 구분이

---

* 서울중앙지방법원 부장판사.

모호하거나 혼재되어 있는 영역을 발견하기도 한다. 나아가 민사소송법과 민사집행법이 분리되어 있지만 서로 긴밀하게 연결되어 유기적으로 작용하고 있음을 재차 확인하게 된다.

나아가 기존 대법원판결이 주로 법리를 선언하는 형태를 취하였던 반면에 최근에 선고되는 대법원판결은 해당 결론에 이른 이유와 근거를 제시하고, 논증하는 과정을 보여주고 있다. 이는 2000년에 형성된 판례 법리와 학계, 실무계의 성과가 있었기에 가능한 것이다. 대법원판결 이유에서 제시된 다양한 논거와 관점들은 일반인과 법률전문가들에게 해당 법률문제와 법리에 관한 이해를 돕고, 건설적인 논의와 깊이 있는 연구로 이어질 수 있는 자양분이 되어 선순환을 이끌어 내고 있다.

제1장 서   론

2002. 1. 26. 민사소송법이 전문 개정(법률 제6626호)되고, 민사소송법의 일부를 이루던 강제집행과 보전처분 부분이 민사집행법으로 분리 제정(법률 제6627호)되어 2002. 7. 1.부터 시행되고 있다. 시행 20년 차를 앞둔 지금 민사소송법, 민사집행법 분야에서 2010년대(2011~2020년) 이루어진 판례의 경향과 흐름을 살펴본다.

지난 10년간 민사소송법과 민사집행법 분야에서도 대법원판결과 결정이 다수 선고되었는데, 이들 판결과 결정들은 2000년대 형성된 기본 판례 법리를 바탕으로 더욱 공정·신속·투명한 소송절차와 집행절차를 구현하기 위한 노력의 산물이다. 대법원은 기존 대법원 판례를 재음미하여 이를 유지하거나 새롭게 발전시키는 한편, 학계와 실무계에서 이루어진 건설적 비판과 의견을 수용하거나 2010년에 이루어진 시대적 흐름과 변화를 반영하여 기존 판례를 변경하거나 새로운 해결책을 제시하기도 하였다. 특히, 진실·화해를 위한 과거사정리 기본법에 따른 진실규명결정 이후 피해회복을 위한 조치가 늦어짐에 따라 국가를 상대로 제기된 손해배상청구소송을 둘러싸고 새로운 쟁점들에 관한 판단도 있었다.

2010년대 이루어진 대법원판결을 읽다 보면 실체법과 절차법은 엄연히 구별되지만 그렇다고 서로 동떨어진 것이 아님을 확인하게 된다. 일정한 국면에서 절차법이 실체법에 영향을 미치기도 하고, 실체법과 절차법의 구분이 모호하거나 혼재되어 있는 영역을 발견하기도 한다. 나아가 민사소송법과 민사집행법이 분리되어 있지만 서로 긴밀하게 연결되어 유기적으로 작용하고 있음을 재차 확인하게 된다.

나아가 기존 대법원판결이 주로 법리를 선언하는 형태를 취하였던 반면에 최근에 선고되는 대법원판결은 해당 결론에 이른 이유와 근거를 제시하고, 논증하는 과정을 보여주고 있다. 이는 2000년에 형성된 판례 법리와 학계, 실무계의 성과가 있었기에 가능한 것이다. 대법원판결 이유에서 제시된 다양한 논거와 관점들은 일반인과 법률전문가들에게 해당 법률문제와 법리에 관한 이해를 돕고, 건설적인 논의와 깊이 있는 연구로 이어질 수 있는 자양분이 되어 선순환을 이끌어 내고 있다.

2010년대에 나온 민사소송법, 민사집행법에 관한 주요 대법원판결과 결정을 민사소송법, 민사집행법의 조문 편제 순서에 따라 살펴보고자 한다.

제2장 민사소송법

제1절 관　할

1. 대법원 2011. 9. 29.자 2011마62 결정[1]

[관할선택권의 남용]

변호사 A가 B 사찰과 소송위임계약으로 인하여 생기는 일체 소송은 전주지방법원을 관할 법원으로 하기로 합의하였는데, A가 B 사찰을 상대로 소송위임계약에 따른 성공보수금 지급 청구 소송을 제기하면서 B 사찰의 대표단체인 C 재단을 공동피고로 추가하여 C 재단의 주소지를 관할하는 서울중앙지방법원에 소를 제기하자 B, C가 사건을 전주지방법원으로 이송해 달라고 신청하였다. 1심이 직권으로 이송결정을 하자 A가 항고하였고 원심은 전속적 합의관할은 임의관할이고, 민사소송법 제25조의 관련재판적 규정이 배제되지 않으므로, 서울중앙지방법원에 관련재판적에 의한 관할권이 있고, 관할선택권 남용을 인정하기 어렵다는 이유로 1심 결정을 취소하였다.

대법원은, B 사찰은 종단에 등록을 마친 사찰로서 독자적인 권리능력과 당사자능력을 가지고, B 사찰의 갑에 대한 소송위임약정에 따른 성공보수금 채무에 관하여 C 재단이 당연히 연대채무를 부담하는 것은 아니며, 법률전문가인 A로서는 이러한 점을 잘 알고 있었다고 보아야 할 것인데, A가 위 소송을 제기하면서 C 재단을 공동피고로 추가한 것은 실제로는 C 재단을 상대로 성공보수금을 청구할 의도는 없으면서 단지 C 재단의 주소지를 관할하는 서울중앙지방법원에 관할권을 생기게 하기 위

---

1) 공2011하, 2230.

한 것으로 보았다. 따라서 A의 위와 같은 행위는 관할선택권의 남용으로서 신의칙에 위반하여 허용될 수 없고, 관련재판적에 관한 민사소송법 제25조는 적용이 배제되어 서울중앙지방법원에는 A의 B 사찰에 대한 청구에 관하여 관할권이 인정되지 않는다고 보아 원심 결정을 파기환송하였다.

이에 대하여는 본 결정의 타당성을 긍정하면서도 민사소송법 제35조에서 정한 현저한 손해 또는 지연을 피하기 위한 이송도 가능하다고 보는 견해가 있다.[2]

본 결정은 민사소송의 당사자가 다른 청구에 관할만을 발생시킬 목적으로 본래 제소할 의사 없는 청구를 병합한 것이 명백한 경우 관할선택권의 남용으로서 신의칙에 위반하여 허용될 수 없다는 점을 명확히 하였다는 점에서 의의가 있다.

2. 대법원 2017. 12. 22. 선고 2017다259988 판결[3]
[특허법원의 전속관할]

2015. 12. 1. 법률 제13521호로 개정된 민사소송법 제24조 제2항, 제3항은 특허권, 실용신안권, 디자인권, 상표권, 품종보호권(이하 '특허권 등'이라 한다)의 지식재산권에 관한 소를 제기하는 경우에는 제2조부터 제23조까지의 규정에 따른 관할법원 소재지를 관할하는 고등법원이 있는 곳의 지방법원(서울고등법원이 있는 곳의 경우 서울중앙지방법원)의 전속관할로 하되, 그 지방법원이 서울중앙지방법원이 아닌 경우 서울중앙지방법원에도 소를 제기할 수 있다고 정하고 있다. 위 개정 규정은 그 시행일인 2016. 1. 1. 이후 최초로 소장이 접수된 사건부터 적용된다. 이는 지식재산권 사건의 특수성을 고려해서 전문 재판부에 관할을 집중시켜 충실한 심리와 신속한 재판을 도모하기 위한 것이다.

---

[2] 나원식, "관련재판적과 관할선택권의 남용", 민사소송: 한국민사소송법학회지 제17권 제2호, 한국사법행정학회(2013), 49-76면.
[3] 공2018상, 322.

사안은, 특허권 침해를 청구원인으로 하는 손해배상청구의 소가 2015. 11. 5. 제1심법원(전주지방법원)에 제기되어 2015. 12. 1. 법률 제13522호로 개정된 법원조직법 시행일 이후인 2016. 11. 25. 제1심판결이 선고되었는데, 원고가 항소하자 원심(광주고등법원)이 본안 판단을 하였다.

이에 대하여 대법원은, 법률 제13522호로 개정된 법원조직법 제28조의4 제2호는 특허법원이 특허권 등의 지식재산권에 관한 민사사건의 항소사건을 심판한다고 정하고, 제28조 및 제32조 제2항은 이러한 특허법원의 권한에 속하는 사건을 고등법원 및 지방법원 합의부의 심판대상에서 제외한다고 정하고 있으며, 위 개정 규정은 부칙(2015. 12. 1.) 제1조, 제2조에 따라 그 시행일인 2016. 1. 1. 전에 소송계속 중인 지식재산권에 관한 민사사건에 대하여 위 시행일 이후에 제1심판결이 선고된 경우에도 적용되므로, 그 항소사건은 특허법원의 전속관할에 속한다고 하여 직권으로 원심판결을 파기하고 사건을 특허법원으로 이송하였다.

이후 대법원 2019. 4. 10.자 2017마6337 결정은, A 연구소가 구 민·군겸용기술사업촉진법(2004. 9. 23. 법률 제7217호로 개정되기 전의 것)에서 정한 바에 따라 B 주식회사와 후·박막공정을 이용한 저 자가방전 초소형 전지 개발을 위한 민·군겸용기술개발과제 협약(응용연구단계)을 체결한 후, B 회사를 상대로 위 협약에 기한 특허권 지분의 귀속의무 불이행을 원인으로 하는 손해배상을 구한 사안에서, 그 소송은 민사소송법 제24조 제2항이 규정하는 특허권 등의 지식재산권에 관한 소로 보아야 하므로, 위 사건에 대한 항소사건은 특허법원의 전속관할에 속한다고 보았다.

3. 대법원 2019. 6. 13. 선고 2016다33752 판결[4)]

[국제재판관할권]

1) 원고(국적: 중국)는 중국에 살면서 사채업에 종사하다가 2014년 무렵 대한민국에서 영업을 하려고 입국하였고, 부부인 피고들(국적: 중국)은

---

4) 공2019하, 1357.

중국에서 부동산개발업을 하다가 2013. 3.경부터 관광 비자를 취득하여
대한민국과 중국을 오가며 지내다가 투자이민제에 따라 대한민국 제주도
에 부동산을 구입하여 거주비자(유효기간 2년)를 취득하였고, 차량을 소유
하며 대한민국에 생활의 근거를 두고 자녀를 양육해 왔는데, 피고 2는
2013. 7. 23. 중국으로 출국한 다음 중국에서 출국금지처분을 받았고, 피
고 1도 2015. 2. 중국으로 출국해서 현재 중국에 살고 있다.

　　원고는 피고들이 2009년부터 2011년까지 중국에서 사업을 하면서 원
고로부터 500만 위안을 차용하였다고 주장하면서, 위 부동산과 차량, 채
권 등에 가압류결정을 받았고, 2014. 1. 18. 대한민국 제주지방법원에 이
사건 소를 제기하였다.

　　1심 법원은 당사자들과 이 사건과 대한민국 사이에 실질적 관련성이
없음을 들어 소를 각하였다. 원심은 다음과 같은 이유로 대한민국 법원
에 국제재판관할권이 있다고 판단하였다. ① 피고들은 대한민국에 생활
기반을 마련하고 재산을 취득하였다. ② 원고가 자신들을 상대로 대한민
국 법원에 소를 제기할 것을 예상할 수 있었다. ③ 원고가 대한민국에
있는 피고들의 부동산과 차량 등을 가압류한 상황에서 실효성 있는 집행
을 위해서 대한민국 법원에 소를 제기할 실익이 있다. ④ 중국 국적인
원고가 스스로 대한민국 법원에 재판을 받겠다는 의사를 명백히 표시하
여 재판을 청구하였고, 피고들도 대한민국에서 소송대리인을 선임하여 응
소하였다. 이 사건의 요증사실은 대부분 서증을 통해 증명이 가능하고
반드시 중국 현지에 대한 조사가 필요하다고 보기 어렵다. ⑤ 법률관계
의 준거법이 중국법이라는 사정만으로 이 사건 소와 대한민국 법원의 실
질적 관련성이 부정되지 않는다.

　　2) 대법원은 다음과 같이 판시하면서 원심의 판단에 국제재판관할권
에 관한 법리를 오해한 잘못이 없다고 하여 상고를 기각하였다.

　　국제사법 제2조 제2항은 "법원은 국내법의 관할 규정을 참작하여 국
제재판관할권의 유무를 판단하되, 제1항의 규정의 취지에 비추어 국제재
판관할의 특수성을 충분히 고려하여야 한다."라고 정하여 제1항에서 정한

실질적 관련성을 판단하는 구체적 기준 또는 방법으로 국내법의 관할 규정을 제시한다. 따라서 민사소송법 관할 규정은 국제재판관할권을 판단하는 데 가장 중요한 판단 기준으로 작용한다. 다만 이러한 관할 규정은 국내적 관점에서 마련된 재판적에 관한 규정이므로 국제재판관할권을 판단할 때에는 국제재판관할의 특수성을 고려하여 국제재판관할 배분의 이념에 부합하도록 수정하여 적용해야 하는 경우도 있다.

민사소송법 제2조, 제3조가 원고에게 피고의 주소지 법원에 소를 제기하도록 하는 것이 관할 배분에서 당사자의 공평에 부합하기 때문이다. 국제재판관할에서도 피고의 주소지는 생활관계의 중심적 장소로서 중요한 고려요소이다.

국제재판관할에서 특별관할을 고려하는 것은 분쟁이 된 사안과 실질적 관련이 있는 국가의 관할권을 인정하기 위한 것이다. 민사소송법 제11조는 "대한민국에 주소가 없는 사람 또는 주소를 알 수 없는 사람에 대하여 재산권에 관한 소를 제기하는 경우에는 청구의 목적 또는 담보의 목적이나 압류할 수 있는 피고의 재산이 있는 곳의 법원에 제기할 수 있다."라고 정한다. 원고가 소를 제기할 당시 피고의 재산이 대한민국에 있는 경우 대한민국 법원에 피고를 상대로 소를 제기하여 승소판결을 얻으면 바로 집행하여 재판의 실효를 거둘 수 있다. 이와 같이 피고의 재산이 대한민국에 있다면 당사자의 권리구제나 판결의 실효성 측면에서 대한민국 법원의 국제재판관할권을 인정할 수 있다. 그러나 그 재산이 우연히 대한민국에 있는 경우까지 무조건 국제재판관할권을 인정하는 것은 피고에게 현저한 불이익이 발생할 수 있다. 따라서 원고의 청구가 피고의 재산과 직접적인 관련이 없는 경우에는 그 재산이 대한민국에 있게 된 경위, 재산의 가액, 원고의 권리구제 필요성과 판결의 실효성 등을 고려하여 국제재판관할권을 판단해야 한다.

나아가 예측가능성은 피고와 법정지 사이에 상당한 관련이 있어서 법정지 법원에 소가 제기되는 것에 대하여 합리적으로 예견할 수 있었는지를 기준으로 판단해야 한다. 피고가 대한민국에서 생활 기반을 가지고 있거나 재산을 취득하여 경제활동을 할 때에는 대한민국 법원에 피고를 상대로 재산에 관한 소가 제기되리라는 점을 쉽게 예측할 수 있다. 국제 재판관할권은 배타적인 것이 아니라 병존할 수도 있다. 지리, 언어, 통신 의 편의 측면에서 다른 나라 법원이 대한민국 법원보다 더 편리하다는 것만으로 대한민국 법원의 재판관할권을 쉽게 부정할 수는 없다.

　　3) 국제재판관할은 국제적 요소를 가지는 민사소송을 우리나라 법원 이 심리·재판할 수 있는지에 관한 문제이다. 국제사법 제1조는 '이 법은 외국적 요소가 있는 법률관계에 관하여 국제재판관할에 관한 원칙과 준 거법을 정함을 목적으로 한다'고 하고, 제2조[5]는 국제재판관할의 원칙에 관해서 정하고 있다. 우리나라의 국제재판관할이 부정되는 경우에는 해 당 소를 각하한다.

　　2001. 4. 7. 국제사법으로 전부 개정되기 전 구 섭외사법은 국제재 판관할에 관해서 아무런 규정을 두지 않았다. 우리나라에서는 국제재판 관할을 어떠한 기준으로 정할 것인지에 관해서 다양한 견해가 대립하고 있었고,[6] 판례는 그동안 관련 법리 발전에 큰 역할을 하였다.[7] 대법원 1972. 4. 20. 선고 72다248 판결은 국제재판관할과 관련하여 처음으로 판 단하였는데,[8] 이에 관해서는 역추지설에 따라 국내 의무이행지 관할을

---

5) 제2조(국제재판관할)
　① 법원은 당사자 또는 분쟁이 된 사안이 대한민국과 실질적 관련이 있는 경우에 국제재판관할권을 가진다. 이 경우 법원은 실질적 관련의 유무를 판단함에 있어 국제재판관할 배분의 이념에 부합하는 합리적인 원칙에 따라야 한다.
　② 법원은 국내법의 관할 규정을 참작하여 국제재판관할권의 유무를 판단하되, 제 1항의 규정의 취지에 비추어 국제재판관할의 특수성을 충분히 고려하여야 한다.
6) 국제재판관할권의 결정기준에 관한 학설로는 ① 국내의 민사소송법의 토지관할 규정에 따라 국제재판관할권의 유무를 정하자는 견해(역추지설), ② 사건의 적정, 공평, 신속, 경제라고 하는 민사소송의 이념을 고려하여 조리에 따라 결정해야 한 다는 견해(관할배분설 또는 조리설), ③ 역추지설에 따라 국내의 민사소송법상 토 지관할 규정을 유추해서 국제재판관할권을 정하되, 그것이 재판의 적정, 공평, 신 속 등의 민사소송법의 기본 이념에 반하는 특별한 사정이 있을 때에는 국제재판관 할권을 부정해야 한다는 견해(수정역추지설)가 있다.
7) 석광현, "2018년 국제사법 전부개정법률안에 따른 해사사건의 국제재판관할규칙", 한국해법학회지 제40권 제2호(2018), 13면.
8) '우리나라의 회사와 일본국 회사간의 차관협정 및 그 협정의 중개에 대한 보수

근거로 국제재판관할권을 인정한 것으로 보고 있다.[9]

　2001년 국제사법 개정 전 국제재판관할에 대한 대법원 판례의 입장에 대해서는 일반 민사사건과 가사사건에 대하여 이원화되었다고 평가되고 있다.[10] 일반 민사사건에 대하여는 원칙적으로 '국제재판관할규칙 – 토지관할규정'이라고 보는 데 반하여, 가사사건에서는 '피고 주소지 관할' 원칙을 고수하면서 아주 예외적인 경우 '원고 주소지 관할'을 인정할 수 있다는 입장을 취하고 있었다.[11]

　금 지급 약정이 일본 국내에서 체결되었다 할지라도 그 중개인의 영업소가 우리나라에 있다면 다른 사정이 없는 한 우리나라의 법원은 그 중개보수금 청구 사건에 관하여 재판관할권이 있다.'고 판단하였다.
　　김경욱, "2019년 민사소송법 중요판례 분석", 안암법학 통권 제60호, 무지개출판사(2020), 372면.
　9) 박태신, "국제재판관할의 결정에 관한 일고찰", 변호사 제32집(2002), 250면, 각주 14).
　10) 석광현, "이혼 기타 혼인관계사건의 국제재판관할에 관한 입법론", 국제사법연구 제19권 제2호(2013), 130면.
　11) 대법원 1975. 7. 22. 선고 74므22 판결(원심이 외국인 간의 이혼심판청구사건에 대한 재판청구권의 행사는 소송절차상 공평 및 정의 관념에 비추어 상대방인 피청구인이 행방불명 기타 이에 준하는 사정이 있거나 상대방이 적극적으로 응소하여 그 이익이 부당하게 침해될 우려가 없어 그들에 대한 심판의 거부가 오히려 외국인에 대한 법의 보호를 거부하는 셈이 되어 정의에 반한다고 인정되는 예외적인 경우를 제외하고는 상대방인 피청구인의 주소가 우리나라에 있는 것을 요건으로 한다고 풀이하는 것이 상당하다는 전제하에 이 사건의 경우 상대방인 피청구인은 계속 미국에 거주하여 우리나라에 와서 거주한 사실조차 없는 사람이고 그의 미국 내 주소가 명백하여 행방불명이라 볼 수 없고 적극적으로 응소하려는 것도 아니라고 보이는 점 등으로 보아 청구인의 주소지의 재판관할권을 인정하여야 할 예외적인 경우에도 해당하지 않으므로 이 사건 재판관할권이 우리나라 법원에 없다고 판단하였음은 정당하다); 대법원 1994. 2. 21.자 92스26 결정(상대방이 미국 하와이 주에 거주하고 있고 청구인인 재항고인만이 사건본인과 함께 국내에 거주하고 있으므로, 우리나라의 법원이 이 사건에 대하여 재판관할권이 없다고 한 사례)은 '외국인 간의 가사사건에 관하여 우리나라의 법원에 재판관할권이 있는지 여부는, 우리나라 가사소송법상의 국내토지관할에 관한 규정을 기초로 외국인 사이의 소송에서 생기는 특성을 참작하면서 당사자 간의 공평과 함께 소송절차의 적정하고 원활한 운영과 소송경제 등을 고려하여 조리와 정의 관념에 의하여 이를 결정하여야 한다. 우리 가사소송법 제46조가 이혼부부간의 자의 양육에 관한 처분과 그 변경 및 친권을 행사할 자의 지정과 그 변경 등을 포함하는 마류 가사비송사건에 관하여 이를 상대방의 보통재판적 소재지의 가정법원의 관할로 하도록 규정하고 있는 점을 참작하여 볼 때, 이 사건과 같이 외국에서 이혼 및 출생자에 대한 양육자지정의 재판이 선고된 외국인 부부 사이의 출생자에 관하여 부부 중 일방인 청구인이 상대방을 상대로 친권을 행사할 자 및 양육자의 변경심판을 청구하고 있는 사

2001년 국제사법 개정 이후 대법원은 도메인이름에 관한 2005. 1. 27. 선고 2002다59788 판결[12]에서 다음과 같이 국제재판관할권 인정을 위한 실질적 관련의 유무를 판단하기 위한 일반원칙을 처음으로 제시하였다.

국제사법 제2조 제1항은 "법원은 당사자 또는 분쟁이 된 사안이 대한민국과 실질적 관련이 있는 경우에 국제재판관할권을 가진다. 이 경우 법원은 실질적 관련의 유무를 판단함에 있어 국제재판관할 배분의 이념에 부합하는 합리적인 원칙에 따라야 한다."라고 정하고 있다. 여기에서 '실질적 관련'은 대한민국 법원이 재판관할권을 행사하는 것을 정당화할 정도로 당사자 또는 분쟁이 된 사안과 관련성이 있는 것을 뜻한다. 이를 판단할 때에는 당사자의 공평, 재판의 적정, 신속과 경제 등 국제재판관할 배분의 이념에 부합하는 합리적인 원칙에 따라야 한다. 구체적으로는 당사자의 공평, 편의, 예측가능성과 같은 개인적인 이익뿐만 아니라, 재판의 적정, 신속, 효율, 판결의 실효성과 같은 법원이나 국가의 이익도 함께 고려하여야 한다. 이처럼 다양한 국제재판관할의 이익 중 어떠한 이익을 보호할 필요가 있을지는 개별 사건에서 실질적 관련성 유무를 합리적으로 판단하여 결정하여야 한다.

이후 대법원은 이른바 '냉동청어 사건'에 관한 대법원 2008. 5. 29. 선고 2006다71908, 71915 판결[13] 등 사건에서 국제사법 제2조 제2항에

건에서, 우리나라의 법원이 재판권을 행사하기 위하여는, 상대방이 우리나라에 주소를 가지고 있을 것을 요하는 것이 원칙이고, 그렇지 않는 한 상대방이 행방불명 또는 이에 준하는 사정이 있거나 상대방이 적극적으로 응소하고 있는 등의 예외적인 경우를 제외하고는, 우리나라의 법원에 재판관할권이 없다고 해석하는 것이 상당하다'고 하였다.

12) 대한민국 내에 주소를 두고 영업을 영위하는 자가 미국의 도메인 이름 등록기관에 등록·보유하고 있는 도메인 이름에 대한 미국의 국가중재위원회의 이전 판정에 불복하여 제기한 소송에 관하여 분쟁의 내용이 대한민국과 실질적 관련성이 있다는 이유로 대한민국 법원의 국제재판관할권을 인정한 사례이다. 2001. 7. 1. 개정된 국제사법이 적용되지 않는 사건이었다.

13) 대한민국 회사가 일본 회사에게 러시아에서 선적한 냉동청어를 중국에서 인도하고 그 대금은 선적 당시의 임시 검품 결과에 따라 임시로 정하여 지급하되 인도지에서 최종 검품을 하여 최종가격을 정한 후 위 임시가격과의 차액을 정산하기로

관해서는 명확하게 언급하지 않은 채 제2조 제1항에 따른 '대한민국과의 실질적 관련성'에 초점을 맞추어 국제재판관할권 인정 여부를 판단해 왔다.[14] 이에 대해서는 학계에서 국내 토지관할 규정을 경시하고 있다는 비판이 있었다.[15] 2010년대 이루어진 국제재판관할권 관련 판결들은 다음과 같다.

① 대법원 2010. 7. 15. 선고 2010다18355 판결은, 2002년 김해공항 인근에서 발생한 중국 항공기 추락사고로 사망한 중국인 승무원의 유가족이 중국 항공사를 상대로 대한민국 법원에 손해배상청구소송을 제기한 사안에서, 민사소송법상 토지관할권, 소송당사자들의 개인적인 이익, 법원의 이익, 다른 피해유가족들과의 형평성 등에 비추어 위 소송은 대한민국과 실질적 관련성이 있다고 보아 대한민국 법원의 국제재판관할권을 인정하였다. ② 대법원 2012. 5. 24. 선고 2009다22549 판결은, 일제강점기에 국민징용령에 의하여 강제징용되어 일본국 회사인 미쓰비시중공업 주식회사(이하 '구 미쓰비시')에서 강제노동에 종사한 대한민국 국민 갑 등이 구 미쓰비시가 해산된 후 새로이 설립된 미쓰비시중공업 주식회사를 상대로 국제법 위반 및 불법행위를 이유로 한 손해배상과 미지급 임금의 지급을 구한 사안에서, 대한민국 법원의 국제재판관할권을 인정하였다. ③ 대법원 2014. 4. 10. 선고 2012다7571 판결은, 일본국에 주소를 둔 재

한 매매계약에서, 대법원은 그 차액 정산에 관한 분쟁은 최종 검품 여부 및 그 결과가 주로 문제되므로 인도지인 중국 법원이 분쟁이 된 사안과 가장 실질적 관련이 있지만 피고가 원고를 상대로 중국 법원에 제기한 소가 각하되었고, 계약체결과 정산금 송금이 대한민국과 관련되고 피고가 반소를 제기한 점 등을 들어 대한민국 법원에도 당사자 또는 분쟁이 된 사안과 실질적 관련이 있어 국제재판관할권을 인정할 수 있다고 하였다.

14) 장준혁, "한국 국제재판관할법상의 특별관할; 재산관계사건 판결의 현황", 국제사법연구 제18호, 국제사법학회(2012), 115-154면.

15) 이에 대해서는 석광현, "국제재판관할과 외국판결의 승인 및 집행", 국제사법연구 제20권 제1호, 2014, 12면은 대법원이 마치 국제사법 제2조에는 제2항은 없고 제1항만 있다고 믿고 있는 것처럼 보인다고 하여 이러한 태도를 비판하였다. 최성수, "국제사법 제2조상의 국제재판관할 관련 우리나라 판례의 검토", 동아법학 제48호(2010), 787-788면은 국제사법 개정 이후 대법원이 국제사법 제2조의 내용과 취지를 충실히 반영하기 위하여 기존의 논리 방식과 다른 모색을 하고 있지만 실질적 관련이라는 것을 여러 사정을 종합해서 보는 구조는 아쉽다고 한다.

외동포 갑이 일본국에 주소를 둔 재외동포 을을 상대로 3건의 대여금채무에 대한 변제를 구하는 소를 대한민국 법원에 제기한 사안에서, 3건의 대여금 청구 중 2건은 분쟁이 된 사안과 대한민국 사이에 실질적 관련성이 있어 대한민국 법원에 국제재판관할권이 인정되고, 나머지 1건도 당사자 또는 분쟁이 된 사안과 법정지인 대한민국 사이에 실질적 관련성이 있다고 볼 수는 없지만 변론관할에 의하여 대한민국 법원에 국제재판관할권이 생겼다고 봄이 타당하다고 하였다. ④ 대법원 2021. 3. 25. 선고 2018다230588 판결은 A 중국 회사 등이 C 중국 회사(B 주식회사가 중국법에 따라 설립한 회사로 100% 지분을 보유함)와 물품공급계약을 체결하고 C 회사에 물품을 공급한 후 물품대금 일부를 지급받지 못하자, B 회사를 상대로 C 회사의 물품대금 채무에 대하여 연대책임을 져야 한다고 주장하며 대한민국 법원에 물품대금청구의 소를 제기한 사안에서, B 회사가 대한민국에서 영업활동을 하고 있고, 보통재판적인 주된 사무소의 소재지가 대한민국에 있으며, C 회사의 1인 주주인 B 회사로서는 대한민국 법원에 소가 제기될 것을 예측할 수 있었던 점 등을 들어 위 사건에 적용될 준거법이 중국법이라도 위 소와 대한민국 법원 사이의 실질적 관련을 인정할 수 있다고 하여 이와 달리 판단한 원심을 파기환송하였다.

국제사법 개정 이후 법원은 가사사건에서도 국제사법 제2조를 적용하여 국제재판관할기준을 판단하고 있다.[16] 이혼 사건과 관련해서 ① 대법원 2006. 5. 26. 선고 2005므884 판결은, 미국에 법률상 주소를 두고 있는 미국 국적의 남자(원고)가 대한민국 국적의 여자(피고)와 대한민국에서 혼인한 다음 미국 국적을 취득한 피고와 거주기한을 정하지 않고 대한민국에서 거주하다가 피고를 상대로 이혼, 친권자 및 양육자지정 등을 청구한 사안에서, 쌍방 모두 대한민국에 상거소를 가지고 있고,

---

16) 본 판결 이후 선고된 ③ 대법원 2021. 2. 4. 선고 2017므12552 판결은 이 점을 명확하게 선언하고 있다. 이혼 사건에 관한 국내법의 관할규정은 가사소송법 제22조, 제46조 등이 있다.

여기에 그 혼인생활의 대부분이 대한민국에서 형성되었다는 점까지 고려한다면, 이 사건 이혼청구 등은 대한민국과 실질적 관련이 있어 대한민국 법원에 국제재판관할권이 있다고 하였다. ② 대법원 2014. 5. 16. 선고 2013므1196 판결은, 대한민국 국적을 가진 갑이 현재 스페인 국적을 가지고 있는 을을 상대로 제기한 이혼소송의 국제재판관할권이 문제된 사안에서, 갑의 청구가 대한민국과 실질적 관련성이 있으므로 대한민국 법원에 국제재판관할권이 인정된다고 본 원심판단을 정당하다고 하였다.[17] 본 판결 이후 선고된 ③ 대법원 2021. 2. 4. 선고 2017므12552 판결은,[18] 국제재판관할권에 관한 국제사법 제2조가 가사사건에

---

17) 한숙희, "국제가가사사건의 국제재판관할과 외국판결의 승인 및 집행: 이혼을 중심으로", 가사재판연구 Ⅰ(2007), 564-568면은 실무에서는 당사자와 사건과의 실질적 관련성을 판단하기 위하여 국적, 주소, 상거소 등과 원고의 청구원인 등을 살펴보고 있는데, 당사자의 입장에서는 공평, 소송수행의 편의, 예측가능성 등을, 법원의 입장에서는 증거조사나 증인신문의 용이성 등 재판의 신속·능률성과 판결의 실효성 등을 고려하고 있다고 한다. 특히 외국인 사이의 이혼소송과 관련해서 원고가 유기되었거나 피고의 행방불명, 기타 이에 준하는 사정이 있는 경우, 또는 피고가 응소하여 그 이익이 부당하게 침해될 우려가 없다고 보이는 경우, 우리나라에 거주하고 있는 외국인을 보호하는 것이 국제사법생활에 있어서의 정의·공평의 이념에 부합한다고 보아 원고의 주소만 우리나라에 있어도 우리나라에 재판관할권을 인정하고, 그 외에는 피고의 주소가 우리나라에 있을 것을 요건으로 한다. 즉 외국인간의 이혼소송에 있어서는 위에서 열거하는 특별한 사정이 없는 한 피고주소를 중심으로 재판관할권을 인정하고 있다고 한다.

18) 대법원 2021. 2. 4. 선고 2017므12552 판결(공2021상, 512).
    국제재판관할권에 관한 국제사법 제2조는 .가사사건에도 마찬가지로 적용된다. 따라서 가사사건에 대하여 대한민국 법원이 재판관할권을 가지려면 대한민국이 해당 사건의 당사자 또는 분쟁이 된 사안과 실질적 관련이 있어야 한다. 그런데 가사사건은 일반 민사사건과 달리 공동생활의 근간이 되는 가족과 친족이라는 신분관계에 관한 사건이거나 신분관계와 밀접하게 관련된 재산, 권리, 그 밖의 법률관계에 관한 사건으로서 사회생활의 기본토대에 중대한 영향을 미친다. 가사사건에서는 피고의 방어권 보장뿐만 아니라 해당 쟁점에 대한 재판의 적정과 능률, 당사자의 정당한 이익 보호, 가족제도와 사회질서의 유지 등 공적 가치를 가지는 요소도 고려할 필요가 있다. 따라서 가사사건에서 '실질적 관련의 유무'는 국내법의 관할 규정뿐만 아니라 당사자의 국적이나 주소 또는 상거소, 분쟁의 원인이 되는 사실관계가 이루어진 장소(예를 들어 혼인의 취소나 이혼 사유가 발생한 장소, 자녀의 양육권이 문제 되는 경우 자녀가 생활하는 곳, 재산분할이 주요 쟁점인 경우 해당 재산의 소재지 등), 해당 사건에 적용되는 준거법, 사건 관련 자료(증인이나 물적 증거, 준거법 해석과 적용을 위한 자료, 그 밖의 소송자료 등) 수집의 용이성, 당사자들 소송 수행의 편의와 권익보호의 필요성, 판결의 실효성 등을 종합적

도 적용된다고 하면서 가사사건의 특수성을 기반으로 실질적 관련성을 판단하도록 하는 한편, 원고와 피고가 모두 캐나다 국적으로 캐나다(퀘벡주)에 주소를 두고 있지만 피고가 원고와 결혼한 다음에도 수시로 대한민국에 입국하여 머무르며 대한민국에 있는 부동산을 매수하고, 대한민국에 아들과 자매가 거주하였던 사안에서 이혼청구의 주요 원인이 된 사실관계가 대한민국에서 형성되었고 이혼과 함께 청구된 재산분할사건에서 대한민국에 있는 재산이 재산분할대상인지 여부가 첨예하게 다투어지고 있는 경우, 대한민국과 해당 사안 간의 실질적 관련성이 있고, 피고가 응소한 사정까지 고려하면 대한민국 법원에 국제재판관할권이 있다고 판단하였다.

　　4) 본 판결은 국제사법 제2조 제1항과 제2항과의 관계에 관해서 구체적인 해석론을 제시하면서 민사소송법 관할 규정이 국제재판관할권을 판단하는 데 가장 중요한 판단 기준으로 작용함을 명확히 밝히고, '이러한 관할 규정은 국내적 관점에서 마련된 재판적에 관한 규정이므로 국제재판관할권을 판단할 때에는 국제재판관할의 특수성을 고려하여 국제재판관할 배분의 이념에 부합하도록 적절히 수정하여 적용해야 하는 경우도 있다'고 하여 국제재판관할을 판단하는 구체적인 방법론을 제시하였다는 점에서 의의를 찾을 수 있다.[19] 나아가 민사소송법 제11조를 참

─────────────

으로 고려하여 판단하여야 한다.

19) 석광현, "국제사법 제2조 제2항을 올바로 적용한 2019년 대법원 판결의 평석: 일반관할과 재산소재지의 특별관할을 중심으로-", 국제거래와 법(Dong-A Journal of International Business Transaction Law) 통권 제29호(2020), 131－168면.
　　한애라, "재산소재지 특별관할에 관한 법리와 판례의 검토 및 입법론", 민사판례연구 제43권(2021), 880면은 본 판결이 국제사법 제2조 제2항과 관련하여 정면으로 재산소재지를 국제재판관할 판단 시 우선적으로 참작한 것은 대상판결이 최초라고 한다.
　　나아가 국제사법 개정안 제5조 제2호에서 정한 재산소재지 특별관할에 관해서, 다음과 같은 이유로 제한적인 형태라도 재산소재지 특별관할을 둘 필요가 있다고 한다. ① 강제집행의 확실성과 신속성을 위해서 재산소재지 법원에서 재판받을 필요성이 있다. ② 자국 내 소재한 재산에 대한 재판관할권 행사는 자국 내의 자주적인 주권행사의 일환이다. ③ 비교법적으로도 우리 민사소송법의 바탕이 된 독일, 일본을 비롯하여 주요 국가에서 모두 일정한 범위에서 재산소재지 특별관할을 인정하고 있다. ④ 재산소재지 특별관할을 인정하는 것이 비교법적으로 특수한 것이 아니므로 예측가능성도 있다. ⑤ 원고가 스스로의 위험을 감수하면서 판결국

작하여 국제재판관할로서의 '재산소재지 관할'을 인정하기 위한 요건을 제시하였다는 점에서도 의의를 찾을 수 있다.

본 판결의 판시사항 중 국내법 관할규정이 국제재판관할권을 판단하는데 '가장' 중요한 판단기준이 된다고 한 부분에 관해서는 논란이 있다.

국제사법 제2조 제2항에서 요구하고 있는 국내법의 관할 규정 참작과 국제재판관할의 특수성에 대한 충분한 고려라는 국제재판관할 배분의 적용에서 전자를 후자보다 중요한 요소로 보는 것처럼 보일 수 있는 표현이므로, '가장 중요한 판단기준으로 작용한다'에서 '가장'을 삭제하거나[20] 그 표현 대신 '중요한 판단기준의 하나로 작용한다'라고 표현하는 것이 보다 바람직하다는 견해가 있고,[21] 민사소송법 관할규정에 보다 중점을 두는 것 같은 단정적 판시가 자칫 민사소송법 전부개정 전 판례의 태도인 수정역추지설의 입장으로 비춰질 수 있어 불필요하고 부적절하다는 견해도 있다.[22]

5) 2022. 1. 4. 법률 제18670호로 국제사법이 전면 개정되면서 국제재판관할에 관하여 15개의 총칙 규정과 20개의 각칙 규정이 새로이 추가되었다. 이는 국제재판관할 결정의 일반원칙인 '실질적 관련성' 판단기준을 구체화하고, 일반관할 및 사무소·영업소 소재지 등의 특별관할, 반소관할, 합의관할, 변론관할, 전속관할 등 국제재판관할에 관한 총칙 규정을 신설하며, 채권, 지식재산권, 친족·상속, 해상 등 유형별 사건에 관한 국제재판관할 규정을 도입하여 법적 안정성과 예측가능성을 확보하기 위한 것이다. 개정 법률은 2022. 7. 5.시행 예정인데(부칙 제1조), 이 법 시

내 재산만으로 채권의 만족을 얻겠다고 소를 제기하는 것은 존중되어야 한다.

20) 김경욱, "2019년 민사소송법 중요판례 분석", 안암법학 통권 제60호, 무지개출판사(2020), 378면.

21) 석광현, "국제사법 제2조 제2항을 올바로 적용한 2019년 대법원 판결의 평석: 일반관할과 재산소재지의 특별관할을 중심으로-", 국제거래와 법(Dong-A Journal of International Business Transaction Law) 통권 제29호(2020), 142면.

22) 김홍엽, "2019년 분야별 중요판례분석-민사소송법-", 2020. 2. 20.자 법률신문 12면.

행 당시 법원에 계속 중인 사건의 관할에 대해서는 종전 규정에 따르도록 하였다(부칙 제2조).

제2절 기   피

대법원 2019. 1. 4.자 2018스563 결정[23]

[실제로 법관에게 편파성이 존재하지 않거나 헌법과 법률이 정한 바에 따라 공정한 재판을 할 수 있는 경우에도 기피가 인정될 수 있는지]

기피신청의 본안사건인 이혼 및 친권자지정청구의 소에서 제1심법원은 원고에게 일부승소 판결을 하였고, 피고가 항소하여 항소심 계속 중 항소심 재판장에 대하여 공정한 재판을 기대하기 어렵다고 주장하며 이 사건 기피신청을 하였다.

대법원은 다음과 같은 법리를 제시하면서 이 사건 기피신청 대상 법관과 신청외 A의 관계(법원장 재직 중 B그룹의 사장 A에게 사적인 내용이 포함된 10여 건의 문자메시지를 보냈는데, 위와 같은 사실이 여러 언론매체에서 보도되어 사회 일반에 알려짐), 원고와 A의 B그룹에서의 지위와 두 사람 사이의 밀접한 협력관계 등에 비추어 보면, 우리 사회의 평균적인 일반인의 관점에서 볼 때, 법관과 사건과의 관계로 인하여 법관이 불공정한 재판을 할 수 있다는 의심을 할 만한 객관적인 사정이 있고, 그러한 의심이 단순한 주관적 우려나 추측을 넘어 합리적인 것으로 볼 수 있다고 보아 기피신청을 기각한 원심을 파기하였다.

「모든 법관은 헌법과 법률이 정한 바에 따라 공정하게 심판할 것으로 기대된다. 그러나 개별·구체적 재판의 공정성 및 공정성에 대한 신뢰를 제대로 담보하기 어려운 사정이 있을 수 있다. 이 경우 법관과 개별 사건과의 관계로 인하여 발생할 수 있는 재판의 불공정성에 대한 의심을 해소하여 구체적인 재판의 공정성을 보장하기 위하여 민사소송법은 제척 제도 외에도 기피 제도를 두어 제43조 제1항에서 "당사자는 법관에

---

23) 공2019상, 389.

게 공정한 재판을 기대하기 어려운 사정이 있는 때에는 기피신청을 할 수 있다."라고 규정하고 있다. 기피 제도의 위와 같은 목적과 관련 규정의 내용에 비추어 보면, '법관에게 공정한 재판을 기대하기 어려운 사정이 있는 때'란 우리 사회의 평균적인 일반인의 관점에서 볼 때, 법관과 사건과의 관계, 즉 법관과 당사자 사이의 특수한 사적 관계 또는 법관과 해당 사건 사이의 특별한 이해관계 등으로 인하여 법관이 불공정한 재판을 할 수 있다는 의심을 할 만한 객관적인 사정이 있고, 그러한 의심이 단순한 주관적 우려나 추측을 넘어 합리적인 것이라고 인정될 만한 때를 말한다. 그러므로 평균적 일반인으로서의 당사자의 관점에서 위와 같은 의심을 가질 만한 객관적인 사정이 있는 때에는 실제로 법관에게 편파성이 존재하지 않거나 헌법과 법률이 정한 바에 따라 공정한 재판을 할 수 있는 경우에도 기피가 인정될 수 있다.」

종래 대법원은, 민사소송법 제43조 제1항의 '공정한 재판을 기대하기 어려운 사정이 있는 때'란 당사자가 불공정한 재판이 될지도 모른다고 추측할 만한 주관적인 사정이 있는 때를 말하는 것이 아니고, 통상인의 판단으로서 법관과 사건과의 관계로 보아 불공정한 재판을 할 것이라는 의혹을 갖는 것이 합리적이라고 인정될 만한 객관적인 사정이 있는 때를 말한다고 하였다(대법원 2007. 11. 15.자 2007마1243 결정 참조).

본 결정이 제시한 법리에 따른 기피의 판단기준과 종전 판례의 그것이 달라진 것으로 보기는 어렵다. ① 평균적 일반인으로서의 당사자 관점에서 ② 법관이 불공정한 재판을 할 수 있다는 합리적인 의심을 가질 만한 ③ 객관적인 사정이 있는 때에 기피가 허용된다는 것이다.

오히려, 본 결정에서 주목해야 할 부분은 '위와 같은 경우 실제로 법관에게 편파성이 존재하지 않거나 헌법과 법률이 정한 바에 따라 공정한 재판을 할 수 있는 경우에도 기피가 인정될 수 있다.'고 한 부분이다. 이 부분이 기피 제도를 활성화하는데 적극적인 요인으로 작용할 여지가 있다.

법원이 그동안 기피제도를 운용하는 데 소극적이었던 것에는 해당

법관에 대한 기피 사유가 있다고 판단하는 것은 곧 '해당 법관이 실제 불공정한 재판을 할 우려가 있다'고 법원 스스로가 인정하는 것이라는 관념이 은연 중 법관 사회를 지배하고 있었기 때문이 아닌가 추측해 본다. 그러나 본 결정은 그 판단기준이 '우리 사회의 평균적인 일반인으로서의 당사자 관점'이라는 것을 재차 강조하면서 해당 법관에 대한 기피신청을 인용하는 것이 '실제 불공정한 재판을 할 우려가 있는지'에 대한 판단과는 무관한 것임을 명확하게 밝혔다.

본 결정은 종전 판례가 제시하고 있는 '법관에게 공정한 재판을 기대하기 어려운 사정이 있는 때'의 판단기준을 구체화하여 앞으로 기피제도가 보다 활성화될 수 있는 계기를 제공하였다는 점에서 의의를 찾을 수 있다.[24]

제3절 당 사 자

I. 당사자 능력

1. 대법원 2011. 3. 10. 선고 2010다99040 판결[25]

[채무를 대위변제한 보증인이 채무자의 사망사실을 알면서도 그를 피고로 하여 소를 제기한 다음 채무자의 상속인으로 당사자표시정정을 할 수 있는지와 소장 제출 시 소멸시효중단의 효력이 생기는지]

원고는 1999. 12. 30. A가 B은행으로부터 주택구입자금을 대출받는데, 신용보증을 하였다. A가 위 대출금을 상환하지 않자 원고는 2004. 8. 20. B은행에 대출원리을 대위변제하였다. 그런데 A는 2000. 1. 3. 사망하였고 상속인으로 C가 있었다. 원고는 2009. 7. 30. A를 피고로 기재한

---

24) 김홍엽, 민사소송법(제9판, 2020), 63면; 김홍엽, "2019년 분야별 중요판례분석 – 민사소송법–", 2020. 2. 20.자 법률신문, 12면은 본 결정에 대하여는 기피제도가 보다 활성화될 수 있는 물꼬를 텄다고 평가할 수 있고, 실무 운영상 기피제도가 보다 활성화될 것이라는 명확한 담보는 없지만 기피제도의 활성화 요구가 고조되는 상황에서 하나의 새로운 전기가 될 수 있을 것이라고 한다.
25) 공2011상, 732.

소장에 A의 사망사실이 기재된 주민등록초본 등을 첨부하여 제1심법원에 제출하고, 2009. 8. 3. A인의 상속인을 확인하기 위하여 가족관계증명서 등에 관한 사실조회를 신청하였고, 사실조회결과가 도착하자 2009. 9. 10. 이 사건 피고의 표시를 A에서 C로 정정하는 표시정정신청서를 제출하였다.

대법원은, '소송에서 당사자가 누구인가는 당사자능력, 당사자적격 등에 관한 문제와 직결되는 중요한 사항이므로, 사건을 심리·판결하는 법원으로서는 직권으로 소송당사자가 누구인가를 확정하여 심리를 진행하여야 하며, 이 때 당사자가 누구인가는 소장에 기재된 표시 및 청구의 내용과 원인 사실 등 소장의 전 취지를 합리적으로 해석하여 확정하여야 한다. 따라서 소장에 표시된 피고에게 당사자능력이 인정되지 않는 경우에는 소장의 전 취지를 합리적으로 해석한 결과 인정되는 올바른 당사자능력자로 그 표시를 정정하는 것이 허용된다(대법원 2001. 11. 13. 선고 99두2017 판결, 대법원 2002. 3. 29. 선고 2001다83258 판결 등 참조).'는 일반 법리를 제시한 다음 이 사건 청구의 내용과 원인사실, 당해 소송을 통하여 분쟁을 실질적으로 해결하려는 원고의 소 제기 목적, 소 제기 후 바로 사실조회신청을 하여 상속인을 확인한 다음 피고표시정정 신청서를 제출한 사정 등에 비추어 보면, 이 사건의 실질적인 피고는 당사자능력이 없어 당사자가 될 수 없는 A가 아니라 처음부터 사망자의 상속인인 C이고, 다만 소장 표시에 잘못이 있었던 것에 불과하여 위와 같은 표시정정이 가능하고, 소장 제출한 때 소멸시효 중단의 효력이 생긴다고 보아 같은 취지로 판단한 원심판결이 정당하다고 하여 상고를 기각하였다.

본 판결은 원고가 소 제기 당시 피고로 기재된 사람이 이미 사망한 사실을 알고 있었는데도, 그 상속인을 제대로 파악할 수 없어서 사망한 사람을 피고로 표시하여 소를 제기한 경우 당사자확정과 당사자표시정정 여부에 관해서 다루고 있다.

대법원은 원고가 소장 제출 피고로 기재된 자가 사망한 사실을 모르고 소를 제기한 경우, 실질적인 피고는 당사자능력이 없어 소송당사자가 될 수 없는 사망자가 아니라 처음부터 사망자의 상속인이고, 소장의 당사자표시에 오류가 있는 것에 불과하므로 피고를 사망자에서 상속인으로 정정하는 당사자표시정정이 허용된다고 하였다.[26]

이어 대법원 2009. 10. 15. 선고 2009다49964 판결은, 같은 맥락에서 상속개시 이후 상속의 포기를 통한 상속채무의 순차적 승계와 그에 따른 상속채무자 확정의 곤란성 등 상속제도의 특성에 비추어 위의 법리는 채권자가 채무자의 사망 이후 1순위 상속인의 상속포기 사실을 알지 못하고 1순위 상속인을 상대로 소를 제기한 경우에도 마찬가지로 적용된다고 보았다.[27]

본 판결은 원고가 소 제기 당시 피고로 기재된 사람이 이미 사망한 사실을 알고 있었는데도, 그 상속인을 제대로 파악할 수 없었던 사안에서, 종래 사망한 사실을 모르고 제소한 경우 당사자표시 정정을 인정한 법리를 확대·적용함으로써 청구의 내용과 사실관계, 원고의 소 제기 목적과 등을 고려하여 이 사건의 피고는 처음부터 사망자의 상속인이고,

---

26) 대법원 1960. 10. 31. 선고 4292민상950 판결; 대법원 1983. 12. 27. 선고 82다146 판결; 대법원 2006. 7. 4.자 2005마425결정 등.

27) 이에 관해서 찬성하는 견해로 여미숙, "2000년대 민사판례의 경향과 흐름", 민사판례연구 제33-2권(2011), 1006면은 상속인이 상속을 포기함으로써 다시 피고표시를 정정하는 경우에도 이는 상속인을 순차로 변경시키는 것이 아니라 피고로 확정되는 진정한 상속인으로 표시를 정정하는 것이라는 이론적인 점에서나, 피고경정 제도가 신설되기 전에는 원고의 소송경제 등을 이유로 당사자표시정정이 허용되었는데 위 제도의 신설로 인하여 피고표시정정을 허용하지 않는다면 사망자의 사망 사실이나 상속인의 상속포기사실을 모르는 채권자는 소멸시효에 있어 불이익을 당할 수 있다는 현실적인 점에서나 본 결정이 타당하다고 한다.
  이에 대하여 반대하는 견해로 박병대, "소송당사자 표시정정의 법리에 관한 검토", 성균관법학 제29권 제4호(2017), 200-238면은 표시정정의 유형을 ① 명칭변경이나 오기 정정, ② 당사자요건을 충족시키기 위한 표시정정, ③ 당사자변경 유형의 표시정정으로 나누고, 소각하를 면하는 당사자표시정정은 허용되지만 청구기각을 면하는 당사자표시정정은 피고 경정의 영역이라고 보아야 하는데, 상속포기가 개재된 사망자 상대 사건(1순위 상속인이 상속을 포기하자 2순위 상속인으로 표시정정한 사안)은 전형적인 당사자변경형에 해당하므로 민사소송법 제260조의 피고 경정 요건에 따라 판단할 필요가 있다고 한다. 나아가 일반적 사망자 사건에서 1심 판결이 당연무효이므로 항소심에서 표시정정이 허용되지 않는다고 한 판례의 태도는 논거도 박약하고, 당사자의 권리구제나 소송경제 등 어느 면에서도 바람직하지 않으므로 변경할 필요가 있다고 한다.

소장 표시에 오류가 있었던 것으로 보아 적정한 당사자 사이에 소송관계가 형성될 수 있도록 하였다는 점에서의 의의가 있다.[28]

이에 대하여 위와 같은 경우 대법원이 1심 판결 선고 전까지 상속인으로의 당사자표시정정을 허용하면서 그때까지 당사자표시정정이 없는 경우 사망을 간과하고 선고한 1심 판결을 무효라고 보고 있는 점을 근거로 사망자와 상속인 모두를 당사자로 보되 사망자를 주된 당사자로, 상속인을 잠재적, 부차적인 당사자로 보는 것으로 이해해야 한다는 견해도 있다.[29]

2. 대법원 2015. 1. 29. 선고 2014다34041 판결[30]

[소 제기 후 소장 송달 전 피고가 사망한 것을 간과하고 이루어진 판결의 효력]

본 판결에서는 소 제기 후 소장 송달 전 피고가 사망한 경우 이를 간과하고 이루어진 제1심 판결의 효력이 문제되었다.

원고는 2012. 1. 19. 피고와 A를 공동피고로 하여 이 사건 소를 제기하였는데, 소장에 표시된 A의 주소지는 2012. 2. 3. 주소불명으로 송달되지 않았고, 원고의 주소 보정에 따라 보정된 주소로 소장부본을 송달하였으나, 폐문부재로 역시 송달되지 않았다. 그 후 제1심법원은 공시송달로 변론을 진행한 끝에 2012. 8. 10. 원고 일부 승소의 판결을 선고하였고, 제1심판결 역시 공시송달되었다. 한편 A는 소장 송달 전인 2012. 2. 9. 사망하였고, 자녀들인 A의 소송수계신청인 1, 2, 3이 공동상속인으로서 2012. 10. 31. 제1심판결에 대하여 추후보완 항소를 제기하고, 2013. 1. 15. 원심법원에 소송수계신청을 하였고, 원고는 2013. 8. 29. 원심법원에 피고의 표시를 A에서 망 A의 소송수계신청인 1, 2, 3으로 정정하여 달라는 당사자표시정정신청을 하자 원심법원이 (소송수계신청과 추후

---

28) 장재형, "2011년 민사소송법 중요판례", 인권과 정의 제424호(2012), 163면.
29) 박재완, "제소전 사망한 자를 피고로 한 소송에 관한 대법원 판례에 대한 고찰", 법학논총 제34권 제4호(2017), 432－452면.
30) 공2015상, 436.

보완항소를 받아들여) 본안에 관해서 판단하면서 A에 대한 패소 부분을 파기하고 원고 청구를 기각하자 원고가 상고하였다.

대법원은, 다음과 같이 판시하면서 이 사건 소제기 후 소장부본이 송달되기 전에 사망한 A를 피고로 하여 선고된 제1심판결은 당연무효이고, 망 A의 소송수계신청인 1, 2, 3이 제기한 추후보완 항소나 소송수계신청은 모두 부적법하며 그들에 대한 당사자표시정정 신청도 허용되지 않으므로 원심으로서는 망 A의 소송수계신청인들의 항소를 각하해야 한다고 하여 파기 자판하였다.

「사망자를 피고로 하는 소제기는 원고와 피고의 대립당사자 구조를 요구하는 민사소송법상의 기본원칙이 무시된 부적법한 것으로서 실질적 소송관계가 이루어질 수 없으므로, 그와 같은 상태에서 제1심판결이 선고되더라도 판결은 당연무효이며, 위 판결에 대한 사망자인 피고의 상속인들에 의한 항소나 소송수계신청은 부적법하다(대법원 1970. 3. 24. 선고 69다929 판결, 대법원 1971. 2. 9. 선고 69다1741 판결, 대법원 2003. 9. 26. 선고 2003다37006 판결 등 참조). 이러한 법리는 소제기 후 소장부본이 송달되기 전에 피고가 사망한 경우에도 마찬가지로 적용된다.」

소송계속이 발생하는 시기에 관해서 기존 판례와 지배적인 견해는 소장 송달시설을 따르고 있다. 소제기 전 당사자가 사망하였는데도 그대로 사망자를 당사자로 하여 소송을 진행하여 판결이 선고된 경우 그 판결의 효력을 당연 무효로 보고 있는데, 본 판결은 그 범위를 확장하여 소 제기 후 소장 부본 송달 전 소송계속이 발생하였다고 볼 수 없는 상태에서 피고가 사망한 경우에도 실질적 소송관계가 없다고 보아 그 판결을 당연 무효라고 명확히 밝힌 선례로서 의의가 있다.

이에 대하여는 소 제기 당시를 기준으로 당사자가 이미 사망한 경우와 살아 있었던 경우는 구별되어야 하고, 후자의 경우에는 '소송 도중' 사망한 것으로 보아야 하므로, 그 판결은 위법하지만 당연 무효는 아니고 상소나 재심을 통해서 취소될 수 있으며, 상소나 소송수계가 적법하다고 보아야 한다는 견해가 있고,[31] 소장 제출 이후 소장 부본 송달 전

까지는 수계절차에 관한 규정을 유추 적용하는 것이 타당하다는 견해도 있다.[32]

본 판결은 피고가 사망한 경우에 관한 것이다. 이에 대하여 원고 사망의 경우에는 피고 사망의 경우와 달리 원고가 소를 제기한 다음 소송계속이 발생하기 전 사망한 경우에도 소송계속이 생긴 다음 사망한 경우와 마찬가지로 제233조 제1항을 유추 적용하여 상속인이 소송을 수계하여야 한다고 보는 견해가 있다.[33]

3. 대법원 2017. 5. 17. 선고 2016다274188 판결[34]

[회사에 대한 회생절차가 계속되고 있었으나 지급명령이 송달되기 전에 회생절차폐지결정이 확정되었는데 관리인을 채무자로 한 지급명령의 효력]

원고는 2013. 4. 22. A를 채무자로 하여 B 회사가 발행한 당좌수표 6억 7,400만 원과 그 지연손해금을 구하는 지급명령을 신청하였는데, 법원으로부터 채무자가 A인지 B 회사인지 특정하라는 보정명령을 받고 2013. 5. 2. B 회사의 등기부등본과 함께 B 회사를 채무자로 특정하였다. 등기부등본에는 2012. 8. 31. B 회사에 대한 회생절차가 개시되어 대표이사인 A 등이 공동관리인으로 선임되어 있었고, 법원은 2013. 5. 7. 채무자를 "회생법인 B 회사의 공동관리인 A, C"로 기재한 지급명령을 발령하였다. 그 지급명령을 A가 송달(2013. 5. 10.)받기 전 B 회사는 회생절차폐지결정을 받고(2013. 4. 25.), 그 결정이 확정(2013. 5. 9.)되었

31) 오상현, "소장송달 전에 사망한 사람을 당사자로 한 판결의 효력과 상소 수계", 법조 제65권 제2호(2016), 308-344면.

32) 박재완, "제소전 사망한 자를 피고로 한 소송에 관한 대법원 판례에 대한 고찰", 법학논총 제34권 제4호(2017), 452면 이하.

33) 김홍엽, 민사소송법(제9판, 2020), 135면; 정동윤/유병현/김경욱, 민사소송법(제8판, 2020), 196면; 유병현, "소제기 전 원고의 사망, 그리고 소송대리인의 대리권과 소송수계", 안암법학 통권 제60호(2020), 725-765면은 종전과 같은 입장을 재확인하고 있다.

34) 공2017상, 1260.

다. 원고는 2013. 7. 3. 이 사건 지급명령을 집행권원으로 하여, 채무자를 'B 회사', 압류 및 전부채권을 'B 회사가 피고에게 가지는 매매대금채권'으로 기재하여 채권압류 및 전부명령을 신청하였고, 법원은 2013. 7. 18. 채권자 원고, 채무자 "B 회사의 공동관리인 A, C", 제3채무자 피고, 청구금액 33,586,205원으로 된 채권압류 및 전부명령을 발령하였다. 그 전부명령이 2013. 7. 22. 피고에게 송달되었는데, 원고는 채무자표시를 'B 회사'로 경정하는 경정결정을 받아 피고를 상대로 전부금 청구를 하였다.

　　본 판결에서 대법원은, 위 대법원 2014다34041 판결에서 제시한 법리가 사망자를 채무자로 한 지급명령에 대해서도 적용되어 '사망자를 채무자로 하여 지급명령을 신청하거나 지급명령 신청 후 그 정본이 송달되기 전에 채무자가 사망한 경우 그 지급명령은 효력이 없고(설령 그 지급명령이 상속인에게 송달되는 등으로 형식적으로 확정된 것 같은 외형이 생겼더라도 사망자를 상대로 한 지급명령이 상속인에 대하여 유효하다고 할 수 없다), 회생절차폐지결정이 확정되어 그 효력이 발생하면 관리인의 권한은 소멸하므로, 관리인을 채무자로 한 지급명령의 발령 후 그 정본의 송달 전에 회생절차폐지결정이 확정된 경우에도 채무자가 사망한 경우와 마찬가지로 보아야한다'고 하였다. 나아가 이 사건에서 지급명령 신청 및 발령 당시에는 B 회사에 대한 회생절차가 계속되고 있었으나 채무자에게 송달되기 전에 회생절차폐지결정이 확정되어 관리인의 권한이 소멸되었으므로, 관리인을 채무자로 한 이 사건 지급명령은 이미 당사자적격이 상실된 자를 상대로 한 것으로서 무효이고. 이는 송달 받은 A가 회생법인의 관리인이었다가 회생절차폐지에 의하여 원래의 법적 지위를 회복한 B 회사의 대표이사라고 해도 마찬가지이며, 이에 따른 이 사건 전부명령과 경정결정도 무효라고 보아 원심의 결론을 수긍하였다.

4. 대법원 2018. 6. 15. 선고 2017다289828 판결[35]

[소장 송달 전 원고에게 파산이 선고된 경우 소와 파산관재인의 수계
신청의 적법 여부]

A는 2015. 3. 25. 원고에 대한 대여금채권 등을 피고에게 양도하고,
그 무렵 원고에게 채권양도 통지를 하였다. 원고가 2016. 12. 5. 피고를
상대로 위 채권양도계약에 기한 채무의 부존재 확인을 구하는 이 사건
소를 제기하였는데, 그 소장 부본이 피고에게 송달(2017. 1. 2.)되기 전 원
고에 대하여 파산이 선고(2016. 12. 14.)되었다. 원고의 파산관재인이
2017. 2. 7. 이 사건 소송수계신청을 하였는데, 이 사건 소의 적법 여부
와 소송수계신청의 적법 여부가 문제되었다.[36]

대법원은, 「원고와 피고의 대립당사자 구조를 요구하는 민사소송법
의 기본원칙상 사망한 사람을 피고로 하여 소를 제기하는 것은 실질적
소송관계가 이루어질 수 없어 부적법하다. 소 제기 당시에는 피고가 생
존하였으나 소장 부본이 송달되기 전에 사망한 경우에도 마찬가지이다(대
법원 2015. 1. 29. 선고 2014다34041 판결, 대법원 2017. 5. 17. 선고 2016다
274188 판결 참조). 사망한 사람을 원고로 표시하여 소를 제기하는 것 역
시 특별한 경우를 제외하고는 적법하지 않다(대법원 2016. 4. 29. 선고 2014
다210449 판결 참조)」고 하였다.

이어서 파산선고 전에 채권자가 채무자를 상대로 이행청구의 소를
제기하거나 채무자가 채권자를 상대로 채무 부존재 확인의 소를 제기하
였더라도, 만약 그 소장 부본이 송달되기 전에 채권자나 채무자에 대하
여 파산선고가 이루어졌다면 이러한 법리는 마찬가지로 적용된다. 파산

---

35) 공2018하, 1277.
36) 본 판결 이전에 정갑주, "파산, 회생절차가 소송절차에 미치는 영향 개관", 민사
 법연구 제14집 제1호(2006), 225－226면은 피고에게 소장 송달된 때 소송계속이
 발생한다고 보는 통설, 판례에 따르면 이때는 소송절차가 중단되지 않는다고 보아
 야 하지만 파산관재인에게 다시 소를 제기하도록 요구하는 것은 불편과 비용을 초
 래하므로 소송경제상 중단제도를 유추하여 중단 및 그에 따른 수계를 인정하는 것
 이 타당하다고 한다.

재단에 관한 소송에서 채무자는 당사자적격이 없으므로, 채무자가 원고가 되어 제기한 소는 부적법한 것으로서 각하되어야 하고(채무자 회생 및 파산에 관한 법률 제359조), 이 경우 파산선고 당시 법원에 소송이 계속되어 있음을 전제로 한 파산관재인의 소송수계신청 역시 적법하지 않으므로 허용되지 않는다고 하였다.

본 판결에 대하여 찬성하는 견해[37]와 반대하는 견해[38]가 있다. 당사자 사망의 경우와 달리 소장부본 송달 전 당사자 일방에 파산선고가 내려진 경우에는 당사자능력의 문제가 아닌 당사자적격의 문제이므로 그 자체로는 대립당사자 구조는 갖추고 있고, 당사자의 이익을 보호할 필요가 있다는 반대의견이 설득력이 있다고 생각한다.

5. 대법원 2015. 8. 13. 선고 2015다209002 판결[39]
[제소 당시 원고가 이미 사망한 경우]

사안은 다음과 같다. ① 과거사정리위원회가 2009. 10. 6. 이 사건 희생자들 36명에 대하여 포항 민간인 희생사건의 희생자에 해당한다는 이 사건 진실규명결정을 하였다. ② 그 후 이 사건 희생자 A의 유족인 원고들(배우자 B, 자녀 C, D, E, F)은 이 사건 진실규명결정일부터 3년이 지나기 전인 2012. 1. 13. 피고를 상대로 이 사건 손해배상청구의 소를 제기하였고,[40] 제1심 법원은 일부승소판결(B: 위자료 4,000만 원, 자녀 C, D, E,

---

37) 김규화, "파산절차와 소송수계에 관한 실무상 쟁점", 민사판례연구 제42권(2020), 842–843면.

38) 문영화, "소제기 후 소장부본 송달 전에 당사자 일방에 대하여 파산선고가 내려진 경우 소송절차의 중단과 수계", 법조 제69권 제1호(통권 제739호)(2019), 587면 이하는 소 제기 후 소장부본 송달 전이라도 쌍방심리주의에 의한 당사자 이익보호에 대한 필요성이 있고, 소송수계를 통해서 속행하도록 하는 것이 소송경제에 부합한다고 한다. 나아가 소장부본 송달 전 당사자 일방에 파산선고가 내려진 경우 당사자의 실재, 부존재의 문제가 아닌 당사자적격의 문제이므로 그 자체로는 대립당사자 구조를 갖추고 있다는 점을 들어 소송절차의 중단과 소송수계에 관한 규정을 유추 적용함이 타당하다고 한다.

39) 공2015하, 1339.

40) 대법원 2013. 5. 16. 선고 2012다202819 전원합의체 판결은 "소멸시효를 이유로 한 항변권의 행사도 민법의 대원칙인 신의성실의 원칙과 권리남용금지의 원칙의

F: A의 위자료 상속분 각 2,000만 원＋고유 위자료 각 800만 원)을 하였다. ③ 쌍방이 항소하여 항소심 진행 중 B가 소 제기 전 이미 사망하였음이 밝혀지자 C, D, E, F는 소송수계신청을 하였으나 기각되었고, 이 사건 진실규명결정일부터 3년이 이미 지난 2014. 4. 30. 청구취지 등 변경신청서를 제출하면서 B의 위자료 청구권 상속에 따른 청구금액을 추가하였다. ④ 원심은 B에 대한 소를 각하하고 C, D, E, F가 B의 채권을 상속하였음을 이유로 C, D, E, F에 대한 인용금액을 각 3,800만 원(제1심 인용금액 2,800만 원＋B의 채권 상속에 따른 각 1,000만 원)으로 변경하는 판결을 선고하였다.

대법원은 '소 제기 당시 이미 사망한 당사자와 상속인이 공동원고로 표시된 손해배상청구의 소가 제기된 경우, 이미 사망한 당사자 명의로 제기된 소 부분은 부적법하여 각하되어야 할 것일 뿐이고, 소의 제기로써 상속인이 자기 고유의 손해배상청구권뿐만 아니라 이미 사망한 당사자의 손해배상청구권에 대한 자신의 상속분에 대해서까지 함께 권리를 행사한 것으로 볼 수는 없다.'고 하였다.

이 사건에서 B의 위자료 청구권은 소장에 나와 있는 A의 위자료 청구권이나 C, D, E, F의 위자료 청구권과는 별개의 권리로서 소멸시효 완성 여부도 각각 그 권리를 행사한 때를 기준으로 따져야 한다(대법원 2013. 8. 22. 선고 2013다200568 판결). 소 제기 당시 이미 사망한 B 명의로 제기된 소 부분은 부적법하여 각하되어야 하고, 위와 같은 소제기로 C, D, E, F가 B의 위자료에 대한 자신들의 상속분에 대한 권리를 함께 행사

지배를 받는 것이어서 채무자가 소멸시효 완성 후 시효를 원용하지 아니할 것 같은 태도를 보여 권리자로 하여금 이를 신뢰하게 하였고, 채무자가 그로부터 권리행사를 기대할 수 있는 상당한 기간 내에 자신의 권리를 행사하였다면, 채무자가 소멸시효 완성을 주장하는 것은 신의성실 원칙에 반하는 권리남용으로 허용될 수 없다. … 위 권리행사의 '상당한 기간'은 특별한 사정이 없는 한 민법상 시효정지의 경우에 준하여 단기간으로 제한되어야 한다. 그러므로 개별 사건에서 매우 특수한 사정이 있어 그 기간을 연장하여 인정하는 것이 부득이한 경우에도 불법행위로 인한 손해배상청구의 경우 그 기간은 아무리 길어도 민법 제766조 제1항이 규정한 단기소멸시효기간인 3년을 넘을 수는 없다고 보아야 한다."라고 하여 진실규명결정일(정확하게는 진실규정결정이 있음을 안 날)부터 3년 내 소를 제기하였는지가 시효 완성 여부를 판단하는 중요한 판단기준이 되었다.

한 것으로 볼 수 없으며, 진실규명결정일부터 3년이 지나 이루어진 청구취지 변경신청 당시 이미 소멸시효가 완성되었다고 볼 수 있어 피고의 소멸시효 항변이 이유 있다고 보아 원심판결의 피고 패소 부분 중 시효완성 부분을 파기 환송하였다.

6. 대법원 2016. 4. 29. 선고 2014다210449 판결[41]

[원고가 소송대리인을 선임한 다음 사망하고 이어 소제기가 된 경우]

180여 명의 원고가 진주지역 보도연맹 사건 관련 국가를 상대로 손해배상청구를 한 사건에서, 원고 A(망인의 배우자)가 B, C(망인의 자녀)와 함께 소송대리인에게 소송위임(2012. 6. 7.)을 한 다음 소 제기 전 사망(2012. 6. 11.)하였는데 소송대리인이 이를 모르고 사망한 당사자를 원고로 표시하여 소를 제기(2012. 6. 21.)하였고, 제1심 법원은 2013. 5. 30. A, B, C에 대한 각 일부 인용 판결을 선고하였다. 소송대리인은 A, B, C 패소 부분에 대하여 항소하고, 항소심 계속 중 A의 사망에 따라 상속인 B, C에 의한 소송수계 신청을 하였다. 원심법원은 A는 소 제기 이전에 사망하였음을 이유로 직권으로 제1심 판결을 취소하고 A에 대한 소를 각하하였다.

A가 소 제기 전 소송대리인에게 소송위임을 한 다음 사망하였는데, 소송대리인이 이를 모르고 소를 제기한 경우 그 소 제기가 적법한지, 당사자가 사망하였으나 소송대리인이 있어 소송절차가 중단되지 않은 경우, 판결이 상속인들 전원에 대하여 효력이 있는지 등이 문제되었다.

대법원은 다음과 같은 법리를 제시하면서 만약 원고 A가 사망 전에 소송대리인에게 소송위임을 한 것으로 인정된다면, B, C의 소송수계신청을 받아들여 B, C가 상속한 A의 위자료 유무에 관하여 본안으로 판단해야 한다고 하여 원심을 파기환송하였다.

「당사자가 사망하더라도 소송대리인의 소송대리권은 소멸하지 않으므로(민사소송법 제95조 제1호), 당사자가 소송대리인에게 소송위임을 한 다

음 소 제기 전에 사망하였는데 소송대리인이 당사자가 사망한 것을 모르고 당사자를 원고로 표시하여 소를 제기하였다면 소의 제기는 적법하고, 시효중단 등 소 제기의 효력은 상속인들에게 귀속된다. 이 경우 민사소송법 제233조 제1항[42]이 유추적용되어 사망한 사람의 상속인들은 소송절차를 수계하여야 한다.

한편 당사자가 사망하였으나 소송대리인이 있는 경우에는 소송절차가 중단되지 않고(민사소송법 제238조, 제233조 제1항), 그 소송대리인은 상속인들 전원을 위하여 소송을 수행하게 되며, 판결은 상속인들 전원에 대하여 효력이 있다(대법원 1995. 9. 26. 선고 94다54160 판결 등 참조). 이 경우 심급대리의 원칙상 판결정본이 소송대리인에게 송달되면 소송절차가 중단되므로 항소는 소송수계절차를 밟은 다음에 제기하는 것이 원칙이다. 다만 제1심 소송대리인이 상소제기에 관한 특별수권이 있어 상소를 제기하였다면 그 상소제기 시부터 소송절차가 중단되므로 항소심에서 소송수계절차를 거치면 된다. 그리고 소송절차 중단 중에 제기된 상소는 부적법하지만 상소심법원에 수계신청을 하여 그 하자를 치유시킬 수 있으므로(대법원 1980. 10. 14. 선고 80다623 판결), 상속인들로부터 항소심 소송을 위임받은 소송대리인이 소송수계절차를 취하지 않은 채 사망한 당사자 명의로 항소장 및 항소이유서를 제출하였더라도, 상속인들이 항소심에서 수계신청을 하고 소송대리인의 소송행위를 적법한 것으로 추인하면 그 하자는 치유된다 할 것이고, 추인은 묵시적으로도 가능하다.」

본 판결에서 대해서는 찬성하는 입장[43]과 반대하는 입장[44]으로 견

---

42) 제233조(당사자의 사망으로 말미암은 중단)
　　① 당사자가 죽은 때에 소송절차는 중단된다. 이 경우 상속인·상속재산관리인, 그 밖에 법률에 의하여 소송을 계속하여 수행할 사람이 소송절차를 수계하여야 한다.

43) 신용인, "제소 전 당사자 사망과 소송대리권", 법과 정책 제24집 제3호(2018), 85면 이하는 소송위임은 소송대리권 발생의 소송법적 효과를 발생시키는 소송행위로 민법상 위임계약과는 다른 별개의 행위이므로 소송대리권이 소멸되지 않고, 이러한 전제에서의 본 판결의 결론에 찬성하면서도 소송계속 시점부터 상속인을 대리하는 것이므로, 소송중단 및 소송수계가 아닌 당사자표시정정으로 사안을 해결하는 것이 타당하다고 한다. 채영호, "판례해설－변호사에게 소송을 위임한 사람이 소 제

해가 나뉜다.

본 판결은 소 제기 전 소송대리인에게 소송위임을 한 다음 사망하였는데, 소송대리안이 이를 모르고 사망한 당사자를 원고로 표시하여 소를 제기한 경우(사망한 당사자의 상속인들도 함께 소송위임을 하고 원고가 되어 소를 제기한 사안이라는 특별한 사정이 있었다), 예외적으로 그 소의 제기가 적법하고, 그 소송대리인이 수행하여 이루어진 제1심 판결도 상속인들에 대하여 효력이 있다고 함으로써 구체적인 타당성을 도모한 선례로서 의의를 찾을 수 있다.

Ⅱ. 임의적 소송담당

판례, 통설은 임의적 소송신탁은 민사소송법 제87조[45]가 정한 변호사대리의 원칙이나 신탁법 제7조[46]가 정한 소송신탁의 금지를 잠탈하는

기 전에 사망하였으나 변호사가 사망 사실을 모르고 사망자 명의로 소송을 제기한 것이 적법한가", 2016. 5. 27. 법률신문 오피니언 기사(https://www.lawtimes.co.kr/Legal-Opinion/legal-Opinion-View?serial=100833에서 2021. 7. 28.검색).

44) 한충수, "소 제기 전 당사자의 사망과 소송대리인의 소송대리권", 법조 통권 제719호(2016), 575－576면은 소송절차의 중단 사유의 예외를 정한 민사소송법 제95조는 기본적으로 소송절차가 개시된 상태를 전제로 하는 것이므로, 적어도 소송절차가 개시되지 않은 상태에서 당사자 본인이 사망하면 소송대리권도 소멸한다고 보아야 하고, 소 제기 전 소송대리인이 실체법상 권리를 계속 행사할 수 있다고 보는 것은 당사자 본인의 사망이 대리권 소멸사유로 되어 있는 민법의 취지와 부합하지 않는다고 한다. 소 제기 전 사망한 사람의 소송대리인의 소송대리권이 유효하게 지속된다고 보는 본 판결은 납득하기 어렵다고 하고, 대신 소송 계속 전 당사자 사망으로 무효인 판결이어도 유효한 판결이라는 외관을 제거할 법적 이익을 가진 상속인들의 상소를 허용하는 방향으로 변경하는 것이 필요하다고 주장한다.
임오연, "소 제기 전 당사자 사망의 경우 소송대리권의 존속 여부와 소송의 적법 여부", 법학연구 28(2017), 73면은 상속인들이 망인의 사망사실을 고지하지 않은 채 공동 원고로서 대상 소송을 함께 수행하고, 망인의 소송 부분도 실질적으로 관여, 수행하였다는 점에서 기존 대법원의 입장과 같이 1심에서 상속인으로의 당사자표시정정을 허용하고, 그러한 당사자표시정정 없이 망인 명의로 이루어진 판결의 효력을 부정하는 것이 대법원의 확고한 입장에 부합하고, 대립당사자 구조를 근간으로 한 민사소송의 본질에도 충실한 해석이라고 한다.
45) 제87조(소송대리인의 자격) 법률에 따라 재판상 행위를 할 수 있는 대리인 외에는 변호사가 아니면 소송대리인이 될 수 없다.
46) 제7조(탈법을 목적으로 하는 신탁의 금지) 법령에 따라 일정한 재산권을 향유할 수 없는 자는 수익자로서 그 권리를 가지는 것과 동일한 이익을 누릴 수 없다.

등의 탈법적 방법에 의하지 않은 것으로서 이를 인정할 합리적 필요가 있
는 경우에만 제한적으로 허용된다고 본다(대법원 1984. 2. 14. 선고 83다카
1815 판결).

1. 대법원 2012. 5. 10. 선고 2010다87474 판결은,[47] 외국계 커피 전
문점의 국내 지사인 A 주식회사가, 본사와 음악 서비스 계약을 체결하고
배경음악 서비스를 제공하고 있는 B 외국회사로부터 음악저작물을 포함
한 배경음악이 담긴 CD를 구매하여 국내 각지에 있는 커피숍 매장에서
배경음악으로 공연한 사안에서, 사단법인 한국음악저작권협회가 저작재산
권자로부터 국내에서 공연을 허락할 권리를 부여받았을 뿐 공연권까지
신탁받지 않은 일부 음악저작물에 대하여는 침해금지청구의 소를 제기할
당사자적격이 없다고 한 원심이 타당하다고 하였다.

2. 대법원 2016. 12. 15. 선고 2014다87885, 87892 판결은,[48] 집합건
물의 관리단이 관리비의 부과·징수를 포함한 관리업무를 위탁관리회사
에 포괄적으로 위임한 때에는, 통상적으로 관리비에 관한 재판상 청구를
할 수 있는 권한도 함께 수여한 것으로 볼 수 있고, 이 경우 위탁관리회
사가 관리업무를 수행하는 과정에서 체납관리비를 추심하기 위하여 직접
자기 이름으로 관리비에 관한 재판상 청구를 하는 것은 임의적 소송신탁
에 해당한다. 그러나 관리단이 전문 관리업체에 건물 관리업무를 위임하
여 수행하도록 하는 것은 합리적인 이유와 필요가 있고, 그 관리방식이
일반적인 거래현실이며, 관리비 징수는 업무수행에 당연히 수반되는 필수
적인 요소이므로, 위탁관리회사는 특별한 사정이 없는 한 구분소유자 등
을 상대로 자기 이름으로 소를 제기하여 관리비를 청구할 당사자적격이
있다고 판단하였다.

본 판결은 집합건물의 관리 현실을 반영하여 위탁관리업체가 구분소
유자들에 대하여 관리비를 재판상 청구하는 것은 예외적으로 임의적 소
송신탁이 허용되는 영역에 해당한다는 법리를 최초로 선언하였다는 점에

47) 공2012상, 977.
48) 공2017상, 85.

서 의의가 있다.[49]

3. 대법원 2017. 3. 16. 선고 2015다3570 판결은,[50] 집합건물의 관리단이 집합건물의 소유 및 관리에 관한 법률(이하 '집합건물법') 제15조 제1항에서 정한 특별결의나 집합건물법 제41조 제1항에서 정한 서면이나 전자적 방법 등에 의한 합의의 방법으로 입주자대표회의에 공용부분 변경에 관한 업무를 포괄적으로 위임한 때에는, 통상적으로 그 비용에 관한 재판상 또는 재판외 청구를 할 수 있는 권한도 함께 수여한 것으로 볼 수 있고, 이는 허용되는 임의적 소송신탁이므로, 입주자대표회의는 특별한 사정이 없는 한 구분소유자들을 상대로 자기 이름으로 소를 제기하여 공용부분 변경에 따른 비용을 청구할 수 있다고 하였다.

본 판결은 입주자대표회의가 아파트 관리를 전적으로 하고 있는 현실을 감안하여 관리단으로부터 권한을 위임받아 자기 이름으로 재판상 청구를 할 수 있음을 명확하게 밝혔다는 점에서 의의가 있다.[51]

한편, 공동주택에 하자가 있는 경우 입주자대표회의가 주택법상 하자보수를 청구할 수 있을 뿐 그에 갈음한 손해배상청구권은 집합건물의 구분소유자에게 귀속하므로, 이 경우 입주자대표회의는 개별적으로 손해배상청구권을 양도받아 당사자가 되어 소를 제기할 수 있다.[52]

이에 대하여 현재와 같은 대규모 아파트단지의 입주자(소유자) 수가 매우 많고, 이들이 공동소송인이 되어 직접 소송을 수행하는 것이 현실

49) 신신호, "집합건물의 관리단으로부터 건물관리를 위탁받은 위탁관리업체가 구분소유자를 상대로 체납관리비를 청구할 당사자적격이 있는지 여부", 대법원판례해설 제109호, 법원도서관(2017), 336–365면.

50) 공2017상, 756.

51) 문영화, "입주자대표회의의 임의적 소송담당", 성균관법학 제30권 제3호(2018), 97–140면은 본 판결 사안과 같이 명시적 수권행위가 이루어질 수 없는 경우 묵시적 수권행위를 보충적 해석을 통해서 인정하면 그 본질은 임의적 소송담당이 아닌 법률적 소송담당에 가깝게 된다고 하면서 법리구성에서 관리단에게 귀속되는 관리행위에 관한 소송수행권을 입주자대표회의에 귀속시키는 근거와 범위를 보다 명확하게 할 필요가 있다고 한다.

52) 대법원 2008. 12. 24. 선고 2008다48490 판결; 대법원 2011. 5. 13. 선고 2010다29454 판결.

적으로 불가능한데, 공동이익을 위한 각종 소송행위를 인정할 필요성이 있으므로, 입주자대표회의에 일반적인 소송수행권을 인정하는 것이 바람직하다는 견해가 있다.[53]

제4절 공동소송
I. 필수적 공동소송
1. 대법원 2011. 6. 24. 선고 2009다8345 판결[54]

대법원은, 유언집행자가 수인인 경우 유언집행자에게 유증의무의 이행을 구하는 소송은 유언집행자 전원을 피고로 하는 고유필수적 공동소송으로 봄이 타당하다고 하였다.

그 이유로 민법 제1101조, 제1102조 등 관련 규정에서 정한 유언집행자의 지위, 유언집행자가 수인인 경우의 업무 집행 방법 등에 비추어,[55] 상속인이 유언집행자가 되는 경우를 포함하여 유언집행자가 수인인 경우에는, 유언집행자를 지정하거나 지정위탁한 유언자나 유언집행자를 선임한 법원에 의한 임무의 분장이 있었다는 등의 특별한 사정이 없는 한, 유증 목적물에 대한 관리처분권은 유언의 본지에 따른 유언의 집행이라는 공동의 임무를 가진 수인의 유언집행자에게 합유적으로 귀속되고, 그 관리처분권 행사는 과반수의 찬성으로써 합일하여 결정하여야 한다는 점을 들었다.

---

53) 이수철, "입주자대표회의의 소송수행권 임의적 소송담당의 관점에서", 판례연구 제16집, 부산판례연구회(2005), 575 – 620면.

54) 공2011하, 1457.

55) 유언집행자는 유증의 목적인 재산의 관리 기타 유언의 집행에 필요한 행위를 할 권리의무가 있고(민법 제1101조), 유언의 본지에 따라 선량한 관리자의 주의로써 유언집행사무를 처리할 의무가 있다(민법 제1103조 제2항, 제681조). 그리고 유언 집행자가 수인인 경우에는 임무의 집행은 그 과반수의 찬성으로써 결정하되, 보존 행위는 각자가 할 수 있다(민법 제1102조). 한편 유언집행자는 유언자가 유언으로 지정하거나 그 지정을 제3자에게 위탁할 수 있고(민법 제1093조), 그러한 지정이나 지정위탁이 없거나 지정을 위탁받은 자가 위탁을 사퇴한 때에는 상속인이 유언 집행자가 되며(민법 제1095조), 유언집행자가 없거나 사망, 결격 기타 사유로 인하여 없게 된 때에는 법원은 이해관계인의 청구에 의하여 유언집행자를 선임하여야 한다(민법 제1096조 제1항).

본 판결은 유언집행자가 수인인 경우 유증의무의 이행을 구하는 소송은 유언집행자 전원을 피고로 하는 고유필수적 공동소송임을 최초로 판단하였다는 점에서 의의가 있다.[56]

2. 대법원 2012. 11. 29. 선고 2012다44471 판결[57]
[조합재산에 속하는 채권에 관한 소송이 고유필수적 공동소송에 해당하는지 여부]

주택건설사업 등을 영위하는 원고와 A 재건축조합이 공동사업주체로서 기존의 연립주택을 철거하고 그 지상에 아파트를 건설하기로 하며, 조합원들의 사업부지 제공 대가로 아파트의 일부 세대를 A 재건축 조합의 조합원들에게 분양하고 조합원들이 일정한 분담금을 납부하는 한편 원고는 사업경비 제공의 대가로 나머지 일반 분양세대를 분양하여 그 대금을 원고에게 귀속시키기로 하는 내용의 이 사건 시행·시공계약을 체결하였고, 이에 따라 원고와 A 재건축 조합이 공동으로 매도인이 되어 피고에게 일반 분양세대인 아파트를 분양하는 분양계약을 체결하였다. 원고는 피고를 상대로 피고가 납부하지 않은 분양대금 지급을 구하는 소를 제기하였는데, 이 사건 소가 고유필수적 공동소송인지 여부가 문제되었다.

대법원은, 「민법상 조합계약은 2인 이상이 상호 출자하여 공동으로 사업을 경영할 것을 약정하는 계약으로서, 조합재산은 조합의 합유에 속하므로 조합재산에 속하는 채권에 관한 소송은 합유물에 관한 소송으로서 특별한 사정이 없는 한 조합원들이 공동으로 제기하여야 하는 고유필수적 공동소송에 해당한다(대법원 2001. 4. 29. 선고 2008다50691 판결 참조). 이 사건 시행·시공계약은 공동으로 이 사건 재건축사업을 추진하기 위

56) 본 판결에 대한 판례해설로는 이수영, "수인의 유언집행자에게 유증의무의 이행을 구하는 소송의 형태", 대법원판례해설 제87호, 법원도서관(2011), 207면 이하가 있다.
57) 공2013상, 38.

하여 원고와 이 사건 조합이 상호 출자를 약정한 조합계약의 성격을 가지고(대법원 2009. 10. 29. 선고 2009다47432 판결 등 참조), 이 사건 시행·시공계약에서 예정된 일반분양 절차에 따라 원고와 이 사건 조합의 공동명의로 체결한 이 사건 분양계약은 원고와 이 사건 조합이 이 사건 시행·시공계약에 따른 공동사업주체의 지위에서 체결한 것으로서 이 사건 분양대금 청구권은 위 조합체의 재산에 속하므로, 그 지급을 구하는 소송은 고유필수적 공동소송에 해당한다.」고 하였다.

나아가 원심으로서는 이 사건 분양대금채권이 위 조합체의 재산인지 아니면 원고에게 단독으로 귀속되는 재산인지를 심리한 후에, 그것이 위 조합체의 재산으로 인정되는 경우에는 이 사건 조합을 제외하고 원고만에 의해 제기된 이 사건 소는 부적법하다고 판단해야 한다는 이유로 원심을 파기환송하였다.

파기환송심에서 이 사건 분양대금채권이 원고와 A 조합으로 이루어진 조합체의 재산이라고 판단하였는데, 이에 대하여 원고는 A 조합이 동업계약시부터 분양대금에 관해서 합유를 배제하고 원고 단독 소유로 인정하기로 하였다는 주장과 A 조합이 조합에서 탈퇴하였다는 주장을 하였으나 모두 받아들여지지 않았고, 이 사건 소는 부적법하다고 보아 각하되었다.[58]

3. 대법원 2012. 2. 16. 선고 2010다82530 전원합의체 판결[59]
[**1개의 매매예약으로 공동매수인이 가등기를 마친 경우 매매예약 완결권의 행사방법**]

본 전합판결에서는 공동매수인이 1개의 매매예약에 기하여 공동명의로 가등기를 마친 경우 매매예약 완결권을 단독으로 행사할 수 있는지, 공동으로 행사할 수 있는지가 문제되었다.

대법원은, 수인의 채권자가 각기 채권을 담보하기 위하여 채무자와

---

58) 대전고등법원 2013. 3. 17. 선고 2012나7234 판결(상고기각 확정).
59) 공2012상, 442.

채무자 소유의 부동산에 관하여 수인의 채권자를 공동매수인으로 하는 1개의 매매예약을 체결하고 그에 따라 수인의 채권자 공동명의로 그 부동산에 가등기를 마친 경우, 수인의 채권자가 공동으로 매매예약완결권을 가지는 관계인지 아니면 채권자 각자의 지분별로 별개의 독립적인 매매예약완결권을 가지는 관계인지는 매매예약의 내용에 따라야 하고, 매매예약에서 그러한 내용을 명시적으로 정하지 않은 경우에는 수인의 채권자가 공동으로 매매예약을 체결하게 된 동기 및 경위, 매매예약에 의하여 달성하려는 담보의 목적, 담보 관련 권리를 공동 행사하려는 의사의 유무, 채권자별 구체적인 지분권의 표시 여부 및 지분권 비율과 피담보채권 비율의 일치 여부, 가등기담보권 설정의 관행 등을 종합적으로 고려하여 판단하여야 한다고 하였다.

　　종전 대법원 판례는 이와 달리 1인의 채무자에 대한 수인의 채권자의 채권을 담보하기 위하여 채무자 소유의 부동산에 관하여 수인의 채권자를 권리자로 하는 1개의 매매예약을 체결하고 가등기를 마친 경우, 매매예약의 내용이나 매매예약완결권 행사와 관련한 당사자의 의사와 관계없이 언제나 수인의 채권자가 공동으로 매매예약완결권을 가진다고 보고, 매매예약완결의 의사표시도 수인의 채권자 전원이 공동으로 행사하여야 한다고 보았다('공동행사설').[60] 이러한 종전 대법원 판결에 대하여 반대하는 견해로는 의사해석설과[61] 단독행사설[62]이 있었는데, 본 전원합의체 판결을 통해서 '의사해석설'로 입장을 변경하였다.

---

60) 대법원 1984. 6. 12. 선고 83다카2282 판결, 대법원 1985. 5. 28. 선고 84다카2188 판결, 대법원 1985. 10. 8. 선고 85다카604 판결, 대법원 1987. 5. 26. 선고 85다카2203 판결.

61) 양승태, "공동명의로 가등기한 수인의 매매예약자의 법률관계", 민사판례연구 제7권(1985), 24−28면. 예약완결권을 복수의 권리자가 행사하여야 하는지 여부는 당사자의 의사에 달려 있다고 보아야 한다는 견해이다.

62) 윤경, "공동명의의 가등기권자가 매매예약이 완결된 매매목적물에 대한 본등기의 이행을 구하는 소의 형태", 법조 제51권 제12호(2002), 223−224면. 수인의 권리자에 의한 예약완결권의 귀속형태는 준공유에 해당하지만, 완결권의 행사는 공유물의 처분행위가 아니기 때문에 준공유인 매매예약완결권을 반드시 공동으로 행사할 필요가 없다고 보는 견해이다.

이로써 공동명의로 담보가등기를 마친 수인의 채권자가 각자의 지분별로 별개의 독립적인 매매예약완결권을 가지는 경우, 채권자 중 1인은 단독으로 자신의 지분에 관하여 가등기담보 등에 관한 법률이 정한 청산절차를 이행한 후 소유권이전의 본등기절차 이행청구를 할 수 있게 되었다. 이 경우 고유필수적 공동소송이 아니게 되었다.

본 판결에 대해서는 대다수가 판례변경에 찬성하는 입장을 보이고 있다.[63]

본 판결은 수인의 채권자가 공동명의로 매매계약을 체결하게 된 당사자의 의사를 구체적으로 살펴 그에 따라 공동 행사 여부를 결정하도록 하되, 당사자 사이에 명시적인 약정이 없는 경우 당사자의 의사를 추정할 수 있는 기준을 제시하였다는 점에서 의의를 찾을 수 있다.

4. 대법원 2015. 5. 29. 선고 2014다235042, 235059, 235066 판결[64]
[제3자에 대한 반소의 적법 여부]

피고가 원고 이외의 제3자를 추가하여 반소피고로 하는 반소의 허용 여부가 문제되었다. 대법원은 피고가 원고 이외의 제3자를 추가하여 반소피고로 하는 반소는 원칙적으로 허용되지 않고, 다만 피고가 제기하려는 반소가 필수적 공동소송이 될 때에는 민사소송법 제68조의 필수적 공동소송인 추가의 요건을 갖추면 허용될 수 있다고 하였다.

제3자 반소는 피고 이외의 제3자가 원고를 상대로 또는 피고가 원고 이외의 제3자를 상대로 제기하는 반소를 말한다. 그 허용 여부에 관해서는 긍정설, 부정설, 한정적 긍정설로 견해가 나뉘어 있었다.[65]

---

63) 김재형, "2012년 민법 판례 동향", 민사재판의 제문제 제22권, 민사실무연구회 (2013), 11-17면; 이정일, "수인의 채권자가 채권 담보 목적으로 매매예약을 하고 공동명의의 가등기를 한 경우의 권리행사방법", 판례연구 제24집, 부산판례연구회 (2013) 573-574; 장재형, "수인의 공동명의로 된 담보가등기에 기한 본등기청구 소송의 형태", 판례연구 제26집 2, 서울지방변호사회(2013), 138면 이하.
64) 공2015하, 872.
65) 긍정설: 민사소송법상 명문의 규정이 없어서 문제지만 해석론상 제3자 반소 인정에 인색할 필요가 없다고 하거나 반소에 관한 제369조가 기존 당사자나 원고만을 상대로 해야 한다는 제한이 없으므로 유연하게 제3자 반소를 허용할 수 있다는 견해이다(김홍규/강태원, 정영환); 부정설: 우리 법제 하에서는 피고가 제3자를

본 판결은 제3자에 대한 반소를 원칙적으로 허용하지 않고, 예외적으로 반소가 필수적 공동소송이 되는 경우로서 필수적 공동소송의 추가 요건을 충족하는 경우에만 허용된다고 명시적으로 판단한 선례로서 의미가 있다.[66]

Ⅱ. 예비적, 선택적 공동소송

1. 대법원 2014. 3. 27. 선고 2009다104960, 104977 판결[67]
[주관적·예비적 공동소송에서 주위적 공동소송인과 예비적 공동소송인 중 어느 한 사람이 상소를 제기한 경우, 상소심의 심판대상]

원고는 본소청구로서 피고에 대하여 주위적으로 명의신탁약정이 유효함을 전제로 이 사건 토지에 관하여 명의신탁 해지를 원인으로 하는 소유권이전등기절차의 이행을 구하고, 만약 명의신탁약정이 무효로 인정되어 주위적 청구가 인용되지 않을 경우에는 예비적으로 피고에 대하여 제1심피고 A에게 이 사건 소유권이전등기의 말소등기절차를 이행할 것을

반소피고로 추가하거나 제3자가 피고와 함께 반소원고가 되어 원고를 상대로 반소를 제기하는 제3자반소가 허용되지 않는다는 견해이다(김홍엽, 김학기, 송상현/박익환); 한정적 긍정설: 널리 반소를 인정하는 것은 적당하지 않으며 다만 민사소송법 제68조의 요건을 갖추면 원고와 필수적 공동소송의 관계에 있는 제3자를 반소피고로 추가하는 형태의 제3자반소는 허용된다는 견해이다(정동윤/유병욱/김경욱, 이시윤, 호문혁). 종래 우리나라 학설에 관해서는 김동현, "제3자반소에 관한 연구; 대법원 2015. 5. 29. 선고 2014다23054, 235059, 235066 판결을 계기로", 민사소송: 한국민사소송법학회지 제20권 제2호, 한국사법행정학회(2016), 164-166면 참조.

66) 본 판결이 선고된 이후 김동현, "제3자반소에 관한 연구; 대법원 2015. 5. 29. 선고 2014다23054, 235059, 235066 판결을 계기로", 민사소송: 한국민사소송법학회지 제20권 제2호, 한국사법행정학회(2016), 167-172면은 피고가 원고 이외의 제3자도 반소피고로 추가하는 공동소송적 제3자반소의 경우 민사소송법 제68조(필수적 공동소송인의 추가) 요건을 갖추지 않아도 통상공동소송의 요건(제65조)을 갖추면 공동소송적 제3자반소를 허용하는 것이 타당하다는 입장이다; 전병서, 민사소송법 핵심판례 셀렉션, 박영사(2020), 279-280면은 원고로서는 자신이 바라지 않던 제3자가 소송의 당사자가 되고, 심판 범위가 확대되어 본소 해결이 지연된다고 볼 수 있지만 소극적 당사자인 피고에게 사안에 따라서는 수동적 지위에서 벗어나 적극적으로 본소 청구와 관련 있는 법률관계에 관하여 제3자를 추가해서 동일절차에서 심판받을 수 있는 수단을 부여하는 의미에서 허용하자고 한다.

67) 공2014상, 911.

구하고, 동시에 제1심피고 A에 대하여 이 사건 토지에 관하여 매매를 원인으로 하는 소유권이전등기절차의 이행을 구하였다.

제1심은 원고의 본소청구 중 피고에 대한 주위적 청구를 인용하고, 피고에 대한 예비적 청구와 제1심피고 A에 대한 예비적 청구를 모두 기각하였다. 피고만이 본소 중 자신의 패소 부분에 대하여 항소하자 원심은 원고의 본소청구 중 제1심피고 A에 대한 예비적 청구 부분은 원고와 제1심피고 A가 모두 항소하지 않아 이미 제1심판결대로 확정되었다는 이유로 원심의 심판범위에서 제외되었다고 판단하였다.

대법원은, 원고의 본소청구는 피고에 대한 주위적 청구(소유권이전등기) 및 같은 피고에 대한 예비적 청구(제1심피고 A에게 소유권이전등기의 말소) 중 주위적 청구 부분이 인용되지 않을 경우 제1심피고 A에 대한 청구(소유권이전등기)를 인용하여 달라는 취지로 제기된 것으로, 피고에 대한 주위적 청구와 제1심피고 A에 대한 예비적 청구는 주관적·예비적 공동소송관계에 있고, 주위적 피고만이 항소하였더라도 그로써 예비적 제1심피고 A에 대한 청구도 확정되지 않고, 항소심으로 이심되어 원심의 심판대상이 되므로, 원심으로서는 원고의 제1심피고 A에 대한 예비적 청구 부분에 관하여도 판단을 하였어야 함에도 이에 대한 판단을 하지 않은 잘못이 있다고 하여 원심판결을 파기하였다.

2. 대법원 2015. 6. 11. 선고 2014다232913 판결[68]

[처음에는 주위적 피고에 대한 주위적·예비적 청구만 하였다가 청구를 결합하기 위하여 예비적 피고를 추가할 수 있는지 여부]

원고는 소장에서 피고 A의료원을 상대로 S병원이 응급구조사 등의 탑승 없이 망인을 이송한 구급차의 운용자라고 주장하며 응급의료법 제48조 위반의 불법행위에 기한 손해배상청구(이하 '주위적 청구')만을 하였다가, 2013. 2. 12.자 준비서면을 통하여 S병원이 구급차의 운용자가 아니더라도 S병원 의료진에게는 응급구조사의 탑승 여부 등을 확인하지 않은

---

68) 공2015하, 967.

채 구급차로 망인을 이송시킨 잘못이 있다고 주장하며 예비적으로 응급
의료법 제11조 제2항 위반의 불법행위에 기한 손해배상청구(이하 '예비적
청구')를 추가하였다. 이어 원고는 S병원이 구급차의 운용자가 아니라면
피고 구급센터가 구급차의 운용자라고 주장하며 피고 A의료원에 대한 주
위적 청구가 받아들여지지 않을 경우 피고 구급센터에 대한 응급의료법
제48조 위반의 불법행위에 기한 손해배상청구를 받아들여 달라는 취지로
피고 구급센터에 대한 청구를 결합하기 위하여 예비적 피고 추가 신청을
하였고, 제1심은 이를 허가하였다.

대법원은, 다음과 같이 판시하면서 피고 A의료원에 대한 각 청구는
실질적으로 선택적 병합 관계에 있는 것을 주위적·예비적으로 순위를
붙여 청구한 경우에 해당하고, 피고 A의료원에 대한 주위적 청구와 피고
구급센터에 대한 청구는 서로 법률상 양립할 수 없으며, 한편 피고 A의
료원에 대한 예비적 청구와 피고 구급센터에 대한 청구는 서로 법률상
양립할 수 있으므로, 제1심이 피고 구급센터를 예비적 피고로 추가한 것
은 적법하고, 피고 A의료원에 대한 주위적 청구가 받아들여지지 않을 경
우 피고 A의료원에 대한 예비적 청구와 피고 구급센터에 대한 청구를 병
합하여 통상의 공동소송으로 보아 심리·판단할 수 있다고 하면서 상고
를 기각하였다.

「민사소송법 제70조 제1항 본문이 규정하는 '공동소송인 가운데 일
부에 대한 청구'를 반드시 '공동소송인 가운데 일부에 대한 모든 청구'라
고 해석할 근거는 없으므로, 주위적 피고에 대한 주위적·예비적 청구
중 주위적 청구 부분이 받아들여지지 않을 경우 그와 법률상 양립할 수
없는 관계에 있는 예비적 피고에 대한 청구를 받아들여 달라는 취지로
주위적 피고에 대한 주위적·예비적 청구와 예비적 피고에 대한 청구를
결합하여 소를 제기하는 것도 가능하고, 처음에는 주위적 피고에 대한
주위적·예비적 청구만을 하였다가 청구 중 주위적 청구 부분이 받아들
여지지 않을 경우 그와 법률상 양립할 수 없는 관계에 있는 예비적 피고
에 대한 청구를 받아들여 달라는 취지로 예비적 피고에 대한 청구를 결

합하기 위하여 예비적 피고를 추가하는 것도 민사소송법 제70조 제1항 본문에 의하여 준용되는 민사소송법 제68조 제1항에 의하여 가능하다.

이 경우 주위적 피고에 대한 예비적 청구와 예비적 피고에 대한 청구가 서로 법률상 양립할 수 있으면 양 청구를 병합하여 통상의 공동소송으로 보아 심리·판단할 수 있다(대법원 2009. 3. 26. 선고 2006다47677 판결 참조). 그리고 이러한 법리는 원고가 주위적 피고에 대하여 실질적으로 선택적 병합 관계에 있는 두 청구를 주위적·예비적으로 순위를 붙여 청구한 경우에도 그대로 적용된다.」

본 판결은 원고가 주위적 피고에 대하여 실질적으로 선택적 병합 관계에 있는 두 청구를 주위적·예비적으로 순위를 붙여 청구한 경우에도, 주위적 피고에 대한 예비적 청구와 예비적 피고에 대한 청구가 서로 법률상 양립할 수 있으면 양 청구를 병합하여 통상의 공동소송으로 보아 심리·판단할 수 있다는 것을 선언한 선례로서 의의가 있다.

3. 대법원 2018. 2. 13. 선고 2015다242429 판결[69]

[주관적·예비적 공동소송에서 공동소송인 중 일부가 소를 취하하거나 일부 공동소송인에 대한 소를 취하할 수 있는지와 법원의 심판대상]

대법원은, 민사소송법은 주관적·예비적 공동소송에 대하여 필수적 공동소송에 관한 규정인 제67조 내지 제69조를 준용하도록 하면서도 소의 취하의 경우에는 그 예외를 인정하고 있으므로(제70조 제1항 단서), 공동소송인 중 일부가 소를 취하하거나 일부 공동소송인에 대한 소를 취하할 수 있고, 이 경우 소를 취하하지 않은 나머지 공동소송인에 관한 청구 부분은 여전히 심판의 대상이 된다고 하였다.

---

69) 공2018상, 556.

제5절 소송참가

Ⅰ. 보조참가

대법원 2015. 10. 29. 선고 2014다13044 판결[70]

[공동소송적 보조참가]

① A 회사(공동소송적 보조참가인)가 피고를 상대로 이들 사이에 작성된 약속어음 공정증서의 집행력 배제를 구하는 내용의 청구이의의 소를 제기한 다음 제1심 계속 중 파산선고를 받았다. ② 그에 따라 원고가 파산관재인으로서 소송을 수계한 다음(A 회사의 대표이사 B는 보조참가하였다) 2010. 9. 7. 일부 승소 판결(재심대상판결)을 받았다. 이에 원고와 피고가 항소하지 않고, B만 공동소송적 보조참가를 하면서 항소하였다. 그러자 원고가 2010. 11. 17. 항소를 취하하였다. ③ 항소심은 2011. 4. 20. B의 공동소송참가신청과 항소를 모두 부적법 각하하고, B가 보조참가인으로서 항소한 것으로 보더라도 원고의 항소취하로 소송이 종료되었다고 보아, 소송종료를 선언하는 판결을 선고하였다(B가 상고하였지만 상고기각으로 확정되었다). ④ 원고 보조참가인 B는 2012. 7. 27. 재심대상판결의 취소 등을 구하는 이 사건 재심의 소를 제기하였고('소송신탁 주장'과 '경개 주장'에 대한 재심대상판결의 판단누락을 재심사유로 주장함), A는 2013. 3. 14. 공동소송적 보조참가신청서를 제출하였고, 그 신청서가 2013. 3. 20. 원·피고 소송대리인에게 송달되었다. ⑤ 그러자 원고가 2013. 3. 21. 제1심법원에 이 사건 재심의 소를 취하한다는 내용의 소취하서를 제출하였다.

대법원은 다음과 같이 판시하면서, 파산관재인인 원고가 받은 재심대상판결의 효력이 채무자인 참가인에게 미치는 이상 참가인은 이 사건 재심의 소에 적법하게 공동소송적 보조참가를 하였다고 할 것이므로, 그 후 피참가인인 원고가 이 사건 재심의 소를 취하하였더라도 이는 참가인

70) 공2015하, 1775.

에게 불리한 행위로서 그 효력이 없고, 그로 인하여 이 사건 재심의 소 제기가 무효로 되거나 부적법하게 된다고 할 수도 없다고 판단하였다.

「재심의 소를 취하하는 것은 통상의 소를 취하하는 것과는 달리 확정된 종국판결에 대한 불복의 기회를 상실하게 하여 더 이상 확정판결의 효력을 배제할 수 없게 하는 행위이므로, 이는 재판의 효력과 직접적인 관련이 있는 소송행위로서 확정판결의 효력이 미치는 공동소송적 보조참가인에 대하여는 불리한 행위이다. 따라서 재심의 소에 공동소송적 보조참가인이 참가한 후에는 피참가인이 재심의 소를 취하하더라도 공동소송적 보조참가인의 동의가 없는 한 효력이 없다. 이는 재심의 소를 피참가인이 제기한 경우나 통상의 보조참가인이 제기한 경우에도 마찬가지이다. 특히 통상의 보조참가인이 재심의 소를 제기한 경우에는 피참가인이 통상의 보조참가인에 대한 관계에서 재심의 소를 취하할 권능이 있더라도 이를 통하여 공동소송적 보조참가인에게 불리한 영향을 미칠 수는 없으므로 피참가인의 재심의 소 취하로 재심의 소제기가 무효로 된다거나 부적법하게 된다고 볼 것도 아니다. 통상의 보조참가인은 참가 당시의 소송상태를 전제로 하여 피참가인을 보조하기 위하여 참가하는 것이므로 참가할 때의 소송의 진행 정도에 따라 피참가인이 할 수 없는 행위를 할 수 없다(민사소송법 제76조 제1항 단서 참조).」

본 판결은 보조참가인이 제기한 재심의 소에 공동소송적 보조참가인이 참가한 후에는 피참가인이 재심의 소를 취하하더라도 이는 공동소송적 보조참가인에게 불리한 것으로서 그 취하는 효력이 없다고 하여 공동소송적 보조참가인의 소송상 지위를 분명히 밝혔다는 점과 이로써 파산채무자가 파산재단에 관한 소송에서 그 권리를 보호하는 데 공동소송적 보조참가가 적절한 소송수행 수단이 됨을 간접적으로 밝혔다는 점에서 의의가 있다.[71]

---

71) 본 판결에 대한 판례해설로는 이종환, "재심의 소에 공동소송적 보조참가인이 참가한 후 피참가인이 공동소송적 보조참가인의 동의 없이 한 재심의 소 취하의 효력", 대법원판례해설 제105호, 법원도서관(2016), 280-294면이 있다.

Ⅱ. 승계참가, 인수참가

1. 대법원 2017. 7. 18. 선고 2016다35789 판결[72])

[인수참가로 인한 소송탈퇴와 시효중단의 효력]

원고가 2011. 6. 20. 피고를 상대로 2001. 11. 22.자 약정금의 지급을 구하는 소를 제기하였는데, 소송 계속 중 위 약정금 채권을 A에게 양도하였다고 주장하며 A에 대한 소송인수를 신청하여, 법원은 2011. 9. 30. 소송인수 결정을 하였고, 원고는 같은 날 피고의 승낙을 받아 이 사건 전소에서 탈퇴하였다. 이후 A가 소송을 수행하였는데, 법원은 원고와 A의 채권양도는 소송행위를 주된 목적으로 이루어진 것으로서 무효라는 이유로 '원고 인수참가인의 소가 부적법하다'고 보아 그 소를 각하하였고, 그 항소심 역시 같은 이유로 항소를 기각하였다. A가 상고하였으나 대법원은 2014. 10. 27. '원고와 A의 채권양도가 무효라도 그 사유만으로 원고의 인수참가 신청이나 A의 소가 부적법하게 되는 것은 아니므로, 무효의 채권양도를 원인으로 하는 A의 청구는 기각되었어야 함에도 항소심이 항소 기각한 것은 잘못이나 불이익변경금지의 원칙상 청구기각 판결을 할 수는 없다'고 하여 상고를 기각하였다. 원고는 2015. 1. 19. 피고를 상대로 다시 이 사건 약정금의 지급을 구하는 이 사건 소를 제기하였다.

원심은, 원고가 이 사건 전소를 제기함으로써 발생한 시효중단의 효력이 원고가 이 사건 전소에서 탈퇴한 2011. 9. 30. 소멸하였고, 그때부터 6개월이 지난 2015. 1. 19. 원고가 이 사건 소를 제기하였다는 이유로 이 사건 약정금 채권의 소멸시효가 완성하였다고 판단하였다.

대법원은 다음과 같이 판시하면서, 원고가 제기한 이 사건 전소에서 A가 채권 양수인으로서 소송을 인수하고 원고가 탈퇴하였는데 그 후 심리 결과 A의 채권 양수사실이 무효로 인정된 결과 A의 소를 각하하는 판결이 2014. 10. 27. 확정되었으나, 그 확정된 날부터 6개월 내인 2015.

---

72) 공2017하, 1709.

1. 19. 원고가 이 사건 전소와 같은 이 사건 소를 제기하였으므로 시효 중단의 효력은 위와 같은 확정판결에도 불구하고 그대로 유지된다고 보아 원심 판결을 파기 환송하였다.

「소송목적인 권리를 양도한 원고는 법원이 소송인수 결정을 한 후 피고의 승낙을 받아 소송에서 탈퇴할 수 있는데(민사소송법 제82조 제3항, 제80조), 그 후 법원이 인수참가인의 청구의 당부에 관하여 심리한 결과 인수참가인의 청구를 기각하거나 소를 각하하는 판결을 선고하여 판결이 확정된 경우에는 원고가 제기한 최초의 재판상 청구로 인한 시효중단의 효력은 소멸한다. 다만 소송탈퇴는 소취하와는 성질이 다르며, 탈퇴 후 잔존하는 소송에서 내린 판결은 탈퇴자에 대하여도 효력이 미친다(민사소송법 제82조 제3항, 제80조 단서). 이에 비추어 보면 인수참가인의 소송목적 양수 효력이 부정되어 인수참가인에 대한 청구기각 또는 소각하 판결이 확정된 날부터 6개월 내에 탈퇴한 원고가 다시 탈퇴 전과 같은 재판상의 청구 등을 한 때에는, 탈퇴 전에 원고가 제기한 재판상의 청구로 인하여 발생한 시효중단의 효력은 그대로 유지된다.」

1990년 민사소송법 개정 이전에는 '권리'승계의 경우에는 승계참가(제74조)만 하고, '의무'승계의 경우에는 인수참가(제75조)만 하도록 정하고 있었으나, 1990년 개정 민사소송법 제74조, 제75조는 '권리'승계와 '의무'승계 모두 승계참가와 인수참가를 각각 이용할 수 있게 되었고, 이는 현행 민사소송법 제81, 82조에서도 유지되고 있다. 소송인수의 신청이 있는 경우에 법원은 양 당사자와 제3자를 심문하여야 하고, 소송인수의 허부를 결정하게 되는데(제82조 제1항, 제2항), 인수결정이 있으면 제3자는 당연히 그 소송의 당사자가 되어 그때부터 피승계인의 소송상 지위를 승계하고, 인수참가인과의 사이에 소송이 속행된다. 인수참가가 허용된 경우에 종전 당사자는 상대방의 승낙을 받아 소송에서 탈퇴할 수 있다.

소송탈퇴의 법적 성질로는 조건부 청구의 포기·인낙설(종래의 다수설), 소송수행권 처분설, 임의적 소송담당설, 법정 소송담당설이 있는데,[73] 대법원은 위 견해 중 어느 하나의 견해를 따르고 있다고 보기는

어렵고, 다만 탈퇴자의 소송은 종료한다고 보고 있다.[74]

본 판결 이전에 대법원 2014. 10. 27. 선고 2013다43192 판결은 '소송인수신청이 있는 경우 신청의 이유로 주장하는 사실관계 자체에서 그 승계적격의 흠결이 명백하지 않으면 결정으로 그 신청을 인용하여야 하고, … 심리한 결과 승계사실이 인정되지 않으면 청구기각의 본안판결을 하면 되는 것이지 인수참가신청 자체가 부적법하게 되는 것은 아니다'라고 판단하였다.[75]

본 판결은 소송탈퇴가 소를 취하한 것과는 성질이 다르고, 탈퇴 후 잔존하는 소송에서 내린 판결이 탈퇴자에 대하여도 효력이 미치는 점에 비추어[76] 인수참가인의 소송목적 양수 효력이 부정되어 인수참가인에 대한 청구기각 또는 소각하 판결이 확정된 날부터 6개월 내에 탈퇴한 원고가 다시 탈퇴 전과 같은 재판상의 청구 등을 한 때에는, 탈퇴 전에 원고가 제기한 재판상의 청구로 인하여 발생한 시효중단의 효력이 그대로 유지된다는 점을 밝힌 선례로서 의의가 있다.[77]

---

73) 독립당사자참가에서의 탈퇴에 관한 여러 견해와 독일 민사소송법상 소송탈퇴 제도에 관해서는 오정후, "소송탈퇴에 관하여", 민사판례연구 제42권(2020), 775-799면 참조. 위 논문은 판결이 탈퇴자에게도 효력이 있다고 하려면 탈퇴자의 청구 또는 그에 대한 청구에 대한 소송계속도 소멸하지 않는다고 해야 하고, 판결이 탈퇴자에게도 효력이 있는데, A의 피고에 대한 청구에 대한 판결이 확정될 때까지 원고는 다시 소를 제기할 수 없으므로, 판결이 확정된 시점부터 6월 내 실제 소를 제기하였다면 최초의 소제기 시에 채권의 소멸시효가 중단되었다고 볼 수 있다고 하면서 입법론적 개선이 필요하다고 주장한다.

74) 대법원 2000. 5. 12. 선고 98다49142 판결; 대법원 2014. 10. 27. 선고 2013다67105, 67112 판결.

75) 대법원 2012. 4. 26. 선고 2011다85789 판결은 승계참가 사안에서, 승계참가가 부적법한 경우 소송탈퇴는 효력이 없고, 피참가인과 상대방 사이의 소송은 여전히 탈퇴 당시의 심급에 계속되어 있다고 보고 있다.

76) 그 효력이 무엇인지에 관해서는 참가적 효력설, 기판력설, 집행력포함설 등으로 견해가 나뉜다. 상세한 내용은 주석 민사소송법(I)(제8판, 2018), 619-620면(장석조 집필부분) 참조.

77) 양진수, "승계가 무효임을 이유로 한 원고 인수참가인의 청구기각 또는 소각하 판결이 확정된 후 탈퇴원고가 다시 소를 제기하는 경우 원고의 최초 소제기로 인한 소멸시효 중단효의 운명", 대법원판례해설 제113호, 법원도서관(2018), 3-35면.

2. 대법원 2019. 10. 23. 선고 2012다46170 전원합의체 판결[78]

[권리승계형 승계참가에서 소송에 남아 있는 원고와 승계참가인 사이에 필수적 공동소송에 관한 민사소송법 제67조가 적용되는지]

원고(수급인)는 피고들(도급인)을 상대로 공사계약에 따른 정산금의 지급을 구하였다. 원고 승계참가인(이하 '승계참가인'이라 한다)은 원고의 피고들에 대한 정산금 채권 중 일부에 관하여 채권압류 및 전부명령을 받은 뒤, 제1심 소송 계속 중 제3채무자인 피고들에 대하여 전부금의 지급을 구하면서 승계참가신청을 하였다. 원고는 승계참가인의 승계 여부에 대해 다투지 않았지만 승계참가한 부분의 소를 일부 취하하지 않았다. 제1심은 인정된 정산금 채권 전부가 채권압류 및 전부명령으로 인하여 승계참가인에게 이전되었다고 보아 원고의 청구를 기각하고 승계참가인의 피고들에 대한 청구를 일부 인용하였다. 승계참가인과 피고들은 제1심판결 중 자신의 패소 부분에 대해 항소하였고, 원고는 항소하지 않았는데, 원심 계속 중 피고들이 승계참가인의 전부명령이 압류 경합으로 무효라고 다투자 원고는 부대항소를 제기하였다. 원심은 승계참가인의 전부명령을 무효로 판단하고, 원고의 부대항소를 받아들여 원고의 청구를 일부 인용하고 승계참가인의 청구를 기각하였다. 피고는 원고가 제1심에서 패소한 뒤 불복하지 않아 원고에 대한 판결은 분리확정되었고 그에 따라 원고가 제기한 부대항소는 부적법하다고 다투면서 상고하였다.

해당 사안의 직접적인 쟁점은 원고가 제1심에서 패소한 다음 불복하지 않아 원고에 대한 판결이 분리 확정되었는지, 아니면 항소심 당사자로 남아 있는지, 이에 따라 항소심에서 한 원고의 부대항소가 적법한지 여부였다. 그 전제로 소송이 법원에 계속되어 있는 동안에 소송목적인 권리의 전부나 일부를 승계하였다고 주장하는 제3자가 그 법원에 참가하는 '권리승계형 승계참가'(민사소송법 제81조)에서 원고가 승계참가인의 승계 여부에 대해 다투지 않으면서 소송탈퇴, 소 취하 등을 하지 않거나

---

78) 공2019하, 2175.

이에 대하여 피고가 부동의하여 원고가 소송에 남아 있는 경우 원고와 승계참가인의 청구 사이에 필수적 공동소송에 관한 민사소송법 제67조를 적용할 수 있는지, 원고의 청구가 이심되는지 여부가 문제되었다.

대법원은, 다음과 같은 승계참가에 관한 민사소송법 규정과 2002년 민사소송법 개정에 따른 다른 다수당사자 소송제도와의 정합성, 승계참가인과 피참가인인 원고의 중첩된 청구를 모순 없이 합일적으로 확정할 필요성 등을 종합적으로 고려하면, 승계로 인해 중첩된 원고와 승계참가인의 청구 사이에는 필수적 공동소송에 관한 민사소송법 제67조가 적용된다고 판단하면서 피고의 상고를 기각하였다.[79]

① 2002년 민사소송법 개정 전(2002. 1. 26. 법률 제6626호로 개정되기 전의 것)에는 독립당사자참가소송은 양면참가만 가능하고 편면참가는 허용되지 않았지만 민사소송법 개정으로 당사자 한쪽을 상대로 하는 편면적 독립당사자참가소송을 허용하고 예비적·선택적 공동소송을 신설하였으며, 두 소송절차 모두 필수적 공동소송에 관한 민사소송법 제67조를 준용하고 있으므로(제79조 제2항, 제70조 제1항), 이로써 법률상 양립할 수 없는 청구를 하는 공동소송인들 사이에 필수적 공동소송에 관한 특별규정을 적용할 수 있는 법적 근거가 마련되었다. ② 권리승계형 승계참가에서 피참가인인 원고가 소송탈퇴, 소 취하 등을 하지 않아 승계된 부분에 관한 원고의 청구가 그대로 남아 있는 경우 원고의 청구와 승계참가인의 청구는 주장 자체로 법률상 양립할 수 없는 관계에 있다. ③ 민사소송법 제81조는 승계인이 독립당사자참가에 관한 제79조에 따라 소송에

---

79) 본 전원합의체 판결 이전에도 강현중, 민사소송법(제7판, 2018), 900면은 민사소송법 제79조 제2항 또는 제70조 제1항 단서에 의하여 필수적 공동소송에 대한 특별규정인 제67조를 준용함으로써 합일확정의 소송관계를 정립할 수 있다는 이유로 통상공동소송으로 본 대법원 판례가 변경되어야 한다고 하였다. 정동윤/유병현/김경욱, 민사소송법(제7판, 2019), 1102면은 승계참가에서 전주인 원고가 승계사실을 다투는 경우뿐만 아니라 승계사실을 다투지 않는 경우에도(즉 승계사실을 다투는지 여부와 관계없이) 원고가 소송에서 탈퇴하지 않고 있다면 민사소송법 제79조가 제67조를 준용하고 있으므로, 합일확정이 요구되는 독립당사자참가로 보아야 한다고 하였다.

참가할 것을 정하는데, 제79조는 제2항에서 필수적 공동소송에 관한 특칙인 제67조를 준용하고 있으므로 제81조는 승계참가에 대하여 필수적 공동소송에 관한 특별규정을 준용할 근거가 된다.

본 판결로 2002년 민사소송법 개정 후 피참가인인 원고가 승계참가인의 승계 여부에 대하여 다투지 않고 그 소송절차에서 탈퇴하지도 않은 채 남아 있는 경우 원고의 청구와 승계참가인의 청구가 통상공동소송 관계에 있다는 취지로 판단한 대법원 2004. 7. 9. 선고 2002다16729 판결, 대법원 2009. 12. 24. 선고 2009다65850 판결, 대법원 2014. 10. 30. 선고 2011다113455, 113462 판결을 비롯하여 그와 같은 취지의 판결들은 변경되었다.

본 판결은 권리승계형 승계참가의 경우에도 위와 같은 민사소송법 개정 취지와 분쟁의 실질을 고려하여, 원고와 승계참가인의 청구 사이에 필수적 공동소송에 관한 규정이 적용됨을 명시적으로 선언하고, 그에 반하는 선례를 변경함으로써 피고에 대한 정산금채권이 원고와 승계참가인 중 어느 한 쪽에는 있는 것이 분명한 경우 원고와 승계참가인이 모두 패소하는 것을 방지하고 분쟁을 모순 없이 해결할 수 있도록 하였다는 점에서 의의를 찾을 수 있다.[80) · 81)]

본 판결의 다수의견에 대한 보충의견은 권리승계형 승계참가에 대한 구체적인 재판심리 방법을 제시하였는데,[82)] 이후 실무 운영에 지침이 되고 있다.

---

80) 이지영, "권리승계형 승계참가 사건에서 승계로 인해 중첩된 원고와 승계참가인의 청구 사이의 소송관계", 사법 제51호(2020), 615－657면.

81) 김홍엽, 민사소송법(제9판, 2020), 1171면은 본 판결이 권리승계형 승계참가에서 피승계인이 소송절차에 남아 있는 형태가 독립당사자참가소송의 형태인지 예비적 · 선택적 공동소송의 형태인지 분명히 하지 않은 채 필수적 공동소송에 관한 제67조만 준용된다고 하고 있을 뿐이고, 인수승계의 경우 승계사실을 다투지 않는 피승계인과 승계인 사이의 관계를 어떻게 볼 것인지에 관해서 다루고 있지 않은 점을 지적하면서 일본의 경우 1999. 1. 1. 시행된 개정 민사소송법을 통하여 인수승계에서 피승계인이 소송탈퇴하지 않은 경우 동시심판신청 공동소송에 관한 규정(일본 민사소송법 50조 3항, 51조)을 준용하도록 하고 있는 등 입법적으로 해결하였다고 한다.

82) 그 요지는 다음과 같다. ① 승계참가신청은 참가의 취지와 이유를 밝혀 소송이 계속된 법원에 신청해야 한다(민사소송법 제81조, 제79조 제2항, 제72조 제1항). ② 승계참가신청 후 원고가 승계에 대해 다투지 않으면서 소송탈퇴 등을 하지 않

Ⅲ. 공동소송참가

대법원 2015. 7. 23. 선고 2013다30301,30325 판결[83]

[채권자대위소송 계속 중 다른 채권자가 채권자대위권의 행사로 공동소송참가신청을 할 수 있는지]

1) ① 원고는 자신이 A 주식회사(이하 'A 회사')에 대하여 2011. 4. 26. 기준으로 36억 원의 대출금채권을 가지고 있고, A 회사는 피고 1에 대하여 50억 원, 피고 2에 대하여 20억 원, 피고 3에 대하여 12억 원, 피고 4에 대하여 12억 원의 각 주식매매대금반환채권을 가지고 있다고 주장하면서 이 사건 채권자대위소송을 제기하여(A 회사에 소송고지도 하였다), 원고에게 피고 1은 11억 원, 피고 2는 4억 원, 피고 3, 피고 4는 각 2억 5,000만 원을 각 지급할 것을 청구하였다. ② 참가인은 자신이 A 회사에 대하여 18억 원의 구상금채권을 가지고 있고, A 회사는 피고들에게 위와 같은 채권을 가지고 있다고 주장하면서 이 사건 공동소송참가신청을 하

아 승계참가인과 원고의 양립불가능한 청구가 모두 유지되는 경우, 법원은 민사소송법 제136조에 따라 원고와 승계참가인으로 하여금 그들의 청구가 어떤 관계에 있는지 분명히 하도록 석명함이 바람직하다. ③ 원고와 승계참가인이 자신들의 청구취지와 청구원인을 예비적·선택적 공동소송으로 변경하면 그에 따라 소송을 진행하고, 그렇지 않으면 원고와 승계참가인의 청구는 편면적 독립당사자참가소송과 유사한 구조로 보아 향후 소송관계를 그에 준하여 처리한다. ④ 두 경우 모두 승계참가인과 원고의 청구 사이에는 필수적 공동소송에 관한 민사소송법 제67조가 적용된다. 따라서 종국판결은 1개의 전부판결로 승계참가인과 원고의 청구 모두에 대해서 판단해야 하고 일부판결은 허용되지 않는다. 원고와 승계참가인 중 한 사람이 항소를 제기하면 모두에 대하여 판결 확정이 차단되고 사건 전부가 항소심으로 이심된다. 이때 항소하지 않은 당사자는 단순한 '항소심당사자'의 지위에 있다(대법원 1981. 12. 8. 선고 80다577 판결 참조). ⑤ 이 경우 항소심의 심판대상은 실제 항소를 제기한 자의 항소 취지에 나타난 불복범위로 한정하되 원고, 피고, 승계참가인 사이의 합일확정 필요성을 고려하여 그 심판의 범위를 판단하여야 한다. ⑥ 항소심에서 심리·판단을 거쳐 결론을 내릴 때 위 세 당사자 사이의 결론의 합일확정을 위하여 필요한 경우에는 그 한도 내에서 항소 또는 부대항소를 제기한 바 없는 당사자에게 결과적으로 제1심판결보다 유리한 내용으로 판결을 변경하는 것도 가능하다(대법원 2007. 10. 26. 선고 2006다86573, 86580 판결, 대법원 2011. 2. 24. 선고 2009다43355 판결 등 참조).

83) 공2015하, 1209.

여, 참가인에게 피고 1은 9억 원, 피고 2는 4억 원, 피고 3, 피고 4는 각 2억 원을 각 지급할 것을 청구하고 있다.

대법원은, 채권자대위소송이 계속 중인 상황에서 다른 채권자가 동일한 채무자를 대위하여 채권자대위권을 행사하면서 공동소송참가신청을 할 경우 양 청구의 소송물이 동일하다면 민사소송법 제83조 제1항이 요구하는 '소송목적이 한쪽 당사자와 제3자에게 합일적으로 확정되어야 할 경우'에 해당하므로 그 참가신청은 적법하다. 이때 양 청구의 소송물이 동일한지는 채권자들이 각기 대위행사하는 피대위채권이 동일한지에 따라 결정되고, 채권자들이 각기 자신을 이행 상대방으로 하여 금전의 지급을 청구하였더라도 채권자들이 채무자를 대위하여 변제를 수령하게 될 뿐 자신의 채권에 대한 변제로서 수령하는 것은 아니므로, 이러한 채권자들의 청구가 서로 소송물이 다르다고 할 수 없다. 여기서 원고가 일부청구임을 명시하여 피대위채권의 일부만을 청구한 것으로 볼 수 있는 경우에는 참가인의 청구금액이 원고의 청구금액을 초과하지 않는 한 참가인의 청구가 원고의 청구와 소송물이 동일하여 중복된다고 할 수 있으므로 소송목적이 원고와 참가인에게 합일적으로 확정되어야 할 필요성이 있어 참가인의 공동소송참가신청을 적법한 것으로 보아야 한다고 하면서 참가인의 공동참가신청을 각하한 원심판결 부분을 파기하여야 하지만 참가인의 공동소송참가신청이 적법할 경우 원고의 청구와 참가인의 청구는 합일적으로 확정될 필요가 있으므로 원심판결 전부를 파기하였다.

2) 공동소송참가는 소송목적이 한쪽 당사자와 제3자에게 합일적으로 확정되어야 할 경우로서 그 제3자가 계속 중인 소송에 원고 또는 피고의 공동소송인으로 참가하는 것을 말한다(민사소송법 제83조). 판례는 그 의미에 관해서 이를 '타인간의 소송의 판결의 효력이 제3자에게도 미치게 되는 경우'로 보고 있다(대법원 1986. 7. 22. 선고 85다620 판결, 2001. 7. 13. 선고 2001다13013 판결 등 참조). 이 경우 참가인과 피참가인 사이에는 필수적 공동소송관계(주로 유사필수적 공동소송관계지만 고유필수적공동소송관계에 있는 경우 누락된 일부 공동소송인이 공동소송참가 형태로 참가하여 당사자적격

의 흠결을 보정할 수 있음)가 생긴다.

전형적인 예는, 주주총회결의취소의 소에 다른 주주가 제기기간 내에 원고 측에 참가하는 경우, 주주대표소송에 회사가 원고 측에 참가하는 경우(상법 404조), 추심명령은 받은 압류채권자가 제3채무자에 대하여 제기하는 추심의 소에 집행력 있는 집행권원 정본을 가진 모든 채권자가 원고 측에 참가하는 경우(민사집행법 249조 2항, 3항) 등이 이에 해당한다.[84]

채권자대위소송과 관련해서는 A 채권자 제기한 채권자대위소송의 기판력이 B가 제기한 채권자대위소송에 미치는지에 관해서 ① 채무자가 전소인 채권자대위소송의 제기사실을 알았으면, 법적 안정성 측면에서 다른 채권자가 제기한 후소인 채권자대위소송에도 미친다는 견해(김홍엽, 정동윤·유병현·김경욱), ② 채무자가 전소인 채권자대위소송의 계속사실을 알게 되면 판결의 효력이 채무자에게 미치고, 그 결과 실체적 의존관계에 있는 다른 채권자는 반사효를 받는다는 견해(이시윤, 임소연), ③ 채권자대위소송은 법정소송담당이 아니라 채권자가 자신의 실체법상 권리를 행사하는 것으로, 채권자대위소송 판결의 효력이 당사자를 넘어 다른 채권자들에게 미친다고 볼 아무런 법적 근거가 없다는 견해(호문혁) 등이 대립하고 있다.

판례는 ①의 입장을 취하고 있는데,[85] 그로 인해서 공동소송참가에서 말하는 '타인간 소송의 판결이 제3자에게 미치는 경우(한쪽 당사자와 제3자와 사이의 합일확정의 필요성)' 문제가 떠오르게 된다.

3) 본 판결은 채권자들이 각자 자신을 이행 상대방으로 하여 금전지급을 청구하고 있지만 채권자들은 채무자를 대위해서 수령하는 것에 불과하다는 점과 참가인이 원고의 채권자대위소송에 공동소송참가를 한 점에 비추어 원고의 피대위채권 중 일부에 대해서 채권자대위권을 행사하는 것으로 보고, 참가인의 청구금액이 원고의 청구금액을 초과하지 않

84) 김홍엽, 민사소송법(제9판, 2020), 1136면.
85) 대법원 1994. 8. 12. 선고 93다52808 판결; 대법원 1995. 7. 11. 선고 95다9945 판결 등.

는 한 참가인의 청구가 원고의 청구와 소송물이 동일하여 중복된다고 할
수 있어 공동소송참가의 요건(소송목적이 원고와 참가인에게 합일적으로 확정
되어야 할 필요성)을 충족한다고 하여 공동소송참가가 가능하다고 선언한
선례로서 의의가 있다.

    이에 대해서는, 본 판결에 따르면 원고의 청구가 일부청구가 아닌
경우(명시적 일부청구가 아닌 경우 포함)에는 소송물이 피대위채권 전부이므
로 당연이 다른 채권자의 참가는 공동소송참가가 되고, 원고의 청구가
명시적 일부청구인 경우 다른 채권자의 청구금액이 원고의 청구금액을
초과하는 경우에 그 초과부분에 대한 다른 채권자의 공동소송참가가 적
법한지가 문제될 수 있는데, 본 판결은 이 부분에 관해서 이를 명확히
하고 있지 않지만 그 경우에도 여전히 합일확정 관계에 있다고 보는 것
이 타당하므로, 공동소송참가가 허용된다는 견해[86]를 비롯하여 다양한
견해가 있다.[87]

---

86) 김홍엽, 민사소송법(제9판, 2020), 1137 – 1138면.
87) 김경욱, "채권자대위소송에서의 공동소송참가", 고려법학 제90호(2018), 149 – 155
   면은 (i) 원고의 일부청구 금액과 참가인의 일부 청구 금액을 합한 금액이 피대
   위채권보다 적어 참가인이 본소송의 소송물과 다른 잔부를 소송물로 하는 별소를
   제기한 경우 중복제소가 되지 않고, (ii) 참가인이 공동소송참가의 요건을 갖추기
   위해서 원고의 피고에 대한 청구와 중복되는 범위에서 청구하면서 공동소송참가를
   한 경우에는 합일확정의 필요성이 인정되지만, (iii) 참가인이 그중 일부만 중복되
   도록 청구하는 경우는 중복된 범위에서만 합일확정의 필요성이 인정된다고 보면서
   현 민사소송법 규정이나 판례에 따르면 채권자 A의 청구와 참가인의 채권 전액에
   대해서는 합일확정의 필요성을 인정할 수 없어 이를 입법적으로 해결하여 하나의
   절차에서 합일적으로 해결하는 방안을 마련할 필요가 있다고 한다.; 임병석, "채권
   자대위소송에서의 일부청구와 공동소송참가", 법학논총 제37집(2017), 61 – 94면은
   원고의 청구와 청구인의 청구의 청구합산액이 피대위권리액을 초과하여 중첩부분
   이 발생하였는지를 기준으로 삼아서 중첩되는 부분이 발생한 경우에는 소송물이
   동일하므로 합일확정의 필요가 있다고 한다. 장재형, "채권자 대위소송의 경합과
   공동소송참가", 판례연구 제30집(2016), 137 – 166면은 원고는 명시적 일부 청구하
   였고, 참가인의 신청이 그 잔부를 초과하지 않는 한 소송물이 서로 달라 합일확정
   의 필요가 없고, 중복제소만이 문제된다고 하고, 소송물이 동일한 경우는 중복제
   소금지에 해당하여 부적법하다고 보아야 하는데, 본 판결이 소송물이 동일하여 중
   복된다고 본 것은 부분적으로 맞지만 일부 청구의 소송물에 관한 법리를 오해한
   것이고, 소송물이 동일하다고 보아 합일확정의 필요성을 인정한 것은 중복제소금
   지 원칙에 반한다고 비판한다.; 하동권, "채권자 대위소송 중 다른 채권자의 공동

본 판결은 공동소송참가의 요건으로서 '합일확정의 필요성'과 관련하여, 특정채권에 대한 채권자대위 사안이 아닌 금전채권에 대한 채권자대위권 행사의 사안에서 채권자의 지위를 법정소송담당으로 볼 수 있는지, 다른 채권자가 제기한 채권자대위소송의 판결의 기판력이 채무자의 주관적 인식을 매개로 채무자는 물론 더 나아가 다른 채권자에게까지 과연 미친다고 볼 수 있는지, 그 근거가 합당한 것인지에 관해서 근본적인 질문을 던지고 있다.

제6절 소송대리인

1. 대법원 2016. 7. 7. 선고 2014다1447 판결[88]

[소송대리인의 보수청구권 발생시기]

대법원은, 「수임인은 위임사무를 완료하여야 보수를 청구할 수 있는 것이 원칙이다(민법 제686조 제2항). 항소심 사건의 소송대리인인 변호사 또는 법무법인, 법무법인(유한), 법무조합(이하 '변호사 등')의 위임사무는 특별한 약정이 없는 한 항소심판결이 송달된 때에 종료되므로(대법원 2000. 1. 31.자 99마6205 결정 참조), 변호사 등은 항소심판결이 송달되어 위임사무가 종료되면 원칙적으로 그에 따른 보수를 청구할 수 있지만 항소심판결이 상고심에서 파기되고 사건이 환송되는 경우에는 사건을 환송받은 항소심법원이 환송 전의 절차를 속행하여야 하고 환송 전 항소심에서의 소송대리인인 변호사 등의 소송대리권이 부활하므로, 환송 후 사건을 위임사무의 범위에서 제외하기로 약정하였다는 등의 특별한 사정이 없는 한 변호사 등은 환송 후 항소심 사건의 소송사무까지 처리하여야만 비로

소송참가에 관하여", 전북판례연구(2017), 325 – 338면은 중복제소금지원칙 위반에 대하여 판단했어야 하고 채권자대위소송 중 다른 채권자가 별소로 대위소송을 제기한 경우와 다르지 않아 중복제소금지원칙 위반을 이유로 공동소송참가를 각하했어야 하고, 설령 중복제소금지원칙이 각 소송의 결과가 상이하게 되어 재판의 불신과 집행 문제를 방지하기 위한 것이므로 공동소송참가와 같이 하나의 절차로 진행될 경우에는 중복제소를 이유로 참가인의 공동소송참가를 막을 이유는 없다고 보았더라도 그 이유를 판단했어야 한다고 한다.

88) 공2016하, 1106.

1278 2010년대 민사판례의 경향과 흐름

소 위임사무의 종료에 따른 보수를 청구할 수 있다.」고 하였다.

　　나아가 해당 사건[89])에 대하여 이 사건 원심의 변론종결 당시에도 선행소송의 환송 후 항소심이 아직 계속 중인 이상 원고의 위임사무가 종료되었다고 할 수 없고, 이러한 상태에서 원고는 선정자에 대하여 이 사건 위임계약에 따른 성공보수금의 지급을 청구할 수 없는데, 장차 환송 후 항소심판결이 선고되는 등으로 원고가 처리하여야 할 위임사무가 종료될 때 원고가 최종적으로 지급받을 성공보수금의 존부와 범위는 이 사건 위임계약이 위임사무의 처리 도중에 종료되었는지 아니면 원고가 위임사무를 완료하기까지 하였는지, 위임계약이 사무처리 도중에 종료된 경우 원고와 선정자 중 누구에게 귀책사유가 있는지 등의 사정과 함께 사건 수임의 경위, 착수금의 액수, 사건 처리의 경과와 난이도, 원고가 기울인 노력의 정도, 소송물의 가액, 승소로 인하여 선정자가 얻게 되는 구체적 이익 등까지 고려하여 상당하다고 인정되는 금액이 원고가 이미 지급받은 금액을 초과하는지에 따라 정해질 것이라고 하였다.

　　판례는 소송대리권의 범위가 특별한 사정이 없는 한 해당 심급에 한정된다는 '심급대리의 원칙'을 인정하고 있다. 이는 민사소송법 제90조 제2항 제3호가 상소의 제기를 특별수권사항으로 규정하고 있음을 근거로 한다. 항소심 사건이 상고심을 거쳐 환송되어 다시 항소심에 계속하게 되면 환송 전 항소심의 소송대리인의 대리권이 부활한다고 보고 있다.[90])

---

89) A는 B 등을 상대로 약속어음금청구 소송(선행소송)을 제기하여 제1심에서 'B 등은 합동하여 A에게 1,364,117,297원과 일부 원금에 대한 지연손해금을 지급하라'는 판결이 선고되었고, B 등은 불복하여 항소하였다. 피고는 B 등을 대리하여 원고와 선행소송의 '제2심판결 선고 시까지의 소송대리사무'를 위임하는 이 사건 위임계약을 체결하면서 착수금으로 1,000만 원을 지급하고 성공보수금은 제1심판결보다 감액된 금액의 2.5%를 지급하기로 하였다. 선행소송의 항소심에서 제1심판결 중 B 등 패소 부분을 취소하고 이에 해당하는 A의 청구를 기각한다는 판결이 선고되었고, A가 상고하였는데, 상고심에서 항소심판결을 파기환송하였고, 이 사건 원심의 변론종결 당시 선행소송의 환송 후 항소심이 계속 중이었다. 원고가 피고를 상대로 성공보수금 지급을 구하는 이 사건 소를 제기하였는데, 원심은 성공보수금을 청구할 수 있는 시기가 도래하지 않았다는 이유로 청구를 기각하였다.

90) 대법원 1963. 1. 31. 선고 62다792 판결; 대법원 1984. 6. 14. 선고 84다카744 판결; 대법원 1991. 11. 22. 선고 91다18132 판결 등.

이에 대하여는 환송판결이 종국판결이라는 점과 의뢰인과 변호사와의 신
뢰관계가 소멸한 점 등에 비추어 반대하는 견해가 있다.[91] 이 문제는 당
위의 문제라기보다는 정책적인 문제의 성격이 강하고, 신뢰관계 소멸에
따른 문제는 당사자가 부활하는 소송대리인을 해임함으로써 달성할 수
있다는 점에서 이러한 판례의 태도를 이해할 수 있다.[92]

'성공보수'를 약정한 경우에는 '위임사무의 성공'이라는 조건까지 성
취되어야만 보수를 청구할 수 있는데, 상소가 제기되어 상소심이 진행
중인 경우 별도의 약정이 없는 한 위임사무가 종료되었다고 보기 어렵다
는 점에서 본 판결의 취지를 이해할 수 있다.

본 판결은 항소심 사건을 소송대리하는 변호사 등의 위임사무의
범위를 명확히 하고, 항소심판결이 상고심에서 파기되어 사건이 환송된
경우 성공보수의 지급시기에 관해서 처음으로 판단하였다는 데 그 의의
가 있다.[93]

2. 대법원 2018. 5. 17. 선고 2016다35833 전원합의체 판결[94]
[신의칙 및 형평의 관념에 의한 약정 변호사 보수 감액 여부]

변호사인 원고는 A의 500억 원이 넘는 횡령과 그로 인한 전국교수
공제회의 파산으로 공제회에 퇴직금을 납입했던 피고(교수) 367명이 손해
를 입은 것과 관련하여 피고를 대리해서 공제회 등에 대한 국가(검찰, 금
융감독기관)의 관리, 감독 책임을 물어 국가배상청구를 하였다. 원고는 위
소송의 1인당 청구금액을 100만 원으로 정해서 대한민국을 상대로 3억
6,700만 원의 손해배상금 청구를 하였고, 총 착수금을 3,670만 원(1인당

---

91) 이시윤, 신민사소송법(제15판, 2021), 190면; 정동윤/유병현/김경욱, 민사소송법
(제8판, 2020), 252면; 호문혁, 민사소송법(제14판, 2020), 290면.

92) 강현중, 민사소송법(제7판, 2018), 271면; 김홍엽, 민사소송법(제9판, 2020),
223면.

93) 본 판결에 대한 대법원판례해설로는 방웅환, "항소심 사건을 소송대리하는 변호
사 등의 위임사무의 범위와 성공보수의 지급시기", 대법원판례해설 제109호, 법원
도서관(2017), 173-187면이 있다.

94) 공2018하, 1139.

착수금을 10만 원)으로 정하였다. 원고는 소 제기 후 판결 선고까지 1년 5
개월 동안 준비서면 7회, 서증 5회, 사실조회 9회 등을 소송수행을 하였
다. 원고가 피고들에 대하여 착수금 3,850만 원(부가세 포함)을 요구하였으
나 피고들은 2,000만 원만 지급하고 나머지 1,850만 원은 지급하지 않자
나머지 변호사 보수를 청구한 사안이다.

　　1심 법원은 위와 같이 약정된 변호사 보수가 부당하게 과하여 신의
성실과 형평의 관념에 반한다고 보아 이를 2,000만 원(부가세 포함)으로
감액하고 비용 지급 청구만 인용하였고 원심도 이를 유지하였다. 그러나
대법원은 원심이 들고 있는 사정만으로는 이 사건 변호사 보수가 부당하
게 과다하다고 보기 어렵다고 하여 원심을 파기하였다.

　　다수의견은 종전 대법원 판례 입장(신의칙에 따른 감액 긍정설)을 다시
확인하였다. 변호사의 소송위임 사무처리 보수에 관하여 위임사무를 완
료한 변호사는 원칙적으로 약정 보수액 전부를 청구할 수 있지만, 약정
보수액이 부당하게 과다하여 신의성실의 원칙이나 형평의 관념에 반한다
고 볼 만한 특별한 사정이 있는 경우에는 예외적으로 적당하다고 인정되
는 범위의 보수액만을 청구할 수 있다. 이러한 법리는 대법원이 오랜 시
간에 걸쳐 발전시켜 온 것으로서, 현재에도 여전히 그 타당하다. 사적 자
치나 계약자유도 신의칙에 따라 제한될 수 있고, 구체적 사안에서 그 적
용 범위가 문제 될 뿐이다. 위임이나 신탁과 같은 계약은 신뢰관계를 기
초로 상대방의 권리와 이익을 보호하는 데에 목적이 있어 신의칙과 형평
의 관념이 강하게 작용한다. 변호사의 직무수행에는 공공성과 윤리성이
요구되고, 영리추구가 목적인 상인의 활동과는 달라 신의칙을 적용할 여
지가 크다. 변호사 보수가 반드시 일반적인 수요와 공급의 법칙에 따라
적정 수준으로 결정되고 있다고 보기 어렵고, 변호사 보수에 대한 예측
가능성을 확보할 수 있는 장치도 충분하지 않다. 전부 무효가 원칙인 민
법 제103조, 제104조를 통해서는 적정한 결론을 도출하는 데 한계가 있
고, 신의칙에 따른 보수 제한을 통해서 법 규정의 흠결(민법은 위임에 따른
보수를 제한하는 명시적인 규정을 두고 있지 않다)을 보충하는 기능을 수행할

수 있다. 이러한 보수 청구의 제한은 어디까지나 예외적인 것이므로, 법원은 그 합리적인 근거를 명확히 밝혀야 한다.

별개의견[95]의 요지는 다음과 같다. 민법은 반사회질서의 법률행위(제103조), 불공정한 법률행위(제104조) 등 법률행위의 무효사유를 개별적·구체적으로 규정하고 있다. 또한 '손해배상의 예정액이 부당히 과다한 경우에는 법원은 적당히 감액할 수 있다'고 하는 민법 제398조 제2항과 같이 명시적으로 계약의 내용을 수정할 수 있다고 규정하는 법률 조항도 존재한다. 그러나 신의칙과 관련하여서는 민법 제2조 제1항에서 "권리의 행사와 의무의 이행은 신의에 좇아 성실히 하여야 한다."라고 규정하고, 제2항에서 "권리는 남용하지 못한다."라고 규정할 뿐 이를 법률행위의 무효사유로 규정하고 있지는 않다. 그러므로 민법 제2조의 신의칙 또는 민법에 규정되어 있지도 않은 형평의 관념은 당사자 사이에 체결된 계약을 무효로 선언할 수 있는 근거가 될 수 없다. 그럼에도 신의칙 또는 형평의 관념 등 일반 원칙에 의해 개별 약정의 효력을 제약하려고 시도하는 것은 사적 자치의 원칙, 자유민주적 기본질서, 시장경제질서 등 헌법적 가치에 정면으로 반하므로 허용되어서는 안 된다.

변호사 보수 감액의 법적 성격에 관하여, 종전 대법원 판결들은 일부 무효로 보거나[96] 일부 무효임을 전제로 판단하였다.[97] 본 판결의 법정의견(다수의견)에 대해서도 종전 대법원 판결들과 같은 입장에 있는 것

---

95) 대법관 김신, 대법관 조희대의 별개의견.

96) '변호사는 불상당한 보수를 받지 못한다'는 구 변호사법(1982. 12. 31. 법률 제 3594호로 전부 개정되기 전의 것) 제17조 제2항이 폐지되기 전에 있었던 대법원 1967. 9. 5. 선고 67다1322 판결; 대법원 1968. 12. 6. 선고 67다1201 판결; 대법원 1972. 2. 29. 선고 71다2722판결 등 초기 대법원 판결들이다.

97) 이후 대법원 1991. 12. 13. 선고 91다8722판결 등은 '상당하다고 인정되는 범위를 초과하는 보수액은 그 지급을 청구할 수 없다'고 하였다.

대법원 2002. 4. 12. 선고 2000다50190판결은 보수약정의 내용이 금전이 아니라 부동산 지분 중 일정 부분을 이전하기로 하는 약정에 관한 것이다. '이 사건 보수약정 중 이 사건 각 임야에 대한 피고들 지분 중 각 12%에 해당하는 지분이전등기를 각 마쳐주기로 한 부분만 유효하고 이를 초과하여 이전등기를 마쳐주기로 한 위 보수약정은 신의성실의 원칙 및 형평의 원칙에 반하여 무효라고 봄이 상당하다고 판단한 조치 역시 정당'하다고 판단한 사례이다.

(위임계약의 일부 무효)으로 보고 있는 것 같다.[98)·99)] 이는 별개의견이 '다수의견은 신의칙이나 형평의 관념에 비추어 계약 내용의 일부만 유효하고 나머지 부분은 효력을 인정할 수 없다고 한다.'고 언급한 부분에 기인한 영향이 크다.

그러나 본 판결의 다수의견은 신의칙에 따른 보수 감액의 성격을 '계약의 수정, 변경'으로 보고 있다. 그 점에서 종전 대법원 판결과 결론은 같지만 논리 전개에 차이가 있다. 다수의견의 표현을 보면, 별개의견이 다수의견을 요약하고 있는 부분을 찾아 볼 수 없다. 오히려 '민법 제103조나 제104조에 따른 효과는 법률행위의 전부 무효가 원칙이므로 이 규정들을 통하여 변호사 보수 제한에 관한 적정한 결론을 도출하기도 어렵고, 신의칙을 적용하여 그 보수를 제한하는 것에 비하여 우월하다고 보기도 어렵다', '민법 제103조, 제104조의 요건을 충족하지 않지만 … 약정 보수약이 지나치게 많아 그 청구를 예외적으로 제한할 필요성이 있는 경우가 있다', '과도한 변호사 보수 청구를 적정 수준으로 제한하는 것은 당사자의 진정한 의사에 부합할 뿐만 아니라', '법원이 적정한 결론을 도

---

98) 권영준, "2018년 민법 판례 동향", 서울대학교 법학 제60권 제1호(2019), 263 – 266면은 '대상판결의 다수의견은 신의칙의 법률관계 수정 기능에 의거하여 변호사 보수 감액을 할 수 있다는 입장을 취하였다. 그런데 보수 감액의 법적 성격에 대해서는 생각할 점이 있다. 대상판결은 이를 위임계약의 일부 무효로 파악하는 듯하다.'고 하면서 근거로 별개의견이 이해하는 다수의견의 태도와 종래 판례의 입장을 들고 있다. 나아가 '계약이 신의칙에 위반된다고 하여 무효가 되는 것은 아니고, 민법 제137조에서 정한 일부 무효인 경우 잔부가 유효하려면 그 일부만으로 계약을 체결하였으리라는 당사자의 가정적 의사가 인정되어야 하는데 그 전제가 충족되었는지도 의문이며, 초기 판례가 일부 무효의 법리로 판단한 것은 과거 변호사법에 상당하지 않은 보수를 받을 없도록 하는 규정을 두고 있었고, 이를 강행규정으로 보았기 때문인데, 이러한 규정이 삭제되었으므로, 보수감액은 계약의 일부무효의 결과라기보다는 신의칙의 계약수정 기능이 발현된 결과로 이해해야 한다'고 한다.

99) 이계정, "변호사 보수청구 제한의 근거로서 신의칙과 신인관계 – 법관의 합리적 재량 행사의 문제를 겸하여 – ", 민사판례연구 제42권(2020), 33 – 99면도 위와 같은 입장에서 다음과 같이 비판한다. 대법원이 신의칙에 기해서 계약을 무효로 할 수 있다고 본 것은, 원칙과 예외를 뒤바꾸는 결과를 낳을 위험이 크고, 계약준수의 일반원칙이 흔들릴 우려가 있으며, 감액이 인정되는 계약과 아닌 계약 사이의 분별 기준을 제시하지 못하므로 타당하지 않고, 변호사 보수청구의 제한의 근거는 신의칙이 아닌 신인관계(fiduciary relationship)에서 찾아야 한다고 한다.

모한다는 구실로 신의칙에 기대어 당사자 사이의 계약 내용을 함부로 수정·변경하는 것은 당연히 경계해야 하지만 변호사 보수 청구 제한의 법리를 발전시켜 오면서 그 적용에 신중해야 한다는 입장을 밝혀왔으므로 … 그 우려는 해소되었다고 볼 수 있다'고 하여 신의칙에 따른 보수 감경을 인정한 종전 법리를 유지하면서도 일무 무효의 법리를 의도적으로 배제하고자 하였음을 알 수 있다.

본 판결은 변호사 업계를 둘러싼 여러 환경 변화에도 불구하고 약정 변호사보수액이 부당하게 과다한 경우에는 신의칙으로 이를 제한할 수 있다고 한 종전 판례가 여전히 유효하다고 하면서도 보수 감액을 인정한 원심을 파기함으로써 변호사 보수 감액에 관하여 신의칙을 적용하는 것에는 보다 신중해야 한다는 점을 강조하였다는 점에서 의의가 있다.[100]

제7절 소송비용
1. 대법원 2016. 6. 17.자 2016마371 결정[101]
[종국판결로 소를 각하하면서 소송비용을 무권대리인에게 부담하도록 하는 경우, 소송대리인이 판결선고 전에 사임하더라도 재판결과를 통지해야 하는지]

원고의 위임을 받은 A는 2014. 7. 29. 재항고인(변호사)에게 원고의 자필서명과 인장이 날인된 원고 명의의 소송위임장 3 내지 4매를 가지고 와서 재항고인에게 소송위임을 하였고, 재항고인은 원고가 2014. 8. 23. 사망하였다는 사실을 알지 못한 채 2014. 8. 27. 제1심판결이 선고되자 A에게 제1심 판결선고 결과를 알렸고, A가 원고로부터 받았던 소송위임장을 사용하여 항소하여 달라고 요청하자 재항고인이 2014. 9. 12. 위와

100) 본 판결에 찬성하는 견해로는 이선희, "2018년 민법총칙 및 물권법 중요판례 평석", 인권과 정의 제480호(2019. 3.), 29-30면; 반대하는 견해로는 황현호, "신의칙 및 형평의 관념에 의한 변호사 보수금의 감액 여부", 2019. 1. 28.자 법률신문, 11면.
101) 공2016하, 977.

같은 경위로 보관하고 있던 원고 명의의 위임장을 첨부하여 항소하였는
데, 이후 원고의 사망사실을 알게 되어 사임서를 제출하였다. 항소심 법
원은 항소를 각하하고 항소비용을 재항고인이 부담하도록 하면서 판결
선고 전 사임하였다는 이유로 재항고인에게 판결정본을 송달하는 등의
방법으로 재판결과를 통지하지 않았고, 이후 피고의 소송비용액확정신청
에 따른 최고서와 소송비용액계산서가 제출되자 이를 알고 추완항고를
제기하였다.

소송대리인에게 대리권이 없다는 이유로 소가 각하되고 민사소송법
제108조의 규정에 의하여 소송대리인이 소송비용 부담의 재판을 받은 경
우에는 소송대리인으로서는 자신에게 비용부담을 명한 재판에 대하여 그
재판의 형식에 관계없이 즉시항고나 재항고로 불복할 수 있다(대법원
1997. 10. 10. 선고 96다48756 판결).

대법원은, 민사소송법 제108조, 제107조 제2항에 따라 종국판결로써
소를 각하하면서 소송비용을 당사자본인으로 된 사람을 대신하여 소송행
위를 한 무권대리인에게 부담하도록 하는 경우에는 비록 소송대리인이
판결선고 전에 이미 사임한 경우에도 판결정본을 송달하는 등의 방법으
로 재판결과를 통지해야 하고, 이는 항소심법원이 항소를 각하하면서 무
권대리인에게 항소 이후의 소송비용을 부담하도록 하는 경우에도 마찬가
지이며, 만일 법원이 소송비용을 부담하도록 명한 무권대리인에게 재판결
과를 통지하지 않아서 그가 소송비용 부담 재판에 대한 항고기간을 준수
하지 못하였다면 특단의 사정이 없는 한 무권대리인은 자기책임에 돌릴
수 없는 사유로 항고기간을 준수하지 못한 것이라고 보아 추완항고가 적
법하다고 하였다.

나아가 대법원은, 원고의 수임인 A가 2014. 9. 12.경 이 사건 항소
와 관련된 일체의 소송행위 권한을 변호사인 재항고인에게 위임하였
고, 그 소송위임에 관하여 재항고인에게 중대한 과실이 없으므로 그로
인한 소송비용은 그 소송을 위임한 자에게 부담하도록 함이 타당하다
고 보아 원심을 파기하고 항소제기 이후 소송비용을 A가 부담하도록

하였다.

본 판결은 종국판결로 소나 항소를 각하하면서 소송비용을 무권대리인에게 부담하도록 한 경우 그가 판결 선고 전에 사임했더라도 판결정본을 송달하는 등 재판결과를 통지함으로써 불복(즉시항고나 재항고)의 기회를 주어야 함을 명확히 한 선례로서 의의가 있다. 나아가 본 판결은 소송대리인이 그 대리권 또는 소송행위에 필요한 권한을 받았음을 증명하지 못했더라도, 소송대리인이 그 소송위임에 관하여 중대한 과실이 없는 경우에는 그 소송비용은 소의 제기를 소송대리인에게 위임한 자가 부담하도록 하도록 하여 그 책임이 있는 자에게 소송비용이 부담되도록 형평을 기한 선례로서 의의가 있다.

2. 대법원 2019. 4. 3. 선고 2018다271657 판결[102)]

[쌍방 상소 기각과 함께 상소비용을 각자 부담으로 하면 불합리한 결과가 발생하는 경우, 법원이 당해 심급의 소송비용부담재판을 할 때 조치]

대법원은, 실무상 원고의 청구를 일부 인용한 판결에 대해 쌍방이 각 패소 부분에 상소한 사건(이하 '쌍방상소사건')에서, 각 당사자의 불복범위에 현저한 차이가 있어 쌍방 상소 기각과 함께 상소비용을 각자 부담으로 하게 되면 위와 같은 불합리한 결과가 발생한다고 인정되는 경우, 법원으로서는 당해 심급의 소송비용부담재판을 할 때 단지 각자 부담으로 할 것이 아니라 각 당사자의 불복으로 인한 부분의 상소비용을 불복한 당사자가 각각 부담하도록 하거나 쌍방의 상소비용을 합하여 이를 불복범위의 비율로 적절히 안분시키는 형태로 주문을 냄으로써, 위와 같은 불합리한 결과가 발생하지 않도록 하는 것이 바람직하다고 하였다.

본 판결은 상소심이 쌍방의 상소를 모두 기각하는 경우 당해 심급의 소송비용부담재판을 할 때 거의 예외 없이 상소인 각자 부담으로 정하고

---

102) 공2019상, 977.

있었던 법원의 실무가 각 당사자의 불복범위에 현저한 차이가 있는 경우에는 불합리한 결과를 가져올 수 있음을 지적하면서 법원이 사건을 완결하는 재판을 하면서 소송비용에 관한 재판을 할 때 소송비용의 패소자부담 등 민사소송법이 정한 원칙과 함께 소송의 형태와 경과, 상소심인 경우 불복범위 등 제반 사정을 고려하여, 당사자 사이에 실질적인 불합리와 불평등이 없도록 신중하게 그 부담을 정해야 함을 밝힌 선례로서 의의가 있다.

제8절 변　론
Ⅰ. 석 명 권

1. 재판장은 소송관계를 분명하게 하기 위하여 당사자에게 사실상 또는 법률상 사항에 대하여 질문할 수 있고, 증명을 하도록 촉구할 수 있다(민사소송법 제136조 제1항). 나아가 법원은 당사자가 간과하였음이 분명하다고 인정되는 법률상 사항에 관하여 당사자에게 의견을 진술할 기회를 주어야 한다(같은 조 제3항).

2. 대법원 2020. 8. 20. 선고 2018다249148 판결[103]
[파기환송 판결에 따른 감사지위확인 청구 사건의 심리 도중 임기만료와 후임 감사 선임 등 사정변화가 생긴 경우 법원이 취할 조치]
　　피고 주식회사의 주주들이 법원의 허가를 받아 개최한 주주총회에서 원고가 감사로 선임되었는데도 피고 회사가 감사 임용계약의 체결을 거부하자, 원고가 피고 회사를 상대로 감사 지위의 확인을 구하는 소를 제기하였고, 소 제기 당시는 물론 대법원이 원고의 청구를 받아들이는 취지의 환송판결을 할 당시에도 원고의 감사로서의 임기가 남아 있었는데, 환송 후 원심 심리 도중 원고의 임기가 만료되어 후임 감사가 선임되자 원심이 이 사건 소를 부적법 각하하였고, 이에 원고가 상고한 사안이다.
　　대법원은, 이 사건처럼 제소 당시는 물론 환송판결 당시에도 감사로서 임기가 충분히 남아 있어 원고가 현재 감사 지위에 있다는 확인을 구

---

103) 공2020하, 1769.

하였는데 원심의 심리 도중 임기만료와 후임 감사의 선임이라는 사정 변화가 생긴 경우, 원심으로서는 현재의 권리 또는 법률상 지위에 대한 위험이나 불안을 제거하기 위해 과거에 일정 기간 동안 피고의 감사 지위에 있었음에 대한 확인을 구할 이익이나 필요성이 있는지를 석명하고 이에 관한 의견을 진술하게 하거나 청구취지를 변경할 수 있는 기회를 준 다음, 원고가 그 석명에 응하여 청구취지를 변경한 경우에는 이에 따른 판결을 함으로써 분쟁의 일회적 해결을 도모해야 한다고 하여 이 사건 소를 부적법 각하한 원심을 파기환송하였다.

그 이유로, ① 일반적으로 과거의 법률관계는 확인의 소의 대상이 될 수 없지만, 그것이 이해관계인들 사이에 현재적 또는 잠재적 분쟁의 전제가 되어 과거의 법률관계 자체의 확인을 구하는 것이 관련된 분쟁을 일거에 해결하는 유효·적절한 수단이 될 수 있는 경우에는 예외적으로 확인의 이익이 인정되는데, 이 사건의 경우 원심에 이르러 원고의 임기가 만료되고 후임 감사가 선임되었다고 하여 원고의 권리 또는 법률관계에 관하여 당사자 사이에 아무런 다툼이 없다거나 법적 불안이나 위험이 없어졌다고 볼 수 없다. ② 이 사건에서 원고가 주식회사인 피고의 감사 지위에 있었는지 여부는 이를 전제로 한 원고의 다른 권리나 법률상 지위 등에 영향을 미칠 수 있다. ③ 이 사건 소송의 진행경과 등에 비추어 원고로서는 특별한 사정이 없는 한 종전의 청구를 그대로 유지하여 부적법 각하판결을 받는 것보다는 현재의 권리나 법률상 지위 등에 영향을 미칠 수 있는 과거의 감사 지위에 대한 확인판결이라도 받겠다는 의사를 가진다고 보는 것이 합리적이다. ④ 위와 같은 법원의 석명은 제1심부터 환송판결에 이르기까지 당사자 사이에 충분히 주장·증명이 이루어진 사항을 기초로 하므로, 피고가 예견할 수 있는 범위 내에 있어 이로 인해 특별히 피고가 불리하게 된다고 볼 수 없다는 점을 들었다.

본 판결은 확인의 소에서 확인의 이익을 판단하는 기준에 관하여 실질적인 분쟁해결의 필요성, 소송경제, 당사자의 권리구제 목적 등을 고려해서 과거의 법률관계에 대한 확인의 이익이 인정될 수 있는 범위를 확대하였고, 소송 중에 확인의 대상이 되는 법률관계가 과거의 것이 된 경우에도 현재의 권리 또는 법률상 지위에 미칠 수 있는 영향이나 당사자의 의사 등을 충분히 고려하여 당사자에게 이에 관한 의견을 진술하게 하거나 청구취지를 변경할 수 있는 기회를 주도록 법원의 석명의무를 인정한 선례로서 의의가 있다.[104]

3. 그 밖에 2010년대에 이루어진 '석명권' 내지 '석명의무' 관련 판결례는 다음과 같다.

1) 대법원 2014. 3. 13. 선고 2011다111459 판결은,[105] 원고가 당초 이 사건 제1토지 중 일부 지분에 관하여 청구취지를 특정하여 소유권이전등기절차의 이행을 청구하였으나, 제1심법원이 이 사건 제1토지는 지적공부상 존재할 수 없는 토지라고 판시하자, 원심 단계에 이르러 이 사건 공유토지분할 전의 토지를 기초로 하여 청구취지를 변경하였는데, 지적공부 소관청이 한 공유토지 분할이 당연무효라고 볼 수 없어 청구취지가 특정되었다고 볼 수 없었던 사안에서, 당사자가 부주의 또는 오해로 인하여 청구취지가 특정되지 않은 것을 명백히 간과한 채 본안에 관하여 공방을 하고 있는데도 보정의 기회를 부여하지 않은 채 당사자가 전혀 예상하지 못하였던 청구취지 불특정을 이유로 소를 각하하는 것은 석명의무를 다하지 않아 심리를 제대로 하지 않은 잘못이 있다고 보아 원심판결을 파기하였다.

2) 대법원 2015. 7. 9. 선고 2013다69866 판결은,[106] 회생채무자에 대한 회생절차개시결정으로 중단된 소송절차가 수계된 경우에 법원이 종전의 청구취지대로 채무의 이행을 명하는 판결을 할 수는 없고, 만일 회생채권자가 이를 간과하여 청구취지 등을 변경하지 않은 경우 법원은 원

---

104) 이에 대한 대법원 판례해설로는 정영호, "감사 지위 확인청구 소송 도중 임기가 만료된 경우 그 확인의 이익 유무를 판단하는 기준과 법원의 석명의무", 대법원판례해설 제125호, 법원도서관(2021), 223-273면.
105) 공2014상, 829.
106) 공2015하, 1129.

고에게 청구취지 등을 변경할 필요가 있다는 점을 지적하여 회생채권의
확정을 구하는 것으로 청구취지 등을 변경할 의사가 있는지를 석명하여
야 한다고 하였다.[107]

3) 대법원 2011. 11. 10. 선고 2011다55405 판결은,[108] 상대적 불확
지 변제공탁의 피공탁자 중 1인을 채무자로 하여 그의 공탁물출급청구권
에 대하여 채권압류 및 추심명령을 받은 추심채권자는 공탁물을 출급하
기 위하여 자기의 이름으로 다른 피공탁자를 상대로 공탁물출급청구권이
추심채권자의 채무자에게 있음을 확인한다는 확인의 소를 제기할 수 있
는데, 원고가 비록 변론기일에서 소장에 기재된 당사자표시와 청구취지를
정정하는 과정에서 이 사건 공탁금에 대한 공탁물출급청구권이 원고의
채무자인 A에 있다는 확인을 구하지 않고, 이 사건 공탁금에 대한 공탁
물출급청구권이 원고에게 있음을 확인한다는 것이라고 진술하였으나, 원
고의 위와 같은 진술은 당사자 본인인 원고가 부주의나 법률적 지식의
부족으로 법리를 제대로 이해하지 못한 데서 비롯한 것으로 보이므로 출
급청구권이 A에게 있음을 확인한다는 청구취지로 정정하도록 기회를 주
었어야 한다고 하였다.

4) 채무불이행, 불법행위로 인한 손해배상책임이 인정되는 경우
또는 부당이득반환책임이 인정되는 경우에 법원은 그 손해액에 관한
당사자의 주장과 증명이 미흡하더라도 적극적으로 석명권을 행사하여
증명을 촉구하여야 하고 경우에 따라서는 직권으로라도 손해액을 심

---

107) 대법원 2020. 12. 10. 선고 2016다254467, 254474 판결(공2021상, 179)은, 채무
    자회생 및 파산에 관한 법률 제6조 제1항에 의한 파산선고 당시에 종전 회생절차
    에서 제기되었던 조사확정재판에 대한 이의의 소가 계속 중이라면, 채권자는 채무
    자회생법 제464조에 따라 이의자 전원을 그 소송의 상대방으로 하여 소송을 수계
    해야 하고, 이때의 수계신청은 상대방도 할 수 있는데, 그 당사자가 청구취지를
    회생채권자표의 확정을 구하는 것에서 파산채권자표의 확정을 구하는 것으로 변경
    할 수도 있고, 회생채권자표의 확정을 구하면서 파산채권자표의 확정을 구하는 내
    용의 청구취지를 추가할 수도 있으므로, 원고가 청구취지를 변경 또는 추가하지
    않는 등 명확한 의사를 밝히지 않는다면 법원은 이점을 지적하여 당사자의 명확한
    의사를 석명하여야 한다고 하였다.
108) 공2011하, 2553.

리 · 판단하여야 한다(대법원 1986. 8. 19. 선고 84다카503, 504 판결, 대법원 2009. 6. 25. 선고 2009다26824 판결, 대법원 2016. 11. 10. 선고 2013다71098 판결 등).

대법원 2012. 6. 14. 선고 2012다20819 판결(미간행)은, 지방자치단체의 부당이득반환책임을 인정하면서도 갑의 손해액에 관한 증명이 불충분하다는 이유만으로 부당이득반환청구를 배척한 원심판결에 손해액의 증명에 관한 법리오해 등의 잘못이 있다고 하였다.

대법원 2020. 3. 26. 선고 2018다301336 판결은,[109] A가 B 주식회사와 건물 리노베이션과 증축에 관한 설계 및 감리계약을 체결하였다가 해지한 후 B 회사와 건축사인 C를 상대로 설계도면의 하자를 이유로 손해배상을 구한 사안에서, A가 설계도면의 하자를 보수하는 비용을 지급한 것으로 볼 여지가 있으므로 원심으로서는 손해액에 관하여 적극적으로 석명권을 행사하고 증명을 촉구하여 이를 밝히거나, 제출된 증거와 당사자의 주장, A와 B 회사 등의 관계, 손해 발생 경위, 손해의 성격, 손해가 발생한 이후의 여러 정황 등 관련된 모든 간접사실을 종합하여 손해액을 인정하였어야 하는데도, 이러한 조치를 하지 않고 손해액에 관한 주장과 증명이 없다는 이유로 A의 손해배상청구를 배척한 원심판단에 법리오해 등의 잘못이 있다고 하였다.

5) 대법원 2014. 12. 11. 선고 2013다59531 판결(미간행)은, '소송의 정도로 보아 당사자가 무지, 부주의나 오해로 인하여 증명을 하지 않는 경우, 더욱이 법률전문가가 아닌 당사자 본인이 소송을 수행하는 경우라면, 증명을 촉구하는 등의 방법으로 석명권을 적절히 행사하여 진실을 밝혀 구체적 정의를 실현하려는 노력을 게을리 하지 말아야 한다'고 하여 대법원 1989. 7. 25. 선고 89다카4045 판결에서 제시한 법리를 재확인하면서 원고의 지배인이 소송수행을 하는 이 사건에서 피고의 소멸시효 항변에 대하여 원고가 가압류신청사건의 사건번호까지 명시하여

---

109) 공2020상, 819.

소멸시효 중단 주장을 하였다면 원심으로서는 마땅히 석명권을 행사하
여 원고에게 그 증명을 촉구하고, 주장의 당부를 심리·판단하여야 하
는데도, 원고의 소멸시효 중단 주장에 관한 증명을 촉구하지 않고 위
주장에 관하여 아무런 판단을 하지 않은 것은 석명의무를 위반한 것이
라고 하였다.

6) 대법원 2013. 11. 28. 선고 2011다80449 판결은,[110] 당사자들이
부제소 합의의 효력이나 그 범위에 관하여 쟁점으로 삼아 소의 적법 여
부를 다투지 않았는데도 법원이 직권으로 부제소 합의에 위배되었다는
이유로 소가 부적법하다고 판단하기 위해서는 그와 같은 법률적 관점에
대하여 당사자에게 의견을 진술할 기회를 주어야 하고, 부제소 합의를
하게 된 동기 및 경위, 그 합의에 의하여 달성하려는 목적, 당사자의 진
정한 의사 등에 관하여도 충분히 심리할 필요가 있는데, 원심법원이 이
사건 입찰지침서에 첨부된 이행각서의 문구를 근거로 직권으로 부제소
합의를 인정하여 소를 각하한 것은 예상외의 재판으로 당사자 일방에게
불의의 타격을 가하는 것으로서 석명의무를 위반하여 필요한 심리를 제
대로 하지 않은 잘못이 있다고 하였다.

7) 대법원 2014. 1. 16. 선고 2013다69385 판결(미간행)은, 소장 및
원고의 준비서면의 기재 내용을 보면, 원고가 피고의 복직거부에 의한
채무불이행이나 불법행위에 따른 손해배상으로 위 퇴직금 상당액을 청
구한 것으로만 볼 수 없고, 설령 소송 진행 과정에서 원고가 위 퇴직
금 상당을 손해배상으로 청구하는 것으로 보이는 행위를 하였더라도
원고의 청구원인이 불명료(불완전)하다고 볼 수 있으므로 원심으로서는
석명권을 행사하여 위 퇴직금을 근로계약에 의하여 청구하는 것인지,
아니면 손해배상으로서 청구하는 것인지 명확히 한 다음 판단해야 한
다고 하였다.

---

110) 공2014상, 22.

Ⅱ. 실기한 공격·방어방법의 각하

1. 대법원 2010. 10. 28. 선고 2010다20532 판결[111]

[법원의 변론재개의무와 실기한 공격방어방법의 관계]

이 사건 구상금채권에 관하여 피고들은 제1심부터 소멸시효가 완성되었다고 항변하였는데, 원고는 제1심부터 환송 후 원심의 변론종결 시까지 위 소멸시효가 중단되었다는 주장·증명을 제출할 기회가 충분히 있었는데도 이를 제출하지 않다가 환송 후 원심 변론종결 후에야 비로소 그 주장·증명을 제출하기 위하여 변론재개신청을 한 사안이다.

원심은 원고가 위와 같은 소멸시효 중단의 재항변을 할 기회가 있었음에도 변론종결 후에 그에 관한 주장·증명을 제출하는 것은 실기한 공격방어방법이므로 변론을 재개하지 않는다고 판단하였다. 이에 원고가 석명의무 위반 등에 관한 법리오해와 변론재개에 관한 법리오해를 주장하며 상고하였다.

대법원은, 변론재개신청을 받아들일지 여부는 원칙적으로 법원의 재량에 속하지만 ① 당사자가 변론종결 전에 그에게 책임을 지우기 어려운 사정으로 주장·증명을 제출할 기회를 제대로 갖지 못하였고, 그 주장·증명의 대상이 판결의 결과를 좌우할 수 있는 관건적 요증사실에 해당하는 경우 등과 같이, 당사자에게 변론을 재개하여 그 주장·증명을 제출할 기회를 주지 않은 채 패소의 판결을 하는 것이 민사소송법이 추구하는 절차적 정의에 반하는 경우와 ② 법원이 사실상 또는 법률상 사항에 관한 석명의무나 지적의무 등을 위반한 채 변론을 종결하였는데 당사자가 그에 관한 주장·증명을 제출하기 위하여 변론재개신청을 한 경우와 같이 사건의 적정하고 공정한 해결에 영향을 미칠 수 있는 소송절차상의 위법이 드러난 경우에는 법원은 변론을 재개하고 심리를 속행할 의무가 있다고 판단하였다.

---

111) 공2010하, 2157.

나아가 '법원이 변론을 재개할 의무가 있는지 여부는 위와 같은 예외적인 요건 등을 갖추고 있는지 여부에 의하여 판단하여야 하고, 위와 같은 예외적 요건 등을 갖추지 못하여 법원이 변론을 재개할 의무가 없는데도 변론이 재개될 것을 가정한 다음, 그와 같이 가정적으로 재개된 변론의 기일에서 새로운 주장·증명을 제출할 경우 실기한 공격방어방법으로 각하당하지 않을 가능성이 있다는 사정만으로 법원이 변론을 재개할 의무가 생긴다고 할 수는 없다.'고 하고, '다만, 실제로 법원이 당사자의 변론재개신청을 받아들여 변론재개를 한 경우에는 소송관계는 변론재개 전의 상태로 환원되므로, 그 재개된 변론기일에서 제출된 주장·증명이 실기한 공격방어방법에 해당되는지 여부를 판단할 때에는 변론재개 자체로 인한 소송완결의 지연은 고려할 필요 없이 민사소송법 제149조 제1항이 규정하는 요건을 충족하는지를 기준으로 그 해당 여부를 판단하면 된다.'고 법리를 제시하였다.

대법원은 이 사안에 관해서 원고가 소멸시효 중단의 재항변을 하지 않고 있는 경우 원심이 재항변 제출을 권유하는 등으로 석명하거나 지적할 의무가 없다고 하고, 원고가 구상금채권에 대하여 소멸시효가 중단되었다는 주장, 증명을 제출할 기회가 있었는데도 이를 제출하지 않은 이상 변론이 재개될 경우 실기한 공격방어방법으로 각하 당하지 않을 가능성이 있다는 사정만으로 법원의 변론재개 의무가 있다고 볼 수도 없으며, 원심의 판단은 '변론재개를 하여야 할 의무가 없는데도 위 변론재개신청을 받아들여 이미 변론이 종결된 소송을 재개한다면 그 자체가 소송의 완결을 지연시키게 되므로 변론을 재개하지 않는다'는 취지이고, '원래 변론을 재개할 의무가 있지만 재개된 변론의 기일에서 제출될 소멸시효 중단의 재항변이 실기한 공격방어방법에 해당하므로 변론을 재개하지 않는다'는 취지라고 볼 수는 없다고 하여 상고를 기각하였다.

본 판결은 변론의 재개의무의 요건으로서 종래 대법원 판결례에서 제시되었던 '변론을 재개하여 다시 방어방법의 제출 기회를 주는 것이 민사소송이 추구하는 절차적 정의에 부합하는 경우'뿐만 아니라 '석명의무나 지적의무를 위반하는 등으로 소송절차상 위법이 드러난 경우'를 추가로 제시하였고, 그와 같은 요건을 충족하지 않는 경우에는 단순히 결론을 좌우할 관건적 요증사실에 해당한다는 것만으로는 법원에 변론 재개의무가 없음을 명확하게 밝혔다. 나아가 법원이 변론을 재개할 의무가 있는지 여부에 관한 판단은 당사자가 변론재개를 통해서 주장, 증명하고자 하는 사항이 실기한 공격방어방법에 해당하는지와는 무관하고, 실제 법원이 변론을 재개한 경우 재개된 변론기일에서 제출된 주장, 증명이 실기한 공격방어방법에 해당하는지를 판단할 때에는 변론재개로 인한 소송완결 지연은 고려할 필요가 없다고 하여 상호 독립적으로 그 요건을 판단해야 한다는 점을 명확하게 하였다.[112]

2. 대법원 2017. 5. 17. 선고 2017다1097 판결[113]
[항소심에서 새로운 공격·방어방법이 제출된 경우 실기한 공격방어 방법에 해당하는지를 판단하는 구체적인 기준]

원고가 피고 종중을 상대로 매매계약에 기한 소유권이전등기절차의 이행과 이 사건 매매계약에서 정한 특약사항(매매대상 부동산에 있는 묘지를 전부 이장하기로 하되 이장하지 못할 경우 묘지 1기당 일정금액을 매매대금에서 공제하기로 함) 위반에 따른 금전지급을 구하였는데, 피고는 이 사건 매매계약이 불공정한 법률행위로서 무효라고 주장하였다가 1심에서 3차례의 변론기일과 조정기일이 진행된 다음 1심 법원이 원고의 청구를 모두 인용하였는데, 피고가 항소하면서 항소이유서에 이 사건 매매계약이 종중총회 등 적법한 절차를 거치지 않아서 무효라고 주장하였다. 원심은 바로 조정에 회부하여 조정기일에서 조정이 성립하지 않자 1차 변론기일을 열어 피고가 항소장과 항소이유서를 진술하자 피고의 항소심에서의 주장은 실기한 공격방어방법으로 각하한다는 결정을 고지하고 변론을 종결한 다음 판결을 선고하였다.

112) 장재형, "2010년 민사소송법 중요판례", 인권과 정의 제415호(2011), 158면.
113) 공2017상, 1263.

대법원은 「민사소송법 제149조에 정한 실기한 공격·방어방법이란 당사자가 고의 또는 중대한 과실로 소송의 정도에 따른 적절한 시기를 넘겨 뒤늦게 제출하여 소송의 완결을 지연시키는 공격 또는 방어의 방법을 말한다. 여기에서 적절한 시기를 넘겨 뒤늦게 제출하였는지 여부를 판단함에는 새로운 공격·방어방법이 구체적인 소송의 진행정도에 비추어 당사자가 과거에 제출을 기대할 수 있었던 객관적 사정이 있었는데도 이를 하지 않은 것인지, 상대방과 법원에 새로운 공격·방어방법을 제출하지 않을 것이라는 신뢰를 부여하였는지 여부 등을 고려해야 한다. 항소심에서 새로운 공격·방어방법이 제출된 경우에는 특별한 사정이 없는 한 항소심뿐만 아니라 제1심까지 통틀어 시기에 늦었는지 여부를 판단해야 한다. 나아가 당사자의 고의 또는 중대한 과실이 있는지 여부를 판단함에는 당사자의 법률지식과 함께 새로운 공격·방어방법의 종류, 내용과 법률구성의 난이도, 기존의 공격·방어방법과의 관계, 소송의 진행경과 등을 종합적으로 고려해야 한다.」고 하였다.

본 사안에 관하여 대법원은 피고가 본인소송을 하였고, 제1심판결이 선고되자 항소하면서 바로 항소이유서에서 이 사건 주장을 하였는데, 사실로 인정될 경우 이 사건 매매계약이 무효로 될 수도 있는 공격·방어방법에 해당하는 점, 제1심은 6개월 정도 진행되었는데 피고가 원심 제1차 변론기일 이전에 이미 이 사건 주장을 하였으므로 원심이 이를 심리하기 위하여 추가로 오랜 심리기간이 필요할 것으로 보기 어려운 점을 들어 피고의 이 사건 주장이 실기한 공격·방어방법에 해당한다거나 이 사건 주장을 적시에 제출하지 않은 데에 고의 또는 중대한 과실이 있다고 보기 어렵다고 하여 원심판결을 파기환송하였다.

본 판결은 민사소송법 제149조에 정한 실기한 공격·방어방법의 의미와 실기한 공격·방어방법에 해당하는지를 판단하는 구체적인 기준을 제시하고, 항소심에서 새로운 공격·방어방법이 제출된 경우 항소심뿐만 아니라 제1심까지 통틀어 시기에 늦었는지 여부를 판단해야 함을 명확히 하였다는 점에서 의의가 있다.

Ⅲ. 변   론

1. 대법원 2020. 1. 9.자 2019마6016 결정[114]

[재판기록의 열람 등 제한이 문제된 사례]

1. 신청인이 제3자와 체결한 주주간 계약서 제17조는 계약당사자에 대해 비밀유지의무를 부과할 뿐 아니라 계약당사자로 하여금 "이사, 임원, 직원, 대리인 및 하청업자에게 제17조의 모든 사항을 준수할 수 있도록 필요한 모든 조치를 취해야 한다."라는 구체적인 의무를 부과하는 한편, 위 조항이 계약 종료 후 3년간 유효하다고 정함으로써 합리적인 기간 내로 그 의무의 부담을 제한하고 있었던 사안이다.

대법원은 이러한 정도의 비밀유지의무가 부과된 문서에 관하여는 영업비밀이 적혀 있다는 소명이 있다고 볼 여지가 있다고 보아 주주간 계약서에 영업비밀이 적혀 있다는 점에 대한 신청인의 소명이 부족하다고 하여 열람 제한 등을 구하는 이 사건 신청을 기각한 원심 결정을 파기하였다.

① 민사소송법 제163조 제1항 제2호에 따르면, 소송기록 중에 당사자가 가지는 영업비밀이 적혀 있는 때에 해당한다는 소명이 있는 경우에는 법원은 당사자의 신청에 따라 결정으로 소송기록 중 그 부분의 열람 등을 신청할 수 있는 자를 당사자로 한정할 수 있다. 위 조항은 "이때의 영업비밀은 부정경쟁방지 및 영업비밀보호에 관한 법률 제2조 제2호에 규정된 영업비밀을 말한다."라고 규정하고 있으므로 위 영업비밀의 개념은 부정경쟁방지 및 영업비밀보호에 관한 법률상의 영업비밀의 개념과 동일하게 해석함이 타당하고,[115] ② 미확정 상태의 소송기록에 관하여는

---

114) 공2020상, 40.

115) 2015. 1. 28. 법률 제13081호로 개정되기 전의 부정경쟁방지법 제2조 제2호에서는 영업비밀에 관하여 상당한 노력에 의하여 비밀로 유지될 것을 요구하였고, 대법원 2008. 7. 10. 선고 2008도3435 판결, 대법원 2017. 1. 25. 선고 2016도 10389 판결 등도 "'상당한 노력에 의하여 비밀로 유지된다'는 것은 그 정보가 비밀이라고 인식될 수 있는 표시를 하거나 고지를 하고, 그 정보에 접근할 수 있는 대상자나 접근 방법을 제한하거나 그 정보에 접근한 자에게 비밀준수의무를 부과하는 등 객관적으로 그 정보가 비밀로 유지·관리되고 있다는 사실이 인식 가능한

당사자나 이해관계를 소명한 제3자만이 열람 등이 가능하도록(민사소송법 제162조 제1항) 정하고 있는데 민사소송법 제352조에 따라 미확정 상태의 다른 소송기록을 대상으로 하는 문서의 송부가 촉탁된 경우, 해당 소송기록을 보관하는 법원은 정당한 사유가 없는 한 이에 협력할 의무를 부담하므로(민사소송법 제352조의2), 미확정 상태의 소송기록에 적혀 있는 영업비밀을 보호할 필요성이 더욱 크다.

2. 한편, 2011. 7. 18. 개정되어 2015. 1. 1.부터 시행된 민사소송법 제163조의2는 누구든지 판결이 선고된 사건의 판결서(확정되지 않은 사건에 대한 판결서 포함)[116]를 인터넷 등 전자적 방법 등으로 열람 및 복사할 수 있도록 하였는데, 이는 일반 국민에게 판결서에 대한 접근성을 높여 국민의 알권리를 충족시키고 재판의 공개 원칙을 실질적으로 보장하기 위한 것이다. 한편, 법원사무관등으로 하여금 판결서 열람 및 복사에 앞서 판결서에 기재된 성명 등 개인정보가 공개되지 않도록 보호조치를 하도록 하고, 비밀보호를 위한 열람 등의 제한에 관한 민사소송법 제163조를 준용하도록 하면서 판결서의 열람 및 복사의 방법과 절차, 개인정보 보호조치의 방법과 절차, 그 밖에 필요한 사항은 대법원규칙으로 정하도록 하였다

이후 시행과정에서 민사사건의 경우 판결 열람을 신청에 따른 수수료 부담과 검색의 제약 등에 따른 비판이 있었고, 이에 2020. 12. 8. 개정을 통해서 열람 및 복사의 대상이 되는 판결서는 대법원규칙으로 정하는 바에 따라 판결서에 기재된 문자열 또는 숫자 열이 검색어로 기능할 수 있도록 제공되도록 함으로써 재판 공개라는 헌법적 요청을 충족시키고, 판결의 공정성과 투명성이 확보되도록 하였다.

상태인 것을 말한다."라고 판시하였다. 이후 법률 제13081호로 개정된 부정경쟁방지법 제2조 제2호에서는 "합리적인 노력에 의하여 비밀로 유지"될 것만을 요구하게 되었고, 이 사건은 위와 같이 개정된 부정경쟁방지법이 적용된다(나아가 2019. 7. 9.부터 시행되는 2018. 1. 8. 법률 제16204호로 개정된 부정경쟁방지법 제2조 제2호에서는 영업비밀에 관하여 "비밀로 관리"될 것만을 요구하고 있다).

116) 「소액사건심판법」이 적용되는 사건의 판결서와 「상고심절차에 관한 특례법」 제4조 및 이 법 제429조 본문에 따른 판결서는 제외한다.

제9절 송   달

1. 대법원 2014. 10. 30. 선고 2014다43076 판결[117)

[한시적 기간에만 설치되거나 운영되는 곳이라도 어느 정도 반복해서 송달이 이루어질 것이라고 객관적으로 기대할 수 있는 경우 송달장소에 해당하는지 여부]

도의원 보궐선거에 출마한 A의 선거사무소로 소장부본 등의 송달이 유효하게 이루어진 후 피고들이 우편으로 답변서를 제출하면서 그 선거사무소를 주소로 기재한 우편봉투를 이용하면서 송달장소변경신고를 하지 않은 상태에서 변론기일통지서 등이 송달불능되자 위 사무소로 발송송달을 하고 피고들이 불출석한 상태에서 변론을 진행하여 원고 승소판결을 선고한 다음 판결정본을 공시송달 방법으로 송달한 사안에서 송달의 적법성이 문제되었다.

대법원은, 「민사소송법 제183조 제1항은 "송달은 받을 사람의 주소·거소·영업소 또는 사무소(이하 '주소 등'이라 한다)에서 한다."고 규정하고 있는바, 여기서 영업소 또는 사무소는 송달받을 사람의 영업 또는 사무가 일정 기간 지속하여 행하여지는 중심적 장소로서, 한시적 기간에만 설치되거나 운영되는 곳이라고 하더라도 그곳에서 이루어지는 영업이나 사무의 내용, 기간 등에 비추어 볼 때 어느 정도 반복해서 송달이 이루어질 것이라고 객관적으로 기대할 수 있는 곳이라면 위 조항에서 규정한 영업소 또는 사무소에 해당한다.」고 보아 A의 선거사무소가 민사소송법 제183조 제1항의 사무소에 해당하고, 유효하게 송달이 이루어진 뒤 피고들이 송달장소변경신고를 하지 않은 상태에서 송달불능이 된 이상 이 사건 주소로 한 발송송달은 적법하다고 하였다.

---

117) 공2014하, 2263.

2. 대법원 2015. 12. 10. 선고 2012다16063 판결[118)

[민사소송법 제183조 제2항에서 정한 '근무장소'의 의미]

피고 A, B, C 등은 모두 갑 회사의 비상근이사, 사외이사 또는 비상
근감사인데 다른 주된 직업을 갖고 있고, 갑 회사의 법인등기사항증명서
에는 이들 피고의 주소가 등재되어 있지 않았다. 이에 원고는 소장에 피
고 A, B, C 등의 주소를 갑 회사의 본점 소재지로 기재하였고, 피고 A,
B, C 등에 대한 소장부본을 위 장소로 송달하여 갑 회사의 직원이 수령
한 사안에서 송달의 효력이 문제되었다.

대법원은, 「송달받을 사람의 주소나 영업소 등을 알지 못하거나 그
장소에서 송달할 수 없는 때에는 송달받을 사람이 고용·위임 그 밖에
법률상 행위로 취업하고 있는 다른 사람의 주소 등, 즉 '근무장소'에서 송
달할 수 있는데(민사소송법 제183조 제2항), 이때 '근무장소'는 현실의 근무
장소로서 고용계약 등 법률상 행위로 취업하고 있는 지속적인 근무장소
라고 해석된다.」고 하면서 다른 주된 직업을 가지면서 비상근이사 등의
직에 있는 피고 A, B, C 등에게 갑 회사 본점은 지속적인 근무장소라고
볼 수 없고, 갑 회사 직원이 갑 회사 본점 소재지에서 소장 부본을 수령
한 것이 민사소송법 제186조 제2항[119)에 정한 보충송달로서의 효력도 없
다고 보아 원심판결 중 피고 A, B, C 등에 대한 부분을 파기하였다.

3. 대법원 2016. 11. 10. 선고 2014다54366 판결

[상반된 이해관계 있는 수령대행인에게 보충송달을 할 수 있는지]

원고는 2008. 9. 10. 채무자를 A(피고의 사무원), 제3채무자를 피고,

---

118) 공2016상, 105.
119) 제186조(보충송달·유치송달)
② 근무장소에서 송달받을 사람을 만나지 못한 때에는 제183조제2항의 다른 사
람 또는 그 법정대리인이나 피용자 그 밖의 종업원으로서 사리를 분별할 지능
이 있는 사람이 서류의 수령을 거부하지 아니하면 그에게 서류를 교부할 수
있다.

청구금액을 6,000만 원으로 하여, A의 피고에 대한 임금 및 퇴직금채권에 대한 채권압류 및 추심명령을 받았고, 위 채권압류 및 추심명령 결정정본을 피고의 본점 소재지에서 근무하던 A가 수령하였으나 피고의 대표이사에게 전달하지 않았다. 원고는 이 사건 채권압류 및 추심명령을 근거로 피고를 상대로 이 사건 추심금청구의 소를 제기하였는데, 그 소장 부본과 무변론 승소판결 정본 역시 A가 피고의 사무원으로서 이를 수령하였다(A는 위와 같이 수령한 소송서류와 제1심 판결정본을 피고의 대표이사에게 전달하지 않았다). 피고의 대표이사는 2013. 8. 30. 이 사건 제1심 기록을 열람하고, 2013. 9. 3. 추완항소장을 제1심법원에 제출하였는데, 피고의 추완항소의 적법성이 문제되었다. A가 피고의 사무원으로서 소송서류를 수령한 것이 보충송달로서의 효력을 가지는지가 핵심 쟁점이다.

송달은 원칙적으로 송달받을 사람의 주소·거소·영업소 또는 사무소에서 송달받을 사람 본인에게 교부하는 교부송달이 원칙이나(민사소송법 제178조 제1항, 제183조 제1항), 송달기관이 위와 같은 장소에서 송달받을 사람을 만나지 못한 때에는 그 사무원, 피용자 또는 동거인으로서 사리를 분별할 지능이 있는 사람에게 하는 보충송달에 의할 수도 있다(같은 법 제186조 제1항).

대법원은 다음과 같이 판시하면서 피고의 수령대리인인 A가 피고와 해당 소송에서 대립된 이해관계를 가지므로 A가 소송서류를 수령한 것이 피고에 대한 송달로서 효력이 없고, 이에 따라 항소기간이 진행하지 않아 피고의 추완항소는 피고에게 책임질 수 없는 사유가 있는지와 관계없이 적법하며, 이 사건 압류 및 추심명령도 효력이 없으므로, 원고는 추심금 청구의 소를 제기할 적격이 없어 이 사건 소는 부적법 각하되어야 한다고 하였다.

「보충송달 제도는 본인 아닌 그의 사무원, 피용자 또는 동거인, 즉 수령대행인이 서류를 수령하여도 그의 지능과 객관적인 지위, 본인과의 관계 등에 비추어 사회통념상 본인에게 그 서류를 전달할 것이라는 합리적인 기대를 전제로 한다. 그런데 본인과 수령대행인 사이에 당해 소송에 관하여 이해의 대립 내지 상반된 이해관계가 있는 때에는 수령대행인이 소송서류를 본인에게 전달할 것이라고 합리적으로 기대하기 어렵고, 이해가 대립하는 수령대행인이 본인을 대신하여 소송서류를 송달받는 것은 쌍방대리금지의 원칙에도 반하므로, 본인과 사이에 당해 소송에 관하여 이해의 대립 내지 상반된 이해관계가 있는 수령대행인에 대하여는 보충송달을 할 수 없다고 보아야 한다.」

　　보충송달의 경우 수령대행인에게 서류가 교부되면 본인에 대한 송달의 효력이 생기고, 위 서류가 송달받을 본인에게 전달된 때에 송달의 효력이 발생하는 것이 아니다.[120]

　　본 판결은 본인과 수령대행인 사이에 해당 소송에 관하여 이해의 대립 내지 상반된 이해관계가 있는 때에는 원칙적으로 보충송달로서의 효력을 인정할 수 없다고 밝힌 선례로서 의의가 있다.[121]

　　이에 대하여는 객관적으로 명료하지 않은 사정에 의해 송달의 효력이 좌우되도록 하는 것은 법적 안정성을 훼손할 뿐만 아니라 송달사무에 혼란을 가져올 수 있어 일단 송달 실시 단계에서 보충송달의 효력을 직접 문제 삼지 않고, 송달의 유효성과 당사자의 구제수단을 분리하여 실시된 송달의 사후적인 평가에서 송달받을 사람에게 전달되지 않았다면 그러한 보충송달에 흠이 있는 것으로 보아 당사자의 구제수단 단계에서 검토하는 것이 바람직하다는 견해가 있다.[122]

　　본 판결 이후 선고된 대법원 2021. 3. 11. 선고 2020므11658 판결은,[123] 원고가 피고를 상대로 이혼을 청구한 사건에서 제1심법원이 원고와 피고가 이혼한다는 내용의 화해권고결정을 하였는데, 위 결정 정본을 원고와 피고의 성년 자녀이자 동거인인 A가 원고와 피고를 대신하여 동시에 송달받은 사안에서, A가 이해상충 관계에 있는 원고와 피고 모두에

---

120) 대법원 2008. 1. 14.자 2007마994 결정; 대법원 2012. 2. 23. 선고 2011다85208 판결; 대법원 2018. 8. 30. 선고 2018다229984 판결.
121) 김지희, "상반된 이해관계 있는 수령대행인에 대한 보충송달의 효력", 저스티스 제162호(2017), 313-340면.
122) 전병서, "이해의 대립 내지 상반된 이해관계가 있는 사람에게의 보충송달의 효력", 법조 통권 제723호(2017), 783면 이하.
123) 공2021상, 770.

게 소송서류를 제대로 전달할 것이라고 합리적으로 기대하기 어려우므로, 피고의 허락을 받았다는 등의 특별한 사정이 없는 한, A가 원고와 피고를 대신하여 위 결정 정본을 동시에 송달받은 것은 부적법한 송달로서 무효라고 보아 원심을 파기하였다.

송달의 효과는 일률적이고 명확하게 정하는 것이 바람직하다. 이해관계가 대립되거나 상반된 수령대행인은 소송서류를 수령할 권한이 없어 그에 대한 송달은 원칙적으로 무효이다. 다만 실제 본인에게 전달된 경우나 본인이 이를 알고도 이의를 제기하지 않으면 무효인 소송행위의 추인에 관한 민사소송법 제60조를[124] 유추 적용해서 이를 유효하다고 볼 수 있지 않을까.

제10절 자유심증주의
1. 대법원 2013. 5. 16. 선고 2012다202819 전원합의체 판결[125]
[진실·화해를 위한 과거사정리위원회 조사보고서가 갖는 증명력과 내용의 모순 등으로 조사보고서의 사실확정을 수긍하기 곤란한 경우 법원이 취할 조치]

진도군 민간인 희생 국가배상청구 사건에서, 대법원은 '진실·화해를 위한 과거사정리 기본법'에 의한 '진실·화해를 위한 과거사정리위원회(이하 '정리위원회'라 한다)의 조사보고서는 국가를 상대로 손해배상을 청구하는 민사소송에서도 특별한 사정이 없는 한 유력한 증거자료가 되지만, 조사보고서나 정리위원회의 처분 내용이 법률상 '사실의 추정'과 같은 효력을 가지거나 반증을 허용하지 아니하는 증명력을 가지는 것은 아니고 조사보고서 중 해당 부분을 개별적으로 검토하는 등 개별 당사자가 해당 사건의 희생자라는 점을 증거에 의하여 확정하는 절차를 거쳐야 한다고 보았다.

---

124) 제60조(소송능력 등의 흠과 추인)
　　소송능력, 법정대리권 또는 소송행위에 필요한 권한의 수여에 흠이 있는 사람이 소송행위를 한 뒤에 보정된 당사자나 법정대리인이 이를 추인한 경우에는, 그 소송행위는 이를 한 때에 소급하여 효력이 생긴다.
125) 공2013하, 1077.

더구나 조사보고서 자체로 개별 신청대상자 부분에 관하여 판단한 내용에 모순이 있거나 스스로 전제한 결정 기준에 어긋난다고 보이거나, 조사보고서에 희생자 확인이나 추정 결정의 인정 근거로 나온 유족이나 참고인의 진술 내용이 조사보고서의 사실 확정과 불일치하거나, 그것이 추측이나 소문을 진술한 것인지 또는 누구로부터 전해들은 것인지 아니면 직접 목격한 것인지조차 식별할 수 없게 되어 있는 등으로 그 진술의 구체성이나 관련성 또는 증명력이 현저히 부족하여 논리와 경험칙상 조사보고서의 사실 확정을 수긍하기 곤란한 점들이 있다고 보이는 경우에는 참고인 등의 진술 내용을 담은 정리위원회의 원시자료 등에 대한 증거조사 등을 통하여 사실의 진실성 여부를 확인할 필요가 있다고 하였다.

이에 대하여 반대의견은,[126] 피해자가 정리위원회의 진실규명결정을 증거로 제출하면서 국가를 상대로 국가 소속 공무원의 불법행위를 원인으로 한 손해배상을 청구하는 경우, 진실규명결정은 그 내용에 중대하고 명백한 오류가 있는 등으로 인하여 그 자체로 증명력이 부족함이 분명한 경우가 아닌 한 매우 유력한 증거로서의 가치를 가진다고 할 것이어서 피해자는 그것으로써 국가 소속 공무원에 의한 불법행위책임 발생 원인 사실의 존재를 증명하였다고 봄이 타당하다. 이 경우 진실규명결정의 내용을 부인하며 가해행위를 한 바가 없다고 다투는 국가가 그에 관한 반증을 제출할 책임을 부담한다고 하였다.

2005. 5. 31. 과거사정리법이 공포되어 2005. 12. 1.부터 시행되었고, 독립위원회 성격의 정리위원회가 2005. 12. 구성되어 약 5년간 활동하면서 수 천여 건에 대한 진실규명 결정을 하였는데, 국회와 정부에 피해회복을 위한 특별법 제정을 제안하기도 하였으나 정부가 기대한 후속조치인 특별법의 제정을 통한 금전적 피해회복에 관해서 미온적인 태도를 보이자 유족들이 2010년을 전후로 국가배상책임을 묻는 민사소송을 제기하

---

126) 대법관 이인복, 대법관 이상훈, 대법관 김용덕, 대법관 김소영의 반대의견.

여 과거사 사건의 소송들이 대규모로 발생하게 되었다.

일부 법원에서는 정리위원회의 진실규명결정을 그대로 받아들여 사실인정을 사실상 생략하고 손해배상액만을 정한 데 반해서, 일부 법원에서는 정리위원회의 진실규명결정과 반대되는 사실인정을 하는 등 심리방식이 통일되지 않았고, 위자료 액수도 법원이나 재판부마다 달리 선고되는 상황이 발생하였다.

대법원은 정리위원회에서 망인을 희생자로 확인 또는 추정하는 결정을 하였으면 법원도 그 결정에 따라야 한다는 사실인정 방식은 민사소송에서는 허용될 수 없음을 분명히 하였다. 그 이유로, 정리위원회가 진실규명을 했지만 그것을 토대로 국가 등 가해자를 상대로 일반 민사소송에 의한 손해배상청구를 할 것까지 염두에 두고 사실관계를 확정한 것으로는 보이지 않는다는 점을 들었다. 정리위원회의 진실규명결정이나 조사보고서도 증거자료일 뿐이고, 그것이 법률상 사실의 추정과 같은 효력을 갖거나 고도의 증명력을 가진다고 할 수 없다고 하여 원시자료 등에 대한 증거조사를 거쳐야 함을 분명히 함으로써 과거사 사건의 사실 인정에 관한 기준을 제시하였다는 점에 의의가 있다.[127]

한편, 대법원 2014. 5. 29. 선고 2013다217467, 217474 판결에서는 경남 마산·창원·진해 국민보도연맹 사건에 관하여, 자녀들의 진술은 상당 부분 전문 진술이기는 하나 그 내용이 비교적 구체적이고 망인의 희생 사실과 직접적인 관련성도 있으며, 정리위원회가 조사보고서에서 사실로 인정한 부분으로서 상당한 신빙성을 인정할 수 있는 부분과 부합할 뿐만 아니라, 다른 유족이나 참고인의 진술과도 부합하여 신빙성을 인정할 수 있어 국민보도연맹 사건으로 희생되었을 개연성은 매우 크다고 보아 망인이 국민보도연맹 사건의 희생자임이 명백히 증명되었다고 보기 어렵다고 본 원심을 파기하였다.

---

127) 이영창, "과거사 사건의 사실 확정 및 소멸시효 문제", 대법원판례해설 제95호, 법원도서관(2013), 386－486면.

2. 대법원 2011. 9. 2. 선고 2009다52649 전원합의체 판결[128)]

[언론보도에 의하여 주장된 과학적 사실의 진실 여부가 현재 과학 수준으로 완전히 밝혀지지 않은 단계에서 법원이 과학적 사실의 진실성을 심리·판단하는 방법]

문화방송이 "PD수첩" 프로그램에서 "미국산 쇠고기, 광우병에서 안전한가"라는 제목으로 '한국인 중 약 94%가 엠엠(MM)형 유전자를 가지고 있어 한국인이 광우병에 걸린 쇠고기를 섭취할 경우 인간광우병이 발병할 확률이 약 94%에 이른다'는 취지의 보도를 하자 농림수산식품부가 정정보도청구를 한 사안에서, 대법원은 사실적 주장에 관한 언론보도 등의 내용에 관한 정정보도를 청구하는 피해자는 그 언론보도 등이 진실하지 않다는 데 대한 증명책임을 부담한다고 하였다.

나아가 특정되지 않은 기간과 공간에서의 구체화되지 않은 사실의 부존재의 증명에 관한 것이라면 이는 사회통념상 불가능에 가까운 반면 그 사실이 존재한다고 주장·증명하는 것이 보다 용이한 것이어서 이러한 사정은 증명책임을 다하였는지를 판단함에 있어 고려되어야 하는 것이므로 의혹을 받을 일을 한 사실이 없다고 주장하는 사람에 대하여 의혹을 받을 사실이 존재한다고 적극적으로 주장하는 자는 그러한 사실의 존재를 수긍할 만한 소명자료를 제시할 부담을 지고 피해자는 제시된 자료의 신빙성을 탄핵하는 방법으로 허위성의 증명할 수 있다고 하여 피해자에게 허위에 대한 증명의 부담을 완화하였다.[129)]

본 판결에서 대법원은, 언론보도에 의하여 주장된 사실관계가 과학 분야에 관한 사실(이하 '과학적 사실')이고 그 과학적 사실이 현재의 과학 수준으로 그 진실 여부가 완전히 밝혀지지 않은 단계에서 과학적 사실의 진실성을 법원이 판단해야 할 경우, 그 과학적 사실이 진실하지 않다

---

128) 공2011하, 2009.
129) 호문혁, 민사소송법(제14판, 2020), 544면은 여기서 소명자료를 제시할 부담을 진다는 것은 증명책임을 피고에게 전환한다는 의미가 아니라 증거조사 과정에서 법원이 피고에게 소명자료를 제출하도록 촉구할 수 있음을 뜻한다고 한다.

는 점에 대하여 자연과학의 관점에서 추호의 의혹도 허용되지 않을 정도로 증명할 것을 요구하는 것은 마치 특정되지 않은 기간과 공간에서의 구체화되지 않은 사실의 부존재를 증명하는 것과 마찬가지로 불가능에 가까운 것일뿐더러 자유심증주의의 원칙과도 배치되므로, 과학적 사실에 관한 보도내용의 정정보도 여부를 심리할 때 법원은 언론사가 그 사실적 주장의 근거로 삼은 자료를 포함하여 소송과정에서 현출된 모든 과학적 증거의 신뢰성을 조사하고 그 증명력을 음미하거나 이를 탄핵하는 방법으로 그 과학적 사실의 진실 여부를 판단하되, 과학적 증거의 신뢰성 여부는 ① 그 이론이나 기술이 실험될 수 있는 것인지, ② 이론이나 기술에 관하여 관련 전문가 집단의 검토가 이루어지고 공표된 것인지, ③ 오차율 및 그 기술의 운용을 통제하는 기준이 존재하고 유지되는지, ④ 그 해당 분야에서 일반적으로 승인되는 이론인지, ⑤ 기초자료와 그로부터 도출된 결론 사이에 해결할 수 없는 분석적 차이가 존재하지는 않는지 등을 심리·판단하는 방법에 의하여야 하고, 이러한 기준에 비추어 언론사가 과학적 사실에 관한 보도내용의 자료로 삼은 과학적 증거가 신뢰할 수 없는 것이거나 그 증거가치가 사실인정의 근거로 삼기에 현저히 부족한 것이라면 그러한 자료에 기초한 사실적 주장은 진실이 아닌 것으로 인정할 수 있다고 보았다.

　　나아가 「현재까지의 과학수준이나 연구 성과에 의하여 논쟁적인 과학적 사실의 진위가 어느 쪽으로든 증명되지 않은 상태에 있음이 분명하고, 아직 그러한 상태에 있다는 것이 학계에서 일반적·보편적으로 받아들여지고 있는 경우, 언론이 논쟁적인 주제에 관한 과학적 연구에 근거하여 그 과학적 연구의 한계나 아직 진위가 밝혀지지 않은 상태라는 점에 관한 언급 없이 그 과학적 연구에서 주장된 바를 과학적 사실로서 단정적으로 보도하였다면 그 과학적 사실에 관한 언론보도는 진실하지 않은 것이라고 할 것이다. 따라서 그 언론보도의 내용에 관한 정정보도를 청구하는 피해자는 그 과학적 사실이 틀렸다는 점을 적극적으로 증명할 필요 없이 위와 같이 그 과학적 사실의 진위가 아직 밝혀지지 않은 상태에 있다는 점을 증명함으로써 언론보도가 진실하지 않다는 데에 대한 증명을 다하였다고 보아야 한다.」고 하였다.[130]

이후 대법원 2013. 3. 28. 선고 2010다60950 판결은,[131] 허위 기사로 자신의 명예를 훼손당하였다고 주장하며 기사삭제를 청구하는 사안에서, 대법원 2014. 6. 12. 선고 2012다4138 판결은 허위 사실 적시에 따른 명예훼손으로 인한 손해배상청구 사건에서 각각 같은 취지로 판단하였다.

본 판결은 언론보도에 의하여 주장된 과학적 사실의 진실 여부가 현재 과학수준으로 완전히 밝혀지지 않은 단계에서 법원이 과학적 사실의 진실성을 심리·판단하는 방법에 관해서 구체적인 판단기준을 제시하였다는 점에서 의의가 있다.[132]

---

130) 이에 대하여 반대의견(대법관 박시환, 대법관 김지형, 대법관 전수안의 반대의견)은, '피해자가 사실적 주장에 관한 언론보도가 진실하지 않다는 점을 적극적으로 증명할 것이 필요하고, 언론보도가 사실이라는 증명이 없다는 것만으로는 정정보도를 청구할 수는 없다'고 하고, '과학적 사실의 주장이 자연 상태의 어떤 현상 또는 통제된 실험 조건의 현상에 대한 관찰, 실증적 자료의 체계적 분류, 실증적 수치의 측정 및 오차율과 통계적 편차의 산정, 가설의 설정, 논리학 및 수학을 이용한 실험결과의 분석 등 이른바 과학적 원리에 기초한 과학적 증거에 의해 상당부분 뒷받침되는 경우에, 그와 같은 과학적 사실의 주장이 현재의 과학기술 수준에서 볼 때 불확정적인 요소를 포함하고 있다거나 기초된 과학적 증거와 배치되는 증거가 제출될 수 있다는 사정만으로 과학적 사실의 주장을 허위라고 쉽게 단정하여서는 아니 된다. 과학적 사실에 관한 언론보도가 있는 경우 그 사실적 주장의 진실 여부는 사실적 주장을 뒷받침하는 과학적 증거에서 사용된 과학적 원리에 중대하고도 명백한 결함이 있어 묵과할 수 없는 불합리성이 있는지 및 그러한 사실적 주장을 뒷받침하는 과학적 증거가 현저히 부실한지 여부에 따라 판단할 수밖에 없다'고 하였다.

131) 공2013상, 728.

132) 송혜정, "과학적 증거에 대한 법원의 판단기준", 재판자료: 형사법 실무연구 제123집, 법원도서관(2012), 572-574면은 대법원이 미국 연방대법원의 도버트 판결과 그 후속 판결에서 제시한 기준을 채택하여 과학적 증거의 신뢰성 여부를 판단하는 5가지 기준을 처음으로 상세히 제시하였고, 과학적 증거의 신뢰성을 증명력과는 별도로 그 이전 단계에서 심사해야 할 요건, 즉, 증거능력에 관한 요건으로 설정한 것으로도 볼 수 있다는 점에서 의의가 있다고 한다.

3. 대법원 2019. 5. 10. 선고 2017다239311 판결[133]

[제3자의 채권침해로 인한 불법행위가 성립하는 경우 채권자가 입은 손해를 산정하는 방법]

피고 A 회사, B(A의 대표이사), C(A의 회생절차 개시에 따라 선임된 관리인)가 D 주식회사에 대한 채권자인 원고의 존재와 원고가 D 회사에 가진 채권의 침해사실을 알면서도, D 회사의 매출채권에 대한 강제집행을 피할 목적으로 D로 하여금 피고 A 회사의 신용카드가맹점 명의로 신용카드 거래를 하도록 적극 공모하였거나 채권행사를 방해할 의도로 사회상규에 반하는 부정한 수단을 사용한 사안에서 원심은 피고들의 이러한 행위가 원고의 채권을 침해하는 행위로서 불법행위가 성립한다고 하였다.

피고들의 불법행위로 인하여 원고가 입은 손해를 산정하는 방법이 문제 되었는데, 불법행위 종료 시점으로 기준으로 (가)압류 기타 채권보전조치를 취하지 않은 일반채권자들의 채권액까지 반영하여 손해액을 계산할 것인지에 관해서 1심법원은 이를 부정하는 입장에 가까운 방식으로 손해액을 산정한 반면, 원심은 그 시점에 이행기가 도래한 일반채권자들의 채권액을 반영해야 한다는 입장에서 손해액을 산정하였다.[134]

불법행위로 인한 손해배상청구소송에서 재산적 손해의 발생사실은

---

133) 공2019하, 1207.
134) 구체적으로 원심은, 피고 A와 피고 C가 2011. 2.경부터 2013. 3.경까지 사이에 D 회사로 하여금 피고 A 명의로 신용카드거래를 하게 하는 수법으로 D의 책임재산을 116억 원만큼 감소시키고, 피고 B는 그중 2012. 2. 22.경부터 2013. 3.경까지 사이에 같은 수법으로 D의 책임재산을 58억 원만큼 감소시킨 사실을 각 인정한 다음, 최종 불법행위일인 2013. 3. 31.을 기준으로 이행기가 도래한 우선변제력을 가진 채권(국세 및 지방세 채권, 4대 보험 관련 채권) 등의 합산액을 앞서 본 책임재산의 감소분(116억 원 또는 58억 원)에서 먼저 공제하고, 그 잔액(81억여 원 또는 23억여 원)에 대하여는 특별한 사정이 없는 한 2013. 3. 31.까지 이행기가 도래한 채권을 가진 일반채권자들이 원고와 서로 경합하여 원고와 D의 일반채권자들이 각자의 채권액에 안분비례하여 각 채권을 회수하였을 것임을 전제로 원고가 회수할 수 있었던 채권액을 6,800여만 원(그중 피고 B의 불법행위가 없었을 경우 원고가 회수할 수 있었던 채권액을 1,900여만 원)으로 산출한 다음 이를 원고가 입은 손해액으로 인정하여 손해배상을 명하였다.

인정되지만 구체적인 손해의 액수를 증명하는 것이 사안의 성질상 곤란한 경우에, 법원은 증거조사의 결과와 변론 전체의 취지에 의하여 밝혀진 당사자들 사이의 관계, 불법행위와 그로 인한 재산적 손해가 발생하게 된 경위, 손해의 성격, 손해가 발생한 이후의 여러 정황 등 관련된 모든 간접사실들을 종합하여 적당하다고 인정되는 금액을 손해배상 액수로 정할 수 있다(대법원 2009. 8. 20. 선고 2008다51120, 51137, 51144, 51151 판결 등 참조). 이러한 판례를 반영하여 2016. 3. 29. 법률 제14103호로 민사소송법 제202조의2가 신설되었다.[135]

대법원은, 이러한 법리는 자유심증주의 아래에서 손해의 발생사실은 증명되었으나 사안의 성질상 손해액에 대한 증명이 곤란한 경우에 증명도·심증도를 경감함으로써 손해의 공평·타당한 분담을 지도원리로 하는 손해배상제도의 이상과 기능을 실현하기 위한 것이므로, 손해액 산정의 근거가 되는 간접사실이 합리적으로 평가된 가운데 객관적으로 수긍할 수 있도록 손해액이 산정되어야 하고, 이는 채무자의 재산을 은닉하는 방법으로 이루어진 제3자에 의한 채권침해의 경우에도 마찬가지로 적용된다고 하였다.

나아가 대법원은, 「제3자의 채권침해 당시 채무자가 가지고 있던 다액의 채무로 인하여 제3자의 채권침해가 없었더라도 채권자가 채무자로부터 일정액 이상으로 채권을 회수할 가능성이 없었다고 인정될 경우에는 위 일정액을 초과하는 손해와 제3자의 채권침해로 인한 불법행위 사이에는 상당인과관계를 인정할 수 없다. 이때의 채권회수 가능성은 불법행위 시를 기준으로 채무자의 책임재산과 채무자가 부담하는 채무의 액수를 비교하는 방법으로 판단할 수 있고, 불법행위 당시에 이미 이행기가 도래한 채무는 채권자가 종국적으로 권리를 행사하지 않을 것으로 볼 만한 특별한 사정이 없는 한 비교대상이 되는 채무자 부담의 채무에 포

---

135) 제202조의2(손해배상 액수의 산정) 손해가 발생한 사실은 인정되나 구체적인 손해의 액수를 증명하는 것이 사안의 성질상 매우 어려운 경우에 법원은 변론 전체의 취지와 증거조사의 결과에 의하여 인정되는 모든 사정을 종합하여 상당하다고 인정되는 금액을 손해배상 액수로 정할 수 있다.

함되며, 더 나아가 비교대상 채무에 해당하기 위하여 불법행위 당시 채무자의 재산에 대한 압류나 가압류가 되어 있을 것을 요하는 것은 아니다.」라고 하여 그와 같은 방법으로 손해를 산정한 원심의 판단에 손해배상책임의 범위를 산정하는 기준에 관한 법리를 오해할 잘못이 없다고 하였다.

본 판결은, 채무자의 재산을 은닉하는 방법으로 제3자의 채권침해가 이루어 진 경우 불법행위로 입은 채권자의 손해액을 산정하는 방법 내지 기준을 명확하게 제시하여 유사한 사건을 심리하는 데 유용한 지침을 제공하였다는 점에서 의의가 있다.[136)]

제11절 기 판 력
1. 대법원 2019. 10. 17. 선고 2014다46778 판결[137)]
[점유자에 대한 인도판결 확정으로 물건 점유자의 점유가 위법하게 되는지와 인도판결의 기판력이 이들 물건에 대한 불법점유를 원인으로 한 손해배상청구 소송에 미치는지]

1) 원고 회사가 피고 회사와 체결한 하도급계약에 따라 공사현장에 흙막이 가시설물을 설치하였다가 피고의 회생절차개시를 이유로 하도급계약의 해지를 통보하고 공사를 중단하자, 피고가 법원으로부터 공사재개 허가를 받아 공사를 진행하면서 원고에게 시설물의 해체를 요청한 다음 원고가 이를 거부하고 위 시설물을 수거하지 않자 공사 진행을 위해 이를 다른 곳으로 옮겨 보관하고 있었는데, 원고가 피고 회사의 관리인을 상대로 위 시설물의 인도를 구하는 소를 제기하여 승소 확정판결을 받은 다음, 피고가 인도 확정판결에도 불구하고 위 시설물의 인도를 거부하고 이를 불법점유하고 있다며 피고의 관리인을 상대로 손해배상 등을 구한 사안이다(상고심 계속 중 피고 회사에 대한 회생절차종결결정이 공고되어 피고

---

136) 이용우, "제3자가 채무자의 책임재산을 감소시킨 행위가 채권자에 대한 불법행위를 구성하는 경우, 채권자가 입은 손해액을 산정하는 방법", 대법원판례해설 제119호, 법원도서관(2019), 33-60면.
137) 공2019하, 2077.

가 소송을 수계하였다).

원심은, 이 사건 인도판결 확정 전에는 피고가 원고의 이 사건 시설물 수거를 방해하였다거나 이 사건 시설물을 불법점유하고 있다고 볼 수 없지만 이 사건 인도판결이 확정됨에 따라 피고는 원고에게 이 사건 시설물을 인도할 의무가 있는데 인도판결이 확정 이후 피고가 원고의 인도 요구를 거부하고 이 사건 시설물을 점유하는 것은 위법하다고 하여 불법행위에 따른 손해배상책임이 있다고 판단하였다.

2) 그러나 대법원은, 「물건 점유자를 상대로 한 물건의 인도판결이 확정되면 점유자는 인도판결 상대방에 대하여 소송에서 더 이상 물건에 대한 인도청구권의 존부를 다툴 수 없고 인도소송의 사실심 변론종결 시까지 주장할 수 있었던 정당한 점유권원을 내세워 물건의 인도를 거절할 수 없다. 그러나 의무 이행을 명하는 판결의 효력이 실체적 법률관계에 영향을 미치는 것은 아니므로, 점유자가 그 인도판결의 효력으로 판결 상대방에게 물건을 인도해야 할 실체적 의무가 생긴다거나 정당한 점유권원이 소멸하여 그때부터 그 물건에 대한 점유가 위법하게 되는 것은 아니다.」라고 하여 이 사건 인도판결이 확정되었다는 사정만으로 곧바로 인도판결 확정 다음 날부터 이 사건 시설물에 대한 피고의 점유가 위법하게 되어 원고에게 손해가 발생하였다고 볼 수 없고, 피고가 이 사건 인도판결이 확정된 다음 이 사건 시설물에 대한 인도를 적극적으로 이행하지 않았다고 해서 이를 곧바로 불법행위로 단정할 수 없으며, 그로 인해서 원고가 이 사건 시설물을 사용·수익하지 못한 손해를 입었다고 볼 수도 없다고 하였다.

나아가 대법원은, 「물건을 점유하는 자를 상대로 하여 물건의 인도를 명하는 판결이 확정되더라도 그 판결의 효력은 이들 물건에 대한 인도청구권의 존부에만 미치고, 인도판결의 기판력이 이들 물건에 대한 불법점유를 원인으로 한 손해배상청구 소송에 미치지 않는다.」라고 하면서 원심으로서는 위 기간 동안의 이 사건 시설물의 점유에 관한 피고의 고의 또는 과실 등 불법행위의 성립요건에 관하여 심리한 다음 피고의 손

해배상책임 성립 여부에 관하여 판단해야 하는데, 불법행위의 성립요건에
관하여 별다른 심리를 하지 않은 채 이 사건 인도판결이 확정된 사정만
을 들어 이 사건 인도판결 확정 다음 날부터 피고의 이 사건 시설물에
대한 점유가 위법하다고 본 원심판을 파기환송하였다.

    3) 판결이 형식적으로 확정되면 당사자는 전소 판결의 내용에 반대
되는 주장, 답변을 하면서 다투는 것이 허용되지 않고(불가쟁), 법원도 이
를 재심사하여 그와 모순·저촉되는 판단을 할 수 없게 된다(불가반). 이
러한 판결의 효력을 실질적으로 판결을 확정시킨다고 하여 판결의 실체
적 확정력 또는 기판력이라 한다. 기판력의 본질에 관해서는 실체법설과
소송법설(여기에는 다시 모순금지설과 반복금지설로 나뉨)이 대립하고 있는데,
대법원은 소송법설 중 모순금지설의 입장에 있다.[138]

    기판력은 주문에 포함된 권리 또는 법률관계의 존부에 관한 판단사
항에 한하여 생긴다(민사소송법 제216조 제1항). 판결의 결론 부분인 판결주
문에 포함된 판단사항에 한하여 기판력이 생기고, 이유에 표시된 것은
설사 그것이 그 결론인 주문에 영향을 미치는 것이라도 원칙적으로 기판
력이 발생하지 않는다.[139] 법이 판결주문의 판단에만 기판력이 생기도록
한 것은 소송에서의 쟁점을 명확하게 하고 그 쟁점에 심리를 집중하도록
하기 위함이다.[140]

<hr/>

138) 대법원은 '기판력이란 기판력 있는 전소판결의 소송물과 동일한 후소를 허용하
   지 않음과 동시에, 후소의 소송물이 전소의 소송물과 동일하지는 않다고 하더라도
   전소의 소송물에 관한 판단이 후소의 선결문제가 되거나 모순관계에 있을 때에는
   후소에서 전소판결의 판단과 다른 주장을 하는 것을 허용하지 않는 작용을 하는
   것이다.'라고 하여 구 소송법설(모순금지설)을 취하고 있다(대법원 1960. 11. 3. 선고
   4292민상656 판결, 대법원 1987. 6. 9. 선고 86다카2756 판결, 대법원 2002. 12. 27.
   선고 2000다47361 판결 등).

139) 양경승, "기판력이론의 논리적 구조", 청연논총 제9집(2012), 39면.

140) 호문혁, 민사소송법(제14판, 2020), 742-743면은 만일 판결 이유에서 심리·판
   단한 부분에 모두 기판력이 생긴다면, 해당 부분을 다시 다툴 수 없게 되므로, 당
   사자들은 소송과정에서 법원의 판단을 받을 가능성이 있는 모든 쟁점에 관해서 최
   선을 다해서 공격과 방어를 해야만 하게 되어 법원의 심판 범위가 지나치게 확대
   되고, 소송의 목적이 흐려지는 등 문제가 생긴다고 한다.; 양경승, "기판력이론의
   논리적 구조", 청연논총 제9집(2012), 39-41면은 '오래 전에 사비니(Carl Friedrich
   von Savigny, 1779~1861) 등은 법원이 채택한 객관적 판결 이유 전부에 대하여 판

따라서 판결 이유 중 판결의 기초가 된 사실인정, 항변, 법규의 해석·적용, 선결적 법률관계에 관한 판단에는 기판력이 생기지 않는다. 이에 대한 유일한 예외는 '상계항변'에 대한 판단이다(민사소송법 제216조 제2항). 소송물의 존부를 판단하는 데 전제가 되는 선결적 법률관계에 대한 판단에는 기판력이 생기지 않는다.[141] 소송의 목적은 이유에서 판단되는 선결적 법률관계의 확정이 아니라 소송물인 법률관계의 존부 확정이기 때문이다.

기판력은 전소에서 확정된 권리관계가 후소에서 다시 문제 되는 경

결의 확정력이 발생한다고 보아 주문의 결론에 이르는 논리적 과정 전부에 기판력이 미치는 것으로 주장하였으나 당사자와 법원의 심리 부담, 불의의 타격 등 부작용으로 인해서 확정력의 범위를 당사자가 청구를 통해 주장한 권리의 존부 선언인 주문에 한정하여야 한다.'는 반대론이 강력히 제기되었고, 이후 1877년의 독일 민사소송법 제293조에서 '청구취지설(권리주장설)이 채택되었으며 그것이 메이지시대 일본 민사소송법에 도입되어 우리 민사소송법까지 이어지게 되었다.'고 한다.

141) ① 대법원 2005. 12. 23. 선고 2004다55698 판결(매매계약의 무효 또는 해제를 원인으로 한 매매대금반환청구에 대한 인낙조서의 기판력은 그 매매대금반환청구권의 존부에 관하여만 발생할 뿐, 그 전제가 되는 선결적 법률관계인 매매계약의 무효 또는 해제에까지 발생하는 것은 아니므로, 소유권이전등기청구권의 존부를 소송물로 하는 후소—매매계약이 유효함을 전제로 소유권이전등기를 구하는 소송—에 기판력이 미치지 않는다고 본 사례); ② 대법원 1994. 9. 23. 선고 93다37267 판결(토지인도청구소송의 승소판결이 확정된 후 그 지상건물에 관한 철거청구소송이 제기된 경우 후소에서 전소의 변론종결일 전부터 존재하던 건물소유 목적의 토지임차권에 기하여 건물매수청구권을 행사하는 것이 전소 확정판결의 기판력에 저촉되는 것인지가 문제 된 사안에서 전소 확정판결의 기판력은 전소에서의 소송물인 토지인도청구권의 존부에 대한 판단에 대하여만 발생하고, 토지의 임차권의 존부에 대해서까지 생긴다고 할 수 없다고 본 사례); ③ 대법원 2002. 9. 24. 선고 2002다11847 판결, 대법원 1998. 11. 27. 선고 97다22904 판결(소유권에 기한 등기말소청구소송에 관한 판결의 기판력은 판결 이유에서 밝힌 말소 원인인 소유권의 존부에 생기지 않는다고 본 사례), ④ 대법원 2002. 12. 27. 선고 2000다47361 판결(증여약정에 따른 피고들의 원고에 대한 지분소유권이전등기의무가 이행불능에 이르렀다고 보아 원고의 지분소유권이전등기청구를 배척한 전소 확정판결의 기판력이 소유권이전등기의무 불이행을 이유로 한 전보배상청구의 선결문제가 되는 것이 아니라고 본 사례); ⑤ 대법원 2009. 3. 12. 선고 2008다36022 판결(전소의 소송물인 부당이득반환청구권의 존부는 이 사건 제3자이의의 소의 소송물인 집행이의권의 존부와 다를 뿐 아니라, 위 전소판결의 기판력이 미치는 법률관계 즉 소송물로 주장된 법률관계는 피고의 소외 1 또는 원고 등에 대한 부당이득반환청구권의 존부이고 이 사건 건물의 소유권의 존부는 그 전제가 되는 법률관계에 불과하여 기판력이 생기지 않는다고 본 사례).

우 작용한다. ① 전소와 소송물이 같은 후소의 제기는 허용되지 않는
다.[142] 소송물이 다르더라도 ② 전소의 소송물에 관한 판단이 후소의 선
결문제가 되는 경우, ③ 모순관계에 있는 경우[143] 후소에서 전소의 판단

---

[142] 모순금지설 중 판례에 따르면 전소에서 승소한 원고가 재소하면 소의 이익이
없다고 보아 '각하'하고, 전소에서 패소한 원고가 재소하면 '청구기각' 판결을 하게
된다. 호문혁, 민사소송법(제14판, 2020) 739-740면은 판례의 태도는 본래의 모순
금지설과 관계가 없는 독자적인 결론이라고 하고, 전소 확정판결이 승소판결이든
패소판결이든 어느 경우나 소송물이 동일한 후소가 기판력에 저촉된다는 점은 같
은 데 그 취급을 달리하는 것은 바람직하지 않다는 점에서 모순금지설에 따르더라
도 어느 경우에나 권리보호이익이 없어 '각하'해야 한다고 한다. 반복금지설에 따
르면 전소의 승소, 패소를 불문하고 소극적 소송요건이 흠결된 것으로 보아 '각하'
하게 된다.
　　대법원이 모순금지설을 취하면서도 전소에서 패소한 원고가 같은 내용의 후소
를 제기하면 '청구기각' 판결을 해야 한다고 한 데에는 다음과 같은 법원 실무의
현실이 작용한 것이 아닌가 추측해 본다. ① 전소와 후소의 소송물은 같지만 원고
가 전소에서 주장하지 않았던 새로운 공격 방법을 후소에서 주장하는 등의 사정이
있을 때(대법원 1993. 6. 29. 선고 93다11050 판결은 말소등기청구사건의 소송물은
당해 등기의 말소등기청구권이고 그 동일성 식별의 표준이 되는 청구원인, 즉 말
소등기청구권의 발생원인은 당해 등기원인의 무효라 할 것으로서 등기원인의 무효
를 뒷받침하는 개개의 사유는 독립된 공격방어방법에 불과하여 별개의 청구원인을
구성하는 것이 아니라 할 것이므로 전소에서 원고가 주장한 사유나 후소에서 주장
하는 사유들은 모두 등기의 원인무효를 뒷받침하는 공격방법에 불과하다고 한다)
후소에서 주장한 새로운 주장이 별개의 소송물인지 공격방어 방법에 불과한지 불
분명하지만 새로운 주장을 별개의 소송물로 보더라도 청구를 받아들일 수 없는 경
우에는 단순 소 각하를 하기 보다는 실체 판단(청구기각)을 하는 것이 안전하다고
생각한다. ② 기판력이 미치는 경우로는 소송물이 동일한 경우뿐만 아니라 전소의
소송물이 후소의 선결문제로 되는 경우(이 때에는 후소에서 전소와 모순된 판단을
할 수 없을 뿐이고 '소 각하'를 할 것은 아니다)도 있고, 그 구분이 명확하지 않은
경우도 있을 수 있는데(대법원 2001. 9. 20. 선고 99다37894 전원합의체 판결은
진정명의회복을 위한 이전등기청구와 무효등기의 말소청구 모두 실질적 목적이 같
고, 소유권에 기한 방해배제청구로서 성질이 같아 청구취지는 다르지만 소송물이
실질적으로 동일하다고 한다), 이때 소 각하를 하기 보다는 실체 판단(청구기각)을
하는 것이 안전하다고 생각한다. ③ 후소의 청구를 분석해 보면, 전소와 소송물이
동일한 부분, 전소와 소송물이 동일하지는 않지만 전소의 소송물이 후소의 선결문
제로 된 경우와 전소의 기판력이 미치지 않는 부분 등으로 되어 있을 때 기판력
이론에 따라 각각을 분리해서 판단하기 보다는 원고 청구를 배척하는 형태로 판단
하는 게 간명하다고 느낀다.
　　소송물에 관한 판결례와 논의가 많이 축적되어 있으므로, 전소와 후소의 소송물
이 동일함이 명백한 사안에서는 권리보호의 이익이 없다고 보아 이를 각하하는 방
향으로 전환할 때가 되었다고 생각한다.
[143] 후소가 전소의 기판력 있는 법률관계와 정면으로 모순되는 반대관계를 소송물로

과 다른 주장을 하는 것이 허용되지 않는다.

4) 이 사건 전소의 인도판결에서 기판력이 생기는 부분은 원고의 피고에 대한 시설물에 대한 인도청구권의 존재이다. 이러한 인도청구권이 인정되기 위해서는 피고가 '원고 소유의 물건을 점유'하고 있고, 피고에게 '점유할 정당한 권원이 없음'을 당연한 전제로 하지만 이러한 이유 중의 판단이나 전제적 판단에 대해서는 기판력이 생기지 않는다. 이 사건 후소는 불법행위에 기한 손해배상청구로서 그 소송물은 '불법행위에 기한 손해배상청구권의 존부'가 된다. 그런데 피고의 이 사건 시설물에 대한 점유가 불법행위를 구성하는지를 판단하기 위해서는 ① 피고의 고의나 과실, ② 위법행위(피고의 이 사건 시설물에 대한 점유가 원고의 소유권을 침해한 것인지), ③ 인과관계, ④ 손해의 발생 요건을 각각 충족해야 한다. 즉 위법행위와 관련해서 피고의 점유가 '정당한 권원 없는 점유'인지 즉 '무단 점유'인지는 후소 소송물의 전제가 되는 법률관계가 된다.

그러나 후소에서 법원이 '피고가 점유할 정당한 권원이 있다', '무단 점유가 아니다'라고 판단하더라도 전소판결의 기판력에 저촉되지 않는다. 기판력은 실체법상의 효력이 아닌 소송법상의 효력이다. 이 사건 인도판결에 의하여 원고에게 이 사건 시설물에 대한 인도청구권이 존재한다는 판단이 있었지만 피고에게 이에 대응하는 실체법상의 인도의무가 있음을 확정하거나 인도의무를 발생케 하는 것이 아니기 때문이다. 기판력은 판결의 결론 부분인 판결주문에 포함된 판단사항에 한하여 생기고, 판결 이유 중 판단은 설령 그것이 그 결론인 주문에 영향을 주는 것이라도 기판력이 생기지 않는다. 이를 통해서 결과적으로 모순되어 보이는 두 개의 판결이 존재할 가능성을 예정하고 있는 것이다.

5) 본 판결은 전소인 인도 확정판결의 기판력에 따라 점유자인 피고는 인도판결 상대방에 대하여 소송에서 더 이상 물건에 대한 인도청구권의 존부를 다툴 수 없고, 기판력의 표준 시인 인도소송의 사실심 변론종

할 때에는 전소의 기판력에 저촉된다. 예를 들어, 원고의 소유권확인판결이 확정된 뒤에 동일한 물건에 대한 피고의 소유권확인청구는 전소의 기판력에 저촉된다.

결시까지 주장할 수 있었던 정당한 점유권원을 내세워 물건의 인도를 거절할 수 없지만 이러한 인도판결이 실체적 법률관계에 영향을 미치는 것은 아니므로, 점유자인 피고가 그 인도판결의 효력으로 판결 상대방에게 물건을 인도해야 할 실체적 의무가 생긴다거나 정당한 점유권원이 소멸하여 그때부터 그 물건에 대한 점유가 위법하게 되는 것은 아니라고 보았다. 본 판결은 기판력의 본질이 당사자의 권리관계를 실체법적으로 변경하는 효력을 갖지 않고 소송법적인 효력만을 가진다는 점(소송법설)을 명확히 하였다.

　나아가 본 판결은 확정된 물건의 인도판결에서 기판력은 소송의 목적 즉 판결의 주문에서 판단한 물건에 대한 인도청구권의 존부에 관해서만 발생함을 분명히 하고, 그 선결적 법률관계로 볼 수 있는 '타인의 무단 점유' 부분에 관해서는 기판력이 생기지 않음을 전제로 인도판결의 기판력이 이들 물건에 대한 불법점유를 원인으로 한 손해배상청구 소에 미치지 않는다고 하였는데, 이와 유사한 법적 분쟁 사례에서 중요한 지침을 제공해 주는 선례로서 의의가 있다.[144]

　2. 대법원 2020. 5. 14. 선고 2019다261381 판결[145]
　[토지 소유권에 기한 가등기말소청구소송에서 청구기각된 확정판결의 기판력이 이후 같은 토지에 설정된 근저당권에 기한 같은 가등기에 대한 말소청구에 미치는지]
　1) A가 자기 소유 토지에 설정된 소유권이전등기청구권 가등기의 가등기권리자인 B를 상대로 가등기가 권한 없이 설정되었다는 이유로 소유권이 기한 방해배제로서 가등기말소청구의 소를 제기했다가 패소 확정판결을 받았다. A는 B를 상대로 가등기의 원인이 된 매매예약이 쌍방대

---

144) 본 판결에 대한 대법원판례해설로는 박진수, "물건 점유자에 대한 물건의 인도판결 확정으로 물건 점유자의 점유가 위법하게 되는지와 인도판결의 기판력이 이들 물건에 대한 불법점유를 원인으로 한 손해배상청구 소송에 미치는지 여부", 대법원판례해설 제121호, 법원도서관(2020), 49-82면이 있다.
145) 공2020하, 1093.

리로서 무효임을 이유로 가등기말소청구의 소를 제기하였는데, 법원은 매매예약이 민법 제124조에서 정한 쌍방대리에 해당하여 무효지만 기판력에 따라 그 청구를 기각하였고 이후 확정되었다. 이후 A가 C 앞으로 근저당권을 설정하여 주었는데, C가 B를 상대로 근저당권에 기한 방해배제청구로서 이 사건 가등기말소청구의 소를 제기하자 C가 전소의 기판력의 적용을 받는 변론종결 후 승계인에 해당하는지가 문제 되었다.

2) 대법원은 토지 소유권에 기한 가등기말소청구소송에서 청구기각된 확정판결의 기판력은 위 소송의 변론종결 후 토지 소유자로부터 근저당권을 취득한 제3자가 근저당권에 기하여 같은 가등기에 대한 말소청구를 하는 경우에는 미치지 않는다고 하고, 이 사건에서 C가 전소의 기판력의 적용을 받는 변론종결 후 승계인에 해당하지 않고 전소 판결의 기판력이 이 사건 후소에도 미치지 않는다고 판단하였다.

「확정판결의 기판력은 확정판결의 주문에 포함된 법률적 판단과 동일한 사항이 소송상 문제가 되었을 때 당사자는 이에 저촉되는 주장을 할 수 없고 법원도 이에 저촉되는 판단을 할 수 없는 기속력을 의미하고(대법원 1987. 6. 9. 선고 86다카2756 판결), 확정판결의 내용대로 실체적 권리관계를 변경하는 실체법적 효력을 갖는 것은 아니다. 토지 소유권에 기한 물권적 청구권을 원인으로 하는 가등기말소청구소송의 소송물은 가등기말소청구권이므로 그 소송에서 청구기각된 확정판결의 기판력은 가등기말소청구권의 부존재 그 자체에만 미치고, 소송물이 되지 않은 토지 소유권의 존부에 관하여는 미치지 않는다. 나아가 위 청구기각된 확정판결로 인하여 토지 소유자가 갖는 토지 소유권의 내용이나 토지 소유권에 기초한 물권적 청구권의 실체적인 내용이 변경, 소멸되는 것은 아니다. 위 가등기말소청구소송의 사실심 변론종결 후에 토지 소유자로부터 근저당권을 취득한 제3자는 적법하게 취득한 근저당권의 일반적 효력으로서 물권적 청구권을 갖게 되고, 위 가등기말소청구소송의 소송물인 패소자의 가등기말소청구권을 승계하여 갖는 것이 아니며, 자신이 적법하게 취득한 근저당권에 기한 물권적 청구권을 원인으로 소송상 청구를 하는 것이므로, 위 제3자는 민사소송법 제218조 제1항에서 정한 확정판결의 기판력이 미치는 '변론을 종결한 뒤의 승계인'에 해당하지 않는다.」

　3) 확정판결의 기판력은 확정판결의 주문에 포함된 법률적 판단과 동일한 사항이 소송상 문제가 되었을 때 당사자는 이에 저촉되는 주장을 할 수 없고(불가쟁), 법원도 이에 저촉되는 판단을 할 수 없는(불가반) 기속력을 말한다. 기판력의 본질에 관하여 과거 실체법상 권리관계를 변경하는 효력이 있다는 견해가 있었지만 현재는 소송법적 효력만을 가진다고 본다. 기판력의 객관적 범위를 보면, 판결주문에 포함된 소송물인 권리 또는 법률관계의 존부에 관한 판단에만 발생하고(민사소송법 제216조 제1항), 판결이유에서 나타난 그 전제가 되는 법률관계의 존부에 관하여는 기판력이 생기지 않는다.[146] 기판력은 확정력이 발생한 전소 판결주문 중의 판단이 후소 법원에 대하여 갖는 내용적 구속력이므로, 전·후소 소송물이 동일한 경우는 물론 전소의 '소송물에 관한 판단'이 후소의 선결문제가 되거나 모순관계에 있을 때에도 작용한다.[147]

　기판력의 주관적 범위 관련, 기판력은 대립하는 당사자 사이에서만 미치는 것이 원칙이다(제218조 제1항의 '당사자'). 민사소송법 제218조는 예외적으로 당사자 사이의 분쟁해결의 실효성을 높이기 위해 당사자와 밀접한 관련이 있는 '변론종결 후의 승계인', '목적물 소지자', '소송담당에서의 본인'에게도 기판력을 미치게 하고 있다.

　기판력의 객관적 범위와 주관적 범위는 구분되는데, 기판력이 변론종결 후의 승계인에게 미친다는 것은 후소의 소송물이 전소판결의 기판력이 미치는 객관적 범위 내에 있는 것(후소의 소송물이 전소 소송물과 동일하거나 선결문제 또는 모순관계에 의하여 기판력이 미치는 것)을 전제로 한다.[148]

　따라서 대법원 2014. 10. 30. 선고 2013다53939 판결은[149] 소송물이

---

146) 따라서 소송물의 존부를 판단하는 데 전제가 되는 선결적 법률관계에 대해 기판력을 얻기 위해서는 따로 중간확인의 소(법 제264조)를 제기해야 한다.

147) 대법원 2002. 12. 27. 선고 2000다47361 판결 등.

148) 호문혁, 민사소송법(제14판, 2020), 774면.

149) 공2014하, 2256.

동일하거나 선결문제 또는 모순관계에 의하여 기판력이 미치는 객관적 범위에 해당하지 않는 경우에는 전소 판결의 변론종결 후에 당사자로부터 계쟁물 등을 승계한 자가 후소를 제기하더라도 그 후소에 전소 판결의 기판력이 미치지 않는다고 한다.[150]

4) 민사소송법 제218조 제1항에서 정한 '변론종결후의 승계인'은 변론종결 후에 분쟁의 대상인 권리 또는 법률관계에 관한 지위를 당사자로부터 승계한 자(무변론판결의 경우는 판결 선고 후의 승계인)를 뜻한다.[151] 변론종결 후의 승계인 인정범위를 두고, 의존관계설[152]과 적격승계설[153]로 나뉘나 현재는 적격승계설이 통설, 판례의 입장이다.

소송물 승계인(예를 들어 소유권확인판결에서의 소유권 양수인, 이행판결에서의 채권 양수인·채무의 면책적 인수인 등)에 대하여 전소 기판력이 미친다는 점에 관하여는 견해가 일치한다. 모든 민사소송법 교과서에서 언급하고 있는 '승계의 전주(前主)가 원고이든 피고이든, 승소자이든 패소자이든 불문한다'는 언급은 어디까지나 이러한 '소송물 자체의 승계'를 전제로 한 설명으로 보아야 한다.

'계쟁물에 관한 분쟁주체 지위의 승계인'의 인정 범위에 관해서는 소

---

150) A 등이 B를 상대로 건물 등에 관한 소유권이전등기의 말소등기절차 이행을 구하는 소를 제기하여 승소확정판결을 받았는데, 위 판결의 변론종결 후에 B로부터 건물 등의 소유권을 이전받은 C가 A 등을 상대로 위 건물의 인도 및 차임 상당 부당이득의 반환을 구하는 소를 제기한 사안에서, 전소 판결에서 소송물로 주장된 법률관계는 건물 등에 관한 말소등기청구권의 존부이고, 건물 등의 소유권은 전제가 되는 법률관계에 불과하여 전소 판결의 기판력이 미치지 않고, 전소인 말소등기청구권에 대한 판단이 건물인도 등 청구의 소의 선결문제가 되거나 건물인도청구권 등의 존부가 전소의 소송물인 말소등기청구권의 존부와 모순관계에 있다고 볼 수 없어 전소의 기판력이 건물인도 등 청구의 소에 미친다고 할 수 없으며, 이는 C가 전소 판결의 변론종결 후에 B로부터 건물을 매수하여 소유권이전등기를 마쳤더라도 마찬가지이므로, C가 변론종결 후의 승계인으로 전소 확정판결의 기판력이 미쳐 건물 등의 소유권을 취득할 수 없다고 본 원심판결을 파기한 사례이다.

151) 주석 민사소송법(III)(제8판, 2018), 493면(김현석 집필부분).

152) 소송물인 실체법상 권리·의무 자체를 승계한 경우로 한정해야 한다는 견해.

153) 소송물인 권리·의무 자체의 승계인은 물론 소송물에 관한 당사자적격을 전래적으로 취득한 사람 또는 계쟁물에 관한 분쟁주체 지위를 승계한 사람도 포함한다는 견해.

송물이론과 결부되어 견해가 나뉜다.[154] 대법원은 소송물인 청구권의 성질이 물권적 청구권인 경우에는 대세효가 있으므로 피고로부터 목적물의 점유나 등기를 취득하여 분쟁주체 지위를 승계한 사람은 '변론종결 후 승계인'에 해당하고(원칙적 긍정),[155] 전소의 소송물이 채권적 청구권인 소유권이전등기청구권인 경우에는 전소의 변론종결 후에 그 목적물에 관한

---

154) 구소송물이론은 소송물인 청구권의 성질을 승계인 범위의 문제에 반영하여 ① 피고에 대한 원고의 청구권이 물권적 청구권인 경우에는 대세효가 있으므로 피고로부터 목적물의 점유나 등기를 취득하여 분쟁주체지위를 승계한 사람을 승계인의 범위에 포함하고, ② 대인적 효력만 있는 채권적 청구권의 경우에는 승계인의 범위에 포함되지 않는다고 본다. 반면, 신소송물이론은 전소 소송물인 청구권이 채권적 청구권인 경우에도 승계인인 제3자에게 기판력의 주관적 범위가 확장된다고 본다. 예를 들어, A가 B를 상대로 임대차 종료를 원인으로 하는 채권적 청구권에 기한 건물인도청구를 한 경우 그 변론종결 후 B로부터 건물을 임차한 C도 전소 기판력이 미치는 변론종결 후 승계인에 해당한다고 본다.
155) 건물철거를 명한 확정판결의 변론종결 후에 그 목적 건물을 양수하여 의무를 승계한 자(대법원 1956. 6. 28.자 4289민재항1 결정); 원인 없이 이전된 소유권이전등기라 하여 그 등기를 말소하라는 판결이 확정된 경우에 그 판결의 변론종결 후에 소유권이전등기 또는 담보권설정등기를 차례로 이어받은 자(대법원 1963. 9. 27.자 63마14 결정, 대법원 1972. 7. 25. 선고 72다935 판결); 물권적 청구권에 기한 가옥명도청구의 소를 인용하는 판결이 확정된 후 피고로부터 가옥의 점유를 승계한 자(대법원 1957. 10. 7. 선고 4290민상320 판결); 저당권설정등기의 말소판결의 변론종결 후 경락대금을 납부하고 그 소유권을 취득한 자(대법원 1974. 12. 10. 선고 74다1046 판결, 대법원 1975. 12. 9. 선고 74다746 판결, 대법원 1994. 12. 27. 선고 93다34183 판결); 화해조서에 금전지급의무 불이행을 조건으로 소유권이전등기말소의무 있는 자로부터 근저당권을 설정 받은 자(대법원 1976. 6. 8. 선고 72다1842 판결, 대법원 1977. 3. 22. 선고 76다2778 판결); 갑의 부동산에 대하여 권원 없이 소유권보존등기를 마친 을을 상대로 갑이 소유권보존등기의 말소등기절차이행청구를 하여 승소한 경우에 그 소송의 사실심 변론종결 이후로서 그 판결의 확정 전에 을로부터 위 부동산을 증여받은 자(대법원 1979. 2. 13. 선고 78다2290 판결); 재판상 화해에 의하여 소유권이전등기말소의무 있는 자로부터 같은 부동산에 관하여 가등기를 마친 자(대법원 1980. 5. 13. 선고 79다1702 판결); 대지 소유권에 기한 방해배제청구로서 그 지상건물의 철거를 구하여 승소확정판결을 얻은 경우 그 지상건물에 관하여 위 확정판결의 변론종결 전에 마친 소유권이전청구권가등기에 기하여 위 확정판결의 변론종결 후에 소유권이전등기를 마친 자(대법원 1992. 10. 27. 선고 92다10883 판결); 건물철거 및 대지인도청구소송의 패소판결 확정 후 그 패소판결을 받은 자가 대지에 관한 소유권확인소송을 제기하여 승소판결을 받아 확정되었다 해도 기판력을 배제할 사유가 아니므로, 위 패소확정판결의 기판력이 그 변론종결 후 10년 뒤의 위 건물의 매수취득자에게 미친다(대법원 1991. 3. 27. 선고 91다650, 667 판결).

소유권이전등기를 넘겨받은 사람은 변론종결 후의 승계인에 해당하지 않는다고 본다.[156] 전소 소송물인 청구가 채권적 청구권인 경우에도 그 변론종결 후 계쟁물 승계인에게 기판력이 미친다고 볼 경우, '인용판결'을 얻었다는 사정으로 그때부터는 채권이 대세효를 갖는 권리가 된다는 결론에 이르게 되어 기판력의 한계를 벗어나 실체법 체계와도 정면으로 배치되는 문제가 있으므로, 대법원의 태도는 타당하다. 그로 인한 문제는 점유이전금지가처분, 처분금지가처분, 가압류 등 보전처분을 통해서 해결해야 한다.

5) 전소가 물권적 청구권에 기한 소인 경우에도, 대법원은 전소의 승패 결과와 분쟁주체의 지위 승계가 전소의 원·피고 중 어느 쪽에서 발생했는지에 따라 기판력이 미치는 변론종결 후 승계인에 해당하는지 여부를 판단하고 있다.

이를 유형화하면 다음과 같이 정리할 수 있다. ① 전소에서 원고가 승소한 때(집행력이 발생한 상황)에는 후소의 원·피고가 원고의 분쟁주체 지위를 승계(아래 표의 ⓐ)하였는지,[157] 피고의 분쟁주체 지위를 승계하였는지(아래 표의 ⓑ)[158]와 관계없이 기판력이 확장된다고 보고 있다. 반면,

---

156) 대법원 1980. 11. 25. 선고 80다2217 판결; 대법원 2003. 5. 13. 선고 2002다 64148 판결 등.

157) 예를 들어 A가 토지소유권에 기하여 甲에 대한 건물철거청구·등기말소청구 소송에서 승소한 경우, 그 변론종결 후 A로부터 계쟁 토지를 매수하여 등기를 마친 B에 대하여도 전소 기판력 및 집행력이 확장되므로, B는 甲에 대하여 위 승소확정판결에 기한 집행을 할 수 있다.

158) 기판력 및 집행력 확장이 문제되는 전형적인 유형이다. 예를 들어 A가 토지소유권에 기하여 甲에 대한 건물철거청구·등기말소청구 소송에서 승소한 경우 그 변론종결 후 甲으로부터 건물소유권·점유권을 이전받은 자, 계쟁물에 관한 등기 명의를 이전받은 자에 대하여도 기판력 및 집행력이 확장되고, A는 甲으로부터의 승계인들에 대하여도 집행할 수 있다.
　　대법원 1974. 12. 10. 선고 74다1046 판결(소유권이전등기 및 근저당권설정등기가 당초부터 원인무효임을 이유로 각 그 말소를 명하는 판결이 확정되었다면 그 판결의 변론종결 후의 승계인인 임의경매실행으로 인한 소유권취득자에 대하여는 경매절차의 진행을 저지하는 절차나 등기부상 조처를 취했는지 여부에도 불구하고 기판력이 미친다).
　　대법원 1992. 10. 27. 선고 92다10883 판결(대지 소유권에 기한 방해배제청구로서 그 지상건물의 철거를 구하여 승소확정판결을 얻은 경우 그 지상건물에 관하여

② 전소에서 원고가 패소한 때(집행력이 발생하지 않은 상황)에는, 후소의
원·피고가 전소 피고의 분쟁주체 지위를 승계한 경우(아래 표의 ⓓ)에는
기판력이 미치는 승계인에 해당한다고 보지만[159] 후소의 원·피고가 전
소 원고의 분쟁주체 지위를 승계한 경우(아래 표의 ⓒ)에는 기판력이 미치
지 않는다고 본다.

위 확정판결의 변론종결 전에 마친 소유권이전청구권가등기에 기하여 위 확정판결
의 변론종결 후에 소유권이전등기를 경료한 자가 있다면 그는 민사소송법 제204조
제1항의 변론종결 후의 승계인이라 할 것이어서 위 확정판결의 기판력이 미친다).
[159] 예를 들어 A가 토지소유권에 기하여 甲에 대한 건물철거청구·등기말소청구 소
송에서 패소한 경우, 그 변론종결 후 甲으로부터 건물소유권을 이전받은 자, 계쟁
물에 관한 등기명의를 이전받은 자에 대하여도 전소 기판력이 미치므로 A는 위 승
계인들에 대하여 재차 건물철거청구·등기말소청구를 할 수 없다.
　　대법원 1991. 3. 27. 선고 91다650,667 판결(원고가 피고 갑을 상대로 소유권에
기하여 건물철거 및 대지인도청구소송을 제기한 결과, 원고가 대지의 실질적인 소
유자가 아니라는 이유로 청구기각 판결이 선고되어 확정되었고 위 패소확정된 사
건의 변론종결 이후에 피고 을이 피고 갑으로부터 위 건물을 매수하였다면 피고
을은 그의 지위를 승계한 변론종결후의 승계인에 해당하므로, 원고가 다시 피고
을을 상대로 소유권에 기하여 위 건물의 철거와 그 대지의 인도를 청구하는 이
사건 소는 비록 그 사이에 원고가 피고 갑을 상대로 위 대지에 관한 소유권확인
소송을 제기하여 승소판결을 받아 확정되었고, 위 패소확정된 사건의 판결이 선고
된 때로부터 10여 년이 지났다고 하여 그 판결의 기판력을 배제하여야 할 만한
사정변경이 있다고 볼 수도 없으므로 위 패소확정판결의 기판력에 저촉되어 기각
되어야 할 것이다); 대법원 1994. 12. 27. 선고 93다34183 판결(부동산에 대한 근
저당권설정등기말소 청구사건의 사실심 변론종결일 후에 그 부동산의 소유권을 경
락취득한 자 또는 이를 전득한 자는 민사소송법 제204조에 의하여 그 확정판결의
효력이 미치는 변론종결 후의 승계인이라 할 것이다. ⇒ 전소 근저당권설정등기
말소청구 소송에서 패소한 원고가 해당 근저당권에 기한 임의경매절차에서 부동산
소유권을 경락 취득한 피고들에 대하여 그 소유권이전등기의 말소를 구한 사안에
서, 법원은 위 피고들이 전소 기판력이 미치는 변론종결 후 승계인에 해당한다고
보고 원고의 청구를 기각한 사례); 대법원 2003. 3. 28. 선고 2000다24856 판결(소
유권이전등기말소소송의 승소 확정판결에 기하여 소유권이전등기가 말소된 후 순
차 제3자 명의로 소유권이전등기 및 근저당권설정등기 등이 마쳐졌는데 위 말소된
등기의 명의자가 현재의 등기명의인을 상대로 진정한 등기명의의 회복을 위한 소
유권이전등기청구와 근저당권자 등을 상대로 그 근저당권설정등기 등의 말소등기
청구 등을 하는 경우 현재의 등기명의인 및 근저당권자 등은 모두 위 확정된 전
소송의 사실심 변론종결 후의 승계인으로서 위 확정판결의 기판력은 그와 실질적
으로 동일한 소송물인 진정한 등기명의의 회복을 위한 소유권이전등기청구 및 위
확정된 전소의 말소등기청구권의 존재여부를 선결문제로 하는 근저당권설정등기
등의 말소등기청구에 모두 미친다고 한 사례).

승계한 내용 전소 승패결과	원고의 분쟁주체 지위	피고의 분쟁주체 지위
① 원고 승소(집행력 발생)	ⓐ, 기판력 ○	ⓑ, 기판력 ○
② 원고 패소(집행력 불발생)	ⓒ, 기판력 ×	ⓓ, 기판력 ○

전소에서 원고가 패소한 때(집행력이 발생하지 않은 상황) 대법원 1984. 9. 25. 선고 84다카148 판결(선례 ①)[160]과 대법원 1999. 10. 22. 선고 98다6855 판결(선례 ②)[161]은 후소의 원고가 전소 원고의 분쟁주체 지위를 승계하였더라도 전소 기판력이 미치는 변론종결 후 승계인에 해당하지 않는다고 보고 있다.

6) 이러한 판례의 태도는 타당한가? 이에 대하여는 기판력의 주관적

---

[160] 대법원 1984. 9. 25. 선고 84다카148 판결(토지소유권에 기한 물권적 청구권을 원인으로 하는 토지인도소송의 소송물은 토지소유권이 아니라 그 물권적 청구권인 토지인도청구권이므로 그 소송에서 청구 기각된 확정판결의 기판력은 토지인도청구권의 존부 그 자체에만 미치고 소송물이 되지 아니한 토지소유권의 존부에 관하여는 미치지 않는다. 그 토지인도소송의 사실심 변론종결 후에 그 패소자인 토지소유자로부터 토지를 매수하고 소유권이전등기를 마침으로써 그 소유권을 승계한 제3자의 토지소유권의 존부에 관하여는 위 확정판결의 기판력이 미치지 않는다. 이 경우 위 제3자가 가지게 되는 물권적 청구권인 토지인도청구권은 적법하게 승계한 토지소유권의 일반적 효력으로서 발생된 것이고 위 토지인도소송의 소송물인 패소자의 토지인도청구권을 승계함으로써 가지게 된 것이라고는 할 수 없으므로 위 제3자는 위 확정판결의 변론종결후의 승계인에 해당한다고 할 수도 없다).

[161] 대법원 1999. 10. 22. 선고 98다6855 판결(건물 소유권에 기한 물권적 청구권을 원인으로 하는 건물명도소송의 소송물은 건물 소유권이 아니라 그 물권적 청구권인 건물명도청구권이므로 그 소송에서 청구 기각된 확정판결의 기판력은 건물명도청구권의 존부 그 자체에만 미치는 것이고, 소송물이 되지 아니한 건물 소유권의 존부에 관하여는 미치지 않으므로, 그 건물명도소송의 사실심 변론종결 후에 그 패소자인 건물 소유자로부터 건물을 매수하고 소유권이전등기를 마침으로써 그 소유권을 승계한 제3자의 건물 소유권의 존부에 관하여는 위 확정판결의 기판력이 미치지 않으며, 또 이 경우 위 제3자가 가지게 되는 물권적 청구권인 건물명도청구권은 적법하게 승계한 건물 소유권의 일반적 효력으로서 발생된 것이고, 위 건물명도소송의 소송물인 패소자의 건물명도청구권을 승계함으로써 가지게 된 것이라고는 할 수 없으므로, 위 제3자는 위 확정판결의 변론종결 후의 승계인에 해당한다고 할 수 없다).

범위를 객관적 범위와 연계시킬 성질이 아닌데도 이를 혼동하였고, 논리적인 일관성이 없다는 이유로 반대하는 견해가 있다.[162]

　　그러나 소유권에 기한 말소등기청구 소송에서 패소한 원고 측으로부터 변론종결 후 소유권 등을 이전받은 제3자에 대하여는 기판력이 미치지 않는다고 본 판례의 태도는 타당하다. 기판력의 주관적 범위 확장은 본래 '승소' 원고의 집행력 확장 인정 범위를 논의하는 과정에서 분쟁해결의 실효성 확보를 위해 정책적으로 인정된 것이고,[163] 이때 '분쟁해결의 실효성 확보'는 주로 '승소 원고의 이익실현'에 대응하는 개념이었다. 기판력의 상대성 원칙의 예외를 인정할 필요가 없는 경우라면 원칙대로 전소 당사자만이 기판력을 받는다고 보아야 한다. 대법원이 전소에서 원고가 승소한 경우와 패소한 경우의 기판력이 미치는 승계인의 인정 범위를 다르게 파악하는 것은 이러한 의미에서 이해해야 한다.

　　7) 아래와 예시적 상황을 생각해 볼 수 있는데, 이들 청구는 모두 물권적 청구권에 기한 청구라는 점과 분쟁주체의 지위 승계인(계쟁물의 승계인)이 있는 경우라는 점이 공통된다.

〈예시적 상황〉

　　A(원고)가 甲(피고)을 상대로 토지 소유권에 기한 방해해제청구(물권적 청구권)를 하여 전소 판결이 확정된 상황을 상정하고, 이후 A의 승계인으로 B(토지소유권 취득 또는 근저당권설정)가 있는 경우와 甲의 승계인으로 乙(지상 건물소유권취득), 丙(토지소유권이전등기 또는 저당권설정등기)이 있는 경우를 전제로 한다. 토지(부동산) 소유자인 A(원고)가 甲(전소), 乙(후소)을 상대로 지상 건물 철거와 토지인도를 청구한 경우와 A(원고)가 甲(전소), 丙(후소)을 상대로 토지에 설정된 소유권이전등기(또는 저당권

162) 이시윤, 신민사소송법(제6증보판), 616면; 정동윤/유병현/김경욱, 민사소송법(제7판), 809면; 김일룡, "민사소송에 있어서 특정승계인의 범위", 법학논총 제30권 제1호(2013), 207-208면; 이시윤, 신민사소송법(제15판, 2021), 663면은 '계쟁물 승계인을 기판력에서 배제시킨 점에서 문제가 있고, 소송물이 물권적 청구권이면 승계인이 된다는 기존 판례와도 저촉되는 것이 아닌지 의문도 있다'고 한다.
163) 김일룡, "민사소송에 있어서 특정승계인의 범위", 법학논총 제30권 제1호(2013), 189면; 김일룡, "변론종결 후 계쟁물 승계인의 소송법적 지위: 최근 일본에서의 논의를 중심으로", 비교사법 제27권 제3호(2020), 448면.

등기)의 말소등기를 청구한 경우를 상정해 본다.

가) 전소에서 원고가 승소한 경우에는 물권적 청구권에 기초한 소송물(인도청구권, 철거청구권, 등기말소청구권)의 존부에 관한 판단을 승계인에게 확장할 것인지로 귀결되고, 이는 물권적 청구권에 기초한 이행판결의 집행 문제(전소 확정판결에 따른 집행의 결과를 그대로 유지하는 문제 포함)와 결부되어 있다. 위의 예시적 상황에서 전소판결의 기판력은 원고 측 승계인(A→B)이 승계집행문을 받을 수 있는지, 피고 측 승계인(甲 →乙, 丙)에 대하여 승계집행문을 받을 수 있는지 문제로 귀결된다.

'피고에 대하여 물권적 청구권이 존재한다'는 점에 관한 기판력 있는 판단을 받았다는 점에 대한 신뢰와 더불어 해당 판결을 집행권원으로 하여 계쟁물에 대한 물권적 지배를 현실적으로 실현할 수 있으리라는 '집행에 대한 기대'가 추가적으로 형성되었다고 볼 수 있다. 즉, 전소 확정판결은 인도청구 대상 토지는 인도되어야 하는 운명, (철거청구 대상 건물이 철거되어야 할 운명)에 있다는 것, 말소청구의 대상이 된 등기(소유권등기, 저당권등기)가 말소되어야 할 운명에 있다는 것을 종국적으로 판단한 것이다.

그러나 이 경우 전소 확정판결은 A(원고)가 그 권원으로 주장한 토지 소유권(물권) 자체에는 아무런 실체적 권리관계를 형성하지 않는다(소유권 등 실체적 권리관계를 형성, 변경, 소멸시키는 것이 없음). 전소 확정판결이 물권적 청구권의 근거가 되는 물권의 귀속(원고에게 소유권이 있다)을 확정하는 것도 아니다. 토지 인도청구, 건물철거, 등기말소를 당한 甲(또는 승계인 乙)은 A(또는 승계인 B)를 상대로 토지에 대한 소유권 확인청구의 소를 제기하여 법원으로부터 그 확인을 받을 수 있고, 자신이 토지 소유자임을 전제로 부당이득반환(전소에서 토지인도, 소유권이전등기말소가 확정된 경우)이나 손해배상(전소에서 건물철거가 확정된 경우)을 구하는 소를 제기하여 승소판결을 받을 수도 있는 것이다.

나) 전소에서 원고가 패소하여 전소 판결이 확정된 경우에는 그 어느 경우에도 집행의 문제는 발생하지 않는데, 변론 종결 이후 승계가 이루어진 것이 원고 측인지, 피고 측인지에 따라 기판력의 확장 국면이 다른 양상을 보이

게 된다.

(1) 우선, 피고 측의 승계가 있는 경우를 먼저 본다. 전소 확정판결의 기판력이 미치는 범위는 A(원고)가 인도 청구의 목적이 된 토지나 철거청구의 목적이 된 건물에 대하여 인도(철거)청구권이 존재하지 않는다는 판단 또는 말소청구의 목적이 된 등기에 대한 말소청구권이 존재하지 않는다는 판단에 있다.

전소 확정판결은 'A(원고)의' 문제가 된 토지에 대한 인도 청구가, 또는 해당 건물에 대한 철거 청구가, 해당 등기의 말소 청구가 종국적으로 불가능함을 선언한 것이다. 계쟁물(토지, 건물, 등기)이 피고 측으로 승계(甲 → 乙, 丙)되더라도 A(원고)는 계쟁물에 대한 인도청구, 철거청구, 말소청구를 할 수 없다는 것에 전소 확정판결의 기판력이 발생하므로, A는 '자기책임의 원칙'에 따라 피고 측 승계인인 乙, 丙에 대하여 물권적 청구권에 기하여 같은 청구를 하는 것은 허용되지 않는다.

그러나 이러한 기판력은 확정판결의 당사자인 A(원고)로서 갖는 제한일 뿐 물권적 청구권의 근거가 된 소유권(물권) 자체에 어떠한 제한이 가해지는 것은 아니다. 따라서 A(원고)는 甲(또는 승계인 乙, 丙)을 상대로 여전히 토지 소유권 확인을 구할 수 있고, 자신이 토지 소유자임을 전제로 부당이득반환의 소를 제기하여 승소판결을 받을 수도 있다(이러한 청구는 전소 확정판결과는 객관적 범위가 달라 전소 판결의 기판력이 미치지 않기 때문이다).

(2) 반면에, 원고 측 승계가 있는 경우에 전소 확정판결의 기판력을 원고 측 승계인에게 미친다고 보는 것은 전소에서 소송물이 되지 않았던 물권 자체에 대한 일정한 제한을 인정하는 결과를 가져온다.

토지 소유권에 관해서 원고 측의 승계가 있는 경우(A → B), 전소판결의 기판력이 원고 측 승계인에게 확장된다고 보면, 이는 소유권(물권) 자체의 내용이 변경되는 결과를 가져온다. 즉 물권적 청구권이 부존재한다는 판단을 물권자의 승계인에게 확장시키는 것은 물권적 청구권에 해당하는 '인도청구권'이 존재하지 않는 소유권, '철거청구권'이 없는 소유권, '관련 등기말소청구권'이 없는 소유권을 인정하는 것이 되는데, 이는 물권법정주의에 반한다고 할 것이다.

나아가 기판력은 후소 법원을 구속하는 '소송법적 효력'을 가질 뿐이고 확정판결 내용대로 실체적 법률관계를 형성(발생·변경·소멸)하는 효력이 없음에도, 전소에서 패소한 원고로부터의 계쟁물 승계인에게도 기판력이 확장된다고 보게 되면 실질적으로 기판력의 본질을 실체법상 권리관계를 변경하는 '실체법적 효력'으로 파악하는 결과가 되어 부당하다.

원고 패소의 경우에도 원고 측 승계인에게 기판력이 미친다고 볼 경우 기판력이 미치는 '계쟁물의 승계인'에는 '변론종결 후'라는 시기적 제한 외에는 다른 특별한 제한이 없어 전소 변론 종결 후 발생하는 모든 거래상 승계인에게 기판력이 미치게 된다. '변론종결 후 발생한 새로운 사정'이 있을 때 한해서 변론종결 후 원고 측 승계인에게 기판력이 미치지 않는다고 보는 것은 극도로 제한적인 범위에서만 물권의 원상회복을 인정하겠다는 것이다. 이는 통상적인 거래를 통해서 물권(소유권)을 취득한 승계인이 '물권적 청구권이 없는' 부동산 물권을 취득하게 되는 결과를 용인한다는 것이므로, 부동산 거래에 큰 혼란을 가져올 수 있다. 독일은 부동산등기의 공신력을 인정하고 있어 부동산등기를 신뢰하고 거래한 제3자가 보호되지만 우리나라는 부동산등기의 공신력이 인정되지 않고, 부동산에 대한 선의 취득도 인정되지 않기 때문이다.

기존 대법원 선례 ①, ②(대법원 84다카148 판결, 대법원 98다6855 판결)는 '이 경우 (그 소유권을 승계한) 제3자가 가지게 되는 물권적 청구권(인 토지인도청구권)은 적법하게 승계한 토지소유권의 일반적 효력으로서 발생한 것'이라고 하고 있는데, 이 표현 속에는 그와 같은 관점이 이미 반영되어 있다고 볼 수 있다.

8) 본 판결은 기판력이 '확정판결의 내용대로 실체적 권리관계를 변경하는 실체법적 효력을 갖는 것은 아니다.'라고 하여 소송법설을 취하고 있음을 밝히고, 소유권에 기한 방해배제청구소송의 기판력은 소송물인 방해배제청구권의 존부에만 생기고 그 전제가 되는 소유권의 존부에 관한 판단에는 미치지 않는다는 점과 전소 판결의 기판력의 객관적 범위에 해당하지 않는다면, 즉 후소의 소송물이 전소 소송물과 동일하거나 선결문제 또는 모순관계에 의하여 기판력이 미치는 객관적 범위에 해당하

지 않는 경우라면, 개념상 승계인이 기판력의 주관적 범위에 포함되더
라도 후소에 전소 판결의 기판력이 미치지 않음을 전제로, 전소의 소송
물인 청구가 물권적 청구권에 기한 청구이고 원고가 패소한 경우, 변론
종결 후 원고로부터 소유권 등을 이전받은 제3자는 기판력이 미치는 '변
론종결 후의 승계인'에 해당하지 않는다는 점을 재확인하였다는 데 의의
가 있다.[164]

3. 대법원 2013. 3. 28. 선고 2011다3329 판결[165]
**[소송상 방어방법으로서 상계항변이 있었으나 소송절차 진행 중 조정이
성립되면서 수동채권의 존재에 관한 법원의 실질적인 판단이 이루어지지
않은 경우, 상계항변의 사법상 효과가 발생하는지]**

피고가 원고를 상대로 공사로 인해 피고가 입은 손해를 분담하기로
약정했음을 원인으로 하여 약 7억 원의 손해배상청구의 소를 제기하였는
데, 원고가 그 소송에서 피고의 원고에 대한 손해배상청구가 인용될 것
에 대비하여 이 사건 미지급대금 채권(1억 5,200여만 원)을 자동채권으로
하는 예비적 상계항변을 하였고, 이후 그 소송에서 '원고가 피고에게
2009. 8. 31.까지 3억 3천만 원을 지급하되, 그 지급을 지체할 경우 연
15%의 비율에 의한 지연손해금을 가산하여 지급하며, 피고는 나머지 청
구를 포기한다'는 내용의 조정이 성립되었다. 원고는 이후 피고를 상대로
이 사건 미지급대금을 구하는 이 사건 소를 제기하였다.

원심은 이 사건 미지급대금 채권은 원고의 위 관련소송에서의 상계

---

164) 대법원이 이러한 결론을 취한 배경을 다음 2가지로 요약할 수 있다.
① 민사소송법 제218조 제1항에서 확정판결의 기판력이 변론종결 후 승계인에
게 미치도록 한 것은 주로 확정판결에 대한 집행의 실효성을 확보하기 위한
것인데, 토지소유권에 기한 물권적 청구권을 원인으로 한 이행청구에서 청구
기각 확정판결을 받은 경우에는 집행의 문제가 발생할 여지가 없다.
② 나아가 위 청구기각된 확정판결의 기판력이 패소자로부터 물권을 취득한 제
3자에게도 미친다면 물권적 청구권의 행사가 제한되는 물권의 취득을 인정하
는 결과가 되어 거래의 안전에 대한 큰 위협이 될 수 있다.
165) 공2013상, 739.

항변으로 인하여 피고의 원고에 대한 위 손해배상채권 중 그 대등액에서 함께 소멸하였고, 원고와 피고가 위 상계항변까지 고려하여 조정조항을 도출하였다고 판단하였다.

　　대법원은, 「소송상 방어방법으로서의 상계항변은 그 수동채권의 존재가 확정되는 것을 전제로 하여 행하여지는 일종의 예비적 항변으로서 당사자가 소송상 상계항변으로 달성하려는 목적, 상호양해에 의한 자주적 분쟁해결수단인 조정의 성격 등에 비추어 볼 때 당해 소송절차 진행 중 당사자 사이에 조정이 성립됨으로써 수동채권의 존재에 관한 법원의 실질적인 판단이 이루어지지 않은 경우에는 그 소송절차에서 행하여진 소송상 상계항변의 사법상 효과도 발생하지 않는다고 봄이 타당하다.」고 하면서 소송절차 진행 중에 원고와 피고 사이에 조정이 성립됨으로써 수동채권인 피고의 청구채권에 대한 법원의 실질적인 판단이 이루어지지 않은 이상 원고의 위 상계항변은 그 사법상 효과도 발생하지 않고, 이 사건 미지급대금 채권은 관련소송의 소송물이 아니었을 뿐만 아니라 그 조정조서의 조정조항에 특정되거나 청구의 표시 다음에 부가적으로 기재되지 않았으므로 특별한 사정이 없는 한 위 조정조서의 효력이 이 사건 미지급대금 채권에 미친다고 볼 수도 없다고 하여 원심 판결을 파기환송하였다.

4. 대법원 2014. 6. 12. 선고 2013다95964 판결[166]

[소송상 상계항변이 실체법상 상계의 효과가 발생하는 경우 및 소송상 상계항변에 대하여 상대방이 소송상 상계의 재항변을 하는 것이 허용되는지]

　　대법원은, 소송상 방어방법으로서의 상계항변은 통상 수동채권의 존재가 확정되는 것을 전제로 하여 행하여지는 일종의 예비적 항변으로서 소송상 상계의 의사표시에 의해 확정적으로 효과가 발생하는 것이 아니라 당해 소송에서 수동채권의 존재 등 상계에 관한 법원의 실질적 판단

---

166) 공2014하, 1382.

이 이루어지는 경우에 비로소 실체법상 상계의 효과가 발생하는데, 피고의 소송상 상계항변에 대하여 원고가 소송상 상계의 재항변을 하는 것은 다른 특별한 사정이 없는 한 허용되지 않는다고 하였다.

그 이유로 ① 법원이 원고의 소송상 상계의 재항변과 무관한 사유로 피고의 소송상 상계항변을 배척하는 경우에는 소송상 상계의 재항변을 판단할 필요가 없고, 피고의 소송상 상계항변이 이유 있다고 판단하는 경우에는 원고의 청구채권인 수동채권과 피고의 자동채권이 상계적상 당시에 대등액에서 소멸한 것으로 보게 될 것이므로 원고가 소송상 상계의 재항변으로써 상계할 대상인 피고의 자동채권이 그 범위에서 존재하지 않는 것이 되어 이때에도 역시 원고의 소송상 상계의 재항변에 관하여 판단할 필요가 없다. ② 원고가 소송물인 청구채권 외에 피고에 대하여 다른 채권을 가지고 있다면 소의 추가적 변경을 통해 그 채권을 당해 소송에서 청구하거나 별소를 제기할 수 있으므로 원고의 소송상 상계의 재항변은 일반적으로 이를 허용할 이익이 없다는 점을 들었다.

5. 대법원 2018. 8. 30. 선고 2016다46338, 46345 판결[167]
[상계항변으로 주장된 반대채권이 부존재한다는 판단에 관하여 기판력이 발생하는 범위]

1) 전소에서 원고가 피고를 상대로 동업관계에 따른 분배금 2,000만 원을 청구하자 피고는 ① 불법행위(또는 동업계약상 주의의무위반)에 따른 5억 원의 손해배상채권과 ② 2,805,627원의 소송비용액 확정금 채권 등을 주장하면서 상계항변을 하였다. 법원은 원고의 피고에 대한 위 분배금 채권이 존재한다고 판단한 다음 피고의 ① 원고에 대한 불법행위(또는 동업계약상 주의의무위반)에 따른 손해배상채권은 인정되지 않고, ② 원고에 대한 소송비용액 확정금 채권을 반대채권으로 하는 상계항변을 받아들여, 상계적상일까지의 지연손해금과 원금의 순서로 위 2,805,627원과 대등액에서 상계되어 소멸하였다고 보아 원금 잔액 18,819,030원과 이에 대한 지연손

---

167) 공2018하, 1902.

해금 청구를 인용하는 판결을 선고하였고, 위 판결이 확정되었다.

후소에서 원고가 피고를 상대로 전소와는 다른 분배금을 청구하자 피고는 본소 청구에 관해서 불법행위(또는 동업계약상 주의의무위반)에 따른 5억 원의 손해배상채권과의 상계를 주장하면서 동시에 이를 뺀 나머지 금액을 반소로 구하였다. 원심은 피고의 상계항변 및 반소청구 중 2,000만 원 부분은 기판력에 저촉되어 허용되지 않는다고 보면서 나머지 4억 8,000만 원 부분에 대하여는 불법행위에 따른 손해배상책임을 인정하고, 원고의 분배금 채권(약 2억 4,800만 원)과 대등액에서 상계되었다고 보아 원고의 본소 청구를 기각하고, 피고의 반소 청구를 일부 인용하였다. 원고는 전소에서 부존재로 판단된 5억 원 손해배상채권 부분이 기판력으로 차단된다고 주장하면서 상고하였다.

대법원은, 피고가 상계항변으로 2개 이상의 반대채권을 주장하였는데 법원이 그중 어느 하나의 반대채권의 존재를 인정하여 수동채권의 일부와 대등액에서 상계하는 판단을 하고 나머지 반대채권들은 모두 부존재한다고 판단하여 그 부분 상계항변을 배척한 경우, 나머지 반대채권들이 부존재한다는 판단에 관하여 기판력이 발생하는 '전체 범위'가 전소에서 '(상계가 인정된 다른 채권으로) 상계를 마친 후의 수동채권의 잔액'을 초과할 수 없고, 이는 피고가 주장하는 2개 이상의 반대채권의 원리금 액수 합계가 법원이 인정하는 수동채권의 원리금 액수를 초과하는 경우에도 같다고 하면서 이때 '상계를 마친 후의 수동채권의 잔액'은 수동채권 '원금'의 잔액만을 의미한다고 하였다.[168] 이에 따라 이 사건 전소 확정판

---

168) 그 이유로 「이때 '부존재한다고 판단된 반대채권'에 관하여 법원이 그 존재를 인정하여 수동채권 중 일부와 상계하는 것으로 판단하였을 경우를 가정하더라도, 그러한 상계에 의한 수동채권과 당해 반대채권의 차액 계산 또는 상계충당은 수동채권과 당해 반대채권의 상계적상의 시점을 기준으로 하였을 것이고, 그 이후에 발생하는 이자, 지연손해금 채권은 어차피 그 상계의 대상이 되지 않았을 것이므로, 위와 같은 가정적인 상계적상 시점이 '실제 법원이 상계항변을 받아들인 반대채권'에 관한 상계적상 시점보다 더 뒤라는 등의 특별한 사정이 없는 한, 앞에서 본 기판력의 범위의 상한이 되는 '상계를 마친 후의 수동채권의 잔액'은 수동채권의 '원금'의 잔액만을 의미한다고 보아야 한다.」고 하였다.

결의 이유 중 피고가 상계항변의 반대채권으로 주장한 위 손해배상채권을 포함한 나머지 반대채권들이 부존재한다는 판단에 대하여 기판력이 생기는 부분은 상계로 소멸한 후의 분배금 원금 잔액 18,819,030원을 초과할 수 없으므로, 원심이 기판력의 범위에 관해서 오해한 잘못은 있지만 원고만이 상고한 사건에서 불이익변경금지 원칙상 더 불리한 판결을 선고할 수 없다는 이유로 상고를 기각하였다.

　　2) 민사소송법 제216조 제1항은 '확정판결은 주문에 포함된 것에 한하여 기판력을 가진다'고 하여 주문 기판력 원칙을 선언하고 있고, 제2항은 '상계를 주장한 청구가 성립되는지 아닌지의 판단은 상계하자고 대항한 액수에 한하여 기판력을 가진다'고 하여 제1항의 원칙에 대한 예외를 정하고 있다.

　　대법원 2005. 7. 22. 선고 2004다17207 판결은 민사소송법 제216조 제2항에서 판결 이유 중의 판단임에도 불구하고 상계 주장에 관한 법원의 판단에 기판력을 인정한 취지는, '만일 이에 대하여 기판력을 인정하지 않는다면, 원고의 청구권의 존부에 대한 분쟁이 나중에 다른 소송으로 제기되는 반대채권의 존부에 대한 분쟁으로 변형'되고, '상계주장 채권을 이중으로 행사하는 것에 의하여 상계 주장의 상대방이 불이익을 입을 수 있게 될 뿐'만 아니라 '상계 주장에 대한 판단을 전제로 이루어진 원고의 청구권의 존부에 대한 전소의 판결이 결과적으로 무의미하게 될 우려가 있어 이를 막기 위함'이라고 보았다.

　　민사소송법 제216조 제2항은 상계항변으로 인하여 기판력이 생기는 범위를 '상계하자고 대항한 액수에 한한다'고 정하고 있다. 이에 대하여는 상계항변으로 주장한 반대채권(자동채권) 전액에 대하여 기판력이 생긴다는 견해도 있었지만[169] 통설은 제216조 제2항의 문리해석상 소송물로 심판되는 '소구채권의 액수를 넘을 수 없다'는 입장을 취하고 있다.[170] 본

　169) 주석 민사소송법(Ⅲ)(2012), 359면(강승준 집필부분).
　170) 이시윤, 신민사소송법(제15판, 2021), 658면; 호문혁, 민사소송법(제14판, 2020), 745－746면; 정동윤/유병현/김경욱, 민사소송법(제8판, 2020), 811－812면; 김홍엽, 민사소송법(제9판, 2020), 896－897면; 강현중, "기판력에 관한 연구", 법학논총 제

판결 이전에 대법원 2004. 3. 26. 선고 2002다6043 판결은 직접 쟁점이 아닌 방론으로 본 판결과 같은 취지의 결론을 제시하였다.[171]

소송상 상계항변은 그 수동채권의 존재가 확정되는 것을 전제로 하여 행하여지는 일종의 예비적 항변으로 당해 소송에서 수동채권의 존재 등 상계에 관한 법원의 실질적 판단이 이루어지는 경우에 비로소 실체법상 상계의 효과가 발생한다.[172] 이와 대응하여 피고가 주장한 반대채권의 존재를 인정하지 않고 상계항변을 배척하는 경우, 그와 같이 반대채권이 부존재한다는 판단에 대한 기판력은 '법원이 반대채권을 인정하였더라면 상계에 관한 실질적 판단에 나아갈 수 있었던 액수' 범위에서 발생한다고 보는 것이 자연스럽다.

3) 본 판결은 피고가 상계항변으로 2개 이상의 반대채권을 주장하였는데 법원이 그중 어느 하나의 반대채권의 존재를 인정하여 수동채권의 일부와 대등액에서 상계하는 판단을 하고 나머지 반대채권들은 모두 부존재한다고 판단하여 그 부분 상계항변을 배척한 경우, 나머지 반대채권들이 부존재한다는 판단에 관하여 기판력이 발생하는 전체 범위는 상계를 마친 후의 수동채권의 원금 잔액을 초과할 수 없고, 피고가 주장하는 2개 이상의 반대채권의 원리금 액수 합계가 법원이 인정하는 수동채권의 원리금 액수를 초과하더라도 마찬가지로 적용된다는 것을 밝힌 선례로서 의의가 있다.[173]

19집(2007), 134면 등.

171) '전 소송에서 피고(전 소송의 원고)가 원고(전 소송의 피고)에 대하여 공사잔대금 213,019,663원이 있음이 인정되었고, 원고는 이 사건 청구원인 사실을 내세워 손해배상채권이 있다고 주장하면서 상계항변을 하여 일부 금액은 그 항변이 받아들여졌으나 나머지 금액은 배척되었고, 그 판결이 확정되었으므로, 원고가 상계로 대항한 수액인 213,019,663원에 상응하는 손해배상채권에 대해서는 그 존부에 관한 기판력이 발생하였으므로, 그 금액을 초과하여 기판력에 저촉되지 않는 부분에 관해서만 당부를 판단할 수 있음을 지적해 두기로 한다.'고 하였다.

172) 대법원 2015. 3. 20. 선고 2012다107662 판결.

173) 양진수, "상계항변이 배척된 경우에 반대채권(또는 자동채권)이 부존재한다는 판결 이유 중의 판단에 관하여 기판력이 발생하는 범위", 대법원 판례해설 제117호, 법원도서관(2019), 246－289면.

4) 본 판결 이후 직접 쟁점이 되지 않았지만 피고가 전소에서 상계 항변으로 주장하였으나 부존재한다고 판단하여 상계항변이 배척된 다수의 채권들이 있는 경우, 그 각각의 채권에 대하여 기판력이 발생하는 범위는 어떻게 되는지 생각해 볼 필요가 있다.

본 판결에서는 '나머지 반대채권들이 부존재한다는 판단에 관하여 기판력이 발생하는 전체 범위가 전소에서 상계를 마친 후의 수동채권의 잔액을 초과할 수 없다'고만 하고, 불이익금지 원칙에 따라 상고를 기각하여 직접 문제되지 않았지만 만일 이 사건이 피고의 상고로 파기환송되었다면 당장 원심에 대한 파기의 범위와 원심으로서는 피고의 반소청구 인용 부분을 확정하기 위해서 5억 원의 손해배상채권 주장 중에서 전소의 기판력이 미치는 부분을[174] 특정해야 하기 때문이다.

상계항변으로 주장된 채권이 인정될 경우에는 민법 제499조에 따라 변제충당의 방법으로 상계충당을 하게 되는데, 상계항변이 배척된 경우에도 가상의 상계충당 상황을 전제로 각각의 채권에 대하여 기판력 발생의 범위를 정할 것인지는 의문이다.[175]

오히려 상계항변으로 주장된 반대채권들에 대하여 그 부존재를 판단한 것은, 법원이 그 각각의 채권에 대하여 '전소에서 상계를 마친 후의 수동채권 잔액 범위'에서 개별적으로 실질적으로 판단한 것으로 보는 것이 자연스럽다.

---

174) 기판력의 적용에 관한 대법원 판례의 입장에 따르면 피고의 반소 청구 중 기판력이 적용되는 부분에 관해서는 '청구기각' 판결을 해야 하는데, 같은 하나의 사실관계와 청구원인에 바탕을 둔 손해배상청구에 관해서 '청구기각'과 '청구인용'을 동시에 표시해야 하는 결과가 되는데, 이는 어색하다는 생각이 든다. 기판력의 본질에 관한 모순금지설의 입장에서도 기판력에 저촉되는 후소 부분은 부적법하여 '각하'하는 것이 타당하고[호문혁, 민사소송법(제14판, 2020), 745-746면], 대법원도 이를 전향적으로 검토할 때가 되었다고 생각한다.
175) 양진수, "상계항변이 배척된 경우에 반대채권(또는 자동채권)이 부존재한다는 판결 이유 중의 판단에 관하여 기판력이 발생하는 범위", 대법원 판례해설 제117호, 법원도서관(2019), 275-276면도 가상의 상계충당 상황을 전제로 기판력이 발생한다고 볼 것인지는 간단한 문제가 아니고, 면밀한 검토가 필요하다고 하여 유보적인 입장을 보이고 있다.

그렇다면 본 판결에서는 '이 사건에서 문제된 손해배상채권을 비롯하여 나머지 반대채권들이 부존재한다는 판단에 관하여 기판력이 발생하는 전체 범위'가 아니라 '이 사건 전소 확정판결의 이유 중 피고가 상계항변의 반대채권으로 주장한 위 손해배상채권이 부존재한다는 판단에 대하여 기판력이 생기는 부분'은 '전소에서 상계를 마친 후의 수동채권의 잔액' 또는 '전소에서 법원이 그 존재를 인정한 수동채권의 잔액'을 초과할 수 없다고 하는 것이 보다 근본적인 법리를 제시하는 것은 아닐까 생각한다. 향후 대법원 판단의 추이를 지켜볼 부분이다.

6. 대법원 2020. 10. 29. 선고 2016다35390 판결[176]
[추심금 판결의 기판력이 다른 추심권자에게 미치는지 여부]

1) 원고는 2012. 3. 19. 채무자 A, 제3채무자 피고들, 청구금액 183,309,000원으로 하여 A의 피고들에 대한 사우나 동업자금 반환채권에 관하여 채권압류 및 추심명령을 받았고(이하 '제1 채권압류 및 추심명령'), 위 결정 정본이 피고들에게 송달되었다. 이후 A는 피고들을 상대로 사우나 동업 탈퇴를 이유로 약 5억 5천만 원의 지급을 구하는 소를 제기하였는데, 법원은 2013. 6. 21. 피고들이 A의 동업 탈퇴에 따라 환급해야 할 지분가치는 99,806,683원인데, A가 제1 채권압류 및 추심명령의 피압류채권액 범위에서는 당사자적격을 상실하였다는 이유로 'A의 소 중 183,309,000원과 이에 대한 지연손해금 지급 청구 부분을 각하하고 A의 나머지 청구는 기각'하는 판결을 선고하였고, 그 판결이 확정되었다. A의 이모부인 B는 2014. 5. 22. 채무자 A, 제3채무자 피고들, 청구금액 18억 9,600만 원으로 하여 A의 피고들에 대한 사우나 동업 탈퇴로 인한 반환채권에 관하여 채권압류 및 추심명령(이하 '제2 채권압류 및 추심명령')을 받은 다음 2015. 3. 4. 피고들을 상대로 99,806,683원과 이에 대한 지연손해금을 구하는 추심금 청구의 소('선행 추심금소송')를 제기하였는데, 위 소송에서 '피고들은 공동하여 B에게 추심금으로 9,000만 원을 2015. 7. 31.까지 지급하고, B는 피

고들에 대한 나머지 청구를 포기한다.'는 내용의 화해권고결정이 내려져 그 무렵 확정되었다. 피고들은 위 화해권고결정에 따라 2015. 7. 24. 9,000만 원을 집행공탁하였다. 원고는 2015. 7. 14. 제1 채권압류 및 추심명령에 기초하여 피고들을 상대로 나머지 9,806,683원(채권 99,806,683원－집행공탁 9,000만 원)과 그 지연손해금의 지급을 구하는 이 사건 소를 제기하였다.

이 사건에서는 추심금 청구소송에서 청구의 일부를 포기하는 내용의 화해권고결정이 확정된 경우 화해권고결정의 효력이 그 전에 압류·추심명령을 받았던 다른 추심채권자에게 미치는지와 함께 동일한 채권에 대해 복수의 채권자들이 압류·추심명령을 받은 경우 어느 한 채권자가 제기한 추심금 소송에서 확정된 판결의 기판력이 그 소송의 변론종결일 이전에 압류·추심명령을 받았던 다른 추심채권자에게 미치는지가 문제되었다.

2) 대법원은 첫 번째 핵심 쟁점에 관해서 다음과 같이 판단하였다.

추심금 소송에서 추심채권자가 제3채무자와 '피압류채권 중 일부 금액을 지급하고 나머지 청구를 포기한다'는 내용의 재판상 화해를 한 경우 '나머지 청구 포기 부분'은 추심채권자가 적법하게 포기할 수 있는 자신의 '추심권'에 관한 것으로서 제3채무자에게 더 이상 추심권을 행사하지 않고 소송을 종료하겠다는 의미로 보아야 한다. 이와 달리 추심채권자가 나머지 청구를 포기한다는 표현을 사용하였더라도 이를 애초에 자신에게 처분 권한이 없는 '피압류채권' 자체를 포기한 것으로 볼 수는 없다. 따라서 위와 같은 재판상 화해의 효력은 별도의 추심명령을 기초로 추심권을 행사하는 다른 채권자에게 미치지 않는다.

3) 다음으로, 대법원은 다음과 같은 이유로 동일한 채권에 대해 복수의 채권자들이 압류·추심명령을 받은 경우 어느 한 채권자가 제기한 추심금 소송에서 확정된 판결의 기판력은 그 소송의 변론종결일 이전에 압류·추심명령을 받았던 다른 추심채권자에게 미치지 않는다고 판단하였다.

① 확정판결의 기판력이 미치는 주관적 범위는 신분관계 소송이나 회사관계 소송과 같이 법률에 특별한 규정이 있는 경우를 제외하고는 원칙적으로 당사자, 변론을 종결한 뒤의 승계인 또는 그를 위하여 청구의 목적물을 소지한 사람과 다른 사람을 위하여 원고나 피고가 된 사람이 확정판결을 받은 경우의 그 다른 사람에 국한되고(민사소송법 제218조 제1항, 제3항) 그 밖의 제3자에게는 미치지 않는다. 따라서 추심채권자들이 제기하는 추심금 소송의 소송물이 채무자의 제3채무자에 대한 피압류채권의 존부로서 서로 같더라도 소송당사자가 다른 이상 그 확정판결의 기판력이 서로에게 미친다고 할 수 없다.

② 민사집행법 제249조 제3항, 제4항은 추심의 소에서 소를 제기당한 제3채무자는 집행력 있는 정본을 가진 채권자를 공동소송인으로 원고 쪽에 참가하도록 명할 것을 첫 변론기일까지 신청할 수 있고, 그러한 참가명령을 받은 채권자가 소송에 참가하지 않더라도 그 소에 대한 재판의 효력이 미친다고 정한다. 위 규정 역시 참가명령을 받지 않은 채권자에게는 추심금 소송의 확정판결의 효력이 미치지 않음을 전제로 참가명령을 통해 판결의 효력이 미치는 범위를 확장할 수 있도록 한 것이다.

③ 제3채무자는 추심의 소에서 다른 압류채권자에게 위와 같이 참가명령 신청을 하거나 패소한 부분에 대해 변제 또는 집행공탁을 함으로써, 다른 채권자가 계속 자신을 상대로 소를 제기하는 것을 피할 수 있다. 따라서 어느 한 채권자가 제기한 추심금 소송에서 확정된 판결의 효력이 다른 채권자에게 미치지 않는다고 해도 제3채무자에게 부당하지 않다.

확정된 화해권고결정에는 재판상 화해와 같은 효력이 있다(민사소송법 제231조). 위에서 본 추심금 소송의 확정판결에 관한 법리는 추심채권자가 제3채무자를 상대로 제기한 추심금 소송에서 화해권고결정이 확정된 경우에도 마찬가지로 적용된다. 따라서 어느 한 채권자가 제기한 추심금 소송에서 화해권고결정이 확정되었더라도 화해권고결정의 기판력은 화해권고결정 확정일 전에 압류·추심명령을 받았던 다른 추심채권자에게 미치지 않는다.

4) 추심금소송의 성격에 관해서는 법정소송담당설[177]과 고유적격설[178]로 나뉘어 있는데, 판례는 추심명령이 있으면 추심채권자만 제3채무자를 상대로 이행의 소를 제기할 수 있고 채무자는 당사자적격을 상실한다고 한다.[179]

제3자 소송담당에 관한 민사소송법 제218조 제3항에 따라 추심금소송 기판력이 채무자에게 미치는지 문제되는데, 추심금소송이 법정소송담당이므로 소송의 승패와 상관없이 채무자에게 기판력이 미친다는 견해(다수설),[180] 채권자대위소송과 마찬가지로 채무자가 추심금소송을 알았을 경우에 한하여 미친다는 견해,[181] 채무자 보호를 위하여 승소판결에 한하여 채무자에게 미친다는 견해,[182] 추심금소송의 기판력이 채무자에게 미치지 않는다는 견해[183] 등으로 나뉘어 있다. 지금까지 이 문제를 정면으로 다룬 대법원판결은 없다.

나아가 다른 추심채권자가 선행 추심금 소송에 참가하지 않고 소송고지, 참가명령을 받지도 않은 경우에 판결의 효력이 다른 추심채권자에

---

177) 추심권능에 기해 소송수행권을 갖게 되어 채무자를 대신하여 소송을 수행하는 것으로 보는 견해
178) 추심채권자의 추심권을 추심채권자의 고유한 권리로 파악하고 추심금 소송은 이를 재판상 행사하는 것이라는 견해이다. 호문혁, 민사소송법(제14판, 2020), 150, 1017면; 최성호, "추심의 소와 중복소송에 관한 검토", 법학논집 제18권 제3호(2014), 541면.
179) 대법원 2000. 4. 11. 선고 99다23888 판결; 대법원 2013. 12. 18. 선고 2013다202120 전원합의체 판결 등.
180) 손진홍, 채권집행의 이론과 실무上(제2판, 2016), 618면; 양진수, "추심의 소와 채무자의 당사자적격, 중복된 소제기의 금지", 민사판례연구 제37권(2015), 841–844면; 주석 민사집행법 Ⅴ(제4판, 2018), 733면(노재호 집필부분); 조관행, "추심명령에 의한 추심에 관한 제문제", 재판자료 제35집(1987), 515면; 김원수, "채무자의 이행소송 제기 후에 제기된 추심채권자의 후소가 중복소송에 해당하는지 여부", 판례연구 제26집, 부산판례연구회(2015), 808면.
181) 이백규, "압류된 채권양수인의 이행청구와 추심명령", 민사판례연구 제24권(2002), 527면; 이점인, "추심의 소와 중복소송 여부", 재산법연구 제34권 제4호(2018), 118면.
182) 일본에서 주장되는 학설로 우리나라에서 이 설을 취하는 학자가 있는지는 불분명하다.
183) 태기정, "추심의 소의 법적 성격과 중복제소", 민사법학 제83호(2019), 195면. 그 외에도 고유적격설을 취할 경우 채무자에게 기판력이 미치지 않는다고 보게 될 것이다.

게 미치는지에 관해서는 기판력 긍정설과 부정설이 대립하고 있고, 이에
관한 대법원 판례는 없었다. 본 판결은 이 부분 쟁점을 다루고 있다.

한편, 채무자가 확정판결을 받았는데 그 변론종결 후 추심명령 얻은
채권자는 변론종결 후 승계인으로 기판력이 미친다는 점에 대해서는 견
해가 일치한다.[184]

5) 본 판결은 동일한 채권에 대해 복수의 채권자들이 압류·추심명
령을 받은 경우 어느 한 채권자가 제기한 추심금소송에서 확정된 판결의
기판력은 그 소송의 변론종결일 이전에 압류·추심명령을 받았던 다른 추
심채권자에게 미치지 않는다고 처음으로 판단한 선례로서 의의가 있다.

본 판결에서 근거로 제시한 이유들에 비추어 보면, 추심금 소송뿐만
아니라 채권자대위소송을 법정소송담당으로 파악하고, 그에 따라 본인인
채무자를 매개로 하여 기판력을 다른 채권자들에게 확대하는 것에 대하
여 우리 입법자가 의도한 것인지 질문을 던져보고, 이를 재음미할 때가
된 것이 아닐까 생각해 본다.

제12절 외국재판의 승인
1. 외국재판의 승인에 관한 민사소송법 개정

2014. 5. 20. 법률 제12587호로 민사소송법 제217조가 개정되고 제
217조의2가 신설되었다. 국내기업의 외국에서의 경제활동이 증가함에 따
라 국내기업에 대한 외국에서의 법적 소송 또한 증가하고, 국내기업에
대한 외국에서의 소송은 법문화와 법체계상의 차이뿐만 아니라 언어와
소송절차 등에서 국내기업에 불리하게 진행되는 경우가 많을 것으로 예
상되는데, 외국법원의 판결을 국내에서 승인하거나 집행할 경우에 외국법
원의 판결이 대한민국의 법질서나 선량한 풍속에 위배되는 것인지의 여
부 등을 국내법원이 직권으로 조사하게 함으로써 외국법원의 부당한 재

---

184) 대법원 2013. 12. 18. 선고 2013다202120 전원합의체 판결은 판결이유에서 변
　　론종결 후 추심명령을 받은 채권자는 변론종결 후 승계인으로서 승계집행문을 부
　　여받을 수 있다고 하여 기판력이 미친다고 보고 있다.

판이나 판결로부터 국내기업을 보호하는 한편, 그 밖의 현행 제도 운영상의 일부 미비점을 개선·보완하기 위해서 개정이 이루어졌다.[185)]

2. 대법원 2012. 5. 24. 선고 2009다68620 판결(미간행)

원고 1, 2가 1997. 12. 24. 일본 오사카지방재판소에, 피고(신일본제철 주식회사)와 일본국을 상대로 국제법 위반과 불법행위 등을 이유로 한 손해배상금과 강제노동기간 동안 지급받지 못한 임금 등의 지급을 구하는 소를 제기하였다가 2001. 3. 27. 원고청구기각 판결을 선고받고, 이후 항소와 상고가 모두 기각되어 위 판결들이 2003. 10. 9. 확정되었다(그 판결들을 '일본판결'이라고 함). 이후 원고들은 2005. 2. 28. 대한민국 법원인 서울중앙지방법원에 피고를 상대로 일본소송에서 주장한 청구원인과 같은 내용을 청구원인으로 하여 국제법 위반과 불법행위를 이유로 한 손해배상금의 지급을 구하는 이 사건 소를 제기하였다.

원심은, 일본판결의 효력을 대한민국 법원이 승인하는 결과가 대한민국의 선량한 풍속이나 그 밖의 사회질서에 위반되지 않고, 승인된 일본판결의 기판력에 의하여 위 원고들의 청구에 대하여 일본판결과 모순된 판단을 할 수 없다는 이유로 위 원고들의 청구를 기각하였다.

대법원은, 「민사소송법 제217조 제3호는 외국법원의 확정판결의 효력을 인정하는 것이 대한민국의 선량한 풍속이나 그 밖의 사회질서에 어긋나지 않아야 한다는 점을 외국판결 승인요건의 하나로 규정하고 있는

---

185) 주요 내용은 다음과 같다. ① 외국법원의 판결뿐만 아니라 결정 등의 그 밖의 재판도 승인대상에 포함하기 위해 제217조의 제목 "외국판결의 효력"을 "외국재판의 승인"으로, 외국법원의 "확정판결"을 외국법원의 "확정판결 또는 이와 동일한 효력이 인정되는 재판"으로 수정함(제217조 제1항), ② 상호보증이 없는 경우의 승인요건을 대법원 판례의 판시사항대로 "대한민국과 그 외국법원이 속하는 국가에 있어 외국재판의 승인요건이 중요한 점에서 실질적으로 차이가 없을 것" 등으로 구체화함(제217조 제1항 제4호) ③ 국내법원이 외국법원의 확정재판이 제217조 제1항 각 호의 승인요건을 모두 충족하는지를 직권으로 조사하도록 함(제217조 제2항 신설) ④ 손해배상에 관한 확정재판 등이 대한민국의 법률 또는 대한민국이 체결한 국제조약의 기본질서에 현저히 반하는 결과를 초래할 경우에는 해당 확정재판 등을 승인할 수 없도록 함(제217조의2 신설).

데, 여기서 외국판결의 효력을 인정하는 것, 즉 외국판결을 승인한 결과
가 대한민국의 선량한 풍속이나 그 밖의 사회질서에 어긋나는지 여부는
그 승인 여부를 판단하는 시점에서 외국판결의 승인이 우리나라의 국내
법 질서가 보호하려는 기본적인 도덕적 신념과 사회질서에 미치는 영향
을 외국판결이 다룬 사안과 우리나라와의 관련성의 정도에 비추어 판단
하여야 하고, 이때 그 외국판결의 주문뿐 아니라 이유 및 외국판결을 승
인할 경우 발생할 결과까지 종합하여 검토하여야 한다.」고 하면서 일본
판결의 이유에는 일본의 한반도와 한국인에 대한 식민지배가 합법적이라
는 규범적 인식을 전제로 하여, 일제의 국가총동원법과 국민징용령을 한
반도와 위 원고들에게 적용하는 것이 유효하다고 평가한 부분이 포함되
어 있는데,[186] 이는 일제강점기의 강제동원 자체를 불법이라고 보고 있는
대한민국 헌법의 핵심적 가치와 정면으로 충돌하는 것이므로,[187] 이러

---

[186] 일본판결은 원고 1, 2가 주장하는 청구권 발생 당시의 위 원고들을 일본인으로
보고, 위 원고들이 거주하던 한반도를 일본 영토의 구성부분으로 봄으로써 … 처
음부터 일본법을 적용하였는데, 일본의 한국병합 경위에 관하여 "조선은 1910년
한일합병조약이 체결된 후, 일본국의 통치하에 있었다."고 전제하고, 위 원고들에
대한 징용경위에 대하여 "당시 일본국 정부, 조선총독부 등이 전시 하의 노무동원
을 위한 적극적인 정책을 내세우고 있었던 것이 인정된다고 하더라도 위 원고들은
모두 노동자 모집 당시의 설명에 응하여 그 의사에 의하여 응모함으로써 오사카제
철소에서 노동하기에 이른 것이고, 이들의 의사에 반하여 강제 연행한 것은 아니"
라고 보아, … 이것은 일본국 정부가 후생성과 조선총독부의 통제 하에 … 실질적
인 강제연행이나 강제징용이었다."는 위 원고들의 주장을 받아들이지 않았고, 구
일본제철이 사전 설명과 달리 위 원고들을 오사카제철소에서 자유가 제약된 상태
로 위법하게 강제노동에 종사하게 한 점, 실질적인 고용주로서 위 원고들에 대하
여 일부 임금을 지급하지 않고, 안전배려의무를 제대로 이행하지 않은 점 등 위
원고들의 청구원인에 관한 일부 주장을 받아들이면서도, 구 일본제철의 위 원고들
에 대한 채무는 구 일본제철과 별개의 법인격을 가지고 있는 피고에게 승계되지 않
았을 뿐만 아니라, 그렇지 않더라도 1965년 한일 청구권협정과 일본의 재산권조치법
에 의해 소멸하였다는 이유로 결국 위 원고들의 피고에 대한 청구를 기각하였다.
[187] 대한민국 제헌헌법은 그 전문에서 "유구한 역사와 전통에 빛나는 우리들 대한
국민은 기미삼일운동으로 대한민국을 건립하여 세상에 선포한 위대한 독립정신을
계승하여 이제 민주독립국가를 재건함에 있어서"라고 하고,… 현행헌법도 그 전문
에 "유구한 역사와 전통에 빛나는 우리 대한국민은 3·1운동으로 건립된 대한민국
임시정부의 법통과 불의에 항거한 4·19 민주이념을 계승하고"라고 규정하고 있
다. 이러한 대한민국 헌법의 규정에 비추어 볼 때, 일제강점기 일본의 한반도 지
배는 규범적인 관점에서 불법적인 강점에 지나지 않고, 일본의 불법적인 지배로

한 판결 이유가 담긴 일본판결을 그대로 승인하는 결과는 그 자체로 대한민국의 선량한 풍속이나 그 밖의 사회질서에 위반되는 것임이 분명하므로, 우리나라에서 일본판결을 승인하여 그 효력을 인정할 수는 없고, 대한민국 법원의 독자적인 관점에서 위 원고들의 청구를 직접 판단할 수 있다고 보아야 하는데도 이와 달리 판단한 원심 판결을 파기 환송하였다.

본 판결에 대하여는 이를 긍정적으로 평가하는 견해[188]와 이를 부정적으로 평가하는 견해[189]로 나뉜다.

인한 법률관계 중 대한민국의 헌법정신과 양립할 수 없는 것은 그 효력이 배제된다고 보아야 한다.

188) 석광현, "강제징용사건에 관한 일본판결의 승인 가부", 일제 강점기 강제징용사건 판결의 종합적 연구(2015), 31−89면은 본 판결이 규범적 불법강점론을 취하면서 일본의 불법적인 지배로 인한 법률관계 중 대한민국의 헌법정신과 양립할 수 없는 것은 그 효력이 배제된다고 선언한 것은 큰 의미가 있다고 하면서 원고의 청구는 3가지 청구(강제연행으로 인한 손해배상청구, 안전배려의무위반으로 인한 손해배상 청구, 미지급임금 청구)로 구분되는데, 본 판결은 첫 번째 청구 관련 징용이 합법적이라는 일본판결의 결론을 승인하는 것은 헌법의 핵심가치와 충돌하는 것으로 공서양속에 반하고, 두 번째, 세 번째 청구 관련, 한국법에 따르면, 구 미쓰비시가 피고와 별개의 법인이라는 항변, 원고의 채권이 청구권 협정에 의해 소멸되었다는 항변, 원고의 채권이 소멸시효에 따라 소멸하였다는 항변이 모두 배척되고 우리 법의 결론과 달리 판단한 일본판결을 승인하는 것은 공서양속에 반한다고 보았다고 한다. 본 판결에 대하여 승인 여부를 판단하는 시점의 공서양속 위반을 이유로 일본판결의 승인을 거부한 것으로 정당하고, 공서양속의 판단기준으로 헌법의 핵심적 가치를 도입한 점은 큰 의미가 있다고 한다. 다만 ① 본 판결이 승인 요건이 아닌 준거법에 관한 공서양속을 다룬 것으로 보이는 점, ② 일본판결의 결론이 우리의 본질적인 법원칙과 다르다는 것에서 나아가 그 결론을 인정하는 것이 우리가 수인할 수 있는 범위를 넘는다는 점에 대하여 충분히 판단하지 않은 점, ③ 원고의 청구가 복수의 소송물로 구성되어 있어 승인 여부도 각각 판단할 필요가 있는데 구분을 명확하게 하지 않은 점, ④ 첫 번째 청구와 구분되는 두 번째, 세 번째 청구에 관한 공서양속 위반에 대해서 면밀하게 검토하지 않은 점이 아쉽다고 한다.

189) 호문혁, "외국판결의 공서위반 판단의 대상에 관한 연구−강제징용 사건 관련 대법원 판결에 대한 검토를 중심으로−", 법학평론 제6권(2016), 60면 이하는 민사소송법 제217조의 승인요건으로서의 공서와 국제사법 제10조의 준거법 적용과 관련한 공서양속의 법리를 혼동한 것이 아닌지 의심된다고 하면서 다음과 같이 비판한다. ① 일본판결이 원고들의 청구권을 부정하여 주문에서 기각한 직접적 이유는 소멸시효의 완성과 청구권협정 및 재산권조치법에 따라 원고들의 청구권이 소멸하였다는 점이다. ② 일본의 식민지배가 합법적임을 인정하고 일제의 국가총동원법

본 판결은 외국판결의 승인 여부를 판단할 때, 승인 여부를 판단하는 시점에서의 공서양속 위반 여부를 기준으로 판단해야 하고, 공서양속의 판단기준으로 헌법의 핵심적 가치를 도입하여 외국판결의 주문뿐만 아니라 이유와 외국판결을 승인할 경우 발생할 결과까지 종합하여 판단해야 함을 밝힌 선례라는 점과 이어 2014. 5. 20. 민사소송법 제217조가 개정되는 데 영향을 주었다는 점에서 의의가 있다.

3. 대법원 2015. 10. 15. 선고 2015다1284 판결[190]

[외국법원의 확정재판 등이 당사자가 실제로 입은 손해를 전보하는 손해배상을 명하는 경우, 민사소송법 제217조의2 제1항을 근거로 승인을 제한할 수 있는지]

1) 원고가 피고를 상대로 미국 제1심법원에 미국에서 판매되는 피고의 지폐계수기가 원고의 특허권을 침해하였음을 이유로 특허침해에 따른 손해배상 등을 구하는 소를 제기하였고, 미국 제1심판결은 피고 제품 판매량 중 특허침해가 없었다면 원고에게 귀속되었을 판매량에 관한 일실이익을 산정하고, 원고에게 귀속되지 않았을 판매량에 관해서는 합리적인 실시료를 계산하여 일실이익과 합리적 실시료를 합산하는 방식으로 원고의 손해액을 산정하였는데, 모두 전보배상에 해당하는 것이고, 징벌적 손해배상 등 제재적 성격의 손해액이 포함되어 있지 않았으며, 미국 제2심법원을 거쳐 상고포기로 확정된 사안이다.

대법원은, 민사소송법 제217조의2 제1항은 "법원은 손해배상에 관한

과 국민징용령을 원고들에게 적용한 것은 일본판결의 주문에서 한 판단과 그 주문을 뒷받침하는 이유 중의 판단과는 관계가 없는 것으로, 승인의 결과와는 아무런 관계가 없고, 일본의 식민 지배를 정당화하였다고 하는 부분은 설혹 일본 법원이 식민지배가 위법이었다고 판단했더라도 이 사건들의 판결 결과에 아무런 영향을 미치지 못하였을 부분이다. ③ 우리나라와 일본 모두 판결이유 중 판단에 기판력이나 기타 법적 구속력을 인정하지 않는데, 외국 판결 승인의 결과에 영향을 미칠 수 없는 사항을 빌미로 외국판결의 승인을 거부하는 것은 올바른 법 적용이 아니고, 외국과의 관련 사건에서 상호보증의 존재를 부인당할 수 있는 문제를 야기할 수 있다.

190) 공2015하, 1666.

확정재판 등이 대한민국의 법률 또는 대한민국이 체결한 국제조약의 기본질서에 현저히 반하는 결과를 초래할 경우에는 해당 확정재판 등의 전부 또는 일부를 승인할 수 없다."라고 규정하고 있는데, 이는 징벌적 손해배상과 같이 손해전보의 범위를 초과하는 배상액의 지급을 명한 외국법원의 확정판결 또는 이와 동일한 효력이 인정되는 재판(이하 '확정재판 등'이라 한다)의 승인을 적정 범위로 제한하기 위하여 마련된 규정이므로, 외국법원의 확정재판 등이 당사자가 실제로 입은 손해를 전보하는 손해배상을 명하는 경우에는 민사소송법 제217조의2 제1항을 근거로 승인을 제한할 수 없다고 하였다.

　　나아가 이 사건 미국판결이 인정한 손해액이 전보배상의 범위를 초과한다거나 이 사건 미국판결의 손해액 산정방식이 우리나라 법원에서 사용하는 방식과 본질적인 차이가 있다고 보기 어려우므로, 그에 기초하여 내려진 이 사건 미국판결을 승인하는 것이 선량한 풍속이나 그 밖의 사회질서에 어긋난다고 볼 수 없다고 판단한 원심판결이 타당하다고 판단하였다.

　　또한, 민사집행법 제27조 제2항 제2호, 민사소송법 제217조 제1항 제3호에 의하면 외국법원의 확정재판 등의 효력을 인정하는 것이 대한민국의 선량한 풍속이나 그 밖의 사회질서에 어긋나지 않아야 한다는 점이 외국판결의 승인 및 집행의 요건인데, 확정재판 등을 승인한 결과가 선량한 풍속이나 그 밖의 사회질서에 어긋나는지를 심리한다는 명목으로 실질적으로 확정재판 등의 옳고 그름을 전면적으로 재심사하는 것은 "집행판결은 재판의 옳고 그름을 조사하지 아니하고 하여야 한다."라고 정하고 있는 민사집행법 제27조 제1항에 반할 뿐만 아니라, 외국법원의 확정재판 등에 대하여 별도의 집행판결제도를 둔 취지에도 반하는 것이므로 허용되지 않는다고 하였다.

　　2) 2014. 5. 20. 민사소송법 개정 이전에도, 징벌적 손해배상의 승인을 구하는 경우 실질적 재심사 금지의 문제가 있을 수 있지만 이를 전면적으로 부정하기 보다는 위자료의 제재적 측면에 상응하는 부분에 대하

여 비례의 원칙에 따라 일부 승인해야 한다는 견해,[191] 징벌적 손해배상
이 가해자에 대한 벌금 등 형벌과 같은 의미를 가지는 경우에는 외국재
판 등의 효력을 부정해야 하지만, 그것이 변호사비용, 소송비용, 위자료
등을 내용으로 하는 것일 때에는 효력을 인정할 수 있다는 견해,[192] 징벌
적 손해배상이 실제의 손해를 보충하는 기능을 하므로, 일체의 승인, 집
행을 허용하지 않는 것은 타당하지 않고, 우리 법의 관점에 상응하는 금
액으로 인정되는 범위를 초과하는 부분에 대해서만 승인, 집행을 거절해
야 한다는 견해[193] 등이 있었다.

　　3) 2014. 5. 20. 민사소송법 개정으로 제217조의2를 신설하여, 손해
배상에 관한 확정재판 등이 우리나라의 법률 또는 우리나라가 체결한 국
제조약의 기본질서에 현저히 반하는 결과를 초래할 경우 해당 확정재판
등의 전부 또는 일부를 승인할 수 없고, 법원은 그 요건을 심리할 때에
는 외국법원이 인정한 손해배상의 범위에 변호사보수를 비롯한 소송과
관련된 비용과 경비가 포함되는지와 그 범위를 고려하도록 하였다. 이후
우리나라도 하도급거래 공정화에 관한 법률 제35조 제2항(2011. 3. 29. 신
설), 제조물 책임법 제3조 제2항(2017. 4. 18. 신설) 등에 3배 배상 제도를
도입하였으므로, 외국판결이 징벌적 손해배상을 명한 경우에도 사안에 따
라서는 공서양속에 반하지 않는 경우도 있을 수 있다.

　　4) 본 판결은 민사소송법 제217조의2 제1항의 적용 범위와 관련하
여, 위 규정은 징벌적 손해배상과 같이 손해전보의 범위를 초과하는 배
상액의 지급을 명한 외국재판의 승인을 적정범위로 제한하기 위하여 마
련된 규정이므로, 외국재판이 당사자가 실제로 입은 손해를 전보하는 배
상을 명하는 경우에는 민사소송법 제217조의2 제1항을 근거로 그 승인을
제한할 수 없다고 판시하였다는 데에 그 의의가 있다. 나아가 본 판결은

---

191) 이철원, "징벌적 손해배상 판결의 승인과 집행", 공군법률논집 제4권(2000),
　　222면.
192) 강수미, "징벌적 손해배상을 명하는 외국판결의 승인·집행에 관한 고찰", 민사
　　소송 제12권 제2호(2008), 109면.
193) 양병회, "징벌적 배상판결의 집행에 관한 소고", 민사소송 제4권(2001), 504면.

실질재심사 금지의 원칙이 외국판결의 '공서위반 심사'에서 한계를 설정하는 역할을 함을 명시하였다는 데에도 그 의의가 있다.[194]

대법원 2016. 1. 28. 선고 2015다207747 판결 역시 같은 취지로 판단하였다.[195]

제13절 소의 제기
Ⅰ. 형성의 소
대법원 2020. 2. 20. 선고 2019두52386 전원합의체 판결[196]
[해고의 효력을 다투던 중 정년에 이르러 복직이 불가능한 경우 재심판정 취소의 소의 이익]

원고는 A 회사와 기간의 정함이 없는 근로계약을 체결하고 근무 중 2016. 12.경 해고를 통보받았다. 원고는 2017. 1. 17. 서울지방노동위원회에 부당해고 구제신청을 하였다가 원직복직 대신 임금 상당액 이상의 금품지급명령을 구하는 것으로 신청취지를 변경하였다. 서울지방노동위원회

---

194) 김진오, "징벌적 배상이 아닌 전보배상(전보배상)을 명한 외국판결의 경우, 인용된 손해배상액이 과다하다는 이유로 승인을 제한할 수 있는지 여부", 대법원판례해설 제105호, 법원도서관(2016), 317 – 348면.

195) 대법원은, '이 사건 미국판결에서 인용한 손해배상액은 모두 원고가 실제로 입은 손해 내지 실제로 지출한 비용의 범위 내에서 배상을 명한 전보적 성격의 배상액이므로, 이 사건 미국판결의 배상액이 이 사건 매매계약의 매매대금을 초과하더라도 그러한 사정만으로는 그 배상액이 과다하여 이 사건 미국판결을 승인하는 것이 대한민국의 선량한 풍속이나 그 밖의 사회질서에 반한다고 볼 수 없다. 이 사건 미국판결에서 인정한 변호사비용도 원고가 실제로 지출한 변호사보수 중에서 이 사건 미국법원이 적법한 근거에 따라 피고에게 부담시키는 것이 합리적이라고 판단한 액수의 배상만을 명한 것이므로, 이 사건 미국판결이 우리나라 법원에서 인정되는 수준보다 다액의 변호사비용을 피고에게 부담하게 하였더라도 이러한 변호사비용의 배상을 명한 이 사건 미국판결을 승인하는 것이 대한민국의 기본적인 도덕적 신념과 사회질서에 배치되는 것은 아니다. 설령 이 사건 미국판결의 승인으로 피고에게 생활기반의 파탄 위험이 있더라도 그러한 사정만으로는 이 사건 미국판결을 승인한 결과가 우리나라의 국내법 질서가 보호하려는 기본적인 도덕적 신념과 사회질서에 어긋난다고 볼 수 없고, 앞서 본 바와 같이 이 사건 미국판결이 인정한 원고의 손해액이 전보배상의 범위를 초과한다고 볼 수 없으므로 민사소송법 제217조의2 제1항을 근거로 이 사건 미국판결의 승인을 제한할 수도 없다'고 하였다.

196) 공2020상, 697.

는 해고에 정당한 이유가 있다고 보아 구제신청을 기각하였고, 중앙노동위원회도 같은 이유로 원고의 재심신청을 기각하였다. 원고는 2017. 9. 22. 이 사건 재심판정의 취소를 구하는 소를 제기하였는데, 원심은 소송계속 중 원고의 정년이 도래하여 당연 퇴직함에 따라 재심판정의 취소를 구할 소의 이익이 소멸하였다고 보아 소를 각하한 제1심판결을 유지하였다.

　　종래 대법원은 근로자가 부당해고 구제신청을 기각한 재심판정에 대해 소를 제기하여 해고의 효력을 다투던 중 사직하거나 정년에 도달하거나 근로계약기간이 만료하는 등의 이유로 근로관계가 종료한 경우, 근로자가 구제명령을 얻더라도 원직에 복직하는 것이 불가능하고, 해고기간 중에 지급받지 못한 임금을 지급받는 것은 민사소송절차를 통하여 해결할 수 있다는 등의 이유로 소의 이익을 부정하여 왔다.[197]·[198]

　　대법원은 종전 입장을 변경하여 다음과 같이 판시하면서 원심을 파기하고 사건을 제1심 법원에 환송하였다.

　　부당해고 구제명령제도에 관한 근로기준법의 규정 내용과 목적 및 취지, 임금 상당액 구제명령의 의의 및 그 법적 효과 등을 종합적으로 고려하면, 근로자가 부당해고 구제신청을 하여 해고의 효력을 다투던 중 정년에 이르거나 근로계약기간이 만료하는 등의 사유로 원직에 복직하는 것이 불가능하게 되어도 해고기간 중 임금 상당액을 지급받을 필요가 있다면 임금 상당액 지급의 구제명령을 받을 이익이 유지되므로 구제신청을 기각한 중앙노동위원회의 재심판정을 다툴 소의 이익이 있다고 보아야 한다. 그 상세한 이유는 다음과 같다. ① 부당해고 구제명령제도는 부당한 해고를 당한 근로자에 대한 원상회복을 위해 도입된 제도로서, 원직에 복직하는 것이 불가능하더라도, 부당한 해고라는 사실을 확인하여

197) 대법원 1995. 12. 5. 선고 95누12347 판결, 대법원 2001. 4. 10. 선고 2001두533 판결, 대법원 2011. 5. 13. 선고 2011두1993 판결, 대법원 2012. 7. 26. 선고 2012두3484 판결, 대법원 2015. 1. 29. 선고 2012두4746 판결 등.
198) 이에 대하여는 2007. 4. 11. 법률 제8372호로 근로기준법이 전면 개정되면서 원직복직에 갈음하는 금전보상제가 도입된 이후 이러한 대법원의 태도는 변경되어야 한다고 주장하는 견해가 있다[김홍영, "부당해고에 대한 금전보상제의 도입에 따른 쟁점사항", 조정과 심판 제28호(2006), 26면].

해고기간 중의 임금 상당액을 지급받도록 하는 것도 부당해고 구제명령 제도의 목적에 포함된다. ② 근로자를 원직에 복직하도록 하는 것은 장래의 근로관계에 대한 조치이고, 해고기간 중의 임금 상당액을 지급받도록 하는 것은 근로자가 부당한 해고의 효력을 다투고 있던 기간 중의 근로관계의 불확실성에 따른 법률관계를 정리하기 위한 것으로 서로 목적과 효과가 다르기 때문에 원직복직이 가능한 근로자에 한정하여 임금 상당액을 지급받도록 할 것은 아니다. ③ 근로자가 해고기간 중의 미지급 임금과 관련하여 강제력 있는 구제명령을 얻을 이익이 있고, 이를 위해 재심판정의 취소를 구할 이익도 있다. ④ 해고기간 중 임금 상당액을 지급받기 위하여 민사소송을 제기할 수 있다는 사정이 소의 이익을 부정할 이유가 되지는 않는다. ⑤ 종래 소의 이익을 부정하여 왔던 판결들은 금품지급명령을 도입한 근로기준법 개정 취지에 맞지 않고, 기간제 근로자의 실효적이고 직접적인 권리구제를 사실상 부정하는 결과가 되어 부당하다.

이 사건은 근로자인 원고가 노동위원회 단계에서 신청취지를 원직복직에서 금품 지급명령으로 변경한 사안에 관한 것이다. 이와 달리 이 사건에서 원고가 신청취지를 원직복직으로만 유지하였다면 대상판결의 결론이 달라졌을 것으로 보는 견해가 있다.[199] 만일 근로자가 노동위원회에 구제신청을 하면서 신청취지를 원직복직으로만 유지한 상태에서 정년이 도래한 경우에도 구제명령을 받을 이익이 있는지, 구제신청을 기각한 중앙노동위원회의 재심판정을 다툴 소의 이익이 있는지 향후 문제될 것으로 보이는데, 금품지급명령은 노동위원회가 부당해고가 성립한다고 판단한 경우에만 가능하고(근로기준법 제30조 제3항),[200] 금품지급명령을

---

199) 진창수, "2020년 분야별 중요판례분석 – 노동법", 2020. 6. 10.자 법률신문(https://www.lawtimes.co.kr/Legal-News/Legal-News-View?serial=170384 2021. 7. 29. 검색).
200) 제28조(부당해고등의 구제신청)
　① 사용자가 근로자에게 부당해고등을 하면 근로자는 노동위원회에 구제를 신청할 수 있다.
　② 제1항에 따른 구제신청은 부당해고등이 있었던 날부터 3개월 이내에 하여야 한다.

할 것인지 여부는 노동위원회가 재량적으로 선택할 수 있는 조치로 보이므로,[201] 이 경우에도 본 판결의 취지가 그대로 적용되어 구제명령을 받을 이익이나 재심판정을 다툴 소의 이익을 긍정할 것으로 예상해 본다.

Ⅱ. 시효중단 목적의 재소

1. 대법원 2018. 7. 19. 선고 2018다22008 전원합의체 판결[202]

[시효중단 목적 재소의 이익]

원고는 A와 자동차 할부판매보증보험계약을 체결하고, 피고는 A가 위 보증보험계약에 따라 원고에게 부담하는 모든 채무를 연대보증하였는데, 보험사고 발생으로 보험금을 지급한 다음 A와 피고를 상대로 구상금 청구소송을 제기하여 1997. 4. 8. 승소판결(서울중앙지법 96가소439231)을

제30조(구제명령 등)

① 노동위원회는 제29조에 따른 심문을 끝내고 부당해고등이 성립한다고 판정하면 사용자에게 구제명령을 하여야 하며, 부당해고등이 성립하지 아니한다고 판정하면 구제신청을 기각하는 결정을 하여야 한다.

② 제1항에 따른 판정, 구제명령 및 기각결정은 사용자와 근로자에게 각각 서면으로 통지하여야 한다.

③ 노동위원회는 제1항에 따른 구제명령(해고에 대한 구제명령만을 말한다)을 할 때에 근로자가 원직복직을 원하지 아니하면 원직복직을 명하는 대신 근로자가 해고기간 동안 근로를 제공하였더라면 받을 수 있었던 임금 상당액 이상의 금품을 근로자에게 지급하도록 명할 수 있다.

201) 중앙노동위원회, 심판업무매뉴얼, 2016. 3. 120－121면(노호창, "부당해고에 대한 금전보상제도의 쟁점과 검토", 노동법연구 제48호, 2020, 158면에서 재인용)은 중앙노동위원회는, 금전보상명령의 근거 규정이 근로자의 부당해고 구제 신청 관련 조항인 근로기준법 제28조가 아니라 노동위원회의 판정 관련 조항인 제30조에 규정되어 있는 점, 근로자가 금전보상을 원하는 의사표시 가 있는 경우에도 노동위원회가 '근로자에게 지급하도록 명할 수 있다'라고 규정되어 있는 점 등을 들어, 금전보상명령을 내릴 것인지 여부를 재량 사항으로 보고 있어서, 근로자의 금전보상명령 신청권은 법규상 또는 조리 상 인정되는 권리가 아니라 노동위원회에 구제명령의 내용으로서 금전보상 명령을 선택하도록 재량권을 행사해 줄 것을 요청하는 권리(재량행사청구권)로 보고 있다. 따라서 근로자가 금전보상명령신청을 하여도 금전보상 명령을 할 것인지 여부는 당해 심판위원회의 재량이므로 심판위원회는 근로자와 사용자 양당사자 간의 귀책 정도 양당사자의 복직 의사, 양당사자 간의 신뢰관계 존부 등을 고려하여 원직복직 또는 금전보상을 선택할 수 있다고 본다.

202) 공2018하, 1708.

받았고, 그 후 일부 돈을 변제받았다. 이후 원고는 시효연장을 위해서 구상금 청구의 소(서울중앙지법 2007가소1135651)를 제기하여 2007. 2. 1. 이행권고결정을 받았고 그대로 확정되었다. 원고가 다시 시효 중단을 위해서 이 사건 소(서울중앙지법 2016가소284576)를 제기하였는데, 그 항소심(서울중앙지법 2017나43304)에서 피고가 A와는 알지 못하고 원고와 연대보증 약정을 체결한 사실이 없다고 주장하자 원심은 전소 확정판결(서울중앙지법 96가소439231)을 통해서 구상금 채권의 존재가 확정된 이상 피고 주장 사유는 확정판결의 기판력에 저촉되어 달리 심리할 수 없다고 하여 항소를 기각하자 원고가 상고하였다.

대법원 다수의견의 요지는 다음과 같다. 종래 확정판결에 의한 채권의 소멸시효기간인 10년의 경과가 임박한 경우에는 그 시효중단을 위한 재소는 소의 이익이 있다는 법리를 유지하여 왔다. 이러한 법리는 현재에도 여전히 타당하다. 다른 시효중단사유인 압류·가압류나 승인 등의 경우 이를 1회로 제한하고 있지 않음에도 유독 재판상 청구의 경우만 1회로 제한되어야 한다고 보아야 할 합리적인 근거가 없다. 또한 확정판결에 의한 채무라 하더라도 채무자가 파산이나 회생제도를 통해 이로부터 전부 또는 일부 벗어날 수 있는 이상, 채권자에게는 시효중단을 위한 재소를 허용하는 것이 균형에 맞다.

반대의견[203]은 다수의견이 판결로 확정된 채권이 변제 등으로 만족되지 않는 한 시효로 소멸되는 것은 막아야 한다는 것을 당연한 전제로 하고 있지만 이는 한시성을 띠는 채권의 소멸과 소멸시효제도를 두고 있는 민법의 기본 원칙과 확정판결의 기판력을 인정하는 민사소송의 원칙에 반하므로 동의할 수 없고, 다수의견이 따르고 있는 종전 대법원판례는 변경되어야 한다고 한다.[204]

---

203) 대법관 김창석, 대법관 김신, 대법관 권순일, 대법관 박상옥의 반대의견.
204) ① 소멸시효가 완성하면 채권은 소멸한다. 채권은 '소멸'을 전제로 하는 한시성을 기본적 성질로 하고 있고, 민법은 만족되지 않은 채권의 소멸도 인정하고 있다. ② 민법이 소멸시효와 시효중단 제도를 두고 있는 취지에 비추어 보면, 판결이 확정된 채권의 시효기간을 10년으로 정하고 있는 제165조 제1항과 '청구'를 시

다수의견에 대한 보충의견은[205) 반대의견의 논거를 상세하게 반박하고 있다.[206)

본 판결은 종래 확정판결에 의한 채권의 소멸시효기간인 10년의 경과가 임박한 경우에는 채권자는 그 시효중단을 위한 재소를 하는 것이 허용되어야 하고, 이러한 재소는 소의 이익이 있다는 기존 입장을 다시 한 번 명확하게 밝혔다는 점에서 의의를 찾을 수 있다.

본 판결의 반대의견은 채권의 시효 중단을 위해서 계속 소를 제기함으로써 채무자가 영원히 소멸되지 않는 채권에 구속되고 고통 받는 현실적 문제를 채권의 성격과 소멸시효 법리로 해결하려고 하였다. 그러나 반대의견은 채무자 보호에 치우친 나머지 채권자의 권리보호를 소홀히

효중단사유로 규정하고 있는 제168조 제1호의 두 규정을 무한히 반복, 순환하면서 영원히 소멸하지 않는 채권을 상정하고 있다고 볼 수 없다. ③ 승소의 확정판결이 이미 있으면 그 기판력 때문에 재판상 청구는 다시 주장할 수 없는 시효중단사유라고 보는 것이 논리적이다. ④ 시효중단사유 중 승인은 채무자가 자신의 채무를 이행하겠다는 의사이므로 이를 제한할 이유가 없지만 유효한 압류, 가압류, 가처분이 있으면 이와 동일한 신청을 중복하여 제기하는 것이 허용되지 않고, 최고에 대한 시효중단의 효력이 반복적으로 인정되지 않는 것(민법 제174조)처럼 시효중단을 위한 재소를 허용하지 않더라도 불균형하지 않다. ⑤ 시효중단을 위한 재소를 허용하여 영구적으로 소멸하지 않는 채권의 존재를 인정하게 되면, 각종 채권 추심기관의 난립과 횡행을 부추겨 충분한 변제능력이 없는 경제적 약자가 견뎌야 할 채무의 무게가 더욱 무거워지는 사회적 문제도 따른다.

205) 다수의견에 대한 대법관 김재형, 대법관 조재연의 보충의견.
206) ① 소유권 이외의 물권 역시 소멸시효에 걸리고 소유권도 취득시효 완성에 따라 소멸할 수 있다. 한시성을 채권이 물권과 구분되는 특질이라고 볼 아무런 근거가 없다. ② 소멸시효가 완성되기 위해서는 권리의 불행사라는 사실상태가 일정한 기간 동안 계속되어야 하는데, 반대의견은 소멸시효의 두 가지 요건 중 '일정한 기간 경과'에만 주목하고 '권리의 불행사' 요건을 간과한 것이다. ③ 기판력은 전소와 후소 사이의 모순되는 결론을 피하고 그로써 불필요한 소송을 방지하기 위하여 인정되는 것인데, 시효중단을 위한 재소는 권리보호 이익이 있어 허용된다. ④ 권리가 있으면 법으로 보호하는 것이 원칙이다. 채권자가 그 존재가 분명한 채권의 이행을 명확하게 요구하고 채무자도 채무를 이행해야 한다는 점을 알고 있기 때문에, 채권자에게 소멸시효 완성을 막을 수 있는 수단을 주는 것이 정의관념에도 부합한다. 기판력 제도를 이용하여 권리의 보호를 막는다면, 이는 우리 헌법이 규정하고 있는 재산권 보장 조항의 취지나 기판력 제도의 목적에 맞지 않는다. ⑤ 과중한 채무나 불법적인 추심 문제는 소멸시효가 아닌 도산제도, 채권의 공정한 추심에 관한 법률 등을 통해서 해결해야 한다.

하였다는 비판을 받을 수밖에 없고, 채권자와 채무자 사이의 균형을 놓쳤다고 보인다. 채무자에 대한 보호는 불법적인 추심의 금지, 파산이나 채무자 회생 절차의 활성화 등을 통해서 달성해야 하는 몫이다.

본 전합판결에 대하여는 일부 반대하는 견해가 있지만[207] 대체로 다수의견에 찬성하는 입장을 보이고 있다.[208]

2. 대법원 2019. 1. 17. 선고 2018다24349 판결[209]
[전소 판결이 확정된 후 10년이 지나 제기된 후소를 소의 이익이 없다고 소를 각하할 수 있는지]

원고는 피고를 상대로 손해배상청구의 소를 제기하였는데, 법원은 2005. 12. 22. 2,500만 원과 지연손해금의 지급을 내용으로 하는 강제조정결정을 하였고, 위 결정은 2006. 1. 24. 확정되었다. 원고는 이와 별개로 피고를 상대로 매매계약의 해제에 따른 매매대금 반환청구의 소를 제기하였고, 2,500만 원과 그 지연손해금을 지급하라는 내용의 판결이 선고되어 위 판결은 2006. 10. 11. 확정되었다. 원고는 그로부터 10년이 지난 2017. 4. 28. 이 사건 강제조정결정과 이 사건 전소 판결에 따른 돈의 지급을 구하는 이 사건 소를 제기하였고, 2017. 10. 19.자 청구취지 및 청구원인 변경신청서를 통해 위 각 채권의 시효중단을 위해 다시 소를 제기한 것임을 밝혔고, 이에 대하여 피고는 위와 같이 확정된 채권의 시효

---

207) 김상헌, "시효중단을 위한 재소의 허용 여부에 관한 비판적 고찰", 법학논총 제26집 제2호(2019), 405-433면은 채권은 물권과 구별되는 특성이 있으며, 무의미한 채권행사의 반복은 채권이 예정하던 바가 아니므로 이를 당사자 사이의 이해관계 조정 문제로 보아 시효중단을 위한 재소 요건으로 소멸시효기간이 임박했다는 사정 외에 기판력의 예외 인정 요건으로 '소멸시효기간 동안 자신의 채권을 집행하기 위한 노력을 하였거나 채무자 재산에 대한 집행가능성이 현저한 경우를 추가 요건으로 정해서 재소 여부를 판단하는 것이 필요하다고 한다.
208) 권영준, "2018년 민법 판례 동향", 서울대학교 법학 제60권 제1호(2019), 277-281면은 패소확정판결을 받더라도 10년을 버티면 채무를 완전히 면할 수 있다는 왜곡된 메시지를 사회구성원에게 전달할 수도 있다는 점을 든다.; 강동훈, "시효중단을 위한 재소 및 새로운 방식의 확인소송에 대한 고찰", 민사판례연구 제42권(2020), 346-349면.
209) 공2019상, 463.

가 완성되었다는 취지로 주장하였다. 원심은 이 사건 소가 시효중단을 구할 이익이 없어 부적법하다는 이유로 직권으로 소를 각하한 1심을 유지하였다.

대법원은, 시효중단을 위한 후소를 심리하는 법원으로서는 전소 판결이 확정된 후 소멸시효가 중단된 적이 있어 그 중단사유가 종료한 때로부터 새로이 진행된 소멸시효기간의 경과가 임박하지 않아 시효중단을 위한 재소의 이익을 인정할 수 없다는 등의 특별한 사정이 없는 한, 후소가 전소 판결이 확정된 후 10년이 지나 제기되었더라도 곧바로 소의 이익이 없다고 하여 소를 각하해서는 안 되고, 채무자인 피고의 항변에 따라 원고의 채권이 소멸시효 완성으로 소멸하였는지에 관한 본안판단을 하여야 한다. 그러나 이 사안에서는 피고가 시효완성 주장을 하였고, 원심의 사실인정이 정당한 이상 청구가 결과적으로 기각될 것이 분명하므로, 불이익변경금지의 원칙상 원심판결을 유지하여 상고를 기각하였다.

대법원은 본 판결에서 「시효중단을 위한 후소의 판결은 전소의 승소 확정판결의 내용에 저촉되어서는 안 되기 때문에 후소 법원이 그 확정된 권리를 주장할 수 있는 모든 요건이 구비되어 있는지 재심리하는 것은 허용되지 않지만, 위 후소 판결의 기판력은 후소의 변론종결 시를 기준으로 발생하므로, 전소의 변론종결 후에 발생한 변제, 상계, 면제 등과 같은 채권소멸사유는 후소의 심리대상이 되고, 따라서 채무자인 피고는 후소 절차에서 위와 같은 사유를 들어 항변할 수 있고 심리 결과 그 주장이 인정되면 법원은 원고의 청구를 기각하여야 한다. 이는 채권의 소멸사유 중 하나인 소멸시효 완성의 경우에도 마찬가지이다.」라고 하여 소멸시효 중단을 위한 후소에서도 전소의 변론종결 이후 발생한 권리소멸 사유에 관해서 심리·판단할 수 있음을 명확하게 하였다.

본 판결의 논거 제시가 다소 불명확하지만 결론적으로는 타당하다. 실무상 시효중단 목적의 재소(이행의 소)에 대하여 피고가 시효완성을 주장(항변)하고 있는 경우, 피고는 후소 변론종결시를 기준으로 권리의 시효소멸로 인한 이행청구권의 부존재 확인 판단을 받을 이익이 있고, 법원 역시 권리의 소멸 여부를 판단할 의무가 있다고 볼 수 있다. 이로써 전소 판결의 집행력이 바로 배제되는 것은 아니다.[210]

전소 판결이 확정된 때로부터 10년이 지났다는 이유만으로 시효가 완성되었다고는 볼 수 없다. ① 시효의 정지 사유가 있었을 수도 있고(이 경우 정지된 기간만큼 시효기간 산정에서 제외되므로 판결 등 확정일부터 10년이 지나도 시효가 완성되지 않은 경우가 생긴다), ② 도중에 시효 중단사유가 발생하였을 수 있고(채무의 승인, 압류, 가압류 등), 이 경우 시효는 새로이 진행하므로 전소 판결 확정일로부터 10년이 지났지만 시효가 완성되지 않았을 가능성도 있기 때문이다.

본 판결에서 특별한 사정의 하나로 들고 있는 사유는 '재소의 이익이 없는 경우(새로이 진행된 소멸시효기간을 기준으로 시효기간의 경과가 임박하지 않은 경우)'에 초점을 맞춘 것으로 이해해야 한다. '전소 판결이 확정된 후 소멸시효가 중단된 적이 있어 그 중단사유가 종료한 때로부터 새로이 진행될 경우'에도 시효기간의 경과가 임박하여 시효중단을 위한 재소의 필요성이 인정되는 경우도 충분히 생각할 수 있기 때문이다.

본 판결에 대해서는, 10년이 '임박'한 경우에 한하여 예외적으로 재소의 이익을 인정하고 있는 점에 비추어 10년이 지났지만 후소에서 소멸시효에 관한 본안 항변을 한 경우까지 또다시 예외적으로 소의 이익을 확대할 수 없고, 피고가 본안에 관한 항변을 했는지 안 했는지에 따라 소의 적법 여부가 좌우되어서는 안 된다는 견해가 있다.[211]

이러한 판례의 태도에 따르면 채무자는 전소 승소확정판결을 받은 채권자가 시효중단을 위하여 후소를 제기하고 있는 상황에서는 따로 청구이의의 소를 제기함이 없이 전소 변론종결 뒤 채무소멸사유를 들어 원고의 청구를 기각시킬 수 있게 되는데, 판례가 확정된 채권의 시효중단을 위한 재소에 대하여 예외적으로 소의 이익을 인정하면서 더 나아가

---

210) 원고가 전소 확정판결에 집행문을 부여받아 집행에 이를 경우 피고로서는 청구이의의 소를 제기해야 하지만 후소에서 권리소멸에 따른 이행청구권의 부존재확인 판결을 받았으므로 이를 제출함으로써 손쉽게 집행력을 배제시킬 수 있을 것이다.
211) 최환주, "2019년 민사소송법 중요판례평석", 인권과 정의 제489호(2020), 126-127면.

후소에서 일반적인 기판력 법리를 적용하여 심리대상을 정하는 것은 타당하지 않다고 보는 견해도 있다.[212]

Ⅲ. 시효중단 목적의 새로운 방식의 확인의 소
대법원 2018. 10. 18. 선고 2015다232316 전원합의체 판결[213]
[시효중단 목적의 새로운 방식의 확인소송 허용 여부]

1) 대법원은 시효중단을 위한 후소로서 이행소송 외에 전소 판결로 확정된 채권의 시효를 중단시키기 위한 재판상의 청구가 있다는 점에 대하여만 확인을 구하는 형태의 '새로운 방식의 확인소송'이 허용되는지 여부에 관해서 전원합의체 판결을 선고하였다.

본 판결은 소멸시효 완성이 임박한 채권에 관해서 거듭해서 소송상 청구를 통한 시효중단을 인정할 것인지에 관해서 이를 인정하는 전제에서[214] 어떠한 방식의 소를 인정할 것인지를 다루었다.

다수의견은, 시효중단을 위한 이행소송은 다양한 문제(채무자는 후소에서 전소 판결에 대한 청구이의사유를 조기에 제출하도록 강요되고 법원은 불필요한 심리를 해야 한다. 채무자는 이중집행의 위험에 노출되고, 실질적인 채권의 관리·보전비용을 추가로 부담하게 되며 그 금액도 매우 많은 편이다. 채권자 또한 자신이 제기한 후소의 적법성이 10년의 경과가 임박하였는지 여부라는 불명확한 기준에 의해 좌우되는 불안정한 지위에 놓이게 된다)를 야기하는데, 그 근

---

212) 김홍엽, 민사소송법(제9판, 2020), 845면.
213) 공2018하, 2156.
214) 김교창, "시효중단을 위한 재소의 이익", 판례연구 제4집(1991), 34－39면은 채권의 소멸시효 제도에는 상당히 오랜 기간 실행에 옮기지 못한 채권은 소멸시킨다는 의미도 있다고 하면서 원칙적으로는 후소를 허용하지 않고 소멸시효가 완성되도록 해야 하며, 예외적으로 ① 채무자의 재산을 찾고 있는 중이고 거의 찾아 놓았지만 압류할 정도는 아닌 단계인 경우, ② 보증인의 재산을 찾아 집행에 이르렀는데 그 사이 주채무자에 대한 채권이 시효로 소멸하여 버릴 염려가 있는 경우에는 후소를 허용하자고 한다.; 이효제, "확정판결을 받은 채권자의 시효중단을 위한 제소에 관한 단상", 2018. 11. 26.자 법률신문 판례평석은 새로운 방식의 확인의 소가 가능하다면 원칙(원래 승소판결을 받은 당사자가 동일한 소를 제기하는 것은 기판력에 반하여 허용될 수 없다)으로 돌아가 재소의 형태로 이행의 소는 제기할 수 없다고 보는 것이 일관성이 있다고 한다.

본적인 원인은 시효중단을 위한 후소의 형태로 전소와 소송물이 동일한
이행소송이 제기되면서 채권자가 실제로 의도하지도 않은 청구권의 존부
에 관한 실체 심리를 진행하는 데에 있다고 한다. 이어 위와 같은 종래
실무의 문제를 해결하기 위해서, 시효중단을 위한 후소로서 이행소송 외
에 전소 판결로 확정된 채권의 시효를 중단시키기 위한 조치, 즉 '재판상
의 청구'가 있다는 점에 대하여만 확인을 구하는 형태의 '새로운 방식의
확인소송'이 허용되고, 채권자는 두 가지 형태의 소송 중 자신의 상황과
필요에 따라 보다 적합한 것을 선택하여 제기할 수 있다고 한다.

　　반대의견215)은, 시효중단을 위한 재소로서 이행소송 외에 '새로운 방
식의 확인소송'도 허용되어야 한다는 입장은 받아들일 수 없다고 한다.
다수의견이 지적하는 것처럼 이행소송을 허용하는 현재 실무로 인해 무
익한 절차가 반복된다고 볼 수 없고, 채무자 입장에서는 굳이 스스로 청
구이의의 소를 제기하는 것보다는 채권자가 제기한 후소에서 그러한 사
유를 항변으로 제기하는 것이 더 간편하고, 항변으로 주장한다고 하여
주장이나 증명에 더 어려움이 있지도 않으며, 소송경제나 분쟁의 1회적
해결의 측면에서도 이것이 바람직하다고 한다. 이중집행의 위험이나 소
송비용 문제도 크지 않다고 한다. 또한 소송은 구체적 권리의무에 관한
분쟁을 대상으로 하는데, 새로운 방식의 확인소송에서 말하는 소송의 대
상은 단지 '시효중단을 위한 재판상의 청구가 있었다'는 사실 자체로서
이는 소송의 대상이 아니라 '증명서'를 신청할 사항이므로, 새로운 방식의
확인 소송은 후소 제기 사실에 대한 확인을 구하는 것에 불과하여 재판
상 청구로 보기 어렵다고 비판한다.

　　별개의견은,216) 새로운 형태의 확인소송은 확인의 이익이 없는 부적
법한 소이고, 대신 청구권의 존재확인을 구하는 소를 제기하면 충분하다
는 입장이다. 그 이유로, 시효중단사유로서의 '재판상의 청구'에는 이행청

---

215) 대법관 권순일, 대법관 박정화, 대법관 김선수, 대법관 이동원, 대법관 노정희
　　의 반대의견.
216) 대법관 김재형의 별개의견.

구는 물론 그 권리 자체의 확인청구도 포함되는데, 청구권 확인의 소에 대하여 확인의 이익도 인정되고, 이중집행의 위험이 발생할 여지가 없다는 점을 든다. 새로운 방식의 확인소송에서는 승소판결을 받아 판결이 확정되더라도 그 판결이 민법 제165조 제1항에서 정한 '판결에 의하여 확정된 채권'에서 말하는 판결이라고 할 수 없어 법리적으로 극복하기 어려운 문제가 많은 새로운 방식의 확인소송을 무리하게 도입할 이유가 없다고 한다.

　2) 본 판결이 선고된 이후 2019. 1. 29. 개정·시행된 민사소송 등 인지규칙(대법원규칙 제2827호) 제18조의3은 '판결로 확정된 채권의 소멸시효 중단을 위한 재판상의 청구가 있다는 점에 대하여만 확인을 구하는 소를 제기한 경우 소가는 전소 판결에서 인정된 권리의 가액(이행소송으로 제기할 경우에 해당하는 소가)의 10분의 1로 한다. 다만, 그 권리의 가액이 3억 원을 초과하는 경우에는 이를 3억 원으로 본다.'고 정하고 있다.

　민법 제168조 제1호에서 정한 시효중단을 위한 '재판상 청구'를 하려는 목적으로만 하는 확인의 소(재판상 청구)가 허용된다는 본 판결에 대해서는 찬성하는 입장[217]과 반대하는 입장[218]으로 나뉘어 있다.

　다수의견이 제안한 새로운 방식의 확인 소송은 법률상 확인소송으로서는 부적법하므로 이를 허용하기 위해서는 소멸시효완성의 임박성이나

---

217) 지충현, "소멸시효 중단을 위한 후소로서 새로운 방식의 확인소송", 재판과 판례 제28집, 대구판례연구회(2020), 142면; 최은희, "2018년 민사소송법 중요판례분석", 인권과 정의 제481호(2019), 17-18면은 시효중단을 위한 재소의 방식에 종래 실무상 존재하던 불필요한 수고와 비용을 줄이기 위한 새로운 형태의 합리적인 소 제기방식을 제안하고 있다는 점에서 법원이 소극적 수동적 역할에서 벗어나 능동적으로 법률문화를 창조하려는 시도로 매우 훌륭하다고 평가하고 있다.

218) 강동훈, "시효중단을 위한 재소 및 새로운 방식의 확인소송에 대한 고찰", 민사판례연구 제42권(2020), 352-380면, 김연수, "승소 확정판결 후 시효중단을 위한 소에 관한 판례의 동향", 재판과 판례 제28집, 대구판례연구회(2020), 305-306면; 오영두, "소멸시효 중단을 위한 후소의 형태에 관하여", 판례연구 제31집, 부산판례연구회(2020), 534-535면; 이계정, "2018년 분야별 중요판례평석분석-민법(상)", 2019. 1. 31.자 법률신문; 원종배, "시효중단을 위한 새로운 방식의 확인소송에 대하여", 법학논고 제65집, 경북대학교 법학연구원(2019), 199-227면; 전원열, 민사소송법 강의(2020), 246면; 호문혁, "셀카소송과 셀카봉 판결", 2019. 3. 21.자 법률신문, 11면; 권영준, "2018년 민법 판례동향", 서울대학교 법학 제60권 제1호(2019), 285-291면.

소제기보다 간단한 민사집행 방법이 부존재한다는 보충성의 원칙이 필요하다는 견해도 있다.[219]

본 판결은 시효중단을 위한 후소의 형태가 전소와 소송물이 동일한 이행소송이어서 양 당사자와 법원 모두가 불필요한 에너지를 소모하고 있다고 보아[220] 대법원이 채권자, 채무자, 법원 모두에게 불편함을 제거해 주기 위한 해결책으로 새로운 방식의 확인 소송이라는 법리를 적극 개발하여 문제 해결을 시도하였다는 점에서 의의를 찾을 수 있다.

3) 그러나 새로운 방식의 확인의 소를 도입함으로써 실제 그러한 목적을 달성하고 있는지는 의문이 있다. 그로 인해 민사소송법 체계에 혼란을 가져오는 것은 아닌지, 오히려 새로운 불편함을 만들고 있는 것은 아닌지 고민해 볼 문제이다.

이 문제는 '청구권(채권존재) 확인의 소'를 통해서 충분히 해결할 수 있었던 것이 아닌가 싶다. 확인의 이익의 보충성과 관련하여, 종래 우리나라에서는 확인의 이익을 엄격하게 보고 있었지만 점차 확인의 이익을 넓게 인정하고 있는 점에서 법리적으로 충분히 수용가능하고, 이러한 청구권 확인의 소는 이중 집행의 문제를 해결하기 위한 유효적절한 수단이 될 수 있다. 나아가 기존 민사소송법 체계와도 정합적이다.

시효중단을 위한 새로운 방식의 확인의 소가 도입된 이후 하급심의 경향을 간단히 살펴본다. 약 2년 반 정도 지난 현재까지 약 170건 정도가 선고된 것으로 확인된다.[221] 소를 각하한 사례를 보면, 변론 종결일을 기준으로 10년의 소멸시효기간의 경과가 임박했다고 볼 수 없어 이 사건 소의 권리보호 이익이 없다고 보아 각하한 사례가 발견된다.[222] 이 사건

---

219) 강현중, "재판상 청구가 있다는 점에 대하여만 확인 구하는 새로운 방식의 확인소송", 2019. 2. 18.자 법률신문, 11면.

220) 채권자(실제로 의도하지도 않은 청구권의 존부에 관한 실체 심리 진행), 채무자(후소에서 전소 판결에 대한 청구이의 사유를 조기에 제출하도록 강요), 법원(불필요한 심리)에 불합리를 가져온다는 것이다.

221) 2021. 7. 13. 기준으로 판결문 검색시스템에서 '시효중단을 위한 재판상 청구 확인'으로 검색어를 입력하여 나온 결과를 바탕으로 확인한 것이다.

222) 인천지방법원 부천지원 2020. 5. 8. 선고 2019가단28104판결; 광주지방법원

소가 '전소 판결 확정일로부터 10년이 도과된 후' 또는 '이미 소멸시효 기간이 도과된 후'에 제기된 이상 소의 이익이 없다고 보아 각하한 사례도 있다.[223]

소송비용은 채무자(피고)가 부담하도록 하는 경우[224]가 대다수인 것으로 보이지만 '각자' 부담하도록 하거나[225] 채권보전을 위하여 제기한 것임을 들어 '원고'가 부담하도록 하는 경우[226]도 보인다.

해당 소송에서도 채무자가 변제되었다고 다투거나 한정승인, 면책을 받았다고 주장하는 경우가 많은데, 법원은 별도로 청구이의의 소에서 다투어야 한다고 하여 실체 판단 없이 그 주장을 배척하고 있다. 이에 따라 채무자가 청구이의의 반소를 제기하는 경우가 있고, 이 경우 법원은 본소와 반소를 모두 인용하는 것으로 판결하고 있다.[227]

지급명령으로 확정된 채권에 대한 소멸시효 중단을 위해서 새로운 소송형식으로 제기하는 것이 가능한지 문제되는데, 대구지방법원 2019. 3. 28. 선고 2018가단139699 판결은 지급명령은 기판력이 없어 확정된 지급명령에 기한 채권에 대한 소멸시효 중단을 목적으로 하여 새로운 형태의 확인의 소를 제기하는 것은 부적법하다고 하였다.[228]

2020. 9. 15. 선고 2020가단10614판결; 전주지방법원 남원지원 2021. 1. 20. 선고 2019가단1368 판결; 수원지방법원 2021. 6. 24. 선고 2021가단3768 판결 등.

223) 서울중앙지방법원 2021. 6. 8. 선고 2021가단9836 판결; 제주지방법원 2021. 1. 7. 선고 2020가단3900 판결은 이 사건 청구가 이유 없다고 보아 '기각' 판결을 하였다.

224) 대전지방법원 2019. 7. 17. 선고 2019가단105464판결; 서울중앙지방법원 2019. 8. 23. 선고 2018가합547656 판결 등.

225) 대구지방법원 서부지원 2020. 7. 9. 선고 2019가단69022 판결, 서울동부지방법원 2021. 4. 27. 선고 2019가단153702 판결.

226) 인천지방법원 2019. 12. 18. 선고 2019가단20282 판결 등.

227) 인천지방법원 2020. 8. 20. 선고 2019가단253013판결; 인천지방법원 2020. 9. 3. 선고 2020가단208231판결; 서울중앙지방법원 2021. 5. 11. 선고 2020가단5312134 판결 등.

228) 강동훈, "시효중단을 위한 재소 및 새로운 방식의 확인소송에 대한 고찰", 민사판례연구 제42권(2020), 378면은 기판력 없이 집행력만 있는 경우까지 포함하여 새로운 방식의 확인의 소가 가능하다는 입장이다.

Ⅳ. 정기금판결과 변경의 소

1. 대법원 2016. 6. 28. 선고 2014다31721 판결[229]

[전 소유자의 부당이득반환청구소송의 변론종결 후에 토지 소유권을 취득한 사람이 위 소송에서 확정된 정기금판결에 대하여 변경의 소를 제기할 수 있는지]

이 사건 토지의 전 소유자인 A가 피고를 상대로 무단 점유, 사용을 이유로 부당이득반환청구의 소를 제기하여 "피고는 A에게 2003. 9. 22.부터 이 사건 토지 중 피고 점유 부분의 인도완료일까지 월 605,250원의 비율에 의한 돈을 지급하라."라는 내용의 이 사건 판결을 받았고, 위 판결은 2007. 1. 11. 확정되었다. 이후 원고가 2008. 1. 21. 이 사건 토지의 소유권을 취득하였다. 피고는 원고에게 같은 금액을 부당이득금으로 지급하려고 했는데 원고가 이를 거절하자 피고는 위 판결에서 정한 금액을 공탁하였다. 원고는 2009. 11.경 이 사건 토지의 지가가 급등했음을 이유로 전소 확정판결의 정기금 액수의 변경을 구하는 소를 제기하였다.

원심은 확정판결 이후 이 사건 토지의 임료산정의 기초가 된 사정에 당초 예상하지 못할 정도의 현저한 변경이 있다고 볼 정도의 특별한 사정이 없다는 이유로 원고의 청구를 기각하였다.

대법원은, 민사소송법 제252조 제1항에서 정한 정기금판결에 대한 변경의 소는 정기금판결의 확정 뒤에 발생한 현저한 사정변경을 이유로 확정된 정기금판결의 기판력을 예외적으로 배제하는 것을 목적으로 하므로, 확정된 정기금판결의 당사자 또는 민사소송법 제218조 제1항에 따라 그 확정판결의 기판력이 미치는 제3자만이 정기금판결에 대한 변경의 소를 제기할 수 있는데, 토지의 전 소유자 A가 제기한 부당이득반환청구소송의 변론종결 후에 그 토지의 소유권을 취득한 원고는 민사소송법 제218조 제1항에서 정한 위 확정판결의 기판력이 미치는 '변론을 종결한 뒤

---

229) 공2016하, 1020.

의 승계인'에 해당하지 않고,[230] 원고에게는 위 정기금 확정판결의 기판력이 미치지 않으므로, 원고가 그 토지의 무단 점유자를 상대로 다시 부당이득반환청구의 소를 제기하지 않고, 전 소유자가 받은 정기금판결에 대하여 변경의 소를 제기하는 것은 부적법하다고 보아 원심을 파기하고 직권으로 이 사건 소를 각하하였다.

민사소송법 제252조 제1항은 "정기금의 지급을 명한 판결이 확정된 뒤에 그 액수산정의 기초가 된 사정이 현저하게 바뀜으로써 당사자 사이의 형평을 크게 침해할 특별한 사정이 생긴 때에는 그 판결의 당사자는 장차 지급할 정기금 액수를 바꾸어 달라는 소를 제기할 수 있다."고 정하고 있다. 이는 2002년 민사소송법 전부개정 시 도입된 것이다.

위 제도가 도입되기 전 대법원 1993. 12. 21. 선고 92다46226 전원합의체 판결은, 장래의 임료 상당의 부당이득금의 지급을 명한 판결이 확정된 후에 그 임료가 9배 가까이 상승하자 전소의 원고가 그 차액을 추가로 청구한 사안에서, 전소의 청구를 '명시적 일부청구'로 보아 전소판결의 기판력이 그 차액 부분에는 미치지 않는다는 이론구성을 취했다. 그러나 이에 대해서는 현재의 기판력 이론과 조화되기 어렵다는 비판이 있었고,[231] 법리적인 무리 없이 같은 결론을 얻기 위해서 정기금판결에 대한 현저한 사정변경이 있는 경우 그 판결을 변경하는 소제기를 허용하는 정기금판결에 대한 변경의 소가 도입되었다.

이후 대법원 2009. 12. 24. 선고 2009다64215 판결에서 처음으로 판단한 이후 대법원 2016. 3. 10. 선고 2015다243996 판결에서는 '이러한 정기금판결에 대한 변경의 소는 판결 확정 뒤에 발생한 사정변경을 요건으로 하므로, 단순히 종전 확정판결의 결론이 위법·부당하다는 등의 사정을 이유로 본조에 따라 정기금의 액수를 바꾸어 달라고 하는 것은 허용될 수 없다'고 하였다.

---

230) 대법원 1993. 2. 12. 선고 92다25151 판결.
231) 최성준, "장래 차임상당 부당이득금청구에 대한 확정판결의 기판력과 사정변경에 의한 추가청구", 민사재판의 제문제 제8권(1994), 812면; 한승, "일부청구에 관한 판례이론의 적용", 민사판례연구 제23권(2001), 458면.

본 판결은 토지의 전 소유자가 무단 점유자를 상대로 부당이득반환 청구의 소를 제기하여 정기금의 지급을 명하는 판결이 확정된 후에, 위 전 소송의 변론종결 후에 전 소유자로부터 위 토지의 소유권을 승계취득 한 신 소유자가 위 소송에서 확정된 정기금판결에 대하여 변경의 소를 제기할 수 있는지에 관하여 선례가 없는 상황에서, 이러한 신 소유자는 정기금판결에 대한 변경의 소를 제기할 수 있는 원고적격이 없다는 점을 최초로 선언하였다는 점에서 의의가 있다.[232]

2. 대법원 2019. 2. 14. 선고 2015다244432 판결[233]

[장래의 부당이득금 지급을 명하는 판결 주문에 표시된 원고의 소유권 상실일까지의 적절성]

재판 실무에서 장래의 부당이득금의 계속적 · 반복적 지급을 명하는 판결 주문에 '원고의 소유권 상실일까지'라는 표시가 광범위하게 사용되 고 있었다. 대법원은 소유권에 기한 부당이득반환청구 사건에서 원심이 '피고는 피고의 점유상실일 또는 원고의 소유권 상실일까지 매월 ○○원 의 비율로 계산한 돈을 지급하라'고 선고한 주문에 관하여 직권으로 '원 고의 소유권 상실일까지'라는 기재는 이행판결의 주문 표시로서 바람직하 지 않다고 하였다. 그 이유를 다음과 같이 제시하였다.

① '원고의 소유권 상실일까지'라는 기재는 집행문 부여기관, 집행문 부여 명령권자, 집행기관의 조사 · 판단에 맡길 수 없고, 수소법원이 판단 해야 할 사항인 소유권 변동 여부를 수소법원이 아닌 다른 기관의 판단 에 맡기는 형태의 주문이다. ② '원고의 소유권 상실일까지'라는 기재는 확정된 이행판결의 집행력에 영향을 미칠 수 없는 무의미한 기재이다. ③ '원고의 소유권 상실일'은 장래의 부당이득반환의무의 '임의 이행' 여

---

232) 김상훈, "토지의 전 소유자가 무단 점유자를 상대로 제기한 부당이득반환청구 소송의 변론종결 후에 토지의 소유권을 취득한 사람이 위 소송에서 확정된 정기금 판결에 대하여 변경의 소를 제기할 수 있는지", 대법원판례해설 제109호, 법원도서 관(2017), 316-335면.
233) 공2019상, 728.

부와는 직접적인 관련이 없으므로, 이를 기재하지 않더라도 장래의 이행
을 명하는 판결에 관한 법리에 어긋나지 않는다.

　　본 판결은 확정판결의 변론종결 후의 원고의 소유권 변동은 변론종
결 당시에 특정할 수 없는 후발적인 실체 법률관계의 변동에 해당하므
로, 민사집행법 제40조 제1항이 정하고 있는 '일정한 시일', 그 밖에 집행
개시의 요건에 해당한다고 볼 수 없고, 따라서 집행개시 단계에서 집행
기관이 독립하여 자기 책임으로 조사·판단할 대상에 포함되지도 않는데
도 그동안 법원에서 실무상 '원고의 소유권 상실일'을 의무의 종료 시점
으로 이행판결의 주문에 기재하여 집행기관의 집행 과정에서 혼란을 가
져올 수 있음을 들어 이행판결의 주문에 '원고의 소유권 상실일까지'라는
표시를 하지 않도록 지침을 제공하였다는 점에서 의의가 있다.[234)]

Ⅴ. 중복된 제소의 금지

대법원 2013. 12. 18. 선고 2013다202120 전원합의체 판결[235)]
**[채무자가 제기한 소가 계속 중 압류채권자가 추심금청구의 소를
제기한 것이 중복제소 금지 원칙에 반하는지]**

　　채무자가 제3채무자를 상대로 제기한 이행의 소가 법원에 계속되어
있는 상태에서 압류채권자가 제3채무자를 상대로 추심의 소를 제기하는
것이 민사소송법 제259조에서 금지하는 중복된 소제기에 해당하는지 여
부가 쟁점이 되었다.

　　민사소송법 제259조는 '법원에 계속되어 있는 사건에 대하여 당사자
는 다시 소를 제기하지 못한다'고 하여 중복제소금지 원칙을 정하고 있
다. 중복제소를 금지하는 이유는 이미 법원에 계속되어 있는 사건에 대

---

234) 그동안 실무상 사용되어 왔던 '원고의 소유권 상실일까지'라는 표현이 아무런
　　기능을 하지 못했던 것인지는 조심스럽다. 적어도 판결을 받는 사건 당사자인 원
　　고에게는 '소유권을 상실하게 되면 더는 정기금 판결에 기해서 청구할 수 없다'는
　　점에 관한 정보 제공적 기능을 하고 있었다고 보이므로 판결 이유에라도 표시하는
　　것은 문제가 없다고 생각한다.
235) 공2014상, 283.

1364 2010년대 민사판례의 경향과 흐름

하여 다시 소를 제기하는 것은 소송제도의 남용으로서 이를 허용하면 상
대방 당사자에게 이중 응소의 부담을 지우고 심리가 중복되어 소송경제
에 반하므로 그러한 불합리를 피하고 판결의 모순·저촉을 방지하는 데
있다. 중복된 소제기의 금지는 소송의 계속으로 인하여 당연히 발생하는
소제기의 효과이다. 그러므로 설령 이미 법원에 계속되어 있는 소(전소)
가 소송요건을 갖추지 못한 부적법한 소라도 취하·각하 등에 의하여 소
송 계속이 소멸하지 않는 한 그 소송 계속 중에 다시 제기된 소(후소)는
중복된 소제기의 금지에 저촉되는 부적법한 소로서 각하된다고 본다.[236]

다수의견은, 중복제소 금지의 취지에 주목하여 채무자가 제3채무자
를 상대로 제기한 이행의 소가 법원에 계속되어 있는 경우에도 압류채권
자는 제3채무자를 상대로 압류된 채권의 이행을 청구하는 추심의 소를
제기할 수 있고, 제3채무자를 상대로 압류채권자가 제기한 추심의 소는
채무자가 제기한 이행의 소에 대한 관계에서 민사소송법 제259조가 금지
하는 중복된 소제기에 해당하지 않는다고 보았다. 그 근거로 ① 압류 및
추심명령이 있으면 압류채권자만이 제3채무자를 상대로 압류된 채권의
이행을 청구하는 소를 제기할 수 있고, 채무자는 압류 및 추심명령이 있
는 채권에 대하여 당사자적격을 상실하여 채무자가 제기한 이행의 소는
각하될 운명에 있으므로,[237] 압류채권자가 제3채무자를 상대로 제기한 추
심의 소의 본안에 관하여 심리·판단한다고 하여, 제3채무자에게 불합리

---

236) 대법원 1998. 2. 27. 선고 97다45532 판결 참조.
237) 채무자의 제3채무자에 대한 금전채권 등에 대하여 압류 및 추심명령이 있으면
   민사집행법 제238조, 제249조 제1항에 따라 압류 및 추심명령을 받은 압류채권자
   (이하 '압류채권자'라고만 한다)만이 제3채무자를 상대로 압류된 채권의 이행을 청
   구하는 소를 제기할 수 있고, 채무자는 압류 및 추심명령이 있는 채권에 대하여
   제3채무자를 상대로 이행의 소를 제기할 당사자적격을 상실하므로, 압류 및 추심
   명령이 있는 채권에 대하여 채무자가 제기한 이행의 소는 부적법한 소로서 본안에
   관하여 심리·판단할 필요 없이 각하하여야 한다(대법원 2000. 4. 11. 선고 99다
   23888 판결, 대법원 2008. 9. 25. 선고 2007다60417 판결 등 참조). 이러한 사정은
   직권조사사항으로서 당사자의 주장이 없더라도 법원이 이를 직권으로 조사하여 판
   단하여야 한다(대법원 2004. 3. 26. 선고 2001다51510 판결, 대법원 2010. 2. 25.
   선고 2009다85717 판결 등 참조).

하게 과도한 이중 응소의 부담을 지우거나 본안 심리가 중복될 염려가 없다. ② 압류채권자의 추심의 소를 중복 제소로 각하한 다음 채무자의 이행의 소가 각하 확정되기를 기다려 다시 압류채권자로 하여금 추심의 소를 제기하도록 하는 것은 소송경제에 반할 뿐만 아니라 이는 압류채권자의 추심의 소를 제기할 수 있는 권리를 부당하게 제한하는 것이라는 점 등²³⁸⁾을 들었다.

반대의견²³⁹⁾은 중복 제소 금지에 관한 원칙이 이 경우에도 일관되게 관철되어야 한다는 입장에서 중복제소에 해당한다고 보았다. 그 근거로 압류채권자가 제3채무자를 상대로 추심의 소를 제기하는 것과 채권자가 민법 제404조 제1항에 따라 채무자를 대위하여 제3채무자를 상대로 이행의 소를 제기하는 것은 채권자가 제3채무자를 상대로 채무자의 권리를 행사한다는 점에서 다를 바 없는데, 위와 같은 판례의 법리가 유독 채무자가 제3채무자를 상대로 이행의 소를 제기하여 사건이 법원에 계속되어 있는 상태에서 압류채권자가 제3채무자를 상대로 추심의 소를 제기한 경우에는 적용되지 않는다고 할 이유가 없다고 보았다.²⁴⁰⁾

본 전원합의체 판결은 민사집행법 제238조, 제249조 제1항에 따라 압류, 추심명령을 받은 압류채권자에게 보장되는 추심권능, 추심의 소 제기 권능과 민사소송법 제259조가 정하는 중복제소 금지의 원칙이 충돌하는 상황에서 이익형량을 통해서 압류채권자의 후소가 중복제소 금지원칙에 위반되지 않는다고 판단함으로써 법이론적 측면보다는 실제적인 이익을 고려하여 구체적 타당성 있는 결론을 도출해 냈다는 점에서 의의를

---

238) 그 외에도 '압류채권자는 민사소송법 제81조, 제79조에 따라 채무자가 제기한 소에 참가할 수도 있으나, 채무자의 소가 상고심에 계속 중인 경우에는 승계인의 소송참가가 허용되지 않고, 압류채권자가 채무자가 제기한 소에 참가할 의무가 있는 것도 아니다.'라는 점을 들었다.
239) 대법관 신영철, 대법관 민일영, 대법관 이인복의 반대의견.
240) 그 외에도 다수의견의 지적과 같이 이 사건에서는 채무자의 소가 상고심에 계속 중 채권에 대한 압류 및 추심명령이 있어 압류채권자의 승계참가가 불가능하지만 상고심이 직권조사사항으로 채무자가 압류, 추심명령으로 당사자적격을 상실하였음을 이유로 압류 및 추심명령에 내려진 부분에 대한 소를 파기 환송하면, 파기 환송심에서 압류채권자가 승계참가를 하는 길이 있음을 지적하고 있다.

찾을 수 있다.[241)]

추심소송 관계자들의 다양한 이해관계를 합리적으로 조정할 수 있는 근본적인 해결책은 추심명령이 내려지더라도 채무자의 소송수행권이 상실되지 않는다고 보는 것이 아닐까 한다.[242)] 제3자 소송담당설의 입장에서 추심명령 후에도 채무자가 피압류채권의 주체임은 변하지 않고, 압류채무자가 제3채무자를 상대로 변제수령 외 보전처분 등 일정한 권리를 행사하는 것을 부정할 이유가 없으므로(이 경우 제3채무자가 제소명령을 신청한 경우와 같이 실체법상 권리에 대한 관리권한을 유지할 필요도 있다), 당사자적격이 상실되지 않는다는 이론 구성도 충분히 가능하다.

대법원 2013. 11. 14. 선고 2013두9526 판결(미간행)은 토지소유자가 사업시행자를 상대로 토지보상법상 손실보상금 증액청구의 소를 제기하여 소송 계속 중 손실보상금 채권에 대한 압류 및 추심명령이 있는 경우 압류채무자는 당사자적격을 상실하고 압류채권자만이 당사자적격을 가진다고 보고 있는데, 이러한 소송에서 사안에 관하여 가장 잘 알고 있고, 중요한 이해관계를 가진 압류채무자가 소송수행권을 상실한다고 볼 것인

---

241) 황진구, "추심의 소제기가 채무자가 제기한 이행의 소에 대한 관계에서 중복된 소제기에 해당하는지", 민사재판의 제문제 제23권(2015), 652-653면.

242) 김세진, "이행소송 계속 중 압류채권자가 제기한 추심소송의 중복제소 여부", 법조 제63권 제9호(2014), 201-237면; 이백규, "압류된 채권양수인의 이행청구와 추심명령", 민사판례연구 제24권(2002), 519-525면은 추심명령은 압류채권자에게 법이 새로운 추심권능을 부여하는 것일 뿐 압류채무자가 가진 추심권능을 승계하는 것이 아닌 점, 추심명령에 의해 압류채무자의 추심권한이 추심채권자에게 이전된다면, 2중 추심명령의 경우 선행 추심명령권자에게 이미 추심권한을 이전해 버린 채무자로부터 어떻게 2중 추심명령권자가 추심권한을 이전받을 수 있는지 설명할 수 없는 점, 채무자가 제기하고 수행한 소송이 추심채권자에게 반드시 유해한 것도 아니며 제3채무자의 불이익에 관해서도 소송고지 등을 통해서 대부분 해소할 수 있는 점, 소송수행권 상실설은 그렇게 해석하지 않으면 중복제소에 의해 추심채권자의 채권추심이 방해된다고 하지만 이미 채무자가 제3채무자를 상대로 이행의 소를 제기하고 있는 경우라면 추심채권자는 그 소송에 공동소송참가를 하면 되고, 법원으로서는 압류채무자에 대하여는 압류의 해제를 조건으로, 추심채권자에 대하여는 무조건의 승소판결을 함으로써 두 사건을 일거에 모순 없이 해결할 수 있다는 점 등을 들고 있다; 김원수, "채무자의 이행소송 제기 후에 제기된 추심채권자의 후소가 중복소송에 해당하는지 여부", 판례연구 제26집, 부산판례연구회(2015), 793-824면.

지는 의문이다.[243)]

VI. 일부청구와 시효중단
대법원 2020. 2. 6. 선고 2019다223723 판결[244)]
[일부청구에서의 시효 중단]

원고는 피고의 공익사업시행에 따른 아파트를 분양받아 2008. 10. 31.까지 분양대금을 완납하였는데, 2013. 7. 30. 피고가 부담해야 할 생활기본시설 설치비용이 분양대금에 포함되었다는 이유로 피고를 상대로 부당이득금 반환(지방자치단체에 대한 권리로서 소멸시효기간은 5년이다)을 구하는 소를 제기하였다. 그 소장에는 '일부청구'라는 제목 하에 '정확한 금액은 추후 계산하도록 하고 우선 일부인 200만 원을 청구한다'고 되어 있다. 소송의 종료시까지 원고는 청구금액을 확장하지 않았고, 법원은 2016. 10. 12. 200만 원과 지연손해금을 지급하라는 판결을 선고하였고 위 판결은 2016. 11. 8. 확정되었다. 원고는 2017. 5. 18. 전소에서 인정된 금액을 뺀 나머지 금액(약 1,880만 원)을 구하는 소를 제기하였다.

대법원은 다음과 같은 법리를 제시하면서, 이 사건에서는 원고가 선행 소송이 종료된 때로부터 6개월이 지나 나머지 지급을 구하는 후소를 제기하였으므로 소멸시효가 완성되었다는 원심의 결론이 타당하다고 보아 상고를 기각하였다.

「소장에서 청구의 대상으로 삼은 채권 중 일부만을 청구하면서 소송의 진행경과에 따라 장차 청구금액을 확장할 뜻을 표시하였으나 당해 소송이 종료될 때까지 실제로 청구금액을 확장하지 않은 경우에는 소송의 경과에 비추어 볼 때 채권 전부에 관하여 판결을 구한 것으로 볼 수 없으므로, 나머지 부분에 대하여는 재판상 청구로 인한 시효중단의 효력이 발생하지 않는다. 그러나 이와 같은 경우에도 소를 제기하면서 장차

---

243) 2021. 12. 31. 현재 대법원 2018두67 사건에서 같은 쟁점에 관해서 심리가 진행 중이다.

244) 공2020상, 618.

청구금액을 확장할 뜻을 표시한 채권자로서는 장래에 나머지 부분을 청구할 의사를 가지고 있는 것이 일반적이라고 할 것이므로, 다른 특별한 사정이 없는 한 당해 소송이 계속 중인 동안에는 나머지 부분에 대하여 권리를 행사하겠다는 의사가 표명되어 최고에 의해 권리를 행사하고 있는 상태가 지속되고 있는 것으로 보아야 하고, 채권자는 당해 소송이 종료된 때부터 6월 내에 민법 제174조에서 정한 조치를 취함으로써 나머지 부분에 대한 소멸시효를 중단시킬 수 있다.」

일부청구와 소멸시효중단의 효력 범위에 관한 학설로는 일부중단설,[245] 전부중단설,[246] 절충설[247]이 대립하고 있다. 이에 관해서 대법원은 '하나의 채권 중 일부에 관하여만 판결을 구한다는 취지를 명백히 하여 소송을 제기한 경우에는 소제기에 의한 소멸시효중단의 효력이 그 일부에 관해서만 발생하고, 나머지 부분에는 발생하지 않지만(대법원 1975. 2. 25. 선고 74다1557 판결 등 참조), 소장에서 청구의 대상으로 삼은 채권 중 일부만을 청구하면서 소송의 진행경과에 따라 장차 청구금액을 확장할 뜻을 표시하고 당해 소송이 종료될 때까지 실제로 청구금액을 확장한 경우에는 소제기 당시부터 채권 전부에 관하여 판결을 구한 것으로 해석되므로, 이러한 경우에는 소제기 당시부터 채권 전부에 관하여 재판상 청구로 인한 시효중단의 효력이 발생한다(대법원 1992. 4. 10. 선고 91다43695 판결 등 참조).'고 판단해 왔다.

본 판결은 일부 청구를 하면서 소송의 진행경과에 따라 장차 청구금액을 확장할 뜻을 표시하였으나 해당 소송이 종료될 때까지 실제로 청

---

245) 명시적 일부 청구의 경우 잔부는 소송물이 되지 않았으므로 재판상 청구가 있었다고 볼 수 없으므로 시효 중단효를 인정할 수 없다는 견해이다(이시윤, 김상용, 이은영).

246) 일부 청구가 인용되어 권리 전체의 존재가 밝혀졌으므로 중단사유 취지를 고려할 때 명시 여부를 묻지 않고 전부에 대해 시효가 중단된다는 견해이다(김증한/김학동, 송상현, 정동윤, 이재목).

247) 명시적으로 일부청구임을 밝힌 경우 그 일부만이 소송물이 되고, 시효중단의 대상이 되는 것도 그 부분에 한정되며 나머지 부분은 청구금액을 확장해야 시효중단의 효력이 생긴다. 일부 청구임을 명시하지 않은 경우에는 채권의 동일성이 인정되는 범위에서는 그 전부에 대하여 시효중단의 효력이 미친다는 견해이다.

구금액을 확장하지 않은 경우 소송 종료시부터 6개월 내에 소를 제기하면 처음 소 제기 시 나머지 청구에 대한 소멸시효 중단효과가 생긴다는 법리를 제시하면서 하나의 논거로 소송고지에 관한 대법원 2009. 7. 9. 선고 2009다14340 판결을 들었다. 보통의 최고와는 달리 법원의 행위를 통해 이루어지는 '소송고지로 인한 최고에 대하여는 당해 소송이 계속 중인 동안 최고에 의해 권리를 행사하고 있는 상태가 지속되는 것으로 보아 당해 소송이 종료된 때부터 6월 내에 민법 제174조에 정한 조치를 취함으로써 소멸시효를 중단시킬 수 있다'고 하였다.

　　이에 대하여는 민법상 최고는 일정한 행위를 할 것을 상대방에게 요구하는 일방적인 의사통지 행위로서 그 상태가 소송계속 중 계속된다고 보는 것은 최고와 어울리지 않는 지나친 의제라고 보는 견해가 있다.[248]

　　한편, 본 판결의 법리구성에 관해서는 생각해 볼 점이 있다. 민법 제170조는 '재판상 청구와 시효중단'이라는 제목으로 제1항에서 '재판상의 청구는 소송의 각하, 기각 또는 취하의 경우에는 시효중단의 효력이 없다.'고 정하고, 제2항은 '전항의 경우에 6월내에 재판상의 청구, 파산절차참가, 압류 또는 가압류, 가처분을 한 때에는 시효는 최초의 재판상 청구로 인하여 중단된 것으로 본다.'고 정하고 있다.

　　이는 재판상 청구가 각하, 기각 또는 취하된 경우와 같이 소 제기 과정에 잘못이 있어서 법원으로부터 제대로 해당 청구에 관해서 판단을 받지 못했더라도 그때부터 6개월 내에 재판상 청구를 하면 시효는 최초의 재판상 청구로 인하여 중단된 것으로 간주하는 규정이다. 민법 제170조 제2항은 독일 민법[249]을 본받아 신설된 규정이다.[250] 위 규정의 취지

---

248) 전병서, "일부청구와 시효중단", 법조 통권 제741호(2020), 395－419면.
249) 독일 민법 제204조[권리추급으로 인한 시효정지]
　① 소멸시효는 다음의 사유로 인하여 정지된다.
　1. 이행, 청구권의 확인, 집행문의 부여 또는 집행판결을 구하는 소의 제기 (이하 생략)
　② 제1항에 의한 시효정지는 개시된 절차가 기판력 있는 재판에 의하여 또는 다른 방식으로 종결된 때로부터 6개월로 종료한다. 그 절차가 당사자가 이를 추

는 소의 제기에 의해 권리행사를 위한 상당한 노력을 하였는데 그 과정
에서 다소 잘못이 있다고 하여도 권리자가 소송비용을 부담하는 외에 권
리 그 자체를 잃게 되는 것은 부당하다는 데 있다고 한다.[251] 이 사건과
같이 명시적 일부청구에도 불구하고 소송종료 시까지 청구를 확장하지
않아 해당 부분에 대하여 법원으로부터 아무런 판단을 받지 못한 경우에
도 민법 제170조 제2항은 유추 적용될 수 있다고 생각한다.

　본 판결은 일부 청구를 하면서 소송의 진행경과에 따라 청구금액을
확장할 뜻을 표시하였으나 소송이 종료될 때까지 실제로 청구금액을 확
장하지 않은 경우에 관하여 채권자의 나머지 청구에 관한 권리행사의 의
사가 표명된 것으로 보아 소송이 종료된 때로부터 일정 기간 내 후소를
제기하면 처음 소를 제기한 때부터 나머지 부분에 대한 소멸시효 중단의
효력이 미친다는 점을 명확하게 밝힌 선례로서 의의가 있다.

　본 판결은 향후 일부 청구임을 명확하게 밝히고 소를 제기하면서
청구취지 확장의 뜻을 표시하지 않은 경우에도 '최고'에 의한 권리행사
상태를 인정할 수 있는지, 이에 따라 그 소송 종료 후 6개월 내 나머지
청구 부분에 대한 소를 제기하였을 경우에도 소멸시효 중단을 인정할 수
있는지를 판단하는 데에도 중요한 선례로 작용할 것으로 생각한다.

행하지 아니함으로써 休止하는 때에는 절차의 종결시가 아니라 당사자, 법원
또는 다른 절차수행기관의 최후의 절차행위시가 기준이 된다. 당사자 일방이
절차를 다시 추행하는 때에는 시효중지가 다시 개시된다.
250) 참고로, 일본은 2017. 5. 26. 민법 개정(2020. 4. 1. 시행)으로 소멸시효에 관한
규정을 대폭 개정하였다. 소멸시효 중단과 정지를 소멸시효의 갱신(更新), 완성유
예(完成猶予)로 용어를 바꾸고 독일과 같이 갱신, 완성유예사유를 상세히 하였으
며, 제147조에서 재판상 청구가 있으나 기판력 있는 확정판결을 받지 못한 경우에
는 그 종료 시로부터 6개월을 경과할 때까지는 시효가 완성되지 않는다고 하여
명문으로 우리 민법 제170조 제2항과 같은 내용을 규정하였다. 상세한 내용에 관
해서는 심활섭, "소멸시효와 법정이율 : 2017년 일본 민법 개정 내용을 중심으로",
계약과 책임: 하경효 교수 정년기념논문집(2017), 93－105면; 김성수, "개정 일본민
법(2017년)의 소멸시효 주요개정내용의 소개를 중심으로", 아주법학 제12권 제1호
(2018), 37－92면 참조.
251) 민법주해[Ⅲ], 510면(윤진수 집필부분).

VII. 소의 객관적 병합

1. 대법원 2014. 5. 29. 선고 2013다96868 판결[252)

[소의 부진정 예비적 병합]

원고의 이 사건 청구는 기본적으로 피고에 대하여 1억 원 및 이에 대한 지연손해금의 지급을 청구하는 것인데, 원고는 청구원인으로 대여를 주장하며 그 지급을 구하였다가 제1심 변론 과정에서 이를 주위적 청구로 변경하고, 예비적으로 불법행위(사기)를 원인으로 한 손해배상 청구를 추가하였다. 제1심은 이 사건 주위적 청구를 기각하는 한편, 예비적 청구를 인용하였고, 이에 대하여 피고만이 항소하였다. 원심은 피고만이 항소한 이상 심판대상은 예비적 청구 부분에 한정된다고 전제한 다음, 피고의 불법행위가 인정되지 않는다는 이유로 피고의 항소를 받아들여 예비적 청구마저 기각하였다.

대법원은, 「병합의 형태가 선택적 병합인지 예비적 병합인지는 당사자의 의사가 아닌 병합청구의 성질을 기준으로 판단하여야 하고, 항소심에서의 심판 범위도 그러한 병합청구의 성질을 기준으로 결정하여야 하므로, 실질적으로 선택적 병합 관계에 있는 두 청구에 관하여 당사자가 주위적·예비적으로 순위를 붙여 청구하였고, 그에 대하여 제1심법원이 주위적 청구를 기각하고 예비적 청구만을 인용하는 판결을 선고하여 피고만이 항소한 경우에도, 항소심으로서는 두 청구 모두를 심판의 대상으로 삼아 판단해야 한다.」고 하면서, 이 사건 주위적 청구와 예비적 청구는 그 명칭에도 불구하고 실질적으로는 선택적 병합 관계에 있으므로, 원심으로서는 피고가 항소의 대상으로 삼은 이 사건 예비적 청구만을 심판대상으로 삼을 것이 아니라 두 청구 모두를 심판대상으로 삼아 판단하였어야 하는데, 원심이 위와 같이 이 사건 예비적 청구 부분만을 심판대

---

252) 따름 판결로는 대법원 2017. 6. 15. 선고 2015다30244, 30251 판결(미간행); 대법원 2018. 2. 28. 선고 2013다26425 판결(공2018상, 627)이 있다.

상으로 삼아 청구를 기각한 것은 항소심의 심판대상에 관한 법리를 오해
한 잘못이 있다고 하여 원심판결을 파기환송하였다.

부진정 예비적 병합(원래 성격은 선택적 병합인데 당사자가 주위적, 예비
적으로 판단의 순위를 정해서 청구한 형태)의 경우에도 당사자의 의사에 구속
되어 심리·판단을 해야 하는지 문제된다.

심리의 순서에 관해서 대법원은 논리적으로 양립할 수 있더라도 당사자가
순위를 붙여 청구를 할 합리적 필요성이 있는 경우에는 당사자가 붙인 순위에
따라서 심리·판단해야 한다고 보고 있다(대법원 2002. 2. 8. 선고 2001다17633
판결, 2002. 9. 4. 선고 98다17145 판결, 2007. 6. 29. 선고 2005다48888 판결 등).[253]

나아가 본 판결 전에 이루어진 대법원 2002. 4. 26. 선고 2001다
83333 판결은 부진정 예비적 병합 사안에서 1995. 2. 10. 선고 94다31624
판결(진정 예비적 병합사건)[254]을 인용하면서 예비적 병합과 마찬가지로 취
급해야 함을 전제로 판단한 바 있다.[255] 즉, 원고는 주위적으로 A가 피고

---

253) 여미숙, "2000년대 민사판례의 경향과 흐름", 민사판례연구 제33-2권(2011), 999면
은 양립할 수 있는 수 개의 청구라도 심판의 순서를 붙어 청구할 합리적 필요성이
있는 경우에 한하여 예외적으로 예비적 병합으로 인정하겠다는 의미로 해석함이
타당하다고 한다.
254) 소유권이전등기가 원인 무효임을 이유로 말소등기절차의 이행을 구하고, 예비
적으로 명의신탁을 원인으로 한 소유권이전등기에 관해서 명의신탁 해지를 원인으
로 한 소유권이전등기절차의 이행을 구하였는데, 피고 앞으로 된 소유권이전등기
중 망 A의 지분에 관해서는 원인 무효임을 이유로 말소등기절차 이행의무가 있다
고 판단하고, 나머지 원고들 지분에 관해서는 명의신탁 해지를 원인으로 한 소유권
이전등기 청구를 인용하면서 나머지 원고들에 대한 주위적 청구는 기각한 사례임.
대법원은 예비적 병합에 관하여, "제1심 법원이 원고의 주위적 청구와 예비적 청
구를 병합 심리한 끝에 주위적 청구는 기각하고 예비적 청구만을 인용하는 판결을
선고한 데 대하여 피고만이 항소한 경우, 항소제기에 의한 이심의 효력은 당연히
사건 전체에 미쳐 주위적 청구에 관한 부분도 항소심에 이심되지만, 항소심의 심
판 범위는 피고의 불복신청의 범위에 한하는 것이므로 예비적 청구를 인용한 제1
심 판결의 당부에 그치고 위 원고들의 항소 또는 부대항소가 없는 한 주위적 청
구는 심판대상이 될 수 없다"고 판단하였다.
255) 대법원 2002. 12. 26. 선고 2002므852 판결은 진정 예비적 병합사건(제1심법원
이 주위적 청구인 입양무효확인청구와 예비적 청구인 파양 및 위자료청구를 병합
심리한 끝에 주위적 청구는 기각하고 예비적 청구만을 인용하는 판결을 선고한 데
대하여 피고만이 항소한 경우, 항소제기에 의한 이심의 효력은 당연히 사건 전체
에 미쳐 주위적 청구에 관한 부분도 항소심에 이심되지만, 항소심의 심판범위는

사찰을 대표하거나 대리하여 원고로부터 2억 원을 차용하였음을 원인으로 하여 대여금 반환을 구하고(대여금 청구), 예비적으로는 A가 피고를 위해서 돈을 빌린다고 기망하였음을 이유로 피고에 대한 사용자책임으로 같은 금액의 손해배상청구를 하였다. 제1심 법원이 주위적 청구를 기각하고, 예비적 청구를 인용하였고, 피고만 항소하였는데, 원심이 주위적 청구와 예비적 청구를 모두 배척하는 판단을 하자(제1심판결 중 피고 패소 부분을 취소하고 취소 부분에 대한 원고 청구를 기각함) 원고가 상고한 사안에서, 대법원은 「이러한 경우 항소제기에 의한 이심의 효력은 당연히 사건 전체에 미쳐 주위적 청구에 관한 부분도 항소심에 이심되지만, 항소심 심판범위는 이에 관계없이 피고의 불복신청의 범위에 한하는 것으로서 예비적 청구를 인용한 제1심판결의 당부에 그치고 원고의 부대항소가 없는 한 주위적 청구는 심판대상이 될 수 없어, 그 판결에 대한 상고심의 심판대상도 당연히 예비적 청구에 한정된다.」고 하면서 이 사건 원심이 심판의 대상이 되지 않은 대여금청구에 대하여 이를 배척하는 취지로 판결하였더라도, 대여금청구 부분이 상고심의 심판대상이 되는 것은 아니므로, 이 부분에 관한 원고의 상고는 심판대상이 되지 않은 부분에 대한 상고로서 불복의 이익이 없어 부적법하다고 판단하였다.

　　본 판결은, 부진정 예비적 병합 사안에서 병합의 형태가 선택적 병합인지 예비적 병합인지는 당사자의 의사가 아닌 병합청구의 성질을 기준으로 판단하여야 하고, 항소심에서의 심판 범위도 그러한 병합청구의 성질을 기준으로 결정하여야 한다고 함으로써 항소심에서 위와 같은 경우 피고만 예비적 청구에 대하여 항소하였더라도, 그 병합의 성질이 선택적 병합관계에 있는 경우에는 (원고가 부대항소를 하지 않더라도) 두 청구

피고가 불복신청한 범위, 즉 예비적 청구를 인용한 제1심판결의 당부에 한정되므로, 원고의 부대항소가 없는 한 주위적 청구는 심판대상이 될 수 없고, 그 판결에 대한 상고심의 심판대상도 예비적 청구 부분에 한정된다고 본 사례임)에 관한 판단인데, 참조 판례로 대법원 2002. 4. 26. 선고 2001다83333 판결을 인용하고 있는 것을 보면, 당시 대법원은 진정 예비적 병합과 부진정 예비적 병합에 대하여 심판 범위 등에 관해서 달리 취급하지 않았던 것으로 보인다.

모두를 심판대상으로 삼아 판단하여야 한다는 점을 명확히 하였다는 점
에서 의의가 있다. 본 판결을 통해서 사실상 부진정 예비적 병합에 관한
종전 판례를 변경한 것으로 보인다.

　　이후 선고된 대법원 2017. 6. 15. 선고 2015다30244, 30251 판결[256]
과 대법원 2018. 2. 28. 선고 2013다26425 판결[257] 역시 병합의 형태가
선택적 병합인지 예비적 병합인지 여부는 당사자의 의사가 아닌 병합청
구의 성질을 기준으로 판단하여야 한다는 점을 재확인하고 있다.

　　결국 대법원은 부진정 예비적 병합의 경우 판단의 순서에 관해서
는 당사자의 의사를 존중해서 진정 예비적 병합과 같이 당사자가 붙인
순위에 따라 판단하면서도 심판의 범위는 병합청구의 성질을 기준으로
선택적 병합에 준하여 판단하도록 하고 있는 것으로 볼 수 있다.[258] 즉

256) 대법원 2017. 6. 15. 선고 2015다30244, 30251 판결(미간행)은 단순 병합관계에
　　있는 청구를 예비적 병합청구로 병합하는 것은 허용되지 않음을 전제로 판단한 사
　　례이다.
　　　대법원은, 파기의 범위에 관하여, '원심판결의 본소 중 원고가 예비적으로 구한
　　금원지급청구 부분에 대한 원고의 상고이유 주장은 이유 없고, 주위적으로 구한
　　종전판결에 기한 강제집행 불허청구 부분에 대한 원고의 상고이유 주장은 이유
　　있다. 그런데 위 각 청구는 원심이 판시한 것과 같이 서로 양립할 수 없는 관계
　　에 있지 않으므로, 원고의 주장에도 불구하고 위 금원지급청구 부분은 소송상 예
　　비적 청구라 할 수 없고 주위적 청구에 단순 병합된 것으로 봄이 타당하며(대법
　　원 2014. 5. 29. 선고 2013다96868 판결, 대법원 2015. 12. 10. 선고 2015다
　　207679, 207686, 207693 판결 등 참조), 이러한 경우에는 상고가 이유 있는 원심
　　판결의 본소 중 종전판결에 기한 강제집행 불허청구 부분만이 파기되어야 한다.'
　　고 하였다.
257) 대법원은, '이 사건 원고는 원심에서 손해배상에 관한 청구를 교환적으로 변경
　　하면서 채무불이행을 원인으로 한 청구를 주위적으로, 불법행위를 원인으로 한 청
　　구를 예비적으로 각각 구하였고, 원심도 원고가 붙인 심판의 순위에 따라 판단하
　　였는데, 위 두 청구는 그 청구 모두가 동일한 목적을 달성하기 위한 것으로서 어
　　느 하나의 채권이 변제로 소멸한다면 나머지 채권도 그 목적 달성을 이유로 동시에
　　소멸하는 관계에 있으므로 선택적 병합 관계에 있음을 지적하여 둔다'고 하였다.
　　　그런데 개인적으로는 원심이 병합의 성격을 오해(예비적 병합)하였다기보다는
　　선택적 청구 중에서 가장 인용금액이 큰 청구를 인용하면서 (손해배상액 인정이
　　더 적을 것으로 예상되는) 나머지 청구에 관한 주장에 관해서는 따로 판단하지 않
　　은 것으로 보인다.
258) 김동현, "부진정예비적 병합의 개념과 심판방법", 안암법학 제54호(2017), 302－303면
　　은 독일에서는 주위적 청구가 인용될 때를 대비하여 조건부로 예비적 청구에 대하

부진정 예비적 병합은 판단의 순서에서만 당사자의 의사에 구속되어 판단하게 될 뿐 심판의 범위에 관해서는 병합청구의 본래적 성질(선택적 청구)에 따라 심리, 판단해야 함을 명확하게 한 것으로 볼 수 있다.259) 그런 의미에서 '부진정 예비적 병합'이라는 용어보다는 '판단순서를 붙인 선택적 병합'이라는 용어가 이러한 병합의 본질을 잘 반영하는 것 같다.

이에 대해서는 부진정 예비적 병합의 경우 진정 예비적 병합과 마찬가지로 취급됨을 전제로(주위적 청구 가운데 일부를 기각한 부분에 대해서는 원고가 항소하지 않고, 주위적 청구 가운데 기각한 부분에 대한 예비적 청구를 인용한 데 대하여 피고가 항소한 경우 항소심의 심판범위가 예비적 청구 인용부분에 한정된다는 입장), 대법원이 ① 대여금 청구를 주위적 청구로, 불법행위(사기)를 원인으로 한 손해배상청구를 예비적 청구로 심판의 순위를 붙인 경우, ② 채무불이행을 원인으로 한 손해배상청구를 주위적 청구로, 불법행위를 원인으로 한 손해배상청구를 예비적 청구로 심판 순위를 붙은 경우는 합리적 필요성이 부정되어 부진정 예비적 병합으로 보지 않는다는 견해가 있다.260)

2. 대법원 2020. 10. 15. 선고 2018다229625 판결261)
[항소심에서 부진정 예비적 병합으로 변경하였을 때 항소심 법원이 주위적 청구가 이유 있다고 인정하는 경우 취할 조치]
원고는, 피고가 적정입원일수를 초과하여 입원한 기간에 관한 보험

여 심판을 구하는 것으로 정의하고 있으므로, 그 내용이 다른 '부진정 예비적 병합'이라는 용어는 사용하지 않는 것이 좋겠다고 한다.
259) 이러한 대법원의 태도는 부진정 예비적 병합의 형태로 소를 제기한 당사자의 입장과 관련지어 생각해 볼 필요가 있다. 원고는 주위적 청구가 먼저 인용되길 바라지만 주위적 청구가 기각된 범위에서 예비적 청구만 인용되더라도 독립적으로 기각된 주위적 청구 부분에 대한 항소할 이익이 있다고 생각하지 않을 것이다. 그러나 인용된 예비적 청구가 항소심에서 이유가 없다고 보게 될 경우에는 원고로서는 다시 기각된 주위적 청구에 대해서라도 판단을 받고자 하는 의사가 있었을 것이라고 보아, 선택적 청구로서의 성격을 완전히 상실하는 것은 아니므로, 항소심이 두 청구 모두에 대하여 판단해야 한다는 것을 명확히 한 것으로 보인다.
260) 김홍엽, 민사소송법(제9판, 2020), 964－969면.
261) 공2020하, 2128.

금을 수령하였다는 이유로, 제1심에서 피고를 상대로 불법행위를 원인으로 한 손해배상청구와 부당이득반환청구를 선택적으로 구하였다. 제1심은 그중 불법행위를 원인으로 한 손해배상청구 부분을 인용하여 원고 승소판결을 선고하였다. 피고가 항소를 제기하여 원심에서 심리를 하던 중, 원고는 위 각 청구 부분에 관하여 주위적으로 부당이득반환청구를, 예비적으로 불법행위를 원인으로 한 손해배상청구를 하는 것으로 병합의 형태를 달리하여 청구하였다. 원심은 제1심에서 심판되지 않은 부당이득반환청구 부분(원심에서 주위적 청구로 변경된 부분)을 심리하여 그 청구가 이유 있다고 인정하면서 결론이 제1심판결과 같다는 이유로 피고의 항소를 기각하는 판결을 선고하였다.

   대법원은, 원고가 제1심에서 선택적으로 구한 두 개의 청구 중 1개의 청구가 인용되고 피고가 항소한 후, 원고가 항소심에서 병합의 형태를 변경하여 제1심에서 심판되지 않은 청구 부분을 주위적 청구로, 제1심에서 인용된 위 청구 부분을 예비적 청구로 구함에 따라 항소심이 주위적 청구 부분을 먼저 심리하여 그 청구가 이유 있다고 인정하는 경우에는, 비록 결론이 제1심판결의 주문과 동일하더라도 피고의 항소를 기각하여서는 안 되고 새로이 청구를 인용하는 주문을 선고하여야 한다고 보아 피고의 항소를 기각한 원심을 파기자판하였다.

   본 판결은 항소심에서 부진정 예비적 병합으로 변경하였을 때 항소심 법원이 주위적 청구가 이유 있다고 인정하는 경우 항소기각 판결을 한 것은 잘못이며 제1심 판결을 파기하고 새로이 청구를 인용하는 주문을 선고해야 함을 분명히 함으로써 주문과 판단의 내용을 일치시키도록 하였다는 점에서 의의가 있다.

Ⅷ. 청구의 변경

대법원 2018. 5. 30. 선고 2017다21411 판결[262]

[항소심에서 항소취하 합의가 있었으나 항소취하서가 제출되지 않은 상태에서 청구의 교환적 변경 신청이 있는 경우 법원이 취할 조치]

이 사건에서는 원고와 피고가 항소심 계속 중 항소취하 합의를 한 이후에 원고가 소를 교환적으로 변경한 경우, 항소심이 취할 조치가 문제되었다.

원고들은 A, 피고와 동업으로 아파트 분양사업을 한 뒤 제세공과금을 뺀 나머지를 출자비율에 따라 분배하기로 하였는데, 2011. 5. 25. 공제할 개발부담금이 6억 원임을 전제로(당시 A와 피고에게 부과된 개발부담금 33억 6천여만 원에 대한 취소를 구하는 행정소송의 결과에 따라 추가 정산을 하기로 함) 피고와 A로부터 일정 금액을 지급받기로 하였다. 원고들은 A와 피고를 상대로 1차 정산약정에 따라 정산금 청구의 소를 제기하였는데, 제1심은 A가 원고들에게 1차 정산약정에 따른 금액을 모두 지급하였고, 피고는 1차 정산약정에 따른 미지급 정산금(1억 6,090만 원)을 지급할 의무가 있지만 개발부담금(A와 피고가 행정소송에서 승소하여 새로이 부과된 33억여 원)을 기준으로 정산을 하면 피고는 원고에 대한 부당이득반환청구권이 있어 피고의 상계항변에 따라 원고들의 피고에 대한 잔존 정산금채권이 모두 소멸하였다는 이유로 원고들의 청구를 모두 기각하였다. 원고들이 항소하여 항소심 계속 중 2015. 11. 13. '피고가 원고들에게 2016. 1. 31.까지 1억 8,167만 원을 지급하고, 원고들은 A와 피고에 대한 이 사건 항소를 취하하며(이후 사업정산에 대하여 일체 민·형사상 이의를 제기하지 않기로 함), 부과된 개발부담금에 대하여 공동으로 대처하고, 개발부담금이 6억 원을 기준으로 그 이상 또는 이하로 확정될 경우 분배비율에 따라 지급 또는 반환'하기로 합의하였다. 원고들은 피고가 2016. 1. 31.이 지나도 돈을 지급하지 않자 A에 대한 항소를 취하하면서 피고에 대한 청구를 2015. 11. 13.자 지급약정에 따른 청구(1억 8,167만 원과 그 지연손해금 청구)로 교환적으로 변경하였다.

　　원심은, 원고들이 교환적으로 변경한 청구가 청구 기초의 동일성이 인정되고 소송절차를 현저히 지연시키지 않는다고 하여 적법한 것으로 보아 청구의 교환적 변경에 따라 항소각하 판결을 하지 않고 새로운 청구에 대하여 원고들의 청구를 일부 인용하는 판결을 선고하였다. 이에 피고가 상고하였다.

　　대법원은 항소취하 합의가 있는데도 항소취하서가 제출되지 않는 경우 법원의 조치와 청구의 교환적 변경에 관하여 다음과 같이 판시하였다.

　　「당사자 사이에 항소취하의 합의가 있는데도 항소취하서가 제출되지 않는 경우 상대방은 이를 항변으로 주장할 수 있고, 이 경우 항소심법원은 항소의 이익이 없다고 보아 그 항소를 각하함이 원칙이다. 청구의 교환적 변경은 기존 청구의 소송계속을 소멸시키고 새로운 청구에 대하여 법원의 판단을 받고자 하는 소송법상 행위이다. 항소심의 소송절차에는 특별한 규정이 없으면 제1심의 소송절차에 관한 규정이 준용되므로(민사소송법 제408조), 항소심에서도 청구의 교환적 변경을 할 수 있다(대법원 1984. 2. 14. 선고 83다카 514 판결 등 참조). 청구의 변경 신청이나 항소취하는 법원에 대한 소송행위로서, 청구취지의 변경은 서면으로 신청하여야 하고(민사소송법 제262조 제2항), 항소취하는 서면으로 하는 것이 원칙이나 변론 또는 변론준비기일에서 말로 할 수도 있다(같은 법 제393조 제2항, 제266조 제3항).」

　　나아가 대법원은, 「항소심에서 청구의 교환적 변경 신청이 있는 경우 그 시점에 항소취하서가 법원에 제출되지 않은 이상 법원은 특별한 사정이 없는 한 민사소송법 제262조에서 정한 청구변경의 요건을 갖추었는지에 따라 허가 여부를 결정하면 된다. 항소심에서 청구의 교환적 변경이 적법하게 이루어지면, 청구의 교환적 변경에 따라 항소심의 심판대상이었던 제1심판결이 실효되고 항소심의 심판대상은 새로운 청구로 바뀐다. 이러한 경우 항소심은 제1심판결이 있음을 전제로 한 항소각하 판결을 할 수 없고, 사실상 제1심으로서 새로운 청구의 당부를 판단하여야

한다.」고 하면서 원심의 판단에 항소심에서 청구의 교환적 변경과 항소취
하 합의에 관한 법리를 오해한 잘못이 없다고 하여 상고를 기각하였다.

청구의 변경은 청구취지 또는 청구원인의 변경을 말한다(민사소송법
제262조). 그중에서 교환적 변경은 기존의 청구에 갈음하여 새로운 청구
를 하는 것을 말한다. 교환적 변경의 성질에 관해서는 구청구의 취하와
신청구의 추가(제기)가 결합된 형태로 보는 견해(결합체설)[263]와 독자적인
소변경으로 보는 견해[264]로 나뉜다.[265] 대법원 판례는 그 동안 결합체설
입장에서 판단해 왔다.[266] 피고가 본안에 관해서 응소한 경우 청구의 교
환적 변경에 피고의 동의를 필요로 하는지에 관해서도 견해가 나뉘는
데,[267] 판례는 변경 전후 청구의 기초사실의 동일성에 영향이 없으므로

---

[263] 이시윤, 신민사소송법(제15판, 2021), 712면; 김홍엽, 민사소송법(제9판, 2020),
974면; 정동윤/유병현/김경욱, 민사소송법(제7판, 2019), 985면.

[264] 호문혁, 민사소송법(제14판, 2020), 869-870면; 문일봉, "소의 변경에 관한 새
로운 고찰", 사법논집 제27집, 법원도서관(1996), 207-349면; 유병현, "청구의 변경
의 형태와 소의 취하", 안암법학 제36호(2011), 511-547면. 이들 견해에 따르면
항소심에서의 교환적 변경의 경우 구청구에 대한 소송계속의 종료에 대하여 재소
금지의 원칙도 적용되지 않는다고 한다.

[265] 청구의 교환적 변경의 성질에 관한 학설의 대립과 판례의 태도에 관해서는 황은규,
"청구의 교환적 변경과 소멸시효의 중단", 민사판례연구 제35권(2013), 796-800면 참조.

[266] 대법원 1980. 11. 11. 선고 80다1182 판결은 "원고는 제1심에서 본건 부동산에
관하여 매매로 인한 소유권이전등기절차 이행을 청구하여 이의 인용판결을 받았으
나 원심에 이르러 증여로 인한 소유권이전등기 청구로 청구를 변경하였음이 뚜렷
하므로 이는 청구의 교환적 변경으로서 매매에 인한 소유권이전등기의 '구 청구는
취하'되고 증여로 인한 소유권이전의 신 청구가 심판의 대상이 될 것"이라고 하였
다.; 대법원 2003. 1. 24. 선고 2002다56987 판결은 "항소심에서 청구가 교환적으
로 변경된 경우에는 구청구는 취하되고 신청구가 심판의 대상이 되는 것이므로,
원고들의 2002. 6. 19.자 소의 교환적 변경으로 구청구인 손해배상청구는 취하되
고 신청구인 정리채권확정청구가 심판의 대상이 되었음에도 원심이 신청구에 대하
여는 아무런 판단도 하지 아니한 채(신청구에 대하여는 재판의 탈루에 해당되어
원심에 그대로 계속되어 있다.) 구청구에 대하여 심리·판단한 것은 소의 변경의
효력에 관한 법리를 오해한 위법이 있다 할 것이다."라고 하였다.

[267] 동의필요설(이시윤, 이영섭, 김홍규, 강현중): 청구의 교환적 변경으로 인한 구청
구 취하도 소 취하에 해당하므로 피고의 동의(민사소송법 제266조 제2항)가 필요하
고 동의를 얻지 못하면 소의 변경은 구청구에 신청구를 추가하는 추가적 변경으로
된다고 한다. 피고에게는 구청구에 관한 기각판결을 받을 이익이 있다는 점을 든다.
동의불요설(호문혁, 정동윤/유병현/김경욱): 민사소송법 제262조가 청구의 변경
에 관해서 별도의 요건을 두고 있는데 피고의 동의를 요건으로 하지 않으므로 동

피고의 동의는 필요하지 않는다고 보고 있다.

우리나라 민사항소심은 속심제로서 항소심에서도 소의 교환적 변경이 가능하다. 이 경우 항소심법원은 구 청구에 대한 제1심 판결을 취소할 필요 없이 신 청구에 대해서만 제1심으로서 판결을 하게 된다(대법원 1989. 3. 28. 선고 87다카2372 판결). 제1심에서 패소한 원고의 불복으로 사건이 항소심 법원에 계속 중 원고가 소를 교환적으로 변경하였으며 항소심 법원이 신 청구를 배척하여야 할 경우에는 '원고의 청구를 기각'한다는 주문표시를 해야 하고, 그 주문 표시가 제1심 법원의 그것과 같다고 해도 '항소기각'의 판결을 해서는 안 된다(대법원 1974. 5. 28. 선고 73다1796 판결).

청구의 변경과 항소취하의 효력이 문제된 선례로는 대법원 1995. 1. 24. 선고 93다25875 판결이 있다. 대법원은, '피고의 항소로 인한 항소심에서 소의 교환적 변경이 적법하게 이루어졌다면 제1심판결은 소의 교환적 변경에 의한 소취하로 실효되고, 항소심의 심판대상은 새로운 소송으로 바뀌고 항소심이 사실상 제1심으로 재판하는 것이 되므로, 그 뒤에 피고가 항소를 취하하더라도 항소취하하는 그 대상이 없어 아무런 효력을 발생할 수 없다.'고 판단하였다.

이 사건 사안은 항소취하 합의가 먼저 있었는데 이후 원고들이 항소심에서 청구의 교환적 변경을 한 사안으로, 법원이 항소취하 합의의 존재를 알게 된 이상 이에 반하는 청구의 교환적 변경은 허용되지 않고, '항소각하'를 해야 하는 것이 아닌지 의문이 있을 수 있다. 원고들이 2015. 11. 13.자 지급약정에 기하여 따로 소를 제기할 수 있음은 분명하다. 사안을 보면 원고들의 항소취하 합의는 같은 날 이루어진 2015. 11. 13.자 지급약정에 따라 피고가 정산금을 지급할 것을 전제로 이루어진 것이다(다만 정산금 지급을 조건으로 하였다고 보기는 어렵다).[268] 그런데 피고가 정산금을 지

의가 필요 없다고 보거나(호문혁) 판례와 같이 청구의 기초의 동일성을 요구하므로 피고의 보호는 보장되고 관련 분쟁을 일거에 해결할 필요가 있어 피고의 동의는 필요하지 않다고 본다(정동윤/유병현/김경욱).

268) 이에 반하여 최은희, "2018년 민사소송법 중요판례평석", 인권과 정의 제481호 (2019), 26면은 '원고들에게 지불각서대로 지불하지 않은 피고로서는 원고들에게

급하지 않음에 따라 원고들은 종전 사실자료가 공통되고 구청구와 밀접한 관련을 맺고 있는 신청구로 교환적 변경을 하였다고 볼 수 있다. 이 경우 신청구로 인해 절차에 현저한 지장이 있을 것으로 보이지도 않는다.

　　본 판결은, 항소심에서 당사자 사이에 항소취하 합의가 있었는데, 항소취하서가 제출되지 않은 상태에서 청구의 교환적 변경 신청이 있었던 경우 항소심법원이 취할 조치에 관하여 특별한 사정이 없는 한[269] 청구의 교환적 변경 신청이 민사소송법 제262조에서 정한 요건을 갖춘 경우 청구변경을 허가한 다음 사실상 제1심으로서 새로운 청구의 당부를 판단하여야 함을 분명히 한 선례로서 의의가 있다.

　　나아가 본 판결은 청구의 교환적 변경을 '기존 청구의 소송계속을 소멸시키고 새로운 청구에 대하여 법원의 판단을 받고자 하는 소송법상 행위'라고 하여, 신청구의 추가와 구청구의 취하가 결합된 형태로 보는 기존 태도와는 달리 판시함으로써 청구의 교환적 변경의 성질에 관해서 새로운 모색적 여지를 남겨두었다는 점에서도 의의를 찾을 수 있다.

제14절 조정 · 화해
대법원 2012. 9. 13. 선고 2010다97846 판결[270]
[재심대상판결을 취소하는 조정의 효력]

　　A는 B 주식회사에 대한 물품대금 채권을 담보하기 위하여 그 소유의 토지에 근저당권을 설정하여 주었는데, 물품대금 채권이 시효로 소멸하였음을 이유로 B 회사를 상대로 근저당권설정등기의 말소를 구하는 소를 제기하여 승소판결을 받고 이에 대한 B 회사의 항소 및 상고(이하 '재

　　피고에 대한 항소취하 합의를 주장할 수 없다고 보아야 할 것'이라고 하고 있는데, 항소취하 합의의 효력이 없다는 것인지 피고가 이를 주장하는 것은 신의칙에 반한다는 것인지 불분명하다. 개인적으로 항소취하 합의의 효력을 부정하기는 어렵다고 생각한다.

269) 위와 같은 '특별한 사정'에 해당할 수 있는 경우로는, 당사자 간의 '항소취하 합의'에 ① '일체의' 소송관계를 그만두기로 하는 부제소 특약이 포함된 경우, ② '청구 변경을 하지 않기로 하는' 합의가 포함된 경우를 생각해 볼 수 있을 것이다.

270) 공2012하, 1664.

심대상판결'이라 한다)가 모두 기각되어 제1심판결이 그대로 확정되었다. 이에 A가 C 신용협동조합에 근저당권 및 지상권 설정등기를 마쳐 주고 이어 B 회사 명의의 근저당권설정등기 말소등기를 마쳤는데, B 회사가 A를 상대로 위 판결에 대한 재심의 소를 제기하여 '1. 재심대상판결 및 제1심판결을 각 취소한다. 2. A는 이 사건 청구를 포기한다. 3. A는 B 회사에 근저당설정등기의 회복등기절차를 이행한다.'는 취지의 조정이 성립하였다. 이에 B 회사(원고)가 C 조합(피고)을 상대로 이 사건 조정이 성립함으로써 재심대상판결 및 제1심판결은 효력을 상실하였고, 따라서 이 사건 근저당권설정등기의 말소는 원인무효라고 주장하면서 위 말소등기의 회복에 관하여 승낙을 구하는 이 사건 소를 제기하였다.

　　대법원은 조정이나 재판상 화해의 대상인 권리관계는 사적 이익에 관한 것으로서 당사자가 자유롭게 처분할 수 있는 것이어야 하는데, 이 사건 조정 중 '재심대상판결 및 제1심판결을 각 취소한다.'는 조정조항은 법원의 형성재판의 대상으로서 당사자가 자유롭게 처분할 수 있는 권리에 관한 것이 아니어서 당연무효이고, 확정된 재심대상판결과 제1심판결이 당연무효인 위 조정조항에 의하여 취소될 수 없으므로, 위 판결들에 기한 이 사건 근저당권설정등기의 말소등기는 원인무효인 등기가 아니라고 보았다. 나아가 피고는 이 사건 근저당권설정등기의 말소회복에 대하여 승낙을 하여야 할 실체법상의 의무를 부담하지 않는데, 원심이 위 말소등기의 원인인 재심대상판결 및 제1심판결의 효력에 관하여는 판단하지 않은 채 이 사건 근저당권의 말소경위와 조정의 성립경위 등에 비추어 이 사건 근저당권은 부적법하게 말소되었고, 피고에게는 그 말소회복등기에 대해 승낙하여야 할 의무가 있다고 본 것은 재심절차에서 이루어진 조정의 효력에 관한 법리 등을 오해한 잘못이 있다고 하여 원심판결을 파기환송하였다.

　　이 사건에서는 재심절차에서 이루어진 조정의 효력이 문제되었다. 구체적으로는 재심대상판결과 제1심 판결을 취소한다는 조정조서의 효력이 문제되었다.

대법원은 당사자가 임의로 처분할 수 없는 사항에 관한 조정이나 화해는 허용되지 않는다는 점을 밝혀왔다. 친생자관계의 존부확인과 같이 현행 가사소송법상의 가류 가사소송사건에 해당하는 청구는 성질상 당사자가 임의로 처분할 수 없는 사항을 대상으로 하는 것으로서 이에 관하여 조정이나 재판상 화해는 효력이 없다고 하고(대법원 1999. 10. 8. 선고 98므1698 판결), 청구인낙은 당사자의 자유로운 처분이 허용되는 권리에 관하여만 허용되는 것으로서 회사법상 주주총회결의의 하자를 다투는 소나 회사합병무효의 소 등에서는 인정되지 않으므로 그러한 청구인낙은 효력이 없다고 하였다(대법원 1993. 5. 27. 선고 92누14908 판결).

당사자의 자유로운 처분이 허용되지 않는 대상 중에는 판결로서만 창설적 효력이 생기는 형성소송이 있다. 이러한 소송에서 형성판결과 같은 내용의 조정이 성립하더라도 형성판결의 효과, 즉 형성의 효과는 생기지 않는다.[271] 한편, 대법원 1992. 7. 24. 선고 91다45691 판결은 재심사유의 존부에 관하여는 당사자의 처분권을 인정할 수 없고, 재심법원은 직권으로 당사자가 주장하는 재심사유 해당사실의 존부에 관한 자료를 탐지하여 판단할 필요가 있고, 따라서 재심사유에 대하여는 당사자의 자백이 허용되지 않고, 의제자백에 관한 민사소송법 제139조 제1항도 적용되지 않는다고 판단하였다.

본 판결은 조정·화해, 청구의 인낙은 당사자의 의사에 의한 자주적인 분쟁해결을 인정하는 것으로서, 당사자가 자유로이 처분할 수 있는 권리나 법률관계라는 것을 전제로 하므로, 당사자의 자유로운 처분이 허용되지 않는 것에 대한 조정·화해 및 청구의 인낙은 당연무효로 보고, 재심의 소가 법적 안정성을 희생시키면서 확정판결의 취소를 허용하는 비상수단인 점에 비추어 재심사유의 존부에 관한 조정뿐 아니라 형성소송인 재심대상판결을 취소하는 조정 역시 허용될 수 없다는 점을 명확히 한 선례로서 의의가 있다.

---

271) 조정실무, 법원행정처(2002), 602면.

제15절 상   소

1. 대법원 2011. 9. 29.자 2011마1335 결정[272)

[당사자에게 여러 소송대리인이 있는 경우 항소기간 기산점]

대법원은, 「민사소송의 당사자는 민사소송법 제396조 제1항에 의하여 판결정본이 송달된 날부터 2주 이내에 항소를 제기하여야 한다. 한편 당사자에게 여러 소송대리인이 있는 때에는 민사소송법 제93조[273)에 의하여 각자가 당사자를 대리하게 되므로, 여러 사람이 공동으로 대리권을 행사하는 경우 그중 한 사람에게 송달을 하도록 한 민사소송법 제180조[274)가 적용될 여지가 없어, 법원으로서는 판결정본을 송달할 때 여러 소송대리인에게 각각 송달을 하여야 하지만, 그와 같은 경우에도 소송대리인 모두 당사자 본인을 위하여 소송서류를 송달받을 지위에 있으므로 당사자에 대한 판결정본 송달의 효력은 결국 소송대리인 중 1인에게 최초로 판결정본이 송달되었을 때 발생한다. 따라서 당사자에게 여러 소송대리인이 있는 경우 항소기간은 소송대리인 중 1인에게 최초로 판결정본이 송달되었을 때부터 기산된다.」고 하였다. 이에 소송대리인 중 1인에게 최초로 판결정본이 송달된 때부터 2주가 경과한 후에 항소장을 제출하였음을 이유로 한 원심의 항소장 각하명령이 정당하다고 하였다.

2. 대법원 2013. 4. 11. 선고 2012다111340 판결[275)

[후소에서 전소의 확정된 권리관계를 다투기 위해서 취해야 할 조치]

원고의 피고 2에 대한 전소의 1심 소송절차가 공시송달로 진행되어

---

272) 공2011하, 2229.
273) 제93조(개별대리의 원칙)
　① 여러 소송대리인이 있는 때에는 각자가 당사자를 대리한다.
　② 당사자가 제1항의 규정에 어긋나는 약정을 한 경우 그 약정은 효력을 가지지 못한다.
274) 제180조(공동대리인에게 할 송달) 여러 사람이 공동으로 대리권을 행사하는 경우의 송달은 그 가운데 한 사람에게 하면 된다.
275) 공2013상, 852.

원고 승소의 제1심판결(이하 '1판결')이 선고되었고 판결문 송달도 공시송달로 진행되어 형식적으로 확정되었다. 원고는 확정된 1판결에 기한 채권의 소멸시효 중단을 위하여 피고 2를 상대로 후소를 제기하였는데, 역시 공시송달로 진행되어 형식적으로 원고 승소의 제1심판결(이하 '2판결')이 확정되자 원고는 이를 집행권원으로 하여 피고 2 소유 부동산에 관한 강제경매개시결정을 받았다.

피고 2는 외국에 거주하던 중 2011. 11. 4. 위 강제경매개시결정을 송달받고 그 무렵 2판결이 공시송달로 진행된 것을 알고 2011. 11. 9. 그에 대한 추완항소를 제기하였고, 소송 계속 중 2012. 4. 26. 1판결이 공시송달로 진행되어 확정되었음을 알게 되었다. 2판결의 추완항소심 법원이 2012. 6. 21. 피고 2 주장과 같이 전소의 제1심 소송절차가 공시송달로 진행되었더라도 그에 대한 추완항소 등이 제기되지 않은 결과 원고의 피고 2에 대한 채권을 확정하는 확정판결(1판결)이 존재하는 이상, 피고 2로서는 그 확정판결의 변론종결일 이전의 사유를 들어 후소에서 다툴 수 없다고 판단하였다. 피고 2는 위 판결 선고 후인 2012. 7. 3. 비로소 이 사건 추완항소를 제기하였다.

대법원은, 피고가 후소에서 전소의 확정된 권리관계를 다투려면 먼저 적법한 추완항소를 제기하여 전소 확정판결의 기판력을 소멸시켜야 하고, 이는 전소의 소장 부본 등이 공시송달로 송달되어 피고가 책임질 수 없는 사유로 전소에 응소할 수 없었더라도 마찬가지라고 하고, 피고 2의 소송대리인이 2012. 4. 26. 1판결이 공시송달의 방법으로 송달된 사실을 알게 되었다고 할 것이므로, 당시 외국에 거주하던 피고 2가 그로부터 30일이 지난 후에 제기한 이 사건 추완항소는 부적법하다고 판단한 원심을 수긍하면서 피고 2가 2판결에 대하여 적법한 기간 내 추완항소를 제기한 사정이 결론에 영향을 미치지 않는다고 하였다.

본 판결은, 기판력 있는 확정판결에 대한 권리관계를 다투기 위해서는 적법한 추완항소를 제기하여 전소 확정판결의 기판력을 소멸시키는 것이 선행되어야 하고, 선행판결이 공시송달로 진행된 경우에도 그 원칙이 유지됨을 명확하게 선언하였다는 점에서 의의가 있다.

3. 대법원 2014. 10. 8.자 2014마667 전원합의체 결정[276]

[명령이나 결정이 성립되었으나 효력 발생 전 제기된 즉시항고의 효력]

사안은 다음과 같다. 제1심법원의 2012. 7. 12.자 이 사건 주식양도명령이 2012. 7. 18. 채권자에게, 2012. 7. 26. 채무자인 재항고인에게, 2012. 8. 17. 제3채무자에게 각각 송달되었는데, 재항고인이 자신에게 이 사건 주식양도명령이 송달되기 전인 2012. 7. 23.에 즉시항고를 하자 원심은 위 즉시항고를 부적법하다고 보아 각하하였다.

민사소송법 제444조 제1항은 "즉시항고는 재판이 고지된 날부터 1주 이내에 하여야 한다."라고 정하고, 같은 법 제221조 제1항은 "결정과 명령은 상당한 방법으로 고지하면 효력을 가진다."라고 정한다.

본 전원합의체결정은 법원의 결정이나 명령에 대한 항고는 그 결정이나 명령의 고지로 인한 효력이 발생하기 전이라도 유효하다고 하였다. 이로써 결정의 성립 여부와 관계없이 아직 효력이 발생하지 않은 결정에 대하여는 항고권이 발생하지 않고, 항고권 발생 전에 한 항고는 부적법하다고 했던 종전 대법원 결정(대법원 1983. 3. 29.자 83스5 결정, 대법원 1983. 3. 31.자 83그9 결정, 대법원 1983. 4. 12.자 83스8 결정 등)을 변경하였다.

다수의견은, 그 이유로 판결과 달리 선고가 필요하지 않은 결정이나 명령은 그 원본이 법원사무관등에게 교부되었을 때 성립하고, 일단 성립한 결정은 그 취소 또는 변경을 허용하는 별도의 규정이 있는 등 특별한 사정이 없는 한 결정법원이라도 이를 취소·변경할 수 없다. 일단 성립한 결정은 당사자에게 고지하여야 하므로 결정의 고지에 의한 효력 발생이 당연히 예정되어 있는데, 이미 성립한 결정에 불복하여 제기한 즉시항고가 항고인에 대한 결정의 고지 전에 이루어졌다는 이유만으로 부적법하다고 한다면, 이미 즉시항고를 한 당사자는 그 후 법원으로부터 결정서를 송달받아도 다시 항고할 필요가 없다고 생각하는 것이 통상적인

---

276) 공2014하, 2159.

데, 이러한 항고인에게 회복할 수 없는 불이익을 주게 되어 부당하다는
점을 들었다.^{277) · 278)}

  종래 대법원은 결정이나 명령이 법원사무관등에게 교부된 때를 그
성립시기로 보면서 이를 기준으로 그와 양립할 수 없는 행위의 효력을
부인하여 왔다(예컨대 대법원 1969. 12. 8.자 69마703 결정²⁷⁹⁾, 대법원 1974. 3.
30.자 73마894 결정,²⁸⁰⁾ 대법원 2003. 1. 28.자 2002마3567 결정²⁸¹⁾ 등 참조).

  본 전원합의체 결정은 그 효력 발생 전에 다른 경로를 통해서 결정이
나 명령의 내용을 알고 미리 항고한 항고인에 대하여 결정이나 명령에 관
하여 그 성립시기를 기준으로 그때부터 항고가 가능하다고 판단함으로써

277) 이에 대하여 반대의견(대법관 조희대의 반대의견)은, 민사소송법은 판결에 관하
    여 송달일부터 2주 이내에 항소를 하도록 규정하면서, 다만 제396조 제1항 단서에
    특칙을 두어 송달 전에도 항소를 할 수 있도록 하고 있는데, 그 경우에도 항소는
    판결의 효력이 발생하는 선고 후에 하여야 하는 것임은 당연하다. 그런데 판결의
    경우와는 달리 즉시항고에 관하여는 재판 고지 전의 즉시항고를 허용하는 규정이
    없을 뿐만 아니라, 결정과 명령은 원칙적으로 고지되어야 효력이 발생하므로 민사
    소송법 제226조 제1항 단서와 같은 특별한 규정이 없는 한 아직 고지되기 전이어
    서 효력이 발생하지도 않은 결정과 명령을 다투어 즉시항고를 제기할 수 있다고
    해석할 여지 자체가 없다고 보아야 한다는 점을 들었다.
278) 다수의견에 대한 보충의견(대법관 박보영, 대법관 김소영의 보충의견)은, 민사
    소송법 제173조에 정한 소송행위의 추후보완은 '당사자가 책임질 수 없는 사유로
    말미암아 불변기간을 지킬 수 없었던 경우'일 것을 요구하고 있다. 민사집행법 제
    15조 제2항을 결정이 고지되어 효력이 발생하여야만 즉시항고가 가능한 것으로 해
    석한다면 아직 결정이 고지되지 않았음에도 그에 대하여 즉시항고를 제기한 것은
    당사자의 절차법규에 대한 무지나 부주의, 사려 깊지 못함에 기인하는 것이어서
    그로 인하여 즉시항고기간을 넘긴 것이 당사자가 책임질 수 없는 사유로 인한 것
    이라고 할 수 없다고 하여 소송행위의 추후보완으로는 이 문제를 해결할 수 없음
    을 강조하였다.
279) 항소장각하명령이 성립된 이상 그 명령이 고지되기 전에 인지 보정을 하더라도
    재도의 고안에 의하여 취소할 수 없다고 본 사례.
280) 원 결정을 작성한 날자가 1973. 8. 31.이므로 같은 날짜에 원 결정은 대외적으
    로 성립된 것으로 볼 것이니 이 사건 결정정본이 비록 1973. 9. 27.에 송달되었다
    고 해도 재항고인의 1973. 9. 20.자 항고취하는 항고결정이 성립된 후에 한 것이
    어서 취하의 효력이 없다고 본 사례.
281) 경매담당 판사가 종전에 지정한 낙찰대금 납입기일을 변경함으로써 종전의 기
    일 지정을 취소하는 내용의 명령이 대외적으로 성립된 경우에는 그 이후에 경매담
    당 법원직원 등의 착오로 낙찰대금 납부명령서가 잘못 교부되고, 이에 따라 낙찰
    자가 낙찰대금을 납부하였다고 하더라도, 그 효력을 인정할 수 없고, 따라서 낙찰
    자가 그 부동산의 소유권을 취득하였다고도 할 수 없다고 본 사례.

구체적인 타당성을 도모하였다는 점에서 의의를 찾을 수 있다.[282]·[283]

이후 대법원 2016. 7. 1.자 2015재마94 결정은,[284] 항고심이 회생계획 인가결정에 대한 즉시항고를 받아들여 인가결정을 취소하고 제1심법원으로 환송하는 결정을 하는 경우에도 항고심법원은 주문과 이유의 요지를 공고하여야 하며(회생계획 인가 여부 결정의 공고에 관한 채무자회생 및 파산에 관한 법률 제245조 제1항의 유추 적용), 위 항고심결정에 대하여 법률상의 이해관계를 가지고 있는 사람은 공고일부터 14일 이내에 재항고를 할 수 있는데, 그 공고가 있기 전에 재항고를 하는 것도 허용된다고 판단하였다.

4. 대법원 2020. 11. 26. 선고 2019다2049 판결[285]

[환송판결 선고 후 헌법재판소가 환송판결의 기속적 판단의 기초가 된 법률 조항을 위헌으로 선언하여 그 법률 조항의 효력이 상실된 때 환송 후 원심에 환송판결의 기속력이 미치는지]

원고들을 비롯한 평화시장 노동자들이 결성한 청계피복노동조합과 관련하여 피고가 불법구금, 폭행 등의 불법행위를 하였다는 이유로, 원고들이 정신적 손해에 대한 국가배상을 청구한 사안에서, 대법원은 민주화운동보상법 제9조의 생활지원금을 지급받는 데 동의한 지원금수령자들과

---

282) 최환주, "2014년 민사집행법 중요판례", 인권과 정의 제448호(2014), 84면은 결론적으로 본 결정에 찬성하지만 현행법상 해석론으로는 반대의견이 논리 정합적이므로, 법리적인 문제를 해결하기 위하여 '즉시항고는 성립한 후 고지 전에도 할 수 있다'는 조문을 신설하는 것을 제안하고 있다.

283) 강해룡, "결정, 명령 고지 전 항고, 무효인가 유효인가", 2014. 11. 13.자 법률신문, 11면은 본 전원합의체결정에 대하여 그 결론에는 찬성하지만 결정 이유에서 제시한 논리 즉 일정한 법률효과의 발생을 목적으로 하는 의사인 법원의 효과의사가 표시행위 전의 단계인 표시의사의 개입단계(그 원본이 법원사무관 등에게 교부되었을 때) 일정한 법률효과가 발생한다는 논리에는 찬성하기 어렵다고 한다. 민법 제138조(무효행위의 전환) 법리에 따라 결정 고지 전 항고로서의 효력은 없지만 다시 항고할 것은 아니고, 당사자가 무효임을 알았더라면 고지받은 후 항고하였으리라고 인정될 때에는 고지받은 후 항고로서의 효력을 가진다고 보는 것이 타당하다고 한다.

284) 공2016하, 104.

285) 공2021상, 120.

피고 사이에 민주화운동보상법 제18조 제2항에 따라 민사소송법에 따른 재판상 화해가 있었던 것과 마찬가지로 볼 것이므로, 지원금수령자들이 민주화운동과 관련하여 입은 피해에 대하여 다시 위자료를 청구하는 소는 권리보호이익이 없어 모두 부적법하다는 취지로 원심을 파기 환송(대법원 2015. 3. 12. 선고 2012다100661 판결)하였는데, 파기환송 후 원심 소송 계속 중 헌법재판소가 구 민주화보상법 제18조 제2항의 '민주화운동과 관련하여 입은 피해' 중 불법행위로 인한 정신적 손해에 관한 부분은 헌법에 위반된다는 결정(헌법재판소 2018. 8. 30. 선고 2014헌바180 등 결정)을 하였다. 이에 원심은 민주화운동과 관련하여 입은 정신적 손해에 대한 위자료를 청구하는 이 사건 소송에 대하여 이 사건 일부위헌결정의 효력이 미치고, 이 사건 환송판결이 파기이유로 삼은 법률상의 판단에 기속되지 않는다고 판단하였는데, 피고가 환송판결의 기속력에 반한다고 주장하며 상고하였다.

대법원은, 「상고심법원이 환송 전 원심판결을 파기하는 이유로 삼은 사실상 및 법률상의 판단은 사건의 환송을 받은 원심은 물론 상고심법원도 기속한다. 그러나 환송판결 선고 이후 헌법재판소가 환송판결의 기속적 판단의 기초가 된 법률 조항을 위헌으로 선언하여 그 법률 조항의 효력이 상실된 때에는 그 범위에서 환송판결의 기속력은 미치지 않고, 환송 후 원심이나 그에 대한 상고심에서 위헌결정으로 효력이 상실된 법률 조항을 적용할 수 없어 환송판결과 다른 결론에 이르더라도 환송판결의 기속력에 관한 법원조직법 제8조에 저촉되지 않는다.」고 하였다.

나아가 이 사건에 관해서 이 사건 일부위헌결정은 위와 같이 '민주화운동과 관련하여 입은 피해' 중 일부인 '불법행위로 인한 정신적 손해' 부분을 위헌으로 선언함으로써 그 효력을 상실시켜 구 민주화보상법 제18조 제2항의 일부가 폐지되는 것과 같은 결과를 가져오는 결정으로서 법원에 대한 기속력이 있고(대법원 2020. 10. 29. 선고 2019다249589 판결 참조), 구 민주화보상법에 따른 보상금 등을 받더라도 불법행위로 인한 정신적 손해에 대해서는 재판상 화해가 성립된 것으로 볼 근거가 사라졌으

므로, 원심판결이 환송판결의 기속력에 관한 법리를 오해한 잘못이 없다
고 판단하였다.

상고법원이 파기의 이유로 삼은 사실상 및 법률상 판단은 사건을
환송받거나 이송받은 법원을 기속한다(법원조직법 제8조, 민사소송법 제436조
제2항).[286] 환송판결의 하급심에 대한 법률상 판단의 기속력은 그 파기의
이유로서 원심판결의 판단이 정당하지 못하다는 소극적인 면에서만 발생
한다.[287] 따라서 환송 후의 심리과정에서 제시된 새로운 증거에 의하여
혹은 환송 전의 증거와 환송 후 제시된 새로운 증거를 결합하여 환송판
결의 기속적 판단의 기초가 된 사실관계에 변동이 있었다면 환송판결의
기속력은 이에 미치지 않는다.[288]

나아가 환송판결[289]의 기속력은 동일 사건의 재상고심(대법원)에도
원칙적으로 미치지만 대법원 2001. 3. 15. 선고 98두15597 전원합의체 판
결은 대법원의 전원합의체가 종전의 환송판결의 법률상 판단을 변경할
필요가 있다고 인정하는 경우에는, 그에 기속되지 않고, 통상적인 법령의
해석적용에 관한 의견의 변경절차에 따라 이를 변경할 수 있다고 보아
그 예외를 인정하였다.[290]

---

286) 법원조직법 제8조(상급심 재판의 기속력) 상급법원 재판에서의 판단은 해당 사
건에 관하여 하급심을 기속한다.
　민사소송법 제436조(파기환송, 이송) ② 사건을 환송받거나 이송받은 법원은 다
시 변론을 거쳐 재판하여야 한다. 이 경우에는 상고법원이 파기의 이유로 삼은 사
실상 및 법률상 판단에 기속된다.
287) 하급심은 파기의 이유로 된 잘못된 견해만 피하면 당사자가 새로이 주장·입증
한 바에 따른 다른 가능한 견해에 의하여 환송 전의 판결과 동일한 결론을 가져
온다고 하여도 환송판결의 기속을 받지 아니한 위법을 범한 것은 아니다(대법원
1995. 10. 13. 선고 95다33047 판결 참조).
288) 대법원 1987. 8. 18. 선고 87누64 판결.
289) 대법원은 종전에 대법원의 환송판결에 대해 '중간판결'로 보았다가, 판례를 변
경하여 '종국판결'로 보되, 재심의 대상이 되는 '확정된' 종국판결에는 해당하지 않
는다고 보고 있다(대법원 1995. 2. 14. 선고 93재다27, 34 전원합의체 판결 참조).
290) 이에 관하여 대법원 2018. 10. 30. 선고 2013다61381 전원합의체 판결(일제 강
제동원 피해자의 손해배상청구 사건)의 별개의견(이기택)은 대법원 98두15597 「전
원합의체 판결의 의미를 '전원합의체에서 판단하는 이상 언제라도 환송판결의 기
속력에서 벗어날 수 있다'는 것으로 이해하여서는 아니 된다. '환송판결에 명백한
법리오해가 있어 반드시 이를 시정해야 하는 상황이거나 환송판결이 전원합의체를

본 판결은 환송판결 선고 후 헌법재판소가 환송판결의 기속적 판단의 기초가 된 법률 조항을 위헌으로 선언하여 그 법률 조항의 효력이 상실된 때에는 그 범위에서 환송판결의 기속력이 미치지 않는 법리적인 근거를 처음으로 제시한 선례로서 의의가 있다.

제16절 재 심
1. 대법원 2011. 7. 21. 선고 2011재다199 전원합의체 판결[291)]
[대법원 2011. 1. 27. 선고 2010다6680 판결이 불법행위로 인한 손해배상채무의 지연손해금 기산일에 관한 대법원의 종전 의견을 변경한 것인지]

대법원은 2011년 이른바 과거사 관련 위자료 청구사건에서 이 사건 재심대상판결을 비롯한 일련의 판결들을 통하여 불법행위로 인한 위자료 채무의 지연이자 기산일에 관하여 '변론종결시설'이라는 예외기준을 새롭게 제시한 바 있다.

즉, 1970년대 또는 1980년대에 선고되었던 유죄의 확정판결이 불법구금과 고문 등이 있었음을 이유로 재심절차에서 취소되어 무죄로 확정된 경우의 국가배상청구가 문제된 사안에서, 대법원 2011. 1. 13. 선고 2009다103950 판결[292)]은 국가배상책임을 인정하면서 그 지연손해금 부분에 대하여는 '불법행위시와 변론종결시 사이에 장기간의 세월이 경과되어 위자료를 산정할 때에 반드시 참작해야 할 변론종결시의 통화가치 등에 불법행위시와 비교하여 상당한 변동이 생긴 때에는 위와 같이 변

거치지 아니한 채 종전 대법원판결이 취한 견해와 상반된 입장을 취한 때와 같은 예외적인 경우에 한하여 기속력이 미치지 아니한다'는 뜻으로 새겨야 한다. 이렇게 보지 아니할 경우 법률에서 환송판결의 기속력을 인정한 취지가 무색하게 될 우려가 있기 때문이다. 실제로 위 98두15597 전원합의체 판결의 사안 자체도, 환송판결에 명백한 법리오해의 잘못이 있었을 뿐만 아니라 환송판결이 전원합의체를 거치지도 않은 채 기존 대법원판결에 저촉되는 판단을 한 경우였다.」라고 하였다.

291) 공2011하, 1709.
292) 같은 날 선고된 대법원 2011. 1. 13. 선고 2010다28833 판결, 대법원 2011. 1. 13. 선고 2010다53419 판결도 같다.

동된 통화가치 등을 추가로 참작하여 위자료의 수액을 재산정해야 하고, 이 경우 위자료배상채무의 지연손해금은 그 위자료 산정의 기준시인 사실심 변론 종결시부터 발생한다고 보아야 한다'고 하여 원심판결을 파기하였다.

이 사건에서는 불법행위시부터 사실심 변론종결시까지 오랜 기간이 지나고 통화가치 등에 상당한 변동이 생긴 경우 예외적으로 사실심 변론종결일부터 지연손해금이 발생한다고 판단한 재심대상판결(대법원 2011. 1. 27. 선고 2010다6680 판결)이 불법행위로 인한 손해배상채무의 지연손해금 기산일에 관한 대법원의 종전 의견을 변경한 것으로 그 전의 대법원판결의 의견을 변경하는 것인데도 대법관 전원의 2/3에 미달하는 대법관만으로 구성된 부에서 판단하여 재심사유가 있는지가 문제되었다.

대법원은, 재심대상판결에서 판시한 법률 등의 해석 적용에 관한 의견이 그 전에 선고된 대법원판결에서 판시한 의견을 변경하는 것임에도 대법관 전원의 3분의 2에 미달하는 대법관만으로 구성된 부에서 재심대상판결을 심판하였다면 이는 민사소송법 제451조 제1항 제1호의 '법률에 의하여 판결법원을 구성하지 아니한 때'의 재심사유에 해당하지만 종전 대법원판결인 대법원 1975. 5. 27. 선고 74다1393 판결, 대법원 1993. 3. 9. 선고 92다48413 판결, 대법원 2010. 7. 22. 선고 2010다18829 판결들과 재심대상판결은 서로 다른 사안에서 불법행위로 인한 손해배상채무의 지연손해금의 기산일에 관하여 원칙과 예외에 속하는 법리를 각각 선언하고 있고, 따라서 재심대상판결은 종전 대법원판결들이 선언한 법리의 적용 범위와 한계를 분명히 하고 그 법리가 적용되지 않는 경우에 적용할 새로운 법리를 표시한 것일 뿐 종래 대법원이 표시한 의견을 변경한 경우에는 해당하지 않는다고 하여 재심청구를 기각하였다.

나아가 민사소송법 제451조 제1항 제10호의 재심사유는 재심대상판결의 기판력과 전에 선고한 확정판결의 기판력과의 충돌을 조정하기 위하여 마련된 것이므로, 여기서 말하는 '재심을 제기할 판결이 전에 선고

한 확정판결과 저촉되는 때'란 전에 선고한 확정판결의 효력이 재심대상
판결 당사자에게 미치는 경우로서 양 판결이 저촉되는 때를 말하고, 전
에 선고한 확정판결이 재심대상판결과 내용이 유사한 사건에 관한 것이
라고 하여도 당사자들을 달리하여 판결의 기판력이 재심대상판결의 당사
자에게 미치지 않는 때에는 위 규정의 재심사유에 해당하는 것으로 볼
수 없다고 하였다.

　본 판결은 이들 판결이 위와 같은 예외기준을 새롭게 제시한 것은
법원조직법 제7조에서 정한 전원합의체에 의한 판례변경 절차를 요하는
판례변경이라고 볼 수 없어 이들 판결을 전원합의체가 아닌 소부에서 심
판한 것에 아무런 위법이 없다는 점을 분명히 하는 한편으로, 과거사 관
련 위자료 청구사건에서 이러한 예외 기준을 적용한 것은 정당하다는 점
을 재확인하였다는 데 그 의의가 있다.[293]

　이에 대하여는 지연손해금은 불법행위시부터 발생한다고 보고, 위자
료의 원금을 조정하는 것도 얼마든지 가능하다는 이유로 대법원판결의
타당성에 의문을 제기하면서 그렇다고 해서 판례 저촉이라고까지는 할
수 없다는 견해가 있다.[294] 불법행위의 손해배상액을 결정하는 데 사정변
경의 원칙을 받아들여 손해배상액의 증액을 인정한 것과 불법행위 성립
일이 아닌 사실심 변론종결일부터 법정의 지연이자를 가산한다고 한 것
은 종래 판례의 태도와 다른 해석으로서 판례변경에 해당하고, 이를 전원
합의체에서 선고하지 않고 소부에서 판결한 것은 재심사유가 된다는 견해
도 있다.[295]

---

293) 김미리, "불법행위로 인한 위자료채무의 지연손해금 기산일에 관한 종래의 원
　　칙에 대하여 대법원 소부판결에서 예외를 인정한 것이 재심사유에 해당하는지 여
　　부", 정의로운 사법: 이용훈대법원장재임기념, 사법발전재단(2011), 667-676면.
294) 윤진수, "이용훈 대법원의 민법판례", 정의로운사법: 이용훈대법원장재임기념,
　　사법발전재단(2011), 24-25면.
295) 오시영, "불법행위로 인한 손해배상채권 중 위자료 증액 및 지연이자 기산일
　　변경이 판례변경인지 여 부 및 위반시 재심대상인지 여부에 대한 연구", 민사소송
　　제15권 제1호(2011), 481면.

2. 대법원 2011. 12. 22. 선고 2011다73540 판결[296)]

[민사소송법 제451조 제1항 제11호[297)]의 재심사유가 있는 경우 추완상소기간이 도과하였더라도 재심기간 내에 재심의 소를 제기할 수 있는지 여부]

당사자가 상대방의 주소 또는 거소를 알고 있었음에도 불구하고 소재불명 또는 허위의 주소나 거소로 하여 소를 제기한 탓으로 공시송달의 방법에 의하여 판결 정본이 송달된 때에는 민사소송법 제451조 제1항 제11호에 따라 재심을 제기할 수 있다. 대법원은 이 경우 민사소송법 제173조에 따른 소송행위 추완에 의하여도 상소를 제기할 수도 있다고 한다(대법원 1985. 8. 20. 선고 85므21 판결 등).

이 사건에서는 재심사유와 추완항소사유가 동시에 존재할 때 추완항소기간을 도과한 당사자가 재심을 청구한 경우 그 재심청구가 허용되는지 문제되었다. 민사소송법 제451조 제1항 단서는 '다만, 당사자가 상소에 의하여 그 사유를 주장하였거나, 이를 알고도 주장하지 아니한 때'에는 재심의 소를 제기할 수 없다고 정한다.

원심은, 재심사유와 추완항소사유가 동시에 존재하고 추완항소기간을 도과한 경우에는 재심기간이 경과하지 않았더라도 민사소송법 제451조 제1항 단서에 의하여 재심청구를 할 수 없다고 보아 재심사유의 존재 여부에 관하여는 나아가 심리·판단하지 않고 재심의 소를 각하한 제1심을 유지하였다.

대법원은, 여기에서 '이를 알고도 주장하지 아니한 때'는 재심사유가 있는 것을 알았음에도 불구하고 상소를 제기하고도 상소심에서 그 사유를 주장하지 않은 경우뿐만 아니라, 상소를 제기하지 않아 판결이 그대

---

296) 공2012상, 166.
297) 제451조(재심사유)
① 다음 각 호 가운데 어느 하나에 해당하면 확정된 종국판결에 대하여 재심의 소를 제기할 수 있다. 다만, 당사자가 상소에 의하여 그 사유를 주장하였거나, 이를 알고도 주장하지 아니한 때에는 그러하지 아니하다.
11. 당사자가 상대방의 주소 또는 거소를 알고 있었음에도 있는 곳을 잘 모른다고 하거나 주소나 거소를 거짓으로 하여 소를 제기한 때

로 확정된 경우까지도 포함하는 것으로 보아야 한다고 하였다(대법원 1991. 11. 12. 선고 91다29057 판결 참조). 그러나 공시송달에 의하여 판결이 선고되고 그 판결정본이 송달되어 확정된 이후에 추완항소의 방법이 아닌 재심의 방법을 택한 경우에는 추완상소기간이 도과하더라도 재심기간 내에는 재심의 소를 제기할 수 있다고 보아야 한다고 판단하였다.

그 이유로 ① 위 단서 조항은 재심의 보충성에 대한 규정으로서, 당사자가 상소를 제기할 수 있는 시기에 재심사유의 존재를 안 경우에는 상소에 의하여 이를 주장하게 하고, 상소로 주장할 수 없었던 경우에 한하여 재심의 소에 의한 비상구제를 인정하려는 취지인 점, ② 추완상소와 재심의 소는 독립된 별개의 제도이므로 추완상소의 방법을 택하는 경우에는 추완상소의 기간 내에, 재심의 방법을 택하는 경우에는 재심기간 내에 이를 제기하여야 하는 것으로 보아야 한다는 점을 들었다.

본 판결은 추완상소와 재심의 소가 독립된 별개의 제도로서 당사자의 권리구제의 편의를 도모하기 위하여 양 제도 사이의 선택권을 인정한 것임을 전제로, 당사자가 그중 추완상소가 아닌 재심의 방법을 선택한 경우에는 추완상소 기간이 도과되었는지 여부와 관계없이 재심의 기간 내에 재심의 소가 제기되었는지 여부에 따라서만 재심의 소의 적법 여부를 판단해야 한다는 점을 선언한 선례로서 의의가 있다.

3. 대법원 2019. 10. 17. 선고 2018다300470 판결[298)]

[재심대상판결의 기초가 된 각각의 형사 유죄판결이 재심을 통하여 효력을 잃고 무죄판결이 확정된 경우 그 사정이 각각 재심사유가 되는지]

피고(국가)가 구로동 일대 농지분배 사실을 부인함에 따라 수분배자들이 제기한 소송에서 상환곡을 수령을 조건으로 분배농지에 관한 소유권이전등기절차의 이행을 피고에게 명하는 판결(수분배자 승소판결)이 확정되었으나, 오히려 수사기관이 위법행위로 수집한 허위 증거에 기초하여 수

---

298) 공2019하, 2087.

분배자들과 관련 공무원들(A, B, C, D 등)을 위증죄, 사기죄(소송사기) 등으로 처벌하는 형사판결이 확정되었고, 그 형사판결 등을 기초로 수분배자 승소판결을 취소하고 그 청구를 기각하는 '민사재심판결'이 확정되었다.

이 사건은 수분배자의 상속인들이 위와 같이 형사판결을 받은 피고인들 중 일부(A)에 대하여 형사재심 무죄판결이 있었던 것을 근거로 민사재심판결에 대해 민사소송법 제451조 제1항 제8호의 재심사유(판결의 기초가 된 민사나 형사의 판결이 다른 재판에 따라 바뀐 때)를 주장하며 재심(선행재재심)을 청구하였다가 재심 제기기간 도과를 이유로 각하판결을 받았는데, 다른 피고인(B, C, D)에 대한 형사재심 무죄판결이 있었음을 근거로 다시 위 규정 제8호의 재심사유를 주장하며 재심(이 사건 재재심)을 청구하였다.

재심대상판결이 그 판결의 기초로 삼은 유죄 확정판결이 여러 건 있고 그 유죄 확정판결들이 공통되는 사유로 재심을 거쳐 무죄판결로 변경된 경우에 무죄 재심판결마다 별개의 재심사유가 되는지(재심사유 개별설), 전체적으로 보아 재심대상판결의 기초가 된 형사판결들의 내용이 다른 확정판결에 의하여 실질적으로 바뀌었다고 볼 수 있을 때 하나의 재심사유가 있는 것인지(재심사유 동일설) 문제되었다.

대법원은 이 사건에서 B, C, D에 대하여 형사재심의 결과 무죄판결이 확정된 사정은 A에 대한 형사재심의 결과와 별개로 독립하여 민사소송법 제451조 제1항 제8호에서 정한 재심사유가 된다고 본 원심이 타당하고, 이는 재심대상판결의 기초가 된 각 유죄판결에 대하여 형사재심에서 인정된 재심사유가 공통된다거나 무죄판결의 이유가 동일하다고 하더라도 달리 볼 수 없다고 하였다.

대법원은 구 민사소송법 제422조 제1항(=현 민사소송법 제451조 제1항) 각 호의 재심사유는 각각 별개의 청구원인을 이룬다고 판시해 왔다.[299]

---

299) 대법원 1962. 5. 24. 선고 4292행재3 판결(구 민사소송법 제420조 제8호의 재심사유와 제420조 제9호의 판단유탈 재심사유는 별개라고 인정한 사례); 대법원 1970. 1. 27. 선고 69다1888 판결(종전에 구 민사소송법 제422조 제1항 제11호의 재심사유를 이유로 재심의 소를 제기하였다가 패소판결이 확정되었더라도, 같은

이러한 판례의 태도에 대해서는 형성소송설 및 구소송물이론을 취하고 있다고 보는 것이 지배적이다.[300)]

기존 소송물이론은 민사소송법 제451조 제1항의 '호'를 달리하는 복수의 재심사유에 대해서 이를 별개의 소송물로 보아야 하는지 아니면 전체적으로 하나의 소송물로 보아야 하는지에 관하여만 주로 논의해 왔고(예, 제451조 제1항 제5호의 재심사유 vs 제451조 제1항 제11호의 재심사유), 대법원 선례들도 민사소송법 제451조 제1항의 '호'를 달리하는 재심사유들이 문제된 사안에서 각 재심사유를 별개로 보아야 한다고 판단한 것이었다.

본 판결 이전에 구로동 농지분배 사건에서 '재심사유 동일설의 법리를 설시한 원심판결'과 '재심사유 개별설의 법리를 설시한 원심판결'에 대한 상고를 대법원이 각각 심리불속행 기각한 사례가 있었다.[301)]

본 판결은 재심이 확정판결에 중대한 하자가 있음이 판명된 때에 예외적으로 그 재판을 시정할 기회를 부여함으로써 구체적 정의의 실현

항 제5호의 재심사유를 들어 새로운 재심의 소를 제기한 것은 적법하다고 인정한 사례); 대법원 1982. 12. 28. 선고 82무2 판결; 대법원 1990. 12. 26. 선고 90재다19 판결(원고 종중의 대표권흠결을 주장하는 재심사유(제3호)와 판례변경에 필요한 재판부를 구성하지 못하였음을 주장하는 재심사유(제1호)는 별개의 청구원인이라고 판단한 사례) 등.

300) 주석 민사소송법(Ⅶ)(제8판, 2018), 8면(정진아 집필부분); 호문혁, 민사소송법(제14판, 2020), 1040면은 이와 달리 재심사유는 소송물이론으로 설명할 사항이 아니라고 하면서, 제451조 제1항이 열거한 재심사유들은 각각 형식적 확정력과 기판력을 후퇴시켜서라도 구체적 타당성을 살려야 할 정도의 중대한 흠에 해당하는 사유이므로 하나의 확정판결에 대해 재심청구가 기각되었더라도 다른 재심사유가 존재하면 다시 재심청구가 허용되어야 하고 재심제도에서 소송물의 범위를 넓게 잡아 구체적 타당성을 덮어버리는 결과가 되어서는 안 된다고 한다. 그 예로서, 서증이 위조되었다고(제6호) 주장하여 제기한 재심청구가 기각되었어도 판결법원이 구성되지 않았다고(제1호) 주장하여 다시 제소하면 이를 기판력에 저촉된다고 볼 일이 아니라고 설명하고 있다.

301) 대법원 2017. 1. 18. 선고 2016다47683 판결(미간행)은 유사한 사안에서 원심(서울고등법원 2016. 9. 29. 선고 2015재나1208 판결)이 재심사유 동일설 입장에서 원고의 재심청구를 각하한 판결에 대하여 심리불속행 기각한 사례이다. 대법원 2016. 8. 18. 선고 2016다19213 판결(미간행)은 재심사유 개별설 입장에서 적법한 재심임을 전제로 실체 판단을 한 원심판결(서울고등법원 2016. 4. 6. 2015재나786 판결)에 대하여 심리불속행 기각한 사례이다.

을 도모하고자 하는 제도이므로, 추가적인 형사재심 무죄판결 확정과
같이 민사 확정판결의 사실인정이나 판단에 영향을 미칠 수 있는 사정
들이 거듭하여 발견된 경우에는, 일단 재심사유로는 넓게 인정하고 재
심 본안에서 그 당부를 판단하도록 하는 것이 잘못된 판결로 인한 당사
자의 권리를 구제한다는 관점에서 타당하다고 보아 민사확정판결의 기
초가 된 각각의 형사판결이 피고인에 대한 형사재심 무죄 판결로 바뀐
경우에는 각각 재심사유가 된다는 점을 명확하게 밝혔다는 점에서 의의
가 있다.

제3장 민사집행법

제1절 집행총론, 부동산 집행
1. 대법원 2015. 1. 29. 선고 2012다111630 판결[302]·[303]
**[부동산점유이전금지가처분 집행 후 가처분채무자의 점유를 침탈하는
방법으로 점유를 취득한 제3자를 민사집행법 제31조 제1항에서 정한
'채무자의 승계인'이라고 할 수 있는지]**

　　A 회사에 대한 점유이전금지가처분이 집행되어 공시된 이후 해당
부동산에 대한 점유가 원고 앞으로 이전되자 A 회사에 대한 가집행 선고
있는 인도판결을 받은 피고가 원고에 대한 승계집행문을 부여받은 사안
에서, 원심은 점유이전금지가처분결정 이후 원고가 A 회사의 점유 부분
을 승계하여 점유하고 있으므로 원고에게 독자적인 점유 권원이 있다는
등의 특별한 사정이 없는 한 원고는 위 점유이전금지가처분 이후 가처
분채무자로부터 이 사건 점유 부분을 승계한 자로서 승계집행문의 부여
대상에 해당하고, 원고가 점유이전금지가처분결정 이후에 그 사실을 알
면서 A 회사의 점유를 박탈하고 점유를 그대로 계속한 이상 그 방법이
매매 등의 정상적인 점유 이전 형식이 아니라도 점유승계인에 해당한다

302) 공2015상, 296.
303) 본 판결에 대한 평석으로는 권혁재, "점유이전금지가처분집행 이후의 점유취득
　　자에 대한 승계집행문 부여", 법조 제64권 제12호(2015. 12.), 238-290면이 있다.

고 하였다.

대법원은, 승계집행문은 판결에 표시된 채무자의 포괄승계인이나 판결에 기한 채무를 특정하여 승계한 자에 대한 집행을 위하여 부여하는 것인데, 기초되는 채무가 판결에 표시된 채무자 이외의 자가 실질적으로 부담하여야 하는 채무라거나 채무가 발생하는 기초적인 권리관계가 판결에 표시된 채무자 이외의 자에게 승계되었더라도, 그 자가 판결에 표시된 채무자의 포괄승계인이거나 판결상의 채무 자체를 특정하여 승계하지 않은 이상, 그 자에 대하여 새로이 채무의 이행을 소구하는 것은 별론으로 하고, 판결에 표시된 채무자에 대한 판결의 기판력 및 집행력의 범위를 채무자 이외의 자에게 확장하여 승계집행문을 부여할 수는 없으며, 승계집행문 부여에 대한 이의의 소에서 승계사실에 대한 증명책임은 채권자인 피고에게 있다고 하였다.

나아가 점유이전금지가처분의 채권자와 채무자 사이의 집행력 있는 본안판결을 집행권원으로 하여 제3자에 대하여 강제집행을 하려면 그 제3자가 민사집행법 제31조 제1항에 정한 채무자의 승계인이어야 하는데, 어떤 부동산에 대하여 점유이전금지가처분이 집행된 이후에 제3자가 가처분채무자의 점유를 침탈하는 등의 방법으로 부동산에 대한 점유를 취득한 것이라면, 실제로는 가처분채무자로부터 점유를 승계받고도 점유이전금지가처분의 효력이 미치는 것을 회피하기 위하여 채무자와 통모하여 점유를 침탈한 것처럼 가장하였다는 등의 특별한 사정이 없는 한 그 제3자를 민사집행법 제31조 제1항에서 정한 '채무자의 승계인'이라고 할 수 없다고 하면서 원고의 점유의 원인이 된 법률관계와 점유의 경위, 원고와 A 회사 등의 관계 등을 제대로 심리하지 않은 채 원고가 A 회사의 점유를 승계하였다고 본 원심 판결을 파기 환송하였다.

대법원은 부가적으로 '채무자와 제3자가 통모하여 점유의 침탈을 가장하였다거나, 제3자가 점유이전금지가처분의 집행 사실을 알면서도 아무런 실체법상의 권원 없이 해당 부동산의 점유를 침탈한 경우라면 채권자가 그러한 점을 소명하여 제3자를 상대로 해당 부동산의 인도단행가처분

을 구하는 등 다른 구제절차로 보호받는 방법을 강구해야 할 것'이라고
하였다.

본 판결은, 강제집행절차에서는 권리관계의 공권적인 확정 및 그 신
속·확실한 실현을 도모하기 위하여 절차의 명확과 안정이 중요하다고
보아 제3자가 집행권원에 표시된 채무자의 포괄승계인이거나 판결상의
채무에 대한 특정승계인이 아닌 이상 승계집행문을 부여할 수 없다고 하
고, 승계집행문 부여에 대한 이의의 소에서 승계사실에 대한 증명책임이
채권자인 피고에게 있음을 분명히 한 선례로서 의의가 있다.

이후 대법원 2016. 5. 27. 선고 2015다21967 판결은,[304] 민사집행법
제31조 제1항에서 "집행문은 판결에 표시된 채권자의 승계인을 위하여
내어 주거나 판결에 표시된 채무자의 승계인에 대한 집행을 위하여 내어
줄 수 있다."라고 규정하고 있는데, 중첩적 채무인수는 당사자의 채무는
그대로 존속하며 이와 별개의 채무를 부담하는 것에 불과하므로 새로 채
무의 이행을 소구하는 것은 별론으로 하고 판결에 표시된 채무자에 대한
판결의 기판력 및 집행력의 범위를 채무자 이외의 자에게 확장하여 승계
집행문을 부여할 수는 없지만 채무자의 채무를 소멸시켜 당사자인 채무
자의 지위를 승계하는 이른바 면책적 채무인수는 위 조항에서 말하는 승
계인에 해당한다고 하였다.

2. 대법원 2016. 6. 23. 선고 2015다52190 판결[305]
**[승계집행문 부여의 요건 및 승계집행문 부여에 대한 이의의 소에서
승계사실에 대한 증명책임의 소재]**

A 회사가 피고 회사에 강제집행 인낙의 취지가 포함된 준소비대차
공정증서를 작성해준 다음 원고 회사가 A 회사를 흡수합병하고 등기까지
마치자, 피고 회사가 공정증서에 관하여 원고 회사에 대한 강제집행을
실시하기 위한 승계집행문을 부여받았는데, 승계집행문이 부여되기 전에

304) 공2016하, 863.
305) 공2016하, 999.

합병무효판결이 선고되어 확정된 사안에서, 원고가 이 사건 공정증서상 채무에 대하여 승계인 지위에 있지 않다고 주장하면서 승계집행문 부여에 대한 이의의 소를 제기하였다.

원심은, 상법에서 합병무효판결이 확정된 때에는 등기해야 하고, 등기할 사항은 등기하지 않으면 선의의 제3자에게 대항하지 못한다고 규정하고 있는데, 이 사건 승계집행문 부여 당시까지도 합병무효판결 확정으로 인한 변경등기를 마치지 않았고 피고의 악의 또는 중과실도 주장·증명하지 않은 이상, 원고는 피고에게 합병무효를 주장하지 못한다는 이유로 원고의 주장을 배척하였다.

대법원은, 「판결에 표시된 채무자의 승계가 법원에 명백한 사실이거나 증명서로 승계를 증명한 때에는 그 채무자의 승계인에 대한 집행을 위하여 재판장의 명령에 따라 승계집행문을 내어 줄 수 있는데(민사집행법 제31조, 제32조), 이와 같은 승계집행문 부여의 요건은 집행권원에 표시된 당사자에 관하여 실체법적인 승계가 있었는지 여부이다. 채무자가 채무자 지위의 승계를 부인하여 다투는 경우에는 승계집행문 부여에 대한 이의의 소를 제기할 수 있고(민사집행법 제45조), 이때 승계사실에 대한 증명책임은 승계를 주장하는 채권자에게 있다(대법원 2015. 1. 29. 선고 2012다111630 판결 참조)」고 하고, 「승계집행문 부여에 대한 이의의 소에서 법원은 증거관계를 살펴 과연 집행권원에 표시된 당사자에 관하여 실체법적인 승계가 있었는지 여부의 사실관계를 심리한 후 승계사실이 충분히 증명되지 않거나 오히려 승계의 반대사실이 증명되는 경우에는 승계집행문을 취소하고 그 승계집행문에 기한 강제집행을 불허해야 한다.」고 하였다. 나아가 이 사건에서 원고에 대한 합병무효판결이 확정되었으므로, 합병무효등기가 마쳐졌는지 여부와 관계없이 원고가 이 사건 공정증서에 기한 채무자 A 회사의 승계인이라고 볼 수는 없다고 하여 원심 판결을 파기 환송하였다.

3. 대법원 2011. 2. 10. 선고 2010다79565 판결[306]

[민사집행법 제53조 제1항에서 정한 '강제집행에 필요한 비용'의 의미]

대법원은, 민사집행법 제53조 제1항에서 정한 '강제집행에 필요한 비용'의 의미에 관하여 다음과 같이 판단하였다.

강제집행에 필요한 비용은 채무자가 부담하고 그 집행에 의하여 우선적으로 변상을 받는다(민사집행법 제53조 제1항). 집행비용은 집행권원 없이도 배당재단으로부터 각 채권액에 우선하여 배당받을 수 있다. 여기서 집행비용은 각 채권자가 지출한 비용의 전부가 포함되는 것이 아니라 배당재단으로부터 우선변제를 받을 집행비용만을 의미하며 이에 해당하는 것으로서는 당해 경매절차를 통하여 모든 채권자를 위하여 체당한 비용으로서의 성질을 띤 집행비용(공익비용)에 한한다. 집행비용에는 민사집행의 준비 및 실시를 위하여 필요한 비용이 포함된다.

사해행위취소 소송에 의하여 사해행위의 목적이 된 재산이 채무자의 책임재산으로 원상회복되고 그에 대한 강제집행절차가 진행된 사안에서, 대법원은 사해행위취소 소송을 위하여 지출한 소송비용, 사해행위취소를 원인으로 한 말소등기청구권 보전을 위한 부동산처분금지가처분 비용, 사해행위로 마쳐진 소유권이전등기의 말소등기 비용은 위 집행에 의하여 우선적으로 변상받을 수 있는 '강제집행에 필요한 비용'에 해당하지 않는다고 판단하였다. 그 근거로 다음과 같은 점을 들었다.

원칙적으로 판결 등의 집행권원 성립 이전에 채권자가 지출한 비용은 민사집행의 준비를 위하여 필요한 비용에 포함되지 않는다. 소송비용의 부담을 정하는 재판에서 그 액수가 정하여지지 않은 경우에 소송비용액의 확정결정을 받아(민사소송법 제110조 제1항) 이를 집행권원으로 상대방의 재산에 대하여 강제집행을 할 수 있는 반면, 강제집행에 필요한 비용은 별도의 집행권원 없이 본래의 강제집행에 의하여 우선적으로 변상을 받는(민사집행법 제53조 제1항) 차이가 있다. 채권자가 사해행위의 취

---

306) 공2011상, 563.

소와 함께 책임재산의 회복을 구하는 사해행위취소 소송에 있어서는 수익자 또는 전득자에게만 피고적격이 있고 채무자에게는 피고적격이 없는 것이므로(대법원 2009. 1. 15. 선고 2008다72394 판결 등 참조) 수익자 또는 전득자가 소송비용을 부담하는 반면, 강제집행에 필요한 비용은 채무자가 부담하여 그 부담 주체가 다른데, 사해행위취소 소송을 위하여 지출한 소송비용 등을 집행비용에서 우선적으로 상환하게 되면 수익자 또는 전득자가 부담하는 소송비용을 채무자의 책임재산에서 우선 상환하는 셈이 된다.[307]

대법원 2021. 10. 14. 선고 2016다201197 판결은, 선순위 근저당권자인 피고가 이 사건 부동산에 관하여 임의경매를 신청한 후 그 소유자의 상속인을 대위하여 상속등기를 마쳤고, 집행법원은 그 대위상속등기비용을 집행비용으로 보아 '배당할 금액'에서 이를 공제하고 나머지를 '실제 배당할 금액'으로 산정하여 배당을 실시하였는데, 후순위 근저당권자인 원고가 '대위상속등기비용은 집행비용에 포함되지 않는다'고 주장하면서 피고를 상대로 이 사건 배당이의의 소를 제기한 사안에서, 본 판결 법리를 재확인하면서 「집행비용에 관한 민사집행법 제53조 제1항은 담보권

---

[307] 그 외에도 '① 사해행위 이전에 사해행위의 목적이 된 재산에 담보물권을 취득한 채권자나 가압류권자(또는 체납처분압류권자) 등은 그 이후 소유자가 변경되더라도 자신의 채권을 집행하거나 배당을 받는 데 지장이 없는데, 이들과의 관계에서 사해행위취소 소송을 위하여 지출한 소송비용 등을 집행비용으로 우선적으로 변상하게 되면 이러한 채권자들의 권리를 해할 수 있게 되어 부당하다. ② 또한 사해행위취소 소송을 위하여 지출한 소송비용 등을 집행비용으로 우선적으로 변상하게 되면, 각 채권자들의 배당 순위와 채권금액에 따라 향유하는 이익이 다르고, 궁극적으로 마지막 순위 채권자가 이를 부담하는 셈이 되므로, 집행비용의 범위를 지나치게 확대하는 것은 신중할 필요가 있다. ③ 어느 한 채권자가 동일한 사해행위에 관하여 사해행위취소 및 원상회복 청구를 하여 승소판결을 받아 재산이나 가액의 회복을 마치기 전까지는 각 채권자가 동시 또는 이시에 사해행위취소 및 원상회복 소송을 제기할 수 있고 또 원상회복이 되면 사해행위취소 소송을 제기하지 않은 다른 채권자도 강제집행을 신청할 수 있는데, 우선적으로 변상을 받는 집행비용은 원칙적으로 집행채권자(경매신청채권자)가 지출한 비용이어서, 사해행위취소 소송을 위하여 비용을 지출한 자와 집행비용을 우선적으로 변상받을 자가 일치하지 않을 수 있다. ④ 소송비용 특히 변호사보수는 변호사보수의 소송비용 산입에 관한 규칙이 정하는 범위 안에서 소송비용으로 인정하는데(민사소송법 제109조 제1항), 위 규칙이 집행비용 인정에 있어서도 그대로 적용될 것인지 의문스럽다.'는 이유를 제시하고 있다.

실행을 위한 경매절차에도 준용되는데(민사집행법 제275조), 부동산을 목적으로 하는 담보권 실행을 위한 경매절차에서 그 경매신청 전에 부동산의 소유자가 사망하였으나 그 상속인이 상속등기를 마치지 않아 경매신청인이 경매절차의 진행을 위하여 부득이 상속인을 대위하여 상속등기를 마쳤다면 그 상속등기를 마치기 위해 지출한 비용은 담보권 실행을 위한 경매를 직접 목적으로 하여 지출된 비용으로서 그 경매절차의 준비 또는 실시를 위하여 필요한 비용이고, 나아가 그 경매절차에서 모든 채권자를 위해 체당한 공익비용이므로 집행비용에 해당한다.」고 판단하였다.[308]

4. 대법원 2017. 4. 7. 선고 2013다80627 판결[309]

[지방법원 합의부가 재판한 간접강제결정을 대상으로 한 청구이의의 소나 집행문부여에 대한 이의의 소가 위 합의부의 전속관할에 속하는지 여부]

민사집행법 제44조 제1항은 "채무자가 판결에 따라 확정된 청구에 관하여 이의 하려면 제1심 판결법원에 청구에 관한 이의의 소를 제기하여야 한다."라고 규정하고, 제45조 본문은 위 규정을 집행문부여에 대한 이의의 소에 준용하고 있다.

대법원은, 여기서 '제1심 판결법원'이란 집행권원인 판결에 표시된 청구권, 즉 그 판결에 기초한 강제집행에 의하여 실현될 청구권에 대하여 재판을 한 법원을 가리키고, 이는 직분관할로서 성질상 전속관할에 속한다. 한편 민사집행법 제56조 제1호는 '항고로만 불복할 수 있는 재판'을 집행권원의 하나로 정하고, 제57조는 이러한 집행권원에 기초한 강제집행에 대하여 제44조, 제45조 등을 준용하도록 하고 있으므로, 지방법

---

308) 대법원 1996. 8. 21.자 96그8 결정(대위 상속등기비용상환을 위한 지급명령신청이 가능하다고 하면서 그 이유로 채권자대위에 따른 비용상환청구권은 집행비용이 아니라는 취지로 판단함)과 관계가 문제되었는데, 대법원은 위 96그8 결정은 상속인의 일반채권자가 강제집행을 위해 상속인을 대위하여 상속등기를 마쳤으나 그 부동산이 경매로 매각되지 않고 강제집행절차가 종료된 사안에 관한 것이어서 이 사건에 적용되지 않는다고 보았다.
309) 공2017상, 937.

원 합의부가 재판한 간접강제결정을 대상으로 한 청구이의의 소나 집행
문부여에 대한 이의의 소는 그 재판을 한 지방법원 합의부의 전속관할에
속한다고 판단하였다.

5. 대법원 2013. 1. 10. 선고 2012다75123, 75130 판결[310]
**[집행증서상 단순 이행의무로 되어 있는 청구권이 반대의무의 이행과
상환으로 이루어져야 하는 동시이행관계에 있는 경우, 청구이의의
소를 제기할 수 있는지 여부]**

대법원은, 집행증서상 청구권은 의무의 단순 이행을 내용으로 하는
것인데 그 청구권이 반대의무의 이행과 상환으로 이루어져야 하는 동시
이행관계에 있으므로 집행증서에 기한 집행이 불허되어야 한다는 주장은,
집행증서상으로는 단순 이행의무로 되어 있는 청구권이 반대의무와 동시
이행관계의 범위 내에서만 집행력이 있고 그것을 초과하는 범위에서의
집행력은 배제되어야 한다는 것을 의미하므로, 이러한 사유는 본래 집행
권원에 표시된 청구권의 변동을 가져오는 청구이의의 소의 이유가 된다
고 하였다.

나아가 대법원은, 집행권원상의 청구권과 동시이행관계에 있는 반대
의무의 존재가 인정되는 경우, 법원은 본래의 집행권원에 기한 집행력의
전부를 배제하는 판결을 할 것이 아니라 집행청구권이 반대의무와 동시
이행관계에 있음을 초과하는 범위에서 집행력의 일부 배제를 선언하는
판결을 하여야 한다고 하면서 이 사건 공정증서에 기한 집행력의 전부를
배제하는 판결을 선고한 원심을 파기하고, '이 사건 공정증서에 기한 집
행력은 원고가 소외인 A로부터 이 사건 매매목적 건물을 인도받음과 동
시에 피고에게 1억 원을 지급하는 한도를 초과해서는 불허되어야 한다'는
취지로 판결하였다.

---

310) 공2013상, 292.

6. 대법원 2011. 11. 24. 선고 2009다19246 판결[311)

**[부동산에 가압류등기가 이루어진 후에 채무자의 점유이전으로 제3자가
유치권을 취득하는 경우, 가압류의 처분금지효에 저촉되는지 여부]**

1) 토지에 대한 담보권 실행 등을 위한 경매가 개시된 후 그 지상
건물에 가압류등기가 마쳐졌는데, A가 채무자인 B 주식회사로부터 건물
점유를 이전받아 그 건물에 관한 공사대금채권을 피담보채권으로 한 유
치권을 취득하였고, 그 후 건물에 대한 강제경매가 개시되어 C가 토지와
건물을 낙찰받은 사안에서, A가 B에게 건물에 대한 유치권을 주장할 수
있는지 문제되었다.

대법원은 부동산에 가압류등기가 이루어진 다음 채무자의 점유이전
으로 제3자가 유치권을 취득하는 경우, 점유자는 가압류의 처분금지효에
저촉되지 않고 경매절차의 매수인에게 대항할 수 있다고 보아 A가 B에
게 건물에 대한 유치권을 주장할 수 있다고 판단하였다. 그 근거로 다음
2가지를 들었다. ① 부동산에 가압류등기가 되면 채무자의 처분행위로
가압류채권자에게 대항할 수 없는데, 여기서 처분행위는 해당 부동산을
양도하거나 이에 대해 용익물권, 담보물권 등을 설정하는 행위를 말하고
특별한 사정이 없는 한 점유의 이전과 같은 사실행위는 이에 해당하지
않는다. ② 부동산에 경매개시결정의 기입등기를 마쳐 압류의 효력이 발
생한 다음 채무자가 제3자에게 해당 부동산의 점유를 이전함으로써 유
치권을 취득하게 하는 경우 이는 처분행위에 해당한다고 보고 있는데(대
법원 2005. 8. 19. 선고 2005다22688 판결, 대법원 2006. 8. 25. 선고 2006다
22050 판결 참조), 이는 경매개시결정의 기입등기가 된 다음 취득한 유치
권으로 대항할 수 있다면 매수인이 매수가격 결정의 기초로 삼은 매각
물건명세서 등에 드러나지 않는 유치권의 부담을 그대로 인수하게 되어
경매절차의 공정성과 신뢰를 현저히 훼손하게 되므로, 이러한 상황에서
는 채무자의 제3자에 대한 점유이전을 압류의 처분금지효에 저촉되는

처분행위로 보아 제한하는 것이 타당하다. 그러나 부동산에 가압류등기
가 되어 있을 뿐 현실적인 매각절차가 이루어지지 않고 있는 상황에서
채무자의 점유이전으로 제3자가 유치권을 취득한 경우에는 달리 보아
야 한다.

2) 유치권은 물권이므로 채무자뿐만 아니라 그 밖의 모든 사람에 대
해서도 대항할 수 있다.[312] 민사집행법 제91조 제5항은 "매수인은 유치권
자에게 그 유치권으로 담보하는 채권을 변제할 책임이 있다."라고 정하여
부동산 유치권에 관하여 저당권 등 다른 담보권과 달리 인수주의를 채택
하고 있다. 이 규정은 부동산담보권의 실행을 위한 경매에도 준용된다(민
사집행법 제268조).

건축공사현장에서 발생한 공사대금채권에 기해서 부동산 유치권을
주장하는 경우가 많은데, 공사대금을 받지 못한 수급인 등의 정당한 권
리를 보호해야 한다는 측면과 함께 유치권으로 인한 경매절차의 혼란과
신뢰훼손을 막기 위해서 대법원은 다음과 같이 유치권의 효력을 여러 가
지로 제한하여 왔다.[313]

① 대법원 2005. 8. 19. 선고 2005다22688 판결은 채무자 소유의 건

---

312) 유치권의 법적성질과 성립요건에 관해서는 곽윤직/김재형, 물권법[민법강의 II], (제8판, 2015), 377-383면 참조.
313) 법무부 민법개정위원회에서 마련해서 2013년 국회에 제출한 개정안에서는 부동산 유치권 문제를 해결하기 위하여 유치권 제도를 대폭 수정하고 있다. 자세한 사항은 곽윤직/김재형, 물권법[민법강의 II], (제8판, 2015), 383면; 김재형, "부동산유치권의 개선방안-2011년 민법개정시안을 중심으로-", 민사법학 제55권, 한국사법행정학회(2011), 339-384면; 윤진수, "유치권 및 저당권설정청구권에 관한 민법 등 개정안 해설", 유치권제도 개선을 위한 민법·부동산등기법·민사집행법 개정안 공청회 자료집 참조.
  개정안의 주요 내용은 ① 유치권의 피담보채권을 동산 등에 대한 비용 지출로 인한 채권이나 그 동산 등으로 인한 손해배상채권으로 한정하고(개정안 제320조), ② 유치권의 대상을 현행 '동산, 유가증권과 부동산'에서 '동산, 유가증권과 미등기 부동산'으로 한정(개정안 제320조, 제320조의2)하며, ③ 미등기 부동산에 대한 유치권자에게 저당권설정청구권을 인정하고(개정안 369조의3), ④ 경매로 부동산을 매각하는 경우 매수인이 유치권을 인수하도록 한 인수주의를 폐기하고 매각부동산 위의 모든 유치권을 소멸시켜 매수인이 유치권에 대한 부담 없이 부동산을 취득할 수 있도록 한 것이다(민사집행법 개정안 제91조).

물 등 부동산에 강제경매개시결정의 기입등기가 되어 압류의 효력이 발
생한 다음 채무자가 채권자에게 점유를 이전함으로써 유치권을 취득하게
한 경우, 점유자는 유치권을 내세워 경매절차의 매수인에게 대항할 수
없다고 판단하였다. 이후 ② 경매개시결정의 기입등기 후에 점유를 이전
받은 다음 채권을 취득하여 유치권이 성립한 경우(대법원 2006. 8. 25. 선고
2006다22050 판결), ③ 점유는 경매개시결정의 기입등기 전에 이전받았는
데 경매개시결정의 기입등기가 마쳐진 다음에 채권을 취득하여 유치권이
성립한 경우(대법원 2011. 10. 13. 선고 2011다55214 판결)에도 점유자는 유치
권을 내세워 경매절차의 매수인에게 대항할 수 없다고 판단하였다. 즉
대법원은 유치권자가 압류 이후 유치권의 성립요건을 갖춘 경우에는 점
유자가 유치권을 내세워 매수인에게 대항할 수 없다고 보고 있다.[314]

　　3) 본 판결은 압류가 된 다음 압류채무자가 점유를 이전한 경우와
달리 가압류가 된 다음 가압류채무자가 점유를 이전한 경우 그 점유이전
은 가압류의 처분금지효에 반하는 처분행위에 해당하지 않는다는 점을
처음으로 판단한 선례로서 의의를 가진다.[315] 본 판결을 통해서 대법원은
유치권 성립 당시 '현실적인 매각절차가 개시되었는지 여부'를 기준으로

---

314) 이에 대하여 조효정, "부동산에 가압류등기가 경료된 후에 채무자의 점유이전
　　으로 제3자가 유치권을 취득하는 경우, 가압류의 처분금지효에 저촉되는지 여부",
　　재판실무연구 제5권(2013), 214－218면은 위 대법원 2005다22688 판결의 ① 사안
　　과 달리 ②, ③ 사안의 경우 유치권을 일정 부분 제한할 필요가 있다는 점에는 공
　　감하지만 이를 압류의 처분금지효 이론을 적용하여 제한하는 것은 처분행위를 지
　　나치게 의제하는 것으로 타당하지 않다고 한다. 채무자의 점유이전만으로 유치권
　　이 성립하지 않고 그 후에 채무자의 행위의 개입 없이 점유자가 비용을 지출하여
　　그에 대한 채권이 변제기에 도달함으로써 비로소 유치권이 성립한다는 점에서 분
　　명히 구별된다고 한다. 위 두 가지 유형에서는 유치권자가 부동산에 이미 거액의
　　근저당권, 전세권, 가압류등기 등이 설정되어 있는 등으로 부동산 소유자의 재산
　　상태가 좋지 아니하여 위 부동산에 관한 경매절차가 개시될 가능성이 있음을 충분
　　히 인식하고도 채무자와 사이에 의도적으로 유치권의 성립요건을 충족시키기 위하
　　여 부동산의 점유를 이전받거나 부동산에 비용을 지출하여 채권을 취득한 경우에
　　한하여 유치권을 주장하는 것은 신의칙에 반하거나 권리남용으로서 허용될 수 없
　　다고 보는 것이 타당하다고 한다.
315) 본 판결에 대한 판례해설은 하상혁, "가압류 후에 성립한 유치권으로 가압류채
　　권자에게 대항할 수 있는지 가부", 대법원판례해설 제89호, 법원도서관(2012), 56－77
　　면이 있다.

경매절차의 매수인에게 대항할 수 있는지를 판단해야 함을 명확하게 선언하였고, 그동안 비판받아 왔던 유치권에 대한 압류의 처분금지효 법리에서 벗어날 수 있는 계기를 마련하였다.

본 판결 사안은 가압류에서 이전되는 압류가 아니라 다른 채권자에 의하여 경매절차가 개시된 경우에 관한 것이었다. 가압류등기 후 유치권을 취득한 자는 그 이후 가압류에서 이전되는 본압류에 따른 경매절차에서도 경매절차의 매수인에게 대항할 수 있는지 여부에 관해서는 아직 대법원 판결이 나오지 않았는데, 본 판결의 취지에 따른다면, 유치권 성립당시 '현실적인 매각절차가 개시'되었다고는 볼 수 없어 이 경우에도 유치권자는 가압류에서 이전되는 본압류에 따른 경매절차의 매수인에 대해서도 유치권을 대항할 수 있다고 보아야 할 것으로 생각한다.[316]

7. 대법원 2014. 3. 20. 선고 2009다60336 전원합의체 판결[317]

[체납처분압류가 되어 있는 부동산에 대하여 경매절차 개시 전 민사유치권을 취득한 유치권자가 매수인에게 유치권으로 대항할 수 있는지]

1) 원고는 2005. 9. 22. A에게 금 19억 원(변제기 1년, 이자 연 7.5%)을 빌려주고 A 소유의 이 사건 호텔에 채권최고액 24억 원의 근저당권설정등기를 마쳤다. 그 후 B시(지방자치단체)는 체납처분으로 2005. 9. 23. 이 사건 호텔에 압류등기를 마쳤고, C도 2005. 10. 20. 청구금액 2,500만 원으로 이 사건 호텔에 가압류등기를 마쳤다. 한편 피고는 2004. 4.경 A로부터 이 사건 호텔 신축공사를 수급받아 공사를 하였는데 공사잔대금과 물품대금 11억 원을 받지 못하자 2006. 11. 18. 이 사건 호텔에 대한 점유를 이전받고 유치권을 행사하였다. 그 후 근저당권자인 원고는 대여금 미변제에 따라 이 사건 호텔에 임의경매를 신청하였다(임의경매개시결

---

316) 윤경/손흥수, 민사집행실무총서(Ⅰ) 부동산경매(2), 한국사법행정학회(2017), 1576면도 같은 결론이 날 것으로 전망하고 있다.
317) 공2014상, 897.

정 등기일: 2006. 12. 26.). 원고는 피고가 가장 유치권자에 불과하고, 피고
의 점유는 선행의 체납처분에 의한 압류와 가압류의 처분금지효에 위배
되어 원고(근저당권자 겸 경매신청권자)에게 대항할 수 없다며 피고를 상대
로 유치권 부존재확인 청구의 소를 제기하였다.

  2) 대법원 다수의견은 다음과 같은 이유로 체납처분압류가 되어 있
는 부동산이라도 그 사정만으로 경매절차가 개시되어 경매개시결정등기
가 되기 전에 부동산에 관하여 민사유치권을 취득한 유치권자가 경매절
차의 매수인에게 유치권을 행사할 수 없다고 볼 것은 아니라고 하였다.
① 부동산에 관한 민사집행절차에서는 경매개시결정과 함께 압류를 명하
므로 압류와 동시에 매각절차인 경매절차가 개시되지만, 국세징수법에 따
른 체납처분압류와 동시에 매각절차인 공매절차가 개시되지 않고, 체납처
분압류가 반드시 공매절차로 이어지는 것도 아니다. 또한 ② 체납처분절
차와 민사집행절차는 서로 별개의 절차로서 공매절차와 경매절차가 별도
로 진행되므로, 체납처분압류가 된 것을 경매절차에서의 경매개시결정에
따른 압류가 행하여진 경우와 마찬가지로 볼 수는 없다.

  이에 반하여 반대의견은[318] 국세징수법상 체납처분압류의 효력은 민
사집행절차에서 경매개시결정의 기입등기로 인한 부동산 압류의 효력과
같으므로, 조세체납자 소유의 부동산에 체납처분압류등기가 되어 압류의
효력이 발생한 후에 조세체납자가 제3자에게 그 부동산의 점유를 이전하
여 유치권을 취득하게 하는 행위는 체납처분압류권자가 체납처분압류를
통해 파악한 목적물의 교환가치를 감소시킬 우려가 있는 처분행위에 해
당하여 체납처분압류의 처분금지효에 저촉되므로 유치권으로 공매절차의
매수인에게 대항할 수 없다고 한다.

  본 전원합의체 판결의 다수의견과 반대의견은 유치권의 효력을 제한
하는 근거를 달리 보고 있다. 다수의견은 '경매절차의 법적 안정성'에서
찾은 반면[319] 반대의견은 '압류의 처분금지효'에서 찾고 있다.[320] 이에 따

---

318) 대법관 신영철, 대법관 민일영, 대법관 박보영의 반대의견.
319) 다수의견은 "부동산에 관하여 이미 경매절차가 개시되어 진행되고 있는 상태에

라 해당 사안에서 구체적으로 다른 결론에 이르렀다. 본 판결의 다수의
견은 체납처분압류가 경매개시결정에 따른 압류보다는 가압류와 비슷하
다고 본 것이다.[321]

　3) 본 전원합의체 판결은 체납처분압류가 가지는 법적 성격과 경매
현실에 관해서 검토한 다음 민사집행법상 경매개시결정에 따른 압류의
성격보다는 가압류와 유사한 성격(체납처분 압류와 동시에 매각절차인 공매절
차가 개시되지 않고, 반드시 공매절차로 이어지는 것도 아니어서 현실적인 매각절
차가 개시되었다고 볼 수 없음)을 가진다고 보아 가압류와 유치권에 관한
대법원 2011. 11. 24. 선고 2009다19246 판결과 법리적으로 일관성을 유
지하면서 체납처분압류 이후 유치권이 성립한 경우에도 유치권자가 그
이후의 매각절차의 매수인에게 유치권을 대항할 수 있다고 밝힌 선례로
서 의의가 있다.[322]

　서 비로소 그 부동산에 유치권을 취득한 경우에도 아무런 제한 없이 유치권자에게
　경매절차의 매수인에 대한 유치권의 행사를 허용하면 경매절차에 대한 신뢰와 절
　차적 안정성이 크게 위협받게 됨으로써 경매 목적 부동산을 신속하고 적정하게 환
　가하기가 매우 어렵게 되고 경매절차의 이해관계인에게 예상하지 못한 손해를 줄
　수도 있으므로, 그러한 경우에까지 압류채권자를 비롯한 다른 이해관계인들의 희
　생 하에 유치권자만을 우선 보호하는 것은 집행절차의 법적 안정성이라는 측면에
　서 받아들일 수 없다."라고 하였다.
320) 반대의견은 "대법원판례가 명시적으로 반복하여 선언하고 있는 바와 같이 민사
　집행절차인 경매절차에서 압류의 효력이 발생한 후에 점유를 이전받는 등으로 유
　치권을 취득한 경우 그 유치권의 취득은 압류의 처분금지효에 저촉되는 것이고,
　그렇기 때문에 경매절차의 매수인에게 대항할 수 없는 것이다. 체납처분압류의 법
　적 효력인 처분금지효가 경매절차에서의 압류의 처분금지효와 동일한 이상 체납처
　분압류 후에 점유를 이전받는 등으로 유치권을 취득하는 경우 그 유치권의 취득이
　체납처분압류의 처분금지효에 저촉되는 것은 당연한 이치이다."라고 하였다.
321) 김재형, 민법판례분석, 박영사(2015), 134면.
322) 황진구, "체납처분압류가 되어 있는 부동산에 유치권을 취득한 경우 경매절차의
　매수인에게 유치권을 행사할 수 있는지 여부", 사법 제29호, 사법발전재단(2014),
　368-400면; 이에 대하여 이계정, "체납처분압류와 유치권의 효력", 법학 제56권
　제1호, 서울대학교금융법센터(2015), 241-243면은 본 판결이 유치권의 효력을 제
　한하는 법리와 관련하여 종전에 문제가 있었던 '압류의 처분금지효 법리'에서 벗어
　나 '유치권 남용의 법리'로 전환할 수 있는 시발점이 되는 판결이라는 점에서 의의
　가 있다고 하고, 유치권 제한 법리의 법적 근거가 무엇인지 명확하게 밝히지 않은
　것이 문제인데, '경매절차의 법적 안정성과 신뢰'라는 모호한 표현보다는 '유치권
　남용'의 법리로 접근해야 한다고 한다.

4) 2011. 4. 4. 법률 제10527호로 개정된 국세징수법 제67조의2는 공매공고에 대한 등기 제도를 신설하였다. 위 개정규정은 2012. 1. 1. 시행 이후 최초 공매 공고하는 분부터 적용된다(부칙 제1조, 제5조). 본 전원합의체 판결 취지는 유치권 성립 당시 '현실적인 매각절차가 개시되었는지 여부'를 기준으로 매수인에게 대항할 수 있는지를 판단해야 한다는 것으로 볼 수 있는데, 이에 따르면, ① 체납처분에 따른 압류가 있더라도 공매절차 개시(2012. 1. 1. 이후에는 '공매공고 등기 시점'으로 볼 수 있을 것이다) 이전에 성립한 유치권의 경우에는 공매절차의 매수인에게 대항할 수 있고, 반면, ② 체납처분압류에 이어 공매절차가 개시되거나 경매절차가 개시된 다음에 성립한 유치권의 경우에는 공매(경매)절차의 매수인에게 대항할 수 없다고 보게 될 것이다.

8. 대법원 2013. 2. 28. 선고 2010다57350 판결[323)

[상사유치권자가 선행저당권자 또는 선행저당권에 기한 경매절차의 매수인에게 대항할 수 있는지]

대법원은, 채무자 소유의 부동산에 관하여 이미 선행저당권이 설정되어 있는 상태에서 채권자의 상사유치권이 성립한 경우, 상사유치권자가 선행저당권자 또는 선행저당권에 기한 임의경매절차에서 부동산을 취득한 매수인에 대한 관계에서 상사유치권으로 대항할 수 없다고 하였다.

경매로 인한 압류의 효력이 발생하기 전에 유치권을 취득한 경우 점유자는 유치권을 이유로 경매절차의 매수인에게 부동산 인도를 거절할 수 있다. 이는 유치권 취득시기가 근저당권 설정 이후라거나 유치권 취득 전에 설정된 근저당권에 기하여 경매절차가 개시되었는지와는 관계가 없다(대법원 2009. 1. 15. 선고 2008다70763 판결).

그러나 대법원은 본 판결을 통해서 상사유치권(상법 제58조)[324)에 관

---

323) 공2013상, 539.
324) 상사유치권에는 상인 사이의 유치권인 일반상사유치권(상법 제58조) 외에 대리상(상법 제91조), 위탁매매업(상법 제111조), 운송주선인(상법 제120조), 운송인(상법 제147조), 선장(상법 제807조)과 같이 특별한 종류의 영업에 관한 특별상사유치권이 있다.

하여 종전 위 대법원 2008다70763 판결의 법리를 제한하였는데, 그 이유
로 상법 제58조가 '상인간의 상행위로 인한 채권이 변제기에 있는 때에는
채권자는 변제를 받을 때까지 그 채무자에 대한 상행위로 인하여 자기가
점유하고 있는 채무자 소유의 물건 또는 유가증권을 유치할 수 있다.'고
하여 상사유치권이 유치권 성립을 위한 '채권과 목적물과의 견련관계'를
완화하는 대신 그 목적물을 '채무자 소유의 물건'으로 한정하고 있는데(상
법 제58조, 민법 제320조 제1항 참조), 이는 '상사유치권은 그 성립 당시 채
무자가 목적물에 대하여 보유하고 있는 담보가치만을 대상으로 하는 제
한물권이라는 의미를 담고 있다. 따라서 유치권 성립 당시에 이미 그 목
적물에 대하여 제3자가 권리자인 제한물권이 설정되어 있다면, 상사유치권
은 그와 같이 제한된 채무자의 소유권에 기초하여 성립할 뿐이고, 기존의
제한물권이 확보하고 있는 담보가치를 사후적으로 침탈하지는 못한다고
보아야 한다.'고 하여 이른바 상대적 대항력이라는 효과를 도출하고 있다.

　　본 판결에 대해서는 담보가치를 사후적으로 침탈하지 못하도록 한
결론에 대하여는 대체로 타당하다고 보는 견해가 많다.[325] 이에 대하여
결론은 바람직하지만 상사유치권에 관한 규정에서 상대적 대항력을 인정
할 수 있는 표현을 사용하고 있지 않으므로, 본 판결은 법해석의 한계를
벗어나 '선취된 입법'을 한 것이 아닌지 의문을 제기하는 견해[326]가 있다.

　　본 판결은 법률 문언의 형식적 의미나 기존의 법리에 머무르지 않
고, 위 문언을 유연하고 창조적으로 해석함으로써 상사유치권의 성립범위

---

325) 박양준, "부동산 상사유치권의 대항범위 제한에 관한 법리", 법과 정의 그리고
　　사람: 박병대 대법관 재임기념 문집(2017), 947-964면; 김연우, "상사유치권에 부동
　　산이 포함되는지 여부 및 선행 저당권자와의 관계", 재판과 판례 제22집, 대구판례
　　연구회(2013), 344-384면은 상사유치권이 상인간 신속 원활한 거래 촉진을 위한
　　제도로서 주로 동산이나 유가증권에 대하여 인정되었다는 점을 비롯하여 채권과
　　목적물과의 견련관계를 요하지 않는 등 민사유치권과 성립요건의 차이에 비추어
　　본 판결이 대항력부정설을 취하여 부동산 상사유치권 인정에 따른 영향을 최소화
　　한 것은 적절하지만 상사유치권의 목적물에 부동산을 포함한 대법원 2013. 5. 24.
　　선고 2012다39769 판결과 결합하여 사회적으로 큰 영향을 줄 수 있으므로 입법을
　　통한 해결이 바람직하다고 한다.; 김재형, 민법판례분석, 박영사(2015), 127-130면.
326) 김재형, 민법판례분석, 박영사(2015), 130면.

나 대항할 수 있는 범위를 제한하여 상사유치권으로 인한 폐해를 줄이고 이해관계인들의 권리관계의 우열을 합리적으로 조정하려고 하였다는 점에서 의의를 찾을 수 있다.[327] 본 판결 이후 대법원 2013. 3. 28. 선고 2012다94285 판결도 같은 취지로 판단하였다.

9. 대법원 2016. 3. 10. 선고 2013다99409 판결[328]

[근저당권자가 유치권 신고를 한 사람을 상대로 유치권의 부존재 확인을 구할 법률상 이익이 있는지]

대법원은, 「민사집행법 제268조에 의하여 담보권의 실행을 위한 경매절차에 준용되는 같은 법 제91조 제5항에 따르면 유치권자는 경락인에 대하여 피담보채권의 변제를 청구할 수는 없지만 자신의 피담보채권이 변제될 때까지 유치목적물인 부동산의 인도를 거절할 수 있어 경매절차의 입찰인들은 낙찰 후 유치권자로부터 경매목적물을 쉽게 인도받을 수 없다는 점을 고려하여 입찰하게 되고 그에 따라 경매목적 부동산이 그만큼 낮은 가격에 낙찰될 우려가 있다. 이와 같이 저가낙찰로 인해 경매를 신청한 근저당권자의 배당액이 줄거나 경매목적물 가액과 비교하여 거액의 유치권 신고로 매각 자체가 불가능하게 될 위험은 경매절차에서 근저당권자의 법률상 지위를 불안정하게 하는 것이므로, 위 불안을 제거하는 근저당권자의 이익을 단순한 사실상·경제상의 이익이라고 볼 수는 없다.[329] 따라서 근저당권자는 유치권 신고를 한 사람을 상대로 유치권 전부의 부존재뿐만 아니라 경매절차에서 유치권을 내세워 대항할 수 있는 범위를 초과하는 유치권의 부존재 확인을 구할 법률상 이익이 있다. 심리 결과 유치권 신고를 한 사람이 유치권의 피담보채권으로 주장하는 금액의 일부만 경매절차에서 유치권으로 대항할 수 있는 것으로 인정되는

---

327) 권영준, "세밀한 정의를 향한 여정 - 박병대 대법관의 민사판결 분석 -", 법과 정의 그리고 사람; 박병대 대법관 재임기념 문집(2017), 44-47면.
328) 공2016상, 566.
329) 대법원 2004. 9. 23. 선고 2004다32848 판결에서 일반 법리가 아닌 원심의 판단을 요약하고 이를 수긍하는 방식으로 이미 판단한 바 있다.

경우에는 법원은 특별한 사정이 없는 한 그 유치권 부분에 대하여 일부 패소의 판결을 하여야 한다.」고 하였다.

본 판결은 담보권실행 경매에서 근저당권자는 유치권 신고를 한 사람을 상대로 유치권 부존재 확인의 소를 제기할 확인의 이익이 있다는 점을 분명히 하고, 심리 결과 유치권의 피담보채권으로 주장하는 금액 중 일부만 유치권으로 대항할 수 있는 것으로 밝혀진 경우, 법원이 전부패소 판결('원고의 청구를 기각한다')이 아니라 그 부분에 대해서만 일부 패소판결('이 사건 부동산에 관한 피고의 유치권은 피담보채권 ○○○○원을 초과하여서는 존재하지 않음을 확인한다')을 해야 한다고 하여 법원으로 하여금 유치권의 피담보채권의 존재와 그 범위에 관해서 구체적으로 심리하고, 피담보채권 중 일부만 인정될 경우 그 범위를 특정해서 판단하도록 함으로써 권리구제를 도모하였다는 점에서 의의를 찾을 수 있다.

이후 선고된 대법원 2018. 7. 24. 선고 2018다221553 판결(미간행)은 부동산 임의경매절차에서의 매수인이 유치권을 신고한 사람을 상대로 유치권의 부존재 확인청구를 하는 경우에도 위 법리가 마찬가지로 적용된다고 판단하였다.

대법원 2020. 1. 16. 선고 2019다247385 판결은,[330] 경매절차가 진행되어 매각이 된 이후 확인의 이익에 관해서 다음과 같이 판단하였다. 「① 경매절차에서 유치권이 주장되었으나 소유부동산 또는 담보목적물이 매각되어 그 소유권이 이전되어 소유권을 상실하거나 근저당권이 소멸하였다면, 소유자와 근저당권자는 유치권의 부존재 확인을 구할 법률상 이익이 없다. ② 경매절차에서 유치권이 주장되지 않은 경우에는, 담보목적물이 매각되어 그 소유권이 이전됨으로써 근저당권이 소멸하였더라도 채권자는 유치권의 존재를 알지 못한 매수인으로부터 민법 제575조, 제578조 제1항, 제2항에 의한 담보책임을 추급당할 우려가 있고, 위와 같은 위

---

330) 공2020상, 417.

험은 채권자의 법률상 지위를 불안정하게 하는 것이므로, 채권자인 근저당
권자로서는 위 불안을 제거하기 위하여 유치권 부존재 확인을 구할 법률상
이익이 있다. ③ 반면 채무자가 아닌 소유자는 위 각 규정에 의한 담보책임
을 부담하지 않으므로, 유치권의 부존재 확인을 구할 법률상 이익이 없다.」

위 ③ 부분과 관련해서는, 대법원 1988. 4. 12. 선고 87다카2641 판
결은 '민법 제578조 제1항의 채무자에는 임의경매에 있어서의 물상보증인
도 포함되는 것이므로 경락인이 그에 대하여 적법하게 계약해제권을 행
사했을 때에는 물상보증인은 경락인에 대하여 원상회복의 의무를 진다'고
판단한 바 있는데, 이를 간과한 것으로 보인다.

10. 대법원 2013. 11. 14. 선고 2013다27831 판결[331]

**[대항력과 우선변제권을 모두 가진 임차인이 임차주택에 대하여
스스로 강제경매를 신청한 경우, 우선변제를 받기 위해서 따로
배당요구를 해야 하는지]**

1) 원고는 2008. 9. 임대인으로부터 주택을 임차보증금 8천만 원, 임
대차기간은 2년으로 정하여 임차하고 같은 날 인도와 주민등록을 마친
다음 임대차계약서에 확정일자를 받았다. 이후 피고 A, B, C, D가 해당
주택을 가압류하고, 피고 D가 2009. 8. 위 주택에 대한 강제경매신청을
하였으나 1차례 유찰된 다음 무잉여로 경매신청이 기각되었다(원고는 배당
요구종기까지 배당요구를 한 적이 없다). 원고는 임대차기간 만료 이후 임대
인을 상대로 임차보증금반환청구의 소를 제기하여 2011. 7. 승소 확정판
결을 받은 다음 해당 주택에 대한 강제경매를 신청하여 약 9,100만 원에
매각되었는데, 원고는 배당요구 종기(2011. 9. 21.)까지 따로 배당요구서를
제출하지 않았다. 집행관이 작성한 현황조사보고서에는 원고의 임대차관
계가 나타나 있고 전입신고된 원고의 주민등록등본이 첨부되었으며, 매각
물건명세서에도 원고의 임대차관계가 표시되어 있다. 집행법원이 경매신
청권자인 원고와 일반채권자 피고 A, B, C, D에 대하여 채권액 비율대로

안분배당을 하는 내용으로 배당표를 작성하자 원고가 배당이의하고 배당이의의 소를 제기하였다.

　원심은 원고가 경매신청권자의 지위와 우선변제권이 있는 임차인의 지위를 겸유하지만 우선변제를 받기 위해서는 배당요구 종기까지 따로 배당요구서는 아니더라도 우선변제권이 있음을 소명하는 서류를 경매법원에 제출해야 하는데, 이들 서류가 배당요구 종기까지 제출되었다고 볼 수 없으므로 우선변제권을 인정할 수 없고, A의 석명의무 위반 주장에 관해서는 A의 강제집행신청이 일반채권자로서 배당요구를 한 것임이 분명하므로 법원에 석명의무가 있다고 보기 어렵다고 판단하였다.

　대법원은, 주택임대차보호법상의 대항력과 우선변제권을 모두 가지는 임차인이 보증금을 반환받기 위하여 보증금반환청구 소송의 확정판결 등 집행권원을 얻어 임차주택에 대하여 스스로 강제경매를 신청하였다면 특별한 사정이 없는 한 대항력과 우선변제권 중 우선변제권을 선택하여 행사한 것으로 보아야 하고, 이 경우 우선변제권을 인정받기 위하여 배당요구의 종기까지 별도로 배당요구를 할 필요는 없으며, 그 경매절차에서 집행관의 현황조사 등을 통하여 경매신청채권자인 임차인의 우선변제권이 확인되고 그러한 내용이 현황조사보고서, 매각물건명세서 등에 기재된 상태에서 경매절차가 진행되어 매각이 이루어졌다면, 특별한 사정이 없는 한 경매신청채권자인 임차인은 배당절차에서 후순위권리자나 일반채권자보다 우선하여 배당받을 수 있다고 하여 원심판결을 파기하였다.

　2) 이 사건에서 원고는 주택임대차보호법상 대항력과 우선변제권을 모두 가진 임차인으로서 피고 D에 의하여 개시된 선행 경매절차에서 집행권원 없이 권리신고와 함께 배당요구를 하여 우선변제권을 행사할 수 있었는데, 이를 행사하지 않았다(배당요구 종기까지 배당요구를 한 적이 없다). 선행경매 당시 임대차기간이 남아 있었던 원고로서는 대항력을 통해서 임대인 지위를 승계하는 매수인에게 임차권을 주장하고 이후 임차보증금반환청구를 할 수 있었기 때문이다. 그런데 선행 경매절차가 무잉여를 이유로 취소되고, 다른 경매절차가 없는 상태에서 임대차기간이 만

료된 원고가 보증금을 반환받기 위해서 보증금반환청구 소송 등을 통해서 집행권원을 확보한 다음 스스로 강제집행을 할 수밖에 없게 되었다. 이 경우 원고가 스스로 개시한 경매절차에서 우선변제권을 행사하기 위해서 배당요구 종기까지 따로 배당요구를 해야 하는지가 문제되었다.[332)]

대항력과 우선변제권을 동시에 갖고 있던 임차인이 임대차기간이 만료됨에 따라 스스로 집행권원(판결)을 확보하여 강제경매를 신청한 경우, 특별한 사정이 없는 한 그 진정한 의사는 이미 경매가 진행된 불안정한 주거에서 벗어나 우선변제를 받기 위한 것이지 대항력을 주장하기 위한 것은 아니라고 보는 것이 합리적이고, 일반 사회통념에 부합한다.[333)] 그와 같이 본다고 해서 다른 일반채권자나 후순위채권자들의 예견가능한 범위를 벗어나는 것으로도 볼 수 없다. ① 대항력과 우선변제권 두 가지 권리를 함께 가진 임차인이 경매절차에서 우선변제권을 행사하더라도 보증금이 모두 변제되지 않으면 매수인에 대하여 이를 반환받을 때까지 임대차관계의 존속을 주장할 수 있어(주택임대차보호법 제3조의5, 대법원 2006. 2. 10. 선고 2005다21166 판결[334)]), 임차인으로서는 우선변제권을 행사하지

---

332) 주택임차인은 경매절차에서의 이해관계인으로(민사집행법 제90조 제4호) 권리신고를 하더라도 당연히 배당을 받는 것은 아니고 따로 배당요구를 해야 하는데 (민사집행법 제148조 제2호), 임차인이 권리신고를 하면서 배당요구의 자격을 소명하는 데 필요한 서면을 모두 첨부한 경우에는 그 실질을 보아 배당요구를 함께 한 것으로 보고 있다. 실무상 법원에 비치된 권리신고 및 배당요구 신청서 양식을 이용하도록 하고 있다[법원실무제요, 민사집행 Ⅲ(부동산집행 2), 사법연수원(2020), 61면].

333) 김현선, "대항력과 우선변제권을 갖춘 임차인이 강제경매를 신청한 경우 배당요구를 하지 않아도 일반 채권자보다 우선하여 배당받을 수 있는지 여부", 홍익법학 제15권 제1호(2014), 938면.

334) 대법원 1993. 12. 24. 선고 93다39676 판결; 대법원 2006. 2. 10. 선고 2005다21166 판결(주택임대차보호법상의 대항력과 우선변제권의 두 가지 권리를 함께 가지고 있는 임차인이 우선변제권을 선택하여 제1경매절차에서 보증금 전액에 대하여 배당요구를 하였으나 보증금 전액을 배당받을 수 없었던 때에는 경락인에게 대항하여 이를 반환받을 때까지 임대차관계의 존속을 주장할 수 있을 뿐이고, 임차인의 우선변제권은 경락으로 인하여 소멸하는 것이므로 제2경매절차에서 우선변제권에 의한 배당을 받을 수 없는바, 이는 근저당권자가 신청한 1차 임의경매절차에서 확정일자 있는 임대차계약서를 첨부하거나 임차권등기명령을 받아 임차권등기

않을 이유가 없고, ② 강제경매개시결정의 등기, 현황조사서, 매각물건명
세서를 통해서 우선변제권 있는 임차인의 존재가 공시되었다고 볼 수 있
기 때문이다. 이 사건에서는 특히 선행 경매절차가 우선변제권이 있는
원고의 존재로 인하여 무잉여 기각되었다는 점에서도 뒷받침된다.

본 판결의 결론은 법리적으로도 타당하다. 주택임대차보호법 제3조의2
제2항은 대항요건과 확정일자를 갖춘 임차인이 경매절차에서 후순위권리
자나 그 밖의 채권자보다 우선해서 변제받을 권리(우선변제권)가 있다고
정하고 있을 뿐 우선변제권을 행사하는 방법을 제한하고 있지 않다. 경
매신청은 경매절차가 개시·진행되도록 하는 주도적인 행위인 반면 배당
요구는 다른 채권자가 신청한 경매절차에 종속적으로 참가하는 행위이
다.335) 동일한 채권자가 같은 채권에 기하여 스스로 신청한 경매절차에서
다른 채권자가 신청한 경매절차를 전제로 하는 배당요구도 해야 한다는
것은 법리적으로 맞지 않다.336)

이 경우 경매신청권자이면서 우선변제권을 가진 임차인의 집행법상
의 지위를 어떻게 볼 것인지 문제되는데, 임차권등기명령에 의하여 임차
권등기를 한 임차인의 지위(대법원 2005. 9. 15. 선고 2005다33039 판결)와 유
사하게 민사집행법 제148조 제4호에서 정한 '저당권·전세권, 그 밖의 우
선변제청구권으로서 첫 경매개시결정등기 전에 등기되었고 매각으로 소
멸하는 것을 가진 채권자'에 준해서 따로 배당요구를 하지 않아도 당연히
배당받을 채권자로 보는 것이 타당하다.337)

3) 이에 대하여 본 판결의 결론이 주택임대차보호법상의 정신에 부

를 하였음을 근거로 하여 배당요구를 하는 방법으로 우선변제권을 행사한 것이 아
니라, 임대인을 상대로 보증금반환청구 소송을 제기하여 승소판결을 받은 뒤 그
확정판결에 기하여 1차로 강제경매를 신청한 경우에도 마찬가지이다) 등.
335) 법원실무제요, 민사집행 Ⅲ(부동산집행 2), 사법연수원(2020), 3-4면.
336) 이원, "2013년 분야별 중요판례분석-민사집행법-", 2014. 3. 27.자 법률신문,
12면.
337) 김현선, "대항력과 우선변제권을 갖춘 임차인이 강제경매를 신청한 경우 배당
요구를 하지 않아도 일반 채권자보다 우선하여 배당받을 수 있는지 여부", 홍익법학
제15권 제1호(2014), 930-931면.

합하지만 절차법적인 측면에서, 원고가 어느 절차를 따를지 선택하지 않았는데 법원이 우선변제권을 선택한 것으로 간주하고, 경매신청권자라고 해서 배당요구권자에 요구되는 절차규정을 전면 배제하는 것이 타당한지 의문이라고 하면서 집행절차의 기회보장과 절차의 안정 확보 측면에서 당사자의 절차선택 의사를 간주하기 보다는 석명권을 적절히 행사하여 절차선택을 명확하게 하고, 그것을 판단의 기초로 삼아야 할 것이라고 보는 견해가 있다.[338] 법원실무에서는 배당요구절차 등에서 분명하게 드러나지 않는 우선변제권자가 등장하는 문제가 있으므로 집행법원으로서는 사전에 석명권을 적절하게 행사하여 매각조건을 분명하게 해야 한다고 한다.[339]

4) 본 판결은 주택임대차보호법상 대항력과 우선변제권을 모두 가진 임차인이 보증금을 반환받기 위해서 집행권원을 얻은 뒤 임차주택에 대한 강제경매를 신청한 경우, 우선변제권 있는 임차인의 존재가 현황조사서나 매각물건명세서를 통해 충분히 드러나 있다면 특별한 사정이 없는 한 우선변제권을 행사한 것으로 볼 수 있어 우선변제를 받기 위해서 따로 배당요구 종기까지 배당요구를 할 필요가 없다는 점을 처음으로 명확하게 밝힌 선례로서 의의를 찾을 수 있다.

11. 대법원 2015. 11. 17. 선고 2014다10694 판결[340]
[최선순위 전세권자의 채권자가 그 전세권에 대하여 배당요구를 할 수 있는 경우와 그 방법]
대법원은, 민사집행법 제91조 제3항, 제4항[341]에 비추어 최선순위의

---

338) 함영주, "임차인의 경매신청만으로 우선변제권 선택 의사로 볼 수 있는지 여부", 2013. 12. 23.자 법률신문, 이에 대하여 김현선, "대항력과 우선변제권을 갖춘 임차인이 강제경매를 신청한 경우 배당요구를 하지 않아도 일반 채권자보다 우선하여 배당받을 수 있는지 여부", 홍익법학 제15권 제1호(2014), 936−940면은 집행법원이 석명권을 행사했지만 임차인이 이를 명확하게 하지 않은 경우 집행법원이 어떻게 처리할 것인지 대안이 없다는 점에서 난점이 있다고 하고, 다만 실무적으로 임차인에게 선택권 행사 여부를 통지하고 확답이 없는 경우 우선변제권 행사의 사로 보는 절차상 운용이 필요하다고 본다.
339) 법원실무제요, 민사집행 Ⅲ(부동산집행 2), 사법연수원(2020), 61면.
340) 공2015하, 1889.

전세권은 존속기간에 상관없이 오로지 전세권자의 배당요구에 의해서만 소멸하는데(전세권자가 배당요구를 하지 않으면 매수인에게 인수된다), 전세권이 존속기간의 만료, 합의해지 등으로 종료하면 전세권의 용익물권적 권능이 소멸하고 담보물권적 권능만 남게 되므로, 이 경우 최선순위 전세권자의 채권자는 전세권이 설정된 부동산에 대한 경매절차에서 채권자대위권에 기하거나 전세금반환채권에 대하여 압류 및 추심명령을 받은 다음 추심권한에 기하여 자기 이름으로 전세권에 대한 배당요구를 할 수 있다고 하였다.

나아가 이때 집행법원이 매각절차에서 전세권의 존속여부 등을 직접 조사하지 않고, 법정 갱신된 경우에는 등기부만으로 실제 존속 기간이 만료되었는지 알 수 없는 점에 비추어, 최선순위 전세권자의 채권자는 채권자대위권 행사의 요건을 갖추었다거나 전세금반환채권에 대하여 압류 및 추심명령을 받았다는 것과 함께 민사집행규칙 제48조 제2항에서 정한 '배당요구의 자격을 소명하는 서면'으로 전세권이 존속기간의 만료 등으로 종료하였다는 점에 관한 소명자료를 배당요구의 종기까지 제출하여야 한다고 하였다.

12. 대법원 2013. 11. 14. 선고 2013다18622, 18639 판결[342)

[경매로 부동산이 매각되어 가압류등기가 말소되고 가압류채권자의 채권에 대한 배당액이 공탁된 경우, 가압류로 인한 시효중단사유의 종료시점]

1) 피고(반소원고, 수급인)가 원고(반소피고, 도급인)에 대하여 갖는 약 6억 원의 공사대금채권(시효기간 3년)을 피보전채권으로 하여 원고 소유의

---

341) 제91조(인수주의와 잉여주의의 선택 등)

    ③ 지상권·지역권·전세권 및 등기된 임차권은 저당권·압류채권·가압류채권에 대항할 수 없는 경우에는 매각으로 소멸된다.

    ④ 제3항의 경우 외의 지상권·지역권·전세권 및 등기된 임차권은 매수인이 인수한다. 다만, 그중 전세권의 경우에는 전세권자가 제88조에 따라 배당요구를 하면 매각으로 소멸된다.

342) 공2013하, 2201.

부동산을 가압류하였는데, 선순위근저당권자의 임의경매 신청으로 부동산
이 매각되고 가압류등기가 말소되었으며 이후 배당절차에서 피고가 가압
류권자로서 약 9,600만 원을 배당받는 것으로 배당표가 작성되어 배당액
이 공탁되었다. 이후 7년이 지나 원고가 채무부존재확인의 소를 제기하
자 피고가 공사대금청구의 반소를 제기한 사안이다.

　　2) 대법원은, 「가압류에 의한 시효중단은 경매절차에서 부동산이 매
각되어 가압류등기가 말소되기 전에 배당절차가 진행되어 가압류채권자
에 대한 배당표가 확정되는 등의 특별한 사정이 없는 한, 채권자가 가압
류집행에 의하여 권리행사를 계속하고 있다고 볼 수 있는 가압류등기가
말소된 때 그 중단사유가 종료되어, 그때부터 새로 소멸시효가 진행한다
고 봄이 타당하고, 매각대금 납부 후의 배당절차에서 가압류채권자의 채
권에 대하여 배당이 이루어지고 배당액이 공탁되었다고 하여 가압류채권
자가 그 공탁금에 대하여 채권자로서 권리행사를 계속하고 있다고 볼 수
는 없으므로 그로 인하여 가압류에 의한 시효중단의 효력이 계속된다고
할 수 없다.」고 하였다.

　　부동산에 대한 경매절차에서 경매개시결정등기 전에 등기된 가압류
채권자는 매각대금으로부터 배당을 받고(민사집행법 제148조 제3호), 가압류
채권자의 채권에 대한 배당액은 공탁을 하여야 하며(같은 법 제160조 제1항
제2호), 그 가압류채권자의 가압류등기는 매수인이 인수하지 않은 부동산
의 부담으로서 매각대금이 납부되면 집행법원의 법원사무관등이 말소등
기의 촉탁을 하여야 한다(같은 법 제144조 제1항 제2호). 이와 같이 가압류
는 강제집행을 보전하기 위한 것으로서 경매절차에서 부동산이 매각되면
그 부동산에 대한 집행보전의 목적을 다하여 효력을 잃고 말소된다.

　　3) 가압류로 인한 시효중단의 효력에 관해서 대법원 2000. 4. 25.
선고 2000다11102 판결[343]은 '가압류가 집행된 뒤에도 그로 인한 집행보

---

[343] 위 대법원 판결은 '가압류의 피보전채권에 관하여 본안의 승소판결이 확정되더
　　라도 가압류로 인한 시효중단의 효력이 이에 흡수되어 소멸한다고 볼 수 없다'고
　　하였다.

전의 효력이 존속하는 동안은 가압류채권자 권리행사를 계속하고 있는 것으로 볼 수 있어 시효중단의 효력이 계속된다'는 입장(계속설)을 취하였고, 이후 대법원 2003. 10. 23. 선고 2003다26082 판결, 2006. 7. 27. 선고 2006다32781 판결로 같은 입장임을 재확인하였다.

　　이러한 대법원의 입장에 대해서는 초기 찬성하는 견해도 있었으나 최근에는 비판적으로 보는 견해가 많은 듯하다.[344] 비계속설의 주요 논거는 ① 가압류 등 보전집행이 종료한 이후에도 채권자가 권리행사를 계속한다고 보는 것은 지나친 의제에 불과하고, ② 임시적 보전조치에 불과한 가압류 등에 대하여 다른 본격적인 조치가 없는데도 시효중단의 효력이 계속된다고 보는 것은 다른 중단 사유와 균형이 맞지 않으며, ③ 특히 보전집행의 효력이 존속하는 한 영구히 시효중단 효력이 계속될 수 있어 보전재판으로 본안소송에서 인정되는 것 이상을 얻을 수 있게 되어 지나치다는 것 등으로 요약할 수 있다.

　　이후 대법원 2011. 1. 13. 선고 2010다88019 판결은, 가압류결정 후 제소기간 도과를 이유로 가압류가 취소된 사안에서, 채권의 소멸시효가 가압류로 인하여 중단되었다가 제소기간의 도과로 가압류가 취소된 때로부터 다시 진행된다고 한 원심의 판단을 수긍하였다. 대법원 2011. 5. 13. 선고 2011다10044 판결은 유체동산에 대한 가압류 집행절차에 착수하지 않은 경우에는 시효중단 효력이 없고, 집행절차를 개시하였으나 가압류할 동산이 없기 때문에 집행불능이 된 경우에는 집행절차가 종료된 때로부터 시효가 새로이 진행된다고 하였다.

　　본 판결에 대해서는 가압류채권자는 집행권원을 얻어 스스로 본 집행을 하는 대신 다른 채권자가 신청한 집행절차에 참가하여 배당을 받을 수도 있는데, 배당요구나 채권신고의 방법으로 권리를 행사한 경우에는 '배당표 확정시'에 소멸시효가 다시 진행한다고 보아야 하므로, 본 판결이 시효중단의 종기를 '집행절차가 종료하는 배당표 확정 시가 아닌 그보다

---

[344] 노재호, "집행절차와 소멸시효중단 – 현행 민법의 해석론을 중심으로", 사법논집 제70집, 사법발전재단(2020), 374–377면은 견해의 대립과 논거를 잘 정리해 놓고 있다.

앞선 가압류등기 말소 시'라고 판단한 것은 가압류채권자가 배당요구나 채권신고를 하지 않은 경우에 한하는 것으로 보아야 하므로, '원칙적으로 배당표 확정 시'로 보는 것이 타당하다는 견해가 있다.[345]

이 사건 역시 가압류권자가 해당 경매절차에서 따로 배당요구 등을 하지 않았던 사안이었다. 가압류채권자가 집행권원을 얻어 배당요구를 하는 사례가 많지 않고, 이러한 배당요구나 권리신고가 없는 경우에 이루어지는 가압류채권자의 미확정 채권에 대한 배당액의 집행공탁(민사집행법 제160조 제1항 제2호) 사안에 대한 판단인 점을 감안하면 본 판결의 법리가 예정하고 있는 사안의 범위(사정거리)에는 가압류채권자가 경매절차에서 배당요구 등을 한 사안은 포함되지 않는다고 보아야 할 것이다.

4) 본 판결은, 다른 채권자가 신청한 경매절차에서 부동산이 매각되어 가압류등기가 말소되고 가압류채권자에 대한 배당이 이루어지는 경우 가압류로 인한 시효중단의 효력이 언제까지 계속되는지(원칙적 가압류등기 말소 시)에 관하여 명확하게 밝힌 선례로서 의의가 있다.

13. 대법원 2017. 1. 25. 선고 2016다28897 판결[346]

[원인 없이 부동산가압류등기가 말소된 이후 제3취득자의 채권자에 의한 경매절차에서 매수인이 매각대금을 다 낸 경우 가압류의 효력]

대법원은, 부동산에 관하여 가압류등기가 마쳐졌다가 등기가 아무런 원인 없이 말소되었다는 사정만으로는 곧바로 가압류의 효력이 소멸하는 것은 아니지만, 가압류등기가 원인 없이 말소된 이후에 부동산의 소유권이 제3자에게 이전되고 그 후 제3취득자의 채권자 등 다른 권리자의 신청에 따라 경매절차가 진행되어 매각허가결정이 확정되고 매수인이 매각대금을 다 낸 때에는, 경매절차에서 집행법원이 가압류의 부담을 매수인이 인수할 것을 특별매각조건으로 삼지 않은 이상 원인 없이 말소된 가

---

345) 노재호, "집행절차와 소멸시효중단 – 현행 민법의 해석론을 중심으로", 사법논집 제70집, 사법발전재단(2020), 379 – 380면.
346) 공2017상, 466.

압류의 효력은 소멸한다고 판단하였다.

14. 대법원 2015. 4. 23. 선고 2014다53790 판결[347]

[담보권 실행을 위한 경매에서 진정한 소유자와 경매개시결정기입등기 당시 소유자로 등기된 사람이 다른 경우 배당이의의 소를 제기할 원고적격, 채권자가 제기한 배당이의의 소와 채무자나 소유자가 제기한 배당이의의 소의 심리대상]

대법원은, 경매개시결정기입등기 당시 소유자로 등기되어 있는 사람은 설령 진정한 소유자가 따로 있는 경우일지라도 그 명의의 등기가 말소되거나 이전되지 않은 이상 경매절차의 이해관계인에 해당하므로, 배당표에 대하여 이의를 진술할 권한이 있고, 그 후 배당이의의 소를 제기할 원고적격도 있다고 판단하였다.[348]

나아가 대법원은, '채권자는 자기의 이해에 관계되는 범위 안에서만 다른 채권자를 상대로 그의 채권 또는 그 채권의 순위에 대하여 이의할 수 있으므로(민사집행법 제151조 제3항), 채권자가 제기한 배당이의의 소에서 승소하기 위하여는 피고의 채권이 존재하지 아니함을 주장·증명하는 것만으로 충분하지 않고 원고 자신이 피고에게 배당된 금원을 배당받을 권리가 있다는 점까지 주장·증명하여야 해야 한다(대법원 2012. 7. 12. 선고 2010다42259 판결).[349] 그러나 채무자나 소유자에게는 위와 같은 제한이

---

347) 공2015상, 736.

348) 반면에 대법원 2002. 9. 4. 선고 2001다63155 판결은, '제3자 소유의 물건이 채무자의 소유로 오인되어 강제집행목적물로서 경락된 경우에도 그 제3자는 경매절차의 이해관계인에 해당하지 아니하므로 배당기일에 출석하여 배당표에 대한 실체상의 이의를 신청할 권한이 없으며, 따라서 제3자가 배당기일에 출석하여 배당표에 대한 이의를 신청하였다고 하더라도 이는 부적법한 이의신청에 불과하고, 그 제3자에게 배당이의 소를 제기할 원고적격이 없다'고 하였다.

349) 이후 선고된 대법원 2021. 6. 24. 선고 2016다269698 판결은, 위와 같은 법리는 채무자가 체결한 근저당권설정계약에 관하여 채권자가 사해행위취소의 소를 제기함과 아울러 그 원상회복으로 배당이의의 소를 제기하는 경우에도 마찬가지로 적용된다고 하여, 원고가 이 사건 각 부동산 중 채무자 소유의 9/10 지분에 관하여 경매개시결정등기 전에 등기된 가압류채권자 및 경매신청을 한 압류채권자로서 그 9/10 지분에 관한 매각대금만 배당받을 수 있을 뿐, 채무자가 제3자에게 이전한

없을 뿐만 아니라(민사집행법 제151조 제1항), 채무자나 소유자가 배당이의
의 소에서 승소하면 집행법원은 그 부분에 대하여 배당이의를 하지 않
은 채권자를 위하여서도 배당표를 바꾸어야 하므로(민사집행법 제161조 제
2항 제2호), 채무자나 소유자가 제기한 배당이의의 소에서는 피고로 된
채권자에 대한 배당액 자체만 심리대상이고, 원고인 채무자나 소유자로서
도 피고의 채권이 존재하지 않음을 주장·증명하는 것으로 충분하다'고
하였다.

15. 대법원 2011. 5. 26. 선고 2011다16592 판결350)

[배당기일부터 1주 이내에 청구이의의 소 제기 사실 증명서류와
그 소에 기한 집행정지재판의 정본이 제출되지 않았는데 배당을
실시하지 않고 있는 동안 청구이의의 소가 채권자 패소로 확정된
경우 당초 배당표와 달리 배당할 수 있는지]

채무자인 피고는 배당기일에 이의한 다음 배당이의의 소와 청구이의
의 소를 모두 제기하였지만 집행법원에는 1주일이 지난 다음 청구이의의
소에 따른 잠정처분 정본만을 제출하였다(배당이의의 소제기 증명도 제출하
지 않았고, 이후 배당이의의 소를 취하하였다). 집행법원은 1주 이내에서 집행
정지서류가 제출되지 않았는데도 배당절차를 정지한 다음 청구이의의 소
에서 피고가 일부 승소(원고의 지급명령에 기한 강제집행은 520여 만 원을 초
과하는 부분에 한해 강제집행을 불허함)하자 청구이의 소송 결과를 반영하여
추가배당표를 작성하였다. 이에 원고가 그 추가배당과 관련하여 배당이
의의 소를 제기하였다.

원심(=제1심)은 배당절차에 하자가 있지만 청구이의의 소에 따른 원
고의 채권이 추가배당표에서 인정된 금액을 초과하지 않는다는 이유로

나머지 1/10 지분에 관한 매각대금에 대해서는 배당요구 없이 배당받을 자격을 갖
추지 못했고 배당요구의 종기 전에 적법하게 배당요구를 한 것도 아니어서 배당받
을 수 없다는 이유로, 제3채무자의 1/10 지분에 대한 매각대금을 포함하여 원고의
배당액을 정한 원심 판결을 파기환송하였다.
350) 공2011하, 1301.

원고 청구를 기각하였다. 대법원은, 집행력 있는 집행권원을 가진 채권자에 대하여 이의한 채무자는 배당기일부터 1주 이내에 청구이의의 소 제기 사실 증명서류와 아울러 그 소에 기한 집행정지재판의 정본을 집행법원에 제출하여야 하고, 채무자가 그중 어느 하나라도 제출하지 않으면, 집행법원으로서는 채무자가 실제로 위 기간 내에 청구이의의 소를 제기하고 그에 따른 집행정지재판을 받았는지 여부와 관계없이 채권자에게 당초 배당표대로 배당을 실시하여야 하고, 배당을 실시하지 않고 있는 동안에 청구이의의 소에서 채권자가 패소한 판결이 확정되었더라도 마찬가지로 보아야 한다고 하였다.

그 이유로 구 민사소송법(2002. 1. 26. 법률 제6626호로 전부 개정되기 전의 것) 제592조가 "이의가 완결하지 아니한 때에는 이의를 신청한 채권자는 타채권자에 대하여 소를 제기한 것을 기일로부터 7일의 기간 내에 법원에 증명하여야 한다. 그 기간을 도과한 후에는 법원은 이의에 불구하고 배당의 실시를 명하여야 한다."고 규정하였던 것과 달리, 민사집행법 제154조 제2항, 제3항은 "집행력 있는 집행권원의 정본을 가진 채권자에 대하여 이의한 채무자는 청구이의의 소를 제기하여야 한다. 이의한 채무자가 배당기일부터 1주 이내에 집행법원에 대하여 청구이의의 소를 제기한 사실을 증명하는 서류와 그 소에 관한 집행정지재판의 정본을 제출하지 아니한 때에는 이의가 취하된 것으로 본다."고 규정하고 있는 이상 배당이의 취하에 따라 배당표가 확정되므로, 집행법원은 배당표대로 배당을 실시할 의무가 있다는 점을 들었다. 결국 그러한 경우 채무자는 채권자를 상대로 부당이득반환 등을 구하는 방법으로 구제받을 수밖에 없다고 하였다.

배당기일부터 1주 이내에 청구이의의 소 제기 사실 증명서류와 그 소에 기한 집행정지재판의 정본이 제출되지 않았는데도 집행법원이 채권자에 대한 배당을 중지하였다가 청구이의의 소 결과에 따라 추가배당절차를 밟는 경우, 채권자의 구제방법에 관하여 대법원은, '채권자는 추가배당절차의 개시가 위법함을 이유로 민사집행법 제16조에 따라 집행에 관한 이의신청을 통해서 다툴 수 있다'고 하고, '채권자가 집행에 관한 이의 대신 추가배당표에 대하여 배당이의를 하고 당초 배당표대로 배당을 실시해 달라는 취지로 배당이의의 소를 제기하였다면, 배당이의의 소를 심리하는 법원은 소송경제상 당초 배당표대로 채권자에게 배당을 실시할 것을 명한다는 의미에서 추가배당표상 배당할 금액을 당초 배당표와 동일하게 배당하는 것으로 추가배당표를 경정하여야 한다'고 하였다.

본 판결은, 배당기일부터 1주 이내에 청구이의의 소 제기 사실 증명서류와 그 소에 기한 집행정지재판의 정본이 제출되지 않은 경우 그 즉시 배당이의가 취하된 것으로 간주되고, 그 효과는 확정적이므로 집행법원은 확정된 배당표에 따라 배당을 실시해야 함을 분명히 하면서 배당절차가 위법하게 정지되어 있는 동안 관련 청구이의소송이 확정되었더라도 이를 반영함이 없이 원래의 배당표대로 채권자에게 배당해야 한다는 점을 밝힌 선례로서 의의가 있다.

16. 대법원 2011. 7. 28. 선고 2010다70018 판결[351]

[집행력 있는 판결 정본을 가진 채권자가 우선변제권을 주장하며 담보권에 기하여 배당요구를 한 경우, 채무자가 담보권에 대한 배당에 관하여 우선변제권이 미치는 피담보채권의 존부 및 범위 등을 다투는 방법(=배당이의의 소)]

대법원은, 집행력 있는 판결 정본을 가진 채권자에 대한 배당에 관하여 이의한 채무자는 배당이의의 소가 아닌 청구이의의 소를 제기하여야 하지만, 집행력 있는 판결 정본을 가진 채권자가 우선변제권을 주장하며 담보권에 기하여 배당요구를 한 경우에는 배당의 기초가 되는 것은 담보권이지 집행력 있는 판결 정본이 아니므로, 채무자가 담보권에 대한 배당에 관하여 우선변제권이 미치는 피담보채권의 존부 및 범위 등을 다투고자 하는 때에는 배당이의의 소로 다투면 되고, 집행력 있는 판결 정

---

351) 공2011하, 1749.

본의 집행력을 배제하기 위하여 필요한 청구이의의 소를 제기할 필요는 없다고 하였다.

이러한 경우 배당이의소송에서는 채권자의 담보권에 의하여 담보되는 채권의 존부 및 범위뿐만 아니라 우선변제권의 순위 등에 대한 판단이 함께 이루어지고 이에 따라 판결 주문에서 배당표의 경정이 이루어지는 것이므로, 배당이의의 소가 제기되기 전 또는 후에 채무자에게 채권자에 대한 피담보채무의 이행을 명하는 판결이 확정되더라도 이행의 소의 소송물과 배당이의의 소의 소송물이 서로 같다고 볼 수 없다고 하였다.

이에 따라 원심이 피고들의 피상속인 A에 대하여 16억 9천여만 원 배당이 이루어진 것은 A가 근저당권자였기 때문이지 집행력 있는 판결 정본에 기하여 배당을 요구하였기 때문이 아니므로, 이 사건 배당 후에 A의 대여금채권에 관한 판결이 확정되었더라도, 적법한 배당이의소송이 그 판결 확정에 의하여 소정기간 내에 청구이의 소송을 제기하지 않았다는 등의 사유로 부적법하게 되는 것은 아니라고 판단하고, 나아가 이 사건 배당이의의 소에서는 위 대여금채권이 A의 근저당권의 피담보채권에 포함되는지 여부, 다른 장애사유 없이 A가 위 대여금채권에 기하여 배당을 받을 수 있는지 여부, 배당의 순위 등을 심리, 판단하여야 할 것이어서 위 대여금채권에 관한 확정판결의 소송물과 그 소송물이 동일하다고 볼 수 없다는 취지로 판단한 것은 정당하다고 하였다.

이후 대법원 2012. 9. 13. 선고 2012다45702 판결[352]도 같은 법리를 재확인하면서 집행력 있는 판결 정본을 가진 채권자가 채권을 담보하기 위한 근저당권을 가지고 있어 경매법원이 근저당권의 채권최고액 범위 내에서 우선순위에 따라 배당을 실시하였다면, 그 배당에 관하여 이의한 채무자는 배당이의의 소로 다툴 수 있다고 하였다.

---

352) 공2012하, 1677.

17. 대법원 2015. 6. 11. 선고 2015다10523 판결[353]

[가압류결정의 취소가 배당이의의 소에서 가압류채권자에 대한 배당이의사유가 되는지와 배당기일 후 배당이의 소송 중에 가압류결정이 취소된 경우, 이를 이의사유로 주장할 수 있는지]

부동산임의경매사건의 배당기일에 근저당권자인 원고가 가압류권자인 피고에 대한 배당액 전액에 대하여 이의하고 배당이의의 소를 제기한 다음 피고의 가압류결정에 관하여 가압류 집행 후 10년간 본안의 소를 제기하지 않았다는 이유로 가압류 취소 신청을 하여 배당이의 소송 중 가압류 취소결정을 받아 그 결정이 확정되었다.

대법원은, 「채권자가 받은 가압류결정이 취소되었다면 채권자는 가압류채권자로서의 배당받을 지위를 상실하므로 가압류결정의 취소는 배당이의의 소에서 가압류채권자에 대한 배당이의의 사유가 될 수 있다. 나아가 배당이의의 소에서 원고는 배당기일 후 사실심 변론종결 시까지 발생한 사유도 이의사유로 주장할 수 있으므로, 배당기일 후 배당이의 소송 중에 가압류결정이 취소된 경우에도 이를 이의사유로 주장할 수 있다.」고 하여 가압류결정이 취소되어 확정된 이상 위 가압류의 효력이 소급하여 소멸하였는지 여부와 관계없이 원고는 이 사건 배당이의 소송에서 이 사건 가압류결정의 취소를 배당이의사유로 주장할 수 있다고 판단한 원심이 타당하다고 하였다.

18. 대법원 2015. 4. 23. 선고 2013다86403 판결[354]

[채무자가 가집행선고 있는 판결이 확정되지 않아 청구이의의 소를 제기할 수 없는 경우 배당이의의 소를 제기할 수 있는지]

피고들의 원고(채무자)에 대한 가집행선고 있는 판결의 정본에 기초하여 원고 소유의 부동산에 대하여 이 사건 강제경매절차가 개시되었다.

---

353) 공2015하, 975.
354) 공2015상, 723.

서초세무서장은 위 강제경매개시결정 기입등기 후에 비로소 체납처분에
의한 압류등기를 하고 배당요구의 종기가 지난 후에야 집행법원에 교부
청구를 하였다. 이에 집행법원이 피고들에게 1억 5천여만 원을 배당하고
조세채권자인 국가는 배당에서 제외하는 내용으로 배당표를 작성하자 원
고가 피고들의 채권의 존부와 범위는 물론 채권의 순위를 다투면서 배당
이의의 소를 제기한 사안이다.

　　대법원은, 「배당절차에서 작성된 배당표에 대하여 채무자가 이의하
는 경우, 집행력 있는 집행권원의 정본을 가진 채권자의 채권 자체, 즉
채권의 존재 여부나 범위에 관하여 이의한 채무자는 그 집행권원의 집행
력을 배제시켜야 하므로, 청구이의의 소를 제기해야 하고 배당이의의 소
를 제기할 수 없다(민사집행법 제154조 제2항). 가집행선고 있는 판결에 대
하여는 그 판결이 확정된 후가 아니면 청구이의의 소를 제기할 수 없으
나(민사집행법 제44조 제1항), 채무자는 상소로써 채권의 존재 여부나 범위
를 다투어 그 판결의 집행력을 배제시킬 수 있고 집행정지결정을 받을
수도 있으므로, 확정되지 않은 가집행선고 있는 판결에 대하여 청구이의
의 소를 제기할 수 없다고 하여 채무자가 이러한 판결의 정본을 가진 채
권자에 대하여 채권의 존재 여부나 범위를 다투기 위하여 배당이의의 소
를 제기할 수 있는 것이 아니다.」라고 하였다.

　　나아가 대법원은, 채무자가 채권자의 채권 자체가 아니라 채권의 순
위, 즉 그 채권에 대하여 '다른 채권자'의 채권보다 우선하여 배당하는 것
등에 관하여 이의하는 경우, 채무자의 이러한 이의는 위 '다른 채권자'가
민사집행법의 규정에 따라 배당받을 채권자에 해당함을 전제로 하는 것
인데, 민사집행법 제148조 각 호에 해당하지 않아 배당에 참가하지 못하
는 채권자는 배당표에 대하여 이의할 수 없으므로, 채무자 역시 배당에
참가하지 못하는 위와 같은 채권자의 채권에 배당해야 한다는 이유로 배
당이의의 소를 제기할 수는 없다고 하면서 원고가 경매개시결정 기입등
기 후에 비로소 체납처분에 의한 압류등기를 하고 배당요구의 종기까지
교부청구를 하지 않은 국가의 조세채권에 우선 배당되어야 한다는 이유

로 배당이의의 소를 제기할 수는 없다고 하여, 같은 취지로 판단한 원심 판단이 정당하다고 하였다.

민사집행법 제151조는 채무자는 배당표에 기재된 채권의 채권뿐만 아니라 그 채권의 순위에 대하여도 이의를 제기할 수 있다고 정하고 있다. 채무자가 집행권원을 가진 채권자의 채권 자체는 인정하지만 순위에 대하여 이의하는 경우에도 청구이의의 소를 제기해야 하는지 문제되나 이때의 이의는 집행권원의 집행력과 관련된 것이 아니고, 청구이의 판결로는 채권의 순위에 관한 잘못을 시정할 수 없으므로, '배당이의의 소'에서 다투어야 한다.

본 판결은 채무자가 집행력 있는 집행권원의 정본을 가진 채권자에 대하여 채권의 존부나 범위를 다툴 때에는 '청구이의의 소'를 제기하고, 배당 순위를 다툴 때에는 '배당이의의 소'를 제기해야 한다는 것과 배당이의의 소에서 채무자의 이의는 다른 채권자가 배당받을 채권자에 해당함을 전제로 배당순위를 다투는 것이어야 한다는 점을 분명히 한 선례로서 의의가 있다.

19. 대법원 2020. 10. 15. 선고 2017다228441 판결[355)

[채무자가 가집행선고 있는 제1심판결을 가진 채권자를 상대로 배당이의 소송 중 가집행선고 있는 제1심판결이 항소심에서 전부 취소되어 확정된 경우 위와 같은 배당이의의 소의 하자가 치유되는지]

피고는 ① 가집행선고 있는 제1심 판결에 기하여 채무자 소유의 부동산을 강제경매하고, ② 소송비용액 확정결정에 따른 소송비용 확정채권에 관하여 추가로 권리신고와 배당요구를 하였다. 피고에게 이들 채권액을 배당하는 것으로 배당표가 작성되자 원고(채무자 A의 추심채권자)와 채무자 A가 배당이의한 다음 이 사건 배당이의의 소를 제기하고 집행법원에 소 제기 증명서를 제출하였다. 집행법원은 그 배당액을 공탁하였다.[356) 소송 계속 중 가집행선고 있는 제1심 판결이 항소심에서 취소·확

정된 경우 배당이의의 소의 적법 여부가 문제되었는데, 원심은 이 사건 배당이의의 소가 부적법하다고 보아 이를 각하하였다.

대법원은, ①에 기초한 채권과 관련하여, '채무자가 가집행선고 있는 제1심 판결을 가진 채권자를 상대로 채권의 존부와 범위를 다투기 위해 제기한 배당이의의 소는 부적법하다'고 하여 대법원 2015. 4. 23. 선고 2013다86403 판결 법리를 재확인하면서도 '배당이의소송 도중 가집행선고 있는 제1심 판결이 항소심에서 전부 취소되어 그대로 확정되기까지 하였다면 위와 같은 배당이의 소의 하자는 치유될 수 있고, 이러한 배당이의 소의 하자 치유 여부는 특별한 사정이 없는 한 사실심 변론종결일을 기준으로 판단해야 하는데, 배당이의의 소에서 원고는 배당기일 후 사실심 변론종결일까지 발생한 사유도 이의사유로 주장할 수 있으므로(대법원 2015. 6. 11. 선고 2015다10523 판결). 채권자가 받은 가집행선고 있는 제1심 판결이 항소심에서 전부 취소되어 그대로 확정되었다면 채권자는 배당받을 지위를 상실하므로, 위와 같은 제1심판결의 취소는 배당이의의 소에서 배당이의 사유가 될 수 있다.'고 하여 이 부분 배당이의의 소가 부적법하다고 본 원심의 판단에는 배당이의의 소의 적법 여부와 판단 시기에 관한 법리를 오해한 잘못이 있다고 판단하였다.

대법원은 ② 소송비용액 확정채권과 관련하여, '집행력 있는 집행권원의 정본을 가진 채권자의 채권 자체, 즉 채권의 존재 여부나 범위에 대해 이의한 채무자는 집행권원의 집행력을 배제시켜야 하므로, 청구이의의 소를 제기해야 하고 배당이의의 소를 제기할 수 없다. 배당절차에서 채무자가 갖는 잉여금채권에 대해 압류와 추심명령을 받은 채권자도 추심권 행사의 일환으로 청구이의의 소를 제기할 수 있다'고 하여 이 부분 배당이의의 소가 부적법하다고 본 원심의 판단은 정당하다고 하였다.

본 판결은 집행 종료 전에 배당의 근거가 된 가집행선고 있는 제1

---

356) 집행법원은 2015. 10. 29. 이의가 있는 배당액을 공탁하였는데, 공탁의 근거로 '민사집행법 제160조 제1항 제5호(제154조 제1항에 의한 배당이의의 소가 제기된 때)', 공탁원인사실을 'A로부터 배당이의와 배당이의의 소제기 증명이 있음'으로 각각 기재하였다.

심판결이 취소·확정된 경우 예외적으로 채무자가 배당이의의 소를 통해서 권리구제가 가능함을 선언한 것이다. 이미 배당액이 지급되어 집행이 종료된 경우에는 부당이득반환으로 해결할 수밖에 없다. 한편 집행력이 있는 집행권원에 해당하는 소송비용액 확정채권에 대해서는 청구이의의 소를 통해 집행력을 배제시켜야 하므로, 이 부분 배당이의의 소는 부적법하다는 것을 분명히 하였다. 나아가 채무자의 잉여금채권에 대한 압류·추심권자는 추심권 행사의 일환으로 배당이의의 당부를 판단하는 소를 제기할 수 있다고 보았다. 본 판결은 채무자가 배당표에 이의한 경우 취해야 하는 소송형태에 관해서 기존 대법원 선례의 입장을 따르면서도 채무자가 가집행선고 있는 제1심판결을 가진 채권자를 상대로 채권의 존부와 범위를 다투기 위해 제기한 배당이의 소송 중 가집행선고 있는 제1심판결이 항소심에서 전부 취소되어 확정된 경우, 위와 같은 배당이의의 소의 하자가 치유되는지에 관해서 처음으로 법리를 선언한 선례로서 의의가 있다.[357]

20. 대법원 2015. 4. 23. 선고 2011다47534 판결[358]

[납세의무자 소유의 일부 부동산에 관한 선행 공매절차에서 저당권자보다 선순위인 조세채권자에게 우선 배분되었으나 압류선착주의에 따라 압류일이 빠른 다른 조세채권에 흡수되어 실제로는 그 금액을 배분받지 못한 경우, 후행 경매절차에서의 조치]

1) 대법원은, 선행 공매절차에서 매각대금이 저당권자보다 선순위인 조세채권자에게 우선 배분되었으나 압류선착주의에 따라 실제로는 그 금액을 배분받지 못한 경우, 납세의무자 소유의 일부 부동산에 관한 선행

---

357) 본 판결에 대한 대법원판례해설로는 박진수, "채무자가 가집행선고 있는 제1심판결을 가진 채권자를 상대로 채권의 존부와 범위를 다투기 위해 제기한 배당이의 소송 중 가집행선고 있는 제1심판결이 항소심에서 전부 취소되어 확정된 경우 위와 같은 배당 이의의 소의 하자가 치유되는지 여부", 대법원판례해설 제125호, 법원도서관(2021), 274－295면이 있다.

358) 공2015상, 715.

공매절차의 매각대금 배분과정에서 저당권자에 우선하는 조세채권자에 대하여 저당권자에 우선하여 배분절차를 진행한 이상, 조세채권자들 사이의 우선순위를 정하는 데 적용하는 압류선착주의로 인해 저당권자의 선순위 조세채권자에 대한 대위권이 침해될 수는 없으므로, 후행 경매절차 등에서 저당권자에 대하여 선순위 조세채권자에게 그와 같은 배분이 이루어지지 않았다고 주장할 수 없다고 판단하였다.

나아가 이와 같이 민법 제368조 제2항 후문에 따라 선순위자인 조세채권자를 대위하는 저당권자는 민사집행법 제268조에 의하여 담보권의 실행을 위한 경매절차에 준용되는 민사집행법 제88조 제1항, 제84조 제1항에 의하여 배당요구의 종기까지 적법하게 배당요구를 하였다면 배당을 받을 수 있고(대법원 2005. 9. 29. 선고 2005다34391 판결 참조), 선순위 조세채권자가 나중에 경매 또는 공매절차를 통하여 매각되는 부동산에 관하여 미리 압류를 해 두었거나 그 부동산의 경매 또는 공매절차에 참가하여 교부청구 또는 배분요구를 한 경우에만 후순위 저당권자가 선순위 조세채권자를 대위할 수 있는 것은 아니라고 하였다.

2) 공시를 수반하는 담보물권이 설정된 부동산에 관하여 담보물권 설정일 이전에 법정기일이 도래한 조세채권과 담보물권 설정일 이후에 법정기일이 도래한 조세채권에 기한 압류가 모두 이루어진 경우, 당해세를 제외한 조세채권과 담보물권 사이의 우선순위는 그 법정기일과 담보물권 설정일의 선후에 의하여 결정한 다음 이와 같은 순서에 의하여 매각대금을 배분한 후, 압류선착주의에 따라 각 조세채권 사이의 우선순위를 결정하게 된다.

그런데, 이 사건에서와 같이 납세의무자 소유의 수 개의 부동산 중 일부가 먼저 경매되고, 위 경매절차에서 저당권보다 선순위(즉 저당권 설정일보다 법정기일이 앞서는) 조세채권이 있어 저당권자는 배당을 받지 못하였으며, 한편 저당권자에 우선하는 조세채권자에게 안분은 되었으나 조세채권자가 경매 부동산에 압류를 하여 놓지 않은 관계로 압류선착주의에 의하여 선순위 조세채권자에게 안분된 돈이 경매 부동산에 압류를 하

여 놓은 다른 조세채권자에게 배당됨으로써 선순위 조세채권자도 실제로
는 배당을 받지 못한 경우에도 민법 제368조 제2항을 유추 적용하여 저
당권자가 선순위 조세채권자를 대위할 수 있는지 여부가 문제되었다.

3) 본 판결은 저당권자에 우선하는 조세채권자에 대하여 저당권자에
우선하여 배분절차를 진행한 이상, 조세채권자들 사이의 우선순위를 정하
는 데 적용하는 압류선착주의로 인해 저당권자의 선순위 조세채권자에
대한 대위권이 침해될 수는 없으므로, 후행 경매절차 등에서 저당권자에
대하여 선순위 조세채권자에게 그와 같은 배분이 이루어지지 않았다고
주장할 수 없다고 판단한 최초의 선례로서 의의가 있다.

본 판결에 대하여는 선순위 조세채권자가 압류선착주의의 적용으로
자신에게 배분된 금원을 실제로 배당받지 못한 것은 납세의무자 소유 부
동산에 대하여 압류를 하지 않았기 때문인데, 그로 인한 불이익이 후순
위 담보권자에게 전가되고, 선순위 조세채권자는 납세의무자 소유의 다른
부동산에 대하여 우선변제권을 행사할 수 있게 된다면 그와 같은 결론은
구체적 타당성에도 반한다고 하여 본 판결을 지지하는 견해가 있다.[359]

21. 대법원 2013. 6. 13. 선고 2011다75478 판결[360]
[가압류채권자에 대한 배당액이 공탁된 후 본안판결에서 확정된
가압류의 피보전채권액이 가압류 청구금액에 미치지 못하는 경우,
가압류채권자 등에 대한 배당액의 조정 방법]
본 판결에서는 본안에서 확정된 금액이 가압류 채권자의 배당액에
미치지 않은 경우 ① 배당액 감액 조정 방법과 ② 가압류채권자의 부당
이득 여부가 문제되었다.

가압류의 효력은 가압류를 청구한 피보전채권액에 한하여 미치므로,
가압류결정에 피보전채권액으로 기재된 액(가압류 청구금액)이 가압류채권

---

359) 박헌행, "후순위저당권자의 대위 및 압류선착주의와의 관계", 전북판례연구 제1권,
　　전북판례연구회(2017), 223 – 240면.
360) 공2013하, 1189.

자에 대한 배당액의 산정 기준이 되며, 배당법원이 배당을 실시할 때에 가압류채권자의 피보전채권은 공탁하여야 하고, 그 후 피보전채권의 존재가 본안의 확정판결 등에 의하여 확정된 때 가압류채권자가 확정판결 등을 제출하면 배당법원은 가압류채권자에게 배당액을 지급하게 된다(민사집행법 제160조 제1항 제2호, 제161조 제1항). 그런데, 본안에서 확정된 피보전채권액이 가압류 청구금액에 미치지 못하는 경우에는 집행법원은 그 확정된 피보전채권액을 기준으로 하여 다른 동순위 배당채권자들과 사이에서의 배당비율을 다시 계산하여 배당액을 감액 조정한 후 공탁금 중에서 그 감액 조정된 금액만을 가압류채권자에게 지급하고 나머지는 다른 배당채권자들에게 추가로 배당하여야 한다(대법원 2004. 4. 9. 선고 2003다 32681 판결).

① 쟁점에 관해서 대법원은, 가압류에 대한 본안의 확정판결에서 그 피보전채권의 원금 중 일부만이 남아 있는 것으로 확정된 경우라도, 특별한 사정이 없는 한 가압류 청구금액 범위 내에서는 그 나머지 원금과 청구기초의 동일성이 인정되는 지연손해금도 피보전채권의 범위에 포함되므로(대법원 1997. 2. 28. 선고 95다22788 판결 등), 이를 가산한 금액이 가압류 청구금액을 넘는지 여부를 가리고 만약 가압류 청구금액에 미치지 못하는 경우에는 그 금액을 기초로 배당액을 조정하여야 한다고 하였다. 나아가 배당금 조정 시에 다른 배당채권자들의 채권액은 '종전의 배당기일에서의 채권원리금액'을 기준으로 하고 가압류채권자의 경우에도 '종전의 배당기일까지의 지연손해금'을 가산한 채권원리금액을 기준으로 하여 조정한 후 공탁금 중에서 그 감액 조정된 금액을 가압류채권자에게 지급하며, 나머지 공탁금은 특별한 사정이 없는 한 종전의 배당기일에서의 채권액을 기준으로 하여 다른 배당채권자들에게 추가로 배당함이 타당하다고 하면서 원심이 이를 넘어서 종전 배당기일 다음날부터 본안 확정 시까지 발생한 지연손해금도 피보전채권액에 포함된다고 판단한 것은 잘못이라고 하였다.

② 쟁점에 관해서 대법원은, 본안소송 결과 배당액 전액을 지급받기

에 부족한 피보전권리만이 확정되어 앞서 본 바와 같이 다른 배당채권자들에게 추가배당하여야 할 경우임이 밝혀진 때에는 가압류채권자가 처음부터 그 부분에 대한 배당금지급청구권을 가지지 않았다고 보아야 하므로(대법원 2002. 9. 4. 선고 2001다72401 판결), 가압류채권자가 그 부분 채권을 부당이득하였다고 할 수 없다고 하여 종전 배당기일 다음날부터 본안확정시까지 발생한 지연손해금 채권 부분에 관한 피고의 부당이득을 부정한 원심의 판단이 정당하다고 하였다.

본 판결은 가압류채권자에 대한 배당액이 공탁된 다음 본안판결에서 확정된 가압류의 피보전채권액이 가압류 청구금액에 미치지 못하는 경우, 추가배당에 따른 배당표 변경(배당채권자들과 사이에서의 배당비율을 다시 계산하여 공탁되었던 배당액을 감액 조정하여 지급하는 것)이 그 범위 내에서 잠정적으로 보류되었던 배당절차를 마무리 짓는 의미가 있고, 배당금 조정시에 다른 배당채권자들의 잔존 채권원리금액을 모두 다시 확인하기가 어려우므로 형평의 관점에서 배당액 감액 조정 방법과 추가배당 방법에 관한 구체적인 실무 처리 기준을 제시하였다는 점에서 의의가 있다.[361)]

22. 대법원 2014. 9. 4. 선고 2012다65874 판결[362)]

[가압류채권자의 채권에 대하여 배당액이 공탁된 경우, 본안의 확정판결 등에서 지급을 명한 가압류채권자의 채권이 소멸하는 범위와 시기]

1) 사안은 다음과 같다. ① 피고는 원고에 대한 80억 원의 분양대금채권을 피보전채권으로 하여 원고의 이 사건 공탁금(가처분 취소에 대한 보증으로 공탁된 80억 원)에 대한 공탁금회수청구권을 가압류하였다. 이 사건 배당절차에서 이 사건 공탁금에 대한 배당이 실시되어 2순위 가압류채권자인 피고를 위하여 71억 6,600여만 원이 배당(배당유보공탁)되고, 추심권

---

361) 이원, "2013년 분야별 중요판례분석–민사집행법–", 2014. 3. 27.자 법률신문, 12면.
362) 공2014하, 1987.

자 A에게 1억여 원이 배당되었다. ② 피고가 원고를 상대로 제기한 본안 사건에서 2009. 12. 15. '원고는 피고에게 70억 원을 2009. 12. 18.까지 지급하고, 이를 위반한 경우 미지급금에 대하여 2009. 12. 19.부터 연 20%의 비율로 계산한 지연손해금을 가산하여 지급한다'는 내용으로 조정이 성립되었다. ③ 피고가 이 사건 조정조서에 따른 배당요구를 신청하였고, 집행법원은 2010. 7. 16. 이 사건 배당절차의 추가배당절차에서 피고에 대한 배당액이 70억 원임을 전제로 남는 금액인 1억 6,600여만 원 중 1,300여만 원을 추심채권자 A에게 배당하고, 나머지 1억 5,300여만 원을 채무자인 원고에게 잉여금으로 교부하는 내용으로 배당표가 작성되었다. ④ 피고는 2010. 7. 23. 집행법원으로부터 76억 7,600여만 원을 수령하였다.

원고가 피고를 상대로 초과수령금액(6억 7,600여만 원)에 대한 부당이득반환을 구하는 이 사건 소를 제기하였는데, 원심은 피고가 초과수령한 6억 7,600여만 원을 부당이득으로 반환할 의무가 있다고 판단하면서 피고의 이 사건 조정조항에 따른 지연손해금 채권과의 상계 항변에 관해서 '가압류 배당유보공탁의 경우 변제의 효력이 발생하는 시점은 집행권원을 얻은 가압류권자가 배당액을 현실적으로 지급받은 때로 봄이 타당하다'는 이유로 70억 원에 대한 2009. 12. 19.부터 2010. 7. 22.까지 기간에 대한 연 20% 비율로 계산한 지연손해금에 대한 상계항변을 받아들였다.

2) 이에 반해 대법원은, 배당법원이 배당을 실시할 때에 가압류채권자의 채권에 대하여는 그에 대한 배당액을 공탁하여야 하고, 그 후 그 채권에 관하여 본안판결이 확정되거나 소송상 화해·조정이 성립되거나 또는 화해권고결정·조정을 갈음하는 결정 등이 확정됨에 따라 공탁의 사유가 소멸한 때에는 배당법원은 가압류채권자에게 공탁금을 지급하여야 하므로(민사집행법 제160조 제1항 제2호, 제161조 제1항 참조), '특별한 사정이 없는 한 본안의 확정판결 등에서 지급을 명한 가압류채권자의 채권은 배당액으로 충당되는 범위에서 본안판결 등의 확정 시에 소멸한다'고 판단하면서 특별한 사정이 없는 한 이 사건 조정성립 시 피고의 채권은

소멸하였다고 할 것이므로, 원심이 피고가 배당액을 현실적으로 수령할 때 배당액으로 충당되는 범위에서 채권이 소멸함을 전제로 지연손해금을 산정한 것은 가압류채권에 대한 배당유보공탁에 따른 채권의 소멸시기에 관한 법리를 오해한 잘못이 있다고 하였다.

3) 가압류채권자의 채권에 대하여 배당액이 공탁된 경우, 가압류채권자의 채권이 소멸하는 하는 시기에 관해서 생각해 볼 수 있는 견해로는 '배당유보공탁시설'(가압류채권자에 대한 배당금 공탁이 이루어진 때 채권소멸의 효력이 생긴다는 견해), '배당표 확정시설'(배당표가 확정된 시기에 그 채권소멸의 효력이 생긴다는 견해), '집행권원 취득시설'(판결 등 확정 시/ 조정, 화해 성립 시에 채권소멸의 효력이 생긴다는 견해), '공탁금 수령시설'(가압류채권자가 현실적으로 공탁금을 수령한 때 채권소멸의 효력이 생긴다는 견해)이 있을 수 있다.

그중에서 원심은 '공탁금 수령시설'을 취한 반면 대법원은 원칙적으로 '본안판결이 확정되거나 소송상 화해 · 조정이 성립되거나 또는 화해권고결정 · 조정을 갈음하는 결정 등이 확정'됨에 따라 공탁의 사유가 소멸한 때 가압류채권자의 채권이 소멸한다고 판단하였다(집행권원 취득시설). 가압류채권자의 변제 수령이 가능하게 된 시점으로 채권자와 채무자의 이해관계가 합리적으로 배분될 수 있으므로, 이러한 대법원의 결론은 합리적이다.[363]

---

[363] 상세한 견해의 소개와 논거에 관해서는 조중래, "가압류채권자의 채권에 대하여 배당액이 공탁된 경우, 본안의 확정판결 등에서 지급을 명한 가압류채권자의 채권이 소멸하는 범위와 시기", 대법원판례해설 제101호, 법원도서관(2015), 146 – 157면. 특히 156면은 ① 배당유보공탁시설의 경우 배당유보 공탁이 있다는 사정만으로는 가압류채권자가 공탁금을 수령할 수 없는 점에서 채무자에게만 유리하여 부당하고, ② 배당표 확정시설은 가압류의 경우 배당표 확정이라는 사정만으로는 가압류채권자가 공탁금을 수령할 수 없는 점에 비추어 채무자에게만 유리하며, ③ 공탁금 수령시설은 공탁금을 즉시 출급할 수 있는 가압류채권자의 의사에 따라 지연손해금의 범위가 좌우될 수 있어 가압류채권자에게만 유리해서 부당하다고 하면서 채권자와 채무자의 이해관계가 적정하게 조정되는 집행권원 취득시설에 따른 대상판결의 결론이 타당하다고 한다.
이에 대하여 김홍엽, 민사집행법(제6판, 2021), 267면은 대법원이 '가압류채권의 경우 특별한 사정이 없는 한 본안의 확정판결 등에서 지급을 명한 가압류채권자의 채권은 배당액으로 충당되는 범위에서 본안판결 등의 확정시, 즉 배당표 확정시에 소멸한다'라고 하여 '본안판결 확정시'와 '배당표 확정시'를 동일시하면서 위 대법원

4) 본 판결은 가압류채권자의 채권에 대하여 배당액이 공탁된 경우, 본안의 확정판결 등에서 지급을 명한 가압류채권자의 채권이 소멸하는 범위와 시기를 처음으로 판단하였다는 점에서 의의가 있다.[364)

이후 대법원 2018. 7. 24. 선고 2016다227014 판결[365)은 '이러한 법리는 위와 같은 본안판결 확정 이후에 채무자에 대하여 파산이 선고되더라도 마찬가지로 적용되므로, 본안판결 확정 시에 이미 발생한 채권 소멸의 효력은 채무자회생법 제348조 제1항에도 불구하고 그대로 유지된다고 보아야 한다. 이러한 경우에 가압류채권자가 공탁된 배당금을 채무자의 파산선고 후에 수령하더라도 이는 본안판결 확정 시에 이미 가압류채권의 소멸에 충당된 공탁금에 관하여 단지 수령만이 본안판결 확정 이후의 별도의 시점에 이루어지는 것에 지나지 않으므로, 가압류채권자가 위와 같이 수령한 공탁금은 파산관재인과의 관계에서 민법상의 부당이득에 해당하지 않는다'고 판단하였다.

대법원 2018. 7. 26. 선고 2017다234019 판결(미간행)은 '가압류채권자가 본안의 승소판결 확정 이후 공탁금을 수령하지 않고 있는 동안, 채무자의 파산관재인이 채무자에 대하여 파산선고가 있었다는 이유로 공탁금을 출급하였더라도 파산관재인은 본안판결이 확정된 가압류채권자에게 부당이득으로 이를 반환하여야 한다'고 하였다.

23. 대법원 2018. 3. 27. 선고 2015다70822 판결[366)
[배당이의의 소제기로 공탁된 배당금이 배당표 확정으로 지급된 경우 이의된 채권에 대한 변제효력 발생시기와 배당금의 충당 순서]

1) 배당표에 대한 이의가 있는 채권에 관하여 배당이의의 소가 제기

판례해설을 인용하고 있는데, 이는 잘못된 이해에서 비롯된 것으로 보인다.
364) 조중래, "가압류채권자의 채권에 대하여 배당액이 공탁된 경우, 본안의 확정판결 등에서 지급을 명한 가압류채권자의 채권이 소멸하는 범위와 시기", 대법원판례해설 제101호, 법원도서관(2015), 146-157면.
365) 공2018하, 1756.
366) 공2018상, 784.

되면 그에 대한 배당액이 공탁되고(민사집행법 제160조 제5호), 이의된 부분에 대해서는 배당표가 확정되어야 비로소 채권자가 공탁된 배당금의 지급을 신청할 수 있다(민사집행법 제152조 제3항, 민사집행법 제161조 제1항). 그 채권에 대한 변제효력 발생시기를 정하는 것은 배당표 확정 지연 등에 따른 불이익을 채무자, 채권자 중 어느 쪽에 부담시킬 것인지와 관련이 있다.

2) 대법원은 다음과 같이 원칙적으로 배당표 확정시 채권에 대한 변제효력이 생긴다고 판단하였다. 「채무자가 공탁금 출급을 곤란하게 하는 장애요인을 스스로 형성·유지하는 등의 특별한 사정이 없는 한 배당액에 대한 이의가 있었던 채권은 공탁된 배당액으로 충당되는 범위에서 배당표의 확정시에 소멸한다고 보아야 한다. 다만 위와 같은 배당표의 확정 전에 어떤 경위로든 채권자가 공탁된 배당금을 지급받아 수령하고 그 후 같은 내용으로 배당표가 확정된 경우에는, 채권자가 현실적으로 채권의 만족을 얻은 시점인 공탁금 수령 시에 변제의 효력이 발생한다고 봄이 타당하다. 이러한 법리는 근저당권자의 피담보채권에 대하여 다른 채권자가 이의함으로써 해당 배당액이 공탁되었다가 배당이의소송을 거쳐 배당표가 확정됨에 따라 공탁된 배당금이 지급되는 경우에도 마찬가지로 적용된다.」

나아가 본 사건에서 채권계산서를 제출한 근저당권자의 피담보채권에 대하여 다른 채권자가 이의함으로써 해당 배당액이 공탁되었다가 배당이의소송을 거쳐 배당표가 확정됨에 따라 공탁된 배당금이 지급되는 경우 배당금 충당 순서가 문제되었다. 대법원은 '그 배당금은 특별한 사정이 없는 한 민법 제479조 제1항에 따라 배당표의 확정 시까지(배당표 확정시보다 앞서는 공탁금 수령 시에 변제의 효력이 발생한다고 볼 수 있는 경우에는 공탁금 수령 시까지를 의미한다) 발생한 이자나 지연손해금 채권에 먼저 충당된 다음 원금에 충당된다고 보아야 한다'고 하였다.

3) 본 판결에서 대법원은 그 이유로 '배당표가 확정되어야 비로소 채권자가 공탁된 배당금의 지급을 신청할 수 있으므로, 배당표 확정 이

전에 채권자가 배당금을 수령하지 않았는데도 채권에 대해 변제의 효력이 발생한다고 볼 수는 없다. 한편 배당표가 일단 확정되면 채권자는 공탁금을 즉시 지급받아 수령할 수 있는 지위에 있는데, 배당표 확정 이후의 어느 시점(가령 배당액 지급증 교부 시 또는 공탁금 출급 시)을 기준으로 변제의 효력이 발생한다고 보게 되면, 채권자의 의사에 따라 채무의 소멸 시점이 늦추어질 수 있고, 그때까지 채무자는 지연손해금을 추가로 부담하게 되어 불합리하다.'는 점을 들었다. 채권자나 채무자가 의도적으로 절차지연을 꾀했다고 볼 수 있는 특별한 상황이 아니라면 채권자의 변제수령 가능성이 있게 되는 '배당표 확정 시'를 변제효력 발생 시기로 본 대상판결의 결론은 합리적이다.

담보권의 실행을 위한 경매절차에서 경매신청채권자에 우선하는 근저당권자는 배당요구를 하지 않더라도 당연히 등기부상 기재된 채권최고액의 범위 내에서 그 순위에 따른 배당을 받을 수 있으므로, 그러한 근저당권자가 채권계산서를 제출하지 않았더라도 배당에서 제외되지 않고, 그 근저당권자가 배당요구의 종기 전에 피담보채권액에 관한 채권계산서를 제출하거나 그 후 배당표가 작성될 때까지 이를 보정함으로써 그에 따라 배당표가 확정되었다면, 채권최고액 범위 내에서 제출되거나 보정된 채권계산서에 기재된 이자 또는 지연손해금으로서 배당기일까지 발생한 것은 배당에 포함될 수 있다. 그러나 배당기일 이후 배당표 확정시까지 발생한 이자나 지연손해금은 배당에 포함될 여지가 없다.[367]

그러나 실제 배당액에 대한 변제충당 문제는 배당액 결정하는 단계 이후에 채무자와 해당 채권자 사이에서만 문제되는 것으로서 다른 채권자들의 배당액에 아무런 영향을 주지 않으므로, 일반적인 법정 변제 충당에 관한 민법 제479조 제1항에 따라 배당표의 확정시까지(위에서 본 바와 같이 배당표 확정시보다 앞서는 공탁금 수령 시에 변제의 효력이 발생한다고 볼 수 있는 경우에는 공탁금 수령 시까지를 의미한다. 이하 같다) 발생한

367) 대법원 1999. 1. 26. 선고 98다21946 판결, 대법원 2000. 9. 8. 선고 99다24911 판결, 대법원 2011. 7. 14. 선고 2009다70555 판결.

이자나 지연손해금 채권에 먼저 충당된 다음 원금에 충당된다고 보아
야 한다.

4) 본 판결은, 배당이의의 소제기로 공탁된 배당금이 배당표 확정으
로 지급된 경우 이의된 채권에 대한 변제효력 발생시기와 그 이후 수령한
배당금을 충당하는 순서에 관해서 처음으로 판단한 선례로서 의의가 있다.

24. 대법원 2017. 12. 21. 선고 2013다16992 전원합의체 판결368)
  [공동근저당권자가 공동담보의 목적 부동산 중 일부에 대한 환가대금
  등으로부터 다른 권리자에 우선하여 피담보채권의 일부에 대하여
  배당받은 경우, 나머지 목적 부동산에 대한 경매에서 최초의 채권
  최고액 범위에서 우선변제권을 행사할 수 있는지]

1) 대법원은, '공동근저당권자가 스스로 근저당권을 실행하거나 타인
에 의하여 개시된 경매 등의 환가절차를 통하여 공동담보의 목적 부동산
중 일부에 대한 환가대금 등으로부터 다른 권리자에 우선하여 피담보채
권의 일부에 대하여 배당받은 경우에, 그와 같이 우선변제받은 금액에
관하여는 공동담보의 나머지 목적 부동산에 대한 경매 등의 환가절차에
서 다시 공동근저당권자로서 우선변제권을 행사할 수 없다고 보아야 하
며, 공동담보의 나머지 목적 부동산에 대하여 공동근저당권자로서 행사할
수 있는 우선변제권의 범위는 피담보채권의 확정 여부와 상관없이 최초
의 채권최고액에서 위와 같이 우선변제받은 금액을 공제한 나머지 채권
최고액으로 제한된다고 해석함이 타당하다. 그리고 이러한 법리는 채권
최고액을 넘는 피담보채권이 원금이 아니라 이자·지연손해금인 경우에
도 마찬가지로 적용된다.'고 판단하였다.

2) 이 문제에 관하여는 거래관계가 계속되는 이상 근저당관계를 유
지시킬 필요가 있고, 채권자의 신청에 의한 경매절차가 아니므로, 채무자
로부터 임의의 변제를 받은 것과 마찬가지로 보아도 무방하다는 등의 이

---

368) 공2018상, 171.

유에서 선행 경매절차에서 배당받았더라도, 나머지 공동담보물에 대한 채권최고액이 감액되지 않는다는 견해와 위 견해에 따르면 공동근저당권자에게는 아무런 이유 없이 부당한 이익을 주고, 순위저당권자 등에게는 근거 없이 불이익을 준다는 등의 이유로 나머지 담보물에 대하여는 채권최고액에서 이미 배당받은 만큼을 뺀 나머지만을 배당받을 수 있다는 견해가 대립하고 있었다.

판례는 대법원 2017. 9. 21. 선고 2015다50637판결을 비롯하여 감액긍정설에 따른 것이 다수이지만(대법원 2006. 10. 27. 선고 2005다14502 판결, 대법원 2012. 1. 12. 선고 2011다68012 판결), 공동근저당권의 목적 부동산이 일부씩 나누어 순차로 경매가 실행되는 경우에 공동근저당권자가 선행 경매절차에서 배당받은 원본 및 이자 지연손해금의 합산액이 결과적으로 채권최고액을 넘더라도 나머지 목적 부동산에 관한 경매 등의 환가절차에서 다시우선변제권을 행사할 수 있다고 한 대법원 2009. 12. 10. 선고 2008다72318 판결이 있어 통일되지 않았다.

본 판결은 대법원 전원일치로 선고되었는데, 이시배당 상황에서 누적적으로 우선변제를 받을 수 있다고 볼 경우 불합리한 점에 관해서 상세하게 논증을 하고 있다. 이에 대해서 대부분 찬성하는 입장이다.[369]

3) 본 판결은 공동근저당권자가 선행 경매절차에서 일부 변제를 받은 경우 그 변제액 상당액이 다른 공동담보의 근저당권 채권최고액에서 감액되는지에 관하여 동시배당과 이시배당 사이에 일치되지 않았던 판례의 입장을 감액긍정설을 취하는 것으로 통일하였고, 채권최고액을 감액하는데 피담보채권의 확정이 선행되어야 하는 것이 아님을 지적하면서 공동근저당권의 이시배당에 관한 법리를 명확하게 밝혀 선순위 공동근저당권자와 후순위 담보권자, 제3자의 이해관계를 합리적으로 조정하였다는 점에서 의의를 찾을 수 있다.

---

369) 유해주, "공동근저당권의 이사배당에 관한 연구", 민사판례연구 제41권(2019), 279-315면; 윤진수, "공동근저당의 이시배당에서 공동근저당권의 우선변제의 범위", 민법기본판례, 홍문사(2020), 286-291면.

다른 한편, 본 판결은 이 사건과 같이 타인에 의하여 개시된 회생절차에서 회생계획에 따라 채무자 소유 부동산의 환가대금으로부터 변제받은 것도 임의변제가 아닌 우선변제권 행사에 따른 배당으로 보아, 감액 긍정설의 법리가 적용 된다고 본 최초의 대법원판결에 해당한다. 또한, 채권최고액을 넘는 피담보채권이 원금이 아니라 이자·지연손해금인 경우에도 감액긍정설의 법리가 적용 된다고 판단하였다는 점에서도 그 의의를 찾을 수 있다.[370]

25. 대법원 2018. 7. 11. 선고 2017다292756 판결[371]

[공동근저당권자가 공동담보 중 채무자 소유 부동산에 대한 담보 일부를 포기하거나 순위를 불리하게 변경하여 담보 상실·감소를 가져온 경우, 물상보증인이 그로 인하여 상환받을 수 없는 한도에서 책임을 면하는지 여부]

대법원은, 공동근저당권자가 스스로 근저당권을 실행하거나 타인에 의하여 개시된 경매 등의 환가절차를 통하여 공동담보의 목적 부동산 중 일부에 대한 환가대금 등으로부터 다른 권리자에 우선하여 피담보채권의 일부를 배당받은 경우, 그와 같이 우선변제받은 금액에 관하여는 공동담보의 나머지 목적 부동산에 대한 경매 등의 환가절차에서 다시 공동근저당권자로서 우선변제권을 행사할 수 없는데(대법원 2017. 12. 21. 선고 2013다16992 전원합의체 판결 참조), 이러한 법리는 채무자 소유 부동산과 물상보증인 소유 부동산에 공동근저당권이 설정된 후 공동담보의 목적 부동산 중 채무자 소유 부동산을 임의 환가하여 청산하는 경우에도 적용되어, 공동근저당권자는 그와 같이 변제받은 금액에 관하여는 더 이상 물상보증인 소유 부동산에 대한 경매 등의 환가절차에서 우선변제권을 행사할 수 없다고 판단하였다.

---

370) 양진수, "공동근저당권자가 채무자에 대한 회생절차에서 채무자 소유 부동산의 환가대금으로부터 우선변제받은 경우에 공동담보물인 물상보증인 소유의 다른 목적 부동산의 채권최고액 감액 여부", 사법 제44호, 사법발전재단(2018), 470-510면.
371) 공2018하, 1552.

그 이유로 만일 위와 달리 공동근저당권자가 임의환가 방식을 통해 채무자 소유 부동산의 대가로부터 피담보채권의 일부를 변제받았는데, 이후 물상보증인 소유 부동산에 대한 경매 등의 환가절차에서 우선변제권을 행사할 수 있다고 보게 되면, 채무자 소유 부동산의 담보력을 기대하고 자기의 부동산을 담보로 제공한 물상보증인의 기대이익을 박탈하는 것으로 부당하고, 공동근저당권자가 임의환가 방식을 선택하였다는 이유만으로 물상보증인의 책임 범위가 달라져 형평에 어긋난다는 점을 들었다.

나아가 대법원은, 채무자 소유 부동산과 물상보증인 소유 부동산에 공동근저당권을 설정한 채권자가 공동담보 중 채무자 소유 부동산에 대한 담보 일부를 포기하거나 순위를 불리하게 변경하여 담보를 상실하게 하거나 감소하게 한 경우, 물상보증인은 그로 인하여 상환받을 수 없는 한도에서 책임을 면한다. 그리고 이 경우 공동근저당권자는 나머지 공동담보 목적물인 물상보증인 소유 부동산에 관한 경매절차에서, 물상보증인이 위와 같이 담보 상실 내지 감소로 인한 면책을 주장할 수 있는 한도에서는, 물상보증인 소유 부동산의 후순위 근저당권자에 우선하여 배당받을 수 없다고 보았다.

그 이유로 물상보증인의 변제자대위에 대한 기대권은 민법 제485조[372])에 의하여 보호되어, 채권자가 고의나 과실로 담보를 상실하게 하거나 감소하게 한 때에는, 특별한 사정이 없는 한 물상보증인은 그 상실 또는 감소로 인하여 상환을 받을 수 없는 한도에서 면책 주장을 할 수 있고(대법원 2017. 10. 31. 선고 2015다65042 판결 등 참조), 채권자가 물적 담보인 담보물권을 포기하거나 순위를 불리하게 변경하는 것은 담보의 상실 또는 감소행위에 해당한다(대법원 2000. 12. 12. 선고 99다13669 판결 등 참조)는 점을 들었다.

본 판결은 채무자 소유 부동산과 물상보증인 소유 부동산에 공동근

---

372) 제485조(채권자의 담보상실, 감소행위와 법정대위자의 면책) 제481조의 규정에 의하여 대위할 자가 있는 경우에 채권자의 고의나 과실로 담보가 상실되거나 감소된 때에는 대위할 자는 그 상실 또는 감소로 인하여 상환을 받을 수 없는 한도에서 그 책임을 면한다.

저당권을 설정한 채권자가 채무자 부동산에 관해서 먼저 배당, 임의환가 등으로 청산을 받은 경우에도 공동근저당권에 관한 이시배당의 법리가 적용됨을 밝히고, 이 경우 물상보증인의 변제자대위에 대한 기대권은 민법 제485조에 따라 보호되는데 채권자가 공동담보 중 채무자 소유 부동산에 대한 담보 일부를 포기하거나 순위를 불리하게 변경하여 담보를 상실하게 하거나 감소하게 한 경우, 물상보증인이 그로 인하여 상환받을 수 없는 한도에서 책임을 면한다고 최초로 판단한 선례로서 의의가 있다.

26. 대법원 2020. 4. 9. 선고 2014다51756, 51763 판결[373]
[누적적 근저당권의 설정과 누적적 근저당권의 실행방법]

1) 대법원은, 「당사자 사이에 하나의 기본계약에서 발생하는 동일한 채권을 담보하기 위하여 여러 개의 부동산에 근저당권을 설정하면서 각각의 근저당권 채권최고액을 합한 금액을 우선변제받기 위하여 공동근저당권의 형식이 아닌 개별 근저당권의 형식을 취한 경우, 이러한 근저당권은 민법 제368조가 적용되는 공동근저당권이 아니라 피담보채권을 누적적으로 담보하는 근저당권에 해당한다. 이와 같은 누적적 근저당권은 공동근저당권과 달리 담보의 범위가 중첩되지 않으므로, 누적적 근저당권을 설정받은 채권자는 여러 개의 근저당권을 동시에 실행할 수도 있고, 여러 개의 근저당권 중 어느 것이라도 먼저 실행하여 그 채권최고액의 범위에서 피담보채권의 전부나 일부를 우선변제받은 다음 피담보채권이 소멸할 때까지 나머지 근저당권을 실행하여 그 근저당권의 채권최고액 범위에서 반복하여 우선변제를 받을 수 있다.」고 하였다.

나아가 「채권자가 하나의 기본계약에서 발생하는 동일한 채권을 담보하기 위하여 채무자 소유의 부동산과 물상보증인 소유의 부동산에 누적적 근저당권을 설정받았는데 물상보증인 소유의 부동산이 먼저 경매되어 매각대금에서 채권자가 변제를 받은 경우, 물상보증인은 채무자에 대하여 구상권을 취득함과 동시에 민법 제481조, 제482조에 따라 종래 채

권자가 가지고 있던 채권 및 담보에 관한 권리를 행사할 수 있다. 이때 물상보증인은 변제자대위에 의하여 종래 채권자가 보유하던 채무자 소유 부동산에 관한 근저당권을 대위취득하여 행사할 수 있다.」고 하였다.

2) 본 판결은 공동근저당권과 구별되는 누적적 근저당권의 개념과 그 법률관계를 명확히 하였다. 누적적 근저당권은 동일한 채권을 담보하기 위하여 여러 개의 부동산에 근저당권을 설정하면서 '각 근저당권의 채권최고액을 합한 금액'을 우선변제받기 위하여 공동근저당권의 형식이 아닌 '개별 근저당권'의 형식을 취한 경우를 말한다. 누적적 근저당권은 공동근저당권과 달리 담보 범위가 중첩되지 않으므로, 채권자는 피담보채권이 소멸할 때까지 각 근저당권의 채권최고액 범위에서 반복하여 우선변제를 받을 수 있다.

물상보증인 소유의 부동산이 먼저 경매되어 채권자가 변제를 받은 경우 물상보증인은 채무자에 대하여 구상권을 가진다(민법 제370조, 제341조). 이때 채무자에게 구상할 수 있는 범위는 '담보권 실행으로 그 부동산의 소유권을 잃게 된 때의 부동산 시가'를 기준으로 정한다(대법원 2018. 4. 10. 선고 2017다283028 판결). 소유권 상실로 인한 부동산 시가와 매각대금의 차액에 해당하는 손해는 채무자가 채무를 변제하지 않아 발생한 손해이기 때문이다.

그와 동시에 물상보증인은 변제자대위에 관한 민법 제481조, 제482조에 따라 '자기의 권리에 의하여 구상할 수 있는 범위'(채권자의 채권 변제 범위)에서 채권자의 채권과 채무자 소유의 부동산에 설정된 근저당권을 행사할 수 있다. 이를 통해서 물상보증인은 채무자 소유 부동산의 후순위권리자보다 우선해서 변제받을 수 있다.

물상보증인의 채무 변제 후 저당권 등의 등기에 관해서 부기등기를 하지 않고 있는 동안 제3취득자가 채무자 소유의 부동산에 대한 권리를 취득한 경우 물상보증인은 제3취득자에 대하여 채권자를 대위할 수 없지만 제3취득자가 채무자 소유의 부동산에 대한 권리를 취득한 후 물상보증인이 채무를 변제한 경우에는 대위의 부기등기를 하지 않고도 대위할 수 있다(대법원 2020. 10. 15. 선고 2019다222041 판결). 피담보채권액이 각 채권최고액의 합산액보다 크면 채권자만이 모든 근저당권을 행사하여 만족을 얻게 되므로 물상보증인이 채권자의 근저당권을 행사할 여지가 없게 될 것이다.

　　3) 본 판결은 누적적 근저당권의 의미와 실행방법에 관하여 최초로 구체적인 법리를 제시하였다는 점에서 의의를 가진다. 나아가 동일한 채권을 담보하기 위하여 채무자 소유의 부동산과 물상보증인 소유의 부동산에 누적적 근저당권을 설정받았는데 물상보증인 소유의 부동산이 먼저 경매되어 매각대금에서 채권자가 변제를 받은 경우 물상보증인이 채무자 소유 부동산에 설정된 누적적 근저당권에 대해 변제자대위가 가능하다는 점과 그 근거를 제시하였다는 점에서도 의의가 있다.[374]

　　27. 대법원 2019. 7. 18. 선고 2014다206983 전원합의체 판결[375]
　　[배당받을 권리 있는 채권자가 자신이 배당받을 몫을 받지 못하고 그로 인해 다른 채권자가 그 몫을 배당받은 경우, 배당이의 여부나 배당표 확정 여부와 관계없이 부당이득반환 청구를 할 수 있는지]
　　1) 원고는 일반채권자로서 담보권 실행을 위한 부동산경매절차에 참가하여 배당요구를 한 다음 배당기일에 출석하였지만 배당표에 이의하지 않았다. 다른 일반채권자인 피고가 배당기일에서 근저당권자인 주식회사 A 은행을 상대로 이의한 다음 '피담보채무의 시효소멸'을 주장하며 배당이의의 소를 제기하여 확정된 화해권고결정에 따라 배당금을 수령하자 원고는 피고를 상대로 수령한 배당금 중 원고의 채권액에 비례한 안분액에 대해서 부당이득반환을 구하였다.
　　이 사건의 쟁점은 배당절차에 참가하였으나 배당이의 하지 않은 채권자가[376] 배당표가 확정된 후에도 그 배당절차에서 배당금을 수령한 다

---

374) 이지영, "누적적 근저당권과 물상보증인의 변제자대위", 대법원판례해설 제123호, 법원도서관(2020), 85－102면.
375) 공2019하, 1617.
376) 이러한 채권자에는 다음과 같은 경우를 포함한다.

른 채권자를 상대로 부당이득반환 청구를 할 수 있는지 여부이다. 한편, 배당요구를 하여야 배당을 받을 수 있는 채권자(민사집행법 제148조 제2호)가 배당요구의 종기까지 적법한 배당요구를 하지 않아 배당에서 아예 제외된 경우는 부당이득반환청구를 할 수 없다(대법원 1997. 2. 25. 선고 96다10263 판결, 대법원 1998. 10. 13. 선고 98다12379 판결 등).

민사집행법 제155조는 '이의한 사람 등의 우선권 주장'이라는 표제 아래 '이의한 채권자가 제154조 제3항의 기간(배당이의의 소 제기 증명서류 제출 기간)을 지키지 않은 경우에도 배당표에 따른 배당을 받은 채권자에 대하여 소로 우선권 및 그 밖의 권리를 행사하는 데 영향을 미치지 않는다'고 정하고 있을 뿐이다.

2) 기존 대법원 판례는 시종일관 '확정된 배당표에 의하여 배당을 실시하는 것은 실체법상의 권리를 확정하는 것이 아니므로, 배당을 받아야 할 채권자가 배당을 받지 못하고 배당을 받지 못할 자가 배당을 받은 경우에는 배당을 받지 못한 채권자로서는 배당이의 여부에 관계없이 배당을 받지 못할 자이면서도 배당을 받았던 자를 상대로 부당이득반환청구권을 갖고, 배당을 받지 못한 채권자가 일반채권자라고 하여 달리 볼 것은 아니다.'라고 하여 부당이득반환청구 긍정설(배당이의 불요설)의 입장을 취하고 있었다.

종래 우리나라 학설로는 부당이득반환청구 긍정설(배당이의 불요설),[377] 부정설(배당이의 필요설),[378] 이분설(담보권자는 우선변제권이 침해되어 부당이

---

① 적법한 배당요구를 하여 배당절차에 참가한 채권자로서 배당기일에 출석하고도 배당이의를 하지 않은 경우
② 적법한 통지를 받고도 배당기일에 출석하지 않아 배당표에 따른 배당의 실시에 동의한 것으로 간주되는 경우(민사집행법 제153조 제1항)
③ 배당이의를 하였다가 이의를 취하한 경우
④ 배당이의의 소를 제기하고도 제1회 변론기일에 출석하지 않아 배당이의의 소를 취하한 것으로 간주되는 경우
377) 주석 민사집행법(Ⅳ), (제3판, 2012), 266면(손흥수 집필부분); 양창수, "부당배당과 부당이득반환청구", 민법산고(2007), 224면; 이주흥, "배당절차와 관련된 부당이득반환청구", 판례실무연구 제1권(1997), 580면; 김현석, "부동산 경매절차에서 배당요구를 하지 아니한 임금채권자의 지위", 민사판례연구 제10권(1998), 232면.

득반환청구를 할 수 있지만 일반채권자는 부당이득발생 요건인 손해가 없어 부정하는 입장)[379]·[380]로 나뉘어 있었다.

3) 본 판결의 다수의견은 부당이득반환청구를 긍정하면서 위 민사집행법 제155조 규정을 '배당기일에서 이의하지 않은 채권자'를 배제하지 않는 예시규정 내지 확인적 규정으로 본 데 반해서 반대의견은 부당이득반환청구를 부정하면서 위 규정을 한정적 열거 규정으로 보았다.

다수의견은 그 이유로 ① 배당절차는 실체적 권리를 실현하는 수단

---

378) 주석 민사집행법(Ⅲ), (제2판, 2007), 965면(민일영 집필 부분); 이우재, 배당의 제문제, 진원사(2012), 1418면; 민일영, "체납처분과 배당요구, 그리고 부당이득반환청구", 판례실무연구 제1권, 박영사(1997), 608면; 오종윤, "배당이의와 부당이득반환청구", 사법논집 제26집, 법원도서관(1995), 327면.

379) 서기석, "배당절차 종료 후 채권자의 부당이득반환청구", 판례실무연구 제1권(1997), 718면; 국상종, "과오배당과 부당이득반환청구", 민사법연구 제6집, 호남민사법연구회(1997), 188면.

380) 일본 최고재판소가 취하고 있는 입장이다.
  1. 최고재판소 1991. 3. 22. 판결(저당권자는, 부동산경매 사건의 배당기일에서 배당이의의 신청을 하지 않는 경우에도, 「채권 또는 우선권을 가지지 않음에도 불구하고 배당을 받은 채권자」에 대하여 그 사람이 배당받음으로 인하여 자기가 배당을 받을 수 없었던 금전 상당액의 금원의 반환을 청구할 수 있다고 해석함이 상당하다. 생각건대, 저당권자는 저당권의 효력으로서 저당부동산의 대금으로부터 우선변제를 받을 권리를 가지므로, 다른 채권자가 채권 또는 우선권을 가지지 않음에도 불구하고 배당을 받았기 때문에 위 우선변제권이 침해된 때에는, 그 채권자는 저당권자가 취득해야 할 재산에 의해서 이익을 받고 저당권자에게 손실을 끼친 것이며, 배당기일에서 배당이의 신청을 하지 않고 배당표가 작성되고 그 배당표에 따라 배당이 실시된 경우에 그 배당실시는 계쟁 배당금의 귀속을 확정하는 것은 아니고 이득에 법률상의 원인이 있다고 할 수 없다).
  2. 최고재판소 1998. 3. 26. 판결(민집 52권 2호 513항)(배당기일에서 배당이의의 신청을 하지 않은 일반채권자는 배당을 받은 다른 채권자에 대하여 그 사람이 배당을 받은 것에 의해 자기가 배당을 받지 못한 금액에 상당하는 금원의 부당이득반환청구를 할 수 없다고 해석하는 것이 상당하다. 일반채권자가 부당이득반환청구권을 가진다고 하기 위해서는 그 사람에게 민법 703조에 의한 손실이 발생할 것이 필요하지만, 일반채권자는 채무자의 일반재산으로부터 채권의 만족을 받을 수 있는 지위를 가지는 것에 그치고, 특정의 집행목적물에 대하여 우선변제를 받을 실체적 권리를 가지는 것은 아니며, 다른 채권자가 배당을 받았기 때문에 자기가 배당을 받을 수 없었다는 것만으로는 손실이 생겼다고 할 수 없다).

이 되는 경매절차의 일부일 뿐, 실체적 권리를 확인하거나 형성하는 절차가 아니고, 채권자가 배당이의를 하지 않더라도 이는 '배당표에 따른 배당실시' 절차 진행에 동의한 것일 뿐 다른 채권자의 실체적 권리를 승인한 것이 아니다. ② 민사집행법은 배당이의를 하지 않거나 배당이의의 소를 제기하지 않은 채권자의 권리를 상실하게 하는 규정을 두고 있지 않고, 확정된 배당표에 기판력이나 배당참가자들에 대한 기속력을 인정하고 있지도 않다. ③ 민법 제741조에서 정한 '이득의 취득'과 이로 인한 '손해의 발생', '이득에 대한 법률상 원인의 결여'라는 요건을 충족하면 부당이득이 성립한다. 경매목적물의 매각대금이 잘못 배당되어 배당받을 권리 있는 채권자가 배당받을 몫을 받지 못하고 그로 인해 권리 없는 다른 채권자가 그 몫을 배당받은 경우에는, 배당금을 수령한 다른 채권자는 배당받을 수 있었던 채권자의 권리를 침해하여 이득을 얻은 것이다. ④ 나아가 위와 같은 부당이득반환 청구를 허용해야 할 현실적 필요성 (배당이의의 소의 한계나 채권자취소소송의 가액반환에 따른 문제점 보완), 현행 민사집행법에 따른 배당절차의 제도상 또는 실무상 한계로 인한 문제가 있어 배당절차의 전반적인 제도보완 없이 절차의 안정만을 강조하여 배당절차 종료 후 부당이득반환 청구를 엄격히 제한하면 진정한 권리자가 부당하게 희생될 수 있다고 하였다.

　　이에 대하여 반대의견[381]은 부당이득반환 청구를 부정하는 이유로 ① 종래 대법원 판례와 같이 배당절차 종료 후 배당이의 등을 하지 않은 채권자의 부당이득반환 청구를 허용하는 것은 민사집행법 제155조의 문언은 물론이고 민사집행법의 전체적인 취지에 반할 뿐만 아니라, 확정된 배당절차를 민사집행법이 예정하지 않은 방법으로 사후에 실질적으로 뒤집는 것이어서 배당절차의 조속한 확정과 집행제도의 안정 및 효율적 운영을 저해하는 문제점이 있다. ② 배당절차에서 배당이의 등을 하지 않은 채권자는 더 이상 그 절차로 형성된 실체적 권리관계를 다투지 않기

---

381) 대법관 조희대, 대법관 이기택, 대법관 안철상의 반대의견.

로 한 것이고, 이는 배당금의 귀속에 관한 법률상 원인이 될 수 있다. ③ 배당절차 종료 후 배당이의 등을 하지 않은 채권자의 부당이득반환 청구를 허용하는 것은 금반언의 원칙에 반하고, 일련의 배당절차와 이에 투입된 집행법원과 절차 참가자들의 노력을 무시하는 결과를 초래한다. ④ 배당이의 등을 하지 않은 채권자의 부당이득반환 청구를 제한하더라 도 채권자의 실체상 권리는 소멸하지 않고 남아 있어, 채무자의 다른 재 산에 대하여 강제집행 등을 할 수 있으므로 진정한 권리자가 부당하게 희생되는 것이 아니라는 점을 들었다.

　4) 대법원은 배당이의의 소의 재판 방식에 관하여 배당이의의 소의 당사자 사이에서만 배당관계를 조정하는 이른바 '상대적 해결의 원칙' 입 장을 취하고 있는데(민사집행법 제157조),[382] 다수의견은 이러한 상대적 해 결의 원칙에 따를 때 실제 배당이의를 하지 않은 채권자는 배당을 받지 못하고 배당을 받아서는 안 되는 사람이 돈을 받아가는 경우가 생기는 현상을 지적하고 있다.

　종래 확립된 대법원 판례의 태도와 다수의견은 배당이의 하지 않은 채권자는 언제든지 부당이득반환 청구가 가능하다는 입장이다. 아무도 배당이의를 하지 않아 배당기일에 배당표가 확정된 경우나 배당이의의 소에서 승소 확정판결을 받아 돈을 받아간 경우에도 판결에 실체법적 효 력이 아닌 소송법적 효력만을 가진다고 보는 이상 해당 피고가 아닌 다 른 채권자는 부당이득반환 청구가 가능하다고 보고 있다.[383]

　다만 배당이의 소송의 당사자 사이에서는 채권자가 제기한 배당이의 의 소의 본안판결이 확정되면 문제된 배당액에 관한 실체적 배당수령권

---

382) 대법원 2001. 2. 9. 선고 2000다41844 판결(채권자가 제기하는 배당이의의 소는 대립하는 당사자인 채권자들 사이의 배당액을 둘러싼 분쟁을 해결하는 것이므로, 그 소송의 판결은 원·피고로 되어 있는 채권자들 사이에서 상대적으로 계쟁 배당부분 의 귀속을 변경하는 것이어야 하고, 따라서 피고의 채권이 존재하지 않는 것으로 인 정되는 경우 계쟁 배당부분 가운데 원고에게 귀속시키는 배당액을 계산할 때 이의신 청을 하지 않은 다른 채권자의 채권을 참작할 필요가 없으며, 이는 이의신청을 하지 않은 다른 채권자 가운데 원고보다 선순위의 채권자가 있더라도 마찬가지이다).
383) 홍승면, 서울고등법원 판례공보스터디, 2019. 9. 15.자 공보 스터디 자료.

의 존부 판단에 기판력이 생기고, 부당이득반환청구권의 성립 여부를 판단하는 데에 선결문제로 되므로, 당사자는 그 배당수령권의 존부에 관하여 위 배당이의 소송의 본안 판단과 다른 주장을 할 수 없고, 법원도 이와 다른 판단을 할 수 없다(대법원 2000. 1. 21. 선고 99다3501 판결).

본 판결의 다수의견은 제도 보완이나 입법적 개선을 통해서, 반대의견은 배당이의 하지 않은 채권자의 부당이득반환청구를 제한함으로써 각각 배당절차의 안정을 도모하고자 한 것으로 볼 수 있다.

5) 본 판결에 대해서는 찬성하는 입장[384]과 반대하는 입장[385]으로 나뉘어 있다.

그중에서 배당요구와 배당이의는 원칙적으로 실체적 지위를 실현하기 위한 절차적 장치일 뿐이며, 이로써 채권자의 실체적 권리의 성격이 변경되거나 그가 실체적 지위를 추가로 갖게 되는 것이 아니므로 반대의견은 타당성이 없고, 논거로 제시한 외국 강제집행법의 인용도 맥락이 맞지 않거나 잘못되었다고 한다. 다수의견처럼 배당종결로써 실체적 권리가 좌우되지 않는다고 해서 곧바로 부당이득반환청구권이 성립한다고 볼 수 없고, 부당배당에 따른 부당이득반환청구권이 침해부당이득으로서

---

384) 권영준, "2019년 분야별 중요판례분석 – 민법(하) –", 2020. 2. 13.자 법률신문, 13면은 다수의견은 실체법상 권리관계와 배당절차의 관계를 주종 관계 또는 목적-도구 관계로 보는 파악하는 사고에 기초한 것이라고 한다; 이호선, "배당이의하지 않은 채권자의 승소채권자를 상대로 한 부당이득반환청구", 재판과 판례 제29집, 대구판례연구회(2020), 59 – 101면은 실체적 권리관계에 부합하는 배당과 배당절차의 안정이라는 충돌하는 이익 사이의 조정관계로 파악한 뒤 집행실무의 현실에 비추어 다수의견이 타당하다는 입장이다; 홍승면, 서울고등법원 판례공보스터디, 2019. 9. 15.자 공보 스터디 자료.
385) 박종원, "배당이의하지 아니한 일반채권자의 부당이득반환청구권에 관한 소고", 민사판례연구 제43권(2021), 507 – 551면은 판례를 통해 나타난 배당수령권은 절차적 권리에 불과하고 그 자체로 새로이 실질적 법익 귀속을 정하는 권리가 아니므로 침해부당이득의 요건인 손해에 해당한다고 보기 어렵다고 하고, 본 판결이 원고와 같은 일반채권자인 피고가 배당이의 소를 통해서 실제로는 채권이 없는 A로부터 배당금을 흡수함으로써 이의하지 않은 채권자인 원고에게 손해를 입게 하였다고 판단한 것은 부당하고, 부당이득반환청구를 인정하려는 정책적 논거 역시 채권자취소 등 다른 제도의 문제점을 근본적으로 해결할 수 없고 임시방편에 불과하여 충분한 근거가 될 수 없다고 한다; 전원열, "민사집행절차상 배당요구·배당이의와 부당이득반환청구권", 저스티스 제178호, 한국법학원(2020), 212 – 246면.

의 성격을 갖는 이상 원칙적으로 담보권자와 같이 배타적 권리가 침해된
경우라야 부당이득반환청구권이 생기고, 일반채권자는 비록 부당배당이
있더라도 원칙적으로 부당이득반환청구를 할 수 없다고 보면서도(원칙적
이원설), 다만 과다배당을 받은 채권자가 가공채권에 기하여 배당을 받은
경우에는 일반채권자의 경우에도 민법 제741조의 부당이득반환청구의 요
건이 충족되었다고 볼 수도 있을 것이라고 하여 부당이득반환청구의 여
지가 있음을 지적하는 견해가 있다.[386]

　한편, 어느 제도가 사회적으로 더 타당한가라는 합리성의 문제로 접
근해서 반대의견에 따르면 배당기일에 이의하지 않으면 배당표가 확정되
고 이후에 권리구제를 받을 수 없어 조금이라도 의심이 드는 채권자에
대해서는 일단 배당이의를 한 다음 배당이의의 소를 제기해야 하는데,
이는 대량의 소송으로 이어질 수 있어 불필요한 소송비용이나 법률비용
이 발생할 수 있고, 우리나라의 경우 재산 은닉이나 채무면탈에 관한 죄
의식이 약하다는 점에서 외국과 법의식이 달라 배당이의를 할 수 있는
기간 내에 권리관계에 대한 충분한 조사가 어려워 배당이 종료된 뒤에라
도 정당한 권리가 없는 사람이 배당을 받아간 것이 확인되면 부당이득반
환의 소를 제기하여 권리를 구제받을 기회를 부여하는 것이 필요하다는
이유로 다수의견이 타당하다는 견해가 있다.[387]

　6) 우리나라에서 실제 일어나는 집행과 배당이의의 현실을 감안하면
폭넓게 부당이득반환을 인정하는 현재 대법원의 태도가 구체적인 타당성
을 도모할 수 있다고 생각한다. 특히, 가압류(압류도 마찬가지임) 등기가
먼저 되고 나서 담보권설정등기가 된 경우 가압류의 처분금지적 효력에
관하여 '절차상대효설'[388]을 취하고 있는 일본과 달리 우리나라는 '개별상

386) 전원열, "민사집행절차상 배당요구·배당이의와 부당이득반환청구권", 저스티스
　　제178호, 한국법학원(2020), 212-246면, 다만 241면에서 가공채권자의 변제수령의
　　경우에는 민법 제741조의 부당이득반환청구의 요건이 충족되었다고 볼 수도 있을
　　것이라고 한다.
387) 홍승면, 서울고등법원 판례공보스터디, 2019. 9. 15.자 공보 스터디 자료.
388) 압류 후의 저촉처분은 압류채권자뿐만 아니라 당해 집행절차에 참가한 다른 모
　　든 채권자에 대해서도 그 효력을 주장할 수 없다는 견해이다. 민사집행법 제215조

대효설'[389]), 그중에서도 '안분 후 흡수설'을 취하고 있는데,[390] 이와 결부되어 해당 부동산에 일반채권자의 선행 가압류가 있는 상태에서 채무자는 다른 채권자와의 합의로 그 부동산에 담보물권을 설정하거나 가장 채권자를 만들 수 있는 유인이 크고, 이를 통해 선행 가압류채권자의 채권만족 가능성을 쉽게 희석시킬 수 있다(예를 들어 담보권의 피담보채무액이 가압류채권의 채권액의 9배라면 가압류채권자는 당초 배당받을 것으로 예상한 금액의 10%만 배당받게 된다).[391]

  일반채권자가 배당기일까지 채무자와 다른 채권자 사이의 권리관계를 조사하여 배당이의를 한다는 것이 쉽지 않은데, 이러한 담보물권설정의 무효 사유(이 사건에서는 저당권자의 피담보채권에 대한 시효소멸이 문제되었다)나 취소 사유를 알고 있는 채권자만이 배당이의하여 구제를 받고(배

3항에 유체동산을 이중으로 압류한 경우 '각 압류한 물건은 강제집행을 신청한 모든 채권자를 위하여 압류한 것으로 본다'는 규정이야말로 절차상대효를 명문화한 것이라고 하고, 부동산의 경우에도 유체동산 압류, 가압류의 경우와 똑같은 효력을 인정해야 하고, 따라서 가압류 후의 담보권자는 그 가압류가 존속하고 있는 한 배당에도 참가할 수 없다고 한다(법원실무제요, 민사집행Ⅲ, 사법연수원, 2020, 130-131면).
389) 압류 후의 저촉처분은 압류채권자와 그 처분 이전에 당해 집행절차에 참가한 채권자에게만 대항할 수 없을 뿐이고 저촉처분 후에 당해 집행절차에 참가한 채권자에게는 대항할 수 있다는 견해이다.
390) 개별상대효설에 따른 귀결은 다음과 같다.
  ① 가압류 후 저당권을 취득한 사람은 가압류권자와 동순위로 평등배당을 받는다(대법원 1987. 6. 9. 선고 86다카2570 판결).
  ② 저당권자보다 후순위 일반채권자도 배당요구를 한 경우(가압류권자가 있는 경우) 1차로 채권액에 따른 안분비례에 의하여 평등배당을 하되, 담보권자는 후순위채권자에 대하여 우선변제권이 있어 그 채권에 대한 배당액에서 자기의 채권만족에 이를 때까지 이를 흡수하여 변제를 받을 수 있다(대법원 1992. 3. 27. 선고 91다44407 판결 등).
  ③ 가압류 후 채무자가 부동산을 제3자에게 양도한 경우 구 소유자(채무자)의 채권자들은 채무자 소유였던 부동산을 압류할 수 없고, 그에 대한 배당도 요구할 수 없다(대법원 1998. 11. 13. 선고 97다57337 판결).
  ④ 가압류 후 부동산이 제3자에게 양도된 경우 가압류를 근거로 한 집행절차에서 채권자들이 모두 만족을 얻은 다음 부동산의 환가대금 중 잉여금은 부동산 양수인(제3자)에게 교부한다(대법원 1992. 2. 11. 선고 91누5228 판결).
391) 우리나라의 민사집행법상 평등주의를 취함으로 인하여 발생하고 있는 배당실무의 곤란성과 집행채권자의 노력이 무시되는 사태의 지속적 발생 등 문제점에 관해서는 전원열, "민사집행법상 평등주의의의 재검토", 법조 제69권 제3호(2020), 7-50면.

당관계가 상대적으로 조정되는 것에 그친다), 이러한 무효 사유나 취소 사유를 알지 못하여 배당이의 하지 않은 다른 채권자들은 아무런 구제도 받지 못한다는 것이 과연 타당한지 의문이다.

예를 들어, 본 판결 사안에서 일반채권자인 원고와 피고가 모두 배당이의를 하지 않고 근저당권자 A에 대한 배당이 완료되었는데 나중에 근저당권 A의 피담보채무가 이미 시효 소멸했음이 밝혀진 경우 원, 피고가 일반채권자라는 이유로 권리침해가 없다고 할 것인지 의문이다(A의 채권이 가장 채권임을 이유로 원, 피고의 부당이득반환청구를 인정할 수 있어 보인다). 본 판결 사안에서, 피고만 배당이의를 하여 A에 대한 배당액 전부를 피고만 수령한 경우, 원고가 근저당권자 A를 상대로 부당이득반환을 구할 수는 없다(A는 이득을 더는 보유하고 있지 않기 때문이다). 이때 피고는 진정한 채권자로서 A를 상대로 배당이의 소송을 통해서 배당액을 수령했을 뿐 이에 상응해서 피고의 채무자에 대한 채권도 변제로 소멸했으므로 '이득'이 없다고 보아 원고의 부당이득반환 청구는 허용되지 않는다고 볼 것인가? 오히려 피고는 원래 배당이 이루어졌다면 얻을 수 없었던 부분에 대한 실제 만족(변제 효과)을 받았으므로 '이득'이 있고, 그로 인한 원고의 '손해'가 있으므로, 원고는 피고를 상대로 부당이득반환 청구를 할 수 있다고 보는 것이 타당한 것이 아닐까 생각한다.

제2절 채권집행

1. 대법원 2014. 5. 16. 선고 2013다52547 판결[392)

[수인의 채무자들의 채권 합계액이나 수인의 제3채무자들에 대한 채권 합계액이 집행채권액을 초과하지 않지만 가압류(압류)로써 각 채무자나 제3채무자별로 어느 범위에서 지급이나 처분의 금지를 명하는 것인지를 특정하지 않은 가압류결정(압류명령)의 효력]

대법원은, 채권에 대한 가압류 또는 압류를 신청하는 채권자는 신청

---

392) 공2014상, 1199.

서에 압류할 채권의 종류와 액수를 밝혀야 하고(민사집행법 제225조, 제291조), 채무자가 수인이거나 제3채무자가 수인인 경우에는 집행채권액을 한도로 하여 가압류 또는 압류로써 각 채무자나 제3채무자별로 어느 범위에서 지급이나 처분의 금지를 명하는 것인지를 가압류 또는 압류할 채권의 표시 자체로 명확하게 인식할 수 있도록 특정하여야 하며, 이를 특정하지 않은 경우에는 집행의 범위가 명확하지 않아 특별한 사정이 없는 한 그 가압류결정이나 압류명령은 무효라고 보아야 한다(대법원 2004. 6. 25. 선고 2002다8346 판결 등 참조)는 점을 재확인하였다.

각 채무자나 제3채무자별로 얼마씩의 압류를 명하는 것인지를 개별 적으로 특정하지 않고 단순히 채무자들의 채권이나 제3채무자들에 대한 채권을 포괄하여 압류할 채권으로 표시하고 그중 집행채권액과 동등한 금액에 이르기까지의 채권을 압류하는 등으로 금액만을 한정한 경우에, 각 채무자나 제3채무자는 자신의 채권 혹은 채무 중 어느 금액 범위 내 에서 압류의 대상이 되는지를 명확히 구분할 수 없고, 그 결과 각 채무 자나 제3채무자가 압류의 대상이 아닌 부분에 대하여 권리를 행사하거나 압류된 부분만을 구분하여 공탁을 하는 등으로 부담을 면하는 것이 불가 능하기 때문이다.

본 판결은 압류의 대상인 수인의 채무자들의 채권 합계액이나 수인 의 제3채무자들에 대한 채권 합계액이 집행채권액을 초과하지 않는다고 하더라도, 개별 채무자 및 제3채무자로서는 자신을 제외한 다른 모든 채 무자들의 채권액이나 모든 제3채무자들의 채무액을 구체적으로 알고 있 는 특별한 경우가 아니라면 자신에 대한 집행의 범위를 알 수 없음은 마 찬가지이므로 달리 볼 것은 아니라고 하여 이 경우에도 집행채권액을 한 도로 하여 가압류 또는 압류로써 각 채무자나 제3채무자별로 어느 범위 에서 지급이나 처분의 금지를 명하는 것인지를 가압류 또는 압류할 채권 의 표시 자체로 명확하게 인식할 수 있도록 특정해야 하고, 이러한 특정 이 되지 않은 경우에는 그 가압류결정이나 압류명령은 무효라는 점을 분 명히 하였다.

2. 대법원 2017. 8. 21.자 2017마499 결정[393]

[사해행위취소의 소에서 수익자가 원상회복으로서 가액배상을 할 경우, 수익자가 채권자취소권을 행사하는 채권자에 대해 가지는 별개의 다른 채권을 집행하기 위하여 채권자의 수익자에 대한 가액배상채권을 압류하고 전부명령을 받는 것이 허용되는지 여부]

본 결정 이전에 대법원 2001. 6. 1. 선고 99다63183 판결은 '수익자가 채권자취소에 따른 원상회복으로서 가액배상을 할 때에 채무자에 대한 채권자라는 이유로 채무자에 대하여 가지는 자기의 채권과의 상계를 주장할 수는 없다'고 하였다. 채권자취소권은 채권의 공동담보인 채무자의 책임재산을 보전하기 위하여 채무자와 수익자 사이의 사해행위를 취소하고 채무자의 일반재산으로부터 일탈된 재산을 모든 채권자를 위하여 수익자 또는 전득자로부터 환원시키는 제도인데, 수익자로 하여금 자기의 채무자에 대한 반대채권으로써 상계를 허용하는 것은 사해행위에 의하여 이익을 받은 수익자를 보호하고 다른 채권자의 이익을 무시하는 결과가 되어 위 제도의 취지에 반한다고 보았기 때문이다.

대법원은 본 결정을 통하여 '수익자가 채권자취소권을 행사하는 채권자에 대해 가지는 별개의 다른 채권을 집행하기 위하여 그에 대한 집행권원을 가지고 채권자의 수익자에 대한 가액배상채권을 압류하고 전부명령을 받는 것은 허용된다. 이는 수익자의 채무자에 대한 채권을 기초로 한 상계나 임의적인 공제와는 내용과 성질이 다르다. 또한 채권자가 채무자의 제3채무자에 대한 채권을 압류하는 경우 제3채무자가 채권자 자신인 경우에도 이를 압류하는 것이 금지되지 않으므로 단지 채권자와 제3채무자가 같다고 하여 채권압류 및 전부명령이 위법하다고 볼 수 없다'고 하였다.

---

393) 공2017하, 1799.

3. 대법원 2018. 5. 30. 선고 2015다51968 판결[394]

[주식회사 이사 등의 보수청구권이 민사집행법 제246조 제1항 제4호 또는 제5호에서 정한 압류금지채권에 해당하는지 여부]

대법원은, 주식회사의 이사, 대표이사의 보수청구권(퇴직금 등의 청구권을 포함한다)은, 그 보수가 합리적인 수준을 벗어나서 현저히 균형을 잃을 정도로 과다하거나, 이를 행사하는 사람이 법적으로는 주식회사 이사 등의 지위에 있으나 이사 등으로서의 실질적인 직무를 수행하지 않는 이른바 명목상 이사 등에 해당한다는 등의 특별한 사정이 없는 이상 민사집행법 제246조 제1항 제4호 또는 제5호가 정하는 압류금지채권에 해당한다고 보아야 한다고 하였다.

나아가, 회사가 퇴직하는 근로자나 이사 등 임원에게 급여를 지급하기 위하여 퇴직연금 제도를 설정하고 은행, 보험회사 등 근로자퇴직급여 보장법 제26조가 정하는 퇴직연금사업자와 퇴직연금의 운용관리 및 자산관리 업무에 관한 계약을 체결하였을 때, 재직 중에 위와 같은 퇴직연금에 가입하였다가 퇴직한 이사, 대표이사는 그러한 퇴직연금사업자를 상대로 퇴직연금 채권을 가지는데, 근로기준법상의 근로자에 해당하지 않는 이사 등의 퇴직연금 채권에 대해서는 '퇴직연금 제도의 급여를 받을 권리'의 양도 금지를 규정한 근로자퇴직급여 보장법 제7조 제1항은 적용되지 않지만[395] 위와 같은 퇴직연금이 이사 등의 재직 중의 직무수행에 대한 대가로서 지급되는 급여라고 볼 수 있는 경우에는 그 이사 등의 퇴직

---

394) 공2018하, 1164.

395) 대법원 2014. 1. 23. 선고 2013다71180 판결: 민사집행법 제246조 제1항 제4호에도 불구하고 근로자퇴직급여 보장법상 퇴직연금채권 전액에 관하여 압류가 금지되는지 여부(적극).

이러한 문제는 공무원·군인·사립학교교직원의 퇴직연금을 각각의 특별법에서는 전액 압류 금지로 규율하는 반면, 민사집행법에서는 1/2 범위 내의 압류금지로 규율하고 있는 것과 관련하여 논의되었고, 민사집행법 적용설과 특별법 적용설의 견해 대립이 있으나, 실무는 특별법 우선의 원칙에 따라 공무원·군인·사립학교교직원의 퇴직연금은 전부 압류가 금지되는 것으로 보고 있다. 대법원은 이러한 실무의 태도를 받아들여 특별법 적용설을 채택하였다고 할 수 있다

연금 채권은 민사집행법 제246조 제1항 제4호 본문이 정하는 '퇴직연금, 그 밖에 이와 비슷한 성질의 급여채권'으로서 압류금지채권에 해당한다고 보아야 한다고 하였다.

　　나아가 대법원은 이러한 퇴직연금이 이사 등의 재직 중의 직무수행에 대한 대가로서 지급되는 급여에 해당하는지 판단하는 기준에 관해서, 회사가 퇴직연금 제도를 설정한 경위와 그 구체적인 내용, 이와 관련된 회사의 정관이나 이사회, 주주총회 결의의 존부와 그 내용, 이사 등이 회사에서 실질적으로 수행한 직무의 내용과 성격, 지급되는 퇴직연금의 액수가 이사 등이 수행한 직무에 비하여 합리적인 수준을 벗어나 현저히 과다한지, 당해 퇴직연금 이외에 회사가 이사 등에게 퇴직금이나 퇴직위로금 등의 명목으로 재직 중의 직무수행에 대한 대가로 지급하였거나 지급할 급여가 있는지, 퇴직연금사업자 또는 다른 금융기관이 당해 이사 등에게 퇴직연금의 명목으로 지급하였거나 지급할 다른 급여의 존부와 그 액수, 그 회사의 다른 임원들이 퇴직금, 퇴직연금 등의 명목으로 수령하는 급여와의 형평성 등을 종합적으로 고려하여 판단해야 한다고 하였다.

　　민사집행법 제246조 제1항 제4호 본문은 '급료·연금·봉급·상여금·퇴직연금, 그 밖에 이와 비슷한 성질을 가진 급여채권의 2분의 1에 해당하는 금액'을, 제5호는 '퇴직금 그 밖에 이와 비슷한 성질을 가진 급여채권의 2분의 1에 해당하는 금액'을 압류금지채권으로 정하고 있다. 이는 급여 수입에 의존하는 채무자와 그 가족의 기본적 생활을 보장하고 근로·직무 수행 의욕을 유지할 수 있도록 하는 사회·정책적인 고려에 따른 것이다.

　　본 판결은 이사 등의 보수청구권(퇴직금 채권 포함)이나 퇴직연금 채권이 재직 중의 직무수행에 대한 대가로서 지급되는 경우에는 원칙적으로 압류금지채권에 해당한다고 판단한 최초의 판결이다.[396]

---

[396] 본 판결에 대한 대법원판례해설로는 양진수, "회사의 이사, 대표이사의 회사에 대한 퇴직금 등 보수 청구권과 퇴직연금사업자에 대한 퇴직연금 채권이 민사집행법상의 압류금지채권에 해당하는지", 대법원판례해설 제115호, 법원도서관(2018), 174-214면이 있다.

그 이유로 ① 관련 규정의 개정 경위와 함께 민사집행법 제246조 제1항 제4호, 제5호의 문언이 '급여채권'의 발생원인을 근로관계로 한정하지 않고, 근로관계의 사용종속성(또는 지휘·감독관계)을 요구하지 않는 점과 ② 현대사회의 특성상 '채무자의 생활(생계)의 기초가 되는 계속적·정기적 수입인지'가 중요하고 근로계약인지, 위임계약인지는 중요하지 않다는 점을 들었다.

본 판결은 이사 등의 퇴직연금 채권이 재직 중의 직무수행에 대한 대가로서 지급된 것인지를 판단하기 위한 상세한 기준도 제시하였다. 이에 따라 향후 이사 등의 보수청구권 또는 퇴직연금 채권이 압류금지채권에 해당하는지는 획일적으로 정할 수 없고 구체적인 사건에서 그 성격을 규명하는 것이 주된 쟁점으로 될 것이다.

4. 대법원 2018. 12. 27. 선고 2015다50286 판결[397)

[하나의 보험계약에 보장성보험과 저축성보험의 성격이 모두 있는 경우 민사집행법 제246조 제1항 제7호에서 규정하는 '보장성보험'에 해당하는지 판단하는 기준]

대법원은, 하나의 보험계약에 보장성보험과 저축성보험의 성격이 모두 있는 경우에 저축성보험의 성격을 갖는 계약 부분만을 분리하여 해지할 수 없다. 이 경우 해당 보험 전체를 두고 민사집행법 제246조 제1항 제7호에서 정하는 '보장성보험'에 해당하는지 여부를 결정하여야 한다. 원칙적으로 보험 가입 당시 예정된 해당 보험의 만기환급금이 보험계약자의 납입보험료 총액을 초과하는지를 기준으로 하여, 만기환급금이 납입보험료 총액을 초과하지 않으면 민사집행법 제246조 제1항 제7호에서 정하는 '보장성보험'에 해당한다고 보아야 한다. 그러나 만기환급금이 납입보험료 총액을 초과하더라도, 해당 보험이 예정하는 보험사고의 성질과 보험가입 목적, 납입보험료의 규모와 보험료의 구성, 지급받는 보험료의 내

---

397) 공2019상, 345; 같은 날 선고된 대법원 2018. 12. 27. 선고 2015다61606 판결(미간행)도 같은 취지로 판단하였다.

용 등을 종합적으로 고려하였을 때 보장성보험도 해당 보험의 주된 성격과 목적으로 인정할 수 있다면 이를 민사집행법이 압류금지채권으로 규정하고 있는 보장성보험으로 보아야 한다고 하였다.

민사집행법 제246조 제1항 제7호는 '생명, 상해, 질병, 사고 등을 원인으로 채무자가 지급받는 보장성보험의 보험금(해약환급금 및 만기환급금을 포함한다) 채권은 압류하지 못한다.'고 정하고, 압류금지의 범위를 대통령령으로 정하도록 하고 있다. 그 위임에 따라 민사집행법 시행령 제6조 제1항 제3호 가목은 추심명령을 받은 채권자 등의 해지권 행사로 인해서 발생한 보장성보험의 해약환급금 전액을 압류금지범위로 정하고 있다. 이로써 채권자가 보장성보험계약을 해지할 실익은 없게 되고, 보장성보험의 수익자가 보호된다.

하나의 보험계약이 보장성보험과 저축성보험의 성격을 함께 갖는 경우가 주로 문제되는데, 본 판결은 하나의 보험계약에 보장성보험과 저축성보험의 성격이 모두 있을 때 저축성보험 부분만을 분리·해지할 수 없다고 판단하였다. ① 이 경우 저축성보험을 전제로 보장성보험의 보험료나 보험금이 정해진 경우가 많고, ② 분리·해지 시 보험회사와 보험계약자가 나머지 보장성보험 부분만을 유지할 것으로 기대하기도 어려우며, ③ 해당 조항이 하나의 보험계약을 보장내용에 따라 구분해서 압류금지의 대상으로 정하고 있지도 않는다는 점에서 본 판결의 타당성을 긍정할 수 있다.

다음으로, 본 판결은 해당 보험을 전체적으로 보아, 일반적으로 통용되는 보험업감독규정에서 정한 보장성보험과 저축성보험에 관한 구별개념 즉, 보험계약 당시(보험상품 개발·판매 당시) 예정하고 있는 만기환급금 등이 납입보험료 총액을 초과하는지에 따라 압류금지대상인 보장성보험인지를 판단하도록 하여 압류금지채권에 해당하는 보장성 보험에 해당하는지에 관한 판단기준을 제시하였다는 점에서 의의를 찾을 수 있다.[398]

---

398) 본 판결에 대한 대법원판례해설로는 김윤종, "민사집행법 제246조(압류금지채권)에서 규정하는 보장성보험의 성격", 대법원판례해설 제117호, 법원도서관(2019),

이에 대해서는 기본적으로 본 판결의 취지에 찬성하지만 민사집행법상 압류금지채권으로서의 보장성보험 문제에 관하여 부가약관이 특약으로 추가된 경우는 두 개의 계약으로 볼 것인지 불분명하다는 견해가 있다.[399]

5. 대법원 2014. 7. 10. 선고 2013다25552 판결[400]

[민사집행법 제246조 제2항에 따라 압류명령이 취소된 경우, 채권자가 그 취소 전에 집행행위로 취득한 금전을 채무자에게 부당이득으로 반환하여야 하는지]

대법원은, 2011. 4. 5. 법률 제10539호로 개정된 민사집행법에서 신설된 제246조 제2항은, 압류금지채권이 금융기관에 개설된 채무자의 계좌에 이체되는 경우 더 이상 압류금지의 효력이 미치지 아니하므로 그 예금에 대한 압류명령은 유효하지만 원래의 압류금지 취지가 참작되어야 한다는 이유에서 채무자의 신청에 의하여 압류명령을 취소하도록 한 것으로서, 민사집행법 제246조 제3항과 같은 압류금지채권의 범위변경에 해당한다. 따라서 민사집행법 제246조 제2항에 따라 압류명령이 취소되었다 하더라도 압류명령은 장래에 대하여만 효력이 상실할 뿐 이미 완결된 집행행위에는 영향이 없고, 채권자가 그 취소 전에 집행행위로 취득한 금전을 채무자에게 부당이득으로 반환하여야 하는 것도 아니라고 보았다.

본 판결은 민사집행법 제246조 제2항에 따른 압류명령 취소와 관련하여 이미 완결된 집행행위의 효력과 그로 인해 채권자가 취득한 금전이 부당이득반환으로 구할 수 없다는 점을 명시적으로 판단한 최초의 선례로서 의의가 있다.[401]

290-319면이 있다.

399) 김선정, "하나의 보험계약에 보장성보험과 저축성보험의 성격이 모두 있는 경우 저축성보험 부분을 분리하여 이를 해지하고 압류할 수 있는지 여부", 생명보험 판례 100선, 생명보험협회(2019), 396-409면.

400) 공2014하, 1563.

6. 대법원 2017. 8. 18. 선고 2017도6229 판결[402]
[압류금지채권의 목적물이 채무자의 예금계좌에 입금된 경우, 그 예금
채권도 압류금지채권에 해당하는지]

산업재해보상보험법 제52조의 휴업급여를 받을 권리는 같은 법
제88조 제2항에 의하여 압류가 금지되는 채권으로서 강제집행면탈죄
의 객체에 해당하지 않는다. 피고인은 장차 지급될 휴업급여 수령계좌
를 기존의 압류된 예금계좌에서 압류가 되지 않은 다른 예금계좌로
변경하여 휴업급여를 수령하였는데, 강제집행면탈죄가 성립하는지 문
제되었다.

형법 제327조는 "강제집행을 면할 목적으로 재산을 은닉, 손괴, 허
위양도 또는 허위의 채무를 부담하여 채권자를 해한 자"를 처벌함으로
써 강제집행이 임박한 채권자의 권리를 보호하기 위한 것이므로, 강제
집행면탈죄의 객체는 채무자의 재산 중에서 채권자가 민사집행법상 강
제집행 또는 보전처분의 대상으로 삼을 수 있는 것이어야 한다(대법원
2008. 9. 11. 선고 2006도8721 판결, 대법원 2011. 12. 8. 선고 2010도4129 판결
등 참조).

대법원은, 「압류금지채권의 목적물이 채무자의 예금계좌에 입금된
경우에는 그 예금채권에 대하여 더 이상 압류금지의 효력이 미치지 않으
므로 그 예금은 압류금지채권에 해당하지 않지만(대법원 1999. 10. 6.자 99
마4857 결정, 대법원 2014. 7. 10. 선고 2013다25552 판결 등 참조), 압류금지채
권의 목적물이 채무자의 예금계좌에 입금되기 전까지는 여전히 강제집행
또는 보전처분의 대상이 될 수 없는 것이므로, 압류금지채권의 목적물을
수령하는 데 사용하던 기존 예금계좌가 채권자에 의해 압류된 채무자가

---

401) 위 판결에 대한 평석으로는 진광철, "민사집행법 제246조 제2항에 따라 압류명
  령이 취소된 경우 채권자가 집행행위로 취득한 금전을 채무자에게 부당이득으로
  반환하여야 하는지 여부", 고영한 대법관 재임기념 논문집, 사법발전재단(2018),
  102-116면.
402) 공2017하, 1826.

압류되지 않은 다른 예금계좌를 통하여 그 목적물을 수령하더라도 강제집행이 임박한 채권자의 권리를 침해할 위험이 있는 행위라고 볼 수 없어 강제집행면탈죄가 성립하지 않는다.」고 하여 같은 취지로 판단한 원심의 판단이 정당하다고 하였다.

7. 대법원 2015. 6. 11. 선고 2013다40476 판결[403)

[채무자의 개인별 예금 잔액과 민사집행법 제195조 제3호에 의하여 압류하지 못한 금전의 합계액이 150만 원을 초과하여 압류금지채권에 해당하지 않는다는 점에 대한 증명책임]

민사집행법 제246조 제1항 제8호와 같은 법 시행령 제7조는 채무자의 개인별 잔액이 150만 원(다만, 민사집행법 제195조 제3호에 의하여 압류하지 못한 금전이 있는 경우 150만 원에서 그 금액을 뺀 금액) 이하인 예금채권을 압류하지 못한다고 규정하고 있는데, 위 규정은 채무자의 최소한의 생계를 보장하기 위한 강행규정이다. 위와 같이 압류가 금지된 예금채권에 대하여 한 압류명령은 강행규정에 위반되므로 무효이고, 무효인 압류명령에 기하여 한 추심명령도 실체법상으로 무효이다(대법원 2008. 6. 12. 선고 2008다11702 판결 등 참조).

대법원은, 채권압류 및 추심명령에 기한 추심의 소에서 피압류채권의 존재는 채권자가 증명하여야 하는 점(대법원 2007. 1. 11. 선고 2005다47175 판결 참조), 위 각 규정의 취지와 형식 등을 종합적으로 고려하여 보면, 채권자가 채권압류 및 추심명령에 기하여 채무자의 제3채무자에 대한 예금채권의 추심을 구하는 소를 제기한 경우 추심 대상 채권이 압류금지채권에 해당하지 않는다는 점, 즉 채무자의 개인별 예금잔액과 민사집행법 제195조 제3호에 의하여 압류하지 못한 금전의 합계액이 150만 원을 초과한다는 사실은 채권자가 이를 증명하여야 한다고 판단하였다.

---

403) 공2015하, 960.

8. 대법원 2016. 8. 29. 선고 2015다236547 판결

[채권자대위권 행사의 대상이 된 피대위채권에 대하여 채무자의 다른 채권자가 압류 등을 할 수 있는지와 채무자의 다른 채권자가 '채무자의 제3채무자에 대한 피대위채권'에 대하여 받은 전부명령의 효력]

1) 대법원은 채권자대위소송에서 제3채무자로 하여금 직접 대위채권자에게 금전의 지급을 명하는 판결이 확정되더라도 그 피대위채권이 변제 등으로 소멸하기 전이라면 채무자의 다른 채권자는 이를 압류·가압류할 수 있고, 채권자대위소송이 제기되어 대위채권자가 채무자에게 대위권 행사사실을 통지하거나 채무자가 이를 알게 된 이후에는 민사집행법 제229조 제5항[404]이 유추 적용되어 피대위채권에 대한 전부명령은, 우선권 있는 채권에 기초한 것이라는 등의 특별한 사정이 없는 한 무효라고 판단하였다.

나아가 대위채권자의 제3채무자에 대한 추심권능 내지 변제수령권능은 자체로서 독립적으로 처분하여 환가할 수 있는 것이 아니어서 압류할 수 없고, 채권자대위소송에서 제3채무자로 하여금 직접 대위채권자에게 금전의 지급을 명하는 판결이 확정되었더라도 판결에 기초하여 금전을 지급받는 것 역시 대위채권자의 제3채무자에 대한 추심권능 내지 변제수령권능에 속하므로, 채권자대위소송에서 확정된 판결에 따라 대위채권자가 제3채무자로부터 지급받을 채권에 대한 압류명령 등도 무효라고 판단하였다.

2) 채권자대위권의 성격에 관해서는 견해의 대립이 있지만 채권자가 법률의 규정에 의하여 사실상, 법률상 행위를 통해서 채무자의 재산을 관리할 수 있는 권리라는 법정재산관리권설이 통설의 입장이고, 채권자대위소송의 법적성질에 관해서 판례와 통설은 법정소송담당으로 보고 있다.

---

404) 제229조(금전채권의 현금화방법)
⑤ 전부명령이 제3채무자에게 송달될 때까지 그 금전채권에 관하여 다른 채권자가 압류·가압류 또는 배당요구를 한 경우에는 전부명령은 효력을 가지지 아니한다.

채권자가 자기의 금전채권을 보전하기 위하여 채무자의 금전채권을 대위행사하는 경우 제3채무자로 하여금 채무자에게 그 지급의무를 이행하도록 청구할 수도 있지만, 직접 대위채권자 자신에게 이행하도록 청구할 수도 있는데(대법원 2005. 4. 15. 선고 2004다70024 판결 등 참조), 채권자대위소송에서 제3채무자로 하여금 직접 대위채권자에게 금전의 지급을 명하는 판결이 확정되더라도, 대위의 목적인 권리, 즉 채무자의 제3채무자에 대한 피대위채권이 그 판결의 집행채권으로서 존재하는 것이고 대위채권자는 채무자를 대위하여 피대위채권에 대한 변제를 수령하게 될 뿐 자신의 채권에 대한 변제로서 수령하게 되는 것이 아니므로(대법원 2015. 7. 23. 선고 2013다30301 판결 등 참조), 그 피대위채권이 변제 등으로 소멸하기 전이라면 채무자의 다른 채권자는 이를 압류·가압류할 수 있다.

본 판결에 이어 선고된 대법원 2016. 9. 28. 선고 2016다205915 판결은 채권자대위권 행사의 대상이 된 피대위채권에 대하여 채무자의 다른 채권자가 압류 또는 가압류, 처분금지가처분을 한 경우에도, 집행채권자의 채권자가 집행권원에 표시된 집행채권을 압류 또는 가압류, 처분금지가처분을 한 경우에 관한 법리가 그대로 적용된다고 판단하였다. 이는 기존 판례가 인정한 채권자대위권의 추심기능을 존중하면서도 그로 인한 간이추심기능은 다른 채권자의 압류 등이 없이 대위채권자가 피대위채권의 변제를 실제로 수령하는 단계에서 발현된다고 보고, 피대위채권의 압류, 가압류 등으로 다수채권자들이 경합하는 경우에는 집행장애사유가 된다고 보아 책임재산의 환가·배당 문제를 민사집행법상 제도를 통해 해결하도록 하였다.

즉, 집행채권자의 채권자가 집행권원에 표시된 집행채권을 압류 또는 가압류, 처분금지가처분한 경우에는 압류 등의 효력으로 집행채권자(압류, 가압류 채무자)의 추심, 양도 등의 처분행위와 채무자(제3채무자)의 변제가 금지되고 이에 위반되는 행위는 집행채권자의 채권자에게 대항할 수 없게 되므로 집행기관은 압류 등이 해제되지 않는 한 집행할 수 없는 것이니, 압류 등이 해제되지 않는 한 추심할 수 없다.[405] 따라서 대위채권자는 배당요구의 종기(추심채권자의 추심 후 추심신고 시 또는 제3채무자 집행공탁 후 사유

신고 시)까지 압류, 가압류, 배당요구를 해야 배당을 받을 수 있게 된다.[406)]

3) 본 판결은, 채권자대위소송이 제기되고 대위채권자가 채무자에게 대위권 행사사실을 통지하거나 채무자가 이를 알게 되면 민법 제405조 제2항에 따라 채무자는 피대위채권을 양도하거나 포기하는 등 채권자의 대위권행사를 방해하는 처분행위를 할 수 없게 되고 이러한 효력은 제3채무자에게도 그대로 미치는데, 그럼에도 그 이후 대위채권자와 평등한 지위를 가지는 채무자의 다른 채권자가 피대위채권에 대하여 전부명령을 받는 것이 가능하다고 하면, 채권자대위소송의 제기가 무위로 될 뿐만 아니라 대위채권자는 압류·가압류나 배당요구의 방법을 통하여 채권배당절차에 참여할 기회도 갖지 못한 채 전부명령을 받은 채권자가 전속적인 만족을 얻는 결과가 되어 부당하므로, 채무자가 대위권 행사사실을 알게 된 이후에는 민사집행법 제229조 제5항이 유추적용되어 피대위채권에 대한 전부명령은, 우선권 있는 채권에 기초하지 않는 한 무효라고 판단하였다. 나아가 대위채권자의 제3채무자에 대한 추심권능 내지 변제수령권능은 자체로서 독립적으로 처분, 환가할 수 있는 것이 아니므로 이에 대한 압류명령은 무효라고 판단함으로써 채권자대위권이 갖는 효용과 한계를 명확하게 선언한 최초의 판결로서 의의가 있다.[407)]

9. 대법원 2013. 1. 17. 선고 2011다49523 전원합의체 판결[408)]

[대항력을 갖춘 임차인의 보증금반환채권이 가압류된 상태에서 임대주택이 양도된 경우, 양수인이 채권가압류의 제3채무자 지위를 승계하는지 여부]

1) A(임차인)가 2002년부터 B로부터 보증금 3,000만 원에 주택을 임

---

405) 대법원 2000. 10. 2.자 2005마5221 결정 등.
406) 범선윤, "채권자대위권의 행사와 채권압류·전부명령의 경합", 민사판례연구 제40권 (2018), 317-319면.
407) 범선윤, "채권자대위권의 행사와 채권압류·전부명령의 경합", 민사판례연구 제40권 (2018), 335-337면.
408) 공2013상, 318.

차하여 전입신고를 마친 뒤 거주해 왔다. 이후 주택 소유권이 C, D로 순차 이전되었다. 원고(채권가압류권자)는 A의 D에 대한 위 보증금반환채권을 가압류하고, 위 결정은 D에게 송달되었다. 원고가 A를 상대로 구상금 청구의 소를 제기하여 승소 확정판결을 받았고, 이후 피고(주택양수인)가 D(주택양도인)로부터 주택을 양수한 다음 2007년 A에게 임차보증금을 반환하였다. 원고는 승소판결을 집행권원으로 하여 위 가압류를 본압류로 이전하는 채권압류 및 추심명령을 받은 다음 피고를 상대로 추심금 소송을 제기하였다.

이 사건의 쟁점은, 주택양수인인 피고가 임대인 지위를 승계하는 것은 명확한데, 이 경우 가압류의 제3채무자의 지위도 승계하는지이다. 가압류채권자인 원고가 D(양도인)를 상대로 추심금을 청구할 수 있는지(승계부정설), 피고(양수인)를 상대로 추심금을 청구할 수 있는지(승계긍정설), 아니면 가압류의 효력이 소멸한다고 볼 것인지(가압류소멸설)가 문제된다.[409]

2) 1심은 이 사건 채권가압류의 효력이 피고에게 미치지만 가압류되었음을 모르고 피고가 A(임차인)에게 변제하였으므로 채권의 준점유자에 대한 변제로서 유효하다고 보았다. 원심은 피고는 주택양도인의 특별승계인에 불과하여 이 사건 채권가압류결정은 피고에게 미치지 않고, 가압류결정의 효력은 가압류 대상인 채권(A의 D에 대한 보증금반환채권)의 소멸로 그 효력을 상실하였다고 보았다.

본 판결의 다수의견은, 임차인의 임대차보증금반환채권이 가압류된 상태에서 임대주택이 양도되면 양수인이 채권가압류의 제3채무자의 지위도 승계하고, 가압류권자 또한 임대주택의 양도인이 아니라 양수인에 대하여만 위 가압류의 효력을 주장할 수 있다고 보았다.

---

409) 본 판결이 있기 전 이 문제를 다룬 문헌으로 민일영, 경매와 임대차, 박영사 (2009), 207면은 '판례이론에 따를 경우 임차보증금반환채권이 제3자에 의하여 가압류된 상태에서 주택이나 상가건물이 양도되었더라도 가압류권자는 양수인에 대해서만 가압류효력을 주장할 수 있다고 보아야 할 것이다. 종전 임대인은 이제 더는 보증금을 반환할 지위에 있지 않기 때문이다. 결국 이 경우 채권가압류의 효력이 주택임대차보호법이라는 특별법에 의하여 변질되는 셈이다.'라고 하여 본 판결의 다수의견과 같은 견해를 제시하였다.

그 근거로 ① 주택임대차보호법 제3조 제3항(현행 제3조 제4항)은 '임대주택의 양수인은 임대인의 지위를 승계한 것으로 본다'고 정하는데, 이는 법률상의 당연승계 규정으로, 임대주택이 양도된 경우에 그 양수인은 주택의 소유권과 결합하여 임대인의 임대차 계약상의 권리·의무 일체를 그대로 승계한다(양수인이 보증금반환채무를 면책적으로 인수하고, 양도인은 임대차관계에서 탈퇴하여 보증금반환채무를 면한다), ② 보증금반환채권 가압류의 제3채무자의 지위는 임대인의 지위와 분리될 수 없어 임대주택의 양도로 채권가압류의 제3채무자의 지위도 임대인의 지위와 함께 이전한다. ③ 임대주택이 양도되었음에도 그 양수인이 채권가압류의 제3채무자의 지위를 승계하지 않는다면 가압류권자는 장차 본집행절차에서 그 주택의 매각대금으로부터 우선변제를 받을 수 있는 권리를 상실하는 불이익을 입게 된다.

이에 대하여 반대의견은,[410] 상속이나 합병과 같은 당사자 지위의 포괄승계가 아닌 주택양수도로 인한 임대차보증금반환채무의 이전의 경우 이미 집행된 가압류의 제3채무자 지위는 승계되지 않고, 원심과 같이 가압류의 효력은 소멸한다고 보았다.

그 근거로 ① 다수의견은 금전채권에 대한 집행에 관한 민사집행법의 일반원리에 어긋난다. 실체법상 권리변동에도 불구하고 압류 또는 가압류에 본질적으로 내재한 처분금지 및 현상보전 효력 때문에 당사자인 집행채권자, 집행채무자, 제3채무자의 집행법상 지위는 달라지지 않는다. 우리 민사집행법은 금전채권에 대한 집행에서 '당사자의 처분행위에 의한 제3채무자 지위의 승계'라는 관념을 알지 못하고, 오로지 압류 또는 가압류의 처분금지효력을 통하여 당사자의 처분행위에 구애받지 않고 당초 개시하거나 보전한 집행의 목적을 달성할 수 있게 한다. ② 임대주택의 양도에 따른 임대인 지위의 승계가 법률상 당연승계인 것은 맞지만 이는 명백히 '임대주택에 관한 양도계약 당사자의 처분의사에 기초한 것'으로서, 다수의견은 당사자의 처분행위로 집행법원이 이미 발령한 (가)압류명

410) 대법관 신영철, 대법관 이인복, 대법관 이상훈, 대법관 박보영, 대법관 김신의 반대의견.

령의 수범자와 효력이 달라질 수 있다고 보는 것인데, 우리 민사집행법 상 그 근거가 없다. ③ 임대주택의 양수인은 집행법원으로부터 (가)압류 의 존재와 그 내용에 관하여 어떠한 통지도 받지 못하고, 집행법원도 양 도사실을 알 수도 없고, 양수인에게 통지할 근거도 없다. 다수의견에 따 르면 양수인에 대한 조사의무의 부과가 상당한 거래비용의 증가로 이어 질 수 있고, 경매 취득의 경우에는 매수인이 종전 소유자로부터 압류나 가압류의 존부나 내용을 고지받을 수도 없다. 뿐만 아니라 부동산 중개 인과 사이에 압류나 가압류의 조사의무나 책임의 소재 및 범위를 둘러싸 고 분쟁이 발생할 가능성도 있다.

　　3) 본 판결이 선고된 이후 이에 대해서는 승계긍정설,[411] 승계부정 설,[412] 가압류소멸설[413]로 견해가 나뉘어 있다.[414]

---

411) 김현선, "임차보증금반환채권의 가압류와 임차주택의 양도", 일감법학 제28호 (2014), 453–500면; 김재형, "2013년 분야별 중요판례분석 – 민법(하) –, 2014. 3. 13.자 법률신문, 12–13면; 이영창, "주택임대차보호법상 대항력 있는 임차보증금 반환채권에 대한 가압류의 효력", 민사재판의 제문제 제23권, 한국사법행정학회 (2015), 595–608면; 이창현, "임대차보증금반환채권의 가압류와 주택의 양도", 법 학논집 제21권 제2호(2016), 473–501면; 임윤수/민선찬, "보증금반환채권의 가압류 와 임대인지위의 승계", 법학연구 제50호(2013), 313–324면; 임주혁, "주택임대차 보호법상 임차보증금반환채권이 가압류된 후 임대주택이 양도된 경우 채권가압류 의 효력에 관한 법리", 판례연구 제25집, 부산판례연구회(2014), 243면.
　　이영창, "주택임대차보호법상 대항력 있는 임차보증금반환채권에 대한 가압류 의 효력", 민사재판의 제문제 제23권, 한국사법행정학회(2015), 595–608면은 승계 긍정설에 따르면 주택의 양도가 있으면 임대인의 지위 승계와 함께 제3채무자의 지위도 승계된다고 하면 논리적으로 일관된 이론 구성이 가능하지만 승계부정설에 따르면 임차주택의 양도로 주택양수인이 임대인 지위를 승계하지만 양도인과 가압 류채권자 사이에는 가압류의 처분금지효에 따라 양도인이 임대인이 아님을 주장할 수 없어 임대인으로 간주된다는 식의 상대적인 이론구성을 할 수밖에 없고, 가압 류 소멸설에 따르면 임차보증금반환채권을 가압류하더라도 양도인이 주택을 제3자 에게 양도하기만 하면 가압류가 소멸하게 되어 가압류를 손쉽게 무력화시킬 수 있 게 되는 문제가 있음을 지적하고 있다.
　　이창현, "임대차보증금반환채권의 가압류와 주택의 양도", 법학논집 제21권 제2호 (2016), 473–501면은 가압류권자가 주택의 양도 여부를 수시로 확인할 의무가 있 다고 볼 수 없고, 양수인이 주택양수 시 양도인 등을 상대로 채권가압류의 존부 등을 확인할 의무를 진다고 보아 가압류권자를 보호할 필요가 있고, 주택양수인은 채권의 준점유자에 대한 변제나 집행공탁제도를 통해서 자신의 불안정한 지위를 해소할 수 있다고 한다.

다수의견과 반대의견이 다른 결론에 이른 법리적 배경을 보면, 주택임대차보호법 제3조 제4항에서 정한 '임대인 지위 승계'의 성격을 달리 파악하고 있음을 알 수 있다. '법률상 당연승계'라는 점은 일치하였지만 다수의견은 '주택의 소유권과 결합하여 임대인의 임대차 계약상의 권리·의무 일체를 그대로 승계'한다고 본 반면에, 반대의견은 '이는 명백히 임대주택에 관한 양도계약 당사자의 처분의사에 기초한 것으로서', '상속이나 합병과 같은 당사자 지위의 포괄승계가 아닌 주택양수도로 인한 임대차보증금반환채무의 이전의 경우'라고 보고 있다.

주택임대차보호법상 '임대인 지위의 승계'는 다수의견과 같이 '법률의 규정에 의한 부분적 포괄승계'(주택임대차 관계를 둘러싼 계약상 권리·의무의 총합으로서 임대인 지위 일체의 포괄승계)로 보는 것이 타당하다. 다수 보충의견[415]에서도 지적하고 있듯이 이러한 '법률의 규정에 의한 부분적 포괄

---

412) 이혜민, "주택임대차보허법상 임대인 지위 승계의 성질 및 범위", 민사판례연구 제36권(2015), 643−696면; 윤권원, "주택임대차보호법상 대항력을 갖춘 임차인의 임대차보증금반환채권이 가압류된 이후 임차주택의 소유권을 이전받은 자가 채권가압류의 제3채무자 지위도 승계하는지 여부", 재판과 판례 제22집, 대구판례연구회(2013), 406−426면; 조해근, "채권가압류 집행 후 채무자와 제3채무자가 변경된 경우의 법률관계", 청연논총 제12집, 사법연수원(2015), 34−35면.

　　이혜민, "주택임대차보허법상 임대인 지위 승계의 성질 및 범위", 민사판례연구 제36권(2015), 643−696면은 집행법(소송법)상 당사자 지위와 실체법상 권리·의무 관계가 얼마든지 분리되어 존재할 수 있어 집행법상 지위가 반드시 실체법상 지위에 부수하여 승계된다고 볼 수 없고, 채권가압류에서 제3채무자의 지위 승계는 포괄승계를 제외하고는 예정한 바 없는데 주택임대차보호법상 임대인 지위 승계는 '법정 계약인수'일 뿐이어서 이에 해당하지 않아 가압류의 제3채무자의 지위는 양도인에게 머물러 있으므로, 주택 양도를 주장하면서 채권자에 대항할 수 없다고 보는 것이 집행법 체계에 부합하고, 당사자들의 이해관계를 보다 조화롭게 규율하는 것이라고 한다.

413) 민경준/이주혁, "주택임대차보호법상 보호되는 임대주택의 양수인과 제3채무자 지위의 승계", 법학평론 제4권(2013), 359−364면; 손흥수, "임차 보증금 채권이 가압류 된 후 임차주택을 양수란 자의 임대인의 제3채무자 지위 승계", 민사집행법연구 제13권, 한국사법행정학회(2017), 13−61면.

414) 임주혁, "주택임대차보호법상 임차보증금반환채권이 가압류된 후 임대주택이 양도된 경우 채권가압류의 효력에 관한 법리", 판례연구 제25집, 부산판례연구회(2014), 241−243면은 각 학설에 대한 논거와 비판을 잘 요약 정리해 놓고 있다.

415) 다수의견에 대한 대법관 민일영, 대법관 박병대, 대법관 김용덕의 보충의견.

승계'라는 개념이 새로운 것도 아니다. 분할 또는 분할합병의 경우(상법 제530조의10), 등기에 의하여 회사분할이 그 효력이 발생하면 분할계획서 또는 분할합병계약서에 정한 바에 따라 분할전회사의 권리와 의무가 기존 또는 신설 분할후회사에 법률상 당연히 포괄승계된다. 다만, 회사분할에 의한 권리의무의 포괄승계는 분할계획서 또는 분할합병계약서에 기재된 한도에서 '부분적으로' 이루어진다는 점에서 회사합병과 차이가 있다. 이러한 부분적 포괄승계도 '분할계획 또는 분할합병계약'과 같이 처분행위로 인한 것이다(대신 별도의 이전절차를 필요로 하지 않는다). 주택임대차보호법에 의한 임대인 지위의 승계에서도 주택의 소유권 이전이라는 처분행위로, 따로 계약상 지위를 이전하는 절차를 필요로 하지 않은 채 임대인 지위가 승계된다는 점에서, 위 분할 또는 분할합병의 경우와 유사한 법률효과가 발생한다고 볼 수 있다.

이에 대하여 일부 견해는[416] '임대인 지위 승계'를 특정승계로 보면서 그 근거로, 판례가 영업양도(상법 제41조 이하)를 '영업의 동일성을 유지하면서 조직적·기능적 재산으로서 영업재산 일체가 이전'하더라도 포괄승계로 보지 않고 있다는 점을 들고 있다. 그러나 영업양도는 채권계약이므로 양도인이 영업양도계약에 따라 재산을 이전할 때 포괄승계가 인정되지 않고 특정승계 방법에 의하여 재산의 종류에 따라 개별적으로 이전행위를 해야 한다는 것(대법원 1991. 10. 8. 선고 91다22018, 22025 판결, 대법원 2020. 8. 27. 선고 2019다225255 판결 등)을 간과한 것이다. 이러한 영업양도와 달리 주택 소유권만 이전되면 임대인이 가진 임대차계약상의 권리·의무의 총체로서 '임대인 지위'는 별도의 이전 절차나 행위 없이 당연히 이전한다.

나아가 대법원 2005. 9. 9. 선고 2005다23773 판결은, 주택임대차보호법 제3조 제1항의 대항요건을 갖춘 임차인의 보증금반환채권에 대한

416) 이혜민 "주택임대차보허법상 임대인 지위 승계의 성질 및 범위", 민사판례연구 제36권(2015), 679면; 손홍수, "임차 보증금 채권이 가압류 된 후 임차주택을 양수한 자의 임대인의 제3채무자 지위 승계", 민사집행법연구 제13권, 한국사법행정학회(2017), 49면.

압류 및 전부명령이 확정되어 집행채권자에게 그 채권이 이전된 경우에
도 제3채무자인 임대인은 주택의 소유자로서 매도할 권능은 그대로 보유
하므로, 소유자인 임대인이 당해 주택을 매도하면 주택임대차보호법에 따
라 전부채권자에 대한 보증금지급의무를 면한다고 하였는데,[417] 본 판결
의 다수의견은 위 판결과도 정합성을 가진다.

　이 문제는 임차인이 임차보증금반환채권이 가압류된 사실을 숨기고 주
택양수인으로부터 보증금을 받아간 경우 가압류권자와 주택양수인 중 누구
에게 임차인의 무자력 위험을 부담시킬 것인지에 관한 것이기도 하다.[418]
이와 같이 집행채권자의 이익과 주택양수인의 이익이 충돌하는 상황에서
본 전원합의체 판결은 집행채권자의 이익을 보호하는 결론에 이르게 되었
는데, 본 판결에 따르면 반대의견이 지적하고 있듯이 향후 주택의 양수인으
로서는 양도인이나 임차인 등을 통해서 해당 주택 임차인의 임대차보증금
반환채권에 대한 가압류의 유무와 내용도 조사해야 하는 부담이 있다.[419]

　4) 나아가 승계긍정설에 따를 때 가압류가 있은 다음 본압류가 있기
전 임차보증금반환채권에 대한 가압류가 있었다는 사실을 모른 양수인이
임차인에게 보증금을 반환한 경우 채권의 준점유자에 대한 변제가 성립
할 수 있는지 문제될 수 있다. 민법 제470조[420]가 실제 진정한 변제수령
권자가 아닌데도 정당한 수령권자와 같은 외관을 신뢰하여 변제가 이루
어진 경우 선의, 무과실의 변제자를 보호하기 위한 규정이고, 제3채무자

---

417) 이 경우 임차인의 보증금반환채권에 대한 압류 및 전부명령의 효력이 주택양수
　　인에게 당연 승계된다고 볼 것인지는 다루어지지 않았는데, 법률에 따른 부분적
　　포괄승계를 인정한다면, 이를 긍정하는 것이 논리적 일관성을 가진다고 보인다.
418) 승계부정설은 이 경우 '주택양도인'에게 임차인의 무자력 위험을 부담시키는 것
　　이 타당하다고 하나 앞서 본 것과 같이 임대인 지위 승계의 성격을 법령에 따른
　　부분적 포괄승계로 보는 이상 임대인 지위의 이전에 따라 채권가압류의 제3채무자
　　의 지위도 주택양수인에게 승계되어(승계긍정설), '주택양수인'이 임차인의 무자력
　　위험을 부담한다고 보아야 할 것이다.
419) 나아가 주택매매에 관여하는 부동산중개인으로서도 양도인이나 임차인을 통해
　　서 임차보증금채권에 대한 가압류 여부를 확인, 고지할 의무가 있다고 보게 될 가
　　능성이 높다.
420) 제470조(채권의 준점유자에 대한 변제) 채권의 준점유자에 대한 변제는 변제자
　　가 선의이며 과실 없는 때에 한하여 효력이 있다.

(양수인)에 대한 관계에서 가압류채무자(임차인)는 정당한 변제수령권을 갖
는 채권자라고 볼 수 없고, 임대주택의 양수인은 일반 채권가압류의 제3
채무자와 달리 가압류결정을 송달받지 못한 상태에서 양수인의 외관 신
뢰를 보호할 필요성도 있다 할 것이어서 채권의 준점유자에 대한 변제가
성립할 수 있다고 보는 것이 타당하다.[421]·[422]

5) 본 판결은 주택양수인이 주택임대차보호법에 따라 임대인 지위를
승계하면서 집행법상 채권가압류의 제3채무자의 지위도 함께 승계하는지
에 관하여 당연 승계한다고 보아 채권가압류의 일반적 효력에 대한 중대
한 예외를 처음으로 인정한 선례로서 의의가 있다.[423]

10. 대법원 2015. 5. 14. 선고 2012다41359 판결[424]

[양도인의 제3채무자에 대한 채권이 압류된 후 채권의 발생원인인
계약의 당사자 지위를 이전하는 계약인수가 이루어진 경우, 제3채무자가
계약인수에 의하여 그와 양도인 사이의 계약관계가 소멸하였음을
내세워 압류채권자에 대항할 수 있는지]

1) A가 이 사건 건물을 피고(제3채무자)에게 매도하고 매매대금 채권

421) 임주혁, "주택임대차보호법상 임차보증금반환채권이 가압류된 후 임대주택이 양도
   된 경우 채권가압류의 효력에 관한 법리", 판례연구 제25집, 부산판례연구회(2014),
   248-251면.
      대법원 2003. 7. 22. 선고 2003다24598 판결은 채권가압류의 취소를 명하는 가
   집행선고부 판결이 선고되었으나 당해 채권가압류의 집행이 취소되지 않은 경우,
   제3채무자가 채무자에게 가압류된 임금 및 퇴직금을 지급한 것은 유효한 변제라고
   볼 수 없지만 가압류를 취소하는 가집행선고부 판결을 선고받아 채권을 제한없이
   행사할 수 있을 듯 한 외관을 가지게 된 채권자도 민법 제470조가 정한 '채권의
   준점유자'로 볼 수 있다고 한 것과도 일맥상통한다.
422) 다만, 본 판결의 파기 환송심(서울서부지방법원 2013. 4. 19. 선고 2013나1697
   판결)에서는 채권의 준점유자에 대한 변제에 해당한다는 피고의 주장에 대하여는
   먼저, 채권의 준점유자에 대한 법리가 적용될 수 있다고 하면서도 선의, 무과실에
   대한 피고의 증명이 부족하다는 이유로 주장을 간단히 배척하고 원고 청구 대부분
   을 받아들여 일부 승소판결을 하였다.
423) 이영창, "주택임대차보호법상 대항력 있는 임차보증금반환채권에 대한 가압류의
   효력", 민사재판의 제문제 제23권, 한국사법행정학회(2015), 608면.
424) 공2015상, 783.

을 갖고 있었는데, 원고가 A의 피고(제3채무자)에 대한 매매대금 채권 중 일부에 대한 채권압류 및 추심명령을 받았고, 이후 A가 B에게 이 사건 건물에 관한 매매계약상의 매도인 지위를 이전하기로 합의하고, 피고가 이에 동의하여 계약인수가 성립하였으며 이후 원고가 피고를 상대로 추심금을 청구한 사안이다.

2) 원심은 계약인수를 압류의 효력을 받지 않는 기본적 법률관계의 처분으로 보아 압류가 소멸된다고 판단하였다. 그러나 대법원은, 다음과 같은 이유로 계약상 지위를 이전받은 B는 이 사건 압류명령에 의하여 권리가 제한된 상태의 매매대금채권을 이전받는다고 할 것이므로, 피고는 그와 A의 계약관계가 소멸하였음을 내세워 압류채권자인 원고에게 대항할 수 없다고 하였다. ① 채권의 압류는 제3채무자에 대하여 채무자에게 지급 금지를 명하는 것이므로 채무자는 채권을 소멸 또는 감소시키는 등의 행위를 할 수 없고 그와 같은 행위로 채권자에게 대항할 수 없는 것이지만, 채권의 발생원인인 법률관계에 대한 채무자의 처분까지도 구속하는 효력은 없다(대법원 1991. 11. 12. 선고 91다29736 판결 참조). ② 그런데 계약 당사자로서의 지위 승계를 목적으로 하는 계약인수의 경우에는 양도인이 계약관계에서 탈퇴하는 까닭에 양도인과 상대방 당사자 사이의 계약관계가 소멸하지만, 양도인이 계약관계에 기하여 가지던 권리의무가 동일성을 유지한 채 양수인에게 그대로 승계된다. 따라서 양도인의 제3채무자에 대한 채권이 압류된 후 채권의 발생원인인 계약의 당사자 지위를 이전하는 계약인수가 이루어진 경우 양수인은 압류에 의하여 권리가 제한된 상태의 채권을 이전받게 되므로, 제3채무자는 계약인수에 의하여 그와 양도인 사이의 계약관계가 소멸하였음을 내세워 압류채권자에 대항할 수 없다.

3) 압류채권자의 입장에서는 비록 채권의 귀속주체가 변경된다고 하더라도 제3자가 채권을 양수한다면 그에 따른 채권의 가치는 제3채무자의 변제능력에 달린 것이므로, 압류채권자로서의 지위에 큰 영향이 없다. 반면 채무자의 입장에서는 본래의 계약관계에서 벗어날 수 있는 이익을

보호할 필요가 있는데, 채무자와 제3자 사이에 피압류채권의 부담을 떠안는 것에 대하여 인수계약 당시 상호 합의를 통해 이해관계를 조정할 수 있으므로 크게 불리하다고 볼 수도 없다.[425]

본 판결은 계약인수로 인하여 계약양도인(A)이 계약관계에서 가지는 권리의무가 동일성을 유지한 채 양수인(B)에게 그대로 승계되는 점을 근거로 채권압류의 채무자의 지위도 그대로 승계된다고 함으로써 계약인수로 인하여 압류채권자의 제3채무자에 대한 채권압류의 효력이 그대로 유지된다고 판단한 선례로서 의의가 있다. 본 판결은 이론 구성적 측면에서도 대법원 2013. 1. 17. 선고 2011다49523 전원합의체 판결과도 정합성을 가진다.

11. 대법원 2013. 3. 22.자 2013마270 결정(미간행)
[채권압류 및 추심명령이 발령되기 전에 강제집행정지결정이 있었지만 그 발령 이후 강제집행정지결정이 법원에 제출된 경우 채권압류 및 추심명령이 취소되어야 하는지]

채권자들이 2012. 8. 9. 채무자에 대한 가집행선고부 판결 정본을 집행권원으로 하여 채권압류 및 추심명령을 신청하였고, 사법보좌관은 2012. 8. 30. 위 신청에 따른 채권압류 및 추심명령을 하였으며, 채무자가 2012. 9. 11. 위 판결 정본에 기한 강제집행은 본안 항소심 판결선고시까지 정지한다는 내용의 2012. 8. 8.자 강제집행정지결정을 제출하며 사법보좌관의 위 처분에 대하여 이의를 신청하자, 제1심은 사법보좌관의 처분을 인가하였는데, 원심은 이 사건 명령의 집행권원인 이 사건 판결 정본은 채권자들의 위 신청 이전에 이미 강제집행이 정지되어 있어 유효한 집행권원이 아니었다는 이유로 사법보좌관의 처분을 인가한 제1심결정을 취소하였다.

---

425) 김동훈, "채권압류 후 기초적 계약관계의 처분의 효력", 채권법연구 Ⅱ:민법개정과 민법이론, 동방문화사(2014), 489－490면; 김송, "채권압류 후 계약인수에 의한 채권양도의 효력", 재산법연구 제33권 제3호, 법문사(2016), 49－50면.

대법원은, 채무자가 2012. 8. 8.자로 강제집행정지결정을 받았다고 하더라도 이를 집행법원에 제출하지 않은 사이에 채권압류 및 추심명령이 내려졌으므로 이는 유효하고, 다만 위 강제집행정지결정이 사법보좌관에게 제출된 2012. 9. 11. 이후에는 장래에 대하여 위 판결 정본에 기한 강제집행이 정지될 뿐임에도, 원심은 사법보좌관의 처분을 인가한 제1심결정을 취소하고 말았으니, 원심결정에는 강제집행정지결정의 효력에 관한 법리를 오해하여 재판 결과에 영향을 미친 잘못이 있다고 보았다.

강제집행정지결정이 있으면 결정 즉시로 당연히 집행정지의 효력이 있는 것이 아니고, 그 정지결정의 정본을 집행기관에 제출함으로써 집행정지의 효력이 발생함은 민사집행법 제49조 제2호의 규정취지에 비추어 명백하고, 그 제출이 있기 전에 이미 행하여진 압류 등의 집행처분에는 영향이 없다(대법원 2010. 1. 28.자 2009마1918 결정 등 참조). 따라서 채권압류 및 추심명령 발령 전에 강제집행정지결정이 있었더라도, 그 결정이 미리 집행법원에 제출되지 않는 한, 위와 같은 사정은 이미 발령된 채권압류 및 추심명령에 대한 적법한 항고이유가 될 수 없다.

채권압류 및 전부명령의 경우에도 위 법리는 원칙적으로 마찬가지로 적용된다. 다만, 전부명령이 있은 뒤에 채무자가 민사집행법 제49조 제2호의 서류를 제출한 경우 항고법원은 다른 이유로 전부명령을 취소하는 경우를 제외하고는 같은 법 제229조 제8항에 의하여 항고에 관한 재판을 정지하여야 하고, 그 후 잠정적인 집행정지가 종국적인 집행취소나 집행속행으로 결말이 나는 것을 기다려, 집행취소로 결말이 난 때에는 항고를 인용하여 전부명령을 취소하고, 집행속행으로 결말이 난 때에는 항고를 기각하여야 할 뿐이다(대법원 2008. 11. 13.자 2008마1140 결정 등 참조).

12. 대법원 2013. 9. 16.자 2013마1438 결정[426]

[면책결정이 확정되었다는 사유가 면책된 채무에 관한 집행권원에 기하여 그 면책결정 확정 후 신청되어 발령된 채권압류 및 추심명령에 대한 적법한 항고이유가 되는지]

대법원은, 채무자 회생 및 파산에 관한 법률에 의한 면책결정이 확정되어 채무를 변제할 책임이 면제되었다는 것은 면책된 채무에 관한 집행력 있는 집행권원 정본에 기하여 그 면책결정 확정 후 신청되어 발령된 채권압류 및 추심명령에 대한 적법한 항고이유가 되지 않는다고 판단하였다.

채권압류 및 추심명령에 대한 즉시항고는 집행력 있는 정본의 유무와 그 송달 여부, 집행개시요건의 존부, 집행장애사유의 존부 등과 같이 채권압류 및 추심명령을 할 때 집행법원이 조사하여 준수할 사항에 관한 흠을 이유로 할 수 있을 뿐이고, 집행채권의 소멸 등과 같은 실체상의 사유는 이에 대한 적법한 항고이유가 되지 않는다

그런데 채무자 회생 및 파산에 관한 법률(이하 「법」이라고 함)에 의한 면책결정이 확정되어 채무를 변제할 책임이 면제되었다고 하더라도, 이는 면책된 채무에 관한 집행권원의 효력을 당연히 상실시키는 사유는 되지 않고, 다만 청구이의의 소를 통하여 그 집행권원의 집행력을 배제시킬 수 있는 실체상의 사유에 불과하다.

한편 법 제557조는 면책신청이 있고 파산폐지결정의 확정 등이 있는 때에는 면책신청에 관한 재판이 확정될 때까지 채무자의 재산에 대하여 강제집행을 할 수 없고, 파산선고 전에 이미 행하여지고 있던 강제집행은 중지되며, 이후 면책결정이 확정되면 중지된 절차는 실효한다고 규정하고 있으나, 이는 면책결정 확정 전의 강제집행에 관하여만 규율하므로, 위 규정으로 인하여 면책결정 확정 후에 강제집행을 신청할 수 없게 되는 것이 아니고, 달리 면책결정 확정 후에 신청된 강제집행

---

426) 공2013하, 2103.

에 관하여 어떠한 집행장애사유가 존재하지 않는다(법 제660조 제3항은 면책을 받은 개인인 채무자에 대하여 면책된 사실을 알면서 강제집행 등의 방법으로 추심행위를 한 사람을 과태료에 처함으로써 면책결정의 실효성을 확보하고 있을 뿐이다).

채무자로서는 그 집행권원에 대하여 청구이의의 소를 제기하고 청구이의의 소의 법원으로부터 집행정지결정을 받아 집행법원에 제출함으로써 채권압류 및 추심명령의 집행을 정지시킨 다음, 청구이의 승소확정판결을 받아 집행법원에 제출함으로써 그 집행을 취소시킬 수 있다. 면책결정 확정 후 채권압류 및 추심명령 등이 신청·발령되는 대부분은 그 집행채권이 채권자목록에서 누락된 경우이므로, 채무자가 악의로 채권자목록에 기재하지 않았는지가 청구이의의 소의 주요 심리사항이 된다.

13. 대법원 2012. 1. 12. 선고 2011다84076 판결[427)

[혼합공탁에서 피공탁자가 공탁금의 출급을 청구하는 경우, 집행채권자에 대한 관계에서도 공탁금출급청구권이 있음을 증명하는 서면을 구비·제출하여야 하는지]

대법원은, 혼합공탁에서 그 집행공탁의 측면에서 보면 공탁자는 피공탁자들에 대하여는 물론이고 가압류채권자를 포함하여 그 집행채권자에 대하여서도 채무로부터의 해방을 인정받고자 공탁하는 것이다. 이러한 취지에 비추어, 피공탁자가 공탁물의 출급을 청구함에 있어서 다른 피공탁자에 대한 관계에서만 공탁물출급청구권이 있음을 증명하는 서면을 갖추는 것으로는 부족하고, 위와 같은 집행채권자에 대한 관계에서도 공탁물출급청구권이 있음을 증명하는 서면을 구비·제출하여야 한다고 판단하였다.

혼합공탁은 공탁원인사실 및 공탁근거법령이 다른 실질상 두 개 이상의 공탁을 공탁자의 이익보호를 위하여 하나의 공탁절차에 의해 하는

---

427) 공2012상, 273.

공탁을 말하고, 실무상 변제공탁과 집행공탁을 합한 혼합공탁이 주로 문제 된다. 예컨대, 특정 채권에 대하여 채권양도의 통지가 있었으나 그 후 통지가 철회되는 등으로 채권이 적법하게 양도되었는지에 관하여 의문이 있어 민법 제487조 후단의 채권자불확지를 원인으로 하는 변제공탁 사유가 생기고, 채권양도 통지 후에 그 채권에 관하여 다수의 채권가압류 또는 채권압류 결정이 동시 또는 차례로 내려짐으로써 채권양도의 효력이 발생하지 않는다면 민사집행법 제248조 제1항의 집행공탁 사유가 생긴 경우428)에 채무자는 민법 제487조 후단 및 민사집행법 제248조 제1항을 근거로 하여 채권자불확지를 원인으로 하는 변제공탁과 압류 등을 이유로 하는 집행공탁을 아울러 할 수 있고, 이러한 공탁은 변제공탁에 관련된 채권양수인에 대하여는 변제공탁으로서의 효력이 있고 집행공탁에 관련된 압류채권자 등에 대하여는 집행공탁으로서의 효력이 있다(대법원 1996. 4. 26. 선고 96다2583 판결 등 참조).

　이때 집행법원으로서는 채권자불확지의 변제공탁 사유, 예컨대 채권양도의 유·무효 등의 확정을 통하여 공탁된 금액을 수령할 본래의 채권자가 확정되지 않는 이상 배당절차를 진행할 수 없어 그때까지는 사실상 절차를 정지해야 한다. 집행채권자가 위 공탁금에서 그 채권액을 배당받기 위하여는 압류의 대상이 된 채권이 집행채무자에게 귀속하는 것을 증명하는 문서, 예컨대 채무자에게 공탁금출급청구권이 있다는 것을 증명하는 확인판결의 정본과 그 판결의 확정증명서나 그와 동일한 내용의 화해조서등본, 양수인의 인감증명서를 붙인 동의서 등을 집행법원에 제출해야 한다(대법원 2008. 1. 17. 선고 2006다56015 판결 참조). 이를 실무상 '혼합해소문서'라고 하고, 이를 얻기 위한 소송은 집행채권자가 집행채무자(양도인)를 대위하여 원고가 되어 양수인을 피고로 하여 채무자에게 공탁금출급청구권이 있다는 취지의 확인판결을 구하는 형태가 된다.

---

428) 민사집행법 제248조 제1항에 의한 권리공탁은 위와 같이 압류가 경합된 경우는 물론, 단일압류 그리고 그 압류의 효력이 금전채권의 일부에만 미치는 경우에도 압류에 관련된 금전채권의 전액에 대해 가능하고, 이 점이 구 민사소송법(2002. 1. 26. 법률 제6626호로 전문 개정되기 전의 것)상의 그것과 다르다.

이와 달리 양수인은 집행법원의 배당절차에서 배당받는 것이 아니라 공탁금출급청구권이 자신에게 있다는 것을 증명하는 확인판결의 정본과 그 판결의 확정증명 등을 공탁관에게 제출하고 직접 공탁금을 출급할 수 있는데(이 경우 집행법원은 공탁사유신고를 불수리하고 배당절차를 종결시킴), 그 확인청구의 상대방이 피공탁자 중 다른 일방인 집행채무자(양도인)로 충분한지 문제 되는데, 본 판결은 이점(집행채권자들도 피고로 포함)에 관하여 판시한 것이다.

14. 대법원 2020. 10. 15. 선고 2019다235702 판결(미간행)
[혼합공탁금 중 변제공탁 부분에 대한 배당가입차단효가 생기는지와 변제공탁금을 잘못 배당한 경우 부당이득 성립 여부]

1) A(채무자)의 B(제3채무자)에 대한 공사대금채권에 다수의 압류·추심명령과 가압류가 있었는데(당시 공사대금채권액에는 못 미침), A가 C에게 위 공사대금채권을 양도하고 양도통지를 마쳤고, 이어 피고가 위 공사대금채권에 대한 압류·추심명령을 받았다. B는 공사대금채무금 전액을 혼합공탁하고 그 사유신고를 하였는데, 이후 A의 C에 대한 위 채권양도가 사해행위로 취소·확정되었다. 이어 원고는 A가 갖는 공탁금출급청구권에 대한 압류·추심명령을 받았다. 집행법원이 배당절차에서 피고를 다른 추심권자, 가압류권자와 같은 순위로 배당하고, 원고를 배당에서 제외하는 것으로 배당표를 작성하자 배당에서 제외된 원고가 피고의 배당액에 대하여 배당이의의 소를 제기하였다가 항소심에서 피고 앞으로 배당된 금액에 대한 부당이득반환을 구하는 것으로 청구취지를 교환적으로 변경하였다.[429]

2) 이 사건에서는 공탁금 중 압류금액을 초과하는 부분에 대한 공탁

---

429) 제1심 법원(인천지방법원 2018. 8. 23. 선고 2018가합202)은 이 사건 배당표의 배당재원 전체가 집행공탁임을 전제로 추심채권자인 피고에 대하여 집행공탁으로서의 효력이 있고 원고는 집행공탁에 해당하는 부분에 대하여는 공탁사유신고에 따른 배당가입차단효로 인해 적법한 배당요구를 하였다고 볼 수 없어 원고의 배당이의의 소를 부적법 각하하였다.

의 성질이 무엇인지, A의 이 사건 공사대금채권에 대한 채권양도 이후
이루어진 피고의 압류·추심명령의 효력(A의 채권양도가 사해행위취소로 원
채권자에게 복귀한 경우의 효력 포함)과 변제공탁금에 대한 출급권자가 누구
인지, 피고에게 변제공탁금이 배당된 경우 부당이득반환관계가 성립하는
지가 문제되었다.

　원심은 이 사건 배당절차가 집행공탁에 의해 개시된 절차인데 공탁
사유신고 이후 채무자(A)의 공탁금출급청구권에 대한 압류·추심명령을
받은 채권자인 원고는 배당가입차단효로 인해 적법한 배당요구를 하였다
고 볼 수 없어 '배당받을 채권자'에 해당하지 않는다는 이유로 부당이득
반환청구를 기각하였다.

　대법원은, 채무자 A의 이 사건 공사대금채권이 C에게 양도된 이후
에 이 사건 공사대금채권을 피압류채권으로 하여 받은 피고의 채권압
류·추심명령은 '존재하지 않는 채권'을 압류한 것으로서 무효이므로, 이
사건 혼합공탁금 중 압류금액을 초과하는 부분은 변제공탁으로 보아야
하고, 변제공탁금에 대하여는 배당가입차단효가 생길 여지가 없으므로 채
무자 A의 출급청구권에 대한 압류 및 추심명령을 받은 원고는 변제공탁
금에 대해서는 적법한 배당요구를 한 것으로 볼 수 있다. 다만 변제공탁
금에 대한 출급청구권에 대한 압류·추심명령을 받은 것에 불과한 원고
는 이 사건 변제공탁금에 대한 구체적인 권리를 가진 것은 아니므로, 피
고가 정당한 권원 없이 이 사건 변제공탁금으로부터 배당받는 것으로 배
당표에 기재되었더라도, 그로 인해 원고의 이 사건 변제공탁금에 대한
구체적인 권리가 침해되었다고 볼 수 없어 부당이득반환청구를 할 수 없
다고 하여 상고를 기각하였다.

　3) 집행공탁은 강제집행상의 권리·의무로써 집행의 목적물을 공
탁소에 맡겨 그 목적물의 관리와 집행당사자에의 교부를 공탁절차에
따라 진행하기 위한 공탁이다. 채권집행과 관련해서 중요한 것은 제3
채무자의 공탁과 추심채권자의 공탁이다. 채권자의 경합이 있는 경우
에 '제3채무자가 채무액을 공탁하고 본법 제248조 제4항에 따른 공탁

사유신고를 할 때까지', 채권자가 추심명령에 의하여 채권을 추심한
때에는 '본법 제236조 제1항에 의하여 추심의 신고를 한 때'까지 각각
배당요구를 할 수 있다(민사집행법 제247조 제1항). 이로써 공탁금으로부
터 배당을 받을 채권자의 범위를 확정하는 효력 즉 '배당가입차단효'가
생긴다.[430]

이 사건에서, 피고가 이 사건 압류·추심명령을 받았을 당시 이 사
건 공사대금채권은 C에게 양도되어 양도통지까지 이루어진 상황이었으므
로, 피고의 채권압류·추심명령은 '존재하지 않는 채권'을 압류한 것으로
서 무효이다. 이후에 채권양도 계약이 사해행위로 취소되더라도 이미 무
효로 된 압류·추심명령이 유효로 되지는 않는다.

나아가 혼합공탁금 중에서 압류 범위를 벗어난 금액은 변제공탁에
해당하고, 변제공탁 부분에 대해서는 B(제3채무자)의 공탁사유신고에 의
한 배당가입차단효가 생기지 않는다. 즉 B의 공탁사유신고로 배당절차
가 개시되는 것은 집행공탁부분에 한정된다. 따라서 원고는 변제공탁금
에 대한 유일한 공탁금압류권자로서 변제공탁금 부분을 출급(추심)할 수
있고, 피고는 수령권한이 없다. 원고가 공탁금을 출급하여 이를 추심한
경우 추심한 채권액을 법원에 신고하여야 한다(민사집행법 제236조 제1
항). 그 신고 전에 다른 압류, 가압류 또는 배당요구가 있으면 원고는
추심한 금액을 공탁하고 공탁사유신고를 해야 한다(같은 조 제2항). 추심
채권자의 추심신고 시점이 배당요구의 종기가 된다(민사집행법 제247조
제1항 제2호).

원고의 추심신고 시까지 피고가 배당요구를 하면 피고도 배당을 받

---

430) 배당가입차단효는 배당을 전제로 한 집행공탁에만 생긴다. 압류와 가압류와 경
합하여 제3채무자가 공탁한 경우에는 가압류를 이중압류로 보아 배당이 이루어진
다. 이때 배당절차에서 가압류권자가 배당받을 금액은 공탁하게 된다(민사집행법
제256조, 제160조 제1항 제2호). 제3채무자가 가압류(또는 체납처분압류)만을 원인
으로 공탁한 경우에는 배당가입차단효가 생기지 않는다. 이는 배당을 전제로 한
공탁이 아니기 때문이다. 한편 체납처분 압류와 민사집행 압류가 경합하는 경우에
는 민사집행법 제248조 제1항에 따른 집행공탁이 허용되므로(대법원 2015. 7. 9.
선고 2013다60982 판결 등), 배당가입차단효가 생긴다.

을 수 있다. 나아가 만약 공탁금이 원고에게 지급되기 전이라면 피고는
공탁금출급청구권에 대한 압류·추심명령을 받아 압류 경합 상태로 만들
수 있고(공탁관은 사유신고를 해야 하는데, 이때 배당가입차단효가 생김), 이중
압류권자로서 배당을 받을 수도 있다.

그런데 이 사건에서 집행법원은 배당재단에 해당하지 않는 변제공탁
금에 대하여 권리가 없는 피고에게 배당하는 것으로 배당표를 작성하였
고, 이에 원고가 배당이의의 소를 제기하였다.

집행법원이 변제공탁을 집행공탁으로 오인하고 배당표를 작성한 경
우, 대법원은 변제공탁금에 대한 수령권한이 있는 사람이 배당이의의 소
라는 단일한 절차를 통해서 그 권리를 구제받을 수 있도록 허용해 왔
다.431) 이 사건의 특이점은 원고가 원심에서 청구의 교환적 변경을 통해
서 배당이의의 소를 취하하였고, 이로써 변제공탁금을 피고에게 배당하는
내용의 배당표가 확정되었다는 것이다.

4) 본 판결은 변제공탁금의 피고에 대한 배당이 무효라고 보면서 원
고는 채무자의 변제공탁금 출급청구권에 대한 추심권자로서의 '권능'만
있을 뿐 종국적으로 변제공탁금에 대한 권리가 귀속된 것은 아니므로,
변제공탁금에 대한 구체적인 권리가 침해되었음을 이유로 한 부당이득반
환 청구는 허용되지 않는다고 판단한 선례로서 의의가 있다.432)

5) 본 판결은, 배당표 확정에도 불구하고 피고가 여전히 변제공탁
금을 출급할 수 없고, 원고가 여전히 추심권자로서 변제공탁금을 출급
할 수 있다는 전제에 있는 것으로 보인다.433) 이 사건에서는 원고가 처

---

431) 대법원 2006. 1. 26. 선고 2003다29456 판결, 대법원 2008. 5. 15. 선고 2006다
74693 판결, 대법원 2014. 11. 13. 선고 2012다117461 판결.
432) 본 판결에 대한 자세한 사안 소개와 판례평석에 관해서는 지은희, "채권양도계
약이 취소된 경우 후행 채권압류 및 추심명령 등의 효력과 혼합공탁(또는 일괄공
탁)에서 배당가입차단효의 범위", 재판자료 제141집: 민사집행법 실무연구(Ⅴ), 법
원도서관(2021), 685-718면이 있다. 위 논문 717면은 본 판결에 대하여 혼합공탁
의 공탁 종류에 따른 배당재원의 분리, 각각의 배당절차 개시 여부, 배당요구 차
단효의 발생 시기에 관해서 원칙을 선언한 것은 법리적으로 타당하지만 이 사건
공탁금 중 변제공탁의 출급권자, 원고의 구제방안에 대한 최종 결론이 제시되어
있지 않은 점은 또 다른 분쟁과 실무상 혼란을 줄 수 있다고 한다.

음에 배당이의의 소를 제기하였는데 이로써 변제공탁금에 대한 배당이
중지되어 대법원에 상고될 때까지 배당절차가 진행되지 않았던 특수성
이 있었다. 그러나 배당표가 확정된 직후에 피고가 집행법원에 확정된
배당표에 따른 배당금 출급을 청구하는 경우 집행법원이 거부할 법적
근거가 있었는지 의문이다. 만일 집행법원이 확정된 배당표에 따라 피
고에게 변제공탁금을 출급한 경우라면 그 법률관계는 어떻게 볼 것인지
도 본 판결은 답을 제시해 주지 못하고 있다. 본 판결 논리에 따르면
이때에도 원고는 여전히 추심권자로서의 권능만 부여받은 것에 불과하
기 때문이다.

　　배당표가 확정되면 집행법원은 피고에게 변제공탁금을 지급해야 하
고, 이 경우 급부부당이득이 성립한다고 보아야 하는 것 아닐까. 법률상
원인 없이 피고는 이익을 얻었고, 그로 인해 원고는 변제공탁금을 추심
하지 못함으로써 일정 금액을 변제에 충당하지 못하는 손해를 입었다.
민법 제741조에서 정한 부당이득의 성립요건이 모두 충족된다. 이 사건
에서 피고는 변제공탁금 중 원고의 채권비율만큼을(원고가 변제공탁금을
추심하더라도 피고가 원고의 추심 신고 전에 바로 배당요구를 하리라 기대할 수
있고, 이 경우 채권비율로 안분배당하게 되므로) 부당이득으로 반환해야 한
다고 보는 것이 분쟁 해결적 관점이나 실무적 관점에서 타당하다고 생
각한다.

---

433) 지은희, "채권양도계약이 취소된 경우 후행 채권압류 및 추심명령 등의 효
　　력과 혼합공탁(또는 일괄공탁)에서 배당가입차단효의 범위", 재판자료 제141집:
　　민사집행법 실무연구(Ⅴ), 법원도서관(2021), 716면은 본 판결이 이에 관해서
　　명확한 입장을 밝히지 않았지만 결과적으로 이러한 전제에서만 원고의 부당이
　　득반환청구권을 부정한 결론을 수긍할 수 있다고 한다. 본 판결의 결론만 보면
　　변제공탁 부분은 집행채권자에 대한 배당재원에 포함되어 배당절차가 끝나고,
　　원고는 해당 배당표에 대한 배당이의를 통해서 권리구제를 받을 가능성이 부정
　　되었으며, 피고를 상대로 부당이득반환청구도 할 수 없게 되어 실체적 권리자
　　인데도 구제가능성이 완전히 차단되고, 피고는 무효인 압류만으로 정당한 권원
　　없는 변제공탁 부분에 대한 배당금을 수령할 수 있게 되는 불합리가 발생한다
　　고 한다.

15. 대법원 2015. 8. 27. 선고 2013다203833 판결434)

[민사집행법에 따른 압류 및 추심명령과 체납처분에 의한 압류가 경합한 후 제3채무자가 민사집행절차에서 압류 및 추심명령을 받은 채권자의 추심청구에 응하거나 민사집행법 제248조 제1항에 따른 집행공탁을 한 경우에 체납처분에 의한 압류채권자가 당연 배당절차에 참가할 수 있는지]

대법원은, 「민사집행법에 따른 압류 및 추심명령과 체납처분에 의한 압류가 경합한 후 제3채무자가 민사집행절차에서 압류 및 추심명령을 받은 채권자의 추심청구에 응하거나 민사집행법 제248조 제1항에 따른 집행공탁을 하게 되면, 그 피압류채권은 소멸하게 되고 이러한 효력은 민사집행절차에서 압류 및 추심명령을 받은 채권자에 대하여는 물론 체납처분에 의한 압류채권자에 대하여도 미치므로, 민사집행법에 따른 압류 및 추심명령과 함께 체납처분에 의한 압류도 그 목적을 달성하여 효력을 상실하는 것으로 보아야 한다. 따라서 민사집행절차에서 압류 및 추심명령을 받은 채권자뿐만 아니라 체납처분에 의한 압류채권자의 지위도 민사집행법상의 배당절차에서 배당을 받을 채권자의 지위로 전환된다고 할 것이어서, 체납처분에 의한 압류채권자가 공탁사유신고 시나 추심신고 시까지 민사집행법 제247조에 의한 배당요구를 따로 하지 않았다고 하더라도 그 배당절차에 참가할 수 있다(대법원 2015. 4. 23. 선고 2013다207774 판결 참조)」고 판단하였다.

현행법상 체납처분 절차와 민사집행 절차는 별개의 절차이고 두 절차 상호간의 관계를 조정하는 법률의 규정이 없어 한쪽의 절차가 다른 쪽의 절차에 간섭할 수 없으므로, 체납처분에 의하여 압류된 채권에 대하여도 민사집행법에 따라 압류 및 추심명령을 할 수 있고, 그 반대로 민사집행법에 따른 압류 및 추심명령의 대상이 된 채권에 대하여도 체납처분에 의한 압류를 할 수 있다.

---

434) 공2015하, 1391.

본 판결은, 민사집행법에 따른 압류 및 추심명령과 체납처분에 의한 압류가 경합한 후 제3채무자가 민사집행 절차에서 압류 및 추심명령을 받은 채권자의 추심청구에 응하거나 민사집행법 제248조 제1항에 따른 집행공탁을 한 경우에 체납처분에 의한 압류채권자가 배당요구를 따로 하지 않았더라도 민사집행법상의 배당절차에서 배당을 받을 채권자의 지위를 갖게 된다는 점을 선언하여 양 절차의 조화를 도모한 판결로서 의의가 있다.

16. 대법원 2019. 1. 31. 선고 2015다26009 판결[435]
[민사집행법 제248조에 따라 집행공탁이 이루어지면 압류채권자의 지위는 집행공탁금에 대한 배당 받을 채권자의 지위로 전환되는지와 집행권원상의 청구권의 양도와 채무자에 대한 양도 통지가 있었지만 승계집행문의 부여·제출 전에 양수인의 채권자가 배당금채권에 대한 압류 및 전부명령을 받은 경우 위 압류 및 전부명령의 효력]
1) A는 X로부터 X가 가진 Y에 대한 손해배상채권(약 20억 원)을 양수한 다음 위 채권에 기하여 부동산임의경매 사건에서 근저당권자 Y가 갖는 배당금채권(17억 원)을 가압류하고, B 역시 Y에 대한 양수금채권(약 8억 원)에 기하여 Y의 배당금채권을 가압류하였다. 집행법원은 가압류결정을 이유로 Y에 대한 배당금과 이자 합계 약 17억 원(이 사건 공탁금)을 공탁하였다. 이후 A는 Y를 상대로 양수금청구의 소를 제기하여 승소확정판결(이 사건 집행권원)을 받아 그 확정판결에 기하여 Y의 공탁금출급청구권에 대한 압류 및 추심명령을 받았다. 위 압류 및 추심명령이 대한민국에 송달되자 공탁관은 압류경합을 이유로 이 사건 공탁금에 대한 사유신고를 하고, 이 사건 공탁금에 대한 배당절차가 개시되었다.
한편, C(X의 채권자)는 A를 상대로, A가 X로부터 Y에 대한 손해배상채권을 양수한 것이 사해행위임을 이유로 사해행위취소 및 원상회복(A가 가지는 Y에 대한 손해배상채권을 X에게 양도하고, X에게 양도통지를 함)을 구하

435) 공2019상, 582.

는 소를 제기하여 승소 확정판결을 받은 다음 위 판결에 기하여 X에게 양도통지를 하였다. C는 A의 배당금채권이 X에게 이전되어 X가 배당금채권을 가짐을 전제로 X의 배당금채권에 대한 압류 및 전부명령을 받았고, 위 전부명령이 대한민국에 송달되었다. 이후 C는 피고에게 위 전부명령으로 취득한 권리를 양도하고 대한민국에 양도통지를 하였다.

이후 X는 A의 Y에 대한 승소판결에 대한 승계집행문을 부여받아 집행법원에 채권자승계신청을 하였는데, 이후 원고는 X의 배당금 채권에 대한 압류 및 추심명령을 받았고, 이 사건 배당절차에서 배당요구를 하였다.

집행법원이 B(가압류권자)와 피고(전부채권자 C의 양수인)에게 채권액에 안분하여 배당하고, 원고를 배당에서 제외하자 원고가 피고를 상대로 배당이의의 소를 제기하였다.

2) 먼저, ① 이 사건 전부명령을 받기 전에 이 사건 배당절차에서 A에게 추심권능만 있었는지, 아니면 구체적인 권리가 있었는지 문제 된다. ② 다음으로, A에게 구체적인 권리(배당금채권)가 있었다고 할 경우, 이 사건 전부명령의 발령·송달 당시에는 A의 집행권원에 대한 '승계집행문'이 집행법원에 제출되지 않았는데, 그 경우에도 이 사건 전부명령이 유효하여 A의 배당금채권이 X를 거쳐 C에게 이전되었다고 볼 수 있는지 문제 된다.

원심은 이 사건 전부명령이 유효함을 전제로 피고(전부채권자 C의 양수인)에 대한 배당이 적법하다고 보았다.

대법원은, ① 쟁점에 관하여, 원칙적으로 「금전채권에 대한 압류·추심명령이 있더라도 압류채권자에게 채무자의 제3채무자에 대한 채권이 이전되거나 귀속되는 것이 아니라 채권을 추심할 권능만 부여될 뿐이고 이러한 추심권능은 압류의 대상이 될 수 없다(대법원 1997. 3. 14. 선고 96다54300 판결 등 참조)」고 하면서도, 금전채권에 대한 가압류를 원인으로 한 제3채무자의 공탁에 의해 채무자가 취득한 공탁금출급청구권에 대하여 압류·추심명령을 받은 채권자는, 가압류를 원인으로 한 제3채무자의 공탁(민사집행법 제291조, 제248조 제1항)이 압류 경합이나 가압류를 본압류로 이전하는 압류명령이 국가(공탁관)에게 송달되어 민사집행법 제248조에 따른 집행공탁으로 바뀌는 경우에는 더 이상 추심권능이 아닌 구체적으로 배당액을 수령할 권리, 즉 배당금채권을 가지게 된다고 하여 이 사건 배당절차에서 A가 구체적인 배당금채권을 가진다고 판단하였다. 그 이유를 다음과 같이 설명하였다.

「금전채권에 대한 가압류를 원인으로 제3채무자가 민사집행법 제291조, 제248조 제1항에 따라 공탁을 하면 공탁에 따른 채무변제 효과로 당초의 피압류채권인 채무자의 제3채무자에 대한 금전채권은 소멸하고, 대신 채무자는 공탁금출급청구권을 취득하며, 가압류의 효력은 그 청구채권액에 해당하는 공탁금액에 대한 채무자의 공탁금출급청구권에 대하여 존속한다(민사집행법 제297조). 그 후 채무자의 공탁금출급청구권에 대한 압류가 이루어져 압류의 경합이 성립하거나 가압류를 본압류로 이전하는 압류명령이 국가(공탁관)에 송달되면, 민사집행법 제291조, 제248조 제1항에 따른 공탁은 민사집행법 제248조에 따른 집행공탁으로 바뀌어 공탁관은 즉시 압류명령의 발령법원에 그 사유를 신고하여야 한다. 이로써 가압류의 효력이 미치는 부분에 대한 채무자의 공탁금출급청구권은 소멸하고, 그 부분 공탁금은 배당재단이 되어 집행법원의 배당절차에 따른 지급위탁에 의해서만 출급이 이루어질 수 있게 된다(대법원 2014. 12. 24. 선고 2012다118785 판결 참조). 민사집행법 제248조에 따라 집행공탁이 이루어지면 피압류채권이 소멸하고, 압류명령은 그 목적을 달성하여 효력을 상실하며, 압류채권자의 지위는 집행공탁금에 대하여 배당을 받을 채권자의 지위로 전환된다(대법원 2015. 4. 23. 선고 2013다207774 판결 참조). 이러한 법리는 민사집행법 제291조, 제248조 제1항에 따른 공탁이 위에서 본 법리에 따라 민사집행법 제248조에 따른 집행공탁으로 바뀌는 경우에도 마찬가지로 적용된다.」

다음으로 대법원은 ② 쟁점에 관하여, 민사집행법 제248조에 따라 공탁이 이루어져 배당절차가 개시된 다음 집행채권이 양도되고 그 채무자(Y)에게 양도 통지를 했더라도, 양수인(X)이 승계집행문을 부여받아 집행법원에 제출하지 않은 이상, 집행법원은 여전히 배당절차에서 양도인(A)을 배당금채권자로 취급할 수밖에 없고, 배당금채권은 여전히 양도인(A)의 책임재산으로 남아 있게 되므로, 승계집행문의 부여·제출 전에 양수인의 채권자(C)가 위 배당금채권에 대한 압류 및 전부명령을 받았더라도, 이는 무효라고 판단하였다. 즉, 이 사건에서 사해행위취소 판결의 확정으로 A의 Y에 대한 손해배상채권이 X에게 양도되고, Y에게 채권양도 통지까지 마쳤지만 집행법원에 이에 따른 승계집행문이 제출되지 않은 이상 A가 여전히 이 사건 배당절차에서 집행채권자의 지위에서 배당금채권을 가지고 있고, 승계집행문이 제출되기 전 C는 X가 이 사건 배당금채권을 가짐을 전제로 전부명령을 받았지만 이는 부존재하는 채권에 대한 전부명령을 받은 것으로서 무효라고 본 것이다.

그 근거에 관하여, 강제집행절차에서는 권리관계의 공권적인 확정과 그 신속·확실한 실현을 도모하기 위하여 절차의 명확·안정을 중시하는데(대법원 2015. 1. 29. 선고 2012다111630 판결 등 참조), 승계집행문에 관한 규정도 이러한 취지에 따라 운용되어야 한다는 점, 집행채권이 양도되어 대항요건을 갖춘 경우에는 집행당사자적격이 양수인으로 변경되고, 양수인이 승계집행문을 부여받음에 따라 집행채권자가 양수인으로 확정되며, 승계집행문의 부여로 인하여 양도인에 대한 기존 집행권원의 집행력은 소멸하므로(대법원 2008. 2. 1. 선고 2005다23889 판결, 대법원 2016. 1. 14. 선고 2015다23284 판결 등 참조), 배당절차가 개시된 다음 집행채권이 양도되고 그 채무자에게 양도 통지를 했더라도, 양수인이 승계집행문을 부여받아 집행법원에 제출하지 않은 이상, 양수인이 집행법원을 상대로 자신에게 배당금을 지급하여 달라고 청구할 수 없고, 집행법원은 여전히 배당절차에서 양도인을 배당금채권자로 취급할 수밖에 없다는 점을 들었다.

3) 이 사건에서는 숨은 쟁점으로, C가 X가 가지는 장래의 배당금채권(승계집행문이 부여·제출될 경우 X가 가지는 배당금채권)에 대하여 전부명령을 받은 것으로 보아 그 유효성이 문제 될 수 있다. 본 판결은 집행절

차에서는 절차의 명확과 안정이 중요하므로 이 경우 전부명령 당시 배당
금채권이 피전부채권자에게 귀속되어 있었는지를 기준으로 전부명령이
유효한지를 판단해야 한다고 보아 장래의 배당금채권에 대한 전부명령으
로서의 효력을 부정하는 전제에 있다고 볼 수 있다.[436]

17. 대법원 2019. 12. 12. 선고 2019다256471 판결[437]

[담보권리자가 공탁금회수청구권을 압류하고 추심명령이나 확정된
전부명령을 받은 후 담보취소결정을 받아 공탁금회수청구를 하는
경우 담보공탁금의 피담보채권을 집행채권으로 하는 이상, 담보권의
실행방법으로 인정되는지 등]

A 회사(채권자)의 가압류담보공탁금에 대하여, 가압류채무자인 원고

---

436) 대법원은 장래의 채권에 대한 압류 및 전부명령의 유효성을 인정하고 있다.
　　① 장래 경매가 취하될 것을 조건으로 한 경매보증금의 반환청구권은 그 채권
액이 확정된 것이므로 이에 대한 전부명령은 유효하다(대법원 1976. 2. 24. 선고
75다1596 판결), ② 집행력 있는 채무명의에 터 잡아 채권의 압류 및 전부명령이
적법하게 이루어진 이상 피압류채권은 집행채권의 범위 안에서 지급에 갈음하여
당연히 압류(전부)채권자에게 이전하고 채무자는 채무를 변제한 것으로 간주되어
그 후 그 압류 및 전부를 받은 채권자가 그 채권을 추심하는 과정과는 관계없이
그 강제집행은 이미 종료되었다고 할 것이므로 그 집행채권이 장래의 조건부 채권
이거나 소멸할 가능성이 있는 것이라 하여도 그 채권의 압류 및 전부명령의 효력
에는 아무런 영향이 없다. 따라서 그 이후에 발령된 동일한 채권을 목적으로 하는
압류 및 전부명령은 무효라 할 것이다. 공탁자의 공탁물회수청구권에 대한 압류
및 전부명령에 있어서 그 공탁물 회수청구권은 담보취소결정이 있어야 비로소 실
현될 수 있는 것이지만 전부명령의 효력으로서의 채권자의 변제의 효력에는 영향
이 없는 것이므로 담보취소결정 전에 제2의 채권압류 및 전부명령이 발하여졌다
하여도 이는 무효이므로 제1의 전부채권자의 공탁금회수청구는 정당하다(대법원
1984. 6. 26.자 84마13 결정), ③ 장래의 채권에 관하여 압류 및 전부명령이이 확
정되면 그 부분 피압류채권은 이미 전부채권자에게 이전된 것이므로 그 이후 동일
한 장래의 채권에 관하여 다시 압류 및 전부명령이 발하여졌다고 하더라도 압류의
경합은 생기지 않고, 다만 장래의 채권 중 선행 전부채권자에게 이전된 부분을 제
외한 나머지 중 해당 부분 피압류채권이 후행 전부채권자에게 이전된다(대법원
2004. 9. 23. 선고 2004다29354 판결). ④ 다만 장래의 채권에 대한 전부명령이 확
정된 후에 그 피압류채권의 전부 또는 일부가 존재하지 않는 것으로 밝혀졌다면
민사소송법 제564조 단서에 따라 그 부분에 대한 전부명령의 실체적 효력은 소급
하여 실효된다(대법원 2001. 9. 25. 선고 99다15177 판결 등).
437) 공2020상, 239.

가 당해 가압류취소결정의 소송비용과 별개의 가압류취소결정의 소송비용을 함께 집행권원으로 삼아 A 회사의 공탁금회수청구권을 압류하고 추심명령을 받은 다음 A 회사를 대위하여 담보취소결정을 받고 공탁관에게 공탁금회수청구를 하였다. 원고의 조세 채권자인 피고들이 원고의 공탁금출급청구권 또는 공탁금회수청구권을 압류하여 압류가 경합되었다는 이유로 공탁관이 사유신고를 함에 따라 배당절차가 개시되었다. 피고들에게 공탁금을 배당하는 내용으로 배당표가 작성되자 원고가 압류의 효력을 다투면서 배당이의의 소를 제기하였다.

원심은, 피고들의 압류가 채권압류 및 추심명령에 기하여 원고가 회수청구를 한 공탁금 전부에 미친다는 전제에서 이를 피고들에게 배당한 것이 적법하다고 보았다.

그러나 대법원은 우선, 가압류를 위하여 법원의 명령으로 제공된 공탁금은 부당한 가압류로 인하여 채무자가 입은 손해를 담보하는 것이므로, 가압류의 취소에 관한 소송비용은 가압류로 인하여 제공된 공탁금이 담보하는 손해의 범위에 포함된다. 그리고 담보권리자가 공탁금회수청구권을 압류하고 추심명령이나 확정된 전부명령을 받은 후 담보취소결정을 받아 공탁금회수청구를 하는 경우에도 그 담보공탁금의 피담보채권을 집행채권으로 하는 것인 이상, 담보권리자의 위와 같은 담보취소신청은 어디까지나 담보권을 포기하고 일반 채권자로서 강제집행을 하는 것이 아니라 오히려 적극적인 담보권실행에 의하여 그 공탁물회수청구권을 행사하기 위한 방법에 불과하다고 보는 것이 합리적이므로, 이는 담보권의 실행방법으로 인정된다고 하였다.

나아가 대법원은 원고의 공탁금회수청구가 자신의 담보권 행사인지 추심채권자로서 환가처분에 관여한 것인지에 따라 피고들의 압류 효력을 달리 판단하였다. '이 사건 가압류취소의 소송비용 부분'은 원고의 공탁금에 대한 권리(공탁금회수청구권, 공탁금 출급청구권)를 압류한 것으로 유효한 것으로 보았다. 그러나 별개의 가압류취소 소송비용 부분에 대하여는 원고가 추심채권자로서 A 회사의 공탁금회수청구권 중 그 소송비용 부분을 추심할 권능만 부여받았을 뿐 그 공탁금회수청구권이 원고에게 귀속된 것이 아니므로, 피고들의 압류는 존재하지 않는 채권에 대한 압류이거나 압류할 수 없는 성질의 것에 대한 압류로서 그 압류명령은 무효라고 보아 이 부분 원심판결을 파기하였다.

본 판결은 담보권리자가 공탁금회수청구권을 압류하고 추심명령이나 확정된 전부명령을 받은 후 담보취소결정을 받아 공탁금회수청구를 하는 경우, 담보취소 신청이라는 형식에도 불구하고 적극적으로 담보권을 실행하는 모습으로 볼 수 있음을 분명히 하면서 부당 가압류에 따른 손해를 담보하는 부분에 대한 가압류채무자의 공탁금회수청구는 자신의 고유한 담보권을 실행하는 것으로서 압류의 대상이 된다고 볼 수 있지만 별개 사건의 소송비용 채권을 집행채권으로 하여 공탁금회수청구권에 대한 압류, 추심명령을 받아 추심권자로서 공탁금회수청구하는 부분에 대한 압류는 허용되지 않는다는 점을 분명히 한 선례로서 의의를 가진다.

제3절 간접강제

1. 대법원 2013. 11. 28. 선고 2013다50367 판결[438]은 부대체적 작위채무의 이행을 명하는 판결절차에서 간접강제결정을 할 수 있는지에 관하여 처음으로 판단하였다.

1) 간접강제는 채무자가 임의로 채무를 이행하지 않는 경우 채무자에게 심리적 압박을 가하여 채무를 이행하도록 간접적으로 유도하는 집행방법이다. 간접강제의 대상이 되는 채무는 일반적으로 부대체적 작위채무나 부작위채무에 한정된다. 민사집행법상 간접강제의 수단으로는 지체기간에 비례한 배상 또는 즉시의 손해배상을 명하는 방법만이 인정된다(민사집행법 제261조 제1항).

간접강제 절차는 법원이 간접강제결정을 함으로써 일단 종료되고, 그 결정에 기초하여 현실적으로 배상금을 추심하는 절차는 간접강제절차

---

438) 공2014상, 60.

와 독립된 별개의 금전채권에 기초한 집행절차이다. 이는 통상적인 금전채권에 기초한 집행절차와 마찬가지로 진행되고, 집행문의 부여도 필요하다.

판결절차와 집행절차는 구별되고, 부작위채무나 부대체적 작위채무에 대하여는 판결절차에서 먼저 집행권원이 성립한 후에 채권자의 별도 신청에 의해 채무자에 대한 필요적 심문을 거쳐 민사집행법 제261조에 따라 채무불이행 시에 일정한 배상을 하도록 명하는 간접강제결정을 하는 것이 원칙이다.

그런데, 대법원 1996. 4. 12. 선고 93다40614, 40621 판결은 부작위채무에 관한 판결절차의 변론종결 당시에서 보아 집행권원이 성립하더라도 채무자가 그 채무를 단기간 내에 위반할 개연성이 있고, 또한 그 판결절차에서 적정한 배상액을 산정할 수 있는 경우에는 그 부작위채무에 관한 판결절차에서도 간접강제결정을 할 수 있다고 판단한 바 있다.[439]

2) 대법원은 본 판결에서 부대체적 작위채무를 명하는 판결의 실효성 있는 집행을 보장하기 위하여 ① 판결절차의 변론종결 당시에 보아 집행권원이 성립하더라도 채무자가 그 채무를 임의로 이행할 가능성이 없음이 명백하고, ② 그 판결절차에서 채무자에게 간접강제결정의 당부에 관하여 충분히 변론할 기회가 부여되었으며, ③ 민사집행법 제261조에 의하여 명할 적정한 배상액을 산정할 수 있는 경우에는 그 판결절차에서도 민사집행법 제261조에 따라 채무자가 장차 그 채무를 불이행할 경우에 일정한 배상을 하도록 명하는 간접강제결정을 할 수 있다고 하였다.

대법원은 그 이유로 부대체적 작위채무에 관하여 언제나 위와 같이 먼저 집행권원이 성립하여야만 비로소 간접강제결정을 할 수 있다고 한다면, 집행권원의 성립과 강제집행 사이의 시간적 간격이 있는 동안에 채무자가 부대체적 작위채무를 이행하지 않을 경우 손해배상 등 사후적 구제수단만으로는 채권자에게 충분한 손해전보가 되지 않아 실질적으로는 집행제도의 공백을 초래할 우려가 있다는 점을 들었다.

---

439) 경쟁업체에 대한 분유 관련 비방광고의 금지와 간접강제 청구를 인용한 사안이다.

3) 본 판결은 부대체적 작위채무에 관한 판결절차에서도 일정한 요건을 갖춘 경우 간접강제결정을 할 수 있다고 처음으로 판단한 선례로서 의미가 있다.

한편, 판결절차에서 부작위채무의 불이행에 대한 간접강제를 명할 수 있다는 대법원 판결이 나온 이후 개별 법률에서 일정한 사안에서 이를 명시적으로 긍정한 입법을 하기도 하였다. 언론중재 및 피해구제 등에 관한 법률 제26조 제3항은 피해자가 정정보도청구의 소를 제기하면서 그와 동시에 인용을 조건으로 간접강제의 신청을 병합하여 제기할 수 있다고 정하고, 장애인차별금지 및 권리구제 등에 관한 법률 제48조 제3항은 법원은 판결절차에 따라 재판하는 장애인차별에 관한 구제조치청구의 소에서 법원은 민사집행법 제261조를 준용하여 차별행위의 중지 및 차별시정을 위한 적극적 조치가 필요하다고 판단하는 경우에 그 이행기간을 밝히고, 이를 이행하지 않는 때에는 늦어진 기간에 따라 일정한 배상을 하도록 명하는 내용의 간접강제를 할 수 있다고 정하고 있다.

이후 대법원 2021. 7. 22. 선고 2020다248124 전원합의체 판결[440]은 본 판결의 법리가 그대로 유효함을 재확인하였다.

한편, 본 판결은 부대체적 작위의무의 이행을 명하는 판결의 주문과 관련하여, "간접강제결정에서 채무의 상당한 이행기간을 밝히고 채무자에게 위 상당한 이행기간이 만료된 다음날부터 그 이행완료 시까지 일정한 배상금의 지급을 명하려면, 그 전제로 위 상당한 이행기간 이후에도 채무자에게 의무가 있다는 점이 본안판결 주문으로 인정되어야 하고, 그렇지 않을 경우 본안판결 주문에서 명한 의무의 내용(기간)과 간접강제결정에서 정한 배상금 지급 명령의 내용 사이에 모순이 발생할 수 있으므로, 청구의 요건이 충족되면 법원은 특별한 사정이 없는 한 원고가 구하는 범위 내에서 기간의 제한 없이 피고에게 그 의무의 이행을 명하여야 한다."고 하였다. 본 판결은 일선 법원에서 간접강제결정을 할 때 가처분결

---

440) 공2021하, 1529.

정에서 명한 의무의 기간 범위를 초과하여 간접강제결정을 하지 않도록
지침을 제공하였다는 점에서도 의의가 있다.

2. 대법원 2016. 3. 15.자 2015마1578 결정[441]은 부대체적 작위의무
의 이행을 명하는 가처분에서 정한 의무 기간이 지나는 등의 사유로 가
처분의 효력이 소멸하면, 간접강제 신청의 이익이 없어져 그 신청은 부
적법하다고 판단하였다.

3. 대법원 2010. 12. 30.자 2010마985 결정[442]은 간접강제의 방법으
로 가처분결정에 대한 집행을 하는 경우, 그 집행기간의 기산점에 관해
서 판단하였다.

대법원은 부대체적 작위의무의 이행을 명하는 가처분결정을 받은 채
권자가 간접강제의 방법으로 그 가처분결정에 대한 집행을 할 때에도 가
압류에 관한 민사집행법 제292조 제2항이 준용되어[443] ① 특별한 사정이
없는 한 가처분결정이 채권자에게 고지된 날부터 2주 이내에 간접강제를
신청해야 하고, 그 집행기간이 지난 다음 간접강제 신청은 부적법하다고
하였다. 다만 ② 가처분에서 명하는 부대체적 작위의무가 일정 기간 계
속되는 경우라면, 채무자가 성실하게 그 작위의무를 이행함으로써 강제집
행을 신청할 필요 자체가 없는 동안에는 위 집행기간이 진행하지 않고,
채무자의 태도에 비추어 작위의무의 불이행으로 인하여 간접강제가 필요
한 것으로 인정되는 때에 그 시점부터 위 2주의 집행기간이 기산된다고
하였다(대법원 2001. 1. 29.자 99마6107 결정 참조).

한편 채무자에 대하여 단순한 부작위를 명하는 가처분은 그 가처분
재판이 채무자에게 고지됨으로써 효력이 발생하지만, ① 채무자가 그 명
령 위반의 행위를 한 때에 비로소 간접강제의 방법에 의하여 부작위 상
태를 실현시킬 필요가 생기는 것이므로 그 때부터 2주 이내에 간접강제

441) 공2017상, 937.
442) 공2011상, 230.
443) 민사집행법 제292조 제2항은 "가압류에 대한 재판의 집행은 채권자에게 재판을
고지한 날부터 2주를 넘긴 때에는 하지 못한다."라고 정하고, 민사집행법 제301조
본문은 가처분 절차에는 가압류 절차에 관한 규정을 준용하고 있다.

를 신청하여야 한다고 하였다. 다만 ② 채무자가 가처분 재판이 고지되기 전부터 가처분 재판에서 명한 부작위에 위반되는 행위를 계속하고 있다면, 그 가처분결정이 채권자에게 고지된 날부터 2주 이내에 간접강제를 신청하여야 하고, 그 집행기간이 지난 후의 간접강제 신청은 부적법하다고 하였다(대법원 1982. 7. 16.자 82마카50 결정 참조).

4. 대법원 2012. 4. 13. 선고 2011다92916 판결[444]은 ① 계속적 부작위의무를 명한 가처분[445]에 따른 간접강제결정에 기한 배상금 추심 가능 여부와 ② 부작위채무에 대한 간접강제결정에 대하여 부작위의무 위반이 없다고 주장하는 채무자의 구제방법에 관하여 판단하였다.

우선, ① 쟁점 관련, 계속적 부작위의무를 명한 가처분에 기한 간접강제결정이 발령된 상태에서 의무위반행위가 계속되던 중 채무자가 그 행위를 중지하고 장래의 의무위반행위를 방지하기 위한 적당한 조치를 취했다거나 그 가처분에서 정한 금지기간이 경과하였다고 하더라도, 그러한 사정만으로는 처음부터 가처분위반행위를 하지 않은 것과 같이 볼 수 없고 간접강제결정 발령 후에 행해진 가처분위반행위의 효과가 소급적으로 소멸하는 것도 아니어서 채무자는 간접강제결정 발령 후에 행한 의무위반행위에 대하여 배상금 지급의무를 면하지 못하고 채권자는 그 위반행위에 상응하는 배상금의 추심을 위한 강제집행을 할 수 있다고 판단하였다.

다음으로 ② 쟁점 관련, 채권자가 부작위채무에 대한 간접강제결정을 집행권원으로 하여 강제집행을 하기 위해서는 집행문을 받아야 하는데, 채무자의 부작위의무위반은 부작위채무에 대한 간접강제결정의 집행을 위한 조건에 해당하므로 민사집행법 제30조 제2항에 의하여 채권자가 그 조건의 성취를 증명하여야 집행문을 받을 수 있다. 그리고 집행문부

---

444) 공2012상, 783.
445) 전업금지 가처분 사안이다('원고들은 이 결정 송달일로부터 1년간 웅진과 그 계열사들 및 위 각 회사가 출자하여 국내외에 설립하는 법인에 취업하여서는 안되고, 이를 위반할 경우에는 피고에게 각 위반행위 1일당 100만 원씩을 지급하여야 한다'는 가처분 및 간접강제결정이 발령된 사안이다).

여의 요건인 조건의 성취 여부는 집행문부여와 관련된 '집행문부여의 소'
또는 '집행문부여에 대한 이의의 소'에서 주장·심리되어야 할 사항이지,
집행권원에 표시되어 있는 청구권에 관하여 생긴 이의를 내세워 그 집행
권원이 가지는 집행력의 배제를 구하는 '청구이의의 소'에서 심리되어야
할 사항이 아니므로, 부작위채무에 대한 간접강제결정의 집행력의 배제를
구하는 청구이의의 소에서 채무자에게 부작위의무위반이 없었다는 주장
을 청구이의사유로 내세울 수 없다고 판단하였다.

5. 대법원 2013. 2. 14. 선고 2012다26398 판결[446]은 채무자가 간접
강제결정에서 명한 부대체적 작위의무를 위반하다가 사후에 그 위반행위
를 중지하고 의무를 이행한 경우(부대체적 작위채무의 경우) 이미 발생한
배상금에 대한 추심이 가능한지에 관하여 채무자가 제기한 청구이의의
소에서 다루었다.[447]

이 쟁점에 관해서는 '추심가능설'과 '추심불능설'의 대립이 있었다.
대법원은 부작위채무에 관해서는 '추심가능설'을 취한 반면(대법원 2012. 4.
13. 선고 2011다92916 판결), 행정소송법 제34조의 간접강제결정에 기한 배
상금의 추심에 관하여는 '추심불능설'을 취하였다(대법원 2004. 1. 15. 선고
2002두2444 판결, 대법원 2010. 12. 23. 선고 2009다37725 판결).[448]

본 판결은 민사집행법 제261조 제1항에서 정한 간접강제결정에 기한

---

446) 공2013상, 464.
447) 업무방해금지가처분 신청사건에서, '1. 원고는 피고의 사무실 내 이 사건 컴퓨
터에 설정한 비밀번호를 해제하라. 2. 원고가 위 명령을 송달받고도 이행하지 않
는 경우, 피고에게 위반행위 1일당 50만 원씩을 지급하라'는 가처분결정이 있었는
데, 피고는 원고가 이 사건 가처분결정을 송달받은 2010. 8. 13.부터 2010. 10. 4.
까지 이 사건 가처분결정 제1항의 의무를 이행하지 않는다는 이유로 그 제2항의
간접강제결정에 기하여 원고의 임금 및 퇴직금 채권에 대하여 채권압류 및 추심명
령을 받자 원고가 청구이의의 소를 제기한 사안이다.
448) 이원, "2013년 분야별 중요판례분석-민사집행법-", 2014. 3. 27.자 법률신문,
13면은 대법원이 행정소송법상 간접강제결정에 대한 배상금의 추심에 관하여 추심
불능설을 취한 이유에 관해서, 이는 거부처분취소판결 확정에 따른 행정청의 재처
분 의무내용이 불확정적이고 행정청의 재량권이 존중되어야 한다는 점을 고려할
때 행정소송법 제34조의 간접강제결정에 기한 배상금은 재처분의 지연에 대한 제
재나 손해배상이 아닌 그 이행에 관한 심리적 강제수단에 불과한 것으로 보아야
하기 때문으로 이해할 수 있다고 한다.

배상금은 채무자로 하여금 그 이행기간 이내에 이행을 하도록 하는 심리
적 강제수단이라는 성격뿐만 아니라 채무자의 채무불이행에 대한 법정
제재금이라는 성격도 가진다고 보아야 하므로, 채무자가 간접강제결정에
서 명한 이행기간이 지난 후에 채무를 이행하였다면, 채권자는 특별한
사정이 없는 한 채무의 이행이 지연된 기간에 상응하는 배상금의 추심을
위한 강제집행을 할 수 있다고 하여 부대체적 작위의무 위반에 대한 간
접강제의 경우에도 '추심가능설'을 취하였음을 분명히 하였다.[449]

6. 대법원 2017. 4. 7. 선고 2013다80627 판결[450]은 부대체적 작위
의무의 이행을 명하는 가처분에서 정한 의무 기간이 경과한 이후 위 가
처분에 기초한 간접강제결정이 발령된 경우,[451] 간접강제결정의 효력과
채무자의 구제수단을 다루었다.

1) 본 판결은 부대체적 작위의무의 이행을 명하는 가처분에서 정한
의무 기간이 경과하면 가처분 결정의 효력이 소멸하고, 이에 따라 가처
분결정은 집행권원으로서의 효력이 없다고 하고, 이러한 가처분결정에 기
초한 간접강제결정이 발령되어 확정되어도 간접강제결정 역시 무효인 집
행권원에 기한 것으로 강제집행의 요건을 갖추지 못하여 간접강제결정에
서 정한 배상금에 대한 집행권원으로서의 효력이 없으며, 이때 채무자는
'집행문부여에 대한 이의신청'으로 무효인 간접강제결정에 대하여 부여된
집행문의 취소를 구할 수 있다고 판단하였다. 본 판결은 그 외에도 지방
법원 합의부가 재판한 간접강제결정을 대상으로 한 청구이의의 소나 집
행문부여에 대한 이의의 소가 위 합의부의 전속관할에 속한다고 판단하
였다.[452] 이는 향후 유사 사안에서 채무자의 구제수단을 명확히 하였다는

449) 본 판결에 대한 판례평석으로으로는 오흥록, "간접강제에 대한 몇 가지 검토",
　　민사판례연구 제37권(2015), 917-989면이 있다.
450) 공2017상, 937.
451) 가처분결정의 내용이 '원고(피신청인)에게 가처분 결정 송달된 다음날(2011. 6.
　　21.)부터 공휴일을 제외한 10일 동안 원고(피신청인)는 피고(신청인)에게 장부와
　　서류를 열람·등사할 수 있도록 허용하라'는 것이었는데, 피고는 2011. 7. 7. 간접
　　강제신청을 하여 이 사건 간접강제결정이 발령된 2011. 7. 21. 당시 이미 위 기간
　　이 경과되었던 사안이다.

점에서 의의가 있다.

2) 기존 통설은 부대체적 작위채무의 경우 간접강제결정에 기초한 배상금 지급의무는 일정 기간 내에 채무자가 이행하지 않음으로써 발생하는데, 채권자는 단순집행문을 부여받아 바로 집행을 할 수 있고, 부작위채무와 달리 채무자가 자신의 이행사실을 주장·증명해야 하므로, 이는 '집행문 부여에 대한 이의의 소'가 아닌 본 집행권원에 대한 '청구이의의 소'를 통해서 다투어야 한다는 것이었다.[453] 이에 대하여 부대체적 작위채무의 경우에도 부작위채무와 마찬가지로 채권자가 의무위반 사실을 증명하여 민사집행법 제30조 제2항에 따른 조건성취집행문을 부여받아야 한다는 견해가 일부 있었다.[454]

다만 본 판결은 이 경우 채무자가 부대체적 작위의무를 명하는 가처분에 따른 간접강제결정에 대하여 '청구이의 소' 등을 통해서 구제받

---

452) 그 근거로 민사집행법 제56조 제1호는 '항고로만 불복할 수 있는 재판'을 집행권원의 하나로 정하고, 제57조는 이러한 집행권원에 기초한 강제집행에 대하여 제44조, 제45조 등을 준용하고 있는데, 민사집행법 제44조 제1항은 "채무자가 판결에 따라 확정된 청구에 관하여 이의하려면 제1심 판결법원에 청구에 관한 이의의 소를 제기하여야 한다."라고 정하고, 제45조 본문은 위 규정을 집행문부여에 대한 이의의 소에 준용하도록 하고 있다. 여기서 '제1심 판결법원'이란 집행권원인 판결에 표시된 청구권, 즉 그 판결에 기초한 강제집행에 의하여 실현될 청구권에 대하여 재판을 한 법원을 가리키고, 이는 직분관할로서 성질상 전속관할에 속한다고 하였다. 이는 본 판결 이전에 단독판사의 관할에 속하는 집행법원의 재판사무를 지방법원 합의부에서 심판하였더라도 위법은 아니라는 판결(대법원 1963. 3. 21. 선고 63다70 판결)이 있었고, 사물관할이 전속관할인지 여부에 관하여 견해가 나뉘어 있던 상황에서 민사집행법상 사물관할도 전속관할임을 분명히 하였다는 점에서 의의가 있다.
453) 법원실무제요, 민사집행Ⅳ, 사법연수원(2020), 776면 이하; 주석 민사집행법(Ⅵ)(제4판, 2018) 119면 이하(황진구 집필부분); 조병구, "간접강제 배상금의 법적 성질과 실무상 제문제", 재판자료 131집(2016), 370면은 ① 간접강제결정에 단순집행문이 부여되므로, 집행문에 배상액이 기재되지 않고, 이행기만 도래하면 집행할 수 있다고 하고, 간접강제결정의 이행기한의 도래는 집행개시요건이고, 집행문부여의 조건이 아니라고 하고, ② 대체적 작위의무의 불이행을 조건으로 채권자가 그 조건성취를 증명해야 한다면 증명 곤란의 문제가 생길 수 있고, 단순집행문설이 더 효율적인 집행을 가능하게 한다는 점을 근거로 든다.
454) 오홍록, "간접강제에 대한 몇 가지 검토", 민사판례연구 제37권(2015), 951~954면; 이민령, "간접강제결정의 집행문 부여절차에서 작위·부작위의무 위반사실의 집행문부여조건 해당여부", 민사집행법연구 제17권(2021), 209~271면.

을 수 있는지에 관해서는 명시적으로 판단하지 않았는데, 그 점에 관해서 보다 깊은 연구의 가능성을 열어 두었다.[455]

　　3) 이후 최근 선고된 대법원 2021. 6. 24. 선고 2016다268695 판결[456]은 피고가 원고를 상대로 한 회계장부 등 열람·등사 가처분신청 사건에서, '원고는 결정 송달일로부터 공휴일을 제외한 30일 동안 피고에게 이 사건 장부 및 서류를 열람·등사하는 것을 허용하여야 하고, 이에 위반하는 경우 위반행위 1일당 100만 원을 지급하라'는 가처분결정이 내려졌고, 피고는 이 가처분결정에 대하여 집행문을 부여받았는데, 원고는 열람·등사 허용의무를 위반하지 않았다는 등의 이유로 이 사건 '집행문부여에 대한 이의의 소'를 제기한 사안에서, 그러한 간접강제결정에서 명한 배상금 지급의무는 그 발생 여부나 시기 및 범위가 불확정적이어서 그 간접강제결정은 이를 집행하는 데 민사집행법 제30조 제2항의 조건이 붙어 있다고 보아야 하므로, 원고가 그 조건의 성취를 다투는 취지에서 이 사건 '집행문부여에 대한 이의의 소'를 제기한 것은 적법하다고 판단하였다.

　　대법원은 다음과 같은 근거를 들었다. 부대체적 작위채무로서 장부 또는 서류의 열람·등사를 허용할 것을 명하는 집행권원에 대한 간접강제결정의 주문에서 채무자가 열람·등사 허용의무를 위반하는 경우 민사집행법 제261조 제1항의 배상금을 지급하도록 명하였다면, 그 문언상 채무자는 채권자가 특정 장부 또는 서류의 열람·등사를 요구할 경우에 한하여 이를 허용할 의무를 부담하는 것이지 채권자의 요구가 없어도 먼저 채권자에게 특정 장부 또는 서류를 제공할 의무를 부담하는 것은 아니다. 따라서 그러한 간접강제결정에서 명한 배상금 지급의무는 그 발생 여부나 시기 및 범위가 불확정적이라고 봄이 타당하다. 그 간접강제결정은 이를 집행하는 데 민사집행법 제30조 제2항의 조건이 붙어 있다고 보

---

455) 본 판결에 대한 대법원판례해설로는 양진수, "부대체적 작위의무에 관한 가처분결정이 정한 의무이행 기간 경과 후 그 가처분결정에 기초하여 발령된 간접강제결정의 효력과 채무자의 구제수단", 대법원판례해설 제111호, 법원도서관(2017), 126-160면이 있다.

456) 공2021하, 1322.

아야 한다. 채권자가 그 조건이 성취되었음을 증명하기 위해서는 채무자에게 특정 장부 또는 서류의 열람·등사를 요구한 사실, 그 특정 장부 또는 서류가 본래의 집행권원에서 열람·등사의 허용을 명한 장부 또는 서류에 해당한다는 사실 등을 증명하여야 한다. 이 경우 집행문은 민사집행법 제32조 제1항에 따라 재판장의 명령에 의해 부여하되 강제집행을 할 수 있는 범위를 집행문에 기재하여야 한다.

4) 대법원 2016다268695 판결이 모든 부대체적 작위채무를 명하는 가처분에 대하여 판단한 것으로 보기는 어렵다. 다만 일정한 부대체적 작위채무를 명하는 가처분의 경우, 즉 회계장부에 대한 열람·등사 허용의무, 단체교섭응낙의무나 근로제공 수령의무와 같이 배상금 조항의 문언상 채권자의 사전 행위가 요구되거나 채권자의 협력이 필수적인 것으로 인정되는 경우 등 부대체적 작위의무의 기한을 불확정기한으로 볼 수 있고, 배상금액이 특정금액이 아닌 위반행위나 위반횟수에 따라 정해진 경우에 민사집행법 제30조에서 정한 조건 성취 집행문을 부여함이 타당하다고 보고, 그에 따른 집행 실무 변화의 내용을 구체적으로 밝힌 것으로 이해해야 한다.

대법원 2016다268695 판결은 이러한 유형의 부대체적 작위채무를 명하는 가처분에 대한 간접강제결정의 경우 채무자가 '집행문 부여에 대한 이의의 소'를 통해서 자신의 의무를 위반하지 않았다는 점 등을 다툴 수 있다고 명확하게 밝혔다는 점에서도 의의를 찾을 수 있다.

7. 대법원 2014. 7. 24. 선고 2012다49933 판결[457]은 간접강제 배상금이 채무자의 작위의무 불이행으로 인한 손해의 전보에 충당되는지에 관하여 명시적으로 적극설을 취한 최초의 선례이다.

손해배상을 청구한 원고들 중 일부가 가처분을 통하여 피고로부터 이미 283,501원씩의 간접강제 배상금을 지급받았고 그것이 원심이 인정한 손해배상금 100,000원을 초과한 사안에서, 대법원은 간접강제 배상금

---

457) 공2014하, 1646.

은 채무자로부터 추심된 후 국고로 귀속되는 것이 아니라 채권자에게 지급하여 채무자의 작위의무 불이행으로 인한 손해의 전보에 충당된다고 보아 위 일부 원고들의 피고에 대한 각 손해배상채권은 모두 소멸하였다고 판단하였다.

한편, 간접강제 배상금은 심리적 강제수단이라는 성격뿐만 아니라 채무불이행에 대한 법정 제재금이라는 성격도 가지므로, 채권자가 추심한 간접강제 배상금이 채무자의 작위의무 불이행으로 인한 손해의 전보에 충당되는 것과 별론으로, 그 간접강제 배상금이 채권자가 입은 실제의 손해액을 초과하더라도 그 초과액을 반환할 필요는 없다.[458]

제4절 보전처분 등
1. 대법원 2011. 2. 10. 선고 2008다9952 판결[459]
[가압류될 채권에 장래 채무자의 계좌에 입금될 예금채권도 포함되는지 여부의 결정 기준과 '가압류할 채권의 표시'에 기재된 문언의 해석 방법]

가압류명령의 송달 이후에 채무자의 계좌에 입금될 예금채권도 그 발생의 기초가 되는 법률관계가 존재하여 현재 그 권리의 특정이 가능하고 가까운 장래에 예금채권이 발생할 것이 상당한 정도로 기대된다고 볼 만한 예금계좌가 개설되어 있는 경우 등에는 가압류의 대상이 될 수 있다(대법원 2002. 11. 8. 선고 2002다7527 판결, 대법원 2009. 6. 11. 선고 2008다7109 판결 등).

이 사건에서는 가압류 송달 이후 새로이 입금되는 예금채권(장래의 예금채권)에 이 사건 가압류의 효력이 미치는지가 쟁점이 되었다. 이 사건 가압류명령의 '가압류할 채권의 표시'에 '청구금액 2,497,950,000원, 채무자가 각 제3채무자들에 대하여 가지는 다음의 예금채권 중 다음에서

---

458) 이원, "2014년 분야별 중요판례분석 - 민사집행법 -", 2015. 3. 19.자 법률신문 13면.
459) 공2011상, 551.

기재한 순서에 따라 위 청구금액에 이를 때까지의 금액'이라고 기재되어 있고 그 아래에 '1. 압류되지 않은 예금과 압류된 예금이 있는 경우에는 다음 순서에 의하여 압류한다. 가. 선행압류, 가압류가 되지 않은 예금, 나. 선행압류, 가압류가 된 예금, 2. 여러 종류의 예금이 있는 때에는 다음 순서에 의하여 압류한다. 가. 보통예금, 나. 당좌예금, 다. 정기예금, 라. 정기적금, 마. 별단예금, 바. 기타 제예금'이라고 기재되어 있었다.[460] 원고는 이러한 가압류결정에 기재된 '위 청구금액에 이를 때까지의 금액'을 이 사건 가압류결정 이후 새로이 입금될 예금까지 포함한 것으로 새겨야 한다고 주장하였다.

대법원은, 위 문언의 기재로 이 사건 가압류명령의 송달 이후에 새로 입금되는 예금채권까지 포함하여 가압류되었다고 보는 것은 통상의 주의력을 가진 사회평균인을 기준으로 할 때 의문을 품을 여지가 충분하므로, 새로 입금되는 예금채권까지 가압류의 대상이라고 볼 수 없다고 하여 같은 취지로 판단한 원심의 결론이 정당하다고 하였다.

그 이유로 채권가압류에서 가압류 목적물에 장래에 채무자의 계좌에 입금될 예금채권도 포함되는지는 가압류명령상 '가압류할 채권의 표시'에 기재된 문언의 해석에 따라 결정되는데, 제3채무자는 순전히 타의에 의하여 다른 사람들 사이의 법률분쟁에 편입되어 가압류명령에서 정한 의무를 부담하므로 제3채무자를 보호할 필요가 있다는 점과 '가압류할 채권의 표시'에 기재된 문언은 그 문언 자체의 내용에 따라 객관적으로 엄격하게 해석하여야 하고, 그 문언의 의미가 불명확한 경우 그로 인한 불이익은 가압류 신청채권자가 져야 한다는 점을 들었다.

본 판결은, '가압류할 채권의 표시'에 기재된 문언을 해석하는 기준으로 '제3채무자의 입장에서', '통상의 주의력을 가진 사회평균인' 기준을 제시하고, '문언 자체의 내용에 따라 객관적으로 엄격하게 해석'하도록 함으로써 채권가압류의 제3채무자에게 불의타가 되지 않도록 명확한 실무지침을 제시하였다는 점에서 의의가 있다.

이후 대법원 2011. 9. 8. 선고 2010다36483 판결(미간행)은,[461] 금융회사에서는 주식납입금을 처리하는 유가증권청약증거금 계정이 별단예금 계정과는 별도로 마련되어 있으므로, 피압류채권을 '별단예금'[462]으로 표시한 이 사건 가압류결정의 효력은 이 사건 주식납입금에 대하여는 미치지 않는다고 하였다. 대법원 2018. 5. 30. 선고 2015다51968 판결은, '예금'과 '신탁'의 각 법적 성질이 다른 점에 비추어 위 채권압류 · 추심명령의 '압류 및 추심할 채권의 표시'란에 '예금'의 한 종류로서 열거되어 있을 뿐인 '신탁예금'이, 신탁계약의 방법으로 피고에게 보관되어 있는 원고에 대한 확정급여형 퇴직연금을 포함한다고 볼 수 없다고 하였다.

2. 대법원 2016. 3. 24.자 2013마1412 결정(미간행)

[집행증서 취득을 이유로 가압류 집행 후 3년 내에 본안의 소를 따로 제기하지 않은 경우 민사집행법 제288조 제1항 제3호의 가압류취소 사유에 해당하는지]

보전처분은 강제집행의 보전을 목적으로 하는 임시적인 처분이므로, 채권자가 집행권원을 얻어 강제집행을 할 수 있게 되면 보전처분이 집행되어 있는 상태에서 본집행을 하게 되는데, 이를 실무상 본집행으로의 이행이라 한다. 보전집행이 언제 본집행으로 이전되는지(언제 보전집행상태

---

461) 해당 판결에 대한 대법원판례해설로는 한경환, "예금 가압류에 있어서 가압류할 채권의 표시와 관련하여 가압류결정의 효력이 미치는 범위", 대법원판례해설 제89호, 법원도서관(2012), 344-364면이 있다.

462) 별단예금이란 금융기관이 업무수행 과정에서 발생하는 미결제·미정리된 일시적 보관금이나 예수금, 기타 특정 자금 등 타계정으로 처리하기 부적당한 것을 처리하기 위해 설치한 일시적·편의적 계정이다.

가 종료되는지)에 관해서는 견해의 대립이 있다.[463]

대법원은, 부동산에 대한 가압류가 집행된 후 그 가압류가 강제경매개시결정으로 인하여 본압류로 이행된 경우에는 가압류집행이 본집행에 포섭됨으로써 당초부터 본집행이 행하여진 것과 같은 효력이 있고, 본집행이 유효하게 진행되는 한 채무자는 가압류에 대한 이의신청이나 취소신청 또는 가압류집행 자체의 취소를 구할 수 없고, 본집행이 취소, 실효되지 않는 한 가압류집행이 취소되었다고 하여도 이미 그 효력을 발생한 본집행에는 아무런 영향을 미치지 않는다고 한다. 따라서 가압류등기 후 제3자 앞으로 소유권이전등기가 마쳐진 부동산에 대하여 가압류권자의 신청에 의한 강제경매절차가 진행 중에 가압류해방금액을 공탁하였다고 하더라도 이를 이유로 가압류집행을 취소할 수 없고, 나아가 가압류집행 취소의 결과 가압류등기가 말소되었더라도 이를 이유로 강제경매개시결정을 취소할 수는 없다고 본다(대법원 2002. 3. 15.자 2001마6620 결정 등).

이 사건에서는, 피신청인이 2008. 5. A에 대한 '공사대금 11억 원'의 채권을 청구채권으로 하여 A 소유의 이 사건 부동산에 가압류결정을 받아 그 가압류가 집행된 후에 다른 채권자 B의 강제경매신청에 따라 경매절차가 진행되어 배당요구 종기(2008. 9.)가 지난 다음 피신청인이 강제경매를 신청하여 강제경매개시결정이 이루어져 이 사건 가압류가 본압류로 이행되었다. 한편, 신청인이 해당 부동산에 관하여 매매를 원인으로 소유권을 취득한 다음 이 사건 가압류결정에 대한 취소신청을 한 사안에서 가압류에 대한 취소를 구할 이익이 있는지 문제되었다.

대법원은, 그 가압류가 강제경매개시결정으로 인하여 본압류로 이행

---

463) 주석 민사집행법(Ⅶ), (제4판, 2018), 454면(박영호 집필부분)은 보전집행이 언제 본집행으로 이전되는지에 관해서는 ① 집행권원이 성립한 때, ② 집행력 있는 정본이 채무자에게 송달된 때 ③ 본집행이 신청된 때, ④ 본집행이 개시된 때로 견해가 대립하는데, 집행의 확실성을 확보할 필요나 절차의 명확성 측면에서 본집행 개시(착수)시에 비로소 본집행으로 이행하는 것으로 보는 것이 타당하다고 하고, 판례나 실무의 집행도 본집행 개시시설의 입장을 취하고 있다고 한다. 다만, 단행가처분의 경우에는 현실적인 집행 또는 집행처분을 다시 할 필요가 없기 때문에 본집행 신청 시에 본집행으로 이전된다고 한다.

되었으나, 그 강제경매개시결정이 이미 경매절차를 개시하는 결정을 한 부동산에 대한 것이고 배당요구의 종기 이후의 경매신청에 의한 것인 때에는, 먼저 경매개시결정을 한 경매신청이 취하되거나 그 절차가 취소되었다는 등의 특별한 사정이 없는 한 가압류집행이 본집행에 포섭된다고 볼 수 없으므로, 채무자나 이해관계인은 가압류에 대한 취소를 구할 이익이 있다고 판단하였다.

위와 같이 배당요구 종기 후에 이루어진 이중압류가 되어 그 압류에 기초해서 배당을 받을 수 없게 된 경우에는 가압류집행이 본집행에 포섭된다고 볼 수 없고 가압류집행의 효력이 그대로 유지됨을 전제로 채무자나 이해관계인으로부터는 가압류에 대한 취소를 구할 이익이 있다고 본 것이다.

나아가, 해당 사안에서 피신청인이 당초 A에 대한 공사대금 11억 원의 채권을 청구채권으로 하여 가압류집행을 하였고 이후 A를 상대로 공사대금 청구의 소를 제기하여 일부 승소판결을 받았으나 이후 소를 취하하는 한편, 판결에서 인정된 금액에 대한 공사대금채무가 있음을 승인하고 이를 변제하며 불이행에 대한 강제집행을 인낙하는 취지의 공정증서(집행증서)를 취득한 것에 대하여, 대법원은 '이 사건 공정증서에 표시된 채권이 이 사건 가압류의 피보전권리와 청구기초의 동일성이 인정되므로, 위와 같이 집행증서와 같이 소송절차 밖에서 채무자의 협력을 얻어 집행권원을 취득하는 경우에도 가압류채권자가 채권의 실현 내지 회수의사를 가졌음이 명백하다면 가압류 집행 후 3년 내에 본안의 소를 따로 제기하지 않았더라도 제288조 제1항 제3호에서 정한 가압류취소 사유에 해당한다고 할 수 없다'고 하여 가압류 취소 사유에 해당한다고 본 원심결정을 파기하였다.[464]

---

464) 대법원은 그 이유를 다음과 같이 설명하였다.
　「민사집행법 제288조 제1항은 제1호에서 '가압류이유가 소멸되거나 그 밖에 사정이 바뀐 때'(이하 '제1호 사유'라 한다)에 가압류를 취소할 수 있도록 규정하면서, 제3호에서 '가압류가 집행된 뒤에 3년간 본안의 소를 제기하지 아니한 때'(이하 '제3호 사유'라 한다)에도 가압류를 취소할 수 있도록 규정하고 있다. 채권자가 가압

3. 대법원 2018. 10. 4.자 2017마6308 결정⁴⁶⁵⁾

[보전처분 신청이 중복신청에 해당하는지 판단하는 기준시기와 가처분이
민사집행법 제288조 제1항 제3호에서 정한 취소사유가 발생한 이후
채권자가 다시 동일한 내용의 가처분을 신청한 경우, 보전의 필요성을
인정할 수 있는 경우]

본 결정 사안은 다음과 같다. ① 채권자가 채무자 소유의 이 사건
부동산에 관하여 '증여를 원인으로 한 소유권이전등기청구권'을 피보전권
리로 하는 처분금지가처분신청을 하여 2013. 12. 26. 선행 가처분결정을
받아 가처분등기까지 마쳤다. ② 이후 채권자가 3년간 본안의 소를 제기
하지 않자 채무자는 2017. 1. 4. 사정변경에 따른 가처분취소신청을 하여
2017. 2. 6. 가처분취소신청이 인용되어 2. 14. 그대로 확정되었다. ③ 한
편, 채권자는 2017. 1. 9. 선행 가처분결정과 같은 내용의 후행 가처분신

류결정이 있은 후 그 보전의사를 포기하였거나 상실하였다고 볼 만한 사정이 있는
경우에는 제1호 사유인 '사정이 바뀐 때'에 해당하여 가압류를 취소할 수 있는데
(대법원 1998. 5. 21. 선고 97다47637 전원합의체 판결 등 참조), 제3호 사유는 채
권자가 보전의사를 포기 또는 상실하였다고 볼 수 있는 전형적인 경우로 보아 이
를 가압류취소 사유로 규정한 것이다. 이와 같은 규정의 취지는, 가압류는 권리관
계가 최종적으로 실현될 때까지 긴급하고 잠정적으로 권리를 보전하는 조치에 불
과하므로, 채권자로 하여금 채권의 보전에만 머물러있지 말고 채권의 회수·만족
이라는 절차까지 진행하여 법률관계를 신속히 마무리 짓도록 하고, 채권자가 이를
게을리 한 경우에는 채무자가 가압류로 인한 제약으로부터 벗어날 수 있도록 하려
는 데에 있다. 위와 같은 민사집행법 제288조 제1항의 규정 내용과 그 취지에 비
추어 보면, 제3호 사유를 반드시 본안의 소를 제기하여 확정판결이라는 집행권원
을 취득하는 경우로 한정할 이유가 없다. 이와 더불어 집행력이 있는 집행권원에
집행문을 부여받으면 가압류가 본압류로 이행될 수 있고, 또한 이를 가지고 가압
류의 목적이 된 부동산이 매각되는 등의 절차에 따라 공탁된 가압류채권자에 대한
배당금에 대하여 지급위탁을 받아 그 배당금을 출급할 수 있다는 점까지 보태어
보면, 소송과정에서 확정판결과 같은 효력이 있는 조정이나 재판상 화해가 성립하
는 경우뿐만 아니라 집행증서와 같이 소송절차 밖에서 채무자의 협력을 얻어 집행
권원을 취득하는 경우에도 가압류채권자가 채권의 실현 내지 회수의사를 가졌음이
명백하다면 가압류 집행 후 3년 내에 본안의 소를 따로 제기하지 않았더라도 제3
호에서 정한 가압류 취소 사유에 해당한다고 할 수 없다. 다만 이 경우 집행권원
은 가압류의 본안에 관한 것이어야 하므로, 집행권원에 표시된 권리는 가압류의
피보전권리와 청구기초의 동일성이 인정되어야 한다.」
465) 공2018하, 2070.

청을 하고, 채무자를 상대로 본안의 소도 제기하였는데, 2017. 2. 6. 후행 가처분신청이 인용되었고, 채무자가 이의신청을 하였으나 제1심은 2017. 4. 28. 위 가처분 결정을 인가하였고, 원심 역시 채무자의 항고를 기각하자 재항고하였다.

여기서 후행 가처분신청이 중복신청에 해당하는지와 동일한 내용의 가처분을 신청한 경우 보전의 필요성이 있는지가 쟁점이 되었다.

대법원은, 보전처분 신청에 관하여도 중복된 소제기에 관한 민사소송법 제259조의 규정이 준용되어 중복신청이 금지되는데, 이 경우 보전처분 신청이 중복신청에 해당하는지 여부는 후행 보전처분 신청의 심리종결 시를 기준으로 판단하여야 하고, 보전명령에 대한 이의신청이 제기된 경우에는 이의소송의 심리종결 시가 기준이 된다고 판단하였다. 이에 원심결정 당시는 물론 제1심결정 당시에도 이미 이 사건 선행 가처분결정에 대한 취소결정이 확정되었으므로, 이 사건 가처분신청이 중복신청에 해당하지 않는다고 하였다.

민사집행법 제288조 제1항은 제1호에서 '가압류이유가 소멸되거나 그 밖에 사정이 바뀐 때'에 가압류를 취소할 수 있도록 규정하면서, 제3호에서 '가압류가 집행된 뒤에 3년간 본안의 소를 제기하지 아니한 때'(이하 '제3호 사유'라고 한다)에도 가압류를 취소할 수 있도록 규정하고 있고, 이 규정은 같은 법 제301조에 의해 가처분 절차에도 준용된다. 채권자가 가처분결정이 있은 후 보전의사를 포기하였거나 상실하였다고 볼 만한 사정이 있는 경우에는 제1호 사유인 '사정이 바뀐 때'에 해당하고, 제3호 사유는 채권자가 보전의사를 포기 또는 상실하였다고 볼 수 있는 전형적인 경우를 규정한 것으로서 이는 가처분이 권리관계가 최종적으로 실현될 때까지 긴급하고 잠정적으로 권리를 보전하는 조치에 불과하므로 채권자로 하여금 채권의 보전에만 머물러 있지 말고 채권의 회수·만족이라는 절차까지 진행하여 법률관계를 신속히 마무리 짓도록 하고, 채권자가 이를 게을리한 경우에는 채무자가 가처분으로 인한 제약으로부터 벗어날 수 있도록 하려는 데에 있다.

대법원은, 가처분이 제3호 사유에 해당하여 취소사유가 발생한 이후 채권자가 다시 동일한 내용의 가처분을 신청한 경우, 그 보전의 필요성 유무는 최초의 가처분 신청과 동일한 기준으로 판단하여서는 안 되고, 채권자와 채무자의 관계, 선행 가처분의 집행 후 발생한 사정의 변경 기타 제반 사정을 종합하여, 채권자가 선행 가처분의 집행 후 3년이 지나도록 본안소송을 제기하지 않았는데도 채권자가 보전의사를 포기 또는 상실하였다고 볼 수 없는 특별한 사정이 인정되는 경우에 한하여 보전의 필요성을 인정할 수 있다고 하였다. 그 이유로 그렇지 않으면 제3호 사유가 발생한 경우를 채권자가 보전의사를 포기 또는 상실한 전형적인 사정으로 보아 채무자로 하여금 가처분취소를 통해 가처분으로 인한 제약으로부터 벗어날 수 있도록 하려는 법의 취지를 형해화시킬 수 있음을 들었다. 다만, 이 사안에서는 채권자가 이 사건 선행 가처분의 집행 후 3년이 지나도록 본안소송을 제기하지 않았지만 그 보전의사를 포기하거나 상실하였다고 볼 수 없는 특별한 사정이 인정된다고 보아 재항고를 기각하였다.

본 결정은 동일한 내용으로 가처분신청을 한 경우 법원은 후행 가처분 신청에 대하여 당연히 보전의 필요성이 부정되는 것은 아니지만 처음 신청보다는 엄격한 기준으로 보전의 필요성을 검토해야 한다는 점을 처음으로 밝힌 선례이다. 후행 가처분신청이 인용되기 위해서는 채권자가 여전히 보전 의사를 포기하거나 상실한 것이 아니라는 특별한 사정(채권자가 선행 가처분 집행 뒤 3년 내 본안 소송을 제기할 수 없었던 사정이나 그 기간이 지났지만 바로 본안소송을 제기하였다는 등의 사유)에 관해서 적극적으로 소명해야 할 것이다.[466]

---

466) 본 결정에 대한 평석으로는 박진수, "2018년 분야별 중요판례분석 - 민사집행법 -", 2019. 2. 21.자 법률신문, 13면.

4. 대법원 2018. 2. 9.자 2017마5829 결정[467]
[보전처분의 본안소송에서 소송법상의 이유로 각하판결을 받았는데 채권자가 민사집행법 제288조 제1항 제3호에서 정한 제소기간 내에 소송요건의 흠결을 보완하는 것이 불가능하거나 현저히 곤란한 경우 사정변경을 이유로 한 가처분 취소사유가 되는지]

채권자 종중이 채무자를 상대로 명의신탁 해지를 원인으로 한 소유권이전등기청구권을 피보전권리로 하여 채무자 소유의 이 사건 부동산에 관한 부동산처분금지가처분 결정을 받은 이후 본안의 소를 제기하였는데, 채권자 종중이 고유한 의미의 종중으로서의 실체를 갖고 있다고 보기 어려워 당사자능력이 없고, 채권자를 대표한 사람에게 대표권이 인정된다고 보기도 어렵다는 이유로 소 각하판결을 받고 이후 채권자의 항소와 상고가 기각되어 확정되자 원심이 가처분을 유지할 필요가 없는 사정변경이 있다고 보아 가처분결정을 취소한 사안이다. 소 각하판결을 받았다는 것이 사정변경을 이유로 한 가처분 취소사유가 되는지 문제된다.

대법원은, 보전처분을 한 후 그 이유가 소멸되거나 그 밖에 사정이 바뀌어 보전처분을 유지·존속할 이유가 없게 된 때에는 채무자는 그 취소를 신청할 수 있다(민사집행법 제288조 제1항 제1호, 제301조). 본안소송에서 채권자가 실체법상의 이유로 패소판결을 받아 판결이 확정된 때에는 위와 같은 사정변경이 있다고 할 수 있지만, 본안소송에서 소송법상의 이유로 각하판결을 받은 경우에는 원칙적으로 사정변경이 발생하였다고 보기 어렵다. 다만 채권자가 민사집행법 제288조 제1항 제3호에서 정한 제소기간 내에 피보전권리에 관한 본안의 소를 다시 제기하여 그 절차에서 소송요건의 흠결을 보완하는 것이 불가능하거나 현저히 곤란하다고 볼 만한 특별한 사정이 있는 경우에는 사정변경이 발생하였다고 볼 수 있다. 이러한 사정변경이 있는지는 보전명령 취소신청 사건의 사실심 종결 시를 기준으로 그때까지 제출된 당사자의 주장과 증거방법을 기초로 판단하여야 한다고 하였다.

위 사건에서 단체의 조직과 활동 내역, 본안의 소 제기 경위, 소각하 판결 확정 후의 경과 등에 비추어 보면, 채권자가 이 사건 가처분이 집행된 때부터 3년 내에 피보전권리에 관한 본안의 소를 다시 제기하여 그 절차에서 당사자능력의 흠결을 보완하는 것이 불가능하거나 현저히 곤란하다고 볼 수 있어 부동산처분금지 가처분결정을 취소한 원심이 타당하다고 하였다.

본 결정은 본안소송에서 소송법상의 이유로 각하판결을 받은 경우에는 원칙적으로 가처분 취소사유가 되지 않지만 채권자가 그 소송요건의 흠결을 장기간 보완하는 것이 불가능하거나 곤란한 특별한 사정이 있는 경우에는 가처분 취소사유가 될 수 있음을 밝힌 선례로서 의의가 있다.

5. 대법원 2019. 5. 17.자 2018마1006 결정(미간행)

[부동산에 대한 가압류결정이 있고 그에 기한 가압류등기가 마쳐진 후, 해당 가압류에 기한 집행절차가 아닌 경매절차에서 부동산이 매각되어 가압류등기가 직권으로 말소된 경우, 가압류결정의 효력과 채무자나 이해관계인이 민사집행법 제288조 제1항 제3호에 의한 가압류취소신청을 할 수 있는지 여부]

부동산에 대하여 A 앞으로 가압류등기가 된 다음 담보권 실행을 위한 경매가 진행되어 직권으로 그 가압류등기가 말소되고 가압류채권자 A에 대한 배당액이 공탁되었는데(민사집행법 제160조 제1항 제2호), 후순위 근저당권자(이해관계인) B가 민사집행법 제288조 제1항 제3호에 따른 가압류취소 신청을 할 수 있는지가 문제되었다.

대법원은, 부동산에 대한 가압류결정이 있고 그에 기한 가압류등기가 마쳐진 후, 해당 가압류에 기한 집행절차가 아닌 경매절차에서 부동산이 매각되어 가압류등기가 직권으로 말소되더라도, 가압류결정의 효력은 그대로 남아 있게 된다. 따라서 채무자나 이해관계인은 가압류집행의 존속 여부에 관계없이 가압류결정이 유효하게 존재하고 그 신청의 이익이 있는 한 민사집행법 제288조 제1항 제3호에 의한 가압류취소신청을 할 수 있다고 하여, 가압류등기가 말소된 이상 B가 가압류결정의 취소를 구할 이익이 없다고 판단한 원심을 파기 환송하였다.

민사집행법 제288조 제1항은 사정변경에 따른 가압류취소의 신청권자와 취소사유를 정하고 있다. 채무자는 가압류 이유가 소멸되거나 그 밖에 사정이 바뀐 때(제1호), 법원이 정한 담보를 제공한 때(제2호), 가압류가 집행된 뒤 3년간 본안의 소를 제기하지 아니한 때(제3호) 가압류취소를 신청할 수 있다. 제3호 사유는 이해관계인도 신청할 수 있다.

부동산 가압류집행은 가압류재판에 관한 사항을 등기부에 기입하는 방법으로 한다. 가압류결정에 대한 이의나 취소(민사집행법 제283조, 제288조 등)는 가압류집행의 취소(제299조 등)와는 구별된다. 가압류등기가 말소되어도 가압류결정 자체는 유효하게 남아 있으므로, 채무자 또는 이해관계인은 그 취소를 구할 이익이 있는 한 취소신청을 할 수 있다. 여기서 '취소를 구할 이익'은 가압류결정이 갖는 효력을 제거할 법률상 이익을 말한다. 즉, 집행기간의 경과, 가압류집행 여부, 본안소송 계속 여부, 본안판결의 패소 확정(대법원 1991. 1. 11. 선고 90다8770판결) 등은 가압류결정의 효력에 직접 영향을 주지 않는다. 따라서 취소신청의 장애가 되지 않는다.

본 결정은 가압류결정에 대한 취소를 구한 신청인 B는 이 사건 부동산의 근저당권자(겸 경매절차의 매수인)로서 가압류권자와 함께 동순위로 배당을 받았는데 가압류가 취소되면 가압류권자에게 배당될 공탁금에 대한 추가배당을 받을 수 있으므로 가압류 취소를 구할 이익이 있다고 판단한 선례로서 의의가 있다.

6. 대법원 2011. 5. 13. 선고 2011다10044 판결[468)

[유체동산에 대한 가압류결정을 받고 가압류 집행절차에 착수하지 않은 경우에도 가압류에 의한 시효중단 효력이 있는지]

임차인인 원고는 임대차기간 만료 후 1996. 9. 14.경 다른 곳으로 이사를 한 다음 10년이 지난 2009. 3. 12. 피고들(임대인과 보증금반환채무의 연대보증인)을 상대로 임대차보증금반환을 구하는 이 사건 소를 제기하였다. 한편, 원고가 1996. 8. 17. 피고들에 대한 임대차보증금반환채권을 피보전권리로 하여 피고들의 소유의 유체동산에 대한 가압류결정을 받았음을 들어 시효중단을 주장한 사안이다.

원심은 원고가 제출한 가압류결정만을 근거로 유체동산에 대한 가압류집행이 있었다고 보아 시효중단 사유가 있다고 보았다. 그러나 대법원은 유체동산에 대한 가압류 집행신청에 따른 집행착수가 있었던 것으로 볼 수 없는 상황에서 가압류결정을 받았다는 점만으로는 시효중단의 효력이 없다고 판단하였다.

대법원은, 「유체동산에 대한 가압류결정을 집행한 경우 가압류에 의한 시효중단의 효력은 가압류의 집행보전의 효력이 존속하는 동안 계속되지만 유체동산에 대한 가압류의 집행절차에 착수하지 않은 경우에는 시효중단의 효력이 없고, 그 집행절차를 개시하였으나 가압류할 동산이 없기 때문에 집행불능이 된 경우에는 집행절차가 종료된 때로부터 시효가 새로이 진행된다.」고 하면서 원고가 유체동산에 대한 가압류결정을 받은 사실만으로는 그 시효가 중단된다고 할 수 없다는 점을 명확히 하였다.

대법원은 본 판결 이전에 '민법 제168조에서 가압류를 시효중단사유로 정하고 있는 것은 가압류에 의하여 채권자가 권리를 행사하였다고 할 수 있기 때문인데 가압류에 의한 집행보전의 효력이 존속하는 동안은 가압류채권자에 의한 권리행사가 계속되고 있다고 보아야 할 것이므로 가압류에 의한 시효중단의 효력은 가압류의 집행보전의 효력이 존속하는

468) 공2011상, 1173.

동안은 계속된다'고 판단해 왔다(대법원 2000. 4. 25. 선고 2000다11102 판결, 대법원 2006. 7. 27. 선고 2006다32781 판결 등 참조).

유체동산에 대한 가압류 집행은 압류와 같은 원칙에 따라야 하므로 (민사집행법 제296조 제1항), 집행관이 그 물건을 점유함으로써 한다(민사집행법 제189조 제1항).

부동산에 대한 가압류 집행(가압류결정을 한 법원이 가압류재판에 관한 사항을 등기부에 기입하는 방법으로 한다)[469]과 채권에 대한 가압류 집행(가압류결정을 한 법원이 제3채무자에 대하여 채무자에게 지급하여서는 안 된다는 명령이 담긴 가압류결정을 제3채무자에게 송달하는 방법으로 집행한다)[470]의 경우에는 가압류결정을 한 법원이 집행법원이 되므로 보전처분신청 시에 보전처분의 집행신청이 하나로 이루어지게 된다. 반면에 유체동산에 대한 가압류 집행은 채권자가 보전처분 발령 법원이 아닌 집행관에게 보전처분의 집행신청을 따로 해야 한다(민사집행규칙 제203조 제1항 제6호). 즉 유체동산가압류의 경우에는 보전처분 신청과 보전처분의 집행신청이 엄연히 구분된다. 부동산가압류나 채권가압류와 달리 유체동산가압류의 경우에는 가압류결정을 받은 다음 따로 집행관에게 가압류집행신청을 해야만 이에 따른 집행이 개시되는데 원심은 이점을 간과한 것으로 보인다.

본 판결에 대해서는 유체동산가압류에서 대법원이 '보전처분의 집행

---

469) 민사집행법 제293조(부동산가압류집행)
　　① 부동산에 대한 가압류의 집행은 가압류재판에 관한 사항을 등기부에 기입하여야 한다.
　　② 제1항의 집행법원은 가압류재판을 한 법원으로 한다.
　　③ 가압류등기는 법원사무관등이 촉탁한다.
470) 제296조(동산가압류집행)
　　① 동산에 대한 가압류의 집행은 압류와 같은 원칙에 따라야 한다.
　　② 채권가압류의 집행법원은 가압류명령을 한 법원으로 한다.
　　③ 채권의 가압류에는 제3채무자에 대하여 채무자에게 지급하여서는 아니 된다는 명령만을 하여야 한다.
　　④ 가압류한 금전은 공탁하여야 한다.
　　⑤ 가압류물은 현금화를 하지 못한다. 다만, 가압류물을 즉시 매각하지 아니하면 값이 크게 떨어질 염려가 있거나 그 보관에 지나치게 많은 비용이 드는 경우에는 집행관은 그 물건을 매각하여 매각대금을 공탁하여야 한다.

에 착수한 때' 시효중단의 효과가 발생한다는 태도(가압류집행착수시설)를 취하고 있다고 평가하면서 가압류의 목적물에 따라 시효중단의 효과가 발생하는 시기에 차이를 두는 것은 옳지 않고, 통일적으로 가압류명령 신청시(또는 가압류집행 신청시)에 소멸시효 중단의 효과가 발생한다고 보는 것이 타당하다는 견해가 있다.[471]

그러나 본 판결은 채권자가 채무자의 유체동산에 대한 가압류결정을 받은 것만으로는 채권에 대한 시효가 중단된다고 볼 수 없음을 분명히 한 것으로 보아야 하고, 더 나아가 유체동산가압류로 인한 시효중단의 효력이 언제 발생하는지에 관해서 판단한 것은 아니라고 이해해야 한다.[472]

7. 대법원 2017. 4. 7. 선고 2016다35451 판결[473]

[가압류에 의한 시효중단 효력의 발생시기와 채무자가 건설공제조합에 대하여 갖는 출자증권의 인도청구권을 가압류한 경우 가압류로 인한 소멸시효 중단의 효력이 발생하는 시기]

1) 대법원은, 민법 제168조 제2호에서 가압류를 시효중단사유로 정하고 있지만, 가압류로 인한 시효중단의 효력이 언제 발생하는지에 관해서는 명시적으로 규정되어 있지 않은데, 가압류 집행으로 인한 시효중단의 효력은 채권자가 가압류를 신청한 때 소급하여 발생한다고 판시하였다. 그 이유를 다음과 같이 제시하였다.

「민사소송법 제265조에 의하면, 시효중단사유 중 하나인 '재판상의 청구'(민법 제168조 제1호, 제170조)는 소를 제기한 때 시효중단의 효력이

---

471) 김광년, "가압류와 시효중단의 효력발생시기", 변호사 제45집(2014), 72−81면; 한충수, "(가)압류에 따른 시효중단 효력 발생 시기", 법조 제67권 제6호(2019), 794−797면은 학설의 다수는 명령신청시가 아니고 집행신청시설이라고 하고, 시효중단을 위한 권리행사로서 소의 제기와 버금가는 시기는 집행신청시라 볼 수 있으므로 집행신청시설이 타당하다고 한다.

472) 최춘식, "유체동산 가압류와 시효중단", 법학연구 제23집 제1호(2020), 137−160면; 노재호, "민사집행절차와 소멸시효중단−현행민법의 해석론을 중심으로−", 사법논집 제70집, 사법발전재단(2020), 369−370면.

473) 공2017상, 948.

발생한다. 이는 소장 송달 등으로 채무자가 소 제기 사실을 알기 전에 시효중단의 효력을 인정한 것이다. 가압류에 관해서도 위 민사소송법 규정을 유추적용하여 '재판상의 청구'와 유사하게 가압류를 신청한 때 시효중단의 효력이 생긴다고 보아야 한다. '가압류'는 법원의 가압류명령을 얻기 위한 재판절차와 가압류명령의 집행절차를 포함하는데, 가압류도 재판상의 청구와 마찬가지로 법원에 신청을 함으로써 이루어지고(민사집행법 제279조), 가압류명령에 따른 집행이나 가압류명령의 송달을 통해서 채무자에게 고지가 이루어지기 때문이다. 가압류를 시효중단사유로 규정한 이유는 가압류에 의하여 채권자가 권리를 행사하였다고 할 수 있기 때문이다. 가압류채권자의 권리행사는 가압류를 신청한 때에 시작되므로, 이 점에서도 가압류에 의한 시효중단의 효력은 가압류신청을 한 때에 소급한다.」

나아가 대법원은, 채무자가 건설공제조합에 대하여 갖는 출자증권의 인도청구권을 가압류한 경우에는 법원의 가압류명령이 제3채무자인 건설공제조합에 송달되면 가압류의 효력이 생기고, 이 경우 가압류로 인한 소멸시효 중단의 효력은 가압류 신청 시에 소급하여 생긴다고 판단하였다. 그 이유를 다음과 같이 설명한다.

건설공제조합의 조합원에게 발행된 출자증권은 위 조합에 대한 출자지분을 표창하는 유가증권으로서 위 출자증권에 대한 가압류는 민사집행법 제233조에 따른 지시채권 가압류의 방법으로 하고, 법원의 가압류명령으로 집행관이 출자증권을 점유하여야 한다(건설산업기본법 제59조 제4항). 한편 위 출자증권을 채무자가 아닌 제3자가 점유하고 있는 경우에는 채권자는 채무자가 제3자에 대하여 가지는 유체동산인 출자증권의 인도청구권을 가압류하는 방법으로 가압류집행을 할 수 있다(민사집행법 제242조, 제243조). 이 경우 유체동산에 관한 인도청구권의 가압류는 원칙적으로 금전채권의 가압류에 준해서 집행법원의 가압류명령과 그 송달로써 하는 것이므로(민사집행법 제223조, 제227조, 제242조, 제243조, 제291조), 가압류명령이 제3채무자에게 송달됨으로써 유체동산에 관한 인도청구권 자체에 대한 가압류집행은 끝나고 효력이 생긴다.

2) 본 판결에 대해서는 여기서 말하는 '가압류신청'이 가압류 결정 신청과 가압류 집행 신청 중 어느 것을 의미하는지 불분명하다고 하면서 가압류 집행 신청시에 시효중단의 효과가 확정적으로 발생한다고 보는 것이 타당하다는 견해가 있다.[474)]

통상 '가압류'는 법원의 가압류명령을 얻기 위한 재판절차와 가압류 명령의 집행절차를 포함하는 것으로서 시효중단 사유로 정한 '가압류'에 가압류신청에 따른 법원의 재판절차를 제외할 이유가 없고, 채권자의 권리행사는 법원에 가압류신청을 함으로써 시작된다. 나아가 민사집행법은 제279조 내지 제281조에서 보전처분신청을 의미하는 '가압류신청'이라는 용어를 사용하고 있는 반면, 가압류 집행에 관해서는 제291조 이하에서 정하고 있다.[475)] 이러한 점에 비추어 보면, 대법원이 시효중단의 효력이

---

474) 이 판결에 대한 평석으로는 한충수, "(가)압류에 따른 시효중단의 효력 발생 시기", 법조 통권 제732호(제67권 제6호)(2019), 783－805면.
475) 제279조(가압류신청)
　① 가압류신청에는 다음 각호의 사항을 적어야 한다.
　　1. 청구채권의 표시, 그 청구채권이 일정한 금액이 아닌 때에는 금전으로 환산한 금액
　　2. 제277조의 규정에 따라 가압류의 이유가 될 사실의 표시
　② 청구채권과 가압류의 이유는 소명하여야 한다.
제280조(가압류명령)
　① 가압류신청에 대한 재판은 변론 없이 할 수 있다.
　② 청구채권이나 가압류의 이유를 소명하지 아니한 때에도 가압류로 생길 수 있는 채무자의 손해에 대하여 법원이 정한 담보를 제공한 때에는 법원은 가압류를 명할 수 있다.
　③ 청구채권과 가압류의 이유를 소명한 때에도 법원은 담보를 제공하게 하고 가압류를 명할 수 있다.
　④ 담보를 제공한 때에는 그 담보의 제공과 담보제공의 방법을 가압류명령에 적어야 한다.
제281조(재판의 형식)
　① 가압류신청에 대한 재판은 결정으로 한다. 〈개정 2005.1.27.〉
　② 채권자는 가압류신청을 기각하거나 각하하는 결정에 대하여 즉시항고를 할 수 있다.
　③ 담보를 제공하게 하는 재판, 가압류신청을 기각하거나 각하하는 재판과 제2항의 즉시항고를 기각하거나 각하하는 재판은 채무자에게 고지할 필요가 없다.

발생하는 시점으로 정한 '가압류신청(민사집행법 제279조)'은 '보전처분신청'을 말하는 것임이 분명하다.

3) 가압류명령에 의한 집행은 부동산(기입등기, 민사집행법 제293조 제1항), 유체동산(집행관의 압류, 민사집행법 제269조 제1항), 금전채권(가압류결정 정본을 제3채무자에게 송달, 민사집행법 제269조 제2항), 배서가 금지되지 아니한 지시채권(제3채무자에 대한 송달과 점유), 배서가 금지된 지시채권, 유체물 등에 대한 인도청구권(제3채무자에 대한 송달)에 따라서 집행방법이 다른데, 가압류집행(엄밀히 말하면 가압류 집행의 착수)을 통하여 채권자가 권리행사를 명확히 하였으므로 채권의 소멸시효 중단의 요건을 충족한다고 볼 수 있고, 이를 통해서 가압류신청 이후 가압류명령과 가압류집행에 이르기까지의 절차에서 발생하는 지연 등과 같은 불확정성으로 인한 불이익을 채권자에게 부당하게 부과하지 않기 위해서는 이 경우 시효중단의 효과는 가압류신청 시로 소급한다고 봄이 타당하다.[476)]

이에 대하여는 가압류신청 시 일단 시효중단의 효력이 발생하고 이후 그 신청이 취하, 각하 또는 기각되거나 그 결정이 집행되지 않으면 소급하여 시효중단의 효력이 소멸한다고 보는 것이 타당하다는 견해도 있다.

그러나 민법 제168조가 시효중단사유로 제1호의 청구와 구별하여 제2호의 압류, 가압류·가처분을 정하고 있는 점을 고려하면, 가압류·가처분이 집행되지도 않았는데 가압류신청만으로 바로 시효중단의 효력이 생긴다고 보기는 어렵다. 채권가압류의 경우 가압류결정이 제3채무자에게 송달되지 않으면 가압류의 효력 자체가 생기지 않는다. 그 밖에 유체동산가압류에서 채권자가 가압류결정을 받고 집행관에게 가압류집행을 신청하지 않는 경우, 채무자가 집행기간 도과를 이유로 가압류취소신청(민사집행법 제288조 제1항 제1호)을 하지 않는 이상 계속하여 시효중단의 효과가 유지되는 불합리한 결과가 발생하는 문제도 있다.[477)]

---

476) 곽윤직/김재형, 민법총칙[민법강의 I], (제8판, 2012), 432면.
477) 노재호, "민사집행절차와 소멸시효중단 – 현행민법의 해석론을 중심으로 –", 사

4) 본 판결 사안은 채권가압류에 관한 것이었지만 본 판결은 채권가압류를 포함한 가압류 일반에 관하여 가압류로 인한 시효중단 효과의 발생 시기를 명확하게 밝힌 최초의 선례로서 의의가 있다.

8. 대법원 2014. 6. 26. 선고 2012다116260 판결[478]

[금전채권에 관한 처분금지가처분결정의 송달 이후에 실시된 가압류 등의 보전처분 또는 그에 기한 강제집행으로 가처분채권자에게 대항할 수 있는지]

1) A는 이 사건 채권(공탁금출급청구권)을 B에게 양도하고 채권양도통지를 하였다. A의 채권자인 피고는 채무자 A, 제3채무자 대한민국(공탁공무원)으로 하고 채권자취소권에 기한 원상회복청구권을 피보전권리로 하여 이 사건 채권에 대한 처분금지가처분결정을 받았다. 이 결정은 2009. 12. 1. 제3채무자에게 송달되었다. 원고(과세관청)는 B가 양수받은 이 사건 채권을 압류하고, 2011. 10. 5. 압류통지를 하였다. 이후 피고가 B를 상대로 사해행위취소의 소를 제기하여 2011. 12. 14. 승소판결을 받아 그 무렵 판결이 확정되었다. 원고는 B에게 공탁금출급청구권이 있다는 확인을 구하는 이 사건 소를 제기하였다.

원심은 이 사건 가처분이 그 후에 이루어진 압류에 우선하는 효력이 없다는 이유로 원고 승소판결을 한 제1심의 결론을 유지하였다.

대법원은, '채권자가 채무자의 금전채권에 대하여 가처분결정을 받아 가처분결정이 제3채무자에게 송달되고 그 후 본안소송에서 승소하여 확정되었다면, 가처분결정의 송달 이후에 실시된 가압류 등의 보전처분 또는 그에 기한 강제집행은 가처분의 처분금지 효력에 반하는 범위 내에서는 가처분채권자에게 대항할 수 없다'고 하여 원심을 파기환송하였다.

2) 채권에 대한 가압류와 가처분의 우열에 관하여 평등설,[479] 선집

법논집 제70집, 사법발전재단(2020), 371면.

478) 공2014하, 1456.

479) 채권에 대한 처분금지가처분과 가압류 등이 경합하는 경우 그 우열을 결정하는 기준에 관한 법 규정이 없을 뿐만 아니라 그 가처분이나 가압류의 집행을 제3자

행우선설,[480] 압류권자우선설[481] 등이 대립하고 있는데,[482] 대법원 2009. 12. 24. 선고 2008다10884 판결은 골프회원권에 관하여 선집행우선설을 채택한 바 있다.[483] 본 판결은 금전채권에 관하여 선집행우선설을 채택하였다.

대법원은 이미 금전채권양도와 가압류의 우열을 제3채무자에 대한 송달(집행)의 선후로 가리고 있다. 따라서 금전채권양도와 채권양도(처분) 금지 가처분의 우열도 마찬가지 방법으로 가릴 수밖에 없으며, 이렇게 본다면 금전채권에 대한 가압류와 가처분의 우열도 집행의 선후로 가리는 것이 합리적이고, 타당하다고 볼 수 있다.

3) 한편, 대법원은 소유권이전등기청구권에 대한 가처분과[484] 가압류

에게 공시할 방법도 없으므로 양자 사이에 우열을 결정할 수 없다는 입장이다.
480) 채권에 대한 처분금지가처분과 가압류의 보전목적이 실질적으로 충돌하고 있는 이상 양수인들 사이의 우열관계나 양수인과 가(압류)권자와의 우열을 결정하는 법리를 유추하여 가처분과 가압류도 그 집행시점(효력발생시점, 즉 정본이 제3채무자에게 도달된 시점)의 선후에 따라 그 우열을 결정해야 한다는 입장이다.
481) 처분금지가처분과 가압류가 경합하는 경우 그 우열을 가릴 수 없지만, 가압류권자가 압류로 전이하여 법원으로부터 추심명령을 얻은 경우에는 추심권능을 행사하여, 변제금지의 가처분에도 불구하고 채무자의 제3채무자에 대한 채권을 실행할 수 있다는 입장이다.
482) 윤경, "소유권이전등기청구권에 대한 가처분과 가압류의 경합시 우열관계", 민사집행법연구 제2권(2006), 395-396면은 종래 소유권이전등기청구권에 대한 가압류·가처분이 경합하는 경우에 대한 견해들을 정리하여 소개하고 있다.
483) 대법원 2009. 12. 24. 선고 2008다10884 판결은, '골프회원권의 양수인이 양도인에 대하여 가지는 골프회원권 명의변경청구권 등에 기하여 하는 골프회원권 처분금지가처분결정이 제3채무자인 골프클럽 운영회사에 먼저 송달되고, 그 후 가처분채권자가 골프클럽 운영에 관한 회칙에서 정한 대로 회원권 양도·양수에 대한 골프클럽 운영회사의 승인을 얻었을 뿐만 아니라 본안소송에서도 승소하여 확정되었다면, 그 가처분결정의 송달 이후에 실시된 가압류 등의 보전처분 또는 그에 기한 강제집행은 그 가처분의 처분금지 효력에 반하는 범위 내에서는 가처분채권자에게 대항할 수 없다.'고 하였다.
위 대법원 2008다10884 판결에 대한 대법원판례해설로는 안정호, "골프회원권에 대한 처분금지가처분과 그 송달 이후 실시된 가압류와 사이의 우열관계", 대법원판례해설 제81호, 법원도서관(2009), 449-464면이 있다.
484) 소유권이전등기청구권의 가처분은 그 소유권이전등기청구권의 양수인이 양도인의 이중양도를 저지하기 위하여 신청하는 '양수형'과 부동산 전득자가 매도인에 대하여는 매수인을 대위해서 소유권이전등기절차의 이행을 구하고, 매수인에 대하여는 자신에게 직접 소유권이전등기절차이행을 구하면서 매수인의 매도인에 대한 소

의 경합에 관하여 '압류권자우선설'을 취하고 있는 것으로 이해된다(대법
원 1998. 4. 14. 선고 96다47104 판결,[485] 대법원 2001. 10. 9. 선고 2000다51216
판결[486] 등 참조). 소유권이전등기청구권 가압류와 소유권이전등기청구권
가처분이 경합할 때 가처분권자가 본안소송을 제기하면 가처분이 먼저
되었다고 하여도 법원은 가압류해제를 조건으로 이전등기를 명하게 되고
(대법원 1992. 11. 10. 선고 92다4680 판결, 1999. 2. 9. 선고 98다42615 판결 등),
이러한 조건부 판결을 받으면 사실상 가압류를 해제할 길이 없으므로(가
압류에 취소사유가 있거나 가처분권자가 가압류금액을 변제하지 않는 한) 그
판결을 집행할 수 없게 된다. 반대로 가압류권자가 본안판결을 받아

유권이전등기청구권에 대하여 가처분 신청을 하는 '전매형'이 있다.
　　가처분채무자의 제3채무자에 대한 소유권이전등기청구권에 대한 처분금지가처
분의 효력은 그에 대한 가압류의 경우와 같은데, 가처분채권자, 채무자, 제3채무자
사이에서는 그 가처분의 효력을 주장할 수 있지만, 가처분채권자는 가처분에 반하
여 제3채무자로부터 채무자에게 마쳐진 소유권이전등기에 대하여 그 효력을 부인
할 수 없으므로, 제3자에 대하여는 가처분으로 대항할 수 없다(대법원 1989. 5. 9.
선고 88다카6488 판결, 대법원 1998. 2. 27. 선고 97다45532 판결, 1998. 4. 14. 선고
96다47104 판결 등).
485) 대법원 1998. 4. 14. 선고 96다47104 판결은 '소유권이전등기청구권에 대한 가
압류가 있기 전에 이에 대한 가처분이 있더라도 가처분이 뒤에 이루어진 가압류에
우선하는 효력은 없으므로, 그 가압류는 가처분채권자와의 관계에서도 유효하다'고
함으로써 가처분채권자가 채무자를 대위해서 제3채무자를 상대로 소유권이전등기
를 구하는 경우 가압류해제를 조건으로 소유권이전등기를 구할 수밖에 없다는 점
을 밝힌 최초의 판결이다. 그러나 이 판결은 소유권이전등기청구권을 가압류한 채
권자가 가압류를 본압류로 전이한 다음 환가를 위하여 추심명령을 얻어 제3채무자
를 상대로 소유권이전등기의 소를 제기할 경우 가처분이 있다는 이유로 가처분에
대한 해제를 조건으로 하는 판결을 할 것인지, 제3채무자는 가처분이 되어 있어도
이를 압류권자에게 주장할 수 없다고 할 것인지는 직접 다루고 있지 않다[김문석,
"소유권이전등기청구권에 대한 가압류와 가처분의 경합", 대법원판례해설 제30호,
법원도서관(1998), 352 − 362면].
486) 대법원 2001. 10. 9. 선고 2000다51216 판결은, 이 사건 소유권이전등기청구권
(A가 피고에 대해 가지는 소유권이전등기청구권)에 대한 원고의 압류가 있기 전에
B의 신청에 따른 처분금지가처분결정이 피고(채무자)에게 송달되었으므로 그 가처
분의 해제를 조건으로 하지 않는 한 원고의 청구에 응할 수 없다는 피고의 주장
에 대하여, 원심이 위 소유권이전등기청구권 처분금지가처분은 A의 소유권이전등
기청구권에 대한 임의처분을 금지하는 효력만 있고, 원고의 소유권이전등기청구권
에 대한 압류에 우선하는 효력이 없다는 이유로 이를 배척한 것은 정당하다고 함
으로써 '가처분 해제 조건부 판결'이 아님을 분명히 함으로써 압류권자우선설을 채
택하였다.

집행할 때는 사정이 다르다. 이전등기청구권의 압류권자(채권자)가 신청한 보관인선임 및 권리이전등기명령에 따라 제3채무자가 등기에 필요한 서류를 보관인(집행관)에게 인도하면, 보관인(집행관)은 채권자에게 '채무자 앞으로의 등기시점'에 관하여 연락을 취한다. 그 결과 압류채권자는 채무자 앞으로 등기를 마치는 즉시 강제경매를 신청한 후 배당을 통하여 자신의 채권을 확보할 수 있게 되어 압류권자가 우선하게 되는 것이다.[487]

소유권이전등기청구권은 다른 채권이나 그 밖의 재산권과 달리, 성질상 양도가 원칙적으로 제한되므로[488] 그 청구권을 실현하여 채무자(보관인) 앞으로 등기한 다음 부동산을 현금화하게 되고, 전매형 사안에서도 역시 채무자 앞으로 소유권이전등기를 이전하는 청구권의 실현 절차가 필요하다는 점과 민사집행법 제229조 제2항은 '추심명령이 있는 때에는 압류채권자는 대위절차 없이 압류채권을 추심할 수 있다'고 정하고 있는데, 추심명령에 의한 압류채권자의 추심권능은 집행법상 공권력의 수권 (법원의 추심명령)에 의하여 채무자의 추심권능과는 별개의 독립한 권능으로서, 가처분에 의하여 채무자의 추심이 금지되어 있더라도 영향을 받지 않지만, 가처분채권자는 채무자의 권리를 대위행사할 수 있을 뿐 독자적인 추심권능을 갖고 있지 않아 채무자가 행사할 수 있는 권능 이상의 권능을 행사할 수 없어 압류명령으로 채무자가 권리행사의 제약을 받게 되면 대위권자인 가처분채권자도 그 제약을 받게 된다는 점에서 그 이유를 찾을 수 있을 것이다.[489]

---

487) 윤경, "소유권이전등기청구권에 대한 가처분과 가압류의 경합시 우열관계", 민사집행법연구 제2권(2006), 406 – 409면.

488) 매매로 인한 소유권이전등기청구권은 특별한 사정이 없는 한 그 권리의 성질상 양도가 제한되고 그 양도에 채무자의 승낙이나 동의를 요한다고 할 것이므로 통상의 채권양도와 달리 양도인의 채무자에 대한 통지만으로는 채무자에 대한 대항력이 생기지 않으며 반드시 채무자의 동의나 승낙을 받아야 대항력이 생긴다(대법원 1996. 2. 9. 선고 95다49325 판결 등 참조).

489) 김문석, "소유권이전등기청구권에 대한 가압류와 가처분의 경합", 대법원판례해설 제30호, 법원도서관(1998), 360 – 361면; 이원, "2014년 분야별 중요판례분석 – 민사집행법 –", 2015. 3. 19.자 법률신문 13면.

4) 본 판결은, 금전채권에 대한 선행 가처분권자가 본안소송에서도 승소하여 확정되었다면 후행 가압류권자는 그 가압류로 선행 가처분권자에게 대항할 수 없다고 명시적으로 함으로써 금전채권에 대한 처분금지가처분과 가압류 등이 경합하는 경우 그 우열 관계를 정하는 지침을 제공하였다는 점에서 의의가 있다.[490]

본 판결에 대하여는 본 판결에 찬성하면서 금전채권뿐만 아니라 소유권이전등기청구권 등 채권 일반에 대한 가처분과 가압류의 우열관계를 집행의 순서에 따라 일률적으로 해결함(선집행우선설)이 타당하다는 견해가 있다.[491] 이에 반해, 채권에 대한 보전처분의 집행방법으로 제3채무자에 대한 보전처분결정의 송달을 집행을 공시하는 방법으로 인정하지 않는 한 채권에 대한 처분금지가처분은 채권자, 채무자, 제3채무자 사이에만 효력을 갖게 되므로 제3자인 채무자의 가압류채권자에 대하여 대항할 수 없다는 이유로 본 판결에 반대하면서 다만 본 판결이 금전채권에 대한 처분금지가처분의 효력을 강화하려는 정책적인 이유나 근거에서 선집행우선설을 취한 것이라면 소유권이전등기청구권에 대한 가처분과 가압류의 경합에 관한 선행 대법원 판결과의 관계를 정리해야 한다는 견해도 있다.[492]

---

490) 본 판결에 대한 대법원판례해설로는 공도일, "금전채권에 대한 처분금지가처분결정과 그 송달 이후 실시된 가압류 사이의 우열관계", 대법원판례해설 제99호, 법원도서관(2014), 261–272면이 있다.
491) 박이규, "부동산 소유권이전등기청구권 처분금지가처분의 효력", 민사판례연구 제22권, 박영사(2000), 560면; 구태회, "가압류와 가처분의 경합", 재판자료 제131집: 민사집행법 실무연구, 법원도서관(2016), 427–430면은 압류권자의 추심권능을 채권자대위권의 추심권능보다 더 우월하게 취급할 이유가 없고, 더구나 가압류권자가 본집행을 통한 추심명령을 얻기 전 단계에서는 가처분권자와 차이가 없어 가압류권자가 우선한다고 볼 수 없는 점과 소유권이전등기청구권의 양도 제한성에서 근거를 찾는 것 역시 다양한 변형 사안(사해행위취소 사안, 채권양도형 거래에서 가처분 후 원 매도인의 승낙이 있는 사안)에서 근거가 될 수 없다는 점을 지적하면서 소유권이전등기청구권에 관해서도 선집행우선설이 타당하다고 한다. ; 김병선, "채권에 대한 처분금지가처분과 가압류의 우열관계", 법조 통권 제727호, 법조협회(2018), 725–764면.
492) 문영화, "금전채권에 대한 선행 처분금지가처분과 후행 가압류의 우열", 성균관법학 제28권 제1호(2016), 97–137면.

9. 대법원 2015. 7. 9. 선고 2015다202360 판결[493]

[저당권설정등기청구권 보전을 위한 처분금지가처분에 기한 저당권 설정등기 후 가처분등기가 말소되면 가처분등기 후에 등기된 권리의 취득이나 처분의 제한으로 가처분채권자의 저당권 취득에 대항할 수 있는지]

A 주식회사 소유인 이 사건 건물에 관하여, 원고의 A 회사에 대한 저당권설정등기청구권을 보전하기 위한 처분금지가처분(이 사건 가처분) 등기가 마쳐진 다음 B의 신청에 의한 강제경매개시결정 기입등기가 마쳐졌다. 이후 'A는 원고에게 이 사건 건물에 관하여 채권액 49억여 원, 채무자 A, 변제기 2008. 2. 28.의 저당권설정등기절차를 이행하라'는 판결이 확정됨에 따라, 이 사건 건물에 관하여 이 사건 가처분에 기초하여 원고 앞으로 저당권설정등기가 이루어졌다. 이후 A가 이 사건 가처분의 발령법원에 가처분해제신청서를 제출하자 위 법원의 말소등기촉탁에 따라 이 사건 가처분등기가 말소되었다. 이후 위 강제경매 절차에서 이 사건 건물이 매각되었다. 한편 피고는 위 강제경매 신청채권자인 B의 A에 대한 채권을 전부받았다.

원심은 이 사건 가처분등기가 말소되어 순위보전의 효력이 소멸하였다는 이유로 원고의 저당권의 피담보채권과 피고에게 전부된 B의 채권이 동순위로 안분 배당되어야 한다는 취지로 판단하였다.

대법원은, 부동산에 관하여 처분금지가처분의 등기가 된 후에 가처분채권자가 본안소송에서 승소판결을 받아 확정되면 그 피보전권리의 범위 내에서 가처분 위반행위의 효력을 부정할 수 있으므로(대법원 2003. 2. 28. 선고 2000다65802, 65819 판결 참조), 저당권설정등기청구권을 보전하기 위한 처분금지가처분의 등기가 이미 되어 있는 부동산에 관하여 그 후 소유권이전등기나 처분제한의 등기 등이 이루어지고, 그 뒤 가처분채권자가 본안소송의 승소확정으로 그 피보전권리 실현을 위한 저당

---

493) 공2015하, 1147.

권설정등기를 하는 경우에, 가처분등기 후에 이루어진 위와 같은 소유권이전등기나 처분제한의 등기 등 자체가 가처분채권자의 저당권 취득에 장애가 되는 것은 아니어서 그 등기가 말소되지는 않지만, 가처분채권자의 저당권 취득과 저촉되는 범위에서는 가처분등기 후에 등기된 권리의 취득이나 처분의 제한으로 가처분채권자에게 대항할 수 없게 된다고 판단하였다.

나아가 대법원은, 저당권설정등기청구권을 보전하기 위한 처분금지가처분의 등기 후 그 피보전권리 실현을 위한 저당권설정등기가 되면, 그 후 가처분등기가 말소되더라도 여전히 가처분등기 후에 등기된 권리의 취득이나 처분의 제한으로 가처분채권자의 저당권 취득에 대항할 수 없다고 하면서 원고 명의의 저당권설정등기는 이 사건 가처분의 피보전권리 실현을 위한 등기로서, 이 사건 가처분등기 후에 등기된 강제경매개시결정에 의한 압류의 효력으로 원고의 저당권 취득에 대항할 수 없고, 이는 그 후 이 사건 가처분등기가 말소되었더라도 마찬가지이므로, 이 사건 건물의 매각대금에서 원고 저당권의 피담보채권은 피고에게 전부된 B의 채권보다 우선적으로 배당되어야 한다고 보았다. 이에 가처분등기의 말소로 순위보전의 효력이 소멸하였다고 본 원심의 판단에는 부동산처분금지가처분의 피보전권리 실현을 위한 등기의 효력에 관한 법리를 오해한 잘못이 있다고 하여 원심을 파기환송하였다.

본 판결은, 저당권설정등기청구권 보전을 위한 처분금지가처분에 기한 저당권설정등기 후 가처분등기가 말소되더라도 여전히 가처분등기 후에 등기된 권리의 취득이나 처분의 제한으로 가처분채권자의 저당권 취득에 대항할 수 없다는 점을 명확히 하였다는 점에서 의의가 있다.[494]

---

494) 강성우, "저당권설정등기청구권을 피보전권리로 하는 부동산 처분금지가처분권자에게 부동산 경매에서의 배당·배당액 공탁의 가부", 법조 통권 제729호(2018), 249 – 295면.

10. 대법원 2018. 2. 2.자 2017마6087 결정[495]
[중재합의가 없거나 무효임을 주장하면서 법원에 중재절차정지가처분을
제기할 수 있는지]

1) 이 사건에서는 중재합의의 부존재, 무효, 효력 상실을 주장하면서
법원에 가처분 방법으로 중재절차의 진행을 정지해달라고 신청할 수 있
는지가 문제되었다.

대법원은, 중재법 제6조, 제9조, 제17조의 문언, 내용, 체계 등에 비
추어 보면, 중재법이 법원이 중재절차에 관여할 수 있는 경우를 '중재법
에서 정한 사항'으로 엄격하게 한정하면서 중재절차의 진행을 정지하는
가처분을 허용하는 규정을 두고 있지 않는 이상 중재합의의 부존재나 무
효 등을 주장하면서 법원에 가처분의 방법으로 중재절차의 진행을 정지
해달라고 신청하는 것은 허용되지 않는다고 판단하였다.

나아가 대법원은 '중재법 제10조는 "중재합의의 당사자는 중재절차의
개시 전 또는 진행 중에 법원에 보전처분을 신청할 수 있다."라고 정하고
있다. 이 규정은 중재합의를 전제로 중재합의의 대상인 분쟁에 관하여
중재판정이 있기 전에 현상 변경을 막거나 다툼이 있는 권리관계에 끼칠
현저한 손해나 급박한 위험 등을 피하기 위하여 법원에 보전처분을 신청
할 수 있도록 한 것으로 중재판정의 실효성을 확보하기 위한 것이다. 따
라서 중재법 제10조는 중재합의의 부존재나 무효 등을 이유로 법원에 중
재절차의 정지를 구하는 가처분신청을 할 수 있다는 근거가 될 수 없다.'
고 하였다.

2) 2016. 5. 29. 법률 제14176호로 중재법이 개정되어 2016. 11. 30.
부터 시행되었는데, 2016. 5. 29.자 개정의 주된 내용은 ① 중재대상인
분쟁의 범위를 확대하고, ② 중재합의 요건을 완화하며 ③ 중재인이 할
수 있는 임시적 처분 확대, 임시적 처분에 대한 법원의 승인 · 집행, ④ 중

---

495) 공2018상, 551.

재판정의 승인 · 집행을 판결이 아닌 결정으로 하는 것이었다.

　본 결정 이전 중재절차정지 가처분의 허용 여부에 관한 대법원 결정으로는 대법원 1996. 6. 11.자 96마149 결정이 있다. 위 결정은 구 중재법(1966. 3. 16. 법률 제1767호로 제정되어 1999. 12. 31. 법률 제6083호로 전부 개정되기 전의 것) 하에서 '중재인은 당사자가 중재절차를 허용할 수 없는 것이라고 주장하는 경우에도 중재절차를 속행하여 중재판정을 할 수 있다고 규정한 중재법 제10조[496]의 취지에 비추어 보면, 설사 당해 중재절차가 허용될 수 없는 경우에 해당한다고 하더라도 당사자가 상대방에 대하여 법원에 그 중재절차의 위법 확인을 구하는 본안소송을 제기하거나 중재판정이 있은 후에 중재판정취소의 소를 제기하여 중재절차의 위법을 다투는 것은 별론으로 하고, 막바로 그 중재절차의 위법을 들어 법원에 중재절차정지의 가처분을 구할 수는 없다'고 하였다.

　이후 대법원 2004. 6. 25. 선고 2003다5634 판결은, 중재절차위법확인 청구의 허용 여부에 관하여 원심이 '1999. 12. 31. 법률 제6083호로 전문 개정되기 전의 구 중재법 제17조 제1항[497]은 "중재인을 선정하거나, 기피하거나, 중재계약이 소멸하거나, 중재절차를 허용할 수 없는 것이

---

496) 구 중재법(1966. 3. 16. 법률 제1767호로 제정되어 1999. 12. 31. 법률 제6083
　　호로 전부 개정되기 전의 것)-이 사건 쟁점과 관련된 조문은 아래 2개의 조문이
　　있다.
　제10조(중재절차 위법의 주장과 중재인의 판정권)
　　중재인은 당사자가 법률상 유효한 중재계약이 성립하지 아니하였다는 것, 중재
　　계약이 판정하여야 할 다툼에 관계가 없다는 것 또는 중재인이 그 직무를 수행
　　할 권한이 없다는 것 기타 중재절차를 허용할 수 없는 것이라고 주장하는 경우
　　에도 중재절차를 속행하여 중재판정을 할 수 있다.
　제3조(직소금지)
　　중재계약의 당사자는 중재판정에 따라야 한다. 다만, 중재계약이 무효이거나 효
　　력을 상실하였거나 이행이 불능일 때에 한하여 소를 제기할 수 있다.
497) 구 중재법(1999. 12. 31. 법률 제6083호로 전문 개정되기 전의 것)
　제17조(관할법원)
　　① 중재인을 선정하거나, 기피하거나, 중재계약이 소멸하거나, 중재절차를 허용할
　　수 없는 것이거나, 중재판정취소의 소 또는 집행판결에 관한 소에 대하여 중재
　　계약에서 합의한 때에는 그 지방법원 또는 동지원이 관할하고 그러하지 아니
　　한 때에는 민사소송법 제1조 내지 제22조를 적용한다.

거나, 중재판정 취소의 소 또는 집행판결에 관한 소에 대하여 중재계약에
서 합의한 때에는 그 지방법원 또는 동 지원이 관할하고 그러하지 아니한
때에는 민사소송법 제1조 내지 제22조를 적용한다"고 규정하고 있어, 당
해 중재절차가 허용될 수 없는 경우 당사자가 상대방에 대하여 법원에 중
재절차의 위법 확인을 구하는 소를 제기하는 것이 허용된다고 해석할 여
지가 있었으나, 개정된 중재법은 구 중재법 제17조 제1항과 같은 규정을
두고 있지 아니할 뿐만 아니라, 중재법에서 정하고 있는 경우 이외에는 중
재절차에 대한 사법적 통제를 금지하는 제6조를 따로 두고 있으므로 개정
된 중재법 하에서는 중재절차의 위법 확인을 구하는 소는 허용되지 않는
다고 보아 부적법 각하한 것에 법리오해의 잘못이 없다고 하였다.

　　3) 본 결정은 2016. 5. 29. 개정된 중재법 환경에서 기본적으로 중
재합의를 존중하고 법원의 개입은 중재법에서 정하는 외에는 최소화 하
도록 하고 있는 중재법의 취지를 반영하여 중재합의의 부존재나 무효 등
을 이유로 법원에 중재절차의 정지를 구하는 가처분신청은 허용되지 않
는다는 점을 명확히 밝히고, 현행 중재법에 따른 법리적인 논거를 구체
적으로 제시하였다는 점에서 의의를 갖는다.[498]

　　2016. 5. 29. 개정된 중재법 하에서 중재절차위법확인의 소가 허용
되는지에 관해서 향후 문제될 것으로 보이는데, 현행 중재법의 문언과
내용, 체계를 종합적으로 고려해서 판단하는 데 지침이 될 것이다.[499]

---

[498] 조인영, "소송금지가처분(Anti-Suit Injunction)과 중재금지가처분", 민사판례연구
제43권(2021), 917－971면은 본 결정에 찬성하면서 우리나라 중재법이 2016년 개정
과정에서 UNCITRAL 모델 중재법의 내용을 반영하여 중재판정부의 임시적 처분에
관한 규정을 대폭 개정함으로써 소송금지가처분이 임시적 처분의 한 유형에 해당
한다고 하고(다만 개정법에 따르더라도 외국 중재판정부나 외국 법원의 소송금지가
처분은 우리 법상 승인, 집행의 대상이 되지 않으므로 당사자에게 사실상 구속력만
가진다고 한다), 영국 등에서 중재합의를 지지하는 목적에서의 법원에 의한 소송금
지가처분의 유효성 내지 적법성을 인정한 사례를 소개하면서 우리나라에서도 법원
에 의한 소송금지가처분의 도입 가능성과 요건 등을 전향적으로 검토할 필요가 있
다고 한다.
[499] 법원이 '본안 소송'으로 중재판정부의 판정권한과 중재합의의 존부 내지 유효성
을 판단하는 것이 가능하므로, 소송 중 적어도 '중재절차위법확인'을 구하는 확인
의 소는 가능하다고 생각한다. 그 이유는 다음과 같다. ① 현행 중재법 제9조 제3

11. 대법원 2020. 4. 24.자 2019마6918 결정[500]

[민법상 조합의 청산인에 대한 해임청구권을 피보전권리로 하는 직무집행정지 가처분이 허용되는지]

신청인과 피신청인이 2인 조합(동업)으로 도시형생활주택사업을 진행하던 중 분쟁이 생겨 동업계약을 해지하였으나 청산에 관한 이견으로 청산절차가 진행되지 않자 신청인이 피신청인을 상대로 청산인으로서의 직무집행정지와 직무대행자선임을 구한 사안에서 대법원은, 민법상 조합의 청산인에 대하여 법원에 해임을 청구할 권리가 조합원에게 인정되지 않으므로, 특별한 사정이 없는 한 그와 같은 해임청구권을 피보전권리로 하여 청산인에 대한 직무집행정지와 직무대행자선임을 구하는 가처분은 허용되지 않는다고 보았다.

조합이 해산한 경우 잔여재산 분배 외에 따로 처리할 조합의 잔무가 없을 때에는 청산절차 없이 각 조합원은 자신의 잔여재산의 분배비율의 범위에서 그 분배비율을 초과하여 잔여재산을 보유하고 있는 조합원에 대하여 바로 잔여재산의 분배를 청구할 수 있다(대법원 1998. 12. 8. 선고 97다31472 판결 등). 그러나 청산절차를 거쳐야 하는 상황(조합에 합유적으로

항이 "제1항의 소가 법원에 계속 중인 경우에도 중재판정부는 중재절차를 개시 또는 진행하거나 중재판정을 내릴 수 있다."고 하고 있는데, 그 반대해석으로 제1항의 소(중재합의의 대상이 된 분쟁에 관한 소)가 법원에서 확정된 경우(종국된 경우) 그 소에서 법원이 중재합의의 존부 또는 유효성에 관해서 판단한 경우, 법원의 사법적 판단에 중재판정부도 구속된다고 보아야 할 것이다. 여기서 '중재합의의 대상이 된 분쟁에 관한 소'에 중재절차위법확인 소송이 포함된다고 볼 수 있는지 문제될 수 있으나, 이를 불허할 특별한 이유는 없다(즉, 대법원 2003다5634 판결과는 반대의 입장임). ② 중재절차위법확인의 소가 확정되어야 중재판정부의 중재절차에 영향을 주게 되므로, 본안 소송이 계속 중인 경우에는 중재절차에 영향을 주지 않는다. ③ 중재법 제17조 제6항에 따른 법원의 중재판정부의 권한에 대한 심사 제도가 중재판정부가 선결문제로서 판정권한을 판단한 경우에만 가능하다는 점에서 보면, 중재판정부가 선결문제로서 판단하지 않은 경우 사법적 판단을 통한 권리구제의 가능성을 열어 둘 필요가 있다. 그 구제절차는 본안 소송으로 '중재절차위법확인의 소'가 될 수 있다. 다만, 이 경우 피고는 '중재합의의 상대방'이 되어야 하고, '중재판정부'를 상대방으로 해서는 안 될 것이다.

500) 공2020상, 951.

귀속된 채권의 추심이나 채무의 변제 등의 사무가 완료되지 않은 경우 등)에서는 바로 잔여재산 분배 청구가 허용되지 않는다.

조합이 해산한 때 청산은 총 조합원 공동으로 또는 그들이 선임한 자가 그 사무를 집행하고 청산인의 선임은 조합원의 과반수로써 결정한 다(민법 제721조 제1항, 제2항). 조합에서는 원칙적으로 조합원 모두가 청산 인이 되어 공동으로 그 사무를 집행한다. 청산절차가 제대로 진행되지 않은 것에 대한 책임이 있다고 주장하며 상대방에 대한 청산인으로서의 직무집행정지가처분을 구할 수 있을까?

법률관계의 변경·형성을 목적으로 하는 형성의 소는 법률에 명문의 규정이 있는 경우에 한하여 제기할 수 있다. 단체의 대표자 등에 대하여 그 해임을 청구하는 소는 형성의 소에 해당하고, 이를 허용하는 법적 근거가 없는 경우 대표자 등에 대하여 직무집행정지와 직무대행자선임을 구하는 가 처분 신청은 가처분의 피보전권리를 인정하기 어려워 허용되지 않는다.

상법은 각 회사의 청산인에 대한 해임청구에 관한 규정을 두고 있 다(제262조, 제287조의45, 제539조, 제613조). 민법은 조합의 청산인의 직무 및 권한에 관하여 법인에 관한 규정 중 청산인의 직무에 관한 제87조를 준용하도록 하면서도(민법 제724조), 법원이 이해관계인 등의 청구에 따라 민법상 법인의 청산인을 선임하거나 해임할 수 있다고 정한 민법 제84조 를 준용하고 있지 않다.

본 결정은 민법상 조합의 조합원에게 청산인에 대한 해임을 법원에 청구할 권리가 인정되지 않으므로, 그와 같은 해임청구권을 피보전권리로 하는 청산인에 대한 직무집행정지 가처분이 허용되지 않는다고 판단하였 다. 학교법인 이사장이나 중소기업협동조합법에 의해서 설립된 조합의 이사장, 이사에 대한 해임을 구하는 소 역시 법적 근거가 없어 이를 본 안으로 하는 직무집행정지가처분이 허용되지 않는 것과 같은 맥락이다(대 법원 97마2269 결정, 대법원 2000다45020 판결).

참고문헌

[민사소송법]

1. 단 행 본

강현중, 민사소송법(제7판, 2018).

김홍엽, 민사소송법(제9판, 2020).

손진홍, 채권집행의 이론과 실무上(제2판, 2016).

이시윤, 신민사소송법(제15판, 2021).

전병서, 민사소송법 핵심판례 셀렉션, 박영사(2020).

전원열, 민사소송법 강의(2020).

정동윤/유병현/김경욱, 민사소송법(제7판, 2019).

_____, 민사소송법(제8판, 2020).

호문혁, 민사소송법(제14판, 2020).

민법주해 [Ⅲ] (1992).

주석 민사소송법(Ⅰ)(제8판, 2018).

주석 민사집행법(Ⅴ)(제4판, 2018).

2. 논   문

강동훈, "시효중단을 위한 재소 및 새로운 방식의 확인소송에 대한 고찰", 민
     사판례연구 제42권(2020).

강수미, "징벌적 손해배상을 명하는 외국판결의 승인·집행에 관한 고찰", 민
     사소송 제12권 제2호(2008).

강현중, "기판력에 관한 연구", 법학논총 제19집(2007).

_____, "재판상 청구가 있다는 점에 대하여만 확인 구하는 새로운 방식의
     확인소송", 2019. 2. 18.자 법률신문.

강해룡, "결정, 명령 고지 전 항고, 무효인가 유효인가", 2014. 11. 13.자 법률
     신문.

권영준, "2018년 민법 판례 동향", 서울대학교 법학 제60권 제1호(2019).

김경욱, "2019년 민사소송법 중요판례 분석", 안암법학 통권 제60호(2020).

_____, "채권자대위소송에서의 공동소송참가", 고려법학 제90호(2018).

김교창, "시효중단을 위한 재소의 이익", 판례연구 제4집(1991).

김규화, "파산절차와 소송수계에 관한 실무상 쟁점", 민사판례연구 제42권 (2020).

김동현, "제3자반소에 관한 연구; 대법원 2015. 5. 29. 선고 2014다23054, 235059, 235066 판결을 계기로", 민사소송: 한국민사소송법학회지 제20권 제2호(2016).

_____, "부진정예비적 병합의 개념과 심판방법", 안암법학 제54호(2017).

김상헌, "시효중단을 위한 재소의 허용 여부에 관한 비판적 고찰", 법학논총 제26집 제2호(2019).

김상훈, "토지의 전 소유자가 무단 점유자를 상대로 제기한 부당이득반환청 구소송의 변론종결 후에 토지의 소유권을 취득한 사람이 위 소송에서 확정된 정기금판결에 대하여 변경의 소를 제기할 수 있는지", 대법원 판례해설 제109호, 법원도서관(2017).

김성수, "개정 일본민법(2017년)의 소멸시효 주요개정내용의 소개를 중심으 로", 아주법학 제12권 제1호(2018).

김세진, "이행소송 계속 중 압류채권자가 제기한 추심소송의 중복제소 여부", 법조 제63권 제9호(2014).

김원수, "채무자의 이행소송 제기 후에 제기된 추심채권자의 후소가 중복소 송에 해당하는지 여부", 판례연구 제26집, 부산판례연구회(2015).

김연수, "승소 확정판결 후 시효중단을 위한 소에 관한 판례의 동향", 재판과 판례 제28집, 대구판례연구회(2020).

김일룡, "민사소송에 있어서 특정승계인의 범위", 법학논총 제30권 제1호(2013).

_____, "변론종결 후 계쟁물 승계인의 소송법적 지위: 최근 일본에서의 논의 를 중심으로", 비교사법 제27권 제3호(2020).

김재형, "2012년 민법 판례 동향", 민사재판의 제문제 제22권, 민사실무연구회 (2013).

김지희, "상반된 이해관계 있는 수령대행인에 대한 보충송달의 효력", 저스티스 제162호(2017).

김진오, "징벌적 배상이 아닌 전보배상을 명한 외국판결의 경우, 인용된 손해 배상액이 과다하다는 이유로 승인을 제한할 수 있는지 여부", 대법원 판례해설 제105호, 법원도서관(2016).

김홍엽, "2019년 분야별 중요판례분석－민사소송법－", 2020. 2. 20.자 법률신문.

김홍영, "부당해고에 대한 금전보상제의 도입에 따른 쟁점사항", 조정과 심판
　　　제28호(2006).

나원식, "관련재판적과 관할선택권의 남용", 민사소송: 한국민사소송법학회지
　　　제17권 제2호, 한국사법행정학회(2013).

노호창, "부당해고에 대한 금전보상제도의 쟁점과 검토", 노동법연구 제48호
　　　(2020).

문영화, "소제기 후 소장부본 송달 전에 당사자 일방에 대하여 파산선고가 내려진
　　　경우 소송절차의 중단과 수계", 법조 제69권 제1호(통권 제739호)(2019).

_____, "입주자대표회의의 임의적 소송담당", 성균관법학 제30권 제3호(2018).

문일봉, "소의 변경에 관한 새로운 고찰", 사법논집 제27집, 법원도서관(1996).

박병대, "소송당사자 표시정정의 법리에 관한 검토", 성균관법학 제29권 제4호
　　　(2017).

박재완, "제소전 사망한 자를 피고로 한 소송에 관한 대법원 판례에 대한 고
　　　찰" 법학논총 제34권 제4호(2017).

박진수, "물건 점유자에 대한 물건의 인도판결 확정으로 물건 점유자의 점유
　　　가 위법하게 되는지와 인도판결의 기판력이 이들 물건에 대한 불법점
　　　유를 원인으로 한 손해배상청구 소송에 미치는지 여부", 대법원판례해
　　　설 제121호, 법원도서관(2020).

박태신, "국제재판관할의 결정에 관한 일고찰", 변호사 제32집(2002).

방응환, "항소심 사건을 소송대리하는 변호사 등의 위임사무의 범위와 성공
　　　보수의 지급시기", 대법원판례해설 제109호, 법원도서관(2017).

석광현, "2018년 국제사법 전부개정법률안에 따른 해사사건의 국제재판관할
　　　규칙", 한국해법학회지 제40권 제2호(2018).

_____, "국제재판관할과 외국판결의 승인 및 집행", 국제사법연구 제20권 제1호
　　　(2014).

_____, "이혼 기타 혼인관계사건의 국제재판관할에 관한 입법론", 국제사법
　　　연구 제19권 제2호(2013).

_____, "국제사법 제2조 제2항을 올바로 적용한 2019년 대법원 판결의 평석:
　　　일반관할과 재산소재지의 특별관할을 중심으로－", 국제거래와 법
　　　(Dong-A Journal of International Business Transaction Law) 통권 제29호
　　　(2020).

_____, "강제징용사건에 관한 일본판결의 승인 가부", 일제 강점기 강제징용 사건 판결의 종합적 연구(2015).

송혜정, "과학적 증거에 대한 법원의 판단기준", 재판자료: 형사법 실무연구 제123집, 법원도서관(2012).

신신호, "집합건물의 관리단으로부터 건물관리를 위탁받은 위탁관리업체가 구분소유자를 상대로 체납관리비를 청구할 당사자적격이 있는지 여부", 대법원판례해설 제109호, 법원도서관(2017).

신용인, "제소 전 당사자 사망과 소송대리권", 법과 정책 제24집 제3호(2018).

심활섭, "소멸시효와 법정이율 : 2017년 일본 민법 개정 내용을 중심으로", 계약과 책임: 하경효 교수 정년기념논문집(2017).

양병회, "징벌적 배상판결의 집행에 관한 소고", 민사소송 4권(2001).

양승태, "공동명의로 가등기한 수인의 매매예약자의 법률관계", 민사판례연구 제7권(1985).

양진수, "승계가 무효임을 이유로 한 원고 인수참가인의 청구기각 또는 소각하 판결이 확정된 후 탈퇴원고가 다시 소를 제기하는 경우 원고의 최초 소제기로 인한 소멸시효 중단효의 운명", 대법원판례해설 제113호, 법원도서관(2018).

_____, "상계항변이 배척된 경우에 반대채권(또는 자동채권)이 부존재한다는 판결 이유 중의 판단에 관하여 기판력이 발생하는 범위", 대법원 판례 해설 제117호, 법원도서관(2019).

_____, "추심의 소와 채무자의 당사자적격, 중복된 소제기의 금지", 민사판례 연구 제37권(2015).

여미숙, "2000년대 민사판례의 경향과 흐름", 민사판례연구 제33-2권(2011).

오상현, "소장송달 전에 사망한 사람을 당사자로 한 판결의 효력과 상소 수계", 법조 제65권 제2호(2016).

오영두, "소멸시효 중단을 위한 후소의 형태에 관하여", 판례연구 제31집, 부산판례연구회(2020).

오정후, "소송탈퇴에 관하여", 민사판례연구 제42권(2020).

원종배, "시효중단을 위한 새로운 방식의 확인소송에 대하여", 법학논고 제65집, 경북대학교 법학연구원(2019).

유병현, "소제기 전 원고의 사망, 그리고 소송대리인의 대리권과 소송수계", 안암법학 통권 제60호(2020).

_____, "청구의 변경의 형태와 소의 취하", 안암법학 제36호(2011).

윤　경, "공동명의의 가등기권자가 매매예약이 완결된 매매목적물에 대한 본
　　　등기의 이행을 구하는 소의 형태", 법조 제51권 제12호(2002).

이계정, "변호사 보수청구 제한의 근거로서 신의칙과 신인관계 – 법관의 합리
　　　적 재량 행사의 문제를 겸하여 – ", 민사판례연구 제42권(2020).

_____, "2018년 분야별 중요판례평석분석 – 민법(상)", 2019. 1. 31.자 법률신문.

이백규, "압류된 채권양수인의 이행청구와 추심명령", 민사판례연구 제24권(2002).

이선희, "2018년 민법총칙 및 물권법 중요판례 평석", 인권과 정의 제480호
　　　(2019. 3.).

이수영, "수인의 유언집행자에게 유증의무의 이행을 구하는 소송의 형태", 대법원
　　　판례해설 제87호, 법원도서관(2011).

이수철, "입주자대표회의의 소송수행권 임의적 소송담당의 관점에서", 판례연구
　　　제16집, 부산판례연구회(2005).

이영창, "과거사 사건의 사실 확정 및 소멸시효 문제", 대법원판례해설 제95호,
　　　법원도서관(2013).

이용우, "제3자가 채무자의 책임재산을 감소시킨 행위가 채권자에 대한 불법
　　　행위를 구성하는 경우, 채권자가 입은 손해액을 산정하는 방법", 대법
　　　원판례해설 제119호, 법원도서관(2019).

이점인, "추심의 소와 중복소송 여부", 재산법연구 제34권 제4호(2018).

이정일, "수인의 채권자가 채권 담보 목적으로 매매예약을 하고 공동명의의
　　　가등기를 한 경우의 권리행사방법", 판례연구 제24집, 부산판례연구회
　　　(2013).

이종환, "재심의 소에 공동소송적 보조참가인이 참가한 후 피참가인이 공동
　　　소송적 보조참가인의 동의 없이 한 재심의 소 취하의 효력", 대법원판
　　　례해설 제105호, 법원도서관(2016).

이지영, "권리승계형 승계참가 사건에서 승계로 인해 중첩된 원고와 승계참
　　　가인의 청구 사이의 소송관계", 사법 제51호(2020).

이효제, "확정판결을 받은 채권자의 시효중단을 위한 제소에 관한 단상",
　　　2018. 11. 26.자 법률신문

임병석, "채권자대위소송에서의 일부청구와 공동소송참가", 법학논총 제37집
　　　(2017).

임소연, "소 제기 전 당사자 사망의 경우 소송대리권의 존속 여부와 소송의

적법 여부", 법학연구 28(2017).

장재형, "2010년 민사소송법 중요판례", 인권과 정의 제415호(2011).

_____, "2011년 민사소송법 중요판례", 인권과 정의 제424호(2012).

_____, "수인의 공동명의로 된 담보가등기에 기한 본등기청구 소송의 형태", 판례연구 제26집 2, 서울지방변호사회(2013).

_____, "채권자 대위소송의 경합과 공동소송참가", 판례연구 제30집(2016).

장준혁, "한국 국제재판관할법상의 특별관할; 재산관계사건 판결의 현황", 국제사법연구 제18호, 국제사법학회(2012).

전병서, "이해의 대립 내지 상반된 이해관계가 있는 사람에게의 보충송달의 효력", 법조 통권 제723호(2017).

_____, "일부청구와 시효중단", 법조 통권 제741호(2020).

정갑주, "파산, 회생절차가 소송절차에 미치는 영향 개관", 민사법연구 제14집 제1호(2006).

정영호, "감사 지위 확인청구 소송 도중 임기가 만료된 경우 그 확인의 이익 유무를 판단하는 기준과 법원의 석명의무", 대법원판례해설 제125호, 법원도서관(2021).

조관행, "추심명령에 의한 추심에 관한 제문제", 재판자료 제35집(1987).

지충현, "소멸시효 중단을 위한 후소로서 새로운 방식의 확인소송", 재판과 판례 제28집, 대구판례연구회(2020).

진창수, "2020년 분야별 중요판례분석－노동법", 2020. 6. 10.자 법률신문(https://www.lawtimes.co.kr/Legal-News/Legal-News-View?serial=170384 2021. 7. 29. 검색).

채영호, "판례해설-변호사에게 소송을 위임한 사람이 소 제기 전에 사망하였으나 변호사가 사망 사실을 모르고 사망자 명의로 소송을 제기한 것이 적법한가", 2016. 5. 27. 법률신문 오피니언 기사(https://www.lawtimes.co.kr/Legal-Opinion/legal-Opinion-View?serial=100833에서 2021. 7. 28.검색).

최성수, "국제사법 제2조상의 국제재판관할 관련 우리나라 판례의 검토", 동아법학 제48호(2010).

최성준, "장래 차임상당 부당이득금청구에 대한 확정판결의 기판력과 사정변경에 의한 추가청구", 민사재판의 제문제 제8권(1994).

최성호, "추심의 소와 중복소송에 관한 검토", 법학논집 제18권 제3호(2014).

최은희, "2018년 민사소송법 중요판례분석", 인권과 정의 제481호(2019).

최환주, "2014년 민사집행법 중요판례", 인권과 정의 제448호(2014).

_____, "2019년 민사소송법 중요판례평석", 인권과 정의 제489호(2020).

태기정, "추심의 소의 법적 성격과 중복제소", 민사법학 제83호(2019).

하동권, "채권자 대위소송 중 다른 채권자의 공동소송참가에 관하여", 전북판
　　례연구(2017).

한숙희, "국제가사사건의 국제재판관할과 외국판결의 승인 및 집행: 이혼을
　　중심으로", 가사재판연구 Ⅰ(2007).

한 승, "일부청구에 관한 판례이론의 적용", 민사판례연구 제23권(2001).

한애라, "재산소재지 특별관할에 관한 법리와 판례의 검토 및 입법론", 민사
　　판례연구 제43권(2021).

한충수, "소 제기 전 당사자의 사망과 소송대리인의 소송대리권", 법조 통권
　　제719호(2016).

호문혁, "외국판결의 공서위반 판단의 대상에 관한 연구 - 강제징용 사건 관
　　련 대법원 판결에 대한 검토를 중심으로 -", 법학평론 제6권(2016).

_____, "셀카소송과 셀카봉 판결", 2019. 3. 21.자 법률신문.

황은규, "청구의 교환적 변경과 소멸시효의 중단", 민사판례연구 제35권(2013).

황진구, "추심의 소제기가 채무자가 제기한 이행의 소에 대한 관계에서 중복
　　된 소제기에 해당하는지", 민사재판의 제문제 제23권(2015).

황현호, "신의칙 및 형평의 관념에 의한 변호사 보수금의 감액 여부", 2019.
　　1. 28.자 법률신문.

[민사집행법]

1. 단 행 본

곽윤직/김재형, 민법총칙[민법강의 Ⅰ], (제8판, 2012).

_____, 물권법[민법강의 Ⅱ], (제8판, 2015).

김재형, 민법판례분석, 박영사(2015).

김홍엽, 민사집행법(제6판, 2021).

민일영, 경매와 임대차, 박영사(2009).

법원실무제요, 민사집행 Ⅲ(부동산집행 2), 사법연수원(2020).

윤 경/손흥수, 민사집행실무총서(Ⅰ) 부동산경매(2), 한국사법행정학회(2017).

이우재, 배당의 제문제, 진원사(2012).

주석 민사집행법(Ⅲ), (제2판, 2007).
주석 민사집행법(Ⅳ), (제3판, 2012).
주석 민사집행법(Ⅶ), (제4판, 2018).

2. 논   문

강성우, "저당권설정등기청구권을 피보전권리로 하는 부동산 처분금지가처분
　　　권자에게 부동산 경매에서의 배당·배당액 공탁의 가부", 법조 통권
　　　제729호(2018).
공도일, "금전채권에 대한 처분금지가처분결정과 그 송달 이후 실시된 가압
　　　류 사이의 우열관계", 대법원판례해설 제99호, 법원도서관(2014).
구태회, "가압류와 가처분의 경합", 재판자료 제131집: 민사집행법 실무연구,
　　　법원도서관(2016).
국상종, "과오배당과 부당이득반환청구", 민사법연구 제6집, 호남민사법연구회
　　　(1997).
권영준, "세밀한 정의를 향한 여정 - 박병대 대법관의 민사판결 분석 -", 법과
　　　정의 그리고 사람; 박병대 대법관 재임기념 문집(2017).
_____, "2019년 분야별 중요판례분석 - 민법(하) -", 2020. 2. 13.자 법률신문.
권혁재, "점유이전금지가처분집행 이후의 점유취득자에 대한 승계집행문 부
　　　여", 법조 제64권 제12호(2015. 12).
김광년, "가압류와 시효중단의 효력발생시기", 변호사 제45집(2014).
김동훈, "채권압류 후 기초적 계약관계의 처분의 효력", 채권법연구 Ⅱ: 민법
　　　개정과 민법이론, 동방문화사(2014).
김문석, "소유권이전등기청구권에 대한 가압류와 가처분의 경합", 대법원판례
　　　해설 제30호, 법원도서관(1998).
김병선, "채권에 대한 처분금지가처분과 가압류의 우열관계", 법조 통권 제727호,
　　　법조협회(2018).
김선정, "하나의 보험계약에 보장성보험과 저축성보험의 성격이 모두 있는
　　　경우 저축성보험 부분을 분리하여 이를 해지하고 압류할 수 있는지
　　　여부", 생명보험 판례 100선, 생명보험협회(2019).
김 　송, "채권압류 후 계약인수에 의한 채권양도의 효력", 재산법연구 제33권
　　　제3호, 법문사(2016).

김연우, "상사유치권에 부동산이 포함되는지 여부 및 선행 저당권자와의 관계", 재판과 판례 제22집, 대구판례연구회(2013).

김재형, "부동산유치권의 개선방안－2011년 민법개정시안을 중심으로－", 민사법학 제55권, 한국사법행정학회(2011).

_____, "2013년 분야별 중요판례분석－민법(하)-, 2014. 3. 13.자 법률신문.

김현석, "부동산 경매절차에서 배당요구를 하지 아니한 임금채권자의 지위", 민사판례연구 제10권(1998).

김현선, "대항력과 우선변제권을 갖춘 임차인이 강제경매를 신청한 경우 배당요구를 하지 않아도 일반 채권자보다 우선하여 배당받을 수 있는지 여부", 홍익법학 제15권 제1호(2014).

_____, "임차보증금반환채권의 가압류와 임차주택의 양도", 일감법학 제28호 (2014).

노재호, "집행절차와 소멸시효중단－현행 민법의 해석론을 중심으로", 사법논집 제70집, 사법발전재단(2020).

문영화, "금전채권에 대한 선행 처분금지가처분과 후행 가압류의 우열", 성균관법학 제28권 제1호(2016).

민경준/이주혁, "주택임대차보호법상 보호되는 임대주택의 양수인과 제3채무자 지위의 승계", 법학평론 제4권(2013).

박양준, "부동산 상사유치권의 대항범위 제한에 관한 법리", 법과 정의 그리고 사람:. 박병대 대법관 재임기념 문집(2017).

박이규, "부동산 소유권이전등기청구권 처분금지가처분의 효력", 민사판례연구 제22권, 박영사(2000).

박종원, "배당이의하지 아니한 일반채권자의 부당이득반환청구권에 관한 소고", 민사판례연구 제43권(2021).

박진수, "채무자가 가집행선고 있는 제1심판결을 가진 채권자를 상대로 채권의 존부와 범위를 다투기 위해 제기한 배당이의 소송 중 가집행선고 있는 제1심판결이 항소심에서 전부 취소되어 확정된 경우 위와 같은 배당 이의의 소의 하자가 치유되는지 여부", 대법원판례해설 제125호, 법원도서관(2021).

_____, "2018년 분야별 중요판례분석－민사집행법－", 2019. 2. 21.자 법률신문.

박헌행, "후순위저당권자의 대위 및 압류선착주의와의 관계", 전북판례연구 제1권,

전북판례연구회(2017).

범선윤, "채권자대위권의 행사와 채권압류·전부명령의 경합", 민사판례연구 제40권(2018).

서기석, "배당절차 종료 후 채권자의 부당이득반환청구", 판례실무연구 제1권(1997).

손흥수, "임차 보증금 채권이 가압류 된 후 임차주택을 양수란 자의 임대인의 제3채무자 지위 승계", 민사집행법연구 제13권, 한국사법행정학회(2017).

양진수, "공동근저당권자가 채무자에 대한 회생절차에서 채무자 소유 부동산의 환가대금으로부터 우선변제받은 경우에 공동담보물인 물상보증인 소유의 다른 목적 부동산의 채권최고액 감액 여부", 사법 제44호, 사법발전재단(2018).

_____, "회사의 이사, 대표이사의 회사에 대한 퇴직금 등 보수 청구권과 퇴직연금사업자에 대한 퇴직연금 채권이 민사 집행법상의 압류금지채권에 해당하는지", 대법원판례해설 제115호, 법원도서관(2018).

_____, "부대체적 작위의무에 관한 가처분결정이 정한 의무이행 기간 경과 후 그 가처분결정에 기초하여 발령된 간접강제결정의 효력과 채무자의 구제수단", 대법원판례해설 제111호, 법원도서관(2017).

양창수, "부당배당과 부당이득반환청구", 민법산고(2007).

오종윤, "배당이의와 부당이득반환청구", 사법논집 제26집, 법원도서관(1995).

오홍록, "간접강제에 대한 몇 가지 검토", 민사판례연구 제37권(2015).

유해주, "공동근저당권의 이사배당에 관한 연구", 민사판례연구 제41권(2019).

윤 경, "소유권이전등기청구권에 대한 가처분과 가압류의 경합시 우열관계", 민사집행법연구 제2권(2006).

윤권원, "주택임대차보호법상 대항력을 갖춘 임차인의 임대차보증금반환채권이 가압류된 이후 임차주택의 소유권을 이전받은 자가 채권가압류의 제3채무자 지위도 승계하는지 여부", 재판과 판례 제22집, 대구판례연구회(2013).

윤진수, "유치권 및 저당권설정청구권에 관한 민법 등 개정안 해설", 유치권제도 개선을 위한 민법·부동산등기법·민사집행법 개정안 공청회 자료집.

_____, "공동근저당의 이시배당에서 공동근저당권의 우선변제의 범위", 민법기본판례, 홍문사(2020).

이계정, "체납처분압류와 유치권의 효력", 법학 제56권 제1호, 서울대학교금융법
센터(2015).

이민령, "간접강제결정의 집행문 부여절차에서 작위·부작위의무 위반사실의
집행문부여조건 해당여부", 민사집행법연구 제17권(2021).

이 원, "2013년 분야별 중요판례분석－민사집행법－", 2014. 3. 27.자 법률신문.

_____, "2014년 분야별 중요판례분석－민사집행법－", 2015. 3. 19.자 법률신문.

이영창, "주택임대차보호법상 대항력 있는 임차보증금반환채권에 대한 가압
류의 효력", 민사재판의 제문제 제23권, 한국사법행정학회(2015).

이주흥, "배당절차와 관련된 부당이득반환청구", 판례실무연구 제1권(1997).

이지영, "누적적 근저당권과 물상보증인의 변제자대위", 대법원판례해설 제123호,
법원도서관(2020).

이창현, "임대차보증금반환채권의 가압류와 주택의 양도", 법학논집 제21권
제2호(2016).

이혜민, "주택임대차보허법상 임대인 지위 승계의 성질 및 범위", 민사판례연구
제36권(2015).

임윤수/민선찬, "보증금반환채권의 가압류와 임대인지위의 승계", 법학연구
제50호(2013).

임주혁, "주택임대차보호법상 임차보증금반환채권이 가압류된 후 임대주택이
양도된 경우 채권가압류의 효력에 관한 법리", 판례연구 제25집, 부산
판례연구회(2014).

전원열, "민사집행절차상 배당요구·배당이의와 부당이득반환청구권", 저스티
스 제178호, 한국법학원(2020).

조병구, "간접강제 배상금의 법적 성질과 실무상 제문제", 재판자료 제131집
(2016).

조인영, "소송금지가처분(Anti-Suit Injunction)과 중재금지가처분", 민사판례연구
제43권(2021).

조중래, "가압류채권자의 채권에 대하여 배당액이 공탁된 경우, 본안의 확정판
결 등에서 지급을 명한 가압류채권자의 채권이 소멸하는 범위와 시기",
대법원판례해설 제101호, 법원도서관(2015).

조해근, "채권가압류 집행 후 채무자와 제3채무자가 변경된 경우의 법률관계",
청연논총 제12집, 사법연수원(2015).

조효정, "부동산에 가압류등기가 경료된 후에 채무자의 점유이전으로 제3자가

유치권을 취득하는 경우, 가압류의 처분금지효에 저촉되는지 여부", 재판실무연구 제5권(2013).

진광철, "민사집행법 제246조 제2항에 따라 압류명령이 취소된 경우 채권자가 집행행위로 취득한 금전을 채무자에게 부당이득으로 반환하여야 하는지 여부", 고영한 대법관 재임기념 논문집, 사법발전재단(2018).

최춘식, "유체동산 가압류와 시효중단", 법학연구 제23집 제1호(2020).

하상혁, "가압류 후에 성립한 유치권으로 가압류채권자에게 대항할 수 있는지 가부", 대법원판례해설 제89호, 법원도서관(2012).

한경환, "예금 가압류에 있어서 가압류할 채권의 표시와 관련하여 가압류결정의 효력이 미치는 범위", 대법원판례해설 제89호, 법원도서관(2012).

한충수, "(가)압류에 따른 시효중단 효력 발생 시기", 법조 제67권 제6호 (2019).

함영주, "임차인의 경매신청만으로 우선변제권 선택 의사로 볼 수 있는지 여부", 2013. 12. 23.자 법률신문.

홍승면, 서울고등법원 판례공보스터디, 2019. 9. 15.자 공보 스터디 자료.

황진구, "체납처분압류가 되어 있는 부동산에 유치권을 취득한 경우 경매절차의 매수인에게 유치권을 행사할 수 있는지 여부", 사법 제29호, 사법발전재단(2014).

판 례 색 인

사 항 색 인

2010년대 민사판례의 경향과 흐름

2022년 2월 28일   초판발행

편 자 민사판례연구회
발행인 안 종 만·안 상 준
발행처 (株)博 英 社

　　　　서울특별시 금천구 가산디지털2로 53, 210호
　　　　(가산동, 한라시그마밸리)
　　　　전화 (733) 6771　FAX (736) 4818
　　　　등록 1959. 3. 11. 제300-1959-1호(倫)

www.pybook.co.kr　e-mail: pys@pybook.co.kr

정 가 79,000원   ISBN 979-11-303-4095-1 93360